JURISPRUDENCE

DU

CONSEIL D'ÉTAT.

DE L'IMPRIMERIE DE RENAUDIÈRE, MARCHÉ-NEUF, N°. 48.

JURISPRUDENCE

DU CONSEIL D'ÉTAT,

DEPUIS 1806,

Epoque de l'institution de la Commission du contentieux, jusqu'à la fin de Septembre 1818;

PAR J.-B. SIREY, Avocat aux Conseils du Roi et à la Cour de Cassation.

QUATRE VOLUMES IN-4°. — PRIX, 60 FRANCS.

TOME IV.

A PARIS,

Cour de Harlai, n°. 21, près le Palais de Justice.

1818.

JURISPRUDENCE

DU

CONSEIL D'ÉTAT.

No. 1.

ACQUÉREUR NATIONAL. — Décompte. — Papier-monnaie.

D'après le décret du 22 octobre 1808, la somme que l'acquéreur de domaines nationaux restait devoir en assignats, lorsqu'il a effectué son paiement en mandats, doit être réduite en numéraire au cours du jour de la vente, et les mandats qu'il a versés doivent être pareillement réduits en numéraire au cours du jour du versement, pour faire imputation jusqu'à due concurrence.

(La dame veuve Guislain-Prince. — C. — la Régie des domaines.)

Par procès-verbal du 1er. brumaire an 3, le sieur Morval se rendit adjudicataire, moyennant 4800 livres assignats, devant le ci-devant district de Cambray, département du Nord, de deux parties de terres situées à Bouteux, et provenant des biens confisqués du sieur de Lannoy; ladite acquisition payable en neuf années et par dixième.

Le 7 pluviose de la même année, l'adjudicataire paya, pour le premier dixième, la somme de 480 liv. en assignats, et 4 fr. 49 cent. pour intérêts.

Le 12 thermidor an 4, il fit un second paiement de 4770 fr. 30 cent., formant le capital restant dû et les intérêts échus à cette dernière époque.

Au moyen de ce versement, il fut donné au sieur Morval, par le receveur des domaines, une quittance définitive et pour solde.

Cependant, le 24 mars 1813, le receveur des domaines de Cambray fit notifier à la dame veuve Morval un décompte qui la constituait débitrice envers le domaine d'une somme de 2027 fr. 18 cent. en numéraire, sur le prix de l'acquisition faite par son mari en l'an 3.

La dame veuve Morval n'ayant pu retrouver dans les papiers de son mari la quittance définitive à lui délivrée par le receveur des domaines, se fit délivrer un extrait du journal des recettes de Cambray, constatant que, le 12 thermidor an 4, le sieur Morval avait payé la somme de 4770 fr. 80 centimes, à valoir sur 4800 liv., prix de l'adjudication à lui faite le 1er. brumaire an 3, savoir : 1o. quatre cent deux francs soixante centimes, intérêts d'un an dix mois et dix jours, sur 4320 francs au capital restant; 2o. quarante-sept francs soixante-onze centimes, intérêts de dix mois et onze jours de retard de ce paiement; 3o. quatre mille trois cent vingt francs pour solde dudit capital restant; laquelle somme formant celle de 2866 fr. 19 cent. en mandats, à soixante pour cent, conformément à la loi du 15 germinal an 4, savoir :

En numéraire.	16 fr. 19 c.
En mandats.	2850
Total.	2866 fr. 19 c.

Munie de cette pièce, la dame veuve Morval se pourvut devant le préfet du département du Nord, contre la demande à elle faite par le receveur des domaines de Cambray.

Sur sa réclamation, arrêté du préfet du Nord, du 15 janvier 1814, qui confirma le décompte de l'administration des domaines, et déclara la dame veuve Morval déchue de l'acquisition faite par son mari, si, dans la quinzaine de la notification dudit arrêté, elle n'opérait le paiement de la somme de 2027 fr. 18 cent. en numéraire, dont elle était constituée reliquataire par le décompte dont il s'agit.

Ledit arrêté était motivé ainsi qu'il suit :

« Considérant qu'il résulte de l'extrait du journal des recettes, du 12 thermidor an 4, et du décompte, qu'il n'a été versé entre les mains du receveur des domaines qu'une somme de 2854 fr. mandats et 16 fr. 19 cent. en numéraire, et que le décompte est régulièrement établi. »

En vertu de l'arrêté du gouvernement, du 4 thermidor an 11, la dame veuve Morval se pourvut, le 9 mars 1814, devant le ministre des finances contre ledit arrêté du 15 janvier 1814, dont elle demanda l'annulation.

Mais le ministre des finances, sans avoir égard à cette demande, prit, le 9 juin 1815, une décision par laquelle il maintint l'arrêté précité du 15 janvier 1814, en le modifiant néanmoins par la remise, en faveur de la dame veuve Morval, des intérêts échus et à échoir depuis le 12 thermidor an 4, date de la quittance délivrée pour solde, à la charge par ladite dame de payer le surplus de son débet dans le mois de la notification de la présente décision.

C'est contre cette décision et l'arrêté du préfet du Nord, du 15 janvier 1814, que la dame veuve Morval se pourvut au Conseil d'état pour en obtenir l'annullation et être déclarée entièrement quitte et libérée envers le domaine du prix de l'adjudication faite à son mari le 1er. brumaire an 3.

Pour appuyer sa demande, elle soutenait :

Que si le receveur des domaines de Cambray avait converti en mandats la somme de 4770 fr. 30 cent., versée par le sieur Morval, son mari, auquel il avait délivré une quittance définitive, c'était pour se conformer à la circulaire du 19 prairial an 4, qui prescrivait à tous les receveurs de ne porter sur leurs registres que des valeurs en mandats ou en numéraire, mais que cet ordre de comptabilité ne pouvait, en aucune manière, changer la nature du paiement; qu'il n'en était pas moins constant que son mari avait payé 4770 fr. 30 cent. en assignats, papier-monnaie qui était valable à l'époque du 12 thermidor an 4, et non 2866 fr. 19 cent., comme aujourd'hui le prétendait à tort ce receveur; que ledit receveur n'avait cité, dans son journal, la loi du 15 germinal an 4 que parce qu'il avait besoin d'une base quelconque et d'un tarif, au moyen desquels il pût opérer la réduction qu'il était tenu de faire pour se conformer à l'ordre de comptabilité établi par l'administration, et parce que, à l'époque du paiement, cette loi, quoique inapplicable, était la plus récente;

Que l'arrêté du 22 prairial an 10 avait déclaré valables tous les paiemens faits par des acquéreurs de domaines nationaux, pour des acquisitions antérieures à la loi du 28 ventose an 4, en assignats ou mandats valeur nominale; que le décret du 22 octobre 1808 ne dérogeait à l'arrêté précité qu'en tant que les paiemens auraient été faits en mandats; or, qu'il était constant, dans l'espèce, que le sieur Morval avait payé en assignats; que l'administration des domaines avait donc fait, dans le décompte par elle établi, une fausse application dudit décret du 22 octobre 1808, en réduisant en numéraire le prétendu paiement de 2850 francs mandats;

Qu'ainsi l'arrêté et la décision attaqués étaient mal fondés et injustes.

La requête de la dame veuve Morval fut communiquée à l'administration de l'enregistrement et des domaines, qui répondit et soutint, de son côté,

Que, quoique le receveur des domaines de Cambray eût erré en faisant la réduction d'assignats en mandats, d'après l'article 3 de la loi du 15 germinal an 4, bien que cette loi ne fût point applicable à l'espèce, cette opération, toute vicieuse qu'elle était, ne pouvait faire résulter la preuve que le paiement eût été fait en assignats, puisqu'il n'était fait au journal aucune mention de cette valeur; qu'on y voyait seulement que le receveur avait réduit le capital et les intérêts au taux de 60 pour cent, et fixé le montant de la somme que l'acquéreur avait à verser en mandats pour sa libération, conformément aux bases posées par la loi du 15 germinal an 4;

Que le paiement en numéraire de la somme de 16 fr. 19 cent. prouvait que l'acquéreur n'avait pas même d'assignats pour solder cet appoint, qui ne pouvait être acquitté en mandats, parce qu'il n'existait pas de coupures au-dessous de 25 francs;

Qu'en supposant même que le prétendu paiement de 4770 fr. 30 cent. eût été fait en assignats, le receveur n'aurait dû tirer hors ligne que le 30e de la somme de 4770 francs, ci. . . . . 159 fr. 03 c.
Et le 10e. de l'appoint de 30 cent . . » 03

et par conséquent ne porter dans la colonne des valeurs fixes que. . . . . . 159 fr. 03 c. au lieu de 2850 francs; que si donc le receveur avait réellement perçu 4770 francs 30 centimes en assignats, il n'eût pas chargé sa comptabilité de 2850 francs en mandats et de 16 fr. 19 cent. en numéraire, tandis que sa recette aurait été représentée par 159 fr. 3 cent. en valeurs fixes;

Que le receveur n'avait donc pas besoin, comme le prétendait la veuve Morval, d'avoir recours à la loi du 15 germinal an 4, pour avoir une base de réduction des assignats qu'il aurait reçus, puisque la circulaire citée, qui est postérieure à cette loi, lui indiquait que les recettes faites en assignats devaient être portées hors ligne et versées sur le pied du trentième et du dixième;

Que d'ailleurs, cette loi qui, dans aucun cas, n'était applicable aux domaines nationaux, n'avait rapport à la réduction des assignats en mandats, qu'en ce qui concernait les intérêts respectifs des créanciers et des débiteurs; qu'elle ne contenait aucune disposition sur la conversion en mandats, dans la comptabilité, des sommes reçues en assignats; qu'elle n'avait donc pu être énoncée dans l'enregistrement en recette, que parce qu'il s'agissait d'un paiement *réellement effectué en mandats par le débiteur*; que cela deviendrait encore plus évident, si l'on se reportait au tarif de réduction qui fait l'objet de l'art. 3 de la loi du 15 germinal an 4; que le receveur avait réduit le capital et les intérêts, au taux de 60 pour cent, conformément au sixième alinéa de cet article, parce qu'il s'agissait, si ce tarif eût été applicable, d'une obligation contractée le 1er. brumaire an 3, par l'adjudication de cette date; que c'était donc au *débiteur* et à la *dette* que se rapportait cette réduction mal à propos admise;

Que, s'il se fût agi de la recette effectuée et de l'ordre de la comptabilité, le receveur n'eût point réduit au cours du 1er. brumaire an 3, des assignats qui auraient été réellement versés dans sa caisse, le 12 thermidor an 4, mais bien au trentième et au dixième, d'après les articles 8 et 10 de la loi du 28 ventose an 4, et les dispositions de la circulaire du 19 prairial suivant; que les règles de la comptabilité, invoquées par la dame veuve Morval, étaient donc, au contraire, ce qui prouvait que son mari avait versé le 12 thermidor an 4, non des assignats, mais 2850 francs en mandats, et 16 francs 19 centimes en numéraire, sommes employées dans le décompte dont il s'agit;

Que ce qui ajoutait encore une nouvelle preuve que le sieur Morval avait payé en mandats, c'était l'extrait de sommier de compte ouvert, tenu par le receveur, indépendamment du journal de recette; or, que ledit sommier, spécialement destiné à présenter la situation de l'acquéreur, ne contenait, à la date du 12 thermidor an 4, d'autre énonciation que celle de mandats et de numéraire;

Que, d'après tous ces faits, il demeurait donc constant que le sieur Morval avait payé, le 12 thermidor an 4, non 4770 fr. 30 cent. en assignats, mais 2850 fr. en mandats, et 16 fr. 19 cent. en numéraire, qui étaient destinés à représenter, au cours de soixante pour cent fixé par l'art. 3 de la loi du 15 germinal an 4 (si cette loi eût dû régir l'objet dont il s'agissait), le principal et les intérêts restant dus sur le prix d'une adjudication du 1er. brumaire an 3; qu'en cet état de choses, il y avait lieu de mettre à exécution l'article 3 du décret du 22 octobre 1808, ainsi conçu :

« Les mandats donnés en paiement pour assignats, et qui, aux termes de l'arrêté du gouvernement du 22 prairial an 10, n'étaient admis que pour leur valeur nominale, seront désormais imputés ainsi qu'il suit :

» La somme que l'acquéreur restait devoir en assignats, lorsqu'il a effectué son paiement en mandats, sera réduite en numéraire au cours du jour de la vente, et les mandats qu'il a versés seront pareillement réduits au cours du jour du versement, pour en faire imputation jusqu'à due concurrence. »

En conséquence, l'administration des domaines demandait que la dame veuve Morval fût déclarée non-recevable dans son pourvoi, et que la décision attaquée fût maintenue pour être exécutée selon sa forme et teneur.

C'est ce qui a été décidé par l'ordonnance dont la teneur suit :

LOUIS, etc.; — Sur le rapport du comité du contentieux;

Vu les requêtes sommaire et ampliative à nous présentées par la dame Guislain-Prince, veuve du sieur Charles Morval, demeurant à Cambray; lesdites requêtes enregistrées au secrétariat du comité du contentieux de notre Conseil d'état, les 7 septembre 1815 et 30 avril 1816, tendantes à ce qu'il nous plaise, sans avoir égard à un arrêté du préfet du département du Nord, du 15 janvier 1814, et à une décision du ministre des finances, du 9 juin 1815, la déclarer quitte et libérée du prix d'une adjudication de biens nationaux faite à son mari le 1er. brumaire an 3, et condamner l'administration des domaines aux dépens;

L'ordonnance de soit communiqué à l'administration des domaines, rendue sur lesdites requêtes le 15 mai 1816;

La requête en défense de l'administration des domaines, signifiée le 6 mars 1817, tendante à ce que la dame veuve Morval soit déclarée non-recevable, et subsidiairement mal fondée; à ce qu'il soit ordonné que la décision attaquée soit exécutée suivant sa forme et teneur, et à ce que ladite dame soit condamnée aux dépens;

Vu extrait du journal des recettes du receveur des domaines à Cambray, relatif à un paiement fait, le 12 thermidor an 4, par le feu sieur Morval, à-compte du prix de ladite adjudication;

Vu un extrait du sommier dudit receveur, relatif au même paiement;

Le décompte définitif du prix de ladite adjudication, arrêté le 30 mars 1812, par le résultat duquel ledit feu sieur Morval est déclaré débiteur, tant en capital qu'intérêts échus audit jour, de 2027 fr. 18 cent.

L'arrêté du conseiller d'état en mission dans le département du Nord, en date du 15 janvier 1814, pris sur la réclamation de ladite dame veuve Morval, et portant que ladite dame acquittera ladite somme de 2027 fr. 18 cent. dans la quinzaine de la notification dudit arrêté, et qu'à défaut, elle demeurera déchue de ladite acquisition;

La décision du ministre des finances, du 9 juin 1815, portant que ledit arrêté est approuvé, mais qu'il est fait remise à ladite dame veuve Morval des intérêts échus et à échoir depuis le 12 thermidor an 4, à la charge par elle de payer le surplus du débet dans le mois de la notification de ladite décision;

Ensemble les autres pièces produites;

Considérant qu'il s'agit de déterminer en quelles valeurs a été fourni et comment doit être imputé l'à-compte payé par le feu sieur Morval, le 12 thermidor an 4;

Que ladite dame veuve Morval ne présente pas la quittance dudit paiement, et ne prouve d'aucune autre manière qu'il ait été effectué en assignats, ainsi qu'elle le soutient; qu'il résulte au contraire de l'extrait susdit, du sommier tenu par le receveur du district de Cambray, que ledit paiement a été fait, savoir; en mandats jusqu'à concurrence de 2850 francs, et en numéraire jusqu'à concurrence de 16 francs 19 cent.;

Que, d'après le décret du 22 octobre 1808, la somme que l'acquéreur de domaines nationaux restait devoir en assignats, lorsqu'il a effectué son paiement en mandats, doit être réduite en numéraire au cours du jour de la vente, et que les mandats qu'il a versés doivent être pareillement réduits en numéraire au cours du jour du versement, pour en faire imputation jusqu'à due concurrence, et que ces dispositions ont été exactement suivies dans le décompte contre lequel ladite dame veuve Morval réclame;

Notre Conseil d'état entendu,

Nous avons ordonné et ordonnons ce qui suit :

Art. 1er. Les requêtes susdites de la dame veuve Morval sont rejetées.

2. Ladite dame est condamnée aux dépens.

3. Notre ministre secrétaire d'état des finances est chargé de l'exécution de la présente ordonnance.

Ordonnance du 14 mai 1817. (2628)

N°. 2.

ACQUÉREURS NATIONAUX. — COMPTES. — COMPÉTENCE. — DIVISIBILITÉ.

Lorsqu'entre des acquéreurs nationaux et des sous-acquéreurs il existe un litige portant tout à la fois sur la validité de paiemens faits dans les caisses publiques en papier monnaie, et sur les divers comptes respectifs que se doivent les acquéreurs et sous-acquéreurs, la justice administrative ne doit statuer que sur ce qui est relatif aux caisses publiques; elle ne doit pas s'occuper des intérêts et des droits privés des acquéreurs entre eux.

(Les sieurs Lartigue et consorts. — C. — le sieur Despaignet.)

LOUIS, etc.; — Sur le rapport du comité du contentieux;

Vu la requête à nous présentée par les sieurs Jean-Baptiste Lartigue, Gabriel Saint-Daune, François Dauriac Nau, et Joseph Caussade ou ses héritiers, habitans à Juillac, département du Gers; ladite requête enregistrée au sécrétariat du comité du contentieux de notre Conseil d'état, le 3 février 1816, et tendante à ce qu'il nous plaise annuller deux arrêtés du conseil de préfecture dudit département, des 3 décembre 1806 et 1er. juin 1815, pris entre lesdits sieurs Lartigue et consorts, d'une part, et le sieur Olivier Turseau Despaignet d'autre part, au sujet de sommes versées en assignats par lesdits Lartigue et consorts, dans les caisses de l'état, sur le prix de portions du domaine national dit *de Jean*, qui leur avaient été revendues par le sieur Despaignet, père, depuis condamné à mort par jugement du tribunal révolutionnaire; en conséquence les déclarer entièrement libérés envers notre trésor et envers ledit sieur Despaignet, fils; sauf à celui-ci à se pourvoir en liquidation des sommes qui pourraient lui être dues par notre trésor par suite de la restitution des biens de son père;

L'ordonnance de *soit communiqué* au sieur Olivier Tursau Despaignet, rendue sur ladite requête, le 20 février 1816;

La requête en défense du sieur Olivier Tursau Despaignet, demeurant à la Devèze, département du Gers, signifiée le 6 novembre 1816; ladite requête tendante à ce qu'il nous plaise déclarer les sieurs Lartigue et consorts non-recevables dans leur pourvoi contre les arrêtés susdits, des 3 décembre 1806 et 1er. juin 1815, ou en tout cas les en débouter, ordonner que le dernier desdits arrêtés sortira son plein et entier effet dans les dispositions par eux attaquées; recevoir ledit sieur Despaignet à se pourvoir lui-même incidemment contre la disposition dudit arrêté, par laquelle il est décidé que les paiemens faits par les acquéreurs de la portion du domaine *de Jean*, qui a été vendue pendant la durée de la confiscation, n'avaient pas servi à éteindre, par voie de compensation, et jusqu'à due concurrence, les annuités dues par ledit sieur Despaignet, comme héritier de son père, acquéreur primitif même du domaine; annuller ladite disposition, ordonner l'exécution du décompte du prix dudit domaine *de Jean*, arrêté par le directeur des domaines au département du Gers, le 10 février 1807, et confirmé par décision du directeur général des domaines, du 23 mai 1813; en conséquence, condamner le sieur Lartigue à payer audit sieur Despaignet, outre et au-delà de ce qui est porté dans ledit arrêté du 1er. juin 1815, la somme de 7702 francs que ledit sieur Lartigue se trouvait lui devoir à l'époque du 1er. novembre 1808, avec l'intérêt légal de ladite somme, à compter dudit jour, et condamner lesdits sieur Lartigue et consorts en tous les dépens;

La réplique des sieur Lartigue et consorts, signifiée le 13 janvier 1817, et par laquelle ils concluent à ce qu'il nous plaise déclarer qu'il a été définitivement et irrévocablement jugé par ledit arrêté du 3 décembre 1806, que les paiemens faits par les supplians dans la caisse du receveur national, étaient valables, et qu'ils les avaient libérés envers le sieur Despaignet jusqu'à concurrence de la totalité des sommes dont celui-ci était resté débiteur envers le gouvernement, sans aucune distinction des sommes échues au 4 fructidor an 8, et de celles qui ne l'étaient pas; rejeter, quant aux supplians, le décompte produit par le sieur Despaignet, et les déclarer bien et valablement libérés pour une somme égale à celle dont ledit sieur Despaignet restait débiteur envers l'état; quant à ce qui se trouverait excéder cette somme, déclarer aussi que les supplians s'en sont valablement libérés par le versement qu'ils en ont fait dans les caisses publiques; et condamner ledit sieur Despaignet en tous les dépens;

L'arrêté du préfet du département du Gers, du 4 fructidor an 8, pris sur la requête dudit sieur Tursau Despaignet, portant que ledit sieur Tursau Despaignet est et demeure valablement libéré de ce qu'il pouvait devoir à raison de l'adjudication du domaine *de Jean*, faite à son père par le district de Mirande, le 27 juin 1791, au moyen des sommes perçues par la nation avant le 21 prairial an 3, soit pour le prix de ventes faites par le district de Mirande, de partie des biens dépendans du domaine *de Jean*, soit au moyen des versemens faits dans la caisse nationale par ceux qui avaient acquis dudit feu sieur Despaignet, père, et qui étaient restés ses débiteurs; en conséquence, déclare qu'il n'y a pas lieu de prononcer la déchéance contre ledit sieur Tursau Despaignet ;

Autre arrêté du même préfet, du quatrième jour complémentaire an 8, pris sur la requête desdits sieur Jean-Baptiste Lartigue et consorts, y dénommés, portant que le receveur du domaine, à Mirande, cessera toutes poursuites dirigées contre eux à raison de l'adjudication qui leur a été faite d'une partie du domaine *de Jean*, soit par le ci-devant district de Mirande, soit par le citoyen Despaignet, le père ; attendu qu'ils n'ont point encouru la déchéance, ainsi qu'il résulte de l'arrêté susdit, du 4 fructidor an 8 ;

Un arrêté du conseil de préfecture dudit département, du 3 décembre 1806, rendu contradictoirement entre ledit sieur Tursau Despaignet et les sieur Dauriac et consorts, lequel, en adoptant l'avis du sous-préfet de Mirande, du 2 juin 1806, décide que les paiemens faits par lesdits sieur Dauriac et consorts ; à la décharge dudit sieur Despaignet, pour le complément du domaine *de Jean*, sont valables, soit qu'ils aient été faits avant la loi du 18 prairial an 3, soit après, jusqu'au 4 fructidor an 8 inclusivement, sauf, si lesdits Dauriac et consorts ont versé au-delà des annuités dues par ledit Despaignet, à lui faire compte de cet excédant ;

La signification dudit arrêté, faite le 12 mars 1807, à la requête desdits sieurs Lartigue, Dauriac et consorts, audit sieur Tursau Despaignet, parlant à sa personne, afin qu'il n'en ignore, et avec commandement de se conformer audit arrêté ;

Le décompte, arrêté le 10 février 1807, par le directeur des domaines au département du Gers, et approuvé par le directeur général des domaines, le 25 mai 1812, du prix de l'acquisition faite le 27 juin 1791, par le feu sieur Despaignet, père, dudit domaine *de Jean* ;

L'arrêté du conseil de préfecture du département du Gers, du 1er. juin 1815, par lequel, en expliquant celui susdit, du 3 décembre 1806, il est déclaré que les paiemens faits dans les caisses nationales par les sieur Lartigue et consorts sur le prix du domaine *de Jean*, sont valables jusqu'à concurrence des annuités dues par le sieur Despaignet au 4 fructidor an 8, et en tout ce qu'il n'aurait pas payé lui-même, et que, quant au résidu des sommes versées par lesdits Lartigue et consorts, qui ne pourraient être employées au paiement des annuités susdites, ils seraient tenus d'en faire compte au sieur Despaignet ; ledit arrêté contenant, en outre, la fixation, en conformité de cette explication, des sommes restantes à payer par chacun desdits sieur Lartigue et consorts audit sieur Despaignet, fils, pour raison des reventes à eux faites de portions dudit domaine *de Jean*, par le feu sieur son père ;

Ensemble toutes les autres pièces respectivement produites ;

Considérant que l'arrêté susdit, du préfet du département du Gers, du 4 fructidor an 8, a prononcé la compensation, tant des sommes versées dans les caisses publiques pour le prix de vente de la portion confisquée du domaine *de Jean*, que des paiemens faits par les cessionnaires des portions dudit domaine, qui avaient été revendues par le feu sieur Despaignet, père, avant sa mort, contre ce qui restait dû sur le prix de l'adjudication primitive dudit domaine ; que les dispositions dudit arrêté sont rappelées littéralement dans un autre du quatrième jour complémentaire an 8, qui a été pris sur la requête desdits sieur Lartigue et consorts ; qu'en conséquence, ces derniers en ont eu connaissance ; qu'ils n'ont pas attaqué ledit arrêté, et qu'il est resté subsistant ;

Considérant que le conseil de préfecture du département du Gers, en procédant, par son arrêté susdit du 1er. juin 1815, à l'interprétation de celui du 3 décembre 1806, a décidé qu'il avait été statué par ce dernier arrêté, que les paiemens faits dans les caisses nationales par les acquéreurs de la portion confisquée du domaine *de Jean*, et revendue par l'état, ne devaient pas entrer en compensation des sommes dues par le sieur Despaignet, fils, pour raison de l'acquisition primitive dudit domaine ; que cette interprétation ne peut être maintenue ; que le conseil de préfecture la fait résulter uniquement du préambule dudit arrêté ; mais que si le préambule d'une décision peut servir à en expliquer les dispositions obscures ou ambiguës, il ne peut pas suppléer des dispositions qui n'existent pas ; que ledit arrêté du 3 décembre 1806, n'en contient effectivement aucune sur la compensation dont il s'agit ; et qu'en conséquence, il ne peut pas être considéré comme ayant statué à cet égard, et comme ayant dérogé aux arrêtés susdits du préfet, des 4 fructidor et 4e. jour complémentaire an 8 ;

Considérant qu'il a été décidé, par ledit arrêté du 3 décembre 1806, que les paiemens faits depuis la loi du 18 prairial an 3, dans les caisses publiques, à la décharge du sieur Despaignet, pour le complément du prix du domaine *de Jean*, étaient valables à l'égard dudit sieur Despaignet seulement, jusqu'à concurrence des annuités par lui dues, et que ledit sieur Despaignet, ayant été réellement libéré envers l'état de la totalité du prix du domaine *de Jean*, dès le 24 prairial an 3, ainsi qu'il résulte des arrêtés susdits, des 4 fructidor et 4e. jour complémentaire an 8, et du décompte arrêté par l'administration des domaines, le 25 mai 1812, les paiemens faits par les cessionnaires, postérieurement à ladite époque du 24 prairial an 3, sont, en conséquence, tous un excédant de ce qu'il devait et ne sont pas libératoires pour eux envers lui ; que ledit arrêté du 3 décembre 1806 a été signifié le 12 mars 1807, par lesdits sieur Lartigue et consorts audit sieur Despaignet, avec commandement de s'y conformer et sans mention d'aucune réserve ; qu'ils n'ont formé, dans le temps, aucune réclamation, et que ledit arrêté ayant ainsi acquis la force de la chose jugée irrévocablement, lesdits Lartigue et consorts ne sont pas recevables à en demander l'annullation ;

Considérant que le conseil de préfecture du département du Gers, en déclarant libératoire envers le sieur Despaignet, partie d'un paiement en assignats fait le 1er. thermidor an 3, par le sieur Lartigue, sur le prix de l'acquisition primitive du domaine *de Jean*, a porté atteinte à la chose jugée irrévocablement par la réunion des dispositions précitées de son propre arrêté du 3 décembre 1806, et de ceux du préfet, des 4 fructidor et 4e. jour complémentaire an 8;

Considérant qu'en outre, ledit conseil de préfecture a excédé ses pouvoirs, en s'immisçant, par ledit arrêté du 1er. juin 1815, dans le réglement des comptes à faire entre chacun desdits cessionnaires et ledit sieur Despaignet, pour raison du prix des reventes de portions dudit domaine *de Jean*; que, dans l'espèce, l'autorité administrative n'est compétente que pour statuer sur l'effet des paiemens faits dans les caisses publiques, et que toutes autres contestations entre les parties étant relatives à l'exécution d'un contrat ordinaire entre parties privées, la connaissance n'en peut appartenir qu'aux tribunaux;

Notre Conseil d'état entendu,

Nous avons ordonné et ordonnons ce qui suit :

Art. 1er. L'arrêté du conseil de préfecture du département du Gers, du 1er. juin 1815, est annullé, en ce qu'il statue entre lesdits sieurs Jean-Baptiste Lartigue, Gabriel Saint-Daune, François Dauriac, Dauriac-Nau, et Joseph Caussade, ou ses héritiers.

2. Il est déclaré, qu'en vertu des arrêtés du préfet du département du Gers, des 4 fructidor et 4e. jour complémentaire an 8, et de celui du conseil de préfecture du même département, du 3 décembre 1806, les paiemens que lesdits Lartigue et autres susnommés auraient faits depuis le 24 prairial an 3, dans les caisses publiques, à compte du prix de la vente du domaine national *de Jean*, passée au profit du feu sieur Despaignet, père, ne les ont pas libérés envers le sieur Despaignet fils, du prix des reventes à eux faites de portions dudit domaine.

3. Les parties sont renvoyées à procéder devant les tribunaux ordinaires sur le surplus de leurs contestations.

4. Lesdits sieur Lartigue et consorts sont condamnés aux dépens.

5. Notre ministre secrétaire d'état des finances est chargé de l'exécution de la présente ordonnance.

Ordonnance du 14 mai 1817. (2633)

N°. 3.

DÉCOMPTE. — CONTENTIEUX.

Les difficultés sur le résultat d'un décompte doivent être portées, non devant les conseils de préfecture, mais devant les préfets, sauf le recours des parties devant le ministre des finances.

(Le sieur Marnillon. — C. — L'administration des domaines.)

LOUIS, etc.; — Sur le rapport du comité du contentieux;

Vu la requête à nous présentée par le sieur Claude-Joseph Marnillon, propriétaire cultivateur demeurant à Chevry, département du Jura; ladite requête enregistrée au secrétariat du comité du contentieux de notre Conseil d'état le 2 mai 1816, et tendante à l'annullation de deux arrêtés du conseil de préfecture de ce département, dont le premier en date du 12 décembre 1815, a décidé que le sieur Marnillon serait tenu de payer entre les mains du receveur des domaines, la somme de 2209 francs 71 centimes, pour compléter le prix de l'acquisition faite par ledit requérant de partie d'un domaine dit le château de Chevry, provenant de la confiscation prononcée contre un émigré; et le second, en date du 19 mars 1816, a déclaré le sieur Marnillon non-recevable dans son opposition au premier arrêté; ladite requête concluant, en outre, à ce qu'il nous plaise déclarer le sieur Marnillon libéré de la somme réclamée par l'administration des domaines ou du moins l'admettre à la preuve testimoniale pour justifier de ses paiemens, et condamner l'administration aux dépens;

Vu l'ordonnance rendue sur ladite requête par notre chancelier de France le 27 mai 1816, portant: *soit communiqué* à l'administration des domaines;

Vu la requête en défense, pour ladite administration, enregistrée au secrétariat du comité contentieux de notre Conseil d'état le 10 mars 1817, et concluant à ce qu'il nous plaise annuller, pour cause d'incompétence, les arrêtés susmentionnés du conseil de préfecture du département du Jura; renvoyer les parties devant le préfet du même département et condamner le sieur Marnillon aux dépens, ou les réserver pour y être statué par la décision à intervenir sur le fond;

Vu les deux arrêtés attaqués;

Vu les lois, règlemens, décrets et ordonnances concernant les décomptes de domaines nationaux, et notamment l'arrêté du gouvernement du 4 thermidor an onze;

Considérant que, lorsqu'il s'élève des difficultés sur le résultat d'un décompte, ce n'est point aux conseils de préfecture à y statuer, mais aux préfets, sauf le recours des parties devant le ministre des finances;

Notre Conseil d'état entendu,

Nous avons ordonné et ordonnons ce qui suit :

Art. 1er. Les arrêtés du conseil de préfecture du département du Jura, des 12 décembre 1815 et 19 mars 1816, sont annullés pour cause d'incompétence; et les parties sont renvoyées devant le préfet de ce département; dépens réservés.

2. Notre ministre secrétaire d'état des finances est chargé de l'exécution de la présente ordonnance.

Ordonnance du 14 Mai 1817. (2635)

N°. 4.

MINEUR. — Délai. — Subrogé-tuteur. — Signification.

L'article 444 du Code de procédure civile qui, à l'égard d'un mineur non émancipé, ne fait courir le délai de l'appel que du jour où le jugement aura été signifié au subrogé-tuteur comme au tuteur, n'est point applicable à l'instruction des causes pendantes au Conseil d'état; il suffit que la décision administrative intervenue ait été signifiée au tuteur.

(Le sieur Sallier. — C. — la veuve Duhamel.)

LOUIS, etc.; — Sur le rapport du comité du contentieux;

Vu la requête à nous présentée par le sieur Guy-Marie Sallier, maître des requêtes en notre Conseil d'état, comme tuteur à l'interdiction de demoiselle Marie-Philippine Hocart, héritière avec demoiselle Eléonore-Louise Hocart, dame de Queleu, sa sœur, et chacune pour moitié, de Louis-François-Memmie Hocart, président à mortier au parlement de Metz;

Ladite requête enregistrée au secrétariat du comité contentieux de notre Conseil d'état, le 1er. mai 1816, et tendante à ce qu'il nous plaise recevoir ladite demoiselle Marie-Philippine Hocart, 1°. opposante à un décret rendu sur conflit, le 18 septembre 1807; 2°. appelante, et en tant que de besoin, tierce-opposante à un arrêté du conseil de préfecture du département de la Marne, du 15 avril 1809; lequel arrêté a déclaré bon et valable le remboursement fait au receveur du domaine à Châlons-sur-Marne, le 22 vendémiaire an 4, par le sieur Payart, au nom de la dame veuve Duhamel, d'une somme de vingt-huit mille francs représentant la moitié revenant au sieur Louis-François-Memmie Hocart, père de la requérante, dans celle de *cinquante-six mille francs*, représentant le capital d'une rente de *onze cents vingt francs*, due aux sieurs François-Memmie Hocart et Philippe-Christophe Hocart, frères, par ladite dame Duhamel;

En conséquence, rapportant ledit décret du 18 septembre 1807, annuller l'arrêté sus-énoncé, du 15 avril 1809, pour cause d'incompétence; subsidiairement, pour mal jugé au fond, et condamner les adversaires de la requérante aux dépens;

Vu l'ordonnance de notre chancelier de France, du 26 juin 1816, portant: *soit communiqué*, 1°. à la dame Amélie-Charlotte Duhamel, épouse du sieur Mazinot Duhamel, demeurant à Saint-Remy, près de Vitry-sur-Marne; 2°. à dame Charlotte-Félicité de Sainte-Allégonde, épouse du sieur François-Joseph-Marie de Lonvencourt, demeurant à Roisin, dans le royaume des Pays-Bas; 3°. au sieur Jean Payart et à dame Marie-Louise Gobillard, son épouse, demeurant à la Chaussée, département de la Marne;

Vu la requête en défense, déposée le 28 novembre 1816, par la dame Amélie Charlotte, veuve Duhamel, les autres parties n'ayant point répondu dans les délais du règlement; ladite requête concluant à ce qu'il nous plaise déclarer la demoiselle Hocart non recevable, comme se pourvoyant hors des délais du règlement, subsidiairement mal fondée; en conséquence, maintenir l'arrêté attaqué, et condamner la demanderesse aux dépens;

Vu le décret du 18 septembre 1807, confirmant un arrêté de conflit, pris le 19 juin de la même année, par le préfet du département de la Marne, sur une contestation portée du tribunal civil de Vitry à la Cour d'appel de Paris, et pendante en ladite Cour, au sujet du remboursement sus-énoncé, entre le sieur Payart et la dame Amélie-Charlotte Duhamel et son mari, d'une part; et d'autre part, la demoiselle Eléonore-Louise Hocart, dame de Queleu, et la demoiselle Marie Philippine Hocart, requérante; ladite demoiselle Marie-Philippine, représentée, dans ladite contestation, par le sieur Jacques-François Lavisse, son tuteur; ledit décret renvoyant la cause devant la juridiction administrative;

Vu l'arrêté attaqué du conseil de préfecture du département de la Marne, du 15 avril 1809; ledit arrêté pris sur les productions du sieur Lavisse sus-dénommé comme tuteur de la demanderesse, et celles des sieur et dame de Quéleu, et portant que le remboursement fait par le sieur Payart a valablement libéré ladite dame veuve Duhamel et le sieur Payart son ayant-cause;

Vu la signification dudit arrêté, faite le 18 mai 1809, par la dame veuve Duhamel, tant aux sieur et dame de Quéleu, qu'au sieur Lavisse, ès-noms qu'il avait procédé dans l'instance sur laquelle était intervenu ledit arrêté;

Vu la requête en réplique, déposée par le sieur Sallier, le 27 janvier 1817, tendante à ce qu'attendu que la signification de l'arrêté attaqué n'a point été faite aux termes de l'article 444 du Code de procédure, au subrogé-tuteur, et, qu'en conséquence, les délais d'appel n'ont point couru contre la mineure Hocart, il nous plaise adjuger au requérant ses précédentes conclusions;

Vu toutes les autres pièces jointes au dossier;

Considérant, en ce qui concerne l'opposition au décret sur le conflit, du 18 septembre 1807, que la demoiselle Hocart ayant procédé, par son tuteur, devant le conseil de préfecture par suite dudit décret, l'opposition formée en son nom audit décret n'est plus recevable;

En ce qui concerne la fin de non recevoir proposée par la dame veuve Duhamel, et l'exception opposée à cette fin de non recevoir par le sieur Sallier,

Considérant que le règlement du 22 juillet 1806, qui seul détermine la forme de procéder devant le Conseil d'état, en matière contentieuse administrative, n'exige point la signification des décisions, portées dans des causes où il existe des parties mineures, aux subrogés-tuteurs de ces parties; que, dans l'espèce, la décision administrative intervenue a été signifiée au tuteur de la demoiselle Hocart, et que dès-lors, cette signification a été suffisante;

Notre Conseil d'état entendu,

Nous avons ordonné et ordonnons ce qui suit:

Art. 1er. La requête du sieur Sallier, ès-noms qu'il agit, est rejetée.

2. Le sieur Sallier, ès dits noms, est condamné aux dépens.

3. Notre garde des sceaux, ministre secrétaire d'état de la justice, et notre ministre secrétaire d'état des finances sont chargés, chacun en ce qui le concerne, de l'exécution de la présente ordonnance.

Ordonnance du 14 mai 1817. (2634)

N°. 5.

ALIGNEMENT. — Retranchement.

Aux termes de l'ordonnance du bureau des finances, du 16 janvier 1789 et du décret du 11 janvier 1808, tout particulier dont la propriété borde le chemin de ronde de l'enceinte intérieure de Paris, qui relève un mur sur ses anciens fondemens sans avoir demandé et obtenu un alignement, est passible de démolition et d'amende, surtout lorsque le mur était sujet à retranchement.

(Le sieur Porcheret.)

LOUIS, etc.; — Sur le rapport du comité du contentieux;

Vu la requête à nous présentée par le sieur Porcheret, charron, demeurant à Paris; ladite requête enregistrée au secrétariat du comité du contentieux de notre Conseil d'état, le 20 septembre 1815, et tendante à ce qu'il nous plaise annuller un arrêté du conseil de préfecture du département de la Seine, en date du 8 août 1815, qui a condamné le requérant à démolir une partie de mur de clôture bordant le chemin de ronde de l'enceinte intérieure de Paris, et par lui relevée en contravention aux règlemens de voirie;

Vu l'arrêté attaqué, lequel statuant sur un rapport du commissaire voyer, portant que le sieur Porcheret a relevé le mur en question sur les anciens fondemens, sans avoir demandé ni obtenu alignement; et attendu que ledit mur était sujet à un retranchement de six mètres, et ne pouvait en tout cas être réparé sans autorisation, conformément à l'ordonnance du bureau des finances, du 16 janvier 1789, a condamné le sieur Porcheret à la démolition et à une amende de six francs;

Vu l'ordonnance sus-énoncée, du 16 janvier 1789 et le décret du 11 janvier 1808, qui en a rappelé et confirmé les dispositions;

Considérant que le sieur Porcheret a contrevenu formellement aux règlemens généraux sur la voirie, et en particulier à l'ordonnance et au décret sus-énoncés; qu'en conséquence les condamnations ont été justement prononcées;

Notre conseil d'état entendu,

Nous avons ordonné et ordonnons ce qui suit:

Art. 1er. La requête du sieur Porcheret est rejetée.

2. Notre ministre secrétaire d'état de l'intérieur est chargé de l'exécution de la présente ordonnance.

Ordonnance du 14 mai 1817. (2629)

N°. 6.

COMPÉTENCE. — Divisibilité. — Travaux publics.

Lorsque, devant un conseil de préfecture, est soumise une demande formée contre un adjudicataire de travaux publics pour responsabilité à cause de vice dans ses opérations et pour indemnité à cause de dommages causés par un tiers, le conseil de préfecture ne doit prononcer que sur la question de responsabilité, il doit renvoyer aux tribunaux la question d'indemnité.

(Le sieur Granier. — C. — le sieur Prévost.)

En 1813, le sieur Granier se rendit adjudicataire des ouvrages du port de Cette pour trois années. Entre autres travaux cette entreprise avait particulièrement pour objet le recreusement du port et du chenal, lequel recreusement s'opère au moyen de pontons, trébuchets ou chaloupes qui appartiennent à l'état et qui sont remis, après vérification et estimation, à l'entrepreneur qui est chargé par son bail de les entretenir.

En 1814, le 11 octobre et jours suivans, la mer fut tellement orageuse qu'on fut obligé de suspendre les travaux du recreusement. Des quatre pontons qui étaient employés à cette opération, le ponton n°. 4 fut placé à l'entrée du port près du fort *Molé*, d'après l'ordre des officiers chargés de pourvoir à la sureté de la navigation, et les trois autres furent amarrés à l'endroit même où le recreusement s'opérait.

Telle était la position de ces pontons lorsque le 13 du même mois, le navire le Roscoff, capitaine Prévost, se présenta pour entrer dans le port; mais ne pouvant manœuvrer qu'avec une difficulté extrême à cause du mauvais temps, ce navire en entrant dans le port aborda successivement trois des pontons, les endommagea en éprouvant lui-même des avaries, et, jeté ainsi par ces divers chocs hors de sa direction, il fut entraîné sur les sables où il s'échoua. De prompts secours et quelques heures de travail suffirent néanmoins pour sauver ce bâtiment et le remettre à flot.

Cet accident donna lieu à une contestation entre le capitaine Prévost et le sieur Granier, qui fut portée devant le tribunal de commerce.

Le sieur Prévost prétendit que l'abordage et les avaries qui en avaient été la suite devait être imputés à l'impéritie de l'entrepreneur des travaux du port qui était inexcusable, non seulement d'avoir laissé stationner les pontons à l'entrée du port, de manière à en gêner le libre accès, mais encore d'avoir abandonné ces pontons sans laisser aucun surveillant à bord pour lâcher les amarres qui croisaient l'entrée du port et qui avaient été la cause, seuls, de l'abordage et de l'échouement qui s'en était suivi; qu'en conséquence ledit entrepreneur devenait passible des dommages que son imprévoyance avait causés.

Le sieur Granier soutenait de son côté que l'abordage et les avaries qui en étaient résultées provenaient du fait du capitaine qui avait mal manœuvré. Il représentait que l'inactivité des pontons et leur placement, lorsque la mer trop orageuse les empêchait d'opérer, ne dépendaient pas de lui; mais des ingénieurs, des préposés aux travaux et des officiers du port, sous la direction desquels lesdits travaux étaient exécutés; qu'en un mot il était étranger à la direction des ouvrages et au placement des pontons, son devoir se bornant à employer et à payer le nombre des ouvriers qui lui étaient indiqués. Enfin, il offrait d'administrer la preuve de ces faits, tant par enquête que par l'inspection, soit des lieux, soit du navire le Rostoff et par l'avis des officiers du port.

Mais, par jugement du 4 novembre 1814, le tribunal de commerce, sur le vu du rapport des experts et des articles 407 du Code de commerce et 439 du Code de procédure, condamna les entrepreneurs des travaux du port à payer au sieur Prévost la somme de 1379 francs 50 cent. pour les dommages causés à son navire et aux dépens.

Ce jugement était motivé sur ce que le ponton n°. 4 occupait une position nuisible, surtout par le temps qu'il faisait le 13 octobre; qu'il aurait dû être retiré avant même que le navire le Rostoff fut en vue du port: qu'il n'y avait personne à bord du ponton et que c'était par le seul fait de ce ponton que les dommages avaient eu lieu.

Le sieur Granier, après avoir fait constater par procès-verbal, les dommages qu'avaient éprouvés les pontons n°. 2 et 3, et qui s'élevaient à 1296 fr., interjeta appel du jugement du tribunal de commerce, et conclut, 1°. en la forme, à ce qu'attendu que ces pontons étaient la propriété de l'état; que l'entrepreneur des ouvrages de recreusement n'était, d'après son bail, que l'agent du gouvernement; que la contestation n'était que la suite de dispositions administratives, puisqu'il s'agissait préalablement de savoir si l'entrepreneur s'était ou non conformé aux règles qui lui étaient prescrites et aux ordres qu'il était tenu d'exécuter; 2°. qu'au fond les pontons étaient stationnés pour l'exécution du service; que c'était la faute du sieur Prévost si son navire avait été jeté sur deux desdits pontons qu'il devait éviter comme un écueil ou une bouée; et enfin à ce qu'attendu que l'entrepreneur des travaux n'était pas responsable des avaries causées par des tiers aux pontons, le jugement dont était appel fût annullé pour cause d'incompétence *ratione materiæ*.

Le 11 mars 1815, premier arrêt de la Cour royale de Montpellier qui ordonne la mise en cause du préfet.

Par un deuxième arrêt du 24 juin 1815, la cour infirma le jugement du tribunal de commerce, et renvoya la cause et les parties devant l'autorité administrative.

Les motifs de cet arrêt sont « que l'entrepreneur n'est pas seulement entrepreneur des pontons employés au recreusement du port de Cette; mais, qu'il est chargé de faire les travaux sous l'autorité de l'administration publique; que dès-lors si les pontons ont causé des dommages, c'est à l'autorité administrative à décider si l'exposant a causé ces dommages par sa faute ou celle des ouvriers, ou bien si c'est par la position de ces pontons ordonnée par les préposés du gouvernement auxquels l'exposant est soumis par son bail. »

En vertu du renvoi prononcé par cet arrêt, les parties se sont retirées devant le conseil de préfecture du département de l'Hérault qui a pris le 28 mars 1816 un arrêté ainsi conçu :

« Attendu qu'il est constaté par le rapport des experts, nommés d'office et contradictoirement entre les parties, que le navire entrant bien dans le port, malgré la grosse mer, passa sur le cable de l'ancre d'un des pontons sans en éprouver d'obstacle; mais que remontant ensuite le cable traversier dudit ponton, qui était amarré sur le môle et qui barrait l'entrée du port, la tension de la corde força le navire de dériver sur le ponton, et par suite d'échouer sur le sable; lesdits experts, gens de l'art et expérimentés, déclarent de plus qu'après avoir été témoins de l'événement, et s'être encore convaincus des causes par l'inspection même des dommages, ils ont reconnu que c'est par le fait seul du ponton que les dommages ont eu lieu;

» Attendu que les travaux du port étant suspendus depuis plusieurs jours, à cause de la grosse mer, les pontons avaient été laissés dans une position où ils pouvaient nuire, sans qu'il y eût aucun garde à leur bord pour les surveiller, ou pour exécuter les manœuvres propres à prévenir l'abordage;

» Attendu qu'aux termes de l'art. 407 du Code de commerce, dans l'abordage de deux navires, le dommage est payé par celui qui l'a causé;

» Attendu qu'il conste des art. 26 du cahier des charges, 40 et 45 du devis des ouvrages, l'obligation imposée à l'entrepreneur de pourvoir à la garde des pontons dont il est chargé à ses risques et périls, et qu'il entretient à forfait de les surveiller pendant la durée de son bail et de les remettre à l'expiration dans le même état, de sorte que, passible de tous les dommages qu'ils peuvent recevoir, il l'est nécessairement de tous ceux qu'ils peuvent occasionner;

» Attendu que si les sous-détails estimatifs des ouvrages n'allouent des frais de garde que pour la nuit, c'est que l'on était en droit de supposer que les pontons seraient surveillés pendant le jour par un ou plusieurs des ouvriers employés ordinairement aux travaux, l'administration étant d'ailleurs fondée à croire avoir assez assuré la garde de ces bâtimens, en l'imposant pour condition expresse à l'entrepreneur en le rendant passible de leur perte ;

» Attendu que, d'une part, l'entrepreneur, quoique soumis aux ordres des ingénieurs qui dirigent les travaux, demeure néanmoins responsable des pontons, pendant que les travaux s'exécutent ; à plus forte raison quand ils sont suspendus, comme ils l'étaient en effet, à l'époque de l'entrée du navire ; que d'autre part, les officiers chargés de la police du port, quoique maîtres d'assigner aux pontons, comme à tout autre navire, telle position qu'ils jugent convenable pour la sûreté de la navigation, n'ont pu, dans aucun cas, soit qu'ils aient ordonné un déplacement le 11 octobre, soit qu'ils n'en aient pas ordonné le 13, jour de l'événement, relever de sa responsabilité et de sa surveillance l'entrepreneur qui est tenu, à l'une comme à l'autre, par son bail.

» Attendu que la demande en dommages du sieur Zoé Granier contre le sieur Prévost, après le terme fixé par la loi, est irrégulière et non recevable ; que les experts nommés sans la participation de la partie adverse, et après qu'un jugement était intervenu, n'ont procédé à la vérification des dommages allégués qu'un mois après qu'ils auraient eu lieu ; attendu qu'il demeure prouvé dans la cause que c'est le navire qui a éprouvé les véritables dommages, et par le fait seul du ponton.

» Arrête : 1°. la somme de 1379 francs 50 centimes, comptée provisoirement au sieur Prévost, par le sieur Zoé Granier, en vertu du jugement du tribunal de commerce de Cette, du 4 novembre 1814, est adjugée audit Prévost, à raison des avaries que son navire a reçues par le fait de l'abordage d'un des pontons servant au recreusement du port ; 2°. le sieur Zoé Granier est condamné en outre au paiement des dépens, etc. »

C'est contre cet arrêté que le sieur Granier s'est pourvu au Conseil d'état.

Sur la défense respective des parties qui reproduisirent les moyens qu'ils avaient déjà fait valoir, intervint l'ordonnance dont la teneur suit :

LOUIS, etc. ; — Sur le rapport du comité du contentieux ;

Vu la requête à nous présentée par le sieur Zoé Granier, demeurant à Montpellier, adjudicataire des ouvrages du recreusement du port de Cette ; ladite requête enregistrée au secrétariat du comité du contentieux de notre Conseil d'état, le 5 juillet 1816, et tendante à ce qu'il nous plaise casser et annuller un arrêté du conseil de préfecture du département de l'Hérault, en date du 28 mars 1816, lequel adjuge au sieur Prévost, capitaine du navire de commerce le Rostoff, la somme de 1379 francs 50 centimes, comptée provisoirement audit sieur Prévost, par le sieur Zoé Granier, en vertu d'un jugement du tribunal de commerce de Cette, et à raison des avaries que son navire a reçues par le fait de l'abordage d'un des pontons servant au recreusement du port ;

Vu la requête en défense, présentée par le sieur Louis Prévost, commandant, en qualité de capitaine, le navire français nommé *le Commerce de Rostoff* ; ladite requête enregistrée au secrétariat du comité du contentieux de notre Conseil d'état, le 28 novembre 1816, et concluant au maintien de l'arrêté du conseil de préfecture, attaqué ;

Vu le jugement du tribunal de commerce de la ville de Cette, lequel, sur le rapport d'experts nommés par lui, condamne le sieur Granier à payer au sieur Prévost le montant des dommages soufferts par son navire ;

Vu l'arrêt de la Cour royale de Montpellier, en date du 24 juin 1815, sur l'appel interjeté par le sieur Zoé Granier, lequel met l'appellation, et ce dont est appel au néant, et disant droit sur le moyen d'incompétence, renvoie la cause et les parties devant l'autorité administrative compétente, avec connaissance des dépens exposés devant le tribunal de commerce et en la Cour ;

Vu l'arrêté du conseil de préfecture du département de l'Hérault, en date du 28 mars 1816 ;

Vu le bail du 20 janvier 1813, comprenant le devis des ouvrages à exécuter au port de Cette, et les conditions imposées à l'adjudicataire de ces travaux ;

Ensemble toutes les pièces jointes au dossier de l'affaire ;

Considérant que, sur le renvoi de la cause, fait par la Cour royale de Montpellier, le conseil de préfecture devait se borner à juger la question relative à la responsabilité imposée au sieur Zoé Granier, par les clauses de son marché avec l'administration ; qu'ayant prononcé sur ce point, il devait renvoyer les parties devant les tribunaux ordinaires pour y débattre la question de dommages et intérêts ; qu'ainsi il est sorti des bornes de sa compétence en prononçant sur leur évaluation, et en faisant l'application de l'article 407 du Code de commerce ;

Notre Conseil d'état entendu,

Nous avons ordonné et ordonnons ce qui suit :

Art. 1er. L'arrêté du conseil de préfecture du département de l'Hérault, du 28 mars 1816, est annullé, seulement en ce qu'il prononce sur la question de dommages et intérêts, et sur les dépens faits devant les tribunaux ; les parties sont renvoyées devant les tribunaux, pour y faire statuer sur lesdits points.

2. Les dépens de l'instance, devant notre Conseil d'état, seront compensés entre les parties.

3. Notre garde des sceaux ministre secrétaire d'état de la justice et notre ministre secrétaire d'état de l'intérieur sont chargés, chacun en ce qui le concerne, de l'exécution de la présente ordonnance.

Ordonnance du 14 mai 1817. (2637)

N°. 7.

ADJUDICATION.—Prix.(réduction d')—Erreur.

Un adjudicataire de domaines nationaux n'est pas fondé à demander une réduction de prix pour erreur prétendue dans la quotité des objets adjugés, si l'adjudicataire doit s'imputer toute méprise, l'affiche de vente désignant avec précision ce que comprenait le lot dont il était enchérisseur.

(Le sieur Devaux.—C.—la Régie des domaines.)

LOUIS, etc.; — Sur le rapport du comité du contentieux;

Vu le rapport de notre ministre secrétaire d'état au département des finances, par lequel il conclut à l'annullation d'un arrêté du conseil de préfecture du département du Jura, du 21 juillet 1815, qui restreint à la somme de 707 francs 14 centimes le prix de la vente faite, le 4 avril précédent, au sieur Devaux, de la propriété de la seconde herbe du pré dit *de la Frairie*, commune de Poille;

Vu la requête en défense du sieur Pierre-Célestin Devaux, propriétaire à Patornay, département du Jura; ladite requête enregistrée au secrétariat du comité du contentieux de notre Conseil d'état, le 26 mars 1817, et tendante à ce qu'il nous plaise maintenir ledit arrêté du conseil de préfecture, et condamner l'administration des domaines aux dépens;

Vu l'arrêté du conseil de préfecture attaqué;

Vu l'extrait de l'affiche, n°. 229, des biens à vendre à Lons-le-Saulnier, en exécution de la loi du 20 mars 1813;

Vu le procès-verbal d'adjudication en faveur du sieur Devaux, de la propriété désignée au huitième lot de ladite affiche, et consistant dans les secondes herbes du pré de la Frairie;

Ensemble toutes les pièces comprises au dossier de l'affaire;

Considérant que la demande formée par le sieur Devaux, en réduction du prix de son adjudication, se fonde sur la suppostion d'une méprise qu'il ne pourrait s'imputer qu'à lui-même, puisque l'affiche de vente désignait avec précision ce que comprenait le lot dont il était enchérisseur; que dès-lors, sur cette seule supposition d'erreur du fait de l'adjudicataire, le conseil de préfecture ne pouvait être autorisé à restreindre à 707 f. 14 cent. le prix d'une adjudication que la concurrence des enchères avait régulièrement élevée à 1650 fr.;

Notre Conseil d'état entendu,

Nous avons ordonné et ordonnons ce quit suit:

Art. 1er. L'arrêté du conseil de préfecture du département du Jura, en date du 21 juillet 1815, est annullé.

2. Notre ministre secrétaire d'état des finances est chargé de l'exécution de la présente ordonnance.

Ordonnance du 14 mai 1817. (2636)

N°. 8.

PROPRIÉTÉ. — Limites. — Adjudication. — Acte administratif.—Interprétation. — Compétence.

Une contestation qui a pour objet une question de propriété entre deux acquéreurs par adjudication administrative, si cette question ne peut être décidée que par l'interprétation des actes respectifs d'adjudication, comme, par exemple, dans le cas où il s'agirait de la délimitation de deux propriétés contiguës, doit être portée devant l'autorité administrative et non devant les tribunaux.

(Le sieur Justin.—C.— Le sieur Saint-Requier.)

Le 17 juin 1813, le sieur Justin se rendit adjudicataire, devant le conseil de préfecture du département de la Seine-Inférieure, des marais de la commune de Veulettes, situés dans l'arrondissement d'Yvetot, et cédés à la caisse d'amortissement d'après la loi du 20 mars 1813.

Le sieur Justin ayant fait élever une digue et creuser des fossés pour enclore lesdits marais, devenus sa propriété, et les garantir des inondations causées par le débordement de la rivière de Durdent, le sieur Saint-Requier, propriétaire d'une prairie nationale, provenant des anciens religieux de Fécamp, laquelle est contiguë aux marais de Veulettes, prétendit qu'il était en possession d'une partie du terrain sur lequel le sieur Justin avait fait exécuter ses travaux.

En conséquence, le sieur Saint-Requier introduisit une instance devant le juge de paix de Cany, pour voir dire qu'il serait maintenu dans la possession du terrain qu'il prétendait lui appartenir et que défense serait faite au sieur Justin, d'y porter atteinte à l'avenir et condamner ce dernier à lui payer des dommages intérêts pour les entreprises qu'il s'était indûment permises sur ledit terrain.

Mais le sieur Justin porta la contestation devant le conseil de préfecture de la Seine-Inférieure, pour faire prononcer sur la fixation des limites de l'adjudication à lui consentie, ainsi que sur celle des limites de la prairie nationale dont le sieur Saint-Requier s'était rendu acquéreur.

Néanmoins le juge de paix de Cany, sur le motif qu'il ne s'agissait, dans l'espèce, que d'une simple question de possession sur laquelle il n'appartenait qu'à l'autorité judiciaire de statuer, se déclara compétent, par jugement du 1er. juin 1814; et ordonna que le sieur Justin défendrait sur *l'action possessoire* intentée pas le sieur Saint-Requier.

Ce jugement de compétence fut suivi d'un jugement définitif rendu, le 14 du même mois, par défaut contre le sieur Justin, qui maintient le sieur Requier dans la possession du terrain litigieux.

Le sieur Justin interjeta appel de ce jugement, devant le tribunal civil d'Yvetot, qui le confirma par son jugement du 15 juin 1815.

Le sieur Justin s'adressa de nouveau à l'autorité administrative pour y faire prononcer sur *l'action pétitoire* par lui précédemment introduite devant cette autorité.

Mais, par arrêté du 19 juin 1816, le conseil de préfecture du département de la Seine-Inférieure, se déclara incompétent pour juger le *pétitoire*, et renvoya le sieur Justin devant les tribunaux.

Cet arrêté était ainsi motivé :

« Considérant que la portion de terrain en litige est réclamée par le sieur de Saint-Requier comme dépendante du terrain à lui adjugé par suite de l'expropriation exercée sur le sieur de Saint-Ouen, pardevant le tribunal d'Yvetot ;

» Que, d'après une ordonnance du Roi, du 10 février 1816, l'avis du Conseil d'état du 18 juin 1809, qui attribuait aux conseil de préfecture le jugement des usurpations de terrains communaux, n'est applicable *que lorsque la qualité communale du terrain n'est pas contestée*, et que, dans le cas contraire, les tribunaux ordinaires sont juges de la question de propriété. »

C'est contre cet arrêté que le sieur Justin s'est pourvu au conseil d'état, pour en obtenir l'annulation et le renvoi de la cause et des parties devant le même conseil de préfecture de la Seine Inférieure.

Pour appuyer cette demande, il soutenait, entre-autres motifs ;

Que, s'agissant, dans l'espèce d'une question de propriété entre deux acquéreurs par ventes administratives, et la solution n'en pouvant avoir lieu que par l'interprétation des actes de ventes, c'était, aux termes des lois des 16 fructidor an 3, 28 pluviose an 8, et de l'arrêté du gouvernement, du 5 fructidor an 9, à l'autorité administrative seule, qu'il appartenait de prononcer sur cette question ;

Que l'avis du Conseil d'état du 18 juin 1809, ni l'interprétation donnée à cet avis par l'ordonnance du 10 février 1816, n'était applicable à l'espèce, en ce que cet avis n'était relatif qu'aux usurpations de biens communaux faites depuis la loi du 10 juin 1793, jusqu'à celle du 9 ventose an 12 ; qu'ainsi il était étrange que le conseil de préfecture se fût fondé sur l'avis précité, qui n'avait nullement trait à l'affaire, pour se déclarer incompétent ;

Que la fausse interprétation de l'ordonnance du 10 février 1816, n'était pas moins évidente, puisque cette ordonnance n'avait pour objet que l'annullation d'un arrêté du conseil de préfecture du département de l'Yonne, qui avait ordonné la restitution à la commune de Moniteau d'un terrain formé par alluvion sur les bords de cette rivière, quoique le propriétaire de ce terrain le réclamât en vertu de titres anciens et de sa possession immémoriale ;

Que la seule question à décider par le conseil de préfecture, était celle de savoir quelle était l'étendue à donner, soit à l'adjudication faite à lui Justin, soit à l'adjudication faite au sieur Saint-Requier ; que la solution de cette question ne pouvait être donnée que par l'autorité qui avait consenti l'une et l'autre adjudication ; or, que c'était incontestablement à l'autorité administrative seule, qu'il appartenait d'interpréter des actes émanés d'elle.

C'est aussi ce qui a été décidé par l'ordonnance dont la teneur suit :

LOUIS, etc. ; — Sur le rapport du comité du contentieux ;

Vu la requête à nous présentée par le sieur Jean-Alexandre-Dominique-Justin, fils aîné, marchand de bois à Rouen, ladite requête enregistrée au secrétariat du comité du contentieux de notre Conseil d'état le 22 août 1816, et tendante à ce qu'il nous plaise annuller un arrêté du 19 juin 1816, par lequel le conseil de préfecture du département de la Seine-Inférieure a refusé de prononcer sur la contestation qui lui était soumise, et a renvoyé les parties devant les tribunaux compétens : ladite requête communiquée par exploit du 8 janvier 1817, en vertu de l'ordonnance de notre chancelier de France, en date du 8 novembre 1816, au sieur Saint-Requier, qui n'a produit aucune défense dans les délais fixés par les réglemens ;

Vu l'arrêté attaqué du conseil de préfecture du département de la Seine-Inférieure, sous la date du 19 juin 1816 ;

Vu le jugement de compétence du juge de paix de Cany, arrondissement d'Yvetot, du 1er. juin 1814, le jugement définitif dudit juge de paix, du 14 du même mois ; et le jugement confirmatif du tribunal de 1re. instance séant à Yvetot, du 15 juin 1815 ;

Ensemble toutes les pièces comprises au dossier de l'affaire ;

Considérant que le conseil de préfecture était tenu de prononcer dans la contestation qui lui était soumise par le sieur Justin, puisqu'elle présentait une question de propriété entre deux acquéreurs par adjudication administrative, et que cette question, devant se décider par l'interprétation des actes d'adjudication des parties respectives, était exclusivement de sa compétence ;

Notre Conseil d'état entendu ;

Nous avons ordonné et ordonnons ce qui suit :

Art. 1er. L'arrêté du conseil de préfecture du département de la Seine-Inférieure, en date du 19 juin 1816, est annullé.

2. Notre garde des sceaux ministre secrétaire d'état de la justice et notre ministre secrétaire d'état de l'intérieur sont chargés, chacun en ce qui le concerne, de l'exécution de la présente ordonnance.

Ordonnance du 14 mai 1817. (2638)

N°. 9.

ACQUÉREURS NATIONAUX.—Adjudication.—Interprétation.

Lorsque des biens nationaux ont été adjugés tels qu'ils étaient jouis par les fermiers, s'il s'élève une contestation sur la consistance de ceux des biens dont les fermiers jouissaient ou devaient jouir, les parties doivent procéder ou être renvoyées devant les tribunaux ordinaires; c'est-là une question d'application et non d'interprétation du titre.

(Le sieur Duret. — C. — le sieur de Kerguisiau de Kvasdoué.)

LOUIS, etc.; — Sur le rapport du comité du contentieux;

Vu la requête à nous présentée par le sieur Pierre Duret, ancien chirurgien-major de la marine au port de Brest; ladite requête enregistrée au secrétariat du comité du contentieux de notre Conseil d'état, le 4 septembre 1816, et tendante à ce qu'il nous plaise annuller un arrêté du conseil de préfecture du département du Finistère, du 28 février précédent, et déclarer inadmissible et mal fondée la réclamation du sieur de Kerguisiau de Kvasdoué, touchant les bois et avenues du domaine de Lamotte, comme étant réellement compris dans la vente faite audit sieur Duret le 25 fructidor an 3;

L'ordonnance *de soit communiqué* au sieur de Kerguisiau de Kvasdoué, rendue, sur ladite requête le 21 septembre 1815;

La requête en défense, fournie au nom du comte Honoré-Claude Charles de Kergui iau de Kvasdoué, demeurant dans la commune de Treflevenez, près Landernau, fils de feu sieur de Kerguisiau de Kvasdoué, ancien propriétaire des biens acquis par ledit sieur Duret, ladite requête signifiée le 22 février 1817, et tendante à ce que la requête du sieur Duret soit rejetée, et à ce qu'il soit condamné aux dépens;

La réplique dudit sieur Duret, signifiée le 13 mars 1817,

Le procès verbal de vente et adjudication passé le 25 fructidor an 3, par le directoire du district de Brest, au profit dudit sieur Duret, du ci-devant manoir de Lamotte et dépendances situé dans la commune de Lannilis, et provenant du sieur de Kerguisiau de Kvasdoué, émigré;

Les procès-verbaux d'estimation dudit domaine, des 6, 7, 8 et 9 germinal an 2,

Deux expéditions, dont une a été produite par chacune des parties du bail de la métairie de Lamotte, consenti le 27 juin 1788, devant Mevel et son confrère, notaires à Brest, par le feu sieur Charles-Marie de Kerguisiau de Kvasdoué au profit de Laurent Léon et de Gouleveu Léon père et fils;

Autre bail de partie du manoir de Lamotte et dépendances, avec cour et jardin, deux vergers, avenues et bois en dépendant, adjugé, après enchères, par le directoire du district de Brest, à Jean Olive, le 17 octobre 1793;

L'exploit de congé donné le 24 floréal an 4, à la requête dudit sieur Duret, à Mathieu Thomas, des terres et maison par lui tenues à ferme dudit sieur de Kerguisiau de Kvasdoué; et le nouveau bail desdits biens, consenti par ledit sieur Duret audit Thomas, le 30 thermidor an 4, devant Fercoc et son confrère, notaires à la résidence du canton de Lannilis;

L'arrêté du conseil de préfecture du département du Finistère, du 28 février 1816, pris contradictoirement entre ledit sieur de Kerguisiau de Kvasdoué et ledit sieur Duret, lequel arrêté déclare qu'il n'a été vendu au sieur Duret par l'administration du district de Brest, le 23 fructidor an 3, de la terre de Lamotte en Lannilis que les terres et maisons qui étaient affermées aux nommés Léon et consorts, par bail expirant en 1795, et renvoie les parties devant le tribunal compétent pour déterminer ce qui faisait ou ne faisait pas partie du bail, tant en maisons qu'en pièces de terre, lesquelles seules, est-il dit, avec les bois sur le terrain ou sur les fossés, sont compris dans la vente;

Le plan des lieux produit par le sieur Duret;

Ensemble toutes les autres pièces;

Considérant que le procès-verbal d'adjudication susdit, passé au profit du sieur Duret le 25 fructidor an 3, se réfère uniquement, pour la désignation des biens vendus, à un bail consenti en faveur de Laurent Léon, de Jean Olive et de Mathurin Thomas, et devant expirer en 1795; que, cependant, le bail susdit du 27 juin 1788 dont l'expiration était effectivement fixée au jour de Saint-Michel 1795, avait été passé seulement au profit de Laurent Léon et de Gouleveu Léon, père et fils, et que les parties du domaine de Lamotte, qui étaient tenues par Jean Olive et Mathieu Thomas, lors de la vente susdite, du 25 fructidor an 3, leur avaient été affermées par des baux particuliers, ainsi qu'il résulte du bail du 17 octobre 1793, et de l'exploit de congé du 24 floréal an 4, précédemment visés; qu'en conséquence, et ainsi qu'il est reconnu par chacune des parties, il y a erreur, tant dans le procès-verbal d'adjudication du 25 fructidor an 3, que dans l'arrêté du conseil de préfecture du département du Finistère, du 28 février 1816, en ce qui concerne l'énonciation d'un seul bail, passé collectivement auxdits Léon, Olive et Thomas, et que cette erreur doit être rectifiée;

Considérant que le bien mis en vente est désigné dans le procès-verbal d'adjudication du 25 fructidor an 3, sous la dénomination de manoir de Lamotte et dépendances; que les objets tenus à ferme, tant par les nommés Léon, père et fils, que par lesdits Olive et Thomas, formaient des dépendances du bien connu sous cette dénomination; que le bail du 27 juin 1788, passé auxdits Léon père et fils, comprenait seulement la métairie de Lamotte, qui n'était que la principale partie du domaine de ce nom; que le sieur Duret a joui, depuis l'an 3, et sans que la régie des domaines ait fait aucune réclamation des biens qui étaient affermés auxdits Léon, Olive et Thomas; et que, de ces circonstances réunies, résulte la preuve que l'administration a entendu comprendre tous lesdits biens dans ladite vente;

Considérant que ledit conseil de préfecture, après avoir posé dans son susdit arrêté les véritables règles de la compétence au sujet de la revendication des bois et avenues du domaine de Lamotte, y a contrevenu dans la dernière partie dudit arrêté, en décidant lui-même, en même temps qu'il prononce le renvoi devant les tribunaux, que les maisons et pièces de terre étaient seules comprises dans la vente, avec les bois sur le terrain ou sur les fossés; que lesdites réclamations ne pouvant être jugées, ainsi que le conseil de préfecture l'a reconnu, qu'au moyen de documens pris hors des actes administratifs, la connaissance ne peut en appartenir qu'aux tribunaux, auxquels elles doivent être renvoyées dans leur entier;

Notre Conseil d'état entendu,

Nous avons ordonné et ordonnons ce qui suit:

Art. 1er. Les biens compris dans les vente et adjudication susdites du 25 fructidor an 3, sont déclarés être ceux dépendans du domaine dit *le manoir de Lamotte*, qui avaient été confisqués sur le feu sieur Charles-Marie de Kerguisiau de Kvasdoué, et qui étaient tenus à ferme, à l'époque de ladite vente, par lesdits Léon, père et fils, Olive et Thomas.

2. En cas de contestation sur la consistance de ceux desdits biens, dont les fermiers jouissaient ou devaient jouir, les parties sont renvoyées à procéder devant les tribunaux ordinaires.

3. L'arrêté du conseil de préfecture du département du Finistère, du 28 février 1816, est annulé, en ce qui est contraire aux présentes dispositions.

4. Les dépens sont compensés entre les parties.

5. Notre ministre secrétaire d'état des finances est chargé de l'exécution de la présente ordonnance.

Ordonnance du 14 mai 1817. (2639)

N°. 10.

PATENTE. — Banquier. — Preuves.

Pour déterminer si un banquier a cessé de devoir le droit de patente, ou bien s'il a cessé d'être banquier, il suffit que, de la part du banquier, il y ait eu déclaration à la mairie, portant qu'il cesse l'état de banquier, il n'est pas nécessaire qu'il justifie de cette cessation par un certificat de notoriété des autorités locales.

(Le sieur Pignol.)

LOUIS, etc.; — Sur le rapport du comité du contentieux;

Vu la requête à nous présentée par le sieur Auguste Pignol, propriétaire à Toulon; ladite requête enregistrée au secrétariat du comité du contentieux de notre Conseil d'état, le 25 janvier 1817, et tendante à obtenir l'annullation d'un arrêté du conseil de préfecture du département du Var, du 3 novembre 1815, qui rejette sa demande en exemption du paiement de la patente à laquelle il avait été imposé comme banquier, pour 1815, et concluant en outre au remboursement de la somme payée pour le montant de ladite patente;

Vu ledit arrêté du conseil de préfecture, qui fonde le rejet de la réclamation du sieur Pignol, en exemption du paiement de la patente de 1815, sur le motif que la déclaration par lui faite à la mairie, qu'il avait cessé l'état de banquier, n'était pas suffisante;

Vu un second arrêté du 12 octobre 1816, qui, sur la nouvelle réclamation du sieur Pignol, appuyée de certificats du tribunal de commerce de Toulon, du receveur général et des négocians, attestant que le sieur Pignol avait cessé l'état de banquier dès 1813, déclare ne pouvoir réformer son premier arrêté, sauf au sieur Pignol à se pourvoir devant le Conseil d'état;

Vu la déclaration faite par le sieur Pignol, le 23 décembre 1813, devant le maire de Toulon, et par laquelle il annonce qu'à dater de cette époque, il cesse d'exercer la profession de banquier;

Vu la réponse de notre ministre secrétaire d'état des finances, à la communication de la requête du sieur Pignol, dans laquelle il estime que la déclaration faite à la mairie par le sieur Pignol, devait suffire pour constater qu'il avait quitté la profession de banquier, et que les certificats délivrés par le tribunal de commerce et les autorités du département, prouvent surabondamment la cessation de l'état de banquier, exercé par le sieur Pignol;

Notre Conseil d'état entendu,

Nous avons ordonné et ordonnons ce qui suit:

Art. 1er. L'arrêté du conseil de préfecture du département du Var, en date du 3 novembre 1815, est annullé.

2. Le sieur Pignol sera remboursé du montant de la patente de 1815 et de celle de 1816, si le paiement en a été exigé.

3. Notre ministre secrétaire d'état des finances est chargé de l'exécution de la présente ordonnance.

Ordonnance du 14 mai 1817. (2642)

N°. 11.

ADMINISTRATION DE TUTELLE. — Etablissemens publics. — Préfet.

Dans les actes d'un préfet, il ne faut pas confondre ce qui tient à ses fonctions comme tuteur d'un hospice, et ce qui est dans ses attributions comme agent administrateur: au deuxième cas, il ordonne, sauf recours au ministre; dans le premier cas, il ne fait que don-

ner son concours à une convention privée, dont l'effet doit être soumis aux tribunaux.

(Les hospices de Metz. — C. — le sieur Labarre.)

LOUIS, etc.; — Sur le rapport du comité du contentieux;

Vu la lettre en date du 5 février 1817, par laquelle notre ministre secrétaire d'état au département de l'intérieur a transmis à notre garde des sceaux ministre secrétaire d'état au département de la justice, un arrêté du préfet du département de la Moselle, en date du 9 novembre 1816, lequel a élevé le conflit à raison d'un jugement rendu par le tribunal de première instance, séant à Metz, dans une contestation existante entre les hospices de Metz et le sieur Labarre, au sujet du changement de destination d'un moulin à eau appartenant auxdits hospices;

Vu ledit arrêté;

Vu le jugement du tribunal de première instance, séant à Metz, en date du 5 novembre 1816,

Vu une lettre du préfet du département de la Moselle, en date du 4 décembre suivant;

Vu l'arrêté du 9 mars 1798, concernant l'établissement des usines;

Vu un arrêté du gouvernement, en date du 28 pluviose an 11;

Ensemble toutes les pièces jointes au dossier;

Considérant que la conversion de l'usine en moulin à tan n'étant opérée qu'en vertu d'une concession faite par l'administration des hospices à son fermier, et approuvé simplement par le préfet, comme tuteur de ces établissemens, il n'en résulte pas pour le cours d'eau et l'usine dont il s'agit, un nouveau réglement fait, suivant les formes prescrites par les lois dans l'intérêt public et des propriétaires riverains; qu'il n'y a dans l'espèce qu'une simple contestation entre propriétaires, qui doit être jugée par les tribunaux, d'après les anciens réglemens faits par l'administration pour le cours d'eau et l'usine dont il s'agit; et que si les hospices de Metz veulent obtenir, au sujet de ladite usine, un réglement nouveau, ils doivent se pourvoir devant l'autorité administrative, qui statuera sur leur demande, dans les formes voulues par les lois.

Notre Conseil d'état entendu,

Nous avons ordonné et ordonnons ce qui suit:

Art. 1er. L'arrêté de conflit pris par le préfet du département de la Moselle, le 9 novembre 1816, est annullé.

2. Notre garde des sceaux ministre secrétaire d'état de la justice et notre ministre secrétaire d'état de l'intérieur sont chargés, chacun en ce qui le concerne, de l'exécution de la présente ordonnance.

Ordonnance du 14 mai 1817. (2643.)

N°. 12.

1°. JUIFS. — ISRAÉLITES. — CONSISTOIRE. — CONVENTIONS.

2°. GARANTIE. — COMPÉTENCE.

1°. *Un fournisseur qui a traité avec le consistoire des israélites pour une fourniture ordonnée par réquisition sur les juifs, est autorisé à se pourvoir directement contre les membres du consistoire, bien que ceux-ci aient ultérieurement traité avec l'administration et puissent exercer contre elle un recours: en ce cas l'action est judiciaire et non administrative;*

2°. *En d'autres termes, la garantie qu'un particulier peut avoir à exercer contre l'administration, par suite de la demande formée contre lui par un tiers, n'est pas une cause qui fasse cesser la compétence originaire des tribunaux.*

(Le sieur Samson Joseph.)

LOUIS, etc.; — Sur le rapport du comité du contentieux;

Vu l'arrêté du préfet du département du Haut-Rhin, en date du 24 décembre 1816, transmis au comité du contentieux de notre Conseil d'état, par notre ministre secrétaire d'état de l'intérieur, et enregistré au secrétariat dudit comité, le 12 février 1817, sous le n°. 3198; par lequel arrêté notredit préfet a élevé le conflit d'attribution entre le tribunal de première instance séant à Colmar, et lui, à raison du jugement rendu par ce tribunal, le 25 juillet 1816, entre Samson Joseph, israélite du pays de Bade, outre Rhin, et les membres du consistoire de la communauté israélite de Wintzenheim, département du Haut-Rhin, et par lequel il a rejeté le déclinatoire proposé par ces derniers, pour cause d'incompétence, contre la demande dudit Samson Joseph, tendante à obtenir contre eux condamnation au paiement d'un mandat à lui fourni par eux, sur leurs receveurs spéciaux d'une contribution par eux assise et répartie sur la communauté, pour le prix d'une fourniture de souliers effectuée par lui pour leur compte, en vertu d'une adjudication au rabais par eux faite à Colmar, le 12 mai 1814, par suite d'une contribution frappée sur les israélites par les généraux des troupes alliées;

Vu le procès-verbal de ladite adjudication, duquel il résulte que, sur la représentation du bon de livraison de ladite fourniture, le consistoire s'est obligé à lui fournir son mandat sur ses receveurs spéciaux, de la contribution par lui imposée pour le paiement des fournitures qui avaient été requises sur la communauté;

Vu le mandat conforme à cette convention, par lui délivré audit Samson Joseph, le 20 mai 1814;

Les arrêtés de notredit préfet, par lesquels, postérieurement à l'exécution de la convention et à la délivrance du mandat, en faisant verser dans la caisse du département le produit de la contribution, et en déclarant que, par ce versement, la communauté israélite et son consistoire étaient pleinement libérés, il s'est formellement engagé à acquitter le montant des fournitures déjà faites et non acquittées, et notamment celle dont il s'agit, sans que cet engagement ait été rempli jusqu'à présent ;

La demande dirigée par Samson Joseph, devant le tribunal de première instance séant à Colmar, contre les membres du consistoire, à fin de paiement du mandat par eux souscrit ; ledit mandat ; le déclinatoire par eux proposé ; ensemble la procédure tenue sur cette demande jusqu'à l'arrêté de conflit ;

Considérant que Samson Joseph, israélite non régnicole, a traité directement avec les membres du consistoire français de Wintzenheim, sous la foi d'un acte synallagmatique intervenu entre eux et lui, et contenant l'engagement de lui payer le prix de la fourniture par lui entreprise, en un mandat payable sur leurs receveurs spéciaux de la contribution par eux répartie et recouvrée sur la communauté, et dont ils se trouvaient dépositaires et comptables envers les parties intéressées ;

Que Samson Joseph a exécuté ses engagemens et qu'il a reçu le mandat de paiement qui le constate, dans les formes convenues en l'acte d'adjudication ;

Considérant que Samson Joseph a été étranger aux arrangemens postérieurs par lesquels l'administration française s'est mise à la place du consistoire ; qu'il n'y a pas été appelé, qu'il n'y a pas concouru et n'a point accepté l'espèce de délégation résultante de l'engagement qu'y avait contracté expressément le préfet, de lui payer le montant de sa créance, engagement qui n'a reçu depuis aucune exécution ;

Que dès-lors Samson Joseph n'a ni titre ni action contre l'administration française ; qu'il n'en a que contre ceux avec lesquels il a traité, et du mandat desquels il est porteur ; et que c'est à ceux-ci à exercer contre l'administration le recours qui résulte des engagemens qu'elle a contractés envers eux ;

Notre Conseil d'état entendu,

Nous avons ordonné et ordonnons ce qui suit :

Art. 1er. L'arrêté de conflit pris par le préfet du département du Haut-Rhin, le 24 décembre 1816, est annullé.

Les parties continueront de procéder devant les tribunaux ordinaires.

2. Les dépens demeureront réservés pour être supportés par celle des parties qui succombera.

3. Notre garde des sceaux, ministre secrétaire d'état de la justice et notre ministre secrétaire d'état de l'intérieur sont chargés, chacun en ce qui le concerne, de l'exécution de la présente ordonnance.

Ordonnance du 14 mai 1817. (2644)

N°. 13.

MISE EN JUGEMENT. — Preuves.

Un garde forestier inculpé d'avoir blessé une femme d'un coup de sabre dans la forêt gardée, n'est pas mis en jugement si les informations faites n'offrent pas de preuves du délit, si d'ailleurs il s'élève des témoignages favorables au garde inculpé.

(Le sieur Damien Missoux.)

LOUIS, etc. ; — Sur le rapport du comité du contentieux.

Vu une lettre de notre procureur-général près notre Cour royale de Riom, en date du 26 octobre 1816, transmettant à notre chancelier, chargé par intérim du portefeuille du ministère de la justice, une procédure instruite devant le juge d'instruction du tribunal de première instance d'Ambert, département du Puy-de-Dôme, contre Damien Missoux, garde forestier, demeurant à Fournols, prévenu d'excès et de mauvais traitemens commis dans l'exercice de ses fonctions ;

Vu la plainte reçue, le 19 mai 1816, par le maire de la commune d'Echandelis, d'Anne Communale, femme Chonion, portant que ledit jour, le garde Missoux aurait blessé la plaignante au poignet droit, d'un coup de sabre, dans la forêt du grand bois ;

Vu l'avis favorable de notre procureur-général près la Cour de Riom ;

Vu toutes les autres pièces de la procédure, et notamment les deux informations y jointes, et dans lesquelles quatorze témoins ont été entendus ;

Considérant que la plainte d'Anne Communale, femme Chonion, n'est appuyée par aucun des témoignages recueillis dans les deux informations ;

Notre Conseil d'état entendu,

Nous avons ordonné et ordonnons ce qui suit :

Art. 1er. Il n'y a lieu d'autoriser la continuation des poursuites commencées contre le nommé Damien Missoux, pour les faits ci-dessus énoncés.

3. Notre garde des sceaux, ministre secrétaire d'état de la justice et notre secrétaire d'état des finances sont chargés, chacun en ce qui le concerne, de l'exécution de la présente ordonnance.

Ordonnance du 14 mai 1817. (2647)

N°. 14.

VOIRIE. (GRANDE) — COMPÉTENCE.

C'est à l'autorité administrative, et non aux tribunaux ordinaires, qu'il appartient de connaître de toute contravention en matière de grande voirie. (Loi des 28 pluviose an 8 et 29 floréal an 10.)

(Le sieur Lucotte.)

LOUIS, etc.; — Sur le rapport du comité du contentieux,

Vu l'arrêté de conflit pris le 3 janvier 1817, par le préfet du département de la Côte-d'Or, relativement à une contravention de grande voirie commise par le sieur Lucotte, et sur laquelle sont intervenus un jugement du juge de paix du canton de Pouilly, et un jugement du tribunal de première instance séant à Beaune, rendu par défaut;

Vu l'extrait des minutes du greffe de la justice de paix du canton de Pouilly-en-Montagne, arrondissement de Beaune, département de la Côte-d'Or;

Vu le jugement du tribunal de première instance séant à Beaune;

Considérant qu'il s'agit d'une contravention de grande voirie, et que les lois des 28 pluviose an 8 et 29 floréal an 10, attribuent à l'autorité administrative la connaissance des affaires de cette nature;

Notre Conseil d'état entendu,

Nous avons ordonné et ordonnons ce qui suit:

Art. 1er. L'arrêté de conflit du préfet du département de la Côte-d'Or, en date du 3 janvier 1817, est confirmé.

2. Notre garde des sceaux ministre secrétaire d'état de la justice, et notre ministre secrétaire d'état de l'intérieur, sont chargés, chacun en ce qui le concerne, de l'exécution de la présente ordonnance.

Ordonnance du 14 mai 1817. (2645)

N°. 15.

PONTS ET CHAUSSÉES. — CONTENTIEUX.

L'entrepreneur d'un pont dont l'adjudication a été annullée par l'établissement d'une régie pour l'exécution des mêmes travaux, s'il se plaint de la décision qui lui refuse une indemnité suffisante, ne peut saisir le comité du Conseil d'état de la demande relative à l'indemnité, qu'après s'être pourvu devant le ministre compétent. — Le ministre doit également connaître, avant le Conseil d'état, de toute demande relative à la liquidation des comptes de l'entrepreneur.

(Le sieur Delachaussée.)

En 1811, le sieur Delachaussée se rendit adjudicataire de l'entreprise d'un pont à construire sur la Seine à Rouen.

Le 31 octobre 1812, un arrêté du préfet de la Seine-Inférieure, interdit au sieur Delachaussée la continuation des travaux, et les met en régie; le motif de cette mesure fut, le défaut d'exécution des clauses de l'adjudication de la part du sieur Delachaussée.

En cet état, le sieur Delachaussée s'adressa au conseil de préfecture, soutenant 1°. que l'on n'avait pas eu le droit d'établir une régie pour le remplacer; 2°. qu'il lui était dû des sommes considérables, dont il présentait l'état, tant pour avances faites, que pour indemnité à raison de l'éviction qu'il avait indûment soufferte.

Par un premier arrêté, en date du 20 avril 1814, le conseil de préfecture ordonne que le sieur Delachaussée sera tenu de faire diverses justifications.

Enfin, le 11 juillet suivant, il rend un arrêté sur le rapport de M. l'ingénieur en chef, par lequel il alloue au sieur Delachaussée, pour ses frais et avances, une somme de 39,730 fr., et le renvoie devers le gouvernement pour statuer sur dix-neuf articles de son compte, qu'il laisse indécis, et sur l'indemnité qu'il réclame.

Le sieur Delachaussée se pourvoit au Conseil d'état, tant contre l'arrêté du préfet, du 31 octobre 1812, qui met en régie les travaux du pont de Rouen, que contre les deux arrêtés du conseil de préfecture, des 20 avril et 11 juillet 1814.

Il réclame, 1°. 258,393 fr. 9 cent. pour avances, prix d'ouvrages, matériaux et autres objets; 2°. cent vingt mille francs à titre d'indemnité pour l'indue éviction qu'il a soufferte.

L'administration des ponts et chaussées lui oppose une fin de non recevoir, prise de ce qu'il ne s'est pas pourvu dans les délais du règlement, et au fond soutient que ses prétentions sont mal fondées.

Sur quoi est intervenue l'ordonnance dont la teneur suit:

LOUIS, etc. — Sur le rapport du comité du contentieux;

Vu les requêtes introductive et ampliative à nous présentées par le sieur Delachaussée, demeurant à Paris, rue des Trois Pavillons, ex-entrepreneur de la construction de la première partie du pont de pierre sur la rivière de Seine au port de Rouen; lesdites requêtes enregistrées au secrétariat du comité du contentieux de notre Conseil d'état, les 13 décembre 1815 et 16 février 1816, et tendantes à ce qu'il nous plaise annuller un arrêté du préfet du département de la Seine-Inférieure et deux arrêtés du conseil de préfecture dudit département, pris au sujet de ladite entreprise, les 31 octobre 1812, 20 avril et 11 juillet 1814, et ordonner le paiement audit sieur Delachaussée de la somme de *trois cent soixante dix-huit mille trois cent quatre-vingt-treize francs neuf centimes*, dont *cent vingt mille francs*, à titre d'indemnité, pour l'éviction qu'il prétend avoir indûment soufferte, de ladite entreprise, et *deux cent cinquante-huit mille trois cent quatre-vingt-treize francs neuf centimes*, pour répétition d'avances, prix d'ouvrages, de matériaux, et autres causes détaillées dans lesdites requêtes et relatives à ladite entreprise;

Le rapport fait sur ladite requête par le conseiller d'état, directeur général des ponts et chaussées, le 15 mai 1816, et son rapport supplémentaire du 8 mars 1817, par lesquels il conclut à ce, qu'attendu que les requêtes du sieur Delachaussée ont été présentées après l'expiration des délais fixés par le règlement, cet entrepreneur soit déclaré non recevable, et à ce qu'il lui soit alloué cinquante-sept mille trois cent soixante-seize francs quatre centimes seulement, pour solde de son entreprise;

La requête en réplique présentée par ledit sieur Delachaussée, et enregistrée au secrétariat du comité du contentieux de notre conseil d'état, le 24 août 1816, par laquelle il persiste dans ses précédentes conclusions, en déclarant, néanmoins, qu'il n'entend plus demander l'annullation de l'arrêté du préfet du département de la Seine-Inférieure, du 31 octobre 1812, qui a établi un régisseur pour l'exécution des travaux à lui adjugés; mais poursuivre l'allocation de l'indemnité susdite de *cent vingt mille francs*, pour raison des pertes et dommages résultans de la régie;

Le devis des ouvrages pour la construction d'un pont de pierre sur la Seine à Rouen, fait et dressé par l'ingénieur en chef des ponts et chaussées au département de la Seine-Inférieure, le 20 mars 1811, visé par le préfet du même département, le 29 dudit mois de mars, et approuvé par le conseiller d'état, directeur général des ponts et chaussées, le 4 mai suivant; et à la suite dudit devis, les articles additionnels et le supplément aux conditions générales dressées par ledit ingénieur en chef, le 4 juillet 1811, et approuvés par le conseiller d'état, directeur général des ponts et chaussées, le 27 du même mois;

Le procès-verbal d'adjudication au rabais de la construction de la première partie dudit pont, passée devant le préfet du département de la Seine-Inférieure, en conseil de préfecture, le 23 août 1811, par lequel ledit sieur Delachaussée a été déclaré adjudicataire de ladite construction; et, à la suite dudit procès verbal, celui de la réception par le préfet des caution industrielle et caution pécuniaire, présentées par ledit sieur Delachaussée, en date du 7 octobre 1811;

Le rapport fait le 25 octobre 18.2, par l'ingénieur en chef des ponts et chaussées au préfet du département de la Seine-Inférieure, sur la situation de l'entreprise du sieur Delachaussée, et les pièces jointes audit rapport;

L'arrêté du préfet du département de la Seine-Inférieure, du 31 octobre 1812, lequel, en conséquence et en conformité du rapport susdit, ordonne que le sieur Delachaussée cessera d'exécuter les travaux, et qu'il sera établi sur-le-champ, pour leur continuation, une régie provisoire, qui sera confiée au sieur Deleau, entrepreneur à Rouen;

Le rapport fait le 27 février 1813, par l'ingénieur en chef, au conseiller d'état, directeur général des ponts et chaussées, sur les réclamations dudit sieur Delachaussée;

L'arrêté du conseil de préfecture du département de la Seine-Inférieure, du 17 mars 1813, portant: que l'adjudication passée au sieur Delachaussée, le 23 août 1811, est résiliée, et qu'il sera pourvu ultérieurement à la liquidation de ses comptes;

Le rapport de l'ingénieur ordinaire du pont de Rouen, sur les réclamations du sieur Delachaussée, dressé le 18 décembre 1813, et visé par l'ingénieur en chef; dans lequel rapport lesdites réclamations sont classées en trois divisions et soixante-dix-huit articles;

L'arrêté du conseil de préfecture du département de la Seine-Inférieure, du 20 avril 1814, lequel ordonne, avant faire droit, que le sieur Delachaussée fera diverses justifications indiquées audit arrêté;

Autre arrêté dudit conseil de préfecture, du 11 juillet 1814, lequel, statuant définitivement sur cinquante-neuf articles desdites réclamations, alloue, pour cet objet audit sieur Delachaussée, la somme de *trente neuf mille sept cent trente francs huit centimes*; et, quant aux dix-neuf autres articles desdites réclamations, le renvoie, à défaut de justifications suffisantes, à se pourvoir par-devers le gouvernement;

Le rapport du sieur Cahouet, inspecteur de la première division des ponts et chaussées, sur les dix-neuf articles des réclamations dudit sieur Delachaussée, laissés indécis par l'arrêté susdit du 11 juillet 1814; ledit rapport en date du 15 décembre 1814 et approuvé par le conseil des ponts et chaussées, le 22 février 1815, contenant la proposition d'allouer audit sieur Delachaussée, pour lesdits dix-neuf articles de réclamations, la somme de *trente un mille huit cens francs soixante-huit centimes*, et faisant mention de la communication de ladite proposition au sieur Delachaussée et de son adhésion;

Ensemble toutes les pièces produites;

Considérant:

1°. En ce qui concerne la demande du sieur Delachaussée, à fin d'annullation des arrêtés susdits du conseil de préfecture du département de la Seine-Inférieure, des 20 avril et 11 juillet 1814,

Que les soixante dix-huit articles de réclamations qui ont fait l'objet desdits arrêtés, n'ont aucune identité avec celles qu'il forme aujourd'hui devant nous, en notre conseil, et, qu'en conséquence, l'annullation desdits arrêtés serait sans aucun effet relativement à ces dernières réclamations; que, d'ailleurs, ledit sieur Delachaussée a eu connaissance desdits arrêtés et y a acquiescé, puisqu'en exécution de celui du 11 juillet 1814, il s'est pourvu par-devers le directeur général des ponts et chaussées pour faire statuer sur les dix-neuf articles de réclamations laissés indécis par ledit arrêté; qu'il est établi par le rapport de l'inspecteur divisionnaire, du 15 décembre 1814, et qu'il ne nie pas, qu'il a eu communication des propositions contenues audit rapport et qu'il y a adhéré ; qu'en conséquence, tant par ce motif qu'à cause de l'expiration des délais fixés par le règlement, il n'est plus recevable à se pourvoir contre lesdits arrêtés ;

2°. En ce qui concerne la demande d'une indemnité de *cent vingt mille francs*, pour raison des pertes et dommages résultans de la régie établie pour la continuation des travaux,

Qu'il ne paraît pas que cette demande ait été portée devant notre ministre de l'intérieur, par lequel il doit y être statué avant qu'il puisse être procédé devant nous en notre conseil ;

3°. En ce qui concerne la demande de la somme de *deux cent cinquante-huit mille trois cent quatre-vingt treize francs neuf centimes*, pour répétition d'avances, prix d'ouvrages et de matériaux, et autres causes relatives à l'entreprise dont il s'agit,

Que, des douze articles de réclamations détaillés dans les requêtes à nous présentées en notre conseil, par le sieur Delachaussée, et desquels se compose le total de *deux cent cinquante-huit mille trois cent quatre-vingt-treize francs neuf centimes*, les uns sont relatifs à la liquidation purement matérielle du compte de son entreprise, et qu'ils n'ont été jusqu'à présent l'objet d'aucun litige devant notre ministre de l'intérieur ; que la plupart des autres articles paraissent rentrer dans la demande susdite d'une indemnité pour raison de la mise en régie des travaux adjugés au sieur Delachaussée, et ne pourraient aussi par conséquent former l'objet d'un pourvoi devant nous, en notre conseil, qu'après qu'il aurait été préalablement procédé devant notredit ministre ;

Notre Conseil d'état entendu,

Nous avons ordonné et ordonnons ce qui suit :

Art. 1er. Les requêtes susdites, du sieur Delachaussée, sont rejetées ; sauf à lui à débattre, s'il le juge convenable, devant notre ministre de l'intérieur, la liquidation du compte de son entreprise ; et à procéder devant le même ministre, s'il croit y être recevable et fondé, pour l'obtention des indemnités qu'il réclame pour raison de la mise en régie des travaux qui lui avaient été adjugés par le procès-verbal susdit, du 23 août 1811.

2. Notre ministre secrétaire d'état de l'intérieur est chargé de l'exécution de la présente ordonnance.

Ordonnance du 14 mai 1817. (2630)

N°. 16.

PRISE A PARTIE. — Actes administratifs.

Un particulier à qui des administrateurs municipaux ou un sous-préfet auraient occasionné des dommages par actes administratifs approuvés par le préfet, n'est pas recevable à réclamer du Conseil d'état l'autorisation pour exercer l'action en prise à partie, tant qu'il n'a pas déféré au ministre et fait annuler ou réformer la décision du préfet.

(Le sieur Bonneau. — C. — la commune de Douzy.)

LOUIS, etc. ; — Sur le rapport du comité du contentieux ;

Vu la requête présentée par le sieur Jean-Baptiste-Claude Bonneau, avocat ; enregistrée au secrétariat du Conseil d'état, le 1er. février 1813, et tendante,

1°. A ce que, sans s'arrêter ni avoir égard aux actes du conseil municipal et du ci-devant maire de la commune de Douzy, non plus qu'à l'arrêté de l'ex sous-préfet de l'arrondissement de Cosne, qui seront déclarés nuls et arbitraires, ensemble tout ce qui a suivi, il soit ordonné que celui des deux ponts dits porte et rue Notre-Dame de Douzy, qui est le plus près des roues du moulin du suppliant, sera réduit à sa largeur ancienne, conformément à l'arrêté de l'ancienne administration, du 18 juillet 1793, confirmé par arrêté du directoire exécutif, du 16 germinal an 6, lesquels seront exécutés selon leur forme et teneur.

2°. A ce que le suppliant soit autorisé à prendre à partie et traduire devant les tribunaux, tant le sieur Pierre-Andrée Vée, officier de santé, demeurant à Douzy, qui était alors maire de la commune de Douzy, que le sieur Couroux Desprez, ci-devant sous-préfet de l'arrondissement de Cosne, pour les faire condamner, conjointement et solidairement à payer au suppliant, la somme de 15,000 francs pour pertes, dépens, dommages et intérêts résultants des torts et préjudices que le suppliant souffre de la destruction que le sieur Vée a fait faire de l'écurie dudit moulin, et dans l'emplacement de laquelle il a fait élargir et étendre ledit pont d'environ six pieds sur toute la longueur, et à payer les frais et dépens qu'occasionnera ladite réduction ;

Vu lesdits arrêtés ;

Vu l'ordonnance de *soit communiqué* à laquelle la commune de Douzy n'a pas répondu dans les délais du règlement ;

Ensemble toutes les autres pièces jointes au dossier ;

Considérant, dans l'espèce, que les arrêtés du maire de la commune de Douzy et du sous préfet de l'arrondissement de Cosne, ne sont que de simples actes de police municipale, pris en matière de voirie urbaine ; qu'ils ne préjugent en rien la question relative à l'indemnité réclamée par le sieur Bonneau ; qu'ils ont été d'ailleurs approuvés par le préfet du département de la Nièvre, et que les arrêtés des préfets, pris comme celui-ci, dans les bornes de leur compétence, ne peuvent nous être déférés avant d'avoir été soumis au ministre que la matière concerne ;

Notre Conseil d'état entendu,

Nous avons ordonné et ordonnons ce qui suit :

Art. 1er. La requête du sieur Bonneau est rejetée, sauf à lui à se pourvoir, si bon lui semble, contre les arrêtés dont il se plaint, devant notre ministre secrétaire d'état de l'intérieur.

2. Notre ministre secrétaire d'état de l'intérieur est chargé de l'exécution de la présente ordonnance.

Ordonnance du 21 mai 1817. (2649)

N°. 17.

ACQUÉREURS NATIONAUX. — Possession.

En matière d'interprétation d'actes d'adjudication pour déterminer l'étendue de leurs dispositions, s'il y a doute, la possession peut offrir un motif de décision au profit de l'acquéreur.

(Les sieurs Yves le Goff et consorts.)

LOUIS, etc.; — Sur le rapport du comité du contentieux;

Vu la requête à nous présentée par le sieur Yves le Goff, en sa qualité d'époux et procureur des droits d'Yvonne Leduc, fille et héritière de feu Yves Leduc d'Yvonne, Olivier Henry, Mathieu Lucas et Marie-Yvonne Leborgne; tant en leur nom que comme ayant-cause de Thomas Conalan et Guillaume Lebourdonnec; ladite requête enregistrée au secrétariat du Conseil d'état, le 11 décembre 1813, et tendante à être reçus opposans à un décret rendu contre eux par défaut le 28 avril 1813, lequel a annullé un arrêté du conseil de préfecture du département des Côtes-du-Nord, du 16 avril 1810, et déclaré que les terrains appelés *Parc en Foru* et *Parc en Hanet* faisaient partie de l'adjudication de la métairie de Coadigou ou Mezevit, passée au sieur François-Yves le Goff, le 12 juillet 1792, et ce faisant, annuller ledit décret, et, en conséquence, dire et ordonner que l'arrêté du conseil de préfecture du département des Côtes-du-Nord, du 16 avril 1810, sera exécuté selon sa forme et teneur;

Vu la signification dudit décret, en date du 11 septembre 1813;

Vu l'ordonnance de *soit communiqué* à laquelle le sieur le Gonec, la dame Legoff et autres co-héritiers du sieur Yves-François Legoff n'ont point répondu dans les délais du réglement;

Vu toutes les pièces jointes au dossier;

Vu notamment le décret du 28 avril 1813, portant: « que si l'acte d'adjudication du 12 juillet 1792, par lequel le sieur Goff a acheté le domaine de Coadigou, ne contient pas le détail des terrains qui composaient ce domaine, cependant les deux pièces de terre appelées *Parc en Foru* et *Parc en Hanet* étaient inscrites au rôle des contributions de la commune de Sainte-Clet, comme faisant partie de la métairie de Coadigou, et qu'ainsi le sieur le Goff, adjudicataire, en a été mis en possession en 1792, et en a joui paisiblement jusqu'en 1807; et surtout que dans le procès-verbal d'estimation du 6 floréal an 6, qui a précédé l'adjudication du 22 messidor suivant, les deux terrains du *Parc en Foru* et du *Parc en Hanet*, sont portés comme faisant partie de la métairie de Coadigou, et comme ayant été vendus en 1792, avec cette métairie;

Par ces motifs, et considérant que le sieur Yves le Goff et consorts n'apportent, à l'appui de leur opposition, aucun moyen nouveau, aucune pièce nouvelle qui puisse faire déroger au décret qu'ils attaquent;

Notre Conseil d'état entendu,

Nous avons ordonné et ordonnons ce qui suit:

Art. 1er. L'opposition des sieur Yves le Goff et consorts, au décret du 28 avril 1813, est rejetée.

2. Notre garde des sceaux ministre secrétaire d'état de la justice et notre ministre secrétaire d'état des finances sont chargés, chacun en ce qui le concerne, de l'exécution de la présente ordonnance.

Ordonnance du 21 mai 1817. (2650)

N°. 18.

DÉLAI. — Ordonnance de soit communiqué.

L'obligation imposée par l'article 12 du réglement du 22 juillet 1806, de signifier une ordonnance de soit communiqué dans le délai de trois mois doit être entendue en ce sens que le demandeur doit signifier à toutes les personnes qu'il a reconnues comme ses adversaires.

(Le sieur Mallet de Vandègre.—C. — la dame de Mariolles.)

En 1773, le sieur Pierre-Gilbert de Vagny, marquis de Villemont, décéda laissant huit enfans, dont quatre moururent peu de temps après lui; les quatre autres étaient Paul Augustin de Vagny l'aîné, héritier principal; Gaspard-Melchior de Vagny de Theix, Anne-Françoise de Vagny, épouse du sieur du Sauvage, et Françoise de Vagny, veuve du sieur de Mariolles.

Le sieur de Vagny l'aîné, déjà saisi de ses droits paternels et investi de l'effet de diverses donations faites par sa mère et sa tante, passa un contrat de mariage le 11 octobre 1773, avec Marie-Geneviève Mallet de Vandègre; par cet acte, il fit donation entre vifs, en préciput et hors part, à l'aîné de ses enfans à naître, de la moitié de tous ses biens-immeubles présens et à venir, avec substitution perpétuelle au profit des aînés mâles parmi les descendans de l'institué. Il n'eut de son mariage que deux filles, Marie-Marguerite de Vagny, aujourd'hui femme Mallet de Vandègre, et Marie-Anne de Vagny, épouse du sieur de Sampigny.

Il existait, à raison du partage des biens de la succession de Pierre-Gilbert de Vagny, auteur commun des discussions entre le sieur de Vagny [illegible] frère et sœurs. Ce litige n'était pas terminé [illegible] tage effectué, lorsque Paul-Augustin de Vagny [illegible] en 1792. Ses biens furent séquestrés.

En l'an 4, les demoiselles de Vagny sollicitèrent et obtinrent, le premier jour complémentaire de la même année, un arrêté de l'administration centrale, qui reconnut la validité de la donation du 11 octobre 1773, supposa que l'effet en était ouvert, et ordonna la délivrance, en faveur desdites demoiselles, de la moitié des biens du sieur de Vagny, leur père, émigré, notamment de ceux provenant de la succession Gilbert de Vagny, auteur commun, sauf suspension pour ce dernier objet, jusqu'au partage à faire avec les cohéritiers.

Sur la pétition du sieur de Vagny de Theix et des dames de Mariolles et du Sauvage, le conseil de préfecture du département du Puy-de-Dôme prit, le 1er. nivose an 8, un arrêté qui énonçait que la valeur, par aperçu, de la masse des biens restés indivis entre les héritiers de Pierre-Gilbert de Vagny, faisait naître la présomption que le gouvernement représentant l'émigré de Vagny, n'avait rien à prétendre sur lesdits biens; qu'il serait dès-lors injuste de priver les copropriétaires jusqu'au partage définitif, des revenus auxquels ils avaient droit sur la masse des propriétés; qu'en conséquence, les copartageans étaient autorisés à toucher directement des fermiers le revenu de ces biens, sauf à en rendre compte, s'il y avait lieu.

Le 17 nivose an 10, autre arrêté du conseil de préfecture du même département, portant:

1°. Qu'il est fait abandon, au nom de la république, de tous les droits qu'elle avait à prendre, comme représentant l'émigré de Vagny, dans les biens restés indivis, dépendans de la succession Pierre-Gilbert de Vagny, attendu que ledit émigré de Vagny avait été rempli d'iceux, par anticipation, lors d'un partage provisionnel fait le 23 juin 1779, de partie des biens de ladite succession;

2°. Qu'il est fait main-levée définitive au sieur de Vagny du Theix et aux dames de Mariolles et du Sauvage, héritiers, du séquestre établi sur lesdits biens, et qu'en conséquence, ils demeuraient autorisés à s'en mettre en possession, et à en jouir et disposer comme de choses à eux appartenant.

Cet arrêté énonçait, en outre, que, loin qu'il revînt à l'émigré de Vagny aucune portion quelconque dans les biens indivis du père commun, il se trouverait, au contraire, redevable entre ses cohéritiers regnicoles, d'une somme de 40,066 francs, tant pour excédant de ce qu'il avait reçu par le partage provisoire de 1779, que pour remboursement d'une partie de la dot de Marguerite Dauphin, sa mère; qu'ainsi l'acceptation de ses droits successifs serait onéreuse à l'Etat.

L'émigré de Vagny fut amnistié le 6 germinal an 10.

Le 16 nivose an 11, les dames de Mariolles et du Sauvage, ses sœurs, le firent assigner devant le tri[illegible] Clermont-Ferrand, en reprise de l'instance [illegible] partage définitif, anciennement pendante à la sénechaussée de la même ville.

Sur cette demande, jugement du tribunal de Clermont-Ferrand, du 19 juillet 1811, qui renvoya les parties devant le conseil de préfecture du Puy-de-Dôme, pour y faire interpréter, rectifier ou modifier les arrêtés des premier complémentaire an 4 et 17 nivose an 10.

Le 7 décembre 1813, arrêté du conseil de préfecture, qui reçut le sieur de Vagny, émigré amnistié, et les sieurs et dames de Vandègre et de Sampigny, opposans aux arrêtés des 1er. nivose an 8 et 17 nivose an 10, et les dames de Mariolles et du Sauvage, ainsi que les héritiers du sieur de Vagny de Theix, pareillement opposans à l'arrêté du premier jour complémentaire an 4, maintint lesdits arrêtés en tout ce qui était relatif aux droits du domaine, conformément au sénatus-consulte du 6 floréal an 10, déclara, en ce qui touchait les droits des parties, dont la discussion avait été portée devant le tribunal civil, que l'autorité administrative, par ses différens arrêtés, n'avait entendu que régler les droits du domaine de l'Etat dans la succession dont il s'agit, sans rien préjuger ni porter aucune atteinte aux moyens respectifs des parties entre elles.

C'est contre cet arrêté du 7 décembre 1813, et ceux précités des 1er. nivose an 8 et 17 nivose an 10, que le sieur Mallet de Vandègre, comme tuteur de son fils mineur, et la dame de Sampigny, se pourvurent au Conseil d'état pour en obtenir l'annullation, comme incompétemment rendus et contenant excès de pouvoir; en outre, ils demandaient que l'arrêté du premier jour complémentaire an 4 fût maintenu pour être exécuté selon sa forme et teneur.

Pour établir l'incompétence du conseil de préfecture, ils soutenaient,

1°. Que ce conseil ne pouvait recevoir la tierce-opposition des dames de Mariolles et du Sauvage et du mineur du Theix à l'arrêté de l'administration centrale du premier jour complémentaire an 4, à défaut de pouvoirs pour statuer sur les actes de cette administration;

2°. Que la tierce-opposition ne pouvait être admise, attendu que les tiers opposans, qui n'avaient d'autre droit que celui de créanciers pour contester la donation dont il s'agit, étaient parties dans l'arrêté de l'an 4 comme suffisamment représentés par l'Etat, qui était alors aux droits de l'émigré de Vagny, leur débiteur;

3°. Que l'arrêté de l'an 4 était une conciliation, une transaction faite avec le gouvernement, une reconnaissance des droits des deux enfans d'après un contrat de mariage; que le ministre des finances avait consenti à l'exécution de cet arrêté, suivant des lettres produites, et que le sénatus-consulte du 6 floréal an 10 en prononçait surabondamment le maintien; que, conséquemment, toute attaque dirigée administrativement ou judiciairement, devait être écartée;

4°. Enfin, qu'il n'y avait point de contrariété réelle entre l'arrêté de l'an 4 et celui de l'an 10; que ces deux actes se conciliaient parfaitement, mais que, si le second était contraire au premier, il devrait être annullé, attendu qu'il ne pourrait légalement déroger à une décision antérieure.

Les sieur de Vagny et dames de Mariolles et du Sauvage, adversaires du sieur Mallet de Vandègre et consorts, présentèrent leurs moyens de défense et prétendirent :

Qu'aux termes de l'article 12 du réglement du 22 juillet 1806, portant que : « Lorsque, sur un pourvoi légalement formé, il aura été rendu une ordonnance de *soit communiqué*, cette ordonnance devra être notifiée dans le délai de trois mois, sous peine de déchéance », il y avait lieu d'appliquer au sieur Mallet de Vandègre et consorts, une fin de non-recevoir résultante de l'article précité, attendu que l'ordonnance de soit communiqué à eux Vagny et consorts, ne leur avait pas été notifiée dans le délai de trois mois prescrit par ledit réglement; que ce délai étant expiré depuis près de deux années, il y avait conséquemment péremption;

Que les sieur Mallet et consorts avaient eux-mêmes reconnu la déchéance par eux encourue, en présentant postérieurement au Conseil d'état une requête en relief de laps de temps, sur laquelle intervint l'ordonnance du 6 décembre 1816, qui leur accorda cette demande, mais qu'il était constant, et que lesdits sieurs Mallet et consorts en convenaient eux-mêmes, que cette ordonnance fut le résultat d'une erreur et d'une surprise faite au comité du contentieux;

Que, pour établir la prétendue incompétence du conseil de préfecture, les sieurs Mallet et consorts confondaient, ou qu'ils feignaient de confondre l'appel avec la tierce-opposition; qu'il n'était pas douteux que l'appel ne pouvait être porté que devant l'autorité supérieure, mais qu'il n'en était pas de même à l'égard de la *tierce-opposition* qui était régie par d'autres principes; que, par son essence même, elle était soumise au tribunal ou à l'autorité d'où émanait la décision attaquée, et que telle était, à cet égard, la disposition formelle de l'art. 475 du Code de procédure;

Que, dans l'espèce, eux Vagny et consorts, qui n'avaient été ni entendus, ni appelés lors de l'arrêté du premier complémentaire an 4, voulaient se pourvoir par voie de tierce-opposition; que, si l'administration centrale eût subsisté, nul doute que c'est devant elle qu'il aurait fallu procéder, mais que, n'existant plus, il était incontestable que l'autorité compétente pour connaître de la *tierce-opposition*, était désormais celle qui l'avait remplacée dans l'ordre des attributions, c'est-à-dire, le conseil de préfecture;

Qu'on ne pouvait pas dire non plus que la tierce opposition fût inadmissible, par ce que les dames Mariolles et du Sauvage auraient été représentées par l'état dans l'arrêté du 1er. complémentaire an 4; qu'à la vérité l'état représentait l'émigré de Vagny, dont il exerçait les droits, mais qu'il était évidemment sans qualité pour représenter également lesdites dames de Mariolles et du Sauvage qui, indépendamment de ce qu'elles jouissaient de la plénitude de leurs droits civils, avaient d'ailleurs des intérêts opposés à ceux de l'état, comme cohéritières du sieur Vagny, père commun; qu'en conséquence, elles auraient dû être appelées à l'arrêté du 1er. complémentaire an 4, et que, puisqu'il était constant qu'elles y furent étrangères, on ne pouvait, si elles se croyaient lésées, leur contester la faculté d'user de la voie de la *tierce opposition*, pour obtenir le redressement du tort qui avait pu leur être fait; qu'en admettant donc leur tierce-opposition, le conseil de préfecture s'était conformé aux principes, et n'avait point excédé ses pouvoirs;

Qu'on ne pouvait dire non plus que l'arrêté du 1er. complémentaire an 4, fût une transaction avec le gouvernement; qu'au surplus, quelque nom qu'on eût voulu lui donner, toujours était-il certain que le gouvernement n'avait pu disposer que de ce qui lui appartenait, et que, si cet arrêté avait attribué auxsieur Mallet et consorts ce qui revenait réellement au dites dames Mariolles et du Sauvage, il était hors de doute que celles-ci étaient en droit de réclamer;

Que du reste, il n'existait point de procès sur les effets de la donation du 11 octobre 1773, et conséquemment point de matière à transaction, attendu que l'administration n'aurait pu transiger sur des droits certains et acquis; qu'on devait donc reconnaître dans l'arrêté du 1er. complémentaire an 4, une décision formelle, un véritable jugement par lequel l'administration départementale entendait tout simplement révoquer celui qu'elle avait rendu le 2 messidor an 2;

Que le sénatus consulte du 6 floréal an 10, invoqué par le sieur Mallet et consorts, ne pouvait s'appliquer à l'espèce; que cet acte maintenait uniquement les arrêtés et décisions qui avaient acquis l'autorité de la *chose jugée*; mais qu'il ne s'appliquait nullement à ceux qui seraient susceptibles, d'opposition, de tierce-opposition ou d'appel, lesquels, à ce titre, auraient pu être attaqués par le gouvernement lui-même, avant la loi du 5 décembre 1814.

Sur le pouvoi des sieurs Mallet, Vandègre et consorts, est intervenue l'ordonnance suivante.

LOUIS, etc.; — Sur le rapport du comité du contentieux.

Vu les requêtes à nous présentées par le sieur vicomte Mallet de Vandègre, en qualité de tuteur et légitime administrateur de Gilbert Antoine Mallet de Vandègre, son fils, et par dame Marie Anne de Vagny, épouse du sieur Ignace Hyacinthe de Sampigny, de lui autorisée, les dites requêtes enregistrés au secrétariat du comité du contentieux de notre conseil d'état les 30 août et 26 décembre 1815, et 21 avril 1817, tendantes à l'annullation d'un arrêté du conseil de préfecture du département du Puy-de-Dôme, du 7 décembre 1813, lequel a renvoyé les parties devant les tribunaux pour y être statué sur la validité et les effets d'une donation faite par le sieur de Vagny au profit de ses enfans par son contrat de mariage du 18 octobre 1773;

Vu le dit arrêté;

Vu la requête présentée par le sieur Paul Augustin de Vagny, marquis de Villemont, enregistrée au secrétariat du comité du contentieux de notre conseil d'état, le 30 octobre 1816;

Vu le mémoire de l'administration de l'enregistrement et des domaines, enregistré au secrétariat du dit comité le 11 novembre 1815;

Vu la requête en défense, d'Anne Françoise de Vagny, veuve de Mariolles, et de Jeanne Françoise de Vagny, épouse séparée de biens du sieur du Sauvage; la dite requête enregistrée au secrétariat du dit comité, le 17 avril 1817;

Vu toutes les pièces respectivement produites et jointes au dossier;

Vu notamment l'ordonnance *de soit communiqué* apposée au bas de la requête du sieur Vandègre et de la dame de Sampigny, en date du 23 novembre 1814;

Vu l'article 12 du réglement du 22 juillet 1806, portant : *que lorsqu'il aura été rendu une ordonnance de soit communiqué, cette ordonnance devra être signifiée dans le délai de trois mois, sous peine de déchéance*

Vu l'ordonnance *de soit communiqué*, au sieur de Theix et aux dames de Mariolles et du Sauvage, en date du 6 décembre 1816;

Considérant que l'ordonnance *de soit communiqué* susmentionnée, en date du 6 décembre 1816, n'a été rendue que sans préjudice du droit des tiers;

Considérant qu'il résulte de l'instruction et de l'aveu même des requérans, qu'il ont laissé expirer les délais du réglement sans signifier au sieur Vagny, au mineur de Theix et aux dames de Mariolles et du Sauvage, par eux reconnus comme leurs adversaires, l'ordonnance *de soit communiqué* qu'ils avaient obtenue contre eux le 23 novembre 1814; qu'il suit de là qu'ils ont encouru la déchéance prononcée par l'article 12 du dit réglement;

Notre Conseil d'état entendu,

Nous avons ordonné et ordonnons ce qui suit:

Art. 1er. Les requêtes du sieur Vicomte Mallet de Vandègre, au nom qu'il agit et de la dame de Sampigny sont rejetées.

Art. 2. Les requérans sont condamnés aux dépens envers l'administration de l'enregistrement et des domaines, le sieur de Vagny et les dames de Mariolles et du sauvage.

Art. 3. Notre garde des sceaux, Ministre secrétaire d'état de la justice est chargé de l'exécution de la présente ordonnance.

Ordonnance du 21 mai 1817. (2651)

N°. 19.

CHOSE JUGÉE. — Propriété.

De ce qu'un conseil de préfecture aurait statué à l'égard d'une forêt, sur les droits respectifs que pourraient y avoir l'état d'une part, et une commune de l'autre, il ne s'en suit pas qu'un tiers, seul et unique propriétaire de la forêt, soit aucunement privé de faire valoir tous ses droits. Il n'y a chose jugée que sur les droits réels ou hypothétiques de la commune et de l'état, si toutefois le tiers n'a été représenté ni par l'un ni par l'autre; ainsi le tiers serait non-recevable par défaut d'intérêt à attaquer l'arrêté du conseil de préfecture.

(Le sieur de Fondeville.)

Par délibération du bureau des finances, du 24 février 1668, le sieur de Sode fut reconnu coseigneur direct et foncier de Monstajou. Cette délibération fit défense au fermier général des domaines royaux, de le troubler en la moitié des biens dépendans de cette seigneurie, dont l'autre moitié appartenait à sa Majesté.

Dans la moitié de ces biens, possédés par le sieur de Sode, était la forêt dite de Monstajou, dont il avait joui constamment, et sans trouble de la part de l'état, qui exécuta ponctuellement la délibération du 24 février 1668.

En 1682, les habitans de la commune de Monstajou ayant prétendu être non seulement usagers, mais propriétaires exclusifs de cette forêt ou montagne, une sentence du sénéchal de Toulouse, du 19 septembre 1682, déclara, en se fondant sur la délibération de 1668, et autres actes, que la propriété libre et entière du bois appartenait au sieur de Sode; et, en conséquence, débouta lesdits habitans de leur demande.

Sur l'appel de ceux-ci, porté devant le parlement de Toulouse, intervint, le 8 juillet 1683, un arrêt confirmatif de la sentence précitée.

Les habitans de Cazaris, commune voisine de celle de Monstajou, ayant aussi voulu s'arroger des droits sur la forêt dont il s'agit, un arrêt du parlement de Toulouse, du 17 août 1729, rejeta leurs prétentions, et déclara de nouveau que cette forêt appartenait au sieur de Sode, exclusivement et franche de toute servitude.

Un arrêt postérieurement rendu par le même parlement, en faveur du sieur de Fondeville père, successeur du sieur de Sode, défendit formellement aux habitans de Monstajou et autres de mener paître leurs bestiaux dans ses bois.

Le 1er. germinal an 9, le sieur de Fondeville fils, ayant succédé aux droits de son père, afferma aux habitans de Cazaris, pour cinq ans et moyennant une rente annuelle de 90 francs, le droit de faire paître leurs bestiaux, et de prendre du bois pour leur chauffage dans la forêt de Monstajou.

Le 16 mai 1806, le sieur de Fondeville afferma aux habitans de Monstajou les mêmes droits dans cette forêt pour le même temps, et aux semblables conditions que celles consenties par les habitans de Cazaris.

En 1807, la commune de Monstajou se pourvut devant le conseil de préfecture de la Haute-Garonne, pour se faire déclarer propriétaire d'un droit d'usage et de pâturage dans ladite forêt.

L'inspecteur des eaux et forêts, consulté sur cette demande et sur le motif que, d'après une ordonnance du grand maître des eaux et forêts, rendue le 4 novembre 1632, le Roi était propriétaire du bois de Monstajou, attendu que cette ordonnance lui attribuait généralement, selon ledit inspecteur, la propriété et jouissance des forêts, bois et montagnes des monts Pyrénées, fut d'avis que la propriété du bois de Monstajou devait être adjugée à l'état, sauf à y permettre à la commune de Monstajou un droit d'usage et de pacage.

Par arrêté du 16 juillet 1807, le conseil de préfecture homologua l'avis précité dudit inspecteur des eaux et forêts.

Le sieur de Fondeville n'ayant point été entendu, se pourvut contre cet arrêté par la voie de la tierce-opposition devant le même conseil de préfecture.

Mais, par un nouvel arrêté du 30 novembre 1814, ce conseil,

« Considérant que, d'après les principes établis par le décret du 11 juillet 1812, un conseil de préfecture ne peut ni réformer, ni annuller ses propres arrêtés, qu'il sortirait alors des bornes de ses attributions, et qu'il userait d'une faculté qui n'appartient qu'à l'autorité souveraine.

» Déclara ne pouvoir statuer sur la demande du sieur de Fondeville, et le renvoya à se pourvoir devant l'autorité supérieure. »

C'est contre cet arrêté et celui précité, du 16 juillet 1807, que le sieur de Fondeville se pourvut devant le Conseil d'état, pour en faire prononcer l'annullation comme étant incompétemment rendus, et injustes au fond.

Pour établir le vice de forme, il soutenait :

Que la réclamation portée, en 1807, par la commune de Monstajou, devant le conseil de préfecture, n'avait d'autre objet qu'un droit d'*usage* et de *pâturage*, qu'elle prétendait avoir dans la forêt de Monstajou; qu'elle ne provoquait l'annullation d'aucune décision administrative, puisqu'il n'en existait pas à ce sujet; qu'il ne s'agissait donc dans l'espèce, que d'une simple question de propriété, puisque les droits d'usage et de pacage, comme droits réels, étaient des parties intégrantes de la propriété, et que dès-lors les tribunaux étaient seuls compétens pour prononcer sur les questions de cette nature;

Qu'un décret du 17 avril 1812, rendu entre la commune de Candeval et le sieur Rouvairolis, au sujet de leurs prétentions respectives à des droits de *propriété* et de *pâturage*, avait annullé un arrêté du conseil de préfecture du département de l'Aude, du 17 août 1807, en ce qu'il statuait sur la question de propriété des terrains litigieux, qu'il n'appartenait qu'aux tribunaux de décider;

Que, d'après ces principes qui étaient incontestablement applicables à l'espèce, il s'en suivait que les arrêtés attaqués devaient être annullés pour cause d'incompétence;

Que l'arrêté du 16 juillet 1807 était injuste au fond, en ce qu'il le dépouillait, lui Fondeville, de ses bois, sans qu'il eût été appelé à se défendre, pour en attribuer la propriété à l'état, et en permettre l'usage et le pâturage aux habitans de la commune de Monstajou; tandis qu'il était propriétaire en vertu de titres authentiques, et de divers jugemens et arrêts rendus sur des contestations élevées entre ses auteurs et les communes de Monstajou et de Cazaris, au sujet des droits de propriété et de pâturage dans les bois dont il s'agit, lesquels arrêts avaient déclaré ces communes déchues de leurs prétentions à cet égard, et que nonseulement la commune de Monstajou n'avait aucun droit de propriété à prétendre sur les bois litigieux, mais encore que l'arrêt du 21 mars 1725, et l'ordonnance du 28 janvier 1744, lui avaient même formellement interdit tous droits d'*usage* et de *pacage*.

La commune de Monstajou répondit en demandant simplement à être mise hors de cause, sous la réserve de tous ses droits.

Sur ce pourvoi est intervenue l'ordonnance suivante :

LOUIS, etc.; — Sur le rapport du comité du contentieux;

Vu la requête à nous présentée par le sieur Clair de Fondeville, demeurant à Labatal-Rivière, département des Hautes-Pyrénées; ladite requête enregistrée au secrétariat du comité du contentieux de notre Conseil d'état, le 11 juillet 1816, et tendante à ce qu'il nous plaise annuller, pour cause d'incompétence, deux arrêtés du conseil de préfecture dudit département, des 16 juillet 1807 et 30 novembre 1814, pris au sujet de droits prétendus par les habitans de la commune de Monstajou dans les bois, forêts et montagnes situés sur le territoire de ladite commune, et renvoyer la cause devant les tribunaux; et, dans le cas où nous statuerions au fond, infirmer lesdits arrêtés, déclarer ledit sieur de Fondeville propriétaire exclusif et absolu de la montagne de Monstajou, sans être tenu de souffrir aucun droit d'usage ou de pacage des habitans de ladite commune, et l'autoriser à s'en mettre en possession avec restitution des fruits indûment perçus et avec dépens;

L'ordonnance de soit communiqué à la commune de Monstajou, rendue sur ladite requête, le 27 juillet 1816;

La requête en défense de ladite commune, signifiée le 29 octobre 1816, par laquelle elle conclut, attendu qu'elle est sans intérêt dans la question de propriété des bois et forêts dont il s'agit, à être mise hors de cause, sous la réserve de tous ses droits, quant à l'usage desdits bois et forêts, et à ce que le sieur de Fondeville soit condamné aux dépens;

L'arrêté du conseil de préfecture du département des Hautes-Pyrénées, du 16 juillet 1807, lequel, en adoptant l'avis de l'inspecteur des eaux et forêts du cinquième arrondissement, déclare que les bois, forêts et montagnes, situés dans la commune de Monstajou, appartiennent à l'état, mais que les habitans de ladite commune sont maintenus dans les droits d'usage et de pacage, en conformité des titres relatés et reconnus audit arrêté;

Autre arrêté du même conseil de préfecture du 30 novembre 1814, portant qu'il n'y a lieu de statuer sur l'opposition formée par ledit sieur de Fondeville, contre celui susdit du 16 juillet 1807;

Le rapport du conseiller d'état, directeur général des forêts et celui y joint, de l'inspecteur des forêts de l'arrondissement de Saint-Gaudens, des 8 février et 18 mars 1817;

Ensemble toutes les autres pièces produites;

Considérant que, par l'arrêté susdit, du 16 juillet 1807, le conseil de préfecture du département des Hautes-Pyrénées, n'a eu, ni pu avoir en vue que de statuer, en exécution de la loi du 28 ventose an 11, sur les droits réclamés par la commune de Monstajou, dans les bois et forêts appartenant à l'état; que ledit arrêté est étranger à tous autres intérêts et droits que ceux de l'état et de ladite commune; qu'en conséquence il n'a jamais fait obstacle à ce que le sieur de Fondeville ne procédât contre qui de droit, devant les tribunaux compétens, soit pour être maintenu dans la propriété des bois et forêts qu'il prétendrait lui appartenir, soit pour se défendre de l'usage et pacage qu'il croirait être indûment exercés sur lesdits bois, et qu'il n'a aucun intérêt à l'annullation dudit arrêté, qui ne le concerne pas;

Notre Conseil d'état entendu,

Nous avons ordonné et ordonnons ce qui suit:

Art. 1er. La requête susdite du sieur de Fondeville est rejetée.

2. Ledit sieur de Fondeville est condamné aux dépens.

3. Notre ministre secrétaire d'état des finances est chargé de l'exécution de la présente ordonnance.

Ordonnance du 21 mai 1817. (2652)

N°. 20.

ADJUDICATION-DE-DOMAINES-NATIONAUX.

INTERPRÉTATION.—REVENU.

Lorsque les procès-verbaux d'adjudication et d'affiche ne mentionnent pas expressément un objet comme étant ou devant être vendu, l'adjudicataire ne peut argumenter de la différence du produit annoncé dans les affiches et du produit réel des objets adjugés pour obtenir qu'il soit donné de l'extension aux clauses d'adjudication. L'énonciation du revenu que les biens désignés rapportaient antérieurement est une indication dont l'administration ne prétend point garantir l'exactitude.

(Les sieurs Geoffroy et consorts.—C.— la commune de Rohr.)

LOUIS, etc.; — Sur le rapport du comité du contentieux;

Vu les requêtes sommaire et ampliative à nous présentées par les sieurs Chrétien, Geoffroy, Hering et Joseph Mennet; enregistrées au secrétariat du comité contentieux de notre Conseil d'état les 17 juillet et 6 septembre 1816, tendantes à ce qu'il nous plaise annuller un arrêté du conseil de préfecture du département du Bas-Rhin, en date du 5 mars 1816, et un arrêté du préfet du même département, en date du 25 juin suivant, comme ayant indûment porté atteinte à une vente de biens communaux de la commune de Rohr arrondissement de Strasbourg, département du Bas-Rhin, faite aux requérans en exécution de la loi du 20 mars 1813, suivant procès-verbal dressé à la préfecture dudit département le 26 octobre 1813;

Vu une ordonnance *de soit communiqué* à la commune de Rohr, rendue par notre chancelier chargé par intérim du porte-feuille du ministère de la justice, le 14 septembre 1816;

Vu la requête en défense, de ladite commune, enregistrée au secrétariat du comité contentieux de notre Conseil d'état le 7 mars 1817;

Vu les arrêtés attaqués;

Vu une affiche de vente des biens des communes du département du Bas-Rhin, sous le numéro 62 et notamment l'article 104, et les conditions générales de ladite vente;

Vu le procès-verbal d'adjudication, en date du 26 octobre 1813;

Vu la copie authentique d'un renouvellement des biens communaux de la commune de Rohr, en date du 8 décembre 1813, fait par le sieur Chable, notaire, en vertu d'un arrêté du préfet du département du Bas-Rhin, ledit arrêté rendu à la requête des adjudicataires;

Vu un extrait authentique du budjet de la commune de Rohr pour l'année 1813;

Ensemble toutes les pièces jointes au dossier;

Considérant que l'affiche du 5 octobre 1813, et le procès-verbal d'adjudication du 25 du même mois, renfermant désignation spéciale des biens mis en vente, de leur contenance et de leur situation, et qu'ainsi l'adjudication n'a point compris des biens qui ne sont désignés en aucune manière, soit dans ladite affiche, soit dans ledit procès-verbal;

Considérant que la clause contenue dans les conditions générales et portant : que lesdits biens sont vendus sans garantie de tenans, ni d'aboutissans, ni de consistance, ni de produit, ne peut s'appliquer qu'aux biens désignés dans le procès-verbal d'adjudication par l'indication des cantons où ils sont situés et non à des biens qui n'y sont nullement mentionnés ;

Considérant que l'énonciacion du revenu que les biens désignés rapportaient antérieurement à la commune, est précisément au nombre des indications dont l'administration n'a point entendu garantir l'exactitude, et qu'en conséquence les adjudicataires ne sauraient s'en prévaloir pour faire comprendre dans l'adjucation des biens qui n'y ont pas été désignés ;

Notre Conseil d'état entendu,

Nous avons ordonné et ordonnons ce qui suit :

Art. 1er. Les requêtes des sieurs Chrétien, Geoffroy, Héring et Joseph Mennet, sont rejetées.

2. Les sieurs Héring et Mennet, sont condamnés aux dépens.

2. Notre ministre secrétaire d'état des finances est chargé de l'exécution de la présente ordonnance.

Ordonnance du 21 mai 1817. (2653)

N°. 21.

1°. DÉLAI. — CONTRAINTE. — COMPTABLE.

2°. HONORAIRES. — EMOLUMENS. — INTÉRIM. — RECEVEUR GÉNÉRAL.

1°. *Le délai dans lequel un comptable doit se pourvoir contre une décision et une contrainte du ministre des finances, ne court que du jour de la signification.*

2°. *Un receveur général par intérim n'est autorisé par aucun règlement à réclamer la totalité des émolumens et bénéfices de la recette générale pour le temps de sa gestion par intérim ; il appartient entièrement au ministre du trésor public d'apprécier ses travaux et l'indemnité qui lui est proportionnée.*

(Le sieur Conchon. — C. — l'agent du trésor.)

LOUIS ; etc., — Sur le rapport du comité du contentieux ;

Vu les requêtes introductive et ampliative à nous présentées par le sieur Bravi Conchon, inspecteur des contributions directes du département de la Creuse ; lesdites requêtes enregistrées au secrétariat du comité du contentieux de notre Conseil d'état, les 12 octobre et 6 décembre 1816, et tendantes à ce qu'il nous plaise annuller une contrainte décernée contre lui le 25 mai précédent, par notre ministre secrétaire d'état des finances ; ensemble toutes les décisions qui auraient précédé ou suivi ladite contrainte, et déclarer ledit sieur Conchon quitte envers notre trésor pour raison de sa gestion par *interim* de la recette générale du département de la Creuse ;

La lettre de notre ministre secrétaire d'état des finances à notre garde des sceaux, en date du 22 février 1817, contenant envoi d'un mémoire en défense, fourni par l'agent judiciaire de notre trésor, et dont les conclusions tendent à ce que le sieur Conchon soit déclaré non recevable, ou du moins mal fondé, dans son pourvoi, et à ce qu'il soit ordonné que la susdite contrainte du 25 mai 1816, et les décisions y relatives, seront exécutées suivant leur forme et teneur ;

L'arrêté du préfet du département de la Creuse, du 13 novembre 1810, qui a chargé le sieur Conchon de la gestion par *interim* de la recette générale dudit département ;

La décision du ministre du trésor public, du 15 juin 1812, portant que les bénéfices de ladite recette générale seront partagés par moitié entre le receveur général titulaire et le receveur par interim, et que la moitié destinée au sieur de Varambon, receveur général titulaire, sera portée en atténuation de son déficit ;

Autre décision de notre ministre secrétaire d'état des finances, du 22 septembre 1815, qui fixe à 10,037 fr. 25 cent. le résultat au profit dudit sieur de Varambon du partage, par moitié, desdits bénéfices, avec intérêts à partir du 4 janvier 1812 ;

La susdite contrainte, du 25 mai 1816, décernée contre ledit sieur Conchon, à l'effet du paiement de ladite somme de 10,037 francs 25 centimes et des intérêts, et la signification de ladite contrainte du 17 juillet 1816 ;

Les lettres écrites par le ministre du trésor public, ou en son nom, audit sieur Conchon, les 16 juin, 19 septembre et 5 octobre 1812, 10 mars et 20 avril 1813, et celle écrite au nom de notre ministre secrétaire d'état des finances, le 30 septembre 1815 ;

Les lettres dudit sieur Conchon, des 25 octobre 1812, 22 mars et 3 avril 1813 ;

Ensemble toutes les autres pièces respectivement produites ;

Considérant, sur les fins de non recevoir, que le délai pour se pourvoir contre les décisions et contrainte susdites, n'a dû courir que du jour de la signification de la contrainte ; qu'en conséquence ledit sieur Conchon est recevable dans son pourvoi, qui a été formé avant l'expiration dudit délai ;

Considérant, sur le fond, qu'aucun règlement n'attribuant au sieur Conchon la totalité des émolumens et bénéfices de la recette générale du département de la Creuse pour sa gestion par *interim* de ladite recette générale, il appartenait entièrement au ministre du trésor public d'apprécier ses travaux et l'indemnité qui y était proportionnée ;

Notre Conseil d'état entendu,

Nous avons ordonné et ordonnons ce qui suit :

Art. 1er. Les décisions et contrainte susdites, des 15 juin 1812, 22 septembre 1815 et 25 mai 1816, sont confirmées pour être exécutées suivant leur forme et teneur ; sauf, en ce qui concerne les intérêts de ladite somme de 10,037 francs 25 centimes, qui ne courront contre ledit sieur Conchon qu'à dater du 17 juillet 1816, date de la signification de ladite contrainte.

2. Notre ministre secrétaire d'état des finances est chargé de l'exécution de la présente ordonnance.

Ordonnance du 21 mai 1817. (2654)

N.° 22.

SERVITUDE. — Rue. — Eaux. (Ecoulement des) — Voirie.

La question de savoir si la propriété d'un particulier est passible de servitude et doit souffrir l'écoulement des eaux d'une rue qui existe dans sa commune, et qui borde sa propriété, est une question judiciaire qui ne doit pas être décidée par un conseil de préfecture (quelque trait qu'elle puisse avoir avec les réglemens de voirie).

(Le sieur Mobert.—C.—la commune de Campeaux.)

L'une des rues de la commune de Campeaux, département de l'Oise, appelée Lambois, est bordée d'un côté par des héritages dont le sol est inférieur à celui de cette rue, et de l'autre côté par des propriétés appartenant au sieur Mobert, qui sont plus élevées que la rue, et qui renfermaient une cave anciennement couverte de mâsure.

Les fonds opposés au sieur Mobert se trouvaient, par leur situation, assujétis à recevoir l'écoulement des eaux de la rue de Lambois, mais pour se soustraire à cette incommodité les propriétaires de ces mêmes fonds élevèrent des digues pour les en garantir.

Ces eaux qui devenaient incommodes aux autres habitans furent alors conduites, au moyen d'un fossé pratiqué à cet effet, dans la cave du sieur Mobert, qui toléra cette entreprise tant qu'elle ne lui causa aucun préjudice ; mais voulant faire reconstruire les bâtimens tombés en ruine qui couvraient et entouraient sa cave, le sieur Mobert s'aperçut que les eaux en minaient les fondemens, et dès-lors il s'occupa d'en intercepter le cours en comblant le fossé.

La commune de Campeaux n'éleva aucune réclamation à cet égard, elle fit au contraire pratiquer des puisards pour recevoir les eaux qui refluaient de nouveau dans la rue Lambois. Ces puisards remplirent long-temps leur objet, mais il paraît que le défaut d'entretien joint à l'abondance extraordinaire des pluies fit qu'ils se trouvèrent insuffisans en 1816.

On voulut alors obliger le sieur Mobert de rouvrir sa cave ; le garde champêtre lui en intima l'ordre, et sur son refus d'y déférer, il dressa contre lui un procès-verbal.

Traduit devant le conseil de préfecture, le sieur Mobert déclina la compétence de l'autorité administrative, et demanda son renvoi devant les tribunaux, sur le motif qu'il s'agissait d'une question de servitude qui devait être jugée préalablement à toute autre de quelque manière qu'on envisageât la cause. Il représenta d'ailleurs que la commune de Campeaux ne représentait aucun titre à l'appui de ses prétentions.

Mais, sans s'arrêter à l'exception proposée par le sieur Mobert, le conseil de préfecture prit, le 17 janvier 1817, un arrêté conçu en ces termes :

« Considérant que le principe, nulle servitude sans titre n'est point applicable lorsqu'il s'agit de servitudes naturelles qui dérivent nécessairement de la situation des lieux ; que les servitudes du passage des eaux sont plus que d'autres encore du nombre de ces servitudes pour lesquelles il devient impossible de réclamer un titre ; elles résultent nécessairement des pentes que la nature à établies; que l'art. 640 du Code civil porte que les *fonds inférieurs* sont assujétis envers ceux qui sont plus élevés, a recevoir les eaux qui en découlent *naturellement* sans que la main de l'homme y ait contribué ;

» Considérant que dans l'espèce il est établi de la manière la plus positive que les eaux avaient eu constament leur écoulement par la propriété qui est devenue celle du sieur Mobert; qu'il est également établi que la commune avait inutilement tenté de faire creuser des puisards pour soustraire, s'il était possible, les propriétés du sieur Mobert à cet assujettissement *naturel*; mais que ce moyen s'était trouvé tellement insuffisant que le passage est aujourd'hui intercepté par la surabondance des eaux auxquelles il n'existe plus d'écoulement.

» Considérant que le sieur Mobert peut d'autant moins se plaindre de la nécessité dans laquelle il doit être de rouvrir l'ancien passage par lequel les eaux avaient leur écoulement qu'il a acquis sa propriété avec cette servitude, à laquelle la bonne volonté de la commune a inutilement cherché à le soustraire.

» Le conseil de préfecture arrête : dans les 24 heures de la notification du présent arrêté, le sieur Mobert sera tenu de rouvrir, dans la clôture qu'il a fait faire, un passage pour l'écoulement des eaux et au même point où il a existé, antérieurement à l'établissement des puisards que la commune a fait creuser. »

Tel est l'arrêté que le sieur Mobert a attaqué devant le Conseil d'état comme contenant tout-à-la-fois un excès de pouvoir et un mal jugé.

Et d'abord quant à la compétence, le sieur Mobert alléguait qu'on ne saurait nier que les conseils de préfecture ne fussent des tribunaux extraordinaires ; qui ne connaissaient que des affaires qui leur étaient expressément attribuées ; qu'il suffisait de lire les différentes lois qui règlent les attributions de ces conseils pour se convaincre qu'elles ne renferment aucune disposition relative aux servitudes ; que dèslors le conseil de préfecture du département de l'Oise, qui n'avait jugé ni entendu juger autre chose qu'une question de servitude avait excédé les bornes de sa compétence.

En second lieu, et quant au fond, le sieur Mobert objectait que la décision attaquée violait de la manière la plus manifeste l'art. 640 du Code civil ; que cet art. n'assujétissait un fonds à recevoir les eaux qui découlent d'un autre fonds qu'autant que *ce fonds est inférieur et que les eaux découlent naturellement sans que la main de l'homme y ait contribué* ; et il soutenait que les dispositions de cet article n'étaient pas applicables à l'espèce, puisque d'une part loin d'être inférieure au sol de la rue, sa propriété lui était supérieure de deux pieds, et d'autre part qu'il résultait des actes contenus au dossier que ce n'était qu'à l'aide d'un *fossé* que les habitans de Campeaux, étaient parvenus à conduire les eaux de la rue de Lambois dans sa cave à lui Mobert.

Sur ce pourvoi est intervenue l'ordonnance dont la teneur suit :

LOUIS, — etc. ; Sur le rapport du comité du contentieux ;

Vu la requête à nous présentée par le sieur Mobert, enregistrée au secrétariat du comité du contentieux de notre Conseil d'état, le 25 mars 1817, et tendante à l'annullation d'un arrêté du conseil de préfecture du département de l'Oise, du 17 janvier 1817, lequel, d'après les dispositions du Code civil sur les servitudes, et d'après un titre de vente privée, condamne le requérant à souffrir l'écoulement des eaux d'une rue qui existe dans la commune de Campeaux, qui borde sa propriété;

Vu ledit arrêté ;

Ensemble toutes les autres pièces jointes au dossier ;

Considérant qu'il s'agit, dans l'espèce, d'une pure question de servitude dont la connaissance n'appartient qu'aux tribunaux ordinaires ;

Notre Conseil d'état entendu,

Nous avons ordonné et ordonnons ce qui suit :

Art. 1er. L'arrêté du conseil de préfecture du département de l'Oise, du 17 janvier 1817, est annullé pour cause d'incompétence.

La cause et les parties sont renvoyées devant les tribunaux ordinaires.

2. Notre garde des sceaux ministre secrétaire d'état de la justice et notre ministre secrétaire d'état de l'intérieur sont chargés, chacun en ce qui le concerne, de l'exécution de la présente ordonnance.

Ordonnance du 21 mai 1817. (2656)

N°. 23.

MISE EN JUGEMENT. — MAIRE. — COMPTE. — CONSEIL MUNICIPAL.

Le Conseil d'état autorise la mise en jugement, ou citation en justice, par le préfet, d'un maire de commune qui refuse obstinément de rendre compte au conseil municipal de l'emploi des fonds mis à sa disposition par le budjet.

(La commune de Guimgamp — C. — le sieur Garff.)

LOUIS, etc. ; — Sur le rapport du comité du contentieux ;

Vu la demande faite par le préfet du département des Côtes-du-Nord, le 20 mars 1817, d'autoriser la commune de Gondelin, arrondissement de Guimgamp, à poursuivre le sieur Garff, ex-maire de ladite commune, à raison du refus qu'il fait de rendre compte au conseil municipal de l'emploi des fonds mis à sa disposition par les budjets, depuis 1812 jusqu'au 31 août 1815, pour des travaux extraordinaires, et en outre, d'une somme de 260 francs, montant d'un terme du secours de 1660 francs accordé à la commune de Gondelin pour les indigens;

Vu l'avis de notre ministre secrétaire d'état au département de l'intérieur, en date du 31 mars 1817 ;

Notre Conseil d'état entendu,

Nous avons ordonné et ordonnons ce qui suit :

Art. 1er. Le préfet du département des Côtes-du-Nord est autorisé à poursuivre devant les tribunaux le sieur Garff, ex-maire de la commune de Gondelin, pour recouvrement des sommes qu'il a reçues en ladite qualité, sauf au sieur Garff à rendre son compte devant l'administration.

2. Notre garde des sceaux ministre secrétaire d'état de la justice et notre ministre secrétaire d'état de l'intérieur sont chargés, chacun en ce qui le concerne, de l'exécution de la présente ordonnance.

Ordonnance du 21 mai 1817. (2660)

N°. 24.

SUCCESSIONS VACANTES. — SÉQUESTRE. — FAILLITE.

Lorsque l'état représente un particulier tombé en faillite, dont la succession a été déclarée vacante, il n'y a plus lieu à séquestre, aux termes de la loi du 1er. floréal an 3 ; il faut un curateur aux termes de l'article 813 du Code civil, lequel sera tenu de consigner à la caisse d'amortissement, suivant l'avis du Conseil d'état, approuvé le 13 décembre 1809.

(Administration des domaines. — C. — les créanciers de la succession Didiot.)

Par sentence du 9 janvier 1787, le sieur Humbert fut chargé de la gestion des biens de la faillite du feu sieur Nicolas Didiot.

Mais attendu l'intérêt de l'état, comme représentant des émigrés et des établissemens religieux supprimés, dans cette faillite, un arrêté de l'administration centrale de la Meuse, du 26 thermidor an 4, mit les biens provenant de ladite faillite, sous la main de l'état, et ordonna le dépôt aux archives, tant de l'inventaire judiciaire de ces biens, dressé à l'ouverture de la faillite, que des titres, pièces et mémoires produits par le sieur Humbert, à l'appui de son compte, dont le reliquat fut fixé provisoirement à la somme de 35,150 francs assignats, qui furent versés dans la caisse du domaine.

Les biens continuèrent d'être régis par l'administration jusqu'en l'an 12, époque à laquelle ils furent vendus.

Le receveur des domaines, que les commissaires nommés à ladite faillite, par un arrêté de la même administration centrale, du 28 pluviose an 6, avaient chargé de recevoir le prix de la vente de ces biens, rendit son compte, comme administrateur particulier, à ces mêmes commissaires.

Le 21 juillet 1808, un jugement ayant déclaré vacante la succession du sieur Didiot, le receveur rendit un nouveau compte de la gestion des biens qu'il avait eue jusqu'en l'an 12, et dont le reliquat, montant à 695 francs 30 centimes, fut versé entre les mains des commissaires des créanciers, en vertu d'un arrêté du préfet, du 24 août 1808, approuvé par le ministre des finances, le 13 mars 1809.

Postérieurement, intervint un avis du Conseil d'état, approuvé le 13 octobre 1809, et inséré au bulletin des lois, n°. 4759. — 246e., qui ordonna *que les sommes provenant des successions vacantes, seraient consignées à la caisse d'amortissement.*

Le sieur Humbert voulant obtenir l'apurement définitif de sa gestion, fit nommer un curateur à la succession du sieur Didiot, et présenta ensuite ses comptes au conseil de préfecture qui, par arrêté du 22 septembre 1812, ordonna le versement du reliquat dans la caisse du receveur des domaines, en le chargeant de continuer la régie des biens, conformément à l'arrêté du 26 thermidor an 4, et d'en rendre compte. Les motifs de cet arrêté étaient :

Que le sieur Didiot étant décédé en état de faillite, ses biens étaient devenus la propriété légitime de ses créanciers, au nombre desquels se trouvait l'état exerçant les droits d'émigrés et d'établissemens supprimés, ce qui constituait un véritable indivis, dont, suivant le conseil de préfecture, la régie était attribuée au domaine, notamment par la loi du 1er. floréal an 3.

Mais le directeur de l'administration des domaines prétendit que cette opinion n'était pas fondée lors des arrêtés de l'an 4 et de l'an 6, attendu que la loi du 1er. floréal an 3, et les autres rendues sur la matière, n'attribuaient au domaine la régie des biens indivis, qu'autant que les émigrés représentés par l'état, en avaient déjà une portion à titre de *proprité*, et non lorsque les immeubles n'étaient qu'un simple *gage* de créances à réclamer par eux; que cette même opinion était encore moins fondée aujourd'hui que les tribunaux avaient fait des actes de leur juridiction sur la succession Didiot, en *déclarant la vacance et en nommant un curateur*;

Que, quoique cette succession fût ouverte, ajoutait le directeur des domaines, avant la promulgation du Code civil, les règles de ce Code y étaient néanmoins applicables, ainsi que cela avait été reconnu en thèse générale par le ministre de la justice, les 23 janvier et 20 février 1806; que c'était donc l'autorité judiciaire qui devait être saisie des prétentions de tous les créanciers de la succession Didiot, au nombre desquels l'administration des domaines figurerait comme les autres.

Le 13 mars 1809, décision du ministre des finances qui approuva l'arrêté du préfet, du 24 août 1808, ordonnant que le receveur des domaines verserait entre les mains des commissaires des créanciers Didiot, les 695 francs 30 c. formant le reliquat de son compte.

Mais, le conseil de préfecture du département de la Meuse ayant au contraire, par son arrêté du 22 septembre 1812, ordonné, d'une part, que le sieur Humbert, chargé de la gestion des biens de la faillitte du sieur Didiot, verserait le reliquat de son compte dans la caisse du receveur des domaines, et, d'autre part, que ce receveur continuerait la régie desdits biens; le ministre des finances, d'après l'avis du directeur de l'administration des domaines, déféra cet arrêté au Conseil d'état, sur le motif qu'il devait être annullé, attendu qu'aux termes du décret du 13 octobre 1809, c'était à la caisse d'amortissement, et non à celle du receveur des domaines, que le reliquat de compte du sieur Humbert devait être versé; qu'en outre, d'après le jugement du 21 juillet 1808, la régie des biens de la succession Didiot était confiée au curateur à cette succession vacante, et non au receveur des domaines; qu'en conséquence, il y avait lieu d'annuller ledit arrêté du conseil de préfecture, du 22 septembre 1812.

Ce qui a été décidé par l'ordonnance dont la teneur suit :

LOUIS, etc.; — Sur le rapport du comité du contentieux;

Vu le rapport de notre ministre secrétaire d'état des finances, du 2 avril 1817, par lequel il propose d'annuller un arrêté du conseil de préfecture du département de la Meuse, du 22 septembre 1812, pris au sujet de la succession vacante du feu sieur Didiot;

Un arrêté de l'administration centrale du même département, du 26 thermidor an 4, lequel, attendu l'intérêt de l'état, comme représentant des établissemens religieux supprimés, et des émigrés dans la faillite dudit feu sieur Didiot, met sous le séquestre tous les biens, droits et actions dépendans de l'actif dudit failli, et en confère la gestion à l'administration des domaines;

Un arrêté du préfet du même département, du 24 août 1808, qui ordonne, sauf l'approbation du ministre des finances, que la somme de 695 francs 30 centimes, versée à la caisse du receveur des domaines, au bureau de Bar-sur-Ornain, et provenant des revevenus des biens dudit feu sieur Didiot, sera remise aux commissaires chargés de l'administration de ladite faillite;

La décision du ministre des finances, du 13 mars 1809, confirmative dudit arrêté;

L'arrêté susdit du conseil de préfecture du département de la Meuse, du 22 septembre 1812, dont notre ministre secrétaire d'état des finances propose l'annullation; lequel arrêté contient liquidation du compte rendu par le sieur Humbert, comme ayant été chargé de la gestion des biens de la faillite dudit feu sieur Didiot, ordonne le versement de la somme de 99 francs 70 centimes, formant le reliquat dudit compte dans la caisse du receveur des domaines, à Bar-sur-Ornain, et décide que la régie des biens dépendans de l'actif de ladite faillite, sera continuée par l'administration des domaines, qui en rendra compte devant ledit conseil de préfecture;

Considérant que les dispositions de la loi du 1er. floréal an 3, relatives aux biens et droits indivis avec les émigrés, n'étaient pas applicables aux droits que l'administration des domaines, comme représentant des établissemens religieux supprimés et des émigrés, pouvait avoir à exercer en concurrence avec d'autres créanciers, sur l'actif de la faillite du feu sieur Didiot; qu'en conséquence, c'est sans aucun fondement que les biens, droits et actions composant cet actif ont été mis sous le séquestre, et que la gestion en a été confiée à ladite administration; que de plus, il résulte du rapport de notre ministre secrétaire d'état des finances, que, par jugement du 21 juillet 1808, la succession dudit feu sieur Didiot a été déclarée vacante, et qu'il y a été nommé un curateur; qu'aux termes de l'article 813 du Code civil, le curateur à une succession vacante est chargé d'en exercer et d'en poursuivre les droits; et que, suivant l'avis du Conseil d'état, approuvé le 13 décembre 1809, les sommes provenant des successions vacantes doivent être consignées à la caisse d'amortissement et non à celle du domaine;

Notre Conseil d'état entendu,

Nous avons ordonné et ordonnons ce qui suit:

Art. 1er. L'arrêté susdit du conseil de préfecture du département de la Meuse, du 22 septembre 1812, est annullé. L'administration des domaines cessera toute gestion des biens, droits et actions dépendans de la faillite dudit feu sieur Didiot, et elle remettra ladite gestion au curateur à la succession vacante. Les sommes provenantes de ladite succession, qui existeraient dans les caisses du domaine, seront consignées à la caisse des dépôts et consignations.

2. Il sera procédé, par les voies de droit et devant les tribunaux ordinaires, pour tout ce qui peut concerner ladite succession.

3. Notre ministre secrétaire d'état des finances est chargé de l'exécution de la présente ordonnance.

Ordonnance du 21 mai 1817. (2661)

No. 25.

DÉLAI. — NOTIFICATION. — SIGNIFICATION.

Un percepteur à qui le maire de sa commune a notifié l'arrêté rendu par le conseil de préfecture, et qui a reconnu le fait de cette notification dans un acte extrajudiciaire, est tenu de se pourvoir dans les délais de la notification et n'est pas recevable à exciper de ce qu'il n'y a pas eu de signification par huissier. (Art. 11 réglement du 22 juillet 1806.)

En règle générale les fonctionnaires entre eux, dans leurs rapports hiérarchiques, sont-ils dispensés de signification? Suffit il qu'il y ait notification constante?

(Le sieur Fleury-Corompt.)

LOUIS, etc.; — Sur le rapport du comité du contentieux;

Vu la requête à nous présentée par le sieur Fleury Corompt, ex-percepteur des contributions en 1791; ladite requête enregistrée au secrétariat du comité du contentieux de notre Conseil d'état le 22 avril 1817, et tendante à l'annullation:

1°. D'un arrêté du conseil de préfecture du départ. de la Loire, en date du 26 septembre 1816, portant: qu'à défaut par lui de produire, dans le délai d'un mois, à compter de la signification dudit arrêté, ses comptes pour établir sa libération de la somme de 1950 francs, reclamée par les héritiers Bourchany, contre la commune de Chavanay il était condamné à leur payer ladite somme en l'acquit de la commune, qui en avait versé le montant entre ses mains;

2°. D'un arrêté du même conseil de préfecture, en date du 16 décembre 1816, portant confirmation pure et simple de l'arrêté précédent;

Vu lesdits arrêtés;

Vu l'acte extra-judiciaire signifié le 27 novembre 1816, au conseil de préfecture, à la requête du sieur Corompt et dans lequel le requérant déclare qu'il s'oppose à l'arrêté du 26 septembre 1816, qui lui a été notifié le 2 novembre suivant.

Vu toutes les autres pièces jointes au dossier.

Considérant, dans l'espèce, que l'arrêté du 26 septembre 1816, dont celui du 16 décembre suivant, n'est que la confirmation, a été pris contradictoirement avec le sieur Corompt, puisqu'il vise et analyse même le mémoire et les moyens de défense, lors produits par le requérant.

Considérant que le sieur Corompt reconnaît, dans un acte extra-judiciaire du 27 novembre 1816, que l'arrêté du 26 septembre précédent, lui a été notifié par le maire de la commune de Chevanay, le 2 novembre de la même année;

Que cette reconnoissance de sa part, emporte contre lui tous les effets d'une signification par acte d'huissier;

Et qu'ayant l'aissé expirer le délai de trois mois

sans se pourvoir contre ledit arrêté devant le Conseil d'état, il est parconséquent non-recevable à le faire aujourd'hui, aux termes de l'article 11 du réglement du 22 juillet 1806.

Notre Conseil d'état entendu,

Nous avons ordonné et ordonnons ce qui suit :

Art. 1er. La requête du sieur Corompt est rejetée.

2. Notre ministre secrétaire d'état de l'intérieur est chargé de l'exécution de la présente ordonnance.

Ordonnance du 21 mai 1817. (2662)

N°. 26.

PROPRIÉTE. — COMMUNE. — INSTRUCTION PUBLIQUE.

Lorsqu'entre une commune et une branche de l'administration publique telle que l'administration des poudres et salpêtres, il y a contestation sur la propriété et jouissance d'un édifice ou d'une portion d'un édifice consacré à un service public, cette contestation n'offre rien de contentieux proprement dit; elle est portée d'abord devant les ministres et ensuite devant le Conseil d'état.

Est-il vrai, en principe général, que les communes ne soient pas, quant au droit de propriété, de simples aggrégations de particuliers ayant des droits privés toujours soumis aux tribunaux?

Ou bien serait-il vrai que la justice administrative seule dût décider sur l'existence et l'étendue des propriétés domaniales?

(La ville de Clermont-Ferrant.)

Par arrêté du 6 frimaire an 2, les représentans du peuple, en mission dans le département du Puy-de-Dôme, suppriment l'hospice de la Charité, situé dans la ville de Clermont. Ses bâtimens sont affectés aux séances de la société populaire, qui est autorisée à s'en emparer aussitôt après l'évacuation des lieux.

La société populaire supprimée, la commune de Clermont lui succéde dans la propriété des bâtimens de l'hospice.

Un arrêté du comité de salut public ayant mis à la disposition du service des poudres et salpêtres tous les établissemens qui lui étaient nécessaires, la commune de Clermont assigna pour le service des poudres un terrain dépendant des bâtimens de l'ancien hospice de la Charité.

Le surplus de ces bâtimens fut consacré par la commune à l'instruction publique; une partie du sol fut transformée en jardin botanique, et l'administration y plaça une bibliothèque publique.

Entre le terrain assigné à l'administration des salpêtres et les bâtimens consacrés à l'instruction publique, se trouve un pavillon faisant partie des bâtimens de l'hospice.

Le commissaire des poudres, et quelques membres de l'instruction publique avaient leur logement dans ce pavillon, lorsque parut le décret du 9 avril 1811, qui concédait gratuitement aux communes la pleine propriété des édifices et bâtimens nationaux, alors occupés pour le service de l'administration, de l'*instruction publique*, etc.

En vertu de ce décret, la remise des bâtimens de l'hospice fut faite à la mairie de Clermont, par M. le directeur des domaines de la même ville.

Depuis, il s'est élevé une contestation entre l'administration des salpêtres et la commune de Clermont, sur la propriété et jouissance du pavillon intermédiaire. Ainsi cette contestation ayant pour objet la propriété et jouissance d'une portion d'édifice consacrée à un service public, et intéressant une commune, fut portée d'abord devant le ministre de la guerre.

Par décision du 14 mai 1812, ce ministre fut d'avis que les prétentions de l'administration des poudres étaient fondées, et qu'elle devait être maintenue dans la possession du pavillon.

La commune de Clermont a déféré cette décision au comité du contentieux du Conseil d'état.

Sur quoi a été rendue l'ordonnance dont la teneur suit :

LOUIS, etc.; — Sur le rapport du comité du contentieux :

Vu les requêtes à nous présentées au nom de la ville de Clermont-Ferrant, enregistrées au secrétariat du comité du contentieux de notre Conseil d'état, les 8 février 1815, 27 fév. 1816, et 17 mai 1817, tendantes à ce qu'il nous plaise annuller une décision du ministre de la guerre, du 14 mai 1812; et, en conséquence, ordonner que ladite ville sera maintenue dans la propriété et possession exclusive du bâtiment principal et du pavillon y attenant, du jardin et cour d'entrée, formant la partie supérieure de l'ancienne maison de la Charité de Clermont, faire défense à l'administration des poudres et salpêtres de l'y troubler; ordonner que ladite administration sera tenue d'évacuer et de remettre la partie qu'elle en occupe, par ses agens, à la disposition de la ville, et la condamner aux dépens;

La lettre de notre ministre secrétaire d'état de la guerre à notre garde des sceaux, en date du 4 avril 1817, et les observations y jointes de l'administration des poudres et salpêtres, tendant à ce que la décision susdite du 4 mai 1812, soit maintenue et exécutée;

Un arrêté du 6 frimaire an 2, qui a destiné ladite maison de la Charité à un service public;

Un arrêté de l'administration du département du Puy-de-Dôme, du 15 nivose an 7, qui a assigné des logemens dans un pavillon dépendant de ladite maison, au bibliothécaire et au professeur d'histoire naturelle de ce département, et au concierge de ladite maison, et qui a maintenu le sieur Cocq, préposé de l'administration des poudres et salpêtres, dans la jouissance provisoire du logement qu'il occupait dans le même pavillon ;

Le procès-verbal dressé le 9 juillet 1811, de la remise faite par le receveur des domaines à l'adjoint du maire de la ville de Clermont-Ferrant, en exécution du décret du 9 avril 1811, de divers bâtimens nationaux, parmi lesquels sont désignés les bâtimens, cour et jardin des ci-devant Charitains, occupés par la bibliothèque départementale, le Jardin-des-Plantes et la fabrication du salpêtre ;

La lettre du préfet du département du Puy-de-Dôme au ministre de la guerre, en date du 26 mars 1812, relative aux contestations élevées entre l'administration des poudres et salpêtres, et la ville de Clermont-Ferrant, au sujet du pavillon dépendant de ladite maison de la Charité ;

La lettre du ministre de la guerre au même préfet, en date du 14 mai suivant, dans laquelle est consignée la décision attaquée par la ville de Clermont Ferrant ; la dite lettre portant que le pavillon en litige restera affecté au service des poudres et salpêtres, sauf à faire, dans les communications des bâtimens, les changemens indiqués par la dite lettre ;

Le plan des lieux ;

Ensemble toutes les autres piéces respectivement produites ;

Vu aussi les observations et avis de l'administration des domaines ;

Et le décret du 9 avril 1811, par le quel il est fait concession gratuite aux départemens, arrondissemens et communes, de la pleine propriété des édifices et bâtimens nationaux actuellement occupés pour le service de l'administration, des cours et tribunaux, et de l'instruction publique ;

Considérant que le corps principal de l'ancienne maison de la charité était occupé lors de la publication du décret susdit, du 9 avril 1811, pour le service de l'instruction publique ; que le pavillon y attenant, qui est l'objet du litige, forme une partie et une dépendance nécessaire du dit corps principal, par sa situation, par les entrées et la cour commune, les entrées symétriques des deux parties de bâtiment, et par les communications et distributions intérieures, et que la circonstance qu'une portion seulement du dit pavillon était occupée alors pour l'instruction publique, et qu'une autre portion servait provisoirement de logement aux préposés des poudres et salpêtres, n'a pas pu faire obstacle à ce qu'il n'ait été compris dans la concession du corps principal dont il dépend ;

Considérant, néanmoins, que ladite concession n'a pu être faite qu'à la charge de ne pas nuire au service des poudres et salpêtres qui était établi dès-lors dans les bâtimens et emplacemens provenant aussi de l'ancienne maison de la Charité, et situés derrière ledit pavillon, et par conséquent, de souffrir les dispositions nécessaires pour l'indépendance réciproque des deux établissemens ;

Notre Conseil d'état entendu,

Nous avons ordonné et ordonnons ce qui suit :

Art. 1er. Il est déclaré que le pavillon qui est figuré sous le no. 3 au plan produit par notre ministre secrétaire d'état de la guerre, a été compris dans la cession du corps principal de l'ancienne maison de la Charité, qui a été faite en vertu du décret susdit, du 9 avril 1811, pour le service des établissemens d'instruction publique formés à Clermont-Ferrant : en conséquence, et nobstant la décision du ministre de la guerre, du 14 mai 1812, laquelle sera considérée comme non avenue ; ledit pavillon restera affecté exclusivement au service desdits établissemens d'instruction publique.

2. Nos ministres secrétaires d'état de l'intérieur et de la guerre se concerteront pour les dispositions qu'il pourrait être jugé nécessaire de faire audit pavillon, no. 3, à l'effet d'isoler et de rendre indépendant le service des poudres et salpêtres qui est placé dans les bâtimens voisins provenant de l'ancienne maison de la Charité, et cotés au plan sous les nos. 5, *6* et *6 bis*.

3. Nos ministres secrétaires d'état de l'intérieur et de la guerre sont chargés, chacun en ce qui le concerne, de l'exécution de la présente ordonnance.

Ordonnance du 11 juin 1817. (2664)

N°. 27.

MISE EN JUGEMENT. — DESTITUTION. — RÉVOCATION.

Le Conseil d'état refuse la mise en jugement d'un agent de l'administration, lorsque, pour le même fait, l'agent a été destitué ou révoqué, et qu'une telle peine paraît suffisante.

(Le sieur Chambourdon. — C. — le sieur de Lamesnardière.)

LOUIS, etc.... ; — Sur le rapport du comité du contentieux ;

Vu le rapport transmis par notre garde des sceaux, ministre secrétaire d'état de la justice, sous la date du 18 mars 1817, relatif à une procédure commencée contre le sieur Arnault de Lamesnardière, premier adjoint au maire de la ville de Parthenay, prévenu d'actes arbitraires et d'abus de pouvoir dans l'exercice de ses fonctions envers le sieur Chambourdon, avoué à Poitiers ;

Vu la demande du sieur Chambourdon, tendante à obtenir l'autorisation nécessaire pour traduire le sieur Arnault de Lamesnardière devant les tribunaux, et les réponses du sieur Arnault de Lamesnardière ;

Vu les pièces de la procédure, dont l'instruction a été commencée devant le tribunal de première instance séant à Partenay ; ensemble les différentes lettres et rapports de notre procureur-général près la Cour royale de Poitiers ;

Vu une lettre de notre ministre secrétaire d'état de l'intérieur, du 3 mars 1817, dans laquelle il exprime qu'il ne lui semble pas convenable d'accorder l'autorisation demandée, et qu'il a chargé le préfet du département des Deux-Sèvres de suspendre le sieur Arnault de Lamesnardière, et de proposer sa révocation ;

Prenant en considération les motifs développés dans la lettre de notre ministre secrétaire d'état de l'intérieur ;

Notre Conseil d'état entendu,

Nous avons ordonné et ordonnons ce qui suit :

Art. 1er. Il n'y a pas lieu d'autoriser le sieur Chambourdon, avoué à Poitiers, à poursuivre par-devant les tribunaux le sieur Arnault de Lamesnardière, premier adjoint au maire de la ville de Parthenay, département des Deux-Sèvres.

2. Notre garde des sceaux ministre secrétaire d'état de la justice et notre ministre secrétaire d'état de l'intérieur sont chargés, chacun en ce qui le concerne, de l'exécution de la présente ordonnance.

Ordonnance du 11 juin 1817. (2557)

N°. 28.

EAU (cours d') — Chemin vicinal. — Réglement d'administration publique.

En matière de cours d'eau sur un chemin vicinal, les contestations entre particuliers sur l'application d'anciens réglemens, titres ou usages, sont purement judiciaires. L'administration ne serait compétente qu'autant qu'il s'agirait d'établir pour le cours des eaux un nouveau réglement d'administration publique.

(Le sieur de la Marthonie. — C. — La veuve Borie.)

LOUIS, etc. ; — Sur le rapport du comité du contentieux ;

Vu un arrêté du préfet du département de la Gironde, en date du 4 novembre 1815, portant qu'il y a conflit entre l'autorité administrative et l'autorité judiciaire, au sujet de la contestation qui s'est élevée entre le sieur comte de la Marthonie d'une part, et la dame veuve de Borie, le sieur Foussat et autres, d'autre part, relativement à l'écoulement à donner aux eaux que le chemin vicinal de Coulon reçoit de la côte de la Tresne ; ledit arrêté transmis à notre garde des sceaux, ministre secrétaire d'état au département de la justice, par notre ministre secrétaire d'état au département de l'intérieur, avec les pièces de ladite contestation, et enregistré au secrétariat du comité du contentieux de notre Conseil d'état le 19 août 1816 ;

Vu la requête à nous présentée par le comte de la Marthonie, fils, lieutenant général de nos armées, demeurant à la Tresne, près Bordeaux, contre la dame veuve de Borie, propriétaire audit lieu ; ladite requête enregistrée au secrétariat du comité du contentieux de notre Conseil d'état le 23 novembre 1816, et concluant à ce qu'il nous plaise annuller le susdit arrêté de conflit du 4 novembre 1815 ; par suite, renvoyer les parties devant les tribunaux déjà saisis de la contestation, et condamner la dame de Borie aux dépens ;

Vu l'ordonnance rendue par notre chancelier sur ladite requête, le 30 novembre 1816, et portant : *soit communiqué* à la dame veuve de Borie ;

Vu la requête pour la dame Giac, veuve du sieur Borie, contre le sieur comte de la Marthonie, enregistrée au secrétariat du comité du contentieux de notre Conseil d'état, le 24 janvier 1817, et concluant à ce qu'il nous plaise renvoyer les parties devant l'autorité administrative, pour être par elles statué sur la contestation, et condamner le sieur comte de la Marthonie aux dépens ;

Vu plusieurs jugemens rendus dans ladite contestation, aux époques ci-après mentionnées, savoir, le 1er. avril 1811, par le juge de paix du canton de Créon, qui a débouté le sieur de la Marthonie d'une action intentée par lui *au possessoire* ; le 2 août 1811, par le tribunal de première instance séant à Bordeaux, qui a réformé le susdit jugement ; le 29 juillet 1814, par ledit tribunal de première instance, qui, dans une action intentée *au pétitoire*, a ordonné que les parties plaideraient au fond ;

Vu le plan des lieux ;

Vu toutes les pièces jointes au dossier de cette affaire ;

Considérant que l'administration ne serait compétente, dans l'espèce, que s'il s'agissait d'établir, pour les cours des eaux, un nouveau réglement d'administration publique ; mais qu'il ne s'agit que d'une contestation entre particuliers, sur l'application des anciens réglemens, des titres privés ou des usages locaux, et que, dès-lors, la contestation est du ressort des tribunaux ;

Notre conseil d'état entendu,

Nous avons ordonné et ordonnons ce qui suit :

Art. 1er. L'arrêté de conflit, pris par le préfet du département de la Gironde, est annullé, et les parties sont renvoyées à se pourvoir devant les tribunaux ordinaires.

2. La dame veuve de Borie est condamnée aux dépens.

3. Notre garde des sceaux ministre secrétaire d'état de la justice et notre ministre secrétaire d'état de l'intérieur sont chargés, chacun en ce qui le concerne, de l'exécution de la présente ordonnance.

Ordonnance du 11 juin 1817. (2666)

N°. 29.

ACQUÉREURS NATIONAUX. — ADJUDICATION. — EXPLICATION. — PLAN.

En matière d'interprétation ou d'explication de titres d'une adjudication de biens communaux, la justice administrative peut se déterminer par l'inspection des plans respectifs.

(Le sieur Burgade. — C. — les maire et habitans de la commune de Cadillac.)

LOUIS, etc. ; — Sur le rapport du comité du contentieux ;

Vu les requêtes à nous présentées par le sieur Jean Burgade, négociant à Bordeaux ; lesdites requêtes enregistrées au secretariat du comité du contentieux de notre Conseil d'état, les 19 septembre, 11 octobre 1816, et 23 mai 1817, tendantes à ce qu'il nous plaise annuller un arrêté du conseil de préfecture du département de la Gironde, du 13 juin 1816, qui a déclaré que la fontaine et le lavoir du Pradey ne sont pas compris dans la vente de biens communaux de la commune de Cadillac, qui a été faite au sieur Burgade, le 3 août 1814, maintenir le sieur Burgade dans la propriété pleine et entière des biens qu'il a acquis, et dans tous les droits qui résultent des actes, et condamner la commune de Cadillac aux frais ;

L'ordonnance de *soit communiqué* à la commune de Cadillac, en date du 8 octobre 1816 ;

La requête en défense, présentée par les maire et habitans de la ville et commune de Cadillac, signifiée le 19 mars 1817, et par laquelle ils concluent à ce qu'il nous plaise rejeter le pourvoi du sieur Burgade et le condamner aux dépens ;

Le procès-verbal d'adjudication définitive, passé le 3 août 1814, par le délégué du préfet du département de la Gironde, au profit du sieur Burgade, d'une prairie et d'une pièce de terre y désignées, faisant partie des biens communaux de Cadillac, cédés à la caisse d'amortissement par la loi du 20 mars 1813 ;

Le procès-verbal de prise de possession par le receveur des domaines au bureau de Cadillac, de ladite prairie et de ladite pièce de terre, en date du 26 avril 1813, et un extrait authentique de l'affiche qui a annoncé la vente desdits biens ;

L'avis du directeur des domaines au département de la Gironde, en date du 24 mars 1816, sur les contestations portées devant le conseil de préfecture dudit département, par ladite commune de Cadillac et ledit sieur Burgade, au sujet de la fontaine et du lavoir du Pradey ;

L'arrêté du conseil de préfecture, du 13 juin 1816, contre lequel est dirigé le pourvoi dudit sieur Burgade ;

Un acte d'échange, du 19 novembre 1646, entre Bernard de Foix-de-la-Valette, duc d'Epernon, et les jurats et habitans de la ville de Cadillac ; et l'acte de prise de possession, en date du même jour, des biens reçus en contre échange par lesdits jurats et habitans ;

Un bail passé devant notaire, le 27 juin 1812, dans lequel sont compris les pièces de pré et de terre adjugées au sieur Burgade, le 3 août 1814 ;

Les plans des lieux respectivement produits par les parties ;

La délibération du conseil municipal de la ville de Cadillac, du 30 mai 1819 ;

Le procès-verbal, en date du 12 novembre 1816, des déclarations reçues par le juge de paix du canton de Cadillac, au sujet de la dénomination et de l'usage du lavoir de Pradey ;

Ensemble toutes les autres pièces;

Considérant que la fontaine et le lavoir que le sieur Burgade prétend avoir été compris dans la vente à lui faite le 3 août 1814, sont, par leur nature, des biens communaux proprement dits, qui ont été exceptés, par l'article 2 de la loi du 20 mars 1813, des biens cédés, en vertu de cette même loi, à la caisse d'amortissement ;

Considérant que ladite fontaine et ledit lavoir ne sont effectivement énoncés, ni dans le procès-verbal de prise de possession du receveur des domaines, du 26 avril 1813, ni dans le procès-verbal d'adjudication du 3 août 1814, ni dans l'affiche qui l'a précédé, ni enfin dans le bail susdit du 27 juin 1812, auquel ledit procès-verbal d'adjudication se réfère ; que d'ailleurs d'après les plans respectivement produits par la commune de Cadillac et par le sieur Burgade, celui-ci se trouve rempli de la contenance exprimée audit procès-verbal indépendamment et séparément de l'emplacement de ladite fontaine et dudit lavoir;

Qu'en conséquence, le conseil de préfecture du département de la Gironde, par son arrêté susdit du 13 juin 1816, a donné une régulière et juste application dudit procès-verbal d'adjudication du 3 août 1814;

Notre Conseil d'état entendu,

Nous avons ordonné et ordonnons ce qui suit :

Art. 1er. La requête du sieur Burgade est rejetée.

2. Ledit sieur Burgade est condamné aux dépens.

3 Notre ministre secrétaire d'état de l'intérieur est chargé de l'exécution de la présente ordonnance.

Ordonnance du 11 juin 1817. (2669)

N°. 30.

DOMMAGES-INTÉRÊTS. — MARAIS. — COMMUNAUTÉ.

Lorsque des particuliers réclament des dommages-intérêts contre la communauté des intéressés à un marais à raison de dégradations, l'action doit être portée devant les tribunaux, et non devant l'autorité administrative.

(Les demoiselles Nayrac.—C.—la communauté des marais de Bruges et de Bordeaux.)

Par une transaction du 30 décembre 1713, les propriétaires des marais de Bordeaux et les propriétaires riverains d'un canal appelé Estey-Crébat, mirent fin à des contestations élevées entre eux, à l'occasion de ce même canal.

Cet acte fut ponctuellement exécuté jusqu'à l'époque de la révolution, et depuis, un décret du 25 avril 1808 ordonna le dessèchement des marais de Bordeaux et de Bruges, qui devait être terminé avant le premier juillet 1809.

Ce décret prescrivait, entre autres dispositions, que, dans le cas où les travaux ne produiraient pas un dessèchement complet, le canal dit d'Estey-de Lauzun serait ouvert, et dirigé de manière à ce qu'il conservât les eaux extérieures jusqu'à leur issue dans la Garonne, mais ce décret ne parlait nullement de l'Estay-Crébat, attendu que ce canal était uniquement destiné à arroser lesdits marais de Bordeaux, ainsi qu'il résultait de la transaction de 1713.

Cependant, les propriétaires de ces marais crurent devoir faire servir au dessèchement ledit canal d'Estey-Crébat, et un arrêté du conseil de préfecture de la Gironde, du 2 mars 1810, admit leurs prétentions, en prescrivant toutefois des travaux pour que la position des propriétaires riverains, au nombre desquels étaient les demoiselles Nayrac, ne fût point aggravée.

Mais ces travaux, soit qu'ils fussent mal confectionnés, ou qu'en effet, ils ne pussent préserver les propriétés riveraines, n'empêchèrent pas les dommages qui survinrent aux bâtimens des demoiselles Nayrac, situés sur le bord dudit canal.

En conséquence, les demoiselles Nayrac formèrent, contre la communauté desdits marais de Bordeaux, une demande en indemnité pour raison des dommages causés à leurs bâtimens.

Par arrêté du 25 juin 1810, le conseil de préfecture en ordonna l'estimation, et enjoignit aux experts de laisser leur procès-verbal ouvert jusqu'à l'achèvement des travaux, pour constater les dégradations qui pourraient avoir lieu jusqu'a cette époque. Ce procès-verbal fut clos le 28 janvier 1811, mais il parut insuffisant au conseil de préfecture, qui, par un nouvel arrêté du 16 mars 1811, décida qu'il serait immédiatement procédé à l'estimation du dommage résultant, tant du dépôt des boues et vases, que des dégradations lors existantes dans les chais et cuvier des demoiselles Nayrac.

Le 12 juin 1811, autre arrêté du même conseil de préfecture, qui,

« Considérant que les travaux faits par la commu- » nauté des marais étaient la cause des dégradations » dont se plaignaient les demoiselles Nayrac, et cons- » tatées par experts »,

Statua que la communauté des marais paierait auxdites demoiselles Nayrac une certaine somme, si mieux n'aimait ladite communauté faire faire, à ses frais et dépens, les réparations indiquées.

La communauté des marais fit exécuter ces travaux.

Mais, de nouvelles dégradations ayant eu lieu, les demoiselles Nayrac réclamèrent, et le préfet fit constater ces dégradations par des experts, qui en firent leur rapport, dans lequel ils établissaient que les travaux de la communauté des marais avaient seuls occasionné les dégradations faites aux bâtimens des demoiselles Nayrac.

Avant de prononcer sur cette nouvelle demande des demoiselles Nayrac, le conseil de préfecture crut devoir s'assurer si les propriétaires des marais avaient, ou non, eu le droit de baisser le lit du canal dont il s'agit, et de diminuer ainsi le degré de solidité du terrain sur lequel reposaient les constructions des demoiselles Nayrac.

En conséquence, le 29 mai 1812, ce même conseil prit un arrêté ainsi conçu :

« Il convient de surseoir à toute décision, jusqu'à » ce que les parties aient fait juger, par l'autorité com- » pétente, de quelle manière doit être entendue la » clause de la transaction de 1713, souscrite entre la » communauté des marais et les propriétaires riverains » de l'Estey-Crébat, relativement à la profondeur de » cet Estey. »

En conséquence, cette question préjudicielle fut portée, par les parties, devant le tribunal civil de Bordeaux, qui, le 4 août 1813, rendit le jugement suivant, et décida que :

« Les expressions *douze pieds de gorge* et une *pro- » fondeur proportionnée suffisante*, signifient, dans » le sens de la transaction, que l'Estey-Crébat ne doit » avoir qu'une PROFONDEUR PROPORTIONNÉE A SA GORGE, » et que, par le mot *suffisante*, les parties contractantes » n'ont pu entendre qu'il serait permis de donner à l'Estey » *une profondeur qui mit en danger l'Estey lui-même* » *de s'enfondre*, à moins que, dans ce cas, les proprié- » taires des marais ne fissent, dans l'intérêt de toutes » les parties, les ouvrages nécessaires pour éviter l'é- » boulement des bords de l'Estey, et qu'enfin les par- » ties contractantes n'ont entendu parler que de la » *profondeur suffisante à l'époque de la transac-* » *tion.* »

Ce jugement contradictoire ne fut attaqué par aucune des parties.

Mais, le 11 juin 1816, le conseil de préfecture prit un arrêté portant :

« Qu'il n'y avait pas lieu à délibérer sur les diverses » demandes des demoiselles Nayrac contre la commu- » nauté des marais, soit à raison des dégradations » survenues à leurs bâtimens, soit à raison des frais » de réparations et autres qu'elles ont déboursés. »

C'est contre cet arrêté que les demoiselles de Nayrac se pourvurent au Conseil d'état, pour en faire prononcer l'annullation, sur le motif que le conseil de préfecture avait excédé les limites de sa compétence.

Elles soutenaient :

Que le conseil de préfecture lui-même ayant reconnu que les largeur et profondeur de l'Estey-Crébat, ainsi que les travaux auxquels ce canal pouvait donner lieu, étaient réglés par une transaction particulière, faite entre la communauté des marais et les propriétaires riverains, il était évidemment incompétent pour donner l'interprétation des conventions d'une telle transaction, dont la connaissance appartenait exclusivement aux tribunaux ordinaires;

Que cette interprétation avait eu lieu par le jugement contradictoire du tribunal de Bordeaux, rendu le 4 août 1813 entre les parties, et qu'elles y avaient acquiescé;

Que, sans égard à l'autorité de la chose jugée, le conseil de préfecture avait donné aux conventions de la transaction dont il s'agit une interprétation tout-à-fait contraire à celle du tribunal de Bordeaux, en décidant que les mots *profondeur suffisante* ne signifiaient plus *profondeur proportionnée à la largeur*, ainsi qu'avait jugé le tribunal, mais exprimaient une *profondeur suffisante pour procurer l'écoulement total des eaux*, tandis qu'il résultait de la transaction même que l'Estey-Crébat avait moins pour objet l'écoulement des eaux que l'arrosement des marais;

Que s'agissant, dans l'espèce, de l'exécution de conventions passées entre une communauté et des particuliers, et de dommages causés à l'un d'eux, le conseil de préfecture s'était évidemment mépris sur l'étendue et la nature de ses attributions, en statuant sur une semblable question;

Que son erreur venait probablement d'une fausse application des dispositions du décret du 16 septembre 1807, qui, en ordonnant les réparations ou la confection de divers canaux et routes, attribue aux conseils de préfecture la connaissance des difficultés qui pourraient s'élever à ce sujet, mais que les routes et canaux dont parlaient ce décret étaient des routes et canaux publics, qui ne pouvaient, en aucune manière, être assimilés à un canal particulier, et que, dans l'espèce, il ne s'agissait que d'une simple contestation entre parties privées, et non de difficultés élevées à l'occasion de travaux à des canaux ou chemins publics; qu'ainsi l'arrêté précité par le conseil de préfecture était incompétemment rendu, et devait, comme tel, être annullé.

Ces conclusions ont été accueillies par l'ordonnance dont la teneur suit :

LOUIS, etc.; — Sur le rapport du comité du contentieux;

Vu la requête à nous présentée par les demoiselles Nayrac, propriétaires à Bordeaux, ladite requête enregistrée au secrétariat du comité du contentieux de notre Conseil d'état, le 28 septembre 1816, et tendante à ce qu'il nous plaise annuller un arrêté du conseil de préfecture du département de la Gironde, en date du 11 juin 1816, lequel a décidé qu'il n'y a lieu à prononcer sur les diverses demandes intentées par les requérantes contre la communauté des marais de Bruges et de Bordeaux, soit à raison des dégradations survenues à leurs bâtimens, soit à raison des frais de réparations et autres qu'elles ont déboursés;

Vu la requête en défense produite pour la communauté des marais de Bruges et Bordeaux, enregistrée au secrétariat de notre comité du contentieux de notre Conseil d'état, le 29 mars 1817;

Vu un arrêté du conseil de préfecture du département de la Gironde, du 11 juin 1811, pris dans une précédente contestation élevée entre les mêmes parties;

Vu l'arrêté interlocutoire pris dans la présente contestation, par le même conseil de préfecture, le 29 mai 1812, lequel surseoit à toute décision jusqu'à ce que les tribunaux aient interprété les clauses d'une transaction de 1713, également invoquée par chacune des parties respectives;

Vu le jugement rendu par le tribunal de première instance séant à Bordeaux, le 4 août 1813, et donnant l'interprétation demandée;

Vu l'arrêté attaqué du conseil de préfecture du département de la Gironde, en date du 11 juin 1816;

Ensemble toutes les pièces comprises au dossier de l'affaire;

Considérant que la contestation élevée entre les demoiselles Nayrac et la communauté des marais de Bruges et de Bordeaux, ne présentait à juger qu'une demande de dommages et intérêts formée entre particuliers, et que toute la cause était du ressort des tribunaux ordinaires;

Notre Conseil d'état entendu,

Nous avons ordonné et ordonnons ce qui suit :

Art. 1er, L'arrêté du Conseil de préfecture du département de la Gironde, du 11 juin 1816, est annullé pour cause d'incompétence.

2. La communauté des marais de Bruges et de Bordeaux est condamnée aux dépens.

3. Notre garde des sceaux ministre secrétaire d'état de la justice, et notre ministre secrétaire d'état de l'intérieur sont chargés, chacun en ce qui le concerne, de l'exécution de la présente ordonnance.

Ordonnance du 11 juin 1817. (2670)

N°. 31.

EAU (Cours d'). — USAGES ANCIENS. — IRRIGATION.

Lorsqu'il s'agit d'une usine construite sur un ruisseau, sans autorisation, avant l'arrêté du gouvernement du 19 ventose an 6, et l'instruction ministérielle du 19 thermidor suivant, on ne doit consulter, pour l'irrigation des prairies voisines, que les anciens usages, aux termes de l'article 16 du titre 2 de la loi du 6 octobre 1791, puisque c'est sur la foi de ces usages que l'usine a été construite. En un tel cas les tribunaux seuls sont compétens, l'administration n'a pas à statuer.

(Le sieur Prunier.)

Le 14 pluviose an 5, la dame Pansy adressa aux administrateurs du département de l'Aube, une pétition tendante à faire prononcer la démolition d'un moulin à eau construit par le sieur Prunier sur le territoire de la commune de Pargues, même département, sur le motif que cette usine avait été établie sans son consentement, qu'elle nuisait à ses propriétés, attendu que le cours d'eau qui les traversait s'en trouvait gêné, et que la crue qui arrivait ordinairement en temps d'orage, en augmentant le volume habituel des eaux, pouvait occasionner des inondations; qu'enfin, le droit de disposer de ce cours d'eau lui serait ôté par la construction de cette usine.

Sur cette réclamation, l'administration du département prit, le 29 pluviose an 5, un arrêté par lequel elle déclara qu'il n'y avait lieu à délibérer sur la demande de la dame Pansy; que cependant le sieur Prunier serait tenu, sans pouvoir prétendre aucune indemnité, de laisser prendre à ladite dame Pansy, ainsi qu'aux autres riverains, la quantité d'eau nécessaire à l'irrigation de leurs prés, depuis le 25 germinal de chaque année, jusqu'au 25 prairial, sans pouvoir, sous aucun prétexte, s'y opposer ni empêcher d'une manière quelconque.

Le 4 juin 1807, le sieur Prunier fit assigner devant le juge de paix de Chaource, les fermiers du sieur Noël de Buchère, successeur de la dame Pansy, pour les faire condamner à enlever des bâtardeaux par eux établis pour faire refluer l'eau dans des tranchées pratiquées dans leurs prés, et qu'il soit ordonné qu'à l'avenir, le cours d'eau ne serait plus intercepté.

Les fermiers du sieur de Buchère présentèrent une expédition d'un arrêté du préfet, du 11 juin 1807, rendu sur la réclamation du sieur de Buchère; et portant invitation au juge de paix de renvoyer la contestation soumise à son examen, devant le conseil de préfecture.

Le 11 avril 1808, nouvel arrêté du préfet, par lequel :

« Considérant que la difficulté qui a donné lieu » à la contestation élevée entre le sieur Prunier et » les fermiers du sieur de Buchère, pour le fait et » cause desquels le propriétaire est intervenu, vient » de ce qu'il a été fait sur la minute de l'arrêté de » l'administration centrale, des changemens qui n'ont » point été portés sur l'une des expéditions qui en » ont été délivrées;

» Que l'époque de la prise d'eau pour l'irrigation » avait d'abord été fixée du 25 germinal au 25 prairial » de chaque année, et que par la rature qui a été » faite avec approbation, cette époque a été avancée » du 5 germinal au 5 prairial;

» Qu'il est nécessaire de lever l'incertitude qui » existe à cet égard; que l'ingénieur de l'arrondissement était d'avis que la prise d'eau peut avoir » lieu pendant deux mois dans l'intervalle du 15 mars » au 15 juin, et pendant quinze jours après la fau- » chaison, à cause des regains;

» Que c'est sans doute par oubli que l'administra- » tion n'a pas fait mention, dans son arrêté, de cette » seconde prise d'eau qui est réclamée par le sieur de » Buchère et qui est d'usage;

Il arrêta que, conformément au rapport de l'ingénieur de l'arrondissement, du 25 pluviose an 5, mis en marge de l'arrêté pris, le 29 même mois, par l'administration centrale, les propriétaires riverains seraient autorisés à prendre l'eau nécessaire pour arroser leurs prés, savoir, depuis le 15 avril jusqu'au 15 juin, et pendant 15 jours après la fauchaison, pour faire des regains; qu'en conséquence, le propriétaire du moulin de Pargues serait obligé, pendant cet espace de deux mois et demi, de tenir ses vannes constamment baissées, à moins qu'il ne survînt des crues d'eau qui obligeassent de les lever, et qu'il ne pourrait prétendre aucune indemnité pour raison du chômage de son usine pendant l'irrigation.

En 1813, réclamations du sieur Prunier que le préfet rejeta par arrêté du 25 janvier 1813, sur le motif qu'il n'avait pas le pouvoir de réformer une décision émanée de son prédécesseur.

C'est contre l'arrêté de l'administration centrale du département de l'Aube, du 29 pluviose an 5, et les arrêtés du préfet des 11 juin 1807, 11 avril 1808 et 25 janvier 1813, que le sieur Prunier se pourvut au Conseil d'état pour en obtenir l'annullation, comme étant incompétemment rendus.

Il soutenait :

Qu'aux termes de l'article 645 du Code civil, lorsqu'il s'élevait une contestation entre propriétaires, relativement au droit de jouissance d'un cours d'eau, la connaissance de cette contestation appartenait exclusivement aux tribunaux; que la loi du 28 septembre 1791, n'avait attribué à l'autorité administrative que le droit de fixer la hauteur des eaux et de déterminer celle des ouvrages qui pouvaient être faits sur les rivières; que s'agissant, dans l'espèce, de régler, entre propriétaires riverains, les droits que chacun d'eux pouvait avoir à la jouissance d'un cours d'eau passant sur leurs terrains, c'était là une question qu'il appartenait aux tribunaux et non à l'autorité administrative de décider;

Qu'un décret du 23 avril 1807, entre autres, rendu sur une réclamation contre un arrêté du préfet du département de la Nièvre, relatif à un droit de cours d'eau, portant ce qui suit :

« Considérant que la contestation ne concerne en » aucune manière l'intérêt public; qu'il s'agit seule- » ment de savoir si les eaux d'un puits et d'un ruis- » seau serviront à alimenter les usines de l'un ou » de l'autre des deux propriétaires; que cette ques- » tion ne peut être décidée que par l'examen des » titres de propriété et les preuves d'une ancienne » possession, »

Annulla cet arrêté et renvoya les parties devant qui de droit;

Que ce décret avait statué dans une espèce absolument semblable à celle dont il s'agit, et consacré ainsi le principe de l'incompétence de l'autorité administrative;

Que ce principe était établi encore par un autre décret du 2 février 1808, rendu dans la même espèce, et qui décida : « que lorsqu'il s'agit de con» testations entre des particuliers relatives à l'usage » des eaux pour l'irrigation de leurs terres, la com» pétence appartient aux tribunaux, ainsi qu'il ré» sulte de l'art. 645 du Code civil. »

Qu'un autre décret du 2 juillet 1812, inséré au bulletin des lois, contenait le même principe, ainsi qu'une foule de décrets rendus sur cette matière, et que telle était la jurisprudence constante du Conseil d'état.

Sur le pourvoi du sieur Prunier, est intervenue l'ordonnance dont la teneur suit :

LOUIS, etc. ; — Sur le rapport du comité du contentieux ;

Vu la requête à nous présentée par le sieur François Prunier, propriétaire d'un moulin à eau sur le territoire de Pargues, département de l'Aube, ladite requête enregistrée au secrétariat du comité du contentieux de notre Conseil d'état, le 26 avril 1817, et tendante à ce qu'il nous plaise annuller, comme incompétemment pris, un arrêté de l'administration centrale du département de l'Aube, en date du 29 pluviose an 5 (2 février 1797) ; ceux du préfet du même département, en date des 11 juin 1807, 11 avril 1808 et 25 janvier 1813, lesquels prononcent dans la contestation qui s'est élevée entre ledit sieur Prunier et la dame Pansy, aujourd'hui représentée par le sieur Noël de Buchères et ses fermiers ; subsidiairement et dans le cas où nous penserions que la connaissance de cette affaire appartient à l'autorité administrative, à ce qu'il nous plaise casser lesdits arrêtés et ordonner que le sieur Noël de Buchères sera tenu de rétablir les choses dans leur état naturel, et le condamner aux dépens ;

Vu les arrêtés précités, et notamment celui du 29 pluviose an 5, pris par suite de la réclamation de la dame Pansy, du 14 pluviose an 5, et du rapport de l'ingénieur ordinaire des ponts et chaussées, du 20 du même mois ;

Vu les jugemens du juge de paix du canton de Chaource, des 9, 10 et 16 juin 1807 ;

Vu l'article 16 du titre 2 de la loi du 6 octobre 1791, concernant les biens et usages ruraux ;

Vu l'arrêté du gouvernement du 19 ventose an 6, et l'instruction ministérielle du 19 thermidor suivant ;

Vu toutes les pièces jointes au dossier de cette affaire ;

Considérant que le sieur Prunier a construit une usine sur le ruisseau de Pargues, avant le 29 pluviose an 5, sans autorisation ;

Considérant que la jouissance des eaux pour l'irrigation des prairies ne pouvait être réglée que par les tribunaux, d'après les anciens usages ou d'après les principes du droit commun ;

Notre Conseil d'état entendu,

Nous avons ordonné et ordonnons ce qui suit :

Art. 1er. Les arrêtés de l'administration centrale et du préfet du département de l'Aube, des 29 pluviose an 5, 11 juin 1807, 11 avril 1808 et 25 janvier 1813, sont annullés pour cause d'incompétence.

Art. 2. Les parties sont renvoyées devant les tribunaux.

Art. 3. Notre ministre secrétaire d'état de l'intérieur est chargé de l'exécution de la présente ordonnance.

Ordonnance du 11 juin 1817. (2676.)

N°. 32.

DETTE PUBLIQUE. — Liquidation. — Contentieux. — Conseil d'état. — Justice ministérielle.

Les affaires contentieuses concernant la liquidation de la dette publique, qui avaient été exceptées ou écartées des attributions du comité contentieux du Conseil d'état, par l'article 7 du réglement du 11 juin 1806, sont rentrées dans les attributions assignées au comité du contentieux, d'après l'article 6 de l'ordonnance du 23 août 1815, qui attribue au comité du contentieux tout le contentieux de l'administration des divers departemens ministériels.

Toutefois, le recours au Conseil d'état ne peut avoir lieu qu'après pourvoi administratif devers le ministre des finances, et après la décision ministérielle, alors même qu'il y a une décision de l'ancien conseil général de liquidation (dont les fonctions n'étaient point subordonnées au ministre.)

Le pourvoi qui serait fait directement au Conseil d'état serait déclaré irrégulier, la requête serait rejetée, sauf à se pourvoir.

(Le sieur Gosselin-Saint-Même et consorts.)

Un arrêté du conseil général de liquidation de la dette publique, en date du 13 avril 1809, constitua débiteurs d'une somme assez considérable le sieur Gosselin-Saint-Même et consorts, anciens administrateurs généraux des subsistances militaires, pour raison d'un marché fait avec le ministre de la guerre.

En 1817, le sieur Gosselin s'est pourvu devant le comité du contentieux du Conseil d'état, pour faire annuller cet arrêté.

Ce pourvoi était-il régulièrement formé ?

Pour résoudre cette question, il est nécessaire de bien se fixer sur les lois relatives à l'organisation et aux attributions du Conseil d'état.

Le décret du 11 juin 1806 porte, art. 7 : « Les maîtres des requêtes feront le rapport de toutes les affaires contentieuses sur lesquelles le Conseil d'état prononce, de quelque manière qu'il en soit saisi, *à l'exception de celles qui concernent la liquidation de la dette publique et les domaines nationaux*, dont les rapports continueront d'être faits par les conseillers d'état chargés de ces deux parties d'administration publique. »

L'ordonnance du roi, du 23 août 1815, a étendu les attributions du comité du contentieux du Conseil d'état. L'art. 13 de cette ordonnance est ainsi conçu : « Le comité du contentieux connaîtra *de tout le contentieux de l'administration des divers départemens ministériels*, d'après les attributions assignées à la commission du contentieux par les décrets du 11 juin et du 22 juillet 1806. »

Ainsi, d'après cette ordonnance, le comité du contentieux du Conseil d'état doit connaître de tout le contentieux de l'administration des divers départemens ministériels sans exception. Dès-lors il doit connaître des affaires contentieuses relatives à la liquidation de la dette publique et aux domaines, qui avaient été exceptées de ses attributions par l'art. 7 ci-dessus du décret du 11 juin 1806.

Mais ce même article 13 de l'ordonnance porte que le recours au Conseil d'état ne peut avoir lieu que contre des décisions ministérielles.

Or, l'arrêté du conseil général de liquidation n'a point caractère de décision ministérielle.

La demande en annullation, qui en était faite directement au Conseil d'état, était donc irrégulière et irrecevable.

Le sieur Gosselin devait d'abord se pourvoir administrativement devers le ministre des finances, pour faire revêtir l'arrêté du conseil de liquidation d'une décision ministérielle, qui le rendît susceptible d'être soumis à l'examen du Conseil d'état sur le rapport du comité du contentieux.

C'est ainsi que l'a décidé l'ordonnance dont la teneur suit :

LOUIS, etc.; — Sur le rapport du comité du contentieux;

Vu la requête à nous présentée par les sieurs Alexandre-Marie Gosselin-Saint-Même, Charles Michaut-Montzaigle, Jean-Antoine-Toussaint Bichet-Pentigny, Jean-Jérôme Philippe, Laurent Frizou ou ses ayant droit, et Gabriel-Joseph Boubée de Brouquens, anciens administrateurs généraux des subsistances militaires, cautions solidaires du sieur Fourcy, chargé de fournir et manutentionner les vivres-pains, la viande et les fourrages à l'armée des Alpes, à celle d'Italie, ainsi qu'aux troupes existantes dans les 7, 8, 19 et 23e. divisions militaires, pendant une année, selon le traité passé avec le ministre de la guerre, le 29 nivose an 5 (29 décembre 1796), ladite requête enregistrée au secrétariat du comité du contentieux de notre Conseil d'état, le 26 avril 1817, et tendante à ce qu'il nous plaise annuller un arrêté du conseil général de liquidation de la dette publique, du 13 avril 1809, pris sur leur comptabilité, et ordonner que ladite comptabilité sera vérifiée et arrêtée par telle autre autorité que nous jugerons convenable de désigner;

Vu ledit arrêté, du 13 avril 1809, portant que ledit sieur Fourcy et les sieurs Alexandre-Marie Gosselin-Saint-Même, et consorts susnommés, sont solidairement constitués débiteurs pour raison du marché passé par ledit sieur Fourcy avec le ministre de la guerre, le 29 nivose an 5 (29 décembre 1796), de la somme d'un million huit cent soixante-trois mille cent quatre-vingt-huit livres dix-neuf sous; plus, des intérêts de ladite somme à compter de la date dudit arrêté;

Considérant que les affaires contentieuses concernant la liquidation de la dette publique avaient été exceptées par l'article 7 du règlement du 11 juin 1806, sur les attributions du Conseil d'état, de celles dont ledit Conseil devait connaître sur le rapport de la commission du contentieux; qu'aux termes de l'article 6 de notre ordonnance du 23 août 1815, portant organisation du Conseil d'état, le comité contentieux doit connaître de tout le contentieux de l'administration des départemens ministériels, d'après les attributions assignées à la commission du contentieux, par les réglemens des 11 juin et 22 juillet 1806; qu'en conséquence, le pourvoi desdits sieurs Gosselin-Saint-Même et consorts a été irrégulièrement introduit devant ledit comité, ainsi que nous l'avons déjà déclaré par notre ordonnance du 28 février 1816, rendue sur la requête du sieur Raut;

Notre Conseil d'état entendu,

Nous avons ordonné et ordonnons ce qui suit :

Art. 1er. La requête susdite des sieurs Gosselin-Saint Même et consorts est rejetée, sauf à eux à se pourvoir administrativement devant notre ministre secrétaire d'état des finances, s'ils s'y croient fondés.

2. Notre ministre secrétaire d'état des finances est chargé de l'exécution de la présente ordonnance.

Ordonnance du 11 juin 1817. (2677)

N°. 33.

PROPRIÉTÉ. — SENTIER. — CHEMIN VICINAL. — RETRANCHEMENT. — INDEMNITÉ. — VOIRIE. — ANTICIPATION.

Lorsque, par de nouvelles circonstances, un sentier *devient plus pratiqué, plus nécessaire, et qu'il tend à prendre le caractère de* chemin vicinal, *les particuliers riverains qui ont à craindre les effets de la conversion, doivent faire leurs actes* conservatoires *avant que l'administration déclare la conversion de sentier en chemin vicinal, y trace des alignemens, etc. — Dès que, par l'effet de l'usage, et d'un acte administratif, il y a* chemin vicinal *ou* voie publique, *tout acte conservatoire pour clôture aurait le caractère* d'anticipation *sur la voie publique, et deviendrait punissable, aux termes de la loi du 9 floréal an* 11.

(Le sieur Lhoyez.)

En 1736, les auteurs du sieur Lhoyez devinrent propriétaires d'une pièce de terre de deux arpens et demi, terroir Sainte-Geneviève, lieu dit de l'Epinette, aujourd'hui commune de Montrouge, vis-à-vis la barrière du Montparnasse.

Le sieur Lhoyez a joui paisiblement, et dans son intégralité, de la pièce de terre, jusqu'à l'époque de l'établissement des nouvelles barrières de Paris.

A cette époque, la pièce de terre du sieur Lhoyez était traversée par un très-petit *sentier* à l'usage seulement des gardes des plaisirs du Roi.

Une barrière fut placée vis à-vis la pièce de terre du sieur Lhoyez.

Et dès-lors il s'établit une voie de communication de la barrière à la chaussée du Maine.

Insensiblement le sentier originaire s'élargit; il devint *chemin*.

La commune de Paris eut l'intention d'établir un cimetière par-delà cette barrière. En 1807, elle acheta du terrain, dont 37 perches du sieur Lhoyez; puis elle revendit ce terrain; — et sur le terrain revendu s'établit un *cabaret*.

Enfin, et sur le terrain revendu, sur les bords du chemin, furent construites plusieurs maisons, pour lesquelles M. le préfet de Paris donna son alignement.

Le sieur Lhoyez voyant que M. le préfet, de son chef, convertissait un sentier en un chemin vicinal, craignit que bientôt l'administration réputât *public* le terrain sur lequel le chemin venait de s'établir. — Il voulut constater sa *propriété*; pour cela il l'environna de *clôture*.

Ce fut en 1807 qu'eurent lieu les clôtures.

M. le préfet vit dans ces clôtures une anticipation sur la voie publique, un délit de voirie.

En conséquence, et par arrêté du 6 mai 1816, le conseil de préfecture le condamna à la suppression de la clôture, et à une amende, conformément à la loi du 29 floréal an 10.

Vainement le sieur Lhoyez excipa de sa propriété et produisit ses titres. — Si le sieur Lhoyez avait protesté de son consentement à vendre, l'administration avait protesté de son consentement à indemniser pour retranchement. — Et le conseil de préfecture n'avait jugé que le fait d'anticipation sur la voie publique.

Le sieur Lhoyez s'est pourvu devant le conseil d'état. — Il a soutenu que lorsqu'un préfet convertit un *sentier* en *chemin vicinal*, de son autorité privée, sans indemniser les propriétaires qu'il oblige à *retranchement*, ou à subir une *servitude*, les propriétaires ont le droit de faire des clôtures pour conserver leur propriété, jusques après l'obtention d'une préalable indemnité.

Il eût été difficile de contester le principe. — Aussi a-t-il été reconnu par M. le préfet.

Mais M. le préfet a soutenu que lors des clôtures par le sieur Lhoyez, il y avait déjà nombre d'années que le prétendu *sentier* était devenu un chemin *public* ou *vicinal*; que lui préfet avait tracé des *alignemens*; que les alignemens du préfet n'avaient point changé la nature du chemin; qu'au contraire, ils avaient eu lieu précisément parce que déjà il y avait chemin vicinal.

En un mot, M. le préfet a soutenu que les clôtures étaient non une *conservation* de l'état antérieur, mais une *anticipation* sur le chemin tel qu'il avait préexisté.

Sur ce est intervenue l'ordonnance dont la teneur suit :

LOUIS, etc.; — Sur le rapport du comité du contentieux;

Vu la requête à nous présentée par le sieur Lhoyez, propriétaire, demeurant au moulin Janséniste, commune de Montrouge, arrondissement de Sceaux, département de la Seine; ladite requête enregistrée au secrétariat du comité du contentieux de notre Conseil d'état, le 11 septembre 1816, et tendante à ce qu'il nous plaise annuller un arrêté du conseil de préfecture du départemenr de la Seine, du 6 mai 1816, qui a condamné le réclamant à supprimer un fossé et une clôture par lui établis sur le chemin conduisant de la barrière du Mont-Parnasse à la Chaussée du Maine, dans une partie qu'il prétend lui appartenir; et à une amende égale à la moitié de sa contribution mobiliaire, comme ayant contrevenu aux réglemens de la voirie;

Vu le susdit arrêté;

Vu une requête ampliative, par laquelle le sieur Lhoyez demande la mise en cause de la commune de Montrouge, sur laquelle se trouve le terrain en litige, dans la personne de son maire, qui a coopéré à l'exécution de l'arrêté attaqué; ladite requête enregistrée le 19 septembre 1816, et à laquelle il n'a point été répondu dans les délais du règlement;

Vu la réponse du préfet du département de la Seine, en date du 12 avril 1817, dans laquelle il conclut au maintien de l'arrêté attaqué;

Vu la requête en réplique et toutes les pièces produites ;

Considérant que l'existence du chemin qui conduit de la barrière du Mont-Parnasse à la chaussée du Maine n'est point contestée ;

Considérant que l'alignement de ce chemin ayant été donné par le préfet, les riverains étaient tenus de s'y conformer, sauf à eux à faire valoir leurs droits de propriété et à demander alignement avant de se clore ;

Considérant que l'entreprise faite par le sieur Lhoyez sur un chemin public constitue un délit de voirie, dont le conseil de préfecture etait juge compétent ;

Considérant que l'arrêté du conseil de préfecture ne préjuge rien sur l'indemnité qui pourrait être due au sieur Lhoyez dans le cas où, par l'effet de l'alignement, il viendrait à être privé d'une portion de terrain de la propriété duquel il justifierait ;

Notre Conseil d'état entendu,

Nous avons ordonné et ordonnons ce qui suit :

Art. 1er. La requête du sieur Lhoyez est rejetée.

2. Notre ministre secrétaire d'état de l'intérieur est chargé de l'exécution de la présente ordonnance.

Ordonnance du 11 juin 1817. (2668)

N°. 34.

1°. PROPRIÉTÉ. — CONTENTIEUX. — DOMAINE. — TIERCE-OPPOSITION.

2°. CONSEIL D'ÉTAT. — DÉNI DE JUSTICE JUDICIAIRE.

1°. *La tierce-opposition à des arrêts rendus par l'ancien Conseil du Roi sur une question de propriété, ne peut, d'après les lois actuelles, et notamment celle du 14 ventose an 7, être jugée par le Conseil d'état ; elle doit être portée devant les tribunaux ordinaires.*

2°. *Lorsqu'une Cour d'appel a renvoyé au Conseil d'état à prononcer sur une contestation qu'elle croyait* administrative, *tandis qu'elle était réellement* judiciaire, *le Conseil d'état, sur le recours porté devant lui, se borne à se déclarer* incompétent ; *il ne casse point l'arrêt qui a illégalement jugé l'attribution ; — c'est à la Cour de cassation qu'est réservé le pouvoir de casser en ce cas.*

(Les héritiers Latour-Duligny. — C. — les sieurs Belbeuf frères.)

Depuis long-temps il existait une contestation entre le marquis de Belbeuf et les agens du domaine de l'état, relativement à la propriété d'une pièce de terre appelée la pièce de la Gobe, qui se trouvait dans un état d'abandon.

Cette terre était située dans la seigneurie de Braquetuil, dont M. de Belbeuf était propriétaire, et se trouvait comprise dans la directe du Roi, à cause de sa vicomté de Rouen.

M. de Belbeuf prétendait tout-à-la-fois la propriété et la directe de la terre. Le domaine au contraire demandait qu'elle fût réunie aux biens de la couronne, en vertu de la directe du Roi, faute par M. de Belbeuf de prouver sa propriété.

Le 13 novembre 1781, il fut rendu par le Conseil du Roi, un arrêt qui débouta M. de Belbeuf de ses demandes, et déclara que la pièce de la Gobe serait et demeurerait réunie au domaine de l'état.

Par un second arrêt du même Conseil, en date du 10 août 1784, il fut fait concession par le domaine à M. de Belbeuf, de ladite pièce de terre de la Gobe, pour en jouir à titre d'inféodation et de propriété incommutable à perpétuité, à la charge de servir au domaine une rente annuelle et perpétuelle.

Ultérieurement il y eut partage administratif d'une présuccession d'émigré. — Une partie du domaine de la Gobe fut mise dans le lot de M. de Belbeuf ; — l'autre partie dévolue à l'état fut adjugée à un sieur Daoust, le 3 août 1809. — La famille de Latour-Duligny forma opposition à cette adjudication : et par acte du 19 octobre 1815, elle fut démise de son opposition.

Dans l'intervalle M. de Belbeuf avait fait sa soumission de payer le quart en numéraire comme engagiste, aux termes de la loi du 14 ventose an 7.

En 1813, les héritiers et représentans d'un sieur Delatour-Duligny forment, devant les tribunaux contre M. de Belbeuf, une action en revendication de la terre de la Gobe. Ils rapportent plusieurs titres anciens établissant que cette terre avait appartenu à leur auteur.

La cause portée, sur appel, devant la Cour royale de Rouen, les héritiers de M. de Belbeuf opposent aux réclamans les deux arrêts du Conseil du Roi, de 1781 et 1784.

Les héritiers Latour-Duligny forment tierce-opposition à ces arrêts.

16 décembre 1815, arrêt de la Cour de Rouen, qui déclare les héritiers Delatour-Duligny non-recevables dans leur action en revendication, et quant à la tierce-opposition par eux formée contre les arrets du Conseil de 1781 et 1784, les renvoie à se pourvoir devant l'autorité compétente.

Par suite de cet arrêt, les héritiers Delatour-Duligny ont formé devant le Conseil d'état tierce-opposition auxdits deux arrêts.

Le Conseil d'état pouvait-il, d'après l'art. 27 de la loi du 14 ventose an 7, connaître du mérite de cette tierce-opposition ? Telle était la première question à examiner.

Sur quoi a été rendue l'ordonnance dont la teneur suit :

LOUIS, etc. ; — Sur le rapport de notre comité du contentieux ;

Vu la requête à nous présentée par les héritiers Latour-Duligny, habitans de la Guadeloupe; ladite requête enregistrée au secrétariat du comité du contentieux de notre Conseil d'état, le 5 janvier 1816, et concluant à ce qu'il nous plaise les recevoir tiers-opposans à l'exécution de deux arrêts du Conseil, en date des 13 novembre 1781 et 10 août 1784, et de tous autres tendant à réunir au domaine de la couronne une ferme ou pièce de terre dite *la Gobe*, sise au hameau de la Folie, près Bracquetuit, dans le département de la Seine-Inférieure; et ce faisant, sans avoir égard à toutes prétentions contraires des sieurs de Belbeuf, actuellement en possession de partie de ladite ferme ou pièce de terre, renvoyer les requérans en propriété, possession et jouissance d'icelle, avec restitution des fruits tels que de droit, sauf à faire pourvoir, s'il y a lieu, au remboursement desdits sieurs de Belbeuf,

Vu l'ordonnance rendue sur ladite requête, par notre garde des sceaux, le 12 février 1816, et portant *soit communiqué*, 1°. aux sieurs de Belbœuf; 2°. à l'administration de l'enregistrement et des domaines;

Vu la requête en défense pour les sieurs Louis-Pierre-François et Antoine-Joseph Godard de Belbeuf, frères, demeurant à Rouen; ladite requête enregistrée au secrétariat du comité du contentieux de notre Conseil d'état, le 6 août 1816, et concluant à ce qu'il nous plaise déclarer les héritiers Latour-Duligny purement et simplement non-recevables dans leur tierce-opposition, ou, en tout cas, les en débouter, avec dépens;

Vu un mémoire d'observations pour l'administration des domaines, appelé en intervention entre les héritiers Latour-Duligny et les sieurs de Belbeuf; ledit mémoire enregistré au secrétariat du comité du contentieux de notre Conseil d'état, le 11 janvier 1817, et concluant à ce qu'il nous plaise déclarer ladite administration étrangère au procès, et la mettre hors de Cour; statuer ce qu'il appartiendra entre les parties, et condamner aux dépens de son intervention celle qui succombera, ou en tout cas les héritiers Latour-Duligny; ensemble la signification dudit mémoire faite le 7 janvier 1817, tant à l'avocat des héritiers Latour-Duligny, qu'à celui des sieurs de Belbœuf;

Vu un mémoire en réplique pour les héritiers Latour-Duligny contre les sieurs de Belbeuf et l'administration des domaines; ledit mémoire enregistré au secrétariat du comité du contentieux de notre Conseil d'état, le 21 avril 1817, après signification faite le 19 du même mois, et concluant à ce qu'il nous plaise, statuant sur la tierce-opposition formée par les exposans audit arrêt du Conseil, du 13 novembre 1781, qui a réuni la propriété de *la Gobe* au domaine, et à l'arrêt subséquent du 10 août 1784, qui en a fait concession au sieur de Belbœuf, ordonner que lesdits arrêts seront et demeureront révoqués et comme non avenus, ainsi que tout ce qui a précédé et suivi, relativement auxdites réunion et concession; autoriser les héritiers Latour-Duligny à se mettre en possession de ceux des biens faisant partie de ladite propriété, qui se trouvent encore en la possession des sieurs de Belbœuf; condamner ces derniers à remettre aux exposans ceux desdits biens qui se trouveront avoir été valablement aliénés par suite de faits dont ils sont tenus, le tout avec restitution des fruits et dépens;

Vu un arrêt du Conseil du 28 novembre 1765, lequel a ordonné que, par l'intendant de Rouen, il serait procédé à la revente, à titre d'engagement, d'une pièce de terre sise en la paroisse de Bracquetuit, contenant soixante dix-sept ares et une demi-verge;

Un arrêt du conseil, du 9 juin 1767, qui a reçu le sieur marquis de Belbœuf opposant au précédent arrêt de 1765;

Un arrêt du conseil du 7 juin 1771, portant qu'il sera procédé à la revente et adjudication, à titre d'engagement, au plus offrant et dernier enchérisseur, d'une pièce de terre située dans la paroisse de Bracquetuit, et de la contenance ci-dessus énoncée;

Un arrêt du conseil, du 13 novembre 1781, portant que le sieur de Belbeuf est débouté de ses demande et conclusions, et que ladite pièce de terre sera et demeurera réunie au domaine de la couronne.

Un autre arrêt du conseil, du 9 juillet 1778, ordonnant, avant faire droit, l'arpentage de ladite pièce de terre;

Un arrêt du conseil, du 10 août 1784, portant concession au sieur de Belbœuf de ladite pièce de terre, pour en jouir à titre d'inféodation et de propriété incommutable à perpétuité, à la charge de servir au domaine une rente annuelle et perpétuelle;

Vu l'acte d'adjudication d'une portion du domaine de la Gobe, passé le 3 août 1809, à un sieur Daoust, par suite d'un partage de présuccession effectué le 12 ventose an 7, entre l'état et le sieur de Belbeuf, comme père d'émigrés, en exécution des lois des 9 floréal an 3 et 20 floréal an 4;

Vu un arrêté du préfet du département de la Seine-Inférieure, en date du 19 octobre 1815, qui a déclaré que, sans avoir égard à l'opposition des héritiers Latour-Duligny, il serait passé outre à la confirmation du contrat de vente de la portion restante du domaine de la Gobe, précédemment engagée au sieur de Belbeuf père, au moyen de la soumission des sieurs de Belbeuf frères, de payer, suivant le mode fixé par la loi du 14 ventose an 7, le quart de la valeur estimative du bien dont il s'agit;

Vu un arrêt de la Cour royale de Rouen, en date du 16 décembre 1815, qui a déclaré les héritiers Latour-Duligny non-recevables dans l'action par eux intentée contre les sieurs de Belbeuf, pour raison du domaine de la Gobe; et quant à la tierce-opposition par eux formée contre les arrêts du conseil de 1781 et 1784, les a renvoyés à se pourvoir devant l'autorité compétente;

Vu toutes les pièces jointes au dossier de cette affaire;

Vu les lois des années 1789, 1790 et 1791, et notamment celle du 6 juillet 1791, qui ont renvoyé devant les tribunaux ordinaires le jugement des contestations sur les domaines;

Vu la loi du 14 ventose an 7, relative aux domaines engagés, et notamment l'article 27, portant que s'il s'élève des débats sur la propriété, il y sera prononcé par les tribunaux;

Considérant qu'il s'agit, dans l'espèce, d'une revendication de propriété dont la connaissance appartient aux tribunaux ordinaires;

Notre Conseil d'état entendu,

Nous avons ordonné et ordonnons ce qui suit :

Art. 1er. Les requêtes des héritiers Latour-Duligny sont rejetées, sauf à eux à se pourvoir devant les tribunaux compétens.

2. Lesdits héritiers Latour-Duligny sont condamnés aux dépens de l'instance envers les sieurs de Belbeuf, et aux dépens de l'intervention envers l'administration des domaines.

3. Notre garde des sceaux ministre secrétaire d'état de la justice est chargé de l'exécution de la présente ordonnance.

Ordonnance du 11 juin 1817. (2665)

No. 35.

1°. LIQUIDATION. — CONTENTIEUX. — COMMISSION DE RÉVISION DES DETTES DE SAINT-DOMINGUE. — COLONIES.

2°. GOUVERNEMENT. — DÉCISION. — JUSTICE DÉPARTEMENTALE.

3°. CHOSE JUGÉE. — PIÈCES NOUVELLES.

1°. *En matière de liquidation des dettes de l'état aux Colonies, et notamment à Saint-Domingue, des arrêtés de la commission de révision, approuvés par le gouvernement, sont définitifs; ils ne sont pas soumis au Conseil d'état : c'est là de l'administration et non du contentieux, sauf cependant le cas de renvoi spécial au Conseil d'état par Sa Majesté, sur pétition, aux termes de l'article 40 du règlement du 22 juillet* 1816.

2°. *Le Conseil d'état doit-il reconnaître des décisions du gouvernement qui ne soient pas des ordonnances du roi, datées, signées et contre-signées? Suffit-il qu'un ministre atteste que telle décision d'une commission a été approuvée du gouvernement?*

3°. *Devant la justice administrative, comme devant les tribunaux ordinaires, si une demande est* rejetée *par défaut de preuves suffisantes, ou de titres justificatifs, les parties ne peuvent, avec des pièces nouvelles, faire rétracter la décision : il y a* chose jugée (*sauf le recours à l'autorité supérieure s'il y a lieu.*)

(Le sieur Lambert.)

Le sieur Lambert, ancien entrepreneur de bâtimens et autres travaux, aux Cayes, île Saint-Domingue, était porteur d'une ordonnance délivrée par le sous-préfet des Cayes, en date du 13 thermidor an 10, pour une somme de 14,014 francs, en raison de travaux ordonnés par le commandant de la place, et par les chefs de l'administration de la marine et de la guerre.

Il adressa au ministre de la marine sa demande à fin de liquidation pour cette somme de 14,014 francs (ainsi que de plusieurs autres); il joignit ses pièces justificatives.

Le ministre fit passer le dossier à la commission de liquidation.

Il paraît que le chef de demande, relatif aux 14,014 francs, ne fut pas suffisamment justifié.

En ce cas, la commission de liquidation aurait peut-être dû ordonner *préparatoirement* que le sieur Lambert justifierait le chef de demande relatif aux 14,014 francs, par les titres probans que la commission pouvait exiger.

Au lieu de cela, la commission rejette purement et simplement le chef de demande, par décision du 23 août 1811, signée le comte Corvetto, président.

Voici comment est conçue cette décision :

« La commission du Conseil d'état, créée par décret de S. M., des 26 juin et 20 octobre 1810, pour la révision de la liquidation des créances de Saint-Domingue, après avoir examiné le présent rapport (transcrit en tête de la décision) et les pièces à l'appui, approuve le rapport en ce qu'il propose le rejet des ouvrages et fournitures prétendues faites par le sieur Lambert, desquels il a été délivré à son profit les 2e., 6e., 7e. et 10e. ordonnances détaillées dans le rapport, etc. »

Ainsi la commission rejette la demande du sieur Lambert, relative aux 14,014 francs, et le rejet est *absolu* ou *définitif* : il n'est pas dit *quant à présent.*

Il paraît que cette décision de la commission fut approuvée par le gouvernement. — En ce sens, elle devint décision de la justice gouvernementale (espèce de *justice* qui semble se confondre avec *l'action* de gouverner ou administrer). — Quand et comment eut lieu cette approbation du gouvernement? C'est ce qui n'est pas connu.

Le sieur Lambert, rejeté par défaut de justifications suffisantes, crut qu'avec des pièces nouvelles, pleinement justificatives, il triompherait facilement; il se pourvut donc de ces pièces justificatives.

Armé de ces pièces nouvelles, le sieur Lambert établissait la légitimité de sa créance comme il suit :

« Considérée en elle-même, la créance réclamée repose sur des preuves et des faits qui commandent la conviction, et que l'équité et la bonne foi ne peuvent récuser.

» Il s'agit d'une mesure de salut public, prescrite par un pouvoir discrétionnaire et absolu, exécutée en présence de l'ennemi, avec l'urgence que commandait la situation d'une ville menacée de tomber à chaque instant au pouvoir de l'ennemi.

» Voilà pour les faits qui justifient de la legitimité de la créance.

» Les preuves écrites ne sont ni moins énergiques ni moins concluantes.

» Nous ne dirons rien du marché fait sous la date du 25 floréal an 11, c'est une formalité surabondante que le fonctionnaire civil a cru devoir faire figurer dans sa comptabilité.

» Mais nous parlerons de l'état des ouvrages faits, et surtout des certificats écrits à la suite, et qui auraient dû lever tous les doutes.

» D'abord, c'est le commandant même du camp Bourdet, qui certifie que les ouvrages ci-dessus mentionnés *ont été faits en sa présence* au camp Bourdet, par le sieur Lambert, entrepreneur des ouvrages du gouvernement.

» C'est le chef de brigade commandant du génie qui vise l'état des ouvrages, et qui ajoute ainsi sa sanction à celle du commandant.

» C'est l'inspecteur particulier du département du Sud qui, par le renvoi du sous-préfet chef d'administration, donne un avis ainsi conçu : « Vu le renvoi à nous fait par le sous-préfet du département du Sud, d'un état de façon d'ouvrages mentionnés dans l'état des autres parts, faits par le sieur Lambert, entrepreneur des bâtimens civils, du 22 fructidor dernier, *par ordre du général Brunet*, pour l'établissement d'un camp sur l'habitation Bourdet;

» Ledit état certifié du chef de brigade Lacroix, commandant ledit camp, et visé purement et simplement de l'ingénieur en chef Moramy;

» Nous, sous-commissaire de marine, inspecteur provisoire du département du Sud, observons qu'il eût été plus régulier pour l'ordre de la comptabilité, si l'on eut fait un devis estimatif desdits ouvrages, d'après lequel ledit entrepreneur se serait engagé à les exécuter sur un marché qui a dû être fait. Néanmoins, considérant que le général Brunet, en faisant ce camp, qui couvre la ville, a fait commencer et finir les ouvrages d'une manière si preste et si suivie, que l'entrepreneur n'a pas eu le temps de s'occuper à remplir les formalités comptables.

» En conséquence, nous estimons, attendu les circonstances, qu'il y a lieu à ordonnancer ledit état, suivant son marché, auquel sera joint l'ordre du général Brunet, et nous estimons qu'en considération des peines et fatigues que ledit entrepreneur a prises pour la confection de ce travail, éloigné de la ville, et surtout des avances qu'il a faites pour cet objet important, qu'il mérite que la somme de 14.014 francs lui soit payée, tant parce qu'il a des besoins réels, que pour le mettre à même de continuer à être utile à la république dans d'autres occasions.

» Viennent ensuite le *bon à régulariser*, le *visa* du sous-commissaire chargé des approvisionnemens, et enfin l'arrêté du sous-préfet, faisant fonctions de chef d'administration.

» Nous parlerons aussi de l'ordonnance de la même somme de 14,014 francs, délivrée, en conséquence, par le même fonctionnaire. Ce titre est tellement péremptoire pour le créancier, qu'en bonne comptabilité, il est dispensé d'en produire aucun autre, sauf au cas de négligence ou de malversation, l'action du gouvernement contre ses agens.

» Or, cette ordonnance a été produite par le suppliant; elle aurait été payée aux Cayes, si le défaut de fonds, constaté par la déclaration du payeur, n'y eût fait obstacle; et de même que, dans ce cas, le gouvernement n'aurait aucune répétition à exercer contre le créancier qui aurait reçu; de même, il lui est impossible de s'armer contre celui-ci, de sa propre impuissance et de l'inexécution du contrat procédant de son propre fait.

» Nous avons donc eu raison d'avancer que la parfaite légitimité de la créance reposait sur des faits notoires et avoués, sur des titres réguliers, et que très-certainement la bonne foi n'oserait jamais méconnaître.

» Cela démontré, il ne reste plus qu'à examiner sur quels prétextes le rapport et l'arrêté ont pu se fonder, pour rejeter une créance que la loi et l'équité prescrivaient de reconnaître et d'acquitter.

» Le rapport commence par un aveu trop important pour être passé sous silence.

» Il paraît également, y est-il dit, que plusieurs de ces constructions et travaux n'ont été ordonnés que dans des cas d'urgence, et en raison des circonstances dans lesquelles on se trouvait, et que la célérité qu'il fallait mettre à leur construction n'a pas toujours permis de remplir les formalités prescrites et nécessaires pour la régularité de ces dépenses.

» On s'attendrait, d'après un aveu aussi décisif, que le rapport va conclure à l'admission de la créance. Cette conséquence paraît en effet naturelle et forcée. Mais il en est autrement. Bien que l'urgence et les circonstances où l'on se trouvait, n'eussent pas permis de remplir les formalités, on va voir le rapporteur disputer avec une subtilité et une insistance, que l'on aurait peine à excuser, s'il s'agissait d'une opération faite dans des circonstances ordinaires, lorsqu'il aurait été permis de remplir les formalités.

» La première objection du rapport consiste à dire qu'il aurait dû être dressé un devis estimatif, que l'on aurait dû adjuger les travaux au rabais.

» Mais, nous le demandons, comment concilier ce reproche avec l'extrême urgence d'un travail fait par réquisition militaire, dans la vue de sauver une ville et sa population entière? Comment concilier le reproche avec l'aveu que le rapport vient de faire, que les circonstances dans lesquelles on se trouvait, ne permettaient pas de remplir les formalités?

» Notre réponse s'applique à l'autre reproche, pris de ce que le marché avait été antidaté.

» Nous répétons que les circonstances où l'on se trouvait n'ont pas permis de faire autrement; que le marché n'est ici qu'un acte surabondant; que le fonctionnaire comptable a cru devoir ajouter aux autres titres, et que la preuve que l'antidate a été faite ouvertement et de bonne foi, résulte de ce même visa : *vu bon à passer marché*, relevé dans les rapports, comme ayant été opposé à l'état des travaux déjà exécutés.

» Un autre reproche est fondé sur ce que l'ordre important du général Brunet n'est point rapporté.

» Nous avons déjà dit que le système de cet ordre étant constaté par les pièces produites, son adirement ne peut être imputé au suppliant, puisque l'ordre a dû rester dans les archives de l'administration.

» Mais on a pressenti que le reproche dénué de force, lorsque le rapporteur faisait son travail, le 25 octobre 1810, en a eu beaucoup moins encore, lorsque le général Brunet, délivré de sa captivité chez l'ennemi, a donné le 1er. novembre 1814, le certificat déjà produit, et dont une ampliation sera jointe à la présente.

» Les termes employés par le général ne laissent aucun doute sur la vérité et sur l'utilité de l'ordre qu'il avait donné au mois de floréal an 11 ; voici comment il s'est exprimé :

« Je soussigné, lieutenant-général commandant la division du sud de l'île de Saint-Domingue, déclare et certifie avoir donné, le 22 floréal an 11, l'ordre par écrit de faire, avec toute la rapidité possible, un camp sur l'habitation Bourdet, à l'effet de couvrir la ville des Cayes, et que ce fut le sieur Louis-René Lambert, lors entrepreneur du gouvernement en ladite ville, et soumissionnaire pour les ouvrages et fournitures nécessaires à ce camp, avec qui il fut passé marché le 25 floréal de ladite année 11, sommé à 14,014 francs, qui devaient être payés sur les lieux ; que si cet ordre s'est trouvé et se trouve encore adiré, il n'en est pas moins vrai que je l'ai donné; et c'est pour suppléer à son défaut de représentation que je donne aujourd'hui le présent certificat pour servir et valoir ce que de raison audit sieur Lambert, requérant, comme entrepreneur et confectionnaire des ouvrages et fournitures dont il s'agit.

» Ce certificat, cet aveu solennel d'un officier général, qui ne pouvait avoir aucun intérêt à déguiser la vérité, aurait dû faire rétracter le futile reproche que nous combattons ; il aurait été fortifié s'il en eût eu besoin, par la déclaration du sous-préfet Tyrol et par celle du contre-amiral Villamuez, adressées l'une et l'autre à Son Excellence le ministre, et dont il plairait à Sa Majesté d'ordonner l'apport, ainsi que de celui des autres pièces originales.

» Après avoir cherché à combattre les circonstances de force majeure qu'il avait reconnues et admises en commun, le rapporteur termine à peu près en passant condamnation, puisqu'il se résume à dire qu'il faudrait au moins l'ordre du général Brunet.

« Avoir prouvé que cet ordre a existé, que sa perte est étrangère au suppliant, que dans tous les cas il est remplacé par la déclaration du 1er. novembre 1814, c'est donc avoir démontré que, d'après les propres aveux du rapport, la créance du suppliant aurait dû être admise.

» Voilà pour le rapport du 25 octobre 1810.

» Quant à l'arrêté de révision, du 23 août 1811, il n'offre rien à réfuter, puisque sur cette créance et sur les autres réclamations dont le rejet était proposé, il se borne, comme cela se faisait toujours, à adopter les motifs et les conclusions du rapport.

» Ces deux actes, quoiqu'antérieurs à la production des nouvelles preuves, ne présentent donc rien qui puisse affaiblir l'évidente légitimité de la créance du suppliant.

» Ce que nous avions dit des circonstances qui ont donné lieu à cette créance et des titres qui la justifient, conserve donc toute sa force. »

Telle était la demande adressée par le sieur Lambert au Conseil d'état. — Et le fond de cette demande paraissait d'un succès assuré, si, comme il le pensait, la décision rendue eût été *provisoire* ou *quant à présent*, si d'ailleurs elle avait été susceptible d'appel ou de *recours*.

Mais le lecteur a vu que la décision n'était pas *provisoire*.

Reste à savoir si elle était susceptible *d'appel*, si le Conseil d'état avait *attribution* pour connaître d'une décision définitive émanée de la commission de liquidation ?

Le Conseil d'état ordonna communication au ministre, qui ne débattit pas le fond. Son Excellence se borna à opposer une *fin de non-recevoir*, prise de la *chose jugée*.

Voici comment Son Excellence établissait l'exception de *chose jugée*.

« Le comité contentieux ne perdra pas de vue que l'arrêté pris par la commission de révision, le 23 août 1811, et contre lequel se dirigent toutes les réclamations du sieur Lambert, a été approuvé et sanctionné par le gouvernement, ce qui le rend à mes yeux inattaquable. »

Ainsi Son Excellence posait en *fait* que l'arrêté de la commission était devenue *décision* du gouvernement. — Et il prescrit en principe que toute décision du gouvernement est inattaquable devant le Conseil d'état.

Tel est aussi l'usage établi.

Il importe de signaler cet usage, et de faire observer au lecteur que de telles décisions sont réputées *actions administratives* ou *gouvernementales*.

Les droits privés peuvent s'alarmer de cet usage.

Voici le remède tel quel.

Les parties, en ce cas, peuvent s'adresser au roi, en la forme de *pétition*, aux termes de l'article 40 du règlement du 22 juillet 1806, — et demander un renvoi spécial au Conseil d'état, pour que le Conseil d'état rende, en connaissance de cause, une décision en la forme contentieuse.

Sa Majesté ne refuse jamais un tel renvoi, quand il y a lieu. — Et il faut croire que le ministre, sur le rapport de qui la pétition est connue du roi, n'a garde d'empêcher que justice ne soit faite au pétitionnaire.

Quand Sa Majesté a fait de l'affaire un renvoi spécial au Conseil d'état, l'affaire, qui, de sa nature, était réputée *administrative*, devient *contentieuse* par l'effet du renvoi. — Hors de là, le Conseil d'état n'a pas d'attibution : il ne peut se dispenser de déclarer le recours non-recevable.

Sur quoi a été rendue l'ordonnance dont la teneur suit :

LOUIS, etc.; — Sur le rapport du comité du contentieux ;

Vu la requête à nous présentée par le sieur Louis-René Lambert, ancien entrepreneur de bâtimens aux Cayes, île Saint-Domingue, ladite requête enregistrée au secrétariat du comité du contentieux de notre Conseil d'état, le 29 août 1816, et tendante à ce qu'il nous plaise annuller un arrêté de la commission de révision des dettes de Saint-Domingue, ensemble une décision de notre ministre secrétaire d'état de la marine, du 15 juin 1816, lesquels arrêté et décision ont rejeté de la liquidation du réclamant une ordonnance à lui délivrée pour travaux faits au camp Bourdet, en avant de la ville des Cayes, et ordonner que ladite créance sera liquidée conformément aux lois générales sur la liquidation des dettes de l'état;

Vu ledit arrêté et la lettre de notre ministre secrétaire d'état de la marine, laquelle contient la transmission dudit arrêté ;

Vu le mémoire des travaux exécutés par le sieur Lambert, et toutes les pièces produites ;

Vu notre ordonnance du 11 décembre 1816, qui a rejeté la réclamation des sieurs Crevel et Legay d'Arcy, contre une décision définitive de la commission de révision des dettes de Saint-Domingue ;

Considérant que l'arrêté de la commission de révision des dettes de Saint-Domingue, du 23 août 1811, attaqué par le sieur Lambert, est définitif, et qu'il n'y a pas lieu de revenir contre cet arrêté ;

Notre Conseil d'état entendu,

Nous avons ordonné et ordonnons ce qui suit :

Art. 1er. La requête du sieur Lambert est rejetée.

2. Nos ministres secrétaires d'état aux départemens de la marine et des colonies, et des finances, sont chargés, chacun en ce qui le concerne, de l'exécution de la présente ordonnance.

Ordonnance du 11 juin 1817. (2667)

N°. 36.

1°. FOURNISSEUR. — CONVENTIONS. — JUSTICE MINISTÉRIELLE DISCRÉTIONNAIRE.

2°. INDEMNITÉ. — CONVENTIONS.

1°. *Lorsque le ministre de la guerre a prononcé la résiliation d'un marché passé entre un préfet et un fournisseur pour nourriture de chevaux de la gendarmerie (marché qui n'était pas d'urgence, ni définitivement arrêté par le préfet), si le fournisseur réclame contre l'annullation de ce marché, la matière n'est pas contentieuse, elle est administrative, le marché du préfet ne pouvant valoir qu'avec l'autorisation du ministre.*

2°. *Egalement si le fournisseur réclame une indemnité pour résiliation d'un marché passé avec un préfet, et annullé par le ministre, c'est au ministre qu'il doit s'adresser.*

En tel cas et sur le réglement d'indemnité, la justice ministérielle est-elle également discrétionnaire ; n'est-elle pas essentiellement soumise à un recours devant le conseil d'état ?

(Le sieur Lefrançois.)

Le 6 novembre 1816, le sieur Lefrançois de Versailles se rendit adjudicataire de la fourniture de fourrages pour la gendarmerie du département de Seine-et-Oise, pendant l'année 1817, au prix de 1 franc 49 centimes par ration.

Le 31 décembre, il reçoit la notification d'une lettre de M. le sous-secrétaire d'état au ministre de la guerre, qui portait qu'examen fait du projet d'adjudication, il avait trouvé que le fournisseur n'avait point été assujéti à payer les deux pour cent affectés à la dotation des invalides, et qu'ayant aussi pris connaissance d'une soumission adressée au ministre par un sieur Hamot, qui offrait de faire la même fourniture au prix d'un franc 45 centimes la ration, il avait en conséquence prononcé la résiliation du marché passé au sieur Lefrançois, et décidé qu'il serait procédé à une nouvelle adjudication.

Comme le service devait commencer le lendemain, et que les ordres étaient donnés à cet effet dans tout le département, il commença en effet et même le préfet autorisa le sieur Lefrançois à le continuer jusqu'à la nouvelle adjudication.

En cet état de choses, le sieur Lefrançois s'adresse au conseil d'état.

Il demande, 1°. l'annullation de la décision du ministre de la guerre, par la raison qu'il n'avait pas le droit de résilier son adjudication ; 2°. et attendu le préjudice que lui causait cette décision, qu'il lui fût adjugé 12,000 francs à titre de dommages intérêts ; et au cas où la décision du ministre serait maintenue, que ladite somme de 12,000 francs lui fût néanmoins allouée pour le préjudice qu'il avait eprouvé par suite du retard qu'avait mis le ministre à statuer sur le fort de son adjudication ;

3o. dans tous les cas, que le droit proportionnel d'enregistrement par lui payé lui soit restitué, par la raison qu'il n'était assujéti par l'article 7 de son adjudication qu'au paiement fixe.

A l'appui de sa demande le sieur Lefrançois disait : — « deux motifs paraissent avoir déterminé le ministre à résilier le marché de fourniture des fourrages de la gendarmerie de Seine-et-Oise pendant 1817, stipulé entre l'administration et le Sr. Lefrançois le 6 novembre 1816; l'un, que le fournisseur n'avait pas été assujéti à payer les deux pour cent affectés à la dotation des invalides, et l'autre qu'un sieur Hamot avait fait parvenir au ministère une offre de faire la même fourniture au prix de 1 franc 45 centimes, la ration pour laquelle l'exposant reçoit 1 franc 49 centimes, suivant les stipulations de son traité.

» Mais ni l'un ni l'autre de ces motifs ne pouvaient justifier une semblable détermination.

» Avant d'en apprécier le mérite, il convient de se fixer sur ce que pouvait faire le ministre, relativement au marché du 6 novembre.

» Ce marché était-il définitif, ou n'était-il conclu qu'à la condition de ne pouvoir être mis à exécution qu'après une approbation donnée par le ministre ?

» Sans doute on ne parviendra pas à faire donner à cette opinion l'assentiment du conseil.

» En effet, on conviendra sans doute que les principes généraux du droit civil régissent les traités passés entre l'administration et les particuliers, comme ils régissent les conventions faites entre les particuliers eux-mêmes ; car ces traités ont pour objet la *propriété*, et certes la propriété ne saurait être pour sa conservation ou sa disposition soumise à des règles differentes. Là où les contrats souscrits par une administration et un particulier, indépendamment de toute stipulation licite ou légale, seraient régis par des principes opposés ou non semblables à ceux qui régissent les contrats passés entre deux citoyens ; là, la propriété deviendrait vacillante, incertaine et à la merci des dépositaires du pouvoir.

» Or, s'il est vrai que les engagemens actifs ou passifs d'une administration publique soient régis par les dispositions des lois civiles, pour être conséquent, il faut admettre que toutes les stipulations du traité du 6 novembre devaient recevoir leur exécution, sans le concours ou l'approbation du ministère.

» En effet, aucune des clauses de ce traité n'imposait à l'adjudicataire l'obligation d'attendre pour l'exécuter la ratification du ministre ; aucune même ne l'avertit que cette ratification est nécessaire ; toutes au contraire sont conçues en termes qui annoncent une convention définitivement arrêtée et nullement soumise à la condition de n'être parfaite qu'après une décision confirmative de l'autorité supérieure.

» L'art. 9 est formel et trancherait toute difficulté, s'il pouvait en exister.

» La première adjudication, porte-t-il, *aura son plein et entier effet, à compter du 1er. janvier 1817 jusqu'au 31 décembre de la même année.* »

» Certes, si l'on eût entendu soumettre l'adjudicataire à l'effet d'une approbation ministérielle, on aurait rédigé cet article en d'autres termes ; on aurait dit : l'adjudication aura son plein et entier effet à compter du 1er. janvier, *si le ministre en agrée les stipulations.*

» Qu'on ne dise pas que tous les actes d'administration étant indéfiniment soumis à la censure du ministère, le ministre de la guerre était nécessairement appelé à confirmer ou à désapprouver le traité du 6 novembre ; le principe posé fût-il vrai, on ne pourrait en tirer une pareille conséquence ; car ce traité n'est pas un acte d'administration.

» Dans un acte d'administration, le fonctionnaire dont il est l'ouvrage, commande, agit par droit de puissance comme dépositaire de la volonté souveraine. Dans un contrat rédigé même dans les formes administratives, ce même fonctionnaire n'agit plus que par droit de défense ; il ne dicte pas de conditions, il les stipule ; il n'ordonne pas, il souscrit des engagemens.

» Ce n'est donc plus alors qu'un mandataire ; et lorsqu'il a agi dans les termes de son mandat, on ne peut le désavouer.

» Or, les préfets ont qualité, ont pouvoir pour conclure tous les marchés relatifs à la gendarmerie.

» Le traité dont il s'agit est une fourniture de fourrages à faire à la compagnie de gendarmerie de Seine-et-Oise pendant 1817. Le préfet de ce département a donc agi dans les termes de son mandat ; il a même scrupuleusement observé les formes prescrites pour les adjudications ; des affiches avaient été apposées, et les conditions de la soumission de l'exposant discutées, appréciées et acceptées dans un conseil formé d'un sous-inspecteur aux revues, d'un commissaire des guerres et du capitaine commandant la gendarmerie ; par conséquent le marché du 6 novembre est revêtu de toute l'authenticité exigée pour cette espèce de contrats.

» Il ne faut pas d'ailleurs confondre les traités faits pour assurer le service de la gendarmerie avec ceux relatifs aux autres branches de l'administration de la guerre, il y a entre ceux-ci et ceux-là une différence notable.

» La gendarmerie, institution tout-à-la-fois civile et militaire, n'est exclusivement sous les ordres du ministre de la guerre que pour l'organisation du personnel et pour la discipline. Dans son service actif, qui a pour objet le maintien de l'ordre et de la tranquillité dans l'intérieur, elle est à la disposition de tous les ministres, mais principalement des ministres de la justice et de la police.

» La nature de son service l'assimile en quelque sorte aux établissemens civils ordinaires pour tout ce qui concerne la fourniture de ses besoins. Les marchés se passent de même manière, dans les mêmes formes ; l'autorité civile en est l'arbitre.

» Ces formes sont une apposition préalable d'affiches, des soumissions cachetées, déposées aux secrétariats des préfectures ; un examen de ces soumissions appartenant en entier au préfet, assisté il est vrai de fonctionnaires militaires, mais de fonctionnaires qui n'ont que voix consultative. Ce mode est absolument celui employé pour les adjudications de fournitures à faire aux administrations départementales, municipales, judiciaires, aux hospices, etc. On voit que dans ces sortes d'adjudications, le préfet, partie contractante, donne encore à l'acte qui les contient, l'authenticité et la publicité que les notaires confèrent aux contrats civils ordinaires.

» Il n'en est pas de même pour les traités relatifs au service de la guerre : ici il n'y a pas d'adjudication publique nécessaire, il peut n'exister aucune solennité pour leur confection. C'est le conseil d'administration des corps qui passe les marchés avec un fournisseur qu'il choisit, les concurrens n'étant pas appelés par la voie des affiches, il pourrait souvent se glisser des abus, alors l'approbation du ministre devient nécessaire, indispensable ; c'est le complément du traité, c'est le caractère d'authenticité donné à un acte passé dans l'ombre, qui n'est jusqu'à cette autorisation qu'un projet de conventions.

» De cette différence dans la forme des marchés relatifs à la gendarmerie et de ceux faits par les administrations des régimens de l'armée, naît la diversité des effets que ces marchés doivent produire. Les premiers deviennent parfaits et définitifs par la régularité seule de l'adjudication ; les autres ne sont que conditionnels et ont besoin, pour avoir le même caractère, de la ratification du ministère. Ceux-ci ne sont que des actes informes et incomplets ; ceux-là, au contraire, sont authentiques, et l'œuvre de magistrats investis par les lois ou les réglemens du pouvoir de les faire.

» Il résulte donc de la nature du traité du 6 novembre, qu'il n'avait pas besoin pour lier les parties contractractantes de l'approbation du ministère.

» Si l'on consulte les faits particuliers à cette espèce de fournitures dans le département de Seine et Oise, on arrivera à la même conséquence. Jamais une adjudication de fourrages pour les besoins de la gendarmerie de ce département n'a été soumise à la ratification du ministre de la guerre. C'est un fait que M. le préfet a certifié lui-même, en faisant observer que si c'eût été l'usage, il n'aurait pas manqué d'en faire mention dans le procès-verbal d'adjudication.

» Et ce qui confirme dans cette opinion, c'est qu'elle résulte clairement de la décision ministérielle qu'il attaque.

» En effet, le ministre, par cette décision, ne refuse pas son approbation à la fourniture des fourrages. *Il prononce*, dit-il, *la résiliation du marché*. Or, on ne résilie pas un acte imparfait ; *résilier* une convention n'est pas le synonyme de refuser de l'*approuver* ; c'est au contraire admettre l'existence de cette convention, puisqu'on n'anéantit que ce qui existe.

» Le ministre a donc envisagé le traité du 6 novembre comme un acte parfait et définitif.

» Cependant il en a prononcé la résiliation, il l'a anéanti ; le pouvait-il ? Assurément non. Dès qu'un acte est parfait, il doit recevoir une exécution pleine et entière, les parties contractantes ne peuvent respectivement se dispenser d'accomplir les conditions acceptées de part et d'autre ; si l'une d'elles trouve ses intérêts blessés, il ne lui est pas permis de refuser de les exécuter ; elle peut élever des réclamations, mais ces réclamations sont désormais une contestation qu'il appartient aux tribunaux de décider.

» On ne veut pas dire par-là que le ministre pouvait ou devait s'adresser aux tribunaux ordinaires pour leur demander la résiliation du marché du 6 novembre ; on admet que le contentieux des traités de fournitures est de la compétence de la justice administrative, ayant été attribué par le décret du 11 juin 1806 à la juridiction du Conseil d'état ; c'est donc à ce Conseil à en connaître exclusivement, et par conséquent le ministre de la guerre a outre-passé son pouvoir en prenant une décision dans une matière contentieuse qui n'était pas dans ses attributions. »

Sur ce est intervenue l'ordonnance dont la teneur suit :

LOUIS, etc. ; — Sur le rapport du comité du contentieux ;

Vu la requête à nous présentée par le Sr. Louis-Victor Lefrançois, propriétaire demeurant à Versailles, département de Seine-et-Oise ; ladite requête enregistrée au secrétariat du comité du contentieux de notre Conseil d'état, le 13 janv. 1817, et tendante à ce qu'il nous plaise annuller une décision de notre ministre secrétaire d'état au département de la guerre, en date du 31 décembre 1816, laquelle prononce la résiliation du marché passé au requérant, le 6 novembre précédent, pour les fournitures nécessaires à la nourriture des chevaux de la gendarmerie du département de Seine-et-Oise pendant le cours de 1817, et ordonne qu'il soit procédé à une nouvelle adjudication pour le service desdites fournitures ;

Et attendu le préjudice que ladite décision a fait et fait encore éprouver au requérant, lui adjuger, à titre de dommages-intérêts, une somme de 12,000 francs, et ordonner qu'il lui sera fait restitution par le receveur de l'enregistrement au bureau de Versailles, du droit proportionnel payé par lui pour l'enregistrement de l'adjudication du 6 février 1817, qui demeurera annullée ;

Et, subsidiairement, dans le cas où la décision de notre ministre serait maintenue, à ce qu'il nous plaise adjuger au requérant les dommages-intérêts ci-dessus demandés, à titre d'indemnité du préjudice que lui a causé le retard du ministre à prononcer sur le sort de l'adjudication du 6 novembre 1816 ; et encore ordonner la restitution de la somme payée pour le droit proportionnel de ladite adjudication ;

Vu l'adjudication passée à la préfecture du département de Seine-et-Oise, le 6 novembre 1816 ;

Vu la décision attaquée de notre ministre secrétaire d'état au département de la guerre ;

Vu la lettre adressée à notre garde des sceaux ministre secrétaire d'état au département de la justice, par le sous-secrétaire d'état au département de la guerre, en réponse à la communication qui lui fut faite de l'appel formé par le sieur Lefrançois ;

Ensemble toutes les pièces comprises au dossier de l'affaire ;

Considérant qu'il ne s'agit pas, dans l'espèce, d'un marché d'urgence, ou d'un marché que le préfet fût spécialement autorisé à consentir définitivement ; mais d'un marché de fourniture annuelle qui, d'après les réglemens et l'usage constant de l'administration, ne pouvait être définitif qu'avec l'approbation de notre ministre secrétaire d'état au département de la guerre ;

Notre Conseil d'état entendu,

Nous avons ordonné et ordonnons ce qui suit :

Art. 1er. La requête du sieur Lefrançois est rejetée ; il se retirera, s'il s'y croit fondé, par-devant le ministre secrétaire d'état au département de la guerre, pour y former sa demande en indemnité.

2. Notre ministre secrétaire d'état au département de la guerre est chargé de l'exécution de la présente ordonnance.

Ordonnance du 11 juin 1817. (2674)

N°. 37.

PROPRIÉTÉ. — DÉMOLITION. — FORÊT DOMANIALE. ŒUVRE NOUVELLE. — DIVISIBILITÉ.

Lorsqu'il s'agit de savoir si des maisons et bâtimens sont dans le cas de la démolition, pour proximité d'une forêt domaniale, aux termes de l'article 18 du titre 27 de l'ordonnance de 1669, il y a divisibilité de compétence suivant les cas. — Le préfet est compétent pour s'opposer aux œuvres nouvelles faites sans autorisation, et pour en ordonner la suppression. — autrement, et s'il s'agit de la propriété, c'est aux tribunaux qu'il appartient d'en connaître.

(Le sieur Eberhard.)

Par contrat sous signatures privées, du 25 février 1791, les sieur et dame Berou reçurent du sieur Georges Hussinger une maison et biens désignés audit contrat, en échange d'autres immeubles, avec tous droits de propriété et jouissance.

Les sieur et dame Berou se mirent en possession de ces biens, qui étaient situés sur le territoire de Volsbourg, département du Bas-Rhin, près d'une forêt domaniale.

En 1815, les sieur et dame Eberhard, comme étant aux droits du sieur Berou, leur père et beau-père, et en conformité des réglemens qui assujétissent les propriétaires voisins des forêts de l'État à de certaines obligations, s'adressèrent à l'autorité administrative, pour obtenir la permission de réparer et rétablir les bâtimens de la maison dont il s'agit.

Sur cette demande, le préfet du Bas-Rhin prit, le 14 mai 1816, un arrêté conçu en ces termes :

« Vu, etc.,

» Ensemble la copie d'un contrat présenté par le pétitionnaire sur lequel il fonde sa propriété, desquelles pièces il résulte que l'habitation dont il est question, n'est éloignée de la forêt royale que de 80 mètres, distance prohibée par l'art. 18, titre 27 de l'ordonnance de 1669 ; que la maisonnette avait été construite avant la révolution ; qu'un sieur Hussinger, qui l'occupait au commencement de la révolution, l'a vendue, sous signature privée, à Nicolas Berou, qui s'est réservé son recours contre lui au cas qu'il soit dépossédé ; et que ledit Berou l'a donnée, par son contrat de mariage, au sieur Eberhard.....

» Vu l'ordonnance de 1669, ensemble l'avis du conseil d'État du 22 brumaire an 14.

» Considérant qu'il est prouvé, par les pièces produites, que la propriété d'Hussinger n'était pas bien établie, et que l'agrandissement d'habitation projeté par Eberhard est contraire aux dispositions de l'avis du Conseil d'État du 22 brumaire an 14 ;

» Arrête :

Art. 1er. La demande du pétitionnaire est rejetée.

Art. 2. Il est ordonné au sieur Eberhard de combler dans les vingt-quatre heures les fondemens qu'il a creusés, etc.

Art. 3. Le pétitionnaire sera tenu de produire, dans la huitaine, à l'administration, soit l'original, soit une copie authentique du titre en vertu duquel il possédait sa maison et les terres avoisinant, pour que l'administration puisse connaître la légitimité de cette possession ; faute par lui de faire la production de son titre, la maison sera démolie, sauf son recours contre le vendeur, etc. »

En exécution de cet arrêté, le sieur Eberhard produisit ses titres de propriété.

Le ministre des finances, auquel l'arrêté précité du 14 mai 1816 fut déféré, approuva cet arrêté par décision du 25 septembre 1816, sur le motif que les dispositions qu'il contenait, étaient conformes à l'ordonnance de 1669, et à l'avis du conseil d'État du 22 brumaire an 14.

C'est contre cette décision du ministre des finances que le sieur Eberhard se pourvut au conseil d'État pour en faire prononcer l'annullation, comme état incompétemment rendue et injuste au fond.

Pour établir l'incompétence, il soutenait :

» Que le préfet avait excédé ses pouvoirs en décidant que les titres de lui, Eberhard, n'étaient pas suffisans et ne constituaient point un droit de propriété; que ce fonctionnaire s'était donc permis de juger une question sur laquelle il n'appartenait qu'aux tribunaux de prononcer; qu'il était d'ailleurs étrange, qu'à l'occasion d'une demande en réparations à faire aux bâtimens d'une maison, le préfet se fût arrogé le droit d'obliger le propriétaire à justifier de ses titres, d'autant plus que, dans l'espèce, il ne s'agissait point d'une propriété acquise en vertu d'actes administratifs; qu'en tout cas, si le préfet n'avait pas cru devoir prononcer sur cette demande, qu'au préalable lui, Eberhard, eut été reconnu légitime propriétaire, il aurait dû renvoyer cette question préjudicielle devant les tribunaux, qui seuls etaient compétens pour y statuer; qu'ainsi, le préfet n'avait pu être juge d'une question de *propriété privée*, ni de la validité ou de l'effet des actes qui établissaient cette propriété; et qu'en ordonnant la démolition de la maison dont il s'agit, il y avait évidemment abus et excès de pouvoir de la part de ce fonctionnaire;

» Au fond, que la décision attaquée du ministre des finances avait fait une fausse application de l'ordonnance de 1669, et de l'avis du conseil d'État du 22 brumaire an 14; que la forêt qui avoisine la propriété de lui, Eberhard, n'était pas d'origine domaniale; qu'elle avait appartenu au prince des Deux-Ponts, et qu'elle n'était devenu forêt royale que par incorporation; or que, de quelque manière que l'incorporation eût eu lieu, elle n'avait pu porter atteinte aux droits antérieurement acquis, parce que ce serait donner un effet rétroactif aux lois en vertu desquelles la forêt dont il s'agit était devenue forêt de l'État;

» Qu'en supposant même que l'ordonnance de 1669 fût applicable dans l'espèce, elle ne porterait aucun préjudice aux droits de lui, Eberhard, puisqu'il était évident, d'après l'avis même du conseil d'État, que les dispositions de cette ordonnance lui étaient étrangères;

» Qu'en effet, cet avis portait : « Que l'article 18 du titre 27 de l'ordonnance de 1669, qui n'était pas rigoureusement observé à l'égard des forêts domaniales, ne peut être applicable, avant une décision qui n'a pas encore été rendue, à des forêts particulières qui n'ont passé dans le domaine national que par confiscation, et postérieurement peut-être à la construction des maisons que l'on veut démolir; que, lors même que leurs constructions seraient postérieures au séquestre, les propriétaires seraient toujours fondés à réclamer leur bonne foi et la juste ignorance que la loi de 1669 s'appliquât à des constructions élevées auprès des forêts tenues, tout récemment encore, en propriétés privées. »

» Qu'ainsi ladite ordonnance de 1669 n'était nullement applicable à l'espèce. »

Sur le pourvoi du sieur Eberhard est intervenue l'ordonnance suivante :

LOUIS, etc.; — Sur le rapport du comité du contentieux;

Vu la requête à nous présentée par le sieur Philippe Eberhard, enregistrée au secrétariat du comité du contentieux de notre conseil d'État le 2 mai 1817, et tendante à l'annullation d'une décision de notre ministre secrétaire d'État au département des finances, en date du 25 septembre 1816, par laquelle il a approuvé les dispositions d'un arrêté du préfet du département du Bas-Rhin du 14 mai précédent, qui ordonne la démolition d'une maison et bâtimens dont jouit ledit Eberhard, dans la banlieue de Wolsbourg, comme étant située près d'une forêt domaniale, à une distance prohibée par l'article 18 du titre 27 de l'ordonnance de 1669, et en vertu desquels arrêté et décision il a été fait injonction audit Eberhard d'abandonner le terrain;

Vu l'acte sous signatures privées du 25 février 1791, non enregistré, par lequel Nicolas Berou et sa femme, beau-père et belle-mère d'Eberhard, auraient acquis, par voie d'échange, de Georges Hussinger et sa femme, les maisons, bâtimens et terres dont il s'agit;

Vu l'arrêté du préfet du département du Bas-Rhin, en date du 14 mai 1816, par lequel il ordonne, entre autres dispositions, art. 3, qu'à défaut par ledit Eberhard de produire son titre, soit en original, soit en copie authentique, dans la huitaine, la maison sera démolie, sauf son recours au vendeur;

Vu ladite décision de notre ministre secrétaire d'État des finances;

Vu l'art. 18, titre 27 de l'ordonnance forestière de 1669 et l'avis du conseil d'Etat du 22 brumaire an 14 (13 nivose an 1805);

Considérant qu'aux termes de l'art. 18 du titre 27 de l'ordonnance de 1669, et de l'avis du conseil d'Etat, approuvé le 22 brumaire an 14, le préfet était compétent pour s'opposer aux œuvres nouvelles faites par le sieur Eberhard, sans autorisation, et pour en ordonner la suppression;

Considérant, en ce qui touche la propriété des bâtimens antérieurement possédés par le sieur Eberhard, que c'est aux tribunaux qu'il appartient d'en connaître,

Notre conseil d'État entendu,

Nous avons ordonné et ordonnons ce qui suit:

Art. 1er. Les articles 1 et 2 de l'arrêté du préfet du département du Bas-Rhin, du 14 mai 1816, sont confirmés. L'art. 3 est annullé et les parties sont renvoyées devant les tribunaux pour faire juger la question de propriété des bâtimens antérieurement possédés par le sieur Eberhard.

Art. 2. Notre ministre secrétaire d'État des finances est chargé de l'exécution de la présente ordonnance, qui sera insérée au Bulletin des lois

Ordonnance du 11 juin 1817. (2679).

N°. 38.

FOURNISSEUR. — Intérêts moratoires.

Il ne doit pas être accordé à un fournisseur des intérêts pour retard de paiement, si le marché ne stipulait aucun terme fixe ou de rigueur, si d'ailleurs il remonte à une époque antérieure à celle qui est fixée pour les intérêts des créances arriérées par l'article 13 de la loi du 28 avril 1816 et par l'ordonnance du 27 mai suivant.

(Le sieur Levacher Duplessis.)

LOUIS, etc.; — Sur le rapport du comité du contentieux;

Vu le rapport à nous présenté par notre ministre secrétaire d'Etat au département de l'intérieur, en date du premier février 1817, concluant à l'annullation de l'article 4 du dispositif d'un arrêté du conseil de préfecture du département de la Seine, du 11 décembre 1816; lequel, en statuant sur le réglement des fournitures faites dans les huit premiers mois de 1812, par le sieur Levacher Duplessis, entrepreneur du service économique des prisons, décide (article 4) qu'il sera tenu compte au sieur Levacher Duplessis des intérêts des sommes qui lui sont encore dues à raison de ces fournitures, et que ces intérêts seront calculés, à compter du jour où chacune des fournitures devait être acquittée jusqu'au jour du solde;

Vu la requête en défense produite par le sieur Levacher Duplessis, enregistrée au secrétariat du comité du contentieux de notre conseil d'Etat le 13 mai 1817, concluant à ce qu'il nous plaise le recevoir incidemment appelant des trois premiers articles du dispositif de l'arrêté susdit du conseil de préfeture du département de la Seine, et les annuler comme fixant arbitrairement les sommes à lui dues pour le paiement de ses fournitures de pain aux prisonniers, depuis le premier janvier jusqu'au premier septembre 1812; au principal, à ce qu'il nous plaise ordonner que le prix de ces mêmes fournitures sera liquidé conformément aux demandes comprises dans la requête par lui présentée, sous la date du 18 mars 1816, et dont il reproduit les conclusions;

Vu notre ordonnance du 27 mai 1816, rendue sur le rapport de notre comité du contentieux; laquelle, en annullant, pour cause d'incompétence, plusieurs arrêtés du préfet du département de la Seine, renvoie les parties à traiter de gré à gré, sur le paiement des fournitures, et, en cas de contestation devant le conseil de préfecture;

Vu l'arrêté du conseil de préfecture du département de la Seine, en date du 11 décembre 1816, pris en exécution de l'ordonnance précitée;

Ensemble toutes les pièces comprise au dossier de l'affaire;

Considérant que les trois premiers articles du dispositif de l'arrêté du conseil de préfecture, vident tout le fond de la contestation élevée entre l'administration et le sieur Levacher Duplessis; qu'ils prononcent sur chacun des points litigieux, en ayant égard à la hausse ou à la baisse des grains, pendant chaque mois, et jusqu'à l'époque du *maximum*; et qu'ils font au sieur Levacher Duplessis l'application du règlement des prix qui avaient été adoptés par l'administration, relativement à des fournitures faites à cette époque;

Considérant, sur l'époque régie par la loi du *maximum*, qu'il résulte de l'arrêté du conseil de préfecture, que, d'après l'examen fait devant ce conseil des factures d'achats du sieur Levacher Duplessis, pendant cette époque, le prix qui lui est alloué par le *maximum* est supérieur au prix moyen de ses achats considérés dans leur ensemble;

Considérant que le conseil de préfecture a, dans l'article 4 de son dispositif, accordé des intérêts qui ne lui étaient pas demandés, pour retard de paiemens sur lesquels le marché ne stipulait aucun terme fixe et de rigueur, et qui remonte à une époque antérieure à celle qui est fixée pour les intérêts de créances arriérées par l'article 13 de la loi du 28 avril 1816, et par notre ordonnance du 27 mai suivant,

Notre Conseil d'état entendu,

Nous avons ordonné et ordonnons ce qui suit:

Art. 1er. Les articles 1, 2 et 3 du dispositif de l'arrêté du conseil de préfecture du departement de la Seine, en date du 11 décembre 1816, sont maintenus.

Art. 2. L'article 4 du dispositif dudit arrêté est annullé.

Art. 3. Nos ministres serétaires d'Etat de l'intérieur et des finances sont chargés, chacun en ce qui le concerne, de l'exécution de la presente ordonnance.

Ordonnance du 11 juin 1817. (3134)

N°. 39.

DÉCHÉANCE. — Acquéreur. — Domaines nationaux.

Un acquéreur de domaines nationaux frappé de déchéance par un préfet à défaut de paiement, ne peut se pourvoir directement au conseil d'État; — La matière étant administrative, l'arrêté du préfet doit être déféré au ministre, sauf, s'il y a lieu, le recours au conseil d'État contre la décision ministérielle.

(La dame Letourneau. — C. — l'administration des domaines.)

LOUIS, etc.; — Sur le rapport du comité du contentieux.

Vu la requête présentée par la dame Letourneau, veuve du sieur Guyon, agissant tant en son nom que pour ses enfans mineurs; ladite requête enregistrée au secrétariat du conseil d'Etat le 20 décembre 1813, et tendante à l'annullation d'un arrêté du préfet du département de Maine-et-Loire du 7 septembre 1813, portant déchéance, à défaut de paiement, de tout droit de propriété sur le domaine de la closerie de la Coussinière, vendu par l'état au sieur Guyon le 20 mai 1791; ladite requête tendante, en outre, à ce que le décompte du prix dudit domaine, notifié à la requérante le 18 janvier 1813, soit revisé et réglé conformément aux lois rendues en faveur des départemens de l'Ouest;

Vu les requêtes en réponse de l'administration de l'enregistrement et des domaines produites les 17 août 1814 et 7 mai 1817;

Ensemble les autres pièces jointes au dossier;

Considérant que le recours contre les arrêtés des préfets portant déchéance contre des acquéreurs de biens nationaux, à défaut de paiement, ne peut être exercé que devant le ministre des finances, aux termes de l'article 3 du décret du 23 février 1811;

Considérant, relativement au décompte dressé par le directeur des domaines, et dont la dame veuve Guyon nous demande directement la réformation au conseil d'Etat, et lorsqu'il s'élève des difficultés sur le résultat des décomptes, il doit y être statué par les préfets, sauf le recours au ministre des finances, conformément à l'article 4 de l'arrêté du gouvernement, du 4 thermidor an 11;

Notre conseil d'État entendu,

Nous avons ordonné et ordonnons ce qui suit:

Art. 1er. La requête de la dame veuve Guyon est rejetée, sauf à elle à se pourvoir, si bon lui semble, devant notre ministre secrétaire d'État des finances.

Art. 2. La dame veuve Guyon est condamnée aux dépens.

Art. 3. Notre ministre secrétaire d'État des finances est chargé de l'exécution de la présente ordonnance.

Ordonnance du 21 juin 1817. (2257.)

N°. 40.

REMBOURSEMENT. — Rente. — Emigré.

Le débiteur d'un prévenu d'émigration est valablement libéré du capital d'une rente due à son créancier, s'il a versé le capital et les intérêts dans les caisses de l'Etat, sur-tout si c'est avec l'autorisation formelle de l'autorité administrative représentant le prévenu d'émigration.

(Les héritiers de la veuve de Pina. — C. — le sieur Bidal.)

Par acte du 6 avril 1775, le sieur Bidal, pour se libérer envers l'abbaye de Saint-Antoine et l'hôpital de Grenoble des sommes qu'il leur devait, emprunta de la dame de Pina la somme de 16,000 liv., pour laquelle il lui constitua une rente de 800 liv., rachetable à la volonté dudit Bidal, en prévenant toutefois la dame de Pina trois mois d'avance.

Cette rente fut exactement servie jusqu'au mois de décembre 1792, quoique la dame de Pina eût quitté la France dès le mois de mai 1789, et que déjà une partie de ses biens fût séquestrée.

La dame de Pina demanda la main-levée du séquestre et des saisies arrêts faites à la requête du procureur général syndic du département; savoir, cinq au mois de mars 1792, et six au mois de janvier 1793; ses moyens tendaient à établir qu'elle ne pouvait être considérée comme ayant émigré, attendu qu'elle avait quitté la France avant le premier juillet 1789, et qu'elle avait obtenu un passe-port de M. Durfort, alors commandant à Grenoble, pour aller en Suisse.

Le 29 janvier 1793, arrêté du district de Grenoble qui déclare n'y avoir lieu à statuer sur la demande de la dame de Pina jusqu'à ce qu'elle eût justifié d'une manière plus légale et plus authentique qu'elle était sortie du territoire français avant le premier juillet 1789.

Le 29 avril 1793, autre décision du district de Grenoble, rendue à la suite d'un arrêté du conseil exécutif provisoire, sur une nouvelle demande de la dame de Pina en main-levée du séquestre de ses biens, et qui déclare que ladite dame ne pouvait être admise dans sa demande, attendu, 1°. qu'elle n'établissait point sa sortie du territoire français avant le premier juillet 1789; 2°. que d'ailleurs en quittant le territoire français elle avait acquis son domicile dans la ville de Chambéry, où elle avait résidé plus de deux ans; que l'abandon de ce domicile, le 21 septembre 1792, époque de l'entrée de l'armée française sur le territoire de la Savoie, pour se retirer en Suisse, établissait une seconde émigration au moment où ce pays avait été réuni à la France.

Le 4 frimaire an 2, arrêté du conseil général du département de l'Isère qui, statuant sur la pétition par laquelle la dame Pina demandait que *l'administration lui accorde main-levée définitive de ses revenus et biens saisis à la requête du procureur général syndic du département de l'Isère, et la radiation de son nom sur la liste des émigrés*, décide qu'il n'y a lieu, non-seulement à faire droit sur la demande en main-levée, mais encore est d'avis de la vente des biens de la dame de Pina, et ordonne l'envoi de son arrêté et des pièces au conseil exécutif pour y être statué définitivement.

Enfin, le 27 ventose an 2, arrêté du directoire du département de l'Isère, provoqué par la dame de Pina, qui la déclare définitivement émigrée, la déboute en main-levée du séquestre, et ordonne en conséquence qu'il sera procédé à la vente de ses biens, meubles et immeubles, de la même manière que ceux des autres émigrés.

Cet arrêté reçut son exécution.

Le 29 du même mois le sieur Bidal fit la déclaration devant le directoire du district de Grenoble « qu'il » était débiteur de la dame de Pina, émigrée, d'une » pension *viagère* au capital de 16,000 francs, et » d'une annuité d'intérêts échus au mois de décembre » précédent. »

Il reçut, le 5 nivose an 3, un avertissement de payer les arrérages échus.

Quelques mois après il présenta au directoire de district une pétition tendante à être autorisé à verser dans la caisse du domaine 16,000 liv. pour le rachat du capital. Le directoire du district fut d'avis de cette autorisation, en « considérant que suivant le décret » du 13 thermidor an 3, faisant suite à celui du 3 du » même mois sur l'échelle de proportion, les débi- » teurs envers l'Etat de rentes foncières ou consti- » tuées, perpétuelles ou viagères, soit en denrées, » soit en argent, auront, nonobstant le décret du 25 » messidor, la faculté de les racheter ; que quoique » ces lois ne soient pas parvenues officiellement à » l'administration, elles n'en doivent pas moins être » exécutées d'après la décision de la commission des » revenus nationaux, contenue dans sa lettre adressée » au directoire du département de l'Isère le 5 du pré- » sent mois. »

Au vu de l'acte de constitution de rente du 6 avril 1775, le directoire du département arrêta, le 19 fructidor an 3, que l'autorisation était accordée, conformément à l'avis du district.

Conformément à cet arrêté, le sieur Bidal versa, le 24 fructidor an 3, dans la caisse du receveur des domaines, outre 16,000 liv. de capital, 4100 liv. d'arrérages échus jusqu'audit jour.

La dame de Pina rentra en France ; elle obtint du préfet du département de l'Isère, le 12 pluviose an 12, un certificat attestant qu'elle n'avait point été comprise dans les listes des émigrés arrêtées pour ce département. Ce certificat énonce qu'il a été délivré pour obtenir le recouvrement d'une créance que l'impétrante avait à répéter contre le gouvernement.

Il paraît en effet que ce certificat servit en 1810 à la dame de Pina pour obtenir une inscription de 1147 liv. sur le grand-livre, comme créancière de son fils, émigré.

Il paraît également que, pendant l'intervalle qui s'est écoulé entre son retour en France et l'époque de son décès, la dame de Pina n'a attaqué ni le remboursement fait par le sieur Bidal, ni aucun autre acte relatif à l'aliénation de ses biens.

Mais en 1814 ses héritiers se sont adressés au préfet de l'Isère pour faire annuller le remboursement comme étant fait au préjudice des droits de la dame de Pina, non émigrée.

Sur cette demande est intervenu, le 22 décembre 1814, un arrêté contradictoire, ainsi conçu :

« Considérant que la dame de Pina de Montaigne » n'est point inscrite sur la liste des émigrés du dé- » partement de l'Isère, lieu de son domicile et de ses » biens, laquelle liste est imprimée et déposée en nos » archives, et que la dame de Pina de Montaigne a » obtenu, le 19 juin 1810, la liquidation d'une » créance de 63,925 fr. 29 cent. sur l'État ; d'où il » suit que le Gouvernement n'a point jugé que les » lois concernant les émigrés lui fussent applicables ;

» Considérant qu'avant de décider si le paiement » fait au receveur des domaines par le sieur Bidal le » 26 fructidor an 3, est valable ou nul, il est néces- » saire que le conseil d'État ait préalablement pro- » noncé sur l'arrêté de l'administration centrale du » département de l'Isère, du 19 fructidor an 3, qui » avait autorisé ledit paiement ; que cet arrêté, rendu » sur la demande du sieur Bidal, les autres parties » intéressées non ouïes, ne peut être révoqué que par » une autorité administrative supérieure ;

» Le préfet du département de l'Isère arrête qu'il » n'y a lieu en l'état à délibérer sur la demande » des héritiers de la dame de Pina en nullité de paie- » ment dont il s'agit, sauf aux parties à se pour- » voir au conseil d'État pour être statué sur l'arrêté » de l'administration centrale qui avait autorisé le » paiement. »

C'est par suite de cet arrêté que les héritiers de la dame de Pina se sont pourvus au conseil d'État contre l'arrêté du directoire du département de l'Isère du 19 fructidor an 3.

Dans leurs moyens, ils soutenaient que la charte constitutionnelle, en proclamant l'irrévocabilité des ventes de domaines nationaux, n'avait point entendu légaliser les aliénations vicieuses, mais seulement celles qui, par les lois antérieures, avaient été reconnues pour irrévocables, et en vertu desquelles les propriétaires jouissaient sous la garantie de cette responsabilité antérieure ; que conséquemment les ventes illégalement faites, comme les remboursemens illégalement effectués, restaient entachés des vices qui les annullaient, et livrés à tous les effets de la nullité dont ils étaient frappés ; que s'il était incontestable que de tels remboursemens n'étaient pas couverts du privilège de l'irrévocabilité, à plus forte raison ceux dont la nullité avait été demandée, discutée et préjugée entre le créancier exproprié et le débiteur intéressé devenu acquéreur.

Pour établir l'illégalité du remboursement qui faisait l'objet de la contestation, les héritiers de la dame de Pina alléguaient,

1°. Que cette dame n'était point émigrée ; que la preuve de ce fait résultait du passe-port qui lui avait été délivré par le commandant de sa province avant le 14 juillet 1782, et du certificat de non inscription délivré le 12 pluviose an 12 par le préfet de l'Isère, et enfin de l'acte qui avait statué sur les droits et reprise de la dame de Pina sur le Gouvernement, que dès-lors les lois sur l'émigration ne lui avaient jamais été applicables ;

2°. Que l'offre du remboursement fait par le sieur

Bidal était illégale comme faite au mépris des lois des 3, 5 et 25 messidor an 3, qui avaient suspendu tous les remboursemens sans distinction, soit ceux de particulier à particulier, soit ceux des particuliers vis-à-vis du Gouvernement, et des lois rendues sur les émigrés, lesquelles n'avaient d'exécution quant aux tiers, qu'autant que leurs créanciers étaient inscrits sur la liste des émigrés de leur département; qu'autant que ces créanciers étaient mis en demeure pour verser entre les mains du domaine, soit les arrérages de rente, soit les capitaux qui pouvaient être exigibles;

» 3°. Que le remboursement était encore illégal comme fait au mépris de la loi du 25 brumaire an 3, relative aux inscriptions sur la liste des émigrés; que cette loi, malgré son injuste rigueur, admettait cependant les réclamations contre les inscriptions qui n'auraient été que le fruit de l'erreur, et que, dans ce cas, la créance de la dame de Pina ne pouvait devenir domaine de l'Etat et être vendue qu'après que sa réclamation aurait été jugée; qu'aussi l'article 17 de cette loi ne présumait-il *émigrés* que ceux qui n'avaient pas réclamé contre leur inscription dans un délai déterminé; que l'article 34 allait même plus loin, puisqu'il ne maintenait en faveur des acquéreurs que les ventes antérieures à la radiation, pourvu qu'il fût justifié que la réclamation n'avait pas eu lieu en temps utile;

4°. Enfin, que le remboursement dont il s'agit était en outre illégal comme fait au mépris de la clause prohibitive portée dans l'acte constitutif du 6 avril 1775, laquelle ne pouvait discontinuer de s'exécuter. Les réclamans soutenaient qu'une telle clause était de rigueur, et, à cet égard, ils invoquaient les articles 1186, 1187 et 1258 du Code civil, et un arrêt de la Cour de cassation du 15 brumaire an 12, et rappelaient ce que dit *Pothier*, dans son Traité des Obligations, n°. 233, partie 8, section 3, et n°. 541, partie 3, chapitre 1er., art. 8.

Ils concluaient en conséquence à ce que l'arrêté du 19 fructidor an 8, et le remboursement qui s'en était suivi, fussent déclarés nuls et non avenus.

Le sieur Bidal opposait à ces moyens que la dame de Pina s'était reconnue elle-même en prévention d'émigration par ses pétitions de 1793 et 1794; que l'autorité administrative l'avait déboutée de sa demande en main-levée de séquestre, par l'arrêté du 27 ventose an 2; que par suite, ses biens avaient été non-seulement séquestrés, mais aliénés sans réclamation; que le certificat de non inscription, obtenu long-temps après et pour une cause spéciale, était une pièce indifférente dans l'espèce; que l'obligation de prévenir le créancier avant le remboursement ne pouvait plus être remplie à l'égard de la dame de Pina; que cette obligation était sans objet, du moment où le paiement avait eu lieu vis-à-vis du gouvernement à l'égard duquel il existait des formes particulières qui avaient été observées; que tous les paiemens de sommes dues en numéraire s'effectuaient en assignats à l'époque où le remboursement avait eu lieu; qu'enfin, les lois des 3, 5 et 25 messidor an 3 n'avaient jamais été un obstacle à la liquidation non plus qu'à la libération des créances dues au gouvernement; que ces lois n'étaient applicables qu'aux remboursemens entre particuliers, et jamais entre particuliers et le gouvernement, et que, pour se convaincre de cette vérité, il suffirait de lire les lois subséquentes intervenues sur la matière, et notamment les lois des 12 frimaire, 15 germinal et 29 messidor an 4 et celles des 5 messidor, 15 fructidor an 5, 11 frimaire, 16 nivose et 26 prairial an 6.

LOUIS, etc.; — Sur le rapport du comité du contentieux;

Dans cet état est intervenue l'ordonnance dont la teneur suit:

Vu la requête à nous présentée par les sieurs Dominique Simond et Calixte de Pina, la dame baronne de Vitrolles et la dame de Baras, héritiers de feue la dame de Montaigne, veuve de Pina; ladite requête enregistrée au secrétariat du comité du contentieux de notre conseil d'État, le 15 mars 1816, et tendante à l'annullation d'un arrêté du Directoire du département de l'Isère, du 19 fructidor an 3, lequel a autorisé le sieur Bidal à rembourser, dans la caisse du domaine, une rente constituée au principal de 16,000 livres, due, suivant un titre du 6 avril 1775, à la dame de Pina;

Vu ledit arrêté;

Vu la requête en réponse du sieur Pierre Bidal, enregistrée au secrétariat du comité du contentieux de notre conseil d'État, le 25 septembre 1816;

Vu le mémoire en intervention de l'administration des domaines, enregistré au secrétariat dudit comité le 1er. avril 1817;

Vu les mémoires en réplique des héritiers de Pina et du sieur Bidal, enregistrés au secrétariat dudit comité les 29 mai et 4 juin 1817;

Ensemble tous les arrêtés, certificats et pièces respectivement produits et joints au dossier;

Considérant, dans l'espèce, que la dame de Pina, sur sa propre demande en radiation de son nom de la liste des émigrés, et en main-levée du séquestre apposé sur ses biens, a été déclarée définitivement émigrée par l'arrêté du directoire du département de l'Isère, du 27 ventose an 2;

Que ses biens ont été saisis, confisqués et vendus au profit de l'État, comme ceux des autres émigrés, sans opposition de sa part, antérieure à ladite vente, ni sans réclamation sur le prix d'icelle;

Que le versement du capital et des intérêts de la rente litigieuse fait par le sieur Bidal dans les caisses de l'État, sur l'avis du directoire du district de Grenoble, après la liquidation du directeur des domaines, en présence du procureur général syndic, représentant légal de la dame de Pina, au vu de l'acte de constitution de rente, et avec l'autorisation formelle du directoire du département, a opéré la libération complète du débiteur;

Et que, par conséquent, la demande formée aujourd'hui par les héritiers de la dame de Pina, en nullité dudit remboursement, ne saurait être admise;

Notre conseil d'État entendu,

Nous avons ordonné et ordonnons ce qui suit :

Art. 1er. La requête des héritiers de la dame de Montaigne, veuve de Pina, est rejetée.

Art. 2. Lesdits héritiers sont condamnés aux dépens;

Art. 3. Notre ministre secrétaire d'état des finances est chargé de l'exécution de la présente ordonnance.

Ordonnance du 25 juin 1817. (2672)

N°. 41.

FERMIERS-GÉNÉRAUX. — Liquidation.

Toute action intentée contre l'ancienne compagnie des finances dite la Ferme générale, *ou contre l'un des fermiers généraux en vertu de créances dont le paiement a été dans le temps renvoyé à la liquidation de la dette publique, est administrative et non judiciaire.*

(Le baron de Romberg.—C.— les sieurs Luçay Roslin d'Yvri et la dame veuve Lavoisier.)

Le sieur Romberg forme devant le tribunal civil de première instance de la Seine, contre MM. Luçay, Roslin et consorts, en qualité de représentans d'anciens fermiers généraux, une demande en condamnation d'une indemnité qu'il prétend lui être due par la ferme générale.

Le 4 février 1817, le préfet du département de la Seine prend un arrêté par lequel il revendique la contestation, comme étant du ressort de l'autorité administrative.

Cet arrêté est motivé sur ce que la loi du 5 brumaire an 11, qui ordonne la suppression de la ferme générale, et qui attribue à l'État tous ses droits, a renvoyé ses créanciers à la direction générale de la liquidation pour s'y faire liquider; que dès-lors la réclamation du sieur Romberg était de la compétence de l'autorité administrative, et que les tribunaux ne pouvaient en connaître.

L'article 1er. de cette loi, du 5 brumaire an 11, porte, article 1er., « Les articles 14 et 15 de la loi du 24 septembre 1793, relative à la suppression des ci devant ferme et régie générales, recevront leur pleine et entière exécution. *Le directeur général du conseil de liquidation procédera en conséquence, dans la forme ordinaire, à la liquidation des créanciers desdites compagnies*, sauf à statuer ultérieurement sur les prétentions de ceux qui réclamaient l'exécution de la loi du 4 frimaire an 2. »

Le sieur Romberg s'est pourvu contre cet arrêté devant le Conseil d'état; il a prétendu, en point de fait, que les lois relatives à la suppression de la ferme générale, n'ont point attribué à l'Etat tous *les droits* de cette association.

Et en point de droit, que cette attribution n'avait pas dû avoir lieu; et que, si elle eût existé, elle serait si onéreuse pour l'Etat, qu'il y aurait nécessité de la révoquer.

Sur quoi a été rendue l'ordonnance dont la teneur suit :

LOUIS, etc.; — Sur le rapport du comité du contentieux;

Vu l'arrêté de conflit pris par le préfet du département de la Seine, le 4 février 1817, par lequel il revendique, comme étant du ressort de l'autorité administrative, la contestation pendante au tribunal de première instance séant à Paris, sur la demande formée par le sieur Frédéric baron de Romberg, contre les sieurs de Luçay, Roslin d'Yvri et la dame veuve Lavoisier, comtesse de Rumfort, héritiers et représentans d'anciens fermiers généraux;

Vu la requête en défense produite par le sieur Frédéric baron de Romberg, ancien négociant, demeurant à Verneuil, département de l'Eure, sur la communication qui lui fut faite de l'arrêté de conflit ci-dessus relaté; ladite requête enregistrée au secrétariat du comité du contentieux de notre Conseil d'état, le 21 avril 1817, et concluant à ce qu'il nous plaise annuller le susdit arrêté, et renvoyer les parties devant les tribunaux;

Vu les lois relatives à la suppression de la ferme générale, et particulièrement l'arrêté du gouvernement du 5 brumaire an 11, relatif aux contestations entre les créanciers de ladite ferme générale et les héritiers des fermiers généraux;

Considérant que l'action intentée par le sieur baron de Romberg aux héritiers et représentans des fermiers généraux ci-dessus dénommés, est relative à des droits qu'il prétend avoir à exercer contre l'ancienne compagnie de finance dite la Ferme générale; que les lois qui ont ordonné la suppression de ladite ferme générale, et qui ont attribué tous ses droits à l'Etat, ayant renvoyé ses créanciers à la direction générale de la liquidation, les tribunaux ne peuvent connaître d'une réclamation qui est de la compétence administrative;

Notre Conseil d'état entendu,

Nous avons ordonné et ordonnons ce qui suit :

Art. 1er. L'arrêté de conflit pris par le préfet du département de la Seine, le 4 février 1817, est approuvé.

2. Notre garde des sceaux ministre secrétaire d'état de la justice et notre ministre secrétaire d'état de l'intérieur sont chargés, chacun en ce qui le concerne, de l'exécution de la présente ordonnance.

Ordonnance du 25 juin 1817. (2695)

N°. 42.

TRAITEMENS MILITAIRES. — GRADES MILITAIRES. — PROPRIÉTÉ. — JUSTICE. — GRAND-OFFICIER. — DROITS ACQUIS.

Un militaire (notamment un grand officier) qui cesse d'avoir de l'emploi, mais qui conserve son grade, si la loi lui assure un traitement pour le grade, à part du traitement pour l'emploi, et si le ministre refuse de faire payer ce traitement de grade sous prétexte de la cessation d'emploi, est-il non-recevable à se pourvoir devant la justice du Roi, en Conseil d'état, par la voie contentieuse? N'a t-il que la voie de pétition au Roi, sur rapport du ministre lui même?

(Le sieur comte Émériau, vice-amiral.)

Par décret du 7 avril 1813, le vice-amiral Emériau fut nommé grand officier sous le titre d'inspecteur général des côtes de la Ligurie.

Le sénatus-consulte du 28 floréal an 12, qui avait créé les places des grands-officiers, portait, art. 51 : « Si par un ordre du chef de l'état, ou par toute autre cause que ce puisse être, un grand officier vient à cesser ses fonctions, *il conserve son titre, son rang, ses prérogatives et la moitié de son traitement, il ne les perd que par un jugement de la haute cour.* »

Par ordonnance du 9 décembre 1815, les places de premiers inspecteurs généraux de la marine, comme de toutes les autres armes, ont été supprimées.

M. Emériau a demandé au ministre de la marine le paiement de la moitié du traitement qui lui était attribué comme grand-officier, premier inspecteur de la marine.

Le 24 février 1817, le ministre a répondu :

« Le corps de la marine étant licencié, et les ordonnances sur la nouvelle organisation n'ayant point admis d'inspecteurs généraux, je ne serais pas fondé à vous faire payer un traitement pour un grade dont la suppression a été formellement prononcée par une ordonnance du Roi du 9 decembre 1815; l'article 2 de cette ordonnance portant d'ailleurs que les traitemens et prérogatives, attachés auxdits emplois, cesseront d'avoir lieu à dater du 1er. janvier 1816. »

M. Emériau s'est pourvu devers le Conseil d'état contre cette décision; il a dit dans sa requête :

« Obligé de combattre cette décision du ministre, sur laquelle l'attention de Son Excellence a été fixée avant de la déférer à Votre Majesté, en ses conseils, on va démontrer que cette décision du ministre est en opposition avec les lois, avec la charte et les ordonnances de Votre Majesté, contraire à l'autorité de la chose jugée par des tribunaux, et en opposition avec les décisions des autres ministres de votre majesté :

» 1°. La décision est contraire aux lois, à la charte et aux ordonnances de Votre Majesté.

» En effet, d'après l'ordonnance royale qui supprime la place de premier inspecteur général de la marine, dont il était pourvu, le comte Emériau se trouve précisément dans le cas prévu par l'article 51 du sénatus-consulte, du 28 floréal an 12, et conserve évidemment, en vertu de cet article et des actes émanés de Votre Majesté, qui en ont consacré les dispositions, son rang, ses prérogatives et la moitié de son traitement de grand-officier, et ne pourrait perdre cet avantage que par l'effet d'un jugement qui aurait entaché son honneur.

» Comment le ministre a-t-il pu penser que l'ordonnance de Votre Majesté, qui ne rapporte point, et qui ne pouvait rapporter un article de la charte, qui ne rapporte point les dispositions du sénatus-consulte, du 28 floréal an 12, qui ne rapporte point ses précédentes ordonnances, sauf la suppression des places de premiers inspecteurs généraux de la marine, avait anéanti le droit acquis au comte Emériau, de toucher la moitié de son ancien traitement du jour où il cessait ses fonctions?. .. Comment le ministre a-t-il pu concevoir à cet égard le moindre doute, lui qui, dans sa lettre du 13 décembre 1815, déclarait que le Roi avait trouvé convenable d'appliquer à la marine l'ordonnance qui supprime les premiers inspecteurs généraux du génie et de l'artillerie, lui qui avait reconnu par-là que les anciens inspecteurs généraux de la marine étaient placés exactement dans la même catégorie que les premiers inspecteurs généraux de l'armée qui avaient conservé ce que le comte Emériau lui demandait.

» Sans doute Votre Majesté, en supprimant les emplois des anciens titulaires des places de premiers inspecteurs généraux, a dû naturellement en supprimer l'autorité et les traitemens d'activité; mais c'est à cette suppression prévue par le sénatus-consulte, du 28 floréal an 12, que s'est nécessairement borné l'effet de votre ordonnance royale, et il est évident que toute autre interprétation ne peut être en harmonie avec l'acte qui a créé des grands-officiers, avec la charte constitutionnelle qui a garanti leurs grades, leurs honneurs et leurs pensions.

» Et il est remarquable que le ministre de la marine l'avait reconnu lui-même, puisqu'en annonçant, le 13 décembre 1815, au vice-amiral Émériau la suppression de son emploi de premier inspecteur général de la marine, il ajoutait que « cette disposition reconnue nécessaire, à raison des circonstances, ne le privait d'ailleurs d'aucun des avantages acquis à ses services et à son rang. »

» 2°. La décision du ministre est contraire à l'autorité de la chose jugée, par les tribunaux de Votre Majesté.

» N'a-t-on pas vu en effet deux conseils de guerre de la première division, déclarer successivement, en se fondant sur les dispositions mêmes de l'article 69 de la charte constitutionnelle, qu'invoque le comte Émériau pour la jouissance d'une indemnité qui lui est acquise; n'a-t-on pas vu, dis-je, ces conseils déclarer qu'un privilége de juridiction, précédemment accordé aux grands officiers, et réclamé par l'un d'eux, n'avait pas été anéanti par les nouvelles institutions, et que ni la contumace du prévenu, ni la suppression du titre dont il était pourvu, ni la suppression ou plutôt ni le défaut d'existence réelle en aucun temps de la juridiction privilégiée qu'on réclamait pour lui, n'autorisaient un tribunal d'une autre espèce à s'occuper de son jugement, et le gouvernement lui-même, sous les yeux duquel ces jugemens ont été rendus, n'a-t-il pas en quelque sorte donné à cette doctrine la sanction de son autorité par le silence du procureur de Votre Majesté, qui ne s'est point pourvu contre le deuxième jugement. (Voyez les jugemens des premier et deuxième conseils de guerre de la première division militaire, relatifs au lieutenant-général comte Grouchy) : et une décision qui refuse de reconnaître, sous un rapport d'une bien moindre importance, mais d'une évidence bien plus palpable, le droit acquis à un ancien grand-officier, ne se trouve-t-il pas ainsi contrarier l'autorité de la chose jugée ?

» 3°. Enfin la décision du ministre de la marine est contraire aux décisions des autres ministres de Votre Majesté, sur la disposition générale dont le comte Emériau sollicite l'exécution, et Votre Majesté ayant consacré, par son ordonnance du 9 juillet 1815, et par la forme donnée à son gouvernement l'unité et la solidarité de son ministère, un ministre ne peut, dans son département exécuter au préjudice d'un tiers intéressé, une disposition générale de la loi d'une manière contraire à son véritable sens, lorsque les autres ministres de Votre Majesté ont reconnu et fixé le sens de cette disposition, et pris des mesures pour en assurer l'exacte exécution.

» En effet, MM. les lieutenans-généraux Dejean, Marescot et Sorbier, anciens premiers inspecteurs généraux attachés au département de la guerre, reçoivent cumulativement avec leur solde de retraite la moitié du traitement qui leur était attribué comme titulaires d'une place de grand officier, la commutation de cette indemnité ayant éprouvé quelques difficultés de la part du trésor royal, M. le sous-secrétaire d'état au ministère de la guerre fit remarquer, le 24 septembre 1816, à Son Excellence le ministre des finances, que les 6,000 francs attribués à chacun de MM. les généraux Dejean, Marescot et Sorbier, ne pouvaient être considérés comme un traitement d'activité, ni même d'inactivité, puisque ces généraux ne remplissaient plus de fonctions, et étaient en retraite, « que cette somme n'étant qu'une indemnité particulière, et spécialement attachée à leur qualité d'anciens inspecteurs généraux, le paiement d'une semblable indemnité ne pouvait être assujétie aux règles générales pour le cas de cumulation de plusieurs traitemens. »

» M. le sous-secrétaire d'état invita en conséquence Son Excellence le ministre des finances à donner des ordres pour que les anciens premiers inspecteurs généraux dont il s'agit, touchassent leur solde de retraite sans éprouver de difficulté, à raison de l'indemnité de 6000 francs qu'ils recevaient sur les fonds du ministère de la guerre, en leur qualité de grands-officiers.

» Son excellence le ministre des finances reconnut la justesse de cette observation ; il annonça, le 9 octobre 1816, au ministre de la guerre que cette cumulation ne pouvait en effet éprouver de difficultés, et les officiers généraux ci-dessus dénommés continuent en conséquence de recevoir annuellement, outre leur solde de retraite, l'indemnité qui représente la moitié de leur ancien traitement de premiers inspecteurs généraux.

« En effet, quelles que soient les dispositions législatives sur la cumulation des traitemens d'activité, de non activité et des pensions de retraite, elles ne peuvent s'appliquer à l'indemnité viagère, assurée par un acte fondamental, aux grands-officiers, et garantie par la charte constitutionnelle, indépendamment de toutes les règles communes concernant l'ex-réglement des retraites. »

La réclamation de M. le comte Emériau paraissait juste et bien fondée.

Mais sa demande était-elle de nature à être poursuivie par la voie contentieuse ?

Telle était la première question à examiner.

C'est sur ce point qu'a été rendue l'ordonnance dont la teneur suit :

LOUIS, etc. ; — Sur le rapport du comité du contentieux ;

Vu la requête à nous présentée par le comte Emériau, vice-amiral, ancien premier inspecteur général de la marine, ladite requête enregistrée au secrétariat du comité du contentieux de notre Conseil d'état, le 19 mai 1817, et tendante à ce qu'il nous plaise annuller une décision de notre ministre secrétaire d'état de la marine, en date du 24 février 1817, laquelle refuse d'allouer au suppliant la moitié du traitement de premier inspecteur général de la marine, depuis le 1er. janvier 1816 ;

Vu la décision de notre ministre secrétaire d'état de la marine, transmise dans une lettre par lui adressée, le 24 février 1817, au vice-amiral Emériau, ladite décision s'appuyant sur notre ordonnance du 9 décembre 1814 ;

Considérant que la demande formée par le comte Emériau n'est point de nature à être poursuivie par la voie contentieuse ;

Notre Conseil d'état entendu,

Nous avons ordonné et ordonnons ce qui suit :

Art. 1er. La requête du comte Emériau est rejetée.

2. Notre ministre secrétaire d'état de la marine et des colonies est chargé de l'exécution de la présente ordonnance.

Ordonnance du 25 juin 1817. (2699)

N°. 43.

PROPRIÉTÉ. — VARECH. — COMMUNES.

Les herbes croissant sur les rochers près de la mer, dites varech, *sont une propriété de même nature que les autres, quant à la question de compétence; c'est aux tribunaux et non à l'autorité administrative de prononcer à qui en est la propriété, alors même qu'elle est réclamée par des communes.*

(La commune de Brehal.)

Il s'est élevé entre les communes de Coudeville et de Brehal, département de la Manche, une contestation relative au droit de récolter des herbes croissant sur un rocher près le rivage de la mer, et connues dans le pays sous le nom de *varech*.

Chacune de ces communes réclamait le droit exclusif de récolter ces herbes.

La contestation fut portée devant le conseil de préfecture du département de la Manche.

Par arrêté du 6 janvier 1817, ce conseil de préfecture, déterminé par les résultats d'une enquête, et par des faits de possession, décida que le droit de dépouiller le varech croissant sur le rocher serait exercé en commun par les deux communes litigantes.

Cet arrêté a été dénoncé au conseil d'Etat par la commune de Brehal, comme ayant prononcé sur une question de propriété qui était du ressort exclusif de l'autorité judiciaire; elle en a demandé l'annullation tant pour excès de pouvoir que pour incompétence.

Sur quoi a été rendue l'ordonnance dont la teneur suit :

LOUIS, etc.; — Sur le rapport du comité du contentieux;

Vu la requête à nous présentée au nom de la commune de Brehal, département de la Manche, enregistrée au secrétariat du comité du contentieux de notre conseil d'Etat, le 5 mai 1817, et tendante à l'annullation d'un arrêté du conseil de préfecture du département de la Manche, du 6 janvier 1817, qui, d'après une enquête et par des moyens tirés de la possession, décide que le droit de dépouiller le varech croissant sur le rocher Jouenne, appartient en commun aux deux communes de Coudeville et de Brehal;

Vu ledit arrêté;

Considérant, dans l'espèce, que le conseil de préfecture a excédé sa compétence en prononçant sur une question de propriété dont la connaissance appartient aux tribunaux ordinaires;

Notre conseil d'État entendu,

Nous avons ordonné et ordonnons ce qui suit :

Art. 1er. L'arrêté du conseil de préfecture du département de la Manche, du 6 janvier 1817, est annullé pour cause d'incompétence;

Les parties sont renvoyées devant les tribunaux.

Art. 2. Notre garde des sceaux, ministre secrétaire d'Etat de la justice et notre ministre secrétaire d'Etat de l'intérieur sont chargés, chacun en ce qui le concerne, de l'exécution de la présente ordonnance.

Ordonnance du 25 juin 1817. (2697.)

N°. 44.

MINES. — STATUTS. — AMENDEMENT. — SOCIÉTÉ ANONYME.

Les amendemens ajoutés par le gouvernement aux statuts délibérés par une société de mines, sont obligatoires pour les sociétaires comme les statuts eux-mêmes.

(Les sieurs Collignon et consorts. — C. — la compagnie des mines de houille de Décize.)

Le sieur Mallevault avait obtenu par un décret du 21 août 1816, pour cinquante années, l'exploitation des mines de houille de Décize; — il fit avec le sieur Collignon, le 24 octobre suivant, un acte de société dont voici les principales clauses.

La société fut stipulée en commandite;

Le fonds social fixé à 1,200,000 francs fut divisé en 1200 actions de 1000 francs chacune.

Les affaires de la société devaient être gérées par deux administrateurs à vie, les sieurs Mallevault et Collignon.

L'acte de société voulait qu'il y eut, chaque année, deux assemblées générales d'actionnaires.

Enfin l'article 26 portait que « l'universalité des actionnaires serait représentée par les seuls intéressés qui réuniraient 25 actions au moins; que les délibérations s'y prendraient à la simple majorité des voies, et que les voies s'y compteraient, eu égard au nombre des actions représentées par chaque votant, à raison de 26 actions par chaque voie. »

Le sieur Mallevault passa en Amérique où il mourut; — le sieur Collignon resta seul administrateur de l'établissement.

Lors de la promulgation du Code de commerce, et pour se conformer à ses dipositions sur les sociétés, on convint, dans une délibération du 28 septembre 1810, que l'association aurait définitivement le caractère de société anonyme, et que les nouveaux statuts en seraient arrêtés par une délibération prise « dans une assemblée générale tenue selon les règles présentées par le traité d'association, notamment par l'article 26 de celui du 24 octobre 1806, et à la majorité absolue des membres présens. »

Après plusieurs remises successives, le 21 mars 1816, les statuts de la société furent rédigés et approuvés par tous les actionnaires ; il fut dit, article 26, « qu'ils seraient soumis à l'approbation du gouvernement », et leur soin de poursuivre l'homologation fut confié à un comité d'administration composé de MM. Taladou, Martin et Chardon.

Il faut remarquer que les nouveaux statuts dérogeaient, dans l'article 24, au mode établi par l'acte d'association de 1806, pour compter les votes dans les assemblées.

On a vu que l'acte de 1806 ne donnait le droit de voter qu'au propriétaire de 25 actions, et déclarait qu'on compterait autant de voix à chacun qu'il aurait de fois 25 actions.

L'article 24 du nouveau réglement différait de l'ancien, en ce qu'il défendait qu'un actionnaire, quel que fût le nombre de ses actions, pût compter pour plus de cinq voix, et qu'il accordait le droit de voter au propriétaire de 20 actions.

Les comités de l'intérieur et du commerce du conseil d'Etat, appelés à examiner les réglemens de la société, indiquaient quelques changemens à faire, notamment à l'article 24 relatif à la manière de compter les votes.

Les membres formant le comité d'administration de la société se réunirent, et le 21 juillet arrêtèrent qu'il y avait lieu de se conformer aux modifications proposées.

A cette époque le sieur Collignon se démit de la direction de la société et passa dans les colonies.

Une assemblée générale est indiquée au 20 août; le sieur Collignon, frère de l'ex-directeur de la société, prétend qu'on doit suivre pour la nomination du président le mode de voter, tracé par l'acte de 1806, et non celui par les nouveaux statuts.

Le 26 août, nouvelle assemblée ; le sieur Collignon renouvelle sa prétention de faire délibérer, d'après le mode de 1806 ; le nombre des actions dont il était propriétaire lui donnait à cela un avantage.

On lui oppose que la société en commandite établie par l'acte de 1806, ne subsiste plus ; qu'on y a substitué un régime provisoire analogue à la société anonyme dont les statuts sont soumis à l'approbation du gouvernement ; qu'à la vérité les statuts fondamentaux de la société n'étant point encore approuvés, ne sont point obligatoires pour le public, mais qu'ils le sont incontestablement pour les associés.

L'assemblée se dissout sans statuer, et s'ajourne au 10 septembre.

Ce jour-là, nouveaux débats ; les sieurs Pierre-Adolphe Collignon et Augustin Collignon quittent l'assemblée ; en leur absence on délibère, et il est arrêté que le comité d'administration continuera à suivre près le conseil d'Etat l'homologation des statuts de la société anonyme dont les bases ont été arrêtées par la délibération du 21 mars 1816, déclarant s'en rapporter pour les changemens et modifications à faire à la sagesse du conseil d'Etat ; enfin par divers actes successifs des 14 et 20 septembre et 12 novembre 1816, les statuts ont été modifiés et changés selon les vues indiquées.

Dans l'intervalle, et dès le 11 septembre, les sieurs Collignon avaient fait assigner les membres du comité d'administration, le caissier et quatre actionnaires, pour voir dire qu'ils seraient tenus de nommer un arbitre, à l'effet de statuer avec M. Collin, arbitre choisi par eux sur toutes les contestations élevées dans les assemblées du 26 août et 10 septembre suivant.

En effet des arbitres furent nommés; mais l'un d'eux s'étant déporté, l'affaire était en suspens, lorsque le 4 décembre 1816, fut rendue l'ordonnance qui autorise la société anonyme conformément aux statuts délibérés les 21 mars, 25 juillet, 10, 14, 20 septembre, et 12 novembre 1816.

Les sieurs Collignon ont formé opposition à cette ordonnance, se fondant sur ce que l'on avait pressé l'homologation des statuts, lorsque les articles les plus importans étaient soumis à un arbitrage. Ils prétendaient que les membres du comité n'avaient pu faire homologuer comme pacte social de société anonyme, un projet sur la rectification duquel les intéressés étaient en instance, d'autant plus que, quoique formant la majorité, ils n'avaient point été informés des observations du ministère, ni des changemens, modifications et additions auxquels ces observations avaient donné lieu, et qui avaient fait de ce projet un tout autre acte ; que l'on avait ainsi méconnu ces principes, qu'un contrat de société ne peut exister que de l'assentiment de ceux qu'il intéresse, et qu'un acte ne peut être changé ou modifié valablement que par le concours de chacun de ceux qui ont participé à sa confection ;

En outre, ils soutenaient qu'au fond les statuts contenaient des dispositions contraires aux principes relatifs à la formation des sociétés anonymes.

Les sieurs Jalladon, Martin et Chardon répondaient au nom de la société que l'opposition des sieurs Collignon était non-recevable.

« En effet, disaient-ils, que dispose l'ordonnance du 4 décembre? Elle homologue les statuts d'une société anonyme revêtus de l'approbation du sieur Collignon lui-même. C'est après avoir comparu à la délibération dans laquelle ils ont été arrêtés, après les avoir adoptés et signés, après avoir donné à un comité d'administration le mandat spécial et formel d'en poursuivre l'homologation ; c'est après tant de faits si formellement approbatifs, que le sieur Collignon vient attaquer l'ordonnance sollicitée et obtenue en son nom et sur sa propre autorisation.

» Le droit de former opposition à une ordonnance royale ne peut appartenir qu'à celui dont cette ordonnance blesserait les droits, et qui n'aurait pas été appelé à les défendre.

» Mais celui sur le mandat duquel cette ordonnance a été sollicitée et obtenue, est évidemment non-recevable à la critiquer. Les statuts qu'il a signés sont obligatoires pour lui, par le fait seul de sa signature, et l'ordonnance qui les consacre est, à son égard, une décision contradictoire non susceptible d'opposition.

» Elle l'est d'autant moins dans l'espèce, que celui qui l'attaque a été instruit de toutes les démarches faites par le comité d'administration pour l'obtenir ; qu'il a connu les divers avis qui sont successivement intervenus;

qu'enfin il a tacitement approuvé tout ce qu'a fait le comité d'administration chargé de son mandat.

» En vain les sieurs Collignon et consorts supposent que l'ordonnance du 4 décembre a été rendue à leur insçu. Outre que cette assertion est destituée en fait de toute vérité, les sieurs Collignon et consorts ont-ils révoqué le mandat qu'ils avaient donné par la délibération du 21 mars? Non-seulement ils ne l'ont point rétracté, mais ils n'auraient pu le faire que dans une assemblée générale, qui n'a pas eu lieu. L'ordonnance a donc été obtenue par leur mandataire reconnu; et dès-lors elle est censée l'avoir été par eux, et contradictoirement avec eux.

» Dès-lors aussi disparaissaient les reproches si indiscrètement adressés par le sieur Collignon au comité d'administration.

» Ce comité aurait, dit-il, pressé la décision sur l'homologation des statuts. Ce reproche est bien dérisoire. Le comité ne pouvait mettre trop d'empressement à remplir la mission qui lui était confiée, et cependant l'homologation n'a suivi que de neuf mois la délibération

» Quant à l'allégation de surprise faite à la religion du conseil d'État, les faits ont appris avec quelle prudente maturité avaient agi les membres du comité de l'intérieur et du commerce, et il est bien étonnant que le sieur Collignon se permette un reproche de cette nature.

» Il n'est pas moins extraordinaire que, pour l'appuyer, il allègue que l'on aurait dissimulé, au conseil d'État, la protestation qu'il avait fait signifier le 14 septembre 1816. D'abord, cette protestation n'était dirigée que contre les nouvelles assemblées générales qui pourraient être tenues, et non contre la poursuite de l'homologation des statuts qu'il avait si formellement consentis. D'ailleurs, les exposans se sont empressés de faire connaître cette protestation. Ils en ont fait mention dans une note, à la suite du mémoire qu'ils ont distribué à MM. les membres du conseil, et une copie de ce mémoire doit être jointe aux pièces sur lesquelles le rapport a été fait.

» Il en est de même d'un autre reproche, qui consiste à dire que le comité d'administration aurait poursuivi l'homologation des statuts, lorsque l'on était en instance devant le tribunal de commerce, relativement au même objet.

» Cette allégation est totalement inexacte.

» La contestation portée au tribunal de commerce, telle que les sieurs Collignon et consorts l'ont eux-mêmes précisée, consistait à savoir si, en attendant l'homologation des statuts, la compagnie devait se régir d'après ces statuts ou d'après ceux de l'ancienne société commanditaire. Il ne s'agissait donc que de déterminer ce qui devait être observé provisoirement dans l'intervalle jusqu'à l'homologation; mais il n'était ni ne pouvait être question de discuter devant le tribunal de commerce les nouveaux statuts.

» Le comité d'administration ne devait donc pas moins exécuter son mandat, poursuivre l'homologation; c'est ce qu'il a fait, et l'ordonnance qu'il a obtenue est évidemment inattaquable de la part de tous ceux qui, comme le sieur Collignon, ont revêtu le comité de leurs pouvoirs en signant la délibération du 21 mars. »

Sur ce est intervenue l'ordonnance, dont la teneur suit :

LOUIS, etc.; — Sur le rapport du comité du contentieux;

Vu les requêtes à nous présentées par les sieurs Christophe Gabriel Collignon, père et consorts, enregistrées au secrétariat du comité du contentieux de notre conseil d'Etat, les 2 janvier et 16 avril 1817, et tendantes à ce qu'il nous plaise les recevoir opposans à l'exécution de notre ordonnance du 4 décembre 1816, laquelle autorise la société anonyme formée à Paris, pour l'exploitation des mines de houille de Decize, conformément aux statuts délibérés par les actionnaires, les 21 mars, 25 juillet, 10, 14, 20 septembre et 12 novembre 1816;

Vu ladite ordonnance et les statuts y annexés, contenus dans les actes des 21 mars, 25 juillet, 10, 14, 20 septembre et 12 novembre 1816;

Vu les requêtes en réponse de la compagnie des mines de Houille de Décize;

Vu la lettre de notre ministre secrétaire d'Etat de l'intérieur, à notre garde-des sceaux, en date du 26 avril 1817;

Ensemble toutes les pièces jointes au dossier et respectivement produites;

Considérant que les statuts de la société anonyme des mines de Houille de Décize ont été délibérés, approuvés et signés le 21 mars 1816, par les requérans;

Que les amendemens ont été ajoutés par le gouvernement, auxdits statuts, pour les expliquer, les compléter et en assurer l'exécution, par des motifs d'ordre public, dans l'intérêt combiné de l'exploitation, des tiers et des actionnaires eux-mêmes, et comme une condition de l'homologation;

Que d'ailleurs cette condition a été acceptée par la délibération du 10 septembre 1816, prise en assemblée générale et à la majorité des voix, conformément à l'article 4 de la délibération du 28 septembre 1810;

Qu'en conséquence, les requérans sont non-recevables et mal fondés à s'en plaindre.

Notre conseil d'Etat entendu,

Nous avons ordonné et ordonnons ce qui suit :

Article 1er. Les requêtes des sieurs Collignon et consorts sont rejetées.

Art. 2. Les sieurs Collignon et consorts son condamnés aux dépens.

Art 3. Notre garde-des-sceaux ministre secrétaire d'Etat de la justice, et notre ministre secrétaire d'Etat de l'intérieur sont chargés, chacun en ce qui le concerne, de l'exécution de la présente ordonnance.

Ordonnance du 25 juin 1817. (2694)

N°. 45.

REMBOURSEMENT. — Rentes.

Aux termes des arrêtés du Gouvernement des 14 fructidor an 10 et 22 ventose an 12, et de l'avis du Conseil d'état du 23 ventose an 13, tout remboursement de rentes ou obligations contractées au profit des établissemens de bienfaisance, ont pu être valablement faits dans les caisses de l'Etat, même sans autorisation préalable dans l'intervalle qui s'est écoulé entre les lois des 25 messidor an 3 et 16 vendémiaire an 5.

(Le sieur Minute.)

Par acte notarié du 15 décembre 1778, le sieur Minute fut chargé d'acquitter, à la décharge de la commune de Serignan,

1°. Deux capitaux portant rente au denier vingt-cinq, originairement légués par testament, l'un de 1000 livres à la cure de Bouvières, pour fondation de messes, à défaut de service desquelles ce premier capital serait appliqué au profit des pauvres de cette paroisse, l'autre de 6000 livres aux mêmes pauvres;

2°. Deux autres capitaux portant rente au même taux, l'un de 1000 livres, l'autre de 3000 livres, légués par le même testament et de la même manière que ci-dessus, à la cure et aux pauvres de la paroisse de Chaudebonne et Lestelon.

Dès le 30 messidor an 3, le capital de 1000 liv. dû à la cure et aux pauvres de Chaudebonne et Lestelon a été remboursé en assignats dans la caisse des domaines par le sieur Minute. Ce premier remboursement est étranger à la contestation.

Les autres capitaux, montant ensemble à 10,000 livres, dus à la cure et aux pauvres de Bouvières, et celui de 3000 livres restant dû aux pauvres de Chaudebonne et Lestelon, furent remboursés en mandats dans la caisse du receveur du domaine de la Motte, par le sieur Minute, qui versa en outre les arrérages alors échus. Quittance de ce versement lui en fut délivrée par ledit receveur le 8 thermidor an 4.

Cependant en 1811, les bureaux de bienfaisance des cantons de Lamotte-Chalançon et de Bourdeaux ont cru pouvoir attaquer le remboursement du 8 thermidor an 4. Une discussion judiciaire s'engagea entre les parties devant le tribunal de première instance d'Orange, qui, par jugement du 17 juin 1811, déclara les bureaux de bienfaisance non-recevables dans leur demande tendante à ce que le sieur Minute fût tenu de leur payer les arrérages échus des rentes dont il s'agit, et de leur passer acte de reconnaissance des capitaux dont ils prétendaient qu'il était redevable.

Sur l'appel de ce jugement interjeté par les bureaux de bienfaisance, la Cour d'appel de Nismes l'annulla, par arrêt du 15 juin 1812, et admit les établissemens demandeurs à exercer contre le sieur Minute les mêmes droits que le domaine aurait pu exercer pendant que l'Etat jouissait de l'actif des établissemens de bienfaisance. Cet arrêt sursit en outre à prononcer sur le fond de la contestation, jusqu'à ce qu'il eût été statué par l'autorité compétente sur le sort du remboursement.

L'affaire fut en conséquence portée devant l'autorité administrative, et il intervint le 28 juin 1816, l'arrêté dont la teneur suit :

« Considérant qu'il résulte des pièces que le sieur Minute, dans le remboursement qu'il a effectué le 8 thermidor an 4, ne s'est point conformé aux règles prescrites par la loi du 20 mars 1791, qui lui imposait l'obligation de faire approuver par l'administration centrale la liquidation de sa créance;

» Que le débiteur pouvait d'autant moins transgresser ces règles qu'au moment où s'est effectué le paiement du capital de 10,000 livres, la loi du 9 fructidor an 3 avait sursis à la vente des biens des hospices et autres établissemens de bienfaisance, en sorte que le receveur de l'enregistrement ne pouvait valablement consentir à ce remboursement qui était une véritable aliénation;

» Le conseil de préfecture arrête :

» Le remboursement fait par le sieur Minute, le 8 thermidor an 4, entre les mains du receveur de l'enregistrement de Lamotte-Chalançon, du capital de 10,000 francs dû aux pauvres de Bouvières, Chaudebonne et Lestelon, est déclaré nul. »

C'est contre cet arrêté que le sieur Minute s'est pourvu au Conseil d'état.

Il objectait, contre le premier motif de cet arrêté, que la loi du 20 mars 1791, qui demandait une autorisation et une liquidation préalables, s'appliquait au rachat des droits incorporels fixes ou casuels, sans capital connu et non au remboursement d'un capital déterminé; et à l'appui de cette objection, il citait deux arrêtés du gouvernement des 14 fructidor an 10 et 22 ventose an 12, qui ont reconnu comme valables des remboursemens de ce genre non précédés d'autorisations.

A l'égard du second motif, tiré de la loi du 9 fructidor an 3, le sieur Minute y opposait un avis du Conseil d'état du 23 ventose an 13, duquel il résulte que tous remboursemens faits dans les caisses de l'Etat avant la loi du 16 vendémiaire an 5, de capitaux dus à des établissemens de bienfaisance sont valables et doivent être confirmés.

Il concluait à l'annullation de l'arrêté du conseil de préfecture et au maintien du remboursement effectué.

Ces conclusions ont été accueillies par l'ordonnance suivante :

LOUIS, etc....; — Sur le rapport du comité du contentieux;

Vu la requête à nous présentée par le sieur Paul-Alexandre Minute, enregistrée au secrétariat du comité du contentieux de notre Conseil d'état, le 17 août 1816, et tendante à l'annullation d'un arrêté du conseil de préfecture du département de la Drôme, en date du 28 juin 1816, qui, sur la demande des bureaux de bienfaisance des cantons de Lamotte-Chalançon et de Bourdeaux, a déclaré nul le remboursement fait par le requérant, le 8 thermidor an 4, entre les mains du receveur des domaines, d'un capital constitué au profit des pauvres des communes de Bouvières, Chaudebonne et Lestelon;

Vu ledit arrêté;

Vu l'ordonnance de soit communiqué, en date du 5 septembre 1816, à laquelle les bureaux de bienfaisance des cantons de Lamotte Chalançon et de Bourdeaux n'ont pas répondu dans les délais du réglement;

Vu la lettre de notre ministre secrétaire d'état de l'intérieur, en date du 3 février 1817;

Vu le mémoire en intervention de l'administration de l'enregistrement et des domaines, enregistré au secrétariat du comité du contentieux de notre Conseil d'état le 22 avril 1817;

Ensemble toutes les pièces jointes au dossier;

Considérant qu'aux termes des arrêtés du gouvernement, des 14 fructidor an 10 et 22 ventose an 12, et de l'avis du Conseil d'état, approuvé le 23 ventose an 13, tous remboursemens de rentes ou obligations contractées au profit des établissemens de bienfaisance ont pu être valablement faits dans les caisses de l'Etat, même sans autorisation préalable, dans l'intervalle qui s'est écoulé entre les lois des 25 messidor an 3 et 16 vendémiaire an 5;

Notre Conseil d'état entendu,

Nous avons ordonné et ordonnons ce qui suit:

Art. 1er. L'arrêté du conseil de préfecture du département de la Drôme, en date du 28 juin 1816, est annullé.

2. Les bureaux de bienfaisance des cantons de Lamotte Chalançon et de Bourdeaux sont condamnés aux dépens.

3. Nos ministres secrétaires d'état de l'intérieur et des finances sont chargés, chacun en ce qui le concerne, de l'exécution de la présente ordonnance.

Ordonnance du 25 juin 1817. (2675)

N°. 46.

EXPERTS D'OFFICE. — Indemnité. — Moulin. — Chômage.

Lorsque le propriétaire d'un moulin réclame une indemnité pour chômage à cause du détournement des eaux pour quelque service d'utilité publique, si l'indemnité doit être fixée par des experts, l'expertise doit avoir lieu contradictoirement par les experts de toutes parties. Un préfet ne peut pas se permettre de nommer un expert d'office pour le propriétaire du moulin, si celui-ci n'a été mis en demeure; en tel cas l'expertise est nulle, il y a lieu d'en ordonner une nouvelle.

(Le sieur Albitte.)

LOUIS, etc.; — Sur le rapport du comité du contentieux;

Vu la requête présentée par le sieur Jean-Louis Albitte, propriétaire de moulins à eau, situés à Châlons-sur-Marne; ladite requête enregistrée au secrétariat du Conseil d'état le 14 mars 1812, et concluant à l'annullation d'une décision du ministre de l'intérieur, en date du 1er. juillet 1811, laquelle fixe à la somme de 3266 francs 66 cent. l'indemnité à payer au requérant, pour les années 1808, 1809 et 1810, à raison du chômage causé à ses moulins par la prise d'eau faite pour l'usage d'une usine servant à l'école des arts et métiers; et prononce sur plusieurs points relatifs à l'intérêt desdits moulins;

Vu les observations fournies par le ministre de l'intérieur, en date du 20 avril 1812, sur la communication qui lui fut faite de la requête ci dessus énoncée;

Vu la décision attaquée, en date du 1er. juillet 1811;

Vu l'ordonnance interlocutoire rendue le 12 septembre 1812, par le ministre de la justice, président de la commission du contentieux du Conseil d'état, dans laquelle, « après l'examen de l'affaire, et considérant » que l'indemnité due au sieur Jean-Louis Albitte a » été fixée par le ministre de l'intérieur, sans qu'il » y ait eu préalablement une expertise contradictoire » dans laquelle ait opéré un expert nommé de la » part dudit Albitte; » il dispose que, par experts qui seront convenus amiablement entre les parties, sinon nommés d'office par le préfet du département de la Marne, il sera procédé à l'évaluation de l'indemnité qui peut être due audit sieur Albitte; ladite ordonnance, après avoir réglé le mode d'opération d'expertise, et déterminé les points sur lesquels les experts auraient à prononcer, décide que l'expertise, avec toutes les pièces, seront renvoyées au secrétariat de la commission du contentieux;

Vu le procès-verbal d'expertise, en date du 10 avril 1813, dressé par Claude-Maur François, ingénieur de première classe des ponts et chaussées, résidant à Châlons-sur-Marne, et désigné par le préfet du département de la Marne, comme expert, pour le compte du sieur Albitte, propriétaire des moulins de Châlons, d'une part, et Georges-Bertin Brémontier, ingénieur de deuxième classe des ponts et chaussées, résidant à Rheims, nommé d'office également pour le préfet, pour le compte du directeur de l'école des arts et métiers, d'autre part;

Vu la requête à nous présentée par le sieur Albitte, enregistrée au secrétariat du comité du contentieux de notre Conseil d'état, le 4 janvier 1815, dans laquelle le suppliant attaque l'opération d'expertise, comme n'ayant pas été faite par des experts convenus amiablement, conformément aux dispositions de l'ordonnance interlocutoire ci-dessus mentionnée; et en conséquence, conclut à ce qu'il nous plaise, sans avoir égard au rapport des experts, lui accorder ses précédentes conclusions, si mieux n'aimons ordonner une nouvelle expertise, qui sera confiée à des experts étrangers au département de la Marne;

Vu les observations de notre ministre secrétaire

d'état au département de l'intérieur, en date du 16 mai 1817, sur la communication qui lui fut faite du nouvel incident de l'affaire ; lesdites observations tendantes à allouer au sieur Albitte la demande par lui formée d'une nouvelle expertise contradictoire ;

Ensemble toutes les pièces comprises au dossier de l'affaire ;

Considérant qu'il résulte de la lettre de notre ministre secrétaire d'état de l'intérieur et des pièces produites, que la nomination d'office a eu lieu par le préfet, sans que le sieur Albitte ait été mis en demeure de nommer son expert ;

Considérant qu'il importe que l'affaire soit examinée sur les lieux, dans ses rapports avec l'intéret d'un établissement public de la ville de Châlons et de la navigation ; qu'à cet égard, il convient que le procès-verbal des experts soit soumis au conseil de préfecture, pour avoir son avis, avant d'être renvoyé à notre garde des sceaux ;

Notre Conseil d'état entendu,

Nous avons ordonné et ordonnons ce qui suit :

Art. 1er. Le rapport des experts, en date du 10 avril 1813, est annullé.

2. Il sera procédé à une nouvelle expertise, conformément aux dispositions comprises dans l'ordonnance interlocutoire du 12 septembre 1812.

Le procès-verbal d'expertise, avant d'être renvoyé à notre garde des sceaux, sera soumis au conseil de préfecture, lequel donnera son avis.

2. Notre ministre secrétaire d'état de l'intérieur est chargé de l'exécution de la présente ordonnance.

Ordonnance du 25 juin 1817. (2681)

No. 47.

INTERCALATION. — ADJUDICATION. — INTERPRÉTATION.

Dans l'interprétation des titres d'adjudication d'un domaine national, il n'y a point à tenir compte d'une énonciation qui se trouve intercalée après la rédaction, et qui d'ailleurs rompt l'ordre des choses écrites.

(Le sieur Forestier. — C. — la dame de Montaudouin.)

LOUIS, etc. ; — Sur le rapport du comité du contentieux ;

Vu la requête présentée par le sieur Forestier, enregistrée au secrétariat du Conseil d'état, le 29 septembre 1812, et tendante à l'annullation d'un arrêté du conseil de préfecture du département de la Vendée, en date du 25 mai 1812, qui a déclaré que la portion de bois dite des *Héritiers*, dépendante du domaine de la Rabatelière, n'a point fait partie de la vente du domaine de *Languillé* et dépendances, provenant du sieur de Montaudouin, émigré ; ladite vente passée au profit des auteurs du requérant, le 18 pluviose an 6 ;

Vu ledit arrêté ;

Vu la requête en réponse de la dame Thérèse de Montaudouin, veuve Martel, enregistrée au secrétariat du Conseil d'état, le 26 octobre 1813 ;

Vu les procès-verbaux d'estimation et d'adjudication, en date des 24 frimaire et 18 pluviose an 6 ;

Vu le mémoire en interlocution de l'administration des domaines, enregistré au secrétariat du comité du contentieux de notre Conseil d'état, le 28 octobre 1816 ;

Ensemble toutes les pièces jointes au dossier et respectivement produites ;

Considérant que les objets aliénés aux auteurs du sieur Forestier ont été exactement désignés dans le procès-verbal d'estimation du 24 frimaire an 6, auquel l'acte de vente se réfère par nature, par contenance et par aboutissans ; que l'énonciation dont le sieur Forestier veut se prévaloir, n'a été intercalée qu'après la rédaction dudit procès-verbal, et qu'elle rompt l'ordre des numéros ; que le bois litigieux ne s'y trouve pas nommément compris, et qu'au contraire il sert lui-même de confins ; qu'indépendamment dudit bois, le sieur Forestier jouit de sept cent soixante boisselées que porte son acte de vente ; qu'ainsi, et sous tous les rapports, le conseil de préfecture a justement déclaré que le bois des *Héritiers* n'avait pas fait partie de ladite vente ;

Considérant, sur le moyen de prescription, que toutes réserves à ce sujet sont exprimées dans l'arrêté attaqué ;

Notre Conseil d'état entendu,

Nous avons ordonné et ordonnons ce qui suit :

Art. 1er. La requête du sieur Forestier est rejetée.

2. Le sieur Forestier est condamné aux dépens.

3. Notre ministre secrétaire d'état des finances est chargé de l'exécution de la présente ordonnance.

Ordonnance du 25 juin 1817. (2682)

No. 48.

CONSEIL-D'ÉTAT. — POURVOI. — REQUÊTE. — DÉLAI.

Le pourvoi au Conseil d'état doit être fait par requête à peine de nullité ; toute déclaration de pourvoi faite par acte signifié à domicile serait sans effet, elle ne conserverait aucunement le délai utile pour le pourvoi. (art. 1er. réglement du 22 juillet 1806.)

(Le sieur Bouilliat — C. — La régie des domaines.)

LOUIS, etc. ; — Sur le rapport du comité du contentieux,

Vu les requêtes à nous présentées par le sieur Joseph-Antoine-Gaëtan Bouilliat, demeurant à Paris; lesdites requêtes enregistrées au secrétariat du comité du contentieux de notre Conseil d'état les 28 février 1816, et 12 mai 1817, et tendantes à l'annullation de deux décisions du ministre des finances, des 8 septembre 1813, et 31 mars 1815; ensemble, de deux arrêtés du préfet du département de la Seine, des 3 octobre 1810 et 18 octobre 1813; en conséquence à ce qu'il soit ordonné que la vente faite au sieur Plainchamp, par contrat administratif du 19 brumaire an 5, d'un terrain situé à Paris, aux Champs-Élisées, et revendu par ledit sieur Plainchamp auditsieur Bouilliat, continuera d'être exécutée, et que ce qu'il aurait payé en sus du véritable prix dudit terrain lui sera restitué, avec dommages, intérêts et dépens;

L'ordonnance de soit communiqué à l'administration des domaines, en date du 25 mars 1816;

La requête de l'administration des domaines, signifiée le 22 février 1817, dans laquelle après avoir présenté ses observations, tendantes à prouver que le pourvoi du sieur Bouilliat est non-redevable, faute d'avoir été fait en temps utile, et que d'ailleurs, il est mal fondé, ladite administration conclut à ce qu'il nous plaise la déclarer étrangère à l'objet de la contestation; statuer en l'état, ou après avoir appelé telles parties qu'il appartiendra; et condamner celle qui succombera, ou en tout cas le sieur Bouilliat, aux dépens;

L'acte de vente du terrain dont il s'agit, passé au sieur Plainchamp par le bureau du domaine national du département de la Seine, le 19 brumaire en 5;

Le décret du 30 janvier 1809, qui ordonne que les prix portés aux contrats de vente du terrain, duquel fait partie celui qui a été acquis par ledit sieur Plainchamp, seront rectifiés, et que les acquéreurs ou leurs ayant-droits, si mieux ils n'aiment renoncer aux acquisitions, seront tenus de payer, en capital et intérêts, le montant des évaluations qui seront faites, en prenant pour base les baux et sous-baux conformément à la loi du 6 floréal an 4;

La décision du ministre des finances, du 8 septembre 1813, qui fixe, en exécution du susdit décret à *onze mille quatre cent quarante-six livres neuf sols trois deniers*, le prix du terrain vendu au sieur Plainchamp;

La signification faite le 1er. mai 1815, au sieur Bouilliat, à la requête de l'administration des domaines, de deux arrêtés du préfet du département de la Seine des 18 octobre 1813, et 15 avril 1815; lesdits arrêtés ordonnant l'exécution, savoir : le premier, de la décision susdite, du ministre des finances du 8 septembre 1813, et le second, d'une autre décision du même même ministre, du 31 mars 1815, comfirmative de la précédente;

L'acte signifié, le 9 mai 1815, par le sieur Bouilliat, à l'administration des domaines, par lequel il déclare qu'il entend se pourvoir contre les décisions et arrêtés susdits;

Ensemble toutes les autres pièces produites;

Considérant que les deux décisions du ministre des finances, des 8 septembre 1813 et 31 mars 1815, et les arrêtés du préfet du département de la Seine, des 18 octobre 1813 et 15 avril 1815, pris pour l'exécution desdites décisions, ont été valablement notifiés au sieur Bouilliat, par l'exploit susdit, du 1er. mai 1815, qu'il produit lui-même; qu'aux termes de l'article 1er. du réglement du 22 juillet 1816, son recours au Conseil d'état ne pouvant être formé que par requête, l'acte susdit, signifié par lui le 9 mai 1805, a été sans effet à cet égard, et que sa première requête n'ayant été présentée que le 28 février 1816, long-temps après l'expiration du délai de trois mois, à compter de la signification des décisions et arrêtés qu'il attaque, ladite requête n'est pas recevable, d'après l'art. 11 du même réglement;

Notre Conseil d'état entendu,

Nous avons ordonné et ordonnons ce qui suit :

Art. 1er. Les requêtes présentées par le sieur Bouilliat sont rejetées.

2. Les décisions susdites du ministre des finances, des 8 septembre 1813 et 31 mars 1815, seront exécutées, sauf les droits de qui il appartiendra, soit sur les sommes à payer par ledit sieur Bouilliat, en vertu desdites décisions, soit sur le terrain vendu au sieur Plainchamp, le 9 brumaire an 5, en cas d'inexécution du paiement qu'elles ordonnent.

3. Le sieur Bouilliat est condamné aux dépens.

2. Notre garde des sceaux ministre secrétaire d'état de la justice et notre ministre secrétaire d'état des finances sont chargés, chacun en ce qui le concerne, de l'exécution de la présente ordonnance.

Ordonnance du 25 juin 1817. (2686)

N°. 49.

ADJUDICATION. — Déguerpissement. — Fruits, (restitution de)

Lorsqu'un acquéreur de domaines nationaux est actionné comme n'ayant pas de titre administratif, la justice administrative doit se borner à statuer sur l'existence du titre administratif; elle ne doit pas statuer sur la restitution des fruits, ni même sur le déguerpissement.

Est-il vrai, en général, que toute action en revendication ou déguerpissement intentée contre les acquéreurs nationaux, doive être portée devant les tribunaux, sauf renvoi à l'autorité administrative pour décider s'il existe un titre administratif?

(Le sieur Fage. — C. — le sieur de Baritault.)

LOUIS, etc.; — Sur le rapport du comité du contentieux;

Vu la requête à nous présentée par le sieur Jean Fage, enregistrée au secrétariat du comité du contentieux de notre Conseil d'état, le 17 février 1816, et tendante à l'annullation de quatre arrêtés du conseil de préfecture du département de la Gironde, en date des 25 décembre 1815, 13 février, 16 mars et 11 juin 1816, lesquels, statuant sur la demande en réintégrande formée par le sieur de Baritault contre le requérant, ont décidé que les deux maisons de cultivateur, situées dans l'ancien domaine de Castelnau, telles qu'elles sont désignées dans un procès-verbal dressé par le maire de la commune de Langon, le 26 février 1816, ainsi que les différentes pièces de terre qui composent le corps du domaine appelé le Petit-Moléon, n'ont jamais fait partie de l'adjudication consentie au sieur Fage, le 18 ventose an 12;

Vu lesdits arrêtés;

Vu le mémoire en intervention de l'administration de l'enregistrement et des domaines, enregistré au secrétariat du comité du contentieux de notre Conseil d'état, le 19 février 1817;

Vu le mémoire en défense du sieur de Baritault, enregistré au secrétariat dudit comité, le 3 mars 1817;

Vu le plan des lieux;

Vu le procès-verbal d'adjudication du 18 ventose an 2;

Ensemble toutes les autres pièces produites;

Considérant que, par ledit procès verbal, il a été vendu au sieur Fage un bien appelé au Puy, une pièce de pins et prés appelée la Pradasse, contenant trois journaux dix-huit lattes, estimée 2470 livres, et autres objets appelés au Puy, vigne, terre labourable, jardin-châtaigne, terre en friche en lissé et un lopin de pins, contenant vingt journaux douze lattes, estimés à la somme de 15,550 liv., le tout sans désignation de limites; et que, pour reconnaître si les objets réclamés par le sieur de Baritault, font ou non partie des biens désignés dans l'acte d'adjudication ci-dessus mentionné, il est besoin de recourir à des enquêtes, à la possession et à d'autres moyens et preuves tirés du droit civil, et dont l'application n'appartient qu'aux tribunaux ordinaires;

Considérant que les autres points du litige, décidés par le conseil de préfecture et relatifs à la restitution des fruits et au déguerpissement du sieur Fage, ne pouvaient être jugés, dans tous les cas, que par les tribunaux ordinaires;

Notre Conseil d'état entendu,

Nous avons ordonné et ordonnons ce qui suit:

Art. 1er. Les arrêtés du conseil de préfecture du département de la Gironde, en date des 25 décembre 1815, 13 février, 16 mars et 11 juin 1816, sont annullés pour excès de pouvoir et pour incompétence.

Les parties sont renvoyées devant les tribunaux.

2. Le sieur de Baritault est condamné aux dépens.

3. Notre ministre secrétaire d'état des finances est chargé de l'exécution de la présente ordonnance.

Ordonnance du 25 juin 1817. (2685)

N°. 50.

PARTAGE. — Emigrés.

Les intéressés à un partage de présuccession d'émigré, qui n'ont pas réclamé dans le temps, ne sont plus recevables à quereller le partage sous prétexte que le père à qui le partage était imposé a dissimulé certains actes et a soumis à un partage égal des biens dont il avait été disposé au profit de ses enfans.

(Les dames Maillard de la Morandais et de Marchais de la Tromière.)

Par acte notarié du 2 mai 1787, le sieur de la Garoulaye père se démit, en faveur de son fils et de ses deux filles (aujourd'hui les dames Maillard de la Morandais, et Marchais de la Tromière), de tous ses biens meubles et immeubles, à la charge, entre autres, qu'il lui serait fait une rente de 1200 livres, payable d'avance, à compter du 24 juin 1787.

Cet acte fut accepté par les démissionnaires, à l'exception de la dame de la Morandais qui n'avait point signé le contrat.

A la requête du sieur de la Garoulaye fils, et conformément aux règles prescrites par l'article 537 de la coutume de Bretagne, cette démission fut suivie de trois bannies ou publications, et enregistrée en la sénéchaussée de Ploermel, le 10 juillet même année.

Par contrat de mariage du 2 novembre 1790, passé entre le sieur de la Garoulaye fils et la demoiselle Delahaie, il fut stipulé que la future survivante aurait pour douaire l'usufruit de la moitié des biens de son mari.

Cet acte fut fait en présence du sieur Fabrony de la Garoulaye père, qui adhéra aux obligations contractées par son fils, pour ce qui concernait le douaire préfixe, et consentit même qu'il fût levé sur ses biens dont jouissait son fils, aux charges et conditions de sa jouissance.

Depuis, le sieur de la Garoulaye fils fut inscrit sur la liste des émigrés, et décéda, en état d'émigration, le 17 juillet 1793.

Pour se conformer aux lois des 9 floréal an 3 et 20 floréal an 4, qui ordonnèrent le partage anticipé des biens appartenant aux ascendans d'émigrés, le sieur de la Garoulaye père fit, devant l'administration du département du Morbihan, le 4 thermidor an 4, la déclaration de ses biens meubles et immeubles, en énonçant que lesdits biens étaient partageables entre lui, ses deux filles et l'Etat, représentant son fils émigré.

Le sieur de la Garoulaye s'étant marié en secondes noces avec la demoiselle Doueno, il eut de ce mariage une fille qui naquit en l'an 4. Le 29 brumaire an 5, il adressa à l'administration centrale une pétition, par laquelle il annonça la naissance de cet enfant, et demanda que le partage de ses biens fût réglé en conséquence. Le 15 germinal suivant, il produisit un état de dettes passives à sa charge ; et le 14 floréal même année, il sollicita l'annullation de la démission de 1787, attendu la naissance postérieure d'un enfant qui n'y avait point pris part.

Sur cette demande, l'administration centrale du Morbihan, sans entendre les démissionnaires regnicoles, annulla implicitement la démission de 1787, par son arrêté du 6 prairial an 6, dont les motifs étaient ainsi conçus :

« Considérant que la démission faite par Alexandre Fabrony aux enfans de son premier mariage, le 2 mai 1787, n'a point été acceptée de la part d'Aldegonde-Jacquette Fabrony ; qu'elle n'a point été publiée ; que ledit Fabrony n'a pu dépouiller, par anticipation, l'enfant qu'il a eu de son second mariage avec Charlotte-Françoise-Marguerite Doueno ; que cette démission, portant charge de 1200 livres de rente viagère et plusieurs autres conditions au profit du déclarant, ne paraît pas avoir eu d'exécution ; que, dans tous les cas, elle ne pourrait priver l'enfant du second mariage dudit Fabrony, de sa portion héréditaire dans les biens de son père ; qu'enfin les administrations locales et le receveur des domaines, qui ont connaissance des faits et circonstances relatifs à cette démission, ainsi que le directeur des domaines, sont d'avis de son annullation. »

Par ce même arrêté, l'administration centrale admit, contre les règles de la législation et les usages existans relativement aux partages de pré-succession, en déduction de l'actif de l'ascendant, deux dettes qui n'étaient point personnelles au sieur Fabrony père, mais à la charge de son fils, émigré, et formant dès-lors une créance sur l'Etat. Cette déduction était appuyée sur les motifs suivans :

« 3°. Une somme de 6000 livres formant la dot de Françoise-Eulalie-Joséphine Désirée Lahaie, épouse du sieur Louis-Alexandre Fabrony fils, par contrat de mariage du 2 novembre 1790. Cette constitution de dot étant *postérieure* à la démission du 2 mai 1787, et le mariage n'ayant probablement eu lieu qu'en considération de la démission, ce titre ayant d'ailleurs les caractères exigés par l'article 10 de la loi du 9 floréal, il doit être fait distraction de ladite somme ;

» 4°. Autre rente viagère de 300 livres par an, due à la citoyenne Françoise Doueno, aux fins du contrat du 12 septembre 1790, devant les notaires à Rennes, cet acte étant reconnu par la déclaration et affirmation faite par le créancier au district de Rennes, le 3 novembre 1792, et ayant le caractère d'authenticité exigé par le même article 10 de la loi du 9 floréal, il doit être fait déduction du principal et arrérages, quoique cette rente ait été constituée par ledit Fabrony fils, émigré, parce qu'elle l'a été *postérieurement à la démission du 2 mai* 1787 ; il résulte de ladite déclaration et affirmation du 3 novembre 1792, qu'il est dû cinq années d'arrérages montant à 1500 livres joints à la somme de 3000 livres de capital au denier dix, font 4500 liv. »

Ledit arrêté, après avoir chargé le sieur Fabrony de la Garoulaie père de l'acquit des dettes reconnues, et avoir précompté en sa faveur 33,300 livres, tant pour leur montant que pour un prélèvement accordé par la loi, fixa la masse à 22,356 fr. 35 centimes, et à 4471 fr. 27 centimes le cinquième revenant à l'émigré, en ordonnant qu'il serait fait choix d'un immeuble parmi ceux déclarés, pour remplir l'Etat de cette portion, et que le surplus serait définitivement abandonné à l'excédant.

Des experts désignèrent, pour le lot de l'Etat, outre une soulte de 71 francs 27 centimes, les deux tiers de la métairie dite du Bois-Gueheneuc, estimés 4400 fr.

Un second arrêté de l'administration centrale, du 19 messidor an 6, homologua l'expertise, accepta les deux tiers de la métairie, et donna acte au sieur de la Garoulaye du paiement qu'il avait fait de la soulte.

Les deux tiers de ladite métairie ayant été mis en vente, le sieur de la Garoulaye s'en rendit adjudicataire le 3 fructidor an 6, moyennant 6300 fr.

C'est contre ledit arrêté du 6 prairial an 6 que les dames Maillard de la Morandais et de Marchais de la Tromière se pourvurent au Conseil d'état pour en obtenir l'annullation comme ayant porté atteinte à leurs droits acquis, en révoquant implicitement la démission de 1787.

Elles soutenaient :

Que, d'après les règles de la coutume de Bretagne et de la jurisprudence, cette démission était irrévocable, et qu'en conséquence, l'administration centrale du département du Morbihan n'avait pu l'annuller ; que cet acte était authentique et régulier ; qu'il avait été exécuté jusqu'à l'époque de l'émigration du sieur de la Garoulaye fils, et que l'acceptation de celui-ci était suffisante pour le rendre valable ; que ladite démission aurait été également exécutée de la part des co-démissionnaires de l'émigré décédé, si le sieur de la Garoulaye père, d'une part, la régie de l'enregistrement et l'administration centrale du Morbihan, de l'autre, ne l'eussent illégalement empêché.

Enfin, que la survenance d'Eléonore-Françoise Fabrony de la Garoulaye, enfant issu du second mariage de ce dernier, n'était nullement un obstacle au maintien et à la durée de la démission dont il s'agit, et ne pouvait rien innover jusqu'à l'époque de l'ouverture de la succession où les droits respectifs des enfans et héritiers auraient été réglés ; qu'ainsi ledit arrêté de l'administration centrale devait être annullé et les parties remises, relativement à la démission de 1787, au même état où elles étaient avant cet arrêté.

Sur leur demande est intervenue l'ordonnance dont la teneur suit :

LOUIS, etc. ; — Sur le rapport du comité du contentieux ;

Vu la requête à nous présentée par les dames Maillard de la Morandais et de Marchais de la Tromière, autorisées de leurs maris ; ladite requête enregistrée au secrétariat du comité du contentieux de notre Conseil d'état le 31 juillet 1816, et tendante à l'annullation d'un arrêté de l'administration centrale du département du Morbihan, du 6 prairial an 6, lequel, sur la demande du sieur comte de Fabrony père, a fait entrer dans un partage de présuccession, à cause de l'émigration de son fils aîné, les biens compris dans un acte de démission, passé par le sieur comte de Fabrony père, le 2 mai 1787, au profit de son fils et des requérantes, ses filles;

Vu ledit arrêté;

Vu le mémoire en intervention de l'administration des domaines, enregistré au secrétariat du comité du contentieux le 22 mars 1817;

Vu la requête en réponse de la dame Françoise Doueno, veuve du sieur comte de Fabrony père, enregistrée au secrétariat dudit comité du contentieux, le 16 avril 1817;

Ensemble toutes les pièces jointes au dossier et respectivement produites;

Considérant, dans l'espèce, que les dames de la Morandais et de la Tromière, n'ayant élevé aucune réclamation contre l'arrêté de l'administration centrale du département du Morbihan, ni lors du partage de présuccession fait entre l'Etat et le sieur comte de Fabrony, leur père, le 6 prairial an 6, ni depuis le décès dudit sieur comte de Fabrony, arrivé le 4 février 1811, ne sauraient être admises aujourd'hui à attaquer la validité et les effets dudit partage;

Notre Conseil d'état entendu,

Nous avons ordonné et ordonnons ce qui suit:

Art. 1er. La requête des dames Maillard de la Morandais et de Marchais de la Tromière est rejetée.

2. Lesdites dames de la Morandais et de la Tromière sont condamnées aux dépens.

3. Notre garde des sceaux ministre secrétaire d'état de la justice et notre ministre secrétaire d'état des finances sont chargés, chacun en ce qui le concerne, de l'exécution de la présente ordonnance.

Ordonnance du 25 juin 1817. (2689)

N°. 51.

CANAL D'IRRIGATION. — PROPRIÉTÉ. — VOIRIE.

Les co-usagers d'un canal, quand ils ont à distribuer les eaux selon des titres, réglemens ou usages anciens, ne doivent soumettre leurs contestations qu'aux tribunaux. Un préfet n'est pas compétent pour ordonner une prise d'eau même provisoire, surtout si déjà les parties sont devant les tribunaux.

(Les syndics du canal de Dalt. — C. — le sieur Vilar.)

Le 13 juillet 1305, Jacques, roi d'Espagne, comte de Roussillon, vendit aux auteurs des tenanciers de Prades, Cadolet et Ria, le droit de prendre à la rivière de la Tet, la quantité d'eau qui lui serait nécessaire pour l'arrosage de leurs propriétés.

Ce droit leur fut aliéné moyennant une somme de 4,400 sous, monnaie de Barcelonne, faisant environ 3,600 francs, dont ils se libèrent chacun dans la proportion de l'étendue de terres arrosées.

Ils firent construire à leurs frais un canal d'irrigation, connu aujourd'hui sous le nom de *Canal de Dalt*, dont l'entretien, les réparations et la conservation sont à leur charge; ils en confièrent l'administration à des syndics choisis et nommés par eux.

Le sieur Vilar, propriétaire d'une manufacture de draps à Prades, voulant faire mouvoir ses mécaniques avec l'eau, demanda aux syndics dudit canal de Dalt, comme représentant les tenanciers propriétaires de ce canal, à faire une prise d'eau pour la mise en activité de son usine.

Cette demande lui fut accordée aux conditions stipulées dans un acte du 16 août 1812, passé entre ledit sieur Vilar et les syndics du canal.

Depuis, le sieur Vilar s'adressa au préfet du département des Pyrénées-Orientales, et pour se faire autoriser, par ce fonctionnaire, à pratiquer la prise d'eau dont il s'agit.

Mais le préfet renvoya cette demande à l'assemblée des propriétaires du canal de Dalt, pour y être par eux délibéré et statué ce qu'il appartiendrait.

Le 4 avril 1813, nonobstant l'opposition de plusieurs des propriétaires intéressés, une délibération de cette assemblée autorisa de nouveau le sieur Vilar à faire une prise d'eau dans le canal de Dalt, sous la convention expresse qu'il se soumettrait aux charges qui lui seraient imposées, lesquelles étaient à-peu-près les mêmes que celles souscrites le 16 août 1812.

Le 6 juillet 1813, le sieur Vilar obtint, par un premier arrêté du préfet, l'autorisation de faire la prise d'eau dont il s'agit, et, par un second arrêté, ce même fonctionnaire, le nomma syndic du canal de Dalt.

Ce préfet ayant été remplacé, les syndics dudit canal s'adressèrent à son successeur, pour demander qu'une assemblée générale des propriétaires arrosans eût lieu.

Cette demande leur fut accordée, et l'assemblée se réunit, le 29 septembre 1813, sous la présidence du maire de la ville de Prades.

Par délibération de cette assemblée, où le sieur Vilar avait été présent et entendu, il fut décidé que la prise d'eau qu'il demandait à faire, ne pouvait lui être accordée, et que les syndics du canal se pourvoiraient devant l'autorité compétente, pour faire annuller les deux arrêtés susmentionnés du préfet.

En conséquence lesdits syndics se pourvurent devant le ministre de l'intérieur, qui d'abord suspendit l'exécution de ces arrêtés.

Cependant le sieur Vilar obtint un nouvel arrêté du préfet qui lui accorda la jouissance provisoire d'une prise d'eau, à la charge de faire certains travaux et un canal de conduite de cette prise à sa manufacture.

Les syndics du canal se pourvurent de nouveau en annullation de cet arrêté devant le même ministre qui fit un rapport au Roi, et porta l'affaire devant le Conseil d'état, pour qu'il fût statué sur les demandes respectives des parties.

Le 7 décembre 1814, le Conseil d'état rendit à ce sujet une ordonnance ainsi conçue :

« Art. 1er. Les arrêtés du préfet des Pyrénées-Orientales, relatifs au canal de Dalt, en date des 6 juillet et 13 décembre 1813, sont annullés.

» 2. Les anciens syndics dudit canal seront réintégrés de suite dans leurs fonctions qu'ils exerçaient sous la surveillance du préfet, comme avant l'époque du 6 juillet 1813.

» 3. Dès que le syndicat du canal de Dalt sera rétabli, il s'occupera de constater les droits de tous les co-usagers actuels, l'état d'entretién du canal, ainsi que les réparations et améliorations dont il est susceptible; il soumettra, à l'approbation du préfet, un réglement concernant le mode d'administration du canal, réglement auquel serviront de base les anciens titres réglemens et usages relatifs audit canal.

» 4. Le syndicat examinera les propositions faites par le sieur Vilar, de contribuer aux dépenses du canal, dans une certaine proportion, moyennant la faculté que réclame ce co-usager d'augmenter le volume d'eau, destiné principalement à l'arrosage des terres, et d'en utiliser le superflu, seulement pour le service de la manufacture de draps qu'il a établie à Prades.

» 5. Il sera libre au sieur Vilar de se présenter lui-même devant l'assemblée des syndics pour y développer ses propositions, et invoquer le témoignage des experts, qui seront nommés contradictoirement, s'il y a lieu, par les syndics et lui, pour faire aux frais du sieur Vilar toutes vérifications des lieux et toutes recherches hydrauliques que pourrait exiger l'examen de ses propositions; en cas de dissidence des experts, l'ingénieur des ponts et chaussées sera chargé, par le prefet, de faire l'office de tiers expert.

» 6. Si les syndics se concilient avec le sieur Vilar, tant sur l'objet de sa demande, que sur les conditions qu'ils croiront justes de lui imposer, les propositions du sieur Vilar, et la délibération par laquelle les syndics les auront acceptées seront soumises à l'approbation du préfet, sous le rapport de l'utilité publique.

» 7. Dans tous les cas, il nous sera rendu compte du résultat de la délibération des syndics, sur les propositions du sieur Vilar. »

Cette ordonnance fut exécutée, et une délibération du 13 décembre 1815, déclara que la conciliation n'avait pu avoir lieu, attendu qu'il fut reconnu, par l'assemblée des propriétaires du canal, que la prise d'eau demandée par le sieur Vilar, causerait le plus grand préjudice aux tenanciers, et ruinerait l'agriculture du pays.

Le sieur Vilar demanda au préfet qu'il fût procédé à une nouvelle expertise; ce que ce fonctionnaire ordonna par arrêté du 1er. mars 1816.

Mais les syndics du canal s'opposèrent à cette opération, sur le motif qu'elle était inutile, puisqu'il avait été reconnu précedemment qu'on ne pouvait accorder au sieur Vilar la prise d'eau qu'il sollicitait.

Le sieur Vilar ayant prétendu que les tenanciers n'étaient point propriétaires des eaux du canal de conduite et dépendances, et qu'ainsi il avait le droit, sans leur consentement, de s'en servir pour sa manufacture, en fit de nouveau la demande au préfet.

Opposition de la part des syndics du canal, qui soutenaient que cette nouvelle demande du sieur Vilar donnait lieu à une question de propriété qui, dans tous les cas, n'était point de la compétence du préfet. Ils demandaient en conséquence à se pourvoir devant les tribunaux pour y faire décider la question de propriété élevée par le sieur Vilar, et qu'en attendant toute décision à ce sujet, il fût provisoirement sursis à l'exécution de l'arrêté du 1er. mars 1816, ordonnant la nouvelle expertise.

Sur cette demande des syndics, autre arrêté du 16 avril 1816, par lequel le préfet,

« Considérant que, d'après l'article 4 de l'ordonnance du 7 décembre 1814, les syndics pétitionnaires ne peuvent s'empêcher d'examiner les propositions faites par le sieur Vilar; que, d'après l'article 5 de la même ordonnance, il est libre au sieur Vilar d'invoquer le témoignage d'experts pour se conformer à ladite ordonnance et sans préjudice du droit de tous les intéressés. »

Rejeta la demande des syndics, et ordonna qu'il serait de suite procédé à l'expertise accordée par l'arrêté du 1er. mars 1816.

Les syndics du canal adressèrent une nouvelle pétition par laquelle ils demandaient au préfet, si, par son arrêté du 16 avril 1816 il avait entendu rejeter l'exception de propriété et celle d'incompétence de l'autorité administrative, par eux opposées au sieur Vilar, ou, s'il s'était simplement borné à ne pas accueillir leur demande en sursis provisoire de l'expertise prescrite par l'arrêté précité du 1er mars 1816.

Sur cette demande en explication, le préfet prit, le 1er. mai 1816, un nouvel arrêté, par lequel :

» Considerant que l'ordonnance du 7 décembre 1814 régle la marche à suivre pour l'instruction de l'affaire dont il s'agit, et de laquelle le roi s'est réservé la décision. »

Il déclara qu'il n'y avait lieu à statuer sur la demande desdits syndics, au droit desquels cet arrêté ne pouvait porter aucun préjudice.

Cependant le sieur Vilar sollicita et obtint, par arrêté du même préfet, du 11 juin 1816, la jouissance provisoire d'une prise d'eau dans le canal de Dalt.

Les syndics dudit canal se pourvurent contre cet arrêté devant le ministre de l'intérieur, pour en obtenir l'annulation.

C'est aussi contre cet arrêté du 11 juin 1816, et ceux précités des 16 avril et 1er. mai de la même année, que les syndics du canal de Dalt se pourvurent au Conseil d'état pour en faire prononcer l'annullation pour cause d'incompétence, et demander le renvoi de la cause et des parties devant les tribunaux ordinaires compétens.

Ils soutenaient :

Que, bien que la police des eaux des rivières navigables et flottables, et des canaux, appartînt exclusivement à l'autorité administrative, la connaissance de toutes les questions de propriété particulière, de droits d'usage ou autres quelconques, était formellement attribuée aux tribunaux, seuls juges compétens de ces matières ;

Que, dans l'espèce, le sieur Vilar contestant aux possesseurs du canal de Dalt, leur droit à la propriété exclusive des eaux de ce canal, c'était là une véritable question de propriété qu'il n'appartenait qu'aux tribunaux de décider, et que nonseulement le préfet n'était pas compétent pour y statuer, mais encore qu'il avait excédé ses pouvoirs en accordant au sieur Vilar la jouissance provisoire des eaux du canal dont il s'agit, à la propriété desquelles les tenanciers prétendaient seuls avoir droit ; qu'il s'agissait donc de décider qui desdits tenanciers ou du sieur Vilar était propriétaire exclusif des eaux du canal, et qu'une telle question était incontestablement du ressort des tribunaux ordinaires ;

Que l'ordonnance du 6 décembre 1814, ne pouvait, en aucune manière, justifier les actes du préfet ; qu'en effet, dès que la conciliation prévue par cette ordonnance n'avait pu avoir lieu, il ne devait plus dès-lors exister de discussion à ce sujet devant le préfet ; qu'ainsi l'expertise ordonnée par ce fonctionnaire était devenue sans objet, par le refus fait au sieur Vilar de lui accorder la prise d'eau qu'il demandait et avait, de ce moment, fait cesser la compétence de l'autorité administrative ;

Que, dans l'espèce, il ne s'agissait point d'une cession de propriété pour cause d'utilité publique, mais seulement de savoir si le sieur Vial avait le droit de faire une prise d'eau dans un canal dont les tenanciers prétendaient avoir la propriété exclusive, et que conséquemment la contestation élevée à ce sujet, entre les parties, devait être jugée par les tribunaux et non par l'autorité administrative, qui n'avait pas le droit d'en connaître.

La requête des syndics du canal de Dalt fut communiquée au sieur Vilar, qui, de son côté, soutint :

Que la loi du 14 floréal an 11, en attribuant à l'autorité administrative le droit d'approuver les réglemens de cours d'eau, avaient nécessairement donné à cette même autorité la faculté de refuser son homologation, par conséquent celle de les modifier et même de les changer pour le plus grand avantage particulier et commun ; or, que les arrêtés du préfet du département des Pyrénées-Orientales étaient conformes aux dispositions et à l'esprit de cette loi ;

Que le canal de Dalt n'était point une propriété privée, attendu que son usage était commun entre les habitans de diverses communes, au nombre d'environ deux cent cinquante individus, propriétaires et étrangers ; que le droit coutumier du pays, les réglemens locaux, les titres particuliers de ce canal, l'intérêt général et même de chacun en particulier, tout enfin se réunissait pour caractériser l'influence d'une autorité officieuse, et constamment surveillante, qui, dans la distribution partielle de la ressource commune empêchât qu'aucun des usagers n'abusât de son droit au préjudice des droits de tous, et que cette autorité était nécessairement celle de l'administration ; que c'était donc vainement que les syndics du canal prétendaient qu'il n'appartenait qu'aux tribunaux de connaître des contestations élevées au sujet de la prise des eaux dudit canal, tandis qu'au contraire c'était l'autorité administrative qui devait seule en régler la distribution, et que tel était le système d'après lequel se régissaient tous les cours d'eau de divers canaux d'irrigation des Pyrénées-Orientales ;

Enfin que l'ordonnance du 7 décembre 1814 avait décidé le droit et le fait en faveur de lui Vilar, et mis les syndics hors de cour et de procès.

Sur ce pourvoi des syndics du canal de Dalt, il fut statué par l'ordonnance dont la teneur suit :

LOUIS, etc. ; — Sur le rapport du comité du contentieux ;

Vu les requêtes à nous présentées par les syndics du canal d'irrigation, dit le canal de *Dalt*, dans le département des Pyrénées-Orientales, agissant au nom des tenanciers-arrosans de Prades, Codalet et Ria ; lesdites requêtes enregistrées au secrétariat du comité du contentieux de notre Conseil d'état, les 1er. août 1816 et 1er. mai 1817, et concluant à ce qu'il nous plaise annuller plusieurs arrêtés pris par le préfet de ce département, en date des 16 avril et 1er. mai 1816, et tous autres qui ont suivi ou pourraient suivre ; lesdits arrêtés pris dans une contestation pendante entre les requérans et le sieur Bonaventure Vilar, manufacturier de draps en la commune de Prades, au sujet d'une prise d'eau que ce dernier réclame pour le service de son établissement, et qui lui est refusée par les syndics dudit canal, et ce faisant, remettre les parties au même état où elles étaient avant, et les renvoyer à se pourvoir devant les tribunaux compétens, pour y être statué sur leurs prétentions respectives ;

Vu les requêtes en défense, pour le sieur Vilar contre lesdits syndics, enregistrées au secrétariat du comité du contentieux de notre Conseil d'état, les 7 février, 8 avril et 7 juin 1817, concluant à ce qu'il nous plaise débouter les syndics du canal de Dalt de toutes leurs conclusions ; ordonner qu'une expertise faite en exécution d'une ordonnance par nous rendue le 7 décembre 1814, sortira son plein et entier effet; renvoyer l'exécution de cette expertise à l'autorité du préfet du département des Pyrénées-Orientales; et, en attendant, maintenir expressément un arrêté dudit préfet, en date du 11 juin 1816, qui a provisoirement autorisé, sous de certaines conditions, la prise d'eau réclamée par le sieur Vilar; enfin, condamner lesdits syndics à rembourser au requérant tous les frais et dépens que lui a causés leur refus; ainsi qu'à payer tous les dommages qu'en ont éprouvés les fabricans qui font valoir son établissement;

Vu notredite ordonnance, du 7 décembre 1814, rendue sur le rapport de notre ministre secrétaire d'état de l'intérieur, laquelle en annullant trois arrêtés du préfet du département des Pyrénées-Orientales, qui avaient accordé au sieur Vilar, en 1813, la prise d'eau en question, et qui avaient modifié l'organisation du syndicat du canal de Dalt, a réintégré les anciens syndics dans leurs fonctions, les a chargés de constater les droits et obligations de tous les co-usagers actuels; de soumettre à l'approbation du préfet un réglement d'administration du canal, fondé sur les anciens titres, réglemens et usages, et d'examiner les propositions du sieur Vilar, a réservé à ce dernier la faculté de les développer lui-même dans l'assemblée des syndics, d'invoquer le témoignage d'experts, et porte que si les syndics se concilient avec le sieur Vilar, les propositions de celui-ci et la délibération des syndics, seront soumises à l'approbation du préfet, sous le rapport de l'utilité publique; enfin, que, dans tous les cas, il nous sera rendu compte de ladite délibération;

Vu l'extrait du registre des délibérations des syndics du canal de Dalt, du 13 décembre 1815, par lequel ils déclarent qu'ils n'ont pas le droit de consentir à ce que le sieur Vilar établisse ladite prise d'eau; que s'ils avaient ce droit, ils ne pourraient le faire, par ce qu'ils blesseraient les droits et les intérêts des tenanciers-arrosans, en nuisant à l'irrigation et à l'agriculture; qu'ainsi, il devient inutile d'examiner les offres du sieur Vilar; et que, dans le cas où celui-ci contesterait le droit de propriété privée et exclusive que les tenanciers arrosans soutiennent avoir sur le canal de Dalt, les syndics demandent le renvoi de la question devant les juges compétens;

Vu les arrêtés pris par le préfet du département des Pyrénées-Orientales aux époques ci-après mentionnées, savoir: le 1er. mars 1816, arrêté portant que, conformément à notre ordonnance ci-dessus visée, il sera nommé deux experts, l'un, par les syndics du canal, et l'autre par le sieur Vilar, pour procéder, aux frais de celui-ci, à toutes vérification des lieux;

Le 16 avril 1816, arrêté rejetant un demande qu'avaient présentée les syndics, tendante à ce qu'il leur fût donné acte d'une exception de propriété privée qu'ils opposaient; à ce que les parties fussent renvoyées devant les tribunaux compétens, et à ce qu'il fût provisoirement sursis à l'expertise ordonnée;

Le 1er. mai 1816, arrêté, portant qu'il n'y a lieu à statuer sur une nouvelle réclamation des syndics du canal;

Le 11 juin 1816, arrêté autorisant le sieur Vilar provisoirement à prendre, pour le service de sa manufacture, l'eau qui coulera dans ledit canal, au-dessus des besoins des autres co-usagers, et qu'il pourra y faire introduire, à ses frais, sans nuire à leurs intérêts, en limitant néanmoins cette jouissance provisoire à une certaine quantité d'eau;

Vu le plan des lieux, ainsi que toutes les pièces jointes au dossier de cette affaire, et notamment la copie certifiée d'un titre de concession de l'eau dudit canal, en date du 13 des calendes de juillet de l'an 1305;

Vu l'article 645 du Code civil;

Considérant que notredite ordonnance du 7 décembre 1814, avait pour objet de faciliter une conciliation entre les tenanciers co-usagers du canal de Dalt et le sieur Vilar; dans le double intérêt de l'agriculture et de l'industrie manufacturière, mais que les parties n'ayant pu se concilier; et la qualité de co-usager ayant été contestée au sieur Vilar, qui, de son côté, conteste aux tenanciers-arrosans la propriété exclusive du canal et l'usage des eaux; l'affaire a pris le caractère d'une question de propriété; qu'en cet état, notredite ordonnance ne faisait pas obstacle à ce que le préfet renvoyât les parties devant les tribunaux ordinaires, qui sont seuls compétens pour appliquer les titres anciens, les réglemens ou usages, et pour prononcer sur les contestations entre les propriétaires auxquels peuvent être utiles des eaux non comprises dans le domaine public;

Considérant que, dans aucun cas, le préfet n'était compétent pour accorder provisoirement au sieur Vilar une prise d'eau que notredite ordonnance lui avait retirée par l'annullation d'un arrêté antérieur, qui l'en avait mis en possession;

Notre Conseil d'état entendu,

Nous avons ordonné et ordonnons ce qui suit:

Art. 1er. Les arrêtés attaqués, du préfet du département des Pyrénées-Orientales, en date des 16 avril, 1er. mai et 11 juin 1816, sont annullés pour cause d'incompétence; et les parties sont renvoyées devant les tribunaux ordinaires.

2. Le sieur Vilar est condamné aux dépens.

3. Notre garde des sceaux ministre secrétaire d'état de la justice et notre ministre secrétaire d'état de l'intérieur sont chargés, chacun en ce qui le concerne, de l'exécution de la présente ordonnance.

Ordonnance du 25 juin 1817. (2690)

N°. 52.

ADJUDICATION. — INTERPRÉTATION. — SERVITUDE.

De ce qu'un procès-verbal d'adjudication de domaines nationaux, porte qu'un terrain a été vendu avec ses servitudes actives et passives, il ne s'en suit pas que la justice administrative puisse statuer sur un droit de passage réclamé contre l'adjudicataire; une telle contestation exige non une simple interprétation; mais une application du titre qui regarde les tribunaux.

(Le sieur Joba. — C. la commune de Sorey.)

LOUIS, etc.; — Sur le rapport du comité du contentieux;

Vu les requêtes à nous présentées par le sieur Joba, demeurant à Commercy, département de la Meuse; lesdites requêtes enregistrées au secrétariat du comité du contentieux de notre Conseil d'état, les 7 et 23 septembre 1816, tendantes à l'annullation de deux arrêtés du Conseil de préfecture du dit département, en date des 10 mai 1815, et 29 mai 1816; par lesquels il serait tenu de fournir deux chemins dans un pré appelé *des Saignées*, au territoire de la commune de Sorey, qui lui a été vendu administrativement par procès-verbal du 11 juin 1813, en vertu de la loi du 20 mars précédent, qui ordonne la vente des biens communaux;

Vu les deux arrêtés susdatés; ensemble la significations faite au dit sieur Joba;

Vu le procès-verbal d'adjudication du 11 juin 1813, de la prairie *des Saignées* au sieur Joba;

Vu l'ordonnance *de soit communiqué* au maire de la commune de Sorey, apposée au bas de la requête, par notre chancelier de france le 25 septembre 1816,

Vu le mémoire en défense, produit par la commune de Sorey, le 28 avril 1817.

Considérant que, d'après le procès-verbal d'adjudication du 11 juin 1813, le pré des Saignes a été vendu avec les servitudes actives et passives, et que le sieur Joba prétend ne pas devoir la servitude reclamée par la commune de Sorey;

Qu'il résulte de cette contestation une question de servitude, qui est du ressort des tribunaux.

Considérant que l'arrêté du Conseil de préfecture susmentionné, peut être regardé comme une autorisation suffisante pour ladite commune d'ester devant les tribunaux, pour y plaider contre le sieur Joba la question de servitude, objet de leur contestation;

Notre Conseil d'état entendu,

Nous avons ordonné et ordonnons ce qui suit :

Art. 1er. Les arrêtés du Conseil de préfecture du département de la Meuse, des 10 mai 1815, et 29 mai 1816, sont annullés pour cause d'incompétence.

Les parties sont renvoyées devant les tribunaux.

Art. 2. La commune de Sorey est condamnée aux dépens.

Art. 3. Notre garde des sceaux, ministre secrétaire d'état de la justice et notre ministre secrétaire d'état de l'intérieur sont chargés, chacun en ce qui le concerne, de l'exécution de la présente ordonnance.

Ordonnance du 25 juin 1817. (2691)

N°. 53.

MISE EN JUGEMENT. — MINISTRE. — RESPONSABILITÉ. — CONSTITUTION DE L'AN 8.

Le Conseil d'état, bien que chargé de la mise en jugement des fonctionnaires administratifs, n'est pas pour cela chargé d'autoriser des poursuites contre un ministre, ni même un ex-ministre, pour responsabilité civile de l'une de ses opérations ministérielles (Article 72 et 73 de la loi du 22 frimaire an 8). *Le principe est vrai, bien qu'il s'agisse de faits passés sous l'empire de la constitution de l an 8.*

(Le sieur de Pfaff. — C. — le duc de Rovigo.)

LOUIS, etc.; — Sur le rapport du comité du contentieux;

Vu la requête à nous présentée par le sieur François-Simon, comte de Pfaff, enregistrée au secrétariat du comité du contentieux de notre Conseil d'état, le 19 septembre 18 6, et tendante à ce qu'il nous plaise autoriser le suppliant à poursuivre devant les tribunaux le sieur Savary, duc de Rovigo, en restitution de quatre-vingt treize pièces faisant partie des papiers chez lui saisis, lors de son arrestation à Altona, en 1812, par ordre de la police française, lesquelles pièces, au dire du suppliant, auraient été expédiées au ministère de la police générale;

Vu la lettre écrite par notre ministre secrétaire d'état au département de la police générale à notre chancelier de France, sous la date du 28 décembre 1816, en réponse à la communication qui lui fut faite de la demande ci-dessus relatée; ladite lettre établit que le directeur de la police à Hambourg n'avait fait envoi au ministère que de seize pièces, qui furent numérotées d'un à seize, et, qu'en supposant que le ministre pût être rendu responsable, sa responsabilité est couverte par la représentation de ces seize pièces, qui existent au dossier;

Vu le titre 6 de la loi du 22 frimaire an 8, relatif à la responsabilité des fonctionnaires publics, et particulièrement les articles 72 et 73, qui déterminent dans quel cas les ministres sont responsables, et fixent le mode de procéder contre eux;

Considérant que le Conseil d'état n'est point compétent pour autoriser les poursuites à diriger contre un ministre.

Notre Conseil d'état entendu,

Nous avons ordonné et ordonnons ce qui suit :

Art. 1er. La requête du comte de Pfaff est rejetée.

2. Notre garde des sceaux ministre secrétaire d'état de la justice et notre ministre secrétaire d'état de la police générale sont chargés, chacun en ce qui le concerne, de l'exécution de la présente ordonnance.

Ordonnance du 25 juin 1817. (2692)

N°. 54.

ÉMIGRÉS. — Provisoire.

Dans les arrangemens administratifs faits entre l'Etat représentant les émigrés et les divers intéressés pour ou contre, les dispositions définitives de leur nature, sont aujourd'hui inattaquables. Il n'en est pas de même des dispositions provisoires ; tout ce qui est provisoire n'est pas chose jugée, on peut le soumettre à un nouvel examen.

(La dame Duvergier, veuve Lesnier. — C. — la dame de Mallet, veuve Lesnier fils.)

En 1788, le sieur Lesnier fils épousa la demoiselle Mallet ; leur contrat de mariage contenait les stipulations suivantes :

1°. Donation au futur, par son père, d'un domaine appelé du Métayer, ainsi que du mobilier qui le garnissait ;

2°. Constitution à la future d'une somme de 60,000 francs, payable, moitié à diverses époques, et l'autre moitié après le décès du sieur Mallet père ;

3°. La communauté dans les acquêts et une pension viagère de mille francs, à titre de gain mutuel de survie ;

4°. Enfin la future épouse déclara devoir une somme de 5,000 francs que le futur époux serait tenu d'acquitter sur la dot de la future, qui se trouverait ainsi réduite à 55,000 fr.

Le sieur Lesnier fils acquitta les dettes de sa femme, qui se montèrent à 5,457 francs, au lieu de 5000 qui avaient été énoncés au contrat de mariage ; ce qui réduisit la somme de 30,000 francs qu'il avait reçue à celle de 24,543 francs.

Par acte du 3 juillet 1791, le sieur Lesnier acquit du sieur Desgranges une rente viagère de 720 francs, au principal de 8000 francs, avec stipulation de reversibilité sur la tête de son épouse.

Les sieurs Lesnier père et fils ayant émigré, le séquestre fut apposé sur leurs biens, et notamment sur le domaine dit le Métayer, donné par contrat de mariage au sieur Lesnier fils.

Sur le motif que l'émigration du sieur Lesnier fils, son mari, mettait sa dot en péril, la dame Mallet forma une demande en séparation de biens, qui fut prononcée par sentence du 6 novembre 1792.

Le 14 frimaire an 2, le directoire du district de Barbezieux fit procéder à la vente du domaine le Métayer, dont la dame Mallet se rendit adjudicataire, moyennant la somme de 38,296 francs.

Le 30 du même mois, ladite dame Mallet fit prononcer son divorce, et le 3 thermidor an 3, elle déclara formellement renoncer à la communauté maritale.

La dame Mallet s'étant pourvue devant l'administration départementale, en liquidation de ses droits dotaux, un arrêté du 1er. floréal an 4 les régla à la somme de 30,000 francs, qui fut admise, jusqu'à due concurrence, en compensation avec le prix du domaine le Métayer, adjugé à ladite dame Mallet.

Elle s'adressa de nouveau à la même administration, pour réclamer la rente viagère de 720 francs, constituée par l'acte du 3 juillet 1791, sur le motif qu'elle était en communauté avec son mari, et qu'ainsi la moitié de cette rente lui appartenait de plein droit.

Sur cette demande de la dame Mallet, l'administration centrale rendit, le 3e. jour complémentaire an 7, un arrêté par lequel elle autorisa ladite dame à se faire servir provisoirement la rente dont il s'agit.

En l'an 10, les sieurs Lesnier père et fils rentrèrent en France, et obtinrent main-levée du séquestre apposé sur leurs biens.

Le sieur Lesnier père épousa en secondes noces la dame Duvergier, et décéda le 10 frimaire an 12 : son fils mourut le 23 du même mois.

Un des créanciers de leur succession fit saisir entre les mains du sieur Desgranges, la rente viagère de 720 francs, constituée au profit du sieur Lesnier fils, par l'acte du 3 juillet 1791.

La dame Duvergier, en qualité d'héritière du sieur Lesnier père et la dame Mallet, comme jouissant de la rente susmentionnée, en vertu de l'arrêté de l'administration centrale du 3e. jour complémentaire an 7, porta l'instance devant le tribunal civil d'Angoulême, pour faire décider la question de savoir si la rente appartenait véritablement à la dame Mallet, ou bien si cette rente ne formait pas une dépendance de la succession du sieur Lesnier fils.

Ce tribunal, par jugemens des 9 juillet 1811 et 27 août 1812, déclara que la rente dont il s'agit faisait partie de la succession du sieur Lesnier fils.

Mais la dame Mallet, sur le fondement que ses droits reposaient sur un titre émané de l'autorité administrative, dont le mérite ne pouvait être apprécié que par cette autorité, déclina la compétence des tribunaux.

Sur ce déclinatoire, la Cour royale de Bordeaux, par arrêt du 28 août 1813, annulla la décision des premiers juges, et renvoya les parties à procéder devant qui de droit.

La dame Duvergier se pourvut, en conséquence,

devant le conseil de préfecture, qui, par arrêté du 20 mars 1816,

« Considérant que l'objet principal de la pétition de la dame Marie Duvergier, veuve Lesnier, est d'obtenir l'abrogation de deux arrêtés pris par l'administration centrale, le 1er. floréal an 4 et le 3e. complémentaire an 7, en faveur de la dame Mallet, déclare son incompétence pour prononcer sur les deux arrêtés précités, lesquels, en vertu d'un arrêté du gouvernement, en date du 8 pluviose an 11, ne peuvent être annullés ou maintenus que par le gouvernement »,

D'après cette décision, la dame Duvergier, veuve du sieur de Lesnier père, s'est pourvue au Conseil d'état, en annullation des arrêtés de l'administration centrale du département de la Charente, des 1er. floréal an 4 et 3e. jour complémentaire an 7.

Devant ce conseil, la dame Duvergier soutenait :

Qu'aux termes de son contrat de mariage, le sieur Lesnier fils avait touché 30,000 francs sur la dot de sa femme, dont les dettes par lui acquittées s'élevaient à 5457 francs; qu'ainsi il n'avait réellement reçu que 24,543 francs; que l'administration centrale avait donc commis une erreur manifeste en allouant à la dame Mallet 30,000 francs pour ses droits dotaux, tandis qu'ils ne montaient, en totalité, qu'à la somme de 24,543 fr.;

Qu'à l'égard de la rente viagère de 720 fr., elle ne devait, d'après l'acte constitutif du 3 juillet 1791, passer sur la tête de la dame Mallet, que dans le cas où son mari prédécéderait; or, que l'émigration de ce dernier n'équivalait nullement, quant aux effets civils, à la mort naturelle; que cette circonstance d'émigration n'avait pu avoir d'autres résultats que de faire passer ses droits et actions dans la main du gouvernement; qu'ainsi la dame de Mallet ne pouvait arguer de la cause de reversibilité insérée dans le contrat, pour s'approprier légitimement la rente dont il s'agit; et qu'à l'égard des droits de communauté réclamés par ladite dame Mallet, elle ne pouvait plus être admise à en réclamer le bénéfice, puisqu'elle y avait formellement renoncé par une déclaration du 3 thermidor an 3, qui ne pouvait être révoquée en doute; enfin, que les arrêtés attaqués blessaient évidemment les principes du droit commun, et devaient conséquemment être annullés.

De son côté, la dame Mallet prétendit :

Que le pourvoi de la dame Duvergier devait être rejeté, attendu la fin de non-recevoir résultante de l'acte d'amnistie du sieur Lesnier fils, et de l'article 16 du sénatus-consulte du 6 floréal an 10; que les dispositions de cette loi avaient été confirmées de nouveau par l'article 1er. de la loi du 5 décembre 1814; et que le pourvoi de ladite dame Duvergier était encore nul, en ce que les décisions qu'elle attaquait étaient bien antérieures à la publication de la charte constitutionnelle qui était aujourd'hui la loi fondamentale de l'Etat, et que l'arrêté du 3e. complémentaire an 7 (le seul qui, dans l'espèce, aurait pu être régulièrement attaqué avant la chose jugée par l'arrêt du 28 août 1813) ne pouvait plus être attaqué aujourd'hui, faute d'avoir fait annuller l'arrêt précité du 28 août 1813, et que même ladite dame Duvergier tenterait vainement une attaque indirecte contre cet arrêté, en attaquant, ce qu'elle n'avait point fait, celui du conseil de préfecture de la Charente.

Au fond, qu'à l'égard des 30,000 francs que le sieur Lesnier fils avait reçus à valoir sur la dot, ils lui avaient été payés en écus, tandis que le remboursement opéré en vertu de l'arrêté du 1er. floréal an 4, avait été fait en assignats ou mandats, c'est-à-dire, en compensation du prix du domaine le Métayer, adjugé à elle dame Mallet, en partie, et non en totalité, comme l'avançait par erreur la dame Duvergier;

Qu'à l'égard de la rente viagère dont il s'agit, elle, dame Mallet, y avait un droit personnel et direct reconnu dans l'acte même qui constituait cette rente; qu'elle avait donc dû en jouir du moment que la mort civile ou naturelle de son mari avait fait cesser le droit de ce dernier, et qu'on ne pouvait confondre la *société d'acquêts* telle qu'elle existait dans le pays de droit écrit, et comme elle avait été stipulée dans l'espèce, avec la *communauté de biens* usitée dans les pays coutumiers; d'où il résultait que ladite dame Mallet avait, indépendamment de son titre de créancière privilégiée de son mari, un droit acquis à la propriété de la rente dont il s'agit.

Sur le pourvoi de la dame Duvergier est intervenue l'ordonnance suivante :

LOUIS, etc.; — Sur le rapport du comité du contentieux;

Vu la requête à nous présentée par la dame Duvergier, veuve du sieur de Lesnier père, enregistrée au secrétariat du comité du contentieux de notre Conseil d'état, le 3 octobre 1816, tendante à l'annullation, 1°. d'un arrêté de l'administration centrale du département de la Charente, du 1er. floréal an 4, lequel a réglé définitivement et liquidé à la somme de 30,000 fr. la créance exercée par la dame de Mallet, épouse du sieur de Lesnier fils, émigré, à raison de sa constitution dotale;

2°. D'un arrêté de ladite administration centrale, du 3 complémentaire an 7, qui autorise la dame de Mallet à se faire payer provisoirement la rente viagère annuelle de 720 liv. au capital de 8000 liv., constituée au profit du sieur de Lesnier fils;

Vu lesdits arrêtés;

Vu la requête en réponse de la dame Marie-Anne de Mallet, veuve du sieur François de Lesniers fils, enregistrée au secrétariat du comité du contentieux de notre Conseil d'état, le 5 mai 1817;

Ensemble toutes les pièces jointes au dossier et respectivement produites;

Considérant, sur l'arrêté du 1er. floréal an 4, que cet arrêté règle définitivement entre l'état, représentant le sieur de Lesnier fils, émigré, et la dame de Mallet, son épouse, les reprises matrimoniales exercées par ladite dame; que ce partage, inattaquable du chef de l'émigré, aux termes de l'article 16 du sénatus-consulte, du 6 floréal an 10, l'est également du chef de ses ayant-causes, à quelque titre que ce soit;

Considérant, sur l'arrêté du 3 complémentaire an 7, qu'il n'autorise que provisoirement la dame de Mallet à jouir de la rente viagère de 720 liv.; et qu'aujourd'hui qu'il s'agit de régler définitivement ce provisoire, l'intérêt de l'état dans la cause ayant cessé, et la contestation relative à ladite rente ne s'agitant plus qu'entre deux particuliers, il convient de les renvoyer, sur ce point, devant les tribunaux ordinaires,

Notre Conseil d'état entendu,

Nous avons ordonné et ordonnons ce qui suit:

Art. 1er. La requête de la dame Duvergier, veuve du sieur de Lesnier, est rejetée, en ce qui concerne l'arrêté définitif du 1er. floréal an 4.

2. L'arrêté provisoire du 3 complémentaire an 7, ne fait point obstacle à ce que les parties se retirent devant les tribunaux pour y suivre la contestation qui s'est élevée entre elles, relativement à la rente litigieuse de 720 livres.

3. La dame Duvergier, veuve de Lesnier, est condamnée aux dépens.

2. Notre ministre secrétaire d'état des finances est chargé de l'exécution de la présente ordonnance.

Ordonnance du 25 juin 1817. (2693)

No. 55.

REVENDICATION. — CAISSE D'AMORTISSEMENT. — COMMUNE.

Les questions de revendication élevées par un particulier contre la vente administrative d'un bien réputé communal, cédé à la caisse d'amortissement, doivent être soumises aux tribunaux ordinaires, encore qu'il n'y ait pas eu opposition avant l'adjudication; ces adjudications, quoique faites et jugées dans les formes prescrites pour les biens nationaux, doivent être réglées, à l'égard des tiers, par les règles du droit commun. (Décret du 17 janvier 1814.)

PREMIÈRE ESPÈCE.

(Le sieur Sauret.)

LOUIS, etc.; — Sur le rapport du comité du contentieux;

Vu le rapport de notre ministre secrétaire d'état au département des finances, enregistré au secrétariat du comité du contentieux de notre Conseil d'état, le 8 juin 1816, tendante à l'annullation d'un arrêté du conseil de préfecture du département de l'Aude, du 16 janvier 1815, qui a déclaré nulle la vente du douzième lot des biens de la commune de Villeneuve-les-Chanoines, mais seulement en ce qui concerne une pièce de terre en vigne, formant l'article 14 de ce lot, et réclamée par le sieur Pierre Sauret, comme sa propriété particulière;

Vu l'arrêté attaqué;

Vu la lettre écrite le 13 juillet 1816, par notre chancelier de France au sieur Sauret, pour lui donner avis de la demande formée par notre ministre secrétaire d'état des finances, et le mettre en état de fournir ses défenses, conformément à l'article 16 du réglement du 22 juillet 1806;

Vu le décret du 17 janvier 1814, inséré sous le no. 555, au bulletin des lois, qui établit que dans les contestations relatives à la vente des biens de la caisse d'amortissement, les adjudications sont faites et jugées dans les formes prescrites pour les biens nationaux, mais doivent être réglées à l'égard des tiers, par les règles du droit commun;

Ensemble toutes les pièces jointes;

Considérant, qu'avant de statuer sur la validité et les effets de la vente des biens ci-dessus mentionnés, transférés à la caisse d'amortissement comme biens communaux, il y a lieu de statuer sur la question de propriété élevée par le sieur Sauret, et que cette question de propriété, décidée par le conseil de préfecture en faveur du sieur Sauret, doit être préalablement jugée par les tribunaux, entre le sieur Sauret et l'administration des domaines;

Notre Conseil d'état entendu;

Nous avons ordonné et ordonnons ce qui suit:

Art. 1er. L'arrêté du conseil de préfecture du département de l'Aude, du 16 janvier 1815, est annullé pour cause d'incompétence, et les parties sont renvoyées devant les tribunaux pour être statué sur la question de propriété de l'objet litigieux.

2. Il est sursis à statuer sur la validité et les effets de la vente administrative, jusqu'à ce que les tribunaux aient prononcé sur ladite question de propriété.

3. Notre ministre secrétaire d'état des finances est chargé de l'exécution de la présente ordonnance.

Ordonnance du 25 juin 1817. (2687)

DEUXIÈME ESPÈCE.

(Le sieur de Sarrapy.)

LOUIS, etc.; — Sur le rapport du comité du contentieux;

Vu le rapport de notre ministre secrétaire d'état au département des finances, enregistré au secrétariat du comité du contentieux de notre Conseil d'état, le 27 juin 1816, tendant à l'annullation d'un arrêté du conseil de préfecture du département de l'Aude, en date du 28 février 1815, qui a déclaré nulle la vente du cinquième lot des biens de la commune de Verseille, consentie en exécution de la loi du 20 mars 1813;

Vu ledit arrêté;

Vu la lettre écrite le 18 juillet 1816 par notre chancelier de France, au sieur Sarrapy, partie intéressée, pour lui donner avis de la demande formée par notre ministre des finances, et pour le mettre en demeure de fournir ses défenses, conformément à l'article 16 du réglement du 22 juillet 1806;

Vu la lettre du 2.. juillet 1816, par laquelle le préfet du département de l'Aude accuse à notre chancelier la remise par lui faite au sieur Sarrapy, de la lettre qui l'appelait à fournir ses défenses, et à laquelle il n'a point répondu dans les délais du réglement;

Vu l'acte d'adjudication en date du 16 décembre 1814, passé à la sous-préfecture de Limoux, département de l'Aude, de plusieurs parties de biens communaux cédés à la caisse d'amortissement par la loi du 20 mars 1813;

Vu le décret du 17 janvier 1814, inséré sous le numéro 555, au bulletin des lois, qui établit que, dans les contestations relatives à la vente des biens de la caisse d'amortissement, les adjudications sont faites et jugées dans les formes prescrites pour les biens nationaux, mais doivent être régies, à l'égard des tiers, par les règles du droit commun;

Ensemble toutes les pièces jointes au dossier;

Considérant qu'avant de statuer sur la validité et les effets de la vente des biens ci-dessus mentionnés, transférés à la caisse d'amortissement comme biens communaux, il y a lieu de statuer sur la question de propriété élevée par le sieur Sarrapy, et que cette question de propriété, décidée par le conseil de préfecture, en faveur du sieur Sarrapy, doit être préalablement jugée par les tribunaux, entre ledit sieur Sarrapy et l'administration des domaines;

Notre Conseil d'état entendu,

Nous avons ordonné et ordonnons ce qui suit:

Art. 1er. L'arrêté du Conseil de préfecture du département de l'Aude, du 28 février 1815, est annullé pour cause d'incompétence, et les parties sont renvoyées devant les tribunaux pour y être statué sur la question de propriété de l'objet litigieux.

2. Il est sursis à statuer sur la validité et les effets de la vente administrative, jusqu'à ce que les tribunaux aient prononcé sur ladite question de propriété.

3. Notre ministre secrétaire d'état des finances est chargé de l'exécution de la présente ordonnance.

Ordonnance du 25 juin 1817. (2688)

N°. 56.

LIBERTÉ INDIVIDUELLE. — ARRESTATION ARBITRAIRE. — AGENT DU GOUVERNEMENT. — RESPONSABILITÉ. — MISE EN JUGEMENT.

Le citoyen victime d'arrestation et de détention arbitraire, ne peut obtenir la mise en jugement des fonctionnaires à qui il impute ce fait, si les fonctionnaires eux-mêmes n'ont fait qu'obéir à un ordre souverain.

Est-il vrai, en principe général, qu'un ordre quelconque puisse préserver de la vengeance des lois, quiconque se rend complice d'une atteinte à la loi protectrice de la liberté individuelle?

(Le sieur de Cousso.)

LOUIS, etc.; — Sur le rapport du comité du contentieux;

Vu la requête à nous présentée par le colonel J.-J. de Cousso, ancien adjudant-commandant; ladite requête enregistrée au secrétariat du comité du contentieux de notre Conseil d'état, le 23 avril 1817, et tendante à obtenir l'autorisation de poursuivre, devant les tribunaux, l'ancien gouverneur général de la Ligurie, Lebrun.

L'ancien vice-roi d'Italie, Eugène Bauharnais;

L'ancien ministre directeur général de la guerre, le général Déjean;

L'ancien conseiller d'état chargé de la deuxième division de la police-générale, Pelet de la Lozère;

L'ancien inspecteur général de la gendarmerie, le maréchal de Moncey;

Les héritiers ou ayant-cause du général de division Menou, gouverneur général des départemens au-delà des Alpes;

L'ancien inspecteur de la gendarmerie, le lieutenant général Lagrange;

L'ex-commandant, en 1810, de la neuvième division militaire, le maréchal de Camp Brissoles, dit Ciscé;

L'ex-commandant de la vingt-huitième division militaire, le général Montchoisy, ou ses héritiers;

L'ex-commandant par intérim du département du Gard, en 1810, le capitaine Cervière;

L'ancien ministre secrétaire d'état, ex-conseiller d'état, ex-procureur général près la haute-cour, le comte de Saint-Jean-d'Angely;

L'ex-sénateur, membre de la commission de la liberté individuelle, pair de France, le comte Abrial;

L'ex-sénateur, ex-membre de la même commission, pair de France, le comte Lenoir Laroche;

L'ex-sénateur, ex-membre de la même commission, pair de France, le comte Lemercier;

Le maréchal, ancien chef de l'état-major, Berthier, ou ses ayant-cause;

L'ancien ministre de la police-générale Savary;

L'ancien commandant du département de l'Isère, ancien commandant d'armes de Grenoble, le général Constantini;

L'ancien gouverneur de la forteresse de Briançon, le colonel Bragard;

L'ancien préfet de la Drôme, Marie d'Escorches;

L'ancien préfet de l'Isère, Fournier;

L'ancien commissaire général de police de Gênes, Joly-Clerc;

L'ancien commissaire de police de la ville de Grenoble, Morestin;

L'ancien commissaire de police de la même ville, l'Epino,

Comme coupables, fauteurs ou complices envers le requérant, des crimes d'arrestation et de détention arbitraire;

Vu les pièces produites à l'appui de cette requête;

Vu la lettre adressée par notre ministre secrétaire d'état au département de la police-générale à notre garde des sceaux, en réponse à la communication qui lui avait été faite de la susdite requête; de laquelle il résulte que l'ordre d'arrêter le sieur de Cousso était émané du gouvernement d'alors, auquel les différens agens n'ont fait qu'obéir;

Notre Conseil d'état entendu,

Nous avons ordonné et ordonnons ce qui suit:

Art. 1er. La requête du sieur J.-J. de Cousso est rejetée.

3. Notre garde des sceaux, ministre secrétaire d'état de la justice, et notre ministre secrétaire d'état de la police-générale, sont chargés, chacun en ce qui le concerne, de l'exécution de la présente ordonnance.

Ordonnance du 25 juin 1817. (2696)

N°. 57.

CONTRIBUTION. — PERCEPTEUR.

Ce n'est ni aux préfets ni aux tribunaux, c'est au conseil de préfecture qu'il appartient de prononcer sur les contestations relatives à la quotité du recouvrement des contributions directes.

(Loi du 28 pluviose an 8. — Arrêtés des 24 floréal et 16 thermidor an 8.)

LOUIS, etc., — Sur le rapport du comité du contentieux;

Vu les requêtes à nous présentées par le sieur Caron, percepteur des contributions des communes réunies d'Hescamps et Sainte-Claire, département de la Somme, lesdites requêtes enregistrées au secrétariat du comité du contentieux de notre Conseil d'état, les 8 et 29 avril 1816, et concluant à ce qu'il nous plaise annuller un arrêté du préfet de ce département, en date du 12 octobre 1814, lequel a déclaré nulles toutes les poursuites faites par ledit percepteur contre le sieur Dumesnil, fermier, demeurant à Sainte-Claire, réformer une décision de notre ministre secrétaire d'état des finances, en date du 27 mars 1816, portant que le sieur Caron doit se pourvoir, s'il le juge à propos, devant le Conseil d'état, contre l'arrêté dont il s'agit, et condamner le sieur Dumesnil aux dépens;

Vu l'ordonnance rendue sur lesdites requêtes, le 24 mai 1816, par notre chancelier, portant *soit communiqué* au sieur Dumesnil; ensemble la signification d'icelle, faite le 3 juillet 1816, audit sieur Dumesnil, qui n'a fourni aucune défense dans les délais du règlement;

Vu l'arrêté et la décision attaqués;

Vu toutes les pièces produites par le requérant, et notamment la copie à lui signifiée de deux jugemens du tribunal de première instance, séant à Amiens, en date des 11 novembre 1814 et 13 janvier 1815, lesquels ont condamné ledit sieur Caron à payer audit sieur Dumesnil la somme de 6000 francs de dommages et intérêts, à raison d'une saisie opérée sur ses récoltes;

Vu la loi du 28 pluviose an 8 et les arrêtés du gouvernement, des 24 floréal et 16 thermidor même année, concernant les réclamations en matière de contributions et l'exercice des contraintes;

Considérant que c'est aux conseils de préfecture qu'il appartient de prononcer en général sur le contentieux administratif, et spécialement sur les contestations relatives à la quotité du recouvrement des contributions directes;

Considérant que la lettre instructive de notre ministre secrétaire d'état des finances, adressée le 27 mars 1816, au préfet du département de la Somme, ne contient aucune décision, et s'est bornée à indiquer une marche conforme aux principes de la matière;

Notre Conseil d'état entendu,

Nous avons ordonné et ordonnons ce qui suit:

Art. 1er. L'arrêté ci-dessus, visé du préfet du département de la somme est annullé pour cause d'incompétence, et les parties sont renvoyées devant le conseil de préfecture dudit département.

1. Il n'y a lieu à statuer sur celle des conclusions du sieur Caron, qui est relative à une décision de notre ministre secrétaire d'état des finances.

2. Le sieur Dumesnil est condamné aux dépens.

3. Notre garde des sceaux ministre secrétaire d'état de la justice et notre ministre secrétaire d'état des finances sont chargés, chacun en ce qui le concerne, de l'exécution de la présente ordonnance.

Ordonnance du 16 juillet 1817. (2703)

N°. 58.

OPPOSITION. — DÉFAUT. — CONSEIL DE PRÉFECTURE.

Les arrêtés des conseils de préfecture rendus par défaut sont susceptibles jusqu'à exécution d'être attaqués devant lesdits conseils, par la voie de l'opposition.

(Le sieur Raphaël Granger.)

LOUIS, etc. ; — Sur le rapport du comité du contentieux ;

Vu les requêtes à nous présentées par le sieur Raphaël Granger et les demoiselles Marguerite et Françoise Granger, ses sœurs, domiciliés à Ponteilla, département des Pyrénées-Orientales ; lesdites requêtes enregistrées au secrétariat du comité du contentieux de notre Conseil d'état, les 25 juillet 1816 et 13 juin 1817, tendantes à l'annullation de deux arrêtés du conseil de préfecture dudit département, en date des 20 mars et 29 juin 1816 ; et dans le cas où nous jugerions convenable de statuer sur le fond de la contestation, à ce que la demoiselle de Ros, au profit de laquelle lesdits arrêtés ont été rendus, soit déclarée mal fondée dans sa demande, et condamnée aux dépens ;

La requête en défense, pour la demoiselle Célestine de Ros, fille mineure, poursuites et diligences du sieur de Cagarriga, son tuteur, demeurant à Millas, même département ; ladite requête signifiée le 28 janvier 1817, tendante à ce qu'il lui soit donné acte de ce qu'elle consent au renvoi des parties devant le conseil de préfecture du département des Pyrénées-Orientales, pour y être statué sur l'opposition des héritiers Granger contre l'arrêté susdit, du 20 mars 1816 ; subsidiairement, à ce que ledit arrêté soit maintenu purement et simplement, et à ce que les adversaires soient condamnés aux dépens ;

Vu ledit arrêté du 20 mars 1816, pris par défaut contre lesdits sieurs et demoiselles Granger, portant qu'une tour réclamée par la demoiselle de Ros, n'a pas fait partie de l'adjudication faite au profit du feu sieur Granger, le 2 nivose an 2, des biens provenant du feu sieur Aldon de Ros, émigré ;

La signification dudit arrêté auxdits sieur et demoiselles Granger, en date du 25 avril 1816, et l'assignation à eux donnée par le même acte, à la requête de la demoiselle de Ros, devant le tribunal de première instance, séant à Perpignan, pour se voir condamner au délaissement de ladite tour, en exécution dudit arrêté ;

La requête présentée le lendemain 26 avril 1816, au nom desdits sieur et demoiselle Granger, au préfet du département des Pyrénées-Orientales, tendante à être reçus opposans audit arrêté rendu sans qu'ils aient été entendus, ni régulièrement appelés ;

L'arrêté dudit conseil de préfecture, du 29 juin 1816, portant qu'il n'y a lieu de statuer sur ladite requête, attendu que le précédent arrêté du 20 mars 1816, ne pourrait être réformé que par l'autorité supérieure ;

Le procès-verbal de ladite adjudication du 9 nivose an 2 ;

Le procès-verbal d'estimation du 10 frimaire précédent ;

Le plan des lieux ;

Ensemble toutes les autres pièces respectivement produites ;

Considérant qu'il est constaté par ledit arrêté du 20 mars 1816, qu'il n'avait été fourni aucune défense pour les sieur et demoiselles Granger contre la demande sur laquelle il a statué ;

Que les arrêtés des conseils de préfecture rendus par défaut sont susceptibles, jusqu'à exécution, d'être attaqués devant lesdits conseils par la voie de l'opposition ;

Qu'en conséquence, il a été irrégulièrement déclaré par l'arrêté susdit du conseil de préfecture du département des Pyrénées-Orientales, du 29 juin 1816, qu'il n'y avait lieu de statuer sur la requête en opposition des sieur et demoiselles Granger ;

Notre Conseil d'état entendu,

Nous avons ordonné et ordonnons ce qui suit :

Art. 1er. L'arrêté susdit du conseil de préfecture du département des Pyrénées-Orientales du 29 juin 1816, est annullé.

2. Les parties sont renvoyées à procéder devant ledit conseil de préfecture sur l'opposition des sieur et demoiselles Granger contre l'arrêté du 20 mars 1816.

3. Les dépens sont compensés.

4. Notre ministre secrétaire d'état des finances est chargé de l'exécution de la présente ordonnance.

Ordonnance du 16 juillet 1817. (2707)

N°. 59.

SOUMISSION. — ACQUÉREURS DE BIENS NATIONAUX.

Une soumission de biens nationaux, ne peut plus être querellée de nullité lorsqu'elle a été approuvée par un arrêté ordonnant qu'il sera passé contrat de vente.

(Le sieur Montgaurin.)

Le sieur Thimothée Montgaurin décéda en 1768 et laissa quatre enfans, savoir : Jacques Montgaurin aîné, Chrisostôme, Suzanne, et Anne Montgaurin.

Le sieur Montgaurin aîné, succéda aux biens de son père à la charge de tenir compte à ses frères et sœurs de leur légitime.

En 1778 la demoiselle Anne Montgaurin épousa le sieur Loubœy.

Le sieur Montgaurin fut prévenu d'émigration au commencement de 1792; les scellés furent apposés à son domicile à cette époque et pour cette cause, mais un arrêté du directoire du département des Basses-Pyrénées du 6 avril 1792, en accorda main levée.

Par un autre arrêté du 12 octobre 1792, le même directoire, « Considérant que depuis l'époque du 6 avril précédent ledit Montgaurin n'a plus paru dans les départements et n'a point fait connaître le lieu de sa résidence » a revoqué son précédent arrêté et ordonné que le sequestre serait établi sur les biens du sieur Montgaurin.

L'apposition du sequestre eut lieu le lendemain 13 octobre 1792.

Par suite, le nom du sieur Montgaurin fût inscrit sur la liste des émigrés publiée le 21 brumaire an 2, (11 novembre 1793.)

Ses biens furent soumissionnés en vertu de la loi du 28 ventose an 4, par les sieurs Lafont et Laporterie.

Postérieurement à cette soumission et le 18 prairial an 4, la dame Montgaurin veuve Loubœy, Chrisostôme et Suzanne Montgaurin ses frères et sœur et la dame veuve Montgaurin leur mère, présentèrent une pétition à l'administration centrale du département pour s'opposer à la vente des biens soumissionnés s'en prétendant co-propriétaires avec le sieur Montgaurin, émigré.

Pour établir cette co-propriété, la demoiselle Montgaurin veuve Loubœy produisit son contrat de mariage passé sous-signatures privées à Malaussane, commune ressortissant autrefois du parlement de Bordeaux, les 31 décembre 1777, enregistré à Orthèz le 11 novembre 1792.

Suivant les articles de ce contrat, la dame de Fauget, veuve du sieur Thimothée de Montgaurin, mère de la future et le sieur Jacques de Montgaurin son frère lui avaient constitué en dot une somme de 12,000 francs, tant sur les biens paternels que sur les biens maternels, tous situés dans le même ressort et pour lui tenir lieu de sa portion d'hoirie, sans que ce réglement puisse préjudicier audit Montgaurin relativement à ses autres légitimaires, attendu qu'il excédait évidemment les droits que la future aurait pu prétendre d'après une composition d'hoirie : bien entendu, porte encore cet acte, que quoiqu'il soit dit que cette somme sera prise sur les biens paternels et maternels, ledit Montgaurin demeure tenu de faire l'avance de la portion à la charge de la dame Fauget, sa mère, qui entend conserver en entier sa dot personnelle et ses avantages matrimoniaux. Le sieur Montgaurin s'est en conséquence obligé à payer cette somme au futur avec intérêts à l'époque de son mariage ou dans 6 années à la volonté du constituant.

Chrisostôme et Suzanne Montgaurin prétendirent, de leur côté, qu'il leur était encore dû à chacun d'eux 2000 francs de leur ligitime et demandèrent que ce résidu leur fût payé en fonds conformément à la loi du 3 vendémiaire an 4.

Enfin la veuve de Montgaurin, leur mère, demandait le paiement de ses cas dotaux en fonds et le partage des acquêts.

Sur cette demande, intervint le 3 nivose an 5, un premier arrêté de l'administration centrale du département des Basses-Pyrénées ainsi conçu :

« Considérant, 1°. à l'égard de la citoyenne Montgaurin Loubœy que les articles de mariage du 31 décembre 1777, furent passés à Malaussane et dans le domicile de la famille Montgaurin ;

« Que cette commune était dans le ressort du ci-devant parlemen de Bordeaux, dans lequel les conventions de mariage n'avaient date certaine et hypothèque qu'à partir de l'enregistrement ou que lorsqu'elles avaient été rédigées en acte public ;

« Que dèslors la loi du 15 avril 1791, relative aux successions et qui maintient les articles privés dans les lieux où ils étaient en usage, ne s'appliquerait pas à la cause, quand bien même on voudrait la mettre en opposition avec la legislation relative aux émigrés, qui a des règles particulières et distinctes des principes généraux, à l'occasion desquels une décision du comité des finances, provoquée par l'administration centrale sur la question des articles, porte que pour avoir leur effet, ils devaient être revêtus des caractères d'authenticité exigés par la loi du 28 mars 1793 ;

» Que la citoyenne Montgaurin Loubœy ne peut donc compter la date certaine de son titre qu'à partir du 11 novembre 1792, époque de l'enregistrement ;

» Considérant qu'il est constant que les biens de Montgaurin, émigré, furent séquestrés avant cette époque ; que le séquestre n'ayant lieu que par l'absence du propriétaire, l'émigration est présumée légalement par ce seul fait ; que c'est à ceux qui prétendent qu'elle n'existait pas ou qu'elle était postérieure, à établir cette exception dans la forme prescrite par la loi, c'est-à-dire par les certificats de résidence ;

» Considérant que la citoyenne Montgaurin Loubœy n'établit pas que l'émigration soit postérieure au séquestre, et qu'il n'importe que Montgaurin n'ait été porté sur les listes générales qu'en brumaire an 2, parce que ces listes ne sont que le résultat de celles des départemens, qui ne sont elles-mêmes que le résumé de celles des districts, et celles-ci sont formées sur les procès-verbaux de sequestre ;

» Qu'il suit de là que le séquestre étant antérieur à l'enregistrement des articles, l'émigration qui date incontestablement de l'époque de ce séquestre, au défaut de preuve contraire, étant également antérieure, ce titre doit être mis à l'écart à l'égard de la république, et la citoyenne de Montgaurin Loubœy doit être réduite à ses droits légitimaires à régler par une composition de masse ;

» Considérant qu'étant demanderesse, elle doit fournir l'état d'hérédité paternelle en actif et en passif; que cet état, qui pourra être impugné ou contredit, une fois épuré et la masse connue, il devra être procédé aux estimations et ensuite à la liquidation et partage des droits légitimaires en corps héréditaire ;

» Qu'en attendant, la quotité du corps héréditaire n'étant pas reconnue, et ne pouvant l'être qu'après la composition de masse, il n'est pas possible de vendre aux soumissionnaires la portion de la république, la vente ne pouvant être consentie que d'une quotité certaine et pour un prix certain ;

» Considérant que la demande, tendante à l'envoi en possession provisoire, ne peut non plus être accueillie, parce qu'elle est ici formée à l'encontre d'un soumissionnaire, auquel la portion qui demeurera pour la république est incontestablement acquise, qui est lui-même en droit de jouir des revenus à partir du paiement du deuxième quart, et à qui on ne peut donner jour comptable de cette portion de revenu au tiers et des cautions, lorsqu'il a traité avec la république par sa soumission ;

» Que d'ailleurs, les biens étant en ferme, et les baux devant être entretenus, même en exécution de la loi du 13 ventose, dans le cas de la possession provisoire, c'est sans utilité que la citoyenne Montgaurin Loubœy obtiendrait l'envoi en possession ; que son lot réglé, elle prendra de suite sa portion de fermage.

» Arrête que les articles de mariage, du 31 décembre 1777, sont rejetés comme n'ayant acquis une date certaine que depuis le séquestre, et qu'en conséquence la citoyenne Montgaurin Loubœy est démise de la demande en paiement de la somme de 12,000 francs y mentionnée ;

» Au surplus, ordonne qu'il sera procédé à la composition de la masse paternelle, et au réglement des droits légitimaires, compétens sur icelle, à la dame citoyenne Montgaurin Loubœy ;

» A cet effet, elle remettra dans quinzaine, devant l'administration centrale, l'état des biens meubles et immeubles, dettes actives et passives dépendantes de l'hérédité de son père, et, après que l'exactitude en aura été vérifiée par l'administration centrale, et les prélévemens de droit réglés, il sera procédé, par experts, à l'estimation des biens meubles et immeubles dépendans de ladite hérédité ; lesdits experts fixeront la légitimité de la dame Loubœy, et procéderont à la division des biens invendus, provenant de ladite hérédité en lots, correspondant à ladite légitime et égaux entre eux autant que faire se pourra, pour, au rapport dudit procès-verbal, être procédé devant l'administration municipale au tirage du sort, à l'effet de fixer, par cette voie, celui qui écherra à la dame Montgaurin Loubœy.

» Ce faisant surseoit à la vente jusqu'après ledit partage, et néanmoins arrête que, faute par la dame Montgaurin Loubœy, de rapporter, dans quinzaine, l'état ci dessus, il sera passé outre à la vente de la totalité, sauf ses reprises sur le prix ;

» Au surplus, déclare n'y avoir lieu d'accorder à la dame Montgaurin Loubœy la jouissance provisoire des biens indivis, sauf ses droits au prix de fermage, à compter de sa demande tendante à ladite possession provisoire. . . . . . »

Par ce même arrêté, Chrisostôme et Suzanne Montgaurin furent démis de leurs prétentions.

Il en fut de même quant aux cas dotaux de la dame Fauget, veuve Montgaurin : sa demande à cet égard fut rejetée sur le motif qu'elle n'était qu'un créancier ordinaire, et l'administration centrale ordonna, pour ce qui concernait les acquêts, qu'elle les indiquerait dans un délai déterminé.

Cette dame, non plus que Chrisostôme et Suzanne Montgaurin ne réclamèrent contre cet arrêté, la dame veuve Loubœy seule fit des tentatives pour le faire rapporter, mais sa demande ayant été rejetée par deux arrêtés successifs de l'administration centrale de 21 pluviose et 21 ventose an 5, elle se détermina enfin à exécuter l'arrêté du 3 nivose an 5, en produisant l'état des biens de feu Timothée Montgaurin, son père, dont cet arrêté lui imposait l'obligation.

Mais l'administration centrale incertaine, si elle devait admettre ou rejeter divers droits féodaux, supprimés depuis la mort du sieur Timothée Montgaurin, et qui étaient compris dans l'état rapporté par la dame veuve Loubœy, crut devoir en référer au ministre des finances, et les choses en demeurèrent là.

Cependant les soumissionnaires Lafont et Laporterie, qui avaient consigné les trois quarts du prix présumé en mandats, valeur nominale, et qui étaient restés en possession des biens dont il s'agit, à défaut d'avoir acquitté le dernier quart payable en numéraire ou mandats au cours, furent déclarés, par un arrêté du conseil de préfecture, du 4 thermidor an 10, déchus de l'effet de leur soumission, et condamnés à délaisser les biens et à rendre compte des jouissances ; mais un arrêté du gouvernement du 8 pluviose an 11, rétablit lesdits soumissionnaires dans la possession : Voici les termes de cette décision

» Vu un précédent arrêté de l'administration centrale du 3 nivose an 5.

» Les motifs de ces arrêtés ;

» Vu enfin les moyens de défense de Anne Montgaurin, femme Loubœy et les autres pièces de l'affaire ;

» Considérant que si l'arrêté du 3 nivose an 5 a rejeté le contrat de mariage de cette dame, comme n'ayant acquis une date certaine que depuis le séquestre des biens de la succession de Thimothée Montgaurin, son père, ses droits légitimaires n'en ont pas moins été reconnus ; que cette dame ne pouvait être privée de ses droits qui lui étaient assurés par la loi du 17 nivose an 2, et qui devaient lui être payés en corps héréditaires, d'après celle du 3 vendémiaire an 4, toutes deux antérieures aux soumissions des sieurs Lafont et Laporterie ;

» Considérant que les réclamations existantes sur les biens soumissionnés, ont dû empêcher ces citoyens de continuer leurs paiemens, et qu'aux termes de la loi du 17 ventose an 5, on ne peut leur opposer la déchéance ; mais qu'il y a lieu de restreindre leurs soumissions aux droits de la république, représentant Jacques Montgaurin, conformément à l'alinéa 4 du §. 1er. de l'instruction du 6 floréal an 4.

» Le Conseil d'état entendu :

» Arrête, article 1er., l'arrêté du conseil de préfecture des Basses-Pyrénées, du 4 thermidor an 10, est considéré comme non avenu.

» 2. Il sera passé contrat de vente aux citoyens Lafont et Laporterie de la portion afférente, à la nation comme représentant, lors des soumissions, Jacques Montgaurin dans les biens de Thimothée Montgaurin père, sauf à eux à partager ensuite avec madame Montgaurin Louboey, à raison de ses droits légitimaires sur lesquels déduction sera faite d'une somme de 1302 francs qu'elle a annoncé avoir reçue à compte de sa constitution dotale. »

En conséquence de cette décision, et conformément à la loi du 26 pluviose an 6, la dame Montgaurin Louboey a poursuivi devant le conseil de préfecture la liquidation de ses droits légitimaires.

Devant cette autorité, elle a renouvelé ses anciennes prétentions et les a appuyées de certificats tendans à établir que l'émigration de son frère était postérieure à l'époque de l'enregistrement de ses articles de mariage; elle a soutenu, en conséquence, qu'elle devait être payée de ses droits héréditaires dans les successions tant paternelle que maternelle, et que ce paiement devait lui être fait en corps héréditaire.

Les sieurs Lafont et Laporterie ont contesté cette réclamation qui a été admise par un arrêté du conseil de préfecture, du 4 septembre 1811, dont voici le dispositif :

« Arrête que le sieur Laporterie, soumissionnaire des biens du sieur Montgaurin, est débouté de l'opposition par lui formée à la demande de la dame Louboey, relative au paiement en corps héréditaire de ses droits paternels et maternels, qui est admise ;

» Arrête, au surplus, que, conformément à l'arrêté du gouvernement du 8 pluviose an 11, il sera passé contrat de vente aux sieurs Laporterie et Lafont, 1°. de la portion des biens de Jacques Montgaurin et de la succession de Thimotée Montgaurin père, afférente à l'Etat et par eux soumissionnés, qu'à cet effet, il sera procédé, 1°. à la composition de la masse et à l'estimation desdits biens, tant en revenus qu'en capital, valeur de 1790, lesquelles opérations seront faites par trois experts nommés, savoir, l'un par M. le préfet, l'autre par la dame Louboey, et le troisième par le sieur Laporterie, sauf pour l'estimation des objets soumissionnés par le sieur Lafont, à laquelle il sera procédé particulièrement par les deux experts et par un autre qui sera par lui désigné dans la huitaine, ou à son défaut, par le conseil de préfecture, si mieux il n'aime s'en remettre à celui nommé par le sieur Laporterie ; 2°. les mêmes experts donneront leur avis sur la fixation du lot à distraire en biens-fonds pour satisfaire la dame Louboey de ses droits légitimes paternels et maternels fixés par ses articles de mariage et des intérêts légitimes; ladite dame demeurant tenue de rapporter à la masse la somme de 1302 francs qu'elle déclare avoir reçue, ainsi que les intérêts de cette somme depuis le jour qu'elle les a touchés, si toutefois elle ne préfère tenir compte du tout en moins prenant ;

» Et, dans le cas où les experts qui seraient nommés par les sieurs Laporterie et Lafont ne seraient pas de même avis sur la portion assignée à ladite dame Louboey, leurs opinions particulières seront constatées ;

» Arrête enfin que le procès-verbal de composition de masse et estimation des biens, suivie de l'avis des experts, sera rapporté au conseil de préfecture pour être approuvé s'il y a lieu, et être ensuite immédiatement procédé à la mise en possession des biens qui devront être délivrés à la dame Louboey et à la vente du surplus en faveur des soumissionnaires, chacun pour ce qui le concerne, etc. »

Les sieurs Lafont et Laporterie ont attaqué cet arrêté devant le Conseil d'état.

Dans leurs moyens de défense, ils soutenaient :

1°. Que cet arrêté violait les principes, en ce qu'il renversait l'arrêté de l'administration centrale du 3 nivose an 5, qui était contradictoire, que la dame Louboey avait exécuté, et qui, d'ailleurs, avait été confirmé par l'arrêté du Conseil d'état du 8 pluviose an 11, puisqu'en principe, ni un tribunal, ni une administration ne pouvaient réformer leurs propres décisions, et qu'à l'autorité supérieure seule appartenait le droit de les redresser ;

2°. Qu'il violait également la législation des émigrés, en appliquant faussement les lois civiles quand il ne devait suivre que les lois politiques ; que la loi du 1er floréal an 3 admettait cinq circonstances pour fixer la véritable date des actes sous seing privé ; que la dame veuve Louboey ne se trouvait dans aucune de ces circonstances pour justifier la date qu'elle voulait donner aux articles de son mariage, et que si l'on suivait dans les affaires d'émigration les lois civiles ou les usages locaux pour la fixation des dates des actes sous signatures privées, il en résulterait trop de moyens pour frauder les droits de l'Etat ;

3°. Que le même arrêté violait encore les lois politiques concernant les créanciers des émigrés, le droit civil du ci devant Béarn et même l'arrêté du gouvernement du 8 pluviose an 11, en ce qu'il avait admis la dame Montgaurin-Louboey à prendre sur les biens de son père les droits maternels, infus dans la somme de 12,000 francs à elle constituée par ses articles de mariage ;

4°. Enfin, que ledit arrêté violait encore les lois civiles à leur égard, en ce qu'il les assujétissait à payer en fonds les intérêts de la constitution de 12,000 francs; les intérêts d'une légitime payables en immeubles, disaient les réclamans, tiennent lieu des fruits perçus pour celui qui doit la légitime ; ces fruits sont un objet purement mobilier et ne peuvent donner lieu qu'à une action personnelle tendante au paiement de leur valeur; les fruits consommés et restituables sont donc de leur nature payables en argent par celui qui les a consommés, et aucune loi ni celle du 3 vendémiaire an 4, ni celle du 18 pluviose an 5 n'oblige même l'héritier qui doit la légitime d'en payer les intérêts ou les fruits restituables en fonds de l'hérédité.

La dame Montgaurin, veuve Loubœy, contestait d'abord qu'elle eût exécuté l'arrêté du 3 nivose an 5, omme le prétendaient ses adversaires, en produisant u directoire du département l'état de l'actif et du passif è la succession de son père; elle observait qu'il n'était as prouvé que c'était elle qui eût fait cette production; ais que lors même que ce fait serait exact, on ne ourrait considérer cette remise que comme une exécution forcée, attendu que l'arrêté la prescrivait sous eine de déchéance; la dame Loubœy opposait ensuite x objections de ses adversaires, concernant l'arrêté qué,

ue le conseil de préfecture, lorsqu'il prit sa décin'était plus astreint à se conformer à l'arrêté de istration centrale du 3 nivose an 5, parce la loi du 26 pluviose an 6 avait introduit une ...le législation, un nouveau mode de justification n faveur des créanciers des individus qu'on soutenait 'avoir émigré que postérieurement au 9 février 1792; u'ayant fait les justifications prescrites par cette loi, conseil de préfecture ne pouvait, sans commettre un éni de justice et sans violer cette même loi, la renoyer à l'exécution de l'arrêté de l'an 5, encore moins rdonner cette exécution; que d'ailleurs, l'arrêté du nseil de préfecture n'avait point rapporté celui de administration centrale, mais qu'il s'était borné à juer différemment en vertu d'une loi qui lui en faisait n devoir; qu'il était encore moins vrai que l'arrêté l'an 5 eût été approuvé par celui du Conseil d'état 8 pluviose an 11, qui dans son dispositif n'en disait s un mot; que, dans tous les cas, si ce dernier arrêté uvait être considéré comme une décision approbative celui de l'an 5, ce ne pouvait être que sous le rapport la vente des biens soumissionnés, car il lui était rectement contraire, quant à l'exercice de ses droits gitimaires, puisqu'il lui réservait ces mêmes droits à -tage avec les soumissionnaires.

Que, suivant la loi du 15 avril 1791, les articles de riage avaient été conservés, et que la loi du 22 vene an 2 avait déclaré que, pour constater la date et uthenticité d'un acte, il fallait se déterminer par les ages locaux; que vainement on objecterait que ces s avaient été rapportées par la loi du 1er. floréal an puisqu'on pourrait répondre que celle-ci avait été portée à son tour, ou du moins avait été modifiée r celle du 26 pluviose an 6; mais qu'en supposant me que la loi du 1er. floréal eût conservé toute sa ce, et que, comme le prétendaient les soumission-res, la véritable date des articles de mariage ne dût e fixée que par leur enregistrement, toujours était-il tain qu'elle se trouvait dans la première circonsce indiquée par cette loi, attendu que l'enregistrement desdits articles, quoique ayant été porté à la date du 11 novembre 1792, devait être reporté à la date du 10 octobre précédent, époque constatée de la remise de ces articles au receveur de l'enregistrement, pour y remplir la formalité et percevoir les droits; qu'enfin la preuve que cet enregistrement avait précédé l'émigration connue du sieur Montgaurin, c'est qu'elle avait été faite complettement et légalement devant le conseil de préfecture, en conformité de la loi du 1er. floréal an 3, modifiée par la loi du 26 pluviose an 6.

Le sieur Jacques Montgaurin est intervenu dans la cause, et a réclamé le bénéfice de la loi du 5 décembre 1814, portant restitution aux émigrés de leurs biens invendus, ou dont les acquéreurs auraient été déchus, et discutant l'article 1er. de cette loi et les dispositions de la charte constitutionnelle, il a objecté que ces lois n'avaient conservé le caractère d'irrévocabilité qu'aux ventes de domaines nationaux régulièrement consommées, et aux droits entièrement acquis par des actes, des transactions et des jugemens passés en force de chose jugée, mais que ces dispositions n'étaient pas applicables aux ventes qui n'avaient pas été faites et consommées; appliquant ensuite ces principes à l'espèce, il a soutenu que les sieurs Lafont et Laporterie n'avaient jamais été propriétaires des biens par lui réclamés, attendu que la soumission qu'ils avaient faite de ces biens ne suffisait pas pour leur en transmettre la propriété, et que l'acquisition ne pouvait s'opérer et devenir irrévocable que par le contrat de vente prescrit par les lois des 28 ventose et 6 floréal an 4; que, puisqu'ils ne rapportaient pas de contrat de vente du gouvernement, c'était une preuve qu'il n'en existait pas, et qu'ils n'étaient pas devenus acquéreurs; que dès-lors, ils n'avaient ni droit ni qualité pour réclamer des biens qui ne leur avaient pas été vendus.

Dans cet état est intervenue l'ordonnance dont la teneur suit :

LOUIS, etc.; — Sur le rapport du comité du contentieux,

Vu les requêtes présentées par les sieurs Lafont et Laporterie, enregistrées au secrétariat du Conseil d'état les 26 mai 1812, 24 février 1814, et à celui du comité du contentieux de notre Conseil d'état, les 19 mars 1816, et 1er. mai 1817, tendantes à l'annullation d'un arrêté du conseil de préfecture du département des Basses-Pyrénées, en date du 4 septembre 1811, lequel, sans avoir égard aux dispositions d'un précédent arrêté de l'administration centrale dudit département, du 3 nivose an 5, et d'un arrêté du gouvernement du 8 pluviose an 11, a déterminé que la dame veuve Loubœy exercerait ses reprises sur les biens soumissionnés par les requérans, d'après les articles de son contrat de mariage, sauf le prélèvement de 1302 livres payées à compte; et qu'en outre, ladite dame aurait droit aux intérêts, qui seraient acquittés comme le principal, en corps héréditaires;

Vu les requêtes de l'administration des domaines, enregistrées au secrétariat du Conseil d'état, les 18 mai 1813, 15 janvier 1814, et à celui du comité du contentieux de notre Conseil d'état, les 24 novembre 1815 et 3 avril 1816, tendantes aux mêmes fins que les précédentes;

Vu la requête en réponse de la dame Montgaurin, veuve du sieur Loubœy, enregistrée au secrétariat du Conseil d'état, le 28 octobre 1813;

Vu la requête en intervention à nous présentée par le sieur Jacques Montgaurin, enregistrée au secrétariat du comité du contentieux de notre Conseil d'état, le 18 avril 1816, tendante à ce qu'il nous plaise annulier la soumission faite le 26 floréal an 4, des biens du requérant alors émigré; et en conséquence condamner les sieurs Laporterie et Lafont à délaisser et remettre au requérant les biens compris dans ladite soumission, avec restitution des fruits indûment perçus;

Vu toutes les pièces jointes au dossier et respectivement produites;

Considérant, relativement à la demande formée par le sieur Montgaurin contre la soumission du 26 floréal an 4, que l'arrêté du gouvernement, du 8 pluviose an 11, ayant ordonné qu'il serait passé contrat de vente aux sieurs Laporterie et Lafont des biens compris dans ladite soumission, le sieur Montgaurin est aujourd'hui sans qualité et sans droit pour demander la nullité de ladite soumission;

Considérant, relativement à la réclamation de la dame veuve Loubœy, qu'il a été décidé, par l'arrêté du 3 nivose an 5, confirmé par celui du gouvernement, du 8 pluviose an 11, pris contradictoirement avec ladite dame, qu'elle devait être admise à exercer ses reprises, non à raison de son contrat de mariage, mais seulement à raison de ses droits légitimaires;

Notre Conseil d'état entendu,

Nous avons ordonné et ordonnons ce qui suit:

Art. 1er. L'arrêté du conseil de préfecture du département des Basses-Pyrénées, du 4 septembre 1811, est annulle; l'arrêté de l'administration centrale dudit département, du 3 nivose an 5, et celui du 8 pluviose an 11, seront exécutés selon leur forme et teneur.

2. Le sieur Montgaurin et la dame veuve Loubœy sont condamnés aux dépens.

3. Notre ministre secrétaire d'état des finances est chargé de l'exécution de la présente ordonnance.

Ordonnance du 16 juillet 1817. (2701)

N°. 60.

DÉLAI. — Pourvoi. — Déchéance. — Acquiescement.

Celui qui signifie une décision de justice administrative, sans exprimer aucune réserve de pourvoi, fait un acte d'acquiescement. Celui qui laisse passer les trois mois sans se pourvoir, exciperait vainement de ce que la procédure était à la disposition de son adversaire: le fait allégué n'empêchant pas le dépôt d'un pourvoi avec copie signifiée de l'arrêté dénoncé. (Art. 11 du réglement du 22 juillet 1806.)

(Le sieur Montagnon.)

LOUIS, etc.; — Sur le rapport du comité du contentieux;

Vu les requêtes à nous présentées par le sieur Jean-Pierre Montagnon, cultivateur demeurant à Pontamougeard, département du Jura; lesdites requêtes enregistrées au secrétariat du comité du contentieux de notre Conseil d'état les 22 novembre 1816, et 16 juin 1817, tendantes à l'annullation d'un arrêté du conseil de préfecture du département du Doubs du 4 mars 1815, par lequel il prétend qu'il a été indûment condamné à restituer une portion d'un bien national, dont il est propriétaire; et à ce que le sieur comte d'Udressier, au profit duquel ladite restitution a été ordonnée, soit condamné aux dépens;

La requête en défense, du sieur Louis-Pierre-Bonaventure-Fidèle Amand comte d'Udressier, demeurant à Besançon, signifiée le 25 avril 1817, tendante à ce que ledit sieur Montagnon soit déclaré non-recevable et subsidiairement mal fondé dans sa demande, et à ce qu'en rectifiant ledit arrêté du 4 mars 1815, il soit ordonné que ledit sieur comte d'Udressier sera mis en possession de huit journaux, moins huit perches un tiers, au lieu de huit journaux, moins vingt-cinq perches; enfin, à ce que ledit sieur Montagnon soit condamné aux dépens;

L'adjudication passée le 7 messidor an 2, devant le directoire du district de Pontarlier, au profit du feu sieur François Montagnon, père du supliant, du bien national y désigné;

Les arrêtés des directoires du département du Doubs et du district de Pontarlier des 18 brumaire et 14 ventose an 3, relatifs à la délimitation demandée par ledit feu sieur Montagnon, et le procès-verbal dressé en conséquence desdits arrêtés le 16 dudit mois de ventose an 3, par les commissaires des districts de Pontarlier et d'Arbois;

L'arrêté susdit, du 4 mars 1815, attaqué par le sieur Montagnon; lequel arrêté porte que la vente du 7 messidor an 2, sortira son plein et entier effet; pour la quantité de 15 journaux trois quarts à prendre dans le terrain dit des feuillettes ou maladières; que le surplus dudit terrain, formant 8 journaux, moins 25 perches, appartiendra au sieur comte d'Udressier, en exécution de la loi du 5 décembre 1814, et que la régie des domaines poursuivra, au profit dudit sieur comte d'Udressier, la restitution des fruits indûment perçus;

La signification dudit arrêté audit sieur Montagnon, en personne en date du 20 décembre 1815;

Une pétition signée du sieur Montagnon, sans indication de date, et qu'il prétend avoir présentée au préfet du département du Doubs, à l'effet d'obtenir la remise des pièces par lui produites dans la contestation sur laquelle est intervenu ledit arrêté ;

Le certificat du maire de Villers-Sous-Chalamont du 16 septembre 1816, au sujet d'un paquet de papiers adressé audit sieur Montagnon par le sous-préfet de Pontarlier ;

La déclaration du préfet du département du Doubs, du 22 février 1817.

Considérant que l'article 11 du réglement du 22 juillet 1806, porte formellement que les pourvois au Conseil d'état contre les décisions des autorités qui y ressortissent, ne sont pas recevables après trois mois du jour où ces décisions auront été notifiées ;

Que l'arrêté susdit, du 4 mars 1815, a été signifié au sieur Montagnon le 20 décembre suivant, et que sa première requête afin d'annullation dudit arrêté, n'a été présentée que le 22 novembre 1816 ;

Que le sieur Montagnon ne justifie pas que le retard de son pourvoi ait été causé par le fait du sieur comte d'Udressier et que lors même qu'il serait vrai que le comte d'Udressier aurait retenu les pièces de procédure appartenant au sieur Montagnon, celui-ci pouvait néanmoins arrêter le cours du délai susdit, en présentant une requête introductive de son pourvoi, appuyée de la copie signifiée dudit arrêté du 4 mars 1815 ;

Considérant que la réclamation, que le sieur Montagnon aurait irrégulièrement portée devant le ministre des finances contre ledit arrêté du 4 mars 1815, et de laquelle, d'ailleurs, il ne prouve ni l'existence, ni la date, n'aurait pas eu l'effet de suspendre le cours du délai fixé par le réglement ;

Qu'en conséquence, le pourvoi du sieur Montagnon n'est pas recevable.

Considérant, en ce qui concerne la demande dudit sieur comte d'Udressier, afin de rectification dudit arrêté du 4 mars 1815, que ledit sieur comte d'Udressier ayant fait signifier lui-même ledit arrêté au sieur Montagnon, sans exprimer aucune réserve et ne s'étant pas pourvu, dans le délai du réglement, contre la disposition qu'il prétend lui faire grief, il n'est plus recevable à l'attaquer ;

Notre Conseil d'état entendu,

Nous avons ordonné et ordonnons ce qui suit :

Article 1er. La requête du sieur Montagnon est rejetée.

2. La requête du sieur comte d'Udressier est également rejetée, en ce qui concerne sa demande en rectification dudit arrêté du 4 mars 1815 ;

3. Le sieur Montagnon est condamné aux dépens.

4. Notre ministre secrétaire d'état des finances est chargé de l'exécution de la présente ordonnance.

Ordonnance du 16 juillet 1817. (2710)

N°. 61.

REMBOURSEMENT.—Indivis.—Acquéreurs.

Un acquéreur de biens indivis vendus par l'état a dû payer à ses copropriétaires le prix relatif à la quotité pour laquelle ils ont droit dans le produit de la vente. Tout versement par anticipation de la totalité de son prix dans la caisse du receveur du domaine ne peut le libérer à l'égard de ses copropriétaires.

(Herbinot.—C.— Massy.)

Le 29 pluviose an 3, le sieur François Herbinot se rendit adjudicataire, devant le district de Neufchâteau, département des Vosges, d'une maison provenant de la succession de feu Jacques-Sébastien Massy, indivise entre Charles et Stanislas Massy, fils, émigrés, et leurs cohéritiers.

Cette acquisition fut faite moyennant la somme de 15,200 francs, et l'acte portait que la vente avait lieu en vertu de l'article 4 du décret du 3 juin 1793, portant que « l'acquéreur sera libre d'anticiper ses » paiemens, et de donner tel à-compte qu'il jugera » à propos, à la charge par lui de solder d'abord les » intérêts échus jusqu'au jour de son paiement ; le reste » seulement pourra être imputé sur le capital. »

D'après la faculté laissée par la disposition de cet article, le sieur Herbinot paya, entre les mains du directeur des domaines de Neufchâteau, le prix de son acquisition, ainsi qu'il suit :

	l.	s.	d.
Le 8 floréal an 3	3,339	6	8
Le 13 messidor suivant. .	12,108	6	8
En total.	15,447	13	4

y compris les intérêts échus à cette dernière époque.

Le 22 vendémiaire an 7, la dame veuve Massy, en qualité de tutrice de Nicolas-Catherine Massy, son fils mineur, fit citer le sieur Herbinot devant le bureau de paix, en paiement d'un tiers sur le prix de l'acquisition dont il s'agit, auquel ladite veuve Massy prétendait que son mari avait droit, ainsi que l'avait reconnu l'administration du district de Neufchâteau, par son arrêté du 17 ventose an 3, rendu sur la réclamation de la dame veuve Massy, lequel arrêté condamnait le sieur Herbinot à lui payer une somme de 1214 fr. 68 cent., montant du tiers appartenant au mari de la dame veuve Massy, y compris les intérêts dus et échus, et ordonna qu'une expédition de cet arrêté serait adressée au receveur du domaine, pour qu'il eût à s'y conformer.

Il n'avait plus été donné suite à cette demande, lorsqu'en 1816, le sieur Nicolas-Catherine Massy présenta, au conseil de préfecture du département des Vosges, une pétition dans laquelle il renouvela cette ancienne prétention.

Le conseil de préfecture, avant de prononcer sur

cette réclamation, consulta le directeur des domaines du département, qui reconnut, par son avis du 3 août 1816, que, nonobstant l'énonciation consignée dans l'arrêté du 17 ventose an 3, qu'une expédition devait en être transmise au receveur des domaines de Neufchâteau, il paraissait constant que le sieur Herbinot n'en avait jamais eu connaissance, et que ce receveur aurait lui-même ignoré l'existence de cet arrêté, puisqu'il n'en avait fait aucune mention sur son sommier, et que, postérieurement audit arrêté, il avait reçu du sieur Herbinot le prix entier de la vente, ainsi qu'il résultait d'un certificat délivré le 5 juillet 1816, par le receveur actuel du bureau de Neufchâteau.

Néanmoins, le 16 août 1816, le conseil de préfecture des Vosges rendit un arrêté ainsi conçu :

« Vu la pétition présentée par le sieur Nicolas-Catherine Massy, greffier de la justice de paix du canton de Neufchâteau, tendante à faire déclarer nuls et comme non avenus les paiemens effectués dans la caisse du receveur des domaines de Neuchâteau, par le sieur Herbinot, de l'intégralité du prix de l'acquisition par lui faite, le 29 pluviose an 3, devant le directoire du district dudit lieu, d'une maison située en ladite ville, provenant de la succession du père du pétitionnaire, ladite maison indivise entre ce dernier et ses frères émigrés, sur lesquels elle a été vendue, et à ce qu'il plaise au conseil de préfecture, après avoir reconnu les droits du pétitionnaire, l'autoriser à poursuivre contre ledit sieur Herbinot le recouvrement avenant au pétitionnaire dans le prix de la vente, ainsi qu'il en conste par un arrêté du directoire du district de Neufchâteau, en date du 17 ventose de l'an 3;

» Vu les pièces produites par le pétitionnaire, notamment le procès-verbal d'adjudication du 29 pluviose an 3, et l'arrêté précité du directoire du district de Neufchâteau du 17 nivose suivant;

» Vu pareillement les mémoires, réponses, observations et répliques du sieur Herbinot, et notamment un certificat du receveur des domaines de Neufchâteau, produit par le sieur Herbinot à l'appui de sa défense, lequel certificat, en date du 13 juillet 1816, constate que le receveur qui l'a délivré, n'a trouvé dans son bureau aucune trace de l'arrêté du directoire du district de Neufchâteau, du 17 ventose an 3, qui fixe au quart la part avenant au sieur Massy, dans le prix de la vente dont il s'agit, et atteste, au surplus, que la part avenant audit sieur Massy dans le prix de cette même vente, est réglé au tiers sur les sommiers des comptes ouverts aux émigrés dans les bureaux du domaine de Neufchâteau;

» Vu aussi l'avis du sous-préfet de l'arrondissement de Neufchâteau, du 16 juillet dernier, et celui du directeur des domaines, du 3 de ce mois;

» Considérant que l'article 8 de la loi du 13 septembre 1793, sous l'empire de laquelle la vente dont il s'agit a été faite, prescrit purement et simplement aux acquéreurs de biens indivis avec les émigrés, de payer aux propriétaires le prix relatif à la quotité pour laquelle il a droit, d'après la reconnaissance qui en aura été faite par le directoire du district, sans les obliger à verser la totalité du prix de leur adjudication dans les caisses publiques, lorsque le copropriétaire néglige de lui représenter la reconnaissance mentionnée audit article, par lequel, dans le cas de non représentation de la part du propriétaire de reconnaissance dont il s'agit, l'acquéreur a toujours le moyen de se libérer valablement envers le propriétaire, en recourant à la voie de consignation ouverte à tous débiteurs dont les créanciers ne peuvent ou ne veulent recevoir ce qui leur est dû;

» Considérant que l'article 109 de la loi du premier floréal an 3, dont le sieur Herbinot se prévaut dans sa défense, ne peut porter atteinte aux dispositions de la loi précitée, et ne peut s'entendre que des clauses des actes de vente précédemment effectués, qui auraient autorisé l'acquéreur à verser dans les caisses publiques la totalité du prix sans distinction des parts indivises, et, qu'au contraire, l'article 8 de la loi du 13 septembre 1793 distingue la part du gouvernement de celle des propriétaires, et veut expressément que l'acquéreur verse entre les mains du propriétaire ce qui le concerne sur la reconnaissance du directoire du district; que, d'après ces principes puisés dans l'ordonnance du 4 janvier 1816, confirmative d'un arrêté du conseil de préfecture du département des Vosges, du premier août 1814, le sieur Herbinot n'a pu payer dans la caisse du receveur des domaines de Neufchâteau ce qui était dû au sieur Massy, sans y avoir notamment été contraint, à défaut de liquidation des droits respectifs du gouvernement et du propriétaire; que cette contrainte n'a pu être ordonnée par le directoire, qui, par arrêté du 17 ventose an 3, avait fixé les droits du sieur Massy au quart du prix de la vente, et l'avait autorisé à toucher cette part des mains du sieur Herbinot; que, d'un autre côté, le versement de la totalité du prix de cette vente n'a pu être exigé de la part du receveur des domaines de Neufchâteau, qui, en supposant qu'il n'ait pas eu connaissance de l'arrêté du 17 ventose, savait que le gouvernement n'avait droit qu'au tiers du prix de l'immeuble vendu, d'après le compte ouvert aux émigrés Massy, sur le sommier de son bureau, ainsi qu'il en conste par le certificat joint aux pièces, délivré au sieur Herbinot par le receveur actuel du bureau de Neufchâteau, d'où il résulte que le sieur Herbinot a volontairement dérogé au mode de paiement prescrit par l'article 8 de la loi du 13 septembre 1793, en versant dans la caisse publique ce qu'il devait payer entre les mains du sieur Massy, et que cette dérogation le rend garant envers ce dernier, de la part qui lui est attribuée par l'arrêté du 17 ventose an 3, dans le prix de la vente dont il s'agit; qu'il ne peut prétexter cause d'ignorance du montant de la somme qu'il devait payer entre les mains du sieur Massy, puisque, d'un côté, la liquidation des droits du gouvernement et du cohéritier était faite par le directoire du district avant les échéances de paiemens faits par le procès-verbal d'adjudication; et que, d'un autre côté, il existait un compte ouvert aux héritiers Massy sur les sommiers du receveur du bureau des domaines; que d'ailleurs ce n'est point au créancier à procurer à son débiteur les moyens dont il peut avoir besoin pour parvenir à sa libération; que, d'après ce principe de jurisprudence générale, le sieur Herbinot devait s'enquérir, soit auprès du directoire du district, de ce qu'il devait tant au gouvernement qu'au propriétaire, soit auprès du receveur des domaines de ce qu'il devait au gouvernement; que la connaissance des parts avenant au gouvernement lui aurait donné celle des parts dues au propriétaire, et qu'alors il aurait pu opérer sa libération envers l'un et envers l'autre en payant au receveur des domaines la part du gouvernement, et consignant celle du propriétaire, faute par ce dernier de lui représenter la reconnaissance mentionnée en l'article 8 de ladite loi du 13 septembre 1793.

» Par ces motifs, le conseil de préfecture déclare que les paiemens effectués par le sieur Herbinot, dans la caisse du receveur de Neufchâteau, de la totalité du prix de la vente à lui faite le 29 pluviose an 3, n'ont point opéré la libération de cet acquéreur envers le sieur Massy, pour ce qui le concerne dans le produit de cette vente; autorise, en conséquence, le sieur Massy à poursuivre ledit sieur Herbinot en paiement du quart qui le concerne dans le prix de cette vente, ainsi qu'il est réglé par l'arrêté du district de Neufchâteau, du 17 ventose de l'an 3, sauf le recours du sieur Herbinot contre qui il appartiendra, s'il s'y croit fondé. »

Tel est l'arrêté contre lequel le sieur Herbinot se pourvut au Conseil d'état pour en obtenir l'annullation comme contraire aux principes et aux lois de la matière.

Pour en fournir la preuve, il soutenait :

Que les articles 8 et 9 de la loi du 13 septembre 1793, et l'article 109 de la loi du 1er. floréal an 3, imposaient, en effet, aux acquéreurs, l'obligation de payer aux copropriétaires la portion qui leur revenait dans les biens vendus, mais que c'était à des conditions dont aucune n'avait été remplie dans l'espèce;

Que le copropriétaire, pour faire reconnaître ses droits par l'acquéreur, et pour que celui-ci pût payer avec sûreté, devait préalablement les soumettre à la sanction du directoire du district; or, que dans l'espèce, cette obligation formelle et rigoureuse n'avait nullement été remplie, et qu'elle devenait d'autant plus nécessaire, que l'acte de vente ne contenait qu'une désignation vague et incertaine, en ce qu'il y était dit simplement, *et leurs cohéritiers*; qu'à ce défaut de désignation positive, se joignait celui non moins évident, de signification légale qui aurait dû être faite à lui Herbinot, de l'arrêté du 17 ventose an 3, soit par l'administration du district, soit par les cohéritiers intéressés, mais que, dans l'espèce, rien de tout cela n'avait eu lieu; qu'ainsi les droits du sieur Massy, avant le paiement définitif, n'ayant été ni légalement, ni publiquement reconnus, lui, Herbinot, avait dû payer entre les mains du receveur des domaines, comme il l'avait fait, le prix de son acquisition, et que conséquemment il ne devait rien au sieur Massy.

De son côté, le sieur Massy soutenait :

Qu'aux termes des lois des 3 juin et 13 septembre 1793, le sieur Herbinot ne pouvait être valablement libéré du prix de son acquisition qu'autant qu'il aurait acquitté, envers les copropriétaires, la portion revenant à chacun, ce qu'il n'avait point fait; quoique pourtant il fût averti par l'acte de son adjudication même, qu'il y avait *indivision*, et que, conséquemment, les paiemens qu'il avait faits entre les mains du receveur des domaines, ne pouvaient représenter que les portions qui appartenaient au domaine, et non s'appliquer à celles grèvées de *l'indivision*; que la loi n'exigeait point et ne pouvait exiger, au moment de l'adjudication, une désignation juste et spéciale des cohéritiers dans l'acte de vente, non plus que dans l'état dressé au district, et que le sieur Herbinot ne pouvait, pour se soustraire à ses obligations envers les copropriétaires, invoquer la prétendue inexécution des formalités exigées par la loi qui faisait un appel de titres aux propriétaires et indiquait les mesures à prendre postérieurement, et non au moment de l'adjudication;

Qu'à l'égard de la signification légale que le sieur Herbinot prétend qu'il aurait dû recevoir de l'arrêté du 17 ventose an 3, soit de la part du directoire du district, soit de la part de la dame veuve Massy, sans laquelle formalité, selon lui, son paiement intégral était devenu régulier; le directoire du district de Neufchâteau s'était borné à ordonner qu'une expédition de cet arrêté serait adressée au receveur des domaines, pour qu'il eût à s'y conformer, et que la dame veuve Massy n'avait point à s'immiscer dans l'exécution d'une des dispositions dudit arrêté, qui lui était totalement étrangère; qu'elle avait dû se borner à obtenir un décision dont le seul but était de conserver les droits de son fils mineur;

Que l'article 109 de la loi du 1er. floréal an 3, invoqué par le sieur Herbinot, n'était nullement applicable à l'espèce, ainsi que le conseil de préfecture luimême l'avait reconnu, et que, tant que le sieur Herbinot ne rapporterait pas une quittance légale et intégrale de la part de tous les copropriétaires intéressés, il ne pouvait être considéré comme libéré envers eux; qu'une ordonnance du 4 janvier 1816, rendue dans une espèce semblable à celle dont il s'agit, entre la demoiselle d'Hebecourt et le sieur Berard de Ronceux, maintint un arrêté du conseil de préfecture des Vosges, du 1er. août 1814, qui condamnait le sieur Berard de Ronceux à payer à la demoiselle d'Hebecourt, copropriétaire par indivis, le prix de la quotité à elle appartenant, comme indûment versé à la caisse du domaine par ledit sieur de Ronceux; qu'ainsi l'arrêté du même conseil de préfecture, attaqué par le sieur Herbinot devait être maintenu, puisqu'il contenait une décision absolument semblable à celle rendue contre ledit sieur de Ronceux.

Sur le pourvoi du sieur Herbinot est intervenue l'ordonnance suivante :

LOUIS, etc.; — Sur le rapport du comité du contentieux;

Vu la requête à nous présentée par le sieur François Herbinot, négociant, domicilié à Paris, enregistrée au secrétariat du comité du contentieux de notre Conseil d'état, le 8 octobre 1816, et tendante à ce qu'il nous plaise annuller un arrêté du conseil de préfecture du département des Vosges, en date du 16 août 1816, lequel décide que les paiemens effectués par le requérant dans la caisse du receveur de Neufchâteau, de la totalité du prix de la vente à lui faite le 29 pluviose an 3, n'ont point opéré la libération de cet acquéreur envers le sieur Massy, pour ce qui le concerne dans le produit de cette vente, et autorise, en conséquence, ledit sieur Massy à poursuivre ledit sieur Herbinot en paiement du quart qui lui revient dans ladite vente, ainsi qu'il est réglé par l'arrêté du district de Neufchâteau, du 17 ventose de l'an 3, sauf le recours du sieur Herbinot contre qui il appartiendra, s'il s'y croit fondé;

Vu la requête en défense produite par le sieur Nicolas Catherine Massy, greffier de la justice de paix de Neufchâteau, enregistrée au secrétariat de notre comité du contentieux de notre Conseil d'état, le 20 mars 1817;

Vu le procès-verbal d'adjudication, du 29 pluviose an 3, par lequel le district de Neufchâteau vend, au sieur Herbinot, une maison provenant de la succession de feu Jacques-Sébastien Massy, *indivise* entre Charles et Stanislas Massy fils, émigrés, et leurs cohéritiers;

Vu l'arrêté des administrateurs du district de Neufchâteau, du 17 ventose an 13, lequel autorise la dame veuve Massy, en sa qualité de tutrice de Nicolas-Catherine Massy, son fils mineur, à toucher de François Herbinot, adjudicataire de la maison provenant du sieur Massy père, le quart du prix de vente, comme appartenant à son fils mineur;

Vu l'arrêté attaqué du conseil de préfecture du département des Vosges, en date du 16 août 1816;

Ensemble toutes les pièces comprises au dossier de l'affaire;

Considérant que l'article 8 de la loi du 13 septembre 1793, sous l'empire de laquelle la vente dont il s'agit a été faite, prescrit aux acquéreurs des biens indivis vendus par l'état de payer à ses copropriétaires le prix relatif à la quotité pour laquelle ils ont droit dans le produit desdites ventes, d'après la reconnaissance qui en aura été faite par le directoire du district; qu'en conséquence, les versemens que le sieur Herbinot a fait par anticipation de la totalité de son prix dans la caisse du receveur du domaine de Neufchâteau, ne peut le libérer à l'égard du sieur Massy, auquel la loi donnait une action directe contre lui, et dont le droit avait été déterminé par l'arrêté du district du 17 ventose an 3;

Notre Conseil d'état entendu,

Nous avons ordonné et ordonnons ce qui suit.

Art. 1er. La requête du sieur Herbinot est rejetée.

2. Le sieur Herbinot est condamné aux dépens.

3. Notre garde des sceaux ministre secrétaire d'état de la justice et notre ministre secrétaire d'état des finances sont chargés, chacun en ce qui le concerne, de l'exécution de la présente ordonnance.

Ordonnance du 16 juillet 1817. (2708.)

N°. 62.

PATENTE.—Cessation de commerce.-Réduction.

Un négociant qui a payé d'avance sa patente pour toute l'année, n'est pas fondé à réclamer la restitution d'une moitie du prix, encore qu'il ait cessé son commerce au milieu de l'année; la restitution et la réduction ne peuvent avoir lieu qu'au cas de décès du patenté. (Lois des 4 thermidor an 3, 6 fructidor an 4, 1er. brumaire an 7; — arrêté du Gouvernement du 26 brumaire an 10, et loi du 13 floréal an 10.)

(Noras.)

LOUIS, etc.; — Sur le rapport du comité du contentieux;

Vu une lettre de notre ministre secrétaire d'état des finances, du 14 avril 1817, par laquelle il demande l'annullation d'un arrêté du conseil de préfecture du département du Loiret, du 30 janvier 1816, qui, faisant l'application des lois sur les patentes, a accordé au sieur de Noras, la remise de moitié du prix de sa patente pour l'année 1815, sur le motif qu'il avait cessé son commerce au 1er. juin de la même année;

Vu une lettre de notre garde des sceaux ministre secrétaire d'état de la justice, du 26 avril 1817, au sieur de Noras, par laquelle il l'engage, conformément aux réglemens, à faire constituer un avocat, et celle en réponse du sieur de Noras, par laquelle il annonce ne pas vouloir faire cette constitution et s'en rapporter à la justice du Conseil,

Vu les lois des 4 thermidor an 3 (22 juillet 1795) 6 fructidor an 4 (23 août 1796) et 1er. brumaire an 7 (22 octobre 1798); l'arrêté du Gouvernement du 26 brumaire an 10 (17 novembre 1801) et la loi du 13 floréal an 10 (3 mai 1802) relatifs aux patentes;

Considérant que, sous le régime des lois des 4 thermidor an 3 et 1er. brumaire an 7, les patentes étaient payables pour l'année entière sans qu'elles pussent être bornées à une partie de l'année, et sans aucune restitution ni réduction en cas de décès ou de cessation de commerce; que la seule exception faite par la loi du 13 floréal an 10, n'est applicable qu'au cas de décès des patentés;

Notre Conseil d'état entendu,

Nous avons ordonné et ordonnons ce qui suit:

Art. 1er. l'arrêté du conseil de préfecture du département du Loiret, du 30 janvier 1816, par lequel il a été accordé au sieur de Noras remise d'une partie de sa patente de 1815, pour cause de cessation volontaire de commerce dans le cours de ladite année 1815, est annullée.

2. Notre ministre secrétaire d'état des finances est chargé de l'exécution de la présente ordonnance.

Ordonnance du 16 juillet 1817. (2712)

No. 63.

COMMUNE. — Vente administrative. — Contentieux.

Lorsqu'il y a lieu à se pourvoir en annullation contre la vente faite par un préfet, de terrains prétendus communaux, la contestation doit être portée au conseil de préfecture, sauf recours au Conseil d'état. Il ne faut se pourvoir, ni directement au Conseil d'état comme pour excès de pouvoir, ni directement au ministre pour la réformation de l'acte administratif.

Si, au lieu d'une action en nullité de vente, c'est une action en revendication qui met en doute la propriété de la commune, alors la contestation doit être portée devant les tribunaux et non devant l'autorité administrative.

(Le sieur Darroze.)

Par délibération du conseil municipal de la commune de Campagne, département des Landes, du 21 juin 1812, il fut concédé au sieur Darroze, six hectares de landes communales qu'il fit entourer de fossés.

En 1815, il soumissionna, en vertu des lois relatives à la vente des biens communaux, des 9 ventose an 12 et 20 mars 1813, et de l'ordonnance du 6 juin 1814, vingt-sept hectares de terres dont il se prétendait en possession et jouissance depuis le mois d'octobre 1812.

Sur cette soumission, et en vertu des lois et ordonnance précitées, le préfet du département des Landes consentit, le 13 juillet 1815, acte de vente au sieur Darroze des vingt-sept hectares de Landes dont il s'agit, et provenant de la commune de Campagne, moyennant la somme de 224 francs 50 centimes, que ledit Darroze était tenu de verser à la caisse d'amortissement au profit de laquelle ladite vente avait été faite.

En vertu de ce titre, le sieur Darroze se mit en possession des landes par lui acquises.

Mais divers particuliers, se prétendant propriétaires desdites landes, attaquèrent le sieur Darroze en réintégrande, devant le juge de paix du canton de Mont-de-Marsan, qui, par jugement du 3 août 1815, se déclara incompétent pour prononcer sur la question de propriété agitée entre les parties.

Le maire de la commune de Campagne, dans l'intérêt de ses administrés, poursuivit devant l'administration, l'annullation de l'acte de vente consentie au sieur Darroze.

Par arrêté du 6 février 1816, le préfet décida qu'il n'y avait lieu à statuer sur cette demande, sauf aux parties qui se croiraient lésées, à se pourvoir devant qui de droit.

Mais, sur une nouvelle réclamation du maire et de quelques habitans de la commune de Campagne, le préfet rendit, le 28 mars 1816, un nouvel arrêté par lequel il défendit au sieur Darroze de faire aucune entreprise sur les fonds en litige; un autre arrêté du même préfet, du 16 avril 1816, renouvela cette défense au sieur Darroze.

Enfin le préfet, par un dernier arrêté du 20 juin 1816, rapporta ses précédens arrêtés, sur le motif que c'était devant les tribunaux ordinaires que les parties devaient faire valoir leurs prétentions respectives.

C'est contre l'acte du 13 juillet 1815, que le maire et divers habitans de la commune de Campagne se pourvurent devant le Conseil d'état, pour en faire prononcer l'annullation.

Dans leurs moyens ils soutenaient :

Qu'aucune des formalités prescrites par les lois, et notamment par celle du 20 mars 1813, n'avait été remplie dans la vente faite au sieur Darroze, par l'acte du 13 juillet 1815; qu'aux termes de l'article 4 de cette loi, il fallait que le receveur du domaine prît possession des biens au nom de la caisse d'amortissement à laquelle ils étaient cédés en vertu de l'art. 1er. de la même loi; or, que dans l'espèce, cette condition n'avait point été remplie, non plus que la formalité indispensable des affiches de la désignation, de l'indication du jour de la vente, des enchères publiques, et que, du moment que la caisse d'amortissement n'avait pas été préalablement mise en possession des objets vendus, la vente faite au sieur Darroze n'avait pu être légalement consentie, et qu'ainsi elle devait être regardée comme nulle et non avenue.

Sur quoi est intervenue l'ordonnance dont la teneur suit :

LOUIS, etc.; — Sur le rapport du comité du contentieux,

Vu la requête à nous présentée par le maire de la commune de Campagne et les sieurs Gauzère, Fauthons et consorts; ladite requête enregistrée au secrétariat du comité du contentieux de notre Conseil d'état, le 19 mai 1817, et tendante à l'annullation d'un acte passé par le préfet du département des Landes, le 13 juillet 1815, en faveur du sieur Darroze; ledit acte portant vente de vingt-sept hectares de landes prétendues communales, et revendiqués par les requérans;

Vu ledit acte;

Ensemble toutes les pièces jointes au dossier;

Considérant, dans l'espèce, relativement à la question élevée par la commune de Campagne, sur la validité de l'acte de vente du 13 juillet 1815; qu'aux termes de la loi du 28 pluviose an 8, cette question doit être préalablement décidée par le conseil de préfecture du département des Landes, sauf recours au Conseil d'état;

Considérant, relativement à la réclamation formée par les sieurs Gauzère, Fauthons et consorts, sur la propriété des biens aliénés; qu'aux termes du décret du 17 janvier 1814, cette question est uniquement du ressort des tribunaux;

Notre Conseil d'état entendu,

Nous avons ordonné et ordonnons ce qui suit :

Art. 1er. La requête du maire de la commune de Campagne et des sieurs Gauzère, Fauthons et consorts est rejetée.

2. Notre ministre secrétaire d'état des finances est chargé de l'exécution de la présente ordonnance.

Ordonnance du 16 juillet 1817. (2714)

N°. 64.

DOUANES.—DÉCISION MINISTÉRIELLE.—ADMINISTRATION D'ÉCONOMIE. — CHOSE JUGÉE. — ACTION CIVILE.

Une décision ministérielle, en matière de douanes, n'a pas l'effet de la chose jugée; elle ne doit donc pas être attaquée devant le Conseil d'état; ce n'est qu'une instruction supérieure donnée aux subalternes du ministre; le particulier lésé conserve toute faculté de se pourvoir devant les tribunaux.

(Le sieur Rouget.)

LOUIS, etc.; — Sur le rapport du comité du contentieux;

Vu la requête à nous présentée par le sieur Claude-Antoine Rouget, propriétaire à Moulthes, département du Doubs; ladite requête enregistrée au secrétariat du comité du contentieux du Conseil d'état, le 21 mai 1817, et tendante à l'annullation d'une décision de notre ministre secrétaire d'état des finances du mois de mai 1817, laquelle maintient une saisie exécutée contre ledit sieur Rouget, sur des tissus de coton qu'il cherchait à introduire dans la ville de Dijon, contrairement à la loi du 28 avril 1816, qui en avait ordonné la réexportation;

Vu ladite décision et les pièces produites;

Considérant qu'aux termes des lois des 7 septembre 1790 et 22 août 1791, maintenues par la loi du 17 décembre 1814, la connaissance des actions civiles, relatives à la perception des droits de douane, appartient aux tribunaux ordinaires;

Notre Conseil d'Etat entendu,

Nous avons ordonné et ordonnons ce qui suit:

Art. 1er. La requête du sieur Rouget est rejetée, sauf à lui à se pourvoir, s'il le juge convenable devant les tribunaux ordinaires.

3. Notre ministre secrétaire d'état des finances est chargé de l'exécution de la présente ordonnance.

Ordonnance du 16 juillet 1817. (2716)

N°. 65.

MISE EN JUGEMENT.—CONCUSSION.—BONNE FOI.

Le Conseil d'état ne met pas en jugement un sous-préfet prévenu de concussion pour avoir perçu un droit d'expédition sur la vente des biens communaux par assimilation à la vente de biens nationaux, si la perception a eu lieu ostensiblement et de bonne foi.

(Le sieur Dupré Saint-Maur.)

LOUIS, etc.; — Sur le rapport du comité du contentieux;

Vu les pièces d'une procédure commencée au tribunal de première instance de l'arrondissement de Beaune, département de la Côte-d'Or, contre le sieur Girard, commis de la sous-préfecture dudit arrondissement, et prévenu de concussion dans l'exercice de ses fonctions;

Vu l'ordonnance de la chambre du conseil du tribunal de Beaune, du 25 février 1817, rendue sur le réquisitoire de notre procureur près ledit tribunal, à l'effet d'être autorisé à mettre en jugement le sieur Dupré Saint-Maur, ex-sous-préfet de l'arrondissement de Beaune, comme responsable des faits imputés au sieur Girard, son commis;

Vu la lettre écrite à notre garde des sceaux, par notre procureur-général près la Cour royale de Dijon, laquelle exprime l'avis qu'il n'y a pas lieu d'accorder l'autorisation demandée;

Vu l'avis émis par notre ministre secrétaire d'état au département de l'intérieur, et tendante également à refuser l'autorisation de poursuivre devant les tribunaux le sieur Dupré Saint-Maur;

Ensemble toutes les pièces comprises au dossier de l'affaire;

Considérant que le sieur Dupré Saint-Maur ne nie pas avoir perçu un droit d'expédition sur la vente des biens communaux; mais qu'il résulte de tous les faits de la procédure, qu'il les a perçus de bonne foi, et en croyant pouvoir assimiler les ventes de biens communaux aux autres ventes de biens nationaux ou de bois domaniaux, sur lesquelles ladite perception était autorisée;

Considérant que cette perception a été ostensible et avouée; et que, si elle a été faite indûment, elle ne peut être regardée comme une concussion;

Notre Conseil d'état entendu,

Nous avons ordonné et ordonnons ce qui suit :

Art. 1er. Il n'y a lieu à autoriser la continuation des poursuites dirigées contre le sieur Dupré Saint-Maur, ex-sous-préfet de l'arrondissement de Beaune, département de la Côte-d'Or, pour cause de concussion, sauf l'action civile, s'il y a lieu, en restitution des sommes perçues.

2. Notre garde des sceaux ministre secrétaire d'état de la justice et notre ministre secrétaire d'état de l'intérieur sont chargés, chacun en ce qui le concerne, de l'exécution de la présente ordonnance.

Ordonnance du 16 juillet 1817. (2718)

N°. 66.

RESPONSABILITÉ DES PÈRES ET MÈRES. — PRÉFET.

La responsabilité civile dont un père est passible par suite des faits dommageables de son fils, ne doit, en aucun cas, être prononcée par un préfet ; c'est une matière judiciaire.

(Le sieur Clément.—C.—la commune de Recey-sur-Ource.)

Par arrêt de la cour d'assises du département de la Haute-Marne, le sieur Clément fils fut condamné à cinq années de réclusion, comme coupable d'avoir blessé un officier de l'armée autrichienne d'un coup d'arme à feu, et aux frais de la procédure.

Un arrêté du préfet du département de la Côte-d'Or, du 1er. mars 1817, condamna le sieur Clément père au paiement d'une somme de 1724 fr. 30 cent., montant des frais évalués pour la nourriture et la guérison de l'officier, et réclamés par la commune de Recey-sur-Ource.

Le sieur Clément forma opposition à cet arrêté, qui avait été rendu par défaut contre lui ; mais il fut confirmé par un second arrêté pris le 5 avril suivant.

C'est contre ces deux décisions que le sieur Clément père s'est pourvu au Conseil d'état.

Ses moyens tendaient à établir,

1°. Que les arrêtés attaqués avaient violé les règles de la compétence, et notamment l'article 13 du titre 2 de la loi du 24 août 1790 et la loi du 16 fructidor an 3, sur la démarcation des fonctions judiciaires et des fonctions administratives, en prononçant sur une demande qu'il n'appartenait qu'aux tribunaux de connaître, attendu que les communes n'étaient pas dispensées de la règle générale qui veut que les peines pécuniaires à raison d'un délit ne puissent être appliquées que par l'autorité judiciaire, qui étant seule compétente pour le principal, est aussi seule compétente pour les condamnations accessoires, telle qu'une condamnation en dommages-intérêts, soit contre l'accusé, soit contre les personnes responsables ;

2°. Que les mêmes arrêtés avaient en outre violé la chose jugée et l'article 359 du Code d'instruction criminelle, qui voulait qu'une telle demande fût formée devant la Cour d'assises par la partie civile, avant le jugement, sous peine de ne plus être recevable à la former ; que n'ayant eu contre son fils ni contre lui aucune demande ni aucune condamnation en dommages-intérêts, il y avait par conséquent chose jugée à cet égard, c'est-à-dire, absolution implicite en leur faveur ;

3°. Enfin que lesdits arrêtés violaient encore l'article 1384 du Code civil et l'article 74 du Code pénal. Pour justifier cette assertion, le sieur Clément père rappelait les termes de l'article 1384 du Code civil, qui rend les père et mère responsables du dommage causé par leurs enfans, à moins qu'ils prouvent qu'ils n'ont pu empêcher ce fait ; et il objectait qu'un coup de feu tiré dans un moment d'effervescence, dans un moment où des soldats étrangers venaient se livrer à des excès répréhensibles ; en un mot au moment d'une rixe imprévue et rapide, était un fait qui, assurément, n'avait pas dépendu de la puissance du père sur son fils, puisqu'un fils capable de se laisser emporter à un mouvement aussi violent ne saurait plus rendre ses parens responsables d'une action de cette nature ; que ce qui prouvait jusqu'à l'évidence qu'on n'avait jamais entendu lui imputer le fait dont son fils s'était rendu coupable, c'est que devant la Cour d'assises on s'était abstenu de le charger d'aucune responsabilité, et que le préfet, dans son arrêté, ne citait aucune circonstance susceptible de contredire l'absolution virtuelle que contenait en sa faveur l'arrêt de la Cour d'assises. Enfin le sieur Clément père invoquait la déchéance prononcée par l'article 359 du Code d'instruction criminelle contre la partie civile qui ne réclame point à temps utile ses dommages-intérêts.

Sur quoi est intervenue l'ordonnance dont la teneur suit.

LOUIS, etc. ; — Sur le rapport du comité du contentieux ;

Vu la requête à nous présentée par le sieur Clément père, cultivateur, demeurant à Saint-Brouing-les-Lucey, canton de Recey, département de la Côte-d'Or ; ladite requête enregistrée au secrétariat du comité du contentieux de notre Conseil d'état, le 16 mai 1817, et tendante à ce qu'il nous plaise annuller deux arrêtés du préfet dudit département, en date des 1er. mars et 5 avril 1817 ; lesquels, en se fondant sur l'article 74 du Code pénal et sur l'article 1384 du Code civil, ont condamné ledit sieur Clément père à payer, entre les mains du percepteur de la commune de Recey-sur-Ource, de quinze jours en quinze jours, et en trois paiemens égaux, la somme de 1724 francs 30 centimes, montant des dépenses faites par ladite commune de Recey-sur-Ource à l'occasion de la maladie de l'officier autrichien Mainoni, blessé d'un coup d'arme à feu par le sieur Clément fils ;

Vu les deux arrêtés précités ;

Considérant que le préfet a statué sur une demande en remboursement dont la connaissance appartient aux tribunaux ;

Notre Conseil d'état entendu,

Nous avons ordonné et ordonnons ce qui suit :

Art. 1er. Les arrêtés du préfet du département de la Côte-d'Or, en date des 1er. mars et 5 avril 1817, sont annullés pour cause d'incompétence, sauf à la commune de Recey-sur-Ource, si elle s'y croit fondée, à se pourvoir devant qui de droit, pour se faire rembourser de ses dépenses.

2. Notre garde des sceaux ministre secrétaire d'état de la justice et notre ministre secrétaire d'état de l'intérieur sont chargés, chacun en ce qui le concerne, de l'exécution de la présente ordonnance.

Ordonnance du 16 juillet 1817. (2713)

No. 67.

CONTRIBUTION. — Saisie.

Un tribunal saisi d'une contestation relative à une réclamation sur l'assiette et la quotité d'une taxe dans la contribution directe, doit en faire le renvoi à l'autorité administrative; il ne peut point se réserver de statuer sur le fond de la cause et sur les dépens après décision administrative, bien que, dans l'espèce, il y ait une saisie et opposition à saisie.

(Le sieur Ruffié-David. — C. — le percepteur des contributions de la commune de Paziols.)

En l'an 7, la dame Boixas, propriétaire de plusieurs pièces de terre situées dans la commune de Poisols, département de l'Aude, vendit au sieur Ruffié-David deux desdites pièces de terres, et aliéna ensuite le reste à d'autres individus. Les contributions foncières de la dame Boixas s'élevaient, pour ses immeubles réunis, à la somme de 17 francs 48 centimes, dont, après la vente, elle aurait dû être déchargée sur les rôles.

Mais le sieur Ruffié, alors secrétaire de la commune de Poisols, fit lui-même la mutation sur les registres, et ne s'y porta que pour 1 franc 15 centimes au lieu de 7 francs 23 centimes, à quoi s'élevait la contribution due pour les deux pièces de terre par lui acquises : il restait ainsi 6 fr. 8 cent. à la charge de la dame Boixas pour le recouvrement de laquelle somme le percepteur des contributions fit vainement des poursuites contre elle ; mais ayant depuis découvert la fraude du sieur Ruffié, le percepteur fit saisir les meubles et effets de ce dernier.

Le sieur Ruffié forma opposition à cette saisie et en demanda la nullité, sur le motif que ce qu'il avait payé jusqu'à ce jour pour l'immeuble de la dame Boixas, était tout ce qu'il devait; qu'ainsi c'était à tort qu'on voulait exiger de lui un impôt plus élevé.

Sur sa réclamation, le tribunal de première instance de Carcassonne rendit, le 28 août 1816, un jugement par lequel il renvoya les parties à faire vérifier, par le conseil de préfecture, la cote que devait supporter le sieur Ruffié pour le bien qui lui avait été vendu par la dame Boixas, pour, cette vérification faite et rapportée, être ultérieurement statué ce qu'il appartiendrait.

Mais, par arrêté du 29 mars 1817, le préfet du département de l'Aude éleva le conflit d'attribution, sur le motif que le tribunal avait excédé ses pouvoirs en se réservant la connaissance du fond de la contestation dont il s'agit, laquelle, suivant ce fonctionnaire, ne pouvait être décidée que par l'autorité administrative, qui avait seule le droit d'asseoir et de répartir les contributions, d'en diriger et d'en surveiller la perception, ainsi que les opérations des agens chargés d'en poursuivre le recouvrement ;

Que, dans l'espèce, il ne s'agissait point de nullités pour vices de formes dans les procédures, ni d'une expropriation forcée dont la poursuite ne pourrait avoir lieu que devant les tribunaux ordinaires, mais seulement de savoir si le sieur Ruffié avait ou non droit à une décharge ou réduction sur le montant de sa cote, question qui rentrait évidemment dans les attributions de l'autorité administrative.

Sur ce conflit est intervenue l'ordonnance suivante :

LOUIS, etc. — Sur le rapport du comité du contentieux ;

Vu l'arrêté de conflit pris par le préfet du département de l'Aude, le 29 mars 1817, par lequel il revendique, pour cause de compétence administrative, l'affaire introduite devant le tribunal de première instance séant à Carcassonne, par le sieur Ruffié-David, de la commune de Pasiols, opposant à la saisie exécutée contre lui à la requête du percepteur de cette commune, par exploit du 27 janvier 1816 ;

Vu le jugement interlocutoire, du 28 août 1816, par lequel le tribunal de première instance séant à Carcassonne renvoie l'affaire au conseil de préfecture, seulement pour vérifier la cote du sieur Ruffié-David, et se réserve de statuer, après cette vérification, tant sur le fond de la cause que sur ses dépens ;

Vu le rapport de notre garde des sceaux ministre secrétaire d'état au département de la justice, concluant à l'approbation de l'arrêté de conflit ;

Ensemble toutes les pièces comprises au dossier de l'affaire ;

Considérant que le tribunal de première instance séant à Carcassonne, saisi d'une contestation relative à une réclamation sur l'assiette et la quotité d'une taxe dans la contribution directe, devait en faire le renvoi, sans réserve, à l'autorité administrative, seule compétente pour en connaître ;

Notre Conseil d'état entendu,

Nous avons ordonné et ordonnons ce qui suit :

Art. 1er. L'arrêté de conflit pris par le préfet du département de l'Aude, le 29 mars 1817, est approuvé, et le jugement du tribunal de première instance séant à Carcassonne, en date du 28 août 1816, est considéré comme non avenu.

2. Notre garde des sceaux ministre secrétaire d'état de la justice et notre ministre secrétaire d'état des finances sont chargés, chacun en ce qui le concerne, de l'exécution de la présente ordonnance.

Ordonnance du 16 juillet 1817. (2715)

N°. 68.

COMPTE. — JOUISSANCE PROVISOIRE. — INDIVIS.

Les cohéritiers de biens séquestrés indivis, envoyés en jouissance provisoire de la totalité de ces biens, à la charge par eux d'une reddition de compte, s'ils n'avaient pas rendu de compte à l'administration, avant la loi du 5 décembre 1814, doivent aujourd'hui rendre compte à l'émigré réintégré. Toute contestation sur ce compte est du ressort des tribunaux; il n'en est pas comme des décomptes que l'article 3 renvoie à l'autorité administrative.

(La dame de Colleville. — C. — les héritiers Bougy.)

La dame Brossard de Grosménil, épouse du sieur de Colleville, était inscrite sur la liste des émigrés, lorsqu'elle fut appelée avec la dame de Bougy, sa sœur, à recueillir les successions de son père et de sa mère. La nation ayant succédé à ses droits, le séquestre fut apposé sur les biens encore indivis.

En vertu de la loi du 13 ventôse an 3, les sieur et dame Bougy obtinrent la jouissance provisoire de ces biens, à charge par eux d'en rendre compte lors des liquidation et partage.

Cette jouissance provisoire dura depuis le 2 vendémiaire an 4 jusqu'au 4 messidor de la même année; mais ce n'est qu'en 1810 que les sieur et dame de Bougy présentèrent leur compte à la préfecture du département de la Seine-Inférieure. Des omissions ayant été remarquées dans ce compte, il ne fut ni apuré, ni liquidé. Dans cet état de choses, parut la loi du 5 décembre 1814, qui rendit aux émigrés leurs biens non vendus, et les titres de créances à eux dues par des particuliers, et dont la régie était encore en possession.

Il ne restait de la succession des père et mère de la dame de Colleville, que l'action en reddition de compte dont il s'agit; aux termes des articles 2 et 9 de la loi précitée, l'administration des domaines s'en dessaisit et fit la remise à ladite dame de Colleville, de tous les titres et pièces y relatifs.

Le sieur de Bougy étant décédé, la dame de Colleville forma, devant le tribunal de première instance de Rouen, sa demande contre les héritiers Bougy, en reddition de compte.

Mais, par jugement du 9 mai 1816, ce tribunal se déclara incompétent, sur le motif que, d'après les lois relatives à l'émigration, c'était à l'autorité administrative seule qu'appartenait la connaissance des comptes à rendre par les parens d'émigrés qui avaient obtenu la jouissance provisoire des biens de ces derniers, et que la loi du 5 décembre 1814 n'avait rien changé à cette législation.

La dame de Colleville s'étant pourvue devant l'autorité administrative, le préfet de la Seine-Inférieure se déclara incompétent, par arrêté du 3 février 1817, sur le motif que l'administration des domaines, d'après la loi du 5 décembre 1814, avait abandonné à la dame de Colleville les droits que l'état pouvait avoir contre la veuve et les héritiers du sieur de Bougy, à raison du compte qu'ils devaient rendre; que l'action qui en résultait pour la dame de Colleville, n'intéressait qu'elle et ses adversaires; que cette action était donc purement civile et tout-à-fait étrangère à l'administration;

Qu'à la vérité, avant la loi du 5 décembre 1814, et d'après la législation existante, l'Etat était partie intéressée dans les comptes que rendaient les parens des émigrés, et qu'ainsi l'autorité administrative qui accordait la jouissance provisoire, avait incontestablement le droit d'examiner les comptes qui en étaient rendus, et de prononcer sur les difficultés qui pouvaient s'élever à ce sujet; mais qu'aujourd'hui que l'Etat avait fait aux personnes, des droits desquelles il s'était emparé, la remise de ceux qu'il avait conservés, il n'était plus intéressé dans les contestations que l'exercice de ces droits pouvait faire naître; et que, conséquemment, les tribunaux étaient seuls compétens pour statuer dans l'espèce.

De-là un conflit négatif sur lequel il a été statué par l'ordonnance suivante :

LOUIS, etc.; — Sur le rapport du comité du contentieux;

Vu le jugement rendu le 9 mai 1816, par lequel le tribunal de première instance, séant à Rouen, se déclare incompétent sur la demande formée devant lui par la dame Brossard de Grosménil, épouse autorisée du sieur de Colleville, contre les héritiers des sieur et dame Hue de Bougy, en reddition de compte de la gestion et administration de la part de ses biens, dont leurs auteurs furent envoyés en jouissance provisoire, par arrêté de l'administration centrale du département de la Seine-Inférieure, en date du 2 vendémiaire an 4, à la charge de donner caution et de rendre compte;

Vu l'arrêté en date du 3 février 1817, par lequel le conseil de préfecture du département de la Seine-Inférieure, décide : *que la demande en reddition de compte formée par la dame de Colleville contre les héritiers Hue de Bougy, n'est pas de la compétence administrative;*

Vu le rapport de notre garde des sceaux ministre de la justice, afin de réglement de juges dans le conflit négatif résultant des jugement et arrêté d'incompétence ci-dessus relatés, et concluant au renvoi des parties devant les tribunaux ;

Ensemble toutes les pièces comprises au dossier de l'affaire ;

Considérant que l'article 3 de la loi du 5 décembre 1814 n'est applicable qu'aux décomptes pour acquisition de biens nationaux, et qu'il s'agit, dans l'espèce, d'une reddition de compte par suite d'une jouissance provisoire ;

Considérant que l'action en reddition de compte, pour cause de jouissance provisoire des sieur et dame Hue de Bougy, ayant éte restituée à la dame de Colleville, en exécution de la loi du 5 décembre 1814, les contestations qu'elle peut faire naître rentrent dans le droit commun, et doivent être jugées par les tribunaux ordinaires ;

Notre Conseil d'état entendu ;

Nous avons ordonné et ordonnons ce qui suit :

Art. 1er. Le jugement rendu le 9 mai 1816 par le tribunal de première instance, séant à Rouen, est considéré comme non avenu ;

Les parties se retireront devant le même tribunal pour y procéder de nouveau ;

3. Notre garde des sceaux ministre secrétaire d'état de la justice et notre ministre secrétaire d'état de l'intérieur sont chargés, chacun en ce qui le concerne, de l'exécution de la présente ordonnance.

Ordonnance du 16 juillet 1817. (2197)

N°. 69.

ADJUDICATION. — Application. — Pêche. — Rivière navigable.

Les contestations sur l'exécution d'un bail administratif touchant un droit de pêche, doivent être soumises aux tribunaux et non à la justice administrative, lorsqu'il s'agit de savoir en quels lieux la pêche est affermée : c'est-là une question d'application ou d'exécution, et non une question d'interprétation.

(Le sieur Pequet. — C. — le sieur Provost.)

Par un procès-verbal dressé par le sous-préfet de l'arrondissement d'Abbeville, département de la Somme, sur la réquisition de l'administration des eaux et forêts, le sieur Pecquet s'est rendu, le 7 novembre 1812, adjudicataire de la pêche dans le cantonnement, n°. 10, de la rivière de Somme, y compris les contre-fossés. Ce cantonnement s'étend l'espace de quatre kilomètres, et dans cet espace se trouvent deux rivières, l'une dite des Planques et l'autre du Moulin, toutes deux portant bateaux, et affluant dans la Somme. Il y existe aussi un canal et un contre-fossé dont les eaux affluent également à la rivière de Somme.

Le sieur Pecquet, lorsqu'il s'est rendu adjudicataire, était autorisé à croire que les rivières des Planques, du Moulin, le contre-fossé et le canal faisaient partie de son adjudication. C'est aussi ce qu'entendait l'administration des eaux et forêts, comme on le verra par ce qui suit : c'est d'ailleurs ce qui semble résulter d'une clause de bail.

Mais le droit de pêche dans les deux rivières, le canal et le contre-fossé précités, avait été affermé, en 1809, au sieur Provost par la commune de Long, qui possède les prairies où les eaux se trouvent enclavées.

En janvier 1813, lorsque Pecquet entra en jouissance, l'administration des eaux et forêts cita, en police correctionnelle, le sieur Provost pour avoir tendu ses filets dans les rivières de Planques et du Moulin, le canal et le contre-fossé. Celui-ci déclara qu'il usait, en le faisant, d'un droit à lui concédé par la commune de Long : le maire intervint; il prit fait et cause pour le fermier de la commune, et demanda que le tribunal déclarât l'administration des eaux et forêts non-recevable dans sa plainte, parce qu'il s'agissait de savoir à qui les eaux, dont la pêche était contestée, appartenaient.

Le sieur Pecquet, fermier de l'administration, est également intervenu, et il a demandé des dommages et intérêts contre Provost.

Le tribunal d'Abbeville, par jugement du 26 août 1813, « attendu qu'il s'agissait d'un droit de propriété élevé par la commune de Long, a sursis à faire droit jusqu'à ce que les parties se fussent fait régler par les juges compétens. »

Le sieur Pecquet voulait jouir de son bail dans toute son étendue ; il s'est adressé au préfet du département qui, considérant que la question à décider, avant tout, était de savoir si la commune de Long est fondée dans sa prétention au droit exclusif de pêche dans les lieux où son fermier a tendu ses filets, question de propriété sur laquelle les tribunaux peuvent seuls prononcer, s'est déclaré incompétent par arrêté du 11 janvier 1814.

Pecquet s'est alors pourvu devant le tribunal d'Abbeville, pour faire décider si la commune de Long peut être maintenue dans le droit qu'elle s'attribue d'affermer la pêche dans les rivières des Planques et du Moulin, le contre-fossé et le canal qui se trouvent sur son territoire.

Le maire de Long et le fermier de cette commune ont prétendu que le sieur Pecquet, n'étant que fermier de l'administration des eaux et forêts, n'avait pas qualité pour former l'action qu'il intentait (en quoi ils ont été déclarés non-recevables, l'administration étant intervenue) ; subsidiairement, le maire a soutenu la validité du bail fait à Provost, parce que la commune de Long était propriétaire de tous les prés dans lesquels coulaient les rivières et se trouvaient le contre-fossé et le canal dont il s'agit.

Les deux fermiers demandaient des indemnités pour trouble apporté dans leur jouissance, et même pour non-jouissance.

Les choses en cet état, le tribunal a rendu, le 4 juin 1816, un jugement qui, après avoir statué sur divers points, porte que : « La partie la plus diligente se retirera devers l'autorité administrative pour faire statuer par elle si dans l'adjudication faite, le 7 novembre 1812, à Pecquet, de la pêche dans le 10e. cantonnement de la rivière de Somme, sont compris, ou doivent l'être : 1o. le contre-fossé de ladite rivière ; 2o. la rivière du Moulin ; 3o. Celle des Planques ; 4o. le canal dont est ci-dessus question, pour la décision rapportée être par le tribunal statué ainsi qu'il appartiendra. »

Le tribunal donne pour motif de cette décision qu'on ne peut déterminer l'indemnité que réclament les deux fermiers, qu'en connaissant l'étendue des droits de chacun ; ce qui ne peut avoir lieu sans l'interprétation de l'adjudication ; que cette adjudication ayant été faite par le sous-préfet de l'arrondissement, c'est à l'autorité administrative à l'interpréter.

Le préfet devant qui les parties se sont pourvues, en conséquence de ce jugement, s'est déclaré incompétent, par arrêté du 27 mars 1817.

Il se fonde sur ce qu'en principe les difficultés relatives à l'interprétation des actes portant adjudication passée devant l'administration, sur-tout lorsque ces difficultés tiennent à des droits de propriété, sont de la compétence des tribunaux ordinaires.

Cet arrêté devait il être maintenu et le jugement du tribunal d'Abbeville réformé dans la disposition qui a donné lieu au conflit ?

Semblable question s'est présentée en 1815, entre les autorités administrative et judiciaire du même département et un décret du 4 juin de ladite année, qui depuis a reçu son exécution, a annullé l'arrêté par lequel le préfet du département de la Somme avait interprété l'acte d'adjudication faite au profit d'un sieur Labbé, du droit de pêche dans un cantonnement de la rivière de Somme. Il s'agissait de savoir si un lieu où le sieur Labbé avait fait saisir un bateau était ou non compris dans son adjudication.

Les motifs du décret furent que les difficultés relatives à l'interprétation des actes de ce genre, sont de la compétence des tribunaux civils, et qu'ainsi le préfet avait excédé ses pouvoirs en déterminant lui-même le sens et les effets de l'adjudication.

Il s'appliquent parfaitement à l'espèce dont il s'agit, les tribunaux en prononçant sur les droits de propriété, et en déterminant la limite, donnent de l'adjudication la seule interprétation légale dont elle soit susceptible.

Sur quoi a été rendue l'ordonnance dont la teneur suit :

LOUIS, etc. ; — Sur le rapport du comité du contentieux ;

Vu le rapport de notre garde des sceaux ministre de la justice, concluant à l'approbation d'un arrêté du préfet du département de la Somme, en date du 27 mars 1817, lequel établit le conflit négatif relativement au renvoi devant l'autorité administrative, ordonné par jugement rendu le 4 juin 1816, par le tribunal civil d'Abbeville, d'une contestation pendante devant lui entre le sieur Pecquet, adjudicataire de la pêche d'une partie de la rivière de Somme et le sieur Provost, fermier de la pêche dans les eaux communales de Long et Catelet, l'administration des eaux et forêts, d'une part, et la commune de Long, d'autre part, étant intervenues dans la cause ;

Vu le jugement préparatoire du tribunal de première instance séant à Abbeville, en date du 4 juin 1816 ;

Vu l'arrêté de conflit du préfet du département de la Somme, du 27 mars 1817 ;

Ensemble toutes les pièces comprises au dossier de l'affaire ;

Considérant qu'il s'agit d'une contestation relative à un bail administratif, et que la connaissance en appartient aux tribunaux ;

Notre conseil d'état entendu,

Nous avons ordonné et ordonnons ce qui suit:

Art. 1er. Le jugement du tribunal de première instance séant à Abbeville, en date du 4 juin 1816, est considéré comme non-avenu.

2. Notre garde des sceaux ministre secrétaire d'état de la justice est chargé de l'exécution de la présente ordonnance.

Ordonnance du 16 juillet 1817. (2717)

No. 70.

1°. RESPONSABILITÉ. — PROPRIÉTAIRE. — VOIE PUBLIQUE. — DÉGRADATION.
2°. VOIRIE. — PRÉFET. (JUSTICE DU)

1°. *Lorsque des dégradations de la voie publique ont été commises par un propriétaire riverain ou son fermier, l'administration des ponts et chaussées, après avoir fait réparer ces dégradations, est autorisée à obtenir une contrainte contre le propriétaire, sans examiner si le fait dommageable est du propriétaire ou de son fermier. Le propriétaire n'a dans ce cas qu'un droit de recours contre son fermier.*

2°. *Les délits ou contraventions de voirie sont soumis à la justice des préfets en ce qui touche les peines pécuniaires.*

(La demoiselle Cossin. — C. l'administration des ponts et chaussées.)

Par procès-verbal, en date du 14 janvier 1817, le conducteur des ponts et chaussées du département de la

Loire-Inférieure, constate que le ponceau, dit des Nones-Blanches, grande route de Paris à Nantes, avait été dégradé par le curement fait dessous, de telle sorte que les fondations étaient au-dessus du fond du canal.

Ce procès-verbal désigne pour auteurs de cette contravention le sieur Babonneau, aubergiste à la Garde, et le sieur Beauboin, métayer à la Courrosserie, tous deux fermiers de la demoiselle Cossin.

L'urgence de ces réparations ayant été reconnue, elles furent exécutées de suite par l'entrepreneur du gouvernement.

L'arrêté de M. le préfet, qui avait ordonné la prompte exécution des travaux à faire, avait condamné Babonneau et Beaudoin à en payer le montant, sauf leur recours vers qui ils jugeraient convenable dans le cas où ils ne seraient pas les auteurs de la contravention.

Le 1er. février, Babonneau et Beauboin adressèrent au conseil de préfecture une pétition tendante à être déchargés de la condamnation au paiement des réparations : ils prétendirent que comme fermiers des terres voisines du ponceau, ils avaient pu être considérés comme les auteurs du curement; que cependant ils y étaient étrangers, que ces travaux avaient été faits par l'ordre de mademoiselle Cossin, leur propriétaire.

La Dlle. Cossin fournit ses défenses à cette prétention; elle convint d'avoir fait une douve de desséchement pour une pièce de terre qui était submergée presque toute l'année; mais elle nia formellement d'avoir fait faire le curement.

Par arrêté du 4 mars 1817, le conseil de préfecture considérant qu'il avait été impossible à la demoiselle Cossin de faire une douve de desséchement sans creuser sous le ponceau, la condamna à payer à l'administration des ponts et chaussées la somme de 369 francs 25 centimes, pour les réparations faites au ponceau, et la somme de 50 livres pour l'amende par elle encourue.

La demoiselle Cossin a payé ces deux sommes comme contrainte et forcée.

Depuis, elle a acquis la preuve que son fermier était l'auteur de la contravention; elle a acquis cette preuve par la déposition faite devant le juge de paix du lieu, par les ouvriers qui avaient été employés, et payés par le sieur Babonneau, pour faire les travaux qui ont donné lieu à la condamnation.

C'est en cet état des choses que la demoiselle Cossin s'est pourvue devers le Conseil d'état, en annullation de l'arrêté du conseil de préfecture du 4 mars 1817.

Ce pourvoi était-il recevable? La demoiselle Cossin n'aurait-elle pas dû, au lieu de se pourvoir devers le Conseil d'état contre l'administration des ponts et chaussés, en annullation de l'arrêté, exercer devant les tribunaux ordinaires une action en recours contre son fermier?

Telle est la première question que la cause présentait à juger.

Sur quoi a été rendue l'ordonnance dont la teneur suit :

LOUIS, etc.; — Sur le rapport du comité du contentieux :

Vu la requête à nous présentée par la demoiselle Julie Cossin, aînée, mineure procédant sous l'assistance du sieur Lorette, son curateur, demeurant à Nantes; ladite requête enregistrée au secrétariat du comité du contentieux de notre Conseil d'état, le 12 juin 1817, et tendante à l'annullation d'un arrêté du conseil de préfecture du département de la Loire-Inférieure, du 4 mars précédent, qui l'a condamnée à payer à l'administration des ponts et chaussées la somme de 359 francs 25 centimes, pour les réparations faites au ponceau des Nones-Blanches; la somme de 50 francs pour l'amende par elle encourue, et tous les frais faits et à faire;

Vu ledit arrêté attaqué par la demoiselle Cossin;

La contrainte décernée par le préfet du département de la Loire-Inférieure, le 11 avril 1817, pour l'exécution dudit arrêté, et la signification de ladite contrainte à la demoiselle Cossin, en date du 21 dudit mois d'avril;

Le procès-verbal d'enquête, dressé le 28 avril 1817, par le juge de paix du canton de Cargueford, au sujet des dégradations commises au ponceau des Nones-Blanches, et qui forment l'objet du litige;

Considérant que l'administration des ponts et chaussées avait droit au remboursement des sommes payées pour la réparation complette des dégradations dont il s'agit, et que le conseil de préfecture a été fondé à l'ordonner par son arrêté susdit du 4 mars 1817; mais que si la demoiselle Cossin prétend que les travaux qui ont occasionné les dégradations, n'ont pas été exécutés par son ordre, et sont du fait seul du sieur Babonneau son fermier, ledit arrêté ne fait pas obstacle à ce qu'elle exerce son recours contre lui devant les tribunaux ordinaires;

Notre Conseil d'état entendu,

Nous avons ordonné et ordonnons ce qui suit :

Art. 1er. La requête de la demoiselle Cossin est rejetée, sauf à elle à se pourvoir devant les tribunaux ordinaires, si elle le juge convenable.

2. Notre ministre secrétaire d'état de l'intérieur est chargé de l'exécution de la présente ordonnance.

Ordonnance du 16 juillet 1817. (2721)

No. 71.

1o. MISE EN JUGEMENT.—DOUANES.

2o. ETRANGER.—VIOLATION.

1o. *Des préposés aux douanes prévenus d'avoir violé le territoire d'un souverain étranger et d'avoir pillé des comestibles, ne sont pas mis en jugement lorsque le fait a eu lieu en la forme de saisie, en plein jour, par des préposés revêtus de leur uniforme, lorsque d'ailleurs les objets saisis ont été restitués aux propriétaires qui ont déclaré être satisfaits.*

2°. Est-il vrai, en principe général, que des préposés aux douanes ne soient pas passibles de dommages-intérêts, par cela seul qu'ils ont fait une saisie sur le territoire d'un autre souverain?

N'y a-t-il que le souverain lui-même qui puisse se plaindre de la violation de son territoire? — Le particulier, même national, qui s'en plaint, excipe-t-il du droit d'autrui?

(Le sieur Chaudron et consorts.)

LOUIS, — etc.; Sur le rapport du comité du contentieux;

Vu la lettre adressée, le 5 avril 1817, à notre garde des sceaux, ministre secrétaire d'état au département de la justice, par notre procureur-général près la Cour royale de Colmar, par laquelle il demande s'il y a lieu de diriger des poursuites contre le lieutenant des douanes Chaudron, le sous-lieutenant Goffinet et les préposés Piquerey, Ferri, Risseau, Renaud, Eiker et Charpillier, tous dépendans du poste de Neufdorf (village neuf), canton d'Huningue, prévenus d'avoir violé le territoire de Bade dans la journée du 24 janvier 1817, et d'y avoir pillé quatre barques chargées de comestibles et autres objets de commerce;

Vu la lettre du préfet du département du Haut-Rhin, au grand prévôt du même département, en date du 17 mars 1817;

Vu l'avis de notre directeur général des douanes du 28 mai 1817;

Ensemble les autres pièces contenues au dossier;

Considérant qu'on ne peut taxer de vol la saisie faite par les préposés des douanes en plein jour et revêtus de leurs uniformes;

Que les objets mal-à-propos saisis ont été déposés immédiatement au poste de la brigade, et que les propriétaires auxquels ils ont été restitués, ont déclaré qu'ils étaient satisfaits;

Notre Conseil d'état entendu,

Nous avons ordonné et ordonnons ce qui suit:

Art. 1er. Il n'y a pas lieu à diriger des poursuites contre les sieurs Chaudron, lieutenant des douanes à Neufdorf; Goffinet, sous-lieutenant; Piquerey, Ferri, Risseau, Renaud, Eiker et Charpillier, préposés.

2. Notre garde des sceaux, ministre secrétaire d'état de la justice et notre ministre secrétaire d'état des finances, sont chargés, chacun en ce qui le concerne, de l'exécution de la présente ordonnance.

Ordonnance du 16 juillet 1817. (2723)

N°. 72.

MISE EN JUGEMENT.—Commissaire de police. —Agent du gouvernement.

Le Conseil d'état autorise la mise en jugement d'un commissaire de police prévenu d'avoir, en dressant un inventaire, détourné et soustrait à son profit différentes sommes d'argent, bijoux et autres effets appartenant à la personne inventoriée.

La confection d'un inventaire par un commissaire de police, est-elle une opération administrative? Le commissaire de police est-il en cela un agent du gouvernement? la police judiciaire n'est-elle pas exclusivement sous l'autorité des Cours royales? (Art. 9 du Code d'instruction criminelle.)

(Le sieur Lucotte.)

LOUIS, etc.; — Sur le rapport du comité du contentieux;

Vu les pièces de la procédure transmises par notre procureur général près la Cour royale de Paris desquelles il résulte que le sieur Lucotte, commissaire de police du quartier Saint-Martin-des-Champs à Paris, serait prévenu d'avoir, en dressant l'inventaire du mobilier de la demoiselle Artaud, détourné et soustrait à son profit, différentes sommes d'argent, bijoux et autres effets appartenant à ladite demoiselle;

Vu la lettre de notre procureur général près la Cour royale de Paris, en date du 16 juillet 1817, dans laquelle il demande l'autorisation de mettre en jugement le sieur Lucotte;

Vu la lettre de notre ministre secrétaire d'état au département de la police générale en date du 23 juillet qui propose également d'accorder ladite autorisation;

Notre Conseil d'état entendu,

Nous avons ordonné et ordonnons ce qui suit:

Art. 1er. Notre procureur général près la Cour royale de Paris, est autorisé à mettre en jugement le sieur Lucotte, commissaire de police du quartier Saint-Martin-des-Champs à Paris, à raison des faits ci-dessus énoncés.

2. Notre garde des sceaux ministre secrétaire d'état de la justice et notre ministre secrétaire d'état de la police générale sont chargés, chacun en ce qui le concerne, de l'exécution de la présente ordonnance.

Ordonnance du 30 juillet 1817. (2738)

N°. 73.

GARANTIE CONSTITUTIONNELLE. — AGENT DU GOUVERNEMENT. — OBLIGATION PERSONNELLE.

Il ne suffit pas qu'un billet soit souscrit par un agent du gouvernement, et pour affaire intéressant le gouvernement, pour que la contestation sur le paiement doive être soumise à la justice administrative, il faut encore que le billet énonce qu'il se rattache à une affaire administrative.

PREMIÈRE ESPÈCE.

(Le sieur Ernst. — C. — le sieur Bendelé.)

Le 5 août 1815, le sieur Ernst, membre du conseil municipal de la commune de Sainte-Croix-en-Plaine, département du Haut-Rhin, est chargé, par ce conseil, d'acheter pour compte de la commune le vin qu'elle était tenue de fournir aux troupes étrangères.

En conséquence, le sieur Ernst achète du sieur Bendelé une certaine quantité de vin pour une somme de 1357 fr. 70 cent.; et il souscrit en sa faveur un billet de pareille somme, dans lequel il prend la qualité de cultivateur, et ne fait aucune mention qu'il s'oblige pour la commune de Sainte-Croix.

Le sieur Bendelé ayant appris que le préfet voulait faire des réductions sur le prix d'achat de ses vins, assigne personnellement le sieur Ernst en paiement de la somme de 1357 francs devant le tribunal de Colmar.

Ernst oppose qu'il n'a acheté et ne s'est obligé qu'au nom et dans l'intérêt de la commune de Sainte-Croix; que c'est donc une affaire administrative dont les tribunaux ne peuvent connaître.

1er. février 1817, jugement du tribunal de Colmar, qui rejette l'exception déclinatoire du sieur Ernst par les motifs suivans :

« Considérant qu'il résulte de l'engagement souscrit par Ernst, au profit du sieur Bendelé, qu'il s'est engagé personnellement au paiement du prix des vins que celui-ci a vendus;

» Qu'il n'y est fait mention en aucune manière de la commune;

» Que ce n'est point la déclaration qu'a faite le maire, qui peut dénaturer ni détruire l'engagement contracté par le sieur Ernst, et que l'action intentée contre lui étant purement personnelle, elle ne peut être soumise à une liquidation dans l'intérêt de la commune. »

Par délibération du 5 du même mois, le conseil municipal de Sainte-Croix ayant réclamé l'intervention du préfet, ce fonctionnaire a élevé le conflit par arrêté du 24.

Il est ainsi motivé :

« Considérant qu'il est constant que c'est au nom de la commune de Sainte-Croix-en-Plaine, et non comme simple particulier, que le sieur Ernst, demandeur en exception, a traité avec le sieur Bendelé, défendeur; que celui-ci a si bien reconnu ce fait, qu'il s'est adressé, conjointement avec le sieur Ernst, au maire de ladite commune, pour obtenir le paiement de ses fournitures; que ce fut seulement après qu'il eût eu connaissance de la réduction opérée sur le prix, par la taxe de la préfecture, qu'il attaqua le sieur Ernst personnellement;

» Que les créanciers de la commune qui se trouvaient dans le même cas que le sieur Bendelé, ont accepté le paiement du prix de leurs fournitures, quoiqu'il eût été réduit;

» Que c'est par-devant la commission créée par la loi du 28 avril 1816, et non devant les tribunaux, que le sieur Bendelé devait porter sa réclamation contre la taxe établie par le préfet, antérieurement à l'installation de cette commission, s'il s'y croyait fondé, puisque c'est à cette commission que la loi a délégué de régler et arrêter tous les comptes et marchés relatifs aux réquisitions et fournitures pendant l'invasion de 1815. »

Sur ce conflit est intervenue l'ordonnance dont la teneur suit :

LOUIS, etc.; — Sur le rapport du comité du contentieux;

Vu l'arrêté du 24 mars 1817, par lequel le préfet du département du Haut-Rhin a élevé le conflit d'attribution sur le jugement rendu par le tribunal de première instance séant à Colmar, le 1er. février précédant, dans une contestation existante entre le sieur Mathias Ernst, de la commune de Sainte-Croix-en-Plaine et le sieur François-Joseph Bendelé, de la commune d'Eguisheim, au sujet d'une vente et livraison de vins faite par ledit sieur Bendelé, audit sieur Ernst;

Vu le billet sous seing privé souscrit, le 17 août 1815, par le sieur Ernst, qui ne prend dans ledit acte d'autre qualité que celle de cultivateur, en faveur du sieur Bendelé, et par lequel ledit sieur Ernst se reconnaît débiteur d'une somme de 467 fr. 70 cent. pour prix de vins à lui fournis, livrés et vendus; ladite obligation payable à quatre mois de date;

Vu le jugement rendu, le 1er. février 1817, par le tribunal de première instance séant à Colmar, portant qu'il résulte de l'engagement souscrit par le sieur Ernst, qu'il s'est obligé personnellement au paiement du prix des vins que le sieur Bendelé lui a fournis, et que, dans le billet par lui souscrit, il n'y est fait mention d'aucune manière de la commune de Sainte-Croix-en-Plaine; ledit jugement déboutant, en conséquence, ledit sieur Ernst de son exception déclinatoire, et lui ordonnant de répondre au fond dans la huitaine;

Ensemble toutes les pièces jointes au dossier;

Considérant que la promesse faite le 17 août 1815, par le sieur Ernst, cultivateur de la commune de Sainte-Croix-en-Plaine, en faveur du sieur Bendelé, présente tous les caractères d'un engagement personnel, et qu'elle ne se rattache, par aucune de ses énonciations, à une opération administrative;

Notre Conseil d'état entendu,

Nous avons ordonné et ordonnons ce qui suit :

Art. 1er. L'arrêté de conflit pris, le 24 mars 1817, par le préfet du département du Haut-Rhin, est annullé, sauf le recours en garantie du sieur Ernst, contre la commune de Sainte-Croix-en-Plaine.

2. Notre garde des sceaux ministre secrétaire d'état de la justice et notre ministre secrétaire d'état de l'intérieur sont chargés, chacun en ce qui le concerne, de l'exécution de la présente ordonnance.

Ordonnance du 30 juillet 1817. (2734)

DEUXIÈME ESPÈCE.

(Le sieur Perret. — C. — le sieur Berthod.)

LOUIS, etc.; — Sur le rapport du comité du contentieux;

Vu l'arrêté, en date du 14 janvier 1816, par lequel le préfet du département de la Haute-Saône a élevé le conflit d'attribution entre l'autorité administrative et l'autorité judiciaire, dans l'instance portée au tribunal séant à Lure, à la requête du sieur Perret, contre le sieur Berthod, maire de ladite ville de Lure, par exploit dudit mois de janvier;

Vu ledit exploit, portant assignation audit sieur Berthod, à comparaître devant ledit tribunal, faisant les fonctions de tribunal de commerce, pour y être condamné au paiement de la somme de 500 francs, montant d'un billet transcrit en tête dudit exploit, en ces termes:

« Au 1er. janvier 1816, je paierai à M. Berthod, » maire à Lure, ou à son ordre, la somme de 500 fr., » valeur entendue. Lure, le 29 novembre 1814, » signé Michel. Bon pour 500 fr. — Payés à l'ordre de » M. George, valeur reçue comptant. Paris, le 3 » janvier 1815, signé Berthod. — Payés à l'ordre de » M. Perret, valeur reçue. Belford, le 20 novembre » 1815, signé George. »

Les délibérations du conseil municipal de la ville de Lure, des 11 et 26 novembre 1814;

Ensemble toutes les autres pièces produites;

Considérant que le billet, pour raison duquel le sieur Berthod a été assigné devant le tribunal séant à Lure, par l'exploit susdit du 6 janvier 1816, ne se rattache, par aucune de ses énonciations, à une affaire purement administrative; que, s'il a été fait à l'ordre du sieur Berthod, avec l'addition de sa qualité de maire, celui-ci en a passé l'ordre en son nom personnel, sans énonciation de qualité;

Notre Conseil d'état entendu;

Nous avons ordonné et ordonnons ce qui suit :

Art. 1er. L'arrêté susdit du préfet du département de la Haute-Saône est annullé.

2. Notre garde des sceaux ministre secrétaire d'état de la justice et notre ministre secrétaire d'état de l'intérieur, sont chargés, chacun en ce qui le concerne, de l'exécution de la présente ordonnance.

Ordonnance du 30 juillet 1817. (2727)

N°. 74.

DÉMOLITION. — PROPRIÉTÉ. — UTILITÉ PUBLIQUE. INDEMNITÉ. — RETRANCHEMENT.

Lorsqu'une maison est destinée à disparaître pour une cause d'utilité publique, le propriétaire ne peut y faire aucune réparation tendante à consolider le rez-de-chaussée ou la façade de ladite maison. Toute réparation à faire par lui doit être précédée de l'avis du conseil des bâtimens civils approuvé par le ministre de l'intérieur, sauf recours au Conseil d'état.

Le propriétaire est-il tenu de subir la servitude, et de laisser tomber en ruine l'édifice destiné à retranchement, bien qu'il n'ait reçu de l'administration ni indemnité, ni promesse d'indemnité?

(Les sieur et dame Roger.)

Les sieur et dame Roger sont propriétaires d'une maison située à Paris, quai de Gèvres, n°. 34.

Le terrain sur lequel elle est construite est destiné à faire partie de la place du Châtelet que la ville de Paris veut agrandir.

Une maison contiguë à celle des sieur et dame Roger, ayant été démolie par suite d'un arrêté du préfet de police, le mur qui était mitoyen resta à découvert. Ce mur était sillonné de lézardes et fracturé dans toute sa hauteur; mais les fondations de la maison et les murs de face, tant sur le quai que sur la place du Châtelet, étaient en bon état.

Le commissaire voyer du quartier, qui eut connaissance de l'état du mur, fit sommation aux sieur et dame Roger de le démolir, ou de le réparer, en obtenant, dans ce dernier cas, la permission nécessaire.

Cette permission fut aussitôt demandée à M. le préfet de la Seine, qui refusa de l'accorder, par un arrêté du 5 mars 1817. Il fut déterminé par le motif que le simple ravalement qui était demandé ne ferait pas cesser le péril dont le mur était atteint, et qu'on ne pourrait le réparer sans le réconforter et sans contrevenir aux réglemens de voirie, qui prescrivent de ne jamais permettre de réparer les murs des bâtimens menaçant ruine qui se trouvent compris dans les alignemens pour être reculés, ou dont la démolition doit être faite pour l'utilité publique. (Loi du 22 juillet 1791, — instruction ministérielle du 13 février 1806.)

Le ministre de l'intérieur, auquel cet arrêté fut soumis, reconnut, par une lettre du 21 avril suivant, que cet arrêté était fondé sur les réglemens de voirie, et lui donna son approbation.

Alors les époux Roger se sont pourvus devant le conseil d'état contre l'arrêté de M. le préfet et contre l'approbation ministérielle.

Pour justifier leur pourvoi, ils ont prétendu qu'aux termes des articles 15, 17 et 18 de la loi du 22 juillet 1791, renouvelés par l'instruction ministérielle du 13 février 1806, toute maison dont les fondations et les murs de face du rez-de-chaussé sont en bon état, peut être réparée; que la loi exige seulement que les réparations ne confortent pas les autres parties de la maison.

Appliquant ces principes à la cause, ils ont dit que les fondations de leur maison étaient bonnes; que les murs de face, tant sur le quai que sur la place du Châtelet, étaient dans le meilleur état et n'avaient aucun surplomb; que la réparation, et même la reconstruction du mur-pignon, ne conforterait pas les murs de face; que dès-lors on ne pouvait assimiler leur maison à un bâtiment tombant en ruine, et leur refuser la permission de réparer ce mur-pignon;

Que d'ailleurs, jusqu'à ce qu'ils eussent reçu l'indemnité juste et préalable que la loi accorde aux propriétaires dépossédés pour cause d'utilité pnblique, ils ne pouvaient être forcés à faire le sacrifice de leur maison.

La réclamation des époux Roger ayant été communiquée au ministre de l'intérieur, il consulta le conseil des bâtimens civils, qui fut d'avis, suivant procès-verbal du 12 juin 1817, de la conservation provisoire de la maison, sous la condition que le mur de pignon menaçant ruine serait abattu jusqu'au rez-de-chaussée, et remplacé par une clôture légère reliée aux planchers; que dans le cas où la maison contiguë à celle des époux Roger, du côté de la place, viendrait à être abattue, celle dont il s'agit serait sujette à démolition totale, en quelque état qu'elle se trouvât alors, et qu'il serait interdit aux propriétaires de consolider, par quelque moyen que ce fût, le mur de face sur le quai.

En conformité de cet avis, le ministre de l'intérieur fit réponse à la communication qui lui avait été faite, qu'il croyait que les conclusions du conseil des bâtimens pouvaient être adoptées sans inconvénient, attendu que les constructions à faire ne contribueraient en rien à consolider le rez-de-chaussée ou la façade.

Sur quoi a été rendue l'ordonnance dont la teneur suit:

LOUIS, etc.; — Sur le rapport du comité du contentieux;

Vu la requête à nous présentée par le sieur Jean-Baptiste-Boniface Roger et la dame son épouse, auparavant veuve Marin; ladite requête enregistrée au secrétariat du comité du contentieux de notre Conseil d'état, le 20 mai 1817, et tendante à l'annullation d'une décision de notre ministre-secrétaire d'état de l'intérieur, du 21 avril 1817, confirmative d'un arrêté du préfet du département de la Seine, du 5 mars précédent, qui refuse aux requérans la permission de réparer un mur-pignon à droite de la maison dont ils sont propriétaires, quai de Gèvres, n°. 34, au coin de la place du Châtelet, et fait défenses à tous entrepreneurs ou architectes d'y faire aucunes réparations;

Vu lesdits arrêté et décision;

Vu l'avis du conseil des bâtimens civils, en date du 12 juin 1817; ledit avis approuvé par notre ministre secrétaire d'état de l'intérieur, et concluant à ce que la conservation provisoire de la maison dont il s'agit soit autorisée sous les conditions suivantes:

Que le mur-pignon, qui menace ruine, sera abattu jusqu'au rez-de-chaussée et remplacé par une clôture légère reliée aux planchers;

Que, dans le cas où la maison contiguë à celle de la dame Roger, du côté de la place, viendrait à être abattue, celle dont il s'agit en ce moment serait sujette à démolition totale, en quelque état qu'elle se trouvât alors;

Que la clôture provisoire se fera en planches de chêne, sous la surveillance des agens de la voirie;

Qu'il sera interdit au propriétaire de consolider, par quelque moyen que ce soit, le mur de face sur le quai;

Et qu'après que la chaîne en pierre, qui forme la tête du mur du pignon, aura été enlevée jusqu'au dessus du rez-de-chaussée, le raccordement de la partie de façade occupée par la chaîne se fera en plâtras;

Vu la lettre en réponse de notre ministre secrétaire d'état de l'intérieur, en date du 24 juin 1817;

Ensemble toutes les pièces jointes au dossier;

Considérant que les susdites propositions peuvent être adoptées sans inconvénient, attendu que les constructions à faire ne contribueront en rien à consolider le rez-de-chaussée ou la façade de la maison dont il s'agit;

Notre Conseil d'état entendu,

Nous avons ordonné et ordonnons ce qui suit:

Art. 1er. Les propositions ci-dessus relatées, faites par le conseil des bâtimens civils et approuvées par notre ministre secrétaire d'état de l'intérieur, recevront leur exécution.

2. Notre ministre secrétaire d'état de l'intérieur est chargé de l'exécution de la présente ordonnance.

Ordonnance du 30 juillet 1817. (2735)

N°. 75.

RETENUE. — FOURNITURES. — CONVENTIONS.

L'ordonnance du 12 décembre 1814, concernant l'établissement d'une retenue de deux pour cent sur les dépenses du matériel de la guerre et sur le prix des marchés et fournitures, doit être considérée comme une simple injonction aux ministres et préfets de stipuler cette retenue dans toute adjudication de fournitures. Si la retenue n'est stipulée ni dans l'adjudication, ni dans le cahier des charges, l'entrepreneur est pleinement autorisé à s'y refuser ; son marché ou sa convention sont reputés faits sans soumission à la retenue.

(Le sieur Darbois.)

Le 29 juillet 1816, il fut procédé devant le préfet du département de Maine-et-Loire, à l'adjudication au rabais de la fourniture des fourrages aux brigades à cheval de la gendarmerie dudit département.

Cette adjudication, le cahier des charges qui lui servit de base, et l'arrêté du préfet qui l'avait ordonnée, ne font aucune mention de la retenue de deux pour cent à exiger aux termes de l'ordonnance royale du 12 décembre 1814, sur les dépenses du matériel de la guerre et sur le prix des marchés et fournitures.

Ainsi le sieur Darbois qui se rendit adjudicataire de la fourniture à faire, ne contracta aucune obligation relativement à ladite retenue de deux pour cent.

Cependant on exigea de lui qu'il en tînt compte ; sur son refus, la difficulté fut soumise au ministre de la guerre qui rendit, le 20 février 1817, une décision qui assujétit ledit sieur Darbois à la retenue.

Celui-ci s'est pourvu contre cette décision devant le Conseil d'état.

Il a prétendu que son contrat d'adjudication ne l'obligeant point à souffrir la retenue, il ne pouvait y être assujéti ;

Et que l'ordonnance du 12 décembre 1814, qui établit cette retenue, ne pouvait être considérée que comme une simple injonction aux ministres et préfets de stipuler cette retenue dans toute adjudication de fournitures.

Il a invoqué, à l'appui de ses prétentions, deux circulaires du ministre de la guerre, en date des 14 février 1815 et 21 mai 1816, lesquelles prescrivent aux officiers qui président aux marchés, de ne passer, ni viser, ni approuver aucun marché, sans que la retenue dont il s'agit y soit formellement stipulée, et s'accordent à dire que la retenue ne peut être exercée que sur les dépenses résultantes de marchés dans lesquels elle a été stipulée.

Sur quoi a été rendue l'ordonnance dont la teneur suit :

LOUIS, etc. ; — Sur le rapport du comité du contentieux ;

Vu la requête à nous présentée par le sieur Henri Darbois, entrepreneur de la fourniture des fourrages à la gendarmerie du département de Maine-et-Loire ; ladite requête enregistrée au secrétariat du comité du contentieux de notre Conseil d'état, le 26 mai 1817, tendante à l'annullation d'une décision de notre ministre secrétaire d'état de la guerre, du 20 février 1817, dans le chef qui assujétit ledit sieur Darbois à la retenue de deux pour cent sur le prix de ladite fourniture, en exécution de notre ordonnance du 12 décembre 1814 ;

L'arrêté du préfet du département de Maine-et-Loire du 27 juin 1816, relatif à l'adjudication au rabais de la fourniture des fourrages aux brigades à cheval de la gendarmerie dudit département ;

Le cahier des charges pour l'adjudication desdites fournitures ;

Les adjudications au rabais passées au profit du sieur Darbois, le 29 juillet 1816 ;

La décision de notre ministre secrétaire d'état de la guerre, du 20 février 1817, attaquée par le sieur Darbois ;

Les circulaires de notredit ministre, des 14 janvier 1815 et 21 mai 1816, relatives à l'exécution des dispositions de notre ordonnance du 12 décembre 1814, concernant l'établissement d'une retenue de deux pour cent sur les dépenses du matériel de la guerre et sur le prix des marchés et fournitures ;

L'avis de notre ministre secrétaire d'état de la guerre sur la communication qui lui lui a été donnée de la réclamation du sieur Darbois ;

Considérant qu'il n'a été fait mention de la retenue de deux pour cent, ni dans l'arrêté susdit du préfet du département de Maine-et-Loire, du 27 juin 1816, ni dans le cahier des charges qui a servi de base aux adjudications passées au profit dudit sieur Darbois ; qu'en conséquence, cet entrepreneur n'a contracté aucune obligation relativement à ladite retenue ;

Notre Conseil d'état entendu,

Nous avons ordonné et ordonnons ce qui suit :

Art. 1er. La décision susdite de notre ministre secrétaire d'état de la guerre, en date du 20 février 1817, est annullée en ce qu'elle assujétit ledit sieur Darbois à supporter la retenue de deux pour cent, établie par notre ordonnance du 12 décembre 1814, sur le prix des fournitures dont il s'agit ;

2. Les sommes qui seraient dues audit sieur Darbois, pour raison desdites fournitures, lui seront payées sans déduction de ladite retenue ; et il sera remboursé des déductions qu'il aurait déjà subies pour cet objet ;

3. Notre ministre secrétaire d'état de la guerre est chargé de l'exécution de la présente ordonnance.

Ordonnance du 30 juillet 1817. (2736)

N°. 76.

DELAI. — DÉCHÉANCE. — POURVOI. — DÉPORTÉ.

Le délai de trois mois établi par le réglement du 22 juillet 1806, pour se pourvoir contre un arrêté administratif a utilement couru à l'égard d'un arrêté antérieur à la publication du réglement, s'il est constant que cet arrêté a été parfaitement connu de la partie qui veut aujourd'hui se pourvoir. Le principe est applicable à un déporté dont les biens ont été abandonnés à ses héritiers présomptifs, par l'autorité administrative.

(Le sieur Garrigou. — C. — les demoiselles Garrigou.)

Les persécutions dirigées, en 1793, contre les ministres de l'église, forcèrent le sieur Garrigou, prêtre, à quitter la France.

Il fut inscrit sur la liste des émigrés comme prêtre sujet à la déportation.

Le 15 frimaire an 6, les quatre sœurs de Garrigou, en qualité de ses héritières présomptives, obtinrent un arrêté de l'administration du département de l'Aveyron, qui les autorisa à prendre possession de ses biens, et à en jouir comme de leur chose propre.

Sur la réclamation d'un fermier du sieur Garrigou contre cet arrêté, il en fut rendu un second par la même administration, le 27 germinal an 6, qui maintint celui du 15 frimaire précédent.

Après la rentrée en France du sieur Garrigou, la question de validité de ces arrêtés fut agitée contradictoirement avec lui devant la Cour de Montpellier; cette Cour se déclara incompétente pour la décider par arrêt du 21 germinal an 10.

En 1816, le sieur Garrigou s'est pourvu devers le Conseil d'état contre les deux arrêtés sus-énoncés.

Ce pourvoi était-il recevable? Le délai de trois mois, établi par le réglement du 22 juillet 1806, pour se pourvoir contre un arrêté administratif, avait-il couru, à partir de la promulgation de ce réglement, à l'égard des deux arrêtés dont il s'agit, quoiqu'antérieurs à ce réglement, du moment qu'il était constant que ces arrêtés étaient parfaitement connus du sieur Garrigou, au moment de cette promulgation?

LOUIS, etc.; — Sur le rapport du comité du contentieux :

Vu la requête à nous présentée par le sieur Antoine Garrigou, enregistrée au secrétariat du comité du contentieux de notre Conseil d'état, le 26 juin 1816, et tendante à l'annullation de deux arrêtés de l'administration centrale du département de l'Aveyron, des 19 frimaire et 27 germinal an 6, lesquels ont autorisé les demoiselle Garrigou, ses sœurs, à se mettre en possession de ses biens meubles et immeubles, afin d'en jouir comme de leur propre chose, en qualité de ses héritiers présomptifs pour cause de déportation;

Vu lesdits arrêtés;

Vu l'ordonnance de soit communiqué, à laquelle les demoiselles Marie Garrigou, épouse du sieur Manchon, Claire et Reine Garrigou, et Françoise-Véronique Garrigou, veuve du sieur Raynal, n'ont point répondu dans les délais du réglement;

Vu le jugement rendu contradictoirement avec le sieur Garrigou, par le tribunal d'appel, séant à Montpellier, le 21 germinal an 10, qui renvoie ledit sieur Garrigou à se pourvoir administrativement contre les arrêtés de l'administration centrale du département de l'Aveyron, des 19 frimaire et 27 germinal an 6;

Ensemble toutes les pièces jointes au dossier de l'affaire;

Considérant qu'il résulte du jugement rendu contradictoirement avec le sieur Garrigou, le 21 germinal an 10, qu'il a eu pleine connaissance des arrêtés de l'administration centrale du département de l'Aveyron, des 19 frimaire et 27 germinal an 6, et que, faute par lui de s'être pourvu contre lesdits arrêtés, dans les délais du réglement, il est aujourd'hui non-recevable;

Notre Conseil d'état entendu,

Nous avons ordonné et ordonnons ce qui suit :

Art. 1er. La requête du sieur Garrigou est rejetée.

2. Notre garde des sceaux ministre secrétaire d'état de la justice est chargé de l'exécution de la présente ordonnance.

Ordonnance du 30 juillet 1817. (2730)

N°. 77.

SÉQUESTRE. — ESPAGNOL. — RÉMÉRÉ. — DÉCHÉANCE.

En vertu du séquestre apposé en 1808, sur les biens des Espagnols situés en France, l'administration des domaines n'a point eu seulement le droit de percevoir les fruits des immeubles, et de faire les actes conservatoires; elle a pu exercer tous les droits et actions des espagnols relativement aux biens situés en France.

Si avant le séquestre, un Espagnol avait vendu un immeuble à pacte de réméré, le délai aurait-il couru pendant la guerre et le séquestre?

(Les sieurs et dame de Norona. — C. — le sieur Garcias.)

Par acte passé en Espagne le 1er. avril 1808, les sieurs et dame de Norona, espagnols, vendirent à pacte de réméré, au sieur Garcias, Français, le domaine de la Tour-d'Elne, département des Pyrénées-Orientales, pour la somme de 32,857 francs.

Il fut stipulé, article 3 du contrat, « que si les vendeurs rendaient les 32,857 francs à l'expiration du terme de quatre ans, l'acquéreur leur remettrait le domaine en toute propriété. » Art. 4. « Qu'il serait libre aux vendeurs de revendre le domaine aux enchères d'une manière absolue et sans pacte de réméré, avant l'expiration des quatre ans; mais qu'alors le sieur Garcias aurait la préférence et pourrait déclarer dans le mois de la notification qui lui en serait faite, qu'il conserve la propriété pour le prix résultant de ces enchères. » Enfin, art. 8, « que le terme de 4 ans étant expiré, sans que les vendeurs eussent rendu au sieur Garcias les 32,857 fr. et sans avoir usé de la liberté portée dans l'article 4, il resterait dans la possession et propriété perpétuelle de ce domaine, avec condition que dans ce cas il serait nommé par les parties des experts qui estimeraient le domaine avec toutes ses dépendances, et dont l'estimation formerait le prix juste et légitime dudit domaine d'après lequel, s'il excédait les 32,857 fr., le sieur Garcias devrait compter aux vendeurs tout ce qui manquerait pour remplir ledit prix, de même que ceux-ci, dans le cas contraire, lui restitueraient tout ce qui se trouverait avoir été reçu d'excédent. »

Peu après ce contrat, un décret du 24 septembre 1808, ordonna le séquestre des propriétés situées en France, appartenant à des Espagnols.

En exécution de ce décret, le séquestre fut apposé sur les biens des sieurs et dame de Norona, dans le département des Pyrénées-Orientales.

Le 5 février 1812, le ministre des finances prit une décision par laquelle il autorisa l'administration des domaines à provoquer devant le préfet, suivant les formes prescrites, la vente du droit que les sieur et dame de Norona s'étaient réservé d'exercer pendant quatre ans, et qui consistait dans le rachat de la propriété, que, par acte du 1er. avril 1808, ils avaient vendue au sieur Antoine Garcias.

Par suite de cette décision, et conformément à l'article 4 du contrat du 1er. avril 1808, le domaine de la Tour-d'Elne fut mis aux enchères. Le sieur Garcias, usant du privilége que lui accordait le même article 4, déclara, le 31 mars 1812, acheter l'immeuble pour la somme de 46,300 francs à laquelle il avait été porté par les enchères, et déduisant de cette somme celle de 32,857 francs pour remboursement qui lui était dû, il s'obligea à payer et paya en effet 13,443 francs pour reliquat.

En 1814, un arrêté du préfet du département des Pyrénées Orientales donna main levée du séquestre mis sur les biens des espagnols, au nombre desquels étaient les sieur et dame de Norona.

Le sieur Garcias est assigné devant le tribunal de Perpignan par les sieur et dame de Norona en restitution du domaine de la Tour-d'Elne, sous l'offre qu'ils faisaient de le rembourser et indemniser; il répond qu'il s'agissait d'une vente administrative, et que par conséquent les tribunaux n'étaient pas compétens pour connaître de la contestation élevée à ce sujet.

Alors les sieur et dame de Norona se sont pourvus au Conseil d'état et ont demandé l'annullation de la décision du ministre des finances, en date du 5 février 1812, et de l'adjudication en date du 31 mars, qui en avait été la suite.

Pour le moment disaient-ils, il est seulement utile de démontrer que le gouvernement français, en vertu du séquestre apposé sur les biens des espagnols, n'avait pas eu le droit d'aliéner le domaine de la Tour-d'Elne, en usant du droit réservé aux vendeurs par l'article 4 du contrat du 1er. avril 1808; cela établi si le sieur Garcias prétend que par le défaut d'exercice du droit de réméré dans le délai de quatre ans, les vendeurs sont déchus de ce droit; il sera facile d'établir qu'ayant été hors d'état d'agir, par des circonstances de force majeure, aucune déchéance n'a pu les atteindre; au surplus ce sera devant les tribunaux que ce point devra être débattu.

Examinons quels étaient les droits de l'administration des domaines par suite du séquestre sur les biens des espagnols; ce séquestre ne lui donnait que le dépôt de ces biens; dès-lors elle devait, comme dépositaire, les conserver dans leur intégrité, et il ne pouvait dépendre d'elle ni de l'autorité ministérielle de les aliéner; le séquestre ne peut qu'exercer les droits conservatoires de la propriété séquestrée, sans les changer.

Or, on ne dira pas sans doute que l'administration n'a fait qu'un acte conservatoire en usant du droit réservé par l'article 4 du contrat de 1808, pour vendre le domaine de la Tour-d'Elne, au lieu d'user de celui que donnait l'article 3 pour retirer et conserver ce domaine. Il est certain au contraire qu'elle a dénaturé entièrement le droit de propriété en prenant une mesure tendante à priver le propriétaire de la faculté que lui donnait la nature du contrat et l'article 3, de rentrer dans le bien engagé.

Vainement on objectera que les vendeurs étaient représentés par l'administration des domaines, et que c'est pour ne pas laisser expirer à leur préjudice le délai de quatre ans, qu'elle a fait la vente du domaine. — On l'a déjà dit, le séquestre ne peut jamais représenter le propriétaire que pour veiller à la conservation de ses droits, et non pour y déroger.

Les vendeurs n'avaient pas besoin du secours de l'administration pour conserver les leurs; ces droits étaient assurés par le séquestre lui-même pendant la durée duquel nul délai ne courait utilement contre eux, et à l'expiration duquel la faculté de rachat ne pouvait être contestée.

En un mot, les propriétés des Espagnols ayant été séquestrées et non confisquées, le domaine n'avait nullement le droit d'en disposer.

Pour le sieur Garcias on a répondu :

Les sieur et dame de Norona ne sont plus en droit d'exercer le droit de rachat, après le délai de quatre ans; il est de principe que ce délai est fatal, et ni la circonstance de la guerre survenue entre la France et l'Espagne, ni celle du séquestre apposé sur les biens des Espagnols, n'ont pu empêcher la déchéance; mais, au reste, il faut examiner si la vente consentie par l'administration est valable et si l'affirmative est décidée, le sieur Garcias sera à l'abri de toutes poursuites.

L'effet du séquestre apposé sur les biens des sieur et dame Norona a été de conférer au domaine tous les droits qui pouvaient s'exercer soit pour la conservation de la chose séquestrée, soit pour en tirer le meilleur parti possible, sans la détériorer : ce séquestre, tel qu'il était conçu, ne s'arrêtait pas à la simple perception des fruits, il s'étendait au recouvrement des créances exigibles, à la faculté de recevoir des remboursemens, à celle d'ester en justice, même pour des questions de propriété, de telle sorte que le propriétaire qui ne pouvait plus agir était en tous points représenté par le domaine; un tel séquestre ne différait de la confiscation que par la durée à laquelle l'expression de séquestre laissait espérer un terme, et pour l'aliénation des immeubles; il s'agit de savoir si ce qui ne pouvait pas être vendu en thèse ordinaire de séquestre a pu l'être dans l'espèce par des circonstances particulières.

Si le titre du domaine était universel comme mandataire forcé, il était obligé de faire, dans l'intérêt des sieurs et dame de Norona, ce qu'ils auraient fait eux-mêmes pour prévenir la perte de la faculté de réméré. Les circonstances étaient impérieuses, l'expiration du délai était imminente; il fallait ou rembourser à l'acquéreur le prix de l'engagement, ou vendre la propriété aux enchères; le troisième parti celui de laisser expirer le délai en confiant à des experts la fixation du supplément à payer par le sieur Garcias, ne pouvait entrer en délibération : on sait que les appréciations faites par des expertises sont toujours défavorables au domaine; ainsi placé dans l'alternative de l'exécution des articles 3, 4 et 8 du contrat de 1808, l'administration des domaines a dû préférer l'article 4 et proposer la revente en temps utile et aux enchères, comme le seul moyen qui pût concilier les intérêts du séquestre et ceux des sieur et dame de Norona.

En vain on objecte que ceux-ci auraient toujours conservé le droit de rachat sur la suspension des délais pendant la guerre, c'est là une erreur manifeste; mais en supposant même la chose douteuse, l'administration ne devait pas, dans l'incertitude, rester dans l'inaction et laisser périmer un droit que lui conférait en sa qualité de séquestre une condition du contrat primitif.

Au surplus, en supposant que le gouvernement français eût réellement outrepassé ses pouvoirs en faisant vendre comme bien national le domaine de la Tour-d'Elne, cet excès de pouvoir pourrait-il être imputé au sieur Garcias, et motiver l'annullation du contrat de vente; non sans doute : il y a eu un grand nombre de ventes de biens nationaux auxquelles on pourrait reprocher le même vice, et cependant elles sont maintenues par la charte.

L'administration des domaines est intervenue et a conclu au rejet de la requête présentée par les sieur et dame Norona.

Sur quoi est intervenue l'ordonnance dont la teneur suit :

LOUIS, etc. ; — Sur le rapport du comité du contentieux ;

Vu la requête à nous présentée par le sieur François-Joseph de Norona-Toledo-Meneses, etc., chevalier de la Croix-du-Christ, et Marie-Angélique du Rosaire-Fernandez de Cordou et Pimentel, comtesse de Toralba et de Talara, marquise de Fuentes, grande sénéchale des Canaries, grande d'Espagne de première classe, etc., son épouse, demeurante à Madrid en Espagne;

Poursuites et diligences de Jean Massot, médecin à Perpignan, département des Pyrénées-Orientales, leur fondé de pouvoirs ;

Ladite requête enregistrée au secrétariat du comité du contentieux de notre Conseil d'état, le 16 mars 1816, et tendante à ce qu'il nous plaise annuller, 1°. une décision du ministre des finances, du 5 février 1812, laquelle porte que l'administration des domaines est autorisée à poursuivre la vente du domaine de la Tour-d'Elne; 2°. les adjudications des 25 et 31 mars 1812, qui en ont été la suite, sauf le recours des adjudicataires devant qui de droit ; et sur le surplus, renvoyer les parties devant les tribunaux ordinaires, seuls compétens pour décider les questions qui s'élèvent sur l'exécution du contrat à faculté de rachat, du 1er. avril 1808 ;

Vu la requête en défense, présentée par le sieur Antoine Garcias, propriétaire domicilié à Saint-Laurent de Cerda, arrondissement de Perpignan, département des Pyrénées-Orientales, en réponse à l'ordonnance de soit communiqué mise au bas de la requête du sieur Toledo-Meneses et de la dame de Toralba, son épouse; ladite requête enregistrée au secrétariat du comité du contentieux de notre Conseil d'état, le 10 septembre 1816;

Vu le mémoire d'observations produit par la direction générale de l'enregistrement et des domaines, en réponse aux ordonnances de soit communiqué, rendues le 5 février 1817, et mises au bas des requêtes en demande et en défense ci-dessus relatées ;

Vu la copie produite de la lettre adressée par le ministre des finances, au préfet du département des Pyrénées-Orientales, sous la date du 5 février 1812; ladite lettre qualifiée de décision dans la requête en demande qui en poursuit l'annullation ;

Vu les procès-verbaux de première enchère et d'adjudication définitive, en date des 10, 25 et 31 mars 1812, du domaine de la Tour-d'Elne et ses dépendances ;

Vu le contrat de vente provisoire, en date du 1er. avril 1808, passé devant Casimir-Antoine Gometz, notaire à Madrid, par lequel le sieur Toledo-Meneses et la dame de Toralba, son épouse, vendent au sieur Garcias le domaine de la Tour-d'Elne au prix de 120,000 réaux, et sous diverses stipulations, au nombre desquelles se trouve celles comprises à l'article 4, portant, « qu'il sera libre aux vendeurs de revendre le » domaine aux enchères, ou d'autre manière, sans » pacte de revente, dans le délai de quatre ans; mais » qu'alors le sieur Garcias aura la préférence et pourra » déclarer, dans le mois de la signification qui lui en » sera faite, qu'il conserve la propriété pour le prix » résultant de la nouvelle vente; »

Ensemble toutes les pièces comprises au dossier de l'affaire;

Considérant que le gouvernement, en opérant la vente du domaine de la Tour-d'Elne, par les adjudications des 25 et 31 mars 1812, n'a fait qu'exercer, conformément à l'art. 4 du contrat précité, une faculté que les sieur et dame Toledo-Meneses s'étaient expressément réservée; que l'action qui en résultait se trouvait comprise dans le séquestre des biens et droits des Espagnols en France, ordonné par le décret du 24 septembre 1808, et que le gouvernement gérant ne devait point laisser prescrire ladite action;

Notre Conseil d'état entendu,

Nous avons ordonné et ordonnons ce qui suit :

Art. 1er. La requête du sieur Toledo-Meneses et de la dame de Toralba, son épouse, est rejetée.

2. Ledit sieur Toledo-Meneses et la dame son épouse sont condamnés aux dépens.

3. Notre ministre secrétaire d'état des finances est chargé de l'exécution de la présente ordonnance.

Ordonnance du 30 juillet 1817. (2678)

N°. 78.

ACADÉMIE. — PROPRIÉTÉ. — UNIVERSITÉ. — JUSTICE MINISTÉRIELLE.

L'académie actuelle d'une ville de France ne représente point l'ancienne académie de la même ville, supprimée par le décret du 8 août 1793; elle ne peut en conséquence réclamer les bâtimens de l'ancienne académie, quand même ces bâtimens lui auraient été affectés depuis 1793 par l'administration départementale; il faudrait qu'un décret spécial en eût disposé en sa faveur.

(L'académie de Dijon. — C. — L'université.)

Une académie des sciences, arts et belles-lettres, était établie à Dijon.

Cette académie était un corps scientifique, littéraire et enseignant. Elle avait des chaires de chimie, de minéralogie, de botanique et de médecine. Chaque année elle distribuait des prix aux pensionnaires qui avaient le mieux mérité par leur travail.

Parut la loi du 8 août 1793, qui supprima toutes les académies et sociétés littéraires, et les dépouilla de leurs biens, qui furent incorporés au domaine de l'État.

L'hôtel de l'académie de Dijon ne fut point mis en vente; il se trouvait encore libre dans le commencement de l'an 6.

A cette époque, le ministre de l'intérieur adressa une circulaire à toutes les administrations centrales de département pour provoquer la création de *sociétés d'agriculture*;

Et le 3 floréal de la même année, l'administration centrale de la Côte-d'Or prit un arrêté portant « qu'il serait établi à Dijon *une société libre* des sciences, arts et agriculture, et que les bâtimens destinés à l'ancienne académie seraient spécialement affectés aux séances, travaux et expériences de cette société. »

Le ministre de l'intérieur, instruit de cette mesure, y donna son approbation; mais l'affectation à la nouvelle société, des bâtimens de l'ancienne académie, ne fut autorisée par aucun décret spécial.

Postérieurement, la nouvelle société prit d'elle-même l'ancien titre d'académie des sciences, arts et belles lettres de Dijon.

En cet état, parut le décret du 11 décembre 1808; l'art. 1er. est ainsi conçu : « Tous les biens, meubles, immeubles et rentes, ayant appartenu au ci-devant prytanée français, aux universités, *académies* et colléges, tant de l'ancien que du nouveau territoire de l'empire, *qui ne sont point aliénés*, ou *qui ne sont point définitivement affectés par un décret spécial à un autre service public*, sont donnés à l'Université. »

En exécution de ce décret, l'Université fut mise en possession de l'hôtel de la ci-devant académie de Dijon, par un arrêté du préfet de la Côte-d'Or du 11 juin 1809, approuvé par le ministre des finances, le 21 octobre suivant.

La nouvelle académie de Dijon se pourvut, en 1812, devant le préfet de la Côte-d'Or, en révocation de son arrêté du 11 juin 1809; elle prétendait que l'ancienne académie n'avait jamais été un corps enseignant, que ses bâtimens n'avaient jamais servi à l'instruction publique, que le décret du 11 décembre 1808 ne comprenait, dans le don fait à l'université, que les biens provenant des anciens établissemens d'instruction publique, et qu'ainsi c'était par une fausse application du décret que l'Université avait été envoyée en possession des bâtimens de l'ancienne académie.

Le préfet de la Côte-d'Or crut devoir adopter cette distinction, et par arrêté du 9 mars 1812, il révoqua celui du 11 juin 1809.

Cet arrêté du 9 mars 1812 fut mis sous les yeux du ministre des finances, qui fut d'avis que l'expression *académie*, contenue dans le décret du 11 décembre 1808, étant générique et n'étant accompagnée d'aucune distinction, elle comprenait nécessairement tous les anciens corps académiques purement littéraires et scientifiques, soit qu'ils fussent ou non des établissemens d'instruction publique; que d'ailleurs l'ancienne académie de Dijon pouvait bien être considérée comme un établissement d'instruction publique, puisqu'on y faisait des cours de chimie, de minéralogie et de botanique.

Que d'un autre côté l'académie actuelle de Dijon ne remplaçait pas l'ancienne académie, qu'elle n'avait été établie par l'autorisation de S. E. le ministre de l'intérieur, que sous la dénomination de *société libre* d'agriculture; que ce n'était qu'en vertu d'un arrêté de l'ex-administration centrale qu'elle s'était réunie dans les bâtimens de l'ancienne académie, et qu'aucun décret spécial ne lui ayant affecté la propriété de ces bâtimens, elle ne pouvait sous aucun rapport les réclamer.

En conséquence, le ministre invita le préfet, par une lettre du 11 septembre 1812, à rapporter l'arrêté du 9 mars 1812 portant révocation, et à maintenir celui du 11 juin 1809, qui renvoyait en possession l'université.

Le préfet se conforma à cette décision ministérielle, et par arrêté du 22 septembre 1812, il rapporta l'arrêté du 9 mars précédent, et ordonna l'exécution de celui du 11 juin 1809.

Les membres de la nouvelle académie de Dijon se sont alors pourvus devant le Conseil d'état, afin qu'en interprétant en tant que de besoin l'art. 1er. du décret du 11 décembre 1808, il fût dit qu'il ne s'appliquait pas aux académies littéraires, et notamment à l'académie de Dijon; en conséquence, ordonner que ladite académie sera maintenue dans la possession et jouissance de l'hôtel qu'elle tient de la bienfaisance de son fondateur, et qu'elle continuera d'en jouir comme par le passé en ont joui et dû jouir les académiciens de Dijon, depuis leur fondation; subsidiairement et dans le cas où on ne considérerait pas, comme valable, la remise qui a été faite en l'an 6 par le gouvernement d'alors, à l'académie de Dijon, de son hôtel et dépendances; dire qu'en vertu de la loi du 5 décembre 1814 (relative à la restitution des biens non vendus des émigrés) ledit hôtel et dépendances lui seront définitivement restitués pour en jouir en conformité de l'intention du fondateur.

Ainsi, d'après cette demande, la nouvelle académie réclamait les bâtimens de l'ancienne académie sous un double rapport; le 1er., comme lui ayant été remis par arrêté de l'administration centrale du département, approuvé par le ministre; le 2e., comme *représentant* l'ancienne académie, et devant exercer tous ses droits.

Il se présentait donc à juger les questions de savoir, 1°. si l'affectation faite par l'autorité départementale à la nouvelle société, des bâtimens de l'ancienne académie, approuvée par le ministre, mais non autorisée par aucun décret spécial, lui avait affecté la propriété de ces bâtimens;

2°. Si l'autorisation donnée par le ministre de l'intérieur à l'institution de la nouvelle académie, avait donné à celle-ci qualité suffisante pour réclamer l'universalité des biens, meubles et immeubles de l'ancienne académie définitivement supprimée par la loi de 1793.

Sur ce est intervenue l'ordonnance dont la teneur suit :

LOUIS, etc; — sur le rapport du comité du contentieux;

Vu les requêtes à nous présentées par les membres de la nouvelle académie des sciences, arts et belles-lettres de Dijon; les dites requêtes enregistrées au secrétariat du comité du contentieux de notre Conseil d'état, les 21 mai 1816 et 14 juillet 1817, tendantes à l'annullation d'un arrêté du préfet du département de la Côte d'Or, du 22 septembre 1812, approuvé par décision du ministre des finances du 11 dudit mois; lesquels arrêté et décision ordonnent que les bâtimens de l'ancienne académie de Dijon seront mis à la disposition de l'université, en exécution du décret du 11 décembre 1808, qui donne à ladite université les biens, meubles et immeubles des académies qui ne sont pas aliénées ou qui ne sont pas définitivement affectés, par un décret spécial, à un autre service public;

Vu lesdits arrêté et décisions;

Vu la requête en défense de la commission de l'instruction publique, signifiée le 17 janvier 1817;

Ensemble toutes les pièces jointes au dossier et respectivement produites;

Considérant que toutes les anciennes académies ont été supprimées par le décret du 8 août 1793, et que leurs biens ont été réunis au domaine de l'Etat;

Que depuis, aucun décret n'a disposé des bâtimens en litige, en faveur des requérans;

Que, par conséquent, les requérans sont sans qualité et sans droit;

Notre Conseil d'état entendu,

Nous avons ordonné et ordonnons ce qui suit :

Art. 1er. Les requêtes des membres de la nouvelle académie des sciences, arts et belles-lettres de Dijon sont rejetées.

Art. 2. Les membres de la nouvelle académie des sciences, arts et belles lettres de Dijon sont condamnés aux dépens.

Art. 3. Nos ministres secrétaires d'état de l'intérieur et des finances sont chargés, chacun en ce qui le concerne, de l'exécution de la présente ordonnance.

Ordonnance du 30 juillet 1817. (2729)

N°. 79.

VOIRIE URBAINE. — ANTICIPATION SUR LA VOIE PUBLIQUE. — ALIGNEMENT. — CONSEIL DE PRÉFECTURE. — PROPRIÉTÉ.

C'est aux maires, sauf le recours au préfet, qu'il appartient de fixer, de reconnaître et de faire observer les alignemens des rues, qui ne sont pas routes royales ou départementales, dans les villes, bourgs et villages. — Les conseils de préfecture sont tout-à-fait incompétens à cet égard. — Ils sont également incompétens pour prononcer l'amende encourue en cas d'empiétement sur l'alignement. — C'est aux tribunaux de police à en connaître.

(Le sieur Aumeunier.)

En 1814, par suite des événemens de la guerre, le village de Barbery-Saint-Sulpice fut détruit par l'incendie.

Le sieur Aumeunier fut un des premiers habitans qui manifesta l'intention de reconstruire ; mais avant de reprendre ses travaux, il demanda à l'autorité municipale l'alignement qu'il devait suivre.

Cet alignement fut tracé par le maire de la commune suivant procès-verbal du 18 septembre 1814.

Aumeunier fit construire sa maison ; il ne suivit pas l'alignement, et anticipa sur la voie publique.

Instruit de cette contravention au procès-verbal d'alignement, le maire de la commune aurait dû prendre un arrêté portant injonction au sieur Aumeunier de rendre le terrain sur lequel il avait anticipé ;

Mais il se contenta de dresser procès-verbal de la contravention à l'alignement.

Ce procès-verbal, en date du 16 mars 1815, fut signifié, le 23 du même mois, au sieur Aumeunier.

Celui-ci y forma opposition.

La contestation fut portée devant le conseil de préfecture, qui rendit un premier arrêté pour faire procéder à la visite des lieux, et vérifier si le sieur Aumeunier avait réellement commis une anticipation.

Sur le procès-verbal du géomètre chargé de la visite, il intervint, le 23 juillet 1816, un arrêté de ce conseil de préfecture, qui condamna Aumeunier à rétablir le terrain par lui anticipé sur la rue dans son premier état, et le condamna en outre, pour la contravention, en l'amende de 6 fr.

Le sieur Aumeunier s'est pourvu contre cet arrêté ; il a soutenu qu'il était incompétemment rendu.

En effet, a-t il dit :

« La loi du 9 ventose an 13, charge les conseils de préfecture de poursuivre les contraventions à la police des chemins vicinaux.

» Mais, dans l'espèce, la contestation n'avait pas pour objet un chemin vicinal ; mais bien une construction dans une rue de commune en contravention à l'alignement.

» La fixation et la reconnaissance des alignemens sont des actes d'administration qui ne sont pas dans les attributions des conseils de préfecture ;

» C'est l'autorité municipale qui donne les alignemens dans les rues des villes, bourgs et villages ; c'est à elle de les faire exécuter, sauf tout recours devant les préfets.

» La contravention à l'alignement d'une rue constitue un délit de petite voirie, dont la punition doit être prononcée par les tribunaux de police (art. 471, n°. 5, du Code pénal), et dont les conseils de préfecture ne peuvent connaître. »

Sur quoi est intervenue l'ordonnance dont la teneur suit :

LOUIS, etc. ; — Sur le rapport du comité du contentieux ;

Vu les requêtes à nous présentées par le sieur Aumeunier, demeurant à Barbery-Saint-Sulpice, département de l'Aube ; lesdites requêtes enregistrées au secrétariat du comité du contentieux de notre Conseil d'état, les 23 octobre, 26 décembre 1816 et 16 juin 1817, tendantes à ce qu'il nous plaise annuller un arrêté du conseil de préfecture dudit département, du 23 juillet 1816, qui l'a condamné à retirer, pour cause d'anticipation sur la voie publique, une maison par lui construite à Barbery-Saint-Sulpice, et, en outre, à payer une amende de 6 francs, et aux frais ;

Le procès-verbal d'alignement donné audit sieur Aumeunier, par le maire de la commune de Barbery-Saint-Sulpice, le 18 septembre 1814 ;

Autre procès-verbal constatant la contravention audit alignement, dressé par ledit maire le 16 mars 1815, et la signification qui en a été faite, à sa requête, au sieur Aumeunier, le 23 dudit mois, avec sommation de rendre à la voie publique le terrain sur lequel il a anticipé ;

Le procès-verbal dressé, le 20 mai 1816, par le sieur Brissonnet, géomètre-arpenteur, en exécution d'un arrêté du conseil de préfecture du département de l'Aube du 16 du même mois, relaté audit procès-verbal ;

L'arrêté dudit conseil de préfecture, du 23 juillet suivant, dont le sieur Aumeunier demande l'annullation ;

L'avis du préfet dudit département, du 25 février 1817 ;

Ensemble toutes les autres pièces produites ;

Considérant qu'aux termes des réglemens sur la voirie urbaine, c'est au maire qu'il appartient de donner et de faire exécuter les alignemens dans les rues des villes, bourgs et villages qui ne sont pas routes royales ou départementales, sauf tout recours devant les préfets, et que les tribunaux ordinaires sont seuls compétens pour statuer sur les amendes encourues en cas de contravention et sur les frais des démolitions ordonnées d'office dans le même cas ;

Considérant qu'en conséquence, le maire de la commune de Barbery-Saint-Sulpice n'aurait pas dû se borner à dresser procès-verbal de l'entreprise du sieur Aumeunier, et à lui faire signifier ce procès-verbal; mais qu'il devait, en outre, prendre un arrêté pour enjoindre audit Aumeunier de rendre à la voie publique, dans un délai déterminé, le terrain sur lequel il a anticipé, et pour ordonner que, faute par ce particulier de retirer lui-même les constructions formant anticipation, il serait procédé d'office et à ses frais, à leur démolition, sauf le recours devant le préfet ;

Considérant que les fixation et reconnaissance des alignemens sont des actes d'administration qui ne sont pas dans les attributions des conseils de préfecture; qu'en conséquence, celui du département de l'Aube n'a été compétent, ni pour commettre un expert, ni pour reconnaître la contravention à l'alignement dont il s'agit, ni pour déterminer, d'après le procès-verbal de visite dudit expert, le nouvel alignement à suivre ;

Considérant que le conseil de préfecture a également été incompétent pour prononcer sur l'amende encourue par le sieur Aumeunier ;

Notre Conseil d'état entendu,

Nous avons ordonné et ordonnons ce qui suit :

Art. 1er. Les arrêtés susdits du conseil de préfecture du département de l'Aube, des 20 mai et 23 juillet 1816, sont annullés pour cause d'incompétence, sauf au maire de la commune de Barbery Saint-Sulpice à diriger de nouvelles poursuites en contravention contre le sieur Aumeunier, ainsi qu'il appartiendra.

2. Notre ministre secrétaire d'état de l'intérieur est chargé de l'exécution de la présente ordonnance.

Ordonnance du 30 juillet 1817. (2731)

N°. 80.

1°. PÊCHE.—RIVIÈRE NAVIGABLE.—CONCESSION. —INDEMNITÉ.

2°. CANAL DE NAVIGATION.—RIVIÈRE NAVIGABLE. —PÊCHE.

3°. JUSTICE MINISTÉRIELLE.—EAUX ET FORÊTS.

1°. *Les décrets des 6 et 30 juillet 1793 et du 8 frimaire an 2, ont supprimé comme féodaux, tous droits de pêche dans un canal de navigation, bien qu'il y eût un titre de concession émané de l'ancien gouvernement. Le titre 5 de la loi du 14 floréal an 10, qui a rétabli au profit de l'état le droit exclusif de pêche dans les fleuves et rivières navigables, ne profite qu'à l'état et ne profite point aux anciens propriétaires dépouillés, d'après les avis du Conseil d'état des 11 thermidor an 12, et 17 juillet 1808; l'ancien propriétaire ne peut plus réclamer qu'un droit d'indemnité, à raison des bâtimens, ustensiles et agrés à lui appartenant, dont l'adminstration se serait emparée, et dans ce cas, la demande en indemnité doit être détachée du litige ou contestation de la pêche et doit être portée directement devers l'administration des ponts et chaussées.*

2°. *Un canal de navigation, notamment celui de l'Étang de Thau, au port de Cette, est assimilé à une rivière navigable, en ce qui touche le droit de pêche ;*

3°. *Le ministre des finances est autorisé à faire cesser par ses décisions, la jouissance provisoire qu'un préfet a indûment accordée à un particulier relativement à un droit de pêche dans une rivière navigable.*

(Les sieurs Boudard. — C. — L'administration des domaines.)

Le 31 janvier 1685, par des lettres patentes enregistrées à la chambre des comptes de Montpellier, le 16 mai 1687, il fut fait concession au sieur Turc, ingénieur en chef, du droit détablir une pêcherie dans un canal allant de l'Étang de Thau, au port de Cette ;

La pêcherie fut construite.

En 1793, les héritiers Colla de Pradines, se trouvaient en possession d'un tiers de la pêcherie ou bourdigue, lorsqu'ils furent dépossédés violemment par suite d'une émeute populaire.

Survinrent alors les décrets des 30 juillet 1793, et 3 frimaire an 2, qui déclarèrent que les droits de pêche étaient compris dans les droits féodaux supprimés par la loi du 25 août 1792.

L'exploitation de la bourdigue fut interrompue pendant trois ans; mais le 22 messidor an 3, les héritiers Colla de Pradines obtinrent un arrêté du département de l'Hérault qui les autorisait à rétablir la pêcherie.

Durant cette jouissance intervint la loi du 14 floréal an 10, qui fit rentrer la pêche des fleuves et rivières navigables, dans les revenus de l'état.

A cette époque les héritiers Colla de Pradines, étaient représentés par le sieur Boudard; celui-ci ayant appris qu'en vertu de la loi du 14 floréal an 10, l'administration des domaines allait affermer la bourdigue, adressa ses réclamations au préfet du département de l'Hérault qui par arrêté du 24 ventose an 11, ordonna qu'il fût sursis à la passation du bail, et que le sieur Boudard produisît ses titres.

Les choses restèrent dans cet état jusqu'au 27 décembre 1808, à cette époque le préfet du département de l'Hérault prit un arrêté portant, qu'il était établi que les deux tiers de la bourdigue appartenaient à l'état dès l'année 1746, par deshérence ou abandon des anciens propriétaires, et que l'autre tiers resté entre les mains du sieur Boudard, avait dû rentrer dans les mains de l'état, en vertu des lois qui avaient révoqué les aliénations gratuites du domaine et qui avaient supprimé les droits de pêche; mais que l'arrêté du préfet du département de l'Hérault, qui avait accordé la jouissance provisoire au sieur Boudard ne pouvait être annulé que par l'autorité supérieure; qu'en conséquence la bourdigue étant déclarée propriété nationale, et le bail passé par les concessionnaires étant résilié, il en serait passé un nouveau dans la forme administrative, et que les sieurs Boudard jouiraient du tiers du prix de ce nouveau bail, jusqu'à ce qu'il en fût autrement ordonné.

Le sieur Boudard dénonça cet arrêté au ministre des finances, qui le 1er décembre 1810 rendit une décision portant : « les arrêtés des 2 messidor et 27 décembre 1808 sont regardés comme non-avenus, en ce qu'ils maintiennent provisoirement les représentans du sieur Turc dans les droits de propriété quils réclament, sous la condition de représenter leurs titres devant l'autorité supérieure.

» En conséquence, la concession de la pêcherie, ou bourdigue dont il s'agit, accordée au sieur Turc, est définitivement révoquée conformément aux lois des 1er. decembre 1790, 3 septembre 1792 et 30 juillet 1793, et cette propriété sera réunie au domaine public.

Nouvelle réclamation de la part du sieur Boudard.

5 mars 1813, nouvelle décision du ministre des finances qui confirme celle du 1er. décembre 1810.

Le sieur Boudard s'est pourvu au Conseil d'état tant contre ces deux décisions du ministre des finances que contre l'arrêté du préfet du département de l'Hérault du 27 décembre 1808.

On a soutenu pour lui que ces diverses décisions étaient rendues incompétemment et qu'au fond elles étaient contraires à l'équité et aux principes :

« En effet, a-t-on dit, pour établir l'incompétence du préfet et du ministre, il suffit de faire observer d'abord que s'agisant d'un litige qui intéresse les droits de la propriété privée, ils ne pouvaient ni l'un ni l'autre intervenir, comme juges.

» Les lois qui ont organisé l'exercice de l'autorité administrative ont formellement distingué l'action de l'administration publique et le jugement du contentieux de l'administration; si, par de grandes considérations d'ordre public, la décision du contentieux de l'administration est devenue étrangère aux tribunaux ordinaires, et si la loi a établi pour ce genre de litige des juges spéciaux, elle les a assujétis à la solennité des formes judiciaires, qui seuls peuvent offrir aux parties intéressées une garantie contre ces résultats ordinaires.

» Ces juges sont les conseils de préfecture, comme tribunaux de première instance, et le Conseil d'état comme tribunal d'appel.

» Par suite de cette organisation, les ministres, les préfets, et les autres agens de l'administration publique ne peuvent intervenir dans une instance administrative comme simples parties, à raison de l'action administrative dont ils sont exclusivement investis, et dont l'exercice peut dans beaucoup de cas les rendre directement ou indirectement responsables.

» Ce point de vue rentre parfaitement dans la nature des faits dont on a présenté la série, et il en résulte que les décisions émanées du préfet et du ministre sont un véritable attentat aux lois constitutives de l'organisation administrative, et qu'elles ne peuvent avoir aucun effet.

» Ces décisions, indépendamment de la nullité, sont d'une injustice si evidente qu'elles ne pourraient être maintenues, quand même le sieur Boudard n'aurait pas à invoquer l'incompétence et l'absence de toute instruction contradictoire, ainsi que la violation des formes qui servent de sauve-garde à la propriété.

» En effet, le préfet et le ministre ont décidé que la pêcherie dont il s'agit, est une propriété nationale, tandis que le contraire est établi par les titres qu'ils avaient sous les yeux et qui constituent les droits des sieurs Boudard.

» En effet, il résulte de l'acte de concession et lettres patentes intervenues pour l'investiture, 1°. qu'il ne s'agit que de la concession d'une simple faculté, dont l'exercice étranger à la propriété de l'Étang, sur lequel elle est établie, n'a pas même le caractère d'une aliénation, 2°. que cette concession bien loin d'être gratuite a pour objet de libérer le gouvernement de services importans rendus à l'état, et elle soumet le concessionnaire à des obligations et à des dépenses si considérables que la concession n'a eu lieu qu'à un titre très-onéreux.

» Il est donc vrai de dire que, soit que l'on considère cette concession d'après les motifs qui l'ont déterminée, soit dans les effets qu'elle doit produire, elle a le caractère et elle doit avoir l'autorité d'un contrat, qui par la réciprocité des stipulations et des sacrifices, est synallagmatique et péremptoirement obligatoire.

» Ces principes sont la base des lois qui, en prononçant la révocation des concessions gratuites, commandent le maintien de toutes celles qui ont été faites à titre onéreux; et c'est d'après ces principes que la loi du 1er. décembre 1790 a accordé, sans distinction ni restriction, la maintenue de tous les concessionnaires qui fourniront la preuve d'une possession, d'une jouissance qui remonte à plus de quarante ans.

» Le sieur Boudard pourrait donc se borner à opposer aux prétentions de l'administration des domaines une possession centenaire; mais à l'appui de cette exception il peut encore invoquer les lois du 3 septembre 1792 et du 3 juillet 1793, qui exceptent formellement de la réunion au domaine public celles des concessions de toute espèce, qui ont donné lieu à des établissemens dont la confection a nécessité des dépenses et dont l'utilité est reconnue.

» Enfin, il aurait encore à invoquer la loi du 14 ventose an 7, qui maintient définitivement toutes les concessions de terrains dépendans des fossés, murs et remparts des villes.

» La pêcherie dont il s'agit a été établie à très-grands frais dans le lit même du canal qui entoure la ville de Cette, et qui fait partie des fossés. Il est évident que la loi précitée suffirait pour en assurer la maintenue et la possession, et dans aucun cas les droits du sieur Boudard, qui n'a acquis qu'à titre onéreux, ne peuvent être assimilés aux prétentions de quelques individus, qui à l'aide de leur possession, ont cru pouvoir réclamer le maintien d'établissemens faits sur le lit même de fleuves ou de rivières navigables.

» D'après la législation, ce genre de possession ne peut devenir un titre irréfragable; et dans le fait, il existe une très-grande différence entre les fleuves ou rivières navigables et les simples canaux; les uns existent indépendamment de la main des hommes, les autres ne sont que le produit de l'art, et dès-lors ceux qui ont concouru à leur établissement, et qui y ont employé leur fortune ne peuvent jamais être dépouillés de leurs possessions, même lorsque l'intérêt public l'exige, sans une indemnité préalable et proportionnelle.

» Ces principes n'ont jamais été méconnus, ils ont été successivement consacrés par plusieurs décisions rendues dans des espèces pareilles; par quelle fatalité le sieur Boudard, qui a été assujéti à des dépenses considérables, et notamment à une contribution de 30,000 fr. pour le recreusement du port de Cette, serait-il seul privé de l'exercice de ses droits?

» Du moins s'il est dépossédé on doit lui accorder une juste indemnité, qui, dans ce cas, devait être calculée, 1°. d'après les dépenses auxquelles l'établissement a donné lieu; 2°. les sommes données pour l'entretien du canal et du port de Cette; 3°. le montant de l'acquisition de partie de l'étang de Thau; 4°. enfin les droits de mutation successivement payés en 1804 et 1809. »

L'administration des domaines a répondu :

« La concession faite, en 1685, au sieur Turc, reposait, sans doute, sur le droit de pêche appartenant au Roi dans le canal de Cette, dès-lors il faut examiner seulement, si cette concession avait été faite à titre gratuit ou à titre onéreux, pour déterminer si elle a été supprimée par les lois de 1793 et de l'an 2.

» L'acte de concession porte, il est vrai, que la concession est faite pour reconnaître les services rendus à l'État par le sieur Turc; mais ces services ne sont point énumérés; ce qui était nécessaire pour justifier la concession; au surplus, il y est dit, « le sieur Turc et ses successeurs jouiront de la bourdigue sans être tenus de payer, pour ce, aucune finance ou indemnité, de laquelle, à quelque somme qu'elle puisse monter, nous leur avons fait et faisons *don*. »

» Les dépenses de premier établissement et d'entretien, le paiement des contributions et les autres frais pour l'exploitation de la pêche, sont des charges de la jouissance et non une finance payée à l'État pour prix de la concession, qui a été par conséquent purement gratuite.

» Ce point établi, il est certain que le droit de pêche a été supprimé par les lois de 1793 et de l'an 2; il devient dès-lors inutile d'examiner si le droit se trouvait compris dans quelqu'une des exceptions de la loi du 14 ventose an 7, puisqu'il n'existait plus à cette époque.

» Mais on a voulu soutenir que la disposition de la loi du 14 floréal an 10, qui a fait rentrer les droits de pêche dans les mains du Gouvernement, n'ayant disposé que pour les fleuves et rivières navigables, le droit de pêche dans le canal de Cette n'avait pas été dévolu au Gouvernement.—On peut répondre d'abord que le canal de Cette, par sa nature de canal navigable et par sa destination publique, doit être rangé dans la catégorie des fleuves et rivières navigables; et ensuite que s'il en était autrement, les droits de pêche n'ayant été rétablis que dans l'intérêt du Gouvernement, le sieur Boudard serait toujours sans titre au droit de pêche dans le canal de Cette.

» Ainsi, la réclamation du sieur Boudard est mal fondée, et s'il a droit à une indemnité, ce ne peut être qu'à raison des bâtimens, ustensiles et agrès à lui appartenant, et dont l'administration s'est emparée. »

Sur ce est intervenue l'ordonnance dont la teneur suit :

LOUIS, etc.; — Sur le rapport du comité du contentieux;

Vu les requêtes à nous présentées au nom, tant du sieur Claude-Pierre-Martin de Boudard, en qualité de tuteur de ses trois enfans mineurs, que du sieur Barthélemi-Auguste Martin de Boudard, son fils majeur; lesdites requêtes enregistrées au secrétariat du comité du contentieux de notre Conseil d'état, les 16 septembre, 10 décembre 1814 et 7 mars 1817, tendantes à ce qu'il nous plaise annuller un arrêté du préfet du département de l'Hérault, du 27 décembre 1808, et deux décisions du ministre des finances des 1er. décembre 1810 et 5 mars 1813; et, en conséquence, ordonner que lesdits sieurs de Boudard seront maintenus dans la propriété et jouissance du tiers de la bourdigue ou pêcherie établie dans le canal de communication de l'étang de Thau au port de Cette; subsidiairement, à ce que, dans le cas où il serait jugé que la concession de ladite pêcherie est susceptible de révocation, ils soient admis à en conserver la propriété en payant le quart de la valeur, conformément à la loi du 14 ventose an 7; enfin, à ce qu'en cas d'éviction, pour des considérations d'utilité publique, il soit ordonné que leur dépossession n'aura lieu qu'après le paiement préalable et effectif d'une indemnité proportionnée aux dépenses qui ont été faites par eux et leurs auteurs, pour l'établissement de ladite pêcherie, pour leur contribution à l'entretien du canal et du port de Cette, pour l'acquisition d'une partie de l'étang de Thau, et pour droits de mutation par décès;

Le brevet de concession pour l'établissement de ladite pêcherie, en date du 31 décembre 1685; les lettres-patentes expédiées sur ledit brevet, au mois de mai suivant, et l'arrêt d'enregistrement en la chambre des comptes de Montpellier, du 16 mai 1687.

Les arrêtés du directoire du département de l'Hérault et du préfet du même département, en date des 22 messidor an 3 et 27 décembre 1808;

Les décisions du ministre des finances, des 1er. décembre 1810 et 5 mars 1813, attaquées par les sieurs de Boudard, lesquelles portent que les susdits arrêtés du directoire et du préfet du département de l'Hérault, seront considérés comme non avenus, en ce qu'ils maintiennent provisoirement lesdits sieurs de Boudard dans la jouissance de la bourdigue ou pêcherie dont il s'agit; et, qu'en conséquence, cet établissement sera réuni au domaine public, et administré comme en faisant partie;

La requête de l'administration des domaines, signifiée le 20 décembre 1816;

Les observations et avis des directeurs-généraux des domaines, des forêts et des ponts et chaussées;

Les plans des lieux;

Et toutes les autres pièces respectivement produites;

Vu aussi les décrets des 6 et 30 juillet 1793, et 8 frimaire an 2, relatifs aux droits de pêche; le titre 5 de la loi du 14 floréal an 10, relative aux contributions indirectes de l'an 11, et deux avis du Conseil d'état, relatifs aux droits de pêche, approuvés les 11 thermidor an 12 et 17 juillet 1808;

Considérant, que les susdits décrets des 6 et 30 juillet 1793 et 8 frimaire an 2, ayant rangé les droits exclusifs de pêche, dans la classe des droits féodaux supprimés sans indemnité, ces droits se sont trouvés irrévocablement anéantis dans les mains de ceux qui en jouissaient, soit patrimonialement, soit à titre d'engagement ou de concession; que la loi du 14 floréal an 10, en rétablissant au profit de l'état, le droit exclusif de pêche dans les fleuves et rivières navigables, auxquels le canal de navigation de l'Étang de Thau au port de Cette, doit être assimilé, n'a apporté, à l'égard des particuliers, aucun changement dans la législation établie par les susdits décrets;

Considérant que les motifs ci-dessus ont été textuellement adoptés par les avis susdits du Conseil d'état, des 11 thermidor an 12 et 17 juillet 1808;

Qu'en conséquence, le ministre des finances a été fondé à faire cesser, par ses décisions susdites, des 1er. décembre 1810 et 5 mars 1813, la jouissance provisoire indûment accordée par les arrêtés du directoire du département de l'Hérault et du préfet, en date des 22 messidor an 3, et 27 décembre 1808, et à assurer la perception du produit entier de la bourdigue au profit de l'état, conformément à la loi du 14 floréal an 10;

Considérant, en ce qui concerne les indemnités réclamées par les sieurs de Boudard, qu'il leur a été réservé par la décision du ministre des finances du 5 mars 1813, de se pourvoir par devers l'administration des ponts et chaussées pour celles qui seraient relatives aux bâtimens, ustensiles et agrès à eux appartenant, dépendant de la bourdigue, et dont l'administration se serait emparée; et qu'il n'y a lieu de leur accorder aucune autre indemnité pour des dépenses qui étaient des charges de leur jouissance; et pour raison d'un droit que les lois ont supprimé sans indemnité;

Notre Conseil d'état entendu,

Nous avons ordonné et ordonnons ce qui suit :

Art. 1er. Les requêtes des sieurs de Boudard sont rejetées.

2. Les sieurs de Boudard, sont condamnés aux dépens envers l'administration des domaines.

3. Nos ministres secrétaires d'état de l'intérieur et des finances sont chargés, chacun en ce qui le concerne, de l'exécution de la présente ordonnance.

Ordonnance du 30 juillet 1817. (2726)

N°. 81.

ACQUÉREURS NATIONAUX. — Déchéance. — Débet. — Délai. — Justice ministérielle.

Le délai pour se pourvoir contre une décision du ministre, qui fixe le débet d'un acquéreur national, court contre cet acquéreur du jour de la notification à lui faite d'une lettre du ministre adressée au préfet, et portant confirmation de la décision qui a fixé le débet.

L'acquéreur national frappé de déchéance par un préfet ne doit se pourvoir au Conseil d'état qu'après avoir tenté la réformation auprès du ministre.

(Le sieur Petit. — C. — l'Administ. des domaines.)

Le sieur Petit s'était rendu adjudicataire à diverses époques de plusieurs biens nationaux.

Son Exc. le ministre des finances, par une décision du 4 mai 1810, fixa le décompte ou débet du sieur Petit, à raison de toutes ces acquisitions, à une somme de 27,919 fr. 88 cent.

Sur les réclamations du sieur Petit, le ministre des finances écrivit, le 2 septembre 1812, au préfet du département de la Meuse, une lettre par laquelle il lui disait qu'en maintenant sa décision du 4 mai 1810, il avait fixé irrévocablement et réduit à 17,935 fr. 75 c. le débet du sieur Petit : par cette lettre, le ministre chargeait le préfet de donner connaissance à Petit de cette décision, et de la ramener à exécution.

En conséquence, cette lettre, dans laquelle est relatée la décision du 4 mai 1810, fut signifiée au sieur Petit le 16 du même mois de septembre.

Les choses sont restées en cet état pendant plusieurs années.

En 1815, de nouvelles contraintes ayant été signifiées au sieur Petit, il s'adressa au préfet du département de la Meuse pour réclamer un sursis, afin de se pourvoir au Conseil d'état contre les décisions du ministre.

Mais, par un arrêté de ce préfet, en date du 13 février 1815, non-seulement ce sursis lui fut refusé, mais encore il fut menacé de déchéance en cas de non-paiement dans un certain délai : cet arrêté est ainsi conçu :

« Considérant que le débet du sieur Petit résultant des dix-neuf décomptes est irrévocablement fixé et modéré à 17,935 fr. 75 cent., par décision de Son Exc. le ministre des finances du 2 septembre 1812 ;

» Que le recours prétendu au Conseil d'état n'est à regarder que comme un nouveau moyen imaginé pour se soustraire au paiement, attendu que rien ne prouve cette allégation ;

» Considérant, sur ce second chef, que le sieur Petit n'est pas fondé à se dire libéré ; — déclare qu'il n'y a lieu à délibérer sur la demande en sursis, et arrête :

» 1°. Qu'à défaut par le sieur Petit de se conformer à la décision ministérielle du 2 septembre 1812, la déchéance sera encourue et appliquée. — 2°. etc. »

Le sieur Petit s'est pourvu au Conseil d'état pour demander, 1°. la réformation des deux décisions ministérielles des 4 mai 1810 et 2 septembre 1812 ; 2°. l'annullation de l'arrêté du préfet de la Meuse, en date du 13 février 1815.

La régie de l'administration des domaines a opposé une fin de non-recevoir au sieur Petit, et a dit :

» 1°. Aux termes de l'article 13 du réglement du 22 juillet 1808, le recours au Conseil d'état contre la décision d'une autorité qui y ressortit, n'est pas recevable après trois mois du jour où cette décision a été notifiée.

» Quoique le sieur Petit allègue que la décision du 4 mai 1810 lui est restée inconnue, il est attesté que c'est son fils qui, le premier, en a donné connaissance au directeur des domaines ; qui a aidé l'huissier chargé de notifier les décomptes, à préparer les copies, et qui a demandé que les notifications fussent faites au sieur Jean Petit personnellement, au lieu de l'être à ses cessionnaires.

» Au surplus, on produit les originaux de douze exploits datés du 13 juin 1810, portant notification de décomptes au sieur Petit, et dans lesquels il est fait commandement *en vertu de la décision du ministre des finances du 4 mai* 1810.

» On produit aussi l'original d'un exploit du 16 septembre 1812, portant notification au sieur Petit de la dernière décision du 2 septembre 1812, qui rappelle et confirme la précédente.

» Ces deux décisions ont acquis force de chose jugée, et le pourvoi tardif est non-recevable d'après le réglement.

» 2°. Le pourvoi contre l'arrêté du préfet est aussi non-recevable, parce que le sieur Petit, avant de se pourvoir, aurait dû épuiser tous les degrés de juridiction ; c'était au ministre qu'il devait s'adresser pour faire annuller l'arrêté du préfet ; et ensuite seulement il aurait pu se pourvoir contre la décision du ministre : l'ordre des juridictions est indépendant de la volonté des parties, et ne peut être interverti à leur gré. »

Pour le sieur Petit, au contraire, on soutenait que le pourvoi était recevable tant contre les décisions du ministre que contre l'arrêté du préfet.

« En effet, disait-on, le sieur Petit attaque devant le Conseil d'état la décision ministérielle du 4 mai 1810 ; or, cette décision ne lui a jamais été légalement notifiée. L'administration des domaines justifie bien de douze originaux d'exploits portant signification de décomptes à l'exposant, et dans lesquels est énoncée la décision du 4 mai 1810 ; mais ce n'est pas signifier une décision que de se borner à la relater dans un acte extrajudiciaire. La simple énonciation de cette décision ne peut, en aucun cas, remplacer la notification qui est exigée pour faire courir les délais de la loi ; et c'est seulement lorsqu'il s'est écoulé trois mois après une notification régulière et légale que la partie lésée est non-recevable à se plaindre.

» Peu importe donc que le ministre des finances ait écrit, le 2 septembre 1812, au préfet du département de la Meuse, pour l'informer que, conformément à sa décision du 4 mai 1810, il avait fixé irrévocablement à 17,935 fr. 75 cent. le débet du sieur Petit ; en admettant que cette lettre ministérielle ait été signifiée au sieur Petit, ce n'est pas là encore une signification de la décision du 4 mai, puisqu'on ne fait que l'énoncer. La lettre du 2 septembre n'est pas elle-même une décision ; elle n'en a ni la forme ni le caractère ; ce n'est qu'un titre de correspondance, un simple avis donné par le ministre au préfet, afin qu'il ait à poursuivre l'exécution de la décision du 4 mai ; mais c'est toujours à cette décision qu'il faut se référer. Or, comme on ne justifie à son égard d'aucune signification, il est donc vrai de dire que le sieur Petit est encore aujourd'hui en temps utile pour l'attaquer, ainsi que toutes les décisions et arrêtés qui n'en auraient été que la suite et la conséquence.

» C'est ainsi qu'il est également recevable à se pourvoir devant le Conseil d'état contre l'arrêté rendu par le préfet de la Meuse le 13 février 1815. Il est vrai qu'en principe général, on ne peut franchir, par un pourvoi direct, le second degré de juridiction attribué au ministre des finances sur les arrêtés des préfets en matière de décompte. Mais ici l'arrêté du préfet n'est que la conséquence et l'exécution de la décision du ministre ; et il est dérisoire de prétendre que cet arrêté ait pu, sous ce rapport, être déféré au Conseil d'état, mais qu'à l'égard des deux décomptes relatifs aux acquisitions des sieurs Magron et Regnault, dont le sieur Petit est cessionnaire, celui-ci ait dû se pourvoir d'abord devant le ministre. On ne peut scinder ainsi les diverses dispositions d'un arrêté ; et il suffit que le Conseil d'état soit compétent sous un rapport, pour que l'arrêté entier puisse et doive lui être déféré.

» Aucune fin de non-recevoir ne peut donc être opposée au sieur Petit. D'une part, la décision du 4 mai 1810 ne lui a pas été signifiée ; on s'est borné à lui notifier la lettre du 2 septembre 1812 ; mais cette lettre n'est pas une décision. De l'autre, l'arrêté du 13 février 1815, par sa connexité avec les décisions ministérielles antérieures, était lui-même susceptible d'être attaqué devant le Conseil d'état.

« Donc, sous tous les rapports, le pourvoi est recevable. »

Sur ce est intervenue l'ordonnance suivante :

LOUIS, etc.; — Sur le rapport du comité du contentieux.

Vu la requête à nous présentée par le sieur Jean Petit, cultivateur, demeurant en la commune de Brabant, département de la Meuse ; ladite requête enregistrée au secrétariat du comité du contentieux de notre Conseil d'état, le 10 mars 1815, tendant à ce que, sans avoir égard aux décisions rendues par le ministre des finances, soit sous la date du 4 mai 1810, soit sous toute autre date, relativement aux décomptes du prix des biens nationaux acquis par ledit sieur Petit, il nous plaise annuler un arrêté du préfet du département de la Meuse, du 13 février 1815, pris en conséquence, et pour l'exécution desdites décisions, et ordonner qu'un arrêté du conseil de préfecture du même département, en date du 30 nivose an 11, et relatif à l'imputation sur le prix des biens dont il s'agit, de divers paiemens faits par ledit sieur Petit, sera exécuté suivant sa forme et teneur ;

La requête en défense de l'administration des domaines, signifiée le 18 juin 1812, tendant à ce que, s'il en est besoin, ledit arrêté du 30 nivose an 11 soit annullé ; à ce que ledit sieur Petit soit déclaré non-recevable ou du moins mal fondé dans son pourvoi contre lesdites décisions du ministre des finances, et condamné aux dépens ;

La requête en réplique dudit sieur Petit, signifiée le 11 juillet 1817, par laquelle, en persistant dans sa précédente requête et y ajoutant, il conclut à ce que l'administration des domaines soit déclarée purement et simplement non-recevable, ou du moins mal fondée dans son pourvoi incident contre l'arrêté susdit, du 30 nivose an 11, et condamnée aux dépens ;

La réponse de l'administration des domaines, signifiée le 24 juillet dernier ;

L'arrêté susdit du conseil de préfecture du département de la Meuse, du 30 nivose an 11, portant que la somme de 24,327 francs 97 centimes, payée par ledit sieur Petit, en excédant du prix des biens nationaux y désignés, sera imputée jusqu'à concurrence sur celle de 12,651 francs 72 centimes, restant due par lui sur le prix d'autres biens aussi désignés audit arrêté ;

La copie certifiée d'une lettre du conseiller d'état chargé du département des domaines nationaux, au directeur général des domaines, en date du 11 mai 1810, ladite lettre donnant avis que, par décision du 4 du même mois, le ministre des finances avait maintenu les décomptes, d'après lesquels le débet dudit sieur Petit, pour raison des biens nationaux par lui acquis, était réglé à 17,935 francs 75 centimes ;

Les originaux de onze commandemens, signifiés, le 13 juin 1810, audit sieur Petit, à la requête de l'administration des domaines ;

La copie produite par ledit sieur Petit, d'une lettre du ministre des finances au préfet du département de la Meuse, en date du 2 septembre 1812, portant : qu'en conformité de sa précédente décision, le débet dudit sieur Petit reste fixé à ladite somme de 17,935 francs 75 centimes ;

L'original de la signification de la susdite lettre audit sieur Petit, en date du 16 septembre 1812 ;

L'arrêté du préfet du département de la Meuse, du 13 février 1815, qui rejette la demande en sursis formée par ledit sieur Petit, et maintient la déchéance prononcée au préjudice des sieurs Magron et Regnault ;

Ensemble toutes les pièces respectivement produites ;

Considérant que la décision du ministre des finances, du 2 septembre 1810, confirmative de celle du 4 mai 1810, qui a fixé le débet du sieur Petit à la somme de 17,935 francs 74 centimes, ayant été dûment notifiée audit sieur Petit, le 16 dudit mois de septembre 1812, il n'était plus recevable, aux termes des réglemens à se pourvoir devant nous, en notre conseil, contre lesdites décisions le 10 mars 1815, date du dépôt de sa première requête,

Considérant, en ce qui concerne la déchéance prononcée par le préfet du département de la Meuse, au préjudice des sieurs Magron et Regnault, qu'il n'a point encore été statué à cet égard par notre ministre secrétaire d'état des finances, et que les réclamations, s'il y a lieu, doivent être portées préalablement devant notredit ministre ;

Notre Conseil d'état entendu,

Nous avons ordonné et ordonnons ce qui suit :

Art. 1er. Les requêtes du sieur Jean Petit sont rejetées, sauf à lui à se pourvoir, s'il croit y être recevable et fondé, devant notre ministre secrétaire d'état des finances, contre l'arrêté du préfet du département de la Meuse, du 13 février 1815, en ce qui concerne la déchéance prononcée au préjudice des sieurs Magron et Regnault.

2. Le sieur Petit est condamné aux dépens.

3. Notre ministre secrétaire d'état des finances est chargé de l'exécution de la présente ordonnance.

Ordonnance du 27 août 1817. (2741)

N°. 82.

ACTE ADMINISTRATIF. — COMMISSAIRE DE L'ADMINISTRATION. — TITRE.

De ce que certains titres, et notamment le titre constitutif d'une rente aurait été remis à certains héritiers par un commissaire d'administration municipale, il ne s'en suit point que la contestation sur la propriété de la rente et du titre doive être soumise à l'administration; la matière est judiciaire, il n'y a pas là d'acte administratif.

(La dame de la Woëstine. — C. — le sieur Clément et consorts.)

Le marquis de la Woëstine avait épousé en secondes noces la demoiselle Bonnefond.

Il est dit dans le contrat de mariage « que le futur époux apporte en mariage tous ses droits, noms, raisons et actions généralement quelconques pour entrer dans la communauté, *jusqu'à concurrence de dix mille livres de France*, et que le survivant sera propriétaire et donataire de la communauté mobilière. »

En 1794, le sieur de la Woëstine périt victime du tribunal révolutionnaire. Ses biens furent confisqués; mais, en 1795, la confiscation fut abolie et les biens des condamnés rendus aux héritiers.

Bientôt après, arriva le décès de la dame de la Woëstine, née Bonnefond.

Les héritiers Bonnefond réclamèrent alors le profit de la communauté qui avait existé entre les mariés de la Woëstine, et qui, aux termes du contrat de mariage, était dévolu à Marguerite Bonnefond, survivante.

L'administration centrale du département prit un arrêté par lequel elle chargea l'administration municipale de Cambrai de faire aux réclamans la remise des effets, titres et papiers qui seraient justifiés leur appartenir.

Un commissaire nommé à cet effet par l'administration de Cambrai, effectua cette remise entre les mains des héritiers Bonnefond, notamment de plusieurs titres constitutifs de rentes perpétuelles.

Postérieurement, la dame de Fagan, née du premier mariage du sieur de la Woëstine, a réclamé contre les héritiers Bonnefond une partie des rentes dont les titres leur avaient été remis; elle a prétendu que ces rentes s'élevaient à 37,000 fr., et qu'ils n'avaient dû toucher que jusqu'à concurrence de 10,000 fr., somme à laquelle s'élevait le total de la communauté dévolue à Marguerite de Bonnefond, en vertu du contrat de mariage.

Cette contestation portée devant le tribunal civil de Saint-Quentin, ce tribunal s'est déclaré incompétent par jugement du 17 août 1808, ainsi conçu :

« Considérant que, par arrêté du 25 vendémiaire de l'an 6, les administrateurs du département du Nord avaient ordonné que les titres et papiers réclamés par les héritiers de la demoiselle Bonnefond leur seraient remis par l'administration municipale de Cambrai; que cette administration a pris elle-même un arrêté le 28 du même mois, par lequel elle a commis le sieur Mayresse, l'un de ses membres, pour effectuer cette remise, et qu'elle a eu lieu par procès-verbal du 3 brumaire, même année; que parmi les titres remis par ce commissaire, s'est trouvé le contrat constitutif de rente dont il s'agit; que cette remise est un acte administratif, et qu'il n'appartient pas aux tribunaux de connaître de sa validité ou de son invalidité. ».

En conséquence de ce jugement, la dame de Fagan s'est pourvue devant le conseil de préfecture du département du Nord, qui a rendu, le 8 octobre 1813, l'arrêté suivant :

« Considérant, qu'il est de principe que la question de droit sur la propriété des contrats de rentes se décide par les tribunaux; que l'arrêté de l'administration centrale, en ordonnant la remise aux héritiers de la dame Bonnefond, des titres qui pouvaient les concerner, n'a pas entendu leur faire remettre ceux qui auraient pu appartenir à la dame de Fagan; et que l'on ne peut inférer de cette ordonnance, que la compétence de l'administration, en se bornant à la restitution des titres étrangers aux intérêts de la république, ait emporté celle de pouvoir juger du droit sur leur propriété; qu'enfin la contestation qui divise maintenant la dame de Fagan d'avec les héritiers de la dame de Bonnefond, a pour objet la propriété d'un acte fait de particulier à particulier, et étranger à ceux de l'administration. »

C'est sur ce conflit négatif que la dame de Fagan s'est pourvue devant le Conseil d'état.

Elle a dit : « il ne s'agissait pas, devant le tribunal, de prononcer sur la validité ou invalidité de la remise des titres, circonstance qu'on pourrait presque regarder comme indifférente dans l'affaire; il était question de décider si les héritiers de Marguerite Bonnefond avaient pu s'emparer de la succession du marquis de la Woëstine, et recueillir un centime au-delà des dix mille francs mis en communauté par le contrat de mariage au profit du survivant, et qui seuls appartenaient à la succession de Marguerite Bonnefond, le tribunal n'avait point à juger le mérite d'une opération administrative, mais bien le droit respectif des parties. »

On a répondu pour les héritiers Bonnefond :

» D'abord, ces héritiers ont reçu de bonne foi tout ce qui leur a été délivré; ils ignorent s'il y a eu erreur dans cette remise; s'il en existait une, elle ne peut être leur fait, mais bien celui de l'administration; d'où il résulterait que le procès que la dame de Fagan a intenté, intéresserait plutôt le gouvernement que les héritiers Bonnefond.

» En second lieu, la dame de Fagan était en émigration lors de la remise des effets de la succession du sieur de la Woëstine aux héritiers Bonnefond. Or, l'on sait que le gouvernement a pu disposer à son gré des biens des émigrés, sans que ces derniers puissent aucunement se plaindre.

» Enfin, la dame de Fagan, au lieu de porter la contestation devant le conseil de préfecture, après le jugement d'incompétence rendu par le tribunal de Saint-Quentin, devait interjeter appel de ce jugement et ultérieurement se pourvoir devant la Cour de cassation contre l'arrêt qu'aurait rendu la Cour d'appel, s'il n'avait pas été conforme à ses intérêts ; mais, par erreur de droit, elle s'est pourvue devant le conseil de préfecture, et en attendant, tous les délais utiles poursuivre la marche prescrite par la loi, sont expirés. Recourir aujourd'hui devant le Conseil d'état, c'est intervertir l'ordre établi des juridictions. »

En cet état est intervenue l'ordonnance suivante.

LOUIS; etc., — Sur le rapport du comité du contentieux ;

Vu la requête à nous présentée et déposée au secrétariat du comité du contentieux de notre Conseil d'état, le 18 novembre 1816, par la dame Marie-Thérèse-Pauline de la Woëstine, épouse divorcée du sieur de Fagan, demeurant à Walincourt-les-Cambrai, département du Nord, ladite requête tendante à ce qu'il nous plaise, attendu la déclaration d'incompétence respectivement faite par jugement du tribunal de première instance, séant à Saint-Quentin, en date du 17 août 1808, et par arrêté du conseil de préfecture du département du Nord, du 18 octobre 1813, dans des contestations élevées entre ladite dame de la Woëstine et les héritiers de feue Marguerite Bonnefond, femme de feu François-Maximilien, marquis de la Woëstine, procéder au réglement de juges, dire que l'autorité judiciaire est compétente en la cause; subsidiairement ordonner que ladite dame de la Woëstine se retirera par devers telle autorité que nous aurons désignée ;

L'ordonnance de soit communiqué aux héritiers de ladite feue dame Bonnefond, femme de la Woëstine, rendue sur ladite requête, le 14 décembre 1816;

Les significations desdites requête et ordonnance, faites le 14 février 1817, à François Clément et à Marie Claudin, veuve Ismeurt, et le 17 du même mois, à Antoine-Mathis, à François-Antoine et à Jean-Pierre Cézard et Marie-Félicité Petit, sa femme ;

La requête en défense, au nom dudit François Clément et autres, demeurant à Vic, et de ladite Marie Claudin, veuve Ismeurt, demeurant à Château-Salins, département de la Meurthe; ladite requête signifiée le 28 avril dernier, et tendante à ce que la requête de ladite dame de la Woëestine soit rejetée, et à ce que ladite dame soit condamnée aux dépens ;

La replique de ladite dame de la Woëstine, signifiée le 24 juillet dernier, par laquelle, ajoutant à sa précédente requête, elle conclut à ce que ses adversaires soient condamnés aux dépens ;

Les jugemens du tribunal du district de Cambrai et du tribunal civil du département du Nord, séant à Douai, en date des 18 vendémiaire an 4 et 14 fructidor an 5 ;

L'arrêté de l'administration du département du Nord, du 25 vendémiaire an 6 ;

Le procès-verbal de remise, en date des 3 et 4 brumaire an 6, par le commissaire à ce délégué de l'administration municipale de Cambrai, aux héritiers y dénommés de ladite feue Marguerite Bonnefond, femme de la Woëstine, des titres et pièces mentionnés au dit procès-verbal ;

Le jugement du tribunal de première instance de l'arrondissement de Saint-Quentin, en date du 17 août 1808, par lequel ledit tribunal a renvoyé les parties devant les autorités administratives compétentes, sur les contestations relatives à une rente de soixante livres, dont le titre constitutif avait été compris dans la remise susdite des 3 et 4 brumaire an 6 ;

L'arrêté du conseil de préfecture du département du Nord, du 8 octobre 1813, par lequel il s'est déclaré incompétent pour statuer sur la propriété de la rente en litige ;

Considérant que le procès-verbal de remise susdit, des 3 et 4 brumaire an 6, n'a eu d'autre objet que d'opérer la remise, ordonnée par le jugement du tribunal civil du département du Nord, du 14 fructidor an 5, des effets mobiliers dépendans de la communauté d'entre le feu marquis de la Woëstine et la feue demoiselle Bonnefond ; que le commissaire qui a effectué cette remise n'avait aucune qualité pour décider si les effets et titres par lui remis dépendaient de ladite communauté ; qu'en cas de litige à ce sujet, les tribunaux ordinaires étaient seuls compétens ; qu'en conséquence, le procès-verbal de remise ne faisait pas obstacle à ce que le tribunal de première instance, séant à Saint-Quentin, ne statuât sur les contestations qui avaient été portées devant lui, et que, par le même motif, le conseil de préfecture a été fondé à se déclarer incompétent ;

Notre Conseil d'état entendu,

Nous avons ordonné et ordonnons ce qui suit :

Art. 1er. Le jugement susdit du tribunal de première instance de l'arrondissement de Saint-Quentin, du 17 août 1808, sera considéré comme nul et non avenu ;

2. Les parties sont renvoyées devant les tribunaux ordinaires compétens ;

3. Condamnons aux dépens celle des parties qui succombera en définitif;

4. Notre garde des sceaux ministre secrétaire d'état de la justice, et notre ministre secrétaire d'état de l'intérieur, sont chargés, chacun en ce qui le concerne, de l'exécution de la présente ordonnance.

Ordonnance du 27 août 1817. (2749)

N°. 83.

OPPOSITION. — Décision contradictoire. — Déchéance. — Pourvoi irrégulier.

En justice administrative comme en justice ordinaire, l'opposition n'est pas recevable sur une décision rendue après opposition à une décision par défaut.

La partie qui se trompe en formant opposition à une décision contradictoire, au lieu de se pourvoir par appel, encourt la déchéance comme si elle avait négligé toute espèce de recours.

(Le sieur Bosteller.—C.— le sieur Hohweiller.)

Le sieur Hohweiller ayant émigré, ses biens furent mis en vente.

Le sieur Bosteller en avait acquis une partie.

En 1813, le sieur Hohweiller présenta une pétition à M. le préfet du département du Bas-Rhin, pour demander la restitution de certaines pièces de fonds qui étaient jouies et détenues par le sieur Bosteller, quoiqu'elles n'eussent pas été comprises au nombre de celles que la république lui avait vendues.

Bosteller n'ayant fourni aucune observation, le préfet prit un arrêté en date du 29 juin 1814, par lequel il ordonna l'envoi en possession des biens réclamés.

Cet arrêté fut signifié à Bosteller le 9 juillet suivant.

Le 23 du même mois, sur l'opposition de Bosteller, le préfet ordonna qu'il serait sursis aux poursuites, et qu'il serait fait certaines vérifications par un commissaire nommé.

Cette vérification eut lieu contradictoirement et même à la requête du sieur Bosteller. Il fut constaté que la vente ne comprenait pas tous les biens ayant appartenu au sieur Hohweiller : en conséquence, le 17 mai 1815, le conseil de préfecture prononça l'arrêté suivant :

« Considérant que le sieur Georges Bosteller, meûnier à Hoffen, qui a réclamé contre l'arrêté de mise en possession du 29 juin 1814, et provoqué la vérification contradictoire ordonnée par arrêté du 23 juillet suivant, ne peut produire à l'appui de ses prétentions sur les biens de l'émigré Ignace Hohweiller, qu'un acte de cession fait à son profit par le sieur Louis Hepp, négociant à Strasbourg, acquéreur à la forme de la loi du 28 ventose an 4, des biens dudit Hohweiller ;

» Considérant que, par contrat du cinquième jour complémentaire an 4, la ci-devant administration départementale a adjugé au susdit Hepp quarante-quatre pièces de terres arables et prés provenant de Hohweiller, formant ensemble onze arpens, mesure locale, et spécifiées chacune audit contrat, suivant sa contenance, ses tenans et aboutissans ;

» Considérant qu'il est prouvé par le susdit procès-verbal de vérification fait contradictoirement sur les lieux, et après avoir confronté le livre-terrier et le registre de sections, tant anciens que nouveaux, de la commune de Leichterweiller, avec le susdit contrat de vente, et l'état des biens réclamés par Hohweiller, comme n'ayant pas été vendus, « qu'indépendamment des quarante-quatre pièces de terre désignées et spécifiées audit contrat, et dont l'identité a été dûment constatée par le commissaire, le sieur Hohweiller était, avant son émigration, propriétaire de vingt-neuf autres pièces de terres arables et prés, » situées sur le territoire dudit Leichterweiller, dont la contenance, les tenans et aboutissans ont été également dûment vérifiés et constatés, *que ces biens n'ont jamais été aliénés au profit de l'État*, et que leurs détenteurs actuels, qui sont au nombre de 23, n'ont pu autrement justifier de leurs droits de propriété qu'en se disant vaguement associés ou cessionnaires du sieur Bosteller,

» Considérant que, suivant l'arrêté consulaire du 28 vendémiaire an 9 et le sénatus-consulte du 6 floréal an 10, les émigrés éliminés rayés définitivement et amnistiés, sont autorisés à rentrer dans la possession et jouissance de ceux de leurs biens qui n'ont pas été vendus, le conseil de préfecture du département du Bas-Rhin arrête :

» Art. 1er. Les biens après désignés, et dont la propriété avait appartenu au sieur Hohweiller avant son émigration, ne sont pas compris dans le contrat passé le cinquième jour complémentaire de l'an 4, par l'administration du département du Bas Rhin, au profit du sieur Louis Hepp, négociant, et cédé par ce dernier au sieur Georges Bosteller de Hoffen. »

Cet arrêté fut signifié au sieur Bosteller le 8 août 1815.

Bosteller se rendit encore opposant envers cet arrêté.

6 juin 1816, nouvel arrêté qui déclare Bosteller non-recevable dans son opposition envers l'arrêté du 17 mai 1815. Cet arrêté est ainsi conçu :

« Considérant que l'arrêté du 17 mai 1815, contre lequel réclame Georges Bosteller, a été rendu sur le rapport du sieur Hemberget, en date du 9 décembre 1814, et que ce commissaire avait entendu les deux parties ;

» Que cet arrêté est, par conséquent, censé rendu contradictoirement, et qu'il ne pourrait, le cas échéant, appartenir qu'à l'autorité supérieure de le réformer,

» Arrête qu'il n'y a pas lieu à délibérer sur la nouvelle pétition du sieur Bosteller. »

C'est contre ces deux arrêtés que Bosteller s'est pourvu au Conseil d'état.

Le sieur Hohweiller lui a opposé une fin de non-recevoir en ces termes :

« C'est le 8 août 1815 que l'arrêté du 17 mai a été signifié au sieur Bosteller (la signification est produite n°. 15). C'est seulement le 19 septembre 1816 que le pourvoi au Conseil a été régulièrement formé. Les trois mois étaient donc expirés depuis long-temps, et il est incontestable que cet arrêté ne pouvait plus être valablement déféré au Conseil.

» Quant à l'arrêté du 6 juin 1816, signifié le 29, si le pourvoi a été présenté le 19 septembre, il a été attaqué dans le délai légal.

» Mais que porte cet arrêté? que celui du 7 mai 1815 étant *contradictoire*, il n'appartient qu'à l'autorité supérieure de le réformer. Cet arrêté ne juge rien par lui-même; il se réfère au précédent.

» On voit que la prétention du sieur Bosteller est de soutenir que le premier arrêté n'ayant pas été contradictoire, il avait pu y former opposition, et que cette opposition avait interrompu les délais de l'appel.

» Tout rentre donc dans la question de savoir si l'arrêté du 17 mai 1815 est contradictoire. L'affirmative ne saurait être douteuse.

» Et d'abord le conseil de préfecture, dont il était l'ouvrage, et qui devait connaître mieux qu'aucune autorité les circonstances dans lesquelles il l'avait rendu, a décidé qu'il était contradictoire : c'est déjà sans doute un grand préjugé.

» Ensuite le sieur Bosteller a consigné ses observations et ses défenses dans le procès-verbal de vérification des lieux; il ne peut donc pas dire qu'il a été jugé sans avoir été entendu; car, peu importe comment et dans quelles formes ses moyens ont été connus du conseil, pourvu qu'ils l'aient été.

» Enfin, quand il n'aurait pas fourni ses moyens de défense, le sieur Bostelle devrait se l'imputer, et il n'en serait pas moins mal fondé à soutenir que l'arrêté est par défaut.

» En effet, comment s'est engagée l'affaire? Le sieur Hohweiller a demandé au conseil de prefecture à être remis en possession de ceux de ses biens non vendus et indûment retenus par le sieur Bosteller.

» Cette demande a été signifiée au sieur Bosteller le 22 septembre 1813, en vertu d'un *soit communiqué* ordonné par le conseil de préfecture; (ces faits sont constatés par l'arrêté du 24 mars 1814, et d'ailleurs, l'assignation est produite).

» Le sieur Bosteller n'ayant pas comparu, le conseil de préfecture rendit contre lui un arrêté *par défaut*, qui autorisa le préfet à ordonner l'envoi en possession, suivant la loi.

» Le sieur Bosteller, sur la signification qui lui fut faite de cet arrêté, le 9 juillet, y forma opposition le 23 du même mois. Voilà donc un arrêté *par défaut frappé d'opposition par Bosteller.*

» Or, son opposition était motivée; c'était une réclamation qui, en matière administrative, contenait nécessairement les moyens du réclamant.

» Que le sieur Bosteller ajoute ou non de nouveaux moyens de défense à cette réclamation, à cette opposition, conçoit-on que la décision qui interviendra pourra être encore *par défaut*? La raison dit que l'opposition à une décision rendue par défaut, équivaut à une demande, et que toute décision rendue sur une demande ou une opposition, n'est jamais par défaut contre le demandeur ou l'opposant. C'est là-dessus qu'est fondée cette règle de tous les temps, de toutes les législations : *opposition sur opposition ne vaut.* Et qui ne voit, en effet, que si l'on pouvait indéfiniment former opposition à des décisions rendues sur opposition, les procès n'auraient plus de terme?

» Ainsi, demande signifiée à Bosteller, en vertu d'un soit communiqué; non comparution de Bosteller; arrêté par défaut; Réclamation; opposition de Bosteller; nouvel arrêté, nécessairement contradictoire, puisqu'il est rendu sur opposition : voilà l'état des choses.

» Certes, ce nouvel arrêté ne peut plus être attaqué que devant l'autorité supérieure; on le frappe encore d'une opposition; elle n'est plus recevable; et c'est ce que décide avec raison l'arrêté du 6 juin 1816.

» Le sieur Bosteller objecte qu'un arrêté du 16 janvier 1816, ayant ordonné une nouvelle vérification, il en résulte que le conseil de préfecture reconnaissait alors que son arrêté du 17 mai n'était pas contradictoire.

» Il n'y a rien à conclure de ce fait; le conseil de préfecture a reconnu à temps que ses pouvoirs étaient épuisés; s'il avait, une seconde fois, prononcé au fond, son arrêté aurait été dans le cas d'être annullé.

» Le sieur Bosteller veut argumenter de ce que le conseil de préfecture dit que son arrêté du 17 mai est *censé contradictoire.* Cette misérable chicane de mots ne mérite pas de réponse. Un jugement de débouté d'opposition, un jugement *par forclusion* ne sont pas contradictoires; ils ne sont pas cependant *par défaut*, et la loi les considère comme étant *censés contradictoires*, c'est-à-dire non sujets à opposition.

» En résumé, l'arrêté du 17 mai 1815 est contradictoire, le conseil de préfecture l'a déclaré tel; les défenses du sieur Bosteller étaient consignées, tant dans le procès-verbal de l'expert que dans sa réclamation contre l'arrêté du 24 mai 1814; enfin c'est un débouté d'opposition qui, d'après tous les principes, ne peut pas lui-même être frappé d'opposition.

» S'il en est ainsi, le dernier arrêté du 6 juin 1816, a donc valablement décidé que le conseil de préfecture avait épuisé ses pouvoirs.

» Mais si le pourvoi contre cet arrêté du 6 juin n'est pas fondé, la fin de non-recevoir reprend toute sa force à l'égard du pourvoi formé tardivement contre l'arrêté du 17 mai 1815. »

Pour le sieur Bosteller, on a répondu : « les règles qui sont suivies en matière judiciaire ne doivent pas l'être en matière administrative; il suffisait que l'arrêté du 17 mai 1815 eût été rendu par défaut, c'est-à-dire hors la présence du sieur Bosteller, pour que cet arrêté fût susceptible d'être attaqué par la voie de l'opposition.

» Ce n'est donc pas par l'arrêté du 17 mai 1815, mais seulement par celui du 6 juin 1815, que les contestations des sieur Bosteller et Hohweiller ont été contradictoirement réglées par le conseil de préfecture : ce n'était donc qu'après la signification de ce dernier arrêté que les délais du pourvoi ont pu commencer à courir ; le pourvoi est donc recevable, puisqu'il a été formé dans les délais du réglement. »

Sur ce est intervenue l'ordonnance suivante :

LOUIS, etc. — Sur le rapport du comité du contentieux ;

Vu les requêtes à nous présentées par le sieur Georges Bosteller, meûnier, demeurant à Hoffen, arrondissement de Vissembourg, département du Bas-Rhin, lesdites requêtes enregistrées au secrétariat du comité du contentieux de notre Conseil d'état, les 19 septembre et 16 octobre 1816 et 26 juin 1817, et tendantes à ce qu'il nous plaise casser et annuller deux arrêtés du conseil de préfecture dudit département, des 17 mai 1815 et 6 juin 1816, maintenir le réclamant dans l'intégralité de ses droits, et condamner le défendeur aux dépens ;

Vu l'ordonnance de soit communiqué, et les requêtes en réponse du sieur Ignace Hohweiller, instituteur, demeurant à Schalweiller, même département; lesdites requêtes enregistrées au secrétariat du comité du contentieux de notre Conseil d'état, les 21 avril et 14 juillet 1817, et concluant à ce qu'il nous plaise déclarer le sieur Bosteller, purement et simplement non-recevable, ou en tout cas mal fondé dans son recours au conseil, ordonner que les arrêtés du conseil de préfecture du département du Bas-Rhin, des 17 mai 1815 et 6 juin 1816, continueront de recevoir leur exécution, et condamner le sieur Bosteller aux dépens ;

Vu l'arrêté du conseil de préfecture du département du Bas-Rhin, du 17 mai 1815, qui, en vertu de l'arrêté du gouvernement, du 28 vendémiaire an 9, et du sénatus-consulte, du 6 floréal an 10, réintègre le sieur Hohweiller dans la possession et jouissance des biens non compris dans le contrat de vente, passé au profit du sieur Hepp, le cinquième jour complémentaire an 4, et l'autorise à diriger ses poursuites contre les détenteurs actuels desdits biens, conformément au décret du 30 thermidor an 12 ;

Vu l'arrêté du conseil de préfecture du 6 juin 1816, portant qu'il n'y a pas lieu à délibérer sur la nouvelle pétition du sieur Bosteller ;

Vu toutes les pièces jointes au dossier de cette affaire ;

Considérant, sur le premier pourvoi, que l'arrêté du 17 mai 1815, a été rendu contradictoirement, par suite d'une opposition formée par le sieur Bosteller à un arrêté du préfet, et sur un procès-verbal de vérification, provoqué par lui, et dans lequel ses observations ont été consignées ;

Considérant que cet arrêté contradictoire n'était pas susceptible d'opposition, que celle que le sieur Bosteller a formée n'a pas pu l'affranchir de la déchéance qu'il a encourue, en ne se pourvoyant pas devant l'autorité supérieure contre ledit arrêté, dans le délai prescrit par l'article 11 du réglement du 22 juillet 1806 ;

Considérant, sur le second pourvoi, que le conseil de prefecture, en rejetant cette opposition, par son arrêté du 6 juin 1816, attendu que l'arrêté contradictoire, du 17 mai 1815, ne pouvait être réformé que par l'autorité supérieure, s'est conformé au réglement ;

Notre Conseil d'état entendu,

Nous avons ordonné et ordonnons ce qui suit :

Art. 1er. Les requêtes du sieur Bosteller sont rejetées.

2. Le sieur Bosteller est condamné aux dépens.

3. Notre ministre secrétaire d'état de l'intérieur est chargé de l'exécution de la présente ordonnance.

Ordonnance du 27 août 1817. (2746)

N.° 84.

CANAUX D'ORLÉANS ET DE LOING. — Compagnie des canaux.

Les droits et les charges de la compagnie des canaux d'Orléans et de Loing ont leur règle principale dans l'édit de concession de 1679. — S'il y a été dérogé par transaction avec des particuliers, ces transactions sont inopposables à l'administration publique.

(La Compagnie des canaux d'Orléans et de Loing. — C. — la commune de Prenoy.)

Monsieur le duc d'Orléans, frère de Louis XVI, obtint par édit du mois de mars 1679, les concessions nécessaires pour creuser un canal qui devait traverser la forêt de son appanage.

L'art. 4 de cet édit porte : « voulons qu'ils soient tenus (le prince et ses ayant-cause) pour la facilité du commerce, de faire construire des ponts sur tous les grands chemins et *vis-à-vis des villages et des paroisses par où passera le canal*, *avec les chaussées qu'il conviendra pour l'abord desdits ponts*. »

Il s'éleva quelques contestations, entre le propriétaire du canal et le seigneur de Chailly et de Prénoy, relativement à divers ponts à construire sur des courans d'eau que jusques là on avait passée à gué, mais que la construction du canal rendait impraticables.

Ces difficultés furent terminées par une transaction de 1682, par laquelle les propriétaires du canal se chargèrent *de la construction et entretien des* ponts, dits ponts de *Chancy* et de *Chailly*.

Depuis la transaction, les ponts de Chancy et de Chailly ont toujours été entretenus par les propriétaires du canal.

Mais, la révolution étant survenue, le gouvernement s'empara du canal ; et sur procès entre l'état et la commune de Prénoy, relativement à l'entretien de ces ponts, cet entretien fut mis à la charge de la commune par un arrêté du préfet du département du Loiret, en date du 2 prairial an 13.

Cependant une compagnie anonyme devint propriétaire du canal.

La commune demanda alors que l'entretien des ponts de Chancy et de Chailly, fût mis à la charge de cette compagnie; elle se fondait sur l'édit de 1679, qui en ordonnant de construire tous les ponts et chaussées que le canal rendait indispensables, avait entendu, que l'entretien de ces ponts et chaussées fût à la charge des propriétaires du canal; elle se fondait aussi sur la transaction de 1682, par laquelle les propriétaires du canal s'étaient expressément soumis à l'entretien desdits ponts.

Le 3 août 1810, intervint un arrêté du conseil de préfecture du département du Loiret, ainsi conçu :

« Considérant que l'obligation contractée par les propriétaires du canal d'Orléans, dans la transaction du 17 juillet 1682, d'entretenir les ponts de Chailly et Chancy, ne paraît pas devoir être restreinte aux ponts en pierre construits sur le canal même, et qui *sans aucun doute* devaient être à la charge des propriétaires du canal, *dont ils font partie.*

« Considérant que cette obligation ne pouvait avoir pour objet que l'entretien des ponts existans sur la rivière qui traverse la prairie au nord du canal, et qu'elle était fondée tant sur les sacrifices réciproquement consentis entre le seigneur de Chancy et les seigneurs du canal, que sur l'obligation naturelle où étaient ces derniers de réparer tous les dommages causés par la construction d'un canal;

» Considérant que le ruisseau de déchargeoir de ce canal, coulant entre la levée dudit canal et la prairie, sans aucune digue qui le retienne dans son lit, il en résulte des débordemens qui refluent dans ladite prairie, grossissent la petite rivière qui la traverse, rendent les anciens gués impraticables et dégradent les ponts;

» Considérant que la dégradation de ces ponts et leur plus grande étendue sont une suite naturelle de la retenue des eaux dans le canal et de leur surabondance qui, en s'écoulant par le déchargeoir, occasionne des débordemens;

» Considérant enfin, qu'il paraît résulter des enquêtes administratives et autres pièces produites par le maire de Prenoy, que, depuis la transaction du 17 juillet 1682, les ponts dont il s'agit ont été reconstruits et réparés aux frais du duc d'Orléans, notamment vers l'an 1782.

» Le conseil de préfecture est d'avis qu'il y a lieu, en réformant l'arrêté de M. le préfet, du 2 prairial an 13, d'ordonner que les ponts de Chailly et de Chancy, sur la petite rivière qui traverse les prés, continueront d'être à la charge des canaux d'Orléans et de Loing, pour toute espèce de réparations et de reconstructions. »

Cet arrêté a été approuvé le 28 avril 1816, par Son Excellence le ministre de l'intérieur.

C'est contre cette décision ministérielle que la compagnie des canaux d'Orléans s'est pourvue devant le Conseil d'état.

Elle prétend que, selon le véritable esprit de l'édit de 1679, elle ne peut pas être chargée de l'entretien des ponts litigieux, parce que ces ponts sont étrangers au canal; qu'ils ont été construits pour la commodité des riverains, et que ceux-ci doivent les entretenir, puisqu'ils auraient été obligés d'entretenir les gués, parce que, d'ailleurs, ces ponts existaient avant la construction du canal;

Elle soutient que la transaction de 1682 n'est pas relative aux ponts litigieux, mais à d'autres petits ponts situés auprès des précédens, desquels on ne réclame pas la reconstruction.

La commune de Frenoy répond :

« L'article 4 de l'édit de 1679, qui permet de creuser le canal, porte : qu'entr'autres conditions imposées à cet établissement, les commissaires seront tenus pour la facilité du commerce, de faire construire des ponts sur tous les grands chemins et vis-à-vis des villages et paroisses par où passera le canal, *avec les chaussées qu'il conviendra pour l'abord desdits ponts.*

» Le motif de cette condition est plein d'équité. Les propriétaires voisins d'un canal sont déjà assez malheureux des dommages imprévus que leur procure ce voisinage, pour qu'au moins on ne les ait pas obligés aux dépenses prévues et immédiates auxquelles cet établissement donne lieu. Ainsi il suffira de voir que la surabondance des eaux qui s'échappent du canal, a rendu indispensable la construction et l'entretien des ponts de Chancy, pour, qu'aux termes de l'édit, la compagnie en fût chargée, quand même postérieurement il n'y aurait pas eu la transaction du 17 juillet 1682 qui lève toute difficulté, en corroborant, quant à ces deux ponts en particulier, tout ce qui était prescrit par l'édit d'une manière générale.

» Les adversaires ont bien senti ce qu'il y avait de concluant dans ces deux titres, et ne pouvant s'y soustraire autrement que par une assertion mensongère; ils ont avancé que ces deux ponts existaient avant la construction du canal, et que dès lors ils n'étaient pas une des charges imposées aux concessionnaires.

» Ce fait est de toute fausseté, et ce n'est certainement pas des enquêtes qui ont eu lieu que les adversaires le font résulter.

» Avant la construction du canal, il n'y avait de ponts pas plus à Chailly qu'à Chancy. On passait tous ces gués sur des planches établies pour les gens à pied. Les animaux et les voitures passaient dans les gués. Il y en avait un au fort de Chailly, mais non pas au lieu où est celui du moulin. Avant l'établissement du canal, les ruisseaux, qui traversent le petit vallon de Prenoy, ne contenaient pas assez d'eau pour nécessiter de pareils ouvrages, et les communications ne pouvaient jamais être interrompues; d'ailleurs il est aisé de reconnaître que le volume d'eau qui passe sous ces ponts, surtout pour peu que le canal soit plein, n'a nécessité l'établissement d'un pont, que par rapport aux eaux qui en proviennent.

» Il est donc évident que ces ponts sont une des charges imposées aux concessionnaires qui ne peuvent pas plus se décharger de l'obligation de les reconstruire, qu'ils n'auraient pu dans le temps la rejeter sur de pauvres habitans des campagnes qui, sans leur entreprise, n'eussent pas eu de nécessité à les établir. Ces ponts, situés dans le territoire de Chancy, sont bien ceux d'ailleurs dont il est fait mention dans la transaction du 17 juillet 1682, et les adversaires ne sont pas plus heureux à soutenir le contraire que quand ils prétendent que la chaussée de Prenoy est séparée du pont de Chancy par un chemin public.

» En un mot, les gués de Prenoy, tels qu'ils étaient avant la création du canal suffisaient pour la communication desdits villages; de simples gués ne suffiraient plus depuis cet établissement. Le voisinage du canal a donc changé les lieux au préjudice des habitans. En pareil cas, n'est-il pas de toute justice que celui qui cause le dommage soit tenu de le réparer? Si la cause du dommage est de nature à rester permanente, n'est-il pas encore évident que celui de qui elle procède est tenu d'y remédier? Ces principes ont dicté l'article de l'édit, ils sont appliqués aux ponts de Chancy, en particulier, par la transaction de 1682. M. le duc d'Orléans a reconnu les droits de la commune de Prenoy, puisqu'il a, en 1782, fourni aux frais de réparation; il a donc ajouté la possession au droit principal. Mais quand bien même les adversaires iraient à nier ce fait pour soutenir, comme ils l'ont avancé dans leur réplique, qu'il serait possible que les ponts eussent été construits aux frais de la compagnie, et que les réparations et constructions fussent à ceux de la commune; toujours serait-il que la charge d'entretien du nouvel œuvre étant un accessoire de la construction, et la construction n'ayant pu être faite que par la compagnie, il y aurait en faveur de la commune une présomption *juris*, qui forcerait les adversaires de prouver que l'entretien a toujours été aux frais de la commune, ce qu'il leur est impossible d'établir.

» D'ailleurs, ajoute la commune de Prenoy, on peut dire que la transaction de 1682 est inutile à la cause, et qu'il suffit que l'administration publique réclame la reconstruction des ponts dont il s'agit, lesquels sont à la charge des propriétaires du canal, comme étant un accessoire de ce canal, pour que ces propriétaires ne puissent point s'y refuser, sauf à eux à avoir tel recours que de droit contre les riverains, s'ils croient avoir des intérêts à démêler avec eux. »

En cet état est intervenue l'ordonnance suivante :

LOUIS, etc.; — Sur le rapport du comité du contentieux;

Vu les requêtes à nous présentées par la compagnie des canaux d'Orléans et de Loing, et notamment celle du sieur comte Hulot d'Osery, administrateur-général desdits canaux; ladite requête enregistrée au secrétariat du comité du contentieux de notre Conseil d'état, le 10 juin 1817, par laquelle il persiste dans les conclusions prises le 19 novembre 1816, tendantes à l'annullation d'une décision ministérielle du 28 avril 1812, à l'exécution pure et simple d'un arrêté du préfet du département du Loiret, du 2 prairial an 13, et à la condamnation de la commune de Prenoy aux dépens, sauf à la compagnie propriétaire des canaux, lorsque, par la décision à intervenir, ses droits auront été formellement reconnus, à faire volontairement, en faveur de la commune de Prenoy, tel sacrifice pécuniaire que sa libéralité lui suggérera, pour aider cette commune à la reconstruction des ponts de Chancy;

Vu l'ordonnance de soit communiqué, et la requête en réponse de la commune de Prenoy, qui conclut à ce que la compagnie des canaux soit déclarée purement et simplement non recevable, à ce qu'il soit ordonné que la décision ministérielle du 28 avril 1812, sera exécutée selon sa forme et teneur, et que, dans le mois, à dater du jour de l'ordonnance à intervenir, ladite compagnie sera tenue de commencer la reconstruction des deux ponts de Chancy, situés sur la rivière de Prenoy, et de la terminer dans le délai de six mois, sinon et à faute de quoi, la commune sera autorisée à faire procéder à ladite reconstruction, aux frais de la compagnie, et, en outre, à ce que ladite compagnie soit condamnée aux dommages-intérêts de la commune, et aux dépens;

Vu l'article 4 de l'édit du mois de mars 1679, portant permission de construire le canal d'Orléans, d'après lequel article 4 le cessionnaire est tenu, pour la facilité du commerce, de faire construire des ponts sur tous les grands chemins et vis-à-vis des villages par où le canal passera, avec les chaussées qu'il conviendra pour l'abord desdits ponts;

Vu la transaction passée le 17 juillet 1682, entre les seigneurs du canal et le seigneur de Chancy, par laquelle transaction les seigneurs du canal sont tenus d'entretenir les ponts de Chailly et de Chancy;

Vu l'avis du conseil de préfecture du département du Loiret, du 3 août 1810, portant que les ponts de Chancy, sur la petite rivière qui traverse la prairie, continueront d'être à la charge de la compagnie des canaux d'Orléans et de Loing, pour toute espèce de réparations et de reconstructions;

Vu les avis des directeurs-généraux des ponts et chaussées et de la comptabilité des communes, approbatifs de l'avis du conseil de préfecture;

Vu la décision confirmative du ministre de l'intérieur, en date du 28 avril 1812;

Vu la lettre du directeur-général de notre maison, du 23 décembre 1816, par laquelle il exprime le désir que la décision précisée ne reçoive pas son exécution avant que le Conseil d'état ait prononcé sur le pourvoi présenté le 26 octobre 1816;

Vu toutes les pièces jointes au dossier de cette affaire ;

Considérant que la chaussée de Prenoy, dont les ponts de Chancy font partie, est un accessoire indispensable pour l'abord du pont sur le canal, et que, sous ce rapport, elle est à la charge de la compagnie, conformément aux dispositions de l'article 4 de l'édit de concession de 1679 ;

Considérant que si, par la transaction de 1682, il a été dérogé aux dispositions dudit article 4, cette transaction, basée sur des intérêts particuliers, est étrangère à l'administration publique ;

Notre Conseil d'état entendu,

Nous avons ordonné et ordonnons ce qui suit :

Art. 1er. Les requêtes de la compagnie des canaux d'Orléans et de Loing sont rejetées.

2. La décision ministérielle du 28 avril 1812, recevra sa pleine et entière exécution, sauf aux parties qui se croiraient fondées à exercer des recours, d'après les termes de la transaction de 1682, à se pourvoir, à cet égard, par-devant les tribunaux ordinaires.

3. La compagnie des canaux d'Orléans et de Loing est condamnée aux dépens.

3. Notre ministre secrétaire d'état de l'intérieur est chargé de l'exécution de la présente ordonnance.

Ordonnance du 27 août 1817. (2748)

N°. 85.

1°. COMPENSATION. — Trésor. — Acquéreur national.

2°. Comité des Finances. — Avis. — Chose jugée. — Décision ministérielle.

1°. *Un acquéreur national, débiteur de l'immeuble par lui acquis, n'est pas recevable à proposer la compensation avec le prix d'un autre immeuble qu'il doit céder au gouvernement, mais dont l'acquisition n'est pas consommée ;*

2°. *Les avis que les divers comités du Conseil d'état autres que le comité du contentieux, émettent sur la demande des ministres, ne sont-ils pas de simples traits de lumière dans l'intérêt du ministre? Ont-ils un caractère quelconque de chose jugée, tellement qu'en attaquant la décision du ministre, il faille aussi attaquer l'avis du comité?*

(Le sieur Soufflot de Merey.)

Le sieur Soufflot était propriétaire de la caserne du Montblanc, située rue de Clichy. — Cette caserne fut mise en réquisition pour le service militaire, par un décret qui ordonnait en même temps qu'elle serait échangée contre telle autre propriété au choix du sieur Soufflot de Merey. — Mais aucun acte de vente n'en a consommé l'acquisition en faveur du gouvernement.

Les choses étaient dans cet état, lorsque le grand hôtel de Nivernais, appartenant par indivis au gouvernement et à divers particuliers génois, fut mis en vente.

Le sieur Soufflot s'en rendit adjudicataire.

Poursuivi en paiement du prix par les sieurs Pareto, Zumini et Sera, génois, copropriétaires de l'hôtel, le sieur Soufflot a prétendu qu'il avait droit de compenser jusqu'à due concurrence le prix de l'hôtel dont il était débiteur avec le prix de sa caserne.

Il a porté sa demande devant le ministre des finances.

Les sieurs Pareto et consorts ont fait remarquer que si la compensation pouvait être opposée, c'était uniquement au gouvernement pour la partie du prix qui lui revenait; mais qu'à leur égard le sieur Soufflot était évidemment mal fondé dans sa demande en compensation.

26 novembre 1814, avis du comité des finances qui déclare que la compensation ne peut avoir lieu que pour la portion appartenant au domaine; mais par une décision rendue le 9 février 1816, sur un autre avis du comité des finances du 29 décembre précédent, le ministre des finances reconnaît que la compensation ne peut avoir lieu, même pour la part appartenant au gouvernement.

Le sieur Soufflot s'est pourvu au Conseil d'état tant contre la décision du ministre des finances, du 9 février 1816, que contre l'avis du comité des finances.

Il a d'abord conclu à la compensation de la totalité du prix de l'hôtel de Nivernais, avec le prix de sa caserne de la rue de Clichy.

Mais subsidiairement, il a modifié ses conclusions et a renoncé à opposer aux propriétaires génois aucune compensation du prix de la caserne de la rue de Clichy, avec le montant de leurs droits de propriété dans l'hôtel de Nivernais, persistant seulement à opposer la compensation pour la partie du prix appartenant au gouvernement.

Sur ce est intervenue l'ordonnance dont la teneur suit :

LOUIS, etc.; — Sur le rapport du comité du contentieux.

Vu la requête à nous présentée par le sieur Pierre Soufflot de Mérey, propriétaire, demeurant à Paris, rue de Seine, n°. 6, enregistrée au secrétariat du comité du contentieux de notre Conseil d'état, le 27 avril 1816, et tendante à ce qu'il nous plaise révoquer et annuller un avis du comité des finances de notre Conseil d'état, du 9 février 1816, approbative d'un second avis dudit comité des finances, en date du 29 décembre précédent, lequel établit, 1°. que l'acceptation ou le refus de l'offre faite par le sieur Soufflot de passer vente au gouvernement de la caserne à lui appartenant, sise rue de Clichy, ne rentre pas dans les attributions du ministre des finances; 2°. que dans le cas où cette vente serait agréée par le gouvernement, la demande formée par le sieur Soufflot d'en compenser le prix avec celui dont il est débiteur, comme adjudicataire du grand hôtel de Nivernais, serait inadmissible;

Vu la requête d'intervention à nous présentée par les sieurs Jean-Benoît Paréto, Jean-Louis Zunini et Charles Serra, génois, tant en leur nom qu'en celui de divers autres propriétaires, aussi génois, ladite requête enregistrée au secrétariat du comité du contentieux de notre Conseil d'état, le 2 août 1816, les supplians se trouvant propriétaires par indivis avec le gouvernement, du grand hôtel de Nivernais, à l'époque de la vente administrative qui en fut faite, concluant à ce qu'il nous plaise rejeter le pourvoi formé par le sieur Soufflot de Mérey;

Vu l'acte d'adjudication du 2 juillet 1813, par lequel le sieur Soufflot est devenu propriétaire du grand hôtel de Nivernais;

Vu l'avis du comité des finances de notre Conseil d'état, en date du 26 octobre 1814;

L'avis du même comité, en date du 29 décembre 1815, approuvé par notre ministre secrétaire d'etat des finances, le 9 février 1816;

Ensemble toutes les pièces comprises au dossier de l'affaire;

Vu la dernière requête du sieur Soufflot de Mérey, enregistrée au secrétariat du comité du contentieux de notre Conseil d'état, le 14 juillet 1817, laquelle établit qu'une transaction qui vient d'être signée entre lui et les propriétaires génois indivis, parties intervenantes dans la cause, détermine, à l'égard de ces derniers, le mode de libération de la part à laquelle ils ont droit dans le prix du grand hôtel de Nivernais;

Qu'en conséquence des clauses de cet acte, le requérant fait les déclarations suivantes, par forme de nouvelles et dernières conclusions;

A savoir :

Qu'il renonce à opposer auxdits propriétaires génois indivis, aucune compensation du prix de la caserne de la rue de Clichy, avec le montant de leurs droits de propriété dans l'hôtel de Nivernais;

Qu'il reconnaît que ces droits de propriété en faveur desdits génois indivis sont, savoir, en principal de la somme de 212,051 francs 77 centimes, ainsi qu'ils ont été évalués suivant un arrêté du préfet du département de la Seine, du 30 décembre 1816, et de celle de 39,200 francs 13 centimes, pour intérêts calculés jusqu'au 1er. avril 1817;

Ledit sieur Soufflot, au surplus, persistant dans ses précédentes conclusions, quant à la portion de droits afférente au gouvernement, comme représentant les corporations génoises dans le prix dudit hôtel de Nivernais;

Considérant que, par ses dernières conclusions, le sieur Soufflot de Mérey renonce à prétendre aucune compensation entre le prix de sa caserne et la portion de droits afférente aux propriétaires génois, dans le prix de l'hôtel de Nivernais;

Considérant, relativement à la part qui échéoit au gouvernement dans le prix de ladite vente; que les principes de la compensation ne sont pas applicables à notre trésor, et que d'ailleurs, dans l'espèce, il ne pouvait y avoir lieu à compensation avec la valeur d'un immeuble, dont l'acquisition n'était point consommée lors de la décision ministérielle contre laquelle le requérant a formé son pourvoi;

Notre Conseil d'état entendu,

Nous avons ordonné et ordonnons ce qui suit :

Art. 1er. La requête du sieur Soufflot de Mérey est rejetée.

2. Le sieur Soufflot de Mérey est condamné aux dépens.

3. Notre ministre secrétaire d'état des finances est chargé de l'exécution de la présente ordonnance.

Ordonnance du 27 août 1817. (2742)

N°. 86.

1°. DOTATION. — Anglais. — Blocus. — Confiscation.

2°. Restitution. — Alliés. — Traité de paris.

3°. Commission mixte de liquidation. — Confiscation.

4°. Déchéance. — Pourvoi irrégulier. — Délai.

1°. *Les immeubles appartenant à des Anglais, réunis au domaine, par suite du décret de blocus du 21 novembre 1806, ont pu être valablement transférés par le gouvernement, soit à titre onéreux, soit à titre gratuit; conséquemment à titre de dotation.*

2°. *Le traité de Paris, de 1814, a pris pour base des restitutions, l'état dans lequel les choses se trouvaient; il ne s'étend point aux immeubles dont l'ancien gouvernement avait disposé.*

3° *La réclamation d'un Anglais, au sujet d'immeubles confisqués et aliénés, par suite du décret du 21 novembre 1806, a dû être portée devant la commission mixte, créée par les articles 13 et 14, des conventions additionnelles au traité du 20 novembre 1815. — Elle n'a pas dû être portée devant le ministre des finances; et si l'irrégularité du pourvoi a occasionné une déchéance, le pourvu doit se l'imputer.*

4°. *En justice administrative, comme en justice ordinaire, le pourvoi devant une autorité incompétente, ne conserve pas les délais; la déchéance est encourue comme s'il n'y avait eu aucune espèce de pourvoi.*

(Le sieur Hunt. — C. — L'administrateur des domaines.)

Louis, etc; — Le sieur Hunt, Anglais, était propriétaire en France de plusieurs immeubles.

Ces immeubles consistaient en cinq maisons, sises à Lille, en plusieurs lots de terre, et une chapelle située dans la commune de Los.

En vertu du décret de 21 novembre 1806, qui déclarait l'Angleterre en état de blocus, les biens du sieur Hunt furent saisis par le gouvernement français.

Postérieurement, les lots de terre furent compris dans une dotation faite à M. le comte Daru.

En 1814, le sieur Hunt réclama ses biens, et, par arrêté du 23 septembre 1815, subordonné à l'approbation du ministre des finances, le préfet du département du Nord donna main levée du séquestre sur les maisons de Lille, réservant à l'autorité supérieure la décision sur la question de savoir si les biens donnés en dotation devaient également être restitués au sieur Hunt.

Peu après furent conclues les conventions du 20 novembre 1815, dont l'une réglait les conditions d'exécution de l'article 9 du traité principal, et s'appliquait spécialement aux réclamations de sommes et valeurs de la part des sujets de la Grande-Bretagne.—L'art. 12 déclarait qu'après le 21 février 1816, les demandes ne pourraient plus être présentées ; les articles 13 et 14 instituaient des commissaires, pour la liquidation et le jugement de ces demandes.

Ce ne fut que le 21 mars 1816 qu'intervint la décision du ministre des finances sur l'arrêté du préfet du département du Nord, qui avait été soumis à son approbation. Cette décision accordait au sieur Hunt la remise de tous ses biens non vendus.

Et à l'égard de la valeur des biens compris dans la dotation de M. le comte Daru et des fruits perçus par le domaine, le ministre déclara, qu'il ne pouvait statuer sur des restitutions que les traités plaçaient hors de ses attributions ; et il renvoya le sieur Hunt à se pourvoir, sur l'une et l'autre demande, devant la commission mixte, établie en exécution des traités de paix.

Le 21 mai 1816, le sieur Hunt forma sa demande devant cette commission.

Le 24 du même mois, elle répondit que la demande était non-recevable, aux termes de l'article 12 de la convention du 20 novembre 1815, qui prononçait la déchéance contre les réclamations présentées postérieurement au 21 février.

En cet état, le sieur Hunt s'est pourvu devant le conseil d'état ; il soutient que la déchéance prononcée contre lui par la commission, ayant été occasionnée par le fait du ministre, qui a ordonné tardivement le renvoi devant cette commission ; il doit être indemnisé du préjudice qu'elle lui cause, soit par l'administration des domaines, soit par le trésor.

Au fond, il soutient que le gouvernement n'a pas eu le droit d'aliéner les biens.

« En effet, dit-il, la question de savoir si le gouvernement *a pu disposer* des biens dont il s'agit, pour les affecter à la dotation de M. le comte Daru, subordonnée à celle de savoir si ces biens *avaient été confisqués*, car il est bien évident que s'ils n'ont pas été confisqués, *s'il n'ont été que séquestrés*, les revenus n'ont pu entrer *qu'à titre de dépôt* dans la caisse des domaines, et les immeubles n'ont pas pu être valablement affectés à la dotation dont il s'agit.

» Cette conséquence est nécessaire et inévitable, parce que, pour donner une chose, *il faut l'avoir acquise*, *il faut en être propriétaire*.

» Or, il suffit de lire le décret de Berlin, du 21 novembre 1806, sur lequel fut fondée la main-mise des propriétés du suppliant, pour être convaincu *qu'elles n'ont jamais été confisquées*, qu'elles n'ont été *que séquestrées;* que la propriété n'a pas été acquise au gouvernement; que, par suite, les immeubles et les revenus dont il s'agit n'ont été *qu'un dépôt* dont le gouvernement n'a pu disposer.

» Sans doute, l'article 4 du décret de Berlin porte :

« Que tout magasin, toute marchandise, *toute pro-* » *priété*, de quelque nature qu'elle puisse être, sera » déclarée de bonne prise. »

Mais l'article 9 dispose : « Que le conseil des prises » est chargé *du jugement définitif* de toutes les contes- » tations qui pourraient subvenir relativement à l'exé- » cution du présent décret. »

» Ce qui voulait bien dire que la confiscation n'existait pas *de plein droit;* qu'il fallait *qu'elle fût prononcée*, et que c'était par le conseil des prises qu'elle devait l'être.

» Quelque bizarre que fût cette attribution, *quant aux propriétés territoriales*, elle est constante ; elle a eu son effet, puisque nous avons vu le conseil des prises, sur la provocation du gouvernement, *prononcer la confiscation de propriétés mobilières et immobilières*, *que des Anglais possédaient en France*.

» Ni les revenus, ni les immeubles du sieur Hunt *n'ont eté confisqués* par le conseil des prises. Le gouvernement n'a donc jamais *acquis la propriété;* il est donc évident qu'il n'a pu, ni s'approprier définitivement *les revenus*, *ni disposer à titre gratuit des immeubles*.

» L'ordonnance du roi, relative à la restitution des biens des émigrés, en ce qu'elle aurait maintenu les dotations, ne saurait porter atteinte à cette conséquence, par la raison décisive que les biens des émigrés, d'après la législation d'alors, *étant confisqués de plein droit*, *sans jugement*, le gouvernement, sur le rapport du droit positif, a été le maître d'en user et d'en abuser comme il lui a plu.

» Il résulte de ces principes, que les revenus du sieur Hunt, doivent être rendus par la caisse des domaines, qui n'a pu les recevoir *que comme un dépôt;* que quant aux immeubles, qui étaient aussi *un dépôt* dans les mains du gouvernement, ils doivent être *distraits* de la dotation de M. le comte Daru, et *restitués en nature* au suppliant. »

Pour l'administration des domaines on a répondu :

» Que la décision du ministre des finances ait été rendue avant ou après l'expiration des délais fixés par les traités, c'est une circonstance indifférente pour la validité de cette décision.

» Elle n'est point attaquée en ce qui était de la compétence du ministre. Son excellence n'a statué et pu statuer que sur la main-levée du séquestre, qui était seule dans ses attributions. Il a accordé cette main-levée sur tous les biens du sieur Hunt, que le domaine régissait.

» A l'égard des restitutions de *sommes* et *valeurs*, le ministre n'a rien prononcé, et n'avait pas à rendre de jugement. En renvoyant le sieur Hunt devant la commission mixte, spécialement établie pour cet objet, a-t-il créé un droit? a-t-il refusé de reconnaître un droit préexistant? a-t-il interverti l'ordre des juridictions?

» Non sans doute.

» Enfin le ministre a-t-il causé la déchéance à laquelle le sieur Hunt est soumis?

» Non certainement.

» La décision n'était pas nécessaire pour avertir le sieur Hunt de la marche qu'il avait à suivre.

» Comme les autres sujets de la Grande-Bretagne, le sieur Hunt était suffisamment averti par les articles précédemment cités des traités et conventions de 1814 et de 1815.

» C'était à lui seul à se pourvoir d'une manière régulière et en temps utile. S'il ne l'a pas fait, la faute en est à lui seul.

» De ce qui précède, il résulte, 1°., que le pourvoi est non-recevable, sur la simple déclaration de renvoi devant les juges compétens contenue dans la décision du 27 mars 1816; 2°. qu'il n'y a aucune responsabilité encourue de la part de l'administration française; 3°. que la déchéance n'est pas susceptible d'être modifiée.

» C'est par erreur, sans doute, que le réclamant croit voir dans le décret de Berlin une simple ordonnance de séquestre; il est notoire que les marchandises et propriétés quelconques des sujets britanniques, ont été confisquées et vendues sans jugement préalable.

» En ce qui concerne les immeubles, le ministre des finances donna aux préfets, le 24 novembre 1810, l'ordre de les mettre en vente.

» L'article 4 du décret du 21 novembre 1806 prononçait la confiscation, sans la subordonner à aucune formalité. Si l'article 9 créait une juridiction nouvelle, c'était uniquement pour les contestations qui pourraient s'élever. Dans le cas de non contestation, il n'y avait ni juridiction ni jugement, et la confiscation avait lieu *de plano*.

» Ce qui était confisqué et pouvait être vendu, a été aliéné, dans l'espèce, d'une manière différente, par dotation au profit de M. Daru.

» Cela suffit pour que les biens dont il s'agit soient sortis des mains du gouvernement, et ne puissent plus être rendus en nature.

» Le 4e. des articles additionnels au traité du 30 mai 1814, dispose des droits respectifs, d'après l'état des choses alors existant et non susceptible de modification. Ainsi s'explique la distinction admise par les deux premiers alinéa de cet article, entre les biens *séquestrés* et ceux *confisqués*, en observant que dès-lors il n'y avait plus de confiscation susceptible d'être maintenue au profit du gouvernement français, mais seulement au profit des tiers. Les biens séquestrés étaient ceux dont il n'avait pas été disposé, et qui pouvaient être rendus en nature; les biens confisqués, ceux dont le gouvernement était dessaisi, et dont il ne devait pas la valeur.

» Dès-lors le sieur Hunt n'avait à réclamer que la valeur des objets compris dans la dotation de M. Daru; et le préjudice qui résulte pour lui de cette disposition des biens, devait entrer dans la réclamation qu'il a négligé de former en temps utile, devant la commission compétente.

» Il ne peut donc qu'échouer encore sur ce chef de son pourvoi. »

Sur ce, est intervenue l'ordonnance dont la teneur suit:

Louis, etc.; — Sur le rapport du comité du contentieux;

Vu la requête à nous présentée, par le sieur Hunt, enrégistrée au secrétariat du comité du contentieux de notre conseil d'état, le 26 juin 1816, tendante à l'annullation d'une décision de notre ministre secrétaire d'état des finances, du 27 mars précédent, qui, en ordonnant la restitution des biens encore en nature, dans les mains du gouvernement, saisis sur le requérant comme sujet anglais, en vertu du décret de blocus des îles Britanniques, du 21 novembre 1806, le renvoi, quant aux autres parties de ces mêmes biens, à se pourvoir devant la commission mixte, créée en exécution des articles additionnels au traité du 20 novembre 1815, laquelle décision le requérant prétend avoir été tardive, et lui avoir occasionné la déchéance qui lui a été opposée, lorsqu'il a formé son pourvoi devant ladite commission; ladite requête tendante encore à obtenir la restitution en nature d'une partie de ces biens, qui a été affectée à une dotation accordée au sieur comte Daru, et de plus, à ce que toutes les sommes et fruits perçus par l'administration des domaines, lui soient restitués par la caisse de cette administration;

Vu la décision attaquée;

Vu la requête en réponse de l'administration des domaines, signifiée le 23 avril 1817, dans laquelle elle conclut à ce que le sieur Hunt soit déclaré non-recevable dans son pourvoi, et condamné aux dépens;

Vu la réplique du sieur Hunt, signifiée le 30 juin suivant, par laquelle il persiste dans ses conclusions;

Ensemble toutes les pièces produites;

Considérant qu'en ordonnant, par la décision du 27 mars 1816, la remise au sieur Hunt de tous les biens qui se trouvaient encore entre les mains du gouvernement, le ministre secrétaire d'état des finances a statué sur la seule partie de sa réclamation, qui fût de sa compétence;

Considérant, sur la demande en restitution des biens affectés à la dotation du comte Daru, que, par suite du décret de blocus du 21 novembre 1806, ces biens ayant été réunis au domaine, le gouvernement a pu en disposer, soit à titre onéreux, soit à titre gratuit; que d'ailleurs le traité de Paris de 1814, a pris pour base des restitutions à faire l'état dans lequel les choses se trouvaient; que, par conséquent, le sieur Hunt n'avait droit qu'à réclamer la valeur de ces biens et non les biens eux-mêmes;

Considerant que, conformément aux articles 5 et 12 des conventions additionnelles au traité du 20 novembre 1815, le sieur Hunt devait, comme tous les sujets anglais, se pourvoir devant la commission mixte, créée par les articles 13 et 14 des mêmes conventions, pour faire liquider les droits résultans pour lui des biens aliénés par le gouvernement, ou des fruits perçus; que s'il ne l'a pas fait, il ne peut attribuer qu'à lui même la déchéance qu'il a encourue.

Considérant enfin, quant à la demande en restitution, par la caisse des domaines, des fruits et valeurs entrés dans ladite caisse; que soit en vertu des traités de 1814 et de 1815, soit en vertu des lois postérieures de 1816 et 1817, ce mode de restitution a été réglé, et que l'administration des domaines y est totalement étrangère;

Notre conseil d'état entendu,

Nous avons ordonné, et ordonnons ce qui suit:

Art. 1er. La requête du sieur Hunt est rejetée.

2. Le sieur Hunt est condamné aux dépens.

3. Notre ministre secrétaire d'état des finances est chargé de l'exécution de la présente ordonnance.

Ordonnance du 27 août 1817. (2743)

N°. 87.

MISE EN JUGEMENT. — ARRESTATION ARBITRAIRE.

Le Conseil d'état, d'après des renseignemens favorables, refuse d'autoriser la mise en jugement du sous-préfet des Sables-d'Olonne, prévenu d'avoir retenu en charte privee pendant deux heures, un lieutenant de vaisseau en non activité; de lui avoir ordonné les arrêts et de l'avoir exilé à Rochefort, quoiqu'il n'y fût autorisé par aucune loi existante.

(Le sieur Burcier. — C. — le sieur Régnon.)

LOUIS, etc.; — Sur le rapport de notre comité du contentieux;

Vu la plainte portée, le 25 septembre 1816, par le sieur Burcier, lieutenant de vaisseau en non activité, devant notre procureur près le tribunal de première instance séant en la ville des Sables-d'Olonne, contre le sieur de Régnon, ex-sous-préfet de l'arrondissement des Sables-d'Olonne, qu'il accuse de l'avoir retenu en charte privée pendant deux heures, de lui avoir ordonné les arrêts et de l'avoir envoyé en exil à Rochefort, quoiqu'il n'y fût autorisé par aucune loi existante;

Vu les lettres adressées postérieurement par cet officier à notredit procureur et à notre procureur-général près la Cour royale de Poitiers, par lesquelles il sollicite la mise en jugement du sieur de Régnon;

Vu les moyens de défense du sieur de Régnon et les pièces à l'appui;

Vu la lettre de notre procureur-général près la Cour royale de Poitiers, en date du 18 novembre 1816, et celle de notre ministre secrétaire d'état de l'intérieur, en date du 31 mai 1817, desquelles il résulte que l'un et l'autre sont d'avis que le sieur de Régnon ne doit pas être mis en jugement pour les faits dont l'accuse le sieur Burcier;

Notre Conseil d'état entendu,

Nous avons ordonné et ordonnons ce qui suit:

Art. 1er. Il n'y a pas lieu de mettre en jugement le sieur de Régnon, ex-sous-préfet de l'arrondissement des Sables-d'Olonne, département de la Vendée, pour les faits à lui imputés par le sieur Burcier.

2. Notre garde des sceaux ministre secrétaire d'état de la justice et notre ministre secrétaire d'état de l'intérieur sont chargés, chacun en ce qui le concerne, de l'exécution de la présente ordonnance.

Ordonnance du 27 août 1817. 2755)

N°. 88.

EAU. (COURS D') — PROPRIÉTÉ. — CANAL DE VAUCLUSE.

La question de savoir si un canal qui traverse un certain territoire est la propriété particulière des possesseurs d'usines existantes sur ledit canal, est une question de propriété dont la connaissance appartient aux tribunaux et non à la justice administrative.

(Le sieur Legier de Montfort. — C. — le préfet du département de Vaucluse.)

LOUIS, etc.; — Sur le rapport du comité du contentieux;

Vu l'arrêté de conflit pris le 28 avril 1817 par le préfet du département de Vaucluse, au sujet d'un exploit d'assignation donné par le sieur Legier de Montfort, au préfet dudit département, devant le tribunal de première instance d'Avignon, pour voir dire et ordonner que le canal de Vaucluse est à partir du point divisoire établi à Origuilles, et traversant le territoire de Sorgues, la propriéte particulière des possesseurs d'usines existantes sur ledit canal;

Vu ledit exploit d'assignation, en date du 1er. mars 1817;

Vu le rapport de notre garde des sceaux ministre de la justice, du 4 août 1817;

Considérant qu'il s'agit, dans l'espèce, d'une question de proprité dont la connaissance appartient aux tribunaux ordinaires ;

Notre Conseil d'état entendu,

Nous avons ordonné et ordonnons ce qui suit :

Art. 1er. L'arrêté de conflit, pris le 28 avril 1817 par le préfet du département de Vaucluse, est annulé.

2. Notre garde des sceaux ministre secrétaire d'état de la justice et notre ministre secrétaire d'état de l'intérieur sont chargés, chacun en ce qui le concerne, de l'exécution de la présente ordonnance.

Ordonnance du 27 août 1817. (2757)

N°. 89.

PONTS ET CHAUSSÉES. — ACQUÉREUR NATIONAL. — MOULIN.

L'acquéreur national d'un moulin peut être condamné par la justice administrative à réparer la chaussée du moulin et les ponts qui la traversent, si, dans le procès-verbal d'expertise et dans l'acte d'adjudication, il est dit que la chaussée et les ponts qui en dépendent, sont à la charge du propriétaire du moulin.

En général, les questions d'exécution d'un acte administratif doivent-elles être soumises à l'administration? La demande faite au propriétaire d'un moulin de réparer une chaussée et des ponts qui la traversent, ne tend-elle pas à affranchir la direction des ponts et chaussées ou les communes voisines, de charges qui les regardent? Le titre d'adjudication ne doit-il pas être entendu en un sens restreint à l'intérêt des parties contractantes?

(Le sieur Girardet.)

Le 13 mars 1793, le sieur Larrière se rendit adjudicataire d'un moulin appelé d'Issey, situé dans la commune de Mouthier et provenant de l'ancien prieuré de ce nom.

L'objet vendu est désigné en ces termes dans le contrat :

« Un moulin construit sur la rivière de Brenne, avec tous les ustensiles qui en dépendent, le bâtiment dans lequel est le moulin, les canaux d'icelui et dépendances, le dit moulin estimé, par rapport du sieur Massin, attendu l'état où il se trouve, la somme de 3000 francs. »

Il est dit dans ce rapport, qu'attendu que la chaussée venant de d'Issey, ainsi que les ponts qui sont dans la chaussée, sont à la charge des propriétaires, il croit ne devoir l'estimer que 3000 francs.

L'art. 4 du cahier des charges est ainsi conçu : « Les adjudicataires prendront les biens, à eux délivrés, dans l'état où ils se trouveront actuellement, et supporteront toutes *servitudes et charges dont ils peuvent être légitimement affectés*, sans pouvoir prétendre aucune diminution, ni garantie, etc. »

Le sieur Larrière a cédé ce moulin et ses dépendances au sieur Girardet, aux mêmes charges, clauses et conditions qu'il l'avait acquis lui-même.

Ce moulin communique à la terre ferme par une chaussée, vulgairement dite *la levée d'Issey*, dont l'établissement remonte au seizième siècle, et que la commune de Mouthier compte au nombre de ses *chemins vicinaux*.

Dans les premiers mois de 1811, le maire procédant en vertu d'une délibération du Conseil municipal, fit sommer le sieur Girardet de réparer la chaussée, ainsi que les différens ponts dont elle est coupée.

Celui-ci ne déféra point à la sommation, sur le fondement qu'il s'agissait d'un *chemin vicinal*, c'est à dire, d'une propriété communale, dont l'entretien devait peser sur la généralité des habitans.

Sur ce, une contestation s'engagea devant le Conseil de préfecture, qui, avant de statuer, crut devoir consulter le sous-préfet de l'arrondissement.

Ce magistrat accueillit la prétention du maire et donna son avis en conséquence, sous la date du 17 octobre 1816.

Les choses en cet état, le 10 janvier 1817, le conseil de préfecture du département de Saône-et-Loire a pris l'arrêté suivant :

« Vu les diverses pièces produites, soit de la part de la commune de Mouthier, soit de celle du sieur Girardet, propriétaire des moulins construits audit lieu sur la Brenne, au sujet de la réparation de la chaussée appelée de d'Issey ;

Vu le rapport estimatif desdits moulins, dressé par l'expert Massin le 7 mars 1793, ensemble le cahier des charges pour la mise en vente, et le procès-verbal d'adjudication qui en a été tranché audit sieur Girardet, le 13 dudit mois de mars 1793 ;

Vu, sur la contestation dont il s'agit, les observations et l'avis de M. le sous-préfet de Louhans, à la date du 17 octobre dernier, dont la teneur suit :

« Sur la contestation qui s'est élevée entre la commune de Mouthier et le propriétaire des moulins construits audit lieu, sur la Brenne, au sujet de la réparation de la chaussée appelée de d'Issey ;

» Vu le rapport estimatif desdits moulins, dressé par l'expert Massin, le 7 mars 1793, ensemble le cahier des charges pour la mise en vente et le procès-verbal de l'adjudication qui en a été tranchée à M. Girardet, prêtre, le 13 mars 1793 ;

» Vu les diverses pièces produites, soit de la part de la commune, soit de celle du propriétaire ;

» Le sous-préfet de Louhans donne les observations et avis qui suivent :

» La chaussée de d'Issey doit être réparée par la commune ou par le propriétaire des moulins. Ce dernier prétend n'être pas chargé de la réparation, attendu qu'il s'agit d'un chemin vicinal dont l'entretien est à la charge du public. La commune demande que cette réparation soit mise à la charge du propriétaire, parce que dans tous les tems il a été fait sans le concours de la commune; telles sont les prétentions réciproques sur lesquelles il s'agit de prononcer. Comme elles ont été surchargées d'une foule de faits qui les compliquent, il convient de les discuter dans des termes simples et qui rendront la décision plus facile en la faisant sortir des principes administratifs et de droit civil.

» En thèse générale, un chemin vicinal doit être entretenu aux frais de la commune dont il traverse le territoire; cependant si ce même chemin est en même tems affecté au service d'un établissement considérable, l'administration peut répartir les frais d'entretien entre le propriétaire de l'établissement et la commune. Cette exception se puise dans un principe d'équité, qui veut que chacun concoure aux charges dans la proportion du bénéfice qu'il retire de la chose. La réparation d'un chemin peut, ainsi que toutes les autres charges, être mise à la charge du propriétaire d'un moulin ou d'un autre établissement, toutes les fois que, comme dans le cas particulier, l'établissement ne lui a été vendu qu'à cette condition. En effet, il suffit de rapprocher la vente de 1793, avec le rapport estimatif d'après lequel elle a eu lieu. L'objet avait été vendu deux fois successivement, sans que les acquéreurs se soient exécutés; le motif a été que les charges, réparations et entretiens, rendaient le marché trop onéreux; l'estimation qui servait de base à ces premières ventes était de 12,000 fr.; celle d'après laquelle on a vendu à M. Girardet, de 3,000 fr. seulement, attendu, est-il dit dans le rapport du sieur Massin, dans la description des charges qui pouvaient motiver une réduction d'estimation et de mise à prix, *que la chaussée venant d'Issey étant à la charge du propriétaire des moulins qui sont dans cette chaussée, demandent aussi des réparations très urgentes et considérables;* c'est sur la première mise à prix de 3,000 fr. que le moulin a été mis en adjudication, *attendu l'état où il se trouve, suivant le rapport du sieur Massin.* Nul doute en conséquence que la vente n'ait été passée sous la condition de la chaussée de d'Issey et de ses ponts.

» Sur quoi considérant que la vente de 1793 doit être exécutée dans tous ses points, qu'il ne s'agit aujourd'hui que d'une mesure d'exécution qui rentre dans les attributions de l'autorité administrative;

» Le sous-préfet de Louhans estime qu'il y a lieu à ordonner que la chaussée de d'Issey, ainsi que les ponts qui la traversent, soient réparés et entretenus en bon état par le propriétaire actuel des moulins; et faute par lui de l'exécuter dans le délai d'un mois, à dater de la signification qui lui sera faite de cette disposition, qu'il y sera procédé à ses frais à la diligence du maire de la commune de Mouthier. »

» Vu les lois des 9 et 13 ventose an 12, et l'instruction de Son Excellence le ministre de l'intérieur, du 7 prairial suivant;

» Le Conseil de préfecture du département de Saône-et-Loire,

» Déterminé par les mêmes considérations que celles qui ont servi de base à l'avis de M. le sous-préfet,

» Arrête ce qui suit :

» L'avis de M. le sous-préfet de Louhans, du 17 octobre 1816, ci dessus transcrit, est et demeure converti en arrêté définitif, pour être exécuté suivant sa forme et teneur.

» En conséquence, le sieur Jean-François Girardet, prêtre, propriétaire actuel des moulins de la commune de Mouthier, est et demeure tenu de réparer et entretenir en bon état la chaussée de d'Issey et les ponts qui la traversent; faute par lui de l'exécuter dans le délai d'un mois, à dater de la signification qui lui sera faite de cette disposition, il y sera procédé à ses frais à la diligence du maire de Mouthier, qui décernera contre lui un exécutoire qui sera par le maire adressé à M. le préfet pour être par lui ordonné ce qu'il appartiendra.

» Extrait du présent arrêté sera transmis à M. le sous-préfet de Louhans, pour être par lui envoyé au maire de la commune de Mouthier, qui le fera signifier administrativement au sieur Jean-François Giradet, et qui demeure spécialement chargé de son exécution. »

C'est contre cet arrêté que le sieur Girardet s'est pourvu au Conseil d'état.

Au soutien de son pourvoi, il a dit :

« Pour éclaircir la difficulté, il faut nécessairement se reporter au procès-verbal d'adjudication du 13 mars 1793 : voilà la loi, l'unique loi de l'exposant; il ne saurait lui échoir d'autres obligations que celles qui s'y trouvent formellement exprimées.

» Or, le procès-verbal contient vente pure et simple *d'un moulin, avec ses ustensiles, ses canaux et ses dépendances;* du reste, pas un mot qui s'y rapporte même indirectement.

» Dès-lors, il s'en faut que le Conseil de préfecture se soit borné, comme il le dit, à ordonner l'exécution du contrat; il y a évidemment ajouté, au contraire, en imposant à l'exposant une condition dont il ne parle pas, et qui de sa nature ne pouvait cependant résulter que d'une stipulation expresse, puisqu'elle renferme une dérogation au droit commun.

» On excipe du procès-verbal d'estimation, dressé par l'expert Massin le 7 mars 1793, où il est dit *que la chaussée d'Issey et les ponts qui s'y trouvent sont à la charge du propriétaire du moulin.*

» L'objection est purement spécieuse.

» En matière de domaines nationaux, le procès-verbal d'estimation est un acte préparatoire à la vente, mais il ne la contient pas; il a pour objet d'éclairer l'administration sur la valeur de l'immeuble, et de la diriger quant à la fixation de la mise à prix; mais il est complétement étranger à l'acquéreur qui n'y a point concouru, qui le plus souvent ne l'a même pas connu, et dont la condition cependant ne saurait dépendre que d'un contrat qu'il a souscrit volontairement et en parfaite connaissance de cause.

» A la vérité, il est dit dans le procès-verbal d'adjudication, que l'acquéreur jouira de l'objet aliéné *au même titre et de la même manière* que l'ancien propriétaire en jouissait ; et, s'il faut en croire la commune, les prieurs de Mouthier avaient de tout temps fourni à l'entretien de la chaussée d'Issey.

» Il serait hors de propos de discuter ici l'allégation de la commune, et de nous arrêter à démontrer (ce qui d'ailleurs serait facile) qu'elle est dénuée de fondement.

» Il suffit de faire observer qu'à considérer la question sous cet aspect, le conseil de préfecture est tombé dans un excès de pouvoir manifeste, et que son arrêté du 10 janvier 1817 présente un oubli intolérable des règles de la compétence.

» C'est un point de doctrine constant et devenu pour ainsi dire élémentaire, que l'autorité administrative est compétente pour connaître d'un litige, alors seulement que les élémens de la solution se puisent dans des actes qui sont son propre ouvrage. S'agit-il, au contraire, d'une question de propriété qui doive se résoudre par l'examen d'anciens titres, ou par l'application des principes du droit civil? Dans ce cas la matière rentre dans le domaine des juges ordinaires.

» Voilà ce que le Conseil d'état a décidé plusieurs fois, et notamment le 19 juin 1813, dans l'affaire des sieurs Thabaud et Simon. »

La commune de Mouthier s'en est référée aux moyens développés dans l'avis du sous-préfet de Louhans, et dans l'arrêté du conseil de préfecture de Saône-et-Loire ci-dessus relatés.

C'est en cet état qu'est intervenue l'ordonnance suivante :

LOUIS, etc.; — Sur le rapport du comité du contentieux,

Vu la requête à nous présentée par le sieur Girardet, prêtre, desservant la succursale de Mouthier-en-Bresse, acquéreur d'un moulin d'origine nationale, dit le moulin d'Issey, ladite requête enregistrée au secrétariat du comité du contentieux de notre Conseil d'état, le 15 juillet 1817, et tendante à ce qu'il nous plaise recevoir l'exposant appelant d'un arrêté du Conseil de préfecture du département de Saône-et-Loire, en date du 10 janvier 1817, et statuant sur l'appel, casser et annuller ledit arrêté comme contraire aux titres et aux droits de l'appelant; ce faisant, dire que l'exposant n'est point tenu de réparer, à ses frais, la chaussée d'Issey, ainsi que les ponts qui la traversent, en conséquence, faire défense au maire et au Conseil municipal de la commune de Mouthier-en-Bresse, de l'inquiéter désormais à cet égard, sous les peines de droit; subsidiairement et dans le cas où nous ne prononcerions pas sur le fond de la contestation, il nous plaise infirmer l'arrêté dont il s'agit, comme renfermant un excès de pouvoir, et, par suite, renvoyer les parties pour leur être fait droit devant les tribunaux; dans l'un et l'autre cas, condamner le défendeur aux dépens;

Vu le rapport estimatif du moulin d'Issey, dressé par l'expert Massin, le 17 mars 1793;

Vu le cahier des charges pour la mise en vente, et le procès verbal d'adjudication du 13 dudit mois de mars 1793, dans lequel il est fait mention dudit rapport estimatif;

Vu l'arrêté du Conseil de préfecture du département de Saône-et-Loire, du 10 janvier 1817;

Considérant que cet arrêté se réfère aux actes préparatoires de la vente, notamment au procès-verbal d'expertise du 7 mars 1793, et à l'acte d'adjudication du 13 dudit mois de mars 1793, qui rappelle le rapport estimatif, dans lequel il est dit que la chaussée d'Issey et les ponts qui en dépendent, sont à la charge du propriétaire du moulin;

Notre Conseil d'état entendu,

Nous avons ordonné et ordonnons ce qui suit :

Art. 1er. La requête du sieur Girardet est rejetée.

2. Notre ministre secrétaire d'état de l'intérieur est chargé de l'exécution de la présente ordonnance.

Ordonnance du 27 août 1817. (2753).

N°. 90.

CHEMIN VICINAL. — Anticipation. — Propriété.

Un conseil de préfecture est compétent pour statuer sur le fait d'anticipation d'un chemin vicinal non-contesté, pourvu qu'il ne préjuge rien à l'égard de la propriété en litige de la partie du chemin prétendue usurpée.

(Le sieur Chesneau Blancler. — C. — Le maire de la commune de Saint-Hilaire-Saint-Florent.)

Le sieur Chesneau-Blancler, propriétaire de trois pièces de terre, longeant le chemin vicinal qui conduit de Saint-Florent à Marson, avait fait faire des plantations et creusé des fossés sur le bord de ce chemin.

Le maire de la commune de Saint-Florent, prétendant que le terrain planté et entouré était dépendant de la voie publique, fit dresser procès-verbal par le garde champêtre.

Le sieur Chesneau soutint que le chemin vicinal avait conservé toute sa largeur; que de tous les temps il avait été pratiqué dans le même état que celui où il était actuellement. Il établit d'ailleurs par *titres* que le chemin n'avait jamais embrassé le terrain par lui planté.

20 juillet 1812, le préfet de Maine-et-Loire rendit un arrêté déclarant valable le procès-verbal du garde champêtre, du 17 septembre 1811.

Cet arrêté demeura sans exécution.

Cinq ans après, sur la plainte du maire de Saint-Florent, le conseil de préfecture rendit, le 3 juin 1816, un arrêté par lequel il ordonna le comblement des fossés, et par suite nécessaire, l'arrachement des plantations.

Cet arrêté est ainsi conçu :

« Le conseil de préfecture du département de Maine-et-Loire, vu le renvoi a lui fait par M. le préfet, de la nouvelle plainte formée par M. le maire de Saint-Hilaire-Saint-Florent, contre le sieur Chesneau Blancler, négociant à Saumur, pour cause d'anticipations faites en 1811, sur le chemin vicinal de la Croix de Chenchute-les-Tuffaux à Bournand, constaté par le procès-verbal de contravention dressé le 12 septembre 1811 par le sieur Jean Breton, garde champêtre de ladite commune.

» Vu la correspondance administrative entre M. le préfet et M. le sous-préfet de Saumur, de laquelle il résulte que l'arrêté du conseil de préfecture en date du 18 octobre 1813, pris en conséquence de celui de M. Hely Doissel, du 8 du même mois, est resté sans effet et comme non avenu, par suite de la négligence qu'on a mise à remplir les formalités du timbre et de l'enregistrement.

» Vu de nouveau toutes les piéces relatives au susdit arrêté du conseil de préfecture, savoir :

» Le procès-verbal du garde champêtre de Saint-Hilaire-Saint-Florent sus-mentionné, la notification faite de ce procès-verbal à M. Chesneau Blancler le 27 décembre suivant par le ministère d'huissier, la réponse à cette notification portant que le garde champêtre ne dit pas vérité dans son procès-verbal ; que lui Chesneau Blancler, en relevant ses tâlus le long du chemin du Patureau à Saint-Florent, a suivi strictement les anciens usages qui existaient depuis des siècles ; que le soi-disant grand chemin de Chenchute à Bournand n'est plus pratiqué que pour passer à pied seulement, ayant été depuis des siècles dégradé par les eaux, à partir de l'étang du Patureau jusqu'au bout de la pièce de terre appellée la Planconnaie, à lui appartenant ; qu'il n'a jamais entendu s'emparer du terrain qui ne lui appartenait pas ; que ce même chemin de Chenchute à Bournand aboutit et se termine à l'étang du Paturеau, entre deux grandes et longues pièces de terre appartenantes à M. de Beauregard, gérées ou surveillées par M. Allot, maire de ladite commune, qui a eu soin de n'y laisser qu'un seul chemin de charrettes de six à huit pieds de largeur, tandis qu'il voudrait en exiger un des riverains de dix-huit pieds ; qu'au surplus il déclare s'en rapporter au juge de paix du canton ou à M. l'ingénieur de l'arrondissement et non aux maire et adjoint, qui n'ont que des idées très confuses sur les lois et sur les usages communaux ;

» L'avis de M. le sous-préfet de Saumur, du 11 juillet 1812, où il a reconnu que les anticipations faites sur le procès-verbal, attendu qu'elles ont eu lieu postérieurement, qu'il y en a parmi ces dernières qui sont d'une évidence incontestable, telles que celles qui sont circonscrites par des fossés ; que ces fossés n'ont pu être faits qu'aux dépens de la voie publique, puisque leur bord intérieur, s'aligne au parement extérieur des murs, tandis que leur bord extérieur ne devrait s'aligner qu'à 25 centimètres près du parement extérieur du mur, notamment le fossé qui existe le long de la pièce de la Plaçonnaie, ainsi que celui qui est en sortant du bourg de Saint-Florent, parallèle au mur du parc de M. Chesneau Blancler, entre deux, le chemin qui conduit aux deux premières pièces mentionnées au procès-verbal ; que le fossé qui clot la première pièce de la Plaçonnaie ne pèche pas seulement par sa largeur anticipée au-delà du mur, mais qu'au lieu de suivre l'alignement naturel, celui du mur est tel que l'indique une espèce de fossé sur le bord duquel il existe encore deux chênes, il suit, à partir du mur, une ligne très oblique, tandis que le mur de clôture de cette pièce, qui est assez considérable et droit, semble indiquer que la pièce suivait le même alignement ; que l'anticipation ne lui paraît pas moins prouvée sur l'autre bord du chemin, le long de la pièce de la Gagnerie par la largeur que le chemin conserve au-devant de cette pièce, le long de celle qui la joint appartenant aux héritiers Gueniveau ; qu'elle fait une retraite notable sur celle du sieur Chesneau ; que néanmoins elle est bornée dans cette partie par un fossé et une haie qui dénotent que le chemin, ou pour mieux dire l'espèce de commun sur lequel se trouvait le chemin, avait la même largeur le long de la pièce de M. Chesneau ;

» Que quant aux pièces de madame de Beauregard qui fournissent à M. Chesneau un sujet de récrimination, il était possible que les fermiers de cette dame eussent rétréci le chemin par leurs ensemencemens, mais que rien n'indique de sa part l'intention d'envahir ce chemin, qui n'étant séparé de ses pièces par aucune espèce de clôture, l'envahissement sur la voie publique n'y pouvait être considéré comme son ouvrage, mais bien comme celui des colons ; que malgré toutes ces considérations, M. Chesneau a refusé de remettre les choses dans leur ancien état, persistant dans des prétentions qui ne peuvent se soutenir ;

» Vu l'arrêté de M. le préfet du 20 juillet 1812, qui par déférence pour les démarches que M. le sous-préfet de Saumur avait faites en faveur de M. Chesneau, désirait d'éviter à ce particulier le désagrément d'une mesure de rigueur contre lui ;

» Vu la lettre de M. le préfet, du 8 octobre 1813, à M. Chesneau Blancler, par laquelle il le prévient que son affaire sera portée devant le conseil de préfecture pour être statué ce qu'il appartiendra, et l'invite à fournir tous les moyens de défense qu'il jugera convenable ;

» Vu la réponse de M. Chesneau, en date du 14 dudit, par laquelle il demande de nouveau que les ingénieurs ou le juge de paix du canton soient envoyés sur les lieux pour faire le rapport du véritable état des choses, auquel il n'a fait d'autre changement que ceux qui découlent du droit de sa propriété ;

» Vu l'arrêté de cette préfecture du 1er. juin 1808, concernant la police des chemins vicinaux ;

» Vu enfin les réponses du sieur Chesneau aux nouvelles invitations qu'il a reçues de se conformer aux arrêtés sus-relatés et de rendre à la commune les portions de chemins vicinaux qu'il a enclavées dans ses domaines, et dans lesquelles il semble vouloir présenter une question incidente, en élevant une contestation sur *la question de propriété* fondée, y est-il dit, sur des baux, autres titres de propriété etc.;

» Après avoir entendu le conseiller, rapporteur;

» Considérant qu'il ne suffit pas au sieur Chesneau, pour arrêter leffet des décisions prises dans l'intérêt de la commune de Saint-Hilaire - Saint - Florent, d'éluder la question principale et d'alléguer maintenant un prétendu droit de propriété pour le maintenir dans la jouissance des anticipations commises depuis plusieurs années, et contre lesquelles l'administration a procédé avec régularité modération et justice;

» Considérant en outre que si l'arrêté du conseil de préfecture du 18 octobre est demeuré comme non avenu par l'eff t d'un manque de formalité, il ne subsiste pas moins de fait, dans toute sa force; que ces circonstances, bien loin d'être devenues plus favorables au sieur Chesneau, annoncent de sa part une volonté constante de résister aux mesures administratives, et qu'il ne suffit que de rapprocher les dispositions de l'arrêté du 18 octobre 1813;

» Arrête.—Art. 1er. Le procès-verbal dressé le 12 septembre 1811, par le garde champêtre de la commune de Saint Hilaire-Saint-Florent, contre M. Blancler, négociant à Saumur, est reconnu valable.

» Art. 2. En conséquence M. Chesneau Blancler est tenu de rendre à la voie publique toute la largeur qu'elle avait avant les anticipations commises par lui et consignées au susdit procès-verbal.

» Il est pareillement tenu de rabattre les fossés de clôture qu'il a fait faire postérieurement et dont il est mention dans l'avis de M. le sous-préfet ci-dessus référé.

» Art. 3. Il est accordé à M. Chesneau-Blancler un délai de trois mois pour rétablir les choses sur l'ancien pied; ledit délai comptera du jour de la notification qui lui sera faite du présent arrêté.

» Art. 4. Dans le cas où M. Chesneau-Blancler ne se serait pas mis en mesure d'obtempérer aux dispositions dudit arrêté dans le délai prescrit, M. le maire de Saint-Hilaire est autorisé à y pourvoir d'office; les ouvriers qu'il aura employés seront au compte du contrevenant; à cet effet, M. le maire présentera à M. le préfet un état nominatif des ouvriers avec la somme due à chacun d'eux, à raison du nombre des journées; cet état sera approuvé pour être rendu exécutoire contre M. Chesneau Blancler comme en matière de paiement de contributions publiques.

» Art. 5. En tout état de choses, M. Chesneau sera tenu de rembourser à M. le maire tous les frais occasionnés par le procès-verbal de contravention rédigé contre lui, ainsi que ceux du présent arrêté, tant pour le timbre que pour la notification et l'enregistrement.»

C'est contre cet arrêté que le sieur Chesneau s'est pourvu devant le Conseil d'état pour excès de pouvoir du conseil de préfecture.

» Les préfets, dit le sieur Chesneau, sont autorisés à déterminer la largeur des chemins publics. C'est une *mesure administrative* subordonnée aux convenances locales dont l'administration seule peut avoir la connaissance et la direction.

» Si, dans la *pratique*, un particulier s'avise de tenter une *voie de fait* contrairement à l'usage établi à la possession du public sur un chemin *vicinal*, le conseil de préfecture doit maintenir la commune en *possession* et réprimer la voie de fait.

» Et s'il y a lieu à des peines pour violation des lois sur la voirie, ces peines sont appliquées encore par le conseil de préfecture.

» Telles sont les attributions annoncées par l'article 7 de la loi du 9 ventose an 7.

» Mais décider une question de *propriété*, en matière de chemins vicinaux, ou seulement dépouiller un particulier de la *possession* par lui exercée sur un terrain prétendu chemin vicinal, voilà ce qu'un conseil de préfecture ne peut pas se permettre.

» Un grand nombre de décisions du Conseil d'état l'ont ainsi consacré, notamment un décret du 21 novembre 1808, portant : « Les tribunaux, et non l'autorité administrative, sont compétens pour connaître d'une contestation relative à la propriété d'une portion de la largeur d'un chemin public à laquelle prétendrait un particulier, et qui lui serait contestée par une commune. Quant à la possession, si elle n'est point contestée aux habitans, elle doit leur être conservée jusqu'à ce qu'il ait été statué sur le fond. »

» Dans l'espèce, on ne peut contester que l'arrêté du conseil de préfecture n'ait prononcé sur une question *de propriété*; car il a ordonné le comblement des fossés, et par suite nécessaire l'arrachement des arbres; or, le sieur Chesneau prétendait à la propriété du terrain sur lequel étaient faits les plantations et les fossés; le conseil de préfecture ne pouvait donc connaître de la contestation.

» D'ailleurs, *en la forme*, l'arrêté doit être annullé, parce que l'action a été irrégulièrement intentée.

» En effet, la loi du 14 décembre 1789, art. 54 et 56, et la loi du 29 vendémiaire an 5, disposent qu'aucune action ne peut être intentée par une commune, si elle n'est *autorisée* par l'autorité supérieure; et, dans l'espèce, il n'y a pas eu d'autorisation.

» En outre, la commune de Saint-Florent n'a pas intenté une action à l'effet d'être déclarée *propriétaire* du terrain litigieux; elle n'a formé qu'une simple *plainte* en usurpation, ainsi elle ne pouvait pas obtenir une condamnation à son profit. »

En cet état, est intervenue l'ordonnance suivante :

LOUIS, etc.; — Sur le rapport du comité du contentieux;

Vu la requête à nous présentée par le sieur Chesneau Blancler, enregistrée au secrétariat du comité du contentieux de notre Conseil d'état, le 28 septembre 1816, et tendante à ce qu'un arrêté du conseil de préfecture du département de Maine-et-Loire, en date du 3 juin 1816, pris au profit de la commune de Saint-Hilaire-Saint-Florent soit infirmé pour cause d'excès de pouvoir et contravention aux lois en matière de chemins vicinaux;

Vu le mémoire ampliatif dudit sieur Chesneau Blancler, enregistré au secrétariat dudit comité du contentieux, le 24 janvier 1817, contenant ses moyens de défense, et tendant aux mêmes fins;

Vu l'ordonnance *de soit communiqué* rendue par notre garde des sceaux ministre de la justice, le 31 janvier 1817, à laquelle le maire de la commune de Saint-Hilaire-Saint-Florent n'a pas répondu dans les délais du réglement;

Vu l'arrêté attaqué, ensemble toutes les pièces produites;

Considérant que le conseil de préfecture du département de Maine-et-Loire, par son arrêté du 3 juin 1816, n'a statué que sur le fait de l'anticipation commise par ledit sieur Chesneau Blancler, sur le chemin vicinal non contesté de Saint-Florent à Marson, sans rien préjuger à l'égard de la propriété en litige de partie dudit chemin;

Et que dès-lors il n'a point excédé les bornes de sa compétence;

Notre Conseil d'Etat entendu;

Nous avons ordonné et ordonnons ce qui suit:

Art. 1er. La requête du sieur Chesneau Blancler est rejetée.

2. Notre ministre secrétaire d'état de l'intérieur est chargé de l'exécution de la présente ordonnance.

Ordonnance du 27 août 1817. (2747)

N°. 91.

INTÉRÊTS. — COMPTABLES.

Les receveurs ou autres agens comptables doivent, de plein droit, tous les intérêts à raison de cinq pour cent sans retenue, à compter du jour où le versement aurait dû avoir lieu; ils sont non-recevables à opposer la prescription quinquennale. (Avis du Conseil d'état des 20 juillet 1808 et 10 mars 1809.)

(Le sieur Signeneaux. — C. — l'administration des domaines.)

Le sieur Despaubourg avait été nommé receveur des domaines à Rosoy.

Lors de son décès arrivé en l'an 10, il se trouva reliquataire envers la caisse de sommes considérables.

Sur les procès-verbaux des employés de la régie des domaines, qui constataient le déficit, le ministre des finances, par deux décisions des 27 avril 1813 et 28 avril 1814, fixa le débet du sieur Despaubourg à une somme de 20,031 fr. 69 cent.

Dans cette somme étaient compris les intérêts calculés à raison de cinq pour cent, depuis le jour où les sommes dues auraient dû être versées.

C'est contre ces deux décisions du ministre des finances, que le curateur à la succession vacante du sieur Despaubourg s'est pourvu.

Il a d'abord soutenu qu'aux termes de l'article 2277 du Code civil, la régie n'était en droit d'exiger que cinq ans d'intérêts.

En second lieu, il a dit que ces intérêts ne devaient être calculés qu'à raison de quatre, et non pas de cinq pour cent.

» En effet, celui qui doit des intérêts, soit en vertu d'une loi, soit par suite d'une convention, est autorisé à en retenir le cinquième, qui représente l'importance de l'impôt public sur toutes sortes de revenus. Cette retenue se fait dans tous les cas où il n'y a pas eu stipulation expresse qu'elle n'aurait pas lieu. Ce principe est d'une application si familière, qu'il serait oiseux de citer des lois pour l'établir. L'intérêt légal de cinq pour cent qu'aurait dû la succession Despaubourg, aurait donc été sujet à la retenue du cinquième; en conséquence les intérêts n'auraient pu être calculés qu'à raison de quatre pour cent. »

Pour la régie on a répondu:

« Conformément à la seconde disposition de l'avis du Conseil d'état du 20 juillet 1808, insérée au numéro 3677 du deux cent unième Bulletin des lois, le ministre a fait des réserves dans sa décision du 27 avril 1813, « pour les intérêts à liquider du jour où le montant de chaque omission ou soustraction de recette aurait été versé à la caisse de l'arrondissement, si la comptabilité du sieur Despaubourg eût été régulière. »

» Aux termes de l'article 2262 du Code civil, toutes les actions tant réelles que temporelles, sont prescrites par trente ans.

» L'action de l'administration a été formée avant l'expiration de ce délai. »

Une plus courte prescription résulte, mais pour les seuls cas qui y sont spécifiés, de l'article 2277, ainsi conçu:

« Les arrérages de rentes perpétuelles et viagères, et ceux des pensions alimentaires, les loyers des maisons et le prix de ferme des biens ruraux, *les intérêts des sommes prêtées*, et généralement tout ce qui est payable par année ou à des termes périodiques plus courts, se prescrivent par cinq ans. »

Il est évident que cet article ne peut concerner la dette d'un receveur infidèle. La prescription de cinq ans ne s'applique qu'aux annuités qui sont l'effet de contrats, de conventions, de jugemens rendus, enfin d'un titre existant et connu du créancier, qui peut agir et faire, pour les arrérages, des actes conservatoires. Les intérêts sont, dans l'espèce, de véritables dommages-intérêts pour réparation du tort causé par un délit, classé aux articles 169 et suivans du Code pénal ; cet accessoire ne peut, comme le principal, être soumis qu'à la prescription de trente ans, qui est la règle générale.

» L'avis du Conseil d'état, du 20 juillet 1808, porte: « Lorsqu'il s'agira de *soustraction de recette*, ou de déficits quelconques dans la caisse, au moment où les préposés devront solder leurs comptes, les intérêts commenceront à courir du moment où devait se faire le versement. »

» Un autre avis du Conseil d'état, du 10 mars 1809, reconnaît « que les débets des receveurs de l'enregistrement sont passibles d'intérêts, soit que ces débets aient été contractés antérieurement ou postérieurement à la promulgation du Code civil. »

» De la date même de ce dernier avis, on doit conclure que la prescription de cinq ans n'est pas applicable aux intérêts des débets de ce genre. Le titre 20 du troisième livre du Code a été promulgué le 25 mars 1804, et les cinq années prévues par l'article 2277, sous ce titre, auraient pris fin le 25 mars 1809. Un avis du 10 du même mois, qui eût eu pour objet des intérêts susceptibles d'être prescrits dès le 25, auraient été inutile et dérisoire. On a donc reconnu implicitement, le 10 mars 1809, comme on avait déclaré d'une manière plus explicite, le 20 juillet 1808, que la prescription de cinq ans ne peut être invoquée dans ce cas-là.

» Les intérêts dus pour le débet du sieur Despaubourg ont été liquidés par un procès-verbal du 29 mai 1813, en conformité des deux avis du Conseil d'état, qui forment indispensablement la règle pour cette opération.

» L'intérêt fixé par la loi du 3 septembre 1807, art. 2, et par la première disposition de l'avis du Conseil d'état, du 20 juillet 1808, déjà cité, est de cinq pour cent par an ; c'est sur ce pied que la succession du sieur Despaubourg doit acquitter les intérêts dont elle est redevable. »

Sur ce est intervenue l'ordonnance suivante :

LOUIS, etc. ; — Sur le rapport du comité du contentieux ;

Vu la requête à nous présentée par le sieur Jean-Baptiste Signeneaux, au nom et comme curateur à la succession vacante de Louise-Thomas Despaubourg, décédé receveur des domaines à la résidence de Rosoy ; ladite requête enregistrée au secrétariat du comité du contentieux de notre Conseil d'état, le 22 septembre 1814, et tendante à ce qu'il nous plaise annuller deux décisions du ministre des finances, des 17 avril 1813 et 28 avril 1814, qui, en approuvant le contenu des procès-verbaux dressés par les préposés de l'administration des domaines, les 17 novembre 1807 et 30 novembre 1812, ont constitué la succession dudit sieur Despaubourg en débet de la somme de 20,031 francs 69 cent. de principal, plus les intérêts ; et, en tout cas, à ce que ces intérêts ne soient exigibles que pour les cinq années qui ont précédé la demande, et d'ailleurs réduits à quatre pour cent;

Vu une requête présentée et enregistrée le même jour, 22 septembre 1814, par la dame Marie-Michelle Briquet, veuve dudit sieur Despaubourg, dans laquelle, en employant les mêmes moyens, elle conclut aux mêmes fins ;

Vu les décisions de procès-verbaux attaqués ;

Vu la requête en défense de l'administration des domaines, signifiée le 19 juin 1816, et par laquelle elle conclut à la jonction des deux pourvois ci-dessus, comme n'ayant qu'un seul et même objet, à ce que les réclamans soient déclarés non-recevables, ou en tout cas mal fondés, et à ce que les décisions attaquées soient exécutées selon leur forme et teneur ;

Vu toutes les pièces jointes au dossier ;

Considérant que le débet constaté dans la gestion du sieur Despaubourg, résulte, soit d'omissions prouvées par ses propres quittances, soit des différens élémens de comptabilité présentés par l'administration des domaines ;

Considérant qu'aux termes des avis du Conseil d'état des 20 juillet 1808 et 10 mars 1809, les receveurs ou autres agens comptables, en cas de déficit ou de soustraction, doivent les intérêts à compter du jour où le versement aurait dû avoir lieu ;

Considérant qu'aux termes de la loi du 3 septembre 1807, et de l'avis du conseil d'état du 20 juillet 1808, l'intérêt légal a été fixé à cinq pour cent par an sans retenue ;

Notre Conseil d'état entendu,

Nous avons ordonné et ordonnons ce qui suit :

Art. 1er. Les requêtes du sieur Signeneaux et de la dame Briquet, veuve Despaubourg, sont rejetées.

2. Les sieur Signeneaux et la dame Briquet, veuve Despaubourg, sont condamnés aux dépens.

3. Notre ministre secrétaire d'état des finances est chargé de l'exécution de la présente ordonnance.

Ordonnance du 27 août 1817. (2739)

N°. 92.

ACQUÉREUR NATIONAL. — Paiement. — Propriétaire. — Réintégration.

Est valable le paiement fait par un acquéreur national, du reliquat de son prix entre les mains du receveur national, quoique au moment du paiement, l'acquéreur eût connaissance que l'ancien propriétaire était réintégré dans ses biens, en vertu de l'article 7 de la loi du 22 nivose an 3, qui lui accordait non-seulement sa réintégration dans les biens invendus, mais encore le prix de ceux déjà aliénés.

(Le sieur Chatelain. — C. le sieur Dodane.)

Les biens du sieur Chatelain, émigré, sont confisqués et mis en vente.

Une partie est acquise pour le prix de 32,400 francs assignats par le sieur Dodane.

Après la loi du 22 nivose an 3, le sieur Chatelain rentre en France, et conformément à l'article 7 de cette loi, il est réintégré dans toutes ses propriétés.

Le prix des biens précédemment vendus lui fut remis à titre de secours et d'après les conditions de la vente.

Au moment de cette réintégration, le sieur Dodane était encore reliquataire de la somme de 26,883 fr. sur le prix de son adjudication.

Le 2 messidor an 3, le sieur Dodane adresse une pétition à l'administration du district de Saint-Hyppolite, à l'effet d'être autorisé à verser son reliquat dans la caisse du receveur national.

L'administration du district de St.-Hyppolite donne son avis par lequel elle opine au refus de l'autorisation. En effet, le 1er. thermidor, l'administration centrale du département du Doubs prononce qu'il n'échet de délibérer sur la pétition de Dodane.

Nonobstant cette décision, le sieur Dodane effectue le paiement de la somme de 26,883 francs assignats dans la caisse du receveur national.

Alors le sieur Chatelain assigne le sieur Dodane devant le tribunal de première instance de Saint-Hyppolite, à fin de paiement du reliquat du prix de son adjudication.

14 fructidor an 8, jugement qui déboute Chatelain.

Sur l'appel, le jugement de première instance est réformé le 2 floréal an 9.

Dodane se pourvoit contre le jugement d'appel devant le Conseil d'état, qui, sur son pourvoi, ordonne au préfet du Doubs d'élever le conflit, et rend, le 15 brumaire an 10, un arrêté par lequel il déclare les jugemens des 14 fructidor an 8 et 2 floréal an 9 non avenus pour cause d'incompétence.

En 1816, le sieur Chatelain s'est pourvu devant le conseil de préfecture du département du Doubs, et a demandé que le paiement fait par le sieur Dodane entre les mains du receveur du domaine fût déclaré nul, comme ayant été effectué postérieurement à l'époque où le domaine avait cessé d'être créancier par la réintégration de lui, Chatelain, dans toutes ses propriétés.

7 octobre 1816, arrêté du conseil de préfecture du département du Doubs, ainsi conçu :

« Le conseil du département du Doubs,

» Vu la présente réclamation du sieur Chatelain, les pièces jointes ; l'arrêté du district du département du Doubs, du 1er. thermidor an 3, conforme à l'avis du district de Saint-Hippolite, du 22 du mois précédent, intervenu sur la demande du sieur Dodane, pour qu'il fût ordonné au receveur des domaines d'accepter ce qu'il se proposait de lui payer pour prix de l'adjudication qu'il avait eue des biens du sieur Chatelain ; portant, ledit arrêté, que tout séquestre étant levé sur les biens dudit sieur Chatelain, le receveur national ne devait plus rien toucher sur le prix des ventes desdits biens, dont l'ancien propriétaire devenait le maître comme il en est des fonds non vendus ;

» Vu la loi du 22 nivose an 3 ;

» L'arrêté du gouvernement du 15 brumaire an 10 ;

» Les observations de M. le directeur des domaines, et les réponses du sieur Dodane ;

» Considérant que l'arrêté du gouvernement, du 15 brumaire an 10, ne statue rien au fond sur les droits des parties ; que, déclarant comme non avenus, et pour cause d'incompétence, les deux jugemens des 4 fructidor an 8 et 2 floréal an 9, son effet est de remettre purement en question l'objet sur lequel ils avaient prononcé, et que, par suite des dispositions de cet arrêté, c'est au conseil de préfecture qu'il appartient de le faire ;

» Considérant, sur le fond de la question, que la rentrée du sieur Chatelain en France dans le délai prescrit a opéré, aux termes de la loi du 22 nivose an 3, sa réintégration dans ses propriétés ; que cette rentrée, légalement ou officiellement connue par le sieur Dodane, celui-ci n'a pu dès-lors valablement payer qu'entre les mains de l'ancien propriétaire des biens qu'il avait acquis ; que si, malgré la connaissance très-positive qu'a eue le sieur Dodane de la rentrée du sieur Chatelain, et que celui-ci ne pouvait plus être considéré comme émigré, puisque ledit sieur Dodane est un des signataires du certificat à vue duquel a été rendu l'arrêté de main-levée du 22 ventose an 3, en faveur dudit sieur Chatelain, il pouvait exiger la connaissance officielle de la réintégration dudit sieur Chatelain dans ses biens : on ne saurait contester que, dans le cas particulier, ledit sieur Dodane n'eut eu cette connaissance, et que tout ce qui s'est passé à cet égard, n'eut le même degré de force que la notification la plus formelle, et ne dut par conséquent produire le même résultat ;

» Qu'en effet, d'après la décision du 22 messidor du district de Saint-Hyppolite, sur la pétition même du sieur Dodane, celui-ci ne pouvait plus ignorer que c'était au sieur Chatelain qu'il devait s'adresser ;

» Considérant, qu'en supposant que le sieur Dodane eût en effet reçu du receveur de l'enregistrement, comme il l'allègue, une lettre pour l'engager à payer, lettre qu'il ne reproduit pas et qu'il aurait pu facilement se procurer depuis deux mois que cette pétition lui a été communiquée, cette exception ne pourrait cependant être accueillie, puisqu'il eût suffi de la réponse faite le 22 messidor à la petition du sieur Dodane, par le district de Saint-Hyppolite, cinq jours avant son paiement du 27 messidor, pour suspendre même l'effet d'une contrainte ;

» Considérant que la bonne foi du sieur Dodane, dans cette circonstance, est d'autant plus suspecte, que c'est deux mois après l'arrêté du district du département, du 1er. thermidor, qui confirma les décisions de l'administration du district qu'il a effectué son paiement pour solde, et que, dans cette obstination à vouloir payer au receveur des domaines contre la teneur des décisions provoquées par le sieur Dodane lui-même, on ne peut voir que l'intention de se libérer avec des papiers alors presque sans valeur,

» Arrête :

» Les paiemens effectués par le sieur Dodane dans la

caisse du receveur des domaines, postérieurement à la décision de l'administration du district de Saint-Hyppolite, du 22 messidor an 3, intervenu sur la pétition du sieur Dodane, sont déclarés non valables, sauf son recours pour la restitution des valeurs qu'il a pu verser. — Le sieur Chatelain est renvoyé devant les tribunaux ordinaires pour faire valoir, au surplus, ses prétentions contre le sieur Dodane. »

Le sieur Dodane s'est pourvu contre cet arrêté : il a soutenu que les paiemens par lui effectués dans la caisse du receveur national étaient valables.

» En effet, a-t-il dit, j'étais acquéreur national; c'était envers la nation que j'étais débiteur ; c'était entre ses mains que je devais payer. La loi du 22 nivose an 3, loin de me dégager de cette obligation, la confirmait, au contraire, par son article 7; il y est dit : « Les propriétés non encore vendues de ceux qui rentreront dans le territoire de la république, en exécution de l'art. 4, leur seront rendues, à la charge par eux de payer les frais de séquestre et d'entretenir les baux qui en auront été faits par la nation pendant leur absence.

« Quant à celles de leurs propriétés qui se trouveront vendues, le prix leur en sera remis à titre de secours, et, d'après les conditions des ventes, déduction faite des frais de séquestre et de vente. »

» Il est évident que cet article doit être entendu en ce sens, que les acquéreurs nationaux, débiteurs d'une partie de leur prix, devaient payer entre les mains des receveurs nationaux, pour que l'État donnât ensuite le prix total, à titre de secours, aux propriétaires des biens vendus.

» Ce qui confirme cette interprétation, c'est que le prix des biens vendus n'était accordé que déduction faite des frais de séquestre et de vente, il fallait donc que ce prix fût d'abord versé entre les mains du gouvernement, pour qu'après avoir opéré la déduction autorisée par la la loi, il attribuât le surplus aux propriétaires.

» En un mot, la loi du 22 nivose an 3 a évidemment entendu disposer de la même manière que celle du 5 décembre 1811, qui, en ordonnant que les émigrés seront réintégrés dans leurs biens non vendus, veut qu'à l'égard de ce qui peut rester dû sur le prix de leurs biens vendus, ce soit le domaine qui se charge de percevoir ce reliquat, pour le verser ensuite entre les mains des émigrés réintégrés.

» Voudrait-on argumenter de ce que l'administration du Doubs refusa, par son arrêté du 1er. thermidor, d'autoriser le paiement entre les mains du receveur national? Mais il suffit de remarquer que, par ce refus, l'administration ne déclara point que ce paiement serait nul, seulement elle laissa la question indécise; elle n'a point autorisé, mais elle n'a point défendu le paiement, dont la validité doit être jugée maintenant d'après les lois et les principes, sans que l'arrêté de l'administration centrale puisse influer en rien sur la décision à intervenir. »

Pour le sieur Chatelain on a répondu :

« Le sieur Dodane prétend que, s'étant rendu adjudicataire d'un bien national, n'ayant traité qu'avec la nation, c'est au gouvernement qu'il a dû payer le reliquat de son prix; que la loi du 22 nivose an 3, loin de déroger à ces principes, les a confirmés.

» L'adversaire ne voit pas ou ne veut pas voir que l'objet essentiel de cette loi était de réintégrer les individus qu'elle désigne dans la plénitude de leurs droits et de leurs propriétés, et de les rétablir dans le même état où ils étaient avant de s'absenter de leur pays; que cette réintégration absolue était même là l'unique moyen de favoriser et de déterminer leur retour en France.

» Si un motif du plus haut intérêt avait déterminé le législateur à excepter de cette réintégration générale les biens déjà vendus, s'il n'a pas voulu ouvrir la voie à d'innombrables actions en garantie contre le gouvernement, pour cause d'éviction des acquéreurs de biens nationaux, il n'a pas permis que les anciens propriétaires en fussent victimes; en les privant de la chose, il leur a rendu le prix.

» Et s'il restait encore à payer une partie du prix, en vertu de la loi du 22 nivose, l'ancien propriétaire est devenu créancier privilégié sur l'immeuble vendu; il a été subrogé de plein droit à la nation; il a été considéré comme vendeur; par conséquent, c'est à lui seul que l'adjudicataire a dû acquitter le restant de son prix.

» L'argument que l'adversaire tire de ce que le prix n'était remis à l'absent réintégré que *déduction faite des frais de séquestre et de vente*, est plus que frivole; la nation a pu retenir ses frais sur les premiers paiemens.

» L'argument que le sieur Dodane tire de l'article 3 de la loi du 5 décembre 1814 ne lui est pas plus favorable, si cette loi consacre en faveur des émigrés le même principe de rétablissement dans tous leurs droits; si elle les autorise à réclamer le restant du prix de la vente de leur bien, elle admet un autre mode de paiement; elle charge le domaine de percevoir ce reliquat et de le remettre à l'ancien propriétaire; elle considère que le domaine ayant reçu les premiers paiemens était plus à portée de connaître et de fixer le reliquat de chaque adjudicataire; elle a voulu ajouter à son bienfait en dispensant les émigrés réintégrés des soins et des frais qu'entraînaient les poursuites.

» Mais on ne peut raisonner par analogie, et appliquer une loi de 1814 à une restitution ordonnée en l'an 3 de la république.

» La loi du 22 nivose, en ordonnant une restitution, en a fixé le mode; elle est allée plus loin encore que la loi du 5 décembre 1814, puisque cette dernière ne rétablit les émigrés que dans le droit de percevoir le *reliquat du prix*, tandis qu'au contraire, la dernière partie de l'article 7 de la loi du 22 nivose les rétablit non-seulement dans l'action à fin de paiement du reliquat du prix, mais qu'elle les autorise en outre à réclamer de la nation le prix qu'elle a touché, le montant des premiers paiemens qu'elle a reçus.

» Tel est le sens, l'esprit et la lettre du n°. 2 de l'article 7, qui dit :

« Quant à celles de leurs propriétés qui se trouveront vendues, le prix leur en sera remis à titre de secours et d'après les conditions des ventes, déduction faite des frais de séquestre et de vente. »

» Or, si la nation consentait à leur restituer à titre de secours les paiemens qu'elle avait reçus, il est bien certain qu'elle n'entendait plus percevoir les paiemens non encore effectués par l'adjudicataire; il suffit que l'article 7 ait gardé le silence pour que l'on dût en induire que les paiemens ne concernaient désormais que les absens réintégrés.

» Il est donc incontestable que Dodane devait effectuer ses derniers paiemens entre les mains du dernier propriétaire rétabli dans la plénitude de ses droits, et qu'en versant ses assignats dans la caisse du domaine, il a payé à un étranger et non à son créancier; qu'ainsi son paiement a été avec raison déclaré nul.

» Dodane a vainement cherché à donner à son paiement la couleur de la *bonne foi*, vainement il a insinué qu'il ignorait le retour de l'ancien propriétaire.

» D'une part, sa prétendue bonne foi est démentie par deux arrêtés de l'administration; d'autre part, c'est lui-même qui a signé le certificat nécessaire à l'exposant pour rentrer sur le territoire français !. . . .

» Au surplus, il s'élève contre tous les moyens du sieur Dodane une exception péremptoire et une barrière insurmontable. En admettant même le sens qu'il attribue à la loi du 22 nivose an 3, en supposant qu'il pût payer encore valablement et verser ses assignats dans la caisse du domaine dans les derniers jours de l'an 3.

» Enfin, dans l'hypothèse même où l'exposant aurait dû s'adresser à l'administration pour obtenir, par son intermédiaire, le restant du prix de ses biens, le sieur Dodane n'en serait pas plus avancé.

» Avant même d'effectuer ses remboursemens, leur nullité avait été formellement prononcée sur sa demande, soit par le district, par l'arrêté du 22 messidor an 3, soit par l'administration départementale, le 1er. thermidor suivant;

» Que l'administration du district n'ait donné à sa décision que la forme d'un simple avis, peu importe, elle n'en est pas moins respectable.

» Mais, du moins, l'arrêté de l'administration centrale du département du Doubs, du 1er. thermidor an 3, tranche le nœud de la difficulté, en rejetant la demande du sieur Dodane.

» Cet arrêté porte :

« Le directoire, considérant que tout séquestre étant levé sur les biens du pétitionnaire par sa rentrée sur le territoire de la république, en exécution de la loi du 22 nivose, le receveur de l'agence ne doit plus toucher le prix des ventes de ces biens dont il devient maître, comme il le ferait des fonds, s'ils n'étaient pas vendus. »

» A une telle décision, il n'y a rien à ajouter; Dodane ne l'a jamais attaquée en la déférant à l'autorité supérieure; elle a aujourd'hui toute la force et l'autorité de la chose irrévocablement jugée, le dispositif n'est que le résultat du considérant, et il résulte de leur ensemble une exception contre laquelle viennent se briser tous les argumens de Dodane. »

Sur quoi est intervenue l'ordonnance dont la teneur suit :

LOUIS, etc.; — Sur le rapport du comité du contentieux;

Vu la requête à nous présentée par le sieur Dodane, enregistrée au secrétariat du comité du contentieux de notre Conseil d'état le 12 février 1817, et tendante à l'annullation d'un arrêté du conseil de préfecture du département du Doubs, en date du 7 octobre 1816, lequel a déclaré non valables les paiemens par lui effectués dans les caisses du domaine, pour solde de prix d'une vente de biens nationaux, sauf son recours pour la restitution des valeurs qu'il a pu verser, et renvoie le sieur Chatelain devant les tribunaux ordinaires, pour faire valoir, au surplus, ses prétentions contre le sieur Dodane;

Vu ledit arrêté;

Vu la requête en réponse présentée par le sieur Chatelain, et enregistrée au secrétariat du comité du contentieux de notre Conseil d'état, le 15 juillet 1817;

Ensemble toutes les pièces jointes au dossier et respectivement produites;

Considérant qu'il s'agit d'un paiement fait entre les mains de l'Etat et sur la validité duquel il n'a pas été statué depuis qu'il est effectué;

Que l'administration centrale, en refusant au sieur Dodane l'autorisation d'effectuer ledit paiement, l'a laissé à ses périls et risques;

Considérant que ledit paiement a été fait conformément aux lois qui existaient alors, et que par conséquent, il est valable;

Notre Conseil d'état entendu,

Nous avons ordonné et ordonnons ce qui suit :

Art. 1er. L'arrêté du conseil de préfecture du département du Doubs, du 7 octobre 1816, est annullé.

2. Le sieur Chatelain est condamné aux dépens.

3. Notre ministre secrétaire d'état des finances est chargé de l'exécution de la présente ordonnance.

Ordonnance du 27 août 1817. (2750)

N°. 93.

ADJUDICATION. — INTERPRÉTATION. — CONFRONTATION.

Dans l'interprétation d'un acte d'adjudication, il faut avoir égard aux indications de confrontation, parce qu'elles sont désignatives, et s'occuper peu de la contenance exprimée, parce qu'étant sans garantie elle doit être sans effet.

(Le sieur Robert.—C.—le sieur Joubert.)

Le 29 messidor an 4, il fut procédé entre la république et la dame Moissac, au partage des biens compris dans la communauté qui avait subsisté entre ladite dame Moissac et son mari alors émigré.

La métairie de la Chaufaronerie échut au lot de la république.

Le procès-verbal de lotissement désignait de la manière suivante six pièces de prés qui faisaient alors partie de la métairie :

« L'une, située proche le pont de Tillon ;

» Une autre, touchant au citoyen Laspierre ;

» Une autre tenant de toutes parts aux terres de ladite métairie ;

» Les trois autres situées sur le Clain ;

» Savoir :

» L'une, située proche la brosse des Regnauts ;

» Une autre dans la prairie de la Roussille, et une autre près le gué de Gabourin. »

Ce partage fait, le sieur Corderoi soumissionna la totalité du lot échu à la république ;

Mais peu après il réduisit sa soumission à la seule métairie de la Chaufaronnerie, et il se transporta sur les lieux soumissionnés avec des experts, pour que, d'après ses indications, il fût procédé à l'estimation des objets qu'il entendait acquérir.

Le 23 vendémiaire an 5, il fut procédé à l'estimation, qui porta seulement *sur treize boisselées*, aux termes du procès-verbal.

Après l'estimation, le sieur Corderoi céda sa soumission au sieur Pierre Joubert, au nom de qui le contrat de vente de la métairie de la Chaufaronnerie fut passé.

Il portait que la vente était faite de tout ce qui avait été porté par le procès-verbal d'estimation, c'est-à-dire de deux prés du Tilloux et de la Roussille, *et de tous ceux qui étaient situés le long du Clain, sous les terres de la métairie.*

Le sieur de Moissac, ayant été réintégré dans tous ses biens qui restaient invendus, prétendit que le sieur Joubert, acquéreur de la métairie de la Chaufaronnerie s'était indûment emparé de deux pièces de prés qui n'étaient point comprises dans sa vente ; savoir, *celle près le pont de Tillon*, et celle *située près du gué de Gabourin.* Pour le prouver, il disait que l'étendue des propriétés acquises par Joubert avait été fixée à treize boisselées par le procès-verbal d'estimation, et que la propriété qu'il avait entre les mains étant d'une contenance plus étendue, il était évident qu'il avait usurpé les deux pièces de pré susdites.

La demande en distraction de ces deux pièces de prés fut portée devant le conseil de préfecture par le sieur de Moissac.

Le sieur Joubert répondit :

1°. Qu'il avait acquis la métairie de la Chaufaronnerie telle qu'en avaient joui les fermiers, et que les deux pièces de pré réclamées ayant fait partie de la jouissance des fermiers étaient conséquemment comprises dans la vente ;

2. Qu'en outre le procès-verbal d'estimation les comprenait implicitement par cette expression vague, *les autres prés situés le long du Clain sous les terres de ladite métairie* ; que d'ailleurs la contenance de treize boisselées donnée au total des prés compris dans l'estimation ne les en excluait pas, parce que le Gouvernement avait vendu *sans garantie de mesure.*

13 thermidor an 13, arrêté du conseil de préfecture du département de la Vienne, qui, adoptant le second moyen présenté par le sieur Joubert, déclare « qu'il n'y a pas lieu à délibérer sur la demande du sieur de Moissac ; en conséquence, que les deux pièces de pré par lui réclamées ont fait partie de la vente consentie au sieur Joubert. »

Le sieur de Moissac s'est pourvu contre cet arrêté.

On a dit dans son intérêt :

« Le conseil de préfecture a visiblement mal jugé.

» On ne peut pas dire que les confrontations des prés vendus soient parfaitement établis au procès-verbal d'estimation. »

Voici sur ce point ce que contient ce procès-verbal.

« Treize boisselées de terres en prés, dont l'un situé dans la prairie de Tilloux (c'est le n°. 15 du plan), tenant par un bout au chemin qui conduit de Péroux à Saint-Martin-Lars ; à gauche de l'autre bout au pré de la métairie Descombes ; d'un côté aux terres du moulin de Tilloux et pré de la métairie du même nom ; par l'autre côté au pré du ci-devant château de Saint-Martin, un fossé entre deux, et au pré de la métairie de Tilloux ; un autre pré situé dans la prairie de la Roussille (c'est le n°. 21), confrontant de deux côtés au pré du citoyen Borde, par un bout à celui du citoyen Girard, et d'autre aux terres de ladite métairie ; les autres prés (ce sont les n°s. 17 et 18), situés le long du Clain, sont les terres de ladite métairie.

» Est-il rien de plus vague que cette dernière confrontation ? et si elle peut être regardée comme document suffisant, le sieur Joubert aurait droit à tous les prés le long du Clain, sous les terres de la Chaufaronnerie, dussent-ils contenir deux cents boisselées au lieu de treize qu'il a seulement achetées.

» C'est, précisément, parce que ces confrontations étaient insuffisantes pour bien désigner les objets vendus, que le conseil de préfecture eût dû chercher, ou pour mieux dire avoir égard aux autres documens qu'il avait sous les yeux, et qui étaient précis.

» C'est une erreur de croire que l'excédent des mesures indiquées par le procès-verbal, n'est pas une preuve que les prés réclamés n'y ont pas été compris, et à cet égard il faut observer que les opérations qui ont précédé les ventes faites en vertu de la loi du 28 ventose an 4, doivent être bien distinguées de celles faites en vertu de la loi du 23 juin 1793. Ces dernières, faites avec précipitation par des estimateurs auxquels on n'avait rien prescrit de positif, peuvent contenir des sur-mesures contre lesquelles l'article 23 de la loi du 3 juin 1793 défend de réclamer;

» Mais les experts nommés en vertu de la loi du 28 ventose an 4, ont, par leurs instructions, notamment par celle du 6 floréal an 4, été obligés de mesurer.

» Ce mesurage constaté dans tous les procès-verbaux, ne permet pas de croire que, quand ils ont ajouté au nombre des boisselées les mots *ou environ*, ce qu'ils n'ont même pas fait, il ait été question d'autre chose que d'une fraction de boisselées, et non pas d'une quantité plus que double des boisselées qu'ils ont constatées.

» Si on disait le contraire, ce serait accuser de prévarication, non seulement les experts, mais aussi les commissaires du gouvernement qui assistaient à leurs opérations.

» Ce mesurage constaté est donc un moyen de découvrir la vérité.

» Or, le procès-verbal du 23 vendémiaire an 5, constate que dans l'ensemble des prés qu'ils ont estimés, ils n'ont mesuré que treize boisselées; ils n'ajoutent pas même le mot environ : faisant ensuite l'application de ce mesurage aux numéros 15, 17, 18 et 21 du plan que le sieur Moissac accorde au sieur Joubert, les treize boisselées sont complétées.

» Il en résulte donc que les pièces de prés réclamées, qui sont elles seules plus grandes que les treize boisselées désignées, n'ont point été comprises dans l'estimation, et par conséquent n'ont point fait partie de la vente.

» Si cette preuve n'était pas assez claire pour le conseil de préfecture, n'en avait-il pas sous les yeux une plus précise encore? N'avait-il pas le certificat du soumissionnaire, qui lui-même a guidé les experts sur les objets qu'il voulait acquérir? Ce soumissionnaire, maintenant d'autant plus impartial qu'il est sans intérêt, certifie que les prés réclamés n'ont pas été compris dans l'estimation; cette attestation réunie au procès-verbal même, devait dessiller les yeux du conseil de préfecture et lui faire rendre une décision plus avantageuse pour le sieur Moissac.

» Il est trop évident qu'il s'est trompé, et il est souverainement juste que le sieur Moissac obtienne sa propriété, dès que celui qui s'en est emparé n'a pas de titre qui l'y autorise. »

Pour le sieur Joubert, on a répondu :

» Le sieur de Moissac a prétendu que les deux pièces de pré qui ont été désignées au procès-verbal de vente ou d'estimation sous ces mots, *les autres prés situés le long du Clain, sous les terres de ladite métairie*, ne sont pas comprises dans la vente; et le seul prétexte qu'il en donne, c'est que dans le procès-verbal d'estimation on n'a désigné que deux morceaux de prés, formant en tout treize boisselées de terre, l'un situé dans la prairie de Tilloux, l'autre dans celle de Roussille, et que si l'on y ajoutait les prés qui sont au-dessous des terres de la métairie, le long du Clain, cela ferait 28 boisselées au lieu de 13.

» Il y a une première réponse à faire à cette objection, c'est de la retorquer contre le sieur de Moissac; car s'il est vrai de dire que tous ces prés réunis forment plus de treize boisselées de terre, il n'est pas moins certain que, si l'on bornait la vente aux deux pièces de prés du Tilloux et de la Roussile, au lieu de treize boisselées il n'y en aurait pas six; cependant on lui a vendu treize boisselées, et non pas seulement les six que voudrait lui laisser le sieur de Moissac.

» Mais, ce qui tranche toute difficulté, c'est qu'on lui a *vendu la métairie de la Chaufaronnerie*, et on lui a vendu *tout ce qui* était porté par le procès-verbal *d'estimation*; c'est-à-dire, et les deux prés du Tilloux et de la Roussille, *et tous ceux qui étaient situés le long du Clain, sous les terres de la métairie.*

» Les deux prés seuls ne valent pas 60 fr. de revenu, et le tout est estimé 180 fr.; en un mot, son adjudication porte qu'on lui a vendu une métairie et des prés et terres d'un revenu de 420 fr., et les prés réclamés par le sieur de Moissac sont entrés dans la composition de ce revenu de 420 fr.

» Une autre observation, c'est que, dans toutes les adjudications nationales, on ne s'est point attaché à l'étendue superficielle des terrains mis en vente; aussi les vendaient-on sans garantie de mesure; l'essentiel est que ces prés sont notamment désignés, et, qu'en outre, ils ont toujours fait partie des dépendances de la métairie avec laquelle ils ont été vendus. »

Sur ce est intervenue l'ordonnance dont la teneur suit :

LOUIS, etc.; — Sur le rapport du comité du contentieux;

Vu la requête à nous présentée par le sieur François-Barthélemi Robert, héritier d'Hilaire de Moissac, chevalier de l'ordre royale et militaire de Saint-Louis, demeurant à Poitiers; ladite requête enregistrée au secrétariat du comité du contentieux de notre Conseil d'état, le 11 octobre 1814, et tendante à ce qu'il nous plaise annuller un arrêté du conseil de préfecture du département de la Vienne, du 13 thermidor an 13, lequel décide que les deux pièces de prés par lui réclamées, font partie de la vente consentie au sieur Joubert;

Vu la requête en défense présentée par le sieur Benjamin Joubert, propriétaire, demeurant en la commune de Payroux, canton d'Usson, département de la Vienne; ladite requête enregistrée au secrétariat du comité du contentieux de notre Conseil d'état le 5 novembre 1816;

Vu l'acte d'adjudication de la métairie de la Chaufaronnerie, en date du 13 floréal an 5, et le procès-verbal d'estimation de ladite métairie, du 23 vendémiaire de la même année, auquel se réfère, pour plus ample désignation et confrontation, l'acte de vente ci-dessus relaté;

Vu l'arrêté attaqué du conseil de préfecture du département de la Vienne, en date du 13 thermidor an 13;

Ensemble toutes les pièces comprises au dossier de l'affaire;

Sans s'arrêter aux fins de non-recevoir et jugeant au fond;

Considérant que, si l'ensemble des prés dépendant de la métairie de la Chaufaronnerie, au moment de sa vente, se trouvait effectivement supérieur à la contenance exprimée aux procès-verbaux d'estimation et d'adjudication, l'adjudication en a été cependant faite sans garantie de mesure, et que les deux pièces de pré revendiquées par le sieur de Moissac se trouvent comprises dans celles qui sont collectivement désignées par leur confrontation à la rivière du Clain et aux terres de ladite métairie;

Notre Conseil d'état entendu,

Nous avons ordonné et ordonnons ce qui suit:

Art. 1er. La requête du sieur de Moissac est rejetée.

2. Le sieur de Moissac est condamné aux dépens.

3. Notre ministre secrétaire d'état des finances est chargé de l'exécution de la présente ordonnance.

Ordonnance du 27 août 1817. (2740)

No. 94.

EXCÈS DE POUVOIR. — CASSATION. — CONSEIL D'ÉTAT. — CONFLIT.

Un arrêt de la Cour de cassation ne peut être dénoncé au Conseil d'état par un particulier, pour incompétence, *en ce que la cour aurait cassé (comme vicié d'entreprise sur le pouvoir administratif), un arrêt qui, en réalité, ne contenait pas l'excès de pouvoir reproché.*

(L'abbé de Siran.)

Au mois de brumaire an 3, le sieur Vissec de Fontès décéda, laissant pour héritiers ses trois neveux, les messieurs de Siran, et une fille naturelle.

De ces trois neveux l'un était prêtre déporté, un autre, religieux républicole.

Un arrêté de l'administration centrale du département de l'Hérault, en date du 19 frimaire an 3, autorisa la formation d'un tribunal d'arbitres pour juger toutes les contestations relatives au réglement et au partage de la succession ouverte de M. Vissec.

Par jugement arbitral du 2 vendémiaire an 4, une portion de la succession dont il s'agit fut dévolue à la nation comme représentant le prêtre déporté.

A cet instant, la loi du 20 fructidor an 3 venait d'adjuger les biens des prêtres déportés à leur famille. — L'ex-religieux de Siran réclama la portion échue à son frère déporté ou à la nation pour lui. — Un nouveau jugement arbitral du 17 nivose an 4, homologué le 12 germinal suivant, accorda à l'ex-religieux de Siran, la portion de succession échue à l'abbé de Siran, son frère, déporté.

Il est à remarquer que ces deux jugemens arbitraux furent rendus avec le concours de l'administration; qu'elle défendit dans l'instance; et qu'elle exécuta les jugemens.

Plus tard, l'abbé de Siran fut rayé de la liste des émigrés par arrêté des consuls du 1er. nivose an 10.

Un autre arrêté du préfet de l'Hérault, du 10 germinal an 11, le réintégra dans la possession de tous ses biens séquestrés, notamment de ceux qui provenaient de la succession Vissec.

Armé de ces deux arrêtés, l'abbé de Siran réclama les biens à lui échus dans la succession Vissec, sans tenir compte du jugement arbitral qui les avait adjugés à l'ex-religieux son frère, lequel frere les avait aliénés à des tiers.

Un jugement de première instance du 10 prairial an 13, rendu avec l'un de ces tiers, déclara l'abbé de Siran non-recevable dans son action, sur le double fondement qu'il y avait chose jugée avec l'administration et chose acquiescée par l'administration; en ce que, d'ailleurs, les déportés ou émigrés amnistiés étaient non recevables, aux termes du sénatus-consulte du 6 floréal an 10, à critiquer les actes faits par l'administration, comme les représentant.

Les 26 avril 1806 et 31 août 1812, arrêts de la Cour de Montpellier, qui réforment le jugement du 10 prairial an 13, en se fondant sur l'autorité de l'arrêté du préfet de l'Hérault du 10 germinal an 11.

Pourvoi en cassation de la part des tiers détenteurs représentant l'ex-religieux de Siran, pour atteinte portée aux actes administratifs de l'an 3 et de l'an 4, que n'avait aucunement contrarié l'arrêté du 10 germinal an 11.

14 juin 1815, arrêt qui casse, pour atteinte portée à des actes administratifs, et pour d'autres motifs qu'il est inutile de rapporter. (V. recueil général des lois et arrêts, tom. 15, 1re. part., pag. 392.)

C'est contre cet arrêt que l'abbé de Siran s'est pourvu devant le Conseil d'état.

Il fondait son pourvoi, 1°. sur ce que la Cour de cassation était incompétente, puisqu'il s'agissait d'une matière administrative; 2°. sur ce que l'arrêt de la Cour de Montpellier, ayant confirmé la décision contenue dans l'arrêté du préfet du département de l'Hérault, la Cour de cassation, en cassant l'arrêt de la Cour de Montpellier, avait méconnu la force de la chose jugée par l'autorité administrative.

Mais il s'attachait principalement à démontrer que le Conseil d'état était compétent pour statuer sur son pourvoi.

» Le Conseil d'état et la Cour de cassation sont, disait-il, deux autorités indépendantes l'une de l'autre; ce sont deux émanations de l'autorité royale qui, chacune dans les attributions qu'elle a reçues, prononce souverainement sur les matières qui lui sont soumises, l'une dans la ligne administrative, l'autre dans la ligne judiciaire. Voilà le principe général ; ainsi il semblerait d'abord que jamais arrêt de la Cour de cassation ne peut être déféré au conseil *et vice versâ*.

» Cependant, qu'arriverait-il si ces deux institutions égales en pouvoirs devenaient rivales, et cherchaient mutuellement à franchir les limites si frêles, si souvent idéales qui séparent les attributions ? Qu'arriverait-il si l'une et l'autre s'emparaient des mêmes affaires et les décidaient d'une manière opposée? Quels effrayans, que ls interminables conflits entraveraient le cours de la justice ? La sagesse des magistrats a su jusqu'à présent prévenir jusqu'à l'apparence de cette lutte, et a rendu inutile la prudence de la loi.

» Mais les principes n'en existaient pas moins.

» L'article 3 de la loi du 7 octobre 1790, établit le gouvernement juge suprême *des réclamations d'incompétence*; elles seront, suivant cet article, portées au roi, chef de l'administration générale.

» L'article 52 de la constitution du 22 frimaire an 8, établit un Conseil d'état qui, entre autres attributions, reçoit celles *de résoudre les difficultés qui s'élèvent en matière administrative*.

» Suivant l'article 11 de l'arrêté du 5 nivose an 8, le Conseil d'état prononce sur les conflits qui peuvent s'élever entre l'administration et les tribunaux, et sur les affaires contentieuses dont la décision était précédemment soumise aux ministres. »

» Aussi n'a-t-on jamais contesté au gouvernement le droit de prononcer sur la compétence des tribunaux et des autorités administratives, et il est également certain, que depuis l'an 8, le gouvernement a délégué ce droit au Conseil d'état.

» Le conseil en a souvent fait usage, et il serait aussi long que superflu de citer ses nombreuses décisions qui ont annullé, pour cause d'incompétence, des jugemens et même des arrêts.

» Mais si le conseil, pour maintenir le grand principe de la division des pouvoirs administratif et judiciaire a annullé des jugemens et des arrêts quoiqu'il ait existé d'autres voies légales de les faire réformer, dira-t-on qu'il ne pourra pas, *pour les mêmes motifs*, annuller un arrêt de la Cour de cassation contre lequel il n'existe aucun autre moyen de réformation ?

» Quoi! voila un arrêt de Cour royale que le conseil va annuller demain pour incompétence ; mais la Cour de cassation rejette aujourd'hui le moyen d'incompétence, elle maintient l'arrêt, et le conseil se trouve ainsi dessaisi ? et il ne pourra plus annuller l'arrêt de Cour royale parce que ce serait annuller celui de la Cour de cassation ? et ainsi la Cour de cassation empiétera impunément tant qu'il lui plaira sur l'autorité administrative ? et ainsi le droit de régler souverainement les compétences n'appartiendra plus au gouvernement *chef de l'administration générale*, mais passera à l'autorité judiciaire ?

» Il n'en saurait être ainsi ; la Cour de cassation est indépendante et souveraine, en toute autre matière qu'en compétence.

» Aussi est-il arrivé plusieurs fois que des arrêts de la Cour de cassation ont été déclarés comme non avenus par le conseil.

» On peut citer notamment le décret du 11 mai 1807 qui annulle, pour cause d'incompétence le jugement de première instance, l'arrêt confirmatif et l'arrêt de rejet rendu par la Cour de cassation dans la même affaire (voyez recueil général des lois et arrêts, tom. 8, 2e. partie, page 14.)

» Mais une décision bien plus remarquable encore est celle du 24 juin 1808, elle est annoncée en ces termes, « le prince, en Conseil d'état, déclare non avenus des arrêts de la Cour de cassation consacrant des principes d'ordre public contraires à ceux du Conseil, et cette décision est rendue sans qu'il ait été élevé de conflit (recueil général des lois et arrêts, T. 16, 2e. partie page 359.) »

» Ce décret est ainsi conçu « vu la requête présentée au nom des fieffataires et consitaires du pays de Porentruy, département du Haut-Rhin, lesquels devaient anciennement des rentes au prince évêque de Bâle et à différentes abbayes, prévôtés et colléges, tendante à obtenir un décret spécial qui déclare ces rentes abolies commes féodales ou mélangées de féodalité, et qui annulle tout jugement ou transaction, contraires.

» Vu quatre arrêts de la Cour de cassation, l'un du 12 février 1806, entre Jean-François Salomon et Jean-Humbert Belot, l'autre du 26 mai 1807, entre Henry Fleury et François Stouder ; l'autre du même jour entre Jean-Baptiste-Morel Welte et Lecomte ; et le quatrième enfin du 20 juillet 1807, entre François Thevenot et Montaudon ; desquels arrêts il résulte que les tribunaux de 1re. instance de Dellemont et Porentruy, et la Cour d'appel de Colmar, avaient jugé purement foncières les rentes dont il était question dans ces espèces, mais que ces jugemens et arrêts ont été cassés, par le seul motif qu'il s'agissait de rentes transférées par le domaine à des particuliers, et que dans ces circonstances, la Cour de cassation a pensé que les contestations sur la féodalité ou non féodalité desdites redevances, étaient du ressort de l'autorité administrative.

» Vu l'avis de notre Conseil d'état approuvé par nous le 14 mars dernier, portant que toutes les contestations de ce genre, même lorsqu'il s'agit d'une rente nationale aliénée par voie de transfert, sont de la compétence des tribunaux ordinaires.

» Vu l'avis de notre commission du contentieux ;

» Considérant qu'il est utile de maintenir ce principe ; qu'il est instant seulement de lever les obstacles qu'apporteraient à son application les arrêts intervenus dans un temps où la jurisprudence sur ce point pouvait être douteuse et avant que l'autorité administrative se fût formellement dessaisie de ces sortes de questions.

» Notre Conseil d'état entendu,

» Nous avons décrété et décrétons ce qui suit :

« Art. 1er. Les questions de féodalité soumises au conseil par les pétitionnaires sont renvoyées devant les tribunaux.

» 2. A l'égard des affaires sur lesquelles sont intervenus les arrêts précités de la Cour de cassation, ces arrêts seront considérés comme non avenus, et les parties seront remises en état de pourvoi, pour être statué, s'il y a lieu, par la dite Cour, sur les moyens de cassation relatifs à l'application des lois qui ont aboli les redevances féodales. »

» Il n'est donc pas douteux que sous le dernier gouvernement, le conseil pouvait annuller des arrêts de cassation, pour cause d'incompétence.

» Il en est de même sous le gouvernement royal ; en effet le Conseil d'état n'a éprouvé de changement qu'en ce qu'il ne fait plus partie comme autrefois du pouvoir législatif ; mais s'il a perdu à cet égard ses attributions, il a conservé toutes celles qu'il avait précédemment comme tribunal suprême administratif.

» Ce qu'il a fait, il peut encore le faire, les principes n'ont pas changé, ses pouvoirs sont les mêmes ; et il faut bien remarquer que ce n'est pas comme portion du pouvoir législatif, mais *comme tribunal suprême administratif* qu'il a annullé différents arrêts de la Cour de cassation, car il a prononcé *sur les requêtes des parties et sur l'avis du comité du contentieux.* »

Sur ce est intervenue l'ordonnance dont la teneur suit :

LOUIS, etc. ; — Sur le rapport du comité du contentieux ;

Vu la requête à nous présentée par le sieur Philippe-Gabriel Juin, abbé de Siran, enregistrée au secrétariat du comité du contentieux de notre Conseil d'état, le 22 juillet 1817, et tendante à ce qu'il nous plaise annuller, pour cause d'incompétence, un arrêt rendu par la Cour de cassation, le 4 juin 1815, lequel casse et annulle un arrêt de la Cour de Montpellier, du 31 août 1812, rendu au profit du requérant, ordonne la restitution de l'amende consignée et des sommes qui auraient pu être payées en exécution dudit arrêt, et renvoie sur le fond les parties devant la Cour de Nîmes.

Vu ledit arrêt ;

Vu toutes les pièces jointes au dossier, et respectivement produites ;

Considérant que, dans aucun cas, une partie n'est recevable à se pourvoir directement devant le Conseil d'état, contre une décision de l'autorité judiciaire, sous prétexte d'incompétence.

Notre Conseil d'état entendu,

Nous avons ordonné et ordonnons ce qui suit :

Art. 1er. La requête du sieur abbé de Siran est rejetée.

Notre garde des sceaux ministre secrétaire d'état de la justice est chargé de l'exécution de la présente ordonnance.

Ordonnance du 10 septembre 1817. (2766)

N°. 95.

1°. LOTERIE NATIONALE. — ADJUDICATION. — INTERPRÉTATION.

2°. ACTE ADMINISTRATIF. — ABANDON. — CHOSE JUGÉE. — DOMAINE.

1°. *Un particulier qui a été mis en possession de deux maisons nationales comme faisant partie d'un lot gagnant porté au prospectus de la loterie nationale, arrêté au comité des finances de la convention, le 18 prairial an 3, peut être traduit devant la justice administrative, pour voir dire que son lot gagnant ne s'étendait pas aux deux maisons ; en ce cas, c'est bien la justice administrative qui doit interpréter le prospectus de la loterie et le tirage au sort formant le titre du gagnant ;*

2°. *L'acte administratif par lequel il est fait abandon à un particulier d'un immeuble jusqu'alors dans les mains de l'état, à la vue d'un titre non contesté, n'est pas une décision proprement dite de la justice administrative ; c'est un acte d'économie domestique par lequel le gérant de l'état se dessaisit et cesse de donner ses soins à une propriété qu'il ne croit plus faire partie de sa gestion. Ainsi, le particulier qui s'est mis en possession par suite d'un tel titre, ne peut aucunement exciper de la chose jugée administrativement. Si la propriété lui est contestée, le litige est entier et doit être soumis aux tribunaux.*

(Le sieur Conflans d'Armentières. — C. — le sieur Guenoux de Boissy et consorts.)

Les biens de madame de Seneterre, émigrée, et de madame la maréchale d'Armentières, décédée victime de la révolution, étaient séquestrés et à la disposition du gouvernement.

En exécution de la loi du 23 germinal an 3, une maison appartenant à la dame de Seneterre, située à Paris, rue de l'Université, fut aliénée par la voie de la loterie.

Il faut remarquer que cette maison était contiguë à une autre maison appartenant à la dame d'Armentières ; que la première était désignée sous le n°. 905, et la seconde sous le n°. 906.

Il faut aussi remarquer que l'article 18 qui formait le lot du numéro gagnant de la loterie ne désignait que la maison sise rue de l'Université, n°. 905.

Néanmoins, par arrêté du 25 brumaire an 4, le bureau du domaine national adjugea au sieur Delarue, qui avait obtenu le numéro gagnant de la loterie, les deux maisons n. 905 et 906.

Après plusieurs ventes successives, ces maisons sont demeurées entre les mains des sieurs Guenoux de Boissy et consorts.

En 1814, le marquis de Conflans d'Armentières a réclamé devant M. le préfet de la Seine, la restitution de la maison désignée sous le n°. 906, comme ayant été comprise par erreur par le bureau du domaine national, dans le lot échu au sieur Delarue.

Les sieurs Guenoux de Boissy et consorts ont opposé d'abord l'exception de prescription, laquelle devait, selon eux, être discutée devant les tribunaux; et de plus, ils ont prétendu au fond, que le lot comprenait tout le corps de logis de l'hôtel de Seneterre, qui se composait de deux maisons.

Sur ce, le conseil de préfecture a rendu le 11 avril 1816, l'arrêté dont la teneur suit :

« Considérant 1°. que le prospectus de la loterie dont il s'agit, a attribué au 18e. lot, une maison, rue de l'Université, dite de Seneterre;

» 2°. Qu'il est constant que la maison d'Armentières, n°. 906, rue de l'Université, était distincte par son origine, par sa position et son numéro, de la maison de Seneterre; l'une ayant appartenu à madame de Seneterre, à qui elle avait été adjugée par sentence du Châtelet de Paris, rendue en 1785; l'autre appartenant à madame d'Armentières, en vertu d'un contrat de vente à elle fait le 17 février 1784, par le sieur Cassez; lesdites maisons possédées par l'état, l'une comme représentant la dame Seneterre, émigrée; l'autre par suite de la condamnation révolutionnaire de la dame d'Armentières;

» 3°. Qu'il demeure évident, d'après ces distinctions, qu'il n'a été promis à l'actionnaire qui gagnerait le 18e. lot, que la maison rue de l'Université, n°. 905, dite de Seneterre, et que la maison, rue de l'Université, n°. 906, provenant de la dame d'Armentières, ne faisait pas partie du lot;

» 4°. Que cependant postérieurement à l'émission du prospectus, l'expert Jolain, chargé par le bureau du domaine national, de reconnaître ce lot, y a compris la maison d'Armentières; que le bureau national ayant eu connaissance de cette confusion, en a demandé le motif à cet expert, qui par lettre du 17 pluviose an 4, postérieurement à la délivrance du lot, a répondu :

» Quant au corps de logis qui donne sur la rue de l'Université, n°. 906, où demeurait la condamnée d'Armentières, fille Seneterre, je n'ai trouvé personne qui ait pu me dire si c'était une autre propriété; mais comme tout me portait à croire le contraire, je l'ai comprise dans le même lot.

» 5°. Que le bureau du domaine, suivant les erremens fautifs de l'expert, a, par procès-verbal du 25 brumaire an 4, fait délivrance de la maison d'Armentières, n°. 906, confondue dans la maison Seneterre, n°. 905, au sieur Larue, porteur du billet gagnant, qui n'avait requis la mise en possession que de la maison sise à Paris, rue de l'Université, n°. 905, provenant de l'émigrée femme Seneterre, telle qu'elle était désignée dans le prospectus, n°. 18;

» Considérant que toute cette opération est irrégulière et vicieuse, qu'elle est évidemment le fruit d'une erreur, et un excès de pouvoir de la part du bureau administratif, et enfin, qu'elle détermine une vente sans prix.

» Considérant qu'aux termes de l'article 3 de la loi du 29 germinal an 3, le comité des finances de la convention était chargé de rectifier et ratifier les évaluations des maisons mises en loterie, et qu'il ne résulte pas des pièces de l'instruction produites, que cette formalité essentielle ait été remplie, ni même que le comité des finances ait eu connaissance de la disposition faite de la maison, n°. 906, provenant de la dame d'Armentières;

» Mais considérant qu'il n'appartient pas au conseil de préfecture de réformer un arrêté administratif du bureau national; que l'autorité administrative supérieure en a seule le pouvoir.

» Considérant enfin, sur la question subsidiaire de prescription proposée par les parties, qu'elle ne peut être agitée que devant les tribunaux. Décide :

» Art. 1er. La maison d'Armentières, sise rue de l'Université, n°. 906, n'a point fait partie du 18e. lot porté au prospectus de la loterie nationale, arrêté au comité des finances de la Convention, le 18 prairial an 3, sous le titre de la maison, rue de l'Université, n°. 905, dite de Seneterre, non plus que dans la liste générale du tirage fait en fructidor an 3, où le lot est porté page 28, pour une maison rue de l'Université, n°. 905.

» 2. Les parties sont renvoyées afin d'annullation de l'arrêté du bureau national du domaine, s'il y a lieu, devant l'autorité administrative supérieure, et devant les tribunaux, sur la question de prescription. »

Le sieur de Conflans d'Armentières s'est pourvu devant le Conseil d'état pour faire annuller l'arrêté du bureau du domaine national, qui avait adjugé au sieur Delarue les deux maisons, n°. 905 et 906, au lieu de la maison seule, n°. 905.

» La décision du conseil de préfecture, dit-il, en improuvant l'arrêté du bureau du domaine, ne l'a pourtant point infirmé; cette autorité, du premier degré de la juridiction administrative, a cru, ainsi qu'elle-même l'a exprimé, qu'il n'appartenait qu'au Conseil d'état d'en prononcer l'annullation. On ne peut pas contester que le Conseil d'état ne soit compétent à cet effet, car il s'agit évidemment d'un acte administratif, puisque c'est le gouvernement qui a vendu et adjugé les biens en litige.

» Que les détenteurs de la maison réclamée n'argumentent pas de la décision du bureau du domaine, comme d'un jugement qui a acquis en leur faveur la force de la chose jugée; cette décision n'est qu'un simple acte administratif qui a opéré la délivrance de la maison, sans rien préjuger sur la propriété de cette maison. »

De leur côté, les sieurs Guenoux de Boissy et consorts se sont pourvus devant le Conseil d'état en annullation de l'arrêté du conseil de préfecture du 11 avril 1816, comme portant atteinte à l'autorité de la chose jugée administrativement par l'arrêté du bureau du domaine national du 25 brumaire an 4.

Sur ce est intervenue l'ordonnance suivante :

LOUIS, etc.; — Sur le rapport du comité du contentieux;

Vu la requête à nous présentée par le sieur marquis de Conflans d'Armentières, enregistrée au secrétariat du comité du contentieux de notre Conseil d'état, le 22 mai 1816, et tendante à l'annullation d'un arrêté du bureau du domaine national du département de la Seine, du 25 brumaire an 4, qui, dans la délivrance y mentionnée de l'hôtel de Seneterre, rue de l'Université, n°. 905, aliéné par voie de loterie, conformément aux dispositions du décret du 29 germinal an 3, aurait compris, par erreur, une maison sise même rue, n°. 906, et appartenant à la dame d'Armentières, nièce du requérant;

Vu la requête du sieur Joseph Guenoux de Boissy, enregistrée au secrétariat dudit conseil du contentieux, le 2 décembre 1816, et tendante à l'annullation d'un arrêté du conseil de préfecture du département de la Seine, du 11 avril 1816, lequel a déclaré que ladite maison d'Armentières, n°. 906, n'a point fait partie du dix-huitième lot, porté au prospectus de la loterie nationale, arrêté au comité des finances de la Convention, le 18 prairial an 3, sous le titre de Maison rue de l'Université, n°. 905, dite de Seneterre, non plus que de la liste générale de tirage, faite le 19 fructidor an 3, où le lot est porté, page 28, pour une maison rue de l'Université, n°. 905;

Vu la requête en intervention des sieur et dame Braccini, enregistrée au secrétariat du comité du contentieux, le 27 janvier 1817;

Vu les observations du directeur général de l'administration des domaines;

Vu lesdits arrêtés du bureau du domaine national et du conseil de préfecture;

Vu le prospectus de la loterie, arrêté le 18 prairial an 3, portant vente d'une maison, sise rue de l'Université, n°. 905, dite de Seneterre, estimée 500,000 f., et comprise sous le n°. 18;

Le procès-verbal de l'expert Jolain;

Le tirage au sort, en date du 19 fructidor an 3;

Le procès-verbal de délivrance, du 25 brumaire an 4, dressé par le bureau du domaine national du département de la Seine;

Le plan des lieux,

Ensemble toutes les pièces jointes au dossier et respectivement produites :

Considérant que le prospectus et le tirage au sort, qui font le titre, et la loi des parties, n'ont désigné, estimé et transmis au porteur du billet gagnant, que l'hôtel de Seneterre, n°. 905, et non l'hôtel d'Armentières, n°. 906;

Considérant que l'arrêté du bureau du domaine national, du 25 brumaire an 4, n'est qu'un simple acte de délivrance et de mise en possession, qui ne peut avoir d'effet qu'à l'égard des objets compris dans le lot échu au porteur du billet gagnant.

Notre Conseil d'état entendu,

Nous avons ordonné et ordonnons ce qui suit :

Art. 1er. L'arrêté du conseil de préfecture du département de la Seine, du 11 avril 1816, est maintenu, en ce qu'il déclare que le n°. 906 n'est pas compris dans le lot échu au sieur Delarue, et en ce qu'il a renvoyé les parties devant les tribunaux, sur la question de prescription.

2. Les sieurs Guenoux de Boissy et Braccini sont condamnés aux dépens.

3. Notre ministre secrétaire d'état des finances est chargé de l'exécution de la présente ordonnance.

Ordonnance du 10 septembre 1817. (2758)

N°. 96.

1°. PONTS ET CHAUSSÉES. — COMPTE. — JUSTICE MINISTÉRIELLE.

2°. FOURNISSEUR. — SOUS-TRAITANS. — VALEUR. — PONTS ET CHAUSSÉES.

1°. *Toute discussion sur les comptes d'un entrepreneur des ponts et chaussées est soumise d'abord au conseil des ponts et chaussées, et ensuite à la justice ministérielle, sauf recours au Conseil d'état;*

2°. *De ce qu'un entrepreneur des ponts et chaussées n'est payé de l'administration qu'en valeur de l'arriéré, il ne s'en suit point que les fournisseurs, ses sous-traitans, ne puissent pas le faire condamner par les tribunaux à payer en numéraire le montant de ses fournitures.*

(Le sieur Clicot.)

Le sieur Clicot a succédé au sieur Leblond dans l'entreprise des routes du département de Seine-et-Oise.

Un article du cahier des charges obligeait le sieur Clicot à prendre pour son compte les matériaux laissés sur les routes par le sieur Leblond.

Le 15 juin 1811, le bail du sieur Clicot fut résilié, et peu après les travaux furent mis en régie.

En cet état de choses, le sieur Clicot présenta ses comptes à l'administration des ponts et chaussées, montant à la somme de 74,126 fr. 53 cent.

Par arrêtés des 27 janvier 1812 et 13 avril 1813, le directeur des ponts et chaussées les réduisit à une somme bien inférieure; mais une ordonnance du 31 octobre 1814 annulla ces deux arrêtés, et ordonna qu'il serait procédé à une nouvelle liquidation par le conseil général des ponts et chaussées.

En effet, cette nouvelle liquidation a eu lieu, et le 17 janvier 1816, le conseil général des ponts et chaussées a déclaré le sieur Clicot créancier d'une somme de 29,336 fr. 69 cent.

17 février, décision du ministre de l'intérieur, approbative de la liquidation faite par le conseil des ponts et chaussées.

Le sieur Clicot s'est pourvu contre cette décision devant le Conseil d'état. Il s'est attaché dans sa première requête à relever les erreurs commises à son préjudice dans la liquidation qui avait été faite;

Dans une seconde requête, il a réclamé contre une disposition de la liquidation qui le laissait exposé à payer, en numéraire, au sieur Leblond, son prédécesseur, le prix des matériaux que celui-ci avait laissés sur les routes; tandis que l'administration ne le remboursait lui même qu'en valeur de l'arriéré; il exposait qu'un jugement du tribunal de première instance de Versailles l'avait déja condamné à payer en numéraire au sieur Leblond la somme de 10,357 fr. 52 c., et il demandait que cette somme fût maintenue au passif de lui requérant dans la nouvelle liquidation à intervenir, et que l'administration fût personnellement chargée du paiement de cette somme.

Sur ce, est intervenue l'ordonnance dont la teneur suit :

LOUIS, etc.; — Sur le rapport du comité du contentieux;

Vu la requête à nous présentée par le sieur Clicot, ancien entrepreneur des ponts et chaussées dans le département de Seine-et-Oise, ladite requête enregistrée au secrétariat du comité du contentieux de notre Conseil d'état, le 13 juillet 1816, et tendante à l'annullation d'une décision de notre ministre secrétaire d'état de l'intérieur, du 17 février 1816, approbative de la liquidation du compte des anciennes entreprises dudit sieur Clicot, dressée par le conseil des ponts et chaussées le 17 janvier de la même année; ladite requête ayant pour objet d'établir une nouvelle liquidation dans laquelle, 1°. tous les travaux postérieurs à la résiliation du bail de l'exposant, opérée le 15 juin 1811, seront portés aux prix alloués à ses successeurs dans leur nouveau bail; 2°. les matériaux employés par lui postérieurement à cette résiliation et ceux laissés en approvisionnement seront aussi réglés d'après ces nouveaux prix; 3°. les frais de régie qui avaient été mis à sa charge en seront distraits comme ayant été faits depuis la résiliation ci-dessus relatée; le tout conformément à notre ordonnance du 31 octobre 1814, et établissant, en faveur du réclamant, une somme de 74,126 fr. 53 c. à payer par l'administration, au lieu de 29,366 fr. 69 c., résultans de la liquidation attaquée; ladite requête tendante, en outre, à obtenir des dommages et intérêts pour raison du retard des paiemens auxquels ledit sieur Clicot prétendait avoir droit;

Vu la décision et la liquidation attaquées;

Vu les observations en réponse du directeur général des ponts et chaussées, en date du 25 mars 1817, dans lesquelles, en se conformant aux dispositions contenues dans notre ordonnance du 10 juin 1816, rendue dans une espèce semblable, il établit une nouvelle liquidation montant à la somme de 38,904 fr. 48 cent.

Vu la réplique du sieur Clicot, en date du 29 avril 1817, par laquelle il persiste dans les conclusions de sa première requête, et attaque la seconde liquidation du 25 mars 1817;

Vu nos ordonnances des 31 octobre 1814 et 10 juin 1816;

Vu le procès-verbal d'adjudication du 30 juin 1808, le cahier des charges et toutes les pièces produites;

Vu une nouvelle requête dudit sieur Clicot, enregistrée au secrétariat du comité du contentieux de notre Conseil d'état, le 5 juillet 1817, tendante à ce qu'une somme de 10,357 fr. 52 cent. due au sieur Leblond, prédécesseur du sieur Clicot, dans l'entretien des mêmes routes, pour matériaux par lui laissés sur ces routes, soit maintenue au passif du requérant dans la nouvelle liquidation à intervenir, et que l'administration des ponts et chaussées soit chargée du paiement de cette somme envers le sieur Leblond;

Vu les pièces à l'appui de cette nouvelle requête, et notamment un jugement du tribunal civil de première instance séant à Versailles, du 27 juin dernier, lequel condamne le sieur Clicot à payer, en numéraire, au sieur Leblond, cette susdite somme de 10,357 francs 52 cent., tandis que le sieur Clicot ne la recevra de l'administration des ponts et chaussées qu'en valeur de l'arriéré;

Considérant, sur le premier chef des demandes du sieur Clicot, que l'absence d'états d'indications par lui invoqués ne permet pas de déterminer à quelle époque précise les travaux ont été faits, et que, dans ce cas, la seule manière raisonnable d'établir l'exécution de ces travaux, est de les supposer faits proportionnellement au temps pendant lequel ils ont dû l'être, en conformité du devis, ce qui est la base adoptée dans la liquidation du 25 mars 1817;

Considérant, sur le deuxième chef, que la partie des fournitures faites par le sieur Clicot, par lui employée, doit être liquidée comme les travaux, et que l'autre partie restée en approvisionnement, a été liquidée aux prix portés au nouveau bail, conformément à la demande du sieur Clicot;

Considérant, sur le troisième chef, que les frais de régie n'ont été occasionnés que parce que le sieur Clicot n'avait pas rempli les conditions auxquelles il était tenu par son adjudication;

Considérant, sur la demande en dommages et intérêts, qu'il n'y a pas lieu de l'admettre, attendu que les retards dont se plaint le sieur Clicot, ne peuvent être imputés à l'administration;

Considérant enfin, quant à la dernière requête, d'une part, que le sieur Leblond n'est pas partie dans la contestation actuelle, et est créancier direct du sieur Clicot, aux termes du cahier des charges; et d'autre part, que l'administration n'a pas de motifs pour intervenir dans une discussion qui lui est devenue étrangère;

Notre Conseil d'état entendu,

Nous avons ordonné et ordonnons ce qui suit :

Art. 1er. La liquidation dressée par notre directeur général des ponts et chaussés, conformément aux prix portés dans le bail des successeurs du sieur Clicot, le 25 mars 1817, est maintenue, et le surplus des demandes du sieur Clicot est rejeté.

2. Notre ministre secrétaire d'état de l'intérieur est chargé de l'exécution de la présente ordonnance.

Ordonnance du 10 septembre 1817. (2759)

N°. 97.

1°. HUILES ANIMALES. — Moelle de boeuf.

2°. Décision ministérielle. — Instruction administrative. — Contributions indirectes.

1°. *La question de savoir si les huiles animales, huiles de moelle ou de pieds de bœufs sont comprises parmi celles que l'article* 88 *de la loi du* 25 *mars* 1817 *assujettit au droit d'entrée, est de sa nature judiciaire et non administrative.*

2°. *Les solutions données par le ministre des finances sur les difficultés relatives à la perception des impôts indirects, ne sont de leur nature que des instructions adressées à la régie pour guider les préposés dans le mode de perception, et pour fixer l'incertitude de l'administration sur le sens dans lequel elle doit défendre les dispositions de la loi devant les tribunaux.* (Décret du 17 janvier 1814.)

(Le sieur Robert.)

Le 28 mars 1817, les employés des droits réunis saisirent, dans la manufacture du sieur Robert, une grande quantité d'huiles, provenant de la cuisson des abattis et de la moelle de pieds de bœufs, comme sujette au droit établi par la loi du 25 mars 1817.

Le sieur Robert réclama justice du directeur général des droits réunis, par une lettre du 5 avril, où il prétendait que les huiles saisies ne pouvaient pas être comprises parmi les huiles dont parle la loi du 25 mars, parce que c'était de la moelle de bœuf liquide et non de l'huile proprement dite; que ce corps gras, qui se liquifiait à la chaleur et se concrétait au froid, avait d'ailleurs payé à l'entrée un droit considérable, et ne pouvait être assujetti à un nouveau.

Le directeur soumit la question au ministre des finances.

Le 4 mai 1817, le ministre décida que les huiles animales connues dans le commerce sous la dénomination d'*huile de moelle ou de pieds de bœuf*, sont comprises parmi celles que l'article 88 de la loi du 25 mars 1817 assujétit au droit d'entrée.

C'est contre cette décision que le sieur Robert s'est pourvu devant le conseil d'Etat.

« Les droits sur les huiles, a dit le sieur Robert, sont un droit nouveau introduit par la loi des finances du 25 mars dernier; jusqu'à cette époque il n'avait pas existé; il fut même l'objet d'une assez grande opposition à la chambre des députés. Sans doute puisqu'il est établi il faut le percevoir; mais il ne faut pas l'étendre arbitrairement aux objets qui n'en sont pas susceptibles et que la loi n'a pas eu en vue.

» L'article 88 de la loi du 25 mars porte : « Il sera
» perçu au profit du trésor, dans les villes ou com-
» munes ayant au moins 2000 ames de population
» agglomérée, conformément au tarif annexé à la
» présente loi, un droit d'entrée sur les huiles qui se-
» ront introduites ou fabriquées à l'intérieur, et des-
» tinées à la consommation du lieu, »

« Les articles subséquens, jusqu'à l'article 98 inclusivement, prescrivent les mesures à prendre pour la perception du droit, et pour constater et punir les contraventions.

» Quant à l'article 98, il convient d'en mettre littéralement les termes sous les yeux de V. M.; il est ainsi conçu :

« Les fruits, graines et autres substances destinées
» à faire de l'huile, ne seront *soumises à aucun droit*
» *d'entrée*. Le droit ne sera dû que sur l'huile en
» provenant. A cet effet, la fabrication aura lieu sous
» la surveillance de la régie. »

» Il ne faut pas séparer ces deux articles l'un de l'autre.

» Sans doute l'article 88 établit le droit sur les huiles en général, mais il est hors de doute, qu'il n'a réellement entendu y assujétir que les huiles produites par des substances végétales. Comme nous venons de le dire, l'établissement de ce nouvel impôt, a été l'objet d'une longue discussion, elle a porté sur les différentes natures d'huiles, et on y voit que l'on n'a pas entendu y comprendre ces matières graisseuses auxquelles on a pu dans le langage habituel et même dans le commerce donner improprement le nom d'huiles.

» Dans l'espèce de quoi s'agit-il? d'une matière graisseuse extraite de la moelle ou des abattis des pieds de bœuf; cette matière, ainsi que l'exposant l'a dit dans sa lettre à M. le directeur général des impôts indirects, est liquide par la chaleur et concrète au froid. On a pu lui donner le nom qu'on a voulu, même l'appeler huile, sans que ce soit réellement de l'huile dans le sens de l'article 88 de la loi du 25 mars.

» L'article 98 vient à l'appui de cette incontestable vérité.

» Ce sont d'après cet article, des fruits, des graines, qui doivent faire et produire l'huile. A la vérité il ajoute, et *autres substances*, mais quoique le mot ne s'y trouve pas, il est évident que l'article a entendu, *substances végétales*, les seules qui dans l'acception générale, et qui dans la discussion de la loi ont été considérées comme produisant de l'huile.

» Cet article 98 exempte de tout droit d'entrée les

substances destinées à faire de l'huile, ce qui vient encore à l'apppui de cette vérité, que la loi n'a entendu que les substances végétales qui généralement n'en paient pas. Si on admettait le système de la régie des impôts indirects, il en résulterait que la moelle de bœuf qu'elle appelle huile, paierait le droit d'entrée établi par l'article 88 de la loi du 25 mars, et que la substance animale dont elle est formée aurait acquitté et acquitterait le même droit contrairement à l'article 98 de cette loi. On sait en effet, que les bœufs et les autres animaux dont la moelle forme le corps graisseux dont il s'agit, sont soumis à des droits d'entrée considérables. Cette observation juge seule la question.

» La décision de son exellence le ministre des finances du 14 mai dernier est donc en opposition avec la loi du 25 mars; elle autorise une perception qui ne peut avoir lieu. »

En cet état, est intervenue l'ordonnance suivante :

LOUIS, etc.; — Sur le rapport du comité du contentieux;

Vu la requête à nous présentée par le sieur Robert, administrateur de l'entreprise de la cuisson des abbatis, établie à Paris en l'Isle-des-Cignes, au Gros-Caillou; ladite requête enregistrée au secrétariat du comité du contentieux de notre conseil d'Etat, le 6 août 1817, et concluant à ce qu'il nous plaise annuller une décision de notre ministre secrétaire d'Etat des finances, du 14 mai dernier, laquelle porte que les huiles animales, connues dans le commerce sous la dénomination d'*huile de moelle ou de pieds de bœuf*, sont comprises parmi celles que l'article 88 de la loi du 25 mars 1817 assujéit aux droits d'entrée; et ce faisant, dire et ordonner que la moelle de bœuf, dite improprement *huile de moelle de bœuf*, n'est pas sujette au droit d'entrée établi par ladite loi;

Vu un procès-verbal dressé le 28 mars 1817, par les employés de l'administration des contributions indirectes, dans ledit établissement;

Vu une lettre en date du 2 juin 1817, par laquelle le directeur général des contributions indirectes a donné avis au sieur Robert, de ladite décision de notre ministre secrétaire d'État des finances;

Vu un décret du 17 janvier 1814, inséré au Bulletin des lois, sous le n°. 10,067, et portant que les solutions données par le ministre des finances, sur les difficultés relatives à la perception des impôts indirects, ne sont, de leur nature, que des instructions adressées à la régie, pour guider les préposés dans le mode de perception, et pour fixer l'incertitude de l'administration sur le sens dans lequel elle doit défendre les dispositions de la loi devant les tribunaux;

Considérant que la décision attaquée n'est autre chose qu'une instruction ministérielle, en matière de contributions indirectes, et qu'elle ne fait pas obstacle à ce que la réclamation du sieur Robert contre l'administration de cette partie, soit portée devant les tribunaux auxquels seuls il appartient d'y statuer définitivement;

Notre conseil d'État entendu,

Nous avons ordonné et ordonnons ce qui suit :

Article 1er. La requête du sieur Robert est rejetée, sauf à lui à se pourvoir, s'il s'y croit fondé, devant les tribunaux ordinaires.

Art. 3. Notre ministre secrétaire d'état des finances est chargé de l'exécution de la présente ordonnance.

Ordonnance du 10 septembre 1817. (2769.)

N°. 98.

1°. CONFLIT NÉGATIF. — RÉGLEMENT DE JUGES. — ADMINISTRATEURS. — CONSEIL D'ÉTAT.

2°. COMMISSAIRE DES RELATIONS COMMERCIALES. — MARINE. (Service pour la)

1°. *Le Conseil d'état, sur la demande de la partie intéressée, décide quel est celui de deux ministères qu'une affaire concerne, lorsqu'il y a doute sur les attributions respectives, et que les ministres saisis ont refusé d'en connaître.*

2°. *Un commissaire des relations commerciales qui a été chargé d'un service pour la marine à Civitta-Vecchia, s'il réclame des frais de voyage, d'établissement et d'appointemens, doit être accueilli ou écouté par le ministre des affaires étrangères, son chef naturel; le ministre de la marine et des colonies peut repousser la demande, bien qu'elle ait trait à l'utilité de son département.*

(Le sieur Hasslawer.)

Depuis le 29 pluviose an 9 jusqu'au 23 thermidor de la même année, le sieur Hasslawer a exercé les fonctions de *commissaire des relations commerciales* à Civitta-Vecchia. Il fut nommé par le général en chef Murat.

Il fit, pendant la durée de ses fonctions, diverses avances dont il a réclamé le montant; sa demande fut adressée au ministre des relations extérieures, qui répondit, le 6 messidor an 9, « que le sieur Hasslawer ayant été chargé d'un service particulier *pour la marine*, il paraissait juste qu'il reçût de ce département une indemnité proportionnelle; qu'en conséquence il envoyait à son collègue de la marine extrait de la réclamation d'Hasslawer, et le *priait d'y faire droit*.

Le 30 frimaire an 10, le ministre de la marine répondit à la lettre du ministre des relations extérieures, et soutint qu'il n'entrait pas dans ses attributions de faire droit à la demande d'Hasslawer; sa lettre était ainsi conçue :

« Les réclamations d'Hasslawer pour les dépenses

relatives aux fonctions qui lui ont été confiées pendant deux trimestres de l'an 9 en qualité de commissaire des relations commerciales à Civitta-Vecchia, par le général Murat, *n'entrent pas dans les attributions du ministère de la marine.*

» La place à laquelle Hasslawer a été nommé par un général de terre, dépend du ministère des relations extérieures.

» La marine ne doit aucun traitement aux commissaires des relations commerciales qui effectuent des dépenses pour la marine.

» La question de savoir par qui doit être payé Hasslaver ne saurait concerner que le département de la guerre, puisqu'il a été nommé par un général, ou que les relations extérieures dont il a dû dépendre, puisqu'il était commissaire des relations commerciales.

» Il est pénible pour un agent qui est en avances vis-à-vis de l'Etat de voir son remboursement différé par suite des doutes qui s'élèvent sur les attributions des divers ministères. »

Le 14 ventose an 10, le ministre des relations extérieures écrit de nouveau au ministre de la marine, et persiste dans l'opinion émise dans sa première lettre du 6 messidor an 9, que c'est au ministre de la marine à faire droit à la demande du sieur Hasslawer.

Sur ce conflit négatif élevé entre les deux ministres, le sieur Hasslawer s'est pourvu devant le Conseil d'état pour faire régler dans les attributions de quel ministre il entrait de prononcer sur sa réclamation.

Sur cette demande est intervenue l'ordonnance dont la teneur suit:

LOUIS, etc.; — Sur le rapport du comité du contentieux;

Vu la requête à nous présentée par le sieur Jean-Louis Hasslaver, payeur de la marine à Rochefort, enregistrée au secrétariat du comité du contentieux de notre Conseil d'état, le 12 août 1817, et tendante à ce qu'il nous plaise dire et ordonner que le requérant se retirera, soit devant le ministre des relations extérieures, soit devant celui de la marine et des colonies, à l'effet d'être liquidé du montant de sa créance provenant des dépenses et indemnités à lui dues pour avoir exercé les fonctions de commissaire des relations commerciales à Civitta-Vecchia, depuis le 27 pluviose jusqu'au 28 thermidor de l'an 9, et lui donner acte de sa présentation devant nous avant le terme de déchéance fixé par l'article 5 de la loi du 25 mars 1817, et de la production des pièces qui justifient sa réclamation, à l'effet d'être liquidé de la somme de 16,300 francs; lesdites pièces au nombre de vingt-deux, jointes à la présente requête et y inventoriées;

Vu la lettre datée du quartier-général à Ancône, le 28 pluviose an 9, par laquelle le chef de l'état-major-général informe le sieur Hasslawer que le lieutenant-général commandant l'armée, ayant été autorisé par le gouvernement à nommer un chargé de relations commerciales à Civitta-Vecchia, l'a choisi pour en remplir les fonctions;

Vu la lettre en date du 6 messidor an 9, adressée par le ministre des relations extérieures, au sieur Hasslawer, laquelle repousse ses réclamations en paiement de frais de voyage, d'établissement et d'appointemens, en qualité de commissaire des relations commerciales, et établit que le sieur Hasslawer ayant été chargé d'un service particulier pour la marine, il paraît juste qu'il reçoive de ce département une indemnité proportionnelle; en conséquence, le ministre le prévient qu'il envoie à son collègue de la marine extrait de sa réclamation, en le priant d'y faire droit;

Vu la lettre adressée par le ministre de la marine à celui des relations extérieures, le 30 frimaire an 10, laquelle tend à établir que les réclamations formées par le sieur Hasslawer, ne peuvent concerner le département de la marine;

Vu la réponse du ministre des relations extérieures, en date du 14 ventose an 10, tendante aux mêmes fins que ci-dessus;

Ensemble toutes les pièces comprises au dossier de l'affaire;

Considérant que les commissaires des relations commerciales se trouvant dans les attributions du département des affaires étrangères, le ministre chargé de ce département peut seul connaître de la demande que le sieur Hasslawer forme en cette qualité, apprécier ses titres à la prendre et prononcer sur les droits qu'il prétend en faire résulter;

Notre Conseil d'état entendu,

Nous avons ordonné et ordonnons ce qui suit:

Art. 1er. Le sieur Hasslawer est renvoyé devant le ministre des affaires étrangères, qui prononcera sur les divers chefs de sa demande, ainsi qu'il appartiendra.

2. Notre ministre secrétaire d'état au département des affaires étrangères est chargé de l'exécution de la présente ordonnance.

Ordonnance du 10 septembre 1817. (2770)

N°. 99.

EXÉCUTOIRE. — PRÉFET. — CONSEIL DE PRÉFECTURE. — INGÉNIEUR. — JUSTICE PRÉFECTORIALE.

Si un particulier qui a établi un barrage sur une rivière, en vertu d'une concession de l'autorité, faute par lui d'entretenir le barrage, est mis par l'autorité dans l'alternative de le réparer ou d'y renoncer; et s'il renonce en effet au barrage, le paiement des honoraires de l'ingénieur, chargé de la visite du barrage lors de la renonciation, est à la charge de celui qui avait établi. — Le préfet est autorisé à délivrer exécutoire contre lui pour ces honoraires. — S'il y a opposition à l'exécutoire, elle est jugée par le Conseil de préfecture.

(Le sieur Dupuichand.)

Par arrêté du 12 février 1812, M. le préfet de l'Allier autorisa le sieur Dupuichand à établir un barrage sur la rivière du Cher, en avant du pont de Mont-Luçon.

Des réclamations ayant été élevées par quelques marchands de bois qui voulaient jouir de l'établissement, il intervint, le 20 juillet 1812, un second arrêté qui maintint le sieur Dupuichand dans sa jouissance.

Des experts avaient été nommés pour procéder à la visite des lieux; un exécutoire, de la somme de 150 fr., leur fut délivré pour leurs honoraires; le sieur Dupuichand l'acquitta.

Postérieurement, des plaintes ayant été adressées à l'administration sur ce que le barrage était mal entretenu, le sous-préfet de Mont-Luçon ordonna une visite des lieux par un ingénieur des ponts et chaussées, et par suite d'icelle, il enjoignit au sieur Dupuichand de réparer le barrage ou de déclarer s'il y renonçait; le sieur Dupuichand prit ce dernier parti, et répondit, le 2 janvier 1813, qu'il renonçait à son privilége.

M. le préfet jugea la visite des lieux indispensable pour constater l'état où se trouvait le barrage; le sieur Poitier, ingénieur, fut chargé de procéder à cette visite; il se transporta sur les lieux, en leva le plan, et donna le nivellement du barrage.

Le 9 septembre 1816, le sieur Pottier sollicita et obtint de M. le préfet un exécutoire de la somme de 312 fr. pour les déboursés et honoraires des diverses visites et transports par lui faits.

Cet exécutoire ayant été notifié au sieur Dupuichand, celui-ci y forma opposition; il prétendit qu'il ne pouvait être tenu de payer les rapports faits par l'ingénieur, puisqu'il avait formellement renoncé à son privilége sur le barrage, dès le 2 janvier 1813, et que dès-lors les visites et rapports faits postérieurement ne pouvaient le concerner.

La contestation ayant été portée devant le Conseil de préfecture, il intervint, le 2 mars 1817, un arrêté de ce Conseil, qui condamna le sieur Dupuichand à payer le montant de l'exécutoire.

Cet arrêté est motivé principalement sur ce que le sieur Dupuichand, en demandant la permission d'établir un barrage sur la rivière du Cher, s'était soumis de droit aux conséquences qui pouvaient en résulter; que la visite de l'ingénieur, pour constater l'état du barrage, aurait pu être amenée par la nature même de son établissement, sans aucun autre motif; que cette visite avait été motivée particulièrement sur la mauvaise construction de l'ouvrage et ses dégradations; que la renonciation à la propriété du barrage n'avait pu empêcher les visites de l'ingénieur, relativement aux inconvéniens qui avaient excité les plaintes des particuliers et attiré l'attention des autorités administratives pour en ordonner la visite, et qu'enfin cette visite ayant été reconnue indispensable, par suite de la renonciation du sieur Dupuichand, il devait en supporter les frais.

Le sieur Dupuichand s'est pourvu contre cet arrêté devant le Conseil d'état.

Il a soutenu que, du moment où sa renonciation avait été connue de l'autorité, les travaux faits postérieurement n'avaient pu être à sa charge; que M. le préfet, en ordonnant la visite à ses frais, avait excédé ses pouvoirs, parce qu'il ne pouvait lui imposer de nouvelles obligations; qu'il ne pouvait pas le contraindre à reconstruire ou entretenir le barrage; que la demande et l'autorisation de l'établissement de ce barrage étaient purement facultatives, que M. le préfet pouvait retirer son autorisation, comme lui, Dupuichand, pouvait y renoncer, et qu'ayant pris ce dernier parti, il n'était tenu d'aucune obligation.

Sur quoi a été rendue l'ordonnance dont la teneur suit :

LOUIS, etc.; — sur le rapport du comité du contentieux;

Vu la requête à nous présentée par le sieur Dupuichand, négociant, demeurant à Saint-Amand, département du Cher; ladite requête enregistrée au secrétariat du comité du contentieux de notre Conseil d'état, le 30 juin 1817, et tendante à l'annullation d'un arrêté du Conseil de préfecture du département de l'Allier, en date du 2 mars 1817, confirmatif d'un exécutoire de la somme de 312 fr., décerné par le préfet, le 9 septembre 1816, contre ledit Dupuichand, au profit du sieur Poitier Baldiwiaski, ingénieur ordinaire du même département, pour frais de transport, honoraires et plans relatifs à un barrage établi sur la rivière du Cher par ledit Dupuichand, en vertu des autorisations du préfet, des 12 février et 20 juillet 1812;

Vu l'arrêté du préfet du département de l'Allier, du 12 février 1812, qui accorde au sieur Dupuichand la faculté d'établir un barrage sur la rivière du Cher, et celui du 20 juillet de la même année, confirmatif du précédent;

Vu les réponses adressées, le 2 janvier 1813, à la lettre du sous-préfet de l'arrondissement de Mont-Luçon, du 23 décembre précédent, desquelles il résulte que ledit Dupuichand a déclaré renoncer au privilége du barrage;

Vu l'arrêté du préfet du département de l'Allier, en date du 9 septembre 1816, par lequel il a fixé, à la somme de 312 fr., les honoraires, frais de transport et plan dus au sieur Poitier Baldiwiaski, ingénieur ordinaire, à raison de différentes pétitions présentées par le sieur Dupuichand, pour établissement du barrage, et le condamne au paiement de ladite somme, à peine d'y être contraint;

Vu l'arrêté du conseil de préfecture du 3 mars 1817, confirmatif de l'exécutoire du préfet; ledit arrêté signifié au sieur Dupuichand, le 1er. avril dernier.

Considérant que les frais de visite, opérations et rapports de l'ingénieur des ponts et chaussées, ont été occasionnés par la demande du barrage formée par le sieur Dupuichand, et par suite de la renonciation qu'il en a faite,

Notre Conseil d'état entendu,

Nous avons ordonné et ordonnons ce qui suit :

Article 1er. La requête du sieur Dupuichand est rejetée.

2. Notre ministre secrétaire d'état de l'intérieur est chargé de l'exécution de la présente ordonnance.

Ordonnance du 10 septembre 1817. (2764)

N°. 100.

1°. DÉLAI. — RECOURS. — ACTE PUREMENT ADMINISTRATIF ET DE PROPRE MOUVEMENT. — DÉCRET. — ORDONNANCE.

2°. SUBROGATION. — TRÉSOR PUBLIC.

3°. GARANTIE. — RECEVEUR GÉNÉRAL. — OCTROI. — COMMUNE.

1°. *Les délais fixés par l'article 29 du réglement du 22 juillet 1806, ne s'appliquent point au recours autorisé par l'article 40 contre les actes purement administratifs et de propre mouvement ;*

2°. *La législation spéciale du trésor public n'a pas dérogé à la règle du droit commun, d'après laquelle la subrogation dans les droits du créancier ne peut avoir lieu qu'au profit d'une tierce personne qui le paie ;*

3°. *Une commune, condamnée comme responsable envers le trésor public des dilapidations d'un receveur municipal, si elle veut exercer sa garantie contre le receveur général, comme ayant concouru à faciliter et couvrir le déficit, doit s'adresser aux tribunaux et non à la justice administrative.*

(Le baron Corbineau. — C. — la ville de Rouen.)

LOUIS, etc.; — Sur le rapport du comité du contentieux ;

Vu notre ordonnance du 7 août 1816, portant que les requêtes à nous présentées par le sieur baron Corbineau, receveur général du département de la Marne, et ci-devant receveur général du département de la Seine-Inférieure, tendantes à l'annullation d'un décret du 22 décembre 1812, rendu contre lui au profit de la ville de Rouen, seront signifiées à ladite ville, en la personne du maire, pour y fournir réponse dans le délai du réglement, et pour être ensuite statué, par nous, en notre Conseil d'état, ce qu'il appartiendra;

La requête en défense de ladite ville, signifiée le 24 décembre 1816, et tendante à ce que le sieur baron Corbineau soit déclaré non-recevable, et subsidiairement mal fondé et condamné aux dépens ;

Les requêtes en réplique dudit sieur baron Corbineau, signifiées les 24 février et 22 juillet derniers, tendantes à ce que, sans avoir égard audit décret du 22 décembre 1812, qui sera considéré comme nul et non avenu, il nous plaise déclarer la ville de Rouen non-recevable dans l'appel qui avait été par elle interjeté de l'arrêté du conseil de préfecture du département de la Seine-Inférieure, du 16 janvier 1812, rendu contradictoirement entre elle et ledit sieur baron Corbineau; subsidiairement l'en débouter, et la condamner aux dépens ;

Vu de nouveau les requêtes du sieur baron de Corbineau, des 13 décembre 1815, 21 mars, 20 mai et 8 juin 1816, sur lesquelles est intervenue notredite ordonnance du 7 août suivant;

Vu pareillement les requêtes respectivement présentées par la ville de Rouen et par le sieur baron Corbineau, les 14 avril, 6 et 26 août, et 19 septembre 1812, sur le pourvoi formé par ladite ville, devant le Conseil d'état, contre l'arrêté du conseil de préfecture du département de la Seine-Inférieure, du 16 janvier 1812; lesdites requêtes tendantes, de la part de ladite ville, à ce que ledit arrêté fût annullé ; à ce qu'en conséquence, elle fût déchargée des condamnations prononcées contre elles ; à ce qu'il fût ordonné que le receveur général restituerait les sommes qu'il pourrait avoir recouvrées en vertu dudit arrêté ; subsidiairement et dans le cas ou lesdites condamnations seraient maintenues, en déclarer le sieur baron Corbineau garant et responsable envers ladite ville, et le condamner aux dépens, et de la part du sieur baron Corbineau, à ce que ledit arrêté fût exécuté suivant sa forme et teneur;

Ledit arrêté du 16 janvier 1812, lequel a débouté le conseil municipal et le maire de la ville de Rouen de la fin de non-recevoir par eux opposée à la demande du receveur général, poursuivant au nom et comme agent du trésor public, la rentrée de la somme de 213,500 fr. due pour les termes échus, au 1er. août 1811, du remplacement de la contribution mobilière de ladite ville; et a condamné ladite ville à faire faire le versement de ladite somme de 213,500 francs par le receveur municipal à la caisse du receveur général ;

Le décret du 22 décembre 1812, attaqué par le sieur baron Corbineau, lequel décret porte que la ville de Rouen est subrogée aux droits du trésor public, et exercera son recours en garantie en recouvrement de ladite somme de 213,500 francs, dont elle a fait le remplacement, contre le receveur général du département de la Seine-Inférieure, et au besoin, contre tous autres qui auraient concouru à faciliter et couvrir le déficit du receveur municipal ;

Vu les originaux des significations dudit décret, faites le 6 février 1813 à l'avocat du sieur baron Corbineau, et le 9 du même mois audit sieur lui-même, en son domicile à Rouen, et à sa personne ;

La lettre du ministre du trésor public, du 5 juin 1812, tendante à ce que l'arrêté du conseil de préfecture du 16 janvier 1812, fût confirmé et exécuté;

Le décret du 27 septembre 1807, qui a supprimé la contribution mobilière de la ville de Rouen, et qui l'a remplacée par un abonnement à prélever sur les droits d'octroi ;

Ensemble toutes les autres pièces respectivement produites ;

Considérant, sur le pourvoi du sieur baron Corbineau contre le décret du 22 décembre 1812 ;

Dans la forme, qu'il demeure constant, par les motifs énoncés dans notre ordonnance du 7 août 1816, que ledit décret est un acte purement administratif et de propre mouvement, susceptible d'être attaqué devant nous de la manière prescrite par l'article 40 du réglement du 22 juillet 1806 ; et que les délais fixés par l'article 29 du réglement ne s'appliquent point aux recours autorisés par l'article 40 ;

Au fond, que la subrogation dans les droits du créancier ne peut avoir lieu qu'au profit d'une tierce-personne qui le paie ; et que la législation spéciale de notre trésor n'a pas dérogé à cette règle du droit commun ; qu'il est reconnu par ledit décret du 22 décembre 1812, qu'à cette époque le trésor public avait été rempli par la ville de Rouen de la somme de 213,500 fr. montant du remplacement de la contribution mobilière pour les sept premiers mois de 1811 ; que dès-lors, la créance du trésor public étant éteinte par le paiement direct du débiteur, il n'y avait plus lieu à céder des actions qui n'existaient plus ;

Considérant, sur le pourvoi de la ville de Rouen, contre l'arrêté du conseil de préfecture du département de la Seine-Inférieure, du 16 janvier 1812 ;

Qu'aux termes du susdit décret du 27 septembre 1807, ladite ville ne pouvait être libérée envers le trésor public, qu'au moyen du versement effectif du montant de l'abonnement qui lui avait été accordé dans la caisse du receveur général ;

Quant à la demande subsidiaire en garantie formée par ladite ville contre ledit sieur Baron Corbineau personnellement pour raison de ladite somme de 213,500 f.;

Que les lois et réglemens n'ont conféré à cet égard aucuns pouvoirs à l'autorité administrative, et que les tribunaux ordinaires seraient seuls compétens pour en connaître ;

Notre Conseil d'état entendu,

Nous avons ordonné et ordonnons ce qui suit :

Art. 1er. Le décret susdit du 22 décembre 1812 est annullé, ainsi que tout ce qui s'en est suivi ou a pu s'en suivre.

2. Le pourvoi de la ville de Rouen contre l'arrêté susdit du conseil de préfecture du département de la Seine-Inférieure, du 16 janvier 1812, est rejeté, sans préjudice à ladite ville, d'exercer, si elle le trouve convenable, son recours en garantie contre le sieur baron Corbineau, personnellement devant les tribunaux ordinaires.

3. Ladite ville de Rouen est condamnée en tous les dépens faits devant le Conseil d'état, sauf aux tribunaux ordinaires à statuer sur les dépens qui auraient été faits devant eux.

4. Nos ministres secrétaires d'état de l'intérieur et des finances sont chargés, chacun en ce qui le concerne, de l'exécution de la présente ordonnance.

Ordonnance du 10 septembre 1817. (2751)

N°. 101.

ANTICIPATION. — CHEMIN VICINAL. — CHEMIN PUBLIC. — COMMUNE.

Un particulier condamné par un conseil de préfecture à restituer à une commune une portion de chemin par lui envahie, n'est pas recevable, ou n'a pas qualité pour exciper du droit public de l'Etat sur ledit chemin, pour repousser la prétention de la commune ; il suffit que lui-même ne se prétende pas propriétaire du chemin pour qu'il ait dû ne pas anticiper et pour qu'il soit valablement condamné à restitution sur la demande de la commune.

(Espinadel et consorts.)

Les sieurs Espinadel, Izard et consorts, propriétaires dans la commune de Sérignan, possédaient diverses propriétés qui confrontaient aux anciens remparts ou fossés de cette ville, petit chemin dit *de Ronde*, entre deux.

Ces propriétaires se sont successivement rendus acquéreurs de diverses parties de ces remparts qui confrontaient à leurs propriétés respectives.

Dans les actes de vente qui leur ont été consentis, il n'a nullement été fait mention du petit chemin appelé de Ronde, qui séparait leurs propriétés d'avec les remparts.

Cependant chacun de ces divers propriétaires s'est emparé de la partie de ce petit chemin qui se trouvait entre son ancienne propriété et la partie du rempart qu'il avait nouvellement acquise.

Le maire de la commune de Sérignan s'est plaint de cette usurpation et s'est adressé au préfet du département de l'Hérault, pour faire condamner ces divers propriétaires à la restitution du chemin.

Les propriétaires sont convenus devant le conseil de préfecture qu'ils ne possédaient pas réellement à juste titre le chemin en litige, mais ils ont prétendu que la commune de Sérignan était sans qualité et non-recevable dans sa demande, parce que le chemin était la propriété de l'Etat et non celle de la commune.

Par deux arrêtés des 4 juillet et 9 décembre 1816, le conseil de préfecture de l'Hérault a repoussé les prétentions des propriétaires et les a condamnés à la restitution du chemin.

L'un de ces arrêtés porte :

« Le conseil de préfecture du département de l'Hérault,

» Vu la délibération du conseil municipal de la commune de Sérignan, du 18 décembre 1814, et les procès-verbaux dressés par le maire de cette commune, les 29 novembre, 10, 12, 15 décembre 1814 et 26 février 1815;

» Vu les arrêtés de la mairie, des 8 et 15 décembre 1814, l'arrêté du préfet, du 4 janvier 1815, celui du 27 décembre 1814;

» Une nouvelle délibération dudit conseil municipal, du 28 janvier 1815, et l'avis du sous-préfet, du 5 février suivant;

» Vu la pétition du sieur Jean Greuze, les observations du maire de la commune de Sérignan, et les actes de ce magistrat, des 2 et 9 novembre 1815;

» Celle du sieur Nicolas-Marie Pourquier, les observations du maire, et les actes de ce magistrat, des 25 et 28 décembre 1815;

» Celle présentée par divers acquéreurs des remparts et fossés de ladite commune de Sérignan;

» Celle présentée par M. le maire, au nom de plusieurs habitans de la commune, pour demander la conservation du chemin de Ronde, sur lequel ils ont exercé depuis un temps immémorial des issues, jours, servitudes et facultés;

» Vu le rapport et plan dressés le 14 mars 1815, par le sieur Michelet, géomètre-arpenteur-expert nommé à cet effet, et l'acte de communication du 18 juin 1816;

» Vu le rapport du directeur de l'enregistrement et des domaines, du 26 mars dernier, et les procès-verbaux de vente des remparts et fossés de la commune de Sérignan, et les rapports de division et d'estimation du sieur Colard;

» Considérant que les usurpations dont se plaint le maire de Sérignan, sont constatées par le rapport du sieur Michelet, expert nommé par l'arrêté de M. le préfet, du 27 décembre 1814, et qu'il est juste de réintégrer la commune dans sa propriété, autorisant le susdit rapport en date du 14 mars 1815, ainsi que le plan y annexé,

» Arrête ce qui suit :

» Art. 1er. Le sieur Mingai, acquéreur du lot n°. 7, suivant le rapport du sieur Colard, sera tenu de restituer et délaisser à la commune de Sérignan la partie du chemin de Ronde qui l'avoisine, désignée sur le plan dressé par le sieur Michelet, lettre A, comprise dans l'espace des deux murs par lui construits sur ledit chemin de Ronde, l'un à l'aspect du couchant et l'autre à l'aspect du levant, comprenant onze mètres de longueur sur un mètre de largeur; il sera tenu en outre d'abattre les deux susdits murs.

2. » Le sieur Combéreur, acquéreur du lot n° 8, sera tenu de restituer et délaisser à ladite commune la partie dudit chemin de Ronde, désignée sur le susdit plan, lettre B, comprenant douze mètres de longueur, à rétablir l'aqueduc désigné sur le plan, lettre C, tel qu'il était dans son état primitif, à démolir le pont désigné sur le plan lettre D, à se conformer à la teneur du rapport du sieur Colard, relativement au rempart qu'il a détruit; en un mot, à remettre les choses au même état où elles étaient avant ses folles entreprises.

3. » Le sieur Domergue, acquéreur du lot n° 9, sera tenu de démolir la petite cannonade désignée sur le plan lettre E.

4. » Le sieur Espinadel, acquéreur des lots numéros 22 et 23, sera tenu de restituer et délaisser à la commune la partie du chemin de Ronde désignée sur le plan, lettre F, et comprenant une longueur de douze mètres, et à remettre ladite partie du chemin au même état où elle était avant son entreprise.

5. « Le sieur Tindel, acquéreur des lots numéros 6, 24 et 25, sera tenu de restituer et délaisser à la commune la partie du chemin de Ronde désignée sur le plan, lettre H, et comprenant deux mètres de longueur sur un mètre de largeur, et à remettre ladite partie de chemin dans le même état où elle était avant son entreprise.

6. » Le sieur Auger, acquéreur du lot n° 26, sera tenu de restituer et délaisser à la commune la partie du chemin de ronde désignée sur le plan, lettre J, comprenant seize mètres de longueur sur deux mètres de largeur, et à remettre la susdite partie du chemin au même état où elle était avant son entreprise.

7. » Le sieur Izard, acquéreur du lot n°. 27, sera tenu de restituer et délaisser à la commune la partie du chemin de Ronde, désignée sur le plan lettre K, comprenant huit mètres de longueur sur deux mètres de largeur, et à remettre cette même partie de chemin au même état où elle était auparavant, à réintégrer à la promenade la même quantité de terre qu'il en a enlevée sur huit mètres en carré; enfin, à rétablir le francbord du fossé de ceinture, désigné sur le plan, lettre M, tel qu'il était avant ses entreprises.

8. » Le sieur Galibert, acquéreur du lot n°. 1, sera tenu de rétablir l'ouverture de l'aqueduc désigné sur le plan, lettre O, telle qu'elle était avant ses œuvres, et à détruire les ouvrages pratiqués par lui sur la voie publique au point désigné sur le plan, lettre N.

9. » Les susnommés seront tenus à remplir les obligations qui viennent de leur être ci-dessus prescrites dans le délai d'un mois, passé lequel le maire de la commune de Sérignan demeure autorisé à faire procéder aux démolitions, constructions et rétablissemens ci-dessus ordonnés aux frais et dépens desdits susnommés, préalablement avancés par la commune, à l'effet de quoi il demeure d'hors et déjà autorisé à traduire les susnommés devant les tribunaux, pour les contraindre à exécuter le présent arrêté, et prendre exécutoire contre eux des susdits frais et dépens avancés par la commune.

10. » Les susnommés sont condamnés solidairement l'un pour l'autre à payer les frais de la vérification et de la levée des plans qui sont dus au sieur Michelet, suivant la liquidation particulière qui en sera faite ».

Les sieurs Espinadel et consorts se sont pourvus au Conseil d'état contre les deux arrêtés du conseil de préfecture.

Ils ont soutenu, comme devant le conseil de préfecture de l'Hérault, que, puisqu'il était reconnu que le chemin en litige était la propriété de l'Etat, la commune de Sérignan n'avait aucun intérêt à provoquer leur éviction, et était par conséquent non-recevable dans sa demande; que, par conséquent, les arrêtés dénoncés devaient être cassés comme contraires aux lois qui régissent la matière.

Pour la commune, au contraire, on a dit qu'il suffisait que ces propriétaires se fussent emparés d'une chose qu'ils reconnaissaient eux-mêmes ne pas leur appartenir, pour qu'ils ne pussent exciper des droits d'un tiers, et qu'ils devaient être eux-mêmes déclarés non-recevables à s'opposer à la demande de la commune de Sérignan.

Sur ce est intervenue l'ordonnance suivante :

LOUIS, etc.; — Sur le rapport du Comité du contentieux;

Vu la requête à nous présentée par les sieurs Espinadel, Izard, Tindel, Pourquier et Cantan, enregistrée au secrétariat du comité du contentieux de notre Conseil d'état, le 30 juillet 1817, et tendante à ce qu'il nous plaise annuller deux arrêtés du conseil de préfecture du département de l'Hérault, en date des 28 août et 9 décembre 1816, lesquels ordonnent aux réquérans de restituer à la commune de Sérignan plusieurs portions d'un chemin qu'ils ont envahies, et de remettre ledit chemin au même état où il était avant leurs entreprises, et, ce faisant, débouter ladite commune de sa prétention à la propriété dont il s'agit, et ordonner qu'il leur sera fait vente de ce chemin en la forme ordinaire;

Vu les arrêtés attaqués;

Ensemble toutes les pièces produites et jointes au dossier;

Considérant que les sieurs Espinadel et consorts ne prétendent pas que le chemin sur lequel ils ont commis des empiétemens leur appartienne, et qu'ils sont sans qualité et sans droit pour soutenir que ledit chemin est la propriété de l'Etat et non de la commune de Sérignan;

Notre Conseil d'état entendu,

Nous avons ordonné et ordonnons ce qui suit :

Art. 1er. La requête des sieurs Espinadel et consorts est rejetée, sauf à l'administration des domaines à réclamer, s'il y a lieu, devant les tribunaux, vis-à-vis la commune de Sérignan, la propriété du chemin dont il s'agit.

2. Notre ministre secrétaire d'état de l'intérieur est chargé de l'exécution de la présente ordonnance.

Ordonnance du 10 septembre 1817. (2767)

No. 102.

ACTE ADMINISTRATIF. — Halle. — Pesage et Mesurage. — Contentieux. — Commune.

Un arrêté du préfet, ordonnant qu'un particulier cessera de s'immiscer dans la perception des droits de pesage et de mesurage qu'il avait établis dans l'enceinte d'une halle dont il était propriétaire, et que ces droits seront exclusivement recouvrés au profit et par les agens d'une commune, un tel arrêté n'est pas susceptible d'être déféré au Conseil d'état par la voie du comité du contentieux; c'est un acte de justice préfectoriale qui doit être soumis à la justice ministérielle, avant toute ouverture de recours au Conseil d'état.

Ne faut-il pas distinguer dans un tel arrêté l'état provisoire et l'état définitif? Le provisoire appartient au préfet par l'empire du besoin d'administration ou de la police des halles; l'état définitif, au contraire, statuant sur une propriété, ne doit-il pas être soumis aux tribunaux?

(Le sieur Cotton d'Englesqueville.)

Une ordonnance royale du 7 novembre 1814 reconnut les droits du sieur Cotton d'Englesqueville à la propriété des halles et marchés établis en 1595 par ses auteurs dans le petit bourg d'Englesqueville, et approuva le tarif des droits à percevoir par ledit sieur d'Englesqueville, proposé par le préfet du département de la Seine-Inférieure, dans un arrêté du 20 avril 1807.

Le sieur d'Englesqueville se crut autorisé en conséquence à faire percevoir, non-seulement les droits de location des places et étalages, mais encore les droits de pesage, mesurage et aunage.

Par une délibération du conseil municipal, du 12 mai 1816, la commune d'Englesqueville revendiqua ces droits de pesage et mesurage.

Le sieur Cotton opposa à ces prétentions de la commune, qu'il était propriétaire desdits droits en vertu de titres qui remontaient, l'un à 1601 et l'autre à 1602, lesquels étaient déclaratifs de ces droits comme faisant partie de l'adjudication faite à l'un de ses ancêtres, le 23 décembre 1595, de la halle et du marché; qu'ayant été reconnu, par l'ordonnance du 7 novembre 1814, être propriétaire de cette halle et de ce marché, et par suite, des droits à percevoir, comme en étant les fruits de jouissance, il était par là décidé qu'il se trouvait maintenu dans les droits de pesage, mesurage et aunage; que par conséquent la demande en revendication de la commune était non-recevable, ou dans tous les cas mal fondée. Il déclina la compétence du préfet, et soutint que s'agissant d'une question de propriété, il n'appartenait qu'aux tribunaux de statuer sur cette exception préjudicielle.

Sur ces débats, le préfet du département de la Seine-Inférieure prit, le 13 septembre 1816, l'arrêté dont la teneur suit :

« Considérant que les perceptions de cette espèce

sont créées exclusivement par la loi au profit des communes, et leur produit destiné à augmenter leurs revenus;

» Que ces principes sont confirmés par les dispositions de la circulaire du 6 avril dernier.

» Qu'en permettant aux propriétaires des halles de cumuler les droits de pesage et de mesurage avec les droits de location des places, ce serait rétablir des priviléges qui sont abolis, et faire tourner au profit personnel d'un particulier des bénéfices provenant de la garantie du commerce en général, et consacrés aux dépenses des établissemens publics;

» Arrêtons :

» Art. 1er. Dans les trois jours qui suivront la réception du présent, il sera notifié administrativement au sieur Cotton d'Englesqueville, ou à son préposé, avec défenses de s'immiscer en rien dans la perception des droits de pesage et mesurage établis dans le marché d'Englesqueville-sur-Saône.

» 2. A partir de la même époque, les droits seront perçus exclusivement au profit de la commune, par un préposé nommé par nous, sur la proposition du maire; provisoirement et en cas d'urgence, ce fonctionnaire est autorisé à commettre pour cette fonction le garde champêtre, ou tout autre qu'il jugera convenable.

» 3. Le produit des droits, en cas de non affermage, sera constaté par Bordereaux, que le maire sera tenu de nous adresser à l'expiration de chaque trimestre.

» 4. Si le sieur Cotton d'Englesqueville, ou son préposé, refusait de se conformer aux dispositions du présent, et continuait de faire la perception à son profit, les poids et mesures seront saisis, sans préjudice des poursuites ultérieures qu'il aurait encourues.

» 5. Le présent arrêté sera exécuté par provision, nonobstant pourvoi, référé, ou toute autre opposition quelconque.

» 6. Le sieur Cotton d'Englesqueville sera tenu de rendre compte à la commune, dans le délai de trois mois, du produit de ces droits, pour tout le temps qu'il les a indûment perçus. »

Tel est l'arrêté dont le sieur Cotton a demandé l'annullation au Conseil d'état, pour cause d'incompétence et de mal jugé au fond.

Il a allégué qu'il était propriétaire du droit de perception dont il s'agit, en vertu de titres authentiques, remontant à 1595; que la question de savoir s'il devait ou ne devait pas être maintenu dans ce droit, était une question de propriété dont la connaissance n'appartenait qu'aux tribunaux ordinaires, ou au conseil de préfecture, en ce qui concernait la fixation de l'indemnité à laquelle la dépossession de son droit lui donnait légalement le droit de prétendre.

Il ajoutait, au fonds, que la loi du 29 floréal an 10, ne permettait l'établissement des bureaux de pesage et mesurage que dans les communes qui en étaient susceptibles et d'après des formalités qui n'avaient point été remplies à son égard; qu'une enquête régulière et un mûr examen de l'état des choses, auraient suffisamment prouvé que la commune ne pouvait tirer aucun profit de l'établissement, et que lui seul en pouvait espérer quelqu'avantage. Il s'appuyait enfin de l'ordonnance du 7 novembre 1814, qui, en le réintégrant dans la propriété de sa halle, l'autorisait à percevoir des droits fixés par le tarif approuvé par arrêté du préfet du 20 avril 1817.

Les moyens qui furent opposés au sieur Cotton, sont les suivans :

Les droits de pesage et mesurage anciennement perçus au profit des propriétaires des halles, foires et marchés ont été supprimés, ainsi que les droits d'etalages, par les lois de 1790.

Aux termes du décret du 7 brumaire an 9, ils n'ont pu être exercées dans l'anceinte des halles, que par les préposés de l'administration; et, d'après la loi du 29 floréal an 10, leur perception n'a pu se faire qu'au profit des communes et des hospices.

Ces droits ayant été abolis et ensuite rétablis sur de nouvelles bases, les anciens titres, ainsi que les lois anciennes sont demeurés sans force; d'où il suit, que les prétentions à la perception des droits actuels ne sauraient être réglées que selon l'esprit des lois qui les ont réinstituées, comme s'il s'agissait d'une réclamation nouvelle.

Dans l'espèce, le sieur Cotton n'est point fondé à revendiquer l'excice du droit aboli, en vertu de ses titres anciens, parce que ces titres ont été anéantis par l'effet de l'aboliton du privilége qu'ils avaient conféré à ses auteurs.

Le préfet a pu lui en retirer la perception, parce que l'autorité administrative ne l'avait point autorisé à la faire, conformément au décret du 7 brumaire, parce que, suivant la loi du 29 floréal, elle ne pouvait être faite qu'au profit de la commune et des hospices.

Vainement on objecterait que, par l'ordonnance du 7 novembre 1814, le sieur Cotton a été autorisé à percevoir à son profit des droits d'étalage de l'espèce de ceux qui ont été légalement réservés aux communes. On répondra que la commune a pu, dans un cas particulier, et sous l'approbation du Roi, abandonner une portion de facultés dont elle n'espérait aucun avantage, sans avoir nécessairement compris, dans cet abandon, des droits distincts, quoique de même espèce, dont elle pouvait tirer plus de profit.

D'ailleurs le sieur Cotton ne saurait se faire un titre de l'ordonnance du 7 novembre. Cet acte n'autorise que la perception à son profit des droits fixés dans le tarif homologué par l'arrêté de préfet, du 20 avril 1807, et, dans ce tarif, il n'est nullement question de pesage ni de mesurage.

Le sieur Cotton n'a point non plus à se prévaloir de la non-exécution des formalités, d'après lesquelles les communes peuvent être saisies du droit de perception à leur profit;

Que la commune ait été régulièrement ou non investie

de la faculté retirée au sieur Cotton ; cela est étranger à la question. Il s'agissait de savoir si le sieur Cotton avait été légalement privé de cette faculté ; et l'on voit que, soit qu'on se reporte aux lois de principe ou à l'ordonnance prétendue d'exception du 7 novembre 1814, le réclamant ne pouvait être maintenu dans l'exercice du droit qu'il revendique.

Quant à l'incompétence dont il argue, ses moyens ne sont que la conséquence de l'erreur au fond, sur le mérite des titres anciens.

Il a suffi de démontrer que ces titres avaient été frappés de nullité par les lois nouvelles, et que le droit qu'ils conféraient avait subi le même sort pour détruire toute idée de question de propriété.

Le préfet, en interdisant au sieur Cotton la faculté qu'il s'était attribuée, n'a décidé aucun point litigieux ; il n'a fait que pourvoir à l'exécution des lois citées dans son arrêté, et on ne peut nier que ce soin ne lui appartienne.

Dans cet état est intervenue l'ordonnance dont la teneur suit :

LOUIS, etc. ; — Sur le rapport du comité du contentieux ;

Vu la requête à nous présentée par le sieur Cotton d'Englesqueville, enregistrée au secrétariat du comité du contentieux de notre Conseil d'état, le 4 janvier 1817, et tendante à l'annullation d'un arrêté du préfet du département de la Seine-Inférieure, du 13 septembre 1816, lequel a ordonné que le requérant cessera de s'immiscer dans la perception des droits de pesage et mesurage qu'il avait établis dans l'enceinte de la halle d'Englesqueville dont il est propriétaire, et que ces droits seraient exclusivement recouvrés au profit et par les agens de la commune d'Englesqueville ;

Vu ledit arrêté ;

Ensemble toutes les pièces produites et jointes au dossier ;

Considérant, dans l'espèce, que l'arrêté du préfet du département de la Seine-Inférieure a été compétemment rendu ;

Considérant que les arrêtés des préfets, pris dans les bornes de leur compétence, ne peuvent être déférés directement au Conseil d'état, avant d'avoir été soumis au ministre que la matière concerne ;

Notre conseil d'état entendu,

Nous avons ordonné et ordonnons ce qui suit :

Art. 1er. La requête du sieur Cotton est rejetée, sauf à lui à se pourvoir, si bon lui semble, devant notre ministre secrétaire d'état de l'intérieur, contre l'arrêté du préfet du département de la Seine-Inférieure, du 13 septembre 1816.

2. Notre ministre secrétaire d'état de l'intérieur est chargé de l'exécution de la présente ordonnance.

Ordonnance du 10 septembre 1817. (2761)

N°. 103.

ADJUDICATION. — Interprétation. — Plan. — Divisibilité.

Lorsqu'un adjudicataire national prétend qu'une haie vive fait partie de son adjudication, et que son adversaire n'a pu faire des plantations à une certaine distance de la haie, la contestation est divisible quant à la compétence ; la justice administrative peut décider si la haie est comprise dans l'adjudication, bien que l'examen d'un plan soit nécessaire à cette décision ; quant à la question de plantation soumise aux lois et usages communs, elle doit être portée devant les tribunaux.

(Le sieur Bourlé. — C. — le sieur Duclaux.)

M. de Saint-Luc était propriétaire de la terre du Quesnoy.

Après son émigration cette terre fut vendue nationalement au sieur Dupuy, qui en a depuis transmis la propriété au sieur Bourlé.

Un seul bois appelé *du Quesnoy*, fut excepté de la vente.

Après le sénatus-consulte du 6 floréal an 10, ce bois fut rendu aux héritiers du sieur de Saint-Luc, qui en ont depuis transmis la propriété au sieur Duclaux.

Le sieur Duclaux a prétendu que Bourlé avait commis plusieurs empiétations à son préjudice sur son bois du Quesnoy, entre autres une haie vive qui se trouve sur les limites des propriétés respectives : il s'est en conséquence, adressé au conseil de préfecture du département de l'Oise pour faire procéder à une plantation de bornes, et il a demandé à être réintégré dans la possession de la haie et du terrain que Bourlé lui avait usurpés.

16 février 1816, arrêté du conseil de préfecture ainsi conçu :

» Vu la demande du sieur Duclaux, ancien directeur du séminaire de Saint-Sulpice de Paris, légataire de madame veuve de Bethune-Sully, laquelle était héritière de M. Lespinay-Saint-Luc, en cette qualité propriétaire du bois du Quesnoy, situé sur le territoire d'Escames, canton de Songeons, arrondissement de Beauvais ;

» Ladite demande tendante à ce que le Conseil interprétant l'acte d'adjudication faite au district de Grandevillers, le 22 germinal an 2, de plusieurs pièces de terre provenant dudit sieur de l'Espinay Saint-Luc, émigré, au profit du sieur Nicolas Dupuis, aux droits duquel se trouve aujourd'hui le sieur Bourlé son gendre, détermine les limites fixes des propriétés respectives entre les sieurs Duclaux et Bourlé ;

» Vu l'acte d'adjudication au district de Grandevillers, du 22 germinal an 2, ci-dessus relaté, ensemble les plan et procès-verbal de visite du lieu et expertise du 11 septembre 1811 ; l'avis du directeur des domaines ;

Considérant que les points de difficulté ont pour but, 1°. de déterminer la limite du bois d'avec une pièce de quarante mines de terre indiquée au plan par les lettres A B C ; 2°. de décider quel est le propriétaire de la haie indiquée sous les lettres C D ; enfin, si la haie de E en F doit appartenir au bois de M. Duclaux ou à la pâture de M. Bourlé ;

» Considérant que tous les biens appartenaient anciennement au même propriétaire, et que la jouissance ancienne ne peut déterminer la décision du Conseil;

» Sur le premier objet ;

» Qu'une ligne d'épernaux existe entre les biens du Quesnoy et la pièce de terre de quarante mines, et qu'il ne s'agit que de déterminer à quelle distance du voisin les épernaux ont dû être plantés ;

» Que le Code civil, art. 671, a déterminé la distance à laquelle les plantations de haies doivent être faites de la ligne séparative de deux héritages dans le cas où des réglemens particuliers, ou des usages constans et reconnus ne les fixeraient pas ;

» Que ces réglemens particuliers ou usages ne sont ni invoqués ni par l'une ni par l'autre des parties ; que par conséquent la règle générale établie par le Code doit servir de base à la décision du Conseil ;

» Sur les deuxième et troisième objets, que les haies de D en C, et de E en F *font corps avec le bois*, et *ne sont point énoncés en l'adjudication* comme comprises dans la vente faite au sieur Dupuis ;

Arrête,

» Art. 1er. Les quarante mines de terre adjugées au sieur Dupuis par procès-verbal du 22 germinal an 2, au district de Grandevilliers, ont pour limites les épernaux du bois du Quesnoy, sauf un demi-mètre, à partir du point milieu desdits épernaux qui sera censé appartenir au propriétaire dudit bois.

2. *Les haies bordant ledit bois vers la pâture herbage et terre labourable formant les articles* 1 *et* 6 de ladite adjudication ne sont point comprises dans ladite adjudication, la propriété des ayant-causes du sieur Dupuis doit également partir desdites hayes, sauf un demi-mètre à partir du point milieu desdites haies qui sera censé appartenir au propriétaire du bois. »

Le sieur Bourlé avait eu connaissance de la demande du sieur Duclaux, et il avait même fait quelques observations verbales devant le conseil de préfecture ; cependant il a prétendu que cet arrêté était par défaut à son égard, et il y a formé opposition.

Sur cette opposition est intervenu, le 8 novembre 1816, un nouvel arrêté qui a maintenu les dispositions du premier.

C'est contre ces deux arrêtés que s'est pourvu le sieur Bourlé.

Il a fait valoir plusieurs moyens résultans, soit du plan des lieux, soit d'un rapport d'experts ; il a en outre soutenu que le conseil de préfecture avait accordé au demandeur plus qu'il n'avait demandé, et qu'il avait statué sur des questions qui étaient purement du ressort des tribunaux, telle que celle de savoir à quelle distance la haie devait être plantée.

Le sieur Duclaux n'a fait valoir que les raisons qui servent de motifs aux arrêtés attaqués.

Sur ce, est intervenue l'ordonnance suivante :

LOUIS, etc. ; — Sur le rapport du comité du contentieux,

Vu la requêtes à nous présentée par le sieur Charles-Marie Bourlé, cultivateur-propriétaire, demeurant à la ferme du Quesnoy, commune d'Escames, canton de Songeons, arrondissement de Beauvais, département de l'Oise ; ladite requête enregistrée au secrétariat du comité du contentieux de notre Conseil d'état, le 10 février 1817, et tendante à ce qu'il nous plaise lui donner acte de ce que, par la requête sommaire du 24 décembre 1816, il s'est rendu appelant de deux arrêtés du conseil de préfecture du département de l'Oise, des 16 février et 8 novembre même année, d'après lesquels, par une fausse interprétation d'une adjudication de biens nationaux, on déclare qu'une partie des biens à lui vendue n'est pas comprise dans cette adjudication ; ce faisant, lui donner pareillement acte de ce qu'il s'en rapporte à nous sur la question de savoir si les dispositions réglementaires de notre ordonnance du 23 décembre 1815, peuvent recevoir leur application à l'espèce ;

Et, dans le cas où nous prononçant sur ce point affirmativement, nous considérerions l'arrêté du 16 février comme pris par défaut, annuller l'arrêté du 8 novembre, et renvoyer l'exposant devant le conseil de préfecture du département de l'Oise, pour y faire statuer sur le mérite de son opposition à l'arrêté du 16 février, et condamner le sieur Duclos aux dépens ;

Et, dans le cas où nous déclarerions que ce dernier arrêté était contradictoire ; dans ce cas, attendu que ledit arrêté, confirmé par celui du 8 novembre, a prononcé sur choses non demandées, annuller de ce chef l'un et l'autre arrêté ; ce faisant, et procédant de suite au jugement de la contestation qui divise les parties, déclarer que les haies litigieuses ont été comprises dans l'adjudication du 22 germinal an 2 ; qu'elles sont les limites de l'article premier de ladite adjudication et du bois du Quesnoy ; que la ligne d'épernaux, qui sépare la pièce de quarante mines, article 4 de ladite adjudication, est le point séparatif de cette pièce et du bois, et que cette pièce s'étend jusqu'au pied desdits épernaux ; que, par suite, il ne doit exister aucun rejet entre lesdits épernaux et lesdites quarante mines ; maintenir, en conséquence, l'exposant dans la propriété et possession desdites haies et de la partie de terrain des quarante mines contestées ;

Condamner en outre, dans tous les cas, le sieur Duclaux aux dépens ;

Vu l'ordonnance de soit communiqué, et la requête en réponse du sieur Antoine Duclaux, ancien directeur du séminaire de Saint-Sulpice, demeurant à Paris, légataire universel de madame d'Espinay de Saint-Luc, décédée veuve de M. le duc de Bethune-Sully; lequel sieur Duclaux conclut à ce qu'il nous plaise rejeter le recours du sieur Bourlé contre les arrêtés du conseil de préfecture du département de l'Oise, des 16 février et 8 novembre 1816; ordonner qu'ils seront exécutés selon leur forme et teneur, et condamner le sieur Bourlé aux dépens;

Vu la réplique du sieur Bourlé, qui persiste dans ses précédentes conclusions;

Vu le procès-verbal d'estimation et celui d'adjudication des biens vendus le 7 germinal an 2, au sieur Dupuis, auteur du sieur Bourlé;

Vu les arrêtés précités du conseil de préfecture du département de l'Oise, des 16 février et 8 novembre 1816;

Vu le plan et le procès-verbal rédigé le 11 septembre 1811, par le sieur Lotte, arpenteur-géomètre;

Vu la pétition du sieur Duclaux, du 16 avril 1812; la réponse du sieur Bourlé, du 19 août suivant, et l'avis du directeur des domaines, du 29 décembre 1815;

Vu toutes les pièces jointes au dossier de cette affaire;

Considérant que le sieur Bourlé, par suite de la communication de la pétition du sieur Duclaux, et du plan du sieur Lotte, dont il n'a pas contesté l'exactitude, a fourni au conseil de préfecture ses moyens de défense, et qu'ainsi l'arrêté du 16 février 1816, a été pris contradictoirement;

Considérant qu'il résulte de l'interprétation des actes de vente, que le sieur Bourlé n'est pas fondé à réclamer la propriété de la ligne d'épernaux et des haies qui bordent le bois du Quesnoy, en D. C., le long du chemin de la ferme, ainsi que le long du chemin de Bazincourt à Songeons, article 6 de la vente; attendu que les haies de clôture des pièces n°s. 1 et 6 ne peuvent s'entendre que de celles qui bordent lesdits chemins du côté desdites pièces;

Considérant qu'aux termes de l'adjudication, qui porte que la pièce des vingt-six mines, article 1er de la vente, est entourée de haies vives, la haie F. E. fait réellement partie de l'objet vendu, auquel elle touche immédiatement;

Considérant que le Conseil de préfecture n'était pas compétent pour déterminer à quelle distance de la ligne séparative des deux héritages on a dû faire les plantations de haies; et, attendu qu'il n'a pu être statué sur ce chef de la contestation, que d'après les usages constans et reconnus, ou d'après les dispositions du Code civil, dont l'interprétation appartient exclusivement aux tribunaux ordinaires;

Considérant néanmoins que le conseil de préfecture s'est conformé aux règles de la compétence, en refusant de réformer sa décision du 16 février 1816;

Notre Conseil d'état entendu;

Nous avons ordonné et ordonnons ce qui suit:

Art. 1er. La requête du sieur Bourlé est rejetée en ce qui concerne la demande d'annullation de l'arrêté du conseil de préfecture du département de l'Oise, du 8 novembre 1816, par lequel son opposition à l'arrêté du 16 février précédent n'a pas été admise.

2. L'arrêté du 16 février 1816, est confirmé en tant qu'il déclare que la pièce de terre dite des quarante mines, a pour limite les épernaux du bois du Quesnoy, et que les haies bordant ledit bois de D en C, le long du chemin de la ferme, ainsi que le long du chemin de Bazincourt à Songeons (article 6 de la vente), ne sont point compris dans l'adjudication passée au sieur Dupuis.

3. Il est réformé en ce qu'il prive le sieur Bourlé de la propriété de la haie F E, dont ledit sieur Bourlé est déclaré propriétaire.

4. Il est annullé en ce qu'il détermine, à partir de la ligne d'épernaux, du côté de la propriété du sieur Bourlé, un rejet de terre; les parties, sur ce chef de la contestation, sont renvoyées devant les tribunaux ordinaires.

5. Les dépens sont compensés entre les parties.

2. Notre garde des sceaux ministre secrétaire d'état de la justice et notre ministre secrétaire d'état de l'intérieur sont chargés, chacun en ce qui le concerne, de l'exécution de la présente ordonnance.

Ordonnance du 22 octobre 1817. (2781)

N°. 104.

RÉGLEMENT D'ADMINISTRATION PUBLIQUE. — Tierce-opposition.

Les particuliers qui se prétendent lésés par des réglemens d'administration publique ne sont pas recevables à former tierce-opposition; combien que leurs intérêts, et même leurs droits, puissent être lésés par ce réglement d'administration publique. Ils ne sont admissibles à se pourvoir au Conseil d'état qu'après avoir procédé préalablement devant le ministre compétent.

Le principe recevrait sans doute exception, si, avec une disposition générale, existait une décision particulière sur des droits privés, ayant ou pouvant avoir l'effet de la chose jugée.

(Le chevalier Sallel et consorts.)

Les donataires d'inscriptions sur le mont de Milan, avaient été réunis en société par un décret du 23 septembre 1810.

Cette société s'était organisée; elle avait pour administrateur le sieur Baron Dujon, dans les mains duquel se trouvaient des fonds, les registres et papiers de la société, et spécialement les titres principaux, c'est-à-dire les *certificats originaux d'inscriptions.*

Le traité de Paris, en rendant le Milanais et le reste de l'Italie à leurs anciens souverains, donna aux porteurs d'inscriptions de nouveaux débiteurs; il dut, par la force des choses, amener la dissolution de la société, créée par le décret du 23 septembre 1810.

En conséquence intervint, le 29 décembre 1815, une ordonnance du Roi, dont voici les principales dispositions.

L'article 1er. prononce la suppression de la société dont il s'agit, et de deux autres créées par différens décrets. Il prescrit aux administrateurs de ces sociétés de verser, à titre de dépôt, au trésor du domaine extraordinaire, les fonds et valeurs qui leur restent en caisse.

L'article 2 dispose que le produit de ces versemens sera encaissé pour le compte des donataires, pour être restitué aux ayant droit, sur les ordonnances du ministre secrétaire d'état au département de la Maison du Roi.

D'après l'article 3, les registres des caisses et autres doivent être représentés à un commissaire délégué par le même ministre, et arrêtés par lui.

Aux termes de l'article 4, l'administrateur de chaque société devait dresser un compte général de ses recettes et dépenses. Ces comptes, après avoir été soumis aux assemblées particulières de chaque société devaient, ainsi que les pièces à l'appui, être déposés au domaine extraordinaire.

Enfin l'art. 5 est ainsi conçu :

« Immédiatement après le dépôt de ces comptes, tous *les livres*, *registres*, *titres et papiers* concernant la régie de l'administration des biens et le personnel des donataires de chaque société, *seront remis*, *sur inventaire au domaine extraordinaire, pour être réunis à ses archives*, et en aider les donataires sur leurs demandes. »

En cet état de choses, les donataires désirant, soit réclamer les dividendes échus ou à échoir, soit régler leurs droits avec les souverains des pays désormais obligés au paiement des inscriptions, chargèrent le sieur Sallel, l'un d'eux, de procuration, à l'effet de réclamer du sieur Dujon, ancien administrateur, leurs certificats d'inscription.

En conséquence, le sieur Sallel forma sa demande. — Le sieur Dujon refusa de rendre ces certificats d'inscription, se fondant sur l'article 5 de l'ordonnance précitée, et soutenant que les certificats d'inscription, comme tous les autres titres et papiers de l'administration, devaient être remis au domaine extraordinaire.

Alors, le sieur Sallel fit signifier au sieur Dujon, et au propriétaire du local où se tenaient les bureaux de la ci-devant société, une opposition à la remise des certificats d'inscription, si ce n'est à Me. Decan, notaire à Paris, nommé par les donataires, pour être le dépositaire de leurs titres communs.

En même temps, le sieur Sallel s'adressa à M. l'intendant du domaine extraordinaire, pour faire ordonner la remise des certificats d'inscription.

M. l'intendant du domaine extraordinaire répondit à cette demande par une lettre, en date du 12 juillet 1817, ainsi conçue :

« J'ai reçu, Monsieur, la lettre que vous m'avez fait l'honneur de m'écrire, par laquelle vous me transmettez copie de celle que vous avez adressée à M. le comte de Pradel, et qui a pour principal objet d'obtenir l'autorisation que remise soit faite par M. Dujon, à Me. Decan, notaire, des inscriptions sur le Mont de Milan, appartenant à vos commettans.

» M. Dujon, ainsi que vous paraissez le croire, *ne peut se dessaisir de ces inscriptions*, ni d'aucun titre ou papier concernant son administration, soit au profit des donataires, soit au profit de leurs fondés de pouvoirs. L'article 5 de l'ordonnance du 29 décembre 1815, par laquelle les sociétés des donataires ont été dissoutes, statue formellement que les livres, registres, titres et papiers concernant l'administration et la régie des biens des donataires en société et leur personnel, seront remis sur inventaire, au domaine extraordinaire, pour être déposés à ses archives, et en aider les donataires sur leurs demandes.

» Si cette disposition n'a point encore reçu son exécution, ce n'a pu être qu'à cause de la juste réclamation du propriétaire des lieux qu'occupait M. Dujon, qui s'est opposé à ce que ses titres et papiers ne sortissent de chez lui, qu'il ne fût payé des loyers qui étaient dus par M. Dujon.

» Il résulte donc de ces faits que l'opposition que vous avez vous-même formée entre les mains de ce propriétaire, est sans objet, puisque M. Dujon ne pourrait plus être regardé que comme dépositaire envers le domaine extraordinaire, et non envers les donataires.

» Je vous engage, en conséquence, à vous désister de l'effet de votre opposition, sauf, si vous le trouvez bon, dans l'intérêt de vos commettans, à en former une nouvelle, entre les mains du domaine extraordinaire, sur laquelle il sera fait droit ultérieurement. »

Sur ce refus officiel, le sieur Sallel, au nom de ses commettans, s'est pourvu par tierce-opposition contre l'ordonnance du 29 décembre 1815.

Il a d'abord cherché à établir que, sans leurs certificats d'inscription, il était impossible aux donataires de faire valoir leurs droits, soit pour réclamer leurs dividendes échus ou à écheoir, soit pour régler avec les gouvernemens étrangers; qu'ainsi, en supposant que l'on eût entendu comprendre les certificats d'inscriptions dans la disposition de l'article 5 de l'ordonnance, elle devait être réformée sur ce point : il a soutenu qu'au surplus rien dans cet article 5 n'annonçait qu'il fût applicable aux certificats en question, qui n'y étaient compris ni implicitement, ni explicitement,

Sur ce est intervenue l'ordonnance dont la teneur suit :

LOUIS, etc.; — Sur le rapport du comité du contentieux;

Vu la requête à nous présentée, et déposée au secrétariat du comité du contentieux de notre Conseil d'état, le 11 septembre 1817, par le sieur chevalier Sallel, colonel, et divers autres donataires et propriétaires d'inscriptions sur le mont de Milan, y dénommés; ladite requête tendante à ce qu'il nous plaise les recevoir, en tant que besoin serait, tiers-opposans à notre ordonnance du 29 décembre 1815, concernant les sociétés de titulaires de dotations dont les biens sont situés hors du royaume; ce faisant, et interprétant l'art. 5 de notredite ordonnance, déclarer que les certificats originaux des inscriptions sur le mont de Milan qui leur appartiennent, n'ont pas dû être compris dans le dépôt aux archives du domaine extraordinaire des livres, registres, titres et papiers, qui est prescrit par ledit article; et, en conséquence, ordonner que lesdits certificats d'inscription seront remis à leur fondé de pouvoirs;

Notredite ordonnance du 29 décembre 1815;

L'ordonnance de référé rendue le 20 août 1817, par le président du tribunal de première instance du département de la Seine;

Ensemble toutes les autres pièces produites;

Considérant que notre ordonnance susdite, du 29 décembre 1815, est un réglement d'administration publique, et que les décisions rendues par nous, en notre Conseil d'état, en matière contentieuse, sont seules susceptibles d'être attaquées par la voie de la tierce-opposition, aux termes du décret du 22 juillet 1806;

Considérant que, dans le cas où ledit sieur chevalier Sallel et consorts se croiraient fondés à réclamer contre la fausse application qui aurait été faite à leur préjudice des dispositions de notredite ordonnance, ils ne seraient admissibles à se pourvoir, à ce sujet, devant nous, en notre Conseil d'état, qu'après avoir procédé préalablement devant le ministre secrétaire d'état de notre maison;

Notre Conseil d'état entendu,

Nous avons ordonné et ordonnons ce qui suit:

Art. 1er. La requête du sieur chevalier Sallel et consorts est rejetée, sauf à eux à se pourvoir, s'ils le jugent convenable, devant le ministre secrétaire d'état de notre maison.

2. Notre ministre secrétaire d'état de notre maison est chargé de l'exécution de la présente ordonnance.

Ordonnance du 22 octobre 1817. (2786)

N°. 105.

ADJUDICATION. — Interprétation.

Lorsque, pour décider si quelques pièces de terre sont comprises dans une adjudication, il faut recourir à un bail préexistant, la question d'interprétation est judiciaire et non administrative.

(Le sieur Marin. — C. — la dame de Bonté.)

LOUIS, etc.; — Sur le rapport du comité du contentieux;

Vu la requête à nous présentée par le sieur Marin, propriétaire, demeurant à Brest, acquéreur, par procès-verbal du 12 floréal an 3, du domaine national de Guillourmil; ladite requête enregistrée au secrétariat du comité du contentieux de notre Conseil d'état, le 9 octobre 1816, et tendante à ce qu'il nous plaise annuler un arrêté du conseil de préfecture du département du Finistère, du 8 novembre 1815, qui décide qu'avant faire droit, la dame Dubot du Grégo, épouse du sieur Baron de Bonté, est admise à faire preuve que cinq pièces de terre réclamées par elle, n'ont pas été comprises dans le procès-verbal d'expertise qui a précédé l'adjudication du 12 floréal an 3;

Vu l'arrêté dénoncé du conseil de préfecture;

Vu l'ordonnance de soit communiqué, rendue le 14 novembre 1816, par notre chancelier;

Vu la requête en défense produite par la dame de Bonté, et toutes les autres pièces comprises au dossier;

Considérant qu'il résulte de l'acte d'adjudication, ainsi que des affiches qui l'ont précédé, que le sieur Marin a acquis la ferme de Guillourmil, ainsi qu'en jouissait le fermier Jaouen;

Considérant que la seule question qui soit à juger, est celle de savoir si les cinq pièces de terre réclamées par la dame de Bonté étaient ou non comprises dans le bail qui a servi de base à l'adjudication, et que l'examen et l'interprétation des titres antérieurs à l'acte d'adjudication sont du ressort des tribunaux;

Notre Conseil d'état entendu,

Nous avons ordonné et ordonnons ce qui suit:

Art. 1er. L'arrêté du conseil de préfecture du département du Finistère, en date du 8 novembre 1815, est annullé.

2. Les parties sont renvoyées devant les tribunaux pour faire juger, d'après le bail ou autres titres de possession, si les cinq pièces de terre réclamées par la dame de Bonté faisaient ou non partie des biens affermés au sieur Jaouen.

3. Les dépens sont compensés.

4. Notre garde des sceaux ministre secrétaire d'état de la justice et notre ministre secrétaire d'état de l'intérieur sont chargés, chacun en ce qui le concerne, de l'exécution de la présente ordonnance.

Ordonnance du 22 octobre 1817. (2779)

N°. 106.

MARCHÉ. — PRÉSOMPTION. — COMMISSION DE LIQUIDATION DE L'ARRIÉRÉ. — DÉCOMPTE. — FOURNISSEUR.

Un fournisseur qui a exécuté son marché en livrant des bœufs pour l'armée doit être payé aux termes de sa convention, sans qu'il soit permis au ministre de la guerre de faire des réductions sur le prix, en se fondant sur des présomptions de non livraison du poids. — Des présomptions sans preuves ne sont pas des motifs suffisans.

(Le sieur Albin.)

LOUIS, etc.; — Sur le rapport du comité du contentieux;

Vu les requêtes à nous présentées et déposées au secrétariat du comité du contentieux de notre Conseil d'état par le sieur Pierre Albin, négociant à Bayonne, les 13 janvier et 4 juin derniers; lesdites requêtes tendantes à ce qu'il nous plaise annuller une décision de notre ministre secrétaire d'état de la guerre, qui a réduit de la somme de 21,583 fr. 20 cent. la créance résultante pour le sieur Albin, de la fourniture par lui faite en 1813, de cent quatre-vingt-quatre bœufs pour l'approvisionnement de siége de la citadelle de Bayonne;

Le marché passé pour ladite fourniture, le 26 juin 1813;

Le procès-verbal de livraison des cent quatre-vingt-quatre bœufs dont il s'agit par le sieur Albin au parc de l'armée, en date du 7 juillet suivant;

Les procès-verbaux de livraison des mêmes bœufs par le garde-parc militaire à l'agent de la compagnie Devanteaux, à la charge par ladite compagnie de remplacer lesdits bœufs, en date des 24 dudit mois de juillet et 9 août suivant;

La décision du comité de liquidation de l'arriéré, institué par notre ordonnance du 10 octobre 1814, sur le décompte de la susdite fourniture, et les nouvelles observations dudit comité consignées dans les lettres du sieur comte Dejean, président, des 18 et 25 janvier et 27 juillet 1816;

Les lettres de notre ministre secrétaire d'état de la guerre au fondé de pouvoirs du sieur Albin, des 31 mai et 9 septembre 1816;

Notre ordonnance du 10 octobre 1814, sur la liquidation de l'arriéré;

La lettre de notre ministre secrétaire d'état des finances à notre garde des sceaux, du 7 août dernier;

Les certificats du greffier du tribunal de commerce de Bayonne, du 7 juin 1816, et l'acte de notoriété du 10 décembre 1816, négatifs de l'existence d'une société entre le sieur Albin et le sieur Barraud;

Ensemble toutes les pièces produites;

Considérant que le poids des bœufs dont il s'agit, lors de la livraison qui en a été faite par le sieur Albin, le 7 juillet 1813, est constaté par des procès-verbaux dont la régularité n'est pas contestée, et dont l'effet ne peut pas être détruit par de simples présomptions; que d'ailleurs celles que le comité de liquidation a tirées de la société qui aurait existé entre le sieur Albin et le sieur Barraud, garde-parc de l'armée, se trouvent anéanties par des preuves contraires;

Notre Conseil d'état entendu,

Nous avons ordonné et ordonnons ce qui suit :

Art. 1er. La somme de 21,583 francs 20 cent. dont le comité de liquidation de l'arriéré a proposé la réduction sur le prix desdits cent quatre-vingt-quatre bœufs, par son avis du 20 novembre 1815, sera rétablie dans la liquidation à faire de ladite fourniture.

2. Nos ministres secrétaires d'état de la guerre et des finances sont chargés, chacun en ce qui le concerne, de l'exécution de la présente ordonnance.

Ordonnance du 22 octobre 1817. (2782)

N°. 107.

BOISSONS. — EAUX-DE-VIE. — ABONNEMENT.

Lorsque des débitans de boissons, dans une soumission d'abonnement, ont librement consenti que leur abonnement ne comprendrait pas les eaux-de-vie et liqueurs, la convention doit être exécutée sans qu'il soit permis d'exciper en sens contraire de la loi des finances du 28 avril 1816.

(Les Syndics des débitans de boissons de la ville de Rouen. - C. - la Régie des contributions indirectes.)

LOUIS, etc.; — Sur le rapport du comité du contentieux;

Vu la requête à nous présentée par les syndics des débitans de boissons de la ville de Rouen, enregistrée au secrétariat du comité du contentieux de notre Conseil d'état le 13 décembre 1816, et tendante à ce qu'il nous plaise réformer l'arrêté rendu le 9 août 1816, par le préfet du département de la Seine-Inférieure, en conseil de préfecture, au chef où il prononce que les eaux-de-vie, esprits et liqueurs, seront distraits de l'abonnement;

Vu la requête en défense, pour la régie des contributions indirectes, enregistrée au secrétariat du comité du contentieux de notre Conseil d'état le 7 août 1817, et tendante à ce qu'il nous plaise rejeter la demande desdits syndics et les condamner aux dépens;

Vu l'arrêté pris par le préfet du département de la Seine-Inférieure, en conseil de préfecture, le 9 août 1816, lequel fixe l'abonnement, pour le droit de vente en détail de vins et cidres dans la ville de Rouen, à la somme de 279,346 francs 49 centimes, terme moyen des produits des exercices des années 1810, 1811 et 1812, distraction faite du produit des eaux-de-vie, et soumet l'exécution de cet abonnement à l'acceptation des débitans de boissons, dans une délibération prise dans les formes prescrites ;

Vu la soumission d'abonnement par corporation, pour le droit de vente en détail sur les boissons, rédigée et souscrite par les débitans établis dans la commune de Rouen, le 14 août 1816, dans l'assemblée prescrite par l'arrêté susmentionné du préfet ; laquelle adopte les bases fixées dans ledit arrêté, en développe les conditions et adhère particulièrement à la distraction ordonnée des eaux-de vie dans son article 6, par lequel les débitans se soumettent « à rentrer relativement aux eaux-de-vie, esprits et liqueurs qu'ils recevront, dans la classe des personnes non assujéties aux exercices des employés, et conséquemment à rester soumis au paiement du droit général de consommation sur lesdites boissons, avant que les acquits-à-caution qui les accompagneront puissent être déchargés » ;

Vu la loi de finance du 28 avril 1816 ;

Ensemble toutes les pièces jointes au dossier de l'affaire ;

Considérant que les débitans de boissons de la ville de Rouen ont, dans la soumission ci-dessus relatée, librement consenti la condition contre laquelle ils réclament aujourd'hui ; que cette condition, qui consiste à ne pas comprendre les eaux-de-vie et liqueurs dans l'abonnement qui remplace le droit de vente en détail par exercice, n'est point contraire aux dispositions de la loi du 28 avril 1816 ;

Notre Conseil d'état entendu,

Nous avons ordonné et ordonnons ce qui suit :

Art. 1er. La requête des syndics des débitans de boissons de la ville de Rouen est rejetée.

2. Les syndics des débitans sont condamnés aux dépens.

3. Notre ministre secrétaire d'état des finances est chargé de l'exécution de la présente ordonnance.

Ordonnance du 22 octobre 1817. (2780)

N°. 108.

ALIGNEMENT.—CONTENTIEUX.—JUSTICE PRÉFECTORIALE.

Lorsqu'un particulier a fait une construction sur la foi de l'alignement à lui donné par le maire de sa commune, si des voisins réclament contre l'alignement, ce n'est pas là du contentieux qui doive être porté au conseil de préfecture, l'affaire appartient à l'action administrative ou à la justice préfectoriale, sauf recours au ministre et au Conseil d'état.

(Le maire de Sotteville.—C.—le sieur Mulot.)

LOUIS, etc. ; — Sur le rapport du comité du contentieux ;

Vu la lettre en date du 21 mars 1817, par laquelle notre sous-secrétaire d'état au département de l'intérieur, transmet à notre garde des sceaux les pièces d'une affaire à lui renvoyée par le préfet du département de la Seine-Inférieure, à l'effet de faire prononcer l'annullation pour cause d'incompétence, d'un arrêté rendu le 4 septembre 1816, par le conseil de préfecture du même département, en matière d'alignement ;

Vu la requête en défense à nous présentée par le sieur Simon Mulot, cultivateur, demeurant commune de Saint-Etienne de Rouvray, et propriétaire en celle de Sotteville-les-Rouen ; ladite requête enregistrée au secrétariat du comité du contentieux de notre Conseil d'état, le 21 août 1817 ;

Vu l'arrêté du conseil de préfecture du département de la Seine-Inférieure, du 4 septembre 1816, rendu sur la requête de plusieurs habitans de la commune de Sotteville-les-Rouen, à l'effet de faire changer l'alignement donné au sieur Simon Mulot, lequel décide « que l'autorisation ou alignement donné par le sieur Leblanc, premier adjoint à la mairie de la commune de Sotteville-les-Rouen, audit sieur Mulot, le 29 avril précédent, est maintenu ; qu'en conséquence, il est autorisé à continuer la reconstruction de la maison élevée sur les fondations anciennes du bâtiment tombé de vétusté ; »

Ensemble toutes les pièces jointes au dossier de l'affaire ;

Considérant que le préfet du département de la Seine-Inférieure était seul compétent pour statuer sur les réclamations élevées contre l'alignement donné au sieur Mulot par la mairie de Sotteville, sauf le recours des parties qui se croiraient lésées par la décision du préfet au ministre de l'intérieur, et le recours, s'il y a lieu, au Conseil d'état contre la décision du ministre ;

Considérant que le sieur Mulot ayant bâti sa maison sur la foi et en conformité d'un alignement qu'il avait régulièrement obtenu de l'autorité compétente, il ne doit être rien changé aux constructions qu'il a faites jusqu'à la réformation définitive dudit alignement ;

Notre Conseil d'état entendu,

Nous avons ordonné et ordonnons ce qui suit :

Art. 1er. L'arrêté du conseil de préfecture du département de la Seine-Inférieure, du 4 septembre 1816, est annullé pour cause d'incompétence, sauf aux parties intéressées à se pourvoir, s'il y a lieu, devant qui de droit, contre l'alignement donné au sieur Mulot, toutes choses néanmoins demeurant en l'état jusqu'à ce qu'il ait été statué définitivement et en dernier ressort sur lesdites réclamations.

2. Notre ministre secrétaire d'état de l'intérieur est chargé de l'exécution de la présente ordonnance.

Ordonnance du 22 octobre 1817. (2783)

N°. 109.

REMBOURSEMENT. — ÉMIGRÉ. — DÉPORTÉ. — PAPIER-MONNAIE. — CLAUSE PROHIBITIVE.

Le débiteur d'un prêtre inscrit sur la liste des émigrés a pu se libérer en papier-monnaie, dans les caisses nationales, des sommes qu'il lui devait, nonobstant toute clause prohibitive de remboursement en papier-monnaie; les droits et les actions de l'émigré étaient alors exercés par l'Etat.

(Le sieur Grasset. — C. — la dame veuve Montagut.)

Par contrat du 29 septembre 1791, le sieur Grasset, prêtre, demeurant à Bagnères, vendit certains immeubles au sieur Montagut.

Il fut expressément stipulé, par une clause de ce contrat, que le prix en serait payé dans trois années et non plutôt, avec l'intérêt à cinq pour cent, et que les paiemens, tant du capital que des intérêts, seraient faits à Sarragosse en Espagne, où le vendeur avait intérêt de le recevoir, et en espèces ayant cours dans cette ville.

Peu de temps après cette époque, le sieur Grasset émigra.

Pendant son absence, mais avant la loi du 22 ventose an 2, qui prononçait la confiscation des biens des prêtres émigrés, il s'éleva des contestations entre la dame Casiale, veuve du sieur Montagut, sur le mode du paiement des intérêts.

Par jugement du tribunal civil de Bagnères, l'exécution pure et simple du contrat fut ordonnée.

Après la loi du 22 ventose an 2, mais avant celle du 22 fructidor an 3, qui ordonnait la restitution des biens des ecclésiastiques, la dame veuve Montagut consigna dans la caisse du receveur de l'enregistrement à Bagnères, en assignats au cours, tout ce qu'elle pouvait devoir à la république représentant le sieur Grasset.

Après son retour de l'émigration, le sieur Grasset s'adressa à la dame veuve Montagut, tutrice de ses enfans, et lui demanda le paiement, en capital et intérêts, des sommes portées au contrat du 29 septembre 1791.

La dame veuve Montagut opposa le paiement fait à la république, et le sieur Grasset porta d'abord la contestation devant les tribunaux civils; mais sur le déclinatoire proposé par la veuve Montagut, l'affaire fut rapportée devant le conseil de préfecture du département des Hautes-Pyrénées.

Alors la dame veuve Montagut produisit les quittances du receveur de Bagnères, et soutint qu'elle avait pu valablement se libérer entre les mains de la nation, qui représentait alors le sieur Grasset, et qui exerçait tous ses droits.

Par arrêté du conseil de préfecture de ce département, en date du 26 septembre 1813, elle fut déclarée valablement libérée, et la demande du sieur Grasset fut rejetée.

Cet arrêté est ainsi conçu :

« Considérant qu'il s'agit, dans cette contestation, de décider uniquement si les versemens opérés dans la caisse du receveur de l'enregistrement pour ladite veuve Montagut, ont été légalement et valablement faits;

» Qu'il est de principe non contredit par aucune loi que le paiement d'une somme exigible, ou du capital et des intérêts d'une rente, opère la libération du débiteur;

» Que les clauses de l'acte de vente qui exigeaient que les paiemens du prix de ladite maison fussent faits à Sarragosse et en monnaie ayant cours dans cette ville, étaient en contradiction avec les lois lors existantes, et que l'exécution aurait exposé le débiteur à des peines sévères, l'exportation du numéraire, hors du royaume, étant prohibée, sous peine de mort, par l'art. 54 de la loi du 28 mars 1793, confirmée par l'art. 9 du tit. 1er. de la loi du 23 brumaire an 3; que l'exportation des matières d'or et d'argent était encore sévèrement défendue par les articles 4 et 5 de la loi du 15 septembre 1792, les ambassadeurs des puissances étrangères étant seuls exceptés, ainsi que les étrangers qui, en entrant en France, avaient fait constater la nature et la quantité dont ils étaient porteurs;

» Que les assignats, qui avaient un cours forcé, représentaient le numéraire et espèces métalliques; qu'il était défendu, par l'article 4 de la loi du 11 avril 1793, à toutes personnes de les refuser, sous peine d'une amende égale à la somme refusée, nonobstant toute stipulation qui pourrait avoir été faite; il était même enjoint aux municipalités, aux juges de paix, etc., de faire arrêter les prévenus du refus d'assignats en paiement, et d'avoir tenu des discours propres à les discréditer; que conséquemment les clauses du contrat de vente, qui fixaient les paiemens en numéraire, ne peuvent être valablement opposés; que d'ailleurs la régie, qui était nantie des droits de l'émigré, n'aurait pas manqué de les faire valoir, s'ils eussent été bien fondés; que la question, relative à la demande en nullité des paiemens des sommes dues par le défaut de déclaration devant la municipalité, de liquidation et d'autorisation de l'autorité administrative, prescrites par la loi du 23 août 1792, 11—12 mars et 25 juillet 1793, a été décidée le 27 prairial an 11, par Son Excellence le ministre des finances, qui déclare « que la liquidation et approbation par les corps administratifs, n'est qu'une intervention de surveillance et d'ordre, que cette formalité doit s'observer pour la régularité, mais qu'il importe peu qu'elle ait lieu avant ou après le paiement, quant à la validité, parce que la libération résulte du paiement même, Son Excellence décide en conséquence qu'il doit être procédé à une liquidation, dans tous les cas, où elle n'aura pas été faite, mais que le paiement ou remboursement, qui aura précédé cette liquidation, n'en sera pas moins valable, et qu'aucune loi n'exige l'annullation des paiemens opérés sans liquidation préalable, s'ils ont été faits dans la caisse nationale ; »

» Que les enfans mineurs du sieur Montagut étant seuls débiteurs du prix de cette maison comme ayant succédé aux biens de leur père, c'était en leur nom que leur mère, comme tutrice, aurait dû acquitter cette dette ; mais quoiqu'elle ait négligé de prendre cette qualité, cet oubli ne peut leur préjudicier, attendu que suivant les lois romaines, sous l'empire desquelles les paiemens ont été faits, tout individu peut acquitter les dettes d'autrui, même contre le gré du débiteur, qui est valablement déchargé ; que les lois anciennes sont conformes aux nouvelles, et s'il en était autrement, elles ne pourraient être opposées aux débiteurs sans leur donner un effet rétroactif ; on ne pourrait même leur opposer l'article 1237 du Code civil, parce qu'on supposerait que le sieur Grasset était créancier à l'époque des versemens, tandis que c'était la nation qui, par l'effet de l'émigration ou déportation, était en possession de ses biens ;

» Qu'on ne peut prétendre, avec quelque fondement, que la veuve Montagut ne pouvait transiger avec le sieur Isaac Grasset, sans le concours du gouvernement, puisqu'il n'était ni émigré, ni déporté, qu'il jouissait des droits de citoyen ; que sa créance était liquide, et que le prix de la vente devait être partagé par égales portions avec son frère ;

» Qu'enfin le receveur de l'enregistrement avait seul qualité pour recevoir ce qui était dû au sieur Jean Pierre Grasset, tant qu'il a été réputé émigré d'après les dispositions des articles 14 et 17 de la loi du 30 mars 1792 ; qu'il n'ignorait point que le séquestre avait été apposé sur ses biens, que son mobilier avait été vendu et le produit versé dans sa caisse, il crut sans doute qu'il n'avait pas besoin des corps constitués, ni de la régie pour recevoir une somme déterminée par un acte public, qui n'exigeait aucune liquidation, les intérêts devant seulement être ajoutés au capital ; que d'ailleurs la décision du 7 prairial an 11 ne laisse aucun doute sur le pouvoir qu'avaient les préposés de recevoir les fonds qui leur étaient présentés par les débiteurs, puisqu'il est déclaré qu'il ne peut y avoir lieu à l'annullation des paiemens faits sans liquidation préalable, s'ils ont été opérés dans la caisse nationale ; etc.... »

C'est contre cet arrêté que le sieur Grasset s'est pourvu au Conseil d'état ;

Au soutien de son pourvoi, il a dit :

L'équité ne permet pas de considérer des paiemens faits en assignats dépréciés, comme ayant opéré réellement la libération du débiteur, surtout lorsqu'il s'agit du paiement, non pas simplement des intérêts ou arrérages, mais du prix principal des immeubles ou des rentes ; ces paiemens ont été justement qualifiés de vol par la loi du 12 frimaire an 4, et par l'opinion publique, et les tribunaux se sont fait un devoir d'annuller les paiemens ou consignations de ce genre, dès qu'il s'y trouvait quelqu'irrégularité.

Ici, ce n'est pas une simple irrégularité, c'est l'inobservation des formes et des règles essentielles à la validité des paiemens. La dame Montagut, qui a voulu se prévaloir des lois rendues contre les émigrés et les prêtres déportés, aurait dû se conformer à ces lois, faire la déclaration de sa créance à la municipalité ou aux corps administratifs, représenter le titre ou le contrat de vente qui constituait sa créance, le jugement qui avait ordonné l'exécution du contrat, et l'appel interjeté par elle, pour qu'il fût procédé à une juste liquidation. La déclaration et la liquidation étaient d'autant plus nécessaires, qu'elle voulait s'acquitter d'une autre manière, qu'il n'avait été stipulé par le contrat, et ordonné par le jugement ; mais elle s'est bien gardée d'en instruire l'administration ; elle n'a pas même représenté le contrat de vente au receveur des domaines ; le défaut de déclaration et de liquidation ne sont pas l'effet d'une simple omission, mais d'une dissimulation faite en vue de soustraire l'espèce ou l'objet de la créance à la connaissance de l'administration.

Si le receveur des domaines avait qualité pour recevoir ce qui était dû aux émigrés et déportés, il n'avait pas le pouvoir de recevoir *une chose pour une autre*, d'autoriser ou d'admettre sans réglement un mode de paiement contraire à la convention, qui pouvait être refusé, qui donnait lieu à une lésion énorme ; sa quittance ne pouvait pas alors être considérée comme une décharge définitive de l'obligation.

Les quittances de versemens présentent d'autres irrégularités. La dame Montagut a fait les paiemens, non comme tutrice et au nom de ses enfans, mais en son propre nom, et comme ayant acquis elle-même la propriété de l'exposant ; il paraît même qu'elle l'avait déjà vendue aussi abusivement, sans s'embarrasser des règles prescrites pour la vente des biens des mineurs. Or, suivant les lois romaines qui servaient de règles alors, le paiement de la dette peut bien être acquitté par un tiers, même à l'insu et contre le gré des débiteurs ; mais il faut pour cela que le tiers ait agi *au nom du véritable débiteur* ; si le paiement n'est pas fait au nom de celui-ci, il n'est pas valable, et n'éteint pas l'obligation, ainsi que l'enseigne Pothier, d'après plusieurs lois romaines (Traité des obligations, n°. 463, Pandectes de Pothier, liv. 46, titre 3, deuxième partie, section 1re., art. 2.)

Ces irrégularités et autres qui sont relevées dans l'avis de M. le sous-préfet de Bagnères, sont sans doute bien suffisantes pour déterminer l'annullation de paiemens faits en assignats, qui ne représentaient pas le cinquième ou le dixième de ce qui était dû légitimement.

Mais indépendamment de ces irrégularités, les principes et les dispositions des lois générales sur les obligations payables dans un certain lieu et dans une monnaie convenue, ne permettaient pas d'admettre ces paiemens comme valables.

« Lorsque la convention porte, dit Pothier, (Traité des obligations, n°. 238 ; — Voy. aussi le Répertoire de jurisprudence, au mot *Paiement*, n°. 10), que la paiement sera fait dans un certain lieu, le débiteur ne peut pas obliger le créancier de recevoir ailleurs. »

Is qui certo loco dare promisit, nullo alio loco, quam in quo promisit, solvere invito stipulatore potest. L. 9, ff. *De eo quod certo loco dare oportet* : Telle est aussi la disposition expresse de l'article 1247 du Code civil.

Si le débiteur est en défaut de payer au lieu convenu, il est tenu de tous dommages et intérêts résultans de ce défaut de paiement. L. au Code. *Ubi conveniatur qui certo loco dare promisit.* (*qui certo loco sese soluturum pecuniam obligat, si solutioni satis non fecerit : arbitrariâ actione, et in alio loco potest conveniri : in quâ venit estimatio, quod alterutrius interfuerit suo loco potiùs, quàm in eo in quo petitur, solvi.*)

Pareillement le débiteur ne peut contraindre le créancier à recevoir autre chose que ce qui a été stipulé, art. 1243 du Code civil. Si donc la créance a été stipulée payable en un lieu et en une monnaie étrangère, elle doit être acquittée en cette monnaie, ou le débiteur doit indemniser de la différence du change, entre cette monnaie et celle dans laquelle il paie. C'est la disposition de l'article 143 du Code de commerce, qui n'a fait que confirmer un principe de droit commun et d'un usage universel, ainsi que l'observent M. Locré sur cet article, M. Pardessus, dans son Droit commercial, tome 1er., no. 202 et suiv. ; le Parfait notaire, par Massé, tome 2, p. 422.

» L'obligation de payer en monnaie étrangère est, dit M. Pardessus, la créance d'une marchandise qui doit être fournie en nature ou en équivalent. » Cours de droit commercial, tom. 1er., nos. 204 et 207. »

C'est par une conséquence de ces principes, que l'ordonnance de 1673, et les lois de toutes les nations, autorisent le porteur d'une lettre de change payable dans une place étrangère, et dans une monnaie étrangère, en cas de protêt faute de paiement, à en faire la retraite, en y comprenant la différence du change entre cette monnaie et celle du lieu d'où la lettre de change avait été tirée.

Ces principes n'ont pas cessé d'être en vigueur, pendant l'existence du papier-monnaie. Les Français qui s'étaient obligés à payer des sommes à Gênes, à Cadix ou en d'autres places étrangères, n'auraient pu se libérer en assignats, valeur nominale; et réciproquement s'ils avaient à recevoir des créances sur ces places, ils avaient droit d'être payés dans la monnaie aux cours du change de ces places ; et c'est ce qui a été observé dans la jurisprudence des tribunaux ; il serait superflu d'en citer des exemples particuliers. Aussi dans le préambule d'une loi du 29 nivose an 4 (19 janvier 1796), il a été observé que le crédit public, le crédit particulier et la loyauté de la Nation ne permettaient pas de tolérer les prétentions contraires, que la loi traite de *fraudes* et *d'abus* commis par une fausse interprétation de l'ordonnance de 1673.

Dans l'espèce, le sieur de Montagut s'était obligé à payer le prix de la vente dont il s'agit, à Sarragosse, et dans la monnaie qui avait cours dans cette ville. Cette convention était très-licite, comme il a été observé dans le jugement du 23 janvier 1793, c'était une des conditions substantielles de l'acte, sans laquelle la vente n'aurait pas été consentie ; et l'acquéreur s'était obligé expressément de l'exécuter, à peine de tous dommages-intérêts. Il ne lui appartenait pas, dès-lors, d'examiner si les vendeurs avaient ou non, intérêt de recevoir leur paiement dans une place et dans une monnaie étrangère ; ils pouvaient, d'ailleurs, avoir eu des motifs très-légitimes de le stipuler ainsi, soit pour faire des achats ou des paiemens, ou pour toute autre cause.

Cette stipulation ne contrevenait pas non plus à la loi qui défendait l'exportation du numéraire ; car ce n'était pas en exportant du numéraire de France que le sieur Montagut pouvait satisfaire à son obligation de payer à Sarragosse en monnaie du pays, c'était ou en envoyant des marchandises en Espagne, ou en achetant une créance d'Espagne, ou en se procurant chez un banquier qui avait des correspondances en Espagne, une lettre de change payable au lieu indiqué.

On doit considérer, en outre, que si ce qui est arrivé en France, touchant l'émission ou le discrédit d'un papier monnaie, avait eu lieu en Espagne, les sieurs Grasset auraient dû en supporter la perte, et que dans tous les cas, l'acquéreur en payant dans la monnaie convenue, ne payait que ce qu'il devait réellement.

Le tribunal de Bagnères avait donc rendu une décision souverainement juste, par son jugement du 23 janvier 1793, qui avait déclaré nulles les offres et la consignation faites en assignats par la dame Montagut, lors du terme de premier paiement. Ce jugement qui ordonnait en même temps *l'exécution du contrat de vente, suivant sa forme et teneur*, et qui a acquis force *de chose jugée*, devait servir de règle à la dame Montagut. Elle avait d'autant moins à s'en plaindre, que le tribunal lui avait réservé la faculté de consentir la résiliation de la vente, suivant l'offre qui lui en avait été faite à l'audience de la part des sieurs Grasset.

Quoique les assignats eussent alors cours forcé de monnaie, la stipulation de paiement dans le lieu et la monnaie déterminée, n'en devait pas moins recevoir son exécution. Or, ce qui était juste en septembre 1792, époque de la consignation faite pour le premier terme de paiement, l'était, à plus forte raison, en l'an 3 (ou en 1795), à raison de la dépréciation extrême des assignats.

La guerre survenue avec l'Espagne, avait pu occasionner quelques entraves ou retards dans le cours des transactions commerciales, mais n'avait pu changer les droits et les obligations respectives des parties.

Il est donc bien constant que, si la créance était restée la propriété de particuliers, la dame Montagut ne pouvait pas l'acquitter ou la consigner en assignats valeur nominale, à moins que le créancier ne consentît à se départir de ses droits et des conditions du contrat.

Les lois révolutionnaires de l'an 2, qui ont assimilé momentanément les prêtres déportés aux émigrés, ont-elles apporté quelque changement à l'exécution de l'obligation dont il s'agit ? et les versemens faits par la dame Montagut à la caisse du domaine, ont-ils, d'après ces lois, opéré sa libération ? C'est ce qu'il s'agit encore d'examiner.

Les lois sur les émigrés et déportés n'ont pas changé la créance ou l'objet de l'obligation ; la créance n'est donc pas acquittée par ces versemens.

On peut remarquer d'abord que le fait seul de la déportation du sieur Grasset n'empêchait pas de lui payer ce qui lui était dû en remise sur l'Espagne, ainsi qu'il avait été décidé par le jugement du 23 janvier 1793. Il a même été déclaré par des décrets rendus dans les temps révolutionnaires, qu'on avait pu envoyer aux prêtres déportés le produit de leurs biens, pourvu qu'on n'eût pas fait d'envoi en contravention aux lois prohibitives de l'exportation du numéraire (décret du 27 floréal an 2).

Il est vrai que les lois qui ont ensuite assimilé les prêtres déportés aux émigrés, ont mis momentanément le Gouvernement ou l'administration à la place des créanciers, mais ces lois n'ont pas changé la nature et l'objet de l'obligation ; ainsi, l'administration avait les mêmes droits à exercer ; et si la dame Montagut avait eu l'intention de s'acquitter reellement d'après ces lois, et conformément à son obligation, elle devait donner en paiement une traite payable en Espagne, dont le trésor public aurait fait usage ; ou plutôt elle devait faire la déclaration de sa créance, en représenter le titre et le jugement rendu pour mettre l'administration à portée de régler et liquider cet objet, sauf à elle, si elle ne voulait pas se tenir au réglement de l'administration, à se pourvoir devant les tribunaux, en plaidant contre l'administration comme tout débiteur avait droit de le faire.

Sans doute le paiement reçu volontairement en assignats par le créancier aurait éteint l'obligation même stipulée payable dans une place et une monnaie étrangère. Mais l'administration qui représentait le créancier, n'ayant eu connaissance ni de l'obligation ni du paiement, n'étant intervenue en rien, n'a pu décharger le débiteur de son obligation ; et les versemens faits en assignats, valeur nominale, à la caisse du préposé de la régie, simple receveur n'ayant aucun pouvoir de régler, ni de transiger, ces versemens ne peuvent être considérés que comme un dépôt fait aux risques et périls de celui qui prétendait ainsi s'acquitter.

Supposer que toutes les valeurs dues au trésor public, même en pays étranger, pussent être payées en assignats valeur nominale, serait une véritable méprise, puisque le trésor public, chargé alors d'acquitter en numéraire une portion de la solde des troupes, d'acquitter de même des subsistances et matières tirées de l'étranger, employait toutes les valeurs et effets qu'il pouvait avoir à sa disposition pour les besoins du service, et que les traités de paix, en l'an 3, avec la Hollande, la Prusse, l'Espagne, etc., facilitaient les négociations directes et indirectes des agens de la trésorerie avec l'étranger.

En un mot, les lois sur le cours forcé des assignats, qui avaient une application générale à toutes les transactions payables en France, n'avaient et ne pouvaient avoir, par la nature des choses, aucun effet, aucune influence sur les obligations payables à l'étranger, au profit de français ou autres. La dame Montagut ne pouvait pas, de son chef, par sa seule volonté, changer la nature de sa dette, ou le mode de paiement, sans l'acquiescement du créancier ou de l'administration qui en exerçait les droits.

Tout ce qu'elle pourrait prétendre au plus, ce serait d'être libérée *partiellement* à concurrence de la valeur qu'avaient les assignats lors des versemens ; et cette prétention même ne serait pas admissible dans la rigueur des principes, puisque le créancier avait le droit de refuser ce mode de paiement, contraire à la convention, et que l'administration exerçant les droits du créancier, n'avait admis ni autorisé le paiement qu'elle avait absolument ignoré.

Il est donc démontré que, suivant les principes et les dispositions des lois générales, et nonobstant les dispositions des lois sur les assignats ou concernant les émigrés et déportés, les créances stipulées payables dans les places étrangères et dans une monnaie étrangère, n'ont pu valablement être acquittées en assignats valeur nominale. Il est reconnu, en fait, que les versemens dont il s'agit n'ont pas été autorisés ni admis par l'administration ; ils n'ont donc pu opérer la libération complette du débiteur.

En discutant les questions que présente cette affaire, nous avons réfuté d'avance les motifs de la décision du conseil de préfecture.

Il se fonde d'abord sur le principe général, que le paiement d'une somme exigible, ou du capital et des intérêts d'une rente, opère la libération du débiteur.

Ce principe est vrai, mais il doit s'accorder avec les règles sur le paiement ; il ne suffit pas pour se libérer d'avoir fait un paiement quelconque, il faut avoir payé *ce qu'on devait*, et *comme on le devait*. Un débiteur ne pourrait donc pas se libérer en payant une autre chose, ou d'une autre manière que celle qui a été déterminée par la Convention. Ainsi, les lois des 11 frimaire 1793 et 16 brumaire an 2, ayant ordonné que les fermages des domaines nationaux produisant des grains seraient payés *en nature*, quand même ils auraient été stipulés en argent, et une autre loi du 2 thermidor an 3 ayant ordonné ensuite que tous les fermages seraient payés, moitié en nature ou valeur représentative, et l'autre moitié en assignats, valeur nominale, pourrait-on dire que le paiement en assignats valeur nominale reçu par le receveur pour la partie payable en nature ou valeur représentative, aurait libéré le débiteur ?

La clause de l'acte de vente, dit-on, qui obligeait l'acquéreur à payer le prix de l'acquisition à Saragosse, et en monnaie d'Espagne, était en contradiction avec les lois qui défendaient l'exportation du numéraire.

Nous avons déjà réfuté ce motif ; ajoutons que la défense d'exporter le numéraire hors du royaume, a continué de subsister d'après les arrêtés des 21 et 23 ventose an 11, et ne paraît pas avoir été levée par l'ordonnance du Roi, du 8 juillet 1814, qui permet seulement l'exportation des matières d'or et d'argent en lingots, monnaies étrangères et ouvrages d'orfévrerie. En conclura-t-on qu'il n'était pas permis et qu'il ne l'est pas encore, de souscrire utilement des obligations ou effets payables à Cadix, à Gênes ou autres places étrangères ?

Le conseil de préfecture a cité encore les dispositions des lois des 28 mars 1793 et 25 brumaire an 3, qui défendaient d'envoyer des secours pécuniaires aux émigrés.

Mais aucune conséquence à tirer de ces lois, qui n'ont pas de véritable rapport avec la question actuelle.

Point de conséquence encore à tirer des lois qui avaient donné un cours forcé de monnaie aux assignats, et défendaient de les refuser sous peine d'amende. Nous avons déjà remarqué que celui, par exemple, qui devait payer en grains, n'aurait pu s'acquitter en assignats valeur nominale, malgré leur cours forcé de monnaie. Il en est de même des créances forcées ou obligations payables dans une monnaie étrangère, qui n'est qu'une marchandise pour ceux qui n'habitent pas l'état ou elle a cours. Nous ne reviendrons pas sur les principes et les autorités que nous avons précédemment cités, et sur la jurisprudence constamment suivie à cet égard.

Ainsi, les motifs de l'arrêté du conseil de préfecture, sur la validité des paiemens, n'ont point de fondement solide. Il en est de même des motifs qui regardent la forme ou l'irrégularité des mêmes paiemens.

Le défaut de déclaration et de liquidation de la créance a paru une irrégularité peu importante aux yeux du conseil de préfecture, parce que, suivant une circulaire du ministre des finances, du 27 prairial an 11, la liquidation peut et doit se faire après le paiement, quand elle n'a pas eu lieu auparavant ; et que, dans ce cas, le paiement qui a précédé la liquidation n'en est pas moins valable.

Nous ne connaissons pas cette instruction du ministre et nous ignorons si elle a véritablement quelque rapport à l'objet actuel. Nous ne pouvons raisonner que d'après les lois, et il est constant que la dame Montagut ne s'y est pas conformée. Nous admettrons, si l'on veut, que lorsque le débiteur a payé réellement ce qu'il devait, il peut être indifférent que la liquidation ne soit faite qu'après le paiement ; elle n'est alors qu'une simple vérification ; mais si le débiteur, au lieu de payer *ce qu'il devait*, et suivant le mode déterminé par la convention, veut *substituer un autre mode de paiement*, il ne peut être libéré alors, sans l'acquiescement ou l'acceptation du créancier. Si, s'étant obligé de payer dans une monnaie étrangère, il a laissé ignorer la nature de son obligation et le jugement qui en ordonnait l'exécution, s'il n'a pas fait raison de la différence du cours du change, il ne peut pas être libéré.

L'instruction citée du ministre des finances n'est donc pas applicable au cas actuel, et d'ailleurs en suivant même cette instruction portant qu'il doit être procédé à la liquidation après le paiement, quand elle n'a pas été faite auparavant, il en résulte encore que s'il est démontré par cette liquidation postérieure, comme dans l'espèce, que le débiteur n'a pas satisfait à son obligation, le paiement n'est pas valide, ne l'a pas libéré, et ne pourrait, au plus, être admis que comme un à-compte, à concurrence de la valeur des assignats dépréciés.

On objectera peut-être encore, qu'on ne doit pas revenir facilement sur les paiemens faits, depuis un assez long intervalle, dans les caisses publiques, en assignats dépréciés.

Nous pourrions répondre que si l'administration revient, par des décomptes, sur tous les paiemens faits aux receveurs des domaines, notamment pour les valeurs qui n'étaient pas admissibles, d'après les contrats ou adjudications, le même motif doit légitimer la réclamation du sieur Grasset ; et si l'on considère que dès le principe la prétention injuste de la dame Montagut avait été rejetée par un jugement, et que sur l'instance de l'appel par elle interjeté, le sieur Grasset l'a fait déclarer non-recevable, et n'a cessé depuis lors de réclamer l'exécution du contrat, on ne peut pas envisager sa réclamation comme tardive et défavorable.

Pour la dame veuve Montagut, au contraire, on a répondu :

1°. Lorsque le législateur avait prescrit aux débiteurs des émigrés de faire à la municipalité de leur domicile la déclaration des sommes dont ils étaient redevables, il s'était proposé pour unique but de fournir à l'administration des domaines un moyen de connaître l'importance des créances, d'en provoquer à temps la rentrée, et de la prémunir contre la tentation à laquelle les détenteurs à terme auraient pu céder, sans cette précaution, d'en retenir une partie. Or, qu'était-il besoin de cette formalité purement conservatrice, quand le débiteur se présentait pour acquitter immédiatement le montant de sa dette ? Cette marche, avantageuse pour la nation qui se trouvait plus promptement nantie de ce qui lui revenait du chef des émigrés, remplissait plus directement aussi le vœu de la loi, et rendait visiblement sans objet le préalable d'une déclaration.

Sous ce premier aspect, l'objection de l'adversaire n'est donc qu'une vaine argutie ; ou plutôt elle présente une absurdité, puisqu'elle tend à transformer en infraction l'exécution donnée à la loi de la manière la plus prompte et la plus directe.

2°. Vient ensuite le défaut de liquidation par l'administration départementale.

La loi avait dit, en effet, que les créances des émigrés seraient liquidées par les administrations de département; toutefois ce n'était là qu'une simple formalité d'ordre assez indifférente par elle-même relativement aux créances, dont la quotité, comme dans l'espèce, se trouvait invariablement établie par le titre constitutif.

Aussi nulle part la loi n'avait prononcé l'annullation des paiemens qui n'auraient pas été précédés d'une liquidation.

C'est ainsi que le ministre des finances lui-même s'en est expliqué dans une décision datée du 27 prairial an 11; elle porte :

« Que la liquidation et approbation par les corps administratifs, n'est qu'une intervention de surveillance et d'ordre; qu'il importe peu qu'elle ait lieu avant ou après le paiement, parce que la libération résulte du paiement même. »

3°. Reste l'argument tiré de ce que la dame Montagut, en payant, n'a pas pris la qualité de tutrice.

En thèse générale, les actes faits par une personne, s'apprécient toujours par sa véritable qualité.

D'après cela, il est indifférent que les quittances des 11 nivose et 10 messidor an 3 n'aient qualifié la dame Montagut de tutrice : elle n'en a pas moins procédé sous cette qualité, qui était véritablement la sienne.

La critique que fait ici l'adversaire est d'autant plus oiseuse, que la dame Montagut n'avait aucune espèce d'intérêt à dissimuler qu'elle agissait pour le compte de ses enfans. La preuve d'ailleurs qu'elle n'a pas cherché à le dissimuler, résulte des termes mêmes des quittances; celle du 11 nivose est ainsi conçue :

« Je soussigné, receveur de l'enregistrement, reconnais avoir reçu de la dame veuve Montagut. . . . ; ladite somme ayant appartenu à Jean-Pierre Grasset, prêtre déporté, provenant de la part qui compète à ce dernier sur la vente d'une maison située à Bagnères, vendue à ladite veuve Montagut *par ledit Jean-Pierre et Isaac Grasset frères, moyennant la somme de* 19,041 *fr., par acte du* 29 *septembre* 1791, *retenu par Dumont, notaire.* »

Or, pour mentionner que la créance du sieur Grasset avait pour cause la vente d'une maison, pour rapporter le nom des vendeurs, le prix de la vente, la portion revenant à l'émigré, la date de l'acte, le nom du notaire détenteur, il fallait nécessairement que le receveur eût eu le contrat sous les yeux ; en sorte qu'il lui avait été facile de s'assurer que l'exposante ne devait rien personnellement, et qu'elle payait pour compte de ses enfans.

Au surplus, les lois, tant anciennes que modernes, ont consacré en principe, que tout individu peut acquitter les dettes d'un autre, même à son insu et contre son gré, et que ce dernier demeure valablement déchargé.—*Solvere pro ignorante et invito cuique licet : cùm sit jure civili constitutum licere etiam ignorantis invitique meliorem conditionem facere.* Leg. 53, ff. de sol. et leg. 17, Cod. eod.

Cela posé, qu'est-il besoin de rechercher en quelle qualité la dame Montagut a agi. Dans le fait, elle a payé une somme due au sieur Grasset. Cette dette était celle de ses enfans : il n'y a pas de raison pour que le paiement ne leur profite pas. Evidemment on ne saurait refuser à une mère le pouvoir de libérer ses enfans mineurs; pouvoir qu'aurait pu s'arroger le premier venu, alors même qu'on les supposerait dans l'âge d'avoir une volonté.

A ne considérer l'acte du 29 septembre 1791, que d'une manière abstraite et indépendamment de tous les incidens ultérieurs, le raisonnement de l'adversaire serait sans replique ; mais il tombe de lui-même quand on songe au changement survenu dans la condition du créancier, et qui apporta nécessairement des modifications aux obligations du débiteur.

Nous l'avons déjà fait observer, le sieur Grasset fut déporté en 1792 ; vint ensuite la loi du 19 vendémiaire an 2, qui le rangea dans la classe des émigrés ; en sorte que tous ses biens, droits et actions, passèrent sous la main de l'État.

A partir de ce moment, les héritiers Montagut ne durent plus rien au sieur Grasset personnellement ; ils eurent le gouvernement pour créancier.

Dès-lors il ne dut plus être question de la clause du contrat de 1791, portant que le prix de la maison serait payé à Saragosse, et la chose est facile à concevoir.

Premièrement, cette clause avait été stipulée pour des motifs personnels aux vendeurs, qui avaient intérêt à recevoir leur argent à Saragosse plutôt qu'ailleurs; or, l'effet cessait naturellement avec la cause; et puisque ce n'étaient plus eux qui devaient recevoir, puisque la nation française se trouvait subrogée à leurs droits, tout prétexte manquait pour que la condition fût encore exécutée ; évidemment il eût été absurde d'ajourner la nation à Saragosse pour y être payée de ce qui lui était dû du chef du sieur Grasset par des individus ayant en France leur domicile et leurs propriétés.

En second lieu, la loi du 25 septembre 1792 imposait aux débiteurs des émigrés l'obligation de verser les sommes dues *dans les caisses nationales.*

Conséquemment la dame Montagut n'avait pas l'option; elle ne pouvait se libérer qu'entre les mains du receveur des domaines de l'arrondissement : les paiemens faits partout ailleurs ne l'eussent pas été conformément au vœu de la loi, il auraient été comme non avenus.

Il est évident que cela participe de l'erreur. Le sieur Grasset argumente sans cesse d'après les principes du droit commun, feignant d'oublier qu'il figura sur la liste des émigrés, et qu'à ce titre sa condition est régie par des lois qui seules doivent aujourd'hui servir de règle à la décision du Conseil d'état.

Aux termes du décret de l'assemblée constituante du 17 avril 1790, « les assignats avaient cours forcé de monnaie *entres toutes personnes* dans toute l'étendue du royaume, *et devaient être reçus comme espèces sonnantes* dans toutes les caisses publiques et particulières. »

La loi du 11 avril 1793 alla plus loin ; elle proscrivit le numéraire et ordonna que les assignats seraient reçus à sa place, *nonobstant toutes stipulations*, c'est la disposition textuelle de l'art. 4.

Dans l'espèce, les héritiers Montagut étaient débiteurs d'une somme de 11,068 francs en vertu de l'acte du 29 septembre 1791, conformément aux deux lois que nous venons de citer ; ils auraient pu se libérer en assignats entre les mains du sieur Grasset lui-même, s'il avait eu capacité pour recevoir. A plus forte raison l'ont-ils pu envers la nation, qui ne reconnaissait point d'autre monnaie, qui dans tous ses engagemens employait exclusivement les assignats.

A la vérité il est dit, dans le contrat de 1791, que le paiement aurait lieu en monnaie d'Espagne. Faut-il en conclure que les débiteurs auraient dû faire compte au trésor public de la perte du change ?

Non sans doute, car on ne trouve rien de semblable dans la loi.

L'argument tiré des fermages des biens nationaux pour prétendre que la disposition qui substituait les assignats au numéraire n'était pas absolue et applicable à toute sorte d'engagemens, ne prouverait rien contre notre thèse.

Quand le législateur à voulu que ces fermages, quoique convenus en argent, fussent acquittés en nature, il s'en est formellement expliqué : de là les lois des 11 janvier 1793 et 16 brumaire an 2, qui font, sur ce point, exception à celle du 11 avril. Or, il n'eût certainement pas manqué de faire de même, s'il avait entendu que les créances des émigrés *stipulées payables en pays étranger*, fussent liquidées sur une autre base que les créances ordinaires ; et ce serait visiblement ajouter aux dispositions de la loi, que de vouloir suppléer à son silence à cet égard.

Le système de l'adversaire suppose nécessairement que les parties contractantes couraient la même chance, c'est-à-dire qu'elles avaient réciproquement droit à une bonification selon le cours du change. Admettons cependant qu'au mois de messidor an 3, le cours entre Saragosse et Paris eût été à l'avantage de cette dernière place, pense-t-on que l'administration des domaines eût consenti à faire remise de la différence aux héritiers Montagut ?

Assurément personne ne doutera qu'elle n'eût rejeté bien loin la proposition.

Cette observation suffirait toute seule pour montrer combien est frivole la prétention élevée en ce moment par le sieur Grasset.

En dernière analyse, les principes veulent qu'un paiement volontairement reçu par le débiteur éteigne l'obligation ; partant, il faudrait s'en prendre au receveur s'il n'exigea pas dans le temps tout ce qui lui était dû. Quant au sieur Grasset, il est incontestablement non-recevable à revenir aujourd'hui sur un remboursement que l'administration des domaines a rectifié par un silence de vingt années.

Que voudrait donc le sieur Grasset ? que la dame Montagut ne se fût pas libérée entre les mains de la nation ?

D'abord la chose n'était pas en son pouvoir.

La dette était constatée par un titre public : elle avait même été déjà l'objet d'un procès devant le tribunal de Bagnères. A ce double titre, il était impossible qu'elle échappât longtemps aux recherches du fisc : et toutes les tentatives que la dame Montagut aurait pu faire pour dissimuler, n'auraient servi qu'à provoquer contre elle les peines portées contre les rétentionnaires d'objets appartenant aux émigrés.

Il y a plus, jamais la dame Montagut n'a eu à cet égard l'embarras du choix. Et quand elle a payé, elle était déjà en demeure par divers avertissemens du receveur des domaines.

Le sieur Grasset se plaint de ce que le remboursement a été fait en assignats.

Mais, en premier lieu, cela ne lui fait aucun tort ; car dépouillé qu'il était de la propriété de la créance, il ne lui en reviendrait pas davantage aujourd'hui, quand, au lieu d'assignats, la régie eût reçu des écus.

D'un autre côté, la dame Montagut n'avait pas la faculté de se liquider autrement qu'en assignats, puisque, d'après la loi du 11 avril 1793, c'était la seule monnaie avouée par le gouvernement, la seule autorisée dans les transactions et admise dans les caisses publiques.

Enfin, il ne faut pas perdre de vue que la somme versée, en messidor an 3, dans la caisse du receveur des domaines, provenait d'une vente de denrées coloniales, dont le produit avait originairement été affecté par le sieur Montagut au paiement de la maison acquise des sieurs Grasset ; et puisque la dame Montagut avait été forcée de recevoir le prix de cette vente en assignats, il était juste, il était tout naturel qu'elle s'en servît à son tour pour éteindre la dette de ses enfans. Disons mieux, en ne faisant pas cet emploi elle aurait évidemment trahi ses devoirs de tutrice et compromis sa responsabilité personnelle.

Sur ces défenses respectives est intervenue l'ordonnance suivante :

LOUIS, etc.; — Sur le rapport du comité du contentieux;

Vu les requêtes à nous présentées et déposées au secrétariat du comité du contentieux de notre Conseil d'état, les 6 août et 9 septembre 1816, par le sieur Jean-Pierre Grasset, prêtre, demeurant à Bagnères, département des Hautes-Pyrénées; lesdites requêtes tendantes à ce qu'il nous plaise annuller un arrêté du conseil de préfecture dudit département, du 26 septembre 1813; en conséquence, déclarer nuls et de nul effet les paiemens faits les 11 nivose et 10 messidor an 3, par la dame veuve Montagut, dans la caisse du receveur des domaines à Bagnères, pour la part dudit sieur Grasset, dans le prix d'une maison par lui vendue conjointement avec le sieur Isaac Grasset, son frère, suivant contrat du 29 septembre 1791; renvoyer les parties à procéder devant les tribunaux ordinaires sur l'exécution dudit contrat, et condamner la dame veuve Montagut aux dépens;

La requête en défense de la dame Jeanne-Louise Caviale, veuve Montagut, demeurant à Bagnères, signifiée le 21 janvier 1817, par laquelle elle conclut à ce que ledit sieur Grasset soit déclaré non-recevable, ou tout au moins mal fondé dans son pourvoi, et condamné aux dépens;

L'ordonnance de soit communiqué à l'administration des domaines, du 28 janvier 1817;

La requête de ladite administration, signifiée le 30 juin 1817, et par laquelle, en se déclarant sans intérêt dans la contestation, elle conclut aux dépens contre celle des parties qui succombera;

Les répliques respectivement signifiées par ladite dame veuve Montagut et par ledit sieur Grasset, les 6 août et 3 septembre derniers;

L'acte du 29 septembre 1791, contenant vente par les sieurs Jean-Pierre Grasset et Isaac Grasset, au sieur Antoine Montagut, depuis décédé, d'une maison située à Bagnères, pour le prix de 19,041 livres, avec la stipulation expresse que les paiemens de ladite somme, tant en capital qu'intérêts, seront faits à Saragosse en Espagne, aux vendeurs ou à telle personne qui sera par eux désignée dans cette ville, et fondée de leurs pouvoirs, et ce en espèces ayant cours dans le lieu du paiement;

L'arrêté du directoire du département des Hautes-Pyrénées, en date du 16 vendémiaire an 3, portant que ledit sieur Jean-Pierre Grasset sera compris dans le premier supplément à la liste générale des émigrés de ce département, et que le séquestre sera apposé sur ses biens;

Les quittances délivrées les 11 nivose et 10 messidor an 3, par le receveur de l'enregistrement et des domaines, à la dame veuve Montagut, ensemble de la somme de 11,1.6 liv. 14 s. 9 den. due audit sieur Jean-Pierre Grasset, en vertu dudit contrat de vente du 29 septembre 1791;

Les jugemens du tribunal de première instance séant à Bagnères, et les arrêts de la Cour d'appel de Pau, des 23 janvier 1793, 29 avril 1807, 11 janvier 1808 et 19 août 1809;

L'arrêté du conseil de préfecture du département des Hautes-Pyrénées, en date du 26 septembre 1813, attaqué par ledit sieur Grasset, lequel arrêté a déclaré valides et légaux les paiemens susdits faits par ladite dame veuve Montagut, au receveur des domaines, les 11 nivose et 10 messidor an 3, et a décidé qu'il n'y avait lieu au renvoi devant l'autorité judiciaire, pour l'exécution du contrat de vente susdite du 27 novembre 1791;

Ensemble toutes les autres pièces respectivement produites;

Considérant que, lors des paiemens susdits, des 11 nivose et 10 messidor an 3, le sieur Jean-Pierre Grasset était inscrit sur la liste des émigrés, et que ses droits et actions étaient exercés par l'État; que les lois alors en vigueur obligeaient les débiteurs des émigrés à verser les sommes par eux dues dans les caisses publiques, et rendaient les assignats admissibles en paiement, nonobstant toute stipulation contraire, et que le débiteur a payé la totalité du capital et des intérêts échus;

Notre Conseil d'état entendu,

Nous avons ordonné et ordonnons ce qui suit:

Art. 1er. La requête du sieur Grasset est rejetée.

2. Le sieur Grasset est condamné aux dépens.

3. Notre ministre secrétaire d'état des finances est chargé de l'exécution de la présente ordonnance.

Ordonnance du 22 octobre 1817. (2778)

N°. 110.

PAUVRES. — BUREAU DE BIENFAISANCE. — ACTE ADMINISTRATIF. — CHOSE JUGÉE. — ABANDON. — TERRES VAINES ET VAGUES.

L'arrêté par lequel un préfet abandonne à un bureau de bienfaisance pour les pauvres, des terres vaines et vagues qu'il croit appartenir à l'État, n'est pas une décision et n'a pas l'effet de la chose jugée à l'égard des tiers se prétendant propriétaires; la question de propriété reste entière et peut être par eux soumise aux tribunaux.

(Le sieur Hamelin et consorts.—C.—les administrateurs du bureau de bienfaisance de Saint-Mars de Locquenay.)

Le 16 juin 1791, adjudication fut passée au sieur Hamelin père, par les administrateurs du district de Saint-Calais, moyennant la somme de 10,290 francs, de la métairie de Grusson, située dans la commune de Volnay, « telle, est-il dit dans l'acte, qu'en jouit » Georges Leballeur, fermier actuel, et que MM. les

» officiers municipaux de Volnay l'ont déclarée dans le » tableau des biens nationaux qu'ils ont remis au di» rectoire du district. »

Hamelin se mit en possession de la métairie, et notamment de quelques landes et sapinières incultes qu'il défricha.

Postérieurement, par l'effet d'une nouvelle circonscription de territoire ces landes et sapinières, qui étaient situées dans la commune de Volnay, se trouvèrent faire partie de la commune de Loquenay.

Alors, les administrateurs du bureau de bienfaisance de cette dernière commune demandèrent au préfet la concession de ces terrains comme étant communaux.

Par un arrêté du 6 janvier 1814, le préfet de la Sarthe les leur concéda à l'insu du sieur Hamelin.

Celui-ci s'opposa à la jouissance des administrateurs, prétendant que les terrains litigieux étaient une dépendance de la métairie de Grusson; que le fermier de cette métairie, Leballeur, aux droits duquel il avait été mis, en avait toujours joui, et que les officiers municipaux de Volnay les avaient eux-mêmes indiqués dans le tableau remis au directoire du district comme faisant partie de la métairie de Grusson.

Le conseil de préfecture nomma un expert, à l'effet de procéder à la reconnaissance de toutes les parcelles de propriété composant la ferme de Grusson, à l'époque de la vente, par récollement sur la montrée dressée lors de l'entrée en jouissance de Georges Leballeur.

Sur le rapport de l'expert, intervint, le 19 janvier 1815, l'arrêté contradictoire dont la teneur suit :

« Considérant, en ce qui concerne le sieur Hamelin, que la métairie de Grusson a été vendue telle qu'en jouissait Georges Leballeur, fermier; qu'il n'est fait aucune mention ni désignation des parcelles loties au bureau de bienfaisance de Saint-Mars de Loquenay, dans le procès-verbal ci-dessus daté de la visite et montrée faite lors de l'entrée en jouissance du fermier, d'où résulte la preuve positive que lesdites parcelles n'entraient pas dans la composition de cette ferme;

» En ce qui concerne le sieur Lenoir-Ducoudray, intervenant, considérant que la demande a pour objet de faire reconnaître un droit de pacage dans les landes dont il s'agit, en sa qualité de propriétaire du lieu du petit Grué, bien patrimonial; que la connaissance de cette prétention n'est pas du ressort du conseil, mais bien du tribunal civil;

» Décide ce qui suit :

» 1°. Les quatre parcelles de sapinières ou landes dont le bureau de bienfaisance de Saint-Mars de Loquenay a été approprié par arrêté de M. le préfet, du 6 janvier 1814, ne sont jamais entrées dans la composition de la ferme de Grusson, dont le sieur Hamelin s'est rendu adjudicataire au district de Saint-Calais, le 16 juin 1791; en conséquence, il ne peut prétendre aucun droit de propriété sur ces parcelles;

» 2°. Les administrateurs dudit bureau de bienfaisance sont autorisés à poursuivre le sieur Hamelin devant le tribunal civil en restitution des bois par lui abattus sur lesdites parcelles, et pour les dommages et intérêts qui peuvent être dus pour raison desdits abats et enlèvement de bois;

» 3°. Il n'y a lieu à délibérer pour cause d'incompétence sur la demande en intervention formée par le sieur Lenoir-Ducoudray, lequel est renvoyé à se pourvoir devant le tribunal civil. »

Postérieurement, les enfans issus du premier mariage de la dame Hamelin, décédée, à qui il était échu une portion de la métairie de Grusson, par le partage de la succession de leur mère, ont formé tierce-opposition à cet arrêté, dans lequel ils n'avaient pas été parties. Ils se sont fondés sur les mêmes moyens que Hamelin leur père; et deplus, ils ont offert de prouver, tant par titres que par témoins, leur possession plus que trentenaire.

Sur leur demande, il a été rendu, le 5 octobre 1815, l'arrêté suivant :

« Considérant que la ferme de Grusson n'est pas employée dans les états de section de la commune de Volnay comme le constate le procès-verbal dressé par le sieur Siret, commencé le 17 octobre 1814 et clos le 19 des mêmes mois et an, d'où il résulte qu'elle ne dépendait pas de la commune de Volnay; que cette ferme ayant été vendue telle qu'en jouissait Georges Leballeur fermier, et la visite et montrée faite lors de l'entrée en jouissance de ce fermier ne faisant aucune mention des terrains réclamés, il en résulte que ces terrains ne faisaient point partie de cette ferme;

» Que le procès-verbal de cette visite, et montré et rédigé par Montaron, notaire, le 20 décembre 1785, contrôlé le 2 janvier suivant, est un acte public contre lequel la preuve testimoniale ne peut être admise;

» Déclare qu'il n'y a lieu à délibérer. »

C'est contre ces deux arrêtés que se sont pourvus devant le Conseil d'état, tant le sieur Hamelin père, que les enfans Hamelin, 1°. pour fausse application des lois de la matière, et excès de pouvoir, en ce que le conseil de préfecture a décidé que c'était aux titres antérieurs à la vente consentie au profit du sieur Hamelin, et non à son acte d'adjudication, qu'il fallait recourir pour reconnaître si les biens litigieux avaient fait partie de son acte d'acquisition; — 2°. pour fausse application des articles 1341 et 1347 du Code civil, et violation de l'article 2265 du même Code, en ce que le conseil a rejeté la preuve testimoniale offerte et la prescription invoquée.

» Une première considération qui se présente, disait les sieurs Hamelin, c'est que le conseil de préfecture avait à discuter et à interpréter le sens d'un acte (celui d'adjudication); et aulieu de le scruter et de le développer dans toutes ses parties, il l'abandonne sans daigner s'en occuper, pour s'attacher à un autre acte, (celui en vertu duquel avait joui Leballeur), qui n'offre au premier aspect aucun rapport avec celui qui était soumis à la discussion.

» En effet, c'était le contrat d'adjudication du 16 juin 1791 que le conseil de préfecture avait à examiner, c'était lui seul qu'il devait soumettre au creuset de l'analyse, et qui devait faire la base et la règle principale de sa décision. Cet acte devait être par lui scrupuleusement analysé sous toutes les formes, et ce n'était qu'après avoir reconnu que son texte nú était incapable de se prêter à aucune interprétation raisonnable ou conforme au sens de l'acte entier, que le conseil pouvait se déterminer à l'abandonner.

» D'un autre côté, l'acte d'adjudication ne pouvait être pris isolément du tableau indicatif des biens composant la ferme de Grusson, puisqu'il était dit formellement dans cet acte, que cette ferme était vendue *telle que les officiers municipaux de Volnay l'avaient déclarée dans le tableau par eux remis au directoire du district*. Ces deux pièces auraient donc dû être réunies et comparées par le conseil avant de rejeter comme incomplet l'acte d'adjudication, pour s'en rapporter à un acte étranger à René Hamelin.

» Le conseil de préfecture s'est bien gardé d'agir ainsi; au lieu de donner à l'acte d'adjudication tous les sens dont il était susceptible, il ne lui en a appliqué qu'un seul : il a raisonné comme si l'acte avait dit seulement qu'il n'était vendu à René Hamelin que ce dont jouissait Georges Leballeur, et il n'a pas daigné faire attention,

» 1°. Qu'il était ajouté surabondamment dans cet acte, que la ferme de Grusson était vendue *telle qu'elle était déclarée dans le tableau dressé par les officiers municipaux de Volnay*, tableau dans lequel figure d'une manière expresse les sapinières et landes en litige, d'où il résultait nécessairement la conséquence qu'elles étaient comprises dans la vente faite à René Hamelin;

» 2°. Qu'en faisant même abstraction de cette clause, on lisait plus bas que la ferme de Grusson était vendue ainsi *qu'elle se poursuit et comporte*, et que, puisque les officiers municipaux de Volnay avaient déclaré dans un acte qui n'est point argué de faux, que tous les objets par eux énumérés, *sans augmenter ni diminuer*, faisaient partie de la métairie de Grusson, les biens en litige étant compris dans leur état, se trouvaient nécessairement *être comportés* par la vente, et qu'il eût même fallu, pour les en excepter, une clause expresse de ce même acte de vente;

» 3°. Qu'en admettant ce qui est démenti en fait, que Georges Leballeur n'eût pas eu la jouissance des sapinières, il n'en résultait pas pour cela que celles-ci n'eussent pu valablement être réunies par les officiers municipaux à la vente du surplus de la ferme dont elles avaient, dit-on, été détachées momentanément, et dont elles avaient précédemment toujours fait partie;

» 4°. Enfin, que peu importait que Georges Leballeur eût joui ou non de ces sapinières, qu'elles eussent ou non fait précédemment partie de la ferme de Grusson, qu'il en fût fait ou non mention dans des actes relatifs à cette ferme, et antérieurs à la vente consentie au profit de René Hamelin; que l'essentiel était qu'elles fussent mentionnées comme comprises dans ce même acte de vente, et que puisque cette mention y existait, tout était terminé à cet égard, et rien ne pouvait en disputer la propriété à son profit.

» Cela posé, il est vrai de dire que le conseil de préfecture s'est jeté dans la seule hypothèse qui, dans l'espèce, fût tout-à-fait inadmissible et *en fait* et *en droit*.

» *En fait*, parce qu'il est certain malgré le procès-verbal de montrée, que Georges Leballeur n'en avait pas moins joui des sapinières et landes, depuis 1785 jusqu'en 1791, et qu'il en jouissait notamment à l'époque de la vente consentie au profit de René Hamelin; ce fait se trouve établi de la manière la plus incontestable par les déclarations faites et affirmées devant notaires par sept témoins, viellards et notables de la commune de Volnay et des environs, et qui tous attestent que les landes et sapinières ont, de temps immémorial, fait partie de la ferme de Grusson, et n'ont jamais été distraites de la jouissance de Georges Leballeur. Il est également établi par un certificat d'un sieur François Rayer, ancien fermier général ou régisseur du prieuré de Volnay, que les fermiers de Grusson ont toujours joui de ces mêmes portions de terrain.

» *En droit*, parce qu'en abandonnant, comme insuffisant, le procès-verbal d'adjudication, du 19 juin 1791, et en se rapportant, pour la décision de la cause, à un titre ancien, le conseil de préfecture a déclaré implicitement, que les limites et contenance de la ferme de Grusson, n'étaient pas déterminées par les actes administratifs, et ne pouvaient l'être que par les titres anciens; or, cette même déclaration le rendait en même temps incompétent, et l'obligeait à renvoyer aux tribunaux la connaissance de l'affaire.

» En effet, les lois qui ont remis aux conseils de préfecture la connaissance du contentieux des domaines nationaux, les décrets et ordonnances qui leur ont confirmé ce droit, ont unanimement décidé que les conseils de préfecture ne pouvaient juger les contestations de cette nature, qu'autant qu'ils ne se reporteraient point au-delà des actes administratifs qui pouvaient y avoir rapport; que c'était à eux à voir s'ils pouvaient trouver dans ces mêmes actes les élémens propres à former leur décision; mais que, s'ils reconnaissaient, au contraire, l'insuffisance de ces mêmes actes et le besoin de se reporter, à cet effet, soit à des titres anciens, soit au droit commun, soit à des coutumes locales et des enquêtes et visites de lieux, ils devaient se déclarer incompétens et renvoyer l'affaire devant les tribunaux. Une foule d'autorités pourraient être rapportées à l'appui de cette doctrine, qui est constante en matière de domaines nationaux; mais, afin de restreindre cette discussion, on se contentera de citer la plus récente. Cette autorité est un décret du 19 juin 1813, rapporté au bulletin des lois, 4e série, nº 9396, et qui annulle, pour incompétence, un arrêté d'un conseil de préfecture, et renvoie les parties devant les tribunaux : « Vu, est-il dit, les décrets par lesquels nous avons renvoyé aux tribunaux les questions relatives aux limites des domaines vendus par l'Etat, lorsqu'elles n'étaient pas déterminées par les actes administratifs, et ne pouvaient l'être que par les titres anciens, le droit commun, les coutumes locales et les enquêtes et visites des lieux, etc... »

» Le conseil de préfecture n'a point suivi cette marche, et il a retenu, par-devers lui, la connaissance de l'affaire qu'il décidait d'après les titres anciens; il a donc contrevenu par-là aux lois et décrets en matière de vente de domaines nationaux, et commis un excès de pouvoir sous deux rapports;

» 1°. En refusant de reconnaître que l'acte du 19 juin 1791, ensemble le tableau y annexé, suffisaient pour la décision de l'affaire, et en méconnaissant le sens et l'esprit imprimé à ce même acte par toutes les lois qui régissent les actes semblables.

» 2°. En conservant pardevers lui la connaissance de cette même affaire, et en la jugeant, non d'après les actes administratifs, mais d'après les titres anciens, ce qui est réservé exclusivement aux tribunaux.

» Le conseil de préfecture, dans le second de ses arrêtés (celui du 5 octobre 1815), a rejeté la preuve offerte, tant par titres que par témoins, de la possession presque immémoriale des exposans: « attendu, a-t-il dit, que la preuve testimoniale frapperait contre un acte public (le procès-verbal de Nomtrée, passé devant notaire), et que dès-lors elle ne saurait être admise. »

» En décidant d'une manière aussi tranchante, le conseil de préfecture a tout à la fois fait une fausse application et commis une violation des règles de droit touchant la preuve testimoniale.

» En premier lieu, il a fait une fausse application des règles relatives à la preuve testimoniale, et notamment de l'article 1341 du Code civil. Cet article, que vraisemblablement le conseil de préfecture a eu en vue dans son considérant, porte effectivement qu'il n'est reçu aucune preuve par témoins contre et outre le contenu aux actes; mais il n'est d'aucune application dans l'espèce, attendu que ce n'est pas contre et outre le contenu en leur acte d'adjudication que les exposans ont offert de diriger leur preuve: cet acte, ainsi qu'ils viennent de le démontrer, renferme, quant à eux tous, ce qui leur est nécessaire pour prouver leur droit de propriété aux sapinières et landes en litige: il le renferme, soit qu'on le considère isolément et dans le seul contexte, soit qu'on le réunisse au tableau ou état indicatif dont il est inséparable. Les exposans n'ont donc aucun intérêt à l'attaquer, et ils se gardent bien en effet d'y porter aucune atteinte; ce qu'ils attaquent, c'est un acte qui leur est totalement étranger, qui est passé long-temps avant leur jouissance, et dont on veut se faire une arme contre eux en le présentant comme le seul titre qui doive et qui puisse régler leur jouissance. Or, ce n'est point contre des actes de cette nature que l'article 1341 a défendu la preuve testimoniale, il n'a entendu la prohiber que dans le cas où une partie, après avoir donné son consentement, après avoir figuré d'une manière expresse dans un acte, voudrait ensuite revenir contre cet acte, en offrant de prouver par témoins qu'il a été, lors de sa confection, dit ou fait quelque chose, soit contre son contenu, soit au-delà de ce même contenu: le législateur n'a pas voulu qu'il pût dépendre de la volonté d'une partie de revenir contre un consentement donné ou accepté à l'aide de témoins qu'il lui serait facile de suborner; mais au contraire, lorsqu'on oppose à une partie un acte passé sans sa participation, comme le motif dont on vient de parler ne saurait exister, le législateur n'a pas pu vouloir lui défendre de prouver par tous les moyens qui sont en son pouvoir contre ou outre le contenu en cet acte: tel est le véritable esprit de l'article 1341. Cet esprit a été étrangement méconnu par le conseil de préfecture, qui, ainsi que l'on a vu, a raisonné à l'égard du procès-verbal de Nomtrée, comme si cet acte eût été passé avec René Hamelin, et a rejeté en conséquence la preuve offerte contre cet acte, tandis que, par cela seul qu'il était étranger aux exposans, ceux-ci devaient être admis à administrer contre lui toutes les preuves qu'ils pourraient fournir. Il y a donc eu, par le conseil de préfecture, fausse application de l'art. 1341.

» Mais le conseil de préfecture ne s'en est pas tenu là; il a également violé de la manière la plus formelle les règles relatives à la preuve testimoniale, en rejetant celle offerte par les exposans: peu de mots suffiront pour justifier cette assertion.

» En effet, en admettant même avec le conseil de préfecture, que la preuve dût frapper contre un acte public, il ne s'ensuivait pas pour cela, et surtout dans l'espèce, qu'elle fût inadmissible en droit. Le Code civil, après avoir posé dans les articles 1341 et suivans, les principes que l'on a rapportés plus haut, prend soin d'ajouter dans l'article 1347, que toutes ces règles reçoivent exception, *lorsqu'il existe un commencement de preuve par écrit*; ce qui est dire, en d'autres termes, par exemple, qu'une partie munie d'un commencement de preuve par écrit peut être admise à prouver et contre et outre le contenu à un acte, même passé par elle.

» Or, dans l'espèce, les exposans étaient non-seulement munis d'un commencement de preuve par écrit, mais même ils avaient cette preuve par écrit, entière et absolue: ils avaient leur acte d'adjudication; ils avaient cet état indicatif des biens composant la ferme de Grusson, dont il a été si souvent parlé dans le cour de ce mémoire; ils avaient tous les baux anciens de la ferme de Grusson; en un mot, ils étaient munis de tous les élémens propres à asseoir et compléter la preuve par écrit, et la plus entière et la plus irréfragable, et cependant ils se contentaient de présenter toutes ces pièces comme un simple commencement de preuve, et d'offrir comme leur complément une preuve testimoniale plus que surabondante. Les exposans étaient donc parfaitement dans les termes de l'article 1347, et en les privant du droit que cet article leur assurait, le Conseil de préfecture a violé et méconnu, de la manière la plus formelle, le principe qui y est renfermé.

» Au surplus, et pour marcher dans cette cause de concession en concession, en supposant même que le Conseil de préfecture ait pu, avec fondement, rejeter la preuve offerte par les exposans, il était un dernier moyen, par eux invoqué, sur lequel le conseil ne pouvait se dispenser de statuer sans méconnaître également toutes les lois sur lesquelles il est basé. Ce moyen est la prescription, invoquée en dernière analyse par les exposans devant le conseil de préfecture, lors de l'arrêté du 5 décembre 1815, auquel celui-ci s'est dispensé de répondre, et qu'il n'a même pas visé dans son préambule. Les exposans reproduisent avec confiance, devant le Conseil de Sa Majesté, ce moyen auquel ils déclarent ne recourir qu'autant que, contre toute attente, ceux qu'ils viennent de faire valoir ne convaincraient pas le Conseil de la légitimité de leur droit de propriété.

» La prescription des exposans réunit tous les caractères exigés par la loi ; ils ont un *juste titre*, puisque leur acte d'adjudication mentionne les sapinières dans le tableau indicatif qui en est inséparable ; ils ont une possession paisible, non interrompue, de bonne foi et à titre de propriétaire ; enfin cette possession a duré, sans interruption, depuis le 16 juin 1791, époque de leur acquisition, jusqu'au mois de mars 1814, c'est-à dire pendant près de vingt-deux années ; laps plus que suffisant à leur égard, attendu qu'il leur suffisait d'une possesion de dix années, puisqu'ils habitaient dans le ressort de la même cour d'appel que le bureau de bienfaisance de la commune de St. Mars de Locquenay. Les exposans étaient donc parfaitement fondés à opposer à leurs adversaires l'article 2265 du Code civil : il leur suffisait de prouver, comme ils viennent de le faire, que toutes les conditions voulues dans cet article avaient par eux été accomplies, pour repousser toutes les prétentions qu'on pouvait élever contre leur propriété, fussent-elles même mieux fondées que celles qu'ils ont eu à combattre. Au lieu d'accueillir ce moyen, comme la loi le lui prescrivait impérieusement, le conseil de préfecture a jugé à propos de le rejeter, ou, ce qui revient au même, d'agir comme s'il ne lui eût pas été présenté : il devient donc évident que, par cette négligence affectée, le conseil de préfecture a méconnu et violé positivement l'article 2265 du Code civil. »

En cet état est intervenue l'ordonnance suivante :

LOUIS, etc. ; — Sur le rapport du comité du contentieux ;

Vu la requête à nous présentée par le sieur René Hamelin père, cultivateur, demeurant à Saint-Mars de Locquenay, département de la Sarthe, et par les sieurs François Hamelin, ancien militaire, demeurant en la même commune ; René Hamelin, cultivateur à Parigné-l'Evêque, Jean-Baptiste Crosnier, cultivateur à Challes, Joseph Grillon, meûnier à Volnay, et Marie Cosnier son épouse ; Jean Boulay, tailleur de pierres à Ternon, et Renée-Anne Crosnier, son épouse ; Julien Chantoiseau, cultivateur à Vilaines-sous-Lucé, et Rose Crosnier, son épouse, ces six derniers agissant comme représentans de défunte Marie Manduel, veuve en premières noces de Jean-Baptiste Crosnier, cultivateur à Ternon, même département de la Sarthe, et décédée épouse, en secondes noces, de René Hamelin ; ladite requête enregistrée au secrétariat du comité du contentieux de notre Conseil d'état, le 1er. avril 1816, concluant à ce qu'il nous plaise annuller un arrêté du préfet de la Sarthe, en date du 6 janvier 1814, ensemble deux arrêtés du conseil de préfecture du département, en date des 19 janvier et 5 octobre 1815 ; déclarer les exposans possesseurs et légitimes propriétaires de sept hectares treize ares de landes et sapinières qui sont en litige entre eux, d'une part, comme réclamant ces terrains en vertu de l'adjudication d'un domaine national, dit la métairie de Grasson, consentie au profit de René Hamelin, le 16 juin 1791 ; et d'autre part, les administrateurs du bureau de bienfaisance de Saint-Mars de Locquenay, comme ayant pris possession desdits terrains au profit des pauvres, le 12 mars 1814, en vertu de l'arrêté susmentionné du préfet de la Sarthe, et subsidiairement admettre lesdits exposans à prouver leur possession à titre de propriétaires, depuis l'année 1791 jusqu'à ce jour, par la preuve testimoniale, dans le delai qu'il nous plaira de fixer, et ce, par devant l'autorité, soit judiciaire, soit administrative, qu'il nous plaira de désigner ; enfin condamner aux dépens les administrateurs du bureau de bienfaisance de Saint-Mars de Locquenay ;

Vu la requête en défense, pour lesdits administrateurs, enregistrée au secrétariat du comité du contentieux de notre Conseil d'état, le 15 juillet 1817, et concluant à ce qu'il nous plaise rejeter le pourvoi des sieurs Hamelin, et autres dénommés en la requête ci-dessus visée, déclarer que les landes et sapinières, sur lesquelles ont porté les deux arrêtés attaqués du conseil de préfecture de la Sarthe, n'ont point fait partie de la vente du 16 juin 1791 ; que la distraction qui en a été faite au profit des pauvres, doit sortir son plein et entier effet, et condamner aux dépens les sieurs Hamelin et consorts ;

Vu ledit arrêté du préfet du département de la Sarthe, du 6 janvier 1814 ;

Vu l'arrêté du conseil de préfecture du département de la Sarthe, du 19 janvier 1815, qui porte que le sieur René Hamelin ne peut prétendre aucun droit de propriété sur les terrains litigieux, et maintient l'attribution de ces terrains, faite au bureau de bienfaisance de Locquenay ;

Vu l'arrêté pris par le même conseil de préfecture, le 5 octobre 1815, sur la tierce-opposition formée contre le précédent, par les enfans de René Hamelin, se disant posséder avec lui la métairie de Grusson, lequel a déclaré qu'il n'y avait lieu à délibérer ;

Vu un rapport d'experts, en date des 17 et 19 octobre 1814, et un acte de visite et montrée de la métairie de Grasson en Volnay, en date du 20 décembre 1785, sur lesquels se fondent les précédens arrêtés du conseil de préfecture ;

Vu ledit acte du 16 juin 1791, portant qu'il est

fait adjudication au sieur René Hamelin, de la métairie de Grusson, située paroisse de Volnay, composée de bâtimens, cour, jardin, chenevril, terres labourables et prés, telle qu'en jouit George le Balleur, fermier actuel, ainsi que les officiers municipaux de Volnay l'ont déclaré dans le tableau des biens nationaux qu'ils ont remis au directoire de district, et ainsi que le tout se poursuit et comporte, sans en rien retenir ni réserver, et dépend du prieuré de Volnay ;

Vu le procès-verbal de prise de possession desdites landes et sapinières par le bureau de bienfaisance de Saint-Mars de Locquenay, en date du 12 mars 1814, comme de terrains cédés au domaine et au nom des pauvres de ladite commune ;

Vu toutes les pièces respectivement produites par les parties, et notamment la signification faite par huissier au sieur René Hamelin père, le 23 février 1815, de l'arrêté du conseil de préfecture du 19 janvier précédent ;

Vu l'art. 11, du réglement du 22 juillet 1806 ;

Considérant que l'arrêté attaqué du préfet du département de la Sarthe, est un acte purement administratif qui n'a disposé des terrains litigieux en faveur du bureau de bienfaisance de Saint-Mars de Locquenay, que sous la réserve expresse des droits des tiers ; que cet arrêté n'a jamais fait obstacle à ce que les parties se retirassent par devant qui de droit, pour y faire juger un question préalable de propriété, et qu'il n'y a lieu, en notre conseil, qu'à prononcer sur le mérite des arrêtés attaqués du conseil de préfecture ;

Considérant, en ce qui concerne le sieur René Hamelin, père, qu'il ne s'est pourvu contre l'arrêté du conseil de préfecture, du 19 janvier 1815, que le 1er. avril 1816 ; que cet arrêté lui avait été notifié par huissier, le 23 février 1815 ; et qu'ainsi, aux termes de l'article 11 du réglement du 22 juillet 1806, le sieur René Hamelin, père, n'est pas recevable ;

Considérant, en ce qui concerne ceux des requérans qui sont intervenus devant le conseil de préfecture par tierce-opposition contre l'arrêté du 19 janvier 1815, qu'il résulte des arrêtés attaqués que ce conseil s'est trouvé dans l'impuissance de juger, d'après les termes de l'acte d'adjudication, et d'après un tableau de biens nationaux auquel il se réfère, si les terrains litigieux ont été compris ou non dans la vente de la métairie de Grasson, adjugée au sieur Hamelin en 1791 ; que, dans le silence du contrat de vente, le conseil de préfecture a eu recours à une expertise et à un titre ancien de l'année 1785, dont il n'est fait aucune mention dans l'acte d'adjudication, et dont la connaissance appartient aux tribunaux ;

Notre Conseil d'état entendu,

Nous avons ordonné et ordonnons ce qui suit :

Art. 1er. La requête du sieur René Hamelin, père, est rejetée.

2. Les arrêtés attaqués du conseil de préfecture sont annullés pour cause d'incompétence, dans le chef qui a statué entre le bureau de bienfaisance et les tiers-opposans ci-dessus mentionnés, et les parties sont renvoyées devant les tribunaux ordinaires pour y faire statuer sur la propriété des terrains litigieux.

3. Le sieur René Hamelin, père, est condamné à payer la moitié des dépens, et l'autre moitié est compensée entre les tiers-opposans et le bureau de bienfaisance de Saint-Mars-de-Locquenay.

4. Notre garde des sceaux ministre secrétaire d'état de la justice et notre ministre secrétaire d'état de l'intérieur sont chargés, chacun en ce qui le concerne, de l'exécution de la présente ordonnance.

Ordonnance du 22 octobre 1817. (2777)

N°. 111.

LOGEMENT DES TROUPES ALLIÉES. — PROPRIÉTAIRE. — LOCATAIRES.

Le portier d'un hotel, qui, à défaut du propriétaire et des locataires, a subvenu aux frais de logement et de nourriture des militaires des troupes alliées, envoyés à ladite maison par des ordres de l'autorité administrative, s'il veut faire fixer la portion contributive des locataires et du propriétaire, afin d'en être remboursé, doit s'adresser à la justice ordinaire, et non à la justice administrative : bien entendu que la contestation n'a pas pour objet l'assiette du logement.

Quid *si l'autorité civile renvoyait au réglement administratif ou au billet de logement et à l intention écrite ou présumée du maire qui a fait le logement?*

(Les sieurs de Sabran et Ledanois — C. — le sieur Taverne.)

Dans le courant de l'année 1815, les locataires de la maison sise à Paris, rue du Faubourg-St.-Honoré, n°. 114, avaient eu à loger plusieurs officiers des armées alliées.

Le sieur Taverne, concierge de cette maison, chargé par les locataires de pourvoir à leur logement et nourriture, avait fait plusieurs avances, s'élevant à la somme de 1960 fr. 90 c.

Le 15 avril 1816, Taverne forma, devant le tribunal civil de la Seine, contre les sieurs de Sabran, Ledanois et Amelot, locataires de la maison, une demande tendante à ce qu'ils fussent condamnés à lui payer la somme ci-dessus.

6 décembre 1816, jugement ainsi conçu :

« Attendu, au fond, qu'il est de notoriété publique qu'encore que les ordres donnés par les commissaires de la préfecture, où les municipalités mettaient des hôtels entiers ou maisons à la disposition des états-majors ou officiers attachés aux armées alliées pour le logement, ne continssent pas toujours l'ordre de nourrir, cependant les officiers et soldats exigeaient fréquemment cette nourriture, surtout dans les hôtels ou maisons que les propriétaires ou locataires, en tout ou en partie, avaient abandonnées, et que, dans les circonstances fâcheuses dans lesquelles chacun se trouvait, il y aurait eu du danger pour les propriétaires, locataires, concierges et portiers à s'y refuser ;

» Que les charges extraordinaires n'ont pu être

soumises à des règles fixes également observées dans chaque mairie, et que, dans ce malheur général, chacun a été exposé à supporter sa part et même au-delà, des dépenses faites dans l'intérêt commun ;

» Que les nourritures fournies se répartissaient ordinairement entre les propriétaires et locataires habitant la même maison dans la proportion des loyers ;

» Attendu qu'il résulte des faits et des circonstances de la cause, que les nourritures fournies et les dépenses faites par Taverne, ont été réellement fournies et faites par lui ;

» Qu'Amelot, quoique propriétaire de l'hôtel, et ayant fourni son appartement et l'usage de ses meubles et de son linge, n'en doit pas moins sa portion dans les nourritures et dépenses, parce qu'elles ont eu lieu indépendamment et au-delà du logement ; que d'ailleurs, comme propriétaire, il peut avoir eu intérêt et avantage à loger chez lui des officiers envoyés dans son hôtel ;

» Que le comte de Sabran ne justifie d'aucun logement et nourriture qu'il ait fournis particulièrement ;

» Que Ledanois paraît bien avoir reçu un billet de logement, mais ne prouve pas avoir déféré à cette réquisition ; que d'ailleurs cette charge particulière a été de courte durée, qu'il eût pu réclamer, et qu'il n'a non plus payé aucuns frais de nourriture ni aucune dépense qui soient venues en diminution de la charge générale imposée à l'hôtel ;

» Qu'outre les charges générales, chacun peut avoir été forcé de supporter encore des charges particulières, soit à Paris, soit hors de Paris ;

» Que des contestations de la nature de celle ci, dans lesquelles les faits ne peuvent être vérifiés, et où il n'existe pas de lois positives, ne peuvent trouver leur solution que dans les règles de l'équité ;

» Le tribunal fixe la dépense faite par Taverne, pour les officiers et soldats ou domestiques logés dans l'hôtel dont il s'agit, et pendant le temps qu'ils y ont logé, à la somme de 1948 francs 90 cent. ; ordonne que cette somme sera répartie entre les propriétaires et locataires occupant ou tenant des appartemens dans ledit hôtel à cette époque, par contribution au centime le franc du principal de la valeur locative de l'appartement occupé par le propriétaire, et en outre des appartemens et autres dépendances non loués et occupés, lesquels se trouvaient à la charge du propriétaire, et du prix des baux et locations pour les locataires ;

» Condamne Amelot, le comte de Sabran et Ledanois, à payer audit Taverne le montant de leur portion contributoire dans cette somme ;

» Et pour arrêter et fixer cette contribution, le tribunal renvoie les parties devant le juge de paix de l'arrondissement dans lequel est situé ledit hôtel, lequel demeure autorisé à se procurer tous les renseignemens qu'il jugera nécessaires pour cette opération. »

M. le préfet de la Seine a prétendu que ces questions étaient de la compétence de l'autorité administrative, et ne pouvaient pas être décidées par les tribunaux civils ; en conséquence, il a élevé un conflit par un arrêté du 19 mars 1817, dont la teneur suit :

« Considérant qu'aux termes de la loi du 28 pluviose an 8, les préfets sont seuls chargés de l'administration, chacun dans leur département, et qu'il leur appartient spécialement de faire exécuter par les administrés, les ordres du gouvernement, et de régler les difficultés qui peuvent s'élever sur l'exécution de ces ordres ;

» Que le logement des gens de guerre est une charge purement administrative, et qu'il importe d'éviter aux administrés entre eux, devant les tribunaux ordinaires, des contestations qui aggraveraient considérablement cette charge ;

» Que les officiers municipaux, en conséquence des ordres à eux transmis par les sous-préfets, sont chargés de la délivrance des billets de logement aux administrés ; qu'aux termes des lois et réglemens sur la matière, les habitans qui auront à se plaindre devront s'adresser aux officiers municipaux ;

» Que le préfet du département de la Seine est chargé de remplir les fonctions de sous-préfet d'administration municipale ; que les officiers municipaux des douze mairies de Paris n'exercent leurs fonctions que sous sa surveillance immédiate, et qu'il lui appartient de statuer sur tout ce qui concerne l'administration municipale ;

» Que les différends qui peuvent s'élever entre les administrés sur l'exécution des ordres émanés de l'autorité administrative, ne peuvent être réglés que par cette autorité, et que par conséquent il ne peut appartenir aux tribunaux de connaître de la question élevée entre plusieurs administrés, de savoir par qui d'entre eux peuvent être supportés des frais de logement de gens de guerre ;

» Et enfin que toutes les lois sur la matière, celle du 24 août 1790, celle du 24 septembre 1791, et notamment celle du 16 fructidor an 3, portent défenses itératives aux tribunaux de connaître des actes d'administration, de quelque espèce que ce soit. »

C'est sur ce conflit que le Conseil d'état est appelé à prononcer.

» La première loi sur le logement des gens de guerre, dit le sieur Taverne, est une ordonnance de Louis XII, en date du 20 janvier 1514.

» Les successeurs de ce prince ont porté, sur la même matière, différentes lois qui ont été étendues, restreintes ou modifiées par le titre 5 de l'ordonnance du 8 juillet 1768.

» Les dispositions de cette ordonnance ont été abrogées et remplacées par celles de la loi du 8 juillet 1791.

» Le titre 5 de cette loi est consacré *au logement des troupes*.

» L'art. 9 astreint les habitans à loger les troupes, et n'excepte de cette charge que les dépositaires de deniers publics, les veuves et les filles.

» Il contient, en outre, une disposition par laquelle il ordonne à l'administration de veiller à ce que la charge du logement ne tombe pas toujours sur les mêmes individus, et que chacun y soit soumis à son tour.

» La loi du 23 mai 1792 est la seconde qui ait été rendue depuis la révolution sur cette matière.

» Elle contient l'approbation d'un réglement général sur le logement et le casernement des troupes; 17 articles de ce réglement sont réunis sous le titre du *logement chez l'habitant.*

» Ils établissent le mode à suivre pour l'avis à donner aux municipalités, du jour de l'arrivée des troupes, pour la délivrance des billets de logement par les municipalités (art. 10.)

» L'article 11 reproduit les exceptions portées dans l'article 9 du titre 5 de la loi du 8 juillet 1791.

» Les articles suivans traitent du nombre de chambres à donner en raison des différens grades; de la qualité des lits à fournir par les habitans; des dégâts et dommages qui pourraient être causés par les troupes; enfin l'art. 25 renouvelle aux municipalités l'injonction d'user de ménagemens envers les habitans.

» Les lois qui ont été rendues depuis, sur la matière, ont laissé ces dispositions en vigueur.

» De leur ensemble, il résulte qu'à l'administration seule appartient le recensement des logemens qui peuvent être propres à recevoir des troupes, la distribution et répartition de ces troupes chez les habitans, enfin la connaissance des réclamations que ces habitans pourraient élever, dans le cas, par exemple, où ils seraient trop souvent foulés de la charge du logement, où ils recevraient un nombre de militaires trop considérable en raison de l'étendue du local qu'ils occupent, et autres plaintes semblables.

» Pour lever toutes les difficultés, il n'y a donc point de doute que l'administration ne soit compétente, et il n'est pas douteux non plus que toute autre autorité envahirait le pouvoir qui est confié à l'administration, si elle s'arrogeait le droit de les résoudre; et pourquoi? parce qu'il n'y a là rien de véritablement contentieux, et que de telles dispositions ne sont qu'administratives.

Mais si, après que l'administration a rempli les fonctions qui lui sont attribuées, à cet égard, par les réglemens et les lois; si, après la distribution des logemens et la réception des troupes par les particuliers, sans qu'il se soit élevé de réclamations de leur part, il survient des contestations relatives aux frais que ces logemens de troupes, et leur nourriture, ont pu entraîner: si, après une circonstance pressante où tout un hôtel ou maison étant tenu de recevoir un certain nombre de militaires, celui-là qui a été chargé par les locataires de pourvoir à la dépense générale vient réclamer son paiement, et demander que la part contributoire de chacun des locataires soit fixée, qui devra prononcer sur une semblable question? sera-ce l'administration; ou sera-t-elle dévolue aux tribunaux ordinaires?

» Il n'y a pas de doute qu'il faut répondre:

» Que l'administration a épuisé ses pouvoirs à l'instant où s'engage une telle contestation; que toute sa mission est remplie; que ses obligations cessent, et par conséquent sa compétence. Car l'administration dont il s'agit, en matière de logement de gens de guerre, est l'administration municipale, et ce n'est qu'à ce titre que le préfet de la Seine, qui exerce à Paris les fonctions municipales, réclame la contestation qui s'est élevée entre le sieur Taverne et les sieurs de Sabran et consorts.

» L'administration municipale n'a ni juridiction, ni pouvoir de juger, excepté en certains cas très-rares, pour lesquels la loi leur donne une attribution spéciale; telle la police du roulage (décret du 23 juin 1816.)

» Point d'attribution contentieuse aux municipalités, en matière de logement militaire; ce qu'elles ont à décider, suivant les lois ci-dessus citées, ce sont des réclamations de difficultés, mais point de contestations.

» Et dans l'espèce, c'est une contestation véritable, entre particuliers, qui est à juger.

» Depuis long-temps les troupes alliées étaient parties, chacun des locataires de l'hôtel dont le sieur Taverne est concierge, avait consenti (bénévolement ou pressé par la nécessité des circonstances, peu importe) à souffrir la charge qui lui était imposée.

» Si quelqu'un d'entre eux avait élevé sa plainte sur le nombre des militaires qu'il était tenu de loger, sur les trop fréquens retours de cette charge, ou s'il se fût fondé sur l'une des exceptions portées par la loi, l'administration aurait pu prononcer; elle seule aurait dû donner une décision sur ces réclamations.

» Mais il s'agit d'un tout autre objet; il s'agit d'acquitter, par une répartition entre tous les locataires d'une maison, la dépense que les soldats logés ont occasionnée, dépense non ordonnée par l'administration municipale, due, non pas par la force de la loi positive, mais par la loi de convenance et de nécessité.

» Le sieur Taverne, qui l'a payée sur l'invitation qu'il en a reçu des locataires, demande à rentrer dans les fonds qu'il a avancés.

» Qu'y a-t il là d'administratif? Il n'est plus, en effet, question d'assurer l'exécution des ordres de l'administration, ils ont été ponctuellement remplis; il n'y a pas de réclamation à ce sujet: l'administration adjugera-t-elle les condamnations que demande le sieur Taverne? en aura-t-elle le droit? et cependant il faudra bien, en définitif, que le sieur Taverne recouvre ses avances. Sur qui les recouvrira-t-il? nécessairement sur ceux pour qui il les a faites.

» Nous le répétons avec la conviction la plus intime,

» L'administration est incompétente pour s'attribuer la connaissance de pareilles demandes; elle y doit rester entièrement étrangère.

» C'est aux tribunaux ordinaires seulement qu'elles doivent être soumises; eux seuls peuvent adjuger des condamnations telles que celles dont il s'agit; eux seuls peuvent décider sur quelles bases doit être établie la répartition des sommes dues par plusieurs à la fois, dans de telles circonstances.

» Il faut donc ne pas perdre de vue cette distinction importante, que, jusqu'à l'entière exécution des ordres de l'administration, celle-ci était compétente pour les réclamations qui auraient été faites, quant à la charge du logement des soldats étrangers; mais qu'après l'exécution des ordres, toute contestation, fût-elle même la conséquence de la mesure prise par l'administration lorsqu'elle n'attaque pas la mesure même, lui est devenue étrangère, parce que ce n'est plus par les réglemens administratifs qu'elle pourra être décidée, mais par les règles de l'équité et du droit commun.

» M. le préfet de la Seine s'est donc trompé, lorsqu'il a pensé que l'affaire présente était de la compétence de l'administration municipale, dont il est le chef et le régulateur. »

En cet état est intervenue l'ordonnance suivante.

LOUIS, etc. — Sur le rapport du comité du contentieux;

Vu un arrêté du préfet du département de la Seine, en date du 19 mars 1817, lequel, sur la demande du sieur comte de Sabran et du sieur Ledanois de la Soisière, a élevé le conflit dans une contestation pendante en la Cour royale de Paris entre lesdits sieurs de Sabran et Ledanois, d'une part, agissant comme locataires chacun d'un appartement dans une maison sise à Paris, rue du faubourg Saint-Honoré, n°. 114, et, d'autre part, le sieur Taverne, portier de cette maison, dont le sieur Victor Amelot est propriétaire; ladite contestation relative au paiement des dépenses que le sieur Taverne prétend avoir été chargé de faire et avoir faites en l'année 1815, pour le logement et la nourriture de militaires des troupes alliées envoyés en ladite maison par les ordres de l'autorité administrative;

Vu le jugement rendu dans ladite contestation le 6 décembre 1816, par le tribunal de première instance du département de la Seine, lequel condamne les sieurs Amelot, comte de Sabran, et Ledanois, à payer au sieur Taverne le montant de leur portion contributive dans une somme de 1904 fr. 90 c., telle qu'elle sera fixée au centime le franc du principal de la valeur locative de chacun des appartemens tenus par les locataires ou le propriétaire;

Vu la requête à nous présentée par le sieur Taverne, enregistrée au secrétariat du comité du contentieux de notre Conseil d'état, le 16 mai 1817, et concluant à ce qu'il nous plaise annuller ledit arrêté de conflit; ordonner que ledit jugement sortira son plein et entier effet, sauf l'arrêt d'appel à intervenir, s'il y a lieu, et condamner les contestans aux dépens du présent litige;

Vu l'ordonnance rendue sur ladite requête par notre garde des sceaux ministre secrétaire d'état de la justice, en date du 5 juin 1817, portant soit communiqué aux sieurs de Sabran et Ledanois; ensemble la signification d'icelle faite par huissier, le 14 juillet suivant, auxdits sieurs, qui n'ont produit aucune défense dans les délais du réglement;

Vu toutes les pièces jointes au dossier de cette affaire;

Considérant que la contestation dont il s'agit n'a pas pour objet l'assiette du logement des troupes alliées, fourni à la décharge des sieurs Amelot, de Sabran et Ledanois, mais la répétition des frais de ce logement, ce qui constitue une simple contestation civile, qui est uniquement de la compétence des tribunaux;

Notre Conseil d'état entendu;

Nous avons ordonné et ordonnons ce qui suit:

Art. 1er. L'arrêté de conflit pris par le préfet du département de la Seine, le 19 mars 1817, est annullé, et les parties sont renvoyées pardevant la Cour royale de Paris.

2. Les sieurs de Sabran et Ledanois sont condamnés aux dépens faits devant notre Conseil.

3. Notre garde des sceaux ministre secrétaire d'état de la justice et notre ministre secrétaire d'état de l'intérieur sont chargés, chacun en ce qui le concerne, de l'exécution de la présente ordonnance.

Ordonnance du 22 octobre 1817. (2784)

N°. 112.

COMMERCE. — AUTORISATION. — CONSEIL DE PRÉFECTURE. — EXCÈS DE POUVOIR.

Sur la demande d'une commune tendante à être autorisée à revendiquer contre un particulier des terrains qu'elle prétend usurpés par lui, un conseil de préfecture ne peut ordonner, par un interlocutoire, qu'il soit procédé à la limitation des propriétés en litige.

(Le sieur Jacomet. — C. — la commune de Seméac.)

Au mois de juillet 1813, en vertu de la loi du 20 mars de la même année, le sieur Jacomet s'est rendu adjudicataire d'environ neuf hectares de pré et terres labourables, provenant de la commune de Seméac, département des Hautes-Pyrénées.

En 1817, le maire de la commune de Seméac a prétendu que le sieur Jacomet, depuis son adjudication, avait usurpé certaines pièces de terre sur les possessions de la commune; et, d'après une délibération du conseil municipal, en date du 10 mars, il a réclamé du conseil de préfecture l'autorisation nécessaire pour poursuivre, au nom de la commune, le sieur Jacomet devant les tribunaux.

Sur cette demande, le conseil de préfecture a rendu un arrêté conçu en ces termes:

« Considérant que, pour décider en pleine connaissance les contestations qui divisent les parties, il est indispensable de faire constater les prétendues usurpations commises par le sieur Jacomet, en se référant au procès-verbal d'adjudication et au rapport de l'expert y annexé.

» Le conseil de préfecture arrête:

» Avant faire droit, que par le sieur Dantin Laurent, arpenteur-géomètre, il sera procédé à la diligence du maire de Seméac, en sa présence et celle de deux indicateurs, nommés par le conseil municipal et celle du sieur Jacomet, ou dûment appelé, à la levée du plan et arpentement des fonds vendus à ce dernier, en vertu de la loi du 20 mars 1813, distraction faite des rives ou talus du chemin vicinal de Tarbes à Soues, non compris dans la vente, lesquels seront arpentés, et la contenance constatée séparément.

» *La limitation desdits fonds sera en outre provisoirement fixée par des piquets*, qui seront fournis par le maire de Seméac.

» Il sera dressé procès-verbal du tout, lequel nous sera rapporté avec le plan pour être définitivement statué ce qu'il appartiendra. »

Le sieur Jacomet s'est pourvu contre cet arrêté; on a soutenu, dans son intérêt, que le conseil de préfecture devait se borner à refuser ou à accorder l'autorisation de plaider à la commune de Seméac, et qu'en ordonnant la limitation des fonds acquis par le sieur Jacomet, il avait excédé ses pouvoirs, puisque, par l'effet de cette limitation, il préjugeait implicitement la question de propriété, dont les tribunaux seuls devaient connaître.

» Si les communes étaient livrées à elles-mêmes, a-t-on dit, elles seraient souvent exposées à s'engager dans des procès injustes et ruineux.

» Pour parer à ce danger, le législateur les a placées sous la tutelle de l'administration supérieure; il a voulu que, dans aucun cas, elles ne pussent paraître en justice qu'au préalable elles n'y eussent été autorisées par le conseil de préfecture de leur département.

» Avant d'accorder une autorisation de ce genre, il est dans l'ordre que les conseils de préfecture cherchent à s'assurer que les prétentions de la commune sont fondées, et que le procès qu'elle se propose de soutenir, offre des chances probables de succès.

» Mais il ne leur est pas pour cela permis de prendre toute espèce de mesures, qu'ils croiraient propres à les éclairer. Leur pouvoir, à cet égard, a des bornes qui sont indiquées par la nature même des choses. Les fonctions qu'ils exercent alors ne sont pas d'autre nature que celles que la loi attribue aux conseils de famille, relativement aux actions immobilières des mineurs.

» Dans l'un comme dans l'autre cas, il n'y a point de juridiction contentieuse, point d'autorité à l'égard de la partie contre laquelle doit être formée l'action qu'il s'agit d'autoriser.

» Et dès-lors nulle possibilité d'ordonner des opérations qui ne pourraient se faire qu'en exigeant de cette partie une soumission ou une tolérance que les juges seuls ont le droit de lui imposer.

» Dans l'espèce, la commune de Seméac disait avoir été dépouillée de quelques lopins de pacage par le sieur Jacomet; et sur ce fondement vrai ou faux, elle sollicitait l'autorisation de l'appeler en justice.

» Pour accorder ou refuser l'autorisation en connaissance de cause, le conseil de préfecture pouvait, sans contredit, discuter les titres de la commune, faire examiner les lieux, ordonner même des enquêtes; toutes choses qui menaient au résultat désiré sans blesser les droits de personne.

» Mais le conseil de préfecture était-il également en droit d'ordonner, comme il l'a fait, *que la propriété du sieur Jacomet fût arpentée et limitée par des piquets*, et cela en sa présence ou lui dûment appelé.

» C'est ce qu'il est impossible d'admettre : cette disposition de l'arrêté du 16 mai dépasse le but que le conseil a dû se proposer, sort des bornes de sa compétence, et viole le respect dû à la propriété.

» Et d'abord elle s'étend au-delà de l'objet qui devait seul occuper le conseil.

» Il est clair qu'il ne s'agissait que d'examiner s'il y avait lieu ou non d'accorder l'autorisation de plaider.

» Mais le conseil de préfecture est allé plus loin, sous prétexte de s'éclairer; il se constitue ici l'arbitre de la contestation.

» A quoi tendait en effet la limitation prescrite? A faire séparer ce qui appartenait au sieur Jacomet, de ce qui était censé revenir à la commune.

» Or, une fois la démarcation faite, quel que fût son résultat, le problème était résolu; l'opération faisait connaître s'il y avait eu ou non usurpation de la part du sieur Jacomet.

» Le provisoire préjugeait donc le fond du procès, et cependant ce procès ne pouvait être jugé que par les tribunaux, ainsi que la commune l'a reconnu elle-même, en se bornant à demander l'autorisation de plaider devant eux.

» Sur un second rapport, l'excès de pouvoir est encore plus évident.

» Tout propriétaire est maître chez lui; personne n'a le droit de s'introduire, malgré lui, sur son héritage, et de s'y permettre le moindre acte, à moins d'y être autorisé par le juge.

» Toute délimitation de propriété, toute opération faite sur le terrain d'un particulier, sans son consentement, ne peut donc être qu'une violation de la propriété, si elle n'est pas *un acte de juridiction*.

» Maintenant, que penser du conseil de préfecture qui, dans une contestation *dont le jugement ne lui est nullement soumis*, délègue des experts avec la mission expresse de se transporter sur la prairie du sieur Jacomet, de l'arpenter, d'y faire une plantation de piquets, et d'en déterminer la circonscription.

» Certes, on ne saurait voir là qu'un trouble apporté à la jouissance du propriétaire, un acte évidemment subversif du droit de propriété, et dont l'exemple pourrait devenir trop dangereux, pour qu'on puisse craindre que le Conseil d'état consente à le tolérer. »

Sur quoi est intervenue l'ordonnance dont la teneur suit :

LOUIS, etc.; — Sur le rapport du comité du contentieux;

Vu la requête à nous présentée au nom du sieur Jacomet, avoué près le tribunal civil de Tarbes, enregistrée au secrétariat du comité du contentieux de notre Conseil d'état, le 29 juillet 1817, et tendante à ce qu'il nous plaise le recevoir appelant de l'arrêté du conseil de préfecture du département des Hautes-Pyrénées, en date du 16 mai 1817, statuant sur l'appel, casser et annuller ledit arrêté; en conséquence faire défense tant au maire de la commune de Seméac qu'à l'expert commis par le conseil de préfecture, et à tous autres de s'introduire sur le fonds de l'exposant, d'y planter aucuns piquets; d'y faire aucune limitation, ni enfin aucune espèce d'acte quelconque, auquel il n'aurait pas consenti d'avance, le tout sous les peines de droit;

Vu l'arrêté précité du 16 mai 1817, par lequel, sur une demande de la commune de Seméac, en autorisation de plaider, le conseil de préfecture a ordonné des levées de plan, arpentage, limitation des propriétés litigieuses et autres opérations contradictoires entre les parties, sous la réserve de statuer définitivement sur le tout, ainsi qu'il appartiendra;

Vu les explications données, le 15 septembre 1817, par le conseil de préfecture et l'avis du préfet des Hautes-Pyrénées, du 1er. octobre suivant sur ledit arrêté;

Vu toutes les pièces produites;

Considérant que la commune de Seméac ayant demandé l'autorisation de poursuivre devant les tribunaux le sieur Jacomet, en éviction des fonds communaux par lui usurpés, le conseil de préfecture devait statuer sur cette demande, mais qu'il n'était pas compétent pour ordonner, par un jugement interlocutoire, la limitation des propriétés en litige;

Considérant que les autres demandes faites par la commune, relativement au chemin vicinal de Tarbes à Soues, au chemin de communication de Seméac, à l'Adour et à la construction d'un pont sur le canal d'arrosement, sont de la compétence administrative, sauf les questions de propriété qui peuvent s'y rattacher, et qui rentrent dans les attributions de l'ordre judiciaire.

Notre Conseil d'état entendu,

Nous avons ordonné et ordonnons ce qui suit:

Art. 1er. L'arrêté du conseil de préfecture du département des Hautes-Pyrénées, du 16 mai 1817, est annullé.

2. La commune de Seméac est autorisée à revendiquer, devant les tribunaux, la propriété et jouissance des terrains communaux qu'elle dit avoir été usurpés par le sieur Jacomet.

4. Les difficultés d'exécution, relatives aux deux chemins et à leurs dépendances, seront réglées administrativement, sauf à faire juger, s'il y a lieu, les contraventions par les tribunaux de police municipale ou correctionnelle, et les questions de propriété par les tribunaux ordinaires.

4. Notre ministre secrétaire d'état de l'intérieur est chargé de l'exécution de la présente ordonnance.

Ordonnance du 6 novembre 1817. (2796)

No. 113.

COMMUNAUX. — Partage. — Tiers-Acquéreur.

Le détenteur actuel de biens communaux, qui les a achetés de prétendus portionnaires, peut être dépossédé par la commune, s'il ne justifie pas d'un acte de partage, bien qu'il justifie d'une délibération prise par les habitans pour procéder au partage des biens communaux. (Loi du 9 ventose an 12.)

(Le sieur Varlet. — C. — la commune de Laires.)

En exécution de la loi du 10 juin 1793, la commune de Laires fit procéder, sur la délibération de ses habitans, au partage d'un terrain communal, dit les *Ecardeleux*.

Chaque coportionnaire jouit paisiblement de son lot.

En 1808, quarante-neuf copartageans vendirent leurs lots au sieur Varlet.

Bientôt après, le maire de la commune de Laires demanda que cette commune fût réintégrée dans le terrain des Ecardeleux, prétendant qu'il n'existait aucun acte de partage de ce terrain, et que les habitans s'étaient chacun arbitrairement emparés d'une portion qu'ils avaient ensuite vendue à Varlet.

Le sieur Varlet répondit qu'il possédait par suite du partage qui avait été fait en exécution de la loi du 10 juin 1793; qu'à la vérité l'acte de partage paraissait égaré; mais qu'il constait suffisamment du partage, soit par la déposition d'un grand nombre de témoins, soit par la délibération prise par les habitans de Laires, du 10 brumaire an 4, de procéder au partage, soit enfin par la jouissance paisible de chaque coportionnaire.

7 juillet 1814. Le conseil de préfecture du département du Pas-de-Calais rendit l'arrêté suivant:

« Considérant qu'il n'a pas été dressé d'acte de partage du bien communal dont il s'agit;

» Considérant que les apportionnés ont d'abord amélioré leurs lots, et les ont ensuite vendus au sieur Varlet;

» Considérant que le sieur Varlet a tenu les biens dans le même état d'amélioration, et l'a même augmenté;

» Considérant que, sans s'arrêter au terme fixé par l'article 3 de la loi du 9 ventose an 12, l'équité exige que le sieur Varlet soit admis à jouir de la faveur accordée par le susdit article,

» Arrête:

» Art. 1er. Le partage dont il s'agit du terrain communal dit des *Ecardeleux* est annullé.

» 2. Néanmoins, attendu les circonstances, le sieur Varlet, détenteur actuel dudit terrain, pourra en devenir propriétaire incommutable, à la charge par lui de remplir, dans le mois, les conditions prescrites par ledit art. 3 du décret du 9 ventose an 12.

» 3. Le présent arrêté ne pourra être mis à exécution qu'après avoir été confirmé, s'il y a lieu, par Sa Majesté, conformément au décret du 4e. jour complémentaire an 12; auquel effet toutes les pièces seront adressées à son Excellence le ministre de l'intérieur. »

Les pièces furent en effet adressées par M. le préfet à son Excellence; et, sur le rapport du ministre, a été rendue, le 11 novembre 1814, l'ordonnance royale suivante :

« Art. 1er. L'arrêté du conseil de préfecture du département du Pas-de-Calais, en date du 7 juillet 1814, par lequel ce conseil a annullé un prétendu partage du terrain dit les *Ecardeleux*, situé dans le territoire de la commune de Laires, même département, et néanmoins admet le sieur Varlet détenteur au bénéfice de la loi du 9 ventose an 12, moyennant les formalités prescrites par cette loi, est annullé.

» Art. 2. La commune de Laires se pourvoira auprès du conseil de préfecture pour être autorisée à revendiquer devant les tribunaux la propriété et jouissance de ce terrain, au partage duquel il n'a pas été procédé. »

C'est contre l'arrêté du Conseil de préfecture et l'ordonnance royale que le sieur Varlet s'est pourvu devant le conseil d'Etat, 1o. pour contravention à la loi du 9 ventose an 12, en ce que l'ordonnance royale a renvoyé la question de revendication de la part de la commune de Laires devant les tribunaux, tandis qu'elle était de la compétence du pouvoir administratif; — 2o. pour contravention à la loi du 10 juin 1793, en ce que l'arrêté du conseil de préfecture et l'ordonnance du Roi l'ont dépouillé de sa propriété en déclarant le partage nul, bien qu'il fût constant que ce partage avait été effectué, et qu'il en avait été dressé acte.

» On objectera peut-être, dit le sieur Varlet, que tout est consommé dans cette affaire; que Sa Majesté ayant déjà prononcé, après avoir entendu son conseil d'État, les deux degrés de jurisdiction administrative ont été parcourus, et que l'ordonnance royale du 11 novembre 1814 n'est pas susceptible de recours.

» Cette difficulté, si elle était faite, serait facile à résoudre.

» L'ordonnance dont il s'agit n'a pas été rendue contradictoirement entre les parties; elle l'a été au contraire hors leur présence, sans leur participation, et sans qu'elles l'eussent provoquée. C'est une véritable ordonnance de propre mouvement. Lorsqu'elle a été rendue, il s'agissait, de la part du Gouvernement, aux termes de l'article 2 du décret du 4e. jour complémentaire, d'examiner *d'office* l'arrêté du 7 juillet, pour autoriser ou empêcher l'exécution. Les parties n'avaient point été appelées à discuter, et n'avaient point discuté leurs droits devant le conseil d'Etat. Il est bien évident que la partie qui croit avoir été lésée par la décision qui a été prise dans de pareilles circonstances, peut, d'après l'article 40 du réglement du 22 juillet 1806, solliciter la révocation de cette décision.

» Il n'y a donc aucune fin de non-recevoir à opposer au recours du sieur Varlet; et il ne s'agit plus que de savoir si ce recours est bien fondé.

» Cela posé, la loi du 9 ventose an 12 ne s'est pas bornée à déterminer les cas dans lesquels les détenteurs de biens communaux pourraient être évincés ou devraient être maintenus, elle a encore indiqué l'autorité devant laquelle devraient être portées les difficultés qui s'éleveraient sur l'exécution de ses dispositions. Elle a fait à cet égard une distinction.

» S'agit-il de la prétention d'une commune qui réclame sa rentrée en possession d'un bien communal occupé depuis la loi du 10 juin 1793, par un ou plusieurs individus? C'est à l'autorité administrative qu'il appartient de statuer. L'article 6 de la loi du 9 ventose est précis sur ce point, il porte : « Toutes les contestations relatives à l'occupation desdits biens qui pourront s'élever entre les copartageans, détenteurs ou occupans depuis la loi du 10 juin 1793, et les communes, soit sur les actes et les preuves de partage de biens communaux, soit sur l'exécution des conditions prescrites par l'article 3 de la présente loi, *seront jugées par le conseil de préfecture.* »

» Est-il au contraire question de la réclamation d'un tiers qui prétend, contre les habitans qui ont fait entre eux le partage du bien communal, que lui ou ses auteurs étaient anciennement propriétaires de ce bien? C'est à l'autorité judiciaire qu'il appartient d'en décider, aux termes des articles 7 et 8 de la même loi, lesquels sont ainsi conçus :

« Art. 7. Quant aux actions que des tiers pourraient avoir à intenter sur ces mêmes biens, le sursis prononcé par la loi du 21 prairial an 4, à toutes poursuites et actions résultant de l'exécution de la loi du 10 juin 1793, est levé.

» Art. 8. En conséquence, toutes personnes prétendant des droits de propriété sur les biens communaux partagés ou occupés par des particuliers comme biens communaux, pourront se pourvoir par-devant les tribunaux ordinaires pour raison de ces droits, à la charge cependant de justifier qu'elles, ou ceux aux droits de qui elles se trouvent, étaient en possession des biens dont elles répètent la propriété, avant le 4 août 1789, ou qu'à cette époque il y avait instance devant les tribunaux pour la réintégration. »

» On ne peut pas faire rentrer dans ce dernier cas de la loi la contestation qui existe entre le sieur Varlet et la commune de Laires; car le sieur Varlet ne prétend point que son droit remonte à une époque antérieure au 4 août 1789; il se présente au contraire comme jouissant par suite d'un partage effectué en vertu de la loi du 10 juin 1793, et comme acquéreur des copartageans; dès-lors la contestation ne saurait être de compétence judiciaire.

» Il s'agit dans la cause de la prétention de la commune de Laires qui réclame sa rentrée en jouissance d'un bien communal qui a été occupé, depuis la loi du 10 juin 1793, par le Sr. Varlet ou par les copartageans ses vendeurs. La question à juger au fond est celle de savoir si le terrain communal des Ecardeleux a été réellement partagé, et si le Sr. Varlet rapporte des preuves suffisantes du partage. La contestation rentre donc dans le premier cas prévu par la loi du 9 ventose an 12, et dans les termes précis de son article 6; elle est conséquemment de compétence administrative; c'est donc mal à propos que l'ordonnance royale du 11 novembre a renvoyé les parties devant les tribunaux.

Au fond, le terrain des Ecardeleux a-t-il réellement été partagé en exécution de la loi du 10 juin 1793, c'est un point hors de doute; en effet, et d'une part, il existe dans les registres de la municipalité de Laires, une délibération du 10 brumaire an 4 par laquelle les habitans de cette commune ont nommé, conformément à la loi précitée, des experts et des indicateurs pour procéder à la composition des lots et au partage du terrain communal. D'autre part les trente-cinq témoins qui ont été entendus, le 27 mars 1814, par l'arpenteur Guilbert d'après les ordres de M. le sous-préfet de Boulogne, attestent tous que le partage a été fait et que les lots ont été séparés par des piquets. Ce qui suffirait d'ailleurs pour établir que le terrain a réellement été partagé, c'est que depuis l'an 4, les habitans de Laires ont joui divisément de ce terrain; que chacun d'eux a été mis en possession d'un lot qu'il a amélioré, et que quarante-neuf d'entre eux ont vendu séparément leurs lots au Sr. Varlet, par quarante-neuf contrats différens, dans l'intervalle de 1808 à 1810.

C'est donc un point constant que le terrain des Ecardeleux a été partagé entre les habitans de Laires, en exécution de la loi du 10 juin 1793. Aussi le conseil de préfecture, dans son arrêté du 7 juillet, n'a-t-il point révoqué en doute ce point de fait; et l'on peut dire qu'une erreur a été commise, lorsque, dans l'ordonnance du 11 novembre, ce terrain communal a été considéré comme n'ayant été l'objet d'aucun partage.

Maintenant le partage qui a bien certainement eu lieu, doit-il être maintenu comme le sieur Varlet le soutient, ou doit-il être annullé comme l'a pensé le conseil de préfecture? C'est dans le texte et l'esprit de la loi du 9 ventose an 12 que se trouve la solution de cette question.

La loi du 10 juin 1793, en autorisant le partage des biens communaux, avait occasionné de nombreux abus et de grands inconvéniens. Dans beaucoup de communes les biens communaux avaient été spoliés plutôt que partagés : on s'en était emparé sans remplir aucune des formalités prescrites par la loi, sans délibération préalable, sans nomination d'experts et d'indicateurs, sans composition de lots et sans tirage au sort, chacun en proportion de son pouvoir, avait envahi ce qu'il avait trouvé à sa convenance; le droit du plus fort avait pour ainsi dire seul été consulté et un grand nombre d'habitans avaient été ainsi lésés.

En l'an 12 le législateur s'occupa de remédier à ces inconvéniens, et de réparer les injustices qui en étaient résultées. Il songea à faire rentrer, entre les mains des communautés d'habitans, tous les biens qui en étaient sortis par abus de la loi du 10 juin 1793; mais en même temps, il voulut maintenir les partages qui avaient été faits de ces biens, de bonne foi, avec égalité et avec justice. Il fallut déterminer les signes auxquels on pourrait reconnaître les partages qui seraient maintenus et les usurpations qui seraient réprimées. On pensa que là où les partages auraient été régulièrement faits, des actes en auraient nécessairement été dressés, et que par conséquent celui qui possédait, sans titre, un bien communal, pouvait être réputé usurpateur.

Ces idées furent réalisées par la loi du 9 ventose an 12. Il fut déclaré par les articles 1 et 2 de cette loi, que les partages de biens communaux effectués en vertu de la loi du 10 juin 1793, et dont il avait été dressé acte, seraient exécutés; qu'en conséquence les copartageans étaient maintenus dans la propriété et jouissance de la portion qui leur étaient échue et qu'ils pourraient en disposer comme ils le jugeraient convenable. En même temps il fut statué par les articles 3, 4 et 5 de la même loi, que tous les biens communaux possédés sans titre ou sans acte de partage rentreraient entre les mains des communautés d'habitans, à moins que ces biens n'eussent été défrichés ou plantés par les détenteurs, auquel cas ces derniers pourraient devenir propriétaires incommutables, en remplissant certaines conditions.

Tout cela posé, quelle était la qualité dans laquelle jouissaient les quarante-neuf individus qui ont vendu leurs lots à l'exposant? était-ce comme usurpateurs? non sans doute : ils jouissaient au contraire comme véritables copartageans. Les habitans de Laires avaient arrêté que le bien communal serait partagé, et avaient à cet effet nommé des experts et des indicateurs; il avait été procédé à la composition des lots et le partage avait été légalement consommé. Ils étaient donc propriétaires incommutables en vertu d'un partage maintenu par les articles 1 et 2 de la loi de ventose. Ils ont pu dès-lors vendre valablement leurs lots à l'exposant, et celui-ci ne peut en être dépouillé.

Mais, dira-t-on, l'article premier ne maintient que les partages *dont il a été dressé acte*, et l'on ne voit pas qu'il ait été dressé acte de partage du terrain des Ecardeleux, du moins aucun acte de partage n'est représenté.

Quelques explications vont répondre à cette objection.

Et d'abord quel est le sens que l'on doit attacher dans l'article premier de la loi de ventose aux mots *et dont il a été dressé acte*? Ces mots doivent s'entendre, ainsi que l'enseigne le nouveau Répertoire de jurisprudence au mot *marais*, § 4, dans le sens qui favorise le plus le maintien des partages. Le but de la loi, comme l'enseigne encore le nouveau Répertoire au lieu cité, a été de laisser subsister tous les partages de biens communaux qui se trouveraient constatés par des actes quelconques de nature à ne laisser aucun doute raisonnable, soit sur l'intention des habitans de partager entre eux les biens communaux, soit sur le fait que cette intention a été exécutée.

Or, il est constaté par un acte de nature à ne laisser aucun doute raisonnable, que les habitans de Laires ont eu l'intention de partager le terrain des Ecardeleux et que leur intention a été exécutée. Cet acte est la délibération du 10 brumaire an 4, à l'appui de laquelle viennent les faits constans que les experts ont procédé à la composition des lots et que le partage a été consommé.

A la vérité le sieur Varlet n'a pu retrouver jusqu'à présent le procès-verbal qui a été dressé du tirage des lots au sort. Mais d'abord l'article 1er de la loi de ventose, par les mots, *et dont il a été dressé acte*, n'entend pas plus le procès-verbal du tirage des lots au sort, que tout autre acte constatant que le partage a réellement eu lieu de bonne foi; en second lieu, en supposant que la loi ait voulu parler du procès-verbal du tirage des lots, il faudra au moins reconnaître qu'il suffit que cet acte ait existé, ait été dressé; qu'elle n'exige pas impérativement qu'il soit représenté et qu'elle n'annulle pas le partage, par cela seul que le procès-verbal se trouverait adhiré. Cela est si vrai, qu'il paraît que, dans une instruction du 12 floréal an 12, faite pour l'exécution de la loi du 9 ventose, le ministre de l'intérieur a réglé la marche à suivre, dans le cas où l'acte définitif dressé pour établir le partage ne pourrait pas être représenté, et que c'est par suite de cette instruction qu'il a été procédé à l'enquête du 27 mars 1814.

Ainsi donc, et sous tous les rapports, peu importerait que le procès-verbal du tirage des lots au sort ne fût pas maintenant représenté. Il suffirait qu'il fût constant qu'il a été dressé, et certainement on ne peut élever aucun doute à cet égard; car puisque les habitans ont nommé des experts et des indicateurs pour partager le bien communal, puisque les lots ont été faits et ont été séparés par des piquets, puisque chaque habitant a été mis en possession d'un lot, on ne peut pas supposer qu'il n'ait pas été dressé un acte de partage.

Le maire de la commune de Laires répond :

Avant de réfuter les raisonnemens de l'adversaire, il est utile de présenter quelques dispositions de la loi du 9 ventose an 12, relative au partage des fonds communaux.

Le motif de cette loi fut d'arrêter les effets de celle du 10 juin 1793, et de suspendre à l'avenir le partage et l'aliénation des biens des communes. Mais elle ne porta aucune atteinte à ce qui avait été fait, et l'article 1er. décida que « les partages des biens communaux effectués en vertu de la loi du 10 juin » 1793, *et dont il avait été dressé acte*, seraient exécutés.

L'article 3 est ainsi conçu : « dans les communes » où des partages ont eu lieu sans qu'il en ait été » dressé d'acte, les détenteurs de biens communaux » qui ne pourront justifier d'aucun titre écrit, mais » qui auront défriché ou planté le terrain...... l'auront clos, etc., sont maintenus en possession provisoire et peuvent devenir propriétaires incommutables à la charge par eux de remplir dans les trois » mois de la publication de la présente loi, les conditions suivantes. »

Ces conditions sont de faire devant le sous-préfet la déclaration du terrain, de l'état dans lequel ils l'ont trouvé, de celui dans lequel ils l'ont mis, de se soumettre à payer à la commune une redevance annuelle, etc.

Enfin, l'article 5 porte, que tous les biens communaux possédés à l'époque de la présente loi, sans acte de partage, et qui ne seront pas dans le cas précisé par l'article 3, ou pour lesquels les déclarations et soumissions de redevance n'auront pas été faites dans le délai et suivant les formes prescrits par le même article, rentreront entre les mains des communautés d'habitans.

En se reportant à l'époque de la promulgation de cette loi, pour en faire l'application aux habitans de Laires, on voit qu'en supposant même une partie d'entr'eux en possession de quelques portions des biens communaux, en vertu du projet de partage, comme ce partage n'avait point été réellement consommé, comme sur-tout il n'en avait point été dressé acte, les biens rentraient par-là même entre les mains de la commune en nom collectif. Seulement les détenteurs qui se seraient trouvés dans le cas prévu par l'article 3, auraient pu espérer de devenir propriétaires incommutables, en remplissant les conditions exigées par cet article. Mais ces conditions ne furent remplies par aucun habitant, parce que nul d'entre eux n'était réellement en possession d'aucune portion des Ecardeleux, que personne n'avait pu par conséquent y faire d'améliorations, et ne prétendait alors en disposer comme propriétaire. De son côté, la commune n'eut besoin de faire aucune diligence pour recouvrer un terrain dont elle n'avait jamais été dessaisie, et dont la propriété lui était de plein droit et irrévocablement assurée par cette loi.

Quels sont donc les droits que le sieur Varlet a pu acquérir des habitans, dans l'intervalle de 1808 à 1810, c'est-à-dire, quatre ans et six ans après la promulgation de la loi qui avait annullé tout partage dont il n'avait pas été dressé acte, et par suite toute aliénation de biens reconnus communaux ?

Il est évident que le sieur Varlet n'a pu valablement, à cette époque, acquérir le domaine de la commune de Laires, et que les habitans n'ont pu individuellement lui vendre ce qui était la propriété de tous.

Le conseil de préfecture a reconnu lui-même qu'il n'avait point été dressé d'acte de partage, et il a annullé le partage de fait qui avait pu avoir lieu. Mais par une contradiction fort étrange, il avait jugé à propos d'admettre le sieur Varlet au bénéfice de l'article 3 de la loi du 9 ventose an 12, dont, dans tous les cas, les conditions n'avaient pas été remplies, et pour l'exécution desquelles il y avait déchéance de délai. Mais si le partage était regardé comme non avenu en fait et en droit, il était évident qu'on ne pouvait faire jouir un tiers des effets de ce partage sans blesser la justice et le texte même de la loi. Aussi le conseil de préfecture déclare-t-il que sans avoir égard à la loi, il croit devoir se déterminer par des motifs d'équité. On doit sans doute se déterminer par de pareils motifs, dans le silence ou l'insuffisance de la loi. Mais quand elle est précise et impérative, c'est une sorte de révolte contre elle que de s'en écarter sciemment. Cette décision du conseil de préfecture n'était pas seulement en opposition avec l'équité elle-même, et avec la loi, mais elle faisait au sieur Varlet l'application d'une clause de faveur qui n'avait jamais existé pour lui et qu'il ne pouvait invoquer sous aucun rapport, attendu la date de ses acquisitions.

Et en effet, l'arrêté du conseil de préfecture n'a pu faire jouir le sieur Varlet du bénéfice de l'art. 3 de la loi du 9 ventose an 12, qui n'était applicable qu'aux détenteurs antérieurs à cette loi, et dont la faveur d'un autre côté ne s'étendait qu'au délai de trois mois à compter de la publication de la même loi.

Dès-lors que les habitans n'étaient pas devenus propriétaires incommutables trois mois après la promulgation de la loi au plus tard, la commune était rentrée dans tous ses droits, si toutefois elle en avait momentanément été dessaisie, et il est impossible de penser que dix ans après (car l'arrêté est du 7 juillet 1814), un tiers ait pu encore être valablement admis à devenir propriétaire au détriment de la commune; à plus forte raison quand ses titres étaient postérieurs de quatre et de six années à la loi, qui avait mis un terme à l'aliénation des biens communaux.

La loi n'a jamais d'effet rétroactif: mais souvent aussi en ne disposant que pour le moment où elle est rendue, elle est comme une sorte de barrière entre le passé et l'avenir. Ou du moins si elle contient des dispositions prohibitives qui embrassent l'avenir, les clauses transitoires ou de faveur qu'elle y mêle ne peuvent par là même, sous aucun prétexte, s'étendre au-delà du terme étroit dans lequel elle les a renfermées.

Tel est le caractère de la loi du 9 ventose an 12, et il n'était pas permis au conseil de préfecture de le méconnaître.

Aussi l'ordonnance du 11 novembre 1814 l'a-t-elle justement mis au néant, mais par d'autres motifs que ceux pour lesquels le sieur Varlet demande qu'il soit de nouveau annullé, ainsi que l'ordonnance. Le sieur Varlet se plaint que cet arrêté ne lui rendit qu'une demi justice, et l'ordonnance a jugé que le sieur Varlet avait encore trop de raisons d'en être satisfait. Aussi cette ordonnance est-elle principalement l'objet des attaques de l'adversaire.

L'ordonnance du 11 novembre 1814 contient deux décisions dont l'adversaire se plaint également. Elle reconnaît d'abord qu'il n'y a point eu de partage, puis elle renvoie la commune devant les tribunaux pour y revendiquer la propriété.

Après ce qui a été dit relativement à l'arrêté de préfecture, il reste peu de chose à ajouter pour justifier le premier article de l'ordonnance qui a annullé cette décision administrative. Plusieurs circonstances se réunissent pour établir qu'il n'a jamais été procédé au prétendu partage.

1°. Il n'existe point de procès-verbal de mesurage et bornage des lots.

2°. Le procès-verbal qui aurait dû être tenu du tirage des lots au sort n'existe pas davantage, et il est d'ailleurs constant, d'après un certificat du receveur de l'enregistrement de Samer, en date du 11 octobre 1813, qu'aucun acte semblable n'a été enregistré à son bureau, fait qui suffirait seul pour faire regarder le partage comme non avenu, dans le cas même où il aurait eu lieu, puisqu'il ne porterait pas une date certaine et authentique.

3°. La jouissance commune du terrain des Ecardeleux a duré jusqu'en 1808, époque des acquisitions du sieur Varlet.

4°. Jusqu'à cette époque la commune a été imposée sur les registres de la contribution foncière, pour le même terrain, et elle a acquitté l'impôt sur les deniers communaux au moyen des centimes additionnels.

Il est donc étrange d'entendre l'adversaire parler du partage et du tirage des lots au sort comme d'un fait avéré, tandis que rien ne le justifie et qu'au contraire tout se réunit pour le démentir.

En accordant, si l'on veut, qu'un partage de fait ait pu avoir lieu, toujours est-il qu'il n'en fut pas dressé acte, que les conditions de l'article 3 de la loi du 9 ventose an 12 n'ont pas été remplies, et ces circonstances suffisent aux droits de la commune. Aussi l'arrêté avait-il au moins regardé comme nul le prétendu partage avant que l'ordonnance décidât qu'il n'avait jamais existé, et de quelque manière qu'on mette ce fait en question, la conclusion sera toujours que les biens dont il s'agit, ont dû rentrer entre les mains de la commune de Laires.

Mais la grande erreur du conseil de préfecture avait été d'admettre le sieur Varlet au bénéfice de la loi du 9 ventose an 12, nonobstant non-seulement la non existence du partage, mais encore nonobstant l'inexécution des conditions et la déchéance des délais de la loi, et sans égard à l'esprit et à la lettre de cette loi; ce qui était une double inconséquence.

L'ordonnance qui a cassé cet arrêté, ne renferme point de motifs; mais la rédaction seule du premier article signale suffisamment cette singulière contradiction de la part des premiers juges; et l'on n'insistera pas pour prouver ce qui a été avancé plus haut, c'est-à-dire qu'il était impossible de faire au sieur Varlet l'application d'une disposition qui ne concernait que les détenteurs antérieurs à la loi, et surtout d'étendre cette clause d'exception à une jouissance illégale, postérieure de quatre et de six années, pour laquelle on faisait revivre un délai expiré depuis le même laps de temps.

Le second article de l'ordonnance, qui renvoie la commune à se pourvoir devant les tribunaux, donne lieu à l'adversaire d'examiner la question de compétence, et de prétendre que la contestation a mal à propos été renvoyée et déférée à l'autorité judiciaire.

Le sieur Varlet se livre, à cet égard, à des distinctions, à des argumentations, qui ne sont que de véritables subtilités. L'article 6 de la loi du 9 ventose an 12, qu'il invoque, ne s'applique, ainsi que tout le contexte de cette loi, qu'aux détenteurs antérieurs à sa publication : et vouloir étendre à tout l'avenir, des lois d'exception au droit commun, ou des dispositions transitoires, ce serait tôt ou tard ruiner les fondemens de toute législation, et substituer des règles du moment aux principes invariables de la justice.

S'il est un principe consacré en droit, comme en jurisprudence, c'est celui qui attribue exclusivement aux tribunaux la connaissance de toutes les questions qui intéressent la propriété : eux seuls, par leur indépendance et leur stabilité, offrent une garantie suffisante dans la discussion des titres sur lesquels repose la fortune des citoyens; et si, par dérogation à cette maxime fondamentale, le pouvoir administratif est quelquefois appelé à prononcer sur des intérêts de cette nature, c'est moins encore comme juge, que comme interprète des contrats stipulés sous son intervention.

La loi qui nous occupe a bien pu, momentanément, soustraire à la juridiction des tribunaux, les contestations élevées à l'occasion du partage des biens communaux, mais elle n'a évidemment eu en vue que les partages ou aliénations antérieures à sa promulgation. Dès qu'il s'agit d'une action relative à des faits et à des actes postérieurs, on rentre alors dans le droit commun, et les tribunaux seuls peuvent être saisis de la question de propriété. Quelle est, en effet, la nature de l'action de la commune? C'est une action immobilière, purement civile, une action en revendication, qui ne s'écarte point des règles ordinaires, et dans laquelle l'autorité administrative n'a à intervenir que pour autoriser la commune à ester en jugement.

Mais, dans tous les cas, on peut répondre à l'adversaire, que l'autorité administrative a déjà jugé l'affaire. Que peut-il espérer d'elle encore ? Deux fois elle a prononcé la nullité du partage. Il est vrai qu'il attaque ces deux décisions; mais quel intérêt a-t-il à proposer un conflit que l'autorité administrative n'élève pas ? Par l'ordonnance du 11 novembre, en renvoyant les parties devant les tribunaux, elle s'est justement reconnue incompétente pour juger le fond de la question. Peut-elle aujourd'hui décider le contraire ? et si elle le peut, sa décision au fond n'est-elle pas dictée d'avance par son premier jugement ? L'adversaire n'a donc rien à espérer du système qu'il a adopté sur la compétence; il est aussi contraire à ses propres intérêts qu'aux principes.

Au fond, — en vain le sieur Varlet répète, avec complaisance, que le terrain dont il s'agit a été partagé, que c'est un point hors de doute, un point constant; il lui restera toujours deux points bien plus importans à prouver, et qu'il ne prouvera pas, savoir, l'existence d'un acte de partage, ou à son défaut, l'accomplissement, de la part de ses vendeurs, des conditions exigées par l'article 3 de la loi du 9 ventose an 12; car, pour lui, il n'a jamais été en droit de jouir du bénéfice de cette loi. Voilà les deux faits matériels dont l'adversaire ne justifie point, et dont il lui est impossible de justifier. Le procès-verbal du 10 brumaire an 4 est le seul acte qu'il puisse représenter; mais la délibération qu'il mentionne n'a jamais reçu son exécution; et c'est vainement que l'adversaire voudrait s'en servir pour légitimer des contrats d'acquisition passés quatre ans et six ans après que le terrain dont il est question était rentré dans les mains de la commune.

Il suit de tout ce qui vient d'être établi, que l'ordonnance royale du 11 novembre 1814 a bien jugé, en annullant l'arrêté du conseil de préfecture, qui avait admis le sieur Varlet au bénéfice de l'article 3 de la loi du 9 ventose an 12, en prononçant qu'il n'avait jamais existé de partage légal, et en renvoyant la commune à se pourvoir devant les tribunaux. L'ordonnance conséquemment doit être maintenue dans toutes ses dispositions; et il n'existe pas de motifs pour la rapporter, puisqu'aujourd'hui le sieur Varlet ne présente pas à l'appui de sa cause de nouveaux moyens et de meilleures raisons que celles qui ont déjà été jugées insuffisantes.

En cet état est intervenue l'ordonnance suivante :

LOUIS, etc.; — Sur le rapport du comité du contentieux;

Vu la requête à nous présentée par le sieur Jean-Louis Varlet, propriétaire, demeurant à Laires, département du Pas-de-Calais, ladite requête enregistrée au secrétariat du comité du contentieux de notre conseil d'Etat, le 16 août 1816, et tendante à ce qu'il nous plaise rapporter notre ordonnance du 11 novembre 1814, et annuller l'arrêté du conseil de préfecture du département du Pas-de-Calais, du 7 juillet précédent; ce faisant, déclarer le maire de la commune de Laires non-recevable et mal fondé dans sa prétention; maintenir l'exposant dans sa propriété et jouissance des quarante-neuf portions du terrain communal dit *les Ecardeleux*, à lui vendues par suite du partage dudit bien communal, et condamner la commune aux dépens.;

Vu l'ordonnance de *soit communiqué*, et la requête en réponse du maire de la commune de Laires, qui conclut à ce qu'il nous plaise déclarer le sieur Varlet mal fondé dans son opposition à l'ordonnance du 11 novembre 1814; en conséquence, maintenir ladite ordonnance dans tout son contenu; ordonner qu'elle sera exécutée suivant sa forme et teneur, et condamner le sieur Varlet aux dépens;

Vu les répliques des parties, qui persistent dans leurs précédentes conclusions;

Vu le procès-verbal de la délibération prise le 10 brumaire an 4, par les habitans de Laires, pour procéder au partage de leurs biens communaux;

Vu l'arrêté du conseil de préfecture du département du Pas-de-Calais, en date du 7 juillet 1814;

Vu notre ordonnance du 11 novembre 1814;

Vu toutes les pièces produites;

Considérant que le sieur Varlet s'est régulièrement pourvu devant nous contre l'ordonnance non contradictoire du 11 novembre 1814;

Considérant que le sieur Varlet n'a justifié d'aucun acte de partage; que les formalités prescrites par l'article 3 de la loi du 9 ventose an 12, n'ont pas été remplies, et qu'il n'appartenait pas au conseil de préfecture de proroger le délai fixé par cette loi.

Notre conseil d'Etat entendu,

Nous avons ordonné et ordonnons ce qui suit :

Art. 1er. Le sieur Varlet est reçu opposant à l'ordonnance du 11 novembre 1814; en conséquence, les parties sont remises au même état où elles étaient avant ladite ordonnance.

Art. 2. Quant au fond, la requête du sieur Varlet est rejetée.

Art. 3. Le sieur Varlet est condamné aux dépens.

Art. 4. Notre ministre secrétaire d'Etat de l'intérieur est chargé de l'exécution de la présente ordonnance

Ordonnance du 6 novembre 1817. (2791)

N°. 114.

CHEMIN VICINAL.

Lorsqu'un préfet a déterminé la largeur d'un chemin vicinal, le conseil de préfecture ne peut décider qu'un voisin s'est emparé d'une portion du chemin, s'il reste au chemin, dans son état actuel, toute la largeur exigée par la loi; en ce cas, c'est une question de propriété à soumettre aux tribunaux.

Quid? *Si le propriétaire riverain accusé d'usurpation prétendait que c'est le préfet qui veut donner de l'extension au chemin aux dépens du propriétaire;*

Quid? *Encore si, en reconnaissant pour vraie la largeur du chemin vicinal, le propriétaire d'un des deux bords soutenait que la portion anticipée est dans la possession du voisin de l'autre bord, et non dans la sienne;*

Ne serait-ce pas là des questions de propriété étrangères à la justice administrative?

(Le sieur Lamiraud.— C.— la commune de Bréville.)

Un état dressé par le conseil municipal de la commune de Bréville, département de la Charente, le 21 janvier 1812, et approuvé par le préfet le 3 avril suivant, comprit le chemin conduisant de Cognac à Bréville, au nombre des chemins vicinaux.

Par une disposition particulière de l'arrêté du préfet, la largeur de ce chemin est fixée à dix mètres.

Le 26 mars 1813, le maire de Bréville fit dresser, par le garde champêtre, un état général des anticipations qu'il prétendait avoir été commises sur les chemins vicinaux de la commune.

Le sieur Lamiraud fut porté sur cet état comme ayant anticipé sur un terrain dit les *Motais*, servant autrefois de *pas de recette*, et faisant aujourd'hui partie du chemin vicinal n°. 1er.

Sur les poursuites du maire de Bréville, le conseil de préfecture de la Charente prit, le 21 décembre 1814, un arrêté par lequel il décida que le sieur Lamiraud serait tenu de rétablir, dans son état primitif, la partie du chemin anticipée.

Le sieur Lamiraud forma opposition à l'exécution de cet arrêté, et en demanda la réformation au conseil de préfecture, sur le motif que ledit arrêté avait été rendu à son insu, et sur un simple procès-verbal de garde champêtre.

Mais, par délibération du 24 mars 1815, le conseil municipal de la commune de Bréville demanda l'exécution de l'arrêté du conseil de préfecture du 21 décembre 1814, attaqué par le sieur Lamiraud.

Sur la réclamation du sieur Lamiraud, nouvel arrêté du conseil de préfecture, du 23 juillet 1816, qui,

« Considérant que le résumé de la délibération du conseil municipal et l'avis du sous-préfet sont de nouveaux motifs qui justifient les dispositions de l'arrêté du 21 décembre 1814, »

Décida qu'il n'y avait lieu à faire droit à la réclamation du sieur Lamiraud.

C'est contre ces arrêtés du conseil de préfecture, des 21 décembre 1814 et 23 juillet 1816, que le sieur Lamiraud se pourvut devant le Conseil d'état pour en obtenir l'annullation, comme contenant excès de pouvoir et comme incompétemment rendus.

Il soutenait :

Que la largeur du chemin vicinal dont il s'agit avait été fixée à dix mètres, et qu'en certains endroits il avait même une plus grande largeur, notamment au lieu dit les *Motais*, où il s'élargissait de tout le terrain qui servait autrefois de *pas de recette*, bien que la loi du 9 ventose an 13 portât formellement que les chemins vicinaux n'auraient que six mètres de largeur;

Que l'anticipation prétendue par le maire ne serait autre chose qu'une usurpation de terrain sur le lieu dit les *Motais*; mais qu'il faudrait au moins prouver, ce que le maire ne faisait pas, que cette usurpation existait, et qu'elle provenait du fait de lui Lamiraud; qu'au contraire, il justifiait, par un titre authentique, que le terrain dit les *Motais* lui appartenait exclusivement, et qu'il en était possesseur de temps immémorial; qu'il y avait fait des travaux, et l'avait mis en culture antérieurement à 1812 ; que le conseil de préfecture n'avait pu, pour prononcer dans l'espèce, s'en rapporter aux alignemens tirés, soit par le maire, soit par le garde champêtre, soit même par le géomètre de la commune ; que lui Lamiraud aurait dû être appelé à produire ses titres pour que le conseil de préfecture pût prendre une décision en connaissance de cause ; mais que, loin de là, ce conseil avait ordonné la destruction des travaux faits par un particulier sur son terrain, par cela seul que le maire prétendait que ce particulier avait anticipé sur un chemin vicinal ; qu'il y avait donc là, de la part du conseil de préfecture, un véritable excès de pouvoir, et que conséquemment ses arrêtés précités devaient être annullés ;

Sur quoi est intervenue l'ordonnance dont la teneur suit :

LOUIS, etc. ; — Sur le rapport du comité du contentieux ;

Vu la requête à nous présentée par le sieur Pierre Lamiraud, propriétaire au hameau de la Voute, commune de Bréville, arrondissement de Cognac, département de la Charente ; ladite requête enregistrée au secrétariat du comité du contentieux de notre Conseil d'état, le 18 décembre 1816, et tendante à ce qu'il nous plaise annuller, pour incompétence et excès de pouvoir, deux arrêtés du conseil de préfecture du département de la Charente ; le premier, du 21 décembre 1814, qui le prive d'une portion de sa propriété, sous le prétexte qu'elle fait partie du chemin vicinal de Cognac à Bréville ; le second, du 23 juillet 1816, qui ordonne l'exécution du premier ;

Vu l'ordonnance de soit communiqué, rendue par notre chancelier de France, le 14 janvier 1817, et la requête en réponse du sieur Sabouraud, maire et agissant pour la commune de Bréville ; ladite requête enregistrée au secrétariat du comité du contentieux de notre Conseil d'état, le 14 mai 1817, et concluant au maintien des deux arrêtés précités, et à ce que le sieur Lamiraud soit condamné aux dépens ;

Vu la réplique du sieur Lamiraud, enregistrée au secrétariat du comité du contentieux, le 20 août 1817, et qui conclut à ce qu'il nous plaise déclarer la commune de Bréville non-recevable, en tous cas mal fondée ; en conséquence, annuller les arrêtés attaqués du conseil de préfecture du département de la Charente, des 21 décembre 1814 et 23 juillet 1816 ; renvoyer les parties devant les tribunaux ordinaires, pour y faire statuer sur la question de propriété, s'il y a lieu ; condamner la commune de Bréville aux dépens ;

Vu la réplique de la commune de Bréville, enregistrée au secrétariat du comité du contentieux, le 1er. septembre 1817, qui persiste dans ses précédentes conclusions ;

Vu les arrêtés précités du conseil de préfecture ;

Vu l'arrêté du préfet du département de la Charente, du 3 avril 1812, qui, par une disposition particulière, fixe à dix mètres la largeur du chemin vicinal n°. 1er., dit le grand chemin de Cognac à Bréville, et qui, par une clause générale, charge le maire de veiller à ce que les largeurs plus étendues qui peuvent exister ou avoir existé dans quelques parties des chemins vicinaux, soient conservées ;

Vu le plan des lieux, levé le 17 mars 1817, par le sieur Brunet, arpenteur-géomètre-forestier, ledit plan produit par la commune de Bréville, et non contesté par le sieur Lamiraud ;

Vu les autres pièces jointes au dossier de cette affaire ;

Considérant que le terrain vague et communal, dit le *pas de recette* des *Motais*, situé le long du chemin de Cognac à Bréville, forme une propriété indépendante dudit chemin, laquelle est susceptible de culture et de clôture, et qu'on ne peut l'assimiler aux excédans de largeur des chemins vicinaux dont il est fait mention dans l'arrêté du préfet du 3 avril 1812 ;

» Considérant qu'une partie de cette pièce de terre a été séparée du chemin par un fossé qui laisse audit chemin une largeur plus grande que celle qui a été fixée par ledit arrêté, et que, s'il y a eu usurpation de la part du sieur Lamiraud, cette usurpation aurait eu lieu sur le terrain du pas de recette des Motais, et non sur le chemin vicinal de Cognac à Bréville ;

Considérant que, dans l'espèce, il s'agit de savoir si le terrain en litige dépend d'une propriété particulière ou d'une propriété communale ; que c'est une question de propriété qui ne peut être jugée que par les tribunaux ;

Notre Conseil d'état entendu ;

Nous avons ordonné et ordonnons ce qui suit :

Art. 1er. Les arrêtés du conseil de préfecture du département de la Charente, des 21 décembre 1814 et 23 juillet 1816, sont annullés.

2. Les parties sont renvoyées devant les tribunaux, sur la question de propriété du terrain en litige.

3. La commune de Bréville est condamnée aux dépens.

4. Notre garde des sceaux, ministre secrétaire d'état de la justice, et notre ministre secrétaire d'état de l'intérieur sont chargés, chacun en ce qui le concerne, de l'exécution de la présente ordonnance.

Ordonnance du 6 novembre 1817. (2793)

N°. 115.

PAVÉ. — MARCHÉ. — ENTREPRENEUR DE PAVAGE. — ACTE ADMINISTRATIF.

Le marché passé entre l'administration municipale et un entrepreneur de pavage, lorsque le pavé est à la charge de la ville, est un contrat ordinaire dont l'exécution est confiée aux tribunaux et non à la justice administrative.

(Le maire de la ville de Gray. — C. — Le sieur Beuret.)

Par contrat passé le 24 juin 1787, entre les magistrats de la ville de Gray et le sieur Beuret, celui-ci se chargea de l'entretien d'une partie du pavé de la ville de Gray, pendant 29 ans, moyennant une somme annuelle de 830 francs, payable de six mois en six mois.

L'art. 14 de ce marché porte, que le sieur Beuret sera tenu de bien et dûmemt entretenir le pavé, qu'à toute époque vérification pourra en être faite, et qu'à l'expiration des 29 ans, le tout devra être dans le meilleur état possible.

L'art. 15 prescrit des peines contre lui, s'il ne remplit pas ses engagemens.

Ce bail ou marché expira le 31 décembre 1816. Mais dès le mois de mai précédent, le sieur Beuret réclama quatre termes qui étaient échus. On lui en refusa le paiement; il se pourvut devant le préfet pour l'obtenir.

Le maire de Gray, à qui la pétition fut communiquée pour donner ses observations, répondit que le bail du sieur Beuret expirant à la fin de l'année, il importait à la ville que le marché reçût son entière exécution; qu'il avait prévenu le sieur Beuret, le 5 mars 1816, de mettre le pavé en état, et que, par précaution, il croyait, celui-ci n'en ayant point encore demandé la reconnaissance, devoir retenir ce qu'on lui devait pour répondre du mauvais état dans lequel il annonçait que se trouvait le pavé.

Le sieur Beuret répliqua que son bail ne portait point qu'on pouvait lui retenir quatre termes échus, sous le prétexte qu'alléguait le maire; qu'on ne s'était pas plaint en 1814 et en 1815, qu'il n'exécutât point son bail; qu'on n'avait provoqué contre lui aucune reconnaissance du pavé; qu'on ne l'avait pas constitué en demeure dans son obligation de faire; qu'on avait donc été satisfait de son travail et des matériaux qu'il avait fournis; qu'on devait donc lui en payer le prix, et que ce serait le priver des moyens de continuer à remplir ses engagemens, que de lui retenir ce qui lui était dû.

Le préfet, par arrêté du 10 juin 1816, accueillit la demande du sieur Beuret et autorisa le maire à lui payer les termes échus pour les années 1814 et 1815, et ce, sur les fonds alloués aux budjets de ces exercices à cet effet.

Le maire, à la date du 18 du même mois, déclara qu'il n'y avait pas de fonds dans la caisse municipale.

Le sieur Beuret se pourvut alors devant le tribunal de première instance de Gray. Il demanda la résiliation de son marché avec dommages-intérêts pour cause d'inexécution de ses engagemens de la part de la ville, et il conclut subsidiairement à ce qu'on enjoignît au maire de la ville de Gray, de se pourvoir dans le délai d'un mois d'une autorisation pour défendre à la demande formée contre elle.

Le tribunal, par jugement du 24 juillet 1816, donna au maire un délai d'un mois pour se faire autoriser à plaider, et ajouta qu'il serait ensuite statué par le tribunal ce qui serait trouvé juste.

L'année 1816 s'écoula, à ce qu'il paraît, sans qu'on ait donné suite à ce jugement. Le bail était alors expiré.

En février 1817, le maire nomma un ingénieur pour vérifier l'état du pavé; il fut enjoint au sieur Beuret, par arrêté du préfet, d'en nommer un de son côté.

Beuret répondit que le tribunal de Gray était saisi de l'affaire; que c'était à ce tribunal à régler les droits des parties relativement à l'exécution du bail, et à prononcer sur la demande en résiliation qu'il avait formée; qu'à lui seul il appartenait de décider si un entrepreneur à qui on refuse le paiement de ce qui lui est dû, peut être contraint à remettre son ouvrage tant qu'il n'est pas payé.

Le préfet a alors élevé le conflit par arrêté du 14 mai 1817. Il est fondé,

1°. Sur ce que le sieur Beuret a porté sa réclamation devant le tribunal, sans en avoir préalablement obtenu l'autorisation du conseil de préfecture;

2°. Sur ce que l'ajudication du pavé de la ville est un acte qui émane de l'autorité municipale, dont les tribunaux ne peuvent connaître aux termes de la loi du 16 fructidor an 3;

3°. Sur ce qu'aux termes de l'art 4 de la loi du 28 pluviose an 8, le conseil de préfecture seul est compétent pour connaître des difficultés qui peuvent s'élever entre les entrepreneurs de travaux publics et l'administration concernant le sens ou l'exécution des clauses de leurs marchés.

Tel est l'arrêté de conflit sur lequel il a été statué par l'ordonnance dont la teneur suit :

LOUIS, etc.; — Sur le rapport du comité du contentieux;

Vu l'arrêté du 14 mai 1817, par lequel le préfet du département de la Haute-Saône a élevé le conflit sur une action intentée contre le maire de la ville de Gray, devant le tribunal de première instance séant en ladite ville, par le sieur Beuret, entrepreneur, qui demande que, faute par ledit maire d'avoir satisfait aux engagemens du bail passé pour l'entretien du pavé de la ville, ce bail soit résolu à son tort, et qu'en conséquence il soit condamné aux dommages et intérêts, sans préjudice de l'exécution de l'arrêté du préfet, du 10 juin 1816, pour le paiement des quatre termes échus, et encore sans préjudice du courant;

Vu l'arrêté du préfet du 10 juin 1816;

Vu la note du maire, du 18 juin 1816, par laquelle il déclare ne pouvoir payer le sieur Beuret, faute de fonds;

Vu le jugement du tribunal de première instance, du 24 juillet 1816, qui ordonne au maire de la ville de Gray de se munir, dans le délai d'une mois, d'une autorisation pour plaider, afin qu'il soit ensuite statué par le tribunal ce qui sera trouvé juste;

Vu le rapport de notre ministre secrétaire d'état de l'intérieur, du 4 août 1817;

Ensemble les autres pièces contenues au dossier;

Considérant que l'entretien du pavé de Gray étant à la charge de cette ville, le marché passé entre l'administration municipale et le sieur Beuret, est un contrat ordinaire, pour l'exécution duquel cette administration est soumise, comme les particuliers, à la juridiction des tribunaux;

Notre Conseil d'état entendu,

Nous avons ordonné et ordonnons ce qui suit :

Art. 1er. L'arrêté de conflit pris par le préfet du département de la Haute-Saône, le 14 mai 1817, dans la cause entre le maire de la ville de Gray et le sieur Beuret, entrepreneur du pavé de ladite ville, est annullé.

2. Notre garde des sceaux ministre secrétaire d'état de la justice et notre ministre secrétaire d'état de l'intérieur sont chargés, chacun en ce qui le concerne, de l'exécution de la présente ordonnance.

Ordonnance du 6 novembre 1817. (2797)

N°. 116.

ACQUÉREURS NATIONAUX.—MANOEUVRES FRAUDULEUSES.—CONCURRENCE.

Un conseil de préfecture est compétent pour examiner si un adjudicataire a employé des manœuvres frauduleuses pour écarter la concurrence; mais il ne doit annuller l'adjudication par un tel motif, qu'autant qu'il y aurait preuve positive des manœuvres frauduleuses; il ne suffit pas de simples présomptions.

(Le sieur Lotz.—C.—la commune de Choisel.)

Par procès-verbal du 17 janvier 1815, le sieur Durand se rendit adjudicataire devant la préfecture du département de Seine-et-Oise, moyennant la somme de 625 francs, d'une pièce de terre de quinze ares vingt-six centiares, située dans la commune de Choisel, désignée par l'art. 10 de l'affiche n°. 22, des domaines provenant des communes, cédés à la caisse d'amortissement, et estimée 600 fr.

Le même jour, le sieur Durand fit une déclaration de command au profit du sieur Lotz.

Plusieurs habitans de la commune de Choisel se plaignirent que les affiches qui annonçaient la vente des biens de leur commune n'y avaient pas été placardées. Le maire de la commune, ainsi que le receveur de l'enregistrement et des domaines de l'arrondissement, prétendirent n'avoir point reçu ces affiches.

Il paraît qu'on imputa ce défaut de publication au résultat de manœuvres frauduleuses qu'aurait exercées le sieur Lotz pour écarter la concurrence, car devant le conseil de préfecture où furent portées les réclamations de la commune, le sieur Lotz affirma et offrit de prouver qu'il n'avait pas quitté Versailles, lieu de son domicile, pendant tout le délai d'usage entre l'affiche et la vente; il soutenait d'ailleurs qu'en droit il n'était point responsable de la faute d'autrui; qu'il arrivait que le porteur des affiches ne les remettait pas toujours exactement aux maires des petites communes; qu'au surplus, il avait acquis publiquement après une adjudication aux enchères et à l'extinction des feux, conformément à la loi du 17 mai 1790, et qu'il avait satisfait à toutes les obligations que lui avait imposées le cahier des charges, en payant le principal et les frais dont il avait quittance.

Ces moyens furent rejetés par un arrêté du conseil de préfecture, du 8 août 1815, ainsi conçu :

« Considérant qu'indépendamment des manœuvres frauduleuses dont le soupçon plane sur le sieur Lotz, mais qui ne peuvent devenir constantes que par une instruction judiciaire, il demeure constaté par les déclarations du maire de Choisel, 1°. qu'aucune affiche annonçant la vente de la propriété communale de Choisel, n'a été ni reçue, ni placardée dans cette commune; 2°. qu'en cas de revente, il y aura surenchère de la part des habitans du lieu jusqu'à la somme de 1200 fr.;

» Que du concours de ces deux faits, il résulte indispensablement qu'il y a eu défaut de publicité dans la vente, défaut de concurrence dans les enchères, et par suite nécessaire vilité de prix dans l'adjudication faite au sieur Lotz en vertu de la déclaration du sieur Durand, du 17 janvier dernier; qu'ainsi, cette adjudication consentie contre le vœu et le texte du décret du 14 mai 1790 ne peut subsister;

» Arrête que l'adjudication faite, le 17 janvier 1815, de la propriété communale de Choisel, au profit du sieur Lotz, sur la déclaration du sieur Durand, adjudicataire, moyennant la somme de 625 francs, est déclarée nulle et de nul effet; mention de cette nullité sera faite sur la minute de l'acte d'adjudication, et les expéditions délivrées en seront retirées, et, en tous cas, réputées non avenues, sauf au sieur Lotz l'exercice de ses droits pour raison des faits, droits et sommes de deniers par lui déboursés, et à Son Excel. le ministre des finances d'ordonner contre le sieur Lotz les poursuites qu'il appartiendra. »

Le sieur Lotz s'est pourvu devant le Conseil d'état contre cet arrêté.

Dans ses moyens de défense, il a soutenu :

1°. Que relativement au fait du défaut d'affiches, il était impossible de le lui imputer; que si cette formalité avait été omise, la faute en était au maire de Choisel, au sous-préfet de Rambouillet et aux bureaux de la préfecture; que tous étaient coupables de négligence; savoir, le maire, pour ne pas avoir fait afficher les placards dans le cas où il les aurait reçus; le sous-préfet et les bureaux de la préfecture, pour ne s'être pas assurés de la remise desdits placards aux diverses communes de l'arrondissement, par la feuille de réception servant de contrôle à la fidélité des porteurs; que c'était dans ce sens qu'il convenait d'appliquer à la cause les dispositions des articles 733 et 735 du Code de procédure qui veulent que les vices de forme ne puissent pas être opposés contre une adjudication consommée;

2°. Que la loi du 14 mai 1790, n'ouvrait point la voie de la rescision pour cause de vilité du prix de l'adjudication; que dans l'espèce, l'estimation avait été faite, conformément à la loi, au denier vingt, et que le prix de l'adjudication était au-dessus de l'estimation; qu'ainsi le conseil de préfecture avait créé une nullité non établie par la loi, que dès-lors il y avait excès de pouvoir;

3°. Que le cahier des charges et la loi du 8 juin 1793, loin d'autoriser la résiliation de l'adjudication pour cause de vilité de prix la prohibaient formellement; enfin, que ce qui prouvait que les habitans n'étaient nullement disposés à doubler l'estimation, c'est que, d'un côté, la commune ne pouvait pas acquérir, puisque tous les biens communaux devaient être vendus, et que de l'autre, ceux des habitans qui avaient défriché une partie du terrain n'avaient pas voulu profiter du bénéfice de la loi du 9 ventose an 12, qui les autorisait à soumissionner le fonds dont il s'agit, depuis la publication de la loi du 20 mars 1813, qui ordonnait la vente des biens communaux.

Sur ce pourvoi est intervenue l'ordonnance dont la teneur suit:

LOUIS, etc.; — Sur le rapport du comité du contentieux;

Vu la requête à nous présentée par le sieur Henri Lotz, propriétaire à Versailles, enregistrée au secrétariat du comité du contentieux de notre Conseil d'état, le 13 mai 1816, et tendante à ce qu'il nous plaise recevoir son recours contre un arrêté du conseil de préfecture du département de Seine-et-Oise, du 8 août 1815, signifié à la requête de l'administration de l'enregistrement et des domaines, ce faisant, déclarer ledit arrêté nul et de nul effet; et en conséquence, ordonner que l'adjudication faite à l'exposant, en ladite préfecture, du terrain communal de Choisel, le 17 janvier 1815, continuera d'avoir son effet et d'être exécutée selon sa forme et teneur;

Vu l'ordonnance de soit communiqué, en date du 25 juin 1816, enregistrée le 11 juillet, et signifiée le 13 août suivant, au sieur Michel Ozanne, maire de la commune de Choisel;

Vu la requête en forme de réponse de la commune de Choisel, ladite requête signifiée le 8 avril 1817, et enregistrée au secrétariat du comité du contentieux de notre Conseil d'état, le 6 du même mois, par laquelle cette commune conclut à ce qu'il nous plaise déclarer le sieur Lotz non-recevable en son pourvoi, et ordonner purement et simplement l'exécution de l'arrêté du conseil de préfecture, du 8 août 1815, et le condamner aux dépens;

Vu le procès-verbal de vente du bien désigné par l'article 10 de l'affiche n°. 22, des domaines provenant des communes, cédés à la caisse d'amortissement, ledit article 10 comprenant une pièce de terre dite commune de Choisel, contenant deux hectares, quinze ares vingt-six centiares, estimée 600 francs, et adjugée le 17 janvier 1815, moyennant 625 francs, au sieur Durand, qui en a passé déclaration de command, le même jour, au sieur Lotz, percepteur de ladite commune de Choisel;

Vu l'arrêté du conseil de préfecture du département de Seine-et-Oise, du 8 août 1815, qui annulle l'adjudication faite, le 17 janvier 1815, de la propriété communale de Choisel au profit du sieur Lotz, sauf l'exercice de ses droits, pour raison des frais, droits et sommes de deniers par lui déboursés, et sauf à Son Excell. le ministre secrétaire d'état des finances d'ordonner, contre ledit sieur Lotz, les poursuites qu'il appartiendra;

Vu la lettre du directeur de l'enrégistrement et des domaines du département de Seine-et-Oise, adressée, le 2 mars 1815, au préfet du même département;

Vu toutes les pièces jointes au dossier de cette affaire;

Considérant que le procès-verbal du 17 janvier 1815, contient la mention formelle que l'affiche a été publiée et apposée dans les lieux prescrits par l'art. 2 du titre 3 du décret du 14 mai 1790; qu'il n'existe aucune preuve contraire, et que les manœuvres frauduleuses attribuées au sieur Lotz, pour écarter la concurrence, n'ont pas été prouvées;

Notre Conseil d'état entendu,

Nous avons ordonné et ordonnons ce qui suit:

Art. 1er. L'arrêté du conseil de préfecture du département de Seine-et-Oise, du 8 août 1815, est annullé.

2. L'adjudication faite au sieur Lotz, le 17 janvier 1815, du terrain communal de Choisel, continuera d'avoir son effet, et d'être exécutée selon sa forme et teneur.

3. La commune de Choisel est condamnée aux dépens.

3. Nos ministres secrétaires d'état aux départemens de l'intérieur et des finances sont chargés, chacun en ce qui le concerne, de l'exécution de la présente ordonnance.

Ordonnance du 6 novembre 1817. (2789)

N°. 117.

1°. LIQUIDATION DE LA DETTE PUBLIQUE. — Hôpitaux militaires. — Régie intéressée. — Contentieux;

2°. Conflit. — Divisibilité. — Question préjudicielle.

1°. *Un arrêté pris par le conseil général de liquidation de la dette publique, décidant qu'un traité pour le service des hôpitaux militaires, constitue une entreprise et non une régie intéressée, n'est pas une décision contentieuse dont l'infirmation puisse être demandée au Conseil d'état.*

2°. *Si un conflit a été élevé par un préfet dans l'intérêt d'un particulier, que le préfet tient pour régisseur ou agent de l'administration et que les tribunaux réputent entrepreneur leur justiciable, la décision d'un tel conflit se trouve subordonnée à la question de savoir s'il y a entreprise ou s'il y a régie; mais cette question ne peut être décidée par le comité contentieux; il y a donc nécessité de surseoir jusques à décision de la haute administration active sur la question non contentieuse d'entreprise ou de régie.*

(Les sieurs Poyer et consorts. — C. — le sieur Jubié.)

LOUIS, — etc.; Sur le rapport du comité du contentieux;

Vu l'arrêté du préfet du département de la Seine, du 27 décembre 1816, par lequel il a revendiqué, comme étant du ressort de l'autorité administrative, les contestations pendantes devant la cour royale de Paris, entre le sieur Jubié, d'une part, et les sieurs Poyer, Rivot, Berthelot, et la dame veuve Moreau, d'autre part, au sujet du paiement d'appointemens réclamés par ces derniers, comme employés à la liquidation de la régie des hôpitaux militaires.

Les requêtes à nous présentées et déposées au secrétariat du comité du contentieux de notre Conseil d'état les 12 février, 7 mai, 24 juin et 12 septembre 1817, par lesdits sieurs Poyer, Rivot, Berthelot, et la dame veuve Moreau; lesdites requêtes tendantes à l'annullation du susdit arrêté, et à ce que ledit sieur Jubié soit condamné aux dépens;

Les requêtes en défense du sieur Pierre-Joseph-Fleury Jubié, par lesquelles il conclut à ce que ledit arrêté soit confirmé, et à ce qu'un autre arrêté, pris par le Conseil général de liquidation de la dette publique, le 29 juin 1810, soit annullé, notamment en ce qu'il a décidé que le traité, passé le 12 vendémiaire an 7, pour le service des hôpitaux militaires, constituait une entreprise et non une régie intéressée; en tout cas, à ce qu'il soit ordonné que ledit arrêté ne peut profiter à des tiers, et à ce que les adversaires soit condamnés aux dépens;

Les jugemens du tribunal de première instance du département de la Seine, des 12 février 1814, 30 août, 21 novembre 1815, et 27 février 1816;

Les actes d'appel desdits jugemens, en date des 29 janvier et 16 août 1816;

Un exemplaire imprimé de la soumission faite le 11 vendémiaire an 7, par les sieurs Demars, Ethis-Lafleurye, Saint-Pierre, et Momet, pour le service des hôpitaux militaires, approuvée et acceptée le lendemain par le ministre de la guerre;

L'arrêté du Conseil général de liquidation de la dette publique du 29 juin 1810;

L'extrait de l'état approuvé per le décret du 15 septembre 1810, dans lequel ledit arrêté a été compris;

La lettre de notre ministre secrétaire d'état des finances à notre garde des sceaux, en date du 23 août 1817, de laquelle il résulte que le susdit arrêté du Conseil général de liquidation, du 29 juin 1810, n'a pas encore été suivi d'exécution, et qu'il n'a pas été signifié;

Ensemble, toutes les autres pièces respectivement produites;

Considérant que le sieur Jubié, en même temps qu'il conclut, par ses requêtes susdites, à l'annullation de l'arrêté du Conseil général de liquidation du 29 juin 1810, annonce qu'il s'est déjà pourvu devant nous, par une autre voie, contre ledit arrêté; qu'effectivement il n'appartient pas à notre comité du contentieux de procéder à l'instruction et au rapport des réclamations de cette nature; qu'en conséquence, les deux instances, l'une relative à la validité du conflit élevé par l'arrêté du préfet du département de la Seine, du 27 décembre 1816, l'autre relative à la validité de l'arrêté du Conseil général de liquidation, du 29 juin 1810, ne peuvent pas être jointes; que cependant l'instruction de cette dernière instance paraît pouvoir fournir des renseignemens utiles pour la décision à rendre sur le conflit;

Notre Conseil d'état entendu,

Nous avons ordonné et ordonnons ce qui suit:

Art, 1er. Il est sursis, pendant trois mois, à compter de la signification de la présente ordonnance, à statuer sur le conflit élevé par l'arrêté susdit, du département de la Seine, du 27 décembre 1816, durant lequel délai le sieur Jubié fera les diligences nécessaires pour faire prononcer sur le pourvoi par lui formé contre l'arrêté susdit du Conseil général de liquidation de la dette publique, du 29 juin 1810, pour après l'expiration dudit délai, être par nous statué sur ledit conflit ainsi qu'il appartiendra.

Notre garde des sceaux ministre secrétaire d'état de la justice et notre ministre secrétaire d'état des finances sont chargés, chacun en ce qui le concerne, de l'exécution de la présente ordonnance.

Ordonnance du 6 novembre 1817.

N°. 118.

COMMUNE. — Propriété. — Action. — Autorisation.

Aux termes d'un avis du Conseil d'état, du 28 juin 1806, approuvé le 3 juillet suivant, ceux qui intentent contre une commune une action à raison d'un droit de propriété, sont dispensés de demander une autorisation au conseil de préfecture, à plus forte raison si le procès à intenter doit être dirigé contre un agent du maire de la commune sur une question de propriété.

(Le sieur Croze. — C. — le sieur Augeraud.)

En 1817, le maire de Brioude fit porter des terres et planter des arbres par l'atelier de charité établi dans cette ville, sur un terrain vacant attenant à une route royale.

Lorsque les travaux furent terminés, le sieur Croze se prétendit propriétaire de ce terrain; il cita, le 4 avril de la même année, le sieur Augeraud, dit Dominé, chef de l'atelier, devant le juge de paix, pour qu'il eût à enlever les terres rapportées et à arracher les arbres, et conclut en outre contre lui à 300 francs de dommages-intérêts.

Le sieur Augeraud, dans sa défense, objecta qu'il n'avait agi que par l'ordre du maire, et il demanda un délai de huit jours pour le mettre en cause; ce qui lui fut accordé.

A l'audience de huitaine, et ensuite à celle du 28 avril, où l'affaire fut renvoyée, le maire déclara qu'Augeraud n'avait effectivement rien fait que par ses ordres, et qu'il prenait fait et cause pour lui; il en demanda acte.

Augeraud représenta qu'il n'avait été que l'ouvrier salarié du maire, et demanda à être mis hors de cause.

Le sieur Croze s'opposa à l'intervention du maire dans la cause, sur le motif que ce fonctionnaire ne s'était point fait autoriser à cet effet. Il allégua en outre qu'Augeraud était à la tête des ouvriers qui l'avaient troublé dans sa possession, et il persista dans ses conclusions contre lui.

Sur ces dires respectifs, le juge de paix du canton de Brioude rend, le 28 avril 1817, un jugement portant que l'affaire est remise à un mois, « pendant lequel temps Augeraud doit légalement exercer son recours; ou le maire, au nom de la commune de Brioude, se conformer aux lois administratives pour former sa demande en intervention, si non et faute de ce faire, dans ledit délai, il sera fait droit. »

Mais, par un arrêté pris le 2 juin suivant, le préfet du département de la Haute-Loire élève le conflit de juridiction.

Les motifs de cet arrêté sont : « que le terrain où les travaux ont été exécutés est un terrain vacant, qui sert de place publique depuis la création de la route à laquelle il tient; que le maire a pu le regarder comme appartenant à la commune; que le sieur Croze aurait dû adresser sa plainte à l'autorité administrative, puisqu'il était de notoriété publique que la mairie seule dirigeait et faisait faire les travaux dont il s'agit sous la surveillance spéciale du commissaire de police;

» Qu'il n'appartient qu'au conseil de préfecture, sur le vu de la réclamation du sieur Croze, soit d'autoriser ce dernier à plaider contre la commune, soit d'autoriser la commune à défendre contre lui;

» Que le juge de paix ne pouvait retenir, dans les liens d'une action civile, le sieur Augeraud, agent subalterne de l'autorité municipale et avoué par elle, ni ordonner que le maire pourrait être mis en cause par Augeraud, nonobstant les dispositions de l'article 75 de la loi du 22 frimaire an 8, qui veut que les agens du gouvernement ne soient traduits en justice qu'après l'autorisation préalable du Conseil d'état. »

Tel est l'arrêté de conflit, sur lequel le Conseil d'état a eu à statuer.

On a représenté que les principes, sur lesquels il avait été rendu, étaient erronés, et qu'on y faisait une fausse application de l'article 75 de la loi du 22 frimaire an 8.

« Croze, disait-on, se prétend propriétaire de temps immémorial, tant par ses ancêtres que par lui, du terrain où les travaux ont été exécutés : il expose qu'il en a toujours eu la possession jusqu'au trouble qu'il a souffert dans le cours de cette année.

» Aux termes d'un avis du Conseil d'état, sous la date du 3 juillet 1806 : « ceux qui intentent contre une commune, soit au pétitoire, soit au possessoire, une action en raison d'un droit de propriété, *sont dispensés* de demander une autorisation au conseil de préfecture. »

» Croze aurait donc pu, sans s'y faire autoriser, ainsi que le voulait le préfet, attaquer directement le maire, comme représentant la commune de Brioude. Il a donc pu à plus forte raison attaquer, sans cette autorisation, l'ouvrier salarié du maire.

» Augeraud n'avait pas besoin non plus d'une autorisation pour appeler le maire en garantie, puisqu'elle serait inutile au demandeur principal.

» C'était au maire, dans le délai qui lui avait été donné pour cet effet, à se faire autoriser à soutenir son agent, à défendre les droits de la commune, et le juge de paix aurait ensuite prononcé sur le fond.

Ces motifs ont été adoptés : l'arrêté de conflit a été annullé par l'ordonnance dont la teneur suit :

LOUIS, etc....; — Sur le rapport du comité du contentieux;

Vu l'arrêté du préfet du département de la Haute-Loire, du 22 juin 1817, par lequel il a élevé le conflit d'attribution dans une contestation portée devant le juge de paix du canton de Brioude, et existante entre le sieur Croze et le sieur Augeraud, le premier se prétendant propriétaire d'un terrain situé dans la ville de Brioude, et le second, chef d'un atelier de travaux de charité établi sur ce terrain par le maire de cette ville; ledit arrêté, fondé sur ce que le sieur Augeraud n'était que l'agent du maire de Brioude, et que le sieur Croze aurait dû obtenir, avant tout, du conseil de préfecture, l'autorisation de mettre la commune en cause; et sur ce que, d'après les dispositions de l'article 75 de l'acte du 28 frimaire an 8, un maire ne peut pas être traduit en justice sans autorisation préalable du Conseil d'état;

Vu le jugement rendu par le juge de paix du canton de Brioude, le 28 avril 1817, portant que l'affaire est remise à un mois, pendant lequel temps Augeraud doit légalement exercer son recours contre le maire dont il est l'agent, ou le maire, au nom de la commune de Brioude, se conformer aux lois administratives, pour former sa demande en intervention, si non et faute de ce faire dans ledit délai, il sera fait droit;

Vu le rapport qui nous a été fait par notre garde des sceaux ministre secrétaire d'état au département de la justice, dans lequel il émet l'opinion que le susdit arrêté doit être annullé;

Considérant qu'aux termes d'un avis du Conseil d'état du 28 juin 1806, approuvé le 3 juillet suivant, ceux qui intentent contre une commune une action à raison d'un droit de propriété, sont dispensés de demander une autorisation au conseil de préfecture, et qu'à plus forte raison, cette autorisation n'était pas nécessaire pour poursuivre le sieur Augeraud;

Considérant que l'article 75 de la loi précitée du 22 frimaire an 8, n'est applicable qu'à une action personnelle qui serait dirigée contre le maire pour faits résultans de l'exercice de ses fonctions;

Notre Conseil d'état entendu,

Nous avons ordonné et ordonnons ce qui suit:

Art. 1er. L'arrêté du préfet du département de la Haute-Loire, du 22 juin 1817, est annullé, et le jugement du juge de paix du canton de Brioude, du 28 avril précédent, sortira son plein et entier effet.

2. Notre garde des sceaux ministre secrétaire d'état de la justice et notre ministre secrétaire d'état de l'intérieur sont chargés, chacun en ce qui le concerne, de l'exécution de la presente ordonnance.

Ordonnance du 6 novembre 1817. (2798)

No. 119.

BOIS. — PATURAGE. — ADJUDICATAIRE DÉFENSABLE.

Il n'est pas nécessaire qu'un acquéreur de bois domanial ait achevé de payer son prix, pour qu'il soit autorisé à faire pâturer ses bestiaux sur le bois acheté.

Il n'est pas nécessaire qu'un bois ait été déclaré défensable par l'administration forestière, pour qu'un propriétaire puisse y faire paître ses troupeaux. (Avis du Conseil d'état du 18 brumaire an 14, approuvé le 10 frimaire suivant.)

(Les sieurs Brunet et Bourbeau.—C.—la commune de Nouaillé.)

Les habitans de Nouaillé et d'autres communes demandèrent, en l'an 12, au conseil de préfecture du département de la Vienne, la confirmation du droit de parcours ou de pâturage pour leurs bestiaux dans les bois réunis au domaine de l'Etat.

Cette demande fut rejetée par un premier arrêté du 21 frimaire an 12, à défaut de production de titres.

Les habitans ayant invoqué la coutume du Poitou, furent renvoyés, par un second arrêté du 7 germinal même année, devant le tribunal de Poitiers, pour faire constater la disposition et les effets de la coutume.

Sur la production d'un acte de notoriété, émané de ce tribunal le 22 du même mois, il intervint, le 13 floréal suivant, un arrêté qui maintint les habitans dans la jouissance du droit de parcours. Enfin, un décret du 17 nivose an 13 modifia cet arrêté, en déclarant que l'exercice du droit dont il s'agit devait être subordonné aux dispositions des articles 1, 3 et 13 du titre 9 de l'ordonnance de 1669. Voici, au surplus, les termes de ce décret.

« Le droit de pâturage ou parcours dans les bois et forêts appartenant, soit à l'Etat, soit aux établissemens publics, soit aux particuliers, ne peut être exercé par les communes et les particuliers qui en jouissent en vertu de leurs titres, ou des statuts et usages locaux, que dans les parties de bois qui auraient été déclarés défensables, conformément à l'ordonnance de 1669. En conséquence, l'arrêté du 13 floréal an 12, relatif aux communes de Nouaillé et autres, est annullé, en ce qu'il contient de contraire aux dispositions de ladite ordonnance. »

En exécution des réglemens remis en vigueur, l'administration des forêts régla à 35 bœufs le droit de dépaissance accordé à la commune de Nouaillé par l'arrêté du 13 floréal an 12.

Lors de la mise en vente des bois de cette commune, en vertu de la loi du 20 mars 1813, on énuméra dans le cahier des charges la quantité des têtes de bétail que chaque lot aurait à supporter, en défalquant, du prix de la vente, le capital que représentait cette charge.

Les sieurs Brunet et Bourbeau se rendirent adjudicataires de deux lots de bois compris dans la répartition pour neuf têtes de bétail. Ils acquittèrent, conformément à l'adjudication, les quatre cinquièmes de leur prix, et entrèrent en possession.

Peu après l'aliénation, qui eut lieu le 25 juillet 1815, la commune de Nouaillé demanda que les deux cantons de bois vendus fussent déclarés défensables, pour qu'elle y exerçât son droit de pâturage.

Les acquéreurs soutinrent que cette faculté était réduite à neuf têtes de bétail par l'estimation antérieure à leur contrat, et subordonnée à toutes les formalités prescrites par l'ordonnance de 1669. Ils prétendirent en outre que, quoique les bois ne fussent pas déclarés défensables, ils avaient droit eux-mêmes, d'après l'avis du Conseil d'état, approuvé le 16 frimaire an 4, de faire pâturer leurs bestiaux dans les bois qu'ils venaient d'acquérir.

La commune s'opposa à cette prétention, comme pouvant restreindre et diminuer son propre droit d'usage. Le conservateur des forêts consulté, s'y opposa, sur le motif énoncé dans son avis du 6 juillet 1816, que l'avis du Conseil d'état, qui confère aux propriétaires le droit d'user et d'abuser, ne pouvait être appliqué aux sieurs Brunet et Bourbeau, attendu que le pâturage dans les bois non défensables serait un abus, et que ces acquéreurs n'ayant pas encore soldé le prix entièrement, n'étaient pas propriétaires absolus et incommutables, aux termes des lois et des clauses de leur contrat.

Sur ce est intervenu, le 3 août 1816, un arrêté du conseil de préfecture du département de la Vienne, ainsi conçu :

« Considérant, 1°. qu'il y a seulement lieu, dans les attributions du conseil de préfecture, de revoir l'acte de l'adjudication faite le 25 juillet 1815, à MM. Brunet et Bourbeau, par l'autorité administrative de M. le préfet de ce département, et d'énoncer la nature et les effets de cette adjudication ;

» 2°. Que le pâturage ou parcours dont la jouissance est réclamée par la commune de Nouaillé sur les bois dont il s'agit, est un droit reconnu à cette commune par le décret du 17 nivose an 13, par l'adjudication faite à MM. Brunet et Bourbeau, et par l'aveu de toutes les parties ;

» 3°. Que la réduction prétendue de ce droit de pâturage ou parcours à neuf bêtes de bétail est, d'après les explications données par M. le conservateur, une erreur des adjudicataires qui ont conclu cette réduction des termes du procès-verbal d'estimation, lorsqu'ils ne devaient considérer cette fixation numérique que comme le resultat d'une règle de proportion nécessaire aux agens forestiers pour établir, en vertu des instructions de leur administration, le prorata de la déduction à opérer sur la valeur capitale du prix des bois, eu égard au parcours exercé sur toute la superficie de la commune de Nouaillé, et il ne pourrait pas en être autrement sans blesser le droit de parcours reconnu sans limitation à cette commune par le décret du 17 nivose an 13 ;

» 4°. Que le décret précité maintient la commune de Nouaillé dans la jouissance du droit de pâturage ou parcours, en ce qui n'est pas contraire aux dispositions des articles 1 et 3, et sous les prohibitions exprimées par l'article 13 du titre 19 de l'ordonnance de 1669 ;

» Que MM. Brunet et Bourbeau ne sont encore qu'adjudicataires, et non pas propriétaires incommutables des bois dont il s'agit, puisqu'ils n'ont pas leur *quitus* ; qu'ainsi il est inutile d'examiner les conséquences qu'ils tirent de l'avis du Conseil d'état, du 15 brumaire an 14 ;

» 6°. Enfin que les bois adjugés à MM. Brunet et Bourbeau, le 25 juillet 1815, ne sont pas compris dans l'état général des bois défensables arrêté par l'administration générale des eaux et forêts, le 8 avril 1816, que M. le conservateur a fait mettre sous les yeux du conseil de préfecture ;

» Par ces motifs, le conseil de préfecture arrête que le décret du 17 nivose an 13, qui a modifié l'arrêté du conseil de préfecture du département de la Vienne, du 13 floréal an 12, doit être exécuté dans toutes ses dispositions, et qu'il s'ensuit que les bois adjugés le 25 juillet 1815 à MM. Brunet et Bourbeau, n'ayant pas été déclarés défensables, ces deux adjudicataires ne peuvent, quant à présent, malgré leur contrat, non plus que la commune de Nouaillé, malgré son droit, envoyer leurs bestiaux dans ces bois, sans s'exposer, les uns comme les autres, aux peines prononcées par les lois au préjudice des contrevenans. »

Tel est l'arrêté contre lequel les sieurs Brunet et Bourbeau se sont pourvus au Conseil d'état.

Pour moyens de défense, ils ont invoqué la troisième disposition de l'avis du Conseil d'état, du 16 frimaire an 14 ; et comme il y est énoncé une restriction pour les intérêts des tiers, ils ont prétendu que c'était en faveur de la commune usagère de Nouaillé qu'on avait interdit aux acquéreurs l'introduction de leurs propres bestiaux dans les bois défensables ; ils ont exposé, dans ce sens, que les tribunaux auraient seuls le droit de prononcer, attendu qu'il ne s'agirait pas de l'interprétation du contrat ;

Revenant à la même question sur le fond, ils ont soutenu que le droit de pâturage appartenant à la commune, n'excluait point celui de même nature appartenant au propriétaire du bois ; que ces deux droits pouvaient être exercés concurremment ; que le propriétaire notamment avait la faculté d'user des fruits, lorsque l'usager ne les consommait pas ; que le conseil de préfecture, en réservant les fruits à l'usager dans le temps même où celui-ci était empêché de les consommer, avait confondu l'usage avec l'usufruit dont les effets sont plus étendus ; que la question actuellement en litige, était de savoir si les propriétaires seraient tenus d'attendre pour jouir de leur droit de propriété, que les usagers se missent en mesure de jouir de leur droit d'usage ;

Ils ont dit qu'ils ne s'arrêteraient point au motif donné par le conseil de préfecture, et tiré de ce que les acquéreurs n'ayant pas encore leur *quitus*, n'avaient pas le droit d'user et d'abuser ; parce que le cahier des charges, en ne leur défendant que les coupes extraordinaires, leur permettait, par cela même, les coupes ordinaires, et à plus forte raison, la simple dépaissance.

Quant au motif déduit de ce que les bois n'avaient pas encore été déclarés défensables, ils ont allégué qu'on ne pourrait l'appliquer qu'à la commune usagère, mais qu'ils avaient, en qualité de propriétaires, le droit d'user et d'abuser, aux termes de l'avis du Conseil d'état.

Ils ont conclu à l'annullation de l'arrêté du conseil de préfecture, comme attentatoire à leur propriété, sauf à la commune à user de ses droits suivant les règles prescrites, et en faisant contre elle toutes réserves relativement à l'étendue de ces mêmes droits.

Dans ses observations, le maire de la commune de Nouaillé a objecté que cette commune n'était pas, comme le prétendaient les adjudicataires, simple usagère, mais qu'elle avait sur les bois vendus des droits de pâturage et parcours établis par la coutume, reconnus et maintenus par l'arrêté contradictoire du 13 floréal an 12, et confirmés par le décret du 17 nivose an 13, et dont les adjudicataires étaient même chargés par leur contrat. Etablissant ensuite la distinction entre l'exercice du droit d'usage et l'exercice des droits de pâturage et de parcours, il fait remarquer que l'arrêté attaqué n'avait pas même mis sur la même ligne les propriétaires et les parcoureurs, qu'il s'était borné à déclarer que les adjudicataires n'ayant pas leur *quitus*, n'étaient pas propriétaires incommutables, et que, quant à présent, ils ne pouvaient introduire leurs bestiaux dans les bois avant qu'ils eussent été déclarés défensables.

Il a cherché à justifier les dispositions de l'arrêté attaqué, en alléguant que le propriétaire dont les bois étaient asservis à des droits de pâturages et de parcours ne pouvait seul, et sans le concours des autres propriétaires, mettre ses bestiaux dans ses bois avant qu'ils eussent été déclarés défensables, attendu que comme le porte l'avis du Conseil d'état du 18 brumaire an 14, la propriété consiste bien dans le droit d'user et d'abuser, mais *sauf les intérêts des tiers*; d'où la conséquence qu'il fallait que les bois asservis au parcours eussent été déclarés défensables pour les uns comme pour les autres, avant que personne pût y introduire des bestiaux; ou que si le propriétaire y introduisait lui-même ses bestiaux, les autres propriétaires pouvaient également y introduire les leurs; qu'autrement les intérêts de ces derniers seraient blessés par la jouissance exclusive du propriétaire qui n'en conserverait pas moins ses droits de pâturages et parcours sur les autres propriétés de la commune;

Le maire de Nouaillé a objecté en outre que la jouissance des adjudicataires se bornait, d'après l'article 35 du cahier des charges, à l'exploitation de la coupe annuelle; qu'ils ne pouvaient donc faire parcourir leurs bestiaux avant que les bois eussent été déclarés défensables; que ces bois restaient sous l'inspection de l'administration forestière, jusqu'à ce que les adjudicataires eussent obtenu leur *quitus*, et qu'ils ne pouvaient même, aux termes des articles 21, 35, 36, 37 et 38 du cahier des charges, transiger avec les usagers et riverains.

De son côté l'administration des domaines et de l'enregistrement a prétendu, dans un mémoire en réponse à la requête en pourvoi qui lui avait été communiquée, que le pourvoi des Srs Brunet et Bourbeau était fondé sur une méprise, que parce que la commune usagère de Nouaillé avait demandé que les droits des acquéreurs fussent restreints quant à la dépaissance, les réclamans avaient supposé que le conseil de préfecture avait accueilli cette demande; que c'était dans l'intérêt des tiers, c'est-à-dire des usagers, que cette faculté avait été interdite, quant à présent, aux acquéreurs, et que la question était de savoir si les propriétaires étaient tenus d'attendre pour jouir de leur droit de propriété, que les usagers se missent en mesure de jouir de leur droit d'usage; tandis qu'il résultait des faits et de l'arrêté attaqué lui-même, que c'était sur la demande du conservateur, et non sur celle de la commune, non pas dans l'intérêt de celle-ci, mais bien dans l'intérêt de l'Etat, que le conseil de préfecture avait prononcé la prohibition provisoire dont il s'agit; que les réclamans étaient non-recevables dans leur pourvoi, attendu que l'arrêté qui en était l'objet, n'était point définitif, mais provisoire et momentané, et tel qu'il dépendait d'eux d'en faire cesser l'effet, en soldant le prix de leur acquisition.

Sur quoi est intervenue l'ordonnance dont la teneur suit :

LOUIS, etc., — Sur le rapport du comité du contentieux;

Vu la requête à nous présentée par les sieurs Brunet et Bourbeau, acquéreurs en vertu de la loi du 23 septembre 1814, de bois domaniaux situés dans la commune de Nouaillé, arrondissement de Poitiers, département de la Vienne; ladite requête enregistrée au secrétariat du comité du contentieux de notre Conseil d'état, le 2 décembre 1816, tendante à obtenir l'annullation d'un arrêté du conseil de préfecture du département de la Vienne, du 3 août 1816, duquel il résulte, 1°. que les bois achetés par les réclamans doivent supporter le parcours de tous les bestiaux de la commune, et non pas de neuf têtes seulement de bétail, comme ils le prétendent; 2°. qu'au moyen de ce qu'ils n'ont pas encore achevé de payer leur prix, les dispositions de l'avis du Conseil d'état, du 18 brumaire an 14, approuvé le 10 frimaire même année, qui autorisaient les propriétaires de bois à user et à abuser de leur propriété, ne leur sont pas applicables, et que conséquemment ils n'ont pas dû faire pâturer leurs bestiaux; 3°. enfin, que le droit de faire pâturer ne peut pas leur être accordé, non plus qu'à la commune, avant que les bois soient déclarés défensables, et qu'ils sont passibles des peines prononcées au préjudice des contrevenans;

Vu l'arrêt attaqué;

Vu les observations adressées par le maire de la commune de Nouaillé à notre garde des sceaux;

Vu le mémoire de l'administration des domaines en réponse à la requête susdite qui lui avait été communiquée, dans lequel elle conclut à ce que les sieurs Brunet et Bourbeau soient déclarés non-recevables, ou en tout cas déboutés et condamnés aux dépens;

Vu une réplique des sieurs Brunet et Bourbeau, dans laquelle, en persistant dans leurs précédentes conclusions, ils concluent en outre à ce que le droit de dépaissance de la commune de Nouaillé dans leurs bois soit fixé à neuf bêtes à cornes, et à ce que l'intervention de l'administration des domaines soit rejetée, comme étant sans objet, avec dépens;

Vu l'acte de vente passé au profit des sieurs Brunet et Bourbeau, le 25 juillet 1815; les procès-verbaux d'estimation et de description qui l'ont précédé, et toutes les pièces produites;

Considérant que, par l'acte d'estimation des bois susmentionnés, l'estimation du droit de parcours n'a été faite que pour déduire de la valeur de la propriété vendue, une charge qui la grevait, et qu'ainsi il n'y a pas lieu à opérer une restriction qui serait contraire à l'essence même de ce droit;

Considérant que l'adjudication faite au profit des sieurs Brunet et Bourbeau, leur accordait les fruits de la chose vendue, même avant l'acquittement du prix de cette chose; que le pâturage des bois fait partie de ces fruits; que d'ailleurs les acquéreurs s'étaient conformés, pour le paiement, aux conditions de l'acte d'adjudication, et que s'ils n'étaient pas complétement libérés, c'est que le dernier terme n'était pas encore échu;

Considérant enfin qu'il n'est pas nécessaire qu'un bois ait été déclaré défensable par l'administration forestière, pour qu'un propriétaire puisse y faire paître ses troupeaux, puisqu'aux termes de l'avis du Conseil d'état, du 18 brumaire an 14, précité, il a le droit d'user et d'abuser, et par conséquent de jouir de la manière la plus pleine et la plus entière de sa propriété;

Notre Conseil d'état entendu,

Nous avons ordonné et ordonnons ce qui suit :

Art. 1er. L'arrêté du conseil de préfecture du département de la Vienne, du 3 août 1816, est annullé.

2. Le droit de parcours continuera à s'exercer, tant dans les bois de Nouaillé que dans celui de la garenne, comme dans le reste du territoire, conformément aux anciens réglemens.

3. L'intervention de l'administration des domaines est rejetée.

4. La commune de Nouaillé et l'administration des domaines sont condamnées au dépens.

5. Nos ministres secrétaire d'état de l'intérieur et des finances sont chargés, chacun en ce qui le concerne, de l'exécution de la présente ordonnance.

Ordonnance du 6 novembre 1817. (2792)

N°. 120.

ADJUDICATION.—INTERPRÉTATION. — COMMUNE.

Dans l'interprétation d'une adjudication de biens de communes, la justice administrative peut aider le sens du titre au moyen d'une conjecture puisée dans la circonstance que, lors de la prise de possession par l'adjudicataire, la commune n'a pas réclamé contre les prétentions de l'acquéreur.

(Le maire de la commune de Rosnes.—C.—l'administration des domaines et le sieur Jeannin.)

LOUIS, etc.; — Sur le rapport du comité du contentieux;

Vu la requête à nous présentée par le maire de la commune de Rosnes, département de la Meuse, enregistrée au secrétariat du comité du contentieux de notre Conseil d'état, le 26 novembre 1814, et tendant à l'annullation d'un arrêté du Conseil de préfecture de ce département, en date du 18 décembre 1813, lequel a déclaré qu'il n'y avait pas lieu à délibérer sur la réclamation présentée par ce maire, relativement à une vente faite le 25 mai précédent, d'une portion des biens communaux de Rosnes, dans laquelle il prétend qu'une adjudication faite au sieur Jeannin, d'une pièce de terre, n'aurait dû comprendre que la partie connue sous le nom du Pâquis, dit le Praillon, laquelle seule était louée, et non celle connue sous le nom de Grand Renoir, qui ne l'avait jamais été;

Vu l'ordonnance de notre chancelier de France, du 21 décembre 1814, portant que la susdite requête sera communiquée à l'administration des domaines et au sieur Jeannin, lequel n'a pas répondu dans les délais du réglement;

Vu la requête de l'administration des domaines, enregistrée au secrétariat du comité du contentieux de notre Conseil d'état, le 2 janvier 1816, dans laquelle elle conclut au maintien de la vente attaquée;

Vu une réplique du maire de la commune de Rosnes, et une réponse de l'administration des domaines, enregistrées au secrétariat dudit comité du contentieux, les 24 avril et 15 mai 1816, dans lesquelles ils persistent respectivement dans leurs précédentes conclusions;

Vu l'arrêté attaqué, le procès-verbal d'adjudication, le plan des lieux et toutes les pièces produites;

Considérant que le procès-verbal d'adjudication de la vente faite au sieur Jeannin comprend la totalité de la pièce que l'on voudrait diviser, et que cette pièce est même désignée sous le seul nom de Grand Renoir;

Considérant que, lors de la prise de possession par le domaine, et lors de l'adjudication, il n'a été fait aucune réclamation au nom de la commune de Rosnes, et que, par conséquent, si la prétention de la commune est fondée, elle ne peut la faire valoir que vis-à-vis du gouvernement;

Notre Conseil d'état entendu,

Nous avons ordonné et ordonnons ce qui suit :

Art. 1er. La requête de la commune de Rosnes est rejetée, sauf à elle à se pourvoir devant qui de droit, si elle s'y croit fondée, pour la portion de ses communaux qui n'aurait pas été louée.

2. La commune de Rosnes est condamnée aux dépens.

3. Notre garde des sceaux, ministre secrétaire d'état de la justice et notre ministre secrétaire d'état des finances sont chargés, chacun en ce qui le concerne, de l'exécution de la présente ordonnance.

Ordonnance du 6 novembre 1817. (2738)

N°. 121.

SURSIS. — EXÉCUTION PROVISOIRE.

Le recours au Conseil d'état contre un arrêté de conseil de préfecture, ordonnant un très-prochain arrachement d'arbres, peut être déclaré suspensif, attendu les dommages qui résulteraient de l'arrachement. (Art. 3, réglement du 22 juillet 1806.)

(La dame Leneuf. — C. — le sieur Froudière.)

LOUIS, etc.; — Sur le rapport du comité du contentieux;

Vu les requêtes à nous présentées par la dame Leneuf, comtesse de Sourdeval, demeurant à Caen, département du Calvados, enregistrées au secrétariat du comité du contentieux de notre Conseil d'état, les 25 juillet et 20 août 1817, et concluant à ce qu'il nous plaise annuller un arrêté du conseil de préfecture du département de l'Eure, en date du premier avril 1817, lequel sur une demande formée, en 1814, devant le préfet de ce département par le sieur Froudière, avocat à Rouen, a statué que la dame de Sourdeval serait tenue de faire arracher dans le mois d'octobre prochain tous les arbres qu'elle aurait indûment fait planter, tant sur le chemin de Bernay à Orbec, hors des limites de sa propriété, qu'à une distance trop rapprochée de plusieurs autres petits chemins aboutissant au premier; qu'il serait planté des bornes à l'effet de déterminer le milieu du chemin de Bernay à Orbec, et que les précédentes dispositions seraient communes au sieur Froudière, relativement aux arbres plantés le long de sa propriété et du chemin de Bernay à Orbec, enfin, qu'à l'égard d'une question de propriété concernant une petite friche voisine de ce même chemin, le conseil de préfecture était incompétent; lesdites requêtes concluant en outre à ce qu'il nous plaise surseoir provisoirement à l'exécution de l'arrêté du 1er. avril 1817;

Vu l'ordonnance rendue sur lesdites requêtes par notre garde des sceaux ministre de la justice, le 23 août 1817, et portant *soit communiqué* au sieur Froudière; ensemble la signification d'icelles faite audit sieur, le 4 septembre suivant;

Vu la requête en défense pour le sieur Froudière, enregistrée au secrétariat du comité du contentieux de notre Conseil d'état, le 8 octobre 1817, et concluant à ce que la dame de Sourdeval soit déclarée tout à-la-fois non-recevable et mal fondée dans son pourvoi et déboutée avec dépens envers le sieur Froudière;

Vu l'arrêté attaqué du 1er. avril 1817; ensemble un autre arrêté pris le 30 septembre 1808, par le conseil de préfecture du département de l'Eure, relativement au chemin vicinal de Bernay à Orbec;

Vu le plan des lieux dressé le 10 avril 1815, par l'arpenteur Brefdent;

Vu toutes les pièces respectivement produites par les parties;

Considérant que, pour qu'il puisse être statué sur ladite contestation, de nouveaux renseignemens sont nécessaires; mais qu'aux termes de l'article 3 du réglement du 22 juillet 1806, le recours au Conseil d'état n'a point d'effet suspensif, s'il n'en est autrement ordonné;

Considérant qu'il résulte des dispositions de l'arrêté attaqué, du 1er. avril 1817, et des pièces produites, que s'il n'était pas sursis à l'exécution dudit arrêté, un nombre considérable d'arbres devrait être arraché dans le mois d'octobre courant, au préjudice de la dame de Sourdeval, et qu'il n'y a pas péril en la demeure;

Notre Conseil d'état entendu,

Nous avons ordonné et ordonnons ce qui suit:

Art. 1er. Il est sursis à l'exécution de l'arrêté ci-dessus visé du conseil de préfecture du département de l'Eure, en date du 1er. avril 1817, jusqu'à ce qu'il ait été statué par nous, en notre conseil, sur ladite contestation.

2. Notre garde des sceaux ministre secrétaire d'état de la justice est chargé de l'exécution de la présente ordonnance.

Ordonnance du 6 novembre 1817. (3359)

N°. 122.

ACQUIESCEMENT. — DOMAINE. (ADMINISTRATION DU) — ÉMIGRÉ. — BOIS.

L'administration du domaine exerçait, pendant le séquestre, les droits des émigrés; si elle acquiesçait à une décision, son acquiescement leur est opposable; ainsi, un émigré ne peut aujourd'hui appeler au Conseil d'état d'un arrêté de conseil de préfecture qui, en l'an 9, aurait décidé à son préjudice et au profit de communes usagères, la question de propriété.

(Le duc de Bourbon et la princesse de Bourbon-Condé. — C. — la commune de Vertus et autres.)

LOUIS, etc.; — Sur le rapport du comité du contentieux;

Vu la requête à nous présentée par notre cousin le duc de Bourbon et madame la princesse de Bourbon-Condé, sa sœur, enregistrée au secrétariat du comité du contentieux de notre Conseil d'état, le 4 septembre 1817, et tendante à ce qu'il nous plaise annuller, comme incompétemment rendu l'arrêté du conseil de préfecture du département de la Marne, du 22 brumaire an 9, lequel a reconnu diverses communes propriétaires de bois dans lesquels cesdites communes n'auraient jamais possédé que de simples droits d'usage;

Et subsidiairement, et dans le cas où il serait jugé que la question était de la compétence de l'autorité administrative, annuller également ledit arrêté comme ayant mal jugé au fond, et statuant sur la réclamation des communes de Vertus, Voipreux, la Magdelaine,

Soulières, Etréchy et Bergères, afin d'être reconnues propriétaires des bois dont il s'agit, les y déclarer non-recevables, ou en tout cas mal fondées: sauf à elles à jouir de leurs droits d'usage, conformément aux arrêts de 1601, 1669, 169), lesquels seront exécutés selon leur forme et teneur; en conséquence, ordonner que les héritiers du prince de Soubise seront réintégrés dans la propriété, possession et jouissance des bois mentionnés dans les arrêts des 4 août 1601 et 15 décembre 1669, et que les habitans des communes ci-dessus dénommées seront condamnés à restituer les fruits par eux perçus, depuis l'arrêté du 22 brumaire an 9, et ce, d'après l'estimation qui en sera faite par experts convenus entre les parties, ou qui seront nommés d'office par le tribunal qui sera commis à cet effet;

Vu l'arrêté du conseil de préfecture du département de la Marne, en date du 22 brumaire 9;

Vu l'arrêté de la commission chargée de prononcer sur la remise des biens séquestrés et non vendus, du 16 juillet 1816;

Ensemble toutes les pièces comprises au dossier de l'affaire;

Considérant que la décision du 22 brumaire an 9 a été acquiescée et exécutée par l'administration du domaine, depuis l'an 9, et que l'article 1er. de la loi du 5 décembre 1814, relative aux biens non-vendus des émigrés, porte:

« Sont maintenus et sortiront leur plein et entier effet, soit envers l'état, soit envers les tiers, tous jugemens et décisions rendus, tous actes passés, tous droits acquis avant la publication de la Charte constitutionnelle, et qui seraient fondés sur des lois ou des actes du Gouvernement relatifs à l'émigration. »

Notre Conseil d'état entendu,

Nous avons ordonné et ordonnons ce qui suit:

Art. 1er. La requête ci-dessus énoncée est rejetée.

2. Notre garde des sceaux ministre secrétaire d'état de la justice est chargé de l'exécution de la présente ordonnance.

Ordonnance du 6 novembre 1817. (2800)

N°. 123.

ADJUDICATION.—Interprétation.—Servitude.

La justice administrative est compétente pour décider à la vue des procès-verbaux d'adjudication d'un bâtiment divisé en plusieurs lots si un corps de bâtiment a ou n'a pas un droit de vue sur un jardin.

Une telle contestation ne gît-elle pas dans l'application du titre? Ne devrait-elle pas être renvoyée devant les tribunaux?

(Le sieur Thoret. —C.— Le sous-préfet de l'arrondissement de Provins.)

LOUIS, etc.;—Sur le rapport du comité du contentieux;

Vu la requête à nous présentée par le sieur Thoret, propriétaire à Provins; enregistrée au secrétariat du comité du contentieux de notre Conseil d'état le 19 juillet 1816, et tendante à ce qu'il nous plaise annuller un arrêté, pris le 15 mars 1816, par le conseil de préfecture du département de Seine-et-Marne, sur la demande formée par le sous-préfet de l'arrondissement de Provins, arrondissement représentant aujourd'hui le district; lequel interprétant différentes clauses comprises aux actes d'adjudication des 13 juin 1792, 17 septembre même année, et 21 juin 1793, a condamné le requérant à remplir, suivant leur forme et teneur, les obligations imposées par divers articles desdits actes d'adjudication;

Vu la lettre adressée à notre ministre secrétaire d'état au département des finances, le 15 octobre 1816, par le préfet du département de Seine-et-Marne en réponse à la communication administraive qui lui fut faite de la demande formée par le sieur Thoret; ladite lettre transmettant les repliques et observations fournies par le sous-préfet de l'arondissement de Provins, sur la requête du demandeur.

Vu l'arrêté du conseil de préfecture du département de Seine-et-Marne, en date du 15 mars 1816, lequel vise le mémoire en demande du sous-préfet de l'arrondissement de Provins, et les conclusions par lui prises contre le sieur Thoret, et tendante, 1°. à ce que ledit sieur Thoret, soit condamné à payer une somme de 860 fr., savoir: 510 fr. pour le terrain d'une cave, à travers laquelle il lui aurait été vendu un passage; 150 fr. pour les murs des deux extrémités de la ladite cave; 200 fr. pour les 20 toises qui lui sont accordées sur les 40 pieds de pourtour vendus précédemment à l'administration du district, ainsi que les intérêts de ladite somme principale de 860 francs, depuis 22 ans que le sieur Thoret jouit desdits objets; 2°. à ce que les portes ouvertes par ledit sieur Thoret, sur les 40 pieds de pourtour réservés à l'administration, soient par lui supprimées; 3°. à ce qu'il démolisse le mur qu'il a établi, et qui forme l'enceinte du jardin de la dame Duménil, et à ce que cette partie du préau, rendue libre, soit déclarée commune entre ledit sieur Thoret et l'administration; 4°. à ce qu'il démolisse le nouveau pavillon qu'il a élevé sur la porte cochère, et qui détruit, à l'égard de l'administration, la servitude imposée au sieur Thoret par son propre titre;

Ledit arrêté vise ensuite le mémoire du sieur Thoret, lequel excipe de sa jouissance non contestée pendant 22 ans, et conclut, attendu l'incompétence du conseil de préfecture, au renvoi de la contestation devant les tribunaux ordinaires, dans le cas où une conciliation amiable ne la terminerait point;

Après avoir extrait, des différents actes d'adjudication du couvent des Bénédictins de Provins, les clauses relatives aux questions du présent litige, ledit arrêté du conseil de préfecture alloue implicitement, au sous-préfet de l'arrondissement de Provins, ses divers chefs de conclusions, en prononçant que le sieur Thoret remplira, suivant leur forme et teneur, les obligations qui lui sont imposées par les art. 7, 9, 10 et 11 de l'adjudication du 13 juin 1792, par l'art. 5, divisé en 25 paragraphes, de celle du 21 juin 1793, et par le texte de celle du 17 septembre 1792;

Vu l'acte d'adjudication du 14 septembre 1791, qui aliène deux ailes des bâtimens de la maison des Bénédictins de Provins, au profit de l'administration du district du même lieu;

L'acte d'adjudication du 13 juin 1792, qui aliène le corps des vieux bâtimens et une partie de jardin, dépendants de ladite maison conventuelle des Bénédictins de Provins;

L'acte d'adjudication du 17 septembre 1792, qui aliène une partie de bâtiment, joignant celle précédemment vendue, et dépendante de la même maison;

L'acte d'adjudication du 21 juin 1793, qui vend l'église des Bénédictins de Provins et partie du préau qui y conduit;

Vu la lettre adressée le 23 août 1817, à notre garde des sceaux, ministre secrétaire d'état au département de la justice, par le directeur général de l'enregistrement, des domaines et forêts, sur la communication qui lui fut faite de la présente affaire;

Ensemble toutes les pièces respectivement produites et comprises au dossier de l'affaire.

Considérant, quant au premier chef de demande formée par l'administration devant le Conseil de préfecture, que l'adjudication du 21 juin 1793, a eu pour objet d'opérer la vente de l'église des Bénédictins de Provins et de partie du préau qui y conduit; que l'article 5 du cahier des charges, en réservant à l'acquéreur un passage dans une cave vendue précédemment à l'administration, et en soumettant ce droit de passage à des conditions de travaux et d'indemnités, ne peut être considéré comme une clause obligatoire pour l'adjudicataire, mais seulement comme une clause facultative; que les questions qui pourraient s'élever sur la preuve de l'exercice de cette faculté, et sur les obligations qui en résulteraient, sont de la compétence des tribunaux;

Considérant, quant au second chef de demande, que l'article 11 du cahier des charges de l'adjudication du 13 juin 1792, réserve à l'acquéreur des vieux bâtimens, ses vues sur le préau; que cette servitude lui donne droit à conserver les jours ou fenêtres, mais ne peut l'autoriser à ouvrir des portes sur les 40 pieds de pourtour du préau vendu en toute propriété à l'administration du district par l'adjudication du 14 septembre 1791;

Considérant quant au troisième chef de demande, que l'adjudication du 14 septembre 1791, a vendu 40 pieds de large au pourtour du préau, et dans la longueur des deux ailes de bâtiment comprises dans ladite adjudication; que l'adjudication du 13 juin 1792, a assigné à l'acquéreur des vieux bâtimens, dans le même préau, un passage commun avec l'administration, et pris hors ces 40 pieds de pourtour; que l'adjudication du 17 septembre 1792, a encore rendu ce même passage commun aux bâtimens dont elle dispose; que, dans cet état de choses, et le gouvernement aliénant, par une dernière adjudication, en date du 21 juin 1793, ce qui restait entre ses mains du couvent des Bénédictins, c'est-à-dire l'église de Saint-Ayoult et *partie du préau qui y conduit*, cette désignation s'applique évidemment à toute la partie disponible dudit préau, n'ayant pas été comprise dans les susdites adjudications précédentes;

Considérant, quant au quatrième chef de demande, que l'art. 11 du cahier des charges de l'adjudication du 13 juin 1792, ainsi conçu:

« L'adjudicataire des vieux bâtimens aura ses vues sur le préau, comme la partie du bâtiment de l'administration les aura sur le bout donnant sur les jardins au levant; »

Impose à l'adjudicataire dudit jour 13 juin, une servitude en faveur d'un corps de bâtiment, donnant de fait, par le bout, sur les jardins au levant, et étant encore, à cette époque, entre les mains de l'administration et occupé par ses bureaux;

Que ce corps de bâtiment, a été postérieurement aliéné avec ladite servitude active, qui lui est explicitement conservée par son acte d'adjudication du 17 septembre 1792, ainsi conçu:

« Ne pourront les acquéreurs prétendre sur les jardins acquis par les sieurs Audry et autres, que les vues réservées à l'administration, par la vente dudit jour 13 juin 1792;

Notre Conseil d'état entendu,

Nous avons ordonné et ordonnons ce qui suit:

Art. 1er. L'arrêté du conseil de préfecture du département de Seine-et-Marne, en date du 15 mars 1816, est annullé.

2. Les parties, si elles s'y croient intéressées, se retireront devant les tribunaux, pour y faire la preuve légale, sur le fait contesté de la prise de possession de la cave dépendante des bâtimens acquis par l'administration du district, et désignée, par l'adjudication du 21 juin 1793, pour servir de passage à l'acquéreur de l'église; et sur les obligations qui pourraient en résulter.

3. L'adjudication du 13 juin 1792, ne donne à l'acquéreur du vieux bâtiment, qu'un droit de vue sur la partie du préau précédemment aliénée.

4. Ladjudication du 21 juin 1793, vend, en touts

propriété, la partie du préau que n'a pas aliénée l'adjudication du 14 septembre 1791, sauf le passage commun réservé par l'adjudication du 13 juin 1792.

5. Le droit de vue sur les jardins au levant, réservé par l'adjudication du 13 juin 1792, appartient au corps de bâtiment vendu par l'adjudication du 17 septembre même année.

6. Les parties, si elles s'y croient fondées, feront valoir, devant les tribunaux, tous moyens de prescription invoqués dans le cours du présent litige.

7 Le sous-préfet de Provins, aux noms et qualités qu'il agit, est condamné aux dépens.

8. Notre garde des sceaux, Ministre secrétaire d'état au département de la justice et notre ministre secrétaire d'état au département de l'intérieur sont chargés, chacun en ce qui le concerne, de l'exécution de la présente ordonnance.

Ordonnance du 6 novembre 1817. (2790)

N°. 124.

JUSTICE PRÉFECTORIALE. — Prison. — Maison de détention. — Fourniture de pain.

Bien que le préfet ait dans ses attributions l'entreprise de la fourniture du pain des prisons et maisons de détention, et qu'il soit autorisé à résilier un marché de fournisseur pour inexécution, s'il arrive qu'un fournisseur contrevienne à son marché et, par exemple, fasse disparaître des effets mobiliers de la boulangerie des prisons, cette contestation doit être soumise au conseil de préfecture et non à la justice préfectoriale.

(Le sieur Levacher-Duplessis.)

LOUIS, etc. ; — Sur le rapport du comité du contentieux ;

Vu la requête à nous présentée et déposée au secrétariat du comité du contentieux de notre Conseil d'état le 9 avril 1817, par le sieur Levacher-Duplessis ancien entrepeneur de la fourniture du pain des prisons et maisons de détention du département de la Seine; ladite requête tendante à ce qu'il nous plaise annuller, dans les chefs qui lui font préjudice, soit pour excès de pouvoirs, soit pour mal jugé au fond, un arrêté du préfet dudit département du 28 mai 1816, approuvé par notre ministre secrétaire d'état au département de l'intérieur le 9 septembre suivant; le décharger des condamnations prononcées contre lui par ledit arrêté, et condamner l'administration départementale de la Seine, aux dépens;

Le marché passé le 3 nivose an 10, au sieur Brocq, pour la fourniture du pain dans les prisons civiles de Paris;

L'arrêté du préfet du département de la Seine, du 14 floréal an 10, qui prononce la résiliation dudit marché, et accepte la soumission du sieur Levacher-Duplessis pour faire la même fourniture aux mêmes conditions, à partir du 20 dudit mois de floréal;

Le procès-verbal de reconnaissance et description et de remise audit sieur Levacher-Duplessis, des effets mobiliers existans dans la boulangerie des prisons, en date du 17 dudit mois;

Autre procès-verbal de recolement des mêmes effets, en date du 28 décembre 1814;

L'arrêté du préfet du département de la Seine, du 28 mai 1816, attaqué par le sieur Levacher-Duplessis; ledit arrêté portant, entr'autres dispositions que, sur les créances à liquider du sieur Levacher-Duplessis, il sera recouvré une somme de 2825 francs montant du prix des effets mobiliers de la boulangerie des prisons manquans, suivant le susdit procès-verbal de recolement du 28 décembre 1814, et de la moins value de ceux qui ont été rendus par ledit sieur Levacher-Duplessis;

La décision de notre ministre secrétaire d'état de l'intérieur, du 9 septembre 1816, approbative du susdit arrêté;

Considérant que, par le marché susdit, du 3 nivose an 10, dont toutes les clauses et conditions ont été déclarées exécutoires et obligatoires envers le sieur Levacher-Duplessis, par l'arrêté du préfet du département de la Seine du 14 floréal suivant, toutes les contestations qui pourraient s'élever pour l'exécution dudit marché doivent être jugées administrativement comme en matière de travaux publics; et que, suivant l'art. 4 de la loi du 28 pluviose an 8, il appartient au conseil de préfecture et non au préfet, de prononcer sur les contestations;

Notre Conseil d'état entendu,

Nous avons ordonné et ordonnons ce qui suit :

Arti. 1er. L'arrêté susdit du préfet du département de la Seine, du 28 mai 1816, et la décision approbative du 9 septembre suivant, sont annullés pour cause d'incompétence, dans le chef qui ordonne qu'il sera recouvré sur les créances à liquider du sieur Levacher-Duplessis, la somme de 2825 fr. pour le prix des effets mobiliers de la boulangerie des prisons manquans, et pour la plus value de ceux desdits effets qui ont été rendus.

2. La contestation est renvoyée devant le conseil de préfecture du département de la Seine;

3. Le préfet du département de la Seine, en cette qualité est condamné aux dépens.

4. Notre garde des sceaux, ministre secrétaire d'état de la justice et notre ministre secrétaire d'état de l'intérieur sont chargés, chacun en ce qui le concerne, de l'exécution de la présente ordonnance.

Ordonnance du 6 novembre 1817. (2794)

N°. 125.

1°. HONORAIRES. — FLOTTAGE. — EXPERT. — JUSTICE MINISTÉRIELLE. — CONSEIL DE PRÉFECTURE.

2°. COMPENSATION. — CONSEIL DE PRÉFECTURE.

1°. *Le particulier qui a formé une demande en autorisation de flottage, s'il a été fait un rapport sur sa demande, peut être condamné, par le préfet, au paiement des honoraires de l'expert rapporteur. — S'il y a contestation à cet égard, elle doit être soumise au conseil de préfecture.*

2°. *Une question de compensation entre deux particuliers, quoique incidente dans une affaire légalement pendante au conseil de préfecture, ne doit pas être jugée par la justice administrative; elle doit être renvoyée aux tribunaux.*

(Le sieur Dupuichant. — C. — le sieur Plantadis.)

LOUIS, etc.; — Sur le rapport du comité du contentieux;

Vu la requête à nous présentée au nom du sieur Dupuichant, négociant, demeurant à Saint-Amand, département du Cher, enregistrée au secrétariat du comité du contentieux de notre Conseil d'état, le 7 mai 1817, et tendante à ce qu'il nous plaise déclarer nul l'arrêté pris par le conseil de préfecture du département de la Creuse, le 15 janvier 1817, tant pour excès de pouvoir que pour mal jugé au fond, ainsi que les autres arrêtés pris par le préfet du département de la Creuse, les 22 mai et 4 juin 1812; ce faisant, décharger le suppliant desdites condamnations contre lui prononcées, et déclarer le sieur Plantadis non recevable dans sa demande, ou en tout cas l'en débouter, et le condamner aux dépens;

Vu l'avis de notre ministre de l'intérieur, en date du 4 juillet 1817, sur la réclamation du sieur Dupuichant;

Vu la réplique du réclamant, par laquelle il persite dans ses précédentes conclusions;

Vu l'arrêté du conseil de préfecture du département de la Creuse, en date du 15 janvier 1817, qui déclare le sieur Dupuichant non-recevable et mal fondé dans son opposition au paiement du mandat exécutoire de la somme de 402 francs contre lui décerné le 4 juin 1812, pour les frais de rapports, plans et procès-verbaux tendant à limiter le flottage à bûches perdues, sur les rivières de Vernegette, Vouise et Tarbe;

Déclare pareillement insuffisantes les offres faites par ledit sieur Dupuichant;

Arrête, en conséquence, qu'il sera contraint au paiement de la susdite somme de 402 francs, avec intérêts, à dater du jour de la signification qui lui a été faite du mandat exécutoire, sous la déduction et compensation d'une somme de 30 francs que le sieur de Plantadis reconnaît avoir été payée à son acquit;

Condamne le sieur Dupuichant en tous les frais et dépens;

Règle ceux faits devant l'administration à la somme de 43 francs 60 centimes, outre et non compris le coût, expédition et mise à exécution de la présente décision, auxquels il est également condamné;

Et, relativement aux frais faits devant le tribunal de Saint-Amand, déclare son incompétence, et délaisse les parties à les régler amiablement entre elles, et, en cas de difficulté, à les faire taxer par le tribunal;

Vu les autres pièces respectivement produites;

Considérant que les opérations faites par le sieur Plantadis, ont été ordonnées par suite de la demande en autorisation de flottage formée par le sieur Dupuichant, et qu'elles doivent être à la charge de ce négociant;

Considérant que le conseil de préfecture avait seul qualité pour vérifier et confirmer la taxe des honoraires dus au sieur Plantadis, et pour statuer, tant sur l'opposition du sieur Dupuichant que sur les frais occasionnés par cette contestation administrative;

Considérant qu'il n'appartenait qu'aux tribunaux de prononcer sur les compensations alléguées par le sieur Dupuichant, et sur ses offres de paiement par suite desdites compensations;

Considérant qu'il n'est pas constaté que le sieur Plantadis ait réclamé des intérêts;

Notre Conseil d'état entendu,

Nous avons ordonné et ordonnons ce qui suit:

Art. 1er. L'arrêté du conseil de préfecture du département de la Creuse, en date du 15 janvier 1817, est confirmé, en tant qu'il déclare le sieur Dupuichant non-recevable et mal fondé dans son opposition au paiement du mandat exécutoire de la somme de 402 francs, et en ce qu'il le condamne aux frais.

2. Il est annullé pour cause d'incompétence et excès de pouvoir, en ce qu'il statue sur les prétendus à-comptes donnés par le sieur Dupuichant, et en ce qu'il alloue des intérêts au sieur Plantadis, sur lesquels chefs les parties se pourvoiront, s'il y a lieu, devant les tribunaux.

3. Notre ministre secrétaire d'état de l'intérieur est chargé de l'exécution de la présente ordonnance.

Ordonnance du 3 décembre 1817. (2826)

N°. 126.

CHOSE JUGÉE. — CONSEIL DE PRÉFECTURE.

Un conseil de préfecture ne peut pas réformer ni altérer ce qu'il a décidé par décision contradictoire. — S'il y porte atteinte, fût-ce même sous forme d'exécution, il y a lieu à annullation du second arrêté.

(Le sieur Hardy. — C. — le sieur Guernon de Ranville.)

LOUIS, etc.; — Sur le rapport du comité du contentieux;

Vu la requête à nous présentée au nom du sieur Noël-François Hardy, entrepreneur de travaux publics, domicilié à Dieppe, département de la Seine-Inférieure, ladite requête enregistrée au secrétariat du comité du contentieux de notre Conseil d'état, le 3 juillet 1817, et tendante à ce qu'il nous plaise casser et annuller un arrêté du conseil de préfecture du département du Calvados, du 9 novembre 1816, qui le condamne à payer au sieur Guernon de Ranville la somme de 7226 francs 60 cent. pour l'indemniser de la valeur des pierres extraites sur sa propriété, et condamner le sieur Guernon de Ranville aux dépens;

Vu la requête ampliative du sieur Hardy, enregistrée au secrétariat dudit comité du contentieux, le 18 juillet 1817, par laquelle il persiste dans ses précédentes conclusions;

Vu l'ordonnance de soit communiqué et la requête en réponse du sieur Roger François-Barnabé Guernon de Ranville; ladite requête enregistrée audit secrétariat du comité du contentieux, le 11 septembre 1817, et tendante à ce qu'il nous plaise déclarer le sieur Hardy non-recevable dans son pourvoi, ou en tout cas l'en débouter et le condamner aux dépens;

Vu l'arrêté du conseil de préfecture du département du Calvados, en date du 3 août 1816;

Vu le rapport des experts, en date du 28 septembre 1816, et du 7 octobre même année;

Vu l'arrêté du conseil de préfecture du département du Calvados, du 9 novembre 1816;

Vu toutes les pièces respectivement produites;

Considérant que l'arrêté du conseil de préfecture du département du Calvados, du 3 août 1816, a acquis l'autorité de la chose jugée;

Considérant qu'aux termes de cet arrêté, les experts devaient fixer la valeur des pierres extraites, depuis 1792, de l'ancienne carrière dite de Dieppe; et que, nonobstant cette disposition, ils ont déterminé et apprécié la totalité des pierres extraites depuis 1788;

Considérant que, par l'arrêté du 9 novembre 1816, le conseil de préfecture, après avoir rappelé les dispositions de son précédent arrêté, a néanmoins homologué le rapport des experts, et qu'ainsi il a contrevenu à son arrêté contradictoire du 3 août 1816, qu'il ne lui était pas permis de réformer;

Notre Conseil d'état entendu,

Nous avons ordonné et ordonnons ce qui suit:

Art. 1er. Le rapport des experts et l'arrêté du conseil de préfecture du département du Calvados, du 9 novembre 1816, qui homologue ledit rapport, sont annullés.

2. Les parties sont remises dans le même état où elles étaient placées par l'arrêté du 3 août 1816; en conséquence, il sera procédé à une nouvelle expertise, conformément aux dispositions prescrites par ledit arrêté, à l'effet de quoi les parties sont renvoyées devant le conseil de préfecture.

3. Le sieur Guernon de Ranville est condamné aux dépens.

4. Notre ministre secrétaire d'état de l'intérieur est chargé de l'exécution de la présente ordonnance.

Ordonnance du 3 décembre 1817. (2828)

N°. 127.

TRAITEMENT ADMINISTRATIF.—RÉPÉTITION. — MISE EN JUGEMENT.

Un secrétaire de commune qui réclame contre le maire la garantie ou répétition de sommes par lui touchées pour le traitement du secrétaire réclamant, est autorisé par le Conseil d'état à porter sa demande contre le maire devant les tribunaux ordinaires.

(Le sieur Stelling. — C. — le sieur Beck.)

LOUIS, etc.; — Sur le rapport du comité du contentieux;

Vu la lettre de notre ministre secrétaire d'état au département de l'intérieur, en date du 18 juillet 1817, adressée à notre garde des sceaux, ministre secrétaire d'état au département de la justice, par laquelle, sur la demande du sieur Stelling, instituteur à Boersch, et ancien secrétaire de la mairie de ladite commune, il propose de l'autoriser à poursuivre le sieur Beck, ex-maire, en garantie des sommes qu'il a touchées sur ses mandats, dont la restitution a été ordonnée par arrêté du sous-préfet de l'arrondissement de Schelestadt, du 17 décembre 1816, et autres antérieurs, approuvés par le préfet du département du Bas Rhin;

Vu les arrêtés précités du sous-préfet de Schelestadt;

Vu la lettre du sieur Beck, ancien maire de Boersch au sous préfet de Schelestadt, en date du 18 nivose an 12, par laquelle il demande la révocation du sieur Stelling de la place de secrétaire de la mairie;

Vu la nomination faite, le 28 germinal an 12, par ledit Beck, du sieur Becker, pour remplir les fonctions de secrétaire de la mairie et jouir du traitement alloué au sieur Stelling, son prédécesseur; ladite nomination approuvée par le sous-préfet de Schelestadt, le 27 du même mois;

Vu la requête adressée au sous-préfet de Schelestadt, par ledit sieur Stelling, tendante à obtenir l'autorisation de poursuivre le sieur Beck en garantie;

Ensemble toutes les autres pièces produites;

Notre Conseil d'état entendu,

Nous avons ordonné et ordonnons ce qui suit:

Art. 1er. Le sieur Stelling est autorisé à poursuivre en garantie, devant les tribunaux, le sieur Beck, à ses risques et périls, pour raison des répétitions qu'il croit avoir à exercer contre lui.

2. Notre garde des sceaux ministre secrétaire d'état de la justice et notre ministre secrétaire d'état de l'intérieur sont chargés, chacun en ce qui le concerne, de l'exécution de la présente ordonnance.

Ordonnance du 3 décembre 1817. (2829)

N°. 128.

DÉLAI. — Interlocutoire.

L'obligation de se pourvoir devant le Conseil d'état, dans le délai de trois mois, aux termes de l'art. 11 du réglement du 22 juillet 1806, s'applique à une décision interlocutoire contenant un chef définitif et un chef préparatoire, tout aussi bien que si la décision était définitive.

(Le sieur Danthon. — C. — l'administration des domaines.)

LOUIS, etc.; — Sur le rapport du comité du contentieux :

Vu la requête à nous présentée au nom du sieur Charles Danthon, demeurant à Verneuil, département du Cher ; ladite requête déposée au secrétariat du comité du contentieux de notre Conseil d'état, le 13 mai 1816, et tendante à ce qu'il nous plaise annuller un arrêté du Conseil de préfecture du département du Cher, du 4 décembre 1815, et, en conséquence, reconnaître que les habitans de Verneuil ont droit de pacage dans les bois de Verneuil, et que le sieur Danthon a les mêmes droits que les autres habitans, et l'y maintenir, enfin, réduire pour le passé et pour l'avenir, jusqu'à décision définitive, la redevance à payer par lesdits habitans, à un taux proportionnel à la valeur des droits de pacage, qu'ils ont eu la permission d'exercer, avec dépens;

La requête en défense de l'administration des domaines, signifiée le 7 octobre 1817, tendante à ce que le sieur Danthon soit déclaré non-recevable, ou du moins mal fondé dans son pourvoi, et condamné aux dépens ;

La transaction passée le 14 février 1495, entre les religieuses de St.-Laurent de Bourges et les habitans de la commune de Verneuil ;

Le bail du lieu et terre de Verneuil du 21 novembre 1788 ;

Le procès-verbal d'adjudication de la terre de Verneuil, passé le 5 fructidor an 3, par le directoire du district de Saucoins, au profit du sieur Maurice Foucher ;

L'arrêté de l'administration du département du Cher, du 12 germinal an 6, qui maintient les habitans et propriétaires de la commune de Verneuil dans le droit d'envoyer pacager leurs bestiaux dans les bois dépendans de la ci-devant seigneurie de Verneuil, restant l'obligation par eux de payer les redevances stipulées en ladite transaction du 14 février 1495;

L'arrêté du Conseil de préfecture du département du Cher, du 4 décembre 1815, attaqué par le sieur Danthon, lequel arrêté ordonne, avant faire droit sur la demande des habitans de Verneuil, afin d'être confirmés dans la jouissance de divers droits par eux prétendus sur les bois de Verneuil, que lesdits habitans et le conservateur des forêts produiront divers titres et actes par eux respectivement invoqués, déclare que le pacage dans les bois de Verneuil n'a pas été compris dans l'adjudication susdite de la terre de Verneuil, du 5 fructidor an 3, et autorise le préfet à poursuivre, devant les tribunaux ordinaires, ledit sieur Danthon, en paiement de la totalité de la redevance mentionnée dans le susdit arrêté du 12 germinal an 6, pendant tout le temps qu'il a joui ou jouira des droits dans lesquels il a été provisoirement maintenu, sous cette condition, ainsi que les autres habitans de la commune de Verneuil;

La signification dudit arrêté du 4 décembre 1815, faite le 8 janvier 1816, à la requête de l'administration des domaines au sieur Danthon, en son domicile à Verneuil ;

Ensemble, toutes les autres pièces produites ;

Considérant qu'aux termes de l'article 11 du réglement du 22 juillet 1806, le pourvoi devant le Conseil d'état contre les décisions des autorités qui y ressortissent, n'est plus recevable après trois mois de la notification desdites décisions.

Que l'arrêté du conseil de préfecture du département du Cher, du 4 décembre 1815, a été dûment signifié au sieur Danthon, le 8 janvier suivant ;

Qu'en conséquence, le sieur Danthon n'était plus recevable à se pourvoir contre ledit arrêté par requête déposée le 13 mai 1816;

Notre Conseil d'état entendu,

Nous avons ordonné et ordonnons ce qui suit :

Art. 1er. La requête susdite dudit sieur Danthon est rejetée.

2. Ledit sieur Danthon est condamné aux dépens.

3. Notre ministre secrétaire d'état de l'intérieur est chargé de l'exécution de la présente ordonnance.

Ordonnance du 3 décembre 1817. (2822)

N°. 129.

MISE EN JUGEMENT.--Arrestation arbitraire. — Partie civile.

Le Conseil d'état autorise la mise en jugement d'un ex-maire accusé d'abus d'autorité et d'arrestation arbitraire, par un particulier qui s'est déclaré partie civile.

(Le sieur Soutielle. — C. — le sieur Maria.)

LOUIS, etc.; — Sur le rapport du comité du contentieux ;

Vu la lettre de notre procureur-général près la Cour royale de Montpellier, en date du 19 mai 1817, par laquelle il demande s'il y a lieu de continuer les poursuites commencées contre le sieur Maria, ex-maire de la commune de Formiguères, département des Pyrénées Orientales, accusé d'abus d'autorité et d'arrestation arbitraire par le sieur Souvielle, qui s'est déclaré partie civile contre lui;

Vu la plainte dudit sieur Souvielle, en date du 20 décembre 1816;

Vu le procès-verbal d'audition des témoins;

Vu les moyens de défense présentés par le sieur Maria;

Vu la lettre de notre ministre secrétaire d'état de l'intérieur, en date du 16 août 1817;

Ensemble toutes les autres pièces contenues au dossier;

Notre Conseil d'état entendu,

Nous avons ordonné et ordonnons ce qui suit:

Art. 1er. Notre procureur-général près la Cour royale de Montpellier, est autorisé à continuer les poursuites commencées contre le sieur Maria, ex-maire de la commune de Formiguères, département des Pyrénées-Orientales, pour les faits à lui imputés dans la plainte du sieur Souvielle.

2. Notre garde des sceaux ministre secrétaire d'état de la justice et notre ministre secrétaire d'état de l'intérieur, sont chargés, chacun en ce qui le concerne, de l'exécution de la présente ordonnance.

Ordonnance du 3 décembre 1817. (2833)

N°. 130.

CONVENTIONS PAR APPROXIMATION. — JUSTICE MINISTÉRIELLE. — TABACS. — INDEMNITÉ. — CONSEIL D'ADMINISTRATION DES CONTRIBUTIONS INDIRECTES.

Une compagnie qui a fait, avec l'administration, un marché de transport pour une certaine quantité d'objets à transporter, est fondée à demander une indemnité pour excédent de transport, lorsque la quantité d'objets transportés est évidemment telle qu'elle dépasse la convention. — Peu importe, en ce cas, que le cahier des charges porte que l'administration ne garantit pas les quantités portées par approximation et qu'elles pourront varier selon les circonstances.

Le principe est applicable particulièrement à la compagnie, chargée du transport des quantités de tabacs manufacturés par les fabriques de Lille et de Strasbourg.

(La compagnie Coubayou.)

LOUIS, etc.; — Sur le rapport du comité du contentieux;

Vu la requête à nous présentée et déposée au secrétariat du comité du contentieux de notre Conseil d'état, le 1er. octobre 1817, au nom de la compagnie Coubayou, adjudicataire des transports de tabacs de l'administration des contributions indirectes; ladite requête tendante à l'annullation d'une décision du Conseil de ladite administration, consignée dans deux lettres du directeur général, des 17 juillet et 18 septembre 1817; en conséquence, déclarer que les transports des tabacs, dits de cantine, n'ont pas fait partie de ladite adjudication, et doivent donner lieu à un nouveau traité dont l'exécution remontera à la prise de possession du service, et que les transports desdits tabacs de cantine, ayant causé une augmentation dans le prix du transport des autres tabacs compris dans l'adjudication, il est dû, à ladite compagnie, une indemnité proportionnée à cette augmentation, et condamner ladite administration aux dépens;

Un exemplaire imprimé du cahier des charges, pour l'adjudication du transport des tabacs, ustensiles et objets de tous genres y relatifs, pendant quatre ans, à compter du 1er. janvier 1817, auquel cahier des charges est annexé un état contenant l'indication des distances des divers magasins et manufactures aux lieux de destination, et l'évaluation approximative des quantités à transporter, par l'adjudicataire, aux diverses destinations;

La réclamation adressée au conseiller d'état, directeur général des contributions indirectes par la compagnie Coubayou, à l'effet d'obtenir une indemnité à raison des transports des tabacs dits de cantine, et de n'être tenue à faire le service qu'en qualité de commissionnaire;

La décision du conseil d'administration des contributions indirectes, en date du 11 juillet 1817, contenant rejet de ladite réclamation;

Les lettres du directeur général des contributions indirectes à notre ministre secrétaire d'état des finances, des 7 août, 16 septembre et 10 octobre derniers;

La réponse de notredit ministre à notre garde des sceaux, en date du 17 octobre dernier, à la communication qui lui a été donnée de la requête susdite de la compagnie de Coubayou;

La copie certifiée de la lettre de notre ministre secrétaire d'état des finances, du 27 dudit mois d'octobre, contenant approbation de ladite décision du 11 juillet précédent;

Ensemble, toutes les autres pièces;

Considérant que, suivant l'état annexé au susdit cahier des charges, les quantités approximatives des tabacs manufacturés, à transporter annuellement, des fabriques de Lille et de Strasbourg, aux entrepôts qu'elles sont chargées d'approvisionner, étaient de dix mille huit cent dix-huit quintaux métriques; et qu'il est reconnu, par le directeur général des contributions indirectes, que les quantités desdits tabacs, réellement transportées par la compagnie Coubayou, depuis le commencement de son service, ont excédé de huit fois celles qui étaient indiquées par ledit état;

Considérant que, quoiqu'il soit dit, par ledit cahier des charges, que l'administration ne garantit pas les quantités portées par approximation dans l'état y annexé, et que les quantités pourront varier, suivant le plus ou le moins de consommation, et suivant les mouvemens que pourra nécessiter la situation des approvisionnemens; cependant il est vrai que la présentation, qui a été faite dudit état aux soumissionnaires, a eu pour objet de leur faire connaître approximativement les quantités et la nature des objets à transporter des divers points de départ aux diverses destinations, et de les mettre, par ce moyen, à portée de former et d'offrir un prix commun ; qu'en conséquence, les obligations de la compagnie Coubayou ne pourraient pas équitablement être étendues, pour les tabacs manufacturés des fabriques de Lille et de Strasbourg, à des quantités qui seraient dans une disproportion évidente avec celles qui étaient indiquées par ledit état, sans indemniser ladite compagnie des pertes résultantes de cet excédent;

Notre Conseil d'état entendu,

Nous avons ordonné et ordonnons ce qui suit :

Art. 1er. La décision susdite du conseil d'administration des contributions indirectes, du 11 juillet 1817, et l'approbation donnée à ladite décision par notre ministre secrétaire d'état des finances sont annullées.

2. Il sera alloué, à la compagnie Coubayou, une indemnité pour les pertes résultantes du transport des quantités de tabacs manufacturés par les fabriques de Lille et de Strasbourg, qui seraient dans une disproportion évidente avec celles qui sont indiquées approximativement par le susdit état, devoir être expédiées annuellement desdites fabriques.

3. Ladite compagnie est renvoyée à se pourvoir, pour le réglement de ladite indemnité, conformément à l'art. 31 du cahier des charges, par devant l'administration des contributions indirectes ; sauf son recours, s'il y a lieu, devant notre ministre secrétaire d'état des finances, et ensuite devant nous en notre Conseil d'état.

4. Notre ministre secrétaire d'état des finances est chargé de l'exécution de la présente ordonnance.

Ordonnance du 3 décembre 1817. (2835)

N°. 131.

DETTE PUBLIQUE — LIQUIDATION. — CONTENTIEUX.

Une dette à la charge de l'Etat, en ce qu'elle est établie sur des biens échus au domaine, ne peut être liquidée et payée que dans les valeurs de l'arriéré, aux termes des articles 22 et suivans de la loi des finances, du 22 septembre 1814. — Si un conseil de préfecture décide différemment, au préjudice de l'administration du domaine, il y a lieu à pourvoi au Conseil d'état.

(L'administration des domaines. — C. — les sieurs Leroux de Kerninon et Consorts.)

En 1811, les sieurs Leroux de Kerninon et consorts ont réclamé contre l'administration des domaines les biens dépendans de la succession du sieur de la Bourdonnaye, émigré, qu'elle avait recueillis.

Une partie de ces biens ayant été vendue, le domaine a été condamné, par arrêté du conseil de préfecture d'Ille et Vilaine, en date du 12 octobre 1815, à payer, *en numéraire*, aux héritiers de Kerninon, la somme de 8,506 fr. 87 c.

Le domaine s'est pourvu contre cet arrêté devant le Conseil d'état, pour violation de la loi du 23 septembre 1814, en ce que le conseil de préfecture a décidé que les sommes dues aux héritiers Kerninon devaient être remboursées en *numéraire* et non en *inscriptions* sur le grand livre, bien que la dette eût été contractée dans l'intervalle du 1er. vendémiaire an 9, au 1er. janvier 1816.

« Dans le cas où un remboursement serait dû aux adversaires, a dit l'administration des domaines, il y a question préjudicielle de savoir quel en serait le mode et si le conseil de préfecture n'a pas violé la loi existante du 23 septembre 1814, dont les effets sont maintenus par celles du 28 avril 1816 et du 25 mars 1817, en chargeant les caisses du domaine d'un paiement qui ne pourrait avoir lieu qu'en inscriptions sur le grand livre. Les adversaires énoncent qu'il ne s'agit dans ces lois que des dépenses et non des dettes de l'Etat. Cette distinction n'est point admise dans le fait ; elle ne peut être admissible dans le droit. Toute dette à payer est une dépense. Toute dépense non payée est une dette : ces deux expressions ont donc la même valeur. Les lois de 1816 et 1817 y ajoutent celle de créances, qui a encore un semblable effet ; car les créances sur l'état sont sans doute des dettes de l'Etat. Depuis la loi de 1814, nulle caisse publique ne peut plus acquitter en numéraire aucune créance, dette ou dépense arriérée ayant son origine dans l'intervalle du 1er. vendémiaire an 9 au 1er. janvier 1816. Le conseil de préfecture a donc contrevenu à cette loi en statuant que les caisses du domaine seraient chargées de paiemens à effectuer en numéraire aux héritiers de Kerninon et aux sieurs des Jamonières et de la Bourdonnaye. »

Sur ce est intervenue l'ordonnance suivante :

LOUIS, etc. ; — Sur le rapport du comité du contentieux.

Vu les requêtes à nous présentées au nom de l'administration des domaines, enregistrées au secrétariat du comité du contentieux de notre Conseil d'état, les 19 janvier 1816, 5 avril et 11 septembre 1817, et tendantes à l'annullation d'un arrêté du conseil de préfecture du département d'Ile et Villaine, en date du 12 octobre 1815, qui condamne ladite administration à payer 1°. au héritiers Leroux de Kerninon, une somme de 8,506 fr. 87 centimes pour restitution de leurs droits du côté paternel, dans la succession de la demoiselle St.-Pern du Lattay;

2°. Aux sieurs Juchant des Jamonières et de la Bourdonnaye, héritiers dans la ligne maternelle, une somme de 1359 fr. 53 cent. pour remboursement d'une portion des dettes passives de cette succession ;

Vu ledit arrêté ;

Vu les requêtes en défense présentées par les sieurs Leroux de Kerninon, frères, et les sieurs Juchant des Jamonières et de la Bourdonnaye, enregistrées au secrétariat du comité du contentieux de notre Conseil d'état, les 28 janvier et 24 juin 1817 ;

Considérant que la qualité et les droits des sieurs Leroux de Kerninon, comme héritiers pour la ligne paternelle dans la succession St.-Pern, ont été reconnus par un jugement du tribunal civil de Saint-Malo, du 24 janvier 1812, rendu contradictoirement entre lesdits sieurs de Kerninon et l'administration des domaines, et passé en force de chose jugée ; que le domaine en recevant, depuis ledit jugement, pour un huitième seulement, diverses sommes faisant suite et partie de l'actif du partage de 1806, a ainsi reconnu volontairement et d'une manière expresse, la qualité et les droits desdits sieurs de Kerninon ;

Considérant que le lot d'immeubles échu à l'Etat, en exécution du partage de 1806, ayant été cédé à la caisse d'amortissement et aliéné par elle, il n'y a plus lieu à procéder à un nouveau partage en nature ;

Considérant, sur le mode de remboursement, que les répétitions à exercer par les sieurs de Kerninon sur les biens échus au domaine, constituent à la charge de l'Etat une dette antérieure à 1814, et qui ne peut être liquidée et payée que dans les valeurs de l'arriéré, aux termes des articles 22 et suivans de la loi des finances, du 22 septembre 1814 ;

Considérant, en ce qui concerne le sieur Juchant des Jamonières et de la Bourdonnaye, que les cohéritiers de l'Etat ne pouvaient devenir ses créanciers que jusqu'à concurrence des sommes dues par la succession et payées par eux ; qu'en n'exigeant pas la justification de ces dettes et de ces paiemens, le conseil de préfecture a créé au profit desdits cohéritiers des droits qu'ils ne peuvent réclamer qu'autant qu'ils représenteront les titres sur lesquels ils les fondent ;

Et qu'il y a lieu de renvoyer les parties devant le conseil de préfecture, pour y être procédé contradictoirement avec le domaine, à la fixation des dettes de la succession et à la justification du paiement desdites dettes ;

Notre Conseil d'état entendu,

Nous avons ordonné et ordonnons ce qui suit :

Art. 1er. Le pourvoi de l'administration des domaines contre l'article 1er. du dispositif de l'arrêté du conseil de préfecture du département d'Ille et Vilaine, en date du 12 octobre 1815, est rejeté.

2. Les droits des héritiers de Kerninon, dans le partage de la succession St.-Pern, fixés par l'article 2 du dispositif de l'arrêté précédent, à la somme de 8506 fr. 85 c., seront liquidés et payés selon le mode et dans les valeurs prescrites par les articles 22 et suivans de la loi des finances du 22 septembre 1814.

3. L'administration des domaines et les sieurs Juchant des Jamonières et de la Bourdonnaye, sont renvoyés devant le conseil de préfecture d'Ille et Vilaine pour y faire procéder contradictoirement à la liquidation et fixation des dettes de ladite succession et à la justification des paiemens faits au nom et pour le compte de l'Etat, par lesdits sieurs Juchant des Jamonières et de la Bourdonnaye, ses cohéritiers dans la ligne maternelle ;

4. Les dépens sont compensés entre l'administration des domaines et les héritiers Kerninon.

5. Les dépens sont réservés entre l'administration des domaines et les sieurs Juchant des Jamonières et de la Bourdonnaye.

6. Notre ministre secrétaire d'état des finances est chargé de l'exécution de la présente ordonnance.

Ordonnance du 3 décembre 1817. (2819)

N°. 132.

GARANTIE. — PARTAGE. — TIERS-ACQUÉREURS.

Lorsque divers part-prenans à un partage administratif prétendent exercer une action contre d'autres part-prenans, pour raison de la garantie que se doivent mutuellement les lots des copartageans, par suite de l'éviction de l'un d'eux, l'action en garantie est portée devant l'administration et ne doit être dirigée que contre les copart-prenans ou leurs ayant-cause. Des tiers-acquéreurs ne peuvent y être comme parties principales.

(La dame Pathiot. — C. — les sieurs Roussel.)

Le 7 fructidor an 7 fut fait un partage de biens immeubles entre le sieur Larochelle et consorts, et la nation qui se trouvait aux droits de la dame Dambly, femme Roussel.

Par jugement du tribunal de Vezoul, en date du 23 frimaire an 9, la nation fut condamnée à délaisser à la commune d'Auxon 30 arpens de bois qui étaient tombés dans son lot, par l'effet du partage du 7 fructidor an 7.

Le 22 vendémiaire an 8, plusieurs des copartageans vendirent à la dame Françoise Henry, femme Pathiot, tous leurs droits résultans du partage du 7 fructidor an 7.

Postérieurement, la dame Roussel se fit éliminer de la liste des émigrés, et rentra en possession de ses biens séquestrés.

Au nombre de ces biens était le lot qui était échu à la nation, par le partage du 7 fructidor an 7 ; mais à cause de la défalcation des 30 arpens de bois qui avait été faite en faveur de la commune d'Auxon, ce lot se trouvait moindre que celui des autres copartageans.

Alors la dame Roussel s'adressa au Conseil de préfecture de la Haute-Saône pour demander un nouveau partage.

Après son décès, le sieur Roussel, son fils, se borna à demander que la dame Pathiot, comme étant aux droits de plusieurs des copartageans, fût tenue de l'indemniser en nature sur les bois formant son lot, de l'éviction des 30 arpens qu'il avait éprouvée.

Devant le Conseil de préfecture, la dame Pathiot soutint que l'arrêté du 7 fructidor an 7 n'était pas un partage, qu'il contenait une simple donation en paiement d'immeubles, pour tenir lieu de la valeur des biens substitués, vendus par le gouvernement; que par conséquent cet arrêté, comme le procès-verbal du 29 thermidor précédent, n'était pas un acte qui faisait cesser une jouissance commune entre copropriétaires indivis, mais une assignation particulière d'objets donnés à l'acquit d'une dette légitime, et que, par suite, là où il n'y avait point de copropriétaires, il n'y avait pas de copartageans; là où il n'y avait point de partage, il n'y avait pas lieu à garantie;

Qu'en considérant l'arrêté du 7 fructidor comme produisant les effets d'un véritable partage, l'action en garantie ne pouvait être exercée contre la dame Henry Pathiot, par la raison qu'elle n'était pas copartageante, qu'elle n'était qu'acquéreur des deux dits copartageans, et pour une portion de leur part seulement;

Qu'enfin, en supposant encore l'existence de l'action de garantie, les sieurs Roussel seraient aujourd'hui non-recevables ou plutôt mal fondés à l'exercer, pour ne pas avoir, eux ou le gouvernement qui représentait madame Roussel, appelé la dame Pathiot dans l'instance où est intervenu le jugement qui a prononcé l'éviction.

Sur ce, arrêté du 29 novembre 1815, par lequel la demande du sieur Roussel est accueillie; cet arrêté est ainsi conçu:

« Considérant que l'éviction dont se plaint le sieur Roussel procède d'une cause antérieure au partage du 7 fructidor an 7, et que les lots se doivent une garantie formelle, ce qui donne lieu à une action réelle qui touche sur les fonds, dans quelques mains qu'ils passent;

» Arrête:

» 1°. L'acte du 7 fructidor an 7 est un véritable partage entre les copartageans;

» 2°. Ensuite de la garantie que se doivent mutuellement les lots des copartageans, il est dû au sieur Roussel, ès qualités qu'il agit, une indemnité de retranchement que le jugement du 23 frimaire an 9 lui a fait éprouver; ladite indemnité à régler par experts, tant en principal que fruits et levées, proportionnellement sur les autres lots ou portions de partage;

» 3°. Les parties sont renvoyées pardevant le préfet du département, pour faire régler l'indemnité conformément à la loi. »

C'est contre cet arrêté que la dame Pathiot s'est pourvue au Conseil d'état.

Sur ce, est intervenue l'ordonnance suivante:

LOUIS, etc.; — Sur le rapport du comité du contentieux;

Vu les requêtes à nous présentées au nom de la dame Françoise-Henri Pathiot, demeurant à Servigny, département de la Haute-Saône; lesdites requêtes enregistrées au secrétariat du comité du contentieux de notre Conseil d'état, les 10 avril et 10 juillet 1816, et tendantes à ce qu'il nous plaise annuller un arrêté du conseil de préfecture dudit département, du 29 novembre 1815, pris entre ladite dame et les sieurs Roussel, père et fils; ordonner l'exécution d'un autre arrêté pris le 7 fructidor an 7, par l'administration centrale du même département; déclarer que les biens et sommes qui forment l'objet de ce dernier arrêté, sont attribués à chacune des parties y dénommées, sans aucune garantie ni recours les unes contre les autres, et condamner lesdits sieurs Roussel aux dépens;

L'ordonnance de soit communiqué aux sieurs Etienne Roussel, père, et Jean-Louis-Etienne Roussel, fils, rendue sur lesdites requêtes, le 19 juillet 1816;

La signification desdites requêtes et ordonnance faite auxdits sieurs Roussel, chacun à leur personne, le 28 août suivant;

La requête en défense, présentée au nom du sieur Etienne Roussel, avocat à Gressoux, tant pour lui qu'en qualité de tuteur de Jean-Louis-Etienne Roussel, son fils mineur; ladite requête signifiée le 9 avril 1817, et tendante à ce que la dame Henri Pathiot soit déclarée non-recevable, et subsidiairement mal fondée dans son pourvoi, et condamnée aux dépens;

La réplique de ladite dame, signifiée le 14 juillet 1817;

L'arrêté de l'administration centrale du département de la Haute-Saône, du 7 fructidor an 7, portant attribution des biens y désignés, aux prétendans droits à la substitution résultant du testament de Nicolas Sonnet, en date du 26 septembre 1627;

Le jugement du tribunal de première instance séant à Vesoul, du 23 frimaire an 9, lequel réintègre la commune d'Auxon dans la propriété et jouissance de trente arpens de bois qui avaient été attribués à ladite demoiselle d'Ambly, femme Roussel, par ledit arrêté du 7 fructidor an 7;

Les actes de vente consentis, le 22 vendémiaire an 8, par Claude-Etienne Larochelle, et, le 27 frimaire an 9, par Joseph-Elisabeth Larochelle, au profit de ladite dame Henri Pathiot, des biens à eux attribués par le même arrêté;

L'arrêté du ministre de la police générale, du 12 messidor an 9, portant radiation définitive du nom de la demoiselle d'Ambly de la liste des émigrés, et celui du préfet du département de la Haute-Saône, du 21 fructidor suivant, donnant main-levée du séquestre apposé sur les biens non vendus de ladite demoiselle, et situés dans ce département;

L'arrêté du conseil de préfecture dudit département, du 29 novembre 1815, attaqué par ladite dame Henri Pathiot, lequel décide qu'à cause de la garantie que se doivent mutuellement les lots des copartageans, il est dû une indemnité audit sieur Roussel au nom qu'il agit, pour raison du retranchement opéré par l'effet du jugement susdit du tribunal séant à Vesoul, du 23 frimaire an 9, sur les biens attribués à ladite demoiselle d'Ambly, femme dudit sieur Roussel, par l'arrêté susdit du 7 fructidor an 7, et qui renvoie les parties devant le préfet pour faire régler ladite indemnité;

Considérant que les demandes de la dame Roussel, tendantes, soit à faire déterminer la véritable nature de l'acte administratif du 7 fructidor an 7, soit à faire décider s'il y a lieu à une garantie en sa faveur, de l'éviction résultante du jugement rendu par le tribunal civil du département de la Haute-Saône, le 5 ventose an 5, et à une indemnité à raison de ladite éviction, soit enfin par qui et dans quelle proportion cette indemnité devrait être supportée, ne pouvaient être valablement introduites que contre les parties intéressées personnellement dans ledit acte administratif; que la dame Henri Pathiot n'y a pas été partie, et ne représente, à titre universel, aucune desdites parties; qu'en sa qualité de tiers-détenteur d'une portion des biens attribués aux frères Larochelle, par l'acte dont il s'agit, elle ne pouvait être appelée que pour entendre déclarer commun avec elle la décision à intervenir entre les parties principales;

Notre Conseil d'état entendu,

Nous avons ordonné et ordonnons ce qui suit :

Art. 1er. L'arrêté du conseil de préfecture du département de la Haute-Saône, du 29 novembre 1815, est annullé, sauf au sieur Roussel, en la qualité qu'il agit, à se pourvoir où et ainsi qu'il avisera.

2. Le sieur Roussel, en ladite qualité qu'il agit, est condamné aux dépens.

3. Notre garde des sceaux ministre secrétaire d'état de la justice est chargé de l'exécution de la présente ordonnance.

Ordonnance du 3 décembre 1817. (2821)

No. 133.

INDEMNITÉ. — PROPRIÉTÉ. — DÉMOLITION. — PONTS ET CHAUSSÉES. — CONSEIL DE PRÉFECTURE.

Lorsque la direction des ponts et chaussées a fait, pour cause d'utilité publique, démolir un pont servant à l'usage d'un moulin, lequel pont était une propriété particulière, le propriétaire lésé est fondé à réclamer des dommages-intérêts et à porter son action en indemnité devant le conseil de préfecture du lieu de la démolition.

(L'administration des ponts et chaussées. — C. — le sieur de Lablanchetais)

Le sieur de Lablanchetais est propriétaire d'un moulin situé sur la rivière de Blavet.

La communication avec ce moulin était établie par un pont de pierre qui fut démoli, en 1808, par les ingénieurs chargés des travaux relatifs à la navigation du Blavet.

C'est à raison de cette démolition que le sieur de Lablanchetais s'est adressé au conseil de préfecture du département du Morbihan, pour réclamer une indemnité.

Sur cette demande, le conseil de préfecture, après avoir entendu les observations de l'administration des ponts et chaussées, a pris l'arrêté suivant, en date du 13 septembre 1812 :

« Vu l'arrêté du conseil de préfecture du 28 novembre 1811, et les pièces y référées, ensemble le procès-verbal évaluatif de l'indemnité due au sieur Henri de Lablanchetais et les observations sur icelui, tant dudit sieur Henri de Lablanchetais que de l'ingénieur en chef des ponts et chaussées;

» Considérant qu'il est constaté par le procès-verbal de vente du 17 germinal an 6, que le moulin neuf situé sur la rivière de Blavet, commune de Pluméléau, a été vendu au sieur Henri de Lablanchetais pour un revenu de 900 francs, et qu'il est encore appris par l'avis de M. le sous-préfet de Pontivy, du 29 août 1811, et par le procès-verbal rapporté par les experts au mois de janvier 1812, que depuis très-long-temps ce moulin était affermé 900 francs, et même 940 fr.; qu'ainsi il n'est pas étonnant que par l'acte de ferme notarié du 28 septembre 1808, dûment enregistré, le sieur Henri de Lablanchetais ait affermé ce même moulin 945 fr., et qu'on ne peut le soupçonner d'aucune espèce de connivence avec le fermier;

» Considérant que par jugement rendu au tribunal de Pontivy, le 21 sept. 1809, entre Belu, fermier, demandant le résiliement de son bail avec dommages et intérêts, et le sieur Henri de Lablanchetais, défendeur, il est prouvé que la jouissance du fermier n'a cessé que le 13 septembre 1808, et que c'est à cette époque que doit être fixée celle à laquelle le bailleur a été privé des revenus de son moulin;

» Considérant qu'il est constaté par l'avis susdaté de M. le sous-préfet et reconnu par M. l'ingénieur en chef du département, que le moulin neuf était desservi par un pont sur arches, qui communiquait sur les deux rives aux communes de Plumélian et Mélérand; qu'en 1795, pendant les troubles civils, deux des arches du pont furent démolies par la force armée, pour interrompre la communication entre les deux communes; qu'après les troubles, le meûnier et les riverains placèrent des poutres sur les culées et les piles des deux arches démolies, les couvrirent de fascines et de gazon, et pratiquèrent un passage sûr pour les piétons et les cavaliers, mais que le reste du pont demeura seul accessible aux voitures;

» Considérant que cet état de choses durait encore à l'époque de l'acquisition de ce moulin par le sieur Henri de Lablanchetais, et que s'il n'avait à se plaindre que des dégradations de 1795, il ne lui serait dû aucune indemnité;

» Mais considérant qu'il est également constaté par

l'avis de M. le sous-préfet, et reconnu par M. l'ingénieur en chef, qu'en 1808 et 1809, par suite des travaux entrepris pour la navigation du Blavet, le pont fut entièrement détruit et les matériaux enlevés par les ouvriers employés auxdits travaux ;

» Considérant que, dans cet état, le moulin neuf se trouve entièrement isolé et entouré d'eau ; qu'il n'est abordable que par un pont en planches d'environ cinq cent quarante-deux millimètres (vingt-huit pouces), pratiqué à l'entrée du bassin en avant de l'écluse, sur la rive gauche ; que ce pont n'offre aucun passage aux cavaliers, aux bêtes de somme et aux voitures ; qu'il est même très-dangereux pour les piétons, et qu'au surplus toute communication entre la rive est entièrement interceptée ; et par suite la jouissance dudit moulin est absolument interrompue, si un pont n'est pas établi, ou s'il n'y est suppléé par un bateau *va et vient*, qui assure un passage commode de l'une à l'autre rive ;

» Considérant qu'il résulte de ce que dessus, et suivant les articles 545, 1382 et 1384 du Code civil, qu'il est dû au sieur Henri de Lablanchetais une indemnité qui doit être réglée conformément à la loi du 8 mars 1810 ;

» Considérant que M. le sous-préfet de Pontivy a été d'avis que cette indemnité soit déterminée par des experts, et qu'en adoptant cet avis, le conseil a, par son arrêté du 28 novembre 1811, ordonné, 1°. que les experts nommés constateraient quelle était la valeur locative du moulin neuf avant la démolition des ponts ; 2°. quelle pourrait être sa valeur actuelle en l'exploitant au moyen d'un bateau *va et vient* ; 3°. quelle serait la différence entre la dépense présumée pour l'établissement et entretien de ce bateau et celle qu'eût entraînée la portion incombante au pétitionnaire dans la réparation et l'entretien du pont démoli ;

» Considérant qu'il a été reconnu par le sieur Henri de Lablanchetais, que le pont qui liait les deux rives du Blavet à l'endroit du moulin neuf, n'avait pas été construit pour le service de ce moulin ; que les riverains des communes de Pluméliau et Melerand contribuaient à l'entretien de ce pont, et qu'il est constaté par l'avis de M. le sous-préfet qu'il en fut usé de cette manière lors de la démolition des deux arches de ce pont pendant les troubles civils en 1795 ;

» Considérant que la démolition du pont n'a pas nécessairement entraîné le chômage entier du moulin neuf ; qu'il a dépendu du sieur Henri de Lablanchetais d'en tirer parti en le réparant, entretenant et le faisant exploiter au moyen d'un bateau *va et vient*, et que dans le cours d'une année il aurait pu facilement obtenir les autorisations nécessaires pour l'établissement de ce bateau ;

» Considérant que les experts qui ont opéré d'après l'arrêté du conseil du 28 novembre 1811, en ayant égard à l'augmentation des difficultés et des dépenses qu'entraînera le service dudit moulin par le moyen du bateau *va et vient*, en ont réduit la valeur locative à 800 fr., sur laquelle somme ils sont encore d'avis de diminuer, 1°. celle de 200 fr. pour le traitement d'un ouvrier passager, spécialement affecté au service dudit bateau ; 2°. celle de 60 fr. pour l'entretien annuel dudit bateau, de son cable et de son guin d'eau, ce qui réduit définitivement la valeur locative dudit moulin à la somme de 540 fr., et fait éprouver au sieur Henri de Lablanchetais une perte de 405 fr. de revenu annuel ;

» Considérant, d'un autre côté, qu'à l'occasion d'une portion de prairie dépendante dudit moulin, laquelle a été prise pour l'établissement du chemin de halage, le sieur Henri de Lablanchetais a déjà demandé et obtenu une indemnité de 635 fr. 17 c., dont il a donné quittance, et que cette somme doit être diminuée sur l'indemnité qui lui est due, puisque la totalité de cette prairie faisait partie du bail du 28 septembre 1808 ;

» Considérant encore qu'après qu'il a été reconnu, par le sieur Henri de Lablanchetais, que le pont démoli n'avait pas été construit pour son moulin, et que les riverains et lui contribuaient à son entretien ; les experts répondant à la troisième question du 28 novembre, ont donné par apuré que la portion contributive de l'entretien du pont supposé existant, serait de 40 fr. par an, et que le sieur Henri de Lablanchetais en devrait supporter le tiers, ce qui ferait 13 fr. 33 c. par an, et donne un capital de 266 fr. 33 c. par an, qu'il faut encore déduire sur l'indemnité qui lui est due ;

» Considérant aussi qu'il résulte de l'avis des experts que le bateau *va et vient* à établir sur l'ancien lit de la rivière en amont du déversoir, ne servira qu'à la fréquentation du moulin du côté de Melerand et Bieuzé, et que du côté de Plumelian, il n'est et ne peut être, dans l'état actuel, desservi que par le pont tournant établi sur le canal de dérivation à l'entrée du bassin en amont de l'écluse ; que ce pont tournant, qui n'a que cinquante-quatre centimètres de largeur, est loin d'être suffisant, et qu'il convient de le porter au moins à un mètre trente centimètres ;

» Considérant enfin que, par sa lettre du 9 mai dernier, M. l'ingénieur en chef du corps des ponts et chaussées, est d'avis qu'il soit statué sur les réclamations du sieur Henri de Lablanchetais, dans le sens de l'arrêté du 28 novembre 1811, et conformément au procès-verbal rapporté par les experts au mois de janvier 1812, et que M. l'ingénieur promet en outre d'établir, immédiatement et sur-le-champ, du côté de la rive gauche du Blavet, un pont que des chevaux puissent franchir, et lorsque l'on construira un déversoir à empellement du côté de la rive droite, d'en disposer le système de manière que le tablier du pont soit alors une dépense fort modique ;

» Le conseil arrête :

» Art. 1er. Il est dû au sieur Henri de Lablanchetais, acquéreur en l'an 6 du moulin neuf situé sur la rivière du Blavet, commune de Pluméléan, une indemnité proportionnée aux pertes qu'il éprouve par la destruction du pont qui servait à l'exploitation dudit moulin, en établissant la communication à cheval et en voiture entre les deux rives de Melerand et Pluméléan, lequel pont a été démoli par ordre de MM. les ingénieurs des ponts et chaussées, pour la confection de la navigation du Blavet.

» Art. 2. Cette indemnité est fixée à 8127 fr. 98 c. »

C'est cet arrêté que l'administration des ponts et chaussées a dénoncé au Conseil d'état.

Sur son pourvoi est intervenue l'ordonnance suivante :

LOUIS, etc. ; — Sur le rapport du comité du contentieux ;

Vu le rapport de notre ministre secrétaire d'état de l'intérieur, sur la demande de l'administration des ponts et chaussées, tendant à ce qu'il nous plaise annuller un arrêté du conseil de préfecture du département du Morbihan, en date du 13 septembre 1812, qui alloue une indemnité de 8,37 fr. 98 c. au Sr Henri de Lablanchetais, propriétaire du moulin dit le Moulin-Neuf, situé sur la rivière du Blavet, à raison des pertes que ce propriétaire prétend avoir éprouvées par suite de la destruction du pont qui servait à l'exploitation de ce moulin ;

Vu ledit arrêté ;

Vu la requête en réponse du Sr Henri de Lablanchetais, enregistrée au secrétariat du comité du contentieux le 8 mars 1815 ;

Vu l'ordonnance rendue le 31 octobre 1815, par notre garde des sceaux ministre secrétaire d'état de la justice, laquelle prescrit qu'il sera procédé à une enquête, à l'effet de vérifier si le pont du Moulin-Neuf s'est écroulé de vétusté, ou s'il a été démoli par les ordres et par le fait des ingénieurs des ponts et chaussées ;

Ensemble toutes les pièces jointes au dossier ;

Considérant que la propriété du pont du Moulin-Neuf n'est point contestée au sieur de Lablanchetais par l'administration des ponts et chaussées ;

Qu'il résulte des renseignemens fournis par les autorités locales, ainsi que de l'enquête dressée en exécution de l'ordonnance de notre garde des sceaux ministre de la justice, que ledit pont a été démoli par l'ordre des ingénieurs des ponts et chaussées, et par le fait de leurs agens ;

Que par conséquent il est dû au sieur Henri de Labranchetais une indemnité proportionnée aux pertes qu'il a éprouvées par suite de la destruction dudit pont et du chômage de son moulin ;

Que cette indemnité a été régulièrement fixée par une expertise dont l'ingénieur en chef a approuvé les conclusions ;

Et qu'enfin l'arrêté du conseil de préfecture s'est borné simplement à homologuer le rapport des experts, qui n'est taxé par l'administration des ponts et chaussées, ni d'exagération au fond, ni d'irrégularité dans la forme ;

Notre Conseil d'état entendu,

Nous avons ordonné et ordonnons ce qui suit :

Art. 1er. L'arrêté du conseil de préfecture du département du Morbihan, en date du 13 septembre 1812, sera exécuté suivant sa forme et teneur.

2. Les frais de l'enquête susdite seront supportés par l'administration des ponts et chaussées.

3. Notre ministre secrétaire d'état de l'intérieur est chargé de l'exécution de la présente ordonnance.

Ordonnance du 3 décembre 1817. (2817)

No. 134.

SAISIE-ARRÊT. — FABRIQUE. — CRÉANCE ADMINISTRATIVE. — EXÉCUTION.

Le créancier d'une fabrique dont la créance a été reconnue, la liquidation faite, le paiement ordonné, et les fonds de paiement assignés par l'autorité administrative sur les revenus de la fabrique, peut très-bien jeter une saisie-arrêt entre les mains du trésorier de la fabrique, si elle refuse d'obtempérer aux dispositions du préfet. Le tribunal qui, en ce cas, valide la saisie-arrêt, n'excède point son mandat, et le préfet a tort d'élever le conflit.

En général, une saisie-arrêt sur les fonds des établissemens publics n'est défendue, et la contestation judiciaire n'est illégale, qu'autant que l'administration n'aurait pas consommé son mandat.

(Le sieur Treich-Desfarges. — C. — la fabrique de Meymac.)

Le sieur Treich-Desfarges, ancien trésorier de la fabrique de l'église de Meymac, arrondissement d'Ussel, département de la Corrèze, se trouva, par suite de sa gestion, créancier de ladite fabrique de la somme de 922 fr. 85 c.

La fabrique refusait de se reconnaître débitrice de cette somme envers le sieur Desfarges ; mais le préfet de la Corrèze, de concert avec l'évêque diocésain, fit vérifier les comptes dudit sieur Desfarges, reconnut que la somme par lui réclamée lui était bien et légitimement due, et, en conséquence, ordonna, par arrêté du 23 mai 1814, que la somme dont il s'agit lui serait remboursée sur les premiers fonds de la fabrique.

Le sieur Desfarges n'ayant pu obtenir l'exécution de cet arrêté, fit procéder à diverses saisies-arrêts sur les débiteurs de la fabrique, et notamment le 5 septembre 1814, entre les mains du sieur Fouilloux, nouveau trésorier de la fabrique.

Mais ces actes étant restés sans effet, le sieur Desfarges recourut de nouveau au préfet, qui, le 29 novembre 1814, enjoignit au sous-préfet d'Ussel de faire exécuter son arrêté.

Le sieur Desfarges continua les poursuites qu'il avait commencées contre le sieur Fouilloux, pour obtenir le paiement de ce qui lui était dû par la fabrique.

Mais le sieur Fouilloux, prétendit que, loin d'être débiteur de la fabrique, il avait, au contraire, des répétitions à faire contre elle. Il présenta donc ses comptes au conseil de fabrique, où il s'éleva des débats qui furent suivis d'un jugement rendu par le tribunal de première instance d'Ussel, le 27 février 1817, par lequel, attendu que la seule autorité compétente pour approuver le compte du conseil de la fabrique, était celle de l'évêque du diocèse, et que le sieur Fouilloux ne rapportait aucune pièce authentique des répétitions qu'il prétendait avoir à faire contre la fabrique, ledit Fouilloux fut déclaré débiteur de 151 fr. 85 cent., et comme tel, condamné à verser cette somme dans les mains du sieur Desfarges.

Le sieur Desfarges poursuivait l'exécution de ce jugement, lorsque le préfet, sur la demande du conseil de fabrique, tendant à être autorisé à se pourvoir par voie de tierce-opposition, éleva le conflit par arrêté du 1er. avril 1817.

Cet arrêté est fondé sur ce que les paiemens faits par les conseils de fabrique étaient déterminés par l'autorité administrative, et sur ce que le service divin serait interrompu, si l'autorité judiciaire pouvait intervenir dans la distribution des fonds, puisque des dépenses arriérées enleveraient tous les fonds existans en caisse; qu'en outre un décret du 24 juin 1808 avait déclaré comme non avenus des jugemens du tribunal de première instance de Liége, qui avaient validé des saisies faites par un créancier d'une fabrique, entre les mains de ses débiteurs.

Tel est l'arrêté de conflit sur lequel il a été statué par l'ordonnance suivante.

LOUIS, etc.; — Sur le rapport du comité du contentieux;

Vu l'arrêté de conflit d'attribution pris le 1er. avril 1817, par le préfet du département de la Corrèze, contre un jugement du 27 février même année, rendu par le tribunal de première instance d'Ussel, et qui condamne le sieur Fouilloux, trésorier de la fabrique de l'église de Meymac, à payer au sieur Treich-Desfarges la somme de 150 fr.;

Vu ledit jugement;

Vu l'arrêté pris le 23 mai 1814, par le préfet du département de la Corrèze, qui reconnaît le sieur Treich-Desfarges, trésorier de la fabrique de Meymac, en avance sur son compte de gestion, de la somme de 922 fr. 25 cent., et ordonne qu'il sera remboursé de ladite somme sur les premiers fonds de la fabrique, et charge le sieur Fouilloux, trésorier actuel, d'exécuter les dispositions dudit arrêté;

Vu toutes les pièces jointes au dossier;

Considérant que la créance du sieur Treich, ex-trésorier de ladite fabrique, avait été reconnue, sa liquidation faite, le paiement ordonné, et les fonds de ce paiement assignés par l'autorité administrative sur les revenus de la fabrique; que, par le refus de la fabrique d'obtempérer aux dispositions de l'arrêté du préfet, du 23 mai 1814, le sieur Treich s'était vu contraint de jeter des saisies-arrêts entre les mains du sieur Fouilloux, trésorier de ladite fabrique, et que le tribunal, en validant les saisies-arrêts après que l'autorité administrative avait consommé son mandat, n'était point sorti de ses attributions;

Notre Conseil d'état entendu,

Nous avons ordonné et ordonnons ce qui suit:

Art. 1er. L'arrêté de conflit pris par le préfet du département de la Corrèze, le 1er. avril 1817, est annullé.

2. Notre garde des sceaux ministre secrétaire d'état de la justice et notre ministre secrétaire d'état de l'intérieur sont chargés, chacun en ce qui le concerne, de l'exécution de la présente ordonnance.

Ordonnance du 3 décembre 1817. (2831)

N°. 135.

DÉCOMPTE.—Justice ministérielle.—Domaines de l'état.—Émigré.—Acquéreur national.

Depuis la loi du 5 décembre 1814, l'administration des domaines, chargée uniquement de recevoir et de transmettre aux anciens propriétaires les sommes encore exigibles provenant des décomptes de biens vendus, n'a ni qualité ni pouvoir pour consentir en leur nom et au profit des acquéreurs la réduction ou remise du reliquat porté auxdits décomptes; conséquemment le ministre des finances n'est pas autorisé à prononcer cette réduction ou remise. — Il y a lieu d'ordonner l'exécution du décompte approuvé par le préfet.

Quid, *Si l'acquéreur établissait que le décompte est inexact, ne serait-ce pas à la justice ministérielle de statuer, encore que l'administration du domaine soit désintéressée et que le litige soit uniquement entre deux particuliers.*

(Le sieur Guichardy de Montigné. — C. — le sieur Grellier.)

En l'an 2, le sieur Grellier acquit du domaine national des biens du sieur Guichardi de Montigné, émigré, pour le prix de 60,400 fr.

En l'an 4, il acquitta le prix de son acquisition en assignats et en mandats.

Le 21 septembre 1813 l'administration des domaines a fait signifier au sieur Grellier trois décomptes, montant à 28,933 fr. 15 c.

Grellier a réclamé contre ces décomptes; il a prétendu que, pour en élever la somme, on avait capitalisé des intérêts qui n'auraient pas dû l'être.

Sur sa demande, le conseil de préfecture d'Ille-et-Vilaine a rendu, le 22 mars 1814, l'arrêté suivant:

« Considérant que les trois décomptes sous les numéros 5446, 5651 et 5652, concernant la retenue du port de la Roche, la métairie du même nom, et la métairie du Bois, ont été faits postérieurement au décret du 22 octobre 1808; qu'on a suivi dans les opérations de ces décomptes, la marche indiquée par ce décret; que les intérêts de cinq pour cent n'ont pas été capitalisés d'année en année, mais qu'on a fait, conformément à l'article 2 du décret précité, supporter un intérêt de cinq pour cent à la somme qui restait due, tant en principal qu'intérêts, après chaque échéance fixée par le contrat;

» Considérant encore que les décomptes notifiés au sieur Grellier, ne sont susceptibles d'aucune critique, et qu'une fois approuvés et arrêtés par l'administration des domaines, le directeur ne saurait les modifier à moins d'une erreur de fait, ce que ledit sieur Grellier ne prouve pas;

» Considérant enfin, qu'il résulte d'un état formé par le receveur de Bain, qu'indépendamment des paiemens qu'il a faits, le sieur Grellier est encore redevable d'une somme de 28,933 fr. 15 c.;

» Arrête de maintenir les trois décomptes dont il s'agit, pour ce qui reste dû en capital sur le prix des ventes de la retenue du port de la Roche, la métairie du même nom, et la métairie du Bois, situées en Fougeray, provenant de l'émigration de Guichardy, dit de Montigné, et tarde à faire droit sur la remise des intérêts, jusqu'à ce que Son Excellence le ministre des finances ait fait connaître si, dans la position où s'est trouvé le sieur Grellier, il n'y aurait pas lieu à lui faire la remise des intérêts; une expédition du présent sera en conséquence adressée à Son Excellence le ministre des finances, avec toutes les pièces à l'appui pour sa décision. »

Cet arrêté fut soumis à l'approbation du ministre des finances, qui rendit, le 5 juillet 1815, la décision suivante:

« L'arrêté du 22 mars 1814 est approuvé. Néanmoins, le débet actuel du sieur Grellier est réduit à 4000 fr., payables, sans intérêts, en quatre termes, de trois mois en trois mois, à partir du 1er. août prochain. »

Il faut remarquer que, le 5 décembre 1814 (plusieurs mois avant la décision du ministre), il était survenu une loi qui attribuait au sieur Guichardy de Montigné le droit de toucher, par l'intermédiaire de l'administration des domaines, les 28,933 fr. 15 cent. qu'elle réclamait du sieur Grellier.

Il faut remarquer pareillement que Grellier exécuta l'arrêté du conseil de préfecture, et paya à l'administration des domaines les 4000 fr. portés en la décision du ministre.

Postérieurement, le sieur Guichardy de Montigné se pourvut devant le nouveau ministre des finances, qui avait remplacé celui dont était émanée la décision du 5 juillet 1815, à l'effet de faire déclarer cette décision nulle et non avenue.

Ce ministre écrivit, le 31 décembre 1816, au préfet d'Ille-et-Vilaine, une lettre ainsi conçue: « J'ai l'honneur de vous informer que j'ai déclaré comme non avenue une décision du 5 juillet 1815, en ce qu'elle réduit à 4000 fr. le débet du sieur Grellier, sur le prix des domaines séquestrés et vendus sur M. Guichardy de Montigné. »

Mais, avant cette décision, le sieur Guichardy de Montigné craignant que le ministre ne fût pas compétent pour statuer sur sa demande, l'avait portée devant le Conseil d'état.

Là, il disait que, depuis l'émission de la loi du 31 décembre 1814, l'administration des domaines avait été chargée uniquement de transmettre aux anciens propriétaires les sommes encore exigibles provenant de leurs biens vendus par la nation, et n'avait eu aucun pouvoir pour consentir en leur nom la réduction ou remise des décomptes au profit des acquéreurs; qu'ainsi l'arrêté du 22 mars 1814 et la décision du 5 juillet 1815, étaient nulles et de nul effet.

L'administration des domaines est intervenue, elle a déclaré se joindre au sieur Guichardy de Montigné, et ne vouloir pas suivre l'effet de la décision du 5 juillet 1815, d'après celle qui venait d'être rendue par le nouveau ministre des finances, le 31 décembre 1816.

Le sieur Grellier opposait au pourvoi de Guichardy deux fins de non-recevoir.

La décision du 31 décembre 1816, disait-il, ne peut aucunement prévaloir sur celle du 5 juillet 1815; le nouveau ministre des finances n'avait pas le droit de réformer ainsi la décision prise par son prédécesseur: les décisions rendues par une autorité quelconque, ne peuvent être annullées que par une autorité supérieure. Il faut donc écarter cette décision de la cause.

» Cela posé, le pourvoi est non-recevable d'abord, parce qu'il n'a pas été formé dans le délai légal.

» En effet, l'art. 11 du décret du 22 juillet 1806, portant réglement sur les affaires portées au Conseil d'état, dispose que « le recours au Conseil contre la décision d'une autorité qui y ressortit, ne sera pas recevable après trois mois du jour où cette décision aura été notifiée. »

» Or, la décision du 5 juillet 1815 a été notifiée au sieur Grellier par l'administration des domaines, le 9 août suivant. Le sieur Guichardy de Montigné aurait donc dû se pourvoir au Conseil d'état le 9 novembre au plus tard, et cependant il n'a déposé son pourvoi que le 1er. juin 1816, un an environ après l'expiration du délai.

» En vain dirait-il qu'il s'est pourvu, dès le 7 septembre, devant Son Excellence le ministre des finances;

le recours exercé auprès de ce ministre, recours tout-à-fait contraire aux lois, n'a pu le garantir de la déchéance prononcée par l'article 11 du décret du 22 juillet 1806, contre ceux qui ne se pourvoient pas devant le Conseil d'état dans les trois mois de la signification des décisions dont ils ont à se plaindre.

» En second lieu, le pourvoi est encore non-recevable, parce qu'il est dirigé contre une décision à laquelle il a été acquiescé, qui a été exécutée, et qui, par conséquent, est devenue inattaquable, en acquérant l'autorité de la chose jugée.

» Cette décision a été signifiée au sieur Louis Grellier par l'administration des domaines, le 9 août 1815. Dès le lendemain, le sieur Grellier a payé, entre les mains du receveur de Bain, 960 fr. 55 c., et les 8 novembre et 7 février suivant, il a complété le paiement des 4000 fr., auxquels son débet avait été réduit. Tout s'est ainsi terminé entre lui et l'administration des domaines. La décision du 5 juillet 1815 a reçu sa pleine et entière exécution : dès-lors, nulle possibilité de la faire réformer.

» Si le sieur Grellier avait aujourd'hui pour adversaire immédiat l'administration des domaines, il lui dirait, avec un avantage incontestable, qu'elle est non-recevable à se plaindre d'une décision à laquelle elle a donné son acquiescement, par la signification qu'elle en a faite et l'exécution qu'elle en a provoquée. Mais ce qu'il dirait à cet égard à l'administration des domaines, il peut l'opposer, avec le même succès, au sieur Guichardy de Montigné; celui-ci n'est effectivement qu'au lieu et place de cette administration, et ne peut jamais avoir d'autres droits que ceux qui lui ont appartenu. »

» Le sieur Guichardy de Montigné répondait :

» La décision du 5 juillet 1815 a été notifiée au sieur Grellier le 9 août 1815.

» Suivant lui, le sieur de Montigné n'avait, aux termes de l'art. 11 du décret du 22 juillet 1806, que trois mois pour se pourvoir contre cette décision; le délai fatal expirait le 9 novembre 1815.

» La requête présentée au nom du sieur de Montigné n'a été déposée au greffe du Conseil que le 1er. juillet 1816; il y avait près de sept mois que la déchéance était encourue.

» Vainement, ajoute le sieur Grellier, le sieur de Montigné ou ses ayant-cause se prévaudraient-ils, pour couvrir cette déchéance de la réclamation qu'il avait adressée au ministre des finances dès le 6 septembre 1815; il devait savoir, et il a reconnu depuis, en se pourvoyant devant la commission du contentieux du Conseil d'état, que le ministre des finances, successeur de l'auteur de la décision, n'avait point qualité pour la réformer.

» Cet exposé, ainsi que ses conséquences, n'offrent que des erreurs. L'art. 11 du décret du 22 juillet 1806, qui fixe le terme dans lequel on peut recourir au Conseil d'état contre la décision d'une autorité qui y ressortit, porte que « le recours ne sera pas recevable après trois mois du jour où cette décision aura été notifiée. »

» La notification ne peut s'entendre que de celle qui aurait été faite à la partie intéressée à se pourvoir.

» Dans l'espèce, quelle était cette partie? Ce n'était assurément point le sieur Grellier, pour qui la décision était favorable, même au-delà de ce qu'il pouvait espérer.

» Ce n'était pas non plus l'administration des domaines, à qui le ministre a envoyé officiellement la décision, et qui, à l'époque du 9 août 1815, n'avait plus d'intérêt à la fixation de la dette du sieur Grellier; elle appartenait entièrement au sieur de Montigné, qui était rentré dans tous les droits dont l'exercice lui avait été assuré par la loi du 5 septembre 1814 paralysée, comme le remarque le sieur Grellier, pendant la durée des cent jours de l'usurpation.

» Il est donc vrai de dire que la décision contre laquelle le sieur de Montigné réclame, n'a point eu la notification dont la date pouvait faire courir, contre le sieur de Montigné, son père, le délai dans lequel il avait la faculté de se pourvoir au Conseil. Celle qui a été faite, le 9 août 1815, au sieur Grellier, à la requête des préposés de l'administration des domaines, était absolument étrangère audit sieur de Montigné; elle lui était préjudiciable, et elle ne peut, sous aucun rapport, lui être opposée.

» S'il s'élevait quelques doutes à cet égard, le moyen de déchéance, invoqué par le sieur Grellier, n'en deviendrait pas plus admissible.

» En effet, d'abord le décès de M. de Montigné eût interrompu la prescription, puisque son héritière ne pouvait intenter ni soutenir aucune action avant d'avoir pris qualité.

» Ensuite le sieur Grellier reconnaît lui-même que le sieur de Montigné s'est pourvu devant le ministre des finances, par un mémoire déposé le 6 septembre 1815; il ne s'était pas encore écoulé un mois depuis la notification de la décision faite par l'administration des domaines au sieur Grellier; le sieur de Montigné était donc dans le délai.

» Cette réclamation présentée au ministre des finances remplissait le vœu du décret du 22 juillet 1806, aussi bien que si elle avait été déposée au greffe du Conseil.

» Ce n'est point, comme le prétend le sieur Grellier, parce que le sieur de Montigné a jugé que le nouveau ministre des finances n'avait point qualité pour réformer la décision de son prédécesseur, qu'il a remis, le 1er. juin 1816, une nouvelle requête au Conseil d'état. Cette seconde démarche de sa part n'a eu d'autre objet que de porter le ministre à statuer sur sa réclamation, qui, depuis neuf mois, restait indécise dans les bureaux du ministère. Il désirait que le Conseil se fît rendre compte de l'affaire, ou qu'il y fît statuer.

» Son espoir à cet égard n'a pas été trompé. Le ministre, ainsi que l'expose le sieur Grellier, a enfin décidé, le 31 décembre 1816, que la décision de son prédécesseur, en date du 5 juillet 1815, devait être regardée comme non avenue; Son Excellence a écrit en conséquence à l'administration des domaines.

» Cette dernière décision prouve que le recours du sieur de Montigné, porté devant le ministre, n'était point irrégulier sous le rapport de la compétence; puisque ce ministre a prononcé, il a jugé qu'il pouvait annuller une décision de son prédécesseur, rendue dans un cas et dans un temps où le gouvernement pouvait disposer de la créance sur la fixation de laquelle la décision du 5 juillet 1815 portait. Ce n'était point alors une affaire contentieuse entre particuliers. La question, par suite de la circonstance de l'usurpation, n'intéressait plus que le trésor, et le ministre de ce temps pouvait, sans blesser aucun intérêt individuel, abandonner une portion des droits de l'Etat. Son successeur pouvait, par les mêmes raisons, modifier ou annuller les dispositions de faveur adoptées par son prédécesseur, les circonstances ayant changé, et les droits exclusifs du sieur de Montigné à la créance ayant recouvré toute leur force: ce qui, peu de mois auparavant, était facultatif de la part du nouveau ministre, devenait pour lui un devoir. La loi et l'équité l'obligeaient à faire cesser l'effet de la décision du 5 juillet 1815, qui s'opposait à ce que le sieur de Montigné recouvrât une portion assez considérable de ses propriétés, dont la restitution lui avait été assurée en décembre 1814.

» Quant à la seconde fin de non recevoir, tirée de l'acquiescement donné par l'administration des domaines à la décision du 5 juillet 1815, et de son exécution, elle n'est pas plus fondée que la précédente.

» Il est de principe qu'on ne peut pas être lié par le fait d'un tiers qui n'a ni qualité ni pouvoir pour obliger. La provocation qui a pu être faite par l'administration des domaines, de l'exécution de la décision du 5 juillet 1815, et l'acquiescement à cette décision de la part du sieur Grellier, ne sont point de nature à obliger le sieur de Montigné, ni susceptible de donner à la décision dont il s'agit, comme le prétend le sieur Grellier, *l'autorité de la chose jugée.*

» D'abord, l'administration des domaines, à l'époque du 9 août 1815, date de la notification de la décision au sieur Grellier, n'avait aucune qualité pour consentir, au nom du sieur de Montigné, à cette décision qui blessait si fortement ses intérêts. La loi du 5 décembre 1814 avait repris alors toute sa force. Le sieur de Montigné était redevenu propriétaire de ses biens non aliénés, ainsi que du prix restant à payer de ceux qui avaient été vendus, et l'administration des domaines, qui avait pu agir prétédemment comme substituée à ses droits, en vertu des lois rendues contre les émigrés, n'avait plus d'autre pouvoir que celui de recevoir ce qui était encore exigible à titre de solde des ventes, pour le remettre à l'ancien propriétaire. L'article 3 de la loi du 5 décembre 1814 est positif à cet égard, et toutes les dispositions de cette loi ne laissent aucun doute sur l'incapacité de l'administration pour prendre aucun engagement au nom des émigrés réintégrés dans leurs biens. On ne peut donc opposer au sieur de Montigné, comme si elle avait été exercée par lui, l'action dirigée par cette administration contre le sieur Grellier, pour l'exécution de la décision du 5 juillet 1816.

» C'est encore avec moins de raison qu'on oppose l'acquiescement du sieur Grellier à cette décision, et les paiemens qu'il a effectués. Cette exécution de sa part lui était trop avantageuse pour qu'il ne s'y soumît pas avec empressement. Aussi remarque-t-on qu'il n'a pas profité du délai qui lui avait été accordé pour faire ses paiemens. Ce délai était d'un an. Six mois après la notification de la décision, il avait payé les 4000 f. auxquels elle avait réduit sa dette.

» Cette prompte exécution, qui est uniquement du fait du sieur Grellier, ne saurait produire aucun résultat contraire à la réclamation du sieur de Montigné; elle est pour lui, *res inter alios acta*, et elle ne peut l'obliger d'aucune manière; elle le peut d'autant moins, que, dès le 3 novembre 1815, la mère du sieur de Montigné, *à ce autorisée par son mari*, avait formé opposition à l'exécution de la décision attaquée, en déclarant que tous paiemens qui pourraient être faits par suite, ne seraient considérés par le sieur de Montigné que comme à-comptes sur la somme principale dont le sieur Grellier était débiteur. On joint ici l'original de cet acte extrajudiciaire.

» Quant *à l'autorité de la chose jugée*, que l'on allègue avoir été acquise à la décision du 5 juillet 1815, il est évident que cette prétention est une erreur, puisqu'on ne saurait justifier d'aucun acte de consentement donné à cette décision par le sieur de Montigné; et qu'il est reconnu par le sieur Grellier lui-même, que dès le 6 septembre 1815, conséquemment peu de temps après que ledit sieur de Montigné a eu connaissance de la décision, il s'est pourvu devant l'autorité qui l'avait rendue pour la faire réformer. La chose nétait donc pas jugée définitivement; il y avait *pourvoi*, et conséquemment point de possibilité *d'acquisition d'autorité de la chose jugée.* »

En cet état est intervenue l'ordonnance suivante :

LOUIS, etc.; — Sur le rapport du comité du contentieux.

Vu les requêtes à nous présentées au nom du sieur de Guichardy de Montigné, enregistrées au secrétariat du comité du contentieux de notre Conseil d'état, les premier juin 1816 et 9 septembre 1817, tendantes à l'annullation d'une décision du ministre des finances, du 5 juillet 1815, portant remise et réduction de sommes dues par le sieur Grellier qui, suivant trois adjudications, du 25 germinal an 2, s'était rendu acquéreur, devant le district de Bain, moyennant 69,400 fr. en assignats, de trois métairies qui avaient appartenu au réquérant;

Vu ladite décision;

Vu les requêtes en défense présentées au nom du

sieur Grellier, et enregistrées au secrétariat du comité du contentieux de notre Conseil d'état, les 20 août et 3 octobre 1817;

Vu le mémoire en intervention de l'administration des domaines, enregistré audit secrétariat du comité du contentieux, le 7 février 1817;

Vu l'arrêté du préfet du département d'Ille et Vilaine, en date du 22 mars 1814, portant approbation de trois décomptes du prix de domaines nationaux adjugés audit sieur Grellier le 25 germinal an 2;

Ensemble toutes les pièces respectivement produites et jointes au dossier;

Considérant que, depuis la loi du 5 décembre 1814, l'administration des domaines, chargée uniquement de recevoir et de transmettre aux anciens propriétaires les sommes encore exigibles, provenant des décomptes de biens vendus, n'a ni qualité ni pouvoir pour consentir, en leur nom et au profit des acquéreurs, la réduction ou remise du reliquat porté auxdits décomptes;

Notre Conseil d'état entendu,

Nous avons ordonné et ordonnons ce qui suit :

Art. 1er. La décision du ministre des finances, en date du 5 juillet 1815, est annullée.

2. Le sieur Grellier est condamné au paiement en principal et intérêts des sommes portées aux décomptes rédigés pour le prix des trois adjudications du 25 germinal an 2, et approuvés par le préfet du département d'Ille et Vilaine, le 22 mars 1814, sous la déduction des sommes versées par le sieur Grellier depuis ladite décision.

3. Le sieur Grellier est condamné aux dépens.

3. Notre ministre secrétaire d'état des finances est chargé de l'exécution de la présente ordonnance.

Ordonnance du 3 décembre 1817. (2823)

N°. 136.

MISE EN JUGEMENT. — Garde forestier. — Arbres. — Inspecteur forestier.

Un garde forestier peut n'être pas mis en jugement pour avoir coupé et enlevé des élagages de branches qui obstruaient un chemin vicinal, s'il est constant que l'inspecteur forestier lui en avait donné l'autorisation.

Est-ce qu'un inspecteur forestier a une autorité quelconque sur les arbres qui bordent un chemin vicinal? est-ce que ces arbres ne sont pas la propriété ou de la commune ou de particuliers? est-ce qu'une telle propriété est aucunement subordonnée à la disposition de l'inspecteur forestier?

(Le sieur Guinot.)

LOUIS, etc.; — Sur le rapport du comité du contentieux;

Vu la lettre de notre procureur-général près la Cour royale de Paris, en date du 14 mars 1817, par laquelle il demande s'il y a lieu de continuer les poursuites commencées contre le sieur René Guinot, garde forestier de la commune de Ravières, département de l'Yonne, accusé par le sieur Edme Dauphin, fils, maire de ladite commune, d'avoir coupé et enlevé, en délit, un arbre de la réserve et des branchages de gros chênes qui obstruaient le chemin vicinal de Ravières à Verdonnet;

Vu le procès-verbal du maire de Ravières, du 7 décembre 1816;

Vu celui d'audition des témoins, du 3 février 1817;

Vu le rapport fait au conseil d'administration de la direction générale de l'enregistrement et des domaines et forêts, en date du 27 août 1817;

Ensemble les autres pièces comprises au dossier;

Considérant qu'il résulte des pièces, que c'est avec l'autorisation de l'inspecteur forestier de l'arrondissement de Tonnerre et du maire de la commune de Ravières lui même, que le sieur René Guinot, garde forestier, a fait l'élagage des branches qui obstruaient le chemin de Ravières à Verdonnet, et s'est approprié, comme indemnité de travail, le bois provenant de ces élagages;

Considérant que ledit sieur Guinot n'a point abusé de cette autorisation; d'où il suit que rien dans sa conduite ne porte le caractère d'un délit;

Notre Conseil d'état entendu,

Nous avons ordonné et ordonnons ce qui suit :

Art. 1er. Il n'y a pas lieu de continuer les poursuites commencées contre le sieur Guinot, garde forestier de la commune de Ravières, pour les faits à lui imputés dans la plainte du sieur Dauphin, fils, maire de ladite commune.

2. Notre garde des sceaux ministre secrétaire d'état de la justice et notre ministre secrétaire d'état des finances sont chargés, chacun en ce qui le concerne, de l'exécution de la présente ordonnance.

Ordonnance du 3 décembre 1817. (2838)

N°. 137.

1°. OPPOSITION. — Décret. — Ordonnance.
2°. Avocat aux conseils du Roi. — Contentieux.
3°. Commune. — Opposition. — Circonscription. — Action administrative.

1°. *Il n'est pas permis de se pourvoir, par la voie de l'opposition contre un décret ou une ordonnance de pure administration, ne touchant pas au contentieux;*

2°. *L'avocat aux conseils du Roi, qui signe une requête en opposition contre un décret ou ordonnance de pure administration, contrevient à l'article 1er. du règlement du 22 juillet 1806, et encourt les peines prévues par l'article 49;*

3°. *La circonscription des communes et des paroisses, appartenant exclusivement à l'ordre public, les décrets ou ordonnances rendues à cet egard, sont des actes de pure administration ; il n'y a là rien de contentieux.*

Les particuliers peuvent bien avoir intérêt à telle ou telle circonscription ; mais ce n'est jamais un intérêt garanti par la loi, un véritable droit dont la lésion donne lieu à une discussion contentieuse.

(Les habitans du hameau de Moulineaux. — C. la commune de la Bouille.)

Par décret du 31 janvier 1813, la commune de Moulineaux, département de la Seine-Inférieure, fut réunie à celle de la Bouille, tant pour l'administration municipale que pour l'exercice du culte.

En 1815, les habitans du hameau de Moulineaux demandèrent que leur église fût érigée en chapelle; mais cette demande fut rejetée par une ordonnance du 1er. février 1815.

Par requêtes présentées les 6 septembre 1815, 4 juin et 24 septembre 1816, les habitans du hameau de Moulineaux se pourvurent devant le Conseil d'état, et demandèrent à être reçus opposans au décret du 31 janvier 1813, et à l'ordonnance du 1er. février 1815, qu'ils prétendaient avoir été rendus par défaut à leur préjudice;

Ils soutinrent que c'était à tort que la commune de Moulineaux avait été réunie à celle de la Bouille; que celle-ci était inférieure à l'autre tant par la quotité de contributions qu'elle payait, que par la nature de son territoire et la qualité de ses habitans; en conséquence, ils conclurent à ce que la commune de Moulineaux fût distraite de celle de la Bouille, et même que la commune de la Bouille fût réunie à celle de Moulineaux.

Il faut remarquer que, quoique depuis le décret du 31 janvier 1813, la commune de Moulineaux n'existât plus, les requêtes furent présentées au nom des habitans de Moulineaux en collectif, contre la disposition formelle de l'article 1er. du réglement du 22 juillet 1806.

Le maire de la commune de la Bouille répondit que la demande des habitans de Moulineaux était mal fondée et non-recevable.

Pour établir la fin de non-recevoir, il soutint que la circonscription des communes appartenant exclusivement à l'ordre public, les ordonnances rendues sur cet objet étaient des actes de pure administration; qu'en conséquence, bien que des particuliers pussent avoir intérêt à faire modifier la circonscription établie, ils n'avaient cependant pas le droit d'attaquer ces ordonnances par voie d'opposition; car il est de principe que la voie de l'opposition ou de la tierce-opposition n'est ouverte contre les ordonnances que lorsqu'elles statuent sur un objet contentieux, qu'elles peuvent avoir l'autorité de la chose jugée, et non lorsqu'elles sont de véritables réglemens d'administration publique.

Sur ce est intervenue l'ordonnance dont la teneur suit :

LOUIS, etc.; — Sur le rapport du comité du contentieux :

Vu les requêtes à nous présentées et déposées au secrétariat du comité du contentieux de notre Conseil d'état, les 6 septembre 1815, 4 juin et 24 septembre 1816, au nom des habitans du hameau de Moulineaux, département de la Seine-Inférieure, lesdites requêtes tendantes à ce qu'il nous plaise recevoir lesdits habitans opposans à un décret du 31 janvier 1813, et à une ordonnance du 1er. février 1815, qu'ils prétendent avoir été rendus par défaut à leur préjudice; annuler lesdits décret et ordonnance, et, en conséquence, ordonner que le hameau de Moulineaux sera rétabli comme par le passé, régi et administré en corps particulier de commune, ou que du moins il sera réuni, non à la commune de la Bouille, ainsi que le porte ledit décret du 31 janvier 1813, mais à celle de Grand-Couronne, et que, dans l'un ou l'autre cas, l'église de Moulineaux sera érigée en chapelle, et régie selon les lois et réglemens relatifs aux annexes; subsidiairement, si nous jugions que les territoires de la Bouille et de Moulineaux ne doivent former qu'une seule commune, à ce qu'il soit ordonné que le hameau de Moulineaux sera le chef-lieu, tant sous le rapport de l'administration municipale que de l'exercice du culte; enfin, à ce que la commune de la Bouille soit condamnée aux dépens;

Les requêtes en défense présentées au nom du maire de la commune de la Bouille, signifiées les 6 mars et 3 octobre 1816, tendantes à ce que les habitans de Moulineaux soient déclarés non-recevables, ou du moins mal fondés dans leur opposition et condamnés aux dépens;

La requête en intervention présentée, le 30 mai 1817, au nom des communes du Grand-Couronne et du Petit-Couronne, département de la Seine-Inférieure, et tendante à ce que, quelle que soit la décision qui interviendra sur les contestations pendantes entre les habitans de Moulineaux et la commune de la Bouille, les portions des territoires desdites communes du Grand et du Petit-Couronne, qui avaient été précédemment réunies au territoire de Moulineaux, en soient détachées pour rester à l'avenir incorporées à la commune du Grand-Couronne, et à ce que celle des parties adverses, qui succombera, soit condamnée aux dépens;

Le décret du 31 janvier 1813, qui prononce la réunion de la commune de Moulineaux à celle de la Bouille, tant pour l'administration municipale que pour l'exercice du culte;

Notre ordonnance du 1er. février 1815, qui rejette la demande d'érection en chapelle de l'église du hameau de Moulineaux;

Les rapports et pièces, sur le vu desquels ledit décret et ladite ordonnance ont été rendus;

Ensemble toutes les autres pièces respectivement produites;

Considérant que la circonscription des communes et des paroisses appartient à l'ordre public, et que, si les communes et les particuliers sont recevables à nous présenter toutes pétitions contre les actes de l'administration relatifs à ces objets, lesdits actes ne peuvent jamais être l'objet d'un litige à porter devant nous, en notre Conseil d'état, dans la forme des affaires contentieuses;

Considérant que la municipalité de Moulineaux ayant été supprimée par le susdit décret du 31 janvier 1813, les requêtes susdites n'ont pas pu être valablement présentées pour les habitans du hameau de ce nom, en nom collectif, mais pour des individus, lesquels ne sont pas dénommés dans lesdites requêtes;

Considérant que, par cette omission, l'avocat, qui a signé les requêtes présentées sous le nom des habitans de Moulineaux, a contrevenu à l'article 1er. du réglement du 22 juillet 1806, et que de plus, il a encouru les peines prévues par l'article 49 dudit réglement, en présentant comme contentieuse une affaire qui ne l'est pas;

Notre conseil d'état entendu,

Nous avons ordonné et ordonnons ce qui suit:

Art. 1er. Les requêtes susdites, présentées sous le nom des habitans de Moulineaux, et la requête en intervention des communes du Grand-Couronne et du Petit-Couronne, sont rejetées, sauf tout recours devant nous par voie de pétition.

2. L'avocat qui a signé lesdites requêtes, est condamné aux dépens.

3. Notre ministre secrétaire d'état de l'intérieur est chargé de l'exécution de la présente ordonnance.

Ordonnance du 3 décembre 1817. (2818)

N°. 138.

CHEMIN. — Propriété. — Indemnité.

Les indemnités dues aux particuliers, à raison des terrains pris ou fouillés, ou même des pierres extraites pour la confection des chemins publics, doivent être allouées par les conseils de préfecture, aux termes de l'article 4 de la loi du 28 pluviose an 8; il n'y a pas lieu à recours devant les tribunaux.

(Le sieur Ollien. — C —. le sieur Girodet.)

En 1816, le sieur Ollien se rendit adjudicataire des travaux à faire pour l'entretien d'une route royale dans l'arrondissement de Valence, département de la Drôme.

L'article 6 de l'acte d'adjudication portait que les cailloux destinés aux pavés, seraient pris sur les bords et dans les îles du Rhône.

D'après cette clause, les ouvriers du sieur Ollien prirent des cailloux dans une île du Rhône, dont le sieur Girodet se prétendit propriétaire.

Celui-ci attaqua lesdits ouvriers devant le juge de paix du canton de Valence, qui, le 17 mai 1817, rendit un jugement par lequel ces ouvriers furent condamnés à des dommages-intérêts envers le sieur Girodet, sauf leur recours en garantie contre le sieur Ollien.

Mais le sieur Ollien s'étant adressé au préfet, sur le motif que l'objet de la contestation était du ressort de l'autorité administrative, ce fonctionnaire éleva le conflit par arrêté du 21 juin 1817, en se fondant sur l'article 4 de la loi du 28 pluviose an 8, ainsi conçu :

« Les conseils de préfecture prononceront : sur les difficultés qui pourraient s'élever entre les entrepreneurs des travaux publics, et l'administration concernant le sens et l'exécution des clauses de leurs marchés;

» Sur les réclamations des particuliers qui se plaindront des torts et dommages procédant du fait personnel des entrepreneurs et non du fait de l'administration.

» Sur les demandes et contestations concernant les indemnités dues aux particuliers, à raison des terrains pris ou fouillés pour la confection des chemins, canaux et autres ouvrages publics. »

Il a été statué sur ce conflit par l'ordonnance dont la teneur suit :

LOUIS, etc.; — Sur le rapport du comité du contentieux;

Vu l'arrêté de conflit pris le 21 juin 1817, par le préfet du département de la Drôme, contre un jugement du juge de paix du canton de Valence, du 17 mai précédent, qui condamne le sieur Jean-Charles Ollien, chargé, par adjudication du 26 juillet 1816, de l'entretien et de la réparation, pendant les années 1816 et 1817, des chaussées en pavé de la route royale, n°. 8, de Paris à Nice, à payer au sieur Pierre Girodet des Granges, commune de Saint-Peray, département de l'Ardèche, une indemnité de 80 francs pour les cailloux que le sieur Ollien a pris, conformément à son devis, dans l'île du Rhône, dont ledit Girodet se prétend propriétaire;

Vu le procès-verbal d'adjudication faite en conseil de préfecture, le 26 juillet 1816, audit sieur Ollien; ensemble, le devis des travaux, portant, article 6 : « les cailloux destinés aux pavés seront pris sur les bords et dans les îles du Rhône, etc. »

Vu le jugement rendu par le juge de paix du canton de Valence, le 17 mai dernier, sur la demande du sieur Girodet contre les sieurs Merlin et Berger, père et fils, mariniers à Valence, et par défaut en garantie contre le sieur Ollien; ledit jugement portant condamnation en l'indemnité et les dépens;

Vu la loi du 28 pluviose an 8, et l'arrêté du gouvernement, du 13 brumaire an 10;

Considérant qu'aux termes de l'article 4 de la loi du 28 pluviose an 8, les contestations concernant les indemnités dues aux particuliers, à raison des terrains pris ou fouillés pour la confection des chemins publics, doivent être jugées par les conseils de préfecture;

Notre Conseil d'état entendu,

Nous avons ordonné et ordonnons ce qui suit :

Art. 1er. L'arrêté de conflit, pris par le préfet du département de la Drôme, le 21 juin 1817, est confirmé, et le jugement du juge de paix du canton de Valence, du 17 mai précédent, sera considéré comme non avenu.

2. Notre garde des sceaux ministre secrétaire d'état de la justice et notre ministre secrétaire d'état de l'intérieur sont chargés, chacun en ce qui le concerne, de l'exécution de la présente ordonnance.

Ordonnance du 3 décembre 1817. (2832)

N°. 139.

ACQUÉREURS DE DOMAINES NATIONAUX. — Titres successifs.

Lorsque deux particuliers invoquent chacun un titre administratif pour établir leur propriété sur un immeuble, si l'un des deux a un titre d'adjudication de l'an 4, et si l'autre présente un acte de partage de l'an 6, l'acte de partage de l'an 6 ne peut pas prévaloir; l'adjudication de l'an 4 étant légalement faite, doit être maintenue aux termes de la loi du 5 décembre 1814, et le copartageant qui a reçu dans son lot un objet non existant, ne peut réclamer qu'une indemnité.

(Le sieur Bougrenet de la Tocnaye.)

En mourant, le sieur Bougrenet de la Tocnaye laissa plusieurs enfans dont quelques-uns étaient mineurs.

En 1785 il fut dressé entr'eux un procès-verbal de désignation des parts de chaque héritier.

Par ce procès-verbal, un pré dit de la Métairie, faisant partie de la métairie dite de Laporte, en fut distrait et fut assigné à Jacques-Louis de la Tocnaye; la métairie au contraire fut assignée au fils aîné la Tocnaye.

L'indivision subsistait encore entre les enfans la Tocnaye, lorsque l'aîné d'entr'eux quitta la France et fut inscrit sur la liste des émigrés.

Le séquestre fut apposé par la nation sur tous les biens de la succession du père commun comme possédés par indivis avec un émigré.

En l'an 4, le domaine national mit en vente la métairie dite de Laporte, qu'il considéra comme appartenant au sieur de la Tocnaye, émigré, et désigna comme faisant partie de ce domaine le pré dit de la Métairie, assigné au sieur Jacques-Louis de la Tocnaye, puîné, qui n'avait jamais émigré.

Le sieur Boudet soumissionna les biens mis en vente; il s'en rendit adjudicataire le 28 thermidor an 4.

En l'an 6, le sieur Jacques-Louis de la Tocnaye, puîné, qui n'avait jamais émigré, forma contre le domaine national, une demande en partage des biens dépendans de la succession de son père.

Cette demande fut accueillie: le partage fut effectué, et le tirage au sort eut lieu le 24 ventose an 6.

Dans le lot qui échut au sieur Jacques-Louis de la Tocnaye, réclamant, se trouva compris le même pré dit de la Métairie, qui avait été vendu en l'an 4 au sieur Boudet.

Le 13 floréal de la même année, le sieur Alexandre-Charles de la Tocnaye (comme représentant Jacques-Louis) présenta à l'administration du département de la Loire-Inférieure, une pétition tendante à être réintégré dans la possession du pré de la Métairie, indûment compris dans la vente faite au sieur Boudet de la portion de biens appartenant à son frère aîné, émigré.

Le 9 nivose an 7 intervint un arrêté du conseil de préfecture de la Loire-Inférieure, ainsi conçu:

« Vu la pétition du citoyen Charles-Alexandre de Bougrenet, en date du 13 floréal dernier, tendante à obtenir la mise en possession d'un pré nommé pré de la Métairie, dont jouit le citoyen Boudet, acquéreur de la métairie de Laporte, dépendant de la terre de Laumondière, en la commune de Saint-Viau; ce pré appartenant à Jacques-Louis Bougrenet; un procès-verbal de désignation des biens de la succession de Bougrenet, en date des 8 et 13 août 1785;

» Le procès-verbal d'estimation de la métairie de Laporte, en date des 12 et 13 thermidor an 4;

» Une lettre de l'agent municipal de Frossay, en date du 5 frimaire dernier;

» Un extrait du procès-verbal d'estimation, du 20 vendémiaire an 6;

» Considérant que le pré dont il s'agit est compris dans le contrat de vente de la métairie de Laporte, consenti par l'administration au citoyen Boudet; que ce pré fait partie depuis long-temps de ladite métairie, et que cet objet était séquestré par la nation avant l'aliénation faite au sieur Boudet,

» Arrête: Ouï le commissaire du directoire exécutif en ses conclusions, qu'il n'y a lieu à délibérer sur la pétition, sauf au pétitionnaire à se pourvoir en indemnité vers le directeur du domaine, qui liquidera sa créance, conformément à la loi du 4 frimaire an 6. »

C'est contre cet arrêté que le sieur de la Tocnaye s'est pourvu devant le Conseil d'état, pour violation des lois des 5 juin 1791, 13 septembre 1793, et 1er. floréal an 3, en ce que le conseil de préfecture a déclaré valable la vente faite par la nation d'un pré qui ne lui a jamais appartenu.

» En droit, dit le sieur de la Tocnaye, une sentence, un arrêt, comme un arrêté d'administration, sont nuls quand on peut leur reprocher *une erreur de fait.* Ce n'est ni une sentence, ni un arrêt, ni un arrêté, parce qu'en effet, le juge qui prononce, l'administrateur qui décide sur un fondement erroné, peuvent être considérés comme n'ayant ni jugé ni opiné, ou pour le moins que, marchant dans les ténèbres, plus ils marchent, plus ils s'égarent.

» Ainsi, c'est une maxime constante parmi les formalistes que, si après une décision, on justifie d'une manière certaine la fausseté du fondement sur lequel elle a été rendue, cela suffit pour en obtenir la réformation. C'est l'effet naturel d'une exception que la justice et l'équité ont introduite pour obtenir cette restitution. *Hæc condictio ex bono et æquo introducta, quod alterius apud alterum sine causâ deprehenditur, revocare.* Leg. 66 ff., *de condict. indebit.*

» Il est donc incontestable que si l'arrêté du 9 ventose an 7 est fondé *sur des erreurs de fait*, son exécution se convertirait en injustice, s'il n'était rapporté.

» Or, cet arrêté administratif et la vente du 28 thermidor an 4, que cet arrêté confirme, ont pour base la soumission du sieur Boudet, du 4 du même mois, dans laquelle il a inséré un *pré* sans mesures exactes, sans tenans et aboutissans, sans indiquer les aspects ; et ce pré, non-seulement ne faisait pas partie des biens du sieur de la Tocnaye aîné, non-seulement il avait été détaché et réuni au tiers réservé aux cadets, mais il était, dans tous les cas, soumis à une *indivision* générale par suite du séquestre, laquelle indivision ne pouvait cesser que par le partage qui n'a eu lieu qu'en l'an 6.

» C'est donc *par le fait du sieur Boudet* que cette erreur a été commise, et qu'on doit lui adresser les mêmes réponses et reproches qui ont motivé l'arrêté du 12 vendémiaire an 5, pris contre le sieur Ribeyre.

» Lors donc que l'administration départementale de la Loire-Inférieure a consenti à l'adjudication du 28 thermidor an 4, elle a présupposé, 1°. que la soumission faite par le sieur Boudet ne comprenait que des biens appartenant à la nation, du chef d'un des enfans de la Tocnaye; 2°. que le pré en question en faisait partie quoique très-vaguement désigné; 3°. que les actes de 1785, qui étaient à la seule connaissance du sieur Boudet, devaient, dès cette époque, être un obstacle à ce qu'on étendît cette adjudication, et qu'on y comprît des biens patrimoniaux, puisque la distinction de ceux-ci était soumise à deux opérations qui l'ont fait apercevoir d'une manière non équivoque.

» D'où l'on doit nécessairement conclure, par l'argument des contraires, que ce pré n'aurait pu être compris dans l'adjudication de l'an 4, si l'administration eût eu connaissance qu'il n'avait cessé d'appartenir au sieur de la Tocnaye comme formant le lot des cadets, si elle eût examiné de plus près les termes vagues de la soumission, et surtout si elle eût eu connaissance des recherches faites par le sieur Boudet et l'administration du district de Paimbœuf, pour découvrir un partage définitif.

» Ces trois points sont établis aujourd'hui par les preuves antérieures et postérieures à l'adjudication du mois de thermidor an 4.

» Le sieur Boudet ne pouvait pas ignorer, quand il fit sa soumission, qu'il entendait acquérir les droits transmis à l'Etat du chef d'un seul des héritiers de la Tocnaye. Or, il est constant que le pré en question n'en faisait pas partie, ce n'était donc que les seuls biens devenus nationaux dont il entendait parler.

» Il importe peu que la soumission énonce des corps de biens consistans en terres, *prés*; ce consistant se réfère aux droits préexistans, c'est-à-dire, à un corps de biens ou plusieurs corps, comme terres, prés et maisons appartenant à celui qui ne se présentait pas pour s'opposer à leur aliénation; ces terres, prés, n'ont donc été énoncés que comme les sujets matériels sur lesquels ont dû se porter les droits éventuels du soumissionnaire, puisqu'ils ne devaient être déterminés que par un partage indispensable.

» La loi du 6 floréal an 4 ne dispensait pas celui-ci de spécialiser sa soumission par corps de biens, nature de possession, contenance, limites.

» Le but principal de ces désignations, si rigoureusement commandées, était, 1°. d'obtenir le plus grand prix possible des biens nationaux ; 2°. surtout de prévenir *les adjudications de biens patrimoniaux* comme s'ils étaient nationaux.

» Il faut convenir qu'il avait été fait une soumission *in globo*, sans connaître bien précisément ni les corps des biens, ni l'origine de ces biens, ni leur contenance, ni leur nature. Il n'est pas étonnant qu'il se soit glissé une erreur aussi grave.

» En vain le soumissionnaire a-t-il fait valoir que son contrat lui suffisait, qu'il était constitutionnellement indestructible, en même temps qu'il invoquait la prescription.

» Il est très-vrai que l'Etat a garanti aux acquéreurs des biens vendus comme nationaux l'effet de leurs contrats, *lorsqu'ils avaient été légalement consommés.* L'acquéreur légitime ne peut en être dépossédé (art. 94 de la constitution qui avait été donnée en l'an 8, dont l'esprit se retrouve dans l'article 9 de la charte constitutionnelle).

» Mais que doit-on entendre *par un contrat légalement consommé? Quel est l'acquéreur légitime?* Doit-il en être encore aujourd'hui de l'inscription d'un bien dans un contrat consenti par des administrateurs, comme de l'inscription qui se faisait dans les temps passés sur la liste des émigrés? Doit-il suffire, dans l'intérêt des soumissionnaires, pour opérer la perte d'un grand nombre de biens patrimoniaux, que l'administration en ait fait la vente, comme il suffisait de la reconnaissance de l'identité individuelle de la personne inscrite sur la liste fatale, pour être irrévocablement condamné?

» Non, l'Etat, dans le temps où ce régime existait, a voulu sans doute favoriser l'acquisition des biens nationaux; mais plus il a accordé de force et de vertu aux contrats de cette nature de biens, plus il a dû prendre et a pris effectivement de précautions pour prévenir que ses propriétés patrimoniales ne fussent vendues comme si elles étaient nationales; méprise dont l'abus volontaire aurait pu bouleverser toutes les propriétés.

» Dans cette prévoyance, les lois relatives à la vente de ces biens ont disposé que ceux qui voudraient les acquérir en feraient la soumission ; que cette soumission serait spécialisée et divisée de manière à manifester l'origine des biens comme nationaux, et à faire connaître le prix présumé, corps par corps, article par article, ainsi que leur nature, situation et contenance.

» Ces lois ont disposé enfin qu'il y aurait une corrélation parfaite entre la soumission et la vente, c'est-à-dire, que la vente ne comprendrait que ce qui aurait été soumissionné.

» Tel est encore le vœu de la loi déjà citée, du 6 floréal an 4.

» Les administrateurs qui devaient consentir la vente des biens nationaux étaient les mandataires de la loi. Or, quelles sont les règles du mandat ? le mandataire doit l'exécuter fidèlement, il n'en doit pas dépasser les bornes.

» Qu'ont fait, dans l'espèce actuelle, les administrateurs de la Loire-Inférieure ? Ils ont forcé leur mandat sous les deux rapports qu'ils annoncent :

» 1°. Point de soumission du pré en question, ou au moins les termes rappelés sont informes pour le désigner suffisamment ;

» 2°. A supposer l'indication donnée dans la soumission, en forme probante, il serait toujours vrai qu'il régnerait une incertitude, un vague dont on était forcé de sortir en consultant les actes des 8 et 13 août 1785, sur la vue desquels le sieur de la Tocnaye faisait reposer sa réclamation ;

» 3°. Que si ce pré avait fait partie de la métairie vendue, il était à la parfaite connaissance du soumissionnaire et des administrateurs, que depuis la formation du lot accordé aux puînés, il en était détaché et n'était point la propriété du sieur de la Tocnaye aîné, qu'il n'a pu, par conséquent, devenir national.

» La conséquence à tirer de ces violations du mandat donné par la loi aux administrateurs de la Loire-Inférieure, est que le gouvernement ne doit point être responsable du contrat qui en a été la suite, avec d'autant plus de raison que ces administrateurs ont été égarés par la déclaration du sieur Boudet ; déclaration qu'ils ont été à portée de reconnaître inexacte en l'an 7, et à laquelle ils ne se sont pas rendus au risque de commettre une injustice et de contrarier le vœu de la loi du 6 floréal an 4.

» L'arrêté du 9 nivose an 7 se distingue encore par d'autres erreurs et infractions qu'il suffira de rappeler en peu de mots pour en avoir la plus intime conviction et justifier de plus fort la nécessité d'en prouver la nullité.

» D'abord il énonce que la métairie de Laumondière, autrement dit de la Porte, vendue, était séquestrée par la nation avant l'aliénation faite au sieur Boudet, et de-là la conséquence tirée qu'on devait y comprendre le pré en question, comme on aurait pu y réunir tout ce qui avait été séquestré, si toutefois il eût eu une soumission générale.

» Nul doute, d'après l'énonciation d'un semblable motif, que l'on aura perdu de vue les articles 83 et 85 de la loi du 1er floréal an 3, que l'on n'a entendu cependant exécuter que pour mieux les violer.

» Par le premier de ces articles il est ainsi disposé :

« Tous biens possédés par indivis avec des émigrés, seront mis provisoirement sous le séquestre, sauf les exceptions résultant de l'exécution de la loi du 13 ventose dernier. »

» Ainsi, lorsqu'il y avait dans une famille un seul enfant émigré, la loi autorisait à frapper du séquestre tous les biens qui appartenaient à cette famille. Mais cette mesure était soumise à des exceptions ; elle n'était que provisoire. Loin de comprendre les propriétés personnelles qui appartenaient aux autres membres de la famille, cette loi voulait qu'elles leur fussent rendues.

» C'est ce qu'explique la loi du 13 ventose an 3, dont l'article 2 est ainsi conçu :

« Tous séquestres ou scellés mis sur les biens-meubles ou immeubles appartenans par la loi, la coutume ou statuts, *par contrats ou à tous autres titres*, aux époux survivans, ou aux enfans des condamnés, seront levés sans délai, *afin que les propriétaires en jouissent librement*, a moins que lesdits scellés ou séquestres aient été mis pour cause personnelle auxdits propriétaires. »

» L'article 6 est rédigé dans le même sens de l'exception rappelée dans la loi du 1er. floréal an 3.

» Mais ce qui devait sur-tout empêcher que l'on recourût au motif du *séquestre*, c'est que l'article 85 de cette dernière loi empêchait même l'adjudication provoquée par le sieur Boudet, tant que l'indivision subsistait. La preuve de cette vérité résulte des termes dans lesquels il est conçu :

« Il sera sursis à toutes ventes jusqu'après le partage des biens ou la liquidation des *droits indivis*. »

» Ainsi, à bien dire, l'adjudication du 28 thermidor an 4 serait nulle pour avoir été consentie avant l'expertise des biens, le partage et la liquidation avec les indivis dont quelques-uns étaient mineurs ; et l'on voudrait qu'un bien particulier, qui n'a jamais été nationalisé, fût compris sous le séquestre, confisqué sur l'un des indivis et réuni à la partie vendue nationalement. Un tel système trouvera d'autant moins d'approbateurs, qu'il viole tous les principes de justice et établit la violation la plus manifeste avec ces deux lois des 13 ventose et 1er. floréal an 3, qui provoquent elles-mêmes la nullité de l'arrêté du 9 nivose an 7.

» Si depuis la loi du mois de juin 1791, toutes celles intervenues sur les aliénations des domaines nationaux, ont exigé la présence des préposés de l'administration des domaines, à peine de frapper également de nullité celles dans lesquelles ne se rencontrerait pas l'accomplissement de cette formalité, il faut convenir que c'est un vice à ajouter à ceux qui s'accumulent sur l'arrêté dénoncé.

Ainsi il est démontré, 1°. que le pré dont s'agit n'a jamais fait partie de la portion de biens vendue, et n'a pu être soumissionné ni vendu nationalement par suite d'une soumission qui ne l'a même pas désigné ;

2°. Que les actes des 8 et 13 août 1785, qui ont servi de base aux opérations des experts, ont suffisamment averti l'administration pour qu'elle ne comprît pas ce pré dans l'adjudication *précipitée* de la métairie de la Porte ;

3°. Que, comme l'ont très-bien expliqué les deux directeurs des domaines, les 30 fructidor an 6 et 22 janvier 1815, il n'y a pas eu de vente de ce pré, parce qu'on ne vend pas ce qui appartient à autrui ;

» 4°. Que l'arrêté du 9 ventose an 7 a été rendu en contravention des lois des 13 ventose, 1er. floréal an 3 et 6 floréal an 4, pour avoir passé à une adjudication de biens indivis avant l'estimation et le partage, opérations à la faveur desquelles l'indivision subsistante pouvait cesser, et la vente des portions disponibles être effectuée;

» 5°. Qu'il est contraire à toutes les lois qui ont exigé la présence des directeurs de l'administration des domaines dans les ventes nationales, ce qui n'a pas eu lieu lors de l'adjudication du 28 thermidor an 4. »

Sur ce est intervenue l'ordonnance suivante.

LOUIS, etc.; — Sur le rapport du comité du contentieux;

Vu la requête à nous présentée et déposée au secrétariat du comité du contentieux de notre Conseil d'état, le 30 octobre 1817, au nom du sieur Alexandre-Charles de Bougrenet de la Tocnaye, chevalier, sous-préfet de l'arrondissement de Paimbeuf, tendante à l'annullation d'un arrêté de l'administration centrale du département de la Loire-Inférieure, du 9 nivose an 7, qui a rejeté sa demande en réintégration d'un pré y désigné, qu'il prétend lui appartenir, et qui a été vendu par l'administration au sieur Boudet, et à ce que ledit sieur Boudet soit condamné aux dépens;

Les actes de vente passés le 28 thermidor an 4 par les administrateurs du département de la Loire-Inférieure, au profit du sieur François Boudet, de la maison principale de Laumondière et de la métairie de la Porte ou de la Cour de Laumondière, situées en la commune de Saint-Pierre en Retz;

L'extrait du procès-verbal d'estimation desdits biens, des 12 et 13 du même mois;

Le procès-verbal de partage et de tirage au sort, en date du 24 ventose an 6, des biens dépendant de la succession de Jacques-Pierre de Bougrenet;

Les procès-verbaux d'estimation et de composition des lots, des 20 vendémiaire et 17 nivose an 6, à l'effet de préparer ledit partage;

La pétition présentée le 13 floréal an 6, par ledit sieur Alexandre-Charles de Bougrenet de la Tocnaye, à l'administration du département de la Loire-Inférieure, afin d'être réintégré dans la possession d'un pré indûment compris dans la vente faite au sieur Boudet de la métairie de la Porte;

L'avis du directeur des domaines, sur ladite pétition, en date du 23 fructidor an 6;

L'arrêté de l'administration du département de la Loire-Inférieure, du 9 nivose an 7, attaqué par le sieur de Bougrenet de la Tocnaye, lequel arrêté porte qu'il n'y a lieu à délibérer sur sa demande, sauf à se pourvoir en indemnité;

La pétition présentée le 28 novembre 1814, par ledit sieur de Bougrenet au préfet du département de la Loire-Inférieure, tendante à un nouvel examen de sa demande;

Ensemble toutes les autres pièces produites;

Considérant qu'aux termes de l'article 94 de la loi du 22 frimaire an 8, après une vente légalement consommée de biens nationaux, quelle qu'en soit l'origine, l'acquéreur légitime ne peut en être dépossédé, sauf aux tiers-réclamans à être, s'il y a lieu, indemnisés par le trésor public;

Considérant qu'il est reconnu par le sieur de Bougrenet de la Tocnaye, que le pré dont il s'agit avait déjà, avant de lui être attribué par le partage susdit du 24 ventose an 6, été compris dans le procès-verbal d'estimation des 12 et 13 thermidor an 4, auquel se réfère l'acte de vente passé le 28 du même mois, au profit du sieur Boudet; qu'en conséquence, ledit pré a été nominativement vendu audit sieur Boudet, comme national; que l'erreur qui aurait eu lieu en ce qui concerne l'origine de ce pré, n'aurait pas eu l'effet de rendre la vente illégale, mais seulement de donner ouverture à un recours en indemnité, ainsi que l'a décidé le conseil de préfecture;

Notre Conseil d'état entendu,

Nous avons ordonné et ordonnons ce qui suit:

Art. 1er. La requête dudit sieur Alexandre Charles de Bougrenet de la Tocnaye est rejetée.

3. Notre ministre secrétaire d'état des finances est chargé de l'exécution de la présente ordonnance.

Ordonnance du 3 décembre 1817. (2842)

N°. 140.

1°. CHEMIN.—Fossé.—Préfet.—Compétence.
2°. Justice ministérielle.—Pourvoi.

1°. *Un préfet est compétent pour ordonner le rétablissement d'un puchot creusé entre un chemin et une rivière.*

2°. *Les pourvois contre les décisions des préfets doivent être portés devant le ministre avant d'être soumis au Conseil d'état.*

(Les sieurs Lebreton.)

Les sieurs Lebreton, frères, sont propriétaires de trois moulins contigus, situés sur la rivière de Cailly, près la grande route de Rouen au Havre.

Ces moulins sont desservis par un chemin qui aboutit à la grande route, et qui confronte d'un côté avec ladite rivière de Cailly, et de l'autre avec différens propriétaires.

Il s'était élevé des contestations entre les sieurs Lebreton et les autres particuliers dont les propriétés bordent le chemin dont s'agit, au sujet de différentes plantations et constructions que ces derniers y avaient faites.

Par arrêt de la Cour royale de Rouen, en date du 30 mai 1814, il fut ordonné que ces plantations et constructions seraient supprimées, « attendu, est-il dit dans » un des considérans, que les parties n'ont qu'un droit » commun sur ce chemin pour accéder à leurs héritages; » que dès-lors, ni l'une ni l'autre n'ont droit d'y faire » des plantations et des constructions quelconques qui » puissent en gêner l'exercice. »

Un sieur Cuit, l'une des parties condamnées par cet arrêt, après l'avoir exécuté, creusa dans ce même chemin, au bord de la rivière, un puchot ou espèce de puisard.

Ce puchot gênait le cours de la rivière, rétrécissait et détériorait le chemin.

D'après l'arrêt de la Cour de Rouen, les frères Lebreton se crurent autorisés à combler ce puchot.

Alors le maire de la commune dressa procès-verbal de ce fait, prétendant que ce puchot existait anciennement et était utile aux habitans de cette commune.

Ce procès-verbal fut transmis à M. le préfet de la Seine-Inférieure, qui, après avoir entendu les observations des sieurs Lebreton, prit un arrêté par lequel il ordonna que les sieurs Lebreton seraient tenus de faire recreuser le puchot en question.

C'est cet arrêté que les sieurs Lebreton ont soumis à la censure du Conseil d'état.

Ils ont dit que l'autorité administrative n'était pas compétente pour juger la contestation; que sans remonter aux anciens titres, il résultait de l'arrêt de la Cour de Rouen, que le chemin dont il s'agit est un chemin privé; que dès-lors les réclamations de la commune devaient être portées devant les tribunaux.

Pour la commune, on a soutenu que le préfet était compétent, attendu qu'il s'agissait d'une contestation en matière de voirie; qu'au surplus, le pourvoi était non recevable, attendu que c'était au ministre, et non pas au Conseil d'état, qu'il appartenait de réformer les décisions des préfets, et que ce sont les décisions des ministres seulement qui peuvent être soumises à la censure du Conseil d'état.

Sur ce est intervenue l'ordonnance suivante :

LOUIS, etc. — Sur le rapport du comité du contentieux;

Vu la requête à nous présentée au nom des sieurs Lebreton, enregistrée au secrétariat du comité du contentieux de notre Conseil d'état, le 17 juin 1817, et tendante à l'annullation d'un arrêté du préfet du département de la Seine-Inférieure, du 4 mars 1817, qui a ordonné le rétablissement d'un puchot creusé dans le talus de la rivière de Cailly, le long de la chaussée des moulins Saint-Georges;

Vu ledit arrêté;

Vu le plan des lieux;

L'arrêté de notre Cour royale de Rouen, en date du 30 mai 1814;

La lettre de notre ministre secrétaire d'état de l'intérieur, en date du 4 septembre 1817, et les mémoires et pièces qui y sont annexés;

Ensemble toutes les pièces jointes au dossier;

Considérant, dans l'espèce, que le préfet était compétent, et que les arrêtés des préfets pris dans les bornes de leurs attributions, doivent être soumis préalablement au ministre que la matière concerne;

Notre Conseil d'état entendu,

Nous avons ordonné et ordonnons ce qui suit :

Art. 1er. La requête des sieurs Lebreton est rejetée, sauf à se pourvoir, si bon leur semble, contre l'arrêté du préfet de la Seine-Inférieure, du 4 mars 1817, devant notre ministre secrétaire d'état de l'intérieur.

2. Notre ministre secrétaire d'état de l'intérieur est chargé de l'exécution de la présente ordonnance.

Ordonnance du 3 décembre 1817. (2827)

N°. 141.

ALIGNEMENT. — OPPOSITION — CONSEIL DE PRÉFECTURE. — JUSTICE MINISTÉRIELLE. — INDEMNITÉ.

D'après l'art. 52 de la loi du 16 septembre 1807, les alignemens pour l'ouverture des nouvelles rues dans les villes doivent être données conformément au plan dont les projets auront été arrêtés sur le rapport du ministre de l'intérieur. — Le ministre seul peut statuer sur les réclamations des tiers intéressés contre les projets d'ouvertures nouvelles; les conseils de préfecture sont incompétens pour faire droit à ces oppositions.

Quid, *Pour l'indemnité prétendue par les propriétaires lésés; est-ce encore au ministre, n'est ce pas au conseil de préfecture que le propriétaire lésé doit porter sa demande?*

(Les sieurs Bouriat et consorts — C. — les sieurs Parent et consorts.)

Le 5 thermidor an 4, la maison conventuelle de Sainte-Marie située à Paris rue du Bac, fut adjugée par l'administration des domaines au sieur Heuzet.

Une des conditions du cahier des charges fut que le sieur Heuzet serait tenu de souffrir sur sa propriété l'ouverture de deux rues dont la direction fut déterminée.

Le sieur Heuzet aliéna en plusieurs lots, la propriété qu'il venait d'acquérir.

Quelques-uns des nouveaux propriétaires, les sieurs Parent, Delaunai, Duval-Closal et Delsatte s'adressèrent au préfet du département de la Seine demandant que les rues projetées fussent ouvertes; ils soutenaient que l'intérêt public et leur intérêt particulier était intéressé à l'exécution de ce projet.

Le préfet du département de la Seine ordonna en effet l'ouverture des deux rues.

Mais sa décision ayant été notifiée à tous les propriétaires de l'ancien couvent de Sainte-Marie, certains d'entr'eux et notamment les sieurs Bouriat, Lenfant, Pothier et Gautier, y forment opposition.

La contestation portée devant le conseil de préfecture, le 22 juillet 1816, est intervenu un arrêté qui condamne les sieurs Bouriat et consorts à fournir sans indemnité le terrain nécessaire pour l'ouverture des rues projetées.

Les sieurs Bouriat et consort se sont pourvus contre cet arrêté, qu'ils ont soutenu être injuste au fond; mais ils ont en outre soutenu que le conseil de préfecture était incompétent pour statuer sur une contestation de cette nature; et que par la raison qu'au ministre de l'intérieur seul, appartenait le droit d'arrêter les projets d'alignement pour l'ouverture de nouvelles rues, c'était aussi au même ministre à statuer sur les réclamations des tiers intéressés contre les projets d'ouvertures nouvelles.

Sur ce est intervenue l'ordonnance dont la teneur suit:

LOUIS; etc., — Sur le rapport du comité du contentieux;

Vu les requêtes introductive et ampliative, présentées et déposées au secrétariat du comité du contentieux de notre Conseil d'état les 14 septembre et 19 novembre 1816, au nom des sieurs Bouriat, Lenfant, Pothier, Gautier et autres, propriétaires de terrains provenant de l'ancien couvent de la visitation de Sainte-Marie, situé à Paris, rue du Bac; lesdites requêtes tendantes à ce qu'il nous plaise annuller un arrêté du conseil de préfecture du département de la Seine, du 22 juillet précédent, relatif à l'ouverture de deux rues sur lesdits terrains, et en conséquence, déclarer les sieurs Parent, Delsatte et autres propriétaires de terrains provenant de la même origine, non-recevables dans leur demande à l'effet d'obtenir l'ouverture desdites rues, et les condamner aux dépens;

Les observations du Conseiller d'état préfet du département de la Seine, du 5 février 1817, sur lesdites requêtes;

Le mémoire en réponse présenté le 11 août suivant au nom des sieurs Lenfant, Van-Clamputte, Pothier, Franconville et autres co-propriétaires, au nombre de huit, de l'ancien domaine de la visitation de Sainte-Marie;

La requête en intervention présentée le 13 octobre 1817, au nom des sieurs Parent, Delaunai, Duval-Closal, et Delsatte, et tendante à ce que le pourvoi des sieurs Lenfant et consorts soit rejeté; à ce que l'arrêté susdit du conseil de préfecture du département de la Seine, du 22 juillet 1816, soit exécuté, et à ce que lesdits sieurs Lenfant et consorts soient condamnés aux dépens;

L'acte de délivrance et de mise en possession, en date du 5 thermidor an 4, consenti par les membres du bureau du domaine national du département de la Seine, au profit du sieur Antoine-Louis-François Heuzet, de la maison conventuelle des ci-devant religieuses de la visitation de Sainte-Marie, sise à Paris, rue du Bac, ledit acte imposant l'obligation audit sieur Heuzet, de fournir dans toute l'étendue du domaine par lui acquis, et sans indemnité, les emplacemens nécessaires pour l'ouverture de deux rues, l'une, dans la direction de la rue du Bac jusqu'à la rue de Bourgogne, et l'autre sur le prolongement de la rue de Poitiers, d'abord provisoirement jusqu'à la rue de Grenelle, et ensuite jusqu'à celle de Babylone;

L'arrêté du préfet du département de la Seine, du 14 décembre 1814, qui ordonne que le plan définitivement arrêté des rues à ouvrir sur le terrain de l'ancienne maison conventuelle de la visitation Sainte-Marie, sera communiqué aux propriétaires riverains desdites rues, que le terrain nécessaire pour l'ouverture de l'une desdites rues de la rue Saint-Dominique à la rue de Grenelle sera fourni sous quinzaine, et que les propriétaires riverains seront tenus de le clore d'après l'alignement qui leur sera donné;

Le procès-verbal dressé en exécution du susdit arrêté, par le maire du dixième arrondissement de la ville de Paris, lequel constate l'opposition des propriétaires riverains y dénommés à l'ouverture desdites rues, et leur réserve de se pourvoir devant qui il appartiendra;

L'arrêté en date du 30 mai 1815, pris par le préfet alors en fonctions, qui ordonne de nouveau la formation d'une rue dans le terrain dont il s'agit, du nord au sud, jusqu'au jardin du dépôt des plans des fortifications;

L'arrêté du conseil de préfecture du département de la Seine, qui ordonne la communication au sieur Franconville, pour y defendre, d'un rapport remis audit conseil, sur la contestation élevée entre l'administration et les propriétaires de terrains dépendans de l'ancien couvent de la Visitation de Sainte-Marie, relativement à l'ouverture de deux rues nouvelles;

L'arrêté du même conseil de préfecture, en date du 22 juin 1816, attaqué par les sieurs Lenfant et consorts, lequel décide que, sans s'arrêter à leurs oppositions, il sera procédé à l'ouverture et formation des deux rues tracées, au plan approuvé par notre ministre secrétaire d'état de l'intérieur, le 5 décembre 1814; savoir, immédiatement pour la rue traversant de la rue de Grenelle à la rue Saint-Dominique, en s'arrêtant aux murs de face du dépôt des fortifications, et seulement par mesure de voirie, par la rue traversant de la rue du Bac à la rue de Belle-Chasse, sauf l'indemnité due à ceux seulement des propriétaires sur le terrain desquels lesdites rues doivent passer, qui n'ont pas acquis sous la condition de fournir l'emplacement desdites rues;

Considérant que, d'après l'article 52 de la loi du 16 septembre 1807, les alignemens pour l'ouverture des nouvelles rues dans les villes, doivent être donnés conformément au plan dont les projets auront été arrêtés sur le rapport du ministre de l'intérieur, et qu'il ne paraît pas que jusqu'à présent il ait été arrêté dans cette forme aucun plan pour l'ouverture des deux rues dont il s'agit ;

Considérant que, d'après le même article de ladite loi du 16 septembre 1807, en cas de réclamation de tiers-intéressés contre les projets d'ouverture de nouvelles rues, il doit y être statué sur le rapport du ministre de l'intérieur ; qu'en conséquence, le conseil de préfecture du département de la Seine était incompétent pour prononcer sur les oppositions formées à l'ouverture des deux rues dont il s'agit ;

Notre Conseil d'état entendu ;

Nous avons ordonné et ordonnons ce qui suit :

Art. 1er. L'arrêté susdit du conseil de préfecture du département de la Seine, du 22 juin 1816, est annullé pour cause d'incompétence.

2. Les oppositions formées à l'ouverture des deux rues dont il s'agit, seront déférées par le préfet du département de la Seine, à notre ministre secrétaire d'état de l'intérieur, pour, sur le rapport de notredit ministre, être statué par nous, ainsi qu'il appartiendra, tant sur les projets de plan d'ouverture desdites rues, s'il y a lieu, que sur lesdites oppositions.

3. Les dépens sont compensés.

4. Notre ministre secrétaire d'état de l'intérieur est chargé de l'exécution de la présente ordonnance.

Ordonnance du 3 décembre 1817. (2824)

No. 142.

SURSIS. — Arbres.

Le pourvoi au conseil d'état contre une décision de conseil de préfecture qui ordonne d'arracher des arbres plantés par un propriétaire sur un terrain litigieux entre lui et l'administration, est de nature à ce que le sursis provisoire soit ordonné.

(Le sieur Barbier-Dufay.)

LOUIS, etc.; — Sur le rapport de notre comité du contentieux ;

Vu la requête à nous présentée au nom du sieur Guillaume-Michel Barbier-Dufay, officier supérieur, chevalier des ordres de Saint-Louis et de la Légion-d'honneur, demeurant à Paris ; ladite requête enregistrée au secrétariat du comité du contentieux de notre Conseil d'état, le 25 octobre 1817, et tendante à ce qu'il nous plaise casser, révoquer et annuller un arrêté du conseil de préfecture du département de l'Oise, du 3 juillet 1817, qui le condamne à arracher des arbres par lui plantés en dehors du parc du château d'Houdainville, le long des murs qui l'entourent ;

Ce faisant, remettre les parties au même et semblable état qu'elles étaient avant ledit arrêté ;

Statuant sur le fond, maintenir l'exposant dans la propriété du terrain sur lequel existent les arbres qu'il a fait planter ;

Condamner aux dommages qui pourraient être occasionnés par l'exécution du susdit arrêté, et ordonner la restitution de toutes sommes qui pourraient être exigées, avec dépens ;

Comme aussi, et jusqu'à ce qu'il ait été par nous statué définitivement sur le présent recours, ordonner provisoirement qu'il sera sursis à l'exécution de l'arrêté du susdit jour 3 juillet 1817 ;

Vu ledit arrêté portant que les arbres dont il s'agit seront enlevés dans le délai d'un mois, à dater du 1er. novembre 1817 ; que les trous seront comblés et les lieux rétablis dans l'état où ils étaient avant cette plantation ; qu'à défaut d'exécution dans ledit délai, le maire y mettra des ouvriers aux frais dudit sieur Barbier, et que leur salaire, après avoir été réglé sur mémoire taxé et rendu exécutoire par le préfet, sera recouvré par les mêmes voies que les contributions directes ;

Vu l'article 3 du réglement du 22 juillet 1806 ;

Considérant que la présente contestation ne peut être réglée au fond, avant l'expiration du délai fixé par l'arrêté du 3 juillet 1817 ;

Considérant qu'il n'y a pas péril en la demeure, et que le déplacement des arbres, si l'arrêté du conseil de préfecture, du 3 juillet 1817, n'était pas confirmé, aurait causé un dommage irréparable ;

Notre Conseil d'état entendu,

Nous avons ordonné et ordonnons ce qui suit :

Art. 1er. Il est sursis à l'exécution de l'arrêté du conseil de préfecture du département de l'Oise, du 3 juillet 1817, jusqu'à ce qu'il ait été par nous statué définitivement sur le recours présenté par le sieur Barbier-Dufay, contre ledit arrêté.

3. Notre ministre secrétaire d'état de l'intérieur est chargé de l'exécution de la présente ordonnance.

Ordonnance du 3 décembre 1817. (2839)

No. 143.

DOMAINES ENGAGÉS. — Bois de l'État. — Soumission.

La loi du 11 pluviose an 12, qui, modifiant celle du 14 ventose an 7, permettait, par son article 10, l'aliénation des terrains engagés, *quoique placés à moins de 715 mètres des forêts nationales, ne doit s'entendre que des* terrains vains et vagues *et non des* terrains plantés d'arbres.

(Le sieur Roncy.—C.—l'administration des domaines.)

En vertu d'un acte d'engagement consenti en 1604, par le roi Henry IV, Charles-Emmanuel d'Hautefort possédait différentes parties de bois situées dans les départemens de l'Aisne et de l'Oise.

A l'époque de la loi du 11 pluviose an 12, le sieur de Roncy était détenteur de trois pièces de bois, dépendantes de ladite concession.

Il faut savoir que la loi du 14 ventose an 7, par les art. 13, 14 et 15, accordait aux engagistes le droit de devenir propriétaires incommutables des domaines qu'ils possédaient, en faisant soumission de payer le quart de l'estimation qui en serait faite, mais l'art. 15 faisait une exception à cette règle générale dans le second paragraphe; il portait :

« Le présent article, ainsi que le 13e. et le 14e., ne » s'appliquent point aux concessions de forêts *au-dessus de cent cinquante hectares*, *ni de terrains enclavés dans les forêts nationales*, *ou à 715 mètres d'icelles*, sur lesquelles il sera définitivement statué » par une résolution particulière. »

Les bois possédés par le sieur de Roncy n'étaient pas d'une étendue de 150 hectares.

La loi du 11 pluviose an 12 portait : « article 10. A » l'égard des aliénations ou engagemens de terrains enclavés dans la forêt dont il s'agit, ou en étant distant de moins de 715 mètres, le sursis porté par la » dernière partie de l'art. 15 de la loi du 14 ventose » an 7 est révoqué, et les autres dispositions de la » même loi leur seront appliquées. »

En cet état de choses, le sieur de Roncy crut pouvoir devenir propriétaire des bois dont il était détenteur, et il fit une soumission dans ce sens, en observant d'ailleurs les délais et les formes prescrits par l'art. 1er. de la loi du 11 pluviose.

Des experts furent nommés, et le ministre des finances demanda aux autorités locales les renseignemens, pour savoir si les biens étaient susceptibles d'être aliénés, tant à raison de leur étendue qu'à raison de la distance où ils se trouvaient des forêts nationales.

Le 17 septembre, les agens forestiers constatèrent, par procès-verbal, que les bois engagés, et qui se trouvaient entre les mains du sieur de Roncy, tenaient immédiatement à d'autres bois du domaine et n'étaient qu'à la distance de 296 mètres d'une masse de bois nationaux de 750 hectares.

Sur ce, intervint, le 10 juin 1811, l'arrêté du conseil de préfecture du département de l'Aisne, conçu en ces termes :

« Considérant que la loi du 11 pluviose an 12, en prescrivant un mode pour rentrer dans les bois engagés et échangés, a levé pour ces bois, et sans restriction, le sursis prononcé par la dernière partie de l'art. 15 de celle du 14 ventose an 7 ;

» Que la preuve de cette opinion se tire et de son silence sur les bois au-dessus de 150 hectares, compris dans cet article 15, et de son article 10, relatif seulement aux terrains enclavés, ou à moins de 715 mètres des forêts nationales ;

» Que cet article 10 devenait nécessaire pour fixer le sort des terrains non plantés et réservés par la loi de l'an 7 ;

» Qu'on ne peut le supposer applicable aux terrains plantés, parce que les articles précédens, ayant déjà prononcé sur eux sous leur dénomination distincte de bois, il eut fallu une disposition particulière pour les replacer dans la classe générale des terrains ;

» Que l'avis du Conseil d'état, approuvé le 12 floréal an 13, n'a fait que consacrer le principe que la faveur accordée aux engagistes et échangistes, par la loi du 14 ventose an 7, avait toujours été applicable aux bois de moins de 150 hectares, et distant de 715 mètres des forêts nationales;

» Qu'il ne pouvait être invoqué par le sieur de Roncy, que dans le cas où les bois réuniraient les deux conditions;

» Que le contraire résulte de l'avis du conservateur du 26e. arrondissement ; »

» Le conseil de préfecture,

» Arrête, que les bois soumissionnés par le sieur de Roncy ne sont point aliénables, et le renvoie à se pourvoir en liquidation. »

Sur la réclamation du sieur de Roncy, le ministre des finances rendit une décision le 23 novembre 1812, portant que l'arrêté du conseil de préfecture serait exécuté selon sa forme et teneur.

Le sieur de Roncy s'est pourvu, tant contre cette décision que contre l'arrêté du conseil de préfecture.

Il a soutenu que ces bois, étant au-dessous de la contenance de 150 hectares, pouvaient être aliénés, bien qu'ils fussent à une distance moindre de 715 mètres des forêts nationales, parce que la permission d'aliéner était donnée par l'art. 10 de la loi du 11 pluviose an 12, qui, par le mot générique *terrain*, avait entendu permettre l'aliénation, tant des terrains vagues et incultes, que des terrains plantés d'arbres, et que la prohibition d'aliéner ne subsistait plus, d'après les deux lois du 14 ventose an 7 et 11 pluviose an 12, que relativement aux grandes masses de forêts, d'une étendue au-dessus de 150 hectares.

En effet, a-t-il dit, il ne peut exister un doute sur la manière d'entendre cet article 10 de la loi du 11 pluviose an 12, lorsqu'un avis du Conseil d'état, en date du 3 floréal an 13, approuvé le 12 dudit mois, intervenu peu de temps après la publication de cette loi, à une époque où le Conseil d'état était encore tout pénétré de l'esprit dans lequel elle avait été rendue, a reconnu dans la question sur laquelle porte cet avis, que les engagistes des bois au-dessous de 150 hectares, sont, d'après la loi du 11 pluviose an 12, qui a révoqué le sursis porté par celle du 14 ventose an 7, admis à se faire déclarer propriétaires incommutables de l'objet engagé. Donc, plus d'équivoque sur l'interprétation du mot terrain, puisqu'il n'y a qu'à l'égard des terrains que le sursis est levé; donc, il est constant, que par ce mot terrain, la loi de pluviose an 12 a entendu aussi bien les terrains en nature de bois que ceux vains et vagues. En vain opposerait-on les lois sur les domaines nationaux, qui ont déclaré inaliénables toutes les forêts au-dessus de 150 hectares, ainsi que les terrains enclavés dans les forêts, ou qui en seraient à moins de 715 mètres ; il ne s'agit point ici d'une soumission faite par un particulier qui n'aurait aucuns droits dans les biens qu'il soumissionne, mais d'un engagiste pour des biens qu'il possède ; à ce titre on ne peut et on ne doit prendre pour base que les lois sur les domaines engagés. Celles du 14 ventose an 7 et du 11 pluviose an 12 sont des lois d'exception.

On a répondu, pour l'administration des domaines :

L'article 12 de la loi du 1er. décembre 1790 a excepté de toute aliénation les grandes masses de bois.

Par l'article 7 de la loi du 28 ventose an 4, on réserve également *les bois et forêts au-dessus de trois cents arpens.*

On lit dans la loi, en forme d'instruction du 6 floréal même année : « Les bois au-dessous de trois cents arpens doivent être à la distance de plus de mille toises des forêts, pour ne pas être censés en faire partie. »

En ordonnant la vente de tous les domaines nationaux, l'article 8 de la loi du 16 brumaire an 5, encore actuellement en vigueur, *fait exception des forêts nationales et bois réservés par les lois rendues à ce sujet.*

Ainsi l'intention du législateur a été de tout temps manifestée pour la conservation des bois dans la main du gouvernement ; et ce qui a été exprimé pour les aliénations proprement dites, s'applique aux contrats de maintenue des engagistes, qui sont de véritables aliénations, si l'on considère que l'engagement était révocable et révoqué en effet.

Aussi la loi du 14 ventose an 7, dont les articles 2 et suivans prononcent cette révocation, n'autorise pas les contrats de maintenue pour les bois engagés hors des limites fixées par les lois précédentes. Après avoir énoncé, dans les articles 13, 14 et 15, les déclaration et soumission à faire par les engagistes, susceptibles d'être maintenus, ce dernier article se termine ainsi :

« Le présent article, ainsi que le treizième et le quatorzième ne s'appliquent point aux concessions de forêts au-dessus de cent cinquante hectares, ni de terrains enclavés dans les forêts nationales ou à sept cent quinze mètres d'icelles, sur lesquelles il sera définitivement statué par une résolution particulière. »

Ce qui prouve que le sieur de Roncy considérait les bois dont il était détenteur, comme compris dans cette réserve de statuer, c'est qu'il ne fit ni la déclaration ni la soumission prescrites aux engagistes par les articles 13 et 14 de la loi du 14 ventose an 7, et ne demanda point à être déclaré propriétaire incommutable, moyennant le paiement du quart de la valeur.

C'est seulement depuis la loi du 11 pluviose an 12, qu'il fit des démarches à cet effet.

Mais il est dans une grande erreur s'il pense que cette dernière loi lui ait conféré des droits plus étendus que celle du 14 ventose an 7, pour devenir propriétaire.

Il suffit de recourir au rapport fait par M. de Fermon, le 30 nivose an 12, en présentant le projet de loi, et à la discussion qui eut lieu entre MM. Siméon et de Fermon, à la séance du corps législatif du 11 pluviose suivant, où le projet fut adopté, pour être certain que la loi a eu uniquement en vue de réunir, dans la main du souverain, tous les bois engagés, sur lesquels la loi du 15 ventose an 7 avait remis à prononcer, et d'assurer seulement une indemnité aux engagistes.

La loi de l'an 7 avait pourvu à l'aliénation des bois inaliénables : la loi de l'an 12 réunit au domaine les bois inaliénables, moyennant indemnité.

On chercherait vainement dans le texte de cette dernière loi une seule disposition qui autorise l'aliénation ou la maintenue des engagistes dans aucune portion quelconque de bois, et tout l'ensemble de la loi s'y refuse évidemment.

Ce serait donc bien en vain que le réclamant voudrait appliquer à des *bois* l'expression *terrains* employée dans l'article 10, ainsi conçu :

» A l'égard des aliénations ou engagemens, accensemens sans aliénations et sous inféodations de *terrains* enclavés dans les forêts dont il s'agit, ou en étant distans de moins de sept cent quinze mètres, le sursis, porté par la dernière partie de l'article 15 de la loi du 14 ventose an 7 est révoqué, et les autres dispositions de la même loi leur seront appliquées. »

Un texte aussi clair, et si bien en rapport avec les autres parties de la loi, n'a pas besoin d'explications. C'est uniquement pour les *terrains* que la nouvelle loi révoque le sursis porté dans l'article 15 de celle de l'an 7. La réserve subsiste, d'après cette loi comme d'après toutes celles antérieures, pour les bois dont l'étendue ou la situation détermine la réunion au domaine, en prohibant leur aliénation ou la maintenue des engagistes.

Ainsi le conseil de préfecture n'a pas créé une distinction : il a suivi celle établie entre les bois et les terrains.

Par les mots terrains *enclavés dans les forêts*, le législateur n'a pu entendre que des terrains vagues ou cultivés, mais *non plantés en nature de bois* ; car, dans ce dernier cas, ils feraient partie de la forêt et ne seraient plus aliénables.

Il est à remarquer que la réserve encore subsistante, insérée dans l'article 15 de la loi du 14 ventose an 7, pour les bois placés à proximité des forêts nationales, se trouvait déjà dans la loi en forme d'instruction du 6 floréal an 4, constamment suivie jusqu'à ce jour. C'est l'intention constante du gouvernement, justifiée par les motifs les plus puissans.

A l'égard de l'avis du Conseil d'état, approuvé le 12 floréal an 13, et dont le réclamant a prétendu se prévaloir, il est manifeste que le but n'a pas été de détruire l'effet des lois des 14 ventose an 7 et 11 pluviose an 12. Cet avis ne s'applique qu'aux bois qui réunissent les deux conditions, d'être au-dessous de cent cinquante hectares et à sept cent quinze mètres des forêts nationales; et ces bois isolés et d'une faible étendue étaient aliénables d'après l'article 15 de la loi de l'an 7, puisque la réserve y insérée ne les concernait pas. Le Conseil d'état a eu en vue de concilier les dispositions de la loi du 14 ventose an 7, avec celles des lois antérieures sur le mode d'évaluation des bois; et sa décision ne pourrait être favorable au sieur de Roncy que dans la supposition où les bois dont il s'agit réuniraient les deux conditions ci-dessus mentionnées.

Mais les propriétés contestées, quoique chacune d'elles ait une étendue moindre de cent cinquante hectares, étant entièrement plantées en bois, et se trouvant à moins de sept cent quinze mètres des forêts nationales, le conseil de préfecture et le ministre des finances ont bien jugé en refusant d'accorder à l'engagiste le contrat de maintenue qu'il sollicitait.

Pendant l'instance est intervenue la dame Huet, comme tutrice du mineur d'Hautefort, soutenant que le sieur de Roncy n'était pas véritable propriétaire des bois dont il était en possession, et que ces bois devaient être rendus au mineur d'Hautefort.

Sur ce est intervenue l'ordonnance dont la teneur suit :

LOUIS, etc.; — Sur le rapport du comité du contentieux;

Vu la requête présentée par le sieur Claude-Joseph de Roncy, enregistrée au secrétariat du Conseil d'état, le 1er. mars 1813, et tendante à l'annullation d'un arrêté du conseil de préfecture du département de l'Aisne, et d'une décision approbative du ministre des finances, en date des 10 juin 1811 et 13 novembre 1812, lesquels ont déclaré que la loi du 11 pluviose an 12 ne pouvait donner au requérant la faculté de devenir propriétaire incommutable de trois parties de bois, très rapprochées d'une grande masse de forêts, et dont il est détenteur à titre d'engagement;

Vu lesdits arrêté et décision;

Vu la requête en réponse de l'administration de l'enregistrement et des domaines, enregistrée au secrétariat du comité du contentieux de notre Conseil d'état, le 5 avril 1817;

Vu la requête en intervention de la dame veuve Huet, au nom et comme tutrice du mineur d'Hautefort, enregistrée au secrétariat du Conseil d'état, le 29 avril 1815;

Vu une seconde requête du sieur de Roncy, enregistrée au secrétariat du comité de notre Conseil d'état, le 20 novembre 1817;

Ensemble toutes les pièces jointes au dossier;

Considérant, dans l'espèce, que les bois soumissionnés par le sieur de Roncy, à titre d'engagement, se trouvant placés à une distance moindre de 715 mètres des forêts domaniales, n'étaient point aliénables, aux termes de l'art. 10 de la loi du 11 pluviose an 12;

Qu'ainsi la soumission du sieur de Roncy a été valablement rejetée par lesdits arrêté et décision;

Mais, considérant néanmoins que la loi du 11 pluviose an 12 ayant été, en ce qui concerne les biens engagés, rapportés par l'art. 116 de la loi de finances, du 28 avril 1816, ne fait plus présentement obstacle à ce que le sieur de Roncy profite des dispositions de cette dernière loi, et à ce que la dame Huet, partie intervenante, suive devant les tribunaux les actions qu'elle prétend avoir le droit d'exercer au nom et comme tutrice du mineur d'Hautefort, sur les bois soumissionnés par le sieur de Roncy;

Notre Conseil d'état entendu;

Nous avons ordonné et ordonnons ce qui suit :

Art. 1er. L'arrêté du conseil de préfecture du département de l'Aisne, en date du 10 juin 1811, et la décision approbative du ministre des finances, du 13 novembre 1813, sont confirmés.

Néanmoins lesdits arrêté et décision ne font point obstacle à ce que le sieur de Roncy suive, relativement aux bois dont il est détenteur à titre d'engagement, les effets des dispositions nouvelles introduites par l'art. 116 de la loi de finances du 28 avril 1816.

2. La dame Huet est renvoyée à se pourvoir devant les tribunaux, pour y prononcer entre elle et le sieur de Roncy, sur la propriété des bois soumissionnés.

3. Le sieur de Roncy est condamné aux dépens envers l'administration des domaines.

4. Les dépens de l'intervention, en ce qui concerne la dame Huet et le sieur de Roncy, seront supportés par celle des deux parties qui succombera devant les tribunaux.

5. Notre ministre secrétaire d'état des finances est chargé de l'exécution de la présente ordonnance.

Ordonnance du 3 décembre 1817. (2816.)

No. 144.

ADJUDICATION. — Exécution. — Servitude.

Un adjudicataire des remparts d'une ville à qui son adjudication impose la charge de laisser la liberté des vues et portes, et d'établir un passage à voiture; s'il lui arrive de porter atteinte à cette servitude de passage et à la jouissance des vues et portes, doit être traduit devant les tribunaux ordinaires et non devant la justice administrative, s'agissant d'exécution et non d'interprétation du titre administratif.

(Homette. — C. — Roger.)

Le 14 février 1810, le sieur Roger se rendit adjudicataire des remparts de la ville de Louviers, devant l'administration du département de l'Eure.

L'acte d'adjudication porte (*comme charge particu-*

lière), « Que l'adjudicataire sera tenu de laisser aux » propriétaires desdites maisons, contigues aux rem- » parts, la liberté des vues et portes, telles qu'elles » sont actuellement, et d'un passage à voiture, de trois » mètres, le long desdites maisons, etc.;

» Et pour éviter toute discussion à l'avenir, l'acqué- » reur sera tenu de constater par procès-verbal, con- » tradictoire et à ses frais, l'état des vues, portes, et » du passage à donner le long desdites maisons. »

Ce procès-verbal fut dressé le 1er. août suivant, contradictoirement avec M. le maire de Louviers.

Par suite de son adjudication, le sieur Roger a fait diverses innovations.

Le sieur Homette, propriétaire d'une maison sur ces boulevards, se plaignit de ce que par ces innovations il se trouvait privé de l'usage d'une porte qui donne sur les boulevards.

Il porta d'abord sa demande devant le tribunal civil de Louviers, qui rendit le jugement suivant, le 17 juillet 1816 :

« Considérant que le procès-verbal d'adjudication, obligeant le sieur Roger à laisser aux propriétaires des maisons un passage de trois mètres pour voitures, paraît lui avoir imposé une condition impraticable, si l'on rapproche le procès-verbal de M. le maire, du 1er. août 1810, des dispositions dudit procès-verbal d'adjudication; vu que du côté du quai des Lavandières, c'était par un escalier en pierre, haut de dix à douze pieds au moins, qu'on parvenait au rempart, ou qu'on descendait du côté de la rue Saint-Jean, par un côté très-rapide et inaccessible aux voitures; vu que cet état des lieux a dû jeter de l'obscurité sur la clause dudit acte d'adjudication, contenant l'obligation du passage à voitures, le tribunal, avant autrement faire droit, ordonne que les sieurs Roger et Homette se retireront devant l'autorité administrative, à l'effet de faire par elle interpréter ladite clause concernant le passage. »

En exécution de ce jugement, les parties se sont adressées au conseil de préfecture du département de l'Eure.

Le 23 janvier 1817 est intervenu l'arrêté suivant :

« Vu la clause de l'adjudication, et considérant que le sieur Roger a apporté des changemens à l'état des lieux, en faisant déformer ce même chemin pour sa commodité, et que, conséquemment, les plaintes du sieur Homette sont fondées, le conseil de préfecture arrête : Le sieur Roger est tenu de se conformer aux clauses insérées au cahier des charges de son adjudication, et de rétablir les choses dans leur état primitif. Renvoie au surplus devant les tribunaux, dans le cas où le sieur Homette ou tous autres seraient troublés dans la jouissance des jours et du passage réservés. »

C'est contre cet arrêté que s'est pourvu le sieur Roger.

Dans son intérêt on a dit :

Le tribunal saisi de la question de savoir si des terres enlevées devaient être rapportées et un mur réédifié, aperçoit qu'il faut préalablement décider une question préjudicielle qui consiste à savoir si le passage devait être établi ou non sur le rempart. Il renvoie donc avant faire droit à la préfecture, pour qu'elle *interprète* l'acte émané d'elle, c'est-à-dire pour qu'elle décide, si par l'acte d'adjudication, il avait été entendu que le chemin serait réservé sur la terrasse enlevée. Le conseil de préfecture était compétent sur ce point; mais là s'arrêtait ses pouvoirs, la question de savoir si le passage devait être rétabli comme le prétendait Homette, n'était plus qu'un point d'intérêt particulier soumis par le demandeur au jugement du tribunal, et que le tribunal avait retenu, en ne rendant qu'une décision préparatoire. Maintenant, et par l'effet de l'arrêté du conseil de préfecture, le tribunal n'a plus rien à juger, tout est terminé; et les juges civils, que les sentences préparatoires et interlocutoires ne lient jamais, qui peuvent revenir sur ces décisions, n'ont plus ce pouvoir dans l'espèce.

En un mot, le conseil de préfecture devait se borner à *interpréter*, et il a jugé en ce sens. Il a donc excédé ses pouvoirs, et sa décision doit être réformée.

Pour le sieur Homette on a répondu :

La question qu'il faut décider s'agite entre deux particuliers : elle est d'intérêt privé.

Mais elle naît d'une vente de biens nationaux. Il s'agit d'une condition imposée par le contrat à l'adjudicataire. Il y a du doute sur la manière dont cette condition doit être remplie : il faut donc que l'administration qui a vendu, s'explique sur la nature et l'étendue de l'obligation qu'elle a voulu imposer.

Les conseils de préfecture ont seuls l'attribution de donner ces sortes d'explications.

S'il était besoin de se reporter à des titres antérieurs aux contrats de vente, et d'y rechercher les droits ou les obligations d'un acquéreur de biens nationaux, on contesterait avec raison la compétence de cette autorité, encore bien qu'il existât un contrat de vente nationale.

Mais, lorsque le sort de l'acquéreur est réglé uniquement par l'acte administratif, et qu'il ne s'agit que d'interpréter cet acte, d'en fixer le sens, d'en déterminer l'application et l'étendue, enfin, d'y puiser les moyens de décider, les conseils de préfecture sont incontestablement compétens pour donner cette interprétation, à l'exclusion des tribunaux.

C'est en cet état qu'est intervenue l'ordonnance suivante :

LOUIS, etc.; — Sur le rapport du comité du contentieux;

Vu la requête à nous présentée au nom du sieur Etienne Roger, enregistrée au secrétariat du comité du contentieux de notre Conseil d'Etat, le 7 mars 1817, et tendant à l'annullation d'un arrêté du conseil de préfecture du département de l'Eure, du 23 janvier 1817, qui lui ordonne de rétablir dans son état primitif une portion des remparts de la ville de Louviers, dont il s'est rendu adjudicataire, à la charge de laisser la liberté des vues et portes, et de donner un passage à voiture de trois mètres le long des maisons;

Vu ledit arrêté;

Vu la requête en réponse du sieur Homette, enregistrée au secrétariat dudit comité du contentieux, le 5 mai 1817;

Vu le plan des lieux;

Ensemble, toutes les pièces jointes au dossier;

Considérant que le procès-verbal d'adjudication du 14 février 1810, en permettant à l'acquéreur de démolir le rempart aliéné, lui imposait en même temps l'obligation de laisser aux propriétaires des maisons contiguës audit rempart, la liberté des vues et portes, et de donner un passage à voiture le long desdites maisons;

Qu'il résulte de ces dispositions, que l'acquéreur avait la faculté de démolir le rempart, et de l'applanir au niveau de la rue Saint-Jean et du quai des Lavandières;

Mais que s'il s'élève des difficultés entre les sieurs Homette et Royer, relativement au mode et à l'exercice de la servitude de passage, et à la jouissance des vues et portes, c'est aux tribunaux à en connaître;

Notre Conseil d'Etat entendu;

Nous avons ordonné et ordonnons ce qui suit:

Art. 1er. L'arrêté du conseil de préfecture du département de l'Eure, du 23 janvier 1817, est annullé; en conséquence, il est déclaré que le sieur Roger a pu, aux termes de son adjudication, démolir le rempart et l'applanir sans préjudice de l'action que les parties peuvent, si bon leur semble, porter devant les tribunaux, relativement à l'exercice de la servitude de passage, et à la jouissance des vues et des portes réservées par ledit contrat du 14 février 1810, en faveur des propriétaires de maisons contiguës audit rempart.

2. Le sieur Homette est condamné aux dépens.

3. Notre ministre secrétaire d'état de l'intérieur est chargé de l'exécution de la présente ordonnance.

Ordonnance du 3 décembre 1817. (2825.)

N°. 145.

MISE EN JUGEMENT. — Arrestation arbitraire. — Place publique. — Maire.

Le maire d'une commune est autorisé à réprimer toute dégradation ou entreprise sur une promenade publique, surtout lorsqu'il y a en faveur de la commune, jugement qui la maintient en possession.

Le particulier auteur de la voie de fait, peut même être arrêté et livré à la justice pour raison de cette dégradation.

Le maire auteur de cette arrestation ne doit point pour cela, être mis en jugement comme auteur d'une arrestation arbitraire.

(Le sieur Billon.)

LOUIS, etc. — Sur le rapport du comité du contentieux;

Vu la plainte portée le 13 juillet 1817, par le sieur Billon, cultivateur, demeurant commune de Gisors arrondissement des Andelys, département de l'Eure, contre les sieurs Fourmont de Bois-Préaux et Potin de la Mairie, maire et adjont de ladite commune, pour fait de détention arbitraire et d'arrestation illégale, commis sur sa personne le 31 mai 1817.

Vu la lettre de notre ministre secrétaire d'état de l'intérieur, et les pièces de la procédure commencée, à ce sujet, devant le juge d'instruction près le tribunal civil de première instance, séant aux Andelys.

Considérant que le maire de la ville de Gisors, a dû faire usage de son autorité pour réprimer l'entreprise du sieur Billon, sur un terrain faisant partie des promenades publiques;

Que le plaignant ne pouvait prétexter cause d'ignorance, puisque le 30 mai précédent, il avait été condamné par sentence du juge de paix, à délaisser le terrain par lui usurpé et déclaré appartenir à la ville;

Que le refus de sa part d'obtempérer à l'ordre du maire, à lui signifié par l'adjoint à la mairie, et sa persévérance à continuer des travaux qui tendaient essentiellement à détériorer la promenade de la ville, motivaient suffisamment l'arrestation du sieur Billon et sa traduction, dans les 24 heures, devant notre procureur près le tribunal civil de première instance, séant aux Andelys;

Attendu qu'il n'y a pas eu excès de pouvoir;

Notre Conseil d'état entendu,

Nous avons ordonné et ordonnons ce qui suit.

Art. 1er. Il n'y a pas lieu de continuer les poursuites commencées contre les sieurs Fourmont de Bois-Préaux et Potin de la Mairie, maire et adjoint de la ville de Gisors, département de l'Eure, pour raison des faits qui leur sont imputés dans la plainte rendue le 13 juillet 1817, par le sieur Billon.

2. Notre garde des sceaux, ministre secrétaire d'état de la justice et notre ministre secrétaire d'état de l'intérieur, sont chargés chacun en ce qui le concerne, de l'exécution de la présente ordonnance.

Ordonnance du 10 décembre 1817. (2813)

N°. 146.

AFFOUAGE. — Maire. — Administration d'économie.

Il n'appartient pas à l'autorité administrative, mais bien à l'autorité judiciaire, de statuer sur un droit d'affouage réclamé par un particulier qui se plaint d'avoir été privé, par le maire, du lot de bois qui devait lui revenir, et qui réclame une indemnité contre lui. La qualité de maire ne change pas la compétence, seulement elle nécessite une autorisation préalable du gouvernement avant d'intenter des poursuites contre lui.

Ainsi, un maire de commune, réglant l'affouage et distribuant à chaque communiste son lot de bois, ne fait pas un acte d'autorité administrative, il fait un acte d'économie communale, comme tuteur de la commune.

(Le sieur Haby. — C. — le sieur Hurth.)

Le sieur Hurth, entrepreneur de la façon de la coupe d'affouage des communes de Soulhmatt, Westhalten et Ossenbach, département du Haut-Rhin, était obligé à délivrer aux habitans de ces trois communes les portions à eux revenant, sur des billets de leurs maires.

Le sieur Wagner, alors maire de la commune d'Ossenbach, ayant donné deux billets pour le même lot, le sieur Haby, porteur de l'un de ces billets, ne put obtenir la délivrance de son lot, attendu que déjà le porteur de l'autre billet s'était présenté et l'avait enlevé.

Le sieur Haby cita le sieur Hurth devant le juge de paix du canton de Rouffach.

Le sieur Hurth demanda la mise en cause du maire; mais sa demande fut rejetée par jugement du 17 mars 1817, sur le motif qu'étant préposé à la garde de la coupe, il devait empêcher que les individus qui n'y avaient point de droit en enlevassent la moindre partie, et il fut condamné à payer le prix du lot réclamé.

Le sieur Hurth se soumit à ce jugement; mais il fit, à son tour, citer le maire de la commune d'Ossenbach devant le juge de paix, qui, par un second jugement en date du 14 mars 1817, considérant que la demande de Hurth avait pour objet un fait relatif à l'administration du maire agissant en cette qualité, le renvoya à se pourvoir devant qui de droit.

Le sieur Hurth recourut au préfet, qui, par arrêté du 1er. septembre 1817, éleva le conflit d'attribution sur le jugement rendu le 7 mars, par le motif que le sieur Hurth ne pouvait, dans l'espèce, agir que sous l'autorité du maire; que dès-lors c'était à tort qu'on l'avait traduit en justice; que c'était le maire qui, en disposant deux fois du même lot, avait été cause que l'un des habitans s'était trouvé privé de sa portion, et qu'ainsi c'était ce fonctionnaire qui devait en répondre, et non le sieur Hurth qui n'avait point à vérifier ni à contrôler les opérations du maire.

En cet état, la cause portée devant le Conseil d'état, il a été rendu l'ordonnance dont la teneur suit :

LOUIS, etc.... ; — Sur le rapport du comité du contentieux ;

Vu l'arrêté du préfet du département du Haut-Rhin, du 1er. septembre 1817, par lequel il déclare élever le conflit d'attribution sur le jugement rendu le 7 mars précédent par le juge de paix du canton de Rouffach, entre Georges Haby, demeurant à Obermorschwihes, et Jacques Hurth, demeurant à Ossenbach, en ce que ledit jugement condamne ledit Hurth à fournir audit Haby, en nature ou en argent, la portion affouagère qu'il revendique ; ledit arrêté portant, en outre, qu'il y a lieu d'autoriser ledit Georges Haby à poursuivre le sieur Louis Wagner, ancien maire de Soultzmach, en revendication de ladite portion affouagère ;

Vu ledit jugement du 7 mars 1817 ;

Autre jugement du même juge de paix, du 14 dudit mois de mars, portant renvoi à se pourvoir devant les juges compétens sur la demande en garantie formée par ledit Jacques Hurth contre ledit sieur Louis Wagner, en sa qualité d'ancien maire, à raison de la condamnation prononcée contre ledit Hurth par ledit jugement du 7 mars dernier ;

Le rapport de notre garde des sceaux ministre secrétaire d'état de la justice ;

Considérant qu'il n'appartient pas à l'autorité administrative de statuer sur le droit de Georges Haby au lot de bois par lui revendiqué, ni sur l'indemnité résultant de ce que ce lot ne lui a pas été délivré ; qu'en conséquence, le conflit a été mal élevé ;

Considérant que, dans l'espèce, la qualité de maire du sieur Wagner ne peut pas changer la compétence ; que seulement, aux termes de l'article 75 de la loi du 22 frimaire an 8, ledit sieur Wagner ne peut être poursuivi qu'en vertu de notre autorisation ; qu'en conséquence, le juge de paix du canton de Rouffach n'a pas été fondé à se déclarer incompétent par son jugement du 14 mars dernier ;

Notre Conseil d'état entendu,

Nous avons ordonné et ordonnons ce qui suit :

Art. 1er. L'arrêté susdit du préfet du département du Haut-Rhin, du 1er. septembre 1817, est annullé.

2. Le jugement susdit du juge de paix du canton de Rouffach, du 14 mars 1817, sera considéré comme non avenu.

3. Le sieur Hurth est autorisé à poursuivre en garantie le sieur Wagner.

4. Notre garde des sceaux ministre secrétaire d'état de la justice et notre ministre secrétaire d'état de l'intérieur sont chargés chacun en ce qui le concerne, de l'exécution de la présente ordonnance.

Ordonnance du 10 décembre 1817. (2814.)

N°. 147.

INTERPRÉTATION. — Justice ministérielle. — Prise maritime. — Saisie.

Les décisions de la justice ministérielle doivent, dans le doute, être entendues dans le sens que comporte l'attribution du ministre; ainsi, le ministre de la marine ayant maintenu comme légale une saisie faite sur des sommes dues à un équipage pour raison de part de prise, il faut entendre que le ministre, dans ses actes administratifs, réputera la saisie valable et maintenue, tant que la partie intéressée n'aura pas fait annuller la saisie par les tribunaux compétens.

(Drouet.—C.—les Administrateurs de la marine de Hambourg.)

Le sieur Drouet s'était porté caution du sieur Savoie, armateur, pour les corsaires la *Juliana* et la *Perpetua*.

En 1813, les administrateurs de la marine de Hambourg, à défaut de paiement par le sieur Savoie de la somme de 70,317 francs 21 cent., à laquelle avaient été liquidés les droits des équipages des corsaires, poursuivirent Drouet, et firent contre lui saisie-arrêt entre les mains du payeur principal de la marine, sur la somme de 5,938 francs 66 centimes qui lui était due par le gouvernement.

Un jugement *par défaut* rendu contre Drouet, déclara la saisie valable.

Dans l'ignorance de ce jugement, Drouet s'adressa au ministre de la marine pour obtenir la main-levée de la saisie; il prétendit que son cautionnement ne s'étendait qu'aux dommages de mer, et non pas à la garantie des droits des équipages; et que ce n'était que long temps après qu'il eût cautionné Savoie, que les instructions ministérielles exigèrent que les cautionnemens s'étendissent aux droits des équipages. D'où il tirait la conséquence que ces instructions ne lui étaient point applicables.

Le ministre rendit, au mois de février 1815, la décision suivante :

« J'ai reçu, monsieur, votre mémoire du 13 du mois dernier, par lequel vous exposez que sur les 18,148 fr. 47 cent. que l'administration de la marine à Dunkerque avait à vous remettre, il ne vous a été compté que 12,209 fr. 81 cent.; ce qui donne une différence de 5,938 fr. 66 cent.

» Vous pensez que l'administration de la marine a mal à-propos appliqué cette retenue au paiement des sommes dues aux équipages des corsaires la *Juliana* et la *Perpetua*, puisque votre acte de cautionnement, en faveur du sieur Savoie, ne s'étendait point, *comme je l'ai reconnu moi même*, aux obligations de l'armateur vis-à vis des équipages et de la caisse des Invalides.

» Je viens de recevoir de Dunkerque les renseignemens que j'avais demandés d'après votre premier mémoire.

» M. le commissaire général de la marine à Dunkerque me transmet la copie littérale de l'acte du 20 décembre 1813, signé de vous et des sieurs Castel fils et Joseph Castel, vos associés.

» Vous y reconnaissez que la saisie-arrêt mise par l'administration de Hambourg sur votre portion d'intérêt dans les armemens des corsaires l'*Etoile-du-Nord* et l'*Heureux-Henri*, est bien et dûment faite, attendu votre qualité de caution des droits des équipages de la *Juliana* et la *Perpetua*, et vous autorisez l'administration à l'appliquer aux droits desdits équipages.

» Ce n'est donc point en vertu de votre acte de cautionnement, *mais bien en vertu de l'acte spécial du 20 décembre* 1813, que la retenue des 5938 fr. 66 cent. a été appliquée aux droits des équipages des corsaires la *Juliana* et la *Perpetua*, dont ce dernier acte vous déclare caution. Je ne dois pas vous dissimuler combien je suis surpris qu'après *avoir souscrit* une déclaration aussi formelle, vous ayez nié les obligations que vous aviez contractées. Certes, si j'avais eu connaissance de l'acte du 20 décembre 1813, avant votre première réclamation, j'aurais maintenu dans la caisse des prises à Dunkerque, non-seulement la somme que vous réclamez aujourd'hui, mais encore celle de 12,209 francs 81 centimes qui vous a été mal-à-propos remise.

» L'acte du 20 décembre 1813, *signé de vous*, répond lui-même aux objections que vous faites pour en atténuer les conséquences, et je ne puis qu'approuver le séquestre de la somme retenue à Dunkerque en exécution de cet acte.

» Je vous salue : le ministre secrétaire d'état du département de la marine et des colonies.

« *Signé* le Vicomte Dubouchage. »

C'est contre cette décision que le sieur Drouet s'est pourvu devant le Conseil d'état.

Il a dit que, dès-lors que le ministre avait reconnu que le cautionnement ne s'étendait pas aux obligations de l'armateur, relatives aux droits des équipages, il avait dû nécessairement ordonner la main-levée de la saisie, et n'avait pas pu la maintenir sur le fondement de l'acte du 20 décembre 1813, car cet acte était une transaction entre particuliers, qu'il appartenait aux tribunaux seuls d'apprécier, et non pas au ministre.

Sur ce est intervenue l'ordonnance suivante :

LOUIS, etc.; — Sur le rapport du comité du contentieux,

Vu les requêtes à nous présentées au nom du sieur Alexandre-Marie Drouet, demeurant à Paris, déposées au secrétariat du comité du contentieux de notre Conseil d'état, les 24 mai et 7 novembre 1817, et par lesquelles il conclut à l'annullation d'une décision de notre ministre secrétaire d'état de la marine et des colonies, rendue dans le mois de février précédent; et, en conséquence, à ce qu'il soit ordonné que remise sera faite audit sieur Drouet de la somme de 5938 francs 66 centimes qui lui a été retenue par le payeur principal de la marine à Dunkerque ;

Les observations de notre ministre secrétaire d'état de la marine et des colonies, en date du 20 octobre 1817, lesquelles tendent à faire maintenir, comme légale, la saisie faite à Hambourg, en vertu d'un jugement du tribunal de première instance séant en cette ville, en date du 1er. mars 1813, de la somme de 5938 fr. 66 c., dont l'abandon a été fait depuis, soit par le sieur Drouet, soit par ses associés, par acte du 20 décembre suivant; et, en outre, à faire déclarer le sieur Drouet garant et responsable des sommes dues par le sieur Savoie aux équipages de ses corsaires la *Perpetua* et la *Juliana*;

Le jugement susdit du tribunal de première instance séant à Hambourg, lequel, statuant par défaut contre ledit sieur Drouet, le condamne, en qualité de caution du sieur Savoie, celui-ci armateur du corsaire la *Juliana*, à payer au sous-inspecteur de l'arrondissement maritime de Hambourg, poursuivant les droits des équipages dudit corsaire, les sommes de 51,171 fr. 21 cent., et de 18,846 francs, et déclare bonnes et valables les saisies-arrêts formées, au préjudice dudit sieur Drouet, entre les mains du payeur principal et du sieur Drouet-Castel fils et compagnie, et du sieur Castel fils, et autorise ledit sous-inspecteur à se faire remettre et délivrer les deniers saisis jusqu'à due concurrence;

La signification dudit jugement, en date du 12 août 1813;

L'acte, en date à Hambourg du 20 décembre 1813, signé Drouet-Castel père et fils et compagnie, et Joseph Castel, par lequel lesdits sieurs déclarent légales les saisies faites entre leurs mains et celles du payeur principal de la marine, sur les intérêts du sieur Drouet, leur associé, de deux sommes, l'une de 1467 francs 12 centimes, l'autre de 4471 francs 54 centimes, pour garantir ce qui est dû aux équipages des corsaires la *Perpetua* et la *Juliana*; et, en conséquence, consentent à ce que l'administration de la marine répartisse lesdites sommes, ainsi qu'elle l'entendra, entre les équipages desdits corsaires;

L'acte de société passé sous signatures privées à Hambourg, le 10 août 1811, entre les sieurs Drouet-Castel père et fils, et autres y dénommés;

Les lettres dudit sieur Drouet au ministre de la marine, des 31 août et 20 décembre 1813;

La lettre de notre ministre secrétaire d'état de la marine et des colonies, du mois de février dernier, sans date de jour, audit sieur Drouet, laquelle contient approbation du séquestre de ladite somme de 5938 francs 66 centimes, retenue à Dunkerque, en exécution, est-il dit, de l'acte susdit du 20 décembre 1813;

Ensemble toutes les autres pièces produites;

Considérant que le jugement du tribunal de première instance à Hambourg, du 1er. mars 1813, a condamné le sieur Drouet, en qualité de caution du sieur Savoie, au paiement des sommes dues par ledit sieur Savoie aux équipages du corsaire la *Juliana*, et a déclaré bonnes et valables les saisies faites, à la charge dudit sieur Drouet dans l'intérêt desdits équipages, dans les mains du payeur principal de la marine; que la lettre du ministre de la marine et des colonies, nonobstant les motifs qui y sont énoncés, n'a pu avoir pour objet que d'approuver la retenue faite par la caisse des prises à Dunkerque, de la somme de 5938 francs 66 centimes dont il s'agit, jusqu'à ce qu'il ait été statué à cet égard par les tribunaux ordinaires, seuls compétens pour connaître des contestations relatives à ladite retenue;

Notre Conseil d'état entendu,

Nous avons ordonné et ordonnons ce qui suit:

Art. 1er. Les requêtes du sieur Drouet sont rejetées, sauf à lui à se pourvoir où et ainsi qu'il avisera.

2. Notre ministre secrétaire d'etat de la marine et des colonies est chargé de l'exécution de la présente ordonnance.

Ordonnance du 10 décembre 1817. (2810).

N°. 148.

1°. IMPUTATION. — Décompte. — Liquidation.
2°. DEMANDE NOUVELLE. — Exceptions. — Conseil d'état.

1°. *Un acquéreur national qui a payé une somme à compte d'une acquisition à laquelle il a renoncé, s'il fait une autre acquisition nationale, ne peut exiger que la somme comptée par lui sur la première acquisition soit imputée sur la seconde, s'il n'obtient préalablement une liquidation en la forme établie.*

2°. *Les demandes nouvelles ne sont pas plus recevables au Conseil d'état que devant les tribunaux.*

(Le sieur Riollay. — C. — l'Administration des domaines.)

Le 3 février 1791, M. Leprêtre de Chateaugiron se rendit adjudicataire, devant le district de Vannes, de trois métairies situées dans cette commune.

Le 2 mars suivant il se rendit aussi adjudicataire de plusieurs autres immeubles divisés en cinq lots;

Et le 24 mai, il paya 5000 fr. à-compte sur le prix de cette dernière acquisition.

Postérieurement, il rétroceda à la nation trois des lots qu'il avait acquis le 2 mars, en se réservant de faire valoir ce qu'il avait payé pour ces lots sur les autres biens qui lui avaient été adjugés.

Au moyen de cette imputation et de quelques autres paiemens qu'il avait faits, le sieur Leprêtre n'était plus débiteur envers la nation pour les biens qui lui restaient entre les mains, que d'une somme de 21,304 liv. 3 s.

Cette somme a été exactement payée par différens

particuliers qui ont été successivement subrogés aux lieu et place du sieur Leprêtre.

Au moyen de ces paiemens, ils croyaient être à l'abri de toute recherche; cependant l'administration des domaines a prétendu que la somme de 5,000 fr., payée par le sieur Leprêtre de Chateaugiron, sur l'acquisition du 2 mars 1791, à laquelle il avait renoncé en partie, ne pouvait être transportée sur une autre acquisition qu'après une liquidation préalable, ce qui n'a pas été fait :

En conséquence, elle a fixé le débet en principal et intérêts à une somme de 11,768 fr. 20 c., et elle a décerné une contrainte de cette somme contre le sieur de Parcieux, dernier détenteur de ces biens.

Alors le sieur de Riollay, tuteur des représentans du sieur Leprêtre, a pris le fait et cause du sieur de Parcieux, et s'est adressé au préfet du Morbihan, pour demander l'annullation de la contrainte décernée par la régie des domaines.

Par un arrêté, en date du 20 avril 1813, cet administrateur a approuvé le décompte de la régie, et en a ordonné le paiement entre les mains du receveur des domaines à Vannes.

Pourvoi devant le ministre des finances pour faire annuller cet arrêté.

13 novembre 1813, décision du ministre qui confirme.

C'est contre cet arrêté et cette décision que se sont pourvus les représentans du sieur Leprêtre de Chateaugiron.

Au soutien de leur pourvoi, on a dit :

Que leur auteur avait pu régulièrement donner en paiement de l'adjudication du 3 février 1791, les 5000 liv. employés d'abord sur les biens compris dans celle du 2 mars suivant, et dont une partie a a été rétrocédée au domaine, parce que, à l'époque du 18 juillet 1793, où l'imputation a eu lieu, tout acquéreur de domaines nationaux était admis à donner en paiement le prix de ceux qu'il rendait au gouvernement, et que le receveur le comprenait dans sa quittance, comme l'a fait le receveur de Vannes, pour ce qui concerne le sieur de Chateaugiron; que l'adjudicataire, avec lequel cette imputation se faisait de bonne foi, ne pouvait raisonnablement exiger du receveur d'autre garantie que sa quittance, et que le sieur de Chateaugiron, porteur d'une quittance de cette espèce, a dû y avoir une confiance entière; que, ne pouvant plus se pourvoir aujourd'hui en liquidation, d'après l'article 12 de la loi du 15 janvier 1810, il serait injuste de leur faire perdre 5000 livres payées sur des biens qui ne sont plus en leur possession, et que l'Etat a revendus.

On a dit, en second lieu, que, d'après l'article 4 du décret du 22 octobre 1808, les intérêts ont dû cesser de courir le 3 octobre 1808, époque où le décompte a été réglé, au lieu de continuer à être liquidés jusqu'au 4 juillet 1812, jour de l'arrêté définitif.

Enfin, on a fait valoir un troisième moyen qui n'avait été présenté ni devant le préfet, ni devant le ministre, et on a soutenu que, d'après l'article 2 du même décret, le décompte était fautif en ce qu'il comprenait les intérêts des intérêts.

L'administration a persisté à soutenir que l'imputation des 5000 f. était inadmissible, attendu qu'il n'y avait pas eu de liquidation et de déclaration préalables, conformément aux lois en vigueur à cette époque; que, dès-lors, la totalité du prix des immeubles conservés n'ayant pas été payée, le reliquat pouvait être exigé ainsi que les intérêts du reliquat, jusqu'au paiement définitif.

Qu'au surplus, les représentans du sieur Leprêtre de Chateaugiron étaient non-recevables à opposer leur dernier moyen relatif aux intérêts des intérêts, attendu qu'ils ne l'avaient fait valoir, ni devant le préfet, ni devant le ministre.

Sur ce est intervenue l'ordonnance suivante :

Louis, etc.; — Sur le rapport du comité du contentieux;

Vu la requête à nous présentée par le sieur Pierre Riollet, avocat, au nom et comme tuteur de François-Alexandre Souville et René Hyppolite Descourt, tous deux mineurs, légataires universels du sieur René-Joseph Leprêtre de Chateaugiron, quant à la nue propriété de la portion disponible; et par dame Françoise-Alexandrine-Ursule de Castagny, au nom et comme légataire universelle en usufruit du sieur de Chateaugiron, aussi quant à la propriété disponible;

Ladite requête enregistrée au secrétariat du comité du contentieux de notre Conseil d'état le 22 août 1814, et concluant à l'annullation d'un arrêté du préfet du département du Morbihan, en date du 20 avril 1813, et d'une décision du ministre des finances, en date du 13 novembre même année, lesquels ont approuvé un décompte dressé par l'administration des domaines, pour raison d'une acquisition faite le 3 février 1791, par le sieur Leprêtre de Chateaugiron, de trois métairies dites Métairies de Plaisance et Saint-Paterne, commune de Vannes;

Vu le décompte, l'arrêté et la décision attaqués;

Vu la requête en défense pour l'administration des domaines, enregistrée au secrétariat du comité du contentieux de notre Conseil d'état, le 25 février 1815, et concluant à ce que les susdits décompte, arrêté et décision soient exécutés selon leur forme et teneur, et les réclamans condamnés aux dépens;

Vu toutes les pièces respectivement produites par les parties;

Vu les lois des 6 juillet et 27 août 1792;

Vu le décret du 22 octobre 1808, concernant les décomptes;

Considérant que l'imputation d'une somme de 5000

francs, payée par le sieur de Chateaugiron sur une acquisition par lui faite le 2 mars 1791, à laquelle il a en partie renoncé, ne pouvait être transportée sur une autre acquisition, qu'après une liquidation précédée de formalités prescrites par les lois, lesquelles formalités n'ont pas été remplies ;

Considérant, quant au calcul des intérêts, qu'un décompte n'est définitif que lorsqu'il a été arrêté par l'administration des domaines et signifié à la partie, ce qui lui donne une date certaine ;

Considérant, sur le surplus des demandes des requérans, qu'il résulte de l'arrêté et de la décision attaqués que ces demandes n'ont été portées, en première instance, ni devant le préfet, ni devant le ministre des finances, et qu'ainsi lesdits requérans ne sont pas recevables à les produire par voie d'appel ;

Notre conseil d'état entendu,

Nous avons ordonné et ordonnons ce qui suit :

Art. 1er. La requête du sieur Pierre Riollay et de la dame Françoise-Alexandrine-Ursule de Castagny, est rejetée.

2. Les sieur Riollay et dame de Castagny, ès-noms qu'ils agissent, sont condamnés aux dépens.

3. Notre ministre secrétaire d'état des finances est chargé de l'exécution de la présente ordonnance.

Ordonnance du 10 décembre 1817. (2806)

N°. 149.

CHEMIN. — Servitude.

La question de savoir si un droit de passage exercé sur un terrain au moyen d'un chemin qui y touche, est supprimé ou altéré par le transport du chemin dans un autre endroit, par l'autorité administrative, est une question du ressort des tribunaux ordinaires, et non du ressort de la justice administrative.

(Le sieur Guérin.—C.—le sieur Delabrosse.)

En exécution d'un arrêté du préfet du département de la Loire-Inférieure, le maire de la commune de Sainte-Pazanne et le sieur Delabrosse firent, le 26 septembre 1816, un traité par lequel ce dernier s'obligea à mettre en bon état divers chemins et à en ouvrir un nouveau.

Pour indemniser le sieur Delabrosse, on lui abandonna un chemin qui se trouvait le long de sa propriété, et qu'allait remplacer celui qu'il s'engageait à ouvrir.

Le sieur Delabrosse exécuta ce traité, et réunit à sa propriété, par des fossés, le chemin à lui cédé.

Le sieur Guérin, propriétaire d'un marais enclavé dans la propriété du sieur Delabrosse, sur laquelle il avait droit de passage, se plaignit de ce que les fossés qu'avait fait faire le sieur Delabrosse, l'empêchaient d'user de son droit ; il le fit en conséquence citer devant le juge de paix du canton de Pellerin, pour qu'il eût à combler lesdits fossés.

Le sieur Delabrosse ne contesta point au sieur Guérin son droit de servitude ; mais il représenta qu'ayant été autorisé, par le pouvoir administratif, à réunir l'ancien chemin à son domaine, le sieur Guérin ne devait plus y passer, et qu'il devait traverser celui qu'on venait d'ouvrir, et qui aboutissait, comme l'ancien, à sa propriété.

Le juge de paix, sur le motif que la contestation était relative à la propriété d'un droit de passage, et qu'une telle question était du ressort des tribunaux, se déclara compétent par jugement du 15 juillet 1815, et condamna le sieur Delabrosse à combler les fossés par lui ouverts, et aux dépens.

Mais, sur la réclamation du sieur Delabrosse, le préfet de la Loire-Inférieure éleva le conflit par arrêté du 18 septembre 1817, sur le motif que le jugement du juge de paix ne pouvait être regardé comme applicable au droit de servitude réclamé par le sieur Guérin sur la propriété du sieur Delabrosse, puisque celui-ci avait positivement reconnu ce droit, et déclaré n'avoir aucune intention de le contester ;

Que si la concession faite au sieur Delabrosse pouvait porter atteinte aux droits du sieur Guérin, il devait porter sa réclamation devant l'administration contre une mesure purement administrative.

Tel est l'arrêté de conflit sur lequel il a été statué par l'ordonnance dont la teneur suit :

LOUIS, etc. — Sur le rapport du comité du contentieux ;

Vu l'arrêté du préfet du département de la Loire-Inférieure, du 18 septembre 1817, par lequel il revendique, comme étant du ressort de l'autorité administrative, la contestation portée à la justice de paix du canton de Pellerin, arrondissement de Paimbeuf, sur une question de servitude élevée par le sieur Guérin, à l'occasion de l'interception d'un chemin sur le territoire de la commune de Sainte Pazanne ;

Vu le jugement du 15 juillet 1817, par lequel le juge de paix du canton de Pellerin condamne le sieur Delabrosse à combler les fossés par lui ouverts pour intercepter ledit chemin dont la propriété lui avait été conférée par un arrêté du préfet, du 21 septembre 1816, en dédommagement du terrain cédé par ledit sieur Delabrosse, pour l'emplacement d'un nouveau chemin qu'il a fait construire à ses frais ;

Vu le rapport de notre garde des sceaux, du 4 novembre 1817 ;

Vu les autres pièces produites ;

Considérant qu'il s'agit, dans l'espèce, d'une question de servitude dont la connaissance appartient aux tribunaux ;

Notre Conseil d'état entendu,

Nous avons ordonné et ordonnons ce qui suit :

Art. 1er. L'arrêté de conflit, pris le 18 septembre 1817, par le préfet du département de la Loire-Inférieure, est annullé.

2. Notre garde des sceaux ministre secrétaire d'état de la justice et notre ministre secrétaire d'état de l'intérieur sont chargés, chacun en ce qui le concerne, de l'exécution de la présente ordonnance.

Ordonnance du 10 décembre 1817. (2815)

No. 150.

EXPROPRIATION POUR CAUSE D'UTILITÉ PUBLIQUE. — INDEMNITÉ. — PÉPINIÈRE. — AQUEDUC. — COMMUNE.

Un pépiniériste dont la pépinière est endommagée par suite du passage de l'aqueduc de ceinture pratiqué par la ville de Paris, a droit à une indemnité équivalente au dommage, aux termes de la loi du 16 septembre 1807. Cette indemnité est fixée contradictoirement par des experts, et arrêtée par le conseil de préfecture, sauf recours au Conseil d'Etat.

En règle générale, est-il vrai que l'utilité d'une commune soit utilité publique, dans le sens de la loi du 16 septembre 1817, ou bien l'assimilation n'a-t-elle lieu que lorsqu'elle a été établie spécialement par une loi, comme dans l'espèce où l'aqueduc se trouve une suite de la construction du canal de l'Ourcq, ordonnée par la loi du 29 floréal an 10?

(Le sieur Tollard.—C.—la ville de Paris.)

En 1808, le sieur Tollard aîné fut exproprié d'une partie de sa pépinière, pour l'exécution des travaux de l'aqueduc de ceinture construit autour de Paris, par suite de la construction du canal de l'Ourcq.

Par deux expertises successives, l'indemnité qu'il avait droit de réclamer fut fixée à la somme de 72,373 fr. 60 cent.

Mais le 12 août 1812, le conseil de préfecture du département de la Seine rendit un arrêté, par lequel il fixa seulement à 12,000 francs l'idemnité due au sieur Tollard.

Celui-ci s'est pourvu contre cet arrêté.

Il a soutenu que la décision des experts aurait dû être adoptée purement et simplement par le conseil de préfecture; qu'en supposant même que ce conseil eût le droit de déterminer lui-même le montant de l'indemnité, il n'aurait pu le faire que tout autant qu'au moment de sa décision les choses auraient été encore en état; mais que les travaux ayant été commencés avant la décision, il n'avait plus été possible d'évaluer le dommage par l'inspection des lieux, et que dès-lors le rapport des experts devait être adopté sans examen.

Le préfet du département de la Seine a répondu, au nom de la ville de Paris, que les rapports d'experts ne devaient pas être adoptés purement et simplement par les conseils de préfectures, qu'ils n'étaient que des moyens fournis pour éclairer la conscience des juges, qui par conséquent étaient libres de les adopter avec les modifications qu'ils jugeaient convenables;

Qu'il était vrai que l'indemnité aurait dû être fixée avant que les terrains eussent été pris; mais que de ce que l'administration était en faute à cet égard, il ne résultait pas que le sieur Tollard eût le droit d'élever ses prétentions à des sommes exorbitantes, et que dès que la décision du conseil était fondée sur les renseignemens pris avec toute la prudence nécessaire, et sur l'évidence des faits, elle était à l'abri de toute critique.

Sur ce est intervenue l'ordonnance dont la teneur suit :

LOUIS, etc; — Sur le rapport du comité du contentieux;

Vu les requêtes à nous présentées au nom du sieur Tollard, botaniste pépiniériste, contre le préfet du département de la Seine, stipulant pour la commune de Paris; lesdites requêtes enregistrées au secrétariat du comité du contentieux de notre Conseil d'état, les 3 juillet 1816, 12 avril, 15 juillet, 2 septembre et 31 octobre 1817, et concluant à l'annullation d'un arrêté du conseil de préfecture du département de la Seine, en date du 12 août 1812, lequel a fixé à la somme de 12,000 francs, avec les intérêts, à compter du jour de l'interruption de jouissance, l'indemnité due au sieur Tollard, pour raison des torts, pertes, préjudices et privations quelconques à lui occasionnés par le passage de l'aqueduc de ceinture construit au nord de Paris, dans les terrains par lui tenus de la dame Guyot, et cultivés en pépinière en l'année 1808, époque de l'entreprise des travaux sus-mentionnés; lesdites requêtes concluant, en outre, à ce qu'il nous plaise fixer ladite indemnité à une somme totale de 116,373 f. 70 cent.;

Vu les mémoires et observations du préfet du département de la Seine, en réponse aux requêtes du sieur Tollard; lesdits mémoires et observations enregistrés au secrétariat du comité du contentieux de notre Conseil d'état, les 24 février et 26 août 1817, et concluant au maintien des dispositions de l'arrêté attaqué du conseil de préfecture, et au rejet pur et simple du pourvoi du sieur Tollard;

Vu ledit arrêté du conseil de préfecture, ensemble les deux procès-verbaux d'expertise qui y sont visés; le premier, en date du 22 juillet 1808; et le second, en date du 25 janvier 1810;

Vu plusieurs catalogues de plantes, arbres et arbustes, contenant l'indication des prix de ces divers objets dans les pépinières de Paris, des environs et de divers autres lieux;

Vu toutes les pièces jointes au dossier de cette contestation;

Vu la loi du 29 floréal an 10, qui a ordonné la construction du canal de l'Ourcq ;

Vu la loi du 16 septembre 1807, concernant les expropriations pour cause d'utilité publique, et notamment les art. 49, 56 et 57 ;

Vu le décret du 18 août 1810, inséré au bulletin des lois ;

Considérant que les plantes qui sont dénommées dans le premier procès-verbal d'expertise de l'année 1808, comme existant dans la portion bouleversée de la pépinière du sieur Tollard, avaient péri par le fait de l'administration, avant que la seconde expertise fût ordonnée ; qu'ainsi il y a nécessité de regarder le nombre de ces plantes comme irrévocablement fixé par la première expertise, et que par conséquent, au lieu de réduire le nombre, comme l'a fait le conseil de préfecture, d'après les calculs auxquels il s'est livré, il faut admettre qu'il existait dans ladite portion de pépinière 108,000 plantes ou pieds en semis d'un arbre dit *sophora japonica*, et environ 136,125 pieds de diverses autres plantes ;

Considérant, à l'égard du prix des semis de *sophora*, que les experts l'ont porté à 50 fr. le cent ; mais que, d'après de nombreux renseignemens sur la valeur qu'avait réellement cet objet en l'année 1808, le conseil de préfecture en a réduit le prix à 4 francs le cent ; que les motifs de cette réduction sont équitables ; et qu'ainsi, pour les 108,000 *sophora* ci-dessus mentionnes, il y a lieu d'allouer au sieur Tollard une indemnité de 4320 francs ;

Considérant, à l'égard du prix des autres plantes, que les rapports d'experts l'ont porté à une somme de 22,773 francs 70 centimes, et que le conseil de préfecture l'a réduit à 800 francs, proportionnellement à la réduction opérée par ce conseil, tant sur le nombre que sur le prix des *sophora* ; mais que l'estimation des experts ne présente pas la même exagération de prix à l'égard des diverses plantes ; qu'ainsi la même réduction ne peut leur être appliquée ; que cependant les rapports d'experts contiennent un grand nombre d'appréciations partielles, faites sur de certains objets communs ; que toutes les plantes ci dessus mentionnées étant payées en bloc par l'administration, l'allocation de l'indemnité peut être assimilée à une vente en gros, susceptible d'une forte diminution sur le prix de chacun des objets qui en font partie ; que sur plus de 9500 plantes en pots ou en caisse, le sieur Tollard a pu, s'il l'a voulu, transporter hors de l'enceinte des travaux, un grand nombre des objets les plus chers, et par-là les soustraire à la destruction ; que, par ces motifs et comparaison faite des prix énoncés dans les rapports d'experts avec ceux qu'indiquent les catalogues de plusieurs pépiniéristes, il est équitable de réduire à moitié le prix porté dans l'estimation des experts, et par conséquent d'allouer au sieur Tollard, pour les plantes autres que le *sophora*, une somme de 11,386 fr. 85 c. ;

Considérant, quant au surplus des réclamations du sieur Tollard, qu'à la vérité il ne produit pas de traité passé entre l'administration et lui, relativement à une indemnité qu'il réclame pour privation d'eau, mais que l'administration et l'arrêté du conseil de préfecture reconnaissent qu'il a éprouvé d'autres dommages que la perte des plantes mentionnées ci-dessus, et qu'il y a lieu de lui allouer pour tous ces dommages accessoires une indemnité de 4000 fr. ;

Notre Conseil d'état entendu,

Nous avons ordonné et ordonnons ce qui suit :

Art. 1er. L'arrêté attaqué du conseil de préfecture est annullé.

2. L'indemnité totale due au sieur Tollard, à raison du passage de l'aqueduc de ceinture dans sa pépinière, est et demeure définitivement fixée a une somme de 19,706 fr. 85 cent., avec les intérêts à compter du jour de l'interruption de sa jouissance.

3. Notre ministre secrétaire d'état de l'intérieur est chargé de l'exécution de la présente ordonnance.

Ordonnance du 10 décembre 1817. (2809)

N°. 151.

MISE EN JUGEMENT. — DÉFENSE LÉGITIME. — PARTIE CIVILE. — PRÉPOSÉ AUX DOUANES.

Le Conseil d'état refuse la mise en jugement d'un préposé aux douanes qui a tué un contrebandier par voie de défense légitime, si la défense légitime est suffisamment constatée, si d'ailleurs il n'y a pas de plainte de partie civile.

(Gurlin et Schassener.)

LOUIS, etc. ; — Sur le rapport du comité du contentieux ;

Vu les pièces de la procédure et les informations dirigées par notre procureur-général près la Cour royale de Colmar, département du Haut Rhin, et notre procureur près le tribunal de première instance séant à Epinal, département des Vosges, contre les nommés Gurlin et Schassener, préposés des douanes à Giromagny, prévenus d'homicide sur la personne du nommé Thimond, marchand à Vagney ;

Vu les dépositions reçues par le juge de paix du canton de Remiremont, département des Vosges, les 29, 30 et 31 mai 1817, et celles des 6 et 10 juillet suivant, pardevant le juge d'instruction du tribunal de Bedfort, département du Haut-Rhin ;

Vu l'avis de notre directeur-général des douanes et celui de notre procureur près le tribunal de première instance, séant à Epinal ;

Considérant que les deux preposés susdits avaient été commis par leurs chefs pour saisir, dans les environs de Saint Maurice, les objets de contrebande qu'on tentait d'y introduire ;

Que, suivant la déclaration de ces préposés, qui, seule, a donné connaissance des faits, et n'a pas été infirmée par suite de l'instruction, deux individus munis d'armes auraient voulu s'opposer de vive force à la visite de leurs marchandises, et après une lutte violente, l'un de ces individus aurait fait usage d'un pistolet contre le préposé Schassener, qui se vit dans la nécessité d'user également de ses armes contre cet individu, reconnu depuis pour être le nommé Thimond, mort de sa blessure;

Que, pour affirmer ladite déclaration, dépôt a été fait des marchandises saisies et de contrebande, ainsi que les deux pistolets dont lesdits individus étaient armés;

Qu'il résulte de la première information faite sur les lieux, que le nommé Thimond, loin d'invoquer la sévérité de la justice, a soigneusement caché son nom, sa blessure, et ce qui l'avait causée;

Attendu qu'il n'y a pas de plaintes des parties civiles, et que les susdits préposés ont fait seulement usage de leurs armes pour l'objet d'une légitime défense;

Notre Conseil d'état entendu,

Nous avons ordonné et ordonnons ce qui suit:

Art. 1er. Il n'y a pas lieu de continuer les poursuites commencées contre les nommés Gurlin et Schassener, préposés des douanes à Giromagny, département du Haut-Rhin, pour raison des faits qui leur sont imputés, et qui résultent des informations précitées.

2. Notre garde des sceaux ministre secrétaire d'état de la justice et notre ministre secrétaire d'état des finances sont chargés, chacun en ce qui le concerne, de l'exécution de la présente ordonnance.

Ordonnance du 10 décembre 1817. (2812)

N°. 152.

PATENTE. — BANQUIER. — JUSTICE PRÉFECTORIALE.

Des prêts faits par des négocians ou des particuliers, et l'escompte à domicile de billets payables dans le même lieu, ne constituent pas le véritable commerce de banque, dans le sens de la loi du 1er. brumaire an 7, sur les patentes.

(Les sieurs Brunot et consorts.)

LOUIS, etc.; — Sur le rapport du comité du contentieux;

Vu la requête à nous présentée, au nom des sieurs Brunot, marchand mercier; Paté, tamisier; Morel, marchand de sel en gros; Hanotin-Laloyaux, marchand de vins et eaux-de-vie en gros, tous demeurant à Charleville; et pour le sieur Onézime Noizet, propriétaire à Château-Renaud; ladite requête enregistrée au secrétariat du comité du contentieux de notre Conseil d'état, le 31 octobre 1817, et tendante à l'annullation d'un arrêté du conseil de préfecture du département des Ardennes, en date du 6 février 1816, qui les assujétit au droit fixe de patente de 500 francs, comme banquiers, et à la restitution des sommes qu'ils ont payées en cette qualité, tant pour ladite patente que pour impôts extraordinaires répartis en conséquence;

Vu l'arrêté attaqué;

Vu la lettre du préfet du département des Ardennes, en date du 24 avril 1817, adressée à notre ministre secrétaire d'état des finances, et portant qu'il ne pense pas que les susdénommés puissent être réellement regardés comme banquiers;

Vu celle de notre ministre secrétaire d'état des finances, du 30 septembre dernier, par laquelle il conclut à ce que, d'après les articles 24 et 25 de la loi du 1er. brumaire an 7, les réclamans soient tous rangés dans la première classe des patentes, comme négocians;

Vu enfin la requête additionnelle desdits réclamans, enregistrée au secrétariat dudit comité du contentieux, le 31 octobre dernier, par laquelle ils persistent dans leurs précédentes conclusions;

Ensemble toutes les pièces produites;

Considérant que des prêts faits à domicile par des négocians ou des particuliers, et l'escompte à domicile de billets payables dans le même lieu, ne constituent pas le véritable commerce de banque, d'où il résulte que ces opérations attribuées aux sieurs Brunot, Paté, Morel, Hanotin-Laloyaux et Noizet, n'autorisaient point à les considérer comme banquiers, et à les taxer, en cette qualité, au rôle des patentes,

Notre Conseil d'état entendu,

Nous avons ordonné et ordonnons ce qui suit:

Art. 1er. L'arrêté du conseil de préfecture du département des Ardennes, du 6 février 1816, qui assujétit les 5 individus y dénommés au droit de la patente de banquier, est annullé.

2. Les sommes par eux payées pour lesdites patentes leur seront restituées, sauf la déduction des patentes auxquelles ils sont assujétis d'après la classe à laquelle ils appartiennent.

3. Notre ministre secrétaire d'état des finances est chargé de l'exécution de la présente ordonnance.

Ordonnance du 14 janvier 1818. (2843)

N°. 153.

BOISSONS.—Détail.—Fourniture aux alliés.

Une fourniture de boissons faite aux troupes autrichiennes, en exécution d'un marché administratif, constitue une vente en gros, et n'est pas assujétie aux droits de la vente en détail.

(L'administration des contributions indirectes.—C.—le sieur Ymonet.)

LOUIS, etc.; — Sur le rapport du comité du contentieux;

Vu la requête à nous présentée au nom de l'administration des contributions indirectes, enregistrée au secrétariat du comité du contentieux de notre Conseil d'état, le 23 décembre 1816, et tendante à l'annullation d'un arrêté du conseil de préfecture du département de Vaucluse, en date du 16 juillet 1816, qui décharge le sieur Ymonet, débitant de boissons, du paiement de la somme de 7386 francs 92 cent., à laquelle il a été taxé, comme débitant en détail, pour la fourniture de boissons qu'il a faite aux troupes autrichiennes, pendant les mois d'août et de septembre 1815, en exécution du marché passé entre lui et l'administration municipale de la ville d'Avignon;

Vu ledit arrêté du conseil de préfecture;

Vu la défense du sieur Ymonet, enregistrée au secrétariat du comité du contentieux de notre Conseil d'état, le 4 juin 1817;

Vu deux lettres de notre ministre secrétaire d'état des finances, des 29 mai et 2 septembre 1816;

Ensemble les autres pièces contenues au dossier;

Considérant que la fourniture de boissons faite aux troupes autrichiennes, en exécution du marché passé entre l'administration municipale d'Avignon et le sieur Ymonet, constitue une vente en gros, tant à cause du grand nombre de rations livrées à-la-fois, qu'à raison du paiement qui s'effectuait en mandats de valeurs considérables, et que, par conséquent, cette fourniture ne peut être assujétie aux droits de la vente en détail;

Notre Conseil d'état entendu,

Nous avons ordonné et ordonnons ce qui suit:

Art. 1er. L'arrêté du conseil de préfecture du département de Vaucluse, en date du 16 juillet 1816, est maintenu;

2. L'administration des contributions indirectes est condamnée aux dépens.

3. Notre ministre secrétaire d'état des finances est chargé de l'exécution de la présente ordonnance.

Ordonnance du 14 janvier 1818. (2844)

N°. 154.

EAUX-DE-VIE DE GRAINS. — Importation. — Armée d'occupation.—Douanes.—Fournitures.

L'entrepreneur des fournitures d'eaux-de-vie de grains à l'armée d'occupation, s'il a fait avec le ministre de la guerre, un marché portant autorisation d'importer des eaux-de-vie étrangères, et si, dans les clauses de ce marché, il n'y a pas réserve du droit de douanes, il n'est pas passible de ces droits sur les eaux-de-vie qu'il importe; ou l'administration des douanes ne doit pas percevoir le droit, ou l'administration de la guerre doit le rembourser.

(Le sieur Rouffio.)

Le sieur Rouffio était chargé du service des liquides pour l'armée d'occupation.

Aux termes de l'article 40 du marché qui fut fait et approuvé par son excellence le ministre de la guerre, le 4 février 1816, « l'entrepreneur était tenu d'acheter et de prendre en France toutes les denrées nécessaires à l'exécution de son service: néanmoins, sur sa demande, et si le bien du service l'exigeait, le ministre secrétaire d'état de la guerre devait lui donner l'autorisation d'en tirer de l'étranger, dans les proportions et selon les formes que son excellence déterminerait. »

L'article 45 de ce marché portait: « que les contestations qui pourraient s'élever seraient jugées administrativement par le ministre ou par les commissions mixtes. »

Le cas prévu par l'article 40 étant arrivé; sur la demande du sieur Rouffio, le ministre de la guerre lui accorda la permission d'importer de l'étranger huit cent mille litres d'eau-de-vie de grains, *à la charge d'acquitter le droit de 20 centimes par litre, auquel les eaux-de-vie étrangères sont assujéties lors de leur entrée en France.*

Le sieur Rouffio pensa que c'était par erreur que le ministre lui avait imposé cette dernière condition, parce que les eaux-de-vie de grains ne peuvent être assujéties à aucun droit, puisqu'elles sont frappées d'une prohibition absolue et qu'elles ne sont portées sur aucun tarif; et, comme il était urgent de faire le service, il fit importer de l'étranger une grande quantité d'eaux-de-vie, croyant qu'il lui serait facile de faire rapporter la condition qui lui était imposée par le ministre.

En conséquence il s'adressa de suite au ministre lui-même, conformément à l'article 45 ci-dessus rapporté; mais, par une décision de son excellence, en date du 8 juillet 1816, le sieur Rouffio fut condamné à acquitter ce droit, à raison de 20 c. par litre.

C'est contre cette décision que s'est pourvu le sieur Rouffio.

Dans son intérêt on a dit:

Que, quoique *facultative* en elle-même, la premission d'importer était obligée, en ce sens qu'elle était commandée par la disette des grains et par le grand avantage que le gouvernement avait trouvé à enjoindre à l'entrepreneur général, de préférer la distribution des rations de cette espèce, à celle des eaux-de-vie de vin et de bière.

Qu'ici l'*utilité* et la *nécessité* se trouvaient entièrement du côté du gouvernement, puisque le sieur Rouffio avait, au contraire, plus d'avantage à fournir d'autres rations que celles d'eau-de-vie de grains, dont le prix a toujours été au-dessus de celui accordé par le gouvernement à l'entrepreneur-général.

Que le ministre, partie contractante dans un contrat synallagmatique, n'avait pas pu dénaturer l'essence de ce contrat, créer et imposer des conditions qui n'avaient été ni stipulées ni convenues ; que le sieur Rouffio avait d'autant moins pu s'attendre à une innovation de cette espèce, que les eaux-de-vie dont il s'agit, étant *prohibées*, elles n'étaient point comprises au tarif auquel aucun ministre n'avait le droit d'ajouter.

Enfin, qu'on ne pouvait induire une soumission aux conditions imposées, de l'usage fait de la permission ; d'abord, parce que l'importation ayant été convenue verbalement, lors du contrat, et le suppliant ayant déjà fait ses achats et ses dispositions à l'étranger, ces motifs et l'urgence du service ne permettaient plus de ne pas importer ; puis, parce qu'il est prouvé que le sieur Rouffio réclama et protesta contre les conditions dont il s'agit, par sa lettre du 23 février 1816, c'est-à-dire, à l'instant même où elles lui furent connues.

Pour justifier la décision du ministre, on disait que, d'après l'article 40 du marché, la permission d'importer des eaux-de-vie de grains n'était point *obligée* ; qu'elle n'était que *facultative ;* que son Excellence le ministre était le maître de la refuser ; qu'il a trouvé bon de l'accorder à des conditions qu'il a imposées ; que ces conditions, en les supposant même illégales, étaient inséparables de la permission ; que, dès-lors, le sieur Rouffio était censé s'être soumis aux conditions et les avoir acceptées.

Sur ce est intervenue l'ordonnance suivante :

LOUIS, etc. ; — Sur le rapport du Comité du contentieux ;

Vu la requête à nous présentée par le sieur Eugène Rouffio, entrepreneur du service des liquides pour l'armée d'occupation, enregistrée au secrétariat du comité du contentieux de notre Conseil d'état, le 14 septembre 1816, et tendante à ce qu'il nous plaise annuller une décision de notre ministre secrétaire d'état de la guerre, du 8 juillet de la même année, de laquelle il résulte que huit cent mille litres d'eau-de-vie de grains, importés en France pour le service de l'armée d'occupation, doivent être assujétis à un droit de vingt centimes par litre, et ordonner la restitution de tous les frais faits à la requête de l'administration des douanes devant les tribunaux, à l'effet de contraindre ledit sieur Rouffio à ce paiement.

Vu la décision attaquée ;

Vu le traité passé entre notre ministre secrétaire d'état de la guerre et le sieur Rouffio, le 20 décembre 1815, ayant pour objet la fourniture, le transport et la distribution des liquides aux sous-officiers et soldats des troupes alliées qui doivent rester en France, en exécution des conditions signées à Paris, le 20 novembre précédent ;

Vu une lettre de notre ministre secrétaire d'état de la guerre, du 22 février 1816, par laquelle il informe le sieur Rouffio, que notre ministre secrétaire d'état des finances a chargé le directeur général des douanes de donner les ordres nécessaires pour l'introduction en France de huit cent mille litres d'eau-de-vie de grains, sous la condition d'acquitter le droit de vingt centimes par litre, auquel les eaux-de-vie étrangères sont assujéties à leur entrée en France.

Vu la lettre adressée le lendemain 23 février, à notre ministre secrétaire d'état de la guerre, par le sieur Rouffio, dans laquelle il expose l'illégalité de ce droit, en faisant observer que, s'il est maintenu, il doit, aux termes de son marché, être acquitté par le ministére de la guerre ;

Vu la lettre de notre ministre secrétaire d'état de la guerre, au sieur Rouffio, du 23 novembre 1816, qui lui annonce que les eaux-de-vie étrangères doivent être employées de préférence à toutes autres, jusqu'à leur entière consommation ;

Vu la lettre de notre ministre secrétaire d'état des finances, du 6 décembre 1816, et celle du directeur général de l'administration des douanes, du 26 novembre précédent, en réponse à la communication qui lui avait été faite du pourvoi du sieur Rouffio, dans lesquelles ils concluent au maintien de la décision attaquée ;

Vu la réplique du sieur Rouffio, par laquelle il persiste dans ses précédentes conclusions ;

Vu toutes les pièces produites ;

Considérant que, par l'article 14 du traité susdit, passé entre le ministre de la guerre et le sieur Rouffio, il est stipulé que les péages, les droits de douanes et d'octrois, tels qu'ils étaient en vigueur au 20 décembre 1815, sont seuls à la charge de l'entrepreneur ;

Considérant que, par l'article 40 du même traité, il est dit que, si le bien du service l'exige, et sur la demande de l'entrepreneur, il lui sera accordé, par le ministre de la guerre, l'autorisation de tirer de l'étranger les denrées nécessaires à l'exécution de ce service ;

Considérant que, par le susdit article 40, il n'est fait aucune reserve, relativement à la faculté de gréver l'importation qui y est indiquée, d'un droit spécial et non ordonné par les lois ; que l'article 14 précité met à la charge du gouvernement tous les droits créés postérieurement au 20 décembre 1815, et qu'ainsi le droit imposé par la lettre de notre ministre secrétaire d'état de la guerre, du 22 février 1816, en supposant qu'il fût admis, devrait être remboursé au sieur Rouffio ;

Considérant que, s'il pouvait s'élever des doutes sur l'application des articles précités, aux eaux-de-vie tirées de l'étranger par le sieur Rouffio, ils seraient levés par la lettre du ministre de la guerre, en date du 23 novembre 1816, qui, sur la demande du sieur Rouffio, de faire le service en eaux-de-vie, s'est opposé à la réexportation des eaux-de-vie étrangères, et en a ordonné la distribution en exécution du marché et dans l'intérêt du gouvernement;

Notre Conseil d'état entendu,

Nous avons ordonné et ordonnons ce qui suit :

Art. 1er. La décision de notre ministre secrétaire d'état de la guerre, du 8 juillet 1816, qui met à la charge du sieur Rouffio, un droit de vingt centimes par litre, sur les eaux-de-vie de grains étrangères, importées ou à importer par lui pour le service de l'armée d'occupation; ensemble la décision de notre ministre secrétaire d'état des finances, relative au même droit, du 20 février précédent, sont annullées.

2. Les sommes payées par le sieur Rouffio à l'administration des douanes, en acquittement de ce droit, lui seront remboursées.

3. Nos ministres secrétaires d'état de la guerre et des finances sont chargés, chacun en ce qui le concerne, de l'exécution de la présente ordonnance.

Ordonnance du 14 janvier 1818. (2842)

N°. 155.

AFFOUAGE. — Exécution. — Justice préfectoriale.

Un réglement d'affouage fait par un préfet et confirmé par le ministre, s'il a été exécuté pendant quelques années, ne peut plus être déféré au Conseil d'état. L'exécution équivaut à acquiescement et opère fin de non-recevoir.

(La commune de Chaux-les-Passavant.—C. les sieurs Derosne et Versel.)

Les habitans du hameau la Grâce-de-Dieu, avaient été réunis à la commune de Chaux-les-Passavant, et par arrêté du préfet du Doubs, en date du 10 août 1807, ils avaient obtenu le droit d'affouage, compétent à chaque habitant de cette commune.

En 1814, la commune de Chaux-les-Passavant a réclamé contre cet arrêté, devant le ministre de l'intérieur, prétendant que le hameau la Grâce-de-Dieu n'avait pas droit à l'affouage.

16 juin 1814, Le ministre rendit la décision que renferme la lettre suivante du préfet.

« J'ai l'honneur de vous informer que son excellence le ministre de l'intérieur a décidé, le 16 de ce mois, que la réclamation formée par le maire de la commune de Chaux-les-Passavant, contre l'arrêté de mon prédécesseur, du 10 août 1807, qui admet la ci-devant abbaye de la Grâce-de-Dieu à participer à la distribution de l'affouage dans cette commune, n'est pas fondée.

» Son Excellence a été déterminée par la considération que cette abbaye ne formait pas, avant sa suppression, un hameau composé de plusieurs propriétés particulières, dont les habitans eussent des biens communs; que c'était seulement un domaine qui n'appartenant à l'administration d'aucune commune, a dû être réuni au territoire de la plus voisine; d'où il faut conclure que le décret du 17 janvier 1813, qui exclut les habitans du hameau des Soupois de l'affouage dans la communne de Tourmont, n'est pas applicable à l'espèce.

» Le hameau des Soupois a dû recevoir cette exclusion, parce qu'il n'a été réuni à la communne de Tourmont que sous le rapport administratif, et qu'il a ses biens, bois et autres communaux qui lui sont propres, et à la jouissance desquels les habitans de la commune de Tourmont ne sont pas appellés. Au contraire, l'abbaye n'était pas une section de commune; elle formait un domaine particulier, et à raison de ses privilèges alors existans, elle n'était pas administrée par le maire de Chaux, comme située sur son territoire. Ceux qui l'habitent supportant toutes les charges, doivent jouir des bénéfices. »

C'est contre cette décision que le commune de Chaux-les Passavant s'est pourvue devant le Conseil d'état, au mois de février 1816.

Les habitans du hameau la Grâce-de-Dieu lui ont opposé une fin de non-recevoir, déduite de ce que pendant les années 1814 et 1815, la décision attaquée avait été exécutée, ce qui formait un acquiescement, et donnait à la décision force de chose jugée.

En cet état est intervenue l'ordonnance suivante :

LOUIS, etc. — Sur le rapport du comité du contentieux;

Vu la requête à nous présentée au nom du maire de la commune de Chaux-les-Passavant, agissant au nom de ladite commune; ladite requête enregistrée au secrétariat du comité du contentieux de notre Conseil d'état, le 6 février 1816, et tendante à ce qu'il nous plaise annuller un arrêté du préfet du département du Doubs, du 10 août 1807, lequel admet les propriétaires de l'ancienne abbaye de la Grace-de-Dieu, à participer à l'affouage de ses bois communaux;

Vu ledit arrêté;

Vu la décision de notre ministre secrétaire d'état au département de l'intérieur, du 16 juin 1814, laquelle, sur la demande faite par le maire de la commune de Chaux-les-Passavant, d'annuller l'arrêté précité, en a au contraire ordonné la confirmation;

Vu la requête en défense des sieurs Derosne et Versel, propriétaires de ladite abbaye de la Grace-de-Dieu, enregistrée au secrétariat dudit comité du contentieux, le 26 avril 1817, et concluant au rejet du pourvoi de la commune de Chaux-les-Passavant, et à la condamnation aux dépens ;

Vu les répliques des deux parties, par lesquelles elles persistent dans leurs conclusions respectives ;

Ensemble toutes les pièces produites ;

Considérant que l'arrêté du préfet du département du Doubs, du 10 août 1807, n'est pas susceptible d'être attaqué directement devant notre Conseil d'état, qu'il l'avait été en 1814 devant notre ministre secrétaire d'état de l'intérieur, qui l'avait confirmé le 16 juin de la même année ; que cette décision ministérielle a été exécutée pour les années 1814 et 1815 ; que conséquemment le maire de la commune de Chaux-les-Passavant n'était plus recevable à l'attaquer en février 1816, c'est-à-dire vingt mois après qu'elle avait été rendue ;

Notre Conseil d'état entendu,

Nous avons ordonné et ordonnons ce qui suit :

Art. 1er. La requête du maire de la commune de Chaux-les-Passavant, département du Doubs, au nom qu'il agit, est rejetée.

2. Ladite commune est condamnée aux dépens.

3. Notre ministre secrétaire d'état de l'intérieur est chargé de l'exécution de la présente ordonnance.

Ordonnance du 14 janvier 1818. (2841)

N°. 156.

MANUFACTURE. — SALUBRITÉ. — TUILERIE. — INDUSTRIE.

Les Tuileries n'étant point portées sur le tableau des états et professions nuisibles ou incommodes, annexé au décret du 15 octobre 1810, un particulier peut former un établissement de cette nature sans être assujéti à l'observation des formalités prescrites par ce décret.

(Les sieurs Castagna.)

Les frères Castagna exploitaient une tuilerie située dans la commune de Saillans.

Le maire de cette commune s'étant opposé à ce qu'ils continuassent leur exploitation, sous le prétexte que cet établissement était insalubre et incommode pour les voisins, les frères Castagna s'adressèrent au conseil de préfecture de la Gironde, pour demander l'autorisation de continuer leur exploitation.

Sur leur demande, le 15 juin 1813, intervint l'arrêté suivant :

« Vu le décret du 15 octobre 1810 ;

» Considérant qu'il résulte de l'enquête, que l'établissement projeté par les frères Castagna est trop près des habitations de plusieurs propriétaires, que non-seulement il devrait incommoder par la fumée, mais que la culture des vignes et des arbres devrait en outre souffrir, et causerait un dommage notable à ces propriétés ;

» Que sous ce double rapport, le conseil de préfecture ne peut accueillir favorablement la demande des frères Castagna ;

» Le conseil de préfecture,

» Arrête :

» Il n'y a pas lieu à autoriser l'établissement d'une tuilerie projetée par les sieurs Castagna frères. »

Cet arrêté n'avait été précédé d'aucune visite des lieux ni d'aucun rapport d'experts ; aussi le 3 décembre suivant, sur l'invitation du préfet, l'ingénieur en chef de ce département fit le rapport suivant :

« Il peut être permis aux sieurs Castagna d'établir une tuilerie sur leurs propriétés sur le bord de l'île, dans la commune de Saillans, à charge par eux de laisser libre un marche-pied de trois mètres vingt-cinq centimètres, et de ne faire aucune fouille pour tirer de la terre, qu'à douze mètres au moins du bord dudit chemin de halage. »

D'après ce rapport, les frères Castagna se croyant suffisamment autorisés, continuèrent leur exploitation.

Alors le maire de la commune dressa un procès-verbal pour constater, qu'en contravention de l'arrêté du préfet, du 15 juin 1813, les frères Castagna laissaient subsister leur four à chaux et à tuile.

Ce procès-verbal fut envoyé au sous-préfet de Libourne, qui prit l'arrêté suivant, le 15 juin 1816 :

« Vu la lettre de M. le maire de Saillans, de laquelle il résulte que les frères Castagna ont établi dans cette commune *un four* à chaux et à tuiles, sans remplir les formalités exigées par le décret du 15 octobre 1810, et l'ordonnance de Sa Majesté, du 14 janvier 1815 ;

» Vu le décret et l'ordonnance précités qui indiquent les obligations préalables à remplir pour obtenir l'autorisation d'établir des manufactures ou ateliers répandant une odeur incommode ou insalubre ;

» Vu la nomenclature des établissemens sujets à cette permission, au nombre desquels se trouvent les *fours à chaux* ;

» Vu le procès-verbal dressé par le maire de Saillans ;

» Considérant que les frères Castagna ne s'étant point pourvus d'autorisation suffisante pour l'établissement qu'ils ont élevé, il est de la plus grande urgence de mettre promptement un terme aux abus qui résulteraient d'une telle impunité ;

» Arrête :

» Art. 1er. Il est ordonné aux sieurs Castagna frères, habitans de la commune de Galgon, de détruire, sous le délai de vingt jours, à dater de la notification du présent arrêté, le four à chaux et à tuiles qu'ils ont établi dans la commune de Saillans, etc. »

Les frères Castagna ont dénoncé au Conseil d'Etat l'arrêté du conseil de préfecture de la Gironde, et celui du sous-préfet de Libourne.

Sur leur pourvoi est intervenue l'ordonnance suivante :

LOUIS, etc.; — Sur le rapport du comité du contentieux ;

Vu la requête à nous présentée au nom des sieurs Castagna frères, propriétaires et habitans de la commune de Saillans ; ladite requête enregistrée au secrétariat du comité du contentieux de notre Conseil d'état le 15 mars 1817, et tendante à l'annullation d'un arrêté du conseil de préfecture du département de la Gironde, du 15 juin 1813, et d'un autre arrêté du sous-préfet de Libourne, du 15 juin 1816, qui ordonnent la suppression d'une tuilerie appartenant aux requérans, et située dans la commune de Saillans ;

Vu la requête en intervention du sieur François Chiron, enregistrée au secrétariat dudit comité du contentieux le 7 juillet 1817, et tendante au maintien de ladite tuilerie ;

Vu la lettre de notre ministre secrétaire d'état de l'intérieur, en date du 20 septembre 1817, en réponse à la communication qui lui a été faite du pourvoi des sieurs Castagna, par laquelle il conclut à son rejet ;

Vu la réplique de ces derniers, par laquelle ils concluent à ce que, subsidiairement, il soit procédé à une nouvelle enquête *de commodo et incommodo*, par un ingénieur nommé *ad hoc* ;

Vu l'avis de l'ingénieur en chef du département de la Gironde, en date du 3 décembre 1813, et la déclaration favorable des membres du conseil municipal, et autres habitans de la commune de Saillans, en date du 1er. décembre 1817 ;

Ensemble toutes les pièces produites ;

Considérant que les tuileries n'étaient point portées sur le tableau des états et professions nuisibles ou incommodes, annexé au décret du 15 octobre 1810, et que dès-lors les sieurs Castagna ont pu former un établissement de cette nature, sans être assujétis à l'observation des formalités prescrites par ce décret ;

Considérant qu'il est justifié par la déclaration des principaux habitans de la commune de Saillans, et l'avis de l'ingénieur en chef du département, que l'exploitation des sieurs Castagna n'est ni nuisible, ni incommode, et qu'elle est au contraire avantageuse au pays où elle est située ;

Notre Conseil d'état entendu ;

Nous avons ordonné et ordonnons ce qui suit :

Art. 1er. L'arrêté du conseil de préfecture du département de la Gironde, en date du 15 juin 1813, et tout ce qui s'en est suivi, est annullé.

2. Les sieurs Castagna sont autorisés à continuer l'exploitation de leur tuilerie, située dans la commune de Saillans.

3. Notre ministre secrétaire d'état de l'intérieur est chargé de l'exécution de la présente ordonnance.

Ordonnance du 14 janvier 1818. (2846)

N°. 157.

COCHES. — Entrepreneur. — Contributions indirectes.

Le dixième à percevoir sur le prix des places des coches, d'après la loi du 9 vendémiaire an 6, doit être calculé sur tout ce qui est perçu par ces établissemens ; en conséquence, s'ils ont exigé, outre le prix des places fixé par le tarif, un dixième en sus pour l'Etat, ce n'est pas ce dixième seulement qui revient au gouvernement, mais bien le dixième calculé sur la somme totale résultant du prix des places joint au dixième perçu en sus.

(Le sieur Maynard et compe. — C. — l'administration des contributions indirectes.)

La loi du 9 vendémiaire an 6 portait, article 68, « qu'il serait perçu, au profit du trésor public, un » dixième du prix des places dans les voitures exploi» tées par les entrepreneurs particuliers; » et dans l'art. 83, il était dit : « quant aux voitures d'eau, la » régie est autorisée à régler leur abonnement, d'après » le nombre des voyageurs qu'elles transportent an» nuellement, et, dans le cas de contestation ou de » difficulté sur la quotité de cet abonnement, le mi» nistre des finances prononcera.

En exécution de cette loi, le ministre de l'intérieur prit un arrêté le 3e. jour complémentaire de l'an 10, par lequel il statua que le prix des places sur les coches serait réglé par lui, d'après l'avis du propriétaire des coches.

Le 1er. germinal an 11, ce tarif parut, et il fixa le prix, soit des places, soit des marchandises.

En 1808, les sieurs Maynard et compe., entrepreneurs des coches de la haute Seine, firent imprimer un tableau indiquant le prix des places, et, dans une colonne particulière, ce qui devait être payé pour le dixième du prix des places.

D'après l'autorisation de la loi, il fut fait un abonnement pour les années 1808 et suivantes, jusques et y compris 1814.

En 1815, les sieurs Maynard et compagnie ont prétendu avoir compté à la régie une somme de 3527 fr. 92 c. de plus que ce qui lui revenait pour les abonnemens des années ci-dessus indiquées; ils établissaient ce fait en allouant seulement à la régie le dixième du prix des places, perçu suivant le tarif.

Mais la régie a prétendu que le calcul ne devait point s'opérer de cette manière ; que les entrepreneurs ayant effectivement reçu, 1°. le prix des places fixé par le tarif; 2°. le dixième de ce prix, on devait réunir ensemble ces deux produits, et attribuer à la régie le dixième de la somme totale, résultat de l'addition.

Par décision du 20 janvier 1817, le ministre des

finances a reconnu légitimes les prétentions de la régie.

Les sieurs Maynard et compagnie se sont pourvus contre cette décision ; pour la faire réformer, ils ont dit :

» La loi du 9 vendémiaire an 6 a été faussement appliquée.

» Cette loi veut que le trésor de l'état perçoive, à son profit, un dixième du prix des places dans les voitures d'eau.

» Elle ne dit pas autre chose, et on ne peut pas soutenir que ce qu'elle exprime formellement puisse autoriser la décision ministérielle dont il s'agit.

» En effet, la loi prescrit la perception d'un impôt sur le prix des places dans les voitures.

» Elle fixe, au dixième de ce prix, le taux de cette perception.

» Elle est donc observée, lorsque ce dixième est exactement acquitté.

» Cette exactitude n'est pas contestée dans l'espèce.

» Par ces mots : *il sera perçu un dixième du prix*, on doit entendre que ce dixième grève les voyageurs, et non pas l'entrepreneur des voitures.

» Si la loi était entendue autrement, elle diminuerait le produit des places, elle modifierait le tarif qu'elle laisse néanmoins subsister.

» Le dixième n'est pas mis à la charge des entrepreneurs ; il n'est pas dit qu'ils le supporteront.

» Donc, si le prix intégral des places ne peut être diminué, si cette diminution n'est point ordonnée, il est évident que l'entrepreneur obéit à la loi et fait l'avantage du fisc, lorsqu'il verse intégralement dans sa caisse ce qu'il reçoit de chaque voyageur, pour la contribution dont il s'agit.

» Depuis huit ans, le même mode de perception a été suivi et n'a jamais été blâmé ; il n'a porté aucun préjudice au trésor public ; en effet, on n'a reçu que ce que le tarif autorisé accordait.

» Au surplus, la manière d'opérer actuelle n'est pas insolite, elle est conforme à ce qui se pratique pour la perception du dixième dont sont grevés les billets des spectacles au profit des hôpitaux ; l'on paye 3 fr. 30 c. pour le billet de 3 fr., et les receveurs des spectacles, qui reçoivent les 3 fr. 30 c., ne comptent cependant que les 30 c., qui sont le dixième des 3 fr., prix principal des billets. »

A ces moyens, la régie a répondu :

» En principe, le droit de dixième est assis sur les produits bruts de l'entreprise ; et s'il était permis d'élever un doute à cet égard, il serait levé par la décision rendue par Son Excellence le ministre des finances, le 24 floréal an 13, ainsi conçu : « le droit de dixième du » prix des transports des marchandises doit être perçu » sur la totalité du prix payé, aux entrepreneurs des » voitures, sans distraction de la somme due à la régie » pour le droit de dixième. »

Or, cette décision rendue, à la vérité, en interprétation de la loi du 5 ventose an 12, relatif au droit de dixième du transport des marchandises, devant être considéré comme étant également interprétative de l'art. 68 de la loi du 9 vendémiaire an 6, il ne peut y avoir lieu à accueillir la réclamation des sieurs Maynard et compagnie.

Sur ce est intervenue l'ordonnance dont la teneur suit :

LOUIS, etc. ; — Sur le rapport du comité du contentieux ;

Vu la requête à nous présentée, au nom des sieurs Maynard et compagnie, entrepreneurs des coches de la haute Seine, enregistrée au secrétariat du comité du contentieux de notre Conseil d'état, le 19 avril 1817, et tendante à ce qu'il nous plaise casser, révoquer et annuler la décision de notre ministre secrétaire d'état des finances, du 20 janvier 1817, ainsi que tout ce qui l'a suivie ou pourrait suivre, ladite décision portant qu'il n'y a pas lieu d'accueillir la réclamation des entrepreneurs des coches de la haute Seine, contre la fixation de leur abonnement du droit du dixième du prix des places, et contre le mode adopté pour la perception de ce droit ; ce faisant, ordonner que la régie des contributions indirectes de la ville de Paris leur précomptera la somme de 3527 fr. 92 c., qu'elle a reçue de plus que ce qui était dû pour les abonnemens jusqu'en 1815, et que cette somme de 3527 fr. 92 c. sera imputée et précomptée sur l'abonnement de ladite année 1815 ;

Vu l'ordonnance de soit communiqué et les observations de la régie des contributions indirectes, enregistrées audit secrétariat, le 3 octobre 1817, et tendant au rejet de la demande et à l'exécution de la décision ministérielle du 20 janvier 1817, avec dépens ;

Vu la réplique des sieurs Maynard et compagnie, qui persistent dans leurs précédentes conclusions ;

Vu la décision de notre ministre des finances, du 20 janvier 1817 ;

Vu le réglement ministériel sur les coches d'eau, du 3e. jour complémentaire de l'an 10, portant, art. 9, que le prix des places et celui du transport des marchandises sera arrêté par le ministre, d'après l'avis du propriétaire desdits coches ;

Vu le tarif des taxes à percevoir pour le transport des voyageurs et marchandises, ledit tarif arrêté le 1er. germinal an 11 par le ministre de l'intérieur ;

Vu le tarif actuel du prix des places des voyageurs, indiquant, dans une colonne, les taxes fixées par le tarif de l'an 11, et, dans une autre colonne, les sommes à ajouter pour la contribution du dixième et du décime par franc, lequel tarif, portant la date du 1er. avril 1808, est imprimé en forme de placard, mais n'est revêtu d'aucune approbation ou signature d'une autorité administrative quelconque ;

Vu la loi du 9 vendémiaire an 6;

Considérant qu'aux termes de l'art. 68 de cette loi, la régie des contributions indirectes doit percevoir un dixième du prix des places dans les voitures exploitées par des entrepreneurs particuliers;

Considérant que, de 1808 à 1814, les abonnemens de la compagnie des coches ont été fixés sur cette base et perçus sans réclamation;

Considérant que les prétentions élevées en 1815, par cette compagnie, tendent à ne verser au trésor royal que le onzième des sommes déboursées par les voyageurs pour le prix de leurs places, au lieu du dixième exigé par la loi;

Notre Conseil d'état entendu,

Nous avons ordonné et ordonnons ce qui suit :

Art. 1er. La requête des sieurs Maynard et compagnie est rejetée.

2. Les sieurs Maynard et compagnie sont condamnés aux dépens.

3. Notre ministre secrétaire d'état des finances est chargé de l'exécution de la présente ordonnance.

Ordonnance du 14 janvier 1818. (2847)

N°. 158.

PRISE MARITIME. — DOMMAGES-INTÉRÊTS.

Le corsaire qui capture en mer un navire sans motifs légitimes, doit être condamné aux dommages-intérêts.

(Les sieurs Schmidt et Plessing. — C. — les armateurs du corsaire *le Sédiman.*)

LOUIS, etc.; — Sur le rapport du comité du contentieux;

Vu la requête présentée au conseil des prises, le 29 avril 1812, au nom des sieurs Schmidt et Plessing, négocians à Lubeck, propriétaires du navire *Die-Gute-Hoffnung*, capitaine Evers, contre les armateurs, capitaine et équipage du corsaire français *le Sédiman*, dont les conclusions tendent à ce qu'il plaise au conseil des prises leur permettre de faire citer pardevant lui lesdits armateurs, capitaine et équipage du corsaire *le Sédiman*, pour voir déclarer nulle la capture du navire français licencié *le Gute-Hoffnung*, faite en mer par ledit corsaire, le 17 mars 1812; en conséquence, le voir condamner indéfiniment, avec sa caution, jusqu'à concurrence de son cautionnement, aux dommages et intérêts soufferts et à souffrir par suite de ladite capture, lesquels dommages-intérêts seraient liquidés par le tribunal de Lubeck;

Vu le permis de citer accordé par le conseil des prises dans la séance du 29 avril 1812, et l'assignation donnée en conséquence au sieur Moreau, armateur dudit corsaire à Dantzick, par exploit du 1er. juin 1812, aux fins de la requête;

Vu le mémoire en défense pour les armateurs et l'équipage dudit corsaire, enregistré au greffe du conseil des prises, le 24 septembre 1812, et dont les conclusions tendent à ce que les sieurs Schmitd et Plessing soient déclarés non-recevables et subsidiairement déboutés de leur demande en dommages et intérêts;

Vu un autre mémoire pour le sieur Evers, capitaine, lesdits sieurs Schmidt et Plessing, et les sieurs Pauly et fils, négocians à Lubeck, affréteurs dudit navire *Die-Gute-Offnung*, enregistré au greffe dudit conseil des prises, le 25 novembre 1812, dont les conclusions tendent à ce qu'il soit donné acte au capitaine Evers et aux sieurs Pauly et fils de leur intervention, et de ce qu'ils adhèrent aux conclusions prises par les sieurs Schmidt et Plessing, dont ils demandent l'adjudication;

Vu nos ordonnances des 9 janvier et 23 août 1815, qui attribuent à notre Conseil d'état la connaissance et le jugement des affaires restées indécises au conseil des prises;

Vu la requête à nous présentée au nom desdits sieurs Evers, Schmidt, Plessing, Pauly et fils, enregistrée au secrétariat du comité du contentieux de notre Conseil d'état le 15 janvier 1817, tendante à obtenir l'adjudication de leurs précédentes conclusions, dans lesquelles ils déclarent persister, sauf la désignation du tribunal de commerce, laquelle, attendu que Lubeck a cessé d'être Français, est laissée à la décision de notre Conseil d'état;

Vu la requête en réponse pour la veuve et héritiers du sieur Moreau, armateur du corsaire *le Sédiman*, et pour le capitaine et autres marins dudit corsaire, ainsi que les répliques des deux parties, par lesquelles elles persévèrent dans leurs précédentes conclusions;

Vu la lettre de notre ministre secrétaire d'état de la marine, du 14 avril 1817, portant que les pièces de la procédure instruite à Dantzick, à l'occasion de la prise dont il s'agit, ont été brûlées, avec toutes les autres pièces de la chancellerie de cette ville, lors de sa reddition, et que celles produites par les parties, sont les seules qu'il y ait à examiner;

Vu toutes les pièces produites, tant pardevant le conseil des prises que devant notre Conseil d'état;

Vu enfin la loi du 26 ventose an 8, et l'arrêté du 6 germinal de la même année, sur les attributions du conseil des prises;

Considérant que l'intervention des sieurs Evers, Pauly et fils est fondée sur leurs qualités qui ne sont pas contestées;

Considérant que, d'après l'article 2 de l'arrêté du 6 germinal an 8, le conseil des prises devait connaître des contestations relatives à la validité et à l'invalidité des prises, et qu'aucune disposition de cet arrêté n'attribuait à l'autorité administrative le droit de saisir ce conseil à l'exclusion des parties intéressées;

Considérant que, par cette capture, le navire *Die-Gute-Hoffnung* a été retardé dans son arrivée à Lubeck, lieu de sa destination, puisqu'il a employé trente-cinq jours à ce trajet au lieu du temps habituellement nécessaire, et que ce retard a pu occasionner des pertes aux capitaine, propriétaires et affréteurs de ce navire;

Considérant que l'illégalité de la capture du navire français *Die-Gute-Hoffnung*, par le corsaire français *le Sédiman*, est établie par le fait seul de la liberté rendue au *Die-Gute-Hoffnung*, par les autorités de Dantzick, liberté qui a été le résultat d'une procédure qui ne peut être représentée, mais dont l'existence est positive;

Notre Conseil d'état entendu;

Nous avons ordonné et ordonnons ce qui suit:

Art. 1er. La capture du navire licencié *Die-Gute-Hoffnung*, par le corsaire *le Sédiman*, est déclarée nulle et illégale.

2. Les armateurs, capitaine, équipage et intéressés du corsaire *le Sédiman*, ou leurs représentans, sont condamnés aux dommages et intérêts résultant de ladite prise envers les sieurs Évers, Schmidt, Plessing, Pauly et fils, capitaine, propriétaires et affréteurs du navire *Die-Gute-Hoffnung*.

3. Pour la liquidation desdits dommages et intérêts, les parties sont renvoyées pardevant le tribunal de commerce de la ville du Havre que nous commettons à cet effet; les droits et moyens desdites parties respectivement réservés à cet égard.

4 Les armateurs, capitaine, équipage et intéressés du corsaire *le Sédiman*, ou leurs représentans, sont condamnés aux dépens.

5. Notre garde des sceaux ministre secrétaire d'état de la justice et notre ministre secrétaire d'état de la marine et des colonies sont chargés, chacun en ce qui le concerne, de l'exécution de la présente ordonnance.

Ordonnance du 14 janvier 1818. (2845)

N°. 159.

MISE EN JUGEMENT. — Intention coupable. — Concussion. — Faux.

Le maire et l'adjoint d'une commune prévenus de concussion et de faux commis dans l'exercice de leurs fonctions, peuvent n'être pas mis en jugement, si le préfet, et le ministre ont constaté que ces fonctionnaires n'avaient pas agi dans une intention coupable et qu'ils n'avaient pas porté préjudice à leurs administrés.

(Les sieurs Léguillette et Gonnet.)

LOUIS, etc.; — Sur le rapport du comité du contentieux;

Vu la lettre de notre procureur-général en la Cour royale d'Amiens, en date du 3 juin 1817, par laquelle il nous demande l'autorisation nécessaire pour continuer les poursuites commencées contre les sieurs Léguillette et Gonnet, ex-maire et ex-adjoint de la commune de Pavant, département de l'Aisne, prévenus de concussions et de faux commis dans l'exercice de leurs fonctions;

Vu le procès-verbal des dépositions des témoins;

Vu la lettre de notre ministre secrétaire d'état au département de l'intérieur, en date du 7 août 1817;

Ensemble, les autres pièces contenues au dossier;

Considérant qu'il résulte de la lettre de notre ministre secrétaire d'état de l'intérieur, et de celle du préfet du département de l'Aisne, que les sieurs Léguillette et Gonnet n'ont point agi dans une intention coupable, et qu'ils n'ont porté aucun préjudice à leurs administrés;

Notre Conseil d'état entendu,

Nous avons ordonné et ordonnons ce qui suit:

Art. 1er. Il n'y a pas lieu à continuer les poursuites commencées contre les sieurs Léguillette et Gonnet, ex-maire et ex-adjoint de la commune de Pavant, département de l'Aisne, à raison des faits ci-dessus énoncés.

2. Notre garde des sceaux ministre secrétaire d'état de la justice et notre ministre secrétaire d'état de l'intérieur sont chargés, chacun en ce qui le concerne, de l'exécution de la présente ordonnance.

Ordonnance du 14 janvier 1818. (2850)

N°. 160.

TRAVAUX PUBLICS. — Garantie. — Réparations.

Un entrepreneur de travaux publics est tenu à réparer les dégradations survenues dans le temps pour lequel il a garanti son entreprise, surtout s'il n'y a eu de ce travail qu'une réception provisoire par les ingénieurs. En ce cas, l'entrepreneur, poursuivi par le préfet, est condamné par le conseil de préfecture, sauf recours au Conseil d'état où l'affaire est suivie par la direction des ponts et chaussées.

(Le sieur Mourier.)

Le 3 septembre 1813, le sieur Mourier se chargea de travaux à faire pour le rehaussement et l'élargissement de la digue du port de Beaucaire.

Dans le devis dressé par l'ingénieur en chef il n'y avait aucune clause particulière sur la garantie des travaux de la part de l'entrepreneur; mais l'article 10 renvoyait aux conditions générales dressées par le directeur-général des ponts et chaussées le 30 juillet 1811.

L'article 35 de ces conditions portait:

« Le dernier dixième ne sera payé à l'entrepreneur qu'après l'expiration du délai fixé pour la garantie de ses ouvrages.

» Immédiatement après l'achevement des travaux, il sera procédé à leur réception provisoire, et la réception définitive n'aura lieu qu'à l'expiration du délai de garantie ; pendant ce délai, l'entrepreneur demeurera responsable de ses ouvrages et sera tenu de les entretenir; pourquoi l'administration conserve tous ses droits sur ses biens et sur ceux de sa caution.

» Ce délai de garantie sera de trois mois, après la réception pour les travaux d'entretien, et de six mois pour les constructions neuves de routes et canaux. Il sera d'un ou deux ans pour les ouvrages d'arts, selon que cela sera stipulé au devis.

» Après l'expiration du délai de garantie, l'entrepreneur sera naturellement déchargé de toutes les obligations, s'il ne lui a pas été fait de significations contraires. »

Le 1er. mars 1816, l'ingénieur ordinaire dressa le décompte définitif des ouvrages exécutés par le sieur Mourier, dont il fit la réception provisoire, et le 26 du même mois ce décompte fut vérifié et arrêté par l'ingénieur en chef à la somme de 59,692.

Mais une inondation survenue peu après occasionna quelques dégradations dans les constructions faites par le sieur Mourier.

L'ingénieur en chef se fondant sur l'article 1792 du code civil qui rend les entrepreneurs responsables de leurs ouvrages, pendant 10 ans donna ordre au sieur Mourier de reconstruire en pierres neuves les parties de ces constructions qui avaient été dégradées; soutenant qu'elles avaient d'abord été faites en moellons au lieu de l'être en pierres neuves; il ordonna également qu'il remplaçât douze pierres de taille qui avaient éclaté par suite de la gelée et de l'inondation.

Le sieur Mourier s'y refusa, prétendant que les dégradations survenues avaient été occasionnées uniquement par des événemens de force majeure, dont il ne pouvait être garant.

Le 21 novembre 1816, le préfet du département du Gard, prit un arrêté pour l'y contraindre; alors Mourier s'adressa au conseil de préfecture, et demanda que pour constater, si en effet les dégradations avaient été occasionnées par un vice de construction ou par des événemens de force majeure, il fût procédé à une vérification par des ingénieurs des départemens voisins; que dans tous les cas il fût sursis à l'exécution de l'arrêté du préfet.

Le 1er. Janvier 1817, le conseil de préfecture déclara la demande de Mourier inadmissible.

Il s'est pourvu tant contre l'arrêté du conseil de préfecture que contre celui du préfet.

Il a persisté à soutenir qu'il s'était conformé dans toutes ses opérations, au devis qui avait été tracé; qu'il n'avait employé d'autres pierres que celles de la qualité désignée et prisés dans les carrières indiquées par le même devis ; qu'ainsi les dégradations ne résultaient point d'un vice de construction, mais bien des inondations et des gelées, événemens de force majeure dont il ne pouvait être garant.

Sur la communication donnée au directeur-général des ponts et chaussées de la requête du sieur Mourier, il répondit, que quelques argumens qu'on pût donner pour établir la bonne foi et la probité du sieur Mourier, il ne restait pas moins certain en point de droit que cet entrepreneur s'étant assujéti par son devis aux clauses et conditions arrêtées le 30 juillet 1811, par le précédent directeur des ponts et chaussées, et l'article 35 de ces conditions exigeant que les entrepreneurs soient responsables de leurs ouvrages et tenus de les faire entretenir jusqu'à la réception définitive, il est de fait que cet entrepreneur devait nécessairement mettre toute les parties de la digue en état de réception pour le 1er. mars 1817, puisque la réception provisoire était datée du 1er. mars 1816, et qu'en conséquence on a eu droit de l'exiger de lui par les deux arrêtés dont il se plaint.

Sur ce est intervenue l'ordonnance dont la teneur suit :

LOUIS, etc.; — Sur le rapport du comité du contentieux ;

Vu la requête à nous présentée au nom du sieur Daniel Mourier, fermier du pont de Beaucaire, enregistrée au secrétariat du comité du contentieux de notre Conseil d'état, le 19 juin 1817, et tendante à ce qu'il nous plaise annuller les arrêtés pris par le préfet du département du Gard, le 21 novembre 1816, et par le conseil du même département, le 17 janvier 1817, lesquels ordonnent au sieur Mourier de faire à ses frais, la réparation des dégradations survenues aux travaux qu'il a exécutés à la digue et aux trotoirs du pont de Beaucaire, à Tarascon; et tendante subsidiairement à ce qu'un ingénieur *ad hoc* soit nommé pour constater la cause de ces dégradations;

Vu lesdits arrêtés ;

Vu la lettre du directeur général des ponts et chaussées, du 15 octobre 1817, en réponse à la communication qui lui avait été faite de la requête du sieur Mourier, par laquelle il conclut au maintien desdits arrêtés, en se fondant sur ce que lesdites réparations doivent être à la charge du sieur Mourier, d'après l'article 35 du devis, à l'exécution duquel il est assujéti par sa soumission ;

Vu ladite soumission ; les dispositions de l'article précité ;

Ensemble, toutes les pièces produites ;

Considérant qu'aux termes de son marché, le sieur Mourier était tenu d'entretenir et de réparer les travaux par lui confectionnés pendant l'année qui suivrait la réception provisoire de ces travaux ;

Considérant que la réception provisoire des travaux

du sieur Mourier, a eu lieu le 1er. mars 1816, par l'ingénieur ordinaire, et le 26 du même mois par l'ingénieur en chef du département, que, conséquemment l'année pendant laquelle il devait garantir ses travaux n'était pas encore écoulée;

Notre Conseil d'état entendu,

Nous avons ordonné et ordonnons ce qui suit:

Art. 1er. La requête du sieur Mourier est rejetée.

2. Notre ministre secrétaire d'état de l'intérieur est chargé de l'exécution de la présente ordonnance.

Ordonnance du 14 janvier 1818. (2848)

N°. 161.

CONTENTIEUX. — Justice gouvernementale. — Capitulation. — Confiscation. — Justice politique. — Prise maritime.

Lorsqu'un navire a été confisqué sur son propriétaire par une armée navale, non à la suite d'une prise en mer, mais à la suite d'une capitulation locale, le litige sur la validité de la confiscation ne peut être jugé que par le gouvernement. Ce n'est pas là du contentieux dont le Conseil d'état puisse connaître.

(Les sieurs Perier frères. — C. — les sieurs de la Morinière et consorts.)

LOUIS, etc.; — Sur le rapport du comité du contentieux;

Vu les requêtes à nous présentées au nom des sieurs Perier frères, négocians à Paris; lesdites requêtes enregistrées au secrétariat du comité du contentieux de notre Conseil d'état, les 24 mars, 27 mai, 2 juillet et 26 décembre 1817, tendantes à ce qu'il nous plaise les recevoir opposans à l'exécution de notre ordonnance du 19 mars 1817, et rapportant ladite ordonnance, annuller l'arrêté de conflit pris le 12 février 1817, par le préfet du département de la Seine-Inférieure; en conséquence, ordonner que les parties continueront à procéder, suivant les derniers erremens, devant les tribunaux ordinaires;

Vu l'arrêté du préfet du département de la Seine-Inférieure, du 12 février 1817, par lequel il a élevé le conflit d'attribution sur instance en revendication de la propriété du navire l'*Hendrick*, introduite devant le tribunal de commerce séant au Hâvre, par les sieurs Perier frères, négocians à Paris, contre les sieurs de la Morinière, Vancrosson et Monnier;

Vu notre ordonnance du 19 mars 1817;

Vu la requête présentée par lesdits sieurs Perier frères, au président du tribunal de commerce du Hâvre, le 16 septembre 1816, tendante à ce qu'attendu qu'ils ont acquis ledit navire l'*Hendrick* à Bordeaux, le 5 novembre 1813, par le ministère d'un courtier-juré, et que depuis ils n'en ont perdu la propriété, ni par une vente volontaire, ni par une confiscation régulière, il leur soit permis de faire saisir ledit navire l'*Hendrick*, étant actuellement dans le port du Hâvre, aux frais de qui il appartiendra, avec injonction au bureau d'expédition de la douane de ce port, de ne délivrer aucune expédition pour ledit navire, avant que, par justice, il en soit autrement ordonné;

L'ordonnance rendue sur ladite requête par le président du tribunal de commerce du Hâvre, le même jour 16 septembre 1816, portant: « soit fait ainsi qu'il est requis, aux périls et risques des opposans; »

Vu les lettres de notre ministre secrétaire d'état au département des affaires étrangères, au chancelier de France et à notre garde des sceaux ministre secrétaire d'état au département de la justice, des 25 octobre, 15, 25 et 29 novembre 1816, 29 janvier 1817 et 14 janvier dernier;

Vu les requêtes en réponse des sieurs Vancrosson, Monnier et de la Morinière, enregistrées au secrétariat du comité du contentieux de notre Conseil d'état, les 27 mai et 5 novembre 1817;

Ensemble toutes les pièces respectivement produites et jointes au dossier;

Considérant qu'il ne s'agit pas, dans l'espèce, d'une prise faite en mer, mais d'une confiscation par une armée navale, et d'une capitulation dont les conséquences ne peuvent être jugées que par le gouvernement;

Notre Conseil d'état entendu,

Nous avons ordonné et ordonnons ce qui suit:

Art. 1er. Les sieurs Perier frères sont reçus opposans à notre ordonnance du 19 mars 1817, et faisant droit sur ladite opposition, nous avons confirmé et confirmons ladite ordonnance.

2. Les parties défendront au fond, devant nous en notre Conseil d'état, et dans les délais du réglement.

3. Les sieurs Perier frères sont condamnés aux dépens.

4. Notre garde des sceaux ministre secrétaire d'état au département de la justice et notre ministre secrétaire d'état au département des affaires étrangères sont chargés, chacun en ce qui le concerne, de l'exécution de la présente ordonnance.

Ordonnance du 11 février 1818. (3235)

N°. 162.

LITISPENDANCE.

Encore que les tribunaux soient saisis de la demande en revendication d'un immeuble, si le demandeur forme une seconde demande devant la justice administrative relativement au même immeuble, tendante seulement à l'interprétation de l'acte d'adjudication dont se prévaut le défendeur, la justice administrative ne peut pas renvoyer pour cause de litispendance, les deux autorités n'ayant pas à juger la même question d'actes administratifs.

En général, la litispendance consiste, non pas seulement en ce que la même matière soit portée devant deux autorités, mais en ce que, relativement à la même matière, deux autorités différentes soient saisies de la connaissance des mêmes questions.

(Le sieur Devèze.)

LOUIS, etc.; — Sur le rapport du comité du contentieux;

Vu la requête à nous présentée au nom du sieur Devèze, enregistrée au secrétariat du comité du contentieux de notre Conseil d'état, le 1er. décembre 1817, et tendante à l'annullation d'un arrêté du conseil de préfecture du département du Cantal, du 10 mai 1817, lequel, sur la demande en interprétation d'un acte d'adjudication à lui passé le 15 messidor an 3, par l'administration du district de Saint-Flour, et attendu qu'il y aurait, au sujet de la même demande, litispendance devant les tribunaux, l'a renvoyé à se pourvoir, ainsi qu'il aviserait, pour faire régler la compétence;

Vu le jugement rendu le 2 frimaire an 4, par le tribunal du district de Saint-Flour;

Vu ledit arrêté du conseil de préfecture;

Ensemble les pièces jointes au dossier;

Considérant qu'il s'agissait, devant le conseil de préfecture, de l'interprétation d'un acte administratif; que cette interprétation ne peut être faite que par l'autorité administrative, et que la contestation portée entre les parties, devant les tribunaux, n'y faisait aucun obstacle.

Notre Conseil d'état entendu,

Nous avons ordonné et ordonnons ce qui suit:

Art. 1er. L'arrêté du conseil de préfecture du département du Cantal, du 10 mai 1817, est annullé.

2. Les parties sont renvoyées devant le même conseil de préfecture, pour y faire décider si le bois en litige est compris dans l'adjudication passée au sieur Devèze, le 15 messidor an 3, par l'administration du district de Saint-Flour.

3. Les dépens sont réservés jusqu'après jugement définitif de la contestation.

4. Notre garde des sceaux ministre secrétaire d'état de la justice et notre ministre secrétaire d'état de l'intérieur sont chargés, chacun en ce qui le concerne, de l'exécution de la présente ordonnance.

Ordonnance du 11 février 1818. (2863)

N°. 163.

ARRÊTÉ DES REPRÉSENTANS EN MISSION. — Déchéance.

Les arrêtés pris en vertu de la loi du 26 janvier 1793, par les représentans en mission ne pouvaient être réformés que par l'autorité dont ils tenaient leur mission; — et si, contre ces arrêtés, il n'y a pas eu réclamation, dans les six mois, auprès de l'autorité compétente, ainsi que le veut la loi du 25 ventose an 4, la déchéance est acquise.

(La dame veuve Allègre. — C. — le sieur Bérard.)

Par arrêté du 2 thermidor an 2, Maignet, représentant du peuple à Marseille, ordonna la démolition de plusieurs maisons pour aggrandir la place du Concert; et pour indemniser les propriétaires évincés, il nomma deux architectes chargés d'estimer la valeur des maisons démolies et d'en choisir de même valeur parmi celles des émigrés pour les donner en remplacement.

En conséquence, la maison du sieur Allègre fut démolie, et il reçut en échange celle du sieur Bérard.

Mais bientôt après, deux nouveaux représentans, Mariette et Chambon, rendirent deux arrêtés, en date des 24 et 28 germinal an 3, ordonnant que les propriétaires évincés seraient réintégrés dans leu maisons.

A cette époque, comme on l'a déjà dit, les maisons avaient été démolies, ainsi la réintégration des propriétaires était impossible. En conséquence, la commission des revenus nationaux écrivit, le 25 thermidor an 3, aux administrateurs du département, afin qu'ils eussent à régler l'indemnité due aux propriétaires.

Le sieur Bérard, étant rentré en France, s'adressa à l'administration centrale, pour obtenir d'être réintégré dans sa maison, donnée en échange au sieur Allègre, sauf à ce dernier son action en indemnité contre qui de droit.

Le 8 brumaire an 4, l'administration centrale ordonna que le sieur Bérard serait réintégré dans la possession de sa maison, et renvoya le sieur Allègre à se pourvoir en indemnité pour la démolition de la sienne.

Le sieur Allègre forma opposition à cet arrêté, qui ne reçut point d'exécution.

Les choses sont restées en cet état jusqu'en 1814. — A cette époque, le sieur Bérard a renouvellé sa demande; elle a été renvoyée devant le conseil de préfecture qui, le 17 janvier 1817, a rendu un arrêté portant : « le sieur Bérard est réintégré en possession et jouissance de la maison par lui revendiquée, le sieur Allègre est dépossédé et débouté de son opposition à l'arrêté de l'administration centrale des Bouches-du-Rhône du 8 brumaire an 4, dont l'exécution est ordonnée. »

Mais le conseil de préfecture accorda un sursis au sieur Allègre jusqu'à ce que sa décision eût été approuvée par le Conseil d'état.

La dame veuve Allègre, comme tutrice de ses enfans mineurs, et le sieur Allègre fils aîné, se sont pourvus contre cette décision.

Ils ont soutenu que le sieur Allègre avait été valablement saisi de la propriété de la maison du sieur Bérard, par l'arrêté du représentant du peuple Maignet;

Que cet arrêté n'avait point été un acte arbitraire dans lequel le représentant eût excédé ses pouvoirs, qui, à cette époque, étaient presque illimités; qu'en outre cet arrêté eût-il été contraire aux lois alors existantes, il ne pouvait être réformé que par l'autorité qui avait donné mission au représentant du peuple; c'est-à-dire par le Corps législatif; qu'en outre il aurait dû être dénoncé dans le délai de six mois, aux termes des articles 1 et 4 de la loi du 25 ventose an 4; qu'ainsi la demande en réintégration formée par le sieur Bérard devant le conseil de préfecture était non-recevable et mal fondée.

Pour le sieur Bérard, on a répondu, que l'arrêté du représentant du peuple Maignet ayant été annullé par ceux des représentans Mariette et Chambon, il ne pouvait former un titre en faveur du sieur Allègre; que d'ailleurs, il était contraire aux lois sur le mode d'aliénation des domaines nationaux; qu'au surplus la fin de non-recevoir établie par l'article 4 de la loi du 25 ventose an 4, contre les demandes en réformation d'arrêtés de représentans du peuple formées après le délai de six mois, ne pouvait lui être opposée; car ce n'était pas à lui à se pourvoir contre la décision du représentant du peuple Maignet, puisque cette décision avait été réformée par deux arrêtés postérieurs des représentans Mariette et Chambon, et par l'arrêté de l'administration centrale du 8 brumaire an 4; que c'était bien plutôt au sieur Allègre à qui l'on opposait ce dernier arrêté, qu'il importait de se pourvoir, et que par conséquent c'était à lui que pouvait être valablement opposée la déchéance prononcée par l'article 4 de la loi du 25 ventose an 4.

Sur ce est intervenue l'ordonnance dont la teneur suit :

LOUIS, etc.; — sur le rapport du comité du contentieux;

Vu la requête à nous présentée au nom de la dame veuve Allègre, au nom et comme tutrice de ses enfans mineurs, et par le sieur Allègre, fils majeur; ladite requête enregistrée au secrétariat du comité du contentieux de notre Conseil d'état, le 9 avril 1817, et tendante à l'annullation d'un arrêté de l'administration centrale du département des Bouches-du-Rhône, du 8 brumaire an 4, et d'un autre du conseil de préfecture du même département, du 17 janvier 1817, lesquels réintègrent le sieur Claude Bérard dans la possession et jouissance d'une maison située à Marseille, rue du Pavillon, qui avait été délaissée au sieur Allègre, en échange d'une autre maison qui lui appartenait, et dont la démolition fut ordonnée pour aggrandir la place du concert;

Vu lesdits arrêtés susdatés;

Vu la requête en réponse du sieur Bérard, enregistrée au secrétariat dudit comité du contentieux le 7 août 1817;

Ensemble toutes les pièces jointes au dossier et respectivement produites;

Considérant que les arrêtés pris en vertu de la loi du 26 janvier 1793 ne pouvaient être réformés que par l'autorité de laquelle ceux qui les avaient rendus tenaient leur mission; qu'un de ces arrêtés, en date du 12 thermidor an 2, avait autorisé l'échange de la maison en litige; que les dispositions de la loi du 26 janvier 1793, ont été depuis confirmées par la loi du 25 ventose an 4, et que le sieur Bérard ne s'étant pas pourvu contre l'arrêté du 12 thermidor an 2 devant le Corps législatif, et dans le délai de six mois, a encouru la déchéance prononcée par l'article 4 de la loi du 25 ventose an 4;

Considérant d'ailleurs, que la famille Allègre est en possession depuis plus de 20 ans de la maison en litige;

Notre Conseil d'état entendu,

Nous avons ordonné et ordonnons ce qui suit :

Art. 1er. Les arrêtés de l'administration centrale du département des Bouches-du-Rhône, du 8 brumaire an 4, et du conseil de préfecture dudit département du 17 janvier 1817, sont annullés.

2. La dame veuve Allègre, au nom qu'elle agit, et le sieur Allègre fils majeur, sont maintenus dans la propriété et jouissance de la maison en litige.

3. Le sieur Bérard est condamné aux dépens.

4. Notre ministre secrétaire d'état des finances est chargé de l'exécution de la présente ordonnance.

Ordonnance du 11 février 1818. (2856)

N°. 164.

1°. ADJUDICATION. — Domaines Nationaux. — Opposition.

2°. Acquiescement. — Liquidation.

1°. *Une adjudication nationale faite en l'an 3, est légalement consommée et réputée inattaquable, bien qu'il y ait eu opposition à la vente, si cette opposition avait été rejetée par le directoire du district.*

2°. *Un propriétaire dépouillé par une adjudication nationale, est réputé avoir acquiescé à cette adjudication, si ultérieurement il s'est pourvu en liquidation, bien que sa demande en liquidation ait été jugée non-recevable.*

(Le sieur de Cousso.)

Le sieur de Montlaur, ecclésiastique, fut incarcéré à Auch au mois de février 1793.

Le séquestre fut mis sur ses biens, et la vente en fut annoncée pour le 17 prairial an 3.

Par acte extrajudiciaire du 16 du même mois de prairial, le sieur de Montlaur s'opposa à ce qu'il fût passé outre à la vente de ses biens, attendu que d'après le décret du 14 floréal précédent, ils ne pouvaient pas être compris au nombre de ceux qui devaient être vendus.

Cependant sans égard à cette opposition, le district passa outre à la vente des biens séquestrés du sieur de Montlaur.

Le sieur de Montlaur et après lui le sieur de Cousso son unique héritier, se sont successivement adressés aux diverses autorités qui se sont succédées, pour réclamer contre l'invalidité de cette vente; leurs réclamations ont été vaines.

Enfin en janvier 1816, le sieur de Cousso a présenté une pétition au ministre des finances, pour demander la nullité de la vente, ou tout au moins qu'il fût procédé à une liquidation, afin qu'il pût se faire rembourser le prix et les intérêts de ses immeubles illégalement aliénés.

Sur cette pétition, le 27 décembre suivant, le comité des finances a donné l'avis suivant :

« Le comité des finances, sur le renvoi qui lui a été fait par son excellence le ministre secrétaire d'état au même département, de la demande du sieur de Cousso, tendante à l'annullation de la vente faite dans le département du Gers, le 17 prairial an 3, du domaine de Lafont ayant appartenu au sieur de Montlaur son oncle maternel, prêtre reclus à Auch au mois de février 1793, ou du moins, à obtenir le remboursement du prix de cette vente.

» Vu les trois pétitions du sieur de Cousso, des 12 janvier, 1er. avril et 23 novembre derniers.

» Une liasse de huit pièces, *constatant* les réclamations du sieur de Montlaur et ses parens.

» Une autre liasse de 11 pièces qui établissent que le sieur de Cousso est l'unique héritier de son oncle.

» Les observations et avis de M. le directeur général de l'administration des domaines des 22 mars, 18 octobre et 4 novembre derniers;

» Considérant que la vente du 17 prairial an 3, faite en exécution de la loi du 22 ventose an 2, a été légalement consommée.

» Que la créance du sieur de Montlaur ne peut plus être liquidée d'après les dispositions précises de l'art. 12 de la loi sur les finances du 15 janvier 1810.

» Estime que les demandes du sieur de Cousso ne sont pas admissibles. »

Cet avis a été approuvé par le ministre le 15 février 1817.

C'est contre cette décision que s'est pourvu le sieur de Cousso.

Sur son pourvoi est intervenue l'ordonnance suivante :

LOUIS, etc.; — Sur le rapport du comité du contentieux;

Vu la requête à nous présentée au nom du sieur de Cousso colonel d'état major, demeurant à Auch, enregistrée au secrétariat du comité du contentieux de notre Conseil d'état, le 23 avril 1817, tendante à l'annullation d'une décision de notre ministre des finances, en date du 15 février 1817, approbative d'un avis du comité de ce département, qui maintient la vente faite par le district d'Auch, le 17 prairial an 3, d'une propriété sequestrée sur le sieur Louis-Jean Gui de Montlaur son oncle, prêtre reclus, duquel il est seul héritier, et refuse de liquider le prix de cette vente;

Vu la décision attaquée;

Vu la lettre de notre ministre des finances, en date du 10 septembre 1817, en réponse à la communication qui lui avait été faite de la requête du sieur de Cousso, dans laquelle il adopte les observations contenues en un rapport fait au conseil d'administration des domaines, le 9 août précédent et dans une lettre du directeur général du 27 du même mois;

Vu lesdits rapports et lettres susdatés portant que la vente a été régulièrement faite, et que la liquidation du prix en provenant est aujourd'hui inadmissible;

Vu la requête en replique du sieur de Cousso, ensemble toutes les pièces produites;

Considérant qu'il avait été formé par la famille du sieur de Montlaur, une opposition à la vente du 17 prairial an 3; que cette opposition a été rejetée par le directoire du district d'Auch, qui avait droit d'en connaître; qu'ainsi la vente a été légalement consommée;

Considérant que l'acquiescement à cette vente résulte d'ailleurs du pourvoi en liquidation, formé par les héritiers de Montlaur, en l'an 12; mais que la liquidation n'ayant pas été opérée avant 1810, elle est tombée dans la déchéance résultant des lois de finances des 15 janvier 1810, 20 mars 1813 et 25 mars 1817;

Notre Conseil d'état entendu,

Nous avons ordonné et ordonnons ce qui suit :

Art. 1er. La requête du colonel de Cousso est rejetée.

2. Notre ministre secrétaire d'état des finances est chargé de l'exécution de la présente ordonnance.

Ordonnance du 11 février 1818. (2857)

N°. 165.

1°. LIQUIDATION. — Déchéance. — Chose jugée.

2°. Justice législative. — Droits privés en masse.

1°. Toute créance qui remonte à l'an 6, et qui n'a pas été liquidée par le conseil de liquidation générale, avant le 1er. juillet 1810, époque à laquelle le conseil a été supprimé, est frappée de déchéance par les lois sur les finances, des 28 avril 1816 et 25 mars 1817.

Peu importe qu'un décret de l'an 13 ait renvoyé le créancier à se pourvoir conformément aux lois, pour faire liquider ses créances montant à cent dix mille francs; la fixation des sommes n'est pas une liquidation, surtout y ayant renvoi à liquidation, conformément aux lois;

2°. Quel est le caractère d'un acte législatif prononçant, contre des particuliers pour des faits antérieurs, la déchéance de droits acquis. Est-ce de la législation ou de l'administration? n'est ce pas une espèce particulière de justice administrative, et, à cet égard, les particuliers intéressés n'ont-ils aucunes voies ouvertes pour faire entendre leurs réclamations?

(La dame vicomtesse de Puybusque.)

Par suite de l'émigration du sieur de Villeneuve, tous ses biens furent sequestrés et vendus;

La dame Marie de Villeneuve veuve Puybusque, sa sœur, avait des droits de co-propriété sur ces biens, et des reprises considérables à exercer, soit en vertu de son contrat de mariage, soit en vertu de différentes libéralités qui lui avaient été faites par les auteurs communs.

Elle s'empressa de réclamer contre cette vente, et demanda en même temps qu'il fût procédé à une liquidation de tout ce qui pouvait lui être dû.

Sa demande resta long-temps oubliée; cependant par un décret spécial du 26 fructidor an 13, ces ventes furent maintenues, et il fut ordonné qu'il serait procédé à la liquidation des sommes réclamées.

En conséquence un arrêté du préfet du Tarn, en date du 10 avril 1806, liquida la créance en capital et intérêts à 144,588 fr.

D'après les lois sur la matière, cette liquidation n'était que provisoire; elle ne pouvait être définitive qu'après la revision du conseil général de liquidation.

Le conseil fut saisi, de suite après la liquidation provisoire, de la demande en liquidation définitive.

Plusieurs années se sont écoulées sans qu'il ait été procédé à la liquidation demandée; et lors de la suppression de ce conseil, au 1er. juillet 1810, il n'avait encore été rien statué.

La dame de Puybusque s'adressa au ministre des finances pour obtenir une liquidation definitive.

Sur sa demande le comité des finances donna l'avis suivant:

» Le comité des finances, sur le renvoi qui lui a été fait par le ministre secrétaire d'état au même département, de la demande de madame la vicomtesse de Puybusque, tendante à obtenir la confirmation de la liquidation provisoire faite par un arrêté du préfet du Tarn, en date du 10 avril 1806, en exécution d'un décret du 26 fructidor an 13, d'une créance composée 1°. de la somme de 60,000 fr. restant due à la réclamante sur sa constitution dotale, portée en son contrat de mariage du 20 octobre 1785; 2°. d'une autre somme de 50,000 fr. que la dame de Villeneuve sa mère s'est réservée pour en disposer à son gré, dans la donation par elle faite de tous ses biens, au profit du sieur Louis-Marie de Villeneuve son fils, ainsi qu'il résulte du contrat de mariage de celle-ci; 3°. enfin d'une somme de 34,588 liv. 17 sols 9 deniers, pour les intérets des deux capitaux sus-énoncés.

» Vu le décret du 26 fructidor an 13, et l'arrêté du 10 avril 1806, ensemble les autres pièces jointes.

» Considérant que le décret du 26 fructidor an 13, ayant renvoyé la dame de Puybusque à se pourvoir conformément aux lois pour faire liquider les deux sommes montant à 110,000 francs, il est évident que cette créance n'a pas été exceptée de l'application des lois communes aux créanciers de l'état.

» Que ladite créance remonte à l'an 6, époque du décès de madame de Villeneuve.

» Que n'ayant pas été liquidée par le conseil de la liquidation générale, avant le 1er. juillet 1810, époque à laquelle ce conseil a été supprimé, elle se trouve frappée de déchéance par la législation actuelle concernant les créances anciennes, et notamment par les lois sur les finances des 28 avril 1816 et 25 mars dernier.

» Estime qu'il n'y a pas lieu par le ministre, d'accueillir la réclamation de madame de Puybusque. »

Cet avis fut appouvé par le ministre le 6 septembre 1817.

C'est contre cette décision que la dame Puybusque a exercé son recours.

Dans son intérêt on a dit.

» D'après le dernier considérant de l'avis du comité des finances, la dame de Puybusque se trouverait frappée de déchéance, d'abord « pour n'avoir pas été liquidée par le conseil de la liquidation générale avant la suppression de ce conseil, ensuite par la législation actuelle concernant les créances anciennes, et notamment par les lois sur les finances des 28 avril 1816 et 25 mars 1817. »

» Quant à la première déchéance, il est évident

qu'elle n'a pas été encourue par le fait de la dame de Puybusque, puisque pendant les quatre années qui ont précédé la suppression du conseil de liquidation générale, elle a constamment sollicité la confirmation de la liquidation provisoire faite en 1806; on n'a donc aucun reproche à lui faire à cet égard puisqu'il n'était pas en son pouvoir d'obtenir par un acte de justice que l'autorité, qui le refusait, avait intérêt et intention de ne point accorder.

» Si ce principe était admis, il faudrait regarder comme véritablement libéré tout débiteur qui devant payer ou plutôt cesser de payer à une époque déterminée, aurait conservé dans ses mains les titres de son créancier, sans les vérifier pour lui dire ensuite au jour fixé : le temps ou la volonté m'ont manqué pour examiner le titre de votre créance, vous êtes déchu, je ne vous dois rien. De semblables prétentions ne sauraient être accueillies.

» A l'égard de la seconde déchéance, que le même considérant fait résulter *de la législation actuelle concernant les créances anciennes*, et notamment des lois sur les finances des années 1816 et 1817, elle n'est pas mieux fondée; mais avant d'examiner ces lois, il ne sera pas inutile d'en rappeller deux précédentes dont celles-ci ne font que completter le développement.

» La première est la loi sur les finances du 20 mars 1813; elle porte, titre 2, article 7, « tout ce qui reste dû pour les exercices 1809 et antérieurs, jusques et compris l'an 9 (1801) sera inscrit au grand livre de la dette publique. A cet effet un crédit d'un million de rentes, est mis à la disposition du ministre des finances.»

» On a déjà vu que le décret du 13 fructidor an 13, avait expressément relevé les créances de madame de Puybusque, de la déchéance prononcée contre les créances antérieures à l'an 9.

» Les siennes (en les supposant appartenir à l'an 6) ainsi réintégrées dans la cathégorie des créances de l'an 9, sont donc susceptibles de l'application de l'article cité.

La seconde loi est celle du 23 septembre 1814; l'article 22 du titre 3 est ainsi conçu :

« Les budjets des années 1809 et antérieures, 1810, 1811, 1812 et 1813, sont clos au 1er. avril 1814, et réunis sous le titre de dépenses de l'année 1813 et antérieures, sans distinction de fonds généraux et spéciaux.

Art 23 » Les créances pour dépenses antérieures au 1er. avril 1814, seront liquidées et ordonnancées par le ministre, dans la forme ordinaire.»

» Il est constant toujours en admettant le point de droit et de fait, que le décret spécial de fructidor an 13, a réintégré les créances de madame de Puybusque dans la classe des créances de l'an 9; il est constant disons-nous, que ses créances sont du nombre de celles que les deux articles ci-dessus ont en vue, et que leur application est incontestable.

» Après avoir cité ces deux lois de 1813, et de 1814, il convient également de rappeler le texte de celles des 28 avril 1816 et 25 mars 1817.

» L'article 12 de la loi du 28 avril 1816 porte :

« Les créances antérieures au 1er. avril 1814, et les dépenses restant à acquitter sur les neuf derniers mois de 1814 et sur l'exercice de 1815, en excédant des recettes de ces deux exercices, seront réunies sous le titre d'arriéré antérieur au 1er. janvier 1816. »

Art. 13 « Les créances arriérées pour lesquelles il n'a pas encore été délivré d'obligations en exécution de la loi du 23 septembre 1814, continueront a être liquidées conformément aux lois existantes et dans les formes déterminées par les ordonnances de sa majesté. »

La loi du 25 mars 1817, titre 1er., art. 1er., porte :

» Les dispositions relatives au paiement de l'arriéré antérieur à 1816, contenues dans les art. 12, 13 et 14 de la loi du 28 avril dernier, continueront d'être exécutées avec les modifications et complémens ci-après.

Art. 4 » L'arriéré antérieur à 1816, se compose des dettes ci-après désignées.

» 1°. Des créances de 1809 et années antérieures jusques et compris l'an 9, lesquelles continueront d'être acquittées conformément à la loi du 20 mars 1813, sauf l'augmentation de crédit en rentes qui serait ultérieurement jugé nécessaire etc.»

» Ces articles sont précis, ils sont tous favorables aux réclamations de la dame de Puybuque, et l'on ne peut trop s'étonner que le comité des finances ait pu les invoquer comme auxiliaires de la législation actuelle sur les créances anciennes. »

Au soutien de la décision du ministre, on a dit :

» La dame de Puybusque ne peut exciper du décret du 26 fructidor an 13; ce décret maintient les ventes dont elle demandait l'annullation.

» Puis il la renvoie à se faire liquider d'après les lois existantes.

» Il la range donc dans la classe commune de tous les créanciers de l'état, et il était inutile qu'il portât en sa faveur, et, par exception, un ordre de liquider, puisque la loi générale permettait sa liquidation.

» C'est donc un renvoi et non pas un ordre que prononce ce décret.

» La dame de Puybusque forme en conséquence sa demande devant le conseil général de liquidation alors existant.

» Le conseil est supprimé par le décret du 13 décembre 1809, confirmé par la loi des finances du 15 janvier 1810.

» Aucune autorité n'a été substituée à ce conseil, seulement l'administration des domaines a été autorisée à liquider les créances de cette nature, admises en paiement de biens nationaux.

» Mais la dame de Puybusque n'ayant pas fait de sa créance un pareil emploi, se trouve ainsi hors de l'exception.

» Elle est enveloppée dans la déchéance commune, qui frappe toutes les créances antérieurement soumises au conseil général de liquidation, et pour lesquelles les lois de finances n'ont ouvert aucuns nouveaux crédits.

» C'est avec non moins de raison que le comité des finances applique à cette réclamation les lois des 20 mars 1813, 23 septembre 1814 et suivantes.

» En effet, ces lois n'assignent de crédit au ministre des finances que pour les créances jusques et y compris l'an 9.

» Or, la créance de la dame de Puybusque est antérieure à cette époque; elle ne saurait donc plus être admise en liquidation d'après les lois actuellement en vigueur. »

Sur ce est intervenue l'ordonnance suivante :

LOUIS, etc.; — Sur le rapport du comité du contentieux ;

Vu la requête à nous présentée au nom de la dame Marie-Jeanne de Villeneuve Dariffat, veuve du sieur Bernard, vicomte de Puybusque, enregistrée au secrétariat du comité du contentieux de notre Conseil d'état, le 8 décembre 1817, par laquelle elle nous demande qu'il nous plaise annuller une décision de notre ministre secrétaire d'état des finances, en date du 6 septembre 1817, qui a rejeté sa demande, tendante à obtenir la confirmation de la liquidation provisoire, faite au profit de la requérante, par arrêté du préfet du département du Tarn, du 10 avril 1806, en exécution d'un décret du 26 fructidor an 13, de créances montant en capitaux et intérêts à environ cent cinquante mille francs;

Vu le décret du 26 fructidor an 13;

Vu la décision attaquée de notre ministre secrétaire d'état des finances, en date du 6 septembre 1817, portant rejet de la réclamation de ladite dame de Puybusque, par le motif que le décret du 26 fructidor an 13, ayant renvoyé la dame de Puybusque à se pourvoir conformément aux lois pour faire liquider les deux sommes montant à cent dix mille livres, il est évident que cette créance n'a pas été exceptée des lois communes aux créanciers de l'état; que ladite créance remonte à l'an 6, époque du décès de la dame de Villeneuve, mère de la requérante; que, n'ayant pas été liquidée par le conseil de liquidation générale, avant le 1er. juillet 1810, époque à laquelle ce conseil a été supprimé, elle se trouve frappée de déchéance par la législation actuelle concernant les créances anciennes, et notamment par les lois sur les finances des 28 avril 1810 et 25 mars 1816;

Adoptant les motifs de la décision ci-dessus.

Notre Conseil d'état entendu,

Nous avons ordonné et ordonnons ce qui suit :

Art. 1er. La requête de la dame vicomtesse de Puybusque est rejetée.

2. Notre ministre secrétaire d'état des finances est chargé de l'exécution de la présente ordonnance.

Ordonnance du 11 février 1818. (2864)

No. 166.

COMPTABLE.—Préposé.—Trésor public.

Le préposé d'un comptable n'est responsable du contenu de sa caisse qu'envers son mandant, s'il n'a été accrédité par le trésor public; si donc, par suite d'un déficit, le trésor a poursuivi le préposé comme détenteur de fait, des deniers du trésor, la circonstance que le comptable désintéresse le trésor, doit faire cesser toutes poursuites administratives contre le préposé, il ne reste plus à débattre que des droits privés; ce qui regarde les tribunaux.

(Le sieur Caraven. — C. — le sieur Andrieu.)

Le sieur Caraven était préposé du payeur de la neuvième division militaire à Alby; il n'avait jamais été accrédité par le trésor public.

S'étant trouvé dans sa caisse un déficit de 2544 fr. 21 cent., le sieur Andrieu-Eugène, payeur, le remplit.

Postérieurement, voulant obtenir son remboursement, Andrieu-Eugène se pourvut, contre Caraven, devant le ministre des finances.

Le ministre, par décision du 27 mars 1817, condamna Caraven au remboursement demandé.

Caraven a réclamé, devant le Conseil d'état, l'annullation de cette décision, prétendant que le débet de la caisse une fois rempli, l'administration avait été pleinement désintéressée, et était devenue tout-à-fait étrangère au débat particulier existant entre Andrieu et lui, lequel ne pouvait être vidé que par les tribunaux.

En cet état est intervenue l'ordonnance suivante :

LOUIS, etc.; — Sur le rapport du comité du contentieux ;

Vu la requête à nous présentée au nom du sieur Caraven, ex-préposé du payeur de la guerre à Castres, département du Tarn, enregistrée au secrétariat du comité du contentieux de notre Conseil d'état, le 25 juillet 1817, et tendante à l'annullation d'une décision de notre ministre des finances, en date du 27 mars précédent, qui ordonne le versement au trésor par ledit Caraven, d'une somme de 2544 francs 21 cent. à la décharge du sieur Andrieu-Eugène, payeur du même département ;

Vu la décision attaquée ;

Vu le mémoire en défense du sieur Andrieu - Eugène, par lequel il conclut à ce que, sans s'arrêter ni avoir égard à l'opposition du sieur Caraven, il soit passé outre aux poursuites commencées ;

Vu enfin toutes les pièces produites ;

Considérant que le sieur Caraven était le préposé particulier du sieur Andrieu-Eugène ; qu'il n'a jamais été accrédité par le trésor public ; que dès-lors il n'était responsable du contenu de sa caisse qu'envers le sieur Andrieu-Eugène ;

Considérant que le trésor ayant été désintéressé par le sieur Andrieu-Eugène son agent direct, est et doit rester étranger aux contestations que ce paiement a fait naître entre les sieurs Eugène et Caraven, et que ces contestations sont du ressort des tribunaux ordinaires ;

Notre Conseil d'état entendu,

Nous avons ordonné et ordonnons ce qui suit :

Art. 1er. La décision de notre ministre des finances, du 27 mars 1817, ensemble les poursuites et actes conservatoires faits en conséquence contre le sieur Caraven, sont annullés, sauf aux parties à se pourvoir comme elles l'aviseront, devant les tribunaux.

2. Le sieur Andrieu-Eugène est condamné aux dépens.

3. Notre ministre secrétaire d'état des finances est chargé de l'exécution de la présente ordonnance.

Ordonnance du 11 février 1818. (2859)

No. 167.

DOMAINES NATIONAUX. — Jouissance provisoire. — Compte (reddition de).

La disposition de l'art. 3 de la loi du 5 décembre 1814, sur les décomptes pour paiement de domaines nationaux, ne s'applique pas aux redditions de comptes pour cause de jouissance provisoire, les cohéritiers de l'émigré réintégré doivent, pour cette reddition de comptes, être assignés devant les tribunaux.

(Les sieurs de Bougy et consorts.)

Les sieur et dame de Bougy avaient obtenu, en exécution de la loi du 13 ventose an 3, la jouissance provisoire des biens du marquis de Bougy, qui étaient frappés du séquestre, à raison de son émigration.

En 1815, les sieur et dame de Colleville, héritiers du marquis de Bougy, ont demandé compte aux sieur et dame de Bougy de leur jouissance.

La contestation portée devant le tribunal de Rouen, ce tribunal, par jugement du 9 mai 1816, s'est déclaré incompétent, et a renvoyé les parties devant la juridiction administrative.

3 février 1817, le conseil de préfecture de la Seine-Inférieure se déclare aussi incompétent.

Sur le pourvoi devant le Conseil d'état, à l'effet de faire cesser ce conflit négatif, est intervenue, le 16 juillet 1817, l'ordonnance suivante :

« Considérant que l'article 3 de la loi du 5 décembre 1814 n'est applicable qu'aux décomptes pour acquisitions de biens nationaux, et qu'il s'agit, dans l'espèce, d'une addition de compte, par suite d'une jouissance provisoire ;

» Considérant que l'action en reddition de compte, pour cause de jouissance provisoire des sieur et dame Hue de Bougy, ayant été restituée à la dame de Colleville, en exécution de la loi du 5 décembre 1814, les contestations qu'elle peut faire naître, rentrent dans le droit commun, et doivent être jugées par les tribunaux ordinaires ;

» Notre Conseil d'état entendu, nous avons ordonné et ordonnons ce qui suit :

» Art. 1er. Le jugement rendu le 9 mai 1816, par le tribunal de première instance séant à Rouen, est considéré comme non avenu ; les parties se retireront devant le même tribunal, pour y procéder de nouveau.

» 2. Notre garde des sceaux ministre secrétaire d'état de la justice et notre ministre secrétaire d'état de l'intérieur sont chargés de l'exécution de la présente ordonnance. »

Les sieur et dame de Bougy se sont pourvus contre cette ordonnance rendue par défaut contre eux, et ont demandé à être renvoyés devant la juridiction administrative.

Après avoir observé qu'il était pour eux d'un grand intérêt que le compte fût rendu devant l'administration, puisque l'administration, qui avait concédé la jouissance provisoire, détenait les pièces justificatives, et que d'ailleurs les longueurs de la procédure ordinaire se trouveraient par-là évitées, les demandeurs ont prétendu que la compétence administrative résultait évidemment de l'ordonnance du Roi, du 21 août 1814, et de la loi du 5 décembre 1814.

D'abord, ont-ils dit, pour ce qui est de l'ordonnance du 21 août, son article 2 porte expressément que les émigrés ne sont réintégrés dans leurs droits, que sous la réserve des droits acquis à des tiers, et sans y préjudicier.

Or, c'était bien un droit acquis aux sieur et dame de Bougy que celui de ne compter que dans la forme administrative ; que celui, surtout, de se rembourser sur les recettes que leur père avait pu faire, de leur moitié des revenus indûment préhendée par la nation pour le fait d'autrui.

Quant à la loi du 5 décembre, il faut faire observer d'abord que, soit dans son préambule, soit par la disposition formelle de son article premier, elle proclame le même respect pour les droits déjà acquis à des tiers.

Mais ce qui écarterait tous les doutes, si la maxime générale, en matière de comptabilité, pouvait en laisser, c'est la disposition de l'article 3 de cette loi, ainsi conçue :

« Il n'y aura lieu à aucune remise des fruits perçus ; néanmoins les sommes provenant de décomptes faits ou à faire, et les termes échus et non payés, ainsi que les termes à écheoir du prix des ventes des biens nationaux provenant d'émigrés, seront perçus par la caisse du domaine, *qui en fera* la remise aux anciens propriétaires desdits biens, à leurs héritiers ou ayant-cause. »

Deux conséquences à tirer, dans l'espèce, de la disposition de cet article.

L'une, que, puisqu'il ne doit y avoir aucune remise des fruits perçus, les fruits que réclament les sieur et dame de Colleville, sont passibles de la compensation légale, pour la moitié que la nation avait préhendée antérieurement, au préjudice du sieur de Bougy ; et que, dans tous les cas, et pour ce qui regarde la compétence, c'est là une question à laquelle le gouvernement a un intérêt propre et direct.

La seconde conséquence à tirer de l'article 3, c'est que le législateur a voulu que toutes les sommes qui reviendraient aux ci-devant émigrés, soit pour fruits non perçus, soit pour solde de décomptes faits ou à faire, ou pour prix non encore acquitté de leurs biens vendus, leur seront remis par la caisse du domaine, laquelle, par une conséquence évidente et nécessaire, était chargée de liquider avec les débiteurs, et de recevoir d'eux ces sommes qu'elle était ainsi autorisée à remettre aux émigrés, comme intermédiaire nécessaire entre eux et les débiteurs.

Si la lettre de la loi est précise, son esprit n'est pas moins évident.

Après avoir dit, dans l'article 4, que les biens réunis au domaine, à titre non onéreux, seront rendus aussi, la loi dispose ainsi dans l'art. 5 :

« Dans le cas seulement de l'article précédent, les anciens propriétaires, leurs héritiers ou ayant-cause, seront tenus de verser dans la caisse du domaine, pour être remis à l'acquéreur déchu, les à-comptes qu'il aurait payés ; la liquidation de ces à-comptes sera faite administrativement, au domaine même, suivant les règles accoutumées. »

La loi veut que les à-comptes à rembourser par les émigrés, soient versés dans la caisse du domaine ; elle veut que ce soit le domaine qui les rende aux acquéreurs déchus ; elle ordonne une liquidation administrative. Elle interdit donc toute relation, tout démêlé *direct* entre l'émigré et l'acquéreur ; elle veut donc encore par cet article, comme elle l'avait voulu par l'article 3, que l'autorité administrative devienne un intermédiaire et un juge nécessaire, entre les ci-devant émigrés et les débiteurs ou les créanciers.

Telle est l'évidence de ces principes et de leur conséquence, qu'il est désormais impossible de leur opposer rien qui ne soit complétement refuté à l'avance.

Ainsi, ce sera une erreur que de prétendre que l'article 3 de la loi du 5 décembre n'est applicable qu'aux décomptes pour acquisition de biens nationaux ; lorsque cet article et l'art. 5 embrassent toutes les actions, tous les droits actifs ou passifs qu'il peut y avoir à régler entre les émigrés réintégrés et les acquéreurs ou possesseurs de leurs biens lorsque l'entière économie de la loi, d'accord avec les principes généraux, veut que l'autorité administrative devienne un intermédiaire nécessaire, entre des parties qui n'ont jamais contracté ensemble, et que la saine politique ne permet pas de mettre en présence devant les tribunaux.

Ainsi, ce sera une autre erreur que de dire que l'action en reddition de compte ayant été restituée à la dame de Colleville, réintégrée dans ses droits civils, les parties, pour tout ce qui regarde cette action, doivent rentrer sous l'empire du droit commun ; car, d'une part, la réintégration du propriétaire ne peut changer la qualité de comptable administratif acquise antérieurement au rendant compte ; et d'autre part, cette réintégration ne pourrait, sans rétroagir, dénaturer le principe et l'essence du compte, anéantir une compensation à laquelle le gouvernement et le comptable ont un intérêt manifeste et un droit désormais immuable.

En cet état est intervenue l'ordonnance suivante :

LOUIS, etc. ; — Sur le rapport du comité du contentieux ;

Vu la requête à nous présentée au nom des sieurs Henri Hue marquis de Bougy, Frédéric Hue de Bougy, Ferdinand Hue de Bougy, demoiselle Henriette de Bougy, dame Charlotte Hue de Bougy, épouse du sieur marquis d'Anvers, et celui-ci pour l'autorisation, tous héritiers du feu sieur marquis de Bougy, leur père et beau-père et se portant fort de la dame de Brossard, sa veuve, leur mère et belle-mère ;

Ladite requête enregistrée au secrétariat du comité du contentieux de notre Conseil d'état le 27 novembre 1817, et tendante à l'annullation de notre ordonnance du 16 juillet 1817, rendue au rapport de notredit comité du contentieux sur un conflit négatif qui existait entre le tribunal de première instance séant à Rouen et le conseil de préfecture du département de la Seine-Inférieure, au sujet d'une demande formée devant ledit tribunal par la dame Brossard de Grosménil, épouse autorisée du sieur de Colleville, contre les héritiers des sieur et dame de Bougy, en reddition de compte de la gestion et administration de la part de ses biens, dont leurs auteurs furent envoyés en jouissance provisoire par arrêté de l'administration centrale du département de la Seine-Inférieure, en date du 2 vendémiaire an 4, à la charge de donner caution et de rendre compte ;

Vu le jugement rendu le 9 mai 1816, par le tribunal de première instance séant à Rouen ;

Vu l'arrêté, en date du 1er. février 1817, pris par le conseil de préfecture du département de la Seine-Inférieure;

Vu notre ordonnance du 16 juillet 1817, qui annulle ledit jugement, et renvoie les parties devant le tribunal de première instance de Rouen, pour y procéder de nouveau, par le motif que l'article 3 de la loi du 5 décembre 1814, n'est applicable qu'aux décomptes pour paiement de domaines nationaux, et qu'il s'agit, dans l'espèce, d'une reddition de compte pour cause de jouissance provisoire, et que l'action en reddition de compte pour cause de jouissance provisoire, des sieurs et dame Hue de Bougy, ayant été restituée à la dame de Colleville, en exécution de la loi du 5 décembre 1814, les contestations qu'elle peut faire naître rentrent dans le droit commun, et doivent être jugées par les tribunaux ordinaires;

Vu toutes les autres pièces jointes au dossier:

Considérant que les moyens d'opposition proposés par le sieur marquis de Bougy et consorts, ne sont pas suffisans pour détruire les motifs exprimés dans notre ordonnance du 16 juillet 1817 ci-dessus relatée;

Notre Conseil d'état entendu,

Nous avons ordonné et ordonnons ce qui suit:

Art. 1er. Notre ordonnance du 16 juillet 1817 est maintenue.

2. Notre garde des sceaux ministre secrétaire d'état de la justice est chargé de l'exécution de la présente ordonnance.

Ordonnance du 11 février 1818. (2862)

N°. 168.

CONTENTIEUX. — Recours au Roi. — Tontine.

Le recours autorisé par l'article 40 du réglement du 22 juillet 1806, ne s'étend pas aux matières et décisions contentieuses, notamment au litige entre les intéressés de la tontine.

(Le sieur Tolozé de Jabin.)

En juillet 1792, le sieur Tolozé publia le prospectus d'une tontine appelée Pacte-Social, et le réglement organique de cette association.

Dans l'intervalle de 1792 à 1796, le sieur Tolozé fit des acquisitions de biens-fonds au nom de l'établissement qu'il projetait.

Il paraît que, dans cet espace de temps, les actions dont la tontine projetée devait être composée, ne furent pas distribuées en totalité.

En l'an 5, le sieur Tolozé proposa une nouvelle tontine, qui fut plus favorablement accueillie par le public que celle qu'il avait projetée en 1792.

De vives et longues contestations s'élevèrent bientôt entre les deux tontines et le sieur Tolozé, sur la propriété des biens-fonds acquis par ce dernier dans l'intervalle de 1792 à 1796, au nom de l'établissement qu'il dirigeait.

Le Gouvernement d'alors, qui eut connaissance de ces contestations, rendit un décret le 9 février 1810, par lequel l'établissement du sieur Tolozé fut mis en régie provisoire, et renvoya l'examen de la comptabilité arriérée du sieur Tolozé à la cour des comptes.

Par ordonnance royale du 25 octobre 1814, ce décret a été confirmé, et la vente des biens acquis par le sieur Tolozé a été ordonnée.

Déjà M. le préfet du département avait fait afficher la vente d'une grande partie de ces biens, lorsque le sieur Tolozé forma opposition à cette vente, et assigna l'Etat, en la personne du préfet, devant le tribunal de Caen, pour revendiquer la propriété.

Il se pourvut en même temps devant le Conseil d'état, pour être reçu opposant à l'exécution du décret du 9 février 1810 et de l'ordonnance du 25 octobre 1814, et à ce qu'il plût ordonner, conformément à l'article 40 du réglement du 22 juillet 1806, la révision du décret et de l'ordonnance par une section du Conseil d'état ou par une commission.

Cet art. 40 est ainsi conçu:

« Lorsqu'une partie se croira lésée dans ses droits ou sa propriété, par l'effet d'une décision de notre Conseil d'état rendue en matière *non contentieuse*, elle pourra nous présenter une requête pour, sur le rapport qui nous en sera fait, être l'affaire renvoyée, s'il y a lieu, soit à une section du Conseil d'état, soit à une commission. »

Pour établir que son pourvoi était recevable contre le décret et l'ordonnance, le sieur Tolozé a dit:

« Ce décret et cette ordonnance sont des actes de propre mouvement, qui n'ont été motivés que sur le rapport d'un ministre.

» Le Conseil d'état n'a point été saisi de l'affaire par la volonté des parties litigantes.

» Les mémoires, les requêtes des adversaires, les pièces qu'ils ont produites, rien n'a été signifié, rien n'a été communiqué au sieur Tolozé.

» Si la religion de l'autorité souveraine a été surprise, si un simple travail de bureau a servi de base à une ordonnance royale, si les lois fondamentales ont été violées, il est toujours permis aux citoyens de signaler ces aberrations administratives, et de réclamer la révision des ordonnances qui portent atteinte aux garanties constitutionnelles.

» L'article 40 du réglement, sainement entendu, doit s'appliquer à toutes les décisions qui, n'ayant point subi d'instruction au comité du contentieux, ont cependant prononcé sur des intérêts contentieux.

» S'il en était autrement, il dépendrait de la volonté

des ministres de provoquer des ordonnances qui statueraient sur les droits et la fortune des particuliers sans distinction préalable et contradictoire.

» Ainsi se trouveraient foulés aux pieds les priviléges et les attributions de l'autorité judiciaire.

» Ainsi une ordonnance de propre mouvement, insérée au Bulletin des lois, priverait un propriétaire de ses biens et de tous les résultats de son industrie.

» Et si ce propriétaire ne lisait point avec une attention, de tous les jours, les ordonnances confondues dans le Bulletin des lois, il serait déchu de tout recours, trois mois après l'insertion au Bulletin.

» Un tel système est intolérable et attentatoire aux droits sacrés de la propriété.

» La promulgation, par la voie des bulletins, est parfaite sans doute, mais c'est lorsqu'il s'agit de lois générales et réglemens d'ordre public, et non pas de décisions intervenues dans les intérêts privés.

» Ces principes, conformes à la raison, à l'équité, sont encore consacrés par le droit commun des Français, par leur jurisprudence de tous les temps, et les magistrats qui composent les conseils de Sa Majesté s'empresseront de les accueillir et de les proclamer. »

Sur quoi a été rendue l'ordonnance suivante :

LOUIS, etc.; — Sur le rapport du comité du contentieux ;

Vu la requête à nous présentée au nom du sieur Tolozé de Jabin, enregistrée au secrétariat du comité du contentieux de notre Conseil d'état, le 4 novembre 1817, et tendante à ce qu'il nous plaise,

1°. Admettre son opposition à l'exécution du décret du 9 février 1810, et de notre ordonnance du 25 octobre 1814 ;

2°. Annuller ledit décret et rapporter ladite ordonnance ;

3°. Renvoyer le requérant et les autres parties intéressées pour la décision de leurs contestations devant les juges qui en doivent connaître ;

4°. Réintégrer le requérant dans l'administration de ses biens, sous la surveillance des commissaires de la tontine ou de telles autres personnes qu'il nous plaira d'y préposer, à la charge que les revenus des biens-fonds, distraction faite des frais indispensables d'administration, seront versés à la caisse des dépôts et consignations, jusqu'à la décision de la question de propriété, et l'apurement des comptes du sieur Tolozé, antérieurs au 9 février 1810 ;

5°. Autoriser le requérant à convoquer une assemblée générale des actionnaires pour arrêter un plan de réorganisation de la tontine, qui sera soumis à notre approbation, ou pour aviser à la liquidation de cette tontine ;

Et subsidiairement à ce qu'il nous plaise ordonner, conformément à l'article 40 du réglement du 22 juillet 1806, la révision du décret et de l'ordonnance par une section de notre Conseil d'état ou par une commission ;

Vu notre ordonnance du 24 mai 1816, rendue sur la requête du sieur Tolozé de Jabin ; ladite requête enregistrée au secrétariat du comité du contentieux de notre Conseil d'état, le 13 mai 1815, et tendante aux mêmes fins que celle que ledit sieur nous présente aujourd'hui ;

Vu l'avis du Conseil d'état sur les associations de la nature des tontines, approuvé le 1er. avril 1809 ;

Vu le décret du 7 février 1810 ;

Vu notre ordonnance du 25 octobre 1814 ;

Ensemble toutes les autres pièces jointes au dossier ;

Considérant que les questions qui nous sont aujourd'hui soumises par le sieur Tolozé, ont déjà été contradictoirement et définitivement jugées avec lui, et sur sa propre requête par notre ordonnance du 24 mai 1816 ;

Considérant, à l'égard des conclusions subsidiaires, nouvellement prises par le sieur Tolozé, que le recours, autorisé par l'article 40 du réglement du 22 juillet 1806, n'est pas ouvert aux parties par ledit article, lorsqu'il s'agit d'une matière contentieuse ;

Notre Conseil d'état entendu,

Nous avons ordonné et ordonnons ce qui suit :

Art. 1er. La requête du sieur Tolozé de Jabin est rejetée.

2. Notre ministre secrétaire d'état de l'intérieur est chargé de l'exécution de la présente ordonnance.

Ordonnance du 11 février 1818. (2861)

N°. 169.

CONTRIBUTION.—Remboursement.

Le propriétaire qui a vendu une partie de ses propriétés, si les rôles de contribution ne le déchargent pas et s'il paie les contributions pour les objets vendus comme pour les objets qu'il conserve, doit s'adresser à la justice administrative et non à la justice des tribunaux, pour obtenir le remboursement des contributions assises sur les fonds vendus.

(Le sieur Nicolas Maire.—C.—le sieur Antoine Maire.)

En 1816, le sieur Antoine Maire se rendit acquéreur d'un pré ayant appartenu au sieur Nicolas Maire, et s'obligea à en payer la contribution pour le second semestre de 1816.

Le sieur Nicolas Maire ayant négligé de faire opérer ce changement de mutation sur le rôle de la contribution foncière, le percepteur des contributions réclama de lui la somme à laquelle le pré dont il s'agit était imposé; sur son refus de payer, il fut procédé à la saisie de ses meubles.

Le sieur Nicolas Maire cita le sieur Antoine Maire devant le juge de paix pour qu'il fût condamné à lui payer 26 francs, tant pour moitié des impositions dues pour le pré dont il s'agit, que pour les frais des poursuites dirigées contre lui Nicolas Maire par le percepteur.

Le 23 décembre 1816, jugement du juge de paix, rendu par défaut, au profit du sieur Nicolas Maire.

Sur l'opposition du sieur Antoine Maire à ce jugement, le même magistrat confirma, le 6 janvier 1817, sa décision précédente, en se fondant sur ce que l'acquéreur devait, de son propre aveu, l'impôt dont le sieur Nicolas Maire réclamait le remboursement, et à raison duquel ses meubles avaient été saisis, et en outre, sur ce que ledit acquéreur s'était formellement obligé, par suite des conventions qu'il avait consenties, à payer la contribution à laquelle le pré par lui acquis était assujéti.

Le sieur Antoine Maire dénonça ce jugement du juge de paix, au préfet du département de la Haute-Saône, qui, par arrêté du 7 mars 1817, éleva le conflit sur le motif que, d'après l'arrêté du Gouvernement du 16 thermidor an 8, et une circulaire du ministre des finances du 17 germinal an 9, chaque préfet dans son département, pouvait, en matière de contributions directes, déterminer le genre de poursuites qu'il croirait le plus juste et le plus propre à concilier le bien du service avec l'intérêt des administrés;

Que toutes les instructions ministérielles données en 1816, disposaient que le contribuable qui aurait vendu tout ou partie de ses propriétés, et qui n'aurait pas eu le soin d'en faire opérer la mutation, resterait imposé sur les rôles, serait contraint à acquitter le montant de la taxe;

Que l'autorité administrative était seule compétente pour connaître de la perception des contributions directes.

Tel est l'arrêté de conflit sur lequel est intervenue l'ordonnance dont la teneur suit:

LOUIS, etc.; — Sur le rapport du comité du contentieux;

Vu le rapport de notre garde des sceaux ministre secrétaire d'état au département de la justice, relatif à un conflit élevé par le préfet du département de la Haute-Saône, à l'occasion de deux jugemens rendus par le juge de paix du canton de Combeau-Fontaine, sur la demande portée devant lui par le sieur Nicolas Maire contre le sieur Antoine Maire, à l'effet d'obtede ce dernier, auquel il a vendu cinquante-trois perches quarante-six mètres de pré, le remboursement de la contribution foncière assise sur cet immeuble;

Vu l'arrêté de conflit du 7 mars 1817;

Vu les jugemens rendus par le juge de paix du canton de Combeau-Fontaine les 23 décembre 1816 et 6 janvier 1817;

Ensemble toutes les pièces jointes au dossier;

Considérant que la connaissance des contestations relatives au recouvrement des contributions directes appartient à l'autorité administrative;

Notre Conseil d'état entendu,

Nous avons ordonné et ordonnons ce qui suit:

Art. 1er. L'arrêté de conflit pris par le préfet du département de la Haute-Saône, le 7 mars 1817, est confirmé.

2. Les jugemens rendus par le juge de paix du canton de Combeau-Fontaine, les 23 décembre 1816 et 6 janvier 1817, sont considérés comme non-avenus.

3. Notre garde des sceaux ministre secrétaire d'état de la justice et notre ministre secrétaire d'état des finances sont chargés, chacun en ce qui le concerne, de l'exécution de la présente ordonnance.

Ordonnance du 11 février 1818. (2860)

N°. 170.

CADASTRE. — Arpentage. — Honoraires.

Il ne suffit pas qu'une demande, en paiement d'honoraires, soit formée par des géomètres par suite d'arpentage de cadastre, pour que la contestation soit administrative; si l'arpentage a été fait par suite de conventions entre les géomètres et les particuliers, la contestation est exclusivement du ressort des tribunaux ordinaires.

(Lefebvre Millet — C. — Montjean.)

LOUIS, etc.; — Sur le rapport du comité du contentieux;

Vu le jugement du tribunal de première instance, séant à Charleville, en date du 30 janvier 1811, et par lequel il se déclare incompétent dans une contestation élevée devant lui, entre le sieur Lefebvre-Millet et le sieur Montjean, au sujet du paiement de l'arpentage des propriétés de cent six habitans de la commune de Renwez, autorisé par une convention particulière faite entre lesdits habitans le 6 février 1808,

Vu l'arrêté du préfet du département des Ardennes, en date du 14 janvier 1812, par lequel il déclare que, s'agissant de connaître des difficultés que pourrait occasionner le paiement de la rétribution des arpenteurs entre les cent six propriétaires de Renwez, et ceux qu'ils avaient chargés de procurer l'exécution de leur convention privée du 6 février 1808, les contestations qui peuvent s'élever à ce sujet ne sont pas de la compétence de l'autorité administrative;

Vu le traité fait le 10 juin 1808, entre le sieur Lefebvre Millet et Moret Collinet, et les sieurs Mary et Lefebvre, arpenteurs géomètres, en exécution de l'article 12 de la convention du 6 février 1808;

Vu le rapport de notre garde des sceaux ministre secrétaire d'état de la justice, à fin de réglement de juges dans le conflit négatif résultant des jugement et arrêté d'incompétence ci-dessus relatés, et concluant au renvoi des parties devant les tribunaux;

Ensemble toutes les pièces comprises au dossier;

Considérant qu'il s'agit, dans l'espèce, de l'exécution d'une convention particulière, et dont la connaissance appartient aux tribunaux;

Notre Conseil d'état entendu,

Nous avons ordonné et ordonnons ce qui suit :

Art. 1er. Le jugement rendu le 30 janvier 1811, par le tribunal de première instance, séant à Charleville, est considéré comme non avenu.

Les parties se retireront devant le même tribunal, pour y procéder de nouveau.

2. Notre garde des sceaux ministre secrétaire d'état de la justice et notre ministre secrétaire d'état de l'intérieur sont chargés, chacun en ce qui le concerne, de l'exécution de la présente ordonnance.

Ordonnance du 11 février 1818. (2865)

No. 171

COMMISSAIRES-PRISEURS. — Mont de piété.

C'est aux tribunaux ordinaires, et non à la justice administrative, à statuer sur une demande formée par des commissaires-priseurs, contre les appréciateurs d'un Mont de piété, en ce qu'ils se seraient immiscés dans des fonctions réservées à eux commissaires-priseurs. (Loi du 28 avril 1816 et art. 5 de l'ordonnance du Roi, du 26 juin 1816.)

(Le sieur Aillaud et autres.—C.—les appréciateurs du Mont de piété de la ville de Marseille.)

En exécution de la loi sur les finances, du 28 avril 1816, une ordonnance du 26 juin suivant créa des commissaires-priseurs. L'article 5 de cette ordonnance porte ce qui suit :

« Dans les villes où il existe des Monts de piété, des commissaires-priseurs choisis parmi ceux résidant dans ces villes, seront exclusivement chargés de toutes les opérations de prisée et de vente, ainsi que cela est établi pour les commissaires-priseurs de Paris, par le réglement du 8 thermidor an 13. »

En vertu de cet article, les commissaires-priseurs de la ville de Marseille réclamèrent, immédiatement après leur installation, le droit exclusif de faire les prisées et ventes auprès du Mont de piété; mais les administrateurs de cet établissement refusèrent de choisir des appréciateurs parmi ces commissaires priseurs.

En décembre 1816, les commissaires-priseurs firent signifier aux administrateurs du Mont de piété et aux appréciateurs que ceux ci employaient, un acte portant défense auxdits appréciateurs de plus s'immiscer à l'avenir dans leurs attributions, sous les peines de droit, et déclarèrent en outre, aux administrateurs, qu'ils seraient considérés comme civilement responsables des faits de leurs appréciateurs, s'ils continuaient à leur laisser faire les prisées et ventes.

Mais cet acte resta sans effet.

Les commissaires-priseurs s'adressèrent au Garde des sceaux ministre de la justice, qui invita le ministre de l'intérieur à donner des ordres pour faire cesser ces difficultés. Ce ministre adressa des ordres en conséquence aux administrateurs du Mont de piété de Marseille, qui refusèrent de s'y conformer jusqu'à ce que la loi qui devait intervenir sur cet objet fût rendue.

Ces administrateurs rédigèrent des représentations qui furent communiquées au Garde des sceaux ministre de la justice, qui ne les accueillit point, attendu qu'elles étaient repoussées par l'ordonnance du 26 juin précitée, qui chargeait *exclusivement* les commissaires-priseurs des prisées et ventes près des Monts de piété, et qu'ainsi cette ordonnance devait recevoir sa pleine et entière exécution.

Les commissaires-priseurs, sur de nouvelles réclamations qu'ils portèrent devant le garde des sceaux, furent renvoyés à faire valoir leurs droits devant les tribunaux.

En conséquence ils citèrent, le 2 août 1817, les appréciateurs du Mont de piété devant le tribunal de première instance de Marseille, pour que défense fût faite à ces appréciateurs de plus s'immiscer à l'avenir dans les ventes et prisées dudit établissement, et concluaient à ce qu'ils fussent condamnés à tenir compte à eux commissaires-priseurs, de toutes les sommes qu'ils avaient perçues pour les ventes et prisées par eux indûment faites depuis le 27 septembre 1816, époque de l'entrée en fonctions des commissaires-priseurs.

Le 29 septembre 1817, les administrateurs révoquèrent leurs appréciateurs, et firent choix des trois commissaires-priseurs de la ville de Marseille pour les remplacer. Mais cette mesure n'arrêtant point les poursuites des commissaires-priseurs contre les appréciateurs, ceux ci se firent autoriser, par le conseil de préfecture du département des Bouches-du-Rhône, à appeler les administrateurs en garantie.

De leur côté, les administrateurs du Mont de piété s'adressèrent au préfet du même département pour faire élever le conflit.

Sur leur demande, ce fonctionnaire prit, le 14 octobre 1817, un arrêté ainsi conçu :

« Considérant que le jugement de la contestation existante entre les commissaires-priseurs de la ville de Marseille et les anciens appréciateurs du Mont de piété de ladite ville, est du ressort de l'autorité administrative, puisque ces derniers ont dû continuer leurs fonctions jusqu'à la notification de leur révocation ; que n'ayant exercé que comme agens de l'administration, ils ont naturellement leur recours contre elle, et qu'attaquer ces agens, c'est, en d'autres termes, attaquer l'administration du Mont de piété qui, de son côté, doit défendre les intérêts de l'établissement qui lui est confié ;

» Que l'administration du Mont de piété, lors de la première demande des commissaires-priseurs, en septembre 1816, a cru devoir présenter au garde des sceaux ministre secrétaire d'état de la justice, des observations qu'il a transmises au ministre de l'intérieur ;

» Que si les administrateurs du Mont de piété ont fait de nouvelles observations sur la lettre du ministre de l'intérieur, du 20 juin 1817, c'est que cette lettre ne renfermait pas un ordre impératif de faire choix des commissaires-priseurs, et que ce choix a été fait aussitôt que l'ordre formel leur en a été adressé ;

» Que l'administration du Mont-de-Piété se trouvant placée sous l'autorité du ministre de l'intérieur et du préfet du département, a dû soumettre ses doutes au préfet ; que ce magistrat les a soumis lui-même à la décision de son excellence, et a sollicité une décision définitive ;

» Que dès-lors l'administration du Mont-de-Piété ne peut courir la chance de se voir condamner par les tribunaux à une garantie envers trois de ses agens, parce qu'elle les a considérés comme tels jusqu'au moment où une décision ministérielle lui a ordonné de les révoquer, puisqu'elle ne pouvait faire autrement dans l'état d'incertitude où la laissait la décision ministérielle ;

» Que cette condamnation, si elle était éprouvée, mettrait l'administration dans le cas de payer les agens qu'elle a occupés, et ceux qui prétendaient l'être avant que les formes administratives fussent remplies, et d'occasionner ainsi une dépense onéreuse à l'établissement. »

Tel est l'arrêté de conflit, sur lequel est intervenue l'ordonnance dont la teneur suit :

LOUIS, etc. ; — Sur le rapport du comité du contentieux,

Vu l'exploit d'assignation donné à la requête des sieurs Aillaud, Belèze et Parral des Cordes, commissaires-priseurs, le 2 août 1817, devant le tribunal de première instance, séant à Marseille, contre les appréciateurs du Mont-de-piété de ladite ville, et par lequel ils concluent à ce qu'il soit fait défenses à ces appréciateurs de plus s'immiscer à l'avenir dans les ventes et prisées dudit établissement, et à ce qu'ils soient condamnés à tenir compte auxdits commissaires-priseurs de toutes les sommes qu'ils ont indûment perçues depuis le 27 septembre 1816, époque de l'entrée en fonctions desdits commissaires ;

Vu l'arrêté de conflit pris par le préfet du département des Bouches-du-Rhône, le 14 octobre 1817, au sujet de ladite assignation ;

Vu l'ordonnance du 26 juin 1816, qui établit les commissaires-priseurs, en exécution de la loi du 28 avril, et porte, article 5 :

« Dans les villes où il existe des Monts-de-Piété, des commissaires-priseurs choisis parmi ceux résidans dans les villes, seront exclusivement chargés de toutes les opérations de prisée et de vente, ainsi que cela est établi pour les commissaires-priseurs de Paris, par le réglement du 8 thermidor an 13 ; »

Ensemble toutes les pièces jointes au dossier ;

Considérant, dans l'espèce, qu'il s'agit d'une contestation sur des intérêts purement privés, et dont la connaissance appartient aux tribunaux ordinaires ;

Notre Conseil d'état entendu,

Nous avons ordonné et ordonnons ce qui suit :

Art. 1er. L'arrêté du préfet du département des Bouches-du-Rhône, en date du 14 octobre 1817, est annullé.

2. Notre garde des sceaux ministre secrétaire d'état de la justice est chargé de l'exécution de la présente ordonnance.

Ordonnance du 25 février 1818. (2892)

N°. 172.

1°. CONFLIT.-RÉGLEMENT DE JUGES.—MINISTRE.

2°. LISTE CIVILE.—MINISTRE DE LA MAISON DU ROI.-TRÉSOR PUBLIC.-MACHINE DE MARLY.

1°. *Le Roi, en Conseil d'état, règle, au cas de conflit positif ou négatif entre les ministres, leurs attributions respectives ;*

2°. *Les réclamations d'un entrepreneur de travaux exécutés à la machine de Marly, et réglés antérieurement à la restauration, doivent être soumises au ministre de la maison du Roi, attendu la réunion de la machine de Marly au domaine de la liste civile.*

Les dépenses arriérées de l'ancienne liste civile sont payables sur les mêmes fonds et dans les mêmes valeurs que les autres dépenses (à la charge du trésor) des exercices correspondans ; toutefois c'est le ministre, dans les attributions duquel est actuellement la liste civile, qui ordonnance et fait payer par le trésor ces dépenses arriérées de l'ancienne liste civile.

(Le sieur Héreau.)

LOUIS, etc. — Sur le rapport du comité du contentieux ;

Vu la requête à nous présentée au nom du sieur Héreau, président du tribunal de commerce à Clamecy, enregistrée au secrétariat du comité du contentieux de notre Conseil d'état, le 25 septembre 1817, et tendante à ce que, sans s'arrêter à la décision portée en la lettre écrite le 7 juin précédent par notre ministre secrétaire d'état au département de l'intérieur, à notre intendant des bâtimens de la couronne, et la tenant pour non-avenue, il nous plaise ordonner que ce ministre pourvoira, ainsi qu'il l'a fait pour les à-comptes payés en 1810, à l'acquittement de ce qui reste dû à l'exposant, tant en principal qu'intérêts, sur la créance qui lui a été reconnue par le réglement du 5 juillet 1808, pour travaux exécutés à la machine de Marly;

Subsidiairement, et dans le cas où nous jugerions qu'effectivement la dette ne concerne plus le ministre de l'intérieur, attendu la réunion de la machine de Marly à notre domaine de la liste civile, il nous plaise dire et déclarer qu'il y a lieu, de la part de l'exposant, à se pourvoir par les voies ordinaires, contre notre intendant de la liste civile, pour le contraindre au paiement auquel il se refuse, avec dépens;

Vu la lettre du ministre de notre maison, du 30 octobre 1814, et celle de notre intendant des bâtimens, du 16 juin 1816, par lesquelles lettres il est déclaré que la créance du sieur Héreau ayant été reconnue et fixée par une décision du ministre de l'intérieur, en date du 5 juillet 1808, et des à-comptes sur cette créance, ayant même été payés sur les fonds de ce département, c'est au ministre de l'intérieur que le sieur Héreau doit s'adresser pour solliciter le paiement de ce qui lui reste dû;

Vu la lettre de notre ministre secrétaire d'état au département de l'intérieur, du 28 octobre 1817, dans laquelle il est dit que la décision précitée du 5 juillet 1808, n'a pas terminé l'affaire; que, depuis, il a été fait de nouveaux rapports sur cette créance; que, dans aucun cas, le ministre de l'intérieur ne peut être chargé de cette liquidation; que l'examen de l'affaire, sa conclusion et le paiement, s'il y avait lieu, concernent le ministère dans les attributions duquel se trouve aujourd'hui la machine de Marly;

Vu toutes les autres pièces produites;

Considérant que les dépenses arriérées de l'ancienne liste civile sont payables sur les mêmes fonds et dans les mêmes valeurs que les autres dépenses à la charge du trésor, des exercices correspondans; qu'ainsi, dans l'espèce, il s'agit seulement de déterminer par lequel de nos ministres doit être réglée et ordonnancée la créance du sieur Héreau;

Considérant que la machine de Marly se trouve maintenant dans les attributions du ministre de notre maison, et, qu'à ce titre, c'est à lui qu'il appartient naturellement de prononcer sur toutes les réclamations relatives à cet établissement;

Notre Conseil d'état entendu,

Nous avons ordonné et ordonnons ce qui suit:

Art. 1er. Le sieur Héreau est renvoyé devant le ministre de notre maison, qui prononcera sur les divers chefs de sa demande, ainsi qu'il appartiendra.

2. Le ministre de notre maison est chargé de l'exécution de la présente ordonnance.

Ordonnance du 25 février 1818. (2880)

N°. 173.

ADJUDICATION. — INTERPRÉTATION. — POSSESSION.

La mise en possession de l'adjudicataire et sa longue jouissance paisible peuvent être prises en considération, quand il s'agit de déterminer quelles portions de terrain ont fait partie de l'adjudication.

(Le sieur Proust. — C. — le sieur Tranchant-Destulays.)

LOUIS, etc.; — Sur le rapport du comité du contentieux;

Vu la requête à nous présentée au nom du sieur Proust, avocat à Rennes, enregistrée au secrétariat du comité du contentieux de notre Conseil d'état, le 28 août 1817, et tendante à ce qu'il nous plaise annuller un arrêté du conseil de préfecture du département d'Ille-et-Villaine, du 18 juillet 1817, qui décide que, dans l'adjudication faite au requérant, le 28 pluviose an 7, de la métairie de la Béchère et de ses dépendances, ne sont pas compris deux bois taillis appelés les Layées et le Triangle;

Vu l'ordonnance de soit communiqué rendue par notre garde des sceaux, ministre de la justice, sur la présente requête, signifiée le 18 octobre 1817, au sieur Tranchant-Destulays, qui n'a pas répondu dans les délais du réglement;

Vu ledit arrêté rendu contradictoirement entre le sieur Gilles-Monique-Cajetan-Marie Tranchant-Destulays et le sieur Proust;

Vu l'expédition notariée du bail de 1785, qui a servi de base à l'estimation de ladite métairie;

Vu l'expertise à fin de partage, du 24 thermidor an 5, et le procès-verbal de visite des agens forestiers du 27 nivose an 7;

Vu l'affiche de vente, le procès-verbal d'enchères et l'acte d'adjudication;

Ensemble toutes les pièces jointes au dossier de cette affaire;

Considérant que l'affiche de vente ne fait réserve sur la métairie de la Béchère, que de quatre bois taillis désignés nominativement dans le procès-verbal de visite des agens forestiers;

Que l'adjudicataire a été mis en possession de deux autres parties de bois formant dépendances de ladite métairie, et qu'il en a joui sans trouble ni interruption depuis son adjudication;

Notre Conseil d'état entendu,

Nous avons ordonné et ordonnons ce qui suit:

Art. 1er. L'arrêté du conseil de préfecture ci-dessus visé, est annullé. En conséquence, le sieur Proust est maintenu dans la possession des deux bois nommés les Layées et le Triangle, faisant partie de la métairie de la Béchère.

2. Le sieur Tranchant-Destulays est condamné aux dépens.

3. Notre ministre secrétaire d'état de l'intérieur est chargé de l'exécution de la présente ordonnance.

Ordonnance du 25 février 1818. (2879)

N°. 174.

MISE EN JUGEMENT. — CONTRIBUTIONS INDIRECTES. — PARTIE CIVILE.

Le Conseil d'état refuse de mettre en jugement un maire de commune qui, avec plusieurs de ses habitans, a résisté aux employés des contributions indirectes et à la gendarmerie, lorsqu'il y a eu des torts respectifs et qu'il n'y a pas de partie civile.

(Les sieurs Mérigot et Bellion. — C. — le maire et divers habitans de la commune de Parnac.)

LOUIS, etc.; — Sur le rapport du comité du contentieux;

Vu le procès-verbal de plainte rendue le 3 avril 1817, contre le sieur Pousargues, maire de la commune de Parnac, département du Lot, et plusieurs habitans de la même commune, par les sieurs Etienne Mérigot et Pierre Bellion, employés des contributions indirectes, et six gendarmes à la résidence de Cahors, pour fait de rébellion, voies de fait et violences exercées contre eux dans l'exercice de leurs fonctions;

Vu les informations des 17, 27 juin et 8 juillet 1817, et les seize dépositions entendues par suite de la procédure;

Vu la lettre du préfet du département du Lot, celle de notre procureur-général près la Cour royale d'Agen, et le rapport de notre ministre secrétaire d'état de l'intérieur, qui concluent à ce que les poursuites ne soient pas continuées;

Considérant qu'il y a eu des torts respectifs dans les faits qui ont donné lieu à la plainte, et qu'il ne s'est pas présenté de partie civile;

Notre Conseil d'état entendu,

Nous avons ordonné et ordonnons ce qui suit:

Art. 1er. Il n'y a pas lieu à continuer les poursuites dirigées contre le sieur Pousargues, maire de la commune de Parnac, département du Lot, par suite du procès-verbal, en forme de plainte rendue le 3 avril 1817, par les employés des contributions indirectes et la gendarmerie à la résidence de Cahors, même département;

Sans préjudice des poursuites par les voies ordinaires, s'il y a lieu, du délit de contrebande imputé dans la susdite plainte.

2. Notre garde des sceaux ministre secrétaire d'état de la justice et notre ministre secrétaire d'état de l'intérieur sont chargés, chacun en ce qui le concerne, de l'exécution de la présente ordonnance.

Ordonnance du 25 février 1818. (2889)

N°. 175.

OPPOSITION. — CONSEIL DE PRÉFECTURE.

Il n'y a pas lieu à recourir au Conseil d'état pour faire ordonner qu'un conseil de préfecture soumettra à nouvel examen une contestation qu'il a jugée par défaut. — La voie d'opposition étant ouverte au réclamant, c'est la seule dans laquelle il soit recevable.

(Le sieur Cuel.)

LOUIS, etc.; — Sur le rapport du comité du contentieux;

Vu la requête à nous présentée au nom du sieur Charles Cuel, propriétaire à Fouilloy, département de l'Oise; ladite requête enregistrée au secrétariat du comité du contentieux de notre Conseil d'état, le 26 novembre 1817, tendante à ce qu'il nous plaise ordonner qu'il soit reçu opposant à un arrêté du conseil de préfecture du département de l'Oise, du 30 mai 1817, qui le condamne à enlever une haie plantée par lui sur la voie publique, et à payer 6 fr. d'amende;

Vu l'arrêté précité;

Vu le procès-verbal dressé par le sieur Lambert Delamarre, le 28 décembre 1816, contre le sieur Cuel;

L'acte de notification dudit procès-verbal, en date du 14 mars 1817;

Ensemble les autres pièces contenues au dossier;

Considérant que l'arrêté du conseil de préfecture susmentionné a été rendu par défaut, et que, par conséquent, le sieur Cuel était fondé à se pourvoir, par opposition, devant le même conseil de préfecture, contre ledit arrêté;

Notre Conseil d'état entendu,

Nous avons ordonné et ordonnons ce qui suit:

Art. 1er. La requête du sieur Cuel est rejetée, sauf à lui à se pourvoir, par opposition, devant le conseil de préfecture du département de l'Oise, contre l'arrêté du 30 mai 1817.

Art. 2. Notre ministre secrétaire d'état de l'intérieur est chargé de l'exécution de la présente ordonnance.

Ordonnance du 25 février 1818. (2884)

N°. 176.

DÉLAI. — DÉCHÉANCE. — COMMUNES.

La déchéance prononcée par l'article 11 du réglement du 22 juillet 1806, pour défaut de pourvoi ou de recours dans les trois mois, est applicable aux communes comme aux particuliers.

(La commune de Marsillargues.)

LOUIS, etc.; — Sur le rapport du comité du contentieux;

Vu le rapport de notre ministre secrétaire d'état au département de l'interieur, à nous présenté au nom et dans l'intérêt de la commune de Marsillargues ; ledit rapport concluant à l'annullation d'un arrêté du conseil de préfecture du département du Gard, du 19 mars 1807, qui a rejeté une demande de ladite commune en réintégration dans des droits d'usages sur le ténement de la silve Godesque;

Vu ledit arrêté ;

Vu la signification dudit arrêté, faite au maire de la commune de Marsillargues, par acte d'huissier, le 1er. mai 1807, à la requête des concessionnaires des canaux de navigation d'Aigues-Mortes à Beaucaire ;

Ensemble toutes les autres pièces jointes au dossier ;

Considérant que le susdit arrêté du conseil de préfecture, en date du 19 mars 1807, a été signifié, le 1er. mai 1807, par le ministère d'un huissier, à la commune de Marsillargues, et que le recours tardif formé en son nom et dans son intérêt, le 26 juillet 1817, par notre ministre secrétaire d'état de l'intérieur, n'est plus recevable aux termes de l'article 11 du réglement ;

Notre Conseil d'état entendu,

Nous avons ordonné et ordonnons ce qui suit :

Art. 1er. L'arrêté du conseil de préfecture du département du Gard, du 19 mars 1807, est maintenu.

2. Notre ministre secrétaire d'état de l'intérieur est chargé de l'exécution de la présente ordonnance.

Ordonnance du 25 février 1818. (2894)

N°. 177.

AUTORISATION. — Commune.—Conseil municipal. — Jurisconsulte.— Pouvoir discrétionnaire.

Lorsqu'un conseil municipal croit que la commune est intéressée ou fondée à plaider dans un procès qui lui est intenté, si le conseil de préfecture refuse l'autorisation, le garde des sceaux désigne trois jurisconsultes ; et sur leur avis favorable à la commune, le Conseil d'état accorde l'autorisation pour se défendre.

(La ville de Sainte-Marie—C.—le sieur Casamayor.)

LOUIS, etc. ; — Sur le rapport du comité du contentieux ;

Vu la requête à nous présentée, au nom du maire de la ville de Sainte-Marie, département des Basses-Pyrénées, ladite requête enregistrée au secrétariat du comité du contentieux de notre Conseil d'état, le 24 juillet 1817, tendante à ce qu'il nous plaise annuller un arrêté du conseil de préfecture dudit département, et en conséquence l'autoriser à plaider dans l'action intentée contre ladite ville par le sieur Casamayor de Jasses.

Vu ledit arrêté en date du 30 avril 1817 ;

Vu les délibérations du conseil municipal, des 22 novembre 1815, 8 mai 1816 et 8 mars 1817 ;

Vu la consultation du 28 septembre dernier, signée de trois jurisconsultes désignés par notre garde des sceaux, et par laquelle ils estiment que la ville de Sainte-Marie est fondée à s'opposer à la demande formée contre elle par le sieur Casamayor de Jasses;

Ensemble toutes les pièces contenues au dossier de cette affaire ;

Notre Conseil d'état entendu,

Nous avons ordonné et ordonnons ce qui suit :

Art. 1er. L'arrêté du conseil de préfecture du département des Basses-Pyrénées, en date du 30 avril 1817, est annullé ; en conséquence la ville de Sainte-Marie est autorisée à se défendre dans l'action intentée contre elle par le sieur Casamayor de Jasses.

2. Notre garde des sceaux ministre secrétaire d'état de la justice est chargé de l'exécution de la présente ordonnance.

Ordonnance du 25 février 1818. (2877)

N°. 178.

VOIRIE. — Routes. — Construction. — Pouvoir discretionnaire.

Si un particulier a fait une construction trop près d'une route royale aux termes des réglemens, et si, sans autorisation, il a anticipé sur la voie publique, toutefois sous les yeux et sans opposition de son administration municipale, la construction doit être démolie, mais il y a lieu à modération de l'amende.

(Le sieur Huet.)

LOUIS, etc. ; — Sur le rapport du comité du contentieux ;

Vu le rapport de notre ministre secrétaire d'état au département de l'intérieur, en date du 7 mai 1817, enregistré au secrétariat du comité du contentieux, le 16 du même mois, et tendant à faire annuller un arrêté du conseil de préfecture du département des Côtes-du-Nord, du 3 janvier 1814, qui maintient une construction faite, en contravention, par le sieur Huet, dans la traverse de Chatelandren, faisant partie de la route royale de Paris à Brest ;

Vu ledit arrêté ;

Vu le mémoire en défense du sieur Huet, enregistré au secrétariat dudit comité du contentieux, le 15 décembre 1817 ;

Ensemble toutes les pièces contenues au dossier ;

Vu l'arrêt du Conseil d'état du 27 février 1765 ;

Considérant que les revers, les accotemens d'une route, font partie de la route comme la chaussée même ;

Que le perron construit par le sieur Huet l'a été sans autorisation ; qu'il anticipe sur la voie publique et nuit à la circulation ;

Considérant, néanmoins, que ce particulier mérite quelqu'indulgence, attendu qu'il paraît n'être contrevenu aux réglemens que parce qu'il s'est cru suffisamment autorisé par l'opinion de l'administration municipale ;

Notre Conseil d'état entendu,

Nous avons ordonné et ordonnons ce qui suit :

Art. 1er. L'arrêté du conseil de préfecture du département des Côtes-du-Nord, du 3 janvier 1814, est annullé.

2. Le perron construit par le sieur Huet sera démoli, et l'amende de 300 francs encourue par ce particulier, aux termes de l'arrêt du conseil du 27 février 1765, sera réduite à 25 francs.

5. Notre ministre secrétaire d'état de l'intérieur est chargé de l'exécution de la présente ordonnance.

Ordonnance du 25 février 1818. (2872)

N°. 179.

ADJUDICATION. — INTERPRÉTATION. — ADDITION DE CLAUSE.

Dans la détermination de l'étendue d'un contrat d'adjudication, il ne faut point avoir égard à une addition de clause faite dans les procès-verbaux d'affiches et de vente, si cette addition n'a été, ni faite par le directeur du domaine, ni approuvée par le préfet.

(Les sieurs Guérard. — C. — la commune d'Arnaville.)

LOUIS, etc. ; — Sur le rapport du comité du contentieux ;

Vu les requêtes à nous présentées au nom des sieurs Dominique Guérard, Nicolas Guérard et Louis-Charles-Henri Lamaille ; lesdites requêtes enregistrées au secrétariat du comité du contentieux de notre Conseil d'état, les 13 novembre 1816 et 10 décembre 1817, et tendantes à l'annullation d'un arrêté du conseil de préfecture du département de la Meurthe, du 10 août 1816, lequel déclare que l'adjudication faite aux requérans, le 6 janvier 1814, en vertu de la loi du 20 mars précédent, d'une pièce de pré appelée la Petite-Saussaye, ne comprend point une pièce en nature de Saussaye réclamée par la commune d'Arnaville ;

Vu ledit arrêté ;

Vu le procès-verbal d'adjudication du 6 janvier 1814 ;

Vu l'ordonnance de soit communiqué à laquelle la commune d'Arnaville n'a pas répondu dans les délais du réglement ;

Vu le mémoire en intervention de la direction générale de l'enregistrement et des domaines et forêts, enregistré au secrétariat dudit comité, le 11 juin 1817 ;

Le plan des lieux ;

Ensemble toutes les pièces jointes au dossier ;

Considérant, dans l'espèce, que la caisse d'amortissement n'a pas pris possession de la Saussaye en litige ; que la valeur de cet objet n'est pas entrée dans la mise à prix du pré vendu au sieur Guérard et consorts, et que l'addition dans les procès-verbaux d'affiches et de vente d'un cinquième confin, à l'aide duquel la Saussaye en litige se trouve comprise dans la vente du 6 janvier 1814, n'ayant été ni faite par le directeur des domaines, ni approuvé par le préfet, doit être considérée comme le fruit d'une erreur ou d'une indication frauduleuse qui, d'ans l'un ou l'autre cas, ne peut porter préjudice aux droits de la commune ;

Considérant d'ailleurs que l'acquéreur, restreint dans la possession du pré qui a fait l'objet de la vente du 6 janvier 1814, jouira d'une contenance encore plus grande qu'elle n'est annoncée dans ledit acte de vente ;

Notre Conseil d'etat entendu,

Nous avons ordonné et ordonnons ce qui suit :

Art. 1er. Les requêtes des sieurs Guérard et Lamaille sont rejetées.

2. Le sieur Dominique Guérard et consorts sont condamnés aux dépens.

3. Notre garde des sceaux ministre secrétaire d'état de la justice et notre ministre secrétaire d'état de l'intérieur sont chargés, chacun en ce qui le concerne, de l'exécution de la présente ordonnance.

Ordonnance du 25 février 1818. (2869)

N°. 180.

FABRIQUES. — AUTORISATION. — COMMUNES.

Les fabriques ne peuvent être autorisées à plaider sans la participation de l'autorité municipale, en ce que les frais du procès de la fabrique pourraient retomber à la charge de la commune.

Toutefois l'autorisation n'est plus nécessaire, si les fabriciens ont pris l'engagement personnel et suffisamment garanti, de supporter tous les frais qui pourraient résulter de l'action par eux intentée.

(Les marguilliers de la fabrique de Fontenay.)

En vertu d'une autorisation du préfet de la Manche, en date du 14 janvier 1812, les syndics fabriciens de la commune de Fontenay avaient intenté une action contre l'ancien desservant de cette commune pour le faire condamner à la remise de certains ornemens de l'église, qu'ils prétendaient leur appartenir, et dont l'ancien desservant se prétendait aussi propriétaire.

Pendant le cours de cette instance, les chances du procès parurent devenir défavorables aux prétentions des syndics; alors le maire de Fontenay, pour éviter des frais à sa commune, manifesta l'intention de se désister de cette action : les syndics fabriciens au contraire voulurent y donner suite, et, par délibération du 26 septembre 1813, ils s'obligèrent personnellement de faire face à tous les frais que pourraient nécessiter les poursuites.

Par de nouvelles instructions qui eurent lieu, le procès parut encore devenir plus mauvais; alors les syndics, fâchés de s'être soumis personnellement au paiement des dépens, sollicitèrent auprès du préfet de la Manche l'annullation de leur propre déclaration du 26 septembre 1813.

Sur leur demande, le conseil de préfecture de ce département prit l'arrêté suivant, le 29 avril 1816 :

« Considérant que les poursuites faites par les marguilliers ne l'ont été qu'en résultat de l'arrêté du 14 janvier 1812, qui les y autorisait; que cet arrêté n'a point été attaqué; que le conseil de la commune n'a élevé aucune réclamation contre la contestation; qu'il paraît au contraire y avoir donné son assentiment;

» Considérant qu'il ne paraît ni juste, ni convenable que des marguilliers, qui remplissent des charges gratuites, soient personnellement passibles d'un procès qui n'a été entrepris que sur l'autorisation donnée par l'autorité compétente; que dans l'état où est cette affaire, qui est sur le point de recevoir jugement, ce serait s'exposer à compromettre les intérêts de la fabrique, si dans les circonstances actuelles on y apportait des entraves;

» Arrête :

» Art. 1er. L'autorisation donnée aux marguilliers, le 14 janvier 1812, pour poursuivre la remise des ornemens et autres objets en question, est maintenue.

» 2. Ils ne pourront néanmoins se pourvoir pour appeler sur le jugement à intervenir au tribunal de Valogne, sans en avoir obtenu une nouvelle autorisation.

» 3. La délibération qu'ils ont prise le 26 septembre 1813, par laquelle ils s'obligent personnellement de faire face aux frais que pourront nécessiter les poursuites ultérieures pour obtenir jugement, est déclarée comme non avenue et sans effet. »

C'est contre cet arrêté que s'est pourvu le maire de Fontenay.

Sur son pourvoi est intervenue l'ordonnance suivante :

LOUIS, etc.; — Sur le rapport du comité du contentieux;

Vu l[illegible] de notre ministre secrétaire d'état de l'inté[illegible] date du 6 novembre 1817, enregistrée au se[illegible] du comité du contentieux de notre Conseil [illegible]2 du même mois, dans laquelle il demand[illegible]tion d'un arrêté du conseil de préfecture du département de la Manche, du 29 avril 1816, lequel annulle une délibération prise par les marguilliers de la fabrique de Fontenay, le 28 septembre 1813, par laquelle ils s'étaient engagés à supporter les frais d'un procès intenté par eux à l'ancien desservant de la succursale de Fontenay;

Vu l'arrêté attaqué en la susdite délibération;

Vu la requête des marguilliers de la fabrique de Fontenay, dans laquelle ils concluent au maintien de l'arrêté dont l'annullation est demandée;

Vu enfin toutes les autres pièces produites;

Considérant que les communes sont tenues de suppléer au défaut de ressources des fabriques pour les dépenses du culte; que conséquemment les fabriques ne peuvent être autorisées, sans la participation de l'autorité municipale, à soutenir des procès dont les frais pourraient retomber à la charge de leur commune;

Considérant que, dans l'espèce, la commune ne paraît pas avoir donné son adhésion aux actions judiciaires suivies par les fabriciens, postérieurement au jugement intervenu en première instance;

Considérant que les fabriciens, par délibération du 27 septembre 1813, se sont chargés de tous les frais qui, à partir de cette époque, pourraient résulter de l'action par eux intentée, et que, sous quelque rapport que l'on considère cet engagement, le conseil de préfecture était sans qualité pour en prononcer l'annullation;

Notre Conseil d'état entendu,

Nous avons ordonné et ordonnons ce qui suit :

Art. 1er. L'arrêté du conseil de préfecture du département de la Manche, du 27 avril 1816, est annullé dans la disposition qui infirme l'engagement contracté personnellement et solidairement, par les sindycs et par les fabriciens de l'église de Fontenay, le 26 septembre 1813.

2. Tous les frais faits postérieurement au 26 septembre 1813, date de l'engagement contracté par les fabriciens, demeureront à leur charge, sauf tout recours de droit contre la partie adverse.

3. Notre ministre secrétaire d'état de l'intérieur est chargé de l'exécution de la présente ordonnance.

Ordonnance du 25 février 1818. (2882)

No. 181.

MARCHÉ. — Autorité administrative. — Compétence.

L'autorité administrative est seule compétente pour statuer sur une contestation élevée à l'occasion d'un marché passé avec l'administration, et d'un service exécuté d'après ses ordres.

(Le sieur Perigal.—C.—la veuve Mongin et le maire de la commune de Saint-Loup.)

Le 16 décembre 1815, la commune de Saint-Loup, arrondissement de Lure, département de la Haute-

Saône, fut frappée d'une réquisition; le maire de cette commune reçut ordre du sous-préfet de l'arrondissement de faire conduire dix voitures à deux colliers au parc de Lure pour le service des troupes alliées qui traversaient alors le département.

Ce maire fit, le 18 décembre, avec un sieur Mongin, un marché par lequel celui-ci s'obligea à conduire les dix voitures requises au parc de Lure dans le délai prescrit, moyennant une somme de 200 francs. Le marché fut exécuté. Le sieur Mongin produisit, le 7 janvier 1816, un certificat d'*exeat*, délivré le 3 du même mois par le directeur du parc de Lure, et le maire lui fit payer aussitôt 200 fr., ainsi qu'il avait été convenu.

Malgré cette fourniture, qui remplissait complétement la réquisition du 16 décembre 1815, le maire de Saint Loup reçut, le 8 janvier 1816, un ordre du sous-préfet de l'arrondissement de payer au sieur Perigal une somme de 160 francs pour quatre voitures restant dues sur la réquisition du 16 décembre.

Le maire refusa de payer.

Le sieur Perigal se fit délivrer, par le directeur du parc de Lure, un certificat portant, « que lui Perigal a acquitté à ce parc la quantité de quatre voitures à deux chevaux pour le compte de la commune de Saint Loup, lesquelles voitures ont été marchandées par le maire de Lure, attendu que ces voitures n'ont pas été envoyées sur la demande du sous-préfet de Lure, en date du 16 décembre. » Le directeur certifie en outre que le sieur Mongin a promis en sa présence de payer au sieur Perigal le prix des quatre voitures dont il est question.

Muni de ce certificat, le sieur Perigal poursuivit le paiement des 160 francs qu'il réclamait contre la veuve Mongin et son fils, et contre le maire de la commune de Saint-Loup.

Le tribunal de première instance de Lure, devant lequel il porta son action, ordonna, par jugement du 11 juin 1816, que le maire solliciterait, dans le délai d'un mois, l'autorisation qui lui était nécessaire pour plaider dans l'instance.

Le préfet devant lequel le maire se pourvut en conséquence de ce jugement, a pensé que l'affaire était du ressort de l'autorité administrative, et par arrêté du 15 juillet 1817, il a élevé le conflit.

Il a été allégué, en faveur de cet arrêté, qu'il s'agissait, dans l'espèce, d'un service dont l'exécution avait eu lieu dans tous ses détails d'après les ordres de l'autorité administrative; que les deux voituriers Mongin et Perigal produisaient chacun un certificat du directeur du parc de Lure, constatant que le premier avait conduit à ce parc les dix voitures qui étaient tout ce qu'on avait demandé à la commune de Saint-Loup, et que le deuxième en avait conduit quatre autres au même parc, parce que les dix voitures n'auraient pas été fournies; qu'il y avait là quelque fraude que l'administration, par les ordres de laquelle tout s'était fait, était seule à même de découvrir.

Il a été statué sur ce conflit par l'ordonnance dont la teneur suit :

LOUIS, etc.; — Sur le rapport du comité du contentieux;

Vu l'arrêté de conflit pris le 15 juillet 1817, par le préfet du département de la Haute-Saône, par lequel il évoque, comme étant du ressort de l'autorité administrative, la cause pendante au tribunal de première instance séant à Lure, même département, entre le sieur Perigal, la veuve et les héritiers Mongin et le maire de la commune de Saint-Loup;

Vu l'ordonnance rendue par le tribunal de première instance séant à Lure, le 11 juin 1816, qui enjoint au maire de la commune de Saint-Loup de se pourvoir, devant qui de droit, pour plaider dans ladite cause, ayant pour objet, de la part du sieur Périgal, de faire condamner la veuve et les héritiers Mongin, et subsidiairement le maire et les habitans de la commune de de Saint-Loup, à lui payer 160 francs pour le prix de quatre voitures qu'il a fournies pour le compte de ladite commune, en exécution de la réquisition à laquelle elle avait été soumise le 16 décembre 1816;

Vu la délibération du conseil municipal de la commune de Saint-Loup;

La lettre du sous-préfet de l'arrondissement de Lure, en date du 8 janvier 1816;

Le rapport de notre garde des sceaux ministre secrétaire d'état au département de la justice;

Ensemble toutes les pièces de cette affaire;

Considérant qu'il s'agit, dans l'espèce, de connaître d'un marché passé par l'autorité administrative et d'un service exécuté dans tous ses détails, d'après les ordres de l'administration;

Que la connaissance des débats qui peuvent survenir à ce sujet, rentrent expressément dans la compétence des autorités administratives;

Notre Conseil d'état entendu,

Nous avons ordonné et ordonnons ce qui suit:

Art. 1er. L'arrêté de conflit, pris par le préfet du département de la Haute-Saône, le 15 juillet 1817, est approuvé; en conséquence, l'ordonnance du tribunal de première instance séant à Lure, du 11 juin 1816, est regardée comme non avenue, et les parties sont renvoyées devant le conseil de préfecture dudit département.

2. Notre garde des sceaux ministre secrétaire d'état de la justice et notre ministre secrétaire d'état de l'intérieur sont chargés, chacun en ce qui le concerne, de l'exécution de la présente ordonnance.

Ordonnance du 25 février 1818. (2885)

N°. 182.

MISE EN JUGEMENT. — Propriétés. (Atteinte aux) — Acte administratif.

Le propriétaire dont la propriété a été détruite ou endommagée par un agent du gouvernement (par exemple, dont un adjoint de maire aurait fait abattre dix-neuf mûriers bordant la propriété du réclamant, sous prétexte qu'ils nuisaient à la voie publique), *n'est pas fondé à demander la mise en jugement de cet administrateur, s'il n'a agi que comme subalterne, en vertu d'un arrêté pris par le maire et approuvé par le préfet; il faut d'abord recourir au ministre ou au Roi pour faire annuller l'acte administratif, et ce n'est qu'après cette annullation qu'il est possible de déterminer quel est l'administrateur répréhensible qui doit être mis en jugement pour atteinte portée au droit de propriété.*

(Le sieur Lespargot.—C.—le sieur Poirier.)

LOUIS, etc.; — Sur le rapport du comité du contentieux,

Vu le mémoire à nous présenté au nom du sieur Lespargot, corroyeur à Tours, enregistré au secrétariat du comité du contentieux de notre Conseil d'état, le 3 juillet 1817, et tendant à obtenir l'autorisation de citer devant le tribunal de police correctionnelle, séant en la ville de Tours, le sieur Poirier, adjoint du maire de la commune de Fondettes, comme prévenu d'avoir fait abattre, de son autorité privée, dix-neuf mûriers qui bordaient la propriété du réclamant, et en faisant partie, sous le prétexte qu'ils étaient nuisibles à la voie publique;

Vu le mémoire en défense du sieur Poirier, enregistré au secrétariat dudit comité du contentieux, le 12 novembre 1817, par lequel il expose qu'il a agi en conformité d'un arrêté pris par le maire de la commune de Fondettes, le 25 février 1815, et approuvé par le préfet du département d'Indre-et-Loire le 28 novembre suivant;

Vu ledit arrêté;

Ensemble les autres pièces contenues au dossier;

Considérant que le sieur Poirier, adjoint du maire de la commune de Fondettes, département d'Indre-et-Loire, a agi en vertu d'un arrêté de l'autorité supérieure;

Notre Conseil d'état entendu,

Nous avons ordonné et ordonnons ce qui suit:

Art. 1er. La requête du sieur Lespargot est rejetée, sauf à lui, s'il s'y croit fondé, à se pourvoir devant notre ministre secrétaire d'état de l'intérieur, pour demander l'annullation de l'arrêté approuvé par le préfet du département d'Indre-et-Loire.

2. Notre garde des sceaux ministre secrétaire d'état de la justice et notre ministre secrétaire d'état de l'intérieur sont chargés, chacun en ce qui le concerne, de l'exécution de la présente ordonnance.

Ordonnance du 25 février 1818. (2876)

N°. 183.

AGENS DU GOUVERNEMENT. — Ponts et chaussées. — Ingénieur.

Un ingénieur des ponts et chaussées est un agent du gouvernement, qui ne peut être actionné sans autorisation, pour acquittement de dépenses d'ouvrages ordonnés par lui en sa qualité d'ingénieur.

(Le sieur Plagniol.—C.—le sieur Saurin.)

Le 6 juillet 1816, le préfet du département des Bouches-du-Rhône adjugea les réparations à faire au pont de Bayon, situé sur la route de première classe de Paris à Antibes.

Le sieur Saurin fut chargé, par le sieur Plagniol, ingénieur des ponts et chaussées de l'arrondissement, de l'exécution de ces travaux, moyennant la somme de 344 fr. 73 c.

Le sieur Saurin fit les cintres, mais il les coupa à l'équerre, tandis qu'ils devaient avoir le biais du pont. Lorsqu'il les présenta à l'ingénieur, la partie à reconstruire de l'ancienne voûte du pont venait d'être démolie, et la communication se trouvait interrompue; on fut obligé d'employer les cintres tels qu'ils étaient. Leur mauvaise coupe ayant occasionné à l'entrepreneur un surcroît de dépense, l'ingénieur l'autorisa, lorsqu'il fut question de payer le sieur Saurin, à ne lui donner que 300 fr. au lieu de 344 fr. 73 cent., prix convenu.

Le sieur Saurin cita l'ingénieur devant le juge de paix, sur le motif que la retenue qu'on voulait lui faire était injuste et contraire à ses conventions; il soutenait avoir exécuté les cintres dont il s'agit, sur le plan même que lui en avait donné l'ingénieur, qui lui avait, en outre, témoigné sa satisfaction sur son travail; qu'il n'avait traité qu'avec ledit ingénieur pour cet ouvrage, et que dès-lors c'était lui qui devait lui en payer le prix.

Le 23 septembre 1817, jugement par défaut, par lequel le juge de paix adjugea au sieur Saurin ses conclusions, qui tendaient au paiement intégral de la somme de 344 fr. 73 cent., fixée entre lui et l'ingénieur pour les travaux dont il s'agit.

Mais, par arrêté du 10 octobre suivant, le préfet des Bouches-du-Rhône eleva le conflit, sur le motif que les ingénieurs des ponts et chaussées qui dirigeaient les travaux du gouvernement, ne pouvaient être justiciables, à raison desdits travaux (qu'ils fussent exécutés par régie ou par entreprise), que du conseil de préfecture, et que d'ailleurs ils ne pouvaient, sous aucun rapport, être pris à partie; que s'agissant, dans l'espèce, d'un ouvrage dépendant d'une route royale, et par conséquent entièrement à la charge du gouvernement, le sieur Plagniol ne pouvait être personnellement attaqué au sujet des contestations qui s'éleveraient relativement à l'exécution ou au paiement de ces travaux;

que cet ingénieur n'avait agi qu'en sa qualité d'agent de l'administration, et qu'ainsi il ne pouvait être cité devant l'autorité judiciaire.

Sur cet arrêté de conflit est intervenue l'ordonnance dont la teneur suit :

LOUIS, etc.; — Sur le rapport du comité du contentieux;

Vu le jugement rendu par défaut, le 23 septembre 1817, par le juge de paix du canton d'Aix, qui condamne le sieur Plagniol, ingénieur des ponts et chaussées, à payer au sieur Saurin, charpentier, 1°. 144 fr. pour solde et entier paiement de trois cintres que le sieur Saurin fut chargé de faire à l'occasion de la reconstruction du pont de Bayon; 2°. 26 fr. 30 cent. pour diverses dépenses à raison de ces mêmes ouvrages, et 3°. 9 fr. 50 cent. pour dépens;

Vu l'arrêté de conflit pris par le préfet du département des Bouches-du-Rhône, du 10 octobre 1817, au sujet du jugement précité;

Ensemble toutes les pièces jointes au dossier;

Considérant que le sieur Plagniol n'a agi, dans l'espèce, qu'en sa qualité d'ingénieur des ponts et chaussées, et pour des travaux à la charge du gouvernement;

Notre Conseil d'état entendu,

Nous avons ordonné et ordonnons ce qui suit :

Art. 1er. L'arrêté du préfet du département des Bouches-du-Rhône, du 10 octobre 1817, est confirmé.

2. Le jugement par défaut rendu le 23 septembre 1817, par le juge de paix du canton d'Aix, département des Bouches-du-Rhône, est considéré comme non avenu.

3. Notre garde des sceaux ministre secrétaire d'état de la justice et notre ministre secrétaire d'état de l'intérieur sont chargés, chacun en ce qui le concerne, de l'exécution de la présente ordonnance.

Ordonnance du 25 février 1818. (2899)

N°. 184.

EXPROPRIATION POUR CAUSE D'UTILITÉ PUBLIQUE. — Compétence.

D'après le décret interprétatif, du 18 août 1810, les contestations relatives aux expropriations, pour cause d'utilité publique, antérieures à la loi du 8 mars 1810, doivent être portées devant l'autorité administrative, conformément à la loi du 16 septembre 1807.

(Le sieur Vitalis.)

Un décret du 14 messidor an 13, ordonna l'ouverture d'un canal de navigation de Niort à La Rochelle. D'après le plan qui en fut tracé, ce canal devait traverser la propriété du sieur Vitalis. Celui-ci ayant été obligé de céder sa propriété, réclama auprès de l'administration l'indemnité à laquelle il avait droit; mais la loi du 8 mars 1810 ayant été rendue avant qu'il l'eût obtenue, il fut renvoyé à se pourvoir devant les tribunaux, attendu que cette loi porte : qu'en cas de contestation entre l'administration et le propriétaire exproprié pour cause d'utilité publique, sur la quotité de l'indemnité due à celui-ci, cette quotité sera fixée par les tribunaux.

Dans ces circonstances est intervenu, le 13 juillet 1810, jugement du tribunal de première instance de La Rochelle, qui détermine l'indemnité due au sieur Vitalis; mais il paraît qu'il n'a pas été donné de suite à ce jugement et qu'il ne fût pas signifié.

Un mois après est intervenu le décret du 18 août 1810, qui, considérant que la loi du 8 mars précédent ne pouvait avoir d'effet rétroactif, ordonna que les contestations relatives aux expropriations pour cause d'utilité publique, antérieures à cette loi, seraient portées devant l'autorité administrative, conformément à la loi du 16 septembre 1807.

La dame Thilorier, épouse divorcée du sieur Vitalis, et cessionnaire de ses droits, réclama devant l'autorité judiciaire contre la modicité de l'indemnité que lui accordait le jugement du 13 juillet 1810, et, sur sa demande, le préfet du département de la Charente-Inférieure a élevé le conflit par arrêté du 23 août 1817.

Cet arrêté a été confirmé par l'ordonnance suivante :

LOUIS, etc.; — Sur le rapport du comité du contentieux;

Vu l'arrêté de conflit pris le 23 août 1817, par le préfet du département de la Charente-Inférieure, contre un jugement du tribunal de première instance, séant à La Rochelle, du 13 juillet 1810, portant fixation de l'indemnité due au sieur Vitalis, propriétaire de terrains compris dans l'excavation du canal de Niort à La Rochelle;

Vu ledit jugement, fixant à 5422 fr. 11 c. l'indemnité due au sieur Vitalis, à raison des terrains qu'il a cédés au gouvernement;

Vu le rapport de notre directeur général des ponts et chaussées, concluant au renvoi de l'affaire devant l'administration;

Ensemble toutes les autres pièces jointes au dossier;

Considérant que, d'après le décret interprétatif du 18 août 1810, les contestations relatives aux expropriations pour cause d'utilité publique, antérieures à la loi du 8 mars 1810, doivent être portées devant l'autorité administrative, conformément à la loi du 15 septembre 1807;

Notre Conseil d'état entendu,

Nous avons ordonné et ordonnons ce qui suit :

Art. 1er. L'arrêté de conflit pris le 23 août 1817, par le préfet du département de la Charente-Inférieure, est confirmé.

Le jugement rendu par le tribunal de première instance, séant à La Rochelle, en date du 13 juillet 1810, est considéré comme non-avenu.

2. Notre garde des sceaux ministre secrétaire d'état de la justice et notre ministre secrétaire d'état de l'intérieur sont chargés, chacun en ce qui le concerne, de l'exécution de la présente ordonnance.

Ordonnance du 25 février 1818. (2898)

No. 185.

BAC. — Bail a ferme. — Interprétation.

C'est aux tribunaux qu'il appartient d'interpréter les baux, lors même qu'ils ont été passés par l'autorité administrative. La règle est applicable au bail à ferme d'un bac, comme d'une autre propriété de l'État. (Loi du 6 frimaire an 7.)

Si, le procès-verbal d'adjudication porte que les contestations sur la quotité du droit seront portées devant le maire, la clause n'est obligatoire que pour le fermier, et ne peut être opposée aux tiers qui restent dans le droit commun.

(Le sieur Cellarier. — C. — le fermier du bac de Bessan.)

En novembre 1816, l'adjudication du bac de Bessan, arrondissement de Béziers, département de l'Hérault, fut passée devant le sous-préfet de Béziers.

L'art. 4 des dispositions réglementaires et locales faisant partie du cahier des charges, était ainsi conçu :

« Le passage au retour des bestiaux venant des pâturages ou du labour, aura aussi lieu gratuitement, pour les habitans des communes où les bacs sont établis. »

L'art. 21 du même cahier des charges portait : « Les contestations qui pourraient s'élever sur la quotité du droit exigé par le fermier ou ses préposés, seront portées devant le maire le plus voisin ou son adjoint, et par lui décidées sommairement et sans frais. »

Le fermier du bac prétendit que les bestiaux qu'on faisait paître sur le territoire de Bessan et ceux qu'on employaient au labour des propriétés situées sur le même territoire de Bessan, étaient seuls exempts du droit de passage au retour; de sorte que si ces bestiaux, quoiqu'appartenant à un habitant de Bessan, étaient par lui employés à l'exploitation d'un domaine dépendant d'une commune voisine, l'exemption n'existait plus, et le droit lui était dû.

Un habitant de Bessan, le sieur Cellarier, qui se trouvait dans ce dernier cas, comme étant propriétaire du domaine de Gay, situé sur un territoire voisin, soutint, de son côté, que par cela seul qu'il était habitant de Bessan, il ne devait pas, d'après les termes de l'art. 4, payer de droit pour les bestiaux qui revenaient de son domaine.

En conséquence, en août 1817, les domestiques du sieur Cellarier, revenant du domaine de Gay, refusèrent de payer le bac pour les bestiaux qu'ils en ramenaient. On les fit attendre. Le sieur Cellarier demanda une indemnité pour le temps qu'on leur avait fait perdre. Il cita le préposé du fermier devant le juge de paix du canton, et le fit condamner, solidairement avec son maître, à 3 fr. de dommages-intérêts.

En septembre suivant, autre contestation. Le préposé du fermier exigea encore le droit pour repasser les bestiaux du sieur Cellarier revenant du domaine de Gay. Le sieur Cellarier se pourvut de nouveau devant le juge de paix, et le préposé fut condamné à la restitution du droit qu'il avait perçu, aux dépens, et en outre à deux jours d'emprisonnement.

Le fermier du bac interjeta appel des deux jugemens du juge de paix, comme incompétemment rendus. Il s'adressa en outre à l'autorité administrative, et le préfet, par arrêté du 24 octobre 1817, a élevé le conflit.

Le juge de paix avait interprété l'article 4 du cahier des charges en faveur du sieur Cellarier. Le préfet, au contraire, expliquait cet article dans un sens favorable au fermier du bac, et fondait son arrêté sur ce que, « d'après une décision rendue par le sous-préfet de Béziers, le 14. . . . . 1817, et d'après l'art. 21 du cahier des charges, le juge de paix avait excédé ses pouvoirs en prononçant sur les contestations qui avaient été portées devant lui à ce sujet. »

On a allégué contre cet arrêté que la décision du préfet, sur laquelle il était fondé, était une réponse du sous-préfet au maire de Bessan, qui l'avait consulté sur le sens de l'article 4, et dans laquelle il s'exprimait ainsi qu'il suit : « Les dispositions réglementaires et locales de l'article 4 du cahier des charges, en vertu desquelles l'adjudication du bac de Bessan a eu lieu, ne peuvent s'entendre que pour les bestiaux destinés à l'agriculture des propriétés de ceux de vos administrés dont les granges sont dans le territoire de la commune. Je ne pense pas que le particulier, dont vous me parlez dans votre lettre, soit fondé; et dans tous les cas, avant de prononcer lui-même sur les droits, il doit faire prononcer par l'autorité supérieure»; qu'il était évident que les dernières expressions du sous-préfet ne laissaient aucun doute à ce qu'on pût considérer sa réponse comme une décision, et que dès-lors cette lettre ne pouvait être un obstacle à ce que le juge de paix connût des deux contestations portées devant lui, s'il s'y croyait compétent ;

Qu'à l'égard de l'article 21 du cahier des charges, sur lequel l'arrêté du préfet était en outre fondé, il ne pouvait recevoir d'application dans l'espèce, attendu que le cas prévu par cet article était celui où il y aurait contestation sur la quotité du droit, et que, dans l'espèce, ce n'était point sur la quotité du droit que l'on contestait, mais bien sur le droit lui-même que l'une des parties prétendait n'être pas dû.

Qu'au demeurant, la question que présentait le conflit était celle de savoir si c'était à l'autorité administrative ou à l'autorité judiciaire à interpréter les clauses d'un bail que la première de ces autorités avait passé, et que cette question avait été résolue par divers décrets et ordonnances, et notamment par un décret du 4 juin 1815 et une ordonnance royale du 16 juillet 1817, lesquels avaient décidé que cette interprétation appartenait aux tribunaux.

C'est aussi ce qu'a décidé l'ordonnance dont la teneur suit :

LOUIS, etc.; — Sur le rapport du comité du contentieux ;

Vu l'arrêté du préfet du département de l'Hérault, du 24 octobre 1817, par lequel il revendique, comme étant du ressort de l'autorité administrative, la contestation portée à la justice de paix de la ville et canton d'Agde, par le sieur Cellarier, habitant de la commune de Bessan, arrondissement de Béziers, contre le fermier du bac de Bessan, à raison de la perception du droit dudit bac ;

Vu les jugemens des 11 août et 15 septembre 1817, par lesquels le juge de paix d'Agde prononce diverses condamnations contre le fermier du bac de Bessan, au profit du sieur Cellarier.

Vu le procès-verbal d'adjudication du bail à ferme du bac de Bessan, en date du 28 novembre 1816, et notamment l'article 21, statuant que les contestations qui pourraient s'élever sur la quotité du droit exigé par le fermier ou ses préposés, sont portées devant le maire le plus voisin ou son adjoint, et par lui décidées sommairement et sans frais ;

Vu la loi du 6 frimaire an 7, qui régit la matière ;

Vu l'avis de notre directeur général des ponts et chaussées et des mines, du 9 décembre 1817;

Vu le rapport de notre garde des sceaux, du 20 janvier 1818 ;

Vu les autres pièces produites ;

Considérant que c'est aux tribunaux qu'il appartient d'interpréter les baux, lors même qu'ils ont été passés par l'autorité administrative ;

Que l'article 21 du cahier des charges n'est obligatoire que pour le fermier, et ne peut être opposé à des tiers;

Notre Conseil d'état entendu,

Nous avons ordonné et ordonnons ce qui suit :

Art. 1er. L'arrêté de conflit, pris le 24 octobre 1817, par le préfet du département de l'Hérault, est annullé.

2. Notre garde des sceaux ministre secrétaire d'état de la justice et nos ministres secrétaires d'état de l'intérieur et des finances sont chargés, chacun en ce qui le concerne, de l'exécution de la présente ordonnance.

Ordonnance du 25 février 1818. (2895)

N°. 186.

AFFOUAGE. — Fermage.

Un réglement de compte d'affouages affermés par le domaine, n'est pas une matière administrative ; s'il y a contestation entre le fermier et le domaine, ce sont les tribunaux qui doivent en connaître.

(L'administration des domaines. — C. — les sieurs Bour et Lamy.)

En exécution d'un arrêté du Conseil, du 30 avril 1782, la chambre des comptes de Lorraine passa bail, le 27 août même année, au sieur Jacques Bour et compagnie, pour 18 ans, et moyennant 8450 liv. de Lorraine, de fermage annuel, de la verrerie domaniale de Magnieuville (dite de Portieux) et dépendances, « avec affectation de cinquante arpens de bois dont l'affouage sera délivré aux fermiers annuellement par les officiers de la maîtrise d'Epinal, conformément à ce qui s'est pratiqué dans les baux précédens » qui avaient été passés au profit d'une partie des mêmes fermiers.

Par contrat du 3 messidor an 4, sur leur soumission faite en vertu de la loi du 28 ventose, même année, les sieurs Bour et Lamy, alors fermiers de l'usine, s'en rendirent acquéreurs.

L'effet du bail subsista pour l'affouage de 50 arpens; mais le fermage qui s'appliquait aux deux objets, dut être réduit par ventilation. Un arrêté de l'administration centrale du département des Vosges, du 23 germinal an 5, attribua à l'affouage non aliéné de 50 arpens, une somme annuelle de 3521 liv. 18 s. 9 d. que les sieurs Bour et Lamy durent continuer à payer.

Après l'expiration des 18 années du bail, il fut question de régler le compte des sommes dues et payées par les fermiers, ce qui donna lieu à des arrêtés des 3 brumaire an 7 et 26 février 1812, et à une décision rendue le 7 mai 1813, par le ministre des finances.

Dans ce réglement, consenti et exécuté par les fermiers, n'étaient pas compris trois objets de réclamation de la part du domaine.

1°. Le fermage de l'année 1801, dernière du bail, pour le prix de la délivrance du 18e. affouage.

2°. La valeur d'une surmesure ou excédant de délivrance, de 13 arpens 6 hômées, sur les différens affouages du bail.

3°. La valeur d'une coupe extraordinaire de 54 arpens 5 hômées, dont l'assiette avait eu lieu par un procès-verbal du 1er. messidor an 2.

D'un autre côté, les fermiers prétendaient qu'il ne leur avait été délivré que 17 coupes, et ils demandaient que le 18e. affouage fût mis à leur disposition, sous la déduction des 13 arpens 6 hômées pour les surmesures des affouages précédens, offrant, à cette condition, de payer la dernière année du fermage des bois.

La discussion s'engagea sur ces différens points devant le conseil de préfecture, à l'exception de la coupe extraordinaire de l'an 2, qui ne donna lieu qu'à des réserves.

Le 12 août 1814, intervint un arrêté par lequel le conseil de préfecture déclara : « que les sieurs Bour et Lamy, ayant justifié que, pour l'exploitation du bail du 27 août 1782, il ne leur avait été délivré que la quantité de 863 arpens 6 hômées, au lieu de 900 qui leur étaient dus, il leur en revenait la quantité de 36 arpens 4 hômées ;

» Il arrêta, en conséquence, que les pièces seraient adressées à son excellence le ministre des finances, pour faire délivrer dans la forêt de Terne ou de Fraize, cette dernière quantité de 36 arpens 4 hômées, au moyen de quoi ils seraient tenus de verser immédiatement, dans la caisse de l'enregistrement, la somme de 3521 liv. 18 s. 9 d., ce qui opérerait leur libération totale et définitive ;

» Sauf à M. le directeur à poursuivre le paiement des sommes énoncées en la décision du ministre des finances, du 7 mai 1813, encore redues, et à donner suite, par action séparée, s'il s'y croit fondé, à la réclamation du paiement de la coupe extraordinaire ordonnée par la loi du 13 pluviose an 2. »

Les motifs de cet arrêté sont entièrement puisés dans le fond du droit des parties.

La direction générale des domaines l'a dénoncé au Conseil d'état, comme contenant un excès de pouvoir.

Elle a prétendu que les conseils de préfecture étaient incompétens pour prononcer sur l'application et l'exécution des baux et sur les comptes à régler avec les fermiers, de même qu'ils étaient incompétens pour connaître des difficultés relatives aux ventes et exploitations.

Elle a conclu, en conséquence, à ce qu'il plût au Conseil annuller, pour incompétence, l'arrêté du conseil de préfecture, et renvoyer la contestation devant les tribunaux.

Sur quoi a été rendue l'ordonnance dont la teneur suit :

LOUIS, etc. ; — Sur le rapport du comité du contentieux ;

Vu la requête à nous présentée au nom de la direction générale de l'enregistrement et des domaines et forêts ; ladite requête enregistrée au secrétariat du comité du contentieux de notre Conseil d'état, le 20 juin 1817, et tendante à ce qu'il nous plaise annuller, pour incompétence, un arrêté du conseil de préfecture du département des Vosges, du 12 août 1814, et renvoyer la cause devant les juges qui en doivent connaître ;

Dans le cas où nous croirions devoir prononcer au fond sur la contestation élevée à l'occasion du réglement de compte des affouages affermés aux sieurs Bour et Lamy, propriétaires de la verrerie de Portieux, ou à leurs ayant-cause, annuller ledit arrêté au principal ; reconnaître que les sieurs Bour et Lamy ont reçu dix-huit fois leur affouage ordinaire, conformément aux procès-verbaux de délivrance, les condamner à payer le prix de la dernière année de fermage et la valeur de l'excédant de 13 arpens 6 hômées, sur le prix fixé par l'arrêté du 23 germinal an 5, et réserver au domaine son action pour le paiement du prix de la coupe extraordinaire de l'an 2 ;

Subsidiairement, s'il était admissible que les fermiers n'eussent reçu que dix-sept délivrances ordinaires, annuller l'arrêté dans la disposition qui prescrit une délivrance de 36 arpens 4 hômées ; ordonner que cette quantité sera compensée avec celle de 54 arpens 5 hômées de la coupe extraordinaire, et que les fermiers paieront leur dernière année de fermage, et, en outre, la valeur de l'excédant des 18 arpens et une hômée ;

Enfin, s'il y avait difficulté pour ladite compensation, annuller l'arrêté dans ce qui concerne la délivrance de 36 arpens 4 hômées ; décharger les fermiers de la dernière année de ce fermage, moyennant le paiement qu'ils seront tenus de faire de la valeur de l'excédant de 13 arpens 6 hômées reconnu sur les 17 coupes, et réserver au domaine son action relative à la coupe extraordinaire ;

Et, dans tous les cas, condamner aux dépens les sieurs Bour et Lamy ou leurs ayant-cause ;

Vu l'ordonnance de soit communiqué, en date du 29 juillet 1817, et la signification faite le 10 septembre suivant, en vertu de ladite ordonnance, à laquelle signification il n'a pas été répondu ;

Vu l'arrêté du conseil de préfecture du département des Vosges, du 12 août 1814 ;

Vu les autres pièces jointes au dossier ;

Considérant que, dans l'espèce, il s'agit, non de l'interprétation des actes relatifs à la vente du bien national dit la verrerie de Portieux, mais d'un réglement de compte entre la direction générale de l'enregistrement et des domaines et forêts et les propriétaires de ladite verrerie, en leur qualité de fermiers d'un affouage annuel de 20 arpens de bois, pendant la durée d'un bail de 18 ans ;

Considérant que les difficultés relatives à l'application et à l'exécution des baux, ainsi qu'aux comptes à régler avec les fermiers, sont du ressort des tribunaux ordinaires ;

Notre Conseil d'état entendu,

Nous avons ordonné et ordonnons ce qui suit :

Art. 1er. L'arrêté du conseil de préfecture du département des Vosges, du 12 août 1814, est annullé pour cause d'incompétence ;

2. Les parties sont renvoyées devant les tribunaux ordinaires

3. Les sieurs Bour et Lamy, ou leurs ayant-cause, sont condamnés aux dépens ;

4. Notre garde des sceaux ministre secrétaire d'état de la justice et notre ministre secrétaire d'état des finances sont chargés, chacun en ce qui le concerne, de l'exécution de la présente ordonnance.

Ordonnance du 25 février 1818. (2874)

N°. 187.

CONTRIBUTION. — Saisie. — Commandement.

Encore qu'à la justice administrative appartiennent les contestations relatives au paiement des contributions directes, c'est aux tribunaux ordinaires de statuer sur la validité d'un commandement qui a précédé une saisie et qui est argué de nullité pour vices de forme.

(Le sieur Chastin Amiaud. — C. — le sieur Champville Desbertins.)

Par acte notarié du 3 septembre 1814, le sieur Chastin Amiaud acheta du sieur Justeaud, un pré moyennant la somme de 600 francs, payable le 24 juillet 1815.

Ce pré, ainsi que les autres propriétés du sieur Justeaud, était grevé d'hypothèques, et ledit Justeaud devait, en outre, toutes ses contributions des années 1813, 1814, 1815 et 1816.

Le 9 février 1815, le précepteur des contributions fit une saisie-arrêt entre les mains du sieur Chastin Amiaud, pour qu'il eût à lui payer, sur le prix de la vente dont il était redevable au sieur Justeaud, la somme de 300 francs à laquelle s'élevait les contributions de ce dernier.

Le percepteur ayant été changé, son successeur fit, le 26 septembre 1816, une nouvelle saisie-arrêt pour le paiement de 647 francs, somme à laquelle s'élevait alors, selon lui, le montant des contributions dues par le sieur Justeaud.

Mais le sieur Amiaud ne voulait verser entre les mains du percepteur, qu'autant qu'il ne pourrait être inquiété par les créanciers inscrits du sieur Justeaud, auxquels il avait fait signifier son contrat d'acquisition.

Le 2 avril 1817, un juge-commissaire fut nommé à la requête du sieur Amiaud, pour être procédé à l'ordre et distribution des deniers provenant de la vente.

Le préfet du département de la Charente autorisa le sieur Amiaud à verser dans la caisse du percepteur la somme dont il était débiteur envers Justeaud.

Mais le sieur Amiaud refusa de se conformer à l'arrêté du préfet, et prétendit que c'était aux tribunaux qu'il appartenait de prononcer dans l'espèce.

Le 27 mai 1817, nouvelle saisie de la part du percepteur, et contre laquelle le sieur Amiaud se pourvut devant le tribunal de Ruffec pour en faire prononcer l'annullation, sur le motif que le commandement à lui fait ne portait aucune date.

Un autre commandement fut fait au sieur Amiaud, et le percepteur, en s'opposant à la demande en nullité de la saisie du 27 mai, prétendit, devant le tribunal, que l'autorité judiciaire était incompétente pour statuer sur la validité de l'acte, et qu'il n'appartenait qu'à l'administration d'en connaître.

Mais, par jugement du 2 juillet 1817, le tribunal rejeta cette prétention et se déclara compétent, sur le fondement qu'il ne s'agissait, dans l'espèce, que de savoir si le procès-verbal de saisie du 27 mai et le commandement qui l'avait précédé, devaient ou non être déclarés nuls, et que ces actes étant attaqués pour vices de forme, il n'appartenait qu'aux tribunaux d'en connaître.

Par arrêté du 5 juillet suivant, le préfet éleva le conflit, sur le motif que toutes les lois relatives aux contributions et au contentieux, tant sur le recouvrement entre les contribuables et le percepteur, qu'à l'égard de tous ceux chargés de ce recouvrement et de tous dépositaires provenant du chef d'un contribuable, attribuaient exclusivement à l'autorité administrative la connaissance de toutes les contestations qui pouvaient s'élever sur cette matière.

Tel est l'arrêté de conflit sur lequel est intervenue l'ordonnance dont la teneur suit :

LOUIS, etc. ; — Sur le rapport du comité du contentieux ;

Vu l'arrêté du 5 juillet 1817, par lequel le préfet du département de la Charente a élevé le conflit d'attribution sur la demande en nullité d'actes extra-judiciaires, formée devant le tribunal de première instance de Ruffec, par le sieur Chastin Amiaud, contre le sieur Champville Desbertins, percepteur, au sujet de contributions réclamées par ledit percepteur, contre ledit sieur Chastin Amiaud, en qualité d'acquéreur d'une partie des biens du sieur Justeaud ;

Vu le jugement du tribunal de première instance de Ruffec, en date du 2 juillet 1817 ;

Vu le rapport à nous adressé par notre garde des sceaux ministre secrétaire d'état au département de la justice, ledit rapport concluant à l'annullation de l'arrêté du préfet ;

Ensemble toutes les pièces jointes au dossier ;

Considérant, dans l'espèce, qu'il s'agit de statuer sur la validité d'un commandement qui a précédé une saisie, et qui est argué de nullité pour vices de forme ; que cette contestation est du ressort des tribunaux ordinaires ;

Que, d'ailleurs, il s'agit d'une question de préférence entre un percepteur et des créanciers hypothécaires ;

Notre Conseil d'état entendu ,

Nous avons ordonné et ordonnons ce qui suit :

Art. 1er. L'arrêté de conflit , pris par le préfet du département de la Charente , le 5 juillet 1817 , est annulé.

2. Notre garde des sceaux ministre secrétaire d'état de la justice et notre ministre secrétaire d'état des finances sont chargés, chacun en ce qui le concerne, de l'exécution de la présente ordonnance.

Ordonnance du 25 février 1818. (2883)

No. 188.

DOMAINES ENGAGÉS.—Propriété.

La question de savoir si un immeuble est compris dans les exceptions de la loi du 14 ventose de l'an 7, sur les domaines engagés, doit être soumise aux tribunaux ordinaires, aux termes de l'art. 27 de cette même loi.

(Le sieur Deustche.)

Par brevet du 22 décembre 1729 , le Roi Louis XV fit don au sieur Hacot Duhalloy, l'un de ses gardes du corps , « de quelques terres vagues et abandonnées par la mer , situées entre les villages de Groffiers et de Bergues ou Bers , près Montreuil , pour en jouir, par lui et ses successeurs, en pleine propriété. »

Le sieur Hacot Duhalloy fit inféoder son brevet de don , lequel , par lettres patentes du mois d'août 1761, fut érigé en fief Duhalloy , mouvant du Roi , à cause de son château de Montreuil-sur-Mer.

Le terrain concédé était sans cesse attaqué par la mer et recouvert de sable. Pour le conquérir à la culture , il fallut construire des digues et faire d'autres dépenses considérables.

Le sieur Hacot Duhalloy donna à rente à divers habitans de Berk , des portions de ce terrain.

Le 17 février 1786, les sieur et dame de Jouve, représentans du concessionnaire , le sieur Duhalloy , vendirent à titre de cens foncier seigneurial non rachetable, au sieur Josse Macquer , le surplus du terrain, connu sous la dénomination de garenne de Berk.

Après la mort du sieur Josse Macquer, le terrain par lui acquis des sieur et dame Jouve, fut partagé entre ses deux enfans. Ils en jouissaient paisiblement, lorsque , par exploit du 24 août 1808 , les administrateurs de l'enregistrement et des domaines firent notifier à François Macquer , l'un deux, un extrait , 1o. du brevet de don du 22 décembre 1729 ; 2o. de l'art. 3 de la loi du 14 ventose an 7 ; et en vertu de cette notification , la régie des domaines déclara à François Macquer « que, dans le mois à partir de la signification des précédentes , elle poursuivrait la vente des terrains composant la Molière de Berk , pourquoi elle le sommait , dans le délai de dix jours , de nommer son expert. »

Il ne fut donné aucune suite à cette signification ; mais par décision du ministre des finances , du 15 novembre 1808, une portion des terres du ci-devant fief du Halloy fut concédée à la caisse d'amortissement; cette même portion fut ensuite affectée à la sénatorerie de Bruxelles.

Il paraît que cette affectation n'eut encore aucune suite.

Les choses étaient en cet état , lorsque François Macquer fut saisi réellement dans ses immeubles , et notamment dans la garenne que son père avait acquise des sieur et dame Jouve.

Cet incident réveilla les prétentions de l'autorité administrative. M. le préfet du Pas-de-Calais prit, le 28 février 1809 , un arrêté ainsi conçu :

« Considérant que la Molière de Berk est une aliénation du domaine de l'État , contenant réserve de rachat , et qui est définitivement révoquée par l'art. 3 de la loi du 14 ventose an 7 ;

» Considérant que ce terrain a été accusé par le sieur Jouve , héritier de la dame Duhalloy , au sieur Josse Macquer , magasinier à Berk ; que les enfans et héritiers du sieur Josse Macquer n'ont pas fait les déclaration et soumission autorisées par les art. 13 et 14 de ladite loi , pour être maintenus ;

» Que conformément à l'art. 22 , les titres leur ont été signifiés , par exploit du 24 août dernier , pour operer leur dépossesion ;

» Considérant que par suite de la déchéance des détenteurs , il a été pris possession de ce terrain au nom de la caisse d'amortissement , et que depuis il a été affecté à la dotation de la sénatorerie de Bruxelles ;

» Le général , préfet du département , arrête revendiquer au nom de l'État la partie de la Molière de Berk saisie sur le sieur François Macquer et son épouse, et dont la vente est annoncée pour le 4 mars prochain ;

» Expédition du présent arrêté sera adressée à M. le procureur du gouvernement près le tribunal de première instance de Montreuil, avec invitation de faire distraire cette partie de biens des propriétés saisies sur ledit sieur François Macquer. »

Celui-ci réclama contre cette décision; il fit observer qu'elle présentait la double erreur de supposer une main-mise administrative qui n'avait jamais existé , et de mal qualifier la propriété du terrain qui donnait lieu à la revendication ; car il n'existait point de Molière de Berk , le terrain ainsi qualifié par l'arrêté n'étant autre que la garenne établie sur le terrain concédé en 1729.

Le 12 avril 1809, M. le préfet rendit un second arrêté, qui porte :

« Considérant que la réclamation du sieur Macquer n'est fondée que sur une équivoque de désignation ; qu'en déclarant que cette Molière n'existe point sur le terrain de Berk, où il ne possède aucun terrain de cette nature, il reconnait en même temps qu'il possède des garennes sur ce même territoire.

» Considérant que le terrain dont il s'agit est désigné tantôt la Molière de Berk, tantôt la garenne de Berk; que quelles que soient les dénominations qui lui sont données, il n'en est pas moins constant qu'il est le même que celui revendiqué ;

» Le général préfet du Pas de Calais déclare qu'il n'y a pas lieu d'acceuillir la demande du sieur Macquer. »

En exécution de ces deux arrêtés, une instance en distraction fut introduite au tribunal de Montreuil-sur-Mer, entre M. le procureur du Roi, poursuivant et concluant pour M. le préfet, la dame veuve Baillon de Lépinet, partie saisissante, et les sieur et dame Macquer ; parties saisies.

Le 5 décembre 1812, le tribunal de Montreuil rendit un jugement contradictoire entre M. le préfet et la dame Baillon de Lépinet, et par défaut contre les sieur et dame Macquer ; il est ainsi conçu :

« Attendu qu'il résulte des actes produits par M. le général préfet, et notamment du brevet de don fait par le Roi en 1729, au sieur Hacot Duhalloy, confirmé par arrêt du Conseil d'état, du 3 mars 1731, rendu contradictoirement entre le sieur Duhalloy et les habitans de Berk et de Groffliers, que la garenne de Berk, formant l'art. 2 de l'affiche des biens poursuivis en expropriation sur le sieur Macquer, fait partie de la concession faite audit sieur Duhalloy, aux droits duquel est le sieur Macquer ; et que, faute par ledit Macquer d'avoir fait la soumission autorisée par la loi du 14 ventose an 7, il est dans le cas de la déchéance, et que l'État a droit de revendiquer cet immeuble;

» Attendu que, soit que cette partie d'immeuble ait été désignée dans les arrêtés de M. le préfet, des 28 février et 12 avril 1809, sous le nom de Basse-Molière, ou de garenne, il n'en est pas moins certain que la déchéance prononcée contre ledit Macquer s'applique à cette partie de biens, puisqu'il résulte de l'arrêt du conseil ci-dessus et du mesurage contradictoire qui a été fait du terrain concédé au sieur Duhalloy, par procès-verbal du 11 juin 1731, que les 300 arpens accordés aux communes de Berk et de Groffliers, ont été pris entre ces deux communes, et que le surplus du terrain, vers la mer, a été laissé au sieur Duhalloy ;

» Attendu que la garenne reprise en l'article 2 de l'affiche des biens dont il s'agit, provient au sieur Macquer du sieur Duhalloy ; quelle tient au couchant, à la mer, et en partie au levant, aux 300 arpens concédés aux communes de Berk et de Groffliers ; qu'ainsi il y a identité, tant par les titres que par la position;

» En conséquence, le tribunal donne défaut contre les sieurs et dame Macquer ; et faisant droit sur la demande en revendication formée au nom de l'Etat par M. le préfet, ordonne que les 171 hectares 9 ares 41 centiares de garenne, formant l'article 2, seront distraits de l'affiche des biens du sieur Macquer et sa femme, et qu'ils continueront d'appartenir à l'Etat, comme ancien domaine faisant partie de la donation faite au sieur Duhalloy en 1729, etc. »

Il importe de remarquer que ce jugement n'a jamais été signifié aux sieur et dame Macquer à la requête de M. le préfet ; omission qui, aux termes de l'art. 156 du Code de procédure civile, rend ce jugement nul et non-avenu, en tant qu'il pouvait intéresser l'Etat représenté par M. le préfet.

Il importe aussi de remarquer que le sieur François Macquer, et après lui ses enfans, ont continué de jouir de la partie de garenne distraite par le jugement.

Ce fut en cet état des choses que le sieur Deustche et la dame Schmit son épouse acquirent, par deux contrats des 22 et 29 novembre 1816, les trois quarts dans la totalité du terrain concédé au sieur Duhalloy en 1729.

Voulant faire disparaître toutes difficultés sur la validité de leur titre de propriété, les sieur et dame Deustche crurent devoir s'adresser au conseil de préfecture du Pas-de-Calais, et lui demander le rapport des deux arrêtés de M. le préfet, des 28 février et 12 avril 1809.

Cette demande était mal dirigée; les arrêtés du préfet ne pouvaient être rapportés par le conseil de préfecture ; aussi cette dernière autorité déclara-t-elle, le 17 avril 1817, qu'elle ne pouvait prononcer sur la réclamation, et délaissa les sieur et dame Deustche à se retirer vers l'autorité supérieure.

Les sieur et dame Deustche se sont alors pourvus devant le Conseil d'etat, en annullation des deux arrêtés du préfet du département du Pas-de-Calais, des 28 février et 12 avril 1809, comme incompétemment rendus.

Pour l'établir, ils ont dit : « en supposant que le sieur Duhalloy, concessionnaire en 1729, n'eût été que simple engagiste, M. le préfet était incompétent pour prendre les deux arrêtés dont il s'agit ;

» D'abord, et prenant la question sous son point de vue général, il suffisait qu'il fût question du contentieux des domaines nationaux, pour que la connaissance appartînt au conseil de préfecture, en vertu du dernier alinéa de l'article 4 de la loi du 28 pluviose an 8.

» Mais il y a mieux, toujours en envisageant la question sous son point de vue général, dès qu'il s'agissait d'un droit de propriété contesté entre l'Etat et des particuliers, la connaissance ne pouvait en appartenir ni au préfet, ni au conseil de préfecture, ni à aucune autorité administrative; elle était dévolue de droit aux tribunaux.

» Le principe que l'administration ne peut être juge dans sa propre cause, quand il s'agit d'un droit quelconque de propriété, est fondamental dans notre droit public. Voici en quels termes il se trouve énoncé dans le nouveau Répertoire de jurisprudence, aux mots *Contentieux des domaines nationaux*.

« L'article 4 de la loi du 28 ventose an 8, porte que, dans chaque département, le conseil de préfecture prononcera sur le contentieux des domaines nationaux.

» On a quelquefois prétendu inférer de là, que c'est aux conseils de préfecture qu'appartient la connaissance des questions de propriété qui s'élèvent entre l'Etat et des particuliers. Mais c'est évidemment faire dire à la loi ce qu'elle ne dit pas. L'objet de la loi est uniquement de départir, entre les préfets et les conseils de préfecture, les attributions qui avaient été précédemment déléguées aux administrations centrales de département, et comme parmi les affaires relatives aux domaines nationaux, il y en avait de contentieuses, dont les administrations centrales avaient la connaissance, la loi décide qu'à cet égard les conseils de préfecture exerceront la même autorité que ces administrations.

» Ainsi, s'élève-t-il une contestation, soit sur la validité, soit sur l'intepretation d'une adjudication administrative de biens nationaux, la connaissance en appartient, sans difficulté, au conseil de préfecture.

» Mais est-il question de savoir qui de l'Etat ou d'un particulier est propriétaire de tel bien, de tel droit foncier? Les tribunaux sont seuls compétens pour en connaître. Entre cent arrêtés du gouvernement ou décrets qui ont consacré ce principe, en voici un, du 18 juillet 1806, qui a été rendu par suite d'un arrêt de la Cour de cassation, que j'ai rapporté à l'article *Conflit d'attributions*.

» (Le Répertoire transcrit le décret portant annullation d'un arrêt de la Cour de Riom, par lequel une question de propriété avait été renvoyée à l'autorité administrative.)

» Il est d'autant plus vrai que M. le préfet était sans compétence sur la question de propriété agitée dans l'espèce actuelle, que c'était à lui, comme il l'a fait, à la poursuivre et à la soutenir devant les tribunaux, et cela, en vertu de l'article 1er. de la même loi du 28 pluviose an 8, par lequel les préfets sont investis des fonctions précédemment exercées par les commissaires du directoire exécutif près les administrations centrales. (Même ouvrage, aux mots *Domaine public*, §. 5, no. 3.)

» Or, il répugne à la raison et à la morale publique qu'un fonctionnaire quelconque commence par décider, comme juge, le point de difficulté qu'il va ensuite soutenir, comme partie, devant les tribunaux.

» Concluons qu'en envisageant la question sous le point de vue général, les deux arrêtés sont atteints du vice d'une incompétence absolue, et que tout ce que M. le préfet du Pas-du Calais a pu faire, a été d'intervenir dans l'instance en expropriation devant le tribunal de Montreuil.

» Encore cette mesure qui, nous le répétons, implique contradiction avec une autorité antérieure de juger, cette mesure a t-elle été irrégulière, en ce que l'intervention du préfet n'aurait dû avoir lieu qu'en vertu d'une délibération du conseil de préfecture, ainsi que cela résulte de la combinaison du même art. 1er. de la loi du 28 pluviose an 8, avec les articles 13, 14 et 15, titre 3 de la loi du 5 novembre 1790, et avec les articles 13 et 14 de celle du 15 mars 1791, et que cela est établi à l'endroit cité du nouveau Répertoire, no. 4.

» Voilà pour ce qui regarde la compétence, en envisageant la question sous le point de vue général.

» La nullité des deux arrêtés sera bien plus manifeste encore, si on l'envisage sous le point de vue spécial de la cause, c'est-à-dire en considérant, ainsi que M. le préfet l'a fait mal à propos, l'immeuble revendiqué comme un domaine engagé.

» En effet, l'art. 27 de la loi du 14 ventose an 7 dispose en ces termes :

« Si, dans le mois qui suivra la signification des titres, le détenteur (des immeubles revendiqués) les soutient inapplicables ou insuffisans, ou s'il prétend être placé dans les exceptions de la présente (ce qui arrive dans l'espèce), ou si, de toute autre manière, il s'élève des débats sur la propriété, il y sera prononcé *par les tribunaux*, après néanmoins qu'on se sera adressé, par voie de mémoire, aux corps administratifs, conformément à la loi du 5 novembre 1790; mais, en ce cas, soit le tribunal de première instance, soit celui d'appel, devront, chacun en ce qui le concerne, procéder au jugement sur simples mémoires respectivement produits, dans le mois, à dater de l'expiration des délais ordinaires de la citation. »

» Il est donc exactement vrai de dire que l'incompétence absolue de M. le préfet du Pas-de-Calais se trouve textuellement écrite dans la loi même sur laquelle il s'est fondé pour décider seul le droit de propriété dont il s'agit. »

Sur ce a été rendue l'ordonnance dont la teneur suit:

LOUIS, etc.; — Sur le rapport du comité du contentieux;

Vu la requête à nous présentée au nom du sieur Jacques Deutsche, receveur des domaines, et la dame Magdeleine Schmitt son épouse; ladite requête enregistrée au secrétariat du comité du contentieux de notre Conseil d'état, le 7 novembre 1817, et tendant à ce qu'il nous plaise annuller deux arrêtés du préfet du département du Pas-de-Calais, des 28 février et 17 avril 1809; lesdits arrêtés portant revendication, au nom de l'État, de la partie de la Molière de Berk, saisie sur le sieur François Macquer et son épouse, et dont la vente, par expropriation, était poursuivie au tribunal civil de Montreuil-sur-Mer;

Et ce faisant, sans avoir égard, soit auxdits arrêtés, soit au jugement du tribunal civil de Montreuil sur-Mer, du 5 décembre 1812, ou à toutes autres décisions qui auraient pu intervenir, lesquels arrêtés, jugement et décisions seront déclarés nuls et non avenus, d'ors et déjà déclarer que la concession du 22 décembre 1729, et les actes qui l'ont confirmée, sont irrévocables;

En conséquence, garder et maintenir les supplians dans la propriété et paisible jouissance de la portion acquise du terrain concédé; faire défense à toute administration ou individus de les troubler, aux peines de droit;

Vu le jugement du tribunal civil de Montreuil-sur-Mer, du 5 décembre 1812;

Ensemble toutes les autres pièces jointes au dossier;

Considérant qu'il s'agit, dans l'espèce, de savoir si l'immeuble en litige est compris dans les exceptions de la loi du 14 ventose an 7; qu'en cette matière, s'il s'élève entre l'État et les tiers des questions de propriété, il doit, aux termes des dispositions de cette loi, et notamment de l'article 27, y être prononcé par les tribunaux; que le préfet, loin de préjuger la question de propriété élevée entre l'État et les auteurs du sieur Deutsche, l'a au contraire renvoyée et suivie devant les tribunaux; et qu'ainsi les arrêtés n'ont point fait et ne font point obstacle à ce que ledit sieur Deutsche y porte et fasse valoir, si bon lui semble, et s'il y a lieu, ses prétentions à la propriété de l'immeuble en litige;

Notre Conseil d'état entendu,

Nous avons ordonné et ordonnons ce qui suit:

Art. 1er. La requête des sieur et dame Deutsche est rejetée.

2. Notre garde des sceaux ministre secrétaire d'état de la justice et notre ministre secrétaire d'état des finances sont chargés, chacun en ce qui le concerne, de l'exécution de la présente ordonnance.

Ordonnance du 25 février 1818. (2881)

No. 189.

ADJUDICATION.—Domaines nationaux.—Opposition.—Revendication.

Un conseil de préfecture n'est pas compétent pour annuller une adjudication d'immeubles faite au détriment du véritable propriétaire, si la revendication a été faite par voie d'opposition à l'adjudication.— Le sort de l'adjudication dépend du mérite de l'opposition conservatrice des droits du propriétaire, et le mérite de l'opposition ne doit être apprécié que par les tribunaux ordinaires.

(Gaide-Roger.—C.—Gavet.)

Par acte authentique du 29 fructidor an 5, les sieurs Pierre Roguin de Laharpe et Jean-François de la Flèchère, vendirent au sieur Gavet le fonds et propriété des deux tiers des batterie et moulin à tôle de Forcey.

Il n'est nullement exprimé dans le contrat à quel titre les deux tiers appartenaient aux vendeurs: il est à croire cependant qu'ils étaient aux droits du ci-devant seigneur de Clefmont, propriétaire pour un tiers seulement.

Quoi qu'il en soit, le Gouvernement était propriétaire de l'autre tiers, comme ayant succédé aux droits de l'abbaye de la Crête.

Ce tiers fut mis en vente le 27 floréal an 12, devant l'autorité administrative, et le sieur Gavet s'en rendit adjudicataire.

En 1810, la régie des domaines et de l'enregistrement prétendit avoir des droits à la propriété d'un autre tiers des batterie et moulin dont il s'agit;

Elle fit signifier au sieur Gavet, le 17 septembre de ladite année, un exploit par lequel elle exposa que le domaine de Forcey, dont le moulin et la batterie à tôle faisaient partie, appartenait à l'État pour les deux tiers, l'un comme provenant de l'abbaye de la Crête, l'autre faisant partie de domaines engagés à M. le duc d'Orléans; que le dernier tiers était la propriété du seigneur de Clefmont, et que la totalité avait été laissée à bail, en 1708, au sieur François Gavet, moyennant 120 francs de rente, payables un tiers au Roi, un tiers au seigneur de Clefmont, et le dernier tiers à l'abbaye de la Crête.

En conséquence, elle déclara qu'en conformité de la loi du 9 frimaire an 7, elle ferait vendre la totalité de l'immeuble, en exécution de la loi du 14 ventose an 7 sur les domaines engagés.

Des affiches furent apposées pour annoncer que la vente du moulin et de la batterie aurait lieu le 10 février 1815.

Mais le 9 du même mois de février le sieur Gavet fit signifier au préfet, dans la personne de son secrétaire-général, un acte extrajudiciaire portant opposition à cette vente.

On ne voit pas qu'il soit intervenu aucun arrêté pour statuer sur l'effet de cet exploit. Le préfet n'y eut point égard et passa outre à la vente.

L'adjudication fut prononcée le 10 février 1815 au profit du sieur Gaide-Roger.

Postérieurement, le sieur Gavet s'est pourvu devant l'autorité administrative pour faire annuller cette vente.

Il a porté sa réclamation devant le conseil de préfecture du département de la Haute-Marne, qui a rendu, le 4 juillet 1816, un arrêté par lequel, faisant droit de l'opposition du sieur Gavet à l'adjudication du 10 février 1815, il a déclaré nulle et irrégulière la notification faite audit sieur Gavet par la régie des domaines, le 17 septembre 1810, et l'adjudication dudit jour 10 février, et remis les parties au même état qu'auparavant; sauf, de la part de la régie, à procéder régulièrement en conformité de l'art. 22 de la loi du 14 ventose an 7, et de la part du sieur Gaide-Roger, à se pourvoir, ainsi qu'il avisera, pour recouvrer, s'il y a lieu, les paiemens par lui faits.

Cet arrêté est motivé sur ce que l'art. 22 de la loi du 14 ventose an 7 exige, pour parvenir à la vente des domaines engagés, la signification à l'engagiste ou détenteur de la copie des titres primitifs, récognitifs et énonciatifs de la propriété; que cette formalité est de rigueur; que la régie des domaines ne l'avait pas entièrement remplie; que par-là elle avait privé le sieur Gavet de la faculté que la loi lui accordait, soit de concourir aux opérations préparatoires de la vente, soit de préparer et d'établir la réclamation contre l'aliénation d'une partie de la totalité du domaine; que dès-lors l'adjudication faite devait être considérée comme non avenue.

Le sieur Gaide-Roger s'est pourvu contre cet arrêté devant le Conseil d'état, comme renfermant un excès de pouvoir et prononçant sur une question de propriété qu'il n'était pas dans les attributions du conseil de préfecture de juger.

Pour établir cette incompétence, il a dit :

« En principe, il n'est pas accordé aux conseils de préfecture de réformer les arrêtés rendus par MM. les préfets. Ce droit étant du ressort exclusif de leurs excellences les ministres, il serait contraire au bon ordre que les conseils de préfecture en fussent investis, puisqu'il s'établirait, la plupart du temps, une lutte dangereuse et inconvenante entre l'une et l'autre autorité;

» L'incompétence radicale reprochée à l'arrêté du 4 juillet 1816, n'est pas seulement établie sur les principes constamment maintenus, elle l'est encore sur la défense faite à MM. les préfets et conseils de préfecture de connaître des questions d'engagement et de propriété, dont les lois de la matière, et notamment l'article 27 de la loi spéciale du 14 ventose an 7, réserve exclusivement aux tribunaux ordinaires d'en connaître, d'après ces expressions :

» Si dans le mois qui suivra la signification des titres, le détenteur les soutient inapplicables ou *insuffisans*, ou s'il prétend être placé dans les exceptions de la présente, *ou si de toute autre manière il s'élève des débats sur la propriété, il y sera prononcé par les tribunaux*, après néanmoins qu'on se sera adressé par voie de mémoire aux corps administratifs, conformément à la loi du 5 novembre 1790; mais en ce cas, soit le tribunal de première instance, soit celui d'appel, devront, chacun en ce qui le concerne, procéder au jugement sur simples mémoires respectivement *remis dans le mois, à dater de l'expiration des délais ordinaires de la citation.* »

» Il est reconnu que le sieur Gavet n'a rien fait de ce qui lui était prescrit par cette loi.

» En supposant, en effet, que l'administration des domaines se fût trouvée dans l'obligation de lui signifier un volume *in-folio*, si elle lui avait fourni la copie entière de la déclaration faite au roi par le duc d'Orléans, le 1er. juin 1760, il n'en serait pas moins vrai de dire qu'il n'eût pas rempli l'obligation qui lui était imposée d'après l'acte extrajudiciaire du 17 septembre 1810.

» En se bornant aux passages de cette déclaration, relatifs à la batterie et au moulin de Forcey, l'administration a suffisamment rempli le vœu de la loi et prévenu tous les désirs du sieur Gravet, puisqu'il a été offert de lui donner communication de cette pièce, pour le convaincre de la substance et de l'étendue de cette déclaration.

» Par son dispositif, le conseil de préfecture semble attacher à l'exploit d'opposition du sieur Gavet, du 9 février 1815, une telle importance que, par cet acte, il aurait anéanti tous les droits de l'administration et ceux du tiers à qui ils ont été transmis.

» Cependant cette autorité a dû être pénétrée de ces vérités;

» 1°. Que cette opposition ayant été faite plus de quatre années après les délais accordés par la loi du 14 ventose an 7, elle ne devait être prise en aucune considération;

» 2°. Qu'avant de statuer sur la nullité de la notification du 17 septembre 1810, et sur l'adjudication du 10 février, il était préalablement nécessaire d'examiner si elle ne préjugeait pas une question de droit de l'espèce de celles exclusivement réservées aux tribunaux;

» 3°. Enfin, si ce conseil de préfecture, renvoyant les parties dans le même état qu'elles étaient avant sa décision, n'excédait pas ses pouvoirs; puisque, d'une part, il relevait le sieur Gavet d'une déchéance par lui encourue, pour avoir gardé le plus profond silence sur la notification du 17 septembre 1810, et de l'autre, ce même conseil plaçait l'administration et son acquéreur dans l'impossibilité d'agir autrement qu'ils ne l'avaient fait, lors même qu'ils auraient eu l'intention d'exécuter un semblable arrêté que celui dénoncé; ajoutons qu'il statuait sur une question de droit qui était hors de sa compétence.

» Il est bien évident que cet arrêté est nul, en ce que le conseil qui l'a rendu ne pouvait connaître, ni d'une question de propriété, ni même d'une question de réintégration en propriété, dans la supposition où celle-ci aurait été prouvée.

» Le conseil a plusieurs fois été saisi de la même question sous le rapport de l'incompétence, et il l'a toujours décidée uniformément; nous ne citerons ici qu'un décret du 25 ventose an 13, rendu dans l'affaire de la ville de Rennes, entre la dame de Cheffontaine, décret si applicable à la cause qui se présente.

« Considérant, porte-t-il, *que le conseil de préfecture n'a pu s'attribuer la faculté de déclarer comme non-avenu et d'anéantir l'arrêté du 27 prairial an* 9, pris par le préfet, et que l'autorité supérieure administrative a seule droit de prononcer à cet égard, décrète : l'arrêté pris le 2 fructidor an 10, et tout ce qui s'en est ensuivi, est annullé. »

» Il est visible que ce décret ne statue que sur un point de compétence. Il laisse entières les questions principales qu'il s'est abstenu d'examiner, pour ne rien préjuger, autant que par la volonté du gouvernement, de laisser aux autorités toute l'étendue de leurs pouvoirs. Il se borne à déclarer que l'autorité supérieure administrative a seule droit de prononcer sur le mérite des arrêtés rendus par MM. les préfets.

» Il annulle l'arrêté du conseil de préfecture, du 2 fructidor an 10, et tout ce qui s'en est ensuivi, par le seul et unique motif que ce conseil n'avait pu s'attribuer la faculté de déclarer comme non-avenu et d'anéantir un arrêté pris par M. le préfet, et que l'autorité administrative supérieure avait seule le droit de prononcer à cet égard.

» C'est donc à raison de l'incompétence, et exclusivement à cause de l'incompétence, que l'annullation a été prononcée.

» Il existe une telle similitude entre les deux espèces, qu'il suffit de rapporter la décision intervenue sur l'une pour l'appliquer à l'autre. »

Le sieur Gavet, pour repousser cette exception, s'est borné à dire que le conseil de préfecture étant compétent pour statuer sur l'opposition formée à la vente, la vente faite au mépris de cette opposition n'avait point dû dépouiller ce conseil de sa compétence pour statuer sur cette opposition, et que la nullité de la vente n'étant que la suite et la conséquence d'un acte exercé dans la plénitude de sa juridiction, ne pouvait être considérée comme étant hors de cette même juridiction.

Sur quoi est intervenue l'ordonnance dont la teneur suit :

LOUIS, etc., — Sur le rapport du comité du contentieux ;

Vu la requête à nous présentée au nom du sieur Gaide-Roger, enregistrée au secrétariat du comité du contentieux de notre Conseil d'état, le 22 août 1816, contre un arrêté du conseil de préfecture du département de la Haute-Marne, du 4 juillet 1816, lequel annulle l'adjudication passée au requérant, le 10 février 1815, d'une usine réclamée par le sieur Gavet, qui avait formé opposition à ladite vente ;

Vu ledit arrêté ;

Vu la requête en réponse au nom du sieur Gavet, enregistrée au secrétariat du comité du contentieux de notre Conseil d'état le 28 décembre 1816, et concluant au maintien de l'arrêté du conseil de préfecture ;

Vu le mémoire en intervention de l'administration des domaines ;

Vu l'acte extrajudiciaire signifié et remis au préfet du département de la Haute-Marne, le 9 février 1815, et contenant les moyens d'opposition du sieur Gavet à la vente annoncée ;

Vu ledit acte de vente, en date du 16 février 1815 ;

Ensemble toutes les pièces jointes au dossier ;

Considérant, dans l'espèce, que les droits prétendus par le sieur Gavet, sur la propriété du tiers en litige, ont été conservés par son opposition antérieure au contrat du 10 février 1815 ; que, par conséquent, le conseil de préfecture, avant de statuer sur la validité de ladite vente administrative, aurait dû renvoyer les parties devant les tribunaux, pour y faire décider la question préjudicielle de propriété élevée entre l'Etat et le sieur Gavet ;

Notre Conseil d'état entendu,

Nous avons ordonné et ordonnons ce qui suit :

Art. 1er. L'arrêté du conseil de préfecture du département de la Haute-Marne, du 14 juillet 1816, est annullé.

Le sieur Gavet est renvoyé devant les tribunaux pour y faire prononcer contradictoirement avec le domaine, tant sur la propriété du tiers en litige, que sur la restitution des fruits ;

2. Le sieur Gavet est condamné aux dépens.

3. Nos ministres sécrétaires d'état de l'intérieur et des finances sont chargés, chacun en ce qui le concerne, de l'exécution de la présente ordonnance.

Ordonnance du 25 février 1818. (2868)

No. 190.

AGENS DU GOUVERNEMENT. — AGENS DE LA RÉGIE DES SUBSISTANCES. — MARCHÉ.

Les agens de la régie des subsistances sont des agens du gouvernement. Toute contestation sur les achats qu'ils font pour le compte de la régie est attribuée à la justice administrative, aux termes de l'arrêté du 19 thermidor an 9. (Arrêté du 19 thermidor an 9.)

(Le sieur Vergnes.—C.— les Régisseurs-généraux des subsistances militaires.)

En 1817, les administrateurs de la régie générale des subsistances militaires, déléguèrent le sieur Malbouche pour acheter par commission, dans l'étendue de la 11e. division militaire, une certaine quantité d'avoines qui devaient être expédiées sur Dunkerque.

A cet effet, ils lui ouvrirent un crédit de 50,000 fr.

chez le sieur Bourquenot, leur directeur à Bordeaux, dont le mandat se bornait à remettre des fonds au sieur Malbouche, au fur et à mesure des besoins.

Occupé par d'autres opérations, le sieur Malbouche se fit suppléer dans cette commission par le sieur Bruyas, auquel il transmit les pouvoirs et les instructions nécessaires pour exécuter les achats qui devaient avoir lieu à Bordeaux.

La commission délivrée au sieur Malbouche avait exclusivement pour objet un achat d'avoines; mais le sieur Bruyas, son fondé de pouvoirs, dérogeant au mandat, prit sur lui de substituer de l'*orge baillarge* aux avoines qu'il était chargé d'acheter. A cet effet, il traita avec le sieur Vergnes pour 2400 hectolitres de cette première denrée, au prix de 36,000 fr.

Le sieur Bourquenot refusa d'abord de reconnaître ce marché, attendu que l'acquéreur s'était écarté des intentions de la régie, et que les 50 000 fr. mis à la disposition du sieur Malbouche n'étaient point destinés à acheter de l'orge, mais seulement des avoines.

Le sieur Bruyas insista pour que les fonds fussent mis à sa disposition; mais le sieur Bourquenot ne voulut consentir à aucune avance, qu'au préalable la régie n'eût approuvé le traité dont il s'agit.

Le 2 juillet 1817, le sieur Bourquenot écrivit au sieur Bruyas une lettre ainsi conçue :

« Vous me faites connaître, monsieur, que les affaires dont vous êtes chargé pour le compte de la régie, vous appellent sur-le-champ à Toulouse. Je surveillerai pendant votre absence et dans ses intérêts la suite des opérations que vous avez faites ici. Je vais lui soumettre les motifs que vous m'avez présentés pour l'achat de l'orge et qui ont déterminé mon acquiescement; je ne doute pas qu'elle les approuve, et c'est dans cette confiance que j'en promets le paiement. »

Les administrateurs de la régie ne crurent pas devoir accepter un marché qui était contraire à leurs instructions et ne remplissait point leurs vues; ils défendirent, en conséquence, au sieur Bourquenot de rien payer au sieur Vergnes.

Le 22 août 1817, le sieur Vergnes fit assigner devant le tribunal de commerce de Bordeaux le sieur Bourquenot, pour se voir condamner, même par corps, au paiement de 2400 hectolitres d'orge-baillarge vendus au sieur Bruyas.

Le sieur Bourquenot recourut au préfet de la Gironde, qui, le 4 septembre suivant, éleva le conflit par un arrêté ainsi conçu :

« Vu le décret du 19 thermidor an 9, qui règle la compétence sur les contestations relatives au paiement des fournitures faites pour le compte du gouvernement;

» Considérant que la régie générale des subsistances, que le sieur Bourquenot représente dans la 11e. division militaire, agit au nom et pour le compte du gouvernement;

» Considérant que l'article 1er. de l'arrêté précité veut que les contestations qui s'élèvent entre les agens du gouvernement et les particuliers desquels ils font des achats pour son compte, soient portées devant l'administration pour être jugées par elle,

» Arrête :

» Art. 1er. Il y a conflit entre l'autorité administrative et l'autorité judiciaire, au sujet de la contestation qui s'est élevée entre le sieur Bourquenot, directeur des vivres et fourrages de la 11e. division militaire, et le sieur Vergnes, relativement au paiement des orges fournies pour le service de Sa Majesté. »

Tel est l'arrêté contre lequel le sieur Vergnes se pourvut au Conseil d'état pour en obtenir l'annullation, comme étant incompétemment rendu.

Il soutenait :

Que toutes les régies pour le compte du gouvernement étaient soumises, relativement à l'exécution des conventions ou marchés faits entre elles et les particuliers, aux règles du droit commun, et pouvaient, en conséquence, être traduites devant les tribunaux ordinaires, à moins que les parties traitantes n'eussent expressément consenti à ce que les difficultés qui pourraient s'élever entre elles à ce sujet, fussent exclusivement jugées par l'autorité administrative; or que, dans l'espèce, lui Vergnes n'avait nullement entendu déroger au droit commun ni faire exception de ses juges naturels; que dès lors il ne pouvait être justiciable que de l'autorité judiciaire.

Qu'à l'égard de la promesse prétendue conditionnelle faite par le sieur Bourquenot, qu'on soutenait n'être pas obligatoire pour la régie, ce serait donner un sens contraire aux véritables expressions de la lettre adressée au sieur Bruyas, dans laquelle il disait positivement : « Je vais soumettre à la régie les motifs que vous m'avez présentés pour l'achat de l'orge, et qui ont *déterminé mon acquiescement*; je ne doute pas qu'elle les approuve, et c'est dans cette confiance que j'en *promets le paiement* »; que, d'après des termes aussi clairs, aussi précis, il était impossible de voir un engagement conditionnel dans la promesse de paiement faite par le sieur Bourquenot; qu'en outre, si ce dernier n'eût pas entendu prendre envers lui, Vergnes, un engagement positif et solennel, il n'eût point fait faire les assurances pour Dunkerque sur deux bâtimens qu'il fit charger à l'effet d'y transporter la denrée achetée, et n'eût point fait mettre sur les connaissemens « pour être délivré au garde magasin des subsistances militaires, ou à son ordre »;

Que le sieur Bourquenot ayant ensuite refusé, malgré l'engagement qu'il en avait pris, de payer le montant de la fourniture dont il s'agit, lui Vergnes avait dû s'adresser aux tribunaux pour le contraindre à ce paiement, et qu'ainsi l'autorité administrative n'avait point à s'immiscer dans le débat qui pouvait, à ce sujet, s'élever entre eux.

Sur ce a été rendue l'ordonnance dont la teneur suit :

LOUIS, etc. ; — Sur le rapport du comité du contentieux ;

Vu la requête à nous présentée au nom du sieur Jean Vergnes, négociant à Bordeaux, enregistrée au secrétariat du comité du contentieux de notre Conseil d'état le 20 novembre 1817, et tendante à l'annullation d'un arrêté du préfet du département de la Gironde, en date du 4 septembre précédent, qui élève le conflit entre l'autorité administrative et l'autorité judiciaire sur l'instance pendante au tribunal de commerce de la ville de Bordeaux, entre ledit sieur Vergnes, d'une part, et le sieur Bourquenot, d'autre part, relativement au paiement de 2400 hectolitres d'orge vendus par le sieur Vergnes aux agens de la régie des subsistances, et livrés par lui au sieur Bourquenot, directeur de cette régie dans la 11e. division ; ladite requête tendante, en outre et subsidiairement, à ce que les régisseurs soient condamnés à exécuter le marché consenti par leurs agens, avec dommages, intérêts et dépens ;

Vu l'arrêté attaqué ;

Vu le mémoire en défense fourni par les régisseurs-généraux des subsistances militaires, dans lequel ils concluent au maintien de l'arrêté de conflit du 4 septembre 1817 ;

Vu la réplique du sieur Vergnes, par laquelle il déclare persister dans ses conclusions ;

Vu enfin toutes les pièces produites ;

Considérant que l'arrêté du 19 thermidor an 9 attribue à l'autorité administrative la connaissance des difficultés élevées entre les particuliers et les agens du gouvernement à l'occasion d'achats faits pour son compte ;

Notre Conseil d'état entendu,

Nous avons ordonné et ordonnons ce qui suit :

Art. 1er. La requête du sieur Vergnes est rejetée.

2. Le sieur Vergnes est condamné aux dépens.

3. Notre garde des sceaux ministre secrétaire d'état de la justice et notre ministre secrétaire d'état de la guerre sont chargés, chacun en ce qui le concerne, de l'exécution de la présente ordonnance.

Ordonnance du 18 mars 1818. (2907)

N°. 191.

AGENT DU GOUVERNEMENT. — Entrepreneur a prix fixe. — Munitionnaire général. — Directeur des vivres.

Le directeur des vivres d'une division militaire, préposé d'un munitionnaire général, lequel a traité à prix fixe avec le ministre de la guerre, n'est point du tout agent du gouvernement dans le sens de l'arrêté du 19 thermidor an 9 ; il peut et doit être traduit devant les tribunaux pour raison des fournitures qu'il a faites et des engagemens qu'il a contractés. (Arrêté du 19 thermidor an 9.)

(Le sieur Vidal. — C. — le sieur Fournier.)

Le sieur Fournier, directeur des vivres de la huitième division militaire, tira, en cette qualité, les 17, 20, 24 mars et 9 avril 1817, diverses traites sur le sieur Doumerc, alors munitionnaire général.

Ces traites ne furent point payées à leur échéance. Le sieur Vidal, banquier à Marseille, fut obligé d'en rembourser le montant, qui s'éleva, avec les frais, à 46,003 fr. 48 cent., et il en poursuivit le paiement contre le sieur Fournier.

Un jugement du tribunal de commerce de Marseille, en date du 23 juin 1817, condamna le sieur Fournier au paiement de ladite somme, sauf à lui son recours contre le sieur Doumerc.

Sur la réclamation du sieur Fournier qu'il était agent du gouvernement, qu'il n'avait tiré les traites qu'en cette qualité, et qu'à ce titre il était à l'abri, pour leur paiement, de toutes poursuites devant les tribunaux, le préfet du département des Bouches-du-Rhône a élevé le conflit par arrêté du 19 juillet 1817.

Les motifs sur lesquels cet arrêté est fondé sont :

« Que le sieur Fournier n'a tiré les traites, pour le paiement desquelles il est poursuivi, que comme directeur des vivres de la huitième division militaire ; qu'en cette qualité il était le représentant, le mandataire du sieur Doumerc, munitionnaire général ;

» Que tout ainsi qu'on n'aurait pu poursuivre devant les tribunaux le munitionnaire général pour des dettes contractées dans l'intérêt du service dont il est chargé, de même on n'a pu actionner en justice le directeur des vivres de la division, qui n'a signé les traites dont il s'agit qu'en vertu d'un titre qui le constituait représentant du munitionnaire général et agent du gouvernement;

» Que le sieur Fournier n'a pu obliger que le munitionnaire ; que cela résulte de l'article 55 du traité fait entre celui-ci et le ministre de la guerre, et portant que tous les actes que les agens et préposés du munitionnaire général passés pour le service, seront considérés comme faits par le munitionnaire lui-même, et en demeurera garant toutes les fois que ces actes se trouveront conformes aux pouvoirs qui leur auront été délégués par ledit munitionnaire général ;

» Que le sieur Fournier n'a rien fait que dans l'ordre du service dont il était chargé, et comme agent du gouvernement ;

» Que cette dernière qualité peut d'autant moins lui être contestée, qu'elle acquiert une nouvelle force par la mise au compte du gouvernement, depuis le 1er. janvier dernier, du service des vivres et fourrages ;

» Que les arrêtés des 13 brumaire et 19 thermidor

an 9, ont établi en principe que les contestations relatives au paiement des fournitures faites pour le compte du gouvernement entre les particuliers et les agens du gouvernement, sont de la compétence de l'autorité administrative ;

» Et qu'ainsi, le tribunal de commerce de Marseille n'était pas compétent pour statuer sur la contestation entre Fournier et Vidal. »

On a objecté contre cet arrêté, que le sieur Doumerc n'était point agent du gouvernement ; qu'il résultait des articles 21, 24, 28 et 35 de son marché, qu'il avait traité *à prix fixe* avec le gouvernement, et que dès-lors les opérations qui avaient été faites par lui ou ses agens avec des tiers, étaient des opérations particulières dont les tribunaux seuls devaient connaître, ainsi qu'il avait été décidé nombre de fois, et notamment par un décret du 7 février 1809 ;

Qu'il suffirait d'ailleurs, pour être convaincu que la contestation dont il s'agit était de la compétence des tribunaux, de lire l'article 56 du marché du sieur Doumerc, ainsi conçu :

« Dans le cas où des contestations s'éleveraient, soit » pour l'interprétation, soit pour l'exécution du présent » marché entre le ministre de la guerre et le munitionnaire, ou entre les agens du ministère et ceux du » munitionnaire, le munitionnaire consent à ce que ces » contestations soient jugées administrativement par le » ministre ou par les commissaires ordonnateurs.

» Dans aucun cas, cette disposition ne pourra s'appliquer aux discussions qui viendraient à naître entre » le munitionnaire et ses préposés, qui demeureront » toujours justiciables des tribunaux ordinaires. »

Il suit évidemment de cet article, disait-on, que parmi les contestations auxquelles peut donner lieu le marché du sieur Doumerc, il n'y a que celles qui naissent entre le ministre de la guerre et le munitionnaire, ou entre les agens de celui-ci et les agens du ministère, qui doivent être jugées administrativement, et que toutes les autres sont du ressort des tribunaux.

La circonstance, ajoutait-on, que le sieur Doumerc a été admis à compter de clerc à maître avec le gouvernement, pour les fournitures par lui faites depuis le 1er. janvier 1817, et que son marché a été résilié à partir du 1er. juin suivant, ne peut influer en rien sur la décision à intervenir, puisque l'ordonnance royale qui l'a admis à compter de clerc à maître, et qui a résilié son marché, n'est que du 21 mai 1817, tandis que les traites dont il s'agit ont été tirées en mars et en avril, par conséquent à une époque où le marché du sieur Doumerc existait encore, et que cette ordonnance n'a pu changer l'ordre des juridictions au préjudice d'un tiers pour ce qui a été fait antérieurement à son existence.

Il a été statué sur ce conflit par l'ordonnance suivante :

LOUIS, etc. ; — Sur le rapport du comité du contentieux ;

Vu le rapport de notre garde des sceaux ministre de la justice, en date du 20 janvier 1818, par lequel il nous propose d'annuller un arrêté du préfet du département des Bouches-du-Rhône, en date du 19 juillet 1817, qui élève le conflit entre l'autorité administrative et l'autorité judiciaire, relativement au jugement de condamnation rendu par le tribunal de commerce de notre bonne ville de Marseille, le 23 juin 1817, au profit du sieur Vidal, et contre le sieur Fournier, directeur des vivres de la huitième division militaire, lequel se refusait au paiement de traites tirées par lui sur le sieur Doumerc, munitionnaire général, et revenues à protêt ;

Vu ledit arrêté ;

Vu le traité passé entre notre ministre secrétaire d'état au département de la guerre et le sieur Doumerc, le 29 juillet 1814 ;

Vu le jugement du tribunal de commerce séant à Marseille ;

Ensemble toutes les pièces produites ;

Considérant que le sieur Fournier n'était point l'agent du gouvernement, mais le préposé d'un entrepreneur qui avait traité à prix avec notre ministre de la guerre ; qu'ainsi il ne peut y avoir aucune raison d'appliquer les dispositions invoquées de l'arrêté du 19 thermidor an 9 ; qu'au surplus l'article 56 du traité passé avec le sieur Doumerc, dispose que les contestations qui s'éleveraient entre le munitionnaire général et ses préposés, seraient jugées par les tribunaux ordinaires ; d'où l'on doit conclure, à bien plus forte raison, que les mêmes tribunaux sont juges des contestations existantes entre des préposés et des particuliers ;

Notre Conseil d'état entendu,

Nous avons ordonné et ordonnons ce qui suit :

Art. 1er. L'arrêté du préfet du département des Bouches-du-Rhône, en date du 19 juillet 1817, par lequel il a élevé le conflit dans la contestation existante entre le sieur Vidal et le sieur Fournier, est annullé.

2. Les parties continueront à procéder devant les tribunaux ordinaires.

3. Notre garde des sceaux ministre secrétaire d'état de la justice et notre ministre secrétaire d'état de l'intérieur sont chargés, chacun en ce qui le concerne, de l'exécution de la présente ordonnance.

Ordonnance du 18 mars 1818. (2911)

N°. 192.

ADJUDICATION. — Décret.

L'adjudicataire d'une forêt nationale, qui d'abord l'avait soumissionnée, et au profit de qui la vente a été passée avec stipulation de franchise de tous droits d'usage et autres servitudes, par suite d'un décret qui l'avait ainsi ordonné, doit être à l'abri de toute réclamation de ces droits d'usage et autres servitudes ; la justice administrative doit le maintenir sans qu'il soit permis d'annuller le décret.

(Les habitans de la commune de la Selle. — C. — le sieur Thibaut Longecourt.)

En l'an 4, le sieur Thibaut Longecourt soumissionna la forêt nationale de Poizot.

Alors la commune de la Selle et autres circonvoisines s'adressèrent à l'administration centrale de Saône-et-Loire, pour demander à être maintenues, nonobstant la vente, dans « le droit d'usage, pacage, champoyage, prise de bois mort et mort bois dans la forêt de Poizot. »

Par arrêté du 5 complémentaire an 4, la maintenue en possession de ces droits fut ordonnée.

D'après la soumission faite par le sieur Longecourt, plusieurs expertises furent ordonnées pour savoir si la forêt de Poizot était aliénable ou non.

Un premier arrêté de cette administration, en date du 9 nivose an 7, décida que la forêt de Poizot était inaliénable.

Sur la réclamation du sieur Longecourt, un second arrêté de la même administration, en date du 19 ventose an 8, rapporta celui du 9 nivose an 7, déclara la forêt aliénable, et ordonna qu'il en serait passé acte de vente au sieur Longecourt, moyennant la somme de 36,139 francs.

L'article 3 de cet arrêté porte : « Le citoyen Thibaut Longecourt, ensuite de l'adjudication qui lui sera tranchée, jouira de l'ensemble qui y sera désigné, comme en jouissaient les anciens propriétaires ; il demeurera chargé de tous droits de servitude qui pourront être réclamés sur les bois, par un ou plusieurs particuliers, autant qu'ils seront établis par titres authentiques, etc. »

Cet arrêté devait, avant son exécution, être soumis à l'approbation de l'autorité supérieure. Le sieur Longecourt demanda au gouvernement cette approbation.

Mais avant qu'il l'eût obtenue, la commune de la Selle sollicita, et fit rendre un second arrêté qui la maintenait dans le droit d'*usage*, *pacage*, etc.

Ce ne fut que le 16 frimaire an 14 qu'il fut rendu, en faveur du sieur Longecourt, un décret qui est ainsi conçu :

« Art. 1er. L'arrêté du 19 ventose an 8 (de l'administration départementale de Saône-et-Loire) est approuvé dans la disposition qui reconnaît le bois en litige aliénable, et ordonne qu'il en sera passé contrat de vente au soumissionnaire, au prix porté dans l'estimation du 3 nivose an 5.

» Les autres dispositions du même arrêté *sont déclarées nulles et comme non-avenues.*

» 2. L'acquéreur jouira des fruits à compter du jour de l'enregistrement de la quittance du second quart, aux termes de l'article 3 de la loi du 22 prairial an 4. »

En vertu de ce décret, le préfet de Saône-et-Loire passa, le 28 prairial an 14, contrat de vente de la forêt de Poizot au profit du sieur Longecourt.

Il fut dit, dans ce contrat, « que les biens étaient vendus avec leurs servitudes actives et passives, francs de toutes dettes, rentes foncières constituées et hypothéquées, *de toutes charges et redevances quelconques.* »

Par ce décret et par cette vente, les communes de la Selle et autres environnantes se sont trouvées dépouillées des droits dont elles jouissaient depuis longtemps, et qui leur avaient été assurés par les deux arrêtés ci-dessus rapportés de l'administration de Saône-et-Loire.

En conséquence, elles se sont pourvues au Conseil d'état pour demander l'annullation de ce décret et de la vente qui s'en est ensuivie.

Sur leur pourvoi est intervenue l'ordonnance suivante :

LOUIS, etc. ; — Sur le rapport du comité du contentieux ;

Vu la requête à nous présentée au nom du maire et des habitans de la commune de la Selle, enregistrée au secrétariat du comité du contentieux de notre Conseil d'état, le 7 janvier 1818, et tendante à l'annullation d'un décret du 16 frimaire an 14, qui a ordonné que contrat de vente serait passé au sieur Thibaut Longecourt, de la forêt de Poizot, sur laquelle ladite commune réclamait des droits d'usage et autres servitudes dont l'acquéreur a été déclaré affranchi ;

Vu le décret attaqué ;

Vu le contrat de vente passé, le 28 prairial an 14, au sieur Thibaut Longecourt, soumissionnaire, conformément aux dispositions du décret précité, lequel y est annexé ;

Vu toutes les pièces jointes au dossier ;

Considérant que le décret du 16 frimaire an 14 a ordonné que les biens soumissionnés par le sieur Thibaut Longecourt lui seraient vendus affranchis de tous droits d'usage et autres servitudes réclamées sur lesdits bois par la commune de la Selle ;

Considérant que, conformément aux dispositions de ce décret, il a été passé au sieur Thibaut Longecourt, le 28 avril 1806, contrat de vente du bois de Poizot ; que le décret du 16 frimaire an 14 a été annexé audit contrat, et que ce contrat a reçu son exécution ;

Notre conseil d'état entendu,

Nous avons ordonné et ordonnons ce qui suit :

Art. 1er. La requête de la commune de la Selle est rejetée.

2. Notre ministre secrétaire d'état de l'intérieur est chargé de l'exécution de la présente ordonnance.

Ordonnance du 18 mars 1818. (2909)

N°. 193.

ADJUDICATION.

Un adjudicataire de domaines nationaux, attaqué en revendication de l'objet vendu par un particulier qui présente nombre de titres de propriété à l'appui de sa demande en revendication, doit être maintenu comme adjudicataire par le conseil de préfecture; s'il est bien constant que les actes d'adjudication s'appliquent à l'objet litigieux, le conseil de préfecture ne doit point renvoyer aux tribunaux. — Une adjudication de domaines nationaux légalement consommée, ne peut être annullée comme faite, à non domino, *au préjudice du propriétaire, (s'il n'y a eu opposition à la vente.)* (Art. 4 de la loi du 28 pluviose an 8.)

(Le sieur Damour.)

Le sieur Damour avait acquis, en l'an 4, du domaine national, quelques îles et marais dépendans des anciennes fabriques des communes de Masseras et de Brains.

En 1810, il fut inquiété par les communes qui réclamaient une partie des terrains vendus.

Intervint un décret, le 24 janvier 1811, qui rejeta la demande des communes.

Postérieurement, quelques habitans de ces mêmes communes prétendirent, en leur propre et privé nom, et en vertu de titres particuliers, à la propriété des mêmes terrains; ils disaient, pour éloigner toute fin de non-recevoir, qu'ils n'avaient pas été parties dans le décret de 1811; que ce qui avait été jugé par ce décret, vis-à-vis des communes, ne l'était pas à leur égard; qu'ainsi aucun obstacle ne s'opposait à leur réclamation.

Un arrêté du conseil de préfecture du département de la Loire-Inférieure, rendu le 27 juin 1817, accueillit leur prétention et renvoya la question de propriété devant les tribunaux.

Cet arrêté est ainsi conçu :

« Le conseil considérant que si le décret du 24 janvier 1811 a décidé que la soumission du sieur Damour avait pour objet l'île Blanche et Grigout, telle qu'elle est marquée et circonscrite sur le plan tracé par le sieur Démolon, cette décision ne peut être opposée qu'aux parties qui ont figuré dans cette affaire avant le décret du 24 janvier; que les parties bien connues sont, d'une part, les communes de Brains et Masseras, ou les habitans de ces communes en nom collectif; que le rejet des réclamations de ceux-ci en masse ne peut nuire aux droits des tiers qui prétendraient à la propriété d'une partie de cette île;

» Considérant que les individus dénommés dans les pétitions des 15 décembre 1813 et 18 septembre 1816, prétendent qu'ils sont propriétaires d'une partie de l'île Blanche et Grigout; que leurs droits paraissent résulter des titres par eux produits, d'où naît une question de propriété qui ne peut être examinée ni jugée par le conseil;

« Arrête : les sieurs Damour et les individus dénommés dans les deux pétitions des 15 décembre 1813 et 18 septembre 1816, sont renvoyés devant les tribunaux pour faire statuer sur leurs droits respectifs de propriété sur l'île Blanche et Grigout. »

C'est contre cet arrêté que le sieur Damour s'est pourvu devant le Conseil d'état, pour violation de la chose jugée, en ce qu'il a renvoyé devant les tribunaux pour examiner la question de savoir si les terrains litigieux appartenaient au sieur Damour, bien que le décret de 1811, passé en force de chose jugée, eût décidé formellement qu'ils étaient sa propriété; et pour violation de la Charte constitutionnelle (art. 9), en ce qu'il n'a pas reconnu que la vente nationale de l'an 4 était inattaquable.

Le sieur Damour a prétendu que tout avait été jugé par le décret de 1811, qui lui avait attribué la propriété des terrains litigieux; et cela, tout aussi bien à l'égard du particulier que de la commune, puisque les réclamans faisaient partie de la masse dont les prétentions avaient été rejetées; que ce décret ayant acquis la force de la chose jugée, il ne leur était plus permis de renouveler aucune prétention sur ce sujet.

Il a soutenu que c'est ouvertement violer la Charte constitutionnelle que d'élever la question de savoir si les terrains qui lui ont été solennellement vendus par le domaine, doivent être restitués à des particuliers qui produisent des titres de propriété antérieurs à la vente.

Il a invoqué un rapport du ministre de la justice, du 2 nivose an 6, que l'on trouve au bulletin des lois, n°. 170 de la seconde série.

« Lorsqu'une adjudication est légalement consommée, disait le ministre, il ne peut plus y avoir lieu à une discussion judiciaire sur le domaine qui a fait l'objet de l'adjudication; *car puisque l'acquéreur n'en peut plus être dépossédé*, il ne reste à statuer, en cas que le réclamant soit trouvé bien fondé, que sur l'indemnité à lui accorder par le trésor, conformément à la loi du 24 frimaire an 6.

» Il faut distinguer deux époques; ou la réclamation est antérieure à la vente de l'objet contesté, ou elle est postérieure : dans le premier cas, la contestation rentre évidemment dans les attributions du corps judiciaire, puisqu'il ne s'agit ni du domaine national, ni de vente faite par la nation, et qu'en un mot il ne s'agit point de l'interprétation d'un acte administratif. Mais dans le deuxième cas, et lorsque la vente est consommée, il n'existe aucun cas possible *dans lesquels les tribunaux puissent prononcer*; car, s'il en était autrement, il faudrait qu'ils fussent autorisés à décider *que c'est mal à propos que la nation a vendu*. . . . . Il faudrait dire alors que les tribunaux seraient les juges suprêmes de domanialité nationale, ou en d'autres termes, qu'ils seraient non-seulement administrateurs, mais encore législateurs, ce qui annoncerait la confusion et l'anarchie. »

Toutefois, disait le sieur Damour, il peut y avoir lieu à examiner la question de savoir si les terrains réclamés sont compris dans l'adjudication de l'an 4 ; mais cette question appartient, non aux tribunaux, mais aux conseils de préfecture, puisqu'il s'agit de l'interprétation d'un acte administratif.

En cet état est intervenue l'ordonnance suivante :

LOUIS, etc. ; — Sur le rapport du comité du contentieux ;

Vu la requête à nous présentée au nom du sieur Damour, enregistrée au secrétariat du comité du contentieux de notre Conseil d'état, le 30 décembre 1817, tendante à l'annullation d'un arrêté du conseil de préfecture du département de la Loire-Inférieure, du 27 juin précédent, qui l'a renvoyé devant les tribunaux ordinaires, pour faire prononcer sur la propriété réclamée par divers particuliers des îles et marais situés sur le bord de la Vilaine, provenant des fabriques de Masseras et Brains, dont la vente lui a été consentie par le préfet du département de la Loire-Inférieure, le 27 février 1812, conformément à sa soumission du 19 thermidor an 4 ;

Vu le susdit arrêté du conseil de préfecture du 27 juin 1817 ;

Le plan des lieux contentieux ;

Le décret du 24 janvier 1811 ;

L'acte de vente du 27 février 1812 ;

Ensemble toutes les pièces produites et jointes au dossier ;

Considérant qu'alors même que le sieur Louis Merlet de la Trouanière et consorts appuieraient leurs prétentions à la propriété des objets en litige sur des titres privés, il suffit que lesdits objets aient été compris dans une vente administrative, pour que la vente de ces objets soit valable et confirmée ;

Considérant qu'il s'agit, dans l'espèce, de savoir si les quarante-cinq sillons de pré réclamés par divers individus sur l'île Blanche et Gigout, vendue au sieur Damour le 27 février 1812, ont été ou non compris dans ladite vente, et qu'aux termes de l'article 4 de la loi du 28 pluviose an 8, cette question est du ressort des conseils de préfecture ;

Notre Conseil d'état entendu,

Nous avons ordonné et ordonnons ce qui suit :

Art 1er. L'arrêté du conseil de préfecture du département de la Loire-Inférieure, en date du 27 juin 1817, est annullé.

2. Les parties sont renvoyées devant le même conseil de préfecture, pour y faire décider si, d'après le décret du 24 janvier 1811, le plan y annexé, les procès-verbaux d'expertise des 16, 18 mai et 5 août 1811, et le contrat de vente du 27 février 1812, le terrain en litige est compris dans ledit contrat de vente.

3. Les dépens sont réservés jusqu'après le jugement définitif de la contestation.

4. Nos ministres secrétaires d'état de l'intérieur et des finances sont chargés, chacun en ce qui le concerne, de l'exécution de la présente ordonnance.

Ordonnance du 18 mars 1818. (2908)

N°. 194.

1°. INTÉRÊTS. — COMPTABLE.

2°. COMPTABLE. — FIN DE NON-RECEVOIR.

1°. *Un comptable constitué débiteur par redressement d'erreurs de calcul n'est point passible d'intérêts du jour où la dette a réellement existé ; il ne les doit que du jour de la mise en demeure.* (Avis du Conseil d'état du 20 juillet 1806.)

2°. *Un comptable dont les comptes sont critiqués en ce qu'il y aurait quelques sommes à déduire, doit être à l'abri de toutes poursuites de la régie, si les sommes ont été inscrites ostensiblement par le comptable, si l'inscription est déjà très ancienne, et si la déduction est de nature à profiter moins à la régie des domaines qu'à des particuliers qui ne réclament pas.*

(Le sieur Tastemain. — C. — la Régie des domaines.)

Le sieur Tastemain avait été receveur de l'enregistrement au bureau de Lahaye-du-Puits pendant les années 1792 et 1793.

Lorsqu'il quitta ce bureau, plusieurs vérifications eurent lieu, et il ne fut établi aucun débet à sa charge.

En 1814, une nouvelle vérification eut lieu ; et, d'après le procès-verbal le sieur Tastemain se trouvait reliquataire envers la caisse d'une somme de 2939 fr. 35 cent.

Le sieur Tastemain s'adressa d'abord au directeur-général de l'enregistrement, et ensuite au ministre des finances, pour réclamer contre ce procès-verbal.

Par décision de S. Exc. le ministre secrétaire d'état des finances, en date du 16 mai 1817, le débet fut fixé à 1135 fr. 20 cent., avec les intérêts à partir de la publication du Code civil, titre *du Mandat*.

C'est contre cette décision que s'est pourvu le sieur Tastemain.

Dans son intérêt, on a dit :

« Le débet fixé par le ministre à 1135 francs 20 cent., se compose de deux sommes provenant de causes différentes. La première de 193 fr. 32 cent., provient d'une erreur de calcul commise au préjudice du trésor, et le sieur Tastemain offre de la payer : quant à la seconde, elle provient de deux sommes s'élevant à 939 fr. 88 c., qui avaient été passées en compte au sieur Tastemain pour des restitutions à faire à deux particuliers ; et comme il ne paraît pas, est-il dit dans cette décision, que le sieur Tastemain ait justifié d'avoir payé cette somme, il est juste qu'il en fasse compte à la caisse.

« A l'égard de cette dernière somme, il est présumable

qu'elle a été payée dans le temps à qui de droit, et que le sieur Tastemain en a remis les quittances lorsqu'il rendit ses comptes; au surplus, la régie est sans intérêt pour réclamer cette somme qui ne lui appartient pas, mais bien aux particuliers à qui elle devrait être restituée, à supposer qu'elle ne l'ait pas été dans le temps.

» Quant aux intérêts, le sieur Tastemain ne saurait en être passible qu'autant qu'il aurait retenu sciemment et secrètement des deniers appartenant à l'Etat. L'article 1996 du Code civil, sur lequel est basée la décision du ministre à cet égard, loin d'être défavorable au sieur Tastemain, vient à l'appui de ses prétentions : en effet, cet article dit « que le mandataire doit l'intérêt de la somme qu'il a employée à son usage, à dater de cet emploi, et de celles dont il est reliquataire, à compter du jour qu'il est mis en demeure. »

» Or, le sieur Tastemain n'a employé aucune somme à son usage; ce ne serait donc que comme reliquataire qu'il pourrait être condamné au paiement d'une certaine somme; et, dans ce cas, conformément à l'article précité, il ne devrait les intérêts qu'à dater du jour de la mise en demeure. »

Pour la régie on répondait, à l'égard de la somme de 939 francs 88 centimes, que, puisqu'il était reconnu que cette somme avait été passée en compte au sieur Tastemain, il en était redevable tant qu'il ne justifiait pas en avoir fait emploi, et que cette somme, ainsi que celle de 195 francs 32 centimes, provenant d'erreur de calcul, avait produit intérêt depuis la publication du titre *du Mandat* du Code civil, puisque ces deux sommes n'avaient été et n'avaient pu être employées qu'au profit du sieur Tastemain.

Sur ce est intervenue l'ordonnance suivante :

LOUIS, etc.; — Sur le rapport du comité du contentieux;

Vu la requête à nous présentée au nom du sieur Tastemain, ancien receveur de l'enregistrement et des domaines au bureau de Lahaye-du-Puits, département de la Manche, et actuellement notaire et maire de Digny, canton de Senouches, arrondissement de Dreux, département d'Eure-et-Loire; ladite requête enregistrée au secrétariat du comité du contentieux de notre Conseil d'état, le 12 novembre 1816, et tendante à ce qu'il nous plaise admettre son pourvoi contre la décision de notre ministre secrétaire d'état des finances, du 16 mai 1816, et contre celle du 1er. juillet suivant, qui paraît l'avoir confirmée; lesquelles décisions condamnent l'exposant à verser au trésor royal la somme de 1135 fr. 20 cent., de laquelle somme, en son ancienne qualité de receveur, il est reconnu débiteur, avec intérêt, à partir de la publication du Code civil, titre *du Mandat*; faisant droit sur le pourvoi, annuller lesdites décisions, et les déclarer nulles et comme non avenues; recevoir l'exposant opposant, tant à la contrainte décernée contre lui par le receveur de l'enregistrement à Lahaye-du-Puits, le 23 septembre 1815, qu'au commandement à lui fait à la requête de la régie de l'enregistrement et des domaines, le 12 janvier 1816; ayant égard à l'opposition et d'après les motifs énoncés au présent mémoire, décharger l'exposant des effets de la contrainte, ou, en tout cas, ordonner que le montant d'icelle sera réduit à celui des erreurs de calculs qui ont pu être constatés dans la gestion de l'exposant, comme receveur de l'enregistrement et des domaines; débouter l'administration de toutes répétitions d'intérêts; et, subsidiairement, ordonner, suivant la dernière partie de l'article 1996 du Code civil, que lesdits intérêts, quel que soit d'ailleurs le montant du principal auquel il nous plaira fixer le débet de l'exposant, ne courront qu'à dater du jour où ce dernier a été mis en demeure, et condamner la régie de l'enregistrement et des domaines aux dépens;

Vu l'ordonnance de soit communiqué et le mémoire en défense de la direction générale de l'enregistrement et des domaines et forêts, enregistré audit secrétariat du comité du contentieux, le 12 novembre 1817, et tendant à ce qu'il nous plaise lui donner acte de ce que, pour satisfaire à l'ordonnance de soit communiqué, en date du 30 novembre 1816, et pour répondre à la requête du sieur Tastemain, signifiée à l'avocat du domaine le 14 décembre suivant, elle emploie le contenu au présent mémoire et aux pièces y énoncées et jointes; ce faisant, déclarer ledit sieur Tastemain non-recevable dans son pourvoi, ou, en tout cas, l'en débouter; ordonner que les décisions de notre ministre secrétaire des finances, des 16 mai et 1er. juillet 1816, seront exécutées selon leur forme et teneur, et condamner l'adversaire aux dépens;

Vu l'avis du Conseil d'état du 20 juillet 1808, qui statue sur l'exigibilité des intérêts qui peuvent être dus par les receveurs de l'enregistrement et des domaines;

Vu les autres pièces respectivement produites;

Considérant que le débet réclamé se compose, 1°. d'une somme de 195 fr. 32 c., provenant de plusieurs erreurs de calculs, pour lesquelles erreurs, aux termes de l'article 3 de l'avis précité du Conseil d'état, il n'est pas dû d'intérêts; 2°. d'une somme de 939 fr. 88 cent. pour deux déductions non justifiées par quittances des parties prenantes;

Considérant que l'une des deux déductions a eu lieu par suite d'une main-levée donnée par le département de la Manche le 13 décembre 1792, et que l'autre résulte de l'application d'une ordonnance du district de Carantan, du 3 novembre même année; que les parties qui ont obtenu ces décisions administratives ont dû en poursuivre les effets; qu'il n'est pas probable qu'elles aient laissé écouler un laps de temps de plus de vingt-cinq ans, sans réclamer les remboursemens qu'elles avaient sollicités et qui leur avaient été alloués;

Considérant que les deux déductions ont été inscrites ostensiblement sur les registres du sieur Tastemain; qu'elles y sont motivées, et qu'ensuite elles ont été passées en compte par l'inspecteur, sans observation ni réserve;

Considérant, d'ailleurs, que, sous aucun rapport, les sommes déduites ne peuvent appartenir à la régie, et que les parties intéressées n'ont élevé et n'élèvent aucune réclamation ;

Notre Conseil d'état entendu,

Nous avons ordonné et ordonnons ce qui suit :

Art. 1er. Les décisions de notre ministre secrétaire d'état des finances, des 16 mai et 1er. juillet 1816, qui déclarent le sieur Tastemain débiteur d'une somme de 1135 fr. 20 cent. envers la régie de l'enregistrement et des domaines et forêts, pour déductions et erreurs de calculs, sont confirmées en ce qui concerne les erreurs de calculs seulement ; en conséquence, le *débet* du sieur Tastemain demeure réduit et fixé à la somme de 195 fr. 32 cent.

2. Les intérêts de cette somme de 195 fr. 32 cent. ne courront qu'à dater du 23 septembre 1815, époque de la mise en demeure du comptable.

3. Les dépens sont compensés entre les parties.

4. Notre ministre secrétaire d'état des finances est chargé de l'exécution de la présente ordonnance.

Ordonnance du 18 mars 1818. (2903)

No. 195.

CONTRIBUTIONS. — REVENDICATION. — SAISIE. — CONFLIT.

Si l'article 4 de la loi du 12 novembre 1808 ordonne que les demandes en revendication des meubles et effets, après saisie pour contributions, ne peuvent être portées devant les tribunaux qu'après avoir été soumises à l'autorité administrative, aux termes de la loi du 5 novembre 1790, et de l'arrêté du 13 brumaire an 10, cette disposition ne change pas l'ordre des juridictions; elle ne fait point cesser la compétence de l'autorité judiciaire; elle n'établit qu'une formalité préalable au jugement dont l'inobservation peut bien entraîner l'annullation de la procédure, mais ne peut pas autoriser un conflit.

(Le sieur Cazenaud.)

LOUIS, etc. ; — Sur le rapport du comité du contentieux :

Vu l'arrêté de conflit, pris le 9 avril 1817, par le préfet du département de la Creuze, dans une contestation existante entre le sieur Cazenaud, percepteur de la commune de Saint-Priest-en Plaine, et les sieurs Chéron et Bonnet, habitans de ladite commune, à l'occasion d'une saisie de bestiaux, faite à la requête dudit Cazenaud, sur ledit Chéron, pour recouvrement de contributions arriérées, suivie d'une demande en revendication desdits bestiaux, formée par le sieur Bonnet ;

Vu le jugement rendu le 11 février 1817, par le tribunal de première instance, séant à Guéret, ledit jugement portant que les bestiaux saisis par le sieur Cazenaud et revendiqués par le sieur Bonnet, à titre de cheptel, seront réintégrés dans les étables du sieur Chéron ;

Vu le rapport de notre garde des sceaux ministre secrétaire d'état de la justice ;

Vu aussi l'arrêté du 13 brumaire an 10 (4 novembre 1801), la loi du 5 novembre 1790, et celle du 12 novembre 1808 ;

Considérant que les préfets ne doivent élever le conflit sur une question portée devant les tribunaux, que lorsque la connaissance en est attribuée par la loi à l'autorité administrative ;

Considérant que les demandes en revendication de meubles et effets saisis sont exclusivement de la compétence de l'autorité judiciaire ; que si l'article 4 de la loi du 12 novembre 1808, ordonne que ces demandes formées sur une saisie faite pour paiement de contributions, ne pourront être portées devant les tribunaux qu'après avoir été soumises par l'une des parties intéressées à l'autorité administrative, aux termes de la loi du 5 novembre 1790 ; cette disposition, qui ne change pas l'ordre des juridictions, prescrit seulement une formalité préalable au jugement, et dont l'inobservation ne peut entraîner que l'annullation de la procédure ;

Notre Conseil d'état entendu,

Nous avons ordonné et ordonnons ce qui suit :

Art. 1er. L'arrêté de conflit pris, le 9 avril 1817, par le préfet du département de la Creuze, est annulé, sauf au sieur Cazenaud à se pourvoir, s'il y a lieu, devant la Cour royale du ressort, contre le jugement du tribunal de Guéret, du 11 février 1817.

2. Notre garde des sceaux ministre secrétaire d'état de la justice et notre ministre secrétaire d'état des finances sont chargés, chacun en ce qui le concerne, de l'exécution de la présente ordonnance.

Ordonnance du 18 mars 1818. (3364)

No. 196.

1o. LIQUIDATION. — CONTENTIEUX. — FOURNISSEUR. — ARMÉE D'ESPAGNE. — JUSTICE MINISTÉRIELLE.

2o. JUSTICE GOUVERNEMENTALE. — TRAITÉ AVEC LES ALLIÉS.

1o. *Un fournisseur des troupes françaises en Espagne qui, pour raison de ses fournitures de subsistances, a traité avec les autorités espagnoles sous le simple visa d'un commissaire-ordonnateur français, ne doit pas être réputé créancier du gouvernement de France ; il n'est créancier que des autorités espagnoles avec lesquelles il a traité.*

Le gouvernement français n'est pas même garant, aux termes de l'art. 2 des conventions du 20 novembre 1815.

2°. *Est-ce bien une simple justice administrative, n'est-ce pas essentiellement une justice gouvernementale, celle qui interprète et applique un traité de paix à une convention relative à une armée d'occupation, et souscrite par des autorités étrangères?*

(Le sieur Ozil.)

Le maréchal Victor commandait un corps d'armée qui occupait la province de Xérès en Espagne.

Par un arrêté du 5 mars 1810, il créa une commission centrale de subsistances, composée de citoyens espagnols les plus distingués.

Cette commission était chargée d'aviser aux moyens les moins coûteux et les moins pénibles de fournir à la subsistance de l'armée.

Le 16 avril 1810, cette commission passa un traité avec le sieur Ozil, par lequel ce dernier s'obligeait de fournir journellement une quantité déterminée de pain, moyennant une certaine quantité de blé qui devait être mise à sa disposition lors de chaque livraison de pain; il était dit dans le traité, que dans le cas où les livraisons de pain excéderaient les livraisons de blé, ou qu'il y aurait retard pour ces dernières, la commission s'engageait de dédommager le sieur Ozil dans le plus bref délai.

Ce traité fut approuvé par le commissaire-ordonnateur de l'armée et par le commissaire du Roi.

Lors de la cessation de sa fourniture, le sieur Ozil se trouva en avance d'une quantité considérable de pain et de grains.

Alors le sieur Ozil, pour obtenir la restitution des avances qu'il avait faites, ou tout au moins un dédommagement, s'adressa successivement aux diverses autorités qui se succédèrent dans cette province, et qui y furent toutes établies par les ordres du maréchal Soult, commandant en chef de l'armée.

Toutes ses demandes furent inutiles.

Lorsque l'armée française fut obligée de quitter l'Espagne, il n'avait encore rien obtenu.

En 1816, le sieur Ozil réitéra sa demande dans une pétition qu'il adressa au ministre des finances, et qui fut par celui-ci transmise au ministre de la guerre.

Cette demande a été rejetée par une décision de son excellence le ministre de la guerre, en date du 26 mars 1817.

Cette décision, en forme de lettre, est ainsi conçue :

« Votre créance (dit son excellence au sieur Ozil) a été examinée et discutée d'après cinq pièces énoncées en la décision.

» Attendu qu'elle ne devait être jugée que sur le fond, comme le démontreront les développemens ci-après :

» 1°. L'arrêté pris le 5 mars 1810 par M. le maréchal Victor, avait pour but de créer une commission centrale chargée de pourvoir aux besoins des troupes, de régler la répartition des réquisitions de tout genre, de se fixer sur les ressources locales, et d'en régler l'emploi pour le service de l'armée. L'art. 3 de l'arrêté désigne pour membres de la commission les Espagnols, au nombre de dix, dont les noms sons indiqués dans cet article. Les membres de la commission étaient tous des habitans de la ville de Xérès, et on devait leur adjoindre autant de députés qu'il y avait de communes dans l'arrondissement de cette ville L'instruction rédigée par M. Dennié fils, ordonnateur en chef du premier corps, consacre ce principe à l'article 1er. : les services sont confiés à la commission des subsistances. C'est dans ce sens et d'après cette base que l'instruction est dressée. Par l'article 9 et dernier de l'instruction, il était expressément défendu aux commissaires des guerres de faire aucune réquisition dans le rayon occupé par l'armée, attendu qu'à la commission seule appartenait ce droit : ainsi, à l'autorité locale seule était confié la tâche d'assurer le service.

» 2°. Votre marché (poursuit le ministre) a été la suite de ces dispositions. On retrouve dans cet acte l'esprit et les intentions qui avaient dicté l'arrêté du 5 mars et l'instruction du 16 avril. En effet, ce marché a été passé avec la commission des subsistances, c'est-à-dire, avec trois de ses membres qu'elle avait désignés *ad hoc*. D'après l'article 1er., vous vous étiez engagé à fabriquer et à fournir journellement, pour le premier corps, 29,400 rations de pain de munition sur les points désignés, sous la condition expresse que la commission des subsistances mettrait journellement à votre disposition le nombre de fanègues de blé et de farine fixé par cet article. Les autres articles du marché sont relatifs au nombre des rations à fournir pour chaque fanègue de blé, à la quantité du blé et de la farine qu'on devait vous remettre pour le service de la manutention, ainsi qu'à la manière de constater cette remise et aux facilités qui vous étaient données, tant par la mise à votre disposition des fonds existant en ville, que par la permission de vendre, comme bon vous semblerait, les bénéfices provenant de la manutention.

» 3°. Il est évident, d'après ce marché, que vous ne pouvez être considéré comme fournisseur, mais bien comme manutentionnaire. Vous aviez contracté envers les autorités espagnoles l'obligation de manutentionner les denrées qu'elles vous faisaient remettre, et, dans cette position, vous ne pouviez être regardé par l'armée française que comme l'agent de la commission espagnole qui était chargée exclusivement d'assurer le service. Dans cette position encore, vous n'avez pu penser que vous étiez placé sous l'action de l'administration française, puisque non-seulement vous ne teniez d'elle aucun mandat, mais encore vous deviez compte à la commission des subsistances seule, de l'emploi des denrées que vous en avez reçues.

» 4°. Suivant le rapport du consul français à Cadix, les avances faites par vous s'élevaient, d'une part, à

5603 fanègues de froment, et, de l'autre, à 25,564 réaux de veillons, pour fourniture de son, montant à 1736 fanègues, et pour dépense de mouture faites pour le compte de la commission. Enfin, d'après l'exposé du consul français à Cadix, votre créance a été réglée et reconnue par la préfecture de Xérès; des dispositions ont été faites par la préfecture de Xérès pour l'extinction de cette dette, des réquisitions ont été frappées en conséquence sur des communes de l'arrondissement de Xérès; mais il paraît que ces communes ont refusé d'acquitter leur contingent, et que c'est par suite de ce refus que vous vous êtes adressé au gouvernement.

» 5°. En adoptant cette marche, vous n'avez pu méconnaître qu'elle était irrégulière, et que vous ne pouviez rigoureusement porter votre réclamation qu'à l'autorité avec laquelle vous aviez traité, c'est-à-dire à la commission des subsistances, ou, ce qui est la même chose, à la préfecture de Xérès, dans le sein de laquelle les membres de la commission avaient été choisis.

» 6°. Vous pourriez peut-être *objecter* que le marché que vous avez passé avec les autorités espagnoles, n'est relatif qu'à la manutention; que vous ne demandez rien pour cet objet, et que votre réclamation porte uniquement sur des fournitures de grains et de son; mais on répondrait victorieusement, 1°. que puisque vous ne vous étiez chargé que de manutentionner les denrées mises à votre disposition, on ne voit pas le motif pour lequel vous avez fait des avances de denrées; 2°. que vous ne pouviez ignorer, puisque cela était déterminé par votre marché, que les denrées nécessaires à la manutention devaient vous être fournies par les autorités locales espagnoles, et qu'en fournissant pour leur compte, c'était d'elles seules que vous pouviez et que vous deviez attendre votre paiement; 3°. qu'enfin le gouvernement français ne peut être engagé que quand il a été pris par les agens qui le représentent des engagemens précis et positifs, et que, dans l'affaire dont il s'agit, les agens du gouvernement français ne sont intervenus en rien.

» 7°. Tels sont les motifs d'après lesquels j'ai, par décision du 26 mars dernier, prononcé le rejet de votre réclamation, comme étrangère au gouvernement français. »

De suite, après cette décision, le sieur Ozil s'est adressé à la commission mixte de liquidation, qui a répondu que le roi d'Espagne ne regardait pas comme obligatoires pour lui les engagemens pris par les autorités espagnoles ainsi constituées.

Alors il a dénoncé au Conseil d'état la décision du ministre de la guerre du 26 mars 1817.

Sur son pourvoi est intervenue l'ordonnance suivante :

LOUIS, etc.; — Sur le rapport du comité du contentieux;

Vu la requête et le mémoire ampliatif à nous présentés au nom du sieur Jean Ozil, enregistrés au secrétariat du comité du contentieux de notre Conseil d'état, le 7 juillet et 26 août 1817, tendans à ce qu'il nous plaise annuller une décision de notre ministre secrétaire d'état au département de la guerre, du 26 mars 1817; en conséquence, ordonner que, sans avoir égard à ladite décision, il sera passé outre à la liquidation de la créance réclamée par le suppliant, pour raison des fournitures qu'il a faites aux troupes françaises en Andalousie;

Vu ladite décision, consignée dans une lettre du sous-secrétaire d'état au département de la guerre, en date du 8 avril 1817, et le rapport qui l'a motivée;

Vu le marché passé, le 16 avril 1810, entre le sieur Ozil et la commission des subsistances de la province de Xérès, visé seulement par le commissaire-ordonnateur français;

Vu l'arrêté pris par le préfet de Xérès, le 8 avril 1811, qui répartit, sur les communes de la province, le montant de la créance du sieur Ozil;

Vu les arrêtés de compte du sieur Ozil;

Ensemble toutes les pièces comprises au dossier de cette affaire;

Considérant que le sieur Ozil a traité directement avec les autorités espagnoles, et que le contrat ne renferme aucune promesse de paiement de la part des autorités françaises, et qu'ainsi, aux termes de l'art. 2 des conventions du 20 novembre 1815, le gouvernement français ne saurait être garant de ladite créance;

Notre Conseil d'état entendu,

Nous avons ordonné et ordonnons ce qui suit :

Art. 1er. La requête en pourvoi du sieur Jean Ozil, contre la décision de notre ministre secrétaire d'état de la guerre, du 26 mars 1817, est rejetée.

2. Notre ministre secrétaire d'état de la guerre est chargé de l'exécution de la présente ordonnance.

Ordonnance du 18 mars 1818. (2906)

N°. 197.

DOMAINES ENGAGÉS.—Décision ministérielle. —Instructions.

En matière de domaines engagés, les décisions du ministre des finances ne sont que des instructions pour la régie des domaines, et ne font pas obstacle à ce que la question de propriété, en ce qui touche les biens non vendus, soit renvoyée devant les tribunaux.

(Le comte D'Andlaw.—C.— l'adm. des domaines.)

En 1739, Louis XV avait disposé, en faveur du comte D'Andlaw, du fief de dignité de la Reichswogtey (prévôté) de Kayserberg, situé près Colmar, en Alsace.

La révolution ayant depuis changé l'ordre judiciaire,

le district de Colmar prit un arrêté, le 30 octobre 1792, par lequel il remit au domaine le fief appartenant au comte D'Andlaw, comme étant un accessoire de la dignité de prévôt, laquelle se trouvait supprimée.

Une décision du ministre des finances, du 3 ventose an 6, confirma cet arrêté; elle est ainsi conçue :

« La demande du citoyen D'Andlaw, tendante à être maintenu dans la jouissance des biens attachés à l'office fief de la Reichswogtey de Kaysersberg, n'est pas admissible; l'arrêté du ci-devant district de Colmar, en vertu duquel lesdits biens ont été mis sous la main de la nation, doit avoir son exécution; le sursis prononcé par le département, à la vente desdits biens, est levé, et il doit être donné suite aux soumissions de ces biens, si les soumissionnaires sont en règle et ont satisfait à la loi. »

Cette décision fut confirmée par une seconde du même ministre, en date du 23 vendémiaire an 7.

C'est contre ces décisions que le comte D'Andlaw s'est pourvu devant le Conseil d'état, pour excès de pouvoir, en ce que le ministre l'avait dépouillé de ses biens, et avait jugé une question de propriété, laquelle appartenait exclusivement aux tribunaux.

En cet état est intervenue l'ordonnance suivante :

LOUIS, etc.; — Sur le rapport du comité du contentieux;

Vu la requête à nous présentée au nom du sieur Antoine-Henri, comte D'Andlaw, premier des quatre chevaliers héréditaires du Saint-Empire, lieutenant-général de nos armées; ladite requête enregistrée au secrétariat du comité du contentieux de notre Conseil d'état, le 2 septembre 1816, et tendante à ce qu'il nous plaise annuller les deux décisions rendues les 3 ventose an 6 et 23 vendémiaire an 7, par le ministre des finances, et confirmatives d'un arrêté de l'administration du ci-devant district de Colmar, en date du 30 octobre 1792, ordonnant que les biens immeubles et droits incorporels attachés à la ci-devant Reichswogtey de Kaysersberg, seront réunis aux domaines nationaux, et par suite mis en vente, ce qui a été effectué à la réserve des bois et forêts; maintenir le suppliant dans l'état et possession de la Reichswogtey de Kaysersberg, et, en tout cas, annullant pareillement cet arrêté du district comme les deux décisions ministérielles, ordonner que les bois de la Reichswogtey deKayserberg, réunis au domaine national par ledit arrêté, seront rendus et restitués à l'exposant, ainsi que les droits incorporels ou autres qui seraient conformes aux lois et n'auraient pas été aliénés, s'en rapportant à notre justice sur le soin de prononcer en sa faveur telle indemnité que nous déterminerons, pour la privation des revenus desdits domaines depuis plus de vingt-quatre ans;

Vu l'ordonnance de soit communiqué et le mémoire en défense de la direction-générale de l'enregistrement et des domaines et forêts, enregistrés au secrétariat dudit comité du contentieux, le 4 octobre 1817, et tendant à ce qu'il nous plaise lui donner acte de ce que, pour satisfaire à ladite ordonnance de soit communiqué, et pour répondre à la requête du sieur Antoine-Henri, comte D'Andlaw, signifiée à l'avocat du domaine, le 9 novembre 1816, elle emploie le contenu au présent mémoire; ce faisant, déclarer le réclamant non-recevable dans son pourvoi, ou, en tout cas, l'en débouter, en le renvoyant devant qui de droit, conformément au droit nouveau introduit depuis les décisions attaquées, et condamner ledit sieur comte D'Andlaw aux dépens;

Vu la réplique dudit sieur comte D'Andlaw, enregistrée au secrétariat dudit comité du contentieux, le 29 janvier 1818, par laquelle, persistant dans ses précédentes conclusions, et y ajoutant, le réclamant demande subsidiairement le renvoi de la cause devant les tribunaux, avec l'annullation préalable de l'arrêté du ci-devant district de Colmar, et des décisions ministérielles attaquées;

Vu les lettres-patentes des mois de septembre 1739 et mars 1755, qui confèrent aux auteurs du comte D'Andlaw l'office de la Reichswogtey de Kaysersberg, et érigent ledit office en fief héréditaire masculin, sous la clause qu'à défaut d'hoirs mâles, il retournera à notre pleine et entière disposition et à celle des Rois nos successeurs;

Vu l'arrêté précité du district de Colmar, du 30 octobre 1792, et les décisions ministérielles des 3 ventose an 6 et 23 vendémiaire an 7;

Vu le décret du 1er. décembre 1790, relatif aux domaines nationaux engagés, et notamment l'article 27 portant que, s'il s'élève des débats sur la propriété desdits domaines, il y sera prononcé par les tribunaux;

Considérant que l'arrêté du district de Colmar et les décisions ministérielles attaquées ne font pas obstacle à ce que la question de propriété, en ce qui touche les biens non vendus, soit renvoyée devant les tribunaux;

Notre Conseil d'état entendu,

Nous avons ordonné et ordonnons ce qui suit :

Art. 1er. Les requêtes du sieur comte D'Andlaw sont rejetées, sauf à lui à se pourvoir, si bon lui semble, devant les tribunaux ordinaires, pour recouvrer, s'il y a lieu, les biens non vendus.

2. Le comte D'Andlaw est condamné aux dépens.

3. Notre ministre secrétaire d'état des finances est chargé de l'exécution de la présente ordonnance.

Ordonnance du 18 mars 1818. (2004)

N°. 198.

ADJUDICATION. — INTERPRÉTATION. — ATTÉRISSEMENT.

Un conseil de préfecture saisi de la question de savoir si un terrain a été compris dans une adjudication nationale, si les actes d'adjudication lui paraissent positifs à cet égard, n'est pas tenu de s'arrêter à l'allégation que le terrain litigieux serait l'effet d'un atterissement postérieur à l'adjudication, surtout si les pièces fournissent la preuve du contraire.

(Les sieurs Baudouin et Delaloge. — C. — le sieur Conturat.)

LOUIS, — etc.; Sur le rapport du comité du contentieux;

Vu la requête à nous présentée au nom du sieur Baudouin, propriétaire, et de la dame Chardon Delaloge, son épouse, de lui autorisée; ladite requête enregistrée au secrétariat du comité du contentieux de notre Conseil d'état, le 2 juillet 1816, et tendante à ce qu'il nous plaise les recevoir opposans à notre ordonnance du 10 février 1816, rendue sur la requête du sieur Pierre Conturat, par laquelle nous avons annullé un arrêté du conseil de préfecture du département de l'Yonne, du 17 février 1815, rendu dans une contestation élevée entre le sieur Conturat et le sieur Chardon Delaloge, sur la propriété d'une alluvion ou atterrissement formé par la rivière d'Yonne;

Vu notre ordonnance du 7 août 1816, qui reçoit le sieur Baudoin et la dame Chardon Delaloge, son épouse, opposans à notre ordonnance susmentionnée;

Vu les requêtes à nous présentées au nom du sieur Baudoin et de la dame Chardon Delaloge; lesdites requêtes enregistrées au secrétariat du comité du contentieux de notre Conseil d'état, les 8 août et 5 novembre 1817;

Vu les requêtes en défense présentées au nom du sieur Conturat, et enregistrées au secrétariat du comité du contentieux, les 17 avril et 20 octobre 1817;

Vu l'arrêté du conseil de préfecture du département de l'Yonne, du 17 février 1815;

Le plan des lieux;

Ensemble toutes les pièces jointes au dossier;

Considérant, dans l'espèce, que le terrain vendu au sieur Conturat, le 20 juin 1792, ne contenait que huit ou neuf carreaux;

Considérant que l'atterrissement dont il s'agit, et qui est contigu à l'île des Graviers, a été l'effet des travaux entrepris, en 1787, pour redresser le cours de la rivière de l'Yonne;

Considérant que la vente du 1er. thermidor an 4, passée au sieur Chardon Delaloge postérieurement à la formation de l'atterrissement, comprend la totalité de l'île des Graviers, et que ce fait suffisamment établi par les pièces et les plans produits au dossier, a été en outre déclaré plusieurs fois par l'administration centrale et le conseil de préfecture du département de l'Yonne;

Notre Conseil d'état entendu,

Nous avons ordonné et ordonnons ce qui suit:

Art. 1er. L'arrêté du conseil de préfecture du département de l'Yonne, du 17 février 1815, est confirmé.

2. Le sieur Conturat est condamné aux dépens.

4. Notre ministre secrétaire d'état des finances est chargé de l'exécution de la présente ordonnance.

Ordonnance du 18 mars 1818. (2902)

N°. 199.

MISE EN JUGEMENT. — IGNORANCE. — PARTIE PLAIGNANTE. — POUVOIR DISCRÉTIONNAIRE.

Un adjoint de maire prévenu d'arrestation arbitraire et d'avoir forcé le détenu à payer une petite somme au sergent de police, peut n'être pas mis en jugement, encore qu'il y ait partie plaignante, s'il est constant que le prévenu n'a agi illégalement que par ignorance, si d'ailleurs il a été suffisamment puni par sa destitution.

(Les sieurs Lebail et Ives.—C.—le sieur Herland.)

LOUIS, etc.; — Sur le rapport du comité du contentieux;

Vu la lettre de notre procureur-général en la Cour de Rennes, en date du 21 octobre 1817, par laquelle il nous rend compte des poursuites commencées contre le sieur Herland, ex-adjoint au maire de la commune de Guerlesquin, département du Finistère, accusé d'avoir arrêté arbitrairement les sieurs Lebail, aubergiste, habitant de ladite commune, et Henri Ives, habitant du département des Côtes-du Nord, et d'avoir forcé ce dernier à payer, lors de sa sortie de prison, 30 cent. aux sergens de police;

Vu la plainte du sieur Lebail, en date du 28 juin 1817;

Vu les dépositions des témoins;

Vu l'avis favorable de notre ministre de l'intérieur, conforme à celui de notre procureur-général en la Cour de Rennes, portant qu'il n'y a pas lieu à poursuivre, attendu que le sieur Herland n'a agi illégalement que par ignorance, et qu'il a été suffisamment puni par sa destitution;

Vu les autres pièces contenues au dossier;

Notre Conseil d'état entendu,

Nous avons ordonné et ordonnons ce qui suit:

Art. 1er. Il n'y a lieu à continuer les poursuites commencées contre le sieur Herland, ex-adjoint au maire de la commune de Guerlesquin, département du Finistère, pour les faits énoncés ci-dessus.

2. Notre garde des sceaux ministre secrétaire d'état de la justice et notre ministre secrétaire d'état de l'intérieur sont chargés, chacun en ce qui le concerne, de l'exécution de la présente ordonnance.

Ordonnance du 18 mars 1818. (2910)

N°. 200.

AGENT DU GOUVERNEMENT. — ENTREPRENEUR DES TRANSPORTS MILITAIRES. — MARCHÉ.

Un entrepreneur de transports militaires n'est point un agent du gouvernement; il peut être traduit devant les tribunaux pour les engagemens qu'il a pris avec des particuliers pour un transport de subsistances.

(Les sieurs Pagès et Bonnet. — C. — les sieurs Fourrigues et consorts.)

LOUIS, etc....; — Sur le rapport du comité du contentieux;

Vu le rapport de notre garde des sceaux, ministre secrétaire d'état au département de la justice, en date du 2 février 1818, par lequel il nous propose d'annuler un arrêté du préfet du département des Pyrénées-Orientales, en date du 12 juin 1817, qui élève le conflit de juridiction dans une contestation existante devant le tribunal de commerce, séant à Perpignan, entre les sieurs Pagès et Bonnet, et les sieurs Jean Fourrigues et consorts, relativement à des transports de denrées faites par ces derniers, et dont ils demandent le paiement;

Vu ledit arrêté;

Vu la pétition présentée par les sieurs Pagès et Bonnet, au préfet du département des Pyrénées-Orientales, tendante à ce que le conflit dont il s'agit fût élevé;

Vu le marché du 18 février 1812, passé entre l'ordonnateur en chef Blanchard et lesdits sieurs Bonnet et Pagès, relativement à un envoi de subsistances pour le ravitaillement de Barcelonne;

Vu la lettre de notre ministre secrétaire d'état au département de la guerre, au sieur Anglada, fondé de pouvoir des sieurs Bonnet et Pagès, en date du 18 mai 1816;

Vu enfin toutes les pièces produites;

Considérant que les réclamations exercées par les sieurs Fourrigues et consorts, contre les sieurs Bonnet et Pagès, sont fondées sur des engagemens qui auraient été pris envers eux par ces derniers;

Considérant que ces engagemens, s'ils sont justifiés, ne peuvent avoir été pris par les sieurs Bonnet et Pagès qu'en leurs noms personnels, ou comme entrepreneurs de transports militaires, et que, sous ces deux rapports, ils sont étrangers à l'autorité administrative, et doivent être jugés par les tribunaux ordinaires;

Notre Conseil d'état entendu,

Nous avons ordonné et ordonnons ce qui suit :

Art. 1er. L'arrêté susdaté, qui élève le conflit dans la contestation existante au tribunal de commerce, séant à Perpignan, entre les sieurs Bonnet et Pagès, et les sieurs Fourrigues et consorts, est annullé.

2. Les parties sont renvoyées à suivre et procéder devant les tribunaux ordinaires.

3. Notre garde des sceaux ministre secrétaire d'état de la justice et notre ministre secrétaire d'état de l'intérieur sont chargés, chacun en ce qui le concerne, de l'exécution de la présente ordonnance.

Ordonnance du 18 mars 1818. (2913)

N°. 201.

IMPUTATION. — PAIEMENT. — DÉCISION MINISTÉRIELLE. — CHOSE JUGÉE.

Si un paiement est fait au trésor par un tiers saisi pour le compte d'un individu débiteur de plusieurs dettes, et que sur la seule demande de ce débiteur le ministre déclare que le paiement est imputé sur une des dettes, tandis que celui qui a payé a intérêt à soutenir que l'imputation a dû avoir lieu sur une autre; en ce cas, les tribunaux saisis de la question de savoir sur quelle dette a dû réellement être faite l'imputation, peuvent prononcer contrairement à la décision ministérielle, et leur arrêt passé en force de chose jugée forme une fin de non-recevoir insurmontable contre le débiteur qui voudrait se pourvoir devant le Conseil d'état pour faire sanctionner la décision du ministre.

(Le sieur Séguin. — C. — le sieur Vanlerberghe et consorts.)

Le 14 germinal an 12, le trésor fit avec les sieurs Vanlerberghe, Ouvrard, Desprez, Michel aîné, Michel jeune et Séguin, un traité d'escompte pour un service de 50 millions applicables aux cinq derniers mois de l'an 12.

Un second traité de la même nature fut passé le 19 prairial an 12, pour le service de l'an 13; il fut signé par les mêmes négocians que celui de l'an 12.

Un autre traité fut passé pour le service de l'an 14. — Le sieur Séguin demeura étranger à celui-ci.

Par résultat des opérations des négocians réunis, ils se trouvaient, en 1806, débiteurs envers le trésor d'une somme de 141 millions. — Dans ce débet il se trouvait pour 1,662,900 de traites acceptées par le sieur Séguin et endossées par les sieurs Vanlerberghe et Ouvrard. Ces traites faisaient partie d'autres traites, s'élevant ensemble à six millions que le sieur Séguin avait souscrites pour aider les sieurs Vanlerberghe et Ouvrard.

Le débet des négocians réunis fut successivement réduit et fixé à la somme de 12,610,900 francs 30 cent., par décret du 21 juin 1809, qui, sans établir de distinction entre les comptes relatifs à chacun des trois traités, quoique, comme on l'a déja fait observer, les mêmes parties, notamment le sieur Séguin, ne figurassent pas dans le dernier, ordonna le recouvrement du débet contre les négocians réunis pour les années 12, 13 et 14.

Par suite de ce décret, le ministre du trésor a décerné une contrainte de cette somme de 12,610,900 francs, contre les sieurs Vanlerberghe, Ouvrard et Desprez.

Postérieurement, les traites acceptées par le sieur Séguin n'ayant pas été payées à l'échéance, il fut condamné par le tribunal de commerce au paiement d'une somme de 1,520,528 fr., faisant partie de ces traites; il interjeta appel de ce jugement.

Le 13 octobre 1810, le ministre du trésor décerna contre lui une contrainte pour les 12,610,900 francs, formant le débet des négocians réunis pour l'execice des années 12, 13 et 14.

En vertu de cette contrainte, le sieur Séguin fut emprisonné à Sainte-Pélagie.

Cependant l'instance sur l'appel interjeté par le sieur Séguin, se poursuivait: Séguin soutenait que le trésor n'avait plus d'action contre lui pour ses acceptations, parce qu'il en était payé par les sieurs Vanlerberghe et Ouvrard, puisque dans le compte par lui fait avec eux, il les en avait débités.

Ces moyens ne purent prévaloir; et par arrêt du 30 mai 1811, le jugement du tribunal de commerce fut confirmé par la Cour royale de Paris.

Il faut se rappeler que le sieur Séguin avait accepté un certain nombre de traites, pour aider le sieur Venlerberghe et Ouvrard, et par suite de transaction intervenue entre eux, il se trouvait leur créancier pour la somme de 1,670,000 francs, payable au 28 février 1811.

Ce jour même l'agent du trésor fit opposition, entre leurs mains, au paiement de la somme qu'ils devaient au sieur Séguin; cette opposition fut faite en vertu de la contrainte décernée contre Séguin pour les 12 millions, formant le debet des négocians réunis.

Sur cette opposition, les sieur Vanlerberghe et Ouvrard ont déclaré devoir au sieur Séguin 1,670,000 fr., avec intérêts.

Deux jugemens des 12 mars et 23 avril 1811, ont prononcé la validité de la saisie-arrêt, et ordonné que les sieurs Vanlerberghe et Ouvrard verseraient au trésor les sommes dont ils s'étaient reconnus débiteurs, et ce, en déduction du débet de 12 millions.

Le 18 mars 1812, le sieur Séguin remit au trésor une soumission par laquelle il déléguait au trésor les 1,670,000 francs à lui dus par le sieur Vanlerberghe et Ouvrard, et le 8 mai 1812, il remit une déclaration additionnelle, portant qu'il adhérait au jugement rendu en première instance par suite de l'opposition formée entre les mains des sieurs Vanlerberghe et Ouvrard, en ce que le jugement ordonnait le versement au trésor de la somme par eux due, et qu'il renonçait à interjeter appel de ce jugement, « sous la condition que la somme qui serait versée au trésor à la décharge de lui Séguin, par les sieurs Vanlerberghe et Ouvrard, serait appliquée en capital, intérêts et frais, à ses acceptations, au paiement desquelles il était condamné par jugement et arrêt. »

Il est important de remarquer cette dernière clause.

Par suite de ce consentement, et les sieurs Vanlerberghe s'étant obligés à payer au trésor les sommes par eux dues au sieur Séguin, le ministre du trésor prit une décision, le 28 mai 1812, portant que: la somme de 1,670,484 fr. de capital, et celle de 129,126 fr. en intérêts, que par sa soumission du 20 mai le sieur Vanlerberghe a pris l'engagement de verser à la décharge du sieur Séguin, seraient imputées à la date du 20 mai, et jusqu'à due concurences, « sur les condamnations prononcées contre ledit sieur Séguin en paiement de ses acceptations, » et que les sommes qui seraient recouvrées par suite de la soumission du sieur Vanlerberghe, seraient successivement portées au crédit du compte des négocians réunis à l'époque de chaque versement.

Par suite du même arrangement, le ministre autorisa la main-levée de l'écrou de la personne du sieur Séguin, et la radiation des inscriptions qui avaient été prises sur lui, pour sûreté du débet de 12 millions des négocians réunis.

Le 19 novembre intervint une ordonnance royale qui, modifiant le décret du 21 juin 1809, relativement aux intérêts, renouvellait les autres dispositions de ce même décret contre les négocians réunis.

Elle fut signifiée tant aux sieurs Vanlerberghe et Ouvrard qu'au sieur Séguin.

En cet état de choses, le sieur Séguin demanda au trésor la remise de ses acceptations, dont le paiement avait été opéré de ses deniers.

Le trésor lui refusa cette remise, se fondant sur la disposition du décret du 21 juin 1809 sus-énoncé, portant que ces acceptations resteraient au trésor, jusqu'au paiement intégral du débet des négocians réunis.

Alors le le sieur Séguin forma opposition à ce qu'elles fussent remises à un autre que lui, et il en demanda le remboursement aux sieurs Vanlerberghe et Ouvrard, qui devaient en faire les fonds.

Ceux-ci répondirent que la somme par eux versée à la décharge du sieur Séguin, n'avait pas été imputée sur ses acceptations; mais que ce paiement avait été fait pour le compte du sieur Séguin, en sa qualité de débiteur solidaire de la somme de 12 millions ; qu'ainsi il n'avait aucun recours à exercer pour les traites qu'il n'avait pas acquittées.

Le tribunal de commerce, devant qui fut portée la contestation, se fondant sur la décision ministérielle du 28 mai 1812, maintint, par jugement du 4 janvier 1815, l'imputation faite sur les acceptations du sieur Séguin, et en conséquence condamna les sieurs Vanlerberghe et Ouvrard à lui en rembourser le montant.

Appel de ce jugement de la part des sieurs Vanlerberghe et Ouvrard.

Durant l'instance ils demandèrent au ministre des finances la remise en leurs mains des acceptations Séguin, restées au trésor.

Le ministre répondit, le 20 octobre 1815, qu'il ne voyait pas d'inconvénient à la remise de ces acceptations, et qu'il autorisait le liquidateur près la caisse générale et l'agent judiciaire, à se concerter pour en faire la remise.

Par une seconde lettre, du 27 décembre 1815, le ministre déclara, sur la demande des sieurs Vanlerberghe et Ouvrard, que la décision du 28 mai 1812 ne pouvait avoir aucune influence sur la contestation existante devant les tribunaux entre eux et le sieur Séguin.

Le 30 décembre 1815, arrêt de la Cour de Paris, qui, se fondant sur cette dernière décision ministérielle, réforme le jugement du tribunal de commerce, et déclare que l'imputation avait eu lieu sur la dette du sieur Séguin, considéré comme débiteur solidaire du débet des négocians réunis.

Le sieur Séguin s'est pourvu en cassasion contre cet arrêt ; en même temps il s'est pourvu devant le Conseil d'état, pour obtenir l'annullation des décisions contenues dans les lettres ministérielles des 20 octobre et 27 décembre 1815, et pour faire déclarer que nonobstant ces lettres, la décision du 28 mai 1812 restait dans toute sa vigueur ; qu'ainsi il était définitivement jugé par l'autorité administrative, que l'imputation des sommes payées par Vanlerberghe et Ouvrard, devait être faite sur les acceptations, et non sur le débet des 12 millions.

Il a conclu par suite à être subrogé aux droits du trésor, contre les sieurs Vanlerberghe et Ouvrad. Enfin il a demandé qu'en interpretant le décret du 21 juin 1809, il fût dit qu'il n'était point tenu solidairement du débet fixé par le décret ; mais depuis il a renoncé à cette dernière partie de ses conclusions.

L'agent du trésor est intervenu dans la cause, et a repoussé la demande en interprétation du décret du 21 juin 1809, formée par le sieur Séguin, et en même temps il a reconnu que l'imputation avait été faite sur les acceptations, et a conclu à ce qu'elle fût maintenue.

Les sieurs Vanlerberghe et Ouvrard ont soutenu que la demande en interprétation, ou plutôt en réformation du décret du 21 juin 1809, était non-recevable et mal fondée, en ce qui concerne l'imputation des 1,670,484 francs, payés par eux en l'acquit du sieur Séguin ; que la question d'imputation étant dans le seul intérêt des parties et indifférente au trésor, c'était à l'autorité judiciaire à en connaître; que dès-lors l'arrêt de la Cour de Paris avait été compétemment rendu, qu'étant passé en force de chose jugée, toute demande nouvelle à cet égard, soit devant les tribunaux, soit devant le Conseil d'état, était non-recevable.

Qu'en vain l'on opposerait la décision ministérielle du 28 mai 1812, puis que cette décision avait été rendue sur la seule demande du sieur Séguin, et en l'absence de toutes les parties intéressées, et en outre, qu'elle prononçait le contraire de ce qui avait été décidé par les tribunaux, qui avaient validé l'opposition du trésor, formée présisément en vertu de la contrainte décernée contre le sieur Séguin, considéré comme débiteur solidaire du débet des 12 millions, et non pas seulement comme obligé en vertu de ses acceptations.

Sur ce est intervenue l'ordonnance dont la teneur suit :

LOUIS, etc. ; — Sur le rapport du comité du contentieux.

Vu la requête à nous présentée au nom du sieur Séguin, enregistrée au secrétariat du comité du contentieux de notre Conseil d'état, le 6 février 1816, tendante à l'annullation du décret du 21 juin 1809, et de notre ordonnance du 11 novembre 1814, qui le déclare débiteur solidaire avec les sieurs Ouvrard et Vanlerberghe, d'une somme de 12,061,900 f., formant le résultat de la liquidation des divers services qu'ils avaient entrepris pour le compte du trésor public;

Vu les requêtes des sieurs Vanlerberghe et Ouvrard, enregistrées les 27 novembre 1816 et 23 avril 1817 ;

Vu lesdits décrets et ordonnances sous les dates susénoncées;

Vu la signification de ladite ordonnance faite au sieur Séguin, par le ministère d'un huissier, le 30 novembre 1814 ;

Vu la contrainte décernée par le ministre du trésor, le 13 octobre 1810, contre le sieur Séguin, en paiement du débet solidaire de 12,061,900 francs ;

Vu les trois jugemens rendus par le tribunal de première instance du département de la Seine, les 12 et 21 mars, et 23 avril 1811 ;

Vu les requêtes en intervention des sieurs Michel aîné et Médard Desprez, enregistrées au secrétariat du comité du contentieux de notre Conseil d'état, les 29 mai, 13 novembre et 16 décembre 1816 ;

Vu les mémoires de l'agent judiciaire, enregistrés au secrétariat du comité du contentieux de notre Conseil d'état, les 1er. octobre 1816 et 20 août 1817 ;

Vu les requêtes de conclusions additionnelles présentées par le sieur Séguin, et enregistrées les 14 mars et 11 novembre 1817; 9 janvier et 18 février 1818;

Vu les répliques des sieurs Vanlerberghe et Ouvrard, enregistrées les 27 novembre 1817, 9 et 24 février 1818;

Ensemble toutes les pièces produites et jointes au dossier;

1°. A l'égard de l'affaire Hegmann,

Considérant que le sieur Séguin s'est désisté de ce chef de son pourvoi;

2°. A l'égard du décret du 21 juin 1809 et de l'ordonnance royale du 11 novembre 1814;

Considérant qu'après avoir conclu dans sa première requête à l'annullation du décret du 21 juin 1809, le sieur Séguin a ensuite offert de se restreindre aux autres chefs de son pourvoi, mais que cette offre n'a été acceptée, ni par les sieurs Vanlerberghe et Ouvrard, ni par le trésor, qu'ainsi il y a nécessité de statuer;

Considérant, sur ce point, que le décret du 21 juin 1809 a prononcé la solidarité contre le sieur Séguin; que ledit décret n'a pas été attaqué dans les délais utiles, et qu'il a ainsi acquis contre lui la force de la chose jugée;

3°. A l'égard de la remise des acceptations;

Considérant que, d'après l'article 5 du décret du 21 juin 1809, lesdites acceptations doivent être retenues jusqu'au paiement intégral du débet des négocians réunis, et que ce débet n'est pas soldé;

4°. A l'égard de l'imputation des 1,799,610 francs 95 centimes, versés au trésor par les sieurs Vanlerberghe et Ouvrard à la décharge du sieur Séguin;

Considérant que, le 13 octobre 1810, une contrainte a été décernée par le ministre du trésor contre le sieur Séguin, comme obligé au paiement des 12,061,900 fr., en vertu de l'article 3 du décret du 21 juin 1809;

Qu'en exécution de cette contrainte, l'agent judiciaire du trésor a formé, le 28 février 1811, opposition entre les mains des sieurs Vanlerberghe et Ouvrard, sur une somme de 1,670,484 francs, par eux due au sieur Séguin;

Que par trois jugemens des 12 et 21 mars, et 23 avril 1811, rendus sur la provocation de l'agent du trésor en validité de ladite opposition, il a été ordonné que les sommes, dont les sieurs Vanlerberghe et Ouvrard se reconnaîtraient débiteurs, seraient versées au trésor, en déduction et jusqu'à concurrence de la somme de 12,061,900 francs, dont le sieur Séguin avait été déclaré et constitué débiteur solidaire;

Qu'en obéissance auxdits jugemens, les sieurs Vanlerberghe et Ouvrard firent leur soumission de verser ladite somme; que cette soumission fut approuvée par le ministre du trésor, le 20 mai 1812, et que le versement fut effectué en conséquence;

Que, le 28 mai 1812, d'après la demande du sieur Séguin, une délibération du comité du contentieux des finances imputa les 1,670,484 francs sur les condamnations prononcées contre lui en paiement de ses acceptations;

Que, par décision du 27 décembre 1815, le ministre des finances a déclaré que la délibération du Conseil du contentieux, du 28 mai 1812, ne pouvait nuire en aucune manière aux droits des sieurs Ouvrard et Vanlerberghe, ni avoir aucune influence sur la discussion judiciaire de leurs intérêts avec le sieur Séguin, qui se trouvaient fixés nécessairement par les procédures antérieures, et que ne pouvant être invoquée devant les tribunaux, elle laissait intacts les droits des parties;

Que, par arrêt contradictoire, rendu en la Cour royale de Paris, le 30 décembre 1815, il a été décidé que le versement de 1,670,484 francs 40 centimes et intérêts a été fait en déduction des 12,061,900 francs 30 centimes, dont Séguin et les autres membres de la compagnie des négocians réunis avaient été constitués débiteurs solidaires envers le trésor, pour les années 12, 13 et 14, par le décret du 21 juin 1809, et pour raison desquels la contrainte du 13 octobre 1810 avait été décernée contre le sieur Séguin;

Que l'imputation tardive, qui aurait pu être faite le 28 mai 1812, par une délibération du conseil du contentieux du trésor, hors la présence de Vanlerberghe et Ouvrard, parties intéressées comme codébiteurs solidaires, ne pouvait préjudicier à ces derniers, encore moins porter atteinte à l'autorité de la chose jugée, et définitivement exécutée sur la provocation même de l'agent du trésor;

Que trois arrêts de la Cour royale de Paris ont été rendus les 31 juillet, 24 août 1816, et 22 janvier 1817, en exécution de celui du 30 décembre 1815;

Qu'il suit de ces différens faits et actes, que les difficultés élevées entre les parties sur ladite imputation, ont été réglées définitivement par l'autorité judiciaire, et qu'ainsi il n'appartient pas au Conseil d'état d'en connaître;

Notre Conseil d'état entendu,

Nous avons ordonné et ordonnons ce qui suit:

Art. 1er. La requête du sieur Séguin est rejetée.

2. Le sieur Séguin est condamné aux dépens.

3. Notre garde des sceaux ministre secrétaire d'état de la justice et notre ministre secrétaire d'état des finances sont chargés, chacun en ce qui le concerne, de l'exécution de la présente ordonnance.

Ordonnance du 18 mars 1818. (2901)

N°. 202.

THÉATRE. — PRIVILÉGE. — LOYER. — JUSTICE MINISTÉRIELLE.

Lorsque les propriétaires d'un ancien privilége et les entrepreneurs actuels d'un spectacle, sont en contestation par suite d'actes administratifs, leurs contestations sur priviléges, loyers, etc., sont jugées par le ministre, sauf recours au Conseil d'état.

Les priviléges en matière de spectacle ont été abolis comme tous autres, par la loi du 14 septembre 1791.

(Nougaret et consorts. — C. — Prat.)

Avant la révolution, la compagnie Rapally avait

acquis de la ville de Marseille les matériaux et l'emplacement du ci-devant arsenal de cette ville.

Par lettres-patentes du roi, en date du 27 janvier 1785, cette compagnie fut autorisée à faire bâtir sur cet emplacement une salle de spectacle, « avec la faculté de jouir pendant 60 ans, à compter du 1er. avril 1787, du droit et privilége exclusif de louer ladite salle et ses dépendances, pour y donner tous spectacles, bals publics, etc. »

La salle fut bâtie suivant le plan donné, et la compagnie Rapally, ou, quoique soit, leurs représentans ont joui paisiblement des droits et priviléges résultans des lettres-patentes du 27 janvier 1785, jusqu'au 4 mai 1810, époque à laquelle le préfet de Marseille prit l'arrêté suivant :

« Le sieur Prat est autorisé à exploiter le théâtre de Marseille pendant cinq ans, à compter de Pâques 1810;

» Dans le cas où il s'éleverait des discussions entre lui et les propriétaires sur le loyer des salles, il sera fixé par nous sur le rapport d'experts. »

Par un nouvel arrêté du 29 septembre suivant, le préfet mit à la disposition du sieur Prat la salle de spectacle dont il s'agit, à la charge par lui de payer aux propriétaires une somme de 1300 fr. par mois pour le loyer.

Le sieur Prat ne conserva pas long-temps l'exploitation du théâtre; le 19 décembre 1810, il céda son entreprise au sieur Fay.

Cette cession fut approuvée par le préfet et par le ministre; mais, vers la fin de 1813, comme Fay ne payait pas le prix de la location, Prat reprit l'exploitation sur sa tête, sous la condition expresse que la ville paierait à l'avenir la location de la salle, ainsi que tous les arrérages de cette location qui pourraient être dus. D'après cette dernière convention, la ville paya aux propriétaires des à-comptes sur le prix de location.

En 1813, Prat céda son entreprise au sieur Verteuil, et prévint les propriétaires de la salle de spectacle, de la cessation de son exploitation.

Depuis, les propriétaires ont traité directement avec le sieur Verteuil, et reçu chaque jour une portion de ses recettes, représentant le prix du loyer convenu avec lui.

En 1816 les sieurs Nougaret et consorts, représentans la compagnie Rapally, présentèrent plusieurs pétitions au ministre de l'intérieur, dans lesquelles ils demandèrent, 1°. à être maintenus dans les droits résultans des lettres-patentes du 25 janvier 1785; 2°. l'annullation des arrêtés du préfet, pour ce qui concernait la fixation des loyers de la salle; ils demandaient aussi à être envoyés devant les tribunaux, pour faire régler, soit par rapport d'experts, soit de toute autre manière, le montant des loyers qu'ils avaient à répéter contre le sieur Prat, depuis 1810.

Le comité de l'intérieur et du commerce, consulté par son excellence sur cette affaire, donna le 23 juillet 1816 l'avis suivant :

« Considérant, quant aux prétentions des propriétaires sur le renouvellement de leur ancien privilége, que les priviléges ont été anéantis par une loi du 14 septembre 1791, qui n'a été révoquée par aucune loi postérieure, et que, dans l'état actuel de la législation, c'est au gouvernement ou à ses mandataires qu'appartient le droit d'autoriser les entreprises théâtrales, de déterminer le genre des spectacles, et qu'on ne peut concéder ce droit aux seuls propriétaires des salles ;

» Considérant, quant aux réclamations qu'ils forment relativement au prix des loyers qu'ils disent avoir été illégalement fixés par l'administration, que l'administration, en fixant les prix des loyers, a été fondée à croire qu'elle se conformait à l'usage reçu, à la jurisprudence alors suivie et consacrée par une décision du gouvernement, jurisprudence qui n'a été réformée que par l'ordonnance du roi du premier février dernier ;

» Que s'il est juste, pour l'avenir, de se conformer à cette décision, et de respecter les principes conservateurs de la propriété qu'elle consacre, en renvoyant aux tribunaux la connaissance des contestations entre les propriétaires et les entrepreneurs, sur le prix des loyers des salles de spectacles, il ne paraît pas moins conforme à l'équité de ne pas donner à cette jurisprudence un effet rétroactif, qui, en annullant des actes de l'administration, qui ont acquis, en quelque sorte, la force de chose jugée, donnerait ouverture à des procès sans nombre et ruineux pour les parties.

» Considérant que les propriétaires réclamans avaient acquiescé aux actes de l'administration, 1°. en ne se pourvoyant pas contre ces actes dans les formes invoquées par le réglement d'organisation du comité contentieux ; 2°. en touchant le prix des loyers ;

» Considérant, quant à ce qui concerne le sieur Prat, qu'il ne peut y avoir lieu à recours contre lui pour le prix des loyers qui peuvent être dus aux propriétaires, pour le temps écoulé entre le mois d'octobre 1812 et les fêtes de Pâques 1815; 1°. parce que le sieur Prat n'a repris l'exploitation, à cette époque, qu'à la condition expresse que la ville se chargerait des loyers et mettrait la salle à sa disposition ; 2°. parce que les propriétaires ont encore acquiescé de fait à ce traité, en recevant de la caisse municipale de Marseille des à-comptes sur le prix des loyers; et parce que les sommes nécessaires pour le paiement des loyers, étaient portées chaque année en dépense au budjet de la ville, alors réglé par le gouvernement ;

» Considérant que le sieur Prat ne peut non plus, en aucune manière, être responsable des loyers depuis l'époque de Pâques 1815, puisqu'il avait prévenu les propriétaires, qu'à partir de cette époque il cessait l'exploitation des théâtres de Marseille, et que ces propriétaires ont traité directement avec le sieur Verteuil, son successeur, reçoivent chaque jour une portion de ses recettes, représentant le prix de loyer dont ils sont convenus avec lui ;

» Sont d'avis :

» 1°. Que la demande des propriétaires du grand

théâtre de Marseille, en réintégration de leur ancien privilége, ne peut être accueillie;

» 2°. Que le droit de concéder l'exploitation des théâtres, de déterminer le genre des spectacles, de choisir les directeurs et de les renvoyer, appartient nécessairement à l'administration et non aux propriétaires des salles;

» 3°. Que désormais les entrepreneurs autorisés par l'administration, doivent traiter avec les propriétaires des salles pour le prix des loyers, et que l'administration ne doit intervenir et user, dans l'intérêt de tous, de son influence, que pour obtenir un arrangement amiable, sauf à renvoyer les parties devant les tribunaux, si elle ne peut les concilier;

» 4°. Que, dans l'espèce, il ne paraît pas que le sieur Prat puisse être inquiété pour raison des loyers que les propriétaires prétendent leur être dus, puisqu'il n'a pris l'entreprise que sous la foi d'actes administratifs qui lui garantissaient qu'il ne serait pas chargé de ces loyers;

» 5°. Que son Excellence jugera sans doute convenable de donner des ordres pour que les propriétaires soient promptement payés par la ville, des sommes qui leur sont dues, au moyen des fonds qui paraissent avoir été réservés pour cette destination;

» 6°. Que les loyers arriérés doivent être liquidés d'après les fixations qui ont été arrêtées par l'administration. »

Cet avis fut approuvé par son Excellence le ministre de l'intérieur, le 29 du même mois.

C'est contre cette décision que se sont pourvus les sieurs Nougaret et consorts.

Sur leur pourvoi est intervenue l'ordonnance suivante :

LOUIS, etc.; — Sur le rapport du comité du contentieux;

Vu la requête à nous présentée au nom des sieurs Nougaret, Allegre et Rabaud, comme propriétaires du grand théâtre de Marseille, enregistrée au secrétariat du comité du contentieux de notre Conseil d'état, le 21 novembre 1816, tendante à l'annulation d'une décision de notre ministre de l'intérieur, en date du 29 juillet 1816, approbative d'un avis du comité de l'intérieur et du commerce, en date du 23 du même mois, lequel rejette la réclamation desdits propriétaires, afin de réintégration et de prorogation d'un privilége relatif au grand théâtre de Marseille, à eux accordé par lettres-patentes du 27 janvier 1785, et de renvoi devant les tribunaux pour la fixation du loyer de leur salle pendant la jouissance du sieur Prat, ancien directeur des théâtres de Marseille, conformément à notre ordonnance du 1er. janvier 1816, relative au théâtre d'Orléans;

Vu la requête ampliative desdits propriétaires, enregistrée au secrétariat dudit comité du contentieux, le 3 février 1817, tendante aux mêmes fins;

Vu la décision et l'avis attaqués;

Vu la lettre de notre ministre de l'intérieur, en date du 22 février 1817, en réponse à la communication qui lui avait été faite des requêtes des sieurs Nougaret, Allegre et Rabaud, et par laquelle il conclut au maintient de tout ce qui a été fait avant notre ordonnance du 1er. février 1816;

Vu la requête produite par le sieur Prat, ex-directeur des théâtres de Marseille, enregistrée au secrétariat du comité du contentieux de notre Conseil d'état, le 12 février 1818, par laquelle il conclut au rejet du pourvoi des sieurs Nougaret et consorts, au maintien et à l'exécution de la décision de notre ministre de l'intérieur du 29 juillet 1816, conforme à l'avis du comité de ce département du 23 du même mois, et à ce que les sieurs Nougaret et consorts soient condamnés aux dépens;

Vu l'acte du 19 décembre 1810, portant cession du privilége de l'entreprise des théâtres de Marseille par le sieur Prat aux sieur et dame Fay;

Vu l'arrêté du préfet du département des Bouches-du-Rhône, en date du 29 décembre 1810, confirmé par décision du ministre de l'intérieur, du 22 janvier 1811, et portant approbation de la cession susénoncée;

Vu notre ordonnance du 1er. février 1816, par laquelle le propriétaire du théâtre d'Orléans et l'entrepreneur du spectacle de cette ville sont renvoyés devant les tribunaux pour faire décider la contestation élevée entre eux, à raison du loyer de la salle;

Vu toutes les pièces produites;

Sur le premier chef des demandes des propriétaires du grand théâtre de Marseille;

Considérant que tous les priviléges, sans distinction ni exception, ont été abolis par la loi du 14 septembre 1791;

Sur le second chef desdites demandes;

Considérant que le sieur Prat n'a jamais traité directement avec les propriétaires du grand théâtre de Marseille, et qu'il n'a occupé cette salle que par suite d'actes administratifs, dont il appartient à l'administration seule d'apprécier le caractère et les effets;

Considérant que le préfet du département des Bouches-du-Rhône, en autorisant le sieur Prat à exploiter le grand théâtre de Marseille, avait fixé à 1300 francs par mois le prix du loyer de cette salle; que, par conséquent, il ne pouvait plus lui être demandé autre chose que ce prix pour la première partie de sa gestion;

Considérant que, par acte du 19 décembre 1810, le sieur Prat a cédé son autorisation, purement et simplement, au sieur Fay, pour commencer à en jouir avec l'année théâtrale de 1811; que cette cession a été approuvée par le préfet et le ministre de l'intérieur; que les propriétaires du grand théâtre n'ont mis aucune opposition à cette cession; qu'ils ont reçu directement du sieur Fay diverses sommes sur les loyers; que ce qui leur restait dû par ledit sieur Fay a été alloué sur le budjet de la ville de Marseille; qu'il résulte, de tous ces faits, que le sieur Prat est étranger à ce qui s'est passé pendant la gestion du sieur Fay ;

Considérant que le sieur Prat, rappelé en 1813, pour reprendre l'exploitation des théâtres de Marseille, n'a consenti à s'en charger que sous la condition, approuvée par l'autorité administrative, de jouir gratuitement des salles qui lui seraient nécessaires; qu'il ne peut en conséquence lui être demandé aucune espèce de loyers à partir de cette époque;

Considérant, enfin, que depuis l'année 1815, le sieur Verteuil a remplacé le sieur Prat, et que les propriétaires du grand théâtre de Marseille ont traité directement avec lui ;

Notre Conseil d'état entendu,

Nous avons ordonné et ordonnons ce qui suit :

Art. 1er. Les requêtes des sieurs Nougaret, Allegre et Rabaud, sont rejetées, sans préjudice de leur recours contre qui de droit pour la plus value des loyers, s'il y a lieu.

2. Lesdits requérans sont condamnés aux dépens.

3. Notre ministre secrétaire d'état de l'intérieur est chargé de l'exécution de la présente ordonnance.

Ordonnance du 10 avril 1818. (2924)

No. 203.

CHOSE JUGÉE. — Question préjudicielle.

Lorsqu'avant de faire droit sur une instance portée devant lui, le Conseil d'état ordonne qu'une question préjudicielle sera soumise aux tribunaux, il n'est permis de revenir devant le Conseil d'état qu'après qu'il y a eu chose jugée, soit par jugement de premier ressort acquiescé, soit par arrêt ou jugement de dernier ressort.

Quid? *Si l'arrêt ou jugement de dernier ressort était de suite attaqué par la voie du recours en cassation?*

(Le sieur Alziary. — C. — le sieur Dalmassy et l'Administration des domaines.)

Les sieurs Alziary et Dalmassy étaient en instance devant le Conseil d'état au sujet de la propriété de certains immeubles qui avaient été vendus nationalement à ce dernier, et dont le sieur Alziary se prétendait propriétaire.

L'administration des domaines fut appelée et mise en cause sur la demande du sieur Dalmassy, pour fournir certains renseignemens et donner ses observations.

Avant de statuer sur le fond, une ordonnance du 18 janvier 1815 renvoya les parties devant les tribunaux ordinaires, « à l'effet de faire statuer sur la question de savoir si le sieur Alziary était, à l'époque de la vente faite par l'administration, le 2 frimaire an 5, propriétaire des immeubles en litige, pour après être statué, par Sa Majesté en son Conseil, ce qu'il appartiendra. »

En conséquence, les parties portèrent l'affaire au tribunal de Grasse, où il intervint un jugement contradictoire, le 4 août 1817, qui déclara qu'Alziary était propriétaire des biens en litige à l'époque de la vente.

Dalmassy en interjeta appel.

Après ce jugement, mais avant l'appel du sieur Dalmassy, l'administration des domaines présenta au Conseil d'état une requête dans laquelle elle conclut à ce qu'il lui fût délivré exécutoire pour se faire payer des dépens qu'elle avait faits par l'une ou l'autre des parties litigantes.

Sa demande était fondée sur ce qu'il pouvait arriver que les parties tiendraient toujours l'affaire en suspens, sans jamais provoquer aucune décision définitive, et qu'il serait injuste de la laisser pendant un temps indéterminé en avance de ses dépens.

On lui répondait, que la question principale, sur laquelle l'administration avait été mise en cause, et pour laquelle les parties avaient été renvoyées devant le tribunal de Grasse, était encore indécise, puisque la Cour n'avait pas prononcé sur l'appel; que dès-lors on ne pouvait pas savoir sur qui peserait en définitif la condamnation aux dépens.

Sur ce est intervenue l'ordonnance suivante :

LOUIS, etc. ; — Sur le rapport du comité du contentieux ;

Vu l'arrêt par nous rendu en notre Conseil d'état le 18 janvier 1815, sur l'instance pendante entre les sieurs Alziary et Dalmassy et l'administration des domaines intervenante, portant qu'avant faire droit les parties se retireront devant les tribunaux ordinaires, à l'effet de faire juger si le sieur Alziary était, à l'époque de la vente faite par l'administration le 2 frimaire an 5, propriétaire de trois pièces de terre revendiquées par ce dernier, pour après être par nous, en notre Conseil d'état, statué ce qu'il appartiendra, dépens réservés ;

Vu la requête à nous présentée par l'administration des domaines, enregistrée au secrétariat du comité du contentieux de notre Conseil d'état, le 7 février 1817, et tendante à ce que la condamnation aux dépens de son intervention réservés par l'arrêt susdaté, soit prononcée contre le sieur Dalmassy, qui a succombé devant le tribunal de première instance séant à Grasse, ou, en tout cas contre le demandeur au pourvoi, et sauf son recours, s'il y a lieu, contre le défendeur ;

Vu la requête en réponse pour le sieur Alziary, enregistrée audit secrétariat du comité du contentieux, le 21 octobre 1817, par laquelle il conclut à ce qu'attendu que le sieur Dalmassy a interjeté appel du jugement susdaté, l'administration des domaines soit déclarée, quant à présent, non-recevable dans ses conclusions du 7 février 1817, et condamnée aux dépens de l'incident ;

Vu une seconde requête du même, enregistrée audit

secrétariat le 30 novembre suivant, par laquelle il produit l'acte d'appel du sieur Dalmassy et persiste dans ses conclusions ;

Vu ledit acte d'appel, en date du 30 septembre 1817 ;

Ensemble toutes les autres pièces produites ;

Considérant que le jugement rendu par le tribunal de première instance séant à Grasse, le 4 août 1817, qui a statué sur la question de propriété, renvoyée aux tribunaux ordinaires par l'arrêt du Conseil du 18 janvier 1815, est attaqué par la voie d'appel, et que dès-lors la question reste indécise jusqu'à ce qu'il ait été prononcé sur cet appel ;

Considérant que l'administration, en raison de son intervention, se trouve partie en l'instance sur laquelle nous avons remis à statuer après le jugement de la question de propriété, et que notre arrêt doit être exécuté ;

Notre Conseil d'état entendu,

Nous avons ordonné et ordonnons ce qui suit :

Art. 1er. L'administration des domaines est déclarée non-recevable, quant à présent, dans les conclusions de sa requête du 17 février 1817.

2. Ladite administration est condamnée aux dépens de l'incident.

3. Notre ministre secrétaire d'état des finances est chargé de l'exécution de la présente ordonnance.

Ordonnance du 10 avril 1818. (1765)

N°. 204.

NOMS. — Qualités.

Des noms et qualités de parties qui se sont pourvues par requête d'opposition contre une ordonnance rendue en matière contentieuse, sont fixées par la requête même d'opposition : peu importe les changemens de noms et de qualités qui se trouveraient dans l'exploit de signification.

(Les sieurs Fries et compagnie. — C. — les sieurs et dame Tholozan.)

LOUIS, etc. ; — Sur le rapport du comité du contentieux ;

Vu la requête à nous présentée au nom du duc d'Otrante, de ses consorts ou représentans, enregistrée au secrétariat du comité du contentieux de notre Conseil d'état, le 10 février 1817, tendante à être reçus opposans à l'exécution de notre ordonnance du 20 juin 1816, et, par suite, à l'annullation de cette ordonnance et au maintien de l'arrêté du conseil de préfecture qu'elle a annullé ;

Vu l'exploit de signification de ladite requête fait le 8 août dernier, aux noms des sieurs Fries et compagnie, banquiers à Vienne ; Lamel et fils, banquiers à Prague, comme se trouvant aux droits du duc d'Otrante ; et, en tant que de besoin, au nom de ce dernier,

Vu l'ordonnance attaquée, portant que la pièce de terre réclamée par les demoiselles de Guermautes n'a point fait partie de l'adjudication passée, le 17 juillet 1792, au sieur Guinard, auteur du duc d'Otrante, et que l'arrêté du conseil de préfecture du département de Seine-et-Marne, en date du 12 avril 1815, est annullé ;

Vu ledit arrêté ;

Vu la requête en défense fournie par les sieur et dame Tholozan, au nom et comme conjointement tuteurs desdites demoiselles de Guermautes, par laquelle ils concluent à ce que Me. Reboul soit tenu de justifier du pouvoir, en vertu duquel il a formé opposition à l'exécution de notre ordonnance du 20 novembre 1816, sinon à ce que l'opposition soit purement et simplement rejetée, et Me. Reboul condamné personnellement aux dépens ; ladite requête tendante, en outre, à ce que, dans le cas où le pouvoir représenté serait émané des sieurs Fries et Lamel, ces derniers soient tenus de justifier du titre qui les constitue aux droits du duc d'Otrante, et de donner, en leur qualité d'étrangers, caution *judicatum solvi*, sinon à ce que l'opposition soit rejetée, et à ce qu'ils soient condamnés aux dépens, sous la réserve que font les sieur et dame de Tholozan, de requérir à ce qu'il appartiendra contre les sieurs Fries et Lamel, dans le cas où ils justifieraient leurs qualités et fourniraient caution ; et contre le duc d'Otrante, s'il était justifié d'un pouvoir de lui ;

Vu enfin toutes les pièces produites ;

Considérant qu'en matière contentieuse administrative, les qualités des parties s'établissent par les requêtes enregistrées au secrétariat du Conseil d'état ;

Considérant que le nom et la qualité du duc d'Otrante ont été établis par la requête d'opposition du 10 février 1817, et que l'exploit de signification n'a pas pu changer ce nom et cette qualité ;

Que par conséquent, il n'y a pas lieu d'adjuger les conclusions prises par les sieur et dame de Tholozan dans l'incident qu'ils ont élevé ;

Notre Conseil d'état entendu,

Nous avons ordonné et ordonnons ce qui suit :

Art. 1er. Les parties défendront, sur l'opposition formée à notre ordonnance du 20 juin 1816, tous moyens, exceptions et dépens réservés.

2. Notre garde des sceaux ministre secrétaire d'état au département de la justice est chargé de l'exécution de la présente ordonnance.

Ordonnance du 10 avril 1818. (3194)

N°. 205.

ADJUDICATION. — INTERPRÉTATION. — PLAN. — RENSEIGNEMENS.

Dans l'interprétation d'une adjudication, le Conseil d'état peut prendre en considération des plans et des renseignemens du préfet, comme lui servant à expliquer le sens du texte.

(Le sieur Jullien.)

LOUIS, etc.; — Sur le rapport du comité du contentieux;

Vu la requête à nous présentée au nom du sieur Jullien, enregistrée au secrétariat du comité du contentieux de notre Conseil d'état le 27 juin 1817, et tendante à l'annullation de deux arrêtés du conseil de préfecture du département de la Charente-Inférieure, en date des 4 mars et 2 mai 1817, lesquels ont déclaré qu'un terrain dont il jouit n'aurait pas été compris dans la vente faite à ses auteurs par le district de Saintes, le 7 octobre 1791, et ferait, au contraire, partie de l'église de la commune des Essards;

Vu les arrêtés attaqués;

Vu un arrêté du même conseil de préfecture, sous la date du 10 janvier 1817, qui déclare que le terrain en litige, réclamé par le conseil municipal de la commune des Essards, appartient légitimement au sieur Claude Jullien, comme faisant partie de la vente passée le 7 octobre 1791, au sieur Mouilleron, son auteur;

Vu le plan des lieux, l'acte d'adjudication et la lettre du préfet du département de la Charente-Inférieure, du 6 février 1818, portant que la commune est mal fondée dans ses réclamations;

Ensemble toutes les pièces jointes au dossier;

Considérant qu'il résulte de l'acte d'adjudication, du plan et des renseignemens fournis par le préfet du département de la Charente-Inférieure, que l'objet en litige a été compris dans les dépendances du prieuré des Essards, vendu aux auteurs du sieur Jullien le 7 octobre 1791, par le directoire du district de Saintes;

Notre Conseil d'état entendu;

Nous avons ordonné et ordonnons ce qui suit:

Art. 1er. Les arrêtés du conseil de préfecture du département de la Charente-Inférieure, des 4 mars et 2 mai 1817, sont annullés.

L'arrêté pris par le même conseil de préfecture, le 10 janvier même année, recevra son exécution.

2. La commune des Essards est condamnée aux dépens.

3. Notre ministre secrétaire d'état de l'intérieur est chargé de l'exécution de la présente ordonnance.

Ordonnance du 23 avril 1818. (2933)

N°. 206.

COMPENSATION. — DOMAINES NATIONAUX.

Si l'article 29 de la loi du 3 juin 1793 permet à un acquéreur de domaines nationaux d'en compenser le prix avec ses créances sur l'État, ce n'est qu'autant que les créances ont été constituées au profit de l'acquéreur ou pour la quotité qui lui en appartient.

(Le sieur Lavalette. — C. — la Régie des domaines.)

Le sieur Lavalette et la dame Verdillac, son épouse, étaient créanciers du sieur Nollet de Leypaud d'une somme de 32,124 francs 16 centimes, lorsque celui-ci émigra, en 1792.

Les époux Lavalette décédèrent peu de temps après, laissant leur succession divisible par égales portions, entre le sieur Pierre Lavalette, leur fils aîné, majeur, et trois autres enfans mineurs.

Les biens du sieur Nollet furent séquestrés et mis en vente. Le sieur Pierre Lavalette se rendit adjudicataire d'un de ces immeubles, dont le prix s'élevait à une somme à peu près équivalente à celle qui était due par le sieur Nollet à la succession de ses père et mère.

Avant cette adjudication, le sieur Pierre Lavalette avait réuni un conseil de famille, et il avait proposé d'acquérir des biens séquestrés du sieur Nollet, tant pour son compte que pour celui de ses trois frères mineurs, jusqu'à concurrence à peu près de leur créance. Il paraît que sa proposition fut acceptée, et que le sieur Pierre Lavalette entendait acquérir tant pour lui que pour ses trois frères mineurs; cependant le contrat fut passé sur sa tête en nom personnel, et il ne fut pas fait mention dans cet acte de ses frères.

Il donna en paiement de cette acquisition la créance de 32,124 francs 16 centimes, dont la nation se trouvait débitrice envers la succession de ses père et mère, comme représentant l'émigré Nollet.

Plusieurs liquidations, mais qui n'étaient que provisoires, l'acceptèrent en compensation.

En juillet 1816, il fut procédé, par la régie des domaines, à une nouvelle liquidation, dans laquelle on ne porta en compte au sieur Pierre Lavalette que le quart de la somme de 32,124 francs 16 cent., somme équivalente à celle qu'il avait à prétendre de son chef dans la succession de ses père et mère; elle refusa de passer en compte les autres trois quarts, parce que, dit-elle, ces trois quarts appartenaient aux autres trois frères du sieur Pierre Lavalette, et qu'ils n'étaient pas parties dans l'acte de vente.

En conséquence, le sieur Pierre Lavalette fut déclaré par la régie débiteur d'une somme de 23,530 fr. 27 c., et il fut décerné contre lui une contrainte de cette somme.

Le sieur Lavalette s'adressa alors au ministre des finances pour faire redresser ce décompte; sur sa demande est intervenue, le 31 décembre 1816, la décision suivante :

« Les créanciers directs d'émigrés ont seuls la faculté de donner leurs créances non liquidées en paiement de biens nationaux par eux acquis. Le sieur Lavalette de Verine, adjudicataire en son nom personnel, n'est, en sa qualité d'héritier de sa mère, créancier direct du sieur Nollet de Leypaud, que pour un quart. Il n'a donc pu employer en paiement que ce quart, montant à 8031 fr. 4 cent. »

C'est contre cette décision que s'est pourvu le sieur Lavalette.

Il a soutenu que l'acquisition de l'immeuble dont il s'agit avait été faite au profit de tous les cohéritiers Lavalette; que, dans le partage qui a eu lieu entre eux de la succession commune, le domaine acquis est entré dans la masse des biens partagés; que ce domaine s'est trouvé compris dans le lot du plus jeune des frères, qui en est dans ce moment possesseur, et qu'il n'a pas été fait d'autre réclamation, à raison de la créance commune, que celles faites, pour tous les cohéritiers, par l'entremise de Pierre Lavalette de Verine, leur mandataire.

Qu'au surplus, la régie était sans intérêt et non-recevable depuis la promulgation de la loi du 5 décembre 1814; qu'en effet, l'article 3 de cette loi porte :

« Que les sommes provenant de décomptes faits ou à faire, et les termes échus et non payés, ainsi que les termes à échoir, du prix des ventes des biens nationaux provenant d'émigrés, seront perçus par la caisse du domaine, qui en fera la remise aux anciens propriétaires. »

L'article 4 porte : « Que les biens ayant été déjà vendus ou cédés, qui se trouveraient actuellement réunis au domaine, soit par l'effet de la déchéance, définitivement prononcée contre les acquéreurs, soit par toute autre voie qu'à titre onéreux, seront remis, ainsi qu'il est dit à l'article 2. »

Il n'y avait, dans l'espèce, ni de décompte fait à solder, ni de décompte à faire, ni terme échu à acquitter. Tout avait été fait, et les héritiers Lavalette avaient reçu leur quittance finale. La propriété des biens vendus était définitivement et irrévocablement fixée sur la tête des acquéreurs. Ces biens n'étaient pas, lors de la loi du 5 décembre, réunis au domaine; aucune déchéance ne les avait fait rentrer dans les mains du gouvernement; il n'en avait été prononcé aucune. L'administration n'avait donc plus, sous aucun rapport, à s'occuper de cette affaire. Elle n'avait plus aucune sorte d'action à exercer contre les supplians, à raison de leur acquisition. Toute discussion sur le paiement du prix de cette acquisition, lui était devenue absolument étrangère, et ne pouvait plus regarder que les représentans du sieur de Jumeau.

Pour la régie, on a répondu, que l'admission de créances en paiement du prix n'est autre chose que l'extinction de deux dettes par compensation. Pour que la compensation puisse avoir lieu, il faut que les qualités d'acquéreur débiteur du prix, et de propriétaire de la créance soient réunies dans la même personne. Cette dernière qualité n'appartient au réclamant que pour une portion de la créance, et dès-lors cette portion est seule susceptible d'être compensée.

Sur la fin de non-recevoir, on a dit qu'il résultait des termes même de l'article 3 de la loi du 5 décembre 1814, que la régie était fondée à réclamer le paiement du débet, puisqu'il est dit dans cet article « que les sommes provenant de décomptes faits et à faire seront perçues par la caisse du domaine, qui en fera la remise aux anciens propriétaires des biens, à leurs héritiers ou ayant-cause. »

Sur ce est intervenue l'ordonnance suivante.

LOUIS, etc.; — Sur le rapport du comité du contentieux;

Vu les requêtes à nous présentées au nom du sieur Pierre Lavalette de Verine Deshoumeaux, adjudicataire d'un domaine séquestré sur le sieur de Nollet de Leypaud, émigré; lesdites requêtes enregistrées au secrétariat du comité du contentieux, les 17 juin et 19 septembre 1817, tendantes à l'annullation d'une décision de notre ministre des finances, du 31 décembre 1816, laquelle a refusé d'accepter en paiement dudit domaine la majeure partie d'une créance que le requérant prétend avoir à répéter sur ledit sieur de Nollet;

Vu l'ordonnance de soit communiqué, rendue sur ladite requête le 30 juin 1817;

Vu le mémoire en défense de l'administration de l'enregistrement et des domaines et forêts, enregistré au secrétariat du comité du contentieux, le 5 mars 1818;

Vu la susdite décision de notre ministre des finances, du 31 décembre 1816;

Ensemble toutes les pièces jointes au dossier;

Considérant que l'article 29 de la loi du 3 juin 1793 exige, comme condition de l'admission des créances en paiement de domaines nationaux, que les créances aient été constituées au profit de l'acquéreur; que, par conséquent, l'emploi desdites créances ne peut être admis que de la part du créancier direct;

Considérant que le sieur Deshoumeaux ne justifie par aucun titre régulier que la totalité de la créance soit entrée dans son lot;

Considérant que, dans l'espèce, ledit sieur de Lavalette de Verines-Deshoumeaux, adjudicataire en son nom personnel, n'étant, en sa qualité d'héritier de sa mère, créancier du sieur Nollet de Leypaud que pour un quart dans les 32,124 francs 16 centimes, n'a pu employer en paiement du domaine vendu sur le sieur de Nollet, émigré, que ledit quart, montant à 8031 fr. 4 cent.

Notre conseil d'état entendu,

Nous avons ordonné et ordonnons ce qui suit :

Art. 1er. La requête du sieur Deshoumeaux est rejetée.

2. Le sieur Deshoumeaux est condamné aux dépens.

3. Notre ministre secrétaire d'état des finances est chargé de l'exécution de la présente ordonnance.

Ordonnance du 23 avril 1818. (2932)

N°. 207.

LOIS ET RÉGLEMENS SANITAIRES. — AUTORISATION. — MISE EN JUGEMENT. — DOUANES.

Les règles générales sur la nécessité de l'autorisation du Conseil d'état, pour mettre en jugement des préposés aux douanes, s'appliquent au cas où il s'agit d'infraction aux lois et réglemens sanitaires.

(Le sieur Aumeran.)

LOUIS, etc.; — Sur le rapport du comité du contentieux ;

Vu la lettre de notre procureur-général près notre Cour royale d'Aix, à notre garde des sceaux ministre secrétaire d'état de la justice, en date du 15 décembre 1817 ; ladite lettre tendante à provoquer l'autorisation nécessaire à l'effet de continuer les poursuites commencées contre le sieur Aumeran, lieutenant des douanes à Léoubes, et autres, prévenus d'infraction aux lois et réglemens sanitaires ;

L'extrait des procès-verbaux de l'information faite devant le juge d'instruction du tribunal de première instance de Toulon, en date des 24 et 25 novembre 1817 ;

Le mémoire dudit sieur Aumeran ;

Les observations du conseiller d'état, directeur-général des douanes, du 28 janvier dernier ;

Notre Conseil d'état entendu,

Nous avons ordonné et ordonnons ce qui suit :

Art. 1er. Notre procureur-général en la Cour royale d'Aix est autorisé à continuer les poursuites commencées contre le sieur Aumeran, pour raison des faits qui ont donné lieu à l'information susdite.

2. Notre garde des sceaux ministre secrétaire d'état de la justice et notre ministre secrétaire d'état des finances sont chargés, chacun en ce qui le concerne, de l'exécution de la présente ordonnance.

Ordonnance du 23 avril 1818. (2948)

N°. 208.

ÉMIGRÉ. — PARTAGE. — INTERLOCUTOIRE. — CHOSE JUGÉE. — DÉLAI.

Lorsque, sur une demande en partage de succession indivise entre des émigrés, la qualité d'héritier par égale portion a été attribuée au demandeur en partage par l'arrêté du conseil de préfecture, et que par suite il a été ordonné de procéder au partage par égale portion, la disposition de l'arrêté qui fixe les qualités, est réputée définitive ; elle contient décision qu'il n'y a pas d'héritier institué, et cette décision est tellement définitive que le recours au Conseil d'état doit être exercé dans les trois mois, à peine de déchéance, aux termes de l'art. 11 du réglement du 22 juillet 1806.

(Les héritiers Coustin de Bourzolles. — C. — les dames de Bourzolles.)

Le sieur Raymond de Bourzolles avait été institué héritier par ses père et mère, décédés avant la révolution.

En 1793, Raymond de Bourzolles émigra, pendant que la succession était indivise ; le séquestre fut mis sur tous ses biens.

Ses sœurs demandèrent le partage de la succession, contre l'administration des domaines, qui représentait l'émigré.

Il faut remarquer qu'elles demandèrent le partage par *portions égales*, entre chacune d'elles et l'État, sans parler du testament qui instituait héritier Raymond de Bourzolles, aux droits de qui la nation avait succédé.

Dans l'ignorance de ce testament, l'administration centrale du département de la Dordogne rendit, le 9 floréal an 7, un arrêté par lequel il ordonna le partage, par portions égales, entre les quatre héritiers.

Il est ainsi conçu :

« Considérant que dans leurs contrats de mariage du 5 février 1742, Arnaud Coustin Bourzolles et Marie-Anne Lagoute, donnent à un de leurs enfans mâle à naître, la moitié de leurs biens présens et à venir, et qu'en cas de décès de l'un d'eux avant d'avoir fait ladite nomination, le survivant aura droit de la faire ; qu'aucun acte ne prouve qu'Arnaud ait fait l'élection portée audit contrat ; que quand bien même Jean, son fils aîné, aurait recueilli la donation sus-mentionnée par quelques dispositions de son père, mort le 26 septembre 1751, il n'aurait pu la transmettre, puisqu'il décéda le 13 septembre 1759, à l'âge de quinze ans ; que par conséquent ses biens seraient divisibles entre ses frères et sœurs ;

» Considérant qu'on n'oppose ni testament, ni dispositions particulières de Marie-Anne Lagoute en faveur de Raymond Bourzolles, présumé émigré, pour recueillir la donation portée au contrat de mariage de 1742 ; que ces biens sont par conséquent à partager entre ledit Raymond et ses sœurs, qui ont toujours réclamé, comme il conste par les pièces du procès-verbal existant devant le tribunal de Sarlat en 1788 ;

Considérant que les biens dépendans de la succession de Marie Coustin Bourzolles tante, situés à Montagnat, département de Lot-et-Garonne, ont été vendus par la république sur la tête de Raymond Bourzolles, inscrit sur la liste des émigrés; que Jeanne, sa petite-nièce et son héritière universelle ne peut en réclamer le prix que sur les biens invendus, et qu'elle n'a droit qu'à une simple liquidation de ses droits;

» Considérant qu'il n'est parvenu à la connaissance de l'administration centrale qu'Arnaud Bourzolles et Marie-Anne Lagoute aient fait aucune disposition por tant préciput ni avantage en faveur d'aucuns de leurs successibles, ce qui donne à chacun d'eux un droit égal à leur succession; que les successibles desdits Arnaud Bourzolles et Marie-Anne Lagoute sont Jeanne, femme Viance, Raymond, réputé émigré, Marie, femme Lacaraulie, et Elisabeth, femme Lanzac;

» Considérant enfin, que Raymond Bourzolles a été rayé provisoirement de la liste des émigrés, et que la portion qui lui revient sur les biens de ses père et mère, ne doit pas être vendue, mais qu'elle doit rester sous le séquestre national jusqu'à ce qu'il soit rayé ou maintenu définitivement;

» Le commissaire du Directoire exécutif entendu, reconnaît qu'il appartient en propriété à Jeanne, femme Saint-Viance, à Marie, femme Lacaraulie, et à Elisabeth, femme Lanzac, et Raymond Bourzolles, représenté par la république, un quart à chacun des susnommés, des biens ayant appartenu à Arnaud Bourzolles et à Marie-Anne Lagoute, leurs père et mère, arrête en conséquence, que le partage en sera fait en quatre lots égaux par le citoyen Bouyssonnet, juge de paix du canton de Duglan, qui est commis dans les intérêts de la république, et par le citoyen Sourzac, que Jeanne Coustin, une des réclamantes, a déclaré nommer, et par tout autre expert qu'il plaira aux citoyennes Marie, femme Lacaraulie, et à Elisabeth, femme Lanzac, de désigner, après avoir été préalablement appelés par l'administration municipale du canton de Duglan. En cas de non comparution de leur part dans le délai de huit jours, il sera procédé à l'estimation et partage des biens par les citoyens Bouyssonnet et Sourzac.

» La distribution des lots sera faite par la voie du sort dans la séance de l'administration qui suivra la remise de leur procès-verbal. L'opération des experts doit être faite, aux termes de la loi, dans le délai d'un mois au plus tard. »

Il ne fut point procédé au partage tout de suite; et, en attendant, le sieur Raymond de Bourzolles fut rayé de la liste des émigrés.

Postérieurement, et le 30 décembre 1811, après la mort de Raymond de Bourzolles, ses sœurs firent notifier l'arrêté du 9 floréal an 7 aux enfans de Raymond, et les assignèrent devant le tribunal de Sarlat, pour voir ordonner que le partage serait exécuté tel qu'il avait été prescrit par ledit arrêté.

Les enfans de Bourzolles se plaignirent de cet arrêté; ils prétendirent qu'il lésait leurs droits, en ce qu'il ne leur accordait qu'une portion égale à celle de chacun des autres héritiers, tandis qu'il existait un testament qui instituait héritier leur père, dont ils étaient les représentans.

Ils en demandèrent l'annullation au conseil de préfecture du département de la Dordogne; — mais, par arrêté du 18 juillet 1816, le conseil de préfecture déclara qu'il n'y avait lieu à délibérer.

Le 16 avril 1817, les enfans de Bourzolles se pourvurent devant le Conseil d'état, contre l'arrêté du 9 floréal an 7; — et pour éluder la fin de non recevoir qu'on pouvait tirer contre eux, de ce qu'ils avaient laissé passer le délai de trois mois depuis la notification de l'arrêté prescrit par l'art. 11 du réglement du 22 juillet 1806, ils disaient que l'arrêté était simplement provisoire, et non pas définitif, et qu'ainsi le délai de se pourvoir n'avait pu courir contre eux.

Un arrêté définitif, disaient-ils, est celui qui termine la contestation; or celui du 9 floréal an 7 ne la terminait pas; car la découverte du testament, qui instituait Raymond de Bourzolles, pouvait donner lieu à changer la disposition qui divisait la succession en quatre lots égaux, ainsi que cela arrive dans les jugemens qui ordonnent un partage par égale portion, faute de production d'aucun testament, lesquels jugemens peuvent être réformés par les juges dont ils sont émanés, si avant l'exécution du partage un testament est exhibé, parce que ces jugemens ne sont considérés que comme provisoires.

Les dames de Bourzolles répondaient qu'il y a décision définitive là où il y a attribution de qualité à tel qui la réclame; que, dans l'espèce, l'arrêté avait accordé la qualité d'héritier pour un quart de la succession à chacun des héritiers du sieur de Bourzolles, leur auteur commun; qu'ainsi il y avait eu nécessité de se pourvoir contre cet arrêté dans le délai de trois mois prescrit par le réglement, sous peine de déchéance.

Dans cet état est intervenue l'ordonnance suivante:

LOUIS; etc., — Sur le rapport du comité du contentieux;

Vu la requête à nous présentée au nom du sieur Pierre Coustin de Bourzolles et consorts, enregistrée au secrétariat du comité du contentieux de notre Conseil d'état, le 16 avril 1817, et tendante à ce qu'il nous plaise leur donner acte de ce qu'en procédant sur l'arrêté du conseil de préfecture du département de la Dordogne, du 18 juillet 1816, qui les renvoie d'office à se pourvoir ainsi et devant qui il appartiendra, ils demandent qu'en annullant l'arrêté du 9 floréal an 7, ils soient renvoyés devant les tribunaux;

Vu lesdits arrêtés;

Vu la requête en réponse de la dame Jeanne Coustin de Bourzolles, veuve du sieur marquis de Saint-Viance, du sieur de Lauzac, veuf de dame Elisabeth Coustin de Bourzolles, veuve du sieur de Lacaraulie, enregistrée au secrétariat dudit comité du contentieux le 22 septembre 1817;

Vu l'exploit de signification de l'arrêté attaqué, faite aux sieurs Pierre Coustin de Bourzolles et consorts, le 30 décembre 1811;

Ensemble toutes les pièces respectivement produites et jointes au dossier ;

Considérant, dans l'espèce, que l'arrêté du 9 floréal an 7, contre lequel les héritiers Coustin de Bourzolles exercent aujourd'hui leur recours, leur a été signifié par le ministère d'un huissier, le 30 décembre 1811, avec l'acte qui portait assignation devant le tribunal de première instance séant à Sarlat, pour voir opérer le partage ordonné par ledit arrêté, et que faute, par lesdits héritiers, d'avoir formé leur recours dans les trois mois, ils ont encouru la déchéance prononcée par l'article 11 du réglement du 22 juillet 1806 ;

Notre Conseil d'état entendu,

Nous avons ordonné et ordonnons ce qui suit :

Art. 1er. La requête du sieur Pierre Coustin de Bourzolles et consorts est rejetée.

2. Lesdits sieur Pierre Coustin de Bourzolles et consorts sont condamnés aux dépens.

3. Notre ministre secrétaire d'état des finances est chargé de l'exécution de la présente ordonnance.

Ordonnance du 23 avril 1818. (2929)

N°. 209.

MISE EN JUGEMENT. — Concussion. — Garde-pêche.

Le Conseil d'état refuse d'autoriser la mise en jugement d'un garde-pêche prévenu de concussion, lorsque les faits à lui imputés n'ont pas un véritable caractère de concussion.

Quid ? *S'il y avait une partie plaignante à l'égard de laquelle il y eût au moins à prononcer une restitution de sommes indûment perçues ?*

(Le sieur Danjou.)

LOUIS, etc. ; — Sur le rapport du comité du contentieux ;

Vu la lettre de notre directeur-général de l'enregistrement et des domaines et forêts, en date du 6 mars 1818, par laquelle il transmet à notre garde des sceaux ministre secrétaire d'état de la justice les pièces d'une procédure commencée contre le sieur Danjou, garde pêche à Gien, département du Loiret, accusé de concussion, et exprime l'avis qu'il n'y a pas lieu à continuer les poursuites contre ledit garde ;

Vu les dépositions des témoins,

Vu l'avis de la chambre du conseil du tribunal de première instance séant à Gien, département du Loiret, en date du 3 septembre 1817 ;

Ensemble les autres pièces contenues au dossier ;

Considérant que les faits imputés au sieur Danjou ne caractérisent pas une concussion ;

Notre Conseil d'état entendu,

Nous avons ordonné et ordonnons ce qui suit.

Art. 1er. Il n'y a pas lieu à continuer les poursuites commencées contre le sieur Danjou, garde pêche à Gien, département du Loiret, à raison des faits qui lui sont imputés.

2. Notre garde des sceaux ministre secrétaire d'état de la justice et notre ministre secrétaire d'état des finances sont chargés, chacun en ce qui le concerne, de l'exécution de la présente ordonnance.

Ordonnance du 23 avril 1818. (2954)

N°. 210.

SURSIS PROVISOIRE. — Exécution.

Un propriétaire condamné à céder, pour cause d'utilité publique, sur un terrain dont on lui conteste la propriété, l'espace nécessaire pour l'ouverture d'un canal, peut, par suite de son recours au Conseil d'état, obtenir sursis provisoire à l'exécution de l'arrêté, aux termes de l'article 3 du réglement du 22 juillet 1806.

(Le sieur Ferry-Lacombe.)

LOUIS, etc. ; — Sur le rapport du comité du contentieux ;

Vu la requête à nous présentée au nom du sieur Ferry-Lacombe, propriétaire, demeurant à Lacombe, près Trets, département des Bouches-du-Rhône ; ladite requête enregistrée au secrétariat du comité du contentieux de notre Conseil d'état, le 28 mars 1815, et tendante à ce qu'il nous plaise ordonner provisoirement qu'il sera sursis jusqu'à la décision sur le fond, à l'exécution d'un arrêté pris le 20 janvier 1818, par le conseil de préfecture du département des Bouches-du-Rhône, qui, entre autres dispositions, condamne l'exposant à céder, pour cause d'utilité publique, et sur un terrain dont on lui conteste la propriété, l'espace nécessaire pour l'ouverture d'un canal entrepris par les propriétaires du moulin de Gratien, le tout moyennant une juste indemnité qui sera préalablement fixée par des experts convenus, autrement pris et nommés d'office ; laquelle indemnité devra être payée en définitive, d'après les jugemens qui seront intervenus sur la propriété ; faisant droit sur ledit arrêté, l'annuller pour cause d'incompétence et excès de pouvoir, en ce qu'il prononce l'expropriation du sieur Ferry-Lacombe ; faire défense aux sieurs André, père et fils, de continuer leurs travaux sur le terrain litigieux ; réserver au suppliant la faculté de demander tous dommages-intérêts contre les sieurs André, père et fils, et les condamner aux dépens ;

Vu ledit arrêté portant, article 3, qu'il sera exécuté nonobstant opposition quelconque, et sans préjudice aux droits des parties, quant à la propriété, sous le cautionnement du moulin de Gratien, des biens des sieurs André, père et fils, jusqu'à concurrence de ladite indemnité ;

Vu l'art. 3 du réglement du 22 juillet 1806 ;

Considérant que si l'arrêté du conseil de préfecture ne devait pas être confirmé, l'ouverture d'un canal sur la propriété contestée aurait causé un dommage inutile ;

Considérant que, si la question de propriété devait être jugée contre les sieurs André, père et fils, l'exécution dudit arrêté aurait porté atteinte à la propriété du sieur Ferry-Lacombe ;

Considérant qu'il n'y a pas péril en la demeure, et que l'on peut, sans inconvénient, laisser subsister l'état ancien des lieux jusqu'au jugement définitif de la question de propriété ;

Notre Conseil d'état entendu,

Nous avons ordonné et ordonnons ce qui suit :

Art. 1er. Il sera sursis à l'exécution de l'arrêté du conseil de préfecture du département des Bouches-du-Rhône, du 20 janvier 1818, jusqu'à ce qu'il ait été par nous statué définitivement sur le recours présenté par le sieur Ferry-Lacombe, contre ledit arrêté.

2. Notre ministre secrétaire d'état de l'intérieur est chargé de l'exécution de la présente ordonnance.

Ordonnance du 23 avril 1818. (3670)

N°. 211.

SURSIS. — Démolition.

Il y a lieu à sursis provisoire, par suite de recours au Conseil d'état, si l'arrêté dénoncé ordonne une démolition qui entraînerait un grave dommage.

(Le sieur Sentenac. — C. — le sieur Bordes.)

LOUIS, etc. — Sur le rapport du comité du contentieux ;

Vu la requête à nous présentée au nom du sieur Sentenac, habitant de la commune de Rimont, département de l'Arriège ; ladite requête enregistrée au secrétariat du comité du contentieux de notre Conseil d'état, le 26 janvier 1818, et tendante à ce qu'il nous plaise annuller un arrêté du conseil de préfecture du même département, en date du 9 juillet 1817, qui déclare, à son préjudice, le sieur Bordes, médecin au même lieu, seul propriétaire d'un mur mitoyen qui partage les deux lots d'un bien national, adjugés au requérant et audit sieur Bordes ;

Vu une seconde requête du sieur Sentenac, enregistrée au secrétariat dudit comité du contentieux, le 13 mars 1818, et tendante à obtenir un sursis à l'exécution dudit arrêté ;

Vu l'arrêté attaqué ;

Vu la sommation faite par exploit d'huissier au sieur Sentenac, de démolir des constructions qu'il a adossées au mur litigieux ;

Considérant que l'arrêté du conseil de préfecture est attaqué, et que la destruction préalable des ouvrages accotés au mur litigieux entraînerait un grave dommage irréparable ;

Notre Conseil d'état entendu,

Nous avons ordonné et ordonnons ce qui suit :

Art. 1er. Il est sursis à l'exécution de l'arrêté du conseil de préfecture du département de l'Arriège, du 9 juillet 1817.

2. Notre ministre secrétaire d'état de l'intérieur est chargé de l'exécution de la présente ordonnance.

Ordonnance du 23 avril 1818. (3577)

N°. 212.

CHEMIN OU SENTIER VICINAL. — Servitude. — Voirie (Petite). — Administration municipale.

Lorsqu'un particulier a ouvert une porte sur un sentier ou chemin vicinal, l'ordre de murer cette porte ne peut émaner que d'un tribunal, si c'est une question de servitude ; ou de l'administration municipale, s'il y a contravention aux lois de la petite voirie ; en aucun cas, le conseil de préfecture n'est compétent pour ordonner cette clôture.

(La commune de Ban-Saint-Martin. — C. — les sieurs Rousseau et Jacquin.)

La commune de Ban-Saint-Martin, département de la Moselle, ayant proposé au sieur Rousseau de lui céder un sentier communal en échange d'un emplacement propre à l'établissement d'un autre chemin plus commode, le sieur Jacquin, dont la propriété était séparée de celle du sieur Rousseau par un mur de clôture dans lequel une porte avait été pratiquée, et donnait sur ledit sentier, s'opposa à ce projet d'échange.

La contestation élevée entre les parties, à ce sujet, ayant été portée devant le conseil de préfecture, ce conseil prit, le 24 février 1817, un arrêté par lequel il décida que le sentier dont il s'agit serait supprimé ; que la porte ouverte dans le mur du sieur Jacquin serait murée, et autorisa, en outre, la commune de Ban-Saint-Martin à consommer l'échange projeté entre elle et le sieur Rousseau.

Mais le sieur Jacquin réclama contre cet arrêté, comme incompétemment rendu, et comme contenant excès de pouvoir, en ce qu'il lui ordonnait de murer sa porte ; il prétendait que, soit que l'on considérât l'ouverture comme pratiquée sur un chemin dépendant de la petite voirie, dont il n'appartenait point au conseil de préfecture de connaître, soit qu'on l'envisageât comme un jour droit sur la propriété du sieur Rousseau par l'effet de l'échange, les tribunaux, dans le dernier cas, étaient seuls compétens pour décider les difficultés relatives aux servitudes ;

Qu'à la vérité les conseils de préfecture avaient été saisis des contestations en matière de suppression ou d'élargissement des chemins vicinaux, toutes les fois que la difficulté naissait d'un empiétement à réprimer, ou de la largeur à donner à la voie publique, nonobstant toutes réclamations contraires non appuyées de titres de la part des riverains ; mais que, dans l'espèce, il n'y avait ni empiétement à réprimer, ni largeur à régler, ni contestations à juger sur la propriété du terrain ; qu'il s'agissait seulement de la suppression ou du maintien du sentier, et de statuer sur une difficulté d'alignement en matière de petite voirie, questions qui n'étaient nullement de la compétence du conseil de préfecture ; qu'ainsi l'arrêté du 24 février 1817 devait être annullé pour cause d'incompétence et excès de pouvoir.

C'est ce qui a été décidé par l'ordonnance dont la teneur suit :

LOUIS, etc. ; — Sur le rapport du comité du contentieux ;

Vu la lettre de notre sous-secrétaire d'état au département de l'intérieur, du mois de novembre 1817, enregistrée au secrétariat du comité du contentieux de notre Conseil d'état le 1er. décembre suivant, et tendante à l'annullation, pour cause d'incompétence, d'un arrêté du département de la Moselle, en date du 24 février même année, par lequel arrêté, pour mettre fin à la contestation survenue entre la commune de Ban-Saint-Martin, et les sieurs Rousseau et Jacquin, il est statué sur la suppression d'un chemin ou sentier vicinal, sur un projet d'échange et sur une question de petite voirie ou de servitude ;

Vu ledit arrêté du conseil de préfecture, du 24 février 1817, et l'arrêté interlocutoire du 23 décembre 1816 ;

Vu la lettre du préfet du département de la Moselle, du 12 juin 1817 ;

Vu la réclamation présentée le 8 avril précédent, par le sieur Jacquin, propriétaire, contre l'arrêté du 24 février même année ;

Vu la lettre du général baron Rousseau, qui exprime l'intention de laisser suivre à cette affaire son cours naturel, sans y intervenir ;

Vu les autres pièces jointes au dossier ;

Considérant qu'aux termes de la loi du 9 ventose an 13, c'est à l'administration publique, c'est-à-dire au préfet, à prononcer sur la conservation ou la suppression des chemins et sentiers vicinaux ;

Considérant que, d'après la même loi, les conseils de préfecture doivent connaître des dégradations et empiétemens faits ou prétendus faits sur lesdits chemins ; mais que, dans l'espèce, il n'y a ni empiétement à réprimer, ni contravention à poursuivre ;

Considérant qu'un échange ayant pour objet l'aliénation d'une propriété communale, ne peut être autorisé par un conseil de préfecture ;

Considérant que l'ordre de murer une porte qui était ouverte sur un sentier, ne peut être donné que par l'administration municipale, s'il s'agit d'une contravention aux réglemens de petite voirie, ou par les tribunaux, si c'est une question de servitude ;

Notre Conseil d'Etat entendu,

Nous avons ordonné et ordonnons ce qui suit :

Art. 1er. L'arrêté du conseil de préfecture du département de la Moselle, du 24 février 1817, est annullé pour cause d'incompétence et excès de pouvoir.

2. Notre ministre secrétaire d'état de l'intérieur est chargé de l'exécution de la présente ordonnance.

Ordonnance du 23 avril 1817. (2938)

No. 213.

CHOSE JUGÉE. — Acquiescement. — Emigré. — Exécution.

Les arrêtés du conseil de préfecture qui ont été acquiescés par exécution de la part du domaine, ont l'effet de la chose jugée à l'égard de l'émigré en faveur duquel la loi du 5 décembre 1814 a ordonné la restitution de tout ce qui est dans les mains du domaine.

(La dame veuve de Villette. — C. — le sieur Simon.)

En 1807, le sieur Simon avait acquis du domaine national la métairie de la Claye, dépendante de la succession du sieur de Villette, émigré.

En 1808, l'administration des domaines réclama quelques parcelles de bois dont jouissait le sieur Simon, comme faisant partie de la métairie, et qu'il prétendit appartenir à l'Etat.

Sur cette contestation fut rendu, le 29 avril 1808, par le conseil de préfecture du département de l'Ain, un arrêté qui maintint le sieur Simon en possession des bois litigieux.

Cet arrêté a été depuis exécuté par l'administration des domaines.

Mais la loi du 5 décembre 1814 ayant rendu aux émigrés leurs biens et leurs droits non aliénés, la veuve du sieur de Villette a attaqué, devant le Conseil d'état, l'arrêté du conseil de préfecture du 29 avril 1808 : elle a prétendu que cet arrêté avait mal à propos compris dans l'adjudication de 1807, les parcelles de bois dont il s'agit ; que ces parcelles n'avaient jamais été vendues, et qu'elles devaient lui être restituées comme étant aux droits du sieur de Villette.

Le sieur Simon a répondu que la dame de Villette était non-recevable à critiquer l'arrêté de 1808, parce qu'elle n'avait d'autres droits que ceux que l'administration des domaines lui avait transmis, et que cette administration n'était pas fondée elle-même à attaquer cet arrêté, car elle l'avait acquiescé en l'exécutant.

En cet état est intervenue l'ordonnance suivante :

LOUIS, etc.; — Sur le rapport de notre comité du contentieux ;

Vu la requête à nous présentée au nom de la dame Françoise Ravet, veuve de Villette, enregistrée au secrétariat du comité du contentieux de notre Conseil d'état le 17 février 1817, et tendante à ce qu'il nous plaise annuller un arrêté du conseil de préfecture du département de l'Ain, en date du 29 avril 1808, et, en conséquence, ordonner que quatre cantons de bois prétendus par le sieur Simon, n'ont pas fait partie de la vente à lui passée du domaine de la Claye, le 29 avril 1807, condamner ledit sieur à rembourser le prix des coupes illicites faites par lui, et aux dépens ;

Vu la requête en défense du sieur Simon, enregistrée au secrétariat dudit comité du contentieux, le 8 janvier 1818, par laquelle il conclut à ce que ledit arrêté soit maintenu, et la dame veuve de Villette condamnée aux dépens ;

Vu les répliques des parties, en date des 2 et 28 février 1818 ;

Vu le procès-verbal d'experts, en date du 24 avril 1807 ;

L'acte de vente qui adjuge le domaine de Claye, sans l'insertion d'aucune reserve ;

L'avis du directeur des domaines, en date du 15 avril 1808, qui conclut au rejet de la demande de la dame veuve de Villette, comme étant sans intérêt dans la cause, et à la remise entre les mains du domaine des quatre cantons de bois susmentionnés, comme n'étant pas désignés dans le contrat de vente ;

Vu l'arrêté du conseil de préfecture du département de l'Ain, en date du 29 avril 1808, qui, sur le rapport d'un membre délégué sur les lieux, décide que les cantons de bois sous la Molardière, le petit bois du Lent, en pré Berthet et en Loziquoi, ont toujours fait partie du domaine de la Claye, dans lequel ils sont enclavés, et qu'ils sont compris dans la vente passée au profit du sieur Simon ;

Ensemble toutes les pièces comprises au dossier de cette affaire ;

Considérant que l'administration des domaines n'aurait aucun droit de poursuivre l'annullation de l'arrêté du conseil de préfecture après avoir consenti à son exécution ;

Que la dame veuve de Villette, remise en possession par la loi du 5 décembre 1814, ne peut attaquer ledit arrêté qu'aux droits de l'administration des domaines, à qui cette action serait interdite ;

Notre Conseil d'état entendu,

Nous avons ordonné et ordonnons ce qui suit :

Art. 1er. La requête de la dame veuve de Villette est rejetée.

2. La dame de Villette est condamnée aux dépens.

3. Notre ministre secrétaire d'état des finances est chargé de l'exécution de la présente ordonnance.

Ordonnance du 23 avril 1818. (2928)

N°. 214.

COMMUNAUX. — Partage.

La déchéance prononcée par l'art. 5 de la loi du 9 ventose an 12, contre les détenteurs de biens communaux qui ne peuvent justifier d'un acte de partage, et qui ont négligé de faire dans le temps prescrit les soumissions voulues par l'art. 3 de cette même loi, n'est pas applicable à ceux d'entre eux qui, postérieurement à l'an 12, ont été maintenus en possession par arrêté administratif rendu contradictoirement avec la commune.—Ils peuvent encore être admis au bénéfice de l'art. 3 de ladite loi, à la charge par eux de remplir les conditions y prescrites.

(La commune de Marigny.)

LOUIS, etc.; — Sur le rapport du comité du contentieux ;

Vu le rapport de notre ministre secrétaire d'état de l'intérieur, tendant à l'annullation de trois arrêtés du conseil de préfecture du département du Jura, des 22 prairial an 12, 4 novembre 1817 et 30 décembre suivant, qui ont prononcé sur le partage des biens communaux de Marigny ;

Vu lesdits arrêtés ;

Ensemble toutes les pièces jointes au dossier ;

Considérant que, si, aux termes de l'art. 3 de la loi du 9 ventose an 12, les détenteurs des biens communaux de Marigny ne peuvent être maintenus dans la possession pure et simple desdits biens, attendu qu'ils ne justifient d'aucun acte écrit dudit partage, il suffit néanmoins qu'ils aient défriché, planté et clos le terrain dont ils ont joui, pour qu'ils soient maintenus en possession provisoire, et qu'ils puissent devenir propriétaires incommutables, à la charge par eux de remplir les conditions prescrites par ledit article ;

Considérant que, si l'article 5 prescrivait aux détenteurs des biens en litige de faire leurs soumissions dans le cours de l'an 12, ces détenteurs ayant été maintenus par l'arrêté du 22 prairial an 12, rendu contradictoirement avec la commune de Marigny, ont pu se croire affranchis de l'obligation que l'article 3 leur imposait ;

Notre Conseil d'état entendu,

Nous avons ordonné et ordonnons ce qui suit :

Art. 1er. Les arrêtés du conseil de préfecture du département du Jura, en date des 22 prairial an 12, 4 novembre et 30 décembre 1817, sont annullés.

Sont admis au bénéfice de l'article 3 de la loi du 9

ventose an 12, les détenteurs des biens communaux de Marigny qui se trouvent dans l'un des cas prévus par ledit article, à la charge par eux de remplir les conditions y prescrites.

2. Notre ministre secrétaire d'état de l'intérieur est chargé de l'exécution de la présente ordonnance.

Ordonnance du 23 avril 1818. (2913)

N°. 215.

ABUS. — Ecclésiastique. — Ministre du culte. — Autorisation. — Injures. — Mise en jugement.

Un ministre du culte, prévenu d'avoir publiquement adressé des injures à un particulier, ne peut être traduit devant un tribunal de police qu'après autorisation par le Conseil d'état, aux termes de la loi du 18 germinal an 10.

Si l'ecclésiastique a écrit à l'offensé une lettre d'excuse, cela peut paraître une réparation suffisante, tellement que le Conseil d'état n'autorise pas la mise en jugement.

(Le sieur Dubreuil. — C. — le sieur Goulhot.)

Le sieur Goulhot, curé de Thorigny, département de la Manche, dans l'exercice de ses fonctions, et parlant en chaire, se permit d'outrager et injurier, dans le temple où les fidèles étaient rassemblés, le sieur Dubreuil, alors maire de la commune de Thorigny.

Le 30 août 1816, le sieur Dubreuil rendit plainte contre le sieur Goulhot, devant le tribunal de Saint-Lô.

Par jugement du 18 novembre suivant, ce tribunal déclara que, pour mettre le sieur Goulhot en jugement, l'autorisation préalable du Conseil d'état était nécessaire.

Le sieur Dubreuil s'adressa au Conseil d'état, en vertu des articles organiques de la convention passée entre la France et le pape, le 26 messidor an 9, et demanda l'autorisation de continuer les poursuites commencées contre le sieur Goulhot.

Sur le motif que l'instruction sur les faits de la cause, voulue par l'article 8 de la loi du 18 germinal an 10, n'avait point été faite, une ordonnance du 19 mars 1817 renvoya le sieur Dubreuil devant le ministre de l'intérieur.

En exécution des loi et ordonnance précitées, le sieur Dubreuil se pourvut devant le ministre de l'intérieur, qui voulut concilier les parties, en suggérant au curé de Thorigny d'écrire au sieur Dubreuil une lettre qui pût le désarmer et le porter à se désister de sa plainte.

Le curé de Thorigny écrivit au sieur Dubreuil qu'il n'avait pas eu l'intention de décrier ses mœurs; mais celui-ci, non content de cette déclaration, voulait que la réparation fût aussi publique que l'outrage l'avait été.

Le sieur Dubreuil insista donc auprès du ministre de l'intérieur, pour obtenir une justice complète.

Dans cet état, l'affaire fut portée devant le Conseil d'état.

Le sieur Dubreuil soutenait :

Que les articles organiques de la convention du 26 messidor an 9, faisant partie de la loi du 18 germinal an 10, avaient spécialement défini les cas d'abus; que le nombre 6 de ces articles portait textuellement : « les cas d'abus, sont l'usurpation ou l'excès de pouvoir, la contravention aux lois et réglemens de l'état, l'infraction des règles consacrées par les canons reçus en France, l'attentat aux libertés, franchises et coutumes de l'église gallicane, et toute entreprise ou tout procédé qui, dans l'exercice du culte, peut compromettre l'honneur des citoyens, troubler arbitrairement leur conscience, et *dégénérer* contre eux en oppression ou injure, scandale public »; que, dans l'espèce, il y avait évidemment injure et scandale public, puisque, du haut de la chaire évangélique, le curé de Thorigny s'était emporté jusqu'à dire à ses paroissiens qu'ils ne seraient plus troublés désormais dans les cérémonies religieuses par ce maire (lui Dubreuil), *homme sans mœurs et sans religion*;

Qu'ainsi, le curé de Thorigny s'était incontestablement rendu coupable de l'un des cas d'abus spécifiés par l'article précité;

Qu'à l'égard des ecclésiastiques prévenus de cas d'abus, comme, dans l'espèce, ce n'était point une autorisation qu'il s'agissait de demander, que c'était un recours à exercer; or, que le Conseil d'état n'avait pas le pouvoir d'interdire l'action en ne l'autorisant pas; qu'il était appelé à juger, non pas le fait, mais si le fait était de nature à être poursuivi par forme administrative, ou s'il devait, suivant l'exigeance des cas, être renvoyé devant les autorités compétentes, soit devant l'autorité ecclésiastique par forme de discipline, soit devant les tribunaux ordinaires, pour la répression de l'abus en cas d'appel;

Que, conséquemment, la mission du Conseil d'état se bornait uniquement à déterminer l'autorité qui devait connaître de l'appel comme d'abus; et que, dans l'espèce, s'agissant d'un cas d'abus privé, c'était aux tribunaux seuls qu'il appartenait de suivre l'instruction de ce genre d'affaires.

Mais l'autorisation demandée par le sieur Dubreuil a été refusée par les motifs contenus en l'ordonnance suivante :

LOUIS, etc. — Sur le rapport du comité du contentieux;

Vu la requête à nous présentée par le sieur Plouin-Dubreuil, ancien maire de la commune de Thorigny, département de la Manche, enregistrée au secrétariat du comité du contentieux de notre Conseil d'état le 24 janvier 1818, par laquelle il nous demande l'autorisation de continuer les poursuites judiciaires commencées contre le sieur Goulhot, curé de Thorigny, à raison d'injures que cet ecclésiastique lui aurait publiquement adressées;

Vu la plainte portée par le sieur Plouin-Dubreuil, et l'assignation signifiée par le ministère d'un huissier, au sieur Goulhot, curé de Thorigny, de comparaître à l'audience du tribunal de police correctionnelle de l'arrondissement de Sain-Lô;

Vu le jugement du tribunal de police correctionnelle de l'arrondissement de Sain-Lô, en date du 19 octobre 1816, qui a déclaré le sieur Plouin-Dubreuil non-recevable, quant à présent, faute par lui de justifier avoir obtenu de notre Conseil d'état l'autorisation exigée par la loi du 18 germinal an 10;

Vu le rapport de notre ministre secrétaire d'état au département de l'intérieur, en date du 10 décembre 1817, dans lequel est relatée une lettre du curé de Torigny au sieur Plouin-Dubreuil, où il lui déclare « qu'il n'a eu aucune intention de décrier ses mœurs : que les expressions qu'il lui reproche ne lui sont pas échappées, et que si celles dont il s'est servi lui ont paru offensantes, il était bien loin de vouloir lui faire la moindre injure; »

Vu l'article 8 de la loi du 18 germinal an 10;

Considérant qu'il résulte de la lettre du sieur Goulhot de Maupas, au sieur Plouin-Dubreuil, qu'il n'a pas eu l'intention de l'offenser, et que cette lettre est une suffisante réparation de paroles irréfléchies qui ont pu le blesser;

Notre Conseil d'état entendu,

Nous avons ordonné et ordonnons ce qui suit :

Art. 1er. Il n'y a pas lieu, par le sieur Plouin-Dubreuil, de poursuivre devant les tribunaux le sieur Goulhot, curé de Thorigny, pour les faits susmentionnés.

2. Notre garde des sceaux ministre secrétaire d'état de la justice et notre ministre secrétaire d'état de l'intérieur sont chargés, chacun en ce qui le concerne, de l'exécution de la présente ordonnance.

Ordonnance du 23 avril 1818. (2940)

No. 216.

EAU. (COURS D') — RÉGLEMENT. — JUSTICE PRÉFECTORIALE.

Les préfets sont autorisés à faire tous réglemens sur le cours et le nivellement des rivières (non navigables), mais c'est aux tribunaux à connaître des contestations nées entre particuliers sur l'exécution de ces réglemens.

(Le sieur Aubry. — C. — le sieur de Boissy.)

En l'an 4, des difficultés s'étant élevées entre le sieur de Boissy, propriétaire d'un moulin sur la rivière de Thérouanne, et le sieur Aubry, propriétaire du moulin de Fontaine, situé sur le même cours d'eau, et immédiatement au-dessous du précédent, relativement à l'élévation à donner au déversoir du moulin de Fontaine, furent réglées par une décision arbitrale, et par divers jugemens.

En 1811, le préfet du département de Seine-et-Marne fit, sur l'usage des eaux de la rivière de Thérouanne, un réglement qui, le 26 août 1815, fut approuvé par le ministre de l'intérieur.

D'après l'article 3 de ce réglement, le propriétaire du moulin de Fontaine était tenu d'établir, à dix mètres au-dessus du port, situé à l'entrée de Fontaine, un déversoir dont les dimensions étaient déterminées par le même article.

Pour se conformer à cette disposition, le sieur Aubry fit exhausser d'un pied trois pouces le déversoir qui existait auparavant; mais le degré d'élévation donné à ce nouveau déversoir, fit refluer les eaux sur le moulin du sieur de Boissy, de telle sorte que sa roue se trouvait noyée et ne pouvait plus tourner.

Le sieur de Boissy cita le sieur Aubry devant le tribunal de première instance de Meaux, pour qu'il eût à détruire les travaux qu'il avait faits, et à rétablir les choses dans leur état primitif.

Un jugement par défaut lui accorda cette demande.

Mais le sieur Aubry y forma opposition, et se pourvut en même temps devant l'autorité administrative.

Par jugement du 10 juillet 1817, le même tribunal reçut cette opposition, se déclara incompétent, et renvoya le sieur Aubry à se pourvoir devant l'administration.

De son côté, le préfet, qui n'avait pas encore eu connaissance de ce jugement, s'était, sur la demande du sieur Aubry, empressé d'élever le conflit, par un arrêté du 11 juillet même année.

Mais depuis, le préfet étant informé de la décision du tribunal, ne donna aucune suite à son arrêté.

Le 29 août 1817, arrêt de la Cour royale de Paris, qui annulla le jugement du 10 juillet précédent, par lequel le tribunal de Meaux s'était déclaré incompétent, et renvoya les parties devant les juges de ce tribunal, autres que ceux qui avaient rendu le jugement dont était appel.

Il fallut donc statuer sur l'arrêté de conflit dont les motifs étaient :

Que les lois sur la matière, et notamment celles des 24 août 1790 et 6 octobre 1791, attribuaient exclusivement à l'autorité administrative le droit de faire des réglemens sur les cours d'eaux navigables ou non navigables;

Que, par conséquent, c'était à cette autorité seule qu'il appartenait d'ordonner ou d'autoriser, soit la construction, soit la suppression de tous les ouvrages projetés ou exécutés dans le lit d'un cours d'eau quelconque;

Que, dans les contestations élevées entre des propriétaires auxquels les mêmes eaux ne pouvaient être utiles, l'autorité judiciaire ne pouvait, aux termes de l'article 645 du Code civil, que faire exécuter les réglemens particuliers et locaux sur le cours et l'usage des eaux ;

Qu'il existait, sur l'usage des eaux de la Thérouanne, un réglement local approuvé par le ministre de l'intérieur ;

Que ce réglement fixait, article 3, l'emplacement, la hauteur et la largeur du deversoir du moulin de Fontaine ;

Qu'en supposant que la disposition de cet article fût susceptible de quelques modifications, l'autorité administrative était seule compétente pour les ordonner ; que par conséquent c'était devant elle seule que pouvaient être portées les réclamations tendantes à les obtenir.

Les motifs de l'arrêt de la Cour royale de Paris étaient :

Que, s'il appartenait à l'autorité administrative de faire les réglemens sur le cours et le nivellement des rivières, les tribunaux étaient seuls compétens pour connaître des contestations nées entre particuliers, sur l'exécution de ces réglemens ; que, dans l'espèce, s'agissant de statuer, soit sur une convention privée entre les sieurs de Boissy et Aubry, soit sur des travaux pratiqués sur la rivière de Thérouanne, en conformité ou en contravention d'un arrêté administratif, une semblable contestation était exclusivement du ressort des tribunaux.

L'arrêté de conflit précité a été annullé par l'ordonnance dont la teneur suit :

LOUIS, etc.; — Sur le rapport du comité du contentieux ;

Vu le rapport de notre garde des sceaux ministre secrétaire d'état de la justice, enregistré au secrétariat du comité du contentieux de notre Conseil d'état, le 10 février 1818, tendant à l'annullation d'un arrêté de conflit, pris par le préfet du département de Seine et-Marne, le 11 juillet 1817, dans une contestation existante entre le sieur Aubry et le sieur de Boissy, au sujet de l'exécution d'un réglement dressé par ledit préfet, sur l'usage des eaux de la rivière de Thérouanne;

Vu ledit arrêté ;

Vu les jugemens rendus par le tribunal de première instance séant à Meaux, les 26 juin et 10 juillet 1817 ;

Vu l'arrêt de la Cour royale de Paris, rendu les 29 avril 1817 ;

Ensemble toutes les pièces jointes au dossier ;

Considérant que, s'il appartient à l'autorité administrative de faire les réglemens sur le cours et nivellement des rivières, ce sont les tribunaux qui ont le droit de connaître des contestations nées entre particuliers, sur l'exécution de ces réglemens ;

Que dans l'espèce où il s'agit de statuer, soit sur une convention privée entre les sieurs de Boissy et Aubry, soit sur des travaux pratiqués dans la rivière de Thérouanne, en conformité ou en contravention d'un arrêté administratif, une pareille contestation est du ressort exclusif de l'autorité judiciaire.

Notre Conseil d'état entendu,

Nous avons ordonné et ordonnons ce qui suit :

Art. 1er. L'arrêté de conflit, pris par le préfet du département de Seine-et-Marne, le 11 juillet 1817, est annullé.

2. Notre garde des sceaux ministre secrétaire d'état de la justice et notre ministre secrétaire d'état de l'intérieur sont chargés, chacun en ce qui le concerne, de l'exécution de la présente ordonnance.

Ordonnance du 23 avril 1818. (2942)

N°. 217.

AUTORISATION. — INDEMNITÉ. — INONDATION. — COMMUNE.

Un particulier, sur le terrain duquel les habitans de la commune, dans un danger d'inondation, creusent un fossé par ordre ou autorisation du maire, pour faciliter l'écoulement des eaux, ne peut traduire en justice ces particuliers pour en obtenir des dommages-intérêts, qu'en appelant en cause le maire, premier auteur du fait; dès lors, s'agissant d'un fait administratif, il faut une autorisation préalable pour actionner le maire.

(Le sieur Prinsar, — C. — le maire de la commune de Sainte-Marie-en-Chaux.)

En 1816, la commune de Sainte-Marie en-Chaux, département de la Haute-Saône, étant menacée d'une inondation, le juge de paix du canton en prévint le maire de cette commune, pour qu'il eût à prendre des mesures en conséquence.

Le maire fit un appel aux habitans, et se transporta lui-même sur les lieux pour faire couper une chaussée et creuser un fossé dans la propriété du sieur Prinsac, destiné à procurer aux eaux un écoulement facile, et prévenir toute inondation.

Mais le sieur Prinsac, sur le motif qu'il était troublé dans sa propriété, cita devant le juge de paix les sieurs Thiébaud et autres habitans de la commune, qui avaient exécuté les travaux ordonnés par le maire, pour qu'ils eussent à combler le fossé qu'ils avaient creusé sur sa propriété, et qu'en outre ils fussent condamnés à lui payer 50 fr. de dommages-intérêts.

Les sieurs Thiébaud, attendu qu'ils n'avaient agi que par ordre du maire, demandèrent la mise en cause de ce fonctionnaire.

Le maire ayant comparu, déclara qu'il prenait fait

et cause pour lesdits habitans, demanda leur mise hors d'instance, et qu'on lui accordât délai d'un mois pour se faire autoriser à répondre à l'action du sieur Prinsac. Cette dernière demande seulement lui fut accordée.

Le juge de paix s'étant récusé, l'un de ses suppléans rendit, le 19 août 1816, un jugement par défaut, qui mit le maire hors de cause, maintint le sieur Prinsac dans la jouissance de sa propriété, et ordonna aux sieurs Thiébaud de combler le fossé dont il s'agit, les condamnant en des dommages et intérêts, et aux dépens.

Ce jugement était motivé sur ce qu'il résultait des aveux mêmes des sieurs Thiébaud, qu'ils avaient commis le trouble dont il s'agit, d'après les ordres du maire de leur commune; que le sieur Prinsac n'avait intenté d'action que contre eux, qui seuls l'avaient troublé dans sa propriété, et lui avaient causé des dommages.

Les sieurs Thiébaud interjetèrent appel de ce jugement devant le tribunal de première instance de Lure, qui, par jugement du 11 juin 1817, ordonna que le maire serait de nouveau mis en cause.

Le maire ayant sollicité l'autorisation nécessaire pour défendre en l'action intentée par le sieur Prinsac, le préfet de la Haute-Saône éleva le conflit par arrêté du 20 novembre 1817, sur le motif que les maires étant chargés de la police et de la surveillance de tout ce qui peut intéresser l'ordre, la sûreté et la conservation des propriétés publiques, les crues d'eau extraordinaires devaient particulièrement attirer leur attention, et que, dans un danger imminent, ils devaient s'assurer de tous les moyens propres à prévenir les accidens que pourraient occasionner les inondations, et qu'ils pouvaient, à cet effet, faire un appel aux citoyens pour exécuter les travaux qu'ils croiraient devoir ordonner dans de telles circonstances;

Que, dans l'espèce, le maire de Sainte-Marie-en-Chaux n'avait fait que remplir les obligations que lui imposaient les lois, en ordonnant sur-le-champ toutes les mesures de précaution nécessaires pour prévenir l'inondation qui, en 1816, menaçait le territoire de cette commune;

Que ce fonctionnaire n'avait point à balancer sur les moyens à employer contre le danger, ni à faire reconnaître les travaux avant de les exécuter, encore moins à en attendre l'autorisation, parce qu'un instant de retard aurait pu occasionner des pertes considérables;

Que, témoin de l'inondation qui menaçait la commune, le sieur Prinsac avait été le premier à presser l'exécution des travaux ordonnés par le maire, travaux que son intérêt particulier et celui de tous les habitans réclamaient de la manière la plus impérieuse;

Que, si le sieur Prinsac croyait avoir à se plaindre de ces travaux, il devait s'adresser à l'autorité administrative, seule compétente pour statuer sur la demande.

Cet arrêté de conflit a été maintenu par l'ordonnance dont la teneur suit :

LOUIS, etc.; — Sur le rapport du comité du contentieux :

Vu l'arrêté du préfet du département de la Haute-Saône, du 20 décembre 1817, par lequel il revendique, comme étant du ressort de l'autorité administrative, la contestation portée devant le juge de paix des ville et canton de Luxeuil, et par appel devant le tribunal de première instance de l'arrondissement de Lure, à l'occasion des travaux ordonnés par le maire de Sainte-Marie-en-Chaux, même arrondissement, et exécutés d'urgence pour l'ouverture d'un fossé dans la propriété du sieur de Prinsac, à l'effet de procurer un prompt écoulement aux eaux d'inondation qui menaçaient le territoire de cette commune;

Vu les cinq jugemens de la justice de paix de Luxeuil, et notamment celui du 19 août 1816, qui met le maire hors de cause, maintient le sieur de Prinsac dans la possession de sa propriété; ordonne aux ouvriers qui avaient agi par ordre du maire, de combler, dans le délai de huitaine, le fossé qu'ils ont fait le 18 juin, et les condamne à 15 fr. de dommages et intérêts, et aux dépens;

Vu le jugement du tribunal de première instance de l'arrondissement de Lure, du 11 juin 1817, qui, avant de statuer sur l'appel, prononce que le maire de Sainte-Marie-en-Chaux sera mis en cause;

Vu le rapport de notre garde des sceaux ministre secrétaire d'état au département de la justice, du 18 février 1818;

Vu les lois des 28 décembre 1789, 24 août 1790 et 22 frimaire an 8;

Vu les autres pièces produites;

Considérant que le maire de Sainte-Marie-en-Chaux a agi en sa qualité d'administrateur;

Qu'il était de son devoir d'ordonner d'urgence les travaux propres à procurer aux eaux leur plus prompt écoulement, et préserver la commune d'une inondation;

Que les habitans, appelés à son de caisse, pour porter des secours et ouvrir un fossé sur la propriété du sieur de Prinsac, n'ont travaillé qu'en vertu des ordres du maire;

Considérant que si le sieur de Prinsac pense que cet acte du maire est répréhensible, il peut le déférer aux administrateurs supérieurs, pour ensuite être statué, ce que de droit, sur l'indemnité prétendue;

Notre Conseil d'état entendu,

Nous avons ordonné et ordonnons ce qui suit :

Art. 1er. L'arrêté de conflit pris par le préfet de département de la Haute-Saône, le 20 novembre 1817, est approuvé.

2. Les jugemens rendus par le juge de paix du canton de Lure, du 11 juin 1817, sont déclarés comme non

avenus, sauf audit sieur de Prinsac à se pourvoir administrativement, s'il s'y croit fondé.

3. Notre garde des sceaux ministre secrétaire d'état de la justice et notre ministre secrétaire d'état de l'intérieur sont chargés, chacun en ce qui le concerne, de l'exécution de la présente ordonnance.

Ordonnance du 23 avril 1818. (2943)

N°. 218.

EAU. (COURS D') — RÉGLEMENT. — EXÉCUTION. — MOULIN.

Des meûniers, au profit de qui existe un arrêté municipal qui régularise le cours des eaux de leurs moulins, ne peuvent se permettre des voies de fait sur la propriété des riverains, sous prétexte d'exécution de l'arrêté. En tout cas, la réparation de ces voies de fait est de la compétence judiciaire.

Est-il bien certain qu'entre des meûniers et des propriétaires riverains, un réglement sur le cours des eaux doive être fait par l'autorité administrative, alors qu'il n'est pas question de la direction ou de l'élévation des eaux dans l'intérêt public? N'est-ce pas là le cas DES RÉGLEMENS PARTICULIERS *dont parle l'article 645 du Code civil?*

(Le sieur Dupré. — C. — le sieur Brunel.)

En 1817, le département de l'Ardèche éprouvait une grande sécheresse; il restait à peine assez d'eau dans la rivière d'Embroye et le ruisseau d'Ozon, pour faire tourner les moulins établis sur le cours de ces eaux.

Le maire de la commune de Charmes s'étant aperçu de cet épuisement des eaux, et craignant que, si la marche de ces usines venait à se rallentir, les habitans de cette commune éprouvassent le fléau d'une disette, prit, le 1er. août 1817, un arrêté portant :

« Art. 1er. Les meûniers des moulins qui sont sur les bords de la rivière d'Embroye et du ruisseau d'Ozon, dans la commune de Charmes, sont autorisés à prendre, pour l'usage de leurs moulins, les eaux de cette rivière et de ce ruisseau, les mardis, vendredis et samedis, et à empêcher que personne ne prenne lesdites eaux à leur préjudice.

» 2. Il est défendu aux propriétaires qui bordent la rivière et le ruisseau, et à tous autres, dans la commune de Charmes, de troubler et d'empêcher lesdits meûniers dans la prise et jouissance desdites eaux, pour le service de leurs moulins, pendant les jours fixés.

» 3. Les meûniers qui prendront ainsi lesdites eaux, paieront aux propriétaires des prairies l'indemnité qui sera reconnue leur être due en pareil cas. »

Cet arrêté fut approuvé, le 2 août suivant, par le préfet du département.

Mais le maire, voyant que la jouissance de ces eaux pendant trois jours de la semaine était insuffisante pour faire aller les moulins, prit, le 5 août de la même année, un nouvel arrêté, par lequel il autorisa les meûniers à prendre les eaux continuellement. Ce dernier arrêté ne fut point soumis à l'approbation du préfet.

Nonobstant les dispositions de ces arrêtés, le sieur Dupré, propriétaire d'un domaine situé sur les bords de la rivière d'Embroye, continua à prendre les eaux de cette rivière pour l'irrigation de ses prairies, les jours où il avait coutume de le faire.

Le sieur Brunel, propriétaire d'un moulin sur la même rivière, ne pouvant déterminer le sieur Dupré à lui laisser l'usage des eaux, et se fondant sur l'arrêté du maire qui l'autorisait à empêcher que les propriétaires riverains ne prissent lesdites eaux, détruisit un digue ou chaussée qui conduisait ces eaux dans les prairies du sieur Dupré.

Celui-ci cita le sieur Brunel devant le juge de paix, pour se faire réintégrer dans la jouissance de sa prise d'eau.

Le 18 août 1817, jugement du juge de paix qui réintégra le sieur Dupré dans la possession de la digue ou chaussée construite par lui ou ses auteurs, dans la rivière d'Embroye, pour conduire les eaux de ladite rivière dans les prairies de son domaine, et condamna le sieur Brunel à remettre cette digue dans l'état où elle était avant son entreprise.

Les motifs de ce jugement exposaient :

« Que les juges de paix étaient seuls compétens pour connaître des actions possessoires; que dès-lors tout acte de l'administration, s'il tendait à prononcer sur une pareille action, serait incompétemment rendu, et ne saurait arrêter le cours de la justice;

» Que la possession du sieur Dupré dans la digue dont il s'agit, était reconnue et non contestée; que les arrêtés du maire avaient été pris par mesure d'intérêt public, et ne pouvaient être opposés au sieur Dupré, quant à ses droits sur la possession de la digue ou chaussée, et des eaux de ladite rivière d'Embroye, qui demeuraient constans. »

Mais, sur la réclamation du maire de la commune de Charmes, le préfet de l'Ardèche éleva le conflit par arrêté du 15 novembre 1817, sur le motif que, d'après les usages locaux, les droits des propriétaires des prairies devaient céder lorsqu'il y avait urgence pour cause d'utilité publique; que les arrêtés du maire, loin d'attaquer les droits de propriété du sieur Dupré, les garantissaient, au contraire, dans leurs dispositifs; que le premier de ces arrêtés ayant été revêtu de l'approbation de l'autorité supérieure, avait reçu la sanction nécessaire et pouvait recevoir son exécution; que le sieur Dupré, s'il avait à s'y opposer, devait adresser ses réclamations à l'administration.

Mais cet arrêté de conflit a été annullé par l'ordonnance suivante :

LOUIS, etc. ; — Sur le rapport du comité du contentieux ;

Vu l'arrêté de conflit pris le 15 novembre 1817, par le préfet du département de l'Ardèche, au sujet d'un jugement rendu le 18 août 1817, par le juge de paix du canton de la Voute, arrondissement de Privas, contre le sieur Brunel, meûnier de la commune de Charmes ;

Vu ledit jugement du 18 août 1817 ;

Vu l'arrêté du maire de la commune de Charmes, du 1er. août 1817, approuvé le lendemain par le préfet de l'Ardèche, ledit arrêté portant, article 2 :

« Il est défendu aux propriétaires qui bordent la rivière et le ruisseau, et à tous autres dans la commune de Charmes, de troubler et empêcher lesdits meûniers dans la prise et jouissance desdites eaux, pour le service de leurs moulins, pendant les jours fixés, sous peine d'être poursuivis et punis ainsi qu'il appartiendra » ;

Vu le rapport de notre garde des sceaux ministre secrétaire d'état de la justice, en date du 2 février 1818 ;

Vu les autres pièces produites ;

Considérant que l'article 2 de l'arrêté du 1er. août 1817, en interdisant aux riverains de détourner les eaux au préjudice des meûniers, n'autorisait pas ces derniers à exercer, pour l'exécution de cet acte administratif, des voies de fait sur la propriété des riverains, et que la réparation de ces voies de fait est de la compétence judiciaire ;

Notre Conseil d'état entendu,

Nous avons ordonné et ordonnons ce qui suit :

Art. 1er. L'arrêté de conflit pris le 15 novembre 1817, par le préfet du département de l'Ardèche, est annullé.

2. Notre garde des sceaux ministre secrétaire d'état de la justice et notre ministre secrétaire d'état de l'intérieur sont chargés, chacun en ce qui le concerne, de l'exécution de la présente ordonnance.

Ordonnance du 23 avril 1818. (2944)

N°. 219.

RUE. — Passage. — Propriété. — Voirie urbaine.

La contestation élevée entre deux habitans d'une ville, sur la propriété d'un passage qui sépare leurs maisons respectives, doit être jugée par les tribunaux et non par l'autorité administrative, bien que le passage serve à l'usage des habitans de la ville. La justice administrative n'a pas à s'occuper de la contestation, tant qu'il ne s'agit que de droits privés, et qu'il ne s'agit pas de voirie urbaine.

(Le sieur Durand. — C. — le sieur Ville.)

Par acte notarié, du 16 juillet 1779, les sieurs Ville et Durand firent entre eux le partage d'une maison sise à Montelimart, dont ils étaient propriétaires, chacun pour moitié. Il fut convenu par cet acte, que les sieurs Ville et Durand jouiraient alternativement, de trois mois en trois mois, d'une petite ruelle au couchant de leur maison, pour y faire du fumier.

Cette ruelle était un passage de trois pieds de largeur sur six de longueur, qui communiquait de la grande place de Montelimart à une rue voisine.

Ce passage était devenu une espèce de cloaque par le séjour des immondices qu'on y jetait continuellement ; il nuisait aux maisons voisines, sans être d'aucune utilité pour les habitans, et il paraît même qu'il corrompait les eaux d'un puits public.

Le maire de Montelimart crut, par ces motifs, devoir autoriser le sieur Durand, qui lui en avait fait la demande, à le fermer et à le réunir à sa propriété, sous la condition qu'on ne pourrait y faire du fumier, et qu'on n'y déposerait point d'ordures.

En vertu de l'arrêté du maire, pris le 19 floréal an 10, sur l'avis de l'architecte de la ville, mais qui ne fut cependant pas soumis à l'approbation du préfet, le sieur Durand ferma ce passage, et en eut seul la jouissance.

Le sieur Feytel, héritier du sieur Ville, se fondant sur l'acte de partage du 16 juillet 1779, a demandé à en jouir avec lui, et, sur le refus du sieur Durand, il l'a cité devant les tribunaux.

Le sieur Durand demanda le renvoi de l'affaire devant l'autorité administrative ; mais le déclinatoire fut rejeté par jugement du tribunal de première instance de Montelimart, du 11 juillet 1817, dont voici les motifs :

« Attendu que l'arrêté du maire, en date du 19 floréal an 10, n'a pour objet qu'une mesure de police pour cause de salubrité, aux fins de faire disparaître un cloaque malsain, arrêté que Feytel offre d'exécuter ;

» Attendu qu'il est justifié, par les actes du procès, que l'objet en litige est une propriété privée, dépendante de la maison ; d'où la conséquence qu'il n'y a pas incompétence, soit par rapport à l'objet en litige, soit par rapport à l'arrêté du maire, qui n'a eu pour objet que de faire disparaître un cloaque, et non d'adjuger des droits à Durand, à l'exclusion de Feytel. »

Par arrêté du 26 novembre 1817, le préfet du département de la Drôme a élevé le conflit de juridiction

Les motifs sur lesquels il s'est fondé, sont :

« Que, d'après l'article 3, titre 2 de la loi du 24 août 1790, l'autorité municipale est chargée d'assurer la sûreté et la commodité du passage dans les rues, quais, places et voies publiques ; ce qui comprend le nétoiement, l'enlèvement des encombremens, etc. ;

» Que, d'après l'article 46 de la loi du 22 juillet

1791, l'autorité municipale peut faire des arrêtés sur les objets mentionnés ci-desssus ;

» Que le maire de Montelimart, ayant pris un arrêté ordonnant la fermeture d'un passage qu'il a cru nuisible à la salubrité de l'air, et qui altérait la bonne qualité de l'eau d'un puits public voisin, par celles corrompues qui y filtraient, il est hors de doute que le tribunal ne peut connaître de l'effet de cet arrêté ;

» Et que c'est à l'administration seule qu'il appartient, d'après l'article précité de la loi du 22 juillet 1791, de prononcer sur le mérite de cet arrêté. »

On objectait, contre l'arrêté du préfet, qu'il ne s'agissait pas, dans l'espèce, de l'effet de l'arrêté du maire, qui n'était qu'une mesure de police, puisque le sieur Feytel offrait de s'y conformer, et que l'administration n'était intéressée en aucune manière dans la contestation ; qu'il s'agissait au contraire d'une question de propriété entre deux particuliers, sur laquelle il n'appartenait qu'aux tribunaux de prononcer.

» Le sieur Durand, ajoutait-on, prétend, à la vérité, que le passage dont il s'agit appartenait à la commune de Montelimart, et n'était pas une propriété privée ; il dit que c'est à tort que son auteur et celui du sieur Feytel s'en étaient partagé la possession ; mais celui-ci soutient le contraire, ainsi que cela résulte du jugement du tribunal de Montelimart. Si le sieur Durand persiste dans son système de défense, pour conserver seul la jouissance du passage, d'après l'arrêté du maire, il faudra décider si ce passage est effectivement une petite rue appartenant à la commune, ou si c'est une propriété privée, dépendante de la maison des sieurs Durand et Feytel ; or, une question de cette nature est encore de la compétence des tribunaux, ainsi que l'ont décidé divers décrets et arrêts de la Cour de cassation, notamment deux décrets des 28 juin 1806 et 25 mars 1807. »

C'est aussi ce qui a été décidé par l'ordonnance dont la teneur suit :

LOUIS...., etc. ; — Sur le rapport du comité du contentieux ;

Vu le rapport de notre garde des sceaux ministre secrétaire d'état de la justice, enregistré au secrétariat du comité du contentieux de notre Conseil d'état, le 23 février 1818, tendant à l'annullation d'un arrêté de conflit, pris le 26 novembre 1817, par le préfet du département de la Drôme, dans une contestation existante devant le tribunal de première instance, séant à Montelimart, entre les sieurs Durand et Ville, au sujet de la propriété d'un passage qui sépare leurs maisons respectives ;

Vu ledit arrêté ;

Vu le jugement du tribunal civil de Montelimart, en date du 11 juillet 1817 ;

Ensemble toutes les pièces jointes au dossier ;

Considérant qu'il ne s'agissait pas, dans l'espèce, de prononcer sur le mérite et l'exécution d'un acte de voirie urbaine ; qu'il s'agit simplement, entre les parties, de faire décider sur la propriété du passage en litige, et que cette question est du ressort des tribunaux ;

Notre Conseil d'état entendu,

Nous avons ordonné et ordonnons ce qui suit :

Art. 1er. L'arrêté de conflit, pris le 26 novembre 1817, par le préfet du département de la Drôme, est annullé.

2. Notre garde des sceaux ministre secrétaire d'état de la justice et notre ministre secrétaire d'état de l'intérieur sont chargés, chacun en ce qui le concerne, de l'exécution de la présente ordonnance.

Ordonnance du 23 avril 1818. (2946)

N°. 220.

ADJUDICATION. — Interprétation.

Lorsqu'un contrat d'adjudication de biens nationaux donne pour limite, à la propriété vendue, un chemin dont il ne fixe point la largeur; s'il s'élève une contestation sur la largeur de ce chemin, il n'y a pas lieu à recourir à l'autorité administrative, comme s'agissant de l'interprétation du contrat ; c'est aux tribunaux qu'il appartient de statuer.

(Castille Pineau. — C. — Lair.)

M. le baron Lejumeau possédait, avant la révolution, un château appelé des Perrières ou de Blou.

Les propriétés dépendant de ce château étaient traversées par un chemin vicinal, large de six mètres, et tendant, de la Maison-Neuve au château et au bourg de Blou ; ce chemin était bordé, de chaque côté, par deux allées ou avenues, plantées de deux rangées d'arbres, et chacune d'une largeur d'environ 19 mètres ; de manière que les deux allées, et le chemin intermédiaire, avaient, en largeur, environ 44 mètres.

Après l'émigration du sieur Lejumeau, ses propriétés furent mises en vente.

Un sieur Castille Pineau se rendit adjudicataire de certaines pièces qui longeaient sur une assez longue étendue l'une des allées bordant le chemin dont on vient de parler.

Il fut dit, dans l'acte de vente qui lui fut consenti le 14 thermidor an 4, « qu'on lui vendait un morceau de bois taillis et landes, appelé le bois Breton, etc., confrontant du levant, par la pointe, au chemin qui va de la Maison-Neuve à Blou, du couchant à la lande de la Huèterie, du midi à la veuve Baussé, et du nord au susdit chemin de la Maison-Neuve à Blou. »

Après cette acquisition, le sieur Castille se mit en possession, non seulement des bois et landes énoncés dans la clause ci-dessus, mais encore de toute la partie d'allée ou avenue qui se trouvait entre le bois de Breton et le chemin vicinal.

De retour en France, le sieur Lejumeau obtint l'autorisation de rentrer en possession de ses biens invendus.

Après son décès, le sieur Lair, qui le représente, demanda au sieur Castille la restitution de l'allée, située entre le bois de Breton et le chemin vicinal, dont il s'était indûment emparé.

Pour justifier sa réclamation, il dit : « Par le mot *chemin* dont on s'est servi dans l'acte du 14 thermidor an 4, pour fixer les confrontations, on a entendu comprendre non-seulement l'encaissement de 6 mètres, mais encore les *deux allées ou avenues* qui le bordent, et qui ne font qu'une seule et même chose ensemble; c'est ce que l'on a appelé *chemin* dans cet acte.

« Par la vente du 14 thermidor an 4, la nation n'avait donc pas entendu vendre la partie d'allée ou avenue qui longeait les propriétés qu'elle vendait, mais seulement une certaine quantité de bois et de landes allant de ce côté jusqu'au bord extérieur de cette allée ou avenue.

» Cela est si vrai, que quand la nation a entendu vendre une partie de ces allées, elle en a fait mention expresse dans les contrats. »

Le sieur Castille prétendit, au contraire, que les allées ou avenues étaient un espace de terrain absolument distinct et séparé du chemin; que son acquisition devait s'étendre jusqu'au bord de ce chemin, et dès-lors, comprendre la partie intermédiaire de ces allées ou avenues.

La contestation fut d'abord portée devant les tribunaux; mais sur un déclinatoire qui fut proposé et accueilli, elle fut soumise au conseil de préfecture du département de Maine-et-Loire, qui prit l'arrêté suivant, le 9 novembre 1816.

» Le conseil de préfecture du département de Maine-et-Loire;

« Vu la pétition présentée par le sieur Louis Castille, propriétaire à Neuillé, tendante à faire fixer les limites d'une pièce de bois située commune de Blou, séquestrée sur le sieur Lejumeau, émigré;

» Son contrat d'acquisition du 14 thermidor an 4, devant les administrateurs du département;

» Les moyens de défense et le plan figuré, présentés par le sieur Lair, propriétaire et maire à Blou;

» Vu l'avis de M. le sous-préfet de Beaugé, du 3 octobre 1816;

» Celui de M. le directeur des domaines, du 10 octobre 1816;

» Vu la loi du 9 ventose an 13, portant, article 6, l'administration publique fera rechercher et reconnaître les anciennes limites des chemins vicinaux, et fixera, d'après cette reconnaissance, leur largeur, suivant les localités, sans pouvoir cependant, lorsqu'il sera nécessaire de l'augmenter, la porter au-delà de 6 mètres, ni faire aucun changement aux chemins vicinaux qui excèdent cette dimension.

» Considérant qu'il est constant qu'une avenue plantée d'arbres a existé depuis le château de Blou, comme chemin tendant à la Maison-Neuve;

» Que les traces de quatre rangées d'arbres, dont quelques-uns sont encore sur pied, fixent la largeur de l'allée à environ 44 mètres;

» Que le sieur Lejumeau, en faisant tracer et planter cette avenue, il y a environ 50 ans, a reçu des fonds du gouvernement et le secours des corvées de la commune, ce qui a donné des droits à cette commune sur cette avenue;

» Que les administrateurs du département, en vendant les terres situées de chaque côté de l'allée, fixaient les limites à cette allée, comme chemin tendant de la Maison-Neuve au bourg de Blou;

» Qu'ils ne se sont jamais écartés de cette réduction que dans la portion de terrain vendue le 21 fructidor an 4 au sieur Gautreau, à laquelle ils ont joint une pièce de terre formant portion de l'avenue au-devant de la principale porte du château des Perrières, afin de procurer plus de vent au moulin;

» Que la trop grande largeur du chemin ne pourrait être regardée que comme propriété communale;

Arrête :

» Article 1er. Les confrontations de la pièce de terre nommée le bois Breton, située commune de Blou, vendue au sieur Castille par la nation, le 14 thermidor an 4, désignées au procès-verbal, sont reconnues être, pour le levant et le nord, le chemin de Blou à la Maison-Neuve.

» 2. L'avenue en avant du château des Perrières, anciennement plantée de quatre rangs d'arbres, dont il en subsiste encore quelques-uns, ayant environ 44 mètres de largeur, et d'anciens fossés de chaque coté, est le chemin indiqué au contrat du sieur Castille, comme tendant de la Maison-Neuve au bourg de Blou.

» 3. Le sieur Castille sera tenu de se retirer derrière le dernier rang d'arbres, et dans l'alignement des anciens fossés de l'allée, à 22 mètres de la ligne droite prise au milieu de l'allée, et indiquée par les bornes plantées par ordre du conseil de la commune de Blou.

» 4. Pour le surplus de la contestation, renvoie les parties à se pourvoir devant les juges ordinaires.»

C'est contre cette décision que s'est pourvu le sieur Castille.

Sur son pourvoi est intervenue l'ordonnance suivante.

LOUIS, etc.; — Sur le rapport du comité du contentieux;

Vu la requête à nous présentée au nom du sieur Castille Pineau, propriétaire à Neuillé, département de Maine-et-Loire, acquéreur d'une portion du domaine du sieur Lejumeau, émigré; ladite requête enregistrée au secrétariat du comité du contentieux de notre Conseil d'état, le 17 avril 1817, et tendante à l'annullation d'un arrêté du conseil de préfecture du même département, en date du 9 novembre 1816, qui déclare que, par un chemin appelé le chemin de la Maison-Neuve à Blou, indiqué au procès verbal du sieur Castille Pineau, comme la limite de son acquisition, on a voulu désigner une avenue dite des Perrières, plantée à droite et à gauche du chemin de Blou, dont les allées, réservées par le gouvernement à l'époque de la vente, ont été depuis restituées à la dame veuve Lejumeau, et vendues, par cette dame, au sieur Lair, maire de Blou; et, en conséquence de cette interprétation, condamne le sieur Castille Pineau à se retirer derrière l'alignement de la dernière rangée d'arbres de l'avenue, et à se dessaisir ainsi, à l'avantage du sieur Lair, d'une portion de terrain de la contenance d'environ deux arpens;

Vu l'arrêté attaqué;

Vu le plan levé par le sieur Brual, arpenteur vérificateur de la sixième conservation des eaux et forêts, joint à la requête du sieur Castille Pineau;

Vu le mémoire en défense du sieur Lair et le plan y annexé, levé par le sieur Prieur, géomètre de première classe du cadastre du département de Maine-et-Loire;

Vu la réplique du sieur Castille Pineau;

Vu un arrêté du conseil de préfecture du département de Maine-et-Loire, en date du 12 mai 1817, dans lequel il établit, comme un fait certain, que l'avenue plantée par l'ancien propriétaire du château de Blou avait environ 500 mètres de longueur;

Considérant que les termes de l'acte de vente sont clairs; que les bois taillis et landes vendus au sieur Castille Pineau, ont pour limites le chemin de la Maison-Neuve à Blou; que, s'il s'élève entre les parties des difficultés sur la largeur du chemin, à l'époque de l'adjudication, elles sont de la compétence des tribunaux;

Notre Conseil d'état entendu,

Nous avons ordonné et ordonnons ce qui suit :

Art. 1er. L'arrêté du conseil de préfecture du département de Maine-et-Loire, du 9 novembre 1816, est annullé.

2. Les parties sont renvoyées devant les tribunaux ordinaires, pour faire prononcer sur la largeur du chemin de Blou à l'époque de l'adjudication.

3. Les dépens sont compensés entre les parties.

4. Notre garde des sceaux ministre secrétaire d'état de la justice est chargé de l'exécution de la présente ordonnance.

Ordonnance du 23 avril 1818. (2930)

N°. 221.

1°. EAU (COURS D'). — CONTENTIEUX. — VOIRIE.
2°. CONFLIT. — EXÉCUTION (DÉFENSE D'). — DIVISIBILITÉ.

1°. *Un particulier dont les droits sont en souffrance par suite d'un changement dans le cours d'un ruisseau, opéré par un autre particulier, ne peut le faire condamner par les tribunaux à remettre le ruisseau dans son ancien lit, si ce rétablissement ne peut plus se faire qu'en dégradant une route royale. Ici, l'intérêt public est en opposition avec le droit privé; les décisions des tribunaux ne peuvent avoir effet au préjudice de l'action administrative.* (Lois des 11 novembre 1790 et 28 pluviose an 8.)

2°. *En général, pour savoir s'il y a lieu à élever un conflit, ne faut-il pas distinguer les cas où une matière est administrative, tellement que les tribunaux ne doivent pas en connaître, et les cas mixtes où les tribunaux sont compétens pour statuer sur le fond du droit des parties, sauf à l'action administrative de refuser effet à la décision, en tant qu'elle pourrait porter atteinte à ses droits ou à ses opérations. En ce dernier cas, la justice administrative, au lieu de juridiction, n'a-t elle pas un simple droit de véto?*

(Le sieur Debrion et la veuve Blache. — C. — le sieur Chauvet.)

Le 7 octobre 1806, le sieur Debrion et la veuve Blache citèrent le sieur Chauvet devant le juge de paix du canton de Lavoutte, arrondissement de Privas, département de l'Ardèche, pour le faire condamner à remettre dans son ancien lit le ruisseau Beaumazet qui passait autrefois devant sa maison, et qui, actuellement, traverse leurs propriétés.

Le sieur Debrion et la veuve Blache exposaient que le sieur Chauvet avait détruit une sorte de digue qui retenait les eaux du ruisseau Beaumazet dans son lit, et que depuis son entreprise, ce ruisseau s'étant frayé un passage à travers leurs terres, leur causait beaucoup de préjudice.

Le juge de paix prononça en leur faveur; mais son jugement fut cassé comme incompétemment rendu. Après divers actes de procédure, le tribunal de première instance de Privas, saisi de l'affaire, rendit, le 20 août 1816, un jugement par lequel il déclara constans les faits allégués par le sieur Debrion et la veuve Blache; condamna, en conséquence, le sieur Chauvet à remettre les eaux du ruisseau Beaumazet dans son ancien lit, et nomma des experts pour estimer les dommages-intérêts qu'il devait aux demandeurs.

Le ruisseau Beaumazet, depuis qu'on avait changé son cours, traversait directement une route royale, conduisant de Lavoutte au Puy, tandis que l'ancien lit, qu'on obligeait le sieur Chauvet à lui faire reprendre, parcourait obliquement la même route, et cela l'espace de 35 mètres. L'ingénieur des ponts et chaussées de l'arrondissement de Privas; auquel il paraît que le sieur Chauvet avait donné communication du jugement du 20 août 1816, lui fit connaître que l'administration ne souffrirait pas qu'il remît ce ruisseau dans son ancien lit, parce qu'il dégraderait la route royale et occasionnerait des réparations continuelles; et parce que, d'ailleurs, le cours de ce ruissseau avait, dans l'état actuel, le cours qu'il devait avoir naturellement. Cet avis fut partagé par l'ingénieur du département. C'est dans cet état de choses, et sur la réclamation du sieur Chauvet, que le préfet du département éleva le conflit, par arrêté du 15 juillet 1817.

Les motifs de son arrêté sont :

« Que la direction qu'on voudrait rendre au ruisseau Beaumazet est non seulement contraire aux intérêts de la route royale de Lavoutte au Puy, qu'elle longe et qu'elle dégrade, mais qu'elle greverait encore le trésor par l'absolue nécessité d'un entretien journalier qui lui serait très onéreux ;

» Qu'il en est tout autrement par la direction donnée à ce ravin ou torrent depuis huit ou dix ans, puisqu'il ne fait que traverser la route sur un cassis établi par l'administration des ponts et chaussées, ce qui rend les dégradations de ce ruisseau nulles ou presque nulles.

» Que, d'après les lois des 11 novembre 1790 et 28 pluviose an 8, l'administration, en matière de grande voirie, appartient exclusivement aux corps administratifs, et n'est point de la compétence des tribunaux. »

Cet arrêté a été confirmé par l'ordonnance suivante :

LOUIS, etc. ; — sur le rapport du comité du contentieux ;

Vu le rapport de notre garde des sceaux ministre secrétaire d'état de la justice, tendant à l'annullation d'un jugement du tribunal de première instance, séant à Privas, du 20 août 1816, lequel condamne le sieur Chauvet à remettre, dans son ancien lit, le ruisseau de Beaumazet qui traverse directement la route royale de Lavoutte au Puy;

Vu ledit jugement ;

Vu l'arrêté de conflit pris par le préfet du département de l'Ardèche, le 15 juillet 1817; ledit arrêté portant que le rétablissement du ruisseau de Beaumazet, dans son ancien lit, dégraderait la route royale qu'il traverse, et greverait le trésor public d'une dépense considérable;

Vu le plan des lieux ;

Ensemble toutes les pièces jointes au dossier ;

Considérant qu'il s'agit, dans l'espèce, d'une question de grande voirie, et que les conseils de préfecture sont seuls compétens pour en connaître ;

Notre Conseil d'état entendu ,

Nous avons ordonné et ordonnons ce qui suit :

Art. 1er. L'arrêté du préfet du département de l'Ardèche, en date du 15 juillet 1817, est confirmé.

2. Le jugement du tribunal de première instance de Privas, en date du 20 août 1816, est considéré comme non avenu.

3. Notre garde des sceaux ministre secrétaire d'état de la justice et notre ministre secrétaire d'état de l'intérieur sont chargés, chacun en ce qui le concerne, de l'exécution de la présente ordonnance.

Ordonnance du 23 avril 1818. (2955)

N°. 222.

CHEMINS VICINAUX. — ALIGNEMENT. — SERVITUDE. — INDEMNITÉ.

Lorsqu'un particulier soutient qu'un chemin vicinal contourne sa propriété et ne la traverse point, la contestation offre une question de servitude dont la connaissance appartient aux tribunaux. Il est bien vrai qu'il est dans les attributions du préfet de statuer sur des améliorations et de déterminer un nouvel emplacement ou alignement d'un chemin vicinal; mais c'est une innovation à faire en la forme administrative, et sauf une juste et préalable indemnité envers qui de droit. (Loi du 9 ventose an 13.)

(Le sieur Ranson. — C. — la commune de St.-Augustin.)

Le sieur Télémaque Ranson possède, dans la commune de Saint-Augustin, une pièce de terre plantée en bois, nommée la Chapelaine de Notre-Dame-de-Cours.

Le chemin public et vicinal de Saint-Augustin aux Mattes contourne cet héritage sans le traverser.

Il paraît cependant que les habitans de la commune passaient souvent sur cet héritage, au lieu de suivre le chemin vicinal.

Mais, en 1806 ou 1807, le sieur Ranson ayant fait entourer ce bois de fossés, le passage cessa entièrement.

Plusieurs années après, le chemin public et vicinal de Saint-Augustin aux Mattes ayant été encombré par des éboulemens de terres, le maire de la commune de Saint-Augustin fit dresser, le 7 janvier 1817, par le garde champêtre, un procès-verbal portant que le sieur Ranson avait intercepté le chemin public par la clôture de fossés qu'il avait élevée autour de son bois.

Il demanda, en conséquence, que le sieur Ranson fût tenu de laisser libre sur son héritage un passage partant de l'extrémité occidentale et se terminant à l'extrémité méridionale.

Le sieur Ranson opposa son droit de propriété, et soutint que son héritage ne devait pas le chemin de servitude auquel on voulait l'assujétir.

Sur ce, le conseil de préfecture de la Charente-Inférieure, devant lequel avait été portée la contestation, rendit, le 3 mai 1817, un arrêté ainsi conçu :

« Le conseil de préfecture, vu le procès-verbal dressé par le garde champêtre de la commune; vu la réponse du sieur Ranson, par laquelle il prétend que le chemin dont il est question lui appartient, qu'il est faux que la route qui conduit de l'île d'Arvert à Royau passe par son bois, qu'elle en fait le tour, comme il offre de le prouver; vu l'arrêté de M. le sous-préfet de Marennes, par lequel le sieur Nivet, arpenteur, est nommé commissaire pour se transporter sur les lieux, etc.; vu le procès-verbal dressé par ledit Nivet, en date du 17 mai dernier, constatant que le sieur Thélémaque Ranson s'est réellement emparé du chemin dont il est question, et que celui qu'il veut fournir est absolument impraticable; vu le nouvel arrêté de M. le sous-préfet, en date du 1er. avril;

» Considérant qu'il est reconnu que le sieur Télémaque Ranson s'est emparé sans aucun droit du chemin qui fait l'objet de la contestation; que ce chemin a, de tout temps, servi de communication à la commune de Saint-Augustin avec celle des Mattes, et que ce n'est que depuis onze ans que le sieur Ranson l'a intercepté et en a interdit l'usage; qu'il a même forcé plusieurs individus de lui donner de l'argent pour avoir passé sur le chemin,

» Arrête :

» 1°. Le sieur Télémaque Ranson rétablira, dans le délai de huit jours, à compter de la signification qui lui sera faite du présent arrêté, le chemin vicinal qui communique de la commune de Saint-Augustin à celle des Mattes, et le rendra viable dans toutes les parties qu'il avait interceptées.

» 2°. Le sieur Ranson est condamné à la restitution des sommes qu'il a indûment exigées des divers particuliers qui ont passé sur ce chemin depuis son envahissement.

» 3°. Le sieur Ranson est en outre condamné à tous les frais.

» 4°. Le sieur Ranson est renvoyé devant les tribunaux, pour être condamné à une amende, et examiner de nouveau sa conduite relativement aux sommes qu'il a exigées des personnes qui ont passé sur le terrain depuis son envahissement, conformément à la lettre ministérielle en date du 3 février 1810. »

Le sieur Ranson s'est pourvu contre cet arrêté. Il a prétendu que le conseil de préfecture de la Charente-Inférieure était incompétent pour connaître de la contestation.

Pour le démontrer, il a dit :

« La loi du 29 floréal an 10 attribue aux conseils de préfecture tout ce qui est relatif à la grande voirie, aux grands chemins du royaume. S'il s'élevait une question de propriété ou de servitude, la connaissance en appartiendrait à ces conseils, à l'exclusion des tribunaux.

» La loi du 9 ventose an 13 leur attribue aussi la connaissance de ces questions, quand il s'agit du plus ou du moins d'étendue des chemins publics ou vicinaux, d'empiétement sur le terrain qu'ils occupent, et que celui à qui on impute l'entreprise soutient, pour sa défense, qu'il a la propriété de la partie du chemin public et vicinal, qu'on l'accuse d'avoir usurpée.

» L'article 6 de cette loi porte :

» L'administration publique fera rechercher et reconnaître les anciennes limites des chemins vicinaux, et fixera, d'après cette reconnaissance, leur largeur suivant les localités, sans pouvoir cependant, lorsqu'il sera nécessaire de l'augmenter, le porter au-delà de six mètres, ni faire aucun changement aux chemins vicinaux qui excèdent actuellement cette dimension.

» Art. 7. A l'avenir, nul ne pourra planter des arbres sur les bords des chemins vicinaux, même dans sa propriété, sans leur conserver la largeur qui leur aura été fixée en exécution de l'article précédent.

» Les poursuites en contravention à la présente loi seront portées devant les conseils de préfecture, sauf le recours au Conseil d'état. »

» Mais la contestation roule, non pas sur le plus ou le moins d'étendue d'un chemin public et vicinal, mais bien sur le point de savoir si un terrain forme un chemin public ou de souffrance, et par conséquent une propriété privée, ou même sur le point de savoir si une propriété privée est grevée d'un chemin de passage, soit envers le public, soit envers des particuliers; alors, dans ce cas, la connaissance en appartient aux tribunaux. »

Sur quoi a été rendue l'ordonnance suivante :

LOUIS, etc.; — Sur le rapport du comité du contentieux;

Vu la requête à nous présentée au nom du sieur Télémaque Ranson, officier de marine, propriétaire, demeurant au chef lieu de la commune d'Etaule, canton de la Tremblade; ladite requête enregistrée au secrétariat du comité du contentieux de notre Conseil d'état, le 17 novembre 1817, et tendante à ce qu'il nous plaise, attendu l'incompétence absolue du conseil de préfecture du département de la Charente-Inférieure, annuller un arrêté du 3 mai 1817, qui, entre autres dispositions, condamne l'exposant à rétablir, dans le délai de huit jours, à compter de la signification, le chemin vicinal qui communique de la commune de Saint-Augustin à celle des Mattes, et le rendre viable dans toutes ses parties; annuller également ce qui a pu s'en suivre; renvoyer le suppliant et le maire de la commune de Saint-Augustin devant les tribunaux, pour être par eux statué sur la question de propriété et de servitude, agitée entre les parties relativement audit chemin, et condamner le maire, en cette qualité, aux dépens;

Vu l'ordonnance de soit communiqué, en date du 20 septembre 1817, et la signification faite le 27 du même mois, au maire de la commune de Saint-Augustin, en vertu de ladite ordonnance, à laquelle signification il n'a pas été répondu;

Vu l'arrêté du conseil de préfecture du département de la Charente-Inférieure, du 3 mai 1817;

Vu la loi du 9 ventose an 13;

Vu les autres pièces jointes au dossier ;

Considérant qu'il n'appartient qu'à l'administration, c'est-à-dire au préfet, de classer les chemins vicinaux, de fixer leur largeur et de déterminer leur emplacement ;

Considérant que, dans l'espèce, il n'y avait pas lieu de statuer sur la classification ou le redressement du chemin de Saint-Augustin à Mattes, mais qu'il s'agissait de constater, par titre ou par enquête, si ledit chemin doit contourner la terre du sieur Ranson, ou s'il doit la traverser diagonalement ; et qu'une telle question, soit de servitude, soit de propriété, est du ressort exclusif des tribunaux ;

Considérant que, quel que soit le jugement à intervenir, le maire de la commune de Saint-Augustin demeure fondé à se pourvoir, si bon lui semble, devant le préfet, pour être statué sur les améliorations dont le chemin sera jugé susceptible, et sauf une juste et préalable indemnité envers qui de droit, s'il y a lieu ;

Notre conseil d'état entendu,

Nous avons ordonné et ordonnons ce qui suit :

Art. 1er. L'arrêté du conseil de préfecture du département de la Charente-Inférieure, du 3 mai 1817, est annullé pour cause d'incompétence.

2. Les parties sont renvoyées devant les tribunaux ordinaires, sur la question de servitude ou de propriété relative à l'ancienne direction du chemin.

3. Le maire de la commune de Saint-Augustin, en cette qualité, est condamné aux dépens.

4. Notre garde des sceaux ministre secrétaire d'état de la justice et notre ministre secrétaire d'état de l'intérieur sont chargés, chacun en ce qui le concerne, de l'exécution de la présente ordonnance.

Ordonnance du 23 avril 1818. (2935)

N°. 223.

DETTE PUBLIQUE. — Liquidation. — Contentieux. — Justice ministérielle.

Une demande en liquidation de plusieurs sommes versées au trésor le 24 thermidor an 10, n'est pas susceptible de déchéance, quoiqu'ayant trait, par continuation, à des créances antérieures au 1er. vendémiaire an 9.

(Le sieur Bernard. — C. — le trésor royal.)

Le 24 thermidor an 10, le sieur Bertrand, ancien receveur des impositions de la ville de Paris, versa au trésor public plusieurs sommes pour acquitter le réliquat de son débet.

Le débet du sieur Bernard ayant ensuite été réduit, il se pourvut en l'an 12 devant le conseil de liquidation de la dette publique, afin de faire liquider sa dette et obtenir une inscription sur le grand-livre d'une rente de 403 francs, représentant la somme de 7981 fr. qu'il prétendait avoir versée en excédant de son débet.

Par arrêté du 29 juin 1810, le conseil de liquidation se déclara incompétent, sur le motif qu'il s'agissait d'une créance postérieure au 1er. vendémiaire an 9, et que le conseil n'avait été créé que pour liquider les créances antérieures à cette époque ; en conséquence il renvoya devant qui de droit.

En 1816, le sieur Bernard porta sa réclamation devant le ministre des finances, qui rendit, le 19 février 1817, la décision suivante :

« Vu les pièces desquelles il résulte que le sieur Bernard s'est pourvu devant le conseil de liquidation pour le même objet, et que ce conseil, dans sa séance du 29 juin 1810, l'a compris dans un état de rejet pour motifs étrangers à sa non production des pièces,

» Considérant que les décisions du conseil de liquidation étaient rendues sans appel, et qu'il n'appartient à aucune autorité d'en connaître ;

» Estime que la réclamation du sieur Bernard ne peut pas être accueillie. »

C'est contre cette décision que le sieur Bernard s'est pourvu devant le Conseil d'état.

» C'est une erreur de la part du ministre, a-t-il dit, d'avoir considéré l'arrêté du conseil de liquidation comme jugeant définitivement le fond de la contestation ; cet arrêté était un simple arrêté d'incompétence, qui avait laissé le fond du litige intact, et rien n'empêchait que le ministre n'y fît droit.

» Il ne faut pas, a-t-il ajouté, qu'on oppose aujourd'hui que ma créance devait être liquidée par le conseil de liquidation, comme faisant partie d'une créance antérieure au 1er. vendémiaire an 9, dès que le conseil avait été institué pour liquider toutes les créances antérieures à cette époque, et qu'ainsi j'ai encouru la déchéance ; car le conseil lui-même a reconnu qu'il ne pouvait pas en connaître, parce que la créance était de l'an 10, et se trouvait ainsi postérieure à celles pour la liquidation desquelles il avait été créé, et qu'il importait peu qu'elle fît suite à une créance antérieure, puisque ce n'était pas cette dernière qui était litigieuse, mais bien celle de l'an 10. »

Sur ce est intervenue l'ordonnance suivante :

LOUIS, etc. ; — Sur le rapport du comité du contentieux ;

Vu la requête à nous présentée au nom du sieur Bernard, enregistrée au secrétariat du comité du contentieux de notre Conseil d'état, du 5 juillet 1817, et tendante à ce qu'il nous plaise, en annullant une décision prise par notre ministre secrétaire d'état des finances, le 15 février 1817, ordonner qu'il soit rétabli dans la propriété d'une rente au principal de 7891 francs de tiers consolidé, de 20 francs en numéraire, de 71 livres 17 sous 9 deniers de tiers consolidé et des arrérages du tout, à partir du 1er. vendémiaire an 11, lesquelles valeurs forment l'excédant des versemens qu'il a faits au trésor public, pour extinction du débet indûment établi à son compte, le 28 ventose an 10, sur les quatre exercices de 1787 à 1790, réduit par arrêté du 6 fructidor an 10, et à la restitution duquel tout sursis a été levé par arrêté du 3 mai 1810;

Vu ladite décision;

Vu le mémoire en réponse de l'agent judiciaire du trésor royal, enregistré au secrétariat dudit comité du contentieux, le 12 février 1818;

Ensemble toutes les pièces jointes au dossier;

Considérant, dans l'espèce, que le sieur Bernard réclame la liquidation de plusieurs sommes versées au trésor le 24 thermidor an 10;

Considérant que le conseil de liquidation n'était, par les lois, chargé de liquider que les créances antérieures au 1er. vendémiaire an 9;

Qu'il a lui-même, par décision du 26 décembre 1809, déclaré son incompétence, et renvoyé le requérant à se pourvoir devant qui il appartiendra;

Notre Conseil d'état entendu,

Nous avons ordonné et ordonnons ce qui suit:

Art. 1er. La décision de notre ministre des finances, en date du 15 février 1817, est annullée.

2. Le sieur Bernard est renvoyé à se pourvoir devant notre ministre des finances, en liquidation des sommes qu'il a versées au trésor en excédant de son débet.

3. Notre ministre secrétaire d'état des finances est chargé de l'exécution de la présente ordonnance.

Ordonnance du 23 avril 1818. (2934)

N°. 224.

CONTENTIEUX. — Instruction ministérielle. — Déficit.

Une décision du ministre des finances, en matière de contentieux de domaines nationaux, n'a d'effet que comme avis ou instruction ministérielle. Si donc un adjudicataire veut se pourvoir en réduction de prix pour déficit dans l'adjudication qui lui a été faite, il doit porter sa demande au conseil de préfecture, comme si le tribunal n'avait rien décidé. (Décret du 17 janvier 1814.)

Le principe est-il applicable, même lorsqu'il s'agit de biens communaux?

(Le sieur Fizeaux.)

Par procès-verbal du 3 mai 1815, le préfet de la Seine-Inférieure adjugea au nommé Beaudoin le bois de Sainte-Wolbourg, divisé en deux lots, dont l'un est désigné au contrat en ces termes:

» 2e. lot. — Le quart de réserve, de l'âge de 40 à 42 ans, de la contenance environ de 48 hect. 52 ares 88 centiares, estimé, déduction faite des frais de garde, à la somme, en principal, de 91,902 fr. 32 cent. »

Trois jours après, l'adjudicataire fit une déclaration de command en faveur du sieur Fizeaux.

Celui-ci vendit bientôt après la coupe de ce lot aux sieurs Beaudoin et Martin.

En vertu d'une clause du marché, il fut fait un arpentage. Il en résulta que la contenance était inférieure de 8 hectares 12 ares, à celle exprimée dans le procès-verbal d'adjudication.

En conséquence, les acquéreurs de la coupe formèrent une action en indemnité contre le sieur Fizeaux leur vendeur.

De son côté, celui-ci s'adressa au ministre des finances pour demander que le gouvernement lui tînt compte du défaut de contenance.

Le 10 mars 1817, le ministre écrivit au réclamant dans les termes ci-après:

« Vous connaissez, monsieur, les conditions du cahier des charges.

» Aux termes de l'art. 22, les bois sont vendus sans garantie de mesure, consistance et valeur; il ne peut être exercé respectivement aucun recours en indemnité, réduction ou augmentation du prix de vente, quelle que puisse être la différence en plus ou en moins dans la mesure, consistance et valeur.

» Les dispositions de l'article 23 ne sont pas moins précises.

» Tous les cas sont prévus par ces deux articles; il n'est pas possible d'y porter atteinte, et je dois en maintenir les dispositions.

» Si le bois dont vous êtes adjudicataire contenait réellement plus que la quantité d'hectares qu'on lui assigne, vous n'ignorez pas qu'il n'aurait pu vous être fait aucune demande pour raison de cette différence.

» Par suite du même principe, vous ne pouvez être admis à réclamer pour défaut de mesure dans la contenance des bois de Sainte-Wolbourg, dont l'estimation en masse a d'ailleurs été modérée, puisque les enchères l'ont dépassée de plus de 36,000 fr.

» Je vous remets ci-joint le procès-verbal d'arpentage annexé à votre lettre. »

Telle est la réponse contre laquelle le sieur Fizeaux a cru pouvoir exercer le recours en la forme contentieuse.

La direction générale de l'enregistrement et des domaines, à laquelle la requête en pourvoi a été communiquée, a soutenu le recours du sieur Fizeaux non-recevable. Pour l'établir, elle a dit:

« Pour qu'un recours en forme contentieuse soit valablement exercé, il faut qu'il existe une décision formant jugement en premier ressort: le Conseil d'état ne prononce qu'en appel, d'après le réglement du 22 juillet 1806.

» Dans l'espèce, on ne voit point de jugement susceptible d'appel. Le ministre des finances n'est pas juge compétent sur la matière dont il s'agit : il n'a pu réellement entendre prononcer comme juge et entre parties.

» Avant de former sa demande devant l'autorité qui en devait connaître, il était naturel que le sieur Fizeaux essayât d'obtenir à l'amiable une réduction de prix, en s'adressant au ministre qui représente le gouvernement vendeur.

» Il écrit au ministre, qui lui répond : c'est un essai de conciliation, et non pas un jugement.

» Si le ministre, dans sa réponse, eût consenti à la réduction sollicitée, le domaine eût-il pu se pourvoir en forme contentieuse contre la conciliation? Non, sans doute. L'adversaire du domaine n'a pas non plus ce droit, si la réponse est négative; mais il conserve celui d'engager son action dans les formes requises.

» Autrement il dépendrait des parties qui ont des intérêts à démêler avec l'Etat, de changer à leur gré l'ordre des juridictions : car, en pareille position, il n'est aucune de ces parties qui ne s'efforce d'abord d'obtenir justice ou faveur des ministres du Roi. Il faut bien que le ministre réponde, soit affirmativement, soit négativement. Dans le second cas, la partie aurait donc le droit de décliner les juges naturels de la question, et de se pourvoir contre une décision qui n'est, dans le fait, qu'un refus de transiger. Ce droit serait exorbitant et ne peut être admis.

» Aussi le Conseil d'état a constamment rejeté, en la forme, de semblables pouvoirs. »

Sur quoi est intervenue l'ordonnance dont la teneur suit :

LOUIS, etc.; — Sur le rapport du comité du contentieux;

Vu la requête à nous présentée au nom du sieur Fizeaux, membre du conseil-général du département du Nord, demeurant à Valenciennes; ladite requête enregistrée au secrétariat du comité du contentieux de notre Conseil d'état, le 16 mai 1817, et tendante à ce que, sans nous arrêter à la décision rendue le 10 mars 1817, par notre ministre des finances, et qui restera comme non avenue, il nous plaise ordonner qu'il sera tenu compte à l'exposant du déficit existant dans le quart de réserve de la forêt de Sainte-Wolbourg, adjugé par procès-verbal du 3 mai 1815; en conséquence dire que, sur le prix de la vente, il lui sera fait remise d'une somme proportionnelle, savoir 20,000 fr., et condamner le défendeur aux dépens;

Vu l'ordonnance de soit communiqué et le mémoire en défense de la direction générale de l'enregistrement et des domaines et forêts, enregistrée audit secrétariat le 22 janvier 1818, et tendante à ce qu'il nous plaise lui donner acte de ce que, pour satisfaire à l'ordonnance de soit communiqué, et pour répondre à la requête du sieur Fizeaux, elle emploie le contenu au présent mémoire et aux pièces y énoncées et jointes; ce faisant, déclarer ledit sieur Fizeaux non-recevable dans son pourvoi, en ordonnant que la décision du ministre des finances, du 10 mars 1817, sera exécutée selon sa forme et teneur, et, dans tous les cas, condamner l'adversaire aux dépens;

Vu le procès-verbal d'adjudication du 3 mai 1815, et la lettre du ministre des finances du 10 mars 1817;

Vu la loi du 28 pluviose an 8;

Vu le décret du 17 janvier 1814, et nos ordonnances des 17 juillet 1816 et 21 août même année, qui rejettent plusieurs pourvois dirigés contre des instructions ministérielles;

Vu les autres pièces respectivement produites;

Considérant que, d'après les lois précitées, les conseils de préfecture sont spécialement chargés de prononcer sur le contentieux des domaines nationaux; que dès-lors c'est à eux qu'il appartient de s'expliquer sur ce qui a été compris dans les ventes faites par l'autorité administrative;

Considérant que, dans l'espèce, la lettre écrite au sieur Fizeaux, par notre ministre des finances, n'est pas un jugement, et ne doit être regardée que comme un avis;

Notre conseil d'état entendu,

Nous avons ordonné et ordonnons ce qui suit :

Art. 1er. La requête du sieur Fizeaux est rejetée, sauf à lui à se pourvoir, s'il s'y croit fondé, devant le conseil de préfecture du département de la Seine-Inférieure.

2. Le sieur Fizeaux est condamné aux dépens.

3. Notre ministre secrétaire d'état des finances est chargé de l'exécution de la présente ordonnance.

Ordonnance du 23 avril 1818. (2931)

N°. 225.

FOURNISSEUR. — AGENT DU GOUVERNEMENT. — RÉGIE DES SUBSISTANCES MILITAIRES.

Aux termes de l'arrêté du gouvernement du 19 thermidor an 9, les contestations existantes entre les particuliers et les régies établies par le gouvernement ou les agens desdites régies, relativement au paiement des fournitures faites pour le compte du gouvernement, doivent être jugées administrativement.

(Le sieur Worms de Romilly. — C. — la Régie des subsistances militaires.)

Par marché passé, le 12 juin 1817, entre le sieur Worms de Romilly, banquier à Paris, et le sieur Laurent, garde magasin, agissant pour le compte de la régie des subsistances militaires, le sieur Worms de Romilly s'obligea à livrer à la régie 90,000 bottes environ de foin provenant des récoltes de Romilly-sur-Seine, pendant les années 1815 et 1816, au prix de 40 fr. le cent, avec les quatre pour cent.

Ce marché fut approuvé le 20 du même mois par le directeur du service des fourrages de la première division militaire.

Au 18 août 1817, le sieur Worms de Romilly avait livré, en exécution de son marché, 67,800 bottes de foin, dont le prix lui avait été payé.

Depuis, il fit offrir à la régie 6000 bottes de foin qui, ayant été trouvées de mauvaise qualité, furent refusées.

De-là une contestation qui a donné lieu à un conflit entre les autorités administrative et judiciaire du département de la Seine.

L'article 7 du marché approuvé le 20 juin portait : « Il ne pourra être refusé de la partie du foin en question que celle qui, depuis l'emmeulage, se trouverait » avoir éprouvé quelque avarie qui rendrait le foin impropre au service ;

» En cas de discussion à cet égard, les parties s'en » rapporteront à la décision de deux experts nommés » par elles à Romilly, et d'un troisième en cas de partage. »

La contestation, au lieu d'être soumise à des arbitres, aux termes de cet article, fut portée devant le tribunal de commerce de Paris.

Le sieur Worms cita devant ce tribunal les administrateurs de la régie générale des subsistances en la personne du sieur Boves, directeur du service des fourrages de la première division, pour voir dire que, dans la huitaine du jugement à intervenir, la régie serait tenue de faire prendre les 6000 bottes de foin dont s'agit, et d'en payer le prix au sieur de Romilly.

L'agréé de la régie conclut au renvoi de l'affaire devant les juges compétens.

Par jugement du 26 décembre 1817, le tribunal de commerce, se fondant sur ce que « toutes les affaires qui ont rapport à des entreprises de fournitures ou d'agence, sont du ressort des tribunaux de commerce, aux termes de l'article 632 du Code de commerce, » se déclara compétent, et, sur le refus de l'agréé de la régie de défendre au fond, il accorda au sieur de Romilly les conclusions qu'il avait prises contre elle.

Il a été interjeté appel de ce jugement ; mais le préfet du département de la Seine, par arrêté du 7 janvier 1818, a revendiqué la connaissance de cette affaire.

Cet arrêté est motivé sur l'arrêté du 19 thermidor an 9, dont l'article 1er. est ainsi conçu : « Les contes- » tations relatives au paiement des fournitures faites » pour le compte du gouvernement entre les particuliers » et les agens du gouvernement, seront de la compé- » tence des préfets. »

Devant le Conseil d'état, où la cause a été portée sur le conflit, on a allégué en faveur de l'arrêté du préfet, que le tribunal de commerce avait fait une fausse application de l'article 632 du Code de commerce ; que toute la question à examiner était celle de savoir si les administrateurs contre lesquels était dirigé l'action du sieur de Romilly, étaient ou non des agens du gouvernement ;

Qu'avant, comme depuis la publication du Code de commerce, les principes, en cette matière, étaient qu'on ne pouvait regarder comme agens du gouvernement les fournisseurs qui traitaient avec lui à prix fixe ; que ceux-ci, dans les marchés qu'ils passaient avec des particuliers, agissaient comme négocians, et non pour le compte de l'état ; que dès-lors ils ne pouvaient être justiciables, si leurs marchés donnaient lieu à contestation, que des tribunaux ordinaires ;

Mais que toutes les fois que les individus qui avaient passé les marchés étaient les agens du gouvernement, que lorsque ces mêmes agens n'avaient traité qu'en leurdite qualité et sous l'approbation de leurs chefs, ils n'étaient justiciables, à raison de ces marchés, que de l'autorité administrative ;

Que, dans l'espèce, le sieur Laurent n'avait concouru au marché, approuvé le 20 juin 1817, qu'en sa qualité d'agent de l'administration ; que les administrateurs de la régie n'étaient pas des entrepreneurs qui avaient traité à prix fixe avec le gouvernement ; qu'ils se trouvaient à la tête d'une administration créée par ordonnance royale du 21 mai 1817, et qu'ils dirigeaient pour le compte du gouvernement ; que dès-lors, la contestation à laquelle donnait lieu l'exécution du marché dont il s'agit, devait être jugée par l'autorité administrative.

C'est ce qui a été décidé par l'ordonnance dont la teneur suit :

LOUIS, etc. ; — Sur le rapport du comité du contentieux ;

Vu le rapport de notre garde des sceaux, ministre de la justice, tendant à l'annullation d'un jugement du tribunal de commerce de Paris, du 26 septembre 1817, qui a condamné la régie des subsistances militaires à prendre livraison des foins qui lui sont offerts par le sieur Worms de Romilly, en exécution d'un marché qu'il a contracté avec elle pour ladite fourniture ;

Vu ledit jugement ;

Vu l'arrêté de conflit pris par le préfet du département de la Seine, le 7 janvier 1818 ;

Vu ledit marché ;

Ensemble toutes les pièces jointes au dossier ;

Considérant qu'aux termes de l'arrêté du gouvernement, du 19 thermidor an 9, les contestations existantes entre les particuliers et les régies établies par le gouvernement ou les agens desdites régies, relativement au paiement des fournitures faites pour le compte du gouvernement, doivent être jugées administrativement ;

Notre Conseil d'état entendu,

Nous avons ordonné et ordonnons ce qui suit :

Art. 1er. L'arrêté de conflit pris, le 7 janvier 1818, par le préfet du département de la Seine, est confirmé.

2. Le jugement du tribunal de commerce de Paris, du 26 septembre 1817, est considéré comme non avenu,

3. Notre garde des sceaux ministre secrétaire d'état de la justice et notre ministre secrétaire d'état de la guerre sont chargés, chacun en ce qui le concerne, de l'exécution de la présente ordonnance.

Ordonnance du 23 avril 1818. (2956)

N°. 226.

MINES. — Propriété.

Lorsqu'une concession de mines a été faite à un particulier, en sa qualité de propriétaire, et qu'il s'agit de déterminer l'étendue de la concession d'après l'étendue de la propriété, s'il y a contestation sur l'étendue de la propriété, cette question préjudicielle doit être soumise aux tribunaux avant que le Conseil d'état prononce sur l'étendue de la concession.

Le défaut de publication des affiches prescrites par la loi relative à toute demande en concession, autorise-t-elle les intéressés à se pourvoir contre la concession dans un délai quelconque?

(Jean-Joseph Collomb. — C. — le sieur de Castellanne et la dame veuve de Cabre.)

En 1806, les sieurs Lacombe, Ferey et compagnie, demandèrent la concession des mines de charbon situées dans les communes de Belcodène, Gréasque et autres.

Plusieurs propriétaires, entr'autres M. de Castellane et la dame veuve de Cabre, sollicitèrent dans le même temps la permission d'exploiter les mines de charbon situées dans leurs propriétés respectives.

Sur ce, il intervint deux décrets du même jour 1er. juillet 1809, dont l'un autorisa la compagnie Lacombe à exploiter les mines existantes dans le territoire des diverses communes par eux indiquées, et dont le second autorise M. de Castellane et madame veuve de Cabre « à exploiter les mines de houille existantes dans leurs propriétés, partie dans la commune de Belcodène, partie dans la commune de Gréasque. »

L'article 2 de ce décret fixe les limites de cette concession.

Le 14 septembre de la même année 1809, le préfet du département prescrivit les mesures nécessaires pour l'exécution du décret de concession en faveur de M. de Castellane et madame de Cabre.

Les 9 et 10 octobre, le maire de Belcodène mit ceux-ci en possession de toutes les mines situées dans cette commune, et qui se trouvaient comprises dans les limites assignées à la concession.

De ce nombre était la mine dite de *Rendégaire.*

Au mois de septembre 1814, les héritiers Collomb s'emparèrent par force d'une certaine quantité de charbon extrait de cette mine.

Traduits en police correctionnelle, à raison de ce fait, les héritiers Collomb se prétendirent propriétaires de la mine, aux termes d'un contrat de vente du 2 janvier 1753, et d'un acte de partage de 1777; ils soutinrent que le décret ne donnait la concession au sieur de Castellane et à la dame de Cabre, que pour les mines existantes dans leurs propriétés, et que les limites données à cette concession ne pouvaient pas détruire la condition qui la bornait aux mines existantes dans la propriété des concessionnaires.

M. de Castellane et madame de Cabre soutinrent au contraire que, par les limites données à la concession, ils avaient le droit d'exploiter les usines dont s'agit, quoiqu'elles ne fussent pas dans leurs propriétés.

Devant le tribunal civil de Marseille, où fut portée l'action des héritiers Collomb, M. Castellane et madame de Cabre soutinrent incompétente, pour connaître de la contestation, l'autorité judiciaire, attendu que cette contestation avait pour objet l'interprétation d'actes administratifs.

Jugement du 26 août 1815, qui accueille l'exception d'incompétence.

Sur ce renvoi, les héritiers Collomb s'adressent au préfet du département, qui, par un arrêté du 28 décembre 1815, qui rejette leur réclamation et fait défenses à toutes personnes de troubler les concessionnaires dans leur exploitation, dans toute l'étendue des limites assignées à la concession, par le décret du 1er. juillet; déclarant, au surplus, qu'il n'appartenait qu'au gouvernement de prononcer sur la difficulté élevée par eux, et sur le véritable sens du décret de concession.

En cet état, les héritiers Collomb se sont pourvus devant le Conseil d'état, en annullation des décrets du 1er. juillet 1809.

Ils les ont attaqués sous deux rapports.

D'abord, ils ont argué de leur nullité, sous le prétexte du défaut de leur publication dans la commune de Belcodène.

Ensuite, ils ont demandé que, malgré les limites assignées à la concession par l'article 2, le droit d'exploiter soit restreint, pour la compagnie Ferey-Lacombe, M. de Castellane et la dame de Cabre, aux mines existantes dans leurs propriétés, et à ce que défenses leur soient faites d'exploiter les mines situées dans les propriétés de la famille Collomb.

La solution de ces questions aurait pu présenter quelques difficultés; mais le Conseil d'état pouvait-il les examiner? et les héritiers Collomb, fondant leurs prétentions sur un droit de propriété, qu'ils faisaient résulter d'une vente et d'un partage de succession, ne devaient-ils pas être renvoyés à se pourvoir par-devant l'autorité judiciaire, à raison de l'interprétation de ces titres, pour faire statuer sur l'étendue de cette propriété?

Telle est la question sur laquelle le Conseil d'état a eu d'abord à statuer, et qu'il a décidée par l'ordonnance suivante:

LOUIS, etc.; — Sur le rapport du comité du contentieux;

Vu la requête à nous présentée au nom des enfans et héritiers du sieur Jean-Joseph Collomb, demeurant dans la commune de Belcodène, enregistrée au secrétariat du comité du contentieux de notre Conseil d'état, le 15 octobre 1816, et tendant à ce que les décrets du 1er. juillet 1809, par lesquels des concessions de mines à houille ont été accordées au sieur de Castellane et à la dame de Cabre, d'une part, et à la compagnie Ferey-Lacombe, d'autre part, soient déclarés nuls à leur égard, faute de publication dans la commune de Belcodène, où sont situées leurs propriétés; subsidiairement, à ce qu'en interprétant et modifiant, autant que de besoin lesdits décrets, il soit déclaré que les concessions accordées à la compagnie Ferey-Lacombe et au sieur de Castellane et à la dame de Cabre, sont bornées aux mines existantes dans leurs propriétés, et à ce que défenses leur soient faites d'exploiter les mines situées dans les propriétés de la famille Collomb;

Vu les décrets attaqués;

Vu le mémoire ampliatif des héritiers Collomb, par lequel ils déclarent persister dans leurs précédentes conclusions;

Vu la requête en défense du sieur Louis-Joseph-Alphonse de Castellane et de la dame veuve de Cabre, en date du 20 février 1818, tendante à ce que les héritiers Collomb soient déclarés purement et simplement non-recevables, comme agissant sans qualité ni intérêts, et par suite au rejet de leurs requêtes et à leur condamnation aux dépens;

Vu pareillement la requête de la compagnie Ferey-Lacombe, en date du même jour 20 février 1818, par laquelle elle conclut à ce qu'il lui soit donné acte de ce qu'elle déclare ne prétendre aucun droit sur la mine de Rendegaire, objet de la contestation, et, en outre, à ce qu'elle soit mise hors de cause, et les héritiers Collomb condamnés aux dépens;

Vu le plan de la concession dont il s'agit, vérifié par l'ingénieur des mines, le 27 juin 1817, et visé le lendemain par le préfet du département;

Vu le procès-verbal de mise en possession des mines concédées, dressé par le maire de la commune de Belcodène, le 9 octobre 1809;

Vu les déclarations des maire et adjoint de Belcodène, en date des 2 et 20 juillet 1817, visées par le préfet du département, attestant que la propriété dans laquelle se trouve la mine dite de Rendegaire, a été vendue au sieur de Castellane, par le sieur Mathieu Collomb, par acte devant notaire à Auriol, le 14 septembre 1815, et que les réclamans n'ont pas de charbon dans leurs propriétés;

Vu ledit acte de vente;

Vu le certificat de l'ex-maire de Belcodène, en date du 1er. juillet 1817, légalisé par le maire actuel de la commune, et visé par le préfet du département, attestant que les affiches prescrites par la loi, relatives à la demande en concession du sieur de Castellane et de la dame de Cabre, ont été placées dans la commune de Belcodène;

Vu enfin toutes les pièces produites;

Considérant que les héritiers Collomb fondent leurs prétentions sur un droit de propriété résultant d'un partage de succession; que la connaissance du droit contesté par le sieur de Castellane, est de la compétence des tribunaux ordinaires, et qu'il n'y a lieu, par conséquent, à statuer par nous, quant à présent, en notre Conseil, sur les fins de la présente requête;

Avant faire droit,

Notre Conseil d'état entendu,

Nous avons ordonné et ordonnons ce qui suit:

Art. 1er. Les parties sont renvoyées devant les tribunaux ordinaires, pour faire juger la question de propriété susmentionnée, tous droits, moyens et dépens réservés.

2. Notre garde des sceaux ministre secrétaire d'état de la justice est chargé de l'exécution de la présente ordonnance.

Ordonnance du 13 mai 1818. (2964)

No. 227.

COPIE. — Titre. — Ratures. — Surcharges. — Minute.

La copie du procès-verbal d'un marché fait entre une administration et un fournisseur, remise à celui-ci, signée de toutes les parties, et contenant les mêmes énonciations que le procès-verbal, devient, pour le fournisseur, son véritable titre de créance; il peut faire valoir son titre indépendamment de la minute restée dans les bureaux de l'administration, et lors même que cette minute serait susceptible d'être arguée de faux pour ratures et surcharges.

(Le sieur Beauvilliers.)

En juillet 1815, le sieur Beauvilliers contracta, envers le sous-préfet de Rambouillet, l'obligation de fournir les vins et eaux-de-vie nécessaires aux troupes alliées.

Le procès-verbal qui constate les conventions faites à cet égard, ne fut transcrit sur aucun registre. Il en fut fait deux expéditions, l'une pour le sous-préfet, l'autre pour le sieur Beauvilliers.

Il paraît que l'expédition, qui fut gardée par le sous-préfet, et annexée au dossier de comptabilité comme minute, était raturée et surchargée en plusieurs endroits. Elle contenait les mêmes énonciations que celle remise au sieur Beauvilliers; mais on remarquait plusieurs différences entre elles. Ces différences étaient que l'une (celle remise au sieur Beauvilliers) contenait de plus que l'autre les signatures de *Manoury* et *Beauvilliers* ; qu'elle était signée le *chevalier Sarrazin*, et l'autre le *chev^r. Sarrazin* ; et que l'encre de l'une et de l'autre était visiblement dissemblable.

Une commission de liquidation ayant été instituée dans le département de Seine-et-Oise, le sieur Beauvilliers réclama le paiement des vins et eaux-de-vie par lui fournis.

Cette commission, par arrêté du 4 septembre 1817,

« Considérant que la pièce *comptable* portait des ratures et des surcharges susceptibles d'être arguées de faux, et par conséquent n'était pas admissible en liquidation ; »

Rejeta de sa liquidation un procès-verbal de réception de 57 pièces et demie de vin, et 2452 litres d'eau-de-vie.

Le sieur Beauvilliers s'est pourvu contre cet arrêté devers le Conseil d'état.

Pour justifier son recours, il a dit :

« Le motif pour lequel la loi exige deux doubles aux conventions synallagmatiques, c'est de donner aux parties la facilité de recourir à l'un ou à l'autre des doubles, dans le cas où il y aurait quelque différence entre eux.

» Cette sage précaution du législateur serait tout-à-fait nuisible, si l'on admettait le système embrassé par la commission centrale.

» En effet, il lui suffit qu'un double soit surchargé, pour qu'elle argue les deux de surcharge et de faux, et qu'elle n'ait pas plus égard à l'un qu'à l'autre.

» Si un pareil système pouvait être admis, quelle en serait la désastreuse conséquence ? c'est qu'un des contractans, en mettant des surcharges sur son double, mettrait en doute le contenu du double que son adversaire aurait.

» Cette supposition est tellement ridicule, qu'il est impossible de l'admettre un instant. Mais en le supposant, contre toute probabilité pour un instant, ce ne serait pas un motif positif pour rejeter les deux pièces, comme l'a fait la commission dans l'espèce ; ce serait tout au plus le motif d'un arrêté qui, avant faire droit, ordonnerait, ou que le fournisseur justifierait des fournitures par lui faites par tous les moyens qu'il aviserait, ou le renverrait devant les tribunaux criminels, afin que son procès fût instruit.

» Mais, dans la circonstance présente, la commission qui avait, dans ses papiers, tous les moyens de constater la qualité de ses fournitures, ne s'est pas livrée à ce travail.

» Elle a trouvé plus simple de rejeter purement et simplement le procès-verbal, comme si le sieur Beauvilliers n'avait rien fourni.

» En admettant, pour un moment, que les fournitures faites par le sieur Beauvilliers, le 28 octobre 1815, fussent très-minimes, il n'en est pas moins vrai qu'il en avait fait quelques-unes ; car il n'est pas possible que le sous-préfet, le garde-magasin, l'expert et le sieur Beauvilliers aient rédigé un procès-verbal faux dans tout son contenu.

» Il est vraiment pénible de faire des suppositions aussi invraisemblables et même impossibles. Cependant il faut bien combattre les motifs qu'on suppose avoir animé les membres de la commission pour prouver tout le mal jugé de cet arrêté.

» Dans un cas aussi simple, il suffira d'avancer le seul principe de droit : que foi est due à l'acte jusqu'à inscription de faux. Par cela même que la commission ne l'a pas fait ni pu faire, la pièce comptable arguée de faux doit faire foi. Ainsi, en supposant pour un instant que le sieur Beauvilliers n'ait pas présenté le double non surchargé qui fait écrouler cette prétendue demande en faux, la commission n'a pu, sans un déni formel de justice et un excès de pouvoir, rejeter purement et simplement une pareille pièce.

Sur quoi a été rendue l'ordonnance suivante :

LOUIS, etc.... ; — Sur le rapport du comité du contentieux ;

Vu la requête à nous présentée au nom du sieur Beauvilliers, enregistrée au secrétariat du comité du contentieux de notre Conseil d'état, le 11 novembre 1817, et tendante à ce qu'il nous plaise annuller un arrêté pris, le 24 septembre précédent, par la commission départementale de Seine-et-Oise, seulement en ce qui concerne le rejet du procès-verbal du 26 octobre 1815, constatant diverses fournitures faites par le requérant ;

Vu l'expédition produite par le sieur Beauvilliers, qui porte les signatures de toutes les personnes dénommées au procès-verbal, sans ratures ni surcharges ;

Ensemble toutes les pièces comprises au dossier de cette affaire ;

Considérant que la copie produite par le sieur Beauvilliers ne présente pas les surcharges et ratures reprochées à la minute du procès-verbal du 26 septembre 1815 ; qu'elle est signée de toutes les parties ; que les énonciations sont les mêmes que celles du procès-verbal rejeté ;

Considérant que cette copie, remise au sieur Beauvilliers, devient son véritable titre de créance, qu'il peut faire valoir indépendamment de la minute restée dans les bureaux de l'administration ;

Notre Conseil d'état entendu,

Nous avons ordonné et ordonnons ce qui suit :

Art. 1er. L'arrêté pris le 24 septembre 1817, par la commission départementale de Seine-et-Oise, est annullé, seulement en ce qui concerne le rejet du procès-verbal du 26 octobre 1815, constatant des fournitures faites par le sieur Beauvilliers.

2. Le sieur Beauvilliers est admis à faire établir, devant qui de droit, le décompre des fournitures relatées audit procès-verbal.

3. Notre ministre secrétaire d'état au département de l'intérieur est chargé de l'exécution de la présente ordonnance.

Ordonnance du 13 mai 1818. (2970)

N°.228.

MINES.—Publication.—Concession.—Nullité.

Une concession de mines peut être annullée relativement à une commune dans laquelle le concessionnaire n'a pas fait faire les publications et proclamations prescrites par les articles 11 et 12 de la loi du 28 juillet 1791.

(Le sieur Liotard.—C.—la comp. Ferry-Lacombe.)

Par arrêté du 10 mars 1806, le conseil de préfecture du département des Bouches-du-Rhône fit concession à la compagnie Ferry-Lacombe des mines de houille qui se trouvaient dans les communes de Trest, Gardanne, Peynier, Fureau, et Mimet. — Cet arrêté fut confirmé par décret du 1er. juillet 1809.

Il faut observer que les affiches et publications prescrites par les articles 11 et 12 du décret du 28 juillet 1791, à l'effet de mettre les propriétaires intéressés à même de faire telles oppositions que de droit, ne furent point faites, par la compagnie Ferry-Lacombe, dans la commune de Mimet, et que cette compagnie ne fit pas notifier le décret de concession, du 1er. juillet 1809, au sieur Liotard, propriétaire d'une mine située dans la commune de Mimet, laquelle se trouvait comprise dans la concession.

Il faut aussi remarquer que le 25 vendémiaire an 14, c'est-à-dire avant que l'arrêté et le décret de concession fussent rendus, le sieur Liotard fit opposition devant le conseil de préfecture, à ce que la mine située dans ses propriétés fût comprise dans la concession.

En 1817, les sieur et dame Liotard se sont pourvus devant le Conseil d'état, à l'effet de faire déclarer que leur mine n'était pas comprise dans la concession faite à la compagnie Ferry Lacombe, par le décret de 1809, ou du moins que cette compagnie n'ayant pas fait faire les affiches et proclamations voulues par la loi, et ne leur ayant pas fait notifier le décret de concession, avait perdu tout droit sur la mine litigieuse.

Ils ont invoqué les art. 11 et 12 de la loi du 28 juillet 1791, portant :

Art. 11. « Toutes demandes en concession ou permissions qui seront faites par la suite, seront affichées dans le chef-lieu du département, proclamées et affichées dans le lieu du domicile du demandeur, ainsi que *dans les municipalités que cette demande pourra intéresser*; et lesdites affiches et proclamations tiendront lieu d'interpellation aux propriétaires. »

Art. 12. « Lorsque les concessions ou permissions auront été accordées, elles seront de même rendues publiques par affiches et proclamations, à la diligence du procureur-syndic du département. »

De-là, les époux Liotard ont conclu que la demande en concession de la compagnie Ferry-Lacombe n'ayant pas été affichée dans la commune de Mimet, et le décret de concession n'ayant pas été notifié à eux époux Liotard, la concession devait être regardée comme nulle et de nul effet, relativement à la mine leur appartenant, située dans la commune de Mimet.

La compagnie Ferry-Lacombe a prétendu que la loi du 26 juillet 1791 n'avait prescrit les affiches et proclamations dont elle parle, que pour avertir les propriétaires intéressés de prendre les mesures de précautions convenables; que les époux Liotard avaient été suffisamment avertis de la demande en concession faite par la compagnie, puisqu'ils s'étaient opposés à ce que la mine située dans leur propriété fût comprise dans la concession; ce qui résulte d'une pétition adressée au préfet le 25 vendémiaire an 14; qu'ainsi, elle-même avait été dispensée des affiches et proclamations prescrites.

Quant au défaut de notification du décret de concession de 1809, aux sieur et dame Liotard, elle a soutenu que cette notification n'était pas nécessaire, et qu'il suffisait que la concession fût rendue publique par une affiche, laquelle d'ailleurs était à la charge du procureur-syndic du département, ainsi que le porte l'article 12 de la loi du 28 juillet 1791.

En cet état est intervenue l'ordonnance suivante :

LOUIS, etc.; — Sur le rapport du comité du contentieux;

Vu la requête à nous présentée au nom du sieur Charles-Laurent Joseph Liotard, juge au tribunal civil de Carpentras, et de la dame Françoise-Sophie Bellore, son épouse, domiciliés à Carpentras, département de Vaucluse; ladite requête enregistrée au secrétariat du comité du contentieux de notre Conseil d'état, le 3 mars 1817, et tendant à ce qu'il nous plaise déclarer que le décret du 1er. juillet 1809 n'a point concédé à la compagnie Ferry-Lacombe, les mines de houille existantes sur le territoire de Mimet; et, dans le cas où il serait décidé que lesdites mines y ont été comprises, recevoir les requérans opposans audit décret, et, faisant droit sur leur opposition, le rapporter en ce qui concerne la commune de Mimet, à la charge par eux de se retirer devant qui de droit pour l'accomplissement des formalités nécessaires à l'obtention de leurs concessions;

Vu la requête en défense présentée par les sieurs Daniel, Ferry Lacombe et compagnie, enregistrée au secrétariat du comité du contentieux de notre Conseil d'état, le 18 juillet 1817, dans laquelle ils concluent au rejet de la requête des sieur et dame Liotard;

Vu le décret de concession du 1er. juillet 1809, et l'arrêté du préfet des Bouches-du-Rhône, du 10 mars 1806;

Vu la loi sur les mines, du 28 juillet 1791 ;

Vu les jugemens et arrêts interlocutoires du tribunal de police correctionnelle de la Cour royale d'Aix ;

Vu l'avis du conseil général des mines, ensemble toutes les pièces jointes au dossier;

Considérant que le décret de concession du 1er. juillet 1809 n'a pas été signifié aux sieur et dame Liotard, et que la compagnie Ferry-Lacombe, concessionnaire, n'a pas fait faire dans la commune de Mimet les proclamations et publications prescrites par les articles 11 et 12 de la loi du 28 juillet 1791 ;

Notre Conseil d'état entendu,

Nous avons ordonné et ordonnons ce qui suit :

Art. 1er. Les sieur et dame Liotard sont reçus opposans envers le décret du 1er. juillet 1809, lequel est déclaré comme non-avenu, relativement aux mines de houille situées dans la commune de Mimet, sauf aux parties à se pourvoir devant qui de droit pour l'exploitation desdites mines ;

2. La compagnie Ferry-Lacombe est condamnée aux dépens.

3. Notre ministre secrétaire d'état de l'intérieur est chargé de l'exécution de la présente ordonnance.

Ordonnance du 13 mai 1818. (2966)

N°. 229.

1°. EMIGRÉ.—Restitution.

2°. Remboursement.—Clause prohibitive.

1°. *Est-il vrai qu'un émigré éliminé le 24 germinal an 10, ne puisse attaquer un arrêté du conseil de préfecture, rendu contradictoirement entre le directeur des domaines et l'adversaire de l'émigré? Pour établir la fin de non-recevoir, ne faudrait-il pas que l'administration supérieure eût acquiescé positivement ? L'émigré ne peut-il pas exercer tous les droits qui sont encore dans les mains de l'administration supérieure ?*

2°. *L'émigré qui avait placé des fonds avec la condition que le remboursement ne pourrait être fait avant une époque déterminée, n'est pas fondé à quereller le remboursement fait par son créancier au domaine national, représentant l'émigré ; la clause prohibitive efficace, de particulier à particulier, a été virtuellement abolie, dans l'intérêt de l'Etat, par les lois de la révolution.*

(La dame deVitry.— C. — Petitjean et consorts.)

Le 25 février 1791, la dame de Reugny du Tremblay vendit au sieur Faye la terre de Pouzi, moyennant le prix de 100,000 fr., avec stipulation que le paiement n'en pouvait être fait qu'après 8 ans à compter du jour du contrat.

Bientôt après, la dame du Tremblay fut inscrite sur la liste des émigrés.—Tout ce qui lui appartenait fut séquestré, par conséquent la somme provenant de la vente du domaine de Pouzi, laquelle était encore due par Faye.

Le 18 pluviose an 2, le sieur Faye vendit au sieur Petitjean le domaine qu'il avait acquis de la dame du Tremblay, pour le même prix de 100,000 fr., et sous les mêmes charges que celles de son acquisition.

Petitjean n'attendit pas l'expiration du terme de 8 ans stipulé au contrat de 1791, pour le paiement du prix du domaine ; dans le courant de l'an 2, de l'an 3 et de l'an 4, il versa l'entier montant de son acquisition en assignats, dans la caisse de l'Etat, qui était aux droits de la dame du Tremblay, émigrée.

Le 17 prairial an 7, l'administration des domaines éleva une contestation sur la validité du dernier paiement fait le 17 brumaire an 4 ; elle prétendit que la loi du 25 messidor an 3, ayant suspendu le paiement en assignats des créances à termes, celui qu'avait fait Petitjean, depuis l'émission de cette loi, n'était pas valable ; et, en conséquence, elle prit inscription sur les biens de Petitjean pour la somme de 28,000 fr.

Le sieur Petitjean demanda la main-levée de l'inscription, soutenant le paiement légal.

Intervint un arrêté du conseil de préfecture du département de l'Allier, en date du 22 floréal an 9, ainsi conçu :

« Considérant qu'il résulte de l'instruction de cette affaire, que la terre de Pouzi fut vendue à François Faye, et revendue par celui-ci à Lazare Petitjean, moyennant 100,000 francs ; que cette somme fut réduite à 96,000 francs, à cause de la suppression de la dîme ; que cette somme fut acquittée en trois paiemens : le 1er. fut, le 27 messidor an 2, de 40,000 francs ; le 2e., le 7 messidor an 3, de 28,000 francs; le 3e., le 17 brumaire an 4, il fut payé pour solde 28,000 francs ; que le dernier paiement, fait le 17 brumaire an 4, était considéré comme illégal par le directeur de l'enregistrement, et que c'est par ce motif que le receveur prit une inscription au bureau de la conservation des hypothèques à Moulins ;

» Considérant que la loi du 25 messidor an 3 a une application précise aux remboursemens faits à la république, et acceptés par les préposés de la régie, et que c'est par ces motifs que tous les paiemens faits postérieurement à cette loi et acceptés, ont été considérés par le ministre des finances comme valablement faits ; la décision de ce ministre, sous la date du 28 thermidor an 8, est fondée sur le texe de la loi, qui porte qu'elle ne peut préjudicier aux remboursemens qui seront volontairement acceptés;

» Arrête :— Il sera fait au bureau de la conservation des hypothèques à Moulins, radiation de l'inscription prise par le receveur des domaines nationaux, sur tous les biens du sieur Lazare Petitjean, pour la somme de 28,000 fr. de principal. »

Postérieurement, et le 24 germinal an 10, la dame de Reugny du Tremblay obtint sa radiation de la liste des émigrés.

Aussitôt elle attaqua le sieur Petitjean en paiement de la somme de 100,000 francs, montant de la vente du domaine de Pouzi, qu'il avait acquis de Faye; elle prétendit que Petitjean ne pouvait pas lui opposer les paiemens qu'il avait faits à la nation, parce qu'ils avaient été faits en contravention à la clause prohibitive portée dans l'acte de vente de 1791, de ne payer qu'après *huit* ans du jour du contrat.

Elle ajouta que si la clause prohibitive n'était pas considérée comme ayant été un obstacle à ces divers paiemens, du moins celui fait en assignats le 17 brumaire an 4, devait être regardé comme nul, puisqu'il avait été fait nonobstant la loi du 25 messidor an 3, qui ne permettait pas aux débiteurs avec terme de se libérer en assignats avant l'échéance du terme.

Sur ce, le 22 messidor an 13, le conseil de préfecture du département de l'Allier rendit l'arrêté suivant:

« 1°. Considérant que les versemens faits par Petitjean, les 27 messidor an 2, 7 messidor an 3 et 17 brumaire an 4, de la somme de 96,000 francs, ont été faits à la vérité avec des assignats qui, surtout à l'époque du dernier paiement, étaient tombés dans un grand discrédit, mais qu'ils n'en étaient pas moins un papier-monnaie que reconnaissait encore le gouvernement;

» 2°. Considérant que les lois des 3 et 25 messidor an 3 n'étaient applicables qu'aux particuliers, et que Lazare Petitjean, qui avait acquis lors de l'émigration de la dame de Reugny du Tremblay, et qui était alors débiteur de la nation, n'était passible que des lois relatives aux capitaux dus à la nation;

» 3°. Considérant que la décision du Conseil d'état, rapportée dans les circulaires et lettres, tant du mininistre des finances que du conseiller d'état directeur de l'administration de l'enregistrement et des domaines; que ces lettres et instructions, sous les dates des 8 fructidor an 8, 27 messidor et 28 fructidor an 10, et 14 prairial an 11, consacrent en principe que la loi du 25 messidor an 3 n'est applicable qu'aux particuliers; que tous les remboursemens faits par les débiteurs de la république, et acceptés par les préposés de la régie, ont entièrement libéré les débiteurs des capitaux remboursés; que tous les débiteurs de capitaux sont assimilés aux acquéreurs de domaines nationaux; que l'on doit suivre pour les remboursemens la mesure adoptée pour les acquéreurs de domaines nationaux, et admettre la validité des paiemens en assignats et mandats jusqu'au premier germinal an 5; qu'il faut abandonner la voie d'annullation et se fixer à la règle véritable, qui est que tout débiteur qui peut se libérer, opère cette libération par le seul fait du paiement de la somme exigible ou du capital;

» 4°. Considérant que les actes faits postérieurement au dernier paiement, par le directeur de la régie du domaine, tels que contraintes, inscriptions hypothécaires et réserves ne peuvent affaiblir la décision des autorités qui viennent d'être citées; il existait alors des incertitudes sur la validité de ces remboursemens; il y avait diversité d'opinions dans les corps administratifs; les uns annullaient, les autres approuvaient les remboursemens, et c'est cette incertitude qui donna lieu aux décisions que l'on vient de rapporter et qui fixent la jurisprudence administrative sur les remboursemens;

» 5°. Considérant que la clause prohibitive stipulée dans le contrat du 25 février 1791, invoquée par la dame de Reugny, et que la loi du 27 thermidor an 6, citée par elle à cette occasion, ne peuvent invalider le remboursement fait par anticipation, par deux motifs, se tirant, 1°. de la saisine nationale qui avait changé à l'égard du débiteur l'état ordinaire des choses, et 2°. de la date de la loi qui est bien postérieure au dernier paiement, et à laquelle on ne peut donner d'effet rétroactif;

» 6°. Considérant que la loi du 29 messidor an 8 et le sénatus-consulte du 6 floréal an 10, art. 17, veulent impérativement que les prévenus d'émigration prennent les choses dans l'état où ils les trouvent, et défendent même d'attaquer les actes et les arrangemens faits entre la république et les particuliers;

» 7°. Considérant enfin que le receveur du domaine national pouvait recevoir ce remboursment sans liquidation, comme sans autorisation de l'autorité administrative, les décisions et instructions déjà citées ne considérant ces formalités que comme une intervention de surveillance et d'ordre qui s'observe pour la régularité, et qu'il importe peu qu'elle ait lieu avant ou après le paiement, quant à sa validité:

» Le conseil de préfecture arrête:

» Les versemens faits par Lazare Petitjean dans la caisse du receveur du domaine national à Cérilly, sont reconnus bons et valables, et le libèrent des sommes portées aux quittances des 27 messidor an 2, 7 messidor an 3 et 17 brumaire an 4.

» Il y a néanmoins lieu à la liquidation des sommes, pour s'assurer si elles libèrent absolument Lazare Petitjean du capital de 96,000 francs, stipulé dans les contrats du 25 février 1791 et du 18 pluviose an 2.

» Le cas arrivant où il résulterait de la liquidation, que Lazare Petitjean serait encore redevable de quelques sommes pour le complément du capital de 96,000 fr., elles appartiendront à la dame de Reugny du Tremblay. »

Après le décès de la dame du Tremblay, la marquise de Vitry, son héritière, s'est pourvue devant le Conseil d'état contre l'arrêté du 22 floréal an 9 et contre celui du 22 thermidor an 13, 1°. pour violation de la loi du 25 messidor an 3, en ce que le conseil de préfecture avait déclaré valable le dernier paiement de 28,000 francs que Petitjean avait fait en assignats avant l'exigibilité de la créance, bien que la loi du 25 messidor eût interdit aux débiteurs la faculté de se libérer en assignats de leurs dettes à terme, avant l'échéance de ces dettes; 2°. pour contravention à l'art. 1134 du Code civil, en ce que le conseil de préfecture avait reconnu comme valables tous les paiemens faits par Petitjean dans la caisse de l'Etat, quoique faits en contravention à la clause prohibitive portée au contrat de 1791, à laquelle il n'avait aucunement été dérogé, ni par les parties contractantes, ni par les lois de la révolution.

D'abord, dit la dame de Vitry, qu'on ne m'oppose pas que je ne puis pas être recevable aujourd'hui à attaquer l'arrêté du 22 floréal an 9, lequel a été rendu contradictoirement entre le directeur des domaines et le sieur Petitjean, pendant l'émigration de la dame du Tremblay. Le directeur des domaines n'a pas positivement acquiescé à cet arrêté; il serait lui-même en temps utile de le critiquer; ainsi en vertu de l'arrêté d'élimination et de la loi du 5 décembre 1814, je suis fondée à le quereller, comme ayant recouvré tous les droits qui étaient encore dans les mains de l'administration des domaines.

Cela posé, il résulte clairement de la loi du 25 messidor an 3, que le dernier paiement en assignats fait par Petitjean, le 17 brumaire an 4, c'est-à-dire avant l'exigibilité de la dette, doit être déclaré nul; parce que cette loi défendait les paiemens en assignats par anticipation, sauf la volonté contraire et expresse du créancier d'accepter le paiement, laquelle n'existe pas dans l'espèce, où il n'y a eu qu'un consentement *tacite* de la part de la nation : on ne pourrait soutenir le contraire, qu'en se fondant sur une distinction entre les paiemens faits aux particuliers et ceux faits à l'Etat, en disant que si la libération en assignats, entre particuliers, n'est valable qu'autant que le créancier a *expressément* renoncé au bénéfice de la loi du 25 messidor an 3, il n'en est pas de même entre les particuliers et l'Etat, et qu'il suffit que l'Etat ait accepté, pour que le débiteur ne puisse plus être recherché, encore que l'Etat n'ait aucunement renoncé au bénéfice de la loi du 25 messidor; mais cette distinction serait imaginaire; la loi ne l'établit point, *ubi lex non distinguit, nec nos distinguere debemus.*

Ensuite la dame de Vitry a soutenu que le paiement par Petitjean à la nation, de la somme de 100,000 francs, prix du domaine de Pouzi, était nul dans son entier, parce qu'il avait été fait avant le terme de *huit* ans stipulé au contrat de 1791, et sans que rien eût anéanti la clause prohibitive; elle s'est appuyée d'une consultation de M. Billecoq, où ce jurisconsulte s'exprime en ces termes :

« Il s'agit de savoir si la clause prohibitive du contrat de 1791 a été annullée, soit de plein droit, soit par une renonciation expresse ou tacite du domaine national qui était aux droits de mad. du Tremblay, et aux droits duquel est aujourd'hui mad. de Vitry.

» Les motifs donnés par le conseil de préfecture de l'Allier, sur la question véritable, se réduisent à ceux-ci : 1°. La saisine nationale avait changé, à l'égard du débiteur, l'état ordinaire des choses; 2°. la loi du 27 thermidor an 6 est bien postérieure au dernier paiement, et ne peut avoir d'effet rétroactif; 3°. le receveur du domaine national pouvait recevoir le remboursement, sans liquidation comme sans autorisation, de l'autorité administrative.

» Dans la discussion qui va suivre, nous chercherons d'abord à établir que les lois sur l'émigration n'ont pas, de plein droit, privé le domaine national du bénéfice de la clause prohibitive.

» Nous examinerons ensuite si le domaine national a lui-même renoncé à cette clause.

» De ce que la clause prohibitive n'a été annullée à aucune époque, il sera facile d'en conclure qu'elle peut encore être invoquée aujourd'hui.

§. Ier.

La translation des droits de mad. du Tremblay à la nation, n'a pas anéanti de plein droit la clause prohibitive du contrat de 1791.

» La clause qui interdisait au sieur Faye la faculté d'effectuer son premier paiement avant un délai de huit années, a été stipulée en faveur de mad. du Tremblay, venderesse. C'est là un point incontestable. Le discrédit du papier-monnaie, et la prévoyance de sa disparition totale, les craintes d'une femme à laquelle la seule qualité de chanoinesse inspirait de vives alarmes, et qui se voyait à la veille d'être obligée de quitter la France, expliquent facilement la nature de la convention qui est intervenue entre les parties. Le sieur Faye a été dédommagé du délai auquel il se soumettait, d'abord par la modicité du prix de la vente, puis par la liberté de ne faire les autres paiemens qu'aux époques qu'il lui plairait de choisir.

» Les précautions prises par mad. du Tremblay étaient sagement combinées, et une exécution fidèle du contrat devait en assurer le succès; mais à peine a-t-elle été inscrite sur la liste des émigrés, que le sieur Faye s'est empressé de vendre la terre de Pouzi au sieur Petitjean, qui, sans attendre le terme, sur la stipulation duquel était fondée la convention, a remboursé le prix en assignats, et l'a versé entre les mains du receveur de Lurcy-le-Sauvage.

» Ce remboursement était entièrement contraire au titre constitutif de la créance. Il est évident qu'il n'aurait pas été valable si mad. du Tremblay eût continué à être propriétaire. Le conseil de préfecture du département de l'Allier a pensé qu'il ne devait plus en être de même à cause de la saisine nationale qui avait changé, à l'égard du débiteur, l'état ordinaire des choses. Ce motif est très-vague et ne reçoit point ici d'application. La saisine nationale faisait entrer l'Etat dans tous les droits du créancier qu'il représentait. Il ne s'opérait, à l'égard du débiteur, d'autre changement que celui de la personne à laquelle il devait payer.

» La législation spéciale et exorbitante sur l'émigration a bouleversé bien des droits ; mais c'est principalement sur les créanciers des émigrés que s'est exercée sa fatale influence ; elle importait peu à leurs débiteurs. Ce qui, surtout, n'est pas arrivé, c'est que la nation ait renoncé aux avantages qui appartenaient aux individus qu'elle représentait.

» Il ne faut pas perdre de vue que le titre, en vertu duquel la nation se trouvait créancière, était un acte soumis à certaines conditions, sans lesquelles il n'aurait jamais été passé, et dont toutes les clauses, puisqu'elles étaient licites, devaient avoir force de loi entre les parties qui l'avaient souscrit, ou entre leurs ayant-cause. Le sieur Petitjean représentait le sieur Faye, la nation représentait mad. du Tremblay ; donc, entre le sieur Petitjean et la nation, l'acte devait être exécuté comme il l'aurait été entre le sieur Faye et mad. du Tremblay.

» De ce que la loi du 25 thermidor an 3 est considérée, en jurisprudence administrative, comme ne s'appliquant qu'aux particuliers, on semble vouloir en conclure que tout paiement pouvait être fait par anticipation à l'Etat par ses créanciers. La conséquence n'est pas exacte.

» Lorsque la dépréciation du papier-monnaie eut multiplié outre mesure ces opérations scandaleuses, le législateur se vit dans la nécessité d'en arrêter le torrent. Il considéra, et il dit, dans le préambule d'une loi du 12 frimaire an 4 : « Qu'il était de son devoir » d'arrêter le cours des vols que faisaient journellement » à leurs créanciers des débiteurs de mauvaise foi. » C'est dans cette vue qu'il intervint plusieurs dispositions législatives, et, entre autres, celle du 25 messidor an 3, pour suspendre tous les remboursemens de capitaux qui ne seraient pas formellement acceptés par le créancier, avec mention expresse qu'il avait connaissance de la suspension ; qu'après d'assez longues incertitudes, ces lois aient été déclarées inapplicables aux débiteurs de l'Etat : ce n'est, certes, pas là une raison de croire que tous les débiteurs de l'Etat pouvaient se libérer envers lui, même lorsque le titre constitutif de la créance portait stipulation d'un terme dans l'intérêt de ceux que l'Etat représentait. Les lois sur la suspension des remboursemens étaient des lois d'exception ; il ne faut pas, parce que cette exception a été déclarée inapplicable à l'Etat, créer contre lui une exception à cette autre règle générale, qui permet au créancier de stipuler, dans son propre intérêt, un terme pour le paiement.

» La clause par laquelle un paiement est prohibé avant une époque déterminée, ne doit pas être confondue avec le terme accordé au débiteur pour sa libération. C'est-là un principe d'une telle évidence, qu'il n'aurait besoin d'être fortifié par la citation d'aucun texte de loi. La loi du 27 thermidor an 6 l'a consacré par une disposition formelle. Il est dit, dans l'arrêté du conseil de préfecture, que cette loi ne peut avoir d'effet rétroactif ; la seule citation de l'article 14, qui était invoqué pour mad. de Vitry, montrera combien le reproche de rétroactivité est ici peu applicable. « Il n'est » point dérogé, par les lois du 16 nivose dernier, et » par la présente, aux clauses résolutoires ni aux » clauses prohibitives expressément apposées dans les » contrats d'aliénation d'immeubles, pendant la dé- » préciation du papier-monnaie. » Cet article n'établit pas une disposition, il proclame un principe ; il déclare que la législation n'a jamais dérogé à la règle générale, qui permet de retarder l'époque des paiemens par des clauses prohibitives. La loi du 27 thermidor an 6 n'est citée que comme un témoignage, pour attester que le principe général, invoqué dans la cause, n'a jamais cessé d'avoir son effet. Si les lois de nivose et thermidor an 6 n'ont point dérogé à l'effet des clauses prohibitives, il est évident, alors, que ces clauses avaient conservé leur puissance lorsque ces lois ont paru.

» Ainsi, ni du texte, ni de l'esprit d'aucune loi, il ne résulte que le sieur Faye ait été, de plein droit, et par le seul effet de la saisine nationale, dispensé d'attendre l'échéance du terme imposé à sa libération.

§. II.

Le domaine national n'a pas renoncé à la clause prohibitive.

» Nous venons de prouver que la clause prohibitive n'a pas été annullée de plein droit lorsque la créance de mad. du Tremblay a été transférée au domaine ; nous allons démontrer que le domaine n'a jamais renoncé à cette clause, et qu'il a été en droit d'en réclamer l'exécution pendant tout le temps qu'il a représenté mad. du Tremblay.

» Le sieur Petitjean a fait un versement de fonds dans la caisse du receveur de Lurcy-le-Sauvage ; et par cela seul que le receveur n'a pas refusé les fonds, dont il n'a jamais donné que des quittances à-compte, le sieur Petitjean se prétend libéré.

» Supposons, d'abord, le cas où le receveur, ayant eu pleine connaissance de la clause prohibitive, aurait donné une quittance définitive et pour solde ; le sieur Petitjean n'aurait pas été libéré, même dans cette hypothèse, bien moins défavorable pour lui que la cause qui se présente à juger.

» La fonction d'un receveur est de tenir sa caisse ouverte aux paiemens, et non de rien statuer sur la libération des débiteurs de l'Etat. Préposé aux recettes, il n'a jamais eu la puissance de changer les conditions du titre constitutif des créances. Où en serait-on, si, pour changer la nature des contrats passés avec l'Etat, ou avec ceux dont l'Etat tient les droits, il suffisait de la volonté d'un receveur? A quelles bornes s'arrêterait-on, si l'on admettait un système à la faveur duquel il pourrait, de sa pleine autorité, opérer ou empêcher une libération, disposer des droits de l'Etat, supprimer, dans un contrat, une clause qui gênerait un débiteur? Il ne s'agit pas, dans l'espèce qui nous occupe, d'une interprétation donnée par un receveur à une clause obscure, d'un délai accordé au débiteur, ou d'un changement sans conséquence dans l'époque du paiement; il s'agit de l'anéantissement d'une clause formelle, stipulée dans l'intérêt du vendeur que l'Etat représentait. Le paiement par anticipation améliorait la condition du débiteur aux dépens du créancier; les pouvoirs du receveur n'allaient pas jusqu'à lui permettre d'imprimer à ce paiement le caractère libératoire que le titre de la créance lui refuserait.

» Dans le système des sieurs Faye et Petitjean, la toute puissance d'un receveur s'étend jusqu'à la faculté de faire, aux débiteurs de l'Etat, remise de tout ou partie de leurs dettes; le receveur aurait, dans l'espèce, fait au sieur Petitjean une remise véritable d'une partie très importante de la dette, s'il lui avait fait remise de la clause qui l'obligeait d'attendre huit années pour se libérer valablement.

» Il est, dans le contrat de vente de mad. du Tremblay aux sieur et dame Faye, une clause qui mérite ici une attention particulière. Après la stipulation d'une somme de 100,000 livres, payable en cinq paiemens égaux, le dernier desquels ne pourrait être fait que dans la huitième année, sans que les acquéreurs pussent être contraints que par des causes de droit, ni au premier, ni aux autres paiemens, on lit ce qui suit: « delaquelle somme de 100,000 livres les sieur et dame » Faye paieront annuellement, à ladite dame comtesse » de Reugny du Tremblay, en son domicile ou à ses » procureurs, successeurs et ayant-cause, les intérêts » à cinq pour cent, sans aucune retenue quelconque, » et exempte, à cet effet, de toutes impositions créées » ou à créer, et ce, en espèces ayant cours, consentant ladite dame de Reugny, que les intérêts décroissent, diminuent proportionnellement et à mesure que » les remboursemens partiels en seront faits par les » sieur et dame acquéreurs; le premier paiement desquels arrérages échoira et se fera d'aujourd'hui en » un an, pour ainsi continuer d'année en année, tant » que ladite rente aura cours, et que lesdits remboursemens n'auront pas été faits et parachevés. »

» Les droits résultant de ce contrat, et la créance de ces arrérages, étaient passés de mad. du Tremblay à l'Etat; et l'on veut que toute l'économie du contrat ait été changée, parce que le receveur n'aura pas refusé les assignats qui lui étaient offerts! Cette confusion de toutes les fonctions, de tous les pouvoirs, est intolérable.

» Nous ne pouvons nous dispenser de rapporter ici un arrêt célèbre rendu le 25 nivose an 9, à une époque où l'esprit de la législation sur la matière était encore présent à tous les esprits.

» A la fin de 1791, les frères Monneron avaient emprunté, au fermier-général Devismes, une somme de 112,000 livres, payable six années après, avec l'intérêt de cinq pour cent, sans retenue. Les biens des fermiers-généraux ayant été confisqués, Monneron paya, entre les mains d'un receveur qui lui donna quittance, une somme de 115,000 livres, pour capital et intérêts, la surveille du délai fatal.

« Les héritiers Devismes, après leur réintégration, attaquèrent le paiement. Par jugement rendu en la deuxième section du tribunal de première instance de la Seine, le 19 thermidor an 8, le paiement fut déclaré nul; sur l'appel, par jugement du 25 nivose an 9, le jugement fut confirmé. L'un des principaux motifs a été que, lorsqu'il s'agit du remboursement d'une rente, le receveur ne doit recevoir que sur une réquisition approuvée par l'administration, et que, dans l'espèce où le capital portait intérêt, on ne justifiait pas d'une liquidation.

» De puissans motifs d'ordre public ne permettent pas d'abandonner à la discrétion d'un receveur le sort des créances de l'Etat. Mais, dit-on, le receveur de Lucy-le-Sauvage devait au moins ne pas recevoir le paiement. Répondons d'abord que, quand même le receveur aurait fait une faute, il ne faudrait pas faire de cette faute un moyen indirect de libération pour les débiteurs de l'Etat; disons ensuite que le receveur n'a fait que son devoir; sa caisse doit être ouverte à tous les paiemens; il ne lui appartient, ni de les contester, ni de leur attribuer d'autres effets que ceux qui leur sont donnés par les contrats.

» Une objection, à laquelle les sieurs Faye et Petitjean reviennent plusieurs fois, est tirée du besoin d'argent où se trouvait l'Etat, et des primes qui étaient accordées aux débiteurs à termes qui se libéraient sur-le-champ. A l'égard des primes, il ne faut pas oublier qu'elles n'étaient données qu'aux acquéreurs de biens nationaux, pour encourager ces sortes de ventes; et quant aux besoins de l'Etat, il n'en faut rien conclure d'abord, parce que le remboursement lui portait un préjudice véritable; ensuite, parce qu'il s'agit de savoir, non pas si l'Etat aurait accordé l'autorisation nécessaire, dans le cas où elle aurait été demandée, mais si l'on pouvait se passer de cette autorisation, et s'il dépendait du receveur de vendre à vil prix, et de son chef, un droit acquis à l'Etat.

» Nous avons raisonné jusqu'ici dans l'hypothèse où le receveur aurait, en pleine connaissance de cause, donné quittance définitive. Si nous rentrons dans notre espèce, nous verrons les principes que nous avons développés, recevoir, des circonstances particulières de la cause, une force nouvelle.

» Un premier point, fort important, est attesté par un témoignage incontestable. Dans un mémoire de la régie, appelée dans cette cause, on lit le passage suivant : « La confiscation n'a point changé la situation respective du créancier et du débiteur; mais les caisses publiques étaient ouvertes pour recevoir tous les versemens de fonds. Il n'appartient point au receveur de contester; et l'on voit d'ailleurs, par l'analyse de l'acte du 25 février 1791, dans l'extrait du sommier, et qui sera produit, que la force des stipulations de cet acte n'était point connue sous le rapport de la suspension des paiemens dans l'intérêt du créancier, ni à l'égard de l'aliénation du capital. Ainsi l'acceptation de ces paiemens ne résultait pas d'un examen qui d'ailleurs n'était pas dans les attributions du receveur.

» La prétendue renonciation à la clause prohibitive de la part du receveur, est bien mal-à-propos invoquée aujourd'hui, puisque l'on n'a pas même fait connaître au receveur cette partie essentielle du contrat. On voit en effet, par les quittances, que le receveur ne fait jamais mention du contrat de 1791, entre madame du Tremblay et le sieur Faye, et qu'il se contente de viser l'acte du 18 pluviose an 2, entre les sieurs Faye et Petitjean; de plus, on voit que ces quittances sont simplement des quittances pour à-compte, et que Petitjean ne représente aucune quittance définitive et pour solde, ce qui suffit pour éloigner toute idée de renonciation de sa part, au bénéfice de la clause prohibitive. »

. . . .

Dans l'intérêt du sieur Petitjean, on a prétendu d'abord que la dame de Vitry était non-recevable à quereller l'arrêté du 22 floréal an 7, puisqu'il avait été rendu contradictoirement avec le directeur des domaines, pendant l'émigration de la dame du Tremblay, et que tout ce qui a été fait avec l'Etat avant l'élimination de l'émigré, ne peut plus être attaqué par l'émigré (lois du 29 messidor an 8 et 6 floréal an 10.) On a soutenu ensuite que le dernier paiement en assignats, fait le 17 brumaire an 4, avait été légal, parce qu'il est reconnu, dans la jurisprudence administrative, que la loi du 25 messidor an 3, sur la suspension du remboursement, ne concernait que les particuliers, et n'était point applicable aux débiteurs de l'Etat.

Mais on s'est attaché particulièrement à démontrer que la clause prohibitive, portée au contrat de 1791, n'avait pas été un obstacle à la libération anticipée du sieur Petitjean.

Par l'effet de l'émigration de la dame du Tremblay, a-t-on dit, le prix de la vente de 1791 est devenu créance nationale.

La clause prohibitive, insérée dans l'acte de vente, a cessé d'être relative à la dame du Tremblay; la saisine nationale avait irrévocablement dépouillé la dame du Tremblay de tous ses droits au prix de cette vente; le versement devait en être effectué dans les caisses du gouvernement, et si la clause prohibitive, insérée dans l'acte du 25 février 1791, était un obstacle à ce que le gouvernement pût astreindre l'acquéreur à anticiper ses paiemens, il n'en avait pas moins la faculté de les anticiper lui-même, dès que le préposé du gouvernement, en dérogeant à la clause prohibitive, consentait à recevoir.

Le sieur Petitjean, comptable du prix de la vente, devait se libérer entre les mains de la nation; il n'a point contraint le receveur de l'agence à recevoir; il n'en avait pas le droit; mais dès que le receveur de l'agence consentait à déroger à la clause prohibitive en recevant, le sieur Petitjean n'avait plus à s'occuper de ce qui pouvait être utile à madame du Tremblay; il avait la certitude de payer entre les mains de celui qui avait qualité pour recevoir, et cela lui suffisait pour assurer sa libération.

C'est mal-à-propos que madame de Vitry invoque les lois des 16 nivose et 27 thermidor an 6, pour en tirer la conséquence que le débiteur à long terme ne pouvait payer qu'à l'expiration de ces termes, s'il n'y renonçait et n'optait, et que, dans la circonstance, le sieur Petitjean n'avait pas la faculté de renoncer et d'opter, puisqu'il était lié par une clause prohibitive.

D'abord la dame de Vitry a interprété au besoin de sa cause les deux lois ci-devant citées; elles ne peuvent pas recevoir leur application à l'espèce, puisqu'au moment de leur émission, le sieur Petitjean était libéré depuis long-temps de la totalité du prix de son acquisition. Ces mêmes lois ne sont relatives qu'aux sommes qui pouvaient encore être dues alors; et si le sieur Petitjean ne s'était libéré que d'une partie du prix de son acquisition, il opposerait lui-même l'article 5 de la loi du 16 nivose an 6, pour établir qu'il est valablement libéré de tout ce qu'il a pu payer.

En effet, l'article 5 de cette loi porte :

« Les acquéreurs qui ont payé en papier-monnaie, conformément aux lois existantes, une partie du prix convenu, sont valablement acquittés d'une semblable quotité proportionnelle de la valeur estimative de l'immeuble vendu; de sorte que, s'ils ont payé la moitié ou les trois quarts du prix stipulé, ils ne pourront être considérés comme débiteurs que de la moitié ou du quart restant de la valeur estimative, telle qu'elle sera réglée par l'expertise. »

L'acquéreur est bien fondé à se prévaloir de cette loi pour en tirer la conséquence qu'ayant payé le prix convenu, conformément aux lois existantes, il est valablement acquitté de la totalité du prix de son acquisition.

En vain la dame de Vitry veut-elle se prévaloir de l'article 2 de la loi du 16 nivose an 6, qui porte que les sommes dues pour ventes d'immeubles depuis le 1er. janvier 1791, jusqu'à la publication de la loi du 29 messidor an 4, seraient payées en espèces métalliques, si l'acquéreur ne préférait s'en tenir aux clauses du contrat, ce qu'il serait tenu de notifier dans le délai de trois mois, à dater de la promulgation de la loi.

Ici, comme partout, la dame de Vitry invoque le droit commun dans une cause toute régie par des lois exorbitantes. La loi du 16 nivose an 6 dispose sur les remboursemens de citoyen à citoyen : elle n'a pas trait aux remboursemens faits au trésor public par les débiteurs de l'Etat.

Au surplus, à l'époque de la loi du 16 nivose an 6, l'acquéreur était entièrement libéré de la totalité du prix de son acquisition ; il n'avait plus aucune option à faire ; il ne pouvait être astreint à faire quelques notifications, tout était consommé ; la clause prohibitive, consignée dans l'acte du 25 février 1791, avait été détruite par le consentement du receveur de l'agence, qui avait bien voulu recevoir les paiemens effectués.

La loi du 16 nivose an 6 était d'ailleurs applicable à toutes les ventes d'immeubles indistinctement, même à celles qui contenaient des clauses prohibitives. L'article 6 de cette même loi est relatif aux ventes pour lesquelles l'acquéreur avait terme pour payer.

Cet article est ainsi rédigé :

« L'acquéreur ne pourra, au surplus, demander la réduction autorisée par les articles 2 et 3, qu'aux conditions........; 2°. de renoncer aux termes stipulés par le contrat de vente qui auraient été portés à plus de trois ans au-delà de la publication de la loi du 9 messidor an 4. »

Il est évident qu'à la forme de cette loi du 16 nivose an 6, le sieur Petitjean est bien et valablement libéré de la totalité du prix de son acquisition, et la dame de Vitry ne peut tirer aucun avantage de cette loi qui, au contraire, est toute en la faveur de l'acquéreur.

La dame de Vitry s'est prévalue de l'article 14 de la loi du 27 thermidor an 6, pour prétendre que cette même loi avait maintenu la clause prohibitive consignée dans l'acte du 25 février 1791 ; et que dès-lors, le sieur Faye ou le sieur Petitjean n'avaient pas pu anticiper les paiemens.

Mais d'abord cette loi ne dit pas que l'on ne pourra pas déroger aux clauses prohibitives ; elle laisse à cet égard toute latitude, en expliquant seulement qu'elle n'a point dérogé aux clauses résolutoires et aux clauses prohibitives expressément apposées dans les contrats d'aliénation d'immeubles.

Et d'ailleurs cette loi, qui ne peut pas avoir un effet rétroactif, n'a pas pu empêcher que le receveur des domaines ne reçût dans sa caisse le montant des sommes dues par le sieur Petitjean. Les besoins de l'Etat commandaient de toutes parts la rentrée des créances nationales ; le gouvernement encourageait par des primes tous les débiteurs à se libérer, et ces primes ne pouvaient être relatives qu'à ceux qui, ayant terme pour payer, consentaient à renoncer à la clause prohibitive pour anticiper les paiemens. En un mot, le receveur des domaines a reçu le montant des sommes dues par le sieur Petitjean, et dont il devait opérer le versement dans la caisse nationale, et la dame du Tremblay ou ses ayant droit ne sont pas recevables à réclamer contre des paiemens librement acceptés par les agens du gouvernement qui, seuls, avaient droit de recevoir. La clause prohibitive, insérée dans l'acte du 25 février 1791, avait cessé d'être relative à madame du Tremblay, du moment que, par l'effet du séquestre, la nation était devenue propriétaire de la créance. Le débiteur du prix de la vente, stipulée le 25 février 1791, n'avait plus à s'entendre avec madame du Tremblay pour l'exécution ou la modification des clauses insérées dans cet acte, c'était avec la nation seule qu'il avait à traiter.

Il existe, il est vrai, un arrêt de la Cour de cassation, du 15 nivose an 8, qui a décidé que l'on ne pouvait pas anticiper les termes d'un paiement contre la volonté du créancier. Mais cet arrêt ne peut pas recevoir son application à l'espèce ; le sieur Petitjean ne s'est point libéré contre la volonté du créancier, qui avait qualité pour recevoir : le créancier a volontairement reçu ; il en a librement fourni quittance ; la dame du Tremblay était parfaitement étrangère au paiement que faisait le sieur Petitjean ; dès que le receveur des domaines consentait de recevoir, l'acquéreur se libérait valablement.

Mais, dit madame de Vitry, l'administration des domaines, en se mettant au lieu et place de madame du Tremblay, par suite de son absence, n'a pas pu changer la nature ni les effets de l'acte du 25 février 1791 ; l'administration n'a pas entendu changer l'état des contractans, et porter atteinte à la clause prohibitive de la vente du 25 février 1791.

Ce raisonnement pourrait être de quelque considération, si l'on pouvait oublier les lois relatives aux émigrés, ou ne s'en rappeler que pour porter atteinte à tout ce qui a été fait en vertu de ces mêmes lois.

Par suite de l'émigration de madame du Tremblay, la nation a géré pour son propre compte ; tout ce qui appartenait à madame du Tremblay, au moment de son émigration, est devenu la propriété de la nation, qui a pu en disposer comme de sa propre chose ; et dès que le receveur des domaines a jugé à propos de recevoir dans sa caisse le produit de la vente du 25 février 1791, les ayant-droit de madame du Tremblay ne sont pas recevables à critiquer ces paiemens, sous prétexte d'une clause prohibitive, à laquelle la nation avait bien le droit de déroger.

La base principale de la réclamation de madame de Vitry repose essentiellement sur la clause prohibitive, insérée dans le contrat du 25 février 1791 ; mais, comme on l'a déjà observé, cette clause avait cessé d'être relative à madame du Tremblay ; en second lieu, cette clause ne pouvait pas être un obstacle au remboursement avant l'époque fixée par le contrat, lorsque les parties intéressées consentaient, d'un commun accord, à résoudre la clause prohibitive, parce qu'il est de principe constant que les parties intéressées ont toujours la faculté de déroger, par leur consentement mutuel, aux différentes clauses qu'elles ont respectivement opposées dans un contrat.

Si la dame du Tremblay n'eût pas vendu la terre de Pouzi avant son émigration, par suite du séquestre et en conformité de la loi du 27 juillet 1792, cette terre eût été vendue comme domaine national, le produit de la vente eût été versé dans la caisse du receveur de l'agence; en ce cas, la dame du Tremblay aurait-elle été recevable à prétendre que la vente serait nulle, parce qu'elle n'y aurait point donné son consentement? Serait-elle recevable à demander la restitution de cette terre, sous prétexte que la nation, gérant en son absence, n'aurait pas eu le droit de l'aliéner? Pourrait-elle demander le remboursement du prix de la vente, sous prétexte que les paiemens auraient été effectués sans sa participation? Oserait-elle mettre en avant un tel système? Non, sans doute : on lui opposerait avec succès les dispositions de la loi du 27 juillet 1792, qui ordonnait très-impérativement la confiscation et la vente des biens des émigrés.

Il est indispensable de faire le même raisonnement relativement aux versemens faits par le sieur Petitjean; le séquestre avait été apposé sur tout ce qui appartenait à madame du Tremblay; le prix de la vente du 25 fév. 1791 avait été saisi entre les mains du sieur Faye, et lors de la revente du 18 pluviose an 2, le sieur Faye avait imposé au sieur Petitjean l'obligation de verser le prix principal de la vente entre les mains de la nation; le sieur Petitjean a donc dû se conformer à ce que lui prescrivait son acte d'acquisition, et à toutes les lois qui alors étaient en vigueur.

L'administration des domaines, agissant dans l'intérêt de la nation, a consenti qu'il fût dérogé à la clause prohibitive : cette clause n'était plus relative à madame du Tremblay; la loi prescrivait le versement des sommes dues aux émigrés dans les caisses publiques; le receveur des domaines a reçu les sommes dont le sieur Petitjean était débiteur; il lui en a fourni quittance : le consentement de déroger à la clause prohibitive a donc été réciproque, et le sieur Petitjean s'est valablement libéré.

La loi du 25 messidor an 3 n'est relative qu'aux intérêts particuliers, et non aux agens du gouvernement, chargés de recevoir les créances nationales. Cette loi suspendait le remboursement des rentes créées avant le 1er. janvier 1792, et prescrivait impérativement qu'aucun créancier ne pouvait être contraint de recevoir le remboursement de ce qui lui était dû avant le terme porté au titre de sa créance.

Madame de Vitry pourrait tirer quelque avantage de cette loi, si le prix de la vente du 25 février 1791 n'avait pas cessé d'être la propriété de madame du Tremblay; mais du moment que, par l'effet de l'émigration de madame du Tremblay, et par suite de la saisine nationale, madame du Tremblay avait été dépouillée de tout ce qui lui appartenait, le sieur Petitjean devait se libérer en versant ses fonds dans la caisse du receveur de l'agence; la nation avait été légalement saisie de cette créance; la déclaration formelle en avait été faite en conformité de la loi; la dame du Tremblay était morte civilement à l'époque des remboursemens; le receveur de l'agence avait qualité pour recevoir : il consentait librement à déroger à la clause prohibitive, il en avait le droit; la créance avait été déclarée au directoire du district; le débiteur avait la possibilité de se libérer; il l'a fait dans un temps où la dame du Tremblay était inscrite sur la liste des émigrés; elle n'a obtenu sa radiation définitive qu'à la condition de reprendre ses biens dans l'état où ils se trouveraient, et à la condition expresse de ne pouvoir jamais revenir contre ce que le gouvernement avait pu faire pendant son émigration. Il faut donc que les ayant-droit de madame du Tremblay se conforment à cette condition, à laquelle elle s'est volontairement soumise; la loi du 23 frimaire an 8 a déterminé positivement que les comptables qui se sont acquittés de leur débet envers la république, durant le cours du papier-monnaie, sont valablement libérés; tous les raisonnemens auxquels les ayant-droit de madame du Tremblay pourront se livrer, viendront toujours échouer contre l'expression de la volonté nationale, prononcée par la loi du 23 frimaire an 8.

Le prix de la vente du 25 février 1791 appartenait bien à madame du Tremblay; la clause prohibitive était bien relative à elle seule, jusqu'au moment de son émigration; et si madame du Tremblay eût resté dans la plénitude de ses droits, elle aurait eu seule le droit de déroger à la clause prohibitive insérée dans le contrat de vente; mais du moment que madame du Tremblay a été portée sur une liste d'émigrés, par l'effet du séquestre, elle a été irrévocablement dépouillée de tous les droits qui lui étaient acquis par l'acte du 25 février 1791; la nation a été légalement investie de ces mêmes droits pour en disposer en toute propriété; dès-lors elle a pu valablement disposer à son gré de la totalité de cette même créance; elle a autorisé le remboursement de cette créance; et, par une loi postérieure, elle a déclaré que les comptables qui s'étaient acquittés de leur débet envers la république, durant le cours du papier-monnaie, étaient valablement libérés; tout était irrévocablement consommé avant la main-levée du séquestre et la radiation définitive, qui n'ont été accordées à la dame du Tremblay qu'à la condition qu'elle ne pourrait revenir contre ce que le gouvernement avait pu faire pendant son émigration. Il n'est donc plus possible d'accueillir la réclamation de madame de Vitry, sans porter une atteinte directe à la loi, qui a déclaré valable la libération du sieur Petitjean.

En cet état est intervenue l'ordonnance suivante :

LOUIS, etc. — Sur le rapport du comité du contentieux;

Vu la requête à nous présentée au nom de la dame marquise de Vitry, enregistrée au secrétariat du comité du contentieux de notre Conseil d'état le 29 avril 1816, et tendante à l'annullation de deux arrêtés du conseil de préfecture du département de l'Allier, des 22 floréal an 9 et 22 thermidor an 13, qui déclarent valables et libératoires les paiemens faits en assignats, dans la caisse du domaine, par le sieur Petitjean, cessionnaire du sieur Faye, sur la somme de 100,000 francs, formant le prix d'une vente d'immeubles faite à ce dernier par la dame du Tremblay, avant son inscription sur la liste des émigrés;

Vu les deux arrêtés attaqués du conseil de préfecture du département de l'Allier, en date des 22 floréal an 9 et 22 thermidor an 13;

Vu le mémoire en intervention de la direction générale de l'enregistrement et des domaines;

Vu les requêtes en défense des sieurs Petitjean et Faye, enregistrées au comité du contentieux de notre Conseil d'état, les 22 janvier et 8 juin 1817;

Ensemble toutes les pièces respectivement produites et jointes au dossier;

Considérant, dans l'espèce, que le remboursement dont il s'agit a été déclaré valable et libératoire par l'arrêté du conseil de préfecture du département de l'Allier, du 22 floréal an 9, rendu contradictoirement entre le sieur Petitjean et le directeur des domaines;

Considérant que la dame de Reugny du Tremblay n'a été éliminée de la liste des émigrés que le 24 germinal an 10; qu'ainsi, soit d'après l'arrêté d'élimination lui-même, soit d'après les dispositions de l'art. 17 du sénatus-consulte du 6 floréal an 10, les héritiers de la dame de Reugny ne sont point recevables à attaquer la validité des remboursemens faits par le sieur Petitjean, pendant l'émigration de ladite dame;

Notre Conseil d'état entendu,

Nous avons ordonné et ordonnons ce qui suit:

Art. 1er. La requête de la dame marquise de Vitry est rejetée.

2. Ladite dame marquise de Vitry est condamnée aux dépens.

3. Notre ministre secrétaire d'état des finances est chargé de l'exécution de la présente ordonnance.

Ordonnance du 13 mai 1818. (2962)

N°. 230.

1°. OCTROI. — ADJUDICATION.

2°. JURIDICTION. — RENONCIATION.

1°. *C'est à la justice administrative que doivent être soumises les contestations entre une commune et le fermier de l'octroi de cette même commune, touchant l'exécution de son adjudication, lorsque la soumission à la justice administrative a été réservée par le cahier des charges.*

2°. *En général, la juridiction des tribunaux peut-elle être restreinte, au profit de la juridiction administrative, par des conventions privées? N'est-il pas de principe que les juridictions sont d'ordre public à raison de la matière; qu'il ne peut y être renoncé qu'à raison de la personne, c'est-à-dire pour être jugé par un autre juge que son juge naturel, toujours dans le même ordre, à raison de la matière ou de ses attributions magistrales?*

(Le sieur Barthelemi.—C.—la ville de Nemours.)

LOUIS, etc.; — Sur le rapport du comité du contentieux;

Vu la requête à nous présentée au nom du sieur Claude Barthelemi, adjudicataire de l'octroi de la ville de Nemours, enregistrée au secrétariat du comité du contentieux de notre Conseil d'état, le 18 août 1817, tendante à l'annullation d'un arrêté du conseil de préfecture du département de Seine-et-Marne, du 13 juin 1817, et d'une décision de notre ministre secrétaire d'état des finances, du 7 juillet suivant, confirmative de celle du 2 mai précédent, tendante également à ce que le bail de l'octroi de ladite ville soit exécuté selon sa forme et teneur, sous les seules charges et conditions positivement et explicitement énoncées au cahier des charges sur lequel l'adjudication a été faite, ou à ce que ledit bail fût résilié purement et simplement, en tenant compte, par la ville de Nemours, au sieur Barthelemi, de toutes les sommes qu'il a déjà payées, tant pour fermages d'avance, que pour frais et droits, et en outre aux dépens;

Vu les arrêté et décisions attaqués;

Vu la requête ampliative du sieur Barthelemi, enregistrée au secrétariat dudit comité du contentieux, le 24 décembre 1817, par laquelle il persiste dans les conclusions par lui précédemment prises, afin de résiliation de son bail et de restitution des sommes par lui déboursées, et en outre, à ce que la ville de Nemours soit condamnée à lui payer 6000 francs à titre de dommages-intérêts;

Vu le rapport de notre garde des sceaux ministre secrétaire d'état de la justice, en date du 5 novembre 1817, à l'occasion du conflit élevé, par arrêté du préfet du département de Seine-et-Marne, le 10 juillet précédent, sur la contestation existante au tribunal de première instance séant à Fontainebleau, entre la ville de Nemours et le sieur Barthelemi, en validité d'une opposition formée par ce dernier à une contrainte décernée contre lui pour le paiement du prix de son fermage, par lequel rapport notre ministre nous propose de maintenir l'arrêté de conflit et d'annuller le jugement rendu par le tribunal de première instance séant à Fontainebleau, le 3 juillet 1817;

Vu l'arrêté de conflit et le jugement susdatés;

Vu le mémoire en défense de la ville de Nemours, enregistré au secrétariat dudit comité du contentieux, le 27 janvier 1818, tendant au rejet pur et simple de la requête du sieur Barthelemi, avec dépens; et en outre, à ce qu'en statuant sur le conflit dont il s'agit, le jugement rendu par le tribunal de première instance de Fontainebleau soit déclaré nul et non avenu ;

Vu la réplique du sieur Barthelemi, enregistrée audit secrétariat du comité du contentieux le 20 février dernier, par laquelle il déclare persister dans toutes ses précédentes conclusions ;

Vu le cahier des charges sur lequel a eu lieu l'adjudication de l'octroi de la ville de Nemours ;

Vu le procès-verbal d'adjudication dudit octroi, au sieur Barthelemi, en date du 1er. novembre 1816, pour trois années, à partir du 1er. janvier 1817, moyennant 13,300 fr. par an ;

Vu l'approbation donnée le 2 mai 1817, par notre ministre secrétaire d'état des finances, à ladite adjudication, portant, « qu'il approuve le bail de l'octroi de » la ville de Nemours, mais avec la condition expresse » que l'adjudicataire satisfera à toutes les obligations » qui lui sont implicitement imposées par l'article 2 du » cahier des charges, et notamment à celles qui résultent des articles 68, 69, 70 et 92 de l'ordonnance du » 9 décembre 1814, et des articles 154, 157 et 141 de » la loi du 28 avril 1816 ; »

Vu toutes les pièces produites ;

Considérant que l'article 21 du cahier des charges précité, attribuant à l'administration la connaissance des contestations qui pourraient s'élever sur le bail de l'octroi de la ville de Nemours, le tribunal de Fontainebleau a incompétemment statué sur les contraintes décernées contre le sieur Barthelemi, par suite de son adjudication, et qu'ainsi le conflit a été bien élevé ;

Considérant qu'il résulte du même article, que le conseil de préfecture était compétent pour connaître de la difficulté qui lui a été soumise, et qu'au fond, ce conseil a bien jugé, puisque la réclamation formée par le sieur Barthelemi ne pouvait pas être suspensive des paiemens qu'il avait à effectuer comme fermier de l'octroi ;

Considérant enfin que, par l'article 2 du cahier des charges de son adjudication, le sieur Barthelemi était astreint à l'exécution des lois et réglemens en vigueur ; que, dans son approbation, notre ministre secrétaire d'état des finances n'a fait que rappeler les articles de ces lois et réglemens applicables à l'adjudication, et que ces articles ne dérogent pas d'une manière réelle aux stipulations du cahier des charges ;

Notre Conseil d'état entendu,

Nous avons ordonné et ordonnons ce qui suit :

Art. 1er. Les requêtes du sieur Barthelemi sont rejetées.

2. L'arrêté de conflit pris par le préfet du département de Seine-et-Marne, le 10 juillet 1817, sur la contestation existante entre la ville de Nemours et le sieur Barthelemi, et portée par ce dernier devant le tribunal de première instance séant à Fontainebleau, est confirmé, et le jugement intervenu est considéré comme non avenu.

3. L'arrêté du conseil de préfecture du département de Seine-et-Marne, du 13 juin 1817, et les décisions de notre ministre secrétaire d'état des finances, des 2 mai et 7 juillet de la même année, seront exécutés selon leur forme et teneur.

4. Le sieur Barthelemi est condamné aux dépens.

5. Notre garde des sceaux ministre secrétaire d'état de la justice et notre ministre secrétaire d'état des finances sont chargés, chacun en ce qui le concerne, de l'exécution de la présente ordonnance.

Ordonnance du 13 mai 1818. (2969)

N°. 231.

AGENT DU GOUVERNEMENT. — RÉGIE GÉNÉRALE DES SUBSISTANCES MILITAIRES. — TRANSPORTS MILITAIRES.

Sont soumises à l'autorité administrative toutes contestations sur le paiement des transports de subsistances militaires faits par suite d'un marché avec un entrepreneur des transports, lequel est un agent de la régie des subsistances militaires.

(Le sieur Balzac. — C. — le sieur Letellier.)

LOUIS, etc. ; — Sur le rapport du comité du contentieux ;

Vu le rapport de notre garde des sceaux ministre secrétaire d'état au département de la justice, tendant à l'annullation d'un jugement rendu le 21 novembre 1817, par le tribunal de commerce du département de la Seine, qui a condamné le sieur Balzac, agent de la régie générale des subsistances militaires, à payer au sieur Letellier, entrepreneur des transports à Rouen, la somme de 6870 fr. 69 cent. pour le prix et frais de transport de marchandises de froment qui lui ont été livrées par le contre-maître dudit sieur Letellier, avec les intérêts de ladite somme et frais ;

Vu ledit jugement du tribunal de commerce du département de la Seine, en date du 21 novembre 1817 ;

Vu l'arrêté de conflit pris par le préfet du département de la Seine, le 8 janvier 1818 ;

Ensemble toutes les pièces jointes au dossier ;

Considérant qu'aux termes de l'arrêté du gouvernement, du 19 thermidor an 9, les contestations relatives au paiement des fournitures faites pour le compte du gouvernement, entre les particuliers et les agens du gouvernement, sont de la compétence de l'autorité administrative ;

Notre Conseil d'état entendu,

Nous avons ordonné et ordonnons ce qui suit :

Art. 1er. L'arrêté de conflit pris le 8 janvier 1808, par le préfet du département de la Seine, est maintenu.

2. Le jugement rendu par le tribunal de commerce

du département de la Seine, le 21 novembre 1817, est considéré comme non avenu.

3. Notre garde des sceaux ministre secrétaire d'état de la justice et notre ministre secrétaire d'état de la guerre sont chargés, chacun en ce qui le concerne, de l'exécution de la présente ordonnance.

Ordonnance du 13 mai 1818. (2972)

N°. 232.

EAU (COURS D'). — PROPRIÉTÉ.

Un particulier, sur le fonds duquel un cours d'eau arrive par l'effet de sa direction usuelle, ne peut être privé de ces eaux par décision du préfet, sous prétexte d'anciens ouvrages du gouvernement sur ce même cours d'eau, commencés pour le diriger vers un établissement public; c'est là préjuger un droit de propriété dont la connaissance appartient aux tribunaux ordinaires.

(Boulaud. — C. — Labesse.)

Sur le bord de la grande route de Limoges à Paris, jaillit une fontaine assez abondante, dont les eaux sont réunies dans une pêcherie ou réservoir, d'où elle arrose une prairie des mineurs Labesse.

En 1813, le sieur Boulaud, tuteur du mineur Navières, propriétaire de prairies situées en face de la fontaine, mais de l'autre côté de la route, présenta à M. le préfet de la Haute-Vienne, une pétition tendante à obtenir l'autorisation de prendre les eaux de la fontaine au point où elle jaillit, aux conditions qu'il plairait à l'administration de lui fixer.

A l'appui de sa demande, le sieur Boulaud exposa que la fontaine était une propriété nationale, et que l'agriculture éprouverait les plus grands avantages de l'emploi qui en serait fait à l'irrigation des propriétés de ses pupilles.

Un premier arrêté du préfet, rendu par défaut contre les mineurs Labesse le 15 juin 1816, autorisa le sieur Boulaud à disposer des trois quarts des eaux de la fontaine. Celui-ci se mit de suite en mesure d'exécuter cet arrêté; mais la tutrice des mineurs Labesse se pourvut par opposition. Elle prétendit que la fontaine prenait sa source dans la propriété de ses mineurs, et qu'elle leur appartenait à ce titre; elle invoqua en outre leur longue possession.

Sur cette opposition intervint, le 23 novembre 1816, un arrêté ainsi conçu :

« Considérant que, d'après un examen approfondi, il est constant que la fontaine dont il s'agit n'est la propriété ni du mineur Navières, ni des mineurs Labesse;

» Considérant que la distribution de cette eau dans de justes proportions, sera avantageuse à l'agriculture;

» Le préfet arrête :

» Le sieur Boulaud, tuteur du mineur Navières, est autorisé à prendre, pour arroser le pré dudit mineur, les trois quarts de la fontaine dont il s'agit, appartenant au gouvernement; l'autre quart restera à la dame veuve Labesse, comme tutrice de ses enfans.»

La dame Labesse s'est pourvue contre cet arrêté devant le Conseil d'état.

Elle a soutenu que ce n'était pas au préfet de la Haute-Vienne, mais bien aux tribunaux qu'il appartenait de décider une question de propriété d'un cours d'eau, fondée sur ce qu'il y a source dans la propriété de l'une des parties, et encore sur ce que l'une des parties a acquis un droit à ce cours d'eau par voie de possession et prescription;

Que M. le préfet de Limoges s'était mal à propos cru autorisé à décider un litige par des motifs pris de l'intérêt de l'agriculture, parce que l'autorité administrative ne doit s'occuper de l'intérêt public, relativement à un cours d'eau (propriété particulière), que par des réglemens généraux, et pour éviter les inondations et l'insalubrité; et que lorsqu'il s'agit de statuer sur un litige ou une contestation entre particuliers, l'intérêt respectif du propriétaire et de l'agriculture ne doit être soumis qu'aux tribunaux civils.

Sur quoi a été rendue l'ordonnance dont la teneur suit :

LOUIS, etc.; — Sur le rapport du Comité du contentieux;

Vu la requête à nous présentée au nom de la dame Jeanne Granger, veuve Labesse, tutrice de ses enfans mineurs, enregistrée au secrétariat du comité du contentieux de notre Conseil d'état, le 23 avril 1817, tendante à l'annullation, pour cause d'incompétence, d'un arrêté du préfet du département de la Haute-Vienne, du 23 novembre 1816, qui a autorisé le sieur Boulaud, en qualité de tuteur du mineur Navières de Champdorat, à prendre, pour arroser un pré appartenant audit mineur, les trois quarts des eaux d'une fontaine qui est dite, par arrêté, appartenir au gouvernement, et que la dame veuve Labesse soutient être la propriété de ses enfans mineurs;

Vu l'arrêté attaqué;

Vu la requête en réponse du sieur Boulaud, tuteur du mineur Navières de Champdorat, enregistrée audit secrétariat du comité du contentieux, le 27 mars 1818;

Ensemble toutes les pièces jointes au dossier et respectivement produites;

Considérant, dans l'espèce, qu'il s'agit d'une question de propriété dont la connaissance appartient aux tribunaux ordinaires;

Notre Conseil d'état entendu,

Nous avons ordonné et ordonnons ce qui suit :

Art. 1er. L'arrêté du préfet du département de la Haute-Vienne, du 23 novembre 1816, est annullé pour cause d'incompétence, et les parties sont renvoyées devant les tribunaux ordinaires.

2. Le sieur Bouland, en la qualité qu'il agit, est condamné aux dépens.

3. Notre garde des sceaux ministre secrétaire d'état de la justice et notre ministre secrétaire d'état de l'intérieur sont chargés, chacun en ce qui le concerne, de l'exécution de la présente ordonnance.

Ordonnance du 13 mai 1818. (2968)

N°. 233.

CHEMIN DE DESSERTE. — RIVIÈRE NON NAVIGABLE. — EAU. (COURS D') — VOIRIE. — RÉGLEMENT.

Toute contestation entre particuliers sur le détournement d'une rivière non navigable, est du ressort des tribunaux ordinaires et non dans les attributions du préfet.

Même décision pour un chemin de desserte, à l'usage d'un certain nombre de particuliers.

(Le Sr. Morlé. — C. — le Sr. de Zermicelle et consorts.)

Le sieur Morlé possède une prairie qui longe un ruisseau appelé des Millerains, et qui dépendait autrefois de la grande prairie de Perlin : le surplus de cette prairie appartient à divers propriétaires des communes de Dirol et de Monceau.

La partie possédée par le sieur Morlé est assujétie envers les autres propriétaires à un droit de passage pour la culture et desserte de leurs propriétés respectives.

Pour l'amélioration de sa prairie, le sieur Morlé changea le cours du ruisseau des Millerains; et par suite de cette innovation, le chemin de desserte devint pour ainsi dire impraticable.

Alors les propriétaires, auxquels le chemin de desserte était dû, s'adressèrent au préfet de la Nièvre pour faire condamner le sieur Morlé à faire réparer le chemin en question, et à rétablir le ruisseau des Millerains dans son ancien lit.

Le 16 août 1816, ce magistrat prit, par défaut, l'arrêté suivant :

« Nous, préfet du département de la Nièvre,

» Vu le procès-verbal dressé le 13 juillet dernier, par le sieur Bourlet père, voyer de l'arrondissement de Clamecy, duquel procès-verbal il résulte que le chemin de desserte de la prairie de Perlin, commune de Dirol, se trouve absolument détruit et impraticable ;

» Vu le plan visuel des lieux joint au procès-verbal susrelaté;

» Vu l'avis, en forme de lettre, qui nous a été adressé le 5 août présent mois, par M. le sous-préfet de Clamecy, concernant ce chemin ;

» Vu une lettre des propriétaires riverains, en date du 7 du même mois;

» Vu un écrit du 3 dudit, portant soumission, de la part du sieur Morlé fils, de laisser un libre passage dans le pré qui lui appartient dans la prairie de Perlin ;

» L'instruction du 2 août 1790, sur le cours des eaux ;

» Considérant qu'il est établi par le sieur Morlé fils, qu'il a fait, sur le ruisseau des Millerains, dans la rivière d'Yonne, une anticipation qui a rendu impraticable le chemin de desserte de la prairie de Perlin ;

» Considérant qu'en offrant un libre passage dans le pré qui lui appartient dans la prairie de Perlin, le sieur Morlé fils avoue tacitement avoir ouvert un nouveau lit au ruisseau des Millerains, à son embouchure dans la rivière ; que le fait est d'ailleurs déclaré par le sieur Morlé père, dans le procès-verbal du voyer ;

» Considérant que l'offre du sieur Morlé est non seulement insuffisante, mais dérisoire, puisqu'on ne pourrait profiter du passage qu'après la réparation du chemin qu'il a, sans droit, rendu impraticable ; que la condition de cette réparation doit nécessairement lui être imposée,

» Avons arrêté :

» Art. 1er. Le sieur Morlé est tenu de faire réparer et remettre dans l'état où il était, le chemin de desserte qu'il a rendu, par son propre fait, impraticable.

» 2. Jusqu'à entière exécution de l'article précédent, le passage offert par le sieur Morlé fils, dans le pré qui lui appartient dans la prairie de Perlin, est mis à la disposition des propriétaires riverains, et sera par lui rendu praticable.

» 3. Si, dans les vingt-quatre heures après la notification de cet arrêté, il ne s'est mis en mesure d'exécuter cette réparation, l'adjoint de la commune la fera faire à ses frais, et l'état de dépens sera rendu exécutoire par le préfet.

» 4. Expédition du présent arrêté sera adressée à M. le sous-préfet de Clamecy, qui en délivrera ampliation au maire de Dirol, au sieur Morlé fils et aux propriétaires riverains. »

Sur l'opposition du sieur Morlé, le 9 septembre suivant, il intervint un second arrêté qui maintint les dispositions du premier.

C'est contre ces deux arrêtés que le sieur Morlé s'est pourvu au Conseil d'état. Il a soutenu qu'ils avaient été incompétemment rendus.

En effet, a-t-il dit, il s'agissait, dans l'espèce, 1°. d'une prétendue dégradation au chemin de desserte de la prairie de Perlin ;

2°. D'une prétendue anticipation sur le ruisseau des Millerains.

Ni l'un ni l'autre de ces points de contestation n'étaient de la compétence de l'autorité administrative.

En matière de voirie, il est un principe certain établi par la loi du 7 septembre 1790, que les lois postérieures n'ont abrogé qu'en partie.

Cette loi établissait une distinction entre le pouvoir d'ordonner et celui de punir. Le premier appartenait à l'autorité administrative ; le second, à l'autorité judiciaire.

L'article 6 de cette loi portait : « L'administration, en matière de grande voirie, appartiendra aux corps administratifs, et la police de conservation, tant pour les grandes routes que pour les chemins vicinaux, aux juges du district. »

La loi du 29 floréal an 10 a placé depuis la police de conservation pour les grandes routes dans les attributions de l'autorité administrative, en ordonnant que les contraventions en matière de grande voirie, seraient jugées administrativement. Mais la police de conservation des autres chemins est restée aux tribunaux.

Ainsi, toutes les fois qu'il ne s'agit point de grandes routes, l'autorité administrative peut faire des réglemens ; mais les tribunaux ont seuls le droit de punir les contraventions,

C'est ce qu'a décidé, d'une manière positive, un décret du 18 août 1807, rapporté dans le Répertoire de jurisprudence de M. Merlin, au mot *Voirie*, paragraphe 4.

Sur ce est intervenue l'ordonnance suivante :

LOUIS, etc. ; — Sur le rapport du comité du contentieux ;

Vu les requêtes à nous présentées au nom du sieur Louis Morlé, propriétaire en la commune de Dirol, arrondissement de Clamecy, département de la Nièvre ; lesdites requêtes enregistrées au secrétariat du comité du contentieux de notre Conseil d'état, les 20 et 26 novembre 1816, et tendantes à ce qu'il nous plaise annuller, pour cause d'incompétence, les arrêtés pris par le préfet de la Nièvre, les 16 août et 9 septembre 1816, qui le condamnent à faire réparer et remettre dans son précédent état un chemin de desserte qu'il avait rendu, par son propre fait, impraticable ; l'astreignant jusqu'à l'entière exécution des travaux à remettre à la disposition des propriétaires riverains, et à rendre praticable un passage par lui offert dans son pré de Perlin, et en cas de retard, charge l'adjoint de la commune de faire exécuter d'office les ouvrages ci-dessus prescrits ;

Subsidiairement, et pour le cas où l'incompétence ne serait pas déclarée, l'exposant demande qu'il nous plaise annuller lesdits arrêtés pour excès de pouvoir et à cause des condamnations injustes qu'ils renferment, et condamner aux dépens le sieur de Zermicelle, adjoint de la commune de Monceau, agissant tant en son nom qu'au nom de plusieurs autres propriétaires de Monceau et de Dirol ;

Vu les arrêtés du préfet de la Nièvre, des 16 août et 9 septembre 1816 ;

Vu la lettre de notre ministre de l'intérieur, du 26 novembre 1817, et les observations faites le 21 août précédent par le préfet du département de la Nièvre, qui demande le maintien de ses arrêtés précités ;

Vu la réplique du sieur Louis Morlé, enregistrée audit secrétariat, le 22 avril 1818, par laquelle il persiste dans ses précédentes conclusions ;

Vu les autres pièces respectivement produites ;

Considérant, 1°. que le ruisseau des Millerains n'est ni navigable ni flottable ; 2°. que le chemin de la prairie de Perlin n'est qu'un chemin de desserte, et que, sous ce double rapport, il n'y avait pas lieu à l'application des lois ou réglemens de la grande ou de la petite voirie ;

Considérant que, si le chemin de desserte de la prairie de Perlin a été endommagé ou dégradé par le fait du sieur Morlé, la réclamation des propriétaires riverains qui prétendent avoir été troublés dans la jouissance de ce chemin de desserte, est une question de propriété qui est du ressort des tribunaux ordinaires ;

Notre Conseil d'état entendu,

Nous avons ordonné et ordonnons ce qui suit :

Art. 1er. Les arrêtés du préfet de la Nièvre, des 16 août et 9 septembre 1816, sont annullés pour cause d'incompétence, sauf aux parties à se pourvoir, si bon leur semble, devant les tribunaux ordinaires.

2. Notre garde des sceaux ministre secrétaire d'état de la justice et notre ministre secrétaire d'état de l'intérieur sont chargés, chacun en ce qui le concerne, de l'exécution de la présente ordonnance.

Ordonnance du 13 mai 1818. (2965)

N°. 234.

GARANTIE CONSTITUTIONNELLE. — MAIRE. — CONSEIL MUNICIPAL.

Un maire de commune qui prend sur lui d'ordonner à un entrepreneur de bâtimens des travaux pour la commune, sans la participation du conseil municipal, doit être désavoué par l'administration supérieure, et responsable pour son propre compte. Le Conseil d'état autorise, en ce cas, les poursuites judiciaires à fin de condamnation en nom personnel.

(Le sieur Limousin. — C. — le sieur Gillet de Brouelle, ex-maire de Stenay.)

Par procès-verbal du 11 février 1811, le sieur Limousin, entrepreneur à Stenay, département de la Meuse, se rendit adjudicataire, moyennant la somme de 2400 francs, des matériaux d'une église située à Stenay.

Aux termes de l'article 10 de l'acte d'adjudication, l'acquéreur devait démolir cette église dans un délai déterminé, enlever les matériaux, et mettre le terrain de niveau avec les rues voisines.

Après que les travaux de démolition furent exécutés, le sieur Limousin reçut du sieur Gillet de Brouelle, alors maire de Stenay, l'ordre de faire une place publique du terrain sur lequel était bâtie l'église, et d'y élever des murs.

Ces murs furent construits, et occasionnèrent une dépense de 1087 fr. 48 cent., dont le sieur Limousin demanda le paiement à la ville de Stenay.

Le conseil municipal, consulté sur cette demande, déclara que la dépense de construction des murs dont il s'agit, devait être à la charge du sieur Gillet de Brouelle, qui seul en avait ordonné l'exécution.

Le 9 avril 1816, la délibération de ce conseil fut approuvée par le préfet du département, qui arrêta que la commune de Stenay n'était pas tenue de payer les 1087 fr. 48 cent., montant des constructions dont il s'agit, sauf au sieur Limousin à se pourvoir contre le sieur Gillet de Brouelle.

Le sieur Limousin cita ce dernier devant le tribunal de première instance, qui, par jugement du 8 mai 1817, le renvoya à solliciter du gouvernement l'autorisation préalable qui lui était nécessaire pour poursuivre le sieur Gillet de Brouelle, ex-maire.

Cette autorisation a été accordée par l'ordonnance dont la teneur suit :

LOUIS, etc.; — Sur le rapport du comité du contentieux;

Vu la demande du sieur Limousin, entrepreneur de bâtimens, demeurant à Stenay, département de la Meuse, en date du 22 septembre 1817, tendante à obtenir l'autorisation de poursuivre le sieur Gillet de Brouelle, ex-maire de la commune de Stenay, pour le paiement de la somme de 1087 fr. 48 cent., prix de travaux ordonnés, sans la participation du conseil municipal, par ledit sieur Gillet de Brouelle, et exécutés par le requérant;

Vu le procès-verbal de la délibération de la commune de Stenay, du 21 novembre 1817;

Vu la défense du sieur Gillet de Brouelle;

Vu le rapport de notre garde des sceaux ministre secrétaire d'état de la justice, en date du 8 avril 1818;

Ensemble les autres pièces comprises au dossier;

Notre Conseil d'état entendu,

Nous avons ordonné et ordonnons ce qui suit :

Art. 1er. Le sieur Limousin, entrepreneur de bâtimens, demeurant à Stenay, est autorisé à poursuivre, devant les tribunaux, le sieur Gillet de Brouelle, ex maire de la commune de Stenay, département de la Meuse, pour obtenir, s'il y a lieu, le paiement de ladite somme de 1087 fr. 48 cent.

2. Notre garde des sceaux ministre secrétaire d'état de la justice et notre ministre secrétaire d'état de l'intérieur sont chargés, chacun en ce qui le concerne, de l'exécution de la présente ordonnance.

Ordonnance du 13 mai 1818. (2974)

No. 235.

NOMS. — Opposition. — Promulgation.

Le délai d'un an pendant lequel est recevable l'opposition à une ordonnance contenant autorisation de changer de noms, ne commence à courir que du jour de l'insertion de l'ordonnance au Bulletin des lois. (Loi du 11 germinal an 11, art. 6 et 7.)

L'institution des noms ayant pour objet de distinguer les familles, il suffit d'être en possession d'un nom depuis très-long-temps pour être fondé à s'opposer à ce qu'il devienne le nom d'une autre famille.

(Le comte d'Hendicourt de Lénoncourt. — C. — le sieur Viallet.)

Par ordonnance du 5 juin 1816, S. M. Louis XVIII conféra le nom de *Lénoncourt* au sieur Viallet, propriétaire d'un domaine de ce nom.

Il faut remarquer que cette ordonnance ne fut insérée au Bulletin des Lois que le 17 juin 1816.

Postérieurement, et le 13 juin 1817, le comte d'Hendicourt de Lénoncourt a formé opposition à cette ordonnance, prétendant que l'institution des noms ayant pour objet de distinguer les familles, il était en droit de s'opposer à ce qu'un étranger vint s'emparer d'un nom dont sa famille est en possession depuis un temps immémorial.

Le sieur Viallet a répondu que le comte d'Hendicourt était non-recevable dans son opposition à l'ordonnance du 5 juin 1816, parce que cette opposition n'avait pas été formée dans le délai d'un an, conformément aux art. 6 et 7 de la loi du 11 germinal an 11, puisque l'opposition n'était que du 13 juin 1817, et que l'ordonnance datait du 5 juin 1816.

Il a ajouté qu'il ne fallait pas considérer le jour de l'insertion de l'ordonnance au Bulletin des Lois, c'est-à-dire, le 17 juin 1816, pour déterminer l'époque à laquelle l'ordonnance était devenue exécutoire, et celle où le délai d'y former opposition avait commencé de courir; parce que, s'il en était ainsi, il dépendrait de la personne chargée de faire l'insertion, de prolonger indéfiniment le délai; mais qu'il fallait s'en rapporter à la disposition de l'art. 1er. du Code civil pour fixer ce délai; que d'après cet article l'ordonnance du 5 juin 1816 était devenue exécutoire le 9 du même mois; qu'ainsi l'opposition formée le 13 juin de l'an 1817 était tardive.

Le comte d'Hendicourt a soutenu que l'art. 1er. du Code civil n'était applicable qu'aux *lois* dont la discussion se fait publiquement, et qui sont déjà connues d'avance; mais que, relativement aux ordonnances qui ne sont pas discutées en public, elles ne peuvent devenir exécutoires que du jour de l'insertion au Bultin qui les fait connaître.

Sur ce est intervenue l'ordonnance suivante :

LOUIS etc. — Sur le rapport du comité du contentieux;

Vu la requête à nous présentée au nom du sieur Charles-Gaspard, comte d'Hendicourt de Lénoncourt, demeurant à Paris, agissant, tant en son nom que pour ses frères et sœurs et autres individus de sa famille; ladite requête enregistrée au secrétariat du comité du contentieux de notre Conseil d'état, le 13 juin 1817, et tendante à ce qu'il nous plaise le recevoir opposant à notre ordonnance du 5 juin 1816, qui a permis au sieur Viallet des Lianes d'ajouter à son nom celui de Lénoncourt; et faisant droit sur ladite opposition, révoquer ladite ordonnance, et condamner ledit sieur Viallet aux dépens;

Vu l'ordonnance de *soit communiqué* et la requête en défense présentée au nom du sieur Jean-Pierre Viallet des Lianes, demeurant à Lénoncourt, département de la Meurthe, et maire de cette commune; ladite requête enregistrée au secrétariat dudit comité du contentieux, le 4 septembre 1817, et par laquelle il conclut à ce que le sieur comte d'Hendicourt de Lénoncourt soit déclaré non-recevable, et subsidiairement mal fondé dans son opposition et condamné aux dépens;

Vu les actes de naissance et certificats de services militaires, les lettres-patentes du duc de Lorraine, du 5 février 1737, et l'acte de décès de Michel-Philippe-Gaspard Sublet, marquis d'Hendicourt de Lénoncourt, père de l'exposant, qui a produit les pièces susdites;

Vu les extraits des contrats de vente de la terre de Lénoncourt, en date des 1er. octobre 1778, 24 décembre 1787 et 11 octobre 1791; l'acte de décès de Michel-Nicolas-Joseph Sublet, marquis d'Hendicourt de Lénoncourt, produits par ledit sieur Viallet des Lianes;

Vu les autres pièces jointes au dossier;

Considérant, sur la fin de non-recevoir, qu'aux termes des articles 6 et 7 de la loi du 11 germinal an 11, le délai d'une année pour former opposition à nos ordonnances contenant autorisation de changer de nom, ne commence à courir que du jour de l'insertion desdites ordonnances au Bulletin des Lois;

Que notre ordonnance susdite, du 5 juin 1816, n'a été insérée au Bulletin des Lois que le 17 du même mois; qu'en conséquence, l'opposition du sieur comte d'Hendicourt de Lénoncourt, par requête déposée au secrétariat du comité du contentieux, le 13 juin 1817, a été formée en temps utile;

Considérant que l'institution des noms a pour objet de distinguer les familles, et que par cette raison les sieurs d'Hendicourt de Lénoncourt sont fondés à s'opposer à ce qu'un nom dont ils sont en possession depuis près de cent ans devienne celui d'une autre famille;

Notre Conseil d'état entendu,

Nous avons ordonné et ordonnons ce qui suit:

Art. 1er. Notre susdite ordonnance du 5 juin 1816, est révoquée.

2. Le sieur Viallet des Lianes est condamné aux dépens.

3. Notre garde des sceaux ministre secrétaire d'état au département de la justice est chargé de l'exécution de la présente ordonnance.

Ordonnance du 3 juin 1818. (2977)

N°. 236.

MANUFACTURE. — AUTORISATION. — CHAPEAUX. — POUVOIR DISCRÉTIONNAIRE.

L'établissement d'une manufacture de chapeaux, quoique de nature à répandre une odeur insalubre ou incommode, peut être autorisé aux termes du décret du 15 octobre 1810, lorsqu'il est donné des garanties suffisantes contre le danger de la mauvaise odeur et de l'insalubrité.

(Le sieur Gay. — C. — le sieur Clément et consorts.)

Le sieur Gay, voulant établir une manufacture de chapeaux dans une maison située dans l'enceinte de la ville d'Apt, demanda au sous-préfet l'autorisation nécessaire, et offrit de prendre toutes les mesures de précaution que l'administration jugerait convenables pour parer à tout inconvénient.

Le maire d'Apt, chargé de faire le rapport *de commodo et incommodo*, déclara qu'il n'y avait aucun inconvénient à laisser établir la manufacture de chapeaux.

En conséquence, le sous préfet d'Apt, par arrêté du 29 janvier 1817, donna l'autorisation demandée.

Cependant plusieurs particuliers de la ville d'Apt se pourvurent contre cet arrêté devant le préfet du département de Vaucluse, prétendant qu'à raison de la situation et de la construction du local, la manufacture offrirait une insalubrité dont aucune précaution ne saurait garantir, et que, d'ailleurs, la fabrique se trouvant placée au rez-de-chaussée, et les ouvriers étant obligés, à cause de l'action du feu, de travailler tout nus, cela présenterait aux yeux du public un spectacle d'indécence contraire aux bonnes mœurs.

Intervint un arrêté du conseil de préfecture, le 16 mai 1817, ainsi conçu:

« Considérant que l'opposition formée contre l'établissement qui fait l'objet de l'arrêté précité, est fondée sur ce que le local où le sieur Gay se propose d'établir la fabrique dont il s'agit, n'a jour que sur deux rues fort étroites, et n'a d'ailleurs aucune cour ni arrière-cour, dont l'usage serait d'une indispensable nécessité pour cette fabrique, attendu l'exiguité du local et celle des rues adjacentes; qu'en outre, les habitans des maisons voisines seraient extrêmement incommodés de cet établissement, par la fumée qui s'en exhalerait et par la vue des ouvriers employés à cette manufacture, qui, par la nature de leur travail, étant obligés d'être sans vêtemens, ne doivent s'y livrer que dans un local disposé de manière à ce qu'on ne puisse les apercevoir de l'extérieur de leur atelier;

« Considérant que le plan des lieux justifie l'énoncé des opposans, en démontrant l'extrême exiguité de la localité;

» Considérant que les motifs par lesquels ils s'opposent à l'établissement dont il s'agit, sont de nature à être pris en considération, puisque, indépendamment de l'incommodité qui en résulterait pour eux, il s'ensuivrait une atteinte aux bonnes mœurs, et que, sous ce double rapport, qui naît de l'état des lieux, il ne peut être donné suite à ce projet,

Arrête :

« Il n'y a pas lieu à accorder au sieur Norbert Gay l'autorisation d'établir une fabrique de chapeaux dans le local indiqué par l'arrêté du sous-préfet ci-dessus mentionné. »

C'est contre cet arrêté que le sieur Gay s'est pourvu devant le Conseil d'état, pour violation de la loi du 14 janvier 1815, en ce que le conseil de préfecture a refusé de l'autoriser à établir une manufacture de chapeaux, nonobstant son offre de prendre telles mesures de précaution qui éviteraient tout inconvénient, et nonobstant le rapport du maire qui déclarait qu'il ne pouvait résulter aucune incommodité de l'établissement de la manufacture, circonstances qui suffisaient, d'après la loi, pour que l'autorisation ne pût être refusée.

Les fabriques de chapeaux, a dit le demandeur, sont placées dans la seconde classe de la nomenclature annexée à l'ordonnance du 14 janvier 1815, sur les établissemens qui répandent une odeur insalubre et incommode.

D'après l'article 7 du décret du 15 octobre 1810, auquel se réfère l'ordonnance, l'autorisation de former des manufactures comprises dans la seconde classe, doit être accordée par le conseil de préfecture, sur l'avis du sous-préfet et du maire, sauf, est-il dit, *le recours au Conseil d'état.*

Une première observation qui se présente, en lisant ces dispositions réglementaires, c'est que l'intention du gouvernement est d'accorder l'autorisation d'établir les manufactures et ateliers placés dans la seconde classe, toutes les fois que le pétitionnaire promet d'exécuter les opérations de manière à ne pas incommoder les voisins. C'est moins l'opération elle-même que la manière de l'exécution dont la surveillance est donnée à l'autorité administrative.

L'article 1er, du décret porte : « que la seconde classe comprendra les manufactures et ateliers dont *l'éloignement n'est pas rigoureusement nécessaire, mais dont il importe néanmoins de ne permettre la formation qu'après avoir acquis la certitude que les opérations qu'on y pratique sont exécutées de manière à ne pas incommoder les propriétaires du voisinage.* »

Et la désignation de la seconde classe, tant dans la nomenclature de ce décret que dans celle de l'ordonnance, est conçue dans les mêmes termes.

Le sieur Gay, qui s'offrait à prendre toutes les mesures de précaution qui lui seraient ordonnées, devait donc être autorisé à établir sa fabrique de chapeaux.

Cependant le conseil de préfecture, dans l'arrêté attaqué, n'a pas même daigné examiner s'il était possible de fabriquer des chapeaux dans la maison du sieur Gay, en prenant des mesures pour empêcher que cette fabrication n'incommodât les voisins, tant était forte la prévention qu'avaient su lui inspirer les ennemis du sieur Gay.

Ces derniers se plaignaient de l'exiguité du local, de l'incommodité de la fumée; enfin, leur pudeur aurait souffert, les ouvriers, à cause de l'action du feu, étant obligés de déposer leurs vêtemens.

Ces trois motifs forment tous les considérans de l'arrêt attaqué : examinons les séparément.

Le premier, l'exiguité du local, peut être une très-grande incommodité pour les ouvriers, surtout s'ils sont nombreux; mais, pour les voisins, que leur importe que le sieur Gay ne puisse y placer que deux ouvriers au lieu de vingt? C'est au sieur Gay à proportionner l'étendue de son travail à l'étendue de son local.

Il n'y a, dit-on, dans ce local, ni cour ni arrière-cour dont l'usage serait d'une indispensable nécessité pour cette fabrique.

Mais la fabrication des chapeaux est connue. Elle ne se fait point dans une cour. Les ouvriers doivent être à couvert, et une simple chaudière d'eau bouillante constitue tous les ustensiles nécessaires à cette fabrication.

Quant à la fumée qui s'exhale de la chaudière, elle ne peut incommoder dans une rue qui, par sa position, est nécessairement aérée. — D'ailleurs, pour cette fumée, le sieur Gay s'était offert à prendre les mesures propres à n'incommoder personne, et M. le maire d'Apt, dans son rapport *de commodo et incommodo*, reconnaît qu'elle ne peut empêcher le sieur Gay d'exercer sa fabrication.

Parlerons-nous de la nudité des ouvriers que l'arrêt attaqué présente comme une *atteinte aux bonnes mœurs?*

Dans une petite rue d'une petite ville, des ouvriers, pour se soustraire à l'incommodité de la chaleur qu'exhale une chaudière bouillante, sont obligés de quitter leurs premiers vêtemens; est-ce une raison pour empêcher un établissement utile, pour priver un individu des moyens de subvenir à son existence, à celle de sa famille, en fournissant aux besoins de la société?

Les opposans sont d'ailleurs en contradiction avec eux-mêmes. Ils se plaignent d'abord de ce que le local du sieur Gay n'a que deux vues fort étroites; ensuite ils veulent faire considérer comme une atteinte aux bonnes mœurs la nudité des ouvriers dans ce même local où l'œil peut à peine distinguer.

Que leur pudeur, au reste, ne s'alarme pas. Les fabricans de chapeaux ne dépouillent jamais ce vêtement inférieur dont le défaut peut seul constituer chez l'homme une véritable indécence.

En voilà trop sur ce dernier motif, auquel l'arrêté attaqué a certainement donné une trop grande importance.

La fabrique de chapeaux est si peu incommode aux voisins, elle porte si peu d'atteinte aux bonnes mœurs, que dans la capitale, à Paris même, on trouve des manufactures de ce genre établies dans les quartiers les plus populeux. Les petites rues qui débouchent dans la rue Saint-Martin, sont toutes remplies de fabricans de chapeaux, dont les ouvriers travaillent au rez-de-chaussée et sur la rue, sans que personne se soit jamais avisé de trouver là aucune indécence.

Le sieur Gay, en demandant l'autorisation d'établir une fabrique de chapeaux dans la maison dont il est propriétaire, devait s'attendre d'autant moins à un refus, que dans la ville d'Apt il y a des fabriques de chapeaux établies indifféremment dans tous les quartiers, et même dans les plus beaux.

Sur ce est intervenue l'ordonnance suivante :

LOUIS, etc. ; — Sur le rapport du comité du contentieux ;

Vu la requête à nous présentée au nom du sieur Norbert Gay, fabricant de chapeaux à Apt, département de Vaucluse ; ladite requête enregistrée au secrétariat du comité du contentieux de notre Conseil d'état, le 5 décembre 1817, et tendante à ce qu'il nous plaise annuller un arrêté pris par le conseil de préfecture du département de Vaucluse, le 16 mai 1817 ; débouter les sieurs Clément, Decaton, Meinard et consorts, de l'opposition par eux formée à l'établissement d'une fabrique de chapeaux dans la maison du requérant ; les condamner aux dépens, et à tous les dommages-intérêts ; déclarer que l'exposant demeure autorisé à établir sa fabrique dans la maison dont il s'est rendu propriétaire, en prenant les mesures de précaution qui lui seront indiquées par l'autorité locale ;

Vu l'ordonnance de *soit communiqué*, et le mémoire en défense des sieurs Clément, Decaton, Meinard, Dessane, Anselme, Chevalier et Maillet, propriétaires habitans de la ville d'Apt, enregistrée audit secrétariat du comité du contentieux, le 19 mars 1818, et tendante à ce qu'il nous plaise déclarer le sieur Norbert Gay non-recevable, et subsidiairement mal fondé dans sa demande, en ce qu'elle est dirigée contre les défendeurs, et le condamner, dans tous les cas, aux dépens ;

Vu l'avis du maire de la ville d'Apt, du 16 décembre 1816, sur la pétition du sieur Norbert Gay ;

Vu l'arrêté du sous-préfet, du 29 janvier 1817, portant autorisation d'établir une fabrique de chapeaux dans la maison du sieur Norbert Gay, en observant les mesures de précaution indiquées par le maire ;

Vu l'arrêté du conseil de préfecture, du 16 mai 1817, portant qu'il n'y a pas lieu d'accorder au sieur Norbert Gay, l'autorisation d'établir une fabrique de chapeaux dans le local indiqué par l'arrêté du sous-préfet, ci-dessus mentionné ;

Vu le décret du 15 octobre 1810, relatif aux manufactures et ateliers qui répandent une odeur insalubre ou incommode ;

Vu notre ordonnance du 14 janvier 1815, sur le même objet ;

Vu les autres pièces respectivement produites ;

Considérant qu'en autorisant l'établissement projeté par le sieur Norbert Gay, les mesures de précaution prescrites par le maire et par le sous-préfet de l'arrondissement d'Apt, donnent une garantie suffisante contre le danger de la mauvaise odeur ou de l'insalubrité ;

Considérant que, de l'aveu des opposans, l'exécution de l'arrêté du sous-préfet aurait pu les satisfaire, s'ils n'eussent pas eu la crainte que le sieur Gay ne voulût pas s'y soumettre ; que, par ses conclusions, le sieur Gay se soumet aux mesures de précaution qui seront indiquées par l'autorité locale ;

Notre Conseil d'état entendu,

Nous avons ordonné et ordonnons ce qui suit :

Art. 1er. L'arrêté du conseil de préfecture du département de Vaucluse, du 16 mai 1817, est annullé.

2. Le sieur Norbert Gay est autorisé à établir une fabrique de chapeaux dans sa maison sise à Apt, rue Sainte-Croix, aux conditions prescrites par l'arrêté du sous-préfet de l'arrondissement d'Apt, du 29 janvier 1817.

3. Les sieurs Clément, Decaton, Meissard, Dessane, Anselme, Chevalier et Maillet, sont condamnés aux dépens.

4. Notre ministre secrétaire d'état de l'intérieur est chargé de l'exécution de la présente ordonnance.

Ordonnance du 3 juin 1818. (2981)

N°. 237.

1°. AUTORISATION. — USINE. — CONTENTIEUX. — POUVOIR DISCRÉTIONNAIRE.

2°. ADJUDICATAIRES NATIONAUX. — PROPRIÉTÉ. — QUESTION PRÉJUDICIELLE.

1°. *Le refus, par un préfet, d'autorisation pour construire une usine, ne peut pas donner lieu à recours au Conseil d'état, avant de s'être pourvu devers le ministre ; la matière étant administrative de sa nature, elle ne devient contentieuse qu'après épuisement de la hiérarchie administrative ;*

2°. *Un conseil de préfecture n'est pas autorisé à réprimer un trouble apporté à la jouissance d'acquéreurs nationaux, lorsque la question doit être résolue par des actes étrangers à l'adjudication, ou par l'application des maximes du droit civil.*

Est-il vrai, en règle générale, que la justice administrative puisse, dans un cas quelconque, s'occuper positivement du trouble apporté à la jouissance d'acquéreurs nationaux; le maintien des propriétés et des propriétaires n'appartient-il pas à la justice des tribunaux ordinaires? Les conseils de préfecture ne sont-ils pas restreints à l'interprétation des titres administratifs par voie de question ou d'exception préjudicielle?

(Jaume. — C. — Barnedès.)

En l'an 9, le sieur Gauderique Jaume construisit, sur sa propriété, un moulin qui devait être desservi, au moyen d'une rigole de reversion, par les eaux de plusieurs sources réunies dans un canal pratiqué sur un terrain à lui appartenant.

Le sieur Barnedès, propriétaire d'une usine située au-dessous du terrain sur lequel le sieur Jaume faisait construire son moulin, s'opposa à la construction, par le motif que son usine pouvait en souffrir.

Mais, par arrêté du préfet du département des Pyrénées-Orientales, en date du 8 floréal an 9, l'autorisation demandée pour la construction du moulin fut accordée.

Sur cet arrêté, il intervint, entre les parties, le 15 brumaire an 10, une transaction qui régla leurs droits respectifs.

En 1814, le sieur Jaume voulut construire un nouveau moulin en avant de celui qu'il exploitait déjà; il présenta donc une pétition à M. le préfet, afin d'obtenir la permission de le construire.

Le sieur Barnedès et les sieurs Jean Elanes et Gauderique Sabordeil s'opposèrent au nouvel établissement projeté, sur le motif que les propriétés *nationales d'origine* qu'ils possédaient au terroir de Barjalédès, avaient joui, de tout temps, pour leur irrigation ou leur usage, des eaux coulant dans le ravin Correch; que le sieur Jaume les avait arrêtées, et qu'il ne les laissait couler que tout autant que son usine l'exigeait.

Ces oppositions présentaient à juger une véritable question de propriété, dont la solution ne pouvait avoir lieu par l'interprétation du contrat administratif des opposans.

Cependant, par arrêté du 21 février 1815, le préfet considérant que la qualité d'acquéreurs des biens nationaux rendait les sieurs Barnedès et consorts justiciables du conseil de préfecture, transmit toutes les pièces au conseil de préfecture, afin qu'il statuât, avant tout, sur la réclamation des sieurs Barnedès et consorts.

Le conseil de préfecture crut devoir prendre connaissance de la contestation, et, par arrêté du 8 août 1815, il condamna le sieur Jaume à remettre les choses et les lieux au même état où ils étaient, au moment où il avait ouvert le bassin et la rigole de dérivation pour le service de ses usines, et à faire les ouvrages nécessaires pour que les eaux coulassent librement de jour et de nuit dans le Correch ou ravin, comme par le passé, et prononça qu'à défaut de le faire, il y serait contraint par l'autorité compétente.

Il importe de remarquer que les longs motifs sur lesquels repose cet arrêté, ont été entièrement puisés dans une enquête et un rapport d'experts, auxquels le conseil de préfecture avait été obligé d'avoir recours pour juger la contestation.

Par arrêté du 18 août 1815, le préfet, considérant que les droits des sieurs Barnedès et consorts, à l'eau dont il s'agit, avaient été reconnus par le conseil de préfecture, rejeta, d'une part, la demande formée par le sieur Jaume en établissement d'un nouveau moulin; et, d'une autre part, ordonna, en conséquence et en exécution de l'arrêté du conseil de préfecture, le comblement du bassin et de la rigole de dérivation, et prescrivit le cours libre des eaux, de même qu'à l'époque de la vente administrative des propriétés des opposans, qu'il autorisa à réintégrer les lieux dans leur premier état, à défaut par le sieur Jaume de le faire.

6 avril 1818, transaction entre le sieur Jaume et les sieurs Elanes et Sabordeil sur l'arrêté du préfet.

Quant au sieur Barnedès, il se transporta sur les lieux, avec des ouvriers, les 18 et 19 avril 1816, et détruisit les ouvrages élevés pour la construction du canal et la rigole de dérivation.

Quelques jours auparavant, le sieur Jaume avait présenté une pétition au préfet, à l'effet d'obtenir le rapport de son arrêté du 18 août 1815, attendu les transactions passées avec les trois opposans; il présenta celle faite avec Barnedès, le 15 brumaire an 10, comme propre à faire rapporter le dernier arrêté du préfet, parce que les raisons de son opposition étant les mêmes en l'an 10 qu'en 1814, c'est-à dire l'existence du bassin et de la rigole, et ayant, par cette transaction, renoncé au droit de s'en plaindre, cette transaction devait faire rejeter la nouvelle opposition du sieur Barnedès.

Le 8 mai 1816, le préfet rejeta cette demande, attendu que l'arrêté du 18 août 1815 n'avait été pris que pour l'exécution de l'arrêté du conseil de préfecture du 8 août 1815, sans préjudice cependant des droits que le réclamant pourrait faire valoir devant les tribunaux, en vertu des transactions qu'il présentait.

Le 2 décembre suivant, le préfet délivra exécutoire contre le sieur Jaume, de la somme de 27 fr., pour le remboursement à faire à Barnedès, des sommes par lui payées aux ouvriers, pour la destruction des ouvrages mentionnés dans l'arrêté du 18 août 1815.

Le sieur Jaume demanda le rapport de cet arrêté; mais le préfet, par arrêté du 14 décembre, rejeta encore cette demande.

En cet état de choses, le sieur Jaume s'est pourvu devant le Conseil d'état, en annullation de l'arrêté du conseil de préfecture, du 8 août 1815, comme incompétemment rendu, et par suite des arrêtés du préfet, des 18 août 1815, 8 mai, 2 et 14 décembre 1816, qui reposaient sur celui du conseil de préfecture, et demanda le renvoi des parties devant les tribunaux civils, pour être fait droit de leurs prétentions respectives.

Pour démontrer l'incompétence du conseil de préfecture, le sieur Jaume a dit :

« Le pouvoir administratif et le pouvoir judiciaire sont essentiellement distincts.

» Le premier ordonne, dispose, crée, il est mû par l'intérêt public.

» Le second prononce sur des contestations, déclare l'existence de tel fait, applique, interprète les dispositions de la loi.

» En général, le pouvoir judiciaire appartient aux tribunaux ordinaires; mais il est des matières dans lesquelles il est attribué à des juges spéciaux.

» Ainsi les matières commerciales sont déléguées aux tribunaux de commerce.

» Ainsi les matières administratives, c'est-à-dire celles où le gouvernement est intéressé comme gouvernement, sont attribuées aux conseils de préfecture.

» Les conseils de préfecture ont été créés par la loi du 28 pluviose an 8, pour prononcer, en première instance, sur toutes les affaires contentieuses qui sont de la compétence administrative.

» Mais quels sont les limites de leur pouvoir?

» Les conseils de préfecture sont des tribunaux » extraordinaires, dit M. Henrion de Pensey, *de la* » *compétence des juges de paix*, chap. 17, page 298; » mais les tribunaux extraordinaires ne peuvent con» naître que des affaires qui leur sont attribuées par » une loi formelle et spéciale, et les questions relatives » à leur compétence sont plus de fait que de droit; » c'est-à-dire que toutes se réduisent au point de savoir » s'il existe une loi qui, faisant exception au droit » commun, en attribue la connaissance au tribunal » extraordinaire que l'on veut en saisir, lorsqu'il s'é» lève une difficulté sur le point de savoir si une ques» tion doit être soumise au conseil de préfecture. Le » problème est donc bien facile à résoudre : il ne s'agit » que de voir si quelque loi leur confère le droit d'en » connaître, et l'on éviterait bien des incertitudes et » même bien des conflits, si on leur imposait l'obliga» tion de rapporter, dans chacune de leur sentence, » la loi qui les autorise à la rendre. »

» D'après les lois qui ont indiqué leurs attributions, il faut regarder comme certain qu'ils ne sont appelés à connaître que des difficultés auxquelles l'Etat et l'utilité publique se trouvent intéressés, et que lorsqu'il s'agit d'intérêts privés, de contestations où l'Etat même se trouve partie, mais comme particulier, les tribunaux reprennent leur compétence.

» Quant aux préfets, ils sont chargés, comme agens de l'autorité, de faire des actes d'administration, et de prendre les mesures que l'intérêt public exige; ces actes peuvent être annullés par le ministre.

» Ainsi, une mesure de police est à prendre, par exemple, s'il y a lieu au curage d'un cours d'eau, au réglement de la largeur d'un chemin vicinal; c'est au préfet qu'en appartient le droit; si l'arrêté qu'il prend donne lieu à réclamation de la part de quelqu'un, celui-ci doit en provoquer la réformation devant le ministre.

» Si, sur cet arrêté, ou sur toute autre mesure à laquelle le gouvernement et l'utilité générale ont un intérêt direct, il s'élève des contestations dont la décision dépende des contestations administratives, elles doivent être jugées par le conseil de préfecture.

» Si cet acte de l'autorité donne lieu à des difficultés entre particuliers, s'il s'agit en général d'intérets privés, d'application de lois civiles, les tribunaux seuls sont aptes à statuer.

» De quoi s'agit-il dans l'espèce?

» Le sieur Jaume avait demandé au préfet l'autorisation de construire un second moulin sur sa propriété, moulin dont la construction ne changeait en rien le cours d'eau tel qu'il se trouvait alors établi, sans que personne s'en plaignit.

» D'abord, cette autorisation n'est point exigée par la loi. C'était sur un cours d'eau privé, et sur son propre terrain, que l'exposant voulait élever le moulin, et l'autorisation de l'administration est seulement exigée pour les moulins qu'on veut établir sur les rivières navigables ou flottables; on ne peut se méprendre sur les termes de l'arrêté du directoire du 19 ventose an 6, lequel fait revivre, en cela, les dispositions des articles 42 et 43 du titre 27 de l'ordonnance des eaux et forêts de 1669.

Qui de uno dicit, de altero negat.

» Or, il n'est question que de l'établissement des moulins sur des rivières navigables ou flottables; et, en effet, de tels cours d'eau sont des propriétés publiques, sur lesquelles personne n'a de droit en particulier; mais lorsqu'il s'agit de rivières non navigables ni flottables, de ruisseaux, ces cours d'eau formant des propriétés particulières, il n'y a pas lieu de gêner l'exercice du droit de propriété, par la nécessité d'une permission.

Au surplus, en supposant même que l'autorisation demandée par le sieur Jaume, pour la construction de son moulin, fût nécessaire, à qui s'adresserait-il pour l'obtenir? à l'autorité administrative, à celle chargée de prendre les mesures dictées par l'intérêt général. Le préfet n'avait donc à statuer sur la demande du sieur Jaume, qu'en ce qui concernait l'utilité générale. Son moulin pouvait-il nuire à l'intérêt public? Si la négative était constante, l'autorisation devait être accordée, peu importait que cet établissement pût froisser des intérêts particuliers; ce n'était point au préfet à s'en occuper ; ce n'était point au conseil de préfecture à prononcer sur de telles difficultés : du moment qu'une pareille question s'élevait, c'était une question de propriété, c'était aux tribunaux que la connaissance en appartenait, et c'est ce que nous allons établir.

» L'ordonnance de 1669, les lois qui l'ont suivie, enfin l'art. 548 du code, ont constamment établi une distinction entre les rivières navigables et flottables, et celles qui ne le sont pas. Les rivières navigables et flottables appartiennent à l'État ; celles qui ne le sont pas appartiennent aux propriétaires riverains, proportionnellement à l'étendue de leur terrain.

» Cette distinction, quant à la propriété des rivières navigables et flottables, et celles qui ne le sont pas, existe également quant à leur juridiction.

» Si les cours d'eau publics, comme domaines de l'Etat, sont immédiatement soumis à l'action de l'administration, et qu'il lui appartienne de réprimer les usurpations qui pourraient y être faites ; si les conseils de préfecture sont compétens pour connaître des contestations qui pourraient s'élever à leur égard, il n'en est pas de même des cours d'eau privés, sur lesquels, comme sur toute autre propriété, l'administration ne peut exercer qu'une autorité de police dictée par l'intérêt général.

» La Charte et le Code civil assurent à chacun la libre jouissance de sa propriété, et personne ne peut en être privé que lorsque l'utilité générale l'exige, et à la charge d'une juste et préalable indemnité.

» Les contestations élevées de propriétaires à propriétaires, soit pour l'usage d'un cours d'eau privé, soit pour l'interruption du cours, n'intéressent que les particuliers, et sont exclusivement du ressort des tribunaux ordinaires.

» L'art. 10, titre 3, de la loi du 24 août 1790, sur l'ordre judiciaire, attribue aux juges de paix le droit de connaître, entre particuliers, sans appel, jusqu'à la valeur de 50 fr., et à charge d'appel, à quelque valeur que la demande puisse monter, des entreprises sur les cours d'eau.

» La loi de 1791, l'arrêté du directoire du 19 ventose an 6, ne donnent, aux autorités administratives, de pouvoir, que par rapport aux seules rivières navigables ou flottables.

» L'art. 641 du Code civil laisse au propriétaire du fonds où est située la source, le droit d'user des eaux à sa volonté, sauf le droit que le propriétaire inférieur peut avoir acquis, par titre ou par prescription.

» L'art. 644 du Code fait connaître l'étendue des droits du propriétaire riverain, et de celui dont le cours d'eau traverse l'héritage ; il porte :

« Celui dont la propriété borde une eau courante, » autre que celle qui est déclarée dépendance du domaine public, par l'art. 538, au titre de la distinction des biens, peut s'en servir à son passage pour » l'irrigation de ses propriétés.

» Celui dont cette eau traverse l'héritage peut même » en user dans l'intervalle qu'elle y parcourt, mais à » la charge de la rendre, à la sortie de ses fonds, à son » cours ordinaire. »

» L'art. 645 fixe irrévocablement la compétence des tribunaux ; il dispose : « S'il s'élève une contestation » entre les propriétaires auxquels ces eaux peuvent être » utiles, les tribunaux, en prononçant, doivent concilier l'intérêt de l'agriculture avec le respect dû à la » propriété, et, dans tous les cas, les réglemens particuliers et locaux, sur le cours et l'usage des eaux, » doivent être observés. »

» La loi est donc trop précise pour qu'il puisse y avoir aucune confusion entre la compétence administrative et celle des tribunaux, et la ligne de séparation est trop fixement marquée pour qu'il reste la moindre incertitude.

» L'intérêt public et l'intérêt privé, c'est le point de démarcation.

» La jurisprudence du Conseil d'état a toujours été constante à cet égard. Et toutes les fois qu'il a eu a prononcer sur de semblables questions, il s'est toujours dirigé d'après ces principes.

» On en trouve un exemple au répertoire de jurisprudence *verbo*, cours d'eau, paragraphe 4, qui offre une analogie frappante avec l'espèce qui nous occupe.

» Dira-t-on que les réclamations des sieurs Elanes, Sabordeil et Barnedès, étant faites vis-à-vis du préfet, comme acquéreurs de biens nationaux, et pour des terres à eux vendues par l'Etat, avec la jouissance pour leur irrigation des eaux provenant du Correch d'Eupadern, il s'agissait du contentieux des domaines nationaux, attribué par la loi du 28 pluviose an 8 aux conseils de préfecture ?

» Et en effet, le préfet semble avoir eu cette intention, en renvoyant, par son arrêté du 21 février 1815, l'affaire au conseil de préfecture, pour qu'il statue, avant tout, sur la réclamation des acquéreurs des domaines ci-devant nationaux.

» Le conseil de préfecture a déclaré que la réunion des eaux dans le bassin préjudiciait aux droits que l'administration publique avait transmis aux acquéreurs lors des ventes.

» Ce serait là une erreur facile à détruire.

» L'art. 4 de la loi du 28 pluviose an 8 attribue bien aux conseils de préfecture le contentieux des domaines nationaux.

» Mais il ne s'ensuit pas que toutes les fois qu'un propriétaire de biens nationaux éprouve quelques contestations à l'occasion de ces biens, elles doivent être portées devant le conseil de préfecture.

» Il est bien vrai qu'à l'autorité administrative appartient le droit de prononcer sur la validité de l'adjudication d'un immeuble national ; mais elle est absolument incompétente, lorsque la contestation porte sur des droits attachés à la propriété adjugée ; l'affaire rentre alors dans l'ordre des contestations de particuliers à particuliers, dont la connaissance appartient aux tribunaux civils.

« S'élève-t-il, dit l'auteur du Répertoire, *verbo* con» tentieux, une contestation, soit sur la validité, soit » sur l'interprétation d'une adjudication administrative » de biens nationaux, la connaissance en appartient, » sans difficulté, aux conseils de préfecture.

» Mais est-il question de savoir qui, de l'Etat ou » d'un particulier, est propriétaire de tel bien, de tel » droit foncier ? les tribunaux sont seuls compétens » pour en connaître. »

» Parmi une foule d'autorités qui ont consacré ce principe, nous citerons un décret du 5 août 1809, rapporté par Sirey, Recueil de l'année 1817, 2e. partie, page 184. »

Le sieur Jaume, comme on le voit, confondait, dans ses moyens de défense, les deux dispositions de l'arrêté du préfet du 18 août 1816, c'est-à-dire celle qui refusait l'autorisation d'établir le moulin, et celle qui prescrivait les mesures nécessaires pour l'exécution de l'arrêté du conseil de préfecture.

Cependant, la première de ces dispositions ayant été rendue par le préfet dans les limites de sa compétence, renfermait une décision administrative, qui, dès-lors, aurait dû, d'abord, être soumise à l'examen et à la censure du ministre que la matière concerne, avant que d'être déférée au comité contentieux du conseil.

Telle est aussi la première question sur laquelle le conseil d'État a prononcé par l'ordonnance suivante :

LOUIS, etc.; — Sur le rapport du comité du contentieux ;

Vu la requête à nous présentée au nom du sieur Gauderique Jaume, propriétaire demeurant à Saint-Felin d'Avail, département des Pyrénées-Orientales ; ladite requête enregistrée au secrétariat du comité du contentieux de notre Conseil d'état, le 26 novembre 1817, et tendante à ce qu'il nous plaise le recevoir appelant d'un arrêté du conseil de préfecture du département des Pyrénées-Orientales, du 8 août 1815, qui le condamne à remettre les choses et les lieux au même état où ils étaient au moment où il a ouvert un bassin et une rigole de dérivation pour le service de ses usines, et à faire les ouvrages nécessaires pour que les eaux coulent librement de jour et de nuit, dans le Correch ou ravin d'Enpadern, comme par le passé, et prononce qu'à défaut de le faire, il y sera contraint par l'autorité compétente, à la diligence des sieurs Elanes, Sabardeil et Barnedès ;

Faisant droit sur ledit appel, déclarer nul et de nul effet ledit arrêté comme incompétemment pris ; annuller en conséquence les arrêtés du préfet, des 18 août 1815, 8 mai et 4 décembre 1816, pris en exécution dudit arrêté du conseil de préfecture et tous autres actes subséquens de l'autorité ; renvoyer les parties devant les tribunaux civils pour être fait droit sur leurs prétentions respectives ;

Subsidiairement, et, dans le cas où nous croirions devoir prendre connaissance de la contestation, annuller ledit arrêté du conseil de préfecture, ainsi que tous les actes subséquens du préfet, comme attentatoires aux droits de propriété et contraires aux dispositions pénales de la loi ;

Condamner le sieur Barnedès à 6000 francs de dommages-intérêts ; ordonner que les lieux seront remis par lui dans l'état où ils se trouvaient avant qu'il eût détruit les ouvrages ;

Ordonner l'exécution des transactions passées entre le sieur Jaume et le sieur Barnedès, le 15 brumaire an 10, et avec les sieurs Elanes et Sabardeil, et ledit sieur Jaume, le 6 avril 1816 ;

Accorder au sieur Jaume l'autorisation demandée pour la construction d'un second moulin sur ses propres fonds, dans le cas où elle serait jugée nécessaire ; confirmer, en tant que de besoin, celle accordée par le préfet le 8 floréal an 9 ;

Subsidiairement, et, dans le cas où nous ne croirions pas devoir adopter ces conclusions quant à présent, avant faire droit, ordonner une enquête ou la visite des lieux par tel commissaire qu'il nous plaira commettre, pour, sur son rapport, être par nous statué ce qu'il appartiendra ;

Condamner le sieur Barnedès en tous les dépens ;

Vu l'ordonnance de *soit communiqué*, et le mémoire en défense du sieur Michel Barnedès, chirurgien à St.-Felin ; ledit mémoire enregistré au secrétariat dudit comité du contentieux, le 6 avril 1818, et tendant à ce qu'il nous plaise déclarer le sieur Jaume non-recevable en tout cas, rejeter son pourvoi ; subsidiairement, adjuger ses conclusions au suppliant originaires au fond, et condamner le demandeur aux dépens ;

Vu la réplique du sieur Jaume, qui persiste dans ses précédentes conclusions ;

Vu les arrêtés attaqués et les transactions passées entre les parties ;

Vu les autres pièces respectivement produites ;

Considérant, sur la fin de non-recevoir, que le délai du pourvoi contre un arrêté du conseil de préfecture, considéré comme jugement, ne court qu'à dater de la signification faite à la requête de la partie adverse, et que l'arrêté du conseil de préfecture du département des Pyrénées-Orientales, du 8 août 1815, n'a pas été signifié légalement au sieur Jaume ;

Considérant qu'en ce qui concerne le refus d'autorisation au sieur Jaume, de construire une seconde usine, l'arrêté du 18 août 1815 a été pris par le préfet dans les limites de sa compétence, et que, sous ce rapport, il devait être déféré au ministre que la matière concerne, avant de nous être déféré en notre Conseil d'état,

Considérant néanmoins que ledit arrêté du préfet contient d'autres dispositions qui ordonnent l'exécution de l'arrêté précité du conseil de préfecture ;

Que les arrêtés du préfet, des 8 mai et 4 décembre

1816, ont également pour objet d'assurer l'exécution dudit arrêté;

Considérant qu'en matière de biens nationaux, toutes les fois que la question doit être résolue par des actes étrangers à l'adjudication ou par l'application des maximes du droit civil, il n'appartient qu'aux tribunaux d'en connaître;

Considérant que, dans l'espèce, le prétendu trouble apporté aux irrigations de prairies et aux autres droits de propriété ou de jouissance de plusieurs acquéreurs de biens ci-devant nationaux, n'a pas été jugé par l'application des actes de vente, et que le conseil de préfecture a été obligé de recourir à des enquêtes et auditions de témoins;

Notre Conseil d'état entendu,

Nous avons ordonné et ordonnons ce qui suit :

Art. 1er. Le sieur Jaume est déclaré recevable dans sa demande contre l'arrêté du conseil de préfecture du département des Pyrénées-Orientales, 8 août 1815, et contre celles des dispositions des arrêtés du préfet, des 18 août 1815, 8 mai et 4 décembre 1816, qui en sont la conséquence;

Il est déclaré non-recevable à se pourvoir, quant à présent, contre l'arrêté du préfet du 18 août 1815, en ce qu'il porte le refus d'autorisation de construire une usine, sauf audit sieur Jaume à se pourvoir, si bon lui semble, contre cette disposition dudit arrêté du préfet, devant notre ministre de l'intérieur.

2. L'arrêté du conseil de préfecture, du 8 août 1815, est annullé pour cause d'incompétence. Les parties sont renvoyées devant les tribunaux, sur l'interprétation des transactions et sur les questions de propriété, d'irrigation et de servitude.

3. Sont également annullées, pour cause d'incompétence, celles des dispositions des arrêtés du préfet des 18 août 1815, 8 mai et 4 décembre 1816, qui ordonnent l'exécution de l'arrêté du conseil de préfecture du 8 août 1815.

4. Les dépens sont compensés entre les parties.

5. Notre garde des sceaux ministre secrétaire d'état de la justice et notre ministre secrétaire d'état des finances sont chargés, chacun en ce qui le concerne, de l'exécution de la présente ordonnance.

Ordonnance du 3 juin 1818. (2987)

N°. 238.

CONTENTIEUX. -- Traitement.--Appointemens. — Nomination. — Garde-magasin.

Les réclamations d'un garde-magasin contre une décision du ministre de la guerre qui lui a refusé des appointemens, sont une matière contentieuse pour laquelle il peut y avoir recours au Conseil d'état. Toutefois la réclamation peut être déclarée mal fondée si le garde-magasin a été nommé autrement que des deux manières suivantes : ou provisoirement par l'ordonnateur en chef, ou définitivement par le ministre de la guerre.

(Le sieur Perelle.)

Le 24 novembre 1806, le sieur Perelle fut nommé garde-magasin des fourrages à la grande armée; ses fonctions dans cette place durèrent jusqu'au 30 juin 1808.

Sa nomination avait été faite par le régisseur général des fourrages, et approuvée par l'ordonnateur en chef, remplaçant alors l'intendant général.

Après la cessation de ses fonctions, le sieur Perelle s'adressa au ministre de la guerre pour demander le paiement de ses appointemens.

Sa demande fut écartée par une décision du ministre, en date du 31 octobre 1815, ainsi conçue :

« Vous sollicitez près de moi, monsieur, des appointemens depuis le 24 novembre 1806, jusqu'au 30 juin 1808, temps pendant lequel vous avez été employé à la grande-armée, en qualité de garde-magasin des fourrages.

» Je me suis fait rendre compte de vos droits à cette solde arriérée, et j'ai remarqué que vous n'aviez été nommé que par commission provisoire du régisseur de ce service, qui, dans aucun cas, ne pouvait suppléer au ministre ou à l'intendant-général pour des actes de cette nature. J'ai remarqué, en outre, que cet intendant-général, non-seulement n'avait pas confirmé votre nomination, non plus que celle d'autres employés faites par le même régisseur; mais qu'il avait donné des ordres pour les annuller, dès qu'il en avait eu connaissance : ce qui prouve qu'elle était inutile.

» Il résulte de ces observations, monsieur, que le gouvernement ne vous doit pas compte de votre activité de service, pendant le laps de temps dont il s'agit, et que, si vous avez des réclamations à faire pour cet objet, vous devez vous adresser au régisseur qui vous a mis en fonctions. »

Perelle ayant réclamé auprès du ministre contre cette décision, il en fut rendu une seconde, le 2 novembre 1816, qui confirma la première.

Ce sont ces deux décisions que Perelle a soumis à la censure du Conseil d'état.

Sur son pourvoi est intervenue l'ordonnance suivante :

LOUIS, etc.; — Sur le rapport du comité du contentieux,

Vu la requête à nous présentée au nom du sieur Charles-Thomas Perelle, enregistrée au secrétariat du comité du contentieux de notre Conseil d'état, le 9 octobre 1817, et tendante à l'annullation de deux décisions de notre ministre de la guerre, des 31 octobre

1815 et 2 novembre 1816, et à ce qu'il soit ordonné qu'il sera payé de la somme de 4808 fr. 33 cent. pour appointemens à lui dus en qualité de garde-magasin des fourrages à la grande-armée pendant les années 1806, 1807 et 1808;

Vu les décisions attaquées;

Vu la lettre de notre ministre de la guerre, en date du 29 novembre 1817, en réponse à la communication à lui faite de la requête du sieur Perelle; laquelle lettre conclut au rejet de sa demande, sur le motif que sa nomination aurait été irrégulièrement faite et n'aurait pas été confirmée;

Vu la réplique du sieur Perelle;

Ensemble un état de ses services à lui délivré le 12 janvier 1818 par notre ministre de la guerre;

Considérant que le sieur Perelle n'a été nommé garde-magasin, ni provisoirement par l'ordonnateur en chef, ni définitivement par le ministre de la guerre; que, par conséquent, il ne lui est dû par le gouvernement aucun traitement à raison d'une fonction qui ne lui a jamais été confiée par l'autorité compétente;

Notre Conseil d'état entendu,

Nous avons ordonné et ordonnons ce qui suit:

Art. 1er. La requête du sieur Perelle est rejetée.

2. Notre ministre secrétaire d'état au département de la guerre est chargé de l'exécution de la présente ordonnance.

Ordonnance du 3 juin 1818. (2984)

N°. 239.

CHEMIN VICINAL.

Lorsqu'un chemin n'a pas été rangé par le préfet dans la classe des chemins vicinaux, et qu'il s'agit de savoir s'il appartient au propriétaire dont il traverse les propriétés, la question est purement judiciaire; elle ne regarde aucunement le conseil de préfecture.

Lorsqu'un chemin qui traverse les propriétés d'un particulier n'a pas actuellement le caractère de chemin vicinal, le maire de la commune peut se pourvoir devant le préfet pour demander que ce chemin soit classé parmi les chemins vicinaux, et qu'il soit statué sur son emplacement, sa largeur et sa direction, sauf une juste et préalable indemnité envers qui de droit.

(Le sieur Delteil. — C. — le maire de la commune de Fontanes.)

Le hameau de Poncès, situé dans la commune de Fontanes, était autrefois habité par quatre différens propriétaires, au nombre desquels était le sieur Delteil.

Les propriétés de ces divers particuliers étaient desservies par un chemin qui allait aboutir à deux autres chemins publics allant de Fontanes à Cahors.

Le sieur Delteil ayant acquis toutes les propriétés de ses trois autres voisins, a jugé à propos de changer la direction du petit chemin de service.

Le maire de la commune de Fontanes s'est plaint de cette innovation, en a dressé procès-verbal, et l'a transmis à M. le préfet du département du Lot.

30 août 1817, arrêté du conseil de préfecture de ce département, ainsi conçu:

« Le conseil de préfecture,

» Vu le procès-verbal dressé par l'adjoint du maire de Fontanes, canton de Balbenque, à raison du changement opéré par le sieur Delteil, propriétaire, habitant de cette commune, d'un chemin situé au tenement des Poncès, susdite commune;

» Vu l'opposition formée par le sieur Delteil à ce procès-verbal, qui lui a été communiqué officiellement, fondée sur ce qu'il a eu le droit de fermer ce chemin, attendu qu'il a acquis les propriétés qui le bordaient; que ce chemin n'avait été ouvert que pour les susdites propriétés; que le procès-verbal fait par l'adjoint porte le caractère de la haine et de la méchanceté, puisque lui, Delteil, sans y être obligé, a ouvert un autre chemin plus praticable; qu'enfin ce chemin étant désigné dans le cadastre comme chemin de service, il est distingué des autres chemins où il aboutissait, qui sont qualifiés de chemins publics; que, par suite, la contestation élevée par l'adjoint de Fontanes, n'est pas de l'autorité administrative;

» Vu le plan cadastral de la commune de Fontanes;

» Vu le cadastre de la susdite commune fait en 1665;

» Considérant, 1°. que les chemins de service, qui sont la propriété d'un particulier, sont parfaitement distingués par le cadastre, quand ils ne servent que pour un service particulier, et que cette distinction se trouve établie à la page 144 du cadastre, v°. n°. 1er., où un chemin est désigné pour servir le jardin d'Antoine Clauzel, et qu'il en est bien autrement du chemin contesté, qui est uniquement désigné sous le nom de chemin de service dans plusieurs endroits du même cadastre, notamment page 299, article 5, page 144, v°. n°s. 2 et 5;

» 2°. Qu'au temps où le cadastre fut fait, le terme de chemin vicinal était inusité; qu'on appelait chemins de service ceux qui servaient de communication entre les différentes parties de la commune, ou à tout autre usage public, tel que celui d'une fontaine, d'un lac, etc.;

» 3°. Que ces chemins ne sont pas moins la propriété des habitans des hameaux, qui ont le plus grand intérêt à leur conservation; que la compétence de l'autorité administrative, chargée de réprimer les entreprises faites dans les propriétés publiques, ne peut être contestée;

» 4°. Qu'en supposant que le sieur Delteil a ouvert

un chemin plus commode que celui qu'il a fermé, il n'a pu le faire sans autorisation légale;

» 5°. Que, d'après le plan des lieux, les habitans du hameau de Juge et le nommé Vitalic auront à parcourir pour communiquer avec le hameau d'Espagnac, et surtout avec la fontaine qui se trouve sur le chemin qui conduit à ce hameau, une distance plus longue de 325 mètres, par l'effet de l'entreprise du sieur Delteil,

» Arrête;

» Art. 1er. Le sieur Delteil rétablira le chemin des Poncès dans son état primitif, et ce dans le délai de quinzaine, à dater de la notification du présent arrêté, laquelle aura lieu par ministère d'huissier.

» 2. A défaut, il y sera pourvu par le maire de la commune de Fontanes, qui présentera l'état des frais, pour être rendu exécutoire par le préfet, et le recouvrement en être opéré par voie de contrainte, comme en matière de contributions directes.

» 3. Expédition du présent sera adressé au maire, chargé d'en assurer l'exécution. »

C'est cet arrêté que le sieur Delteil a dénoncé au Conseil d'état.

Il a soutenu que le conseil de préfecture était incompétent pour juger la question, puisqu'il ne s'agissait, dans l'espèce, que d'un simple chemin de service, et de décider à qui de la commune ou du sieur Delteil appartenait le chemin en litige; qu'une pareille question était tout simplement une question de propriété qui ne pouvait être décidée que par les tribunaux.

Sur ce est intervenue l'ordonnance suivante:

LOUIS, etc.; — Sur le rapport du comité du contentieux;

Vu la requête à nous présentée au nom du sieur Jean-Baptiste Delteil, propriétaire-cultivateur, demeurant au lieu de Poncès, commune de Fontanes, arrondissement du Lot, enregistrée au secrétariat du comité du contentieux de notre Conseil d'état, le 24 novembre 1817, et tendante à ce qu'il nous plaise le recevoir appelant de l'arrêté du conseil de préfecture du département du Lot, en date du 30 août 1817, et, faisant droit sur ledit appel, déclarer nul et de nul effet ledit arrêté comme étant incompétemment rendu, et renvoyer les parties devant qui de droit;

Dans tous les cas, et par provision; et attendu qu'il s'agit d'un droit de propriété, et que tout serait irréparable en définitif, faire défense au maire de Fontanes ou à tous autres agens de l'autorité de passer outre à l'exécution dudit arrêté du conseil de préfecture, et, en cas de contestation, condamner les contestans aux dépens, sous toutes réserves;

Vu l'ordonnance de *soit communiqué*, en date du 8 janvier 1818, et la signification qui en a été faite le 9 février suivant au maire de Fontanes;

Vu le second mémoire du sieur Delteil, enregistré audit secrétariat le 23 avril 1818, et tendant au maintien de ses précédentes conclusions;

Vu l'arrêté du conseil de préfecture du département du Lot, du 30 août 1817, qui condamne le sieur Delteil à rétablir le chemin de Poncès dans son état primitif, et, à défaut de le faire, charge le maire de la commune de Fontanes d'y pourvoir aux frais dudit sieur Delteil;

Vu les autres pièces jointes au dossier;

Considérant qu'il n'appartient qu'à l'administration, c'est-à-dire au préfet, de classer les chemins vicinaux; que le chemin de Poncès n'étant pas rangé dans cette classe, le conseil de préfecture n'était pas autorisé à connaître des contestations relatives audit chemin;

Considérant qu'il s'agit de constater si le chemin de Poncès appartient au sieur Delteil, ou s'il traverse ses propriétés sans en dépendre; que cette question est du ressort des tribunaux;

Considérant que, quel que soit le jugement à intervenir, le maire de la commune de Fontanes demeure fondé à se pourvoir, si bon lui semble, devant le préfet, pour demander que le chemin de Poncès soit classé parmi les chemins vicinaux, et qu'il soit statué sur son emplacement, sa largeur et sa direction, sauf une juste et préalable indemnité envers qui de droit, et s'il y a lieu;

Notre Conseil d'état entendu,

Nous avons ordonné et ordonnons ce qui suit:

Art. 1er. L'arrêté du conseil de préfecture du département du Lot, du 30 août 1817, est annullé pour cause d'incompétence.

2. Les parties se pourvoiront, si bon leur semble, devant le préfet, sur la qualification, le classement et le tracé du chemin de Poncès et devant les tribunaux sur la question de propriété.

3. Le maire de Fontanes, en cette qualité, est condamné aux dépens.

4. Notre garde des sceaux ministre secrétaire d'état de la justice et notre ministre secrétaire d'état de l'intérieur sont chargés, chacun en ce qui le concerne, de l'exécution de la présente ordonnance.

Ordonnance du 3 juin 1818. (2986)

N°. 240.

1°. CONTENTIEUX. — TRAITEMENT MILITAIRE. — LIQUIDATION.

2°. DÉLAI. — NOTIFICATION PAR LETTRES MINISTÉRIELLES.

La demande d'un commissaire-ordonnateur en annullation de décisions rendues par le ministre de la guerre, en ce qu'elles lui refusent une indemnité pour tout le temps qu'il a administré en chef un corps de la grande-armée, tendante, par suite, à obtenir liqui-

dation de la somme qui lui est due, aux termes de l'article 24 de l'arrêté du 9 pluviose an 8, est repoussée par fin de non-recevoir, si elle n'a pas été formée dans les trois mois, à dater du jour où ces décisions lui ont été notifiées par lettre ministérielle.

Ainsi, règle générale, 1°. *la demande d'un militaire, tendante à l'annullation d'une décision ministérielle, sur la quotité du traitement qui lui est dû, d'après un réglement d'administration, peut être réputée contentieuse et portée au Conseil d'état, sans qu'il y ait de fin de non-recevoir au seul aperçu de la demande*; 2°. *le délai pour se pourvoir contre une décision de la justice ministérielle, en matière mixte d'administration et de droit privé, court du jour de la notification par lettre ministérielle; (alors probablement qu'il y a certitude de la réception de la lettre.)* (Art. 11 du réglement du 22 juillet 1806.)

(Le sieur Lenoble.)

Un arrêté du gouvernement du 9 pluviose an 8 créa des inspecteurs aux revues, et régla les fonctions des commissaires des guerres.

Il est essentiel de rapporter la teneur de l'article de cette loi; il est ainsi conçu : « La solde des commissaires des guerres est réglée ainsi qu'il suit : aux commissaires-ordonnateurs 10,000 livres. Les ordonnateurs, qui seront chargés en chef de l'administration d'une armée, recevront en sus de leurs appointemens une indemnité de 1000 fr. par mois.

Le 17 février 1806, le sieur Lenoble reçut de M. Petiet, alors intendant-général de la grande armée, une lettre où il s'exprimait ainsi :

« A M. Lenoble, ordonnateur en chef du 4e. corps de l'armée : Le ministre de la guerre ne m'a pas laissé le temps, monsieur, de vous désigner pour remplacer M. Arcambal; il vous avait déjà nommé, lorsque j'ai appris le décret qui appelait M. Arcambal à l'armée de Naples; les frais de bureau et de dépenses extraordinaires, alloués aux ordonnateurs en chef, vous seront payés, à compter du jour que vous aurez pris le service. »

Par décret du 15 février 1807, le sieur Lenoble fut nommé ordonnateur titulaire; le brevet ne porte que le titre d'ordonnateur et non celui d'ordonnateur en chef.

Toujours est-il certain, en fait, que l'ordonnateur Lenoble a administré, en chef, le 4e. corps de la grande armée, depuis le 5 février 1806 jusqu'au 11 novembre 1808.

A cette dernière époque, le sieur Lenoble ayant reçu l'ordre de passer en Espagne, réclama l'indemnité mensuaire, fixée par l'article 24 de l'arrêté du 9 pluviose an 8.

Il crut devoir porter sa réclamation devant Son Excellence le ministre de la guerre, qui rendit, le 13 mai 1816, une première décision par laquelle il accueillit la demande.

Mais, par une décision du 19 septembre de la même année, le ministre de la guerre rapporta celle du 13 mai précédent, et refusa d'allouer l'indemnité demandée.

Cette décision est motivée sur ce que l'indemnité réclamée avait toujours été considérée comme un supplément de solde qui n'était dû qu'aux titulaires du grade d'ordonnateur en chef, et non pas aux faisant fonctions; et que le sieur Lenoble ne justifiait d'aucune décision ministérielle qui établit sa nomination au grade d'ordonnateur en chef.

Le 14 décembre 1816, cette décision fut notifiée au sieur Lenoble par lettre ministérielle.

Le sieur Lenoble fit une nouvelle tentative auprès du ministre, pour connaître d'une manière plus précise les motifs qui l'avaient déterminé; il lui répondit aussi, par lettre ministérielle, en date du 21 juin 1817, que les motifs consignés dans la décision du 14 décembre devaient lui suffire, qu'il ne pouvait rien ajouter aux détails qu'elle contenait.

Le sieur Lenoble se détermina alors à provoquer l'annullation de ces décisions; mais le dépôt de sa requête en pourvoi ne fut effectué au secrétariat du comité du contentieux que le 18 septembre 1817.

Dans cette requête, et les autres qu'il a produites devant le conseil, le sieur Lenoble s'est uniquement attaché à démontrer que les décisions du ministre étaient contraires à la lettre et à l'esprit de la loi du 9 pluviose an 8, soit parce qu'il était ordonnateur en chef titulaire, soit parce qu'il en remplissait les fonctions, et que, dans l'un et l'autre cas, il avait droit à l'indemnité de 1000 fr. par mois.

Mais il se présentait d'abord à juger les questions de savoir :

1°. Si la demande du sieur Lenoble, qui a pour objet la fixation de la quotité du traitement qui lui est dû, d'après un réglement d'administration, peut être réputée de nature contentieuse, et comme telle portée devant le Conseil d'état;

2°. Si le délai, pour se pourvoir contre la décision du ministre, prononçant en matière mixte d'administration et de droit privé, court du jour de la notification de cette décision par lettre ministérielle;

Sur quoi a été rendue l'ordonnance dont la teneur suit :

LOUIS, etc.; — sur le rapport du comité du contentieux;

Vu la requête à nous présentée au nom du sieur Lenoble, commissaire-ordonnateur, enregistrée au secrétariat du comité du contentieux de notre Conseil d'état, le 18 septembre 1817, par laquelle il conclut à l'annullation de trois décisions de notre ministre secrétaire d'état au département de la guerre, en date des 19 septembre, 14 décembre 1816, et 21 juin 1817, qui lui refusent une indemnité de 1000 francs par mois, qu'il prétend lui être due pendant tout le temps qu'il a administré en chef le 4e. corps de la grande armée; en conséquence, à la liquidation et au paiement de cette indemnité, en capital et intérêts;

Vu les décisions attaquées;

Vu la requête ampliative du sieur Lenoble, enregistrée audit secrétariat du comité du contentieux, le 17 octobre 1817, par laquelle il déclare persister dans ses précédentes conclusions;

Vu la lettre de notre ministre de la guerre, en date du 6 décembre 1817, en réponse à la communication qui lui a été donnée des requêtes du sieur Lenoble, de laquelle il résulte que l'usage constant, adopté au ministère, a été de considérer les 1000 francs accordés par l'article 24 de l'arrêté du 9 pluviose an 8, comme un supplément de solde qui n'était dû qu'au grade; ladite lettre portant en outre que le sieur Lenoble ne justifiait d'aucune décision ministérielle qui établit sa nomination au grade d'ordonnateur en chef;

Vu la réplique du sieur Lenoble, par laquelle il persiste dans les conclusions par lui précédemment prises;

Vu l'instruction du ministre de la guerre sur la solde et les revues, et le tarif qui y fait suite, en date du 12 fructidor an 13;

Vu la lettre écrite, le 17 février 1806, au sieur Lenoble par le sieur Pétiet, lors conseiller d'état et intendant-général de la grande armée, pour lui annoncer que le ministre l'a nommé aux fonctions d'ordonnateur en chef du 4e. corps de l'armée;

Vu les lettres des intendans-généraux comtes Daru et Villemanzy, en date des 11 octobre et 1er. novembre 1808, desquelles il résulte que le sieur Lenoble a exercé les fonctions d'ordonnateur en chef près le 4e. corps de la grande armée jusqu'au 10 novembre 1808;

Vu l'article 24 de l'arrêté du 9 pluviose an 8, ainsi conçu:

« Les ordonnateurs qui seront chargés en chef de l'administration d'une armée, recevront, en sus de leurs appointemens, une indemnité de 1000 francs par mois; »

Vu enfin toutes les pièces produites;

Considérant que les décisions des 19 septembre et 14 décembre 1816, contre lesquelles le sieur Lenoble se pourvoit, sont confirmatives l'une de l'autre, et lui ont été notifiées par lettre ministérielle du 14 décembre 1816; que la lettre du ministre de la guerre, du 21 juin 1817, ne fait que rappeler les décisions précédentes des 19 septembre et 14 décembre 1816, et la notification qui en avait été faite; que le pourvoi du sieur Lenoble n'a été enregistré au secrétariat du comité du contentieux de notre Conseil d'état que le 18 septembre 1817, c'est-à-dire plus de neuf mois après la connaissance avouée par lui des décisions qu'il attaque; que conséquemment, aux termes de l'art. 11 du décret du 22 juillet 1806, son pourvoi n'était plus recevable;

Notre Conseil d'état entendu,

Nous avons ordonné et ordonnons ce qui suit:

Art. 1er. La requête du sieur Lenoble est rejetée.

2. Notre ministre secrétaire d'état de la guerre est chargé de l'exécution de la présente ordonnance.

Ordonnance du 3 juin 1818. (2982)

N°. 241.

FRAIS DE BUREAUX.

Même décision relativement à la déchéance pour le cas où un commissaire ordonnateur réclame des frais de bureaux.

(Le sieur Lenoble.)

LOUIS, etc.; — Sur le rapport du comité du contentieux;

Vu la requête à nous présentée au nom du sieur Lenoble, commissaire-ordonnateur, enregistrée au secrétariat du comite du contentieux de notre Conseil d'etat, le 19 septembre 1817, tendante à l'annullation de quatre décisions du ministre de la guerre, en date des 29 juin 1813, 19 septembre, 14 décembre 1816 et 21 juin 1817, qui refusent de lui allouer les frais de bureaux auxquels il prétend avoir droit, comme ordonnateur en chef de l'armée française du midi en Espagne, pour les mois de mai, juin et les quinze premiers jours de juillet 1813, à raison de 6000 francs par mois; et par suite, à ce que le montant desdits frais lui soit payé, ainsi que les intérêts, sous la déduction des sommes par lui reçues à valoir;

Vu les décisions attaquées;

Vu la requête ampliative du sieur Lenoble, enregistrée au secrétariat dudit comité du contentieux, le 9 octobre 1817, par laquelle il persite dans ses précédentes conclusions;

Vu la lettre de notre ministre secrétaire d'état au département de la guerre, en date du 6 décembre 1817, en réponse à la communication qui lui a été donnée des requêtes du sieur Lenoble; de laquelle il résulte que les 6000 francs par mois, que recevaient les ordonnateurs en chef, employés en Espagne, ne leur étaient payés que d'après une décision prise le 25 mars 1811, en faveur de l'ordonnateur en chef Joinville, alors chargé de l'administration de l'armée du Nord en Espagne; ladite décision portant que cette somme lui était accordée à titre de frais extraordinaires du bureau, de table et de représentation, et qu'elle serait acquittée sur les fonds de l'Espagne; que la décision du 14 avril 1813, qui a fait cesser le paiement des traitemens extraordinaires, accordés par la décision du 21 janvier 1811, est applicable aux 6000 francs alloués aux ordonnateurs en chef, dont une partie était pour frais de table et de représentation; et enfin, que la décision du 24 juin 1813, qui a fixé à 2000 francs par mois les frais de bureau, n'a pas eu d'effet rétroactif, puisque, dès le 1er. mai 1813, il n'était plus accordé de frais de table et de représentation en Espagne, et que tous les ordonnateurs n'avaient plus droit, dès cette époque, qu'à la portion représentative des frais de bureau;

Vu la réplique du sieur Lenoble, par laquelle il déclare persister dans les conclusions par lui précédemment prises;

Vu la lettre du ministre de la guerre, du 5 février 1811, contenant l'énonciation des traitemens extraordinaires qui, d'après la décision du 21 janvier précédent, doivent être payés aux armées françaises en Espagne et en Portugal;

Vu la lettre du ministre de la guerre, du 30 avril 1813, faisant mention que, le 14 du même mois, les traitemens extraordinaires, réglés par la décision du 21 janvier 1811, en faveur des armées d'Espagne, ont été supprimés, mais que cette suppression ne s'appliquait qu'aux traitemens extraordinaires dont ne jouissait pas la grande armée;

Vu le rapport fait le 13 février 1811, par le comte de Cessac, ministre directeur de l'administration de la guerre, au sujet de l'ordonnateur en chef Joinville, duquel il résulte que l'ordonnateur en chef de l'armée d'Allemagne jouissait d'un traitement extraordinaire de 6000 francs par mois;

Vu enfin toutes les pièces produites;

Considérant que les décisions des 29 juin 1813 et 19 septembre 1816, contre lesquelles le sieur Lenoble se pourvoit, lui ont été notifiées par lettre ministérielle du 14 décembre 1816, ainsi qu'il l'a reconnu lui-même par sa lettre du 29 mai 1817;

Que la lettre du ministre de la guerre, du 21 juin 1817, ne fait que rappeler les décisions précédentes, des 29 juin 1813, 19 septembre et 14 décembre 1816, et 21 juin 1817, et la notification qui en avait été faite;

Que le pourvoi du sieur Lenoble n'a été enregistré au secrétariat du comité contentieux de notre Conseil d'état, que le 19 septembre 1817, c'est-à-dire, plus de 9 mois après la connaissance avouée par lui des décisions qu'il attaque;

Que conséquemment, aux termes de l'article 11 du décret du 22 juillet 1806, son pourvoi n'était plus recevable;

Notre Conseil d'état entendu,

Nous avons ordonné et ordonnons ce qui suit:

Art. 1er. La requête du sieur Lenoble est rejetée.

2. Notre ministre secrétaire d'état de la guerre est chargé de l'exécution de la présente ordonnance.

Ordonnance du 3 juin 1818. (2982)

N°. 242.

INDEMNITÉ. — EXPROPRIATION. — EXPERTISE.

Les conseils de préfecture qui, avant de prononcer sur une indemnité due à un propriétaire exproprié, ont ordonné une expertise qui a été mal faite, doivent ordonner une nouvelle expertise, et non arbitrer eux-mêmes d'après leurs propres données. (Art. 57 de la loi du 16 septembre 1807.)

(Niogret.)

LOUIS, etc.; — Sur le rapport du comité du contentieux;

Vu la requête à nous présentée, au nom du sieur Guillaume Niogret, enregistrée au secrétariat du comité du contentieux de notre Conseil d'état, le 26 septembre 1817, tendante à ce qu'il nous plaise annuller un arrêté du conseil de préfecture du département du Rhône, en date du 24 juillet 1817, comme ayant fixé arbitrairement l'indemnité qui était due au requérant, pour la cession partielle faite à la ville de Lyon, de la jouissance d'une maison dont il était propriétaire, et, en outre, ordonner que le rapport de l'expert par lui nommé sera homologué, pour être exécuté selon sa forme et teneur.

Vu l'ordonnance de soit communiqué, signifiée à la ville de Lyon, en la personne de son maire, le 20 octobre 1817, à laquelle signification il n'a pas été répondu dans les délais du réglement;

Vu l'arrêté du conseil de préfecture du département du Rhône, en date du 24 juillet 1817, qui, sans s'arrêter ni avoir égard à aucun des trois rapports d'experts, comme n'étant pas dans la lettre, l'esprit et le sens du décret du 15 décembre 1813, déclare fixer à 7000 fr., capital et intérêts compris, l'indemnité que peut prétendre le sieur Niogret, sur la considération de l'offre à lui faite le 4 mars 1814, par le maire de la ville, de la somme de 5813 fr.;

Vu les rapports des deux experts Falcheron et Falconnet, en date des 21 février et 27 mars 1817;

Vu le décret du 15 décembre 1813;

Ensemble toutes les pièces jointes au dossier de cette affaire;

Considérant que le conseil de préfecture, en rejetant les rapports des experts, qui lui paraissaient contraires aux dispositions du décret du 15 décembre 1813, a décidé contre le texte précis de ce décret, que l'indemnité due au sieur Niogret, pour la non-jouissance de sa maison, devait lui être comptée du jour de la cession réelle et constatée qui en avait été faite à la ville de Lyon, tandis qu'il résulte de l'article 6 du décret précité, que la cession partielle devait se compter du 13 janvier 1810, au 15 décembre 1813;

Que le conseil de préfecture, en adoptant l'offre

faite par le maire de la ville, n'a fait aucune mention du revenu ordinaire de la maison et de la valeur de la jouissance partielle laissée au sieur Niogret; qu'il a décidé sans prendre l'avis des contrôleur et directeur des contributions, conformément à l'article 57 de la loi du 16 septembre 1807;

Considérant que les experts ont agi séparément sur des bases totalement différentes; qu'ils se sont également écartés des dispositions du décret du 15 décembre 1813 : l'expert du sieur Niogret, en fixant à deux ans le terme d'occupation d'une partie de la maison par ledit sieur Niogret; l'expert de la ville, en fixant à une année l'indemnité due pour la cession partielle de ladite maison, lorsque, par le décret, le temps de l'occupation et de la non-jouissance est déterminé à 3 ans 11 mois 2 jours;

Que l'expert du sieur Niogret a procédé à son évaluation, sans déduire le montant des contributions ni les frais d'entretien;

Que le tiers-expert n'a redressé aucune des erreurs commises aux premières estimations;

Considérant, enfin, qu'il y a lieu de recourir à une nouvelle expertise contradictoire, et, dans le cas de dissention d'avis à la nomination du tiers-expert par le préfet du département, conformément à l'art. 56, §. 2 de la loi du 16 septembre 1807, auquel se réfère spécialement l'art. 6 du décret du 15 décembre 1813;

Notre Conseil d'état entendu,

Nous avons ordonné et ordonnons ce qui suit :

Art. 1er. L'arrêté du conseil de préfecture du département du Rhône, en date du 24 juillet 1817, est annullé.

2. Il sera procédé, à la diligence des parties, à la nomination d'experts contradictoires départagés, en cas de dissentiment d'avis, par un tiers-expert à la nomination du préfet.

3. Les dépens entre les parties demeurent réservés.

4. Notre ministre secrétaire d'état de l'intérieur est chargé de l'exécution de la présente ordonnance.

Ordonnance du 3 juin 1818. (2983)

N°. 243.

1°. AUTORISATION. — Commune. — Appel. — Pouvoir discrétionnaire.

2°. Communes. — Minorité. — Propriété collective.

1°. *Le Conseil d'état peut, dans sa sagesse, refuser à une commune l'autorisation nécessaire pour interjeter appel d'un jugement rendu à son préjudice, lorsqu'il n'aperçoit pas de moyens d'appel et qu'il existe un avis de plusieurs jurisconsultes en sens contraire.*

2°. *Est-il bien dans le droit et dans l'intérêt public que les communes soient réputées mineures? Comment se fait-il qu'une collection d'hommes, tous majeurs et doués d'une volonté intelligente, soient réputés mineurs et inhabiles, alors qu'il s'agit de disposer d'une chose qui leur est propre, qui n'appartient qu'à eux, qui n'intéresse qu'eux? Où s'arrêterait, dans ses conséquences, le principe qu'il ne peut y avoir de libre disponibilité dans les propriétés collectives?*

(La commune de Broyes. — C. — le sieur Boyard de Plainville.)

Une discussion s'étant élevée entre les habitans de la commune de Broyes et M. Boyard de Plainville, relativement à la propriété d'un terrain vain et vague, appelé le Mont-Soufflart, il fut rendu, le 20 février 1817, par le tribunal de première instance de Clermont-Oise, devant lequel avait été portée la contestation, un jugement qui déclara les habitans de Broyes non-recevables et mal fondés dans leur demande relative à la propriété du terrain dont il s'agit.

La commune de Broyes, voulant faire réformer ce jugement, sollicita du conseil de préfecture du département l'autorisation d'en interjeter appel.

Le conseil de préfecture soumit d'abord le jugement et les moyens invoqués pour l'attaquer, à l'examen de deux jurisconsultes, qui furent d'avis contraire aux prétentions de la commune.

En conséquence, par arrêté du 9 janvier 1818, le conseil de préfecture refusa à cette commune l'autorisation nécessaire pour se pourvoir en appel contre ce jugement.

C'est contre cet arrêté que le maire et les habitans de la commune de Broyes se sont pourvus devant le Conseil d'état,

Ils se sont attachés, dans leur requête, à démontrer le mal jugé du tribunal de Clermont-Oise; ils ont aussi invoqué une ordonnance rendue le 9 février 1815, dans les mêmes circonstances, en faveur de la commune de Grand-Roquet.

Sur ce a été rendue l'ordonnance dont la teneur suit:

LOUIS, etc.; — Sur le rapport du comité du contentieux;

Vu la requête à nous présentée au nom des maire et habitans de la commune de Broyes, enregistrée au secrétariat du comité du contentieux de notre Conseil d'état, le 4 mai, tendante à l'annullation d'un arrêté du conseil de préfecture du département de l'Oise, du 9 janvier dernier, qui leur a refusé l'autorisation nécessaire pour se pourvoir en appel contre un jugement rendu par le tribunal de première instance séant à Clermont Oise, le 20 février 1817, qui les a déclarés non-recevables et mal fondés dans leur demande relative à la propriété du terrain dit le *Mont-Soufflart*, qu'ils contestent audit Boyard de Plainville;

Vu le jugement du tribunal de première instance de Clermont-Oise, du 20 février 1817;

Vu l'arrêté du conseil de préfecture, du 9 janvier 1818;

Ensemble toutes les pièces produites et jointes au dossier;

Considérant qu'il résulte des motifs qui ont servi de base au jugement du tribunal de première instance de Clermont-Oise, des pièces du litige, et notamment d'une consultation de deux jurisconsultes appelés par le sous-préfet de l'arrondissement, que la commune de Broyes n'a aucun moyen, même vraisemblable, à opposer au jugement qui la condamne, et que, par conséquent, il n'y a pas lieu à lui accorder l'autorisation qu'elle réclame;

Notre Conseil d'état entendu,

Nous avons ordonné et ordonnons ce qui suit:

Art. 1er. La requête du maire et des habitans de la commune de Broyes, département de l'Oise, est rejetée.

2. Notre ministre secrétaire d'état de l'intérieur est chargé de l'exécution de la présente ordonnance.

Ordonnance du 3 juin 1818. (2993)

N°. 244.

COMMUNAUX. — RATIFICATION. — PRÉFET. — VENTE.

Un préfet qui a autorisé une vente de biens communaux peut annuller l'adjudication, sur le motif que les biens n'ont pas été portés à leur véritable valeur, s'il a été dit dans le cahier des charges que la vente ne serait définitive qu'après avoir été sanctionnée par lui.

(La commune de Vavrin.)

Par ordonnance du 16 septembre 1816, la commune de Vavrin fut autorisée à faire procéder à la vente d'une certaine quantité de biens communaux.

La vente devait avoir lieu devant un notaire, qui fut désigné par le préfet.

Il était dit dans le cahier des charges que la mise à prix était de 26,488 fr., « et que l'adjudication ne serait définitive qu'après avoir été sanctionnée par M. le préfet. »

Le 5 décembre suivant, les enchères furent ouvertes, et les biens furent adjugés aux sieurs Brande, Flamen et autres, moyennant la somme de 39,750 fr.

Conformément à la clause sus-mentionnée du cahier des charges, les adjudicataires sollicitèrent la ratification du préfet; mais, par arrêté du 17 janvier 1817, ce magistrat la leur refusa, sur le motif que les biens n'avaient pas été portés à leur véritable valeur, et il ordonna qu'ils seraient remis en vente.

C'est contre cet arrêté que se sont pourvus les sieurs Brande, Flamen et autres.

Ils ont soutenu:

Qu'un préfet ne peut annuller une adjudication de biens qu'il avait autorisée, qu'autant que toutes les formalités n'ont pas encore été observées; que si la commune, dont les biens étaient vendus, eût demandé la révocation de la vente pour cause de vilité du prix, ce n'eût été qu'au Conseil de préfecture qu'il eût appartenu de connaître de cette réclamation; mais qu'il n'appartenait pas à un préfet de décider contrairement à une ordonnance royale, que le prix d'une adjudication n'est pas assez élevé, quand cette ordonnance avait elle-même déterminé la mise à prix bien au-dessous du prix de l'adjudication.

Sur ce est intervenue l'ordonnance suivante:

LOUIS, etc. — Sur le rapport du comité du contentieux;

Vu la requête à nous présentée au nom des sieurs Louis de Brande, Flamen et autres, enregistrée au secrétariat du comité du contentieux de notre Conseil d'état, le 10 février 1817; ladite requête tendante à l'annullation d'un arrêté du préfet du département du Nord, du 17 janvier 1817, qui a refusé d'approuver la vente passée aux requérans, le 25 décembre 1816, de marais dépendans de la commune de Vavrin, adjugés en conformité de l'ordonnance royale du 11 septembre précédent, et a ordonné qu'il serait procédé à une nouvelle adjudication desdits marais, comme ayant été vendus au-dessous de leur valeur;

Vu la lettre de notre ministre secrétaire d'état au département de l'intérieur, le 1er. septembre 1817, en réponse à la communication qui lui a été faite le 28 février précédent, de la requête des sieurs de Brande, Flamen et autres;

Vu la réplique des requérans, enregistrée au secrétariat du comité du contentieux, le 18 février 1818;

Vu l'arrêté susdit du préfet du département du Nord, du 17 janvier 1817;

Ensemble toutes les pièces produites et jointes au dossier;

Considérant, dans l'espèce, que le préfet du département du Nord, en refusant son approbation au projet de vente du 5 décembre 1816, n'a fait qu'user, dans l'intérêt de la commune de Vavrin, du droit que lui conférait l'article 25 du cahier des charges, et qu'il a justement déterminé par les vices de la première évaluation, et par la lésion énorme qui en résultait au préjudice de la commune;

Notre Conseil d'état entendu,

Nous avons ordonné et ordonnons ce qui suit:

Art. 1er. La requête des sieurs de Brande, Flamen et autres, est rejetée.

2. Notre ministre secrétaire d'état de l'intérieur est chargé de l'exécution de la présente ordonnance.

Ordonnance du 3 juin 1818. (2976)

N°. 245.

CHEMIN VICINAL.—PROPRIÉTÉ.—INDEMNITÉ.

Le propriétaire riverain d'un chemin vicinal aux dépens de qui le chemin a été élargi, peut assigner la commune devant les tribunaux, 1°. pour voir dire que le terrain dont on a élargi le chemin, était sa propriété; 2°. qu'il lui est dû une indemnité, aux termes de la loi du 8 mars 1810, comme au cas d'expropriation pour utilité publique.—La justice administrative revendiquerait vainement la connaissance de l'une ou de l'autre de ces deux branches de la contestation.

(Le sieur Bruley-Deshallières.— C. — la commune de Donnemarie.)

Le 18 novembre 1816, un arrêté du préfet du département de Seine-et-Marne, maintint le chemin vicinal de Farcy à la forêt de Fontainebleau, dans sa largeur primitive de dix-huit pieds.

En face de la propriété du sieur Bruley-Deshallières, ce chemin n'avait que quinze pieds de largeur, les trois pieds qui lui manquaient, dans cet endroit, furent pris sur la propriété de ce particulier.

Le sieur Bruley se pourvut devant le tribunal de première instance de Melun, pour obtenir une indemnité et des dommages-intérêts, sur le motif que le terrain sur lequel on avait anticipé, était élevé, dans presque toute son étendue, de trois à quatre pieds au-dessus de la route; qu'il était clos d'une haie vive, que, sans l'en avoir prévenu, la commune de Donnemarie s'était permise de faire abattre; qu'elle avait fait couper le terrain à pic dans toute l'étendue dont elle s'était emparée, et qu'elle avait mis ainsi la propriété de lui Bruley au pillage, en en détruisant la clôture; il demandait, en outre, que la commune fût tenue de faire construire un mur pour soutenir les terres le long du terrain qu'elle avait pris.

De son côté, la commune de Donnemarie soutenait que le sieur Bruley avait lui-même reconnu la nécessité d'élargir le chemin dont il s'agit; qu'il avait, avant qu'on eût touché à sa propriété, fait couper la haie qui bordait son champ, enlever les terres, et mettre le sol de sa propriété de niveau avec le chemin dans toute la longueur d'icelle;

Qu'à l'égard du surplus de terrain qui avait été enlevé au sieur Bruley, dont l'étendue ne s'élevait pas au-delà d'une perche, elle lui en avait offert la valeur à dire d'experts.

Mais, par arrêté du 20 mai 1817, le préfet, sur la demande de la commune de Donnemarie, éleva le conflit, sur le motif qu'aux termes de l'article 4 de la loi du 28 pluviose an 8, c'était aux conseils de préfecture qu'il appartenait de statuer sur les demandes et contestations concernant les indemnités dues aux particuliers, à raison des terrains pris ou fouillés pour la confection des chemins et autres ouvrages publics.

De son côté, le tribunal de première instance de Melun rendit, le 9 juillet de la même année, un jugement par lequel il se déclara compétent pour prononcer sur la contestation, attendu que la demande du sieur Bruley avait pour objet de déterminer les indemnités auxquelles la commune de Donnemarie devait être condamnée envers lui Bruley, à raison de l'expropriation qu'il avait soufferte d'une portion de son terrain; qu'aux termes de l'article 16 de la loi du 8 mars 1810, les tribunaux étaient seuls compétens pour connaître des contestations qui s'élevaient entre les communes et les particuliers, relativement aux indemnités auxquelles ces derniers pouvaient prétendre, à raison des expropriations qu'ils auraient éprouvées pour cause d'utilité publique.

Ces motifs ont été accueillis par le Conseil d'état, qui a prononcé l'annullation de l'arrêté de conflit précité, par l'ordonnance dont la teneur suit :

LOUIS, etc.; — Sur le rapport du comité du contentieux;

Vu la requête à nous présentée au nom du sieur Pierre-Armand Bruley-Deshallières, propriétaire à Melun; ladite requête enregistrée au secrétariat du comité du contentieux de notre Conseil d'état, le 12 août 1817, et tendante à ce qu'il nous plaise, statuant sur la compétence des autorités qui devront connaître de la demande en indemnité formée par l'exposant contre la commune de Donnemarie, ordonner que, sans avoir aucunement égard au conflit élevé sur cette demande par le préfet du département de Seine-et-Marne, le tribunal de première instance séant à Melun, sera et demeurera saisi de ladite demande, pour, par lui, ordonner sur icelle ce que de raison, après avoir toutefois entendu les débats des parties et pris les documens nécessaires pour fixer la valeur du terrain envahi par la commune de Donnemarie, pour l'élargissement d'un chemin vicinal, et condamner ladite commune aux dépens;

Vu l'arrêté du préfet du département de Seine-et-Marne, du 20 mai 1817, par lequel, en vertu de l'article 4 de la loi du 28 pluviose an 8, il revendique, comme étant du ressort de l'autorité administrative, la demande formée par le sieur Bruley-Deshallières contre la commune de Donnemarie, et requiert la suspension de toutes poursuites judiciaires, jusqu'à ce qu'il ait été statué sur le conflit;

Vu le jugement du tribunal de première instance séant à Melun, qui, d'après les termes de l'article 16 du 9 juillet 1817, de la loi du 8 mars 1810, se déclare compétent pour connaître des contestations qui s'élèvent entre les communes et les particuliers, relativement aux indemnités par suite d'expropriations forcées pour cause d'utilité publique; et néanmoins, attendu le conflit de juridiction élevé par l'autorité administrative, lequel conflit est suspensif de sa nature, surseoit à prononcer jusqu'à ce qu'il ait été statué par nous, en notre Conseil d'état, sur le conflit de juridiction dont il s'agit;

Vu le rapport de notre garde des sceaux ministre

secrétaire d'état au département de la justice, du 6 avril 1818;

Vu les autres pièces produites;

Considérant que, d'après la loi du 8 mars 1810, les tribunaux sont seuls compétens pour prononcer, tant sur la propriété du terrain faisant partie des chemins vicinaux, que sur l'indemnité et les dommages qui peuvent être dus pour l'expropriation desdits terrains;

Considérant que, dans l'espèce, la circonstance que la propriété du terrain en question n'est pas contestée, n'empêche pas le tribunal de prononcer sur l'indemnité et les dommages réclamés par le sieur Bruley-Deshallières;

Notre Conseil d'état entendu,

Nous avons ordonné et ordonnons ce qui suit :

Art. 1er. L'arrêté de conflit pris le 20 mai 1817, par le préfet du département de Seine-et-Marne, est annullé.

2. Notre garde des sceaux ministre secrétaire d'état de la justice et notre ministre secrétaire d'état de l'intérieur sont chargés, chacun en ce qui le concerne, de l'exécution de la présente ordonnance.

Ordonnance du 3 juin 1818. (2980)

No. 246.

COMMUNAUX. — PARTAGE. — IRRÉGULARITÉ. — DÉTENTEURS. — POSSESSION.

D'après l'article 3 de la loi du 9 ventose an 9 (qui maintient en possession provisoire et admet à devenir propriétaires incommutables, moyennant le paiement d'une redevance, les détenteurs de communaux en vertu de partage dont il n'a point été dressé acte, *et qui,* ne pouvant justifier d'aucun titre écrit, *auraient défriché, planté, clos, etc., le terrain dont ils ont joui), l'irrégularité de forme dans les actes d'un partage de biens communaux exécuté en vertu de la loi du 10 juin 1793, ne fait nullement obstacle à la confirmation conditionnelle de ce partage, lorsqu'il résulte des titres que les détenteurs réunissent à une longue et paisible jouissance la possession de bonne foi.*

(Les habitans de la commune de Treffay.)

En vertu de la loi du 10 juin 1793, les habitans de la commune de Treffay procédèrent, en l'an 3 et en l'an 4, au partage de leurs communaux.

Le 5 juillet 1817, un arrêté du conseil de préfecture du département du Jura annulla ce partage, et ordonna aux détenteurs de restituer à la commune les terrains qui y avaient été compris, sans modération ni restriction.

Cet arrêté était motivé sur ce que les formalités prescrites par la loi du 10 juin 1793, n'avaient pas été remplies au moment où les habitans voulurent jouir du bénéfice de cette loi; que la commune de Treffay n'ayant point acquitté une rente qu'elle devait au chapitre de Noseray, elle ne pouvait procéder au partage de ses communaux, et qu'en outre, les actes de partage des 12 messidor an 3 et 6 pluviose an 4, contenaient des irrégularités qui les rendaient susceptibles d'êtres annullés.

Cet arrêté fut soumis à l'approbation du ministre qui, dans son rapport au comité du contentieux du Conseil, en demanda l'annullation.

Il faisait observer sur les motifs de cet arrêté :

Qu'à la vérité, les détenteurs n'avaient produit qu'un acte de partage irrégulier, mais qu'il s'élevait, en leur faveur, des présomptions dont le conseil de préfecture lui même avait reconnu l'existence; qu'on voyait, par l'extrait des délibérations du district de Palygny, du 5 brumaire an 2, que les habitans de Treffay avaient eu l'intention de procéder au partage de leurs communaux, et que, par l'effet d'une nouvelle délibération du même district, du 3 pluviose an 2, il avait été déclaré que les biens communaux de Treffay seraient partagés; que ces délibérations constataient donc qu'il y avait eu un projet de partage; que le conseil municipal de Treffay en avait délibéré, et que les actes produits résultaient de ces opérations préparées conformément à la loi du 10 juin 1793;

Que les détenteurs en possession de ces terrains depuis l'an 4, les avaient défrichés, plantés, clos de murs, et qu'ils n'avaient contre eux que l'irrégularité du titre de possession; mais que cette irrégularité n'était point un obstacle à la confirmation conditionnelle du partage, ce que n'avait pas reconnu le conseil de préfecture, et ce en quoi il avait erré dans l'application des principes qui régissaient la matière;

Qu'on ne pouvait établir que la loi du 9 ventose an 9 n'eût confirmé que les partages régulièrement faits; que cette assertion ne serait pas pleinement conforme à l'article 1er. de la même loi, qui confirmait, sans distinction de mérite, les partages effectués en vertu de la loi du 10 juin 1793, dont il avait été dressé acte, et que la même assertion serait textuellement contraire à l'article 3, qui maintenait en possession provisoire et admettait à devenir propriétaires incommutables, moyennant le paiement d'une redevance, les détenteurs possédant en vertu de partage *dont il n'avait point été dressé acte*, et qui, *ne pouvant justifier d'aucun titre écrit*, auraient défriché, planté, clos, etc., le terrain dont ils avaient joui;

Que, par son avis du 29 mai 1808, le Conseil d'état avait consacré ce principe : que l'existence d'un acte de partage, quoique irrégulier dans la forme, suffisait pour faire valider le partage, si cet acte avait été suivi d'une exécution paisible et de bonne foi;

Que tel était le cas où se trouvaient les détenteurs des communaux de Treffay, et qu'ainsi ils avaient droit au bénéfice du maintien en possession provisoire; que, d'après ces principes, l'arrêté précité du conseil de préfecture qui évinçait lesdits détenteurs, était évidemment contraire aux lois de la matière, et qu'en conséquence il devait être annullé.

C'est ce qui a été décidé par l'ordonnance suivante :

LOUIS, etc. ; — Sur le rapport du comité du contentieux ;

Vu le rapport de notre sous-secrétaire d'état au département de l'intérieur, du 31 mars 1818, enregistré au secrétariat du comité du contentieux de notre Conseil d'état, le 22 avril suivant, et tendant à l'annullation d'un arrêté du conseil de préfecture du département du Jura, du 5 juillet 1817, qui a décidé que le partage des communaux de Treffay, opéré entre tous les habitans de cette commune, en l'an 3 et en l'an 4, par suite de la loi du 10 juin 1793, était nul, attendu qu'ils n'avaient pas rempli les formalités voulues par la loi précitée ;

Vu ledit arrêté du conseil de préfecture, du 5 juillet 1817 ;

Ensemble toutes les pièces produites et jointes au dossier ;

Considérant que les titres existans et produits au dossier, réunis à la bonne foi des détenteurs et à leur longue possession, suffisent pour faire maintenir le partage ;

Notre Conseil d'état entendu,

Nous avons ordonné et ordonnons ce qui suit :

Art. 1er. L'arrêté du conseil de préfecture du département du Jura, du 5 juillet 1817, est annullé.

2. Notre ministre secrétaire d'état de l'intérieur est chargé de l'exécution de la présente ordonnance.

Ordonnance du 3 juin 1818. (2992)

N°. 247.

EAU (Cours d'). — Réglement. — Irrigation. — Intérêt public.

Les réglemens d'eau nécessaires pour l'irrigation, dans l'intérêt public et dans celui des propriétaires riverains, doivent être faits par les préfets.

Un particulier dont les propriétés sont traversées par un ruisseau, peut être soumis, pour l'irrigation de ses propriétés riveraines, à un réglement administratif.

En règle générale, l'intérêt public dont se prévalent les préfets pour réglementer les irrigations entre propriétaires riverains, n'exigerait-il pas qu'ils se bornassent aux mesures nécessaires à la police des eaux, laissant aux cointéressés de faire entr'eux les réglemens qui leur conviennent?

(Les demoiselles et dame de Guestiers.)

Le 15 avril 1801, le préfet de l'Eure rendit un arrêté, portant réglement général sur les prises d'eau dans toutes les rivières non navigables, fontaines et ruisseaux pour l'irrigation des prairies de son département.

Cet arrêté, qui fut approuvé par le ministre de l'intérieur, fixait les époques de l'année et la durée du temps pendant lequel les prises d'eau devaient avoir lieu ; ordonnait qu'en cas d'insuffisance de la prise des eaux qui serait faite tous les sept jours, les maires des communes, de concert avec les sous-préfets, dresseraient un réglement local et particulier qui déterminerait d'autres jours pour l'irrigation des prairies.

Le même arrêté ordonnait, en outre, la nomination de commissaires ou préposés à l'irrigation, leur conférait des pouvoirs, déterminait leurs fonctions, et leur attribuait des émolumens à la charge des propriétaires.

Les demoiselle et dame de Guestiers, propriétaires d'un pré au milieu duquel passe le ruisseau dit *du Frédet*, réclamèrent devant les tribunaux contre cet arrêté, à l'occasion d'une contestation existante entre elles et le sieur Marie, propriétaire d'un moulin sur le ruisseau de Frédet.

Elles prétendirent que l'arrêté précité du préfet, n'était point applicable à ce ruisseau, attendu que ledit arrêté ordonnait la rédaction de réglemens locaux qui n'avaient jamais eu lieu pour *le Frédet*, et que les propriétaires des prairies traversées par ce ruisseau étaient restés, depuis le réglement du 15 avril 1801, dans le même état où ils se trouvaient avant que ce réglement parût, c'est-à-dire uniquement soumis aux règles du droit commun ;

Que l'arrêté dont il s'agit était d'autant moins applicable au Frédet, qu'il porterait atteinte à leur droit de propriété sur les eaux de ce ruisseau, et que le préfet, dans aucun cas, ne pouvait s'arroger un tel pouvoir ;

Que cet arrêté ne pouvait dès-lors servir de base au jugement de la contestation existante entre elles et le sieur Marie, contestation dont les tribunaux étaient saisis, et qui ne pouvait être décidée que d'après l'appréciation et l'examen des titres respectifs des parties ; qu'ainsi l'arrêté réglementaire du préfet était entièrement étranger à la procédure qui avait actuellement lieu entre les propriétaires riverains du Frédet.

Le tribunal saisi de la cause ne crut pas modifier l'exécution de l'arrêté ; alors les demoiselle et dame de Guestiers se retirèrent auprès du préfet pour obtenir l'annullation ou modification de l'arrêté du 15 avril 1801, relativement au ruisseau du Frédet, à la jouissance des eaux duquel elles prétendaient avoir droit.

Mais ce fonctionnaire, tout en reconnaissant que les difficultés élevées à ce sujet, entre les demoiselle et dame de Guestiers étaient du ressort des tribunaux ordinaires, renvoya lesdites demoiselle et dame à se pourvoir devant le ministre de l'intérieur, qui avait donné son approbation à l'arrêté réglementaire dont il s'agit.

En conséquence, elles s'adressèrent à ce ministre

qui, à son tour, les renvoya devant le Conseil d'état.

Mais leur pourvoi a été rejeté par l'ordonnance dont la teneur suit :

LOUIS, etc.; — Sur le rapport du comité du contentieux ;

Vu la requête à nous présentée au nom de demoiselle Emélie-Geneviève de Guestiers, fille majeure ; du sieur Laurent-Charles de Guestiers, de dame Emélie Sophie Hébert, veuve dudit sieur de Guestiers, tutrice de Charles-Frédéric et de Pauline de Guestiers, leurs enfans mineurs ; ladite requête enregistrée au secrétariat du comité du contentieux de notre Conseil d'état, le 7 avril 1818, tendante à l'annullation d'une décision de notre ministre secrétaire d'état au département de l'intérieur, du 8 janvier 1818, qui a rejeté la réclamation qu'ils lui avaient adressée, pour faire déclarer que le ruisseau de Frédet, qui traverse leur prairie, n'est pas compris dans l'arrêté du préfet du département de l'Eure, du 15 avril 1801, portant réglement d'eau pour ce département ;

Vu l'arrêté du préfet du département de l'Eure, du 15 avril 1801 ;

Vu la décision de notre ministre secrétaire d'état de l'intérieur, du 8 janvier 1818 ;

Ensemble toutes les pièces produites et jointes au dossier ;

Considérant que c'est à l'administration à dresser les réglemens d'eau nécessaires pour l'irrigation ; que celui du 15 avril 1801 a été fait dans l'intérêt public et dans celui des propriétaires riverains, et qu'il n'y a pas de motifs pour le réformer ; que si les héritiers de Guestiers se croient lésés par l'application que les tribunaux en ont faite, c'est à eux à poursuivre la réformation de leur jugement dans l'ordre de la hiérarchie judiciaire ;

Notre Conseil d'état entendu,

Nous avons ordonné et ordonnons ce qui suit :

Art. 1er. La requête des héritiers de Guestiers est rejetée.

2. Notre ministre secrétaire d'état des finances est chargé de l'exécution de la présente ordonnance.

Ordonnance du 3 juin 1818. (2989)

N°. 248.

ALIGNEMENT. — CHEMIN VICINAL. — DÉMOLITION. — JUSTICE PRÉFECTORIALE. — PROPRIÉTÉ.

Aux termes des réglemens sur la voirie urbaine, il appartient aux maires de faire exécuter les alignemens dans les rues des villes, bourgs et villages qui ne sont pas routes royales ou départementales.

Le particulier qui se permet une construction sans avoir obtenu et exécuté cet alignement, peut être obligé à la démolition, s'il paraît qu'il a usurpé sur un chemin vicinal.

Peu importe qu'il se dise propriétaire du terrain sur lequel il a construit, et que la question de propriété soit déjà soumise à un tribunal ; il suffit que, pour le cas où il serait déclaré propriétaire, le préfet lui ait réservé le droit de demander une indemnité.

(Le sieur Coudray. — C. — le maire de la commune de Genillé.)

Le sieur Coudray faisait faire une construction attenante une maison qui lui appartenait, située sur le bord du chemin vicinal qui conduit de Saint-Quentin à la commune de Genillé.

Le maire de Genillé, sous prétexte que Coudray avait usurpé une portion du chemin, le somma de démolir la partie de l'ouvrage commencé qui nuisait à l'alignement.

Coudray s'y refusa, soutenant que sa construction ne portait aucune atteinte à l'alignement du chemin, qui, en cet endroit, était assez large, et que d'ailleurs le terrain sur lequel il bâtissait était sa propriété.

La question de savoir si ce terrain était réellement la propriété du sieur Coudray, fut portée devant les tribunaux civils ; mais comme l'instance traînait en longueur, le maire de Genillé se pourvut devant le conseil de préfecture du département d'Indre et-Loire, qui rendit, le 11 avril 1817, un arrêté, portant que les constructions du sieur Coudray, sur le chemin vicinal, seraient démolies, comme portant atteinte à l'alignement ; mais réservant une indemnité au sieur Coudray pour le cas où le tribunal saisi de la contestation relative à la propriété du terrain litigieux, déclarerait que ce terrain appartient au sieur Coudray.

C'est contre cet arrêté que le sieur Coudray s'est pourvu devant le Conseil d'état.

Il a prétendu qu'il s'agissait, dans l'espèce, de savoir si le terrain sur lequel il avait bâti lui appartenait, ou bien s'il faisait partie du chemin public ; que, suivant qu'il serait décidé que le terrain était à lui ou dépendait du chemin, il serait en droit de continuer, où il serait obligé de démolir la construction commencée ; que cette question de propriété, de laquelle dépendait le droit de le contraindre à démolir, était exclusivement dévolue aux tribunaux civils ; qu'eux seuls pouvaient y prononcer, et non pas l'autorité administrative ; que le conseil de préfecture n'avait pas eu le droit d'ordonner la démolition avant l'issue de l'instance civile, laquelle devait décider s'il y avait lieu à démolition, en décidant à qui appartenait le sol ; qu'ainsi l'arrêté du 11 avril 1817 était incompétemment rendu.

Le maire de Genillé a répondu qu'il ne contestait pas que l'autorité administrative ne fût incompétente pour prononcer sur les questions de propriété, et dans l'espèce sur celle de savoir si le terrain litigieux appartenait au sieur Coudray ou dépendait du chemin public; mais qu'elle était compétente pour examiner si une construction porte atteinte à l'alignement d'une rue ou d'un chemin public, et ordonner sa démolition, si elle est nuisible, sauf indemnité au particulier propriétaire du sol sur lequel elle est faite; que le pouvoir administratif est tellement compétent à cet égard, que c'est lui qui a seul droit de faire abattre, dans l'intérêt public, les édifices qui peuvent nuire, moyennant toutefois une indemnité; que dans l'espèce, le conseil de préfecture n'avait fait autre chose qu'ordonner la destruction de ce qui portait atteinte à l'alignement d'un chemin public, sans rien préjuger sur la propriété du sol où la construction était assise, et avait spécialement réservé une indemnité au propriétaire en cas où elle lui fût due.

Sur ce, est intervenue l'ordonnance suivante :

LOUIS, etc.; — Sur le rapport du comité du contentieux;

Vu la requête à nous présentée au nom du sieur Antoine Coudray, meûnier et propriétaire, par indivis avec son frère, mineur, du moulin de Laroche, situé commune de Genillé, département d'Indre-et-Loire; ladite requête enregistrée au secrétariat du comité du contentieux de notre Conseil d'état, le 15 juillet 1817, et tendante à ce qu'il nous plaise annuller un arrêté du préfet du département d'Indre-et-Loire, du 11 avril 1817, dans la partie qui fixe les limites du chemin de Saint-Quentin à Genillé, conformément à la ligne tracée arbitrairement sur le plan par le commissaire voyer, attendu que, de l'aveu de ce commissaire, le chemin, dans cet endroit, ayant une largeur suffisante, il est inutile de l'élargir au préjudice des propriétaires riverains, et qu'il a été avoué et reconnu que la chambre construite sur les terres du moulin de Laroche n'était pas nuisible à la voie publique;

Annuller encore cet arrêté, comme incompétemment et irrégulièrement pris; attendu que la contestation résultante de la prétendue usurpation d'une partie dudit chemin ayant été portée devant les tribunaux civils, il n'était plus permis de réprimer administrativement le délit imputé au requérant, avant la décision de l'autorité judiciaire; que, s'il est vrai que le préfet eût le droit de fixer les limites, et déclarer vicinal le chemin de Saint-Quentin à Genillé, il ne pouvait pas directement ni indirectement ordonner que les bâtimens construits sur les terrains situés au-delà de cette nouvelle limite, fussent détruits avant d'avoir fait reconnaître d'une manière légale l'indemnité due au propriétaire, dans le cas où les exceptions qu'il faisait valoir seraient reconnues justes et fondées; que les démolitions commencées et exécutées le 28 avril et jours suivans, en conséquence de cet arrêté, caractérisent une violation formelle de l'article 10 de la Charte, et portent atteinte au droit de propriété;

Ordonner que, par deux experts, l'état actuel des lieux sera provisoirement visité, ainsi qu'il a été requis dans le deuxième mémoire présenté au préfet;

Et dans le cas où ce magistrat déclarerait n'avoir pas ordonné la démolition des bâtimens, réserver à l'exposant tous ses droits et actions contre et envers qui il appartiendra, pour les exercer après qu'il aura été statué sur la question de propriété;

Ordonner également, qu'à la diligence du sous-préfet de l'arrondissement de Loches, et après vérification des faits, le sieur de Repentigny sera tenu de faire reprendre au ruisseau de Peroussin son ancien cours;

Vu l'ordonnance de *soit communiqué*, en date du 20 septembre 1817, signifiée le 19 novembre suivant, en la personne dudit sieur vicomte de Repentigny, maire de la commune de Genillé, à laquelle signification il n'a pas été répondu dans les formes voulues par l'art. 5 du réglement du 22 juillet 1806;

Vu les observations du préfet du département d'Indre-et-Loire, enregistrées audit secrétariat du comité du contentieux, les 4 septembre 1817 et 12 janvier 1818, lesquelles tendent au maintien de l'arrêté du 11 avril 1817;

Vu la réplique du sieur Coudray, aux observations du préfet, enregistrée au secrétariat, le 17 avril 1818, par laquelle il persiste dans les précédentes conclusions;

Vu le rapport du commissaire voyer du 12 mars 1817, l'arrêté de l'adjoint municipal de la commune de Genillé, du 15 mars; la signification dudit arrêté, faite le 17 dudit mois au sieur Coudray par le garde champêtre; l'opposition formée le 22 dudit mois de mars par le sieur Coudray à l'exécution de l'arrêté ci-dessus;

Vu l'avis du sous-préfet de l'arrondissement de Loches, du 4 avril 1817, et l'arrêté attaqué du préfet du département d'Indre-et-Loire du 11 du même mois;

Vu les procès-verbaux du garde champêtre de Genillé, des 5 novembre 1816, 6 et 13 février 1817, portant itératives défenses au sieur Coudray de continuer les constructions par lui commencées avant d'avoir obtenu l'alignement;

Vu la loi du 9 ventose an 13, les décrets des 16 octobre 1813 et 6 janvier 1814, et notre ordonnance du 30 juillet 1817;

Vu toutes les autres pièces respectivement produites;

Considérant qu'aux termes des réglemens sur la voirie urbaine, c'est aux maires qu'il appartient de donner et de faire exécuter les alignemens dans les rues des villes, bourgs et villages qui ne sont pas routes royales ou départementales, sauf tout recours devant les préfets;

Que les arrêtés pris par les préfets, dans les limites de leur compétence, ne peuvent être déférés qu'au ministre que la matière concerne;

Que l'arrêté pris, le 11 avril 1817, par le préfet du

département d'Indre-et Loire, a été approuvé le 9 août suivant par le ministre de l'intérieur, et que, dès-lors, le pourvoi du sieur Coudray peut être admis, comme attaquant à la fois l'arrêté du préfet et la décision ministérielle ;

Considérant, néanmoins, que sur le dernier chef dirigé par le sieur Coudray contre le sieur de Répentigny, personnellement, pour obtenir le rétablissement de l'ancien cours du Péroussin, il n'a pas été statué par les autorités locales, et qu'ainsi sur ce chef, le recours en appel devant le Conseil d'état n'est pas ouvert ;

Considérant, sur le fond, que nonobstant les trois procès-verbaux de défense signifiés par le garde champêtre, le sieur Coudray a continué et terminé les constructions par lui commencées le long de la voie publique, dans la commune de Genillé, et qu'il n'a pas justifié de l'alignement qu'il dit avoir obtenu ;

Considérant que l'adjoint du maire de Genillé a ordonné de rendre à la voie publique, dans un délai déterminé, l'espace occupé par les bâtimens construits sans avoir obtenu l'alignement, et que le préfet du département d'Indre-et-Loire, en approuvant l'arrêté de l'adjoint, a réservé les droits du sieur Coudray à une indemnité pour valeur de terrain, dans le cas où il serait judiciairement reconnu propriétaire dudit terrain ;

Notre Conseil d'état entendu,

Nous avons ordonné et ordonnons ce qui suit :

Art. 1er. Les requêtes du sieur Coudray sont rejetées.

2. L'arrêté du préfet du département d'Indre-et-Loire, du 11 avril 1817, confirmé par la décision ministérielle du 9 août suivant, recevra son plein et entier effet.

3. Notre ministre secrétaire d'état de l'intérieur est chargé de l'exécution de la présente ordonnance.

Ordonnance du 3 juin 1818. (2978)

No. 249.

OBLIGATION PERSONNELLE. — AGENS DU GOUVERNEMENT. — GARANTIE CONSTITUTIONNELLE. — LETTRE DE CHANGE.

Celui qui s'est engagé, par lettre de change, pour le paiement de subsistances achetées par les ordres d'un administrateur, et pour les besoins de l'administration, se trouve obligé personnellement, et peut être cité devant les tribunaux, si la lettre de change n'exprime point qu'il se soit engagé en qualité d'agent de l'administration, si d'ailleurs rien ne constate que la qualité d'agent de l'administration fût connue du donneur de valeurs ; peu importe toutes attestations données ultérieurement sur la qualité de l'agent, par l'autorité administrative.

(Le sieur Tribard. — C. — le sieur Petit.)

En juillet 1815, le sieur Tribard vendit verbalement au sieur Petit, mais en présence de témoins, et moyennant la somme de 420 fr., la récolte de 4 arpens de pré.

Le 16 septembre 1817, le sieur Tribard tira une lettre de change sur le sieur Petit pour cette somme de 420 fr. ; cette lettre de change fut négociée et protestée faute de paiement.

Assigné devant le tribunal de commerce de Bourges, le sieur Petit prétendit n'avoir fait l'achat du foin que comme agent, et pour le compte de la ville de Bourges, qui était alors obligée de fournir des fourrages pour le service de l'armée française sur la Loire. En conséquence, il refusa d'en payer le prix, et renvoya le sieur Tribard devant l'administration, pour en obtenir le remboursement.

Le maire de Bourges attesta, par plusieurs certificats, que le sieur Petit ne s'était effectivement chargé de faire l'achat dont il s'agit, que pour rendre service à la municipalité de Bourges ; qu'il avait déposé à la mairie, en novembre 1816, un état des sommes dues pour cet objet, et qu'on en poursuivait depuis long-temps la liquidation ; qu'en considération de la vente faite par le sieur Tribard, lui, maire, l'avait dispensé de verser, comme les autres propriétaires y avaient été obligés, certaine quantité de foin dans les magasins militaires de la ville.

De son côté, le sieur Tribard soutenait que le sieur Petit s'était obligé *personnellement* à lui payer le prix de son foin ; que celui-ci n'avait, et qu'il n'existait, en effet, sur les registres de la mairie de Bourges, aucune délibération qui lui eût donné le droit d'acheter des fourrages pour le compte de la ville ; que l'époque du paiement de son foin avait d'abord été fixée à la Saint-Martin de 1815 ; que long-temps après l'échéance de ce terme, il avait écrit différentes fois au sieur Petit, pour obtenir ce qui lui était dû ; que, lui ayant annoncé, le 1er. octobre 1816, qu'il tirait à vue sur lui pour la somme de 420 fr., payable le 12 novembre suivant, le sieur Petit se rendit chez lui, Tribard, où il s'était reconnu, en présence de témoins, débiteur des 420 fr., et avait promis de les payer prochainement, en invitant lui, Tribard, à retirer sa traite, ce que ce dernier avait fait ; mais que le sieur Petit ayant manqué à sa promesse, il avait tiré une seconde traite sur lui.

Le 13 octobre 1817, le tribunal de commerce de Bourges, rendit un jugement par lequel il condamna Tribard à rembourser le porteur de la traite, mais qui l'admit, en même temps, à prouver, par témoins, les faits par lui avancés, et tendant à établir que ce n'était point comme agent de la ville de Bourges, mais en son nom, que le sieur Petit avait acheté le foin dont il s'agit, et qu'il s'était obligé personnellement à en payer le prix.

Par arrêté du 3 novembre 1817, le préfet du département du Cher éleva le conflit, sur le motif qu'il résultait des pièces produites, que le sieur Petit n'avait acheté du sieur Paris, agent d'affaires du sieur Tribard, la récolte des quatre arpens de pré dont il s'agit, que comme commissaire de la municipalité de Bourges, et en son nom ;

Que le sieur Paris, vendeur pour le sieur Tribard, ne pouvait alléguer qu'il ignorait la qualité du sieur Petit, lorsqu'il avait traité avec lui, puisqu'il avait accepté de ce dernier, en sa qualité de commissaire de la municipalité, un bon de la somme de 40 fr., en date du 26 avril 1815, payable par le receveur de la ville, pour salaire du sieur Robert, faucheur des prés dont il s'agit, et qu'il avait effectivement touché ladite somme à la caisse du receveur; qu'ainsi le sieur Petit ne pouvait être poursuivi personnellement pour le paiement de l'achat par lui fait, au nom et pour la municipalité de Bourges, qui en était seule responsable.

Tel est l'arrêté de conflit sur lequel est intervenue l'ordonnance dont la teneur suit :

LOUIS, etc.; — Sur le rapport du comité du contentieux;

Vu le rapport à nous fait le 10 avril 1818, par notre garde des sceaux ministre de la justice, à l'occasion du conflit élevé par arrêté du préfet du département du Cher, en date du 3 novembre 1817, sur une demande portée par le sieur Tribard, propriétaire à Beauvoir, devant le tribunal de commerce de la ville de Bourges, afin d'obtenir condamnation contre le sieur Petit-Perrot, pour une somme de 420 fr., montant d'une lettre de change tirée sur lui le 10 septembre 1817, par ledit sieur Tribard, pour le paiement de la récolte de quatre arpens de la prairie de Lamothe, dont la vente lui aurait été consentie en juillet 1815;

Vu l'arrêté de conflit sus-énoncé;

Vu la copie de ladite lettre de change, portée en tête d'un protêt, faute d'acceptation d'icelle, fait le 22 septembre 1817, par l'huissier Gerbat, contre le sieur Petit-Perrot, qui a fait réponse que le sieur Tribard ne peut ignorer que le foin dont il s'agit a été acheté par les ordres du maire de la ville de Bourges, et pour le compte de la mairie de cette ville, à laquelle il doit s'adresser pour avoir son paiement;

Vu le jugement préparatoire rendu le 13 octobre 1817, par le tribunal de commerce de Bourges, lequel ordonne une enquête pour vérifier les faits de la cause;

Vu le jugement du même tribunal, du 10 novembre dernier, portant audition de témoins et renvoi des parties, pour faire statuer sur le conflit;

Vu les divers certificats délivrés par le maire de la ville de Bourges, les 23 septembre, 8 et 9 novembre 1817, les observations du sieur Tribard, et enfin, toutes les pièces produites;

Considérant qu'il n'est produit aucune pièce antérieure à la vente, constatant que le sieur Petit-Perrot fût chargé d'acheter des foins pour le compte de la municipalité de Bourges; que les certificats postérieurs à cette vente ne peuvent produire aucun effet au préjudice du vendeur; que rien n'établit qu'au moment de la vente, le sieur Tribard ait eu connaissance de la qualité en laquelle le sieur Petit-Perrot prétend avoir agi, et qu'au contraire, il soutient que ce dernier s'est engagé personnellement, et qu'il résulte de ces faits, qu'une pareille contestation est évidemment du ressort des tribunaux ordinaires;

Notre Conseil d'état entendu,

Nous avons ordonné et ordonnons ce qui suit :

Art. 1er. L'arrêté de conflit, pris par le préfet du département du Cher, le 3 novembre 1817, relativement à la contestation existante entre les sieurs Tribard et Petit-Perrot, est annullé.

2. Les parties continueront à procéder devant les tribunaux, tous leurs droits, moyens et dépens respectivement réservés.

3. Notre garde des sceaux ministre secrétaire d'état de la justice est chargé de l'exécution de la présente ordonnance.

Ordonnance du 3 juin 1818. (3990)

N°. 250.

SURSIS. — Haie. (Arrachement de) — Chemin vicinal.

Il y a lieu de surseoir à l'exécution d'une décision du conseil de préfecture, soumise à l'examen du Conseil d'état, lorsqu'il n'y a pas péril en la demeure, et que l'exécution de la décision aurait causé un dommage irréparable, si elle n'était pas confirmée.

(Le sieur Vauchel.)

LOUIS, etc.; — Sur le rapport du comité du contentieux;

Vu la requête à nous présentée au nom du sieur Pierre Vauchel, menuisier, demeurant en la commune des Loges, arrondissement du Hâvre, département de la Seine-Inférieure; ladite requête enregistrée au secrétariat du comité du contentieux de notre Conseil d'état, le 29 avril 1818, et tendante à ce qu'il nous plaise ordonner provisoirement qu'il soit sursis à l'exécution d'un arrêté du conseil de préfecture dudit département, du 7 mars 1818, annuller ensuite cet arrêté, et ordonner que l'exposant sera maintenu dans sa possession limitée par la haie plantée il y a vingt-cinq ans, suivant l'alignement que lui a donné la municipalité des Loges;

Vu l'arrêté attaqué, portant que le sieur Vauchel est tenu de restituer, dans le délai d'un mois, la portion de terrain par lui anticipée, et de rendre aux deux chemins des Loges à Cuverville, et de Gerville à Étretat, leur ancienne largeur, parce qu'à défaut par lui de le faire, le maire est autorisé à placer des ouvriers aux frais dudit sieur Vauchel;

Vu l'article 3 du réglement du 22 juillet 1806;

Considérant que la présente contestation ne peut être réglée au fond avant l'expiration du délai fixé par l'arrêté du 7 mars 1818 ;

Considérant qu'il n'y a pas péril en la demeure, et que la destruction des haies de clôture de la propriété du sieur Vauchel aurait causé à l'exposant un dommage irréparable, si l'arrêté du conseil de préfecture n'était pas confirmé ;

Notre Conseil d'état entendu,

Nous avons ordonné et ordonnons ce qui suit :

Art. 1er. Il sera sursis à l'exécution de l'arrêté du conseil de préfecture du département de la Seine-Inférieure, du 7 mars 1818, jusqu'à ce qu'il ait été par nous statué définitivement sur le recours présenté par le sieur Vauchel, contre ledit arrêté.

2. Notre ministre secrétaire d'état au département de l'intérieur est chargé de l'exécution de la présente ordonnance.

Ordonnance du 3 juin 1818. (3706)

N°. 251.

ADJUDICATION. — INTERPRÉTATION.

Dans l'interprétation d'un titre d'adjudication on peut prendre en considération une circonstance antérieure, savoir que l'adjudicataire avait précédemment acquis à titre de vente privée les mêmes objets qu'il revendique aujourd'hui à titre de vente nationale.

(Le sieur Dupont. — C. — le sieur Milon de Mesne.)

LOUIS, etc. ; — Sur le rapport du comité du contentieux ;

Vu les requêtes à nous présentées au nom du sieur Dupont, enregistrées au secrétariat du comité du contentieux de notre conseil d'état, les 11 août et 13 septembre 1817, tendantes à l'annullation d'un arrêté du conseil de préfecture du département de la Vienne, du 22 avril 1817, qui a décidé qu'une pièce de pré provenant des biens séquestrés sur le sieur Milon de Mesne, n'a pas fait partie de l'adjudication desdits biens consentie au requérant, le 2 floréal an 3, par le district de Civray ;

Vu la requête en défense produite par le sieur Milon de Mesne, enregistrée au secrétariat dudit comité, le 17 décembre 1817 ;

Vu la réplique du sieur Dupont, enregistrée le 16 avril 1818.

Vu l'arrêté susdit du conseil de préfecture ;

Ensemble toutes les pièces produites et jointes au dossier ;

Considérant que le terrain en litige faisait partie de différentes exploitations autres que celle de la métairie de la Noblesse ; que le sieur Dupont avait antérieurement acquis du sieur Milon de Mesne, à titre de vente privée, une partie de terrain qu'il revendique aujourd'hui à titre de vente nationale ; que deux des confins des objets aliénés manquent dans l'acte d'adjudication ; qu'à défaut de ces désignations, il faut s'attacher à celle de la mesure ; que celle-ci est exactement exprimée, et que, sans l'objet en litige, le sieur Dupont jouira, ainsi qu'il n'en disconvient pas, de toute la quantité de terre qui lui a été adjugée par le procès-verbal du 18 germinal an 3, et dont le conseil de préfecture a fait une juste application.

Notre Conseil d'état entendu,

Nous avons ordonné et ordonnons ce qui suit :

Art. 1er. La requête du sieur Jacques Dupont est rejetée.

2. Le sieur Dupont est condamné aux dépens.

3. Notre ministre secrétaire d'état des finances est chargé de l'exécution de la présente ordonnance.

Ordonnance du 3 juin 1818. (2979)

N°. 252.

COMPÉTENCE. — DEMANDE. — EXCEPTION.

Si un particulier demande aux héritiers d'un fournisseur le paiement de sommes pour lesquelles il a hypothèque sur les biens du défunt, la contestation est judiciaire. — *Elle ne changerait pas de nature, quand, par exception, les héritiers soutiendraient que la créance est éteinte par liquidation administrative.*

(Le sieur Noël. — C. — la dame veuve Magin.)

LOUIS, etc. ; — Sur le rapport du comité du contentieux ;

Vu la requête à nous présentée au nom du sieur Noël, enregistrée au secrétariat du comité du contentieux de notre Conseil d'état, le 23 février 1818, tendante à l'annullation d'un arrêté de conflit élevé, le 19 décembre 1817, par le préfet du département de la Seine, dans une contestation pendante devant la Cour royale de Paris, entre le requérant et les héritiers Magin, relativement à l'action qu'il a intentée contre eux, à l'effet d'être compris, pour une somme de 17,000 fr. qu'ils lui doivent, dans l'ordre du prix d'une maison qu'ils ont vendue, somme que lesdits héritiers soutiennent lui avoir été liquidée par le ministre de la guerre, sur celles qui étaient dues au sieur Magin, leur auteur, en sa qualité de quartier-maître du 6e. régiment de chevaux-légers ;

Vu la requête en intervention à nous présentée au nom du sieur Martigue, enregistrée au secrétariat dudit comité du contentieux, le 5 mars 1818, concluant aux mêmes fins que le sieur Noël ;

Vu le rapport de notre garde des sceaux ministre secrétaire d'état au département de la justice, tendant à l'annullation des arrêtés du préfet du département de la Seine, des 25 octobre et 19 décembre 1817, par lesquels il a élevé le conflit dans la contestation pendante à la Cour royale de Paris, entre les sieurs Noël et Martigue et les héritiers Magin;

Vu les susdits arrêtés des 25 octobre et 19 décembre 1817;

Ensemble les pièces produites et jointes au dossier;

Considérant qu'il s'agit, dans l'espèce, de statuer sur le mérite et l'exécution de conventions passées entre simples particuliers, dans lesquelles l'administration n'a aucun intérêt, et dont les tribunaux seuls peuvent connaître;

Notre Conseil d'état entendu,

Nous avons ordonné et ordonnons ce qui suit:

Art. 1er. Les arrêtés de conflit pris les 25 octobre et 19 décembre 1817, par le préfet du département de la Seine, sont annullés.

2. La dame veuve Magin ès-nom est condamnée aux dépens.

3. Notre garde des sceaux ministre secrétaire d'état de la justice et notre ministre secrétaire d'état de la guerre sont chargés, chacun en ce qui le concerne, de l'exécution de la présente ordonnance.

Ordonnance du 3 juin 1818. (2988)

No. 253.

INSTRUCTION. — DÉCISION, — EMIGRÉ. — RESTITUTION. — LOCATION. — JUSTICE MINISTÉRIELLE.

Lorsqu'un immeuble restitué à un émigré, par la loi du 5 décembre 1814, se trouve, par affectation à un service public, occupé par un ministère, tellement que l'émigré n'ait droit qu'au prix de location, cette location devient la matière d'une convention ordinaire entre le ministre et l'émigré. S'il y a contestation, l'arrêté que le ministre prend sur la contestation, n'est point proprement une décision de justice ministérielle, c'est une instruction, une proposition qui ne fait pas obstacle à ce que l'émigré se retire devant les tribunaux.

(Les sieur et dame de Chabrillan.)

Le marquis de Chabrillan et le comte de Chabrillan, son frère, réclamèrent auprès de la commission instituée pour l'exécution de la loi du 5 décembre 1814, relative à la remise aux émigrés de leurs biens non vendus, divers immeubles séquestrés sur le duc et la duchesse d'Aiguillon, dont ils étaient héritiers et dont ils avaient accepté les successions sous bénéfice d'inventaire.

Par arrêté du 9 avril 1816, cette commission les reconnut propriétaires,

1o. De l'hôtel d'Aiguillon, situé à Paris, rue de l'Université, et affecté au ministère de la guerre;

2o. De l'emplacement dans la même ville, situé quai d'Orsay, connu autrefois sous le nom d'établissement des voitures de la Cour, et converti en l'hôtel des gardes-du-corps du roi.

La commission, sur le motif que ces immeubles, étant affectés à un service public, ne pouvaient être rendus aussitôt, ordonna que, jusqu'à la remise qui devait en être faite aux sieurs de Chabrillan, il leur serait payé une indemnité annuelle, conformément à l'article 7 de la loi du 5 décembre 1814, ainsi conçue: « Sont exceptés de la remise les biens affectés à un service public, pendant le temps qu'il sera jugé nécessaire de leur laisser cette destination; mais l'indemnité due, à raison de la jouissance de ces biens, sera réglée dans les budjets de 1816. »

Les enfans des sieurs de Chabrillan avaient aussi, sur la succession des duc et duchesse d'Aiguillon, des droits qu'ils tenaient de la loi du 8 messidor an 7, relative à la disposition des successions échues aux familles d'émigrés. Ces droits leur avaient été réservés par l'arrêté de la commission, et un jugement du tribunal de première instance de la Seine, du 18 avril 1817, déclara cet arrêté commun entre les sieurs de Chabrillan et leurs enfans.

Le même jugement portait que la portion qui reviendrait à ces enfas dans l'indemnité qui devait être allouée pour les immeubles précités, ne pourrait être touchée que sur la quittance de leurs curateurs; et, pour déterminer cette portion, le tribunal ordonna une expertise, à l'effet de faire fixer l'indemnité totale due pour la non-jouissance des immeubles.

Un expert fut nommé pour les sieurs de Chabrillan, qui l'acceptèrent, et furent renvoyés à se pourvoir devant l'autorité administrative, pour en faire désigner un autre par le gouvernement.

Le ministre de la guerre fit aussi choix d'un expert.

Les deux experts, architectes l'un et l'autre, fixèrent l'indemnité à accorder aux sieurs de Chabrillan, à 22,500 fr. pour l'hôtel d'Aiguillon, et à 51,800 fr. pour l'emplacement de l'hôtel des gardes-du-corps.

Le ministre de la guerre ayant trouvé cette indemnité trop élevée, fit procéder à une nouvelle estimation des immeubles dont il s'agit, par un commissaire des guerres et par un capitaine du génie; et, conformément au rapport de ces officiers, il réduisit à 10,000 fr. l'indemnité due pour l'hôtel d'Aiguillon, et déclara aux sieurs de Chabrillan, par sa lettre du 27 novembre 1817, que l'expertise faite par les architectes devait être considérée comme nulle et non-avenue, attendu que les bases en étaient évidemment vicieuses.

Les officiers choisis par le ministre de la guerre avaient, en outre, évalué l'indemnité due pour l'emplacement de l'hôtel des gardes du corps, à 25,000 fr., au lieu de 51,800 fr. fixés par les experts; mais Son Excellence renvoya les sieurs de Chabrillan à se pourvoir, quant à la fixation de cette indemnité, devant le directeur de la maison du roi.

Cette décision excita les réclamations des sieurs de Chabrillan, qui, prétendant que la non jouissance qu'ils éprouvaient, était une véritable expropriation momentanée pour cause d'utilité publique, et, se fondant sur la loi du 8 mars 1810, qui défère aux tribunaux la fixation des indemnités dues pour les expropriations commandées par l'intérêt général, citèrent, le 31 janvier 1818, le préfet du département de la Seine, comme exerçant les droits de l'Etat, devant le tribunal de première instance de Paris, pour y voir déterminer, contradictoirement avec eux, l'indemnité à laquelle ils avaient droit.

Mais, par arrêté du 13 février suivant, le préfet de la Seine éleva le conflit, sur le motif que l'article 7 de la loi du 5 décembre 1814 avait excepté de la remise qu'elle ordonnait, les biens d'émigrés affectés à un service public pendant le temps qu'il serait jugé nécessaire de leur laisser cette destination, et qu'une seconde disposition de cet article portait que l'indemnité due à raison de la jouissance de ces biens, serait réglée dans les budjets de 1816; qu'ainsi, il n'appartenait qu'au ministre des finances, chargé de la rédaction du budjet, de proposer aux chambres, sur les renseignemens qui lui seraient fournis, de comprendre dans le budjet l'indemnité qu'elles détermineraient devoir être accordée aux sieurs de Chabrillan; que, conséquemment, la liquidation de cette indemnité était exclusivement du ressort de l'autorité administrative.

Tel est l'arrêté de conflit sur lequel est intervenue l'ordonnance dont la teneur suit :

LOUIS, etc.; — Sur le rapport du comité du contentieux;

Vu le rapport de notre garde des sceaux ministre secrétaire d'état au département de la justice, sur un conflit élevé le 13 février 1818, par le préfet du département de la Seine, dans une contestation pendante au tribunal de première instance dudit département, sur la demande formée par les sieur et dame de Chabrillan et consorts, contre l'Etat, à l'effet de faire fixer par le tribunal le prix de locations d'immeubles occupés par le ministre de la guerre, et qui ont été restitués au sieur de Chabrillan, ancien propriétaire, en exécution de la loi du 5 décembre 1814;

Vu la requête à nous présentée au nom des sieur et dame de Chabrillan, enregistrée au secrétariat du comité du contentieux de notre Conseil d'état, le 2 mars 1818, tendante à l'annullation, 1°. de l'arrêté de conflit; 2°. d'une décision du ministre de la guerre, qui a fixé la valeur locative des immeubles qui leur ont été restitués en vertu de la loi du 5 décembre 1814, et qui sont occupés par le ministère de la guerre, à une somme inférieure à celle qui avait été fixée par la première expertise;

Vu l'arrêté de conflit;

Vu la décision du ministre de la guerre;

Vu les requêtes des sieur et dame de Chabrillan, enregistrées audit secrétariat du comité du contentieux, les 25 mars et 23 avril 1818;

Ensemble toutes les pièces produites et jointes au dossier;

Considérant qu'il s'agit de fixer l'indemnité qui peut être due à raison de la jouissance de bâtimens affectés à un service public, et qui sont retenus en exécution de l'article 7 de la loi du 5 décembre 1814; que si cette fixation ne peut pas avoir lieu de gré à gré, les tribunaux sont seuls compétens pour en connaître;

Considérant que la lettre du ministre de la guerre, du 27 novembre 1817, qualifiée de décision, n'est qu'une simple proposition qui ne fait pas obstacle à ce que les sieur et dame de Chabrillan se retirent devant les tribunaux, s'ils ne peuvent s'accorder avec le ministre de la guerre;

Notre Conseil d'état entendu,

Nous avons ordonné et ordonnons ce qui suit :

Art. 1er. L'arrêté de conflit, pris par le préfet du département de la Seine, le 13 février 1818, est annullé.

2. Les parties sont renvoyées devant les tribunaux, pour y faire procéder à la fixation de l'indemnité due aux sieur et dame de Chabrillan, pour la non jouissance des bâtimens et terrains susmentionnés.

3. Notre garde des sceaux ministre secrétaire d'état de la justice et notre ministre secrétaire d'état de la guerre sont chargés, chacun en ce qui le concerne, de l'exécution de la présente ordonnance.

Ordonnance du 17 juin 1818. (3010).

N°. 254.

FOURNISSEUR. — Frais extraordinaires.

Des frais de voyage et des frais extraordinaires ne sont point alloués à des fournisseurs qui ont traité à prix fixe; il ne peut en être alloué que dans des comptes de clerc à maître.

(Les sieurs Mouchon et Andriel.)

LOUIS, etc.; — Sur le rapport du comité du contentieux;

Vu la requête à nous présentée au nom des sieurs Louis Mouchon, demeurant à Lyon, et Pierre Andriel, demeurant à Paris, quai Voltaire, n°. 1; ladite requête enregistrée au comité du contentieux de notre Conseil d'état, le 14 octobre 1816, et tendante à ce qu'il nous plaise annuller une décision de notre ministre secrétaire d'état de la guerre, en date du 1er. juillet 1816, qui les déclare débiteurs de la somme de 172,155 f. 33 cent. pour solde de l'avance qui leur avait été faite sur une fourniture de chevaux dont ils étaient chargés, et subsidiairement leur accorder un sursis à la contrainte qui a été décernée contre eux, le 3 août suivant, d'après les ordres de notre ministre secrétaire d'état des finances ;

Vu la copie conforme du marché passé entre les réclamans et le commissaire des guerres Bergue, les 30 avril et 5 mai 1815, et dûment approuvé par l'autorité supérieure ;

Vu le rapport de liquidation fait dans les bureaux du ministère de la guerre ;

Vu le décompte dressé avec ces fournisseurs, ensemble toutes les pièces produites ;

En ce qui touche la demande, à l'effet de faire fixer le prix des chevaux de trait qu'ils ont fournis à 450 fr. au lieu de 430 fr., ainsi qu'il est établi par leur décompte ;

Considérant que ce dernier prix a été ainsi fixé par une clause additionnelle au marché du 30 avril 1815, approuvé par eux le 5 mai suivant ;

En ce qui touche la demande en indemnité pour les chevaux qu'ils disent avoir achetés et n'avoir pu livrer à cause des événemens qui ont eu lieu dans le courant du mois de juillet 1815 ;

Considérant que les faits ne sont pas prouvés d'une manière authentique, et que, quand même ils le seraient, ils ne donneraient lieu à aucune indemnité, attendu que les réclamans ne pourraient imputer qu'à leur négligence et à la non exécution de leurs engagemens la perte qu'ils auraient pu éprouver, puisque leur marché les obligeait à fournir une bien plus grande quantité de chevaux que ceux qu'ils avaient livrés avant le 1er. juillet 1815 ;

En ce qui touche la demande de frais de voyage et de frais extraordinaires ;

Considérant que tous les frais de cette nature ne peuvent jamais être réclamés par des fournisseurs qui ont traité à un prix fixe ; qu'ils ne pourraient être alloués que dans des comptes de clerc à maître, et qu'aucune clause de leur marché ne peut justifier une pareille demande ;

En ce qui touche les conclusions subsidiaires pour obtenir un sursis ;

Considérant qu'il y a bientôt deux ans que la contrainte dont il s'agit a été signifiée, et que l'intérêt du trésor ne permet pas d'accorder un plus long délai ;

Notre Conseil d'état entendu,

Nous avons ordonné et ordonnons ce qui suit :

Art. 1er. La requête des sieurs Mouchon et Andriel est rejetée.

2. Nos ministres secrétaires d'état de la guerre et des finances sont chargés, chacun en ce qui le concerne, de l'exécution de la présente ordonnance.

Ordonnance du 17 juin 1818. (2996)

N°. 255.

DÉLAI. — Pourvoi. — Trésor.

Le délai de trois mois, à dater de la signification, prescrit par l'article 11 du décret du 22 juillet 1806, pour se pourvoir contre les décisions administratives contentieuses, est applicable aux décisions du ministre du trésor, encore que l'appelant n'ait, pour adversaire, aucun particulier, mais seulement l'État dans la personne de l'agent judiciaire du trésor.

Peu importerait qu'il y eût eu, immédiatement après la signification, une opposition et un pourvoi devant les tribunaux pour faire annuller la contrainte par corps rendue en exécution de la décision ministérielle. — Une erreur dans le choix des moyens de pourvoi ne conserve pas les délais.

Contre une décision signifiée le 7 décembre 1815, le pourvoi au Conseil d'état ne peut être admis, s'il n'a été déposé au plus tard le 7 mars suivant.

N. B. *En Cour de cassation, le pourvoi serait valablement déposé, même le 8 mars, d'après la règle* dies termini non computantur.

(Le sieur Huot et consorts. — C. — l'Agent du trésor.)

Le sieur Huot et consorts avaient acheté, aux salines d'Arc, deux mille quintaux de sel, dont ils n'avaient pas acquitté les droits au trésor.

Par arrêté du ministre des finances, du 6 avril 1815, ils furent condamnés à payer au trésor royal la somme de 25,000 francs pour droit d'impôt sur les sels qu'ils avaient achetés.

Cet arrêté leur fut signifié, avec contrainte de payer, le 7 décembre 1815.

Les sieurs Huot et consorts formèrent opposition à cette contrainte, mais dans la forme ordinaire, c'est-à-dire devant les tribunaux civils où le débat fut porté.

Par jugement du 20 février 1816, le tribunal de Gray se déclara incompétent.

En cet état, les sieurs Huot et consorts se sont pourvus au Conseil d'état, le 6 mai 1816, c'est-à-dire cinq mois après la notification de l'arrêté attaqué.

L'agent du trésor leur a opposé une fin de non-recevoir, résultant de ce que le pourvoi est tardif, attendu que, suivant le réglement du 22 juillet 1806, le délai pour se pourvoir devant le Conseil d'état contre les actes administratifs et les décisions ministérielles, est de trois mois, et que, dans l'espèce, il s'en est écoulé cinq depuis la notification de l'arrêté jusqu'au jour du pourvoi.

Il a ajouté qu'il ne fallait pas considérer l'opposition formée par les sieurs Huot et consorts devant le tribunal de Gray, à la contrainte du 7 décembre 1815, comme ayant conservé le délai de se pourvoir au Conseil d'état ; que s'adresser aux tribunaux au lieu de se-

pourvoir devant le Conseil d'état, était une erreur de la part des sieurs Huot et consorts, dans la marche juridictionnelle, dont rien ne pouvait les relever.

Sur ce est intervenue l'ordonnance suivante :

LOUIS, etc. — Sur le rapport du comité du contentieux ;

Vu la requête à nous présentée au nom des sieurs Huot et Petit-Guyot, négocians, demeurant à Gray, département de la Haute-Saône, enregistrée au secrétariat du comité du contentieux de notre Conseil d'état, le 6 mai 1816, et tendante à ce qu'il nous plaise annuller une décision du ministre du trésor, en date du 6 avril 1815, ainsi que la contrainte décernée en exécution d'icelle, par laquelle les réclamans sont condamnés au paiement de la somme de 25,000 francs, avec intérêts depuis ledit jour 6 avril ; déclarer que la contestation dont il s'agit étant purement judiciaire, doit être renvoyée devant les tribunaux ordinaires, et subsidiairement dans le cas où le le Conseil d'état croirait devoir se déclarer incompétent, ordonner que le débet des réclamans serait modéré à 16,000 francs, et qu'il serait fait compensation de cette somme avec l'indemnité qu'ils se croient en droit de réclamer pour la non livraison de mille quintaux de sel qui leur avaient été assurés par marché consenti entr'eux et un sieur Sautier, de Fribourg, suivant une lettre du 11 mars 1814 ;

Vu le mémoire en défense de l'agent judicaire du trésor, par lequel il élève une fin de non-recevoir contre les reclamans, résultant de ce que la contrainte contre laquelle ils se pourvoient leur a été dûment signifiée le 7 décembre 1815, et que leur premier pourvoi date du 6 mai 1816, environ cinq mois après ;

Vu la décision du 6 avril 1815 et la contrainte qui s'en est suivie ;

Vu la signification qui en a été faite le 7 décembre suivant, dûment enregistrée ;

Vu les mémoires en réplique des réclamans, des 22 avril et 23 mai dernier, par lesquels ils combattent la fin de non-recevoir qui leur est opposée, par le motif que, dès le 18 décembre 1815, douze jours après la signification qui leur avait été faite de la contrainte, ils avaient assigné l'agent judiciaire devant le tribunal de Gray ; que le jugement par lequel ce tribunal s'est déclaré incompétent, n'a été rendu que le 20 février suivant, et que, dès le 6 mai, environ deux mois après, ils s'étaient pourvus devant le Conseil d'état ;

Vu l'article 11 du décret du 22 juillet 1806, portant réglement sur les affaires contentieuses portées au Conseil d'état ;

Considérant qu'il résulte des pièces que la décision attaquée a été dûment signifiée aux réclamans le 7 décembre 1815, et que, pour que le pourvoi en notre Conseil pût être admis, il aurait fallu qu'il eût été déposé au secrétariat du comité du contentieux, au plus tard le 7 mars suivant ;

Considérant que l'instance qu'ils avaient engagée devant le tribunal de Gray, n'avait pu interrompre les délais du pourvoi ;

Notre Conseil d'état entendu,

Nous avons ordonné et ordonnons ce qui suit :

Art. 1er. La requête des sieurs Huot et Petit-Guyot est rejetée.

2. Notre ministre secrétaire d'état des finances est chargé de l'exécution de la présente ordonnance.

Ordonnance du 17 juin 1818. (2995)

N°. 256.

HOSPICE. — Entrepreneur. — Serivce extraordinaire. — Indemnité.

Bien que le prix pour chaque journée du service des malades, convenu entre la ville de Paris et l'administration générale des hospices doive faire règle entr'elles, s'il existe entre l'entrepreneur du service d'un hospice et le gouvernement, un traité particulier qui fixe le prix des journées pour cet hospice, cet arrêté doit servir de règle pour déterminer le prix des journées des militaires qu'y envoie la ville de Paris.

(Le sieur Montessuy.)

En 1814, le sieur Montessuy était chargé, par entreprise, du service de l'hôpital militaire du Gros-Caillou, destiné au service des malades de l'ex-garde.

Par les divers marchés qu'il avait successivement faits avec le ministre de la guerre, il lui avait été constamment alloué deux francs par chaque journée de sous-officier ou de soldat.

Lors des événemens du 30 mars, M. le préfet de la Seine prit un arrêté, portant qu'il serait admis dans l'hôpital du Gros-Caillou, un certain nombre de militaires de la garde royale prussienne.

Il ne fut nullement question de l'indemnité qui serait accordée à l'entrepreneur pour ce service extraordinaire.

Les militaires prussiens furent traités et soignés de la même manière que les militaires français.

Du mois d'avril au mois d'août 1814, le nombre de journées pour les militaires de la garde prussienne s'éleva à 42,197.

Le sieur de Montessuy s'adressa au préfet de la Seine, et réclama une somme de 84,394 fr. pour le paiement desdites journées, à raison de 2 fr. chaque, basant sa demande sur les marchés qu'il avait faits avec le ministre de la guerre pour les militaires français.

Mais le préfet prétendit que le marché fait entre le ministre de la guerre et le sieur Montessuy, ne pouvait pas être obligatoire pour lui ; qu'il n'avait pris aucun engagement envers cet entrepreneur, et qu'il ne devait lui être alloué que 1 fr. 30 c. par chaque journée, parce qu'il n'avait pas été alloué davantage aux autres hospices qui avaient fait le même service, et qu'ils s'en étaient contentés.

En conséquence, après avoir consulté le conseil municipal du département de la Seine, il prit l'arrêté suivant :

« Nous, conseiller d'état, préfet du département de la Seine,

» Vu notre arrêté du 8 juillet 1814, en exécution duquel il a été payé au sieur Montessuy, entrepreneur du service de l'hôpital du Gros-Caillou, une somme de 49,560 fr., à valoir sur le prix des journées des militaires étrangers admis dans cet établissement pendant l'occupation de la capitale par les troupes alliées, en 1814;

Vu la délibération prise par le conseil général du département de la Seine, faisant fonction de conseil municipal de la ville de Paris, le 3 décembre 1816, qui fixe à 1 fr. 50 c. le prix des journées que le sieur de Montessuy élevait à 2 fr., en partant d'une base étrangère à l'administration; celle d'un marché que cet entrepreneur aurait passé avec le département de la guerre, antérieurement aux événemens du 30 mars 1814, pour l'admission dans l'hôpital militaire du Gros-Caillou, des officiers ou soldats de l'ex-garde;

Vu les pièces produites le 28 mars dernier, par le sieur Montessuy, après régularisation de celles fournies antérieurement, et qui n'étaient point admissibles; lesdites pièces, à l'appui de la demande en paiement final, se composant :

« 1°. Des états de journées pour chaque trimestre, donnant ensemble un nombre de 42,197, qui, au prix de 2 fr. l'une, suivant l'entrepreneur, présentent un total de 84,394 francs;

» 2°. Les listes des entrées;

» 3°. Les billets de sortie;

» 4°. Les extraits mortuaires;

» 5°. Les états de mouvemens;

» Le tout certifié par le directeur de l'établissement, et dûment reconnu par le commissaire des guerres chargé, en 1814, de la police de l'hôpital dont il s'agit;

» Vu l'état récapitulatif qui nous a été remis par l'entrepreneur, le 12 avril présent mois, et qui concorde en tous points avec les pièces comptables;

» Considérant,

» 1°. Que le travail de la vérification des différentes pièces de comptabilité fournies par le sieur Montessuy, n'a apporté aucune modification au nombre des journées dont il répète le remboursement;

» 2°. Qu'il y a lieu de procéder à la liquidation des dépenses; mais que la seule base à suivre pour asseoir cette liquidation se trouve dans la délibération sus-rappelée, le conseil municipal ayant eu égard, en fixant à 1 fr. 50 cent., au lieu de 1 fr. 30 cent. que la ville avait accordé à l'administration des hospices civils de Paris, pour semblable admission de troupes alliées dans les hôpitaux de la capitale, aux attestations données au sieur Montessuy, sur l'exactitude de son service;

» Avons arrêté :

» Art. 1er. Le nombre des journées de militaires étrangers admis dans l'hôpital du Gros-Caillou, pendant les trois premiers trimestres de 1814, est fixé, conformément au compte produit par le sieur Montessuy et aux pièces au soutien, à 42,197 fr.

» Art. 2. Le prix de chacune desdites journées demeure réglé à 1 fr. 50 cent., et l'importance du service à la somme de 63,295 francs 50 cent.

» Art. 3. En conséquence des deux articles précédens, la liquidation des sommes dues par la ville de Paris au sieur Montessuy, est définitivement arrêtée à 63,295 francs 50 cent., à la déduction de la somme de 49,560 fr. qui a été antérieurement comptée; ainsi, la somme revenant audit sieur Montessuy n'est plus que de 13,735 fr. 50 c. due à cet entrepreneur. »

C'est contre cet arrêté que le sieur de Montessuy s'est pourvu au Conseil d'état.

Sur ce est intervenue l'ordonnance suivante :

LOUIS, etc.; — Sur le rapport du comité du contentieux;

Vu la requête à nous présentée au nom du sieur Montessuy, entrepreneur du service de l'hôpital du Gros-Caillou, enregistrée au secrétariat du comité du contentieux de notre Conseil d'état, le 8 février 1818; ladite requête tendante à ce qu'il nous plaise annuller un arrêté pris par le préfet du département de la Seine, le 21 avril 1817; en conséquence, ordonner que la créance du requérant contre la ville de Paris, sera liquidée conformément aux stipulations de son traité avec notre ministre de la guerre;

Vu la lettre en réponse du préfet du département de la Seine, enregistrée au secrétariat dudit comité du contentieux, le 8 avril dernier, dans laquelle il expose que le prix a dû être fixé d'après celui alloué à l'administration générale des hospices; que, sur l'avis du conseil du département, à qui la requête a été renvoyée par notre ministre de l'intérieur, ce prix a été élevé de vingt centimes par journée, en considération de la régularité du service fait par le sieur Montessuy; mais, qu'en aucun cas, le marché passé avec notre ministre de la guerre ne saurait être obligatoire pour la ville de Paris, qui ne l'a pas souscrit;

Vu l'arrêté précité, en date du 21 avril 1817, et la notification qui en a été faite au sieur Montessuy, le 29 du même mois;

Vu les lettres de nos ministres de la guerre et de l'intérieur, en date des 20 octobre, 21 et 24 novembre 1817;

Ensemble toutes les pièces jointes au dossier de cette affaire.

Considérant que l'hôpital du Gros-Caillou a pour destination le service des malades de la garde royale;

Que le prix des journées pour ce service est réglé par un traité fait avec le gouvernement ;

Qu'il n'est pas contesté que les militaires envoyés par la ville de Paris, appartenaient à la garde royale prussienne ;

Que le conseil du département a reconnu la destination spéciale de l'hôpital du Gros-Caillou, et la nécessité d'une augmentation de prix ;

Que ce prix, dès-lors, doit être fixé d'après celui que détermine le gouvernement ;

Notre Conseil d'état entendu,

Nous avons ordonné et ordonnons ce qui suit :

Art. 1er. L'arrêté du préfet du département de la Seine, du 21 avril 1817, est annullé; en conséquence, le traité conclu entre notre ministre secrétaire d'état de la guerre et le sieur Montessuy, servira de base à la liquidation des créances que cet entrepreneur peut exercer contre la ville de Paris.

2. Notre ministre secrétaire d'état de l'intérieur est chargé de l'exécution de la présente ordonnance.

Ordonnance du 17 juin 1818. (3009)

N°. 257.

ACQUIT DU GOUVERNEMENT. — ENGAGEMENT. — INDEMNITÉ. — VOITURIER.

L'arrêté du gouvernement du 2 germinal an 5, qui dispose que les tribunaux ne doivent pas connoître des poursuites dirigées devant eux contre des agens du gouvernement en leur nom, soit pour raison d'engagemens par eux contractés en leur qualité, soit pour raison d'indemnités prétendues à leur charge pour avarie dans un transport, ne permet pas de poursuivre devant les tribunaux le voiturier chargé pour le compte de la régie des subsistances militaires.

(Le sieur Alaine.)

Le 9 juillet 1817, le sieur Alaine, voiturier par eau, fut chargé par le sieur Boscheron, de Paris, du transport de 3075 sacs d'avoine, adressés au sieur Mortet, garde magasin à Châlons-sur-Marne, pour le compte de la régie des subsistances militaires.

La lettre de voiture portait que le voiturier avait reçu les sacs en bon état et bien conditionnés, et qu'il s'obligait à les rendre de même ; mais, à leur arrivée, une partie des sacs se trouva avariée ainsi que l'avoine qu'ils renfermaient.

Sur la demande du sieur Mortet, le président du tribunal de commerce de Châlons-sur-Marne nomma des experts pour procéder à la visite des sacs.

Il résulta de cette opération que 229 sacs étaient hors d'état de faire aucun service, et que 923 autres se trouvaient fort endommagés, mais susceptibles de réparations ; que l'avarie causée à l'avoine pouvait être évaluée à un litre par sac.

Le sieur Mortet retint, sur le prix de la voiture, 1275 francs, pour les avaries dont il s'agit, et paya le surplus au voiturier.

Le sieur Alaine fit assigner le sieur Mortet devant le tribunal de commerce de Châlons-sur-Marne, pour se voir condamner au paiement du reliquat de sa voiture, attendu que l'avarie ne provenait pas de son fait.

Le sieur Boscheron fut mis en cause.

Le 6 novembre 1817, jugement contradictoire qui fixa la valeur de l'avarie à 1000 francs, ordonna qu'elle serait supportée par les sieurs Mortet et Alaine, chacun pour moitié, et condamna le sieur Mortet à remettre au sieur Alaine la somme de 1775 francs.

Mais la régie des subsistances militaires interjeta appel de ce jugement, et, par arrêté du 28 janvier 1818, le préfet du département de la Seine éleva le conflit, sur le motif que l'arrêté du gouvernement du 19 thermidor an 9, portait que les contestations relatives au paiement des fournitures faites pour le compte du gouvernement, contre les agens du gouvernement et les particuliers, seraient de la compétence des préfets.

Tel est l'arrêté de conflit sur lequel est intervenue l'ordonnance dont la teneur suit :

LOUIS, etc. ; — Sur le rapport du comité du contentieux ;

Vu le rapport à nous fait le 18 avril 1818, par notre garde des sceaux ministre secrétaire d'état au département de la justice, relativement au conflit élevé par arrêté du préfet du département de la Seine, du 28 janvier dernier, sur une contestation existante à la Cour royale de Paris, entre les régisseurs généraux des subsistances militaires ; le sieur Mortet, garde magasin à Châlons-sur-Marne ; le sieur Alaine, voiturier ; le sieur Boscheron, négociant à Paris, au sujet d'avaries arrivées à 3075 sacs d'avoine, expédiés par le sieur Boscheron au sieur Mortet, pour le compte de la régie des subsistances militaires, sous la conduite du sieur Alaine, voiturier par eau ;

Vu l'arrêté de conflit dont il s'agit ;

Vu la lettre de voiture, en date du 9 juillet 1817, portant que le transport desdites avoines a lieu pour le compte de la régie générale des subsistances militaires ;

Vu la grosse du jugement contradictoire rendu les 31 octobre et 6 novembre 1817, par le tribunal de commerce de Châlons, département de la Marne, qui estime d'office l'avarie dont il s'agit à la somme de 1000 francs, et la met pour moitié à la charge du sieur Alaine, et pour l'autre moitié à celle du sieur Mortet, contre lequel il prononce la condamnation par corps, au paiement d'une somme de 1775 francs envers ledit Alaine, pour solde du prix du transport;

Vu les exploits, en date des 17 et 31 décembre 1817, contenant appel par les régisseurs généraux des subsistances militaires, prenant le fait et cause du sieur Mortet, leur garde magasin, et encore par ce dernier, signifiés audit sieur Alaine et Boscheron;

Vu l'arrêté rendu par la Cour royale de Paris, le 6 février 1818, par lequel elle surseoit à faire droit sur l'appel interjeté par les régisseurs généraux et par le sieur Mortet, jusqu'à ce qu'il ait été statué sur le conflit dont il s'agit;

Vu l'arrêté du gouvernement du 2 germinal an 5, qui dispose que les tribunaux ne doivent pas connaître des poursuites dirigées devant eux contre des agens du gouvernement en leur nom, soit pour raison d'engagemens par eux contractés en leur qualité, soit pour raison d'indemnités prétendues à leur charge;

Vu enfin toutes les pièces produites;

Considérant qu'il est établi par lettre de voiture du sieur Alaine, que l'expédition des 3075 sacs d'avoine était pour le compte de la régie des subsistances militaires;

Considérant que, d'après l'arrêté du gouvernement du 2 germinal an 5, les réclamations exercées contre les agens du gouvernement, pour raison d'engagemens contractés en cette qualité, ne peuvent être poursuivies que devant l'administration;

Notre Conseil d'état entendu,

Nous avons ordonné et ordonnons ce qui suit:

Art. 1er. L'arrêté de conflit pris par le préfet du département de la Seine, le 6 février 1818, relativement à la contestation existante à la Cour royale de Paris, entre la régie des subsistances militaires et le sieur Mortet, d'une part, et les sieurs Alaine et Boscheron, d'autre part, est confirmé.

2. Les parties sont renvoyées à se pourvoir administrativement, tous leurs droits, moyens et dépens respectivement réservés.

3. Notre garde des sceaux ministre secrétaire d'état de la justice et notre ministre secrétaire d'état de l'intérieur sont chargés, chacun en ce qui le concerne, de l'exécution de la présente ordonnance.

Ordonnance du 17 juin 1818. (3014)

N°. 258.

OCTROI.—Bail.—Indemnité.—Compétence.

Si l'autorité municipale fait quelques dispositions nouvelles dans la perception du droit d'octroi, tellement que le fermier ne retrouve plus les avantages que lui promettait son bail, il y a lieu à indemnité.

Les contestations qui s'élèvent sur l'exercice, l'exécution et la résiliation d'un bail, en matière d'octroi, sont dans les attributions des conseils de préfecture, lorsque c'est ainsi convenu par le cahier des charges.

(Le sieur Accart.—C.—le maire de la ville d'Amiens.)

LOUIS, etc.; — Sur le rapport du comité du contentieux;

Vu la requête à nous présentée au nom du sieur Firmin Accart, cabaretier, demeurant à Amiens, faubourg du Cours, adjudicataire-fermier du droit imposé au profit de la commune d'Amiens, sur les bestiaux mis en vente au marché de cette ville; ladite requête enregistrée au secrétariat du comité du contentieux de notre Conseil d'état, le 21 novembre 1817, et tendante à ce qu'il nous plaise annuller les arrêtés du maire d'Amiens, des 31 janvier et 24 avril 1816, et ceux du conseil de préfecture du département de la Somme, des 16 mai et 11 juillet suivant, comme ayant été pris incompétemment, à raison de la matière, sauf au suppliant à exercer ses droits et actions devant les tribunaux;

Et, dans le cas où lesdits arrêtés pourraient être regardés comme compétemment pris, les rapporter et ordonner que le bail dont il s'agit sera exécuté selon sa forme et teneur; en conséquence, que les cochons de lait coupés resteront assujétis au droit fixé pour chaque porc coureur, par le cahier des charges dudit bail; qu'ils seront exposés en vente au marché aux chevaux de la ville d'Amiens, et qu'il sera accordé au suppliant une indemnité de 50 francs par année, pendant tout le temps de la non perception dudit droit, à partir du 31 janvier 1816, date de l'arrêté du maire d'Amiens;

Ordonner qu'il sera pareillement accordé au suppliant, pour l'indemniser du non établissement du franc marché, tous les premiers mercredi de chaque mois, une diminution de 900 francs, ou telle autre somme à dire d'experts, sur le prix du bail, pour chaque année échue et à écheoir, et condamner la ville d'Amiens aux dépens;

Vu l'ordonnance de soit communiqué du 8 janvier 1818, et la signification faite le 27 février suivant, au maire de la ville d'Amiens qui a visé l'exploit, à laquelle signification il n'a pas été répondu;

Vu le cahier des charges et le procès-verbal d'adjudication de la mise en ferme de la perception du droit imposé, au profit de la commune, sur les bestiaux mis en vente dans l'emplacement du marché aux chevaux, laquelle adjudication a été passée au sieur Accart, le 16 décembre 1813;

Vu les arrêtés attaqués du conseil de préfecture du département de la Somme, des 16 mai et 11 juillet 1816, et ceux du maire d'Amiens, des 31 janvier et 24 avril même année;

Vu les autres pièces produites;

Considérant, sur la compétence, que, d'après l'article 19 du cahier des charges, le conseil de préfecture est seul compétent pour prononcer sur l'exercice, l'exécution et la résiliation du bail ;

Considérant, sur le fond, que le cahier des charges et le procès-verbal d'adjudication ne contiennent aucune réserve en faveur de la ville d'Amiens, pour le cas où des motifs quelconques détermineraient le maire de cette commune à changer le mode, les jours et les lieux de perception du droit imposé sur les bestiaux mis en vente ;

Considérant que le bail doit avoir son plein et entier effet, et que, s'il est entré dans les intérêts de la ville d'y apporter quelques modifications préjudiciables au fermier, celui-ci doit en être indemnisé ;

Notre Conseil d'état entendu,

Nous avons ordonné et ordonnons ce qui suit :

Art. 1er. Les arrêtés du conseil de préfecture du département de la Somme, des 16 mai et 11 juillet 1816, et ceux du maire d'Amiens, des 31 janvier et 24 avril précédent, sont annullés.

2. Il sera accordé au sieur Accart une indemnité de 50 francs par année pendant tout le temps de la non perception du droit sur une portion des porcs coureurs, à dater de l'arrêté du maire d'Amiens, du 31 janvier 1816 ; et de plus, il lui sera alloué une déduction annuelle de 650 francs sur le prix du bail, pour l'indemniser du non établissement du franc marché, si mieux n'aiment les parties faire régler lesdites deux indemnités amiablement par dire d'experts nommés de gré à gré, sinon d'office, par le préfet du département de la Somme, auquel cas il sera statué par le conseil de préfecture, sur le rapport desdits experts.

3. Le maire d'Amiens, en cette qualité, est condamné aux dépens.

4. Notre ministre secrétaire d'état de l'intérieur est chargé de l'exécution de la présente ordonnance.

Ordonnance du 17 juin 1818. (3005)

N°. 259.

PROPRIÉTÉ. — CONSTRUCTION. — VOIRIE. — DÉMOLITION.

La disposition de l'ordonnance du 16 janvier 1789, qui ne permet pas aux propriétaires de construire sans autorisation préalable sur un terrain distant de moins de cinquante toises du mur de clôture de la ville de Paris, fût-elle maintenue ou non maintenue par l'art. 29 de la loi du 22 juillet 1791, a été remise en vigueur par le décret du 11 janvier 1808, et n'a pas été abrogée par la loi du 8 mars 1810.

A quelqu'époque qu'une propriété particulière ait été frappée de stérilité ou de servitude perpétuelle, le dommage qui se renouvelle tous les jours ne réclame-t-il pas sans cesse l'indemnité due au propriétaire, et dans ce sens la loi du 8 mars 1810 n'autorise-t-elle pas la réclamation d'une indemnité en faveur du propriétaire qui, pour l'utilité publique, est partiellement exproprié ?

(Le sieur Cabanis.)

Le sieur Cabanis, propriétaire d'un terrain situé hors la barrière de Bercy, avait élevé, sur ce terrain, des hangards destinés à un entrepôt de vins, à une moindre distance du mur d'enceinte de la ville de Paris, que celle prescrite par le décret du 11 janvier 1808.

Les troupes alliées ayant, en 1815, fait des dégradations à ces hangards, le sieur Cabanis s'est occupé de les réparer ; mais, par arrêté du 18 septembre 1816, le préfet du département de la Seine a interdit au sieur Cabanis de faire toute réparation à ses hangards, et bien plus, lui a ordonné de les démolir comme étant faits dans le rayon prohibé par le décret du 11 janvier 1811, sans lui réserver aucune indemnité.

Cabanis s'est pourvu devant le Conseil d'état contre cet arrêté, pour violation du droit de propriété.

« L'administration de la ville de Paris, dit-il, prétend avoir le droit d'interdire à tous les citoyens dont les propriétés sont situées dans un rayon de cinquante toises des murs de cette ville, non-seulement la faculté d'élever sur leurs terrains la plus légère construction, ne fût-ce même qu'un simple mur de clôture, mais encore d'y faire aucune réparation aux constructions déjà existantes, et cela sans aucune espèce d'indemnité ;

» Il semblerait que, toutes les fois qu'il s'agit de décider une question qui touche au droit sacré de la propriété, on ne devrait avoir recours qu'aux lois fondamentales de l'État et de la Charte. S'il en était ainsi, nous ouvririons le Code civil, et nous y lirions :

Art. 544. « La propriété est le droit de jouir et disposer des choses de la manière la plus absolue, pourvu qu'on n'en fasse pas un usage prohibé par les lois et par les réglemens. » Les lois romaines avaient, avant le Cod. civ., défini la propriété *jus utendi et abutendi.*

Art. 545. « Nul ne peut être contraint de céder sa propriété, si ce n'est pour cause d'utilité publique, et moyennant une juste et préalable indemnité. »

» Nous présenterions la loi du 8 mars 1810, qui porte : Article 20. « Tout propriétaire dépossédé sera » indemnisé conformément à l'article 545 du Code » civil. » Nous ferions remarquer avec quelle sollicitude cette loi a établi toutes les garanties qui peuvent rassurer les citoyens sur les droits de la propriété, ou du moins sur un juste équivalent en cas de dépossession pour l'utilité publique.

» Enfin, nous invoquerions l'article 10 de la Charte, ainsi conçu :

» L'état peut exiger le sacrifice d'une propriété pour » cause d'utilité publique légalement constatée, mais » avec une indemnité préalable. »

» Nous tirerions de tous ces textes la conséquence

que s'il est utile à la ville de Paris, qu'à la différence de tous les autres propriétaires de la France, nous ne puissions bâtir sur notre terrain, ni même le clore; que nous laissions de plus dépérir et tomber en ruine, sans pouvoir les réparer, les bâtimens que nous avons construits ou achetés, il est juste qu'elle nous indemnise du préjudice qu'elle nous fait éprouver; qu'elle nous paie toute la différence qu'il y a entre nos propriétés frappées de cette interdiction, et celles qui, placées une toise plus loin que les nôtres, sont entièrement libres entre les mains des propriétaires.

» Mais ce ne sont ni les lois, ni le Code civil, ni la Charte qui servent de règle à la prétention de la ville de Paris, et de base à la jurisprudence du conseil; c'est une décision prise, en 1789, par le bureau des finances, et un décret de 1808, qui fait revivre cette décision.

» L'ordonnance du bureau des finances interdit toute construction et même toute réparation dans les cinquante toises du mur d'enceinte.

» Mais dequel droit MM. les voyers de Paris modifiaient-ils ainsi le droit de propriété sur une étendue de terrain déterminée, par cela seul qu'il aurait plu de rapprocher le mur d'enceinte de ce terrain?

» Le bureau des finances n'avait pas plus alors que n'aurait aujourd'hui le conseil des ponts et chaussées, le droit de porter atteinte par des réglemens à la propriété des citoyens; leurs attributions se bornaient à l'application des lois existantes;

» Le Roi seul aurait eu un pareil droit; encore, l'ordonnance dans laquelle il en aurait usé, aurait-elle dû, avant d'avoir force d'exécution, être enregistrée par le parlement de Paris.

» Les rédacteurs de cette décision avaient bien senti cette vérité, car on y remarque une sorte d'affectation de parler de la volonté du Roi et de ses intentions; mais cette volonté, ces intentions ne pouvaient se manifester légalement que par une ordonnance. Or, il serait impossible de citer une ordonnance royale qui ait paralysé ainsi, sans aucune indemnité, le droit de propriété dans un rayon de cinquante toises.

» Nous en citerions, au contraire, qui ordonnent de payer aux propriétaires la portion de terrain qu'on serait obligé de prendre pour y planter les arbres des boulevards. Si le Roi voulait qu'on indemnisât scrupuleusement les propriétaires de la perte de quelques toises de terre, aurait-il souffert qu'on réduisît arbitrairement leur propriété entière à la moitié ou au tiers de sa valeur, sans aucune indemnité? Cette contradiction serait tellement absurde, que ce serait faire injure à la sagesse de nos rois que de la leur imputer.

» D'anciennes ordonnances, il est vrai, avaient posé des bornes pour marquer les limites de Paris, et avaient défendu de bâtir au delà.

» Mais elles ne fixaient pas de distances; de manière que c'était plutôt une défense de déplacer les bornes qu'une interdiction de bâtir, et à plus forte raison, de réparer.

» D'ailleurs, les besoins de la population, toujours croissante, et la force même des choses, avait rendu sans application ces prohibitions. Cinq enceintes successives, toutes plus étendues les unes que les autres, et faites à diverses époques, sous divers règnes, attestent assez l'impuissance de ces ordonnances prohibitives.

» Au reste, la dernière de ces prohibitions est de 1738; et depuis, l'enceinte de Paris a été aggrandie de manière que la prohibition qui avait pour objet de maintenir l'ancienne enceinte, est aujourd'hui sans objet, et abrogée par le fait.

» Nous n'avons donc à combattre que l'ordonnance de 1789, qui, comme nous l'avons fait remarquer, est un excès de pouvoir manifeste de la part du bureau des finances, et qui, d'ailleurs, a été presqu'aussitôt abrogée par le fait que portée.

» En effet, peu de temps après cette ordonnance, les barrières furent incendiées; Paris n'eut plus de limite proprement dite.

» La loi du 6 octobre 1791 déclara libres toutes les propriétés situées en France.

» Le Gouvernement, propriétaire par suite de confiscation ou autrement, de plusieurs propriétés situées aux environs de Paris, dans les cinquante toises, les vendit à des particuliers sans aucune condition, et avec le droit de jouir de ces propriétés comme de toute autre.

» Il donna même des alignemens pour bâtir à la distance de deux mètres seulement des boulevards.

» Ce terrain se couvrit de bâtimens, de manufactures, d'établissemens de toute espèce. L'excédent de la population de Paris, accrue par l'impulsion imprimée par la révolution, au commerce et à l'industrie, y reflua; ces propriétés figurèrent constamment dans toutes les stipulations, comme entièrement semblables aux autres propriétés, et tout-à-fait libres entre les mains des possesseurs; ces faits ne sont pas contestés par l'administration, et ils ne pourraient l'être.

» En 1808, l'administration de la ville de Paris s'imagina que la perception de ses droits serait plus facile et la fraude moins praticable, si elle faisait raser le terrain qui environne ses murs dans un rayon de cinquante toises.

» Pour parvenir à l'exécution de ce plan, il n'y avait qu'un moyen qui fût conforme à l'équité et aux lois, c'étoit d'acheter tous ces terrains, de les raser, et ensuite de les louer ou de les vendre à la condition de n'y faire aucune réparation.

» Mais on sentit qu'une pareille acquisition entraînerait une dépense qui ne serait nullement en proportion avec les avantages qu'on en retirerait.

» Il fallait un moyen de parvenir au même résultat sans débourser un seul denier, tout en ayant l'air cependant de respecter les droits acquis, et de ne porter aucune atteinte au droit de propriété.

» On pouvait bien faire revivre l'ordonnance de 1789; mais comme elle avait cessé d'exister, même pour le Gouvernement, à plus forte raison pour les particuliers; comme toutes les propriétés situées dans ce terrain avaient été réputées libres par les parties contractantes, qu'elles avaient été achetées et payées en conséquence, il eût paru trop souverainement injuste qu'un particulier qui, le 10 janvier, aurait acquis un terrain et une maison, situés dans les cinquante toises, 100,000 francs, comme susceptible d'améliorations, de réparations, d'entretien, comme propriété libre enfin, et pouvant être disposée d'après les intérêts ou même le caprice des propriétaires, se trouvât, le lendemain, n'avoir acquis qu'une propriété dont il lui serait même défendu de relever les murs lorsqu'ils seraient tombés, et fît ainsi une perte de 50 pour 100 au moins sur son capital.

» On ne pouvait donc pas proposer au Gouvernement de déclarer tout crument que ces propriétés seraient frappées d'une espèce d'interdit général; mais la ville se présenta comme devant acheter ces terrains; elle en demanda l'autorisation; et comme cette autorisation d'acheter arrêtait, pour ainsi dire, la condition respective des parties, il pouvait paraître raisonnable d'empêcher l'une de ces parties, c'est-à-dire les propriétaires, de changer les conditions de la vente par de nouvelles constructions. La prohibition de construire, combinée ainsi avec l'autorisation d'acheter, peut en justifier.

» Il faut même croire, pour l'honneur du gouvernement d'alors, que c'est cette considération qui détermina le décret du 11 janvier 1808, d'autant plus que l'art. 3 de ce décret accorde en effet à la ville de Paris l'autorisation d'acheter, comme pour cause d'utilité publique, et à la charge d'une juste et préalable indemnité, les maisons construites à moins de 50 toises de distance du mur de clôture.

» Et c'est immédiatement après cette autorisation que vient la prohibition de faire de nouvelles constructions, ou même de simples réparations.

» Mais le décret une fois porté, l'administration de la ville de Paris a cru qu'elle pouvait le diviser; qu'elle pouvait abandonner l'autorisation d'acheter, et conserver la prohibition de construire et réparer, c'est-à-dire, qu'elle a laissé de côté le prétexte qui seul avait pu donner une couleur de justice et de raison à la prohibition demandée; qui seul avait pu la lui faire accorder, et en était conséquemment la condition *sine quâ non*. L'autorisation et la prohibition sont donc la conséquence l'une de l'autre et indivisibles, s'il n'y avait pas eu autorisation d'acheter, il n'y aurait pas eu prohibition de bâtir; et, si la prohibition eût pu être ordonnée seule, l'autorisation d'acheter eût été parfaitement inutile; car l'effet de cette prohibition, prise isolément, serait de parvenir au but, sans débourser un seul denier. Or, on n'autorise pas à acheter ce qu'on peut avoir pour rien avec un peu de patience.

» Le Conseil d'état a cependant consacré cette division de manière que des malheureux propriétaires qui avaient acheté, soit de particuliers, soit du gouvernement lui-même, des propriétés qu'ils croyaient libres, et qu'ils devaient croire libres, qui y avaient employé leurs capitaux, ont vu tout-à-coup ces propriétés paralysées entre leurs mains, diminuées de plus de la moitié de leur valeur, et cela sans aucune indemnité, sans aucun équivalent; c'est contre cet abus, c'est contre cette atteinte portée au droit de propriété, au principe de l'égalité des charges que votre intervention est sollicitée.

» En principe général, nul ne peut être privé de sa propriété, que moyennant une juste et préalable indemnité.

» Ce principe serait-il applicable, lorsqu'on prend dix toises de mon terrain pour faire un chemin; ne le serait-il pas lorsque j'ai acheté une maison 100,000 fr., et que, par la défense qu'on me fait de l'entretenir, de la réparer, elle n'en vaut plus que 50,000 fr.

» N'y a-t-il pas, dans le deuxième comme dans le premier cas, modification du droit de propriété; et si cette modification est réclamée pour l'intérêt de tous, n'est-il pas juste que tous, c'est-à-dire l'État, en indemnise le propriétaire ?

» Que m'importe que la cause d'utilité publique pour laquelle on exige le sacrifice d'une partie de mon droit de propriété soit de telle ou telle nature; que ce soit ou pour mettre des limites à l'enceinte de Paris, ou pour empêcher la fraude. La loi ne distingue pas; quelle que soit l'utilité publique qui réclame le sacrifice de ma propriété, rien ne peut altérer ce grand principe, que je ne dois pas supporter seul la charge d'un sacrifice utile à tous.

» Mais, dit-on, la défense de bâtir n'est pas une modification de la propriété.

» Quoi! mon voisin, qui n'est situé qu'à une toise de moi, pourra relever ses murs, réédifier ses bâtimens, les étendre, et moi je ne pourrai pas même me clore et me mettre en sûreté chez moi! et vous dites que ma propriété n'est pas modifiée? Elle l'est tellement, qu'avant votre prohibition je l'ai achetée, et j'aurais pu la vendre 100,000 francs, et qu'aujourd'hui, par suite de votre prohibition, je ne peux la vendre que 50,000.

» Si le droit de bâtir est un privilége que le gouvernement peut conférer à tel ou tel, il peut également le refuser; mais si ce droit est inhérent à la propriété, quelle est la loi qui autorise le gouvernement à modifier cette propriété pour moi, lorsqu'il ne la modifie pas pour les autres?

» Vous pouvez, ajoute-t-on, user de votre propriété, mais conformément aux réglemens. Or, les réglemens vous défendent de bâtir.

» Mais à moins que ces réglemens aient commencé avec la propriété, il faut toujours convenir qu'ils ont modifié, arbitrairement et contre les lois naturelles et positives, des propriétés qui étaient libres avant qu'ils fussent publiés.

» Que serait-ce si ces réglemens n'étaient applicables qu'à des terrains aujourd'hui compris dans l'enceinte de Paris, et parfaitement libres dans les mains des propriétaires; s'ils n'avaient jamais reçu d'exécution; si le gouvernement lui-même y avait renoncé et y avait dérogé; si toute la législation moderne les avait implicitement abrogés; si elle avait rétabli dans toute sa force ce grand principe, que nul ne peut être privé de tout ou partie de sa propriété pour l'utilité publique, sans une indemnité préalable?

» Dailleurs le droit de la ville de Paris est réglé par le décret de 1808; tout est là, et ne perdons pas de vue que ce décret accorde l'autorisation demandée par la ville, d'acheter les terrains en question; que cette autorisation et la vente qui paraissait devoir la suivre immédiatement, a pu seule déterminer la prohibition de construire et réparer, qui n'est autre chose qu'un commencement d'exécution de l'acquisition projetée, et qui, autrement, ne pourrait se concilier avec le droit de propriété et les droits alors acquis.

» Eh! quelle est cette utilité publique pour laquelle on voudrait violer ainsi et la foi des contrats et le droit de propriété? Est-ce le salut de la patrie, la raison d'État? Point du tout : ce sont des considérations dont le vague même annonce assez la futilité, et qui s'évanouissent devant le plus léger examen.

» L'administration de la ville de Paris avait d'abord allégué la sûreté des perceptions, le danger de la fraude; elle avait parlé de souterrains par lesquels on introduirait des liquides.

» Mais on lui a représenté que la fraude se ferait aussi bien de cinquante toises que de vingt ou trente; que les murs de clôture, le double chemin de ronde, les boulevards qui ceignent Paris, et la surveillance des employés, suffisaient pour rendre impossible ou très-difficile cette fraude qui se fait par-dessus les murs; que celle qui se fait par les entrées est indépendante de la proximité des bâtimens; que quand aux souterrains, c'était une crainte tout-à-fait chimérique : que lors qu'on tentait des entreprises aussi périlleuses, ce n'était pas quelques toises de plus ou de moins qui coûtaient; que d'ailleurs pour un ou deux exemples qu'on citait de pareilles tentatives depuis l'origine de la perception des droits, il ne valait pas la peine de prendre une mesure aussi exorbitante; qu'enfin, la décision qui reporte à la banlieue la limite des octrois pour les eaux-de-vie, seul et véritable aliment de la fraude, parce que ces liquides offrent seuls, par l'élévation de leurs prix, une compensation suffisante des périls attachés à la contrebande, avait rendu sans objet et presque ridicules les craintes de fraude, et surtout les vastes moyens proposés pour y remédier.

» Aujourd'hui l'administration de la ville de Paris ne voit, dans le décret de 1808 et dans la défense de bâtir ou réparer, qu'une mesure de voirie.

» Mais ce mot de voirie aurait-il pour effet de justifier toutes les mesures arbitraires et toutes les atteintes à la propriété?

» Je conçois que dans l'intérieur d'une ville, le droit de bâtir soit soumis à quelques conditions, soit pour l'alignement, soit même pour la hauteur des bâtimens : il en résulte un bien général et même un bien particulier pour le propriétaire qui trouve dans la régularité de la rue une compensation suffisante de la gêne qu'il peut en éprouver.

» Encore si la nécessité de l'alignement nécessitait de sa part le sacrifice d'une partie de son terrain, il aurait le droit que lui assure la loi du 16 septembre 1807, de réclamer une indemnité, ou même de faire acheter sa propriété toute entière par le gouvernement.

» Mais sous le prétexte de ces réglemens de voirie, paralyser hors d'une ville, et dans les communes voisines, un plus ou moins grand nombre de propriétés sans aucune indemnité, c'est ce qui ne sera jamais admis dans un pays qui sait ce que c'est que le droit de propriété. »

L'agent de l'administration répond :

Le sieur Cabanis prétend qu'on ne peut l'empêcher de construire comme bon lui semble, sans porter atteinte au droit sacré de propriété, par conséquent, sans méconnaître le Code civil et la Charte elle-même. Mais, invoquer si mal-à-propos les principes du Code civil, c'est, sans y songer, donner des armes contre soi-même; car, en consacrant en thèse générale le droit de propriété, le Code civil, de même que la Charte, consacrent aussi le droit qui appartient à l'autorité d'en restreindre ou de modifier, dans certains cas, l'usage indéfini; la question se réduit donc à savoir si l'intérêt public, auquel les principes généraux touchant l'intérêt particulier, sont toujours subordonnés, exige que les propriétaires des terrains avoisinant les boulevards extérieurs de Paris, jouissent de leurs propriétés de telle manière plutôt que de telle autre, et s'il ne convient pas au contraire qu'il leur soit défendu d'y élever des constructions à une distance moindre de cinquante toises du mur d'enceinte.

Or, s'il faut revenir ici sur les considérations qui ont motivé le décret du 16 janvier 1808, je rappellerai qu'il est enfin nécessaire de donner des limites certaines à la ville de Paris, d'empêcher qu'elle ne s'étende, pour ainsi dire, hors de son enceinte, enfin de prévenir la nécessité où l'on serait infailliblement amené de reculer de nouveau sa clôture, pour y enfermer le grand nombre de maisons dont cette clôture serait bientôt environnée, si on laissait indéfiniment à chacun le droit de s'en approcher et d'y planter une habitation.

J'ajouterai à cette considération, qui me paraît de la plus grande importance, des motifs d'une autre pèce, dont la force n'a pas échappé aux législateurs qui ont préparé l'ordonnance de 1789 et le décret de 1808; je représenterai donc que l'embellissement des abords de Paris, la police même de cette ville, et enfin la sûreté de ses perceptions, exigent le maintien des réglemens qu'on attaque, et que même, si ces réglemens n'existaient pas, il serait absolument nécessaire de les établir. Ce n'est pas ici le lieu de développer ces vices qu'il m'a suffi d'indiquer pour prouver ce que j'ai avancé d'abord, qu'il existe de puissans motifs d'intérêt public, pour maintenir les modifications au droit ordinaire de propriété consacré par les lois sur la matière, et cet intérêt public une fois prouvé, les lois dont il s'agit le rangent tout naturellement dans la classe de celles qui, sous le rapport, soit de la salubrité, soit de la sûreté, empêchent, ou dans les villes ou dans de certains quartiers, l'établissement de fours à chaux ou à plâtre, de dépôt de voirie, chantiers de bois à brûler, et limitent par conséquent, en vue de l'intérêt public, l'usage de la propriété.

Le sieur Cabanis prétend encore que les mêmes lois, qui ont défendu les constructions dans la distance de cinquante toises, ont imposé à la ville l'obligation d'acheter sur toute la ligne d'enceinte, les propriétés particulières situées dans cette distance, et que l'énormité de la dépense comparée avec son peu d'utilité, a fait renoncer à ce projet, et entraîné par conséquent l'anéantissement des lois qui contenaient la défense de bâtir.

Le sieur Cabanis tombe ici dans une erreur trop grave pour qu'elle ne soit pas volontaire, jamais la ville n'a été tenue d'acquérir les propriétés situées dans la distance de cinquante toises. Elle y est seulement autorisée par le décret du 16 janvier 1808, ce qui est bien différent; et cette autorisation s'applique au cas où l'utilité publique rendrait une semblable acquisition nécessaire. Le décret de 1808 est un réglement de grande voirie, comme l'était l'ordonnance de 1789; il a pour objet de déterminer les limites de Paris, par rapport au territoire avoisinant les murs d'enceinte; il fixe des alignemens comme lorsqu'il s'agit de constructions dans l'intérieur de la ville; et, de même que, dans ce dernier cas, l'administration, tout en empêchant de réconforter les maisons particulières sujettes à retranchement, ne contracte pas pour cela l'obligation de les acheter, de même aussi n'est-elle pas tenue d'acquérir les terrains situés dans les cinquante toises, encore bien qu'elle empêche d'y élever des constructions.

Ces principes sont si élémentaires, qu'il serait superflu de s'y arrêter plus long-temps. Il est bien évident que l'ordonnance de 1789 et le décret de 1808, *sont des réglemens de grande voirie*; la nature de leurs dispositions le prouve autant que le titre même dont ils sont revêtus; par conséquent il ne peut s'élever aucun doute sur la manière dont ils doivent être exécutés. Il est vrai, comme le dit le sieur Cabanis, que, pendant plusieurs années, l'ordonnance de 1789 a cessé d'être suivie, mais c'est qu'alors il n'y avait plus de lois, ou plutôt elles existaient bien, mais elles n'étaient point observées; un grand nombre de maisons fut bâti à cette époque dans la distance prohibée; l'administration qui survint ensuite fut trop prudente pour en exiger de vive force la démolition, puisqu'il était constant qu'elles avaient été élevées sans empêchement de la part des administrations préexistantes ou même de leur consentement; mais, en l'an 8, un autre ordre de choses eut lieu; la nécessité de faire cesser de semblables abus se fit vivement sentir, et l'ordonnance de 1789 ayant été remise en vigueur par décision expresse du ministre de l'intérieur, il est résulté de là que toutes constructions nouvelles, de la nature de celles dont il s'agit, ont dû être empêchées; enfin, pour donner plus de poids encore à l'ordonnance de 1789, pour qu'on ne pût pas prétendre qu'ayant été pendant long-temps inexécutée, elle ne pouvait pas reprendre sa force par l'effet d'une simple décision ministérielle; un décret spécial fut rendu le 11 janvier 1808, après une discussion très-approfondie; et ce décret, en rappelant textuellement les dispositions de l'ordonnance de 1789, ne laissa plus subsister aucun doute.

Telle fut la marche de la législation administrative sur cette matière. Or, maintenant est-il nécessaire d'examiner, avec le sieur Cabanis, si le décret de 1808 s'est trouvé abrogé par la loi du 8 mars 1810, relative aux expropriations pour cause d'utilité publique? Cet examen serait superflu, et il est bien évident que la confusion des principes dans laquelle s'est jeté à cet égard le sieur Cabanis, n'est qu'un moyen imaginé pour gagner du temps et jouir, au moins jusqu'à la convocation des chambres, d'une contravention dont la répression n'a été déjà que trop long-temps retardée. La loi du 8 mars 1810 ne s'applique *qu'aux expropriations pour cause d'utilité publique*; c'est là son titre; elle n'a modifié que les dispositions de la loi du 16 septembre 1807, dans laquelle on trouvait des règles sur la même matière; mais cette loi de 1810 n'a point abrogé le décret de 1808, parce qu'il ne concerne en aucune façon les expropriations pour cause d'utilité publique, et qu'il est, pour le dire encore une fois, *un simple réglement de grande voirie*. Il n'y a donc aucune question d'interprétation de loi à soumettre aux chambres, parce que les lois citées n'impliquent aucune contradiction, et régissent chacune un cas différent.

Sur cet état est intervenue l'ordonnance suivante :

LOUIS, etc.; — Sur le rapport du comité du contentieux;

Vu la requête et le mémoire ampliatif à nous présentés au nom du sieur Cabanis, propriétaire à Bercy, enregistrés au secrétariat du comité du contentieux de notre Conseil d'état, les 6 janvier et 26 avril 1817, tendants à ce qu'il nous plaise annuller deux décisions rendues les 12 avril 1815 et 21 septembre 1816, par le conseil de préfecture du département de la Seine, lesquelles ordonnent la démolition des bâtimens construits par le requérant sur un terrain à lui appartenant, et le condamne à une amende de 215 francs, le tout par une fausse application du décret du 11 janvier 1808, implicitement abrogé par la loi du 8 mars 1810;

Vu les lettres du préfet du département de la Seine, en date des 22 janvier et 27 mai 1817, par lesquelles il conclut au maintien desdits arrêtés, conformément aux dispositions du décret du 11 janvier 1808;

Vu la réplique du sieur Cabanis, enregistrée au secrétariat dudit comité du contentieux, le 26 mars 1818;

Vu l'arrêté du conseil de préfecture du département de la Seine, en date du 12 avril 1815, qui, sur le rapport de l'ingénieur ordinaire et celui de l'ingénieur en chef du département, décide que le sieur Cabanis sera tenu de démolir les constructions élevées sans autorisation préalable, sur un terrain distant de moins de cinquante toises du mur de clôture de la ville de Paris, et le condamne à une amende de 15 francs;

Vu un arrêté du même conseil de préfecture, en date du 21 septembre 1816, par lequel, sur le rapport des deux ingénieurs du département, constatant d'itératives contraventions du sieur Cabanis, il est ordonné au requérant de procéder, dans le délai de trois jours, à la démolition des ouvrages en maçonnerie qu'il a entrepris sans autorisation, et, en outre, de payer 200 fr. d'amende;

Vu le décret du 11 janvier 1808;

Ensemble toutes les pièces produites au dossier de cette affaire;

Considérant que les deux arrêtés précités se bornent à l'application du décret du 11 janvier 1808;

Que les dispositions de ce décret, conformes à celles de l'ordonnance du 16 janvier 1789, n'ont pas été abrogées par les lois postérieures;

Notre Conseil d'état entendu,

Nous avons ordonné et ordonnons ce qui suit:

Art. 1er. La requête du sieur Cabanis est rejetée; en conséquence, les arrêtés du conseil de préfecture du département de la Seine, des 12 avril 1815 et 21 septembre 1816, recevront leur pleine et entière exécution.

2. Nos ministres secrétaires d'état de l'intérieur et des finances sont chargés, chacun en ce qui le concerne, de l'exécution de la présente ordonnance.

Ordonnance du 17 juin 1818. (2998)

N°. 260.

DÉCISION MINISTÉRIELLE. — SOLUTION. — PROPRIÉTÉ. — ÉMIGRÉ.

Une décision du ministre des finances portant qu'un tel domaine appartient à un tel émigré, en vertu d'un tel testament, n'est pas une décision de justice ministérielle ayant l'effet de la chose jugée; c'est la solution d'une difficulté, solution qui doit servir de règle uniquement aux agens de l'administration. La question de propriété reste entière vis-à-vis du tiers réclamant et doit être jugée par les tribunaux.

(Le sieur Pertuisier.)

LOUIS, etc.; — Sur le rapport du comité du contentieux,

Vu la requête à nous présentée au nom du sieur Pertuisier, en sa qualité d'héritier universel du sieur Raviot, par testament du 7 janvier 1785, enregistrée au secrétariat du comité du contentieux de notre Conseil d'état, le 15 mai 1818, tendante, 1°. à l'annullation d'une décision de notre ministre des finances, du 1er. octobre 1817, confirmative d'un arrêté du préfet du département du Doubs, du 28 mai 1816, qui, par suite de l'émigration d'un individu compris dans le testament, a ordonné que le domaine de Sombevaux serait vendu dans les formes voulues pour les ventes des biens de l'Etat, et a réglé d'avance la distribution du prix à en provenir; 2°. contre une autre décision du même ministre, du 18 février 1818, confirmative de la première;

Vu lesdites décisions des 1er. octobre 1817 et 18 février 1818;

Ensemble toutes les pièces produites et jointes au dossier;

Considérant qu'il s'agit, dans l'espèce, de statuer sur la validité et les effets d'un testament, et que cette question est du ressort des tribunaux;

Notre Conseil d'état entendu,

Nous avons ordonné et ordonnons ce qui suit:

Art. 1er. Les décisions de notre ministre des finances, en date des 1er. octobre 1817 et 18 février 1818, sont annullées.

Les parties sont renvoyées devant les tribunaux.

2. Notre ministre secrétaire d'état des finances est chargé de l'exécution de la présente ordonnance.

Ordonnance du 17 juin 1818. (3018)

N°. 261.

CHEMINS VICINAUX. — USURPATION. — CONSEIL DE PRÉFECTURE. — INDEMNITÉ.

Les conseils de préfecture ne doivent connaître des dégradations et empiétemens sur les chemins prétendus vicinaux, qu'autant que les chemins dont il s'agit sont reconnus vicinaux par la partie, ou déclarés tels par le classement de l'administration — S'il y a litige sur la vicinalité, c'est là une question de propriété dévolue aux tribunaux ordinaires. (Loi du 9 ventose an 13.) *En tout état de cause, s'il y a nécessité qu'un chemin soit déclaré vicinal, il doit y avoir pourvoi administratif devant le préfet, pour demander que le chemin dont il s'agit soit mis au rang des chemins vicinaux, et qu'il soit statué sur sa classification, largeur et direction, sauf une juste et préalable indemnité.*

(Delmas.—C.—la commune de Saint-Jean de Vedas.)

Le sieur Delmas possède dans la commune de Saint-Jean de Vedas plusieurs héritages contigus à des chemins ou sentiers connus dans le pays sous le nom de *Drailles*.

Il n'est pas justifié que le préfet du département ait statué sur la qualification et le classement des chemins de cette commune.

Cependant, le maire s'étant plaint de quelques usurpations commises par le sieur Delmas sur les *Drailles*, joignant ses propriétés, il intervint, le 2 mai 1816, un arrêté de M. le préfet, qui ordonna que les usurpations alléguées seraient constatées.

Un procès-verbal de l'adjoint du maire, en sa qualité de commissaire de police, constata ces usurpations.

Par un second arrêté, le préfet ordonna qu'il serait procédé à la reconnaissance du terrain usurpé, et sur le rapport du procès-verbal de l'expert chargé de l'opération, la contestation fut renvoyée devant le conseil de préfecture qui rendit, le 29 mai 1817, un arrêté, portant que le sieur Delmas serait évincé des parties de chemins par lui usurpées, le condamna à les rétablir dans leur état primitif, et le condamna en outre à une amende de 880 fr. 89 cent. à titre de dommages-intérêts.

Le sieur Delmas s'est pourvu contre cet arrêté; il en a demandé l'annullation comme incompétemment rendu, aux termes de la loi du 9 ventose an 13, qui veut que les conseils de préfecture ne connaissent que des dégradations et empiétemens faits sur les chemins reconnus vicinaux; d'où il tirait la conséquence que les chemins de la commune de Saint-Jean de Vedas n'étant pas reconnus vicinaux par l'administration, le conseil de préfecture de l'Hérault ne pouvait connaître des usurpations alléguées.

Cette exception d'incompétence a été accueillie par l'ordonnance dont la teneur suit :

LOUIS, etc.; — Sur le rapport du comité du contentieux ;

Vu les requêtes à nous présentées au nom du sieur Jean-Bernard Delmas, propriétaire, demeurant en la commune de Saint-Jean de Vedas, arrondissement de Montpellier, département de l'Hérault; lesdites requêtes enregistrées au secrétariat du comité du contentieux de notre Conseil d'état, les 13 septembre et 31 décembre 1817, et tendantes à ce qu'il nous plaise annuller un arrêté du conseil de préfecture du département de l'Hérault, du 29 mai 1817, qui décide que l'exposant sera évincé de plusieurs parties de terrain qu'il aurait envahies sur le chemin de la commune, et le condamne, en outre, à une amende pour dommages et intérêts ;

Condamner la commune aux dépens et à la restitution des sommes payées en exécution de l'arrêté attaqué ;

Vu l'ordonnance de soit communiqué, en date du 11 octobre 1817, et le mémoire en défense de la commune de Saint-Jean de Vedas, enregistrés au secrétariat dudit comité du contentieux, le 2 mars 1818, et tendant à ce qu'il nous plaise démettre le sieur Delmas de son pourvoi; confirmer l'arrêté du 29 mai 1817, qui sera exécuté selon sa forme et teneur, et condamner ledit sieur Delmas aux dépens et aux frais ;

Vu ledit arrêté du 29 mai 1817, le rapport d'expert du 28 octobre 1816 et le plan des lieux, portant la date du 10 septembre précédent ;

Vu les autres pièces respectivement produites ;

Considérant qu'il n'est pas justifié, par le maire de la commune de Saint-Jean de Vedas, que le préfet ait, aux termes de la loi du 29 ventose an 13, statué sur la qualification et le classement des chemins vicinaux de cette commune ;

Considérant que, d'après la même loi, les conseils de préfecture doivent connaître des dégradations et empiétemens faits ou prétendus faits sur les chemins reconnus vicinaux; mais que, dans l'espèce et à défaut de classement des chemins contentieux, le conseil de préfecture du département de l'Hérault a été prématurément saisi de la contestation ;

Considérant que, quelque soit le jugement à intervenir sur la question de propriété, le maire de la commune de Saint-Jean de Vedas demeure fondé à se pourvoir, si bon lui semble, devant le préfet, pour demander que les chemins dont il s'agit soient mis au rang des chemins vicinaux, et qu'il soit statué sur leur classification, largeur et direction, sauf une juste et préalable indemnité envers qui de droit, et s'il y a lieu ;

Notre Conseil d'état entendu,

Nous avons ordonné et ordonnons ce qui suit :

Art. 1er. L'arrêté du conseil de préfecture du département de l'Hérault, du 29 mai 1817, est annullé pour cause d'incompétence et excès de pouvoir, sauf aux parties à se pourvoir, si bon leur semble, devant le préfet, sur la classification des chemins en litige et devant les tribunaux, sur la question de propriété de tout ou partie desdits chemins.

2. Les sommes payées par le sieur Delmas en exécution dudit arrêté, lui seront restituées.

3. Le maire de la commune de Saint-Jean de Vedas, en cette qualité, est condamné aux dépens.

4. Notre garde des sceaux ministre secrétaire d'état de la justice et notre ministre secrétaire d'état de l'intérieur sont chargés, chacun en ce qui le concerne, de l'exécution de la présente ordonnance.

Ordonnance du 17 juin 1818. (3418)

N°. 262.

SURSIS. — Exécution.

Il peut être sursis à l'exécution d'un arrêté attaqué devant le Conseil d'état, portant condamnation de détruire ou démolir une traînée ou digue établie dans le lit d'une rivière navigable, lorsque, de l'avis du directeur-général des ponts et chaussées, l'intérêt de la navigation n'exige pas la prompte exécution de l'arrêté attaqué.

(Le sieur Guibal.)

LOUIS, etc.; — Sur le rapport du comité du contentieux;

Vu la requête à nous présentée au nom du sieur Guibal, propriétaire, demeurant à Toulouse; ladite requête enregistrée au secrétariat du comité du contentieux de notre Conseil d'état, le 27 mai 1818, et tendante à ce qu'il nous plaise annuller pour excès de pouvoir, violation ou fausse application des lois attributives de juridiction, l'arrêté du conseil de préfecture du département de la Haute-Garonne, du 24 avril 1818, portant qu'une traînée ou digue établie par l'exposant dans le lit de la Garonne, sera par lui démolie; casser et annuller également l'arrêté du préfet, du 25 novembre 1817; ordonner que son premier arrêté sortira son plein et entier effet, et que les travaux actuellement existans seront maintenus, sauf les changemens que l'administration des ponts et chaussées croirait nécessaires, tant pour la conservation de la propriété du suppliant, que dans l'intérêt de la navigation; condamner les opposans aux dépens, et, dans tous les cas, ordonner qu'il sera sursis à l'exécution desdits arrêtés du conseil de préfecture, du 24 avril 1818, et du préfet, du 25 novembre 1817;

Vu l'ordonnance de soit communiqué, du 8 juin 1818;

Vu l'arrêté du conseil de préfecture du 24 avril précédent;

Vu la lettre de notre directeur-général des ponts et chaussées, du 7 juin même année, portant que le sursis peut être accordé, et qu'il convient d'ordonner que la traînée dont il s'agit soit conservée jusqu'à ce qu'il ait été reconnu si elle est nuisible au service de la navigation, et s'il y a lieu d'en prescrire la destruction;

Considérant que, de l'avis du directeur-général des ponts et chaussées, il résulte que l'intérêt de la navigation n'exige pas la prompte exécution des arrêtés attaqués;

Considérant que la destruction de la digue contentieuse causerait au sieur Guibal un tort irréparable, s'il devait être reconnu que cette digue ne nuit ni à la navigation, ni aux tiers-opposans;

Notre Conseil d'état entendu,

Nous avons ordonné et ordonnons ce qui suit:

Art. 1er. Il sera sursis à l'exécution des arrêtés attaqués du conseil de préfecture et du préfet du département de la Haute-Garonne, jusqu'à ce qu'il ait été par nous statué définitivement sur la contestation.

2. Notre ministre secrétaire d'état de l'intérieur est chargé de l'exécution de la présente ordonnance.

Ordonnance du 17 juin 1818. (374?)

N°. 263.

ACTE ADMINISTRATIF. — Interprétation. — Question préjudicielle.

Lorsqu'il y a contestation devant les tribunaux ordinaires sur un point de droit qui a sa source dans un acte administratif, tellement que, pour apprécier le droit des parties, il faut interpréter l'acte de l'administration, l'autorité judiciaire doit renvoyer à l'autorité administrative la décision de cette question préjudicielle.

(Le sieur Jousselin.)

LOUIS, etc.; — Sur le rapport du comité du contentieux;

Vu la requête à nous présentée au nom du sieur Jousselin, enregistrée au secrétariat du comité du contentieux de notre Conseil d'état, le 22 avril 1817, tendante à l'annullation d'un arrêté du conseil de préfecture du département de Loir-et-Cher, du 26 décembre 1816, lequel invite le préfet dudit département à élever le conflit dans une contestation existante entre le requérant et la ville de Blois, relativement à des travaux qu'il soutient devoir être à la charge de ladite ville;

Vu l'ordonnance de soit communiqué et la requête en défense de la ville de Blois, enregistrées au secrétariat dudit comité du contentieux, le 17 avril 1818;

Vu notre ordonnance du 4 juin 1816;

Vu le susdit arrêté du 26 décembre 1816;

Vu le jugement du 13 février 1817, rendu par le tribunal civil de Blois;

Ensemble toutes les pièces produites et jointes au dossier;

Considérant que l'action du sieur Jousselin avait pour objet de faire condamner la ville de Blois à des travaux auxquels il la soutient obligée en vertu d'actes administratifs, et à des dommages-intérêts pour les torts que lui avait causés l'inexécution desdits travaux;

Considérant que, si la ville de Blois, dans ses exceptions à cette demande, prétendait n'être point engagée par les actes administratifs que le sieur Jousselin lui opposait, et qu'elle y était même étrangère, il s'agissait dès-lors d'interpréter lesdits actes;

Qu'en conséquence le tribunal, avant de statuer, aurait dû renvoyer les parties devant l'administration pour y faire interpréter ces actes, sauf à prononcer ensuite, s'il y avait lieu, sur les demandes portées devant lui ;

Considérant que le conseil de préfecture n'avait émis qu'un simple avis tendant à faire élever le conflit par le préfet ; que ce magistrat n'ayant pas revendiqué l'affaire, le tribunal ne pouvait pas être arrêté, par cet avis, dans l'exercice de sa juridiction ; que le recours du sieur Jousselin contre cet avis qui n'a point le caractère de décision, n'est pas admissible, et que néanmoins il demeure libre, soit de saisir directement le conseil de préfecture de l'interprétation des actes administratifs, soit de se pourvoir dans l'ordre hiérarchique judiciaire, pour faire réformer, s'il y a lieu, le jugement du tribunal de Blois ;

Notre Conseil d'état entendu,

Nous avons ordonné et ordonnons ce qui suit :

Art. 1er. La requête du sieur Jousselin est rejetée, sauf à lui à saisir directement le conseil de préfecture du département de Loir-et-Cher, de l'interprétation des actes administratifs dont il s'agit, sans préjudice de la faculté qui lui est réservée de se pourvoir par les voies légales, et s'il y a lieu, contre le jugement précité du tribunal de Blois.

2. Les dépens sont réservés.

3. Nos ministres secrétaires d'état des finances et de l'intérieur sont chargés, chacun en ce qui le concerne, de l'exécution de la présente ordonnance.

Ordonnance du 17 juin 1818. (3000)

N°. 264.

ALIGNEMENT.—Façade.

Le particulier qui réédifie sa maison sur le bord d'une route royale sans avoir obtenu de l'autorité l'alignement nécessaire, peut être rigoureusement condamné à la démolir ; cependant il y a lieu à modération de la peine s'il est prouvé que le propriétaire avait demandé l'alignement, et qu'il a construit sur un alignement qui ne porte aucun préjudice à la voie publique.

Quels sont les cas où les façades des maisons sont assujéties à un plan uniforme, et quels sont les cas où les propriétaires sont libres de bâtir comme il leur plaît sous la seule condition de se conformer à l'alignement?

(Le sieur Nicolas Fumerey.)

Le sieur Fumerey, négociant à Port-sur-Saône, possédait une maison située sur le bord de la route de Paris à Bâle.

Voulant faire reconstruire une partie de cette maison, il s'adressa, le 2 juin 1817, à M. le préfet de la Haute-Saône, pour se faire autoriser à réédifier sur les anciens fondemens, afin de conserver plus de régularité à son bâtiment.

Ayant appris, postérieurement, que d'après l'alignement fixé par les ingénieurs des ponts et chaussées, son bâtiment était en arrière de quelques mètres de cet alignement, le sieur Fumerey, sans attendre l'autorisation du préfet, fit reconstruire sa maison sur l'emplacement de l'ancienne, et bâtir un mur de clôture sur le bord de l'alignement fixé par les ingénieurs.

Par procès-verbal du 7 juillet 1817, il fut constaté que le sieur Fumerey avait construit un bâtiment sur le bord d'une route, sans au préalable s'être conformé aux lois.

Sur ce procès-verbal, le préfet de la Haute-Saône prit un arrêté, le 19 du même mois de juillet, par lequel il ordonna la démolition du bâtiment nouvellement construit par le sieur Fumerey, et la confiscation des matériaux ; cette décision fut confirmée par un arrêté du conseil de préfecture du même département, en date du 22 du même mois de juillet.

Ce sont ces deux arrêtés que le sieur Fumerey a dénoncés au Conseil d'état.

Sur son pourvoi est intervenue l'ordonnance suivante:

LOUIS, etc. ;— Sur le rapport du comité du contentieux ;

Vu la requête à nous présentée au nom du sieur Nicolas Fumerey, négociant, demeurant à Port-sur-Saône, département de la Haute-Saône ; ladite requête enregistrée au secrétariat du comité du contentieux de notre Conseil d'état, le 28 octobre 1817, et tendante à ce qu'il nous plaise ordonner que, sans nous arrêter ni avoir égard aux arrêtés du préfet et du conseil de préfecture du département de la Haute-Saône, en date des 19 et 22 juillet 1817, qui le condamnent à démolir le bâtiment qu'il a construit, sans autorisation, sur la route royale de Paris à Bâle, dans la traverse dudit Port-sur-Saône, et prononcent la confiscation des matériaux avec dépens ;

Déclarer lesdits arrêtés nuls et comme non avenus, ordonner qu'il ne sera point passé outre à la démolition du bâtiment de l'exposant, attendu qu'il se trouve dans l'alignement, et sous la soumission qu'il fait de payer tous les frais et dépens auxquels les contestations ont pu donner lieu ;

Vu les arrêtés attaqués du préfet et du conseil de préfecture du département de la Haute-Saône, des 19 et 22 juillet 1817 ;

Vu le plan des lieux ;

Vu les observations du préfet du département de la Haute-Saône, du 5 mars 1818, sur la réclamation du sieur Fumerey ;

Vu les renseignemens transmis le 17 mai suivant, par notre ministre de l'intérieur ;

Vu toutes les pièces produites ;

Considérant que le sieur Fumerey a demandé, le 2 juin 1817, l'alignement nécessaire pour réédifier sa maison sur le bord de la route royale de Paris à Bâle, dans la traverse de Port-sur-Saône, et que cette maison a été bâtie avant qu'il eût été répondu à sa demande ;

Considérant que, pour satisfaire au procès-verbal de contravention, en date du 7 juillet 1817, le préfet du département de la Haute-Saône et le conseil de préfecture étaient autorisés à prononcer les peines qui avaient été encourues ;

Considérant que la façade reconstruite se trouvant en arrière de l'alignement, et le sieur Fumerey s'étant empressé d'élever un mur de clôture sur ce même alignement, il n'en résulte aucun préjudice pour la voie publique ;

Considérant que les façades de maisons de la traverse de Port-sur-Saône ne sont point assujéties à un plan uniforme, et qu'il est libre à tous les propriétaires d'y bâtir, comme il leur plaît, sous la seule condition de se conformer à l'alignement ;

Considérant, néanmoins, que le sieur Fumerey a contrevenu aux réglemens de voirie, en relevant la façade de sa maison avant d'avoir obtenu l'alignement qu'il avait sollicité ;

Notre Conseil d'état entendu,

Nous avons ordonné et ordonnons ce qui suit :

Art. 1er. Les arrêtés du préfet et du conseil de préfecture du département de la Haute-Saône, des 19 et 22 juillet 1817, sont annullés, en ce qu'ils condamnent le sieur Fumerey à la démolition de sa maison, et à la confiscation des matériaux.

2. Ils sont confirmés en ce qu'ils le condamnent aux frais résultans de la contravention.

3. Le sieur Fumerey est condamné, en outre, à 300 francs d'amende pour avoir élevé une façade de maison sur la route de Paris à Bâle, avant d'avoir obtenu l'alignement qu'il avait demandé.

4. Notre ministre secrétaire d'état de l'intérieur est chargé de l'exécution de la présente ordonnance.

Ordonnance du 17 juin 1818. (3004)

N°. 265.

1°. HOSPICES. — Cession. — Approbation.

2°. Tierce-opposition. — Ayant-cause.

1°. *La délibération d'une commission administrative contenant un projet de cession des droits de l'hospice à un particulier, si elle n'est approuvée par l'autorité supérieure, ne confère ni qualité ni droit au prétendu cessionnaire.*

2°. *Une décision rendue avec le cédant ne peut être attaquée par le cessionnaire comme tiers-opposant.*

(Le sieur Reiss et consorts.)

LOUIS, etc. ; — Sur le rapport du comité du contentieux ;

Vu les requêtes à nous présentées au nom des sieurs Reiss, Michel Nusbann et Pierre Vogt, enregistrées au secrétariat du comité du contentieux de notre Conseil d'état, les 23 janvier 1817 et 22 avril 1818, et tendantes à ce qu'il nous plaise les recevoir tiers-opposans contre notre ordonnance du 27 mai 1816, qui déclare qu'il n'y a pas lieu de donner suite à la révélation par eux faite en 1813, au profit de l'hospice de Saverne, de biens usurpés par les communes de Berg et de Thal, attendu qu'il ne s'agissait pas, dans l'espèce, de biens célés au domaine ;

Vu notre susdite ordonnance ;

Vu la requête en intervention du sieur Christophe Merian-Hoffmann, enregistrée au secrétariat du comité du contentieux de notre Conseil d'état, le 9 septembre 1817 ;

Vu l'ordonnance de soit communiqué aux communes de Berg et de Thal, à laquelle elles n'ont pas répondu dans les délais du réglement ;

Vu le mémoire de la direction générale de l'enregistrement et des domaines, appelée en intervention ; ledit mémoire enregistré au secrétariat du comité du contentieux de notre Conseil d'état, le 12 novembre 1817 ;

Vu la délibération prise par la commission administrative de l'hospice de Saverne, le 10 avril 1813 ;

Vu l'article 38 du réglement du 22 juillet 1806, portant : « La partie qui succombera dans la tierce-opposition, sera condamnée en 150 francs d'amende, sans » préjudice des dommages et intérêts de la partie, s'il y » a lieu ; »

Vu toutes les pièces respectivement produites et jointes au dossier ;

Considérant que les sieurs Reiss et consorts se présentent en qualité de cessionnaires de l'hospice de Saverne ; que la délibération de la commission administrative contenant le projet de cette cession, n'ayant jamais été approuvée par l'autorité supérieure, n'a conféré ni qualité ni droits aux prétendus cessionnaires ; que, dans tous les cas, les droits des cessionnaires, s'ils en eussent légalement acquis en vertu de ladite délibération, dépendaient de ceux qui auraient été reconnus en faveur des hospices, et que les demandes de la commission ont été définitivement rejetées par notre ordonnance du 27 mai 1816 ;

Notre Conseil d'état entendu,

Nous avons ordonné et ordonnons ce qui suit :

Art. 1er. La requête des sieurs Reiss, Michel Nusbann et Pierre Vogt est rejetée.

2. Les sieurs Reiss, Michel Nusbann et Pierre Vogt sont condamnés aux dépens, et, en outre, à une amende de 150 francs.

3. Nos ministres secrétaires d'état des finances et de l'intérieur sont chargés, chacun en ce qui le concerne, de l'exécution de la présente ordonnance.

Ordonnance du 17 juin 1818. (2999)

N°. 266.

CONSEIL DE PRÉFECTURE. — Avis. — Pacage. — Chose jugée.

Un acte émané d'un conseil de préfecture, s'il n'est qu'un simple avis rendu sur la demande et sur un arrêté de préfet, ne renferme point une décision qui puisse être attaquée devant le Conseil d'état, il n'y a vraiment de chose jugée que par le préfet, et, dans ce cas, il doit y avoir recours à la justice ministérielle.

Le principe est applicable, même au cas où un préfet aurait interdit aux bêtes à laine le pacage des communaux, question qui, touchant à la propriété, semble appartenir à l'autorité du conseil de préfecture plutôt qu'à l'autorité du préfet.

(Dubois et consorts.)

Les sieurs Dubois, Gohaud et consorts, en qualité d'anciens vassaux du fief du Gué-Sénéchâlière, étaient copropriétaires de certains communaux situés dans la vallée aux Nonains, commune de Saint-Julien.

Par arrêté du préfet du département de la Loire-Inférieure, en date du 31 octobre 1807, il fut défendu aux communaliers de faire paître leurs bêtes à laine dans ces communaux qui demeuraient réservés, est-il dit dans cet arrêté, au gros bétail.

Au lieu de s'adresser au ministre pour faire réformer cet arrêté, les sieurs Dubois et consorts continuèrent de faire paître leurs moutons dans ces communaux; ils sollicitèrent, du conseil de préfecture, l'autorisation de se maintenir provisoirement dans cette jouissance, et demandèrent à être renvoyés devant les tribunaux pour discuter la question sur le fond.

Sur cette demande, le préfet engagea le conseil de préfecture à donner son avis.

Le 14 août 1816, il fut statué en ces termes :

« Le conseil de préfecture est d'avis qu'il n'y a pas » lieu d'admettre la requête des sieurs Dubois et consorts, » tendante à être renvoyés devant les tribunaux; que » l'arrêté de M. le préfet, du 31 octobre 1807, doit » être maintenu et exécuté, jusqu'à ce que M. le préfet » ait jugé convenable de le modifier ou de le rapporter, » sauf aux réclamans à se pourvoir au Conseil d'état, » conformément aux lois. »

C'est contre cette décision que se sont pourvus les sieurs Dubois et consorts.

Sur ce est intervenue l'ordonnance suivante :

LOUIS, etc.; — Sur le rapport du comité du contentieux;

Vu la requête à nous présentée au nom des sieurs Pierre Dubois, fils, Jean Gohaud et consorts, habitans de la commune de Saint-Julien de Concelles, département de la Loire-Inférieure, enregistrée au secrétariat du comité du contentieux de notre Conseil d'état, le 20 août 1817, et par laquelle ils demandent l'annulation d'un arrêté du conseil de préfecture du 14 août 1816, qui confirme l'arrêté du préfet du 31 octobre 1807, lequel interdit aux bêtes à laine le pacage des communaux dits *vallée des Nonains*; la main-levée de la saisie de leurs moutons mis en fourrière pour cause de contravention à l'arrêté du préfet, et le renvoi devant le tribunal civil, pour être par lui statué sur la question de propriété qu'ils élèvent relativement au pacage de ladite vallée des Nonains, à titre d'anciens vassaux des fiefs de la Sénéchalière et du gué au Voyet :

Vu l'arrêté du préfet du 31 octobre 1807;

Vu l'arrêté du conseil de préfecture attaqué;

Ensemble les autres pièces contenues au dossier;

Considérant que l'acte du conseil de préfecture, du 14 août 1816, qualifié d'arrêté par les requérans, n'est qu'un simple avis rendu, à la demande du préfet, sur son arrêté du 14 août 1816; que cet avis ne renferme aucune décision qui puisse être attaquée pardevant nous en notre Conseil d'état; et que, si l'arrêté du préfet blesse les intérêts des requérans, le recours leur est ouvert devant notre ministre de l'intérieur, supérieur immédiat du préfet;

Notre Conseil d'état entendu;

Nous avons ordonné et ordonnons ce qui suit :

Art. 1er. La requête des sieurs Pierre Dubois, fils, et Jean Gohaud et consorts, est rejetée, sauf à eux à se pourvoir devant notre ministre de l'intérieur, s'ils s'y croient fondés.

2. Notre garde des sceaux ministre secrétaire d'état de la justice et notre ministre secrétaire d'état des finances sont chargés, chacun en ce qui le concerne, de l'exécution de la présente ordonnance.

Ordonnance du 17 juin 1818. (3002)

N°. 267.

COMMUNAUX. — Vente. — Autorisation. — Conseil de préfecture. — Ratification. — Excès de pouvoir.

Une vente de biens communaux, faite sans autorisation préalable du préfet, est nulle : si un conseil de préfecture se permet d'y donner ratification, le Conseil d'état prononce la nullité de la vente et de la ratification.

(Le sieur Bergeon. — C. — la commune de Bayet.)

Par procès-verbal du 19 juin 1807, le sieur Bergeon se rendit adjudicataire d'un petit lopin de terrain communal, situé dans la commune de Bayet, qui avait été mis en vente par le maire de cette commune.

Plusieurs contestations s'élevèrent entre le sieur

Bergeon, adjudicataire, et un sieur Giraud, au sujet de la propriété de ce lopin de terrain.

Il fut statué sur ces contestations par 4 arrêtés du conseil de préfecture de l'Allier, en date des 13 juin et 12 septembre 1810, 22 juillet 1813 et 12 avril 1814; ces arrêtés approuvèrent la vente faite le 19 avril 1807, par le maire de Bayet au sieur Bergeon.

Le ministre de l'intérieur, au nom et dans l'intérêt de la commune de Bayet, a demandé au Conseil d'Etat l'annullation de la vente faite le 19 avril 1807, par le maire de cette commune, au sieur Bergeon, et par suite, celle des 4 arrêtés du conseil de préfecture de l'Allier, qui étaient intervenus au sujet de cette vente.

Il a soutenu, 1°. que le maire de Bayet n'aurait pu faire procéder à la vente dont il s'agit, qu'après y avoir été autorisé préalablement par le préfet; 2°. que le conseil de préfecture avait commis un excès de pouvoir, en ratifiant cette vente.

Le sieur Bergeon au contraire a soutenu que le conseil de préfecture avait pu ratifier la vente en question, et que par cette ratification il était devenu propriétaire incommutable du terrain qui lui avait été vendu; il a en conséquence conclu à sa maintenue en possession.

Sur ce est intervenue l'ordonnance suivante :

LOUIS, etc.; — Sur le rapport du comité du contentieux;

Vu le rapport de notre ministre de l'intérieur, présenté au nom et dans l'intérêt de la commune de Bayet; ledit rapport enregistré au secrétariat du comité du contentieux de notre Conseil d'état le 12 décembre 1817, et tendant à ce qu'il nous plaise ordonner, 1°. que l'acte de vente non autorisée d'un communal, passé par le maire de Bayet au sieur Bergeon le 19 avril 1807, ainsi que les arrêtés du conseil de préfecture du département de l'Allier, rendus incompétemment au sujet de cette vente, les 13 juin et 12 septembre 1810, 22 juillet 1813 et 12 avril 1814 seront annullés; 2°. que la commune de Bayet sera autorisée à affermer le fonds litigieux estimé 18 fr.;

Vu lesdits arrêtés;

Vu la requête en réponse du sieur Jean Bergeon, enregistrée audit secrétariat du comité du contentieux le 4 mai 1818;

Ensemble toutes les pièces jointes au dossier et respectivement produites;

Considérant que la vente de l'objet en litige faite au sieur Bergeon le 19 avril 1807, par le maire de la commune de Bayet, est nulle par défaut d'autorisation légale;

Considérant que le conseil de préfecture, soit en confirmant ladite vente, soit en rapportant son propre arrêté, a commis un excès de pouvoir;

Considérant, sur le surplus des conclusions renfermées dans le rapport de notre ministre de l'intérieur, que le Conseil d'état, saisi par la voie contentieuse, n'est pas compétent pour ordonner des mesures de pure administration;

Notre conseil d'état entendu,

Nous avons ordonné et ordonnons ce qui suit:

Art. 1er. L'acte de vente du 19 avril 1807, ainsi que les arrêtés du conseil de préfecture du département de l'Allier, des 12 juin et 12 septembre 1810, 22 juillet 1813 et 12 avril 1814, sont annullés.

2. Notre ministre secrétaire d'état de l'intérieur est chargé de l'exécution de la présente ordonnance.

Ordonnance du 17 juin 1818. (3006)

N°. 268.

MISE EN JUGEMENT. — Domicile violé.

La mise en jugement des agens du gouvernement, pour des faits relatifs à l'exercice de leurs fonctions, doit être autorisée par le Conseil d'état, aux termes des lois des 14 décembre 1789, 24 août 1790, 22 frimaire de l'an 8, de l'arrêté du gouvernement du 9 pluviose an 10, du décret du 9 août 1806, des art. 127 et 129 du Code pénal, et de l'art. 68 de la Charte constitutionnelle, qui maintient en vigueur toutes les lois existantes auxquelles il n'a pas été légalement dérogé.

Un adjoint de maire qui s'est introduit avec des gendarmes dans la maison d'un particulier pour faire une perquisition avant le lever du soleil peut n'être pas mis en jugement, si l'acte a été commis par ignorance et sans mauvaise intention, si d'ailleurs il n'a été accompagné d'aucune circonstance aggravante.

(Le sieur Dulac. — C. — les maire et adjoint de la commune de Grandris.)

LOUIS, etc.; — Sur le rapport du comité du contentieux;

Vu la demande à nous adressée, le 17 janvier 1818, par le sieur Etienne Dulac, ancien juge de paix du canton de Saint-Nizier, propriétaire à Grandris, département du Rhône, tendante à ce qu'il soit autorisé à poursuivre devant les tribunaux les sieurs Chavanis, maire de ladite commune, et Combrichon, son adjoint, à raison d'une perquisition illégale faite de nuit dans son domicile, par trois gendarmes de la brigade de Tluzy, avec l'assistance du sieur Combrichon;

Vu deux plaintes portées, les 21 octobre et 29 décembre 1817, par le sieur Dulac, devant le procureur du roi de Villefranche, contre lesdits sieurs Chavanis et Combrichon, à raison du fait ci-dessus mentionné;

Vu les dépositions des témoins;

Vu la lettre d'envoi de notre procureur-général près la Cour royale de Lyon, en date du 27 mars 1818, et celle de notre préfet du département du Rhône ; datée du 25 mars 1818, qui sont d'avis qu'il n'y a pas lieu à poursuivre ;

Vu les lois sur la mise en jugement des agens du gouvernement, pour des faits relatifs à l'exercice de leurs fonctions, et notamment les lois des 14 décembre 1789, 24 août 1790, 22 frimaire an 8 ; l'arrêté du gouvernement du 9 pluviose an 10 ; le décret du 9 août 1806 ; les articles 127 et 129 du Code pénal, et les dispositions de l'article 68 de la Charte constitutionnelle ;

Vu les autres pièces contenues au dossier ;

Considérant que c'est par une fausse interprétation de l'ordre qu'ils avaient reçu de se rendre pendant la nuit à Grandris, que les gendarmes se sont introduits avant le lever du soleil dans le domicile du sieur Dulac, qui leur en a ouvert les portes ; que l'adjoint s'était cru obligé de déférer à un ordre qu'il a pu considérer comme émané d'une autorité supérieure ; que cet acte, commis par ignorance et sans mauvaise intention, auquel le maire n'a pris aucune part à cause de sa maladie, n'a été accompagné d'aucune circonstance aggravante ;

Notre Conseil d'état entendu,

Nous avons ordonné et ordonnons ce qui suit :

Art. 1er. Il n'y a lieu à autoriser la continuation des poursuites commencées contre les sieurs Chavanis et Combrichon, à raison des faits ci-dessus énoncés.

2. Notre garde des sceaux ministre secrétaire d'état de la justice et notre ministre secrétaire d'état de l'intérieur sont chargés, chacun en ce qui le concerne, de l'exécution de la présente ordonnance.

Ordonnance du 17 juin 1818. (3012)

N°. 269.

DÉCRET D'ADMINISTRATION PUBLIQUE. — ILE-DE-BOURBON. — ILE-DE FRANCE

JUSTICE LÉGISLATIVE. — JUSTICE GOUVERNEMENTALE.

1°. *Le Conseil d'état saisi d'un recours contre une décision ministérielle fondée sur un décret d'administration publique, s'il peut connaître de la juste application du décret, ne peut réformer la décision, quand elle est bien en exécution du décret.*

2°. *Lorsqu'un particulier est lésé par une décision ministérielle, conforme à un décret d'administration publique, s'il a obtenu de la chambre des députés une décision improbative du décret, peut-il espérer que cette opinion de la chambre suffira pour que le Conseil d'état s'écarte du décret? ne faut-il pas absolument que le décret soit rapporté par le gouvernement lui-même, ou par une disposition législative?*

(Barillon et consorts, créanciers de l'Ile-de-Bourbon et de l'Ile-de-France.)

Sur le mandat exprès du gouvernement, en date du 21 février 1807, qui autorisait les administrations des Iles-de-France et de Bourbon, à faire des emprunts pour subvenir aux besoins de ces îles, un grand nombre de Colons avaient prêté des fonds et fait fournitures de subsistance à ces administrations, pour une somme d'environ 4,000,000 de francs.

Lorsque les Colons demandèrent la liquidation de leurs créances, survint un décret le 28 février 1812, qui annulla tous leurs titres de créances.

Il faut remarquer que ce décret fut rendu hors la présence des parties intéressées ; qu'il n'a jamais été ni promulgué, ni inséré au bulletin des lois, ni même imprimé ; qu'il est toujours resté caché dans les archives, et qu'il n'a jamais été notifié aux parties.

En 1814, après la restauration du gouvernement du Roi, le sieur Barillon, banquier à Paris, stipulant pour les Colons des Iles-de France et de Bourbon, adressa une pétition à la chambre des députés, à l'effet de faire rapporter le décret du 28 février 1812, comme étant un acte arbitraire qui dépouille, sans aucun fondement, un nombre infini de propriétaires, de droits irrévocablement acquis, et comme étant d'ailleurs insusceptible d'exécution, en ce qu'il n'avoit jamais été promulgué ni notifié aux parties, condition essentielle prescrite par l'avis du Conseil d'état du 25 prairial an 13, et par la loi du 14 ventose an 11, pour le rendre obligatoire.

Après une discussion solennelle, la chambre reconnut que ce décret était illégal et inconstitutionnel, et par décision du 19 novembre 1814, elle déclara, à *l'unanimité*, « que l'acte arbitraire contre lequel réclamaient les pétitionnaires devait être complétement écarté, et qu'il leur suffirait désormais de produire leurs titres pour qu'il y fût fait droit. »

En conséquence, le sieur Barillon se présenta devant le ministre de la marine, pour faire liquider les créances de ses mandataires.

Mais le ministre rendit, le 31 octobre 1817, une décision ainsi conçue :

« La question de la révocation du décret du 28 février 1812, avait été renvoyée par un de mes prédécesseurs à l'examen du comité de la marine et des Colonies du Conseil d'état, qui a donné à ce sujet son avis le 17 septembre dernier; après en avoir conféré avec le comité des finances du même Conseil, j'avais à prononcer sur l'avis dont il s'agit, et j'ai pensé qu'il n'y a pas lieu à revenir sur le décret du 28 février 1812, cité plus haut. »

C'est contre cette décision que le sieur Barillon s'est pourvu devant le Conseil d'état, pour excès de pouvoir, en ce que le ministre a ordonné l'exécution d'un décret inconstitutionnel et nul, reconnu tel par la chambre des députés; il a dit :

Le décret du 28 février 1812, que l'on oppose aux créanciers de l'Ile-de-France et de Bourbon, pour leur refuser la liquidation de leurs créances, est, dit le sieur Barillon, l'acte du despotisme le plus tyrannique et de l'injustice la plus révoltante. C'est ce que tous les membres de la chambre des députés de 1814 ont sollennellement reconnu. Peu importe le motif de politique qui a fait supprimer les créances légitimes des Colons ; l'injustice peut-elle cesser à leur égard, parce qu'on dirait que la mesure de suppression des créances dont il s'agit, fut prise pour éviter que les Anglais, qui depuis s'étaient emparés des Iles-de-France et de Bourbon, ne présentassent à la France des titres de créances semblables ?

Cela posé, il est constant en fait que le décret dont il s'agit n'a été ni promulgué, ni inséré au bulletin des lois, ni signifié aux parties ; la loi du 14 ventose an 11 porte qu'aucun décret ne pourra recevoir son exécution, s'il n'a été promulgué et inséré au bulletin des lois ; de là résulte nécessairement que celui de 1812 a dû être considéré comme illégal et nul.

Cependant, par sa décision du 31 octobre 1817, le ministre de la marine a ordonné l'exécution de ce décret, c'est-à-dire, qu'il l'a érigé en loi, qu'il a prononcé qu'il en avait les caractères. Une telle suprématie n'appartient pas sans doute au ministre ; il y a là de sa part un excès de pouvoir bien évident.

On répond, pour soutenir la décision du ministre : d'abord, qu'il existe une infinité de décrets qui ont dû recevoir et reçu leur exécution, sans avoir été jamais insérés au bulletin des lois ; en second lieu, que la loi du 14 ventose an 11 n'exige la publication, par la voie du bulletin, que pour les lois et non pour les décrets ; que d'après cela, le décret de 1812 devait être considéré par le ministre comme légal et exécutoire, et que, sans s'arrêter à la décision de la chambre des députés, qui n'avait pas pu de sa seule autorité rapporter le décret, le ministre avait dû en ordonner l'exécution ; que procéder, au contraire, à la liquidation des créances réclamées, sans avoir égard au décret, c'eût été, de la part du ministre, anéantir un décret de sa propre autorité, et en ce cas, commettre un véritable excès de pouvoir.

On ajoute que le décret fût-il réellement illégal et dût-il être regardé comme non avenu, le ministre n'en avait pas moins dû ordonner l'exécution, parce qu'il ne lui appartenait pas de prononcer sur son illégalité, et que ce droit était réservé à l'autorité supérieure.

Sur ce est intervenue l'ordonnance suivante :

LOUIS, etc., — Sur le rapport du comité du contentieux ;

Vu la requête à nous présentée au nom du sieur Claude-Georges Barillon, stipulant pour un grand nombre de créanciers des Isles-de-France et de Bourbon, des sieurs Antoine-Jean Claude Godin, dom Pèdre de Saint-Martin, Pelletier, Piston, Louis Perrée, Lombard de Costant, Gérard de la Gironde et Stéphen Bruce, tous créanciers des Isles de-France et de Bourbon, ladite requête enregistrée au secrétariat du comité du contentieux de notre Conseil d'état, le 31 janvier 1818, tendante à ce qu'il nous plaise recevoir les supplians, en tant que de besoin, appelans de la circulaire du ministre de la marine et des colonies, du 31 octobre 1817, faisant droit sur l'appel ;

Vu l'arrêt du Conseil d'état, du 22 mars 1810, ensemble l'arrêté de la Chambre des députés du 19 novembre 1814 ; ordonner que lesdits arrêt et arrêté continueront d'être exécutés suivant leur forme et teneur, en conséquence, sans avoir égard à ladite circulaire, renvoyer les créances et réclamations des supplians au ministre de la marine et des colonies pour y être liquidées et remboursées ainsi que de droit ;

Demeurant les déclarations ci-devant faites par les supplians, et qu'ils réitèrent, qu'ils ne font le présent pourvoi que par pure précaution et dans la seule vue d'éviter la déchéance qui pourrait leur être opposée ;

Vu la décision attaquée ;

Vu le décret du 28 février 1812 ;

Vu la lettre de notre ministre secrétaire d'état au département de la marine et des colonies, en date du 3 avril 1818, en réponse à la communication qui lui a été faite de cette requête, par laquelle il conclut au maintien de la décision précitée ;

Vu la requête de dom Pèdre de Saint Martin, enregistrée au secrétariat du comité du contentieux de notre Conseil d'état, le 5 mai 1818, par laquelle il déclare se désister de son pourvoi ;

Ensemble toutes les pièces produites et jointes au dossier ;

Considérant que la décision attaquée est conforme aux dispositions du décret du 28 février 1812 ;

Notre Conseil d'état entendu,

Nous avons ordonné et ordonnons ce qui suit :

Art. 1er. La requête des sieurs Barillon et consorts est rejetée.

2. Il est donné acte à dom Pèdre de Saint-Martin de son désistement.

3. Notre ministre secrétaire d'état au département de la marine et des colonies est chargé de l'exécution de la présente ordonnance.

Ordonnance du 17 juin 1818. (3008)

N°. 270.

CIRCULAIRE MINISTERIELLE. — CONTENTIEUX. — LIQUIDATION. — ISLE-DE-FRANCE. — ISLE-DE-BOURBON.

Une circulaire du ministre de la marine, renfermant un rejet anticipé de certaine demande formée au nom du droit privé, peut être attaquée directement par voie de recours du comité contentieux, alors même qu'il s'agit d'une liquidation pour les habitans des Isles-de-France et de Bourbon.

(Barillon.)

LOUIS, etc. ; — Sur le rapport du comité du contentieux ;

Vu la requête à nous présentée au nom du sieur Claude-Georges Barillon, stipulant pour un grand nombre de créanciers des Isles-de-France et de Bourbon ; des sieurs Antoine-Jean-Claude Godin, dom Pèdre de Saint-Martin, Pelicier, Piston, Louis Perrée, Lombard de Costens, Gérard de la Gironde, et Stéphen Bruce, tous créanciers des Isles de France et de Bourbon ; ladite requête enregistrée au secrétariat du comité du contentieux de notre Conseil d'état le 31 janvier 1818, tendante à ce qu'il nous plaise recevoir les supplians, en tant que de besoin, appelans de la circulaire du ministre de la marine et des colonies, du 31 octobre 1817 ; faisant droit sur l'appel ;

Vu l'arrêt du Conseil d'état du 22 mars 1810, ensemble l'arrêté de la chambre des députés du 19 novembre 1814 ; ordonner que lesdits arrêt et arrêté continueront d'être exécutés suivant leur forme et teneur ; en conséquence, sans avoir égard à ladite circulaire, renvoyer les créances et réclamations des supplians au ministre de la marine et des colonies, pour y être liquidées et remboursées ainsi que de droit ;

Demeurant, les déclarations ci-devant faites par les supplians, et qu'ils réitèrent, qu'ils ne font le présent pourvoi que par pure précaution et dans la seule vue d'éviter la déchéance qui pourrait leur être opposée ;

Vu la décision attaquée ;

Vu le décret du 28 février 1812 ;

Vu la lettre de notre ministre secrétaire d'état au département de la marine et des colonies, en date du 3 avril 1818, en réponse à la communication qui lui a été faite de cette requête, par laquelle il conclut au maintien de sa décision précitée ;

Vu la requête de dom Pèdre de Saint-Martin, enregistrée au secrétariat du comité du contentieux de notre Conseil d'état le 5 mai 1818, par laquelle il déclare se désister de son pourvoi ;

Ensemble toutes les pièces produites et jointes au dossier ;

Considérant que la décision attaquée est conforme aux dispositions du décret du 28 février 1812 ;

Notre Conseil d'état entendu,

Nous avons ordonné et ordonnons ce qui suit :

Art. 1er. La requête des sieurs Barillon et consorts est rejetée.

2. Il est donné acte à dom Pèdre de Saint-Martin, de son désistement.

3. Notre ministre secrétaire d'état au département de la marine et des colonies est chargé de l'exécution de la présente ordonnance.

Ordonnance du 17 juin 1818. (3008)

N°. 271.

MISE EN JUGEMENT. — AUTORISATION.

Le Conseil d'état autorise la mise en jugement d'un maire de commune qui, en l'absence d'un particulier, s'est introduit dans son domicile, a fait transférer ses effets mobiliers à la mairie, et par la dilapidation de ces meubles, a occasionné un dommage considérable.

(La veuve Martin.—C.—le sieur Broquier, maire de la commune de Carnoules.)

LOUIS, etc. ; — Sur le rapport du comité du contentieux ;

Vu le mémoire adressé à notre préfet du département du Var, par la femme Thérèse Ourdan, veuve Martin, domiciliée en la commune de Carnoules, même département, par lequel elle expose que le 29 septembre 1816, le sieur Broquier, maire de Carnoules, à la requête de la femme Broquier, veuve Giéré, propriétaire de la maison qu'elle habite, s'est, en son absence, introduit dans son domicile, et a fait transporter ses effets mobiliers à la mairie ; qu'elle n'a pu, à son retour, en récupérer qu'une faible partie, le reste ayant été dilapidé, et qu'elle désire, en conséquence, être autorisée à poursuivre le sieur Broquier à raison de l'acte illégal qui a donné lieu à cette dilapidation ;

Vu la défense du sieur Broquier ;

Vu l'avis de notre ministre secrétaire d'état au département de l'intérieur, en date du 30 mars 1818 ;

Vu les lois sur la mise en jugement des agens du Gouvernement pour des faits relatifs à l'exercice de leurs fonctions, et notamment,

1°. La loi du 14 décembre 1789, qui porte, art. 61, « que les officiers municipaux ne peuvent être mis en » jugement, pour des délits d'administration, sans » une autorisation préalable du directoire du départe- » ment. »

2°. La loi du 24 août 1790, qui défend, art. 7, « aux juges, sous peine de forfaiture, de citer devant eux » les administrateurs pour raison de leurs fonctions. »

3°. La loi du 22 frimaire an 8, qui assimile aux administrateurs tous les agens du Gouvernement, et veut, art. 75, « qu'ils ne puissent être poursuivis, pour des » faits relatifs à leurs fonctions, qu'en vertu d'une » décision du Conseil d'état. »

4°. L'arrêté du Gouvernement, du 9 pluviôse an 10, qui autorise le directeur général de l'enregistrement et des domaines, comme l'ont été ultérieurement les autres directeurs généraux, « à traduire devant les tri- » bunaux, sans recourir au Conseil d'état, les agens » inférieurs de leurs administrations respectives. »

5°. Le décret du 9 août 1806, portant que, « l'au- » torisation préalable du Gouvernement, qui est néces- » saire pour traduire en justice ses agens, ne fait pas » obstacle à ce que les magistrats chargés de la pour-

» suite des délits, informent et recueillent tous les » renseignemens relatifs aux délits commis par les » agens du Gouvernement, mais qu'il ne peut être, » en ce cas, décerné aucun mandat, ni subir aucun in» terrogatoire juridique, sans autorisation préalable » du Gouvernement. »

6°. Le Code pénal, articles 127 et 129, qui « pro» nonce une amende contre les juges qui auront, sans » autorisation préalable du Gouvernement, rendu des » ordonnances, ou décerné des mandats contre ses » agens ou préposés, prévenus de crimes ou délits » commis dans l'exercice de leurs fonctions. »

Vu la Charte constitutionnelle dont l'article 68 est ainsi conçu : « Le Code civil et les lois actuellement » existantes qui ne sont pas contraires à la présente » Charte, restent en vigueur jusqu'à ce qu'il y soit lé» galement dérogé. »

Vu toutes les pièces contenues au dossier ;

Notre Conseil d'état entendu,

Nous avons ordonné et ordonnons ce qui suit :

Art. 1er. La femme Thérèse Ourdan, veuve Martin, domiciliée à Carnoules, département du Var, est autorisée à poursuivre devant les tribunaux le sieur Broquier, maire de ladite commune, à raison des faits ci-dessus énoncés.

2. Notre garde des sceaux ministre secrétaire d'état de la justice et notre ministre secrétaire d'état de l'intérieur sont chargés, chacun en ce qui le concerne, de l'exécution de la présente ordonnance.

Ordonnance du 17 juin 1818. (3015)

N°. 272.

DÉCRET D'ADMINISTRATION PUBLIQUE. — ISLE DE LA MARTINIQUE. — LETTRE DE CHANGE.

Quel est le caractère distinctif entre un décret de justice contentieuse contre lequel il est permis de se pourvoir au Conseil d'état par voie d'opposition, et un décret d'administration publique contre lequel ce recours n'est pas admis ?

Un décret qui prononce la nullité de toutes lettres de change tirées sur le trésor par les agens du gouvernement aux colonies, est tellement d'administration publique et d'intérêt général, que les droits privés qui en sont atteints ne sont pas recevables à former tierce-opposition contre la disposition, en tant qu'elle leur fait grief.

(Le sieur de Beauvillard et consorts.)

Les sieurs Beauvillard, Lefessier de Grandprey et autres, étaient porteurs de traites du trésor public de France, qui leur avaient été délivrées à la Martinique, après la prise de cette île par les Anglais, pour les solder des appointemens qui leur étaient dus comme employés du gouvernement français, ou en paiement des fournitures et avances par eux faites pour son compte. Plusieurs de ces traites avaient même été échangées contre des sommes d'argent remises à la disposition du caissier général.

A l'échéance de ces traites, les porteurs se présentèrent pour en recevoir le montant, mais le trésor refusa de les acquitter; elles furent protestées.

Le 23 décembre 1810 intervint un décret du gouvernement, qui annulla toutes les traites du caissier-général du trésor public, délivrées à la Martinique et à la Guadeloupe, postérieurement aux dates des capitulations de ces colonies, pour des créances autres que des traitemens dus à des militaires, à des marins et à des agens français en activité de service et rentrés en France. (Ce décret n'est point inséré au bulletin des lois.)

Les sieurs Beauvillards et consorts reclamèrent contre ce décret devant la chambre des députés en 1814; mais cette chambre, déterminée par le motif qu'il n'était point dans ses attributions de contrôler et de neutraliser les actes de l'administration publique, ordonna purement et simplement le renvoi de la réclamation au ministre de la marine et des colonies.

Les pétitionnaires s'adressèrent alors au ministre de la marine, qui, après avoir pris l'avis du comité de la marine et des colonies du Conseil d'état, et en avoir conféré avec le comité des finances, décida, le 31 octobre 1817, qu'il n'y avait pas lieu à revenir sur ce décret.

Sur la demande qui fut faite à ce ministre, si sa décision était irrévocable, il répondit, le 29 novembre 1817, « qu'aux termes des décrets des 11 juin et » 22 juillet 1806, et de l'ordonnance du Roi du 23 août » 1815, le sieur Beauvillard et consorts étaient en » droit de se pourvoir, par appel, devant le Conseil » d'état, par la voie du comité du contentieux. »

En cet état les sieur Beauvillard, Lefessier de Grandprey et autres, se sont pourvus devant le comité du contentieux du Conseil d'état, pour faire annuller la décision du ministre, rétracter le décret du 23 décembre 1810, et ordonner le paiement par le trésor royal des traites dont ils sont porteurs; subsidiairement et dans le cas où l'on ne prononcerait pas la rétractation du décret, ordonner que les traites seront remplacées par des sommes d'argent, ou tout au moins par des inscriptions sur le grand livre, jusqu'à entière libération.

Pour justifier leur pourvoi, ils ont dit :

« Le décret du gouvernement du 23 décembre 1810, n'étant pas une décision contradictoire rendue au sein du Conseil d'état et d'après l'avis du comité du contentieux de ce Conseil, sur les requêtes et mémoires des parties et de leurs avocats, peut toujours être attaqué, et doit être révoqué sans que les exposans rencontrent le moindre obstacle, soit dans l'autorité de la chose jugée, soit dans l'article 32 du décret ou du réglement du 22 juillet 1806.

» Au surplus, les exposans suivent la marche que Son Excellence le ministre de la marine a daigné leur tracer; elle-même leur a fait connaître qu'ils ont le droit de se pourvoir au Conseil d'état.

» Actuellement il est facile de démontrer que le décret du 23 décembre blesse tous les principes.

» Quiconque donne son argent, ou ses marchandises, ou ses services contre une lettre de change, doit nécessairement être payé du montant de ses effets,

» Autrement il n'y a plus de justice et de bonne foi parmi les hommes.

» Comment veut-on, d'ailleurs, que le gouvernement puisse faire respecter les conventions et les traités devant les tribunaux, puisque lui-même donne aux citoyens l'exemple de l'infraction la plus manifeste aux traités les plus solennels, aux conventions les plus sacrées ?

» Comment veut-on que les exposans paient leurs dettes, satisfassent à leurs engagemens, si le gouvernement lui-même ne respecte pas les siens ? s'il laisse protester ses propres effets, des traites créées par ses propres agens sur le trésor ?

» Mais, dit-on, ces traites ont été remises aux porteurs après la prise de la Martinique par les Anglais, et alors les agens français n'avaient plus de caractère ni de pouvoir pour engager et lier le trésor public.

» Non sans doute, depuis la capitulation les agens français n'avaient plus de pouvoir ni de mission, mais c'est pour commander dans la colonie : sous ce rapport, ils n'étaient plus que de simples particuliers.

» Mais porteurs de traites sur le trésor public, ils devaient les conserver; ils devaient les dérober aux regards du gouvernement anglais; ils avaient encore qualité et pouvoir pour en disposer en faveur des Français.

» Au surplus, il ne s'agit pas ici d'un acte d'autorité, d'un arrêté du gouverneur ou préfet de la colonie, pris au nom du gouvernement français; il s'agit d'une simple négociation commerciale, faite et consommée de bonne foi entre les porteurs de traites et les créanciers du gouvernement.

» Enfin, si les agens du gouvernement, dans la colonie, ont excédé leurs pouvoirs, il faut les punir ; mais il ne faut pas rendre les exposans victimes de leur confiance absolue dans les agens du gouvernement français. Il faut, au contraire, maintenir et respecter des négociations faites à l'ombre de la bonne foi la plus sincère, le lendemain de la capitulation.

» Le décret du 23 décembre 1810 consacre donc une injustice palpable, en même temps qu'il blesse les principes les plus constans du droit public et du droit privé. Il ne peut être approuvé ni sanctionné par un monarque qui met toute sa gloire à rendre une justice éclatante à tous ses sujets et à réparer le tort de l'ancien gouvernement. Ce décret sera donc rétracté.

» Si le décret du 23 décembre 1810 était maintenu, la demande des exposans n'en serait pas moins fondée.

» En effet, les traites dont ils sont porteurs, en les supposant irrégulières dans la forme, pour avoir été signées par des agens qui n'avaient plus de caractère, seraient toujours considérées comme des titres de créances dans les mains des exposans ; chaque traite, en la dépouillant de toutes les prérogatives que les articles 110 et suivans du Code de commerce attribuaient à une lettre de change, à un billet à ordre ou au porteur, serait encore considérée comme une reconnaissance de la dette ; elle serait réputée, si l'on veut, *simple promesse*, aux termes de l'article 112 ; mais, quelle que soit la qualification qu'on lui donne, elle doit obtenir son effet.

» Il y a mieux : Supposons que les traites soient absolument nulles, qu'en résulterait-il pour le gouvernement ? Rien. Sa position ne deviendrait pas plus favorable, puisqu'il resterait débiteur et que les exposans continueraient d'être créanciers. Et cette position sera la même tant que le gouvernement n'aura pas payé la dette réclamée.

» Le seul point à considérer dans cette cause, est la légitimité de la créance de chacun des exposans. Or, les traites dont ils sont porteurs prouvent, 1°. qu'ils étaient créanciers du gouvernement ; 2°. que leur créance était liquidée.

» Pour se convaincre de cette vérité, il faut s'appesantir sur la nature de l'opération qui a eu lieu à la Martinique.

» Chacun sait que nos colonies, à cause de leur éloignement et de leur situation, sont soumises à un régime particulier. Le gouverneur, le préfet, le grand juge, toutes les autorités civiles et militaires jouissent d'un pouvoir plus étendu qu'en France. Le gouvernement lui-même y est représenté par ses agens.

» Or, tout Français qui fait des avances aux troupes, aux hôpitaux et aux établissemens du gouvernement dans une colonie, produit ses bordereaux aux intendans, et la liquidation est effectuée, consommée sur les lieux.

» Alors le fournisseur dépose tous les titres, tous les papiers qui constituent sa créance, et il reçoit, en échange, un mandat, une traite pour obtenir son paiement.

» Cette opération, cette liquidation étant faite, le sort des parties est irrévocablement fixé, la dette est certaine, la créance est liquidée, il ne reste qu'à payer.

» Autrement, et si l'on pouvait encore soumettre en France ces créanciers à une nouvelle liquidation, il faudrait donc leur rendre leurs bordereaux et leurs titres, et comme il ne s'agirait que d'une simple vérification, quelques instans suffiraient pour l'effectuer.

» Dailleurs, quelle liquidation, quelle vérification pouvait-on exiger de ceux des exposans qui ont donné au gouverneur de la colonie une somme d'argent contre la même valeur en traites sur le trésor ? Si ces traites sont nulles, il faut leur rendre leur argent.

» Tous les jours, dans le commerce, on voit un banquier donner des effets contre de l'argent ; le porteur de ces effets se présente à l'échéance; mais il n'est pas payé.—Sur-le-champ il retourne chez son banquier, lui présente les effets protestés, réclame et touche son argent.

» Or, pourquoi les exposans seraient-ils plus malheureux que s'ils avaient confié leur argent à un banquier de la colonie? Puisque le gouvernement français a autorisé ses receveurs en France et ses agens dans la colonie, à faire des opérations de banque, pourquoi ne leur appliquerait-on pas les principes généraux de la matière? Pourquoi des traites déjà acceptées par le trésor ne sont-elles pas payées par le trésor lui-même? Pourquoi aurait-il le privilége de se soustraire aux dispositions des articles 115, 116 et 117 du Code de commerce? »

Les considérations qui s'élevaient contre les réclamans se réduisaient à celles-ci.

« Les termes du décret, en ce qui concerne les traites du caissier général du trésor public, dont il prononce l'annullation, n'ont rien de suspensif, rien qui ne soit absolu, rien qui permette de croire que son auteur l'ait considéré autrement que comme définitif.

» Cet acte ressemble donc à une foule d'autres, qui, sous les divers gouvernemens antérieurs à la restauration, ont, à quelque titre que ce soit, prononcé des annullations et des forclusions de créances, soit totales, soit partielles.

» Pris dans leur ensemble, ils ont lésé toutes les classes de la nation.

» On ne peut raisonnablement admettre qu'il y ait solidarité entre le trésor public actuel et les caisses qui ont profité de ces mesures violentes.

» Revenir sur une d'elles, ce serait revenir sur toutes les autres, et le résultat entraînerait la ruine totale du roi et de son peuple.

» A la suite des désastres sans exemple que la guerre a produits, et lorsque des charges énormes pèsent long-temps encore sur la France, la raison d'état paraît s'opposer à ce que l'on reconnaisse, comme créance susceptible de liquidation, aucune de celles qui, avant la restauration, avaient cessé d'être regardées comme telles, et avaient été formellement annullées par le gouvernement qui existait alors. »

Sur ce a été rendue l'ordonnance dont la teneur suit :

LOUIS, etc.; — Sur le rapport du comité du contentieux;

Vu la requête à nous présentée au nom des sieurs Chevalier de Beauvillard, Chevalier Lefessier Grandpré, Adam, Carizet, Poulain de Doudière, Rhoré, Crespin-Graffin, Fossé, Angur, Dubuc-Duferret et de Santo, tous créanciers de l'île de la Martinique; ladite requête enregistrée au secrétariat du comité du contentieux de notre Conseil d'état, le 31 janvier 1818, et tendante à ce qu'il nous plaise annuller une décision du ministre de la marine, du 31 octobre 1817, et ce faisant, rétracter le décret du 23 décembre 1810, et ordonner le paiement par le trésor royal, des traites dont ils sont porteurs; subsidiairement et dans le cas où nous ne prononcerions pas la rétractation dudit décret, ordonner que les traites dont les requérans sont porteurs, seront remplacées par des sommes d'argent, ou tout au moins par des inscriptions sur le grand livre, jusqu'à entière libération;

Vu la décision attaquée du 31 octobre 1817;

Vu le décret du 23 décembre 1810;

Vu la lettre de notre ministre secrétaire d'état au département de la marine et des colonies, en date du 19 mars dernier, en réponse à la communication qui lui a été faite de cette requête, par laquelle il conclut au maintien de sa décision précitée;

Ensemble toutes les pièces produites et jointes au dossier;

Considérant que le décret du 23 décembre 1810, n'a ni les formes, ni le caractère d'une décision en matière contentieuse; que par conséquent, la révocation ne peut pas en être demandée par la voie du contentieux;

Notre Conseil d'état entendu,

Nous avons ordonné et ordonnons ce qui suit :

Art. 1er. La requête des sieurs Beauvillard et consorts est rejetée.

2. Notre ministre secrétaire d'état au département de la marine et des colonies est chargé de l'exécution de la présente ordonnance.

Ordonnance du 17 juin 1818. (3007)

N°. 273.

1°. EXÉCUTION.—ACTE ADMINISTRATIF.—PRÉFET.
2°. DÉLAI DE POURVOI.
3°. EFFET RÉTROACTIF.—DÉCHÉANCE.

1°. *Les préfets n'ont pas attribution pour ordonner l'exécution des actes administratifs en ce qui touche le maintien des droits privés; cela n'appartient qu'aux tribunaux ordinaires.*

2°. *Le délai de trois mois pour se pourvoir au Conseil d'état contre les décisions administratives qui font grief, est applicable aux décisions administratives rendues antérieurement au réglement du 22 juillet 1806, en ce sens que le délai de trois mois a couru du jour où le réglement a été exécutoire.*

3°. *Il n'y a pas d'effet rétroactif à faire résulter une déchéance du fait d'inobservation ultérieure d'une règle nouvelle.*

(Les sieurs Maurer et consorts.—C.—les sieur et dame Kaufmann.)

LOUIS, etc.; — Sur le rapport du comité du contentieux;

Vu la requête à nous présentée au nom des sieurs Georges Maurer, Henri Wolff, George Grunagel, René Ever, Frédéric Schneider, Henri Maurer et Philippe Wolff, demeurant à Schwabwyller, département du Bas-Rhin;

André Holtzmann, Jacques Mulemann, Gaspard Katz, Georges Lanshatter, Frédéric Holtzmann, Henri Matzolf et Michel Bub, demeurant à Oberbethdorf, même département;

Et Henri Ekert, demeurant à Reimerswyller, même département;

Ladite requête enregistrée au secrétariat du comité du contentieux de notre Conseil d'état, le 11 juin 1816, et tendant à l'annullation,

1°. D'un arrêté du directoire du département du Bas-Rhin, du 11 fructidor an 3, qui déclare nulles les adjudications nationales faites par cette administration le 21 fructidor an 2;

2°. D'un arrêté du conseil de préfecture du même département, du 8 janvier 1816, qui rejette la requête des réclamans, tendante à faire annuller et réformer l'arrêté du 11 fructidor an 3, et qui requiert le préfet de faire exécuter ledit arrêté;

3°. D'un arrêté du préfet, du 23 janvier 1816, qui, approuvant l'arrêté du conseil de préfecture, ordonne que les sieur et dame Kaufmann seraient remis en possession des biens dont la vente avait été annullée par l'arrêté du 11 fructidor an 3;

Vu le mémoire en défense des sieur et dame Kaufmann;

Vu les mémoires en réplique, respectivement fournis par les parties;

Vu un rapport de la régie des domaines, à qui cette requête a été communiquée;

Vu les trois arrêtés attaqués;

Vu les significations qui ont été faites de l'arrêté du 11 fructidor an 3, les 9 brumaire an 4 et 17 août 1815;

Vu la loi du 3 prairial an 2 et l'arrêté du Gouvernement du 8 pluviose an 11;

Considérant que si le conseil de préfecture s'est renfermé dans les limites de sa compétence, en déclarant qu'il ne pouvait rapporter ni modifier un arrêté de l'administration centrale, il s'est trompé en renvoyant au préfet pour suivre l'exécution de cet arrêté;

Considérant que le préfet a outrepassé ses pouvoirs en ordonnant l'exécution de l'arrêté du 11 fructidor an 3 et de celui du conseil de préfecture du 8 janvier 1816, dont l'exécution était évidemment de la compétence des tribunaux ordinaires;

Considérant qu'aux termes de l'arrêté du 8 pluviose an 11, c'est à tort que les requérans se sont adressés au conseil de préfecture pour faire réformer l'arrêté du 11 fructidor an 3, et qu'ils auraient dû s'adresser directement au Gouvernement, s'ils se croyaient fondés dans leur demande;

Considérant que l'arrêté du 11 fructidor an 3 a été régulièrement signifié le 9 brumaire an 4; que d'ailleurs il est constant que les sieurs Maurer et consorts en ont eu connaissance par l'instance contradictoire qui a été introduite contre eux en l'an 5, devant le tribunal civil du département du Bas-Rhin, séant à Strasbourg, et que, n'ayant pas attaqué cet arrêté avant la publication du décret réglementaire du 22 juillet 1806, ils auraient dû se pourvoir au moins devant le Conseil d'état dans les trois mois qui ont suivi ladite publication;

Notre Conseil d'état entendu,

Nous avons ordonné et ordonnons ce qui suit:

Art. 1er. La requête des sieurs Georges Maurer et consorts est rejetée.

2. L'arrêté du directoire du département du Bas-Rhin, du 11 fructidor an 3, est maintenu pour être exécuté selon sa forme et teneur.

3. L'arrêté du conseil de préfecture est annullé dans la disposition qui renvoie par-devant le préfet pour faire exécuter l'arrêté du 11 fructidor an 3.

4. L'arrêté du préfet du département du Bas-Rhin, du 23 janvier 1816, est annullé pour excès de pouvoir.

5. Les parties sont renvoyées devant les tribunaux ordinaires pour l'exécution de l'arrêté du directoire du département du Bas-Rhin, du 11 fructidor an 3.

6. Notre garde des sceaux ministre secrétaire d'état de la justice et notre ministre secrétaire d'état des finances sont chargés, chacun en ce qui le concerne, de l'exécution de la présente ordonnance.

Ordonnance du 8 juillet 1818. (3021)

N°. 274.

FABRIQUES.

Le décret du 30 décembre 1809, en renvoyant aux juges ordinaires les contestations qui pourraient naître à raison des propriétés ou du recouvrement des revenus appartenant aux fabriques, n'a pas étendu ce renvoi à la mise en possession des biens non aliénés à ordonner par l'arrêté du 7 thermidor an 11. Il appartient exclusivement à l'administration d'exécuter les dispositions de cet arrêté lors de la cession des biens qui avaient été remis au domaine de l'État.

Le décret du 31 juillet 1806 n'a eu pour but que d'empêcher les communes de prétendre aux biens des fabriques supprimées, par le seul motif que ces propriétés étaient situées dans leur arrondissement.

(La paroisse de Saint-Patrice.)

Une maison appartenant à l'église Saint-Michel de

Rouen, avait été concédée par bail emphytéotique pour 99 ans, moyennant une redevance annuelle de 800 francs.

L'église de Saint-Michel ayant été supprimée, les titres de propriété de la maison et de la redevance furent remis à la fabrique de l'église Saint-Vincent, qui en a joui pendant plusieurs années sans trouble.

En janvier 1816, les fabriques de la cathédrale et de Saint-Patrice ont présenté, au préfet du département de la Seine-Inférieure, une pétition tendante à obtenir le partage de la rente, sur le motif que, lors de la nouvelle circonscription, une partie du territoire de la paroisse Saint-Michel avait été réunie à leurs paroisses.

Sur cette demande, le ministre de l'intérieur auquel le préfet avait cru devoir en référer, prit, le 6 décembre 1817, une décision qui ordonne que la rente sera partagée entre les trois fabriques en proportion de la population de la paroisse supprimée, attribuée à chacune d'elles dans la nouvelle circonscription, et que les services religieux, qui étaient une charge de la rente, seront répartis entre les trois églises dans la même proportion.

C'est contre cette décision que les administrateurs de la fabrique de l'église de Saint-Vincent, se sont pourvus au Conseil d'état.

Ils soutenaient d'abord, qu'il n'appartenait ni au préfet ni au ministre de connaître de la contestation, laquelle était du ressort des tribunaux ordinaires. A l'appui de cette assertion, ils invoquaient le décret du 30 décembre 1809, relatif à l'organisation des fabriques et à l'administration de leurs biens, dont l'art. 80 est ainsi conçu: « toute contestation relative à la propriété des biens, et toutes poursuites afin de recouvrement de revenus, seront portées devant les juges ordinaires. »

Abordant ensuite la question au fond, ils prétendaient que la décision attaquée était contraire au texte et à l'esprit du décret du 31 juillet 1806; ils alléguaient que cette décision n'était fondée sur aucun motif particulier; que le ministre s'était borné à invoquer les décisions de ses prédécesseurs sur cette matière, et n'avait pas cru devoir s'écarter de cette jurisprudence administrative; que sans doute cette jurisprudence serait du plus grand poids si elle eût été sanctionnée par le Conseil d'état, mais qu'il ne paraissoit pas que cette autorité ait prononcé sur une question de la nature de celle dont il s'agit, et qu'on ne pouvait appeler jurisprudence l'homologation donnée par les prédécesseurs du ministre, à des contrats volontaires qui pouvaient avoir lieu quand bien même ils n'auraient pas été dans le sens rigoureux du droit.

Pour bien faire saisir le sens du décret du 31 juillet 1806, les fabriciens de Saint-Vincent rappelaient la législation antérieure sur la matière. Les fabriques, comme tous les autres établissemens publics, disaient-ils, avaient été dépouillés de leurs biens par les lois des 12 juillet 1790, 10 février 1791 et 13 brumaire an 2; la loi du 18 germinal an 10 sur le concordat, ayant rétabli les fabriques, le gouvernement ordonna, par un arrêté du 7 thermidor an 11, que leurs biens non vendus leur seraient restitués. L'art. 2 de cet arrêté portait: « les biens de fabrique des églises supprimées seront réunis à ceux des églises conservées et dans l'arrondissement desquelles ils se trouvent. »

Mais on ne tarda pas à s'apercevoir que cette disposition était contraire au vœu des fondateurs, puisqu'elle tendait à enlever à un grand nombre d'églises les biens qui n'étaient pas situés dans l'étendue de leur territoire, pour en enrichir des fabriques qui n'y avaient aucun droit; en conséquence, l'art. 2 de l'arrêté du 7 thermidor an 11 fut interprété ou plutôt abrogé par le décret du 31 juillet 1806, lequel porte:

« Considérant que la réunion des églises est le seul motif de la concession des biens des fabriques de ces églises; que c'est une mesure de justice que le gouvernement a adoptée, pour que le service des églises supprimées fût continué par les églises conservées, et pour que les intentions des fondateurs fussent remplies; que par conséquent il ne suffit pas qu'un bien de fabrique soit situé dans le territoire d'une paroisse ou succursale pour qu'il appartienne à celle-ci; il faut encore que l'église à laquelle ce bien a appartenu soit réunie à cette paroisse ou succursale.

« Art. 1er. Les biens des fabriques des églises supprimées appartiennent aux fabriques des églises auxquelles les églises supprimées sont réunies, quand bien même ces biens seraient situés dans des communes étrangères. »

Les administrateurs de la fabrique de Saint-Vincent ajoutaient que, d'après les termes de ce décret, c'est la réunion de l'église supprimée qui seule détermine la dévolution des biens au profit de l'église conservée; que le législateur avait plusieurs fois, et dans les considérans et dans la disposition, parlé de la réunion, et qu'il avait toujours employé le mot église; que lorsqu'il s'était servi du mot paroisse, c'était pour exprimer le territoire attaché à l'église; qu'il était donc évident qu'il avait employé ces mots dans l'acception qui leur est propre, et qu'il faudrait faire violence au sens naturel des termes pour admettre l'interprétation que les fabriques réclamantes voulaient donner au décret.

A ces moyens on a objecté:

Les paroisses et fabriques actuelles sont créées en principe par les art. 60, 75, et 76 de la loi du 8 avril 1802; mais elle ne leur donnait aucuns biens, car elle réduisait les fabriques à l'administration des aumônes.

Depuis, des biens de fabriques non aliénés ont été rendus à leur destination.

Cette concession a été faite par voie administrative, mais en termes généraux qui ont été sujets à interprétation suivant les cas successifs et particuliers qui se sont présentés. Cette interprétation a toujours eu lieu par la même voie que la concession elle-même.

Et lorsqu'après l'entière organisation de l'église de France sur des bases absolument nouvelles, la force des choses a nécessité des partages de biens, l'administration, qu'aucune disposition législative n'enchaînait à cet égard, a pris pour base les règles d'équité, l'avis des autorités et des évêques, quelquefois même des considérations locales, mais jamais elle n'a considéré que les biens concédés dussent suivre exclusivement le sort de l'église même, c'est-à-dire de l'édifice de l'ancienne paroisse propriétaire. Elle les a considérés au contraire comme ayant appartenu au corps entier de la paroisse pour les besoins de l'ensemble des fidèles et des établissemens paroissiaux, et dès-lors la population et le territoire ont été la base des partages.

Tel a été le cas du partage proposé par l'autorité civile et par l'autorité ecclésiastique entre trois paroisses de la ville de Rouen, dont aucune ne peut, dans son origine toute récente, avoir plus de droits que l'autre, et ne représente d'une manière absolue la paroisse de Saint-Michel.

Le décret du 31 juillet 1806 ne s'est point occupé de la question des partages, mais seulement de celle touchant des biens qui, ayant appartenu à une église (paroisse ou annexe) se trouveraient dans des communes étrangères à la nouvelle paroisse réunissant tout ou partie de l'ancienne.

La même force des choses qui ne permet pas d'argumenter en termes absolus pour les églises ou paroisses nouvelles des droits des anciennes, a nécessité quelquefois (mais toujours suivant les circonstances particulières et par voie administrative et de l'avis des évêques) la modification, réduction ou division des services religieux dont les biens étaient chargés.

Sur quoi est intervenue l'ordonnance dont la teneur suit :

LOUIS, etc. ; — Sur le rapport du comité du contentieux ;

Vu la requête et le mémoire ampliatif à nous présentés au nom du trésorier de la fabrique de St.-Vincent de Rouen, dûment autorisée, enregistrés au secrétariat du comité du contentieux de notre Conseil d'état, les 27 mars et 28 avril 1818, tendant à ce qu'il nous plaise annuller pour cause d'incompétence, une décision de notre ministre secrétaire d'état au département de l'intérieur, en date du 6 décembre 1817, qui déclare qu'une rente de 800 francs provenant de la fabrique de l'église de Saint-Michel supprimée, sera partagée entre les paroisses de Notre-Dame de Saint-Patrice et de Saint-Vincent, à proportion de la population advenue à chacune d'elle, par suite de la suppression ;

Et subsidiairement, réformer la dite décision, maintenir la fabrique de Saint-Vincent dans la possession de la rente dont il s'agit, et condamner les fabriques de Notre-Dame et de Saint-Patrice aux dépens;

Vu la décision précitée, en date du 6 décembre 1817;

Vu la lettre de notre ministre secrétaire d'état au département de l'intérieur, en date du 21 avril 1818, laquelle soutient et motive la décision attaquée;

Ensemble toutes les pièces jointes au dossier de cette affaire.

Considérant, sur la question de compétence, que le décret du 31 décembre 1809, en renvoyant aux juges ordinaires les contestations qui pourraient naître à raison des propriétés ou du recouvrement des revenus appartenant aux fabriques, n'a pas étendu ce renvoi à la mise en possession des biens non aliénés, ordonnée par l'arrêté du 7 thermidor an 11, et qu'il appartient exclusivement à l'administration d'exécuter les dispositions de cet arrêté, lors de la cession des biens qui avaient été réunis au domaine de l'Etat ;

Considérant, au fond, que le décret du 31 juillet 1806, n'a eu pour but que d'empêcher des communes de prétendre aux biens des fabriques supprimées, par le seul motif que ces propriétés étaient situées dans leur arrondissement ;

Que la paroisse et l'église de Saint-Michel, à qui la donation avait été faite, ont été supprimées ;

Que son territoire a été divisé entre les paroisses de Saint-Vincent, Notre-Dame et Saint-Patrice ;

Qu'il n'y a en conséquence, aucun motif d'attribuer à l'une de ces paroisses la totalité de la donation, et qu'il est juste d'en partager entre elles les bénéfices et les charges ;

Notre Conseil d'état entendu,

Nous avons ordonné et ordonnons ce qui suit :

Art. 1er. La requête du trésorier de la fabrique de Saint-Vincent est rejetée.

2. Notre ministre secrétaire d'état de l'intérieur est chargé de l'exécution de la présente ordonnance.

Ordonnance du 8 juillet 1818. (3668)

N°. 275.

COMPTABLES. — Responsabilité. — Percepteur. — Receveur-général.

Un receveur-général qui n'a pas pris toutes les précautions et tous les moyens qui étaient en son pouvoir pour s'assurer de l'existence des fonds que le receveur particulier déclarait avoir en caisse, est coupable de négligence et passible de responsabilité pour déficit.

Les percepteurs qui ont reçu des bons provisoires d'un receveur particulier, au lieu de récipissés à talon, qui, par-là, ont causé l'ignorance du receveur-général sur le montant des sommes versées par eux dans la caisse du receveur particulier, sont également passibles de responsabilité pour le déficit.

(Les sieurs Martel, Clément et consorts.)

LOUIS etc. — Sur le rapport du comité du contentieux;

Vu la requête à nous présentée au nom des sieurs Martel, percepteur de la commune de Banou;

Clément, percepteur de la commune de Creste;

Sollier, percepteur de la commune de Saint-Etienne;

Bouche, percepteur de la commune de Forcalquier;

Martin, percepteur de la commune de Lurs;

Champsaur, percepteur de la commune de Manne;

Bouteille, percepteur de la commune de Manosque;

Pontès, percepteur de la commune de Villaume;

Eyriez, percepteur de la commune de Sainte-Tulle;

Et Armand, percepteur de la commune de Volx;

Tous de l'arrondissement de Forcalquier, département des Basses-Alpes;

Ladite requête enregistrée au secrétariat du comité du contentieux de notre Conseil d'état, le 14 avril 1817, et tendante à l'annullation d'une décision de notre ministre secrétaire d'état des finances, en date du 17 octobre 1816; ensemble la contrainte qui s'en est ensuivie, et par lesquelles ils sont condamnés à payer au trésor, suivant la répartition qui en est faite entre eux par ladite contrainte, la somme de 45,422 fr. 66 c., somme à laquelle a été réduit le débet du sieur Juramy, ex-receveur particulier de Forcalquier;

Vu la requête à nous présentée au nom du sieur Gaston, ex-receveur-général du même département, enregistrée au secrétariat dudit comité du contentieux, le 30 juin 1817, et tendante à ce qu'il nous plaise également annuller deux décisions rendues, l'une par le commissaire du gouvernement des finances, le 27 avril 1814, qui le déclare responsable de la totalité du débet du sieur Juramy, l'autre par notre ministre secrétaire d'état des finances, le 23 mai 1817, qui confirme la première;

Vu les mémoires ampliatifs des requérans;

Vu le mémoire de l'agent judiciaire du trésor, qui, attendu la connexité de ces deux affaires, en demande la réunion, et conclut au maintien de toutes les décisions attaquées;

Vu le décret du 4 janvier 1808;

Vu le rapport et les procès-verbaux dressés par le sieur Boquet de Saint-Simon, sous-inspecteur de première classe du trésor;

Vu les décisions attaquées;

Ensemble toutes les pièces jointes au dossier;

Considérant qu'il y a connexité entre le pourvoi du sieur Gaston contre les décisions des 27 avril 1814 et 23 mai 1817, et celui des percepteurs de l'arrondissement de Forcalquier, contre la décision du 17 octobre 1816;

Considérant que le receveur-général n'a pas pris toutes les précautions et tous les moyens qui étaient en son pouvoir pour s'assurer de l'existence des fonds que le receveur particulier déclarait avoir en caisse au 10 janvier 1814; qu'alors il aurait pu découvrir et constater les causes du déficit déjà existant, et que sa négligence, à cet égard, ne permet pas de le dégager de la responsabilité qu'il a encourue envers le trésor, à raison du déficit dont il s'agit;

Considérant, qu'au mépris de l'article 4 du décret du 4 janvier 1808, les percepteurs ont reçu des *bons provisoires* du receveur particulier, au lieu de *récipissés à talon*; que par-là ils ont causé l'ignorance dans laquelle était le sieur Gaston sur le montant des sommes par eux versées dans la caisse de ce receveur, et qu'ils doivent, dès-lors, être responsables du déficit qui s'y est trouvé;

Notre Conseil d'état entendu,

Nous avons ordonné et ordonnons ce qui suit:

Art. 1er. Les pourvois du sieur Gaston et des percepteurs de l'arrondissement de Forcalquier, dénommés ci-dessus, demeurent joints pour y être statué par cette seule et même ordonnance.

2. Les requêtes du sieur Gaston et des percepteurs sont rejetées; les décisions des 17 avril 1814, 17 octobre 1816 et 23 mai 1817, sortiront leur plein et entier effet.

3. Le sieur Gaston est subrogé dans tous les droits et actions du trésor, pour exercer son recours, comme bon il avisera, tant contre le receveur particulier que contre les percepteurs.

4. Le sieur Gaston est condamné aux dépens faits contre lui par le trésor; les percepteurs sont condamnés à tous les autres dépens, tant envers le trésor qu'envers le sieur Gaston, et même en ceux adjugés au trésor contre ledit sieur Gaston.

5. Notre ministre secrétaire d'état des finances est chargé de l'exécution de la présente ordonnance qui sera insérée au Bulletin des lois.

Ordonnance du 8 juillet 1818. (3023)

No. 276.

. . CONSEIL MUNICIPAL—Commune.—Action.

Quelle marche doit suivre une commune intéressée à intenter une action contre son maire protégé par le préfet ? — Si le conseil municipal actuel se prononce contre le maire et que le maire obtienne du préfet le remplacement du conseil municipal, comment est-il possible de constater l'intérêt et le vœu de la commune pour le procès à intenter contre son maire ?

(Le sieur Chagrin et consorts.—C.—le sieur Postel.)

LOUIS, etc. ; — Sur le rapport du comité du contentieux ;

Vu la requête à nous présentée au nom des sieurs Gabriel Chagrin, Pierre Thorel, Pierre Benard et Jean Bigot, se disant membres du conseil municipal de la commune d'Orvaux, arrondissement d'Evreux, département de l'Eure ; ladite requête enregistrée au secrétariat du comité du contentieux de notre Conseil d'état, le 2 avril 1817, et tendante à ce qu'il nous plaise déclarer nuls et comme non avenus les arrêtés du conseil de préfecture du département de l'Eure, en date des 16 juillet 1816 et 14 janvier 1817, lesquels suspendent et rapportent l'arrêté du 11 juillet 1816, portant autorisation à la commune d'Orvaux de plaider contre le sieur Postel, maire de ladite commune ; ordonner que l'arrêté du 11 juillet 1816 sortira son plein et entier effet ; et condamner le sieur Postel aux dépens ;

Vu l'ordonnance de soit communiqué et la requête en défense du sieur Postel, propriétaire, maire de la commune d'Orvaux, y demeurant ; ladite requête enregistrée audit secrétariat du comité du contentieux, le 13 août 1817, et tendante à ce qu'il nous plaise déclarer les sieurs Chagrin, Thorel, Benard et Bigot non-recevables dans leur pourvoi, par défaut de qualité, pouvoir et droit d'attaquer lesdits arrêtés ; subsidiairement seulement, les déclarer mal fondés dans ledit pourvoi ; maintenir les arrêtés sus-énoncés ; et, dans tous les cas, condamner les demandeurs aux dépens ;

Vu la réplique des sieurs Chagrin, Thorel, Benard et Bigot, enregistrée audit secrétariat le 15 octobre 1817, par laquelle ils persistent dans leurs précédentes conclusions ; et subsidiairement, dans le cas où il y aurait quelque difficulté à les adjuger dès à présent, ils concluent à ce qu'il nous plaise, avant faire droit, ordonner telles mesures que nous jugerons propres à nous assurer positivement du vœu libre de la généralité des habitans de la commune d'Orvaux, et de l'intérêt qu'elle a de faire valoir ses droits contre le sieur Postel, son maire, pour ensuite être statué ce qu'il appartiendra ;

Vu la réplique du sieur Postel, enregistrée audit secrétariat le 5 décembre 1817, par laquelle il persiste dans ses précédentes conclusions ;

Vu la délibération du conseil municipal de la commune d'Orvaux, du 16 mai 1816 ;

Vu les arrêtés du conseil de préfecture du département de l'Eure, des 11 et 16 juillet 1816 et 14 janvier 1817 ;

Vu l'extrait du registre des délibérations de la mairie de la commune d'Orvaux, relatif à l'installation de six nouveaux membres du conseil municipal, le 11 août 1816, en remplacement de deux membres décédés et desdits sieurs Chagrin, Thorel, Benard et Bigot, lesquels ont été révoqués par arrêté du préfet, du 1er. juillet précédent ;

Vu les renseignemens transmis par le préfet du département de l'Eure, le 15 avril 1818 et par notre sous-secrétaire d'état au département de l'intérieur, le 27 mai suivant ;

Vu la délibération du conseil municipal de la commune d'Orvaux, du 12 avril 1818, portant déclaration que les sieurs Chagrin, Thorel, Benard et Bigot n'ont aucun mandat pour exercer un pouvoir au nom de la commune, laquelle renonce à soutenir et suivre une action sur une extension du droit de pâture au-delà de la quotité dont elle jouit sans trouble, moyennant la redevance qu'elle acquitte audit sieur Postel ;

Vu les autres pièces respectivement produites ;

Considérant que les sieurs Chagrin, Thorel, Benard et Bigot, en cessant d'être membres du conseil municipal, ont perdu le droit de défendre, en cette qualité, les intérêts de la commune d'Orvaux ;

Considérant qu'il n'a été justifié par eux, ni de pouvoir ni d'autorisation d'agir pour et au nom de la commune, postérieurement à la réorganisation du conseil municipal ;

Notre Conseil d'état entendu,

Nous avons ordonné et ordonnons ce qui suit :

Art. 1er. Les requêtes des sieurs Chagrin, Thorel, Benard et Bigot, sont rejetées.

2. Lesdits sieurs sont condamnés aux dépens.

3. Notre ministre secrétaire d'état de l'intérieur est chargé de l'exécution de la présente ordonnance.

Ordonnance du 3 juillet 1818. (3022)

No. 277.

TANNERIE. — Blanchisserie. — Manufacture. Usine. — Autorisation. — Etablissemens incommodes et insalubres.

Les tanneries sont placées dans la classe des établissemens incommodes et insalubres dont l'éloignement des habitations n'est pas rigoureusement nécessaire, mais dont l'établissement ne doit être autorisé qu'à la charge d'observer les dispositions prescrites, de manière à ne pas incommoder les propriétaires du voisinage, ni à leur causer du dommage. (Ordonnance du 14 janvier 1815.)

(Le sieur Combe.)

LOUIS, etc. ; — Sur le rapport du comité du contentieux ;

Vu la requête à nous présentée au nom du sieur Ferdinand Combe, marchand tanneur à Sèvres, près Paris, département de Seine-et-Oise, enregistrée au secrétariat du comité du contentieux de notre Conseil d'état, le 15 décembre 1817, et tendante à ce qu'il nous plaise le recevoir appelant de l'arrêté pris par le conseil de préfecture de police du département de la Seine, le 31 octobre 1817, qui lui refuse l'autorisation de transférer la tannerie qu'il exploite à Sèvres, dans la maison qu'il vient d'acquérir à cet effet, au coin des rues du Château et du Colombier; et, statuant sur l'appel, casser et annuller ledit arrêté; accorder à l'exposant l'autorisation qu'il demande; faire défense à qui que ce soit de le troubler dans ladite exploitation, et condamner les contestans aux dépens, sous toutes réserves de ses droits et actions, même de prendre, par la suite, toutes autres conclusions;

Vu l'ordonnance de soit communiqué, et le mémoire en défense des sieurs Pottin, Dufort, Fumez, Grellot, J. J. Gallet, Lempereur et autres habitans, propriétaires et blanchisseurs en la commune de Sèvres, ledit mémoire enregistré au secrétariat dudit comité du contentieux, le 20 février 1818, et tendant à ce qu'il nous plaise rejeter le pourvoi du sieur Combe et le condamner aux dépens;

Vu la réplique du sieur Combe, enregistrée audit secrétariat, le 26 février 1818, par laquelle, ajoutant à ses conclusions, il demande que les défendeurs soient condamnés solidairement à tous les dépens, et qu'attendu la mauvaise contestation et le préjudice qui en est résulté pour l'exposant, ils soient condamnés à tels dommages qu'il nous plaira fixer;

Vu la réplique des adversaires, enregistrée audit secrétariat, le 18 mars 1818, par laquelle ils persistent dans leurs précédentes conclusions;

Vu le procès-verbal d'enquête *de commodo et incommodo*, dressé le 4 septembre 1817, par le maire de la commune de Sèvres;

Vu le rapport de l'architecte inspecteur de la petite voirie, du 25 septembre 1817, et la lettre du sieur Petit, membre du conseil de salubrité, du 17 octobre suivant;

Vu l'arrêté du conseil de préfecture de police, du 31 octobre 1817;

Vu l'ordonnance de notre garde des sceaux ministre secrétaire d'état de la justice, du 1er. avril 1818, portant que, par le sieur Tarbé de Vauxclairs, maître des requêtes en notre Conseil d'état, assisté d'une commission de trois membres du conseil de salubrité de la ville de Paris, il sera, en présence du maire de Sèvres et des parties intéressées, ou elles dûment appelées, procédé à une nouvelle visite des lieux contentieux;

Vu l'avis des commissaires de salubrité et le procès-verbal de visite, dressé les 30 avril 1818 et 26 mai suivant, par ledit sieur maître des requêtes;

Vu le décret du 15 octobre 1810, et notre ordonnance du 14 janvier 1815, contenant réglement sur les fabriques et ateliers qui répandent une odeur insalubre ou incommode;

Vu les autres pièces respectivement produites;

Considérant que par notre ordonnance du 14 janvier 1815, sur les établissemens incommodes ou insalubres, les tanneries sont placées dans la classe de ceux dont l'éloignement des habitations n'est pas rigoureusement nécessaire, mais dont il importe néanmoins de ne permettre la formation qu'après avoir acquis la certitude que les opérations qu'on y pratique seront exécutées de manière à ne pas incommoder les propriétaires du voisinage, ni à leur causer de dommage;

Considérant que les blanchisseurs de Sèvres étaient fondés à craindre l'établissement d'une tannerie qui n'aurait pas été assujétie à des conditions conservatrices de la bonne qualité des eaux;

Considérant qu'il résulte du procès-verbal d'enquête *de commodo et incommodo*, et du premier avis du conseil de salubrité, qu'en accordant l'autorisation demandée, il y aurait des précautions à prendre pour que les eaux de la tannerie ne fussent point nuisibles aux blanchisseurs;

Considérant qu'aux moyens de précautions indiqués par la nouvelle commission de salubrité, il est possible de conserver, dans la commune de Sèvres, un établissement industriel, sans nuire aux travaux des blanchisseurs;

Notre Conseil d'état entendu,

Nous avons ordonné et ordonnons ce qui suit:

Art 1er. L'arrêté du conseil de préfecture de police du département de la Seine, du 31 octobre 1817, est annullé.

2. Le sieur Combe est autorisé à transférer sa tannerie dans la maison par lui acquise à cet effet, au coin des rues du Château et du Colombier, de la commune de Sèvres.

3. Il se conformera aux dispositions suivantes;

1°. Les eaux pluviales qui arrosent les tas de tan et de tannée, seront retenues ou dirigées extérieurement, de manière à ne pouvoir se mêler avec les eaux du ruisseau des blanchisseurs;

2°. Le sieur Combe n'opérera le gonflement des peaux qu'à l'aide des jus aigres des tannées, ainsi qu'il a déclaré être dans l'usage de le faire; il ne pourra employer d'autres procédés avant d'en avoir obtenu l'autorisation;

3°. Dans aucun cas, et sans exception des jours de fêtes et des heures de nuit et de repos, il ne pourra jeter l'eau des pleins dans ledit ruisseau; il sera tenu de transporter cette eau à la rivière ou à la voirie, dans un tonneau fermé;

4°. Les autres eaux qui auront servi à la préparation des cuirs, pourront être versées dans ledit ruisseau, mais seulement de nuit et aux heures que la police municipale sera tenue de fixer ;

5°. En tête de l'aqueduc voûté qui conduit les eaux dudit ruisseau en dehors de la propriété du sieur Combe, il sera placé une grille de fer dont les barreaux seront espacés de 15 à 16 centimètres, et recouverts d'une toile métallique dont les mailles n'auront pas plus de deux centimètres de côté; cette grille ainsi maillée, occupera la totalité de l'aqueduc et y sera scellée à demeure.

4. Dans le cas où le sieur Combe contreviendrait aux dispositions ci-dessus prescrites, les peines encourues seront prononcées par qui de droit; et, de plus, si les contraventions devenaient graves et fréquentes, la présente autorisation sera par nous révoquée ;

5. Les dépens sont compensés entre les parties.

6. Nos ministres secretaires d'état de l'intérieur et de la police générale sont chargés, chacun en ce qui le concerne, de l'exécution de la présente ordonnance.

Ordonnance du 8 juillet 1818. (3024)

N°. 278.

CONTRIBUTIONS PERSONNELLES ET MOBILIERES. — LOYER. — HABITATION PRINCIPALE.

L'habitation principale où chacun doit payer sa contribution personnelle et mobilière, aux termes de l'art. 5 de la loi du 29 ventose an 9, n'est pas le lieu où l'on a son domicile légal, mais bien celui où l'on a le loyer le plus cher.

(Le sieur Garreau-Duplanchat.)

LOUIS, etc. — Sur le rapport du comité du contentieux ;

Vu le rapport à nous présenté par notre ministre secrétaire d'état au département des finances, enregistré au secrétariat du comité du contentieux de notre Conseil d'état, le 23 février 1818, et tendant à ce qu'il nous plaise annuller un arrêté du conseil de préfecture du département du Puy-de-Dôme, en date du 24 mars 1817, qui déclare le sieur Garreau-Duplanchat, maire de la commune de Rhonnet, affranchi du rôle de la contribution personnelle et mobilière de la commune de Mouton, attendu qu'il a son domicile légal dans une autre commune ;

Vu la lettre du préfet du département de l'Allier, en date du 10 avril 1818, par laquelle il instruit notre garde des sceaux ministre secrétaire d'état de la justice, de la notification du présent pourvoi, faite au sieur Garreau-Duplanchat, lequel n'a pas répondu dans les délais du réglement ;

Vu l'arrêté du conseil de préfecture dudit département, rendu par défaut, le 3 décembre 1816, qui déclare, conformément à la loi du 29 ventose an 9, le sieur Garreau-Duplanchat maintenu sur le rôle de la contribution mobilière de la commune de Mouton ;

Vu le 2e. arrêté rendu contradictoirement par le même conseil de préfecture, le 24 mars 1817, par lequel, réformant son premier arrêté, il déclare que ledit sieur Duplanchat a été indûment porté au rôle de la contribution mobilière de ladite commune, et qu'il doit continuer à l'être audit Rhonnet, lieu de son domicile réel et légal ;

Vu le rapport du directeur des contributions du même département, duquel il résulte que le sieur Garreau Duplanchat s'est réservé dans la commune de Mouton, une habitation dont le loyer est plus élevé que celui de la maison qu'il occupe à Rhonnet où son domicile légal est établi ;

Vu l'art. 5 de la loi du 29 ventose an 9 ;

Ensemble toutes les pièces jointes au dossier ;

Considérant que l'art. 5 de la loi du 29 ventose an 9, établit que l'habitation principale sur laquelle portera la contribution personnelle et mobilière, doit s'entendre de l'habitation dont le loyer sera le plus cher ;

Notre Conseil d'état entendu,

Nous avons ordonné et ordonnons ce qui suit :

Art. 1er. L'arrêté du conseil de préfecture du département du Puy-de-Dôme, en date du 24 mars 1817, est annullé : en conséquence, l'arrêté rendu par ledit conseil, le 3 décembre 1816, est maintenu dans toutes ses dispositions.

2. Notre ministre secrétaire d'état au département des finances est chargé de l'exécution de la présente ordonnance.

Ordonnance du 8 juillet 1818 (3025)

N°. 279.

1°. TRAVAUX PUBLICS. — ENTREPRENEURS. — NAUFRAGE. — RESPONSABILITÉ. — INGÉNIEURS DES PONTS ET CHAUSSÉES.

—2°. COMPÉTENCE. — DIVISIBILITÉ.

1°. Lorsqu'un naufrage a eu lieu par suite, soit de la négligence des constructeurs d'un pont, entrepreneurs et ingénieurs, soit par la faute du patron de la barque naufragée, l'action en dommages-intérêts doit être portée devant la justice administrative en ce qui touche les entrepreneurs et ingénieurs, mais elle regarde l'autorité judiciaire en ce qui touche le fait du patron de la barque.

2°. Lorsqu'une action en dommages intérêts pour raison d'un événement dommageable, repose sur plusieurs causes de responsabilité, les unes du ressort de l'autorité administrative, les autres du ressort de l'autorité judiciaire, la compétence doit être divisée de manière à ce qu'il y ait deux procès, l'un judiciaire, l'autre administratif.

(Le sieur Rosier.—C.—le sieur Vinard et autres.)

LOUIS, etc.; — Sur le rapport du comité du contentieux ;

Vu le rapport à nous fait le 27 février dernier, par notre garde des sceaux ministre secrétaire d'état au département de la justice, par lequel il nous propose de maintenir un arrêté du préfet du département de la Gironde, en date du 29 décembre 1817, lequel a élevé le conflit d'attribution sur une demande judiciaire formée par le sieur Rosier contre les sieurs Vinard, ingénieur des ponts et chaussées, Dupony et Artigala, conducteurs des travaux du pont de Bordeaux, et le sieur Aufradet, patron de la gabarre la *Bouillonne*, à fin de condamnation au paiement des dommages résultant du naufrage de ladite gabarre, attribué par lui au défaut de balisage pour indiquer aux navigateurs les échafauds de la onzième pile du pont de Bordeaux ;

Vu ledit arrêté ;

Vu l'article 4 de la loi du 28 pluviose an 8, portant que le conseil de préfecture prononcera sur les réclamations des particuliers qui se plaindront de torts et dommages procédant du fait personnel des entrepreneurs, et non du fait de l'administration ;

Vu toutes les pièces produites ;

Considérant que le pont de Bordeaux étant construit par entreprise, c'est à tort que le sieur Rosier a intenté une action contre les ingénieurs et conducteurs des ponts et chaussées, qui ne sont que les agens de l'administration ; que c'est aux entrepreneurs seuls à répondre des faits de la construction qu'ils exécutent, sauf leur recours contre qui de droit, si le dommage provient d'ordres supérieurs à eux donnés ;

Considérant que les ingénieurs et conducteurs des ponts et chaussées sont, à raison de leur qualité, justiciables de l'administration ; qu'en vertu de l'art. 4 de la loi du 28 pluviose an 8, précité, les entrepreneurs de travaux publics sont soumis à la même juridiction ; qu'ainsi, sous ce double rapport, il y avait lieu à élever le conflit ; mais que cela ne fait point obstacle à ce que l'action dirigée contre le sieur Aufradet, patron de la gabarre, soit poursuivie devant les tribunaux ordinaires ;

Notre Conseil d'état entendu,

Nous avons ordonné et ordonnons ce qui suit :

Art. 1er. L'arrêté de conflit pris par le préfet du département de la Gironde, le 29 décembre 1817, est confirmé, en ce qui concerne les individus qui y sont dénommés, mais sans faire obstacle aux poursuites dirigées devant les tribunaux contre le patron de la gabarre naufragée.

2. Notre garde des sceaux ministre secrétaire d'état de la justice et notre ministre secrétaire d'état de l'intérieur sont chargés, chacun en ce qui le concerne, de l'exécution de la présente ordonnance.

Ordonnance du 8 juillet 1818. (3026)

N°. 280.

MISE EN JUGEMENT. — FONCTIONNAIRES ADMINISTRATIFS.—DÉLAI.—PRESCRIPTION.

Le Conseil d'état autorise un particulier à prendre à partie d'anciens officiers municipaux d'une commune pour un achat de grains fait en 1793.—Ainsi, vingt-cinq ans écoulés depuis l'achat n'ont pas opéré une prescription d'action qui puisse être prononcée par le Conseil d'état.

(Le sieur Fort. — C. — les sieurs Sarda et consorts.)

LOUIS, etc.; — Sur le rapport du comité du contentieux ;

Vu le rapport de notre garde des sceaux ministre secrétaire d'état de la justice, du 4 mai 1818, enregistré au secrétariat du comité du contentieux de notre Conseil d'état, le 13 dudit mois de mai, sur la demande formée par le sieur Fort, tendant à obtenir l'autorisation de prendre à partie les sieurs Sarda, Pla, Tournier et Tabarié, anciens officiers municipaux de la commune de Lagrasse, département de l'Aude, pour un achat de grains que le requérant dit avoir fait en 1793, pour le compte de la commune de Lagrasse ;

Vu l'arrêté du préfet du département de l'Aude, du 1er. août 1814 ;

Vu un arrêt de notre Cour royale de Montpellier, du 6 juin 1816, qui déclare, *qu'en l'état*, il n'y a pas lieu à accorder la garantie contre lesdits officiers municipaux ;

Vu la délibération du conseil municipal de la commune de Lagrasse, du 13 mai 1812 ;

Vu l'état de déclaration des grains faite à la municipalité par les habitans de Lagrasse, le 13 octobre 1793 ;

Vu les certificats produits par le sieur Fort à l'appui de sa demande, et les autres pièces contenues au dossier ;

Vu les lois des 14 décembre 1789, 24 août 1790 et du 22 frimaire an 8, sur la mise en jugement des agens du gouvernement pour faits relatifs à l'exercice de leurs fonctions ;

Notre Conseil d'état entendu,

Nous avons ordonné et ordonnons ce qui suit :

Art. 1er. Le sieur Fort est autorisé à citer en garantie, s'il s'y croit fondé, les sieurs Sarda, Pla, Tournier et Tabarié, anciens officiers municipaux de la commune de Lagrasse, département de l'Aude, à raison des faits ci-dessus énoncés.

2. Notre garde des sceaux ministre secrétaire d'état de la justice et notre ministre secrétaire d'état de l'intérieur sont chargés, chacun en ce qui le concerne, de l'exécution de la présente ordonnance.

Ordonnance du 8 juillet 1818. (3030)

N°. 281.

MISE EN JUGEMENT. — FAUX. — CONSERVATEUR DES HYPOTHÈQUES.

Le Conseil d'état refuse l'autorisation pour la mise en jugement d'un conservateur des hypothèques prévenu de faux, lorsque le fait, matière de l'inculpation, n'offre pas les élémens d'un faux caractérisé.

Le fait d'avoir raturé le mot inscrit, *pour y substituer le mot* enregistré, *ne constitue pas un faux, lorsque le conservateur, en faisant la rature et la substitution, a rétabli, dans la relation de l'enregistrement, la vérité d'un fait tel qu'il était constaté sur ses registres.*

(Le sieur Pradal.)

LOUIS, etc.; — Sur le rapport du comité du contentieux;

Vu la lettre de notre procureur-général près la Cour royale de Montpellier, tendante à faire statuer sur la question de savoir s'il y a lieu d'autoriser la mise en jugement du sieur Pradal, conservateur des hypothèques à Carcassonne, département de l'Aude, prévenu de faux dans l'exercice de ses fonctions;

Vu le rapport du conseil de l'administration de l'enregistrement et des domaines et forêts, transmis par notre directeur général de ladite administration;

Vu toutes les pièces jointes au dossier;

Considérant qu'il résulte des pièces produites, que la notification du placard, faite au sieur Baudèle Sabatier, a été enregistrée par le conservateur des hypothèques de Carcassonne, le 23 avril 1814, vol. 1er., fol. 80, rect. no. 462; que le même jour, mention de cet enregistrement a été faite par le conservateur à la marge de la transcription de la saisie des biens d'Etienne Bessière, vol. 5; que, dans la relation destinée à constater, au bas de l'original de ladite notification, l'accomplissement de cette formalité, on s'était servi du mot *inscrit* qui a été depuis effacé, et auquel on a substitué le mot *enregistré*; que cette rature et cette substitution ne constituent aucun délit, puisque le conservateur, en les faisant, a rétabli, dans la relation de l'enregistrement, la vérité d'un fait tel qu'il était constaté sur ses registres;

Notre Conseil d'état entendu,

Nous avons ordonné et ordonnons ce qui suit:

Art. 1er. Il n'y a pas lieu d'autoriser la mise en jugement du sieur Pradal, conservateur des hypothèques de Carcassonne, à raison du fait ci-dessus énoncé.

2. Notre garde des sceaux ministre secrétaire d'état de la justice et notre ministre secrétaire d'état des finances sont chargés, chacun en ce qui le concerne, de l'exécution de la présente ordonnance.

Ordonnance du 8 juillet 1818. (3032)

N°. 282.

CONFLIT. — CHOSE JUGÉE.

Lorsqu'un jugement a acquis l'autorité de la chose jugée contre la partie à qui il fait grief, il ne peut être permis d'élever un conflit fondé sur une prétendue incompétence de l'autorité judiciaire, afin d'arriver à obtenir du Conseil d'état, dans l'intérêt de la partie lésée, l'annulation du même jugement auquel elle laisse acquérir l'autorité de la chose jugée.

(Le sieur Berger. — C. — la dame veuve Hermann.)

LOUIS, etc.; — Sur le rapport du comité du contentieux;

Vu l'arrêté de conflit pris par le préfet du département de la Côte-d'Or, le 26 mars 1817, à l'occasion d'un jugement en dernier ressort, rendu par le tribunal de commerce de Saulieu, le 15 vendémiaire an 9, dans une contestation existante entre le sieur Hermann et le sieur Berger, au sujet de deux billets, l'un de 307 fr. et l'autre de 515 fr., que le sieur Hermann prétendait avoir été souscrits à son profit par le sieur Berger, en son propre et privé nom;

Vu le jugement du 15 vendémiaire an 9, rendu en dernier ressort par le tribunal de commerce de Saulieu, et signifié au sieur Berger, par exploit d'huissier, le 7 brumaire an 9;

Vu les requêtes du sieur Berger, enregistrées au secrétariat du comité du contentieux de notre Conseil d'état, les 24 février 1817 et 25 mai 1818;

Vu la requête en réponse de la veuve Hermann et du sieur Chevrot son gendre, enregistrée audit secrétariat du comité du contentieux, le 6 octobre 1817;

Ensemble toutes les pièces respectivement produites et jointes au dossier;

Considérant que le jugement à l'occasion duquel le préfet de la Côte-d'Or a élevé le conflit d'attribution le 26 mars 1817, a été rendu en dernier ressort par le tribunal de commerce de Saulieu, le 15 vendémiaire an 9, et signifié par exploit d'huissier au sieur Berger, le 8 brumaire an 9; que, par conséquent, il a acquis irrévocablement l'autorité de la chose jugée;

Notre Conseil d'état entendu,

Nous avons ordonné et ordonnons ce qui suit:

Art. 1er. L'arrêté de conflit, pris par le préfet du département de la Côte-d'Or, le 26 mars 1817, est annullé.

2. Le sieur Berger est condamné aux dépens.

3. Notre garde des sceaux ministre secrétaire d'état de la justice est chargé de l'exécution de la présente ordonnance.

Ordonnance du 22 juillet 1818. (3037)

N°. 283.

ADJUDICATION. — COMMUNAUX. — CONTENANCE. — CONFINS. — RÉSILIATION.

Lorsqu'une adjudication de biens communaux a été faite, avec erreur ou omission dans l'énonciation de la contenance et des confins, de manière que l'adjudicataire puisse prétendre n'avoir pas reçu la chose achetée, il y a lieu de prononcer la résiliation de l'adjudication avec remboursement du prix et des loyaux-coûts.

(Le sieur Houry. — C. — L'administration des domaines.)

LOUIS, etc.; — Sur le rapport du comité du contentieux;

Vu les requêtes à nous présentées au nom du sieur Louis Clément Houry, ingénieur-vérificateur du cadastre, demeurant à Orléans; lesdites requêtes enregistrées au secrétariat du comité du contentieux de notre Conseil d'état, les 12 mars et 5 mai 1817, et tendantes à ce qu'il nous plaise annuller purement et simplement, comme consacrant une erreur matérielle, l'arrêté du conseil de préfecture du département de la Haute-Saône, du 16 décembre 1816, qui refuse au suppliant la résiliation d'un contrat de vente d'un bien national, pour cause d'erreur dans les confins et dans la contenance;

Ce faisant, annuller purement et simplement ladite adjudication; ensemble tout ce qui s'en serait suivi; remettre le suppliant dans l'état où il était avant de l'avoir obtenue; l'en rendre indemne en principal, intérêts, frais et droits, et ordonner que restitution lui sera faite des faux frais dont il fournira l'état;

Subsidiairement et dans le cas où, nous ne croirions pas devoir prononcer ainsi, mais dans ce cas seulement, attendu que l'administration ne peut pas avoir voulu profiter des énonciations ambiguës dont la loi, dans le doute, ordonne l'interprétation contre elle, attendu qu'aucune énonciation précise du bail que l'on oppose aujourd'hui au suppliant ne se trouve dans l'affiche, ce qui n'a permis aux enchérisseurs aucune vérification relative à l'application du revenu, ordonner, ou que par ventilation et dans la juste proportion du prix appliqué à cinq hectares vingt ares, au lieu des huit hectares vingt ares qui ont été adjugés, il sera fait déduction au suppliant de la différence de cette première quantité à la seconde, ou que la pièce annoncée dans l'affiche de huit hectares vingt ares, appelée le Grand Pâtis, sera remise au suppliant dans cette proportion; en conséquence, que la partie qui n'en est séparée que par un chemin de souffrance, est comprise dans son adjudication;

Par suite dire et ordonner qu'il en sera remis en possession, comme de celle à laquelle seule on prétend le restreindre, et que les diverses clauses et conditions du procès-verbal de l'adjudication lui demeureront applicables;

Enfin, et dans tous les cas, condamner l'administration de l'enregistrement et des domaines aux dépens, dont le suppliant sera remboursé comme des paiemens en principal, intérêts ou droits qu'il aura pu faire;

Vu l'ordonnance de soit communiqué à l'administration des domaines, du 30 avril 1817;

Vu le mémoire en défense de la direction générale de l'enregistrement et des domaines et forêts, en présence des communes d'Aisey et Richecourt; ledit mémoire enregistré audit secrétariat du comité du contentieux, le 17 novembre 1817, et tendant à ce qu'il nous plaise lui donner acte de ce que, pour satisfaire à l'ordonnance de soit communiqué, et pour répondre à la requête du sieur Houry, elle emploie, en ce qui la concerne, le contenu au présent mémoire et aux pièces y énoncées et jointes; ce faisant, déclarer le sieur Houry non-recevable dans son pourvoi, ou en tout cas l'en débouter; ordonner que l'arrêté du conseil de préfecture du département de la Haute-Saône, du 16 décembre 1816, en ce qui intéresse le domaine, sera exécuté selon sa forme et teneur, et condamner l'adversaire aux dépens;

Vu le mémoire produit au nom du maire et des habitans des communes d'Aisey et Richecourt, qui interviennent en présence de l'administration de l'enregistrement et des domaines et forêts; ledit mémoire enregistré au secrétariat du comité du contentieux, le 27 janvier 1818, et tendant à ce qu'il nous plaise les recevoir intervenans dans l'instance pendante devant notre conseil entre le sieur Houry et l'administration des domaines;

Ce faisant, leur donner acte de ce qu'ils s'en rapportent à nous sur le chef des conclusions du sieur Houry, tendant à l'annullation de l'adjudication à lui faite le 8 décembre 1814;

Dans tous les cas, déclarer le sieur Houry purement et simplement non-recevable dans son appel, en ce qu'il a pour objet, 1°. de faire déclarer que la partie marquée D au plan produit par ledit sieur Houry, et qui fait l'objet du bail du 5 avril 1814, est comprise dans son adjudication; 2°. de faire ordonner qu'il en sera mis en possession;

En tous cas, l'en débouter et confirmer l'arrêté du conseil de préfecture, et condamner le sieur Houry aux dépens;

Vu l'affiche de vente et le procès-verbal d'adjudication du 8 décembre 1814;

Vu le plan des lieux produit par le sieur Houry, et non contesté par la commune;

Vu l'arrêté du conseil de préfecture du département de la Haute-Saône, du 16 décembre 1816,

Vu les articles 24 et 25 de la loi du 3 juin 1793, rappelés dans l'article 3 des conditions de l'adjudication;

Vu les autres pièces respectivement produites;

Considérant qu'aux termes de l'article 24 de la loi précitée, il y a lieu à résiliation, lorsqu'il y a à la fois erreur sur la contenance et sur les confins de l'objet vendu;

Considérant que la pièce dite le Grand-Pâtis, vendue au sieur Houry, ne contient que cinq hectares vingt ares, au lieu des huit hectares vingt ares portés sur l'affiche et au contrat de vente, et qu'ainsi il y a erreur de contenance;

Considérant qu'il y a erreur ou omission dans l'énonciation des confins de cette même pièce, puisqu'à l'aide des trois confins indiqués sur l'affiche et dans le procès-verbal d'adjudication, il est impossible de composer la pièce entière;

Considérant que la portion de limite indéterminée ne pourrait être fixée qu'arbitrairement, puisque l'affiche et le procès-verbal ne relatent aucun autre acte public et antérieur pouvant servir à interpréter la vente;

Notre Conseil d'état entendu,

Nous avons ordonné et ordonnons ce qui suit:

Art. 1er. L'arrêté du conseil de préfecture du département de la Haute-Saône, du 16 décembre 1816, est annulé.

2. La vente faite au sieur Houry, par le procès-verbal du 8 décembre 1814, est annullée. Les prix et loyaux-coûts lui seront remboursés, après qu'il aura été respectivement compté des sommes payées et fruits perçus.

3. La direction générale de l'enregistrement et des domaines et forêts est condamnée aux dépens.

4. Notre ministre secrétaire d'état au département des finances est chargé de l'exécution de la présente ordonnance.

Ordonnance du 22 juillet 1818. (3038)

N°. 284.

FOURNISSEUR.—Bons.—Octroi.—Troupes alliées.—Intérêts.—Indemnités.

Les questions de justice administrative relatives à des bons de fournitures, à des droits d'octroi, à des frais d'escompte, à des intérêts pour le cas de paiement et à des intérêts pour résiliation de marché sont jugées ex æquo et bono *attendu les circonstances extraordinaires.*

(Le sieur Alayrac.)

LOUIS, etc.; — Sur le rapport du comité du contentieux;

Vu la requête à nous présentée au nom du sieur Jean-Joseph Alayrac, domicilié à Grannat, département du Lot; ladite requête enregistrée au secrétariat du comité du contentieux de notre Conseil d'état, le 17 février 1817, et tendante à ce qu'il nous plaise annuller un arrêté pris le 23 septembre 1816, par la commission des dépenses du département de la Seine, formée en vertu de l'article 6 de la loi du 28 avril de la même année, dans les dispositions qui lui sont contraires; ledit arrêté portant liquidation des fournitures de viande faites par le réclamant aux troupes des puissances alliées, dans l'étendue du département de la Seine, depuis le 1er. août 1815, jusqu'au 6 septembre suivant;

Vu la lettre en forme de mémoire en défense du préfet du département de la Seine, adressée à notre garde des sceaux, le 20 décembre 1817, dans laquelle il élève, sur la forme, la question de savoir si les arrêtés des commissions formées en exécution de la loi du 28 avril 1816, ne sont pas définitifs, et s'il appartient au Conseil d'état de les réformer; et sur le fond, conclut au maintien de toutes les dispositions de cet arrêté;

Vu le mémoire en réplique du réclamant, enregistré au secrétariat dudit comité du contentieux, le 18 février 1818;

Vu l'arrêté attaqué;

Vu le marché passé avec le réclamant, le 28 juillet 1815, accepté le 29 du même mois, par le commissaire général.

Vu toutes les pièces à l'appui;

Considérant, sur la fin de non-recevoir, 1°. que rien n'établissant, d'une manière authentique, l'époque où l'arrêté attaqué a été signifié au réclamant, celui-ci était encore dans les délais du réglement, lorsqu'il a remis sa requête en pourvoi;

2°. En ce qui touche la question de savoir si notre Conseil est compétent pour connaître des arrêtés des commissions formées en exécution de l'article 6 de la loi du 28 avril 1816;

Considérant, qu'aux termes mêmes de cette loi, les commissions, après avoir vérifié et arrêté tous les comptes et marchés, doivent proposer, pour la régularisation, la répartition et le mode d'acquittement, des mesures qui, pour leur exécution, ne peuvent être autorisées que par une ordonnance rendue par nous;

Sur les contestations au fond:

1°. En ce qui touche la première question, tendante à décider s'il y a lieu « d'admettre un bon (numéroté 74), qui ne porte pas la désignation du corps pour lequel il était destiné. »

Considérant que la commission a décidé dans son arrêté, que bien que ce bon ne portât pas la désignation du corps, cependant sa régularité était suffisante, puisqu'il faisait mention qu'il avait été délivré à un corps qui faisait partie de l'armée Russe, et que le préfet du département de la Seine n'a point attaqué cette disposition dudit arrêté;

2°. En ce qui touche la deuxième question, tendante à faire décider « s'il y a lieu d'admettre les bons qui n'ont été acquittés que postérieurement au lendemain de leur date sans être revêtus d'un nouveau *visa* ; »

Considérant que la circulaire du 7 juillet précédent, qui invitait les fournisseurs, alors en exercice, à refuser les bons qui seraient présentés le surlendemain de leur date, à moins d'y être autorisés par un nouveau *visa*, était devenue une obligation formelle pour lui, d'après l'art. 5 de son marché, qui lui prescrivait impérativement de s'y conformer pour sa comptabilité ;

3°. En ce qui touche la troisième question, tendante à faire décider « si un bon délivré le 10 août, sous le nº. 56, est admissible, bien qu'une note du contrôleur, sur la feuille journalière indiquât que la valeur en avait été délivrée hors sa présence dans la nuit du 11 au 12 ; »

Considérant que cette mention, qui n'est pas arguée de faux par le réclamant, détruit la preuve du paiement de ce bon, et que, d'ailleurs, il en résulte qu'il aurait été acquitté plus de vingt quatre heures après sa délivrance, ce qui lui était interdit par l'art. 5 de son marché ;

4°. En ce qui touche la quatrième question, tendante à faire décider « si l'on doit admettre les bons présentés pour service fait, soit à Champigny, soit dans d'autres communes rurales, lorsque le munitionnaire n'a pas fait constater l'acquit de chaque bon par un contrôleur ; »

Considérant que l'art. 5 de son marché lui prescrivait également de se conformer, pour la comptabilité, à la circulaire du 6 juillet, laquelle le prévenait que tout bon, non revêtu de la formalité du *visa* du contrôleur, ne serait pas admis dans son compte ;

Considérant que l'absence d'un contrôleur de l'administration dans quelques communes du département, ne peut servir d'excuse à ce défaut de formalité ; puisqu'il pouvait y être suppléé par le maire de ladite commune, qui devait assister aux distributions ;

Considérant, toute fois, que la commission des dépenses reconnaît qu'une certaine partie de ces bons ont été réellement acquittés par le fournisseur ;

5°. En ce qui touche la cinquième question tendante à faire décider « comment doivent être évaluées les fournitures des bestiaux sur pied, faites par le munitionnaire d'après la demande et sur les bons du munitionnaire général ; »

A l'égard des bestiaux livrés sur pied sur des bons du munitionnaire général, qui n'énonçait que le nombre de têtes à livrer ;

Considérant que le réclamant aurait dû, préalablement à la livraison, faire constater le poids par une expertise contradictoire ; que, faute par lui d'avoir rempli cette formalité, qui lui était prescrite par le munitionnaire général, il ne peut exiger une évaluation plus forte que celle qui leur a été donnée par la commission des dépenses, d'après les bases les plus favorables dans l'intérêt du réclamant ;

A l'égard des bestiaux livrés sur pied en échange de bons libellés en rations ;

Considérant que si le réclamant a pu livrer des bestiaux évalués à un poids plus considérable que celui qu'ils avaient réellement, cette différence n'a été préjudiciable qu'aux parties prenantes, et que la ville de Paris n'en a pas moins été libérée envers elles du montant des rations portées auxdits bons ;

6°. En ce qui touche la sixième question, tendante à faire décider « si une partie des distributions ayant été faites en viandes chaudes au moment même où elles venaient d'être abattues, il ne devait pas être fait au munitionnaire une retenue à cause de l'évaporation ; »

Considérant que ces distributions ayant été faites contre des bons libellés en rations, si elles ont été préjudiciables, ce ne pouvait être qu'aux parties prenantes, et que la ville de Paris n'en avait pas moins été libérée du montant desdits bons ;

7°. En ce qui touche la septième question, tendante à faire décider « si l'on devait retenir au munitionnaire le droit d'octroi sur les fournitures faites par lui hors des murs de la ville de Paris ; »

Considérant que, par son marché, le réclamant s'est engagé « à fournir la viande fraiche aux troupes alliés, campées ou cantonnées dans le département de la Seine, » sans distinction de celles qui seraient dans ou hors les murs ; qu'aucune clause de son marché ne fait réserve pour les droits d'octroi, et que, dès-lors il porte tous les signes d'un marché aléatoire, dont les circonstances devaient, à cet égard, régler les pertes et les bénéfices ;

Mais considérant que, si cette fourniture doit être regardée comme un marché aléatoire, le réclamant a dû acquitter l'octroi à la ville de Paris, avec toutes les modifications et augmentations qu'il a pu subir pendant la durée de son marché ;

Considérant, à l'égard des communes du département, où il existe des droits d'octroi, et où le réclamant aurait pu faire des distributions sans acquitter ces droits, et notamment dans la commune de Saint-Denis, sous le prétexte qu'il aurait dû acquitter ceux dus à l'octroi de Paris ; que ces droits sont acquis auxdites communes, mais qu'ils ne peuvent être réclamés que suivant le tarif particulier des octrois de chacune de ces communes ;

8°. En ce qui touche la huitième question, tendante à faire décider « s'il y a lieu d'effectuer quelques retenues au réclamant pour les droits de la caisse de Poissy ; »

Considérant que la commission des dépenses a déclaré que cette question sortait de ses attributions, et qu'en effet l'art. 32 du décret du 6 février 1811, qui rétablit la caisse de Poissy étant ainsi conçu :

« En cas de contestation entre la caisse et les bouchers, herbagers, forains, employés et autres agens du marché de la caisse de Poissy, la difficulté sera soumise au directeur, qui prononcera ; sa décision sera exécutée provisoirement, sauf, de la part des parties, le recours au préfet du département de la Seine et au conseil de préfecture. »

La commission des dépenses était réellement incompétente pour juger une pareille contestation ;

9°. En ce qui touche la neuvième question, tendante à faire décider « si le marché du sieur Alayrac, portant que le paiement des fournitures lui sera fait moitié en argent et moitié en bons de ville, il y a lieu de faire droit à sa demande de frais d'escompte et de négociation pour les bons qu'il a reçus, au-delà de la moitié des paiemens à lui effectués ;

Considérant qu'il n'y a pas de contestation sur le principe d'une collocation pour frais de négociation et, quant à la quotité, qu'elle a été réglée convenablement ;

10°. En ce qui touche la dixième question, tendante à faire décider « s'il est dû au sieur Alayrac des intérêts pour les retards qu'ont pu éprouver les paiemens ; et, particulièrement, s'il doit lui être tenu compte de ceux qu'il dit avoir payés à la caisse de Poissy pour le crédit qui lui aurait été ouvert à cette caisse;

Considérant qu'aucune clause de son marché ne stipule d'intérêts en cas de retards de paiemens, et que la seule faculté réservée au réclamant dans ce cas, était celle de cesser ses fournitures ;

11°. En ce qui touche la onzième question, tendante à faire décider « si le réclamant peut prétendre des indemnités pour raison de résiliation de son marché, prononcée par arrêté du préfet ;

Considérant que, d'après les termes de son marché et les circonstances qui ont donné lieu à sa résiliation, il ne saurait y avoir lieu à aucune indemnité ;

12°. En ce qui touche la douzième question, tendante à faire décider « s'il y a lieu de rejeter des comptes du réclamant deux contre-bons, montant ensemble à 850 kilogrammes ;

Considérant que le réclamant lui-même a reconnu que ces deux bons faisaient double emploi ;

Notre Conseil d'état entendu,

Nous avons ordonné et ordonnons ce qui suit :

Art. 1er. La requête du sieur Alayrac est admise.

2. Le bon n°. 74, montant à huit kilogrammes de viande, sera admis dans les comptes du réclamant, quoiqu'il ne porte pas la désignation du corps pour lequel il était destiné.

3. Les bons qui n'ont été acquittés que postérieurement au lendemain de leur date, sans être revêtus d'un nouveau *visa*, et montant à 6998 kilogrammes seront rejetés.

4. Le bon n°. 56, délivré le 10 août 1815, et montant à 1485 kilogrammes, portant la mention qu'il n'a été acquitté que deux jours après sa délivrance et hors la présence du contrôleur, sera également rejeté.

5. Les fournitures faites à Champigny sur des bons non visés par un contrôleur, et portés dans le compte du réclamant pour 112,016 kilogrammes, 75—, seront réduits, ainsi que l'a fait l'arrêté de la commission, à 88,362 kilogr.

6. Les fournitures faites sur pied seront évaluées et passées en compte au réclamant de la manière suivante,

Savoir :

Les fournitures faites sur bons qui constatent seulement le nombre de têtes fournies, seront fixées au poids brut de 337 kilogrammes et demi par tête, et estimées au prix fixé par l'art. 5 de l'arrêté de la commission.

Les fournitures faites sur les bons exprimant le nombre de rations représentées par les bêtes livrées sur pied seront passées au compte, suivant le nombre de rations que les bons représentent.

7. Il ne sera fait aucune retenue au réclamant, pour l'évaporation présumée de la viande chaude livrée par lui, et les quantités lui seront allouées suivant le montant des rations représentées par les bons.

8. Il ne sera également fait aucune retenue, pour droits d'octroi de la viande distribuée hors les barrières.

Les droits payés ou à payer à la ville de Paris, pour distribution à l'intérieur, lui sont acquis irrévocablement, sans aucune restitution ni diminution, sous prétexte de droits additionnels qui auraient pu être établis pendant la durée du marché du réclamant ;

Les droits qui pourraient encore être dus dans les communes qui jouissaient d'un octroi municipal, à cause des distributions qui pourraient y avoir eu lieu, leur seront acquittés par le réclamant, au taux des tarifs existans à l'époque des distributions.

9. L'allocation faite au réclamant, par l'art. 9 de l'arrêté de la commission, de la somme de 26,448 fr. 72 cent., pour frais d'escompte et de négociation des bons de la ville est maintenue.

10. La demande du réclamant, en intérêts pour les retards de paiement, et en indemnité pour résiliation de son marché est rejetée.

11. Il sera fait déduction des comptes du réclamant de 850 kilogrammes de viande, montant de deux contre-bons, dont le double emploi a été reconnu par le réclamant lui-même.

12. Les dépens sont compensés entre les parties.

13. Notre ministre secrétaire d'état de l'intérieur est chargé de l'exécution de la présente ordonnance.

Ordonnance du 22 juillet 1818. (3036)

N°. 285.

QUESTION PRÉJUDICIELLE. — Qualité. — Sursis.

Lorsqu'une décision de la justice administrative est attaquée par voie de tierce-opposition de la part de tiers, prenant qualité de créanciers de la succession partagée administrativement, si cette qualité de créancier leur est contestée, il y a lieu à surseoir par la justice administrative sur le mérite de la tierce-opposition, jusqu'à ce que le mérite des qualités ait été apprécié par les tribunaux ordinaires.

(Les sieurs Romey et Chassaigne — C. — le sieur baron d'Espagnac.)

LOUIS, etc.; — Sur le rapport du comité du contentieux ;

Vu la requête à nous présentée pour les créanciers unis de Marc-René-Marie de Sahuguet Damarzit d'Espagnac, ancien abbé de Saint-Sever, par les sieurs Romey et Chassaigne, au nom et comme syndics et directeurs des droits desdits créanciers ; ladite requête enregistrée au secrétariat du comité du contentieux de notre Conseil d'état, le 2 juin 1817, et dont les conclusions tendent à ce que,

1°. Il soit déclaré que l'arrêté du préfet du département de la Seine, du 9 janvier 1808, et le décret confirmatif, du 11 août suivant, lesquels ont réglé les droits respectifs du gouvernement et du sieur Charles d'Espagnac, dans la succession de son frère l'abbé, ont cessé d'avoir aucun effet par suite des dispositions de la charte constitutionnelle, de notre ordonnance du 21 août 1814, et de la loi du 5 décembre suivant ;

2°. A être reçus tiers-opposans au décret du 14 décembre 1809, et, par suite, à ce que l'arrêté de l'administration centrale du département du Pas-de-Calais, du 12 messidor an 4, et celui du préfet du département de la Seine, du 19 avril 1809, soient déclarés nuls et non avenus ; en conséquence, à ce que les parties soient remises en l'état où elles étaient avant ces arrêtés, relativement aux biens dépendans de la succession de l'abbé d'Espagnac, sauf aux parties à faire statuer sur leurs droits par les juges qui devront en connaître ;

3°. A ce que l'arrêté du préfet du département de la Seine, du 15 février 1811, approbatif du compte de bénéfice d'inventaire de la succession de l'abbé d'Espagnac, soit purement et simplement annullé, comme reposant sur des principes erronnés et des déclarations mensongères, et les parties également remises en leur premier état et renvoyées devant les juges compétens ;

4°. A ce que lesdits créanciers soient reçus opposans à notre ordonnance par défaut, du 11 décembre 1816, rendue sur l'arrêté de conflit du 16 juillet précédent ; en conséquence, à ce que lesdits arrêté et ordonnance soient annullés dans toutes les dispositions qui ne sont pas relatives au compte rendu par le sieur Charles d'Espagnac le 15 février 1811, et à être, quant au surplus, renvoyés devant les tribunaux ;

5°. Enfin, à ce que le sieur Charles, baron d'Espagnac, soit condamné aux dépens.

Vu le décret attaqué, du 11 août 1808, confirmatif de l'arrêté du préfet du département de la Seine, du 9 janvier précédent, lequel décide que le gouvernement conserve les droits qu'il a recueillis dans la succession de l'abbé d'Espagnac, tant du chef de Jean d'Espagnac, rayé de la liste des émigrés, le 21 pluviose an 3, que de celui d'Etienne d'Espagnac, amnistié le 10 nivose an 11 ;

Vu le décret attaqué, du 14 décembre 1809, rendu sur le pourvoi des sieurs Scherb et Deframe, confirmatif des divers arrêtés pris par le préfet du département de la Seine, sous les dates des 19 avril, 27 juin, 17 juillet et 14 août 1809, dont les deux premiers décident que les biens nationaux adjugés en 1791, dans les départemens du Nord et du Pas-de-Calais, au sieur Charles d'Espagnac, ne font pas partie de la succession de l'abbé d'Espagnac ; nonobstant la déclaration de command faite au profit de ce dernier, le 31 juillet 1792, et que ces biens sont demeurés la propriété dudit sieur Charles d'Espagnac ; le troisième arrêté, renvoyant ledit sieur Scherb à poursuivre le remboursement de sa créance conformément à la loi du 1er. floréal an 3, et le quatrième arrêté, revendiquant l'action judiciaire intentée par ledit sieur Scherb, pour raison de la propriété desdits biens nationaux ;

Vu l'arrêté attaqué, pris par le préfet du département de la Seine, le 15 février 1811, portant que le sieur Charles-Antoine-Léonard Sahuguet d'Espagnac, est déclaré quitte et valablement libéré envers le gouvernement, de la gestion et administration qu'il aurait pu avoir des biens de la succession du sieur d'Espagnac son frère, en qualité de son héritier bénéficiaire ;

Vu l'arrêté attaqué, du préfet du département de la Seine, en date du 16 juillet 1815 par lequel il revendique, comme étant du ressort administratif, deux demandes judiciaires formées par les sieurs Romey et Chassaigne contre les trois frères et héritiers d'Espagnac ;

Vu notre ordonnance par défaut, du 11 décembre 1816, laquelle confirme l'arrêté de conflit précité, du 16 juillet 1815, mais seulement à l'égard du chef tendant à l'annullation du compte de bénéfice d'inventaire rendu administrativement par le sieur Charles, baron d'Espagnac ;

Vu l'arrêté du 8 germinal an 10, qui avait maintenu le séquestre national apposé sur les biens de l'abbé d'Espagnac, jusqu'à ce que, conformément à la loi du 21 prairial an 3, il eût été justifié de sa radiation ou de son élimination de la liste des émigrés ;

Vu la requête en défense, du sieur Charles-Antoine-Léonard, baron d'Espagnac, enregistrée au secrétariat dudit comité du contentieux, le 6 février 1818, dans laquelle il conclut à ce que la tierce-opposition des sieurs Romey et Chassaigne soit purement et simplement rejetée, à ce qu'ils soient également déboutés de leurs autres fins et conclusions, condamnés à l'amende déterminée par l'art. 38 du réglement du 22 juillet 1806, et en tous les dépens ;

Vu pareillement les conclusions étant ensuite de ladite requête, écrites et signées de la main du baron d'Espagnac, et tendantes à l'application contre Me. Dejean, avocat au Conseil et des sieurs Romey et Chassaigne, des dispositions de l'art. 32 du réglement du 22 juillet 1806, pour contravention à l'art. 36 dudit réglement ;

Vu le mémoire ampliatif des sieurs Romey, Chassaigne, lequel sert aussi de réplique à la précédente requête du sieur baron d'Espagnac, les conclusions duquel mémoire sont conformes à celles précédemment prises ;

Vu l'expédition du contrat d'union de l'abbé d'Espagnac et de ses créanciers, reçu par contrat notarié, le 22 janvier 1790 ;

Vu l'expédition de la déclaration faite par-devant le même notaire, le 31 juillet 1792, par le sieur Charles d'Espagnac, tant en son nom qu'aux noms des sieurs Briois de Beaumetz et Delathe, portant que les biens nationaux par eux acquis dans les départemens du Nord et du Pas-de-Calais, sont la propriété du sieur abbé d'Espagnac, auquel ils en font, en tant que de besoin, toute cession, ce qui a été par lui accepté ;

Vu l'expédition d'un acte passé devant le même notaire, le 19 germinal an 11, par lequel les sieurs Romey et Chassaigne sont nommés syndics des créanciers de l'abbé d'Espagnac, en remplacement des anciens syndics nommés par le contrat d'union du 22 janvier 1790, ledit acte adjoignant le baron d'Espagnac au nouveau syndic ;

Vu l'arrêt rendu par la cour d'appel de Paris, le 16 juillet 1810, entre le sieur Le Couteulx de Molay, créancier de la succession d'Espagnac, d'une part, le sieur Scherb, aussi créancier de la même succession, d'autre part, et le sieur baron d'Espagnac, intervenant ;

Vu notre ordonnance du 21 août 1814, la loi du 5 décembre de la même année, les diverses lois relatives à l'amnistie, et généralement toutes les pièces produites ;

Considérant que le baron d'Espagnac conteste la qualité de créanciers de la succession de son frère, tant aux sieurs Romey et Chassaigne qu'aux autres parties dont ils sont les mandataires, que la question de savoir si, comme il le prétend, les stipulations du concordat du 22 janvier 1790, confirmé le 19 germinal an 11, et la quittance donnée par les signataires de ce traité à l'abbé d'Espagnac, moyennant les sommes qu'il leur abandonnait par le même acte, ont éteint définitivement leurs droits et actions sur tous les autres biens dépendans de ladite succession, ou si les jugemens qui ont déclaré que le sieur d'Espagnac n'était pas créancier des sommes par lui abandonnées, ont fait revivre lesdits droits et actions, est une question préjudicielle dont la connaissance n'appartient qu'aux tribunaux ;

Notre Conseil d'état entendu,

Nous avons ordonné et ordonnons ce qui suit :

Art. 1er. Il est sursis à prononcer sur le pourvoi des sieurs Romey et Chassaigne, jusqu'à ce qu'il ait été statué, tant sur leur qualité que sur celle des parties aux noms desquelles ils agissent, à l'effet de quoi toutes les parties sont renvoyées devant les tribunaux, leurs droits, moyens, exceptions et dépens demeurant réservés.

2. Notre garde des sceaux ministre secrétaire d'état de la justice et notre ministre secrétaire d'état de l'intérieur sont chargés, chacun en ce qui le concerne, de l'exécution de la présente ordonnance.

Ordonnance du 22 juillet 1818. (3041)

No. 286.

GARANTIE CONSTITUTIONNELLE. — ENGAGEMENT PERSONNEL. — ARQUEBUSE (COMPAGNIE DE L')

Les engagemens souscrits en nom qualifié pour le compte d'une compagnie réunie au domaine de l'État, et encore personnellement, en leurs propres et privés noms, par les agens de la compagnie, peuvent donner lieu à une poursuite directe devant les tribunaux ordinaires sans avoir besoin d'autorisation du gouvernement.

(Les sieurs Viala. — C. — les sieurs Populus et consorts.)

LOUIS, etc. ; — Sur le rapport du comité du contentieux ;

Vu la requête à nous présentée au nom des sieurs Viala, enregistrée au secrétariat du comité du contentieux de notre Conseil d'état, le 18 juin 1817, et tendante à ce qu'il nous plaise annuller un arrêté de conflit pris par le préfet du département de l'Ain, en date du 5 prairial an 13, et renvoyer par devant les tribunaux à prononcer sur la contestation pendante, entre le requérant et les sieurs Populus et autres débiteurs solidaires d'une créance contractée en 1781, en outre condamner lesdits sieurs aux dépens ;

Vu l'arrêté de conflit précité, par lequel le préfet du département de l'Ain déclare que la créance dont il s'agit, ayant été destinée à payer les dépenses de construction de bâtimens appartenant à la compagnie de l'Arquebuse de Bourg, et les biens de cette compagnie réunis au domaine de l'Etat, la créance a dû être liquidée par l'administration suivant les lois de la matière ;

Vu le mémoire en défense des sieurs Populus et et consorts, enregistré audit secrétariat du comité du contentieux le 25 février 1818, qui conclut à ce qu'il nous plaise maintenir ledit arrêté de conflit, et en outre, condamner les sieurs Viala aux dépens ;

Vu l'acte notarié, passé le 2 mai 1781 entre les sieurs Viala et les sieurs Dandelin, Populus et autres chevaliers de la compagnie de l'Arquebuse, par lequel ces derniers s'engagent au nom de la compagnie et encore personnellement et en leurs propres et privés noms ;

Vu le compte des recettes et dépenses de la ville de Bourg pendant l'année 1791 ;

Vu le jugement rendu le 26 mars 1817, par le tribunal de première instance de l'arrondissement de Bourg, par lequel ledit tribunal décline son incompetence, attendu les lois sur la matière et le conflit elevé par le préfet du département de l'Ain ;

Considérant qu'il s'agit de prononcer sur l'existence et les effets de l'engagement solidaire contracté en leur privé nom par les chevaliers de l'Arquebuse et que cette question est de la compétence des tribunaux ordinaires ;

Notre Conseil d'état entendu,

Nous avons ordonné et ordonnons ce qui suit :

Art. 1er. L'arrêté de conflit pris par le préfet du département de l'Ain le 5 prairial an 13 est annullé; en conséquence les parties sont renvoyées à se pourvoir devant les tribunaux.

2. Le jugement du tribunal de Bourg, en date du 26 mars 1817, est considéré comme non avenu.

3. Les sieurs Populus et consorts sont condamnés aux dépens.

4. Notre garde des sceaux ministre secrétaire d'état de la justice et notre ministre secrétaire d'état de l'intérieur sont chargés, chacun en ce qui le concerne, de l'exécution de la présente ordonnance.

Ordonnance du 22 juillet 1818. (3402)

N°. 287.

MISE EN JUGEMENT.—Garde forestier.

Les gardes de bois particuliers ne peuvent pas invoquer la garantie accordée aux agens de l'administration ; ils ne sont pas, comme les gardes forestiers, des agens de l'autorité publique.

(Le sieur Brunel et autres.)

LOUIS, etc.;—Sur le rapport du comité du contentieux ;

Vu la plainte rendue, le 8 avril 1817, contre les sieurs Brunel, garde forestier à Chepilly, arrondissement de Péronne, Lallemand et Brières, gardes de bois particuliers dans le même arrondissement, prévenus de concussion dans l'exercice de leurs fonctions;

Vu l'information et l'audition des témoins, en date du 15 avril 1817 ;

Vu la lettre et le rapport de notre directeur général des domaines et forêts, en date du 18 mai 1818, par lesquels il conclut à ne pas autoriser les poursuites, attendu que le délit imputé au sieur Brunel n'est pas confirmé par les dépositions, et que les deux gardes particuliers n'étant pas des agens de l'autorité publique, étaient libres de transiger d'après le consentement des propriétaires des bois ;

Vu la lettre de notre procureur-général près la Cour royale d'Amiens, qui infirme les témoignages reçus dans l'enquête sus-relatée ;

Considérant qu'il ne résulte pas de l'information que le sieur Brunel, garde forestier à Chepilly, ait touché aucune somme d'argent à raison des délits de bois qu'il a constatés par un rapport, en date du 15 mars 1817 ;

Considérant que la garantie accordée aux agens de l'administration, n'est pas applicable aux sieurs Lallemand et Brière, gardes de bois particuliers, qui peuvent être poursuivis sans autorisation ;

Notre Conseil d'état entendu,

Nous avons ordonné et ordonnons ce qui suit :

Art. 1er. Il n'y a pas lieu de continuer les poursuites commencées contre le sieur Brunel, garde forestier à Chepilly, arrondissement de Péronne.

2. Notre garde des sceaux ministre secrétaire d'état de la justice et notre ministre secrétaire d'état des finances sont chargés, chacun en ce qui le concerne, de l'exécution de la présente ordonnance.

Ordonnance du 22 juillet 1818. (3047)

N°. 288.

TIERS-COUTUMIER. — Créancier.

En délaissant à des enfans de Normandie les biens de leur père pour les remplir de leur tiers-coutumier, l'administration n'a pu ni voulu porter préjudice aux droits des tiers, les tribunaux conservent toute faculté d'examiner si les biens délaissés par l'administration sont grevés au profit de tiers.

(Les sieurs Oillamson et consorts. — C. — le sieur Signard-d'Ousfières et consorts.)

LOUIS, etc. ; — Sur le rapport du comité du contentieux ;

Vu la requête à nous présentée au nom des sieurs

Oillamson et consorts, tous héritiers du sieur Marie-Eléonore Gabriel d'Oillamson ; ladite requête enregistrée au secrétariat du comité du contentieux de notre Conseil d'état, le 24 septembre 1817, et tendante à l'annullation d'un arrêté du conseil de préfecture du département du Calvados, du 12 juillet 1817, lequel a décidé que l'arrêté du même conseil de préfecture, du 8 germinal an 10, qui les avait envoyés en possession du tiers des biens possédés par le sieur Oillamson, leur père, lors de son émigration, ne devait préjudicier en rien aux droits que des tiers pouvaient avoir à exercer dans ledit partage ;

Vu l'ordonnance de soit communiqué rendue sur ladite requête, par notre garde des sceaux ministre secrétaire d'état de la justice, le 30 octobre 1817 ;

Vu la requête en défense du sieur Signard d'Ousfières, tant en son nom qu'au nom de ses enfans mineurs, enregistrée audit secrétariat du comité du contentieux, le 2 avril 1818 ;

Vu l'arrêté du conseil de préfecture du département du Calvados, en date du 12 juillet 1817 ;

Ensemble toutes les pièces produites et jointes au dossier ;

Considérant qu'en délaissant aux enfans d'Oillamson les biens de leur père pour les remplir de leur tiers coutumier, l'administration n'a pu ni voulu porter préjudice aux droits des tiers, dont la connaissance doit appartenir aux tribunaux ;

Notre Conseil d'état entendu,

Nous avons ordonné et ordonnons ce qui suit :

Art. 1er. La requête des sieurs Thomé-François Hardouin, Albert Jacques-Charles Robert, Armand-François-Théophile d'Oillamson et consorts, est rejetée.

2. Les sieurs d'Oillamson et consorts sont condamnés aux dépens.

3. Notre garde des sceaux ministre secrétaire d'état de la justice et notre ministre secrétaire d'état des finances sont chargés, chacun en ce qui le concerne, de l'exécution de la présente ordonnance.

Ordonnance du 22 juillet 1818. (3044)

N°. 289.

MANUFACTURES. — Verrerie. — Opposition. — Conseil de préfecture.

Aux termes du décret du 15 octobre 1810 et de l'ordonnance du 14 janvier 1815, les conseils de préfecture ne sont appelés à donner leur avis sur les oppositions formées à l'établissement des manufactures comprises dans la première classe du tableau annexé à ce décret, que lorsque ces oppositions sont fondées sur l'insalubrité ou l'incommodité des manufactures projetées.

Il n'en est pas de même lorsqu'il s'agit d'apprécier des motifs d'utilité publique ou d'intérêt général.

Un maître de verrerie n'est pas recevable ou fondé à former opposition à la construction d'une verrerie nouvelle, quelque dommage qui puisse résulter pour lui de la concurrence future.

(Le sieur de Girancourt et consorts. — C. — le sieur Morel.)

LOUIS, etc. ; — Sur le rapport du comité du contentieux ;

Vu la requête à nous présentée au nom des sieurs de Girancourt et autres propriétaires, maîtres de verreries dans les départemens de la Seine-Inférieure et de l'Eure, ladite requête enregistrée au secrétariat du comité du contentieux de notre Conseil d'état, le 6 novembre 1816, tendante à ce qu'il nous plaise rapporter notre ordonnance du 14 août 1816, laquelle autorise le sieur Morel à construire à Bois-Guillaume près Rouen, deux fours à fabriquer, l'un du verre à vitre, et l'autre du verre à bouteille ; et subsidiairement, à ce que le sieur Morel ne puisse élever qu'un four au lieu de deux ; les requérans se fondant sur ce que notre ordonnance du 14 août 1816, ayant été rendue sans le concours du conseil de préfecture du département de la Seine-Inférieure et de notre Conseil d'état, paraîtrait déroger aux dispositions du décret du 15 octobre 1810, relatif aux manufactures ou ateliers ; et en outre, sur ce que cette ordonnance est préjudiciable à la prospérité de leurs établissemens et au bien être des communes où ils sont situés ;

Vu notre ordonnance du 14 août 1816 ;

Vu le mémoire en défense du sieur Morel ;

Vu les autres pièces contenues dans le dossier ;

Vu le décret du 15 octobre 1810 susmentionné ;

Considérant qu'aux termes du décret du 15 octobre 1810, et de notre ordonnance du 14 janvier 1815, les conseils de préfecture ne sont appelés qu'à donner leur avis sur les oppositions formées à l'établissement des manufactures comprises dans la première classe du tableau annexé à ce décret, que lorsque ces oppositions sont fondées sur l'insalubrité ou l'incommodité des manufactures projetées ;

Considérant que les formalités prescrites par les lois, décrets et ordonnances, et notamment par notre ordonnance du 14 août 1816, ont été remplies ;

Considérant que les moyens présentés par les sieurs de Girancourt et autres, comme des motifs d'utilité publique et d'intérêt général, ne sont pris que dans leur intérêt personnel et d'autres intérêts également privés ;

Notre Conseil d'état entendu,

Nous avons ordonné et ordonnons ce qui suit :

Art. 1er. La requête des sieurs de Girancourt et consorts est rejetée.

2. Les sieurs de Girancourt et consorts sont condamnés aux dépens.

3. Nos ministres secrétaires d'état de l'intérieur et des finances sont chargés, chacun en ce qui le concerne, de l'exécution de la présente ordonnance.

Ordonnance du 22 juillet 1818. (3053)

N°. 290.

PARCOURS. — Réglemens. — Compétence.

La contestation sur un droit de parcours entre des communes doit être portée devant les tribunaux ordinaires s'il s'agit d'appliquer des réglemens anciens; — Que s'il s'agit de faire des modifications ou changemens aux réglemens anciens, la matière est administrative, aux termes du décret du 9 brumaire an 13, et de l'avis du Conseil d'état, du 16 mai 1808. — L'administration est compétente, même au cas de transaction, puisqu'elle seule peut autoriser la transaction aux termes de l'art. 2045 du Code civil.

(Le sieur Castan. — C. — le maire de la commune de Langlade.)

LOUIS, etc.; — Sur le rapport du comité du contentieux;

Vu la requête à nous présentée au nom des sieurs Jacques Castan, Henri Castan, Jean Picard, Antoine Servière et Salomon Castan, tous propriétaires, fermiers et habitans de la commune de Saint-Dionisy, département du Gard, ladite requête enregistrée au secrétariat du comité du contentieux de notre Conseil d'état, le 28 juillet 1817, et tendante à ce qu'il nous plaise, en ce qui touche l'incompétence et le fond, annuller les arrêtés du préfet du département du Gard, des 10 septembre 1816 et 26 avril 1817, qui privent les requérans d'un droit de parcours sur les terres communales de la commune de Langlade, ordonner que les arrêts du parlement de Toulouse, des années 1673 et 1739, seront exécutés selon leur forme et teneur; ce faisant, rétablir les habitans des communes de Saint-Dionisy et de Langlade dans leurs droits primitifs, et condamner le maire de Langlade aux dépens, sous toutes réserves de droits, même de rectifier ou amplifier les présentes conclusions;

Vu l'ordonnance de soit communiqué, du 23 août 1817, et la signification faite le 19 novembre suivant, par ministère d'huissier, au maire de la commune de Langlade qui a visé l'exploit, et qui n'a pas encore répondu à cette signification;

Vu la seconde requête des sieurs Castan et consorts qui se plaignent de ce retard et nous prient de prononcer sur leur réclamation:

Vu les arrêtés du préfet du département du Gard, des 10 septembre 1816 et 26 avril 1817;

Vu les autres pièces produites;

Considérant que le droit mutuel de parcours des communes de Saint-Dionisy et de Langlade, a été réglé par les arrêts du parlement de Toulouse, des années 1673 et 1739, et qu'en ce qui concerne les atteintes portées à l'exercice de ce droit, les contestations doivent être portées à la commission des tribunaux ordinaires;

Considérant, qu'en ce qui concerne les modifications ou changemens dont ledit droit de parcours aurait pu devenir susceptible, il ne peut être prononcé que par nous dans les formes prescrites par le décret du 9 brumaire an 13, et par l'avis du Conseil d'état, du 7 mai 1808;

Considérant que, lors même que ces changemens seraient le résultat d'une transaction entre les deux communes, cette transaction, aux termes de l'article 2045 du Code civil, ne pourrait avoir lieu qu'avec notre autorisation expresse;

Notre Conseil d'état entendu,

Nous avons ordonné et ordonnons ce qui suit:

Art. 1er. Les arrêtés du préfet du département du Gard, des 10 septembre 1816, et 26 avril 1817, sont annullés pour cause d'incompétence.

2. Le maire de la commune de Langlade est condamné aux dépens.

2. Notre ministre secrétaire d'état de l'intérieur est chargé de l'exécution de la présente ordonnance.

Ordonnance du 22 juillet 1818. (3043)

N°. 291.

VENTE ADMINISTRATIVE. — Revendication. — Compétence.

C'est devant la justice administrative, et non devant les tribunaux ordinaires, que doit être portée l'action en nullité dirigée contre une vente d'arbre faite par un maire de commune, en vertu d'une délibération du conseil municipal, approuvée par le préfet.

Le prétendu propriétaire de cet arbre qui a fait une saisie-revendication, ne peut faire juger par les tribunaux ordinaires la validité de la saisie-revendication.

Ne faudrait-il pas établir une distinction, comme pour la vente de biens nationaux, entre le cas où le propriétaire s'est opposé avant l'adjudication, et le cas où il ne se serait opposé qu'après l'adjudication? — Au premier cas, il y aurait question de propriété à juger par les tribunaux; au deuxième cas, il y aurait question de validité d'adjudication à juger par l'autorité administrative.

(Les habitans d'En-Ameil. — C. — le sieur Cucuron.)

LOUIS, etc.; — Sur le rapport du comité du contentieux;

Vu le rapport de notre garde des sceaux ministre de la justice, sur un conflit élevé le 23 janvier 1818, par le préfet du département de la Haute-Garonne, dans une contestation engagée devant le tribunal de première instance de Villefranche, au nom de quelques habitans du hameau d'En-Ameil, commune de Gardouch, pour faire déclarer valable la saisie-revendication par eux exercée contre le sieur Cucuron, d'un ormeau que lui a vendu le maire de ladite commune, en vertu d'une délibération du conseil municipal de la commune de Gardouch, du 17 juillet 1817, approuvée par le préfet ;

Vu le jugement du tribunal de première instance de Villefranche, du 22 décembre 1816 ;

Vu le susdit arrêté de conflit du 23 janvier 1818 ;

Ensemble toutes les pièces produites et jointes au dossier ;

Considérant que la demande portée devant le tribunal de Villefranche, au nom de quelques habitans du hameau d'En-Ameil, avait pour objet d'attaquer la vente d'un ormeau, faite en vertu d'une délibération du conseil municipal de la commune de Gardouch, approuvée par le préfet du département de la Haute-Garonne, et que dès-lors cette demande ne pouvait être de la compétence de l'autorité judiciaire,

Notre Conseil d'état entendu,

Nous avons ordonné et ordonnons ce qui suit :

Art. 1er. L'arrêté de conflit pris par le préfet du département de la Haute-Garonne, le 23 janvier 1818, est confirmé. Le jugement du tribunal de première instance de Villefranche, en date du 22 décembre 1817, est considéré comme non-avenu.

2. Notre garde des sceaux ministre secrétaire d'état de la justice et notre ministre secrétaire d'état de l'intérieur sont chargés, chacun en ce qui le concerne, de l'exécution de la présente ordonnance.

Ordonnance du 22 juillet 1818. (3046)

N°. 292.

1°. FRANCISATION. — Vente publique. — Chose jugée. — Navire. — Prise maritime.

2°. Dommages-intérêts. — Prise maritime. — Saisie. — Divisibilité.

1°. *Un navire pris sur un français et confisqué par les Anglais, peut-il être acheté par des Français et jouir du privilége de la* francisation ?

Lorsqu'un navire Français a été capturé dans une de nos colonies (la Guadeloupe) par les forces navales anglaises, comme appartenant aux ennemis de la Grande-Bretagne, que la confiscation a été prononcée par la vice-amirauté anglaise, que par suite il y a eu vente aux enchères du navire, que des négocians anglais s'en sont rendus adjudicataires, et que ces négocians anglais ont revendu le navire à des Français qui l'ont ramené en France, le propriétaire primitif, sur qui a été fait la prise et confiscation du navire, ne peut revendiquer le navire pris et confisqué en faisant juger de nouveau en France la validité de la prise de la confiscation ; — Les possesseurs actuels ont pour eux le titre de vente publique, s'ils n'ont pas celui de chose jugée.

2°. *Lorsque des propriétaires primitifs d'un navire confisqué et vendu dans l'étranger par suite d'une prise maritime, se permettent de faire saisir en France ce navire comme n'ayant pas cessé de leur appartenir, et que la justice administrative se trouve saisie des deux contestations respectives, savoir de la revendication d'une part et d'une action en dommages-intérêts de l'autre, il n'y a point indivisibilité de compétence ; si le Conseil d'état déclare la revendication mal fondée, il doit renvoyer à se pourvoir devers les tribunaux ordinaires pour la suite de l'action en dommages-intérêts, à raison de la saisie.*

(Les sieurs Perier frères. — C. — le sieur Vaucresson et consorts.)

Les faits de la cause étaient exposés comme il suit, dans un mémoire des frères Perier.

MM. Perier frères, négocians à Paris, avaient acquis le navire français *l'Hendrick*, suivant contrat passé devant un courtier juré, à Bordeaux, le 5 novembre 1813.

Ils firent expédier ce navire de Bordeaux pour les îles du vent, au mois de novembre 1814, sous le commandement du capitaine Anthelme David, avec un chargement pour leur compte, consistant principalement en farines.

Après un échouement sur l'île de Rhé, et une relâche forcée à La Rochelle, *l'Hendrick* reprit définitivement la mer le 27 février 1815, et arriva à la Pointe-à-Pître, île Guadeloupe, le 3 mai de la même année.

Le capitaine David n'avait encore vendu que la moitié de sa cargaison ; il se trouvait à la Guadeloupe avec son navire, lorsque cette colonie fut occupée, sans hostilités, par les forces britanniques, le 12 août 1815.

Le capitaine fut dépossédé de son navire. Il apprit ensuite que *l'Hendrick*, sans sortir de la Guadeloupe, avait été jugé et condamné le 9 octobre 1815, par la vice-cour d'amirauté de l'île anglaise de la Barbade : la vente suivit de près cette condamnation ; elle eut lieu à la Guadeloupe le 26 novembre 1815.

Il fit et notifia des protestations, qui ont été suivies d'un appel actuellement pendant devant la haute-cour d'amirauté, à Londres.

Ainsi dépouillés de leur propriété, privés du moyen d'effectuer les retours de leur chargement d'aller, MM. Perier frères ont appris que *l'Hendrick*, sans changer ni de nom, ni de pavillon, avait été soi-disant acquis par des citoyens français, et que ce navire venait d'entrer au Havre, avec un chargement pris dans la même île de la Guadeloupe.

Convaincus que *l'Hendrick* n'avait pu légalement changer de propriétaire, MM. Perier frères ont obtenu de M. le président du tribunal de commerce du Hâvre l'autorisation nécessaire pour saisir le navire et son fret, et pour s'opposer en douane, à la délivrance des expéditions.

Cette demande, et les actes conservatoires qui en ont été la suite, ont été fondés sur l'acte de vente du 5 novembre 1813, sur une ampliation de l'acte de francisation délivré à Bordeaux, le 4 du même mois, et sur pareille ampliation du congé délivré au navire, dans le même port, le 22 du même mois.

Parmi les pièces déposées et arrêtées à la douane du Havre, il s'est trouvé un prétendu nouvel acte de francisation qu'il importe de faire connaître.

Il paraît avoir été accordé par M. l'intendant de la Guadeloupe, et délivré au capitaine actuel, par le bureau des douanes établi aux Saintes, dépendance de la même colonie. Ce document est ainsi conçu :

« Acte de francisation des bâtimens du commerce de France.

» Au nom du Roi :

» Jean-François-César de Guilhermy. . . intendant de justice, police, finances, guerre et marine de l'île Guadeloupe et dépendances,

» Déclare que les sieurs de la Morinière, Vaucresson et Monnier, sont propriétaires du navire *l'Hendrick*, appartenant au port de la Pointe-à-Pitre, où ils sont domiciliés, et ayant été construit à. . . . ; que ce navire a trois mâts, deux ponts ; que sa longueur, de l'éperon à l'étambot, est de 94 pieds 6 pouces ; que sa plus grande largeur est de 24 pieds ; son creux de 17 pieds 6 pouces ; qu'il mesure 431 tonneaux, ayant été jaugé suivant la manière prescrite par la loi du 12 nivose de l'an 2, « et ce, d'a» près l'acte de francisation dont était porteur le ca» pitaine David, qui le commandait, lors de son ar» rivée à la Pointe-à-Pître, le 3 mai 1815, qui est » resté déposé au greffe de la cour de vice-amirauté » de la Barbade, le 9 octobre dernier, lors de la » condamnation de ce navire saisi à la Pointe-à-Pître, » avec tous les autres bâtimens français qui s'y trou» vaient, à l'arrivée des Anglais ; qu'il a trois mâts ; » qu'il n'a pas de galerie en tête ; que les propriétaires » dudit navire ont rempli les formalités prescrites par » la loi du 27 vendémiaire an 2, pour constater qu'il » est *propriété française* ; que les déclarations, ser» mens, soumissions et cautionnemens prescrits par » ladite loi, ont été faits, le 4 juin 1816, et enre» gistrés n°. 1, sur le registre du bureau des Saintes, » où réside ledit propriétaire : pourquoi il a droit » de naviguer *sous le pavillon de France*. Enjoignons, » en conséquence, aux commandans des bâtimens du » royaume, à tous fonctionnaires publics de le re» connaître pour français, et de le faire jouir de tous » les priviléges des vaisseaux du royaume ; à la charge, » par le propriétaire, de se conformer aux lois, et » de prendre les congés et expéditions prescrits.

« Délivré aux Saintes, le 4 juin 1816. L'intendant » de la Guadeloupe et dépendances. *Signé* Guilhermy. — Par M. l'intendant, le secrétaire de » l'intendance. *Signé* Cossé. »

Quand ce navire a été de retour en France, les frères Perier l'ont fait saisir au Hâvre, comme n'ayant pas cessé de leur appartenir : de là deux questions, l'une en revendication de la part des frères Perier, l'autre en dommages-intérêts de la part des sieurs Vaucresson et compagnie.

Les deux questions se rattachaient à la question de *francisation* : or, voici comment cette question était traitée par les frères Perier.

Il est inutile, disaient-ils, de scruter ici l'autorité qui a délivré l'acte de francisation de *l'Hendrick* ; il suffira d'établir deux propositions : l'une, que cette autorité n'a pas pu et n'a pas dû délivrer l'acte dont il s'agit, si, en effet, le navire a été régulièrement capturé, condamné et aliéné ; l'autre, que bien loin de contrarier la revendication de MM. Perier frères, ce prétendu acte justifie et fortifie les moyens sur lesquels elle est fondée.

Et d'abord, nous disons que, dans la supposition de la capture, de la condamnation et de la vente légale de *l'Hendrick*, par les Anglais, M. l'intendant de la Guadeloupe n'a pas pu et n'a pas dû délivrer le prétendu acte de francisation dont il s'agit.

Pour s'en convaincre, il suffira de rapeler les dispositions des deux lois du 21 septembre 1793, dont une est communément appelée acte de navigation ; celles de la loi du 27 vendémiaire an 2, si étrangement mentionnées dans l'acte dont il s'agit ; enfin, celles des lois et réglemens qui se rattachent à ces lois principales.

L'art. 2 de l'acte de navigation est ainsi conçu : « Après le 1er. janvier 1794, aucun bâtiment ne sera réputé français, n'aura droit aux priviléges des bâtimens français, s'il n'a pas été construit en France ou dans les colonies, ou déclaré de bonne prise faite sur l'ennemi, ou confisqué pour contravention aux lois de la république ; s'il n'appartient pas entièrement à des Français, et si les officiers et trois quarts de l'équipage ne sont pas Français. »

L'autre loi, de la même date, n'a fait que développer et organiser ces dispositions fondamentales.

L'article 2 a exigé une déclaration du propriétaire, devant un juge de paix, portant qu'aucun étranger n'est intéressé, ni dans le navire, ni dans son chargement.

L'art. 4 veut que les bâtimens et les cargaisons, pour le commerce des colonies, soient confisqués, si la propriété n'en est pas prouvée française, par titre et par serment.

La loi du 27 vendémiaire an 2 confirme et développe aussi ces dispositions.

L'art. 9 veut « que l'acte de francisation exprime les noms, état, domicile du propriétaire, et son affirmation qu'il est seul propriétaire (ou conjointement avec des Français dont il indiquera les noms, état et domicile); le nom du bâtiment, du port auquel il appartient; le temps et le lieu où le bâtiment a été construit, ou condamné ou adjugé; le nom du vérificateur, qui certifiera que le bâtiment est de construction. (*Ici suivent les détails de la jauge et de la description.*) »

L'art. 12 ne permet à un Français, résidant en pays étranger, de posséder un bâtiment français, en totalité ou en partie, qu'autant qu'il sera attesté par le consul de France que ce propriétaire n'a pas cessé d'être Français.

L'art. 13 contient la formule du serment que le propriétaire doit prêter avant la délivrance de l'acte de francisation et du congé. Dans cette formule se fait remarquer principalement la condition *qu'aucun étranger ne soit, directement ou indirectement, intéressé dans le bâtiment.*

L'art. 15 s'exprime ainsi : « Tous ceux qui prêteront leur nom à la francisation des bâtimens étrangers, qui concourront, comme officiers publics ou témoins, aux ventes simulées; tout préposé dans les bureaux, consignataire, agent des bâtimens et cargaison, capitaine et lieutenant du bâtiment qui, connaissant la francisation frauduleuse, n'empêcheront pas la sortie du bâtiment, disposeront de la cargaison d'entrée, ou en fourniront une de sortie, auront commandé ou commandent le bâtiment, seront condamnés solidairement et par corps en 6000 liv. d'amende, déclarés incapables d'aucun emploi, de commander un bâtiment français. Le jugement de condamnation sera publié et affiché. »

Jusque-là, les détenteurs de l'*Hendrick* pourraient prétendre qu'ils sont dans les termes de la loi; car ils sont Français, domiciliés dans une possession française, et le navire, quoique ce point important ait été laissé en blanc dans l'acte de francisation, est bien de construction française.

Mais ce serait mal entendre les lois citées que de raisonner ainsi.

Le but principal de ces lois est d'empêcher l'importation des navires, c'est-à-dire qu'un navire étranger ne puisse être francisé, à moins qu'il ne se trouve dans l'un des cas prévus par l'art. 2 de l'acte de navigation, ou bien, qu'en vertu de l'art. 7 de la loi du 27 vendémiaire an 2, il n'ait été naufragé sur les côtes de France, et tellement endommagé, qu'ayant été vendu à un Français, le montant du radoub ne soit quadruple du prix de la vente qui en a été faite.

Hors ces cas, le navire étranger ne peut être francisé, et ceux qui obtiennent ou accordent la francisation, sont passibles des peines portées par l'art. 15 de la loi du 27 vendémiaire an 2.

Cette prohibition, de franciser les navires étrangers, avait été établie en principe par la loi du 13 mai 1791.

Une loi plus ancienne, l'ordonnance de 1781, avait défendu l'exportation des navires français, c'est-à-dire la vente qui en serait faite à des étrangers.

Comme l'acte de navigation était muet sur cette non exportation maintenue par la loi du 10 juillet 1791, un arrêté du 24 prairial an 3 déclara que l'ordonnance de 1781 n'avait jamais cessé d'être loi de l'état.

Ainsi, d'après notre législation actuelle, conforme à celle de l'Angleterre, des États-Unis et de plusieurs autres puissances maritimes, les navires, pour nous servir du langage des douanes, sont également prohibés à *l'importation* et à *l'exportation*.

Voilà pourquoi nous avons dit qu'un navire constitue une espèce de propriété nationale et politique, en ce sens, que le Français ne peut les acquérir d'un étranger, et qu'il ne peut en disposer qu'en faveur d'un autre Français.

De tous ces principes, celui auquel il faut s'attacher dans l'espèce, c'est celui qui veut qu'un navire étranger ne puisse jamais être francisé, excepté dans les cas prévus par l'art. 2 de l'acte de navigation, et par l'art. 7 de la loi du 27 vendémiaire an 2.

La question, si M. l'intendant de la Guadeloupe a pu accorder le prétendu acte de francisation à *l'Hendrick*, le 4 juin 1816, se réduit donc au seul point de savoir si, à cette époque, ce navire était ou n'était pas français.

Une première preuve que le navire avait cessé d'être français, c'est l'existence même de ce nouvel acte de francisation : car celui qui avait été délivré à Bordeaux, le 4 novembre 1813, n'ayant été ni soustrait, ni adiré, il ne pouvait y avoir nécessité d'en délivrer un nouveau, parce que le navire avait changé de propriétaire et de *nationalité*.

Mais le prétendu acte de francisation nous fournit lui-même la preuve de ce changement de nationalité. On y reconnaît formellement que *l'Hendrick* avait été *condamné* par la Cour de vice-amirauté anglaise de la Barbade, le 9 octobre précédent.

Comment ceux qui ont impétré et délivré le prétendu acte de francisation du 4 juin 1816, n'ont-ils pas senti que de tous les moyens de faire perdre à un navire sa nationalité, la capture et la condamnation par l'ennemi, étaient les plus absolus et les plus péremptoires? Comment ont-ils pu ignorer qu'un navire ne peut avoir deux nationalités; que, par cela même que la capture et la condamnation le nationalisent chez le capteur, elles lui font perdre sa nationalité chez le capturé? Que, de même que l'art. 2 de notre acte de navigation admet à la francisation, nationalise complètement les prises faites par nous sur l'ennemi, de même les lois des autres états, notamment l'acte de navigation des Anglais, nationalisent chez eux les navires qu'ils ont pris et confisqués sur nous?

Il est impossible que tout cela n'ait pas été aperçu,

et nous nous hâtons d'en conclure que, par cela même que le prétendu acte de francisation du 4 juin 1816, reconnaît et constate que *l'Hendrick* avait été pris et condamné par les Anglais, il reconnaît nécessairement aussi que ce bâtiment était devenu étranger, et que, par conséquent, *il ne pouvait pas être francisé.*

Telle est la force de ce principe, de la *dénationalisation* des navires, par la capture et la condamnation de l'ennemi, qu'il n'est même pas permis de les adjuger à un étranger.

Cette défense, qui est une suite de la non exportation des navires, se trouve écrite dans l'arrêté du 14 floréal an 3, concernant les prises, lequel porte : — Que les » Français, seuls, seront admis à enchérir, et que nul » ne pourra en demeurer adjudicataire pour compte » d'étrangers. »

Ce principe étant le même chez les Anglais, il serait naturel d'en conclure que les détenteurs actuels de *l'Hendrick* prêtent probablement leur nom à un adjudicataire anglais, et que, dans tous les cas, les lois anglaises leur ayant défendu d'acquérir, il y a absence et vice radical du titre; de sorte que, relativement à la francisation, l'incapacité des personnes venait se joindre à la qualité négative de la chose.

En vain ces détenteurs viendraient prétendre qu'ils ne sont que les cessionnaires, ou les sous-cessionnaires de l'adjudicataire anglais. Ils ne peuvent avoir d'autres droits que ceux de leurs cédans ; le titre est vicié dans sa base, et exis'ât-il cinquante mutations (dont au surplus aucune n'est mentionnée dans le prétendu acte de navigation, quoique cela soit exigé par la loi), il demeurerait toujours pour immuablement vrai et reconnu, que *l'Hendrick*, si on veut le supposer régulièrement capturé et condamné par les Anglais, avait perdu sa nationalité française ; que ce navire *était devenu anglais*, et que, par conséquent, *il ne pouvait pas être francisé.*

Tout cela est évident, et se trouve consacré en ces termes, par M. Devaux, dans son *Code raisonné de navigation*, p. 43. — « Il en serait de même, dit-il (c'est- » à-dire il ne pourrait y avoir lieu à francisation) d'un » navire pris par l'ennemi, et racheté ensuite par un » français. Ce navire est devenu, par la capture et la » confiscation, essentiellement *étranger*. Dès-lors, il » rentre dans la classe des navires étrangers, auxquels » l'acte de navigation refuse tout droit aux privilèges » dont jouissent les navires français. »

En voilà trop, peut-être, pour prouver que M. l'intendant de la Guadeloupe, dans la supposition d'une condamnation régulière, n'a pas pu, n'a pas dû *franciser* le navire *l'Hendrick*, et que le prétendu acte de francisation du 4 juin 1816, porte, dans ses propres énonciations, le vice qui doit le faire considérer comme nul et non avenu.

LOUIS, etc.; — Sur le rapport du comité du contentieux ;

Vu les requêtes à nous présentées au nom des sieurs Perier frères, négocians à Paris ; lesdites requêtes enregistrées au secrétariat du comité du contentieux de notre Conseil d'état, les 24 mars, 27 mai, 2 juillet et 26 décembre 1817, tendantes à ce qu'il nous plaise les recevoir opposans à l'exécution de notre ordonnance du 19 mars 1817, et rapporter ladite ordonnance ; annuller l'arrêté de conflit pris le 12 février 1817, par le préfet du département de la Seine-Inférieure ; en conséquence, ordonner que les parties continueront à procéder suivant les derniers erremens devant les tribunaux ordinaires ;

Vu l'arrêté du préfet du département de la Seine-Inférieure, du 12 février 1817, par lequel il a élevé le conflit d'attribution sur une instance en revendication de la propriété du navire *l'Hendrick*, introduite devant le tribunal de commerce séant au Hâvre, par les sieurs Perier frères, négocians à Paris, contre les sieurs de la Morinière, Vaucresson et Mounier ;

Vu notre ordonnance du 19 mars 1817 ;

Vu la requête présentée par lesdits sieurs Perier frères, au président du tribunal de commerce du Hâvre, le 16 septembre 1816, tendante à ce qu'attendu qu'ils ont acquis ledit navire *l'Hendrick* à Bordeaux, le 5 novembre 1813, par le ministère d'un courtier juré, et que depuis, ils n'en ont perdu la propriété, ni par une vente volontaire, ni par une confiscation régulière, il leur soit permis de faire saisir ledit navire *l'Hendrick*, étant actuellement dans le port du Hâvre, aux frais de qui il appartiendra, avec injonction au bureau d'expédition de la douane de ce port, de ne délivrer aucune expédition pour ledit navire avant que, par justice, il en soit autrement ordonné ;

L'ordonnance rendue sur ladite requête, par le président du tribunal de commerce du Hâvre, le même jour 16 septembre 1816, portant : *soit fait ainsi qu'il est requis aux périls et risques des opposans;*

Vu les lettres de notre ministre secrétaire d'état au département des affaires étrangères, au chancelier de France, et à notre garde des sceaux ministre secrétaire d'état au département de la justice, des 25 octobre, 15, 25 et 29 novembre 1817 et 14 janvier dernier ;

Vu les requêtes en réponse des sieurs Vaucresson, Mounier et de la Morinière, enregistrées au secrétariat du comité du contentieux de notre Conseil d'état, les 27 mai et 5 novembre 1817 ;

Vu notre ordonnance du 11 février 1818, laquelle a confirmé notre précédente du 19 mars 1817, et a décidé que les parties défendraient au fond ;

Vu la requête à nous présentée au nom des sieurs Vaucresson, Mounier et de la Morinière, enregistrée au secrétariat du comité du contentieux de notre Conseil d'état, le 18 février 1818 ;

Vu la requête en réponse des frères Perier, enregistrée au secrétariat dudit comité du contentieux, le 1er. mai 1818 ;

Vu le jugement rendu par la vice-amirauté de la Barbade, le 9 octobre 1815, qui déclare valable la prise de *l'Hendrick*, comme ayant appartenu, au moment de sa capture et saisie par les forces navales anglaises, aux ennemis de la Grande-Bretagne ;

Ensemble toutes les pièces produites et jointes au dossier ;

Considérant que la vice-amirauté de la Barbade, par jugement du 9 octobre 1815, a déclaré valable la prise de *l'Hendrick*, comme ayant appartenu, au moment de sa capture et saisie par les forces navales anglaises, aux ennemis de la Grande-Bretagne, a prononcé sa confiscation et ordonné sa vente aux enchères ; que des négocians anglais s'en sont rendus adjudicataires, et que ces négocians l'ont revendu aux sieurs Vaucresson et consorts ;

Considérant que l'ordonnance de 1638, invoquée par les sieurs Perier, ne peut s'appliquer à des navires ;

Considérant que la loi du 12 vendémiaire an 6, également invoquée par les sieurs Perier, et relative aux reprises faites sur l'ennemi par les troupes françaises, ne peut recevoir d'application dans l'espèce ;

Qu'il suit de ces différens motifs, que la saisie revendication exercée par les sieurs Perier devant le tribunal de commerce du Hâvre, est nulle et de nul effet ;

Considérant, sur la question des dommages-intérêts, qu'il y a lieu de renvoyer les parties devant les tribunaux ;

Notre Conseil d'état entendu,

Nous avons ordonné et ordonnons ce qui suit :

Art. 1er. Les sieurs Vaucresson et consorts sont réintégrés et maintenus dans la propriété et possession du navire *l'Hendrick*, ses agrès, ustensiles et apparaux.

2. Les sieurs Vaucresson et consorts sont renvoyés devant les tribunaux, pour y faire statuer sur la question des dommages-intérêts.

3. Les sieurs Perier frères sont condamnés aux dépens.

4. Notre garde des sceaux ministre de la justice et notre ministre secrétaire d'état au département des affaires étrangères sont chargés, chacun en ce qui le concerne, de l'exécution de la présente ordonnance.

Ordonnance du 22 juillet 1818. (3039)

No. 293.

1°. DECHÉANCE COMMINATOIRE.—Sursis.—Adjudication.—Domaines nationaux.

2°. Emigré.—Commission de restitution.

1°. *Un adjudicataire de biens nationaux qui s'est laissé tomber en déchéance, contre qui même la déchéance a été prononcée par décision du préfet, n'est pas pour cela définitivement dépouillé du bénéfice de l'adjudication, surtout s'il est intervenu postérieurement une décision du ministre des finances portant sursis à la revente de l'immeuble adjugé.—Une telle déchéance n'a qu'un effet comminatoire.*

2°. *La commission de restitution des biens des émigrés ne remet les biens aux anciens propriétaires que sous la réserve des droits des tiers, et en laissant tout leur effet aux jugemens et décisions rendus ou aux actes passés ou à tous droits acquis avant la publication de la charte constitutionnelle, et qui seraient fondés sur des lois ou actes du gouvernement relatifs à l'émigration.*

(La demoiselle Lelièvre Delagrange, veuve du sieur Baron de Curnieu. — C. — le sieur marquis de Brossard et consorts.)

11 thermidor an 4, adjudication à M. de Villemenant de trois huitièmes de la terre de Beaumont la Ferrière, confisquée sur le sieur de Brossard ; M. de Villemenant avait déjà la propriété patrimoniale des autres cinq huitièmes. — Ultérieurement, et le 29 ventose an 13, la terre a été vendue à M. Diogo-Dittmer, qui ensuite, et le 19 janvier 1807, l'a donnée à titre *d'antichrèse* à M. de Curnieu.

Il importe d'observer qu'à l'époque de la revente du 29 ventose an 13, il restait dû 59,496 fr. 21 cent. sur le quatrième quart ;

Que le domaine réclama le remboursement des héritiers Villemenant (madame de Berthier-Bizy et consorts), lesquels réfléchirent la demande au deuxième acquéreur, lequel prétendit avoir reçu l'immeuble franc et quitte, sous toutes garanties ; — que le détenteur, étranger à la discussion entre le premier et le deuxième acquéreur, mais atteint par la demande de la régie, ne paya pas non plus ; — ce qui fit prononcer la *déchéance*, source de la contestation actuelle.

1er. juin 1813. — Arrêté de M. le préfet de la Nièvre, qui, sur la demande du directeur des domaines, prononce ce qui suit :

« Vu les instructions de M. le Conseiller d'état directeur général de l'administration de l'enregistrement et des domaines, des 23 et 30 fructidor an 11 ;

» Considérant que l'acquéreur a définitivement encouru la déchéance, comme ne s'étant pas libéré au 30 frimaire an 11, et postérieurement à cette époque ;

» Qu'il importe de ne pas laisser plus long-temps entre ses mains des biens qu'il n'a pas soldés ;

Arrête,

» Art. 1er. L'acquéreur dénommé en la lettre de M. le directeur des domaines, du 26 mars dernier, visée au présent, est définitivement déchu de son adjudication.

» 2. Les receveurs des domaines de la situation des biens acquis en reprendront la possession dans les dix premiers jours qui suivront la réception du présent.

» 3. Ils provoqueront sans délai par-devant nous, et par l'intermédiaire de M. le directeur des domaines de ce département, la ferme des propriétés acquises par ledit sieur Babaud Lachaussade de Villemenant, qui ne seraient pas affermées.

» 4. Expédition du présent sera adressée à M. le directeur des domaines, qui en transmettra copie aux receveurs de la situation des lieux.

» Semblable expédition sera adressée à M. le sous-préfet de Cosne, qui demeure chargé de la faire notifier à l'acquéreur déchu, en le prévenant que si, dans le mois de cette notification, il ne s'est pas libéré, il sera procédé définitivement à la revente des immeubles par lui acquis. »

Cet arrêté, comme on voit, renfermait deux dispositions distinctes, quoique connexes.

Il prononçait ou déclarait une *déchéance définitivement.*

Il ordonnait la revente des biens rentrés dans les mains du domaine, si toutefois le restant dû sur le prix n'était pas payé dans le mois.

Nul ne se pourvut directement contre la disposition qui prononçait la déchéance.

Seulement, il y eut réclamation auprès du ministre des finances, pour obtenir *sursis* à la vente, encore que la somme due ne fût pas payée.

Provisoirement le séquestre était rétabli non-seulement sur les *trois huitièmes*, mais encore sur la *totalité* de la terre.

Le *sursis* fut également demandé par la famille de Curnieu, et par les héritiers Villemenant, notamment madame de Berthier-Bizy.

Le ministre des finances consulta l'administration des domaines : l'administration fit connaître « qu'il y avait d'autant moins d'inconvénient à accorder le délai proposé par la dame de Berthier, que la créance du gouvernement était suffisamment garantie ; que le décompte qui l'établissait ne s'appliquait qu'aux trois huitièmes de la terre, tandis que le séquestre était apposé sur la totalité ; qu'ainsi le trésor public toucherait des revenus qui viendraient naturellement en déduction de la créance. »

D'après ces motifs, le ministre des finances rendit, le 3 novembre 1813, la décision suivante :

« J'ai l'honneur, M. le directeur général, de vous informer que, prenant en considération la demande de madame de Berthier-Bizy, j'ai ordonné un sursis de deux ans à la revente des trois huitièmes de la terre de Beaumont, département de la Nièvre, dont le sieur Babaud Villemenant son frère s'était rendu acquéreur le 11 thermidor an 4.

» Je vous prie, M. le directeur général, de donner des ordres pour l'exécution de cette mesure : le séquestre devra subsister sur la totalité du domaine, jusqu'au paiement définitif du résultat du décompte. »

Le même jour il transmit cette décision à M. le préfet de la Nièvre, dans les termes suivans :

« J'ai l'honneur, monsieur, de vous informer que, sur la demande de madame Berthier-Bizy, j'ai accordé un sursis de deux ans à la revente des trois huitièmes de la terre de Beaumont, dont le sieur Babaud Villemenant son frère s'était rendu acquéreur le 11 thermidor an 4 ;

» Toutes choses demeurant en état jusqu'au paiement définitif du résultat du décompte. »

Cette condition fut exécutée : il est fait emploi, au décompte, des revenus versés dans la caisse du domaine, sous la déduction des dépenses et frais de régie.

Des contestations s'élevèrent entre les trois détenteurs successifs, également dépossédés par le séquestre, dont les uns voulaient et les autres ne voulaient pas la main-levée.

5 décembre 1814. — Le ministre des finances n'avait pas encore statué sur ladite demande en main-levée du séquestre, lorsque parut la loi de restitution aux émigrés.

Cette loi porte :

Art. 1er. « Sont maintenus et sortiront leur plein et entier effet, soit envers l'État, soit envers les tiers, tous jugemens et décisions rendus, tous actes passés, tous droits acquis avant la publication de la charte constitutionnelle, et qui seraient fondés sur des lois ou des actes du Gouvernement relatifs à l'émigration.

» 2. Tous les biens immeubles séquestrés ou confisqués pour cause d'émigration, ainsi que ceux advenus à l'État par suite de partages de successions ou présuccessions, qui n'ont pas été vendus et font actuellement partie du domaine de l'État, seront rendus en nature à ceux qui en étaient propriétaires, ou à leurs héritiers ou ayant-cause.

» 4. Seront remis, ainsi qu'il est dit art. 2, les biens qui, ayant été déjà vendus ou cédés, se trouveraient cependant actuellement réunis au domaine, soit *par l'effet de la* DÉCHÉANCE définitivement prononcée contre les acquéreurs, soit par toute autre voie qu'à titre onéreux. »

Le 16 décembre 1814. — Sur la demande des sieurs de Brossard et de Gasville, la commission instituée par l'article 13 de la loi précédente, leur fit remise des trois huitièmes de la terre de Beaumont, sauf les droits des tiers et ceux du domaine.

Il parut à M. le préfet de la Nièvre que les sieurs de Brossard étaient restitués dans les trois huitièmes déjà vendus, mais remis sous le séquestre par suite de la déchéance.

27 janvier et 17 février 1815. — Arrêté de main-levée au profit des sieurs de Brossard.

Le 25 mars 1815, pendant l'interrègne, le séquestre fut réapposé sur les biens en litige.

Alors les sieurs Diogo-Dittmer et les héritiers de Curnieu, derniers acquéreurs, offrirent de désintéresser personnellement le domaine.

Le 9 juin 1815, sur leur demande, le ministre des finances rendit la décision suivante :

« Les sieurs Diogo-Dittmer et les héritiers de Curnieu, aux qualités qu'ils agissent, sont relevés de la déchéance, à la charge par eux de solder, avant le 15 juillet prochain, en capital, intérêts et frais, le restant dû sur le prix de la vente du 11 thermidor an 4. »

Les 16 juillet et 22 septembre 1815, le paiement intégral du résultat du décompte fut versé dans les caisses du domaine.

Le 12 octobre suivant, le préfet de la Nièvre donna aux sieurs de Brossard et de Gasville main-levée du séquestre réapposé sur les trois huitièmes pendant l'interrègne.

La dame de Curnieu réclama contre les dispositions de cet arrêté.

Le préfet rejeta sa demande par un second arrêté du 30 octobre 1815.

Les héritiers de Curnieu ont déféré ces divers arrêtés, d'abord au ministre des finances, puis, et en 1817, au Conseil d'état.

Inutile de rappeler les nombreuses exceptions que se sont opposé les parties. — L'intérêt de la jurisprudence est uniquement dans la discussion de la question de *déchéance*.

Les acquéreurs soutenaient qu'elle était simplement *comminatoire* de sa nature ; — qu'en tous cas le *sursis* ordonné par le ministre était une décision qu'il n'y aurait lieu à revendre, à dépouiller définitivement les acquéreurs qu'autant qu'ils ne paieraient pas dans deux ans.

Le domaine considérait la déchéance comme irrévocable, en ce qu'elle n'avait pas été attaquée avant la loi du 5 décembre 1814 ; il soutenait que le sursis n'avait pour objet qu'un retard dans la vente ; qu'il était sans rapport avec la question de propriété retournée au domaine, ou restée sur la tête de l'acquéreur.

L'émigré réintégré donnait à cette opinion tous les développemens que comporte la matière ; il soutenait que la *déchéance* était une simple *condition* de la vente, en ce que relativement aux biens achetés de la nation, la propriété n'aurait été réellement acquise à l'adjudicataire qu'après le paiement intégral du prix de la vente.—Disposition qu'il étendait à toutes les adjudications postérieures à la loi des 3 et 10 juillet 1791, moins cependant les adjudications dont le prix aurait été payé en *cédules*.

Il soutenait d'ailleurs que si la propriété avait reposé sur la tête de l'adjudicataire, c'était sous une condition résolutoire ; tout autant qu'il n'encourrait pas de déchéance, mais que la déchéance était acquise définitivement et de plein droit par défaut de paiement à l'échéance, aux termes de la loi du 11 frimaire an 8.

Enfin, il se réduisait à soutenir que tout au moins la déchéance avait été acquise définitivement par l'arrêté du préfet, tellement qu'il n'avait plus été au pouvoir du ministre d'y porter atteinte.

Au total, disait-il, la propriété était rentrée de droit et de fait dans la main du Gouvernement à l'époque de la loi du 5 décembre 1814 ; — donc cette loi, en me restituant tout ce qui était dans la main du Gouvernement, m'a restitué la terre adjugée, mais retournée au domaine par déchéance prononcée et séquestre réapposé.

Le sieur Brossard rappelait comment la jurisprudence domaniale était fixée, en ce sens que la *déchéance* était bien *définitive* et non comminatoire.

Il citait les instructions générales du conseiller d'état directeur général, etc., faisant suite aux neuf volumes de la collection des circulaires de l'administration (tome II).

Instruction du 23 fructidor an 11, pag. 167.

« La *dépossession* et la *revente* étaient les moyens à employer pour assurer les intérêts de la république.

» Cependant des acquéreurs, déchus depuis longtemps, se sont maintenus dans leurs acquisitions ; ils jouissent indûment des fruits et sollicitent encore des délais de paiement.

» Il en résulte que la république est frustrée du revenu de ses domaines, ou des capitaux que lui procureraient les reventes.

» Pour faire cesser ces abus, le directeur général va rappeler les époques de déchéance.

» Depuis le 1er. vendémiaire an 11, tous les acquéreurs d'usines et bâtimens qui n'avaient pas à cette époque entièrement soldé le prix de leurs acquisitions, sont en déchéance.

» Depuis le 1er. frimaire suivant, tous les anciens acquéreurs soumis à la loi du 11 frimaire an 8, et ceux en vertu de la loi du 26 vendémiaire an 7, qui se trouvaient encore en retard, ont également encouru la déchéance.

» Les receveurs des domaines, chargés du recouvrement du prix des ventes, devront donc se concerter au reçu de la présente, avec leur directeur, pour faire déclarer la déchéance par les préfets contre les acquéreurs en retard de se libérer.

» Les directeurs, de leur côté, s'entendront avec les receveurs de la situation des biens, pour que ceux-ci reprennent incontinent la possession des domaines vendus et non soldés. Ils leur adresseront en même temps les extraits nécessaires, et leur prescriront de *faire restituer les fruits perçus par les acquéreurs déchus*. Ils provoqueront sans le moindre retard les reventes, etc.

Extrait d'une lettre du 22 pluviose an 11, pag. 27.

« Le ministre des finances. . . . . a reconnu que, depuis l'art. 14 de la loi du 11 frimaire an 8, les reventes à la folle enchère des acquéreurs déchus, ne peuvent avoir lieu que pour les domaines, à raison desquels il a été souscrit des cédules..... et que, dans le cas contraire, les reventes doivent être faites purement et simplement en exécution des lois des 15 et 16 floréal dernier.

» . . . . . . Le gouvernement est libre de préférer au

mode de folle enchère, qui entraîne toujours des frais considérables, la simple déchéance et réunion au domaine national, sauf la revente suivant les lois en vigueur au moment de la dépossession. »

Lettre du 30 fructidor an 11, page 330.

« Le ministre des finances vient de décider que les acquéreurs des domaines nationaux en retard de se libérer des termes échus du prix de leurs adjudications, pourront être admis à s'acquitter, soit en numéraire, soit en rescriptions *Richard-Montjoyeux*, pourvu qu'ils soldent la totalité des sommes exigibles en principal, intérêts et frais, avant que leurs biens aient été compris dans l'affiche approuvée par le préfet pour parvenir à la revente.

» Par cette décision le ministre a voulu laisser aux acquéreurs en retard un dernier moyen de conserver leurs acquisitions, mais sans ralentir l'activité des actes de dépossession et de revente : ainsi, en faisant part de cette disposition aux receveurs des domaines, vous leur prescrirez, en exécution de mon instruction du 23 de ce mois, n°. 161, de n'apporter aucun retard à la reprise de possession au nom de la république, des domaines vendus et non soldés ; mais vous leur recommanderez en même temps de *placer* dans la *notification de déchéance*, ou de reprise de possession, l'*avertissement* de la *faculté* accordée aux acquéreurs *pour se libérer*, et des conditions auxquelles elle est restreinte.

» De votre côté, vous provoquerez les reventes avec la même activité. »

Il résulte des trois instructions que nous venons de transcrire, 1°. qu'il n'est jamais entré dans l'intention de l'administration des domaines de déroger à la rigueur des lois qu'elle avait elle-même provoquées ; 2°. qu'elle considérait *comme propriété de l'état*, non seulement le *fonds*, mais encore le *revenu* des biens dont le prix n'avait pas été payé à l'échéance ; 3°. que les préfets, c'est-à-dire les préfets seuls, et sans l'approbation du ministre, devaient, sur la réquisition des directeurs particuliers, non pas prononcer, mais déclarer la déchéance que la loi avait prononcée ; 4°. que, dans le cas particulier dont il s'agit, ce n'était pas par provocation de vente sur folle enchère que les agens de l'administration devaient procéder, mais par la voie beaucoup plus expéditive de simple déchéance et de réunion au domaine ; 5°. que la faveur accordée aux acquéreurs déchus de se libérer avant l'apposition des affiches à fin de revente ne devait suspendre ni la déclaration de déchéance, ni la réunion au domaine, ni la revente.

Nonobstant tous ces développemens, en faveur de la déchéance absolue ; le principe général du droit commun et l'esprit de la Charte, en faveur des acquisitions domaniales, ont fait rendre la décision suivante.

LOUIS, etc. ; — Sur le rapport du comité du contentieux ;

Vu les requêtes à nous présentées par la dame Adélaïde Françoise Lelièvre de la Grange, veuve du sieur baron de Curnieu, au nom et comme tutrice de son fils mineur, le sieur François Mathevron de Curnieu, les sieur et dame Praire, les sieur et dame Diego-Dittemer, tous héritiers du sieur Antoine Mathevron de Curnieu ; lesdites requêtes enregistrées au secrétariat du comité du contentieux de notre Conseil d'état, les 10 décembre 1816, 12 juillet et 5 novembre 1817, et tendantes à l'annullation de trois arrêtés du préfet du département de la Nièvre, des 18 janvier, 10 et 30 octobre 1815, qui, en exécution d'un arrêté émané, le 16 décembre 1814, de la commission de remise des biens des émigrés, instituée par la loi du 5 du même mois, maintiennent les sieurs de Brossard et de Gasville, anciens propriétaires, dans les trois huitièmes de la terre de Beaumont, vendue par l'État le 11 thermidor an 4 au sieur de Villemenant, auteur des requérans ;

Vu lesdits arrêtés ;

Vu les requêtes en réponse des sieurs Amédée-Hyppolite, marquis de Brossard, Adolphe Alfred, comte de Brossard et Jean-Prosper-Camille Goujon, vicomte de Gasville ; lesdites requêtes enregitrées au secrétariat dudit comité du contentieux, les 17 mai, 25 juin, 25 juillet et 30 octobre 1817 ;

Vu la requête en intervention présentée par les sieurs Louis, vicomte de Berthier-Bizy et Jean Pompone de Berthier-Bizy, héritiers bénéficiaires de la dame Louise-Rose Babaud de la Chaussade, comtesse de Berthier-Bizy leur mère ; ladite requête enregistrée au secrétariat dudit comité du contentieux le 23 octobre 1817 ;

Vu la requête en intervention présentée par le sieur Antoine-André Ferand, ladite requête enregistrée au comité du contentieux du Conseil d'état le 30 octobre 1817 ;

Vu l'arrêté de déchéance pris le 1er. juin 1815, par le préfet du département de la Nièvre ;

Vu la décision du ministre des finances du 3 novembre 1813, laquelle ordonne un sursis de deux ans à la revente des trois huitièmes de la terre de Beaumont, dont le sieur Babaud de la Chaussade de Villemenant s'était rendu adjudicataire, et prescrit d'apposer le séquestre sur la totalité du domaine jusqu'au paiement définitif du résultat du décompte ;

Vu l'arrêté du 16 décembre 1814, par lequel la commission de restitution des biens des émigrés a remis aux sieurs de Brossard et de Gasville les trois huitièmes de la terre de Beaumont ;

Vu toutes les autres pièces respectivement produites et jointes au dossier ;

Considérant, sur les fins de non-recevoir et exceptions de forme proposées par les sieurs de Brossard et de Garville, parties principales, et par les sieurs de Berthier-Bizy et Ferand, parties intervenantes ;

1°. Que la commission instituée par l'art. 13 de la loi du 5 décembre 1814, ne remet les biens aux anciens propriétaires que sans préjudice et sous la réserve des droits des tiers ;

2°. Qu'aucune loi ni réglement ne prescrivait de réclamer dans certains délais contre les susdits arrêtés du préfet du département de la Nièvre ;

3°. Qu'en cette matière le ministre des finances peut renvoyer à l'examen du Conseil d'état les affaires qu'il en croit susceptibles, conformément aux dispositions du décret du 23 février 1811 ;

4°. Que les effets du sursis accordé le 3 novembre 1813, sur la demande de la dame de Bizy, sont indivisibles et communs avec le sieur Diego-Dittmer et consorts ;

Considérant au fond, que d'après l'art. 1er. de la loi du 5 décembre 1814, sont maintenus et sortiront leur plein et entier effet, soit envers l'état, soit envers les tiers, tous jugemens et décisions rendus, tous actes passés, tous droits acquis avant la publication de la charte constitutionnelle, et qui seraient fondés sur des lois ou des actes du Gouvernement relatifs à l'émigration ;

Considérant que l'art. 4 de ladite loi ne remet aux anciens propriétaires que les biens réunis au domaine par l'effet d'une déchéance définitivement prononcée ;

Que, dans l'espèce, un sursis d'un mois pour la revente des immeubles en litige, avait d'abord été accordé par l'arrêté même du préfet du département de la Nièvre, du 1er. juin 1813, qui prononçait la déchéance; que ce délai a été étendu à deux ans par la décision ministérielle du 3 novembre 1813, et que la condition du sursis a été accomplie, dans le délai fixé, par le paiement intégral du résultat du décompte, fait au trésor royal les 16 juillet et 22 septembre 1815;

Notre Conseil d'état entendu,

Nous avons ordonné et ordonnons ce qui suit :

Art. 1er. Les arrêtés pris par le préfet du département de la Nièvre, les 18 janvier, 10 et 30 octobre 1815, sont annullés.

Le contrat de vente des trois huitièmes de la terre de Beaumont, passé au profit du sieur de Villemenant, le 11 thermidor an 4, est maintenu, et sortira son plein et entier effet.

2. Les sieurs Brossard de Berthier et Ferand sont condamnés aux dépens.

3. Notre ministre secrétaire d'état des finances est chargé de l'exécution de la présente ordonnance.

Ordonnance du 12 août 1818. (3055)

N°. 294.

1°. EMPHYTÉOSE.—Corse.—Ligurie.

2°. Adjudication.—Opposition.

3°. Pays-réunis.—Juridiction.—Attribution.

1°. *La vente faite par la république ligurienne de propriétés déjà aliénées par emphytéoses dans la Corse, doit être maintenue dans ses rapports entre le domaine et l'adjudicataire ; mais relativement aux emphytéotes dépouillés, il reste la question de savoir s'ils avaient ou n'avaient pas un droit de propriété qui s'opposât à l'adjudication, et cette contestation est du ressort des tribunaux.*

2°. *Relativement aux adjudications faites en Corse par l'autorité ligurienne, ne suffirait-il pas que l'adjudicataire eût acquis sans opposition du prétendu propriétaire, pour que l'adjudication dût être maintenue ; y a-t-il une différence entre les adjudications faites par les autorités françaises et les adjudications faites par les autorités d'un pays étranger qui a été réuni à la France et qui en est aujourd'hui séparé ?*

3°. *L'autorité qui aurait eu son siége principal dans un pays réuni et qui aurait étendu ses attributions sur une portion de l'ancienne France, ne doit-elle pas être réputée purement française, quant à ceux de ses actes qui sont relatifs à la portion de l'ancienne France qui a été administrée par elle ?*

(L'administration des domaines. — C. — le sieur Giubega.)

Le monastère des Olivetains de Notre-Dame des Grâces, à Porto-Venere, dans l'Etat de Gênes, possédait en Corse le bénéfice de Saint-Nicolas et de Saint-Ambroise, consistant en bâtimens, biens ruraux, droits de dîmes, etc.

Les biens de ce bénéfice étaient possédés à titre d'emphytéose par les sieurs Moretti frères, lorsque deux lois de la république ligurienne, des 4 et 18 octobre 1798, ordonnèrent la réunion et la vente aux enchères pour le compte de l'Etat des biens appartenant aux couvens supprimés. Deux autres lois des 12 août et 26 octobre 1800, obligèrent tous les détenteurs à titre d'emphytéose de biens ecclésiastiques à racheter les redevances, moyennant vingt-cinq fois le taux annuel, sous peine d'être dépossédés à défaut de rachat dans un terme fixé.

Le sieur Giubega se présenta devant les autorités gênoises, peu avant la réunion de Gênes à la France; il exposa que les détenteurs Moretti avaient encouru la déchéance de leurs emphytéoses aux termes des lois précitées, et demanda qu'il lui fût passé contrat de vente moyennant un prix égal à celui que les emphytéotes auraient eu à payer pour l'affranchissement.

Cette vente lui fut consentie par le gouvernement le 1er. juin 1805, moyennant un capital de 4062 liv. 10 sous, équivalant à vingt-cinq fois la redevance.

La réunion de la Ligurie à la France s'effectua définitivement le 16 vendémiaire an 14 (7 octobre 1805.)

Le sieur Giubega se mit en possession d'une partie des biens dont il s'agit; mais les sieurs Lucien et Antoine-Louis Moretti, détenteurs de l'autre partie, refusèrent de la lui délaisser.

Pourvoi du sieur Giubega devant l'autorité administrative, pour demander l'exécution de son titre.

Opposition des frères Moretti et du directeur des domaines, lequel, se fondant sur la loi du 13 pluviose an 2 (1er. février 1794), portant que les biens ecclésiastiques situés en France, provenant des corporations étrangères, seraient régis, vendus et payés comme les autres biens nationaux, conclut à ce qu'en déclarant nul et de nul effet l'acte de vente du 1er. juin 1805, comme vicié en la forme et au fond, il fût ordonné que le sieur Giubega délaisserait les biens dont il s'était indûment mis en possession, avec restitution des fruits par lui perçus depuis sa jouissance illégale; que l'instance introduite entre lui et les frères Moretti serait mise au néant et regardée comme non avenue.

Sur quoi, arrêté du conseil de préfecture du Golo, du 3 juin 1811, qui, sur le motif qu'il n'appartenait qu'à l'autorité supérieure de statuer sur la validité de la vente faite au sieur Giubega, ordonne qu'en attendant la décision à intervenir, les fruits et revenus desdits biens seront mis sous le séquestre pour en être tenu compte à qui de droit.

Pourvoi du sieur Giubega au Conseil d'état, sur lequel est intervenu le 26 mars 1812 le décret suivant:

« Considérant que par l'art. 4 de la loi du 28 pluviose an 8, les conseils de préfecture ont été investis du droit de prononcer en première instance sur toutes les contestations relatives aux ventes de domaines nationaux, et que cette disposition de la loi se trouve confirmée par la jurisprudence constante du Conseil d'état;

» L'arrêté du conseil de préfecture du Golo, du 3 juin 1811, est annullé.

» Les parties sont renvoyées devant ce conseil à l'effet de faire statuer définitivement sur leur demande, sauf le recours à notre Conseil d'état, si elles s'y croient fondées. »

Par suite de ce renvoi le sieur Giubega s'est adressé de nouveau au conseil de préfecture de la Corse, qui sur les défenses respectives des parties, a pris, le 14 octobre 1814, un arrêté ainsi conçu:

« Il est constant en fait, que par acte authentique du 1er. juin 1805, le gouvernement ligurien a vendu à M. Giubega les biens provenant du bénéfice de Saint-Nicolas et Saint-Ambroise, ci-devant appartenant au monastère des moines Olivetains de Porto Venere en Ligurie, situés dans le territoire d'Occi, canton de Montegrosso, département de la Corse, pour le prix et aux clauses et conditions portés en l'acte.

» Il est également constant que, par les moines dudit monastère, ces mêmes biens avaient été précédemment concédés à bail emphytéotique aux sieurs Moretti, de Lumio, aux charges et conditions portées dans les différens actes de concession.

» Il est question de savoir:

» 1°. Si, par l'effet de la loi du 13 pluviose an 2, les biens dont il s'agit se trouvaient réunis au domaine français avant la passation de la vente dont est question, et si par ce motif la vente est nulle;

» 2°. Et dans le cas de l'affirmative, si le gouvernement français étant devenu le représentant du gouvernement ligurien auquel il avait succédé à l'époque de la contestation, il était recevable dans sa demande en nullité, comme faite au préjudice de ses intérêts propres et exclusifs dans le temps;

3°. Dans le cas de la négative de la première question, si la vente est nulle pour vice de forme;

» 4°. Si elle peut être attaquée pour cause de lésion;

» 5°. Si elle comprend tous les biens dont M. Giubega réclame le délaissement;

» 6°. Si dans le cas de la validité de la vente vis-à-vis du domaine, la vente peut avoir son effet contre les sieurs Moretti ou en raison de l'extinction des baux emphytéotiques passés en leur faveur, ou en raison de la déchéance qu'ils auraient encourue, faute par eux d'avoir acquitté les charges des concessions ou de s'être conformés aux lois liguriennes des 12 août et 24 octobre 1800;

7°. Si en cas que la vente ait son plein et entier effet, le prix d'icelle doit être versé dans la caisse du domaine royal, ou payé au gouvernement actuel des états de Gênes qui, d'après les derniers traités de paix, se trouvent séparés de la France;

» Considérant (sur la 1ere. question) qu'il est constant en fait qu'avant l'époque de la contestation, ni dans l'intervalle qui s'est écoulé depuis le 13 pluviose an 2 (1er. février 1794), époque de la loi invoquée par l'administration des domaines, il n'a été fait, de la part de l'administration, aucun acte tendant à faire connaître qu'elle ait regardé comme nationaux les biens dont il s'agit, ni qu'elle les ait crus compris sous la disposition de ladite loi;

» Qu'il paraît que la conduite de ladite administration à cet égard n'a été l'effet ni de l'ignorance des faits, ni de l'oubli ou de la négligence de la part de ses agens, mais bien une suite de l'opinion où elle était que les objets en question n'étaient point nationaux et que ladite loi ne les avait point déclarés tels;

» Que cette opinion est fondée sur les termes dans lesquels la loi est conçue, et sur les maximes portant que les lois de cette nature ne sont nullement susceptibles d'interprétation extensive, mais au contraire sujettes à l'interprétation restrictive toutes les fois qu'il s'élève des doutes sur le sens et l'étendue de leurs dispositions;

» Que rien n'annonce que ladite loi, sous la désignation de corporations religieuses étrangères, ait compris celles établies en pays ami, aussi bien que celles résidant en pays ennemi, et qu'elle ait adopté les mêmes mesures de rigueur à l'égard des unes et des autres indistinctement;

» Qu'il est aisé de voir que le législateur a pu, en vertu du droit de la guerre, ordonner l'occupation et la vente successive des biens appartenant à des corporations résidant en pays ennemi ; mais que le respect dû au législateur ne permet pas de supposer qu'il en ait usé de même vis-à-vis des corporations établies en pays ami, tel que les états de la république de Gênes, puisque, dans cette hypothèse, il faudrait admettre qu'au mépris de la justice universelle et du droit des gens, on aurait voulu dépouiller de leurs propriétés légitimes les sujets d'une puissance amie, sans leur avoir même fait espérer une indemnité quelconque, nulle mention d'indemnité n'étant faite dans lesdites lois ; il faudrait admettre également que le législateur se serait mis en contradiction avec les principes qu'il venait de proclamer dans les termes suivans, par la loi du 6 août 1790, sur le droit d'aubaine : « l'assemblée nationale, considérant que » le droit d'aubaine est contraire aux principes de fra» ternité qui doivent lier tous les hommes, quels que » soient leurs pays et leurs gouvernemens; que ce droit » établi dans les temps barbares doit être proscrit... a » décrété...les droits d'aubaine et de détraction sont » abolis pour toujours ; »

» Qu'ainsi, pour écarter une hypothèse si féconde en absurdités, il faut conclure que ladite loi, sous le nom de congrégations étrangères, n'a eu en vue que celles établies en pays étranger ennemi ;

» Que différens traités de paix, conclus depuis la loi dont il s'agit, avec des puissances belligérantes, portant main-levée du séquestre mis sur les biens de leurs sujets, indiquent assez que la saisie, et à plus forte raison la vente des biens des sujets des puissances étrangères, a toujours été considérée par le législateur comme une mesure hostile que le retour de la paix devait faire cesser aussitôt, et qui, par conséquent, n'avait jamais pu être adoptée contre les nations constamment amies ; ce qui confirme l'interprétation restrictive dont il s'agit, à laquelle on ne saurait renoncer sans blesser les principes libéraux et philantropiques de tous temps et de tous lieux, et que Sa Majesté le roi vient d'inculquer de la manière la plus solennelle ;

» Qu'en tout cas, l'art. 335 de la constitution dite de l'an 3, aurait, avant la vente dont il est question, dérogé à la disposition que, par une interprétation sinistre, on prêterait à la loi dont il s'agit ;

» Considérant (sur la 2e. question), indépendamment des motifs ci-dessus, qu'à l'époque où la contestation fut portée par-devant le conseil de préfecture du ci-devant département du Golo, et ensuite par-devant le Conseil d'état, tous les droits, actions, charges et obligations du gouvernement ligurien, s'étaient réunis et confondus dans le gouvernement français qui l'avait remplacé, et que par conséquent ce dernier, étant devenu garant de la vente, était non-recevable à l'attaquer, quand même elle aurait été faite au préjudice de ses intérêts propres et exclusifs dans le temps ;

» Qu'il n'appert (sur la 3e. question) que la vente soit viciée dans la forme ; qu'au contraire, dès qu'il résulte qu'elle a été autorisée par délibération du magistrat suprême de la république ligurienne, du 30 mai 1805, en vertu de la loi du 10 du même mois, et que, par le sénateur spécialement délégué à cet effet, elle a été faite et passée par-devant notaire public, assisté de deux témoins, elle est présumée faite avec toutes les solennités possibles ;

» Que la loi du 19 octobre 1798, invoquée par le directeur des domaines, en ce qu'elle prescrit que les biens provenant des corporations religieuses supprimées seraient vendus à l'enchère, formalité qui n'a pas été suivie dans l'espèce, n'est point applicable aux biens qui se trouvaient concédés à bail emphytéotique, dont le rachat et l'aliénation sont réglés par les lois des 12 août et 26 octobre 1800, qui ne prescrivent point cette mesure ;

» Considérant (sur la 4e. question) que le prix de la vente a été réglé d'après la loi du 12 août, pour l'évaluation des objets de pareille nature ;

Qu'il n'appert que, dans ladite fixation de prix, on ait suivi des bases fausses et erronées ;

» Que la vente a été faite par l'autorité du magistat suprême de la république ligurienne, ce qui établit une présomption légale contre l'allégation de lésion ;

» Qu'au surplus, d'après la loi du 2 prairial an 7, les ventes des biens nationaux ne peuvent être attaquées pour cause de lésion, à quelque valeur que le prix en ait été stipulé ; qu'enfin, la demande incidente en rescision, pour cause de lésion, n'a été faite qu'après l'expiration de deux années, à compter du jour de la vente, et que, par conséquent, elle est non-recevable d'après l'art. 1679 du Code civil ;

» Considérant (sur la 5e. question) que les expressions générales de la vente ne permettent pas de douter que l'objet vendu ne soit l'intégralité du ci-devant bénéfice de St.-Nicolas et St.-Ambroise, dans le territoire d'Occi, moins le droit de percevoir les dîmes et les prémices que les parties contractantes ont regardé comme éteintes et supprimées ; qu'ainsi il est évident que tous les immeubles composant le ci-devant bénéfice susdit, ont été vendus avec leurs accessoires, sans restriction ;

» Qu'il n'est pas contesté que les immeubles spécifiés en la demande de M. Giubega, par leurs noms propres, ne fassent partie dudit bénéfice, d'où il s'ensuit que tous sont compris dans la vente ;

» Considérant (sur la 6e. question), pour ce qui concerne la moitié des biens dudit bénéfice concédée à titre d'emphytéose (en 1723) à feu Charles-François Moretti et à ses descendans mâles jusqu'à la troisième génération, que la troisième génération masculine de cet emphytéote s'est éteinte en la personne du feu prêtre Simon-François Moretti, et que ces mêmes biens ont été volontairement délaissés à M. Giubega, par le sieur Antoine-François Moretti, héritier du défunt ;

» Considérant que Mathieu Moretti n'a point justifié que lui ou son père (emphytéote en 1780), ait fait reconstruire l'église de Saint-Nicolas, qu'il l'ait fait desservir et pourvue des ornemens et ustensiles sacrés, ni qu'il ait jamais acquitté les autres charges de la concession ; que lui-même est convenu dans ses défenses, que ladite église était déjà ruinée en grande partie, quoi qu'il ait allégué qu'elle avait été réparée, fait qui est démenti par les déclarations des témoins, qui attestent du contraire comme d'un fait visible et notoire ;

» Qu'au surplus, il appert que ledit Mathieu Moretti, après la communication à lui faite du décret du 26 mars 1812, susrelaté, a déclaré se désister de toute prétention contre le sieur Giubega, relativement aux biens dont il est question ;

» Qu'Antoine-Louis et Lucien, frères Moretti, n'ont point justifié non plus d'avoir payé la redevance emphythéotique par eux due (concession de 1778, 1779 et 1787) ;

» Qu'on ne saurait avoir égard aux prétendues quittances par eux présentées, attendu que rien n'en assure la date ni la véracité ; que toutes sont sous seing privé, non contrôlées ni enregistrées, et qu'aucune des signatures n'est légalisée ou dûment reconnue ;

» Qu'une seule desdites pièces informes, sous la date du 10 septembre 1790, dont le signataire prend la qualité d'abbé du monastère, sans indiquer duquel, porte le paiement de 247 liv., monnaie de Gênes (faori banco), pour solde des redevances dues jusqu'au 1er. avril 1790 ; que les autres pièces, portant toutes la signature du curé d'Occi, n'annoncent que le paiement d'une somme annuelle de 117 liv. 10 s. de ladite monnaie de Gênes, que le signataire dit lui avoir été fait jusqu'au 1er. avril 1804, d'ordre des moines Olivetains de Porte-Venere, pour ce qu'ils lui devaient ; que ces dernières pièces émanent d'un tiers dont les droits et les pouvoirs ne sont point constatés, non plus que l'ordre qu'on y suppose donné par lesdits moines ;

» Qu'il est inconcevable que les sieurs Antoine-Louis et Lucien, frères Moretti, depuis la date de leur concession, n'aient pas exigé une seule quittance en forme authentique, pour établir leur libération de la même manière que leur obligation l'était ;

» Que desdits sous seing privés, résultant que, depuis le 1er. avril 1790, lesdits Antoine-Louis et Lucien Moretti n'ont payé que 117 liv. 10 s. par an, au lieu de la redevance annuelle de plus de 335 liv. qu'ils devaient d'après leurs contrats, il s'ensuit que par la présentation desdites pièces ils ont pour le moins avoué indirectement n'avoir jamais acquitté l'intégralité de la redevance depuis ladite époque ;

» Que la diminution des revenus des biens emphytéotiques par eux alléguée, fût-elle réelle, n'aurait pu les autoriser à cesser de leur chef ou à réduire à volonté les paiemens convenus jusqu'à ce que, d'accord avec le propriétaire direct ou en justice, ils eussent obtenu la réduction de la redevance ; que jusque-là ils devaient payer en entier ou déposer au bureau des consignations avec telles réserves et protestations qu'ils auraient cru nécessaires pour assurer leurs intérêts ;

» Que faute par lesdits Moretti d'avoir satisfait aux charges qui leur étaient imposées par leurs concessions, ils avaient par le seul fait du non accomplissement de leurs obligations avant la vente passée en faveur de M. Giubega, encouru la déchéance stipulée, et le domaine utile des biens dont il s'était réuni et consolidé avec le domaine direct, ainsi qu'il avait été convenu au moyen des clauses expresses et formelles insérées dans les actes de concession et conformément aux dispositions du droit romain en vigueur, et de la jurisprudence adoptée en Corse en fait de contrats d'emphytéose ; et ce, indépendamment même de l'effet des lois liguriennes des 12 août et 24 octobre 1800 ;

» Considérant (sur la 5e. question), qu'il n'appert que, lors du dernier traité de paix, d'après lequel les états de Gènes ont été séparés de la France, le Gouvernement français ait renoncé aux droits qui lui étaient acquis précédemment sur les immeubles provenant de l'ancien domaine ligurien, compris dans les limites actuelles du territoire français, tels que les immeubles vendus au sieur Giubega ; qu'ainsi, par les mêmes motifs que ces immeubles devaient faire partie du domaine royal en cas que la vente fût résiliée, le prix de la vente, comme représentatif des immeubles dont li s'agit, doit être versé dans la caisse du domaine royal, en cas que la vente ait son effet ;

» Le conseil de préfecture arrête :

» Art. 1er. La vente passée en faveur du sieur Giubega pour le ci-devant Gouvernement ligurien, le 1er. juin 1805, enregistrée à Calvi le 15 mai 1806, est déclarée bonne et valable, et sortira son plein et entier effet ;

» 2. En conséquence, tous les immeubles énoncés en la demande seront délaissés et abandonnés au sieur Giubega par les sieurs Moretti, détenteurs d'iceux ; et les fruits par eux perçus, à compter du 3 juin 1811, lui en seront payés à dire d'experts dont les parties conviendront.

» 3. Le prix de la vente, aux termes et conditions y insérées, sera par ledit sieur Giubega versé dans la caisse du domaine royal, et le receveur du domaine est chargé de le recevoir et en délivrer quittance.

» 4. Tous dépens entre les parties sont compensés. »

Tel est l'arrêté contre lequel l'administration des domaines et de l'enregistrement s'est pourvue devant le Conseil d'état.

Dans ses moyens, elle a cherché à établir que la loi du 13 pluviose an 2 avait réuni au domaine français les biens appartenant en France à des corporations étrangères ;

Qu'au mépris de cette loi, le conseil de préfecture

avait déclaré bonne et valable une vente de biens de la même espèce, consentie par le gouvernement ligurien à une époque où il est même incertain si ce gouvernement pouvait disposer de ses propres biens situés dans son territoire, par la réunion imminente et déjà en négociation publique;

Que le conseil de préfecture s'était fondé sur la législation ligurienne, qui ne régissait ici ni les biens ni les personnes; qu'il avait en outre fait de fausses applications des lois liguriennes à l'espèce qu'il avait à juger;

Que par suite de ces fausses applications, il avait reconnu, comme étant faite en bonne forme, une vente passée sur simple soumission, sans estimation préalable et sans enchères, formalités également prescrites par les lois liguriennes dont le conseil de préfecture avait méconnu les dispositions tout en les invoquant;

Qu'il avait, tant par oubli du texte formel de ces lois, que par défaut d'examen des faits, déclaré légalement et suffisamment appréciés les objets compris en ladite vente, tandis que l'estimation avait péché par ses bases, soit légales, soit matérielles, dans l'oubli des *laudemium*, dans la quotité de la redevance et les objets qu'elle embrassait dans la réduction arbitraire à moitié;

Qu'enfin, le conseil de préfecture était sorti des bornes de ses pouvoirs, en motivant le déguerpissement des emphytéotes, toujours en faveur de l'acquéreur, sur la non exécution de leurs baux, dont les tribunaux pouvaient seuls connaître;

Que sous ces rapports l'arrêté devait être annullé, ainsi que la prétendue vente de 1805, et qu'il y avait lieu de faire rapporter par le sieur Giubega les fruits qu'il avait indûment perçus d'après un contrat qui n'avait et ne pouvait avoir aucune exécution en France.

Sur ce pourvoi est intervenue l'ordonnance dont la teneur suit :

LOUIS, etc.; — Sur le rapport du comité du contentieux;

Vu la requête à nous présentée au nom de l'administration de l'enregistrement et des domaines et forêts, enregistrée au secrétariat du comité du contentieux de notre Conseil d'état, le 17 janvier 1817, ainsi que sa réplique, enregistrée audit secrétariat le 1er. juin 1818, pour qu'il nous plaise déclarer nul et sans effet l'arrêté du conseil de préfecture du département de la Corse, du 14 octobre 1814, ensemble la vente passée par l'ex-gouvernement ligurien au profit du sieur Giubega, le 1er. juin 1805, et tout ce qui a suivi ou pu s'ensuivre; ordonner que les biens dépendans du bénéfice de Saint-Nicolas et de Saint-Ambroise seront réunis au domaine de l'état, sauf les droits qui pourraient appartenir aux emphytéotes d'après les baux existans, et que le sieur Giubega sera tenu de rapporter, par un compte de clerc-à-maître, les fruits et revenus par lui indûment perçus, et condamner ledit sieur Giubega aux dépens envers l'administration;

Vu le mémoire et la réplique en défense du sieur Giubega, enregistrés au secrétariat du comité du contentieux de notre Conseil d'état, les 28 avril et 18 juin 1818, par lesquels il conclut au rejet du recours de l'administration et à ce qu'elle soit condamnée aux dépens;

Vu le mémoire adressé à l'administration des domaines par les sieurs Lucien et Antoine Moretti, par lequel, renonçant à constituer un avocat devant notre Conseil d'état, ils déclarent que les moyens de défenses, que l'administration des domaines fera valoir dans son intérêt, suffiront pour établir leurs droits;

Vu la loi du 13 pluviose an 2, et toutes celles qui régissent la matière;

Vu les lois liguriennes des 12 août et 28 octobre 1800, qui établissent le mode de vente des propriétés aliénées par emphytéoses;

Vu le décret du sénat ligurien du 25 mai 1806, qui émet le vœu de la réunion de l'état de Gênes à la France;

Vu la copie authentique de l'acte de vente du 1er. juin 1805;

Vu le décret de l'archi-trésorier du 26 fructidor an 13;

Vu le sénatus-consulte du 16 vendémiaire an 14, qui approuve la réunion de la république ligurienne à la France;

Vu copie authentique des actes de délaissement sous signatures privées des 18 décembre 1807 et 21 septembre 1812;

Vu l'arrêté du conseil de préfecture du département du Golo du 3 juin 1811;

Vu le décret du 26 mars 1812, qui renvoie les parties devant le conseil de préfecture du département du Golo pour faire statuer définitivement sur leur demande, sauf le recours au Conseil d'état si elles s'y croient fondées;

Vu l'arrêté attaqué;

Ensemble toutes les pièces produites et inventoriées dans la requête de l'administration des domaines et dans les mémoires en défense;

Considérant que la vente du 1er. juin 1805 a été valablement faite par le Gouvernement ligurien;

Considérant, à l'égard des emphytéotes, que pour juger s'ils ont encouru la déchéance et s'ils doivent être évincés des domaines dont ils étaient détenteurs, c'est une question de propriété dont la connaissance appartient aux tribunaux ordinaires;

Notre Conseil d'état entendu,

Nous avons ordonné et ordonnons ce qui suit :

Art. 1er. La requête de l'administration de l'enregistrement et des domaines et forêts est rejetée.

2. L'arrêté du conseil de préfecture du département de la Corse, du 14 octobre 1814, est confirmé en ce qui concerne la vente, et annullé en ce qui concerne la contestation relative au délaissement des détenteurs actuels.

3. Cette contestation est renvoyée devant les tribunaux ordinaires.

4. L'administration des domaines est condamnée aux dépens.

5. Notre ministre secrétaire d'état des finances est chargé de l'exécution de la présente ordonnance.

Ordonnance du 12 août 1818. (3056)

N°. 295.

ACQUIESCEMENT. — POMPE A FEU. — COMPAGNIE DE CHAUFFAGE ÉCONOMIQUE.

La compagnie de chauffage économique ayant fait avec l'administration un traité annulé par le préfet, est non-recevable à attaquer cet arrêté pour incompétence et excès de pouvoir, s'il y a eu postérieurement un acte d'adhésion, quels qu'en soient les motifs.

(Le sieur Siau.)

LOUIS, etc.; — Sur le rapport du comité du contentieux;

Vu la requête à nous présentée au nom du sieur Jean Siau, représentant la compagnie de chauffage économique, enregistrée au secrétariat du comité du contentieux de notre Conseil d'état, le 24 mars 1817, dans laquelle il expose que, par marché passé entre le préfet du département de la Seine et la compagnie de chauffage économique, les 17 et 28 vendémiaire an 13, il a été convenu que la compagnie serait chargée du chauffage des pompes à feu de Chaillot et du Gros-Caillou, sous la condition de bénéficier à l'administration un cinquième du combustible employé par l'ancien procédé, et d'avoir pour bénéfice l'économie qu'elle obtiendrait, par le procédé qu'elle avait inventé, au-delà de ce cinquième; que, par suite de ce marché, la compagnie a fait le service des pompes à feu; que, par arrêtés du même préfet, des 8 et 28 mai 1812, et des 9, 15 et 26 juillet 1813, pris en exécution des précédens, il a été fait une liquidation entièrement contraire aux bases posées dans le marché, et dans laquelle il conclut à ce que les arrêtés des 8 et 28 mai 1812, et des 9, 15 et 26 juillet 1813, soient annullés comme incompétemment pris, et à être renvoyé devant le conseil de préfecture pour y être procédé à une nouvelle liquidation;

Vu le marché des 17 et 28 vendémiaire an 13, et les divers arrêtés et décisions attaqués;

Vu la lettre adressée à notre garde des sceaux ministre secrétaire d'état de la justice, par notre ministre secrétaire d'état de l'intérieur, en réponse à la communication qui lui avait été donnée de la requête du sieur Siau, dans laquelle il exprime l'opinion que cette requête doit être rejetée, en se fondant sur ce que le sieur Siau a acquiescé aux arrêtés du préfet, en recevant le montant de la liquidation établie par ces arrêtés;

Vu une réplique du sieur Siau, par laquelle il persiste dans ses précédentes conclusions;

Vu l'acte passé entre le préfet du département de la Seine et le sieur Siau, le 26 août 1813;

Considérant que le préfet du département de la Seine ayant fait le réglement des sommes dues au sieur Siau, pour les fournitures susmentionnées, celui-ci y a *adhéré* par acte du 26 août 1813, et a déclaré, par le même acte, « renoncer à exercer, envers l'administration des » eaux de Paris, aucune action, tant à raison du ser- » vice fait par ladite compagnie, qu'à raison du marché » passé avec ladite compagnie, le 28 vendémiaire an 13, » dont il consent la résiliation; »

Que par conséquent le sieur Siau est non-recevable dans son recours actuel contre le réglement du préfet du département de la Seine;

Notre Conseil d'état entendu,

Nous avons ordonné et ordonnons ce qui suit:

Art. 1er. La requête du sieur Siau est rejetée.

2. Notre ministre secrétaire d'état de l'intérieur est chargé de l'exécution de la présente ordonnance.

Ordonnance du 12 août 1818. (3057)

N°. 296.

TRAVAUX PUBLICS. — DIVISIBILITÉ. — COMPTES.

Lorsque, pour des travaux publics intéressant le gouvernement et une commune, il y a contestation sur le paiement, la justice administrative est compétente pour déterminer la somme à payer et par qui elle doit être payée; mais elle doit laisser aux tribunaux à décider comment tous les intéressés doivent se régler entre eux pour le réglement des comptes respectifs sur les paiemens déjà faits.

(Le sieur Rolland et consorts. — C. — le sieur Vial.)

LOUIS, etc.; — Sur le rapport du comité du contentieux;

Vu la requête à nous présentée au nom des sieurs Rolland, Boisset du Lot et Félix Réal, syndics des intéressés aux digues de la Romanche, sur la commune de Jarrie, département de l'Isère, et encore au nom de ladite commune de Jarrie; ladite requête enregistrée au secrétariat du comité du contentieux de notre Conseil d'état, le 21 avril 1817, et tendante à ce qu'il nous plaise recevoir les supplians appelans d'un arrêté du conseil de préfecture du département de l'Isère, du 11 novembre 1816, qui les condamne à payer au sieur Vial, entrepreneur des travaux de la Romanche, une somme qu'ils prétendent ne pas devoir; en conséquence, annuller ledit arrêté comme incompétemment pris; subsidiairement le réformer, en ce qu'il condamne les supplians à payer une somme de 18,000 francs; déclarer qu'ils ne sont reliquataires d'aucune somme, et condamner le sieur Vial aux dépens;

Vu la requête desdits syndics et du maire de la commune de Jarrie, enregistrée audit secrétariat du comité du contentieux le 4 octobre 1817, et tendante à obtenir la communication de tous les titres et actes relatifs à leur réclamation, qui se trouvent dans les bureaux ou archives de la préfecture du département de l'Isère, lesquels titres et actes ont en effet été déposés par le préfet au greffe dudit comité ;

Vu le mémoire en défense du sieur Joseph-Claude Vial, maire de la commune de Nogaray, département de l'Isère, ancien entrepreneur des digues de la Romanche ; ledit mémoire enregistré audit secrétariat du comité du contentieux, le 21 octobre 1817, et tendant à ce que, sans nous arrêter ni avoir égard à l'appel interjeté de l'arrêté pris par le conseil de préfecture du département de l'Isère, sous la date du 11 novembre 1816, appel dans lequel ils seront déclarés non-recevables et en tous cas mal fondés, il nous plaise ordonner que ledit arrêté recevra sa pleine et entière exécution, et condamner les appelans aux dépens ;

Vu la requête en intervention de la demoiselle Colmant, veuve d'André Amar, et, en cette qualité, représentant l'un des syndics, laquelle adhère aux conclusions prises par les autres syndics ;

Vu la réplique des appelans qui persistent dans leurs précédentes conclusions, pour ce qui concerne la compétence, et qui, subsidiairement pour le fond de la contestation, demandent que le sieur Vial soit déclaré non-recevable, ou dans tous les cas mal fondé, jusqu'à une vérification et réception finale des travaux, conformément au devis et à l'adjudication ;

Vu la réplique du sieur Vial, qui persiste dans ses précédentes conclusions ;

Vu les dernières observations des appelans, qui persistent également dans leurs dernières conclusions ;

Vu les devis et détails estimatifs et le procès-verbal d'adjudication des travaux de la Romanche, du 7 décembre 1782, lequel porte à 47,500 francs le montant des ouvrages ;

Vu la délibération des intéressés, à la date du 29 avril 1781, par laquelle ils se soumettent à payer la moitié de la dépense, le gouvernement ayant consenti à payer l'autre moitié ;

Vu le procès-verbal dressé le 9 avril 1786, en présence des syndics, par l'ingénieur en chef, qui constate les motifs d'une augmentation de prix à accorder au sieur Vial, entrepreneur, à titre d'indemnité, et en fixe la quotité ; ledit procès-verbal homologué par ordonnance de l'intendant, du 4 septembre 1786 ;

Vu les états de situation dressés par l'ingénieur, desquels il résulte que la dépense totale s'élève à la somme de 82,043 liv. 13 s. 7 d. ;

Vu les expéditions notariées des déclarations passées par le sieur Vial, aux syndics des intéressés, les 16 mars et 20 août 1786, par lesquelles il renonce en leur faveur aux indemnités accordées par l'intendant,

Vu la copie non authentique d'une déclaration des syndics, du 26 novembre 1788, qui, en considération de cet abandon, promettent au sieur Vial les intérêts de ses avances, temps pour temps ; et dans le cas où ces intérêts lui seraient refusés, annullent les deux déclarations précédentes dudit sieur Vial ;

Vu l'arrêté du préfet du département de l'Isère, du 22 janvier 1810, qui nomme un commissaire spécial pour examiner la réclamation du sieur Vial, entendre les intéressés contradictoirement, et donner son avis motivé ;

Vu les rapports du commissaire et les mémoires des syndics ;

Vu l'arrêté attaqué du conseil de préfecture du département de l'Isère, du 11 novembre 1816 ;

Vu les autres pièces respectivement produites ;

Considérant, sur la compétence, qu'aux termes du devis, qui fait la loi des parties, l'autorité administrative était compétente pour prononcer sur les difficultés et contestations entre l'adjudicataire et les ouvriers, fournisseurs de matériaux, ou autres ayant rapport aux ouvrages énoncés audit devis ; mais qu'une telle disposition n'a pu s'étendre aux transactions faites entre les parties, en l'absence et à l'insu de l'administration, pour des intérêts pécuniaires ;

Considérant que lesdites transactions sont étrangères au règlement de compte général des travaux qui doit être fait et arrêté par l'autorité administrative ;

Considérant que, pour régler définitivement le compte de la portion de dépense à la charge des intéressés, la question est de savoir si les deux déclarations du sieur Vial, des 16 mars et 20 août 1786, ont été annullées, infirmées ou modifiées par la déclaration des syndics, du 26 novembre 1788 ;

Considérant qu'il s'agit d'apprécier lesdites déclarations, de juger de leur validité et d'en faire l'application, s'il y a lieu ;

Considérant, au fond, que les travaux ont été projetés et dirigés dans l'intérêt respectif du gouvernement et de la commune de Jarrie ;

Que les changemens prévus par le devis ont été autorisés par l'intendant de la province ;

Que le montant général des dépenses résulte des états de situation qui ont été tenus régulièrement ;

Que le gouvernement a payé la moitié des dépenses, et que, sur l'autre moitié, à la charge des intéressés et de la commune de Jarrie, le sieur Vial prétend n'avoir reçu que des à-comptes ;

Notre Conseil d'état entendu,

Nous avons ordonné et ordonnons ce qui suit :

Art. 1er. L'arrêté du conseil de préfecture du département de l'Isère, du 11 novembre 1816, est annullé pour cause d'incompétence, en ce qu'il interprète les déclarations du sieur Vial, des 16 mars et 20 août 1786, et celle des syndics, du 26 novembre 1788.

2. Le compte général des travaux exécutés par le sieur Vial, est définitivement fixé à la somme de 82,043 liv. 13 s. 7 d., sur quoi il est reconnu que la moitié mise à la charge du gouvernement a été soldée.

3. Les parties sont renvoyées devant les tribunaux pour se faire compte réciproquement de ce qui a été payé sur l'autre moitié et de ce qui peut être dû, en interprétation des déclarations des 16 mars et 20 août 1786, et de celle du 26 novembre 1788, tous les moyens et exceptions des parties demeurant respectivement réservés.

4. Les dépens faits devant le Conseil d'état sont compensés.

5. Notre garde des sceaux ministre secrétaire d'état de la justice et notre ministre secrétaire d'état de l'intérieur sont chargés, chacun en ce qui le concerne, de l'exécution de la présente ordonnance.

Ordonnance du 12 août 1818. (3059)

N°. 297.

DÉLAI. — Réglement. — Ministre de la guerre.

Le délai prescrit pour se pourvoir devant le Conseil d'état, contre les décisions qui font grief au droit privé, s'applique aux décisions du ministre de la guerre, comme à celles des autres ministres.

Si le ministre a rendu sur le même sujet deux décisions définitives, dont la deuxième soit une pure confirmation de la première, le délai total court du jour de la signification de la première décision. (Réglement du 22 juillet 1806.)

(Le sieur Boutet.)

LOUIS, etc.; — Sur le rapport du comité du contentieux;

Vu la requête à nous présentée au nom du sieur Boutet, entrepreneur de la manufacture d'armes de Versailles, enregistrée au secrétariat du comité du contentieux de notre Conseil d'etat, le 25 septembre 1817, tendante à l'annullation de deux décisions du ministre de la guerre, en date des 26 septembre 1814 et 8 juin 1816, et au paiement d'une somme de 300,000 francs, ou subsidiairement d'une somme de 186,143 fr. 90 c. pour l'indemnité qui lui est due à raison du déplacement de ladite manufacture, et à ce que ladite somme et les intérêts, depuis le jour de sa dépossession, lui soient payés en valeur intégrale;

Vu les deux décisions attaquées;

Vu l'avis du Conseil d'état du 23 octobre 1811, lequel, en reconnaissant le droit du sieur Boutet à une indemnité, trace les bases sur lesquelles elle devra être calculée;

Vu le procès-verbal d'expertise fait par les sieurs Guignet, Famin et Pellechet, experts nommés à cet effet par notre ministre de la guerre, le préfet du département de Seine-et-Oise et ledit sieur Boutet, en date au commencement du 24 novembre 1812, et clos le 12 mai 1814;

Vu la lettre de notre ministre de la guerre, en date du 27 novembre 1817, en réponse à la communication à lui faite de la requête du sieur Boutet;

Vu enfin toutes les pièces produites;

Considérant que le sieur Boutet, au lieu de se pourvoir en notre Conseil d'état dans les délais du réglement contre la décision de notre ministre de la guerre, du 26 septembre 1814, à lui signifiée par celle du 19 octobre suivant, l'a au contraire exécutée en recevant les 50,000 francs qui lui étaient alloués par ladite décision;

Considérant que la lettre de notre ministre de la guerre, du 8 juin 1816, n'est qu'une déclaration de notre ministre, qu'il persiste dans sa précédente décision;

Que par conséquent le sieur Boutet est non-recevable dans son pourvoi;

Notre Conseil d'état entendu,

Nous avons ordonné et ordonnons ce qui suit:

Art. 1er. La requête du sieur Boutet est rejetée.

2. Notre ministre secrétaire d'état de la guerre est chargé de l'exécution de la présente ordonnance.

Ordonnance du 12 août 1818. (3062)

N°. 298.

NOM. — Opposition. — Alliance.

Toute famille peut s'opposer à ce que le nom dont elle est en possession, devienne celui d'une autre famille, même d'une famille qui serait son alliée. — L'opposition est recevable si elle a été faite dans l'année, et elle doit avoir effet, quand même il aurait été délivré par erreur un certificat de non opposition. (Loi du 11 germinal an 11.)

(Le marquis de Montlezun. — C. — le baron de Lagarde.)

LOUIS, etc.; — Sur le rapport du comité du contentieux;

Vu la requête à nous présentée au nom du sieur Louis-Elisabeth, marquis de Montlezun, domicilié à Tostat, département des Hautes-Pyrénées; ladite requête enregistrée au secrétariat du comité du contentieux de notre Conseil d'état, le 3 décembre 1817, et tendante à être reçu opposant à l'exécution de notre ordonnance du 18 décembre 1816, insérée au Bulletin des lois le 7 février 1817, laquelle permet au sieur Charles-Henri-Prosper, baron de Lagarde, de joindre à son nom celui de Montlezun;

Vu l'ordonnance de soit communiqué rendue sur ladite requête le 22 décembre 1817, et la signification faite le 27 février 1818, audit sieur de Lagarde;

Vu la procuration envoyée de Bade, le 19 mai 1818, par le sieur comte de Montlezun, ministre plénipotentiaire de France, à l'effet de former opposition à la susdite ordonnance;

Vu le mémoire en défense dudit sieur de Lagarde, enregistré audit secrétariat du comité du contentieux, le 4 avril 1818, et tendant à ce que, sans nous arrêter ni avoir égard à l'opposition du sieur de Montlezun, dans laquelle il sera déclaré purement et simplement non-recevable, ou dont, en tout cas, il sera débouté, il nous plaise maintenir et garder notre ordonnance du 18 décembre 1816, déjà exécutée, et condamner l'adversaire aux dépens;

Vu les répliques des sieurs de Montlezun et de Lagarde, qui persistent dans leurs précédentes conclusions;

Vu notre susdite ordonnance du 18 décembre 1816, insérée au Bulletin des lois, le 7 février 1817;

Vu le jugement du tribunal de première instance séant à Evreux, du 19 février 1818, qui ordonne que mention sera faite de l'addition du nom de Montlezun sur les registres de l'état civil, en marge de l'acte de naissance dudit sieur de Lagarde;

Vu les autres pièces produites;

Considérant que les autorisations de changer de nom accordées en vertu de la loi du 11 germinal an 11, ne peuvent l'être, d'après les dispositions de la même loi, que sauf le jugement des oppositions formées par toutes personnes y ayant droit pendant le cours de l'année, à compter du jour de l'insertion desdites autorisations au Bulletin des lois;

Considérant que l'opposition du sieur marquis de Montlezun a été faite en temps utile, le 3 décembre 1817, et que c'est par erreur qu'il avait été délivré au sieur de Lagarde un certificat de non opposition;

Considérant que l'institution des noms a pour objet de distinguer les familles, et que, par ce motif, le sieur marquis de Montlezun est fondé à s'opposer à ce que le nom, dont il est en possession, devienne celui d'une autre famille, quoique celle-ci soit alliée à la sienne;

Notre Conseil d'état entendu,

Nous avons ordonné et ordonnons ce qui suit:

Art. 1er. Notre susdite ordonnance, du 18 décembre 1816, qui a permis au sieur baron de Lagarde d'ajouter à son nom celui de Montlezun, est révoquée. Le sieur marquis de Montlezun se pourvoira pardevant qui de droit, pour faire annuller tous jugemens et rectifier tous actes qui seraient intervenus en exécution de ladite ordonnance.

2. Ledit sieur Baron de Lagarde est condamné aux dépens.

3. Notre garde des sceaux ministre secrétaire d'état de la justice est chargé de l'exécution de la présente ordonnance qui sera insérée au Bulletin des lois.

Ordonnance du 12 août 1818. (3065)

N°. 2993

AGENT DU GOUVERNEMENT. — Obligation personnelle.

Une obligation souscrite par le maire d'une commune et les membres du conseil municipal pour raison de fournitures faites à la commune, n'est pas pour cela un acte administratif, si les contractans n'ont pas déclaré s'obliger en leurs qualités; l'obligation est, de sa nature, personnelle, et doit être poursuivie devant les tribunaux, sans que l'autorité administrative puisse en revendiquer la connaissance.

(Jobard. — C. — Flagée et consorts.)

LOUIS, etc.; — Sur le rapport du comité du contentieux;

Vu le rapport, en date du 15 juillet 1818, à nous fait par notre garde des sceaux ministre secrétaire d'état de la justice, dans lequel il conclut à ce que l'arrêté du préfet du département du Doubs, par lequel le conflit a été élevé sur une contestation existante devant le tribunal de première instance de l'arrondissement de Beaume, entre le sieur Jobard, d'une part, et les sieurs Jean Flagée, maire de la commune de Deluz, Claude-François Chamolle, Jean-Claude Vannier, Joseph Mairot, François Mairot, membres du conseil municipal, et Jean-Louis Barbe, percepteur de ladite commune, d'autre part, pour raison de fournitures faites à la commune de Deluz par ledit sieur Jobard, et au paiement desquelles les sieurs Flagée et consorts se sont obligés, soit annullé, et les parties renvoyées devant les tribunaux ordinaires;

Vu ledit arrêté pris par le préfet du département du Doubs, le 31 janvier 1818;

Vu l'acte par lequel les sieurs Flagée et consorts se sont obligés au paiement sus-relaté;

Vu le jugement du tribunal de première instance de l'arrondissement de Beaume, du 28 novembre 1817, par lequel les sieurs Flagée et consorts sont condamnés solidairement à payer audit sieur Jobard la somme de 1500 francs portée au susdit acte;

Vu toutes les pièces produites;

Considérant que, dans l'acte souscrit le 15 novembre 1815, au profit du sieur Jobard, les sieurs Flagée et consorts se sont engagés, sans désignation de qualités, à lui payer solidairement la somme de 1500 fr. restant due sur les fournitures par lui faites à la commune de Deluz, et que l'appréciation d'un pareil acte est du ressort des tribunaux ordinaires;

Notre Conseil d'état entendu,

Nous avons ordonné et ordonnons ce qui suit:

Art. 1er. L'arrêté de conflit pris par le préfet du département du Doubs, le 31 janvier 1818, dans la contestation existante entre le sieur Jobard et les sieurs Flagée et consorts, est annullé, sauf le recours des sieurs

Flagée et consorts contre la commune de Deluz, s'il y a lieu.

2. Les parties sont renvoyées à procéder devant les tribunaux ordinaires.

3. Notre garde des sceaux ministre secrétaire d'état de la justice et notre ministre secrétaire d'état de l'intérieur sont chargés, chacun en ce qui le concerne, de l'exécution de la présente ordonnance.

Ordonnance du 12 août 1818. (3073)

N°. 300.

INDEMNITÉ.—EXPROPRIATION POUR CAUSE D'UTILITÉ PUBLIQUE.—ACTION PRINCIPALE.

Lorsque le ministre de l'intérieur a ordonné le comblement des fossés d'une ville, et que ce comblement a tari des sources, aux eaux desquelles un particulier prétend avoir droit, tandis que le ministre soutient le contraire, si ce particulier réclame une indemnité pour le sacrifice de ses eaux à l'utilité publique, la demande d'indemnité ne peut être recevable jusques après décision sur la propriété des eaux, et cette contestation sur la propriété des eaux doit être suivie par voie d'action principale.

Devant quelle autorité et contre quelle partie doit être dirigée une demande en reconnaissance du droit de propriété sur les eaux d'un fossé de ville, lorsque ce droit repose sur des lettres-patentes émanées de l'administration supérieure?

(Le sieur Baligant.)

LOUIS, etc.; — Sur le rapport du comité du contentieux;

Vu la requête à nous présentée au nom du sieur André-François Baligant, demeurant à Saint-Quentin, enregistrée au secrétariat du comité du contentieux de notre Conseil d'état le 7 mai 1817, tendante à l'annullation d'une décision du ministre de l'intérieur, en date du 14 novembre 1812, qui le déclare sans droit à la propriété des sources qui se trouvaient dans les fossés de la ville de Saint-Quentin et que des travaux publics ont comblées; et par suite, à ce que lesdites sources soient rouvertes et rendues à leur première destination: ladite requête tendante en outre, subsidiairement et dans le cas où la suppression desdites sources aurait eu lieu pour cause d'utilité publique, à ce qu'il lui soit payé en raison de la privation d'eau qui en résulte, une indemnité qui serait réglée par experts nommés tant par lui que par la ville de Saint-Quentin;

Vu la décision attaquée;

Vu la lettre de notre ministre secrétaire d'état de l'intérieur, en date du 8 janvier 1818, en réponse à la communication à lui donnée de la requête en pourvoi du sieur Baligant; laquelle lettre porte: « que les droits accordés par les lettres-patentes de 1679, ont été divisés dans les reventes partielles qu'en ont fait les concessionnaires, et que les eaux qui servaient au moulin Garant ayant été distraites de cette propriété par le contrat de revente, le sieur Baligant, substitué aux droits du tiers-acquéreur sur le moulin, ne saurait avoir de prétention à la jouissance des eaux qui avaient cessé d'en dépendre par l'effet d'actes antérieurs à son titre; que, dès-lors, la jouissance qu'il a pu en avoir ne résultait que d'une simple tolérance qui ne pouvait être opposée à la décision attaquée; »

Vu la réplique du sieur Baligant, par laquelle il déclare persister dans ses précédentes conclusions;

Vu les lettres-patentes du 3 février 1679, portant autorisation au sieur Garant de construire un moulin à eau à la porte Saint-Martin de la ville de Saint-Quentin, et lui faisant don des eaux provenant des fontaines qui sont dans les fossés du bastion détaché, étant entre la tour de Tourival et l'écluse des eaux du regonflement causé par le rehaussement du vannage du faubourg d'Isle de ladite ville;

Vu l'acte du 23 janvier 1786, passé devant notaires à Paris, contenant bail emphytéotique par les chefs de l'ordre de Saint-Lazare aux sieurs Rigaut, du moulin de Garant-Lavanderie et de ses dépendances, et notamment l'article 1er. de cet acte ainsi conçu: « l'ordre de Saint-Lazare emploiera son crédit auprès du ministre de la guerre, pour que les fossés de la ville de Saint-Quentin soient toujours tenus en état de fournir audit moulin l'eau nécessaire suivant le dernier point d'eau arrêté, sans néanmoins aucune garantie de la part de l'ordre; en cas de non succès à l'égard de l'entretien du cours d'eau et dans le cas où il cesserait, l'ordre fera tous ses efforts auprès du ministre pour son entretien et son rétablissement; »

Vu l'acte du 29 fructidor an 13, passé devant notaires à Saint-Quentin, contenant cession par les sieurs Rigaut aux sieurs Jolly, de tous leurs droits à la propriété et jouissance de la chute, cours et prise d'eau qui alimentent le moulin Garant, ainsi qu'il résulte du bail emphytéotique sus-énoncé;

Vu l'acte du 4 brumaire an 14, devant notaires à Saint-Quentin, contenant cession par les héritiers Rigaut à un sieur Possel, du restant à parfaire du bail emphytéotique du moulin Garant Lavanderie et dépendances, avec les meules, équipages et tous les ustensiles à l'usage desdits moulins et lavanderies; et avec déclaration néanmoins qu'ils ont vendu aux sieurs Jolly le droit de cours et chute d'eau dudit moulin, et que l'acquéreur n'aura aucune garantie à exercer contre eux pour défaut d'eau auxdits moulin et lavanderie;

Vu le procès-verbal dressé à la préfecture du département de l'Aisne le 21 juillet 1807, portant adjudication au profit du sieur Possel, du moulin Garant, avec trois hectares cinquante centiares de pré provenant de l'ordre de Saint-Lazare et appartenant à l'État;

Vu l'acte de vente aux sieur et dame Baligant, par le sieur Possel, le 7 septembre 1809, devant notaires à Saint-Quentin, de l'ancien moulin Garant où est établie une filature de coton, la rive, les eaux en face et attenant et dépendances, ainsi que ce dernier en jouissait et avait droit d'en jouir avec déclaration qu'une partie des eaux de la rive vendue, proviennent de celles du Grosnard, appartenantes à la demoiselle Fromaget, et qu'il n'entend aucunement garantir les faits du gouvernement ni d'autrui, relativement au changement qui serait fait au cours d'eau actuel du Grosnard;

Vu enfin toutes les pièces produites;

Considérant que la réclamation du sieur Baligant, soit pour la conservation des sources dont il s'agit, soit en indemnité, ne serait fondée qu'autant qu'il aurait, sur lesdites sources, un droit de propriété provenant, soit d'actes privés, soit d'adjudication nationale, et que cette question doit être préalablement soumise à l'autorité compétente;

Notre conseil d'état entendu,

Nous avons ordonné et ordonnons ce qui suit:

Art. 1er. La requête du sieur Baligant est rejetée, sauf à lui à se pourvoir, sur sa prétention à la propriété desdites sources, devant qui de droit.

2. Notre ministre secrétaire d'état de l'intérieur est chargé de l'exécution de la présente ordonnance.

Ordonnance du 12 août 1818. (3061)

N°. 301.

1°. ADJUDICATION. — RÉSILIATION. — COMMUNAUX. —
2°. PARENTÉ. — INCAPACITÉ.

1°. *Une adjudication de biens communaux n'est susceptible de résiliation pour défaut de mesure, consistance et valeur qu'en deux cas; 1°. s'il y a garantie expresse; 2°. s'il y a, tout-à-la-fois, erreur sur les confins et sur la contenance.*

2°. *Une adjudication n'est pas annullable par application de l'art. 1596 du Code civil, quand même il serait vrai que l'adjudicataire aurait été d'accord avec un parent du fonctionnaire, auteur de l'adjudication, pour lui transmettre une partie de l'immeuble adjugé; ce ne serait pas là une adjudication faite au parent du fonctionnaire adjudicateur.*

(Le maire de la commune de Coings.)

LOUIS, etc.; — Sur le rapport du comité du contentieux;

Vu la requête à nous présentée au nom de la commune de Coings, située canton et arrondissement de Châteauroux, département de l'Indre; ladite requête enregistrée au secrétariat du comité du contentieux de notre Conseil d'état, le 10 avril 1816, et tendante à obtenir l'annullation d'un arrêté du conseil de préfecture du département de l'Indre, en date du 29 novembre 1815, qui déclare inadmissible la pétition par laquelle le maire de la commune de Coings demande que l'adjudicataire du communal de Fontenay soit contraint à la restitution de trente-quatre hectares cinquante-huit centiares qui excèdent la contenance sous laquelle ce bien communal a été adjugé;

Vu la requête ampliative de ladite commune de Coings, enregistrée audit secrétariat du comité du contentieux le 29 novembre 1816, et le mémoire en défense du sieur Henri Bertrand, propriétaire, demeurant à Châteauroux; ledit mémoire enregistré audit secrétariat du comité du contentieux, le 17 juillet 1817, et tendant à ce qu'il nous plaise déclarer le maire de la commune de Coings, purement et simplement non-recevable et subsidiairement mal fondé dans son pourvoi; en conséquence, maintenir l'arrêté pris par le conseil de préfecture du département de l'Indre, le 29 novembre 1815, pour être exécuté selon sa forme et teneur; et condamner l'adversaire aux dépens;

Vu la réplique de la commune de Coings, du 26 juillet 1817, par laquelle, ajoutant à ses précédentes conclusions, le maire demande qu'il nous plaise procéder au jugement de l'instance, sans avoir aucun égard à la requête en défense du sieur Bertrand, laquelle sera déclarée intempestive, frustratoire et considérée comme non-avenue, et condamner ledit sieur Bertrand aux dépens;

Vu les renseignemens donnés par le préfet du département de l'Indre, le 8 juin 1816, et par notre sous-secrétaire d'état au département de l'intérieur, les 26 février et 13 juin 1818;

Vu le procès-verbal d'affermement du communal de Fontenay, du 4 messidor an 13, l'affiche de vente dudit communal, et le procès-verbal d'adjudication, du 11 septembre 1813;

Vu l'arrêté attaqué, du 29 novembre 1815;

Vu les autres pièces respectivement produites;

Considérant, sur les fins de non-recevoir, que le maire de la commune de Coings a présenté sa première requête dans les délais prescrits par le réglement, et que la production de sa requête ampliative n'a été différée que par la nécessité où il s'est trouvé de recourir à l'autorité de notre garde des sceaux ministre de la justice, pour obtenir la communication des pièces qui lui étaient nécessaires;

Considérant que, si le sieur Bertrand a tardivement produit sa défense, le maire de la commune de Coings n'a pas demandé à prendre défaut contre lui;

Considérant que le degré d'alliance de deux des conseillers de préfecture qui ont pris part à l'arrêté attaqué, du 29 novembre 1815, n'est pas une cause de nullité prévue par les réglemens administratifs;

Considérant, au fond, que le bien communal de Fontenay a été vendu avec des limites certaines, et que l'erreur de contenance de trente-quatre hectares cinquante-huit centiares se trouve également dans le bail du 4 messidor an 13, auquel le procès-verbal de vente se réfère, et dont le montant du fermage annuel a servi de base à la mise à prix;

Considérant que ledit communal a été vendu dans l'état où il se trouve, sans garantie de mesure, consistance et valeur, et qu'il ne pourrait y avoir lieu à résiliation pour cause d'erreur, que dans le cas où il y aurait à la fois erreur sur les confins et sur la contenance;

Considérant qu'il n'est pas prouvé que le sieur Bertrand soit un adjudicataire interposé; qu'il n'a fait aucune déclaration de command, et que si, postérieurement à l'adjudication, il a subdivisé, ainsi qu'il en avait le droit, le bien communal de Fontenay entre plusieurs particuliers parmi lesquels il se serait trouvé deux parens des fonctionnaires qui ont procédé à la vente, cette circonstance non prévue par les lois, n'est pas susceptible de recevoir l'application de l'article 1596 du Code civil;

Notre Conseil d'état entendu,

Nous avons ordonné et ordonnons ce qui suit:

Art. 1er. Le maire de la commune de Coings est déclaré recevable dans son pourvoi, ainsi que le sieur Bertrand dans sa défense.

2. La requête du maire de la commune de Coings est rejetée.

3. Le maire de la commune de Coings, en cette qualité, est condamné aux dépens.

4. Notre ministre secrétaire d'état de l'intérieur est chargé de l'exécution de la présente ordonnance.

Ordonnance du 12 août 1818. (3053)

No. 302.

ADJUDICATION. — Interprétation.

Lorsque certaines portions de propriété ont été usurpées sur un émigré avant l'adjudication de ses biens, si les affiches et le procès-verbal d'adjudication ne contiennent pas mention expresse de ces portions d'immeubles, elles sont réputées n'avoir pas été adjugées.

(Le sieur Barbier-Dufay)

LOUIS, etc.; — Sur le rapport du comité du contentieux;

Vu la requête à nous présentée au nom du sieur Guillaume-Michel Barbier-Dufay, colonel, officier de la légion d'honneur, chevalier de Saint-Louis, demeurant à Paris, rue de Vendôme, no. 8, au Marais; ladite requête enregistrée au secrétariat du comité du contentieux de notre Conseil d'état, le 31 mars 1817, et tendante à ce qu'il nous plaise casser, révoquer et annuller deux arrêtés du conseil de préfecture du département de l'Oise, des 2 messidor an 13 et 15 novembre 1811, pris à son préjudice et en faveur de la dame Beauterne, veuve du sieur Viallart-Saint-Morys; ce faisant, remettre les parties au même état qu'elles étaient avant lesdits arrêtés, et, moyennant ce, faire droit sur les demandes de l'exposant; en conséquence ordonner, d'une part, qu'il lui sera fait titre de la petite garenne qu'il réclame comme ayant été soumissionnée dans les droits appartenans à la nation, par la confiscation des biens du sieur Viallart-Saint-Morys, et renvoyer aux tribunaux l'examen de la propriété en litige, avec dépens;

Vu l'ordonnance de soit communiqué, en date du 22 avril 1817, et le mémoire en défense de la dame Eléonore-Elisabeth-Angélique Beauterne, veuve du sieur Charles-Paul-Jean-Baptiste Bourgevin Viallart-Saint-Morys, demeurant à Paris, rue Vivienne, no. 8; ledit mémoire enregistré audit secrétariat du comité du contentieux, le 11 décembre 1817, et tendant à ce qu'il nous plaise lui donner acte de ce que, pour satisfaire à l'ordonnance de *soit communiqué*, du 22 avril 1817, notifiée à l'exposante le 23 juin suivant, elle emploie le contenu au présent mémoire et aux pièces y produites pour fins de non-recevoir et défenses subsidiaires contre les demandes du sieur Barbier-Dufay; en conséquence, en procédant au jugement de l'instance d'entre les parties, déclarer le sieur Barbier-Dufay non-recevable dans son pourvoi, comme étant engagé postérieurement au délai voulu par la loi; subsidiairement seulement, le déclarer purement et simplement non-recevable, ou, en tous cas, le débouter de toutes ses demandes, avec frais et déboursés sous toutes réserves;

Vu les observations présentées par le sieur Barbier-Dufay, le 6 avril 1818, et tendantes à ce qu'il nous plaise, statuant sur son recours, rejeter l'exploit du 12 août 1812, ou, sans y avoir égard, débouter la dame Beauterne de sa fin de non-recevoir, et adjuger audit sieur Barbier les précédentes conclusions avec dépens;

Vu la soumission du 22 thermidor an 4, le contrat de vente du 24 floréal an 8, la déclaration de command du même jour, au profit du sieur Barbier-Dufay, le rapport d'experts, du 16 germinal an 9, sur partage du domaine d'Houdainville, entre la dame Beauterne-Saint-Morys et le sieur Barbier-Dufay, acquéreur de la moitié dudit domaine, les jugemens du tribunal de Clermont, des 6 et 22 thermidor an 9, qui entérinent ce rapport, ordonnent et font le tirage en deux lots;

Vu la requête et assignation du sieur Barbier-Dufay,

du 5 germinal an 12, qui demande à entrer en partage de la grande et petite garennes d'Houdainville ;

Vu les jugemens du tribunal de Clermont, des 23 pluviose an 13 et 28 ventose suivant ;

Vu l'arrêté du conseil de préfecture, du 2 messidor an 13, pris au profit de la dame Saint-Morys, contre les habitans d'Houdainville, qui s'étaient indûment emparés des deux garennes, par lequel arrêté l'autorisation pour réclamer en justice la grande et petite garennes leur est refusée ;

Vu un autre arrêté du même conseil de préfecture, à la même date, pris au profit de ladite dame Saint-Morys contre le sieur Barbier-Dufay;

Vu le jugement du tribunal de Clermont, du 12 juin 1806, qui se déclare incompétent et renvoie les parties à se pourvoir administrativement ;

Vu l'arrêté du conseil de préfecture du département de l'Oise, du 15 novembre 1811, qui décide que la petite garenne n'a pas été soumissionnée et n'a pas dû entrer en partage ;

Vu les autres pièces respectivement produites ;

Considérant, sur la fin de non-recevoir, que la signification faite le 12 août 1812, de deux arrêtés du 2 messidor an 13, est nulle pour avoir été remise au sieur Louis Lefebre, sans désignation de qualité, et que la dame Saint-Morys a fait une seconde signification, en date du 30 décembre 1816, à laquelle le sieur Dufay a répondu dans les délais prescrits par le réglement ;

Considérant, sur la compétence, que le tribunal de Clermont, saisi des partages judiciaires, s'est déclaré incompétent, lorsqu'il a été question d'interpréter les actes de vente, et qu'aux termes de la loi du 28 pluviose an 8, c'est au conseil de préfecture qu'il appartient de prononcer sur le contentieux des domaines nationaux, particulièrement sur les difficultés qui peuvent être résolues par l'examen et l'interprétation des actes administratifs qui ont préparé et consommé la vente ;

Considérant, au fond, que les habitans d'Houdainville, s'étant emparés des deux garennes avant le séquestre des biens du sieur Saint-Morys, lesdites garennes n'ont pas été comprises dans ce séquestre ; que le sieur Vulpian, auquel le sieur Dufay a été subrogé, n'en a pas fait mention dans sa soumission du 22 thermidor an 4 ; qu'elles ne sont pas dénommées dans le contrat de vente du 24 floréal an 8 ; que les experts qui ont procédé, avec beaucoup de soin, et en présence d'un agent du domaine, à l'appréciation des plus petites parcelles des biens à partager, ne se sont pas occupés des deux garennes ; que l'administration des domaines n'en avait pas pris possession ; qu'elle n'en a jamais payé les impositions, et que les habitans d'Houdainville en ont joui sans trouble, jusqu'à l'époque de l'amnistie du sieur Saint-Morys, qui en a réclamé la propriété en vertu de l'article 17 de la loi du 6 floréal an 10 ;

Considérant que la petite garenne, d'une contenance de 45 arpens, ne doit pas être confondue avec les 45 arpens de friche portés sommairement en l'article 6e. du contrat de vente de l'an 8 ; que lesdits 40 arpens de friche figurent presque en totalité et en plusieurs pièces dans les divers articles de l'acte de partage de l'an 9, tandis que les garennes n'y ont été indiquées que comme confins des propriétés vendues ;

Notre Conseil d'état entendu,

Nous avons ordonné et ordonnons ce qui suit :

Art. 1er. Le sieur Barbier-Dufay est déclaré recevable dans sa demande.

2. La requête dudit sieur Barbier-Dufay est rejetée.

3. Le sieur Barbier-Dufay est condamné aux dépens.

4. Notre garde des sceaux ministre secrétaire d'état de la justice et notre ministre secrétaire d'état des finances, sont chargés, chacun en ce qui le concerne, de l'exécution de la présente ordonnance.

Ordonnance du 12 août 1818. (3058)

No. 303.

CHOSE JUGÉE. — Conseil de préfecture.

Lorsqu'un conseil de préfecture excédant ses pouvoirs a rapporté un de ses arrêtés au mépris de la chose jugée, si la partie à qui le deuxième arrêté fait grief en demande la rétractation, il n'y a pas de raison pour la refuser sous prétexte d'un faux respect pour la chose jugée ; au total l'obligation du conseil de préfecture est de faire que les parties restent ou soient remises dans le même état où les plaça le premier arrêté.

(Le sieur Lefebvre-Lamotte. — C. — l'administration des domaines.)

LOUIS, etc. ; — Sur le rapport du comité du contentieux ;

Vu la requête à nous présentée au nom du sieur Louis-François Lefebvre-Lamotte, propriétaire à Caen, département du Calvados, membre du conseil d'arrondissement; ladite requête enregistrée au secrétariat du comité du contentieux de notre Conseil d'état le 30 octobre 1815, et tendante à ce qu'il nous plaise le recevoir appelant de deux arrêtés du conseil de préfecture du département du Calvados, des 16 octobre 1813 et 12 mars 1814, qui le dépouillent de sa propriété; ce faisant, ordonner que, sans avoir égard auxdits arrêtés qui seront par nous déclarés nuls et comme non avenus, celui qui a été pris par le même conseil de préfecture le 4 ventose an 13, continuera d'être exécuté selon sa forme et teneur; et, en conséquence, le suppliant maintenu et gardé en sa pleine et entière propriété, possession et jouissance du terrain dont il s'agit; et, par provision, ordonner qu'il sera sursis à l'exécution desdits deux arrêtés des 16 octobre 1813 et 12 mars 1814, avec défenses expresses, tant à l'ingénieur qu'à toutes autres personnes, de se permettre aucune entreprise, détérioration, enlèvement ou autre voie de fait sur ledit terrain, à peine de tous dépens, dommages et intérêts, et condamner l'administration des domaines aux dépens ;

Vu l'ordonnance de soit communiqué et le mémoire en défense de l'administration de l'enregistrement et des domaines, enregistré audit secrétariat du comité du contentieux, le 17 juillet 1816, et tendant à ce qu'il nous plaise lui donner acte de ce que, pour satisfaire à l'ordonnance de soit communiqué et pour observations sur la requête du sieur Lefebvre-Lamotte, elle emploie le contenu au présent mémoire et aux pièces y énoncées et jointes ; ce faisant, mettre en cause, s'il y a lieu, l'administration des ponts et chaussées, comme partie principale, statuer ce qu'il appartiendra, et condamner la partie qui succombera aux dépens envers l'administration des domaines appelée en intervention ;

Très-subsidiairement, et dans le cas où nous déciderions que l'administration doit rester comme partie dans cette affaire où elle n'a point d'intérêt, lui donner acte de ce qu'elle déclare que les arrêtés des 4 ventose an 13, 16 octobre 1813 et 12 mars 1814 ne doivent être considérés, sur les questions de propriété et de prescription, que comme des décisions préalables qui ne mettent point obstacle à l'action judiciaire ; déclarer le sieur Lefebvre-Lamotte non-recevable dans son pourvoi, ou en tout cas l'en débouter et le condamner aux dépens ;

Vu la lettre de notre directeur général des ponts et chaussées et des mines, du 24 février 1818, de laquelle il résulte que son administration n'a aucun motif d'intervenir dans la présente discussion, et qu'elle est sans prétention comme sans intérêt dans la cause ;

Vu l'arrêté précité, du 4 ventose an 13, par lequel le conseil de préfecture du département du Calvados reconnaît le sieur Lefebvre-Lamotte propriétaire du terrain litigieux ;

Vu l'arrêté du 16 octobre 1813, par lequel le précédent arrêté est rapporté ;

Vu l'arrêté du 12 mars 1814, portant refus de rapporter celui du 16 octobre 1813, sur le principe qu'il est interdit aux conseils de préfecture de rapporter leurs décisions, lorsqu'elles appartiennent aux parties ;

Vu les autres pièces produites ;

Considérant que l'interprétation de la vente faite le 3 mars 1717, par l'hôpital des *pauvres renfermés* de Caen, au sieur Drieu, représenté aujourd'hui par le sieur Lefebvre-Lamotte, est du ressort des tribunaux ;

Considérant que le principe justement invoqué par le conseil de préfecture, pour ne pas rapporter son second arrêté, a été oublié ou méconnu lorsqu'il a rapporté le premier ;

Notre Conseil d'état entendu,

Nous avons ordonné et ordonnons ce qui suit :

Art. 1er. L'arrêté du conseil de préfecture du département du Calvados, du 4 ventose an 13, est annullé pour cause d'incompétence.

2. L'arrêté du 16 octobre 1813, qui rapporte l'arrêté précédent, est annullé pour excès de pouvoir.

3. L'arrêté du 12 mars 1814, portant refus de rapporter celui du 16 octobre 1813, est regardé comme non avenu.

4. Les parties sont remises dans l'état où elles étaient avant l'arrêté du 4 ventose an 13.

5. L'administration des domaines est condamnée aux dépens.

6. Nos ministres secrétaires d'état de l'intérieur et des finances sont chargés, chacun en ce qui le concerne, de l'exécution de la présente ordonnance.

Ordonnance du 12 août 1818. (3052)

N°. 304.

LIQUIDATION. — DÉCHÉANCE. — PRISE. — RESTITUTION.

La déchéance prononcée par l'article 6 du décret du 28 février 1812, ne s'applique pas à une créance reconnue par jugement du conseil des prises, du 16 juillet 1813, passé en force de chose jugée avec le ministre, lequel jugement ordonne une restitution par l'État d'un navire ou de sa valeur ; cette créance doit être assimilée aux parts de prises formellement exceptées de la déchéance par le décret même ; peu importait donc de dire qu'en fait la créance remonte au 7 avril 1810, époque de la prise, et qu'en droit, l'origine d'une créance date, non du jour où elle a été reconnue, mais du jour où elle a été contractée.

(Propriétaires du navire l'*Océan*.)

LOUIS, etc. ; — Sur le rapport du comité du contentieux ;

Vu la requête à nous présentée au nom des propriétaires du navire Américain l'*Océan* et de sa cargaison, enregistrée au secrétariat du comité du contentieux de notre Conseil d'état, le 8 mai 1818, et tendante à ce qu'il nous plaise,

1°. Annuller la décision de notre ministre secrétaire d'état au département de la marine et des colonies, du 26 mars dernier, qui, attendu l'article 6 du décret du 28 février 1812, leur refuse le remboursement de la valeur dudit navire et de sa cargaison, qui leur avaient été adjugés par décision du conseil des prises du 7 juillet 1813 ;

2°. Ordonner que cette décision recevra son exécution, et que la valeur desdits navire et cargaison leur sera restituée, avec intérêts à compter du jour de la vente ;

Vu la lettre, en date du 3 juin 1818, de notre ministre secrétaire d'état de la marine et des colonies, en réponse à cette requête, par laquelle, considérant que l'origine d'une créance ne date pas du jour où elle est reconnue, mais du jour où elle a été contractée; qu'ainsi, dans l'espèce, l'époque de la prise (7 avril 1818) fixait l'origine de la créance; il est d'avis que la créance dudit navire a été annullée par le décret du 28 février 1812, et qu'il n'y a pas lieu à liquidation;

Vu la décision du conseil des prises, du 7 juillet 1813, qui a ordonné que le navire Américain l'*Océan*, ensemble les marchandises de son chargement, ou à leur défaut leur valeur estimative seront rendus aux propriétaires, et pour la question des dommages et intérêts, met les parties hors de cause;

Vu le décret du 28 février 1812,

Sur la question de savoir si la créance des réclamans a été reconnue;

Considérant que la décision du conseil des prises du 7 juillet 1813, est passée en force de chose jugée, notre ministre ne s'étant pas pourvu contre elle dans les délais du réglement;

Sur la question de savoir si cette créance est comprise parmi celles dont la déchéance a été prononcée par le décret du 28 février 1812;

Considérant que les créances des réclamans doivent être assimilées aux parts de prises formellement exceptées de la déchéance prononcée par ledit décret;

Considérant que ladite décision, du 7 juillet 1813, a prononcé qu'il ne serait accordé ni dommages ni intérêts aux capturés, et qu'ils ne se sont point pourvus dans les délais du réglement contre cette disposition;

Notre Conseil d'état entendu,

Nous avons ordonné et ordonnons ce qui suit:

Art. 1er. La décision de notre ministre secrétaire d'état de la marine et des colonies, du 26 mars 1818, est annullée.

2. La décision du conseil des prises, en date du 7 juillet 1813, sera exécutée suivant sa forme et teneur.

3. Notre ministre secrétaire d'état de la marine et des colonies est chargé de l'exécution de la présente ordonnance.

Ordonnance du 12 août 1818. (3719)

N°. 305.

AGENS DU GOUVERNEMENT. — Garantie constitutionnelle. — Lettre de change. — Tiers-porteurs.

Des effets tirés sur le caissier général des postes à titre d'avances et pour l'exécution d'un marché relatif à un service public, par un agent du gouvernement prenant qualité de caissier et gérant de la correspondance des îles de Corse, etc., sont des actes d'administration, pour raison desquels le tireur des effets ne doit pas être poursuivi en nom personnel, encore que les effets aient passé dans les mains d'un tiers-porteur.

(Le sieur Mancini. — C. — le sieur Ceconi.)

LOUIS, etc.; — Sur le rapport du comité du contentieux;

Vu le rapport qui nous a été présenté par notre garde des sceaux ministre secrétaire d'état de la justice, le 10 octobre 1817, pour qu'il nous plaise annuller un arrêté du préfet du département de la Corse, du 21 juin précédent, par lequel il élève un conflit de juridiction dans une contestation pendante devant la Cour royale de Bastia, entre le sieur Mancini, se disant gérant comptable de l'administration des postes et le sieur Ceconi, qui avait fait, en l'an 10, un marché pour la correspondance des îles de Corse et d'Elbe avec le continent,

Vu le rapport de notre ministre secrétaire d'état des finances, du 6 mai 1818, en réponse à la communication qui lui fut faite du rapport de notre garde des sceaux visé ci-dessus, et par lequel il conclut au maintien dudit arrêté de conflit;

Vu la copie de cinq lettres missives, adressées dans le courant de l'an 10, par le sieur Miot, alors administrateur général en Corse, au sieur Cauquoin, inspecteur des postes, portant autorisation d'organiser le service maritime de la correspondance de la Corse;

Vu le marché conclu, en vertu de cette autorisation, par ledit sieur Cauquoin avec le sieur Cecori, le 28 pluviose an 10, pour le service de ladite correspondance,

Vu le décret du 7 fructidor an 12, qui approuve un arrêté de conflit élevé par le préfet du département du Liamone, le 19 vendémiaire même année, dans une contestation entre ledit sieur Mancini et le sieur Chauvin, porteur d'une lettre de change émise pour le même service;

Vu le jugement du tribunal de commerce du département du Golo, du premier complémentaire an 12, par lequel il se déclare incompétent pour juger la contestation entre lesdits sieurs Mancini et Ceconi;

Vu l'arrêt de la Cour d'appel de Bastia, du 14 vendémiaire an 13, qui confirme le jugement du 1er. complémentaire an 12, et ordonne que les parties plaideront au fond;

Vu l'arrêt par défaut, faute de comparoir, de la Cour royale de Bastia, du 6 mars 1817, qui prononce la péremption d'instance, attendu qu'il n'avait été donné aucune suite à l'arrêt du 14 vendémiaire an 13;

Vu l'arrêt attaqué;

Vu la lettre du sieur Ceconi, du 10 septembre 1817, contenant ses moyens de défense pour faire annuller l'arrêté de conflit;

Considérant qu'il résulte dudit marché que les quatre effets en question ont été souscrits au profit du sieur Ceconi par le sieur Mancini, avec la qualité de gérant et caissier du service maritime de la correspondance des îles de Corse, d'Elbe et Capraja, et tirés par lui sur le caissier général des postes à titre d'avances, et pour l'exécution d'un marché fait par un agent du gouvernement et pour un service public ;

Notre Conseil d'état entendu,

Nous avons ordonné et ordonnons ce qui suit :

Art. 1er. L'arrêté du préfet du département de la Corse, du 21 juin 1817, est confirmé.

2. Le jugement du tribunal de commerce du département du Golo, du 1er. complémentaire an 12, ensemble l'arrêt de la Cour d'appel du 14 vendémiaire an 13, et celui par défaut de la Cour royale de Bastia, du 6 mars 1817, sont regardés comme non avenus.

3. Notre garde des sceaux ministre secrétaire d'état de la justice et notre ministre secrétaire d'état des finances sont chargés, chacun en ce qui le concerne, de l'exécution de la présente ordonnance.

Ordonnance du 12 août 1818. (3063)

N°. 306.

LIQUIDATION ÉTRANGÈRE. — Contentieux. — Commission mixte de liquidation.

Un Belge qui demande l'annullation d'un décret de 1811 et de décisions du ministre des manufactures et du commerce de 1812, s'il s'est pourvu au Conseil d'état, doit, depuis le traité de Paris, se désister de son pourvoi et s'adresser à la commission mixte de liquidation.

(Les sieurs Bauwens et compagnie.)

LOUIS, etc. ; — Sur le rapport du comité du contentieux ;

Vu la requête à nous présentée au nom des sieurs Pierre Bauwens et compagnie, demeurant à Gand ; ladite requête enregistrée au secrétariat du comité du contentieux de notre Conseil d'état, le 12 juin 1818, et tendante à ce qu'il nous plaise annuller un décret du 24 décembre 1811, et deux décisions du ministre des manufactures et du commerce, des 15 janvier et 7 mai 1812 ;

Vu la première requête présentée par les réclamans, le 8 janvier 1816, par laquelle ils s'étaient pourvus, dès cette époque, contre lesdits décrets et décisions ;

Vu la lettre adressée auxdits réclamans le 18 septembre 1816, par le sieur Canneman, conseiller d'état de S. M. le Roi des Pays-Bas, commissaire pour les liquidations étrangères avec la France, par laquelle il décline la compétence de notre Conseil d'état, et annonce qu'il a revendiqué cette affaire ;

Vu la seconde requête des mêmes réclamans, en date du 20 février suivant, par laquelle ils concluent :

« A ce qu'il nous plaise leur donner acte de ce qu'ils se désistent du premier pourvoi, comme ayant été adressé par erreur à une autorité incompétente ; leur permettre de retirer du greffe du comité du contentieux les pièces par eux produites pour les adresser à la commission mixte de liquidation, laquelle se trouve de fait déjà saisie de la réclamation ; »

Considérant que les motifs d'incompétence qui ont donné lieu au désistement des sieurs Bauwens subsistent dans toute leur force ;

Notre Conseil d'état entendu,

Nous avons ordonné et ordonnons ce qui suit :

Art. 1er. Les requêtes des sieurs Pierre Bauwens et compagnie, négocians, sont rejetées.

2. Notre garde des sceaux ministre secrétaire d'état de la justice est chargé de l'exécution de la présente ordonnance.

Ordonnance du 12 août 1818. (2424)

N°. 307.

CHEMIN VICINAL. — Chemin de desserte. — Fontaine. — Voirie.

Le chemin qui conduit d'un village à une fontaine n'est pas présumé chemin vicinal ; il est plutôt présumé chemin de desserte ou de servitude. Une entreprise préjudiciable à un tel chemin, ne donne pas lieu à l'application des lois et réglemens relatifs à la grande ou petite voirie ; il n'y a là qu'une question de propriété ou de servitude, du ressort des tribunaux ordinaires, et non du ressort de l'autorité administrative.

(La dame Destals, veuve Gauzens. — C. — le maire de la commune de Planiolles.)

LOUIS, etc. ; — Sur le rapport du comité du contentieux ;

Vu les requêtes à nous présentées au nom de la dame Marie Destals, veuve Gauzens, propriétaire, demeurant à Murat, commune de Planiolles, département du Lot ; lesdites requêtes enregistrées au secrétariat du comité du contentieux de notre Conseil d'état, les 20 octobre et 29 décembre 1817, et tendantes à ce qu'il nous plaise casser et annuller, pour cause d'incompétence et excès de pouvoir, l'arrêté du conseil de préfecture du département du Lot, du 4 août 1817, pris au profit de la commune de Planiolles, sur une question de propriété ;

Vu l'ordonnance de soit communiqué du 3 novembre 1817, et la signification faite par exploit du 24 janvier 1818, au maire de la commune de Planiolles qui n'a pas répondu ;

Vu l'arrêté attaqué du conseil de préfecture ;

Considérant qu'il s'agit de réprimer des entreprises

faites par la dame veuve Gauzens sur sa propriété, lesquelles entreprises auraient été préjudiciables au chemin qui conduit du village de Mamon à la fontaine de Fouginesque;

Considérant que ce chemin est qualifié par la dame Gauzens petit sentier ou chemin de servitude; que dans l'arrêté attaqué, il est appelé chemin public; et que, dans les pièces produites, rien ne prouve qu'il ait été classé parmi les chemins vicinaux ;

Considérant que, sous le rapport de chemin de desserte ou de chemin de servitude, il n'y avait pas lieu à l'application des lois et réglemens de la grande ou petite voirie ;

Considérant que si le chemin de Mamon à la fontaine de Fouginesque a été endommagé ou dégradé par le fait de la dame Gauzens, la réclamation des habitans ou riverains qui prétendent avoir été troublés dans la jouissance de ce chemin, est une question de propriété qui est du ressort des tribunaux ordinaires ;

Notre Conseil d'état entendu,

Nous avons ordonné et ordonnons ce qui suit :

Art. 1er. L'arrêté du conseil de préfecture du département du Lot, du 4 août 1817, est annullé pour cause d'incompétence, sauf aux parties à se pourvoir devant les tribunaux.

2. Notre garde des sceaux ministre secrétaire d'état de la justice et notre ministre secrétaire d'état de l'intérieur sont chargés, chacun en ce qui le concerne, de l'exécution de la présente ordonnance.

Ordonnance du 12 août 1818. (3064)

N°. 308.

REQUÊTE CIVILE. — Erreur de fait.

Une décision contradictoire rendue par le Conseil d'état peut être attaquée en rétractation par voie d'opposition et de demande en révision, si ce n'est de requête civile, lorsque la première ordonnance a rejeté la demande sur un défaut de production de pièces, et que ces pièces sont ultérieurement produites, pourvu toutefois que les pièces produites soient probantes.

(Le sieur Leyris.)

LOUIS, etc. ; — Sur le rapport du comité du contentieux ;

Vu la requête à nous présentée au nom du sieur Fréderic Leyris, enregistrée au secrétariat du comité du contentieux de notre Conseil d'état, le 17 septembre 1817 ; ladite requête tendante à ce qu'il nous plaise réformer notre ordonnance du 26 mars 1817, attendu les pièces nouvelles produites par le requérant ; en conséquence, déclarer bonne et valable la prise que ledit sieur Leyris expose avoir été faite le 29 octobre 1813, devant le port de Dantzick, d'un navire russe, dit *La Bonne Compagnie*, par le corsaire français l'*Heureuse Tonton*, dont il était armateur ;

Et, en outre, lui adjuger ladite prise, ainsi qu'aux marins composant l'équipage dudit corsaire ;

Vu les pièces déposées au ministère de la guerre, parmi lesquelles se trouvent les papiers de bord du bâtiment capturé, qui constatent que le navire *La Bonne Compagnie*, chargé dans le port de Riga, pour le compte de négocians russes, était destiné pour le port de Suinemende, dans le Meklimbourg ;

Vu les certificats de déchargement de la cargaison dudit navire, dressés du 30 octobre au 10 décembre 1813, par le commis principal de la marine et les autres agens de l'administration militaire à Dantzick ;

Vu le procès-verbal dressé par le sous-commissaire de marine, Gazille, lors de la vente d'une partie de la cargaison du bâtiment capturé ;

Vu notre ordonnance du 26 mars 1817, qui rejette la demande du sieur Leyris, attendu le défaut de pièces constatant la prise ;

Vu le procès-verbal d'enquête, en date du 17 mars 1817 ;

Ensemble les pièces jointes au dossier de cette affaire ;

Considérant que les motifs du rejet prononcé par notre ordonnance du 26 mars 1817, étaient fondés, non-seulement sur ce qu'il n'avait été présenté par le sieur Leyris aucun papier de bord du bâtiment capturé, mais encore sur ce qu'il n'existait aucune preuve de l'instruction nécessaire pour constater la validité de la prise et les droits du capteur ;

Considérant que, bien que le sieur Leyris ait produit les pièces de bord du bâtiment capturé, ces pièces ne peuvent suppléer au défaut de représentation des actes de la procédure et de l'instruction qui devait avoir lieu lors de l'entrée de la prise dans le port de Dantzick ;

Que les certificats et procès-verbaux de déchargement du navire *La Bonne Compagnie*, dressés par les agens de l'administration, à Dantzick, présentent des contradictions sur la désignation et la qualité du capteur ;

Considérant, enfin, qu'il n'appert des pièces nouvelles produites, aucune preuve légale de la légitimité des droits du sieur Leyris, et que leurs contradictions et leur insuffisance ne permettent pas de revenir contre les dispositions de l'ordonnance du 26 mars 1817 ;

Notre Conseil d'état entendu,

Nous avons ordonné et ordonnons ce qui suit :

Art. 1er. La requête du sieur Leyris est rejetée.

2. Nos ministres secrétaires d'état de la guerre et de la marine et colonies sont chargés, chacun en ce qui le concerne, de l'exécution de la présente ordonnance.

Ordonnance du 26 août 1818. (2445)

N°. 309.

PROFESSION. — Police. — Contentieux. — Marchand de vins. — Ministre d'état. — Ministre secrétaire d'état.

La décision du préfet de police (lequel est ministre d'état) portant interdiction à un particulier de continuer à Paris la profession de marchand de vins, ne peut être dénoncée au Conseil d'état par la voie contentieuse, qu'après que le réclamant aura soumis l'arrêté attaqué à l'examen et à la décision du ministre secrétaire d'état dont ressortissent les ordonnances de police rendues en pareille matière.

(Le sieur Damiron.)

Par suite d'un procès-verbal des préposés des contributions indirectes du 5 octobre 1816, le sieur Damiron, marchand de vins à Paris, fut traduit au tribunal correctionnel, comme prévenu de complicité avec le sieur Beaugrand, ancien brasseur, d'avoir fabriqué et falsifié des vins, en contravention à l'art. 36 de l'ordonnance royale du 9 décembre 1814.

Le 25 du même mois, jugement qui ordonne que les liquides saisis seront soumis à la vérification de trois experts chimistes.

Le 17 janvier 1817, nouveau procès-verbal contre le sieur Damiron, pour contravention de même nature. Sur quoi, second jugement du 7 février, ordonnant une nouvelle expertise à l'effet de connaître la nature des liquides, et de savoir si ceux antérieurement saisis chez le sieur Beaugrand étaient entrés en tout ou en partie dans la composition frauduleuse imputée au sieur Damiron.

Sur le rapport des experts, jugement du 8 mai 1817, qui ordonne que les vins seront remis provisoirement au propriétaire, à charge par lui de fournir caution.

Une autre plainte en falsification de vins avait été portée contre le sieur Damiron devant le tribunal de simple police, qui, après avoir nommé d'office deux experts et avoir entendu leur rapport, déclara, par jugement du 24 mai 1817, qu'il n'existait pas de contravention, renvoya Damiron hors de cause, et ordonna la restitution des vins saisis, toutefois à la charge du cautionnement exigé par le tribunal correctionnel, attendu l'instance liée en ce tribunal.

Enfin, le 4 juillet 1817, jugement définitif et contradictoire du tribunal correctionnel qui fait main-levée des saisies, ordonne la restitution définitive des vins, et condamne l'administration des impôts indirects aux dommages-intérêts envers Damiron et aux dépens.

L'administration se pourvut par appel, mais une transaction entre les parties termina le débat.

Le 13 septembre 1817, une saisie de vins présumés falsifiés eut lieu de nouveau dans les magasins du sieur Damiron à Bercy; mais sur la déclaration que ces vins appartenaient à un autre marchand, et attendu l'intervention de celui-ci, le tribunal de police de Charenton, qui avait été saisi de l'affaire, mit, par jugement du 5 décembre suivant, le sieur Damiron hors de cause.

Cependant, le 16 août une autre saisie eut encore lieu dans un autre magasin du sieur Damiron à Paris, et le tribunal de police fut de nouveau saisi d'une plainte contre le délinquant.

C'est dans cet état de choses que M. le préfet de police a rendu, le 30 septembre 1817, une ordonnance par laquelle, sur le vu des procès-verbaux des 16 et 17 août, constatant la contravention du sieur Damiron, ainsi que sur le vu des rapports de l'inspecteur général des boissons, et sur le motif,

1°. Qu'antérieurement à ces procès-verbaux il en avait été dressé d'autres, et qu'il avait été fait plusieurs rapports contre le sieur Damiron pour des contraventions du même genre;

2°. Que, par l'art. 11 du décret du 15 décembre 1813, il est défendu à toutes personnes faisant à Paris le commerce de vins, « de les fabriquer, altérer ou falsifier; d'avoir dans leurs caves des vins de la pressée, eaux colorées et préparées, et aucunes matières quelconques propres à falsifier ou mixtionner les vins ou liqueurs, sous les peines portées aux articles 318, 475 et 476 du Code pénal, et en outre sous peine de fermeture de leurs établissemens, par ordonnance du préfet de police. »

Par l'article 1er. il défend au sieur Damiron « de continuer la profession de marchand de vins dans le ressort de la préfecture de police, et déclare son nom rayé des registres d'inscription des marchands de vins. »

Les art. 2 et 3 prescrivent la fermeture de ses établissemens.

L'art. 4 ordonne le transport à l'entrepôt général de tous les liquides et vins existans dans ses établissemens à Paris.

Enfin, par l'art. 5, il lui est enjoint de faire vendre ses marchandises.

Le sieur Damiron s'est pourvu au Conseil d'état contre cette ordonnance.

Dans ses moyens il a soutenu,

1°. Que l'ordonnance attaquée le frappait pour des contraventions à raison desquelles il avait été cité judiciairement; et quant à l'une, renvoyé absous avec dépens, dommages et intérêts; pour l'autre, mis hors de cause, les objets saisis ayant été reconnus ne pas lui appartenir;

2°. Que le troisième motif de cette ordonnance se rapportait à un fait encore soumis au jugement des tribunaux; d'où il suivait que ses droits étaient entiers;

3°. Que l'art. 11 du décret du 15 décembre 1813, dans la partie relative à la fermeture des magasins, n'était applicable qu'au cas où un jugement antérieur aurait déclaré un marchand de vins coupable des délits prévus par cet article; qu'ainsi il fallait que le cercle de l'action publique eût été parcouru; que la convention fût judiciairement prononcée; que la peine correspondante eût été appliquée, pour qu'une mesure de police atteignît le marchand et l'obligeât à fermer ses magasins, qu'*à fortiori* lorsque le prévenu avait été renvoyé absous, ou lorsque la contestation était encore indécise, la police ne pouvait ni contrarier l'exécution de ce qui avait été jugé, ni prendre l'initiative sur ce qui ne l'était pas encore; parce qu'en cette matière son action, ses pouvoirs ne commençaient que là où l'action et les pouvoirs des tribunaux étaient épuisés;

4°. Qu'un marchand, quel qu'il soit, pourvu d'une patente, ne pouvait être interdit de sa profession que par un jugement, et qu'une mesure de police ne pouvait l'en priver;

5°. Qu'enfin, une simple ordonnance de police ne pouvait pas prescrire le déplacement de marchandises qui avaient satisfait aux droits imposés par l'Etat et obliger le propriétaire à les vendre.

Sur ce pourvoi est intervenue l'ordonnance suivante:

LOUIS, etc.; — Sur le rapport du comité du contentieux;

Vu la requête à nous présentée au nom du sieur Damiron, marchand de vins, demeurant à Paris, rue Saint-Louis au Marais, n°. 40; ladite requête enregistrée au secrétariat du comité du contentieux de notre Conseil d'état, le 5 janvier 1818, et tendante à ce qu'il nous plaise annuller une ordonnance de notre ministre d'état préfet de police, du 30 septembre 1817, qui interdit au requérant de continuer la profession de marchand de vins dans le ressort de la préfecture de police, ordonne que son nom sera rayé des registres tenus à la préfecture pour l'inscription des marchands de vins, que ses établissemens seront fermés, et que tous les vins, eaux-de-vie et liqueurs de toute espèce qui se trouveront dans lesdits magasins seront transportés à l'entrepôt général, pour y être vendus par tel commissionnaire que ledit sieur Damiron voudra choisir;

Vu la requête ampliative dudit réclamant, enregistrée audit secrétariat du comité du contentieux le 24 mars dernier;

Vu le rapport de notre ministre d'état préfet de police, en réponse à la communication qui lui a été donnée desdites requêtes;

Considérant qu'avant de se pourvoir par-devant notre Conseil d'état, le requérant aurait dû soumettre l'arrêté attaqué à l'examen et à la décision de notre ministre secrétaire d'état dont ressortissent les ordonnances de police rendues en pareille matière;

Notre Conseil d'état entendu,

Nous avons ordonné et ordonnons ce qui suit:

Art. 1er. La requête du sieur Damiron est rejetée, sauf à lui à se pourvoir devant notre ministre secrétaire d'état de l'intérieur contre l'ordonnance qu'il attaque, pour ensuite y être statué, s'il y a lieu, par nous en notre Conseil d'état.

2. Notre ministre secrétaire d'état de l'intérieur est chargé de l'exécution de la présente ordonnance.

Ordonnance du 26 août 1818. (3088)

N°. 310.

CHEMIN DE HALAGE. — CONSEIL DE PRÉFECTURE. — INDEMNITÉ PRÉALABLE.

Un conseil de préfecture n'a pas d'attribution pour frapper de servitude des propriétés particulières en ordonnant l'établissement d'un chemin de halage; c'est au préfet à reconnoître l'utilité du chemin de halage et d'ordonner les mesures nécessaires pour son exécution.

La création d'un chemin de halage peut-elle avoir lieu sans une indemnité préalable pour les propriétaires dont les fonds sont grevés de servitude?

(Le sieur Lucron et consorts. — C. — le sieur Dufour et consorts.)

LOUIS, etc.; — Sur le rapport du comité du contentieux.;

Vu la requête à nous présentée au nom des sieurs Lucron, Cheze et autres habitans de la ville de Lyon, ladite requête enregistrée au secrétariat du comité du contentieux de notre Conseil d'état, le 1er. décembre 1817, et tendante à ce qu'il nous plaise les recevoir appelans d'un arrête du conseil de préfecture du département du Rhône, en date du 26 juin 1817, qui frappe leurs propriétés d'une servitude, en ordonnant l'établissement d'un chemin de halage qui n'existait pas; statuant sur l'appel, casser et annuller ledit arrêté, comme renfermant un excès de pouvoir et en tous cas, comme consacrant une injustice;

Ce faisant, ordonner la suppression du chemin de halage dont leurs héritages ont été indûment grevés, et par suite autoriser les exposans à replanter les arbres qui ont été détruits en vertu de l'arrêté dénoncé;

Subsidiairement, et en supposant que l'affaire ne fût pas suffisamment instruite, il nous plaise, avant faire droit, dire que, par l'ingénieur en chef du département le plus voisin, ou mieux encore, par l'inspecteur-général des ponts et chaussées en tournée, il sera, en présence des intéressés, ou du moins après les avoir dûment appelés, procédé à une vérification des lieux contentieux, pour, sur le rapport à intervenir, être statué ce qu'il appartiendra;

Autoriser les exposans à se pourvoir par les voies de droit, tant contre le sieur Dufour, fermier du bac d'Irigny, que contre tous autres, à raison de la dévastation commise sur leurs propriétés;

Condamner les défendeurs aux dépens du procès ;

Vu l'ordonnance de soit communiqué en date du 27 décembre 1817, et la signification faite de la requête et de ladite ordonnance le 2 février 1818, à laquelle signification il n'a pas été répondu ;

Vu l'arrêté du conseil de préfecture du département du Rhône, du 13 mai 1812, qui, entre autres dispositions, rejette la demande faite de laisser depuis la Damette jusqu'au port d'Irigny, un passage libre le long du Rhône, sur une largeur de trois mètres et un tiers; et, en conséquence d'abattre, dans un délai déterminé, tous les arbres qui seraient sur cet espace;

Vu l'arrêté du conseil de préfecture, du 26 juin 1817, portant que le fermier du bac est autorisé à prendre sur le bord de la rive un halage de la largeur d'un mètre et demi, sur la longueur d'environ deux cent cinquante mètres, et même à couper et arracher, sans pouvoir enlever ni s'approprier les haies, souches ou arbres qui nuiraient ou s'opposeraient au facile halage dudit bac ;

Vu toutes les pièces jointes au dossier ;

Considérant que les conseils de préfecture n'ont pas le droit de réformer leurs décisions contradictoires et que ce droit n'appartient qu'à l'autorité supérieure ;

Considérant que les conseils de préfecture sont compétens pour statuer sur les contraventions en matière de grande voirie ; mais que, dans l'espèce, il n'y avait pas eu de contravention, que ce n'était pas au conseil de préfecture, mais au préfet à reconnaître préalablement l'utilité du chemin de halage et à ordonner les mesures nécessaires pour son exécution, sauf le recours à notre ministre de l'intérieur et ensuite à notre Conseil d'état ;

Notre Conseil d'état entendu,

Nous avons ordonné et ordonnons ce qui suit :

Art. 1er. L'arrêté du conseil de préfecture du département du Rhône, du 26 juin 1817, est annullé pour cause d'incompétence et excès de pouvoir.

2. Les réclamans se pourvoiront, si bon leur semble et devant qui de droit, à raison de la prétendue dévastation commise sur leurs propriétés.

3. Notre ministre secrétaire d'état de l'intérieur est chargé de l'exécution de la présente ordonnance.

Ordonnance du 26 août 1818. (3099)

N°. 311.

ERREUR DE FAIT ET DE DROIT. — RÉVISION. — DÉCISION CONTRADICTOIRE. — MESSAGERIES.

Une décision contradictoire du Conseil d'état peut être retractée par voie d'opposition ou de demande en révision, si ce n'est de requête civile, lorsque la première ordonnance était fondée sur l'existence et l'effet de réglemens de police qui, dans la réalité, n'existaient plus, étant annullés par un décret.

Ainsi décidé relativement à des amendes prononcées par le conseil de préfecture du département du Nord, contre les administrateurs des messageries de l'Eclair, en application du réglement du 6 décembre 1806, lequel réglement a été annullé par décret du 14 janvier 1814.

(Les administrateurs des messageries de l'Eclair.)

Par divers arrêtés du conseil de préfecture du département du Nord, en date des 11, 18, 20, 29 janvier, 10 février et 8 mars 1813, les administrateurs des messageries de l'Eclair furent condamnés pour avoir fait circuler, dans un temps de dégel, sur les routes du département du Nord, des voitures ayant un chargement qui excédait 2000 kilogrammes, poids fixé par arrêté du préfet du même département, du 6 décembre 1806, à une amende de 300 francs par chaque contravention.

Sur le pourvoi exercé au Conseil d'état par les administrateurs des messageries, contre l'un de ces arrêtés, celui du 10 février 1813, est intervenu le 8 janvier 1817, une ordonnance royale ainsi conçue :

« Considérant que l'arrêté du préfet du département du Nord est un réglement de police dont les entrepreneurs de la voiture, dite de l'Eclair, ne sont pas recevables à poursuivre l'annullation par voie contentieuse ;

» Que lesdits entrepreneurs n'allèguent aucun moyen contre l'application dudit réglement au cas particulier qui fut l'objet de l'arrêté du conseil de préfecture, du 10 février 1813, et que ladite application a été régulièrement faite ;

» La requête des entrepreneurs des messageries de l'Eclair est rejetée. »

Alors les réclamans ignoraient l'existence d'un décret du 14 janvier 1814, qui avait annullé, comme ayant fait une fausse application des lois, les arrêtés du préfet du Nord, sur le poids des messageries, ainsi que les décisions du conseil de préfecture du même département qui, par suite, avaient prononcé des condamnations.

Voici la teneur de ce décret :

« Vu la loi du 29 floréal an 10, portant, art. 6 : le roulage peut être momentanément suspendu pendant les jours de dégel, sur les chaussées pavées, d'après l'ordonnance des préfets de département ;

» Vu les ordonnances des préfets des départemens du Nord et de Jemmapes, des 6 décembre 1806 et 9 janvier 1809, qui appliquent aux voitures des messageries les dispositions de l'article ci-dessus de la loi du 29 floréal an 10, et l'article de l'ordonnance du préfet de Jemmapes, qui prononce une amende de 1000 fr. contre les contrevenans; les arrêtés des conseils de préfecture des départemens du Nord et de Jemmapes, prononçant des amendes contre les administrateurs des messageries, conformément auxdits arrêtés, d'après des procès-verbaux adressés;

» Considérant que l'art. 6 de la loi du 29 floréal an 10 n'a parlé que du roulage et non des messageries; que le motif de cette distinction est tiré de la différence qui existe entre le roulage et les messageries, de la nécessité de ne pas interrompre le service des messageries pour les individus, le transport de l'argent, pour le trésor et ses agens, et même pour le commerce;

» Qu'il ne passe habituellement, sur la plus grande partie des routes, dans une journée, que deux voitures de messageries, allant et venant sur chaque route, tandis qu'il passe un grand nombre de voitures de roulage;

» Nous avons décrété, etc.

» Les arrêtés des préfets des départemens du Nord et de Jemmapes, des 6 décembre 1806 et 9 janvier 1809, en ce qu'ils appliquent aux voitures des messageries l'art. 9 de la loi du 29 floréal an 10, ensemble *les arrêtés des conseils de préfecture desdits départemens qui prononcent des condamnations* contre les administrateurs des messageries de la rue Notre-Dame-des-Victoires, en conformité desdits arrêtés, sont regardés comme non avenus. »

Les administrateurs des messageries se sont de nouveau adressés au Conseil d'état, et produisant le décret du 14 janvier 1814, ils ont demandé, outre l'annullation des arrêtés à l'égard desquels il n'avait rien été statué, la réformation de l'ordonnance royale du 8 janvier 1817, qui avait maintenu l'arrêté du 10 février 1813;

Ils ont représenté que c'était par erreur et dans l'ignorance où était le Conseil d'état de l'existence du décret du 14 janvier 1814 que leur premier pourvoi avait été rejeté, que ce pourvoi était même sans objet à l'époque où il avait été jugé, puisque s'ils l'eussent retiré ils auraient été à l'abri de toutes poursuites en vertu du décret précité;

Qu'au surplus il n'avait été prononcé que sur une seule condamnation, celle du 10 février 1813, et que tout était entier à l'égard des autres;

Qu'ainsi le receveur des domaines à Lille n'était pas fondé à réclamer, comme il l'avait fait, le montant de toutes les amendes.

La direction générale des ponts et chaussées, à qui le pourvoi a été communiqué, a opposé à ces moyens que lors du premier pourvoi, la régularité des actes attaqués avait été établie; qu'une ordonnance royale du 23 décembre 1816 avait consacré les principes sur lesquels le réglement du préfet du Nord du 6 décembre 1806 était basé, c'est-à-dire que l'art. 6 de la loi du 29 floréal an 10 était applicable aux messageries comme au roulage, et avait interdit aux messageries la facilité de circuler sur les routes en temps de dégel lorsque leur poids excéderait 1800 kilogrammes.

On a prétendu en outre que le décret du 14 février 1814 consacrait une fausse doctrine, qu'il ne pouvait être considéré que comme un acte de faveur; qu'il ne pouvait établir et n'établissait point une règle invariable, et que si pour ne point revenir sur une chose déjà jugée l'administration publique ne demandait pas qu'il fût réformé, ses dispositions devaient être oubliées.

Ce décret consacre une fause doctrine, disait-on; en effet, la loi du 29 floréal an 10, qu'il dit n'être point applicable aux messageries, porte pour titre: « Loi relative au poids des voitures employées au » roulage et *messageries*; » et l'art. 6 de cette loi est ainsi conçu: « Le roulage pourra être momentanément » suspendu pendant les jours de dégel sur les chaus- » sées pavées. » Le mot *roulage* employé par la loi a deux acceptions différentes, il signifie facilité de rouler, et transport de marchandises sur des voitures à roues.

Pris dans la première acception, la rédaction de l'article 6 équivaut à celle-ci: la facilité de rouler pourra être momentanément suspendue pendant les jours de dégel sur les chaussées pavées; ce qui est applicable à toutes les voitures mentionnées dans la loi, c'est-à-dire aux voitures employées au roulage et aux messageries.

Si l'on prend le mot *roulage* dans sa seconde acception, le sens de l'art. 6 est celui-ci: le transport des marchandises sur des voitures à roues pourra être momentanément suspendu, etc. ou la circulation des voitures à roues faisant le transport des marchandises pourra être momentanément suspendue.

Il ne s'agit plus que de savoir, ajoutait-on, si les messageries sont des voitures faisant le transport des marchandises, et c'est un fait de notoriété publique qui n'a pas besoin d'être constaté; ainsi, quel que soit le sens que l'on donne au mot *roulage*, l'art. 6 de la loi du 29 floréal an 10 est applicable aux messageries, le décret du 14 janvier 1814 ne pouvait déclarer le contraire, il le devait d'autant moins, qu'en ne s'attachant qu'à l'esprit de la loi, au but dans lequel elle avait été rendue, celui de préserver les routes des dégradations auxquelles les exposaient les surcharges du roulage et des messageries, on voit qu'elle autorise les messageries à prendre les mêmes chargemens que le roulage, et que jugeant ces derniers nuisibles en temps de dégel, elle n'avait pu considérer ceux des messageries comme sans danger pour les routes; car un poids de 450 myriagrammes porté par une diligence ou par une voiture de roulage à quatre roues devait produire le même effet, toutes choses égales d'ailleurs.

Le décret du 14 janvier ne peut être considéré que comme un acte de faveur, continuait-on, et ce qui lui donne ce caractère, c'est qu'il est rendu en opposition de la loi, au détriment de l'État, dans l'intérêt d'une entreprise particulière qu'on accuse de violer les lois et réglemens relatifs à la police des routes.

Enfin, ce décret ne pouvait établir et n'établit point une règle invariable ; il ne le pouvait puisqu'il est contraire à la loi ; il ne l'établit pas, parce qu'il est rapporté de fait par les ordonnances des 23 décembre 1816 et 8 janvier 1817 ; comme acte irrégulier, les réclamans ne peuvent en invoquer les dispositions, et si on ne consentait à les oublier, il y aurait lieu à les réformer dans l'intérêt des principes.

Ces objections n'ont point prévalu ; les arrêtés attaqués ont été annullés par l'ordonnance suivante :

LOUIS, etc. ; — Sur le rapport du comité du contentieux ;

Vu la requête à nous présentée au nom des administrateurs des messageries de l'Eclair, poursuites et diligences du sieur Boulogne, leur directeur à Lille ; ladite requête enregistrée au secrétariat du comité du contentieux de notre Conseil d'état, le 14 août 1817, et tendante à l'annullation de seize arrêtés du conseil de préfecture du département du Nord, en dates des 11, 18, 20, 29 janvier, 10 février et 8 mars 1813, et de tous autres qui auraient prononcé des amendes contre eux, en exécution de l'arrêté du préfet dudit département, du 6 décembre 1806, pour contravention à cet arrêté et excès de chargement pendant le temps de dégel ; ladite requête tendante, en outre, à ce que notre ordonnance du 8 janvier 1817, qui avait rejeté le pourvoi formé contre le susdit arrêté du 10 février 1813, soit rapportée ;

Vu les arrêtés attaqués et notre susdite ordonnance du 8 janvier 1817 ;

Vu la lettre adressée à notre garde des sceaux ministre secrétaire d'état de la justice, par le directeur général des ponts et chaussées, le 5 décembre 1817, en réponse à la communication qui lui avait été donnée de la susdite requête, et dans laquelle il conclut à son rejet ;

Vu la réplique des administrateurs des messageries de l'Eclair, par laquelle ils déclarent persister dans leurs précédentes conclusions ;

Vu le décret du 14 janvier 1814 et notre ordonnance du 23 décembre 1816 ;

Ensemble toutes les pièces jointes au dossier ;

Considérant que notre ordonnance du 8 janvier 1817 s'est bornée à déclarer que les requérans n'étaient pas recevables à attaquer, par la voie du contentieux, le réglement de police administrative fait par le préfet du département du Nord, le 6 décembre 1806 ;

Mais que les requérans ayant postérieurement justifié que, par un décret du 14 janvier 1814, le susdit arrêté du préfet du département du Nord a été annullé ;

Qu'il en résulte que les condamnations fondées sur cet arrêté sont nulles et sans effet ;

Notre Conseil d'état entendu,

Nous avons ordonné et ordonnons ce qui suit :

Art. 1er. Les arrêtés du conseil de préfecture du département du Nord, des 11, 18, 20 et 29 janvier, 10 février et 8 mars 1813, et tous autres pris contre les requérans, en exécution de l'arrêté du préfet dudit département du 6 décembre 1806, sont annullés.

2. Nos ministres secrétaires d'état de l'intérieur et des finances sont chargés, chacun en ce qui le concerne, de l'exécution de la présente ordonnance.

Ordonnance du 26 août 1818. (3085)

N°. 312.

1°. DECRET CONTRAIRE A LA LOI.—INTERPRÉTATION.

2°. EXPROPRIATION POUR CAUSE D'UTILITÉ PUBLIQUE. — COMMUNE. — METZ. — TERRAIN MILITAIRE.—INDEMNITÉ PRÉALABLE.

1°. *Les décrets ou ordonnances d'exécution doivent, autant que possible, être interprétés dans le sens de la loi.*

2°. *Si l'administration entreprend des établissemens pour lesquels elle ait besoin d'un terrain appartenant à une commune, elle doit préalablement se conformer à la loi du 8 mars 1810, sur les expropriations pour cause d'utilité publique. Ainsi est annullable une décision du ministre de la guerre qui, sans indemnité préalable, étend les limites du terrain militaire sur un emplacement attribué par une loi à la ville de Metz pour son agrandissement.* (Loi du 5 fructidor an 5, décret du 24 décembre 1811.)

(La ville de Metz.)

LOUIS, etc. ; — Sur le rapport du comité du contentieux ;

Vu la requête à nous présentée au nom de la ville de Metz, département de la Moselle, représentée par son maire, en vertu d'une délibération du conseil municipal du 12 mars 1817 ; ladite requête enregistrée au secrétariat du comité du contentieux de notre Conseil d'état le 24 mai 1817, et tendante à obtenir le redressement de plusieurs griefs reprochés au département de la guerre ;

Vu le mémoire en réponse de notre ministre secrétaire d'état au département de la guerre, enregistré audit secrétariat du comité du contentieux le 3 avril 1818, et tendant à faire décider que la commune de Metz soit déclarée sans qualité et sans droit pour réclamer les terrains destinés à la formation des îles de maison du quartier neuf, projetées dans l'emplacement de la citadelle, et qui sont demeurés propriété libre de l'Etat jusqu'au décret du 4 janvier 1813, dont les dispositions, sans leur donner une destination fixe, les a affectés d'une réserve éventuelle pour les besoins du service militaire ;

Que ladite commune soit déclarée non-recevable dans sa demande tendante à établir un chantier de bois, ou à changer la nature des promenades dont l'emplacement lui a été concédé par la loi du 5 fructidor an 5, ou à disposer du sol des rues ou voies publiques dont la propriété ne lui a pas été transférée par cette loi, sauf à elle à se pourvoir administrativement pardevant le ministre de l'intérieur, pour que les plans des places publiques dressés, tant par la ville que par le génie militaire, soient examinés par la commission mixte des travaux publics, conformément à l'art. 75 du décret du 24 décembre 1811, et selon le mode d'exécution prescrit par l'ordonnance du 18 septembre 1816, dont les dispositions remplacent, en les modifiant, celles des arrêtés ou décrets relatés dans ledit article ;

En ce qui concerne l'île du Sauley et le bâtiment des hautes grilles, dit des Pucelles, la ville de Metz n'ayant pris aucunes conclusions, le ministre de la guerre s'est cru dispensé d'en prendre, et n'a fourni que des renseignemens ;

Vu la réplique de la ville de Metz, enregistrée audit secrétariat du comité du contentieux le 29 mai 1818, et qui conclut à ce qu'il nous plaise annuller la décision ministérielle du 31 janvier 1817, et celles qui peuvent avoir été rendues, et qui n'ont pas été notifiées à l'administration municipale de la ville de Metz; en conséquence, maintenir la ville,

1°. Dans la propriété, possession et jouissance de tous les terrains à elle concédés par la loi du 5 fructidor an 5 (22 août 1797), suivant le plan approuvé et annexé à cette loi ;

2°. La maintenir également dans le droit d'exercer la police sur tous les autres terrains dont la vente est prescrite par la même loi ;

3°. Ordonner que la ville sera réintégrée dans la propriété et jouissance de l'emplacement des chantiers de bois dans l'isle du Sauley ;

4°. Et dans la propriété et jouissance de la maison dite la Chamoiserie ou des Pucelles, acquise par la ville, en vertu de lettres-patentes du mois de juillet 1776, pour l'établissement d'une machine hydraulique ; et faire défenses à qui que ce soit de troubler la ville dans la propriété, possession et jouissance des biens et droits ci-dessus énoncés ;

Vu les ordres donnés en 1790, par le ministre de la guerre, pour la démolition des deux fronts de la citadelle de Metz, du côté de la ville, et l'autorisation aux officiers municipaux de faire travailler à cette démolition ;

Vu la loi du 5 fructidor an 5, qui autorise l'établissement d'un quartier neuf dans l'emplacement de la ci-devant citadelle de Metz ;

Vu la décision du ministre de la guerre, du 2 prairial an 6, portant que la municipalité peut, dès à présent, entrer en possession des terrains libres, formant, au plan annexé à la loi de l'an 5, les îles côtées 10, 11, 12 et 13, ainsi que du terrain longeant les mêmes îles et que doit occuper la promenade projetée dans ce plan; et qu'avant de prononcer sur l'utilité ou l'inutilité de la conservation des bâtimens militaires occupant le surplus du terrain de la citadelle, on attendra le rapport à faire sur cet objet par une des commissions mixtes, chargées du travail relatif aux places de guerre à supprimer ou conserver ;

Vu le décret du 4 janvier 1813, qui accorde à la ville de Metz, à mesure de leur inutilité, les bâtimens militaires de la ci-devant citadelle, à la charge de les démolir, et sous la réserve du terrain qu'ils occupent ;

Vu la décision ministérielle attaquée, du 31 janvier 1817, portant entre autres dispositions, que les limites du terrain militaire intérieur de la place de Metz, du côté des fronts conservés de la citadelle, seront établies de la manière indiquée au plan du génie, côté B; que l'administration municipale sera tenue de faire cesser immédiatement toute espèce d'approvisionnement de bois sur l'emplacement de l'ancien bastion de gauche de la citadelle, et de le faire entièrement évacuer, afin que les troupes de la garnison puissent jouir, à dater de cette époque, de la totalité de cet emplacement pour s'y exercer ;

Vu les plans produits par le ministre de la guerre et par la ville de Metz ;

Vu la loi du 10 juillet 1791, sur la conservation des places de guerre et la police des fortifications ; la loi du 8 mars 1810, sur les expropriations forcées pour cause d'utilité publique; le décret du 24 décembre 1811, sur le service des places, et notre ordonnance du 18 septembre 1816, sur la commission mixte des travaux publics ;

Vu toutes les pièces jointes au dossier ;

Considérant que, par suite de la suppression de l'ancienne citadelle de Metz, la loi du 5 fructidor an 5 a ordonné la formation d'un quartier neuf sur son emplacement ; que le terrain destiné aux promenades tracé sur le plan annexé à ladite loi, a été concédé gratuitement à la ville de Metz, que le surplus de l'emplacement a été divisé en treize îles ou masses réservées pour des constructions particulières, et dont le sol devait être aliéné suivant le mode prescrit pour la vente des domaines nationaux ;

Considérant qu'une partie de ce projet a reçu son exécution, et que les îles côtées 11, 12, et 13 ont été concédées et distraites de la masse entière ;

Considérant que les autres îles sont en partie occupées par d'anciens édifices appartenant au département de la guerre, lesquels n'étant encore ni démolis, ni remplacés, ont fait obstacle à l'exécution du projet sur cette partie du terrain ;

Considérant que, par la décision du ministre de la guerre du 2 prairial an 6, la ville de Metz a été autorisée à entrer en possession de l'île côtée n°. 10, ainsi que de tout le terrain à elle concédé pour ses promenades; mais qu'il n'appartenait pas au ministre de disposer de la susdite île réservée par la loi pour être vendue comme propriété nationale ;

Considérant que le décret du 4 janvier 1813 ne déroge point à la loi du 5 fructidor an 5, puisqu'en même temps qu'il dispose au profit de la ville de Metz, des matériaux de démolition des édifices en ruine, il fait la réserve du sol, et que, sous ce rapport, il concourt à l'exécution de cette loi;

Considérant que le projet conçu par la ville de Metz, de former un vaste chantier de bois, et par suite une place royale, occuperait une partie des promenades à elle concédées par la loi de l'an 5, et de plus l'île n°. 10 et une partie de l'isle n°. 9, lesquelles ont été réservées par ladite loi pour être vendues nationalement ;

Considérant que le projet conçu par le département de la guerre, de former une grande place de manœuvre pour les troupes de la garnison, occuperait les îles n°. 10 et 9 destinées à être vendues nationalement, et une partie des promenades dont la ville a été rendue propriétaire par la loi de l'an 5;

Considérant que l'un et l'autre de ces projets porteraient atteinte aux dispositions de la loi de l'an 5;

Considérant que dans le cas où le département de la guerre obtiendrait l'autorisation de faire sur le sol concédé à la ville des établissemens quelconques, il devra préalablement se conformer à la loi du 8 mars 1810, sur les expropriations forcées pour cause d'utilité publique, et qu'en cas de non conciliation avec la ville, les difficultés, tant sur la question de propriété que sur la fixation des indemnités, devront être portées devant les tribunaux.

En ce qui concerne le terrain prétendu militaire de la ci-devant citadelle de Metz ;

Considérant que l'art. 55 du décret du 24 décembre 1811, relatif au terrain militaire des citadelles, n'est pas applicable à l'espèce ;

Que le terrain militaire environnant le quartier neuf, créé par la loi du 5 fructidor an 5, est déterminé par l'art. 54 du décret de 1811, et que dès-lors les attributions respectives des parties sont réglées par l'art. 75 dudit décret de 1811, qui a admis l'action de l'autorité municipale, et fixé les limites de la police civile.

En ce qui concerne les prétentions élevées par la ville de Metz sur la propriété de l'île du Sauley et de la maison des chamoiseurs ;

Considérant que toutes les questions de propriété, de déchéance ou de prescription rentrent dans les attributions des tribunaux ordinaires;

Notre Conseil d'état entendu,

Nous avons ordonné et ordonnons ce qui suit:

Art. 1er. La décision ministérielle du 31 janvier 1817, est annullée, en ce qu'elle étend les limites du terrain militaire sur l'emplacement d'un quartier neuf créé par la loi du 5 fructidor an 5, pour l'agrandissement de la ville de Metz, et en ce qu'elle dispose des propriétés cédées à cette ville par ladite loi, ainsi que des îles 9 et 10 réservées pour être vendues comme propriétés nationales.

2. Quant aux propositions faites par le ministre de la guerre et par la ville de Metz, d'apporter des changemens au plan approuvé par la loi de l'an 5, lesdits projets de changement, après avoir été contradictoirement discutés sur les lieux, seront soumis à notre apppobation dans les formes prescrites par notre ordonnance du 18 septembre 1816, sur la commission mixte des travaux publics, pour, ensuite, être statué ce qu'il appartiendra.

3. En cas de non conciliation entre le département de la guerre et la ville de Metz, sur les questions de propriété, de prescription et de déchéance qui les divisent et sur la fixation des indemnités par suite d'expropriation forcée pour cause d'utilité publique, les parties sont renvoyées devant les tribunaux ordinaires.

4. Nos ministres secrétaires d'état de l'intérieur et de la guerre sont chargés, chacun en ce qui le concerne, de l'exécution de la présente ordonnance.

Ordonnance du 26 août 1818. (3082)

N°. 313.

LIQUIDATION. — Déchéance. — Dette publique. — Droit acquis. — Expectative.

Un particulier à qui une loi avait promis une partie indéterminée du terrain de la Bastille, s'il n'a pas fait déterminer cette portion par un décret particulier ultérieur, aux termes de la loi, a eu moins un droit acquis qu'une simple expectative, moins une propriété territoriale qu'une créance pécuniaire; dès-lors il se trouve dans la classe des créances antérieures à l'an 9, qui sont frappées de déchéance d'après les lois des 15 janvier 1810, 28 avril 1816 et 25 mars 1817.

(Le sieur Palloy.)

En 1789, le sieur Palloy, architecte, fut chargé de la démolition de la Bastille.

Cette démolition opérée laissait vide un vaste terrain.

Le 16 juin 1792 fut rendu un décret sanctionné par le Roi le 27 du même mois, portant qu'il serait formé sur ce terrain une place au milieu de laquelle serait érigé un monument.

L'article 6 de cette loi est ainsi conçu :

« L'assemblée nationale voulant donner à Pierre-» François Palloy un témoignage de la reconnaissance » publique, lui *accorde* une portion des terrains qui

» forment l'emplacement de la Bastille ; cette portion » sera déterminée par un décret particulier sur le rap» port des comités réunis des domaines et d'instruc» tion publique. »

Cette disposition resta sans effet. Le sieur Palloy n'en réclama l'exécution qu'à l'époque du retour du Roi. A cet effet, il présenta une pétition au ministre des finances, par laquelle il demandait à jouir du bénéfice de la loi du 27 juin 1792, et de faire déterminer, par Sa Majesté, la portion de terrain qui lui serait assignée en étendue et situation, pour ladite portion lui être abandonnée en toute propriété et jouissance.

Sur cette pétition est intervenue une décision du ministre qui a rejeté la réclamation du sieur Palloy.

Les motifs de cette décision sont, « qu'une disposi» tion de la loi du 27 juin 1792 porte que la portion de » terrain à concéder sera déterminée par un autre dé» cret, sur le rapport des comités réunis des domaines » et de l'instruction publique ; que ce second décret » n'étant point intervenu, les droits du sieur Palloy se » réduisent à une simple créance qui, rentrant dans la » classe de celles antérieures à l'an 9, se trouve frappée » de déchéance, tant par les lois et décrets relatifs à » la liquidation générale de la dette publique que par » les lois sur les finances, des 28 avril 1816 et 25 mars » 1817. »

C'est contre cette décision que le sieur Palloy s'est pourvu au Conseil d'état.

Après avoir établi que les domaines de l'Etat étaient aliénables ; que l'Etat pouvait en disposer par donation ou par vente en observant les formes prescrites, le sieur Palloy alléguait que l'acte du 27 juin 1792, auquel avaient concouru les deux pouvoirs, le Roi et le Corps législatif, et qui lui concédait une partie du terrain de la Bastille, lui avait constitué un droit acquis ;

Qu'à la vérité la portion concédée n'avait point été déterminée, et qu'elle devait l'être par un décret qui n'était pas intervenu ; mais que cette circonstance ne tenait point à l'essence de la disposition faite en sa faveur, qu'elle n'appartenait qu'à son exécution.

La chose concédée, disait-il, est une portion du terrain de la Bastille, cette portion sera plus ou moins étendue, mais toujours y a-t-il un terrain concédé qui doit être livré au concessionnaire.

Il ne paraît pas y avoir de similitude entre le droit du concessionnaire d'une portion de terrain à prendre dans un ensemble de terrain, et une créance sur l'Etat. Les créances sur l'Etat n'ont point d'assignation spéciale et déterminée ; elles sont à prendre sur la masse des revenus publics ; mais la portion de terrain concédée est à prendre dans le terrain qui est déterminé et constant.

Il semble, ajoutait le sieur Palloy, que le ministre a été induit en erreur sur les termes de la loi du 27 juin 1792 : les motifs de sa décision présentent la portion du terrain comme *étant à concéder*, tandis que la loi porte, en termes formels, *lui accorde* une portion de terrain. La première locution n'aurait constitué qu'un projet, une intention de concéder ; au lieu que l'autre établit une concession effective et un droit consommé et acquis.

Si le droit est acquis, la propriété réside sur la tête du concessionnaire ; il est propriétaire à compter du jour où la loi a reçu la sanction ; et sa propriété, indivise avec l'Etat quoiqu'indéterminée quant à l'étendue, repose dans toutes les parties du terrain dans lequel elle est à prendre.

Ces motifs n'ont point été accueillis, et la requête du sieur Palloy a été rejetée par l'ordonnance suivante :

LOUIS, etc. ; — Sur le rapport du comité du contentieux ;

Vu la requête à nous présentée au nom du sieur Pierre-François Palloy, ancien architecte, demeurant à Sceaux Penthièvre, département de la Seine ; ladite requête enregistrée au secrétariat du comité du contentieux de notre Conseil d'état, le 30 juillet 1818, et tendante à ce qu'il nous plaise, sans nous arrêter à la décision de notre ministre des finances, qui sera déclarée non avenue, ordonner que la partie du terrain de la Bastille, accordée audit sieur Palloy, par la loi du 27 juin 1792, sera déterminée dans la forme qu'il nous plaira de prescrire pour lui être livrée et par lui en faire et disposer comme de sa chose ;

Vu la lettre de notre ministre des finances du 29 avril 1818 ;

Vu la loi du 27 juin 1792 ;

Considérant qu'aux termes de l'article 6 de cette loi la portion de terrain réclamée par le sieur Palloy aurait dû être déterminée subséquemment par un décret particulier, sur le rapport des comités réunis des domaines et de l'instruction publique ;

Considérant que ce second décret n'a pas été rendu, et qu'ainsi la créance du sieur Palloy rentre dans la classe des créances antérieures à l'an 9, qui se trouvent frappées de déchéance, tant par les lois et décrets relatifs à la liquidation générale de la dette publique, que par la loi concernant le budget de l'Etat du 15 janvier 1810, et les lois sur les finances des 28 avril 1816 et 25 mars 1817 ;

Notre Conseil d'état entendu,

Nous avons ordonné et ordonnons ce qui suit :

Art. 1er. La requête du sieur Palloy est rejetée.

2. Notre ministre secrétaire d'état des finances est chargé de l'exécution de la présente ordonnance.

Ordonnance du 26 août 1818. (3097)

N°. 314.

INTERPRÉTATION. — Prise maritime. — Frêt.

En déclarant nulle et de nul effet la saisie-revendication d'un navire et en prescrivant sans aucune réserve la restitution dudit navire, une ordonnance du Roi en conseil d'état, a nécessairement compris dans cette restitution le frêt dudit navire. — S'il y a doute sur la question et s'il est présenté au Conseil d'état une requête en interprétation, le conseil dissipe le doute et donne explication, tout en rejetant la requête par le motif qu'il n'y a pas lieu d'interpréter.

(Le sieur Vaucrosson et consorts.)

LOUIS, etc.; — Sur le rapport du comité du contentieux;

Vu la requête à nous présentée au nom des sieurs Vaucrosson, Monnier et de la Morinière, enregistrée au secrétariat du comité du contentieux de notre Conseil d'état le 8 août 1818; ladite requête concluante à ce qu'il nous plaise, interprétant en tant que de besoin notre ordonnance du 22 juillet 1818, dire et ordonner que dans la restitution prononcée en faveur des exposans du navire *l'Hendrick*, ses agrès, ustensiles et apparaux, se trouve comprise celle du frêt, et que la disposition de notre susdite ordonnance, qui juge la saisie-revendication nulle et de nul effet, comprend le frêt, ainsi que toutes les autres dépendances du navire.

Vu notre susdite ordonnance du 22 juillet dernier;

Ensemble toutes les pièces produites et jointes au dossier;

Considérant qu'en déclarant nulle et de nul effet la saisie-revendication du navire *l'Hendrick*, et en prescrivant, sans aucune réserve, la restitution dudit navire, notre ordonnance du 22 juillet 1818 a nécessairement compris dans cette restitution le frêt dudit navire;

Que par conséquent il n'y a pas lieu d'interpréter la susdite ordonnance.

Notre Conseil d'état entendu;

Nous avons ordonné et ordonnons ce qui suit:

Art. 1er. La requête des sieurs Vaucrosson et consorts est rejetée.

2. Notre garde des sceaux ministre secrétaire d'état de la justice et notre ministre secrétaire d'état des affaires étrangères sont chargés, chacun en ce qui le concerne, de l'exécution de la présente ordonnance.

Ordonnance du 26 août 1818. (3039)

N°. 315.

1°. DÉCISION CONTRADICTOIRE. — Opposition.

2°. Tontine. — Administrateurs. — Nomination. — Acte administratif.

1°. *Des particuliers auxquels une décision du Conseil d'état fait grief, ne sont pas recevables à l'attaquer par la voie de l'opposition, lorsqu'il résulte des pièces et de l'aveu même des opposans que cette décision a été rendue contradictoirement et après avoir entendu leurs moyens de défense.*

2°. *Un décret qui fait l'application aux administrateurs d'une tontine, des dispositions de l'avis du Conseil d'état, du 1er. avril 1809, en remplaçant les anciens administrateurs par des nouveaux, est un acte administratif contre lequel on ne peut se pourvoir par la voie du comité du contentieux.*

(Le sieur Lafarge et Mitouflet.)

LOUIS, etc.; — Sur le rapport du comité du contentieux;

Vu la requête à nous présentée au nom des sieurs Lafarge et Mitouflet, anciens administrateurs de la caisse d'épargnes, connue sous la dénomination de la caisse Lafarge; ladite requête enregistrée au secrétariat du comité du contentieux de notre Conseil d'état, le 19 mai 1818, et tendante à ce qu'il nous plaise les recevoir opposans au décret du 1er. avril 1809, dans la disposition qui les a dépossédés de la régie de cette caisse; et faisant droit au principal, ordonner qu'ils seront réintégrés dans leurs fonctions, pour en jouir par eux et leurs successeurs pendant la durée de la tontine, avec les attributions stipulées aux statuts;

Vu l'avis du Conseil d'état du 25 mars 1809, approuvé le 1er. avril suivant;

Vu le décret du même jour contre lequel les requérans demandent à être reçus opposans;

Vu la lettre de notre ministre secrétaire d'état au département de l'intérieur, du 22 juillet 1818;

Ensemble toutes les pièces jointes au dossier;

Considérant qu'il résulte des pièces et de l'aveu même des requérans, que le décret du 1er. avril 1809 a été rendu contradictoirement et après avoir entendu leurs moyens de défense;

Considérant, en ce qui touche la nomination de nouveaux administrateurs, que c'est un acte administratif contre lequel on ne peut se pourvoir par la voie du comité du contentieux;

Notre Conseil d'état entendu,

Nous avons ordonné et ordonnons ce qui suit:

Art. 1er. La requête des sieurs Lafarge et Mitouflet est rejetée.

2. Notre ministre secrétaire d'état de l'intérieur est chargé de l'exécution de la présente ordonnance.

Ordonnance du 26 août 1818. (3736)

N°. 316.

CHOSE JUGÉE. — FOURNISSEUR. — TIERCE-OPPOSITION.

Une décision du Conseil d'état portant rejet d'un chef de demande pour fournitures ou pour pertes et avaries de la part d'un fournisseur, n'a pas l'effet de la chose jugée relativement aux tiers ou sous-traitans qui peuvent être en contestation avec le fournisseur touchant le même article de fournitures ou de pertes et avaries; ces tiers ne peuvent donc se pourvoir par la voie d'opposition; d'autant que leur contestation avec le fournisseur est du ressort des tribunaux et doit y être jugée aux termes des conventions respectives et d'après le droit commun.

La différence des juridictions peut produire cet effet, qu'un article de fourniture, ou de pertes et avaries soit refusé au fournisseur par le Conseil d'état, comme n'étant pas suffisamment justifié, tandis que le fournisseur sera condamné par les tribunaux à le payer au sous-traitant attendu la justification suffisante.

(Le sieur Cherpin.)

LOUIS, etc. ; — Sur le rapport du comité du contentieux ;

Vu la requête à nous présentée au nom du sieur Cherpin, garde magasin des vivres à Rocroy ; ladite requête enregistrée au secrétariat du comité du contentieux de notre Conseil d'état, le 21 novembre 1817, tendante à ce qu'il nous plaise annuller deux décisions de notre ministre secrétaire d'état de la guerre, des 28 juillet et 4 août précédens, rendues sur la réclamation du sieur Doumerc, ex-munitionnaire général des vivres de terre, et qui rejette des comptes de ce fournisseur différentes pertes et avaries que le réclamant prétend avoir eues lieu dans la place de Rocroy, et celles de Chimay et Marienbourg, annexes du magasin de Rocroy ;

Vu la lettre de notre ministre secrétaire d'état de la guerre en réponse à la communication qui lui a été donnée de cette requête ;

Vu la requête ampliative du réclamant ;

Vu les procès-verbaux et certificats annexés à ces deux requêtes ;

Vu le marché consenti par notre ministre secrétaire d'état de la guerre, le 29 juillet 1814, avec le sieur Doumerc, pour la fourniture, le transport et la distribution du pain aux troupes de terre dans toute l'étendue du royaume;

Vu toutes les pièces jointes au dossier ;

Considérant que les deux décisions attaquées ont été rendues contre le sieur Doumerc, qui seul avait qualité pour se pourvoir contre elle devant notre Conseil d'état ;

Considérant, qu'aux termes de l'art. 56 de son marché, les discussions qui viendraient à naître entre le munitionnaire et ses préposés, devront être portées devant les tribunaux ordinaires, et que la contestation dont il s'agit, n'existant qu'entre le munitionnaire général et un de ses préposés, rentre entièrement dans les dispositions de cet article ;

Notre conseil d'état entendu,

Nous avons ordonné et ordonnons ce qui suit :

Art. 1er. La requête du sieur Cherpin est rejetée, sauf à lui à se pourvoir, s'il le juge à propos, devant les tribunaux ordinaires, relativement aux contestations qui pourraient s'élever entre lui et le sieur Doumerc, sur l'exécution de leurs conventions privées.

2. Notre garde des sceaux ministre secrétaire d'état de la justice et notre ministre secrétaire d'état de la guerre sont chargés, chacun en ce qui le concerne, de l'exécution de la présente ordonnance.

Ordonnance du 26 août 1818. (3084)

N°. 317.

CHEMIN DE HALAGE. — NAVIGATION. — PORT FIXE D'ABORDAGE.

L'obligation consacrée par l'ordonnance de 1669 et par le Code civil, de laisser sur le bord des rivières navigables un chemin pour le halage des bâteaux, n'est qu'une servitude pour le propriétaire riverain ; ce n'est point une expropriation. Le propriétaire peut donc s'opposer à ce que, dans l'intérêt d'un tiers, il soit formé un port fixe d'abordage le long du chemin de halage.

Les bateliers peuvent s'arrêter partout où le besoin de la navigation l'exige : mais ils ne peuvent donner aucune fixité à leurs abordages le long des chemins de halage.

Au surplus, une telle contestation est placée dans les attributions du conseil de préfecture par la loi du 23 floréal an 10.

(Le sieur de Perier.—C.—le sieur Leclerc.)

LOUIS, etc. ; — Sur le rapport du comité du contentieux ;

Vu la requête à nous présentée au nom du sieur Antoine de Perier, ancien capitaine d'infanterie, demeurant à Rouen ; ladite requête enregistrée au secrétariat du comité du contentieux de notre Conseil d'état, le 7 mars 1818, et tendante à ce qu'il nous plaise annuller, pour vice d'incompétence, l'arrêté du conseil de préfecture du département de l'Eure, du 25 octobre 1817, qui autorise le sieur Leclerc à attacher son bateau sur le bord de la Seine, à une portion de rive dont le suppliant est propriétaire; renvoyer la cause et les parties devant les juges qui en doivent connaître;

Et dans le cas où nous déciderions que l'autorité administrative était compétente, annuller ledit arrêté comme ayant violé l'article 7 du titre 28 de l'ordonnance de 1669 et les dispositions du Code civil; dire en conséquence, que le sieur Leclerc n'est aucunement fondé dans l'exercice du droit qu'il s'est arrogé; lui ordonner d'enlever les pieux qu'il a fixés sur le terrain du sieur de Perier, et ce, dans la huitaine qui suivra la notification de l'ordonnance à intervenir; faute de quoi le suppliant sera autorisé à le faire aux frais dudit sieur Leclerc, qui sera, en outre, condamné aux dépens;

Vu l'ordonnance *de soit communiqué*, en date du 2 avril 1818, et la signification faite de ladite ordonnance et de la requête, par exploit du 24 avril 1818, à laquelle signification il n'a pas été répondu;

Vu l'arrêté du Conseil de préfecture du département de l'Eure, du 25 octobre 1817;

Vu l'article 7 du titre 28 de l'ordonnance de 1669;

Vu l'art. 650 du Code civil;

Ensemble toutes les pièces jointes au dossier;

Considérant, sur la compétence, qu'aux termes de la loi du 29 floréal an 10, les conseils de préfecture ont le droit de statuer sur les matières de grande voirie; et que les parties n'ayant produit ou fait valoir aucun titre constitutif de propriété ou de servitude, il n'y avait pas lieu à renvoyer la cause devant les tribunaux ordinaires;

Considérant, au fond, que l'obligation consacrée par l'ordonnance de 1669 et par le Code civil, de laisser sur le bord des rivières navigables un chemin pour le halage des bateaux, impose une servitude et ne caractérise pas une expropriation;

Considérant que, si les bateliers peuvent s'arrêter dans leur marche partout où le besoin de la navigation l'exige, ce serait aggraver la servitude des riverains que de permettre arbitrairement, dans l'intérêt d'un tiers, la formation d'un port fixe d'abordage le long d'un chemin de halage, dont la propriété n'aurait pas été acquise préalablement pour cause d'utilité publique;

Notre Conseil d'état entendu,

Nous avons ordonné et ordonnons ce qui suit:

Art. 1er. L'arrêté du conseil de préfecture du département de l'Eure du 25 octobre 1817 est annullé.

2. Tous les travaux faits par le sieur Leclerc, sur la propriété du sieur de Perrier, seront supprimés dans le mois qui suivra la notification de la présente ordonnance, et faute par lui de le faire, il y sera procédé, à ses frais, par le sieur de Perier, sous la surveillance du maire de la commune de Manoir, qui constatera les dépenses.

3. Notre ministre secrétaire d'état au département de l'intérieur est chargé de l'exécution de la présente ordonnance, qui sera insérée au Bulletin des lois.

Ordonnance du 26 août 1818 (3092)

N°. 318.

CHOSE JUGÉE. — CONSEIL DE PRÉFECTURE. - HOSPICE.

Les conseils de préfecture ne doivent pas considérer comme chose jugée les décisions rendues sur les droits privés par les anciens directoires de districts ou de départemens, lorsque ces décisions n'ont pas été prononcées contradictoirement, lors même qu'elles ont été rendues de propre mouvement en la forme administrative: à cet égard toute opposition est recevable.

Le principe est applicable à des arrêtés d'administration qui, après une adjudication de domaines nationaux, ont déclaré, par forme d'interprétation, que l'adjudication emportait des droits de servitude sur un cours d'eau appartenant à un hospice.

(Les administrateurs de l'hospice de Limoges. — C. — le sieur Lamy et consorts.)

LOUIS, etc.; — Sur le rapport du comité du contentieux;

Vu la requête à nous présentée au nom des administrateurs de l'hospice civil et militaire de Limoges; ladite requête enregistrée au secrétariat du comité du contentieux de notre Conseil d'état, le 28 novembre 1817, tendante à ce qu'il nous plaise, recevant, en tant que de besoin, leur tierce-opposition envers les arrêtés du district de Limoges et du directoire du département de la Haute-Vienne, des 31 août et 1er. septembre 1792, annuller l'arrêté du Conseil de préfecture du 30 décembre 1816, qui prive l'hospice d'une fontaine dont il a joui sans trouble, depuis vingt-quatre ans, pour la donner aux acquéreurs de plusieurs portions démembrées du terrain provenant des ci-devant Ursulines, et condamner aux dépens les sieurs Lamy, Reix, Deschamps, Filliol, Cadet et Chabrol fils, coacquéreurs desdits terrains;

Vu l'ordonnance *de soit communiqué*, du 27 décembre 1817, et le mémoire en défense desdits acquéreurs, enregistré audit secrétariat du comité du contentieux le 31 mars 1818, et tendant à ce qu'il nous plaise déclarer les administrateurs de l'hospice non-recevables et mal fondés dans leur demande en annullation de l'arrêté du conseil de préfecture, du 30 décembre 1816, et les condamner aux dépens;

Vu le procès-verbal d'adjudication du terrain des Ursulines, du 31 juillet 1792;

Vu la pétition des acquéreurs, portant réclamation de la fontaine et des tuyaux de la communauté des Ursulines, l'avis du district de Limoges, du 31 août 1792, et l'arrêté d'homologation du directoire du département du 1er. septembre suiv.;

Vu l'arrêté attaqué du conseil de préfecture du département de la Haute-Vienne, du 30 décembre 1816;

Vu les autres pièces respectivement produites;

Considérant que les arrêtés du district de Limoges et du directoire du département de la Haute-Vienne, des

31 août et 1er. septembre 1792, ont été pris un mois après l'adjudication; qu'ils n'ont pas été prononcés contradictoirement avec les administrateurs de l'hospice de Limoges; qu'ils ne leur ont pas été signifiés, et que, par ce motif, lesdits administrateurs peuvent se pourvoir par tierce-opposition;

Considérant que, par son arrêté du 30 décembre 1816, le conseil de préfecture a déclaré qu'il ne pouvoit pas réformer des actes faits par une administration qui l'a précédé; mais que ce principe n'est applicable qu'aux décisions prises contradictoirement;

Considérant que le conseil de préfecture était compétent pour interpréter les actes qui ont préparé et consommé la vente, mais non ceux qui l'ont suivie, et que, dans aucun cas, il ne pouvait prononcer sur les droits, titres et qualités que l'hospice fait valoir, d'après les règles du droit commun;

Considérant, qu'en ce qui concerne le droit de cours d'eau, la question n'ayant pas été résolue par des renseignemens pris dans les actes de l'adjudication, il s'agit d'apprécier les effets des arrêtés postérieurs à la vente, d'en faire l'application, s'il y a lieu, et de prononcer, d'après le Code civil, sur des questions de propriété et de servitude qui rentrent dans les attributions des tribunaux ordinaires;

Faisant droit sur la tierce-opposition des administrateurs de l'hospice de Limoges;

Notre Conseil d'état entendu,

Nous avons ordonné et ordonnons ce qui suit:

Art. 1er. Les administrateurs de l'hospice de Limoges sont reçus tiers-opposans contre les arrêtés du district et du directoire du département de la Haute-Vienne, des 31 août et 1er. septembre 1792.

2. L'arrêté du conseil de préfecture du département de la Haute-Vienne, du 30 décembre 1816, est annullé pour cause d'incompétence.

3. Les actes qui ont préparé et consommé la vente des terrains de la communauté des Ursulines, ne contenant aucun renseignement sur l'objet du litige, les parties se pourvoiront, si bon leur semble, devant les tribunaux ordinaires pour faire interpréter les actes qui ont précédé et suivi ladite vente, et pour faire juger les questions de servitude, prescription, déchéance et longue possession.

4. Les sieurs Lamy, Reix, Filliol, Deschamps et Chabrol fils, sont condamnés aux dépens.

5. Notre garde des sceaux ministre secrétaire d'état de la justice et notre ministre secrétaire d'état de l'intérieur sont chargés, chacun en ce qui le concerne, de l'exécution de la présente ordonnance.

Ordonnance du 26 août 1818. (3085)

No. 319.

COMMUNES. — Dépenses communales. — Patres. — Troupeaux communs.

Les dépenses relatives aux pâtres et troupeaux communs n'étant pas dépenses communales (en ce qu'ils n'intéressent pas la généralité des habitans, et notamment ceux qui n'ont pas de troupeaux), aux termes de la loi du 11 frimaire an 7, art. 6, il s'ensuit que l'administration est sans intérêt dans les contestations qui s'élèvent entre les pâtres et les particuliers, surtout s'il s'agit de conventions particulières.

(Le sieur Bertrand. — C. — le sieur Champigneulle.)

LOUIS, etc.; — Sur le rapport du comité du contentieux;

Vu le rapport, en date du 7 juillet 1818, à nous fait par notre garde des sceaux ministre secrétaire d'état de la justice, enregistré au secrétariat du comité du contentieux de notre Conseil d'état, le 10 du même mois de juillet, dans lequel il nous propose d'annuller l'arrêté de conflit pris par le préfet du département de la Moselle, le 4 mars 1818, par suite de la demande formée devant le juge de paix du canton de Vigy, par le sieur Bertrand, pâtre de la commune de Vrémy, tendante à faire condamner le sieur Champigneulle, maire de la commune, au paiement convenu entre eux du prix de la garde de son troupeau; ledit rapport tendant par suite à ce que les parties soient renvoyées devant les tribunaux ordinaires;

Vu le susdit arrêté de conflit;

Vu l'expédition du jugement rendu le 14 février 1818, par le juge de paix de Vigy, dans la contestation existante entre les sieurs Champigneulle et Bertrand;

Vu la loi du 11 frimaire an 7, et notamment l'art. 6, ainsi conçu: « Ne pourront être comprises dans les dépenses communales celles relatives aux pâtres et aux troupeaux communs; ces dernières dépenses seront supportées proportionnellement par ceux qui en profiteront, et conformément aux réglemens que les administrations municipales devront faire sur cet objet. »

Vu toutes les pièces produites;

Considérant qu'aux termes de l'article 6 de la loi précitée, les dépenses relatives aux pâtres et aux troupeaux communs ne sont pas communales, et que, dès-lors, l'administration est sans intérêt dans les contestations qui s'élèvent entre les pâtres et les particuliers à ce sujet;

Considérant que si, comme dans l'espèce, des particuliers, au lieu de provoquer le réglement dont le conseil municipal est chargé par le même article, ont traité individuellement avec des pâtres pour la garde de leurs troupeaux, les obligations qui résultent de leurs conventions particulières sont du ressort des tribunaux;

Notre Conseil d'état entendu ;

Nous avons ordonné et ordonnons ce qui suit :

Art. 1er. L'arrêté du préfet du département de la Moselle, du 4 mars 1818, par lequel le conflit est élevé dans une contestation existante entre les sieurs Champigneulle et Bertrand, est annullé.

2. Les parties sont renvoyées devant les tribunaux pour y faire valoir respectivement leurs droits, s'ils s'y croient fondés.

3. Notre garde des sceaux ministre secrétaire d'état de la justice et notre ministre secrétaire d'état de l'intérieur sont chargés, chacun en ce qui le concerne, de l'exécution de la présente ordonnance.

Ordonnance du 26 août 1818. (3095)

N°. 320.

COMMUNE. — Obligation personnelle.

Des particuliers qui ont traité pour des fournitures dans l'intérêt d'une commune peuvent être poursuivis personnellement, si dans le traité il n'apparait pas qu'ils agissaient au nom et en vertu d'un mandat de la commune.

(Les sieurs Fumery et Sauvage. — C. — le sieur Considère et consorts.)

LOUIS, etc.; — Sur le rapport du comité du contentieux ;

Vu le rapport de notre garde des sceaux ministre de la justice, sur un conflit élevé par le préfet du département de la Haute-Saône, le 13 avril 1818, sur l'assignation donnée par les sieurs Fumery et Sauvage, aux sieurs Considère père et fils et Munier, devant le tribunal de première instance séant à Vesoul, pour les faire condamner à payer le montant des fournitures qu'ils ont faites à la commune de Port-sur-Saône, d'après une convention conclue entre lesdits sieurs Fumery et Sauvage, et les principaux habitans de ladite commune.

Vu les exploits d'assignation adressés aux sieurs Considère et Munier ;

Vu ledit arrêté de conflit du 13 avril 1818 ;

Ensemble toutes les pièces produites et jointes au dossier ;

Considérant que, quoique les fournitures dont il s'agit paraissent avoir été faites dans l'intérêt de la commune de Port-sur-Saône, il ne résulte pas de la convention du 7 juillet 1815, que les vingt-trois habitans qui l'ont signée aient eu qualité ou mandat pour contracter au nom de la commune, et que, par conséquent, les sieurs Fumery et Sauvage étaient fondés à s'adresser personnellement aux signataires de ladite convention pour obtenir leur paiement.

Considérant qu'il s'agit, dans l'espèce, de statuer sur le mérite et les effets d'une convention passée entre particuliers, et que cette contestation est du ressort des tribunaux ordinaires ;

Notre Conseil d'état entendu,

Nous avons ordonné et ordonnons ce qui suit :

Art. 1er. L'arrêté de conflit, pris le 13 avril 1818 par le préfet du département de la Haute-Saône, est annullé.

2. Notre garde des sceaux ministre secrétaire d'état de la justice et notre ministre secrétaire d'état de l'intérieur sont chargés, chacun en ce qui le concerne, de l'exécution de la présente ordonnance.

Ordonnance du 26 août 1814. (3335)

N°. 321.

ACTION POSSESSOIRE. — Acte administratif.

Il ne suffit pas qu'un particulier possède un terrain en vertu d'un bail administratif, pour qu'il doive être maintenu en possession, sans que la justice ordinaire puisse constater que la possession annale appartient à un tiers, et renvoyer ce tiers en possession provisoire.

(Le prince de Hohenzellern. — C. — le sieur Mage.)

LOUIS, etc. — Sur le rapport du comité du contentieux ;

Vu le rapport de notre garde des sceaux ministre secrétaire d'état de la justice, sur un conflit élevé par le préfet du département de la Seine, le 14 janvier 1818, dans une contestation pendante au tribunal de première instance dudit département, entre le prince de Hohenzellern et le sieur Mage, à l'occasion d'un jugement du juge de paix du premier arrondissement de Paris, lequel a maintenu le sieur Mage en jouissance d'un terrain dont le bail lui a été passé par l'autorité administrative, le 21 octobre 1814 ;

Vu le susdit jugement rendu, le 14 février 1817, par le juge de paix du premier arrondissement de Paris;

Vu l'arrêté de conflit pris par le préfet du département de la Seine, le 14 janvier 1818 ;

Ensemble toutes les pièces produites et jointes au dossier ;

Considérant qu'il s'agit, dans l'espèce, d'une question de propriété privée, dont la connaissance ne peut appartenir à l'administration, et que le bail passé, le 21 octobre 1814, par le préfet du département de la Seine, ne fait point obstacle à ce que ladite question soit jugée par les tribunaux ;

Notre Conseil d'état entendu,

Nous avons ordonné et ordonnons ce qui suit :

Art. 1er. L'arrêté de conflit, pris par le préfet du

département de la Seine le 14 janvier 1818, est annullé.

2. Notre garde des sceaux ministre secrétaire d'état de la justice et notre ministre secrétaire d'état de l'intérieur sont chargés, chacun en ce qui le concerne, de l'exécution de la présente ordonnance.

Ordonnance du 26 août 1818. (3094)

N°. 322.

ADJUDICATION. — Rectification.

Un conseil de préfecture est autorisé à rectifier les clauses d'un acte d'adjudication, indicatives des confins de l'immeuble adjugé, lorsqu'en cela il ne fait qu'interpréter l'acte d'adjudication.

(Le sieur Jacomet. — C. — le maire de Tarbes.)

LOUIS, etc. ; — Sur le rapport du comité du contentieux,

Vu la requête à nous présentée au nom du sieur Jacomet, avoué près le tribunal civil de Tarbes ; ladite requête enregistrée au secrétariat du comité du contentieux de notre Conseil d'état, le 14 février 1818, et tendante à ce qu'il nous plaise le recevoir appelant de la décision prise le 12 août 1817, par le conseil de préfecture du département des Hautes-Pyrénées, portant qu'une partie des biens communaux à lui vendus sera restituée à la commune de Tarbes, qui en réclame la propriété ; et statuant sur l'appel, casser et annuller ladite décision comme incompétemment rendue ; ce faisant, renvoyer les parties pour leur être fait droit devant les tribunaux ordinaires ; condamner le défendeur aux dépens ;

Vu le mémoire en défense du maire de la commune de Tarbes, enregistré audit secrétariat du comité du contentieux, le 18 juin 1818, et tendant à ce qu'il nous plaise déclarer le sieur Jacomet purement et simplement non-recevable, et en tout cas mal fondé dans son pourvoi ; en conséquence rejeter sa requête ; ordonner que ledit arrêté du conseil de préfecture sera exécuté selon sa forme et teneur, et condamner, en outre, le sieur Jacomet aux dépens ;

Vu la réplique du sieur Jacomet, du 27 juin 1818, et celle du maire de la commune de Tarbes, du 15 juillet suivant, qui, de part et d'autre, persistent dans leurs précédentes conclusions ;

Vu le procès-verbal de vérification et d'estimation des biens de la commune de Séméac, rédigé, le 29 mai 1813, par le sieur Lagnens, expert ;

Vu le procès-verbal d'adjudication du 9 juillet suivant ;

Vu l'arrêté attaqué du conseil de préfecture, du 12 août 1817 ;

Vu les autres pièces produites ;

Considérant, sur la compétence que le conseil de préfecture s'est borné, ainsi qu'il en avait le droit, à interpréter les actes de vente des biens de la commune de Séméac, et à rectifier l'indication du tenant d'occident ; qu'ensuite il a autorisé le maire de la commune de Tarbes à poursuivre devant les tribunaux compétens la revendication des fonds usurpés par le sieur Jacomet ;

Considérant, au fond, qu'aux termes du procès-verbal d'adjudication, il a été vendu au sieur Jacomet une pièce composée de quatre-vingt ares quatre-vingt-onze centiares de terre labourable, et sept hectares soixante ares quarante-neuf centiares en nature de pré, sise au territoire de la commune de Séméac, confrontant d'occident à la rivière de l'Adour, etc. ; le tout ainsi qu'il est expliqué et détaillé au rapport qui en a été fait par le sieur Lagnens, expert ;

Considérant que, dans le rapport du sieur Lagnens, la pièce ci-dessus est composée des 2e., 3e. et 4e. lots désignés chacun par leurs confins particuliers et bornés à l'occident, savoir ; le second lot par l'Adour et graviers, appartenans à la ville de Tarbes et à la commune de Séméac ; les 3e. et 4e. lots par les eaux de l'Adour ;

Que, par abréviation, le rédacteur du procès-verbal d'adjudication a omis, dans la description du tenant d'occident, les graviers appartenans à la ville de Tarbes et à la commune de Séméac ; mais que l'effet de cette omission se détruit immédiatement par le renvoi au procès-verbal d'estimation ;

Considérant que, dans aucun cas, les graviers et terres incultes de la ville de Tarbes n'ont pu faire partie des biens en culture provenant de la commune de Séméac, lesquels biens étaient d'ailleurs particulièrement affermés au profit de cette commune, ainsi qu'il est mentionné au procès-verbal de vente, portant que le montant rectifié dudit fermage a servi de base à la mise à prix ;

Notre Conseil d'état entendu,

Nous avons ordonné et ordonnons ce qui suit :

Art. 1er. La requête du sieur Jacomet est rejetée.

2. L'arrêté du conseil de préfecture du département des Hautes-Pyrénées, du 12 août 1817, est approuvé ; en conséquence, rectification sera faite au procès-verbal d'adjudication, de l'erreur relative au confin d'occident, de la pièce de terre et pré vendue audit sieur Jacomet.

3. Le sieur Jacomet est condamné aux dépens.

4. Notre ministre secrétaire d'état de l'intérieur est chargé de l'exécution de la présente ordonnance.

Ordonnance du 26 août 1818. (3095)

N°. 323.

1°. MINES (Concession de). — Propriété.

2°. Ordonnance. — Opposition d'administration et de justice.

1°. *Une concession de mines faite, après instruction contradictoire, par ordonnance du Roi sur le rapport d'un ministre, ne peut être attaquée par voie opposition qui saisisse le comité du contentieux, bien que le réclamant soutienne que la concession embrasse par erreur des mines qui sont sa propriété. Le réclamant doit s'adresser directement au Roi en la forme prescrite par l'art. 40 du réglement du 22 juillet* 1806, *par la voie du ministre même qui a fait rendre l'ordonnance.*

2°. *Est-il vrai que les ordonnances du Roi, qui sont tout à la fois d'administration et de justice, ont un égal effet sous l'un et l'autre rapport? N'est-il pas vrai, au contraire, que la décision d'administration est* définitive, *et que la décision de justice doit être seulement* provisoire, *ou sauf recours à la justice contentieuse?*

Si l'art. 29 *du réglement du 22 juillet* 1806, *autorise à se pourvoir en Conseil d'état contre les ordonnances rendues* par défaut *sur rapport des ministres, n'est-ce pas la preuve que leur compétence cesse d'exister dès qu'il paraît y avoir du contentieux? Faudrait-il donc avoir soin de ne pas défendre devant les ministres, pour être sûr de ne pas perdre la voie de recours à la justice contentieuse?* (Loi du 21 avril 1810, tit. 4, art. 28.)

(La dame Vitalis, veuve Lurat. — C. — les sieurs Coste et Castellane.)

Le 4 juillet 1811, les sieurs Coste et de Castellane présentèrent au préfet du département des Bouches-du-Rhône, une pétition tendante à obtenir la *concession* des mines de houille, situées sur le territoire de la commune de Gardanne, département des Bouches-du Rhône.

19 mai 1812; — avis favorable du conseil général des mines.

1er. juin 1813; — arrêté du préfet qui estime qu'il y a lieu d'accorder la concession.

8 juillet; — soumission desdits Coste et Castellanne, d'exécuter les obligations prescrites par le cahier des charges.

Opposition à la concession de la part de la dame Lurat Vitalis; elle demande a être *concessionnaire*, d'autant qu'elle est, 1°. ancienne *concessionnaire* par arrêt du conseil du Roi du 15 février 1763; 2°. *acquéreur* de la nation d'une partie des mines concédées avec possession d'exploitation par suite de la loi de 1791.

Pour bien entendre le système de l'opposante, il faut savoir que dès le 15 février 1763, le Roi en Conseil d'état avait permis au sieur *Vitalis* son ayeul, de continuer d'exploiter les mines de charbon de terre qu'il possédait dans le terroir de *Fuveau*; — que par acte du 12 décembre 1766, le sieur Vitalis acheta le totalité des mines de la seigneurie de Camp-Jugions, terrain de Gardanne, (acquisition dont le prix a été payé en l'an 11 au domaine représentant un couvent de moines vendeurs;) — que les mines du sieur Vitalis étaient en exploitation lorsque parut la loi de 1791; — qu'après comme avant la loi de 1791, le sieur Vitalis ou ses héritiers continuèrent d'exploiter les mêmes usines; — qu'enfin parut la loi du 21 avril 1810, qui maintient les exploitans qui, conformément à la loi de 1791, ont fait fixer les limites de leurs exploitations, tout en autorisant la *concession* à d'autres, offrant plus de garanties, si la concession antérieure n'a pas été confirmée.

Il importe d'observer qu'au comité de l'intérieur, la dame Lurat Vitalis avait produit ses défenses par le ministère de maître Thilorier; — ainsi l'ordonnance du Roi du 17 septembre 1817 était *contradictoire*.

La dame Lurat Vitalis s'est pourvue au Conseil d'état, par voie contentieuse, contre l'ordonnance du Roi, de même que s'il n'y avait eu qu'une décision ministérielle; elle a soutenu qu'il n'y avait là qu'un fait ministériel, revêtu de la signature royale; — or, disait elle, le Conseil d'état connaît par appel des décisions ministérielles.

Les concessionnaires ont soutenu qu'aux termes de l'art. 28 de la loi sur les mines, du 21 avril 1810, titre 4, « il devait être statué définitivement sur la demande en concession par un décret délibéré en Conseil d'état. »

Ils concluaient de cette disposition qu'il y avait légalement et de fait décision de la justice du Roi; — or, disaient-ils, une décision contradictoirement rendue par ordonnance du Roi ne peut être attaquée par la voie de l'opposition ordinaire, en la forme *contentieuse*; il n'y a de recours autorisé que par la voie de *requête* directement présentée au Roi, en la forme prescrite par l'art. 40 du réglement du 22 juillet 1806.

Vainement la dame Lurat Vitalis a répliqué que le Roi ne rend, sur le rapport de ses ministres, que des *ordonnances d'administration*; que c'est en Conseil d'état qu'il rend ou veut rendre des ordonnances de justice; — que si Sa Majesté rend sur rapport de ministre une ordonnance qui soit à la fois *d'administration et de justice*, la décision est essentiellement *provisoire*, en ce qui touche le droit en réclamation, et *définitive* en ce qui touche l'action administrative.

Les sieurs Coste et Castellane soutinrent;

1°. Que la qualité de propriétaire ou de concessionnaire ne comporte de *préférence* qu'à mérite égal, qu'au cas d'offre de garanties suffisantes; — en fait, ils reprochèrent à la dame Lurat Vitalis une *insuffisance* de moyens pécuniaires, pour remplir les obligations du cahier des charges (ce qui fit qu'elle presenta un *associé solvable*.)

12 août 1816 ; — arrêté du préfet, qui, sur l'avis de l'ingénieur, persiste dans l'arrêté du 1er. juin 1813.

20 novembre 1816 ; — avis conforme du conseil général des mines et du directeur général.

L'arrêté étant déféré au ministre de l'intérieur, le ministre renvoya au comité de l'intérieur du Conseil d'état, conformément à l'art. 12 de l'ordonnance du 13 août 1815.

17 septembre 1817 ; — ordonnance du Roi, qui, sur le rapport du ministre de l'intérieur, fait concession aux sieurs Coste et de Castellane et les soumet, 1°. à un remboursement pour valeur des puits, galeries, chemins et objets d'exploitation ; 2°. à un remboursement de 2700 francs, pour ce qui a été payé au domaine lors de l'acquisition des mines dépendant du domaine de Campjugion.

Voici le texte de cette ordonnance ;

LOUIS, etc ; — Sur le rapport du comité du contentieux ;

Vu la requête à nous présentée au nom de la dame Lilie-Hyppolite-Gertrude Vitalis, épouse du sieur Claude Lurat, demeurant à Aix, département des Bouches-du-Rhône, assistée et autorisée de son mari, héritière de feu sieur Joseph Vitalis son oncle, et à ce titre ancienne concessionnaire et exploitante des mines de houille situées, tant au territoire de Fuveau, quartier des plaines, qu'au territoire de Gardanne, quartier de Campjugion, département des Bouches-du-Rhône ;

Ladite requête enregistrée au secrétariat du comité du contentieux de notre Conseil d'état le 30 décembre 1817, et tendante à ce qu'il nous plaise permettre à la suppliante de faire assigner au Conseil d'état dans le délai du réglement les sieurs Coste et Castellane pour la voir recevoir opposante à l'exécution de notre ordonnance du 17 septembre 1817, rendue sur le rapport de notre ministre de l'intérieur, et portant concession de mines auxdits sieurs Coste et Castellane; faisant droit sur ladite opposition, distraire de la concession faite par ladite ordonnance auxdits sieurs Coste et Castellane la totalité des mines de houille appartenant à la suppliante ;

En conséquence, en ce qui concerne les mines de Campjugion, attendu que leurs limites se trouvent fixées par l'acte même d'acquisition et qu'elles se trouvent placées sous la garantie nationale, au moyen du remboursement reçu par la nation du capital de la rente moyennant laquelle elles avaient été acquises, maintenir la suppliante dans la possession et propriété desdites mines ;

Subsidairement, et dans le cas où nous y trouverions quelques difficultés, renvoyer les parties devant les tribunaux en exécution de l'art. 28 de la loi du 21 avril 1810 ;

En ce qui concerne les autres mines dont la suppliante est en possession, et qui se trouvent comprises dans la nouvelle concession, lui donner acte de ce qu'elle se soumet à en provoquer incessamment la délimitation dans les formes administratives, et cependant faire, dès à présent et provisoirement, défenses aux sieurs Coste et Castellane d'en entreprendre l'exploitation ou de troubler l'exploitation de la suppliante ;

Et condamner les sieurs Coste et Castellane aux dépens ;

Vu l'ordonnance de soit communiqué en date du 28 janvier 1818 ;

Vu le mémoire en défense des sieurs Gaspard Coste, et Louis-Joseph-Alphonse, comte de Castellane, ledit mémoire enregistré au secrétariat du comité du contentieux de notre Conseil d'état, le 18 mars 1818, et tendant à ce qu'il nous plaise déclarer la dame Vitalis Lurat purement et simplement non-recevable en la demande qu'elle fait d'être reçue opposante à notre ordonnance du 17 septembre 1817 ; ce faisant, rejeter sa requête et la condamner aux dépens ;

Vu notre susdite ordonnance du 17 septembre 1817, rendue sur le rapport du ministre de l'intérieur, notre Conseil d'état entendu ;

Vu l'art. 40 du réglement du 22 juillet 1806, portant que lorsqu'une partie se croira lésée dans ses droits ou sa propriété par l'effet d'une décision de notre Conseil d'état, rendue en matière non contentieuse, elle pourra nous présenter une requête pour, sur le rapport qui nous en sera fait, être l'affaire renvoyée, s'il y a lieu, soit à une section du Conseil d'état, soit à une commission ;

Vu les autres pièces respectivement produites ;

Considérant que la dame Vitalis Lurat ne devait pas se pourvoir par la voie contentieuse contre notre ordonnance du 17 septembre 1817, et qu'elle doit s'adresser directement à nous pour demander la révocation de notre susdite ordonnance et préalablement le renvoi à tel comité ou à tels commissaires qu'il nous plaira nommer ;

Notre Conseil d'état entendu,

Nous avons ordonné et ordonnons ce qui suit :

Art. 1er. La requête de la dame Vitalis Lurat est rejetée, sauf à elle à se pourvoir devant nous, dans les formes prescrites par l'art. 40 du réglement du 22 juillet 1806.

2. La dame Vitalis Lurat est condamnée aux dépens.

3. Notre garde des sceaux ministre secrétaire d'état de la justice est chargé de l'exécution de la présente ordonnance.

Ordonnance du 26 août 1818. (3087)

N°. 324.

DÉLAI. — BANNI. — NOTIFICATION. — MORT CIVILE.

Le délai ordinaire de trois mois pour former opposition court, à l'égard d'un banni comme à l'égard d'un régnicole, à dater du jour où la notification a été faite à la personne de l'absent ou au procureur du Roi de son domicile habituel, — ce qui suppose que le banni n'a pas cessé d'être dans ses droits, qu'il n'est aucunement frappé de mort civile.

(Le duc d'Otrante. — C. — les demoiselles de Guermantes.)

LOUIS, etc ; — Sur le rapport du comité du contentieux ;

Vu la requête à nous présentée au nom du duc d'Otrante, contre les demoiselles de Guermantes, représentées par les sieur et dame de Tolozan, leurs cotuteur et tutrice, enregistrée au secrétariat du comité du contentieux de notre Conseil d'état, le 10 février 1817, tendante, au provisoire, à ce qu'il lui soit donné acte de l'opposition qu'il déclare former à l'exécution de l'ordonnance par défaut rendue par nous le 10 juin 1816, et accordé délai suffisant pour rassembler les pièces ou documens nécessaires pour justifier plus particulièrement le mérite de ladite opposition ; ladite requête tendante, en outre, au principal, à l'annullation de notre ordonnance susdatée; au maintien de l'arrêté pris par le conseil de préfecture du département de Seine-et-Marne, le 12 avril 1815, et à la condamnation des sieur et dame de Tolozan aux dépens ;

Vu notre ordonnance attaquée, laquelle a déclaré que la pièce de terre réclamée par les héritiers de Guermantes n'a pas fait partie de l'adjudication passée le 17 juillet 1792, au profit du sieur Guimard, que le duc d'Otrante représente ; en conséquence a annullé l'arrêté du conseil de préfecture du département de Seine-et-Marne du 12 avril 1815, et condamné le duc d'Otrante aux dépens ;

Vu deux exploits, en date des 9 et 10 juillet 1816, faits par Dumont, huissier aux conseils, dûment enregistrés, contenant signification de notre ordonnance sus-énoncée au duc d'Otrante, l'une à son domicile, rue d'Artois, n°. 9, et l'autre, attendu son absence du royaume, en la personne de notre procureur-général près la Cour royale de Paris, lequel a donné *son visa* ;

Vu la requête en défense des sieur et dame de Tolozan, esdits noms, enregistrée audit secrétariat du comité du contentieux le 5 novembre 1817, tendante à ce qu'avant faire droit, Me. Reboul fût tenu de justifier des pouvoirs en vertu desquels il avait signé la requête d'opposition contre notre ordonnance du 10 juin 1816, à l'effet de connaître si elle profitait au duc d'Otrante, pour lequel et ses consorts elle avait été présentée, ou aux sieurs Fries et Lamel, banquiers, l'un à Vienne et l'autre à Prague, aux noms desquels, comme cessionnaires des droits du duc d'Otrante, la signification en avait été faite aux sieur et dame de Tolozan, avec l'ordonnance de *soit communiqué*, le 8 août 1817, par exploit de Seraud, huissier à Lagny; ladite requête tendante, en outre et pour le cas où le pouvoir représenté serait émané des sieurs Fries et Lamel, à ce qu'ils fussent tenus de justifier leurdite qualité de cessionnaires, et de donner, comme étrangers caution *judicatum solvi*, sinon à ce qu'ils fussent déclarés non-recevables dans leur opposition et condamnés aux dépens ;

Vu notre ordonnance du 10 avril 1818, qui, statuant sur l'incident élevé par la requête des sieur et dame de Tolozan, a déclaré que les noms et qualités du duc d'Otrante, suffisamment établis par la requête d'opposition, n'avaient pu être changés par la signification qui en avait été faite, et ordonné que les parties défendront sur l'oppositon formée à notre ordonnance du 20 juin 1816, tous moyens, exceptions et dépens réservés ;

Vu la nouvelle requête en défense des sieur et dame de Tolozan, signifiée à Me. Reboul, avocat du duc d'Otrante, le 2 mai 1818, et tendante à ce que l'opposition formée au nom du duc soit déclarée purement et simplement non-recevable, comme ayant été faite postérieurement aux trois mois fixés par le réglement de 1806 ; en conséquence, à ce que sa requête soit rejetée, et à ce qu'il soit condamné en tous les dépens, même en ceux réservés par l'ordonnance du 10 avril dernier ;

Vu le réglement du 22 juillet 1806, et notamment l'article 29 ;

Vu toutes les pièces produites ;

Considérant, qu'aux termes de l'art. 29 du réglement du 22 juillet 1806, l'opposition à une ordonnance par défaut n'est recevable qu'autant qu'elle est formée dans les trois mois qui suivent la notification de l'ordonnance ;

Considérant que la notification de notre ordonnance du 20 juin 1816, a été faite au duc d'Otrante par exploits en date des 9 et 10 juillet suivant, et que l'opposition contre ladite ordonnance n'a été formée que le 10 février 1817, c'est-à-dire après l'expiration du délai fixé par l'art. 29 dudit réglement; que, conséquemment, elle n'était plus recevable ;

Notre Conseil d'état entendu,

Nous avons ordonné et ordonnons ce qui suit :

Art. 1er. La requête du duc d'Otrante est rejetée.

2. Notre ordonnance du 20 juin 1816, sera exécutée selon sa forme et teneur.

3. Le duc d'Otrante est condamné aux dépens, même à ceux réservés par notre ordonnance sur incident du 10 avril 1818.

4. Notre garde des sceaux ministre secrétaire d'état de la justice est chargé de l'exécution de la présente ordonnance.

Ordonnance du 9 septembre 1818. (3109)

N°. 325.

1°. ASSOCIATION. — TRAVAUX DE LA DURANCE. — COMMUNE.
2°. PRÉFET. — CONTRIBUTIONS.

1°. *Les arrêtés d'une association de travaux sur une rivière, relativement aux dépenses exigées par ces travaux, ne peuvent avoir effet que sur les communes ou les propriétés comprises dans l'association;— si une commune étrangère à l'association se trouve intéressée à ces travaux, ce n'est pas une raison pour qu'il soit permis de lui imposer une quote-part des dépenses ; il faut plutôt la faire comprendre dans l'association.*

2°. *Un préfet ne peut rendre exécutoire un rôle de contributions assis sur des propriétés étrangères à son département.*

(Forbin Janson. — C. — l'association des travaux de la Durance.)

LOUIS, etc ; — Sur le rapport du comité du contentieux ;

Vu la requête à nous présentée au nom de dame Cornélie-Henriette-Sophie-Louise-Gabrielle Hortense, princesse de Galleau, épouse libre du sieur Michel Palamède, marquis de Forbin Janson, demeurant à Paris, ladite requête enregistrée au secrétariat du comité du contentieux de notre Conseil d'état le 29 mai 1817, et tendante à ce qu'il nous plaise recevoir l'exposante appelante de l'arrêté du préfet du département des Bouches-du-Rhône, du 17 septembre 1816, et de tous autres arrêtés relatifs à la co testation à elle suscitée par les directeurs, syndics et administrateurs de l'association des travaux de la Durance ; ce faisant, et sans nous arrêter ni avoir égard auxdits arrêtés, quelles que soient leurs dates, lesquels seront cassés et annullés, ordonner que l'arrêt du Conseil du 22 août 1768, continuera d'être exécuté suivant sa forme et teneur ; faire défenses aux syndics de ladite association de contrevenir audit arrêt, à peine de tels dommages et intérêts qu'il appartiendra ; en conséquence, casser et annuller la saisie mobilière faite au domicile de l'exposante, à Avignon, ainsi qu'à tous établissemens de garnisaires qui pourraient avoir été faits et subsister encore sur les propriétés ; ordonner la restitution de la somme de 300 francs, au paiement de laquelle elle a été contrainte, et de toutes autres sommes qu'elle pourrait avoir payées depuis, sous toutes réserves de droit ;

Vu l'ordonnance *de soit communiqué* et le mémoire en défense des directeurs, syndics et administrateurs de l'association des travaux des rivières de la commune de Barbantane, département des Bouches-du-Rhône, ledit mémoire enregistré audit secrétariat du comité du contentieux le 27 mars 1818, et tendant à ce qu'il nous plaise déclarer la dame de Forbin Janson, purement et simplement non-recevable, et la condamner aux dépens, sous toutes réserves de droit ;

Vu les renseignemens transmis le 3 mai 1818, par le préfet du département des Bouches-du-Rhône et par notre ministre de l'intérieur ;

Vu la réplique de la dame de Forbin Janson, du 15 juillet 1818, par laquelle, ajoutant à ses précédentes conclusions, elle demande qu'il nous plaise déclarer nulles et de nul effet, comme incompétemment prises, la délibération de l'association de Barbantane du 1er. octobre 1813, et toutes autres généralement quelconques, tendantes à grever l'exposante de contributions, ou en tous cas et subsidiairement seulement, la recevoir appelante de l'arrêté du préfet du département des Bouches-du-Rhône, du 17 février 1817 ;

Faire défense à ladite association de plus à l'avenir faire sur l'exposante, pour semblables causes, pareille saisie-exécution et établissement de garnisaires, et pour l'avoir fait, la condamner en tels dommages et intérêts, applicables aux pauvres d'Avignon, qu'il nous plaira de fixer ; condamner, en outre, l'association aux dépens ;

Vu le second mémoire en défense des directeurs, syndics et administrateurs de l'association des travaux de la Durance, ledit mémoire enregistré audit secrétariat le 28 août 1818, et tendant à ce qu'il leur soit donné acte du désistement fait par la dame de Forbin Janson de son pourvoi, quant à la portion de la contribution aux travaux de la Durance concernant les propriétés par elle acquises sur le territoire de Barbantane ;

Et quant à la portion de cette même cotisation relative au pavillon de Courtine, déclarer ladite dame de Forbin Janson non-recevable dans son pourvoi, attendu la force de chose jugée résultant de la décision non attaquée, et maintenant inattaquable, de notre ministre de l'intérieur, en date du 24 août 1816 ;

Subsidiairement la déclarer mal fondée dans son pourvoi, confirmer purement et simplement l'arrêté du préfet du département des Bouches-du-Rhône, du 17 février 1817 ; ordonner que ladite dame de Forbin-Janson, sera contrainte, par toutes voies de droit, en vertu de l'ordonnance à intervenir, au paiement des taxes arrêtées contre elle par les arrêtés de la commission spéciale, en tous cas condamner ladite dame aux dépens ;

Vu l'arrêt du Conseil d'état du 22 août 1768 ;

Vu l'arrêté attaqué du préfet du département des Bouches-du-Rhône, du 17 février 1817 ;

Vu le plan des lieux ;

Vu les autres pièces respectivement produites ;

Considérant que la dame Forbin Janson possède, sur la rive gauche de la Durance, des terres qui dépendent de la commune de Barbantane, département des Bouches-du-Rhône, et un domaine dit du pavillon de Courtine, qui dépend de la commune des Anglès, département du Gard; que pour les premières, elle ne refuse pas de payer sa quote-part des contributions portées aux rôles faits par l'association des communes de Boullon, Rognonas et Barbantane, et que son refus de payer ne concerne que le domaine du pavillon;

Considérant que la commune des Anglès n'a pas été comprise dans les décrets d'organisation et d'attribution de ladite association, et qu'il n'était pas permis à ses directeurs, syndics et administrateurs de dépasser leurs territoires;

Considérant qu'un préfet ne peut rendre exécutoire un rôle de contribution assis sur des propriétés étrangères à son département;

Considérant que, dans le cas où le domaine de Courtine semblerait être intéressé aux travaux de la Durance, les membres de l'association peuvent demander qu'il en fasse partie;

Notre Conseil détat entendu,

Nous avons ordonné et ordonnons ce qui suit:

Art. 1er. Les arrêtés de l'association des travaux de la Durance, relativement aux dépenses imputées à la dame de Forbin Janson, pour celles de ses propriétés qui ne font point partie de la commune de Barbantane, sont annullés pour cause d'incompétence, sauf aux directeurs et membres de l'association à se pourvoir pour demander que le domaine du pavillon de Courtine soit compris, désormais et s'il y a lieu, dans ladite association.

2. L'arrêté du préfet du département des Bouches-du-Rhône, du 17 février 1817, et les actes qui s'en sont suivis, en ce qui concerne les propriétés étrangères à la commune de Barbantane, sont annullés pour la même cause d'incompétence et pour excès de pouvoir.

3. Les sommes indument perçues pour taxes, contraintes et établissement de garnisaires seront restituées à la dame de Forbin Janson.

4. L'association des communes de Boullon, Rognonas et Barbantane est condamnée aux dépens.

5. Nos ministres secrétaires d'état de l'intérieur et des finances sont chargés, chacun en ce qui le concerne, de l'exécution de la présente ordonnance.

Ordonnance du 9 septembre 1818. (3110)

N°. 326.

DÉCISION SUR REQUÊTE ou DE PUR MOUVEMENT. — Nullité. — Opposition.

Le Conseil d'état annulle pour vice de forme une décision rendue en matière contentieuse par un conseil de préfecture, sans avoir ni appelé ni entendu la partie au préjudice de laquelle la décision a été rendue.

Ne serait-ce pas plutôt le cas d'attaquer la décision du conseil de préfecture par la voie de l'opposition?

(Bodard et Banne. — C. — Grandchamp.)

LOUIS, etc; — Sur le rapport du comité du contentieux;

Vu la requête à nous présentée au nom du sieur Bodard, propriétaire demeurant à Bridoré, du sieur Banne, propriétaire demeurant à Flève, et des sieurs Bodard, demeurans à Preuilly; ladite requête enregistrée au secrétariat du comité du contentieux de notre Conseil d'état, le 23 septembre 1817, et tendante à ce qu'il nous plaise annuller un arrêté du conseil de préfecture du département d'Indre-et-Loire, du 13 mai 1817, pris contre eux au profit de la dame veuve de Grandchamp, qui demandait à rentrer en possession de plusieurs pièces d'héritages vendus aux supplians, et condamner ladite dame aux dépens;

Vu l'ordonnance de soit communiqué, en date du 11 octobre 1817;

Vu la requête ampliative desdits sieurs Bodard et consorts, enregistrée audit secrétariat du comité du contentieux le 6 août 1818, par laquelle ils persistent dans leurs précédentes conclusions;

Vu la signification faite le 3 janvier 1818, de l'ordonnance de *soit communiqué,* à laquelle signification il n'a pas été répondu;

Vu l'arrêté du conseil de préfecture du département d'Indre-et-Loire, du 13 mai 1817;

Vu les autres pièces produites;

Considérant que l'arrêté attaqué a été pris en matière contentieuse, et que néanmoins les réclamans n'ont été ni appelés, ni entendus par le conseil de préfecture;

Notre Conseil d'état entendu,

Nous avons ordonné et ordonnons ce qui suit:

Art. 1er. L'arrêté du conseil de préfecture du département d'Indre-et-Loire, du 13 mai 1817, est annullé pour vice de forme.

2. Notre ministre secrétaire d'état de l'intérieur est chargé de l'exécution de la présente ordonnance.

Ordonnance du 9 septembre 1818. (3111)

No. 327.

MISE EN JUGEMENT.—Directeur de la poste. —Secret des lettres.

Le Conseil d'état autorise la mise en jugement d'un directeur de la poste aux lettres, prévenu d'avoir remis deux lettres déposées à son bureau à un tiers auquel elles n'étaient point adressées.

(Demangeon.—C.—Chevilly)

LOUIS, etc. ; — Sur le rapport du comité du contentieux ;

Vu la lettre de notre procureur-général en la Cour de Nancy, en date du 18 juin 1818, par laquelle il nous demande l'autorisation nécessaire pour la mise en jugement du sieur de Chevilly, directeur de la poste d'Épinal, prévenu d'avoir livré à un tiers deux lettres déposées à son bureau ;

Vu la plainte portée le 18 avril 1818, par le sieur Demangeon, ex-garde général des eaux et forêts du cantonnement de Remiremont, département des Vosges, devant notre procureur-général en la Cour de Nancy, par laquelle il expose que deux lettres affranchies par lui au bureau de Remiremont, le 23 mars 1818, et portées le lendemain à celui d'Épinal, se sont trouvées le 25 dudit mois, entre les mains du sieur Piette, inspecteur des eaux et forêts à Remiremont, auquel elles n'étaient point adressées, et qui, après les avoir ouvertes et lues, les a livrées au conservateur des eaux et forêts à Nancy ;

Vu les différens procès-verbaux des dépositions des témoins ;

Vu les moyens de défense du sieur Chevilly ;

Vu l'avis de notre directeur général de l'administration des postes ;

Ensemble les autres pièces contenues au dossier ;

Notre Conseil d'état entendu,

Nous avons ordonné et ordonnons ce qui suit :

Art. 1er. Notre procureur-général en la Cour de Nancy est autorisé à continuer les poursuites commencées contre le sieur de Chevilly, directeur du bureau de poste à Épinal, département des Vosges, à raison des faits ci-dessus mentionnés.

2. Notre garde des sceaux ministre secrétaire d'état de la justice et notre ministre secrétaire d'état des finances sont chargés, chacun en ce qui le concerne, de l'exécution de la présente ordonnance.

Ordonnance du 9 septembre 1818. (3120)

No. 328.

CONTRIBUTIONS COMMUNALES EXTRAORDINAIRES.—Taxe personnelle.—Loyer.—Domicile.

La loi du 5 ventose an 12 autorise dans la ville de Paris la perception de la taxe personnelle à raison du loyer, quoique le même contribuable y soit assujéti dans un autre département ; ainsi les impositions communales extraordinaires autorisées par la loi du 28 avril 1816 doivent être supportées par chacun, à raison du loyer de chaque habitation, sans égard au lieu du domicile et à la principale habitation.

(Ducancel.)

LOUIS, etc. ; — Sur le rapport du comité du contentieux ;

Vu la requête à nous présentée au nom du sieur Ducancel, enregistrée au secrétariat du comité du contentieux de notre Conseil d'état, le 20 février 1818, et tendante à ce qu'il nous plaise annuller un arrêté du Conseil de préfecture du département de la Seine, en date du 20 septembre 1815, qui maintient le requérant sur le rôle de l'imposition communale extraordinaire de 1815, comme ayant un appartement à loyer dans la ville de Paris ;

Et à ce qu'il nous plaise, en outre, ordonner qu'il sera rayé dudit rôle, attendu qu'il a son domicile dans le département de l'Oise, et qu'il y a payé toutes les charges extraordinaires de guerre de 1815, soit comme propriétaire, soit comme domicilié ;

Vu la notification des dispositions de l'arrêté du conseil de préfecture du département de la Seine, en date du 12 décembre 1817, desquelles il résulte que le sieur Ducancel a été maintenu par le motif qu'ayant à Paris un loyer de 1200 fr., il devait supporter les charges communales dans cette proportion ;

Vu la lettre du préfet du département de la Seine, enregistrée au secrétariat dudit comité du contentieux, le 17 avril 1818, par laquelle il soutient la décision attaquée ;

Vu la loi du 5 ventose an 12, et celle du 28 avril 1816 ;

Considérant que la loi du 5 ventose an 12 autorise, dans la ville de Paris, la perception de la taxe personnelle à raison du loyer, quoique le même contribuable y soit assujéti dans un autre département ;

Considérant que les impositions communales extraordinaires autorisées par la loi du 28 avril 1816, n'ont été établies que pour satisfaire aux charges locales extraordinaires qui doivent être supportées par chacun, à raison du loyer de chaque habitation, sans faire acception du lieu du domicile et de la principale habitation ;

Notre Conseil d'état entendu,

Nous avons ordonné et ordonnons ce qui suit :

Art. 1er. La requête du sieur Ducancel est rejetée.

2. Notre garde des sceaux ministre secrétaire d'état de la justice et notre ministre secrétaire d'état des finances sont chargés, chacun en ce qui le concerne, de l'exécution de la présente ordonnance.

Ordonnance du 9 septembre 1818. (3114)

N°. 329.

1°. HOSPICES.—RENTES.—REMBOURSEMENT.

2°. ALIÉNATION.—RENTES.—IMMEUBLES.

1°. *La loi du 23 messidor an 2, qui déclara propriété nationale tout ce qui appartenait aux hospices, (loi dont l'effet a duré jusqu'à la loi du 16 vendémiaire an 5, qui a rendu aux hospices l'administration de leurs biens) produisit cet effet que le capital d'une rente antérieure à 1792, pût être remboursé du consentement de l'administration.—Le sursis prononcé par la loi du 25 messidor an 3 avait été levé par celle du 15 germinal an 4.*

2°. *La prohibition d'aliéner des biens ne s'applique, de plein droit, qu'aux biens-fonds ou immeubles ; elle ne s'applique pas à des rentes. Ainsi, la prohibition prononcée par la loi du 2 brumaire an 4, relativement à l'aliénation des biens des établissemens de bienfaisance, ne s'opposa pas à un remboursement des rentes qui leur étaient dues.*

(Le bureau de bienfaisance de Bordeaux.—C.— Molinier.)

LOUIS, etc. ; — Sur le rapport du comité du contentieux ;

Vu la requête à nous présentée au nom des administrateurs du bureau central de charité de la ville de Bordeaux, enregistrée au secrétariat du comité du contentieux de notre Conseil d'état, le 9 janvier 1818, tendante à l'annullation d'un arrêté de l'administration départementale de la Gironde, en date du 9 prairial an 4, lequel a autorisé le sieur Molinier à verser dans la caisse du receveur des domaines à Bordeaux, le capital et les arrérages d'une rente de 300 francs due originairement par son père aux pauvres de la paroisse Saint-Michel de ladite ville ; et en outre, à l'annullation d'un arrêté du conseil de préfecture dudit département, en date du 21 juin 1809, lequel a confirmé le remboursement de ladite rente fait par ledit sieur Molinier le 12 prairial an 4, en exécution de l'arrêté précédent, et à ce que ledit sieur Molinier soit condamné aux dépens ;

Vu les deux arrêtés attaqués ;

Vu la requête en défense du sieur Molinier, enregistrée audit secrétariat du comité du contentieux, le 28 mai 1818, tendante à ce que les deux arrêtés des 9 prairial an 4 et 21 juin 1809 soient confirmés ; le remboursement par lui fait déclaré valable, et à ce que la radiation des inscriptions prises sur ses biens par les administrateurs du bureau central de charité de Bordeaux soit ordonnée, et lesdits administrateurs condamnés aux dépens ;

Vu les lois des 23 messidor an 2, 25 messidor et 9 fructidor an 3, 2 brumaire, 12 frimaire, 3 nivose et 15 germinal an 4 ; l'arrêté des consuls du 15 fructidor an 10, et l'avis du Conseil d'état du 23 ventose an 13, approuvé le même jour ;

Considérant que tout ce qui appartenait aux hospices et autres établissemens de bienfaisance avait été déclaré propriété nationale par la loi du 23 messidor an 2 ; que le sursis prononcé par la loi du 25 messidor an 3, pour le remboursement des rentes antérieures à 1792, a été levé par celle du 15 germinal an 4 ; que la prohibition prononcée par la loi du 2 brumaire an 4, pour l'aliénation des biens des établissemens de bienfaisance, ne s'appliquait qu'aux biens-fonds ou immeubles ;

Considérant que l'Etat n'a cessé d'exercer les droits appartenant aux hospices que par la loi du 16 vendémiaire an 5, qui leur a rendu l'entière administration de leurs biens et revenus ;

Que dès-lors, l'arrêté de l'administration départementale de la Gironde, du 9 prairial an 4, a justement autorisé le sieur Molinier à rembourser la rente due par son père aux pauvres de la paroisse Saint-Michel ;

Qu'il n'y a pas lieu, en conséquence, d'annuller ledit arrêté, ni celui du conseil de préfecture du département de la Gironde, qui l'a confirmé, ainsi que le remboursement fait par ledit sieur Molinier le 12 prairial an 4, en conséquence de l'arrêté précédent du 9 prairial de la même année ;

Considérant qu'une demande en radiation d'inscriptions est du ressort des tribunaux ordinaires ;

Notre Conseil d'état entendu,

Nous avons ordonné et ordonnons ce qui suit :

Art. 1er. La requête des administrateurs du bureau central de charité de la ville de Bordeaux est rejetée, et les arrêtés par eux attaqués continueront à être exécutés selon leur forme et teneur.

2. Le sieur Molinier est renvoyé devant les tribunaux ordinaires pour faire prononcer sur sa demande en radiation des inscriptions prises sur ses biens pour sûreté de la rente remboursée.

3. Les administrateurs du bureau de charité sont, en leurdite qualité, condamnés aux dépens.

4. Notre garde des sceaux ministre secrétaire d'état de la justice et notre ministre secrétaire d'état de l'intérieur sont chargés, chacun en ce qui le concerne, de l'exécution de la présente ordonnance.

Ordonnance du 9 septembre 1818. (3113)

N°. 330.

DÉCOMPTE. — QUITTANCE DÉFINITIVE.

Aux termes du décret du 22 octobre 1808, ne sont réputées définitives que les quittances pour solde données en vertu d'un décompte définitif, c'est-à-dire d'un décompte arrêté, soit par l'administration de la caisse de l'extraordinaire, soit par la commission des revenus nationaux, soit par l'administration des domaines et de l'enregistrement.

(Bernard. — C. — l'Adm^on^. des domaines.)

LOUIS, etc.; — Sur le rapport du comité du contentieux;

Vu la requête présentée au nom des sieur et dame de Bernard, demeurant à Senlis, département de l'Oise; ladite dame dûment autorisée par son mari, ladite requête enregistrée au secrétariat du Conseil d'état le 9 mai 1813, tendante à l'annullation d'une décision du ministre des finances, du 11 août 1813, qui, rejetant l'avis motivé donné par le préfet du département de Maine-et-Loire, le 21 avril précédent, condamne les requérans à payer le montant d'un décompte dressé contre ladite dame et ses auteurs par l'administration des domaines et de l'enregistrement, sauf néanmoins la déduction des intérêts courus et à courir depuis le 19 messidor an 4, jour du dernier paiement fait par eux sur l'adjudication qui leur a été consentie le 31 janvier 1791, du domaine de la Chanvière;

Vu le mémoire en défense de l'administration des domaines, enregistré au secrétariat du comité du contentieux de notre Conseil d'état, le 26 mars 1818;

Vu le décompte dressé par cette administration, conformément aux dispositions du décret du 22 octobre 1808, et signifié par elle aux requérans, le 29 novembre 1811;

Vu l'avis du préfet du département de Maine-et-Loire, du 21 avril 1813;

Vu la décision attaquée;

Considérant qu'aux termes du décret du 22 octobre 1808, ne sont réputées définitives que les quittances pour solde, données en vertu d'un décompte définitif, c'est-à-dire arrêté, soit par l'administrateur de la caisse de l'extraordinaire, soit par la commission des revenus nationaux, soit par l'administration des domaines et de l'enregistrement, et que la quittance libellée pour solde, du 19 messidor an 4, ne porte avec elle aucun de ces caractères;

Considérant que ledit décompte a été dressé conformément aux dispositions du décret du 22 octobre 1808, qui a abrogé l'arrêté du Gouvernement du 22 prairial an 10;

Considérant que le ministre des finances, prenant en considération les pertes et les malheurs des auteurs de la requérante, a fait remise des intérêts échus et à échoir, depuis le 19 messidor an 4, époque du dernier paiement, et approuvant ses motifs;

Notre Conseil d'état entendu,

Nous avons ordonné et ordonnons ce qui suit:

Art. 1er. La requête des sieur et dame de Bernard est rejetée.

2. La décision du ministre des finances, du 11 août 1813, sera exécutée selon sa forme et teneur, et il sera dressé un nouveau décompte conformément à ses dispositions.

3. Les requérans sont condamnés aux dépens.

4. Notre ministre secrétaire d'état des finances est chargé de l'exécution de la présente ordonnance.

Ordonnance du 9 septembre 1818. (3108)

N°. 331.

CONFLIT NÉGATIF — CHOSE JUGÉE. — PRISE.

Dans une affaire de liquidation d'une prise, s'il y a refus de juger un conflit négatif de la part du conseil des prises d'une part, et d'une Cour royale de l'autre, et s'il y a eu un pourvoi rejeté à la Cour de cassation contre l'arrêt de la Cour royale, le conflit n'est pas de la nature de ceux dont la connaissance est attribuée au Conseil d'état.

Toutefois, si le Conseil d'état pense que la matière a appartenu au Conseil des prises, il la juge comme lui étant substitué.

(Grant-Webb. — C. — Pièche.)

LOUIS, etc.; — Sur le rapport du comité du contentieux,

Vu la requête à nous présentée au nom des sieurs Grant-Webb, Felichy et compagnie, négocians à Livourne, consignataires du navire américain *Le Vermont* et de sa cargaison; ladite requête enregistrée au secrétariat du comité du contentieux de notre Conseil d'état, le 14 juillet 1817, et tendante à ce qu'il nous plaise annuller et considérer comme non-avenus les décret et avis qui déclarent de bonne prise une partie de la cargaison dudit navire, capturé le 14 mars 1807 dans la Méditerranée, par le corsaire *le Napoléon*; ensemble les jugemens du tribunal de première instance de Porto-Ferajo, des 12 juillet et 13 octobre 1809, portant liquidation de la valeur des marchandises réputées de bonne prise;

En conséquence, condamner le sieur Henry Pièche, alors sous-commissaire de marine à Porto-Ferajo, et le sieur Henry Mouraour, armateur dudit corsaire, à leur payer solidairement et par corps, la somme de 490,000 francs, montant des condamnations portées contre eux, ainsi que les frais et accessoires qu'ils ont été contraints de payer par suite des jugemens qu'ils attaquent;

Enfin, les condamner pareillement, et par corps, aux dépens et à tous dommages et intérêts à fixer par état ;

Vu un nouveau mémoire présenté par les requérans, et enregistré au secrétariat du comité du contentieux, le 2 septembre 1818, ainsi que les conclusions subsidiaires qu'il contient ;

Vu la lettre de notre ministre secrétaire d'état de la marine et des colonies, en réponse à la communication qui lui a été faite de la requête ci-dessus, par laquelle il demande, dans la forme, que le sieur Pièche soit mis hors de l'instance, attendu qu'il n'avait agi dans cette affaire qu'en qualité de sous-commissaire et d'administrateur de la marine, et comme représentant de l'équipage et de la caisse des invalides; et, au fond, que la requête des réclamans soit rejetée ;

Vu les mémoires en réplique des réclamans;

Vu une décision du conseil des prises, du 22 juillet 1807, qui donnait main-levée de la prise du navire *Le Vermont* et de sa cargaison, moyennant caution;

Vu une autre décision du même conseil, du 2 septembre suivant, qui déclarait la capture nulle, et condamnait le corsaire aux dommages et intérêts ;

Vu le décret du 29 mai 1808, qui déclare nulles les décisions du conseil des prises, par le motif qu'il était prouvé que le décret du 21 novembre 1806 pouvait être connu dans les Etats-Unis à l'époque du départ du *Vermont* ; que, par conséquent, ce décret était applicable à la cargaison du navire, et qu'il résultait de la nature de cette cargaison qu'une partie des marchandises composant le chargement, provenait de commerce anglais ;

Vu un autre décret du 27 octobre suivant, interprétatif du précédent, qui déclare de bonne prise,

1°. Les marchandises dont le produit de la vente était destiné à être envoyé à des maisons de commerce anglaises ou des sujets de l'Angleterre;

2°. Ceux qui n'avaient ni connaissemens, ni factures parmi lesquelles se trouvaient compris 886 morceaux d'étain, provenant d'ailleurs du commerce anglais ; le tout pour être réparti entre l'armateur et l'équipage dudit corsaire, conformément aux réglemens;

Vu l'avis du Conseil d'état, approuvé le 4 mars 1809, qui, en expliquant deux questions qui lui furent soumises relativement à cette capture, ordonne,

1°. Sur la question de savoir si une partie du chargement dudit navire était susceptible de la retenue de moitié, prescrite par l'art. 6 du décret du 21 novembre 1806; que cette retenue devra avoir lieu pour toutes les confiscations qui seront faites en exécution des articles dudit décret;

2°. Et sur la question de savoir comment on pourra reconnaître, à défaut d'indication dans les pièces de bord, quelle est la partie des marchandises qui devra être confisquée, comme destinées à des sujets d'Angleterre, ordonne qu'on ne devra pas s'écarter des règles générales tracées par les art. 2 et 11 du réglement du 26 juillet 1778;

Vu les articles dudit réglement;

Vu le décret du 21 novembre 1806;

Vu une copie authentique du jugement du tribunal de première instance et de commerce de Porto-Ferajo, du 12 juin 1809, qui, approuvant la liquidation faite de ladite prise conformément aux décret et avis cités ci-dessus par le sieur Pièche, le 4 mai précédent, condamne les requérans, et nonobstant tout appel, à verser dans la caisse des invalides à Porto-Ferajo,

1°. 409,135 francs 34 centimes, montant de l'estimation des marchandises confisquées en vertu du décret du 21 novembre 1806;

2°. 98,300 fr., montant de l'estimation de celles confisquées entièrement au profit de l'armateur et de l'équipage, sauf le droit des invalides ;

Vu une copie authentique d'un second jugement du même tribunal, du 13 octobre 1809, qui fixe la portion afférente dans ladite prise, tant à la caisse des invalides qu'au corsaire, déduction faite des prélevemens pour frais de toute espèce ;

Vu un arrêt de la Cour d'appel de Florence, qui, considérant que dans l'instance pendante devant elle, il ne s'agit pas seulement de faire la liquidation de ce qui peut revenir à chaque partie prenante, mais qu'il y a discussion sur la validité de la saisie de certaines marchandises, et qu'une pareille discussion est hors des attributions des tribunaux ordinaires, et ne peut être jugée que par le conseil des prises institué à cet effet, renvoie les parties à s'y pourvoir, comme bon elles aviseront, et maintient provisoirement l'exécution des jugemens dont était appel;

Vu une décision du conseil des prises, du 16 janvier 1811, par laquelle ledit conseil refuse de prendre connaissance des difficultés existantes entre les parties, attendu qu'il avait prononcé définitivement sur la prise dudit navire, le 2 septembre 1807;

Vu un arrêt de la Cour de cassation du 7 novembre suivant, qui, sur la demande en cassation, rejette le pourvoi, par le motif que le tribunal de Porto-Ferajo, et par suite la Cour de Florence, avaient été compétens pour connaître de la liquidation de la prise, mais que la Cour avait dû se déclarer incompétente pour juger des questions résultantes de l'interprétation de décrets et actes administratifs ;

Sur la demande en réglement de juges, déclare qu'il n'y a lieu à statuer, attendu que ce conflit n'est pas de la nature de ceux dont la connaissance lui est attribuée;

Vu notre ordonnance du 27 mai 1816, qui, considérant que les affaires précédemment attribuées au conseil des prises ont été, depuis la suppression dudit conseil, dévolues à notre Conseil d'état par notre ordonnance du 23 août 1815, ordonne que les parties plaideront au fond devant notre Conseil d'état ;

Vu la désignation de toutes les pièces de bord trouvées sur ledit navire lors de sa capture, ainsi qu'elles sont inventoriées dans la première décision du conseil des prises du 22 juillet 1807, et dans la requête des réclamans ;

Ensemble toutes les pièces produites ;

Considérant que le sieur Pièche, alors sous-commissaire de marine à Porto-Ferajo, n'a agi dans cette affaire que comme administrateur de la marine et représentant de l'équipage et de la caisse des Invalides ;

Considérant que la liquidation qui a été faite de cette prise par les jugemens du tribunal de première instance et de commerce de Porto-Ferajo, des 12 juin et 13 octobre 1809, l'a été conformément aux décret et avis qui alors régissaient la matière, et que ces jugemens ont acquis l'autorité de la chose jugée ;

Notre Conseil d'état entendu ;

Nous avons ordonné et ordonnons ce qui suit :

Art. 1er. La requête des sieurs Grand-Webb, Felichy et compagnie est rejetée.

2. La liquidation du navire *le Vermont*, telle qu'elle a été arrêtée et divisée par lesdits jugemens des 12 juin et 13 octobre 1809, est approuvée, et sera exécutée suivant sa forme et teneur.

3. Les requérans sont condamnés aux dépens.

4. Notre ministre secrétaire d'état de la marine et des colonies est chargé de l'exécution de la présente ordonnance.

Ordonnance du 9 septembre 1818. (2152)

N°. 332.

1°. ESCROQUERIE. — MANDAT. — MISE EN JUGEMENT.

2°. AUTORISATION. — COMMUNE. — INSOLVABILITÉ.

1°. *Un maire de commune qui, ayant reçu des fonds pour acheter un édifice déterminé, achète pour la commune tout autre édifice de moindre valeur et inutile à l'objet de l'achat, manque à l'obligation de son mandat, mais il ne commet pas un abus de confiance qui soit réputé escroquerie et qui donne lieu à poursuite devant un tribunal correctionnel.*

2°. *L'insolvabilité reconnue du débiteur d'une commune, est une raison suffisante pour que le Conseil d'état refuse à la commune l'autorisation de le poursuivre par action civile.*

(Gomeret.)

LOUIS, etc. ; — Sur le rapport du comité du contentieux ;

Vu la lettre, en date du 28 août 1817, de notre procureur-général en la Cour de Dijon, par laquelle il demande, au nom de la commune d'Azé, département de Saône-et-Loire, l'autorisation nécessaire pour la mise en jugement du sieur Gomeret, ancien maire de ladite commune, prévenu d'une escroquerie commise dans l'exercice de ses fonctions ;

Vu plusieurs lettres et mémoires adressés au préfet du département de Saône-et-Loire par le sieur Plattret, maire actuel de la commune d'Azé, desquels il résulte que le sieur Gomeret ayant été chargé, en 1809, d'acheter, pour la commune, une maison neuve destinée à servir de presbytère, et ayant reçu à cet effet une somme de 6800 francs, prix de l'acquisition, substitua au bâtiment neuf désigné, un autre bâtiment de moindre valeur, et dans un état de vétusté tel que le desservant ne peut plus aujourd'hui l'habiter ;

Vu les procès-verbaux de délibération du conseil municipal d'Azé, des 1er. novembre 1817 et 6 mai 1818, tendant à provoquer des poursuites judiciaires contre le sieur Gomeret ;

Vu la lettre de notre ministre secrétaire d'état de l'intérieur, en date du 21 juillet 1818 ;

Ensemble les autres pièces contenues au dossier ;

Considérant que le fait imputé au sieur Gomeret n'ayant pas le caractère de l'escroquerie, ne peut donner lieu à une action en police correctionnelle, mais seulement à une action civile ;

Considérant que l'état d'insolvabilité absolue du sieur Gomeret, son grand âge et le laps de temps écoulé depuis le fait susmentionné s'opposent à ce que la commune engage cette action civile qui n'aurait pour elle aucun résultat utile ;

Notre Conseil d'état entendu,

Nous avons ordonné et ordonnons ce qui suit :

Art. 1er. Il n'y a pas lieu à continuer les poursuites commencées contre le sieur Gomeret, ancien maire de la commune d'Azé, département de Saône-et-Loire, pour les faits ci-dessus énoncés.

2. Notre garde des sceaux ministre secrétaire d'état de la justice et notre ministre secrétaire d'état de l'intérieur sont chargés, chacun en ce qui le concerne, de l'exécution de la présente ordonnance.

Ordonnance du 9 septembre 1818. (3121)

N°. 333.

MISE EN JUGEMENT. — GARDE FORESTIER. — FAUX.

Le Conseil d'état autorise la mise en jugement d'un garde forestier prévenu de faux, lorsque les faits rapportés par lui dans un procès-verbal dressé contre un particulier sont faux et controuvés.

(Bolot.)

LOUIS, etc. ; — Sur le rapport du comité du contentieux ;

Vu la lettre de notre procureur-général en la Cour de

Besançon, en date du 12 juillet 1817, par laquelle il demande l'autorisation nécessaire pour la mise en jugement du sieur Bolot, garde forestier à Escrémagny, département de la Haute-Saône, prévenu de faux dans l'exercice de ses fonctions;

Vu la plainte portée, le 15 mai 1817, devant notre procureur près le tribunal civil de Lure, par le sieur Poirot, habitant de la commune de Monlingrillet, par laquelle il expose que les faits rapportés dans un procès-verbal dressé contre lui le 7 novembre 1816, par ledit garde Bolot, sont faux;

Vu le procès-verbal ci-dessus mentionné;

Vu les dépositions des témoins;

Vu les moyens de défense du garde Bolot;

Vu l'avis de notre directeur général de l'enregistrement et des domaines et forêts;

Ensemble les autres pièces contenues au dossier;

Notre Conseil d'état entendu,

Nous avons ordonné et ordonnons ce qui suit:

Art. 1er. Notre procureur-général en la Cour de Besançon est autorisé à poursuivre devant les tribunaux le sieur Bolot, garde forestier à la résidence d'Escrémagny, département de la Haute-Saône, à raison du fait ci-dessus énoncé.

2. Notre garde des sceaux ministre secrétaire d'état de la justice et notre ministre secrétaire d'état des finances sont chargés, chacun en ce qui le concerne, de l'exécution de la présente ordonnance.

Ordonnance du 9 septembre 1818. (3119)

N°. 334.

EMPRUNT DE CENT MILLIONS. — Taxe.

Le même propriétaire ou capitaliste a pu être taxé pour l'emprunt de cent millions dans les divers lieux où sont situés ses propriétés et son domicile : tout ce qu'il peut obtenir, c'est de ne payer que la plus forte taxe ou qu'on lui tienne compte de la moindre.

(Beaumetz.)

LOUIS, etc.; — Sur le rapport du comité du contentieux;

Vu la requête à nous présentée au nom du marquis de Beaumetz, président honoraire de la Cour royale de Douai, enregistrée au secrétariat du comité du contentieux de notre Conseil d'état, le 24 avril 1818, tendante à l'annullation d'une décision de notre ministre des finances, en date du 9 juillet 1817, confirmative d'un arrêté du préfet du département du Pas de-Calais, du 15 juillet 1816, qui maintient à 6000 francs la cotisation à laquelle il a été imposé pour l'emprunt de cent millions dans l'arrondissement d'Arras, département du Pas-de-Calais, et admet en déduction de ladite somme celle de 1000 francs à laquelle il a été imposé pour le même emprunt dans l'arrondissement de Douai, département du Nord; ladite requête tendante, par suite, à ce que ledit marquis de Beaumetz soit entièrement déchargé de la somme à laquelle il a été taxé dans l'arrondissement d'Arras, et déclaré quitte de toute cotisation audit emprunt par le paiement qu'il a effectué de celle de 1000 francs à laquelle il a été imposé dans l'arrondissement de Douai;

Vu la décision et l'arrêté attaqués;

Vu la lettre écrite par notre ministre des finances à notre garde des sceaux ministre de la justice, le 30 juin 1818, en réponse à la communication qui lui avait été donnée de la requête en pourvoi du marquis de Beaumetz, par laquelle lettre il nous fait observer que le marquis de Beaumetz est propriétaire dans le département du Pas-de-Calais; qu'en cette qualité il a pu être imposé dans ce département; qu'il n'y a pas un double emploi, et conclut au maintien de l'arrêté et de la décision attaqués;

Vu notre ordonnance sur l'emprunt de cent millions, en date du 16 août 1815;

Vu toutes les pièces produites;

Considérant qu'aux termes de l'article 5 de notre ordonnance du 16 août 1815, l'emprunt de cent millions devait être supporté provisoirement par les principaux capitalistes, patentables et propriétaires de chaque département; qu'en conséquence, le marquis de Beaumetz, en raison des propriétés qu'il possède dans l'arrondissement d'Arras, a dû être imposé pour cet emprunt dans le département du Pas-de-Calais, quel que soit d'ailleurs le lieu de son domicile;

Considérant que, s'il y a double emploi, à cause de la cotisation qu'il a payée, pour le même objet dans le département du Nord, ce double emploi a cessé par la déduction qui lui a été faite des 1000 francs qu'il a payés dans ce département sur les 6000 francs auxquels sa cotisation était fixée dans le département du Pas de-Calais; qu'ainsi il n'y a aucun motif pour annuller les arrêté et décision contre lesquels il s'est pourvu;

Notre Conseil d'état entendu,

Nous avons ordonné et ordonnons ce qui suit:

Art. 1er. La requête du marquis de Beaumetz est rejetée.

2. Notre ministre secrétaire d'état des finances est chargé de l'exécution de la présente ordonnance.

Ordonnance du 9 septembre 1818. (3116)

N°. 335.

SURSIS PARTIEL. — Décision administrative.

Le recours au Conseil d'état contre une décision administrative qui fait grief, peut donner lieu à un sursis partiel, c'est-à-dire au sursis de l'une des dispositions, tandis que les autres restent exécutoires.

(Bochard de Champigny. - C.-Lecouturier de Courcy.)

LOUIS, etc.; — Sur le rapport du comité du contentieux;

Vu la requête à nous présentée au nom des sieurs Bochard de Champigny, Tilly-Blary, dame Adélaïde-Louise-Bochard de Champigny et sieur Doucerain; ladite requête enregistrée au secrétariat du contentieux de notre Conseil d'état, le 31 juillet 1818, et tendante à ce qu'il nous plaise, avant faire droit, ordonner provisoirement qu'il sera sursis à l'exécution d'un arrêté du préfet du département de l'Eure, en date du 12 septembre 1816, contre lequel ils se sont déjà pourvus devant notre Conseil d'état pour cause d'incompétence et excès de pouvoir, sans nuire ni préjudicier aux droits d'aucune des parties en cause, les réservant au contraire;

Vu le mémoire en défense à nous présenté au nom du sieur Lecouturier de Courcy; ledit mémoire enregistré audit secrétariat le 14 août 1818, et tendant à ce qu'il nous plaise, en ce qui concerne la demande en sursis, déclarer les requérans purement et simplement non-recevables, et, en tout cas, mal fondés;

Vu l'arrêté attaqué du 12 septembre 1816;

Considérant que, par les articles 1, 2, 3 et 4 dudit arrêté, il est statué sur les changemens de dimension et d'emplacement des vannes et autres ouvrages de prise d'eau, et même sur la suppression de quelques-uns d'entre eux, et que, si ledit arrêté ne devait pas être confirmé, les rectifications, reconstructions ou suppressions desdits ouvrages auraient causé un dommage et des frais inutiles;

Considérant que, par les articles 5, 6 et 7, il est statué, en forme de réglement sur les jours et heures pendant lesquels l'irrigation des prairies devra avoir lieu, et que ledit réglement, en cette partie peut, sans inconvénient, recevoir son exécution provisoire;

Notre Conseil d'état entendu,

Nous avons ordonné et ordonnons ce qui suit:

Art. 1er. Il sera sursis à l'exécution des dispositions prescrites par les articles 1er., 2, 3 et 4 de l'arrêté du préfet du département de l'Eure, du 12 septembre 1816, jusqu'à ce qu'il ait été, par nous, statué définitivement sur le fond de la contestation.

2. Il ne sera pas sursis à l'exécution des dispositions prescrites par les articles 5, 6 et 7 dudit arrêté portant fixation des époques consacrées aux irrigations.

3. Les dépens sont réservés.

4. Notre ministre secrétaire d'état au département de l'intérieur est chargé de l'exécution de la présente ordonnance.

Ordonnance du 9 septembre 1818. (3148)

N°. 336.

COMMISSION DÉPARTEMENTALE DE LIQUIDATION.—Réquisition.

Les décisions des commissions départementales portant liquidation de réquisitions, ne sont pas du contentieux qui rentre dans les attributions du conseil de préfecture; la matière, quoique litigieuse, appartient à l'action administrative et doit être soumise au préfet.

(Mortet et Fontaine.)

LOUIS, etc.; — Sur le rapport du comité du contentieux;

Vu la requête à nous présentée au nom des sieurs Mortet, garde-magasin des vivres à Montmédy, et Fontaine, demeurant à Stenay; ladite requête enregistrée au secrétariat du comité du contentieux de notre Conseil d'état, le 5 janvier 1818;

Vu les requêtes ampliatives des mêmes, enregistrées audit secrétariat les 2 février et 24 août 1818;

Lesdites requêtes tendantes à ce qu'il nous plaise annuller,

1°. Pour cause d'incompétence et comme mal jugé au fond, les décisions des 28 septembre 1814, 16 mars 1816 et 30 avril 1817, de la commission départementale de la Meuse, créée pour l'exécution de notre ordonnance du 13 juin 1814, pour la liquidation des réquisitions; lesquelles décisions rejettent des comptes des requérans différentes fournitures, et réduisent les prix fixés entre eux et l'administration, par un marché passé avec le sous-préfet de Montmédi, le 7 mai 1814, approuvé le 8 par le préfet;

2°. Comme mal jugé au fond, l'arrêté du conseil de préfecture du même département, du 9 juillet 1817, qui, approuvant la liquidation faite par ladite commission, a arrêté qu'il n'y a pas lieu à délibérer sur la réclamation desdits sieurs Mortet et Fontaine;

3°. La décision de notre ministre secrétaire d'état de l'intérieur en réponse à la communication qui lui a été donnée de ces requêtes;

Vu les arrêtés et décisions attaqués;

Ensemble toutes les pièces produites par les parties;

Considérant que les requérans s'étant crus fondés à réclamer contre les décisions susmentionnées de la commission départementale, le conseil de préfecture était compétent pour juger cette contestation qui appartenait au contentieux administratif;

Considérant que la lettre de notre ministre de l'intérieur, mal-à-propos qualifiée de décision par les requérans, a eu uniquement pour objet d'ordonner l'exécution de l'arrêté du conseil de préfecture qui, aux termes de l'article 3 du réglement du 22 juillet 1806, devait être exécuté jusqu'à ce qu'il en eût été autrement décidé par l'autorité supérieure;

Considérant au fond, quant à la quantité de rations qui ont été rejetées des comptes des réclamans, faute de justifications suffisantes, que les requérans ne justifient pas, dans leurs requêtes, que cette disposition soit mal fondée, et qu'ils se contentent de demander que leurs droits leur soient réservés dans le cas où ils pourraient rendre régulières les pièces rejetées;

Considérant, quant aux denrées qui leur ont été remises en nature, qu'ils en doivent compte, soit en argent, soit en rations;

Considérant, quant à la réduction des prix de leurs fournitures, ordonnée par ledit arrêté, que ces prix ont été fixés par un marché authentique, consenti en faveur des réclamans par le sous-préfet de Montmédy, et revêtu de l'approbation du préfet;

Notre Conseil d'état entendu,

Nous avons ordonné et ordonnons ce qui suit :

Art. 1er. L'arrêté du conseil de préfecture du département de la Meuse, du 9 juillet 1817, rendu sur la réclamation des sieurs Mortet et Fontaine, contre les décisions de la commission départementale des 28 septembre 1814, 16 mars 1816 et 30 avril 1817, est annullé.

2. Les parties sont renvoyées à se pourvoir devant le préfet en nouvelle liquidation, d'après les bases suivantes :

1°. Les quantités de rations rejetées de leur compte par la première liquidation, faute de justification, demeureront définitivement rejetées, à moins que les réclamans ne représentent des pièces revêtues des formalités qui leur ont été imposées par leur marché;

2°. Le prix des rations, dont la livraison sera bien justifiée, sera fixé au taux convenu dans le marché du 7 mai 1814;

3°. Les réclamans tiendront compte des denrées qu'ils ont pu recevoir en nature, provenant, soit des réquisitions, soit des magasins de l'Etat, savoir: en argent et au prix de leur vente, pour celles dont la vente sera légalement justifiée; et en déduction de rations, pour celles dont la vente ne serait pas justifiée, et qui doivent être considérées comme ayant été distribuées en nature.

3. En cas de contestation sur la nouvelle liquidation, les parties se pourvoiront devant le conseil de préfecture.

4. Notre ministre secrétaire d'état de l'intérieur est chargé de l'exécution de la présente ordonnance.

Ordonnance du 9 septembre 1818. (3112)

N°. 337.

MISE EN JUGEMENT. — CONCUSSION. — GARDE FORESTIER.

Le Conseil d'état autorise la mise en jugement d'un garde forestier prévenu d'avoir reçu 45 francs pour ne pas donner suite à un procès-verbal.

(Degout et Giraud.)

LOUIS, etc.; — Sur le rapport du comité du contentieux;

Vu la lettre de notre procureur-général près la Cour de Nîmes, du 7 juillet 1817, par laquelle il demande l'autorisation de continuer les poursuites commencées contre les sieurs Degout et Giraud, gardes forestiers à Marzan, département de l'Ardèche, accusés d'avoir reçu 45 francs pour ne pas donner suite à un procès-verbal;

Vu les dépositions des témoins et les autres pièces de l'instruction;

Vu le rapport de notre directeur général de l'enregistrement et des domaines et forêts;

Notre Conseil d'état entendu,

Nous avons ordonné et ordonnons ce qui suit :

Art. 1er. Notre procureur-général près la Cour de Nîmes est autorisé à continuer les poursuites commencées contre les sieurs Degout et Giraud, gardes forestiers à Marzan, département de l'Ardèche, pour les faits ci-dessus mentionnés.

2. Notre garde des sceaux ministre secrétaire d'état de la justice et notre ministre secrétaire d'état des finances sont chargés, chacun en ce qui le concerne, de l'exécution de la présente ordonnance.

Ordonnance du 9 septembre 1818. (3118)

FIN DU TOME QUATRIÈME.

TABLES

DE LA JURISPRUDENCE

DU CONSEIL D'ETAT.

1°. Table alphabétique des Noms des Parties.

2°. Table alphabétique des Matières.

3°. Tables Additionnelles.

DE L'IMPRIMERIE DE RENAUDIERE, MARCHÉ-NEUF, N°. 48.

TABLE ALPHABÉTIQUE

DES NOMS DES PARTIES

CONTENUS DANS LES TOMES I, II, III, IV

DE LA JURISPRUDENCE DU CONSEIL D'ÉTAT.

N. B. — Le premier chiffre indique le tome. — Le deuxième chiffre indique la page.

ACADÉMIE de Dijon C. l'Université	4	103
Accart C. le maire d'Amiens	4	364
Actionnaires des mines de mercure du Mont-Tonnerre	1	95
— des ponts de Paris C. Meynard	1	173
— de la tontine du Pacte-Social	3	309
Adam C. Boulay	3	390
Adam C. Guillermin	3	230
Adam C. Leblanc	3	159
Adam de Roquemaure C. Lespagnol	1	553
Administration des contributions indirectes C. Chaptive et Poujet	3	535
— C. les débitans de boissons de Rouen	4	136
— C. Maynard	4	237
— C. Ymont	4	233
Administration des domaines C. Albertin	3	161
— C. Alziary	4	292
— C. Ballice et Chevignard	2	265
— C. Barreau	3	4
— C. Baudelocques	3	110
— C. Bellinquant	3	195
— C. Belpel et Tredot	2	215
— C. Benazé	2	321
— C. Bernard	3	244
— C. Bessières	3	446
— C. Bezanger	3	217
— C. Bizemont	3	48
— C. Blondin	3	44
— C. Boudachier	3	140
— C. Boudard	4	106
— C. Bouilliat	4	65
— C. Bouillon	3	369
— C. Bour et Lamy	4	265
— C. Bourlon	3	40
— C. Boussairolles	3	324
— C. Brasseur et Jacquet	3	34
— C. le bureau de bienfaisance de Berburdick	2	346
— C. le bureau de bienfaisance d'Uccle	2	394
Administration des domaines C. Buscheron	3	36
— C. Cara	3	108
— C. Chastenet	3	21
— C. Collard	2	316
— C. la commune de Booz	2	186
— C. la commune de Villecerf	3	5
— C. Cornet d'Ecrameville	2	76
— C. Coupez	1	213
— C. D'Andlaw	4	283
— C. Danthon	4	198
— C. Dejoie	3	107
— C. Dejonc	2	248
— C. Dementen	2	452
— C. Deplan de Sieyès	1	189
— C. Desfèvres Dannery	2	179
— C. Desmousseaux	3	451
— C. Destillères	3	137
— C. Devaux	4	11
— C. Didiot	4	28
— C. Dubief	2	197
— C. Dubois Berthelot	3	400
— C. Dubois Crancé	3	268
— C. Dulignon Delafard	3	163
— C. Durosier	3	40
— C. Emmery	1	269
— C. Engels	2	338
— C. Fassardy	3	40
— C. Fassardy	3	43
— C. François	2	259
— C. Frebault	2	196
— C. Frimont	2	446
— C. Gasquet	3	312
— C. Gautherot	2	267
— C. Giraud	3	143
— C. Grandviennot	3	35
— C. Guillon	1	60
— C. Guislain Prince	4	1
— C. Hubaut	3	37
— C. Hunt	4	120

Administration des domaines C. Jadot..	1	97
— C. Jovignot	1	548
— C. Kertanguy	2	167
— C. Lançon	3	507
— C. Lavalette	4	294
— C. Lecornec	2	422
— C. Lefruglays	2	513
— C. Lemyre de Villers	3	356
— C. Lenoir de Chanteloup	2	103
— C. Leroux de Kerninon	4	200
— C. Letourneau	4	51
— C. l'hospice de Looz	2	400
— C. l'hospice de Parthenay	3	262
— C. Mahiste	3	13
— C. le maire de Rosnes	4	191
— C. Malafosse	3	4
— C. Mandina	2	450
— C. Marnillon	4	6
— C. Mary et Tixier	2	465
— C. Moni et Montfort	2	529
— C. Mony	2	78
— C. Morelli	2	270
— C. Morin	2	357
— C. Moye	1	138
— C. Mugnier	3	352
— C. Nervet	3	211
— C. Nesmond	2	246
— C. Nogués	3	381
— C. Palena et Segre	2	200
— C. Parent	2	307
— C. Perrier	3	2
— C. Pessard	3	159
— C. Petit	4	106
— C. Picot Limoelens	3	17
— C. Pioger	2	350
— C. Poutier	3	559
— C. Puget	3	162
— C. Quellien	3	210
— C. Raulin	3	46
— C. Reversat	3	226
— C. Reynier	3	388
— C. Richardot	3	293
— C. Riollay	4	227
— C. Rochechouart	3	211
— C. Rochet	2	69
— C. Roncy	4	219
— C. Rossigneux	2	68
— C. Rousseau	3	69
— C. Rousset	3	67
— C. Ruel de Belleisle	3	298
— C. Saffray	3	368
— C. Sandigliane	1	500
— C. Serré	3	73
— C. Signeneaux	4	129
— C. Solia	2	473
— C. Sombret	2	155
— C. Taeymans	2	447
— C. Tastemain	4	279
Administration des domaines C. Thierry	3	141
— C. Vanderbanck	2	309
— C. Vandergracht	2	361
— C. Vergne et Fage	3	183
— C. la ville de Rennes	1	62
— C. Vincent	3	21
— C. Voyneau Duplessis	3	82
— C. Willerich	1	134
— C. Wouters	2	56
Administration des douanes	1	562
— C. Michoud	3	146
— C. Vaniseghem	3	136
Administration des droits réunis C. Longeron	1	307
— C. Pelletier	2	312
— C. Petit	2	325
— C. Verniac	1	63
Administration forestière C. Coetlosquet	2	106
— C. la commune de Saurat	1	461
— C. Coqueterre	3	355
— C. les habitans de Jussy	2	72
Administration de la guerre C. Berdellé	2	114
— C. Royer	2	134
— C. Vincensini	2	112
Administration du canal du midi C. Belloc.	3	105
Administration de la marine d'Hambourg C. Drouet	4	226
Administration des ponts et chaussées C. Cossin	4	93
— C. Leblanchetais	4	203
— C. Testou	3	346
Agent du trésor C. Bernard	4	313
— C. Bresson	1	320
— C. Champon	1	169
— C. la commune de Larochefoucault	3	413
— C. Conchon	4	26
— C. Detardif	2	174
— C. Gilbert Ribcrolles	3	24
— C. Holstein	1	107
— C. Huot	4	360
— C. Lang Hupais et Gelot	1	148
— C. Laubepin	3	534
— C. Reubell	3	261
— C. Saint-Firmain	2	65
Agis de Saint-Denis	3	481
Aillaud C. le mont-de-piété de Marseille	4	255
Alaine	4	365
Albert de la Jaubertie	1	219
Albertin C. l'administration des domaines.	3	161
Albertin. C. Jacques	3	418
Albin	4	156
Albitte	4	62
Aldecoa C. Castro	3	292
Alexandre C. Briand	3	240
Allaine	1	10
Allegre C. Berard	4	243
Allut	3	318
Althanser C. Locglin Negel	3	459

Alziary C. l'administration des domaines . . . 4 292
Alziary C. Dalmassi . . . 3 63
Amiaud C. Desbertins . . . 4 267
Amiot C. Duterme . . . 1 46
André C. Crevon . . . 2 133
Andriel et Mouchon . . . 4 359
Audrieu C. Caraven . . . 4 248
Angevin C. Gallot . . . 2 414
Antoine C. les hospices de Douai . . . 2 208
Arbilleur . . . 2 476
Archangé . . . 1 522
Ardant C. Thibault . . . 1 296
Ardouin C. Fevreau . . . 3 389
Arexy et Monestier C. Jouve . . . 3 476
Arnemanne C. le corsaire le Général Pajol. 3 333
Arragonnés Laval C. Beau . . . 3 543
Arronet C. Robineau . . . 3 45
Asda . . . 2 535
Astruc et Leduc C. Deselve . . . 2 188
Aubert . . . 3 80
Aubinet et Demorant . . . 1 137
Aubry C. Boissy . . . 4 303
Audefroy C. Erouard . . . 3 271
Audibert C. le préfet de la Seine . . . 3 90
Auger . . . 3 164
Auger C. la ville de Rouen . . . 3 187
Augeraud C. Croze . . . 4 186
Augros . . . 1 410
Aumeran . . . 4 296
Aumeunier . . . 4 105
Aurival C. Dumas . . . 1 187
Auvran . . . 1 244
Auvray C. Lorilla . . . 3 173
Auzanet C. Haillet . . . 2 317
Aviat C. Lafaulotte . . . 3 201
Aviat C. Lafaulotte et Godot . . . 3 409

Bac de Bessan C. Cellarier . . . 4 264
Bach C. Struch . . . 1 299
Backer . . . 1 111
Badiffe de Vaujompe . . . 1 380
Badin C. Langlet . . . 2 268
Baissade . . . 2 341
Balguiere et Grasset C. Simon . . . 1 68
Ballay C. Verneur . . . 2 176
Ballereau, Huard et Perussault . . . 3 397
Ballice et Chevignard C. l'administration des Domaines . . . 2 265
Balzac C. Latellier . . . 4 330
Barbaroux . . . 3 407
Barbet C. Cuvier . . . 2 97
Barbet C. Delaporte . . . 1 441
Barbier C. Bernier et Gabillard . . . 2 444
Barbier-Dufay . . . 4 219
Barcier C. Regnon . . . 4 123
Bardin . . . 1 238
Bardou C. Foucaud . . . 1 130
Bareille . . . 1 183
Barillon . . . 4 [illegible]
Barillon . . . 4 [illegible]
Baritaul C. Fage . . . 4 64
Barnedès C. Jaume . . . 4 337
Barouin . . . 2 88
Barrau . . . 1 549
Barré . . . 3 4
Barreau C. l'administration des domaines . . . 3 4
Barreaux . . . 3 241
Barret . . . 1 92
Barthelemy C. Bernard . . . 3 144
Barthelemy C. Blanchard . . . 3 417
Barthelemy C. la fabrique de Waltrack . . . 1 221
Barthelemy C. la ville de Nemours . . . 4 329
Bascom C. Legay et Crevel . . . 3 455
Bassaget . . . 1 455
Basset C. Petit-Maudetour . . . 1 141
Bassompierre C. Pommier . . . 3 273
Bathelot C. la commune de Kerprich-aux-Bois . . . 1 112
Bauce C. Chretien . . . 2 74
Baudard C. la commune de Moltrois . . . 3 3
Baudé . . . 2 522
Baudeloques C. l'administration des domaines . . . 3 110
Baudouin C. Cornisset-Després . . . 3 47
Baudouin et Delaloge C. Couturat . . . 4 285
Baudot C. d'Estrée . . . 3 549
Baudu C. Bourzaut . . . 2 63
Baugeard C. Malcoeffe . . . 2 207
Baylac C. les propriétaires du moulin le Bazacle . . . 2 128
Bayle . . . 2 51
Bayet C. Bergeon . . . 4 375
Bazire . . . 3 96
Bazire et Renouf C. Carité et Delamarre . . . 2 108
Baziret . . . 3 526
Beau . . . 1 123
Beau C. Laval . . . 3 177
Beau C. Arragonnés Laval . . . 3 543
Beaucaire (propriétaires du moulin de) C. Brassac . . . 2 60
Beaudeau et Lagrelière C. Morgue . . . 1 88
Beaufays . . . 2 433
Beaufleury C. la commune de Sainte-Eulalie . . . 2 205
Beauvillard . . . 4 380
Beauvilliers . . . 4 318
Beccardit C. Resseguier . . . 1 325
Beck C. Stelling . . . 4 197
Becquet . . . 2 37
Beguin . . . 1 435
Behreus . . . 1 161
Belbeuf C. Latour Duligny . . . 4 41
Bellanger C. Talleyrand . . . 1 508
Bellaunay C. le maire de Tilly . . . 2 55
Belle C. Dacquet . . . 3 421
Bellechère . . . 2 12

Nom	Tome	Page
Belleville	2	532
Bellinguant C. l'administration des domaines	3	195
Bellion et Merigot C. le maire de Parnac.	4	257
Belloc C. l'administration du canal du Midi.	3	105
Pelpel et Tredos C. l'administration des domaines	2	215
Benault C le Canal de Craponne-OEuvres.	3	38
Benazé C. l'administration des domaines	2	221
Bendelé C. Ernst	4	96
Beni	2	492
Bennebarre C. Fresouls	2	223
Benoit	1	520
Benoit	2	396
Benoit C. Terrier	2	412
Bentz C. Jordy	2	264
Bentz C. la commune de Neuwiller	3	218
Berard	2	279
Berard C. Allegre	4	243
Berdellé C. l'administration de la guerre	2	114
Bergeon C. Bayet	4	375
Bergere C. Girardin	2	260
Bergzabern	1	479
Bernard C. Barthelemy	3	144
Bernard C. l'administration des domaines	3	244
Bernard C. la fabrique de Saint-Léonard	3	87
Bernard C. l'agent du trésor	4	313
Bernard C. Tabaret	3	519
Bernier C. Monneron	1	192
Berrier et Durosé C. le percepteur de Louviers	3	557
Bertault	1	102
Bertaux	1	484
Bertaux C. Garzandat-Laissiez	3	206
Berthelot C. l'administration des domaines.	3	400
Berthod C. Perret	4	97
Bertin	1	7
Bertolini	2	462
Bertrand C. Gasq	3	169
Bertrand C. les hospices de Clermont	2	339
Bertry C. Porcé	1	524
Berull	2	124
Besançon C. le maire de Turny	1	275
Bessard et Martin	3	190
Bessieres C. l'administration des domaines	3	446
Bessiere C. Rambaud et Morliere	3	376
Bethune Penin	3	381
Beugnot C. Lepointe	3	345
Beuret C. le maire de Gray	4	182
Beysser	1	25
Bezanger C. l'administration des domaines	3	217
Beze C les habitans de Tannay	3	161
Bezuier et Gabillard C. Barbier	2	444
Bial C. Julia	3	92
Bianco	2	466
Bianco C. Garbillon	2	230
Bidal C. Pina	4	52
Bidard et Delmas	2	93
Bidermann C. la commune de Liebsdorff	3	593
Bidos-Lauriagon	3	203
Biffiguandi	2	11
Bigcon C. Troyes	3	144
Bignan	1	577
Billon	4	224
Billon Duplan C. Durand	1	88
Bimar-Dubouchage C. Latour-d'Auvergne.	3	52
Bissé C. le directeur des ponts et chaussées.	3	36
Bissé C. le directeur des ponts et chaussées.	3	522
Biver	2	233
Bizemont C. l'administration des domaines.	3	48
Bizot	2	162
Blache et Debrion C. Chauvet	4	310
Blaise et Hunbaire	1	61
Blanc C. Feraud	2	184
Blanc C. Silvestre	3	512
Blanc de Brantès C. Monteynard	2	291
Blanchard	2	46
Blanchard C. Barthelemy	3	417
Blancler	4	126
Bleyckaerts	2	456
Bligny C. la com. de Clichy-la-Garenne	3	399
Blondin C. l'administration des domaines	3	44
Blum C. Lipmann	3	266
Bobner C. Boxtel	3	458
Bocquet de Tracy C. le préfet de la Seine.	3	201
Boels et Verheyden C. Bryninckx	2	218
Boiron	1	449
Boirou C. la commune de Vellard	3	527
Boisquet	1	273
Boissac et Favereau C. Dotezac	3	151
Boissade	2	341
Boissaert C. le corsaire l'Actif	3	335
Boissy C. Aubry	4	305
Boissy C. Darmentieres	4	138
Boitard	3	16
Boniffaci C. les hospices de Marseille	2	337
Bonneau C. la commune de Douzy	4	19
Bonnefoi C. Serve	1	151
Bonnenkamp C. le corsaire l'Heureux Henri.	3	147
Bonne Rey C. Taffet	3	419
Bonnet C. Deletang	3	166
Bonnet C. Didier	1	331
Bonnet C. Huard	3	20
Bonnet-Dumolard	2	440
Bonnet et Lecointre	1	388
Bonnet et Pagés C. Fourriques	4	286
Bonnier des Terrieres C. Brabander	3	300
Bonté C. Marin	4	155
Borie C. Marthonie	4	35
Bosc C. l'hospice de Toulouse	3	19
Boscary	3	392
Bosch	3	207
Bosteller C. Hohweiller	4	114
Bottu de la Barmondiere C. les communes d'Anse et de Pommieres	1	65
Bottu de la Barmondiere et Paul Sain	1	312

Noms	Tome	Page
Boucher	3	235
Boucher C. Dapsens	2	460
Boucher C. Provigny	2	142
Boucher et Delhomme C. Baudouin	2	85
Boudachier C. l'administration des domaines.	3	140
Boudard C. l'administration des domaines	4	106
Bouffier C. Cheibonnier	1	296
Bouglé C. Mercier	3	205
Bouglé C. Monneret	3	205
Bougrenet de la Tocnay	4	213
Bougy	3	77
Bougy	4	249
Bougy C. Colleville	4	91
Bouilliat C. l'administration des domaines.	4	65
Bouillon	1	265
Bouillon C. l'administration des domaines	3	369
Boulaud C. Labesse	4	331
Boulay	3	434
Boulay C. Adam	3	390
Bouquette	1	14
Bour et Lamy C. l'administration des dom.	4	265
Bourbeau et Brunet C. la commune de Nouaillé	4	188
Bourbon-Condé C. la commune de Vertus	4	192
Bourchany	2	18
Bourdereau	1	333
Bourdon C. Hahn	3	374
Bourge C. Martinole	2	335
Bouriat C. Parent	4	217
Bourlé C. Duclaux	4	151
Bourlon C. l'administration des domaines	3	40
Bournonville	1	252
Bouron	3	317
Bourzaut C. Baudu	2	65
Bourzolles	4	296
Boussairolles C. l'administration des dom.	3	324
Boussier	1	440
Boussier C. Cherbonnier	1	184
Bouteu-Dumousseau	2	368
Bouthillou de la Servette C. Leroy de Rieulle	3	480
Boutillier	3	337
Boutry C. Legris	3	476
Bouvet et Michaud C. Pouilly	3	509
Bouvier	1	425
Bouvret	3	264
Boyard de Plainville C. la commune de Broyes	4	348
Boxtel C. Bobner	3	458
Brabander C. Bonnier des Terrieres	3	300
Brabant C. Thomas	1	214
Bragouze de Saint-Sauveur	3	470
Branda	1	124
Brantès C. Monteynard	2	291
Branzon C. Roger	1	128
Branzon	2	520
Brassac C. les propriétaires du moulin de Beaucaire	2	60
Brasseur et Jacquet C. l'administration des domaines	3	54
Braun	1	150
Breant	1	114
Bréchard C. Dechamp	3	193
Bredard C. la commune d'Attigny	1	133
Brehal	4	58
Bresse C. la commune d'Annay-la-Côte	3	76
Bresson C. l'agent du trésor public	1	320
Bressonet	2	458
Breton C. Briancourt	1	406
Breuil	3	333
Breuilpont C. la commune de Paimpont	1	67
Breville C. Gouvello	2	332
Briancourt C. Breton	1	406
Briand C. Alexandre	3	240
Brion C. la commune de Vassimont	3	339
Brisac	2	449
Brisac C. Desbarbes	2	143
Brondelli C. la commune de Murello	1	266
Broquier C. Martin	4	379
Brouelle C. Limousin	4	333
Bruand C. Ripert	3	458
Bruley-Deshallieres C. la commune de Donnemarie	4	350
Brulon	1	26
Brunel C. Dupré	4	306
Brunet C. Butin	3	121
Brunet-Montansier C. Robillon	3	133
Brunet et Bourbeau C. la commune de Nouaillé	4	188
Brunot	4	232
Bruyninckx C. Boels et Verheyden	2	218
Buffon	2	458
Burgade C. le maire de Cadillac	4	34
Buhot-Kersers C. Lescornet	3	186
Buhotel C. Ledault	3	171
Buin C. Langle	3	225
Bully	1	14
Bully, Poitevin et Tréhau	1	147
Buquet C. les receveurs des contributions de Louviers	1	303
Bureau de bienfaisance de Berburdick	2	346
— de Besançon	2	53
— d'Ucèle C. l'administr. des domaines	2	394
— de Fourmies C. Fontaine	1	317
— d'Herzècle	1	377
— de Looz C. Lahaye	1	295
— de Rhodez	1	462
— de Saint-Marc de Locquenay	4	165
— de Tongres C. Chefnay	1	298
Buscher C. Desgranges	2	146
Buscheron C. l'administr. des domaines	3	36
Bussierre C. Cavard	2	320
Butignot et Goetchy C. Goder et Nublet	3	478
Butin C. Brunet	3	121
Butrille C. Lombard	1	488

Nom	Tome	Page
Cabanes	3	204
Cabanis	4	365
Cabaret	3	258
Cabre et Castellane C. Collomb	4	317
Cachot C. Eteveniot	2	159
Caillaut	1	551
Caillault C. Hocquart de Monfermeil	2	98
Caillault C. Montfermeil	3	26
Caillery C. la commune de Luzy	3	267
Caisse d'amortissement	2	256
Caisse d'amortissement	2	457
— C. Dufresnay	2	155
— C. l'hospice d'Ucelle	2	330
— C. Magaud	3	18
— C. Marcien	3	377
— C. Mertens	2	469
— C. Morin	2	357
— C. Tixier-Dubreuil	3	32
Caldagués C. Chiniard	2	409
Calvet C. Villèle	3	168
Cambi C. Danetti	1	170
Cambronne	3	249
Cambronne	3	329
Camby	1	550
Caminada C. l'octroi de Marseille	1	143
Campagne	2	4
Campagne	2	252
Compau	1	345
Canal de Craponne-Œuvres C. Benault	3	38
— de Dalt C. Vilar	4	67
— du Midi C. Belloc	3	105
Canaux d'Orléans et Loing	1	199
— d'Orléans et Loing	3	372
— C. Cardon	2	173
— la commune de Frency	4	116
Cannel C. Goupil	1	337
Capon	3	78
Capon-Dussard C. Martin	3	515
Caqueray	3	485
Cara C. l'administr. des domaines	3	108
Caraven C. Andrieu	4	248
Carbonnel	2	237
Cardon C. les canaux d'Orléans et Loing	2	173
Carité et Delamarre C. Bazire et Renouf	2	108
Carle C. Grillon	1	129
Carletti C. Lucignani	2	187
Carnot C. Chipot	1	41
Caron C. Dumesnil	4	76
Caron C. Scey	2	303
Carré	2	418
Casamajor C. la ville de Sainte-Maria	4	258
Castagna	4	236
Castellane C. Chauchard	2	150
Castellane-Gadague	1	510
Castellane et Cabre C. Collomb	4	317
Castelli	2	497
Castille-Pineau C. Lair	4	308
Castro C. Aldecoa	3	292

Nom	Tome	Page
Cavallo C. Mongenet	2	160
Cavard C. Bussierre	2	320
Cavayé C. la commune de Castanet	3	418
Cazenaud	4	281
Cazes	1	494
Cazin	2	443
Cazoni	2	288
Cellarier C. le fermier du Bac de Bessan	4	264
Ceren C. le direct. des ponts et chaussées	3	450
Cezannes	2	274
Chabannes C. la commune de Villiers-sur-Yonne	3	188
Chabot et Jacquet	3	539
Chabran C. la commission des travaux de la rive gauche du Rhône	3	565
Chabrefy	1	412
Chabrié	1	248
Chabrillant	3	460
Chabrillan	4	358
Chaigneau	1	195
Chalopin	3	93
Chalup C. la commune de Podenzac	3	167
Chalup C. la commune de Podenzac	3	355
Chambon C. d'Hulleau	3	317
Chamborre C. la commune de Clairmain	2	399
Chambourdon C. Lamesuardière	4	32
Champion	1	397
Champon C. l'agent du trésor public	1	169
Champond	3	119
Champ-Robert	2	405
Chamville-Desbertins C. Chastin-Amiaud	4	267
Changey	3	251
Chanoines de Mondovi C. les chanoines de Savillan	2	551
— de Savillan C. les chan. de Mondovi	2	551
Chantard C. Hermite	3	560
Chanteloup C. l'administr. des domaines	2	103
Chaptive et Poujet	3	142
Chaptive et Poujet C. l'administr. des contributions indirectes	3	535
Charbonnier C. Comballot	1	364
Charcuitiers de Nanterre	3	521
Chardigny C. le maire de Marseille	1	259
Charles	2	135
Charles	3	22
Charpentier C. Lemoine	3	157
Chartrou C. Petit et Mallite	3	13
Chassaigne	1	245
Chassaigne C. Haller et d'Espagnac	3	455
Chassin	1	193
Chastenet C. l'administr. des domaines	3	21
Chastin-Amiaud C. Champville-Desbertins	4	267
Chatelain C. Dodane	4	130
Chauchard C. Castellane	2	150
Chaudron	4	94
Chauveau C. Chretien	3	258
Chauvet C. Debrion et Blache	4	310
Chauvet C. Morard	3	118

Chauvet et Clerc C. Morard 3 281
Chazelle 3 287
Chazelles 3 480
Cheffontaine C. la ville de Rennes 3 563
Chefnay C. le bureau de bienfaisance de Tongres 1 298
Cheibonnière C. Boulfier 1 296
Chenantais 2 344
Chenaud C. Pejou 2 491
Chenet 3 297
Chenet C. Gandon 2 122
Cheradame 3 184
Cherbon de Cosne 1 565
Cherbonnier C. Boussier 1 184
Chesneau-Blancher C. le maire de Saint-Hilaire-Saint-Florent 4 126
Chevalier 3 168
Chevillard C. le maire de Nizay 1 186
Chevrier 2 407
Chiniard C. Caldagués 2 409
Chipot C. Carnot 1 41
Chollez C. la commune de Conflans 1 311
Choiseuil-Praslin C. Cohas 1 47
Choisey 2 470
Chretien C. Bauce 2 74
Chretien C. Chauveau 3 258
Clairé C. Papillon 1 149
Clairet 2 92
Clément C. Gay 4 333
Clement C. la commune de Gelos 2 322
Clement C. la commune de Recey-sur-Ource 4 89
Clement C. Woestine 4 112
Clerc et Chauvet C. Morard 3 281
Clerisseau 3 12
Clicot 4 140
Cluze, Sucil et Saint-Verau 1 158
Cochard C. Dereq 2 146
Cocural 1 433
Coetlosquet C. l'administration des forêts 2 106
Cohas C. Choiseuil-Praslin 1 47
Colas C. le ministre de la guerre 3 282
Colin C. Scnaire 2 471
Collard C. l'administration des domaines 2 316
Collé 1 4
Colleville C. Bougy 4 91
Collignon C. la compagnie des mines de houille de Décize 4 58
Colliquet 2 286
Collomb C. Castellane et Cabre 4 517
Colonge 2 123
Comballot C. Charbonnier et la commune de la Guillottière 1 364
Comballot C. Ferus 1 162
Combe 1 467
Combe 3 123
Combegueilles C. Guibert 1 504
Combes 1 139
Comelli C. Quetel 1 584
Commission des travaux de la rive gauche du Rhin C. Chabran 3 365
Communauté des marais de Bruges et Bordeaux 4 34
Commune de Danse et de Pommières C. Cottu de la Barmondière 1 63
— d'Attigny C. Bredard 1 133
— d'Aubry C. Delamotte 1 143
— d'Aurillac 2 523
— de Ban-Saint-Martin C. Rousseau et Jacquin 4 299
— de Barneville 2 289
— de Bartaine 1 281
— de Bayeux C. Meingin 3 319
— de Beaucourt C. Souillart 1 56
— de Beaufays 2 433
— de Baumont C. Pellier 1 344
— de Berg et Thal C. l'hospice de Saverne 3 293
— de Berkenfeld C. Lengler 2 333
— de Bey C. Lantin 3 284
— de Bignecourt 1 166
— de Blancaffort C. Dupré de Saint-Maur 2 283
— de Blechausen C. Varry 1 240
— de Booz C. Mutel et le domaine 2 186
— de Boreq 2 203
— de Boubiers C. Tronc 3 382
— de Boudour C. Deligne 1 97
— de Bouvigny C. Steune 1 7
— de Brainville 1 220
— de Breville C. Lamiraud 4 181
— de Broyes C. Boyard de Planville 4 348
— de Campeaux C. Mobert 4 27
— de Casal C. Franco 1 156
— de Castanet C. Cavayé 3 418
— de Caudeval C. Rouvairolis 2 58
— de Changey C. Guyard de Changey 3 251
— de Chaumont C. Montmorency Matignon 1 304
— de Chaux-les-Passavant C. Drosne et Versel 4 233
— de Chirat-l'Eglise C. Deschamps 2 59
— de Choisel C. Lotz 4 184
— de Cinthcaux C. Fouquet 2 427
— de Clairmain C. Chamborre 2 399
— de Clesentaine 1 6
— de Cleville 1 560
— de Clichy-la-Garenne C. Bligny 3 399
— de Colmar C. Prudhomme 3 133
— de Conflans C. Chollez 1 311
— de Couché C. Guerineau 1 456
— de Courcelles C. Mony .... 3 [illegible]
— de Coussel 1 223
— de Creuzier-le-Vieux C. la commune de Saint-Germain-en-Crespin 1 333
— de Culoz 1 239
— d'Annay-la-Côte C. Bresse 3 76
— d'Arnaville C. Guerard 4 259
— d'Aulhuden 1 103
— d'Echevronnes C. Guyard de Changey 3 252

Commune	Tome	Page
Commune d'Ecoyeux C. Normand	3	189
— d'Ecrameville	1	13
— d'Equevilley	1	233
— d'Ercheleus	1	146
— d'Esclaron C. Richatel	2	329
— de Deville C. Pellerin	2	231
— d'Holacourt	2	33
— de Donnemarie C. Bruley-Deshaîlières	4	330
— de Douville C. Leseigneur	2	464
— de Douzy C. Bonneau	4	19
— de Fussey C. Guyard de Changey	3	231
— de Gelos C. Clément	2	322
— de Gerbevillers C. Lambertye	1	486
— de Glos et autres	1	108
— de la Guillotière C. Comballot	1	364
— de Guingamp C. Garst	4	28
— de Happoncourt et Moncel	2	23
— de Issum C. Willemsen	1	336
— de Jonchery C. Tisserand	2	304
— de Kerprich-aux-Bois C. Bathelot	1	112
— de Labarre	1	174
— de la Bastide-du-Temple C. Dupart	3	469
— de Lachapelle-Themer C. Perreau	3	33
— de la Ferté	1	468
— de Laires C. Varlet	4	175
— de Lalizolle	2	13
— de la Lizolle C. les habitans du Bourg	1	287
— de Lamarck	1	33
— de Landerneau	1	360
— de Langy C. la commune de Thianges	3	191
— de Larochefoucault C. l'agent du trésor royal	3	413
— de Las Bordes	3	232
— de Lavau C. Gerard	2	193
— de Lens-l'Etang	1	233
— de l'Hôpital-sous-Conflans C. la commune de Saint-Sigismond	1	231
— de Libouille C. les habitans de Moulinaux	4	210
— de Liebsdorff C. Bidermann	3	393
— de Lion-sur-Mer	1	476
— de Loochristy et Oostacker C. le préfet de l'Escaut	1	143
— de Louroux C. Guilleau	3	222
— Luçon C. Priouzeau	3	14
— de Lumeau C. Pasquier	3	187
— de Luzy C. Caillery	3	267
— de Lyon C. Ravoir	3	367
— de Magny-Vernois C. Naissant	2	84
— de Malle C. la commune de Millen	2	193
— de Marast	1	316
— de Marciac	3	41
— de Mardick	1	103
— de Mareau C. Delacourtie	3	228
— de Margency C. Sainte-Maure-Montausier	3	193
— de Marigny	4	301
— de Marsillargues	4	257
Commune de Melzicourt	1	11
— de Membrey C. Simonet	1	64
— de Mignaloux C. Duchaume	1	409
— de Migneret C. Lauret	3	97
— de Millen C. la commune de Malle	2	193
— de Moltrois C. Baudard	3	3
— de Monceaux-les-Leups	1	213
— de Moncel et Happoncourt	2	23
— de Monneteau C. Guinier	3	203
— de Montgeron C. Lappareillé	1	414
— de Montjaux C. la commune de Saint-Rome	1	415
— de Moulin en Gilbert C. Reoll	3	286
— de Moy C. Labouret	1	430
— de Moyenvic	1	171
— de Murello C. Brondelly	1	266
— de Muysen C. la ville de Malines	1	276
— de Neuville C. la commune de Treveray	2	343
— de Neuvi-Pailloux C. Moreau	3	200
— de Neuville-les-Seys	1	163
— de Neuwille C. Bentz	3	218
— de Nizau C. Magne	2	319
— de Noiseau	1	173
— de Noaillé C. Brunet et Bourbeau	4	188
— de None et Picot	2	54
— de Nuisement C. Damas	2	170
— de Ohnenheim	1	262
— de Oostacker et Looscristy C. le préfet de l'Escaut	1	143
— de Paimpont C. Breuilpont	1	67
— de Paracy C. Milhiet	1	406
— de Phalsbourg	2	121
— de Pierre-Pont C. Trouvain	2	313
— de Ploumoguer C. Dessou	1	247
— de Podenzac C. Chalup	3	167
— de Podenzac C. Chalup	3	333
— de Pommières et d'Anse C. Bottu de la Barmondière	1	63
— Prenoy C. les canaux d'Orléans et de Loing	4	116
— de Puxe	1	198
— de Quieverchain C. Paliez	3	99
— de Recey-sur-Ource C. Clément	4	89
— de Removille C. Hocquart et Morlet	2	212
— de Replonges C. la commune de Saint-Laurent	3	83
— de Rian C. Desfossés	3	390
— de Rohr C. Geoffroy	4	25
— de Saint-Augustin C. Ranson	4	311
— de Saint-Estève C. Pons d'Albaret	2	327
— de Saint-Gatien C. Vanier	3	203
— de Saint-Germain C. David	1	493
— de Saint-Germain-en-Crespin C. la commune de Creuzier-le-Vieux	1	333
— de Saint-Jacques-des-Blats	1	204
— de Saint-Jean-de-Vedas C. Delmas	4	370
— de Saint-Jean-le-Centenier C. Guillaumanche	1	337

Commune de Saint-Laurent C. la commune de Replonges . . . 3 85
— de Saint-Rome C. la commune de Montjaux . . . 1 415
— Saint-Sigismond C. la commune de l'Hôpital-sous-Conflans . . . 1 231
— de Sainte-Catherine les-Arras C. Morel. 3 430
— de Sainte-Eulalie C. Beaufleury . . . 2 205
— de Sainte-Marie-en Chaux C. Prinsac . . 4 304
— de Saurat C. l'administration forestière. 1 461
— de Sauve C. Malzac . . . 3 513
— de Sellier C. Juchault-Desjamonières . . . 2 224
— de Semeac C. Jacomet . . . 4 173
— de Sorey C. Joba . . . 4 71
— de Theux . . . 1 17
— de Thianges C. la commune de Langy . . 3 191
— de Tourmont C. les habitans de So..pois. 2 214
— de Treveray C. la commune de Neuveville . . . 2 345
— de Vassimont C. Brion . . . 3 339
— de Vauvey C. la commune de Villers-la-Forêt . . . 1 338
— de Vavrin . . . 4 349
— de Vellard C. Boirou . . . 3 527
— de Vertus C. Bourbon-Condé . . . 4 192
— des Vignes . . . 1 252
— de Vigneul . . . 2 524
— de Villecerf C. l'administration des domaines . . . 3 5
— de Villemagne . . . 1 290
— de Villeroy C. Prousteau . . . 1 246
— de Villers C. Devillers . . . 1 177
— de Villers-la-Forêt C la commune de Vauvey . . . 1 338
— de Villiers-sur-Yonne C. Chabannes . . . 3 188
— de Vingran . . . 2 386
— de Vis en Artois . . . 3 232
— de Wolfersweiler . . . 1 153
— de Zevaco . . . 1 449
Compagnie d'assurance de New Yorck C. le corsaire français l'Eléonore . . . 3 50
— de commerce de bois C. Neuchèze . . . 3 288
— Delaunoy . . . 2 457
— Ferry-Lacombe . . . 4 320
— Guy-Hennesson . . . 2 432
— Maroilles . . . 1 230
— des mines de houille de Decize C. Collignon . . . 4 58
Comte . . . 3 229
Conchon C. l'agent du trésor . . . 4 26
Condé C. Loupot . . . 1 90
Conflans d'Armentières C. Guenoux de Boissy . . . 4 138
Constant C. Langlade . . . 2 229
Contribuables de la Ferté . . . 1 468
Conturat C. Baudouin et Delaloge . . . 4 285
Copeaux . . . 3 206
Coquerel Dyclon . . . 2 518
Coqueterre C. l'administration des forêts . . . 3 355
Corbineau C. la ville de Rouen . . . 3 348
Corbineau C. la ville de Rouen . . . 4 146
Cordon . . . 1 134
Cormeré C. Pothier . . . 1 211
Cornet d'Ecrameville C. l'administration des domaines . . . 2 76
Cornille-Bayle . . . 1 267
Cornisset-Després C. Baudoin . . . 3 47
Corompt C. Fleury . . . 4 30
Corsaire la Bataille d'Iéna . . . 1 160
— l'Actif C. Boissaert . . . 3 335
— l'Audacieux C. Ribas et Bosch . . . 3 207
— l'Heureux-Henri C Bonnenkamp . . . 3 147
— le Basque . . . 3 338
— le Diligent C. Reyher . . . 3 253
— l'Eléonore C. la compagnie d'assurance de New-Yorck . . . 3 50
— l'Espoir C. John Dielh . . . 3 59
— le Général-Pajol C. Arnemanne . . . 3 333
— le Marsouin C. le corsaire le Théophile. 3 279
— la Princesse-de-Bologne . . . 1 357
— la Princesse-Elisa . . . 1 160
— le Renard C. Jongh . . . 3 160
— le Risque-Tout C. Ramus Nielsen . . . 3 257
— le Sédiman . . . 3 256
— le Sédiman C. Schmit et Plessing . . . 4 239
— la Sophie C. Tonnenburg . . . 3 160
— la Supérieure . . . 3 350
— le Théophile C le corsaire le Marsouin. 3 279
— les Trois-Mentrouges C. Salvador-Palau. 3 287
— le Vigilant contre le navire la Flora . . . 1 527
Cosne . . . 3 556
Cosne-Cherbon . . . 1 565
Cossin C. l'adm. des ponts et chaussées . . . 4 93
Costa . . . 1 64
Costes . . . 1 250
Costes C. Mazars . . . 1 385
Cottereau . . . 3 267
Cotton d'Englesqueville . . . 4 149
Coubayou . . . 4 199
Coudray C. le maire de Genillé . . . 4 353
Courbec C. Genoux . . . 3 295
Couret . . . 3 491
Cousso . . . 4 75
Cousso . . . 4 244
Coustin de Bourzolles . . . 4 296
Couturier C. Fauconnet . . . 3 34
Couillery C. les habitans de Mery . . . 1 431
Coulombeau . . . 1 336
Coupez C l'administr. des domaines . . . 1 213
Courtois C. Gorlay et Prevot . . . 1 57
Coutanceau C. Gaubert . . . 1 329
Cramer C. Klaes . . . 2 432
Crammer . . . 2 233
Craney . . . 2 127
Créanciers de l'île de France et de l'île de Bourbon . . . 4 377

Créanciers de l'île de France et de l'île de Bourbon	4	378
Crestin C. Dolard de Myon	3	289
Crevel et Legay C. Elias Bascom	3	455
Crevon C. André	2	133
Cril on C. Roussel	1	291
Croixdalle (usagers de)	2	139
Cron	1	178
Croze C. Augeraud	4	186
Crucy	2	32
Cuaz	3	169
Cuel	4	257
Curé C. Donard	3	442
Cuvier C. Barbet	2	97
Dacosta C. Eon	3	22
Dacquet C. Belle	3	421
Daguin C. Rousseau-Moufflrand	1	322
Daillant	3	254
Dalbaret C. la commune de Saint-Estève	2	327
Dalbine Favert	1	522
Dalmassy C. Alziary	3	63
Dalmassy C. Alziary	4	292
Daloucy C. Roullet	3	448
Damas	1	470
Damas C. la commune de Nuisement	3	170
Dambrun C. Romansson	1	106
Damfreville C. Navaut	2	369
Damien-Missoux	4	16
Damour	4	278
Dandlaw C. l'administr. des domaines	4	285
Danetti C. Cambi	1	170
Danfreville C. les habitans de Luzi	2	191
Daniel et Vaubaillon	3	479
Danielon C. Legarrec	1	190
Danjou	4	298
Danlos C. les hospices de Lille	1	548
Danlos C. les hospices de Lille	2	245
Dannery-Desfèvres C. l'admin. des dom.	2	179
Dantan C. Roger	1	131
Danthon C. l'admin. des domaines	4	198
Dapsens	2	460
Darbois	4	99
Dargenson C. Stehelin	3	530
Darguette et Treau	1	253
Darmentières C. Boissy	4	138
Darneuville	3	437
Darroze	4	87
Dartois de Bournonville	1	252
Dasnard	2	509
Dasnières	2	349
Dauphole C. les riverains de l'Adour	3	430
Dauriac	1	399
Dautichamp C. Royer	1	83
Dauzay	2	499
Daval-Donat	2	438
David	4	90
David C. Giroud	1	262
David C. Godin	2	511
David C. la commune de Saint-Germain	1	495
David et Félix C. Giraud	1	282
Davost C. Gallon et Guyard	1	12
Debaud	1	562
Débitans de boissons de la ville de Pau	3	537
Débitans de boissons de Rouen C. l'administration des contributions indirectes	4	156
Deblaye	2	154
Debost C. la ville de Louhans	3	371
Debourzolles	4	296
Debrion et Blache C. Chauvet	4	310
Debrousse C. Robert	1	442
Decesves C. Lavocat	1	125
Dechampneuf	1	393
Dechampneuf C. les habitans de Migron	1	534
Dechamps C. Brechard	3	193
Decombredet C. Decourteix	3	436
Deconninc C. le maire de Gand	1	186
Decosseau	1	416
Decotte	2	119
Decourteix C. Decombredet	3	436
Decqueville C. Montmont	3	339
Decrameville C. l'administr. des domaines	2	76
Defay	2	306
Deforges C. Dubourg	3	128
Degrand	2	51
Dehagre	2	484
Dehaune	2	437
Deheu	1	5
Dejoie C. l'administr. des domaines	3	107
Dejonc C. l'administr. des domaines	2	248
Dekolli	3	486
Delabrosse C. Guerin	4	229
Delachaussée	4	17
Delachaussée C. Lepointe	3	103
Delacourtie C. la commune de Mareau	3	228
Delafage C. Delloge	3	296
Delafosse	1	104
Delagarde	3	220
Delahaye et Lebel	2	166
Delaloge et Baudouin C. Couturat	4	285
Delamarre	2	533
Delamarre et Carite C. Bazire et Renouf	2	108
Delamotte C. la commune d'Aubry	1	143
Delange C. Morin	1	179
Delaporte	1	122
Delaporte C. Barbet	1	441
Delaporterie	3	532
Delaroche-Aymond C. Delignat-Vignaud	3	149
Delarozière C. Taillefer	3	265
Delarue et Solier	3	285
Delassus C. Leroy	3	522
Delatour	2	89
Delaunoy	2	467
Delaunoy C. Muller et Vallois	1	167
Delbose C. Fuzet du Pouget	3	174

Nom	Tome	Page
Deletang C. Bonnet	3	166
Delhomme et Boucher C. Baudouin	2	85
Delhorbe C. Devivaize	2	321
Delignat-Vignaud C. Delaroche-Aymond	3	149
Deligne C. la commune de Baudour	1	97
Delime	3	327
Delisle	2	431
Delloge C. Delafage	3	298
Delmas C. la commune de Saint-Jean-de Vedas	4	370
Delmas et Bidard	2	93
Deloince	1	285
Delolle	3	265
Delooz-Corswarem	2	254
Delormel	2	525
Delort C. l'hospice de Figeac	2	326
Delort C. Marty	3	358
Delpech C. Merignac	1	255
Delteil. C. le maire de Fontanes	4	343
Delucenay	1	118
Delur-Saluces	3	214
Demange C. Richou	3	170
Demay C. Valentin	1	515
Demenardeau C. les habitans de Saint-Marc-du-Désert	1	135
Dementen C. l'administration des domaines	2	452
Démoraut et Aubinet	1	137
Demoy	1	474
Dempierre	3	427
Denac C. Weiss	1	95
D'Englesqueville	4	149
Dennesson	2	402
Denoise C. Neviere	1	492
Depauw C. Jacob	1	591
Depauw C. Jacobs	1	498
Deplan de Sieyes C. l'administration des domaines	1	189
Depuichault C. Plantades	3	246
Derecq	3	260
Derecq C. Cochard	2	146
Dereine C. Egret-Tomassin	3	320
Derosne et Versel C. la commune de Chaux-les-Passavant	4	235
Desarmaud. C. Tailliard	2	262
Desbarbes C. Brisac	2	143
Desbertins C. Amiaud	4	267
Desbordes C. Guilman	3	134
Desbrosses	2	282
Desbrosses	2	410
Descarsins C. Herot	3	492
Deschamps C. la commune de Chirat-l'Eglise	2	59
D'Escliguac C. Maubert-de-Neuilly	1	163
Desdorides C. Oudry et Lebouc	2	385
Deselve C. Leduc et Astruc	2	188
Desfarges C. la fabrique de Meymac	4	205
Desfevres-Dannery C. l'administration des domaines	2	179
Desfossés C. la commune de Rian	3	590
Desgranges C. Buscher	2	146
Deshallieres C. la commune de Donnemarie	4	350
Deshayes	3	540
Deshoms	2	1
Deshoms	2	415
Desimple	1	109
Desisnards C. Sobirats	1	202
Desjamonières C. la commune du Cellier	2	224
Desmarets	1	234
Desmazures	1	87
Desmont C. Filleul	1	126
Desmousseaux C. l'admin. des domaines	3	431
Desnoyer	1	354
Despagnac C. Scherb	1	36
Despagnac et Haller C. Chassaigne	3	455
Despaignet C. Lartigue	4	4
Despaugeu C. la fabrique de St.-Michel	2	147
Desprès	3	47
Destillières C. l'administrat. des domaines	3	137
D'Estrée C. Baudot	3	549
Destulay C. Proust	4	256
Desvadon	3	379
Detardif C. l'agent du trésor	2	174
Deutsche	4	268
Devaux C. l'administration des domaines	4	11
Devaux C. Patrigeon	3	48
Devaux-d'Hugueville C. Louvrier	3	17
Devé	3	527
Devenat	1	78
Deveze	4	243
Devillars	2	293
Devillers	3	356
Devillers C. Favier	3	223
Devillers C. la commune de Villers	1	177
Devillette	4	500
Devinck	1	254
Devivaize C. Delhorbe	2	321
Devogué C. Mayras	2	355
D'Hendicourt de Lenoncourt C. Viallat	4	334
D'Herbais	3	77
D'Hericy. C. la commune de Doudeville	2	464
Dhoudelot C. Marguerit	3	65
D'Hugneville C. Louvrier	3	17
Dhulleau C. Chambon	3	317
Didier	2	457
Didier C. Bonnet	1	331
Didiot C. l'administration des domaines	4	28
Diego-Bittner	1	86
Dinet	1	197
Directeur des ponts et chaussées C. Bissé	4	36
— C. Bissé	3	322
— C. Ceren	3	450
— C. Lachaume et Daillant	3	254
— C. Testou	3	346
Diss	2	448
Doat C. Duerne	1	420
Dodane C. Chatelain	3	130

Dolard de Myon C. Crestin.............. 3 289
Domicourt C. Duligondez.............. 2 151
Donard C. Curé.......................... 4 442
Donat C. Teissiere..................... 3 71
Donat-Duval.............................. 2 438
Donaut C. Pascaut..................... 2 137
Doniol...................................... 2 10
Donyn....................................... 2 172
Doria C. Rusca.......................... 1 181
Dormis de Vevres C. Ramus.......... 3 238
Dosberg..................................... 3 499
Dosmond et Gilbert de Voisins...... 3 470
Dotezac C. Boissac et Favereau..... 3 151
D'Otrante (le duc) C. Tholosan...... 2 434
Doumerc.................................... 3 425
Douradon................................... 1 447
Doyen C. Mercier........................ 1 547
Driot... 1 127
Drouet C. l'administration de la marine d'Hambourg.............................. 4 226
Drouin C. Mœvus........................ 2 516
Duba.. 3 204
Dubief C. l'administration des domaines.. 2 197
Dubois...................................... 4 375
Dubois C. Hegot et Lambert.......... 3 183
Dubois-Berthelot C. l'administration des domaines............................... 3 400
Dubois-d'Arneuville et Gateau....... 4 437
Dubois Crancé C. l'administ. des dom... 3 268
Dubois Thainville C. Rault............ 1 365
Dubouchage.............................. 3 52
Dubourg C. Deforges.................. 3 128
Dubreuil C. Goulhot................... 4 302
Dubreuil C. la caisse d'amortissement.... 3 52
Dubrez C. Pasquette.................. 3 46
Dubuc et Lacassaigne C. la commune de Marciac................................... 3 41
Dubusc C. Hubert...................... 1 321
Dubut...................................... 3 409
Duc de Rovigo C. Pfaff............... 4 71
Duc d'Otrante C. Tholosan........... 2 434
Duc d'Otrante C. Tholosan........... 3 321
Duchateau C. le Maire de Cramoisy....... 3 157
Duchaume C la commune de Migualoux.. 1 409
Duchmann C. Nebel..................... 2 209
Duclaux C. Bourlé...................... 4 151
Duclos C. Goulard...................... 3 240
Ducret C. Quenin....................... 3 573
Dudressier................................ 4 82
Duerne C. Doat.......................... 1 420
Dufay....................................... 2 434
Dufay-Barbier............................ 4 219
Duffier C. la fabrique Saint-Martin..... 2 82
Dufour..................................... 1 438
Dufour..................................... 2 552
Dufour et Figarol C. Lecoq........... 2 377
Dufredot-Duplanty...................... 3 540
Dufreznay C. la caisse d'amortissement... 2 153
Duhamel C. Sallier...................... 4 7
Dulac C. le maire de Grandris........ 4 376
Dulignon-Delafard C. l'admin. des dom.. 3 165
Duligny..................................... 4 41
Duligondez C. Labrosse-Domicourt...... 2 151
Dumas C. Aurival......................... 1 187
Dumesnil C. Caron...................... 4 76
Dumolard.................................. 2 410
Dumousseau.............................. 2 368
Dupart C. la commune de Labastide du Temple................................... 3 469
Dupetit et Pie............................ 3 126
Duplan C. Lebrun........................ 3 226
Duplanty.................................. 3 540
Duplessis.................................. 1 122
Duplessis.................................. 1 368
Duplessis.................................. 3 82
Duplessis.................................. 3 204
Duplessis.................................. 4 51
Duplessis.................................. 4 193
Dupont C. Milon de Mesne............. 4 337
Dupré C. Brunel.......................... 4 306
Dupré de Saint-Maur C. la commune de Blancaffort................................ 2 285
Dupré Sains-Maur........................ 4 88
Dupuichand............................... 4 144
Dupuichaut C. Plantadis............... 4 196
Dupuichaud C. Theurier................ 2 250
Dupuis C. Motte......................... 1 362
Dupuy..................................... 1 72
Dupuy Perrault C. Lehou des Warannes.. 1 582
Duquesne C. Legras-Bordecote........ 1 574
Durand..................................... 3 517
Durand C. Billon-Duplan............... 1 88
Durand C. Vathelon et Duffaur........ 3 260
Durand C. Ville........................... 4 307
Duret C. Kerguisiau de Kvasdoué...... 4 30
Durier...................................... 2 481
Durieu..................................... 3 204
Durosé et Berrier C. le percepteur de Louviers.................................... 3 337
Durosier C. l'administration des domaines. 3 40
Dussard C. Martin....................... 3 513
Duterme C. Amiot....................... 1 46
Dutilleul................................... 1 429
Dutrouy................................... 3 517
Duval C. Théobald....................... 2 280
Duvergier, veuve Lesnier C. Mallet, veuve Lesnier................................... 4 72
Dyclon..................................... 2 51
D'Yenne................................... 2 54

Ebérhard.................................. 4 49
Egge C. Sébastiani...................... 3 277
Eggerlé et Greiner...................... 2 29
Egret-Thomassin C. Dereine.......... 3 520
Emeriau................................... 4 56
Emmery C. l'administration des domaines.. 1 269

Nom	Tome	Page
Encelain	3	431
Engels C. l'administration des domaines	2	338
Engrand C. Helloin	3	202
Enguin C. Guesdon	1	292
Enjalran C. Planard	2	474
Entrepreneurs de lits militaires	1	104
— de lits militaires	3	463
— des messageries, dites l'Eclair	3	490
— des messageries Notre-Dame-des-Victoires	3	477
Eon C. Dacosta	3	22
Ernst C. Bendelé	4	96
Erouard C. Audefroy	3	271
Escarguel C. Martin	3	436
Espinadel	4	147
Estanave C. Pons	2	489
Eteveniot C. Cachot	2	159
Etignard	2	526
Eynard	2	509
Faber	1	108
Fabre C. Godol	1	401
Fabre C. Jourdan	1	66
Fabrique de Cambrai C. Venture	5	545
— de Dirmstein C. Koober	1	172
— d'Oberfeulen C. la fabrique d'Obertmertzig	2	62
— d'Obermertzig C. la fabrique d'Oberfeuten	2	62
— de Fontenay	4	259
— de Heddesheim	1	381
— de Lauvillec. C. Patru	2	308
— de Liége	2	90
— de Liége	2	515
— de Liége C. Villenfagne	2	71
— de Meymac C. Treich-Desfargès	4	205
— de Notre-Dame de Coblentz	2	379
— de Saint-Germain-des-Prés C. Labatte	3	131
— de Saint-Léonard C. Bernard	3	87
— Saint-Martin C. Masseau Duffier	2	82
— de Saint-Michel C. Despaugeu	2	147
— de Saint-Nicolas C. les hospices de Nantes	3	473
— de Saint-Thomas-d'Aquin C. Labatte	3	131
— de Sainte-Walbruge C. Kenor	1	167
— de Sagliano	2	390
— de Sundhoffen	1	403
— de Waltrack C. Barthelemy	1	221
Fabry	3	403
Faestrael	2	495
Faestrael C. Smetz	2	331
Fage C. Baritaut	4	64
Fage et Vergne C. l'administration des domaines	3	183
Faivre	3	245
Faletans-Dempierre C. le ministre des finances	3	427
Fassardy C. l'administration des domaines	3	40
Fassardy C. l'administration des domaines	3	43
Faucher C. Gachet	3	238
Fauchiez	1	375
Fauconnet C. Couturier	3	34
Fauconnet C. Hulot	2	323
Faugier C. Meynot	3	219
Favart d'Albine	1	522
Favereau et Boissac C. Dotezac	3	151
Faviers C. Devillers	3	223
Faveulet C. Lecomte	2	67
Fayon C. Lepinois	1	279
Feavre C. Vallée	1	66
Febvre-James C. Renon	2	392
Feillens C. Hennet	3	2[illegible]9
Félix et David C. Girard	1	282
Ferau C. Blanc	2	184
Fereol et Duplan C. Lebrun	3	226
Fermier du bac de Bessan C. Cellarier	4	264
Fermiers de la Font-Dame C. Hyjar	1	113
Feron	1	564
Ferrand C. Jubié	1	489
Ferrero	2	257
Ferry-Lacombe	4	298
Ferry-Lacombe C. Léotard	4	320
Ferus C. Comballot	1	162
Fevreau C. Ardouin	3	389
Fieffataires de Porentruy	1	175
Figarol et Dufour C. Lecoq	2	377
Filleul C. Desmont	1	126
Fizeaux	4	314
Flamen	2	333
Flamerans	3	307
Fleury C. Lemaire	2	299
Fleury-Corompt	4	30
Flory C. Heiliger	1	2[illegible]3
Fondeville	4	23
Fontaine	1	511
Fontaine	3	430
Fontaine C. le bureau de bienfaisance de Fourmies	1	317
Forestier C. Montaudouin	4	63
Forestier et Mollevaut	3	419
Fossy de Tremont	2	512
Foubert	2	338
Foucaud C. Bardou	1	130
Foucaux C. Hoonaert	2	104
Fouquet C. la commune de Cintheaux	2	427
Fournier	1	253
Fournier C. Simon	2	205
Fournier C. Vidal	4	273
Fournisseurs des bois de la marine	2	32
Fourrigues C. Pagès et Bonnet	4	286
Franchi	1	208
Franco C. la commune de Casal	1	156
François C. l'administration des domaines	2	259
Frebault C. l'administration des domaines	2	196
Frejaque C. Gelineck	2	364
Fresouls C. Bennebarre	2	223

Nom	Tome	Page
Fries C. Tholosan	4	293
Frigot	2	496
Frimont C. l'administration des domaines	2	446
Fritsch	1	[illegible]0
Fritsch C. Lewel	3	304
Froudière C. Leneuf	3	192
Fumagalli et Marocco C. Roard et Souplet	5	384
Fumery	4	573
Fuzet du Pouget C. Delbose	3	174
Gabet	1	324
Gabillard et Beznier C. Barbier	2	444
Gabriac	3	255
Gachet C. Faucher	3	258
Gadugne	1	5[illegible]0
Gaide Roger C. Gavet	4	271
Gaillard	1	137
Gaillard C. Gambart	1	58
Galand	1	507
Gallon et Guyard C. Davost	1	132
Gallot C. Angevin	2	414
Gambart C. Gaillard	1	58
Gandon C. Chenet	2	122
Gapeau (rivière du)	1	244
Garbi	1	449
Garbillon	2	466
Garbillon C. Bianco	2	23[illegible]
Garcias C. Norona	4	100
Gardin C. Guyan	1	375
Garff C. la commune de Guimgamp	4	28
Garnier C. Michaud	1	64
Garreau	3	518
Garrigou	4	100
Garrigue	3	231
Garzandat-Laissiez C. Bertaux	3	2[illegible]6
Gascoin	2	272
Gasq C. Bertrand	3	169
Gasquet C. l'administration des domaines	3	3[illegible]2
Gateau et Dubois d'Arneuville	3	437
Gaubert C. Coutanceau	1	329
Gaudechau C. Semonville	2	366
Gaudriault	2	203
Gausser C. la ville de Nismes	3	44
Gautherot C. l'administration des domaines	2	267
Gavet	2	443
Gavet C. Gaide-Roger	4	271
Gay C. Clement	4	335
Gelineck C. Frejaque	2	364
Gelot et Lang-Hupais C. l'agent du trésor public	1	1[illegible]8
Geoffroy C. la commune de Rohr	4	25
George C. Saud[illegible]g	1	543
Geraerts et Vandenamelle	3	176
Gerard C. la commune de Lavau	2	193
Geraud	3	227
Gerbier	1	85
Germain et Lefebvre	3	301
Gery	2	352
Gestas	3	489
Gestin	3	227
Ghisio C. Solaro-Dubourg	1	432
Giannotti	2	11
Gieubega	2	50
Gilbert C. Tillard-Pongaudin	2	419
Gilbert de Voisins et d'Osmond	3	470
Gilbert-Riberol[illegible]es C. l'agent du trésor	3	24
Gillet	1	5[illegible]8
Gillet de Brouelle C. Limousin	4	335
Ginoux C. Cou[illegible]c	3	295
Gipoulon C. [illegible]anié et Parsac	1	338
Girardet	4	124
Girardin C. Bergère	2	260
Giraud C. l'administration des domaines	3	143
Giraud C. [illegible]x et David	1	282
Girette	2	7
Girodet C. Ollien	4	212
Giroud C. David	1	262
Glatigny	1	4[illegible]2
Glay C. Laufroy	3	59
Gobert	2	5[illegible]3
Goetchy et Butignot C. Goder et Nublet	3	478
Godefroy C. la ville de Buzançois	1	235
Godefroy Dosberg	3	499
Goder et Nublet C. Goetchy et Butignot	3	478
Godet	1	236
Godet	2	239
Godin C. David	2	511
Godin [illegible]inet	1	197
Godot C. Fabre	1	491
Godot et Lafaulotte C. Aviat	3	4[illegible]9
Goès	1	194
Goff	4	20
Gominet C. les hospices de Moulins	3	335
Gondouin	1	480
Gonnet et Leguillette	4	240
Gontier	1	347
Gorlay et Prevot C. Courtois	1	57
Gosse	1	556
Gosselin-Saint-Même	4	38
Gothereau de Grandchamp	3	248
[illegible]ourandon	2	479
Goulard C. Pittance et Duclos	3	240
Goulet C. la ville de Paris	2	102
Goulhot C. Plouin du Breuil	3	533
Gouly C. Vallet	2	235
Goupil C. Cannel	1	337
Gourrand	2	420
Gouvello C. Breville	2	332
Gozlan	1	99
Gramme	1	1
Grandchamp	3	248
Grandjean	2	27
Grandviennot C. l'administr. des domaines	3	55
Granger	4	77
Granier C. Prevost	4	8
Grant-Webb	3	311

Grasleuil C. Mardelle........ 3 445
Grasleuil C Pillault-Souvent........ 3 245
Grasset C. Montagut........ 4 158
Grasset et Balguière C. Simon........ 1 68
Gregoire........ 2 457
Gregorie........ 1 58
Greiner et Eggerlé........ 2 29
Grellier C. Guichardy de Montigné........ 4 206
Grenouillac C. Guillot........ 1 479
Griffon........ 1 352
Grillon C. Carle........ 1 129
Grosjean-Ponçon........ 2 96
Grugnelu-Martin........ 1 270
Guenoux de Boissy C. Conflans d'Armentières........ 4 158
Guerard C. la commune d'Arnaville........ 4 259
Guerin C. Delabrosse........ 4 229
Guerin-Desbrosses........ 2 410
Guerin de Sercilly........ 3 378
Guerineau C. la commune de Couché........ 1 456
Guerines........ 3 331
Guerines C. Tailhardat........ 3 331
Guernon de Ranville C. Hardy........ 4 196
Guerric........ 3 233
Guesdon C. Enguin........ 1 292
Guestiers........ 4 352
Guevin........ 2 504
Guibal........ 4 372
Guibert C. Combeguilles........ 1 504
Guibert C. Lucas........ 3 291
Guichard C. Roquefort........ 1 55
Guichardy de Montigné C. Grellier........ 4 206
Guidé C. Robillard........ 3 370
Guillau C. la commune de Lourioux-Beconnais........ 3 222
Guillaumanche C. la commune de Saint-Jean le Centenier........ 1 337
Guillebert C. l'administr. des domaines........ 2 155
Guillemette et Steimer........ 3 49
Guillermin C. Adam........ 3 230
Guillon........ 1 115
Guillon C. l'administr. des domaines........ 1 60
Guillot C. Lesterling........ 2 79
Guillot-Grenouillac........ 1 479
Guilman C. Desbordes........ 3 134
Guinier C. la commune de Monceteau........ 3 225
Guinot........ 4 210
Guiraud........ 2 520
Guislain-Prince C. l'admin. des domaines........ 4 1
Guitard........ 3 481
Gurlin et Schassener........ 4 231
Guy C. Joffroy........ 1 228
Guy Dennesson........ 2 402
Guy-Dennesson C. Ling........ 1 464
Guyan C. Gardin........ 1 375
Guyard de Changey C. les communes de Changey, d'Echevronnes et de Fussey........ 3 251
Guyard et Gallon C. Davost........ 1 132
Guyenot-Chateaubourg........ 1 [illegible]
Guyot d'Amfreville C. Navaut........ 2 [illegible]

Habitans du Bourg C. la commune de la Lezolle........ 1 287
— de Cadillac........ 4 34
— de Claire-Fontaine C. les habitans de Polaincourt........ 3 536
— d'Ovanches........ 5 5[illegible]5
— de la Ferrière........ 1 445
— de Fontaines C. Mellier........ 2 140
— de Fraisse........ 3 148
— de Jussy C. l'administr. forestière........ 2 [illegible]2
— de Lacken........ 2 507
— de l'Hermite........ 1 77
— de l'île de France et de l'île de Bourbon........ 4 378
— de Luzzi C. d'Autreville........ 2 191
— de Marmoutiers C. Muller-Levieux........ 3 340
— de Mery C. Couillery........ 1 431
— de Migron C. de Champneuf........ 1 334
— de Montgard C. les habitans de Taconnas........ 1 514
— de Montigny........ 1 155
— de Moulineaux C. la commune de Labouille........ 4 210
— de la Neuville C. les habitans de Treveray........ 3 294
— de Parnac........ 4 257
— de Poitiers........ 1 91
— de Polaincourt C. les habit. de Claire-Fontaine........ 3 536
— de Saint-Chaptes C. Reilhe et Mathieu........ 3 190
— de Saint-Jean-sur-Erve........ 2 397
— de Saint-Marc du-Désert C. Demenardeau........ 1 135
— de Saint-Maurice C. Noel........ 3 62
— de Saint-Michel-en-l'Herme........ 2 241
— de Saint-Saturnin C. Morin........ 3 334
— de Salles-sur-l'Hers C. Vendomois Fontaine........ 3 430
de la Selle C. Thibaut-Longecourt........ 4 277
— de Sens-Beaujeu C. les habit. de Veuilly........ 2 194
— de Sermaise........ 1 444
— de Soupois C. la commune de Tourmont........ 2 214
— de Taconnas C. les habitans de Montgard........ 1 514
— de Taunay C. Beze........ 3 161
— de Tantouville C. Tourtel........ 3 360
— de Thiais........ 3 237
— de Treffay........ 4 331
— de Treveray C. les habitans de la Neuville........ 3 294
— de Vauvey C. les habitans de Villiers........ 1 389
— de Vellène C. Lavigne........ 2 202
— de Veuilly C. les habitans de Sens-Beaujeu........ 2 194
— de Villiers C. les habitans de Vauvey........ 1 389

Nom	Tome	Page
Haby C. Hurth	4	225
Hadrot C. Nivert	3	57
Hahn C. Bourdon	3	374
Haillet C. Auzanet	2	317
Hainguerlot	3	250
Hainguerlot	3	553
Haller et Despagnac C. Chassaigne	3	455
Hamelin C. le bureau de bienfaisance de Saint-Mars-de-Locquenay	4	165
Hannsmaennel C. Teutsch	2	384
Hannuic	2	24
Hardouin C. Saint-Pastou	1	205
Hardy	2	324
Hardy C. Guernon de Ranville	4	196
Harivel et Luzerne	2	244
Harpé et Bouvret C. le préfet de la Seine	3	264
Harscouet et Luneau	2	395
Hasslaver	4	145
Haslawer C. Torlonia	2	488
Haye	1	121
Hazard C. Jobal	2	296
Heffiger C. Flory	1	205
Helioin C. Engrand	3	202
Helouin	1	81
Henderiksen C. l'hospice de Dunkerque	1	207
Hennequin d'Ecquevilly C. Montmort	3	339
Hennet C. Feillens	3	219
Heunezel	1	556
Henrion	2	45
Herbinier	2	26
Herbinière	1	387
Herbinot C. Massy	4	85
Herbout C. Waringhem	3	120
Herrau	4	255
Herland C. Lebail et Yves	4	285
Herman	2	148
Hermès	1	361
Hermite C. Chantard	3	360
Heret C. Lescarsins	3	492
Hertzeisen C. le village de Seprais	1	165
Hervé	3	245
Hervy C. Ledo	3	434
Heitte	1	268
Heyden C. Mariveaux	3	525
Hirch	2	313
Hirtz	2	44
Hocquart C. la commune de Removille	2	212
Hocquart de Montfermeil	2	493
Hocquart de Montfermeil C. Caillaut	2	98
Hohweiller C. Bosteller	4	114
Holley de Ronville C. les hospices de Rouen	1	140
Holstein C. le trésor public	1	107
Homette C. Feger	4	222
Hoonaert C. Foncaux	2	164
Hospices de Bourges	3	337
— de Bruxelles C. Vanbourkout	2	272
— de Châlons C. Aublin	1	172
Hospices de Clermont C. Bertrand	2	339
— de Douai C. Antoine	2	208
— d'Ucelle C. la caisse d'amortissement	2	330
— de Dunkerque C. Hendericksen	1	207
— d'Yvré C. Lechalas	3	255
— de Figeac C. Delort	2	326
— de Fontenay le-Comte C. Reverseau	3	487
— de Liége C. l'hospice de Tirlemont	2	486
— de Lille C. Danlos	1	348
— de Lille C. Danlos	2	245
— de Looz C. l'administration des domaines	2	400
— de Marseille C. Bonifaci	2	337
— de Metz C. Labarre	4	14
— de Moulins C. Gominet	3	355
— de Nantes C. la fabrique de Saint-Nicolas	3	475
— de Nyons C. Jouve	3	123
— de Paris C. Levasseur	2	428
— de Paris C. Ragouleau	1	139
— de Paris C. Tessereaux	3	420
— de Parthenay C. l'administration des domaines	3	262
— de Rouen C. Holley de Ronville	1	140
— de Saverne C. les communes de Berg et Thal	3	208
— de Tirlemont C. l'hospice de Liége	2	486
— de Tonnerre C. Louvois	3	402
— de Toulouse C. Bosc	3	19
Hottermann	1	252
Hours	1	141
Houzard	3	528
Huard	2	249
Huard	3	317
Huard C. Ballereau	3	397
Huard C. Bonnet	3	20
Huart C. Morlot	3	224
Hubaut C. l'administration des domaines	3	57
Hubert C. Dubusc	1	321
Huet	1	454
Huet	4	219
Huet	4	258
Huet C. la commune de la Ferté-sous-Jouarre	2	504
Huet C. Lemire	1	491
Hugot et Lambert C. Dubois	3	185
Hulot C. Fauconnet	2	325
Hunbaire et Blaise	1	61
Hunt C. l'administration des domaines	4	120
Huot C. l'agent du trésor	4	360
Huot C. Perrin	3	460
Hupais et Gelot C. l'agent du trésor public	1	148
Hurtz C. Haby	4	225
Husson C. le maire d'Apry	3	380
Hyjar C. les fermiers de la Font-Dame	1	115
Immerico C. Novarèse	1	124

Itier C. Maron........................ 2 482

Jabin.................................. 4 251
Jacob C. Depauw........................ 1 391
Jacobs C. Depauw....................... 1 498
Jacomet C. la commune de Semeac..... 4 173
Jacques C. Albertin.................... 3 418
Jacquet................................ 1 503
Jacquet C. Perreau..................... 3 551
Jacquet et Brasseur C. l'administration des domaines.......................... 3 34
Jacquet et Chabot...................... 3 539
Jacquin et Rousseau C. la commune de Ban-Saint-Martin.......................... 4 299
Jadot C. l'administration des domaines... 1 97
James C. Renon......................... 2 592
Jaubertie.............................. 1 219
Jaucourt............................... 2 443
Jauffret C. Laplace.................... 3 326
Jaume C. Barnedès...................... 4 337
Jean Nicolas........................... 3 414
Jannin C. le maire de Rosnes........... 4 191
Jeantet................................ 2 502
Jemois C. Pitout....................... 2 151
Joba C. la commune de Sorey............ 4 71
Jobal C. Hazard........................ 3 296
Jobard C. Kern et Wachter.............. 3 231
Jobart................................. 3 281
Joffroy C. Guy......................... 1 228
John Dielh C. le corsaire l'Espoir..... 3 59
Jolly.................................. 1 216
Jongh C. le corsaire le Renard......... 3 160
Jordy C. Bentz......................... 2 264
Joubert C. Robert...................... 4 134
Joulain................................ 3 267
Jourdan C. Fabre....................... 1 66
Jousselin.............................. 3 302
Jousselin.............................. 4 372
Jousselin C. Peau...................... 1 323
Jouve C. Arexy et Monestier............ 3 476
Jouve C. l'hospice de Nyons............ 3 126
Jovignot C. l'administration des domaines.. 1 548
Jubié C. Ferrand....................... 1 489
Jubié C. Poyer......................... 4 185
Juchault Desjamonières C. la commune de Cellière............................ 2 224
Judan C. Martin........................ 3 405
Judicis................................ 2 6
Juglard................................ 3 275
Julia C. Bial.......................... 3 92
Julien................................. 3 461
Jullien................................ 4 294
Justin. C. Saint-Requier............... 4 11

Kenor C. la fabrique de Sainte-Walbruge.. 1 167
Kern et Wachter C. Jobard.............. 3 231
Keruinon C. l'administration des domaines.. 4 200
Kertangdy C. l'administration des domaines. 2 167
Kerguisiau de Kvasdoué C. Duret........ 4 13
Kirchmer C. Schwab..................... 1 179
Kirmann C. Teutsch..................... 3 114
Klaes C. Cramer........................ 2 432
Klingler C. Bosch...................... 1 85
Kollé.................................. 3 486
Koober C. la fabrique de Dirmstein..... 1 172
Kramer................................. 2 164
Kruppel C. l'administration des domaines.. 2 455
Kupper C. Roussilhe Morainville........ 3 341
Kurz................................... 1 18
Kvasdoué............................... 4 13

Labarre C. l'hospice de Metz........... 4 14
Labatte C. la fabrique de Saint-Germain-des-Prés.............................. 3 131
Labbé C. Dupetit et Pic................ 3 126
Labertinière C. Miomandre.............. 3 209
Labesse C. Bouland..................... 4 331
Laboulaye.............................. 1 454
Labouli................................ 1 557
Labouret C. la commune de Boy.......... 1 430
Labraguse C. l'octroi d'Anvers......... 3 6
Labrosse Domicourt C. Duligondez....... 2 151
Lacassaigne et Dubuc C. la commune de Marciac............................... 3 41
Lacenaise.............................. 1 505
Lachaume et Daillant C. l'administration des ponts et chaussées................ 3 254
Lacombe................................ 4 298
Lacombe C. Leotard..................... 4 520
Lacoste C. Lamoureux................... 2 115
Lacoste de Labraguse C. l'octroi d'Anvers.. 3 6
Lacoux de Marivaux C. Vanheyden........ 3 525
Lafargue C. Montlezun.................. 3 461
Lafaulotte C. Aviat.................... 3 201
Lafaulotte et Godot C. Aviat........... 3 409
Lafont et Laporterie................... 4 77
Laforcade C. Lateulère................. 1 245
Lagarde C. l'administration des domaines.. 2 127
Lagrelière et Beaudeau C. Morgue....... 1 88
Lahaye C. le bureau de bienfaisance de Looz et la veuve Wengen............... 1 295
Lair C. Castille Pineau................ 4 508
Lambert................................ 3 460
Lambert................................ 4 43
Lambert et Hugot C. Dubois............. 3 185
Lambertye C. la commune de Gerbevillers. 1 486
Lamesnardière C. Chambourdon........... 4 32
Lamiraud C. la commune de Breville..... 4 181
Lamorinière C. Perrier................. 3 542
Lamorinière. C. Perrier................ 4 242
Lamoureux. C. Lacoste.................. 2 115
Lamy et Bour C. l'administration des domaines............................... 4 265
Lançon C. l'administration des domaines. 3 507
Lang Hupais et Gelot C. l'agent du trésor public............................... 1 148

Nom	Tome	Page
Langlade C. Constant	2	229
Langlade C. Buin	3	225
Langlet C. Badin	2	268
Lantin C. la commune de Bey	3	284
Lapierre C. Ravier	1	365
Laplace C. Jauffret	3	326
Laporterie et Lafont	4	77
Lappareillé C. la commune de Montgeron	1	414
Lapuente Bustier	2	254
Laroche Aymond C. Vignaud	3	149
Lartigue C. Despaignet	4	4
Laruelle	1	546
Lasalle	1	478
Lasalle	3	247
Lasbats C. Ricaud	1	61
Lassis C. Senat	2	75
Lassus C. Leroy	3	522
Lateulère C. Laforcade	1	243
Latour	1	110
Latour d'Auvergne C. Bimar-Dubouchage	3	52
Latour-Duligny C. Belbœuf	4	41
Laubanie-Lubersac	1	563
Laubé	1	350
Laubenheimer	1	237
Laubepin C. l'agent du trésor royal	3	334
Laufroy C. Glay	3	59
Laulanier et Parsac C. Gipoulon	1	338
Laurence	3	343
Lauret C. la commune de Mignerette	3	97
Lauret et Sovinel	1	512
Lauriagon	3	203
Lautier	1	44
Lautremange	1	52
Lauzière C. Montillet	3	278
Laval C. Beau	3	177
Laval-Arragonnés	3	543
Lavalette C. l'administrat. des domaines	4	294
Lavergne	1	533
Lavernis	2	28
Lavigne C. les habitans de Vellène	2	202
Lavocat C. Decesves	1	125
Lavoisier C. Romberg	4	55
Lebaigue	1	254
Lebail et Yves C. Herland	4	285
Lebailly	2	169
Lebartz	1	25
Lebel et Delahaye	2	166
Leblanc C. Adam	3	159
Leblanchetais C. l'administration des ponts et chaussées	4	203
Lebouc et Oudry C. Desdorides	2	385
Lebourdec	2	479
Lebreton	4	216
Lebrun C. Fereol et Duplan	3	226
Lecerf	1	534
Lechalas C. l'hospice d'Yvré	3	233
Leclerc	1	164
Leclerc	3	203
Leclerc C. le navire le Saint-Antoine	3	358
Lecointre et Bonnet	1	388
Lecomte C. Favoulet	2	67
Lecoq C. Figarol et Dufour	2	377
Lecornec C. l'administrat. des domaines	2	422
Ledanois et Sabran C. Taverne	4	170
Ledault C. Buhotel	3	171
Ledo C. Hervy	3	434
Ledoux	1	411
Ledoux	1	452
Leduc et Astruc C. Deselve	2	188
Lefebvre et Germain	3	501
Lefessier de Grandprey	4	380
Lefevre	1	541
Lefrancois	4	46
Lefruglays C. l'administrat. des domaines	2	513
Legarrec C. Danielon	1	190
Legavriau	3	352
Legay et Crevel C. Elias Bascom	3	455
Legeay	3	351
Legendre C. Noel	1	76
Legier de Montfort C. le préfet de Vaucluse	4	123
Legouhier C. Lemasson	2	146
Legoux C. Roussel	1	289
Legras-Bordecote C. Duquesne	1	374
Legris C. Boutry	3	476
Leguennec	3	80
Leguillette et Gonnet	4	240
Leimsausen C. l'administrat. des domaines	2	455
Lehou des Warannes C. Dupuy-Perrault	1	382
Lelièvre C. Roques	2	192
Lemaignent et Meinier	1	120
Lemaire C. Fleury	2	299
Lemasson C. Legouhier	2	146
Lemire C. Huet	1	491
Lemoine	3	279
Lemoine C. Charpentier	3	157
Lemoine C. l'octroi de Paris	1	130
Lemyre	2	365
Lemyre de Villers C. l'admin. des domaines	3	356
Leneuf C. Froudière	4	192
Lenfant	3	150
Lengler C. la commune de Berckenfeld	2	355
Lenoble	1	12
Lenoble	4	344
Lenoble	4	346
Lenoble C. Miomandre	2	95
Lenoir	1	350
Lenoir de Chanteloup C. l'administration des domaines	2	103
Lenoncourt C. Viallat	4	334
Lenormand	1	371
Lenormand	2	283
Lepage	3	184
Lepaire	2	183
Lepineuil	1	437
Lepinois C. Fayon	1	279
Lepointe C. Beugnot	3	345

Lepointe C. Delechaussée	3	103
Lepoitevin, Tréhau et Bully	1	147
Lerango C. Mordret	3	520
Lerangot	2	15
Leroux de Kerninon C. l'administration des domaines	4	200
Leroy C. Delassus	3	522
Leroy de Rieulle C. Bouthillou de la Servette	3	480
Leroy et Williot	2	125
Lescornet C. Buhot-Kersers	3	186
Lescouet	2	425
Leseigneur C. la commune de Doudeville	2	464
Lesnier	4	72
Lespagnol C. Adam de Roquemaure	1	353
Lesseps	3	338
Lesterling C. Guillot	2	79
Letellier C. Balzac	4	330
Letourneau C. l'administr. des domaines	4	51
Levacher-Duplessis	4	51
Levacher-Duplessis	4	195
Levacher-Duplessis C. le préfet de la Seine	3	291
Levasseur C. l'hospice de Paris	2	428
Leveillé C. la ville de Nevers	3	122
Leveneur C. Mourier	2	450
Levieux	3	340
Lewel C. Fritsch	3	304
L'Hermite	1	227
Lhoyez	4	40
Liborel	1	424
Limoelens C. l'administrat. des domaines	3	17
Limousin C. Gillet de Brouelle	4	333
Ling C. Guy-Denneson	1	464
Liotard C. la compagnie Ferry-Lacombe	4	320
Lipmann C. Blum	3	266
Lisé C. Tedeschi	2	53
Lizet	1	408
Lizet	2	310
Lizet	3	188
Locglin-Negel C. Althanser	3	459
Loiseau	3	259
Loisel-Guillois	1	436
Lombard C. Butrille	1	448
Longecourt	4	277
Longeron C. l'administr. des droits réunis	1	507
Longonnay C. Soulavie	2	219
Looz-Corswarem	1	422
Looz Corswarem	2	254
Lorilla C. Auvray	3	173
Lotz C. la commune de Choisel	4	184
Loupot C. Condé	1	90
Louvois C. l'hospice de Tonnerre	3	402
Louvrier C. Devaux d'Hugueville	3	17
Lubersac	2	426
Lubersac-Laubanie	1	563
Lubersac et Vissec C. Sainte-Marie	3	197
Lucas C. Guibert	3	291
Luçay C. Romberg	4	55
Lucignani C. Carletti	2	187
Lucotte	4	17
Lucotte	4	95
Luneau et Harscouet	2	393
Lurat	2	277
Luzerne et Harivel	2	244
Lycée de Toulouse (proc. gérant du)	2	334
Mabon	3	503
Mahiste C. l'administration des domaines	3	13
Magaud C. la caisse d'amortissement	3	18
Magin C. Noel	4	357
Magnan	1	123
Magne C. la commune de Nizau	2	319
Magrelli	1	366
Mailfait C. Potoine	3	2
Maillard de la Morandais et Marchais de la Tromiere	4	65
Mainville	1	417
Maire C. Maire	4	252
— d'Amiens C. Accart	4	364
— d'Aprey C. Husson	3	380
— de Bistroff	2	403
— de Cadillac C. Burgade	4	34
— de Carnoules C. Martin	4	379
— de Châteauneuf C. Tabuteau	3	181
— de Colmar C. Meyer	3	268
— de Cramoisy C. Duchâteau	3	157
— de Fontanes C. Delteil	4	343
— de Fougerolles C. Romary	3	351
— de Gand C. Deconinck	1	186
— de Genillé C. Coudray	4	353
— de Grandis C. Dulac	4	376
— de Gray C. Beuret	4	182
— de la commune de Magné	3	72
— de Marseilles C. Chardigny	1	259
— de Mesle-sur-Sarthe C. Servy	3	450
— de Nozay C. Chevillard	1	186
— de Parnac C. Mérigot et Bellion	4	257
— de Raulhac	3	480
— de Rosnes C. l'administrat. des domaines	4	191
— de Rosnes C. Jeannin	4	191
— de Saint-Hylaire Saint-Florent C. Chesneau-Blancler	4	126
— de Saint-Loup	4	260
— de Sotteville C. Mulot	4	157
— de Tilly C. Bellaunay	2	55
— de Turny C. Besançon	1	275
Malafosse	3	216
Malafosse C. l'administration des domaines	3	4
Malcoeffe C. Baugeard	2	207
Malezieux	2	27
Malfait C. Robinet	3	564
Malherbe C. Matherat	1	283
Mallet C. Duvergier	4	72
Mallet de Vandegre C. Marioles	4	20
Malo C. Matte	1	128
Malon de Bercy	1	226

Nom	Tome	Page
Malzac C. la commune de Sauve	3	513
Mandina C. l'administration des domaines.	2	450
Mangin C. la commune de Bayeux	3	519
Manson C. Paulet	2	588
Marais de Bruges et Bordeaux C. Nayrac	4	54
Marais de Saint-Michel en Therm	3	492
Maraist C. Nicolaï	3	41
Marchais de la Tromiere et Maillard de la Morandais	4	65
Marcien C. la caisse d'amortissement	3	377
Marcotte	3	254
Madrelle C. Grasleuil	3	443
Marens C. Moreau	3	141
Marguerit C. Dhoudelot	3	65
Maria C. Souvielle	4	198
Mariadec C. Renaud	3	528
Marin C. Bonté	4	155
Mariolles C. Mallet de Vandegre	4	20
Marivaux C. Heyden	3	525
Marmelat C. Noize et Sandier	2	138
Marnillon C. l'administration des domaines	4	6
Marocco et Fumagalli C. Roard et Souplet	3	394
Maroilles (compagnie)	1	230
Maron C. Itier	2	482
Marquet	2	485
Marquis C. Pigeaux	3	394
Marsanne C. Vincent	3	20
Marthonie C. Borie	4	33
Martin	1	331
Martin	3	295
Martin C Broquier	4	379
Martin C. Capon-Dussard	3	515
Martin C. Escarguel	3	436
Martin C. Judan	3	405
Martin et Bessard	3	190
Martin-Legeay	3	331
Martinet	2	40
Martinolle C. Bourge	2	333
Marty C. Delort et Palis	3	358
Marty C. Riole	2	185
Marvillet	2	503
Mary C. l'administration des domaines	2	465
Mascrany	1	161
Massart	2	48
Masse	1	30
Masseau-Dufier C. la fabrique Saint-Martin	2	82
Massigas	2	425
Masson C. les riverains de Marsouppe	3	297
Masson-Marmelat C. Noize et Sandier	2	138
Massy C. Herbinot	4	83
Mathelon et Dulfaur C. Durand	3	260
Matherat C. Malherbe	1	283
Mathieu et Reilhe C. les habitans de Saint-Chaptes	3	190
Matte C. Malo	1	128
Maubert de Neuilly C. d'Esclignac	1	163
Maubuisson et Vannier	2	73
Mayen C. Simon	2	203
Maynard C. l'administration des contributions indirectes	4	237
Mayras C. Devogué	2	333
Mazars C. Costes	1	383
Mazure	2	236
Meinier et Lemeignent	1	120
Mellier C. les habitans de Fontaine	2	140
Mercier	2	498
Mercier C. Bouglé	3	233
Mercier C. Doyen	1	517
Merenville	3	337
Merey	4	119
Merignac C. Delpech	1	233
Mérigot et Bellion C. le maire de Parnac.	4	237
Merland C. le préfet de la Vendée	1	43
Merland	2	117
Mertens C. la caisse d'amortissement	2	469
Mervé C. Queré	2	86
Mesne C. Dupont	4	337
Messageries l'Eclair	3	490
Messageries Notre-Dame-des-Victoires	3	477
Mettavant et Oury	3	229
Meyer C. le maire de Colmar	3	28
Meynard C. les actionnaires des ponts de Paris	1	173
Meynot C. Faugier	3	219
Mezières	3	38
Michaud C. Garnier	1	64
Michaud et Bouvet C. Pouilly	3	349
Michoud C. l'administration des douanes.	3	146
Micolon de Guerines C. Tailhardat	3	331
Milhiet C. la commune de Paracy	1	496
Millan C. Texada	3	318
Millet C. Montjean	3	233
Millin	1	342
Millot C. Testulat et Sabardin	1	178
Milon de Mesne C. Dupont	4	337
Mines de Boussu	1	181
Mines de houille de Decize C. Collignon	4	58
Ministre des finances C. Faletans Dempierre	3	427
Ministre de la guerre	1	330
Ministre de la guerre C. Colas	3	282
Minute	4	61
Miomandre C. Labertinière	3	209
Miomandre C. Lenoble	2	93
Miroglio	1	114
Missegré	2	58
Missoux	4	16
Mobert C. la commune de Campeaux	4	27
Modery C. Sontag	3	192
Mœvus C. Drouin	2	316
Moirial C. Rondelle	1	450
Moiron C. Voillereau	1	116
Moissant	3	331
Mollet	1	459
Mollevaut et Forestier	3	419
Monatery	1	260

Mondoux. 1 475
Monestier et Arexy C. Jouve. 3 476
Mongenet C. Cavallo. 2 160
Mongin C. Perigal. 4 260
Moni et Montmort C. l'administration des domaines. 2 529
Monneret C. Bouglé. 3 205
Monneron C. Bernier. 1 192
Monot. 3 533
Montagnon. 4 82
Montagut C. Grasset. 4 158
Montaud C. Simon. 2 198
Montaudouin C. Forestier. 4 65
Montcourt C. Salleron. 2 374
Mont-de-Piété de Marseille C. Aillaud. 4 255
Montessuy. 4 561
Monteynard C. Blanc de Brantès. 2 291
Montfermeil. 2 493
Montfermeil C. Caillaut. 2 98
Montfermeil C. Caillaut. 3 26
Montfort C. le préfet de Vaucluse. 4 123
Montfort et Moni C. l'administration des domaines. 2 529
Montgaurin. 4 77
Montigné C. Grellier. 4 206
Montillet C. Lauzière. 3 278
Montjean C. Millet. 4 253
Montlezun C. Lafargue. 3 461
Montlouis. 3 239
Montmorency-Matignon C. la commune de Chaumont. 1 304
Montmort. 3 314
Montmort C. les communes de Jully-le-Châtel. 3 404
Montmort C. Hennequin d'Ecquevilly. 3 339
Montmort C. Richelieu-Fronsac. 3 24
Mony C. l'administration des domaines. 2 78
Mony C. la commune de Courcelles. 3 1
Morainvillle C. Prestrel. 2 81
Morard C. Chauvet. 3 118
Morard C. Chauvet et Clerc. 3 281
Mordret C. Lerango. 3 520
Moreau. 1 302
Moreau C. la commune de Neuvi-Pailloux. 3 200
Moreau C. Marens. 3 141
Moreau C. Richard. 1 542
Morelli C. l'administration des domaines. 2 270
Morgue C. Beaudeau et Lagrelière. 1 88
Morin. 2 337
Morin C. Delange. 1 179
Morin C. les habitans de Saint-Saturnin. 3 334
Morel C. la commune de Sainte-Catherine-les-Arras. 3 430
Morlé C. Zermicelle. 4 332
Morlet. 1 398
Morlet C. la commune de Removille. 2 212
Morlière C. Bessière. 3 376
Morlot C. Huart. 3 224
Moroy. 3 562
Morton et Russel. 3 165
Motret C. Seuly. 2 181
Motte C. Dupuis. 1 362
Mouchon et Andriel. 4 359
Moulin-le-Bazacle C. Baylac. 2 178
Mourat. 3 395
Mourier. 4 240
Mourier C. Leveneur. 2 430
Moutiers de Merenville. 3 337
Moutillet. 1 470
Moye C. l'administration des domaines. 1 133
Moysen. 3 164
Mugnier C. l'administration des domaines. 3 352
Muler C. Pfender. 2 468
Muller-Levieux C. les habitans de Marmoutiers. 3 340
Muller et Vallois C. Delaunay. 1 167
Mulot C. le maire de Sotteville. 4 157
Mussey. 1 378
Mutel C. la commune de Booz. 2 186
Nadaud C. Pontignac. 3 319
Naguet. 2 358
Naissant C. la commune de Magny-Vernois. 2 84
Nasl-Désarmaud C. Taillard. 2 262
Nast. 1 465
Navaut C. Guyot-d'Amfreville. 2 369
Navire l'Abigaïl. 1 537
— la Flora C. le corsaire le Vigilant. 1 527
— la Jeune Annette. 1 562
— l'Elisa. 1 443
— le Saint-Antoine C. Leclerc. 3 358
— le Vermont. 3 311
Nayrac C. les marais de Bruges et Bordeaux. 4 54
Nebel C. Waguer. 2 209
Negel C. Althanser. 3 459
Negro. 1 4
Nervet C. l'administration des domaines. 3 211
Nesmond C. l'administration des domaines. 2 246
Neuchèze C. la compagnie du commerce de bois. 3 288
Nevière C. Denoise. 1 492
Niam. 3 553
Nicolaï C. Maraist. 3 41
Nicolas-Jean. 3 414
Nicolay. 2 17
Niderkorne C. George. 1 543
Niogret. 1 371
Niogret. 1 426
Niogret C. la ville de Lyon. 3 155
Niogret. 4 347
Nivert C. Hadrot. 3 37
Noailles C. Revin. 3 406
Noël C. les habitans de Saint-Maurice. 3 62
Noël C. Legendre. 1 76
Noël C. Magin. 4 357

Nogués C. l'administration des domaines.. 3 381
Noize et Sandier C. Masson-Marmelat.... 2 138
Noras 4 85
Normand C. la commune d'Ecoyeux 3 189
Norona C. Garcias 4 100
North C. Scherr 2 387
Nougaret C. Prat 4 289
Novarèse C. Immérico 1 124
Nucker 3 101
Nugon 2 177

Octroi d'Anvers C. Lacoste de la Bragase.. 3 6
— de Marseille C. Caminada 1 143
— de Nantes 1 138
— de Paris C. Lemoine 1 130
Odericu C. Regny 1 224
Ollien C. Girodet 4 212
Orcel 1 214
Orléans et Loing (canaux d') C. Cardon.. 2 173
Orsy C. Talbot 3 229
Otten C. Vanlaack 2 382
Ottevaere et Stevens 2 110
Ottolenghi 1 481
Oubert 3 80
Oudry 1 21
Oudry et Leboue C. Desdorides 2 383
Oursin de Montchevrel C. Verel 3 309
Oury et Mettavant 3 229
Outin C. Petit 3 51
Outin C. Vauquelin 1 407
Ozil 4 281

Pacaut 3 236
Paga-Langle C. le percepteur de Picquecos. 1 294
Pagès et Bonnet C. Fourrigues 4 286
Paillette-Delisle 2 431
Palegry 1 4
Palena et Segre C. l'administration des domaines 2 200
Paliez C. la commune de Quieverchain 3 99
Palis C. Marty 3 358
Pallardi C. Roturier 2 490
Palous C. Ricard 1 215
Papillon C. Clairé 1 149
Papin 2 296
Papirer C. Wilhelm 3 479
Parent C. Bouriat 4 217
Parent C. la régie des domaines 2 307
Parsac et Laulanier C. Gipoulon 1 338
Pascaut C. Doniaut 2 137
Pasquette C. Dubrez 3 46
Pasquier C. la commune de Lumeau 3 187
Passageon 1 372
Pathiot C. Roussel 4 201
Patrigeon C. Devaux 3 48
Patru C. la fabrique de Lauvillec 2 308
Paugnet 1 532
Paulet C. Manson 2 388
Paulsain C. Bottu de la Barmondière 1 312
Pauly C. Rivaut 1 369
Pavaillon 1 82
Pean C. Jousselin 1 323
Pêcheurs de Saint-Nazaire C. Trabaud 2 435
Pejou C. Chenaud 2 491
Pelard de Champ-Robert 2 403
Pellerin C. la commune de Deville 2 251
Pelletier 1 198
Pelletier 1 239
Pelletier 3 501
Pelletier C. l'administr. des droits réunis.. 2 312
Pelletier-Lagarde C. l'administrat. des domaines 2 157
Pellier C. la commune de Beaumont 1 344
Penin-Bethune 3 381
Pequet C. Provost 4 92
Percepteur de Louviers C. Berrier et Durosé 3 557
— de Paziols C. Ruffié-David 4 90
— de Picquecos C. Paga-Langle 1 294
Pere le 4 342
Pere[illegible]y 1 467
Perier C. Lamorinière 4 242
Perigal C. Mongin 4 260
Permentel 3 248
Perou 1 390
Perreau C. Jacquet 3 551
Perreau C. la commune de la Chapelle-Themer 3 33
Perret C. Berthod 4 97
Perrier C. l'administr. des domaines 3 2
Perrier C. Lamorinière 3 542
Perrin 2 471
Perrin C. Huot 3 460
Pertuisier 2 502
Pertuisier 4 370
Perussault C. Ballereau 3 397
Petit C. l'administration des domaines 4 109
Petit C. l'administr. des droits réunis 2 323
Petit C. Outin 3 51
Petit C. Tribard 4 353
Petit-Deréeu 3 110
Petit-Jean C. Vitry 4 321
Petit-Maudetour C. Basset 1 141
Petit et Mallite C. Chartron 3 13
Pfaff C. le duc de Rovigo 4 71
Pfender C. Muler 2 468
Pic et Dupetit C. Labbé 3 126
Picot C. la commune de Noue 2 54
Picot-Limoelens C. l'admin. des domaines. 3 17
Pierrard 1 54
Pigeaux C. Marquis 3 394
Pignol 4 14
Pigny 1 474
Pillaut-Souvent C. Grasleuil 3 245
Pin 2 318
Pina C. Bidal 4 52
Pineau C. Lair 4 308

Pinel C. Lefrançois.................... 2 505
Pioger C. l'administr. des domaines..... 2 350
Piquet.................................. 2 190
Piquet.................................. 5 538
Pissard C. l'administr. des domaines.... 3 159
Pitout C. Jemois........................ 2 151
Pittance et Duclos C. Goulard........... 5 240
Plagniol C. Saurin...................... 4 262
Plainville.............................. 4 348
Planard C. Enjalran..................... 2 474
Plan de Sieyes.......................... 2 580
Plantadis C. Depuichault................ 5 246
Plantadis C. Dupuichant................. 4 196
Plessing et Schmidt C. le corsaire le Sédiman....................... 4 239
Plombin C. Tachoires.................... 5 134
Plouin-Dubreuil......................... 4 302
Plouin-Dubreuil C. Goulhot.............. 3 533
Plumier................................. 2 5
Poignant................................ 1 288
Poitevin, Bully et Tréhau............... 1 147
Poitier................................. 1 482
Pommier C. Bassompierre................. 3 275
Ponçon-Gros-Jean........................ 2 96
Pongaudin C. Gilbert.................... 2 419
Pons C. Estanave........................ 2 489
Pons d'Albaret C. la commune de Saint-Estève.............................. 2 527
Pontignac C. Nadaud..................... 5 319
Ponts de Paris (chefs des) et Thibault C. Ardant....................... 1 296
Ponts de Paris (actionnaires des) C. Meynard............................ 1 173
Porcé C. Bertry......................... 1 524
Porcheret............................... 4 8
Porentruy (fieffataires de)............. 1 175
Porterie................................ 3 532
Potesta de Valeff....................... 2 406
Pothier................................. 1 104
Pothier C. Cormeré...................... 1 211
Potoine C. Maillfait..................... 3 2
Potter.................................. 5 343
Pouget.................................. 2 302
Pouilly................................. 5 186
Pouilly C. Michaud...................... 3 509
Poujet et Chaptive...................... 5 142
Poujet et Chaptive C. l'administration des contributions indirectes............... 5 535
Poustis................................. 2 372
Poutier C. l'administr. des domaines.... 3 559
Poyer C. Jubié.......................... 4 185
Pracontal............................... 2 305
Prat.................................... 5 204
Prat C. Nougaret........................ 4 289
Préfet de l'Escaut C. les communes de Loocristy et Oostacker................... 1 145
— de l'Escaut C. Verborgt............... 1 45
— des Pyrénées orientales C. Vignier.... 1 46
Préfet de la Seine C. Audibert.......... 5 90
— C. Bocquet de Tracy................... 3 211
— C. Harpé et Bouvret................... 5 264
— C. Levacher-Duplessis................. 3 291
— C. Ragouleau.......................... 1 159
— de Vaucluse C. Légier de Montfort..... 4 125
— de la Vendée C. Merland............... 1 45
Prestrel C. Morainville................. 2 81
Prevost C. Garnier...................... 4 8
Prevot et Gorlay C. Courtois............ 1 57
Prieur C. Prudhomme..................... 3 195
Prince.................................. 4 1
Prinsac C. la commune de Sainte-Marie-en-Chaux............................. 4 304
Priouzeau C. la commune de Luçon....... 5 14
Procureur gérant du Lycée de Toulouse... 2 534
Propriétaires des marais de Bordeaux C. Vignaux............................ 5 516
— du moulin le Bazacle C. Baylac....... 2 128
— du moulin de Beaucaire C. Brassac.... 2 60
Proust C. Tranchant-Destulays........... 4 255
Prousteau C. la commune de Villeroy..... 1 246
Prousteau de Mont-Louis................. 5 259
Provigny C. Baucher..................... 2 142
Provost C. Pequet....................... 4 92
Prudhomme C. la commune de Colmar....... 5 135
Prudhomme C. Prieur..................... 5 195
Prunier................................. 4 36
Puget C. l'administration des domaines.. 3 162
Puyarniscle C. Taulera.................. 3 176
Puybusque............................... 4 246

Quellien C. l'administration des domaines. 3 210
Quenin C. Ducret........................ 5 373
Queré C. Mervé.......................... 2 86
Quesseveur.............................. 5 561
Quetel C. Comelli....................... 1 384
Quignon................................. 5 185
Quillac C. Saint-Romain................. 1 372
Quintanadoine........................... 2 565
Quivogne C. Villequey................... 2 453

Ragouleau C. les hospices de Paris, Talaru et le préfet de la Seine.............. 1 139
Ramary.................................. 2 154
Rambaud et Morliere C. Bessiere......... 5 576
Ramus C. Dormis de Vevres............... 5 238
Ramus Nielsen C. le corsaire le Risque-Tout 3 257
Ranson C. la commune de Saint-Augustin.. 4 311
Ranville................................ 4 196
Raulin C. l'administration des domaines. 5 46
Rault................................... 5 262
Rault C. Dubois-Thainville.............. 1 563
Ravier.................................. 2 21
Ravier C. Lapierre...................... 1 565
Ravoir C. la commune de Lyon............ 3 567
Raymond Durand.......................... 3 517
Razy.................................... 1 378

Reaud 1 457
Receveur des contributions de Louviers C. Becquet 1 303
Reder 2 403
Régie des sels et tabacs 2 19
— des subsistances militaires C. Vergnes . . . 4 273
— C. Vorms de Romilly 4 315
Regnon C. Barcier 4 123
Regny C. Oderieu 1 223
Reilhe et Mathieu C. les habitans de Saint-Chaptes 3 190
Reiss 4 374
Remond C. Rigolet 3 163
Remond C. Saffard 2 297
Remond de Montmore 3 404
Remond de Montmort C. Richelieu Fronsac 3 314
Renaud C. Mariadec 3 528
Renaud-Soubeyran 3 554
René de Cosne 3 556
Renier 1 13
Renon C. Febvre James 2 392
Renouf et Bazire C. Carité et Delamarre 2 108
Renould 3 49
Rerolle C. la commune de Moulin en Gilber 3 266
Resseguier C. Beccardet 1 323
Reubell C. l'agent du trésor royal 3 261
Reuleaux 2 371
Reversat C. l'administration des domaines . . 3 226
Reverseau C. l'hospice de Fontenay-le-Comte 3 487
Revin C. Noailles 3 406
Rey 2 535
Rey C. Taffet 3 419
Reyher C. le corsaire le Diligent 3 233
Reynegom 2 307
Reynier C. l'administration des domaines . . 3 388
Ribas et Bosch C. le corsaire l'Audacieux. 3 207
Riberolles C. l'agent du trésor 3 24
Ribié 1 351
Ricard C. Pelous 1 215
Ricaud C. Lasbats 1 61
Richard C. Moreau 1 542
Richard et Vanini 2 440
Richardot C. l'administration des domaines 3 293
Richardot de Choisey 2 470
Richatel C. la commune de Esclarou 1 329
Richebraque 3 433
Richelieu-Fronsac C. Montmort 3 24
Richelieu-Fronsac C. Remont de Montmort 3 314
Richer 1 242
Richou C. Demange 3 170
Rief 1 156
Ries C. Tornaco 1 59
Rieulle C. Servette 3 480
Rigolet 2 300
Rigolet C. Remond 3 163
Riole C. Marty 2 183
Riollay C. l'administration des domaines . . . 4 227
Riotot 1 25
Ripert C. Bruand 3 458
Ritz C. Vermeulen 2 417
Rivaut C. Pauly 1 369
Riverains de l'Adour C. Dauphole 3 430
— du Gapeau 1 244
— de Marsouppe C. Masson 3 297
Roard et Souplet C. Marocco et Fumagalli 3 384
Robert 1 263
Robert 3 523
Robert 4 142
Robert C. de Brousse 1 442
Robert C. Joubert 4 134
Robillard C. Guidé 3 370
Robillon C. Prunet-Montansier 3 133
Robin 1 527
Robineau C. Arronet 3 43
Robinet C. Malfait 3 564
Robion 3 408
Rocault 2 527
Rochechouard C. l'administ. des domaines. 3 211
Rochefort 3 293
Rochet C. l'administration des domaines . . 2 69
Rodiere 1 200
Roffignac 1 544
Roger 4 97
Roger C. Branzon 1 128
Roger C. Dantan 1 131
Roger C. Gayet 4 271
Roger C. Homette 4 222
Roi (le) d'Espagne 1 436
Romansson C. Dambrun 1 106
Romansson C. Thouin 1 103
Romary C. le maire de Fougerolles 3 331
Romberg C. Lucay, Roslin d'Yvri et Lavoisier 4 55
Romé 1 23
Romilly C. la régie des subsistances militaires 4 315
Roncy C. l'administration des domaines . . . 4 219
Ronde 3 338
Roudelle C. Moirial 1 430
Roquefort C. Guichard 1 33
Roques C. Lelièvre 2 192
Roslin d'Yvri C. Romberg 4 55
Rossigneux C. l'administration des domaines 2 68
Roturier C. Pallardi 2 490
Rouffio 4 233
Rouget 4 88
Rouilet C. Daloucy 3 348
Rouquete 2 302
Rousseau C. l'administration des domaines . . 3 69
Rousseau-Moeffrand C. Daguin 1 322
Rousseau et Jacquin C. la commune de Ban Saint-Martin 4 299
Roussel 3 180
Roussel C. Crillon 1 291

Nom	Tome	Page
Roussel C. Legoux	1	289
Roussel C. Pathiot	4	201
Rousset C. l'administration des domaines	3	67
Roussilhe-Morainville C. Kuypper	3	341
Rouvairolis C. la commune de Caudeval	2	58
Roux	3	539
Roux C. Sibours	1	213
Rouy	1	257
Royer	3	290
Royer C d'Autichamp	1	85
Royer C. l'administration de la guerre	2	134
Ruel de Belleisle C l'administration des domaines	3	298
Ruellan	2	444
Ruffié-David C. le percepteur de Paziols	4	90
Rusca C. Doria	1	181
Russel ot Morton	3	165
Ruyant de Cambronne	3	249
Ruyant de Cambronne	3	329
Sabardin et Testulat C. Millot	1	178
Sabatier	2	276
Sabran et Ledanois C. Taverne	4	170
Saffray C. l'administration des domaines	3	368
Saint-Firmain C. l'agent du trésor public	2	65
Saint-Gery	2	352
Saint-Maur	4	88
Saint-Même	4	38
Saint-Nazaire (pêcheurs de) C. Trabaud	2	435
Saint-Pastou C. Hardouin	1	205
Saint-Reguier C. Justin	4	11
Saint-Romain C. Quillacq	1	372
Saint-Sauveur	3	470
Saint-Verau, Cluse et Sueil	1	158
Saint-Victor C. Vitermont	3	516
Sainte-Foy	1	97
Sainte-Marie	2	4[illegible]6
Sainte-Marie C. Lubersac et de Vissec	3	197
Sainte-Maure Montausier C. Margeucy	3	193
Sallard C. Remond	2	297
Sallel	4	153
Salleron C. Moncourt	2	374
Sallier C. Duhamel	4	7
Saluces	3	214
Salvador Palau C. le corsaire les Trois-Montrouge	3	287
Salvage	2	462
Salvat	3	579
Salzet	3	242
Samson	3	112
Samson Joseph	4	15
Sandigliane C. l'administrat. des domaines	1	500
Sarrapy	4	74
Sarto x	1	561
Saudag C. George	1	543
Saulx Tavannes	3	305
Sauniée	3	174
Saunier	3	186
Sauret	4	74
Saurin C. Plagniol	4	262
Sauty	3	184
Savarese	1	526
Sayrol	1	530
Scaparonne	1	82
Scey C. Caron	2	303
Schassener et Gurlin	4	231
Schasser	2	40
Scherb C. d'Espagnac	1	36
Scherr C. North	2	387
Schiffman	3	247
Schmid	2	233
Schmidt et Plessing C. le corsaire le Sédiman	4	239
Schoumann	2	148
Schwab C. Kirchmer	1	179
Schwer	2	448
Sébastiani C. Egge	3	277
Segre et Palena C. l'administ. des domaines	2	200
Seguin C. Vanlerberghe	4	286
Semonville C. Gaudechau	2	366
Senaire	2	471
Senat C. Lassis	2	75
Senaux	2	65
Seneaux C. l'université	2	226
Sentenac et Bordes	4	299
Sercilly	3	378
Sergeant	1	29
Serin	1	278
Serré C. l'administration des domaines	3	75
Serve C. Bonnefoi	1	151
Servette C Rieulle	3	480
Servy C. le maire de Mesle-sur-Sarthe	3	450
Seuly C. Motret	2	281
Sevestre	3	554
Sibours C. Roux	1	213
Sieyes	2	380
Signard C. Villamson	3	263
Signeneaux C. l'administration des domaines	4	129
Silvestre C. Blanc	3	512
Simon	2	290
Simon C. Grasset et Balguiere	1	68
Simon C. Mayen	2	203
Simon C. Montaud	2	198
Simon C. Thabaud	2	373
Simon C. Villette	4	300
Simonet C. la Commune de Membry	1	64
Simonetti	2	378
Siran	4	136
Smeer	3	341
Smetz C. Faestrael	2	331
Snoken	1	96
Sobirats C. Desisnards	1	202
Sociétaires des mines de Boussu	1	181
Société des marais de Saint-Michel en Thermes	3	492
Solaro Dubourg C. Ghisio	1	432

Noms	Tome	Page
Solia C. l'administration des domaines	2	473
Solier et Delarue	3	285
Sollier	2	522
Sombret C. l'administration des domaines	2	155
Sontag C. Mod ry	3	192
Soubeyrand-Renaud	3	354
Soufflot de Merey	4	119
Souhait C. Viard	1	539
Souillart C. la commune de Leaucourt	1	56
Soulatre	1	502
Soulavie C. Longonnay	2	219
Soulé	3	204
Souplet et Roard C. Marocco et Fumagalli	3	384
Sous-préfet de Provins C. Thoret	4	193
Souvielle C. Maria	4	198
Sovinel et Lauret	1	512
Soyecourt	2	238
Stchelin C. Voyer-d'Argenson	3	530
Steimer et Guillemette	3	49
Stelling C. Beck	4	197
Stenne C. les habitans de Bouvigny	1	7
Stevens et Ottevaere	2	110
Struch C. Bach	1	299
Sucil, Saint-Verau et Cluze	1	158
Suremain de Flamerans	3	307
Syberg	1	518
Tabaret C. Bernard	3	519
Tabuteau C. le maire de Châteauneuf	3	181
Tachoires C. Plombin	3	134
Taeymans C. l'administration des domaines	2	447
Taffet C. Rey	3	419
Tailhardat C. Micolon de Guerines	3	531
Taillefer C. Delurozière	3	265
Tailliard C. Nasl Désarmaud	2	262
Talaru C. Ragouleau	1	139
Talbot C. Orsy	3	229
Talleyrand C. Bellanger	1	308
Tamisier	1	439
Tardif C. l'agent du trésor	2	174
Testemain C. l'administration des domaines	4	279
Taubois	1	271
Taulera C. Puyarniscle	3	176
Tavannes	3	305
Taverne C. Ledanois et Sabran	4	170
Tedeschi C. Lisé	2	53
Teissier	2	241
Teissiere C. Donat	3	71
Ternaux	3	259
Terrade C. Valentin	1	515
Terras	1	209
Terrier C. Benoît	2	412
Tessereaux C. l'hospice de Paris	3	420
Testou C. l'administ. des ponts et chaussées	3	346
Testulat et Sabardin C. Millot	1	178
Teutsch C. Hannsmaennel	2	384
Teutsch C. Kirman	3	114
Teutsch C. Treutel	2	383
Texada C. Millan	3	318
Thabaud C. Simon	2	373
Theobald C. Duval	2	280
Theurier	2	52
Theurier G. Dupuichaud	2	250
Thevenot 3	3	281
Thibault C. Ardant	1	296
Thibaut-Longecourt C. les hab. de la Selle	4	277
Thiebaut	3	202
Thierry	2	287
Thierry C. l'administration des domaines	3	141
Tholosan C. le duc d'Otrante	2	434
Tholozan C. Fries	4	293
Thomas C. Brabant	1	214
Thorel	1	174
Thoret C. le sous-préfet de Provins	4	193
Thou	3	216
Thouin C. Romansson	1	105
Thro	1	121
Thunot	1	478
Thuré	1	483
Tilghman	1	256
Tillard-Pongaudin C. Gilbert	2	419
Tintelin	3	449
Tisserand C. la commune de Jonchery	2	504
Tixier C. l'administration des domaines	2	465
Tixier-Dubreuil C. la caisse d'amortiss.	3	52
Tocnaye	4	213
Tollard C. la ville de Paris	3	230
Tolozan C. le duc d'Otrante	3	321
Tolozé de Jabin	4	251
Torlonia C. Haslawer	2	488
Tornaco C. Ries	1	59
Tourtel C. les habitans de Tantouville	3	360
Trabaud C. les pêcheurs de Saint-Nazaire	2	435
Tranchant Destulays C. Proust	4	256
Treau et Darguette	1	253
Trédos C. l'administration des domaines	2	215
Tréhau, Poitevin et Bully	1	147
Treich-Desfarges C. la fabrique de Meymac	4	205
Tremont	2	512
Treutel C. Teutsch	2	383
Tribard C. Petit	4	355
Tripier C. d'Orléans	1	446
Tron	1	529
Tronc C. la commune de Boubiers	3	382
Trouvain C. la commune de Pierrepont	2	315
Troyes C. Bigeon	3	144
Turgnier	1	144
Turquand d'Auzay	2	499
Université C. l'académie de Dijon	4	103
Urbau C. Vick	2	375
Usagers de Croixdalle	2	159
Vaissier	2	429
Valadier C. Macarrani	2	596

Valeff. 2 406
Valeran. 1 244
Valeteau. 1 412
Vallée C. Feavre. 1 66
Vallet C. Gouly. 2 235
Vallois et Muller C. Delaunay. 1 167
Vanbourkout C. les hospices de Bruxelles. 2 272
Vandam. 3 341
Vandegre. 4 20
Vandenamelle. 3 176
Vandennieuwenhuisen. 1 158
Vandennieuwenhuisen. 1 249
Vanderbanck C. l'administr. des domaines. 2 309
Vandergracht C. l'administr. des domaines. 2 361
Vanderhouven C. Vangulpen. 2 528
Vander-Leyen. 1 265
Vangulpen C. Vanderhouven. 2 528
Vanheyden C. Lacoux de Marivaux. 3 525
Vanhorsigh. 1 30
Vanier C. la commune de Saint-Gatien. 3 203
Vanini et Richard. 2 440
Vaniseghem C. l'administr. des douanes. 3 136
Vanlaack C. Otten. 2 382
Vanlerberghe C. Leguin. 4 286
Vannier et Maubuisson. 2 73
Varlet C. la commune de Laires. 4 175
Varry C. la commune de Blechausen. 1 240
Vaubaillon et Daniel. 3 479
Vauchel. 4 356
Vauquelin C. Outen. 1 497
Veckbeker. 2 436
Vendomois-Fontaine C. les habitans de Salles-sur-l'Hers. 3 430
Venture C. la fabrique de Cambrai. 2 543
Verborgt C. le préfet de l'Escaut. 1 45
Verel C. Oursin de Montchevrel. 3 309
Vergne et Fage C. l'administration des domaines. 3 183
Vergnes C. la régie des subst. militaires. 4 273
Verheyden et Boels C. Bruyninckx. 2 218
Vermeulen C. Ritz. 2 417
Verneur C. Ballay. 2 176
Verney. 1 378
Verniac C. l'admin. des droits réunis. 1 63
Vernier. 1 477
Veron. 3 243
Versel et Derosne C. la commune de Chaux-les-Passavant. 4 235
Veuillet-d'Yenne. 2 347
Viallat C. d'Hendicourt de Lenoncourt. 4 334
Viard C. Souhait. 1 539
Viardin. 3 247
Vick C. Urbau. 2 373
Viclaud. 2 253
Vidal C. Fournier. 4 275
Vierge-du-Rosaire (le bâtiment la). 1 92
Vignaud C. Laroche Aymond. 3 149
Vignaux C. les propriétaires des marais de Bordeaux. 3 546
Vignier. 3 228
Vignier C. le préfet des Pyrénées orient. 1 46
Vilar C. le canal de Dalt. 4 67
Village de Seprais C. Hertzeisen. 1 165
Villamson C. Signard. 3 263
Ville C. Durand. 4 307
Ville de Buzançois C. Godefroy. 1 255
— de Clermont-Ferrant. 4 31
— de Louhans C. Debost. 3 371
— de Lyon C. Niogret. 3 153
— de Malines C. la commune de Muysen. 1 276
— de Nemours C. Barthelemy. 4 329
— de Nevers C. Leveillé. 3 122
— de Nismes C. Gausser. 3 44
— de Paris C. Goulet. 2 102
— C. Tollard. 4 230
— de Rennes C. l'administr. des domaines. 1 62
— C. Chiffontaine. 3 560
— de Rouen C. Auger. 3 187
— C. Corbineau. 3 548
— C. Corbineau. 4 146
— de Sainte-Marie C. Casamajor. 4 258
Villèle. 3 495
Villèle C. Calvet. 3 168
Villem-Connenburg C. le cors. la Sophie. 3 160
Villenfague C. la fabrique de Liége. 2 71
Villequay C. Quivogne. 2 453
Villette C. Simon. 4 300
Vincensini C. l'administr. de la guerre. 2 112
Vincent. 2 41
Vincent C. l'administr. des domaines. 3 21
Vincent C. Marsanne. 3 20
Vinhort. 2 116
Vissec et Lubersac C. Sainte-Marie. 3 197
Vitalis. 2 277
Vitalis. 4 263
Vitermont C. Saint-Victor. 3 316
Vitry C. Petit-Jean. 3 321
Voisin. 1 524
Volf C. l'administr. des domaines. 2 453
Vollereau C. Moiron. 1 116
Voyat. 1 259
Voyer d'Argenson C. Slehelin. 3 530
Voyneau Duplessis C. l'admin. des dom. 3 82

Wachter C. Jobard. 3 231
Waguer C. Nebel. 2 209
Waringhem C. Herbout. 3 120
Watré. 3 160
Weiber. 2 40
Weissenbruck. 1 484
Wengen C. Lahaye. 1 295
Werner. 1 478
Wilhelm C. Papirer. 3 539
Willemsen C. la commune d'Issum. 1 6

Willerich C. l'administrat. des domaines.. 1 134
Williot et Leroy.................. 2 125
Woestine C. Clément................ 4 112
Wolf.............................. 2 256
Wolf.............................. 3 474
Worms de Romilly C. la régie des subsistances militaires.................... 4 315
Wouters C. l'administration des domaines. 2 56
Ymonet C. l'admin. des contrib. indirect. 4 233
Yves Le Goff...................... 4 20
Yves et Lebail C. Herland........... 4 283
Zermicelle C. Morlé................ 4 332

SUPPLÉMENT.

Administration des domaines. C. Bernard.. 4 447
— C. Giubega....................... 4 409
— C. Houry......................... 4 392
— C. Lefebvre Lamotte............... 4 421
Administration des messageries de l'Eclair. 4 428
Alayrac............................ 4 393
Association des travaux de la Durance C. Forbin Janson..................... 4 443

Baligant........................... 4 418
Banne et Bodard C. Grandchamp......... 4 444
Barbier-Dufay...................... 4 420
Bauwens............................ 4 424
Beaumetz........................... 4 450
Berger C. Hermann.................. 4 391
Bernard C. l'administration des domaines.. 4 447
Bertrand C. Champigneulle........... 4 437
Bochard de Champigny C. Lecouturier de Courcy........................... 4 450
Bodard et Banne C. Grandchamp........ 4 444
Bolot.............................. 4 449
Boutet............................. 4 416
Brossard C. Lelièvre Delagrange....... 4 405
Brunel............................. 4 398
Bureau de bienfaisance de Bordeaux C. Molinier............................ 4 446

Castan C. le maire de Langlade......... 4 400
Castellane et Coste C. veuve Lurat....... 4 440
Ceconi C. Mancini................... 4 423
Chagrin C. Postel................... 4 387
Champigneulle C. Bertrand............ 4 437
Champigny C. Courcy................. 4 450
Chassaigne et Romey C. D'Espagnac...... 4 396
Cherpin............................ 4 435
Chevilly C. Demangeon............... 4 445
Clément et Martel................... 4 383
Combe.............................. 4 387
Considère C. Sauvage et Fumery......... 4 438
Coste et Castellane C. veuve Lurat...... 4 440
Courcy C. Champigny................. 4 450
Cucuron C. les habitans d'En-Ameil...... 4 400
Curnieu C. Brossard................. 4 405

Damiron............................ 4 426
Degout et Giraud.................... 4 452
Delagrange C. Brossard............... 4 405
Demangeon C. Chevilly............... 4 445
D'Espagnac C. Romey et Chassaigne...... 4 396
Destals, veuve Gauzens C. le maire de Planiolles.......................... 4 424
Dousfières C. Oilliamson.............. 4 398
Ducancel........................... 4 445
Duc d'Otrante C. Guermantes........... 4 442
Dufay-Barbier....................... 4 420
Dufour C. Lucran.................... 4 427
Duplanchat Garreau.................. 4 389

Flagée C. Jobard.................... 4 417
Fontaine et Mortet................... 4 431
Forbin Janson C. l'association des travaux de la Durance..................... 4 443
Fort C. Sarda....................... 4 390
Fumery et Sauvage C. Considère......... 4 438

Garreau Duplanchat.................. 4 389
Gauzens (veuve) C. le maire de Planiolles, 4 424
Giraucourt C. Morel.................. 4 399
Giraud et Degout.................... 4 452
Giubega C. l'administration des domaines.. 4 409
Gomeret............................ 4 449
Grandchamp C. Bodard et Banne........ 4 444
Grant-Webb C. Pièche................ 4 447

Guermantes C. le Duc d'Otrante........ 4 442

Habitans d'En-Ameil C. Cucuron........ 4 400
Hermann C. Berger.................... 4 391
Hospice de Limoges C. Lamy........... 4 436
Houry C. l'administration des domaines.. 4 392

Jacomet C. le maire de Tarbes.......... 4 439
Janson-Forbin C. l'association des travaux de la Durance........................ 4 443
Jobard C. Flagée..................... 4 417

Kaufmann C. Maurer.................. 4 382

Lafarge et Mitouflet.................. 4 434
Lagarde et Montlezun.................. 4 416
Lamotte Lefebvre C. l'administration des domaines.......................... 4 421
Lamy C. l'hospice de Limoges........... 4 436
Leclerc C. Perrier..................... 4 435
Lecouturier de Courcy C. Bochard de Champigny............................ 4 450
Lefebvre-Lamotte C. l'administration des domaines.......................... 4 421
Lelièvre Delagrange C. Brossard........ 4 405
Leyris................................ 4 425
Lucron C. Dufour..................... 4 427
Lurat (veuve) C. Coste et Castellane...... 4 440

Mage C. le prince de Hohenzellern....... 4 438
Le maire de Coings.................... 4 419
Maire de Langlade C. Castan............ 4 400
Maire de Planiolles C. veuve Gauzens.. .. 4 424
Maire de Tarbes C. Jacomet............ 4 439
Mancini C. Ceconi.................... 4 423
Martel et Clément..................... 4 385
Maurer C. Kaufmann................... 4 382
Messageries de l'Eclair................ 4 428
Mitouflet et Lafarge.................. 4 434

Molinier C. le bureau de bienfaisance de Bordeaux............................ 4 446
Montlezun C. Lagarde.................. 4 416
Morel C. Girancourt................... 4 399
Mortet et Fontaine.................... 4 451

Navire l'Océan........................ 4 422

Oillamson C. Signard-d'Ousfières........ 4 398

Palloy................................ 4 452
Paroisse de Saint-Patrice.............. 4 383
Perier C. Vaucresson.................. 4 401
Perrier C. Leclerc.................... 4 435
Pièche C. Grant-Wiebb................. 4 447
Populus C. Viala..................... 4 397
Postel C. Chagrin..................... 4 387
Pradal............................... 4 391
Prince de Hohenzellern C. Mage........ 4 438
Propriétaires du navire l'Océan......... 4 422

Rolland C. Vial....................... 4 414
Romey et Chassaigne C. d'Espagnac..... 4 396
Rosier C. Vinard..................... 4 389

Saint-Patrice (paroisse de)............. 4 383
Sarda C. Fort........................ 4 390
Sauvage et Fumery C. Considère........ 4 458
Sian................................. 4 414
Signard-d'Ousfières C. Oillamson....... 4 398

Vaucresson C. Perier.................. 4 401
Vaucresson........................... 4 434
Vial C. Rolland....................... 4 414
Viala C. Populus..................... 4 397
Ville de Metz......................... 4 430
Vinard C. Rosier..................... 4 389
Vitalis, veuve Lurat C. Coste et Castellane.. 4 440
Wiebb-Grant C. Pièche................ 4 447

Fin de la Table des Noms des Parties des Tomes I, II, III et IV.

TABLE ALPHABÉTIQUE

DES MATIÈRES ET QUESTIONS

SUR LESQUELLES IL Y A DÉCISION DANS LES QUATRE VOLUMES.

ABANDON. — V. ACTE ADMINISTRATIF. (Bureau de bienfaisance.)

ABOLITION. — V. BANALITÉ. (Indemnité.) — ENGAGISTE. (Rente foncière.) — INDEMNITÉ.

ABONNEMENT.

1. — *L'abonnement dont parle la loi sur les finances, du 28 avril 1816, ne comprend par les eaux-de-vie.* (Art. 47 et 87.)

Devé.

26 février 1817. — (tom. 3, pag. 527.)

— V. ADMINISTRATION PUBLIQUE. (Réglemens.) — BOISSONS. (Eau-de-vie.) — JUSTICE MINISTÉRIELLE. (Contentieux.)

ABUS.

1. — (Ecclésiastique. — Ministre du culte. — Autorisation. — Injures. — mise en jugement.) — *Un ministre du culte, prévenu d'avoir publiquement adressé des injures à un particulier, ne peut être traduit, devant un tribunal de police qu'après autorisation du Conseil d'état, aux termes de la loi du 18 germinal an 10.*

Si l'ecclésiastique a écrit à l'offensé une lettre satisfactoire, cela peut paraître une réparation suffisante, tellement que le Conseil d'état n'autorise pas la mise en jugement.

Dubreuil. — C. — Gouthot.

23 avril 1818. — (t. 4, p. 302.)

ACADÉMIE.

1. — (Propriété. — Université. — Justice ministérielle.) — *L'académie actuelle d'une ville de France ne représente point l'ancienne académie de la même ville, supprimée par le décret du 8 août 1793; elle ne peut en conséquence réclamer les bâtimens de l'ancienne académie, quand même ces bâtimens lui auraient été affectés, depuis 1793, par l'administration départementale; il faudrait qu'un décret spécial en eût disposé en sa faveur.*

L'académie de Dijon. — C. — l'université.

30 juillet 1817. — (t. 4, p. 103.)

ACCESSOIRES. — V. INDEMNITÉ. (Répartition.)

ACCUSÉ.

1. — (Évasion. — Capacité. — Fraude. — Autorité judiciaire. — Séquestre.) — *Lorsqu'un accusé a fait des actes d'aliénation de ses biens, qui peuvent tourner au préjudice du fisc, c'est à l'autorité judiciaire, et non à l'autorité administrative, de décider si ces actes d'aliénation sont nuls ou frauduleux. La circonstance que déjà le séquestre ait été apposé sur ces biens, ne suffit pas pour rendre l'autorité administrative compétente.*

Vanhorsigh.

10 mars 1807. — (t. 1er, p. 30.)

— V. SÉQUESTRE. (Contumax.)

ACENSEMENT. — V. DOMAINES ENGAGÉS. (Concession.) — ERREUR DE DROIT.

ACQUÉREUR.

1. — (Adjudication.) — *Lorsqu'une adjudication de biens nationaux énonce chaque chose vendue article par article, et avec la désignation de sa nature et de ses confins, les objets qui ne se trouvent exprimés en aucune manière dans la vente, en sont par cela même exclus.*

Duchâteau. — C. — le maire de Cramoisy.

20 novembre 1815. — (t. 3, p. 157.)

2. — (Adjudication. — Explication. — Plan.) — *En matière d'interprétation ou d'explication de titres d'une adjudication de biens communaux, la justice administrative peut se déterminer par l'inspection des plans respectifs.*

Burgade. — C. — la commune de Cadillac.

11 juin 1817. — (t. 4, p. 34.)

3. — (Adjudication. — Interprétation.) — *L'acquéreur de biens nationaux qui a étendu son adjudication au-delà des termes de l'adjudication même et du procès-verbal d'estimation, peut être dépossédé par la justice administrative, sauf toutes contestations devant l'autorité judiciaire sur l'effet de la dépossession avec titre ou de la prescription.*

Moreau. — C. — Marcns.

20 novembre 1815. — (tom. 3, p. 141.)

4. — *L'adjudication d'une tenue pour en payer par an une rente déterminée, doit être réputée adjudication de la tenue et non pas simplement de la rente.*

Legouhier. — C. — Le Masson.

20 novembre 1815. — (tom. 3, p. 146.)

5. — *Lorsque des biens nationaux ont été adjugés tels qu'ils étaient jouis par les fermiers, s'il s'élève une contestation sur la consistance de ceux des biens dont les fermiers jouissaient ou devaient jouir, les parties doivent procéder ou être renvoyées devant les tribunaux ordinaires; c'est-là une question d'application et non d'interprétation du titre.*

Duret. — C. — Kerguisiau de Kvasdoué.

14 mai 1817. — (t. 4, p. 11.)

6. — (Adjudication — Limites.) — *C'est à l'administration à déterminer les limites d'un domaine vendu comme national, lorsqu'elles sont indiquées par les actes administratifs; mais il faut recourir aux tribunaux, lorsque ces limites ne peuvent être déterminées que par d'anciens titres.*

Watré.

20 novembre 1815. — (tom. 3, p. 160.)

7. — (Biens nationaux. — Empiétement.) — *Lorsqu'il s'élève une contestation entre deux acquéreurs de biens nationaux, relativement à des entreprises ou empiétemens exercés par un voisin sur un autre, et lorsque l'état n'est aucunement intéressé dans la contestation, l'autorité administrative n'est pas compétente pour en connaître, c'est aux tribunaux à prononcer.*

Renon. — C. — Febvre James.

13 juillet 1813. — (tom. 2, p. 392.)

8. — (Comptes. — Compétence. — Divisibilité.) — *Lorsqu'entre des acquéreurs nationaux et des sous-acquéreurs il existe un litige portant tout à la fois sur la validité de paiemens faits dans les caisses publiques en papier-monnaie, et sur les divers comptes respectifs que se doivent les acquéreurs et sous-acquéreurs, la justice administrative ne doit statuer que sur ce qui est relatif aux caisses publiques; elle ne doit pas s'occuper des intérêts et des droits privés des acquéreurs entre eux.*

Lartigue. — C. — Despaignet.

14 mai 1817. — (t. 4, p. 4.)

9. — (Déchéance. — Débet. — Délai. — Justice ministérielle.) — *Le délai pour se pourvoir contre une décision du ministre, qui fixe le débet d'un acquéreur national, court contre cet acquéreur du jour de la notification à lui faite d'une lettre du ministre adressée au préfet, et portant confirmation de la décision qui a fixé le débet.*

L'acquéreur national frappé de déchéance par un préfet ne doit se pourvoir au Conseil d'état qu'après avoir tenté la réformation auprès du ministre.

Petit. — C. — l'adm. des dom.

27 août 1817. — (t. 4, p. 109.)

10. — (Décompte. — Papier-monnaie.) — *D'après le décret du 22 octobre 1808, la somme que l'acquéreur de domaines nationaux restait devoir en assignats, lorsqu'il a effectué son paiement en mandats, doit être réduite en numéraire au cours du jour de la vente, et les mandats qu'il a versés doivent être pareillement réduits en numéraire au cours du jour du versement, pour faire imputation jusqu'à due concurrence.*

Guislain-Prince. — C. — la rég. des dom.
14 mai 1817. — (t. 4, p. 1.)

11. — (Domaines nationaux.) — *Lorsqu'un acquéreur national n'a, pour justifier sa possession, d'autres titres qu'un extrait de vente indiquant que l'adjudication a été faite par lots en corps de domaine, s'il arrive que l'émigré dépouillé soutienne au contraire que l'adjudication a été nominative et réclame des objets prétendus non dénommés; si de plus l'émigré offre de prouver par experts, et d'après le revenu de chaque pièce, que tous les objets possédés par l'acquéreur n'ont pu être compris dans l'adjudication, vu la modicité du prix, la justice administrative ne peut se permettre de refuser effet à l'extrait de vente; peu importerait qu'on eût fait disparaître les procès-verbaux d'estimation et d'adjudication.*

Baudot. — C. — d'Estrée.
9 avril 1817. — (t. 3, p. 549.)

12. — (Inviolabilité.) — *La nation doit toute garantie aux acquéreurs des domaines nationaux auxquels elle a vendu; mais elle ne doit pas les mêmes garanties à l'acquéreur qui, ayant acquis d'un vendeur non-propriétaire, aurait versé le prix de son acquisition dans les caisses nationales, par suite de confiscation sur le vendeur légitime. Pour être acquéreur, il ne suffit pas d'avoir valablement payé, il faut encore avoir valablement acheté. En un tel cas, la nation ne peut devoir à l'acquéreur que la restitution des fonds qu'il a versés; et que la nation a touchés, se croyant aux droits d'un légitime vendeur.*

De Montfermeil. — C. — Caillaut.
19 octobre 1814. — (tom. 3, p. 26.)

13. — (Libération. — Quittance. — Caisse de l'extraordinaire.) — *Les paiemens faits à la caisse de l'extraordinaire ne libèrent les acquéreurs de biens nationaux, qu'après l'échange fait des quittances de cette caisse, contre celles des receveurs de l'arrondissement de la situation des biens vendus.*

Le Bouteux-Dumousseau.
12 juin 1813. — (tom. 2, p. 368.)

14. — (Manœuvres frauduleuses. — Concurrence.) — *Un conseil de préfecture est compétent pour examiner si un adjudicataire a employé des manœuvres frauduleuses, à fin d'écarter la concurrence; mais il ne doit annuller l'adjudication pour un tel motif, qu'autant qu'il y aurait preuve positive des manœuvres frauduleuses; il ne suffit pas de simples présomptions.*

Lotz. — C. — la comm. de Choisel.
6 novembre 1817. — (t. 4, p. 184.)

15. — (Paiement. — Propriétaire. — Réintégration.) — *Est valable le paiement fait par un acquéreur national, du reliquat de son prix entre les mains du receveur national, quoique au moment du paiement, l'acquéreur eût connaissance que l'ancien propriétaire était réintégré dans ses biens, en vertu de l'article 7 de la loi du 22 nivose an 3, qui lui accordait non-seulement sa réintégration dans les biens invendus, mais encore le prix de ceux déjà aliénés.*

Chatelain. — C. — Dodane.
27 août 1817. — (t. 4, p. 130.)

16. — (Possession.) — *En matière d'interprétation d'actes d'adjudication, pour déterminer l'étendue de leurs dispositions, s'il y a doute, la possession peut offrir un motif de décision au profit de l'acquéreur.*

Yves le Goff.
21 mai 1817. — (t. 4, p. 20.)

17. — (Remise.) — *L'article 4 de la loi du 13 thermidor an 4, n'accorde la remise de 10 pour cent à l'acquéreur national d'une maison d'habitation acquise avec d'autres immeubles, qu'autant que, selon la loi du 6 floréal an 4, elle a été estimée séparément.*

Blondin. — C. — la régie des dom.
27 novembre 1814. — (tom. 3, p. 44.)

18. — (Titres successifs.) — *Lorsque deux particuliers invoquent chacun un titre administratif, pour établir leur propriété sur un immeuble; si l'un des deux a un titre d'adjudication de l'an 4, et si l'autre présente un acte de partage de l'an 6, l'acte de partage de l'an 6 ne peut pas prévaloir; l'adjudication de l'an 4 étant légalement faite, doit être maintenue aux termes de la loi constitutionnelle du 5 décembre 1814, et le copartageant qui a reçu dans son lot un objet non existant, ne peut réclamer qu'une indemnité.*

Bougrenet de la Tocnaye.
3 décembre 1817. — (t. 4, p. 213.)

— V. Compensation. — Déchéance. (Action administrative.) — Décompte. — Propriété nationale. — Remise. — Adjudication. — Déchéance. — Décompte. — Domaines nationaux. — Idem. (Papier monnaie.)

ACQUÉREURS SUCCESSIFS.

1. — (Caisse d'amortissement. — Adjudication. — Vente. (Seconde) — Garantie constitutionnelle.) — *La garantie constitutionnelle qui assure aux acquéreurs de biens nationaux l'exécution des adjudications à eux faites, encore même que l'état leur eût vendu la propriété d'autrui, ne s'étend pas aux ventes faites par la caisse d'amortissement. — Si donc la caisse d'amortissement vend deux fois le même immeuble, la seconde vente est nulle, comme faite à non domino: le premier acquéreur a toute préférence.*

Vangulpen. — C. — Vanderhouven.
12 mars 1814. (t. 2, p. 528.)

— V. Biens nationaux.

ACQUIESCEMENT.

1. — (Conseil d'état.) — *Lorsqu'il y a eu paiement volontaire et sans réserve des sommes auxquelles on a été condamné par un arrêté administratif, il y a acquiescement et par suite fin de non-recevoir contre tout recours au Conseil d'état.*

Voyneau-Duplessis. — C. — la Régie des domaines.
25 février 1815. — (t. 3, p. 82.)

2. — (Dépossession.) — *L'acquéreur de domaines nationaux qui a étendu son adjudication sur des immeubles qui n'y étaient nullement désignés ni indiqués, qui d'ailleurs a exécuté un arrêté de dépossession, doit être repoussé lorsqu'il réclame contre l'arrêté de dépossession.*

Lenfant.
20 novembre 1815. — (t. 3, p. 150.)

3. — (Divisibilité.) — *L'exécution volontaire d'un arrêté contentieux, dans l'une de ses dispositions, n'emporte pas acquiescement quant aux autres dispositions.*

Commune de Caudeval. — C. — Rouvairolis.)
17 avril 1812. — (t. 2, p. 58.)

4. — (Domaine. (administration du) — Emigré. — Bois.) — *L'administration du domaine exerçait, pendant le séquestre, le droit des émigrés; si elle acquiesçait à une décision, son acquiescement leur est opposable; ainsi, un émigré ne peut appeler au Conseil d'état d'un arrêté de conseil de préfecture qui, en l'an 9, aurait décidé à son préjudice et au profit des communes usagères, la question de propriété.*

Bourbon-Condé. — C. — la comm. de Vertus.
6 novembre 1817. — (t. 4, p. 192.)

5. — (Exécution.) — *Celui qui a acquiescé par exécution à une décision ministérielle, n'est pas recevable à l'attaquer devant le Conseil d'état.*

Bourlon. — C. — Régie des dom.
15 novembre 1814. — (t. 3, p. 40.)

Le pourvoi n'est point admissible au Conseil d'état, contre une décision exécutée, sans contrainte ni réserves.

Luneau et Harscouet.
13 juillet 1813. — (t. 2, p. 393.)

6. — *Un propriétaire dépouillé par une adjudication nationale, est réputé avoir acquiescé à cette adjudication, si ultérieurement il s'est pourvu en liquidation, bien que sa demande en liquidation ait été jugée non-recevable.*

Cousso.
11 février 1818. (t. 4, p. 244.)

7. — (Réserves. — Compte. — Partage. — *Un particulier est non recevable à attaquer une décision de l'autorité administrative, portant liquidation d'un compte de jouissance après partage de présuccession d'un ascendant d'émigré, lorsqu'il y a acquiescement de sa part à toutes les dispositions rendues contre lui. La réserve qu'il aurait faite de demander le réglement d'un nouveau compte, ne détruit pas l'acquiescement; elle n'a d'autre effet que de lui conserver le droit de relever les erreurs ou omissions qui pourraient exister dans le compte contre lequel il réclamerait. Par la même raison, si l'acquiescement avait été accepté par la régie des domaines, cette administration serait*

également non recevable à revenir dans ses intérêts contre le réglement dudit. compte.

Lefruglays.—C.—Régie des dom. 5 février 1814.—(t. 2, p. 513.)

— V. CHOSE JUGÉE. — DÉLAI. — IDEM. (Pourvoi.) — BOIS. (Commune.) — PRISE MARITIME.

ACQUIESCEMENT MINISTÉRIEL. — V. ÉMIGRÉ. (Arrangement administratif.)

ACTE ADMINISTRATIF.

1. — (Abandon. — Chose jugée. — Domaine.) — *L'acte administratif par lequel il est fait abandon à un particulier d'un immeuble (jusqu'alors dans les mains de l'Etat), à la vue d'un titre non contesté, n'est pas une décision proprement dite de la justice administrative; c'est un acte d'administration privée par lequel le gérant de l'état se dessaisit et cesse de donner ses soins à une propriété qu'il ne croit plus faire partie de sa gestion. Ainsi, le particulier qui s'est mis en possession par suite d'un tel titre, ne peut aucunement exciper de la chose jugée administrativement. Si la propriété lui est contestée, le litige est entier et doit être soumis aux tribunaux.*

Conflans d'Armentières. — C. — Guenoux de Boissy.
10 septembre 1817. — (t. 4, p. 138.)

2. — (Application. — Adjudication.) — *C'est l'autorité administrative, et non l'autorité judiciaire, qui prononce si une adjudication de terres labourables formant trois haches, dont une rentrante, peut s'appliquer à une terre en pâture formant deux haches, dont une saillante.*

Tholozan.—C.—le duc d'Otrante.
20 juin 1816.—(t. 3, p. 321.)

3. — (Application. — Exécution.) — *Lorsqu'il y a contestation sur le sens et l'effet d'une clause de contrat d'adjudication relative à une prise d'eau, si, de part et d'autre, le fond du droit est reconnu; s'il s'agit seulement d'en déterminer l'étendue; et si, pour cette détermination, il faut avoir recours à des titres ou à une possession antérieure, ou aux règles du droit commun, la contestation est judiciaire et non point administrative.*

Demeaux. — C. — Dulac.
23 décembre 1815. — (t. 3, p. 191.)

4. — (Bac. — Divisibilité. — Compétence). — *L'autorité judiciaire est compétente pour connaître de l'opposition formée par le fermier d'un bac, à une contrainte décernée par le directeur des droits-réunis, pour le paiement du prix du fermage, pourvu que les effets et la régularité du bail administratif ne soient pas mis en question; encore bien que le fermier argumente de quittances administratives, et d'indemnité accordées par des actes administratifs.*

Longeron. — C. — la régie des droits-réunis.
29 août 1809. — (t. 1, p. 307.)

5. — (Bail.) — *Un bail fait par l'autorité administrative n'est pas un acte administratif de l'espèce de ceux dont l'interprétation appartient exclusivement à l'autorité administrative.*

Otten. — C. — Vanlaack.
30 juin 1813. — (t. 2, p. 382.)

6. — (Commissaire de l'administration. — Titre.) — *De ce que certains titres, et notamment le titre constitutif d'une rente, auraient été remis à certains héritiers par un commissaire d'administration municipale, il ne s'en suit point que la contestation sur la propriété de la rente et du titre doive être soumise à l'administration; la matière est judiciaire, il n'y a pas là d'acte administratif.*

Woëstine. — C. — Clément.
27 août 1817. — (t. 4, p. 112.)

7. — (Conseil municipal.) — *L'autorisation donnée à un particulier par un conseil général de la commune sous l'approbation du directoire du département, de construire une maison sur un terrain réputé communal, n'empêche point que les tiers intéressés ne s'opposent à cette construction comme lésant leurs droits de propriété ou de servitude.*

Meynot. — C. — Faugier.
10 février 1816. — (t. 3, p. 219.)

8. — (Contentieux. — Liquidation.) — *Les arrêtés rendus compétemment par les préfets, ne peuvent être attaqués en conseil d'état avant d'avoir été soumis à l'examen des ministres; — et singulièrement s'il s'agit d'une demande en liquidation de sommes payées à la décharge du Gouvernement, par suite d'un partage de succession séquestrée.*

Jeantet.
23 janvier 1814. — (t. 2, p. 502.)

9. — (Domaines nationaux.) — *L'adjudication des biens d'un émigré faite à la requête de son fondé de pouvoir et de ses créanciers, devant un notaire, n'est pas un* acte administratif, *bien qu'elle soit la suite d'un arrêté administratif qui l'a autorisée, et qu'elle soit faite en présence d'un agent du Gouvernement, pour la conservation de ses intérêts.*

Si l'interprétation, ou l'exécution de cette vente, peuvent donner lieu à quelques contestations, elles sont du ressort des tribunaux ordinaires.

Tripier. — C. — d'Orléans.
24 décembre 1810. — (t. 1, p. 446.)

10. — (Exécution.) — *Les conseils de préfecture sont compétens pour expliquer et interpréter les actes de vente qui sont du fait de leur administration; mais lorsqu'ils ont expliqué les actes, il ne leur appartient plus de régler les autres contestations existantes entre les parties.*

Wagner. — C. — Nebel.
15 janvier 1813. — (t. 2, p. 209.)

11. — (Exécution. — Application.) — *Les difficultés sur l'application et exécution d'un acte administratif, ordonnant une restitution de fruits, doivent être soumises à l'autorité judiciaire, s'il y a lieu, non à interpréter l'arrêté, mais à procéder simplement à l'estimation et à la liquidation ordonnée.*

Calvet. — C. — Villèle.
20 novembre 1815. — (t. 3, p. 168.)

12. — (Halle. — Pesage et Mesurage. — Contentieux. — Commune.) — *Un arrêté de préfet, ordonnant qu'un particulier cessera de s'immiscer dans la perception des droits de pesage et de mesurage qu'il avait établis dans l'enceinte d'une halle dont il était propriétaire, et que ces droits seront exclusivement recouvrés au profit et par les agens d'une commune, un tel arrêté n'est pas susceptible d'être déféré au Conseil d'état par la voie du comité du contentieux; c'est un acte de justice préfectoriale qui doit être soumis à la justice ministérielle, avant toute ouverture de recours au Conseil d'état.*

Ne faut-il pas distinguer dans un tel arrêté l'état provisoire et l'état définitif? Le provisoire appartient au préfet par l'empire du besoin d'administration ou de la police des halles; l'état définitif, au contraire, statuant sur une propriété, ne doit-il pas être soumis aux tribunaux?

Cotton d'Englesqueville.
10 septembre 1817. — (t. 4, p. 149.)

13. — (Interprétation.) — *Les caves et magasins attenants à des bâtimens mis en vente, font partie de la vente, lorsqu'ils n'en sont pas exceptés.*

Régie des dom. — C. — Belpel et Tredos.
18 janvier 1813. — (t. 2, p. 215.)

14. — (Interprétation. — Application.) — *Lorsqu'un conseil de préfecture a déterminé les limites d'un terrain à la vue d'un titre d'adjudication qui n'est pas suffisamment expressif, qui laisse à désirer des preuves extérieures, l'arrêté est annullé pour mal jugé, et la cause est renvoyée vers les tribunaux.*

Engrand. — C. — Helloïn.
23 décembre 1815. — (t. 3, p. 202.)

15. — (Interprétation. — Biens nationaux. — Procès-verbaux.) — *Lorsqu'un domaine national a été mis en vente sans division, d'après un premier procès-verbal d'expertise, et qu'il a été fait ensuite une nouvelle estimation, dans laquelle le domaine a été partagé en plusieurs lots, quoique le procès-verbal d'adjudication ne fasse aucune mention de cette nouvelle division, l'acquéreur de la partie principale ne peut réclamer les lots adjugés à un tiers, lorsqu'il résulte des circonstances qu'il a eu connaissance du second procès-verbal.*

Labrosse Domicourt. — C. — Duligondez.
24 août 1812. — (t. 2, p. 131.)

16. — (Interprétation. — Biens nationaux. — Servitude.) — *C'est à la justice administrative à décider si un contrat d'adjudication est réputé fait avec attribution de servitude active; — si des faits antérieurs à la vente, indiquent l'intention d'éteindre la servitude, le contrat doit être interprété en ce sens, que la servitude active n'a pas été comprise dans la vente.*

Masson-Marmelat. — C. — Noize et Sandier.
22 septembre 1812. — (t. 2, p. 138.)

17. — (Interprétation. — Biens nationaux. — Servitude. — Compétence.) — *Les conseils de préfecture n'excèdent pas les bornes de leur compétence en déclarant qu'un droit de puisage*

fait partie de l'adjudication d'une maison nationale, pourvu qu'ils n'établissent pas cette destination d'après la discussion de titres antérieurs à l'adjudication, ou d'après des usages locaux: ils doivent se renfermer strictement dans la simple interprétation de l'adjudication, et tout au plus dans la détermination des intentions présumées.

Lamouroux. — C. — Lacoste.
18 juillet 1812. — (t. 2, p. 115.)

18. — (Interprétation. — Clause ambiguë. — Possession.) — *Lorsque le texte d'un procès-verbal d'adjudication, est obscur ou incomplet, et ne peut s'expliquer pour ou contre le vendeur, que par l'addition de tel mot ou de tel autre: on doit, dans le doute, décider la question de propriété par la possession, et par la manière dont le procès-verbal d'adjudication a été exécuté.*

Antoine. — C. — la Régie.
15 janvier 1813. — (t. 2, p. 208.)

19. — (Interprétation. — Compétence.) — *L'autorité administrative est seule compétente pour statuer sur les contestations dont la décision dépend de l'interprétation d'actes administratifs.*

Derecq. — C. — Cochard.
7 octobre 1812. — (t. 2, p. 146.)

20. — (Interprétation. — Compétence. — Divisibilité. — Servitude.) — *Lorsqu'un acquéreur national réclame un droit de servitude sur les héritages voisins de l'héritage à lui adjugé, en se fondant sur son adjudication et sur des titres antérieurs, l'autorité administrative doit se borner à interpréter l'adjudication; et pour l'appréciation des titres antérieurs, elle doit renvoyer les parties à se pourvoir par-devant les tribunaux.*

Theurier.
26 mars 1812. — (t. 2, p. 52.)

21. — (Interprétation. — Fermage. — Séquestre. — Compétence.) — *Lorsque l'administration des domaines poursuit un fermier de biens séquestrés en paiement de ses fermages; s'il y a contestation sur le sens ou l'effet du bail; si ce bail n'est pas un acte administratif, la contestation, quant à ce, doit être soumise à l'autorité judiciaire.*

Rossignoux. — C. — l'Administ. des dom.
28 mai 1812. — (t. 2, p. 63.)

22. — (Interprétation. — Pêche.) — *Une contestation sur l'étendue d'un droit de pêche, affermé par bail administratif, doit être jugée par les tribunaux, si la question ne peut être résolue qu'en combinant les dispositions du bail avec les baux et usages antérieurs.*

Barreaux.
6 mars 1816. — (t. 3, p. 241.)

23. — (Interprétation. — Question préjudicielle.) — *Lorsqu'il y a contestation devant les tribunaux ordinaires sur un point de droit qui a sa source dans un acte administratif, tellement que pour apprécier le droit des parties, il faut interpréter l'acte de l'administration, l'autorité judiciaire doit renvoyer à l'autorité administrative la décision de cette question préjudicielle.*

Jousselin.
17 juin 1813. — (t. 4, p. 372.)

24. — (Interprétation. — Servitude.) — *Lorsqu'entre deux acquéreurs nationaux du même objet, en plusieurs lots, il s'agit de déterminer les servitudes d'un lot sur l'autre, la question tient moins à l'interprétation de l'acte qu'à l'application des règles du droit; elle doit être soumise aux tribunaux.*

Bial. — C. — Julia.
25 février 1817. — (t. 3, p. 92.)

25. — *Les conseils de préfecture n'excèdent point les bornes de leur compétence, lorsqu'ils expliquent que telle ou telle servitude, qui existait en conformité des titres anciens, a été supprimée, depuis que le bien qui fait l'objet de la vente est passé au pouvoir de la nation; une telle déclaration ne fait qu'expliquer le sens et l'objet de l'acte administratif, dont les conseils de préfecture sont juges.*

Simon. — C. — Montaud.
11 janvier 1813. — (t. 2, p. 198.)

26. — (Justice de préfet. — Ministre. — Rivière navigable.) — *La décision d'un préfet sur la question de savoir si une rivière est ou n'est pas navigable, est un acte administratif contre lequel le recours ne peut pas être déféré directement au Conseil d'état; il doit être préalablement soumis à l'examen du ministre compétent.*

David. — C. — Godin.
29 janvier 1814. — (t. 2, p. 511.)

27. — (Qualité.) — *Un acte auquel concourt le maire d'une commune, ne peut être considéré comme acte administratif, si le maire n'a procédé en sa qualité.*

Hertzeisen. — C. — le village de Seprais.
16 juin 1808. — (t. 1, p. 165.)

28. — (Quittance. — Garantie. — Divisibilité. — Subrogation.) — *Lorsqu'une personne qui avait quelques droits sur un immeuble affecté à une rente due à l'état, par un autre particulier, acquitte volontairement, entre les mains du receveur des domaines, le capital de cette rente, et se fait subroger par ce receveur, dans les droits du domaine contre le débiteur; la contestation qui survient ensuite entre ce tiers subrogé aux droits du domaine et le débiteur, n'est pas de la compétence administrative, et doit être jugée par les tribunaux ordinaires, pourvu que, d'après la nature du titre de subrogation, aucune demande en garantie ne puisse atteindre l'état.*

Bellanger. — C. — Talleyrand-Périgord.
20 septembre 1809. — (t. 1, p. 308.)

29. — (Régie. — Propriété domaniale. — Apanage.) — *Un acensement de biens d'apanage n'est pas un acte administratif, c'est un acte de régie de biens du domaine. — C'est pourquoi la question de savoir si l'acte d'acensement est nul ou valable, doit être portée devant les tribunaux, et non devant l'autorité judiciaire.*

Oudry.
6 janvier 1807. — (t. 1, p. 21.)

30. — (Servitude. — Interprétation. — Compétence.) — *Pour déterminer le mode d'exercice d'une servitude, imposée à un domaine vendu par l'État, lorsque ce mode n'est pas réglé par l'acte de vente, l'autorité judiciaire est seule compétente.*

Crevon. — C. — André.
24 août 1812. — (t. 2, p. 133.)

— V. Adjudication. — Cautionnement. (Barrières.) — Chose jugée. — Conseil de préfecture. (justice administrative.) — Contentieux. — Créanciers. (Biens nationaux.) — Décision de préfet. — Douanes. (Ministre du commerce.) — Eau. (Cours d') — Émigré. (Partage.) — Idem. (Succession.) — Hospices. (Legs.) — Interprétation. (Compétence.) — Propriété. (Partage.) — Vaine pature.

ACTE ARBITRAIRE. — V. Mise en jugement. — Idem. (Concussion.)

ACTION.

1. — (Domaine. — Autorisation. — Nullité. — Conflit.) — *De ce qu'une action ne peut être intentée contre le domaine sans s'être préalablement adressé au conseil de préfecture par simple mémoire* (art. 13 et 15, tit. 3, loi du 23 octobre 1790; — loi du 19 août 1791; — loi du 19 nivose an 4; — loi du 28 pluviose an 8), *il ne s'ensuit pas que l'infraction de la règle autorise l'administration à revendiquer la contestation et à élever le conflit, — il n'en résulte qu'une nullité proposable devant l'autorité judiciaire.*

Diss et consorts.
6 novembre 1813. — (t. 2, p. 448.)

— V. Commune. — (Propriété.) — Émigré. — Hospices. (Créanciers.)

ACTION ACCESSOIRE. — V. Contributions.

ACTION ADMINISTRATIVE.

1. — (Administration d'économie intérieure.) — *L'action administrative qui consiste dans l'exercice de la puissance publique pour le maintien des lois administratives et de la prospérité nationale, peut-elle être confondue avec cette administration d'économie intérieure, qui rend un préfet tuteur et administrateur d'une commune pour ses intérêts particuliers?*

Paliez. — C. — la commune de Quievrechain.
15 mars 1815. — (t. 3, p. 99.)

2. — (Décision de justice administrative. — Chemin. — Servitude.) — *Une ordonnance de police qui interdit généralement tout passage avec chevaux et voitures dans la contre-allée d'un chemin, bien qu'elle soit homologuée par le préfet et même par un décret du Gouvernement, ne prive aucunement un tiers intéressé du droit de servitude qu'il peut avoir sur cette contre-allée. Il n'y a point là une décision de justice, il n'y a qu'une mesure d'administration; le droit du tiers-intéressé*

reste entier, et la contestation doit être portée devant les tribunaux.

Prousteau de Montlouis.
6 mars 1816. – (t. 3, p. 239.)

3. — (Pourvoi.) — *Le pourvoi contre une décision purement administrative, ne peut pas être déféré directement au Conseil d'état; il est indispensable de soumettre préalablement cette décision au ministre compétent.*

Castelli.
17 janvier 1814. – (t. 2, p. 497.)

—V. Comptabilité. (Contentieux.) — Contentieux. — Idem. (Justice ministérielle.) — Déchéance. — Décompte. — Eaux. (Police des) — (Justice contentieuse.) — Halles et Marchés. (Location.) — Moulin. (Vannes.) — Pavage. (Contentieux.) — Usine. Eau. (cours d')

ACTION CIVILE. — V. Douane. Idem. (Décision ministérielle.)

ACTION CONTRE LE DOMAINE.

1. — (Conseils de préfecture. — Chose jugée.) — *Dans les matières domaniales, les conseils de préfecture sont, pour le domaine, des espèces de conseils d'administration intérieure, plus que des conseils de justice contentieuse. — Leurs arrêtés sont des avis pour les agens du domaine ; ce ne sont point des* décisions. — *Ainsi, lorsqu'avant d'intenter un procès au domaine, la demande est soumise préalablement au préfet et conseils de préfecture; l'arrêté qui survient, de quelque manière qu'il soit conçu, ne peut avoir l'effet de la chose jugée ; il ne peut lier la conviction des tribunaux.* (Loi du 5 novembre 1790, art. 15, tit. 3; — Avis du Conseil d'état, du 1er. juin 1807; — Décret du 16 mai 1810).

Guillebert Sombrét. — C. — la Régie.
27 décembre 1812. – (t. 2, p. 155.)

ACTION JUDICIAIRE. — V. Autorisation. (Tontine.)

ACTION POSSESSOIRE.

1. — (Autorité administrative. — Biens domaniaux. — Conflit. — Bail à ferme.) — *Un fermier de l'Etat, bien qu'il tienne son titre de l'autorité administrative, peut être actionné devant le juge de paix par voie de complainte ou d'action possessoire, de la part du possesseur de l'objet qui a été baillé à ferme ; — soit parce que l'objet étant prescriptible, l'action possessoire serait recevable contre l'Etat; soit parce qu'un bail est un fait de régie, et non un acte de juridiction administrative.* (2227, Cod. civ. ; — 23, Cod. proc. civ.)

Gramme.
9 septembre 1806. – (t. 1, p. 3.)

2. — (Autorité judiciaire. — Possession annale.) — *Quel que soit le titre d'un acquéreur de bien national, il ne peut lui donner effet au préjudice de la possession annale des tiers : ceux-ci, quand ils sont troublés, peuvent se faire réintégrer par voie de complainte. En ce cas, l'action est de la compétence des tribunaux, et non de l'autorité administrative.*

Sergeant.
25 janvier 1807. – (t. 1, p. 29.)

3. — (Eau. prise d') — Autorité administrative. — Exécution. — Interprétation. — Rivière navigable.) — *Bien que la concession des prises d'eau dans les rivières navigables soit essentiellement dans les attributions de l'autorité administrative, cependant lorsque la concession est faite, s'il s'élève des difficultés d'intérêt privé entre particuliers concessionnaires, sur l'étendue de leurs titres respectifs, la connaissance du litige est dévolue aux tribunaux et non à l'autorité administrative, surtout s'il s'agit d'une simple action possessoire.* (L. du 24 août 1790.)

Sobirats. — C. — Desisnards.
10 septembre 1808. – (t. 1, p. 202.)

4. — (Titre récent. — Domaine.) — *Un bail passé récemment par l'Etat, au profit d'un fermier, et l'exécution donnée à ce bail, n'empêchent point que la question* possessoire *ne puisse être jugée contre le fermier; — son bail ne lui donnant que les droits que l'Etat avait lui-même, l'action posssessoire peut être intentée devant les tribunaux contre le fermier, ainsi qu'elle aurait pu l'être contre l'Etat.*

Cramer. — C. — Klaes.
18 septembre 1813. – (t. 2 p. 432.)

— V. Biens nationaux. — Chemin vicinal. (Juge de paix.) — Divisibilité. (Compétence.) — Domaines nationaux. — Eau. (Cours d') — (Communiers.) — Indemnité. (droit réel.) — Place publique. (Propriété.)

ACTION RÉELLE. — V. Commune. (Autorisation.)

ACTIONS DE LA COMPAGNIE DES INDES.

1. — (Conventions. — Autorité judiciaire. — Subrogation.) — *Une vente d'actions de la compagnie des Indes, originairement consentie entre particuliers, est un acte étranger au Gouvernement, et qui ne peut donner lieu qu'à une action ordinaire soumise par sa nature et par son objet à la juridiction des tribunaux.*

Peu importe que le Gouvernement se soit ensuite trouvé, par l'effet d'une subrogation, aux droits de l'acquéreur.

Scherb. — C. — d'Espagnac.
18 août 1807. – (t. 1, p. 36.)

ACTIONNAIRES. — V. Péage. (Propriété.) — Promulgation. (Ordonnance.)

ADJUDICATAIRE.

1. — (Propriété. — Question préjudicielle.) — *Un conseil de préfecture n'est pas autorisé à réprimer un trouble apporté à la jouissance d'acquéreurs nationaux, lorsque la question doit être résolue par des actes étrangers à l'adjudication, ou par l'application des maximes du droit civil.*

Est-il vrai, en règle générale, que la justice administrative puisse s'occuper positivement et activement du trouble apporté à la jouissance d'acquéreurs nationaux? — le maintien des propriétés et des propriétaires n'appartient-il pas à la justice des tribunaux ordinaires? — Les conseils de préfecture ne sont-ils pas restreints à l'interprétation des titres administratifs par voie de question ou d'exception préjudicielle.

Jaume. — C. Barnedès.
3 juin 1818. – (t. 4, p. 337.)

2. — (Recours. — *Quanti minoris.*) — *Un adjudicataire qui a renoncé à tout recours pour inexactitude dans l'indication de la mesure ou du produit, ne peut ensuite demander une diminution dans le prix, en ce que le prix réel du fermage serait d'un tiers moindre qu'il n'avait été annoncé; l'adjudicataire doit s'imputer de n'avoir pas fait toutes vérifications.*

Caisse d'amort. — C. — Dufreznay.
25 décembre 1812. – (t. 2, p. 153.)

3. — (Ventilation. — Décompte.) — *L'article 14 du décret du 3 novembre 1790, ne permet plus à un adjudicataire de solliciter aujourd'hui une ventilation.*

L'adjudicataire qui ne s'est point conformé à l'article 5 du décret du 28 septembre 1791, et qui a suivi ses paiemens dans la forme des annuités, ne peut attaquer aujourd'hui les bases d'un décompte fait dans une autre forme.

Fassardy. — C. — Régie des dom.
15 novembre 1814. – (t. 3, p. 43.)

— V. Bacs. (Passage.) — Bois. (Paturage.) Contributions. (Compétence.) — Idem. (Exproprié) — Domaines nationaux. — Remboursement indivis.

ADJUDICATION.

1. — *Un adjudicataire de domaines nationaux, attaqué en revendication de l'objet vendu par un particulier qui présente nombre de titres de propriété à l'appui de sa demande en revendication, doit être maintenu comme adjudicataire par le conseil de préfecture; s'il est bien constant que les actes d'adjudication s'appliquent à l'objet litigieux : le conseil de préfecture ne doit point renvoyer aux tribunaux. — Une adjudication de domaines nationaux légalement consommée, ne peut être annullée comme faite, à non domino, au préjudice du propriétaire, (s'il n'y a eu opposition à la vente.* (Art. 4 de la loi du 28 pluviose an 8.)

Damour.
18 mars 1818. (t. 4, p. 278.)

2. — (Acte administratif. — Sur mesure. — Bois. (Coupe de) — *Une contestation qui a pour objet, de savoir si l'adjudicataire d'une coupe de bois doit un excédant de prix, pour surmesure, aux termes de son adjudication administrative, doit être jugée par les tribunaux ordinaires, non par la justice administrative, lorsque les questions élevées doivent être jugées par les règles du droit, et non par les termes de l'adjudication.*

Pelard de Champ-Robert.
19 août 1813. – (t. 2, p. 405.)

3. — (Acte administratif. — Divisibilité.) — *Dans une contestation sur la propriété d'un chemin, si l'on excipe tout-à-la-fois d'une adjudication,*

d'un acte administratif, et de titres civils antérieurs, le conseil de préfecture excède ses pouvoirs, s'il rend une decision motivée sur le sens des uns et des autres; il ne lui est permis de puiser ses motifs que dans l'acte administratif.

Commune de Clichy-la-Garenne. — C. — Bligny.
28 septembre 1816. — (t. 3, p. 399.)

4. — (Application. — Pêche. — Rivière navigable.) — *Les contestations sur l'exécution d'un bail administratif touchant un droit de pêche, doivent être soumises aux tribunaux et non à la justice administrative, lorsqu'il s'agit de savoir de quels lieux la pêche est affermée : c'est-là une question d'application ou d'exécution, et non une question* d'interprétation.

Pequet. — C. — Provost.
16 juillet 1817. — (t. 4, p. 92.)

5. — (Bail emphytéotique. — Rente.) — *Un acquéreur de biens nationaux n'est pas fondé à réclamer, comme faisant partie de son acquisition, la propriété réelle d'un immeuble donné à bail emphytéotique par l'ancien propriétaire, à un particulier qui refuse d'en payer la rente comme étant féodale; lorsque, d'une part, il résulte de son acte d'adjudication, que le domaine par lui acquis, a été vendu tel qu'il était tenu à bail, et que le fermier n'avait jamais réclamé d'autres droits que la rente; et que, d'autre part, il a reconnu lui-même tacitement qu'il n'avait acquis que la rente, en continuant d'en recevoir les arrérages, sans élever aucune prétention sur le fond.*

Belleville.
26 mars 1814. — (t. 2, p. 532.)

6. — (Biens nationaux.) — *Un acquéreur de biens nationaux n'est pas fondé à demander ou la délivrance d'un terrain qu'il prétendrait devoir faire partie de son adjudication, ou l'annullation de la vente, lorsqu'il est d'ailleurs reconnu que le terrain par lui réclamé a été précédemment adjugé à un autre particulier, et qu'en outre la propriété qui lui a été délivrée égale et même excède la superficie de ce qui lui a été vendu.*

Mercier.
17 janvier 1814. — (t. 2, p. 498.)

7. — (Biens nationaux. — Expertise. — Enquête. — Explication. — Compétence.) — *Lorsque des procès-verbaux d'adjudication de biens nationaux, ne peuvent s'expliquer que par une expertise ou par une enquête, les conseils de préfecture doivent renvoyer par-devant l'autorité judiciaire seule compétente pour prononcer.*

Tisserand. — C. — la commune de Jonchery.
7 avril 1813. — (t. 2, p. 304.)

8. — (Biens nationaux. Interprétation. — Haies.) — *Lorsqu'il s'élève une contestation sur la propriété de haies servant de limites séparatives entre les terres formant l'objet d'une adjudication de biens nationaux et des bois appartenant à l'Etat, et qu'il s'agit de savoir si, d'après un usage local, ce genre de clôture est destiné plutôt aux terres qu'aux bois, cette question de localité et d'usage, ne peut être décidée que par les tribunaux.*

Caisse d'amortissement.
31 janvier 1813. — (t. 2, p. 256.)

9. — (Biens nationaux. — Interprétation. — Rentes. (Rachat de) — *Un acte par lequel un particulier aurait racheté d'un autre particulier une rente due sur un terrain dont il revendique la propriété, ne peut rien préjuger sur la question de savoir si ce terrain a fait ou non partie de la vente d'un bien national, consentie, antérieurement à ce rachat, au créancier de la rente : — cet acte étant étranger à l'adjudication, ne saurait servir à en expliquer les clauses, et encore moins à en détruire l'effet.*

Teutsch. — C. — Treutel.
30 juin 1813. — (t. 2, p. 383.)

10. — (Biens nationaux. — Limites.) — *Les questions relatives aux limites des domaines vendus par l'Etat, lorsque ces limites ne sont pas déterminées par les actes administratifs et lorsqu'elles ne peuvent l'être que par des titres anciens, le droit commun, les coutumes locales, des enquêtes, des visites, de lieu....., ne sont point de la compétence de l'autorité administrative, et doivent être jugées par les tribunaux.*

Thabaud. — C. — Simon.
19 juin 1813. — (t. 2, p. 373.)

11. — (Chemin. — Interprétation. — Sentier agraire.) — *L'autorité administrative est compétente pour interpréter un acte de vente de biens nationaux, sur la question de savoir si un chemin, établi au travers d'un domaine national, a été vendu à l'acquéreur de ce domaine, ou s'il a été réservé pour être commun aux habitans d'une commune, comme sentier agraire.*

Sabatier.
14 février 1813. — (t. 2, p. 276.)

12. — (Chose jugée. — Exécution.) — *Lorsqu'une première adjudication de biens nationaux a été annullée, et que par suite il en a été fait une nouvelle des mêmes biens; le premier adjudicataire n'est pas fondé à contester la nouvelle adjudication ; si elle a été faite en vertu d'une décision contradictoire non déférée à l'autorité supérieure.*

Miomandre. — C. — La Bertinière.
13 janvier 1816. — (t. 3, p. 209.)

13. — (Communes. — Paquis. — Caisse d'amortissement.) — *La vente d'un paquis de commune n'a pu être faite par le domaine dans l'intérêt de la caisse d'amortissement, s'il existait une décision du préfet, déclarant le paquis inaliénable et non cessible à la caisse d'amortissement; l'annullation d'une telle adjudication ne souffre pas de difficulté si l'adjudicataire consent, et s'il n'y a de résistance que de la part de la caisse d'amortissement.*

Blanchard. — C. — Barthelemy.
23 octobre 1816. — (t. 3, p. 417.)

14. — (Compétence. — Réduction de prix. — Compensation.) — *Les conseils de préfecture ne sont pas compétens pour prononcer la réduction du prix d'une adjudication faite par le Gouvernement, encore que cette réduction ait pour objet, de compenser l'indemnité à laquelle prétendrait l'adjudicataire, qui, dans ce cas, est soumis à une liquidation, suivant le mode établi par la loi du 24 frimaire an 6.*

Haye.
18 août 1807. — (t. 1, p. 121.)

15. — (Décret.) — *L'adjudicataire d'une forêt nationale, qui d'abord l'avait soumissionnée, et au profit de qui la vente a été passée avec stipulation de franchise de tous droits d'usage et autres servitudes, par suite d'un décret qui l'avait ainsi ordonné, doit être à l'abri de toute réclamation de ces droits d'usage et autres servitudes; la justice administrative doit le maintenir sans qu'il soit permis d'annuller le décret.*

Habitans de la commune de la Selle. — C. — Thibaut Longecourt.
18 mars 1818. — (t. 4, p. 276.)

16. — (Degré de juridiction.) — *Une demande à fin d'annullation de l'adjudication d'une rente, ne peut pas être portée au Conseil d'état par voie de recours contre l'adjudication, c'est une demande principale qui doit être portée directement devant le conseil de préfecture.*

Dolard de Myon. — C. — Crestin.
27 mai 1816. — (t. 3, p. 289.)

17. — (Désignation.) — *Lorsqu'une adjudication de bien national n'a pas été faite en bloc et que les différentes parties mises en vente ont été exactement désignées chacune par leur situation, leur consistance, leurs tenans et aboutissans, l'adjudicataire n'est pas recevable à prétendre que les autres portions de terre qui n'ont pas été comprises dans son adjudication, en font néanmoins partie, comme étant une dépendance des objets compris dans un bail qui a pu déterminer la première mise à prix.*

Bleyckaerts.
23 novembre 1813. — (t. 2, p. 456.)

18. — Domaines nationaux. — (Déguerpissement. — Fruits. (Restitution de) — *Lorsqu'un acquéreur de domaines nationaux est actionné comme n'ayant pas de titre administratif, la justice administrative doit se borner à statuer sur l'existence du titre administratif: elle ne doit pas statuer sur la restitution des fruits, ni même sur le déguerpissement.*

Est-il vrai, en général, que toute action en revendication ou déguerpissement, intentée contre les acquéreurs nationaux, doive être portée devant les tribunaux, sauf renvoi à l'autorité administrative pour décider s'il existe un titre administratif?

Fage. — C. — Baritault.
25 juin 1817. — (t. 4, p. 64.)

19. — (Domaines nationaux. — Inviolabilité. — Opposition.) — *Lorsqu'il y a adjudication nationale de l'immeuble d'un particulier, et que cette adju-*

dication a été précédée de différentes affiches faites à de grandes distances les unes des autres, le propriétaire dépouillé ne peut attaquer l'adjudication par suite d'une opposition antérieure, qu'autant que cette opposition aurait précédé l'adjudication; il ne suffirait pas qu'il y eût eu opposition aux premières affiches, ni même reconnaissance du droit du réclamant et suspension de la vente, il faut que la même opposition ait été faite aux affiches ultérieures, de manière que l'adjudication ait été constituée en état présumé de connaissance de l'opposition. Le propriétaire dépouillé n'a que la voie du recours en indemnité contre le Gouvernement.

Martin. — C. — Judan.
23 octobre 1816. – (t. 3, p. 405.)

20. — (Domaines nationaux. — Irrévocabilité. — Propriété.) — *Un adjudicataire de domaines nationaux ne peut invoquer l'inviolabilité constitutionnelle, si le domaine par lui acquis a été adjugé au mépris d'une opposition formée par le propriétaire, et sans qu'il y eût été fait droit, conformément à la loi du 6 floréal an 4; en ce sens la validité de l'adjudication est subordonnée à la validité de l'opposition, et celle-ci présente une question de propriété qui est du ressort des tribunaux ordinaires.*

Alziary. — C. — Dalmassy.
18 janvier 1815. – (t. 3, p. 63.)

21. — (Domaines nationaux. — Opposition.) — *Une adjudication nationale faite en l'an 3, est légalement consommée et réputée inattaquable, bien qu'il y ait eu opposition à la vente, si cette opposition avait été rejetée par le directoire du district.*

Cousso.
11 février 1818. – (t. 4, p. 244.)

22. — (Domaines nationaux. — Opposition. — Revendication.) — *Un conseil de préfecture n'est pas compétent pour annuller une adjudication d'immeubles faite au détriment du véritable propriétaire, si la revendication a été faite par voie d'opposition à l'adjudication. — Le sort de l'adjudication dépend du mérite de l'opposition conservatrice des droits du propriétaire, et le mérite de l'opposition ne doit être apprécié que par les tribunaux ordinaires.*

Gaide-Roger. — C. — Gavet.
25 février 1818. – (t. 4, p. 271.)

23. — (Domaines nationaux. — Inviolabilité. — Excès de pouvoirs.) — *La disposition tutélaire qui protége les acquisitions de biens nationaux n'empêche pas d'annuller un arrêté administratif qui, étendant les termes d'une adjudication, aurait autorisé l'adjudicataire à s'emparer, moyennant paiement à dire d'experts, de terres non contenues dans son titre.*

Administ. des dom. — C. — Richardot.
27 mai 1816. – (t. 3, p. 293.)

24. — (Domaines nationaux. — Inviolabilité. — Soumission.) — *Un soumissionnaire de biens nationaux, dont la soumission date de messidor an 4, et qui a obtenu vente en 1807, sans que le propriétaire bien averti de la soumission formât opposition à la passation de la vente, doit jouir de l'inviolabilité constitutionnelle; — les droits du propriétaire se réduisent, en pareil cas, à une demande en indemnité contre l'État.*

Teutsch. — C. — Kirman.
19 mai 1815. – (t. 3, p. 114.)

25. — (Domaines nationaux. — Irrévocabilité. — Hospices.) — *Les ventes faites par l'autorité administrative doivent être maintenues et avoir leur plein et entier effet, lorsqu'elles ont été légalement consommées, encore qu'elles aient été faites au préjudice d'hospices sur qui reposait la propriété des domaines vendus (si toutefois il n'y avait pas eu opposition à la vente.)*

Vaubourkout. — C. — les hospices de Bruxelles.
7 février 1813. – (t. 2, p. 272.)

26. — (Domaines nationaux. — Mitoyenneté. (droit de) — *L'autorité administrative n'est pas compétente pour prononcer sur le droit de mitoyenneté d'un mur réclamé par deux acquéreurs de biens nationaux, lorsque ce droit ne peut être jugé que par l'application d'anciens titres ou usages.*

Fréjaque. — C. — Gelineck.
12 juin 1813. – (t. 2, p. 364.)

27 et 28. — (Domaines nationaux. — Revendication. — Communes. — Pacage.) — *Une commune qui, à l'époque de la vente d'un domaine sur lequel elle aurait eu un droit de pacage, n'a pas fait ses réclamations conservatoires aux termes du décret du 23 octobre 1790, et de la loi du 6 floréal an 4, n'est pas recevable à contester la validité d'une vente qui aurait été faite avec franchise de toute charge, et notamment de son droit de pacage.*

Commune de Villecerf. — C. — Régie des dom.
6 septembre 1814. – (t. 3, p. 5.)

29. — (Dommages-intérêts. — Compétence. — Divisibilité.) — *Dans une contestation entre un adjudicataire d'une coupe de bois appartenant au domaine, et un particulier qui prétendrait que cet adjudicataire a dépassé les limites de son adjudication, en faisant des coupes d'arbres sur sa propriété, l'autorité administrative n'est compétente que pour déterminer les limites de la coupe adjugée par l'administration. — Quant à l'action en dommages-intérêts résultant de cette entreprise, c'est aux tribunaux seuls que la connaissance en est dévolue.*

Ravier. — C. — Lapierre.
3 mai 1810. – (t. 1, p. 365.)

30. — (Exécution. — Servitude.) — *Un adjudicataire des remparts d'une ville à qui son adjudication impose la charge de laisser la liberté des vues et portes, et d'établir un passage à voiture; s'il lui arrive de porter atteinte à cette servitude de passage et à la jouissance des vues et portes, doit être traduit devant les tribunaux ordinaires et non devant la justice administrative, s'agissant d'exécution et non d'interprétation du titre administratif.*

Homette. — C. — Roger.
3 décembre 1817. – (t. 4, p. 222.)

31. — (Interprétation.) — *Les questions de servitude entre des acquéreurs de biens nationaux sont* administratives, *quand le droit est prétendu résulter des titres d'adjudication.* (Loi du 28 pluviose an 8.)

Mourier. — C. — Leveneur.
11 novembre 1813. – (t. 2, p. 450.)

32. — *Dans les contestations qui s'élèvent relativement à la vente de biens nationaux, les conseils de préfecture n'excèdent point leur compétence, lorsqu'ils interprètent les actes administratifs qui ont préparé et effectué la vente des objets en litige, sans qu'il ait été nécessaire d'avoir recours aux titres privés, produits par les parties.*

Senaire.
11 décembre 1813. – (t. 2, p. 471.)

33. — *Les conseils de préfecture sont compétens pour prononcer sur les contestations relatives aux ventes faites par l'administration, toutes les fois que les questions à juger trouvent leur solution dans les actes émanés de l'administration venderesse, et n'exigent pas l'examen d'actes antérieurs à l'adjudication, ou l'application des maximes du droit civil qui n'appartient qu'aux tribunaux ordinaires.*

Terrier. — C. — Benoît.
19 août 1813. – (t. 2, p. 412.)

34. — *Lorsqu'un acquéreur national est assigné en revendication d'une partie de son acquisition, s'il excipe de son titre administratif et demande le renvoi, il doit être renvoyé devers le conseil de préfecture. — Le tribunal ne peut se permettre d'examiner lui-même, s'il y a identité entre l'objet réclamé et l'objet porté au titre.*

Tholosan. — C. — le duc d'Otrante.
18 septembre 1813. – (t. 2, p. 434.)

35. — *Lorsqu'il s'agit de savoir si une pièce de terre non désignée, confrontée ou limitée, est comprise dans une adjudication, il est permis de se déterminer par une présomption puisée dans la valeur de cette terre, relativement au prix de l'adjudication.*

Commune de Podenzac. — C. — Chalup.
20 novembre 1815. – (t. 3, p. 167.)

36. — *Déterminer la nature et la quotité des biens compris dans une adjudication, non par les termes de l'adjudication même et des actes préparatoires, mais par des conjectures résultantes d'une comparaison entre le prix porté en l'adjudication et le prix réel de ces mêmes objets, est un procédé qui n'est pas dans les attributions de la justice administrative.*

Pillaut-Souvent — C. — Grasleuil.
6 mars 1816. – (t. 3, p. 245.)

37. — *Lorsque, pour décider si quelques pièces de terre sont comprises dans une adjudication, il faut recourir à un bail*

préexistant, la question d'interprétation est judiciaire et non administrative.

Martin. — C. — Bonté.
22 octobre 1817. — (t. 4, p. 155.)

38. — *Lorsqu'un contrat d'adjudication de biens nationaux donne pour limites à la propriété vendue, un chemin dont il ne connaît pas la largeur; s'il s'élève une contestation sur la largeur de ce chemin, il n'y a pas lieu à recourir à l'autorité administrative, comme s'agissant de l'interprétation de contrat, c'est aux tribunaux qu'il appartient de statuer.*

Castille-Pinau. — C. — Lair.
23 avril 1818. — (t. 4, p. 308.)

39. — *Dans l'interprétation d'un titre d'adjudication on peut prendre en considération une circonstance antérieure, savoir que l'adjudicataire avait précédemment acquis à titre de vente privée des mêmes objets qu'il revendique aujourd'hui à titre de vente nationale.*

Dupont. — C. — Milon de Mesnes.
3 juin 1818. — (t. 4, p. 357.)

40. — (Interprétation. — Addition de clause.) — *Dans la détermination de l'étendue d'un contrat d'adjudication, il ne faut point avoir égard à une addition de clause faite dans les procès-verbaux d'affiches et de vente, si cette addition n'a été, ni faite par le directeur du domaine, ni approuvée par le préfet.*

Guérard. — C. — la commune d'Arnaville.
25 février 1818. — (t. 4, p. 259.)

41. — (Interprétation. — Application.) — *Lorsque la justice administrative s'occupe des actes d'adjudication ou autres actes administratifs, elle peut combiner leur texte avec les circonstances extérieures; c'est là interpréter, et non pas appliquer.*

Perreau. — C. — la commune de la Chapelle-Themer.
1er. novembre 1814. — (t. 3, p. 33.)

42. — *C'est à l'autorité judiciaire qu'il importe de déterminer l'effet d'un acte d'adjudication de biens nationaux, lorsque l'acte d'adjudication ne peut être bien interprété qu'en se reportant à l'examen et à l'interprétation d'actes antérieurs.*

Desfossés. — C. — l'Admin. des dom. et la commune de Rian.
28 septembre 1816. — (t. 3, p. 390.)

43. — *Les tribunaux n'ont juridiction pour déterminer les limites d'un domaine national, qu'autant qu'il serait nécessaire d'avoir recours soit à des titres antérieurs aux actes d'adjudication, soit à l'application des maximes du droit ou des usages locaux.* (Arrêtés du Gouvernement, des 28 pluviose an 8, et 13 brumaire an 10.)

Marsanne. — C. — Vincent.
30 septembre 1814. — (t. 3, p. 20.)

44. — *C'est aux tribunaux et non à la justice administrative qu'il appartient de déterminer si quelques portions de terres litigieuses sont comprises dans la vente par une clause ainsi conçue :* Autant et pour autant qu'il en appartenait à un tel, et qu'en jouit un tel, son fermier; *en ce cas, la contestation est d'application et non d'interprétation.*

Coqueterre. — C. — l'Administr. des Forêts.
7 août 1816. — (t. 3, p. 355.)

45. — (Interprétation. — Atterrissement.) — *Un conseil de préfecture saisi de la question de savoir si un terrain a été compris dans une adjudication nationale, lorsque les actes d'adjudication lui paraissent positifs à cet égard, n'est pas tenu de s'arrêter à l'allégation que le terrain litigieux serait l'effet d'un atterrissement postérieur à l'adjudication; surtout si les pièces fournissent la preuve du contraire.*

Baudoin et Delaloge. — C. — Conturat.
18 mars 1818. — (t. 4, p. 285.)

46. — (Interprétation. — Berge. — Moulin.) — *L'interprétation d'une adjudication peut être étendue au point de décider que des berges font partie intégrante d'un moulin adjugé, surtout si le texte de l'adjudication porte que, la vente comprend* toutes autres usines nécessaires à son exploitation.

Capon-Dussard. — C. — Martin.
26 février 1817. — (t. 3, p. 515.)

47. — (Interprétation. — Biens nationaux.) — *Un acquéreur de biens nationaux n'est pas fondé à demander l'annullation d'un arrêté de l'autorité administrative qui déciderait qu'un terrain dont la propriété lui est contestée, n'a pas fait partie de la vente qui lui a été consentie, lorsqu'il résulte du procès-verbal de vérification des lieux, que ce terrain, bien que situé dans le même canton, n'est pas identiquement celui qui a été adjugé.*

Teutsch. — C. — Hannsmaennel.
30 juin 1813. — (t. 2, p. 384.)

48. — (Interprétation. — Commune.) — *Dans l'interprétation d'une adjudication de biens de communes, la justice administrative peut aider le sens du titre au moyen d'une conjecture puisée dans la circonstance que, lors de la prise de possession par l'adjudicataire, la commune n'a pas réclamé contre les prétentions de l'acquéreur.*

Le maire de Rosnes. — C. — l'Administ. des dom. et Jeannin.
6 novembre 1817. — (t. 4, p. 191.)

49. — (Interprétation. — Compétence.) — *C'est aux tribunaux, et non à l'autorité administrative, à prononcer sur la question de savoir si un contrat d'adjudication passé entre l'administration et des particuliers, est susceptible d'être modifié et interprété suivant la réclamation d'un des adjudicataires.*

Lehou des Warannes. — C. — Dupuy Perrault.
6 juillet 1810. — (t. 1, p. 382.)

50. — (Interprétation. — Confrontation.) — *Dans l'interprétation d'un acte d'adjudication, il faut avoir égard aux indications de confrontation, parce qu'elles sont désignatives, et s'occuper peu de la contenance exprimée, parce qu'étant sans garantie elle doit être sans effet.*

Robert. — C. — Joubert.
27 août 1817. — (t. 4, p. 134.)

51. — (Interprétation. — Corps de ferme. — Excédant de contenu.) — *Lorsqu'un bien national a été vendu en corps de ferme, sans réserve et sans garantie du plus ou moins de mesure, s'il existe un excédant de contenue, quel qu'il soit, l'adjudicataire ne peut pas en être évincé.*

Manson. — C. — Paulet.
13 juillet 1813. — (t. 2, p. 388.)

52. — (Interprétation. — Domaines nationaux.) — *Lorsqu'un corps de ferme a été adjugé non en bloc, mais partiellement, l'adjudicataire ne peut prétendre qu'à la propriété des héritages nommément désignés, et qui d'après le procès-verbal d'estimation ont concouru à la fixation de la mise aux enchères.*

Papin.
18 mars 1813. — (t. 2, p. 296.)

53. — *Lorsqu'un contrat d'adjudication se réfère à un bail pour plus ample désignation, l'autorité administrative est compétente pour puiser dans ce bail des élémens d'interprétation du titre d'adjudication. Le bail est réputé ne faire qu'un avec le titre.*

Petit-Durécu.
4 mai 1815. — (t. 3, p. 110.)

54. — (Interprétation. — Domaines nationaux. — Prescription.) — *L'autorité administrative est compétente pour décider de quelle époque un acquéreur de biens nationaux a dû percevoir le prix du bail du domaine dont il s'est rendu adjudicataire; — mais lorsqu'il s'agit de décider une question* de prescription, *l'autorité judiciaire est seule compétente pour prononcer.*

Chevrier.
14 août 1813. — (t. 2, p. 407.)

55. — (Interprétation. — Herbe (seconde). — Pâturage.) — *Lorsqu'une adjudication est faite à la charge de souffrir toutes les servitudes, et lorsque le cahier des charges porte :* l'état ne vend pas les jouissances établies par titre, *s'il arrive qu'une commune réclame contre l'adjudicataire le droit de faire pâturer la seconde herbe d'une prairie, cette question ne peut être considérée comme décidée par l'adjudication ou par le cahier des charges qui ne parle pas de* seconde herbe; *ce n'est donc pas la justice administrative, mais bien la justice des tribunaux qui doit prononcer sur la demande afin de pâturage de la seconde herbe.*

Boiron. — C. — la commune de Vellard.
26 février 1817. — (t. 3, p. 527.)

56. — (Interprétation. — Ile. — Accrue.) — *L'adjudication d'une île, dans un temps où le Gouvernement n'en possédait pas l'intégralité à cause d'usurpations antérieures, n'est pas réputée comprendre même les portions usurpées auxquelles aurait eu droit le Gouvernement; l'adjudication n'est*

réputée comprendre que ce dont le Gouvernement jouissait.

Raulin. — C. — Régie des dom.
27 novembre 1814. — (t. 3, p. 46.)

57.—(Interprétation.—Mitoyenneté.) — *La question de savoir s'il y a ou n'y a pas mitoyenneté d'un mur compris dans une adjudication nationale, doit être décidée, moins d'après le titre d'adjudication, que d'après les règles du droit; elle est plus judiciaire qu'administrative.*

Huart. — C. — Morlot.
10 février 1816. — (t. 3, p. 224.)

58. — (Interprétation. — Plan. — Divisibilité.) — *Lorsqu'un adjudicataire national prétend qu'une haie vive fait partie de son adjudication, et que son adversaire n'a pu faire des plantations à une certaine distance de la haie, la contestation est divisible quant à la compétence; la justice administrative peut décider si la haie est comprise dans l'adjudication, bien que l'examen d'un plan soit nécessaire à cette décision; quant à la question de plantation soumise aux lois et usages communs, elle doit être portée devant les tribunaux.*

Bourlé. — C. — Duclaux.
22 octobre 1817. — (t. 4, p. 151.)

59. — (Interprétation. — Plan. — Renseignement.) — *Dans l'interprétation d'une adjudication, le Conseil d'état peut prendre en considération des plans et des renseignemens du préfet, comme lui servant à expliquer le sens du texte.*

Jullien.
23 avril 1818. —(t. 4, p. 294.)

60. —(Interprétation. — Possession.) — *Une adjudication de domaines nationaux qui est faite, non en masse, mais en deux lots, est censée ne pas comprendre un terrain placé en dehors des deux lots, s'il n'est exprimé dans l'acte d'adjudication.*

La question de savoir si l'acquéreur a pour lui la prescription de dix ans avec titres, quoique connexe, ne regarde pas l'administration.

Moreau. — C. — la comm. Neuvi-Pailloux.
23 décembre 1815. — (t. 3, p. 200.)

61. — *Lorsque la justice administrative examine si une pièce de terre a été comprise dans une adjudication nationale, l'abandon par le domaine et la possession par l'adjudicataire, peuvent être considérés comme élémens de la décision interprétative.*

Desbordes. — C. — Guilman.
4 juillet 1815. — (t. 3, p. 134.)

62. — *La mise en possession de l'adjudicataire et sa longue jouissance paisible peuvent être prises en considération, quand il s'agit de déterminer quelles portions de terrain ont fait partie de l'adjudication.*

Proust. — C. — Tranchant-Destulays.
25 février 1818. — (t. 4, p. 256.)

63. — (Interprétation. — Possession. — Servitude.) — *Lorsque la justice administrative interprète un titre d'adjudication sur une clause de servitude, elle peut prendre en considération le mode de posséder ultérieur.*

Pitout. — C. — Jemois.
25 décembre 1812. — (t. 2, p. 151.)

64. —(Interprétation. — Prescription.) — *Lorsqu'un adjudicataire de domaines nationaux est attaqué en revendication d'un objet qu'il prétend compris dans son titre, la longue possession de ce même objet en vertu du titre, ne lui sert pas d'argument d'interprétation, si le titre ne contient pas l'objet réclamé, l'adjudicataire est dépouillé par l'autorité administrative, sauf à lui à se pourvoir devant l'autorité judiciaire pour voir dire qu'il avait acquis par prescription suffisante à prescrire.*

Desmousseaux. — C. — L'Adm. des dom.
20 novembre 1816. — (t. 3, p. 431.)

65. — (Interprétation. — Revenu.) — *Lorsque des procès-verbaux d'adjudication et d'affiche ne mentionnent pas expressément un objet comme étant ou devant être vendu, l'adjudicataire ne peut argumenter de la différence du produit annoncé dans les affiches et du produit réel des objets adjugés pour obtenir qu'il soit donné de l'extension aux clauses d'adjudication. L'énonciation du revenu que les biens désignés rapportaient antérieurement est une indication dont l'administration ne prétend point garantir l'exactitude.*

Geoffroy. — C. — la comm. de Rohr.
21 mai 1817. — (t. 4, p. 25.)

66. — (Interprétation. — Servitude.) — *De ce qu'un procès-verbal d'adjudication de domaines nationaux, porte qu'un terrain a été vendu avec ses servitudes actives et passives, il ne s'ensuit pas que la justice administrative puisse statuer sur un droit de passage réclamé contre l'adjudicataire, une telle contestation exige non une simple interprétation, mais une application du titre qui regarde les tribunaux.*

Joba. — C. — La comm. de Sorey.
25. juin 1817. — (t. 4, p. 71.)

67. — *La justice administrative est compétente pour décider à la vue des procès-verbaux d'adjudication d'un bâtiment divisé en plusieurs lots si un corps de bâtiment a ou n'a pas un droit de vue sur un jardin.*

Une telle contestation ne gît-elle pas dans l'application du titre? Ne devrait-elle pas être renvoyée devant les tribunaux?

Thoret. — C. — Le sous-préfet de Provins.
6 novembre 1817. — (t. 4, p. 193.)

68. —(Inviolabilité. — Conseil de préfecture. — Nullité substantielle.) — *L'adjudicataire de la nue propriété d'un domaine national dont l'usufruit a été réservé au profit d'un autre particulier, s'il se rend postérieurement acquéreur de ce même usufruit sur un avis du conseil de préfecture qui en permet la vente à son profit, encore qu'il ait payé le prix de cet usufruit, peut en être évincé d'après annullation de l'avis du conseil de préfecture; — il n'y a pas, dans ce cas, vente administrative en faveur de laquelle on puisse invoquer l'inviolabilité constitutionnelle.*

Curé. — C. — Donard.
20 novembre 1816. — (t. 3, p. 442.)

69. — (Inviolabilité. — Sursis.) — *L'adjudication d'un domaine national est un titre irréfragable aux termes de l'article 94 de la loi du 22 frimaire an 8, et de l'article 9 de la Charte constitutionnelle, bien que la vente remonte à l'an 2, et qu'elle ait été annullée en ventose an 4, s'il y a eu, dès le mois de prairial suivant, arrêté de sursis à l'exécution de l'arrêté d'annullation.*

Dacquet. — C. — Belle.
20 novembre 1816. — (t. 3, p. 420.)

70. — (Limites.) — *Les tribunaux sont seuls compétens pour prononcer sur les questions relatives aux limites des domaines vendus par l'État, lorsqu'elles ne sont pas déterminées par les actes administratifs, et ne peuvent l'être que par les titres anciens, le droit commun, les coutumes locales, des enquêtes et visites des lieux.*

Bressonet.
23 novembre 1813. — (t. 2, p. 458.)

71. — *Un acquéreur de domaines nationaux n'est pas fondé à réclamer une plus grande étendue de terrain que celle portée dans son acte d'adjudication.*

Derecq.
18 mars 1816. — (t. 3, p. 260.)

72. — (Rectification.) — *La justice administrative ne peut ordonner la rectification d'un contrat d'adjudication, sur des motifs que les clauses insérées sont onéreuses.*

Hocquart de Montfermeil.
17 janvier 1814. — (t. 2, p. 493.)

73. — (Résolution. — Mise en demeure.) — *L'autorité administrative est compétente pour prononcer sur la résolution d'une vente consentie par l'administration, à défaut d'exécution de la part de l'acquéreur, mais elle ne peut prononcer cette résolution qu'après avoir légalement mis en demeure l'acquéreur ou ses ayant-droit.*

Cardon. — C. — l'Administration des canaux d'Orléans.
3 janvier 1813. — (t. 2, p. 173.)

74. — (Revendication. — Garantie constitutionnelle.) — *L'acquéreur national qui avait soumissionné les murs d'une ville, en vertu de la loi du 28 ventose an 4, s'il est survenu après la soumission un jugement de dernier ressort, qui ait décidé que la propriété de ces murs n'appartenait pas au domaine, n'a pu valablement obtenir, au mépris de la chose jugée, un contrat administratif des murs soumissionnés; le titre administratif est essentiellement nul, l'effet de la surprise ou de l'erreur; un tel titre n'est pas compris dans ceux que la charte déclare inviolables.*

La Cassaigne et Dubuc. — C. — La commune de Marciac.
15 novembre 1814. — (t. 3, p. 41.)

75. — (Prix. (Réduction de) — Erreur.) — *Un adjudicataire de domaines nationaux n'est pas fondé à demander une réduction de prix pour er-*

reur prétendue dans la quotité des objets adjugés, si l'adjudicataire doit s'imputer toute méprise, l'affiche de vente désignant avec précision ce que comprenait le lot dont il était enchérisseur.

Devaux. — C. — La Régie des domaines.
14 mai 1817. — (t. 4, p. 11.)

76. — (Titre perdu. — Prix de vente.) — *Lorsque le titre d'adjudication d'un domaine national a été perdu, et qu'il faut le suppléer pour connaître le prix de vente, il n'est permis de recourir à une expertise qu'autant qu'il n'existerait pas de documens écrits pour établir avec certitude, quel a été le prix porté en l'acte de vente.*

L'adm. des dom. — C. — Cara.
4 mai 1815. — (t. 3, p. 108.)

— V. Acquéreur. — Acquéreurs successifs. (Caisse d'amortissement.) — Acte administratif. (Application.) — Biens nationaux. — Bois. — Bois domaniaux. — Bois nationaux. — Caisse d'amortissement. — Canal. (Talus.) — Cloches. — Communaux. — Contentieux. (Administration.) — Déchéance. — Divisibilité. (Compétence.) — Domaines nationaux. — Idem. (Hospices.) — Effet rétroactif. (Interprétation.) — Erreur de fait. — Fruits. (Biens nationaux.) — Glaces. — Indemnité. — Litispendance. (Réciprocité.) — Pacage communal. (Co-propriété.) — Propriété. — Relais de mer. (Chemin nécessaire.) — Société. — Soumission.

ADJUDICATIONS SUCCESSIVES.

1. — (Préférence.) — *L'autorité administrative est seule compétente pour juger la question de préférence entre deux acquéreurs, qui prétendent s'être successivement rendus adjudicataires d'un même domaine; — cette préférence est due au premier acquereur.*

Scherr. — C. — North.
13 juillet 1813. — (t. 2, p. 387.)

— V. Indemnité.

ADJUDICATION SUR ADJUDICATION.

1. — (Propriété. — Domaine national. — Opposition.) — *Lorsqu'un domaine national, déjà vendu à un particulier, est de nouveau adjugé à un autre, le premier acquéreur n'est pas recevable à revendiquer la propriété de ce domaine, si lors de l'adjudication faite à son préjudice il n'y a formé opposition, encore même qu'il pût se prévaloir d'avoir payé des à-comptes, et de ce que la déchéance n'aurait pas été formellement prononcée contre lui.*

Merlaud.
14 juillet 1812. — (t. 2, p. 117.)

ADMINISTRATEUR.

1. — (Garantie. — Obligation personnelle.) — *Un agent de l'administration, s'obligeant au nom et dans l'intérêt présumé de l'administration, n'en est pas moins obligé personnellement, et justiciable des tribunaux, si dans la réalité il s'est obligé pour un objet qui réellement n'interesse et ne regarde pas l'administration. — Il en est ainsi d'un chef des logemens militaires qui prend sur lui de commander un dîner pour des officiers convoqués dans une commune.*

Kramer.
29 décembre 1812. — (t. 2, p. 164.)

2. — (Garantie constitutionnelle.) — *Les membres d'une régie intéressée, nommée par le Gouvernement pour le service des hôpitaux militaires, n'ont plus qualité d'agens ou préposés de l'administration, dès que le temps fixé pour la régie est expiré; peu importe la nature de leurs opérations ultérieures. — L'exécution des engagemens pris par ces régisseurs doit être jugée par les tribunaux ordinaires, et non par l'autorité administrative.*

Ferrand. — C. — Jubié.
9 avril 1811. — (t. 1, p. 489.)

3. — (Mise en jugement. — Dépôt.) — *L'action en restitution d'un dépôt dirigée contre un particulier qui exerce des fonctions administratives, est, de sa nature judiciaire, et peut être poursuivie sans autorisation du Conseil d'état; bien que le dépôt soit allégué avoir eu lieu à l'occasion d'exercices de fonctions administratives.*

Vignier.
10 février 1816. — (t. 3, p. 228.)

4. — (Paiement. — Ouvrages. — Compétence.) — *Les actions intentées contre un maire pour raison du paiement d'ouvrages qu'il aurait commandés et reçus en sa qualité d'administrateur, sont du ressort de l'autorité administrative, et non de la juridiction des tribunaux.*

Mardick. (Le maire de)
6 juin 1807. — (t. 1, p. 103.)

5. — (Percepteur. — Concussion. — Mise en jugement.) — *Un percepteur de commune, qui commet des concussions, n'est mis en jugement qu'après autorisation du Conseil d'état.*

Sauty.
20 novembre 1815. — (t. 3, p. 184.)

— V. Commune. (Dettes d'une) (Garantie constitutionnelle.) — Conflit négatif. (Réglement de juges.) — Juge. — Mise en jugement.

ADMINISTRATION. — V. Contentieux. — Idem. (Préfet.) — Contributions indirectes. (Régie.) — Justice administrative. (Contentieux.) — Utilité publique.

ADMINISTRATION ACTIVE.

1. — (Frais. — Limites. — Communes.) — *Lorsque la délimitation d'une propriété particulière entraîne celle de deux communes, c'est celui qui provoque cette opération qui est passible des frais qui en résultent. Un préfet est compétent pour fixer les honoraires des personnes employées à cette opération.*

Berulle.
7 août 1812. — (t. 2, p. 124.)

ADMINISTRATION PUBLIQUE.

— V. Contentieux: — Curage. (Puisard.) — Droits positifs.

ADMINISTRATION D'AUTORITÉ. — V. Administration d'économie.

ADMINISTRATION D'ÉCONOMIE.

1. — (Administration d'autorité. — Compte de communes.) — *La décision d'un préfet rendue sur un compte de recettes et dépenses communales, est un acte d'administration de l'espèce qui comporte recours au ministre avant d'arriver au Conseil d'état. A cet égard, point de différence entre l'administration d'économie et l'administration d'autorité.*

Piquet.
17 juillet 1816. — (t. 3, p. 338.)

— V. Action administrative. — Baux. (Interprétation.) — Décision ministérielle. — Arbres. (Plantations.) — Commune. (Bois.)

ADMINISTRATION DE TUTELLE.

1. — (Établissemens publics. — Préfet.) — *Dans les actes d'un préfet, il ne faut pas confondre ce qui tient à ses fonctions comme tuteur d'un hospice, et ce qui est dans ses attributions comme agent administrateur: au deuxième cas, il ordonne, sauf recours au ministre: dans le premier cas il ne fait que donner son concours à une convention privée, dont l'effet doit être soumis aux tribunaux.*

Les hospices de Metz. — C. — Labarre.
14 mai 1817. — (t. 4, p. 14.)

ADMINISTRATION GÉNÉRALE. — V. Prisons.

ADMINISTRATION MUNICIPALE.

1. — (Travaux publics. — Compétence.) — *Encore bien qu'une administration municipale soit, de sa nature, et par ses attributions, une administration locale et privative à une commune, elle n'en est pas moins une branche de l'administration publique, dans tout ce qui tend à l'utilité, ou à la jouissance du public.*

Ainsi, les travaux ayant pour objet l'embellissement de la ville, sont des travaux publics; et les conseils de préfecture sont seuls compétens pour connaître des difficultés qui s'élèvent entre le maire et un artiste, sur l'exécution d'un marché, pour la confection de monumens destinés à cet embellissement.

Marseille. (le maire de) — C. — Chardigny.
7 février 1809. — (t. 1, p. 259.)

— V. Chemin vicinal. (Servitude.)

ADMINISTRATION PRIVÉE OU PATRIMONIALE. — V. Domaines de l'état.

ADMINISTRATION PUBLIQUE.

1. — (Réglemens. — Abonnement. — Octroi. — Conseil d'état. — Ministre.) — *La demande en annullation d'arrêtés*

de l'administration supérieure ne peut être introduite au Conseil d'état, que par le renvoi ordonné par S. M., d'après un rapport du ministre lorsque cette réclamation attaque un réglement d'administration publique, — notamment en matière d'abonnement pour droit d'octroi.

Habitans de Poitiers.
31 mai 1807. — (t. 1, p. 91.)

— V. FOURNITURES. — JUSTICE ADMINISTRATIVE. (Contentieux.) — PRÉFETS. (Réglemens.)

AFFAIRE EN ÉTAT. — V. DÉCÈS.

AFFOUAGE.

1. — (Bois communaux.) — *L'administration est chargée de dresser les rôles de répartitions entre les habitans des communes, pour leur droit d'affouage dans les bois communaux; elle doit juger toutes les réclamations auxquelles ces rôles peuvent donner lieu : les tribunaux ordinaires sont incompétens pour en connaître.*

Lacenaise.
22 juin 1811. (t. 1, p. 505.)

2. — (Bois communaux. — Conseil d'état.) — *L'exécution d'un nouveau mode d'affouage, dans des bois communaux, ne peut être ordonnée par un conseil de préfecture, avant que ce mode n'ait été préalablement soumis au Conseil d'état par le ministre de l'intérieur, dans les formes prescrites par la loi du 9 brumaire an 13, et par l'avis du Conseil d'état, approuvé le 29 mai 1808.*

Schoumann.
7 octobre 1812. — (t. 2, p. 148.)

3. — (Commune. — Compétence.) — *La question de savoir si le propriétaire d'un fonds situé dans une commune, a droit à sa portion dans l'affouage qui appartient à la commune, n'est pas de la compétence de l'autorité administrative; les tribunaux seuls peuvent la décider, quand bien même le fonds, à raison duquel le réclamant prétend exercer son droit, serait un domaine national.* (Art. 3, sect. 5, loi du 10 juin 1793. — Loi du 9 ventose an 4.)

Chollez. — C. — comm. Conflans.
20 septembre 1809. (t. 1, p. 311.)

4. — *Les contestations auxquelles peuvent donner lieu le partage et l'affouage des bois, dont la propriété est indivise entre des communes, doivent être portées par-devant les tribunaux ordinaires.*

Vauvey et Villers. (Habitans de)
7 avril 1810. — (t. 1, p. 389.)

5. — (Commune. — Réunion.) — *Le droit d'affouage est commun à tous les habitans d'une commune. — Peu importerait que la commune d'aujourd'hui fût composée de la réunion de deux anciennes communes; et que chacune d'elles eût eu jadis ses bois particuliers, même depuis la réunion.* (Loi du 10 juin 1793. — Section 1re., art. 1 et 2, et section 4, art. 1. — Arrêté du 24 germinal an 11.)

Commune d'Équevilley.
21 décembre 1808. — (t 1, p. 233.)

6. — *Les affouages qui étaient jadis la propriété particulière d'une commune n'ont pu devenir la propriété d'une autre commune, nonobstant la réunion des deux en une seule. L'ancienneté de la réunion n'influe pas sur le droit, s'il n'y a pas eu prescription acquise par longue possession.*

Habitans de Treveray et de la Neuville.
27 mai 1816. — (t. 3, p. 294.)

7. — (Exécution. — Justice préfectoriale.) — *Un règlement d'affouage fait par un préfet et confirmé par le ministre, s'il a été exécuté pendant quelques années, ne peut plus être déféré au Conseil d'état. L'exécution équivaut à acquiescement et opère fin de non-recevoir.*

Comm. de Chaux-les-Passavant. — C. — Derosne et Versel.
14 janvier 1818. — (t. 4, p. 235.)

8. — (Expertise. — Bois.) — *Il n'y a pas lieu de revenir aujourd'hui sur une opération régulière, approuvée et exécutée depuis quatre ans en matière d'affouage, lorsqu'il a été fait à raison des feux ou maisons d'habitation.* (Avis du Conseil d'état, du 25 avril 1807.)

Comm. de Langy. — C. — Comm. de Thianges.
23 décembre 1815. — (t. 3, p. 191.)

9. — (Fermage.) — *Un réglement de compte d'affouages affermés par le domaine, n'est pas une matière administrative; s'il y a contestation entre le fermier et le domaine, ce sont les tribunaux qui doivent en connaître.*

L'adm. des dom. — C. — Bour et Lamy.
25 février 1818. — (t. 4, p. 265.)

10. — (Forêts nationales. — Interprétation de titre.) — *Un droit d'affouage tombé dans le domaine de l'État avec la forêt sur laquelle il était exercé, est réputé vendu comme la forêt elle-même, s'il n'y a eu réserve expresse dans l'acte d'adjudication.*

Coëtlosquet. — C. — l'Administration des Forêts.
11 juillet 1812. — (t. 2, p. 106.)

11. — (Maire. — Administration d'économie.) — *Il n'appartient pas à l'autorité administrative, mais bien à l'autorité judiciaire, de statuer sur un droit d'affouage réclamé par un particulier qui se plaint d'avoir été privé, par le maire, du lot de bois qui devait lui revenir, et qui réclame une indemnité contre lui. La qualité de maire ne change pas la compétence, seulement elle nécessite une autorisation préalable du Gouvernement avant d'intenter des poursuites contre lui.*

Ainsi, un maire de commune, réglant l'affouage et distribuant à chaque communiste son lot de bois, ne fait pas un acte d'autorité administrative, il fait un acte d'économie communale, comme tuteur de la commune.

Haby. — C. — Harth.
10 décembre 1817. — (t. 4, p. 225.)

— V. COMMUNES. (Réunion.) — CORPORATIONS RELIGIEUSES. (prestations.) — JUSTICE DISCRÉTIONNAIRE. (Intérêts.)

AGENS DE L'ADMINISTRATION. — V. MISE EN JUGEMENT. — RÉQUISITION. (Fournisseurs.)

AGENS DU GOUVERNEMENT.

1. — (Agens de la régie des subsistances. — Marché.) — *Les agens de la régie des subsistances sont des agens du Gouvernement. Toute contestation sur les achats qu'ils font pour le compte de la régie est attribuée à la justice administrative, aux termes de l'arrêté du 19 thermidor an 9.* (Arrêté du 19 thermidor an 9.)

Vergnes. — C. — les régiss. gén. des subsist. milit.
18 mars 1818. — (t. 4, p. 273.)

2. — (Engagement. — Indemnité. — Voiturier.) — *L'arrêté du Gouvernement du 2 germinal an 5 qui dispose que les tribunaux ne doivent pas connaître des poursuites dirigées devant eux contre des agens du Gouvernement en leur nom, soit pour raison d'engagement par eux contractés en leur qualité, soit pour raison d'indemnités prétendues à leur charge ne permet pas de poursuivre, pour avaries dans un transport, devant les tribunaux, le voiturier chargé pour le compte de la régie des subsistances militaires.*

Mortet. — C. — Alaine et Boscheron.
17 juin. 1818. — (t. 4, p. 363.)

3. — (Entrepreneur à prix fixe. — Munitionnaire général. — Directeur des vivres.) — *Le directeur des vivres d'une division militaire, préposé d'un munitionnaire général, lequel a traité à prix fixe avec le ministre de la guerre, n'est point du tout agent du Gouvernement dans le sens de l'arrêté du 19 thermidor an 9; il peut et doit être traduit devant les tribunaux pour raison des fournitures qu'il a faites et des engagemens qu'il a contractés.* (Arrêté du 19 thermidor an 9.)

Vidal. — C. — Fournier.
18 mars 1818. — (t. 4, p. 275.)

4. — (Entrepreneur des transports militaires. — Marché.) — *Un entrepreneur de transports militaires n'est point un agent du Gouvernement, il peut être traduit devant les tribunaux pour les engagemens qu'il a pris avec des particuliers pour un transport de subsistances.*

Pagès et Bonnet. — C. — Fourigues.
18 mars 1818. — (t. 4, p. 286.)

5. — Fermiers. — Passe. (droit de) — *Les fermiers du droit de passe pour l'entretien des routes, régissant pour leur propre compte et dans leur seul intérêt, ne sont pas réputés agens du Gouvernement, dans le sens de l'article 75 de la constitution du 22 frimaire an 8.*

Patrigeon. — C. — Devaux.
11 décembre 1814. — (t. 3, p. 48.)

6. — (Lettre de change. — Tiers-Porteur. — Compétence.) — *Les agens du Gouvernement, sont justi-*

ciables de l'autorité administrative et non des tribunaux, quant aux actes qu'ils font en cette qualité. En conséquence, les tribunaux de commerce ne peuvent connaître d'une action en paiement d'une lettre de change tirée par un consul, pour le service du Gouvernement. — (Arrêté du 19 thermidor an 9.)

L'exception est-elle opposable aux tiers-porteurs, alors même que la circonstance de fournitures pour le compte de l'état, *ne serait pas mentionnée sur la lettre de change?*

Rault. — C. — Dubois-Thainville.
11 avril 1810. — (t. 1, p. 363.)

7. — (Ponts et chaussées. — ingénieurs.) — *Un ingénieur des ponts et chaussées est un agent du gouvernement, qui ne peut être actionné sans autorisation, pour acquittement de dépenses d'ouvrages ordonnés par lui en sa qualité d'ingénieur.*

Plagniol. — C. — Saurin.
25 février 1818. — (t. 4, p. 262.)

8. — (Régie générale des subsistances militaires. — Transports militaires.) — *Sont soumises à l'autorité administrative toutes contestations sur le paiement des transports de subsistances militaires faits par suite d'un marché avec un entrepreneur des transports, lequel est un agent de la régie des subsistances militaires.*

Balzac. — C. — le Tellier.
13 mai 1818. — (t. 4, p. 330.)

9. — (Spoliation. — Compétence) — *Le fait de spoliation commis par un agent de l'administration, ne regarde l'autorité administrative que pour autoriser des poursuites : il n'appartient qu'à l'autorité judiciaire de prononcer une* condamnation.

Rodière.
10 septembre 1808. — (t. 1, p. 200.)

— V. Entrepreneur de services publics. — Garantie constitutionnelle. — Idem. (Travaux publics.) — Garantie de fonctionnaire. — Garde magasins. — Mise en jugement. (Défense légitime.) — Munitionnaires généraux.

ALIÉNATIONS. — V. Corporations religieuses. — Fabriques.

ALIGNEMENT.

1. — (Amende.) — *Les propriétaires qui négligent ou refusent de se conformer à l'alignement qui leur a été donné pour construire leurs maisons, sont passibles d'une condamnation à l'amende, ainsi que les entrepreneurs qui ont dirigé les constructions; — l'autorité administrative est compétente pour ordonner la démolition de ces constructions.*

Voisin.
13 août 1811. — (t. 1, p. 524.)

2. — (Chemin vicinal. — Voirie urbaine. — Démolition. — Justice préfectoriale. — Propriété.) — *Aux termes des réglemens sur la voirie urbaine, il appartient aux maires de faire exécuter les alignemens dans les rues des villes, bourgs et villages qui ne sont pas routes royales ou départementales.*

Le particulier qui se permet une construction, sans avoir obtenu et exécuté cet alignement, peut être obligé à la démolition, s'il paraît qu'il a usurpé sur un chemin vicinal.

Peu importe qu'il se dise propriétaire du terrain sur lequel il a construit et que la question de propriété soit déjà soumise à un tribunal, il suffit que pour le cas où il serait déclaré propriétaire, le préfet lui ait réservé le droit de demander une indemnité.

Coudray. — C. — la comm. de Genillé.
3 juin 1818. — (t. 4, p. 353.)

3. — (Contentieux. — Justice préfectoriale.) — *Lorsqu'un particulier a fait une construction sur la foi de l'alignement à lui donné par le maire de sa commune, si des voisins réclament contre l'alignement, ce n'est pas là du contentieux qui doive être porté au conseil de préfecture, l'affaire appartient à l'action administrative ou à la justice préfectoriale, sauf recours au ministre et au Conseil d'état.*

Maire de Sotteville. — C. — Mulot.
22 octobre 1817. — (t. 4, p. 157.)

4. — (Façade.) — *Le particulier qui réédifie sa maison sur le bord d'une route royale, sans avoir obtenu de l'autorité l'alignement nécessaire, peut être rigoureusement condamné à démolir. Cependant il y a lieu à modération de la peine s'il est prouvé que le propriétaire avait demandé l'alignement et qu'il a construit sur un alignement qui ne porte aucun préjudice à la voie publique.*

Quels sont les cas où les façades de maisons sont assujéties à un plan uniforme et quels sont les cas où les propriétaires sont libres de bâtir comme il leur plaît sur la seule condition de se conformer à l'alignement?

Fumerey.
17 juin 1818. — (t. 4, p. 373.)

5. — (Opposition. — Conseil de préfecture. — Justice ministérielle. — Indemnité.) — *D'après l'art. 52 de la loi du 16 septembre 1807, les alignemens pour l'ouverture de nouvelles rues dans les villes doivent être donnés conformément aux plans dont les projets auront été arrêtés sur le rapport du ministre de l'intérieur. — Le ministre seul peut statuer sur les réclamations des tiers intéressés contre les projets d'ouvertures nouvelles; les conseils de préfecture sont incompétens pour faire droit à ces oppositions.*

Quid, *Pour l'indemnité prétendue par les propriétaires lésés, est-ce encore au ministre, n'est-ce pas au conseil de préfecture que le propriétaire lésé doit porter sa demande?*

Bouriat. — C. — Parent.
3 décembre 1817. — (t. 4, p. 217.)

2. — (Construction.) — *Le propriétaire qui fait reconstruire la façade de sa maison, n'est tenu à se soumettre à l'alignement, que lorsqu'il touche aux fondations et rez-de-chaussée.*

La défense pour Paris, de faire des reconstructions en bois, n'est pas applicable aux autres villes de France.

Guibert. — C. — Combeguilles.
22 juin 1811. — (t. 1, p. 504.)

3. — (Propriété. — Divisibilité.) — *Lorsqu'il s'agit, tout-à-la-fois, d'alignement et de propriété, la contestation doit être soumise divisément à l'autorité judiciaire et administrative. Si les tribunaux sont saisis de la question de propriété, l'autorité administrative ne peut revendiquer sous prétexte d'alignement.*

Le maire d'Aprey. — C. — Husson.
21 août 1816. — (t. 3, p. 380.)

4. — (Retranchement.) — *Aux termes de l'ordonnance du bureau des finances, du 16 janvier 1789 et du décret du 11 janvier 1808, tout particulier dont la propriété borde le chemin de ronde de l'enceinte intérieure de Paris, qui relève un mur sur ses anciens fondemens sans avoir demandé et obtenu un alignement, est passible de démolition et d'amende, surtout lorsque le mur était sujet à retranchement.*

Porcheret.
14 mai 1817. — (t. 4, p. 8.)

4. — (Routes. — Démolition.) — *Il est défendu à tout particulier de construire, reconstruire ou réparer aucuns édifices, maisons ou bâtimens étant le long et joignant les grandes routes, soit dans les traverses des villes, bourgs et villages, soit en pleine campagne, sans en avoir obtenu les alignemens, à peine de démolition des ouvrages.*

Cheradame.
20 novembre 1815. — (t. 3, p. 184.)

— V. Indemnité. (Voirie petite) — Maire. (Arrêté.) — Propriété. (Démolition.) — Voirie.

ALLIÉS. — V. Commission départementale. — Restitution.

ALLOCATION. — V. Compte. (Rectification.)

ALLUVION.

1. — (Atterrissement. — Propriété.) — *Toutes les contestations relatives aux alluvions, lorsqu'il s'agit de savoir si elles sont propriétés nationales, ou si, au contraire, elles sont un accroissement à une propriété particulière, doivent être jugées par les tribunaux ordinaires.* (Art. 556 et 560 du Code civil. — Loi du 29 floréal an 10.)

La demande en suppression de barrage d'un atterrissement, est de la compétence de l'autorité judiciaire, lorsqu'elle est subordonnée à la question de propriété de l'atterrissement.

Dechampneuf.
16 février 1811. — (t. 1, p. 393.)

2. — (Partage. — Autorité administrative.) — *En matière d'alluvion, l'autorité administrative doit se borner à déclarer que l'alluvion est utile pour*

la navigation; elle n'est pas compétente pour en ordonner le partage.

Dupuy.
28 mars 1807. – (t. 1, p. 72.)

— V. Banc de sable. (Curage.) — Ilots.

ALMANACH ROYAL. — V. Privilège. (Concession.)

AMÉLIORATION. — V. Déchéance. (Restitution.)

AMÉNAGEMENT. — V. Cantonnement.

AMENDE. — V. Alignement. — Propriété. (Arbres.) — Routes. (Arbres.)

AMENDEMENT. — V. Mines. (Statuts.)

AMNISTIE.

1. — (Préfet. — Arrestation arbitraire.) — *La loi d'amnistie du 12 janvier 1816, s'oppose à toute poursuite contre un préfet inculpé pour arrestation arbitraire, en ce que, par abus du décret du 19 avril 1815, il aurait envoyé de force à l'armée des volontaires* inscrits, *en les assimilant aux volontaires levés, dont parle le décret : s'il y a là plus qu'erreur, ce n'est pas un délit privé, c'est un abus de pouvoir dans l'exercice des fonctions administratives, et cet abus de pouvoir est compris dans l'amnistie.*

Rambaud et Morlière. — C. — Bessières.
21 août 1816. – (t. 3, p. 376.)

— V. Dépaissance. (droit de) — Forêt d'origine nationale.

ANGLAIS. — V. Dotation.

ANNUITÉ. — V. Décompte.

ANTICIPATION.

1. — (Chemin vicinal. — Chemin public. — Commune.) — *Un particulier condamné par un conseil de préfecture à restituer à une commune une portion de chemin par lui envahie, n'est pas recevable, ou n'a pas qualité pour exciper du droit public de l'État sur ledit chemin, pour repousser la prétention de la commune; il suffit que lui-même ne se prétende pas propriétaire du chemin pour qu'il ait dû ne pas anticiper et pour qu'il soit valablement condamné à restitution sur la demande de la commune.*

Espinadel.
10 septembre 1817. – (t. 4, p. 147.)

2. — (Propriété. — Démolition.) — *Lorsqu'un particulier soutient qu'il est propriétaire du terrain sur lequel on prétend qu'il a anticipé par ses constructions, l'autorité administrative n'est pas compétente pour ordonner la démolition de ces constructions, que les tribunaux n'aient préalablement statué sur la question de propriété.*

Cazoni.
18 mars 1813. – (t. 2, p. 288.)

— Chemin public. — Chemin vicinal. — Limites. (Chemin.) — Rue. — Sentier. (Chemin vicinal.) — Voie publique. — Voirie.

APANAGE. — V. Acte administratif. (Régie.)

APPEL. — V. Prises. — Autorisation.

APPEL COMME D'ABUS.

1. — (Justice administrative. — Autorisation. — Contentieux.) — *L'article 6 de la loi du 26 messidor an 9, établissant le recours au Conseil d'état dans tous les cas d'abus ecclésiastiques, ne comporte pas qu'un particulier s'adresse directement au Conseil d'état pour lui demander l'autorisation de traduire un curé devant un tribunal correctionnel; le requérant doit s'adresser au ministre de l'intérieur, pour qu'après renseignement, l'affaire soit, ou terminée dans la forme administrative, ou renvoyée aux tribunaux suivant l'exigence du cas.*

Plouin du Breuil. — C. — Goulhot.
19 mars 1817. – (t. 3, p. 533.)

APPLICATION. — V. Acte administratif. — Idem. (Exécution.) — Adjudication. (Acte administratif.) — Idem. (Interprétation.) — Interprétation. (Compétence.)

APPOINTEMENS. — V. Contentieux. (Traitement.)

APPROBATION. — V. Hospices. (Cession.)

APPROVISIONNEMENT. — V. Indemnité. (Privilège.)

APPROVISIONNEMENT DE PARIS.

1. — (Bois. — Débardage. — Dommages et intérêts. — Compétence.)

Les contestations qui ont pour objet le paiement des dommages et intérêts causés par des bois destinés à l'approvisionnement de Paris, et dispersés par une crue subite d'eau, doivent être décidées par l'autorité administrative, et non par l'autorité judiciaire.

Mais lorsque les bois n'ont point été entraînés sur des héritages, par la violence des eaux, et qu'ils y ont été débardés et déposés volontairement ou sans nécessité, la contestation alors est du ressort des tribunaux ordinaires. (Loi du 7 floréal an 9.)

Moirial. — C. — Rondelle.
29 décembre 1810. – (t. 1, p. 450.)

AQUÉDUC. — V. Expropriation pour cause d'utilité publique.

ARBRES.

1. — (Communes. — Chemins publics.) — *Lorsque le droit, concédé à une commune, de planter et d'ébrancher des arbres sur des chemins publics, lui est contesté par une autre commune qui prétendrait que la concession est entachée de féodalité; comme il s'agit là d'une question de propriété, c'est aux tribunaux et non à l'autorité administrative que la connaissance en est dévolue.*

Malines. (ville de) — C. — la commune de Muysen.
29 avril 1809. – (t. 1, p. 276.)

2. — (Plantations. — Voisinage. — Conseil de préfecture. — Administration des forêts.) *L'arrêté d'un conseil de préfecture, qui autorise l'administration des forêts à poursuivre un particulier devant les tribunaux pour avoir fait une plantation au-delà d'un fossé limitant sa propriété, en contravention aux réglemens qui ne permettent de planter des arbres à haute tige qu'à sept pieds de distance du propriétaire voisin, ne renferme pas un excès de pouvoir proprement dit, en ce que les tribunaux peuvent faire toute justice aux particuliers (sans doute pour examiner si l'administration des forêts est recevable à se mêler des litiges entre voisins.)*

Bougy.
13 février 1815. – (t. 3, p. 77.)

3. — (Route. — Amende.) — *Un propriétaire qui a abattu, sans la permission préalable des ponts et chaussées, des arbres plantés sur ses fonds et bordant une route départementale, est passible d'amende de la part d'un conseil de préfecture, aux termes du décret du 16 décembre 1811; mais l'amende peut être discrétionnairement modérée par le Conseil d'état au cas de bonne foi.*

Encelain.
20 novembre 1816. – (t. 3, p. 430.)

— Chemin vicinal. (Usurpation.) — Domaine national. (Adjudication.) — Place publique. (Propriété.) — Propriété. — Réglement. (Délit.) — Routes.

ARCADES. — V. Palais royal.

ARCHITECTE. — V. Travaux publics.

ARMATEUR. — V. Responsabilité. (Coulage.)

ARPENTAGE.

1. — (Bois. — Déchéance. — Surmesure.) — *De ce que le cahier des charges d'une adjudication de coupe de bois aurait fixé un délai pour procéder à l'arpentage, et que cependant ledit arpentage n'aurait eu lieu qu'après le délai expiré, il ne s'ensuit pas qu'il y ait déchéance, et que l'adjudicataire soit à l'abri de condamnation au paiement d'une surmesure.*

Backer.
20 juillet 1807. – (t. 1, p. 111.)

— V. Cadastre.

ARRANGEMENT ADMINISTRATIF. — V. Émigré.

ARRENTEMENT.

1. — (Communaux. — Aliénation.) — *Les biens communaux donnés en arrentement non perpétuel à des particuliers, pour les défricher, sont par cela même retirés de la jouissance commune, et susceptibles, aux termes de l'article 1.er de la loi du 20 mars 1813, d'être cédés à la caisse d'amortissement, et d'être vendus par elle.*

Commune de Sauve. — C. — Malzac.
26 février 1817. – (t. 3, p. 513.)

ARRÉRAGES. — V. Rentes convenancières. — Prescription.

ARRESTATION ARBITRAIRE.

1. — (Mise en jugement.) — *Il y a lieu d'autoriser la mise en jugement d'un administrateur, lorsqu'il s'est permis une arrestation arbitraire.*

Géraerts et Vandenamelle.
20 novembre 1815. — (t. 3, p. 176.)

— V. Amnistie. (Préfet.) — Liberté individuelle. — Mise en jugement.

ARRÊT. — V. Conseil d'état. — Contrariété.

ARRÊT ADMINISTRATIF. — V. Sursis.

ARRÊT CONTRADICTOIRE. — V. Opposition. (Interprétation.) — Révision. (Opposition.)

ARRÊT DE DÉFENSES.

1. — (Ministres.) — *Le ministre du trésor a le droit de se refuser à l'exécution de tous les jugemens, dont les dispositions sont en opposition à la législation de la dette publique.*

Detardif. — C. — l'Agent du trésor.
3 janvier 1813. — (t. 2, p. 174.)

ARRÊT DU CONSEIL. — V. Désaveu. — Péage. (Perception.)

ARRÊTÉ. — V. Exécution. (Conseil de préfecture.) — Maire. — Ministre. (Conseil d'état.)

ARRÊTÉ ADMINISTRATIF.

1. — (Chose jugée.) — *Un arrêté administratif, qui a servi de base à un jugement rendu par les tribunaux, devient inattaquable, lorsque le jugement à acquis l'autorité de la chose jugée; le pourvoi contre un tel arrêté est inadmissible.*

Patru. — C. — la fabrique de Lauvillec.
28 avril 1813. — (t. 2, p. 308.)

2. — (Chose jugée. — Gestion.) — *Les arrêtés administratifs ne peuvent être dénoncés par les parties intéressées qu'autant qu'ils renferment des décisions de justice. Les particuliers ne sont pas recevables à se pourvoir, lorsque la question consiste à savoir s'il a été bien ou mal administré dans l'intérêt de l'État.*

La Roche-Aymond. — C. — Delignat-Vignaud.
20 novembre 1815. — (t. 3, p. 148.)

ARRÊTÉ DES REPRÉSENTANS EN MISSION.

1. — (Déchéance.) — *Les arrêtés pris en vertu de la loi du 26 janvier 1793, par les représentans en mission, ne pouvaient être réformés que par l'autorité dont ils tenaient leur mission; — et si, contre ces arrêtés, il n'y a pas eu réclamation, dans les six mois, auprès de l'autorité compétente, ainsi que le veut la loi du 25 ventose an 4, la déchéance est acquise.*

Allègre. — C. — Bérard.
11 février 1818. — (t. 4, p. 243.)

ARRÊTÉ DU GOUVERNEMENT. — V. Décision contradictoire. (Contentieux.)

ARRÊTÉ PAR DÉFAUT.

1. — (Décisions ministérielles. — Opposition. — Exécution provisoire. — *Les arrêtés des conseils de préfecture, et les décisions ministérielles ne sont pas irrévocables de leur nature; — toutes les fois que les parties intéressées dans ces arrêtés et décisions, n'ont pas été entendues, elles peuvent réclamer.*

De tels arrêtés, quoique approuvés par les Ministres, ne sont que provisoirement exécutoires : la partie intéressée qui n'a pas fourni ses moyens de défense, a la faculté de revenir par la voie d'opposition pour faire valoir ses réclamations.

Douradon.
24 décembre 1810. — (t. 1, p. 447.)

2. — (Opposition. — Pourvoi. — Fin de non-recevoir.) — *Le pourvoi au Conseil d'état contre les arrêtés par défaut, rendus par les conseils de préfecture, n'est point admissible; ils doivent être attaqués par la voie de l'opposition, tant que l'opposition est recevable.*

Lemaire. — C. — Fleury.
25 mars 1813. — (t. 2, p. 299.)

ARRIÉRÉ. — V. Contentieux. (Dette publique.) — Contributions. (Perception.) — Dette publique. (Liquidation.)

ASSIGNATS. — V. Remboursement. — Idem. (Hospices.)

ASSOCIATION. — V. Compétence. (Divisibilité.) — Contribution. (Cours d'eau.)

ATELIERS. — V. Manufactures.

ATTÉRISSEMENT.

1. — (Autorité judiciaire.) — *C'est à l'autorité judiciaire, et non à l'autorité administrative, qu'est dévolue la connaissance d'une contestation relative à un attérissement formé dans une rivière navigable.* (Code civil, 561.)

Roussel. — C. — Legoux.
20 mai 1809. — (t. 1, p. 289.)

2. — (Propriété.) — *Lorsqu'il s'élève des contestations entre le domaine et des particuliers, au sujet de la propriété de terrains délaissés par un fleuve sur ses bords, c'est là une question de propriété dévolue aux tribunaux et non à l'autorité administrative.*

Terras.
22 octobre 1808. — (t. 1, p. 209.)

3. — (Propriété. — Compétence.) — *Un préfet n'est pas compétent pour prononcer sur la demande d'un particulier qui réclame, à titre d'alluvion, la propriété d'un attérissement qui lui est contestée, comme formant un ilot dans une rivière navigable, et conséquemment comme appartenant au domaine de l'état : il s'agit là d'une question de propriété dont la connaissance appartient aux tribunaux.*

Dechaupneuf. — C. — les habitans de Migron.
22 novembre 1809. — (t. 1, p. 334.)

4. — *La question de savoir si un attérissement appartient à l'État, pour avoir été causé par des travaux publics exécutés sur le bord d'un fleuve, ou à un particulier, pour s'être formé sur son terrain par superposition, est dévolue aux tribunaux, et non à l'autorité administrative.* (Cod. civ., 560.)

Deplan de Sieyes. — C. — la Rég. des Domaines.
16 août 1808. — (t. 1, p. 189.)

— V. Adjudication. (Interprétation.) — Alluvion. — Propriété.

ATTRIBUTIONS. — V. Conseil d'état.

AUBAINE. (Droit d')

1. — (Étranger. — Prisonnier.) — *L'autorité administrative n'est pas compétente pour prononcer sur une question du droit d'aubaine, et sur le mérite d'une donation faite par un étranger, décédé prisonnier sur le territoire français; c'est aux tribunaux qu'il appartient d'en connaître.*

La Rég. des dom. — C. — Pioger.
29 mai 1813. — (t. 2, p. 350.)

AUTORISATION.

1. — *De ce que des administrateurs ne peuvent intenter une action sans y être préalablement autorisés, il ne s'ensuit pas que le défaut de cette formalité, qui, d'ailleurs, est susceptible de donner lieu à la nullité de la procédure, puisse opérer incompétence.*

Herzècle. (Administr. du bureau de bienfaisance d')
29 avril 1809. — (t. 1, p. 277.)

2. — (Communes.) — *Un particulier n'est pas recevable à demander l'annullation d'un arrêté de l'autorité administrative qui refuserait à une commune l'autorisation de défendre à une action, qu'il aurait intentée contre elle, lorsque cette action n'intéresse point la généralité des habitans, mais seulement quelques-uns d'entre eux. — Il lui suffit d'assigner sans autorisation les particuliers reconnus intéressés.*

Dupré-de-Saint-Maur. — C. — la comm. de Blancaffort.
18 mars 1813. — (t. 2, p. 285.)

3. — *L'autorisation de plaider ne préjuge point la légitimité de la demande; elle n'est requise qu'afin d'assurer que le vœu de la commune a été émis dans les formes prescrites par la loi : cette autorisation ne peut être refusée par des motifs tirés du fond du droit : les conseils de préfecture n'ont point de compétence pour prononcer sur le fond.*

Habitans de la Ferrière.
24 décembre 1810. — (t. 1, p. 445.)

4. — *Une commune est recevable et fondée à demander l'annullation d'un arrêté de l'autorité administrative qui lui aurait refusé l'autorisation de plaider devant les tribunaux, lorsqu'elle établit ses droits sur des titres en l'absence desquels cet arrêté aurait été rendu.*

Commune de Barneville.
18 mars 1813. — (t. 2, p. 289.)

5. — (Commune. — Conseil d'état.) — *Une commune peut se pourvoir au Conseil d'état contre un arrêté de l'autorité administrative, qui lui refuse l'autorisation d'interjeter appel d'un jugement, rendu contre elle en première instance.*

Villemagne. (commune de)
20 mai 1809. — (t. 1, p. 290.)

6. — *Un conseil de préfecture ne peut, sous aucun prétexte, refuser d'autoriser une commune à plaider, toutes les fois que cette commune est appelée par l'autorité supérieure.*

Dechampneuf.
16 février 1811. — (t. 1, p. 393.)

7. — *Dans une contestation au sujet de la propriété d'un terrain réclamé par une commune contre un particulier, l'autorité administrative ne doit intervenir que pour décider s'il y a lieu ou non d'autoriser la commune à plaider. Quant au fond, comme il s'agit d'une question de propriété, c'est aux tribunaux seuls qu'elle doit être soumise.*

Commune de Couché. — C. Guerineau.
25 janvier 1811. — (t. 1, p. 456.)

8. — (Commune. — Appel. — Pouvoir discrétionnaire.) — *Le Conseil d'état peut, dans sa sagesse, refuser à une commune l'autorisation nécessaire pour interjeter appel d'un jugement rendu à son préjudice, lorsqu'il n'aperçoit pas de moyens d'appel et qu'il existe un avis de plusieurs jurisconsultes en sens contraire.*

Comm. de Broyes. — C. — Bayard de Plainville.
3 juin 1818. — (t. 4, p. 448.)

9. — (Commune. — Conflit.) — *Le défaut d'autorisation d'une commune pour ester en jugement, n'autorise pas le préfet à élever un conflit; — il n'en résulte qu'un moyen de nullité à proposer devant les tribunaux.*

Lens-l'Étang (commune de)
7 février 1809. — (t. 1, p. 255.)

10. — *Les habitans d'une commune sont non recevables à se pourvoir au Conseil d'état sans, au préalable, justifier de l'autorisation du conseil de préfecture.*

La commune de Cleville.
30 novembre 1811. (t. 1, p. 560.)

11. — *Les autorisations de plaider accordées à une commune par un conseil de préfecture ne peuvent être dénoncées au Conseil d'état; — bien que la commune à qui l'autorisation serait refusée puisse s'y adresser; — ce sont-là des actes d'administration intérieure, et non des décisions de justice.*

Vanier. — C. — la commune de Saint-Gatien.
23 décembre 1815. (t. 3, p. 203.)

12. — (Commune. — Conseil de préfecture.) — *Lorsqu'un particulier demande à un conseil de préfecture l'autorisation nécessaire pour actionner une commune, le conseil de préfecture ne peut refuser l'autorisation, sous prétexte d'un mal fondé de la demande: il n'est pas juge de cette question.*

L'obligation de se pourvoir d'une autorisation pour actionner une commune en paiement d'une créance, ne s'étend pas au cas où il s'agit de réclamer contre elle l'exécution d'un bail.

Robert.
21 mars 1809. — (t. 1, p. 265.)

13. — *L'autorisation nécessaire à une commune pour intenter action, doit être accordée par le conseil de préfecture et non par le préfet.*

Pierrard.
10 mars 1807. — (t. 1er., p. 54.)

14. — (Commune. — Conseil municipal. — Jurisconsulte. — Pouvoir discrétionnaire.) — *Lorsqu'un conseil municipal croit que la commune est intéressée ou fondée à plaider dans un procès qui lui est intenté, si le conseil de préfecture refuse l'autorisation, le garde des sceaux désigne trois jurisconsultes, et sur leur avis favorable à la commune, le Conseil d'état accorde l'autorisation pour se défendre.*

Ville de Sainte-Marie. — C. — Cassamayor.
25 février 1818. — (t. 4, p. 258.)

15. — (Communes. — Consultation.) — *Lorsque trois avocats ont été désignés par l'autorité pour donner leur avis sur une action à intenter par une commune, les habitans ne peuvent se prévaloir d'une consultation qu'ils auraient obtenue d'avocats autres que ceux désignés par l'autorité.*

Les habitans de Luzi. — C. — M. d'Anfreville.
11 janvier 1813. — (t. 2, p. 191.)

16. — (Conseils de préfecture.) — *Les conseils de préfecture auxquels des particuliers s'adressent pour être autorisés à poursuivre une commune, doivent se pénétrer de cette idée, qu'ils ont à statuer sur une demande d'autorisation en qualité de protecteurs de la commune, et qu'ils ne sont pas du tout juges des parties.*

Lanret. — C. — la commune de Migneretle.
15 mars 1815. — (t. 3, p. 97.)

17. — (Conseil de préfecture. — Propriété.) — *Lorsqu'un conseil de préfecture auquel la régie du domaine a demandé l'autorisation pour se défendre sur une action en revendication, refuse l'autorisation en se fondant sur ce que la propriété appartient réellement au demandeur, il n'y a point encore là de décision sur la propriété, il n'y a qu'un refus d'autoriser: mais si le conseil de préfecture ordonne par suite la réintégration du demandeur, ou lui donne main-levée de tout séquestre, dès lors il y a décision sur une question de propriété, et conséquemment excès de pouvoirs.* (Loi du 5 novembre 1790, titre 3.)

Adm. des dom. — C. — Poutier.
9 avril 1817. — (t. 3, p. 559.)

18. — (Créanciers. — Commune.) — *Dans l'exercice des droits des créanciers des communes, il faut distinguer la faculté qu'ils ont d'obtenir contre elles une condamnation en justice, et les actes qui ont pour but de mettre à exécution les condamnations ou autres titres; au deuxième cas, l'exécution appartient à l'autorité administrative; mais au premier cas, la condamnation, appartient à l'autorité judiciaire, et conséquemment les conseils de préfecture ne peuvent refuser l'autorisation de poursuivre.*

Reverseau. — C. — L'hospice de Fontenay-le-Comte.
8 janvier 1817. — (t. 3, p. 487.)

19. — (Décision.) — *Un arrêté du conseil de préfecture, rendu sur une demande en autorisation pour plaider formée par les habitans d'une commune, s'il a refusé l'autorisation par des motifs touchant le fonds, et développés dans l'arrêté, n'est pas pour cela illégal et nul; — ce n'est pas là avoir jugé le fond.*

Glos. (commune)
2 juillet 1807. — (t. 1er., p. 108.)

20. — (Défense.) — *L'autorisation que doit demander celui qui veut actionner une fabrique n'est pas nécessaire, quand il s'agit de défendre à une action intentée au nom de la fabrique.*

La fabrique de Dirmstein. — C. — Koober.
24 juin 1808. — (t. 1er., p. 172.)

21. — (Délai. — Recours au Conseil d'état. — Bureau de bienfaisance.) — *Les arrêtés du conseil de préfecture qui autorisent un bureau de bienfaisance à ester en jugement, doivent être attaqués dans les formes et les délais voulus pour les autres actes administratifs. S'ils ne sont pas attaqués en temps utile, ils acquièrent l'autorité de la chose jugée, du moins en ce qui concerne l'autorisation donnée.* (Art. 11, Réglem. du 22 juillet 1806.)

Fontaine. — C. — le Bureau de bienfaisance de Fourmies.
20 septembre 1809. (t. 1er., p. 317.)

22. — (Excès de pouvoir.) — *Un conseil de préfecture appelé à délibérer sur la question de savoir s'il accordera ou non à une commune l'autorisation d'ester en justice, ne peut pas approfondir le mérite du droit au fond; lorsque le vœu des habitans est constant, et que la commune a pour elle l'avis régulier de jurisconsultes.*

Les habitans de Sermaise.
9 décembre 1810. — (t. 1, p. 444.)

23. — (Fabrique.) — *Lorsqu'une autorisation est demandée par une fabrique à un conseil de préfecture pour plaider, il ne doit point s'établir juge du fond du droit, et refuser l'autorisation sous prétexte que la réclamation n'est pas fondée.*

Fabrique de Sagliano.
13 juillet 1813. — (t. 2, p. 390.)

24. — (Hospices.) — *De ce que les hospices auraient plaidé sans autorisation préalable de l'administration, il ne s'ensuit pas que l'omission de cette formalité puisse autoriser l'autorité administrative à revendiquer la contestation, elle ne peut entraîner que l'annullation du jugement par les voies ordinaires.* (Arrêté du Gouvernement, du 7 messidor an 9.)

Hendericksen. — C. l'hospice de Dunkerque.
19 octobre 1808. — (t. 1, p. 207.)

25. — (Indemnité. — Inondation. — Commune.) — *Un particulier sur le terrain de qui les habitans de la commune dans un danger d'inondation, creusent un fossé par ordre ou autorisation du maire, pour faciliter l'écoulement des eaux, ne peut traduire en justice ces particuliers pour en obtenir des dommages-intérêts, qui en appelant en cause le maire, premier auteur du fait; dès-lors, s'agissant d'un fait administratif, il faut une autorisation préalable pour actionner le maire.*

Prensac. — C. — le Maire de la commune de Sainte-Marie-en-Chaux.
23 avril 1818. — (t. 4, p. 304.)

26. — (Legs pie. — Opposition. — Chose jugée.) — *Un décret portant autorisation à un bureau de bienfaisance d'accepter un legs pie est une simple mesure de tutèle publique, ce n'est point une décision de justice; il est donc inutile aux tiers intéressés de former opposition à un tel décret; ils peuvent nonobstant le décret, s'adresser aux tribunaux pour faire juger l'invalidité du legs.*

Chambon. — C. — d'Hulleau.
20 juin 1816. (t. 1, p. 317.)

27. — (Pont. — Propriété.) — *Un arrêté du préfet qui autorise un particulier à construire un pont, n'est censé autoriser cette construction qu'en ce qui concerne l'intérêt du domaine public et de la voirie; il ne préjudicie pas aux droits des tiers; les tribunaux peuvent donc juger entre les propriétaires litigans toutes questions de propriété et de servitude, sans se croire liés par l'autorisation du préfet.*

Silvestre. — C. — Blanc.
26 février 1817. — (t. 3, p. 512.)

28. — (Tontine. — Établissement public. — Action judiciaire.) — *Un établissement public ne peut intenter ou subir une action judiciaire, sans qu'au préalable l'autorisation à cet effet, n'ait été demandée au conseil de préfecture; et tous les actes de procédure, faits jusqu'à cette autorisation, sont nuls et de nul effet.* — (Lois des 5 novembre 1790. — 28 pluviose an 8. — 7 messidor an 9, et 17 vendémiaire an 10.)

Huet de la Boullaye.
29 décembre 1819. — (t. 1, p. 454.)

29. — (Usine. — Contentieux. — Pouvoir discrétionnaire.) — *Le refus par un préfet d'autorisation pour construire une usine, ne peut pas donner lieu à recours au Conseil d'état, avant de s'être pourvu devers le ministre; la matière étant administrative de sa nature, elle ne devient contentieuse, qu'après épuisement de la hiérarchie administrative.*

Faune. — C. — Barnedès.
3 juin 1818. — (t. 4, p. 337.)

— V. Action. (domaine.) — Commune. — Id. (Défenseurs de la Patrie.) — Contentieux. (Force.) Eau. (Cours d') (Moulin.) — Fabriques, — Manufactures. — Parcours. — Patouillets. (Usine.) — Usine. — Idem. — Eau. (Cours d') — Idem. (Raffinerie.) — Idem, (Salubrité.)

AUTORISATION DU GOUVERNEMENT. — V. Concession.

AUTORITÉ ADMINISTRATIVE.

1. — (Autorité judiciaire.) — *En général, l'autorité administrative doit s'abstenir de statuer sur une matière qui, de sa nature, lui serait dévolue; s'il y a déjà eu décision par l'autorité judiciaire.*

L'hermite.
21 décembre 1808. — (t. 1, p. 227.)

2. — (Autorité judiciaire. — Chose jugée.) — *Lorsqu'une contestation dévolue de droit à l'autorité judiciaire se trouve jugée par l'autorité administrative, les tribunaux sont obligés de s'abstenir de prononcer jusqu'à ce que cet arrêté ait été annulé par l'autorité supérieure.*

Comm. de Coussel.
11 décembre 1808. — (t. 1, p. 223.)

3. — (Autorité judiciaire. — Rente emphytéotique. — Conflit.) — *Bien qu'à l'autorité judiciaire appartiennent exclusivement les contestations relatives à la féodalité ou non-féodalité d'une redevance emphytéotique, néanmoins dans le cas où la question aurait été déjà décidée par l'autorité administrative, les tribunaux ne peuvent en connaître qu'en élevant le conflit et après la décision de l'autorité administrative supérieure.*

Laubenheimer.
16 janvier 1809. — (t. 1, p. 237.)

4. — (Effet attributif. — Tiers-coutumier. — Créanciers.) — *Lorsque des enfans d'émigré de Normandie ont été envoyés en possession définitive de certains biens séquestrés par des arrêtés administratifs, qui en cela ont reconnu en eux des droits du* tiers-coutumier; *s'il arrive que des sœurs ou des créanciers prétendent avoir des droits sur ces mêmes biens, la contestation est du ressort de l'autorité judiciaire: l'autorité administrative est censée n'avoir fait que se dessaisir, et non avoir prononcé sur le droit.*

Romé.
6 janvier 1807. — (t. 1, p. 23.)

5. — (Excès de pouvoirs.) — *Un conseil de préfecture ne peut, sans excéder ses pouvoirs, rapporter un de ses précédens arrêtés.*

Comm. de Saint-Jean-le-Centenier. — C. — Guillaumanche.
28 novembre 1809. — (t. 1, p. 337.)

6. — (Exécution. — Eau. — Propriété. — Compétence.) — *L'autorité administrative est incompétente pour connaître de la question de propriété d'une source existante dans une prairie, alors même que le propriétaire d'un moulin et d'un canal vendus nationalement, prétendrait que ces sources sont des eaux provenant de son canal par filtration à travers les terres; et qu'ainsi la jouissance de ces eaux lui a été conférée implicitement par son titre d'adjudication.*

Bach. — C. — Struch.
5 août 1809. — (t. 1, p. 299.)

7. — (Interprétation). — *Lorsqu'il s'agit d'interpréter et d'appliquer des contrats d'adjudication de biens nationaux, la connaissance de la contestation est dévolue à l'autorité administrative* (aux conseils de préfecture), *et non à l'autorité judiciaire.*

Michaud. — C. — Garnier.
16 mars 1807. — (t. 1, p. 64.)

8. — (Interprétation. — Entrepreneurs publics.) — *L'interprétation des marchés passés entre les entrepreneurs publics et le Gouvernement, n'appartient à l'autorité administrative que pour les cas où il y a litige entre le Gouvernement et les entrepreneurs. — Il n'en est pas de même lorsque le litige est entre les entrepreneurs et leurs sous traitans.*

Basset. — C. — Petit-Maudetour.
22 janvier 1808. — (t. 1, p. 141.)

9. — (Interprétation. — Prescription. — Divisibilité. — Compétence. — Question préjudicielle.) — *Lorsqu'un acquéreur de biens nationaux revendique une portion de terrain, comme faisant partie de son acquisition, en ce que, celui qu'il représente avoit possédé pendant trente ans; si le défendeur soutient que l'objet réclamé n'est pas compris dans l'adjudication, alors la première question que présente le litige est relative au sens ou à l'effet de son titre: elle est du ressort de l'autorité administrative.*

Merland. — C. — le préfet de la Vendée.
25 janvier 1807. — (t. 1, p. 43.)

10. — (Interprétation. — Usages. — Possession. — Compétence.) *Lorsque dans une contestation sur l'effet d'un bail émané de l'autorité administrative, le point litigieux tient à des faits possessoires et à des usages locaux, plus qu'au sens de l'acte administratif, c'est aux tribunaux et non à l'autorité administrative que la connaissance en est dévolue.*

Brabant. — C. — Thomas.
23 novembre 1808. — (t. 1, p. 214.)

— V. Action possessoire. — Idem. (Eau. Prise d'.) — Allusion. (Partage.) — Autorité judiciaire. — Bacs. (Passage.) — Capacité. (Legs.) — Chemin. (Largeur.) — Chemin public. — Idem. (Anticipation.) — Comptabilité. (Fermier.) — Idem. (Séquestre.) — Concession. (Usine.) — Concession subreptice. — Contributions. (Communes.) — Idem. (Frais.) — Idem. (Paiement.) Idem. (Réclamation.) — Eau. Cours d'. (Constructions.) — Fabrique. — Idem. (Saisie arrêt.) — Hospices. (Paiement.) — Obligation personnelle. (Commune.) — Office. — Partage. (Emigré.) — Pays réunis. (Confiscation.) — Percepteur. (Quittance.) — Pilote lamaneurs. (Responsabilité.) — Police rurale. — Pont. (Responsabilité.) — Propriété. (Pâturage.) — Provisions. — Remboursement. — Idem. (Emigré.) — Rente. (Féodalité). — Réquisition. (Marchés.) — Rue. (Anticipation.) Routes. (Voiturier.) — Taxe. (Recouvrement.) — Travaux publics. (Matériaux.) — Usage. (Droit d') — Voirie. (Possession.) — Idem. (Dommages intérêts.)

AUTORITÉ JUDICIAIRE.

1. — (Autorité administrative. — Chose jugée.) — *La chose jugée par l'autorité judiciaire ne peut aucunement être exécutée en un sens contraire aux lois administratives.*

Richer.
30 janvier 1809. — (t. 1, p. 242.)

2. — (Conseil d'état. — Conflit.) — *Lorsqu'il n'existe pas un conflit d'attribution élevé par l'autorité administrative, les jugemens ou arrêts ne peuvent être attaqués par les parties lésées, que devant l'autorité judiciaire supérieure. — Le Conseil d'état ne pourrait en connaître que pour excès de pouvoir, pour atteinte à l'autorité administrative, et sur sa réquisition.*

Eggerlé et Greiner.
17 mars 1812. — (t. 2, p. 29.)

3. — *La demande en nullité d'un jugement ou d'un arrêt, ne peut être portée devant le Conseil d'état par une partie privée, que dans le cas où la connaissance de la contestation jugée, auroit été revendiquée par l'autorité administrative, et que le conflit aurait été élevé.* (Art. 27, L. 21 fructidor an 3.)

Bayle.
17 mars 1812. — (t. 2, p. 31.)

4. — (Décret. — Indivisibilité.) — *Si, avec des décisions sur la matière du ressort des tribunaux, des jugemens et arrêts contiennent des décisions sur une matière administrative, le prince peut ordonner que ces jugemens et arrêts restent, quant à ce, sans exécution ni effet.*

Breulipont. — C. — la comm. de Paimpont.)
25 mars 1807. — (t. 1, p. 67.)

— V. Accusé. (Évasion.) — Actions de la Compagnie des Indes. (Conventions.) — Action possessoire. — Atterrissement. — Autorité administrative. — Chemin vicinal. (Propriété.) — Contributions. — Domaine de l'État. — Eau. (Cours d') — Idem. (Usage.) — Engagiste. (Rente foncière.) — Fermiers de l'Etat. (Paiement.) — Idem. (Prescription.) — Garantie constitutionnelle. (Agent du Gouvernement.) — Idem. (Obligation personnelle.) — Octroi. (Droit d'). (Perception.) — Pont. (Chef de) (Bateaux.) — Propriété. (Domaine de l'Etat.) — Rente. (Transfert.) — Rente emphytéotique. (Hospice.) — Usage. (Droit d') (Forêts nationales.)

AUTORITÉ LOCALE.

— V. Privilége exclusif.

AVARIES.

1. — (Indemnité. (Force majeure.) — — *En cas de restitution du navire recous ou repris, au propriétaire, celui-ci ne peut répéter de dommages-intérêts envers le capteur pour avaries arrivées à son navire et à la cargaison, qu'autant qu'il prouverait qu'elles ont eu lieu, non par force majeure, mais bien par le fait du conducteur de prise.*

Reyber. — C. — les Armateurs du corsaire le *Diligent.*
18 mars 1816. — (t. 3, p. 253.)

— V. Prise. (Responsabilité.)

AVIS. — V. Comité des finances. — Conseil de préfecture. (Pacage.) — Ministre.

AVOCAT. — V. Désaveu. (Arrêt du Conseil.)

AVOCAT AUX CONSEILS DU ROI.

1. — (Contentieux.) — *L'avocat aux conseils du Roi, qui signe une requête en opposition contre un décret ou ordonnance de pure administration, contrevient à l'article 1.er du réglement du 22 juillet 1806, et encourt les peines prévues par l'article* 49.

Habitans du hameau de Moulineaux. — C. — la comm. de la Bouille.
3 décembre 1817. — (t. 4, p. 210.)

— V. Opposition. (Interprétation.)

AYANT-CAUSE. — V. Halles. (Représentant.) — Tierce-Opposition. (Représentant.) — Idem. — Tierce-opposition. (Héritiers.)

BACS.

1. — (Bail à ferme. — Interprétation.) — *C'est aux tribunaux qu'il appartient d'interpréter les baux, lors même qu'ils ont été passés par l'autorité administrative. La règle est applicable au bail à ferme d'un bac, comme d'une autre propriété de l'Etat.* (Loi du 6 frimaire an 7.)

Si le procès-verbal d'adjudication porte que les contestations sur la quotité du droit seront portées devant le maire, la clause n'est obligatoire que pour le fermier, et ne peut être opposée aux tiers qui restent dans le droit commun.

Cellarier. — C. — le fermier du bac de Bessan.
25 février 1818. — (t. 4, p. 264.)

2. — (Déchéance.) *Confirmation de deux arrêtés du préfet de la Seine, qui ont déclaré le sieur Gerbier déchu de l'adjudication qui lui avait été faite des bacs de l'intérieur et de l'extérieur de Paris, pour défaut de paiement aux époques fixées dans son contrat d'adjudication.*

Gerbier.
23 avril 1807. (t. 1, p. 85.)

3. — (Indemnité.) — *Fixation d'une indemnité accordée aux anciens fermiers d'un bac, pour terrain, bateaux et agrès par eux fournis au nouvel adjudicataire de ce bac.*

Cordon.
11 janvier 1808. — (t. 1, p. 134.)

4. — *Le fermier d'un bac, auquel, depuis son entrée en jouissance, il est survenu des changemens dommageables par suite d'actes administratifs qu'il n'avait ni connus ni dû prévoir, a droit à une diminution dans le prix de son bail, si, par exemple, il y a eu changement de la ligne de poste et diminution dans les produits du bac.*

Teston. — C. — l'Adm. des ponts et chaussées.
17 juillet 1816. — (t. 3, p. 346.)

5. — (Passage. — Adjudicataires. — Autorité administrative.) — *C'est à l'autorité administrative, et non aux tribunaux, qu'il appartient de prononcer sur la question de savoir si un particulier, a eu ou non, le droit d'établir des bateaux de passage au préjudice de l'adjudicataire d'un bac affermé par l'Etat.*

Davost. — C. — Gallon et Guyard.
13 novembre 1807. — (t. 1, p. 132.)

6. — (Rivières. — Domaines nationaux.) — *Les passages publics sur les rivières ne peuvent appartenir à des particuliers, alors même que ces rivières ne sont pas navigables.* (Lois des 6 frimaire an 7 et 14 floréal an 10.)

Augros.
29 septembre 1810. — (t. 1, 410.)

— V. Acte administratif.

BAIL.

1. — (Domaines nationaux. — Interprétation. — Compétence.) — *La question de savoir si un bail de domaines nationaux doit être résilié pour inexécution des conventions qu'il renferme, doit être soumise aux tribunaux; encore qu'il y ait à rendre décision sur le sens des clauses du bail.*

Otten. — C. — Vanlaack.
30 juin 1813. — (t. 2, p. 382.)

2. — (Service public. — Résiliation. — Compétence. — *La règle générale d'attribution aux tribunaux de prononcer sur toute contestation relative à l'exécution d'un bail de domaines nationaux, s'applique même au cas où il s'agit d'un immeuble affecté à un service public, tel qu'une forge pour l'artillerie.*

Morin.
6 juin 1813. — (t. 2, p. 357.)

— V. Acte administratif. — Biens abandonnés. — Domaines nationaux. — Domaine public. — Indemnité. — (Octroi.)

BAIL ADMINISTRATIF. — V. Indemnité.

BAIL A FERME. — V. Action possessoire. (Autorité administrative.) — Caisse d'amortissement. — Octroi. — Pêche.

BAIL A VIE. — V. Prêtre déporté.

BAIL EMPHYTÉOTIQUE.

1. — (Contributions. — Retenue.) — *Un conseil de préfecture n'est pas compétent pour décider si un preneur à bail emphytéotique doit payer la contribution et faire la retenue de sa redevance, aux termes de la loi du* 1er. *décembre* 1790, *et de l'avis du Conseil d'état du* 2 *février* 1809.

Bertolini.
6 décembre 1813. — (t. 2, p. 462.)

— V. Adjudication.

BAILLISTE JUDICIAIRE.

1. — Marais. — (Concession de). — *Les contestations survenues entre un bailliste judicaire et une société concessionnaire de marais, sur le mérite d'une opposition au paiement du prix du bail, doivent être jugées par*

l'autorité judiciaire, et non par l'autorité administrative.

Girette.
12 janvier 1812. — (t. 2, p. 7.)

BAINS. — V. PROPRIÉTÉ. (Utilité publique.)

BAINS DU MONT D'OR. — V. PROPRIÉTÉ.

BALS. — V. SALLE DE SPECTACLE. (Location.)

BANALITÉ.

1. — (Communes. — Olives.) — *La législation actuelle ne permet, sous aucun prétexte, de renouveler en faveur des communes les banalités de leurs usines, même de celles acquises par elles à titre onéreux. En conséquence, le bail qui serait passé à un particulier pour l'exercice de ce droit, et l'arrêté du préfet qui en aurait approuvé l'adjudication, sont nuls.* (Loi du 15 mars 1790, titre 2, art. 24. — Loi du 25 août 1792. — Avis du Conseil d'état, du 23 vendémiaire an 14.)

Félix et David. — C. — Giraud.
29 avril 1809. — (t. 1, p. 282.)

2. — (Indemnité. — Abolition.) — *La demande d'une indemnité pour la suppression d'un droit, tel par exemple que le privilége de banalité possédé en vertu d'un bail emphytéotique, n'est pas admissible; ceux qui ont acquis de ces droits ne peuvent demander que la résiliation de leur bail.*

Faber.
2 juillet 1807. — (t. 1, p. 108.)

3. — (Moulin. — Compétence. — Divisibilité.) — *Lorsque le propriétaire d'un moulin s'oppose à ce qu'un préfet accorde à un autre particulier la faculté de construire un moulin, sur le fondement que cette construction nuirait à un droit de banalité non féodale, le préfet ne peut apprécier ce droit de banalité et juger la question de féodalité, il doit renvoyer à l'autorité judiciaire.* (23, l. 28 mars 1790.)

Doria. — C. — Busca.
11 août 1808. — (t. 1, p. 181.)

BANCS D'ÉGLISE.

1. — (Jouissance. — Conflit. — Compétence.) — *La connaissance des contestations qui s'élèvent sur la jouissance et la distribution des bancs placés dans les églises, appartient à l'autorité administrative, et non aux tribunaux.*

Le maire de Turny. — C. — Besançon.
29 avril 1809. — (t. 1, p. 275.)

BANC DE SABLE.

1. — (Curage. — Alluvion.) — *Un banc de sable formé par accident dans une rivière non navigable, lorsqu'il obstrue le cours des eaux, ne peut être considéré comme une alluvion* (propriété des riverains.) — *Les contestations qui s'élèvent au sujet de l'enlèvement qui en aurait été fait par suite de mesure de police, concernant le curage des rivières, sont de la compétence de l'autorité administrative.*

Delucenay.
18 août 1807. — (t. 1, p. 118.)

BIENFAISANCE. (BUREAU DE) — V. BARRIÈRES. (Cautionnement.)

BANQUIER. — V. PATENTE.

BATEAUX. — V. PONT. (Chef de)

BATIMENS DE COMMERCE. — V. RECOUSSE.

BATIMENS INHABITÉS. — V. CONTRIBUTION FONCIÈRE.

BATIMENS MILITAIRES. — V. PROPRIÉTÉ.

BAUX.

1. — (Interprétation. — Administration d'économie.) — *Les questions qui s'élèvent des clauses d'un bail administratif, ne sont point dans les attributions de l'autorité administrative; les tribunaux ordinaires sont seuls compétens pour en connaître. — Un bail administratif n'est pas un acte d'autorité administrative, mais bien un acte d'administration d'économie.*

Mertens. — C. — la Caisse d'amortissement.
11 décembre 1813. — (t. 2, p. 469.)

BERGE. — V. ADJUDICATION. (Interprétation.)

BIENFAISANCE. (BUREAU DE)

1. — (Fermages.) — *C'est aux tribunaux, et non à l'autorité administrative, à prononcer sur les oppositions aux poursuites en paiement de fermages, dirigées par les administrateurs des bureaux de bienfaisance contre les fermiers desdits établissemens.*

Herzecle. (Bureau de bienfaisance de)
29 avril 1809. — (t. 1, p. 277.)

BIENS ABANDONNÉS.

1. — (Bail. — Propriété. — Compétence. — Conflit négatif.) — *La question de savoir si le fermier de biens abandonnés, jouit d'une plus grande contenance que celle qui lui est adjugée par le bail que lui a consenti l'autorité administrative, est une question de propriété, plus qu'une question d'interprétation de clauses: elle doit être jugée par les tribunaux ordinaires.*

Combe.
16 février 1811. — (t. 1, p. 467.)

BIENS CÉLÉS AU DOMAINE.

1. — (Hospice. — Dommages-intérêts.) — *L'autorité administrative seule est compétente pour statuer sur une contestation élevée entre deux établissemens publics de bienfaisance, relativement à la priorité de la découverte de biens célés au domaine, et lorsqu'il s'agit de décider auquel de ces deux établissemens est due la préférence.* (Art. 17, arrêté du 7 messidor an 9.)

Mais c'est aux tribunaux qu'il appartient de prononcer sur une action en dommages résultant de l'enlèvement d'une récolte opéré de vive force, encore que cette voie de fait ait eu lieu sur des domaines nationaux antérieurement célés au domaine; et actuellement possédés par un hospice.

Hospice de Tirlemont. — C. — les hospices de Liège.
17 janvier 1814. — (t. 2, p. 486.)

V. HOSPICES. IDEM. (Domaines nationaux.) — RÉVÉLATEUR. (Domaine de l'état.)

BIENS COMMUNAUX.

1. — (Copartageans. — Compétence.) — *Les conseils de préfecture sont compétens pour juger les contestations qui peuvent s'élever entre les copartageans, détenteurs des biens communaux, en vertu de la loi du 10 juin 1793, mais toutes les contestations relatives à la propriété de biens communaux possédés antérieurement à cette loi, et qui n'ont point été partagés depuis, sont du ressort des tribunaux.* (Loi du 9 ventose an 12.)

Habitans de Veuilly. — et de Sens-Beaujeu.
11 janvier 1813. — (t. 2, p. 194.)

2. — (Partage.) — *Maintien de partage de biens communaux dont l'acte de partage est suppléé par d'autres écrits, surtout s'il y a eu longue possession, sans nulle réclamation.*

Commune de Moyenvic.
24 juin 1808. — (t. 1, p. 171.)

3. — (Partage. — Nullité.) — *En matière de biens communaux, est nul le partage fait entre les habitans d'une commune, sur la demande d'un seul individu.* (Loi du 10 juin 1793.)

Puxe, (Commune.)
3 septembre 1808. — (t. 1, p. 198.)

4. — (Soumissions. — Partage.) — *Admission de soumissions faites en vertu de la loi du 9 ventose an 12 par des détenteurs de biens communaux qui n'avaient pas été régulièrement partagés.*

Comm. Saint-Jacques-des-Blats.
10 septembre 1808. — (t. 1, p. 204.)

BIENS DOMANIAUX. — V. ACTION POSSESSOIRE. (Autorité administrative.)

BIENS NATIONAUX.

1. — (Acquéreurs successifs. — Préférence.) — *Entre acquéreurs successifs d'un même domaine national, la préférence est due au premier acquéreur.*

Defey.
7 avril 1813. (t. 2, p. 356.)

2. — (Action possessoire. — Compétence.) — *Les actions possessoires, quoique intentées contre des propriétaires de biens nationaux et à raison de ces biens, sont néanmoins de la compétence des juges de paix; l'autorité administrative n'a le droit de revendiquer l'affaire que lorsqu'il s'agit de prononcer sur le pétitoire.*

Buscher. — C. — Desgranges.
7 octobre 1812. — (t. 2, p. 146.)

3. — (Adjudication. — Interprétation.) — *Lorsqu'une administration chargée de la vente de domaines nationaux a adjugé une ferme sans aucunes réserves, en prenant pour base le prix du bail, et en chargeant l'adju-*

dicataire d'entretenir le bail et de faire jouir le fermier de tous les objets compris dans son exploitation, la régie des domaines n'est pas recevable à prétendre que quelques pièces de terre faisant naturellement partie de la ferme, n'ont point été comprises dans l'adjudication de cette même ferme, sous prétexte qu'elles n'y auraient pas été nommément désignées.

Mony. — C. — l'Adm. des dom.
15 juin 1812. — (t. 2, p. 78.)

4. — (Adjudication. — Limites.) *Lorsque les procès-verbaux d'adjudication de biens nationaux ne contiennent pas une désignation suffisante des limites des biens vendus, s'il s'élève quelques contestations à cet égard, elles doivent être jugées par l'autorité judiciaire.*

Dufour et Figarol — C. — Lecoq.
21 juin 1813. (t. 2, p. 377.)

5. — (Adjudication. — Limites. — Compétence. — Divisibilité.) — *Lorsqu'il s'élève une contestation au sujet des limites d'un immeuble vendu par l'état, l'autorité administrative est compétente pour les déterminer, d'après les désignations portées aux procès-verbaux d'adjudication; mais si leurs procès-verbaux ne donnent pas des renseignemens suffisans; et s'il faut recourir à des titres anciens et à l'interprétation des coutumes locales, les tribunaux ont seuls le droit de prononcer sur l'effet de ces titres.*

Naissant. — C. — la comm. de Magny-Vernois.
20 juin 1812. — (t. 2, p. 84.)

6. — (Adjudication. — Opposition.) — *Une demande en nullité de l'adjudication de biens nationaux ne peut ni être agitée devant les tribunaux, ni être accueillie par l'autorité administrative, lorsque l'adjudication a eu lieu, sans opposition du propriétaire spolié, peu importerait qu'il eût fait des réclamations à l'autorité administrative, si, autorisé à former opposition, il avait négligé cette mesure conservatoire.*

Favoulet. — C. — Lecomte.
28 mai 1812. — (t. 2, p. 67.)

7. — (Adjudication. — Rentes. — Digues.) — *Les acquéreurs de biens nationaux, sous aucuns prétextes, ne peuvent être tenus d'acquitter les charges imposées avant la main-mise de la nation antérieurement à l'adjudication (à moins que l'obligation ne leur en ait été spécialement imposée), bien qu'il s'agisse de charges imposées originairement pour l'utilité des immeubles vendus, comme pour établissement de digues*, etc.

Viclaud.
31 janvier 1813. — (t. 2, p. 253.)

8. — (Baux à ferme. — Interprétation. — Compétence. — *L'autorité administrative n'est pas compétente pour prononcer sur les contestations qui prennent leur source dans l'interprétation d'un bail, même lorsque ce bail est l'ouvrage de l'administration.*

Régie des dom. — C. — Engels.
22 mai 1813. — (t. 2, p. 338.)

9. — (Bornage. — Compétence.) — *Une contestation entre acquéreurs de biens nationaux, relativement au bornage de leurs propriétés, est de la compétence de l'autorité administrative, si les motifs de la décision peuvent être pris dans les procès-verbaux d'adjudication, et résulter de l'interprétation de ces actes; mais si ces mêmes actes sont muets, et qu'il faille recourir à l'usage, ou à des titres antérieurs, la décision doit être renvoyée aux tribunaux.*

Chenet. — C. — Gandon.
31 juillet 1812. — (t. 2, p. 122.)

10. — (Corporations religieuses. — Dettes. — Hypothèque. — Caisse d'amortissement. — Sénatoreries. — *Les biens des corporations religieuses, une fois réunis au domaine de l'Etat, ont été affranchis de toutes dettes et hypothèques, et ils ont été cédés comme tels à la caisse d'amortissement, pour la dotation des sénatoreries.*

Régie des dom. — C. — le bureau de bienfaisance de Bedburdick.
22 mai 1813. — (t. 2, p. 346.)

11. — (Décompte. — Compétence. — *C'est à l'autorité administrative et non aux tribunaux qu'il appartient de statuer sur une contestation élevée entre un receveur des domaines et un acquéreur de biens nationaux, au sujet d'un décompte relatif au paiement de son acquisition.*

Régie des dom. — C. — Desfèvres-Dannery.
5 janvier 1813. — (t. 2, p. 179.)

12. — (Propriété. — Compétence. — Divisibilité. — *Lorsque la propriété d'un immeuble est contestée devant la justice administrative sous deux points de vue, 1°. D'une part, comme étant comprise dans une adjudication, 2°. Et d'autre part, comme étant acquise à un tiers, par titres écrits ou par longue possession antérieure à l'adjudication, — la justice administrative doit juger le procès, dans ses rapports avec l'acte d'adjudication, et renvoyer les parties à faire juger le procès dans ses rapports avec la possession ou les titres antérieurs, devant l'autorité judiciaire.*

La comm. d'Holacourt.
26 mars 1812. — (t. 2, p. 35.)

13. — (Servitude.) — *Lorsqu'une contestation s'est engagée entre deux acquéreurs de biens nationaux, relativement à un droit de passage que l'un d'eux réclame sur la propriété de l'autre, en se fondant sur les principes du droit commun, les tribunaux ordinaires sont seuls compétens pour prononcer.*

Roques. — C. — Lelièvre.
11 janvier 1813. — (t. 2, p. 192.)

14. — (Servitude. — Compétence.) — *L'adjudication d'un bien national qui se prévaut de titres antérieurs à son adjudication, pour réclamer, sur la propriété voisine, une servitude dont jouissaient ou devaient jouir les anciens propriétaires, dépossédés et représentés par le domaine, doit se pourvoir devant les tribunaux ordinaires: l'autorité administrative est incompétente pour interpréter les titres antérieurs, pour en faire l'adaptation au procès-verbal d'adjudication.*

Chretien. — C — Bauce.
15 juin 1812. — (t. 2, p. 74.)

15. — (Servitude. — Interprétation.) — *Les contestations qui peuvent s'élever entre un propriétaire ordinaire et un acquéreur de biens nationaux, relativement à un droit de servitude fondé sur un titre antérieur à la vente du domaine national, sont du ressort de l'autorité judiciaire; l'autorité administrative n'est compétente que pour expliquer ou interpréter les actes qui sont de son fait: aux tribunaux seuls en appartient l'exécution.*

Guillot. — C. — Lesterling.
15 juin 1812. — (t. 2, p. 79.)

16. — (Soumission. — Opposition.) — *Lorsque des biens nationaux ont été soumissionnés, et qu'avant l'adjudication ou contrat il a été formé une opposition de la part de tiers réclamant, la propriété, l'autorité administrative doit renvoyer pardevant les tribunaux pour être statué sur la question de propriété, sauf à prononcer ensuite sur la validité de la soumission.*

Mutel. — C. — La comm. de Booz.
8 janvier 1813. — (t. 2, p. 186.)

17. — (Vente. — Revendication.) — *Les questions de revendication de biens mal-à-propos vendus comme nationaux, sont du ressort de l'autorité administrative; s'il y a eu opposition à l'adjudication.*

Hermite.
9 avril 1817. — (t. 3, p. 560.)

— V. Acquéreurs — Acte administratif. (Interprétation.) — Adjudication. — Adjudication. (Interprétation.) — Comptabilité. (Fermier.) — Créanciers. — Fermages. — Fruits. — Hospices. (Caisse d'amortissement.) — Soumission.

BIERE. — V. Préfets. (Réglemens.)

BLOCUS. — V. Dotation. (Anglais.)

BOIS.

1. — (Adjudication. — Compétence.) — *Lorsqu'il y a litige entre deux particuliers, pour savoir lequel des deux est adjudicataire d'une coupe de bois faisant partie de la réserve d'une commune, ce n'est point au ministre à décider cette question: depuis la suppression des grandes maîtrises des eaux et forêts, les tribunaux seuls sont compétens.*

Baudoin. — C. — Cornisset Després.
11 décembre 1814. — (t. 3, p. 47.)

2. — (Communes. — Acquiescement. — Emigrés.) — *L'acquiescement donné par le ministre des finances à une sentence arbitrale rendue au profit d'une commune, en matière de bois nationaux, provenant d'un émigré, ne peut avoir d'effet, aux termes de la loi du 28 brumaire an 7, si, à l'époque où l'acquiescement est donné, l'émigré est rayé définitivement, et s'il a prêté serment. — Peu importe que l'acquiescement soit antérieur à l'arrêté du pri-*

nistre qui envoie l'émigré en possession. (Sénat.-cons. du 6 floréal an 10, art 17.)

Saulx-Tavannes.
4 juin 1816. – (t. 3, p. 305.)

3. — (Communes. — Emigrés.) — *Une question de propriété de bois entre des émigrés réintégrés, leurs cohéritiers et des communes, doit être jugée par les tribunaux ordinaires, nonobstant la la loi du 28 brumaire an 7, et bien qu'il y ait eu partage administratif. — La loi du 5 décembre 1814, a désintéressé l'administration.*

Montmort. — C. — la comm. de Jully-le-Châtel.
23 octobre 1816. – (t. 3, p. 404.)

4. — Martelage. — Indemnité. — Privilège.) — *Les contestations qui s'élèvent entre des propriétaires ou des adjudicataires de bois, et les fournisseurs de la marine, si elles ont pour objet de faire régler le prix des bois marqués pour la marine, et d'obliger les fournisseurs à en effectuer le paiement, sont du ressort des tribunaux civils.*

Le martelage est une sorte de privilège que le gouvernement exerce pour cause d'utilité publique : les contestations auxquels il peut donner lieu doivent être jugées d'après les principes de la loi du 8 mars 1810, sur les expropriations pour cause d'utilité publique.

Huet. — C. — Lemire.
12 avril 1811. –(t. 1. p. 491.)

5. — (Pâturage. — Adjudicataire. — Bois défensable.) — *Il n'est pas nécessaire qu'un acquéreur de bois domanial ait achevé de payer son prix, pour qu'il soit autorisé à faire pâturer ses bestiaux sur le bois acheté.*

Il n'est pas nécessaire qu'un bois ait été déclaré defensable par l'administration foncière, pour qu'un propriétaire puisse y faire paître ses troupeaux. (Avis du Conseil d'état du 18 brumaire an 14, approuvé le 10 frimaire suivant.)

Brunet et Bourbeau. — C. — la comm. de Nouaillé.
6 novembre 1817. – (t. 4, p. 188.)

6. — (Propriété. — Bois. — Communes.) — *C'est aux tribunaux qu'appartient le droit de prononcer sur des intérêts privés, tels que ceux résultant de la vente d'une coupe de bois faite par une commune et provenant d'un domaine dont la propriété serait contestée par un particulier.*

Magnan.
1er. septembre 1807. –(t. 1., p. 125.)

7. — (Tiercement.) *Les tiercemens et demi-tiercemens faits lors de la vente des coupes de bois, doivent être notifiés dans les vingt-quatre heures, soit au receveur des domaines, soit au dernier adjudicataire, conformément aux articles 31 et suivans du titre 15 de l'ordonnance des eaux et forêts ; mais cette formalité n'est pas nécessaire lorsque d'ailleurs il est constant que le dernier adjudicataire a eu connaissance du tiercement.*

Moutillet.
5 mars 1811. – (t. 1., p. 470.)

—V. Adjudication. (Acte administratif.) — Affouage. (Expertise.) — Approvisionnement de Paris. — Arpentage. — Commune. — idem. (Propriété.) — Conflit. (Lettre de change. — Décision ministérielle. (Instruction) — Indemnité. (Droit réel.) — Invasion. (Force majeure.) — Marché avec le gouvernement. (Juridiction.) — Question préjudicielle. — Société. (Adjudication.) — Tiercement.

BOIS COMMUNAUX.

1. — (Cantonnement. — Compétence.) — *Les préfets n'ont pas droit d'ordonner un cantonnement au profit d'une commune pour lui tenir lieu de son droit d'usage et de pâturage dans des bois d'une autre commune, lorsque ce droit est contesté ; ils doivent renvoyer pardevant l'autorité judiciaire pour être fait droit sur la question de servitude.*

Comm. de Malle. — C. — Comm. de Millen.
11 janvier 1813. – (t. 2, p. 195.)

— V. Affouage. — Communes. (Réunion.)

BOIS DOMANIAUX.

1. — (Adjudication.) — *Depuis la suppression des grandes maîtrises des eaux et forêts, les tribunaux ordinaires sont compétens pour connaître des contestations élevées, soit sur l'adjudication des coupes de bois domaniaux, soit sur le prix desdites adjudications.*

L'Adm. des dom. — C. — Bernard.
6 mars 1816. – (t. 3, p. 244.)

BOIS NATIONAL.

1. — (Adjudication. — Inviolabilité constitutionnelle.) — *Un contrat de vente administrative passé le 1 fructidor an 4, d'un bois national voisin d'une forêt nationale et qui, à raison de cette distance (moindre de mille toises) devrait être conservé aux termes des lois des 28 ventose et 6 floréal an 4, peut être aujourd'hui annullé nonobstant l'inviolabilité constitutionnelle, si la vente administrative a été querellée immédiatement après la passation, et si elle est restée depuis en état de litige.*

Mugnier. — C. — l'Ad. des dom.
7 août 1816. – (t. 3, p. 352.)

— V. Bois de marine. (Fournisseur.)

BOISSON.

1. — (Détail. — Fourniture aux alliés.) — *Une fourniture de boissons faite aux troupes autrichiennes, en exécution d'un marché administratif, constitue une vente en gros, et n'est pas assujétie aux droits de la vente en détail.*

L'administration des contributions indirectes. — C. — le sieur Ymonet.
14 janvier 1818. – (t. 4, p. 233.)

2. — (Eaux-de-vie. — Abonnement.) — *Lorsque des débitans de boissons, dans une soumission d'abonnement, ont librement consenti que leur abonnement ne comprendrait pas les eaux-de-vie et liqueurs, la convention doit être exécutée sans qu'il soit permis d'exciper en sens contraire de la loi des finances du 28 avril 1816.*

Débitans de boissons de Rouen. — C. — la rég. des cont. ind.
22 octobre 1817. – (t. 4, p. 156.)

3. — (Effet rétroactif. — Taxe. — Vins. — Octrois.) — *La taxe additionnelle établie par le décret du 4 mars 1806, doit atteindre tous les vins entrés et stationnés dans le bassin de la Râpée, bien qu'ils y fussent entrés avant la promulgation de ce décret.*

Héloin.
23 avril 1807. – (t. 1, p. 81.)

— V. Abonnement. — Débitans. — Droits positifs. — (Administration active.) Justice ministérielle. (Contentieux.)

BONIFICATION. — V. Contentieux de la marine. (Intérêts.)

BONNEFOI. — V. Comptabilité. (Percepteur.) — Douanes. (Coton.) — Fruits. — Mise en jugement. (Concussion.)

BORNAGE.

1. — (Compétence.) — *L'autorité administrative n'est point compétente pour statuer sur une demande en bornage, encore qu'il s'agisse de domaine d'origine nationale.*

Taillard. — C. — Nasl Désarmaud.
1er. février 1813. – (t. 2, p. 262.)

— V. Biens nationaux. — Conseil d'état. (Pourvoi.) — Limites.

BOUCHERIES. — V. Privilége exclusif. (Autorité locale.)

BOULANGER.

1. — (Fournisseur.) — *La qualité de fournisseur de pain pour établissemens publics, n'emporte pas prohibition de vendre du même pain aux particuliers, lorsque d'ailleurs le fournisseur est boulanger de son état, et muni d'une patente.* (Lois des 17 mars et 22 juillet 1791.)

Coulombeau.
28 février 1810. – (t. 1, p. 356.)

BOURGEOISIE. V. Contribution. (Autorité judiciaire.)

BOURSE GRATUITE. — V. Fondation pieuse.

BUREAUX DE BIENFAISANCE. — V. Bienfaisance. (Bureau de) — Capacité. (Legs.) Pauvres.

CADASTRE.

1. — (Arpentage. — Honoraires.) — *Il ne suffit pas qu'une demande en paiement d'honoraires, soit formée par des géomètres par suite d'arpentage de cadastre, pour que la contestation soit administrative ; si l'arpentage a été fait par suite de conventions entre les géomètres et les particuliers, la contestation est exclusivement du ressort des tribunaux ordinaires.*

Lefebvre Millet. — C. — Montjean.
11 février 1818. – (t. 4, p. 253.)

CAISSE D'AMORTISSEMENT.

1. — (Adjudication.) — *Les adjudi-*

cations des biens de la caisse d'amortissement doivent être faites et jugées dans les formes prescrites pour les biens nationaux, mais elles doivent être régies à l'égard des tiers par les règles du droit commun.

Une adjudication qui, par erreur, porte sur des biens de fabrique, tandis qu'en réalité on veut vendre un bien de la caisse d'amortissement, est nulle, il n'est pas permis de substituer l'immeuble de la caisse d'amortissement, à l'immeuble de fabrique que l'on n'a pas eu l'intention d'adjuger. (Loi du 3 juin 1793, art. 24.)

Dehagre.
17 janvier 1814. — (t. 2, p. 484.)

2. — (Bail. — Résiliation.) — *La demande d'un acquéreur de biens célés à la caisse d'amortissement, vendus en vertu ou par abus de la loi du 20 mars 1813, si elles tend à la résiliation du bail des fermiers, doit être portée devant l'administration et non devant les tribunaux,*

Guyot. — C. — Husson.
9 avril 1817. — (t. 3, p. 555.)

— V. Acquéreurs successifs. — Biens nationaux. (Corporations religieuses.) — Cheptel. (Compétence.) — Hospices.

CAISSE DE L'EXTRAORDINAIRE. — V. — Acquéreurs. (Libération.)

CANAL. — CANAUX.

1. — (Compagnie des canaux.) — *Les droits et les charges de la compagnie des canaux d'Orléans et de Loing ont leur règle principale dans l'édit de concession de 1679. — S'il y a été dérogé par transaction avec des particuliers, ces transactions sont inopposables à l'administration publique.*

Canaux d'Orléans et de Loing. — C. — la comm. de Prenoy.
27 août 1814. — (t. 4, p. 116.)

2. — (Compétence.) — *C'est à l'autorité administrative, et non aux tribunaux, qu'appartient la connaissance des contestations auxquelles donneraient lieu les anticipations ou détériorations commises sur les canaux, leurs chemins de hallage, francs-bords et ouvrages d'art dépendant desdits canaux.* (Loi du 29 floréal an 10.)

Deloince.
13 mai 1809. — (t. 1, p. 285.)

3.—(Concessionnaire. — Propriétaire riverain. — Compétence.) — *C'est devant l'autorité administrative, et non devant les tribunaux, que doivent être portées les contestations auxquelles donne lieu l'exécution d'un chirographe portant concession, en faveur d'un particulier, de construire un canal, et qui s'élèvent entre le concessionnaire de ce canal et les propriétaires riverains, prétendant que l'inexécution des conditions de la concession est préjudiciable à leurs propriétés.*

Roussel. — C. — Crillon.
17 juin 1809. — (t. 1, p. 291.)

4. — (Ecluse. — Curage. — Empiètement.) — *Lorsqu'il s'agit de régler les travaux à faire pour parvenir au curage d'une écluse ou d'un bras de rivière et à lui rendre sa largeur, c'est pardevant l'autorité administrative que la contestation doit être portée ; c'est elle seule qui est compétente pour faire constater les empiétemens qui peuvent avoir été faits sur le lit d'une écluse ou d'un canal de dérivation, et pour en ordonner le rétablissement.* (Loi du 14 floréal an 11.)

Demay la Terrade. — C. — Valentin.
4 août 1811. — (t. 1, p. 515.)

5. — (Propriété. — Voirie.) — *Les co-usagers d'un canal, quand ils ont à distribuer les eaux selon des titres, réglemens ou usages anciens, ne doivent soumettre leurs contestations qu'aux tribunaux. Un préfet n'est pas compétent pour ordonner une prise d'eau, même provisoire, surtout si déjà les parties sont devant les tribunaux.*

Canal de Dalt. — C. — Vilar.
25 juin 1817. — (t. 4, p. 67.)

6. — (Réparation. — Riverain.) — *Le rétablissement, dans leur état primitif, de canaux destinés à préserver une commune de l'inondation, est à la charge des riverains, lorsqu'il est reconnu que l'encombrement de ces canaux provient de leur fait.*

Tabuteau. — C. — le maire de Chateauneuf.
20 novembre 1815. — (t. 3, p. 181.)

7. — (Rétribution. — Indemnité.) — Contentieux. — Justice discrétionnaire.) — *Les propriétaires du canal de Fouchy, qui ont eu droit à des rétributions pour le flottage du bois, en vertu des lettres-patentes de 1676, et d'une sentence du bureau de la ville de Paris, de 1733, ne peuvent réclamer l'exécution littérale de leur titre, s'il est survenu dans l'état des canaux un grand changement ; mais ils ont droit à une indemnité discrétionnairement fixée par la justice du conseil, compétent par voie de recours contre l'autorité du ministre.*

Lafaulotte et Godot. — C. — Aviat.
23 octobre 1816. — (t. 3, p. 409.)

8. — (Rivière navigable. — Pêche. — *Un canal de navigation, notamment celui de l'Etang de Thau, au port de Cette, est assimilé à une rivière navigable, en ce qui touche le droit de pêche.*

Boudard. — C. — l'adm. des dom.
30 juillet 1817. — (t. 4, p. 106.)

9. — (Servitude. — Compétence.) — *Lorsqu'il s'agit de décider si une transaction passée entre les auteurs d'un acquéreur de domaine national et le propriétaire d'un canal, a imposé une servitude perpétuelle, ou seulement temporaire et révocable à volonté, sur le domaine aliéné par le gouvernement, et si en vertu de cet acte la redevance stipulée pour raison de l'irrigation du domaine peut ou non être exigée, c'est aux tribunaux, et non à l'autorité administrative, qu'il appartient d'en connaître.*

Solaro-Dubourg. — C. — Ghiaio.
15 novembre 1810. — (t. 1, p. 432.)

10. — (Talus. — Adjudication. — Présomption.) — *L'adjudicataire d'une prairie bordant un canal, n'est pas fondé à prétendre que les talus qui bordent le canal, sont présumés faire partie de son adjudication, lorsque d'ailleurs ils n'ont pas été nommément compris dans son adjudication ; — les talus d'un canal sont indispensablement nécessaires à son exploitation, et ne forment avec lui qu'un seul et même tout.*

Martinet et Schasser. — C. — Reiner.
26 mars 1812. — (t. 2, p. 40.)

— V. Contentieux. (Administration.) — Curage. — Digues. — Eau. (Cours d'.) — Idem. (Pêche.) — Idem. (Propriété.) — Justice discrétionnaire. (Compensation.) — Marais.

CANTONNEMENT.

1. — Aménagement. — Servitudes. — Droit d'usage.) — *L'opération du cantonnement affranchit chaque part et portion de tout droit d'usage ou servitude, et n'est point un obstacle à la demande d'un nouvel aménagement.*

Comm. de Marast.
4 août 1811. — (t. 1, p. 516.)

— V. Bois communaux.

CAPACITÉ.

1. — (Legs. — Bureau de bienfaisance. — Sœurs de la charité. — Autorité administrative. — Conflit.) — *Les tribunaux ne sont pas compétens pour prononcer l'incapacité des légataires, et déclarer caducs des legs faits aux pauvres (ou à des sœurs de la charité), lorsque les bureaux de bienfaisance ont été autorisés par le gouvernement à accepter ces legs.* (Loi de 1749.)

Brulon.
25 janvier 1807. — (t. 1, p. 26.)

— V. Accusé. (Evasion.)

CAPITAINE. — Responsabilité. (Coulage.)

CAPITULATION. — V. Contentieux. (Justice gouvernementale.)

CAPTEURS. — Prise maritime. (Compétence.)

CAPTURE. — Navire.

CARGAISON. — Simulation.

CARRIÈRE.

1. — (Entrepreneur. — Convention.) — *L'entrepreneur de travaux publics qui est autorisé à prendre des matériaux dans une carrière, s'il traite de gré à gré de ces matériaux avec le propriétaire de la carrière, devient justiciable des tribunaux à raison de cette convention. Ce n'est pas le cas d'appliquer les réglemens relatifs aux fouilles et extractions.*

Remond. — C. — Rigolet.
20 novembre 1815. — (t. 3, p. 165.)

— V. Travaux communaux. (Indemnité.)

CASSATION. — CONFLIT. — COUR DES COMPTES. — EXCÈS DE POUVOIRS.

CAUSE. (défaut de)

1. — Communes. — Rentes. — Rescision.) — *Le refus fait par une commune de continuer de payer à l'État une rente dont elle était tenue envers son souverain avant sa réunion à la France et motivé sur ce que la cause qui a donné lieu à l'établissement de la rente, n'existe plus, présente une question de propriété sur laquelle les tribunaux seuls doivent prononcer.*

Comm. d'Erchelens.
2 février 1808. — (t. 1, p. 146.)

CAUTION.

1. — (Comptable.—Responsabilité.—Connexité. — Payeur.) — *Le payeur divisionnaire est responsable envers le trésor du remboursement des sommes payées par les receveurs d'arrondissement, en l'acquit d'un payeur de département, son préposé, pour une partie quelconque du service, sauf son recours contre la caution de ce dernier. — La contestation qui peut s'élever sur un cautionnement de cette espèce étant inséparable de la contestation principale, doit être portée devant l'autorité administrative.*

Ve. Saint Firmain.
28 mai 1812. — (t. 2. p. 65.)

2. — (Comptable. — Trésor public.) — *Est-ce à la juridiction administrative à juger si la caution d'un comptable est fondée à exciper, pour sa libération de ce que les agens du trésor public ont dénaturé la position du comptable, de manière que sa caution ne puisse plus être subrogée dans l'hypothèque du trésor public?*

Loisel-Guillois.
22 novembre 1810. — (t. 1, p. 436.)

3. — (Garantie. — Fermiers de l'État.) — *En matière de cautionnement, l'intervention postérieure d'une caution pour suppléer à l'insuffisance de la garantie, ne détruit pas les obligations de la première caution. Le maintien d'un fermier de l'État dans son bail, par suite de la préférence qui lui est accordée sur son surenchérisseur, n'opère pas une novation dont sa caution puisse se prévaloir pour être déchargée de sa garantie, et pour détruire le droit qu'a une autre caution, en cas de débet de ce fermier, de demander que l'action en paiement soit divisée entre elle et ses co-fidéjusseurs.*

Weissenbruck.
29 mars 1811. — (t. 1, p. 484.)

4. — (Libération.) — *Lorsque la résiliation d'un bail administratif a été opérée par les volontés respectives qui avaient créé l'obligation, la caution se trouve dégagée.*

Plumier.
9 janvier 1812. — (t. 2, p. 3.)

5. — (Octroi.) — *La justice administrative est compétente pour décider quelle est l'étendue des obligations de la caution d'un fermier d'octroi.*

Si le bail a été fait moyennant un prix fixe, plus une portion des bénéfices qui seraient en sus, la caution est réputée n'avoir voulu s'obliger que pour le prix fixé, non pour les bénéfices éventuels.

Leveillé. — C. — la ville de Nevers.
4 juin 1815. — (t. 3, p. 122.)

6. — (Receveur des contributions. — Préposé aux Recettes.) — *La gestion des préposés aux recettes supprimés par la loi du 27 ventôse an 8, est étrangère à celle des receveurs particuliers qui les ont remplacés et qui ont été assujétis à un cautionnement en numéraire. En conséquence, les cautions d'un préposé aux recettes ne sont passibles du débet de ce préposé que pour sa gestion; ils ne sont point garants de sa gestion comme receveur particulier.*

Lavergne.
9 septembre 1811. — (t. 1, p. 533.)

— V. COMMUNE. — COMPÉTENCE. (Divisibilité.) — PRESCRIPTION. (comptable.) — RECEVEUR DE DENIERS PUBLICS.

CAUTIONNEMENT.

1. — (Barrières. — Acte administratif.) — *Le cautionnement d'un fermier de barrières est un acte administratif dont les effets ne peuvent être déterminés que par l'autorité administrative. C'est en conséquence à cette autorité, et non aux tribunaux, qu'il appartient de prononcer sur le mérite d'une opposition formée par un particulier qui, pour se soustraire aux poursuites dirigées contre lui en qualité de caution d'un fermier de l'État, conteste cette qualité.*

Thorel.
24 juin 1808. — (t. 1, p. 174.)

2. — (Réduction.) — *Lorsque le Ministre des finances autorise un préfet à restreindre le cautionnement d'un receveur général, il ne l'autorise pas pour cela, à décider que telle et telle cautions du receveur général profiteront de la réduction, l'une pour totalité, l'autre pour partie de leur cautionnement.*

Fauchiez.
23 mai 1810. — (t. 1, p. 375.)

— V. COMPENSATION. — IMPUTATION. — RECEVEURS. (Responsabilité.) — RECEVEUR DES CONTRIBUTIONS. — TRÉSOR PUBLIC.

CÉDULES.

1. — (Domaines nationaux.) — *C'est la justice ordinaire qui statue sur la question de savoir si des cédules souscrites en paiement de biens nationaux ont été acquittées et éteintes, ou si elles sont valablement restées dans le commerce, lorsque le tireur est sans intérêt.* (Le 16 brumaire an 5; — 26 vendémiaire an 7.)

Gouly. — C. — Vallet.
21 janvier 1813. — (t. 2, p. 235.)

— V. FOLLE ENCHÈRE.

CENS. — V. RENTE. (Transaction.)

CERTIFICAT. — V. COMPTABILITÉ. (Procès-verbal.)

CESSATION DE COMMERCE. — V. PATENTE.

CESSIONNAIRE. — V. HOSPICES. — TIERCE OPPOSITION.

CHAPEAUX. — V. MANUFACTURE. (Autorisation.)

CHARBON. — V. INDEMNITÉ. (Privilège.)

CHARCUTIERS. — V. RÈGLEMENT DE POLICE. (Contentieux.)

CHARGES. — V. ENGAGISTES.

CHARGEUR. — V. SAUVETAGE.

CHEMIN.

1. — (Fosse. — Préfet. — Compétence.) — *Un préfet est compétent pour ordonner le rétablissement d'un puchot creusé entre un chemin et une rivière.*

Lebreton.
3 décembre 1817. — (t. 4, p. 216.)

2. — (Propriété. — Compétence.) — *L'autorité administrative n'est pas compétente pour prononcer sur une contestation élevée par un particulier sur la jouissance d'un chemin supprimé par le propriétaire du fonds sur lequel il existait, lorsque ce chemin prétendu public n'est réclamé ni par le domaine, ni par la commune.* (Cod. civ., 650.)

Comballot. — C. — Ferus.
29 novembre 1808. — (t. 1, p. 162.)

3. — (Propriété. — Compétence.) — *Les questions de propriété, soit entre particuliers, soit entre les communes et les particuliers, appartiennent exclusivement à la juridiction des tribunaux. En conséquence, l'autorité administrative n'est pas compétente pour décider si un chemin réclamé par un particulier, comme faisant partie de sa propriété, et qui lui est contesté par une commune, appartient ou non au domaine public.*

Comballot. — C. — Charbonnier et la commune de la Guillotière.
11 avril 1810. — (t. 1, p. 364.)

4. — (Propriété. — Indemnité.) — *Les indemnités dues aux particuliers, à raison des terrains pris ou fouillés, ou même des pierres extraites pour la confection des chemins publics, doivent être allouées par les conseils de préfecture, aux termes de l'article 4 de la loi du 28 pluviose an 8; il n'y a pas lieu à recours devant les tribunaux.*

Ollien. — C. — Girodet.
3 décembre 1817. — (t. 4, p. 212.)

5. — (Largeur. — Autorité administrative.) — *Lorsqu'il y a litige sur la largeur d'un chemin ou sentier servant aux communications rurales, la connaissance du litige est dévolue à l'autorité administrative, sans qu'il y ait lieu à examiner si le chemin ou sentier a le caractère de chemin public, ou s'il a le caractère de servitude privée.* (Art. 3, tit. 1.er, loi du 6 octobre 1791.)

Roger. — C. — Dantan.
19 novembre 1807. — (t. 1, p. 131.)

6. — (Servitude.) — *La question de savoir si un droit de passage exercé sur un terrain au moyen d'un chemin qui y touche, est supprimé ou altéré par le transport du chemin dans un autre endroit, par l'autorité administrative, est une question du ressort des tribunaux ordinaires, et non du ressort de la justice administrative.*

Guérin. — C. — Delabrosse.
10 décembre 1817. — (t. 4, p. 229.)

7. — (Vicinalité. — Compétence. — Voirie.) — *De ce qu'aux termes de la loi du 9 ventôse an 13, à l'autorité administrative est attribué le droit de fixer la largeur des chemins vicinaux, il ne s'ensuit pas que cette autorité soit compétente pour connaître d'une contestation sur la vicinalité d'un chemin, ce droit appartient exclusivement aux tribunaux.*

Un particulier n'a point le droit de supprimer un chemin, sur le motif qu'il aurait été établi sur sa propriété et n'aurait subsisté que par tolérance, lorsqu'il est constaté que les habitans étaient depuis long-temps en possession de l'usage de ce chemin. Il faut préalablement qu'il soit statué sur le litige. Autrement le maire, comme officier de police judiciaire, peut en ordonner le rétablissement, et par la même raison, l'autorité administrative a ce droit.

Chabrié.
4 juin 1809. — (t. 1, p. 248.)

— V. Action administrative. (Décision de justice administrative.) — Adjudication. — Limites. — Provisoire. (Possessoire.)

CHEMIN AGRAIRE. — Chemin vicinal.

CHEMIN D'AISANCE.

1. — (Usurpation.) *L'autorité administrative n'est pas compétente pour connaître des contestations qui peuvent s'élever relativement à un chemin d'aisance destiné au passage des bestiaux et à l'écoulement des eaux pluviales.*

La commune d'Esclaron. — C. — les demoiselles Richatek.
15 mai 1813. — (t. 2, p. 329.)

CHEMIN DE DESSERTE.

1. — (Rivière non navigable. — Eau. (cours.) — Voirie. — Réglement.) — *Toute contestation entre particuliers sur le détournement d'une rivière non navigable, est du ressort des tribunaux ordinaires et non dans les attributions du préfet.*

Même décision pour un chemin de desserte, à l'usage d'un certain nombre de particuliers.

Morlé. — C. — Dezermizelle.
13 mai 1818. — (t. 4, p. 332.)

CHEMIN DE HALAGE.

1. — *Un arrêté du préfet ordonnant la conservation d'un terrain dans son affectation actuelle à un chemin de halage, ainsi que pour le chargement et le déchargement des marchandises, est un acte administratif rendu compétemment, qui ne peut être attaqué devant le conseil d'Etat par le propriétaire lézé, qu'après avoir été attaqué devant le ministre de l'intérieur.*

Rénée Bouron.
20 juin 1816. — (t. 3, p. 317.)

— V. Réglement. (Délit.)

CHEMIN D'EXPLOITATION.

1. — (Passage. — Compétence.) — *C'est aux tribunaux, et non à l'autorité administrative, à juger les contestations relatives à un droit de passage sur un chemin d'exploitation.*

Valeteau de Chabrefy.
29 septembre 1810. — (t. 1, p. 412.)

— V. Chemin vicinal. (Pont.)

CHEMIN NÉCESSAIRE. — Chemin vicinal. — Relais de mer.

CHEMINS PARTICULIERS.

1. — (Compétence.) — *Les préfets ne sont pas compétens pour connaître des contestations relatives à l'établissement de chemins destinés à l'exploitation des propriétés particulières.*

Théobald. — C. — Duval.
22 février 1813. — (t. 2, p. 280.)

CHEMIN PUBLIC.

1. — (Anticipation. — Autorité administrative. — Provisoire.) — *En matière d'anticipation faite sur un chemin dont la publicité est contestée, le préfet a le provisoire. En conséquence ce fonctionnaire a le droit d'ordonner que ce chemin sera rétabli dans son état primitif. Cette décision ne préjuge en rien la question de publicité.* (Loi du 9 ventôse an 13.)

Guyan. — C. — Gardin.
16 mai 1810. — (t. 1, p. 375.)

2. — (Anticipation. — Propriété. — Compétence. — Possession.) — *Les tribunaux et non l'autorité administrative sont compétens pour connaître d'une contestation relative à la propriété d'une portion de la largeur d'un chemin public à laquelle prétendrait un particulier, et qui lui serait contestée par une commune. — Quant à la possession, si elle n'est point contestée aux habitans, elle doit leur être conservée provisoirement jusqu'à ce qu'il ait été statué sur le fonds.*

Prousteau. — C. — la comm. de Villeroy.
24 mars 1809. — (t. 1, p. 246.)

3. — (Autorité administrative.) — *Lorsque l'autorité administrative a décidé qu'un chemin est* public, *mais* inutile, *et qu'en conséquence elle a autorisé le propriétaire sur la terre de qui ce chemin est établi à le supprimer, l'autorité judiciaire ne peut examiner si l'un des voisins est fondé à réclamer l'usage de ce chemin, à titre de* réintégrande, *par voie d'action possessoire.*

Monneron. — C — Bernier.
19 août 1808. — (t. 1, p. 192.)

4. — (Provisoire. — Compétence.) — *Dans une contestation entre particuliers, au sujet de la publicité ou non publicité d'un chemin, l'autorité administrative n'a que le provisoire, et ne peut statuer sur le fond d'une telle discussion, qui présente une question de propriété, dont la connaissance est exclusivement attribuée aux tribunaux ordinaires.*

Dupuis. — C. — Motte.
11 avril 1810. — (t. 1, p. 362.)

5. — (Servitude. — Voirie.) — *Les tribunaux seuls sont compétens pour juger une question de servitude relative à un passage public sur la propriété d'un particulier; néanmoins, l'autorité administrative a le provisoire et peut maintenir la jouissance publique de ce passage, jusqu'à la décision à intervenir des tribunaux.*

Robin.
18 août 1811. — (t. 1, p. 527.)

6. — (Voie privée. — Compétence.) — *Lorsqu'il s'agit de décider si un chemin litigieux est un chemin vicinal et public, ou une voie privée, cette décision, relative à la nature du chemin, est réservée à l'autorité administrative.*

Matte. — C. — Malo.
7 octobre 1807. — (t. 1, p. 128.)

— V. Arbre. (Commune.) — Voirie.

CHEMIN PUBLIC. — V. Anticipation. (Chemin vicinal.)

CHEMIN RURAL.

1. — (Chemin vicinal. — Préfet. — Compétence.) — *Les préfets ne sont pas compétens pour décider seuls la question de savoir si un chemin est rural ou au contraire vicinal; cette contestation doit être jugée par les conseils de préfecture.* (Loi du 9 ventose an 13.)

Prestel. — C. — Morainville.
15 juin 1812. — (t. 2, p. 81.)

CHEMIN SUPPRIMÉ.

1. — (Utilité publique.) — *Les conseils de préfecture ne sont pas compétens pour décider la question de savoir si un chemin supprimé doit ou non être conservé pour cause d'utilité publique, parce que c'est là un acte de pure administration qui appartient exclusivement aux préfets.*

De Reynegom.
29 janvier 1814. — (t. 2, p. 507.)

CHEMIN VICINAL.

1. — *Lorsqu'un chemin n'a pas été rangé par le préfet dans la classe des chemins vicinaux, et qu'il s'agit de savoir s'il appartient au propriétaire dont il traverse les propriétés, la question est purement judiciaire; elle ne regarde aucunement le conseil de préfecture.*

Lorsqu'un chemin qui traverse les propriétés d'un particulier n'a pas actuellement le caractère de chemin vicinal, le maire de la commune peut se pourvoir devant le préfet pour demander que ce chemin soit classé parmi les chemins vicinaux, et qu'il soit statué sur son emplacement, sa largeur et sa direction, sauf une juste et préalable indemnité envers qui de droit.

Delteil. — C. — le maire de Fontanes.

3 juin 1818. — (t. 4, p. 343.)

2. — *Lorsqu'un préfet a déterminé la largeur d'un chemin vicinal, le conseil de préfecture ne peut décider qu'un voisin s'est emparé d'une portion du chemin, s'il reste au chemin, dans son état actuel, toute la largeur exigée par la loi; en ce cas, c'est une question de propriété à soumettre aux tribunaux.*

Quid? *Si le propriétaire riverain accusé d'usurpation prétendait que c'est le préfet qui veut donner de l'extension au chemin aux dépens du propriétaire;*

Quid? *Encore si, en reconnaissant pour vraie la largeur du chemin vicinal, le propriétaire d'un des deux bords soutenait que la portion anticipée est dans la possession du voisin de l'autre bord, et non dans la sienne;*

Ne serait-ce pas là des questions de propriété étrangères à la justice administrative?

Lamiraud. — C. — la comm. de Bréville.

6 novembre 1817. — (t. 4, p. 181.)

3. — (Alignement. — Servitude. — Indemnité.) — *Lorsqu'un particulier soutient qu'un chemin vicinal contourne sa propriété et ne la traverse point, la contestation offre une question de servitude dont la connaissance appartient aux tribunaux; il est bien vrai qu'il est dans les attributions du préfet de statuer sur des améliorations et de déterminer un nouvel emplacement ou alignement d'un chemin vicinal, mais c'est une innovation à faire en la forme administrative, et sauf une juste et préalable indemnité envers qui de droit.* (Loi du 9 ventose an 13.)

Ranson. — C. — la comm. de St.-Augustin.

23 avril 1818. — (t. 4, p. 311.)

4. — (Anticipation.) — *C'est à l'autorité administrative, et non aux tribunaux, qu'appartient le droit de constater s'il y a eu ou non anticipation sur un chemin vicinal.* (Loi du 9 ventose an 13.)

Godinot-Dinet.

3 septembre 1808. — (t. 1, p. 197.)

5. — *Bien que l'autorité administrative soit compétente pour connaître des anciennes limites des chemins vicinaux, néanmoins aux tribunaux seuls appartient le droit de réprimer les anticipations qui ont lieu sur ces chemins.*

En ce cas, n'y aurait-il pas lieu à indemnité?

Duplessis.

18 août 1807. — (t. 1, p. 122.)

6. — (Anticipation. — Compétence.) — *Les tribunaux ordinaires ne sont pas compétens pour déterminer la largeur d'un chemin vicinal, pour décider s'il y a eu, ou non, anticipation sur cette voie. Le droit de reconnaître les anciennes limites des chemins vicinaux, et de fixer leur largeur, est dans les attributions de l'autorité administrative.* (Loi du 9 ventose an 13.)

Danielon. — C. — Legarrec.

16 août 1808. — (t. 1, p. 190.)

7. — (Anticipation. — Conflit. — Compétence.) — *Bien qu'aux termes de la loi du 9 ventose an 13, les contestations relatives aux usurpations commises sur les chemins vicinaux, soient attribuées à l'autorité administrative, néanmoins un préfet ne peut, en cette matière, revendiquer la connaissance d'une contestation sur laquelle il aurait été statué par un jugement rendu par les tribunaux, antérieurement à la loi de l'an 13, encore que ce jugement n'ait point reçu d'exécution.*

L'hermite.

21 décembre 1808. — (t. 1, p. 227.)

8. — (Anticipation. — Possessoire. — Compétence.) — *Les conseils de préfecture sont compétens pour réprimer provisoirement une anticipation faite sur un chemin vicinal, et qui en rend l'usage impraticable, sauf à celui qui se prétend propriétaire du terrain contesté, à se pourvoir devant les tribunaux pour faire valoir, contre qui de droit, ses prétentions sur la propriété du chemin qu'il a intercepté.* (Lois des 29 floréal an 10 et 9 ventose an 13.)

Soulatre.

6 juin 1811. — (t. 1, p. 502.)

9. — (Anticipation. — Propriété.) — *Un conseil de préfecture est compétent pour statuer sur le fait d'anticipation d'un chemin vicinal non-contesté, pourvu qu'il ne préjuge rien à l'égard de la propriété en litige de la partie du chemin prétendu usurpée.*

Chesneau Blancier. — C. — le maire de Saint-Hilaire-Saint-Florent.

27 août 1817. — (t. 4, p. 126.)

10. — (Chemin agraire. — Compétence.) — *La question de savoir si un chemin est vicinal, ou s'il est agraire, doit être jugée par les tribunaux, les conseils de préfecture sont incompétens pour en connaître.*

Colliquet.

18 mars 1813. — (t. 2, p. 286.)

11. — (Chemin nécessaire. — Propriété.) — *La question de savoir si un chemin doit exister comme vicinal, en ce qu'il est nécessaire, est dans les attributions des préfets, non des conseils de préfecture; — Que s'il s'agit de savoir si un chemin est vicinal par force de titre, de convention ou d'usage, c'est là une question de propriété, soumise aux tribunaux ordinaires.* (Art. 6, loi du 9 ventose an 13. — Décr. du 6 octobre 1813.)

Noël. — C. — les habitans de Saint-Maurice.

18 janvier 1815. — (t. 3, p. 62.)

12. — (Compétence.) — *Relativement aux chemins vicinaux, l'administration active ne peut statuer qu'en ce qui touche la voirie; si la question de propriété s'engage, l'affaire doit être renvoyée aux tribunaux judiciaires.*

Deschamps. — C. — la commune de Chirat-l'Église.

17 avril 1812. — (t. 2, p. 59.)

13. — *Lorsqu'il s'agit de déterminer la longueur d'un chemin vicinal, l'autorité administrative est compétente pour en connaître.*

Mais lorsqu'il est question de décider s'il existe un chemin public, et que les propriétaires contre lesquels on réclame une portion de terrain pour faire ce chemin, prétendent que le terrain réclamé, est leur propriété privée, et n'a jamais fait partie de la voie publique, la contestation ne présente qu'une question de propriété, qui ne peut être jugée que par les tribunaux ordinaires.

Les tribunaux de police sont compétens pour prononcer sur le fait de la contravention en matière de petite voirie, — mais lorsque la question de propriété est agitée, ils doivent surseoir à prononcer sur l'action, jusqu'à ce qu'il ait été statué sur la question de propriété.

Bonnet et Lecointre.

7 août 1810. — (t. 1, p. 388.)

14. — *Il n'appartient qu'aux tribunaux de connaître d'une contestation ayant pour objet, la question de savoir si un terrain litigieux est chemin vicinal, ou propriété privée.*

Delpech. — C. — Mérignac.

7 février 1809. — (t. 1, p. 255.)

15. — (Compétence. — Possession provisoire.) — *C'est aux tribunaux et non à l'autorité administrative qu'appartient la connaissance des contestations auxquelles pourrait donner lieu la propriété d'un chemin supprimé par un particulier qui s'en prétendrait propriétaire, et réclamé par une commune, comme vicinal.*

Quant à la possession provisoire du terrain en litige, dans le cas où il y aurait été fait des plantations qu'il importerait de n'être pas détruites, le détenteur pourra la conserver en déposant entre les mains du receveur de la commune, le montant de la valeur dudit terrain, jusqu'à jugement définitif.

Ploumoguer. (commune de) — C. — Desson.

10 mars 1809. — (t. 1, p. 247.)

16. — (Compétence mixte.) — *La loi n'a attribué à l'autorité administrative que le droit de rechercher et de reconnaître les chemins vicinaux, sur l'existence desquels il n'existe aucunes difficultés, et dont il s'agit seulement de vérifier les anciennes limites et de déterminer la largeur; mais lorsque la nature de ces chemins est contestée; lorsque le droit de passage et la servitude réclamés donnent lieu à des contestations, elles doivent être jugées par les tribunaux ordinaires, qui sont seuls compétens pour en connaître.* (Loi du 9 ventose an 13.)

Doat. — C. — Duerne.

18 octobre 1809. — (t. 1, p. 420.)

17. — (Dégradations. — Compétence.) — *Les difficultés relatives aux dégradations des chemins vicinaux, sont de la compétence des tribunaux de police; elles doivent y être jugées conformément aux lois et réglemens de police de voirie.*

Missegré.

26 mars 1812. — (t. 2, p. 30.)

18. — (Délimitation. — Compétence.) — *Ce ne sont pas les préfets, mais bien les conseils de préfecture, qui sont compétens pour connaître des contestations relatives aux limites des chemins vicinaux.* (Loi du 9 ventose an 13.)

Delaporte. — C. — Barbet.
9 décembre 1810. – (t. 1, p. 441.)

19. — (Délits. (Répression des) — Conflit. — Compétence. — Divisibilité.) — *En matière de petite voirie, la compétence attribuée à l'autorité administrative par la loi du 9 ventose an 13, ne concerne que la délimitation des chemins vicinaux et la surveillance des plantations qui y ont lieu. Mais aux tribunaux seuls appartient la répression des délits commis sur ces chemins ou sur leurs bords, tels que les fouilles et déplacemens des terres qui pourraient gêner la circulation.*

Pelletier.
15 janvier 1809. – (t. 1, p. 239.)

20. — (Déplacement.) — *Les particuliers sur le terrein de qui sont établis des chemins vicinaux, ne peuvent les déplacer de leur autorité privée. — Peu importerait d'en justifier le déplacement par des raisons* d'utilité publique. — *Le conseil de préfecture chargé de* dire droit, *et non de commander ou autoriser ce qui est* utile, *doit ordonner le rétablissement de l'ancien chemin.*

Bredard. — C. — la commune d'Attigny.
11 janvier 1808. – (t. 1, p. 133.)

21. — (Divisibilité.) — *Les conseils de préfecture ne sont compétens pour connaître des contestations relatives aux chemins vicinaux, qu'autant que leur existence n'est pas contestée; qu'il s'agit de déterminer s'il y a empiétement, ou quelles en sont les anciennes limites. — S'il y a litige sur l'existence d'un chemin vicinal, et sur la propriété du terrain, il y a lieu de s'adresser aux tribunaux ordinaires.* (Loi du 9 ventose an 13, art. 6.)

Jaucourt.
16 octobre 1813. – (t. 2, p. 443.)

22. — *Les conseils de préfecture ne sont pas compétens pour déclarer qu'un chemin est vicinal, ni pour en fixer la largeur: ce droit n'appartient qu'à l'administration publique, c'est-à-dire, aux préfets, sauf le recours au ministre de l'intérieur, et ensuite au Conseil d'état.* (Art. 6 de la loi du 9 ventose an 13.)

La question de savoir si le terrain sur lequel un chemin vicinal est établi, appartient à une commune ou à de simples particuliers, est une question de propriété qui, comme toutes celles de ce genre, est du ressort exclusif des tribunaux.

L'arrêté d'un préfet qui déclare administrativement, qu'un chemin est vicinal, ne fait pas obstacle à ce que la question concernant la propriété du terrain soit soumise aux tribunaux.

Bonnet-Dumolard.
16 octobre 1813. – (t. 2, p. 440.)

23. — *C'est au préfet à déclarer si un chemin reconnu pour tel, a le caractère de chemin vicinal; — Mais c'est aux tribunaux à déclarer si le terrain sur lequel il y a chemin, est une* propriété *privée, ou si c'est une propriété publique. — Sur l'une et l'autre question, le conseil de préfecture n'a pas à en connaître.*

Dapseus.
23 novembre 1813. – (t. 2, p. 460.)

24. — (Fossé. — Possession.) — *Lorsqu'il y a litige sur la propriété d'un chemin entre une commune et un particulier, le préfet n'est pas autorisé à faire combler, par voie de police, un fossé que le particulier aurait fait ouvrir sur le chemin avant le litige.*

Lantin. — C. — la commune de Bey.
27 mai 1816. – (t. 3, p. 284.)

25. — (Juge de paix. — Possession. — Annale. — Action possessoire.) — *Un juge de paix peut prononcer sur une demande en dommages-intérêts, pour fait de dégradation d'un chemin vicinal, que le demandeur soutient être sa propriété particulière; si toutefois le juge de paix se borne à déclarer le fait de possession annale, sans décider quoique ce soit, ni sur la propriété du chemin (ce qui est du ressort du tribunal civil), ni sur la question de vicinalité du chemin* (ce qui est du ressort de l'autorité administrative.)

Fevreau. — C. — Ardouin.
28 septembre 1816. – (t. 3, p. 389.)

26. — (Largeur. — Préfet. — Conseil de préfecture.) — *Un préfet ne peut réformer un arrêté du conseil de préfecture, alors même qu'il s'agit de la largeur d'un chemin vicinal.*

Pellerin. — C. — la commune de Deville.
25 janvier 1813. – (t. 2, p. 251.)

27. — (Largeur. — Propriété. — Compétence.) — *Il n'appartient qu'à un préfet de statuer sur la largeur d'un chemin vicinal* (art. 6, loi du 9 ventose an 13, et décret du 16 octobre 1813); — *s'il y a lieu à décider la question de propriété, elle est dévolue aux tribunaux; dans l'un et l'autre cas, les conseils de préfecture sont incompétens.*

La commune de Magné.
6 février 1815. – (t. 3, p. 72.)

28. — (Pont. — Chemin d'exploitation. — Suppression. — Reconstruction. — Compétence.) — *Lorsqu'il y a litige sur la question de savoir si un chemin est vicinal, ainsi qu'un pont à l'usage d'une commune, ou s'il n'est qu'un chemin d'exploitation établi pour une propriété particulière, les conseils de préfecture ne sont pas compétens pour en ordonner la reconstruction après suppression; ce serait là plus que réprimer un délit de voirie.*

Morin. — C. — les habitans de Saint-Saturnin.
3 juillet 1816. – (t. 3, p. 334.)

29. — (Préfet. — Divisibilité.) — *Les préfets sont compétens pour fixer la direction que doit suivre un chemin de communication entre deux ou plusieurs villages.*

Le pourvoi contre les arrêtés administratifs des préfets doit être soumis au ministre compétent, avant d'être porté au Conseil d'état.

Lorsqu'il s'élève des contestations relativement à la propriété de tout ou de partie du terrain que doit parcourir un chemin de communication, elles doivent être jugées par l'autorité judiciaire.

Arbilleur.
6 janvier 1814. – (t. 2, p. 476.)

30. — (Préfet. — Voierie. — Conseil de préfecture.) — *Les conseils de préfecture sont incompétens pour prononcer sur la question de propriété ou d'existence d'un chemin vicinal.*

Dans les contestations qui ont pour objet, le rétablissement d'un chemin intercepté ou envahi, les préfets sont compétens pour prononcer sur le provisoire, sauf à renvoyer les parties devant les tribunaux pour être fait droit au fond.

Beaufleury. — C. — les communes Sainte-Eulalie et Embarès.
13 janvier 1813. – (t. 2, p. 205.)

31. — (Propriété. — Autorité judiciaire. — Préfet.) — *Bien que les préfets soient chargés de déterminer la largeur ou de fixer les limites d'un chemin vicinal, ils ne peuvent* décider *qu'un chemin vicinal doive être rétabli sur les terrains de tel particulier qui nie l'ancienne existence du chemin vicinal: c'est-là une question de propriété essentiellement du ressort de l'autorité judiciaire.*

Bottu de la Barmondière. — C. — les communes d'Anse et de Pommières.
25 mars 1807. – (t. 1, p. 65.)

32. — (Propriété. — Largeur.) — *La loi du 9 ventose an 13, qui autorise les conseils de préfecture à reconnaître la largeur des chemins vicinaux, les autorise par cela même à décider que telle portion de terrain contestée est comprise dans cette largeur, bien que ce soit là une question de propriété; ainsi, la question de propriété n'appartiendrait aux tribunaux qu'autant que le réclamant contesterait l'existence du chemin.*

Mony. — C. — la commune de Courcelles.
30 août 1814. – (t. 3, p. 1.)

33. — (Propriété. — Préfet. — Voirie.) — *Les tribunaux sont seuls compétens pour décider si un chemin dont les habitans d'une commune sont en jouissance est vicinal, ou s'il fait partie de l'héritage qu'il traverse, et dont un particulier se prétendrait propriétaire sans servitude. — Néanmoins, et dans le cas où ce particulier viendrait à en intercepter le passage, le préfet statuant en matière de simple voirie, peut ordonner provisoirement son rétablissement jusqu'à ce qu'il ait été statué sur la question de propriété.*

Milhiet. — C. — la commune de Paracy.
19 mai 1811. – (t. 1, p. 496.)

34. — (Propriété. — Provisoire. — Compétence.) — *Lorsqu'un particu-*

lier prétend avoir droit de passer sur un terrain qu'il qualifie chemin vicinal, et que son adversaire soutient qu'il n'y a plus de chemin vicinal; que l'ancien chemin, à l'usage de ses auteurs, a cessé d'exister depuis qu'il les représente; c'est-là une question de propriété qui doit être soumise aux tribunaux, non à la justice administrative.

Toutefois, l'usage du chemin litigieux, en pareil cas, doit être provisoirement conservé à la commune qui en est en possession, jusqu'à décision définitive sur la question de propriété.

Foucaud. — C. — Bardou.
24 août 1812. – (t. 2, p. 130.)

35.—*L'usage des chemins vicinaux doit être provisoirement conservé aux communes qui en sont en possession; sauf le renvoi aux tribunaux pour la question de propriété.*

Colonge.
4 août 1812. – (t. 2, p. 123.)

36. — (Propriété. — Indemnité.) — *Le propriétaire riverain d'un chemin vicinal aux dépens de qui le chemin a été élargi, peut assigner la commune devant les tribunaux, 1.° pour voir dire que le terrain dont on a élargi le chemin était sa propriété privée; 2.° qu'il lui est dû une indemnité aux termes de la loi du 8 mars 1810, comme au cas d'expropriation pour utilité publique. — La justice administrative revendiquerait vainement la connaissance de l'une ou de l'autre de ces deux branches de la contestation.*

Brulay Deshallières. — C. — la comm. de Donnemarie.
3 juin 1818. – (t. 4, p. 450.)

37. — (Réparations. — Dommages-Intérêts. — Conflit. — Compétence.) — *Les contestations auxquelles peut donner lieu la réparation des chemins vicinaux sont exclusivement attribuées à l'autorité administrative. C'est donc devant cette autorité et non devant les tribunaux que doit être portée l'action intentée par un particulier qui prétendrait que ces réparations lui ont causé des dommages sur sa propriété.*

Laforcade. — C. — Lateulère.
30 janvier 1809. – (t. 1, p. 243.)

38. — (Riverains. — Communes. — Propriété. — Arbres.) — *Aux termes de la loi du 28 août 1792, les arbres plantés sur les bords des chemins vicinaux sont censés appartenir aux propriétaires riverains, à moins que les communes qui leur en contesteraient la propriété, ne justifient qu'elles l'ont acquise par titres ou possession. Dans ce cas, et comme il s'agit d'une question de propriété, c'est aux tribunaux, et non à l'autorité administrative, que la connaissance en est dévolue.*

Vanden-Nieuwen-Huisen.
21 décembre 1808. – (t. 1, p. 249.)

39. — (Sentiers. — Propriété.) — *Les préfets et conseils de préfecture sont incompétens pour statuer sur la propriété du terrain des chemins vicinaux, ainsi que sur la supppression des simples sentiers.*

La commune de Nuisement. — C. — Damas.
3 janvier 1813. – (t. 2, p. 170.)

40. — (Servitude. — Voirie. (petite) — Administration municipale.) — *Lorsqu'un particulier a ouvert une porte sur un sentier ou chemin vicinal, l'ordre de murer cette porte ne peut émaner que d'un tribunal, si c'est une question de servitude; ou de l'administration municipale, s'il y a contravention aux lois de la petite voirie; en aucun cas, le conseil de préfecture n'est compétent pour ordonner cette clôture.*

Commune de Ban-Saint-Martin. — C. — Rousseau et Jacquin.
23 avril 1817. – (t. 4, p. 299.)

41. — (Usurpation. — Arbres.) — *La faculté accordée aux conseils de préfecture de connaître des usurpations sur les chemins vicinaux, ne leur donne pas le droit de décider si tel qui a planté des arbres sur un terrain sis à l'embranchement de deux chemins vicinaux, doit ou ne doit pas en être dépouillé au profit d'une commune; — c'est là une question de propriété du ressort des tribunaux.*

Pracontal.
7 avril 1813. – (t. 2, p. 305.)

42. — (Usurpations. — Compétence.) — *Les questions relatives aux usurpations faites sur les chemins vicinaux sont du ressort de l'autorité administrative; elles doivent être décidées sur rapport ou enquête, d'après les lois et réglemens sur la conservation des chemins vicinaux.*

Missegré.
26 mars 1812. – (t. 2, p. 38.)

43. — (Usurpation. — Conseil de préfecture. — Indemnité.) — *Les conseils de préfecture ne doivent connaître des dégradations et empiètemens sur les chemins prétendus vicinaux qu'autant que les chemins dont il s'agit sont reconnus vicinaux par la partie ou déclarés tels par le classement de l'administration. — S'il y a litige sur la vicinalité, c'est là une question de propriété dévolue aux tribunaux ordinaires.* (Loi du 9 ventose an 13.)

En tout état de cause, s'il y a nécessité qu'un chemin soit déclaré vicinal, il doit y avoir pourvoi administratif devant le préfet pour demander que le chemin dont il s'agit soit mis au rang des chemins vicinaux, et qu'il soit statué sur sa classification, largeur et direction, sauf une juste et préalable indemnité.

Delmas. — C. — la comm. de St.-Jean-de-Vedas.
17 juin 1818. (t. 4, p. 370.)

44. — (Usurpation. — Délit. — Compétence.) — *L'usurpation commise sur un chemin vicinal dont l'existence a été précédemment reconnue par l'autorité administrative, est un délit dont la répression est attribuée aux tribunaux de police correctionnelle, et l'autorité administrative n'est pas compétente pour en connaître.*

Damas.
5 mars 1811. – (t. 1, p. 470.)

45. — (Usurpation. — Propriété. — Compétence.) — *Les conseils de préfecture sont compétens pour décider les contestations qui s'élèvent sur le plus ou le moins de largeur que les propriétaires riverains doivent laisser aux chemins vicinaux; mais lorsque la contestation s'engage sur l'existence même du chemin, et que les propriétaires prétendent qu'il n'existe pas de chemin qui doive traverser leurs héritages, c'est une question de propriété dont la connaissance appartient aux tribunaux.*

Dauriac.
23 septembre 1810. – (t. 1, p. 399.)

46. — (Usurpation. — Propriété. — Question préjudicielle.) — *Les peines prononcées par la loi contre l'usurpation des chemins vicinaux ne sont point applicables par l'autorité administrative.*

En tout cas, lorsque le prétendu délinquant élève une question de propriété, c'est là une question préjudicielle qui doit être jugée civilement avant toute discussion sur la question d'usurpation.

Vannier et Maubuisson.
15 juin 1812. – (t. 2, p. 73.)

47. — (Voie privée.) — *Les préfets compétens pour connaître des contestations qui peuvent s'élever relativement à un chemin vicinal, soit pour sa réparation, soit pour son élargissement, ne peuvent se dispenser de renvoyer par-devant l'autorité judiciaire, lorsque l'une des parties soutient que le chemin n'est point vicinal; que c'est une voie privée pour la desserte de ses propriétés.*

Chamborre. — C. — la commune de Clairmain.
20 juillet 1813. – (t. 2, p. 399.)

48. — (Voie publique. — Propriété. — Compétence.) — *Lorsqu'un particulier se prétend propriétaire d'un terrain qui lui est contesté par les habitans d'une commune, comme formant une voie publique et vicinale: comme il s'agit là d'une question de propriété, c'est aux tribunaux, et non à l'autorité administrative, que la connaissance en est dévolue.*

Matherat. — C. — Malherbe.
29 avril 1809. – (t. 1, p. 283.)

49. — (Voirie. — Provision. — Propriété.) — *Un conseil de préfecture peut ordonner, par voie de provisoire, le rétablissement d'un chemin vicinal intercepté, laissant à l'autorité judiciaire à prononcer sur la propriété.*

Baudard. — C. — la commune de Moltrois.
30 août 1814. – (t. 3, p. 3.)

— V. Alignement. — Anticipation. — Chemin rural. — Murs. (Écroulement.) — Propriété. — Sentier.

CHEPTEL.

1. — (Compétence. — Caisse d'amortissement.) *La question de savoir à qui appartient un cheptel dépendant d'un domaine adjugé à un particulier, après avoir été dans les mains de la caisse d'amortissement, appartient à l'autorité administrative, en vertu d'une dispo-*

sition spéciale puisée dans l'art. 32 de la loi du 5 novembre 1790.

La caisse d'amortissement. — C. — Tixier-Dubreuil.)
1er. novembre 1814.—(t. 3, p. 32.)

CHEVALIER DE MALTE. — V. QUESTION D'ÉTAT POLITIQUE. (Compétence.)

CHOSE JUGÉE.

1. — *Les autorités administratives ne peuvent pas se déjuger. — C'est à l'autorité supérieure que les décisions doivent être déférées, s'il y a lieu à réformation.*

Vallée. — C. — Feavre.
25 mars 1807. — (t. 1, p. 66.)

2.— *Un particulier n'est pas recevable à demander l'annullation d'un arrêté du conseil de préfecture qui a servi de fondement à un jugement passé en force de chose jugée.*

Ramary Deblaye.
25 décembre 1812. — (t. 2, p. 154.)

3. — (Acquiescement. — Emigré. — Exécution.) — *Les arrêtés du conseil de préfecture qui ont été acquiescés par exécution de la part du domaine, ont l'effet de la chose jugée à l'égard de l'émigré en faveur duquel la loi du 3 décembre 1814, a ordonné la restitution de tout ce qui est dans les mains du domaine.*

Vilette. — C. — Simon.
23 avril 1818. — (t. 4, p. 300.)

4. — (Actes administratifs.) *Les préfets n'ont pas la faculté de révoquer leurs arrêtés, principalement lorsque ces arrêtés ont été librement et volontairement exécutés par les parties intéressées.*

Lefèvre.
30 septembre 1811. — (t. 1, p. 541.)

5.— (Conseil de préfecture.) — *Les conseils de préfecture ne peuvent pas, de leur propre mouvement, rapporter leurs arrêtés; — ces arrêtés appartiennent aux parties aussitôt qu'ils sont rendus; le pouvoir de réformer n'appartient qu'à l'autorité supérieure.*

Moutillet.
5 mars 1811. — (t. 1, p. 470.)

6. — *Un conseil de préfecture ne peut réformer ses propres décisions.*

Commune de Couché. — C. — Guérineau.
25 janvier 1811. — (t. 1, p. 456.)

7. — *Les conseils de préfecture ne peuvent, sans excès de pouvoir, rapporter ou modifier leur décision.*

La régie des domaines. — C. — Kruppel-Leimsausen et Volf.
23 novembre 1813. — (t. 2, p. 455.)

8.— *Les conseils de préfecture, comme les tribunaux, n'ont pas le droit de réformer leurs décisions; ce droit n'appartient qu'à l'autorité supérieure.* (Déc. du 16 thermidor an 12.)

Urbau. — C. — Vick.
21 juin 1813. — (t. 2, p. 375.)

9. — *Les conseils de préfecture, comme les tribunaux, ne peuvent réformer leurs propres décisions.* (Décret du 21 juin 1813.)

Frigot.
17 janvier 1814. — (t. 2, p. 496.)

10. — (Conseil de préfecture.) — *Un conseil de préfecture ne peut pas réformer ni altérer ce qu'il a décidé par décision contradictoire. — S'il y porte atteinte, fût-ce même sous forme d'exécution, il y a lieu à annullation du second arrêté.*

Hardy. — C. — Guernon de Ranville.
3 décembre 1817. — (t. 4, p. 197.)

11. — (Contrariété.) — *Lorsqu'un préfet s'est déclaré incompétent, et a renvoyé devant les tribunaux, peu importe l'opinion qu'il aurait émise sur le fond de l'affaire. — Dès qu'il se reconnoît incompétent, il proclame lui-même l'inefficacité de son opinion: il lui ôte tout effet de décision. — Aucun recours à l'autorité supérieure n'est donc nécessaire ni même possible.*

Lescouet.
6 septembre 1813. — (t. 2, p. 423.)

12. — (Décret. — Opposition.) — *L'opposition n'est pas recevable ou elle est essentiellement mal fondée, contre un décret qui est la suite et l'exécution d'un précédent décret passé en force de chose jugée.*

Leroy. — C. — Delassus.
28 février 1817. — (t. 3, p. 522.)

13. — (Fins de non-recevoir.) — *La maxime* non bis in idem *reçoit son application aux décisions administratives comme aux jugemens des tribunaux; — ainsi, quand des conseils de préfecture ont prononcé sur une demande et l'ont rejetée, on n'est pas recevable à remettre en question ce qui a été décidé, et principalement lorsque la décision administrative a été maintenue par un décret.*

Desdorides. — C. — Oudry et Lebouc.
30 juin 1813. — (t. 2, p. 385.)

14 — (Fin de non recevoir.) *Les arrêtés rendus par l'autorité administrative, qui ont servi de base à des décisions des tribunaux passées en force de chose jugée, ne peuvent plus être révoqués par de nouveaux arrêtés, et toute demande qui tendrait à mettre de nouveau en question la contestation déjà décidée est non-recevable.*

Deselve. — C. — Leduc et Astruc.
11 janvier 1813. — (t. 2, p. 188.)

15. — (Motifs.) — *Les motifs d'une décision administrative, comme ceux d'une décision judiciaire, n'ont l'effet de la chose jugée qu'autant qu'ils se lient indivisiblement au dispositif.*

La rég. des dom. — C. — Poutier.
9 avril 1817. — (t. 3, p. 559.)

16. — (Pièces nouvelles.) — *Devant la justice administrative, comme devant les tribunaux ordinaires, si une demande est rejetée par défaut de preuves suffisantes, ou de titres justificatifs, les parties ne peuvent, avec des pièces nouvelles, faire rétracter la décision: il y a* chose jugée (*sauf le recours à l'autorité du souverain s'il y a lieu.*)

Lambert.
11 juin 1817. — (t. 4, p. 43.)

17. — (Propriété.) — *De ce qu'un conseil de préfecture aurait statué à l'égard d'une forêt, sur les droits respectifs que pourraient y avoir l'état d'une part, et une commune de l'autre, il ne s'en suit pas qu'un tiers seul et unique propriétaire de la forêt, soit aucunement privé de faire valoir tous ses droits. Il n'y a chose jugée que sur les droits réels ou hypothétiques de la commune et de l'état, si toutefois le tiers n'a été représenté ni par l'un ni par l'autre: ainsi le tiers serait non-recevable, par défaut d'intérêt, à attaquer l'arrêté du conseil de préfecture.*

Fondeville.
21 mai 1817. — (t. 4, p. 23.)

18. — (Question préjudicielle.) — *Lorsqu'avant de faire droit sur une instance portée devant lui, le Conseil d'état ordonne qu'une question préjudicielle sera soumise aux tribunaux; il n'est permis de revenir devant le Conseil d'état qu'après qu'il y a eu chose jugée, soit par jugement de premier ressort acquiescé, soit par arrêt ou jugement de dernier ressort.*

Quid? *Si l'arrêt ou jugement de dernier ressort était de suite attaqué par la voie du recours en cassation?*

Alziari. — C. Dalmassy et l'Adm. des dom.
10 avril 1818. — (t. 4, p. 292.)

19. — (Rectification.) *Le conseil d'état reçoit et accueille toute demande en rectification qui est fondée en soi, et qui ne porte pas atteinte à la chose jugée.*

Laplace. — C. — Jauffret.
3 juillet 1816. — (t. 3 p. 326.)

20. — (Représentation. — Démolition. — Tierce opposition. — *Lorsqu'un particulier a été condamné à démolir un édifice sur la demande d'un préfet, dont l'intérêt administratif se confondait avec des intérêts privés, le préfet n'est pas censé avoir été le représentant des particuliers, tellement que la chose jugée avec lui soit jugée avec eux. Si donc ces particuliers veulent se pourvoir contre la décision du conseil de préfecture, ce doit être par la voie d'opposition tierce et non par la voie d'appel au conseil d'état.*

Ginoux. — C. — Courbec.
27 mai 1816. — (t. 3, p. 295.)

CHOMAGE. — V. EXPERT D'OFFICE. (Indemnité.) — INDEMNITÉ. (Moulin.)

CIRCONSCRIPTION. — V. COMMUNE. (Opposition.)

CIRCULAIRE MINISTÉRIELLE.

1. — (Contentieux. — Liquidation. — Isle de France. — Isle de Bourbon.) — *Une circulaire du ministre de la marine renfermant un rejet anticipé de certaine demande formée au nom du*

droit privé, peut être attaquée directement par voie de recours au comité contentieux, alors même qu'il s'agit d'une liquidation pour les habitans des îles de France et de Bourbon.

Barillon. — C. — Saint-Martin.
17 juin 1818. — (t. 4, p. 377.)

CLAUSE AMBIGUE. — V. Acte administratif. (Interprétation.)

CLAUSE PROHIBITIVE. — V. Remboursement. — Idem. (Émigré).

CLOCHE.

1. — (Adjudication.) — *La vente des biens immeubles nationaux ne comprend pas les objets mobiliers non fixés aux bâtimens, et notamment les cloches des églises, sans une clause expresse à cet égard.*

Régie des dom. — C. — Morelli.
7 février 1813. — (t. 2, p. 270.)

COCHES.

1. — (Entrepreneurs. — Contributions indirectes.) — *Le dixième à percevoir sur le prix des places des coches, d'après la loi du 9 vendémiaire an 6, doit être calculé sur tout ce qui est perçu par ces établissemens : en conséquence, s'ils ont exigé, outre le prix des places fixé par le tarif, un dixième en sus pour l'Etat, ce n'est pas ce dixième seulement qui revient au Gouvernement, mais bien le dixième calculé sur la somme totale résultant du prix des places joint au dixième perçu en sus.*

Maynard. — C. — L'Adm. des contrib. indir.
14 janvier 1818. — (t. 4, p. 237.)

COLONIES. — V. Liquidation. (Contentieux.)

COMITÉ DES FINANCES.

1. — (Avis. — Chose jugée. — Décision ministérielle.) — *Les avis que les divers comités du Conseil d'état autres que le comité du contentieux, émettent sur la demande des ministres, ne sont-ils pas de simples traits de lumière dans l'intérêt du ministre? Ont-ils un caractère quelconque de chose jugée, tellement qu'en attaquant la décision du ministre, il faille aussi attaquer l'avis du comité?*

Soufflot de Mercy.
27 août 1817. — (t. 4, p. 119.)

COMMAND. — V. Garantie.

COMMANDEMENT. — V. Contributions. (Saisie.)

COMMISSAIRES. — V. Prises. (Appel.)

COMMISSAIRE DES GUERRES. — V. Magasins militaires. (Déficit.)

COMMISSAIRE DE L'ADMINISTRATION. — V. Acte administratif.

COMMISSAIRE DES RELATIONS COMMERCIALES.

1. — (Marine.) (Service pour la) — *Un commissaire des relations commerciales qui a été chargé d'un service pour la marine à Civitta-Vecchia, s'il réclame des frais de voyage, d'établissement et d'appointemens, doit être accueilli ou écouté par le ministre des affaires étrangères; son chef naturel, le ministre de la marine et des colonies peut repousser la demande, bien qu'elle ait trait à l'utilité de son département.*

Hasslawer.
10 septembre 1817. — (t. 4, p. 143.)

COMMISSAIRE DE POLICE. — V. Mise en jugement. — Idem. (Concussion.)

COMMISSAIRES-PRISEURS.

1. — (Mont de piété.) — *C'est aux tribunaux ordinaires, et non à la justice administrative, à statuer sur une demande formée par des commissaires-priseurs, contre les appréciateurs d'un Mont de piété, en ce qu'ils se seraient immiscés dans des fonctions réservées à eux commissaires-priseurs.* (Loi du 28 avril 1816. — Art. 5 de l'ordonnance du Roi, du 26 juin 1816.)

Aillaud. — C. — Le Mont de piété de Marseille.
25 février 1818. — (t. 4, p. 254.)

COMMISSION. — V. Émigré.

COMMISSION DE LIQUIDATION DE L'ARRIÉRÉ. — V. Marché. (Présomption.)

COMMISSION DÉPARTEMENTALE.

1. — (Alliés. — Chose jugée. — Contentieux.) — *Les commissions départementales, chargées de vérifier et d'arrêter les comptes des marchés des fournitures pour la subsistance des troupes alliées, ne rendent point de décisions proprement dites : les mesures par elles proposées n'ont d'exécution qu'après autorisation par ordonnance du Roi, ainsi les particuliers qui seraient lésés par arrêté de ces commissions, doivent s'adresser au ministre, et non au Conseil d'état.*

Guittard.
8 janvier 1817. — (t. 3, p. 481.)

2. — (Contentieux. — Fournisseur.) — *Une contestation élevée entre l'administration et un fournisseur, à raison d'un marché de subsistances pour les troupes alliées, passé entre le préfet et le fournisseur, et sur l'interprétation des clauses de ce marché, appartient au contentieux de l'administration, et non à l'action administrative; ni la commission départementale, ni le ministre de l'intérieur ne peuvent y statuer sans excès de pouvoir, cela regarde le conseil de préfecture et le Conseil d'etat.*

Moroy.
14 mai 1817. — (t. 3, p. 563.)

COMMISSION DE RÉVISION.

1. — (Créances. — Saint-Domingue. Chose jugée. — Conseil d'état.) — *Les décisions rendues par la commission de révision des créances de Saint-Domingue, approuvées par le Gouvernement, ne sont pas susceptibles d'être révisées ou infirmées par le Conseil d'état, si elles sont définitives : mais il y a lieu à révision si elles ne sont que provisoires.*

Legay et Crevel. — C. — Elias Bascom.
11 décembre 1816. — (t. 3, p. 455.)

— V. Liquidation. (Contentieux.)

COMMISSION MIXTE DE LIQUIDATION.

1. — (Confiscation.) — *La réclamation d'un Anglais, au sujet d'immeubles confisqués et aliénés, par suite du décret du 21 novembre 1806, a dû être portée devant la commission mixte, créée par les articles 13 et 14, des conventions additionnelles au traité du 20 novembre 1815. — Elle n'a pas dû être portée devant le ministre des finances : et si l'irrégularité du pourvoi a occasionné une déchéance, le pourvu doit se l'imputer.*

Hunt. — C. — L'administration des domaines.
27 août 1817. — (t. 4, p. 120.)

COMMISSION SPÉCIALE. V. — Émigrés. (Restitution.) — Opposition. (Ponts et chaussées.)

COMMISSION TEMPORAIRE.

1. — (Sénatorerie. — Domaine de la couronne. — Déshérence.) — *La commission instituée par ordonnance du 16 juillet 1814, n'a été chargée de statuer que sur les réclamations des anciens propriétaires des biens acquis au domaine de l'Etat par voie de confiscation et affectés à la dotation des sénatoreries; elle n'a pu étendre ses attributions et prononcer sur la distraction d'un immeuble dévolu à l'Etat pour cause de déshérence.*

Dufredot-Duplanty.
19 mars 1817. — (t. 3, p. 540.)

COMMISSIONNAIRE. — V. (Mines.)

COMMUNAUTÉ. — V. Dommages-intérêts. (Marais.) Émigrés. (Indivis.)

COMMUNAUX.

1. — *Aux termes de l'article 6 de la loi du 9 ventose an 12, et de l'avis interprétatif du Conseil d'etat du 18 juin 1809, toutes les contestations relatives à l'occupation de biens communaux qui s'élèvent entre les copartageans détenteurs ou occupans depuis la loi du 10 juin 1793, et les communes, soit sur les titres et les preuves de partage desdits biens, soit sur l'exécution des conditions prescrites par l'article 3 de la loi du 9 ventose an 12, doivent être décidées par les conseils de préfecture.*

Romary. — C. — la commune de Fougerolles.
7 août 1816. — (t. 3, p. 351.)

2. — (Adjudication. — Défrichement.) — *Lorsqu'une adjudication a été tranchée légalement au profit d'une commune; si quelques-uns des habitans de cette commune payent de leurs deniers le prix de l'adjudication, ils ne peuvent pas pour cela déposséder la commune.*

Les détenteurs de biens communaux qui les ont défrichés, clos ou qui y ont élevé des constructions, doivent être maintenus provisoirement dans leur possession, à la charge par eux de payer des redevances proportionnées à la commune. (Art. 3 de la loi du 29 ventose an 12.)

Teissier.

22 janvier 1813. – (t. 2, p. 241.)

3. — (Commune. — Compétence.) — *L'application des lois et décrets sur le partage des biens communaux indivis entre deux communes, appartient aux préfets; mais s'il s'agit d'une question relative à la proportion des droits que l'une et l'autre commune peuvent tirer respectivement de leurs titres ou de leur possession, elle doit être soumise aux tribunaux.* (Loi du 10 juin 1793.)

Commune de Vauvey. — C. — la commune de Villiers-la-Forêt.

28 novembre 1809. – (t. 1, p. 338.)

4. — (Compétence.) — *Bien qu'à l'autorité administrative appartienne le droit de prononcer sur la validité d'un partage de biens communaux; s'il arrive que des particuliers prétendent avoir possédé ces biens primitivement et comme section de commune, comme il s'agit là d'une question de propriété, c'est aux tribunaux que la connaissance en est dévolue.* (Loi du 9 ventose an 12.)

Commune de Saint-Germain-en-Crespin. — C. — la commune de Creuzier-le-Vieux.

28 novembre 1809. – (t. 1, p. 335.)

5. — (*L'attribution conférée à la justice administrative pour régler le mode de jouissance des communaux, entre les habitans de la commune, doit être entendu en ce sens, que le droit commun est reconnu et qu'il ne s'agit que de son exercice. Si donc les habitans d'une commune contestent entre eux le fond du droit, le litige devient question de propriété et appartient aux tribunaux ordinaires.*

Niam.

9 avril 1817. – (t. 3, p. 553.)

6. — (Contentieux. — Conseil de préfecture.) — *Les préfets ne sont pas compétens pour connaître des contestations qui s'élèvent entre les communes et les usurpateurs ou copartageans de biens communaux; ils doivent renvoyer pardevant les conseils de préfecture, seuls compétens, pour prononcer.* (Avis du conseil d'État, approuvé les 29 mai et 29 juin 1809.)

La commune de Treveray. — C. — la commune de la Neuville-le-Treveray.

22 mai 1813. – (t. 2, p. 345.)

7. — (Contentieux. — Propriété.) — *La loi du 20 mars 1813, qui charge l'autorité administrative de statuer sur les difficultés qui pourront s'élever à l'occasion de la vente des biens des communes, doit être restreinte aux difficultés élevées entre les communes et la régie des domaines; elle ne s'applique pas à des particuliers qui élèveraient des questions de propriété.*

D'Herbais.

13 février 1815. – (t. 3, p. 77.)

8. — (Défrichemens. — Contentieux. — Conseil de préfecture. — Préfet.) — *Ce n'est pas aux préfets, c'est au conseil de préfecture qu'il appartient de décider si celui qui est en possession de biens défrichés, et qui est troublé dans sa possession par une cotisation de ces mêmes biens, au rôle des biens communaux, est fondé dans sa demande en distraction.*

Lautier.

10 mars 1807. – (t. 1, p. 44.)

9. — (Fossés de ville. — Rivière. (bord de) — Compétence. — *Une contestation entre des particuliers et une commune touchant des chantiers de construction sur les fossés de ville ou sur les rivages des rivières, et présentant la question de savoir à qui en est la propriété, et s'il est dû quelque redevance, doit être soumise aux tribunaux ordinaires et non à la justice administrative.* (Loi du 6 juillet 1791.)

Mabon.

31 janvier 1817. – (t. 3, p. 505.)

10. — (Hypothèque. — Compétence.) — *C'est aux tribunaux et non à l'autorité administrative qu'est attribuée la connaissance des contestations auxquelles pourrait donner lieu le refus fait par des adjudicataires de biens communaux d'acquitter le prix de leur acquisition, sur le motif que ces biens seraient grevés d'hypothèques.*

Commune de Coussel.

11 décembre 1808. – (t. 1, p. 223.)

11. — (Indivis. — Propriété.) — *La question de savoir si des biens sont patrimoniaux indivis, ou au contraire communaux, présente à résoudre une question de propriété qui rentre essentiellement dans les attributions de l'autorité judiciaire.*

Chiniard. — C. — Caldaguès.

14 août 1813. – (t. 2, p. 409.)

12. — (Jouissance.) — *Le mode de jouissance des biens communaux pour les communautés d'habitans, qui, postérieurement à la loi du 10 juin 1793, ont conservé l'ancien mode ou usage, ne peut être changé que par un décret rendu sur la proposition du ministre de l'intérieur, d'après la demande des conseils municipaux, l'avis des sous-préfets et préfets.*

Berard.

22 février 1813. – (t. 2, p. 277.)

13. — (Partage.) — *Est nul un partage de biens communaux fait antérieurement à la loi du 10 juin 1793 et contrairement au mode que cette loi prescrit.*

La commune de Monceau-les-Leups.

26 novembre 1808. – (t. 1, p. 215.)

14. — *Maintien d'un partage de biens communaux fait après la loi du 10 juin 1793, entre les habitans de la commune de Labarre, département de la Haute-Saône, bien que l'acte de partage soit vicieux en la forme.*

Commune de Labarre.

24 juin 1808. – (t. 1, p. 174.)

15. — *La possession de lots de biens communaux ne suffit pas pour établir qu'il y a eu partage, s'il n'y a pas d'acte régulier, et s'il y a de justes réclamations. — Toutefois les détenteurs peuvent être admis au bénéfice de la loi du 9 ventose an 12.*

Commune Daubhuden.

16 août 1808. – (t. 1, p. 191.)

16. — *On ne peut faire résulter la nullité d'un partage de biens communaux, fait en exécution de la loi du 10 juin 1793, des irrégularités et des vices de forme de l'acte qui en a été dressé, lorsque d'ailleurs ce partage a eu son effet pendant un laps de plusieurs années.*

Tout changement dans le mode de jouissance ne peut plus avoir lieu qu'en vertu d'un décret. Ainsi, est nul tout partage auquel il aurait été procédé, sous prétexte de nullité d'un premier partage. (Loi du 21 prairial an 4. — Déc. du 9 brumaire an 9.)

La commune de Brainville.

11 décembre 1808. – (t. 1, p. 220.)

17. — *Sont nuls les partages de communaux prétendus faits en vertu de la loi du 10 juin 1793, après la loi du 21 prairial an 4.*

Sont valables au contraire les partages faits de bonne foi antérieurement, sur-tout s'il en reste trace par écrit, bien que l'acte même de partage ne se retrouve pas.

La commune Neuville-les-Seys.

24 juin 1808. – (t. 1, p. 165.)

18. — *Un partage de biens communaux n'est pas suffisamment constaté, dans le sens de la loi du 9 ventose an 12, bien qu'il existe un procès-verbal de la division des lots par des experts, et que le partage ait été effectué, si la délibération ordonnant le partage n'a pas été signée.*

Clésentaine. (commune de)

12 novembre 1806. – (t. 1, p. 6.)

19. — *Un partage de biens communaux est suffisamment constaté dans le sens de la loi du 9 ventose an 12, bien que le partage n'ait pas été rédigé par écrit, et que le tirage des lots au sort ne soit pas constaté par un procès-verbal; si d'ailleurs il est constant que le partage des communaux a été délibéré, et que trois experts ont fait la division des lots.*

Commune de Melzicourt.

12 décembre 1806. – (t. 1, p. 11.)

20. — *Les partages des biens communaux faits en exécution de la loi du 10 juin 1793, ne sont valables qu'autant qu'il en a été dressé actes; peu importent des apparences d'exécution, des mutations diverses, une longue possession, des présomptions de bonne foi.* (Loi du 9 ventose an 12.)

Massigas.

6 septembre 1813. – (t. 2, p. 425.)

21. — *Le principe qui maintient le partage des biens communaux au cas d'existence d'un acte de partage, bien qu'il soit irrégulier, s'il y a eu exécution, s'applique au cas où l'acte pré-*

tendu de partage n'est qu'une copie informe d'un rapport d'experts.

Commune de Vis-en-Artois.
13 février 1816. – (t. 3, p. 232.)

22. — (Partage. — Compétence.) — *C'est devant les tribunaux et non devant la justice administrative que doit se pourvoir toute personne prétendant des droits de propriété sur les biens communaux partagés ou occupés par des particuliers, comme biens communaux.*

Martin Legeay.
7 août 1816. – (t. 3, p. 351.)

23. — *Le partage des biens communaux indivis entre deux ou plusieurs communes, ne peut avoir lieu qu'en raison du nombre de feux de chacune des communes.* (Décret du 20 juillet 1807.) *Le droit de statuer sur le mode de partage appartient exclusivement à l'autorité administrative.*

La commune de l'Hôpital-sous-Conflans. — C. — la commune de Saint-Sigismond.
21 décembre 1808. – (t. 1, p. 231.)

24. — *Après un partage de biens communaux consommé, la connaissance des contestations qui peuvent survenir entre les copartageans et leurs successeurs, appartient aux tribunaux ordinaires.*

Laufroy. — C. — Glay.
7 novembre 1814. – (t. 3, p. 39.)

25. — (Partage.) — *La déchéance prononcée par l'art. 5 de la loi du 9 ventose an 12, contre les détenteurs de biens communaux qui ne peuvent justifier d'un acte de partage, et qui ont négligé de faire dans le temps prescrit les soumissions voulues par l'art. 3 de cette même loi, n'est pas applicable à ceux d'entre eux qui, postérieurement à l'an 12, ont été maintenus en possession par arrêté administratif rendu contradictoirement avec la commune. — Ils peuvent encore être admis au bénéfice de l'art. 3 de ladite loi, à la charge par eux de remplir les conditions y prescrites.*

Comm. de Marigny.
23 avril 1818. – (t. 4, p. 301.)

26. — (Partage. — Défrichement.) — *Les possesseurs de biens provenant de biens communaux qui ont joui paisiblement et ont défriché, sont maintenus, bien que le partage remonte à une époque antérieure à la loi du 10 juin 1793 ; ils sont admis au bénéfice de la loi du 9 ventose an 12, art. 3.*

Commune de Noiseau.
24 juin 1808. – (t. 1, p. 175.)

27. — (Partage. — Exécution.) — *L'existence d'un acte de partage de biens communaux, quoiqu'irrégulier dans sa forme, suffit pour valider ce partage lorsqu'il a été suivi d'exécution.*

Commune de Las-Bordes.
13 février 1816. - (t. 3, p. 232.)

28. — (Partage.—Irrégularité. — Détenteurs.—Possession.—*D'après l'art. 3 de la loi du 9 ventose an 9, (qui maintient en possession provisoire et admet à devenir propriétaires incommutables, moyennant le paiement d'une redevance, les détenteurs de communaux en vertu de partage* dont il n'a point été dressé acte, et qui, ne pouvant justifier d'aucun titre écrit, *auraient défriché, planté, clos, etc., le terrain dont ils ont joui.*) — *L'irrégularité de forme dans les actes d'un partage de biens communaux exécuté en vertu de la loi du 10 juin 1793, ne fait nullement obstacle à la confirmation conditionnelle de ce partage, lorsqu'il résulte des titres que les détenteurs réunissent à une longue et paisible jouissance, la possession de bonne foi.*

Habitans de Treffay.
3 juin 1818. – (t. 4, p. 351.)

29. — (Partage. — Propriété. — Compétence.) — *Lorsqu'il y a eu entre les habitans d'une commune, partage de biens réputés communaux, s'il survient un tiers qui réclame ces biens comme propriétaire par titre antérieur au partage, la question de propriété est dévolue aux tribunaux ; il ne s'agit pas là de déterminer le sens et l'effet d'un acte administratif.*

Demenardeau. — C. — les habitans de Saint-Marc-du Désert.
11 janvier 1808. – (t. 1, p. 135.)

30. — (Partage. — Revendication.) — *De ce qu'un partage de biens communaux, fait dans les formes prescrites par la loi du 10 juin 1793, a compris des biens revendiqués, et obtenus depuis par des tiers, il ne s'ensuit pas que le partage puisse être annulé.* (Loi du 19 ventose an 11.)

Vignes. (commune des)
26 janvier 1809. – (t. 1, p. 252.)

31. — (Partage. — Révision.) — *Les partages de biens communaux dont il a été dressé acte doivent être exécutés; les copartageans et leurs ayant-cause, doivent être maintenus dans la propriété et jouissance de la portion des biens qui leur est échue ; les conseils de préfecture ne peuvent pas ordonner la révision de ces partages, sous prétexte que quelques-uns des habitans de la commune n'y auraient pas participé.* (La loi du 9 ventose an 12.)

La commune de Cintheaux. — C. — Fouquet.
11 septembre 1813. – (t. 2, p. 427.)

32. — (Partage.—Tiers-acquéreur. — *Le détenteur actuel de biens communaux, qui les a achetés de prétendus portionnaires, peut être dépossédé par la commune, s'il ne justifie pas d'un acte de partage, bien qu'il justifie d'une délibération prise par les habitans pour procéder au partage des biens communaux.* (Loi du 9 ventose an 12.)

Varlet. — C. — La comm. de Laires.
6 novembre 1817. – (t. 4, p. 175.)

33. — (Préfet. — Conseils de préfecture. — Contentieux.) — *Ce ne sont pas les préfets, mais bien les conseils de préfecture qui sont compétens pour connaître des contestations qui s'élèvent entre les copartageans et détenteurs de biens communaux.*

Usagers de la forêt de Croix-Dalle.
29 décembre 1812. – (t. 2, p. 159.)

34. — (Propriété. — Compétence.) — *Une contestation ayant pour objet la question de savoir si des biens, après partage de communaux, doivent être considérés comme communaux ou comme propriété particulière des détenteurs actuels, est dévolue aux tribunaux et non à l'autorité administrative.* (Loi du 10 juin 1793. — Loi du 9 ventose an 4.)

Ohnenheim. (commune de)
10 mars 1809. – (t. 1, p. 262.)

35. — (Propriété. — Conflit négatif. — Compétence.) — *C'est aux tribunaux, et non à l'autorité administrative que doit être soumise la question de propriété d'un terrain dont l'aliénation a été faite par une commune, en vertu de la loi du 30 avril 1806, et contre laquelle réclame un particulier qui s'en prétend propriétaire.*

Brondelli. — C. — la commune de Murello.
21 mars 1809. – (t. 1, p. 266.)

36. — (Revendication. — Question préjudicielle. — Divisibilité.) — *Un conseil de préfecture n'est pas compétent pour prononcer la nullité d'une adjudication de biens communaux faite en vertu de la loi du 20 mars 1813, comme faite au préjudice du véritable propriétaire.*

La décision sur la nullité de l'adjudication est ici subordonnée à la question de propriété du tiers réclamant, et cette question doit être préjudiciellement décidée par les tribunaux.

Porterie.
19 mars 1817. – (t. 3, p. 532.)

37. — (Terres vaines et vagues. — Propriété.) — *Les contestations qui ont pour objet de décider la question de savoir si des terrains vagues appartiennent ou non à une commune, sont du ressort de l'autorité judiciaire, qui seule peut prononcer.*

Pons d'Albaret. — C. — la commune de Saint-Estève.)
15 mai 1813. – (t. 2, p. 327.)

38. — (Usurpation.) — *L'avis du Conseil d'Etat, du 18 juin 1809, sur la compétence administrative en matière d'usurpation de biens communaux, ne s'applique qu'à des usurpations de terrains dont la qualité communale n'est pas contestée; il ne s'applique pas au cas où il faut* apprécier des titres *et une possession, d'après les règles du Code civil.*

Guinier. — C. — la commune de Monéteau.
10 février 1816. – (t. 3, p. 225.)

39. — (Vente. — Autorisation. — Conseil de préfecture. — Ratification. — Excès de pouvoir.) — *Une vente de biens communaux faite sans autorisation préalable du préfet est nulle : Si un conseil de préfecture se permet d'y donner ratification, le Conseil d'état prononce la nullité de la vente et de la ratification.*

Bergeon. — C. — la commune de Bayet.
17 juin 1818. – (t. 4, p. 375.)

40. — (Vente. — Ratification. — Pré-

fet.) — *Un préfet peut refuser son approbation à une vente de biens communaux faite sur adjudication aux enchères, s'il a été dit dans le cahier des charges que la vente ne serait définitive qu'après avoir été sanctionnée par le préfet.*

Brande et Flamen. — C. — la commune de Vavrin.
3 juin 1818. — (t. 4, p. 349.)

— V. ARRENTEMENT. — DÉCRET. (Opposition.) — TIERCE OPPOSITION. (Décret.) — VAINES ET VAGUES. (Terres.)

COMMUNE.

1. — (Action. — Droit personnel. — Ut singuli.) — *Lorsqu'un bien est reconnu communal, chaque habitant a un droit personnel à sa jouissance, et il peut intenter, en son nom privé, une action relative à l'exercice de ce droit* (*décret du 9 brumaire an 13*); *mais il en est autrement lorsqu'il s'agit de la revendication d'un bien communal; alors l'action n'appartient qu'à la commune, les particuliers de cette commune étant représentés par le maire ut universi sont non recevables, en quelque nombre qu'ils agissent, sans le concours de ce magistrat.* (Loi du 29 ventose an 5.)

Arronet. — C. — Robineau.
27 novembre 1814. — (t. 3, p. 45.)

2. — (Action. — Recours.) — *Lorsqu'une contestation intéressant une commune, a été défendue devant l'autorité administrative, par le maire de la commune, il ne peut appartenir à quelques habitans isolés, de se pourvoir en leur nom personnel devant le conseil d'état.*

Si l'on pensait que le maire eût tort de ne pas se pourvoir, il faudrait agir auprès de ses supérieurs.

Boiron et Garbi.
24 décembre 1810. — (t. 1, p. 449.)

3. — (Autorisation. — Conseil de préfecture. — Excès de pouvoir.) — *Sur la demande d'une commune tendante à être autorisée à revendiquer contre un particulier des terrains qu'elle prétend usurpés par lui, un conseil de préfecture ne peut ordonner, par un interlocutoire, qu'il soit procédé à la limitation des propriétés en litige.*

Jacomet. — C. — La comm. de Seméac.
6 novembre 1817. — (t. 4, p. 173.)

4. — (Autorisation.) — *Lorsqu'une commune se pourvoit auprès du conseil de préfecture, pour obtenir l'autorisation d'intenter une action judiciaire en nom collectif, il n'est pas nécessaire qu'elle prouve* complètement *devant l'autorité administrative, l'existence du du droit qu'elle entend exercer. Il suffit que les faits énoncés et articulés par la commune, soient d'une nature telle que, s'ils existaient, la commune aurait le droit d'agir; l'appréciation ultérieure et définitive des preuves, ne peut être faite que par l'autorité judiciaire.*

Commune de Chaumont. (Orne.) — C. — Montmorency-Matignon.
29 août 1809. — (t. 1, p. 304.)

5. — (Autorisation. — Action réelle.) — *Lorsqu'un particulier veut intenter une action réelle contre une commune, il peut se dispenser de demander une autorisation; — En ce que sans doute il n'y aurait pas de transaction possible.*

Jousselin.
4 juin 1816. — (t. 3, p. 302.)

6. — (Autorisation. — Chose jugée.) — *La demande formée par un particulier devant l'autorité administrative, à l'effet d'obtenir l'autorisation pour actionner une commune devant les tribunaux, ne saisit l'autorité administrative que de la question, s'il est plus avantageux d'obliger la commune à transiger, ou de l'autoriser à se défendre. — Telle décision que rende l'autorité administrative, elle ne peut avoir l'effet de la* chose *jugée.*

Albert de la Jaubertie.
26 novembre 1808. — (t. 1, p. 219.)

7. — (Bois. — Administration forestière. — Compétence.) — *La question de savoir si un bois doit être réputé* communal *par tous les habitans d'une commune, ou s'il doit être réputé* indivis *entre les habitans formant une section de la commune, est une question de propriété dont la solution est hors des attributions de l'autorité judiciaire; — encore que le procès eût lieu avec l'administration forestière, relativement au simple mode de régie et administration des bois.*

Habitans du hameau de Jussy. — C. — l'Administration forestière.
28 mai 1812. — (t. 2. p. 72.)

8. — (Caution. — Solidarité. — Compétence. — Conflit.) — *Lorsque les magistrats d'une commune, agissant tant en leur nom personnel que comme administrateurs de la commune, se sont obligés solidairement au paiement d'une dette contractée dans les intérêts de la commune, l'action qui résulte de cette obligation est du ressort de l'autorité judiciaire.*

Le Bailly.
3 janvier 1813. — (t. 2, p. 169.)

9. — (Compétence. — Solidarité.) — *Les débiteurs solidairement obligés avec les communes sont justiciables des tribunaux ordinaires, en ce qui concerne l'exécution des obligations qu'ils ont contractées; — En conséquence, dans ce cas, la compétence de l'autorité administrative ne peut être revendiquée.*

Lautremange.
10 mars 1807. — (t. 1, p. 52.)

10. — (Condamnations pécuniaires.) — *Lorsque des condamnations pécuniaires ont été prononcées contre des communes, la distribution entre elles, de leur quote part de la charge, doit se faire administrativement.*

Tronc. — La commune de Boubiers.
21 août 1816. — (t. 3, p. 382.)

11. — (Conseil d'état. — Recours.) — *Le recours au conseil d'état doit être exercé par les communes comme par particuliers, dans le délai fixé par le réglement du 22 juillet 1806.*

Bergzabern.
12 mars 1811. — (t. 1, p. 479.)

12. — (Contentieux.) — *Lorsqu'un particulier, créancier d'une commune par titre exécutoire, n'a pu obtenir du préfet de se faire payer par la commune, il n'est pas autorisé à se pourvoir devant la justice contentieuse du conseil d'état; sa demande tient à l'action administrative, et doit être portée au ministre avant d'arriver au conseil.*

Palliez. — La commune de Quievrechain.
15 mars 1815. — (t. 3, p. 99.)

13. — (Contributions. — Compétence mixte.) — *Les tribunaux sont compétens pour connaître d'une action dirigée contre une commune par un percepteur de contributions, pour le remboursement de sommes avancées par lui en l'acquit de cette commune. Mais c'est à l'autorité administrative seule à statuer sur la contestation qui s'élèverait entre cette commune et un autre percepteur de contributions appelé en garantie pour avoir été chargé d'acquitter la dette de la commune, et qui prétendrait avoir été valablement libéré des sommes qu'il aurait perçues pour elles.*

Bourchany.
30 janvier 1812. — (t. 2, p. 18.)

14. — (Créanciers. — Saisie-arrêt.) — *Les créanciers des communes ne doivent point procéder par voie de saisie-arrêt, encore qu'ils aient des titres exécutoires: ils doivent s'adresser au préfet seul, chargé d'indiquer les fonds affectés au paiement, et de prendre les mesures propres à l'effectuer.*

Bazire.
1er. mars 1815. — (t. 3, p. 96.)

15. — (Défenseurs de la patrie. — Autorisation.) — *Les concessions faites en 1792 par les communes, pour exciter le patriotisme des défenseurs de la nation, doivent être maintenues, bien qu'il n'y ait pas eu d'autorisation expresse: l'esprit de la législation de ce temps comportait suffisamment autorisation.*

Trouvain. — C. — la commune de Pierre-Pont.
10 mai 1813. — (t. 2, p. 315.)

16. — (Dettes. — Compétence.) — *C'est devant l'administration, et non devant les tribunaux, qu'il faut réclamer le paiement d'une dette communale non contestée.*

Schwab. — C. — Kirchmer.
11 août 1808. — (t. 1, p. 179.)

17. — (Dettes. — Compétence mixte. — Divisibilité.) — *De ce que la loi du 24 août 1793 a mis à la charge de l'état les dettes contractées par les communes pour l'équipement des gardes nationales, il ne s'ensuit pas que les contestations auxquelles elles donnent lieu entre les fournisseurs et les communes, doivent être jugées par l'autorité administrative; le droit de reconnaître et constater ces dettes appartient aux tribunaux, sauf à ceux qui sont déclarés créanciers à se pourvoir en liquidation pour leur paiement.*

Les communes de Moncel et Happoncourt.
2 février 1812. — (t. 2, p. 23.)

18. — (Dettes. — Contentieux. — Divisibilité.) — *Les préfets sont compétens pour vérifier et reconnaître les titres des créances réclamées contre les communes et pour dresser le projet de liquidation ; mais du moment que la liquidation devient contentieuse, les parties doivent être renvoyées devant le conseil de préfecture sur les objets de la contestation.* (Décret du 9 vendémiaire an 13.)

Lengler. — C. — la commune de Berkenfelds.
22 mai 1813. — (t. 2, p. 335.)

19. — (Dettes. — Divisibilité.) — *Les tribunaux ne peuvent connaître d'une action en paiement intentée par un particulier contre une commune, qu'en tant qu'il s'agirait de décider à quelle somme s'élève la dette de la commune. — Il ne leur appartient pas de régler la manière dont cette dette doit être acquittée par la commune : ce droit rentre dans les attributions de l'autorité administrative.* (Arrêtés du 12 brumaire an 11 et 9 frimaire an 12.)

Commune de Saint-Jouin.
15 Janvier 1809. — (t. 1, p. 239.)

20. — *Une contestation relative à une dette de commune à laquelle sont engagés ses administrateurs ès-noms et des particuliers en nom personnel, est administrative en ce qui touche l'action dirigée contre la commune ; mais elle est judiciaire en ce qui touche l'action dirigée contre les particuliers en nom personnel.*

Peu importe que les poursuites judiciaires aient commencé avant la loi du 24 août 1793. (Art. 82.)

Delacourtie. — C. — la commune de Mareau.
10 février 1816. — (t. 3, p. 228.)

21. — (Dettes. — Sursis. — Compétence. — Conflit.) — *Bien que par un décret du 12 novembre 1806, il ait été sursis à toutes poursuites contre les communes jusqu'après la liquidation de leurs dettes, l'autorité administrative n'est pas compétente pour connaître des demandes qui peuvent être formées contre les communes en paiement de ce qu'elles doivent ; elle n'a pas le droit d'accorder aucun sursis, c'est aux tribunaux, et non à l'autorité administrative, d'appliquer cette mesure dans chaque contestation particulière, et surtout de prononcer jusqu'à quel point ce sursis peut être réclamé par ceux qui se sont volontairement rendus cautions des communes.*

Hubert-Lavigne. — C. — les habitans de Vellène.
13 janvier 1813. — (t. 2, p. 202.)

22. — (Dette publique.) *C'est à l'autorité administrative seule qu'il appartient de connaître d'une demande en paiement d'une somme originairement due par une commune ; cette réclamation ne pouvant être portée qu'à la liquidation, depuis la loi du 24 août 1793, qui met les dettes des communes à la charge de l'état.*

Lebaigue.
7 février 1809. — (t. 1, p. 254.)

23. — (Garantie constitutionnelle. — Administrateur. — Obligation.) — *Lorsqu'une dette a été contractée dans l'intérêt d'une commune par son municipal, en son propre et privé nom, cet officier municipal est obligé personnellement, et peut être poursuivi directement sans formalité préalable, bien que la dette ait été contractée pour la commune et par un administrateur.*

Goès.
19 août 1808. — (t. 1, p. 194.)

24. — (Habitans. — *Ut singuli.*) — *Les habitans d'une commune ne sont pas recevables à réclamer* ut singuli *des propriétés ou des droits que la commune* ut universi *veut abandonner, ou qu'elle ne réclame pas.*

Saint-Victor. — C. — Vitermont.
20 juin 1816. — (t. 3, p. 316.)

25. — (Minorité. — Propriété collective.) — *Est-il bien dans le droit et dans l'intérêt public que les communes soient réputées mineures ? Comment se fait-il qu'une collection d'hommes tous majeurs et doués d'une volonté intelligente, soient réputés mineurs et inhabiles, alors qu'il s'agit de disposer d'une chose qui leur est propre, qui n'appartient qu'à eux, qui n'intéresse qu'eux ? Où s'arrêterait, dans ses conséquences, le principe qu'il ne peut y avoir de libre disponibilité dans les propriétés collectives ?*

Boyard de plainville. — C. — La commune de Broyes.
3 juin 1818. — (t. 4, p. 448.)

26. — (Obligation personnelle.) — *Des particuliers qui ont traité au nom d'une commune et dans son intérêt, n'en sont pas moins obligés personnellement, s'ils ont déclaré soumettre leurs propres biens aux rigueurs de la justice.*

Durand. — C. — Mathelon et Duffaur.
18 mars 1816. — (t. 3, p. 260.)

27. — (Obligation personnelle.) — *Les contestations relatives au remboursement d'un emprunt fait par plusieurs habitans d'une commune stipulant pour leur propre compte et sous leur garantie personnelle, sont de la compétence des tribunaux ordinaires. L'autorité administrative ne peut en revendiquer la connaissance sur le motif que ces sommes avaient été empruntées pour les besoins de la commune, lorsqu'il résulte d'ailleurs des contrats mêmes, que les sommes auraient été comptées pour les besoins privés des emprunteurs.*

Willemsen. — C. — la commune d'Issum.
12 septembre 1811. — (t. 1, p. 536.)

28. — (Opposition. — Circonscription.) — *La circonscription des communes et des paroisses, appartenant exclusivement à l'ordre public, les décrets ou ordonnances rendues à cet égard, sont des actes de pure administration ; il n'y a là rien de contentieux.*

Les particuliers peuvent bien avoir intérêt à telle ou telle circonscription ; mais ce n'est jamais un intérêt garanti par la loi, un véritable droit dont la lésion donne lieu à une discussion contentieuse.

Habitans du hameau de Moulineaux. — C. — La comm. de la Bouille.
3 décembre 1817. — (t. 4, p. 210.)

29. — (Paiement.) — *Aux termes de l'avis du Conseil d'état, du 26 mai 1813, le paiement des sommes dues par les communes doit être poursuivi par voie administrative.*

Negel. — C. — Athlanser.
11 décembre 1816. — (t. 3, p. 459.)

30. — (Pâture. — Droit individuel. — Qualité.) — *Les particuliers qui sont dans l'usage de faire pâturer leurs bestiaux sur le terrain d'autrui, par suite d'un droit de servitude appartenant à leur commune, s'ils sont troublés dans la possession, ne peuvent, en nom personnel, exciper du droit de la communauté ; ils doivent faire intervenir la commune ou son maire.*

Commune de Noue. — C. — Picot.
30 mars 1812. — (t. 2, p. 54.)

31. — (Place publique. — Propriété. — Compétence. — *Lorsqu'une commune croit qu'un terrain est dépendant de la place publique, et qu'un particulier réclame sur ce terrain un droit de propriété et non de possession, la contestation est dévolue aux tribunaux et non à l'autorité administrative.*

Godet.
15 janvier 1809. — (t. 1, p. 236.)

32. — (Possession. — Voirie. — Propriété.) — *Lorsqu'un particulier a construit une cabane et une palissade sur un terrain prétendu communal et nécessaire à l'usage d'un ruisseau ou lavoir commun, toute contestation de la commune offre une question de propriété à soumettre aux tribunaux ; ce n'est pas le cas de conserver la jouissance provisoire à la commune, en vertu d'un acte administratif sur la police de la voirie.*

Clément. — C. — La commune de Gelos.
15 mai 1813. — (t. 2, p. 322.)

33. — (Propriété. — Action. — Autorisation.) — *Aux termes d'un avis du Conseil d'état, du 28 juin 1806, approuvé le 3 juillet suivant, ceux qui intentent contre une commune une action à raison d'un droit de propriété, sont dispensés de demander une autorisation au conseil de préfecture, à plus forte raison si le procès à intenter doit être dirigé contre un agent du maire de la commune sur une question de propriété.*

Croze. — C. Augeraud.
6 novembre 1817. — (t. 4, p. 186.)

34. — (Propriété. — Bois. — Séquestre provisoire.) — *La question de savoir si un bois appartenant à une section de commune doit être réputé propriété de la commune entière, n'est pas une question administrative ; l'autorité administrative n'a pas même le droit d'ordonner le séquestre de l'objet litigieux jusqu'à ce qu'il ait été statué sur la question de propriété.*

Commune de la Lizolle.
17 janvier 1812. — (t. 2, p. 13.)

35. — (Propriété. — Compétence.) — *La connaissance des contestations relatives à des droits de propriété qui existent entre des communes, ou les différentes sections d'une même commune, appartiennent aux tribunaux ordinaires. L'autorité administrative doit se borner, dans ce cas, à accorder ou refuser l'autorisation de plaider; mais il ne lui appartient pas de prononcer sur le fond de la contestation.*

Habitans du Bourg. — C. — la commune de Lizolle.
13 mai 1809. — (t. 1, p. 287.)

36. — (Propriété. — Dépaissance.) — *C'est aux tribunaux et non aux conseils de préfecture à décider si une commune est fondée à réclamer un droit de propriété et de dépaissance.*

Habitans du village de Fraisse.
20 novembre 1815. — (t. 3, p. 148.)

37. — (Propriété. — Qualité. (Défaut de) — *Un contrat d'adjudication à titre de bail, fait au nom et dans l'intérêt de la caisse d'amortissement, d'un immeuble appartenant à une commune, a pu être querellé par la commune, nonobstant la loi du 20 mars 1813; surtout la commune a qualité suffisante pour continuer à faire valoir son action, depuis que les dispositions opposées de la loi du 20 mars ont été rapportées.*

Chalup. — C. — la commune de Podensac.
7 août 1816. — (t. 3, p. 355.)

38. — (Réunion. — Affouage. — Bois communaux.) — *La réunion des communes ne porte aucune atteinte à leurs droits respectifs de propriété. Une section de commune ne peut donc participer à la distribution de l'affouage, dans les bois communaux appartenans à une autre section de commune; mais aussi ne doit-elle pas être assujétie à aucune portion des charges inhérentes à ces bois.*

Habitans du hameau de Sonpois. — C. — La commune de Tourmont.
17 janvier 1813. — (t. 2, p. 214.)

39. — (Saisie-arrêt.) *Le créancier d'une commune ne peut faire une* saisie-arrêt *à son préjudice; il ne peut que prendre la voie administrative pour obtenir son paiement.* (Avis du Conseil d'état du 18 juillet, 12 août 1807.)

Marquet.
17 janvier 1814. — (t. 2, p. 485.)

40. — (Transaction.) — *La transaction faite par une commune, et qui n'a pas été précédée de la consultation de trois jurisconsultes désignés par le préfet, est nulle.* (Arrêté du 21 frimaire an 12.)

Juchault Desjamonières. — C. — La commune du Cellier.
18 janvier 1813. — (t. 2, p. 224.)

41. — Vente administrative. — Contentieux.) — *Lorsqu'il y a lieu à se pourvoir en annullation contre la vente faite par un préfet, de terrains prétendus communaux, la contestation doit être portée au conseil de préfecture, sauf recours au Conseil d'état. Il ne faut s'adresser, ni directement au Conseil d'état comme pour excès de pouvoir, ni directement au ministre pour la réformation de l'acte administratif.*

Si, au lieu d'une action en nullité de vente, c'est une action en revendication qui met en doute la propriété de la commune, alors la contestation doit être portée devant les tribunaux et non devant l'autorité administrative.

Darroze.
16 juillet 1817. — (t. 4, p. 87.)

COMMUNIERS. — V. Eau. (Cours d')

COMPAGNIE DE CANAUX. — V. Canaux d'Orléans et de Loing.

COMPAGNIE DE RÉSERVE. — V. Contentieux. (Administration active.)

COMPENSATION.

1. — (Acquéreur. — Rente.) — *L'article 29 de la loi du 3 juin 1793, autorise un acquéreur de biens nationaux à jouir de la faculté de compensation du prix avec une rente cautionnée par l'acquéreur, s'il justifie de remboursement ou de subrogation.*

Saffray. — C. — l'Administration des domaines.
21 août 1816. — (t. 3, p. 368.)

2. — (Cautionnement.) — *Le cautionnement d'un receveur des domaines, qui était devenu créance sur l'État, n'est susceptible d'être liquidé qu'en inscription sur le grand livre; il ne peut pas être compensé avec des recettes liquides, que le receveur a dû encaisser.*

Rousset. — C. — la régie des dom.
6 février 1815. — (t. 3, p. 67.)

3. — (Conseil de préfecture.) — *Une question de compensation entre deux particuliers, quoiqu'incidente dans une affaire légalement pendante au conseil de préfecture, ne doit pas être jugée par la justice administrative: elle doit être renvoyée aux tribunaux.*

Dupuichant. — C. — Plantadis.
3 décembre 1817. — (t. 4, p. 196.)

4. — (Contrainte.) — *La compensation dont auraient excipé les cautions d'un entrepreneur public, à-la-fois créancier et débiteur de l'état, pour se soustraire à une contrainte décernée par le trésor public, ne peut arrêter l'effet de la contrainte, que jusqu'à concurrence de la somme due par le Gouvernement.*

Tamisier.
24 novembre 1810. — (t. 1, p. 439.)

5. — (Demande nouvelle.) — *Les particuliers qui sont en litige avec l'administration, sur une question de compensation, ne sont pas recevables à présenter devant le Conseil d'état un nouveau chef de demande en compensation. En de tels cas, le Conseil d'état juge l'affaire dans l'état où elle est, et renvoie les parties devant le Conseil de préfecture pour le nouveau chef de demande.*

Perrier. — C. — la régie du dom.
30 août 1814. — (t. 3, p. 2.)

6. — (Domaines nationaux.) — *Si l'article 29 de la loi du 3 juin 1793 permet à un acquéreur de domaines nationaux d'en compenser le prix avec ses créances sur l'État, ce n'est qu'autant que les créances ont été constituées au profit de l'acquéreur ou pour la quotité qui lui en appartient.*

Le sieur Lavalette. — C. — La régie des Domaines.
23 avril 1818. — (t. 4, p. 294.)

7. — (État. — Fabriques.) — *Les rentes dues à d'anciennes fabriques et passées dans les mains de l'état, ne peuvent s'éteindre par compensation, au profit du débiteur, qu'autant que ce débiteur a obtenu du trésor une rescription de compensation antérieurement à la remise que l'état a fait de ces rentes aux fabriques actuelles.*

Fabrique de la cathédrale de Liége. — C. — Villenfagne.
28 mai 1812. — (t. 2, p. 71.)

8. — (Fournisseur.) — *Annullation d'un arrêté du conseil de liquidation de Turin, qui condamnait un fournisseur à payer le restant du prix d'un bien national qui lui avait été cédé en paiement de ses fournitures, sur le motif que la libération de ce fournisseur a été opérée par la compensation.*

Tron.
27 août 1811. — (t. 1, p. 529.)

9. — (Trésor. — Acquéreur national.) — *Un acquéreur national, débiteur de l'immeuble par lui acquis, n'est pas recevable à proposer la compensation avec le prix d'un autre immeuble qu'il doit céder au gouvernement, mais dont l'acquisition n'est pas consommée.*

Soufflot de Mercy.
27 août 1817. (t. 4, p. 119.)

10. — (Trésor public.) — *Lorsqu'un particulier est en même temps débiteur et créancier de l'état et de la même caisse ministérielle, il y a lieu à compensation.*

Laubé.
8 janvier 1810. — (t. 1, p. 350.)

— V. Adjudication. (Compétence.) — Fabriques. — Justice discrétionnaire. — Privilège. (Trésor public.)

COMPÉTENCE.

1. — (Demande. — Exception.) — *Si un particulier demande aux héritiers d'un fournisseur le paiement de sommes pour lesquelles il a hypothèque sur les biens du défunt, la contestation est judiciaire. — Elle ne changerait pas de nature quand, par exception, les héritiers soutiendraient que la créance est éteinte par liquidation administrative.*

Noel. — C. — Veuve Magin.
3 juin 1818. — (t. 4, p. 357.)

2. — (Divisibilité. — Caution. — Procuration.) — *Lorsqu'un débiteur ou caution du Gouvernement, par acte administratif, n'a été obligé que par un mandataire; s'il s'élève une discussion sur l'effet ou l'exécution du man-*

dat, cette question doit être soumise aux tribunaux.

Vandennieuwenhuisen.
7 mai 1808. — (t. 1, p. 158.)

3. — (Divisibilité. — Établissement public. — Interprétation. — Marché.) — *Les questions d'intérêt privé, auxquelles peut donner lieu un acte d'association entre particuliers relativement à des constructions ou réparations d'établissement public, appartiennent bien à l'autorité judiciaire, — mais elle excède sa compétence en interprétant le marché, et l'intention des autorités administratives qui ont concouru à l'adjudication sur laquelle repose l'association.* (Lois des 16 thermidor an 3, et 24 août 1790, art. 13, titre 2.)

Depauw. — C. — Jacob.
7 août 1810. — (t. 1, p. 391.)

4. — Divisibilité. — Propriété. — Indemnité.) — *Si, à l'occasion d'une coupe d'arbres, il s'élève une question de propriété et de plus une question de dommages-intérêts pour violation du droit de propriété, il ne suffit pas que l'administration soit compétente sur la question de propriété (en ce qu'il s'agirait d'interprétation d'actes administratifs), pour qu'elle soit compétente sur la question d'indemnité. En ce cas, il y a divisibilité de compétence : la question de propriété appartient à l'administration; la question d'indemnité aux tribunaux.*

Perreau. — C. — Moissant. — Jacquet.
9 avril 1817. — (t. 3, p. 551.)

5. — (Divisibilité. — Travaux publics.) *Lorsque, devant un conseil de préfecture, est soumise une demande formée contre un adjudicataire de travaux publics pour responsabilité à cause de vice dans ses opérations et pour indemnité à cause de dommages causés par un tiers, le conseil de préfecture ne doit prononcer que sur la question de responsabilité, il doit renvoyer aux tribunaux la question d'indemnité.*

Granier. — C. — Prévost.
14 mai 1817. — (t. 4, p. 8.)

6. — (Ordre public.) — *En général, les questions de compétence, dans l'intérêt de l'administration, ne sont pas tellement d'ordre public, que tout ce qui est fait en sens contraire, soit essentiellement nul.*

L'ag. du trés. roy. — C. — la comm. de la Rochefoucault.
23 octobre 1816. — (t. 3, p. 413.)

COMPTABILITÉ.

1. — (Conseil d'état. — Intérêts.) — *Sur la demande formée par le sieur Badin de Sainte-Foy, ancien trésorier-général de la marine, en révision de l'apurement de ses comptes, que dans cette opération, les commissaires de la comptabilité nationale auraient pris une fausse base de liquidation; .... Décidé, par avis du Conseil d'état, que le sieur de Sainte-Foy ne sera tenu de payer les intérêts de son débet qu'à compter de la clôture de ses comptes.*

1er. juin 1807. — (t. 1, p. 97.)

2. — (Contentieux. — Ministre des finances. — Action administrative.) — *Les contestations en matière de comptabilité qui s'élèvent entre l'administration des domaines et ses préposés, doivent être soumises en premier ressort au ministre des finances, sauf l'appel au Conseil d'état.* (Avis du Conseil d'état du 20 juillet 1808.) *En conséquence, le recours direct au Conseil d'état, exercé par un comptable envers la régie des domaines, contre une contrainte décernée par cette administration, est inadmissible.*

Chenantais.
22 mai 1813. — (t. 2, p. 344.)

3. — (Fermier. — Biens nationaux. — Autorité administrative.) — *Lorsqu'un fermier de biens domaniaux oppose au domaine des quittances ou récépissés, que le domaine ne répute pas libératoires, la contestation sur ce point doit être soumise non aux tribunaux, mais à l'autorité administrative.*

Renier.
6 janvier 1807. — (t. 1, p. 13.)

4. — (Percepteur. — Bonne foi.) — *La rigueur des principes, en matière de comptabilité, peut fléchir, quand il s'agit de comptes anciens sur lesquels ont passé des temps orageux, et lorsque tout concourt à établir la bonne foi du comptable.*

Bouquette.
16 février 1807. — (t. 1, p. 14.)

5. — (Procès-Verbal. — Certificats.) — *En matière de comptabilité administrative, de simples certificats, quelles que soient les personnes dont ils sont émanés, ne peuvent détruire les faits constatés par des procès-verbaux, dûment dressés par un agent de l'administration, dans les bornes de ses attributions.*

Royer. — C. — l'Adm. de la guerre.
24 août 1812. — (t. 2, p. 134.)

6. — (Régisseur. — Conflit.) — *Entre un régisseur de biens monastiques et l'un de ses préposés, tous débats sur un compte déjà soumis à la commission de la comptabilité nationale qui y a statué, ne peuvent plus être décidés par l'autorité judiciaire.*

Gambart. — C. — Gaillard.
16 mars 1807. — (t. 1, p. 58.)

7. — (Séquestre. — Fermier. — Émigré. — Autorité administrative.) — *Les contestations entre la régie des domaines et le fermier d'un bien séquestré, par raison des fermages, sont du ressort de l'autorité administrative.*

Lenoble.
12 décembre 1806. — (t. 1, p. 12.)

— V. Enregistrement. — Hospices. — Intérêts. — Payeur général. (Préposé.)

COMPTABILITÉ MILITAIRE.

1. — (Conseil d'administration. — Quartier-maître. — Justice ministérielle.) — *Un conseil d'administration militaire qui néglige de faire établir une caisse à trois clefs, se rend responsable des suites de cette infraction à la loi.*

Un comptable à qui l'on a enlevé toutes les pièces sans inventaire, est fondé à refuser de compter comme n'ayant plus ses pièces comptables.

Un quartier-maître en contestation avec le conseil d'administration sur la manière d'établir son compte, ne peut être contraint par le ministre des finances pour une somme quelconque, tant que la discussion n'a pas été vidée par l'autorité supérieure, d'après un examen contradictoire des pièces de comptabilité.

En matière de comptabilité des corps militaires, le conseil d'administration est le premier comptable direct; et bien qu'un quartier-maître puisse devoir aussi un compte au gouvernement, la responsabilité d'un déficit dans la caisse des corps ne peut être imputée au quartier-maître, sans qu'il y ait débat contradictoire avec le conseil d'administration, et que le conseil ait été déclaré non responsable.

Fabry.
31 janvier 1817. — (t. 3, p. 493.)

COMPTABLE.

1. — (Commune. — Décharge. — Mandataire.) — *La décharge d'un particulier, en sa qualité de mandataire d'une commune, résulte du compte qu'il a rendu de son mandat et du paiement du solde qui lui était dû comme créancier. Dans le cas où on prétendrait que ce comptable n'a pas porté en recette des sommes qui lui auraient été versées, on ne peut exiger de lui la représentation de son compte et des pièces à l'appui, qu'il était tenu de fournir, mais non obligé de conserver du moment où il recevait le paiement de ses avances et qu'il en donnait décharge à ses commettans.*

Le Cerf.
12 septembre 1811. — (t. 1, p. 534.)

2. — (Débiteur. — Compétence.) — *L'autorité administrative peut autoriser le dépôt, dans une caisse publique, de fonds dont se reconnaît débiteur un particulier envers un comptable public : mais elle ne peut décharger ce débiteur de sa dette et décider qu'il en est libéré : cette question et la contestation à laquelle elle donnerait lieu, sont du ressort des tribunaux, qui, néanmoins, n'ont le droit de prononcer qu'autant que les actes émanés de l'administration et entachés d'incompétence, auraient été écartés par l'autorité compétente.*

Lenormand.
16 mai 1810. — (t. 1, p. 371.)

3. — (Fin de non-recevoir.) — *Un comptable dont les comptes sont critiqués en ce qu'il y aurait quelques sommes à déduire, doit être à l'abri de toutes poursuites de la régie, si les sommes ont été inscrites ostensiblement par le comptable, et si l'inscription est déjà très-ancienne, et si la déduction est de nature à profiter moins à la régie des domaines qu'à des particuliers qui ne réclament pas.*

Tastemain. — C. — La rég. des domaines.
18 mars 1818. — (t. 4, p. 279.)

4. — Liquidation. — Hospice.) — *Réglement des comptes de l'ex-receveur de l'hospice du Mont-Cénis, partie en argent, partie en papier-monnaie.*

Beau.
18 août 1807. — (t. 1, p. 123.)

5. — (Préposé. — Trésor public.) — *Le préposé d'un comptable n'est responsable du contenu de sa caisse qu'envers son mandant, s'il n'a été accrédité par le trésor public; si donc, par suite d'un déficit, le trésor a poursuivi le préposé comme détenteur de fait, des deniers du trésor, la circonstance que le comptable désintéresse le trésor doit faire cesser toutes poursuites administratives contre le préposé, il ne reste plus à débattre que des droits privés, ce qui regarde les tribunaux.*

Caraven. — C. — Andrieu.
11 février 1818. (t. 4, p. 248.)

6. — (Solidarité. — Inventaire.) — *Lorsque deux comptables se succèdent dans l'exercice des mêmes fonctions, sans faire constater légalement l'état dans lequel se trouve la comptabilité dont ils se chargent; alors ils deviennent solidaires envers le Gouvernement pour la totalité du déficit dans la gestion de l'un et de l'autre.*

Cocural.
29 décembre 1810. — (t. 1, p. 453.)

COMPTABLES DE DENIERS PUBLICS. — V. CONTRAINTE PAR CORPS. (Octroi.)

COMPTES.

1. — (Jouissance.) — *Lorsqu'un conseil de préfecture, dans une liquidation de droits indivis avec le domaine, a contrevenu à l'article 3 de la loi du 9 frimaire an 7, en ne statuant pas tout-à-la-fois sur les comptes à rendre par la régie, et sur l'apurement définitif des comptes rendus par le particulier, il y a lieu d'annuller son arrêté.*

Picot Limoëlens. — C. — la régie des Domaines.
22 septembre 1814. — (t. 3, p. 17.)

2. — (Jouissance provisoire. — Indivis.) — *Les cohéritiers des biens séquestrés indivis, envoyés en jouissance provisoire de la totalité de ces biens, à la charge par eux d'une reddition de compte, s'ils n'avaient pas rendu de compte à l'administration, avant la loi du 5 décembre 1814, doivent rendre compte à l'émigré réintégré. Toute contestation sur ce compte est du ressort des tribunaux : il n'en est pas comme des décomptes que l'article 3 renvoie à l'autorité administrative.*

Colleville. — C. — Bougy.
16. juillet. 1817. — (t. 4, p. 91.)

3. — (Révision. — Erreur de calcul.) — *En justice administrative, comme en justice ordinaire, les lois interdisent les demandes en révision de compte, mais elles autorisent celles qui ont pour objet, de faire rectifier des erreurs de calcul, omissions, faux ou doubles emplois.*

Moni et Montmort. — C. — la Régie des domaines.
12 mars 1814. — (t 2, p. 529.)

4. — (Rectification. — Allocation. — Poids publics.) — *Un ancien administrateur ou percepteur du droit du poids public, dont le compte a été arrêté par le préfet et soumis à la commission de révision créée par décret du 11 avril 1813, s'il peut demander la rectification d'erreurs matérielles du compte, ne peut pas également demander de nouvelles allocations dont le principe a été rejeté.*

Pelletier.
31 janvier 1817. — (t. 3, p. 501.)

5. — (Séquestre national. — Préfet. — Divisibilité.) — *Aux conseils de préfecture et non aux préfets appartient la connaissance de la reddition d'un compte entre un particulier et les héritiers d'une succession dont les biens ont été séquestrés par l'État pour cause d'émigration.*

A l'égard des créances et des droits que les parties peuvent avoir à exercer contre cette succession, le jugement en est expressément réservé aux tribunaux ordinaires.

Lubersac.
6 septembre 1813. — (t. 2, p. 406.)

— V. ACQUIESCEMENT. (Réserves.) ADMINISTRATION D'ÉCONOMIE. (Administration d'autorité.) — ÉMIGRÉS. — IDEM. (Fruits.)

CONCESSION.

1. — (Autorisation du gouvernement.) — *Une administration municipale ne peut aliéner ni faire aucune concession, sans l'autorisation du gouvernement.* (Edit du mois d'avril 1683. — Loi du 14 décembre 1789, art. 51. — Loi du 2 prairial an 5.)

Perou.
7 août 1810. — (t. 1, p. 390.)

2. — (Compétence.) *Les discussions élevées sur la non-validité d'un acte de concession du gouvernement, et sur les clauses que cet acte renferme, doivent être jugées par les tribunaux ordinaires.* (Loi du 14 ventose an 7.)

Badiffe de Vaujompe.
22 juin 1810. — (t. 1, p. 380.)

3. — (Interprétation. — Mines.) — *Le décès d'un particulier, associé d'une compagnie qui aurait sollicité la concession de mines, bien qu'arrivé avant le décret de concession, n'éteint pas, à l'égard de ses héritiers, les droits résultant de la concession faite à l'association dont il était membre.*

Cette question est du ressort de la justice administrative, en tant qu'elle interprète l'acte de concession.

Vitalis Lurat.
14 février 1816. — (t. 2, p. 277.)

4. — (Loyers. — Paiement.) — *Annullation d'un arrêté du conseil de préfecture de la Seine, qui ordonnait des poursuites envers le concessionnaire d'un emplacement situé dans la cour du Louvre, pour le paiement des loyers de cet emplacement.*

Gondouin.
19 mars 1811. — (t. 1, p. 480.)

5. — (Propriété. — Forges.) — *La concession accordée à un propriétaire de forges, pour l'établissement d'un canal qui porte les eaux à son usine, ne lui confère ni droit ni privilége au préjudice des propriétaires voisins. — S'il fait des travaux sur leur terrain, par voie de fait ou de son autorité privée, il est passible de toutes actions judiciaires.* (L. 28 juillet 1790; — inst. minist., 18 messidor an 9.)

Hardouin. — C. — Saint-Pastou.
19 octobre 1808. — (t. 1, p. 205.)

6. — (Réméré. — Possession.) — *La possession, la culture, et l'amélioration des terres concédées par le gouvernement, et sous condition de réméré, peuvent mériter que le gouvernement ne reprenne pas les terres, et confirme la concession, sous la condition de payer le quart de la valeur de ce terrain, comme si c'étaient des domaines engagés.* (Loi du 14 ventose an 7.)

Maroilles.
21 décembre 1808. — (t. 1, p. 230.)

7. — (Titres anciens. — Mines. — Concessions provisoires.) — *L'état provisoire des concessions faites par d'anciens titres, doit être réglé par leurs titres, et les contestations sur les droits résultant de ces titres entre exploitans voisins, doivent être jugées par les tribunaux.* (*Loi du 28 juillet 1791, et du 21 avril 1810, art. 56.*) *Ainsi, le ministre de l'intérieur est incompétent pour décider si un concessionnaire de mines et minières de fer est tenu de livrer, à dire d'experts, une quantité de minerai à un propriétaire d'usines.*

Voyer d'Argenson. — C. — Stelielin.
19 mars 1817. — (t. 3, p. 530.)

8. — (Usine. — Eau. (cours d') — Autorité administrative.) — *L'emplacement pour servir d'attache à un moulin mobile construit sur un fleuve, bien que désigné dans des lettres patentes qui concèdent ce droit à un particulier, est subordonné aux variations qui s'opèrent dans le cours du fleuve, et à l'intérêt combiné de la navigation, des propriétaires riverains et du propriétaire du moulin. Celui-ci n'est donc pas fondé à invoquer la concession faite à ses auteurs, pour faire annuler un arrêté de l'autorité administrative qui aurait ordonné le déplacement de son usine, et pour être autorisé à la placer dans un autre lieu.*

Bouillon.
4 mars 1809. — (t. 1, p. 263.)

— V. DOMAINES ENGAGÉS. — INDEMNITÉ. — MINES. — PRIVILÉGE. — PROPRIÉTÉ. — IDEM. (Attérissement.) — RELIGIONNAIRES FUGITIFS. (Prescription.)

CONCESSION SUBREPTICE.

1. — (Autorité administrative.) — *Lorsque le gouvernement a concédé (par suite de dol du concessionnaire) des terres qui ne sont pas domaniales, le propriétaire dépouillé peut défendre sa propriété devant les tribunaux; — et ensuite la concession est révoquée par le gouvernement lui-même.*

Collé.
18 septembre 1806. — (t. 1, p. 4.)

CONCESSIONNAIRE.

1. — (Justice discrétionnaire.) — *Un particulier à qui l'autorité concède un local pour y établir un atelier, s'il arrive ultérieurement que le local lui soit retiré à cause de nouveaux besoins de l'administration, ne peut se plaindre qu'on ait lésé un droit acquis ni violé une convention, il ne peut demander à être réintégré dans le local, sur-tout s'il lui a été attribué une indemnité.*

Godefroy-Dosberg.
31 janvier 1815. — (t. 3, p. 499.)

V. — Canal. — Marais. (Dessèchement.) — Mines. — Pont. (Responsabilité.)

CONCILIATION. — V. Conseil de préfecture.

CONCURRENCE. — V. Acquéreurs nationaux. (Manœuvres frauduleuses.)

CONCUSSION. — V. Mise en jugement. — Idem. (Garde-forestier.) — Idem. (Intention coupable.)

CONDAMNATIONS PÉCUNIAIRES. — V. Commune.

CONDAMNÉS.

1. — (Adjudication.) — *Une adjudication faite le 8 nivose an 2, des biens d'un condamné, par jugement du 30 octobre 1793, ne peut être attaquée, pour nullité prétendue, que devant l'autorité administrative; bien que dès le 4 messidor an 3 il y ait eu renvoi devant les tribunaux par acte administratif.*

Bonne Rey. — C. — Tuffet.
23 octobre 1816. — (t. 3, p. 419.)

2. — (Remboursement. — Rentes.) — *Le remboursement d'une rente faisant partie des biens d'un condamné, est valable, encore qu'il ait eu lieu postérieurement à la loi du 30 ventose, qui suspend la vente de ses biens. — Un receveur de l'enregistrement, peut recevoir ce remboursement.* (Loi du 26 frimaire an 2, art. 1er. — Loi du 25 juillet 1793, titre 2, section 2, art. 17.)

Cazes.
19 mai 1811. — (t. 1, p. 494.)

— V. Partage. (Emigré.) — Remboursement.

CONFISCATION.

1. — (Agent du Gouvernement anglais.) — *L'article 66 de la charte constitutionnelle, qui abolit la confiscation, s'il peut être invoqué par un étranger, agent d'un gouvernement en guerre, ne s'applique pas à un fait qui s'est passé sous le gouvernement précédent.*

De Kolli.
8 janvier 1817. — (t. 3, p. 486.)

— V. Commission mixte de liquidation. — Contentieux. (Justice gouvernementale.) — Navires. — Pays réunis. — Prêtre septuagénaire. (Réclusion.)

CONFLIT.

1. — (Chose jugée.) — *L'autorité administrative peut élever un conflit dans une affaire, alors même qu'il y est intervenu arrêt définitif d'une Cour souveraine.*

Simon. — C. — Grasset et Balguière.
23 avril 1807. — (t. 1, p. 68.)

2. — *L'autorité administrative n'est pas recevable à élever le conflit dans une contestation jugée par les tribunaux, lorsque les jugemens ou arrêts légalement signifiés ont acquis l'autorité de la chose jugée, et qu'ils ne peuvent plus être attaqués par voie d'appel ou de recours en cassation.*

Planard. — C. — Enjalran.
6 janvier 1814. — (t. 2, p. 474.)

3. — *Tout conflit élevé par l'autorité administrative est sans effet lorsqu'il y a chose jugée, par un arrêt contre lequel le pourvoi en cassation n'est plus recevable, les délais étant expirés.*

Coquerel Dyclon.
21 février 1814. — (t. 2, p. 518.)

4. — *Les préfets doivent s'interdire d'élever des conflits dans des procès terminés par arrêt de Cour souveraine.*

Quid *si l'arrêt contenait une disposition portant,* hic et nunc, *atteinte à l'action administrative, ne faut-il pas entendre la règle en ce sens, qu'elle doit être observée, si la matière ne résiste pas essentiellement, si l'ordre public n'est pas compromis?*

Donat. — C. — Teissière.
6 février 1815. — (t. 3, p. 71.)

5. — *Lorsque sur une contestation le conflit n'est élevé qu'après décision de dernier ressort par l'autorité judiciaire, sur le fond de la contestation, le conflit doit être annullé.*

Quid *si la disposition de l'arrêt compromettrait les intérêts du trésor ou de la couronne?*

Modery. — C. — Sonntag.
23 décembre 1815. — (t. 3, p. 192.)

6. — *Aux termes de l'ordonnance du 6 février 1815, insérée au bulletin des lois, le conflit ne peut être élevé contre des arrêts définitifs et des jugemens rendus en dernier ressort.*

Commune de Liebsdorff. — C. — Bidermann.
28 septembre 1816. — (t. 3, p. 393.)

7. — (Conseil de préfecture.) — *Les conflits ne doivent pas être élevés par les conseils de préfecture; ils ne peuvent être élevés que par les préfets.*

Niam.
9 avril 1817. — (t. 3, p. 553.)

Jeantet.
23 janvier 1814. — (t. 2, p. 502.)

8. — (Défaut. — Opposition.) — *Avant l'avis du Conseil d'Etat du 19 janvier 1813, les conflits étaient considérés comme des questions d'ordre public pour l'instruction desquels ils n'était nullement nécessaire que les parties fussent entendues; en conséquence, l'opposition à un décret rendu par défaut avant cette époque et qui prononce sur un conflit, n'est point recevable.*

Guy-Dennesson.
22 juillet 1813. — (t. 2, p. 402.)

9. — (Divisibilité. — Question préjudicielle.) — *Si un conflit a été élevé par un préfet dans l'intérêt d'un particulier, (que le préfet tient pour régisseur ou agent de l'administration et que les tribunaux réputent entrepreneur leur justiciable), la décision d'un tel conflit se trouve subordonnée à la question de savoir s'il y a régie; mais cette question ne peut être décidée par le comité contentieux; il y a donc nécessité de surseoir jusqu'à décision de la haute administration active sur la question non contentieuse d'entreprise ou de régie.*

Poyer. — C. — Jubié.
6 novembre 1817. — (t. 4, p. 185.)

10. — (Effet rétroactif.) — *La loi du 30 fructidor an 3, et l'arrêté du 13 brumaire an 10, ordonnant aux préfets d'élever le conflit lorsqu'un tribunal est saisi d'une affaire, qui par sa nature est de la compétence de l'administration, ne s'appliquent point aux contestations terminées par des jugemens qui ont acquis l'autorité de la chose jugée.*

Removille. (Commune) — C. — Hocquart et Morlet.
15 janvier 1813. — (t. 2, p. 212.)

11. — (Excès de pouvoir.) — *L'autorité administrative n'a pas le droit d'annuller les décisions de l'autorité judiciaire, sous prétexte d'incompétence ou autrement, elle ne peut qu'élever le conflit d'attribution.*

Magne. — C. — la commune de Nizau.
15 mai 1813. — (t. 2, p. 319.)

12. — (Excès de pouvoir. — Eau. (cours d')) *Lorsque l'autorité judiciaire est saisie de la connaissance d'un procès, l'autorité administrative, si elle se croit compétente, doit se borner à élever le conflit, et attendre pour prononcer sur le fond, que le Conseil d'Etat ait déterminé la compétence.* (Loi du 21 fructidor an 3. — Arrêté du gouvernement du 13 brumaire an 10.)

Riole. — C. — Marty.
6 janvier 1813. — (t. 2, p. 185.)

13. — (Exécution.) — *Un arrêt, soit de Cour d'appel, soit de la Cour de cassation, ne peut avoir l'effet de la chose jugée et recevoir exécution, s'il se permet de décider quand et comment un paiement sera fait par le trésor public. — Le ministre du trésor peut et doit élever le conflit et empêcher l'exécution de ces arrêts.*

Champon. — C. — le Trésor public.
24 juin 1808. — (t. 1, p. 169.)

14. — (Exécution (défense d') — Divisibilité.) — *En général, pour savoir s'il y a lieu à élever un conflit, ne faut-il pas distinguer les cas où une matière est administrative, tellement que les tribunaux ne doivent pas en connaître, et les cas mixtes où les tribunaux sont compétens pour statuer sur le fond du droit des parties, sauf à l'action administrative de refuser effet à la décision, en tant qu'elle pourrait porter atteinte à ses droits ou à ses opérations.*

DebrionetBlache.—C.—Chauvet.
23 avril 1818. – (t. 4, p. 310.)

15. — (Lettre de change. — Bois. — Eaux.) — *Bien qu'une lettre de change soit causée pour droit de flottage de bois, et que le droit de flottage soit de sa nature soumis à des règles administratives; néanmoins la justice administrative est incompétente pour statuer sur la demande en paiement de la lettre de change.*

Dupuichaud. — C. — Theurier.
23 janvier 1813. – (t. 2, p. 250.)

16. — (Question préjudicielle. — Percepteur.) — *Pour qu'il y ait lieu, de la part d'un préfet, à élever le conflit, il n'est pas nécessaire que le fond de la demande portée devant un tribunal, soit une matière administrative; il suffit que l'issue de la contestation soit nécessairement subordonnée à l'examen des questions administratives, comme, par exemple, s'il fallait préalablement liquider la comptabilité d'un percepteur de communes.*

Marty. — C. — Delort et Palis.
7 août 1816. – (t. 3, p. 358.)

17. — (Réglement d'attribution. — — Excès de pouvoir. — Divisibilité.) — *Lorsque, sur un conflit, le gouvernement attribue une affaire à la justice administrative, il est entendu que c'est pour qu'elle juge seulement les questions administratives, s'il s'élève de plus dans l'affaire des questions non administratives, elles doivent être portées à l'autorité judiciaire, nonobstant le réglement sur le conflit.*

Bonnier des Terrières. — C. — Brabander.
4 juin 1816. – (t. 3, p. 300.)

18. — (Sursis.) — *Une Cour d'appel ne peut prononcer sur la revendication d'une contestation faite par un préfet; elle doit se borner à prononcer un simple sursis, en attendant qu'il ait été statué, en Conseil d'Etat, sur la question de compétence.*

Coutanceau. — C. — Gaubert.
15 octobre 1809 – (t. 1, p. 329.)

19. — *Lorsque l'autorité administrative élève un conflit, elle n'a pas le droit de prononcer de suite sur le fond de la contestation; elle doit attendre qu'il ait été statué sur le conflit.*

Depauw. — C. — Jacob.
7 août 1810. – (t. 1, p. 391.)

CONFLIT D'ATTRIBUTIONS. — V. OPPOSITION. (Décret.)

CONFLIT NÉGATIF.

1. — (Conseil d'Etat.) — *Lorsque sur une demande portée par un particulier devant l'autorité judiciaire, le tribunal se déclare incompétent, comme s'agissant de matière administrative, et que d'autre part le préfet se déclare incompétent, comme s'agissant de matière judiciaire, si la cour d'appel voit là une question de réglement de juges, au lieu d'une simple question de compétence, et refuse de statuer, comme y ayant un conflit négatif, le Conseil d'état prononce sur ce conflit négatif, encore qu'il s'agisse de renvoi à l'autorité judiciaire. Ainsi, une cour d'appel peut s'abstenir au cas de conflit négatif, bien que sa juridiction ne soit aucunement en collision avec l'autorité administrative.*

Chartron. — C. — Petit et Mallite.
14 septembre 1814. – (t. 3, p. 13.)

2. — (Réglement de juges.) — *Lorsqu'il y a conflit négatif, ou refus de juger, tant par l'autorité judiciaire que par l'autorité administrative, il y a lieu de se pourvoir en réglement de juges devant le chef de l'Etat.*

Lasbats. — C. — Ricaud.
16 mars 1807. – (t. 1, p. 61.)

3. — (Réglement de juges. — Administrateurs. — Conseil d'état.) — *Le Conseil d'état, sur la demande de la partie intéressée, décide quel est celui de deux ministères qu'une affaire concerne, lorsqu'il y a doute sur les attributions respectives, et que les ministres saisis ont refusé d'en connaître.*

Hasslawer.
10 septembre 1817. – (t. 4, p. 134.)

4. — (Réglement de juges. — Ministre.) — *Le Roi, en Conseil d'état, règle, au cas de conflit positif ou négatif entre les ministres, leurs attributions respectives.*

Hereau.
25 février 1818. – (t. 4, p. 255.)

CONFRONTATION. — V. ADJUDICATION. (Interprétation.)

— V. BIENS ABANDONNÉS. (Bail.) — COMMUNAUX. (Propriété.)

CONFUSION.

1. — (Emigrés.) *L'extinction des créances, par confusion, n'est opposable que par le gouvernement; ainsi, une rente due par un émigré à une fabrique, et transportée par le gouvernement à un bureau de bienfaisance, n'est pas éteinte, bien qu'il y ait eu un instant où l'Etat se trouvait tout à la fois créancier et débiteur de la rente.* (Loi du 6 floréal an 10.)

Bureau de bienfaisance de Besançon.
26 mars 1812. – (t. 2, p. 33.)

2. — (Emigré. — Contentieux.) — *Lorsque le domaine demande à un émigré réintégré le paiement d'une rente, que lui émigré prétend avoir été éteinte par confusion, en ce que l'Etat en a été créancier et débiteur tout à la fois, la contestation doit être jugée par le conseil de préfecture, et non par le préfet.* (Art. 3 du décret du 23 février 1811.)

Gouvello. — C. — Bréville.
17 mai 1813. – (t. 2, p. 332.)

3. — (Fabrique. — Rentes.) — *Par l'arrêté du 7 thermidor an 11, le gouvernement n'a entendu rendre aux fabriques que les biens existans; il ne leur a pas rendu les créances éteintes par paiement, confusion ou autres voies légales, notamment il n'a pas rendu une rente à l'égard de laquelle la nation, dans un temps donné, se trouvait tout à la fois créancière et débitrice.*

Bernard. — C. — la fabrique de Saint-Léonard de Fougères.
25 février 1815. – (t. 3, p. 87.)

— V. EMIGRÉ. (Fondation.) — RATIFICATION. — EMIGRÉS.

CONQUÊTE. — V. OCCUPATION MILITAIRE.

CONSEIL D'ADMINISTRATION. V. COMPTABILITÉ MILITAIRE. — CONVENTIONS PAR APPROXIMATION. (Justice ministérielle.)

CONSEIL D'ÉTAT.

1. — *Le Conseil d'Etat ne réforme point les décisions rendues sur intérêt privé, par décret de la convention nationale.*

Giraud. — C. — l'adm. des dom.
20 novembre 1815. – (t. 3, p. 141.)

2. — (Arrêt. — Conflit.) — *Le vice d'incompétence reproché à un arrêt d'une cour d'appel, ne peut être jugé par le Conseil d'Etat, qu'autant que le conflit aurait été élevé par l'autorité administrative; — autrement, le recours contre un tel arrêt ne peut avoir lieu que devant la cour de cassation suivant les règles de la hiérarchie ordinaire.* —Quid *s'il contenait une disposition attentatoire à l'ordre politique, gouvernemental ou administratif?*

Labanie, Lubersac.
12 décembre 1811. – (t. 1, p. 563.)

3. — (Attributions.) — *Il ne suffit pas qu'une attribution ait été conférée au Conseil d'état par le Roi, antérieurement à la révolution, pour que toute contestation sur la matière doive également être soumise aujourd'hui au Conseil d'état, il faut encore examiner si les lois nouvelles n'ont pas changé cette attribution.*

Mabon.
31 janvier 1817. – t. 3, p. 505.)

4. — (Compétence.) — *Lorsqu'un tribunal de première instance se déclare mal-à-propos incompétent, sur le prétexte que la question ressort de l'autorité administrative, la réformation de ce jugement doit être demandée à la cour d'appel, et non au Conseil d'Etat.* (Art. 27, 28. Loi du 27 juillet 1791.)

Bouffier. — C. — Cheibonnier.
18 juillet 1809. – (t. 1, p. 296.)

5. — (Conflit. — Jugement au fond.) — *Lorsqu'un tribunal a rendu jugement sur une matière administrative, si le conseil de préfecture refuse de connaître de la même affaire jusqu'à réformation du jugement, si d'ailleurs le préfet n'élève pas de conflit, le Conseil d'Etat n'a pas à statuer; la partie*

doit être renvoyée à se pourvoir devant la cour royale.

Lauzière. — C. — Montillet.
18 avril 1816. – (t. 3, p. 278.)

6. — (Délai.) — *Le pourvoi contre les décisions, dans les affaires contentieuses portées au Conseil d'Etat, doit être fait dans le délai accordé par l'article 11 du décret du 22 juillet 1806. — Des protestations faites contre la décision rendue, et contre l'irrégularité de la signification, ne préservent pas de la déchéance.*

Herbinière.
6 juillet 1810. – (t. 1, p. 387.)

7. — (Déni de justice judiciaire.) — *Lorsqu'une Cour d'appel a renvoyé au Conseil d'état à prononcer sur une contestation qu'elle croyait* administrative, *tandis qu'elle était réellement* judiciaire, *le Conseil d'état, sur le recours porté devant lui, se borne à se déclarer incompétent; il ne casse point l'arrêt qui a illégalement jugé l'attribution; — c'est à la Cour de cassation qu'est réservé le pouvoir de casser en ce cas.*

Latour Duligny. — C. — Belbeuf.
11 juin 1817. – (t. 4, p. 41.)

8. — *L'expiration du délai fixé par l'art. 11 du décret du 22 juillet 1806, pour se pourvoir au Conseil d'état, ne peut être opposée aux parties qui exercent leur recours contre des actes de l'autorité administrative, antérieurs à la publication de ce décret.*

Lenormand.
16 mai 1810. – (t. 1, p. 371.)

9. — (Excès de pouvoir.) — *Les excès de pouvoir, les atteintes des tribunaux de première instance contre l'autorité administrative, doivent être dénoncés à l'autorité judiciaire supérieure, et non au Conseil d'état.*

Troyes. — C. — Bigeon.
20 novembre 1815. – (t. 3, p. 144.)

10. — (Juridiction. — Trésor. — Reprise d'instance.) — *Il ne suffit pas qu'un procès contre le trésor soit demeuré indécis à l'ancien Conseil d'état, grande direction des finances, pour qu'il puisse y avoir aujourd'hui reprise d'instance au Conseil d'état actuel : le décret du 27 avril 1791, qui renvoya aux tribunaux, les affaires dans lesquelles l'Etat plaidait directement contre des particuliers en qualité de créancier ou de débiteur, doit avoir encore tout son effet.*

Aubepin. — C. — l'Agent du trésor royal.
19 mars 1817. – (t. 3, p. 534.)

11. — (Justice contentieuse.) — *Celui qui a obtenu des arrêtés de préfet ou de conseil de préfecture en matière de propriété, possession et jouissance de biens séquestrés indivis ou non indivis, n'est pas recevable à se pourvoir au Conseil d'état pour en demander la confirmation. — Le Conseil d'état, juge des contentions, ne procède ni par voie d'approbation, ni par voie de censure ; il rend des décisions de justice administrative.*

Feillens. — C. — Hennet.
10 février 1816. – (t. 3, p. 218.)

12. — (Ordre public. — Cassation. — Conflit.) — *Le prince, en Conseil d'état, déclare non avenus des arrêts de la Cour de cassation, qui ont cassé pour atteinte à l'autorité administrative des jugemens ou arrêts rendus sur des matières à l'égard desquelles l'autorité administrative supérieure n'a pas d'attribution légale. — Et cette décision du prince est rendue sans qu'il ait été élevé de conflit.*

Fieffataires et censitaires du pays de Porentruy.
24 juin 1808. – (t. 1, p. 175.)

13. — (Pourvoi. — Délai. — Déchéance. — Bornage.) — *Le délai de trois mois est de rigueur pour interjeter appel de l'indue homologation d'un procès-verbal de bornage. Passé ce délai les parties ne sont plus recevables à réclamer.*

Culoz. (Commune de)
15 janvier 1809. – (t. 1, p. 240.)

14. — (Pourvoi. — Requête. — Délai.) *Le pourvoi au Conseil d'état doit être fait par requête à peine de nullité ; toute déclaration de pourvoi faite par acte signifié à domicile serait sans effet, elle ne conserverait aucunement le délai utile pour le pourvoi.* (Art. 1er, réglement du 22 juillet 1806.)

Rouilliat. — C. — La rég. des dom.
25 juin 1817. (t. 4, p. 63.)

15. — (Recours. — Délai.) — *Le délai dans lequel, aux termes du réglement du 22 juillet 1806, le recours au Conseil d'état doit être exercé, ne peut être invoqué à l'égard d'un arrêté signifié à une époque antérieure à la publication de ce réglement.*

Bizot.
29 décembre 1812. – (t. 2, p. 162.)

16. — (Réglement de juges. — Prise.) — *La voie de recours au Conseil d'état, pour indication de juges, est autorisée en matière de prises, lorsque les tribunaux ordinaires et le conseil des prises ont également refusé de prononcer sur les difficultés d'une liquidation: en tel cas la cause est retenue pour être jugée au Conseil d'état.*

Grant-Webb.
4 juin 1816. – (t. 3, p. 311.)

17. — (Soit communiqué. — Déchéance.) — *L'expiration du délai fixé par l'article 12 du réglement du 22 juillet 1806 pour signifier l'ordonnance de soit communiqué, rendue sur le pourvoi d'un particulier au Conseil d'état, emporte la déchéance de ce pourvoi.*

Flora. (le navire la) — C. — le corsaire le Vigilant.
18 août 1811. (t. 1, p. 527.)

CONSEIL DE PRÉFECTURE.

1. — (Autorisation.) — *Lorsqu'un particulier s'adresse au conseil de préfecture en vertu de l'article 15 du titre 3 de la loi du 5 novembre 1790, pour obtenir l'autorisation de citer le préfet par action en garantie ou autrement, le conseil de préfecture n'a pas à décider si la demande est bien ou mal fondée ; le droit du réclamant ne lui est pas soumis, il n'a qu'à émettre un simple avis pour être règle du préfet.*

Roullet. — C. — Daloucy.
11 décembre 1816. (t. 3, p. 448.)

2. — (Avis. — Pacage. — Chose jugée.) — *Un acte émané d'un conseil de préfecture, s'il n'est qu'un simple avis rendu sur la demande et sur un arrêté de préfet, ne renferme point une décision qui puisse être attaquée devant le Conseil d'état, il n'y a vraiment de chose jugée que par le préfet, et dans ce cas, il doit y avoir recours à la justice ministérielle.*

Le principe est applicable, même au cas où un préfet aurait interdit aux bêtes à laine le pacage des communaux, question qui, touchant à la propriété, semble appartenir à l'autorité du conseil de préfecture plutôt qu'à l'autorité du préfet.

Dubois.
17 juin 1818. (t. 4, p. 375.)

3. — (Chose jugée.) — *Un conseil de préfecture ne peut réformer ses décisions.*

Delpech. — C. — Merignac.
7 février 1809. – (t. 1, p. 255.)

4. — (Conciliation.) — *Un conseil de préfecture, statuant sur une contestation entre l'administration des ponts et chaussées et un adjudicataire de travaux, s'il y a des malfaçons constatées, doit prononcer rigoureusement selon les termes formels du délit, il ne peut appliquer aucune mesure de conciliation non consentie par le directeur général.*

L'Administ. des ponts et chaussées. — C. — Lachaume et Daillant.
18 mars 1816. – (t. 3, p. 254.)

5. — (Interlocutoire. — Chose jugée.) — *Un conseil de préfecture peut rétracter une décision purement interlocutoire.*

Baylac. — C. — les propriétaires du moulin le Bazacle.
24 août 1812. – (t. 2, p. 128.)

6. — (Justice administrative. — Actes administratifs.) — *Quelle que soit l'autorité administrative qui a aliéné un domaine au nom de l'Etat, si la validité de l'aliénation est contestée, la contestation doit être portée à la justice administrative de premier degré ; il n'est pas vrai qu'une aliénation faite par le Gouvernement lui-même doive être portée,* de plano, *au Conseil d'état.*

Gieubega.
26 mars 1812. – (t. 2, p. 50.)

7. — (Préfet.) — *Les conseils de préfecture n'ont aucun droit de connaître les décisions des préfets, soit pour les confirmer, soit pour les réformer.*

Quid? *S'il s'agissait d'une indemnité réclamée par un particulier, par suite d'une mesure administrative ordonnée par le préfet.*

Barreau. — C. — la Régie des domaines.
30 août 1814. – (t. 3, p. 4.)

CONSEIL DU ROI. — V. Contrariété. (Arrêt.)

CONSEIL MUNICIPAL. — V. Acte administratif. — Garantie constitutionnelle. (Maire.) — Mise en jugement. (Maire.)

CONSIGNATION.

1. — (Comptable. — Compétence.) — *L'autorité administrative n'est pas compétente pour autoriser une consignation, encore qu'il s'agisse de sommes dues à un comptable de l'Etat.*

Le Normand.
5 mars 1813. — (t. 2, p. 283.)

2. — (Remboursement. — Validité. — Indivis. — Émigré.) — *C'est aux tribunaux, non aux conseils de préfecture, à juger une contestation sur la validité d'une consignation faite en vertu d'un jugement, dans la caisse du domaine, pour remboursement d'une créance indivisement due à des cohéritiers dont partie est représentée par l'Etat. — Si toutefois l'Etat n'a pas un intérêt réel dans la contestation.*

Eon. — C. — Dacosta.
30 septembre 1814. — (t. 3, p. 22.)

— V. Déchéance.

CONSISTOIRE. — V. Juifs. (Israélites.)

CONSTITUTION DE L'AN VIII. — V. Garantie constitutionnelle. — Mise en jugement. (Ministre.)

CONSTRUCTION. — V. Alignement. — Eau. (Cours d') — Entretien. — Propriété. (Démolition.) — Usine. (Autorisation.) — Voirie.

CONSULTATION. — V. Autorisation. (Commune.)

CONTENTIEUX.

1. — (Acte administratif. — Pharmacien.) — *La destitution d'un pharmacien en chef d'un hospice par le ministre de l'intérieur, est un acte purement administratif, ne blessant pas un droit acquis au pharmacien, elle ne peut donc être déférée au Conseil d'état.*

Allut.
20 juin 1816. — (t. 3, p. 318.)

2. — (Action administrative. — Divisibilité. — Utilité publique. — Expropriation. — Propriété. — Démolition.) — *Lorsqu'un préfet ordonne la démolition d'une maison pour utilité publique, il fait un acte administratif, qui ne peut être soumis à la justice contentieuse du Conseil d'état.*

Si en même temps le préfet décidait que le propriétaire ne sera pas indemnisé, attendu que sa maison était domaniale, ou bâtie sur un terrain domanial, ce serait une décision contentieuse *soumise au Conseil d'état pour excès de pouvoir.*

Mais il ne faut pas considérer comme décision contentieuse *un simple arrêté d'économie intérieure, un avis du préfet, comme tuteur du domaine, avis qui doit servir de règle aux agens de l'administration, mais qui, devant les tribunaux, n'a pas l'effet de la chose jugée.*

Ballice et Chevignard. — C. — la Régie.
3 février 1813. — (t. 2, p. 265.)

3. — (Action administrative. — Hospices. — Émigrés.) — *Les difficultés relatives aux reprises prétendues contre les hospices en vertu de l'article 8 de la loi du 5 décembre 1814 sont, d'après l'ordonnance du 11 juin 1816, des contestations qui touchent à l'action administrative, qui ne peuvent être réputées contentieux de l'administration, qui, conséquemment, ne doivent être portées au Conseil d'état que sur le rapport du ministre de l'intérieur.*

Hospices de Bourges.
17 juillet 1816. — (t. 3, p. 337.)

4. — (Administration. — Adjudication.) — *Les réclamations d'un adjudicataire ou de son ayant-droit, contre une clause du procès-verbal d'adjudication faite par un préfet, doivent être adressées au Gouvernement par la voie du ministre, et non à la commission du contentieux du Conseil d'état.*

Beysser.
6 janvier 1807. — (t. 1, p. 25.)

5. — (Administration. — Exécution. — Canal.) — *Lorsqu'il a été pris par un préfet un arrêté relatif à un objet d'administration (tel que le curement d'un canal non-navigable), et que cet arrêté a été approuvé par le ministre, si l'exécution de cet arrêté occasionne des débats de la part d'un conseil municipal, les arrêtés que le préfet rend sur les débats d'exécution, doivent être soumis au Gouvernement par la voie du ministre; ils ne doivent pas être soumis au Conseil d'état, section du contentieux.*

Commune de Lamarck.
10 mars 1807. — (t. 1, p. 35.)

6. — (Administration active. — Compagnie de réserve. — Fournitures de pain.) — *Toute contestation avec un préfet relativement à un marché avec un particulier pour fourniture de farine ou de pain destinée à une compagnie de réserve, doit être jugée, non par le préfet, lui-même, mais par le conseil de préfecture.*

Levacher Duplessis. — C. — le préfet de la Seine.
27 mai 1816. — (t. 3, p. 291.)

7. — (Administration active. — Décompte.) — *Les décomptes délivrés par l'administration des domaines contre un acquéreur national, sont, au cas de contestation, soumises au ministre avant que la réclamation puisse être portée au Conseil d'état.*

Loiseau.
6 mars 1816. — (t. 3, p. 239.)

8. — (Contribution. — Routes. — Justice non provisoire de l'administration active.) — *La décision par laquelle un préfet condamne des concessionnaires de mines à payer 20,000 fr. dans une contribution plus forte, imposée aux intéressés aux travaux à exécuter sur une route, cette décision de la justice administrative n'est pas du contentieux d'administration : elle ne peut être soumise au Conseil d'état par la voie du comité contentieux ; il y a nécessité de recours au ministre d'abord, puis, et au besoin, d'obtenir qu'il fasse un rapport au Conseil d'état.*

Reuleaux.
12 juin 1813. — (t. 2, p. 371.)

9. — (Dette publique.) — *Le comité contentieux du Conseil d'état n'est pas compétent pour connaître de la décision du conseil général de liquidation, portant rejet d'une réclamation faite par un particulier pour une somme considérable.* (Décret du 11 juin 1806.)

Raoult.
18 mars 1816. — (t. 3, p. 262.)

10. — (Dette publique. — Arriéré. — Liquidation.) — *Les créances sur l'Etat, et antérieures au 1er. vendémiaire an 9, susceptibles de liquidation, et qui n'ont pas été liquidées antérieurement au 1er. juillet 1810, restent classées dans les liquidations arriérées.*

Cette question regarde la justice contentieuse du Conseil d'état. (Lois du 15 janvier 1810.)

Lapuente Rustier.
31 janvier 1813. — (t. 2, p. 254.)

11. — (Dette publique. — Liquidation. — Inscription. — Déchéance.) — *Lorsqu'une créance est frappée de déchéance, celui qui demande une rectification dans la liquidation ou l'inscription aux tiers consolidés, doit être déclaré non-recevable.* (Art. 12, loi du 15 janvier 1810.)

Royer.
27 mai 1816. — (t. 3, p. 290.)

12. (Domaines nationaux.) — *Toute contestation relative au contentieux des domaines nationaux, est dans les attributions des conseils de préfecture, sauf recours au Conseil d'état. — Les préfets et les ministres n'ont que la surveillance administrative. — Toute décision de leur part est un excès de pouvoir d'après le décret du 23 février 1811.*

Kertanguy. — C. — l'Administration des domaines.
3 janvier 1813. — (t. 2, p. 167.)

13. — *Des arrêtés rendus par une administration de département portant règlement de droit sur des biens séquestrés pour émigration, ont un caractère d'actes administratifs plus que de justice contentieuse ; ils ne peuvent être déférés au Conseil d'état, qu'après avoir été soumis au ministre des finances.*

Régie des Dom. — C. — Bizemont.
11 décembre 1814. — (t. 3, p. 48.)

14. — (Domaines nationaux. — Acte administratif.) — *Aux termes de l'art. 3 du décret du 23 février 1811, les réclamations contre les arrêtés des préfets, en matière domaniale, doivent être portées devant le ministre des finances ; c'est là un acte administratif plus qu'une décision contentieuse. L'in-*

térêt de l'ordre public est plus grave que l'importance des droits privés.

Dubois-Berthelot. — C. — L'Adminis. des dom.
28 septembre 1816. (t. 3, p. 400.)

15. — (Domaines nationaux. — Justice ministérielle. — Glaces.) — *La décision d'un préfet sur la propriété des glaces garnissant une maison nationale, et sur une question de compensation élevée à ce sujet, quoique contraire à des droits privés et essentiellement décisoire, n'en est pas moins réputée acte administratif non contentieux. Le recours doit être porté au ministre avant qu'il soit permis de l'exercer au Conseil d'état.*

Desvadon.
21 août 1816. — (t. 3, p. 379.)

16. — (Forge. — Autorisation.) — *L'arrêté d'un préfet qui interdit à un propriétaire de forges l'usage de son fourneau et la faculté de le remettre en activité jusqu'à ce qu'il en ait obtenu la permission, en se conformant aux formalités prescrites par la loi du 21 avril 1810, est un acte administratif contre lequel on ne peut se pourvoir au Conseil d'état directement et avant de l'avoir déféré au ministre de l'intérieur. — Ce n'est pas là du contentieux de l'administration.*

Cavallo. — C. — Mongenet.
29 décembre 1812. — (t. 2, p. 160.)

17. — (Instruction ministérielle. — Déficit.) — *Une décision du ministre des finances, en matière de contentieux de domaines nationaux, n'a d'effet que comme avis ou instruction ministérielle; si donc un adjudicataire veut se pourvoir en réduction de prix pour déficit dans l'adjudication qui lui a été faite, il doit porter sa demande au conseil de préfecture, comme si le tribunal n'avait rien décidé.* (Décret du 17 janvier 1814.

Le principe est-il applicable, même lorsqu'il s'agit de biens communaux?

Fiseaux.
23 avril 1818. (t. 4, p. 314.)

18. — (Justice gouvernementale. — Capitulation. — Confiscation. — Justice politique. — Prise maritime.) — *Lorsqu'un navire a été confisqué sur son propriétaire par une armée navale, non à la suite d'une prise en mer, mais à la suite d'une capitulation locale, le litige sur la validité de la confiscation ne peut être jugé que par le gouvernement. Ce n'est pas là du contentieux dont le Conseil d'état puisse connaître.*

Perier. — C. — Morinière.
11 février 1818. (t. 4, p. 242.)

19. — (Justice ministérielle. — Action administrative. — Digues. — Ponts et chaussées.) — *Lorsqu'entre propriétaires de marais il y a contestation sur la conservation d'une digue, si la décision est rendue par le directeur des ponts et chaussées, le propriétaire à qui cette décision fait grief, ne peut se pourvoir directement à la justice contentieuse du Conseil d'état, la matière étant liée à l'action administrative; il faut d'abord recourir à la justice du ministre supérieur du directeur-général.*

Marguerit. — C. — d'Houdelot.
30 janvier 1815. — (t. 3, p. 65.)

20. — (Loyer. — Préfet.) — *Un préfet ne peut, sans excéder ses pouvoirs, prononcer sur les contestations qui s'élèvent entre le domaine et les particuliers au sujet du paiement de loyers d'une propriété nationale. C'est aux conseils de préfecture seuls que la connaissance en est dévolue.*

Bertaux.
29 mars 1811. — (t. 1, p. 484.)

21. — (Ordonnance royale. — Opposition. — Eau. (Cours d')) — *Une ordonnance royale qui autorise un particulier à construire une digue sur une rivière non navigable, si elle blesse des droits particuliers, peut être frappée d'opposition, et annullée par voie de recours au Conseil d'état, comité du contentieux.*

Ternaux.
18 mars 1816. — (t. 3, p. 259.)

22. — (Patente.) — *Ce n'est point au préfet, c'est au conseil de préfecture à décider dans quel lieu un marchand doit prendre patente. La décision du préfet est un excès de pouvoir contre lequel il y a lieu à recours au Conseil d'état.*

Chevalier.
20 novembre 1815. — (t. 3, p. 168.)

23 — (Préfet. — Dommages-intérêts. — Administration.) — *La demande à fin d'autorisation pour poursuivre pardevant les tribunaux, en dommages et intérêts, un préfet ou un fonctionnaire public, relativement à des négligences ou des malversations dans l'exercice de leurs fonctions, n'a pas toujours dû être introduite par la voie de la commission du contentieux.*

Campagne.
18 janvier 1813. — (t. 2, p. 232.)

24. — (Quittances pour solde. — Domaines nationaux.) — *Les quittances pour solde de paiement des domaines d'origine nationale, ne sont définitives qu'autant qu'elles sont précédées d'un décompte arrêté par l'administration; s'il n'en existe pas, l'administration peut dresser un décompte et le faire exécuter s'il y a lieu; une telle contestation doit, après décision du ministre des finances, être portée au Conseil d'état, par voie du comité contentieux.*

Hubaut. — C. — La régie des dom.
7 novembre 1814. — (t. 3, p. 37.)

25. — (Rapport de ministre. — Indemnité.) — *Lorsque la question de savoir si des indemnités dues à des fermiers par suite de la vente nationale d'une usine, doivent être supportées par l'adjudicataire, ou si elles doivent être supportées par la caisse d'amortissement, a été jugée par un conseil de préfecture, au préjudice de la caisse d'amortissement, le recours contre cette décision, doit être jugé par le Conseil d'état, sur le rapport écrit du ministre des finances, déféré au comité du contentieux.*

Le direct.-gén. de la caisse d'amortiss. — C. — Marcien.
21 août 1816. — (t. 3, p. 378.)

26. — (Recours au Roi. — Tontine.) — *Le recours autorisé par l'article 40 du règlement du 22 juillet 1816, ne s'étend pas aux décisions contentieuses, notamment au litige entre les intéressés de la tontine.*

Tofosé de Jabin.
11 février 1818. (t. 4, p. 251.)

27. — (Salubrité. — Police administrative.) — *Ne sont pas du contentieux, les décisions d'un préfet, relatives à la suppression des établissemens qui peuvent nuire à la salubrité publique; ce sont des actes de police administrative, qui ne peuvent être réformés que par l'autorité administrative supérieure.*

David. — C. — la commune de Saint-Germain.
19 mai 1811. — (t. 1, p. 495.)

28. — (Traitement. — Appointemens. — Garde-magasin.) — *Les réclamations d'un garde-magasin contre une décision du ministre de la guerre qui lui a refusé des appointemens, sont une matière contentieuse pour laquelle il peut y avoir recours au Conseil d'état. Toutefois la réclamation peut être déclarée mal fondée si le garde-magasin a été nommé autrement que des deux manières suivantes: ou provisoirement par l'ordonnateur en chef, ou définitivement par le ministre de la guerre.*

Perelle.
2 juin 1818. (t. 4, p. 342.)

29. — (Traitement militaire. — Liquidation.) — *La demande d'un commissaire ordonnateur en annullation de décisions rendues par le ministre de la guerre, en ce qu'elle lui refuse une indemnité pour tout le temps qu'il a administré en chef un corps de la grande armée, tendante, par suite, à obtenir liquidation de la somme qui lui est due aux termes de l'art. 24 de l'arrêté du 9 pluviose an 8, est repoussée par fin de non-recevoir, si elle n'a pas été formée dans les trois mois à dater du jour où ces décisions lui ont été notifiées par lettres ministérielles.*

Lenoble.
3 juin 1818. — (t. 4, p. 344.)

30. — (Transports militaires.) — *Une décision du ministre-directeur de l'administration de la guerre, qui constitue un entrepreneur général du service des transports militaires, débiteur envers l'État, pour raison de son service, est une matière contentieuse sur laquelle il peut y avoir recours au Conseil d'état, par la voie du comité contentieux.*

Hainguerlot.
28 mars 1816. — (t. 3, p. 250.)

31. — (Trésor.) — *La décision du ministre du trésor, sur la responsabilité d'un receveur-général, est moins un acte administratif qu'une décision de justice contentieuse; le recours est porté au Conseil d'état, comité du contentieux.*

Gilbert Riberolles. — C. — le Trésor.
19 octobre 1814. — (t. 3, p. 24.)

— 32. (Université. — Professeur.) — *Une contestations élevée sur une chaire de médecine, a été, décidée par le conseil de l'université, sauf le recours au Conseil d'état, comité du contentieux.* (Décret des 20 mars 1807 et 17 mars 1808. — Loi du 19 ventose an 11.)

Seneaux. — C. — l'Université.

18 janvier 1813. — (t. 2, p. 226.)

CONTENTIEUX DE L'ADMINISTRATION.

1. — (Rentes sur l'état.) *C'est au ministre des finances qu'il appartient de prononcer sur l'arrêté d'un préfet portant refus d'accorder un sursis au recouvrement d'une rente.* (Règlement du 23 février 1811.) *La matière n'est pas proprement contentieuse.*

Moysen.

20 novembre 1815. — (t. 3, p. 164.)

— V. Contentieux.

CONTENTIEUX DE LA MARINE.

1. — (Intérêt. — Courtage. — Bonification.) — *Il n'est pas dû, de plein droit et sans stipulation, d'intérêts aux commissionnaires du ministère de la marine qui font des avances pour le ministère.*

Le courtage n'est pas d'un et demi pour cent, il est d'un huitième.

Il n'est pas dû de bonification pour pertes extraordinaires sur la négociation de valeurs données par le trésor sous bonification d'escompte.

Solier et Delarue.

27 mai 1816. — (t. 3, p. 285.)

CONTENTIEUX DES DOMAINES NATIONAUX.

1. — (Compétence.) — *Il y a contentieux de domaines nationaux dans le sens de la loi du 28 pluviose an 8, qui en attribue la connaissance à l'autorité administrative, lorsqu'il y a contention sur la validité d'une vente nationale; il n'en est pas de même quand il s'agit de savoir si un immeuble réclamé ou retenu par le domaine, est ou n'est pas une propriété domaniale; c'est ici une question de propriété sans rapport à l'action administrative; elle doit être jugée par les tribunaux ordinaires.*

Hervy. — C. — Ledo.

20 novembre 1816. — (t. 3, p. 434.)

CONTRAINTE.

1. — (Domaine. — Décompte. — Divisibilité.) — *C'est devant les tribunaux que doivent être portées les oppositions aux contraintes décernées par l'administration des domaines pour la perception des droits qui lui est confiée.* (Lois des 11 septembre et 19 décembre 1790, 12 septembre et 9 octobre 1791 et 27 ventose an 9.) — *Dans le cas où la contrainte aurait pour objet de faire rentrer une somme indûment restituée, par un receveur du domaine, à la suite d'un décompte de fermage, sans autorisation légale, et qu'à cette action le fermier opposerait la prescription, c'est aux tribunaux à juger cette exception préjudicielle; sauf, s'il y avait lieu, à renvoyer les parties devant l'autorité administrative, pour la liquidation des fermages.*

Régie des domaines. — C. — Jovignot.

23 octobre 1811. — (t. 1, p. 548.)

2. — (Fermages. — Compétence. — *Les contestations qui peuvent s'élever sur la validité des contraintes décernées en paiement des fermages de biens frappés du séquestre national, ne sont point de la compétence des tribunaux, mais seulement du ressort de l'autorité administrative.* (Loi du 28 pluviose an 8. — Arrêté du gouvernement du 27 fructidor an 9.)

Looz-Corswaren.

18 octobre 1810. — (t. 1, p. 422.)

3. — (Opposition. — Décision ministérielle.) — *Lorsqu'une contrainte est basée sur une décision ministérielle, les conseils de préfecture ne sont pas compétens pour connaître de l'opposition formée à cette contrainte; c'est au conseil d'état que doit être exercé le recours contre la décision ministérielle.*

Salvage.

23 novembre 1813. — (t. 2, p. 462.)

4. — (Opposition. — Fermage.) — *Toute contestation sur le mérite de l'opposition, formée par un fermier de domaines nationaux à une contrainte décernée contre lui par l'administration des domaines, doit être soumise aux tribunaux et non à la justice administrative.*

L'Adm. de l'enreg. — C. — Bouillon.

21 août 1816. — (t. 3, p. 369.)

— V. Compensation. — Contribuable. (Plainte.) — Débiteur. — Délai. Exécution. (Préfet.) — Fermages. (Biens nationaux.) — Octroi. — Opposition. (Décret.) — Payeur-général. (Préposé.) — Trésor public. (Comptables.)

CONTRAINTE PAR CORPS.

1. — (Comptable.) — *Bien que les comptables du gouvernement ne soient justiciables que de l'autorité administrative, en ce qui touche* la prononciation *de la contrainte par corps dont ils sont passibles : cependant l'autorité judiciaire est compétente pour décider si l'exécution de la contrainte a eu lieu selon les formalités prescrites par la loi.*

Scaparone.

23 avril 1807. — (t. 1, p. 82.)

2. — (Octroi — Comptables de deniers publics.) — *Les fermiers des octrois, comme comptables de deniers publics, sont soumis à la voie d'exécution par corps, sans qu'il soit besoin à leur égard d'une stipulation expresse dans les actes.*

Guiraud.

21 février 1814. — (t. 2, p. 520)

CONTRARIÉTÉ.

1. — (Arrêt. — Conseil du Roi. — Chose jugée.) — *On ne peut faire résulter l'inefficacité d'un arrêt du Conseil du Roi, de ce qu'un arrêt subséquent de la même autorité en aurait suspendu l'effet jusqu'à ce qu'il ait été statué sur le mode d'après lequel il devait être exécuté; lorsque d'ailleurs ce second arrêt serait resté lui-même sans exécution par le fait des parties; en conséquence un préfet ne peut, sans outre-passer ses pouvoirs, prononcer sur le fond de la contestation déjà jugée par le premier arrêt.*

Lavocat. — C. — Decesves.

1er septembre 1807. — t. 1, p. 125.)

— V. Chose jugée.

CONTRAT ADMINISTRATIF. — V. Décision judiciaire.

CONTREBANDE. — V. Douanes. (Ligne.) — Intérêts. (Dépôt.)

CONTRE-TIMBRE. — V. Timbre.

CONTRIBUABLE.

1. — (Plainte. — Contraintes. — Porteur de) — *Bien que l'autorité administrative soit chargée de renvoyer devant les tribunaux de justice répressive les porteurs de contrainte coupables de délits envers les contribuables, ceux-ci n'en ont pas moins le droit de porter directement leurs plaintes devant les tribunaux, sauf le besoin d'autorisation préalable, lorsqu'il s'agit de poursuivre un agent du gouvernement.* (Arrêté du gouvernement du 16 thermidor an 8.)

Champion.

5 septembre 1810. — (t. 1, p. 397.)

2. — (Porteurs de contrainte. — Compétence.) — *Les tribunaux ordinaires sont incompétens pour prononcer sur les contestations qui peuvent s'élever entre des contribuables et les porteurs de contraintes, alors même que toutes parties ont consenti à saisir l'autorité judiciaire.*

Carletti. — C. — Lucignani.

8 janvier 1813. — (t. 2, p. 187.)

CONTRIBUTIONS.

1. — (Action accessoire. — Saisie.) — *Lorsqu'une saisie a lieu par suite d'actes relatifs au recouvrement des contributions directes, si elle donne lieu à quelques contestations, la décision en appartient à l'autorité administrative, quoique la saisie ne soit pas relative aux contributions du saisi.*

Lois des 24 août 1790. — 16 fructidor an 4. — 2 germinal an 5. — 2 nivose an 6 — et 5 nivose an 8.

Desnoyer.

28 février 1810. — (t. 1, p. 354.)

2. — (Autorité judiciaire. — Bourgeoisie.) — *Lorsqu'un receveur municipal a acquitté, de ses deniers, et à la charge d'un contribuable, la quotité de contribution par lui due, il a contre le contribuable une action en remboursement qui est de la compétence des tribunaux.*

Deheu.

25 octobre 1806. — (t. 1, p. 5.)

3. — (Canal. — Propriétaire riverain. — Divisibilité. — Action administrative. — Contentieux.) — *C'est au préfet seul à faire la répartition entre les propriétaires riverains de la somme due pour travaux à un canal; mais l'affaire devient contentieuse pour des réclamations dirigées contre le mode de répartition entre les divers intéressés; c'est*

au conseil de préfecture, et non au préfet, à prononcer sur la contestation.

Cavayé. — C. — la comm. de de Castanet.
23 octobre 1816. – (t. 3, p. 418.)

4. — (Communes. — Double emploi. — Compétence. — Autorité administrative. — *L'autorité administrative est compétente pour prononcer sur une contestation élevée entre deux communes et un particulier au sujet d'un double emploi en matière de contribution.*

Commune de Montjaux. — C. — la commune de Saint-Rome.
8 octobre 1810. – (t. 1, p. 415.)

5. — (Compétence.) — *Autant les tribunaux sont compétens pour juger sommairement, et sans frais, la validité des poursuites en matière de recouvrement de deniers communaux, autant ils doivent s'abstenir de prononcer une condamnation de dépens contre un percepteur, et d'ordonner la suspension de ses poursuites en recouvrement.* (Arrêté du 17 vend. an 12.)

Wolfersweiler. — (Commune.)
19 mars 1808. – (t. 1, p. 153.)

6. — (Compétence. — Adjudicataire.) — *Un adjudicataire n'est point obligé personnellement de payer des contributions dues par le propriétaire dépossédé; le percepteur n'a qu'un droit de suite sur le prix de l'immeuble, et toutes contestations à ce sujet doivent être portées devant les tribunaux ordinaires.*

Morard. — C. — Chauvet et Clerc.
1.er mai 1816. – (t. 3, p. 281.)

7. — (Conflit. — Compétence.) — *C'est aux tribunaux, et non à l'autorité administrative, à prononcer sur l'action en paiement intentée par un ex-percepteur contre des contribuables, lorsque ces contribuables ne contestent ni la légalité des contributions, ni la justesse de leur répartition, ni enfin la qualité du demandeur pour en poursuivre le recouvrement.*

Decosseau.
8 octobre 1810. – (t. 1, p. 416.)

8. — (Cours d'eau. — Association. — *La question de savoir quelles personnes sont tenues de contribuer aux dépenses d'une association dite des Arrosans (de la Crau-d'Arles), pour raison de leurs domaines, est une question administrative, aux termes de la loi du 14 floréal an 11, sur le recouvrement des contributions pour l'entretien des canaux et rivières non navigables.*

Benault. — C. — Les syndics du canal de Craponne - Œuvres, d'Aix.
7 novembre 1814. – (t. 3, p. 38.)

9. — (Dégrèvement.) — *Rejet de la requête du maire de Baudour, tendante à faire annuller deux arrêtés du conseil de préfecture du département de Jemmapes, relatifs à un dégrèvement de contributions.*

De Ligne.
1er. juin 1807. – (t. 1, p. 97.)

10 — (Dépens. — Conflit. — Compétence.) — *L'autorité administrative est compétente pour connaître de tout ce qui peut être accessoire aux contestations relatives au paiement des contributions, même pour le réglement des dépens.*

Constant. — C. — Langlade.
18 janvier 1813. – (t. 2, p. 229.)

11. — (Droits féodaux. — Réduction.) *De ce que les contributions foncières sont établies par un nouveau gouvernement sur des fonds qui auparavant en étaient exempts, les propriétaires de ces fonds, s'ils les ont acquis à rente, n'ont pas droit à se faire indemniser pour raison de la suppression de cette franchise, comme ils ont droit à se faire indemniser pour suppression d'un droit féodal compris dans les arrentemens.* (L. du 28 août 1790, tit. 2, art. 38.)

Commune de Theux.
6 janvier 1807. – (t. 1, p. 17.)

12. — (Emprunt de cent millions. — Solidarité. — Sursis. — Compétence.) — *L'autorité administrative n'est pas compétente pour prononcer sur une question de solidarité, entre des époux, pour le paiement d'une contribution extraordinaire. — Les tribunaux ordinaires sont compétens pour ordonner un sursis à des poursuites administratives, exercées par le receveur des contributions sur le mobilier d'un tiers, non inscrit au rôle nominativement.*

Hainguerlot.
9 avril 1817. (t. 3, p. 553.)

13. — (Expertise. — Surtaxe. —) *En matière de contribution, les rapports d'experts ont plus que des conseils; ils ont un caractère de chose jugée.*

Lorsqu'il s'agit de fixer la contribution à établir sur tels ou tels héritages, et que des experts, nommés légalement et contradictoirement par un conseil de préfecture et par des réclamans, pour évaluer le revenu des héritages à imposer, ont rédigé leur rapport d'une manière uniforme, et en se conformant à la loi, les conseils de préfecture chargés de prononcer, ne peuvent se dispenser de prendre pour base de leur décision, le rapport des experts, lorsque d'ailleurs il a reçu l'approbation des directeurs et inspecteurs des contributions. (Lois des 3 frimaire et 2 messidor an 7. — Arrêté du gouvernement des 24 floréal an 8.)

Mainville.
8 octobre 1810. – (t. 1, p. 417.)

14. — (Exproprié. — Adjudicataire.) — *Un percepteur chargé du recouvrement des contributions dues par un propriétaire exproprié, et qui, au lieu de poursuites réelles sur les fruits, loyers ou fermages, attaque directement la personne du nouveau propriétaire, n'a d'action, comme tous les autres créanciers, qu'en venant à l'ordre sur la distribution du prix. Il ne peut actionner le nouveau propriétaire devant l'autorité administrative.*

Chauvet. — C. — Morard.
2 juin 1815. – (t. 3, p. 118.)

15. — (Frais. — Autorité administrative.) — *Le remboursement des frais faits pour le recouvrement des contributions, doit être poursuivi par la même voie que le principal, c'est-à-dire administrativement, et non devant l'autorité judiciaire.*

Grandjean.
25 janvier 1807. – (t. 1, p. 27.)

16. — (Mise en jugement.) — *Un maire de commune accusé d'avoir fait percevoir, au moyen d'un rôle illégal, une portion de contributions directes sur les habitans non compris au rôle de répartition des impositions, n'est pas mis en jugement par le Conseil d'état, si le prévenu paraît n'avoir agi que par erreur et sans mauvaise foi.*

Habitans de Tantonville. — C. — Tourtel.
7 août 1816. – (t. 3, p. 360.)

17. — (Paiement.) — *C'est à l'autorité administrative, et non aux tribunaux, qu'appartient le droit de statuer sur la question de savoir si un contribuable, qui a payé ses contributions pour une habitation qu'il a quittée, peut être contraint à payer de plus une portion de la contribution établie sur la location qu'il a prise depuis.*

Duplessis.
3 mai 1810. – (t. 1, p. 368.)

18. — (Paiement. — Percepteur. — Autorité administrative.) — *C'est devant l'autorité administrative, et non devant les tribunaux, que doit être portée l'action intentée par un ex-percepteur contre un contribuable, pour raison du paiement de contributions arriérées,*

Thro.
18 août 1807. – (t. 1, p. 121.)

19. — (Percepteur.) — *Ce n'est ni aux préfets ni aux tribunaux, c'est au conseil de préfecture qu'il appartient de prononcer sur les contestations relatives à la quotité du recouvrement des contributions directes,*
(Loi du 28 pluviose an 8. — Arrêtés des 24 floréal et 16 thermidor an 8.)

Caron. — C. — Dumesnil.
16 juillet 1817. – (t. 4, p. 76.)

20. — (Perception. — Arriéré.) — *Lorsque la perception d'un arriéré de contributions donne lieu à des difficultés du ressort des tribunaux, l'action de l'autorité judiciaire ne peut commencer qu'après que l'autorité administrative a consommé la sienne, en fixant le quantum de la somme à recouvrer.*

Bertrand. — C. — Gasq.
20 novembre 1815. – (t. 3, p. 169.)

21. — (Réclamation. — Autorité administrative.) — *Lorsqu'il y a réclamation contre une cote de rôles de contributions, et que l'autorité administrative est saisie de cette réclamation pour y faire droit, il ne peut y avoir de poursuites judiciaires ni contre le réclamant ni contre des tiers-saisis: toute poursuite ultérieure est subordonnée à la décision qui doit intervenir de la part de l'autorité administrative.*

Garnot. — C. — Chipot.
10 mars 1807. – (t. 1, p. 41.)

22. — (Réductions.) — *Les conseils de préfecture ne peuvent pas valable-*

ment restreindre ou augmenter la cote d'un contribuable, sans prendre les avis du conseil municipal, du maire et des répartiteurs, et sans consulter la matrice du rôle des contributions. (Arrêté du 24 floréal an 8.)

Frésouls. — C. — Bennebarre.
18 janvier 1813. — (t. 2, p. 223.)

23. — (Remboursement.) — *Un percepteur qui, par ordre, a remboursé une somme à un contribuable, et qui ultérieurement a fait décider que le remboursement illégal; qui, par suite, veut poursuivre les héritiers du maire comme responsables du remboursement illégal, doit, après autorisation, s'adresser aux tribunaux.*

Hervieu. — C. — David.
6 mars 1815. — (t. 3, p. 97.)

24. — (Remboursement.) — *Le propriétaire qui a vendu une partie de ses propriétés, si les rôles de contribution ne le déchargent pas et s'il paie les contributions pour les objets vendus comme pour les objets qu'il conserve, doit s'adresser à la justice administrative et non à la justice des tribunaux, pour obtenir le remboursement des contributions assises sur les fonds vendus.*

Maire.
11 février 1818. — (t. 4, p. 252.)

25. — (Remboursement. — Compétence.) — *L'autorité administrative est seule compétente pour statuer sur les contestations relatives au remboursement de contributions, qu'un contribuable prétend avoir payées pour une propriété appartenante à un autre contribuable non imposé.* (Lois des 11 septembre 1790. — 2 messidor an 7. — 28 pluviose an 8.)

Passageon.
16 mai 1810. — (t. 1, p. 372.)

26. — (Restitution. — Compétence.) — *Lorsqu'un propriétaire prétend avoir indûment payé des contributions dues par le fermier, la contestation entre eux est judiciaire et non administrative.*

Hadrot. — C. — Nivert.
7 novembre 1814. — (t. 3, p. 37.)

27. — (Revendication. — Conflit.) — *Lorsque, dans le cas de saisie de meubles pour le paiement des contributions il s'élève une demande en revendication, elle ne peut être portée devant les tribunaux qu'après avoir été soumise à l'autorité administrative; mais ce préalable administratif ne donne pas au préfet le droit ni de juger le fond, ni d'élever un conflit.* (Art 4, loi du 12 novembre 1808.)

Decombredet. — C. — Decourteix.
20 novembre 1816. — (t. 3, p. 436.)

28. — (Revendication. — Saisie. — Conflit.) — *Si l'article 4 de la loi du 12 novembre 1808 ordonne que les demandes en revendication des meubles et effets, après saisie pour contributions, ne peuvent être portées devant les tribunaux qu'après avoir été soumises à l'autorité administrative, aux termes de la loi du 5 novembre 1790, et de l'arrêté du 13 brumaire an 10, cette disposition ne change pas l'ordre des juridictions; elle ne fait point cesser la compétence de l'autorité judiciaire; elle n'établit qu'une formalité préalable au jugement dont l'inobservation peut bien entraîner l'annullation de la procédure, mais ne peut pas autoriser un conflit.*

Cazenaud.
18 mars 1818. — (t. 4, p. 281.)

29. — (Saisie.) — *Un tribunal saisi d'une contestation relative à une réclamation sur l'assiette et la quotité d'une taxe dans la contribution directe, doit en faire le renvoi à l'autorité administrative, bien que, dans l'espèce, il y ait une saisie et opposition à saisie.*

(Le sieur Ruffié-David. — C. — Le percepteur de la commune de Paziols.)
16 juillet 1817. — (t. 4, p. 90.)

30. — (Saisie. — Commandement.) — *Encore qu'à la justice administrative appartiennent les contestations relatives au paiement des contributions directes, c'est aux tribunaux ordinaires de statuer sur la validité d'un commandement qui a précédé une saisie et qui est argué de nullité pour vices de forme.*

(Le sieur Chastin Amiaud. — C. — le sieur Champville Desbertins.)
25 février 1818. — (t. 4, p. 267.)

31. — (Saisie. — Propriété. — Conflit.) — *Lorsque des meubles ont été saisis à la requête d'un percepteur, la revendication par un tiers des meubles saisis est une question de propriété de la compétence des tribunaux.* (Cod. civ., 930.)

Palegry.
16 septembre 1806. — (t. 1, p. 4.)

32. — (Taxe illégale. — Percepteur.) — *Un percepteur qui a été chargé du recouvrement d'un rôle contenant une taxe illégale, confondue avec une contribution légale, ne peut être recherché pour avoir négligé de faire le recouvrement illégal.*

Blanchard.
26 mars 1812. — (t. 2, p. 46.)

— V. Bail emphytéotique. — Commune. — Contentieux. — Garde nationale sédentaire. (Remplaçant.) Mise en jugement. (Concussion.) — Préparatoire. (Pourvoi.) — Privilège. — Responsabilité. (Receveurs généraux.) — Retenue.

CONTRIBUTION COMMUNALE EXTRAORDINAIRE.

1. — (Contentieux.) — *Le Conseil d'état annulle par la voie du comité contentieux, une décision du conseil de préfecture de la Seine, pour erreur au préjudice d'un contribuable dans la fixation de la valeur locative sur laquelle il devait être imposé.*

Soubeyrand-Raynaud.
7 août 1816. — (t. 3, p. 354.)

CONTRIBUTIONS DES PORTES ET FENÊTRES. — V. Manufacturiers.

CONTRIBUTIONS DIRECTES.

1. — (Compétence.) — *C'est aux conseils de préfecture et non aux préfets qu'il appartient de prononcer sur le contentieux des contributions directes, bien que ces contributions remontent à une époque où ces sortes de contestations étaient soumises à une Cour de justice, cour des aides, etc.* (Lois des 28 pluviose an 8 et 27 pluviose an 9.)

Pin.
10 mai 1813. — (t. 2, p. 318.)

2. — (Compétence. — Saisie-exécution.) — *Lorsqu'une saisie-exécution est faite pour le recouvrement des contributions directes, la demande en distraction des meubles réputés insaisissables, ne peut être soumise à l'autorité judiciaire, qu'après avoir été portée devant l'autorité administrative.* (Loi du 12 novembre 1808, article 4.)

Buquet. — C. — le Receveur de Louviers.
29 août 1809. — (t. 1, p. 303.)

3. — (Huissier. — Frais. — Conflit.) — *S'il y a contestation entre un percepteur et un huissier, sur les frais dus à l'huissier, pour avoir, à la requête du percepteur, poursuivi les débiteurs de contributions directes arriérées, cette contestation est du ressort de l'autorité administrative.*

Fabre. — C. — Jourdan.
25 mars 1807. — (t. 1, p. 66.)

4. — (Percepteur.) — *Toute contestation relative au paiement des contributions entre le contribuable et le chargé du recouvrement, doit être jugée par la justice administrative, et non par les tribunaux ordinaires; encore même que les poursuites contre les contribuables soient exercées non par le percepteur lui-même, mais par un fondé de pouvoir du percepteur.*

Pons. — C. — Estanave.
17 janvier 1814. — (t. 2, p. 489.)

5. — (Revendication.) — *Aux termes de la loi du 12 novembre 1808, dans le cas de saisie exercée sur les effets mobiliers des contribuables, les revendications formées par des tiers sont du ressort des tribunaux et non de la justice administrative.*

La loi du 5 novembre 1790, qui dispose que la revendication ne pourra être portée devant les tribunaux ordinaires qu'après avoir été soumise à l'autorité administrative, continue-t-elle d'avoir son effet?

Percepteur des contrib. de Louviers. — C. — Berrier et Durosé.
9 avril 1817. — (t. 3, p. 557.)

CONTRIBUTION FONCIÈRE.

1. — (Bâtimens inhabités.) — *Les bâtimens inhabités pour reconstruction, ne sont soumis à la contribution foncière, qu'à la troisième année après la reconstruction.*

Malafosse.
13 janvier 1816. — (t. 3, p. 216.)

2. — (Compétence.) — *Les préfets ne sont pas compétens pour connaître de tout ce qui peut avoir rapport aux contributions foncières. — Les conseils*

de préfecture ont seuls droit de prononcer. (Loi du 28 pluviose an 8.)

Poustis.
19 juin 1813. — (t. 2, p. 372.)

3. — (Remboursement.) — *Lorsqu'il s'agit de savoir s'il y a lieu à remboursement d'une cote d'imposition établie sur un certain immeuble, cette contestation doit être jugée par l'autorité administrative, les tribunaux ordinaires ne sont pas compétens pour en connaître.* (Loi du 28 pluviose an 8, et réglement du 24 floréal an 8.)

Moreau. — C. — Richard.
30 septembre 1811. — (t. 1, p. 542.)

CONTRIBUTIONS INDIRECTES.

1. — (Régie. — Administration. — Poste aux lettres.) — *Lorsqu'une même branche d'impôts indirects a été confiée, d'abord à une régie, ensuite à une* administration, *les deux gestions sont distinctes : les actes de l'administration sont sans effet pour la régie. — Notamment en matière de* Poste aux lettres.

Loisel-Guillois.
22 novembre 1810. — (t. 1, p. 436.)

— V. Coches. (Entrepreneur.) — Décision ministérielle. (Instruction administrative.) Mise en jugement.

1. — (Domicile.) — *Nul ne peut être taxé au rôle de la contribution mobilière et personnelle qu'au lieu de son habitation principale.* (Loi du 21 ventose an 9.)

Potesta de Valeff.
14 août 1813. — (t. 2, p. 406.)

CONTRIBUTION PERSONNELLE.

1. — (Cumul.) — *Aucun citoyen ne doit être taxé à la contribution personnelle, qu'au lieu de sa principale habitation ; il n'y a d'exception à cette règle, qu'en faveur de la ville de Paris, où chacun de ses habitans domiciliés doit être imposé, payât-il déjà une contribution personnelle dans un autre département.* (Lois des 21 ventose an 9. et 16 vendémiaire an 12.)

Hottermann.
26 janvier 1809. — (t. 1, p. 252.)

CONTUMAX. — V. Sequestre.

CONVENTIONS. — V. Actions de la compagnie des Indes. — Garrière. (Entrepreneur.) — Entrepreneurs de services publics. (Soustraitans.) — Fournisseurs. (Ministre.) Indemnité. — Juifs. (Israëlites.) Retenue. (Fournitures.)

CONVENTIONS PAR APPROXIMATION.

1. — (Justice ministérielle. — Tabacs. — Indemnité. — Conseil d'administration des contributions indirectes.) — *Une compagnie qui a fait, avec l'administration, un marché de transport pour une certaine quantité d'objets à transporter, est fondée à demander une indemnité pour excédent de transport, lorsque la quantité d'objets transportés est évidemment telle qu'elle dépasse la convention. — Peu importe, en ce cas, que le cahier des charges porte que l'administration ne garantit pas les quantités portées par approximation et qu'elles pourront varier selon les circonstances.*

Le principe est applicable particulièrement à la compagnie, chargée du transport des quantités de tabacs manufacturés par les fabriques de Lille et de Strasbourg.

Coubayou.
3 décembre 1817. — (t. 4, p. 199.)

CONVOIS MILITAIRES.

1. — (Compétence.) — *Les tribunaux ne sont pas compétens pour juger les contestations entre un préposé des convois militaires et les habitans d'une commune, au sujet du paiement de fournitures par eux faites pour le transport d'effets militaires. La connaissance de semblables contestations appartient à l'autorité administrative.*

Méry (habitans de) — C. — Couillery.
13 novembre 1810. — (t. 1, p. 431.)

COPARTAGEANS. — V. Biens communaux.

COPIE.

1. — (Titres. — Ratures. — Surcharges. — Minute.) — *La copie, du procès-verbal d'un marché fait entre une administration et un fournisseur, remise à celui-ci, signée de toutes les parties, et contenant les mêmes énonciations que le procès-verbal devient, pour le fournisseur, son véritable titre de créance ; il peut faire valoir son titre, indépendamment de la minute restée dans les bureaux de l'administration ; et lors même que cette minute serait susceptible d'être arguée de faux pour ratures et surcharges.*

Le sieur Beauvilliers.
13 mai 1818. — (t. 4, p. 418.)

CO-PROPRIÉTÉ. — V. Pacage communal.

CORPORATIONS JUIVES. — V. Juifs.

CORPORATIONS RELIGIEUSES.

1. — (Aliénation.) — *L'acquéreur d'un bien ecclésiastique ne peut pas se prévaloir de la vente qui lui aurait été faite par une corporation religieuse, dans un temps où elle avait la libre disposition de ses biens ; lorsque d'ailleurs cette vente n'a été précédée d'aucune des formalités prescrites pour l'aliénation des biens ecclésiastiques ; l'administration des domaines doit être envoyée en possession desdits biens, comme si la vente n'existait pas.*

Si la contestation a lieu après l'adjudication des biens litigieux, elle est jugée par un conseil de préfecture.

La régie des dom. — C. — Demeuten.
11 novembre 1813. — (t. 2, p. 452.)

2. — (Droits réels politiques. — Contentieux. — Exécution.) — *Les corporations religieuses existantes en vertu de la loi politique, ne peuvent pas être jugées, quant à ces droits réels, par la justice ordinaire : leurs biens et leurs droits réels sont sous la surveillance du préfet, qui est chargé de dire droit, sauf le recours au ministre, surtout quant il s'agit de l'exécution d'un décret administratif.*

Les chanoines de Savillan et Mondovi.
26 mars 1814. — (t. 2. p. 531.)

3. — (Prestations. — Fondations pieuses. (Affouage.) — *Un droit d'affouage conféré jadis à des moines, pour fondations pieuses, est devenu, par leur suppression, la propriété de l'État tout comme les immeubles des corporations supprimées. — Encore que l'objet des fondations pieuses ne soit pas rempli.* — (Loi du 5 novembre 1790, — 18 février et 18 octobre 1791, 13 brumaire an 2.)

Commune de Gerbevilers. — C. — Lambertye.
29 mars 1811. — (t. 1, p. 486.)

— V. Biens nationaux.

CORPS DE FERME. — V. Adjudication. (Interprétation.)

CORSAIRES. — V. Prises. (Vente.) — Prise maritime.

COTON. — V. Douanes.

COULAGE. — V. Responsabilité.

COURS D'EAU.

1. — (Moulins. — Usines. — Innovations. — Compétence.) — *Des contestations entre plusieurs propriétaires d'usines établies depuis long-temps, et qui prennent leur source dans des changemens ou innovations qu'ils auraient pu faire à leurs usines, ne pouvant être jugées que d'après la comparaison des titres anciens avec l'état des lieux, sont du ressort des tribunaux. — Peu importe qu'il y ait eu des innovations sur le cours des eaux.*

L'administration a sans doute tous droits de réprimer les infractions aux règles de la voirie ; mais les particuliers n'ont pas à exciper des droits de l'administration, quand il s'agit uniquement de leurs droits privés.

Bertrand. — C. — les hospices de Clermont.
22 mai 1813. — (t. 2, p. 339.)

2. — (Propriété. — Police.) — *L'autorisation de l'établissement d'un moulin, et la fixation de la hauteur des eaux par un préfet, n'ont d'effet qu'en ce qui touche la police des eaux et l'intérêt administratif : les droits privés de propriété et de servitude restent intacts ; toute opposition peut être formée, en leur nom, contre l'arrêté administratif ; et c'est aux tribunaux à statuer sur ce conflit des droits privés.*

Guillermin. — C. — Adam.
10 février. 1816. — (t. 3, p. 230.)

— V. Contribution. — — Eau. (Cours d')

COUR DES COMPTES.

1. — (Cassation. — Force majeure.) — *Une décision de la cour des comptes, qui, par défaut de preuves, déclare un comptable non libéré de sommes qu'il prétendait perdues par force majeure, ne peut être qu'un bien ou mal jugé, et ne contrevenant à aucune loi, elle ne comporte pas la cassation.*

Quignon.
20 novembre 1815. — (t. 3, p. 185)

2. — (Cassation. — Mal jugé.) — *Tout recours au Conseil d'état contre une décision de la cour des comptes doit être rejetée sans examen du mal jugé, s'il n'y a pas contravention à la loi.*

Auger.
20 novembre 1815. — (t. 3, p. 164.)

3. — (Compétence. — Imputation) — *La Cour des comptes, chargée de juger les comptes des recettes et de fixer les débets des comptables, ne doit pas connaître des questions relatives à la qualité d'héritier bénéficiaire, à la faculté de renoncer à la discussion des biens des comptables et à tous débets de leurs représentans.*

Un arrêt d'imputation, qui a sa cause dans un ancien arrêté des commissaires de la comptabilité nationale, lequel n'a pas été réformé ni attaqué, est par cela même hors de toute censure.

Chalopin.
1er. mars 1815. — (t. 3, p. 93.)

4. — (Force majeure.) — *C'est à la Cour des comptes qu'il appartient de constater un fait de force majeure, allégué par un comptable volé : elle peut également constater le fait et le qualifier, c'est-à-dire reconnaître que le fait constaté a le caractère de force majeure, dans le sens de l'article 3 de l'ordonnance du 17 janvier 1816.*

Laurence.
17 juillet 1816. — (t. 3, p. 343.)

5. — (Justice ministérielle. — Comptable.) — *Lorsqu'un comptable soutient qu'une somme lui a été enlevée par force majeure, si le ministre des finances décide que néanmoins le comptable sera tenu de verser, cet acte de justice ministérielle, rendu dans l'intérêt de l'action administrative, est essentiellement une décision provisoire, qui doit être maintenue comme telle, et qui laisse intact le fond du droit du réclamant pour être jugé ultérieurement par la Cour des comptes.*

Laurence.
17 juillet 1816. — (t. 3, p. 343.)

6. — (Régisseur des vivres de l'armée.) — *Un arrêt de la Cour des comptes, qui reconnaît qu'un régisseur de l'armée est créancier de l'état pour une somme déterminée, ne peut avoir effet pour le paiement qu'après que le ministre des finances a examiné sur quel fonds le paiement doit être fait, et, si le ministre décide que la créance, bien que légitime, a été vouée à un défaut de paiement, l'arrêt de la Cour des Comptes reste sans effet utile et pécuniaire.*

Gateau et Dubois d'Arneuville.
20 novembre 1816. — (t. 3, p. 476.)

7. — (Responsabilité. — Force majeure. — Comptable.) — *Les mesures de précaution prescrites aux comptables de deniers publics pour la sûreté de la caisse, sont elles tellement de rigueur, qu'elles ne puissent être remplacées par des équivalens, et qu'au cas de modifications apportées dans ces moyens de sûreté par le comptable auquel on ne peut reprocher de négligence, il soit responsable de tous les événemens de force majeure ?*

Laurence.
17 juillet 1816. — (t. 3, p. 343.)

8. — (Tierce opposition.) — *La cour des comptes n'est pas compétente pour admettre la demande en tierce-opposition aux arrêts qu'elle a rendus : la discussion des intérêts des particuliers qui se prétendent lésés par les opérations des comptables, ou par celles du trésor, est hors de la juridiction de la cour des comptes.*

Laruelle.
10 octobre 1811. — (t. 1, p. 546.)

— V. Intérêts. (Comptabilité.)

COURTAGE. — V. Contentieux de la marine. (Intérêts.)

CRAINTES GRAVES. — V. Prises maritimes. (Acquiescement.)

CRÉANCES.

1. — (Communes. — Liquidation. — Déchéance.) — *Des créanciers des communes à l'époque du 24 août 1795, qui ont négligé de remettre leurs titres de créance au directeur général de la liquidation dans les délais fixés par l'article 85 de la loi dudit jour 24 août 1793, sont non recevables à réclamer aujourd'hui contre les communes le montant de leurs créances.*

Favart d'Albine.
13 août 1811. — (t. 1, p. 522.)

— V. Commission de révision. — Émigrés.

CRÉANCE ADMINISTRATIVE. — V. Saisie-arrêt. (Fabrique.)

CRÉANCIERS.

1. — (Biens nationaux. — Acte administratif. — Compétence.) — *Lorsqu'un créancier se pourvoit contre le détenteur d'un héritage concédé ou abandonné par l'autorité administrative, et sur lequel, pour sûreté de sa créance, il avait un privilège, s'il n'attaque point l'acte administratif qui a fait la concession ou abandon, la contestation est du ressort des tribunaux ordinaires.*

Castellane. — Gadagne.
14 juillet 1811. — (t. 1, p. 510.)

2. — (Tierce-opposition.) — *Des créanciers unis ne sont pas représentés par leur débiteur dans une contestation où ils ne sont pas appelés, c'est pourquoi ils sont recevables à former tierce-opposition.*

Marocco Fumagalli — C. — Roard et Souplet.
21 août 1816. — (t. 3, p. 384.)

— V. Autorisation. — Autorité administrative (Effet attributif.) — Commune. — Délai. (Emigré.) — Emigrés. — Idem. (Femme.) — Engagistes. (Charges.) — Hospices — Prescription. (Interruption.) — Tiers coutumier. (Emigré.)

CULTES.

1. — (Souscription volontaire.) — *Les habitans d'une commune qui ont fait une souscription volontaire pour une augmentation de traitement à leur ministre du culte, s'ils se refusent à cette souscription, doivent être traduits devant la justice administrative, et non devant les tribunaux.*

Salvat.
21 août 1816. — (t. 3, p. 379.)

CUMUL. — V. Contribution personnelle.

CURAGE.

1. — (Canal.) *L'obligation de faucage et de curage sur un canal, imposée à un particulier par un traité antérieur à 1789, ne peut pas être administrativement exigée par un préfet, si le particulier allègue que le traité est vicié de féodalité. Une telle contestation doit être soumise aux tribunaux ordinaires.*

Oursin de Montchevrel. — C. — Verel.
4 juin 1816. — (t. 3. p. 309.)

2. — (Canal. — Rivières non navigables.) — *Le curage des canaux et des rivières non navigables doit être fait conformément aux anciens réglemens et usages locaux s'il en existe. L'administration actuelle n'est autorisée à statuer à cet égard qu'à défaut de réglemens antérieurs, ou bien encore si les changemens survenus exigent des dispositions nouvelles.* (Art. 1 et 2 de la loi du 14 floréal an 11.)

La communauté des propriétaires des marais de Bordeaux. — C. — Vignaux.
9 avril 1817. — (t. 3, p. 546.)

3. — (Puisard. — Administration active.) — *La question de savoir si un puisard établi sur une route devant la propriété d'un particulier doit être curé, appartient à l'administration active du préfet, et non aux conseils de préfecture.*

Chazelle.
27 mai 1816. — (t. 3, p. 287.)

4. — (Rivière non navigable. — Conseil de préfecture.) — *Un conseil de préfecture, chargé de la justice contentieuse administrative, ne peut pas ordonner le curage d'une rivière non navigable, cette mesure appartient à l'administration active.* (Loi du 14 floréal an 11.)

Guillermin. — Adam.
10 février 1816. — (t. 3, p. 230.)

— V. Banc de sable. — Canaux. (Ecluses.) — Eau. (Cours d')

DATE CERTAINE.

1. — (Propriété domaniale.) — *La question de savoir si un immeuble, qui fut jadis propriété d'une corporation*

religieuse, a été aliéné au profit d'un particulier par acte ayant date certaine, suivant l'arrêté du 9 frimaire an 3, ou s'il l'a passé dans les droits du domaine représentant la corporation religieuse; doit être soumise aux tribunaux ordinaires, non aux conseils de préfecture.

La rég. des dom. — C. — Taeymans.
6 novembre 1813. — (t. 2, p. 447.)

— V. QUITTANCE. (Fermages.) —

DEBARDAGE. — APPROVISIONNEMENT DE PARIS. (Bois.)

DÉBET. — V. ACQUÉREURS NATIONAUX. (Déchéance.)

DÉBITANS.

1. — (Boissons.) — *Aux termes de l'art. 26 du décret du 5 mai 1806, l'usage des bouteilles ou de tout autre vase d'une capacité moindre que celle de l'hectolitre n'est pas interdit aux débitans pour transporter des boissons du magasin au lieu du débit; mais il leur est défendu lorsque ces mêmes vases sont destinés à conserver pendant plus d'un jour les boissons qu'ils contiennent.*

Pelletier. — C. — la rég. des droits réunis.
8 mai 1813. — (t. 2, p. 312.)

DÉBITEUR.

1. — (Contrainte. — Décompte.) — *Le débiteur du prix d'un immeuble vendu par une corporation religieuse, antérieurement à la main-mise de la nation par suite de la suppression des ordres, en devenant débiteur du domaine, reste néanmoins dans le droit commun pour l'exécution de son contrat: — l'action du domaine ne peut être exercée contre lui, par la voie de contrainte administrative, mais seulement par la voie ordinaire d'instance en distribution, commune à tous les autres créanciers du même débiteur.*

Sandigliane. — C. — le domaine.
29 mai 1811. — (t. 1, p. 500.)

— V. COMPTABLE.

DÉCÈS.

1. — (Affaire en état.) — *Le décès d'une partie ne suspend pas la procédure au Conseil d'état, lorsqu'il ne s'agit que de statuer sur une question de compétence. Si les pièces sont produites, l'affaire est suffisamment en état.* (Art. 22 et 23 du réglement du 22 juillet 1806.

Bezanger. — C. — l'adm. des dom.
13 janvier 1816. — (t. 3, p. 217.)

DÉCHARGE. — V. COMPTABLE. (Commune.) — RECEVEUR DE DENIERS PUBLICS. (Caution.)

DÉCHÉANCE.

1. — (Acquéreurs. — Domaines nationaux.) — *Un acquéreur de domaines nationaux frappé de déchéance par un préfet à défaut de paiement, ne peut se pourvoir directement au conseil d'état; — La matière étant administrative, l'arrêté du préfet doit être déféré au ministre, sauf, s'il y a lieu, le recours au Conseil d'état contre la décision ministérielle.*

Letourneau. — C. — L'Adm. des domaines.
25 juin 1817. — (t. 4, p. 51.)

2. — (Acquéreur national. — Rente.) — *L'adjudicataire d'un bien national qui, pour se libérer d'une partie du prix de son adjudication, dépose dans la caisse du receveur des domaines de la situation des biens, des certificats qui le déclarent propriétaire de rente, aliène, par le fait du dépôt, les rentes dont les certificats le déclarent propriétaire; il ne peut plus en faire l'emploi pour acquitter le prix d'autres adjudications.* (Article 7 du décret du 6 juin 1807.)

En cas de déchéance, les acquéreurs déchus perdent tous les termes d'à-compte qu'ils peuvent avoir payés, à moins qu'en sus de l'amende ils ne complètent la totalité du paiement dans la huitaine, avant la revente du domaine. (Article 3 du décret du 19 août 1808.)

Ferrero.
31 janvier 1813. — (t. 2, p. 257.)

3. — (Action administrative. — Acquéreur.) — *L'arrêté d'un préfet qui prononce la déchéance et l'amende encourue par un acquéreur de domaines nationaux, est un acte de pure administration dont la connaissance ne peut être déférée directement au Conseil d'état.*

Mercier.
17 janvier 1814. — (t. 2, p. 498.)

4. — (Adjudication. — Éviction.) — *L'adjudicataire qui s'abstient de payer par crainte d'éviction partielle, et qui, à défaut de paiement, tombe en déchéance, n'est pas recevable, après la déchéance acquise, à demander que l'adjudication soit annullée pour vice de non propriété d'une partie de l'objet adjugé.*

Vinhorst.
14 juillet 1812. — (t. 2, p. 116.)

5. — (Adjudication. — Loyers. — Dégradation.) — *L'adjudicataire d'un bien national, s'il ne paie pas, n'obtient pas les bénéfices du droit de propriété; néanmoins il supporte les charges. Ainsi, la déchéance venant à être prononcée contre lui, il est tenu, en sa qualité de propriétaire, de rendre compte des loyers, et au même titre; il demeure garant des dégradations commises depuis l'adjudication jusqu'à la déchéance.*

Wouters. — C. — l'adm. des dom.
5 avril 1812. — (t. 2, p. 56.)

6. — (Communes.) — *La déchéance établie par l'art. 12 du réglement du 22 juillet 1806, pour le cas où une ordonnance de soit communiqué ne serait pas signifiée dans les trois mois, est applicable aux communes comme aux particuliers.*

Habitans de Polaincourt. — C. — les habitans de Claire-Fontaine.
19 mars 1817. — (t. 3, p. 536.)

7. — (Consignation. — Faillite. — *La déchéance prononcée par les lois des 24 frimaire an 6 et 9 frimaire an 7, est applicable aux créanciers d'une faillite qui répéteraient des sommes consignées dans une caisse publique et provenant des deniers de ladite faillite; en conséquence, toute demande formée par ces créanciers, à fin de paiement des sommes qu'ils réclament, n'est pas recevable.*

Branda.
18 août 1807. — (t. 1, p. 124.)

8. — (Hospices.) — *La déchéance établie par l'article 11 du réglement du 22 juillet 1806, contre des parties qui ne se pourvoient pas dans les trois mois de la notification du jugement qui leur fait grief, s'applique aux hospices à qui une signification a été faite dans la personne de leur receveur.*

Hospices de Moulins. — C. — Gominet.
3 juillet 1816. — (t. 3, p. 335.)

9. — (Pourvoi. — Domaine.) — *La déchéance pour défaut de pourvoi, dans le délai de trois mois, est opposable par l'administration des domaines, comme par les particuliers.* (Réglement du 22 juillet 1806.)

De Chastenet. — C. — la rég. des dom.
30 septembre 1814. — (t. 3, p. 21.)

10. — (Pourvoi irrégulier. — Délai.) — *En justice administrative, comme en justice ordinaire, le pourvoi devant une autorité incompétente, ne conserve pas les délais; la déchéance est encourue comme s'il n'y avait eu aucune espèce de pourvoi.*

Hunt. — C. — L'Adm. des dom.
27 août 1817. — (t. 4, p. 120.)

11. — (Relief. — Transaction.) — *Celui qui néglige les voies de droit pour faire rétracter un jugement, persuadé qu'elles lui sont désormais inutiles, d'après une transaction qu'il vient de faire; s'il arrive que la transaction soit annullée, ne se retrouve plus à temps pour se pourvoir, il a encouru une déchéance; il ne peut pas même espérer un relief de la part de l'autorité supérieure.*

Souillart. — C. — la comm. de Beaucourt.
16 mars 1807. — (t. 1, p. 56.)

12. — (Restitution. — Compétence. — Divisibilité.) — *L'autorité administrative est compétente pour déterminer le* QUANTUM *des sommes dues par un adjudicataire déchu du bénéfice de son adjudication, pour les jouissances qu'il a dû exercer jusqu'au moment de sa déchéance, même lorsque la nation n'a plus aucun intérêt à cette liquidation, dont le résultat appartient au propriétaire qui se trouve réintégré dans sa propriété.*

Mais, lorsqu'il s'élève des contestations sur le fond du droit, ou relativement à des fins de non-recevoir que pourrait opposer le débiteur, le conseil de préfecture n'est pas compétent pour en connaître; il doit renvoyer, sur cette partie de la contestation, pardevant les tribunaux.

Masseau-Duffier. — C. — la fabrique Saint-Martin, île de Ré. 15 juin 1812. — (t. 2, p. 82.)

13. — (Restitution. — Fruits. — Amélioration.) — *L'adjudicataire déchu doit restituer non les fruits réels d'après état, mais l'intérêt du capital de son adjudication.*

Les améliorations dont il doit être fait compte à l'acquéreur déchu doivent être entendues, non en ce sens qu'il lui soit remboursé ce qu'il a payé pour améliorer : mais en ce sens qu'il lui soit remboursé une valeur égale à celle dont s'est accru le prix de l'immeuble.

Rég. des dom. — C. — Rochet. 28 mai 1812. — (t. 2, p. 69.)

DÉCISION.

V. — AUTORISATION. — GOUVERNEMENT. — PRISES.

DÉCISION CONDITIONNELLE.

— V. EXÉCUTION. (Émigré.)

DÉCISION CONTRADICTOIRE.

1. — (Contentieux. — Arrêté du gouvernement.) — *Une décision rendue par le gouvernement consulaire sur une matière contentieuse, mais en la forme administrative, est réputée contradictoire à l'égard de celui qui l'avait provoquée, il n'est pas permis de se pourvoir contre cet arrêté.* (Art. 32 du réglement du 22 juillet 1806.)

Pacaut. 6 mars 1816. — (t. 3, p. 236.)

2. — (Opposition. — Recours. — Fin de non-recevoir.) — *Toutes décisions du gouvernement sont réputées contradictoires avec le demandeur.*

L'article 32 du réglement du 22 juillet 1806, qui n'autorise qu'en deux cas le recours contre les décrets contradictoires, s'applique aux recours contre tous arrêtés du gouvernement.

De Puget. — C. — l'adm. des dom. 20 novembre 1815. — (t. 3, p. 162.)

DÉCISION D'ÉCONOMIE INTÉRIEURE.

1. — (Chose jugée. — Domaines.) — *Lorsqu'un particulier s'adresse à un conseil de préfecture pour en obtenir l'autorisation de poursuivre le domaine dans la personne du préfet, la décision du conseil de préfecture sur le fond du droit qu'il s'agit de contester, n'a pas le caractère de chose jugée, c'est une simple décision d'économie intérieure qui peut lier les agens de l'administration, mais qui ne lie aucunement les tiers intéressés.* (Art. 15, tit. 3, loi du 5 novembre 1790.)

Ruyant de Cambronne. 3 juillet 1816. — (t. 3, p. 329.)

DÉCISION DE JUSTICE.

1. — (Ordre administratif. — Douanes.) *Une décision du ministre des finances en matière de douanes n'est pas une décision de justice, c'est un ordre administratif : au lieu de recourir au conseil d'état contre la décision du ministre, il faut se pourvoir devant les tribunaux pour faire dire que le droit n'est pas dû.* (Article 3, titre 2 de la loi du 22 août 1791.)

Pouilly. 20 novembre 1815. — (t. 3, p. 186.)

2. — (Ordre administratif. — Ministère. — Douanes.) — *Une décision du ministère des finances qui a ordonné l'exécution d'une obligation en matière de douanes, n'est pas une décision de justice, c'est un ordre administratif : au lieu de recourir au Conseil d'état contre la décision du ministre, il faut se pourvoir devant les tribunaux aux fins de l'annullation de l'obligation.* (Loi du 7 septembre 1790 ; — 21 août 1791 ; — 17 décembre 1814.)

Morton et Russel. 20 novembre 1815. — (t. 3, p. 165.)

— V. DOUANES. (Ministre du commerce.)

DÉCISION DE JUSTICE ADMINISTRATIVE.

— ACTION ADMINISTRATIVE.

DÉCISION JUDICIAIRE.

1. — (Contrat administratif.) — *Un bail d'immeubles fait par un conseil municipal, n'est pas un acte administratif dont l'interprétation soit réservée à la justice administrative ; toute contestation en cette matière doit être déférée aux tribunaux.*

Richon. — C — Demange. 20 novembre 1815. — (t. 3, p. 170.)

DÉCISION MINISTÉRIELLE.

1. — (Administration d'économie. — Instruction.) — *Les décisions ministérielles sur les matières d'administration d'économie, ne sont que des instructions destinées à servir de guide aux autorités inférieures.* (*Ainsi d'une lettre du ministère des finances décidant de quelle manière doit être payé le droit d'enregistrement d'une matière de prise.*)

De telles décisions ministérielles ne sont pas susceptibles d'un recours au Conseil d'état ; elles laissent intacts tous les droits des parties pour être jugés par les tribunaux. (Décret du 17 janvier 1814.)

Lesseps, fondé de pouvoir du corsaire le *Basque*. 17 juillet 1816. — (t. 3, p. 338.)

2. — (Chose jugée. — Greffier.) — *Les décisions du ministre des finances, en matière de peines fiscales, notamment contre un greffier de tribunal de commerce, sont règles pour les administrations subordonnées aux ministères : mais elles laissent intacts les droits des particuliers qui peuvent saisir les tribunaux d'une telle contestation, notamment quand il s'agit de l'article 138 du code de procédure, et de l'article 49 de la loi du 22 frimaire an 7.*

Boitard. 14 septembre 1814. — (t. 3, p. 16.)

3. — (Domaine. — Exécution.) — *Une décision ministérielle autorisant le domaine à disposer des terrains délaissés par un fleuve, est une mesure d'administration domaniale ; ce n'est pas du tout une décision d'administration publique : ainsi elle ne peut recevoir son exécution qu'autant que la propriété ne lui en serait point contestée.*

Terras. 22 octobre 1808. — (t. 1, p. 209.)

4. — (Instruction. — Chose jugée. — Bois.) — *Les décisions ministérielles sur les contestations relatives à l'adjudication et à la vente des coupes de bois, sont de simples instructions adressées aux préposés de l'administration pour les diriger dans la discussion de ses droits ; elles n'ont pas l'effet de la chose jugée et n'empêchent pas le recours aux tribunaux ; c'est pourquoi elles ne doivent pas être déférées au Conseil d'état.*

Nogues. — C. — l'adm. des dom. 21 août 1816. — (t. 3, p. 380.)

5. — (Instruction administrative. — Contributions indirectes.) — *Les solutions données par le ministre des finances sur les difficultés relatives à la perception des impôts indirects, ne sont de leur nature que des instructions adressées à la régie pour guider les préposés dans le mode de perception, et pour fixer l'incertitude de l'administration sur le sens dans lequel elle doit défendre les dispositions de la loi devant les tribunaux.* (Décret du 17 janvier 1814.)

Robert. 10 septembre 1817. — (t. 4, p. 142.)

6. — (Opposition. — Délai.) — *Les décisions ministérielles peuvent être attaquées par la voie de l'opposition, lorsqu'elles ont été rendues par défaut ; l'opposition n'est pas admissible lorsqu'elles sont contradictoires.*

Le pourvoi au Conseil d'état contre les décisions ministérielles contradictoires, n'est pas admissible lorsqu'il n'a pas été formé dans les trois mois, à compter de la notification de la décision attaquée. (Décret du 22 avril 1806.)

Rey. 26 mars 1814. — (t. 2, p. 535.)

7. — (Solution. — Propriété. — Émigré.) — *Une décision du ministre des finances portant qu'un tel domaine appartient à un tel émigré, en vertu d'un tel testament, n'est pas une décision de justice ministérielle ayant l'effet de la chose jugée ; c'est la solution d'une difficulté, solution qui doit servir de règle uniquement aux agens de l'administration. La question de propriété reste entière vis-à-vis du tiers-réclamant et doit être jugée par les tribunaux.*

Pertuisier. 17 juin 1818. — (t. 4, p. 370.)

8. — (Tierce-opposition. — Décompte.) *Le tiers qui se trouve lésé par une décision du ministre des finances qui, sur un décompte, déclare libéré un autre particulier, acquéreur de domaine national, ne doit pas se pourvoir directement au Conseil d'état contre cette décision ministérielle, il doit d'abord*

exercer son recours auprès du ministre.

Tabaret. — C. — Bernard.
26 février 1817. (t. 3, p. 519.)

— V. Arrêtés par défaut. — Comité des finances. (Avis.) — Contrainte. (Opposition.) — Domaines engagés. — Douanes. — Imputation. (Paiement.) — Lésion d'outre moitié. — Liquidation.

DÉCISION DE PRÉFET.

1. — (Acte administratif. — Légitime.) — *La décision d'un préfet portant refus d'annuller un arrêté qui abandonne certains immeubles à un particulier, en paiement d'une légitime sur des biens séquestrés par émigration, étant rendue dans les bornes de sa compétence, est réputée* acte administratif; *le recours contre cette décision doit être soumis à l'examen du ministre compétent avant d'être dénoncé au Conseil d'état, à peine de rejet du pourvoi.*

Baudé.
21 février 1814. — (t. 2, p. 522.)

DÉCOMPTE.

1. — *La loi du 13 thermidor an 4, n'a point dérogé à celle du 3 juillet 1791, quant au principe d'indivision de la chose et du prix, relativement au gouvernement vendeur.*

Bessières. — C. — l'adm. des domaines.
11 décembre 1816. — (t. 3. p. 446.)

2. — (Acquéreur. — Chose jugée.) — *Un acquéreur national qui avait souscrit des annuités a pu se libérer tout différemment, c'est-à-dire par douzième, conformément à la loi du 16 octobre 1791, si ce mode de libération a été autorisé par le directoire du district, sans réclamation de l'administration des domaines.*

Nervet. — C. — l'adm. des dom.
13 janvier 1816. — (t. 3, p. 211.)

3. — (Acquéreur. — Libération.) — *Aux termes du décret du 22 octobre 1808, les acquéreurs de domaines nationaux, qui ne sont point porteurs de décomptes arrêtés par l'administration, et définitivement soldés, sont passibles du résultat du nouveau décompte.*

Malafosse. — C. — la rég. des dom.
30 août 1814. — (t. 3, p. 4.)

4. — (Acquéreur de domaines nationaux.) — *Un décompte suivi d'une quittance pour solde ne peut établir la libération d'un acquéreur de biens nationaux, qu'autant que ce décompte aurait été délivré par l'une des trois autorités désignées à cet effet par le décret du 22 octobre 1808. Autrement l'acquéreur ne peut s'en prévaloir pour réclamer contre un nouveau décompte qui lui serait présenté, et qui serait dressé d'après le mode déterminé par le décret précité.* (Arr. du 22 prairial an 10. — Déc. du 22 octobre 1808.

Fossy de Tremont.
5 février 1814. — (t. 2, p. 512.)

5. — (Action administrative. — Contentieux.) — *Les arrêtés des préfets, pris en matière de décomptes de biens nationaux, sont bien dans les bornes de leur compétence; ils ne peuvent être déférés au Conseil d'état avant d'avoir été soumis à la décision du ministre qu'ils concernent.*

Mandina. — C. — la rég. des dom.
11 novembre 1813. — (t. 2, p. 450.)

6. — (Annuités.) — *La déclaration d'un acquéreur de domaines nationaux contenant son option en faveur du mode de libération substitué par le décret du 16 octobre 1791, au mode de paiement par annuités, quoique n'ayant eu lieu que lors du dernier paiement de la première annuité, doit être considérée comme faite en temps utile. En conséquence, le décompte de cet acquéreur doit être réglé, non d'après le système des annuités auquel il aurait renoncé par sa déclaration, mais d'après le mode en faveur duquel il avait la faculté d'opter.*

Saint-Gery.
29 mai 1813. — (t. 2, p. 352.)

7. — *L'acquéreur des domaines nationaux qui, en faisant ses paiemens, postérieurement au décret du 28 septembre 1791, n'a manifesté ni expressément, ni tacitement, l'intention de se libérer par douzième, n'est pas fondé à se plaindre de ce que son décompte a été fait par annuités.*

Fassardy. — C. — la rég. des dom.
7 novembre 1814. — (t. 3, p. 40.)

8. — (Contentieux.) — *Les décomptes d'acquéreurs nationaux sont dans les attributions des préfets, et non des conseils de préfecture; la solution de toutes difficultés relatives à ces décomptes ne rentre pas dans le contentieux administratif, mais bien dans l'administration active.*

La rég. des dom. — C. — Durosier.
7 novembre 1814. — (t. 3, p. 40.)

9. — *Les difficultés sur le résultat d'un décompte doivent être portées, non devant le conseil de préfecture, mais devant les préfets, sauf le recours devant le ministre des finances.*

Marnillon. — C. — L'adm. des domaines.
14 mai 1817. — (t. 4, p. 5.)

10. — (Contentieux. — Conseils de préfecture.) — *Ce n'est point aux conseils de préfecture, c'est aux préfets qu'il appartient de faire exécuter un arrêté du gouvernement, et de statuer sur des difficultés à l'occasion d'un décompte du prix de biens nationaux.*

Reynier. — C. — l'adm. des dom.
28 septembre 1816. (t. 3, p. 388.)

11. — (Dixième. — Remise. — Maison d'habitation.) — *L'article 4 de la loi du 13 thermidor an 4, ordonnant une remise ou diminution d'un dixième sur les maisons d'habitation qui seront adjugées comme domaines nationaux, ne s'applique qu'au cas où l'estimation de ces maisons aurait été faite séparément; elle ne s'applique pas au cas d'estimation* in globo, *avec des propriétés d'autre nature.*

Chaptive et Poujet.
29 novembre 1815. — (t. 3, p. 142.)

12. — (Domaines nationaux. — Contentieux.) — *C'est au préfet et non au conseil de préfecture qu'il appartient de statuer sur les réclamations contre les décomptes de domaines nationaux.*

Vincent. — C. — la rég. des dom.
30 septembre 1814. — (t. 3, p. 21.)

13. — *C'est à l'administration et non à la justice contentieuse qu'il appartient de prononcer sur un décompte de domaines nationaux.*

Brasseur et Jacquet. — C. — la rég. des dom.
1.er novembre 1814. — (t. 3, p. 34.)

14. — (Folle enchère.) — *Un acquéreur national qui, s'étant laissé tomber en déchéance, a racheté sur la folle enchère, et qui a soldé le décompte de sa nouvelle acquisition, n'est pas moins passible d'un autre décompte pour l'acquisition première.*

Grandviennot. — C. — la rég. des dom.
7 novembre 1814. — (t. 3, p. 35.)

15. — (Imputation.) — *En matière de décompte, l'imputation du paiement doit être faite de la manière la plus favorable au débiteur, conformément à son intention et à la loi sous l'empire de laquelle le paiement a été fait.* (Loi du 25 juillet 1791; — Décret du 22 octobre 1808.)

Baudelocques. — C. — la rég. des dom.
15 mai 1815. — (t. 3. p. 110.)

16. — (Justice ministérielle. — Domaines de l'état. — Émigré. — Acquéreur national.) — *Depuis la loi du 5 décembre 1814, l'administration des domaines, chargée uniquement de recevoir et de transmettre aux anciens propriétaires les sommes encore exigibles provenant des décomptes de biens vendus, n'a ni qualité ni pouvoir pour consentir en leur nom et au profit des acquéreurs la réduction ou remise du reliquat porté auxdits décomptes, conséquemment le ministre des finances n'est pas autorisé à prononcer cette réduction ou remise. — Il y a lieu d'ordonner l'exécution du décompte approuvé par le préfet.*

Quid, *si l'acquéreur établissait que le décompte est inexact, ne serait-ce pas à la justice ministérielle de statuer, encore que l'administration du domaine soit désintéressée, et que le litige soit uniquement entre deux particuliers?*

Guichardy de Montigné. — C. — Grellier.
3 décembre 1817. — (t. 4, p. 206.)

17. — (Mandat. — Effet rétroactif.) — *L'arrêté du 22 prairial an 10, qui a ordonné de faire les décomptes pour mandats, en les passant valeur nominale, n'a pas effet pour les décomptes postérieurs au décret du 22 octobre 1808. L'administration est donc autorisée à ne passer les mandats que pour valeur réelle, au cours des jours des versemens, bien qu'il s'agisse de versemens consommés avant l'arrêté de l'an 10.*

Rousseau. — C. — régie des dom.
6 février 1815. — (t. 3, p. 69.)

18. — (Mandat. — Rescriptions. — Vente sur enchère.) — *Les acquéreurs sur enchère, en vertu de la loi du 2 nivose an 4, ont pu se libérer en rescriptions valeur nominale; ils ne sont pas régis par la loi du 13 thermidor an 4, sur les soumissions de biens vendus en vertu de la loi du 28 ventose de la même année.*

Serré. — C. — la rég. des dom.
13 février 1815. — (t. 3, p. 73.)

19. — (Papier-monnaie. — Acquéreur national.) — *Un acquéreur national qui a consigné des mandats à valoir sur le prix d'une soumission sans effet, et qui ensuite a fait une autre acquisition, ne peut pas exiger que les fonds consignés soient imputables sur le quatrième quart.*

Dubois de Crancé. — C. — l'adm. des dom.
18 avril 1816. — (t. 3, p. 268.)

20. — (Prescription. — Quittance.) — *Les quittances données aux acquéreurs de biens nationaux par les receveurs particuliers d'arrondissement, pour solde du prix de l'adjudication, ne peuvent être regardées comme définitives, qu'autant que l'administration aurait laissé couler six ans sans signifier de décompte, à compter de la publication du décret du 22 octobre 1808.*

Durier.
6 janvier 1814. — (t. 2, p. 481.)

21. — (Rentes féodales.) — *L'acquéreur national qui avait acquis, du domaine, une rente due par lui-même, et qui en devait le prix lors de la publication de la loi du 17 juillet 1793, ne peut exciper de cette loi, pour se prétendre libéré du paiement de la rente achetée, comme il serait libéré de la rente féodale.*

Buscheron. — C. — la rég. des dom.
7 novembre 1814. — (t. 3, p. 36.)

— V. Adjudicataire. (Ventilation), — Biens nationaux. — Contentieux. (Administration active.) — Contrainte. (Domaine.) — Débiteur. (Contrainte.) — Domaines nationaux. (Prix.) — Indemnité. (Domaines nationaux.) — Quittance.

DÉCOMPTE DE BIENS NATIONAUX.

1. — (Conseil d'état.) — *Le conseil d'état connaît, par voie de recours, des décisions ministérielles sur les décomptes des acquéreurs de biens nationaux.*

Boudachier. — C. — l'Administr. des Dom.
20 novembre 1815. — (t. 3, p. 140.)

DÉCOMPTE DÉFINITIF. — V. Quittances finales.

DÉCOUVERTE. — V. Hospices. (Délai.)

DÉCRET.

1. — (Loi.) — *En aucun cas des droits reconnus et garantis par une loi, n'ont pu être ravis par un décret.*

La Tour-d'Auvergne. — C. — Bimar Dubouchage.
24 décembre 1814. — (t. 3, p. 52.)

2. — (Opposition.) — *Est recevable l'opposition à un décret rendu en matière contentieuse, et formée par une partie qui n'aurait été ni appelée ni entendue.*

Veuillet d'Yenne.
22 mai 1813. — (t. 2, p. 347.)

3. — (Opposition. — Communaux.) — *Un décret rendu sur la question de savoir si un marais sera joui par feux ou* pro modo jugerum, *est un jugement rendu sur un objet contentieux, plus qu'un acte d'administration réglant le mode de jouissance des biens communaux. — Sous ce rapport, s'il est susceptible d'opposition comme non contradictoire, cette opposition doit être formée dans les trois mois de sa date.*

Commune d'Ecrameville.
27 septembre 1807. — (t. 1, p. 15.)

— V. Autorité judiciaire. — Fabriques. (Autorisation.) — Interprétation. — Idem. (Tiers.) — Opposition. — Idem. (Délai.) — Propriété. (Bains du Mont-d'Or.) — Recours en rétractation. (Requête civile.) — Requête civile.

DÉCRET CONTRADICTOIRE. — V. Révision (Interprétation.)

DÉCRET D'ADMINISTRATION PUBLIQUE.

1. — (Ile de Bourbon. — Ile de France.) — *Le Conseil d'état saisi d'un recours contre une décision ministérielle fondée sur un décret d'administration publique, s'il peut connaître de la juste application du décret, ne peut réformer la décision, si elle est bien en exécution du décret.*

Barillon.
17 juin 1818. — (t. 4, p. 377.)

2. — (Ile de la Martinique. — Lettre de change.) — *Quel est le caractère distinctif entre un décret de justice contentieuse contre lequel il est permis de se pourvoir au Conseil d'état par voie d'opposition, et un décret d'administration publique contre lequel ce recours n'est pas admis?*

Un décret qui prononce la nullité de toutes lettres de change tirées sur le trésor par les agens du gouvernement aux colonies, est tellement d'administration publique et d'intérêt général, que les droits privés qui en sont atteints ne sont pas recevables à former tierce-opposition contre la disposition, en tant qu'elle leur fait grief.

Beauvillard.
17 juin 1818. — (t. 4, p. 380.)

DÉCRET PAR DÉFAUT.

1. — (Dette publique. — Pétition. — Partie contradictoire.) — *Lorsque des réclamations de particuliers, se disant créanciers de l'état ont été rejetées par le directeur général de la liquidation, et que l'affaire est parvenue au Conseil d'état, section des finances, si les réclamans adressent aux chefs du gouvernement une pétition combattant les conclusions du directeur de la liquidation, le décret qui intervient ultérieurement peut être réputé contradictoire, tellement que les réclamans n'aient plus d'autres voies de recours, que dans les deux cas prévus par l'art. 32 du règlement du 22 juillet 1806.*

La défense par pétition, rend suffisamment partie contradictoire.

Gilbert de Voisins et d'Osmond.
8 janvier 1817. — (t. 3, p. 470.)

— V. Opposition.

DÉCRET SPÉCIAL.

1. — (Tierce-opposition.) — *Un décret sur arrêté spécial du gouvernement, statuant sur un objet particulier, et portant atteinte à des droits privés, est, de sa nature, susceptible de tierce-opposition de la part du tiers lésé.*

Deshayes.
19 mars 1817. — (t. 3, p. 540.)

DÉFAUT. — V. Conflit. — Opposition.

DÉFENSE. — V. Autorisation.

DÉFENSE LÉGITIME. — V. Mise en jugement.

DÉFENSEURS DE LA PATRIE. — V. Communes.

DÉFICIT. — V. Contentieux. (Instruction ministérielle.) — Magasins militaires.

DÉFRICHEMENS. — V. Communaux. — Idem. (Adjudication.) — Idem. (Partage.)

DÉGRADATIONS. — V. Chemins vicinaux. — Déchéance. (Adjudication.) — Responsabilité. (Propriétaire.) — Voie publique.

DÉGRE DE JURIDICTION. — V. Adjudication.

DÉGRÈVEMENT. — V. Contributions. — Justice discrétionnaire. (Compensation.)

DÉGUERPISSEMENT.

1. — (Domaines nationaux. — Compétence.) — *L'action en déguerpissement d'un domaine national, est dans les attributions des tribunaux.*

Mellier. — C. — les habitans de Fontaines.
22 septembre 1812. — (t. 2, p. 140.)

— V. Adjudication.

DÉLAI.

1. — (Acquiescement.) — *Le pourvoi au Conseil d'état, n'est point recevable contre un arrêté en partie exécuté, et principalement encore lorsque le pourvoi n'a pas été fait dans les trois mois, à dater de la signification de l'arrêté.* (Loi du 22 juillet 1806, article 11.)

Paillette-Delisle.
11 septembre 1813. — (t. 2, p. 431.)

2. — (Contrainte. — Comptable.) — *Le délai dans lequel un comptable doit se pourvoir contre une décision et une*

contrainte du ministre des finances, ne court que du jour de la signification.

Couchon. — C. — L'agent du trésor.
21 mai 1817. — (t. 4, p. 26.)

3. — (Déchéance. — Commune.) — *La déchéance prononcée par l'art. 11 du règlement du 22 juillet 1806, pour défaut de pourvoi ou de recours dans les trois mois, est applicable aux communes comme aux particuliers.*

Comm. de Marsillargues.
25 février 1818. — (t. 4, p. 257.)

4. — (Déchéance. — Effet rétroactif.) — *L'article 11 du règlement du 22 juillet 1806, s'applique à des décisions antérieures.*

Perrin.
11 décembre 1813. — (t. 2, p. 471.)

5. — (Double litige.) — *Celui qui néglige de se pourvoir contre une décision administrative, à cause de cette circonstance que le même litige a été ultérieurement porté devant un tribunal, encourt néanmoins la déchéance; et si l'autorité judiciaire prononce contre lui, il n'est plus recevable à se pourvoir au Conseil d'état contre la décision administrative.*

Le Guidé. — C. — Robillard.
21 août 1816. — (t. 3, p. 370.)

6. — (Emigré. — Créancier.) — *Le délai accordé aux créanciers des successions échues aux émigrés pour produire leurs titres, en vertu de la loi du 16 thermidor an 7, n'a couru que du jour de l'avis donné aux créanciers pour produire ces mêmes titres.*

Régie des domaines.
8 mai 1813. — (t. 2, p. 309.)

7. — (Forclusion.) — *On se forclos soi-même pour un pourvoi au Conseil d'état, c'est-à-dire que le délai pour se pourvoir court du jour où, soi-même, on a reconnu l'existence d'une signification de l'arrêté contre lequel on veut se pourvoir.*

Brion. — C. — la commune de Vassimont.
17 juillet 1816. — (t. 3, p. 339.)

8. — (Interlocutoire.) — *L'obligation de se pourvoir devant le Conseil d'état, dans le délai de trois mois, aux termes de l'article 11, du règlement du 22 juillet 1806, s'applique à une décision interlocutoire contenant un chef définitif et un chef préparatoire, tout aussi bien que si la décision était définitive.*

Danthon. — C. — l'Administration des domaines.
3 décembre 1817. — (t. 4, p. 198.)

9. — (Notification.) — *L'envoi officiel à une commune, d'un arrêté de conseil de préfecture, en matière contentieuse, n'équivaut pas à une notification : il ne fait pas courir le délai de l'opposition.*

Commune de Caudeval. — C. — Rouvairoles.
17 avril 1812. — (t. 2, p. 58.)

10. — *Bien que les délais imposés aux particuliers pour l'accomplissement d'une obligation administrative, ne commencent à courir contre eux que du jour de la notification de la disposition impérative, cependant, si les parties sont allées au-devant de l'échéance, et ont acquitté l'obligation sans attendre la notification, ils sont réputés s'être libérés dans les délais : la règle introduite en leur faveur ne peut leur être opposée.*

Giannotti et Biffiguandi.
17 janvier 1812. — (t. 2, p. 11.)

11. — *Les délais du pourvoi au Conseil d'état, ne commencent à courir que du jour de la signification par huissier; la notification administrative n'est pas suffisante pour faire courir ces délais.*

Régie des Dom. — C. — François.
1er. février 1813. — (t. 2, p. 259.)

12. — *Un arrêté rendu en 1811, est réputé légalement notifié, s'il est constant qu'à cette époque, le préfet en a donné connaissance par voie de correspondance.*

Thierry.
18 mars 1813. — (t. 2, p. 287.)

13. — *Le délai pour se pourvoir contre un arrêté du conseil de préfecture, ne court point si l'arrêté n'a pas été notifié par un officier public légalement investi du pouvoir de faire cette notification : Est nulle, la notification faite par le porteur de contrainte ou huissier aux contributions.*

Barreaux.
6 mars 1816. — (t. 3, p. 241.)

14. — *Pour faire courir le délai prescrit pour un recours au Conseil d'état, il faut une notification régulière de la décision administrative; il ne suffit pas d'une notification ou communication officielle : l'administration des ponts et chaussées, peut opposer ce défaut de notification tout aussi bien que les particuliers.*

Administ. des ponts et chaussées. — C. — Lachaume et Daillant.
18 mars 1816. — (t. 3, p. 254.)

15. — *Le délai pour se pourvoir contre une décision administrative ne court que du jour de la signification, encore qu'il y ait eu une notification administrative.*

Mordret. — C. — Lerango.
26 février 1817. — (t. 3, p. 520.)

16. — *Le délai de trois mois établi par le règlement du 22 juillet 1806, pour se pourvoir contre un arrêté administratif a utilement couru à l'égard d'un arrêté antérieur à la publication du règlement, s'il est constant que cet arrêté a été parfaitement connu de la partie qui veut aujourd'hui se pourvoir. Le principe est applicable à un déporté dont les biens ont été abandonnés à ses héritiers présomptifs, par l'autorité administrative.*

Garrigou.
30 juillet 1817. — (t. 4, p. 100.)

17. — *Un percepteur à qui le maire de sa commune a notifié l'arrêté rendu par le conseil de préfecture, et qui a reconnu le fait de cette notification dans un acte extrajudiciaire, est tenu de se pourvoir dans les délais de la notification et n'est pas recevable à exciper de ce qu'il n'y a pas eu de signification par huissier.* (Art. 11 règlement du 22 juillet 1806.)

En règle générale les fonctionnaires entre eux, dans leurs rapports hiérarchiques, sont-ils dispensés de signification? Suffit-il qu'il y ait notification constante?

Fleury-Corompt.
21 mai 1817. — (t. 4, p. 29.)

18. — *La demande d'un militaire, tendante à l'annullation d'une décision ministérielle, sur la quotité du traitement qui lui est dû, d'après un règlement d'administration, peut être réputée contentieuse et portée au Conseil d'état, sans qu'il y ait de fin de non-recevoir au seul aperçu de la demande; le délai pour se pourvoir contre une décision de la justice ministérielle, en matière mixte d'administration et de droit privé, court du jour de la notification par lettre ministérielle.* (Alors probablement qu'il y a certitude de la réception de la lettre, article 11 du règlement du 22 juillet 1806.)

Lenoble.
3 juin 1818. — (t. 4, p. 344.)

19. — *Même décision relativement à la déchéance pour le cas où un commissaire ordonnateur réclame des frais de bureaux.*

Lenoble.
3 juin 1818. — (t. 4, p. 346.)

20. — (Ordonnance de soit communiqué.) — *L'obligation imposée par l'article 12 du règlement du 22 juillet 1806, de signifier une ordonnance de soit communiqué dans le délai de trois mois, doit être entendue en ce sens que le demandeur doit signifier à toutes les personnes qu'il a reconnues comme ses adversaires.*

Mallet de Vandègre. — C. — Mariolles.
21 mai 1817. — (t. 4, p. 20.)

21. — (Pourvoi.) — *Le pourvoi contre les arrêtés des conseils de préfecture doit être porté directement au Conseil d'état, par la voie de la commission du contentieux, et dans le délai de trois mois, à compter de la signification de l'arrêté, à peine de déchéance.*

Le pourvoi qui serait adressé à l'un des ministres dans le délai prescrit, serait nul, et ne pourrait plus être rectifié après l'expiration du délai. (Règlement du 22 juillet 1806; — Décret du 23 février 1811.)

Grégoire.
28 septembre 1813. — (t. 2, p. 437.)

22. — *Le délai pour se pourvoir contre une décision administrative, ne court pas même après une signification par huissier, si la notification n'a pas été faite à la personne ou au domicile, conformément à l'article 443 du Code de procédure civile.* (Article 11 du règlem. du 22 juillet 1806.)

Raulin. — C. — Régie des dom.
27 novembre 1814. — (t. 3, p. 46.)

23. — (Pourvoi. — Déchéance. — Acquiescement.) — *Celui qui signifie une décision de justice administrative, sans exprimer aucune réserve de pourvoi, fait un acte d'acquiescement. Celui qui laisse passer les trois mois sans se pourvoir, exciperait vainement de ce que la procédure était à la disposition de son adversaire : le fait allégué n'empêchant pas le dépôt d'un pourvoi avec copie signifiée de l'arrêté dénoncé.* (Art. 11 du réglement du 22 juillet 1806.)

Montagnon.
16 juillet 1817. – (t. 4, p. 82.)

24. — (Pourvoi. — Déchéance. — Dette publique.) — *L'article 11 du réglement du 22 juillet 1806, est applicable à une décision rendue par le conseil-général de la liquidation de la dette publique.*

Dufay.
23 novembre 1813. – (t. 2, p. 454.)

25. — (Pourvoi. — Notification.) — *La signification d'un arrêté de conseil de préfecture ne fait courir le délai pour le pourvoi au Conseil d'état, qu'autant qu'elle a été faite postérieurement au décret du 22 juillet 1806. Au cas contraire, le mérite du pourvoi peut être examiné, surtout s'il y a lieu à rejet.*

Bentz. — C. — Jordy.
1er. février 1813. – (t. 2, p. 264.)

26. — (Pourvoi. — Trésor.) — *Le délai de trois mois, à dater de la signification, prescrit par l'article 11 du décret du 22 juillet 1806, pour se pourvoir contre les décisions administratives contentieuses, est applicable aux décisions du ministre du trésor, encore que l'appelant n'ait, pour adversaire, aucun particulier, mais seulement l'État, dans la personne de l'agent judiciaire du trésor.*

Peu importerait qu'il y eût eu, immédiatement après la signification, une opposition à un pourvoi devant les tribunaux, pour faire annuller la contrainte par corps, rendue en exécution de la décision ministérielle. — Une erreur dans le choix des moyens de pourvoi ne conserve pas les délais.

Contre une décision signifiée le 7 décembre 1815, le pourvoi au Conseil d'état, ne peut être admis, s'il n'a été déposé au plus tard le 7 mars suivant.

N. B. *En Cour de cassation, le pourvoi serait valablement déposé, même le 8 mars, d'après la régle* dies termini non computantur.

Huot. — C. — l'Agent du trésor.
17 juin 1818. – (t. 4, p. 360.)

27. — (Recours. — Acte purement administratif et de propre mouvement. — Décret. — Ordonnance.) — *Les délais fixés par l'article 29 du réglement du 22 juillet 1806, ne s'appliquent point au recours autorisé par l'article 40 contre les actes purement administratifs et de propre mouvement.*

Corbineau. — C. — la ville de Rouen.
10 septembre 1817. – (t. 4, p. 146.)

28. — (Soit communiqué.) — *Celui qui s'est pourvu contre une décision quelconque, doit notifier, dans le délai de trois mois de sa date, l'ordonnance de soit communiqué, rendue sur la requête en pourvoi; s'il néglige de faire cette notification, il est non-recevable à suivre son pourvoi.*

Cette déchéance n'a pas seulement l'effet d'éteindre l'instance ; elle éteint l'action et le droit; tellement qu'un nouveau recours serait non-recevable, quand même la décision attaquée n'aurait pas été signifiée, et qu'aucun délai n'aurait couru contre la partie requérante.

Etignard.
8 mars 1814. – (t. 2, p. 526.)

29. — (Sursis. — Conseil d'état.) — *Le délai pour se pourvoir au Conseil d'état, contre un arrêté signifié, et sur l'exécution duquel il a été accordé un sursis, ne commence à courir que du jour de la notification de l'arrêté qui lève le sursis.*

Waguer. — C. — Nebel.
15 janvier 1813. – (t. 2, p. 209.)

DÉLAI FATAL. — V. Justice ministérielle. — Pourvoi. (Ordonnance de soit communiqué.)

DÉLÉGATIONS SUR LE GOUVERNEMENT.

1. — (Obligation personnelle. — Compétence. — Divisibilité.) — *Lorsque des fournisseurs ont payé leurs marchands de fournitures en délégations sur le Gouvernement, si le porteur des délégations actionne le fournisseur à raison de son obligation personnelle, comme n'étant pas payé par le Gouvernement, et si d'autre part, le fournisseur soutient que la délégation a été acceptée par le Gouvernement, et que cette acceptation l'a libéré, dès-lors, l'issue de la demande est subordonnée à la contestation d'un fait d'administration; l'autorité judiciaire ne peut donc prendre sur elle de juger le fond du droit sans faire constater le fait administratif par l'autorité administrative; mais elle n'est pas tenue de se dessaisir de l'affaire et de la renvoyer à l'autorité administrative.*

Bourdon. — C. — Hahn.
21 août 1816. – (t. 3, p. 374.)

DÉLIMITATION. — V. Chemin vicinal.

DÉLIT. — V. Chemin vicinal. (Usurpation.) — Paturage. (droit de) — Réglement.

DEMANDE. — V. Exception.

DEMANDE NOUVELLE.

1. — (Exceptions. — Conseil d'état.) — *Les demandes nouvelles ne sont pas plus recevables au Conseil d'état que devant les tribunaux.*

Riollay. — C. — l'Administration des Domaines.
10 décembre 1817. – (t. 4, p. 227.)

— V. Compensation.

DÉMOLITION.

1. — (Propriété. — Utilité publique. — Indemnité. — Retranchement.) — *Lorsqu'une maison est destinée à disparaître pour une cause d'utilité publique, le propriétaire ne peut y faire aucune réparation tendante à consolider le rez-de-chaussée ou la façade de ladite maison. Toute réparation à faire par lui, doit être précédée de l'avis du conseil des bâtimens civils approuvé par le ministre de l'intérieur, sauf recours au Conseil d'état.*

Le propriétaire est-il tenu de subir la servitude, et de laisser tomber en ruine l'édifice destiné à retranchement, bien qu'il n'ait reçu de l'administration ni indemnité, ni promesse d'indemnité?

Les sieur et dame Roger.
30 juillet 1817. – (t. 4, p. 97.)

— V. Alignement. (Routes.) — Anticipation. (Propriété.) — Chose jugée. (Représentation.) — Contentieux. (Action administrative.) — Limites. (Chemin.) — Propriété. — Idem. (Utilité publique.) — Idem. (Voirie.) — Usine. (Autorisation.)

DÉNI DE JUSTICE. — V. Conseil d'état.

DENIERS PUBLICS.

1. — (Percepteurs. — Compétence.) — *Tout individu qui s'immisce dans la perception de deniers publics, comme mandataire du percepteur, devient justiciable de la juridiction administrative pour toutes contestations entre lui et le percepteur, relativement à sa gestion de mandataire.* (Décret du 12 janvier 1811.)

Vaissier.
11 septembre 1813. – (t. 2, p. 429.)

— V. Payeur général. (Préposé.) — Trésor public.

DÉPAISSANCE.

1. — (Déchéance. — Forêt nationale. — Dévastation. — Amnistie.) — *L'acquéreur d'une forêt nationale ne peut, pour dégrever cette propriété d'un droit d'usage exercé par une commune, se prévaloir de la déchéance qu'il prétendrait avoir été encourue par elle, aux termes des lois et arrêtés des 5 vendémiaire an 6, 28 ventose an 11 et 14 ventose an 12, lorsque le Gouvernement, de qui l'acquéreur tient ses droits, non seulement ne l'aurait point invoquée, mais aurait maintenu la commune dans sa jouissance; — bien qu'aux termes des art. 5 et 6, titre 2 de l'ordonnance de 1669, les dévastations commises dans les forêts par les communes soient punies de la perte du droit de dépaissance dont elles jouissent, néanmoins l'application de cette peine ne peut être réclamée lorsqu'il est reconnu que ces dévastations sont de la nature de celles pour lesquelles il existe des lois d'amnistie.*

Hannuic.
12 février 1812. – t. 2, p. 24.)

2. — (Propriété.) — *Toute contestation sur un droit de dépaissance au profit d'une commune est dans les attribu-*

tions de l'autorité judiciaire, et non de l'autorité administrative.

Commune de Caudeval. — C. — Rouvairolis.
17 avril 1812. — (t. 2, p. 58.)

— V. COMMUNE. (Propriété.)

DÉPENS.

1. — (Chose jugée.) — *Une condamnation aux dépens peut être prononcée par voie d'addition à un premier arrêt du Conseil d'état.*

Ville de Rouen. — C. — Auger.
23 décembre 1815. — (t. 3, p. 187.)

2. — (Conseil de préfecture.) — *Les conseils de préfecture ne sont pas compétens pour prononcer sur les dépens faits pardevant l'autorité judiciaire; ils doivent renvoyer devant les tribunaux.*

Masseau-Duffier. — C. — la fabrique Saint-Martin, Isle de Ré.
15 juin 1812. — (t. 2, p. 82.)

3. — (Réserve.) — *Lorsque le Conseil d'état, saisi d'une affaire contentieuse, renvoie les parties à se faire juger par les tribunaux, pour ensuite juger lui-même les questions administratives subordonnées aux questions de propriété, ce n'est pas là une condamnation prononcée contre la partie qui a saisi le Conseil d'état; il y a lieu de réserver et non de prononcer des dépens.*

Rég. des dom. — C. — Destillières.
18 avril 1816. — (t. 3, p. 262.)

— V. CONTRIBUTIONS.

DÉPENSES. — V. GARDES MAGASINS MILITAIRES.

DÉPLACEMENT. — V. CHEMINS VICINAUX. — HYPOTHÈQUE SPÉCIALE.

DÉPORTÉ. — V. DÉLAI. (Déchéance.) — REMBOURSEMENT. (Emigré.)

DÉPORTÉ VOLONTAIRE. — V. REMBOURSEMENT.

DÉPOSITAIRE. — V. REMBOURSEMENT. (Séquestre.)

DÉPOSSESSION. — V. ACQUIESCEMENT. — ÉCHANGE.

DÉPOT. — V. ADMINISTRATEUR. (Mise en jugement.) — INTÉRÊTS. — PRIVILÉGE. (Enregistrement.)

DÉPOT JUDICIAIRE.

1. — (Receveur municipal. — Compétence.) — *C'est aux tribunaux et non à l'autorité administrative qu'appartient le droit de statuer sur la demande formée par un particulier en délivrance d'un dépôt judiciaire fait entre les mains d'un receveur municipal.*

Odericu. — C. — Regny.
11 décembre 1808. — (t. 1, p. 224.)

DÉSAVEU.

1. — (Arrêt du conseil. — Avocat.) — *Le désaveu proposé aujourd'hui contre l'avocat qui, en 1783, aurait obtenu un arrêt du Conseil, est tardif et non recevable, surtout s'il existe des traces d'exécution de l'arrêt querellé.*

La comm. d'Annay-la-Côte. — C. — Bresse.
13 février 1815. — (t. 3, p. 76.)

DÉSHÉRENCE. — V. COMMISSION TEMPORAIRE. (Sénatorerie) — GARANTIE CONSTITUTIONNELLE. (Domaines nationaux.)

DÉSIGNATION. — V. ADJUDICATION.

DÉSISTEMENT. — V. INTERVENTION.

DESSÈCHEMENT. — V. EAUX PLUVIALES. — INDEMNITÉS. (Marais.) — MARAIS.

DESTITUTION. — V. MISE EN JUGEMENT.

DÉTENTEURS. — V. COMMUNAUX. (Partage.)

DÉTENTION ARBITRAIRE. — V. MISE EN JUGEMENT.

DETTES. — V. BIENS NATIONAUX. (Corporations religieuses.) — COMMUNE. — EMIGRÉS. — FABRIQUES. — JUIFS. (Corporations Juives.)

DETTES COMMUNALES.

1. — (Hypothèque. — Chose jugée. — Tiers détenteur. — Novation.) — *Lorsque les dettes des communes ont été déclarées nationales, les créanciers des rentes foncières constituées par les communes pour prix d'acquisition d'immeubles, et hypothéquées par privilège sur les immeubles vendus à la commune, n'ont plus eu de droits directs ni indirects à exercer que contre l'Etat.*

Cette réunion des dettes communales à la dette nationale a opéré une novation dans le titre de la rente : en telle sorte que les tiers-détenteurs des immeubles originairement vendus, ont été pleinement libérés de toute action hypothécaire ou personnelle, principale ou subsidiaire, de la part du créancier, quand bien même ces tiers-acquéreurs n'auraient primitivement reçu l'immeuble qu'avec cette charge, et auraient été condamnés, en cette qualité, par jugemens passés en force de chose jugée.

L'obligation de se pourvoir auprès du gouvernement pour la liquidation de cette créance, n'a existé que dans la personne des créanciers de la rente, et nullement dans celle des tiers-détenteurs qui auraient eu droit à la garantie. (Art. 82, loi du 24 août 1793.)

Bottu de la Barmondière. — C. — Sain.
20 septembre 1809. — (t. 1, p. 312.)

DETTE PUBLIQUE.

1. — (Liquidation. — Contentieux.) — *Le comité du contentieux ne peut connaître des difficultés relatives à la liquidation ou au paiement des dettes contractées par l'Etat avant le 1er. vendémiaire an 9, par versement dans les caisses du domaine.* (Art. 12 de la loi du 15 janvier 1810.)

Dejoie. — C. — l'Adm. des dom.
4 mai 1815. — (t. 3, p. 107.)

2. — *Le comité du contentieux du Conseil d'état n'a pas mission pour examiner si le ministre des finances a tort ou raison de décider, par application de la loi du 15 janvier 1810, qu'il n'y a plus lieu à procéder à la liquidation d'une créance sur l'Etat.*

Combe.
4 juin 1815. — (t. 3, p. 123.)

3. — *Tout arriéré qui n'est pas antérieur à l'an 9, doit être liquidé; — le ministre des finances ne peut s'y refuser sous prétexte que la créance aurait été soumise au directeur-général de la dette publique; et que ce qu'il a négligé ou omis de liquider est réputé frappé de rejet.* (Lois du 20 mars 1813, tit. 2, art. 7; — 23 septembre 1814, et 28 avril 1816.)

Julien.
11 décembre 1816. — (t. 3, p. 461.)

4. — *Une dette à la charge de l'Etat, en ce qu'elle est établie sur des biens échus au domaine, ne peut être liquidée et payée que dans les valeurs de l'arriéré, aux termes des articles 22 et suivans de la loi des finances, du 22 septembre 1814. — Si un conseil de préfecture décide différemment, au préjudice de l'administration du domaine, il y a lieu à pourvoi au Conseil d'état.*

L'Admin. des dom. — C. — Leroux de Kerninon.
3 décembre 1817. — (t. 3, p. 200.)

5. — (Liquidation. — Contentieux. — Conseil d'état. — Justice ministérielle.) — *Les affaires contentieuses concernant la liquidation de la dette publique, qui avaient été exceptées ou écartées des attributions du comité contentieux du Conseil d'état, par l'article 7 du réglement du 11 juin 1806, sont rentrées dans les attributions assignées au comité du contentieux, d'après l'article 6 de l'ordonnance du 23 août 1815, qui attribue au comité du contentieux, tout le contentieux de l'administration des divers départemens ministériels.*

Toutefois, le recours au Conseil d'état ne peut avoir lieu qu'après pourvoi administratif devers le ministre des finances, et après la décision ministérielle, alors même qu'il y a une décision de l'ancien conseil général de liquidation (dont les fonctions n'étaient point subordonnées au ministre.)

Le pourvoi qui serait fait directement au Conseil d'état, serait déclaré irrégulier, la requête serait rejetée, sauf à se pourvoir.

Gosselin-Saint-Même.
11 juin 1817, — (t. 4, p. 38.)

6. — Liquidation. — Contentieux. — Justice ministérielle.) — *Une demande en liquidation de plusieurs sommes versées au trésor, le 24 thermidor an 10, n'est pas susceptible de déchéance, quoique ayant trait, par continuation, à des créances antérieures au 1er. vendémiaire an 9.*

Bernard. — C. — le trésor royal.
23 avril 1818. — (t. 4, p. 313)

7. — (Liquidation. — Déchéance. — Malthe. (chevalier de) — *Un chevalier de Malthe qui, par la loi du 23 frimaire an 8, et portant ratification de la capitulation du 24 prairial an 6, avait droit à être indemnisé des biens*

vendus sur sa tête comme émigré, a encouru la déchéance, s'il n'a pas fait, dans les délais, sa réclamation auprès du conseil général de la liquidation de la dette publique. — Peu importerait qu'il eût fait des réclamations auprès du ministre des finances. (Déc. du 25 février 1808 et du 13 décembre 1809, loi du 15 janvier 1810.)

Faletans Dempierre. — C. — Le ministre des finances.
20 novembre 1816. — (t. 3, p. 410.)

8. — (Liquidation. — Fournisseur.) — *Un régisseur des vivres de l'armée, créancier de 142,000 fr., dont le solde pour avances en l'an 8 est reconnu par arrêt de la cour des comptes de* 1814, *ne peut être payé conformément à la loi des finances du 15 janvier* 1810, *qui interdit le paiement des dettes antérieures à l'an* 9.

Gateau et Dubois d'Arneuville.
20 novembre 1816. — (t. 3, p. 436.)

— V. Commune. — Contentieux. Décret par défaut. — Délai. — (Pourvoi.) — Liquidation.

DÉVASTATIONS. — V. Dépaissance. (Droit de) (Forêt d'origine nationale.)

DÉVERSOIRE. — V. Eau. (Cours d') (Moulin.) — Rivières non navigables.

DIGUES.

1. — (Canaux. — Réglemens administratifs. — Compétence.) — *A l'autorité administrative seule appartient la répression des délits commis sur les digues, canaux ou rivières navigables.* (Réglemens administratifs des 6 prairial an 11, 5 nivose an 13, et de la loi du 29 floréal an 10.)

Hette.
8 avril 1809. — (t. 1, p. 268.)

— V. Biens nationaux. (Adjudications.) — Contentieux. (Justice ministérielle.) — Eau. (Cours d') — Rivières non navigables.

DIME. — V. Indemnité. (Abolition.)

DISTRIBUTION. — V. Travaux publics. (Entrepreneurs.)

DIVERTISSEMENS PUBLICS. — V. Taxe des pauvres. (Spectacle.)

DIVISIBILITÉ.

1. — (Compétence. — Garantie. — Pont.) — *Lorsque sur une matière, ayant, en partie, trait à l'administration, une demande principale est dirigée contre un justiciable des tribunaux ordinaires, et que celui-ci exerce un recours en garantie contre un agent de l'administration, la contestation doit être divisée, à cause de la compétence; l'action en garantie doit être jugée administrativement, et l'action principale doit être dévolue aux tribunaux.*

Ardant. — C. — Thibault et les chefs des ponts de Paris.
5 août 1809. — (t. 1., p. 296.)

2. — (Compétence. — Interlocutoire. — Adjudication.) — *Lorsqu'il s'agit de savoir si l'administration a vendu deux fois le même domaine national, si les actes de vente et d'estimation ne renferment pas les renseignemens nécessaires, si la question ne peut être résolue que par les baux, la possession ou des enquêtes, il faut recourir à l'autorité judiciaire pour constater ces faits, avant que l'administration puisse décider elle-même si la deuxième adjudication est nulle ou doit être maintenue. Ainsi, la divisibilité de compétence est admise, non-seulement pour juger la même affaire sous deux points de vue différens; mais encore dans la même affaire, et sous le même point de vue, pour remplir le vœu d'un interlocutoire avant de passer à la décision définitive.*

Lucas. — C. — Guibert.
27 mai 1816. — (t. 3, p. 291.)

3. — (Compétence. — Octroi.) — *Bien que les tribunaux soient compétens pour connaître des contestations en matière d'octroi, cependant, lorsqu'il s'agit de prononcer sur une demande en restitution d'une somme versée comme garantie du droit de consommation, pour une cargaison de poisson dont la vente aurait été prohibée par une mesure de police, cette question rentre dans les attributions des conseils de préfecture, attendu qu'elle a pour objet de détruire l'effet d'un acte administratif.*

Caminada. — C. — l'octroi de Marseille.
22 janvier 1808. — (t. 1, p. 143.)

4. — (Compétence. — Question mixte.) — *La juridiction administrative ne peut, dans les affaires de sa compétence, examiner et juger les exceptions dévolues à l'autorité judiciaire.*

Voyat.
28 février 1809. — (t. 1, p. 259.)

5. — (Complainte. — Voirie. — Hallage.) — *Lorsqu'un terrain est affecté pour une portion à un chemin de hallage, s'il s'élève une contestation à l'occasion d'un passage de charrette sur ce terrain, la contestation doit être soumise au conseil de préfecture, en tant qu'il s'agit d'un délit de grande voirie, commis sur le chemin de hallage : et elle doit être soumise au juge de paix, en tant qu'il s'agit de trouble à la possession d'un terrain ou d'une portion de terrain qui n'est pas chemin de hallage.*

Huard. — C. — Bonnet.
30 septembre 1814. — (t. 3, p. 20.)

6. (Compte.) — *Lorsque les tribunaux sont saisis de la demande d'un compte, relatif à une succession qui intéresse le domaine pour une partie, et un particulier héritier bénéficiaire pour l'autre partie; ils ne peuvent statuer sur la demande d'annullation de comptes précédens, qui auraient été arrêtés par l'autorité administrative.—La justice ordinaire n'est compétente sur le fond de la contestation, qu'à charge de maintenir tout ce qui a été fait administrativement.*

Chassaigne. — C. — Haller et d'Espagnac.
11. Décembre 1816. — (t. 3, p. 455.)

7. — (Nullité. — Signification. — Délai.) — *Entre des parties dont l'intérêt est identique, la nullité d'une signification empêche de courir le délai à l'égard de toute partie.*

Lafaulotte. — C. — Aviat.
23 décembre 1815. — (t. 3, p. 201.)

DIXIÈME. — V. Décompte.

DOMAINE CONGÉABLE. — V. Rentes convenancières. (Domaine congéable.)

DOMAINE DE LA COURONNE.

1. — (Propriété. — Compétence.) — *L'autorité administrative n'est pas compétente pour prononcer sur la valeur des titres, d'après lesquels des particuliers prétendent établir un droit de propriété sur des terrains dont ils sont en possession, et qui leur sont contestés comme faisant partie du domaine de la couronne. C'est là une question de propriété dont la connaissance n'appartient qu'aux tribunaux.*

Habitans de Montigny.
1er. avril 1808. — (t. 1, p. 155.)

DOMAINE DE L'ETAT.

1. — (Fief. — Autorité judiciaire. — Propriété.) — *La réversibilité d'un fief au domaine de l'Etat, en cas d'extinction de la race masculine de celui qui le possédait, est une question de propriété dont la connaissance appartient à l'autorité judiciaire; c'est donc devant les tribunaux, et non devant l'autorité administrative, que doit être portée la réclamation d'une héritière qui exciperait de la loi du* 15 *mars* 1790, *relative à l'abolition de la féodalité et des priviléges de masculinité qui en dépendaient, pour s'opposer à la vente d'un domaine possédé à ce titre par ses auteurs, et soumissionné comme domaine national.*

Klingler. — C. — Bosch.
23 avril 1807. — (t. 1, p. 80.)

2. — (Propriété. — Compétence.) — *L'autorité administrative n'est pas compétente pour renvoyer un particulier en possession d'un immeuble dont la propriété est contestée par le domaine; c'est une question de propriété sur laquelle il n'appartient qu'aux tribunaux de prononcer.*

Jadot. — C. — le Domaine.
14 novembre 1807. — (t. 1, p. 97.)

— V. Propriété.

DOMAINES ENGAGÉS.

1. — *C'est aux tribunaux et non à la justice administrative de décider si des terrains prétendus domaniaux, sont ou ne sont pas tels, si leur aliénation originaire est passible de l'article premier de la loi du* 14 *ventose an* 7, *ou si les concessions et inféodations sont comprises dans le* §. 3 *de l'article* 5 *de la même loi.*

Destillères. — C. — l'Administr. des domaines.
20 novembre 1815. — (t. 3, p. 137.)

2. — (Bois de l'État. — Soumission.) — *La loi du* 11 *pluviose an* 12, *qui, modifiant celle du* 14 *ventose an* 7, *permettait, par son article* 10, *l'aliénation des terrains engagés, quoique*

placés à moins de 715 mètres des forêts nationales, ne doit s'entendre que des terrains vains et vagues *et non des* terrains plantés d'arbres.

Roncy, — C. — l'Adm. des dom.
3 décembre 1817. — (t. 4, p. 219.)

3. — (Compétence.) — *C'est à l'autorité judiciaire, et non à l'autorité administrative, de statuer sur les moyens proposés par le possesseur actuel de domaines inféodés, à l'effet d'être dispensé du paiement du quart pour lequel il est obligé en vertu de la loi du 14 ventose an 7.* (Lois du 14 ventose an 7, et 5 novembre 1790.)

Rochechouart. — C. — l'Admin. des domaines.
13 janvier 1816. — (t. 3, p. 211.)

4. — (Concession. — Acensement.) — *Les conseils de préfecture ne sont pas compétens pour décider la question de savoir, si des sous-concessionnaires de domaines engagés sont frappés de révocation par la loi du 14 ventose an 7. — Ces contestations rentrent dans les attributions de l'autorité judiciaire.* (Loi du 14 ventose an 7, article 27.)

La Régie des domaines. — C. — Frimont.
16 octobre 1813. — (t. 2, p. 446.)

5. — (Décision ministérielle. — Instruction.) — *En matières de domaines engagés, les décisions du ministre des finances ne sont que des instructions pour la régie des domaines, et ne font pas obstacle à ce que la question de propriété, en ce qui touche les biens non vendus, soit renvoyée devant les tribunaux.*

D'Andlaw. — C. — l'Adm. des domaines.
18 mars 1818. — (t. 4, p. 283.)

6. — (Justice préfectoriale. — Déchéance. — Propriété.) — *Un arrêté du préfet qui décide, qu'un des engagistes qui s'est fait, en son nom personnel, relever de la déchéance encourue par tous, a acquis à tous les autres le bénéfice du relief, ne décide que la question administrative de* déchéance; *il ne touche point à la question de* propriété. — *Dès-lors s'il y a pourvoi, ce doit être par recours auprès du ministre, et non par appel au Conseil d'état.*

Descarsins. — C. — Hérot.
31 janvier 1817. — (t. 3, p. 492.)

7. — (Propriété.) — *La question de savoir si un immeuble litigieux est communal ou domanial à titre d'engagement, doit être soumise aux tribunaux et non aux conseils de préfecture.*

Guyard de Changey. — C. — les communes de Changey, d'Echevronnes et de Fussey.
18 mars 1816. — (t. 3, p. 251.)

8. — *La question de savoir si un immeuble est compris dans les exceptions de la loi du 14 ventose de l'an 7, sur les domaines engagés, doit être soumise aux tribunaux ordinaires, aux termes de l'art. 27 de cette même loi.*

Deustche
25 février 1813. — (t. 4, p. 268.)

9. — (Rentes. — Restitution.) — *Les rentes affectées sur les domaines engagés ayant été abolies au profit des engagistes qui se sont libérés aux termes de la loi du 14 ventose an 7, la régie des domaines ne peut en poursuivre le recouvrement. (Avis du Conseil d'état, du 22 fructidor an 13.) — Toutes les questions incidentes que ferait naître l'application de cette règle doivent être soumises à l'autorité judiciaire.*

Hennezel.
22 novembre 1812. — (t. 1, p. 558.)

DOMAINES NATIONAUX.

1. — (Action possessoire. — Conflit. — Compétence.) — *Les tribunaux sont compétens pour prononcer au possessoire sur une action intentée contre un acquéreur de domaines nationaux, comme pour des domaines patrimoniaux.* (Art. 23, Cod. proc. civ.)

Aurival. — C. — Dumas.
16 août 1808. — (t. 1, p. 187.)

2. — (Adjudicataire. — Interprétation.) — *Un particulier n'est pas recevable à revendiquer la propriété d'un terrain comme faisant partie de la vente qui lui avait été consentie par l'administration, lorsque le procès-verbal d'adjudication, qui n'en faisait aucune mention, énonce au contraire la superficie de l'objet aliéné.*

Hirch.
8 mai 1813. — (t. 2, p. 313.)

3. — (Adjudication. — Garantie constitutionnelle. — Irrévocabilité.) — *La vente d'un bien de pauvres, faite par erreur et dans la persuasion que c'était un bien national, n'en est pas moins valable et garantie, s'il n'y a eu opposition.*

Faestrael.
17 janvier 1814. — (t. 2, p. 495.)

4. — (Adjudication. — Interprétation.) — *Dans les contestations qui s'élèvent relativement à des ventes de domaines nationaux, les conseils de préfecture sont appelés seulement à expliquer les clauses du contrat; mais dans aucuns cas, ils ne doivent s'immiscer dans l'examen des titres antérieurs à l'adjudication.*

Gérard. — C. — la commune de Lavau.
11 janvier 1813. — (t. 2, p. 193.)

5. — *Lorsqu'en matière de vente de biens nationaux, les procès-verbaux d'adjudication ne contiennent aucune clause qui soit relative à la contestation, il ne peut pas y avoir lieu à interprétation; la contestation devant être jugée d'après des motifs de fait et des principes de droit; c'est aux tribunaux à prononcer.*

Gascoin.
14 février 1813. — (t. 2, p. 272.)

6. — *Lorsque l'explication d'un acte d'adjudication de biens nationaux ne peut se faire que par l'interprétation d'un bail, l'autorité administrative n'est pas compétente, elle doit renvoyer pardevant les tribunaux.*

Delhorbe. — C. — Devivaize.
15 mai 1813. — (t. 2, p. 321.)

7. — (Adjudication. — Interprétation. — Arbres.) — *Dans la vente d'un domaine, tous les arbres qui y sont plantés font partie de la vente, à moins d'une réserve expresse et positive de la part du vendeur. En conséquence, un émigré amnistié envoyé en possession de ses biens non vendus, n'est pas recevable à revendiquer la propriété des arbres plantés sur un domaine national anciennement possédé par lui, et adjugé par le Gouvernement à un particulier, lorsqu'il résulte des procès-verbaux d'expertise et d'adjudication, qu'aucune réserve de ce genre n'a eu lieu.*

d'Asnières.
22 mai 1813. — (t. 2, p. 349.)

8. — (Adjudication. — Interprétation. — Compétence.) — *L'autorité administrative est compétente pour expliquer ou interpréter les actes qui émanent de son administration; mais elle doit renvoyer les parties devant l'autorité judiciaire lorsqu'un adjudicataire de biens nationaux fonde son droit de propriété sur les jouissances et possession qu'a pu avoir l'ancien propriétaire, antérieurement à l'adjudication.*

Queré. — C. — Mervé.
20 juin 1812. — (t. 2, p. 86.)

9. — (Adjudication. — Interprétation. — Société.) — *Lorsque, sur un contrat d'adjudication de domaines nationaux, il s'agit de décider au profit de qui l'adjudication doit avoir effet, en vertu d'écrits particuliers, ou d'un traité de société; cette question ne pouvant être résolue par la seule explication des termes de l'acte administratif, elle doit être soumise aux tribunaux.*

Scey. — C. — Caron.
7 avril 1813. — (t. 2, p. 303.)

10. — *Lorsque par erreur ou autrement, un domaine patrimonial a été vendu par l'autorité administrative comme domaine national, le propriétaire de ce domaine, s'il a négligé de former opposition à la vente, et avant l'adjudication, est non-recevable à revendiquer la propriété de son domaine; il n'a droit qu'à une indemnité contre le Gouvernement.* (Art. 94, loi du 22 frimaire an 8.)

Faestrael. — C. — Smetz.
17 mai 1813. — (t. 2, p. 331.)

11. — (Adjudication. — Irrévocabilité.) — *Lorsqu'une pièce de terre a été nominativement comprise dans le procès-verbal d'estimation qui a précédé l'adjudication d'un domaine national, quoiqu'elle ne se trouve pas rappelée dans le procès-verbal d'adjudication elle fait néanmoins partie de la vente, et l'adjudicataire ne peut pas en être évincé, sous prétexte qu'elle avait été distraite du domaine long-temps avant les procès-verbaux d'estimation.*

Le Bourdec.
6 janvier 1814. — (t. 2, p. 479.)

12. — (Bail. — Résiliation.) — *C'est aux tribunaux, et non à l'autorité administrative, qu'appartient le droit de prononcer sur l'opposition à une contrainte décernée par la régie des domaines, contre un fermier de domaines nationaux, et sur la demande en résiliation d'un bail d'un domaine natio-*

nal, lorsque le fermier la fonde sur l'inexécution des clauses du contrat.

Magrelli.
3 mai 1810. – (t. 1, p. 366.)

13. — (Emigré. — Vente. — Intervention. — Irrévocabilité.) — *La vente d'un domaine national ne peut être annullée, nonobstant les droits que pourrait avoir sur cet immeuble le co-héritier de l'émigré qui en était propriétaire, si cette vente a eu lieu sans opposition de sa part: — en conséquence, un arrêté de l'autorité administrative qui aurait disposé de cet immeuble au préjudice de l'acquéreur, pour remplir les droits légitimaires de la sœur de l'ancien propriétaire, et l'arrêté de la même autorité qui renverrait devant les tribunaux la contestation élevée à ce sujet, entre les parties, sont l'un et l'autre susceptibles d'être annullés.*

L'administration des domaines peut intervenir pour provoquer cette annullation, dans le cas où l'adjudicataire n'aurait pas entièrement soldé le prix de son acquisition.

Administration des domaines.
6 décembre 1813. – (t. 2, p. 465.)

14. — (Fermages. — Bail.) — *Les conseils de préfecture ne sont pas compétens pour connaître des contestations qui peuvent s'élever entre le domaine et les fermiers, relativement au quantum, des fermages dus par suite des baux de biens nationaux. — Les tribunaux ordinaires sont seuls compétens pour prononcer sur les demandes formées à cet égard, par la régie des domaines.*

Frebault. — C. — la Régie.
11 janvier 1813. – (t. 2, p. 196.)

15.—*Les conseils de préfecture ne sont pas compétens pour connaître des contestations qui ont pour objet, le paiement des fermages de biens nationaux, encore même que de la part des fermiers, il n'y ait point de réclamation ni sur la dette, ni sur la compétence,*

Régie des dom. —C.— Gautherot.
7 février 1813. – (t. 2, p. 273.)

16. — (Fermier. — Indemnité. — Compétence.) — *Lorsque les fermiers de domaines nationaux réclament des indemnités contre la régie des domaines, la contestation doit être soumise à l'autorité judiciaire, non à l'autorité administrative.*

Dubief. — C. — la Régie.
11 janvier 1813. – (t. 2, p. 197.)

17. — (Hospices. — Adjudication. — Irrévocabilité.) — *Les administrations des hospices ne sont pas recevables à contester la validité des arrêtés qui les ont dépouillés de leur propriété, dans l'intervalle de la loi du 23 messidor an 2, laquelle avait ordonné la réunion de tous leurs biens au domaine national, à la loi du 16 vendémiaire an 5, qui rappelait les hospices à rentrer dans la propriété des biens qui leur avaient appartenu.*

L'Hospice de Figeac. — C. Delort.
15 mai 1813. – (t. 2, p. 326.)

18. — (Inviolabilité.) — *L'inviolabilité des ventes des biens nationaux s'applique même au cas où le bien patrimonial illégalement vendu était joui en indivis avec un bien domanial; lorsque le propriétaire dépouillé était fermier du domaine national légalement vendu.*

Bruyninckx. — C. — Boels et Verheyden.
18 janvier 1813. – (t. 2, p. 218.)

19.—(Jouissance provisoire.— Compte (Reddition de) — *La disposition de l'art. 3 de la loi du 5 décembre 1814, sur les décomptes pour paiement de domaines nationaux, ne s'applique pas aux redditions de comptes pour cause de jouissance provisoire; les cohéritiers de l'émigré réintégré doivent, pour cette reddition de comptes, être assignés devant les tribunaux.*

Bougy.
11 février 1818. – (t. 4, p. 249.)

20. — (Murs mitoyens. — Réparations.) — *Les tribunaux ordinaires sont compétens pour connaître des contestations qui peuvent s'élever entre un acquéreur de biens nationaux et d'autres propriétaires toutes les fois qu'il ne s'agit pas d'interpréter l'adjudication, mais seulement de décider si l'adjudicataire du bien national doit être tenu de faire telles ou telles réparations, d'après les dispositions des lois qui règlent les obligations respectives des propriétaires de murs mitoyens.*

Soulavie. — C. — Longonnay.
18 janvier 1813. – (t. 2, p. 219.)

21. — (Pâturage. — Propriété. — Compétence.) — *La contestation, dans laquelle il s'agit de savoir si les habitans d'une commune sont fondés à réclamer contre l'acquéreur d'un domaine national, l'exercice d'un droit de pâturage, et si un terrain, dont une commune se serait mise en possession à titre de bien communal, est ou non, un domaine national, présente une question de propriété dont la connaissance appartient exclusivement aux tribunaux, et non à l'autorité administrative.*

Commune de Saint-Jean-le-Centenier. — C. — Guillaumanche.
28 novembre 1809. – (t. 1, p. 337.)

22. — (Prix. — Décompte.) — *Les lois des 9 vendémiaire, 16 et 24 frimaire an 6, ont autorisé les adjudicataires postérieurs; à acquitter la première moitié de la mise à prix, en inscriptions sur le grand-livre, et l'autre moitié en bons des deux tiers.*

L'administration des domaines. — C. — Vergne et Fage.
20 novembre 1815. – (t. 3, p. 183.)

23. — (Propriété.) — *Les contestations qui peuvent s'élever relativement à la propriété d'un bien présumé national, mais non encore vendu, doivent être décidées par l'autorité judiciaire, seule compétente pour en connaître.*

Veckbeker.
28 septembre 1813. – (t. 2, p. 436.)

24. — (Propriété. — Compétence.) — *Bien qu'à l'autorité administrative soit attribuée la connaissance du contentieux des domaines nationaux, il ne s'ensuit pas que cette autorité ait le droit de décider si un terrain réclamé par un particulier, comme faisant partie de sa propriété, appartient ou non au domaine: c'est là une question de propriété sur laquelle il ne peut être statué que par les tribunaux.* (Art. 4, loi du 28 pluviose an 8.)

Serin.
29 avril 1809. – (t. 1, p. 278.)

25. — (Servitude.) — *La contestation à laquelle donnerait lieu l'exercice d'un droit d'usage sur une propriété d'origine nationale présente une question de servitude sur laquelle il n'appartient qu'aux tribunaux de statuer.*

Porcé. — C. — Bertry.
13 août 1811. – (t. 1, p. 524.)

26.—*C'est à l'autorité administrative et non aux tribunaux, qu'est attribuée la connaissance des contestations auxquelles peut donner lieu la prétention d'un acquéreur de domaine national, pour exercer une servitude sur un autre domaine national, acquis par un particulier qui contesterait l'existence de cette servitude.*

Friu de Corméré. — C. — Pothier.
27 octobre 1808. – (t. 1, p. 211.)

27.—*Lorsqu'un domaine national a été vendu avec ses servitudes actives et passives, et qu'il s'agit de décider si le droit de jouissance contesté par l'acquéreur aux habitans d'une commune, doit être considéré comme une des servitudes réservées par la vente, cette question appartient à l'autorité judiciaire et non à l'autorité administrative.*

Commune de Beaumont. — C. — Pellier.
17 décembre 1809. – (t. 1, p. 344.)

28. — (Servitude. — Compétence.) — *En matière de servitude, la connaissance de toute contestation élevée, soit sur un domaine national, soit sur un domaine particulier, appartient aux tribunaux. En conséquence, bien qu'à l'autorité administrative soit attribué le contentieux des domaines nationaux, néanmoins cette autorité n'est pas compétente pour décider si une servitude réclamée par un particulier, contre l'acquéreur d'un domaine national, existe ou non sur cette propriété.*

De Roquemaure. — C. — Lespagnol.
6 février 1810. – (t. 1, p. 353.)

29. — *C'est aux tribunaux et non à l'autorité administrative, qu'appartient la connaissance d'une contestation élevée entre deux acquéreurs de domaines nationaux au sujet d'une servitude qui, n'ayant été ni exprimée, ni réservée dans leurs actes de vente, donnerait lieu à l'interprétation d'anciens titres.*

Clairet.
20 juin 1812. – (t. 2, p. 92.)

30. — (Servitudes. — Compétence. — Divisibilité.) — *L'autorité administrative est compétente pour décider si un acquéreur de biens nationaux a été ou non chargé, par son adjudication, de souffrir les servitudes, dans le cas où il en serait dû, parce qu'il ne*

s'agit là que d'interpréter un acte administratif; mais dans le cas où l'exercice d'un droit d'usage réclamé sur un domaine national donnerait lieu à une contestation entre l'acquéreur et un particulier, c'est aux tribunaux qu'il appartient d'en connaître.

Barouin.
20 juin 1812. — (t. 2, p. 88.)

31. — (Titres. — Compétence.) — *Lorsqu'il s'agit de discuter la réalité d'une charge imposée sur un domaine national, notamment sur un canal, par titres antérieurs à son aliénation, la contestation entre co-acquéreurs, n'est point une difficulté prenant sa source dans un acte administratif: c'est une question de propriété : les tribunaux ordinaires sont seuls compétens pour en connaître.*

Goutier.
17 décembre 1809. — (t. 1, p. 347.)

32. — (Vente. — Résiliation.) — *Une vente de domaines nationaux ne donne ouverture à résiliation pour déficit de la mesure énoncée dans l'acte de vente que lorsqu'il y a erreur dans l'énonciation des tenans et des aboutissans.*

La caisse d'amortissement. — C. — Magaud.
22 septembre 1814. — (t. 3, p. 18.)

DOMAINE PUBLIC.

1. — (Bail. — Conflit.) — *Bien qu'à l'autorité administrative soit attribué le droit d'interpréter un acte administratif, néanmoins lorsqu'il s'agit de décider si des fermiers d'un domaine public, en vertu d'un bail qui ne contient pas de stipulation contraire, peuvent sous-affermer les objets à eux loués, l'autorité judiciaire seule est compétente pour prononcer.*

Commelli. — C. — Quétel.
6 juillet 1810. — (t. 1, p. 384.)

2. — (Usage. — Port. — Voirie.) — *Toute réclamation relative à l'usage d'un terrain dépendant du port d'une rivière navigable, doit être soumise à l'autorité administrative, et non à l'autorité judiciaire.* (Art. 7, titre 28 de l'ordonnance de 1669. — Loi du 16 nivose an 9. — Loi du 29 floréal an 10.

Coutanceau. — C. — Gaubert.
15 octobre 1809. — (t. 1, p. 329.)

DOMICILE. — V. Contribution mobilière. — Patente.

DOMICILE VIOLÉ. — V. Mise en jugement. — Idem. (Maire.)

DOMMAGE. — Routes. (Arbres.) — Travaux publics. — Idem. (Entrepreneurs.)

DOMMAGES ET INTÉRÊTS.

1. — (Marais. — Communauté.) — *Lorsque des particuliers réclament des dommages-intérêts contre la communauté des intéressés à un marais à raison de dégradations, l'action doit être portée devant les tribunaux, et non devant l'autorité administrative.*

Neyrac. — C. — Les marais de Bruges et de Bordeaux.
juin 1817. — (t. 4, p. 34.)

2. — (Rivières navigables. — Compétence.) — *Les conseils de préfecture sont compétens pour connaître des contraventions qui peuvent avoir lieu au préjudice de l'intérêt public, sur les grandes routes, canaux, rivières navigables, etc.; mais lorsque les contraventions de cette nature n'intéressent que des parties privées et peuvent donner lieu à des dommages et intérêts de particulier à particulier, elles ne sont plus de la compétence de l'autorité administrative, et les contestations qu'elles peuvent faire naître doivent être jugées par les tribunaux ordinaires.* (Loi du 29 floréal an 10.)

Brassac. — C. — les propriét. du moulin de Beaucaire.
25 avril 1812. — (t. 2, p. 60.)

DOMICILE. — V. Liberté civile. — Mise en jugement.

DOT.

1. — (Religieuses. — Compétence.) — *La question de savoir si le père d'une religieuse qui lui avait constitué une dot, en a été libéré par l'arrêté du 27 nivose an 9, est du ressort de l'autorité administrative.*

Dejonc. — C. — la rég. des dom.
23 janvier 1813. — (t. 2, p. 248.)

— V. Emigrés. (Créancier.) — Pension. (Religieuse.) — Tierce opposition. (Décret.)

DOTATION.

1. — (Anglais. — Blocus. — Confiscation.) — *Les immeubles appartenant à des Anglais, réunis au domaine, par suite du décret de blocus du 21 novembre 1806, ont pu être valablement transférés par le gouvernement, soit à titre onéreux, soit à titre gratuit ; conséquemment à titre de dotation.*

Hunt. — C. — L'Adm. des dom.
27 août 1817. — (t. 4, p. 120.)

— V. Succursale.

DOUANE.

1. — (Action civile. — Compétence.) — *La connaissance des actions civiles relatives à la perception des droits de douanes appartient aux tribunaux ordinaires.* (Lois des 7 septembre 1790; — 22 août 1791; — 17 décembre 1814.)

Michoud. — C. — l'adm. des douanes.
20 novembre 1815. — (t. 3, p. 146.)

2. — (Coton. — Entrepôt fictif. — Bonne foi. — Marseille. — Effet rétroactif.) — *Des cotons en laine établis en entrepôt fictif, et vendus de bonne foi avant le décret du 22 février 1806, ne doivent être assujétis qu'au tarif antérieur existant à l'époque de l'entrepôt fictif, ou de la soumission de payer des droits d'entrée au cas de non-réexportation.* (Loi du 8 floréal an 11 ; — décret du 22 février 1806.)

Verninac. — C. — la rég. des dr. réun.
16 mars 1807. — (t. 1, p. 63.)

3. — (Décision ministérielle. — Administration d'économie. — Chose jugée. — Action civile.) — *Une décision ministérielle, en matière de douanes, n'a pas l'effet de la chose jugée ; elle ne doit donc pas être attaquée devant le Conseil d'état ; ce n'est qu'une instruction supérieure donnée aux subalternes du ministre; le particulier lésé conserve toute faculté de se pourvoir devant les tribunaux.*

Rouget.
16 juillet 1817. — (t. 4, p. 88.)

4. — (Ligne. — Contrebande.) — *Rejet d'une demande en restitution de marchandises saisies sur la présomption de contrebande, et de conclusions tendant à ce que cette saisie soit considérée comme illégale, en ce qu'elle aurait eu lieu hors de la ligne des douanes, et qu'elle aurait été prononcée par un préfet.*

Snoken.
1er. juin 1807. — (t. 1, p. 96.)

5. — (Ministre du commerce. — Décision de justice. — Acte administratif.) — *Une décision du ministre du commerce relative à la perception des droits de douane, est une mesure administrative et non point un jugement ; la partie lésée ne doit donc pas recourir au Conseil d'état, la voie des tribunaux lui est ouverte.*

Gabriac.
18 mars 1816. — (t. 3, p. 255.)

— V. Décision de justice. (Ordre administratif.) — Eau-de-vie de grains. (Importation.) — Lois et réglemens sanitaires. (Autorisation.) — Mise en jugement.

DOUBLE EMPLOI. — V. Contributions. (Communes.)

DOUBLE LITIGE. — V. Délai.

DROIT. (Intérêt.)

1. — (Police. — Rempart.) — *Les mesures de police ordonnées pour la salubrité des villes, par exemple, pour la démolition des remparts, sont essentiellement dans l'intérêt public : elles peuvent être exécutées, suspendues ou révoquées, au gré de l'administration : les particuliers ne peuvent y puiser la source d'un droit réel ou acquis ; encore même qu'ils aient fait des spéculations, dans la confiance que de telles mesures seraient exécutées.*

Hubert et consorts. — C. — Dubusc et consorts.
13 octobre 1809. — (t. 1, p. 321.)

DROIT ACQUIS. — V. Fabriques. (Hospices.) — Prise. — Prise maritime. — Traitemens militaires. (Grades militaires.)

DROIT D'USAGE. — V. Cantonnement. (Aménagement.)

DROITS FÉODAUX. — V. Contribution.

DROIT INDIVIDUEL. — V. Commune. (Pâture.)

DROIT PERSONNEL. — V. Commune. (Action.)

DROIT POLITIQUE. — V. Propriété.

DROITS POSITIFS.

1. — (Administration active. — Com-

mune. — Boissons.) — *Les communes imposées aux droits sur les boissons, et qui doivent en être dispensées d'après la loi du 25 novembre 1808, n'ont de recours qu'auprès de l'administration active.*

La commune de Phalsbourg.
31 juillet 1812. — (t. 2, p. 121.)

DROITS PRIVÉS EN MASSE. — V. JUSTICE LÉGISLATIVE.

DROIT RÉEL. — V. INDEMNITÉ. — CORPORATIONS RELIGIEUSES.

EAU.

1. — (Actes administratifs. — Exécution.) — *L'autorité administrative chargée de la police des cours d'eau, a, par suite la connaissance des difficultés qui naissent sur l'exécution de ses arrêtés en matière de cours d'eau. Ainsi, les tribunaux ne peuvent statuer sur l'opposition formée par un particulier contre l'arrêté d'un maire, portant qu'il sera tenu de démolir les ouvrages par lui construits sur un cours d'eau, en ce qu'ils causent des inondations.* (16, Loi du 6 octobre 1791.)

Braun.
19 mars 1808. — (t. 1, p. 143.)

2. — (Acte administratif. — Moulin. — Rivière flottable. — Contentieux.) — *Lorsqu'un préfet, sur la demande des propriétaires d'un moulin établi sur une rivière flottable, a fixé la hauteur des soles gravières, des vannes et de la digue de ce moulin, et que, de plus, il a ordonné la suppression du déversoir d'un autre moulin, le propriétaire du moulin qui prétend éprouver grief, doit se pourvoir devant le ministre avant de recourir au Conseil d'état. Cet arrêté intéressant l'ordre public sous le rapport du flottage, de la navigation et du passage des gués, est essentiellement un acte administratif, encore qu'il touche aux droits privés.*

Ballereau. — C. — Huard et Perussault.
28 septembre 1816. — (t. 3, p. 397.)

3. — (Autorité judiciaire.) — *Lorsque le droit à la jouissance d'un cours d'eau provenant d'une rivière non navigable, et auquel prétendraient deux propriétaires, ne peut être établi que par l'examen des titres de propriété ou la justification d'une ancienne possession, les contestations de cette nature doivent être portées devant les tribunaux et non devant l'autorité administrative.*

Diego Dittner.
23 avril 1807. — (t. 1, p. 86.)

4. — (Canal. — Contentieux.) — *Les mesures du gouvernement relatives aux canaux.... sont des actes d'administration publique qui ne sont pas susceptibles de réclamation contentieuse, alors même que le gouvernement frappe de résiliation un bail à ferme.* (Décret du 1.er septembre 1807.)

Orléans et Loing. (canaux)
10 septembre 1808. — (t. 1, p. 199.)

5. — (Canal. — Entretien. (frais d') — Riverains.) — *Lorsque dans une contestation relative à la répartition des frais d'entretien d'un canal ou prise d'eau entre les riverains, il s'agit de savoir si l'un d'eux doit être dispensé de contribuer à cette dépense, soit d'après une transaction passée entre lesdits riverains ou leurs auteurs, soit d'après d'autres titres ou usages invoqués par les parties, les tribunaux seuls sont compétens pour prononcer sur cette question.*

Plan de Sieyes.
30 juin 1813. — (t. 2, p. 380.)

6. — (Chemin vicinal. — Réglement d'administration publique.) — *En matière de cours d'eau sur un chemin vicinal, les contestations entre particuliers sur l'application d'anciens réglemens, titres ou usages, sont purement judiciaires. L'administration ne serait compétente qu'autant qu'il s'agirait d'établir pour le cours des eaux un nouveau réglement d'administration publique.*

Marthonie. — C. — Borie.
11 juin 1817. — (t. 4, p. 33.)

7. — (Communiers. — Action possessoire.) — *Une action possessoire, relative à un cours d'eau, est dévolue au tribunal de paix, non à l'autorité administrative, bien qu'une commune ait intérêt à ce cours d'eau.* (Cod. civ., 643.)

Hertreizen. — C. — le village de Seprais.
16 juin 1808. — (t. 1, p. 165.)

8. — (Compétence.) — *Les contestations qui s'élèvent entre particuliers au sujet d'un droit d'usage sur un cours d'eau qui ne fait pas partie du domaine public, doivent indispensablement être soumises aux tribunaux ordinaires, et non à l'autorité administrative. Les motifs d'utilité locale qui pourraient se rattacher à l'existence des moulins et usines, et le droit qu'a l'administration de fixer la hauteur des eaux qui les alimentent, ne sauraient changer la nature de l'action, ni la compétence de l'autorité judiciaire.* (Art. 645 du Code civil.)

Beccardit. — C. — Ressegnier.
15 octobre 1809. — (t. 1, p. 325.)

9. — (Compétence. — Divisibilité.) — *Les préfets sont compétens pour régler les dimensions de la retenue et du bief d'un moulin; mais, sur toutes contestations relatives à l'exécution de l'arrêté, il faut s'adresser, savoir: aux conseils de préfecture, si la question touche à l'exercice de l'autorité administrative, et aux tribunaux, si elle ne touche qu'à la propriété.*

Lenoble. — C. — Miomandre.
2 juillet 1812. (t. 2, p. 95.)

10. — (Compétence. — Réglement.) — *Les contestations entre particuliers sur l'usage d'un cours d'eau, qui n'est pas du domaine public, ne doivent pas être soumises à l'autorité administrative.*

*Tout arrêté que prendrait un préfet sur de telles contestations, serait un excès de pouvoir, encore qu'il fût rendu principalement par des motifs d'*UTILITÉ PUBLIQUE.

Gipoulon. — C. — Laulanié et Parsac.
28 novembre 1809. — (t. 1, p. 338.)

11. — (Compétence. — Usine. — Propriété.) — *Il appartient exclusivement à l'autorité administrative d'autoriser l'établissement des moulins et usines, même sur les cours d'eau qui ne sont ni flottables ni navigables, et de régler l'emploi des eaux pour les besoins desdits moulins et usines.*

Il n'y a pas lieu de renvoyer le propriétaire de l'usine et les propriétaires riverains à procéder devant les tribunaux pour faire régler la quantité d'eau à prendre et la durée de la prise.

La décision ci-dessus doit-elle être entendue dans un sens général et absolu ou seulement en tant que la décision administrative serait nécessaire comme mesure de voirie, sans rien préjuger sur ce qui serait droit de propriété?

Malfait. — C. — Robinet.
14 mai 1817. — (t. 3, p. 564.)

12. — (Compétence mixte.) — *C'est à l'administration active, ou au préfet qu'il appartient de statuer quand et comment sera fait le déversoir d'un moulin.*

Mais c'est à la justice ordinaire de décider entre le propriétaire et les riverains, aux frais de qui sera fait le déversoir.

Lerangot.
17 janvier 1812. (t. 2, p. 15.)

13. — (Constructions. — Moulins. — Concession définitive. — Indemnité.) — *De ce qu'un acte de l'autorité administrative aurait permis des constructions sur un cours d'eau pour l'établissement d'un moulin, il ne s'ensuit pas que cette autorité soit empêchée de revenir sur son arrêté, en ordonnant la destruction de ces travaux, lorsqu'elle les reconnaît nuisibles à l'écoulement des eaux.*

Dans ce cas, n'y aurait-il pas lieu à indemnité?

Driot.
18 septembre 1807. — (t. 1, p. 127.)

14. — (Contentieux. — Moulins. — Réglement.) — *Des contestations sur le cours d'eau d'une rivière qui n'est ni navigable ni flottable, doivent être soumises aux tribunaux ordinaires, quand il s'agit de maintenir et d'appliquer des réglemens ou des conventions sur les droits privés, sans rapport à l'ordre public, bien qu'il s'agisse de la hauteur des eaux et de la dimension d'un déversoir. — Peu importe que le préfet, qui décide dans l'espèce, ait l'intention de faire un réglement général sur le cours de cette rivière.*

Les préfets peuvent-ils faire, sur les rivières non navigables ou flottables, des réglemens relatifs aux intérêts et aux droits privés? Ne doivent-ils pas se borner à ce qui est purement police des eaux?

Pigeaux. — C. — Marquis.
28 septembre 1816. — (t. 3, p. 394.)

15. — (Contentieux. — Voirie.) — *Un particulier dont les droits sont en souffrance par suite d'un changement dans le cours d'un ruisseau, opéré par*

un autre particulier, ne peut le faire condamner par les tribunaux, à remettre le ruisseau dans son ancien lit, si ce rétablissement ne peut plus se faire qu'en dégradant une route royale. Ici, l'intérêt public est en opposition avec le droit privé; les décisions des tribunaux ne peuvent avoir effet au préjudice de l'action administrative. (Lois des 11 novembre 1790 et 28 pluviose an 8.)

Debrion et Blache. — C. — Chauvet.
23 avril 1818. — (t. 4, p. 310.)

16. — (Curage. — Réglement.) — *Le conseil de préfecture, qui statue sur une contestation en matière de curage de rivière ou de ruisseau, doit se borner à l'application des anciens réglemens et des usages locaux; il ne peut se permettre un réglement nouveau.* (Art. 2, loi du 14 floréal an 11.)

Masson. — C. — les riverains de Marsouppe.
27 mai 1816. — (t. 3, p. 297.)

17. — (Digues.) — *Les contestations au sujet de la construction d'une digue sur une rivière non navigable ni flottable, peuvent être revendiquées par le préfet, bien qu'il ne s'agisse de régler la hauteur des eaux que dans l'intérêt respectif du propriétaire de l'usine, et dans l'intérêt des propriétaires riverains.*

Dauphole.
20 novembre 1816. — (t. 3, p. 430.)

18. — (Digue. — Compétence.) — *C'est à l'autorité administrative, et non aux tribunaux, que doivent s'adresser ceux qui auraient à se plaindre que la construction d'une digue faite sur un ruisseau par un particulier, leur est préjudiciable en ce qu'elle aurait élevé le niveau des eaux.* (Loi du 6 octobre 1791, titre 2, article 16. — Code civil, 651 et 652.)

Rousseau-Mouffrand. — C. — Daguin.
13 octobre 1809. — (t. 1, p. 322.)

19. — (Digues. — Contentieux. — Servitude. — Préfet.) — *Lorsqu'un préfet ordonne un déplacement de digues qui donne aux eaux une direction nouvelle et impose une servitude sur des propriétés particulières, il excède ses pouvoirs. Il y a lieu à se pourvoir par appel à la justice contentieuse du Conseil d'état.*

Habitans de Taconnas et Montgard.
14 juillet 1811. — (t. 1, p. 514.)

20. — (Domaines nationaux.) — *Toute contestation au sujet d'un droit d'usage sur un cours d'eau appartient à l'autorité judiciaire, encore que le débat ait lieu par suite d'une adjudication de domaine national, et que les eaux soient destinées à l'utilité publique.*

Commune de Landerneau.
11 avril 1810. — (t. 1, p. 360.)

21. — (Jouissance. — Compétence.) — *Un préfet doit connaître des contestations relatives aux entreprises faites sur les cours d'eau, en tant que la police et l'intérêt général y sont intéressés; mais si ces entreprises, telles que l'établissement d'un moulin ou de vannages, donnent lieu, entre particuliers, à une contestation relative à leurs intérêts privés touchant la jouissance des eaux, l'autorité judiciaire seule, est compétente pour prononcer.*

Outin. — C. — Vauquelin.
25 mai 1811. — (t. 1, p. 497.)

22. — (Justice contentieuse. — Barrage. — Canal. — Divisibilité. — *Lorsqu'un préfet a ordonné l'établissement d'un barrage à l'embouchure de deux canaux de dérivation par voie de police des rivières, et que son arrêté lèse les droits privés des particuliers, le mélange d'ordre public et de droit privé qui a lieu dans ce cas, fait que le recours contre l'arrêté du préfet, doit être porté d'abord au ministre, au lieu de l'être directement à la justice contentieuse du Conseil d'état.*

Lemoine. — C. — Charpentier.
20 novembre 1815. — (t. 3, p. 157.)

23. — (Moulin. — Autorisation.) — *L'autorisation de construire un moulin avec détermination de la prise d'eau, accordée à un particulier par un préfet et avec confirmation du ministre, ne dispose que par voie d'action administrative et pour les intérêts de la voirie. Les droits de propriété restent intacts en ce sens, que les propriétaires riverains ont toute faculté d'élever devant les tribunaux une question de propriété, sur la quantité d'eau à prendre, et les époques de la prise.*

Potoine. — C. — Maillait.
30 août 1814. — (t. 3, p. 2.)

24. — (Moulin. — Déversoir.) — *Lorsqu'un particulier se plaint dans son intérêt privé, que le surhaussement du déversoir d'un moulin occasionne l'inondation de ses prairies, cette contestation de droits privés ne regarde pas la justice administrative; elle doit être soumise aux tribunaux.*

Nadaud. — C. — Pontignac.
20 juin 1816. — (t. 3, p. 319.)

25. — (Pêche. — Moulin. — Canal.) *Les discussions entre les propriétaires riverains d'un canal et le propriétaire d'un moulin, sur une question de dommage au moulin par des établissemens de pêcherie ou de lavoirs, doivent être jugées par l'autorité judiciaire, et non par l'autorité administrative.*

Egret Thomassin. — C. — Dereins.
20 juin 1816. — (t. 3, p. 319.)

26. — (Police. — Propriété.) — *En matière de cours d'eau, l'autorité administrative est seule compétente pour déterminer tout ce qui est de haute administration et d'utilité publique. — Mais les tribunaux seuls sont compétens pour prononcer sur les contestations, concernant les intérêts des propriétaires riverains entre eux.*

Hours.
22 janvier 1808. — (t. 1, p. 141.)

27. — (Préfet. — Usine. — Compétence.) — *L'administration seule est chargée de veiller à ce que les eaux soient à une hauteur qui ne nuise à personne.* (Cod. civ., 645; — Art. 16, tit. 2, déc. du 6 octobre 1791.)

Bareille.
11 août 1808. — (t. 1, p. 183.)

28. — (Propriété.) — *Un particulier, sur le fonds de qui un cours d'eau arrive par l'effet de sa direction usuelle, ne peut être privé de ces eaux par décision du préfet, sous prétexte d'anciens ouvrages du Gouvernement sur ce même cours d'eau, commencés pour le diriger vers un établissement public; c'est-là préjuger un droit de propriété dont la connaissance appartient aux tribunaux ordinaires.*

Bouland. — C. — Labesse.
13 mai 1818. — (t. 4, p. 331.)

29. — (Propriété. — Canal de Vaucluse.) — *La question de savoir si un canal qui traverse un certain territoire est la propriété particulière des possesseurs d'usines existantes sur ledit canal, est une question de propriété dont la connaissance appartient aux tribunaux et non à la justice administrative.*

Legier de Montfort. — C. — le préfet de Vaucluse.
27 août 1817. — (t. 4, p. 123.)

30. — (Propriété. — Police.) — *Bien que les lois de 1790, 1791, 27 ventose an 8 et 14 prairial an 11 laissent aux tribunaux à prononcer sur les contestations qui s'élèvent entre particuliers, sur le cours des eaux non navigables ni flottables; néanmoins sur ces mêmes eaux, l'administration active conserve le droit de prononcer sur leur hauteur, sur les travaux à faire dans les rivières pour fixer cette hauteur, et aussi tout ce qui est de police pour les inondations.*

Un préfet est compétent pour statuer sur un cours d'eau, et ordonner, sur les plaintes des riverains, des travaux dans une rivière non navigable, quand la mesure prescrite a pour but de rendre au public un chemin dont il est privé par inondation, et aussi de rendre à un ruisseau le cours qu'il avait perdu. Ces motifs étant d'un intérêt général, tiennent à la police administrative.

Petit. — C. — Outin.
11 décembre 1814. — (t. 3, p. 51.)

31. — (Réglement. — Exécution. — Moulin.) — *Des meûniers, au profit de qui existe un arrêté municipal qui régularise le cours des eaux de leurs moulins, ne peuvent se permettre des voies de fait sur la propriété des riverains, sous prétexte d'exécution de l'arrêté. En tout cas, la réparation de ces voies de fait est de la compétence judiciaire.*

Est-il bien certain qu'entre des meûniers et des propriétaires riverains, un réglement sur le cours des eaux doive être fait par l'autorité administrative, alors qu'il n'est pas question de la direction ou de l'élévation des eaux dans l'intérêt public? N'est-ce pas là le cas DES RÉGLEMENS PARTICULIERS *dont parle l'article 645 du Code civil?*

Dupré. — C. — Brunel.
23 avril 1818. — (t. 4, p. 306.)

32. — (Réglement. — Irrigation. — Intérêt public.) — *Les réglemens d'eau nécessaires pour l'irrigation, dans l'intérêt public et dans celui des propriétaires riverains, doivent être faits par les préfets.*

Un particulier dont les propriétés sont traversées par un ruisseau, peut être soumis, pour l'irrigation de ses propriétés riveraines, à un réglement administratif.

En règle générale, l'intérêt public dont se prévalent les préfets pour réglementer les irrigations entre propriétaires riverains, n'exigerait-il pas qu'ils se bornassent aux mesures nécessaires à la police des eaux, laissant aux co-intéressés de faire entre eux les réglemens qui leur conviennent?

Guestiers.
3 juin 1818. — (t. 4, p. 352.)

33. — (Réglement. — Justice préfectoriale.) — *Les préfets sont autorisés à faire tous réglemens sur le cours et le nivellement des rivières (non navigables): mais c'est aux tribunaux à connaître des contestations nées entre particuliers sur l'exécution de ces réglemens.*

Aubry. — C. — Boissy.
23 avril 1818. — (t. 4, p. 303.)

34. — (Répartition des dépenses.) — *Lorsque la répartition d'une dépense à la charge de plusieurs propriétaires d'un cours d'eau, a été fait administrativement, et que l'exécution de la répartition donne naissance à quelques contestations, elles doivent être jugées par l'autorité administrative.* (Loi du 14 floréal an 11.)

Nevière. — C. — Denoise.
19 mai 1811. — (t. 1, p. 492.)

35. — (Ruisseau. — Franc bord. — Usurpation. — Compétence.) — *Les contestations relatives aux usurpations qu'une commune prétend avoir été faites sur les francs bords et le lit d'un ruisseau non navigable, doivent être jugées par les tribunaux ordinaires.*

Missegré.
26 mars 1812. — (t. 2, p. 38.)

36. — (Servitude. — Réglement. — Etang.) — *Lorsqu'à l'occasion du déversoir d'un étang, et du cours de ses eaux, on demande un réglement qui prévienne tout dommage aux riverains; s'il est soutenu que les inondations, dont on se plaint, sont l'effet d'un droit de servitude, imposé aux particuliers environnans, et sans inconvénient pour le public; la contestation est non dans les attributions du préfet, ni même du conseil de préfecture, mais bien dans les attributions des tribunaux ordinaires.*

Reder.
10 août 1813. — (t. 2, p. 403.)

37. — (Société. — Compétence.) — *L'autorité judiciaire n'est pas compétente pour statuer sur les difficultés qui s'élèvent entre les membres d'une association pour l'irrigation des propriétés au sujet de la répartition entre eux du paiement du prix de moulins d'eau acquis par la société dans la vue d'augmenter le volume des eaux. Ces contestations sont assimilées à celles qui sont prévues par l'art. 4 de la loi du 14 floréal an 11, et comme telles, elles doivent être soumises, aux termes de la même loi, à l'autorité administrative.*

Nicolay.
30 janvier 1812. — (t. 2, p. 17.)

38. — (Usage. — Autorité judiciaire.) — *C'est à l'autorité judiciaire à décider comment et aux frais de qui doivent couler des eaux privées, bien qu'à l'égard de ces eaux, il y ait eu arrêté d'abandon par l'autorité administrative.*

Sainte-Maure-Montausier. — C. — la comm. de Margency.
23 décembre. 1815. — (t. 3, p. 193.)

39. — (Usages anciens. — Irrigation.) — *Lorsqu'il s'agit d'une usine construite sur un ruisseau, sans autorisation, avant l'arrêté du Gouvernement du 19 ventose an 6, et l'instruction ministérielle du 19 thermidor suivant, on ne doit consulter, pour l'irrigation des prairies voisines, que les anciens usages, aux termes de l'article 16 du titre 2 de la loi du 6 octobre 1791, puisque c'est sur la foi de ces usages que l'usine a été construite. En un tel cas les tribunaux seuls sont compétens, l'administration n'a pas à statuer.*

Prunier.
11 juin 1817. — (t. 4, p. 36.)

40. — (Usines.) — *L'établissement d'une usine ne peut être autorisé, soit par voie de police des eaux, soit dans l'intérêt de l'agriculture et de l'industrie, que subordonnément à la question de propriété des eaux destinées à l'entretien de l'usine; question essentiellement dévolue aux tribunaux ordinaires.*

Itier. — C. — Maron.
17 janvier 1814. — (t. 2, p. 482.)

41. — (Usines. — Conseils de préfecture.) — *Aux préfets est attribué le droit de fixer la hauteur des eaux pour l'établissement des moulins et usines sur des cours d'eau; mais c'est aux conseils de préfecture qu'il appartient de statuer sur les réclamations des propriétaires riverains qui prétendraient avoir éprouvé des dommages par suite ou par extension des mesures ordonnées.* (Loi des 20 août 1790 et 6 octobre 1791.)

Bonnefoi. — C. — Serve.
19 mars 1808. — (t. 1, p. 151.)

42. — (Usines. — Préfets. — Conseils de préfecture. — Compétence.) — *C'est aux conseils de préfecture et non aux préfets à prononcer sur les contestations qui s'élèvent à raison de travaux entrepris sur un cours d'eau pour l'établissement d'une usine.*

Ries. — C. — Tornaco.
16 mars 1807. — (t. 1, p. 59.)

43. — (Voirie. — Justice contentieuse.) — *En matière de cours d'eau, l'administration active ordonne les travaux et règle le mode de paiement; mais c'est la justice administrative contentieuse qui prononce sur les contestations élevées au sujet du paiement ordonné; ainsi un préfet ne peut condamner un particulier au remboursement d'une somme avancée pour la réparation d'une digue que lui préfet avait ordonnée.*

Briand. — C. — Alexandre.
6 mars 1816. — (t. 3, p. 240.)

EAUX-DE-VIE. — V. Abonnement (Boisson.) — Boisson. — Manufactures. (Opposition.)

EAUX-DE-VIE DE GRAINS.

1. — (Importation. — Armée d'occupation. — Douanes. — Fournitures.) — *L'entrepreneur des fournitures d'eaux-de-vie de grains à l'armée d'occupation, s'il a fait avec le ministre de la guerre, un marché portant autorisation d'importer des eaux-de-vie étrangères, et si, dans les clauses de ce marché, il n'y a pas réserve du droit de douanes, il n'est pas passible de ces droits sur les eaux-de-vie qu'il importe; ou l'administration des douanes ne doit pas percevoir le droit, ou l'administration de la guerre doit le rembourser.*

Rouffio.
14 janvier 1818. — (t. 4, p. 233.)

EAUX ET FORETS. — V. Justice ministérielle.

EAUX PLUVIALES.

1. — (Desséchement. (travaux de) — Servitude.) — *A l'autorité administrative appartient le droit de régler par mesure d'intérêt public les travaux d'art nécessaires à l'écoulement des eaux pluviales des terrains desséchés sur les bords de la mer* (article 27, titre 6 de la loi du 16 septembre 1807.) — *Mais c'est aux tribunaux seuls que doit être néanmoins soumise la question de servitude à laquelle donnerait lieu l'entreprise d'un particulier pour préserver son terrain de l'écoulement des eaux des propriétés supérieures, et dont la solution n'exigerait que l'examen des lieux et l'application des titres.*

Labouli.
12 novembre 1811. — (t. 1, p. 557.)

EAUX THERMALES.

1. — *Une contestation entre intéressés au produit d'eaux thermales est-elle dans les attributions de l'autorité administrative?*

Giraud. — C. — l'adm. des dom.
20 novembre 1815. — (t. 3, p. 143.)

2. — (Propriété. — Compétence. — Divisibilité.) — *La connaissance des contestations qui s'élèvent entre une commune et un particulier, au sujet de la propriété d'eaux thermales, appartient exclusivement aux tribunaux. — Il n'est dérogé à cette règle que dans le cas où la contestation aurait lieu entre une commune et l'état: alors l'autorité administrative est seule compétente pour prononcer.* (Arrêté du 6 nivose an 11.)

Bardin.
15 janvier 1809. — (t. 1, p. 238.)

— V. Propriété. (Bains du Mont-d'Or.) — Idem. (Utilité publique.)

ÉCHANGE.

1. — (Dépossession. — Indemnité.) — *Dans le cas où un échange fait entre un particulier et le gouvernement serait déclaré nul pour défaut de formalités, et qu'il fût impossible au gouvernement de rendre à l'échangiste sa propriété, celui-ci est fondé à en réclamer la valeur, telle qu'elle était à l'époque de la dépossession de la propriété donnée en contre-échange.* (Loi du 1.er décembre 1790. — Décret du 11 pluviose an 12.)

Decotte.
31 juillet 1812. — (t. 2, p. 119.)

2. — (Domaine.) — *Toute contestation sur l'effet ou la validité d'un échange fait entre une commune et un particulier sous l'autorisation et homologation de l'autorité administrative, doit être soumise aux tribunaux.*

Caillery. — C. — la commune de Luzy.
18 avril 1816. — (t. 3, p. 267.)

— V. TIMBRE. (Contre-Timbre.)

ÉCHOUEMENT. — V. NAVIRE. (Capture.)

ÉCLUSES. — V. CANAUX.

ÉCONOMIE PUBLIQUE. — V. RÉGLEMENS MUNICIPAUX. (Pâturage.)

ÉCROULEMENS. — V. MURS.

EFFET. — V. DÉLAI.

EFFET ATTRIBUTIF. — V. AUTORITÉ ADMINISTRATIVE.

EFFET RÉTROACTIF.

1. — (Interprétation. — Adjudication. — Comptable. — Expropriation.) — *L'avis du Conseil d'état du 3 mai 1806, (portant que l'expropriation des comptables doit être faite en la forme prescrite par le Code civil, et non en la forme prescrite par les lois des 28 pluviose an 3 et 2 messidor an 6), doit être appliqué sans effet rétroactif, c'est-à dire qu'il y a lieu de respecter les droits acquis aux adjudicataires qui ont acquis selon les formes des lois de l'an 3 et de l'an 6, que l'on croyait alors en vigueur comme lois spéciales (nonobstant le Code.)* (2, Cod. civ.)

Le Poitevin.
25 février 1808. — (t. 1, p. 147.)

2. — (Interprétation. — Chose jugée.) — *En matière administrative, les dispositions interprétatives, bien que leur effet se rattache à la disposition interprétée, ne touchent cependant pas aux affaires consommées, et notamment aux créances acquittées, en vertu de la chose jugée par la justice administrative.*

Judicis.
12 janvier 1812. — (t. 2, p. 6.)

— V. BOISSON. — CONFLIT. — DÉCOMPTE. (Mandat.) — DÉLAI. (Déchéance.) — DOUANES. (Coton.) — POURVOI. (Déchéance.) — UNIVERSITÉ. (Compétence.) — USINES. (Salubrité.)

ÉGLISE. — V. TAXE DES INDIGENS.

ÉGOUTS PUBLICS.

1. — (Propriété.) — *Les propriétaires de maisons ne peuvent, sous aucun prétexte, pratiquer des ouvertures ou communications avec les égouts publics.*

Archangé.
4 août 1811. (t. 1, p. 522.)

ÉMARGEMENT. — V. PERCEPTEUR (Quittance.)

ÉMIGRÉ.

1. — (Action. — Séquestre de fait.) — *Celui dont les immeubles ont été occupés par ordre de l'autorité administrative, ou qui a été frappé d'un séquestre de fait par l'autorité administrative, est sans titre et sans qualité, même après sa radiation, pour actionner le possesseur de sa maison, et le détenteur des meubles séquestrés, à raison des loyers et dégâts commis sur les meubles pendant le séquestre.*

Roquefort. — C. — Guichard.
16 mars 1807. — (t. 1, p. 55.)

2. — (Arrangement administratif. — Acquiescement ministériel.) — *L'article 16 du sénatus-consulte, du 6 floréal de l'an 10, interdit bien aux émigrés de critiquer les arrangemens faits de plein gré et de propre mouvement par le gouvernement, à titre onéreux ou gratuit, avec des tiers pendant l'absence des émigrés: mais il ne leur interdit pas d'exercer les actions qui appartiennent au domaine, pour faire annuller tout jugement rendu contre lui. Le ministre des finances, à qui serait soumise l'approbation d'un arrangement amiable avec le domaine sur les droits d'un émigré, ne peut avoir voulu approuver cet arrangement, si déjà il avait fait un acte qui réintégrât l'émigré, et qui, de sa nature, tendît à contrarier l'arrangement amiable.*

Cheffontaine et l'adm. des dom. — C. — la ville de Rennes.
7 août 1816. — (t. 3, p. 360.)

3. — (Commission. — Chose jugée.) — *Les arrêtés de la commission pour la remise de biens non vendus des émigrés, en vertu de la loi du 5 décembre 1814, ne sont pas susceptibles de recours au Conseil d'état, bien qu'ils portent abandon de la totalité des biens d'une famille au profit d'un seul de ses membres. De tels arrêtés ne sont qu'un délaissement national, un abandon des droits du domaine; ils ne sont pas attributifs de propriété au profit de tel ou tel; c'est aux tribunaux à décider quels sont les particuliers qui ont droit à la propriété, d'après l'abandon fait par le domaine.*

Chabrillan.
11 décembre 1816. — (t. 3, p. 460.)

4. — (Compte. — Divisibilité.) — *Lorsqu'un homme d'affaires, administrateur, doit un compte de revenus perçus dans l'intérêt d'un séquestré et de non séquestrés, si l'autorité administrative a réglé le compte, ce réglement ne lie que le séquestré : les autres parties peuvent débattre le compte devant l'autorité judiciaire.*

Castellane. — C. — Chauchard
20 décembre 1812. — (t. 2, p. 150.)

5. — (Confusion de droit.) — *Lorsque, par suite du séquestre, la nation a cumulativement exercé les droits respectifs de deux émigrés, il y a eu confusion dans ses mains des droits actifs et passifs de l'un et de l'autre, — alors l'un d'eux, après sa radiation définitive, n'est pas recevable à réclamer l'exercice d'une action à laquelle la nation a formellement renoncé, en recevant au lieu et place de l'émigré, contre lequel l'action pouvait être exercée, le prix de la chose, plutôt que la chose même qui pouvait déterminer l'exercice de l'action.*

Les émigrés rayés ou amnistiés doivent prendre leurs biens dans l'état où ils se trouvent au moment de la mainlevée du séquestre; ils sont non-recevables à réclamer contre les actes faits à leur préjudice par l'autorité administrative. (Loi du 6 floréal an 10.)

Caillaut.
4 novembre 1811. — (t. 1, p. 551.)

6. — (Créances.) — *L'article 9 de la loi du 5 décembre 1814, rend le domaine sans intérêt dans toute contestation entre les familles et les créanciers d'émigrés; ainsi, et d'après le décret du 30 thermidor an 12, toutes ces contestations appartiennent aux tribunaux sous la seule condition de ne porter aucune atteinte aux actes administratifs.*

Créanciers unis de Richelieu-Fronsac. — C. — Remond de Montmort.
20 juin 1816. — (t. 3, p. 314.)

7. — (Créanciers.) *Le créancier de la succession d'un père émigré étant resté étranger au partage fait entre l'Etat et les héritiers, n'a pas qualité pour attaquer un arrêté de l'autorité administrative qui aurait fixé la part de chacun d'eux.*

Baissade.
22 mai 1813. — (t. 2, p. 341.)

8. — (Créancier. — Chose jugée. — Administration d'économie intérieure.) — *Un arrêté de département, du 3 avril 1793, qui a reconnu un particulier comme créancier d'un émigré pour être liquidé en telle qualité, n'opère pas cet effet, que l'émigré réintégré dans ses droits soit tenu de payer la somme. La décision administrative était moins une chose jugée au profit du créancier, qu'un acte administratif d'économie intérieure, régulateur de la marche des agens de l'administration.* (Loi du 2 septembre 1792; — 25 juillet 1793; — du 9 ventose an 2, et du 1er. floréal an 3.)

Noailles, de Poix. — C. — Revin.
23 octobre 1816. — (t. 3, p. 406.)

9. — (Créanciers. — Insolvabilité. — Remboursement.) — *Aux termes des lois sur les émigrés, leurs débiteurs ont été déclarés débiteurs de l'Etat, et comme tels tenus de verser le montant de leurs dettes dans les caisses nationales; — Si donc, la validité d'un versement de cette nature était attaquée par le créancier d'un émigré, sur le motif que la confiscation n'aurait pu s'opérer sur cet émigré, attendu*

son insolvabilité notoire, il est tenu de prouver cette insolvabilité conformément au mode prescrit par la loi du 1.er floréal an 3; autrement et dans le cas sur tout où la preuve contraire serait acquise par l'établissement du séquestre sur les biens de cet émigré, le créancier n'est pas recevable dans son action.

Gaudechau. — C. — Semonville.
12 juin 1813. — (t. 2, p. 366.)

10.— (Créancier. — Partage. — Dot.) — *La défense que l'article 16 de la loi du 6 floréal an 10 fait aux émigrés d'attaquer les partages faits entre l'Etat et les tiers, est également applicable aux créanciers des émigrés, et doit être étendue à la disposition administrative, par laquelle dans un partage, la dot d'une femme, constituée en argent, a été payée en biens-fonds de la succession, et sur lesquels les créanciers de l'émigré avaient un privilège.* (Loi du 6 floréal an 10.)

Fazet du Pouget. — C. — Delbose.
20 novembre 1815. — (t. 3, p. 174.)

11. — (Dette. — Liquidation.) *Une liquidation de succession indivise d'émigré ne peut être attaquée sur le motif que, contrairement à la loi du 16 thermidor an 7, on aurait fait supporter à la succession maternelle, ouverte depuis le 9 floréal an 3, les créances dues par la succession paternelle ouverte dès 1787, lorsqu'il résulte de la coutume qui régissait la communauté que le survivant était chargé de toutes les dettes du prédécédé.*

Domaines. (adm. des)
12 juin 1813. — (t. 2, p. 361.)

12. — (Dettes. — Paiement.) — *Les émigrés rentrés dans leurs biens, sont passibles de toutes les dettes dont ces biens auraient pu être grevés (sénatus-consulte du 6 floréal an 10. — Arrêté du 3 floréal an 11.) Encore que les sommes dues provinssent d'une contribution de guerre, imposée sur les biens pendant l'absence du propriétaire.*

Guillot Grenouillac.
19 mars 1811. (t. 1, p. 479.)

13.—(Domaine. — Succession.) — *Ce n'est pas aux tribunaux, c'est à la justice administrative de décider si le gouvernement a ou n'a pas des droits réels dans une succession, en vertu des lois sur l'émigration.*

Montmort. — C. — Richelieu-Fronsac.
19 octobre 1814. — (t. 3, p. 24.)

14.—(Femme.—Créancier.—Dot.) — *Lorsqu'une femme d'émigré a reçu du domaine le remboursement de sa dot en biens fonds de son mari à dire d'experts, un créancier du mari n'est pas recevable à contester l'opération.*

Blanc de Brantès. — C. — Monteynard.
18 mars 1813. — (t. 2, p. 291.)

15. — (Fondation. — Confusion. — Rente.) — *Aux termes des lois des 16 vendémiaire et 25 messidor an 5, les rentes affectées à des fondations de bourses, telles que celles destinées au* soulagement de pauvres ecclésiastiques *et à* l'éducation de pauvres écoliers, *ne font pas partie du domaine de l'Etat, mais sont conservées aux établissemens de bienfaisance. En conséquence, un émigré éliminé, débiteur de rentes de cette nature, n'est pas recevable à demander l'annullation d'un arrêté qui aurait transmis ces rentes à un hospice, sur le motif qu'ayant fait partie du domaine de l'Etat, l'extinction desdites rentes aurait dû s'opérer par la confusion.*

Veuillet d'Yenne.
22 mai 1813. — (t. 2, p. 347.)

16. — (Fruits. — Compte.) — *En matière de compte à rendre des fruits d'émigrés, il faut distinguer deux époques, l'une antérieure et l'autre postérieure à l'amnistie. — L'Etat a droit aux fruits échus antérieurement à l'amnistie.* (Arr. du 29 messidor an 8.) *Et l'autorité administrative est seule compétente pour en régler le compte. — Ni le sénatus-consulte du 6 floréal an 10, ni le décret du 30 thermidor an 12, ne disent rien de contraire.*

Mayras. — C. — Devogué.
29 mai 1813. — (t. 2, p. 355.)

17. — (Fruits perçus. — Remise.) — *La loi du 5 décembre 1814, qui n'excepte de la remise à faire aux émigrés que les fruits perçus antérieurement, embrasse, dans la remise, même les fruits dont les versemens, dans la caisse du domaine, avaient été ordonnés, si les versemens n'avaient pas été réellement opérés, et si les fermages sont encore dans les mains du fermier.*

Taulera. — C. — Puyarniscle.
20 novembre 1815. — (t. 3, p. 176.)

18. — (Indivis. — Communauté.) — *Les biens composant la communauté entre les émigrés et leurs femmes ont été légalement vendus pour la part de la femme comme pour la part du mari.* (Loi du 1.er floréal an 3, article 60 — Loi du 30 thermidor an 4.)

Devilliers. — C. — Favier.
10 février 1816. — (t. 3, p. 223.)

19. — (Inscription. — Remboursement.) — *Lorsque la validité d'un remboursement fait dans la caisse du domaine comme représentant un émigré non séquestré, mais inscrit, dépend de la question de savoir si réellement l'émigré était inscrit, l'autorité judiciaire doit renvoyer l'examen de la question à l'autorité administrative; et celle-ci prononce sur la question de l'identité de l'individu inscrit avec l'individu auquel on prétend appliquer l'inscription.*

Leblanc. — C. — Adam.
20 novembre 1815. — (t. 3, p. 159.)

20. — (Partage.) — *Les partages de présuccession, succession, ou autres actes et arrangemens faits entre l'Etat et les particuliers, avant l'amnistie des émigrés qui pouvaient avoir quelqu'intérêt à ces partages, sont inattaquables.* (Loi du 6 floréal an 10.)

Roffignac.
3 octobre 1811. — (t. 1, p. 544.)

21. — *Lorsque la succession à laquelle un émigré avait des droits, a été partagée pendant son émigration, entre des co-héritiers et la nation exerçant les droits de l'émigré, si le partage n'a pas compris tous les immeubles et autres objets qui devaient faire masse à la succesion, l'émigré n'est pas recevable à provoquer la nullité du partage fait pendant son émigration, sous prétexte que ce partage ne comprenait pas tout ce qu'il devait comprendre, ou que, dans les objets partagés, la république n'aurait reçu qu'un quart, tandis qu'on aurait dû lui attribuer deux tiers, ou une plus forte portion.* (Sénatus-consulte du 6 floréal an 10.)

Cherbon de Cosne.
22 décembre 1811. — (t. 1, p. 565.)

22. — (Partage. — Actes administratifs. — Interprétation.) — *L'autorité administrative est seule compétente pour connaître des contestations auxquelles peut donner lieu l'interprétation des actes administratifs, notamment d'un acte de partage de la présuccession d'un émigré, lors même que l'Etat est sans intérêt dans la contestation.*

Deshoms.
3 janvier 1812. — (t. 2, p. 1.)

23. — (Partage. — Chose jugée.) — *Le créancier d'une succession dont un émigré ou déporté était cohéritier, si la succession a été partagée administrativement, et si la charge d'acquitter les créances a été mise dans le lot de la nation, n'est pas recevable (après consommation du partage), ni à en demander l'annullation, ni à rechercher les cohéritiers pour leur quote-part.*

Hirtz.
26 mars 1812. — (t. 2, p. 44.)

24. — (Partage. — Omission.) — *Les émigrés amnistiés ne peuvent réclamer contre un partage fait en exécution de la loi du 9 floréal an 3, sous prétexte d'omission ou autrement; dès que l'état qui les représentait a accepté l'arrangement tel quel, ils sont non-recevables à le quereller.* (Loi du 6 floréal an 10.)

Deshoms.
19 août 1813. — (t. 2, p. 415.)

25. — *Les héritiers des émigrés ne sont pas recevables à quereller les partages de présuccession faits depuis le séquestre de l'émigré qu'ils représentent.*

Granel Barthelemi. — C. — Bernard.
20 novembre 1815. — (t. 3, p. 144.)

26. — (Partage. — Interlocutoire. — Chose jugée. — Délai.) — *Lorsque, sur une demande en partage de succession indivise entre des émigrés, la qualité d'héritier par égale portion a été attribuée au demandeur en partage par l'arrêté du conseil de préfecture, et que par suite il a été ordonné de procéder au partage par égale portion, la disposition de l'arrêté qui fixe les qualités, est réputée définitive; elle contient décision qu'il n'y a pas d'héritier institué: et cette décision est tellement définitive que le recours au*

Conseil d'état, doit être exercé dans les trois mois, à peine de déchéance, aux termes de l'article 11 du réglement du 22 juillet 1806.

Coustin de Bourzolles.
23 avril 1818. – (t. 4, p. 296.)

27. — (Présomption de vie.) — *Depuis le décret du 29 décembre 1810, portant que la présomption de la vie des émigrés, aux termes de la loi du 28 mars 1793, ne pourra plus être opposée à ceux qui apporteront la preuve de leur décès; les questions de successibilité qui se rattachent à l'exécution de ce décret, n'intéressent plus le domaine, ni conséquemment l'autorité administrative.*

Dubois Berthelot. — C. — L'Administration des domaines.
28 septembre 1816. – (t. 3, p. 400.)

28. — (Provisoire.) — *Dans les arrangemens administratifs faits entre l'Etat, représentant les émigrés et les divers intéressés pour ou contre, les dispositions définitives de leur nature, sont aujourd'hui inattaquables. Il n'en est pas de même des dispositions provisoires; tout ce qui est provisoire n'est pas chose jugée, on peut le soumettre à un nouvel examen.*

Duvergier. — C. — Lesnier.
25 juin 1817. – (t. 4, p. 72.)

29. — (Réserve. — Partage.) — *Lorsque l'Etat, au droit d'un émigré, est appelé à recueillir une succession sur laquelle il a été fait une réserve par le donateur; s'il s'élève une contestation entre les héritiers au sujet de la réserve à recueillir, l'autorité administrative est compétente pour tous les actes qui peuvent déterminer les objets qui doivent la composer; elle peut également en faire la remise aux héritiers; mais elle doit renvoyer les parties à se pourvoir devant les tribunaux pour y discuter à cet égard leurs prétentions respectives.*

Tailhardat. — C. — Micolon de Guérines.
3 juillet 1816. – (t. 3, p. 331.)

30. — (Restitution.) — *L'abandon fait à un émigré ou à son représentant par la commission instituée par la loi du 5 décembre 1814, n'est point une décision de justice qui statue sur des droits particuliers: c'est simplement un acte par lequel le gouvernement se démet au profit de qui de droit. Toute contestation entre les intéressés doit être ultérieurement jugée par les tribunaux.*

Hennequin d'Ecquevilly. — C. — Montmort.
17 juillet 1816. – (t. 3, p. 339.)

31. — — *Est-il vrai qu'un émigré éliminé le 24 germinal an 10, ne puisse attaquer un arrêté du conseil de préfecture, rendu contradictoirement entre le directeur des domaines et l'adversaire de l'émigré? Pour établir la fin de non-recevoir, ne faudrait-il pas que l'administration supérieure eût acquiescé positivement? L'émigré ne peut-il pas exercer tous les droits qui sont encore dans les mains de l'administration supérieure?*

Petit-Jean et Faye. — C. — Reugny Dutremblay.
13 mai 1818. – (t. 4, p. 322.)

32. — (Restitution. — Commission spéciale.) — *La commission du contentieux n'est pas compétente pour statuer sur les réclamations qui peuvent s'élever contre des arrêtés de préfets ou de conseils de préfecture rendus relativement à des biens ou des fruits dont la restitution est ordonnée par la loi du 5 décembre 1814. L'autorité compétente est la commission spéciale créée par cette même loi.* (Loi du 5 décembre 1814, article 3.)

Bellinhuant. — C. — l'adm. des dom.
23 décembre 1815. – (t. 3, p. 195.)

33. — (Soumission. — Partage.) — *Les soumissions faites en vertu de la loi du 28 ventose an 4, de la portion* indivise *d'un émigré, et l'adjudication qui en a été la suite, n'équivalent pas à un partage et cession ou aliénation de la* totalité *des droits de l'émigré; — Ainsi, l'émigré, après sa réintégration, peut très-bien, sans contrevenir au sénatus-consulte du 6 floréal an 10, réclamer telle quotité de biens à laquelle il avait droit, et qui n'a pas été soumissionnée et adjugée.*

Sainte-Marie. — C. — Lubersac et Vissec.
23 décembre 1815. – (t. 3, p. 197.)

34. — (Succession. — Inscription. — Séquestre.) — *En matière de succession d'émigré, s'il y a eu inscription de la personne sans aucun séquestre des biens, les questions qui naissent de l'appréhension de la succession par les enfans et héritiers, sont du ressort de l'autorité judiciaire, et non de l'autorité administrative; si d'ailleurs elles ne touchent en rien aux intérêts de l'administration, ni au maintien d'aucuns de ses actes.*

Arragonnès Laval. — C. — Beau.
9 avril 1817. – (t. 3, p. 543.)

35. — (Succession. — Représentation. — Dettes. — Acte administratif.) — *Lorsque les enfans d'un émigré ont, à défaut de leur père, et sans l'intervention de l'administration, pris possession d'une succession que leur père lui-même était appelé à recueillir, et qu'il aurait recueillie, s'il n'eût été émigré; la question de savoir si les enfans doivent payer les dettes de leur père, ou en d'autres termes, s'ils ont recueilli par droit de représentation, ou au contraire* jure proprio, *est judiciaire et non administrative.*

Beau. — C. — Laval.
20 novembre 1815. – (t. 3, p. 177.)

36. — (Succession mobilière.) — *Le partage d'une succession d'émigré n'est plus qu'une matière judiciaire, s'il s'agit d'une succession mobilière entre simples co-héritiers, sans que l'état y soit intéressé.*

Cosne.
9 avril 1817. – (t. 3, p. 556.)

37. — (Vente. — Indivis.) — *Les ventes des biens indivis avec des émigrés, antérieures à la loi du 1.er floréal an 3, sont maintenues par l'article 60 de cette loi et par celle du 30 thermidor an 4.*

Joulain Cottereau.
18 avril 1816. – (t. 3, p. 267.)

ÉMOLUMENS. — V. Honoraires.

EMPIÈTEMENT. — V. Acquéreurs. (Biens nationaux.) — Canaux. (Écluses.)

EMPLOYÉS. — V. Mise en jugement. (Douanes.) — Responsabilité.

EMPRUNT DE CENT MILLIONS. — V. Contribution.

ENDOSSEMENT. — V. Trésor public. (Cautionnement.)

ENGAGISTES.

1. — (Charges. — Terrage. — Créanciers. — (Paiement. — Compétence.) — *Il faut distinguer entre les charges dues au domaine par un engagiste qui aurait fait sa soumission d'acquérir aux termes de la loi du 14 ventose an 7, et des charges dues à des tiers: telles par exemple que des droits de terrage: les premières sont éteintes et confondues dans le nouveau prix du contrat intervenu entre l'état et le soumissionnaire; tandis qu'il n'a été rien préjugé à l'égard des autres; en conséquence, le tiers qui se prétend créancier d'un engagiste, peut faire valoir ses droits contre lui. Mais comme il s'agit alors d'une interprétation d'une loi, sous le rapport des contestations qu'elle peut faire naître entre particuliers, c'est aux tribunaux et non à l'autorité administrative qu'il appartient de statuer en cette matière.* (Avis du Conseil d'état du 22 fructidor an 13.)

Taubois.
8 avril 1809. – (t. 1, p. 271.)

2. — (Compétence. — Propriété.) — *L'autorité administrative peut faire vendre, comme nationaux, les biens possédés à titre d'engagement; mais lorsque le tiers-détenteur s'oppose à la dépossession, et prétend qu'il ne possède pas à titre d'engagiste, l'autorité administrative ne peut s'immiscer dans la connaissance de la contestation, elle doit renvoyer devant l'autorité judiciaire, qui seule est compétente pour statuer sur le mérite des titres, et pour prononcer la déchéance s'il y a lieu.* (Lois du 15 novembre 1790 et 14 ventose an 7.)

Cornet d'Ecrameville. — C. — l'Adm. des dom.
15 juin 1812. – (t. 2, p. 76.)

3. — (Rente foncière. — Abolition. — Autorité judiciaire.) — *La clause par laquelle des domaines engagés ont été conférés aux propriétaires, libres de toutes charges, ne les affranchit pas du service des rentes foncières existantes dans les concessions primitives.*

Bertault.
6 juin 1807. – (t. 1, p. 102.)

— V. Halles. (Représentant.)

ENNEMI. — V. Occupation.

ENQUÊTE. — V. Adjudication. (Biens nationaux.)

ENREGISTREMENT.

1. — (Comptabilité. — Justice minis-

ériclle.) — *Un percepteur du droit d'enregistrement qui a perçu un simple droit fixe au lieu d'un droit proportionnel, est réputé avoir fait la remise du droit proportionnel, et en être responsable aux termes de l'article 59 de la loi du 22 frimaire an 7; — cette responsabilité doit être jugée par le ministre des finances, comme question de comptabilité, suivant l'avis du Conseil d'état des 9 et 20 juillet 1808.*

Lançon. — C. — la rég. des dom.
31 janvier 1817. — (t. 3, p. 507.)

— V. Ministre. (Avis.) — Privilège.

ENTREPOT. — V. Douanes. (Coton.) — Octroi.

ENTREPRENEUR.

1. — (Fonderie. — Ministre de la marine. — Contentieux.) — *Lorsque plusieurs particuliers se prétendent entrepreneurs d'une fonderie à la disposition du ministre de la marine, il est dans les attributions de ce ministre de déterminer quel est celui des deux qu'il entend reconnaître comme entrepreneur, et d'autoriser l'expulsion de l'autre, sauf du particulier expulsé, la faculté de recourir aux tribunaux pour l'effet de tous traités et actes d'association.*

Faut-il entendre qu'en un tel cas, la justice ministérielle statue provisoirement en ce qui touche la nécessité du service ?

Capon.
13 février 1815. — (t. 3, p. 78.)

2. — (Liquidation. — Opposition.) — *Les entrepreneurs qui se prévaudraient d'un marché passé avec le Gouvernement pour réclamer contre les bases de liquidation du montant de leurs fournitures fixées par un décret, ne peuvent se rendre opposans à ce décret, que dans la forme prescrite par l'article 40 du réglement du 22 juillet 1806.*

Delafosse.
6 juin 1807. — (t. 1, p. 104.)

3. — (Marchés. — Sous-Traitans. — Compétence.) — *Lorsque l'exécution d'un sous-traité fait entre les parties, pour l'exécution d'une entreprise faite avec l'autorite administrative, peut donner lieu à des contestations étrangères au gouvernement, elles doivent être jugées par l'autorité judiciaire, toutes les fois que l'autorité administrative n'est point intervenue dans l'acte qui constitue le sous-traité ou l'association.*

George. — C. — Saudag et Niderkorne.
3 octobre 1811. — (t. 1, p. 543.)

4. — (Sous-traitans.) — *De ce que le conseil de préfecture est compétent selon l'article 4 de la loi du 28 pluviose an 8, pour statuer sur les contestations entre l'administration et les entrepreneurs de travaux publics, il ne s'ensuit pas qu'il soit compétent pour juger les contestations entre les entrepreneurs et leurs sous-traitans, pour raison de leurs conventions.*

N'en serait-il pas autrement, s'il s'agissait de dommages-intérêts pour raison des faits de l'entrepreneur ?

Brunet. — C. — Butin.
4 juin 1815. — (t. 3, p. 121.)

5. — (Sous-traitans. — Marché. — Compétence.) — *Les contestations qui s'élèvent entre les entrepreneurs du Gouvernement et leurs sous-traitans, pour raison de l'inexécution des marchés passés entre eux, sont de la compétence des tribunaux et non de la juridiction administrative.*

Delaporte.
18 août 1807. — (t. 1, p. 122.)

— V. Carrière. — Exécution. (Conseils de préfecture.) — Garantie constitutionnelle. (Agent du Gouvernement. — Marché d'urgence. — Responsabilité. (Travaux publics.) — Travaux publics. — Idem. (Compétence.) Idem. (Société.)

ENTREPRENEUR DE SERVICE PUBLIC.

1. — (Agent du Gouvernement. — Compétence. — Lettres de change.)— *Des entrepreneurs de service public ne sont point des agens du Gouvernement. — Les engagemens qu'ils souscrivent avec leurs sous-traitans par eux-mêmes ou par leurs préposés, les rendent passibles des poursuites ordinaires en justice, notamment pour lettre de change.*

Ces entrepreneurs ne peuvent aucunement réclamer leur renvoi devant l'autorité administrative, bien que dans leur traité avec le ministre il soit dit que toutes contestations seront jugées administrativement : la clause ne peut s'entendre que des contestations entre le ministre et l'entrepreneur.

Pelletier.
3 septembre 1808. —(t. 1, p. 198.)

2. — (Fournitures. — Récépissés, — Compétence. — Divisibilité.) — *L'autorité administrative est seule compétente pour déterminer le mérite et apprécier la valeur de récépissés délivrés à un entrepreneur public, pour ses fournitures. En conséquence les tribunaux ne peuvent, sur l'opposition à une contrainte dirigée contre l'entrepreneur qui excipe de ses récépissés, prononcer qu'après que l'autorité administrative a statué sur leur mérite.*

Emmery. — C. — Le domaine.
8 avril 1809. — (t. 1, p. 269.)

3. — (Marché. — Compétence.) — *Les contestations sur l'effet des marchés entre des fournisseurs et une régie locale administrative, sont jugées par la justice administrative des conseils de préfecture. L'art. 14 du décret du 11 juin 1806, sur les marchés avec le gouvernement, doit être étendu à ce cas.*

Régie des sels et tabacs.
30 janvier 1812. — (t. 2, p. 19.)

4. — (Régisseurs. — Sous-traitans. — Compétence.) — *Les contestations relatives à l'exécution des marchés passés entre les entrepreneurs d'un service public et leurs sous-traitans, sont du ressort de l'autorité judiciaire. Ces entrepreneurs ne peuvent être assimilés aux régisseurs et autres agens du gouvernement; en conséquence, l'article 12 de l'arrêté du 23 brumaire an 10, ne leur est pas applicable, en ce qu'il décide que les contestations concernant les marchés passés par ces régisseurs, seront jugées administrativement.*

Bonnet. — C. — Didier.
29 octobre. 1809. — (t. 1, p. 331.)

5. — (Sous-traitant. — Compétence. — Conflit.) — *Les contestations qui s'élèvent entre un entrepreneur de service public et des sous-traitans, n'intéressent pas le gouvernement : la connaissance de ces contestations appartient aux tribunaux ordinaires.*

Verney. — Mussey. — Razy.
11 juin 1810. — (t. 1, p. 378.)

6. — (Sous-traitans. — Compétence. —Garantie constitutionnelle.)—*L'autorité administrative n'est compétente pour connaître des actions intentées contre les agens du gouvernement, qu'autant que ces agens sont ceux qui agissent sous ses ordres immédiats, sous sa surveillance et avec les fonds qu'il fournit; en conséquence les sous-traitans ou les agens des entrepreneurs publics sont justiciables des tribunaux ordinaires.*

Palous. — C. — Ricard.
23 novembre 1808. — (t. 1, p. 215.)

7. — (Sous-traitans. — Justice administrative. — Conventions.) — *La justice administrative n'est compétente, sur les contestations relatives aux entrepreneurs de services publics, qu'autant que le litige est entre les entrepreneurs et le gouvernement. — S'il est entre les entrepreneurs et leurs sous-traitans, il faut recourir à l'autorité judiciaire; encore qu'il soit stipulé par une clause compromissoire du traité, que les difficultés auxquelles il pourrait donner lieu seront décidées administrativement.* (3, l. 6 et 7 septembre 1790.)

Rief.
24 avril 1808. — (t. 1, p. 156.)

8. — (Sous-traitans. — Marchés. — *L'autorité administrative à laquelle est attribué le droit de prononcer sur les contestations qui s'élèvent entre l'administration et les entrepreneurs d'un service public, n'est pas compétente pour juger les difficultés qui naissent de l'exécution des marchés passés entre ceux-ci et les sous-traitans. Il ne s'agit là que d'un débat sur des intérêts privés, dont la connaissance appartient aux tribunaux.*

Millot. — C. — Testulat et Sabardin.
3 août 1808. — (t. 1, p. 178.)

— V. Autorité administrative. (Interprétation.) — Routes.

ENTRETIEN.

1. — (Construction. — Mur de soutenement. — Moulin. — Route.) — *Le propriétaire d'un moulin sur les bords duquel est une route, s'il est par extraordinaire chargé d'entretenir le mur de soutènement, n'est obligé à entretenir qu'au cas de construction solide, conformément aux règles de*

l'art; si le mur est mal construit, il doit être refait aux dépens de celui qui a dû le construire.

Liborel.

22 octobre 1810. — (t. 1, p. 424.)

2. — (Routes. — Dommages-intérêts.) — *C'est devant l'autorité administrative et non devant les tribunaux que doit être portée l'action intentée contre un entrepreneur par un particulier, pour raison du dommage causé à sa propriété par l'enlèvement de matériaux destinés à servir à l'entretien d'une route.*

Debaud.

30 novembre 1811. — (t. 1, p. 562.)

— V. Eau. (Cours d') (Canal.) — Routes.

ERREUR. — V. Adjudication. — Prix. (Réduction de)

ERREUR DE CALCUL. — V. Compte. (Révision.)

ERREUR DE DROIT.

1. — (Acensement. — Renonciation. — Vente.) — *Celui qui, antérieurement à la loi du 14 ventose an 7, a renoncé par transaction, ou autrement, au bénéfice d'un acensement consenti à son profit, n'est plus recevable à vouloir reprendre la possession de l'objet qui lui avait été acencé, sous prétexte qu'il se trouverait dans une des exceptions prévues par la loi.*

Pascaut. — C. — Doniaut.

20 septembre 1812. — (t. 2, p. 137.)

ERREUR DE FAIT.

1. — (Adjudication.) — *Une adjudication faite à bas prix, par suite d'une erreur de fait, peut être annullée, surtout si l'erreur a sa source dans un fait de l'adjudication.*

Bazire et Renouf. — C. — Carité et Delamarre.

11 juillet 1812. — (t. 2, p. 108.)

ESPAGNOL. — V. Séquestre.

ESTIMATION. — V. Halles et marchés. (Location.) — Tabacs.

ÉTABLISSEMENT PUBLIC.

1. — (Réparation.) — *L'autorité administrative n'est pas compétente pour prononcer sur les demandes en paiement des sommes dues pour réparations à des bâtimens publics, lorsque ces dépenses n'ont pas été autorisées par l'administration, c'est aux tribunaux à en connaître.*

Le procureur gérent du lycée de Toulouse.

17 mai 1813. — (t. 2, p. 334.)

— V. Administration de tutelle. — Autorisation. (Tontine.) — Compétence. (Divisibilité.)

ÉTANG. — V. Eaux. (Cours d') (Servitude.)

ÉTAT. — V. Compensation.

ÉTRANGER.

1. — (Justice gouvernementale.) — *Un étranger, agent d'un Gouvernement en guerre, qui a été arrêté par la police, et sur qui ont été saisis et confisqués des diamans, qu'il tient de ses mandans; si, après avoir obtenu sa mise en liberté, il réclame ses diamans, la décision intervenue ne peut, en aucun cas, être attribuée à la justice contentieuse du Conseil d'état : il ne peut s'adresser qu'à la justice gracieuse ou discrétionnaire du souverain.*

De Kolli.

8 janvier 1817. — (t. 3, p. 486.)

2. — (Violation.) — *Est-il vrai, en principe général, que des préposés aux douanes ne soient pas passibles de dommages-intérêts, par cela seul qu'ils ont fait une saisie sur le territoire d'un autre souverain?*

N'y a-t-il que le souverain lui-même qui puisse se plaindre de la violation de son territoire? — Le particulier, même national ou regnicole, qui s'en plaint, excipe-t-il du droit d'autrui?

Chaudron.

16 juillet 1817. — (t. 4, p. 94.)

— V. Aubaine. (Droit d')

ÉVASION. — V. Accusé.

ÉVICTION. — V. Indemnité. (Adjudications successives.)

EXCÉDENT DE CONTENUE. — V. Adjudication. (Interprétation.)

EXCEPTION.

1. — (Compétence.) — *En justice administrative, le juge de l'action n'est pas toujours le juge de l'exception.*

Desmousseaux. — C. — l'Administration des domaines.

20 novembre 1816. — (t. 3, p. 431.)

— V. Compétence. (Demande.) — Demande nouvelle.

EXCÈS DE POUVOIR.

1. — (Cassation. — Conseil d'état. — Conflit.) — *Un arrêt de la Cour de cassation ne peut être dénoncé au Conseil d'état par un particulier, pour incompétence, en ce que la Cour aurait cassé (comme vicié d'entreprise sur le pouvoir administratif) un arrêt qui, en réalité, ne contiendrait pas l'excès de pouvoir reproché.*

Siran.

10 septembre 1817. — (t. 4, p. 136.)

2. — (Conseil d'état. — Jugement.) — *Le pourvoi au Conseil d'état contre des jugemens ou arrêts, n'est point admissible lorsqu'il n'existe pas de conflit et qu'il ne s'agit que d'une exception d'incompétence; les tribunaux seuls doivent en connaître, et le jugement ou l'arrêt qui intervient, ne peut être attaqué que devant l'autorité judiciaire supérieure, chargée par la loi de le réformer.*

Brisac.

6 novembre 1813. — (t. 2, p. 449.)

— V. Adjudication. (Domaines nationaux.) — Autorité administrative. — Autorisation de commune. — Conflit. — Idem. (Réglement d'attribution.) — Conseil d'état. — Préfet. — Prise maritime.

EXCUSE. — V. Liberté. (Mise en jugement.) — Mise en jugement. — Idem (Violence.)

EXÉCUTION.

1. — (Conseil de préfecture.) — *Un conseil de préfecture qui constate que le terrain sur lequel est pratiqué un chemin vicinal n'a pas été compris dans une adjudication, peut condamner l'adjudicataire à délaisser le chemin et à le rétablir dans son ancien état. Les conseils de préfecture sont compétens pour ordonner l'exécution d'une telle décision; ils ne doivent pas renvoyer devant les tribunaux.*

Bentz. — C. — La comm. de Neuwiller.

10 février 1816. — (t. 3, p. 218.)

2. — (Conseils de préfecture. — Arrêtés. — Entrepreneur.) — *Les décisions des conseils de préfecture doivent obtenir la même exécution que les jugemens des tribunaux.* (Avis du Conseil d'état des 25 thermidor an 12 et 29 octobre 1811.)

Ainsi, un entrepreneur de travaux publics qui est en demeure, peut être contraint par saisie ou autrement, en vertu de mesures ou décisions administratives, sans qu'il soit besoin de faire intervenir les tribunaux.

La comm. de Vigneul.

5 mars 1814. — (t. 2, p. 524.)

3. — (Conseil de préfecture. — Conseil d'état. — Sursis.) — *Un entrepreneur de travaux publics n'est pas recevable à réclamer contre l'arrêté de l'autorité administrative qui fixerait l'indemnité due à un propriétaire pour l'extraction de matériaux destinés à la construction d'un pont, et qui homologue une expertise; lorsqu'il n'a point formé opposition à cette expertise avant l'homologation, et que d'ailleurs l'indemnité serait inférieure aux prix alloués, pour le même objet, dans son adjudication.*

Bidard et Delmas.

20 juin 1812. — (t. 2, p. 93.)

4. — (Décret. — Réglement.) — *Lorsqu'un réglement relatif au déversoir et au canal de décharge d'un moulin a été définitivement arrêté par un décret, toute contestation relative à l'exécution de ce réglement est dévolue à l'autorité judiciaire, sans que le préfet puisse en connaître.* — Quid? *s'il était survenu des circonstances réclamant l'emploi des mesures administratives combinées avec l'exécution du réglement.*

Mordret. — C. Lerango.

26 février 1817. — (t. 3, p. 520.)

5. — (Effet suspensif.) — *Le recours au Conseil d'état n'a point d'effet suspensif, s'il n'en est autrement ordonné par décision du même Conseil.* (Art. 3 du réglement du 22 juillet 1806.) *Un préfet commet donc un excès de pouvoir en suspendant l'exécution d'une décision de l'autorité administrative dont est appel au Conseil d'état.*

Bidard et Delmas.

20 juin 1812. — (t. 2, p. 93.)

6. — (Émigré. — Décision conditionnelle. — Contentieux des domaines nationaux.) — *Un émigré réintégré, dont les biens ont été vendus en l'an 4,*

nonobstant un sursis, et qui, en l'an 5, a obtenu du directoire exécutif un arrêt d'annullation, pour vices de formes, sous la condition que le prévenu d'émigration ne sera pas maintenu sur la liste; s'il a été ultérieurement rayé, doit revenir devers le conseil de préfecture, pour faire dire que la condition étant accomplie, l'adjudication doit être définitivement annullée: il ne doit pas demander au Conseil d'état de prononcer sur l'effet de l'arrêté du directoire.

Gestas.
8 janvier 1817. – (t. 3, p. 489.)

7. — (Pourvoi. — Signification. — Fin de non-recevoir. — Délai.) — *Le pourvoi contre des arrêtés de l'an 7 est aujourd'hui non recevable, bien qu'ils n'aient pas été signifiés, si par l'exécution qui a eu lieu de ces arrêtés, il conste que les réclamans en ont eu suffisamment connaissance.*

Arexy et Monestier. — C. — Jouve.
8 janvier 1817. – (t. 3, p. 476.)

8. — (Préfet. — Contrainte. — Octroi. — Divisibilité.) — *L'acte d'adjudication souscrit par un fermier d'octroi et par sa caution, étant exécutoire contre l'un et l'autre, le préfet ou l'administration active peut faire exécuter l'obligation par contrainte ou voie parée.*

Si la caution veut contester le mérite de son engagement, elle peut se pourvoir devant la justice administrative ou judiciaire, sans que la voie rescisoire arrête l'effet du titre paré.

Vincent.
26 mars 1812. – (t. 2, p. 41.)

EXÉCUTION PROVISOIRE. — V. Arrêtés par défaut. (Décisions ministérielles.) — Sursis. — Voirie. (Sous-préfets.)

EXÉCUTOIRE.

1. — (Préfet. — Conseil de préfecture. — Ingénieur. — Justice préfectoriale.) — *Si un particulier qui a établi un barrage sur une rivière, en vertu d'une concession de l'autorité, faute par lui d'entretenir le barrage, est mis par l'autorité dans l'alternative de les réparer ou d'y renoncer; et s'il renonce en effet au barrage, le paiement des honoraires de l'ingénieur, chargé de la visite du barrage lors de la renonciation, est à la charge de celui qui avait établi. — Le préfet est autorisé à délivrer exécutoire contre lui pour ces honoraires. — S'il y a opposition à l'exécutoire, elle est jugée par le conseil de préfecture.*

Dupuichaud.
10 septembre 1817. – (t. 4, p. 144.)

— V. Huissier.

EXEMPTION. — V. Manufacturiers. (Contributions des portes et fenêtres.)

EXERÇICE DE CORDES. — V. Taxe des pauvres. — (Spectacle.)

EXPÉRIENCE. — V. Utilité publique.

EXPERT.

1. — (Récusation.) — *Devant les conseils de préfecture, les experts peuvent être récusés valablement, lorsque pendant le cours de leurs opérations, et depuis la prononciation du jugement qui a ordonné l'expertise, ils ont bu ou mangé avec la partie.* (Articles 283 et 310 du Code de procédure.)

Lassis. — C. — Sénat.
15 juin 1812. – (t. 2, p. 75.)

— V. Honoraires. (Flottage.)

EXPERT D'OFFICE.

1. — (Indemnité. — Moulin. — Chômage.) — *Lorsque le propriétaire d'un moulin réclame une indemnité pour chômage à cause du détournement de ses eaux pour quelque service d'utilité publique, si l'indemnité doit être fixée par des experts, l'expertise doit avoir lieu contradictoirement par les experts de toutes parties. Un préfet ne peut pas se permettre de nommer un expert d'office pour le propriétaire du moulin, si celui-ci n'a été mis en demeure; en tel cas l'expertise est nulle, il y a lieu d'en ordonner une nouvelle.*

Albitte.
25 juin 1817. – (t. 4, p. 62)

EXPERTISE.

1. — (Travaux publics. — Conseil de préfecture.) — *Lorsqu'un rapport d'experts, appelés à fixer l'indemnité due à un propriétaire dépossédé, pour l'exécution de travaux publics, est réputé vicieux, le conseil de préfecture ne peut faire lui-même l'évaluation de l'indemnité; il ne peut qu'en référer au préfet, pour qu'il fasse recommencer l'expertise.*

Goulet. — C. — La ville de Paris.
11 juillet 1812. – (t. 2, p. 102.)

— V. Adjudication. (Biens nationaux.) — Affouage. — Contributions. — Tabacs.

EXPLICATION. — V. Acquéreurs nationaux. (Adjudication.) — Adjudication. (Biens nationaux.)

EXPLOITATION. — V. Mines.

EXPROPRIATION.

1. — (Comptable.) — *L'expropriation d'un comptable de l'Etat doit être désormais poursuivie conformément au Code civil, et non plus conformément aux lois des 28 pluviose an 3 et messidor an 6.* (Cod. civ., art. 2204.)

Bully.
6 janvier 1807. – (t. 1, p. 14.)

— V. Contentieux. (Action administrative.) — Effet rétroactif. (Interprétation.) — Indemnité. — Propriété. — Utilité publique.

EXPROPRIATION POUR CAUSE D'UTILITÉ PUBLIQUE.

1. — (Compétence.) — *D'après le décret interprétatif, du 18 août 1810, les contestations relatives aux expropriations, pour cause d'utilité publique, antérieures à la loi du 18 mars 1810, doivent être portées devant l'autorité administrative, conformément à la loi du 16 septembre 1807.*

Vitalis.
25 février 1818. – (t. 4, p. 263.)

2. — (Indemnité. — Pépinière. — Aqueduc. — Commune.) — *Un pépiniériste dont la pépinière est endommagée par suite du passage de l'aqueduc de ceinture pratiqué par la ville de Paris, a droit à une indemnité équivalente au dommage, aux termes de la loi du 16 septembre 1807. Cette indemnité est fixée contradictoirement par des experts, et arrêtée par le conseil de préfecture, sauf recours au Conseil d'état.*

En règle générale, est-il vrai que l'utilité d'une commune soit utilité publique, dans le sens de la loi du 16 septembre 1817, ou bien l'assimilation n'a-t-elle lieu que lorsqu'elle a été établie spécialement par une loi, comme dans l'espèce où l'aqueduc se trouve une suite de la construction du canal de l'Ourcq, ordonnée par la loi du 29 floréal an 10?

Tollard. — C. — la ville de Paris.
10 décembre 1817. – (t. 4, p. 230.)

3. — (Rue.) *Le percement et l'élargissement d'une rue doivent être ordonnés selon des vues générales d'utilité et d'économie: les particuliers intéressés ne peuvent se dispenser de s'y soumettre.*

La ville de Buzançois. — C. — Godefroy.
3 janvier 1809. – (t. 1, p. 235.)

EXPROPRIÉ. — V. Contribution.

ÉVICTION. — V. Déchéance. (Adjudication.)

FABRIQUE.

1. — (Aliénation. — Réclamation. — Irrévocabilité.) — *Le gouvernement, en rendant aux fabriques leurs biens, ne leur a restitué que ceux de ces biens qui n'avaient point été aliénés; il ne leur a pas donné le droit de contester sur la validité ou l'invalidité des ventes de ces biens, qui ont pu avoir lieu lorsque l'état en était en possession.*

Fabrique de Sundhoffen.
19 mai 1811. – (t. 1, p. 493.)

2. — (Autorisation. — Commune.) — *Les fabriques ne peuvent être autorisées à plaider sans la participation de l'autorité municipale, en ce que les frais du procès de la fabrique pourraient retomber à la charge de la commune.*

Toutefois l'autorisation n'est plus nécessaire, si les fabriciens ont pris l'engagement personnel et suffisamment garanti, de supporter tous les frais qui pourraient résulter de l'action par eux intentée.

Marguilliers de la fabrique de Fontenay.
25 février 1818. – (t. 4, p. 259.)

3. — (Autorisation. — Décret. — Opposition.) — *Un particulier qui a demandé au gouvernement l'autorisation de former un établissement ou une fabrique, et dont la demande a été rejetée après opposition des voisins pour cause d'insalubrité ou incommodité,*

n'est pas recevable à revenir par voie d'opposition contre ce décret rendu sur sa demande.

Millan. — C. — Texada.
20 juin 1816. — (t. 3, p. 318.)

4. — (Autorité administrative.) — *Les biens des fabriques sont soumis à la même forme d'administration que les biens communaux, et les contestations auxquelles peuvent donner lieu les dépenses relatives au culte, sont du ressort de l'autorité administrative.*

La fabrique de Heddesheim.
22 juin 1810. — (t. 1, p. 381.)

5. — (Compensation. — Rentes. — Émigrés.) — *Les rentes provenant de fondations pieuses dues aux fabriques sont dans la classe de celles qui ont été restituées à ces établissemens en vertu des arrêtés du gouvernement des 7 thermidor an 11, 25 frimaire an 12, et de l'avis du Conseil d'état du 30 avril 1807. — En conséquence, si une rente de cette nature est réclamée contre un émigré éliminé ou amnistié, celui-ci ne peut opposer la compensation au moyen de créances qui lui étaient dues par l'État au moment de son émigration, s'il n'a, conformément à l'article 3 de l'arrêté du 3 floréal an 11, et avant la restitution faite à la fabrique justifié que ladite rente avait été éteinte par l'effet de la confusion.* (Art. 17 du sénatus-consulte du 6 floréal an 10.)

Liège. (Fabrique de la ville de)
20 juin 1812. — (t. 2, p. 90.)

6. — (Dettes. — Compétence.) — *Les décrets des 7 thermidor an 11, 9 vendémiaire an 13, et 12 août 1807, relatifs aux dettes des communes et aux délais accordés pour leur acquittement, ne sont pas applicables aux dettes des fabriques. — Ainsi le droit de prononcer sur les effets d'une obligation par laquelle les administrateurs de ces établissemens se seraient engagés personnellement envers des particuliers, appartient à l'autorité judiciaire et non à l'autorité administrative.*

Barthelemy. — C. — La fabrique de Waltrack.
11 décembre 1808. — (t. 1, p. 221.)

7. — (Fondations pieuses.) — *Les biens seuls susceptibles d'être restitués aux fabriques, sont ceux qui leur appartenaient anciennement, et dont elles avaient la jouissance ou l'administration.* (Arrêté du 7 thermidor an 11.) *En conséquence, les administrateurs de ces établissemens ne sont pas fondés à réclamer une propriété formant la dotation de bénéfice simple, dont le titulaire seul touchait les revenus et passait les baux. De tels biens sont la propriété de l'État, encore qu'ils soient grevés de fondations pieuses.*

La fabrique de Liège.
12 février 1814. — (t. 2, p. 515.)

8. — (Hospices. — Rentes. — Droit acquis.) — *Les fabriques sont rentrées en propriété de leurs rentes depuis l'arrêté du 7 thermidor an 11 ; les hospices qui, à cette époque, n'avaient pas été envoyés en possession, n'ont pu obtenir ultérieurement un droit contraire au droit acquis des fabriques.*

Fabrique Saint-Nicolas et hospices de Nantes.
8 janvier 1817. — (t. 3, p. 473.)

9. — (Instituteur primaire.) — *C'est à l'autorité administrative et non aux tribunaux, que doivent être soumises les difficultés qui peuvent s'élever à raison des dépenses auxquelles doivent faire face les biens et revenus confiés à l'administration des marguilliers d'une fabrique, telles que le salaire d'un instituteur d'école primaire.*

Hermés.
11 avril 1810. — (t. 1, p. 361.)

10. — (Rentes. — Compétence.) — *Les tribunaux sont compétens pour prononcer sur une action en paiement dirigée par le receveur d'une fabrique, contre le débiteur d'une rente. — L'autorité administrative ne peut revendiquer la contestation, sur le motif que le défendeur aurait cité le receveur devant les tribunaux, sans une autorisation du Conseil de préfecture.*

La fabrique de Dirmstein. — C. — Koober.
24 juin 1808. — (t. 1, p. 172.)

11. — (Rentes. — Transfert.) — *Des aliénations d'une rente qui appartenait à une fabrique, et qui ont été faites postérieurement à l'arrêté du 7 thermidor an 11, portant* que les rentes dont les fabriques jouissaient et dont le transfert n'a pas été fait, sont rendues à leur destination, *sont néanmoins valables, lorsqu'à l'époque de l'aliénation ou du transfert ; la rente n'était pas comprise dans le nombre de celles dont la fabrique a été mise en possession en exécution de l'arrêté du 7 thermidor an 11.*

Despaugeu. — C. — la fabrique.
7 octobre 1812. — (t. 2, p. 147.)

12. — (Saisie-arrêt. — Autorité administrative.) — *Les dettes des fabriques ne pouvant être acquittées que sur les fonds assignés à cet effet par l'autorité administrative, les tribunaux ne peuvent, sans excéder leurs pouvoirs, prononcer la validité d'une saisie-arrêt des revenus des fabriques. Au préfet seul appartient le droit de régler le mode de paiement de ces dettes.*

Kenor. — C. — La fabrique de Sainte-Walbruge.
24 juin 1808. — (t. 1, p. 167.)

— V. Autorisation. — Compensation. (État.) — Confusion. — Prescription. — Saisie-arrêt.

FABRIQUES INSALUBRES

1. — (Salpêtre. — Salubrité.) — *Les fabriques de salpêtre ne sont pas comprises dans la nomenclature des fabriques dangereuses ou insalubres dont parle le décret du 15 octobre 1810.*

Nicolaï. — C. — Maraist.
15 novembre 1814. — (t. 3, p. 41.)

FACULTÉ. — V. Délai. (Effet.)

FACULTÉ INDUSTRIELLE. — V. Usine. (Raffinerie.)

FAILLITE. — V. Déchéance. (Consignation.) — Succession vacante. (Séquestre.)

FAIT DU SOUVERAIN. — V. Actions de la compagnie des Indes. (Conventions.)

FAUX. — V. Mise en jugement. — Idem. (Intention coupable.)

FAUX TÉMOIGNAGE.

1. — (Garde-forestier.) — *Un garde-forestier qui a fait en justice une déposition contraire à un procès-verbal signé de lui, peut être, par cela seul, poursuivi pour faux témoignage.*

Lambert.
11 décembre 1816. — (t. 3, p. 460.)

FEMME. — V. Émigrés. — Tierce-opposition. (Décret.)

FÉODALITÉ. — V. Pêcherie. — Rente. — Idem. (Transaction.)

FERMAGES.

1. — (Biens nationaux. — Contrainte.) *C'est à l'autorité judiciaire à prononcer sur le mérite d'une contrainte décernée par un directeur du domaine contre un fermier de biens séquestrés pour reliquat de fermages.*

Rég. des dom. — C. — Thierry.
20 novembre 1815. — (t. 3, p. 141.)

2. — (Compétence.) — *Toutes contestations relatives à des fermages de domaines nationaux sont du ressort de l'autorité judiciaire, bien qu'il s'agisse de l'exécution d'un bail, du 18 décembre 1786, dont une clause semblait soumettre toute contestation au jugement de l'intendant.*

Meyer. — C. — Le maire de Colmar.
18 avril 1816. — (t. 3, p. 268.)

3. — (Domaines nationaux.) — *Ce n'est point à l'administration, mais aux tribunaux ordinaires, à prononcer sur le mérite d'une contrainte décernée pour fermages de domaines nationaux.*

L'adm. des dom. — C. — Quellien.
13 janvier 1816. — (t. 3, p. 210.)

4. — (Domaines nationaux. — Compétence.) — *Toute contestation sur des décomptes de fermages entre l'administration des domaines et les fermiers nationaux doit être soumise aux tribunaux ordinaires.* (Art. 22 du règlement du 22 juillet 1806.)

Bezanger. — C. — L'adm. des domaines.
13 janvier 1816. — (t. 3, p. 217.)

— V. Acte administratif. (Interprétation.) — Bienfaisance. (Bureau de) — Contrainte. — Idem. (Opposition.) — Domaines nationaux. — Indemnité. (Domaines nationaux.) — Quittances. — Ville.

FERMIER. — V. Agens du Gouvernement. — Comptabilité. — Idem. (Séquestre.) — Domaines nationaux. — Force majeure. (Preuves.) — Pêche.

FERMIER DE L'ÉTAT.

1. — (Libération. — Compétence.)

— *La contestation entre un fermier de l'État et un particulier, et dans laquelle il ne s'agirait que d'apprécier la validité des pièces dont le fermier prétend faire résulter sa libération, est du ressort des tribunaux et non de la compétence de l'autorité administrative.*

Thunot.
12 mars 1811. — (t. 1. p. 478.)

2. — (Paiement. — Autorité judiciaire.) — *Les contestations qui s'élèvent entre les fermiers de l'État et le domaine pour raison du paiement de leurs fermages, sont de la compétence des tribunaux et non de la juridiction de l'autorité administrative, encore qu'une des parties ait reconnu la compétence de cette dernière autorité.*

Willerich. — C. — le Domaine.
11 janvier 1808. — (t. 1, p. 134.)

3. — (Prescription. — Autorité judiciaire.) — *C'est devant les tribunaux et non devant l'autorité administrative, que doivent être portées les questions relatives à la prescription, et les preuves de libération invoquées par un fermier de domaines nationaux, pour se soustraire à l'action en paiement de ses fermages, intentée contre lui par le domaine.*

Moye. — C. — Le Domaine.
11 janvier 1808. — (t. 1, p. 138.)

4. — (Sous-fermiers. — Compétence.) *Le bail passé par un fermier de l'Etat à son sous-fermier, ne peut être considéré que comme un simple traité entre particuliers. En conséquence la connaissance des contestations qui naîtraient de l'inexécution de ce bail, appartient aux tribunaux et non à l'autorité administrative.*

Guy. — C. Joffroy.
21 décembre 1808. — (t. 1, p. 228.)

— V. CAUTION. (Garantie.) — INDEMNITÉ.

FERMIERS GÉNÉRAUX.

1. — (Liquidation.) — *Toute action intentée contre l'ancienne compagnie des finances dite* la Ferme générale, *ou contre l'un des fermiers généraux en vertu de créances dont le paiement a été dans le temps renvoyé à la liquidation de la dette publique, est administrative et non judiciaire.*

Romberg. — C. — Luçay-Roslin d'Yvri et Lavoisier.
25 juin 1817. — (t. 4, p. 55.)

FINS DE NON RECEVOIR. — V. ARRÊTÉ PAR DÉFAUT. (Opposition.) — CHOSE JUGÉE. — COMPTABLE. — DÉCISION CONTRADICTOIRE. (Opposition.) — EXÉCUTION. (Pourvoi.) — ORDONNANCE DE PUR MOUVEMENT. — POURVOI. (Ministre.) — IDEM. (Production.) — PRÉPARATOIRE. (Pourvoi.) — PRODUCTION, (Défaut de)

FLOTTAGE. — V. HONORAIRES. — RIVIÈRE. — UTILITÉ PUBLIQUE. (Indemnité).

FOLLE ENCHÈRE.

1. — (Cédules.) — *Les bons à vue, ou cédules, donnés à l'Etat en paiement de biens nationaux, n'ont effet administratif, relativement à une folle enchère, qu'autant qu'ils ne sont pas payés, ou qu'il n'y a pas quittance du trésor. — Si, après paiement et quittance, ils sont remis dans le commerce, ils n'ont cours et effets que comme effets commerciaux; le défaut de paiement ne comporte plus de folle enchère administrative.*

Henrion.
26 mars 1812. — (t. 2, p. 43.)

— V. DÉCOMPTE.

FONDATEUR. — V. HOSPICES.

FONDATION.

1. — (Université. — Domaine.) — *Les fondations de tout bénéfice ecclésiastique, pour la dotation duquel le fondateur et ses héritiers étaient dépouillés du droit de propriété des objets donnés, sont tombées en mainmorte, et comme telles supprimées au profit de l'Etat. — L'université n'a rien à y réclamer, bien que ces bénéfices fondés fussent destinés à des étudians de l'université.* (Loi du 5 frimaire an 6. — Décret du 11 décembre 1808.)

Biver.
18 janvier 1813. (t. 2, p. 233.)

— V. ÉMIGRÉ.

FONDATION PIEUSE.

1. — (Bourse gratuite.) — *Lorsqu'un testateur a fondé, sous les anciennes lois, des bourses gratuites, et qu'il a déclaré les destiner à ses parens d'une certaine ligne, et en conférer la collation au curé et à l'un de ses plus proches parens paternels, l'administration d'une telle fondation doit être aujourd'hui confiée au bureau de bienfaisance, à la place du curé.*

La collation des bourses ainsi fondées appartient au préfet, sur la présentation du bureau de bienfaisance. (Lois des 5 et 8 mai 1793, et du 25 messidor an 5.)

Fontaine. — C. — Le bureau de bienfaisance de Fourmies.
20 septembre 1809. — (t. 1, p. 317.)

2. — (Contentieux. — Compétence. — Fabrique.) — *C'est aux conseils de préfecture et non aux préfets, à décider la question de savoir si une somme affectée à une fondation pieuse dans l'église d'une ci-devant communauté religieuse, appartient à l'Etat ou à la fabrique de la paroisse dans la circonscription de laquelle se trouvait le couvent.*

Fabrique de Notre-Dame de Coblentz.
30 juin 1813. — (t. 2. p. 379.)

3. — (Rentes. — Domaine.) — *Les contestations qui s'élèvent entre le domaine et des particuliers, sur la propriété d'une rente de fondation pieuse, sont du ressort des tribunaux.*

La Régie des domaines.
21 décembre 1813. — (t. 2, p. 473.)

— V. CORPORATIONS RELIGIEUSES. (Prestations.) — FABRIQUE.

FONDERIE. — V. ENTREPRENEUR. — JUSTICE MINISTÉRIELLE. (Indemnité.)

FONDS DE SOLDE.

1. — (Fournisseur. — Militaire.) — *Lorsqu'un fournisseur a fait des fournitures à des corps de troupes qui reçoivent une solde individuelle, au moyen de laquelle ils doivent pourvoir à leurs frais, à leur habillement et à leur équipement, s'il n'a pas traité directement avec le Gouvernement, mais seulement avec le conseil d'administration du régiment, il n'a d'action que contre chaque militaire auquel il a fourni; il doit être payé sur les fonds de solde, mais selon ce qui est dû à chacun de ses débiteurs.*

Berdellé. — C. — l'Admin. de la guerre.
14 juillet 1812. — (t. 2, p. 114.)

FORCE. — V. CONTENTIEUX.

FORCE MAJEURE.

1. — (Preuves. — Octroi. — Fermier.) — *Un fermier de l'octroi n'est pas fondé à demander d'être indemnisé du défaut de perception occasionné par un événement de force majeure, lorsqu'il n'est pas prouvé que cet événement ait produit l'effet qu'il lui attribue.*

Martin.
1er. septembre 1811. — (t. 1, p. 531.)

— V. AVARIES. (Indemnité.) — COUR DES COMPTES. — IDEM. (Cassation.) — IDEM. (Responsabilité.) — INDEMNITÉ. (Fermiers nationaux.) — INVASION. — RELIEF DE LAPS DE TEMPS.

FORCLUSION. — V. DÉLAI. — JUGEMENT PAR DÉFAUT. (Conseil d'état.)

FORÊT DOMANIALE. — V. PROPRIÉTÉ. (Démolition.)

FORÊT NATIONALE.

1. — (Propriété.) *C'est aux tribunaux et non à la justice administrative de décider s'il y a usurpation de forêt nationale, ou si le terrain envahi est une propriété particulière.*

Saunier.
23 décembre 1815. — (t. 3, p. 186.)

— V. AFFOUAGE. — DÉPAISSANCE. (Droit de) — USAGE. (Droit d')

FORGES. — V. CONCESSION. (Propriété.)

FORTIFICATION. — V. SENTIER. (Servitude.)

FOSSÉ. — V. CHEMIN VICINAL. — COMMUNAUX.

FOURNISSEUR.

1. — (Agent du gouvernement. — Régie des subsistances militaires.) *Aux termes de l'arrêté du gouvernement du 19 thermidor an 9, les contestations existantes entre les particuliers et les régies établies par le gouvernement ou les agens desdites régies, relativement au paiement des fournitures faites pour le compte du gouvernement, doivent être jugées administrativement.*

Worms de Romilly. — C. — la rég. des subsist. milit.
23 avril 1818. — (t. 4, p. 315.)

2. — (Bois de marine. — Marché. —

Compétence.) — *Lorsque les fournisseurs des bois pour la marine, marquent dans les coupes des particuliers, et achètent pour leur propre compte des bois qu'ils livrent ensuite à la marine; les contestations qui peuvent s'élever relativement aux paiemens de ces bois, doivent être jugées par les tribunaux ordinaires, l'autorité administrative est incompétente.*

Crucy.
26 mars 1812. – (t. 2, p. 32.)

3. — (Conventions. — Justice ministérielle discrétionnaire.) — *Lorsque le ministre de la guerre a prononcé la résiliation d'un marché passé entre un préfet et un fournisseur pour nourriture de chevaux de la gendarmerie (marché qui n'était pas d'urgence, ni définitivement arrêté par le préfet), si le fournisseur réclame contre l'annullation de ce marché, la matière n'est pas contentieuse, elle est administrative, le marché du préfet ne pouvant valoir qu'avec l'autorisation du ministre.*

Lefrançois.
11 juin 1817. – (t. 4, p. 46.)

4. — (Frais extraordinaires.) — *Des frais de voyage et des frais extraordinaires ne sont point alloués à des fournisseurs qui ont traité à prix fixe; il ne peut en être alloué que dans des comptes de clerc à maître.*

Mouchon et Andriel.
17 juin 1818. – (t. 4, p. 359.)

5. — (Garde nationale.) — *Les contestations entre les fournisseurs et les officiers de la garde nationale pour fourniture d'équipement, doivent être jugées par l'administration et non par les tribunaux.*

Jobard. — C. — Kern et Wachter.
13 février 1816. – (t. 3, p. 231.)

6. — (Intérêts moratoires.) — *Il ne doit pas être accordé à un fournisseur des intérêts pour retard de paiement, si le marché ne stipulait aucun terme fixe ou de rigueur, si d'ailleurs il remonte à une époque antérieure à celle qui est fixée pour les intérêts des créances arriérées par l'article 13 de la loi du 28 avril 1816 et par l'ordonnance du 27 mai suivant.*

Levacher Duplessis.
11 juin 1817. – (t. 4, p. 51.)

7. — (Ministre. — Contentieux. — Convention.) — *La résolution ou rescision d'un marché entre un fournisseur et le ministre de la guerre peut être prononcée par le Conseil d'état, si le fournisseur a lui-même dénaturé les bases de son contrat, si lui même a procédé comme ne croyant plus à l'existence de ce marché.*

Le Ministre de la guerre. — C. — Collas.
1er. mai 1816. – (t. 3, p. 282.)

8. — (Privilége.) — *Les fournisseurs qui n'ont pas reçu le prix des fournitures faites à un agent du Gouvernement, ne peuvent agir contre l'administration pour obtenir leur paiement, que devant l'autorité administrative.*

Les fournitures livrées dans les magasins du Gouvernement cessent d'être une propriété particulière; elles deviennent celles de l'état, elles ne peuvent être revendiquées à titre de privilége, pour défaut de paiement. (Code civil, art. 1202, No. 4, premier alinéa.)

Peretty.
16 février 1811. – (t. 1, p. 467.)

9. — (Sous-traitans. — Valeur. — Ponts et chaussées.) — *De ce qu'un entrepreneur des ponts et chaussées n'est payé de l'administration qu'en valeur de l'arriéré, il ne s'en suit point que les fournisseurs, ses sous-traitans, ne puissent pas le faire condamner par les tribunaux à payer en numéraire le montant de ses fournitures.*

Clicot.
10 septembre 1817. – (t. 4, p. 140.)

— V. Boulanger. — Compensation. — Fonds de solde. — Garde magasins. (Agens du Gouvernement.) — Marché avec le Gouvernement. (Juridiction.) — Réquisition. — Revendication. — Travaux publics. (Entrepreneurs.)

FOURNITURES.

1. — (Administration publique. — Pourvoi.) — *Un décret qui détermine le mode de paiement de fournitures faites au Gouvernement, est une mesure d'administration publique contre laquelle les parties qui se prétendraient lésées, ne peuvent se pourvoir que conformément à l'article 40 du décret du 22 juillet 1806.*

Desmazures.
11 mai 1807. – (t. 1, p. 87.)

— V. Contentieux. (Administration active.) — Entrepreneur public. — Garde d'honneur. — Hospices. — Liquidation. (Contentieux.)

FOURRAGES MILITAIRES. — V. Marché.

FOURRIÈRE.

1. — (Maire. — Dommages-intérêts.) — *Les tribunaux ordinaires ne peuvent, sans excéder leurs pouvoirs prononcer des condamnations contre un maire, pour avoir, en cette qualité, illégalement fait saisir et mettre en fourrière des bestiaux.*

Chevillard. — C. — le maire de Nozay.
16 août 1808. – (t. 1, p. 186.)

FRAIS. — V. Administration active. — Contribution. — Contribution directe. (Huissier.) — Greffier. — Huissier. (Exécutoire.)

FRAIS DE BUREAU. — V. Délai. (Notification par lettres ministérielles.)

FRAIS EXTRAORDINAIRES. — V. Fournisseurs.

FRANC.

1. — (Livre. — Remboursement. — Entrepreneur.) — *Lorsque la loi eut établi une différence entre le franc et la livre tournois, si un payement fut fait et reçu en franc, y eut-il lieu à restitution de la différence? — La restitution est-elle de droit au profit du gouvernement comme au profit d'un particulier? Est-elle exigible même d'un entrepreneur de travaux publics, qui prouve avoir fait ses paiemens en francs et non en livres, comme il avait été payé lui-même?* (Lois des 12 vendémiaire et 13 frimaire an 8.)

Ceren. — C. — le Directeur des ponts et chaussées.
11 décembre 1816. – (t. 3, p. 450.)

FRANC BORD. — V. Eau. (Cours d') (Ruisseau.) — Marais. (Dessèchement.)

FRAUDE. — V. Accusé. (Évasion.)

FRUITS.

1. — (Biens nationaux. — Adjudication. — Interprétation. — Compétence.) — *Lorsque la justice administrative prononce que certains biens ne sont pas contenus dans l'acte d'adjudication, elle doit s'arrêter là; elle ne doit pas statuer sur une demande en restitution de fruits : cette demande doit être soumise aux tribunaux.*

N'est-ce pas aussi aux tribunaux d'ordonner l'abandon des biens revendiqués, après que le contrat d'adjudication a été interprété par la justice administrative?

Devillars.
18 mars 1813. – (t. 2, p. 293.)

2. — (Bonne foi. — Émigré.) — *Les fruits perçus par un émigré sur une portion des biens qui lui avaient été par erreur rendus lors de son élimination, ne peuvent être acquis de bonne foi; il y a lieu à restitution.*

Sartoux.
30 novembre 1811. – (t. 1, p. 561.)

3. — (Bonne foi. — Partage.) — *Lorsque dans le partage fait de la présuccession d'un ascendant d'émigré, l'autorité administrative a omis un objet porté dans la déclaration fournie par l'ascendant, et que cette omission est reconnue postérieurement, les fruits de l'objet omis sont dus à compter du jour de la déclaration, et l'ascendant n'est pas fondé à soutenir qu'il est possesseur de bonne foi, et qu'en cette qualité il doit faire les fruits siens, jusqu'à l'époque où l'erreur a été reconnue,*

Benazé. — C. — l'Adm. des dom.
18 janvier 1813. – (t. 2, p. 221.)

4. — (Justice contentieuse. — Ministre. — Propriété. — Domaine.) — *Ce n'est point devant la justice contentieuse du Conseil d'état, c'est devant le ministre que doit être porté un recours contre un arrêté de préfet rendu en matière domaniale sur une restitution de fruits.* (Réglement du 23 février 1811.)

Pissard. — C. — l'Adm. des dom.
20 novembre 1815. – (t. 3, p. 159.)

5. — (Restitution. — Compétence.) — *L'action en restitution de fruits ou l'indue jouissance de biens nationaux, en vertu d'un titre vicié d'excès de pouvoirs, ne regarde pas l'autorité administrative : elle doit être portée devant les tribunaux.*

L'Administr. des dom. — C. — Richardot.
[illegible] 1816. – (t. 3, p. 293.)

— V. ADJUDICATION (Déguerpissement.)—DÉCHÉANCE. (Restitution.) — EMIGRÉ. — PROPRIÉTAIRE RÉINTÉGRÉ. (Compétence.)

GARANTIE.

1. — (Command.) — *Le droit de revente par déclaration de command exempte bien des frais de mutation, mais ne soustrait pas le soumissionnaire originaire à toute la garantie que le gouvernement avait le droit d'exercer.*

Bessières. — C. — L'amd. des domaines.
11 décembre 1816. — (t. 3, p. 446.)

2. — (Compétence.) — *la garantie qu'un particulier peut avoir à exercer contre l'administration, par suite de la demande formée contre lui par un tiers, n'est pas une cause qui fasse cesser la compétence originaire des tribunaux.*

Samson Joseph.
14 mai 1817. — (t. 4, p 15.)

3. — (Receveur général. — Octroi. — Commune.) — *Une commune, condamnée comme responsable, envers le trésor public, des dilapidations d'un receveur municipal, si elle veut exercer sa garantie contre le receveur général, comme ayant concouru à faciliter et couvrir le déficit, doit s'adresser aux tribunaux et non à la justice administrative.*

Corbineau. — C. — la ville de Rouen.
10 septembre 1817. — (t. 4, p. 146.)

4. — (Partage. — Tiers-Acquéreurs.) *Lorsque divers part-prenans à un partage administratif prétendent exercer une action contre d'autres part-prenans, pour raison de la garantie que se doivent mutuellement les lots des copartageans, par suite de l'éviction de l'un d'eux, l'action en garantie est portée devant l'administration et ne doit être dirigée que contre les copart-prenans ou leurs ayant-cause. Des tiers-acquéreurs ne peuvent y être comme parties principales.*

Pathiot. — C. — Roussel.
3 décembre 1817. — (t. 4, p. 201.)

— V. ACTE ADMINISTRATIF. (Quittance.) — ADMINISTRATEUR. — CAUTION. — DIVISIBILITÉ. (Compétence.) — PARTAGE ADMINISTRATIF. — PRISES. (Chose jugée.) TRAVAUX PUBLICS.

GARANTIE CONSTITUTIONNELLE, OU GARANTIE DE FONCTIONNAIRE ADMINISTRATIF.

1. — (Agent du Gouvernement. — Entrepreneurs. — Lettres de change. — Autorité judiciaire.) — *Les agens d'une entreprise pour le service de l'Etat, sont, comme les entrepreneurs mêmes, justiciables des tribunaux à raison des obligations qu'ils ont contractées pour le service de l'entreprise, envers des tiers : et bien qu'en s'obligeant ils aient agi en vertu d'ordres émanés de préposés du Gouvernement et conjointement avec eux pour assurer le service, ils ne peuvent, malgré cette circonstance, être considérés comme agens secondaires du Gouvernement, justiciables de l'administration.*

Durand. — C. — Billon-Duplan.
31 mai 1807. — (t. 1, p. 88.)

2. — (Agent du Gouvernement. — Lettre de change.) — *Il ne suffit pas qu'un particulier soit agent du Gouvernement; qu'il soit autorisé à faire traite sur le ministre pour fournitures; et qu'il ait souscrit des lettres de change en sa qualité d'agent du Gouvernement, pour qu'il soit réputé s'être obligé comme* agent du Gouvernement, *et n'avoir pas voulu s'obliger* personnellement : *il faut encore que les effets soient causés pour* fournitures *ou* pour service public; *sans cela, il y a obligation personnelle, et justiciabilité des tribunaux ordinaires.*

Torlonia. — C. — Haslawer.
17 janvier 1814. — (t. 2, p. 488.)

3. — (Agent du Gouvernement. — Obligation personnelle.) — *C'est devant les tribunaux et non devant l'administration, que doivent être faites les poursuites dirigées contre les administrateurs municipaux d'une commune, pour le paiement d'une somme empruntée par ces fonctionnaires en leur propre et privé nom, encore que l'emploi de cette somme ait eu lieu pour subvenir aux besoins de cette commune.*

Denac. — C. — Weiss.
1er. juin 1807. — (t. 1, p. 95.)

4. — *Il ne suffit pas qu'un billet soit souscrit par un agent du gouvernement, et pour affaire intéressant le gouvernement, pour que la contestation sur le paiement doive être soumise à la justice administrative, il faut encore que le billet énonce qu'il se rattache à une affaire administrative.*

Ernst. — C. Bendelé.
30 juillet 1817. — (t. 4, p. 96.)

5. — (Constitution de l'an 8.) — *L'acte constitutionnel du 22 frimaire an 8, aboli en tout ce qui regarde l'exercice de la puissance publique, conserve son effet pour les garanties promises aux citoyens et aux fonctionnaires.*

Patrigeon. — C. — Devaux.
11 décembre 1814. — (t. 3, p. 48.)

6. — (Domaines nationaux. — Inviolabilité. — Succession vacante. — Déshérence.) — *Les dispositions de l'article 94 de la loi du 22 frimaire an 8, et de l'article 9 de la charte constitutionnelle, qui ne permettent pas d'attaquer une vente de domaines nationaux légalement consommée, sont applicables à une vente de biens provenant d'une succession vacante et dévolus à l'état pour cause de déshérence. Dans le cas où il se présenterait des héritiers, ils ne sont pas fondés à critiquer une telle vente et à demander l'annullation d'une décision de l'autorité administrative, qui, en maintenant la vente et déclarant les héritiers créanciers de l'état, les aurait renvoyés pour se faire liquider devant le directeur des domaines, conformément à la loi du 24 frimaire an 6.*

Mariadec. — C. — Renaud.
19 mars 1817. — (t. 3, p. 528.)

7. — (Maire. — Conseil municipal.) — *Un maire de commune qui prend sur lui d'ordonner à un entrepreneur de bâtimens des travaux pour la commune, sans la participation du conseil municipal, doit être désavoué par l'administration supérieure, et responsable pour son propre compte. Le Conseil d'état autorise, en ce cas, les poursuites judiciaires à fin de condamnation en nom personnel.*

Limousin. — C. — Gillet de Brouelle.
13 mai 1818. — (t. 4, p. 333.)

8. — (Maire. — Officiers de police judiciaire. — Mise en jugement.) — *Un adjoint de maire prévenu d'avoir ordonné une arrestation arbitraire, s'il a procédé en qualité d'officier de police judiciaire, peut être poursuivi sur la citation du procureur général, aux termes des art, 479 et 483 du Code d'instruction criminelle : il n'y a pas nécessité d'autorisation de l'administration supérieure.*

Chazelles, maire de Rauilhac.
8 janvier 1817. — (t. 3, p. 480.)

9. — (Obligation personnelle.) — *Des fonctionnaires administratifs qui s'engagent en leur qualité d'administrateur et pour une cause administrative insérée dans l'obligation, ne sont pas moins tenus personnellement et passibles d'actions devant les tribunaux, s'ils ont déclaré contracter une obligation personnelle.*

Goetchy et Butignot. — C. — Coder et Nublet.
8 janvier 1817. — (t. 3, p. 478.)

10. — (Obligation personnelle. — Autorité judiciaire.) — *Bien que les contestations qui naissent de l'inexécution d'obligations contractées par une administration, soient du ressort de l'autorité administrative, néanmoins, lorsque ces obligations ont été souscrites purement et simplement par un fonctionnaire en son propre et privé nom, c'est aux tribunaux que la connaissance en est dévolue.*

Latour.
12 juillet 1807. — (t. 1, p. 110.)

11. — (Qualité. — Compétence.) — *La question de savoir si un maire de commune à qui un particulier demande une somme d'argent pour obligation personnelle par suite d'une fourniture, s'est obligé personnellement ou s'il s'est obligé comme administrateur, ne peut être décidée que par l'autorité administrative, au moins lorsqu'il paraît qu'il s'agit de réquisition faite par le maire et d'une enquête faite par le juge.*

Wilhelm. — C. — Papirer.
8 janvier 1817. — (t. 3, p. 478.)

12. — (Réquisition.) — *L'officier municipal d'une commune à qui il a été fourni des bestiaux par voie de réquisition au nom et pour le compte de la commune, ne peut être poursuivi personnellement. Au cas de condamnation personnelle, il y a lieu à annullation par le Conseil d'état.*

Perrin. — C. — Huot.
11 décembre 1816. — (t. 3, p. 460.)

13. — (Travaux publics. — Agent du Gouvernement.) — *Les préposés de*

l'administration ne peuvent être poursuivis pour raison du paiement de travaux publics qu'ils auraient ordonnés en cette qualité pour le compte du Gouvernement. Lorsqu'il s'agit d'une contestation sur le prix de ces travaux, élevée par les ouvriers qui les ont exécutés, c'est à l'autorité administrative, et non aux tribunaux, qu'il appartient de prononcer.

Romansson. — C. — Thouin.
6 juin 1807. — (t. 1, p. 105.)

14. — (Travaux publics — Place publique. — Amende.) — *Un entrepreneur de travaux publics qui fait déposer des matériaux sur la place publique d'une commune, ne peut être traduit en tribunal de police comme passible d'amende pour embarras de la voie publique ; il ne peut être poursuivi que pour torts et dommages devant le conseil de préfecture, aux termes de l'art. 4 de la loi du 28 pluviose an 8.*

Maire de Mesle-sur-Sarthe — C. — Servy.
11 décembre 1816. — (t. 3, p. 450.)

— V. ACQUÉREURS SUCCESSIFS. (Caisse d'amortissement.) — ADJUDICATION. (Revendication.) — ADMINISTRATEUR. — COMMUNE. (Dettes d'une) — DOMAINES NATIONAUX. (Adjudication.) — ENTREPRENEURS PUBLICS. (Sous-traitans.) — POLICE RURALE. (Autorité administrative.)

GARDE CHAMPÊTRE. — V. MISE EN JUGEMENT.

GARDE D'HONNEUR.

1. — (Fournitures. — Paiement.) — *C'est aux tribunaux seuls qu'il appartient de statuer sur une demande en paiement d'une obligation souscrite par un particulier pour fournitures faites au nom et pour le compte de la garde d'honneur d'une commune. L'autorité administrative ne peut en revendiquer la connaissance sur le motif que cette fourniture aurait eu lieu par suite de l'exécution d'un acte de l'administration, lorsque d'ailleurs cette circonstance n'est pas mentionnée dans l'obligation.*

Gosse.
12 novembre 1811. — (t. 1, p. 556.)

GARDES FORESTIERS.

1. — (Mise en jugement.) — *L'inscription en faux contre un procès verbal de garde forestier ne peut être suivie qu'après la mise en jugement autorisée par le Conseil d'état.*

Dubois. — G. — Hugot et Lambert.
20 novembre 1815. — (t. 3, p. 185.)

— V. FAUX TÉMOIGNAGE. — MISE EN JUGEMENT. — IDEM. (Concussion.) — IDEM. (Faux.) IDEM. (Garde champêtre.)

GARDE MAGASINS.

1. — (Agens du Gouvernement. — Fournisseur.) — *La demande en paiement de fourrages fournis à un garde magasin pour le compte d'une administration de département, appartient aux tribunaux ordinaires.*

Faucher. — C. — Gachet.
18 mars 1816. — (t. 3, p. 258.)

2. — (Commissaire des guerres. — Responsabilité.) — *Le déficit résultant de la différence entre les quantités de vivres expédiés à un garde magasin, et celles reçues par lui, ne peut être mis à la charge du commissaire des guerres, qui, dans le procès-verbal d'arrivée, n'aurait point constaté la cause de ce déficit, à moins de connivence de sa part avec l'expéditeur; autrement ces sortes d'expéditions ayant lieu de comptable à comptable, ces derniers sont responsables des déficit dont ils n'auraient point fait constater la cause.*

Mœvus. — C. — Drouin.
21 février 1814. — (t. 2, p. 516.)

3. — (Dépenses. — Portage.) — *En matière de comptabilité des gardes-magasins militaires, les dépenses extraordinaires, telles que les frais de portage des grains, ne peuvent leur être allouées qu'autant qu'elles auraient été autorisées par les commissaires des guerres.*

Mœvus. — C. — Drouin.
21 février 1814. — (t. 2, p. 516.)

— V. CONTENTIEUX. (Traitement.) — MAGASINS MILITAIRES. (Déficit.) — RESPONSABILITÉ. (Justice ministérielle.)

GARDE NATIONALE SÉDENTAIRE.

1. — (Remplaçans. — Indemnité. — Exécution. — Contribution. — Liberté personnelle.) — *Dans les communes où la Garde nationale est organisée suivant les anciennes lois, et fait un service sédentaire, les citoyens qui ne font pas personnellement leur service, peuvent être contraints à payer l'indemnité de remplacement, telle qu'elle est fixée par le conseil municipal, et cela, en vertu d'un simple rôle exécutoire arrêté par le préfet, lequel emporte exécution par voie parée.* (Art. 4, loi du 14 octobre 1791. — Ch. 6. Instruction du Directoire exécutif, du 13 floréal an 7.)

Moreau.
29 août 1809. — (t. 1, p. 302.)

— V. FOURNISSEUR.

GARDE-PÊCHE. — V. MISE EN JUGEMENT. (Concussion.)

GARDIENS. — V. PERCEPTEUR. (Saisie.)

GESTION. — V. ARRÊTÉ ADMINISTRATIF. (Chose jugée.)

GLACES.

1. — (Adjudication. — Interprétation.) — *Un conseil de préfecture ayant à juger si des glaces ont été comprises dans la vente d'une maison nationale, excède ses pouvoirs, s'il ordonne une expertise pour constater si ces glaces étaient ou n'étaient pas placées à perpétuelle demeure : en cela il applique ou préjuge un point de droit civil, au lieu de se borner à une interprétation d'acte administratif.*

Richardo de Choisey.
11 décembre 1813. — (t. 2, p. 470.)

— V. CONTENTIEUX. (Domaines nationaux.)

GOUVERNEMENT.

1. — (Décision. — Commission.) — *Le Conseil d'état doit-il reconnaître des décisions du gouvernement qui ne soient pas des ordonnances du roi, datées, signées et contre-signées ? Suffit-il qu'un ministre atteste que telle décision d'une commission a été approuvée du gouvernement ?*

Lambert.
11 juin 1817. — (t. 4, p. 43.)

GRADES MILITAIRES. — V. TRAITEMENS MILITAIRES.

GRAND OFFICIER. — V. TRAITEMENS MILITAIRES. (Grades militaires.)

GRAVOIS. — V. ROUTES.

GREFFIER.

1. — (Frais. — Justice ministérielle. — Contentieux. — Délai. — Déchéance.) — *Les décisions du ministre de la justice, rendues contre un greffier pour excès dans ses états de frais, bien qu'elles tiennent à l'action administrative, ont cependant cette propriété du contentieux, que le recours au Conseil d'état n'est pas recevable après trois mois du jour où cette décision a été notifiée.* (Réglement du 22 juillet 1806.)

Carré.
6 septembre 1813. — (t. 2, p. 418.)

— V. DÉCISION MINISTÉRIELLE. (Chose jugée.)

HABITANS. — V. COMMUNES.

HAIE. — V. SURSIS.

HALAGE. — V. PÊCHE. (Rivières navigables.) — PROPRIÉTÉ. (Rivières navigables.)

HALLES.

1. — (Communes. — Indemnité préalable. — Propriété.) — *La suppression du droit de halage sans indemnité, n'opère pas la dépossession des propriétaires à qui les bâtimens et halles appartiennent ; seulement, la loi du 28 mars 1790, oblige les propriétaires des halles à les louer ou à les vendre aux communes des lieux ; mais, dans aucun cas et sous aucuns prétextes, les propriétaires des halles ne peuvent être dépossédés avant d'avoir reçu leurs indemnités.* (Loi du 28 mars 1790. — Décret du 6 décembre 1813. — Article 545 du Code civil.)

Delamarre.
26 mars 1814 — (t. 2, p. 533.)

2. — (Location. — Estimation. — Homologation. — Contentieux. — Action administrative.) — *Un préfet n'a le droit d'homologuer un procès-verbal d'experts contenant l'estimation des halles et marchés établis dans une commune, pour en déterminer la valeur locative, qu'autant que le propriétaire de ces halles et la commune qui les prendrait à loyer, seraient d'accord sur*

les bases de l'estimation; autrement, et s'il s'élève à cet égard un débat entre les parties, la question étant, non pas administrative, mais contentieuse, doit être soumise au conseil de préfecture.

Lesceigneur. — C. — la commune de Doudeville.
6 décembre 1813. — (t. 2, p. 464.)

3. — (Représentant. — Ayant-cause. — Tierce-opposition. — Engagiste.) — *Le domaine qui s'est emparé des halles d'une commune, comme étant aux droits du seigneur, ne représente le seigneur dans toute contestation et décision, qu'autant que le seigneur n'aurait pas été réintégré dans son droit d'engagiste, ou qu'il n'aurait pas acquis un nouveau droit réel comme soumissionnaire, aux termes de l'article 14 de la loi du 14 ventose an 7. S'il y a une soumission acceptée, l'engagiste soumissionnaire a capacité suffisante, aux termes de l'article 34, pour débattre le fond du droit en présence du domaine, et pour être recevable dans une tierce-opposition au cas de décision en son absence.*

Cheffontaine et l'Administration des domaines. — C. — la ville de Rennes.
7 août 1816. — (t. 3, p. 360.)

— V. Acte administratif.

HERBE. — V. Adjudication. (Interprétation.)

HÉRITIERS. — V. Tierce opposition.

HOMOLOGATION. — V. Halles et marchés. (Location.) — Transaction. (Prises maritimes.)

HONORAIRES.

1. — (Émolumens. — Intérim. — Receveur général.) — *Un receveur général par intérim n'est autorisé par aucun réglement à réclamer la totalité des émolumens et bénéfices de la recette générale pour le temps de sa gestion par intérim; il appartient entièrement au ministre du trésor public d'apprécier ses travaux et l'indemnité qui lui est proportionnée.*

Couchon. — C. — l'agent du trésor.
21 mai 1817. (t. 4, p. 26.)

2. — (Flottage. — Expert. — Justice ministérielle. — Conseil de préfecture.) — *Le particulier qui a formé une demande en autorisation de flottage, s'il a été fait un rapport sur sa demande, peut être condamné par le préfet au paiement des honoraires de l'expert rapporteur. — S'il y a contestation à cet égard, elle doit être soumise au conseil de préfecture.*

Dupuichant. — C. — Plantadis.
3 décembre 1817. — (t. 4, p. 196.)

— V. Cadastre. (Arpentage.) — — Travaux publics. (Architecte.) — Percepteur (Saisie.)

HOPITAL MILITAIRE. — V. Liquidation de la dette publique.

HOSPICES.

1. — (Biens célés.) — *Les administrations des hospices ne peuvent prétendre à la propriété des biens nationaux célés à l'état qu'autant qu'elles en ont fait nommément et positivement la révélation à l'autorité administrative, avant que l'administration des domaines n'en ait fait elle-même la découverte.*

L'Administration des domaines. — C. — L'Hospice de Looz.
20 juillet 1813. — (t. 2, p. 400.)

2. — (Biens célés. — Vacans.) — *La loi du 4 ventose an 9, qui abandonne aux hospices les biens célés au domaine, ne s'étend pas aux biens vacans.*

L'hospice de Saverne. — C. — les communes de Berg et Thal.
4 mai 1816. — (t. 3, p. 299.)

3. — (Caisse d'amortissement. — Biens nationaux.) — *Les administrations des hospices ne peuvent réclamer que la propriété des biens nationaux entièrement inconnus au domaine, et pour lesquels il n'aurait été fait aucune poursuite. Tous les biens nationaux invendus et portés sur les sommiers de l'administration des domaines, appartiennent à la caisse d'amortissement.* (Lois des 17 février et 20 septembre 1809.)

Hospice d'Ucelle. — C. — la caisse d'amortissement.
15 mai 1813. — (t. 2, p. 330.)

4. — (Cession. — Approbation.) — *La délibération d'une commission administrative contenant un projet de cession des droits de l'hospice à un particulier, si elle n'est approuvée par l'autorité supérieure, ne confère ni qualité ni droit au prétendu cessionnaire.*

Reiss.
17 juin 1818. — (t. 4, p. 374.)

5. — (Comptabilité. — Pharmacien en chef.) — *Les arrêtés des administrations des hospices, statuant sur la comptabilité d'un pharmacien en chef, ne peuvent être soumis au Conseil d'état qu'après avoir été soumis aux conseils de préfecture.*

Allut.
20 juin 1816. — (t. 3, p. 318.)

6. — (Créancier.) — *L'action intentée contre un hospice subrogé aux droits d'un émigré, dans la propriété d'une maison, en remboursement d'une somme due par le propriétaire à son locataire, par bail emphytéotique, rentre dans le contentieux administratif, et doit être portée devant le conseil de préfecture.*

Tessereaux. — C. — les hospices de Paris.
20 novembre 1816. — (t. 3, p. 420.)

7. — (Créanciers. — Action. — Autorisation.) — *Les formalités nécessaires pour intenter action contre les hospices ou leurs commissions administratives, sont les mêmes que pour intenter action contre les communes.* (Arrêtés des consuls du 17 vendémiaire an 10 et du 9 ventose suivant.)

Reverseau. — C. — l'hospice de Fontenay-le-Comte.
8 janvier 1817. — (t. 3, p. 487.)

8. — (Délai. — Rente. — Découverte.) — *Les rentes célées au domaine, et ayant appartenu à des corporations supprimées, peuvent être dévolues aux hospices, si ceux-ci en ont fait la découverte dans le délai de six mois après la main-mise nationale. — Mais ce délai doit s'entendre des six mois qui ont couru depuis la main-mise nationale, jusqu'au jour de la découverte de la rente par l'hospice; et non pas du jour de la main-mise nationale jusqu'au jour de l'arrêté du Gouvernement, qui a créé ce droit en faveur des hospices.* (Loi du 4 ventose an 9. — Arrêté des Consuls du 27 frimaire de l'an 11.)

Bureau de bienfaisance de Tongres. — C. — Chefnay.
5 août 1809. — (t. 1, p. 298.)

9. — (Domaines nationaux. — Biens célés.) — *Les administrations des hospices n'ont droit à la propriété des biens nationaux célés à l'État, qu'autant qu'elles en ont pris possession avant que la régie des domaines en ait fait la découverte. La simple insertion sur les sommiers de la direction, suffit pour déterminer l'époque à laquelle l'administration des domaines a fait la découverte des biens célés.*

La Régie des domaines.
13 juillet 1813. — (t. 2, p. 394.)

10. — (Entrepreneur. — Service extraordinaire. — Indemnité.) — *Si l'entrepreneur d'un hospice est chargé d'un service extraordinaire, et qu'il ne soit fait aucun marché à cet égard, ce sont les marchés qui avaient été antérieurement faits pour le service primitif, qui doivent servir de base pour la liquidation du service nouveau. On ne peut pas prendre pour base des comptes arrêtés avec d'autres hospices, au sujet d'un service pareil.*

Montessuy.
17 juin 1818. — (t. 4, p. 361.)

11. — (Fondateur. — Justice discrétionnaire.) — *La loi du 16 vendémiaire an 5, le décret du 7 floréal an 13, et le décret du 31 juillet 1806, tous relatifs à l'administration des hospices, ne comportent pas que les héritiers de l'ancien fondateur d'un hospice exercent aujourd'hui le droit de nommer l'économe, ni même de procéder à la vérification des comptes. — Cet héritier doit être plus que satisfait, si on lui accorde la faculté d'assister avec voix délibérative aux séances de la commission administrative.*

Louvois. — C. — L'adm. de l'hôpital de Tonnerre.
28 septembre 1816. — (t. 3, p. 402.)

12. — (Fournitures.) — *Les contestations qui ont pour objet le réglement des mémoires de fournitures faites à des hospices sont, de leur nature, de la compétence des tribunaux.*

Hospices de Paris. — C. — Levasseur.
11 septembre 1813. — (t. 2, p. 438.)

13. — (Legs. — Contentieux. — Acte administratif.) — *La question de savoir si un hospice doit actuellement payer un legs fait en 1791, est de la compétence du préfet; — sa décision, dans ce cas, est un acte administratif,*

de l'espèce de ceux qui doivent être déférés au ministre, avant de réclamer au Conseil d'état.

Bonifaci — C. — les hospices de Marseille.
22 mai 1813. — (t. 2, p. 337.)

14. — (Paiement. — Autorité administrative.) — *C'est devant l'autorité administrative et non devant l'autorité judiciaire que doivent être portées les actions en paiement d'arrérages de rentes, intentées par les particuliers contre les hospices, lorsque la dette n'est pas contestée, et qu'il s'agit seulement d'atteindre au paiement.*

Holley de Ronville. — C. — les hospices de Rouen.
22 janvier 1808. — (t. 1, p. 140.)

15. — (Saisie-Arrêt. — Préfet.) — *Les contestations entre un particulier et un hospice, sur la propriété d'un moulin ou sur les charges de la propriété, ou sur la validité d'une saisie arrêt, par suite d'un droit réel des hospices, doivent être soumises aux tribunaux. — Les préfets sont tuteurs ou conservateurs des droits réels des hospices, et n'en sont pas les juges.*

Hospices de Toulouse. — C. — Bosc.
22 septembre 1814. — (t. 3, p. 19.)

HUILES ANIMALES.

1. — (Moelle de bœuf.) — *La question de savoir si les huiles animales, huile de moelle ou de pieds de bœufs sont comprises parmi celles que l'article 88 de la loi du 25 mars 1817 assujettit au droit d'entrée, est de sa nature judiciaire et non administrative.*

Robert.
10 septembre 1817. — (t. 4, p. 142.)

HUISSIER.

1. — (Exécutoire. — Frais de justice. — Compétence.) — *A l'autorité administrative et non aux tribunaux, appartient le droit de réformer les taxes indûment perçues par les officiers de justice criminelle, sur le trésor public, notamment par les huissiers.* (Loi du 7 septembre 1790, art. 32. — Loi du 6 mars 1791. — Loi du 26 novembre 1792.)

Jolly.
26 novembre 1808. — (t. 1, p. 216.)

— V. Contribution directe.

HYPOTHÈQUE.

1. — (Séquestre. — Légitime. — Émigrés.) — *Les biens acquis au domaine, par confiscation, sont affranchis d'hypothèque; les biens indivis séquestrés en sont également affranchis, pour toutes les parties revenantes au domaine. — Ainsi, le légitimaire, qui reçoit sa légitime d'un neuvième en biens-fonds, ne peut être passible d'hypothèque, que jusqu'à concurrence d'un neuvième.*

L'enfant à qui serait dû seulement une somme d'argent, et qui aurait été forcé d'accepter son paiement en biens-fonds, ne serait-il pas dans un cas contraire? Le bien reçu en paiement de l'État, serait-il passible d'hypothèque?

Brisac. — C. — Desbarbes.
22 septembre 1812. — (t. 2, p. 143.)

— V. Biens nationaux. (Corporations religieuses.) — Communaux. — Dettes communales.

HYPOTHÈQUE SPÉCIALE.

1. — (Déplacement.) — *Selon le droit commun, l'hypothèque spéciale dont se trouverait grevé un immeuble provenant d'une corporation religieuse supprimée, pour raison d'un emprunt anciennement fait par ladite corporation, ne peut être déplacée sans le consentement du prêteur.*

Simonetti.
26 juin 1813. — (t. 2, p. 378.)

IGNORANCE. — V. Mise en jugement.

ILE. — V. Adjudication. (Interprétation.)

ILE DE BOURBON. — V. Circulaire ministérielle. (Contentieux.) — Décret d'administration publique.

ILE DE FRANCE. — V. Circulaire ministérielle. (Contentieux.) — Décret d'administration publique. (Ile de Bourbon.)

ILE DE LA MARTINIQUE. — V. Décret d'administration publique.

ILOTS.

1. — (Alluvion. — Propriété.) — *La propriété des îlots, dans les rivières navigables ou flottables, appartient à l'État; en conséquence, les riverains ne peuvent se prévaloir d'aucun droit, soit pour les joindre à leurs propriétés, soit pour intenter des actions contre d'autres riverains, à raison de ce qu'ils prétendraient être troublés dans leurs possessions.*

Voillereau. — C. — Moiron.
18 août 1807. — (t. 1, p. 116.)

IMPORTATION. — V. Eau de vie de grains.

IMPUTATION.

1. — (Cautionnement. — Comptable.) — *Lorsqu'un particulier a cautionné un comptable jusqu'à concurrence d'une somme déterminée, et que le comptable vient à être révoqué, les paiemens par lui faits postérieurement à sa révocation, ne s'appliquent pas d'une manière spéciale à la somme cautionnée, mais bien à la totalité du débet, sans distinction de la partie cautionnée et de celle qui ne l'est pas. Les cautions ne sont déchargées que par la libération intégrale du comptable.*

Bresson. — C. — le Ministre du trésor public.
13 octobre 1809. — (t. 1, p. 320.)

2. — (Décompte. — Liquidation.) — *Un acquéreur national qui a payé une somme à compte d'une acquisition à laquelle il a renoncé, s'il fait une autre acquisition nationale, ne peut exiger que la somme comptée par lui sur la première acquisition, soit imputée sur la seconde, s'il n'obtient préalablement une liquidation en la forme établie.*

Riollay. — C. — l'adm. des dom.
10 décembre 1817. — (t. 4, p. 227.)

3. — (Paiement. — Décision ministérielle. — Chose jugée.) — *Si un paiement est fait au trésor par un tiers saisi pour le compte d'un individu débiteur de plusieurs dettes, et que sur la seule demande de ce débiteur le ministre déclare que le paiement est imputé sur une des dettes, tandis que celui qui a payé a intérêt à soutenir que l'imputation a dû avoir lieu sur une autre en ce cas, les tribunaux saisis de la question de savoir sur quelle dette a dû réellement être faite l'imputation, peuvent prononcer contrairement à la décision ministérielle: et leur arrêt passé en force de chose jugée forme une fin de non-recevoir insurmontable contre le débiteur qui voudrait se pourvoir devant le Conseil d'état pour faire sanctionner la décision du ministre.*

Séguin. — C. — Vanlerberghe.
18 mars 1818. — (t. 4, p. 286.)

— V. Cour des comptes. (Compétence.) — Décompte.

INALIÉNABILITÉ. — V. Solde de retraite. (Pensions militaires.)

INCENDIE. — V. Responsabilité. (Justice ministérielle.)

INCOMPATIBILITÉ.

1. — (Nullité. — Option.) — *Lorsqu'un fonctionnaire public pourvu de deux emplois déclarés incompatibles, a fait son option, il ne peut plus s'immiscer dans l'exercice des fonctions de l'emploi pour lequel il n'a pas opté: il est alors sans capacité pour agir, et les actes auxquels il concourt sont nuls.* (Décret du 5 août 1809.)

Nast.
16 février 1811. — (t. 1, p. 465.)

INDEMNITÉ.

1. — (Abolition. — Dîme.) — *Le preneur d'un bail à rente passé par un bénéficier ecclésiastique, est fondé à demander la réduction des charges et redevances stipulées dans ce bail, à raison de rentes féodales, et de la dîme qui en faisait partie. — A la différence du preneur qui jouit au même titre d'une propriété provenant du domaine de l'état, lequel ne peut demander que l'entière résiliation de son bail, mais non une indemnité pour la suppression des droits féodaux auxquels était assujetie sa propriété.*

Guillon.
18 août 1807. — (t. 1, p. 115.)

2. — (Adjudicataire.) — *Les tribunaux ordinaires ne sont pas compétens pour décider la question de savoir si l'adjudicataire d'un droit de terrage dû au domaine, doit être indemnisé pour des pertes prétendues éprouvées dans la perception de ce droit; l'autorité administrative est seule compétente pour en connaître.* (Loi du 28 pluviose an 8.)

Galand.
29 juin 1811. — (t. 1, p. 507.)

3. — (Adjudications Successives. — Éviction.) — *L'acquéreur d'un domaine national, évincé d'une partie de son acquisition, doit être indemnisé par*

l'Etat, non proportionnellement au prix total de la vente, mais suivant l'estimation, à l'époque de l'éviction, *de la partie distraite de son acquisition, conformément à l'art. 1637 du Code civil.*

La Caisse d'amortissement.
23 novembre 1813. – (t. 2, p. 457.)

4. — (Bail administratif. — Compétence.) — *C'est à l'autorité judiciaire de statuer sur une indemnité réclamée par un fermier de domaines nationaux, aux termes de son bail administratif.*

La Rég. des dom. — C. — François.
1er. février 1813. – (t. 2, p. 259.)

5. — (Concession. — Révocation.) — *La révocation d'une concession faite par le Gouvernement, ne donne lieu à indemnité que lorsque la révocation est faite pour l'intérêt public : il en est autrement, lorsqu'elle a lieu pour cause de l'inexécution des clauses imposées aux concessionnaires.* (Cod. civ. 1383.)

Leclerc.
16 juin 1808. – (t. 1, p. 164.)

6. — (Conventions.) — *si un fournisseur réclame une indemnité pour résiliation d'un marché passé avec un préfet, et annullé par le ministre, c'est au ministre qu'il doit s'adresser.*

En tel cas et sur le règlement d'indemnité, la justice ministérielle estelle également discrétionnaire? n'estelle pas essentiellement soumise à un recours devant le Conseil d'état?

Lefrançois.
11 juin 1817. – (t. 4, p. 46.)

7. — (Domaines nationaux. — Fermages. — Décompte.) — *L'autorité administrative est seule compétente pour régler les décomptes des fermiers des biens nationaux, et pour procéder à la liquidation des indemnités dues par l'Etat aux détenteurs de biens nationaux, par suite des baux à eux consentis.*

Gillet.
29 juin 1811. – (t. 1, p. 508.)

8. — (Dommages-intérêts. — Propriété. — Compétence.) — *Les questions d'indemnité pour expropriation d'immeubles, aux termes de l'art. 4 de la loi du 28 pluviose an 8, sont judiciaires; mais les questions de dommages-intérêts, par suite d'enlèvemens d'objets mobiliers, à l'occasion des travaux publics, aux termes de l'art. 55 de la loi du 16 septembre 1807, sont administratives.*

Est-il vrai que, lorsqu'il s'agit d'enlèvement d'objets mobiliers, le fait administratif se confond tellement avec les élémens de la propriété, que l'administration soit nécessairement seul juge?

Quesseveur.
9 avril 1817. – (t. 3, p. 561.)

9. — (Droit réel. — Contentieux. — Propriété foncière. — Bois — Action possessoire.) — *Si un préfet comprend par erreur, dans une adjudication de bois au profit de l'Etat, des bois existans sur les terres d'un particulier, celui-ci peut intenter action en indemnité devant les tribunaux (par voie pétitoire ou possessoire); l'une et l'autre action est recevable (après le préalable de mémoire présenté au conseil de préfecture). — Il n'est pas vrai en principe que l'indemnité due, doive être fixée par l'autorité administrative. — Toute revendication de droits réels, toute demande en réparation de dommage causé à des propriétés foncières, sont essentiellement du ressort des tribunaux ordinaires.*

Turquand d'Auzay.
23 janvier 1814. – (t. 2, p. 499.)

10. — (Eau. (Cours d') — Propriétaire riverain.) — *Une ancienne ordonnance d'intendant qui, conformément à l'arrêt du Conseil d'état du 26 mai 1705, accorde l'ancien lit d'une rivière à un particulier, en dédommagement de ce que la rivière a été dirigée sur son terrain, est inattaquable de la part de tout tiers; à moins que ce tiers ne prétende que lui aussi a eu son terrain envahi par la rivière, dans son cours nouveau.* (Code civil 563.)

Roussel. — C. — Legoux.
20 mai 1809. – (t. 1, p. 289.)

11. — (Expropriation. — Expertise.) — *Les conseils de préfecture qui, avant de prononcer sur une indemnité due à un propriétaire exproprié, ont ordonné une expertise qui a été mal faite, doivent ordonner une nouvelle expertise, et non arbitrer eux-mêmes d'après leurs propres données.* (Art. 57 de la loi du 16 septembre 1807.)

Niogret.
3 juin 1813. – (t. 4, p. 347.)

12. — (Fermiers nationaux. — Force majeure.) — *L'autorité judiciaire est compétente pour statuer sur une question d'indemnité réclamée par un fermier de domaines nationaux pour raison d'accidens arrivés par force majeure.*

Faivre.
6 mars 1816. – (t. 3, p. 245.)

13. — (Marais. — Desséchement. — Justice contentieuse.) — *La loi du 16 septembre 1807, attribue à la justice administrative toutes contestations relatives aux travaux publics pour le desséchement de marais, et aux indemnités dues à des tiers par suite de l'exécution des travaux ordonnés par l'administration active.*

Bessard et Martin.
23 décembre 1815. – (t. 3, p. 190.)

14. — (Moulin. — Chômage. — Canal.) — *La question de savoir pour quelle quotité des acquéreurs de moulins nationaux doivent avoir part à une indemnité due par l'administration d'un canal pour le chômage de ces moulins est une question judiciaire qui doit être portée devant les tribunaux, bien que la contention ait lieu entre les acquéreurs et le domaine,*

Wolf.
8 janvier 1817. – (t. 3, p. 474.)

15. — (Octroi. — Bail.) — *La résiliation d'un bail d'octroi, quand elle est dommageable au fermier, comporte une indemnité, mais non conformément à l'article 1746 du Code civil. Un bail d'octroi est sujet à plus de chances qu'un bail rural.*

La comm. Louroux-Beconnais. — C. — Guillau.
10 février 1816. – (t. 3, p. 222.)

16. — (Octroi. — Pouvoir discrétionnaire.) — *Un adjudicataire de droits d'octroi, si l'on a apporté du retard à sa mise en jouissance, a droit à une indemnité : et cette indemnité doit être fixée, non d'une manière discrétionnaire, mais par approximation, à la vue des états, bordereaux et registres offrant le tableau des bénéfices faits dans un autre temps, et présumés avoir dû être les mêmes pour le réclamant pendant un même espace de temps.*

Mangin. — C. — La comm. de Bayeux.
20 juin 1816. – (t. 3, p. 319.)

17. — (Privilége. — Charbon. — Approvisionnement. — Ville de Paris.) — *C'est à l'autorité administrative et non aux tribunaux qu'appartient la connaissance des contestations auxquelles peuvent donner lieu, entre diverses compagnies, la répartition d'une indemnité accordée par le Gouvernement, à raison de la révocation de priviléges accordés à ces mêmes compagnies pour des entreprises, telles que l'approvisionnement en charbon de la ville de Paris et de plusieurs autres provinces. Il s'agit là de l'interprétation d'un acte de l'autorité souveraine rendu en matière administrative, qui ne saurait appartenir aux tribunaux ordinaires.*

Ling. — C. — Guy-Dennesson.
6 février 1811. – (t. 1, p. 464.)

18. — (Propriété. — Démolition. — Ponts et chaussées. — Conseil de préfecture.) — *Lorsque la direction des ponts et chaussées a fait, pour cause d'utilité publique, démolir un pont servant à l'usage d'un moulin, lequel pont était une propriété particulière, le propriétaire lésé est fondé à réclamer des dommages-intérêts et à porter son action en indemnité devant le conseil de préfecture du lieu de la démolition.*

L'adm. des ponts et chaussées. — C. — Lablanchetais.
3 décembre 1817. – (t. 4, p. 203.)

19. — (Répartition. — Compétence. — Utilité publique. — Accessoires.) — *Lorsque deux propriétaires indivis, expropriés pour cause d'utilité publique, ont obtenu du Gouvernement une indemnité à répartir entre eux, selon la mesure de leurs propriétés respectives, cette répartition doit être faite par l'autorité administrative et non par les tribunaux.*

Sallard. — C. — Rémond.
18 mars 1813. – (t. 2, p. 297.)

20. — (Travaux publics.) — *Lorsqu'une indemnité est demandée comme dédommagemens pour l'occupation momentanée d'un terrain sur lequel il a été fait des fouilles et extractions de*

pierres, elle doit être fixée conformément aux règles prescrites par les articles 55 et 56 de la loi du 17 septembre 1807. — Les articles 16 et 17 de la loi du 8 mars 1810 ne sont applicables qu'au cas d'expropriation pour cause d'utilité publique.

Fauconnet. — C. — Couturier.
1er. novembre 1814. — (t. 3, p. 34.)

21. — (Travaux publics.) — *C'est devant l'autorité administrative, et non devant l'autorité judiciaire, que doivent être portées les contestations concernant les indemnités dues aux propriétaires, à raison des dégâts qui auraient eu lieu sur leurs propriétés par suite de fouilles de terres ou d'enlèvement de matériaux pour la confection ou l'entretien des chemins publics.* (Loi du 28 pluviose an 8.)

Mercier. — C. — Doyen.
19 octobre. 1811. — (t. 1, p. 547.)

22. — (Travaux publics.) — *Un entrepreneur de travaux publics, dont l'administration a fait vendre aux enchères publiques des meubles et immeubles pour des causes déclarées ultérieurement injustes et mal fondées, a droit à une indemnité, et cette indemnité doit être prononcée par la justice administrative.*

Bissé. — C. — Le direct. gén. des ponts et chaussées.
20 juin 1816. — (t. 3, p. 322.)

23. — (Utilité publique.) — *Un particulier lésé par des mesures de l'administration ne doit pas être écouté s'il entreprend d'établir qu'il y a dommage et non avantage dans le sens de l'utilité publique.*

Quand un particulier se trouve lésé dans ses intérêts et dans ses droits par une mesure d'administration pour utilité publique, il doit se pourvoir en indemnité devant les tribunaux comme s'il était exproprié.

Boucher. — C. — Provigny.
22 septembre 1812. — (t. 2, p. 142.)

24. — (Voirie. — Alignement.) — *Un particulier n'est pas recevable dans sa demande tendante à être indemnisé de constructions par lui édifiées, sur le motifs que ces constructions auraient été commencées antérieurement à un décret qui ordonne leur démolition pour l'élargissement d'une rue, lorsqu'il est constant qu'antérieurement aussi au même décret, défenses lui avaient été faites de continuer ses travaux.*

Pigny.
8 mars 1811. — (t. 1, p. 474.)

INDÉPENDANCE JUDICIAIRE.

1. — (Exécution. — Interprétation.) — *L'autorité administrative n'a pas le droit d'interpréter ni de suspendre l'exécution des jugemens ou arrêts rendus par les tribunaux et les cours; de même que l'autorité judiciaire à l'égard des actes administratifs.*

Beni.
17 janvier 1814. — (t. 2, p. 492.)

INDIVIS.

1. — (Domaines. — Licitation.) — *Les fonds que l'État possède par indivis ne peuvent être vendus que dans la forme administrative, sauf aux co-propriétaires à recevoir aux échéances leurs portions dans le prix.* (Loi du 16 floréal an 10.)

Bocquet de Tracy. — C. — le préfet de la Seine.
23. décembre 1815. — (t. 3, p. 201.)

— V. COMMUNAUX. — COMPTE. (Jouissance provisoire.) — CONSIGNATION. (Remboursement.) — ÉMIGRÉS. — REMBOURSEMENT. — VENTE.

INDIVISION. — V. RENTE.

INDUSTRIE. — V. MANUFACTURE. (Salubrité.) RÈGLEMENT.

INGÉNIEUR. — V. EXÉCUTOIRE. (Préfet.)

INHUMATION.

1. — (Service extraordinaire.) — *La justice administrative connaît de toute contestation entre les entrepreneurs d'inhumations et les fabriques ou consistoires qui ont part au produit de ces entreprises.*

Les fabriques des églises et consistoires de Paris doivent jouir, sans exception, de la remise de cinquante pour cent que l'entrepreneur des inhumations est tenu de leur faire sur le montant des fournitures que comprend le service extraordinaire, encore que les objets fournis pour ce service ne soient pas énoncés au tarif annexé au décret du 18 août 1811.

Fabriques Saint-Thomas-d'Aquin et Saint-Germain-des-Prés. — C. — Labatte.
4 juillet 1815. — (t. 3, p. 131.)

— V. SOUMISSION. (Adjudication.)

INNOVATIONS. — V. COURS D'EAU. (Moulins.)

INSCRIPTION. — V. CONTENTIEUX. (Dette publique.) — ÉMIGRÉS. — IDEM. (Succession.)

INSCRIPTION HYPOTHÉCAIRE.

1. — (Émigré.) — *La validité d'une inscription hypothécaire prise par le domaine; ou la main-levée de ladite inscription, doit être prononcée par l'autorité judiciaire : — peu importe qu'il s'agisse d'émigré; la loi du 5 décembre 1814, ordonnant la restitution aux émigrés, n'a pas trait aux inscriptions hypothécaires.*

Thévenot. — C. — Jobart.
1er. mai 1816. — (t. 3, p. 281)

INSCRIPTION SUR LE GRAND LIVRE. — V. PRIVILÈGE. (Trésor public.)

INSOLVABILITÉ. — V. ÉMIGRÉS. (Créanciers.)

INSPECTEUR AUX DOUANES. — V. MISE EN JUGEMENT QUANT A PRÉSENT.

INSPECTEUR FORESTIER. — V. MISE EN JUGEMENT. (Garde forestier.)

INSTITUTEUR PRIMAIRE. — V. FABRIQUES.

INSTRUCTIONS MINISTÉRIELLES.

1. — (Contentieux.) — *Le pourvoi au Conseil d'état n'est point admissible contre les instructions ministérielles, — on ne peut attaquer que les décisions administratives qui en ont fait l'application, lorsque ces décisions sont contraires à la loi.* (Déc. du 17 janvier 1814.)

Delamarre.
26 mars 1814. — (t. 2, p. 533.)

2. — (Décision. — Émigré. — Restitution. — Location. — Justice ministérielle.) — *Lorsqu'un immeuble restitué à un émigré, par la loi du 5 décembre 1814, se trouve, par affectation à un service public, occupé par un ministère, tellement que l'émigré n'ait droit qu'aux prix de location, cette location devient la matière d'une convention ordinaire entre le ministre et l'émigré. S'il y a contestation, l'arrêté que le ministre prend sur la contestation, n'est point proprement une décision de justice ministérielle, c'est une instruction, une proposition qui ne fait pas obstacle à ce que l'émigré se retire devant les tribunaux.*

Chabrillan.
17 juin 1818. — (t. 4, p. 358.)

— V. CONTENTIEUX. — DÉCISION MINISTÉRIELLE. — DÉCISION MINISTÉRIELLE. (Administration d'économie.) — DOMMAGES ENGAGÉS. (Décision ministérielle.)

INSTRUCTION GÉNÉRALE. — V. POLICE MINISTÉRIELLE.

INSTRUCTION PUBLIQUE. — V. PROPRIÉTÉ. (Commune.)

INTENTION COUPABLE. — V. MISE EN JUGEMENT.

INTENTION CRIMINELLE. — V. MISE EN JUGEMENT. (Garde forestier.)

INTERCALATION.

1. — (Adjudication. — Interprétation.) — *Dans l'interprétation des titres d'adjudication d'un domaine national, il n'y a point à tenir compte d'une énonciation qui se trouve intercalée après la rédaction, et qui d'ailleurs rompt l'ordre des choses écrites.*

Le sieur Forestier. — C. — la dame de Montaudouin.
25 juin 1817. — (t. 4, p. 63.)

INTÉRÊT.

1. — (Comptable.) — *D'après les avis du Conseil d'état, des 20 juillet 1808 et 10 mars 1809, les comptables sont passibles d'intérêts sur les sommes dont ils restent en débet, à compter de l'époque où ils en doivent faire le versement.*

Dulignon-Delafard. — C. le Domaine.
20 novembre 1815. — (t. 3, p. 163.)

2. — (Comptable. — Cour des comptes.) — *Le versement volontaire, effectué par un comptable dans la caisse de son successeur, d'une somme d'ar-*

gent pour garantie de pièces de comptabilité arguées d'irrégularité, ne peut être assimilé à un placement de fonds productif d'intérêts.

Martin.
27 mai 1816. — (t. 3 , p. 295.)

3. — (Comptable.) — *Un comptable constitué débiteur par redressement d'erreurs de calcul n'est point passible d'intérêts du jour où la dette a réellement existée ; il ne les doit que du jour de la mise en demeure.* (Avis du Conseil d'état du 20 juillet 1806.)

Tastemain. — C. — L'adm. des domaines.
18 mars 1818. — (t. 4, p. 279.)

4. — (Comptables.) — *Les receveurs ou autres agens comptables doivent, de plein droit, tous les intérêts à raison de cinq pour cent sans retenue, à compter du jour où le versement aurait dû avoir lieu ; ils sont non recevables à opposer la prescription quinquennale.* (Avis du Conseil d'état des 20 juillet 1808 et 10 mars 1809.)

Signeneaux. — C. — L'adm. des domaines.
27 août 1817. — (t. 4, p. 129.)

5. — (Dépôt. — Contrebande.) — *Un particulier arrêté comme prévenu de contrebande, et qui est mis en liberté moyennant un cautionnement de 10,000 fr. réalisés en espèces, n'a pas le droit d'exiger qu'en lui restituant son capital, on lui paie des intérêts, même en cas d'acquittement.*

Le dépôt ainsi fait, est du nombre de ceux qui ne produisent pas d'intérêt.

Champond.
4 juin 1815. — (t. 3, p. 119.)

6. —(Prescription. — Émigrés.) — *Les intérêts échus jusqu'à la demande en liquidation d'une succession d'émigré, doivent être réduits à cinq ans, en ce qu'il y a prescription pour l'excédant.*

Régie des domaines.
8 mars 1813. — (t. 2, p. 309.)

Idem.

Rég. des dom. — C. — Collard.
10 mai 1813. — (t. 2, p. 316.)

— V. Contentieux de la marine. — Justice discrétionnaire.

INTÉRÊTS IDENTIQUES. — V. Tierce opposition.

INTÉRÊTS MORATOIRES. — V. Fournisseur.

INTÉRÊT PARTICULIER. — V. Usine. (Raffinerie.)

INTÉRÊT PUBLIC. — V. Eau. (Cours d') (Réglement.

INTÉRIM. — V. Honoraires. (Émolumens.)

INTERLOCUTOIRE. — V. Conseils de Préfecture. — Divisibilité. — Divisibilité. (Compétence.) Émigré. (Partage.)

INTERPRÉTATION.

1. — (Compétence. — Actes administratifs. — Application.) — *Lorsque, dans une contestation des actes administratifs sont produits comme titres décisifs, l'autorité judiciaire serait obligée de s'abstenir, s'il y avait à déterminer le sens, l'effet ou l'étendue de ces titres ; mais elle est compétente, s'il s'agit de les appliquer, non de les expliquer.*

Viard. — C. — Souhait.
26 septembre 1811. — (t. 1 , p. 539)

2. — (Décret.) — *De ce qu'un décret aurait déclaré comme non avenu, un jugement arbitral en tant qu'il prononce sur la validité d'offres réelles faites par le débiteur d'une rente constituée par bail emphitéotique, il ne s'ensuit pas qu'il ait annullé lesdites offres elles-mêmes, lorsque d'ailleurs elles ont été faites dans les formes voulues. — L'objet de cette disposition est seulement de décider que les arbitres ont dépassé leurs pouvoirs en prononçant sur une question dont la connaissance appartient exclusivement à l'autorité administrative.*

Fritsch.
10 mars 1807. — (t. 1er, p. 50.)

3. — (Décret. — Propriété.) — *Un décret rendu sur une question de compétence ne doit pas être entendu en un sens qui préjuge le fond de l'affaire, surtout une question de propriété (quels que soient les termes dans lesquels il est rédigé.)*

Au surplus, la partie intéressée est recevable à se pourvoir en interprétation devant le chef de l'État.

Amiot. — C. — Duterme.
10 mars 1807. — (t. 1, p. 46.)

4. — (Justice ministérielle. — Prise maritime. — Saisie.) — *Les décisions de la justice ministérielle doivent, dans le doute, être entendues dans le sens que comporte l'attribution du ministre ; ainsi, le ministre de la marine ayant maintenu comme légale une saisie faite sur des sommes dues à un équipage pour raison de part de prise, il faut entendre que le ministre, dans ses actes administratifs, réputera la saisie valable et maintenue, tant que la partie intéressée n'aura pas fait annuller la saisie par les tribunaux compétens.*

Drouet. — C. — Les adm. de la marine de Hambourg.
10 décembre 1817. — (t. 4 , p. 226.)

5. — (Tiers. — Décret.) — *Un décret rendu par des considérations d'ordre public ne doit pas être entendu en un sens nuisible au droit privé des tiers intéressés.*

Treau et Darguette.
26 janvier 1809. — (t. 1, p. 253.)

INTERROGATOIRE SUR FAITS ET ARTICLES. — V. Préfet.

INTERRUPTION. — V. Manufacture. (Ateliers.)— Prescription.

INTERVENTION.

1. —(Désistement) — *L'intervention n'est pas recevable dans une instance qui a cessé d'exister par la renonciation formelle de la partie principale à la demande qui avait donné naissance à cette instance : — l'intervention devient alors une demande principale, qui doit être intentée dans la forme prescrite par la loi, et devant l'autorité compétente pour en connaître.*

Le navire l'Abigail.
12 septembre 1811. — (t. 1, p. 537.)

— V. Domaine national. (Émigré.)

INVASION.

1. — (Force majeure. — Bois. — Mise en jugement.) — *Un maire d'une commune qui, pendant l'invasion, a fait couper des bois de la commune sans aucune formalité, attendu le besoin pressant de ressources, ne doit pas être mis en jugement, si à défaut d'autorisation supérieure, il a eu celle du conseil municipal.*

Garzandat-Laissiez. — C. — Bertaux.
13 janvier 1816. — (t. 3, p. 206.)

— V. Mise en jugement. — Idem. (Administrateur.)

INVENTAIRE. — V. Comptable. (Solidarité.)

INVIOLABILITÉ. — V. Acquéreur. — Adjudication. (Domaines nationaux. — Domaines nationaux. — Propriété nationale. (Acquéreurs.) — Bois national. (Adjudication.)

IRRÉGULARITÉ. — V. Communaux. (Partage.)

IRRIGATION. — V. Eau. (Cours d') (Réglement. — Eau. (Cours d') (Usages anciens.)

ISRAELITES. — V. Juifs.

IRRÉVOCABILITÉ. — V. Adjudication. (Domaines nationaux.) — Domaines nationaux. (Adjudication.) — Idem. (Émigré.) Idem. (Hospices.) — Fabriques. (Aliénation.)

JEUX GYMNIQUES. — V. Théâtres. (Meubles.)

JOUISSANCE. — V. Bancs d'église. — Communaux. — Compte. — Eau. (Cours d') — Propriété. (Compétence.)

JOUISSANCE PROVISOIRE. — V. Comptes. — Domaines nationaux.

JUGE.

1. — (Administrateur.) — *Le juge qui a décidé, a d'autres devoirs que l'administrateur qui a ordonné, il ne peut changer ; l'un statue sur des droits, l'autre ne touche qu'à des intérêts ; le premier applique des règles fixes, le deuxième se détermine par des motifs d'utilité publique qui est variable.* (Décret du 20 juin 1809.)

Rég. des dom. — C. — Kruppel, Leimsausen et Volf.
23 novembre 1813. — (t. 2 . p. 455.)

— V. Nullité.

JUGE DE PAIX. — V. CHEMIN VICINAL.

JUGEMENT. — V. EXCÈS DE POUVOIR. (Conseil d'état.)

JUGEMENT AU FOND. — V. CONSEIL D'ÉTAT. (Conflit.)

JUGEMENT PAR DÉFAUT.

1. — (Conseil d'état. — Opposition. — Forclusion.) — *Un décret rendu en Conseil d'état, contre une partie qui a constitué avocat, mais qui a négligé de produire, est par défaut, susceptible d'opposition dans le sens de l'article 29 du décret du 22 juillet 1806, ce n'est pas une forclusion dans le sens de l'article 113 du Code de procédure civile.*

Hocquart de Montfermeil. — C. — Caillaut.
2 juillet 1812. — (t. 2, p. 98.)

JUIFS.

1. — (Corporations Juives. — Dettes.) — *Le changement de domicile d'un membre d'une corporation juive, et son association dans une autre communauté, ne le relève pas des charges qui lui étaient imposées dans la première, et ces mêmes charges ne le dispensent pas des obligations auxquelles il est tenu, comme membre de la corporation à laquelle il s'associe, et dont il partage les droits et prérogatives. En conséquence, et dans le cas où il serait imposé dans les deux communautés, pour l'acquit de dettes par elles contractées en commun, il n'est pas recevable à demander à être déchargé de l'une de ces taxes.*

Ottolenghi.
19 mars 1811. — (t. 1, p. 481.)

2. — (Israélites. — Consistoire. — Conventions.) — *Un fournisseur qui a traité avec le consistoire des Israélites pour une fourniture ordonnée par réquisition sur les juifs, est autorisé à se pourvoir directement contre les membres du consistoire, bien que ceux-ci aient ultérieurement traité avec l'administration et puissent exercer contre elle un recours : en ce cas l'action est judiciaire et non administrative ;*

Samson Joseph.
14 mai 1817. — (t. 4, p. 15.)

JURIDICTION.

1. — (Prorogation. — Tabac.) — (*La juridiction administrative peut être prorogée par la convention des parties : ainsi, un entrepreneur, pour le transport de tabac qui s'est soumis aux décisions du conseil de l'administration, ne peut plus demander son renvoi devant les tribunaux.* (Arrêté du gouvernement du 13 brumaire an 10.

Chaptive et Ponjet. — C. — la régie des contributions indir.
19 mars 1817. — (t. 3, p. 535.)

2. — (Renonciation.) — *En général, la juridiction des tribunaux peut-elle être restreinte, au profit de la juridiction administrative, par des conventions privées ? N'est-il pas de principe que les juridictions sont d'ordre public à raison de la matière ; qu'il ne peut y être renoncé qu'à raison de la personne, c'est-à-dire pour être jugé par un autre juge que son juge naturel, toujours dans le même ordre, à raison de la matière ou de ses attributions magistrales ?*

Barthelemi. — C. — La ville de Nemours.
13 mai 1818. — (t. 4, p. 329.)

— V. CONSEIL D'ÉTAT. — MARCHÉ AVEC LE GOUVERNEMENT.

JURIDICTION ADMINISTRATIVE. — V. PRESCRIPTION. (Fabrique.)

JURY. — V. PRÉROGATIVE ROYALE.

JUSTICE. — V. TRAITEMENS MILITAIRES. (Grades militaires.)

JUSTICE ADMINISTRATIVE.

1. — (Contentieux. — Administration. — Préfet. — Conseil de préfecture.) — *Une discussion entre particuliers, sur un cours d'eau, est du ressort de* l'administration *du préfet, et non de la* justice administrative *du conseil de préfecture, lorsqu'il s'agit de déterminer la hauteur des eaux, de manière à ce qu'elle ne soit pas nuisible.*

Bareille.
11 août 1808. — (t. 1, p. 183.)

2. — (Contentieux. — Administration publique.) — *La justice administrative se rend tantôt par voie* contentieuse, *tantôt par voie* d'administration publique. — *Les décrets qui ont le caractère d'actes d'administration publique, ne peuvent fournir la matière d'une réclamation contentieuse.*

Canaux d'Orléans et Loing.
10 septembre 1808. — (t. 1, p. 199.)

— V. APPEL COMME D'ABUS. — CONSEIL DE PRÉFECTURE. — VOIRIE. (Grande.) (Préfet.) — ENTREPRENEURS DE SERVICES PUBLICS. (Sous-traitans.)

JUSTICE CONTENTIEUSE.

1. — (Ministre. — Divisibilité. — Eaux.) — *Lorsqu'un préfet, en se renfermant dans les bornes de sa compétence administrative, a autorisé des constructions ; si ces constructions se trouvent en opposition avec les droits d'un particulier, celui-ci doit se pourvoir d'abord devant le ministre compétent pour faire réformer la mesure de police, et ensuite devant les tribunaux, pour faire statuer sur le droit privé.*

Buhotel. — C. — Ledault.
20 novembre 1815. — (t. 3, p. 171.)

— V. CONSEIL D'ÉTAT. — EAUX (police des) — EAU. (cours d') (Voirie.) — FRUITS. — INDEMNITÉS. (Marais.)

JUSTICE DÉPARTEMENTALE. — V. GOUVERNEMENT. (Décision.)

JUSTICE DISCRÉTIONNAIRE.

1. — (Compensation. — Dégrèvement. — Canaux d'Orléans et de Loing.) — *Lorsque la rigueur des principes s'oppose à un dégrèvement qui pourrait être équitable, le Conseil d'état peut accueillir une demande subsidiaire de compensation, comme étant propre à terminer convenablement toute discussion.*

Canaux de Loing et d'Orléans.
21 août 1816. — (t. 3, p. 372.)

2. — (Intérêt. — Utilité publique. — Affouage. — Contentieux.) — *Un particulier qui réclame un droit d'affouage en vertu d'un ancien arrêt du conseil, qui cependant invoque, non un titre de propriété, mais des considérations générales d'intérêt public, ne peut se pourvoir contre une décision du ministre des finances par la voie du comité contentieux ; il ne peut exercer qu'un recours direct au Roi dans la forme ordinaire.*

Caqueray.
8 janvier 1817. — (t. 3, p. 485.)

— V. CANAL DE FOUCHY. (Rétribution.) — CONCUSSION. — HOSPICES. (Fondateur.) — JUSTICE MINISTÉRIELLE. — NOM. (Commune) PRIVILÈGE. (Concession.)

JUSTICE GOUVERNEMENTALE.

1. — (Ministres en conflit.) — *La justice contentieuse qui fait la part de l'autorité de chaque ministère n'est-elle pas plutôt gouvernementale qu'administrative.*

Clérisseau.
6 septembre 1814. — (t. 3, p. 12.)

2. — Traité avec les alliés.) — *Est-ce bien une simple justice administrative ? n'est-ce pas essentiellement une justice gouvernementale, celle qui interprète et applique un traité de paix à une convention relative à une armée d'occupation, et souscrite par des autorités étrangères ?*

Ozil.
18 mars 1818. — (t. 4, p. 281.)

— V. CONTENTIEUX. — ÉTRANGER. — JUSTICE LÉGISLATIVE. — IDEM — POLITIQUE. — PRÉROGATIVE ROYALE. (Jury.) — PROPRIÉTÉ. (Droit politique.)

JUSTICE GRACIEUSE.

1. — (Justice ministérielle.) — *La décision d'un ministre sur une question de faveur et non de droit, ne peut être attaquée par la voie contentieuse devant le Conseil d'état : — telle une demande de pouvoir d'exporter des grains avec faculté de retour.*

Potter.
17 juillet 1816. — (t. 3, p. 343.)

— V. NOM. — PROPRIÉTÉ. (Arbres.)

JUSTICE LÉGISLATIVE.

1. — (Droits privés en masse.) — *Quel est le caractère d'un acte législatif prononçant contre des particuliers pour des faits antérieurs, la déchéance de droits acquis. Est-ce de la législation ou de l'administration ? n'est-ce pas une espèce particulière de justice administrative, et, à cet égard, les particuliers intéressés n'ont-ils aucunes voies ouvertes pour faire entendre leurs réclamations ?*

Puybusque.
11 février 1818. — (t. 4, p. 246.)

2. — (Justice gouvernementale.) — *Lorsqu'un particulier est lésé par une décision ministérielle, conforme à un décret d'administration publique, s'il a obtenu de la chambre des députés une décision improbative du décret, peut-il espérer que cette opinion de la chambre suffira pour que le Conseil d'état s'écarte du décret? ne faut-il pas absolument que le décret soit rapporté par le gouvernement lui-même, ou par une disposition législative?*
Barillon.
17 juin 1818. – (t. 4, p. 377.)

JUSTICE LÉGISLATIVE OU PARLEMENTAIRE.—V. Propriété. (Arbres.)

JUSTICE MINISTÉRIELLE.

1. — (Contentieux. — Boissons. — Abonnement.) — *Si des débitans de boissons réclament contre la fixation du montant de leur abonnement en remplacement du droit sur la vente en détail et contre la décision rendue sur ce point par un conseil de préfecture, leur réclamation est introduite au Conseil d'état, sur le rapport du ministre des finances, d'après les observations du directeur général des contributions indirectes.* (Loi du 28 avril 1816.)
Syndics des débitans de boissons de Pau.
19 mars 1817. – (t. 3, p. 537.)

2. — (Délai fatal.) — *Le délai de trois mois pour se pourvoir au Conseil d'état court à dater du jour de la notification par huissier; bien que la décision à attaquer soit émanée d'un ministre et soit réputée appartenir à l'action administrative, plus qu'au contentieux de l'administration.* (Art. 11, du décret du 22 juillet 1806.)
Benoît.
13 juillet 1813. – (t. 2, p. 396.)

3. — (Eaux et forêts.) — *Le ministre des finances est autorisé à faire cesser par ses décisions, la jouissance provisoire qu'un préfet a indûment accordée à un particulier relativement à un droit de pêche dans une rivière navigable.*
Les sieurs Boudard. — C. — L'ad. des dom.
30 juillet 1817. – (t. 4, p. 106.)

4. — (Fournisseurs. — Marchés.) — *Un premier marché entre un fournisseur et l'administration de la guerre, n'est pas anéanti par le fait seul d'un marché postérieur.*

Un marché de ce genre est rendu incomplet, soit par un refus du sous-inspecteur aux revues qui a acquiescé, soit par une protestation qu'il a mise au pied.
La dame veuve Garreau.
26 février 1817. – (t. 3, p. 518.)

5. — (Indemnité. — Fonderie. — Prix favorable. — Justice discrétionnaire.) — *La justice administrative peut décider que, s'il a été accordé par le ministre de la marine, un prix favorable à un entrepreneur dans un marché, c'est avec l'intention de l'indemniser pour dommages et intérêts à lui dus d'ailleurs.*
Le sieur Robert.
26 février 1817. – (t. 3, p. 523.)

JUSTICE PRÉFECTORIALE.

6. — (Marché définitif.) — *Lorsqu'un fournisseur a traité avec un mandataire du ministre, chargé de ses pleins pouvoirs, lorsque le marché n'a point été assujéti à l'approbation du ministre, et lorsque ce marché a été respectivement et pleinement consommé, le ministre ne peut aucunement faire réduction sur les prix convenus.*
Le sieur Raymond-Durand.
26 février 1817. – (t. 3, p. 517.)

7. — (Pourvoi.) — *Les pourvois contre les décisions des préfets doivent être portés devant le ministre avant d'être soumis au Conseil d'état.*
Les sieurs Lebreton.
3 décembre 1817. – (t. 4, p. 216.)

— V. Contentieux. — Idem. (Domaines nationaux.) — Cour des comptes. — Greffier. (Frais.) — Justice gracieuse. — Responsabilité. — Idem. (Employés aux vivres.)

JUSTICE MUNICIPALE ADMINISTRATIVE.

1. — (Police de roulage. — Surcharge. — Tolérance. — Conseil de préfecture.) — *Les contraventions aux réglemens sur la police du roulage sont punies par décision des maires de commune, sauf le recours au conseil de préfecture, aux termes du décret du 23 juin 1806, et de l'ordonnance du 24 juin 1814;*

La surcharge ne s'entend que du poids excédant la tolérance, et la tolérance n'est que de 100 kilogrammes pour les diligences et messageries.
Les entrepreneurs des messageries établies à Paris, rue Notre-Dame-des-Victoires.
8 janvier 1817. – (t. 3, p. 477.)

JUSTICE POLITIQUE.

1. — (Justice gouvernementale. — Prises maritimes. — Pays réunis et séparés. — *Le gouvernement français est essentiellement juge de la question de savoir si un jugement rendu en matière de prise par un consul français résidant à Amsterdam, le 4 frimaire an 6, a pu être annullé le 27 juillet 1813, par la Cour d'appel de Lahaye, prononçant, sauf appel au Conseil d'état.*

Le Roi de France est juge naturel de toutes décisions rendues par un consul français. Est-il également juge naturel des décisions rendues par une Cour administrative et judiciaire établie dans une localité alors française, et aujourd'hui étrangère?
Roussilhe Morainville. — C. — Kuyper.
17 juillet 1816. – (t. 3, p. 341.)

— V. Contentieux. (Justice gouvernementale.)

JUSTICE PRÉFECTORIALE.

1. — (Prison. — Maison de détention. — Fourniture de pain.) — *Bien que le préfet ait dans ses attributions l'entreprise de la fourniture du pain des prisons et maisons de détention, et qu'il soit autorisé à résilier un marché de fournisseur pour inexécution, s'il arrive qu'un fournisseur contrevienne à son marché, et, par exemple, fasse disparaître des effets mobiliers de la boulangerie des prisons, cette contestation doit être soumise au conseil de préfecture et non à la justice préfectoriale.*
Levacher-Duplessis.
6 novembre 1817. – (t. 4, p. 195.)

— V. Acte administratif. — Alignement. (Contentieux.) — Domaines engagés. — Eau (Cours d') (Réglement.) — Exécutoire. (Préfet.) — Patente. (Banquier.)

LACHAGE ET REMONTAGE. — V. Pont. (chef de) (Bateaux.)

LARGEUR. — V. Chemin. — Chemin vicinal. — Idem. (Propriété.)

LÉGITIME. — V. Décision du préfet. (Acte administratif.) — Hypothèque. (Séquestre.)

LEGS. — V. Capacité. — Hospices. — Remboursement. (Hospices.)

LEGS PIE. — Autorisation.

LÉSION D'OUTRE-MOITIÉ.

1. — (Décision ministérielle.) — *Le ministre de la guerre s'appercevant qu'un entrepreneur a gagné excessivement, décide que la bonne foi de l'administration a été surprise, qu'il y a lésion d'outre-moitié; par suite il refuse de payer un restant de compte.— La lésion d'outre-moitié est-elle, dans ce cas, un moyen de rescision, en matière personnelle et mobilière? Les traités avec le gouvernement pour fourniture ou entreprise, ne sont-ils pas essentiellement chanceux?*
Rey.
26 mars 1814. – (t. 2, p. 535.)

— V. Soumission. (Biens nationaux.)

LETTRE DE CHANGE. — V. Agens du gouvernement. — Conflit. — Entrepreneurs de service public. (Agent du gouvernement.) — Garantie constitutionnelle. (Agent du gouvernement.) — Garantie de fonctionnaire. (Agent du gouvernement.) — Travaux publics. (Entrepreneurs.) — Trésor public. (Opposition.)

LETTRES-PATENTES.

1. — (Interprétation.) — *Les questions sur l'interprétation de lettres-patentes et arrêts du Conseil du Roi, ne peuvent être décidées que par l'autorité administrative supérieure.*
Fabre. — C. — Godol.
23 septembre 1810. – (t. 1, p. 401.)

LIBÉRATION. — V. Acquéreurs. — Caution. — Décompte. (Acquéreur.) — Délai. (Effet.) — Fermier de l'état. — Remboursement. (Assignats.)

LIBERTÉ INDIVIDUELLE.

1. — (Arrestation arbitraire. — Agent du Gouvernement. — Responsabilité. — Mise en jugement.) — *Le citoyen victime d'arrestation et de détention arbitraire, ne peut obtenir la mise en jugement des fonctionnaires à qui il impute ce fait, si les fonctionnaires eux-mêmes n'ont fait qu'obéir à un ordre souverain.*

Est-il vrai, en principe général, qu'un ordre quelconque puisse préserver de la vengeance des lois, quiconque se rend complice d'une atteinte à la loi protectrice de la liberté individuelle?

Cousso.
25 juin 1817. – (t. 4, p. 75.)

2. — (Domicile. — Mise en jugement.) — *Un maire de commune qui se permet de chasser arbitrairement, et avec force armée, une femme de la maison qu'elle habite, doit être mis en jugement..... quels que soient les motifs de mœurs ou de convenance qu'il invoque.*

Buin. — C. — Langle.
10 février 1816. – (t. 3, p. 225.)

3. — (Mise en jugement.) — Excuse.) — *Une arrestation ordonnée sans motifs légaux, mais dans l'intérêt évident de la personne arrêtée, et pour la soustraire à de graves dangers, est un fait plus qu'excusable; il est justifié, il n'y a pas nécessité de mise en jugement.*

Comte.
10 février 1816. – (t. 3, p. 229.)

— V. Garde nationale sédentaire. (Remplaçans.)

LICITATION. — V. Indivis. (Domaines.)

LIGNE. — V. Douanes.

LIMITES.

1. — (Bornage.) — *L'autorité administrative n'est pas compétente pour déterminer les limites dans lesquelles une propriété patrimoniale doit être renfermée relativement à une propriété d'origine nationale. — Il ne s'agit pas là d'interpréter l'acte d'adjudication du domaine national, mais d'expliquer des titres de propriétés particulières dont l'examen n'appartient qu'aux tribunaux ordinaires.*

Féron.
12 décembre 1811. – (t. 1, p. 564.)

2. — (Chemin. — Anticipations. — Démolition. — Compétence.) — *Un conseil de préfecture est compétent pour ordonner la démolition d'un édifice construit par un acquéreur national sur un terrain qui ne lui a pas été vendu, et qui fait partie d'un chemin.*

Bellaunay. — C. — la commune de Tilly.
30 mars 1812. – (t. 2, p. 55.)

3. — (Commune.) — *Lorsqu'entre deux communes il existe une contestation, sur leurs limites respectives; si le fond de cette contestation repose sur ce que chacune prétend être propriétaire de terres que l'autre réclame comme lui appartenant, en ce cas, la contestation doit être soumise non à la justice administrative, mais bien aux tribunaux.*

Commune de Zevaco.
24 décembre 1810. – (t. 1, p. 449.)

4. — (Conseil de préfecture. — Adjudication. — Frais.) — *Un conseil de préfecture est compétent pour prononcer sur les limites d'une propriété nationale adjugée administrativement; en tant que sa décision doit résulter de l'acte d'adjudication ou des actes préparatoires. — mais il n'est pas compétent pour ordonner une délimitation : par exemple la construction d'un mur, ni pour condamner aux frais de la clôture.*

Dupart. — C. — la commune de la Bastide du Temple.
8 janvier 1817. – (t. 3, p. 469.)

— V. Acquéreur. (Adjudication.) — Adjudication. — Idem. (Biens nationaux.) — Administration active. (Frais.) — Biens nationaux. (Adjudications.) — Propriété.

LIQUIDATION.

1. — (Contentieux. — Commission de révision des dettes de Saint-Domingue. — Colonies.) — *En matière de liquidation des dettes de l'Etat aux Colonies, et notamment à Saint-Domingue, des arrêtés de la commission de révision, approuvés par le Gouvernement, sont définitifs; ils ne sont pas soumis au Conseil d'état : c'est là de l'administration et non du contentieux, sauf cependant le cas de renvoi spécial au Conseil d'état par Sa Majesté, sur pétition, aux termes de l'art. 40 du réglement du 22 juillet 1816.*

Lambert.
11 juin 1817. – (t. 4, p. 43.)

2. — (Contentieux. — Fournisseur. — Armée d'Espagne. Justice ministérielle.) — *Un fournisseur des troupes françaises en Espagne qui, pour raison de ses fournitures de subsistances, a traité avec les autorités espagnoles sous le simple visa d'un commissaire-ordonnateur français, ne doit pas être réputé créancier du gouvernement de France; — il n'est créancier que des autorités espagnoles avec lesquelles il a traité.*

Le gouvernement français n'est pas même garant, aux termes de l'article 2 des conventions du 20 novembre 1815.

Ozil.
18 mars 1818. – (t. 4, p. 281.)

3. — (Contentieux. — Fournitures. — Conseil d'état.) — *La commission du contentieux du Conseil d'état ne peut connaître de la réclamation d'un négociant dont le navire, chargé de blé, a été mis à la disposition de l'armée française. — Cette matière est exclusivement réservée au directeur-général et à la commission de liquidation.* (Déc. du 11 juin 1806.)

Costa.
16 mars 1807. – (t. 1, p. 64.)

4 — (Déchéance. — Chose jugée.) — *Toute créance qui remonte à l'an 6, et qui n'a pas été liquidée par le conseil de liquidation générale, avant le 1.er juillet 1810, époque à laquelle le conseil a été supprimé, est frappée de déchéance par les lois sur les finances, des 28 avril 1816 et 25 mars 1817.*

Peu importe qu'un décret de l'an 13 ait renvoyé le créancier à se pourvoir conformément aux lois, pour faire liquider ces créances montant à cent dix mille francs; la fixation des sommes n'est pas une liquidation, surtout y ayant renvoi à liquidation, conformément aux lois,

Puybusque.
11 février 1818. – (t. 4, p. 246.)

5. — (Décisions ministérielles. — Mines.) — *Rejet d'une demande formée par les actionnaires des mines de mercure du département du Mont-Tonnerre, et tendante à ce qu'en ordonnant l'annullation de deux décisions ministérielles qui, en arrêtant leur liquidation, les constituent débiteurs envers l'Etat, il soit décidé que cette liquidation aurait lieu d'après de nouvelles bases.*

31 mai 1807. – (t. 1, p. 95.)

6. — (Dette publique. — Hôpitaux militaires. — Régie intéressée. — Contentieux.) — *Un arrêté pris par le conseil général de liquidation de la dette publique, décidant qu'un traité pour le service des hôpitaux militaires, constitue une entreprise et non une régie intéressée, n'est pas une décision contentieuse, dont l'infirmation puisse être demandée au Conseil d'état.*

Poyer. — C. — Jubié.
6 novembre 1817. – (t. 4, 185.)

7. — (Dette publique. — Munitionnaire général. — Préposé aux vivres. — Justice ministérielle.) — *Un particulier qui a fait des fournitures considérables de bestiaux, ne peut pas être déclaré par le ministre de la guerre sans droit à une liquidation de sa créance, sous prétexte qu'étant préposé du munitionnaire général, il ne lui était pas permis de faire le commerce des bestiaux dont il réclame le prix. Le ministre de la guerre n'a pas à juger cette espèce de délit, il ne doit pas usurper une fonction de juge pour se refuser à l'exercice de ses fonctions d'administrateur.*

Couret.
31 janvier 1817. – (t. 3, p. 491.)

LISTE CIVILE.

1. — (Ministre de la maison du Roi. — Trésor public. — Machine de Marly.) — *Les réclamations d'un entrepreneur de travaux exécutés à la machine de Marly, et réglées antérieurement à la restauration, doivent être soumises au ministre de la maison du Roi, attendu la réunion de la machine de Marly au domaine de la liste civile.*

Les dépenses arriérées de l'ancienne liste civile sont payables sur les mêmes fonds et dans les mêmes valeurs que les autres dépenses (à la charge du trésor) des exercices correspondans; toutefois c'est le ministre, dans les attributions duquel est actuellement la liste civile, qui ordonnance et fait payer par le trésor ces dépenses arriérées de l'ancienne liste civile.

Héreau.
25 février 1818. – (t. 4, p. 255.)

LITISPENDANCE.

1. — (Réciprocité. — Adjudication. — Interprétation.) — *Lorsque deux acquéreurs nationaux plaident sur le sens et l'étendue de leurs titres d'adjudication, s'il arrive qu'un arbitre nommé par eux décide leur différent; cette décision arbitrale n'empêche pas qu'au cas de recours ultérieur à l'autorité administrative, celle-ci ne prononce sur le sens et l'étendue des actes administratifs: sauf aux parties de faire valoir devant la justice ordinaire toute exception résultante de la chose jugée par la décision arbitrale.*

En d'autres termes, la litispendance devant la justice des tribunaux n'empêche pas la justice administrative de connaître d'un litige qui, de sa nature, est administratif.

Rocault.
12 mars 1814. – (t. 2, p. 527.)

2. — *Encore que les tribunaux soient saisis de la demande en revendication d'un immeuble, si le demandeur forme une seconde demande devant la justice administrative relativement au même immeuble, tendante seulement à l'interprétation de l'acte d'adjudication dont se prévaut le défendeur; la justice administrative ne peut pas renvoyer, pour cause de litispendance; les deux autorités n'ayant pas à juger la même question d'actes administratifs.*

En général, la litispendance consiste, non pas seulement en ce que la même matière soit portée devant deux autorités; mais en ce que, relativement à la même matière, deux autorités différentes soient saisies de la connaissance des mêmes questions.

Devèze.
11 février 1818. – (t. 4, p. 243.)

LITS MILITAIRES.

1. — (Propriété. — Action administrative.) — *Un décret rendu sur l'entreprise de la fourniture des lits militaires et sur le mode du paiement des entrepreneurs, est une mesure d'administration; bien qu'elle dispose sur l'intérêt majeur et les droits conventionnels de ces entrepreneurs; ils ne peuvent donc se pourvoir par opposition et en la forme contentieuse; le seul recours qui leur soit ouvert, c'est la voie de pétition ou de supplication au chef du gouvernement, selon l'article 40 du réglement du 22 juillet 1806.*

Les sieurs Desmasures entrepreneurs de lits militaires.
11 décembre 1816. – (t. 3, p. 463.)

LIVRE. — V. Franc.

LIVRES D'ÉGLISE. — V. Propriété littéraire.

LOCATION. — V. Halles et marchés. — Instruction. (Décision.) — Logement des troupes alliées. (Locataires.) — Salle de spectacle.

LOGEMENT DES TROUPES ALLIÉES.

1. — (Propriétaire. — Locataires.) — *Le portier d'un hôtel, qui, à défaut du propriétaire et des locataires, a subvenu aux frais de logement et de nourriture des militaires des troupes alliées, envoyés à ladite maison par des ordres de l'autorité administrative, s'il veut faire fixer la portion contributive des locataires et du propriétaire afin d'en être remboursé, doit s'adresser à la justice ordinaire, et non à la justice administrative: bien entendu que la contestation n'a pas pour objet l'assiette du logement.*

Quid? *si l'autorité civile renvoyait au réglement administratif ou au billet de logement et à l'intention écrite ou présumée du maire qui a fait le logement?*

Les sieurs de Sabran et Ledanois. — C. — le sieur Taverne.
22 octobre 1817. – (t. 4, p. 170.)

LOI. — V. Décret.

LOI DÉVOLUTIVE. — V. Remboursement. (Condamné.)

LOIS ET RÉGLEMENS SANITAIRES.

1. — (Autorisation. — Mise en jugement. — Douanes.) — *Les règles générales sur la nécessité de l'autorisation du Conseil d'état, pour mettre en jugement des préposés aux douanes, s'appliquent au cas où il s'agit d'infraction aux lois et réglemens sanitaires.*

Aumeran.
23 avril 1818. – (t. 4, p. 296.)

LOI TRANSMISSIVE. — V. Propriété. (Arbres.)

LOT. — V. Partage.

LOTERIE. — V. Obligation sans cause.

LOYERS.

1. — (Domaines nationaux.) — *Entre la régie du domaine qui réclame des loyers, et un locataire qui prétend ne pas les devoir; c'est la justice des tribunaux qui seule est compétente.*

Parent. — C. — la régie.
14 avril 1813. – (t. 2, p. 307.)

— V. Concession. — Contentieux. — Déchéance. (Adjudication.) — Propriété. (Bâtimens militaires.)

MACHINE DE MARLY. — V. Liste civile. (Ministre de la maison du Roi.)

MAGASINS MILITAIRES.

1. — (Déficit. — Commissaire des guerres. — Garde-magasin. — Contentieux. — Comptable. — Ministre de la guerre.) — *Maintien d'une décision du ministre de l'administration de la guerre, relative à un déficit trouvé dans un magasin de fourrages, et pour lequel un adjoint aux commissaires des guerres et un garde-magasin ont été constitués débiteurs.*

Lebel de Delahaye.
3 janvier 1813. – (t. 2, p. 166.)

2. — (Main-mise administrative. — Propriété. — Tribunaux.) — *Un décret qui ordonne le maintien d'une main-mise apposée par le domaine sur des biens qu'il prétend lui être dévolus, ne préjudicie pas au droit qu'a un particulier de contester cette prétention, et de faire juger la question de propriété par les tribunaux.*

De Franchi.
22 octobre 1808. – (t. 1, p. 208.)

MAIN-MORTE.

1. — (Aliénation.) — *L'article 5 de la loi du 27 avril 1791 permet de réputer valable un bail à cens de biens de moines irrégulièrement fait, mais approuvé tacitement de l'abbaye; surtout si ce bail a été suivi d'une longue possession, si le terrain a été notablement amélioré, ou s'il est devenu le principe de plusieurs autres contrats.*

Riotot.
23 avril 1807. – (t. 1, p. 73.)

2. — (Aliénation. — Compétence.) — *L'autorité administrative n'est pas compétente pour prononcer sur le mérite de la vente d'un bien de main-morte, et sur la question de savoir si elle a été faite conformément aux lois; lorsque la vente a une date certaine, antérieure à la suppression des monastères. Les tribunaux ordinaires sont seuls compétens pour prononcer.*

Segret et Palena. — C. — la rég. des dom.
11 janvier 1813. – (t. 2, p. 200.)

MAIRE.

1. — (Arrêté. — Alignement.) — *Les réclamations contre les arrêtés d'un maire de commune, dans ses attributions, doivent être portées directement au préfet. Les conseils de préfecture sont incompétens pour en connaître, notamment en matière d'alignement.*

Ruet. — C. la comm. de la Ferté-sous-Jouarre.
29 janvier 1814. – (t. 2, p. 504.)

2. — (Police de Voirie. — Terrain. — Propriété. — Conflit. — Divisibilité. — Compétence.) — *L'arrêté d'un maire qui ordonnerait l'enlèvement de matériaux sur un terrain présumé communal, est un acte de police et de voirie qui ne peut être attaqué devant les tribunaux, par un particulier; sur le motif que cet acte est nuisible aux droits qu'il se proposerait de faire valoir sur la propriété du terrain. C'est à l'autorité administrative seule qu'il appartient de prononcer sur cette question, sauf à renvoyer aux tribunaux pour la question de propriété qui est de leur ressort.*

Lion-sur-Mer. (commune de)
8 mars 1811. – (t. 1, p. 476.)

V. Fourrière. — Mise en jugement.

MAISON. — V. Propriété. (Démolition.) — Décompte. (Dixième.)

MAISON DE DÉTENTION. — JUSTICE PRÉFECTORIALE. (Prison.)

MAIRE. — V. GARANTIE CONSTITUTIONNELLE. — GARANTIE DE FONCTIONNAIRE. — MISE EN JUGEMENT. — IDEM. (Arrestation arbitraire.)

MAL JUGÉ. — V. COUR DES COMPTES. (Cassation.)

MALTHE. (chevalier de) — V. DETTE PUBLIQUE. (Liquidation.)

MANDAT. — V. DÉCOMPTE.

MANDAT ADMINISTRATIF.

1. — (Paiement. — Offres.) *Une contestation sur l'effet d'un mandat délivré par un préfet à un conducteur des ponts et chaussées, pour être payé par un entrepreneur de flottage, est tellement administrative, que le mérite d'offres-réelles faites, à ce sujet, ne peut être retenu par un tribunal pour être jugé, après décision du ministre sur la validité du mandat; le tribunal doit se déclarer absolument incompétent, et renvoyer devant la justice administrative contentieuse.*

Depuichault. — C. — Plantadis.
6 mars 1816. – (t. 3, p. 245.)

MANDATAIRE. — V. COMPTABLE. (Commune.)

MANOEUVRES FRAUDULEUSES. — V. ACQUÉREURS NATIONAUX.

MANUFACTURES.

1. — (Ateliers. — Interruption. — Suppression.) — *Les manufactures, établissemens et ateliers qui étaient en activité au moment de l'émission du décret du 15 octobre 1810, ne peuvent être supprimés tant qu'il n'y a pas eu interruption de six mois dans leurs travaux.*

Langlet. — C. — Badin.
7 février 1813. – (t. 2, p. 268.)

2. — (Atelier. — Salubrité. — Contentieux.) — *L'arrêté d'un préfet touchant un atelier prétendu insalubre, et le conservant comme ayant existé dès avant le décret du 15 octobre 1810, est un acte administratif. C'est donc devant le ministre, et non devant le Conseil d'état, que doivent se pourvoir des particuliers qui acquitteraient cet arrêté.*

Pinel. — C. — Lefrançois.
29 janvier 1814. – (t. 2, p. 505.)

3. — (Autorisation.) — *La question de savoir si une manufacture sera autorisée n'est pas subordonnée à des raisons puisées dans l'intérêt du commerce : il s'agit uniquement de savoir si l'établissement dont on propose la mise en activité n'est ni insalubre ni dangereux.* (Loi du 15 octobre 1810.)

Seuly. — C. — Motret.
5 janvier 1813. – (t. 2, p. 181.)

4. — (Autorisation. — Chapeaux. — Pouvoir discrétionnaire.) — *L'établissement d'une manufacture de chapeaux, quoique de nature à répandre une odeur insalubre ou incommode, peut être autorisé aux termes du décret du 15 octobre 1810, lorsqu'il est donné des garanties suffisantes contre le danger de la mauvaise odeur et de l'insalubrité.*

Gay. — C. — Clément.
3 juin 1818. – (t. 4, p. 335.)

5. — (Compétence. — Salubrité. — Conseil d'état. — Conseil de préfecture.) — *Le décret du 15 octobre 1810 sur les manufactures insalubres, lequel autorise la suppression de celles qui étaient déjà construites lors de la publication du décret, n'autorise point les conseils de préfecture à ordonner cette suppression; ils ne peuvent que donner un avis ou renvoyer la décision au conseil d'état.*

Ponçon-Gros-Jean.
2 juillet 1812. – (t. 2, p. 96.)

6. — (Contributions des portes et fenêtres. — Exemption.) — *Un particulier n'est pas recevable à réclamer contre un arrêté de l'autorité administrative qui, dans l'intérêt général d'une ville manufacturière, aurait décidé que l'exemption de la contribution des portes et fenêtres ne serait applicable qu'aux bâtimens occupés par des manufacturiers pourvus de la patente de première classe.*

Demoy.
8 mars 1811. – (t. 1, p. 474.)

7. — (Opposition. — Préfet de police.) — *Ce ne sont point les préfets de police, mais les conseils de préfecture, qui sont chargés de statuer sur les oppositions formées à l'établissement de manufactures.* (Décret du 15 octobre 1810, articles 4, 7 et 8.)

Barré.
30 août 1814. – (t. 3, p. 4.)

8. — (Opposition. — Salubrité. — Eaux-de-vie.) — *Bien que les préfets soient chargés d'autoriser, s'il y a lieu, l'établissement des manufactures et ateliers susceptibles de répandre une odeur insalubre ou incommode; ce n'est pas à eux, mais bien aux conseils de préfecture à statuer sur le mérite des oppositions formées par des particuliers intéressés à en empêcher l'établissement.* (Décret du 15 octobre 1810, art. 7, et ordonnance du 14 janvier 1815.)

Ronde.
19 mars 1817. – (t. 3, p. 538.)

9. — (Tuilerie. — Salubrité. — Industrie.) — *Les tuileries n'étant point portées sur le tableau des états et professions nuisibles ou incommodes, annexé au décret du 15 octobre 1810, un particulier peut former un établissement de cette nature sans être assujéti à l'observation des formalités prescrites par ce décret.*

Castagna.
14 janvier 1818. – (t. 4, p. 236.)

MARAIS.

1. — (Canal. — Réglement d'administration publique.) — *Les frais et le mode d'entretien des marais et canaux, à l'égard desquels existe un réglement dit d'administration publique, du 5 décembre 1711, doivent, aux termes de la loi du 14 floréal an 11, article 2, être déterminés selon le réglement ancien, jusqu'à ce qu'il ait été fait un réglement nouveau. Les moyens d'équité et de localité ne peuvent avoir effet contre des réglemens existans.*

Comm. de Luçon. — C. — Prionzeau.
14 septembre 1814. – (t. 3, p. 14.)

2. — (Desséchement. — Concessionnaires. — Francs bords. — Propriété.) — *Réglement des droits respectifs entre les concessionnaires et des propriétaires cointéressés, touchant le desséchement des marais de Bourgoin.*

Latour-d'Auvergne. — C. — Bimar-Dubouchage.
24 décembre 1814. – (t. 3, p. 52.)

3. — (Propriété. — Servitude. — Indemnité.) — *Bien que les digues ou chaussées, ainsi que les canaux des marais desséchés appartiennent aux propriétaires de ces marais, ceux-ci ne peuvent s'opposer à ce que les propriétaires des marais voisins se servent de ces constructions pour l'écoulement de leurs eaux, en se soumettant au paiement d'une indemnité et d'une contribution pour l'entretien de ces mêmes digues et canaux.*

Réaud.
24 janvier 1811. (t. 1, p. 457.)

4. — (Société. — Action administrative. — Réglement.) — *Une association particulière (ayant pour objet des marais à déssécher), qui a projeté des réglemens pour l'avantage de tous les cointéressés, si elle n'obtient pas du préfet le réglement sollicité aux termes de l'article 2 de la loi du 22 prairial an 11, doit se pourvoir auprès du ministre comme pour matière administrative, et non au Conseil d'état comme pour* contentieux. — *Il y a ici action administrative, sinon réglementaire, au moins surveillante.*

Marais de Saint-Michel en Therm, Grue de Saint-Denis.
31 janvier 1817. – (t. 3, p. 492.)

— V. BAILLISTE JUDICIAIRE. — DOMMAGES INTÉRÊTS. — INDEMNITÉS.

MARCHANDISES. — V. PRISE MARITIME.

MARCHÉ AVEC L'ADMINISTRATION.

1. — (Autorité administrative. — Compétence.) — *L'autorité administrative est seule compétente pour statuer sur une contestation élevée à l'occasion d'un marché passé avec l'administration, et d'un service exécuté d'après ses ordres.*

Perigal. — C. — Mongin et le maire de Saint-Loup.
25 février 1818. – (t. 4, p. 260.)

2. — (Conseil d'état. — Recours.) — *Le recours direct au Conseil d'état n'est ouvert aux parties que pour les contestations relatives aux marchés passés avec le ministre ou l'intendant général de la couronne : dans toutes autres contestations, les parties doivent*

suivre les divers degrés de l'autorité administrative.

Lasalle.
12 mars 1811. – (t. 1, p. 478.)

3. — (Fourrages militaires. — Interprétation.) — *Le ministre de la guerre ne peut, à moins de clause expresse, opposer à un fournisseur qu'il n'a pu acheter des fourrages, dans une place, que lorsqu'il n'en restait plus au gouvernement dans aucune des autres places du département.*

Charles.
30 septembre 1814. – (t. 3, p. 22.)

4. — (Présomption. — Convention — Liquidation de l'arriéré. — Décompte. — Fournisseur.) — *Un fournisseur qui a exécuté son marché en livrant des bœufs pour l'armée, doit être payé aux termes de sa convention; sans qu'il soit permis au ministre de la guerre de faire des réductions sur le prix, en se fondant de présomptions de non livraison du poids. — Des présomptions sans preuves ne sont pas des motifs suffisans.*

Albin.
22 octobre 1817. – (t. 4, p. 156.)

5 — (Sous-traitant. — Transports militaires.) — *Une contestation relative à la fourniture d'une voiture attelée pour transports militaires, à la charge d'une commune, n'est pas administrative; elle est judiciaire, si la fourniture a été faite en vertu d'un sous-traité.*

Prudhomme. — C. — Prieur.
23 décembre 1815. – (t. 3, p. 195.)

6. — (Tiers. — Bois. — Fournisseur.) — *Dans un contrat, passé entre un fournisseur et le ministère, la clause de soumission à la justice administrative, consentie par le fournisseur au profit du ministère, ne peut être opposée à un tiers; — ainsi, la réclamation d'un particulier dont la propriété a été endommagée par l'abattis provenant du fait d'un fournisseur, ne peut être jugée administrativement; les tribunaux seuls peuvent connaître, en pareil cas, de la demande en dommages-intérêts.*

Lorilla. — C. — Auvray.
20 novembre 1815. – (t. 3, p. 173.)

7. — (Travaux publics.) — *La règle qui attribue à l'autorité administrative la connaissance des contestations au sujet des marchés avec les entrepreneurs des travaux publics, ne s'applique pas à un marché relatif à une maison qui, ultérieurement devenue domaniale, était une propriété particulière lorsque le marché fut fait.*

Pittance et Duclos. — C. — Goulard.
6 mars 1816. – (t. 3, p. 240.)

— V. Justice ministérielle. (Fournisseurs.) — Pavé.

MARCHÉ DÉFINITIF. — V. Justice ministérielle.

MARCHÉ D'URGENCE.

1. — (Entrepreneur. — Responsabilité.) — *Lorsqu'un entrepreneur chargé de la fourniture des troupes, laisse manquer le service, il peut y être pourvu à ses risques et périls au moyen d'un marché d'urgence revêtu de l'approbation des autorités civiles et militaires.*

Ministre de la guerre.
1.er septembre 1811. – (t. 1, p. 530.)

MARIAGE.

1. — (Identité. — Compétence.) — *Lorsqu'il y a doute sur l'identité, de la personne qui veut se marier, avec celle dont il est mention dans les pièces exigées par la loi, c'est aux tribunaux, et non à l'autorité administrative, de décider sur cette contestation.* (Cod. civ., 156.)

Deconninck. — C. — le maire de Gand.
16 août 1808. – (t. 1, p. 186.)

MARINE. (Service pour la) — V. Commissaire des relations commerciales.

MARINS. — V. Prises. (Vente.)

MARSEILLE. — V. Douanes. (Coton.)

MARTELAGE. — V. Bois.

MATÉRIAUX. (Extraction de) — V. Routes. (entretien des) — Travaux publics.

MERCURIALES.

1. — (Compétence. — Divisibilité.) — *Bien qu'à l'autorité administrative seule appartienne le droit d'arrêter les mercuriales, en constatant le taux auquel se sont vendues les diverses denrées qui y sont comprises; néanmoins, lorsqu'il y a contestation sur les prix, par application des clauses d'un contrat, c'est aux tribunaux que la connaissance en est dévolue.*

Les hospices de Lille. — C. — Danlos.
22 décembre 1809. – (t. 1, p. 348.)

2. — (Compétence. — Rapport d'expert.) — *Il appartient à l'autorité administrative d'arrêter les mercuriales, en constatant le taux auquel se sont vendues les diverses denrées qui y sont comprises; c'est à l'autorité judiciaire à déterminer quel est leur effet, si même il doit y être ajouté foi; s'il n'y a pas lieu à expertise aux termes de l'art. 129, Code proc. civile.*

Danlos. — C. — les hospices de Lille.
23 janvier 1813. – (t. 2, p. 245.)

MEUBLES. — V. Théâtres.

MILITAIRE. (Femme de)

1. — (Pension alimentaire. — Traitemens. (retenue sur les) — *Un jugement rendu en faveur de l'épouse d'un militaire, (s'il fixe la pension alimentaire que le mari, aux termes de l'art. 214 du Code civil, est tenu de payer à sa femme), n'est exécutoire qu'autant que la somme à laquelle s'élève la pension n'excède pas le montant de la retenue qui peut être exercée sur les appointemens d'un militaire en activité de service. — Cette retenue est déterminée par la loi du 19 pluviose an 3, au cinquième du traitement; en observant cependant qu'elle doit être faite non-seulement sur les émolumens fixes, mais bien sur la totalité des appointemens.*

Richer.
30 janvier 1809. – (t. 1, p. 242.)

— V. Fonds de solde. (Fournisseurs.) — Saisie. (Solde.)

MINES.

1. — (Concession. — Opposition.) — *Lorsque le droit exclusif d'exploiter des mines a été concédé, après l'accomplissement de toutes les formalités prescrites par la loi, le propriétaire du terrain dans lequel se trouve la mine, s'il n'a pas réclamé, est non-recevable à attaquer par la voie de la tierce-opposition le décret de concession, pour demander la préférence pour l'exploitation de la mine.* (Lois des 28 juillet 1791 et 13 pluviose an 9.)

Benoit.
4 août 1811. – (t. 1, p. 520.)

2. — (Concessionnaires.) — *Le propriétaire d'un terrain dans lequel se trouve une mine, n'est pas recevable à demander la division de la concession antérieurement faite, — les anciens concessionnaires d'exploitations de mines, en exécution de la loi du 21 avril 1810, sont propriétaires incommutables, en se conformant à ce que cette loi prescrit.* (Lois des 28 juillet 1791 et 21 avril 1810.)

Werner-Syberg.
4 août 1811. – (t. 1, p. 517.)

3. — (Concessionnaire. — Déchéance.) — *La déchéance d'un concessionnaire de mines, pour les causes prévues par la loi, n'est pas établie dans l'intérêt des particuliers. Les propriétaires et anciens extracteurs ne sont donc pas recevables à réclamer cette déchéance, sur le motif que la concession leur serait préjudiciable.*

David. — C. — Giroud.
4 mars 1809. – (t. 1, p. 262.)

4. — (Concessionnaire. — Déchéance. — Indemnité. — Compétence.) — *Les tribunaux sont seuls compétens pour statuer sur la question de savoir si le concessionnaire d'une mine, déchu de sa concession pour inexécution des clauses y contenues, a droit ou non à une indemnité pour raison de sa non-jouissance. — De ce qu'un décret aurait chargé l'administration de nommer des experts pour évaluer les dégradations ou améliorations provenant du fait du concessionnaire, il ne s'ensuit pas que cette autorité soit compétente pour prononcer sur les droits et intérêts des parties respectives.*

Pauly. — C. — Rivaut.
16 mai 1810. – (t. 1, p. 369.)

5. — (Concessionnaire. — Indemnité.) — *Les tribunaux sont compétens pour juger sur une demande en règlement d'indemnité formée par les anciens concessionnaires d'une mine, contre les*

concessionnaires actuels, pour raison de travaux qui leur auraient été profitables.

Boussier.
24 novembre 1810. – (t. 1, p. 440.)

6. — (Eaux. — Compétence.) — *L'article* 27 *du titre premier de la loi du* 28 *juillet* 1791, *portant que* toutes les contestations relatives aux mines, seront jugées par les tribunaux, *s'applique à tous accessoires des mines, lavoirs, patouillets, prises d'eaux, etc.*

Labbe-Briancourt. — C. — Breton.
23 septembre 1810. – (t. 1, p. 406.)

7. — (Exploitation.) — *En matières de mines, c'est à l'autorité administrative seule qu'il appartient, soit d'autoriser les travaux nécessaires à leur exploitation, soit de maintenir ou de faire supprimer les ouvrages faits sans autorisation; en conséquence, les tribunaux ne sont pas compétens pour prononcer la destruction de chaussées pratiquées par les exploitans sur les terrains des propriétaires de fonds environnans.*

Mines de Boussu.
11 août 1808. – (t. 1, p. 181.)

8. — (Indemnité. — Privilége.) — *En matière de mines, la connaissance des contestations relatives aux demandes et réglemens d'indemnité appartient exclusivement aux tribunaux.* (Loi du 27 juillet 1791, art. 27.)

Les propriétaires sont sans qualité pour demander à être substitués au privilége accordé aux concessionnaires, sous le prétexte que ceux-ci en seraient déchus pour non-exécution du décret de concession.

Boussier. — C. — Cherbonnier.
11 août 1808. – (t. 1, p. 184.)

9. — (Propriété.) — *Lorsqu'une concession de mines a été faite à un particulier, en sa qualité de propriétaire, et qu'il s'agit de déterminer l'étendue de la concession d'après l'étendue de la propriété, s'il y a contestation sur l'étendue de la propriété, cette question préjudicielle doit être soumise aux tribunaux avant que le Conseil d'état prononce sur l'étendue de la concession.*

Le défaut de publication des affiches prescrites par la loi relative à toute demande en concession, autorise-t-elle les intéressés à se pourvoir contre la concession dans un délai quelconque?

Collomb. — C. — Castellane et Cabre.
13 mai 1818. – (t. 4, p. 317.)

10. — (Publication. — Concession. — Nullité.) — *Une concession de mines peut être annullée, relativement à une commune dans laquelle le concessionnaire n'a pas fait faire les publications et proclamations prescrites par les articles* 11 *et* 12 *de la loi du* 28 *juillet* 1791.

Liotard. — C. — Ferry-Lacombe.
13 mai 1818. – (t. 4, p. 320.)

11. — (Redevance. — Renonciation.) — *Des concessionnaires d'une mine de plomb à qui l'on impose une redevance fixe en vertu de la loi du* 21 *avril* 1810, *s'ils ont à réclamer en vertu d'une renonciation à ladite redevance, ne peuvent être déchargés de la redevance par un conseil de préfecture, qu'autant qu'il s'agirait d'une renonciation faite et admise conformément aux lois sur les mines, sans examen de considération de toute autre espèce.*

Bragouze de Saint-Sauveur.
8 janvier 1817. – (t. 3, p. 470.)

12. — (Statuts. — Amendement. — Société anonyme.) — *Les amendemens ajoutés par le gouvernement aux statuts délibérés par une société de mines, sont obligatoires pour les sociétaires comme les statuts eux-mêmes.*

Collignon. — C. — la compagnie des mines de houille de Décize.
25 juin 1817. – (t. 4, p. 58.)

— V. Concession. (Interprétation.) — Idem. (Titres anciens.) — Liquidation. (Décisions ministérielles.) — Ministre. (Conseil d'état.)

MINEUR.

1. — (Délai. — Subrogé - Tuteur. — Signification.) — *L'article* 444 *du Code de procédure civile qui, à l'égard d'un mineur non émancipé, ne fait courir le délai de l'appel que du jour où le jugement aura été signifié au subrogé-tuteur comme au tuteur, n'est point applicable à l'instruction des causes pendantes au Conseil d'état; il suffit que la décision administrative intervenue ait été signifiée au tuteur.*

Sallier. — C. — Duhamel.
14 mai 1817. – (t. 4, p. 7.)

MINISTRE.

1. — (Avis. — Enregistrement.) — *Le ministre des finances donnant une solution ou décision dans un affaire d'enregistrement, ne fait que donner un avis comme conseil supérieur du domaine; cet avis n'est obligatoire que pour l'administration. Ce n'est pas là une véritable décision administrative; les parties que ces décisions contrarient ne doivent point les déférer au Conseil d'état; elles n'ont qu'à se pourvoir devers les tribunaux par la voie d'opposition aux contraintes.*

Maserany.
29 mai 1808. – (t. 1, p. 161.)

2. — (Conseil d'état. — Contentieux. — Arrêté.) — *C'est au ministre, ce n'est pas au Conseil d'état, section du contentieux, que les parties doivent s'adresser pour obtenir l'approbation d'un arrêté de préfet favorable au réclamant.*

Vignier. — C. — le préfet des Pyrénées-Orientales.
10 mars 1807. – (t. 1, p. 46.)

3. — (Conseil d'état. — Mines.) — *Le pourvoi contre les arrêtés des préfets, touchant l'exploitation des mines, ne peut être porté directement au Conseil d'état, encore qu'ils lèsent des droits privés; ces arrêtés doivent être déférés préalablement aux ministres.*

Campagne.
18 janvier 1813. – (t. 2, p. 232.)

4. — (Conseil d'état. — Préfet. — Mines.) — *Lorsqu'un préfet, en statuant sur le droit d'exploiter une mine, contrarie un décret de concession rendu en Conseil d'état, la partie lésée doit se pourvoir, non au Conseil d'état, mais vers le ministre. — L'acte du préfet est réputé une erreur administrative, et non un excès de pouvoir.*

Campagne.
12 janvier 1812. – (t. 2, p. 4.)

5. — (Conseil de préfecture.) — *La réformation des décisions des conseils de préfecture n'est pas dans les attributions d'un ministre; elle ne peut être prononcée qu'en Conseil d'état.*

Plumier.
9 janvier 1812. – (t. 2, p. 3.)

6. — (Domaine. — Instruction. — Chose jugée.) — *Les décisions du ministre des finances, rendues dans l'intérêt du domaine, notamment sur la féodalité d'une rente due à l'état ne sont pas des décisions émanées de la justice administrative qui opèrent chose jugée et contre lesquelles il soit nécessaire de se pourvoir devant le Conseil d'état.*

Cron.
3 août 1808. – (t. 1, p. 176.)

— V. Conflit. (Réglement de juges.) — Mise en jugement.

MINISTRE DE LA GUERRE. — V. Magasins militaires. (Déficit.)

MINISTRE DE LA MAISON DU ROI. — V. Liste civile.

MINISTRE DE LA MARINE. — V. Entrepreneur. (Fonderie.)

MINISTRE DES FINANCES. — V. Comptabilité. (Contentieux.)

MINISTRE DU COMMERCE. — V. Douanes.

MINISTRES EN CONFLIT. — V. Justice gouvernementale.

MINORITÉ. — V. Commune.

MINUTE. — V. Copie. (Titre.)

MISE EN DEMEURE. — V. Adjudication. (Résolution.)

MISE EN JUGEMENT.

1. — (Adjoint. — Agent du Gouvernement. — Excuse.) — *La mise en jugement des agens du gouvernement, pour des faits relatifs à l'exercice de leurs fonctions, doit être autorisée par le Conseil d'état, aux termes des lois des* 14 *décembre* 1789, 24 *août* 1790, 22 *frimaire de l'an* 8; *de l'arrêté du gouvernement du* 9 *pluviose an* 10, *du décret du* 9 *août* 1806, *des art.* 127 *et* 129 *du Code pénal, et de l'art.* 68 *de la charte constitutionnelle, qui maintient en vigueur toutes les lois existantes auxquelles il n'a pas été légalement dérogé.*

Un adjoint de maire qui s'est introduit avec des gendarmes dans la maison d'un particulier pour faire une perquisition avant le lever du soleil peut n'être pas mis en jugement, si l'acte a été commis par ignorance et sans mauvaise intention, si d'ailleurs il n'a été accompagné d'aucune circonstance aggravante.

Dulac. — C. — le maire de Grandris.

17 juin 1818. — (t. 4, p. 376.)

2. — (Adjoint. — Acte arbitraire.) — *Le Conseil d'état refuse la mise en jugement d'un sous-préfet, et d'un adjoint de maire, qui se sont transportés chez le précédent sous-préfet, à l'effet de requérir de lui la remise d'un billet, dont il prétendait être dépositaire au détriment d'un percepteur: il ne voit point là des actes arbitraires autorisant une plainte.*

Ripert. — C. — Bruand.

11 décembre 1816. — (t. 3, p. 458.)

3. — (Arrestation arbitraire.) — *Le Conseil d'état, d'après des renseignemens favorables, refuse d'autoriser la mise en jugement du sous-préfet des Sables-d'Olonne, prévenu d'avoir retenu en charte privée pendant deux heures, un lieutenant de vaisseau en non-activité; de lui avoir ordonné les arrêts et de l'avoir exilé à Rochefort, quoiqu'il n'y fût autorisé par aucune loi existante.*

Burcier. — C. — Régnon.

27 août 1817. — (t. 4, p. 123.)

4. — (Arrestation arbitraire. — Partie civile.) — *Le Conseil d'état autorise la mise en jugement d'un ex-maire accusé d'abus d'autorité et d'arrestation arbitraire, sur la plainte d'un particulier qui s'est déclaré partie civile.*

Souvielle. — C. — Maria.

3 décembre 1817. — (t. 4, p. 198.)

5. — (Arrestation arbitraire. — Place publique. — Maire.) — *Le maire d'une commune est autorisé à réprimer toute dégradation ou entreprise sur une promenade publique, surtout lorsqu'il y a en faveur de la commune, jugement qui la maintient en possession.*

Le particulier, auteur de la voie de fait, peut même être arrêté et livré à la justice pour raison de cette dégradation.

Le maire, auteur de cette arrestation, ne doit point pour cela, être mis en jugement comme auteur d'une arrestation arbitraire.

Billon.

10 décembre 1817. — (t. 4, p. 224.)

6. — (Bois communaux. — Invasion.) — *Le Conseil d'état n'ordonne pas la mise en jugement d'un maire qui a fait couper des bois de sa commune sans aucune autorisation, attendu le besoin pressant, de ressources, occasionné par la présence des troupes étrangères.*

Permentel.

6 mars 1816. — (t. 3, p. 248.)

7. — (Bois. — Invasion.) — *L'agent administratif qui, pendant l'invasion, a fait, sans autorisation, couper les bois d'un particulier sous prétexte de nécessité circonstantielle, est mis en jugement par le Conseil d'état, si une partie de ces bois ayant été transportés et conservés chez cet agent, il en résulte suspicion de ses motifs et de ses intentions.*

Jobal. — C. — Hazard.

27 mai 1816. — (t. 3, p. 296.)

8. — (Charges. — Preuve.) — *Le Conseil d'état met en jugement les agens de l'administration lorsque les délits sont de nature à pouvoir être examinés, pourvu qu'il y ait des charges, et que les faits ne portent pas avec eux leur justification.*

Steimer et Guillemette.

11 décembre 1814. — (t. 3, p. 49.)

9. — (Charges. — Preuve.) — *Le Conseil d'état peut refuser d'autoriser la mise en jugement d'un administrateur, par cela seul qu'il ne voit pas de preuves à l'appui des charges.*

Lepage.

20 novembre 1815. — (t. 3, p. 184.)

10. — (Charge. — Garde champêtre. — Garde forestier.) — *Le conseil n'autorise pas la mise en jugement d'un agent de l'administration prévenu de crime, lorsque l'information ne lui présente pas de charges suffisantes.*

Garrigue.

13 février 1816. — (t. 3, p. 231.)

11. — (Charges. — Actes arbitraires.) *Le Conseil d'état déclare n'y avoir lieu à autoriser la mise en jugement d'un maire de commune prévenu de concussion et d'actes arbitraires, sur la plainte de plusieurs habitans de la commune, considérant que la procédure ne présente aucune charge suffisante.*

Habitans de Salles-sur-l'Hers. — C. — Vendomois-Fontaines.

20 novembre 1816. — (t. 3, p. 430.)

12. — (Commissaire de police. — Inventaire. — Soustraction. — Agent du gouvernement.) — *Le Conseil d'état autorise la mise en jugement d'un commissaire de police prévenu d'avoir, en dressant un inventaire, détourné et soustrait à son profit différentes sommes d'argent, bijoux et autres effets appartenant à la personne inventoriée.*

La confection d'un inventaire par un commissaire de police, est-elle une opération administrative? Le commissaire de police est-il en cela un agent du gouvernement? La police judiciaire n'est-elle pas exclusivement sous l'autorité des Cours royales? (Art. 9 du Code d'instruction criminelle.)

Lucotte.

30 juillet 1817. — (t. 4, p. 95.)

13. — (Compte. (Refus de) Maire.) — *Le Conseil d'état autorise la mise en jugement d'un ex-maire qui refuse de rendre, de son administration, le compte prescrit par la loi du 28 pluviose an 8.*

Guerric.

13 février 1816. — (t. 3, p. 233.)

14. — (Compte. — Maire. — Conseil municipal.) — *Le Conseil d'état autorise la mise en jugement, ou citation en justice, par le préfet, d'un maire de commune qui refuse obstinément de rendre compte au conseil municipal de l'emploi des fonds mis à sa disposition par le budjet.*

La commune de Guimgamp. — C. — Garff.

21 mai 1817. — (t. 4, p. 28.)

15. — (Concussion.) — *Il y a lieu d'autoriser la mise en jugement d'un administrateur pour fait de concussion dans l'exercice de ses fonctions.*

Rochefort.

23 décembre 1815. — (t. 3, p. 205.)

16. — (Concussion.) — *Le Conseil d'état refuse la mise en jugement pour prévention de concussion d'un maire de commune qui, chargé d'un dépôt d'argent, allègue, sans le prouver, qu'il l'a compté à un commandant de troupes ennemies, lorsque d'ailleurs les circonstances et probabilités sont en faveur de ce fonctionnaire.*

Chenet.

27 mai 1816. — (t. 3, p. 297.)

17. — (Concussion. — Garde forestier. — Charges.) — *Un garde forestier inculpé de concussion, n'est pas mis en jugement par le Conseil d'état, lorsque les présomptions de concussion ne paraissent pas suffisamment établies, et qu'il résulte des témoignages rendus par les autorités locales, que le garde inculpé jouit d'une bonne réputation.*

Theureau.

21 août 1816. — (t. 3, p. 379.)

18. — (Concussion. — Commissaire de police.) — *Le Conseil d'état met en jugement un commissaire de police prévenu d'avoir arbitrairement mis une taxe sur le visa des passe-ports.*

Robion.

23 octobre 1816. — (t. 3, p. 408.)

19. — (Concussion. — Contribution.) — *Un percepteur de contributions qui a reçu d'un contribuable 120 francs en sus du montant de ses contributions, et qui est inculpé de concussion, peut n'être pas mis en jugement, si le préfet local constate qu'il n'y a eu qu'une erreur involontaire, et rend au percepteur un témoignage honorable.*

Jacques. — C. — Albertin.

23 octobre 1816. — (t. 3, p. 418.)

20. — (Concussion. — Bonne foi.) *Le Conseil d'état ne met pas en jugement un sous-préfet prévenu de concussion pour avoir perçu un droit d'expédition sur la vente des biens communaux par assimilation à la vente de biens nationaux, si la perception a eu lieu ostensiblement et de bonne foi.*

Dupré Saint-Maur.

16 juillet 1817. — (t. 4, p. 88.)

21. — (Concussion. — Garde pêche.) — *Le Conseil d'état refuse d'autoriser la mise en jugement d'un garde pêche prévenu de concussion, lorsque les faits à lui imputés n'ont pas un véritable caractère de concussion.*

Quid? *S'il y avait une partie plaignante à l'égard de laquelle il y eût au moins à prononcer une restitution de sommes indûment perçues?*

Danjou.

23 avril 1818. — (t. 4, p. 298.)

22. — (Contributions indirectes. — Partie civile. — Résistance à la gendarmerie.) — *Le Conseil d'état refuse de mettre en jugement un maire de commune qui, avec plusieurs de ses habi-*

tans, a résisté aux employés des contributions indirectes et à la gendarmerie, lorsqu'il y a eu des torts respectifs et qu'il n'y a pas de partie civile.

Mérigot et Bellion. — C. — le maire de Parnac.
25 février 1818. – (t. 4, p. 257.)

23. — (Défense légitime. — Partie civile. — Préposé aux douanes.) — *Le Conseil d'état refuse la mise en jugement d'un préposé aux douanes qui a tué un contrebandier par voie de défense légitime, si la défense légitime est suffisamment constatée, si d'ailleurs il n'y a pas de plainte de partie civile.*

Gurlin et Schassener.
10 décembre 1813. – (t. 4, p. 231.)

24. — (Défense légitime.) — *Quelles que soient les preuves qu'un agent de l'administration, prévenu de meurtre, n'a agi que par voie de légitime défense, le Conseil d'état ne peut se dispenser d'ordonner la mise en jugement; il appartient exclusivement aux tribunaux de juger s'il y a eu défense légitime.*

Geraud.
10 février 1816. – (t. 3, p. 227.)

25. — (Défense légitime. — Agens du gouvernement.) — *Le Conseil d'état autorise la mise en jugement d'un agent du gouvernement prévenu de meurtre, bien qu'il ait eu lieu en légitime défense : l'exception ou la circonstance de légitime défense, bien qu'elle soit plus qu'une excuse, bien qu'elle ôte au crime son caractère constitutif, bien que le fait cesse par elle d'être criminel et devienne légitime, le gouvernement ne se permet pas d'en connaître; il en renvoie la connaissance aux tribunaux.*

Cabaret.
18 mars 1816. – (t. 3, p. 258.)

26. — (Défense légitime. — Douanes. — Employés.) — *Des employés aux douanes qui ont blessé des particuliers à coups de fusil, ne sont pas mis en jugement, s'il paraît que ces particuliers étaient des fraudeurs et que les employés ont tiré dessus par voie de légitime défense; il n'est pas nécessaire que le gouvernement renvoie aux tribunaux l'examen de tels faits.*

Lemoine.
18 avril 1816. – (t. 3, p. 279.)

27. — *Le Conseil d'état met en jugement un préposé des douanes prévenu de meurtre, bien que les autorités locales déclarent qu'il y a de sa part, défense légitime; la question de défense légitime ne peut être décidée que par les tribunaux.*

Barbaroux.
23 octobre 1816. – (t. 3, p. 407.)

28. — (Destitution. — Révocation.) — *Le Conseil d'état refuse la mise en jugement d'un agent de l'administration, lorsque, pour le même fait, l'agent a été destitué ou révoqué, et qu'une telle peine paraît suffisante.*

Chambourdon. — C. — Lamesnardière.
11 juin 1817. – (t. 4, p. 32.)

29. — (Détention arbitraire.) — *Un particulier qui se plaint de détention arbitraire ordonnée par un administrateur, peut ne pas obtenir la mise en jugement demandée, si sa détention arbitraire a été prise en considération dans un jugement pour lui obtenir à lui-même une atténuation de peines qu'il aurait méritées.*

Buhot-Kersers. — C. — Lescornet.
23 décembre 1815. – (t. 3, p. 186.)

30. — (Domicile. (violation de) *Le Conseil d'état n'accorde l'autorisation de mise en jugement contre un administrateur, pour violation de domicile, qu'autant que l'inculpé lui paraît atteint par des charges suffisantes.*

Bouglé. — C. — Mercier, Rousseau et Monneret.
23 décembre 1815. – (t. 3, p. 205.)

31. — (Domicile violé.) — *Le Conseil d'état autorise la mise en jugement d'un maire de commune qui, en l'absence d'un particulier, s'est introduit dans son domicile, a fait transférer ses effets mobiliers à la mairie, et par la dilapidation de ces meubles, a occasionné un dommage considérable.*

Martin. — C. — Broquier, maire de Carnoules.
17 juin 1818. – (t. 4, p. 379.)

32. — (Douanes. — Étranger. (Violation de territoire.) — *Des préposés aux douanes prévenus d'avoir violé le territoire d'un souverain étranger et d'avoir pillé des comestibles, ne sont pas mis en jugement lorsque le fait a eu lieu en la forme de saisie, en plein jour, par des préposés revêtus de leur uniforme, lorsque d'ailleurs les objets saisis ont été restitués aux propriétaires qui ont déclaré être satisfaits.*

Chandron.
16 juillet 1817. – (t. 4, p. 94.)

33. — (Excuse. — Réprimande.) — *Lorsque les faits imputés à un préposé de l'administration ne comportent que des réprimandes, le Conseil d'état doit refuser la mise en jugement.*

Bousquet. — C. — Maréchal.
20 novembre 1815. – (t. 3, p. 165.)

34. — (Excuse. — Violence.) — *Un maire prévenu de violences envers une femme, peut n'être pas mis en jugement par le Conseil d'état; s'il apparaît que la femme lui avait adressé des invectives, et s'il y a un avis favorable du préfet local.*

Copeaux.
23 décembre 1815. – (t. 3, p. 206.)

35. — (Excuse.) — *Lorsqu'un administrateur est prévenu d'un fait qui ne peut être justifié, qui cependant peut être excusable, le Conseil d'état ordonne la mise en jugement, laissant aux tribunaux à prononcer sur l'excuse.*

Mettavant et Gury.
10 février 1816. – (t. 3, p. 229.)

36. — (Excuse. — Violences. — Invasion.) — *Le Conseil d'état tient pour excusable, à raison de circonstances extraordinaires, un maire, auteur de violences et emprisonnemens arbitraires pendant l'invasion des troupes étrangères.*

Schiffmann.
6 mars 1816. – (t. 3, p. 247.)

37. — (Excuse. — Détention arbitraire.) — *Un adjoint de maire, qui s'est permis une détention arbitraire envers un particulier, peut n'être pas mis en jugement s'il est constaté que, peu d'heures après la mise en détention, il a permis au détenu de sortir, s'il l'eût voulu. Une réprimande, donnée au maire par le préfet, peut paraître une punition suffisante et rendre la plainte sans objet.*

Delolle.
18 avril 1816. – (t. 3, p. 265.)

38. — (Excuse. — Défense légitime.) — *Le Conseil d'état refuse de mettre en jugement un garde forestier prévenu de mauvais traitemens envers un particulier, considérant que le garde forestier ne paraît pas avoir été l'agresseur, qu'il a même reçu une blessure grave, et que les autorités lui rendent bon témoignage.*

Bolmer. — C. — Boxtel.
11 décembre 1816. – (t. 3, p. 458.)

39. — (Excuse. — Domicile violé. — Maire.) — *Le Conseil d'état refuse la mise en jugement d'un maire prévenu d'avoir coopéré à la violation du domicile d'un particulier, et d'avoir occasionné des violences qui en ont été la suite, considérant que de l'instruction il résulte que le maire n'est point entré dans le château du plaignant et que les violences commises envers sa personne sont du fait de la troupe.*

Montlezun. — C. — Lafargue.
11 décembre 1816. – (t. 3, p. 461.)

40. — (Excuse. — Garde champêtre.) — *Des gardes champêtres qui ont transigé sur des délits susceptibles de procès-verbaux, ainsi que les maires et adjoints, peuvent ne pas être mis en jugement, si les circonstances et les considérations leur sont d'ailleurs favorables.*

Baziret.
26 février 1817. – (t. 3, p. 526.)

41. — (Excuse. — Faux.) — *Un administrateur prévenu de faux peut n'être pas mis en jugement, si le délit à lui imputé paraît avoir été le résultat de l'erreur et de l'inadvertance.*

Monot.
19 mars 1817. – (t. 3, p. 533.)

42. — (Excuse. — Intention. — Concussion. — Faux.) — *Le maire et l'adjoint d'une commune prévenus de concussion et de faux commis dans l'exercice de leurs fonctions, peuvent n'être pas mis en jugement, si le préfet et le ministre ont constaté que ces fonctionnaires n'avaient pas agi dans une intention coupable et qu'ils n'avaient pas porté préjudice à leurs administrés.*

Légnillette et Gonnet.
14 janvier 1818. – (t. 4, p. 240).

43. — (Faux. — Date.) — *Lorsqu'un agent du gouvernement est prévenu de faux dans l'énonciation fautive d'une date, si le Conseil d'état pense qu'il y a eu erreur involontaire et désintéressée, il se dispense d'ordonner la mise en jugement.*

Delafage. — C. — Delloge.
27 mai 1816. – (t. 3, p. 296.)

44. — (Faux. — Date. — Garde forestier.) — *Un garde forestier prévenu d'avoir dressé un faux procès-verbal, peut n'être pas mis en jugement, si l'irrégularité du procès-verbal ne porte que sur la date de l'heure, et si d'ailleurs le garde a déclaré ne vouloir pas en faire usage.*

Dutrouy.
26 février 1817. — (t. 3, p. 517.)

45. — (Gardes forestiers.) — *Le Conseil d'état autorise la mise en jugement de gardes forestiers qui auraient tué un braconnier.*

Lasalle.
6 mars 1816. — (t. 3, p. 247.)

46. — (Garde forestier. — Intention criminelle.) — *Un garde forestier prévenu d'avoir, dans l'exercice de ses fonctions, blessé un particulier d'un coup d'arme à feu, peut n'être pas mis en jugement, s'il y a en sa faveur avis au directeur général des eaux et forêts, et apparence suffisante qu'il n'a pas agi avec mauvaise intention.*

Mourat.
28 septembre 1816. — (t. 3, p. 393.)

47. — (Garde forestier. — Concussion.) — *Un garde forestier prévenu d'avoir reçu trois francs à l'effet de supprimer son rapport constatant un délit forestier dans des bois particuliers, peut n'être pas mis en jugement, s'il a agi de bonne foi, en présence de l'autorité et comme renonçant à la portion d'amende que le propriétaire lésé lui aurait attribuée.*

Boulay.
20 novembre 1816. — (t. 3, p. 434.)

48. — (Garde forestier. — Arbres. — Inspecteur forestier.) — *Un garde forestier peut n'être pas mis en jugement pour avoir coupé et enlevé des élagages de branches qui obstruaient un chemin vicinal, s'il est constant que l'inspecteur forestier lui en avait donné l'autorisation.*

Est-ce qu'un inspecteur forestier a une autorité quelconque sur les arbres qui bordent un chemin vicinal? est-ce que ces arbres ne sont pas la propriété ou de la commune ou de particuliers? est-ce qu'une telle propriété est aucunement subordonnée à la disposition de l'inspecteur forestier?

Guinot.
3 décembre 1817. — (t. 4, p. 210.)

49. — (Ignorance. — Partie plaignante. — Pouvoir discrétionnaire.) — *Un adjoint de maire prévenu d'arrestation arbitraire et d'avoir forcé le détenu à payer une petite somme au sergent de police, peut n'être pas mis en jugement, encore qu'il y ait partie plaignante, s'il est constant que le prévenu n'a agi illégalement que par ignorance, si d'ailleurs il a été suffisamment puni par sa destitution.*

Lebail et Ives. — C. — Herland.
18 mars 1818. — (t. 4, p. 285.)

50. — (Inspecteur aux douanes.) — *Le Conseil d'état refuse la mise en jugement, quant à présent, d'un inspecteur des douanes, prévenu d'avoir été involontairement la cause de la mort du capitaine d'un bâtiment étranger, visité par les employés des douanes; le motif de ce refus c'est que dans l'état actuel de l'instruction, il n'existe point de présomption suffisante à charge.*

En général, les refus de mise en jugement par le Conseil d'état, ne sont, comme toutes les décisions de la police judiciaire, que des mesures provisoires *lorsqu'elles sont fondées seulement sur l'absence de présomptions suffisantes.*

Mollevaut et Forestier.
23 octobre 1816. — (t. 3, p. 419.)

51. — (Ministre. — Responsabilité. — Constitution de l'an 8.) — *Le Conseil d'état, bien que chargé de la mise en jugement des fonctionnaires administratifs, n'est pas pour cela chargé d'autoriser des poursuites contre un ministre, ni même un ex-ministre, pour responsabilité civile de ses opérations ministérielles.* (Article 72 et 73 de la loi du 22 frimaire an 8.) *Le principe est vrai, bien qu'il s'agisse de faits passés sous l'empire de la constitution de l'an 8.*

De Pfaff. — C. — le duc de Rovigo.
25 juin 1817. — (t. 4, p. 71.)

52. — (Octroi.) — *Le Conseil d'état ordonne directement la mise en jugement d'un employé à l'octroi d'une ville.*

Orsy. — C. — Talbot.
10 février 1816. — (t. 3, p. 229.)

53. — (Préposé des douanes.) — *C'est le Conseil d'état qui ordonne la mise en jugement des préposés aux douanes prévenus de prévarication dans leurs fonctions. Le directeur général des douanes ne fait que donner un avis.*

Daniel et Vaubaillon.
8 janvier 1817. — (t. 3, p. 478.)

54. — (Preuves.) — *Un garde forestier inculpé d'avoir blessé une femme d'un coup de sabre dans la forêt gardée, n'est pas mis en jugement si les informations faites n'offrent pas de preuves du délit, si d'ailleurs il s'élève des témoignages favorables au garde inculpé.*

Damien Missoux.
14 mai 1817. — (t. 4, p. 16.)

55. — (Rébellion. (provocation à la) — Maires.) — *Il y a lieu d'autoriser la mise en jugement de maires qui auraient provoqué leurs administrés à la rébellion contre les agens de l'autorité chargés de la garde des propriétés de l'état et du maintien de la tranquillité publique.*

Cabanes, Duba, Saulé, Prat et Durieu.
23 décembre 1815. — (t. 3, p. 204.)

56. — (Responsabilité. — Propriétés.) — Acte administratif.) — *Le propriétaire dont la propriété a été détruite ou endommagée par un agent du gouvernement* (par exemple, dont un adjoint de maire aurait fait abattre dix-neuf mûriers bordant la propriété du réclamant, sous prétexte qu'ils nuisaient à la voie publique), *n'est pas fondé à demander la mise en jugement de cet administrateur, s'il n'a agi que comme subalterne, en vertu d'un arrêté pris par le maire et approuvé par le préfet; il faut d'abord recourir au ministre ou au Roi pour faire annuller l'acte administratif, et ce n'est qu'après cette annullation qu'il est possible de déterminer quel est l'administrateur répréhensible qui doit être mis en jugement pour atteinte portée au droit de propriété.*

Lespargot. — C. — Poirier.
25 février 1818. — (t. 4, p. 262.)

57. — (Tierce-opposition.) — *Lorsqu'une décision du Conseil d'état a refusé la mise en jugement d'un agent du gouvernement, inculpé de détention arbitraire, de bris de scellés et de spoliation, la partie civile qui avait rendu plainte n'est pas recevable à former tierce-opposition, sur-tout si c'est au vu et par suite de sa plainte qu'a été rendue la décision du conseil.*

Quid? *Si la partie civile, au lieu de former tierce-opposition, se présentait pour compléter l'instruction du conseil, et pour lui offrir une nouvelle masse de preuves? en ce cas, la première décision ne devrait-elle pas être considérée comme provisoire et quant à présent, à l'instar de toutes les décisions de police judiciaire, quand elles sont fondées sur une absence de charges.*

Van-Heyden. — C. — Lacoux de Marivaux.
26 février 1817. — (t. 3, p. 525.)

58. — (Voies de fait. — Provocation. — Violences.) — *Le Conseil d'état déclare n'y avoir pas lieu à poursuivre un maire de commune poursuivi sur la plainte d'un administré pour fait de violences, par le motif que les faits ne présentent pas le caractère de violence, et qu'on ne peut reprocher au maire qu'un mouvement de vivacité auquel il a été provoqué par le plaignant.*

Escarguel. — C. — Martin.
20 novembre 1816. — (t. 3, p. 436.)

— V. Garantie de fonctionnaire. (Maire.) — Liberté individuelle. (Arrestation arbitraire.) — Lois et réglemens sanitaires. (Autorisation.) — Traitement administratif. (Répétition.)

MITOYENNETÉ. — V. Adjudication. (Domaine national.) Idem. (Interprétation.)

MOELLE DE BOEUF. — V. Huiles animales.

MONT DE PIÉTÉ. — V. Commissaires priseurs.

MONUMENS RELIGIEUX. — V. Titre administratif. (Interprétation.)

MOUCHE. — V. Prises maritimes. (Corsaire.)

MOULIN.

1. — (Contentieux.) — *L'arrêté d'un préfet qui refuse au propriétaire d'un moulin la faculté de faire baisser son déversoir, tient à l'action administrative et non au contentieux. — Sous ce rapport, il ne peut pas être dénoncé*

directement au Conseil d'état ; il doit être préalablement déféré au ministre.

Montcourt. — C. — Salleron.
19 juin 1813. — (t. 2, p. 374.)

2. — (Vanne. — Action administrative.) — *Lorsque les vannes d'un moulin ont pu causer un dommage à des propriétés voisines, c'est au préfet à en ordonner le changement, ce n'est point au conseil de préfecture.*

Waringhen. — C. — Herbout.
4 juin 1815. — (t. 3, p. 120.)

— V. Ponts et chaussées. (Acquéreur national.) — Adjudication. (Interprétation.) Eau. (Cours d') (Réglement.) — Experts d'office. (Indemnité.) — Indemnité.

MOTIFS. — V. Chose jugée.

MUNITIONNAIRES GÉNÉRAUX.

1. — (Agent du gouvernement. — Compétence.) — *Un munitionnaire général des vivres, et ses préposés, ne sont pas agens du gouvernement, pour toutes opérations relatives au marché par lequel ce munitionnaire a traité à prix fixe.*

Peu importe que le préposé à la direction des vivres soit soumis à prendre dans ses opérations la sanction du ministre. — Cela ne change rien à sa qualité réelle ; il n'est point pour cela un préposé du gouvernement.

Rouy.
7 février 1809. — (t. 1, p. 257.)

— V. Liquidation. (Dette publique.)

MURS.

1. — (Écroulement. — Chemin vicinal. — Propriété.) — *La demande formée par un particulier contre une commune, aux fins qu'elle ait à réparer un chemin vicinal de manière à prévenir l'écroulement d'un mur de clôture bordant ledit chemin, est judiciaire et non administrative.*

Rerolle. — C. — la comm. des Moulins-en-Gilbert.
18 avril 1816. — (t. 3, p. 266.)

— V. Entretien. (Construction.) — Rivière navigable. — Domaines nationaux.

MUSICIENS. — V. Taxe des indigens. (Eglise.)

NATIONALITÉ. — V. Prises. (Pavillon.)

NAUFRAGE.

1. — (Indemnité. — Responsabilité. — Pont.) — *Le propriétaire d'un bateau dont le naufrage aurait été occasionné par des pieux plantés, dans une rivière navigable, pour la réparation d'un pont, n'est pas recevable à répéter une indemnité, contre l'administration des ponts et chaussées, pour la perte qu'il a éprouvée ; lorsqu'il est reconnu que ces pieux étaient apparens lors de l'accident, et que la navigation avait été prévenue du danger qui pouvait en résulter.*

Lepaire.
5 janvier 1813. — (t. 2, p. 183.)

NAVIGATION. — V. Pilotes lamaneurs. (Responsabilité.) — Rivière. (Pêche.)

NAVIRE.

1. — (Capture. — Prise maritime. — Échouement.) — *Le produit de la vente d'un navire appartient à la caisse des Invalides de la marine, lorsqu'il a échoué par un événement fortuit, ou par suite d'un malheur indépendant de la volonté de l'équipage.*

Mais lorsque l'échouement a été volontaire, pour introduire des marchandises prohibées, alors la saisie du navire ne peut être considérée que comme faite par application des lois prohibitives sur un bâtiment fraudeur : et en ce cas, le produit de la vente appartient à l'état.

Le navire la jeune Annette. — C. — l'adm. des douanes.
23 novembre 1811. — (t. 1, p. 562.)

2. — (Confiscation. — Privilège.) — *La confiscation de navires faite au profit de l'état, ne détruit ni le privilège accordé par l'art. 190 du code de commerce, pour les créances consistant en fournitures et victuailles, ni l'usage établi dans certains ports maritimes, qui affecte au privilège de ces fournitures les navires mêmes pour lesquels elles ont été faites, à moins qu'il n'y ait collusion entre les fournisseurs et les capitaines.* (Code de comm., art. 190.)

Griffon.
6 février 1810. — (t. 1, p. 352.)

NOM.

1. — (Commune. — Justice discrétionnaire.) — *Lorsqu'un particulier a obtenu du gouvernement la permission de porter le nom d'une commune ; un habitant de cette même commune n'a pas qualité pour y former opposition, bien qu'il désire porter le même nom ; mais si la commune se prononce pour l'habitant contre l'étranger, en ce cas, le Conseil d'état peut retirer au premier impétrant la faculté qui lui avait été donnée, et la conférer au second.*

Est-il vrai, en principe général, que les ordonnances du Roi, portant autorisation à un particulier de prendre un tel ou tel nom, soient susceptibles de révocation par le Roi lui-même ? les droits de porter un nom une fois obtenus, ne sont-ils pas des droits acquis, sauf la propriété de tout tiers intéressé à débattre, s'il y a lieu, devant les tribunaux ?

La justice distributive des faveurs, qui est discrétionnaire pour les conférer, est-elle également discrétionnaire pour les reprendre, alors même qu'elle porte sur des objets qui peuvent être la matière d'un droit de propriété ?

Leroy de Rieulle. — C. — Bouthillon de la Servette.
8 janvier 1817. — (t. 3, p. 480.)

2. — (Justice gracieuse. — Rapport de ministre.) — *Lorsque, en vertu de la loi du 11 germinal an 11, le chef d'une famille demande l'autorisation d'ajouter un nouveau nom à son nom habituel, et qu'un autre chef de famille s'y oppose comme ayant un droit exclusif au nom additionnel qui est réclamé, cette espèce de litige ne doit pas être porté directement au comité du contentieux. S'agissant d'un acte de la juridiction gracieuse, toutes parties doivent s'adresser au ministre garde des sceaux, pour, sur son rapport, être statué ce qu'il appartiendra.*

Bethune. — C. — Penin.
21 août 1816. — (t. 3, p. 381.)

3. — (Opposition. — Promulgation.) — *Le délai d'un an pendant lequel est recevable l'opposition à une ordonnance contenant autorisation de changer de noms ne commence à courir que du jour de l'insertion de l'ordonnance au bulletin des lois.* (Loi du 11 germinal an 11, art. 6 et 7.)

L'institution des noms ayant pour objet de distinguer les familles, il suffit d'être en possession d'un nom depuis très long-temps pour être fondé à s'opposer qu'il devienne le nom d'une autre famille.

D'Hendicourt de Lénoncourt. — C. — Viallet.
3 juin 1818. — (t. 4, p. 335.)

4. — (Opposition. — Propriété.) — *Les ordonnances du Roi portant permission d'ajouter un nom, sont susceptibles d'opposition de la part des tiers intéressés. — Les noms sont une propriété de famille.*

Rozière. — C. — Taillefer.
18 avril 1816. — (t. 3, p. 265.)

5. — (Propriété. — Tiers.) — *Les noms de famille sont une propriété, ceux qui les portent ont droit à empêcher que des tiers s'en emparent, ils peuvent s'opposer aux ordonnances qui ont autorisé l'usurpation.*

Brechard. — C. — Dechamps.
23 décembre 1815. — (t. 3, p. 193.)

6. — Idem.

Thiébaut.
23 décembre 1815. — (t. 3. p. 202.)

7. — Idem.

Bidos-Lauriagon.
23 décembre 1815. — (t. 3, p. 203.)

8. — (Qualité.) — *Des noms et qualités de parties qui se sont pourvues par requête d'opposition contre une ordonnance rendue en matière contentieuse, sont fixées par la requête même d'opposition : peu importe les changemens de noms et de qualités qui se trouveraient dans l'exploit de signification.*

Fries. — C. — Tholozan.
10 avril 1818. — (t. 4, p. 293.)

NOTAIRE. — V. Remboursement. (Séquestre.)

NOTIFICATION. — V. Délai. — Idem. (Pourvoi.) — Pourvoi. (Ordonnance de soit communiqué.) — Promulgation. (Ordonnance.) — Réglement administratif. (Publication.)

NOTIFICATION PAR LETTRES MINISTÉRIELLES. — V. Délai.

NOVATION. — V. Dettes communales. (Hypothèque.) — Solidarité.

NULLITÉ.

1. — (Juges.) — *Les arrêtés des conseils de préfecture n'ont caractère légal qu'autant qu'ils ont été délibérés et rendus par le nombre de membres prescrit par la loi, c'est-à-dire par trois membres au moins.*

Turgnier.
22 janvier 1808. — (t. 1, p. 144.)

— V. ACTION. (Domaine.) — BIENS COMMUNAUX. (Partage.)— DIVISIBILITÉ — INCOMPATIBILITÉ. — MINES. (Publication.) — RENVOI.

NULLITÉ SUBSTANTIELLE. — V. ADJUDICATION. (Inviolabilité.)

OBLIGATION. — V. COMMUNE. (Dettes d'une) (Garantie constitutionnelle.)

OBLIGATION PERSONNELLE.

1. — (Agens du gouvernement. — Garantie constitutionnelle. — Lettre de change.) — *Celui qui s'est engagé par lettre de change pour le paiement de subsistances achetées par les ordres d'un administrateur, et pour les besoins de l'administration, se trouve obligé personnellement, et peut être cité devant les tribunaux; si la lettre de change n'exprime point qu'il se soit engagé en qualité d'agent de l'administration; si d'ailleurs rien ne constate que la qualité d'agent de l'administration fût connue du donneur de valeurs: peu importe toutes attestations données ultérieurement sur la qualité de l'agent, par l'autorité administrative.*

Tribard. — C. — Petit.
3 juin 1818. — (t. 4, p. 355.)

2.—(Autorité judiciaire.—Hospice.—Prêt.)—*Celui qui s'est obligé, personnellement, au paiement d'une somme à lui prêtée, est, pour raison de ce prêt, justiciable des tribunaux, encore qu'il ait déclaré sur son engagement qu'il fait emprunt de ces fonds pour un hospice.*

Lasbats. — C. — Ricaud.
16 mars 1807. — (t. 1, p. 61.)

3. — (Commune. — Autorité administrative.) — *Des commissaires nommés par un conseil municipal, autorisés à acheter des grains pour les besoins de la commune, à emprunter des fonds à cet effet, et à obliger ce conseil au remboursement, sont réputés avoir pris avec les prêteurs un engagement personnel, lorsque les billets qu'ils souscrivent à cet égard ne sont pas faits en leur qualité de mandataires de la commune, et ne portent aucune énonciation tendant à indiquer qu'ils ont traité pour son compte.*

Fournier.
2 février 1809. — (t. 1, p. 253.)

—V. GARANTIE CONSTITUTIONNELE. (Agent du gouvernement.) — GARANTIE DE FONCTIONNAIRE.

OBLIGATION SANS CAUSE.

1. — (Loterie.) — *N'est pas sans cause ou nulle, une obligation souscrite par un receveur de loterie, dans les mains de son administration, pour éviter sa destitution.*

Bouvier.
22 octobre 1810. — (t. 1, p. 423.)

OBLIGATION TACITE. — V. UTILITÉ PUBLIQUE. (Expérience.)

OCCUPATION.

1. — (Ennemi. — Chose jugée.) — *Les décisions rendues par les autorités judiciaires de l'ennemi, sur le territoire français, ne sont pas chose jugée.*

Cuaz.
20 novembre 1815. — (t. 3, p. 169.)

OCCUPATION MILITAIRE.

1. — (Conquête. — Bois.) — *L'occupation militaire donne-t-elle à l'armée occupante, non-seulement le droit de consommer ou d'enlever les bois du gouvernement dans le pays occupé, mais encore le droit de vendre et transporter des bois non coupés en la forme d'adjudication publique au profit des citoyens du pays envahi?*

Jean.
23 octobre 1816. — (t. 3, p. 414.)

OCTROI.

1. — (Adjudication.) — *C'est à la justice administrative que doivent être soumises les contestations, entre une commune et le fermier de l'octroi de cette même commune, touchant l'exécution de son adjudication, lorsque la soumission à la justice administrative a été réservée par le cahier des charges.*

Barthelemy. — C. — la ville de Nemours.
13 mai 1818. — (t. 4, p. 329.)

2. — (Bail. — Indemnité. — Compétence.) — *Si l'autorité municipale fait quelques dispositions nouvelles dans la perception du droit d'octroi, tellement que le fermier ne retrouve plus les avantages que lui promettait son bail, il y a lieu à indemnité.*

Les contestations qui s'élèvent sur l'exercice, l'exécution et la résiliation d'un bail, en matière d'octroi, sont dans les attributions des conseils de préfecture, lorsque c'est ainsi convenu par le cahier des charges.

Accart. — C. — le maire d'Amiens.
17 juin 1818. — (t. 4, p. 364.)

3. — (Contrainte. — Préfet.) — *Un préfet ne peut se prévaloir du droit accordé aux régisseurs de l'octroi, pour décerner lui-même des contraintes contre les débiteurs de la régie.*

Les difficultés qui s'élèvent au sujet du recouvrement de cet impôt indirect, doivent être portées devant les tribunaux, et non devant l'autorité administrative.

Lemoine. — C. — l'octroi de Paris.
10 novembre 1807. — (t. 1, p. 130.)

4. — (Entrepôt.) — *Les tribunaux sont incompetens, pour prononcer sur les difficultés qui naîtraient d'un acte administratif, concernant la faculté de l'entrepôt, en matière d'octroi.*

Branzon. — C. — Roger.
27 septembre 1807. — (t. 1, p. 128.)

5. (Interprétation. — Préfet. — Compétence.) — *En matière d'octroi, les préfets n'ont pas le droit d'interpréter les lois et tarifs qui autorisent la perception. S'il s'élève des contestations de la part des contribuables, sur l'application du tarif ou sur la quotité des droits, c'est devant les tribunaux qu'elles doivent être portées.* (Loi du 27 vendémiaire an 7.)

Bourdereau.
3 novembre 1809. — (t. 1. p. 333.)

6. — (Perception. — Autorité judiciaire.) — *La connaissance des contestations qui s'élèvent entre les adjudicataires des octrois et les particuliers, relativement à la perception du droit d'octroi, est attribuée aux tribunaux, et non à l'autorité administrative.*

Adjudicat. de l'octroi de Nantes.
11 janvier 1808. — (t. 1, p. 136.)

7. — (Tarif. — Interprétation. — Compétence.) — *En matière d'octroi, les préfets ne peuvent ni faire, ni interpréter, les réglemens. Les contestations auxquelles peuvent donner lieu l'application du tarif et la quotité des droits, sont de la compétence de l'autorité judiciaire.*

Sibours. — C. — Roux.
21 novembre 1808. — (t. 1, p. 213.)

— V. GARANTIE. (Receveur général.) — RECEVEUR GÉNÉRAL. (Garantie.)

OEUVRE NOUVELLE. — V. PROPRIÉTÉ. (Démolition.)

OFFICE.

1. — (Autorité administrative.) — *La question de savoir si les créanciers d'une rente constituée, pour prix d'un office, ont conservé leur action contre les acquéreurs de l'office, ou s'ils ont consenti d'être remboursés par le gouvernement après liquidation, est du ressort de l'autorité judiciaire, et non du ressort de l'autorité administrative.* (Loi du 24 frimaire an 6 et 30 ventose an 9.)

Lebartz.
6 janvier 1807. — (t. 1. p. 25.)

OFFICIERS DE POLICE JUDICIAIRE. — V. GARANTIE DE FONCTIONNAIRE. (Maire.)

OLIVES. — V. BANALITÉ. (Communes.)

OMISSION. — V. ÉMIGRÉ. (Partage.)

OPPOSITION.

1. — (Conseil de préfecture.) — *Les arrêtés des conseils de préfecture non contradictoires, sont susceptibles d'opposition jusqu'à exécution.*

Habitans de Saint-Chaptes. — C. — Reilhe et Mathieu.
23 décembre 1815. — (t. 3, p. 190.)

2. — *Il n'y a pas lieu à recourir au Conseil d'état, pour faire ordonner qu'un conseil de préfecture soumettra à nouvel examen une contestation qu'il a jugée par défaut. — La voie d'opposition étant ouverte au réclamant, c'est la seule dans laquelle il soit recevable.*

Cuel.
25 février 1818. — (t. 4, p. 257.)

3. — (Contentieux. — Conseil d'état.) *Les décisions du Conseil d'état, rendues sur les rapports des ministres et par voie simplement administrative, ne sont pas susceptibles d'opposition par la voie de la commission du contentieux. La partie qui se croit lésée dans ses droits, doit se pourvoir conformément à ce que prescrit l'article 40 du réglement du 22 juillet 1806.*

Le principe est applicable au cas où il s'agit d'un échange de bien communal, que l'on voudrait faire annuller par des convenances qui ne sont pas un droit réel.

Verneur. — C. — Baliay.
3 janvier 1813. — (t. 2, p. 176.)

4. — (Contentieux. — Action administrative. — Circonscription de communes.) — *Il n'est pas permis de se pourvoir, par la voie de l'opposition contre un décret ou une ordonnance de pure administration, ne touchant pas au contentieux. — Notamment contre un décret sur la circonscription de communes.*

Moulineaux. — C. — la comm. de la Bouille.
3 décembre 1817. — (t. 4, p. 210.)

5. — (Décision contradictoire. — Déchéance. — Pourvoi irrégulier.) — *En justice administrative comme en justice ordinaire, l'opposition n'est pas recevable sur une décision rendue après opposition à une décision par défaut.*

La partie qui se trompe en formant opposition à une décision contradictoire, au lieu de se pourvoir par appel, encourt la déchéance comme si elle avait négligé toute espèce de recours,

Bosteller. — C. — Hohweiller.
27 août 1812. — (t. 4, p. 114.)

6. — (Décision contradictoire. — Interprétation.) — *Un recours au Conseil d'état contre un précédent arrêt contradictoire du conseil, se présente vainement par voie de demande en interprétation, si, dans le fait, la demande tend à faire retrancher ses dispositions sans opposer des moyens de requête civile. Il y a violation de l'art. 32 du réglement du 22 juillet 1806.*

Lizet.
23 décembre 1815. — (t. 3, p. 188.)

7. — (Décision contradictoire. — Ponts et chaussés. — Contentieux. — Rhône. (rives du) — Commission spéciale.) — *En matière de cotisation de propriétaires pour des travaux publics auxquels leurs propriétés sont intéressées, tels que des travaux de défense à exécuter sur les rives du Rhône, et pour régler les cotisations, les délibérations de la commission spéciale instituée pour ces travaux, aux termes de la loi du 16 septembre 1807, sont soumises au directeur général des ponts et chaussées : — si les propriétaires intéressés adressent des rélamations au directeur général, et que le tout soit soumis au Conseil d'état, la décision intervenue est réputée contradictoire, comme si la direction des ponts et chaussées avait fait l'instruction du litige; en ce cas, la décision du Conseil d'état n'est susceptible que d'une opposition extraordinaire pour moyens de requête civile.*

Est-ce qu'un juge peut réputer contradictoire, un litige pendant devant lui, s'il n'y a eu défense devant lui-même ?

Est-ce qu'un juge peut réputer contradictoire, un litige sur lequel il n'a aucune garantie, que les écrits visés soient de la partie à laquelle il les attribue ?

Chabran. — C. — la commis. des travaux de défense de la rive gauche du Rhône.
7 août 1816. — (t. 3, p. 365.)

8. — (Décret.) — L'opposition simple *contre un décret du chef de l'état n'est pas admissible, quand le décret a été rendu contradictoirement.*

Combes.
11 janvier 1808. — (t. 1, p. 139.)

9. — (Décret. — Conflit.) — *L'opposition contre un décret rendu sur un conflit est non-recevable, encore qu'elle soit formée dans les délais du réglement, attendu que, dans cette matière, le décret ne prononce que sur la compétence et ne préjudicie point aux droits des parties quant au fond.*

Guillard.
11 janvier 1808. — (t. 1, p. 137.)

10. — Idem.

Saint-Verau.
24 avril 1808. — (t. 1, p. 158.)

Nota. La jurisprudence est changée.

11. — (Décret. — Conflit.) — *La voie de l'opposition, contre les décrets rendus par défaut, en matière contentieuse, est admissible dans tous les cas, même lorsqu'il s'agit de prononcer sur un conflit d'attributions, entre l'autorité judiciaire et l'autorité administrative.* (Réglement du 22 juillet 1806.)

Comby.
4 novembre 1811. — (t. 1, p. 550.)

12 — (Décret. — Contentieux. — Receveur général.) — *Lorsqu'un décret, par son dispositif, n'a le caractère que d'un acte administratif, lorsqu'il ne présente point de décision sur des droits privés, qu'il n'y a pas même de condamnation aux dépens, il doit être réputé acte administratif, encore qu'il ait été rendu sur le rapport du comité contentieux, et, contre un tel décret purement administratif et même contradictoire, les réclamations peuvent être formées et admises, aux termes de l'article 40 du réglement du 22 juillet 1806. Ainsi est ordonnée la révision d'un décret selon lequel un receveur général aurait été poursuivi pour 213,500 francs.*

Corbineau. — C. — la ville de Rouen.
7 août 1816. — (t. 3, p. 348.)

13. — (Décret. — Contrainte. — Chose jugée.) — *Un débiteur du trésor public, condamné par décret contradictoire, est non-recevable à former opposition contre une contrainte décernée contre lui en exécution du décret; surtout si la requête n'offre que les moyens déjà rejetés.*

Devinck.
2 février 1809. — (t. 1, p. 254.)

14. — (Décret. — Délai.) — *L'opposition contre un décret doit être formée dans le délai des réglemens, lorsque le décret a été rendu sur le rapport d'un ministre au préjudice d'un particulier, comme lorsque le décret a été rendu sur le rapport de la commission du contentieux.*

Franchy.
22 octobre 1808. — (t. 1, p. 208.)

15. — (Décret par défaut.) — *Un décret rendu par défaut, en matière contentieuse, avant le réglement du 22 juillet 1806, n'est pas susceptible d'opposition de la part de celui au préjudice de qui ce décret réforme un arrêté administratif.*

La Garde.
10 février 1816. — (t. 3, p. 220.)

16. — (Défaut. — Domaines nationaux. — Délai.) — *Si un arrêté du Gouvernement, intervenu en l'an 12 sur une affaire contentieuse en matière de domaines nationaux, est susceptible d'opposition, comme étant rendu par défaut, au moins est-il vrai que l'opposition a dû être formée dans les délais prescrits par le réglement du 22 juillet 1806, en faisant courir le délai depuis le décret du 23 février 1811, qui a renvoyé ces sortes d'affaires devant la commission du contentieux.*

Ruel de Belleisle. — C. — l'adm. des dom.
27 mai 1816. — (t. 3, p. 298.)

17. — (Défaut.) — *Les arrêtés des conseil de préfecture sont considérés comme jugement par défaut et susceptibles d'opposition, toutes les fois qu'ils interviennent sur une production clandestine ; peu importe que la partie citée ait fourni des moyens de défense contre la demande qui lui a été formée, il faut encore que le mémoire en réponse et les titres, s'il en existe, lui aient été légalement notifiés.*

Régie des dom. — C. — Belpel et Tredos.
18 janvier 1813. — (t. 2, p. 215.)

18. — (Défaut. — Conseil de préfecture.) — *Les arrêtés des conseils de préfecture rendus par défaut sont susceptibles jusqu'à exécution d'être attaqués devant lesdits conseils, par la voie de l'opposition.*

Granger.
16 juillet 1817. — (t. 4, p. 77.)

19. — (Délai. — Décret. — Commune.) *L'opposition tierce à un décret peut être déclarée non-recevable, lorsqu'il est constant que la commune intéressée ne s'est pas pourvue dans le délai de trois mois, à dater du jour où elle a eu connaissance du décret et intérêt à se pourvoir.*

Commune de Marmoutier. — C. — Muller-Levieux.
17 juillet 1816. — (t. 3, p. 340.)

20 — (Requête civile. — Pièces découvertes.) — *Une opposition par voie de requête civile ne peut être fondée sur ce qu'un jugement ou arrêt aurait été*

rendu, entre des particuliers et une commune, dans l'ignorance d'une lettre du ministre des finances; ce n'est pas là une pièce retenue par la partie adverse.

Suremain de Flamerans.
4 juin 1816. – (t. 3, p. 307.)

— V. Adjudication. (Domaines nationaux.) — Chose jugée. (Décret.) — Commune. — Manufactures. — Noms. — Requête civile.

OPTION. — V. Incompatibilité. (Nullité.)

ORDONNANCE. — V. Délai. (Recours.) — Opposition. (Décret.)

ORDONNANCE DE PUR MOUVEMENT.

1. — (Fin de non-recevoir.) — *Lorsque le Conseil d'état rejette une demande par une fin de non-recevoir qui n'a pas été proposée et opposée au demandeur, la décision qui intervient sur cette fin de non-recevoir n'est-elle pas* par défaut, *et susceptible d'opposition?*

Gilbert de Voisins. et d'Osmond.
8 janvier 1817. –(t. 3, p. 470.)

— V. Opposition, n°. 17.

ORDONNANCE DE SOIT COMMUNIQUÉ. — V. Délai. — Pourvoi. — Relief de laps de temps.

ORDONNANCE PRÉPARATOIRE.

1. — (Opposition.) — *Une ordonnance préparatoire rendue par le ministre de la justice, dans une instance pendante au Conseil d'état, est susceptible d'opposition et de discussion devant le Conseil d'état lui-même, sur le rapport du comité du contentieux.*

Belloc. — C. — l'adm. du canal du midi.
1er. mai 1815. – (t. 3, p. 105.)

ORDONNANCE ROYALE. — V. Contentieux.

ORDRE ADMINISTRATIF. — V. Décision de justice.

ORDRE PUBLIC. — V. Cassation. (Conflit.) — Compétence administrative.

OUVRAGES. — V. Administrateur. (Paiement.

OUVRIERS. — V. Travaux publics. (Entrepreneurs.)

PACAGE COMMUNAL.

1. — (Copropriété. — Servitude. — Adjudication. — Interprétation.) — *Un droit de pâturage communal sur la seconde herbe d'une prairie, n'est pas un droit de copropriété, c'est, de sa nature, un droit de servitude. Lors donc qu'un acquéreur national est assigné pour voir dire que la vente à lui faite de la prairie, ne comprend pas par elle-même le droit de pâturage, le litige offre à juger une question de servitude, et non une question d'interprétation; l'affaire est dans l'attribution des tribunaux, et non dans les attributions administratives.*

Debost. — C. — la ville de Louhans.
21 août 1816. – (t. 3, p. 371.)

— V. Adjudication. (Domaines nationaux.) — Conseil de préfecture. (Avis.)

PALAIS ROYAL.

1. — *La question de savoir si un émigré amnistié est ou non fondé à revendiquer la propriété d'un immeuble (arcade du Palais-Royale) vendu par l'état à un particulier, comme l'ayant lui-même acquis antérieurement d'un condamné sur lequel cet immeuble aurait été confisqué, doit être soumise à l'autorité administrative et non aux tribunaux.*

Ducret. — C. — Quenin.
21 août 1816. – (t. 3, p. 373.)

PAPIER-MONNAIE. — V. Acquéreur national. (Décompte.) — Décompte. — Remboursement. (Emigré.)

PAQUIS. — V. Adjudication. (Commune.)

PARCOURS.

1. — (Autorisation. — Commune.) — *Les contestations entre les communes sur un droit de parcours doivent être jugées par les tribunaux, et non par les conseils de préfecture.*

Comm. de Replonges. et de Saint-Laurent.
25 février 1815. – (t. 3, p. 85.)

PARTAGE ADMINISTRATIF.

1. — (Conseil de préfecture. — Contentieux.) — *Bien que la confection des partages des biens indivis entre l'état et les particuliers soit dans les attributions des préfets, sous l'approbation du ministre des finances; néanmoins, la connaissance des contestations, soit sur le fond, soit sur la forme desdits partages, appartient exclusivement aux conseils de préfecture.*

Lemyre, héritier Quintanadoine.
12 juin 1813. – (t. 2, p. 363.)

2. — (Emigré.) — *Les intéressés à un partage de présuccession d'émigré, qui n'ont pas réclamé dans le temps, ne sont plus recevables à quereller le partage sous prétexte que le père à qui le partage était imposé, a dissimulé certains actes et a soumis à un partage égal des biens dont il avait été disposé au profit de ses enfans,*

Maillard de la Morandais et de Marchais de la Tromière.
25 juin 1817. – (t. 4, p. 65.)

3. — (Emigré. — Condamné. — Autorité administrative.) — *Les tribunaux ne sont pas compétens pour prononcer sur une réclamation qui aurait pour objet des répétitions à exercer contre des cohéritiers à l'occasion d'un partage fait entre la nation et la succession d'un condamné ou émigré. Cette répétition ne pouvant être ordonnée qu'en attaquant le partage dont il s'agit, c'est à l'autorité administrative seule à en connaître.*

Barret.
31 mai 1807. – (t. 1, p. 92.)

4. — (Emigré. (Père d') Liquidation.) — *Lorsque dans le partage de la succession indivise d'un père d'émigrés, il s'élève entre les héritiers des contestations relatives au réglement et à la liquidation de leurs droits, la connaissance en est dévolue à l'autorité administrative, même en ce qui touche la liquidation d'une légitime appartenant à une mineure. — L'autorité judiciaire ne peut plus remettre en question, entre mêmes parties ou leurs ayant-cause, ce qui a été décidé par la justice administrative.*

Foubert.
6 juin 1813. – (t. 2, p. 358.)

5. — (Garantie.) — *Lorsque dans un partage administratif de biens indivis le domaine a eu dans son lot une créance provenant de l'un des copartageans, et que celui-ci doit faire valoir, s'il y a nécessité d'exercer l'action en garantie contre ce copartageant et de fonder la garantie sur le partage, l'action doit être portée devant la justice administrative, et non devant les tribunaux.*

Rég. des dom. — C. — Nesmond.
23 janvier 1813. – (t. 2, p. 246.)

6. — (Lot. — Tirage au sort.) — *Lorsqu'un partage de succession indivise de biens séquestrés a été fait par le préfet, et que les questions contentieuses ont été soumises au conseil de préfecture, l'omission de la voie du tirage au sort n'est pas une nullité, si l'opération critiquée a été une réfection de partage, pour ne point porter le trouble dans les familles, et la confusion dans des droits acquis.*

Lemyre de Villers. — C. — l'adm. des dom.
7 août 1816. – (t. 3, p. 356.)

— V. Communaux. — Emigré. — Garantie.

PARTIE CIVILE. — V. Mise en jugement. (Arrestation arbitraire.) Idem. (Contributions indirectes.) — Idem. (Défense légitime.)

PARTIE PLAIGNANTE. — V. Mise en jugement. (Ignorance.)

PASSAGE.

1. — (Propriété. — Compétence. — Provisoire.) — *Aux tribunaux seuls appartient le droit de prononcer, au fond, sur la question de savoir si un terrain contesté à un particulier par son voisin, est une dépendance de son héritage, ou fait partie d'un terrain communal servant de communication entre une voie publique et des propriétés particulières. Néanmoins l'autorité administrative a le droit de statuer au provisoire.*

Robert. — C. — Debrousse.
9 décembre 1810. – (t. 1, p. 442.)

2. —(Propriété. — Servitude. — Com-

pétence.) — *La question de savoir si un passage public réclamé par les habitans d'une commune, est, ou non, une servitude établie sur le terrain d'un particulier, et si ce particulier, en vertu de ses titres, pouvait le supprimer, est une question de propriété dont la connaissance appartient aux tribunaux, et non à l'autorité administrative.*

Chassaigne.
21 novembre 1808. — (t. 1, p. 245.)

— V. Bacs. — Chemin d'exploitation. — Rue. — Servitude.

PASSE. (Droit de) — V. Agens du gouvernement. (Fermiers.)

PATENTE.

1. — (Banquier. — Justice préfectoriale.) — *Des prêts faits par des négocians ou des particuliers, et l'escompte à domicile de billets payables dans le même lieu, ne constituent pas le véritable commerce de banque, dans le sens de la loi du 1er. brumaire an 7, sur les patentes.*

Brunot.
14 janvier 1818. — (t. 4, p. 232.)

2. — (Banquier. — Preuves.) — *Pour déterminer si un banquier a cessé de devoir le droit de patente, ou bien s'il a cessé d'être banquier, il suffit que, de la part du banquier, il y ait eu déclaration à la mairie, portant qu'il cesse l'état de banquier : il n'est pas nécessaire qu'il justifie de cette cessation par un certificat de notoriété des autorités locales.*

Pignol.
14 mai 1817. (t. 4, p. 14.)

3. — (Cessation de commerce. — Réduction.) — *Un négociant qui a payé d'avance sa patente pour toute l'année, n'est pas fondé à réclamer la restitution d'une moitié du prix ; encore qu'il ait cessé son commerce au milieu de l'année : la restitution et la réduction ne peuvent avoir lieu qu'au cas de décès du patenté.* (Lois des 4 thermidor an 3, 6 fructidor an 4, 1er. brumaire an 7 ; — arrêté du gouvernement du 26 brumaire an 10, et loi du 13 floréal an 10.)

Noras.
16 juillet 1817. — (t. 4, p. 86.)

4. — (Domicile.) — *Le négociant qui a plusieurs maisons de commerce établies dans différentes villes, ne peut être assujéti qu'à un seul droit de patente, et doit être compris sur le rôle des patentes de la ville dans laquelle il a son domicile réel, et où il paie sa contribution personnelle.* (Loi du 1er. brumaire an 7.)

Degrand.
26 mars 1812. — (t. 2, p. 51.)

— V. Contentieux. — Privilège exclusif.

PATOUILLETS.

1. — (Usine. — Autorisation. Permission.) — *Les patouillets sont des usines dans le sens des articles 73 et 74 de la loi du 21 avril 1810 ; ils ne peuvent être autorisés par des conseils de préfecture ; il faut un réglement d'administration publique.*

Habitans de Saint-Jean-sur-Erve.
17 juillet 1813. — (t. 2, p. 397.)

PATURAGE.

1. — (Commune. — Propriété. — Compétence.) — *La fixation du droit de pâturage dont les habitans de deux sections d'une même commune peuvent user réciproquement, par suite de transactions, actes et jugement déjà intervenus sur l'exercice de ce droit, présente une question qui tend à fixer la propriété respective des habitans des deux sections ; elle n'est point du ressort de l'autorité administrative, et doit être jugée par les tribunaux ordinaires.*

Lombard. — C. — Batruille.
1er. avril 1811. — (t. 1, p. 488.)

2. — (Délits. — Compétence.) — *Il appartient à l'autorité administrative de prononcer sur l'existence d'un droit de pâturage dans une forêt nationale, et à l'autorité judiciaire de prononcer sur les délits résultans des dégâts commis par des bestiaux dans l'exercice de ce droit.*

Dorn.
1er. juin 1807. — (t. 1, p. 97.)

— V. Adjudication. (Interprétation.) — Bois. — Commune. — Domaine national. — Emigré. — Propriété. — Réglemens municipaux.

PAUVRES.

1. — (Bureau de bienfaisance. — Acte administratif. — Chose jugée. — Abandon. — Terres vaines et vagues.) — *L'arrêté par lequel un préfet abandonne à un bureau de bienfaisance pour les pauvres, des terres vaines et vagues qu'il croit appartenir à l'état, n'est pas une décision et n'a pas l'effet de la chose jugée à l'égard des tiers se prétendant propriétaires ; la question de propriété reste entière et peut être par eux soumise aux tribunaux.*

Hamelin. — C. — le bureau de bienfaisance de Saint-Mars de Locquenay.
22 octobre 1816. — (t. 4, p. 165.)

PAVAGE.

1. — (Contentieux. — Action administrative.) — *Lorsqu'un préfet a prononcé sur le pavage d'une rue, le propriétaire qui croit avoir à se plaindre de sa décision, doit porter sa réclamation devant le ministre, avant de s'adresser à la justice contentieuse du Conseil d'état.*

Bourge. — C. — Martinole.
17 mai 1813. — (t. 2, p. 333.)

2. — (Marché. — Entrepreneur de pavage. — Acte administratif.) — *Le marché passé entre l'administration municipale et un entrepreneur de pavage, lorsque le pavé est à la charge de la ville, est un contrat ordinaire dont l'exécution est confiée aux tribunaux et non à la justice administrative.*

Le maire de Gray. — C. — Beuret.
6 novembre 1817. — (t. 4, p. 182.)

3. — (Propriété.) — *Les propriétaires de maisons sont assujétis au paiement du premier établissement du pavé vis-à-vis leurs héritages ; la règle est dans un arrêt du Conseil, du 30 décembre 1785 ; et l'autorité qui prononce est le conseil de préfecture.*

Harpé et Bouvret. — C. — le préfet de la Seine.
18 avril 1816. — (t. 3, p. 264.)

— V. Rue.

PAVILLON. — V. Prises.

PAIEMENT. — V. Acquéreur national. — Administrateur. — Commune. — Concession. (Loyers.) — Contributions. — Emigré. (Dettes.) — Engagistes. (Charges.) — Fermiers de l'état. — Garde d'honneur. (Fournitures.) — Hospices. — Imputation. — Mandat administratif. — Réquisitions. — Rivières non navigables. (Déversoirs. — Trésor public. (Opposition.)

PAYEUR GÉNÉRAL.

1. — (Préposé — Comptabilité. — Contrainte. — Deniers publics.) — *La caisse d'un préposé est une émanation de celle du comptable principal des deniers publics, elle en fait partie. Le préposé qui en accepte le maniement se soumet aux mêmes voies de poursuite, auxquelles le comptable principal est lui-même assujéti ; et il est débiteur envers le trésor, de toutes les sommes dont il ne justifie pas avoir fait légalement l'emploi.*

Ledoux de Glatigny.
2[illegible] décembre 1810. — (t. 1, p. 452.)

PAYEUR DIVISIONNAIRE. — V. Caution. (Comptable.)

PAYS CONQUIS. V. Trésor public.

PAYS RÉUNIS.

1. — (Confiscation. — Autorité administrative. — Propriété.) — *Lorsqu'il s'agit de décider si une propriété séquestrée dans un pays réuni, appartient au gouvernement, l'autorité administrative est compétente pour juger cette question.*

Kurz.
6 janvier 1807. — (t. 1er., p. 18.)

— V. Remboursement. (Autorité administrative.)

PÉAGE.

1. — (Indemnité.) — *Le concessionnaire d'un droit de péage n'est pas fondé à réclamer une indemnité, sous prétexte que la construction d'un pont à proximité de son bac, fait cesser le produit de ses recettes ; si d'ailleurs le gouvernement, en concédant le droit de péage, n'a pas formellement renoncé au droit de faire construire ce pont.*

Luzerne et le Harivel.
22 janvier 1813. — (t. 2, p. 244.)

2. — (Perception. — Arrêt du conseil.) — *La question de savoir dans*

quelles limites est renfermée la perception d'un droit de péage autorisé par un ancien arrêt du conseil, appartient au contentieux administratif.

Chrétien. — C. — Chauveau.
18 mars 1816. — (t. 3, p. 258.)

3. — (Propriété. — Actionnaire. — Compétence.) — *La question de savoir s'il y a des actionnaires, ou des associés, pour le péage accordé par le gouvernement, pour un pont construit, n'intéresse en aucune manière le gouvernement: c'est une question de propriété entre particuliers; elle doit être portée non devant le préfet, comme chargé de la police des eaux, mais devant les tribunaux ordinaires, seuls compétens pour en connaître.*

Niogret.
8 novembre 1810. — (t. 1, p. 426.)

PÊCHE.

1. — (Bail à ferme.) — *Les difficultés qui peuvent s'élever sur l'exécution d'un bail à ferme, sont du ressort des tribunaux ordinaires, encore même qu'il s'agisse de* pêche *sur les côtes de la mer.* (Arrêté du gouvernement du 9 germinal an 9.)

Les pêcheurs de Saint-Nazaire. — C. — Trabaud.
18 septembre 1813. — (t. 2, p. 435.)

2. — (Féodalité.) — *Une contestation sur des droits de pêcherie dans un étang à titre prétendu féodal, ne peut être soumise à la justice administrative; elle est du ressort des tribunaux.*

Boussairolles. — C. — la rég. des domaines.
20 juin 1816. — (t. 3, p. 324.)

3. — (Fermiers. — Dommages intérêts.) — *Lorsque le fermier d'un droit de pêche sur une rivière, prétend qu'il a été pêché dans l'étendue de son cantonnement, et qu'il réclame par suite des dommages-intérêts, la contestation doit être soumise aux tribunaux ordinaires, et non à l'autorité administrative.*

Labbé. — C. — Dupetit et Pic.
4 juin 1815. — (t. 3, p. 126.)

4. — (Propriété. — Réglemens d'administration publique.) — *Bien qu'il appartienne aux préfets de prononcer en matière de contravention aux lois et aux réglemens d'administration publique, néanmoins, lorsque celui qui les a enfreints se prévaut d'un droit de propriété, tel par exemple que le droit de pêche, c'est aux tribunaux seuls à prononcer sur le fond du droit.*

Hyjar. — C. — les fermiers de la Font-Dame.
18 août 1807. — (t. 1. p. 113.)

5. — (Rivière navigable. — Concession. — Indemnité.) — *Les décrets des 6 et 30 juillet 1793 et du 8 frimaire an 2, ont supprimé comme féodaux, tous droits de pêche dans un canal de navigation: bien qu'il y eût un titre de concession émané de l'ancien gouvernement. Le titre 5 de la loi du 14 floréal an 10, qui a rétabli au profit de l'état le droit exclusif de pêche dans les fleuves et rivières navigables, ne profite qu'à l'état et ne profite point aux anciens propriétaires dépouillés. d'après les avis du Conseil d'état des 11 thermidor an 12, et 17 juillet 1808; —l'ancien propriétaire ne peut plus réclamer qu'un droit d'indemnité, à raison des bâtimens, ustensiles et agrès à lui appartenant, dont l'administration se serait emparée: et dans ce cas, la demande en indemnité doit être détachée du litige ou contestation de la pêche et doit être portée directement devers l'administration des ponts et chaussées.*

Boudard. — C. — l'adm. des dom.
20 juillet 1817. — (t. 4, p. 106.)

6. — (Rivières navigables. — Halage.) — *Tant que les travaux et appareils que la pêche à l'escave exige ne s'étendent point au-delà du terrain réservé au marche-pied des rivières, les propriétaires riverains n'ont pas droit d'en empêcher l'exercice.*

Dotezac. — C. — Boissac et Favereau.
20 novembre 1815. — (t. 3, p. 151.)

— V. Acte administratif. (Interprétation.) — Adjudication. (Application.) — Canal de navigation. (Rivière navigable.) — Eau. (Cours d') — Rivière.

PEINES. — V. Voirie. (Grande.)

PENSION.

1. — (Religieuse. — Dot.) — *Lorsqu'une ex-religieuse a renoncé à sa pension de retraite et aux arrérages qui en sont échus, sa famille est affranchie du paiement de la dot en capital et intérêts, à la charge par la famille de faire sa soumission de se charger de l'ex-religieuse et de lui fournir tous les secours qui lui seront nécessaire. Celui des parens qui a fait cette soumission et qui l'a exécutée, est subrogé au lieu et place du gouvernement pour toucher et recevoir le remboursement de la dot.* (Arr. du Gouv. 27 nivose an 9.)

Bianco. — C. — Garbillon.
18 janvier 1813. — (t. 2, p. 230.)

PENSIONS ALIMENTAIRES. — V. Militaire. (Femmes de)

PENSIONS MILITAIRES. — V. Soldes de retraite.

PEPINIÈRE. — V. Expropriation pour cause d'utilité publique. (Indemnité.)

PERCEPTEUR.

1. — (Quittance. — Emargement. — Autorité administrative.) — *L'autorité judiciaire est incompétente pour connaître des contestations entre un percepteur et un contribuable; alors même qu'il ne s'agit ni de difficultés relative à la cote, ni du recouvrement des contributions, mais seulement d'une quittance à délivrer pour un paiement contesté.*

Percepteur de Picquecos. — C. — Paga-Langle.
18 juillet. 1809. — (t. 1, p. 294.)

2. — (Restitution. — Compétence.) — *La vérification des comptes d'un percepteur, et par suite les restitutions que ce percepteur est dans le cas de faire, sont du ressort de l'autorité administrative.*

Heiliger. — C. — Flory.
10 septembre 1808. — (t. 1, p. 203.)

3. — (Saisie. — Gardiens. — Honoraires. — Compétence.) — *L'action en paiement dirigée contre un percepteur des contributions par des particuliers pour leurs honoraires en qualité de gardiens à une saisie poursuivie par ce percepteur, doit être portée devant l'autorité administrative et non devant les tribunaux.*

Mondoux.
8 mars 1811. — (t. 1, p. 475.)

— V. Contributions.

PERCEPTION. — V. Contributions. — Octroi. (Droit d') — Péage.

PERMISSION. — V. Patouillets. (Usine.)

PESAGE. (Bureau de)

1. — (Propriété. — Indemnité.) — *Un bureau de pesage et le droit de l'exercer dans un local déterminé, s'il a été acheté du gouvernement antérieur, est une propriété; en conséquence, c'est aux tribunaux et non à l'autorité administrative, qu'appartient le droit de statuer sur les dommages-intérêts résultant de la dépossession de ce bureau ou de l'exercice de ce droit, quoiqu'opérée en vertu de lois survenues sur cette matière.* (Loi du 29 floréal an 10.)

Franco. — C. — la commune de Casal.
1er. avril 1808. — (t. 1, p. 156.)

— V. Acte administratif. (Halle.)

PÉTITION. — V. Décret par défaut. (Dette publique.)

PHARMACIEN. — V. Contentieux. (Acte administratif.) — Hospices. (Comptabilité.)

PIÈCES DE BORD. — V. Prises. — Prises maritimes. — Id. (Marchandises.)

PIÈCE DÉCISIVE. — V. Requête civile. — Idem. (Opposition.)

PIÈCES DÉCOUVERTES. — V. Opposition. (Requête civile.)

PIÈCES NOUVELLES. — V. Chose jugée.

PIERRES. — V. Travaux publics. (Entrepreneurs.) — Id. (Indemnité.)

PILOTES LAMANEURS.

1. — (Responsabilité. — Navigation. — Autorité administrative.) — *C'est à l'autorité administrative et non aux tribunaux qu'il appartient de prononcer sur des actions intentées, pour raison de responsabilité, contre les pilotes lamaneurs, ou contre tout préposé placé sous l'autorité et la surveillance du Gouvernement pour la sûreté de la navigation, en cas de naufrage ou d'échoue-*

ment des bâtimens confiés à leur conduite.
Simon. — C. — Grasset et Balguière.
23 avril 1807. — (t. 1, p. 68.)

— V. Prise. (Responsabilité.)

PLACE MILITAIRE. — V. Propriété.

PLACE PUBLIQUE.

1. — (Propriété.) — *La question de savoir si un terrain destiné à tenir les foires est une propriété communale, ou une propriété particulière, ne peut être jugée par la justice administrative : elle regarde les tribunaux.*
Normand. — C. — la commune d'Ecoyeux.
23 décembre 1815. — (t. 3, p. 189.)

2. — (Propriété. — Arbres. — Action possessoire. — Compétence.) — *La question de propriété d'un terrain servant de place publique, est dévolue à l'autorité judiciaire. — A plus forte raison le mérite d'une action possessoire, relative à des arbres plantés sur cette place publique.*
Devillers. — C. — la commune de Villers.
3 août 1808. — (t. 1, p. 177.)

3. — (Propriété. — Compétence.) — *L'autorité administrative n'est pas compétente pour prononcer sur une question de propriété, encore bien qu'il s'agisse d'une* place publique.
Desbrosses.
1er. mars 1813. — (t. 2, p. 282.)

— V. Communes. — Garantie constitutionnelle. (Travaux publics.) — Mise en jugement.

PLAINTE. — V. Contribuables.

PLAN. — V. Acquéreurs nationaux. (Adjudication.) — Adjudication. (Interprétation.)

PLANTATIONS. — V. Arbres.

POIDS ET MESURES. — V. Préfets. (Réglemens.)

POIDS PUBLICS. — V. Compte. (Rectification.)

POLICE. — V. Cours d'eau. (Propriété.) — Droit. — Eau. (Cours d') — Idem. (Propriété.) — Propriété. (Démolition.)

POLICE ADMINISTRATIVE. — V. Contentieux. (Salubrité.)

POLICE (ou plutôt) JUSTICE MINISTÉRIELLE.

1. — (Instruction générale. — Contentieux.) — *Bien que le conseil d'état ne soit pas juge des règles d'administration, tracées par un ministre à ses agens, il est cependant chargé de connaître du mérite d'une* décision *rendue sous forme d'*instruction, *lorsque cette instruction se rapporte à des faits passés relativement à* une contrée *et à une* classe de citoyens. — *Une telle instruction n'est, dans le fait, qu'une décision de justice ministérielle.*
Nicolas Jean.
23 octobre 1816. — (t. 3, p. 414.)

POLICE RURALE.

1. — (Autorité administrative. — Garantie constitutionnelle.) — *Les fonctions de ceux qui sont chargés de constater les contraventions en matière de police rurales, ne sont point des fonctions administratives qui soient séparées des fonctions judiciaires. En conséquence, les abus d'autorité qu'ils peuvent commettre à cette occasion, sont soumis, comme les contraventions rurales, à la juridiction des tribunaux, et la connaissance ne peut en être revendiquée par l'autorité administrative.*
Cornille Bayle.
28 mars 1809. — (t. 1, p. 267.)

POLICE DE ROULAGE. — V. Justice municipale administrative.

POLICE DE VOIRIE. — V. Maire.

POMPIERS. — V. Utilité publique. (Expérience.)

PONT.

1. — (Bateaux. — Lâchage et remontage. — Responsabilité. — Autorité judiciaire.) — *Les chefs de pont à Paris (bien que préposés de l'administration et commissionnés par elle) sont justiciables des tribunaux, pour les dommages résultant de l'inexécution de la convention formée entre eux et les propriétaires de bateaux, relativement au lâchage et remontage des bateaux.* (Cod. civ., 1382.)
Allaine.
12 décembre 1806. — (t. 1, p. 10.)

2. — (Compte. — Justice ministérielle.) *Toute discussion sur les comptes d'un entrepreneur des ponts et chaussées est soumise d'abord au conseil des ponts et chaussées, et ensuite à la justice ministérielle, sauf recours au Conseil d'état.*
Clicot.
10 septembre 1817. — (t. 4, p. 140.)

3. — (Contentieux.) *L'entrepreneur d'un pont dont l'adjudication a été annullée par l'établissement d'une régie pour l'exécution des mêmes travaux, s'il se plaint de la décision qui lui refuse une indemnité suffisante, ne peut saisir le comité du Conseil d'état de la demande relative à l'indemnité qu'après s'être pourvu devant le ministre compétent. — Le ministre doit également connaître, avant le Conseil d'état, de toute demande relative à la liquidation des comptes de l'entrepreneur.*
Delachaussée.
14 mai 1817. — (t. 4, p. 17.)

4. — (Privilège.) — *Le créancier de l'entrepreneur d'un pont dont la créance se rattache à l'entreprise, et qui par suite se prétend privilégié, si la réclamation n'intéresse pas l'administration, doit être renvoyé devant les tribunaux ordinaires.*
Lepointe. — C. — Delachaussée.
1er. mai 1815. — (t. 3, p. 103.)

5. — (Responsabilité. — Concessionnaire. — Autorité administrative.) — *C'est à l'autorité administrative de statuer sur la responsabilité des constructeurs, entrepreneurs ou concessionnaires d'un pont, à l'occasion de la perte d'un bateau par suite de leur négligence.* (Loi du 24 ventose an 9.
Masse.
12 février 1807. — (t. 1, p. 30.)

6. — (Responsabilité. — Conflit.) — *C'est à l'autorité administrative, et non à l'autorité judiciaire, à connaître une question de responsabilité élevée contre les entrepreneurs concessionnaires du pont d'Austerlitz, de la part du propriétaire d'un bateau naufragé par suite d'une négligence de ces entrepreneurs.*
Courtois. — C. — Gorlay, Prévôt.
16 mars 1807. — (t. 1, p. 57.)

7. — (Ruisseau. — Propriété. — Compétence.) — *L'autorité administrative n'est pas compétente pour décider qu'un pont, traversant un ruisseau, et construit par un particulier sur sa propriété, appartient au domaine. Si le domaine a des prétentions, c'est devant les tribunaux qu'il doit les faire valoir.*
Desmarets.
2 janvier 1809. — (t. 1, p. 234.)

— V. Autorisation. — Chemin vicinal. — Divisibilité. (Compétence.) — Naufrage. (Indemnité.)

PONTS ET CHAUSSÉES.

1. — (Acquéreur national. — Moulin.) — *L'acquéreur national d'un moulin peut être condamné par la justice administrative à réparer la chaussée du moulin et les ponts qui la traversent, si, dans le procès-verbal d'expertise et dans l'acte d'adjudication, il est dit que la chaussée et les ponts qui en dépendent, sont à la charge du propriétaire du moulin.*

En général, les questions d'exécution d'un acte administratif doivent-elles être soumises à l'administration? La demande faite au propriétaire d'un moulin de réparer une chaussée et des ponts qui la traversent, ne tend-elle pas à affranchir la direction des ponts et chaussées ou les communes voisines de charges qui les regardent? Le titre d'adjudication ne doit-il pas être entendu en un sens restreint à l'intérêt des parties contractantes?
Girardet.
27 août 1817. — (t. 4, p. 124.)

2. — (Compétence.) — *Le directeur-général des ponts et chaussées n'a pas autorité pour annuller les décisions des conseils de préfecture ; c'est au Conseil d'état qu'appartient ce droit.*
Liborel.
22 octobre 1810. — (t. 1, p. 424.)

— V. Contentieux. (Justice ministérielle.) — Fournisseur. (Soustraitans.) — Indemnité. (Propriété.) — Opposition. — Routes. (Entretien.)

PORT. — V. DOMAINE PUBLIC. (Usage.)

PORTAGE. — V. GARDES MAGASINS MILITAIRES. (Dépenses.)

PORTEURS DE CONTRAINTES. — V. CONTRIBUABLE.

POSSESSION. — V. ACQUÉREURS NATIONAUX. — ADJUDICATION. (Interprétation.) — AUTORITÉ ADMINISTRATIVE. (Interprétation.) — CHEMIN PUBLIC. (Anticipation.) — COMMUNE. — COMMUNAUX. (Partage.) — CONCESSION. (Réméré.) — VOIRIE.

POSSESSION ANNALE. — V. CHEMIN VICINAL. (Juge de paix.)

POSSESSION PROVISOIRE. — V. CHEMIN VICINAL. (Compétence.)

POSSESSOIRE. — V. CHEMIN VICINAL. (Anticipation.) — PROVISOIRE.

POSTE AUX LETTES. — V. CONTRIBUTIONS INDIRECTES. (Régie.)

POUDRIÈRE. — V. PROPRIÉTÉ. (Place militaire.)

POURVOI.

1. — (Déchéance. — Effet rétroactif.) — *L'article 11 du réglement du 22 juillet 1806, qui restreint à trois mois après notification, le délai pour se pourvoir au Conseil d'état, s'applique à une décision contentieuse rendue par un conseil de préfecture le 1er. fructidor an 13, et signifiée le 10 du même mois. — Ainsi, la disposition a effet rétroactif, et s'applique à des décisions rendues sous l'empire d'une législation qui ne les soumettait pas à une telle déchéance.*

Quivogne. — C. — Villequey.
11 novembre 1813. (t. 2, p. 453.)

2. — (Délai. — Conseil d'état. — Déchéance.) — *Le pourvoi au Conseil d'état fait après l'expiration du délai fixé par le décret du 22 juillet 1806, n'est pas recevable; — bien qu'il s'agisse de décider si un comptable est ou n'est pas débiteur envers l'Etat, sans aucun mélange du droit des tiers.*

Miroglio.
18 août 1807. — (t. 1, p. 114.)

3. — (Ministre. — Délai. — Fin de non-recevoir.) — *Le pourvoi au Conseil d'état, contre les décisions ministérielles, doit être fait dans les trois mois, à compter de la notification de la décision contre laquelle on entend réclamer; ce délai est de rigueur, et son inobservation opère une fin de non-recevoir insurmontable.* (Article 11 du régl. du 22 juillet 1806.)

Bassaget.
6 février 1811. — (t. 1, p. 455.)

4. — (Ordonnance de soit communiqué. — Notification. — Délai fatal.) — *L'ordonnance de soit communiqué rendue par le ministre de la justice, sur un pourvoi au Conseil d'état, doit être signifiée dans les trois mois de sa date,* à peine de déchéance *du pourvoi, encore même qu'il n'y ait eu aucune signification de l'arrêté dénoncé, et qu'il n'ait pas couru de délai utile sur le terme du pourvoi.* (Art. 12 du réglement du 22 juillet 1806.)

Valadier. — C. — Macarrani.
13 juillet 1813. — (t. 2, p. 396.)

5. — (Production. — Fins de non-recevoir.) — *Celui qui se pourvoit au Conseil d'état contre une décision, doit en faire la production à peine de rejet de son pourvoi.*

Vanini.
16 octobre 1813. — (t. 2, p. 440.)

— V. CONSEIL D'ÉTAT. — DÉLAI. — ID. (Déchéance.) — EXÉCUTION. — JUSTICE MINISTÉRIELLE.

POURVOI IRRÉGULIER. — V. DÉCHÉANCE. — OPPOSITION. (Décision contradictoire.)

POUVOIR DISCRÉTIONNAIRE. — V. INDEMNITÉ. (Octroi.) — MANUFACTURE. (Autorisation.) — MISE EN JUGEMENT. (Ignorance.) — VOIRIE. (Routes.)

PRÉFÉRENCE. — V. ADJUDICATION SUCCESSIVE. — BIENS NATIONAUX. (Acquéreurs successifs.)

PRÉFET.

1. — (Conseils de préfecture.) — *Les conseils de préfecture ne peuvent réformer les arrêtés rendus par les préfets.*

Deschampneuf. — C. — les habitans de Migron.
12 novembre 1809. — (t. 1, p. 334.)

2. — (Excès de pouvoir.) — *Un préfet commet un excès de pouvoir en prononçant l'annullation d'un arrêté rendu par une administration centrale de département.*

Bizot.
29 décembre 1812. — (t. 2, p. 162.)

3. — (Interrogatoires sur faits et articles. — Hospices.) — *De ce qu'un préfet est président né du conseil des hôpitaux, il ne s'ensuit pas qu'il puisse être assimilé aux administrateurs des établissemens publics, et soumis, en cette qualité, à l'interrogatoire sur faits et articles sur des actes de son administration. — Un préfet peut et doit s'opposer à l'exécution d'une telle disposition judiciaire.*

Ragouleau. — C. — les hospices de Paris, Talaru et le préfet de la Seine.
22 janvier 1808. — (t. 1, p. 139.)

4. — (Réglemens. — Administration publique. — Poids et mesures. — Bière.) — *Un préfet ne peut faire des réglemens d'administration publique, ni étendre ou interpréter ceux qui existent. — En conséquence un arrêté de l'autorité préfectoriale qui assujétirait les tonnes à bière à une vérification annuelle, lorsque d'ailleurs cette vérification n'est prescrite par aucun réglement, contient un excès de pouvoir et est susceptible d'être annullé.*

Dutilleul.
15 novembre 1810. — (t. 1, p. 429.)

5. — (Revendication. — Conflit.) — *Les préfets et les conseils de préfecture ne peuvent revendiquer une contestation, pendante devant les tribunaux, qu'en élevant le conflit.*

Théobald. — C. — Duval.
22 février 1813. — (t. 2, p. 280.)

— V. ADMINISTRATION DE TUTELLE. (Établissemens publics.) — CHEMIN. (Fosse.) — COMMUNAUX. (Vente.) — EXÉCUTOIRE. — RESPONSABILITÉ. (Propriétaire.) — RESPONSABILITÉ DES PÈRES ET MÈRES. VOIRIE. (Grande.)

PRÉFET DE POLICE. — V. MANUFACTURES. (Opposition.)

PRÉPARATOIRE.

1. — Pourvoi. — Fin de non-recevoir. — Contribution.) — *Les arrêtés préparatoires rendus par des conseils de préfecture ne sont pas susceptibles de recours au Conseil d'état.*

Est qualifié préparatoire un arrêté ordonnant une expertise pour comparer des taxes en matière de contributions.

La commune d'Aurillac.
21 février 1814. — (t. 2, p. 523.)

PRÉPOSÉ. — V. CAUTIONS. (Receveur des contributions.) — COMPTABLE. — LIQUIDATION. (Dette publique.) — MISE EN JUGEMENT. — ID. (Défense légitime.) — PAYEUR GÉNÉRAL. — TRÉSOR PUBLIC. (Deniers publics.)

PRÉROGATIVE ROYALE.

1. — (Jury. — Justice gouvernementale. — Sénat-Conservateur.) — *Par prérogative royale S. M. peut réputer nul et non-avenu, dans l'intérêt des particuliers, comme pour l'ordre public, tout acte attentatoire aux libertés constitutionnelles, notamment à l'irréfragabilité des décisions rendues par le jury.* (350, C. inst. cr., — 65 ch. const.)

Peu importe que cet acte émane du Sénat-Conservateur et soit motivé sur le § 4 de l'art. 55, titre 5 de l'acte du 15 thermidor an 10, portant que le Sénat peut annuller les jugemens contraires à la sûreté de l'état; peu importe aussi que, dans l'espèce, le Sénat ait déclaré que le jugement était réellement contraire à la sûreté de l'état.

Lacoste de Labraguse. — C. — l'octroi d'Anvers.
6 septembre 1814. — (t. 3, p. 6.)

PRESCRIPTION.

1. — (Arrérages de rentes. — Domaine.) — *La prescription de cinq ans pour les arrérages de rentes est opposable à la régie des domaines, comme aux émigrés qu'elle représente.*

Bellechère.
17 janvier 1812. — (t. 2, p. 12.)

2. — (Compétence.) — *La justice administrative contentieuse ne peut connaître de l'exception de prescription: cette question rentre dans les attributions de l'autorité judiciaire.*

Scherr. — C. — North.
13 juillet 1813. — (t. 2, p. 387.)

3. — (Comptable. — Caution.) — *La prescription établie pour le recouvrement des droits des fermiers, n'est pas proposable pour le recouvrement des débets des comptes des préposés à*

la perception de ces mêmes droits. (Loi du 28 pluviose an 3.)

Chaigneau.
3 septembre 1808. – (t. 1, p. 195.)

4. — (Fabrique. — Conseil de préfecture. — Juridiction administrative.) — *C'est aux tribunaux qu'il appartient de connaître de l'exception de prescription, dans une matière intéressant une fabrique, et soumise pour le fond à un conseil de préfecture.*

Voyat.
28 février 1809. – (t. 1, p. 259.)

5. — (Interruption. — Créanciers.) — *La reconnaissance d'une dette faite par les créanciers du débiteur n'a pas l'effet d'interrompre la prescription qui court au profit de ce débiteur.* (Cod. civ., 2244.)

Blaise et Hunbaire.
14 mars 1807. – (t. 1, p. 61.)

6. — (Passage. — Servitude.) — *Les conseils de préfecture excèdent leurs pouvoirs en décidant qu'un droit de passage contesté est acquis par la prescription, qui a fait de l'usage un droit de servitude. La solution de cette question est exclusivement placée dans les attributions de l'autorité judiciaire.*

Reynegom.
29 janvier 1814. – (t. 2, p. 507.)

— V. ADJUDICATION. (Interprétation.) — AUTORITÉ ADMINISTRATIVE. (Interprétation.) — DÉCOMPTE. — FERMIERS DE L'ÉTAT. — INTÉRÊTS. — RELIGIONNAIRES FUGITIFS.

PRÉSOMPTION. — V. CANAL. (Talus.) — MARCHÉ.

PRÉSOMPTION DE VIE. — V. EMIGRÉ.

PRESTATIONS. — V. CORPORATIONS RELIGIEUSES.

PRÊT. — V. OBLIGATION PERSONNELLE. (Autorité judiciaire.)

PRÊTRE DÉPORTÉ.

1. — (Baux à vie.) — *Les ecclésiastiques, qui ont été inscrits sur la liste des prêtres déportés, ne sont pas recevables, après avoir obtenu leur radiation, à demander l'exécution des baux qui leur avaient été consentis à vie : la mort civile a produit les mêmes effets que la mort naturelle, quant à la résiliation du bail dont ils étaient en jouissance : les adjudicataires des biens affermés, à la charge d'entretenir le bail, sont bien et valablement déchargés de l'obligation qui leur avait été imposée.* (Lois des 26 août 1792, 21 et 23 avril, 17 septembre 1793, et 20 vendémiaire an 2.)

Darnard.
29 janvier 1814. – (t. 2, p. 509.)

2. — (Restitution.) — *Les actes intervenus entre l'état et les particuliers, en vertu de la loi de restitution, à l'égard des biens des prêtres déportés, ne peuvent être attaqués par les prêtres réintégrés depuis, ou par leur ayant-cause.* (Sénatus-consulte du 6 floréal an 10, art. 16.)

Bizot.
29 décembre 1812. – (t. 2, p. 162.)

PRÊTRE SEPTUAGÉNAIRE.

1. — (Réclusion. — Confiscation.) — *Un prêtre septuagénaire qui a refusé le serment civique, a encouru la réclusion, mais non la confiscation. Ses héritiers présomptifs n'ont pu demander, de son vivant, le renvoi en possession de ses biens.* (Loi du 22 fructidor an 3, 19 fructidor an 4.)

Donat-Daval.
2 octobre 1813. – (t. 2, p. 438.)

PREUVES. — V. FORCE MAJEURE. — MISE EN JUGEMENT. — PATENTE. (Banquier.)

PRISE A PARTIE.

1. — (Actes administratifs.) — *Un particulier à qui des administrateurs municipaux, ou un sous-préfet, auraient occasionné des dommages, par actes administratifs approuvés par le préfet, n'est pas recevable à réclamer, du Conseil d'état, l'autorisation pour exercer l'action en prise à partie, tant qu'il n'a pas déféré au ministre et fait annuller ou réformer la décision du préfet.*

Le sieur Bonneau. — C. — la comm. de Douzy.
21 mai 1817. – (t. 4, p. 19.)

PRISE MARITIME.

1. — (Acquiescement. — Craintes graves. — Renonciation.) — *La renonciation, faite par l'équipage d'un navire capturé à toutes poursuites d'action en nullité de la capture, doit être déclarée nulle et sans effet, comme n'ayant pas été un acte libre de sa volonté ; s'il est constant que cette renonciation a été l'effet de la crainte qu'avait l'équipage d'être conduit prisonnier de guerre en France.*

Leclerc. — C. — le navire le *Saint Antoine.*
7 août 1816. – (t. 3, p. 358.)

2. — (Appel. — Délai. — Commissaire.) — *Les jugemens rendus en matière de prises, par les commissaires envoyés dans les îles françaises d'Amérique, sont soumis aux mêmes délais pour l'appel que les autres jugemens rendus par les tribunaux des colonies.*

Grégorie.
16 mars 1807. – (t. 1, p. 58.)

3. — (Chose jugée. — Garantie.) — *Lorsque le propriétaire d'un navire capturé a formé son action devant un tribunal de commerce, et qu'il est intervenu jugement qui a acquis autorité entre les parties, il n'est plus recevable à porter la contestation comme entière devant le Conseil d'état, comité du contentieux.*

Si après avoir interjeté appel au Conseil d'état, le propriétaire du navire a cédé ses droits litigieux, le Conseil d'état ne peut connaître du mérite de la cession ou de l'action en garantie.

Pouilly. — C. — Michaud et Bouvet
31 janvier 1817. – (t. 3, p. 509.)

4. — (Compétence. — Capteurs.) — *Le droit de juger de la validité des prises maritimes, comprend le droit de déterminer quel est le capteur. Lorsqu'un navire ennemi est en état de détresse, et dans l'impossibilité d'opposer résistance, le véritable capteur est celui qui l'occupe le premier ; la seule présence d'un autre bâtiment n'est point réputée influer sur la capture.*

Le Marsouin et autres corsaires. — C. — le corsaire le Théophile.
1er. mai 1816. – (t. 3, p. 279.)

5. — (Corsaire. — Mouche.) — *Peut être réputée faite par le corsaire lui-même, la prise qui a été faite par sa mouche, envoyée par lui à la découverte à deux lieues de distance et montée d'hommes de son équipage ; en conséquence, il ne peut pas en être fait adjudication au profit de l'état.*

Albertin. — C. — la rég. des dom.
20 novembre 1815. – (t. 3, p. 161.)

6. — (Corsaire. — Partage.) — *Lorsqu'un navire a été capturé, pour avoir droit à la prise, il ne suffit pas d'avoir été en vue, et d'avoir donné chasse au navire ; il faut encore avoir concouru, par sa présence et par ses manœuvres, à intimider l'ennemi, et à lui couper la retraite pour le forcer à se rendre.* (Règlement du 27 janvier 1706.)

Corsaire la *Princesse de Bologne.*
19 mars 1810. – (t. 1, p. 357.)

7. — (Décisions. — Exécutions. — Compétence.) — *Les contestations qui peuvent s'élever relativement à l'exécution des jugemens en matière de prises, sont de la compétence des tribunaux, et ne doivent pas être portées au Conseil d'état.*

Eggé. — C. — Sébastiani.
18 avril 1816. – (t. 3, p. 277.)

8. — *Le corsaire qui capture en mer un navire sans motifs légitimes, doit être condamné aux dommages-intérêts.*

Schmidt et Plessing. — C. — le corsaire *le Sédiman.*
14 janvier 1818. – (t. 4, p. 239.)

9. — (Dommages-intérêts.) — *Pour qu'un capteur soit tenu à des dommages-intérêts envers le capturé, il ne suffit pas que la prise soit irrégulière, il faut encore que dans l'ensemble des circonstances, les capteurs n'aient pas eu un motif suffisant pour arrêter le navire.*

Boissaert. — C. — le corsaire *l'Actif.*
3 juillet 1816. – (t. 3, p. 336.)

10. — (Dommages-intérêts. — Réglement. — Publication.) — *Une prise faite pour contravention à un réglement que le navire capturé n'a pu connaître, doit être déclarée nulle. — Mais le capteur ne doit pas de dommages-intérêts, si la prise a été faite dans un temps où la loi devait être présumée connue.* (Cod. civ., 1383.)

Les corsaires *la Princesse Elisa et la Bataille d'Jéna.*
7 mai 1808. – (t. 1, p. 160.)

11. — (Droit acquis.) — *Les contestations en matière de prise doivent être décidées d'après les règles et les circonstances existantes à l'époque de la prise, et non suivant ce qui existe lors du jugement.*

Jongh. — C. — le corsaire le *Renard.*
20 novembre 1815. — (t. 3, p. 160.)

12. — Idem.

Villem Connenburg. — C. — le corsaire *la Sophie.*
20 novembre 1815. — (t. 3, p. 160.)

13. — (Droit acquis. — Indemnité.) — *Pour qu'un armateur ait droit à la confiscation d'un navire capturé, quoique neutre, il ne suffit pas qu'il ait été autorisé par ordre exprès du gouvernement antérieur : si la neutralité était certaine, la capture était illicite.*

Le corsaire *le Sédiman.*
18 mars 1816. — (t. 3, p. 256.)

14. — (Excès de pouvoir.) — *Le Conseil des prises, créé par arrêté du 6 germinal an 8, ne devait connaître que des contestations relatives à la validité et à l'invalidité des prises, ainsi qu'à la qualité des bâtimens échoués et naufragés. Il ne pouvait connaître des actions dirigées contre des tiers spoliateurs du navire capturé.*

Le Corsaire *la Supérieure.*
7 août 1816. — (t. 3, p. 350.)

15. — (Marchandises. — Pièces de bord.) — *Aux termes des articles 2 et 11 du réglement du 26 juillet 1778, la neutralité des marchandises composant le chargement d'un navire capturé, doit être prouvée par les pièces de bord.*

La compagnie d'assurance de New-Yorck. — C. — le corsaire *l'Eléonore.*
11 décembre 1814. — (t. 3, p. 50.)

16. — (Pavillon. — Simulation. — Nationalité.) — *La simulation de pavillon usitée est licite pour se soustraire à la surveillance de l'ennemi et ne peut avoir l'effet de dénationaliser un navire.*

Vanisegbem. — C. — l'adm. des douanes.
20 novembre 1815. — (t. 3, p. 136.)

17. — (Pièces de bord.) — *Le capitaine d'un navire capturé n'est pas recevable ou fondé à demander l'annulation d'une décision du conseil des prises, qui aurait ordonné la confiscation de son navire au profit des capteurs, sur le double motif de nullité du passe-port et de soustraction des papiers de bord.*

Le navire *l'Elisa.*
9 décembre 1810. — (t. 1, p. 443.)

18. — *L'effet décisif sur la question de savoir si un navire et sa cargaison sont propriété ennemie, est exclusivement attribué aux pièces de bord, et non à celles obtenues après la capture.*

Ronnenkamp. — C. — le corsaire *l'Heureux Henri.*
20 novembre 1815. — (t. 3, p. 147.)

19. — *Les pièces cachées à bord et non produites au moment de la capture, ont moins de force probante que les pièces produites.*

Ribas et Bosch. — C. — le corsaire *l'Audacieux.*
13 janvier 1816. — (t. 3, p. 207.)

20. — *Une contestation en matière de prises peut être jugée sans les pièces de bord, après écoulement de délai suffisant, si les capteurs n'ont pas envoyé ces pièces.* (Décret du 6 germinal an 8.)

Castro. — C. — Aldecoa.
27 mai 1816. — (t. 3, p. 292.)

21. — (Prisonniers.) — *Un corsaire qui fait une prise sans amener les prisonniers perd tous ses droits de prises.* (Article 64, réglement du 22 prairial an 11.)

Leclerc.
23 décembre 1815. — (t. 3, p. 203.)

22. — (Rebelles. — Revendication.) — *Les prises faites sur les rebelles d'un pays allié sont bonnes et valables, s'il y a guerre avec les rebelles. — Le gouvernement de ce pays n'est pas recevable à revendiquer la cargaison comme étant composée de marchandises qui lui appartiendraient, et qui lui auraient été enlevées par ces mêmes rebelles.*

Espagne. (le Roi d')
19 janvier 1811. — (t. 1, p. 456.)

23. — (Recousse.) — *Lorsqu'un navire français pris par l'ennemi a été repris par la garnison d'un fort ou des batteries de terre, le bâtiment capturé est rendu au propriétaire, et un dixième de sa valeur est réparti entre les soldats qui ont fait la reprise.* (Réglement du 2 prairial an 11, art. 54; — Avis du Conseil d'état du 4 avril 1809.)

Leguennec.
15 février 1815. — (t. 3, p. 80.)

24. — *Un corsaire n'a pas droit à la confiscation d'un bâtiment de sa nation par l'effet de la recousse, bien que la prise ait été en possession de l'ennemi pendant plus de vingt-quatre heures, si, d'ailleurs, il est reconnu que le navire n'était pas susceptible d'être capturé valablement par l'ennemi.*

En d'autres termes : *La validité de la recousse, aux termes des lois françaises, est subordonnée à la validité de la prise, d'après les lois du pays du premier capteur.*

Reyher. — C. — le corsaire le *Diligent.*
18 mars 1816. — (t 3, p. 253.)

25. — (Responsabilité. — Avaries. — Pilote lamaneur.) — *Les avaries éprouvées par un navire capturé par un corsaire et ensuite relâché, ne sont pas sous la responsabilité du corsaire, encore qu'elles proviennent d'un mauvais mouillage, si le corsaire avait confié à un pilote lamaneur la conduite du navire jusqu'à l'amarrage dans le port.*

John Dieih. — C. — le corsaire *l'Espoir.*
3 janvier 1815. — (t. 3, p. 59.)

26. — (Sauvetage.) — *Pour réclamer les droits de sauvetage, en vertu de la loi du 26 nivose an 6, il faut, non-seulement avoir pris part à l'action de sauvetage, il faut encore avoir fait des efforts qui soient reconnus avoir sauvé du danger du naufrage.*

Gestin.
10 février 1816. — (t. 3, p. 227.)

27. — (Semonce.) — *La circonstance de la fuite d'un navire, au coup de semonce, donne bien le droit à un corsaire de contraindre le navire semoncé à amener ses voiles, et à se laisser visiter; mais elle ne l'autorise pas à l'arrêter nonobstant ses preuves de neutralité.*

Arnemanne. — C. — le corsaire *le Général-Pajol.*
3 juillet 1816. — (t. 3, p. 331.)

28. — (Vente. — Corsaires. — Marins.) — *Les parts qui reviennent aux marins dans les prises faites par les corsaires de l'état dont ils composent les équipages, ne peuvent être vendues à l'avance par eux. — Il est défendu à qui que ce soit de les acheter, sous peine de perdre les sommes qui pourraient avoir été payées à cet effet. — On n'a pas même égard aux procurations que ces marins auraient données à des personnes étrangères à leurs familles, pour en retirer le montant.* (Réglement du 2 prairial an 11.) *En conséquence, le porteur de mandats tirés à cet effet sur la caisse des invalides, n'est pas recevable à demander l'annullation d'une décision ministérielle qui aurait rejeté la demande en paiement des mêmes mandats.*

Thuré.
19 mars 1811. — (t. 1, p. 483.)

29. — (Violation de territoire.) — *Le reproche d'irrégularité d'une prise pour cause de violation de territoire est présumé sans fondement, lorsque le gouvernement de ce pays, après avoir séquestré la prise, l'a ensuite relâchée, et en a permis la vente d'après décision du Consul français.*

Salvador Palau. — C. — le corsaire les *Trois-Montrouges.*
27 mai 1816. — (t. 3, p. 287.)

— V. Conseil d'état. (Réglement de juges. — Contentieux. (Justice gouvernementale.) — Interprétation. (Justice ministérielle.) — Justice politique. (Justice gouvernementale.) — Navire. (Capture.) — Recousse. (Bâtimens de commerce.) Simulation. (Cargaison.) — Transaction.

PRISON.

1. — (Administration générale.) — *La régie et l'administration des prisons sont classées dans les fonctions propres à l'administration générale qui peuvent être déléguées aux corps municipaux, pour les exercer sous l'autorité des assemblées administratives.*

Perou.
7 août 1810. — (t. 1, p. 390.)

— V. JUSTICE PRÉFECTORIALE.

PRISONNIER — V. AUBAINE. (Droit d') (Etranger.) — PRISE MARITIME.

PRIVILÉGE.

1. — (Autorité locale. — Boucherie.) — *Toute concession d'un privilége exclusif, faite par l'autorité locale à un particulier, est nulle ; en conséquence l'exécution des actes qui en résultent ne peut être réclamée par les parties ; notamment pour le droit exclusif de boucherie.*

Negro.
31 mai 1807. — (t. 1, p. 94.)

2. — (Concession. — Almanach royal. — Contentieux. — Justice discrétionnaire.) — *La concession de privilége pour imprimer l'almanach royal, ne peut être attaquée par voie de justice contentieuse, encore que les réclamans se fondent sur un ancien privilége non expiré, conséquemment sur un droit acquis.*

D'Houry. — C. — Testu.
11 décembre 1814. — (t. 3, p. 48.)

3. — (Contribution.) — *C'est aux tribunaux, et non à l'autorité administrative, à statuer sur la question de savoir si un percepteur des contributions est déchu de son privilége sur le prix d'une vente par expropriation forcée, pour ne s'être pas fait colloquer dans le délai légal.*

Morin. — C. — Delange.
11 août 1808. — (t. 1, p. 179.)

4. — (Enregistrement. — Dépôt.) — *En matière de créances privilégiées, toute question de préférence entre les créanciers personnels d'un individu et la régie de l'enregistrement qui s'en prétendrait aussi créancière, est de la compétence des tribunaux. L'autorité administrative ne peut, sans excéder ses pouvoirs, statuer en cette matière ; pas même pour ordonner le dépôt des sommes qui feraient l'objet de la contestation.*

Poitier.
19 mars 1811. — (t. 1, p. 482.)

5. — (Patentes. — Compétence.) — *La connaissance des actions intentées par le propriétaire d'un droit exclusif, tel que celui de cuire du pain, pour raison du trouble apporté dans la possession de ce droit par une personne sujette à patente, appartient à l'autorité administrative et non aux tribunaux.*

Novarèse. — C. — Immerico.
18 août 1807. (t. 1, p. 124.)

6. — (Trésor public.) — *L'article 4 de la loi du 12 novembre 1808, en réservant à l'autorité administrative certaines questions de préférence pour les priviléges du trésor, a eu pour principal objet d'assurer au trésor toute faculté de défendre ses intérêts. Lors donc qu'un receveur général, plaidant une question de privilége, a consenti à plaider devant l'autorité judiciaire, l'incompétence est couverte, ce n'est pas le cas d'élever le conflit.*

L'agent du trésor royal. — C. — La commune de la Rochefoucault.
23 octobre 1816. — (t. 3, p. 413.)

7. — (Trésor public. — Inscription sur le grand livre. — Compensation. — Comptable.) — *Le trésor public nanti d'une inscription sur le grand livre, appartenant à un comptable de deniers publics, qui est débiteur par suite de sa gestion, a sur cette inscription un privilége essentiel, résultant de la nature du débet : la compensation s'opère d'elle-même, il ne peut pas y avoir lieu à la distribution ordonnée par l'art. 556 du Code de procédure.*

Campau.
17 décembre 1809. — (t. 1, p. 345.)

V. — THÉATRE.

PRIX. — V. ADJUDICATION. — ID. (Titre perdu.) — DOMAINES NATIONAUX. — JUSTICE MINISTÉRIELLE. (Indemnité.)

PROCÈS-VERBAUX. — V. ACTE ADMINISTRATIF. (Interprétation.) — COMPTABILITÉ.

PROCURATION. V. — COMPÉTENCE. (Divisibilité.)

PRODUCTION.

1. — (Fin de non-recevoir.) — *Le défaut de production d'un arrêté contre lequel on se pourvoit au Conseil d'état, établit une fin de non-recevoir contre celui qui l'attaque.*

Mercier.
17 janvier 1814. — (t. 2, p. 498.)
— V. POURVOI.

PROFESSEUR. — V. CONTENTIEUX. (Université.)

PROFESSION. — V. PROPRIÉTÉ.

PROMULGATION.

1. — (Ordonnance. — Notification. — Tontine du pacte social. — Société anonyme. — Actionnaires.) — *L'insertion au Bulletin des lois, et la publication officielle d'une ordonnance rendue au Conseil d'état, touchant des intérêts et des droits privés appartenant à un grand nombre de personnes, équivaut à une notification par huissier, et fait courir les délais de l'opposition ou tierce-opposition, aux termes du réglement du 22 juillet 1806. — La règle est applicable en matière de tontine ou société anonyme composée d'un grand nombre d'actionnaires.*

Actionnaires de la tontine du pacte social.
4 juin 1816. — (t. 3, p. 309.)
— V. NOMS. (Opposition.)

PROPRIÉTAIRE. — V. ACQUÉREUR NATIONAL. (Paiement.) — LOGEMENT DES TROUPES ALLIÉES. — RESPONSABILITÉ.

PROPRIÉTAIRE RÉINTÉGRÉ.

1. — (Compétence. — Fruits. — Emigré.) — *Un émigré amnistié qui a droit à des fruits perçus antérieurement à sa mise en possession ne peut s'adresser directement au détenteur par titre administratif : il doit s'adresser au domaine : le détenteur ne doit compte qu'à l'agent du domaine.*

Girardin. — C. — Bergère.
1er. février 1813. — (t. 2, p. 260.)

PROPRIÉTAIRE RIVERAIN. — V. CANAL. (Concessionnaire.) — CONTRIBUTION. (Canal.) — INDEMNITÉ. (Eau.) (cours d')

PROPRIÉTÉ.

1. — (Adjudication. — Opposition. — Compétence.) — *La justice administrative est compétente pour refuser ou pour admettre une soumission aux termes de la loi du 28 ventose an 4, bien que le rejet de la soumission soit la suite d'une réclamation particulière faite avant l'adjudication.*

Prudhomme. — C. — les comm. de Colmar et de Horbourg.
20 novembre 1815. — (t. 3, p. 135.)

2. — (Arbres. — Routes. — Amendes. — Justice gracieuse.) — *Un propriétaire qui abat des arbres plantés sur son terrain, le long d'une route, sans y être autorisé par le directeur général des ponts et chaussées, encourt une amende triple de la valeur des arbres, aux termes de l'art. 101 du décret du 16 septembre 1806 ; cependant remise de l'amende peut lui être faite par le Conseil d'état, s'il a agi sans mauvaise intention et de bonne foi.*

Boscari.
28 septembre 1816. — (t. 3, p. 392.)

3. — (Arbres. — Routes. — Justice législative ou parlementaire. — Loi transmissive.) — *Le décret du 16 décembre 1811, qui déclare propriété de l'état tous les arbres plantés sur le terrain des grandes routes, antérieurement à la loi du 9 ventose an 13, embrasse même ceux qui auraient été plantés en vertu de concessions formelles et onéreuses du gouvernement avant 1789. — A cet égard, la disposition est non pas déclarative, mais transmissive du droit de propriété.*

Flamen.
29 mai 1813. — (t. 2, p. 353.)

4. — (Atterrissement. — Concession.) *Une question de propriété d'atterrissement, formé dans une rivière navigable, doit être soumise à l'autorité judiciaire, encore qu'il y ait eu concession par arrêt de l'ancien conseil.*

Lur-Saluce.
13 janvier 1816. — (t. 3, p. 214.)

5. — (Bains du Mont-d'Or. — Eaux thermales. — Utilité publique. — Décret.) — *L'administration peut-elle, à volonté, régler que les bains du Mont-d'Or, dont un particulier est propriétaire, ne seront payés par le public qu'à un bas prix ?*

Peut-elle même décider que les pauvres y auront leurs entrées gratis ?

L'administration peut-elle, à volonté, s'emparer des bains qui sont la propriété d'un particulier ? Est-ce là le vœu de la loi qui autorise les expropriations pour utilité publique ?

Un propriétaire de bains exproprié est-il recevable à demander que l'expropriation ait lieu en conformité de la loi du 8 mars 1810, et non d'après les formes prescrites par la loi du 16 sep-

tembre 1807, lorsque cette question a déjà été décidée par un décret?

Lizet.
8 mai 1813. – (t. 2, p. 310.)

6. — (Bâtimens militaires. — Loyers. — Liquidation. — Domaine.) — *Le décret du 13 juin 1806, qui rejette de la liquidation toute réclamation relative au service de la guerre ou de l'administration de la guerre, dont les pièces n'auraient pas été présentées dans les six mois qui ont suivi le trimestre où la dépense aura été faite, ne peut s'appliquer au loyer de bâtimens militaires dont la propriété a été constatée par le domaine jusqu'au moment où la demande du prix des loyers a été formée.*

Jug'ard.
18 avril 1816. – (t. 3, p. 275.)

7. — (Commune. — Instruction publique.) — *Lorsqu'entre une commune et une branche de l'administration publique, telle que l'administration des poudres et salpêtres, il y a contestation sur la propriété et jouissance d'un édifice ou d'une portion d'un édifice consacré à un service public, cette contestation n'offre rien de contentieux proprement dit; elle est portée d'abord devant les ministres et ensuite devant le Conseil d'état.*

Est-il vrai, en principe général, que les communes ne soient pas, quant au droit de propriété, de simples aggrégations de particuliers ayant des droits privés toujours soumis aux tribunaux?

Ou bien serait-il vrai que la justice administrative seule dût décider sur l'existence et l'etendue des propriétés domaniales?

La ville de Clermont-Ferrant.
11 juin 1817. – (t. 4, p. 31.)

8. — (Compétence. — Jouissance provisoire.) — *Un conseil de préfecture n'est pas compétent pour statuer, même provisoirement, sur une question de propriété.*

Juchault-Desjamonières. — C. — la comm. du Cellier.
18 janvier 1813. – (t. 2, p. 224.)

9. — (Concession. — Révocation. — Compétence.) — *Les préfets sont compétens pour prononcer la révocation de toute concession qu'ils auraient pu faire relativement à l'établissement d'un moulin, et autres travaux d'art, de même que pour la dérivation des eaux nécessaires à l'établissement, toutes les fois que le concessionnaire néglige de se conformer strictement aux clauses et conditions auxquelles la concession avait été faite; ils peuvent ordonner que les choses seront remises dans leur état primitif.*

Simon. — C. — Mayen, Fournier.
13 janvier 1813. – (t. 2, p. 203.)

10. — (Conflit. — Compétence.) — *Bien que ce soit aux tribunaux à juger toute question de propriété, ils ne peuvent, sous prétexte d'un excès de pouvoir, réformer un acte d'administration, ni en suspendre l'effet.*

Monatery.
28 février 1809. – (t. 1, p. 260.)

11. — (Construction. — Voirie. — Démolition.) — *La disposition de l'ordonnance du 16 janvier 1789, qui ne permet pas aux propriétaires de construire sans autorisation préalable sur un terrain distant de moins de cinquante toises de mur de clôture de la ville de Paris, fût-elle maintenue ou non maintenue (par l'art. 29 de la loi du 22 juillet 1791), a été remise en vigueur par le décret du 11 janvier 1808, et n'a pas été abrogée par la loi du 8 mars 1810.*

A quelqu'époque qu'une propriété particulière ait été frappée de stérilité ou de servitude perpétuelle, le dommage qui se renouvelle tous les jours ne réclame-t-il pas sans cesse l'indemnité due au propriétaire : et dans ce sens la loi du 8 mars 1810 n'autorise-t-elle pas la réclamation d'une indemnité en faveur du propriétaire qui, pour l'utilité publique, est partiellement exproprié.

Cabanis.
17 juin 1818. – (t. 4, p. 365.)

12. — (Contentieux. — Domaine. — Tierce-opposition.) — *La tierce-opposition à des arrêts rendus par l'ancien Conseil du Roi sur une question de propriété, ne peut, d'après les lois actuelles, et notamment celle du 14 ventose an 7, être jugée par le Conseil d'état; elle doit être portée devant les tribunaux ordinaires.*

Latour Duligny. — C. — Belbeuf.
11 juin 1817. – (t. 4, p. 41.)

13. — (Démolition.) — *Un propriétaire peut être condamné à démolir un édifice construit sur son propre terrain, à une distance moindre de cinquante toises du mur d'enceinte de la ville de Paris, lorsque n'ayant pas été autorisé, il se trouve en contravention au décret du 11 janvier 1808.*

Salzet.
6 mars 1816. – (t. 3, p. 242.)

14. — *L'arrêt du Conseil du 27 février 1765, qui ordonne la démolition, au cas de construction non autorisée sur les rues d'une ville, frappe sur les ouvrages construits en contravention, mais ne frappe pas les anciennes parties de l'édifice.*

Doumerc.
20 novembre 1816. – (t. 3, p. 423.)

15 — (Démolition. — Forêt domaniale. — Œuvre nouvelle. — Divisibilité.) — *Lorsqu'il s'agit de savoir si des maisons et bâtimens sont dans le cas de la démolition, pour proximité d'une forêt domaniale, aux termes de l'article 18 du titre 27 de l'ordonnance de 1669, il y a divisibilité de compétence suivant les cas. — Le préfet est compétent pour s'opposer aux œuvres nouvelles faites sans autorisation, et pour en ordonner la suppression. — Autrement, et s'il s'agit de la propriété, c'est aux tribunaux qu'il appartient d'en connaître.*

Eberhard.
11 juin 1817. – (t. 4, p. 49.)

16. — (Démolition. — Maison. — Alignement. — Voie publique.) — *Aux termes de la déclaration du 10 avril 1783, aucun ouvrage de maçonnerie ne peut être exécuté pour la réparation d'un mur de face d'une maison qui excède l'alignement d'une rue, sans une autorisation préalable, sous peine d'amende et de démolition des ouvrages.*

Néanmoins, il a pu être dérogé à ces dispositions, sans tirer à conséquence; dans le cas où il a été reconnu que les réparations ne formaient pas sensiblement confortation, et qu'elles avaient été rendues nécessaires par le surhaussement du sol de la voie publique.

Mezières.
7 novembre 1814. – (t. 3, p. 38.)

17. — (Démolition. — Préfet. — Rivières non navigables, ni flottables. — Police. — Compétence.) — *Bien que les contestations entre particuliers, et relatives à la jouissance des eaux d'une rivière non navigable ni flottable, soient de la compétence des tribunaux, néanmoins un préfet a le droit, dans l'intérêt public, d'ordonner la démolition des travaux exécutés sans autorisation sur une rivière de cette espèce, lorsqu'ils sont reconnus susceptibles d'en entraver le cours et d'occasionner des inondations.*

Blanc. — C. — Féraud.
5 janvier 1813. – (t. 2, p. 184.)

18. — (Démolition. — Routes.) — *Toute construction faite sans autorisation sur une rue faisant partie d'une route, est par cela même sujette à démolition. — Si cependant l'irrégularité n'est pas nuisible à un dommage réel, il peut y avoir dispense de démolir.*

Viardin.
6 mars 1816. – (t. 3, p. 247.)

19. — (Démolition. — Servitude.) — *Les constructions faites par un particulier sur un terrain qui est sa propriété, ne peuvent être vouées à la démolition par une décision de la justice administrative, encore qu'elles ferment un sentier public; cette question de servitude regarde les tribunaux; il ne pourrait y avoir qu'une mesure de voirie si les choses étaient entières.*

Coppin. — C. — la comm. de Houchin.
6 mars 1816. – (t. 3, p. 245.)

20. — (Démolition. — Utilité publique.) — *Pour qu'il soit permis de faire démolir l'édifice d'un propriétaire pour cause d'utilité publique ou de dangers publics, il ne suffit pas que les dangers soient possibles ou probables en l'état, il faut encore que ces dangers ne puissent pas être prévenus autrement que par la démolition.*

Samson.
15 mai 1815. – (t. 3, p. 112.)

21. — (Démolition. — Voirie. — Construction. — Dommages-intérêts.) *Quand il a été reconnu que la façade d'une maison sur rue a conservé son à-plomb, et qu'il n'a point été prescrit de nouvel alignement par l'autorité, le propriétaire peut clore l'ouverture qui a été occasionnée à cette maison par le reculement de la maison voisine, pourvu toutefois que cette clôture*

n'opère pas une confortation de la façade sujette à retranchement.

Il est fait remise à ce propriétaire de l'amende contre lui prononcée pour avoir, en contravention aux réglemens de la voirie, et sans permission spéciale, pratiqué ladite clôture, en tant qu'il résulte des circonstances atténuantes, que cette clôture n'a été élevée que par l'absolue nécessité de pourvoir à sa sûreté personnelle et intérieure.

Delime.
3 juillet 1816. — (t. 3, p. 327.)

22. — (Domaine de l'état. — Autorité judiciaire.) — *Les questions de propriété entre le gouvernement et les particuliers, sont, de droit commun, dévolues à l'autorité judiciaire. — Il n'y a d'exception que pour les* ventes nationales.

Desimple.
8 juillet 1807. — (t. 1, p. 109.)

23. — (Droit politique. — Justice gouvernementale. — Divisibilité.) — *La question de propriété d'un navire ne peut être jugée par les tribunaux de commerce lorsqu'elle est subordonnée à la question de savoir si le navire a été capturé par un ennemi, s'il a été condamné comme de légitime prise de guerre, s'il a été vendu à l'encan, s'il a été acheté par des ennemis qui ensuite l'aient revendu à des Français. Une telle question préjudicielle nécessite l'intervention de la justice administrative ou gouvernementale.*

Perrier. — C. — de la Morinière.
19 mars 1817. — (t. 3, p. 542.)

24. — (Expropriation. — Utilité publique. — Compétence.) — *L'autorité administrative est-elle compétente pour prononcer sur le mode d'expropriation pour cause d'utilité publique, d'une maison appartenant à un particulier?*

Elle n'est pas compétente pour décider si un notaire doit ou ne doit pas remettre au particulier expédition de l'acte qui a consommé l'expropriation.

La ville de Lyon. — C. — Niogret.
20 novembre 1815. — (t. 3, p. 153.)

25. — (Expropriation. — Utilité publique. — Indemnité. — Liquidation.) *Ce n'est point par renvoi à la liquidation de la dette publique, mais par une numération de valeurs convenues, que doit être indemnisé celui qui a cédé sa propriété pour utilité publique.* (Décrets des 25 février 1808 et 13 décembre 1809, sanctionnés par l'article 12 de la loi du 15 février 1810.)

Paugnet.
1er. septembre 1811. — (t. 1, p. 532.)

26. — (Expropriation. — Utilité publique. — Indemnité préalable.) — *Bien qu'en matière d'expropriation pour cause d'utilité publique et aux termes de l'article 545 du Code civil, le propriétaire ne puisse être dépossédé sans une préalable indemnité, néanmoins l'inobservation de cette formalité tutélaire, n'entache pas de nullité l'expropriation qui serait nécessitée par des circonstances impérieuses, surtout si les intérêts du propriétaire ont été mis à couvert par une estimation faite dans les formes prescrites par la loi du 16 septembre 1807.*

Malon de Bercy.
21 décembre 1808. — (t. 1, p. 226.)

27. — (Hospices.) — *La loi du 16 septembre 1807, qui envoie les hospices en possession de certains biens séquestrés ne dispose que sauf les droits des tiers; — si donc à l'époque de l'affectation, il existait un droit de propriété au profit d'un tiers, il peut encore les réclamer, et la question est judiciaire.*

Léchalas. — C. — l'hospice d'Yvré.
6 mars 1816. — (t. 3, p. 233.)

28. — (Indemnité. — Utilité publique.) — *Annullation d'une décision ministérielle touchant l'évaluation d'une indemnité due au propriétaire d'un immeuble vendu par le gouvernement, et repris par lui pour cause d'utilité publique.*

Devenat.
23 avril 1807. — (t. 1, p. 78.)

29. — (Limites. — Adjudication. — Acte administratif. — Interprétation. — Compétence.) — *Une contestation qui a pour objet une question de propriété entre deux acquéreurs par adjudication administrative, si cette question ne peut être décidée que par l'interprétation des actes respectifs d'adjudication: comme, par exemple, dans le cas où il s'agirait de la délimitation de deux propriétés contiguës, doit être portée devant l'autorité administrative et non devant les tribunaux.*

Justin. — C. — Saint-Requier.
14 mai 1817. — (t. 4, p. 11.)

30. — (Partage. — Acte administratif.) — *Lorsque dans un partage de biens séquestrés, un particulier a eu dans son lot des biens ultérieurement revendiqués par des tiers, la question de propriété est entière et doit être portée devant les tribunaux; il n'y a point là acte administratif inattaquable; le sénatus-consulte du 6 floréal an 10 ne regarde que l'amnistie et ses copartageans.*

Comm. de Villiers-sur-Yonne. — C. — Chabannes.
23 décembre 1815. — (t. 3, p. 188.)

31. — (Pâturage. — Autorité administrative et judiciaire.) — *Bien que le droit de pâturage dans une forêt nationale soit réglé par un arrêté administratif; il n'appartient pas à l'autorité administrative de connaître ni des délits commis dans ce pâturage, ni des titres de propriété ou jouissance invoqués contre la disposition de l'arrêté.*

Delamotte. — C. — la comm. d'Aubry.
22 janvier 1808. — (t. 1, p. 143.)

32. — (Place militaire. — Poudrière. — Eau. (cours d')) — *L'établissement des usines et les constructions auxquelles elles peuvent donner lieu, sont dans les attributions du ministre de l'intérieur; encore qu'il existe sur ces eaux une poudrière dans les attributions du ministre de la guerre. — L'existence de cette poudrière n'autorise pas le ministre de la guerre à déterminer un rayon dans l'étendue duquel il puisse faire détruire des constructions qui lui paraîtraient nuisibles à la poudrière.*

Clérisseau.
6 septembre 1814. — (t. 3, p. 12.)

33. — (Profession. — Privilége exclusif.) — *Lorsqu'un particulier s'oppose à ce qu'un autre particulier exerce la même profession que lui, sur le motif qu'il est en possession d'un privilége exclusif; comme il s'agit là de décider si ce privilége doit être maintenu, c'est à l'autorité administrative et non aux tribunaux à prononcer.*

Savarèse.
13 août 1811. — (t. 1, p. 526.)

34. — (Revendication. — Compétence. — Hospice. — Contentieux des domaines nationaux.) — *La question de savoir si un domaine abandonné à un hospice, et revendiqué par un particulier, est propriété domaniale, ou propriété particulière, doit être jugée par les tribunaux. — Ce n'est pas là du contentieux des domaines nationaux. — L'abandon à l'hospice par l'administration n'est pas l'équivalent d'une vente: il n'y a pas de décision virtuelle sur la question de propriété.*

Lewel. — C. — Fritsch.
4 juin 1816. — (t. 3, p. 304.)

35. — (Rivières navigables. — Halage.) — *Les propriétaires des héritages aboutissant aux rivières navigables ou flottables, doivent laisser, le long des bords 24 pieds au moins de place en largeur, à compter des bords supérieurs des berges, pour chemins de halage.* (Ordonnance de 1669, titre 27, article 7.)

Toute contestation sur l'étendue du terrain affecté à la largeur des chemins de halage, est du ressort de la justice administrative.

Huard. — C. — l'autorité.
23 janvier 1813. — (t. 2, p. 249.)

36. — (Salines. — Contentieux.) — *Les propriétaires de salines, confirmés dans leurs propriétés par le gouvernement, s'ils sont entravés dans l'exercice de la permission à exploiter, ont leurs recours devant le ministre de l'intérieur et non devant le Conseil d'état.* (Arrêté du gouvernement du 3 pluviose an 6.)

Thon.
13 janvier 1816. — (t. 3, p. 216.)

37. — (Sentier. — Chemin vicinal. Retranchement. — Indemnité. — Voirie. — Anticipation.) — *Lorsque, par de nouvelles circonstances, un sentier devient plus pratiqué, plus nécessaire, et qu'il tend à prendre le caractère de* chemin vicinal, *les particuliers riverains qui ont à craindre les effets de la conversion, doivent faire leurs actes* conservatoires *avant que l'administration déclare la conversion de sentier en chemin vicinal, y trace des alignemens, etc. — Dès que, par l'effet de l'usage, et d'un acte administratif, il y a* chemin vicinal *ou* voie publique, *tout acte conservatoire pour clôture aurait le caractère d'anticipation sur*

la voie publique, et deviendrait punissable, aux termes de la loi du 9 floréal an 11.

Lhoyez.
11 juin 1817. – (t. 4, p. 40.)

38. — (Servitude.) — *Les droits de propriété ou de servitude ne sont pas présumés atteints par des actes qui, de leur nature, sont, ou mesures d'ordre, ou réglement d'économie administrative.*

Meynot. — C. — Faugier.
10 février 1816. – (t. 3, p. 219.)

39. — (Théâtre. — Utilité publique.) — *Il n'entre pas dans les attributions d'un préfet d'ordonner, comme par voie d'expropriation pour cause d'utilité publique, que le propriétaire d'un édifice à la convenance d'un directeur de spectacle, cédera son édifice à ce directeur, moyennant un loyer fixé par le préfet lui-même.*

L'incompétence serait plus manifeste encore si déjà le directeur et le propriétaire avaient eu leurs droits respectifs réglés par les tribunaux ordinaires.

Brunet-Montansier. — C. — Robillon.
4 juillet 1815. – (t. 3, p. 131.)

40. — (Utilité publique. — Bains.) — *La loi qui, au cas d'utilité publique, oblige les citoyens à subir la dépossession de leurs propriétés, moyennant juste et préalable indemnité, autorise-t-elle l'administration à dépouiller un particulier de bains qui sont sa propriété privée, pour en faire un établissement public?* (Loi du 8 mars 1810.)

Lizet.
23 septembre 1810. – (t. 1, p. 408.)

41. — (Utilité publique. — Contentieux. — Indemnité. — Démolition.) — *L'arrêté d'un maire et d'un préfet ordonnant la démolition d'une maison pour vétusté, est un simple acte administratif dont l'erreur doit être dénoncée au ministre et non au Conseil d'état. — Ce n'est pas là du contentieux d'administration, bien que le propriétaire se plaigne de ce qu'il n'y avait pas vétusté, au dire des experts, et encore de ce qu'il ne lui a pas été accordé d'indemnité.*

Carbonnel.
21 janvier 1815. – (t. 2, p. 237.)

42. — (Utilité publique. — Eaux thermales.) — *L'administration peut-elle s'emparer des eaux thermales appartenant à un particulier, sous prétexte que l'utilité publique ne comporte pas que ce soit une propriété privée?*

Lizet.
23 décembre 1815. – (t. 3, p. 188.)

43. — (Utilité publique. — Indemnité. — Spectacle.) — *C'est aux tribunaux à statuer sur les indemnités dues aux propriétaires dont l'édifice est pris temporairement pour utilité publique, de même que lorsqu'il s'agit d'expropriation pour cause d'utilité publique. — Le principe est applicable au cas où l'administration dispose d'un édifice pour salle de spectacle.* (Loi du 8 mars 1810, art. 16.)

Lebrun. — C. — Feréol et Duplan.
10 février 1816. – (t. 3, p. 226.)

44. — (Varech. — Communes.) — *Les herbes croissant sur les rochers près de la mer, dites varech, sont une propriété de même nature que les autres. quant à la question de compétence; c'est aux tribunaux et non à l'autorité administrative de prononcer à qui en est la propriété, alors même qu'elle est réclamée par les communes.*

La commune de Brehat.
25 juin 1817. – (t. 4, p. 58.)

45. — (Vente. — Mine. — Trésor. — Divisibilité.) — *Les contestations relatives à une vente et à la faculté d'exploiter une mine, sont judiciaires et non administratives; encore que l'agent du trésor soit intervenant comme créancier de l'une des parties.*

Reversat. — C. — l'adm. des dom.
10 février 1816. – (t. 3, p. 226.)

46. — (Voirie. — Compétence mixte. — Démolitions.) — *Lorsqu'à l'occasion d'un immeuble, il s'élève une question de propriété et une question de voirie, l'administration active ordonne, en ce qui touche la voirie, par exemple, la démolition provisoire d'une construction; et la question de propriété est renvoyée à l'autorité judiciaire.*

Lavernis.
3 mars 1812. – (t. 2, p. 28.)

PROPRIÉTÉ COLLECTIVE. — V. Commune. (Minorité.)

PROPRIÉTÉ DOMANIALE. — V. Acte administratif. (Régie.) — Date certaine.

PROPRIÉTÉ FONCIERE. — V. Indemnité. (Droit réel.)

PROPRIÉTÉ LITTÉRAIRE.

1. — (Livres d'église. — Compétence.) — *Le décret du 7 germinal an 13, en statuant que les livres d'église, d'heures et de prières ne pourraient être imprimés ou réimprimés que d'après la permission donnée par les évêques diocésains, n'a point entendu donner aux évêques le droit d'accorder un privilège exclusif, à l'effet d'imprimer ou réimprimer les livres de cette nature. — Il laisse en vigueur les principes antérieurs sur la* propriété littéraire (loi du 19 juillet 1793) : *il ne fait que soumettre ces sortes d'ouvrages à une nouvelle formalité réglementaire.*

Aux tribunaux, et non à l'autorité administrative, est attribuée la connaissance des contestations qui s'élèveraient entre particuliers, sur l'exécution du décret du 7 germinal an 13, qui statue que l'impression ou la réimpression des livres d'église ou de prières ne pourra avoir lieu que d'après la permission accordée par les évêques diocésains.

Guesdon. — C. — Enguin.
17 juin 1809. – (t. 1, p. 292.)

PROPRIÉTÉ NATIONALE.

1. — (Acquéreurs. — Inviolabilité. — Rentes.) — *La disposition générale et constitutionnelle qui garantit aux acquéreurs de biens nationaux les propriétés par eux acquises, ne s'applique pas aux rentes en grains dont la nation a consenti la vente.*

Pommier. — C. — Bassompierre.
18 avril 1816. – (t. 3, p. 273.)

— V. Domaines nationaux.

PROROGATION. — V. Juridiction.

PROVISION.

1. — (Autorité administrative.) — *L'autorité administrative n'est pas compétente pour accorder de provision dans une affaire pour laquelle des communes ont été renvoyées par le Conseil d'état devant les tribunaux.*

Habitans de Vauvey et de Villers.
7 avril 1810. – (t. 1, p. 389.)

— V. Chemin vicinal. (Voirie.) — Passage. (Propriété.)

PROVISOIRE.

1. — (Possessoire. — Chemin. — Divisibilité.) — *En matière de chemin public, le préfet rend des décisions provisoires par mesure de voirie. — Mais ces décisions provisoires de préfet ne font pas obstacle à ce que le juge de paix statue sur action possessoire, lorsque, sans contester l'effet de la disposition de voirie, le propriétaire se borne à faire constater sa possession annale du terrain dont l'usage lui a été interdit par le préfet.*

Comm. de Beaufays. — C. — Beaufays.
18 septembre 1813. – (t. 2, p. 433.)

— V. Chemin public. — Idem. (Anticipation.) — Chemin vicinal. (Propriété.) — Idem. (Propriété.) — Emigrés. — Séquestre. (Contumace.)

PROVOCATION. — V. Mise en jugement. (Voies de fait.)

PUBLICATION. — V. Mines. — Prises. (Dommages-intérêts.) — Réglement administratif.

PUISSANCES ALLIÉES. — V. Traité de Paris.

PUISARD. — V. Curage.

QUALITÉ. — V. Acte administratif. — Commune. (Pâture.) — Idem. (Propriété.) — Garantie de fonctionnaire. — Noms. — Voirie. (Anticipation.)

QUANTI MINORIS. — V. Adjudicataire. (Recours.)

QUARTIER MAITRE. — V. Comptabilité militaire. (Conseil d'administration.)

QUESTION D'ÉTAT POLITIQUE.

1. — (Compétence. — Chevaliers de Malte.) — *La question de savoir si un ex-grand prieur de l'ordre de Malte, est habile à recueillir des commanderies devenues vacantes, et qui se trouvent entre les mains de la nation, est une*

question d'état qui ne peut être jugée que par les tribunaux ordinaires.

De Camby.
4 novembre 1811. — (t. 1, p. 550.)

QUESTION MIXTE. — V. Divisibilité. (Compétence.)

QUESTION PRÉJUDICIELLE.

1. — (Bois.) — *Lorsqu'un particulier traduit en police correctionnelle, comme prévenu d'avoir fait déraciner ou couper un arbre qui ne lui appartenait pas, prétend qu'il est propriétaire du terrain sur lequel l'arbre est planté, le tribunal correctionnel doit renvoyer les parties pardevant l'autorité administrative, pour interpréter le titre, dans le cas où il prendrait sa source dans la vente d'un bien national, sauf à reprendre les poursuites, s'il y a lieu.*

Piquet.
11 janvier 1813. — (t. 2, p. 190.)

2. — (Police municipale.) — *Lorsqu'un particulier traduit en police municipale, comme prévenu d'avoir fait déposer des fumiers, ou autres immondices, sur un terrain public, soutient qu'il est propriétaire du terrain sur lequel le dépôt a été fait; le tribunal de simple police, de même que le tribunal de police correctionnelle, ne sont pas compétens pour prononcer sur la question de propriété; ils doivent renvoyer pardevant l'autorité compétente, pour prononcer et surseoir à toutes poursuites, jusqu'après la décision du fond; sauf à reprendre les poursuites, s'il y a lieu.*

Gaudriault
13 janvier 1813. — (t. 2, p. 203.)

— V. Autorité administrative. (Interpretation.) — Chemin vicinal. (Usurpation.) — Chose jugée. — Communaux. (Revendication.) — Conflit. — Idem (Divisibilité.)

QUITTANCE.

1. — Décompte. — Comptable.) — *En matière de décomptes de domaines nationaux, le montant d'une quittance qui se serait donnée un particulier, à la fois comptable et acquéreur, et au moyen de laquelle il prétendrait être libéré du prix de son adjudication, ne peut être imputé dans son décompte, qu'autant que ses registres de recettes feraient mention de ce versement; autrement il n'est pas fondé à réclamer contre une décision ministérielle qui n'aurait pas admis ce prétendu paiement.*

Gourrand.
6 septembre 1813. — (t. 2, p. 420.)

2. — (*Les quittances des paiemens faits par les acquéreurs de biens nationaux ne sont finales qu'autant qu'elles ont été délivrées par suite d'un décompte définitif, arrêté soit par la caisse de l'extraordinaire, soit par la commission des revenus nationaux, soit par l'administration de l'enregistrement et des domaines.*

Guerin-Desbrosses.
14 août 1813. — (t. 2, p. 410.)

3. — (Fermage. — Émigrés. — Date certaine.) — *C'est aux tribunaux et non à la juridiction administrative à décider si une quittance donnée en 1792 par un propriétaire à son fermier, est valable; bien que le propriétaire ait émigré; que le domaine ait été mis à ses droits; et que les lois sur les émigrés réputent nulles les quittances qui n'ont pas une date certaine antérieure à l'époque de l'émigration.*

Rég. des dom. — C. — Lecornec.
6 septembre 1813. — (t. 2, p. 432.)

— V. Acquéreurs. (Libération.) — Acte administratif. — Contentieux. — Décompte. (Prescription.) — Percepteur.

RACHAT. — V. Rente nationale. (Soumission.)

RAFFINERIE. — V. Usine.

RAISON D'ÉTAT.

1. — (Contentieux.) — *Est-il vrai que le Conseil d'état ne doive juger que les affaires qui peuvent être décidées par l'application des lois ou de la jurisprudence, d'après les circonstances particulières de chaque espèce; qu'il ne doive pas juger celles qui, tenant à nombre de cas analogues non prévus, doivent être décidées par* la raison d'État?

Les sieurs Desmasures, entrepreneurs des lits militaires.
11 décembre 1816. — (t. 3, p. 463.)

RAPPORT D'EXPERT. — V. Mercuriales. (Compétence.)

RAPPORT DE MINISTRE. — V. Contentieux. — Nom. (Justice gracieuse)

RATIFICATION.

1. — (Confusion.) — *Lorsque l'acquéreur d'un domaine l'a mal acheté d'un vendeur (qui déjà avait fait une première vente à réméré), s'il est arrivé que le paiement ait été fait par le second acquéreur, dans les caisses du domaine, en un moment où la nation représentait tout à la fois l'auteur des deux ventes et le premier acheteur à réméré; on ne peut dire que, par confusion nécessaire du droit des deux confisqués, l'État ait agi tout à la fois pour l'un et pour l'autre; savoir, pour le premier acquéreur, comme renonçant au bénéfice de son achat; et, pour l'auteur des deux ventes, afin de recevoir le prix de la deuxième.*

De Montfermeil. — C. — Caillaut.
19 octobre 1814. — (t. 3, p. 26.)

— V. Communaux. (Vente.)

RATURE. — V. Copie. (Titre.)

REBELLES. — V. Prises.

RÉBELLION. (Provocation a la) — V. Mise en jugement. (Maires.)

RÉCÉPISSÉS. — V. Entrepreneur public. (Fournitures.)

RECEVEUR.

1. — (Caution. — Décharge.) — *C'est aux tribunaux et non à l'autorité administrative à prononcer sur la question de savoir si, par suite des obligations particulières résultant d'un acte passé entre un receveur de deniers publics et sa caution, celle-ci peut, en cas de désistement, exiger que le comptable lui procure sa décharge, ou consigne une somme égale à celle dont elle l'aurait garanti envers le gouvernement pour sûreté de ses engagemens.*

Barrau.
23 octobre 1811. — (t. 1, p. 549.)

2. — (Cautionnement.) — *Les cautions solidaires, d'un receveur général des contributions directes, ne sont point déchargées de leur engagement par le paiement qu'aurait fait ce receveur, d'une partie du supplément de cautionnement en numéraire, qu'il était astreint de fournir aux termes de la loi du 2 ventose an 13, lorsqu'il est reconnu que ce paiement n'a été effectué qu'avec les deniers provenant de sa caisse.*

Boisquet.
22 avril 1809. — (t. 1, p. 273.)

3. — (Cautionnement. — Conflit.) *C'est à l'autorité administrative, et non aux tribunaux, à prononcer sur une demande en main-levée d'inscriptions hypothécaires, prises par un receveur général des contributions, sur les biens des cautions d'un préposé aux recettes, pour sûreté de la gestion de ce comptable.*

Costes. — C. — Mézars.
6 juillet 1810. — (t. 1, p. 385.)

4. — (Comptable. — Octrois.) — *Les receveurs municipaux d'octroi peuvent être assimilés aux comptables publics, en ce qui touche l'obligation de faire rentrer l'intégralité du prix des baux souscrits par les régisseurs de l'octroi.* (Arrêté du 19 vendémiaire an 12. — Décrets des 17 mai 1809 et 27 février 1811.)

Auger.
20 novembre 1815. — (t. 3, p. 164.)

5. — (Registres. — Compétence.) — *Lorsqu'il y a contestation entre un particulier et un receveur de deniers publics, sur le paiement d'une somme réclamée par ce dernier, les tribunaux n'excèdent point leurs pouvoirs en ordonnant que le registre du receveur sera compulsé, lorsque d'ailleurs ce comptable en aurait offert la communication. — Comme il ne s'agit là que de la vérification d'un fait, l'autorité administrative n'est pas fondée à revendiquer la contestation, sur le motif que le tribunal se serait immiscé à juger de la régularité des écritures d'un comptable.*

Lépinois. — C. — Fayon.
29 avril 1809. — (t. 1, p. 279.)

6. — (Responsabilité.) — *Un receveur général de département se rend responsable du débet d'un receveur particulier d'arrondissement, soit en négligeant d'en informer le ministre du trésor, soit en acceptant de ce receveur d'arrondissement des traites pour le montant du déficit de sa caisse.*

La décision du Conseil d'état, qui déclare indéfiniment le receveur général responsable du débet, s'applique à sa totalité, même pour la portion qui n'aurait existé, ou n'aurait pu être connue du receveur général, que depuis le décret de responsabilité. (Instruction pour les receveurs particuliers de thermidor an 10. — Décret du 25 prairial an 13; — Arrêt de la cour des comptes, 14 mai 1808. — Décret du 26 janvier 1809.)

Castes.
26 janvier 1809. — (t. 1, p. 250.)

7. — (Responsabilité. — Cautionnement. — Trésor. — Privilége.) — *Les receveurs généraux et particuliers sont, à moins de stipulations contraires, garans et responsables des traites qu'ils fournissent et endossent, pour opérer leur versement de fonds dans la caisse du trésor.*

Le receveur général, garant du débet du receveur particulier, dans les cas prévus par la loi, ne peut exercer ses droits sur le cautionnement de ce receveur particulier, que lorsque l'état a entièrement épuisé les siens; ce cautionnement est dévolu de droit et par privilége au trésor.

Lauret et Sauvinel.
14 juillet 1811. — (t. 1, p. 512.)

8. — (Trésor.) — *Les obligations souscrites par les receveurs généraux envers le trésor, ne sont que la représentation du montant présumé, soit des rôles des contributions, soit des autres produits soumissionnés à verser au trésor; ils sont garans et responsables de leurs obligations jusqu'à l'entier apurement de leur gestion. Les formes adoptées par le ministre du trésor pour l'emploi et l'annullation de ces obligations, sont purement relatives au mode de comptabilité prescrit aux receveurs généraux, et entièrement étrangères aux rapports que les comptables peuvent avoir avec des tiers.*

Larnelle.
10 octobre 1811. — (t. 1, p. 546.)

— V. Cautions. — Dépôt judiciaire. — Garantie. — Honoraires. (Émolumens.) — Opposition. (Décret.) Responsabilité.

RÉCIPROCITÉ. — V. Litispendance.

RÉCLAMATION. — V. Contribution. — Fabriques. (Aliénation.)

RÉCLUSION. — V. Prêtre septuagénaire.

RECONSTRUCTION. — V. Chemin vicinal. (Pont.

RECOURS. — V. Adjudicataire. — Autorisation. (Délai.) — Commune. (Action.) — Communes. (Conseil d'état.) — Conseil d'état. — Décision contradictoire. (Opposition.) — Délai.

RECOURS AU ROI. — V. Contentieux.

RECOURS EN RÉTRACTATION.

1. — (Requête civile. — Décret.) — *Le recours en rétractation (correspondant à la requête civile des tribunaux) n'est pas recevable; s'il est fondé sur des pièces nouvellement recouvrées, qui n'avaient pas été retenues: — ou s'il était fondé sur ce qu'une pièce visée dans le décret serait fausse; si le décret est d'ailleurs appuyé sur d'autres pièces décisives.* (Cod. proc. civ., 480.)

Combes.
11 janvier 1808. — (t. 1, p. 139.)

RECOUSSE.

1. — (Bâtimens de commerce. — Prises.) *Lorsque les bâtimens de commerce sont attaqués et combattent pour une légitime défense, ils sont assimilés aux navires armés en course, et ont droit à la même récompense de recousse que les bâtimens corsaires.*

La Vierge du Rosaire. (Bâtiment.)
31 mai 1807. — (t. 1, p. 92.)

— V. Prise maritime.

RECOUVREMENT. — V. Taxe.

RECTIFICATION. — V. Adjudication. — Chose jugée. — Compte.

RÉCUSATION. — V. Experts.

REDEVANCE. — V. Mines. — Rivière. (Commune)

RÉDUCTION. — V. Adjudication. (Compétence.) — Cautionnement. — Contributions. — Idem. (Droits féodaux.) — Patente. (Cessation de commerce.)

RÉGIE. — V. Actes administratif. — Contributions indirectes. — Tabacs.

RÉGIE INTÉRESSÉE. — V. Liquidation de la dette publique. (Hôpitaux militaires.)

RÉGIE DES SUBSISTANCES MILITAIRES. — V. Fournisseur. (Agent du gouvernement.)

RÉGISSEUR. — V. Comptabilité nationale. — Entrepreneurs de service public.

RÉGISSEUR DES VIVRES DE L'ARMÉE. — V. Cour des comptes.

REGISTRES. — V. Receveurs de deniers publics.

RÉGLEMENT.

1. — (Délit. — Chemin de halage. — Arbres.) — *L'inobservation d'un réglement portant injonction d'arracher des arbres, plantés sur un chemin, ne constitue pas une contravention ou un délit, lorsque la mise en demeure pour constater une désobéissance réfléchie, n'a pas été légalement faite par une injonction.*

Douyn.
3 janvier 1813. — (t. 2, p. 172.)

2. — (Industrie. — Conseil d'état. — Ministre.) — *Tous réglemens sur la police industrielle appartiennent à l'autorité administrative. Les citoyens dont les facultés légitimes reçoivent des entraves par ces réglemens, n'ont de recours direct qu'auprès du ministre.*

Cuvier. — C. — Barbet.
2 juillet 1812. — (t. 2, p. 97.)

3. — (Pâturage. — Économie publique.) — *Des réglemens municipaux, touchant les pâturages appartenant ou réputés appartenir à une commune, ne sont pas des actes de police administrative, ce sont des actes d'économie intérieure ou domestique, dont la violation comporte une action civile et non l'application des peines de police.*

Magne. — C. — la commune de Nizan.
15 mai 1813. — (t. 2, p. 319.)

4. — (Publication. — Notification.) — *Un réglement administratif ne peut être opposé à un particulier comme règle de son droit qu'autant qu'il aurait été promulgué ou qu'il lui aurait été notifié antérieurement aux faits que l'on prétend juger par application de ce réglement.*

Teston. — C. — l'Administration des ponts et chaussées.
17 juillet 1816. — (t. 3, p. 346.)

RÉGLEMENT D'ADMINISTRATION PUBLIQUE.

1. — (Tierce-opposition.) — *Les particuliers qui se prétendent lésés par des réglemens d'administration publique ne sont pas recevables à former tierce-opposition; combien que leurs intérêts et même leurs droits, puissent être lésés par ce réglement d'administration publique. Ils ne sont admissibles à se pourvoir au Conseil d'état qu'après avoir procédé préalablement devant le ministre compétent.*

Le principe recevrait sans doute exception, si, avec une disposition générale, existait une décision particulière sur des droits privés, ayant ou pouvant avoir l'effet de la chose jugée.

Le chevalier Sallel et consorts.
22 octobre 1817. — (t. 4, p. 153.)

— V. Eau. (Cours d'.) (Chemin vicinal.)

RÉGLEMENT DE JUGES. — V. Conflit. — Conflit négatif. — Conseil d'état.

RÉGLEMENT DE POLICE.

1. — (Contentieux. — Amende. — Justice ministérielle. — Excès de pouvoir.) — *Lorsqu'un préfet a fait un réglement de police portant peine de 300 francs d'amende au cas d'infraction, et lorsqu'un conseil de préfecture a appliqué la peine à un infracteur, le recours au Conseil d'état ne peut avoir lieu en la forme contentieuse que relativement à l'application de la peine par le conseil de préfecture; il ne peut être dirigé d'attaque contre l'arrêté du préfet que par voie de recours au ministre supérieur. — Peu importerait de reprocher au préfet un excès de pouvoir dans la disposition relative à l'amende; les excès de pouvoir des préfets ne doivent être soumis à la justice contentieuse du Conseil d'état que lorsqu'ils ont lieu par une décision particulière, et non lorsqu'ils ont lieu par un réglement général.*

Les entrepreneurs des messageries dites l'Éclair.
8 janvier 1817. — (t. 3, p. 490.)

2. — (Contentieux. — Charcutiers. — *Des particuliers dont les droits sont ou paraissent être lésés par un réglement de police, ne peuvent attaquer ce réglement en Conseil d'état par la voie*

contentieuse, notamment les charcutiers de Nanterre.

Les charcutiers de Nanterre.
26 février 1817. – (t. 3, p. 521.)

RÉINTÉGRATION. — V. Acquéreur national. (Paiement.)

RELAIS DE MER.

1. — (Chemin nécessaire. — Adjudication. — Interprétation. — Servitude.) — *Un conseil de préfecture n'est pas compétent pour décider si un chemin nécessaire pour le service des relais de mer et à la charge du gouvernement, est virtuellement réservé dans un contrat d'adjudication. — Ce n'est là qu'une question de servitude essentiellement dévolue aux tribunaux ordinaires.*

Roturier. — C. — Pallardi.
17 janvier 1814. – (t. 2, p 490.)

RELIEF DE LAPS DE TEMPS.

1. — (Délai.) — *Le Conseil d'état accorde relief de laps de temps à l'effet de se pourvoir contre des arrêtés de l'autorité administrative antérieurs au 20 mars 1815 : lorsqu'à cette époque le délai du pourvoi n'était pas expiré, et lorsque la demande a été formée dans le délai prescrit par l'ordonnance du 20 novembre 1815.*

Ruyant de Cambronne.
12 mars 1816. – (t. 3, p. 247.)

2. — (Ordonnance de soit communiqué.) — *Le Conseil d'état peut accorder un relief de laps de temps à l'effet de faire exécuter une ordonnance de soit communiqué, lorsque des circonstances extraordinaires ont pu en empêcher la signification.* (Ordonnance du 29 novembre 1815.)

Cothereau de Grandchamp.
6 mars 1816. – (t. 3, p. 248.)

3. — (Pourvoi.) — *Le Conseil d'état accorde relief de laps de temps à l'effet de se pourvoir contre des arrêtés antérieurs au 20 mars 1815, lorsqu'à cette cette époque le délai du pourvoi n'était pas expiré.* (Ordonnance du 29 novembre 1815.)

Marcotte.
6 mars 1816. – (t. 3, p. 234.)

4. — *Le Conseil d'état accorde relief de laps de temps pour se pourvoir contre les arrêtés qui n'avaient point acquis la force de chose jugée avant les événemens du 20 mars 1815.* (Ordonnance du 29 novembre 1815.)

Ramus. — C. — Dosmis de Vevres.
6 mars 1816. – (t. 3, p. 238.)

5. — *Le Conseil d'état n'accorde pas de relief de laps de temps pour se pourvoir contre des arrêtés antérieurs au 20 mars 1815, lorsqu'à cette époque le délai du pourvoi était expiré.* (Ordonnance du 29 novembre 1815.)

Habitans de Thiais.
6 mars 1816. – (t. 3, p. 237.)

— V. Déchéance.

RELIGIEUSES. — V. Dot. — Pension.

RELIGIONNAIRES FUGITIFS.

1. — (Prescription. — Concession.) — *Les héritiers et successeurs à titre universel, des parens religionnaires fugitifs, donataires ou concessionnaires de leurs biens, sont fondés à opposer la prescription de trente ans, lorsque la propriété de ces mêmes biens leur est contestée, après plus de trente ans d'une jouissance paisible, tant par eux que par leurs auteurs.* (Lois des 15 décembre 1790, et 4 nivose an 5.)

Jacquet.
15 juin 1811. – (t. 1, p. 503.)

REMBOURSEMENT.

1. — (Adjudicataire.) — *Lorsqu'un immeuble indivis, entre des régnicoles et des émigrés, a été adjugé comme tel, l'adjudicataire a dû ne verser dans la caisse publique que la portion du prix revenant aux émigrés : il a dû payer aux régnicoles eux-mêmes la portion à eux revenante de ce prix : tout paiement fait à la caisse publique ne le libère point envers les régnicoles.* (Art. 8 et 9, l. 13 septembre 1793.)

Vallée. — C. — Feavre.
25 mars 1807. – (t. 1, p. 66.)

2. — (Assignats. — Libération.) — *Sont valables les remboursemens de rentes ou d'obligations contractées au profit d'établissemens de bienfaisance faits en assignats, dans l'intervalle du 25 messidor an 3, au 16 vendémiaire an 5, aux agens du domaine public.*

Bureau de bienfaisance de Rhodez.
6 février 1811. – (t. 1, p. 460.)

3. — (Autorité administrative. — Pays réunis. — Séquestre. — Rente.) — *L'autorité administrative est seule compétente pour décider si le remboursement à l'État, pendant le séquestre du capital d'une rente, a été valablement fait dans un pays réuni.*

Verborgt. — C. — le préfet de l'Escaut.
10 mars 1807. – (t. 1, p. 45.)

4. — (Clause prohibitive.) — *L'émigré qui avait placé des fonds avec la condition que le remboursement ne pourrait être fait avant une époque déterminée, n'est pas fondé à quereller le remboursement fait par son créancier, au domaine comme représentant l'émigré ; la clause prohibitive, efficace de particulier à particulier, a été virtuellement abolie, dans l'intérêt de l'État, par les lois de la révolution.*

Petit-Jean et Faye. — C. — Reugny du Tremblay.
13 mai 1818. – (t. 4, p. 322.)

5. — (Communes.) — *Les débiteurs de sommes appartenant à des habitans des villes de Lyon et Toulon, qui ont déposé, dans les caisses des receveurs de district, le montant de leurs dettes, en conformité des lois des 12 juillet, 23 septembre 1793, 8 et 21 germinal an 2, sont valablement libérés.*

Godet.
22 janvier 1813. – (t. 2, p. 239.)

6. — (Condamné. — Loi dévolutive.) — *Un remboursement fait entre les mains du receveur des domaines est valable, bien qu'il soit fait postérieurement aux lois qui ont relevé de la confiscation les biens des condamnés et au préjudice de leurs héritiers ; lorsque d'ailleurs il est antérieur à la demande formée par ces héritiers pour être envoyés en possession.*

Royer. — C. — d'Autichamp.
23 avril 1807. – (t. 1, p. 83.)

7. — (Déporté volontaire.) — *Les lois des 17 septembre 1793 et 22 ventose an 2, ayant frappé de confiscation les prêtres déportés, il s'ensuit que le débiteur d'un ecclésiastique (qui avoue s'être volontairement déporté sur la fin de 1792) s'est valablement libéré par versement dans la caisse du receveur du domaine.*

Plombin. — C. — Tachoires.
4 juillet 1815. – (t. 3, p. 134.)

8. — (Emigré. — Autorité administrative.) — *Les contestations qui s'élèvent sur la validité et sur les effets d'un versement fait dans une caisse nationale pour opérer la libération du débiteur d'une créance d'émigré, sont de la compétence de l'autorité administrative et non du ressort des tribunaux, bien que le litige soit entre particuliers, et qu'il ne s'agisse ni d'annuller des actes administratifs, ni d'exercer aucun recours contre l'État.*

Maubert de Neuilly. — C. — d'Esclignac.
16 juin 1808. – (t. 1, p. 163.)

9. — (Emigré. — Déporté. — Papier monnaie. — Clause prohibitive.) — *Le débiteur d'un prêtre inscrit sur la liste des émigrés a pu se libérer en papier-monnaie, dans les caisses nationales, des sommes qu'il lui devait, nonobstant toute clause prohibitive de remboursement en papier-monnaie ; les droits et les actions de l'émigré étaient alors exercés par l'État.*

Grasset. — C. — Montagut.
22 octobre 1817. – (t. 4, p. 158.)

10. — (Emigré. — Séquestre national.) — *Les questions qui s'élèvent sur tous les effets d'un séquestre national rentrent dans la compétence administrative ; — et singulièrement quand il s'agit de savoir si le débiteur d'un émigré séquestré a valablement versé dans la caisse domaniale aux termes de la loi du 31 octobre 1792, les sommes par lui dues à cet émigré.*

Pfender. — C. — Muler.
11 décembre 1813. – (t. 2, p. 468.)

11. — (Hospices.) *Lorsqu'un remboursement a été déclaré nul par une décision spéciale, contradictoire et définitive, comme ayant été fait postérieurement à la loi du 9 fructidor an 3, le débiteur qui a exécuté cette décision, en souscrivant une nouvelle obligation, en remplacement de celle qu'il avait remboursée, est non-recevable à demander la validité du remboursement dont la nullité a été définitivement prononcée, sous prétexte qu'une loi nouvelle, en validant tous les remboursemens faits postérieurement à celui dont la nullité a été prononcée a implicitement validé son remboursement; il est également non-recevable à demander la nullité de sa nouvelle obligation.*

L'avis du Conseil d'état, du 23 ven-

tose an 13, relatif aux remboursemens, ne peut avoir d'application rétroactive aux affaires jugées et consommées à cette époque.

Judicis.
12 janvier 1812. — (t. 2, p. 6.)

12. — (Hospices. — Legs. — Assignats.) — *Un legs fait à un hospice, en 1787, a été valablement payé le 12 vendémiaire an 4, par un versement d'assignats dans les caisses de la régie des domaines. La loi du 23 messidor an 2 avait attribué à la nation tout l'actif des hospices, et les assignats avaient cours de monnaie.*

Jouve. — C. — les hospices de Nyons.
4 juin 1815. — (t. 3, p. 126.)

13. — (Indivis. — Acquéreurs.) — *Un acquéreur de biens indivis vendus par l'État a dû payer à ses copropriétaires le prix relatif à la quotité pour laquelle ils ont droit dans le produit de la vente. Tout versement par anticipation de la totalité de son prix dans la caisse du receveur du domaine ne peut le libérer à l'égard de ses copropriétaires.*

Herbinot. — C. — Massy.
16 juillet 1817. — (t. 4, p. 83.)

14. — (Rentes.) — *Aux termes des arrêtés du gouvernement des 14 fructidor an 10 et 22 ventose an 12; et de l'avis du Conseil d'état du 23 ventose an 13, tout remboursement de rentes ou obligations contractées au profit des établissemens de bienfaisance, ont pu être valablement faits dans les caisses de l'État, même sans autorisation préalable dans l'intervalle qui s'est écoulé entre les lois des 25 messidor an 3 et 16 vendémiaire an 5.*

Minute.
25 juin 1817. — (t. 4, p. 61.)

15. — (Rente. — Emigré.) — *Le débiteur d'un prévenu d'émigration est valablement libéré du capital d'une rente due à son créancier, s'il a versé le capital et les intérêts dans les caisses de l'État, surtout si c'est avec l'autorisation formelle de l'autorité administrative représentant le prévenu d'émigration.*

Pina. — C. — Bidal.
25 juin 1817. — (t. 4, p. 52.)

16. — (Séquestre. — Dépositaire. — Notaire.) — *Un notaire qui, en qualité de séquestre dépositaire d'une succession, avait reçu du numéraire, et qui a versé du papier-monnaie à la trésorerie nationale, s'il est ultérieurement recherché par les ayant-droit réintégrés, doit être jugé par les tribunaux. La contestation n'est point administrative.*

Dubourg. — C. — Deforges.
30 juin 1815. — (t. 3, p. 1.8.)

— V. Condamnés. — Consignation. — Contributions. — Émigrés. (Créanciers.) — Idem. (Inscription.) — Rente.

RÉMÉRÉ. — V. Concession. — Séquestre. (Espagnol.)

REMISE.

1. — (Acquéreurs. — Délai.) — *L'acquéreur national qui a payé le montant du quatrième et dernier quart, le jour même de la publication de la loi du 13 thermidor an 4, doit obtenir, aux termes de l'article 8, la remise de dix-huit pour cent, faite aux acquéreurs qui se libéreront dans le mois de la publication de la loi.*

Blondin. — C. — la rég. des dom.
27 novembre 1814. — (t. 3, p. 44.)

— V. Acquéreurs. — Décompte. (Dixième.) — Émigré. (Fruits perçus.)

REMPART. — V. Droit. (Police.)

REMPLAÇANT. — V. Garde nationale sédentaire.

RENONCIATION. — V. Erreur de droit. (Acensement.) — Juridiction. — Mines. (Redevance.) — Prise maritime. (Acquiescement.)

RENTES.

1. — (Émigré.) — *Les arrérages des rentes séquestrées sur un émigré, appartiennent à l'État, jusqu'à l'époque où l'émigré est rentré dans la jouissance de ses biens invendus.*

Pelletier-Lagarde. — C. — le domaine.
27 décembre 1812. — (t. 2, p. 157.)

2. — (Féodalité. — Compétence. — Autorité administrative.) — *L'autorité administrative n'est pas compétente pour décider qu'une rente due au domaine est féodale, abolie, et non susceptible de remboursement.*

Guillon. — C. — la régie du domaine.
16 mars 1807. — (t. 1, p. 60.)

3. — (Hospices. — Domaines.) — *La loi du 4 ventose an 9 et l'arrêté du 27 frimaire an 11, n'affectent pas aux hospices des rentes domaniales qui se trouvaient inscrites sur les registres des agens du domaine.* (Avis du Conseil d'état du 30 avril 1807.)

L'Administr. des dom. — C. — les hospices de Parthenay.
18 avril 1816. — (t. 3, p. 262.)

4. — (Hospice. — Transfert.) — *Lorsqu'il y a contestation sur l'existence légale d'une rente transférée du domaine à un hospice, la décision d'un conseil de préfecture, sur la validité du transfert, ne juge ni ne préjuge la question de savoir si la rente est ou n'est pas due.*

Soyecourt.
22 janvier 1813. — (t. 2, p. 238.)

5. — (Indivision. — Émigrés.) — *L'indivision d'une rente séquestrée n'a pas été un obstacle à ce que le débiteur se libérât pour le tout, en opérant le remboursement dans les caisses de l'État.*

Auzanet. — C. — Haillet.
10 mai 1813. — (t. 2, p. 317.)

6. — (Remboursement. — Divisibilité.) — *Le remboursement au domaine de la totalité d'une rente due pour un seizième à un émigré, et par quinze seizièmes à des non émigrés, est nul pour les quinze seizièmes, bien qu'il y ait un arrêté ordonnant ces remboursemens; si l'arrêté a été pris sans entendre ou appeler les quinze cointéressés.* (Loi du 1er. floréal an 3, art. 100.)

De Létang. — C. — Bonnet.
20 novembre 1815. — (t. 3, p. 166.)

7. — (Saisie. — Trésor.) — *Les rentes inscrites au grand-livre de la dette publique sont insaisissables; on ne peut en forcer le transfert.* (Loi du 8 nivose an 6.)

Detandif. — C. — l'Agent du Trésor.
3 janvier 1813. — (t. 2, p. 174.)

8. — (Transfert. — Compétence. — Divisibilité.) — *Le transfert d'une rente diffère de la vente d'un domaine national, quant à la question de compétence.*

S'il s'agit de contestations sur la validité ou la nullité d'une vente faite devant l'administration, la connaissance en est exclusivement attribuée à l'autorité administrative; mais les tribunaux seuls sont compétens pour prononcer sur les difficultés relatives à la question de savoir si une rente transférée est abolie ou non par les lois nouvelles.

Varry. — C. — la commune de Blechausen.
15 janvier 1809. — (t. 1, p. 240.)

9. — (Transfert. — Féodalité. — Autorité judiciaire.) — *C'est aux tribunaux qu'il appartient de déterminer si une redevance est féodale ou purement foncière, et de statuer sur les contestations relatives à ces questions; même lorsqu'il s'agit d'une rente nationale aliénée par voie de transfert.*

Feffataires et Censitaires du pays de Porentruy.
24 juin 1808. — (t. 1, p. 175.)

10. — (Transaction. — Féodalité. — Cens.) — *Une redevance constituée à titre de cens, emportant lods et ventes, est féodale, et comme telle, supprimée sans indemnité, par la loi du 17 juillet 1793. — Peu importe que le débiteur se soit obligé par une transaction à servir de nouveau cette rente, moyennant une remise d'arrérages, s'il n'a pas transigé sur la question de féodalité.* (Cod. civ., 2049.)

Hospices de Châlons. — C — Aublin.
24 juin 1808. — (t. 1, p. 172.)

RENTES CONVENANCIÈRES.

1. — (Arrérages. — Domaine congéable.) — *Le paiement des rentes convenancières dues aux propriétaires de domaines congéables, ne peut être exigé que depuis le 9 brumaire an 6. La remise des arrérages des rentes de cette nature, prononcée par l'avis du Conseil d'état, du 28 frimaire an 10, pendant le temps qui s'est écoulé entre le 25 août 1792 et le 9 brumaire an 6, est applicable aux arrérages dus antérieurement audit espace de temps.* (Avis du Conseil d'état du 18 août 1807.)

Chassin.
19 août 1808. — (t. 1, p. 193.)

RENTES FÉODALES. — V. DÉCOMPTE.

RENTE NATIONALE.

1. — (Soumission. — Rachat.) — *Les droits acquis du soumissionnaire d'une rente nationale ne peuvent détruire ceux que la loi accorde au débiteur de ladite rente, pour conserver la faculté d'en opérer le rachat, lorsque d'ailleurs la soumission a été faite à une époque où la rente étant en litige, n'était pas encore possédée par le domaine, et que les conditions prescrites par la loi du 21 nivose an 8, n'ont point été accomplies.*

Choiseul Praslin. — C. — Cohas.
10 mars 1807. — (t. 1, p. 47.)

RENTE FONCIÈRE. — V. ENGAGISTE.

RENTES SUR L'ÉTAT. — V. CONTENTIEUX DE L'ADMINISTRATION.

RENTES TRANSFÉRÉES PAR LE GOUVERNEMENT.

1. — (Compétence. — Divisibilité.) — *C'est devant les tribunaux, et non devant l'autorité administrative que doivent être portées les contestations relatives aux rentes transférées par le Gouvernement. — Mais si les porteurs de transfert se croient fondés à demander des remboursemens, remplacemens ou indemnités, ils doivent s'adresser préalablement à l'autorité administrative.* (Avis du Conseil d'état du 19 mars 1808. — Loi du 5 novembre 1790.)

Vander-Leyen.
7 mars 1809. — (t. 1, p. 265.)

2. — (Hospice. — Transfert. — Autorité judiciaire.) — *L'autorité judiciaire est seule compétente pour juger de la nature d'un titre auquel un immeuble est détenu, alors même qu'un hospice est intéressé à la solution de la question, et que le droit qu'il s'agit de qualifier a été transmis originairement par le domaine.*

Lahaye. — C. — le comité de bienfaisance de Looz et la veuve Wengen.
18 juillet 1809. — (t. 1, p. 295.)

— V. AUTORITÉ ADMINISTRATIVE. (Autorité judiciaire.)

RENVOI.

1. — (Conseil de préfecture.) — *Lorsque le Conseil d'état, annullant un arrêté de conseil de préfecture, ne peut retenir la cause pour la juger en l'état, et qu'il y a nécessité de renvoi, c'est devant le même conseil de préfecture que se fait le renvoi : il n'en est pas comme pour les tribunaux.*

Picot Limoëlens. — C. — la régie des domaines.
22 septembre 1814. — (t. 3, p. 17.)

2. — (Nullité.) — *Au cas d'annullation d'un arrêté du conseil de préfecture, pour défaut de nombre de juges, le Conseil d'état renvoie les parties devant le même conseil.*

Turgnier.
22 janvier 1808. — (t. 1, p. 144.)

RÉPARATION. — V. CANAUX. — CHEMINS VICINAUX. — DOMAINES NATIONAUX. (Murs mitoyens.) — ÉTABLISSEMENT PUBLIC. — TRAVAUX PUBLICS. (Garantie.)

RÉPARTITION. — V. EAU. (Cours d') — INDEMNITÉ.

RÉPÉTITION. — V. TRAITEMENT ADMINISTRATIF.

REPRÉSENTATION. — V. CHOSE JUGÉE. — ÉMIGRÉ. (Succession.) — HALLES. — TIERCE-OPPOSITION.

REPRISE D'INSTANCE. — V. CONSEIL D'ÉTAT. (Juridiction.)

REQUÊTE. — V. CONSEIL D'ÉTAT. (Pourvoi.)

REQUÊTE CIVILE.

1. — (Conseil de préfecture.) — *La voie de la requête civile est ouverte devant les conseils de préfecture, dans les mêmes cas où elle est susceptible de l'être à l'égard des jugemens des tribunaux; — quoiqu'en règle générale, l'autorité supérieure seule ait le droit d'annuller les arrêtés de l'autorité administrative, néanmoins, un conseil de préfecture peut réformer un de ses arrêtés rendu après la production d'un extrait infidèle portant le caractère d'une pièce fausse et celui du dol personnel.*

Est-ce qu'un arrêté du conseil de préfecture peut avoir le caractère de dernier ressort ?

Nugon.
3 janvier 1813. — (t. 2, p. 177.)

2. — (Décret.) — *La voie de la requête civile n'est pas ouverte à une commune, contre un décret rendu en connaissance de cause, et sur l'examen de pièces contradictoires qui établissent les moyens respectifs des parties.*

Montgeron. (comm. de) — C. — Lappareillé.
29 septembre 1810. — (t. 1, p. 414.)

3. — (Opposition. — Pièce décisive. — Soumission.) — *Dans une affaire où il s'agit de savoir s'il sera passé vente à une soumission de biens nationaux, en vertu de la loi du 28 ventose an 4, une décision rendue sans voir le procès-verbal d'estimation, n'est pas querellable au Conseil d'état par la voie d'opposition comme requête civile; ce procès-verbal ne peut être considéré comme une pièce décisive retenue par le fait de la partie adverse.*

Leroy. — C. — Delassus.
26 février 1817. — (t. 3, p. 522.)

4. — (Pièce décisive. — Rétention de pièces.) — *La voie d'opposition formée par requête civile, contre une décision du Conseil d'état sur une contestation avec l'agent du trésor public, n'est ouverte pour rétention de pièces, que dans le concours de ces deux circonstances :*

1°. *Lorsque la pièce est décisive ;*

2°. *Lorsqu'elle a été retenue par le ministre lors de la décision contradictoire attaquée.* (Article 32 du décret du 22 juillet 1806.)

Lefebvre et Germain.
4 juin 1816. — (t. 3, p. 301.)

— V. OPPOSITION. — RECOURS EN RÉTRACTATION.

RÉQUISITION.

1. — (Marchés. — Autorité administrative.) — *Bien que les tribunaux soient compétens pour prononcer sur les contestations résultant de l'inexécution de marchés passés entre particuliers ; néanmoins, lorsque ces marchés ont eu pour objet le service et la fourniture d'une réquisition établie sur une commune, et qu'ils ont été passés avec l'intervention du maire, c'est à l'autorité administrative que la connaissance en est réservée.*

Comm. Kerprich-aux-Bois. — C. — Bathelot.
20 juillet 1807. — (t. 1, p. 112.)

2. — (Fournisseurs. — Agens administratifs.) — *Un particulier qui a fait des fournitures par voie de réquisition, et qui a traité pour le compte de l'administration, n'est pas recevable à intenter une action personnelle contre l'agent avec qui il a traité; celui-ci est réputé n'avoir traité qu'en qualité d'agent administratif.*

Blum. — C. — Lipmann.
18 avril 1816. — (t. 3, p. 266.)

3. — (Paiement. — Compétence.) — *Les réquisitions de blé ou de fourrage subies par les particuliers, en exécution d'arrêtés administratifs, n'autorisent aucune action judiciaire : les particuliers lésés ou créanciers doivent s'adresser à la justice administrative.*

Malezieux.
18 février 1812. — (t. 2, p. 27.)

— V. GARANTIE DE FONCTIONNAIRES.

RESCISION. — V. CAUSE. (DÉFAUT DE) (Communes.) — PROPRIÉTÉ. (Vente.)

RESCRIPTIONS. — V. DÉCOMPTE. (Mandats.)

RÉSERVES. — V. ACQUIESCEMENT. — DÉPENS. — ÉMIGRÉS.

RÉSILIATION. — V. BAIL. (Service public.) — CAISSE D'AMORTISSEMENT. (Bail.) — DOMAINES NATIONAUX. (Bail.) — DOMAINES NATIONAUX. (Vente.)

RÉSOLUTION. — V. ADJUDICATION.

RESPONSABILITÉ.

1. — (Comptable.) — *Pour que les pertes d'un comptable cessent d'être à sa charge, il ne suffit pas qu'il justifie avoir été volé ; il faut encore qu'il prouve avoir pris les précautions qu'exigent la sûreté de sa caisse.*

Chaigneau.
3 septembre 1808. — (t. 1, p. 195.)

2. — (Coulage. — Capitaine. — Armateur.) — *Le capitaine et le propriétaire d'un navire sont responsables du coulage arrivé pendant le voyage ; quoiqu'il soit constaté d'ailleurs que cette avarie provient de la mauvaise confection des futailles, et qu'il soit établi que l'arrimage n'était pas du fait du capitaine.*

Gozlan.
1er. juin 1807. — (t. 1, p. 99.)

3. — (Employés aux vivres. — Justice ministérielle.) — *Un employé aux vivres, sur qui un déficit est constaté, et qui n'a pas pris de mesure pour mettre sa responsabilité à couvert et pour fournir au gouvernement un moyen d'exercer un recours utile contre les dilapidateurs, peut être condamné au paiement de ce déficit. Il est soumis à la justice du ministre de la guerre, avec faculté de recours à la justice contentieuse du Conseil d'état.*

Devaux d'Hugneville. — C. — Louvrier.
14 septembre 1814. (t. 3, p. 17.)

4. — (Garde magasin. — Justice ministérielle.) — *Un garde magasin qui a négligé d'exécuter les ordres de ses supérieurs directs et ralenti volontairement l'évacuation de ses magasins, quelque considération qu'il fasse valoir, est responsable de leur enlèvement par l'ennemi. En ce cas, les décisions ministérielles sont confirmées par le Conseil d'état.*

Tintelin.
11 décembre 1816. — (t. 3, p. 449.)

5. — (Justice ministérielle. — Garde magasin. — Incendie.) — *Un garde magasin est responsable de l'incendie survenue au magasin dont il est le préposé; l'étendue de cette responsabilité est déterminée par la justice administrative du ministre de la guerre, subordonnément à la justice contentieuse du Conseil d'état.*

Aubert.
20 février 1815. — (t. 3, p. 80.)

6. — (Préfet.) — *La responsabilité civile dont un père est passible, par suite des faits dommageables de son fils, ne doit, en aucun cas, être prononcée par un préfet; c'est une matière judiciaire.*

Clément. — C. — la commune de Recey-sur-Ource.
16 juillet 1817. — (t. 4, p. 89.)

7. — (Propriétaire. — Voie Publique. — Dégradation.) — *Lorsque des dégradations de la voie publique ont été commises par un propriétaire riverain ou son fermier, l'administration des ponts et chaussées, après avoir fait réparer ces dégradations, est autorisée à obtenir une contrainte contre le propriétaire, sans examiner si le fait dommageable est du propriétaire ou de son fermier. Le propriétaire n'a dans ce cas qu'un droit de recours contre son fermier.*

Cossin. — C. — l'adm. des ponts et chaussées.
16 juillet 1817. — (t. 4, p. 93.)

8. — (Receveur général.) — *Un receveur-général, qui n'a pas convenablement surveillé des receveurs particuliers, est responsable du déficit qui advient dans leurs caisses.*

Gilbert-Riberolles. — C. — le ministre du trésor.
19 octobre 1814. — (t. 3, p. 24.)

9. — (Receveurs-généraux. — Percepteurs. — Contributions.) — *Les receveurs-généraux sont responsables du débet des percepteurs des contributions toutes les fois qu'ils n'ont pas fait à temps utile, les poursuites et les actes conservatoires qui doivent assurer leur solvabilité.* (Loi du 3 frimaire an 7.)

Les contribuables de la commune de la Fermeté.
16 février 1811. — (t. 1, p. 468.)

10. — (Receveurs particuliers.) — Percepteurs de contributions.) — *Les receveurs particuliers d'arrondissement sont responsables des débets des percepteurs des contributions, quelques poursuites qu'ils aient pu faire, si elles ont commencé tardivement.* (Arrêté du gouvernement du 16 thermidor an 8.)

Le sieur Morlet, receveur particulier.
5 septembre 1810. — (t. 1, p. 398.)

11. — (Travaux publics. — Entrepreneur — Dommages-intérêts.) — *L'entrepreneur de travaux publics est, personnellement, responsable des dommages-intérêts, envers le propriétaire qui a été lésé, par le défaut d'intelligence de ses agens; sauf son recours contre ceux-ci.*

Massart.
26 mars 1812. — (t. 2, p. 48.)

12. — (Voie publique.) — *Les personnes autorisées à faire des constructions sur la voie publique, sont responsables des accidens occasionnés par leurs travaux, et passibles des dommages qui en peuvent résulter, lorsque les précautions nécessaires pour les prévenir n'ont pas été observées.* (Cod. civ., 1384.)

Les actionnaires des ponts de Paris. — C. — Meynard.
24 juin 1808. — (t. 1, p. 173.)

RESTITUTION.

1. — (Alliés. — Traité de Paris.) — *Le traité de Paris, de 1814, a pris pour base des restitutions, l'état dans lequel les choses se trouvaient; il ne s'étend point aux immeubles dont l'ancien gouvernement avait disposé.*

Hunt. — C. — l'adm. des dom.
27 août 1817. — (t. 4, p. 120.)

RETENTION DE PIÈCES. — V. REQUÊTE CIVILE. (Pièce décisive.)

RETENUE.

1. — (Contribution. — Compétence.) — *Bien que ce soit à l'autorité administrative à déterminer si la contribution foncière est due par un particulier et quelle en doit être la quotité; néanmoins les tribunaux sont seuls compétens, pour décider si, en vertu d'un acte d'emphytéose, le débiteur d'une rente due au domaine, comme succédant à l'ordre de Malte, était fondé ou non à faire une retenue à raison de la contribution imposée sur le terrain concédé à bail, et autrefois exempt d'impôt; il ne s'agit là que de l'interprétation d'un acte civil.*

Orcel.
23 novembre 1808. — (t. 1, p. 214.)

2. — (Fournitures. — Conventions.) — *L'ordonnance du 12 décembre 1814, concernant l'établissement d'une retenue, de deux pour cent, sur les dépenses du matériel de la guerre, et sur le prix des marchés et fournitures, doit être considérée comme une simple injonction, aux ministres et préfets, de stipuler cette retenue dans toute adjudication de fournitures. Si la retenue n'est stipulée, de fait, ni dans l'adjudication, ni dans le cahier des charges, l'entrepreneur est pleinement autorisé à s'y refuser; son marché ou sa convention sont réputés faits sans soumission à la retenue.*

Darbois.
30 juillet 1817. — (t. 4, p. 99.)

BAIL EMPHITHÉOTIQUE. — V. (Contribution.)

RETRANCHEMENT. — V. ALIGNEMENT. — DÉMOLITION. (Propriété.) — PROPRIÉTÉ. (Sentier.)

RÉTRIBUTION. — V. CANAL DE FOUCHY.

RÉUNION. — V. AFFOUAGE. (Commune.) — AFFOUAGE. (DROIT D') (Commune.) — COMMUNES.

RÉVÉLATEUR.

1. — Domaines de l'état. — Biens célés.) — *De ce que le révélateur de biens célés ou usurpés a droit à un quart de leur valeur, au cas de réintégration (décret du 8 mai 1812), il ne s'en suit pas qu'il ait droit ou action pour suivre et faire juger la question d'usurpation: — le droit du révélateur se borne à fournir des documens à l'administration, pour la mettre à portée de poursuivre le délaissement, si elle le juge convenable, et à demander la récompense promise, lorsque les biens ont été recouvrés. — L'action n'appartient qu'à la régie des domaines nationaux.* (Ordonnance du 21 août 1816.)

Sevestre.
9 avril 1817. — (t. 3, p. 554.)

REVENDICATION.

1. — (Caisse d'amortissement. — Commune.) — *Les questions de revendication élevées par un particulier contre la vente administrative d'un bien réputé communal, cédé à la caisse d'amortissement, doivent être soumises aux tribunaux ordinaires, encore qu'il n'y ait pas eu opposition avant l'adjudication; ces adjudications, quoique faites et jugées dans les formes prescrites pour les biens nationaux, doivent être régies, à l'égard des tiers, par les règles du droit commun.* (Décret du 7 janvier 1814.)

Sauret.
25 juin 1817. — (t. 4, p. 74.)

2. — (Fournisseurs.) — *Les fournitures faites à un agent d'administration deviennent propriétés de l'état dès qu'elles sont entrées dans ses magasins.*

Les fournisseurs qui n'ont pas été payés du prix de leurs fournitures par l'agent avec lequel ils ont traité, ne peuvent les revendiquer contre lui; et ils n'ont le droit de demander au gouvernement leur paiement, que dans le cas où le gouvernement serait redevable envers l'agent d'un reliquat applicable à ses dettes personnelles.

Vincensini. — C. — l'adm. de la guerre.
14 juillet 1812. — (t. 2, p. 112.)

REVENU. — V. ADJUDICATION DE DOMAINES NATIONAUX. (Interprétation.) — SAISIE RÉELLE. (Opposition.)

RÉVISION.

1. — (Arrêt contradictoire. — Opposition.) — *Aucune révision ni opposition n'est admise contre un arrêt contradictoire, si l'un des moyens n'est fondé sur l'article 32 du réglement du 22 juillet 1806.*

Duplessis.
23 décembre 1815. — (t. 3, p. 204.)

2. — (Conseil d'état.) — *Une demande en révision d'une décision contradictoire du Conseil d'état ne peut être accueillie, si elle n'est fondée sur une des exceptions portées en l'art. 32 du réglement du 22 juillet 1806.*

De Beze. — C. — les habitans de Tannay.
20 novembre 1815. — (t. 3, p. 160.)

3. — (Contentieux.—Décret.—Ordonnance.) — *Sur une requête présentée au Roi, en la forme prescrite par l'art. 40 du réglement du 22 juillet 1806, peut-il y avoir renvoi au comité contentieux : et par cette attribution spéciale, le comité contentieux est-il autorisé à statuer sur la demande en révision ?*

Desmasures entrepreneurs de lits militaires.
11 décembre 1816. — (t. 3, p. 463.)

4. — (Contentieux.) — *Bien que le comité contentieux, par son attribution générale, ne doive pas connaître, par la voie de révision, d'une ordonnance ou d'un décret contradictoire, rendu par voie administrative; cependant il est autorisé à en connaître, lorsque sur requête, présentée aux termes de l'art. 40 du décret du 22 juillet 1806, le roi ordonne le renvoi au comité contentieux.*

Legay et Crevel. — C. — Fillas Bascom.
11 décembre 1816. — (t. 3, p. 455.)

5. — (Interprétation. — Décret contradictoire.) — *On ne peut se pourvoir au Conseil d'état par voie d'interprétation, lorsque de fait il s'agit de révision, contre une décision contradictoire, si elle n'a été rendue sur pièces fausses, ou si une partie n'a été condamnée faute de représenter une pièce décisive retenue par son adversaire.* (Art. 32, du réglement du 22 juillet 1806.)

Bianco.
6 décembre 1813. — (t. 2, p. 466.)

— V. COMMUNAUX. (Partage.) — COMPTABILITÉ. (Conseil d'état.) — COMPTE.

RÉVOCATION. — V. INDEMNITÉ. (Concession.) — MISE EN JUGEMENT. (Destitution.) — PROPRIÉTÉ. (Concession.)

RHONE. (rives du) — V. OPPOSITION. (Ponts et chaussées.)

RIVERAIN. — V. CANAUX. (Réparation.) — CHEMINS VICINAUX. (Arbres bordant les) — EAU. (COURS D') (Canal.) — RUISSEAU. (Eau.)

RIVIÈRES.

1. — (Communes. — Redevances domaniales. — Rentes.) — *La loi du 11 frimaire de l'an 7 n'a point supprimé les redevances établies par d'anciens réglemens pour location de places sur les rivières à l'usage des bachots à poisson ou à d'autres usages. Elle a maintenu toutes les redevances domaniales et non féodales, et les a comprises au nombre des revenus des communes.*

Ravoir. — C. — la commune de Lyon.
21 août 1816. — (t. 3, p. 367.)

2. — (Compétence. — Divisibilité.) — *Lorsque deux particuliers plaidant sur un droit de passage au travers d'une rivière, l'un se prétend propriétaire du lit de la rivière, en ce qu'il est propriétaire des deux rives, tandis que l'autre prétend que la rivière est navigable, que conséquemment il n'y a pas propriété privée; le tribunal saisi, doit renvoyer au préfet la question préjudicielle de savoir si la rivière est ou n'est pas navigable.*

David. — C. — Godin.
29 janvier 1814. — (t. 2, p. 511.)

3. — (Dommages-intérêts. — Pêche. — Navigation.) — *La demande en dommages-intérêts formée par un fermier du droit de pêche sur une rivière, contre un batelier, pour avoir effrayé et fait disparaître le poisson par ses courses trop nombreuses sur la rivière, ne touchant ni à la grande voirie, ni à la police des eaux, ne doit point être soumise à la justice administrative.*

Cachot. — C. — Eteveniot.
29 décembre 1812. — (t. 2, p. 159.)

4.—(Dommages-intérêts. — Flottage. — Travaux.) — *Une contestation entre les entrepreneurs des travaux faits à une rivière, et un particulier qui a éprouvé des dommages, et qui réclame une indemnité, est du ressort des tribunaux et non de la justice administrative, lorsqu'il s'agit d'un changement dans le cours de la rivière, opéré sans réglement administratif et seulement par suite de conventions particulières.*

La compagnie du commerce de bois. — C. — de Neuchèze.
27 mai 1816. — (t. 3, p. 288.)

— V. BACS. — COMMUNAUX. (Fossés de ville.) — UTILITÉ PUBLIQUE. (Indemnité.)

RIVIÈRE FLOTTABLE. — V. EAU. (COURS D') (Acte administratif.) — USINES. (Compétence.)

RIVIÈRE NAVIGABLE.

1. — (Mur de soutènement.) *Les murs de soutènement d'une maison placée sur le bord d'une rivière, sont réputés propriété inhérente à la maison : cependant leur entretien peut être en partie à la charge du gouvernement, en tant que le heurt des bateaux a pu les endommager.*

Saunier.
20 novembre 1815. — (t. 3, p. 174.)

— V. ACTION POSSESSOIRE. (Eau.) (prise d') — ADJUDICATION. (Application.) — CANAL DE NAVIGATION. — DOMMAGES-INTÉRÊTS. — PÊCHE. — PROPRIÉTÉ.

RIVIÈRES NON NAVIGABLES.

1. — (Déversoirs. — Usines. (propriétaires d') — Paiement.) — *Les dépenses pour réparation de dégradations commises, sur une rivière non navigable, par des propriétaires d'usines et l'établissement de déversoirs construits dans leur intérêt réciproque, doivent être supportées également par chacun de ces propriétaires. — En conséquence la demande en réformation d'un arrêté de l'autorité administrative qui aurait consacré ce principe, doit être rejettée.*

Gruguelu-Martin.
8 avril 1809. — (t. 1, p. 270.)

2. — (Digues. (entretien des) — Usages locaux. — Réglement d'administration publique.) — *Lorsqu'il s'agit de l'entretien ou de la réparation des digues d'une rivière non navigable, il ne peut être dérogé aux usages locaux auxquels se réfère la loi du 14 floréal an 11, que par un réglement d'administration publique. Néanmoins les riverains ne sont pas recevables à demander l'annullation d'un arrêté, de l'autorité préfectorale, qui aurait changé l'usage local, par lequel chaque propriétaire était chargé de l'entretien de sa rive, en déterminant qu'ils seraient tenus de contribuer collectivement à cet entretien : lorsque toutefois les dispositions de cet arrêté sont conformes au réglement d'administration publique, intervenu postérieurement.*

Capeau. (rivière du)
30 janvier 1809. — (t. 1, p. 214.)

— V. CHEMIN DE DESSERTE. — CURAGE. — IDEM. (Canaux.) — PROPRIÉTÉ. (Démolition.)

ROUTES.

1.—(Arbres.—Dommages.—Peines.—Amende. — Conseil de préfecture.) — *C'est à la justice administrative contentieuse de punir d'une amende des particuliers qui endommagent des arbres bordant les grandes routes* (ou le boulevard de Paris.) (Lois du 6 octobre 1791, — du 29 floréal an 10.)

Mahiste. — C. — la rég. des dom.
14 septembre 1814. — (t. 3, p. 13.)

2. — (Entrepreneurs publics. — Responsabilité. — Compétence.) — *Les entrepreneurs publics sont justiciables de l'autorité administrative, et non des tribunaux, à raison du dommage qu'un particulier prétendrait avoir éprouvé sur sa propriété, par l'extraction et l'enlèvement des matériaux nécessaires à la confection ou à l'entre-*

tien d'une route. (Art. 47, loi du 16 septembre 1807. — Art. 4, loi du 28 pluviose an 8.)

Lepineuil.
22 novembre 1810. — (t. 1, p. 437.)

3. — (Entretien. — Ponts et chaussées. — Contentieux.) — *C'est au conseil des ponts et chaussées, sous la direction du directeur-général et du ministre de l'intérieur, et non aux conseils de préfecture, qu'il appartient de décider jusqu'à quel point l'entrepreneur de l'entretien d'une route est, après résiliation de son bail, responsable des dépenses nécessaires pour rétablir la route dans un bon état de viabilité.*

L'entrepreneur doit être à l'abri de toute recherche quand ses travaux ont été acceptés, et qu'il en a été payé sans réclamation.

Bissé. — C. — le directeur des ponts et chaussées.
7 novembre 1814. — (t. 3, p. 36.)

4. — (Gravois.) — *Les contraventions relatives au dépôt des gravois, sur une route, doivent être soumises aux conseils de préfecture.*

Chazelle.
27 mai 1816. — (t. 3, p. 287.)

5. — (Marché. — Conseil de préfecture.) — *Le conseil de préfecture est seul compétent pour prononcer sur l'exécution d'un marché passé avec l'administration, relativement à la taxe d'entretien d'une route.* (Loi du 28 pluviose an 8.)

Plumier.
9 janvier 1812. — (t. 2, p. 3.)

6. — (Matériaux (extraction de) — *C'est à l'autorité administrative et non aux tribunaux qu'il appartient de statuer sur les contestations entre les entrepreneurs des routes ou leurs sous-traitans et les particuliers, à raison des matériaux pris ou extraits pour l'entretien des routes.*

Fillenl. — C. — Desmont.
18 septembre 1807. — (t. 1, p. 126.)

7. — (Voiturier. — Autorité administrative.) — *Lorsque des conducteurs de voitures, employés par l'entrepreneur d'une grande route, sont poursuivis à raison de dommages causés par eux, l'affaire doit être soumise au conseil de préfecture et non aux tribunaux.*

Bouvigny.
20 novembre 1806. — (t. 1, p. 7.)

— V. Alignement. — Arbres. — Contentieux. (Contributions.) — Entrepreneurs de travaux publics. — Entretien. (Construction.) — Propriété. (Arbres.) — Propriété. (Démolition.) — Voirie.

RUE.

1. — (Anticipation. — Autorité administrative. — Voirie.) — *Les contestations entre la police et les particuliers qui, en construisant sur les bords d'une rue pourraient avoir fait des anticipations, ne sont pas du ressort de l'autorité administrative, si la matière n'a pas trait à la grande voirie.* (Loi du 29 floréal an 10; — 9 ventose an 13.) *On ne peut appliquer à ce cas la loi qui attribue, aux conseils de préfecture, les questions relatives à la délimitation des chemins vicinaux.*

Comm. de Membrey. — C. — Simonet.
25 mars 1807. — (t. 1, p. 64.)

2. — (Passage. — Propriété. — Compétence.) — *L'autorité administrative n'est pas compétente pour décider à qui appartient une issue ou passage qui, dans une ville, aboutit d'une maison à une rue, lorsque cette issue ou passage est contesté au domaine par un particulier qui s'en prétend propriétaire. C'est là une question de propriété, qui ne peut être résolue que par les tribunaux, encore qu'elle intéresse le domaine.*

Coupez. — C. — le domaine.
21 novembre 1808. — (t. 1, p. 213.)

3. — (Passage. — Propriété. — Voirie urbaine.) — *La contestation élevée entre deux habitans d'une ville, sur la propriété d'un passage qui sépare leurs maisons respectives, doit être jugée par les tribunaux, et non par l'autorité administrative; bien que le passage serve à l'usage des habitans de la ville. La justice administrative n'a pas à s'occuper de la contestation, tant qu'il ne s'agit que de droits privés, et qu'il ne s'agit pas de voirie urbaine.*

Durand. — C. — Ville.
23 avril 1818. — (t. 4, p. 307.)

4. — (Pavé. — Propriété.) — *Les propriétaires riverains d'une rue nouvellement percée sont tenus de contribuer aux frais qu'occasionne le premier relevé à bout du pavé de cette rue, à moins que l'administration, soit par des tranchées ou tous autres travaux quelconques, n'ait détérioré le pavage et changé l'état du pavé, auquel cas les riverains sont déchargés du relevé à bout des parties de la rue où ces travaux auraient eu lieu.*

Simon.
18 mars 1813. — (t. 2, p. 290.)

— V. Expropriation pour cause d'utilité publique. — Servitude.

RUISSEAU.

1. — (Eaux. — Réglement.) — *Un arrêté d'un préfet, portant réglement pour l'usage des eaux d'un ruisseau, sollicité par les riverains, et approuvé par le ministre de l'intérieur, ne peut être attaqué par un seul des propriétaires riverains, s'il n'a un titre pour prétendre plus que les autres à la jouissance des eaux.*

Poignant.
13 mai 1809. — (t. 1, p. 288.)

2. — (Propriété. — Compétence. — Eau. (cours d') — *De ce qu'un ruisseau est entretenu, curé et pavé aux frais d'une commune, et a, sous ce rapport, caractère de ruisseau public ou communal, il ne s'ensuit pas que les propriétaires riverains soient aucunement privés de leurs droits de riverains et de la jouissance des eaux. Si donc un des riverains construit, avec l'autorisation administrative, un pont qui enlève à un autre riverain la jouissance des eaux, celui-ci a le droit de s'en plaindre; et, dans ce cas, le litige est du ressort de l'autorité judiciaire.*

Carle. — C. — Grillon.
7 octobre 1807. — (t. 1, p. 129.)

— V. Eau. (cours d') — Pont.

SAINT-DOMINGUE.—V. Commission de révision. (Créances.)

SAISIE.

1. — (Solde. — Militaire.) — *La solde des marins et des militaires ne peut être saisie par ceux qui se prétendent leurs créanciers : c'est l'administration militaire ou maritime qui seule peut en régler l'emploi ou la destination. En conséquence, les juges ordinaires ne peuvent, sans excéder leurs pouvoirs, prononcer de condamnation contre un quartier-maître, qui, déférant aux ordres de ses supérieurs, n'aurait pas eu égard à l'opposition formée entre ses mains par le créancier d'un militaire ou d'un marin, en n'exerçant aucune retenue sur sa solde.*

Lenoir.
8 janvier 1810. — (t. 1, p. 350.)

— V. Contribution. — Contributions. (Action accessoire.) — Interprétation. (Justice ministérielle.) — Percepteur. — Rentes. — Travaux publics. (Matériaux.)

SAISIE-ARRÊT.

1. — (Commune. — Compétence.) — *Les tribunaux ordinaires sont seuls compétens pour statuer sur la validité d'une saisie-arrêt. — Bien que la saisie-arrêt ait été faite entre les mains du débiteur d'une commune, l'autorité préfectorale n'a pas le droit d'en prononcer la nullité.*

Bartaine. (Commune de)
29 avril 1809. — (t. 1, p. 281.)

2. — (Fabrique. — Créance administrative. — Exécution.) — *Le créancier d'une fabrique dont la créance a été reconnue, la liquidation faite, le paiement ordonné, et les fonds de paiement assignés par l'autorité administrative sur les revenus de la fabrique, peut très-bien jeter une saisie-arrêt entre les mains du trésorier de la fabrique, si elle refuse d'obtempérer aux dispositions du préfet. Le tribunal qui en ce cas, valide la saisie-arrêt, n'excède point son mandat, et le préfet a tort d'élever le conflit.*

En général, une saisie-arrêt sur les fonds des établissemens publics n'est défendue, et la contestation judiciaire n'est illégale, qu'autant que l'administration n'aurait pas consommé son mandat.

Treich-Desfarges. — C. — la fabrique de Meymac.
3 décembre 1817. — (t. 4, p. 205.)

— V. Communes. (Créanciers.) — Fabriques. — Hospice. — Travaux publics. (Entrepreneurs.)

SAISIE EXÉCUTION. — V. Contributions directes. (Compétence.)

SAISIE RÉELLE.

1. — Opposition. — Revenus.) — *Les saisies-arrêts, ou opposition sur les deniers provenans d'un bail judiciaire, doivent être faites dans les mains du receveur aux saisies réelles ; et non dans les mains, soit du bailliste judiciaire, soit des sous-fermiers. — Le bailliste doit verser nonobstant toute opposition.*

Girette.
12 janvier 1812. — (t. 2, p. 7.)

SALINES. — V. PROPRIÉTÉ.

SALLES DE SPECTACLE.

1. — (Location. — Privilége. — Bals.) — *L'autorité administrative a le droit de fixer le prix de la location des salles de spectacle, toutes les fois qu'il y a contestation à ce sujet entre le propriétaire de la salle et le directeur ou l'entrepreneur des théâtres.*

Les priviléges exclusifs accordés antérieurement à la loi du 8 juin 1806, relativement aux salles de spectacle, sont anéantis par cette loi : les bals masqués sont le patrimoine des entrepreneurs de théâtre, lorsqu'ils les réclament.

Saint-Romain. — C. — Quillacq.
8 mars 1811. — (t. 1, p. 472.)

SALUBRITÉ. — V. CONTENTIEUX. — FABRIQUE. (Salpêtre.) — MANUFACTURE. — IDEM. (Atelier.) — IDEM. (Compétence.) — IDEM. (Opposition.) — USINES.

SALPÊTRE. — V. FABRIQUE.

SAUVETAGE.

1. — (Chargeur. — Responsabilité.) — *Les frais faits pour décharger et relever un bateau naufragé ne sont à la charge du chargeur que jusqu'à concurrence de la valeur de ses marchandises.*

Bourzaut. — C. — Baudu.
25 avril 1812. — (t. 2, p. 63.)

— V. PRISE.

SEMONCE. — V. PRISE MARITIME.

SÉNAT CONSERVATEUR. — V. PRÉROGATIVE ROYALE. (Jury.)

SENATORERIES. — V. BIENS NATIONAUX. (Corporations religieuses.) — COMMISSION TEMPORAIRE.

SENTIER.

1. — (Chemin vicinal. — Anticipation. — Compétence.) — *Les sentiers qui divisent les propriétés rurales et qui servent à leur exploitation, sont de simples servitudes, ils ne peuvent être considérés comme vicinaux ; ils ne font point partie du domaine public. En conséquence les contestations auxquelles pourrait donner lieu une anticipation faite sur cette voie par des particuliers, sont du ressort des tribunaux et non de la compétence de l'autorité administrative.*

Jousselin. — C. — Péan.
13 octobre 1809. — (t. 1, p. 323.)

2. — (Propriété. — Compétence.) — *La connaissance des contestations qui s'élèvent entre particuliers au sujet de la propriété d'un sentier commun, appartient aux tribunaux, et non à l'autorité administrative.*

Duquesne. — C. — Legras-Bordecote.
16 mai 1810. — (t. 1, p. 374.)

3. — (Servitude. — Fortification.) — *De ce qu'un sentier auroit été établi jadis en vertu d'une autorisation d'un directeur de fortifications, il ne s'en suit pas que la question de savoir si le propriétaire grevé de cette servitude peut ou ne peut pas supprimer le sentier, doive être jugée administrativement ; le propriétaire invoquant le droit commun, il y a lieu de saisir les tribunaux ordinaires.*

Morel. — C. — la commune de Sainte-Catherine-les-Arras.
20 novembre 1816. — (t. 3, p. 430.)

— V. ADJUDICATAIRE. (Chemin.) — CHEMINS VICINAUX. — PROPRIÉTÉ.

SÉQUESTRE.

1. — (Contumace. — Accusé. — Provisoire. — Propriété. — Administration d'économie.) — *Un arrêté du gouvernement établissant séquestre sur les propriétés d'un accusé contumace, et même maintenant le séquestre sur les objets séquestrés, nonobstant la revendication d'un tiers acquéreur, doit être considéré comme une simple mesure fiscale essentiellement provisoire. Le tiers acquéreur reste autorisé à se pourvoir devant les tribunaux pour faire juger la validité de son titre d'acquisition, et les exceptions d'invalidité opposées par le domaine.*

Deshayes.
19 mars 1817. — (t. 3, p. 540.)

2. — (Espagnol. — Réméré. — Déchéance.) — *En vertu du séquestre apposé en 1808, sur les biens des Espagnols situés en France, l'administration des domaines n'a point eu seulement le droit de percevoir les fruits des immeubles, et de faire des actes conservatoires ; elle a pu exercer tous les droits et actions des Espagnols relativement aux biens situés en France.*

Si avant le séquestre, un Espagnol avait vendu un immeuble à pacte de réméré, le délai aurait-il couru pendant la guerre et le sequestre?

Norona. — C. — Garcias.
30 juillet 1817. — (t. 4, p. 100.)

— V. ACCUSÉ. (Evasion.) — ACTE ADMINISTRATIF. (Interprétation.) — COMPTABILITÉ. — EMIGRÉ. (Succession. — HYPOTHÈQUE. — REMBOURSEMENT. — IDEM. (Autorité administrative.) — SUCCESSIONS VACANTES.

SÉQUESTRE DE FAIT. — V. EMIGRÉ. (Action.)

SÉQUESTRE NATIONAL. — V. COMPTE. — REMBOURSEMENT. (Emigré.)

SÉQUESTRE PROVISOIRE. — V. COMMUNE. (Propriété.)

SERVICE EXTRAORDINAIRE. — V. HOSPICE. (Entrepreneur.) — INHUMATION.

SERVICE PUBLIC. — V. BAIL.

SERVITUDE.

1. — (Passage. — Domaine national. — Conseil de préfecture.) — *Les conseils de préfecture ne sont pas compétens pour prononcer sur une réclamation par laquelle l'acquéreur d'un domaine national élèverait la prétention d'exercer une servitude ou un droit de passage sur l'immeuble* PATRIMONIAL *de son voisin, bien qu'il prétende d'ailleurs que ce droit résulte de son contrat d'acquisition; cette contestation étant du ressort des tribunaux.*

Noël. — C. — Legendre.
23 avril 1807. — (t. 1, p. 76.)

2. — (Propriété. — Hospices.) — *Une contestation en matière de servitude, réclamée par un particulier contre des hospices, est une question de propriété dont la connaissance appartient aux tribunaux.*

Henderickson. — C. — l'hospice de Dunkerque.
19 octobre 1808. — (t. 1, p. 207.)

3. — (Rue. — Eaux. (écoulement des) — Voirie.) — *La question de savoir si la propriété d'un particulier est passible de servitude, et doit souffrir l'écoulement des eaux d'une rue qui existe dans sa commune, et qui borde sa propriété; est une question judiciaire qui ne doit pas être décidée par un conseil de préfecture (quelque trait qu'elle puisse avoir avec les réglemens de voirie.)*

Mobert. — C. — la comm. de Campeaux.
21 mai 1817. — (t. 4, p. 27.)

SIGNIFICATION. — V. DÉLAI. (Notification.) — DIVISIBILITÉ. (Nullité.) — EXÉCUTION. (Pourvoi.) — MINEUR. (Délai.)

SIMULATION.

1. — (Cargaison. — Prise. — Déchéance.) — *Lorsqu'il y a simulation dans les pièces qui constatent l'origine de la cargaison d'un navire capturé et déclaré de bonne prise, le tiers qui argue de la simulation et veut réclamer la propriété, doit former sa demande en restitution dans le délai de vingt jours, à dater de l'entrée dans le port, sous peine de déchéance.* (Déc. 21 octobre 1807.)

Behreus.
7 mai 1808. — (t. 1, p. 161.)

2. — (Trésor public. — Travaux publics.) — *Un entrepreneur de travaux publics qui a donné quittance au payeur du département d'une somme de 100,000 francs à valoir sur les travaux dont il a l'entreprise, n'est pas recevable à prétendre que sa quittance a été simulée, qu'elle a été d'obligeance envers le payeur. Si donc le payeur est en faillite, l'entrepreneur se trouve payé par l'état, et n'avoir qu'une créance sur le payeur.*

Nucker.
27 avril 1815. — (t. 3, p. 101.)

PRISE. — V. PAVILLON.

SOCIÉTÉ.

1. — (Adjudication. — Bois.) — *Dans une adjudication de coupes de bois appartenant à l'état, nulle association ne peut être reconnue qu'autant qu'elle serait clairement établie dès avant l'adjudication; autrement, et dans le cas où l'un des prétendus associés seulement aurait signé le procès-verbal d'adjudication, celui-là doit être regardé comme seul adjudicataire.*

Coupil. — C. Cannel.
28 novembre 1809. — (t. 1, p. 337.)

— V. Domaines nationaux. (Adjudication.) — Eau. (cours d') — Marais. — Travaux publics.

SOCIÉTÉ ANONYME. — V. Mines. (Statuts.) — Promulgation. (Ordonnance.)

SOEURS DE LA CHARITÉ. — V. Capacité. (Legs.)

SOIT COMMUNIQUÉ. — V. Conseil d'état. — Délai. (Déchéance.)

SOLDE. — V. Saisie.

SOLDE DE RETRAITE.

1. — (Pensions militaires. — Inaliénabilité.) — *Les soldes de retraite et pensions militaires de la légion d'honneur sont inaliénables, soit temporairement, soit partiellement, pas même par transaction.* (Avis du Conseil d'état, 2 février 1808.)

Dartois de Bournonville.
26 janvier 1809. — (t. 1, p. 252.)

SOLIDARITÉ.

1. — (Novation. — Commune. — Conflit.) — *Lorsque des particuliers se sont engagés au paiement d'une dette de commune, personnellement et non comme agissant au nom de la commune, la reconnaissance faite postérieurement par la commune ne peut avoir pour effet de substituer un autre débiteur à ceux qui se sont obligés personnellement : l'exécution de l'obligation doit être poursuivie par-devant les tribunaux ordinaires.*

Bignan.
23 mai 1810. — (t. 1, p. 375.)

— V. Commune. (Caution.) — Communes. (Compétence.) — Comptable. — (Contributions.) Emprunt de cent millions.)

SOLUTION. — V. Décision ministérielle.

SOUMISSION.

1. — (Acquéreurs de biens nationaux.) — *Une soumission de biens nationaux, ne peut plus être querellée de nullité lorsqu'elle a été approuvée par un arrêté ordonnant qu'il sera passé contrat de vente.*

Montgaurin.
16 juillet 1817. — (t. 4, p. 77.)

2. — (Adjudication. — Inhumation.) — *Les soumissions, pour obtenir le bénéfice d'une adjudication, doivent être positives, apparentes, et conformes en tout point au cahier des charges: autrement elles ne produisent aucun effet.*

Doniol.
11 juillet 1812. — (t. 2, p. 101.)

3. — (Biens nationaux. — Lésion.) — *Les soumissions régulièrement faites de biens nationaux, sur-tout si elles ont été suivies de ventes, ne peuvent être querellées pour défaut de prix suffisant, encore même qu'il y eût lésion.*

Gasquet. — C. — l'adm. des dom.
20 juin 1816. — (t. 3, p. 312.)

4. — (Domaines nationaux. — Conseil d'état.) — *Le Conseil d'état ne connaît pas, en premier ressort, de la validité des soumissions faites en vertu de la loi du 28 ventose an 4.*

Eggerlé et Greiner.
17 mars 1812. — (t. 2, p. 29.)

5. — (Partage.) — *Celui qui a soumissionné une portion de biens indivis provenant d'un émigré, avant que le partage définitif eût spécialisé la portion afférente à l'état, n'a droit qu'à la propriété du lot et tel qu'il se trouve par l'effet du partage, — si ce lot a été revendu par le gouvernement, il ne peut en résulter aucun préjudice pour les autres copartageans; ils doivent être maintenus dans le lot qui leur est échu.*

Navaut. — C. — Guyot-d'Amfreville.
12 juin 1813. — (t. 2, p. 369.)

— V. Adjudication. (Domaines nationaux.) — Biens communaux. — Biens nationaux. — Domaines engagés. — Émigré. — Rente nationale. — Requête civile. (Opposition.) — Tierce opposition. (Décret.)

SOUSCRIPTION VOLONTAIRE. — V. Cultes.

SOUS-ENTREPRENEUR. — V. Travaux publics. (Entrepreneurs.)

SOUS-FERMIERS. — V. Fermiers de l'état.

SOUS-PRÉFETS. — V. Voirie.

SOUS-TRAITANS. V. — Entrepreneurs. — Entrepreneurs. (Marchés.) — Entrepreneur de service public. — Entrepreneurs de service public. (Régisseurs.) — Fournisseurs — Marché. — Travaux publics. (Entrepreneurs.)

SPECTACLE. — V. Propriété. (Utilité publique.) — Taxe des pauvres.

SPOLIATION. — V. Agent du gouvernement.

STATUTS. — V. Mines.

SUBROGATION.

1. — (Trésor public.) — *La législation spéciale du trésor public n'a pas dérogé à la règle du droit commun, d'après laquelle la subrogation dans les droits du créancier ne peut avoir lieu qu'au profit d'une tierce personne qui le paie;*

Corbineau. — C. — la ville de Rouen.
10 septembre 1817. — (t. 4, p. 146.)

SUBROGÉ TUTEUR. — V. Mineur. (Délai.)

SUCCESSION. — V. Émigré.

SUCCESSION MOBILIÈRE. — V. Émigré.

SUCCESSION VACANTE.

1. — (Séquestre. — Faillite.) — *Lorsque l'état représente un particulier tombé en faillite, dont la succession a été déclarée vacante, il n'y a plus lieu à séquestre, aux termes de la loi du 1er. floréal an 3; il faut un curateur aux termes de l'article 813 du Code civil, lequel sera tenu de consigner à la caisse d'amortissement, suivant l'avis du Conseil d'état, approuvé le 13 décembre 1809.*

Adm. des dom. — C. — les créanciers Didiot.
21 mai 1817. — (t. 4, p. 28.)

— V. Garantie constitutionnelle. (Domaines nationaux.)

SUCCURSALE.

1. — (Dotation. — Compétence.) — *Lorsqu'une ou plusieurs communes ont été distraites d'une paroisse pour être érigées en succursale, les biens qui faisaient partie de la dotation du curé, et qui se trouvent situés dans l'étendue des communes érigées en succursale, doivent être assignés à la nouvelle succursale, dans la proportion du nombre de ses habitans.*

La justice administrative est seule compétente pour juger une telle contestation.

La fabrique d'Oberfeulen. — C. — la fabrique d'Obermetzig.
25 avril 1812. — (t. 2, p. 62.)

SUPPRESSION. — V. Chemin vicinal. (Pont.) — Manufactures. (Ateliers.)

SURCHARGE. — V. Justice municipale administrative. (Police de roulage.) — Copie. (Titre.)

SURETÉ PUBLIQUE. — V. Voirie.

SURMESURE. — V. Arpentage. (Bois.)

SURSIS.

1. — (Arbres.) — *Le pourvoi au Conseil d'état, contre une décision, de conseil de préfecture, qui ordonne d'arracher des arbres plantés, par un propriétaire, sur un terrain litigieux, entre lui et l'administration, est de nature à ce que le sursis provisoire soit ordonné.*

Barbier-Dufay.
3 décembre 1817. — (t. 4, p. 219.)

2. — (Arrêté administratif.) — *Le Conseil d'état surseoit provisoirement à l'exécution d'arrêtés administratifs dont l'annullation est demandée, si l'exécution provisoire doit occasionner des [illegible] qui seraient irréparables en définitive.*

Legavriau.
7 août 1816. — (t. 3, p. 352.)

3. — (Démolition.) — *Il y a lieu à sursis provisoire, par suite de recours au Conseil d'état, si l'arrêté dénoncé ordonne une démolition qui entraînerait un grave dommage.*

Sentenac. — C. — Bordes.
23 avril 1818. — (t. 4, p. 299.)

4. — (Exécution.) — *Le recours au Conseil d'état contre un arrêté de conseil de préfecture, ordonnant un très-prochain arrachement d'arbres, peut être déclaré suspensif, attendu les dommages qui résulteraient de l'arrachement.* (Art. 3, réglement du 22 juillet 1806.)

Leneuf. — C. — Frondière.
6 novembre 1817. — (t. 4. p. 192.)

5. — *Un propriétaire, condamné à céder, pour cause d'utilité publique sur un terrain dont on lui conteste la propriété, l'espace nécessaire pour l'ouverture d'un canal, peut, par suite de son recours au Conseil d'état, obtenir sursis provisoire à l'exécution de l'arrêté, aux termes de l'article 3 du réglement du 22 juillet 1806.*

Ferry-Lacombe.
23 avril 1818. — (t. 4, p. 298.)

6. — *Il peut être sursis à l'exécution d'un arrêté attaqué devant le Conseil d'état, portant condamnation de détruire ou démolir une trainée ou digue établie dans le lit d'une rivière navigable, lorsque, de l'avis du directeur général des ponts et chaussées, l'intérêt de la navigation n'exige pas la prompte exécution de l'arrêté attaqué.*

Guibal.
17 janvier 1818. — (t. 4, p. 372.)

7. — (Haie. (Arrachement de) Chemin vicinal.) — *Il y a lieu de surseoir à l'exécution d'une décision du conseil de préfecture, portant qu'un propriétaire sera tenu d'arracher une haie par lui plantée depuis nombre d'années en anticipation sur un chemin vicinal.*

Vauchel.
3 juin 1818. (t. 4, p. 356.)

— V. Adjudication. (Inviolabilité.) — Commune. (Dettes.) — Conflit. — Contribution. (Emprunt de cent millions.) — Délai. — Exécution. (Conseil de préfecture.)

SURTAXE. — V. Contribution. (Expertise.)

TABACS.

1. — (Estimation.) — *L'autorité administrative n'est pas compétente pour connaître d'une contestation qui a pour objet une estimation de gré à gré entre la régie et les fabricans de tabacs, relativement à des tabacs fabriqués.*

Pouget.
23 mars 1813. — (t. 2, p. 302.)

2. — (Expertise.) — *C'est à la justice administrative contentieuse à décider s'il y a lieu de réformer une décision ministérielle, qui annulle une expertise pour l'évaluation des tabacs achetés par la régie des droits réunis, en vertu du décret du 29 décembre 1810, et qui approuve la réexpertise qui en a été faite.*

Williot et Leroy.
7 août 1812. — (t. 2, p. 125.)

3. — (Régie des droits réunis. — Compétence.) — *Si l'autorité administrative est compétente pour expliquer la loi du 29 décembre 1810, qui attribue exclusivement à la régie des droits réunis, l'achat des tabacs en feuilles, la fabrication et la vente des tabacs fabriqués ; elle doit renvoyer par devant l'autorité judiciaire, toutes les fois qu'il s'agit de déterminer la nature, le caractère et les effets, des obligations, en ce qui touche le fond du droit.* (Art. 88. — Loi du 5 ventose an 12.)

Petit. — C. — la régie des droits réunis.
15 mai 1813. — (t. 2. p. 325.)

— V. Conventions par approximation. (Justice ministérielle.) — Juridiction. (Prorogation.)

TALUS. — V. Canal.

TARIF. — V. Octroi. (Droit d')

TAXE.

1. — (Recouvrement. — Autorité administrative.) — *C'est à l'autorité administrative, et non aux tribunaux à décider si le recouvrement d'une taxe, dont le produit aurait été destiné à acquitter des dépenses de l'ordre judiciaire, a été légalement opéré.*

Cambi. — C. — Danetti.
24 juin 1808. (t. 1, p. 170.)

— V. Boisson. (Effet rétroactif.)

TAXE DES INDIGENS.

1. — (Eglise. — Musiciens.) — *La taxe des indigens ne peut, dans aucun cas, être perçue sur la recette faite dans une église, pour le prix des chaises, pendant la durée d'une messe en musique ; encore que ce prix ait été notablement augmenté par le fait des artistes musiciens, en raison du concours que devait amener la beauté de la musique.*

Bertin.
25 novembre 1806. (t. 1, p. 7.)

2. — (Spectacle. — Exercices de corde. — Divertissemens publics.) — *Le spectacle de la danse de corde est rangé dans la classe des divertissemens publics : il ne peut être assimilé aux représentations dramatiques. En conséquence la taxe au profit des pauvres, prélevée sur la recette qui en provient, doit être du quart et non du dixième de cette recette.* (Loi du 6e. jour complémentaire an 7.)

Ribié.
29 octobre 1809. — (t. 1, p. 331.)

TAXE ILLÉGALE. — V. Contributions.

TERRAGE. — V. Engagiste. (Charges.)

TERRAIN. — V. Maire. (Police et voirie.)

TERRES VAINES ET VAGUES.

— V. Communaux. — Pauvres. (Bureau de bienfaisance.)

THÉATRES.

1. — (Meubles. — Propriété. — Jeux gymniques.) — *Ce n'est pas à l'autorité administrative ; c'est aux tribunaux à statuer sur une question de propriété relativement au mobilier d'une salle de spectacle, entre le propriétaire de l'immeuble et l'administration du théâtre.*

Roux.
19 mars 1817. — (t. 3, p. 539.)

2. — (Privilège. — Loyer. — Justice ministérielle.) — *Lorsque les propriétaires d'un ancien privilège et les entrepreneurs actuels d'un spectacle, sont en contestation par suite d'actes administratifs, leurs contestations sur priviléges, loyers, etc., sont jugées par le ministre, sauf recours au Conseil d'état.*

Les privilèges en matière de spectacle ont été abolis comme tous autres par la loi du 14 septembre 1791.

Nougaret. — C. — Prat.
10 avril 1818. — (t. 4, p. 289.)

— V. Propriété.

TIERCEMENT.

1. — (Bois.) *Les contestations qui peuvent s'élever sur la validité ou l'invalidité d'un tiercement, ne sont pas de la compétence de l'autorité administrative, elles doivent être jugées par les tribunaux ordinaires.*

Angevin. — C. — Gallot.
19 août 1813. — (t. 2, p. 414.)

— V. Bois.

TIERCE OPPOSITION.

1. — (Ayant-cause.) — *Une décision rendue avec le cédant ne peut être attaquée par le cessionnaire comme tiers-opposant.*

Reiss.
17 juin 1818. — (t. 4, p. 374.)

2. — (Cessionnaire.) — *Les cessionnaires ne sont pas recevables à se rendre tiers-opposans à un décret rendu sur l'appel interjeté par leur auteur.*

Meinier et Lemaignent.
18 août 1807. — (t. 1, p. 120.)

3. — (Décret. — Délai. — Communaux.) — *Des tiers intéressés ne sont pas recevables à se pourvoir par opposition contre un décret, s'ils ont laissé écouler un délai de trois mois depuis que le décret a été exécuté notoirement.*

Marvillet et commune d'Ovanches.
31 janvier 1817. — (t. 3, p. 503.)

4. — (Décret. — Soumission. — Emigrés. — Dot. — Femme.) — *L'épouse d'un émigré réintégré ne peut attaquer, par la voie de la tierce opposition (pour sûreté de son hypothèque dotale sur les biens donnés à son époux par leur contrat de mariage) le décret qui déclare valable la soumission de les acquérir, quoiqu'il ne soit rendu que postérieurement à son contrat de mariage et hors sa présence ; lorsque ce décret a été*

rendu contradictoirement avec son mari.

Villèle.

31 janvier 1817. — (t. 3, p. 495.)

5. — (Héritiers. — Chose jugée. — Ayant-cause.) — *Les héritiers sont des ayant-cause du défunt ; ce qui est jugé avec lui, est jugé avec eux : et ils ne sont pas recevables à former tierce opposition.*

La fabrique de Cambrai. — C. — Venture.

9 avril 1817. — (t. 3, p. 545.)

6. — (Intérêts identiques.) *Les décisions du Conseil d'état ont l'effet de la chose jugée, non-seulement à l'égard des parties, mais encore à l'égard de tous autres ayant le même intérêt.*

Mardelle. — C. — Grasleuil.

11 décembre 1816. — (t. 3, p. 445.)

7. — (Ordonnance.) — *L'ordonnance du Roi, relative à la répartition d'un impôt entre les habitans d'une commune, pour satisfaire à une condamnation envers un particulier, si elle préjudicie aux droits de celui qui a obtenu la condamnation, est susceptible de tierce-opposition.*

Tronc. — C. — la commune de Boubiers et autres.

21 août 1816. — (t. 3, p. 382.)

8. — (Représentant. — Ayant-cause.) — *Un acquéreur est représenté par son vendeur, dans un procès, sur l'objet vendu, il ne peut donc former tierce-opposition à la décision intervenue.*

Ne faudroit-il pas excepter le cas où le jugement et même le procès ont eu lieu après la vente, durant la possession de l'acquéreur, si la bonne foi de l'acquéreur est non suspecte?

Erouard. — C. — Audefray.

18 avril 1816. — (t. 3, p. 271.)

— V. Chose jugée. (Représentation.) — Cours des comptes. — Créanciers. — Décision ministérielle. — Décret spécial. — Halles. (Représentant.) — Mise en jugement. — Propriété. (Contentieux.) — Réglement d'administration publique.

TIERS. — V. Interprétation. — Nom. (Propriété.) — Transaction. (Prises maritimes.)

TIERS-ACQUÉREUR. — V. Communaux. (Partage.) — Garantie. (Partage.)

TIERS-COUTUMIER.

1. — (Emigré. — Créancier.) — *Le tiers-coutumier abandonné aux enfans pendant l'émigration de leur père, n'est pas, dans leurs mains, une portion de succession soumise aux dettes ; ils l'ont reçu en paiement d'une simple créance, et restent étrangers aux dettes du père.*

Eréant.

18 août 1807. — (t. 1, p. 114.)

2. — (Préfet. — Contentieux.) — *La question de savoir si un arrêté du conseil de préfecture portant attribution du tiers-coutumier de Normandie, en faveur d'enfans d'émigrés, doit avoir effet seulement en ce qui touche le gouvernement, ou s'il doit avoir effet à l'égard même des créanciers du père, est une question contentieuse qui ne peut être jugée par le préfet.*

Un arrêté du préfet sur une telle matière est un excès de pouvoir contre lequel il y a recours direct au Conseil d'état, comité du contentieux.

Villamson. — C. — Signard.

18 avril 1816. — (t. 3, p. 263.)

— V. Autorité administrative. (Effet attributif.)

TIERS DÉTENTEUR. — V. Dettes communales. (hypothèque.)

TIERS PORTEURS. — V. Agens du gouvernement. (Lettre de change.)

TIMBRE.

1. — (Contre-timbre. — Échange. — Justice ministérielle.) — *L'ordonnance du 11 novembre 1814, qui admet les papiers timbrés en échange ou au contre-timbre, ne s'applique pas à une masse de papier timbré présumée provenir de spoliation dans les dépôts du papier timbré : est en conséquence maintenu le refus fait par la justice ministérielle.*

Richebraque.

20 novembre 1816. — (t. 3, p. 433.)

TIRAGE AU SORT. — V. Partage, Lot.)

TITRE. — V. Acte administratif. (Commissaire de l'administration.) — Copie. — Domaines nationaux.

TITRE ADMINISTRATIF.

1. — (Interprétation. — Monumens religieux.) — *Après la vente d'un immeuble national, on ne peut prétendre que certains objets placés dans l'immeuble ne font pas partie de la vente, lorsqu'ils n'ont pas été expressément exceptés par le procès-verbal d'adjudication, même dans le cas où ces objets pourraient être considérés comme des monumens précieux, à raison de leur ancienneté, pour l'histoire des beaux-arts, ou comme des monumens religieux.*

Lenoir de Chanteloup. — C. — l'adm. des dom.

11 juillet 1812. — (t. 2, p. 103.)

TITRES ANCIENS. — V. Concession.

TITRE PERDU. — V. Adjudication.

TITRE RÉCENT. — V. Action possessoire.

TOLÉRANCE. — V. Justice municipale administrative. (Police du roulage.)

TONTINE. — V. Autorisation. — Contentieux. (Recours au Roi.) — Promulgation. (Ordonnance.)

TRAITÉ AVEC LES ALLIÉS. — V. Justice gouvernementale.

TRAITÉ DE PARIS.

1. — (Puissances alliées. — Bois.) — *L'article 12 de la convention du 28 mai 1814, autorise le gouvernement français à déclarer nulle, et sans effet, toute vente de bois, faites par les agens des puissances alliées, et non consommée par l'exploitation et l'enlèvement.*

Nicolas Jean.

23 octobre 1816. — (t. 3, p. 414.)

— V. Restitution. (Alliés.)

TRAITEMENT. — V. Contentieux. — Militaires. (Femme des) (Pension alimentaire.)

TRAITEMENT ADMINISTRATIF.

1. — (Répétition. — Mise en jugement.) — *Un secrétaire de commune qui réclame contre le maire la garantie ou répétition de sommes par lui touchées pour le traitement du secrétaire réclamant, est autorisé par le Conseil d'état à porter sa demande contre le maire devant les tribunaux ordinaires.*

Stelling. — C. — Beck.

3 décembre 1817. — (t. 4, p. 197.)

TRAITEMENS MILITAIRES.

1. — (Grades militaires. — Propriété. — Justice. — Grand-officier — Droits acquis.) — *Un militaire (notamment un grand officier) qui cesse d'avoir de l'emploi, mais qui conserve son grade, si la loi lui assure un traitement pour le grade, à part du traitement pour l'emploi, et si le ministre refuse de faire payer ce traitement de grade sous prétexte de la cessation d'emploi, est-il non recevable à se pourvoir devant la justice du Roi, en Conseil d'état, par la voie contentieuse ? N'y a-t-il que la voie de pétition au Roi, sur le rapport du ministre lui-même ?*

Emériau.

25 juin 1817. — (t. 4, p. 55.)

— V. Contentieux.

TRANSACTION.

1. — (Prises maritimes. — Homologation. — Compétence. — Tiers.) — *Une transaction, en matière de prises, ne peut plus, sans excès de pouvoir, être homologué par le conseil des prises après son jugement de validité de la capture.*

Le Conseil d'état est seul compétent pour sanctionner cette transaction ; si elle est par lui reconnue loyale et régulière. — En aucun cas, elle ne peut nuire aux droits des tiers qui n'y ont pas figuré, ou pour lesquels personne n'a pu ni dû transiger.

Tilghman.

4 juin 1809. — (t. 1, p. 256.)

— V. Commune. — Déchéance. (Relief.) — Rente.

TRANSFERT. — V. Fabriques. (Rentes.) — Rente. — Idem. (Hospice.) — Rente emphytéotique. — (Hospice.)

TRANSPORTS MILITAIRES. — V. Contentieux. — Marché. (Sous-traitant.)

TRAVAUX. — V. Rivière. (Flottage.)

TRAVAUX COMMUNAUX.

1. — (Indemnité. — Carrière.) — *Les travaux communaux ne peuvent être assimilés aux travaux publics, en ce sens qu'on ne peut appliquer au propriétaire dans le fonds duquel on aurait extrait des matériaux destinés à la construction d'un pont vicinal, les dispositions de l'art. 55, titre 2, de la loi du 16 septembre 1807, qui défend de comprendre dans l'indemnité, due au propriétaire, la valeur des matériaux nécessaires aux routes et autres constructions publiques, lorsque la carrière où l'extraction qui en aurait été faite, n'était pas déjà en exploitation.*

Millin.

17 décembre 1809. – (t. 1, p. 342.)

TRAVAUX PUBLICS.

1. — (Architecte. — Responsabilité. — Honoraire.) — *L'architecte qui ordonne et dirige des travaux publics pour un prix excédant les décisions et instructions qu'il a reçues, est responsable de cet excédant; mais seulement jusqu'à concurrence de ses honoraires : si par exemple il y a 80,000 francs d'excédant, il doit lui être retenu 4000 francs, c'est-à-dire que les travaux en excès se trouvent avoir été dirigés par lui sans qu'il lui en soit dû des honoraires.*

Dubut.

23 octobre 1816. – (t. 3, p. 408.)

2. — (Compétence. — Divisibilité. — Entrepreneurs.) — *Bien qu'aux tribunaux soit dévolue la connaissance des contestations qui s'élèvent entre les entrepreneurs de travaux publics et leurs ouvriers au sujet du prix de leurs ouvrages; néanmoins, lorsque pour décider la difficulté il devient préalablement nécessaire, par exemple, de fixer la quantité des terres fouillées pour l'ouverture d'un canal et de déterminer leur classification, c'est à l'autorité administrative qu'il appartient de statuer.*

Papillon. — C. — Clairé.

19 mars 1808. – (t. 1, p. 149.)

3. — (Compétence.) — *Les contestations qui peuvent s'élever entre les entrepreneurs de travaux publics et un agent comptable du gouvernement, au sujet de transactions particulières, entre eux convenues, sont de la compétence des tribunaux, et non du ressort de l'autorité administrative, qui ne peut s'immiscer dans la discussion d'intérêts privés.*

Beguin.

15 novembre 1810. – (t. 1, p. 432.)

4. — (Dommages.) — *C'est au conseil de préfecture et non aux tribunaux à connaître d'une demande en indemnité, formée par un propriétaire sur le terrain duquel on a enlevé des cailloux pour la route, par ordre d'un entrepreneur.* (Art. 4 de la loi du 28 pluviose an 8.)

Tillard Pongaudin. — C. — Gilbert.

6 septembre 1813. – (t. 2, p. 419.)

5. — (Entrepreneurs. — Dommage. — Compétence.) — *La justice administrative est seule compétente pour statuer sur les réclamations des propriétaires qui se plaindraient des torts et dommages procédant du fait personnel des entrepreneurs de travaux publics.* (Art. 4, loi du 28 pluviose an 8.)

Lisé. — C. — Tedeschi.

30 mars 1812. – (t. 2, p. 53.)

6. — (Entrepreneur. — Marchés. — Compétence.) — *L'autorité administrative n'est pas compétente pour prononcer sur les contestations qui s'élèvent entre un entrepreneur de travaux publics et ses fournisseurs, ou voituriers, en vertu des marchés dans lesquels l'état n'est point intervenu. — Ces contestations, comme toutes les autres discussions entre particuliers, doivent être soumises aux tribunaux.*

Delhomme et Boucher. — C. — Baudouin.

20 juin 1812. – (t. 2, p. 85.)

7. — (Entrepreneurs. — Sous-traitans. — Compétence.) — *Les tribunaux ordinaires sont seuls compétens pour connaître d'une contestation qui prend sa source dans une convention particulière entre un entrepreneur de travaux publics et ses sous-traitans, lorsque la contestation ne roule ni sur les torts et dommages, ni sur les indemnités dont la loi du 28 pluviose an 8 réserve par exception la connaissance aux conseils de préfecture.*

Baugeard. — C. — Malcoeffe.

15 janvier 1813. – (t. 2, p. 207)

8. — (Entrepreneur. — Lettres de change.) — *Encore que l'autorité administrative soit compétente pour prononcer sur les réclamations des particuliers contre des entrepreneurs de travaux publics; néanmoins, s'il s'agit de lettres de change souscrites par un entrepreneur en nom privé, et sans indication de valeurs relatives à son entreprise, c'est aux tribunaux qu'il appartient d'en connaître.*

Cézannes.

14 février 1813. – (t. 2, p. 274.)

9. — (Entrepreneurs. — Fournisseurs. — Ouvriers. — Saisies-arrêts. — Distribution. — Compétence.) — *L'autorité administrative, compétente pour connaître des contestations qui peuvent s'élever entre les entrepreneurs de travaux publics et les ouvriers et fournisseurs, est par suite compétente pour prononcer sur le mérite des saisies-arrêts; et pour classer, sur les sommes dues à l'entrepreneur, les créances qui sont privilégiées et celles qui ne le sont pas.*

Rigolet.

22 mars 1813. – (t. 2, p. 300.)

10. — (Entrepreneurs. — Sous-traitans. — Compétence.) — *L'autorité administrative n'est pas compétente pour connaître des contestations qui peuvent s'élever entre des entrepreneurs de travaux publics et leurs sous-traitans, toutes les fois que le gouvernement est étranger à la contestation. — Peu importe que la contestation ait pour objet une erreur de mesurage ou du toisé des travaux.*

Cavard. — C. — Buissierre.

15 mai 1813. – (t. 2, p. 320.)

11. — (Entrepreneur. — Indemnités. — Pierres.) — *La loi du 28 pluviose an 8, qui attribue aux conseils de préfecture la connaissance des contestations entre un entrepreneur des travaux publics, et des particuliers à qui les entrepreneurs auraient occasionné des torts et dommages, s'applique au cas où une indemnité est réclamée par des propriétaires de cailloux ramassés sur les bords de la route, et employés par l'entrepreneur, sans les avoir payés.*

Halot. — C. — Fauconnet.

15 mai 1813. – (t. 2, p. 323.)

12. — (Entrepreneurs. — Dommages et intérêts.) — *Les contestations relatives aux torts et dommages que les particuliers prétendent avoir éprouvés par le fait des entrepreneurs de travaux publics sont du ressort de l'autorité administrative.* (Art. 4 de la loi du 28 pluviose an 8.)

Ritz. — C. — Vermeulen.

19 août 1813. – (t. 2, p. 417.)

13. — (Entrepreneurs. — Dommages.) — *Les conseils de préfecture sont seuls compétens pour prononcer sur les réclamations des particuliers qui se plaignent des torts et dommages provenant du fait d'ouvriers agissant de l'ordre des entrepreneurs de travaux publics,* (Loi du 28 pluviose an 8.)

Beznier et Gabillard.

16 octobre 1813. – (t. 2, p. 444.)

14. — (Entrepreneurs. — Dommages.) — *Le préposé d'un entrepreneur de travaux sur une grande route, poursuivi pour enlèvement de matériaux sur une propriété particulière, doit être préalablement traduit devant le conseil de préfecture, sauf le renvoi devant les tribunaux ordinaires, conformément à l'article 114 du décret du 16 décembre 1811, s'il est reconnu qu'il existe un dommage provenant du fait de l'entrepreneur ou de ses préposés.*

Chenaud. — C. — Pejou.

17 janvier 1814. – (t. 2, p. 491.)

15. — (Entrepreneurs. — Sous-entrepreneurs. — Privilége.) — *C'est aux tribunaux à prononcer sur toute contestation entre des entrepreneurs et les sous-entrepreneurs des travaux publics, surtout lorsqu'il s'agit de savoir quels sous entrepreneurs sont préférables aux privilégiés.*

Lepointe. — C. — Beugnot.

17 juillet 1816. – (t. 3, p. 345.)

16. — (Garantie. — Réparations.) — *Un entrepreneur de travaux publics est tenu à réparer les dégradations survenues dans le temps pour lequel il a garanti son entreprise, surtout s'il n'y a eu de ce travail qu'une réception provisoire par les ingénieurs. En ce cas, l'entrepreneur, poursuivi par le préfet, est condamné par le conseil de préfecture, sauf recours au Conseil d'état où l'affaire est suivie par la direction des ponts et chaussées.*

Mourier.

14 janvier 1818. – (t. 4, p. 240.)

17. — (Indemnité. — Conflit. — Compétence.) — *A l'autorité administrative seule appartient la connaissance des contestations relatives aux indemnités dues aux particuliers, à raison des terrains pris ou fouillés pour la confection de travaux publics.* (Loi du 28 pluviose an 8.) *Les tribunaux, en conséquence, sont incompétens pour prononcer sur une action intentée contre un entrepreneur de travaux publics par un particulier qui prétendrait avoir souffert des dommages sur sa propriété par le fait de cet entrepreneur.*

Vernier.
12 mars 1811. – (t. 1, p. 477.)

18. — (Indemnité. — Pierres. — Divisibilité.) — *Lorsqu'un entrepreneur de travaux publics, sur une route, s'est permis de disposer de pierres appartenant à un particulier, et que celui-ci réclame en indemnité le prix de ces pierres, la question de compétence se divise entre l'administration et les tribunaux. — L'autorité judiciaire prononce sur la question de propriété des pierres, et la justice administrative prononce sur la question d'indemnité.*

Dubrez. — C. — Pasquette.
27 novembre 1814. – (t. 3, p. 46.)

19. — (Matériaux. — Saisie. — Autorité administrative.) — *Les matériaux destinés à la confection d'un canal, et déposés sur place, sont considérés comme déjà livrés à l'administration publique ; ils sont dès-lors insaisissables. Toute contestation entre l'entrepreneur et les créanciers, relativement à ces matériaux, doit être jugée par l'autorité administrative.* (Lois des 26 pluviose an 2 et 28 pluviose an 8.)

Guyénot-Chateaubourg.
5 septembre 1810. – (t. 1, p. 396.)

20. — (Responsabilité. — Compétence.) — *Les entrepreneurs de travaux publics sont justiciables de la justice administrative, et non des tribunaux, pour raison de leurs faits relatifs à l'extraction de matériaux nécessaires à l'entretien des routes. — C'est donc devant cette autorité que doit être portée l'action intentée, par le maire d'une commune, contre un entrepreneur qui se serait permis d'ouvrir une carrière sur une propriété communale autre que celle qui lui était assignée par son bail, après s'être fait autoriser à poursuivre.* (Art. 4, loi du 28 pluviose an 8. — Art. 1.er, sect. 6, titre 1.er, loi du 6 octobre 1791.)

Moy, (commune de) — C. — Labouret.
13 novembre 1810. – (t. 1, p. 430.)

21. — (Société. — Compétence.) — *La question de savoir à qui est dévolue la portion d'intérêts qu'avaient les associés à des travaux publics, lorsqu'ils sont décédés ou lorsqu'ils ont renoncé à l'entreprise, est du ressort des tribunaux.*

Fabre. — C. — Godol.
23 septembre 1810. – (t. 1, p. 401.)

22. — (Société. — Entrepreneurs. — Divisibilité.) — *A l'autorité administrative seule appartient la connaissance des difficultés qui s'élèvent entre un entrepreneur public et son associé, relativement à l'intervention à laquelle celui-ci prétendrait avoir droit dans l'ordre, le réglement et l'exécution des travaux de l'entreprise.*

Au contraire, les tribunaux sont seuls compétens s'il s'agit de l'interprétation de l'acte de société, en ce qui touche les intérêts privés des parties, tels que les bénéfices de l'entreprise réclamés par un des associés.

Jacobs. — C. — Depauw.
25 mai 1811. – (t. 1, p. 498.)

— V. Administration municipale. — Compétence. (Divisibilité.) — Expertise. — Garantie constitutionnelle. — Indemnité. — Marché. — Responsabilité. — Simulation. (Trésor public.)

TRÉSOR. — V. Compensation. — Conseil d'état. (Juridiction.) — Contentieux. — Délai. (Pourvoi.) Propriété. (Vente.) — Receveurs. (Responsabilité.) — Receveurs généraux. — Rentes. (Saisie.)

TRÉSOR PUBLIC.

1. — (Cautionnement. — Endossement. — Protêt.) — *Un cautionnement apposé sur des effets de la trésorerie peut n'avoir pas le caractère d'endossement d'effet commercial. — Dans ce cas, la caution ne peut, à l'instar des endosseurs, écarter le recours du porteur, en excipant d'un défaut de dénonciation du protêt à l'échéance.* (Cod. com., 165.)

Lang-Hupais et Gelot. — C. — l'agent du trésor public.
7 mars 1808. – (t. 1, p. 148.)

2. — (Comptables. — Contrainte.) — *Les obligations des contribuables qui ont reçu des effets de commerce en paiement, et les formalités qu'ils doivent remplir pour conserver leur recours contre leurs cédans, ne sont point imposées au trésor public ou à la caisse de service ; en conséquence, un comptable du trésor public ne peut exciper de ces règles ordinaires du droit commun, pour faire annuller une contrainte décernée, contre lui, pour le remboursement d'effets passés à la caisse de service, et non acquittés par le souscripteur.*

Mollet.
24 janvier 1811. – (t. 1, p. 459.)

3. — (Deniers publics. — Comptable. — Préposés.) — *Les agens ou préposés des comptables directs du trésor public, qui ont fait personnellement la recette des deniers publics, sont soumis aux poursuites réglées par les lois pour le recouvrement du débet des comptables, — l'autorité administrative est compétente pour connaître des contestations auxquelles peuvent donner lieu les perceptions qu'ils ont faites, et les recouvremens de leur débet.* (Lois des 12 vendémiaire et 13 frimaire an 8. — 18 ventose au 8. — 28 floréal an 11 et 12 janvier 1811.)

Hoornaert. — C. — Foucaux.
11 juillet 1812. – (t. 2, p. 104.)

4. — (Opposition. — Lettres de change. — Paiement.) — *Validité d'une opposition au paiement de traites acceptées par le sieur Spinosa, formée par l'agent judiciaire du trésor public entre les mains des sieurs Vanlerbergh et Ouvrard.*

Le trésor public. — C. Holstein.
2 juillet 1807. – (t. 1, p. 107.)

5. — (Pays conquis. — Restitution.) — *Si un Français a commis des exactions dans un pays conquis, il est passible d'une action ordinaire devant les tribunaux, de la part des représentans du pays spolié ; le trésor public n'a point à s'y entremettre ; les lois des 12 vendémiaire et 13 frimaire an 8, concernant les fournisseurs et comptables, ne sont pas applicables.*

Reubell. — C. — l'agent du trésor royal.
18 mars 1816. – (t. 3, p. 261.)

6. — (Restitution.) — *Celui qui a versé indûment une somme au trésor public, s'il fait juger ensuite que le versement a été nul, ne peut contraindre le trésor public à lui restituer purement et simplement : il ne peut, en aucun cas, être payé que sur les fonds affectés à l'année où le versement a été fait.*

Champon. — C. — le trésor public.
24 juin 1808. – (t. 1, p. 169.)

— V. Caution. (Comptable.) — Compensation. — Comptable. (Préposé.) — Délai. (Recours.) — Liste civile. (Ministre de la maison du Roi.) — Privilége. — Simulation. — Subrogation.

TRIBUNAUX. — V. Main mise administrative. (Propriété.)

TUILERIE. — V. Manufacture. (Salubrité.)

UNIVERSITÉ.

1. — (Compétence. — Effet rétroactif.) — *Le grand maître et le conseil de l'université sont compétens pour décider sur une question de propriété d'une chaire de professeur, encore que le litige remonte à une époque antérieure au décret du 15 novembre 1811.*

Senaux.
4 mai 1812. – (t. 2, p. 65.)

— V. Académie. (Propriété.) — Contentieux. — Fondation.

USAGE.

1. — (Autorité administrative.) — *Un arrêté administratif statuant sur un droit d'usage, n'a pu avoir pour objet que de régler l'exercice de ce droit contre les ayant-droit reconnus.* (Arr. du Dir. Ex. du 5 vendémiaire an 6.) — *Il ne peut avoir pour objet de prononcer sur le fond du droit : c'est une question de propriété dont la connaissance appartient aux tribunaux.*

Breuilpont. — C. — la comm. de Paimpont.
25 mars 1807. – (t. 1, p. 67.)

2. — (Commune. — Compétence.) — *C'est aux tribunaux et non à l'autorité administrative qu'il appartient de prononcer sur la validité d'un titre en vertu duquel une commune réclame l'exercice d'un droit de pacage ou de dépaissance.*

Comm. de Saurat. — C. — l'adm. forest.
6 février 1811. — (t. 1, p. 461.)

3. — (Forêt nationale. — Conflit. — Autorité judiciaire.) — *C'est aux tribunaux et non à l'autorité administrative qu'il appartient de prononcer sur les questions relatives aux droits d'usage dont se prévaudraient les habitans d'une commune pour faire des coupes de bois dans les forêts nationales, lorsque ce droit leur est contesté.*

Habitans de l'Hermite.
23 avril 1807. — (t. 1, p. 77.)

— V. Autorité administrative. (Interprétation.) — Domaine public. — Eaux. — Rivières non navigables. (Digues.) (entretien des)

USINE.

1. — (Autorisation.) — *Une usine ne peut être construite sans permission. — L'autorité administrative est compétente pour empêcher et même pour faire détruire les ouvrages tendant à cette construction.*

Monatery.
28 février 1809. — (t. 1, p. 260.)

2. — (Autorisation. — Construction. — Démolition.) — *Celui qui, pour construire une usine, obtient une autorisation administrative, subordonnée à l'approbation de l'autorisation supérieure, doit bien se garder de procéder à la construction, avant d'avoir obtenu l'autorisation préalable : s'il manque à la condition imposée, il encourt la déchéance de toute autorisation; et la démolition de l'usine doit ou peut être ordonnée, sans égard à toutes les raisons qui, en soi, pourraient être favorables au projet de construction.*

Gabet.
15 octobre 1809. — (t. 1, p. 324.)

3. — (Compétence. — Rivières flottables. — Eaux. (cours d') — *Le droit de fixer la hauteur des eaux d'une rivière flottable, et de déterminer l'élévation des retenues des usines qui y sont établies, appartient à l'autorité administrative; alors même que les plaintes d'inondation proviennent de riverains contre lesquels le propriétaire de l'usine invoque des titres conventionnels; — il suffit que la justice administrative laisse aux tribunaux d'apprécier le mérite et l'effet de ces titres anciens.*

De la Tour.
20 juin 1812. — (t. 2, p. 89.)

4. — (Eau. (cours d') — Autorisation. — Contentieux. — Action administrative.) — *L'arrêté d'un préfet, ordonnant la destruction d'un barrage construit sur le cours de la rivière d'Indre, pour le service d'une usine, est un acte administratif contre lequel le recours doit être exercé devant le ministre avant d'être porté au Conseil d'état, surtout si le constructeur du barrage et de l'usine n'a pas obtenu lui-même une autorisation définitive.*

Guérin de Sercilly.
21 août 1816. — (t. 3, p. 378.)

5. — (Raffinerie. — Utilité publique. — Intérêt particulier. — Facultés industrielles. — Autorisation.) — *Lorsque l'établissement d'une usine, par exemple d'une raffinerie de sucre, ne peut compromettre la sûreté ni la salubrité au moyen des charges et conditions imposées; lorsque l'utilité publique ne s'oppose pas à l'exercice des facultés industrielles d'un particulier; toute autorisation de construire l'usine doit lui être accordée et maintenue, quelles que soient les oppositions intéressées des réclamans adverses.*

Boulay. — C. — Adam.
28 septembre 1816. — (t. 3, p. 390.)

6. — (Salubrité. — Autorisation. — Effet rétroactif.) — *Les dispositions du décret du 15 octobre 1810, relatif à la construction d'établissemens, qui peuvent répandre une odeur insalubre, ne sont point applicables à un particulier qui demanderait la confirmation d'une autorisation à lui accordée, antérieurement à la publication de ce décret, pour la reconstruction d'un four à plâtre, anciennement établi dans une commune.*

Herbinier.
18 février 1812. — (t. 2, p. 26.)

— V. Concession. — Cours d'eau. (Moulins.) — Eau. (cours d') — (Compétence.) — Eau. (Cours d') (Préfet.) — Patouillets. — Rivières. (Déversoirs.)

USURPATION. — V. Chemin d'aisance. — Chemin vicinal. — Chemin vicinaux. (Usurpation.) — Communaux. — Eau. (Cours d') (Ruisseau.)

UTILITÉ PUBLIQUE.

1. — (Administration.) — *La haute administration peut, à son gré, transporter un chemin communal d'un lieu à un autre; c'est à elle de décider ce qui constitue l'utilité publique.*

Boucher. — C. — Brovigny.
22 septembre 1812. — (t. 2, p. 142.)

2. — (Expérience. — Obligation tacite. — Pompiers.) — *Lorsque l'autorité administrative consent à ce qu'un particulier (ou même un employé du gouvernement) entreprenne des expériences, pour un objet d'utilité publique, elle ne s'engage pas de payer tous les frais de l'expérience; surtout s'il n'y a pas de résultat utile, comme l'avait fait espérer l'auteur de l'entreprise. — On ne peut rien conclure de ce qu'il lui a été fait une avance par l'administration.*

Ainsi, un ingénieur que le préfet de Paris a chargé de lui proposer des améliorations dans le corps des pompiers, et qui a inventé de nouvelles machines de salut dans l'incendie : si son invention n'est pas jugée utile, n'est pas remboursé de tous les frais de son expérience.

Audibert. — C. — M. le préfet de Paris.
25 février 1815. — (t. 3, p. 90.)

3. — (Expropriation. — Préfet. — Compétence.) — *Dans les matières d'expropriation pour cause d'utilité publique, c'est l'autorité administrative qui décide la question d'utilité publique, et encore la question de savoir si l'exécution des travaux entraîne nécessairement la cession de la propriété particulière (Art. 8.); — aux tribunaux seuls appartient le droit d'autoriser ensuite l'expropriation et de régler les indemnités dues aux propriétaires.*

Ainsi, l'administration active ou le préfet peut, pour cause d'utilité légalement constatée, défendre la reconstruction d'un mur mitoyen comme nuisible à la sûreté publique : mais il n'a pas le droit d'ordonner dans des vues d'intérêt privé entre propriétaires voisins et pour éviter la reconstruction de ce mur mitoyen, que l'un d'eux sera contraint de céder sa propriété à l'autre.

Delathe.
10 avril 1812. — (t. 2, p. 57.)

4. — (Expropriation.) — *L'expropriation pour cause d'utilité publique, dans le sens de la loi du 8 mars 1810, s'entend de ce qui est utile à une localité, comme de ce qui est utile à l'Etat.*

Ainsi, le propriétaire dépossédé par suite d'une expropriation pour l'utilité de la commune (de Paris), a le droit de poursuivre le paiement de l'indemnité qui lui est due, telle qu'elle a été fixée par les tribunaux, et dans la forme autorisée par l'art. 21 de la loi du 8 mars 1810.

Ottevaere et Servens.
14 juillet 1812. — (t. 2, p. 110.)

5. — (Expropriation. — Indemnité. — Compétence.) — *La loi du 8 mars 1810, sur les expropriations pour cause d'utilité publique, qui veut que les tribunaux soient seuls compétens pour fixer la valeur des indemnités dues aux propriétaires, ne peut avoir d'effet rétroactif; et recevoir son application aux expropriations pour cause d'utilité publique, commencées sous l'empire de la loi du 16 septembre 1807; ces indemnités doivent être réglées par l'autorité administrative.* (Décret du 10 août 1810.)

Charles.
20 septembre 1812. — (t. 2, p. 135.)

6. — (Expropriation. — Indemnité. — Compétence.) — *C'est à l'autorité judiciaire à prononcer sur les difficultés relatives à la fixation d'une indemnité à laquelle un particulier prétend avoir droit, tant pour la cession d'un terrain dont il aurait été dépossédé pour cause d'utilité publique, qu'à raison des dommages que l'exécution de travaux publics pourraient occasionner sur sa propriété; mais cette autorité excéderait ses pouvoirs en cédant la propriété de parties de routes et de lits de rivière, en paiement de cette indemnité.*

Roussel.
20 novembre 1815. — (t. 3, p. 182.)

7. — (Indemnité. — Rivière. — Flot-

tage.) — *Lorsqu'une rivière est navigable ou flottable, l'autorité administrative est compétente pour y autoriser les ouvrages qui tendent à favoriser le commerce.*

Les particuliers intéressés, n'ont pas qualité pour discuter la question d'utilité publique (sauf sans doute le maintien de leurs droits, qui alors se résolvent en indemnités.)

Fontaine.
14 juillet 1811. (t. 1, p. 511.)

8. — (Propriété. — Indemnité. — Compétence.) — *La question relative à l'indemnité réclamée par un particulier pour un terrain par lui cédé, pour utilité publique, doit être portée devant l'autorité judiciaire.* (Loi du 8 mars 1810, art. 16.)

Tabuteau. — C. — le maire de Châteauneuf.
20 novembre 1815. — (t. 3, p. 181.)

— V. Chemin supprimé. — Contentieux. (Action administrative. — Démolition. (Propriété.) — Indemnité. — Idem. (Répartition.) — Justice discrétionnaire. (Intérêt.) — Propriété. — Idem. (Bains du Mont-d'Or. — Idem. (Démolition.) — Idem. (Expropriation.) Idem. (Indemnité.) Idem. (Théâtre.) — Usine. (Raffinerie.)

UT SINGULI. — V. Commune. (Action.) — Communes. (Habitans.)

VACANS. — V. Hospices (Biens célés.)

VAINE PATURE.

1. — (Acte administratif. — Divisibité — Compétence.) — *L'autorité administrative est compétente pour statuer sur la question de savoir si le droit de vaine pâture, réclamé sur un domaine national par des particuliers, faisait partie des servitudes imposées à ce domaine, à l'époque de la vente consentie par l'Etat, attendu qu'il ne s'agit là que d'interpréter un acte d'adjudication. — Mais la demande en rachat du droit, ainsi que les contestations relatives au mode de jouissance et aux dégâts que l'acquéreur prétendrait avoir été causés par les usagers, sont du ressort de l'autorité judiciaire.*

Ravier.
2 février 1812. — (t. 2, p. 21.)

VAINES ET VAGUES.

1. — (Terres) (Communaux. — Propriété.) — *Les conseils de préfecture ne sont pas compétens pour décider, entre deux communes, à qui appartient la propriété de terres vaines et vagues.* (Art. 8 et 9. L. du 28 août 1792. — Art. 12, sect. 4. L. du 10 juin 1793.)

La commune de Vingran.
13 juillet 1813. — (t. 2, p. 386.)

VALEUR. — V. Fournisseur. (Sous-traitans.)

VALIDITÉ. — V. Consignation. (Remboursement.)

VANNES. — V. Moulin.

VARECH. — V. Propriété.

VENTE. — V. Acquéreurs successifs. (Caisse d'amortissement.) — Biens nationaux. — Communaux. — Commune. — Décompte. (Mandats.) — Domaines nationaux. — Idem. (Emigré.) Emigré. — Erreur de droit. (Acensement.) — Prises. — Propriété.

VENTILATION. — V. Adjudicataires.

VICINALITÉ. — V. Chemin.

VILLE.

1. — (Fermages. — Compétence.) — *Une contestation sur les clauses d'un bail de droit de subvention d'une ville qui avait été portée devant une cour des aides, a dû, d'après la loi du 19 octobre 1790, être portée devant les tribunaux ordinaires, d'autant que les paiemens de fermages sont généralement du ressort des tribunaux, et non des conseils de préfecture.*

Gauser. — C. — la ville de Nismes.
15 novembre 1814. (t. 3, p. 44.)

VILLE DE PARIS. — V. Indemnité. (Privilège.)

VINS. — V. Boisson. (Effet rétroactif.)

VIOLATION. — V. Etranger.

VIOLATION DE TERRITOIRE. — V. Prises.

VIOLENCE. — V. Mise en jugement. — Idem. (Voie de fait.)

VOIES DE FAIT. — V. Mise en jugement.

VOIE PRIVÉE. — V. Chemin public. — Chemin vicinal.

VOIE PUBLIQUE.

1. — (Anticipation. — Compétence.) — *Lorsqu'il s'agit de savoir si des déblais sont posés sur ou près une voie publique récemment existante; c'est à l'administration à déterminer la largeur de la voie publique; l'autorité judiciaire ne peut se permettre de statuer sous prétexte de constater une anticipation.* (Avis du Conseil d'état du 18 juin 1809, et art. 471 du Code pénal.)

Craney.
6 août 1812. — (t. 2, p. 127.)

2. — (Conseil de préfecture. — Propriété.) — *Lorsqu'il s'agit de décider si le terrain existant entre une maison et un fossé pratiqué par le propriétaire de la maison est une voie publique ou une propriété particulière, la question n'est pas dans les attributions de la justice administrative contentieuse; elle est dévolue aux tribunaux.*

Pasquier. — C. — la commune de Lumeau.
23 décembre 1815. — (t. 3, p. 187.)

3. — (Dégradation. — Propriété. — Justice de voirie.) — *Un conseil de préfecture qui ordonne à un particulier de combler des fossés pratiqués sur la voie publique et de rentrer dans les limites précédentes, rend en cela une décision de police réprimant une contravention aux réglemens de la voirie; il ne décide point une question de propriété. Tant qu'il se borne à une telle disposition, il n'y a pas lieu à recours pour excès de pouvoir.*

Legris. — C. — Boutry.
8 janvier 1817. (t. 3, p. 476.)

— V. Chemin vicinal. — Propriété (Démolition.) — Responsabilité. — Idem. (Propriétaire.)

VOIRIE.

1. — (Alignement. — Indemnité) — *Le propriétaire dont la maison est située sur la voie publique et soumise à un alignement, ne peut, au cas de démolition du mur de devant, le réédifier sans autorisation. — S'il viole la règle, l'autorité administrative peut le contraindre à démolir,*

Toutefois, sauf indemnité, si l'alignement ne peut avoir lieu qu'aux dépens de sa propriété. (C. civ., 545.)

Delaunay. — C. — Muller et Vallois.
13 avril 1809. — (t. 1, p. 167.)

2. — (Anticipation. — Qualité.) — *Au cas d'anticipation faite sur la voie publique, le droit de se plaindre appartient au maire, et non aux voisins; si toutefois l'anticipation n'est pas nuisible à l'usage public de la rue, s'il n'y a qu'écart de l'alignement ordonné.*

Beaudeau et Lagredière. — C. — Morgue.
11 mai 1807. — (t. 1, p. 88.)

3. — (Anticipation sur la voie publique. — Alignement. — Conseil de préfecture. — Propriété.) — *C'est aux maires, sauf recours au préfet, qu'il appartient de fixer, de reconnaître et de faire observer les alignemens des rues, qui ne sont pas routes royales ou départementales, dans les villes, bourgs et villages. — Les conseils de préfecture sont tout-à-fait incompétens à cet égard. — Ils sont également incompétens pour prononcer l'amende encourue en cas d'empiètement sur l'alignement. — C'est aux tribunaux de police à en connaître.*

Aumeunier.
30 juillet 1817. — (t. 4, p. 105.)

4. — (Chemin public.) — *Lorsqu'un chemin existant depuis plusieurs années a été supprimé, et que cette suppression donne lieu à quelques contestations, les préfets peuvent, par mesure de police, empêcher provisoirement la suppression du chemin, jusqu'à ce qu'il ait été statué sur la question de propriété par les tribunaux ordinaires, qui sont seuls compétens pour en connaître.*

Duchaume. — C. — la commune de Mignaloux.
29 septembre 1810 — (t. 1, p. 409.)

5. — (Compétence.) — *C'est à l'autorité administrative, et non aux tribunaux ordinaires qu'il appartient de connaître de toute contravention en matière de grande voirie.* (Loi des 28 pluviose an 8 et 29 floréal an 10.)

Lucotte.
14 mai 1817. — (t. 4, p. 17.)

6. — (Dommages-intérêts. — Auto-

rité administrative.) — *A l'autorité administrative seule appartient le droit de statuer sur les actions en dommages-intérêts, pour contraventions en matière de grande voirie.*

Demorant et Aubinet.
11 janvier 1808. — (t. 1, p. 137.)

7. — (Nouvel œuvre. — Possession.) *Lorsqu'il s'agit de savoir si la nouvelle construction d'un particulier est une anticipation sur la voie publique ou une propriété privée avec possession constante, c'est à l'autorité administrative, et non à l'autorité judiciaire, à décider la contestation.*

En serait-il de même s'il s'agissait de faire abattre un édifice ancien, prétendu indûment construit sur la voie publique ? (Cod. civ., 2226.)

Condé. — C. — Loupot.
31 mai 1807, — (t. 1, p. 90)

8. — (Peines.) — *En matière de grande voirie, c'est aux tribunaux qu'appartient le droit de prononcer les peines corporelles, et à l'autorité administrative de prononcer les peines pécuniaires.*

Pavaillon.
23 avril 1807. — (t. 1, p. 82.)

9. — (Peines. — Divisibilité.) — *La répression des délits en matière de grande voirie, n'appartient à l'autorité administrative qu'en ce qui concerne l'application de peines pécuniaires. Quant aux peines corporelles, c'est aux tribunaux seuls à les prononcer.*

— *Et si le même délit emporte des peines de l'une et l'autre espèce, il doit y avoir deux décisions distinctes, soit par l'une, soit par l'autre autorité.* (Art. 4, l. 29 floréal an 10.)

Le préfet de l'Escaut. — C. — les communes de Loochristy et Oostacker..
2 février 1808. — (t. 3, p. 145.)

10. — (Préfet. — Justice administrative répressive.) — *Ce n'est point aux tribunaux de police, c'est à l'autorité administrative qu'il appartient de réprimer les contraventions en matière de grande voirie.*

Chabot et Jacquet.
19 mars 1817. — (t. 3, p. 539.)

11. — (Préfet.) — *Les délits ou contraventions de voirie sont soumis à la justice des préfets en ce qui touche les peines pécuniaires.*

Cossin. — C. — l'adm. des ponts et chaussées.
16 juillet 1817. — (t. 4, p. 93.)

12. — (Routes. — Construction. — Pouvoir discrétionnaire.) — *Si un particulier a fait une construction trop près d'une route royale aux termes des réglemens, et si, sans autorisation, il a anticipé sur la voie publique, toutefois sous les yeux et sans opposition de son administration municipale ; la construction doit être démolie, mais il y a lieu à modération de l'amende.*

Huet.
25 février 1818. — (t. 4, p. 258.)

13. — (Sous-préfets. — Exécution provisoire.) — *Les sous-préfets ont le droit de faire exécuter provisoirement leurs ordonnances rendues pour contraventions en matière de grande voirie, sauf le recours au préfet.* (29 floréal an 10.)

Dechampneuf. — C. — les habitans de Migron.
12 novembre 1809. — (t. 1, p. 334.)

14. — (Sûreté publique.) — *Un propriétaire à qui il a été enjoint de faire ou réparer ou démolir sa maison, ne peut empêcher sa démolition, en offrant de réparer, s'il a mis du retard à faire la réparation ordonnée ; et si, dans l'intervalle, il est survenu du danger pour la sûreté publique.*

Dufour.
22 novembre 1810. — (t. 1, p. 438.)

— V. Canal d'irrigation. (Propriété.) — Chemin public. (Servitude.) — Chemin vicinal. — Idem. (Préfet.) — Idem. (Propriété.) — Idem. (Servitude.) — Commune. (Possession.) — Divisibilité. (Compétence.) — Domaine public. (Usage.) — Eau. (Cours d'.) — Idem. (Contentieux.) — Indemnité. — Propriété. — Idem. (Construction.) — Idem. (Démolition.) — Idem. (Sentier.) — Rue. (Anticipation.) — Idem. (Passage.) — Servitude. (Rue.)

VOISINAGE. — V. Arbres. (Plantations.)

VOITURIER. — V. Routes.

TABLES ADDITIONNELLES.

Abandon. — V. Acte administratif. N.° 1. — Pauvres, 1.

Abolition. — V. Banalité, 2. — Engagistes, 3. — Indemnité, 1.

Abonnement. — V. Administration publique, 1. — Boisson, 2. — Justice ministérielle, 1.

Accessoires. — V. Indemnité, 19.

Accrue. — V. Adjudication, 56.

Accusé. — V. Séquestre, 1.

Acensement. — V. Domaines engagés, 4. — Erreur de droit, 1.

Acquéreur. — V. Compensation, 1. — Déchéance, 1, 3. — Décompte, 2, 3. — Propriété nationale, 1. — Remboursement, 13. — Remise, 1.

Acquéreur de domaines nationaux. — V. Compensation, 9. — Décompte, 4, 16, 19. — Déchéance, 2. Ponts et chaussées, 1. — Soumission, 1.

Acquéreurs successifs. — V. Biens nationaux, 1.

Acquiescement.

1. — (Pompe à feu. — Compagnie de chauffage économique.) — *La compagnie de chauffage économique ayant fait avec l'administration un traité annullé par le préfet, est non-recevable à attaquer cet arrêté pour incompétence et excès de pouvoir, s'il y a eu postérieurement un acte d'adhésion, quels qu'en soient les motifs.*

Siau.

12 août 1818. (t. 4. p. 414.)

—V. Bois, 2.—Chose jugée, 3.—Délai, 1, 23. — Prise maritime. 1.

Acquiescement ministérielle. — V. Émigré, 2.

Acte administratif. — V. (*Hic.*) Action possessoire. — Adjudication, 2, 3. — Cautionnement, 1. — Chose jugée, 4.—Conseil de préfecture, 6.—Contentieux, 1, 14.—Créanciers, 1.—Décision de préfet, 1.—Délai, 27.—Eau, 1, 2.—Émigré, 22, 35.—(*Hic.*) Exécution. — Hospices, 13. — Interprétation, 1. — Mise en jugement, 56. — Pauvres, N°. 1. — Pavage, 2.—Prise à partie, 1. — Propriété, 29, 30.—(*Hic.*) Tontine. — Vaine pâture, 1.

Acte arbitraire. — V. Mise en jugement, 2, 11.

Action. — V. Commune, 1, 2, 33. — (*Hic.*) Conseil municipal. — Émigré, 1. — Hospices, 7.

Action accessoire. — V. Contributions, 1.

Action administrative. — V. Comptabilité, 2. — Contentieux, 2, 3, 19. — Contributions, 3. — Déchéance, 3. — Décompte, 5. — Halles, 2. — Lits militaires, 1. — Marais, 4. — Moulin, 2. — Opposition, 4. — Pavage, 1. — Usine, 4.

Action civile. — V. Douanes, 1 3.

Action judiciaire. — V. Autorisation, 16.

Action possessoire.

1. — (Acte administratif.) — *Il ne suffit pas qu'un particulier possède un terrain en vertu d'un bail administratif, pour qu'il doive être maintenu en possession, sans que la justice ordinaire puisse constater que la possession annale appartient à un tiers, et renvoyer ce tiers en possession provisoire.*

Le prince de Hohenzellern. — C. — Mage.

26 août 1818. — (t. 4, p. 438.)

— V. Biens nationaux, 2. — Chemin vicinal, 25.—Domaines nationaux, 1. — Eau, 7. — Indemnité, 9. — Place publique, 2.

Action principale. — V. (*Hic.*) Indemnité.

Action réelle. — V. Commune, 5.

Actionnaire. — V. Péage, 3. — Promulgation, 1.

Addition de clause. — V. Adjudication, 40.

Adjoint. — V. Mise en jugement, 1, 2.

Adjudicataires. — V. Bacs, 5. — Bois, 5. — Contributions, 6, 14. — Domaines nationaux, 2. — Indemnité, N°. 2. — Remboursement, 1.

Adjudication.

1. — (Communaux. — Contenance. — Confins. — Résiliation.) — *Lorsqu'une adjudication de biens communaux a été faite, avec erreur ou omission dans l'énonciation de la contenance et des confins, de manière que l'adjudicataire puisse prétendre n'avoir pas reçu la chose achetée, il y a lieu de prononcer la résiliation de l'adjudication avec remboursement du prix et des loyaux-coûts.*

Houry. — C. — L'administ. des dom.

22 juillet 1818. — (t. 4, p. 392.)

2. — (Interprétation.) — *Lorsque certaines portions de propriété ont été usurpées sur un émigré avant l'adjudication de ses biens, si les affiches et le procès-verbal d'adjudication ne contiennent pas mention expresse de ces portions d'immeubles, elles sont réputées n'avoir pas été adjugées.*

Barbier-Dufay.

12 août 1818. — (t. 4, p. 420.)

3. — (Opposition.) — *Relativement aux adjudications faites en Corse par l'autorité ligurienne, ne suffirait-il pas que l'adjudicataire eût acquis sans opposition du prétendu propriétaire, pour que l'adjudication dût être maintenue; y a-t-il une différence entre les adjudications faites par les autorités françaises et les adjudications faites par les autorités d'un pays étranger qui a été réuni à la France et qui en est aujourd'hui séparé?*

Administration des dom. — C. — Giubega.

12 août 1818. — (t. 4, p. 409.)

4. — (Rectification.) — *Un conseil de préfecture est autorisé à rectifier les clauses d'un acte d'adjudication indicative des confins de l'immeuble adjugé, lorsqu'en cela il ne fait qu'interpréter les actes d'adjudication.*

Jacomet. — C. — le maire de Tarbes.

26 août 1818. — (t. 4, p. 439.)

5. — (Résiliation. — Communaux.) — *Une adjudication de biens communaux n'est susceptible de résiliation pour défaut de mesure, consistance et valeur qu'en deux cas; 1°. s'il y a garantie expresse; 2°. s'il y a, tout-à-la-fois, erreur sur les confins et sur la contenance.*

Le maire de Coings.

12 août 1818. — (t. 4, p. 419.)

—V. Acquéreur, N°. 1, 2, 3, 4, 5, 6. —Acquéreurs successifs, 1.—Acte administratif, 2. — Biens nationaux, 3, 4, 5, 6, 7. — Bois, 1. — Bois domaniaux, 1. — Bois national, 1. — Caisse d'amortissement, 1. — Canal, 10. — Cloche, 1. — Communaux, 2. — Condamné, 1. — Contentieux, 4. — Déchéance, 4, 5. — (*Hic.*) Déchéance comminatoire. — Divisibilité, 2. — Domaines nationaux, 3 à 11, 17. — Effet rétroactif, 1. — Erreur de fait, 1. — Fruits, 1. — Glaces, 1. — Intercallation, 1. — Limites, 4. — Litispendance, 1, 2. — Octroi, 1. — Pacage communal, 1. — Propriété, 1, 29. — Relais de mer, 1. — Société, 1. — Soumission, 2.

Adjudications successives. — V. Indemnité, 3.

Administrateur. — V. Commune, 23. — Conflit négatif, 3. — Juge, 1. — (*Hic.*) Tontine.

Administration. — V. Contentieux, 4, 5, 23. — Contributions indirectes, 1. — Justice administrative, 1. — Utilité publique, 1.

Administration active. — V. Contentieux, 6, 7. — Curage, 3. — Droit positif, 1.

Administration d'autorité. — V. Administration d'économie, 1.

Administration d'économie. — V. Affouage, 11. — Baux, 1. — Décision ministérielle, 1. — Douanes, 3. — Séquestre, 1.

Administration d'économie intérieure. — V. Action administrative, 1. — Émigré, 8.

Administration des forêts — V. Arbres, 2. — Commune, 7.

Administration générale. — V. Prison.

Administration municipale. — V. Chemin vicinal, 40.

Administration publique. — V. Fournitures, 1. — Justice administrative, 2. — Préfet, 4.

Affaire en état. — V. Décès, 1.

Affouage. — V. Commune, 38. — Corporations religieuses, 3. — Justice discrétionnaire, 2.

AGENS ADMINISTRATIFS. — V. Réquisition, N° 2.

AGENS DU GOUVERNEMENT.

1. — (Garantie constitutionnelle. — Lettre de change. — Tiers-porteurs) — *Des effets tirés sur le caissier général des postes à titre d'avances et pour l'exécution d'un marché relatif à un service public, par un agent du gouvernement prenant qualité de caissier et gérant de la correspondance des îles de Corse, etc., sont des actes d'administration, pour raison desquels le tireur des effets ne doit pas être poursuivi en nom personnel, encore que les effets aient passé dans les mains d'un tiers-porteur.*

Mancini. — C. — Ceconi.
12 août 1818. — (t. 4, p. 423.)

2. — (Obligation personnelle.) — *Une obligation souscrite par le maire d'une commune et les membres du conseil municipal pour raison de fournitures faites à la commune, n'est pas pour cela un acte administratif, si les contractans n'ont pas déclaré s'obliger en leurs qualités; l'obligation est, de sa nature, personnelle, et doit être poursuivie devant les tribunaux, sans que l'autorité administrative puisse en revendiquer la connaissance.*

Jobard. — C. — Flagée.
12 août 1818. — (t. 4, p. 417.)

— V. Entrepreneur de service public, 1. — Fournisseur, 1. — Garantie constitutionnelle, 2, 3, 4, 13. — Garde magasin, 1. — Liberté individuelle, 1. — Mise en jugement, 1, 25. — Munitionnaires généraux, 1.— Obligation personnelle, 1.

AGENT DU GOUVERNEMENT ANGLAIS. — V. Confiscation, 1.

AGENS DE LA RÉGIE DES SUBSISTANCES. — V. Agens du gouvernement, 1.

ALIÉNATION.

1. — (Rentes. — Immeubles.) — *La prohibition d'aliéner des biens ne s'applique de plein droit qu'aux biens-fonds ou immeubles; elle ne s'applique pas à un remboursement de rentes tel que la prohibition prononcée par la loi du 2 brumaire an 4, relativement à l'aliénation des biens des établissemens de bienfaisance.*

Le bureau de bienfaisance de Bordeaux. — C. Molinier.
9 septembre 1818. — (t. 4, p. 446.)

— V. Arrentement, N° 1. — Corporations religieuses, 1. — Fabriques, 1. — Main-morte, 1, 2. — Chemin vicinal, 3. — Indemnité, 24. — Maire, 1. — Propriété, 16. — Voirie, 1, 3.

ALLIANCE. — V. (*Hic.*) Nom.

ALLIÉS. — V. Commission départementale, 1. — Restitution, 1.

ALLOCATION. — V. Compte, 4.

ALLUVION. — V. Banc de sable, 1. — Ilots, 1.

ALMANACH ROYAL. — V. Privilége, 2.

AMÉLIORATION. — V. Déchéance, 13.

AMÉNAGEMENT. — V. Cantonnement, 1.

AMENDE. — V. Alignement, 1. — Arbres, 3. — Garantie constitutionnelle, 14. — Propriété, 2. — Réglement de police, 1. — Routes, 1.

AMENDEMENT. — V. Mines, 12.

AMNISTIE. — V. Dépaissance, 1.

ANGLAIS. — V. Dotation, 1.

ANNUITÉS. — V. Décompte, 6, 7.

ANTICIPATION. — V. Chemin public, 1, 2. — Chemin vicinal, 4 à 9. — Limites, 2. — Propriété, 37. — Rue, 1. — Sentier, 1. — Voie publique, 1. — Voirie, 2, 3.

APANAGE. — V. Acte administratif, 29.

APPEL. — V. Autorisation, 8. — Prise maritime, 2.

APPLICATION. — V. Acte administratif, 2, 3, 11, 14. — Adjudication, 4, 41 à 44. — Interprétation, 1.

APPOINTEMENS. — V. Contentieux, 28.

APPROBATION. — V. Hospices, 4.

APPROVISIONNEMENT. — V. Indemnité, 17.

AQUEDUC. — V. Expropriation pour cause d'utilité publique, 2.

ARBRES. — V. Chemin vicinal, 38, 41. — Domaines nationaux, 7. — Mise en jugement, 48. — Place publique, 2. — Propriété, 2, 3. — Réglement, 1. — Routes, 1. — Sursis, 1.

ARCHITECTE. — V. Travaux publics, 1.

ARMATEUR. — V. Responsabilité, 2.

ARMÉE D'ESPAGNE. — V. Liquidation, 2.

ARMÉE D'OCCUPATION. — V. Eaux de vie de grains, N°. 1.

ARPENTAGE. — V. Cadastre, 1.

ARQUEBUSE. (COMPAGNIE DE L') — V. (*Hic.*) Garantie constitutionnelle.

ARRANGEMENT ADMINISTRATIF. — V. Emigré, 2.

ARRÉRAGES. — V. Rentes convenancières, 1.

ARRÉRAGES DE RENTES. — V. Prescription, 1.

ARRESTATION ARBITRAIRE. — V. Amnistie, 1. — Liberté individuelle, 1. — Mise en jugement, 3, 4, 5.

ARRÊT. — V. Conseil d'état, 2. — Contrariété, 1.

ARRÊT CONTRADICTOIRE. — V. Révision, 1.

ARRÊT DU CONSEIL. — V. Désaveu, 1. — Péage, 2.

ARRÊTÉS — V. Exécution, 2. — Maire, 1. — Ministre, 2.

ARRÊTÉ ADMINISTRATIF. — V. Sursis, 2.

ARRÊTÉ DU GOUVERNEMENT. — V. Décision contradictoire, 1.

ARRIÉRÉ. — V. Contentieux, 10. Contributions, 20.

ASSOCIATION.

1. — (Travaux de la Durance. — Commune.) — *Les arrêtés d'une association de travaux sur une rivière relativement aux dépenses exigées par ces travaux, ne peuvent avoir effet que sur les communes ou les propriétés prises dans l'association; si une commune étrangère à l'association se trouve intéressée à ces travaux, ce n'est pas une raison pour qu'il soit permis de lui imposer une quote-part des dépenses; il faut plutôt la faire comprendre dans l'association.*

Forbin-Janson — C. — L'association des travaux de la Durance.
9 septembre 1818. — (t. 4, p. 443.)

— V. Contributions, 8.

ASSIGNATS. — V. Remboursement, 2, 12.

ATELIERS. — V. Manufactures, 1, 2.

ATTÉRISSEMENT. — V. Adjudication, 45. — Alluvion, 1. — Propriété, 4.

ATTRIBUTIONS. — V. Conseil d'état, 3. — (*Hic.*) Pays réunis.

AUTORISATION.

1. — (Commune. — Insolvabilité.) — *L'insolvabilité reconnue du débiteur d'une commune, est une raison suffisante pour que le Conseil d'état refuse à la commune l'autorisation de le poursuivre par action civile.*

Gomeret.
9 septembre 1818. — (t. 4, p. 449.)

— V. Abus, N°. 1. — Action, 1. — Appel comme d'abus, 1. — Communaux, 39. — Commune, 3 à 6, 15, 33. — Conseil de préfecture, 1. — Contentieux, 16. — Eau, 23. — Fabrique, 2, 3. — Hospices, 7. — Lois et réglemens sanitaires, 1. — Manufactures, 3, 4. — Parcours, 1. — Patouillets, 1. — (*Hic*) Tannerie. — Usine, 1, 2, 4, 5, 6.

AUTORISATION DU GOUVERNEMENT. — V. Concession, 1.

AUTORISATION JUDICIAIRE. — V. Propriété, 22.

AUTORITÉ ADMINISTRATIVE. — V. Action possessoire, 1, 3. — Alluvion, 2. — Autorité judiciaire, 1. — Bacs, 5. — Capacité, 1. — Chemin, 5. — Chemin public, 1, 3. — Comptabilité, 3, 7. — Concession, 8. — Concession subreptice, 1. — Contributions, 4, 15, 21. — Fabrique, 4, 12. — Hospices, 14. — Marché avec l'administration, 1. — Obligation personnelle, 3. — Office, 1. — Partage administratif, 3. — Pays réunis, 1. — Percepteur, 1. — Pilotes lamaneurs, 1. — Police rurale, 1. — Pont, 5. — Propriété, 31. — Provision, 1. — Remboursement, 3, 8. — Rentes, 2. — Réquisition, 1. — Routes, 7. — Rue, 1. — Taxe, 1. — Travaux publics, 19. — Usages, 1, 3. — Voirie, 6, 7.

AUTORITÉ JUDICIAIRE. — V. Accusé, 1. — Action de la Compagnie des Indes, 1. — Action possessoire, 2. — Attérissement, 1. — Autorité administrative, 1, 2, 3. — Chemin vicinal, 31. — Contributions, 2. — Domaines de l'Etat, 1. — Eau, 3, 38. — Engagistes, 3. — Fermier de l'Etat, 2, 3. — Garantie constitutionnelle, 1, 10. — Obligation personnelle, 2. — Octroi, 6. — Pont, 1. — Rentes, 9. — Rentes transférées par le Gouvernement, 2.

AUTORITÉ LOCALE. — V. Privilége, 1.

AVARIES. — V. Prise maritime, 25.

AVIS. — V. Comité des finances, N°. 1.

— Conseil de préfecture, 2. — Ministre, 1.

AVOCAT. — V. Désaveu, 1.

AYANT-CAUSE. — V. Halles, 3. — Tierce-opposition, 1, 5, 8.

BAC. — V. Acte administratif, 4.

BAIL. — V. Acte administratif, 5. — Biens abandonnés, 1. — Caisse d'amortissement, 2. — Domaines nationaux, 12, 14, 15. — Domaine public, 1. — Indemnité, 15. — Octroi, 2.

BAIL ADMINISTRATIF. — V. Indemnité, 4.

BAIL A FERME. — V. Action possessoire, 1. — Bacs, 1. — Pêche, 1.

BAIL EMPHYTHÉOTIQUE. — V. Adjudication, 5.

BAINS. — V. Propriété, 40.

BAINS DU MONT-D'OR. — V. Propriété, 5.

BALS. — V. Salles de spectacle, 1.

BANNI. — V. (*Hic.*) Délai.

BANQUIER. — V. Patente, 1, 2.

BARRAGE. — V. Eau, 22.

BARRIÈRES. — V. Cautionnement, 1.

BATEAUX. — V. Pont, 1.

BATIMENS DE COMMERCE. — V. Recousse, 1.

BATIMENS INHABITÉS. — V. Contribution foncière, 1.

BATIMENS MILITAIRES. — V. Propriété, 6.

BAUX A FERME. — V. Biens nationaux, 8.

BAUX A VIE. — V. Prêtre déporté, 1.

BERGE. — V. Adjudication, 46.

BIÈRE. — V. Préfet, 4.

BIENS CÉLÉS. — V. Hospices, 1, 2, 9. — Révélateur, 1.

BIENS DOMANIAUX. — V. Action possessoire, 1.

BIENS NATIONAUX. — V. Acquéreur, 7. — Acte administratif, 15, 16, 17. — Adjudication, 6 à 10, 47. Comptabilité, 3. — Créanciers, 1. — Fermages, 1. — Fruits, 1. — Hospices, 3. — Soumission, 3.

BLANCHISSERIE. — V. (*Hic.*) Tannerie.

BLOCUS. — V. Dotation, 1.

BOIS. — V. Acquiescement, 4. — Adjudication, 2. — Affouage, 8. — Approvisionnement de Paris, 1. — Arpentage, 1. — Bois, 6. — Commune, 7, 34. — Conflit, 15. — Décision ministérielle, N°. 4. — Indemnité, 9. — Invasion, 1. — Marché avec l'administration, 6. — Mise en jugement, 7. — Occupation militaire, 1. — Question préjudicielle, 1. — Société, 1. — Tiercement, 1. — Traité de Paris, 1.

BOIS COMMUNAUX. — V. Affouage, 1, 2. — Commune, 38. — Mise en jugement, 6.

BOIS DÉFENSABLE. — V. Bois, 5.

BOIS DE L'ÉTAT. — V. Domaines engagés, 2.

BOIS DE MARINE. — V. Fournisseur, 2.

BOISSONS. — V. Débitans, 1. — Droit positif, 1. — Justice ministérielle, 1.

BONIFICATION. — V. Contentieux de la marine, 1.

BONNE FOI. — V. Comptabilité, 4. — Douanes, 2. — Fruits, 2, 3. — Mise en jugement, 20.

BONS. — (*Hic.*) Fournisseur.

BORNAGE. — V. Biens nationaux, 9. — Conseil d'Etat, 13. — Limites, 1.

BOUCHERIE. — V. Privilège, 1.

BOURGEOISIE. — V. Contributions, 2.

BOURSE GRATUITE. — V. Fondation pieuse, 1.

BUREAU DE BIENFAISANCE. — V. Autorisation, 21. — Capacité, 1. — Pauvres, 1.

CAISSE D'AMORTISSEMENT. — V. Acquéreurs successifs, 1. — Adjudication, 13. — Biens nationaux, 10. — Cheptel, 1. — Hospices, 3. — Revendication, 1.

CAISSE DE L'EXTRAORDINAIRE. — V. Acquéreur, 13.

CANAL. — V. Contentieux, 5. — Contributions, 2. — Curage, 1, 2. — Digues, 1. — Eau, 4, 5, 22, 25. — Indemnité, 14. — Marais, 1.

CANAUX D'ORLÉANS ET DE LOING. — V. Justice discrétionnaire, 1.

CANAL DE VAUCLUSE. — V. Eau, 29.

CANTONNEMENT. — V. Bois communaux, 1.

CAPACITÉ. — V. Accusé, 1.

CAPITAINE. — V. Responsabilité, 2.

CAPITULATION. — V. Contentieux, 18.

CAPTEURS. — V. Prise maritime, 4.

CAPTURE. — V. Navire, 1.

CARGAISON. — V. Simulation, 1.

CARRIÈRE. — V. Travaux Communaux, N°. 1.

CASSATION. — V. Conseil d'Etat, 12. — Cour des Comptes, 1, 2. — Excès de pouvoir, 1.

CAUTION. — V. Commune, 8. — Compétence, 2. — Prescription, 3. — Receveur, 1.

CAUTIONNEMENT. — V. Compensation, 2. — Imputation, 1. — Receveur, 2, 3, 7. — Trésor public, 1.

CÉDULES. — V. Folle enchère, 1.

CENS. — V. Rente, 10.

CERTIFICATS. — V. Comptabilité, 5.

CESSATION DE COMMERCE. — V. Patente, 3.

CESSION. — V. Hospices, 4.

CESSIONNAIRE. — V. Tierce-opposition, 2.

CHAPEAUX. — V. Manufactures, 4.

CHARBON. — V. Indemnité, 17.

CHARCUTIERS. — V. Réglement de police, 2.

CHARGES. — V. Engagistes, 1. — Mise en jugement, 8 à 11, 17.

CHARGEUR. — V. Sauvetage, 1.

CHEMIN. — V. Action administrative, 2. — Adjudication, 11. — Limites, 2. — Provisoire, 1.

CHEMIN AGRAIRE. — V. Chemin vicinal, 10.

CHEMIN DE HALAGE.

1. — Conseil de préfecture. — Indemnité préalable.) — *Un conseil de préfecture n'a pas d'attribution pour frapper de servitude des propriétés particulières, en ordonnant l'établissement d'un chemin de hallage; c'est au préfet à reconnaître l'utilité du chemin de hallage, et d'ordonner des mesures nécessaires pour son exécution.*

La création d'un chemin de hallage peut-elle avoir lieu sans une indemnité préalable pour les propriétaires dont les fonds sont grevés de servitude.

Lucron. — C. — Dufour.
26 août 1818. — (t. 4, p. 427.)

2. — (Navigation. — Port fixe d'abordage.) — *L'obligation consacrée par l'ordonnance de 1669 et par le Code civil, de laisser sur le bord des rivières navigables un chemin pour le hallage des bateaux, n'est qu'une servitude pour le propriétaire riverain; ce n'est point une expropriation. Le propriétaire peut donc s'opposer à ce que, dans l'intérêt d'un tiers, il soit formé un port fixe d'abordage le long du chemin de hallage.*

Les bateliers peuvent s'arrêter partout où le besoin de la navigation l'exige, mais ils ne peuvent donner aucune fixité à leurs abordages le long des chemins de hallage.

Au surplus, une telle contestation est placée dans les attributions du conseil de préfecture par la loi du 28 floréal an 10.

Perier. — C. — Leclerc.
26 août 1818. — (t. 4, p. 435.)

— V. Réglement, N°. 1.

CHEMIN DE DESSERTE. — V. (*Hic.*) Chemin vicinal.

CHEMIN D'EXPLOITATION. — V. Chemin vicinal, 28.

CHEMIN NÉCESSAIRE. — V. Chemin vicinal, 11. — Relais de mer, 1.

CHEMIN PUBLIC. — V. Anticipation, 1. — Arbres, 1. — Voirie, 4.

CHEMIN VICINAL.

1. — (Chemin de desserte. — Fontaine. — Voirie.) — *Le chemin qui conduit d'un village à une fontaine, n'est pas présumé chemin vicinal, il est plutôt présumé chemin de desserte ou de servitude. Une entreprise préjudiciable à un tel chemin, ne donne pas lieu à l'application des lois et réglemens relatifs à la grande ou petite voirie; il n'y a là qu'une question de propriété ou de servitude du ressort des tribunaux ordinaires et non du ressort de l'autorité administrative.*

Destals, veuve Gauzens. — C. — le maire de Planiolles.
12 août 1818. — (t. 4, p. 424.)

— V. Alignement, 2. — Anticipation, 1. — Chemin rural, 1. — Eau, 6. — Murs, 1. — Propriété, 37. — Sentier, 1. — Sursis, 7.

CHEVALIERS DE MALTE. — V. Questions d'état politique, 1.

CHOMAGE. — V. Expert d'office, 1. — Indemnité, 14.

CHOSE JUGÉE.

1. — (Conseil de préfecture.) — *Lorsqu'un conseil de préfecture excédant ses pouvoirs a rapporté un de ses arrêtés au mépris de la chose jugée, si la partie à qui le deuxième arrêté fait grief en demande la rétractation, il n'y a pas de raison pour la refuser sous*

prétexte d'un faux respect pour la chose jugée; au total, l'obligation du conseil de préfecture est de faire que les parties restent ou soient remises dans le même état où les plaça le premier arrêté.

Lefebvre-Lamotte. — C. — l'administration des domaines.
12 août 1818. – (t. 4, p. 421.)

2. — (Conseil de préfecture. — Hospice.) — *Les conseils de préfecture ne doivent pas considérer comme chose jugée les décisions rendues sur les droits privés par les anciens directoires de districts ou de département, lorsque ces décisions n'ont pas été prononcées contradictoirement, lors même qu'elles ont été rendues de propre mouvement en la forme administrative : à cet égard toute opposition est recevable.*

Le principe est applicable à des arrêtés d'administration qui, après une adjudication de domaines nationaux, ont déclaré, par forme d'interprétation que l'adjudication emportait des droits de servitude sur un cours d'eau appartenant à un hospice.

Les Administr. de l'hospice de Limoges. — C. — Lamy.
26 août 1818. – (t. 4, p. 436.)

3. — (Fournisseur. — Tierce-opposition.) — *Une décision du Conseil d'état portant rejet d'un chef de demande pour fournitures ou pour pertes et avaries de la part d'un fournisseur, n'a pas l'effet de la chose jugée relativement aux tiers ou sous-traitans qui peuvent être en contestation avec le fournisseur touchant le même article de fourniture ou de pertes et avaries; ces tiers ne peuvent donc se pourvoir par la voie d'opposition d'autant que leur contestation avec le fournisseur, est du ressort des tribunaux et doit y être jugée aux termes des conventions respectives et d'après le droit commun.*

La différence des juridictions peut produire cet effet qu'un article de fourniture ou de pertes et avaries soit refusé au fournisseur par le Conseil d'état, comme n'étant pas suffisamment justifié, tandis que le fournisseur sera condamné par les tribunaux à le payer au sous traitant attendu la justification suffisante.

Cherpin.
26 août 1818. – (t. 4, p. 435.)

—V. Acte administratif, N°. 1.—Action contre le domaine, 1. — Adjudication, 12. — Arrêté administratif, 1, 2. — Autorisation, 26. — Autorité administrative, 2.—Autorité judiciaire, 1. — Commission départementale, 1. — Commission de révision, 1. — Comité des finances, 1. — Commune, 6. (*Hic.*) — Conflit. —Conflit, 1 à 6.— (*Hic.*) Conflit négatif. — Conseil de préfecture, 2, 3, 5. — Contrariété, 1. — Décision d'économie intérieure, 1. — Décision ministérielle, 2, 4. — Décompte, 2. — Dépens, 1. — Dettes Communales, 1. — Douanes, 3. — Effet rétroactif, 2. — Emigré, 3, 8, 23, 26. — (*Hic.*) Francisation. — Imputation, 3. — Liquidation, 4. — Ministre, 6. — Occupation, 1. — Opposition, 13. — Pauvres, 1. — Prise maritime, 3. — Tierce Opposition, 5.

CIRCONSCRIPTION. — V. Commune, 28.

CIRCONSCRIPTION DE COMMUNES. — V. Opposition, 4.

CLAUSE AMBIGUE. — V. Acte administratif, 18.

CLAUSE PROHIBITIVE. — V. Remboursement, 4, 9.

COLONIES. — V. Liquidation, 1.

COMMAND. — V. Garantie, 1.

COMMANDEMENT. — V. Contributions, 30.

COMMISSAIRE. — V. Prise maritime, 2.

COMMISSAIRE DE L'ADMINISTRATION. — V. Acte administratif, 6.

COMMISSAIRE DES GUERRES. — V. Magasins militaires, 1. Garde magasins, 2.

COMMISSAIRE DE POLICE. — V. Mise en jugement, 12, 18.

COMMISSION. — V. Emigré, 3. — Gouvernement, 1.

COMMISSION DÉPARTEMENTALE DE LIQUIDATION.

1. — (Réquisition.) *Les décisions des commissions départementales portant liquidation de réquisition, ne sont pas du contentieux qui rentre dans les attributions du conseil de préfecture; la matière, quoique litigieuse, appartient à l'action administrative et doit être soumise au préfet.*

Mortet et Fontaine.
9 septembre 1818. – (t. 4, p. 451)

COMMISSION DE RESTITUTION. — V. (*Hic.*) Emigré.

COMMISSION DE RÉVISION DES DETTES DE SAINT-DOMINGUE.— V. Liquidation, N°. 1.

COMMISSION MIXTE DE LIQUIDATION. — V. (*Hic.*) Liquidation étrangère.

COMMISSION SPÉCIALE. —V. Émigré, 32. — Opposition, 7.

COMMUNAUTÉ. — V. Dommages-intérêts, 1. — Émigré, 18.

COMMUNAUX. — V. (*Hic.*) Adjudication. — Arrentement, 1. — Décret, 3. — Tierce-opposition, 3, — Vaines et vagues. 1.

COMMUNES.

1. — (Dépenses communales. — Pâtres. — Troupeaux communs.) — *Les dépenses relatives aux pâtres et troupeaux communs n'étant pas dépenses communales (en ce qu'ils n'intéressent pas la généralité des habitans, et notamment ceux qui n'ont pas de troupeaux) aux termes de la loi du 11 frimaire an 7, art. 6, il s'en suit que l'administration est sans intérêt dans les contestations qui s'élèvent entre les pâtres et les particuliers, surtout s'il s'agit de conventions particulières.*

Bertrand. — C. — Champigneulle.
26 août 1818. – (t. 4, p. 437.)

2. — (Obligation personnelle.) — *Des particuliers qui ont traité pour des fournitures dans l'intérêt d'une commune peuvent être poursuivis personnellement, si dans le traité il n'apparaît pas qu'ils agissaient au nom et en vertu d'un mandat de commune.*

Fumery et Sauvage. — C. — Considère.
26 août 1818. – (t. 4, p. 438.)

— V. Acte administratif, 12. — Adjudication, 13, 27, 48. — Administration active, 1. — Affouage, 3 à 6. — Arbres, 1. — (*Hic.*) Association. — Autorisation, 2 à 15, 18, 25. — (*Hic.*) Autorisation. — Banalité. 1. — Bois, 2, 3, 6. — Cause (défaut de), 1. — Chemin vicinal, 38. — Communaux, 3. — Comptable, 1. (*Hic.*) Conseil municipal. — Contributions, 4. — Créances, 1. — Déchéance, 6. — Délai, 3. — Droit positif, 1. — Expropriation pour cause d'utilité publique, 2. — (*Hic.*) Expropriation pour cause d'utilité publique. — Fabrique, 2. — Garantie, 3. —Halles, 1. — Limites, 3. — Nom, 1. — Obligation personnelle, 3. — Opposition, 19. — Parcours, N°. 1.—Pâturage, 1.—Propriété, 7, 44. — Remboursement. 5. — Revendication, 1. — Rivières, 1. — Saisie-arrêt, 1. — Solidarité, 1. — Usage, 2.

COMMUNIERS. — V. Eau, 7.

COMPAGNIE DE CHAUFFAGE ÉCONOMIQUE. — V. (*Hic.*) Acquiescement.

COMPAGNIE DES CANAUX. — V. Canal, 1.

COMPAGNIE DE RÉSERVE. — V. Contentieux, 6.

COMPENSATION. — V. Adjudication, 14. — Fabrique, 5. — Justice discrétionnaire, 1. —Privilége, 7.

COMPÉTENCE.

1. — (Divisibilité.) — *Lorsqu'une action en dommages-intérêts pour raison d'un événement dommageable, repose sur plusieurs causes de responsabilité, les unes du ressort de l'autorité administrative, les autres du ressort de l'autorité judiciaire, la compétence doit être divisée de manière à ce qu'il y ait deux procès, l'un judiciaire, l'autre administratif.*

Rosier. — C. — Vinard.
8 juillet 1818. – (t. 4, p. 389.)

— V. Acquéreur, 8.—Acte administratif, 4, 17, 19, 20, 30. — Adjudication, 14, 29, 49.— Administrateur, 4. Administration municipale, 1.—Agent du gouvernement, 6, 9. — Affouage, 3, 4. —Approvisionnement de Paris, 1. — Atterissement, 3, 4.— Autorité administrative, 6, 9, 10. — Bail, 1, 2. — Banalité, 3. — Bancs d'église, 1. —Biens abandonnés, 1. —Biens communaux, 1. — Biens nationaux, 2, 5, 8, 9, 11, 12, 14. — Bois, 1. — Bois communaux, 1. — Bornage, 1. — Canal, 2, 3, 9. — Chemin, 1, 2, 3, 7. —Chemin d'exploitation, 1. — Chemins particuliers, 1.—Chemin public, 2, 4, 6. — Chemin rural, 1. —Chemin vicinal, 6, 7, 8, 10, 12 à 19, 27, 28, 34, 35, 37, 42, 44, 45, 48. — Cheptel, 1. — Communaux, 3, 4, 5, 9, 10, 22, 23, 24, 29, 34, 35. — Commune, 7, 8, 9, 13, 16, 17, 21, 31, 35. — Comptable, 2. — Concession, 2. — Conseil d'état, 4. — Consignation, 1. — Contentieux des domaines nationaux, 1. — Contrainte, 2. — Contribuable, 2. — Contributions, 4, 6, 7, 10, 12, 25, 26.—Contributions directes, 1, 2. — Contribution foncière, 2. — Convois militaires, 1. — Cours d'eau, 1. — Cour des comptes,

N°.3.—Créanciers, 1.—Déchéance, 12. — Déguerpissement, 1. — Délégation sur le gouvernement, 1. — Deniers publics, 1. — Dépôt judiciaire, 1. — Digues, 1. — Divisibilité, 1 à 4. Domaine de la couronne, 1. — Domaine de l'état, 2. — Domaines engagés, 3. — Domaines nationaux, 1, 8, 16, 21, 24, 28 à 31. — Dommages-intérêts, 2. — Dot, 1. — Douanes, 1. — Eau, 8 à 12, 18, 21. 27, 35, 37, 42. — Eaux thermales, 2. — Engagistes, 1, 2. — Entrepreneur, 3, 5. — Entrepreneur de service public, 1 à 6. — Exception, 1. — Expropriation pour cause d'utilité publique, 1. — Fabrique, 6, 10. — Fermages, 2, 4. — Fermier de l'état, 1, 4. — Fondation pieuse, 2. — Fournisseur, 2. — Fruits, 1, 5. — Garantie, 2. — Garantie constitutionnelle, 11. — Huissier, 1. — Indemnité, 4, 8, 19. — Interprétation, 1. — Limites, 2. — Main-morte, 2. — Maire, 2. — Manufactures, 5. — Marché avec l'administration, 1. — Mariage, 1. — Mercuriales, 1, 2. — Mines, 4, 6. — Munitionnaires généraux, 1. — Octroi, 2, 5, 7. — (*Hic.*) Parcours. — Passage, 1, 2. — Pâturage, 1, 2. — Péage, 3. — Percepteur, 2, 3. — Place publique, 2, 3. — Pont, 7. — Ponts et chaussées, 2. — Prescription, 2. — Prise maritime, 4, 7, 8. — Privilége, 5. — Propriétaire réintégré, 1. — Propriété, 1, 8, 9, 10, 17, 24, 29, 34, 46. — Propriété littéraire, 1. — Question d'état politique, 1. — Receveur, 5. — Rentes, 2, 8. — Rentes transférées par le gouvernement, 1. — Réquisition, 3. — Retenue, 1. — Rivières, 2. — Routes, 2. — Rue, 2. — Ruisseau, 2. — Saisie-arrêt, 1. — Sentier, 1, 2. — Succursale, 1. — Tabacs, 3. — Transaction, 1. — Travaux publics, 2, 3, 5, 6, 7, 9, 10, 20, 21. — Université, 1. — Usage, 2. — Usine, 3. — Utilité publique, 3, 5, 6, 8. — Vaine pâture, 1. — (*Hic*) Vente administrative. — Ville, 1. — Voie publique, 1. — Voirie, 5.

COMPLAINTE. — V. Divisibilité, 5.

COMPTABILITÉ. — V. Enregistrement, 1. — Hospices, 5. — Payeur général, 1.

COMPTABLE.

1. — (Responsabilité. — Percepteur. — Receveur général.) — *Un receveur général qui n'a pas pris toutes les précautions et tous les moyens qui étaient en son pouvoir pour s'assurer de l'existence des fonds que le receveur particulier déclarait avoir en caisse, est coupable de négligence et passible de responsabilité pour déficit.*

Les percepteurs qui ont reçu des bons provisoires d'un receveur particulier, au lieu de récipissés à talon, qui par-là ont causé l'ignorance du receveur général sur le montant des sommes versées par eux dans la caisse du receveur particulier, sont également passibles de responsabilité pour le déficit.

Martel et Clément.
8 juillet 1818. — (t. 4, p. 385.)

—V. Caution, N°. 1, 2.—Consignation, 1. — Contrainte par corps, 1. — Cour des comptes, 5, 7. — Délai, 2. — Effet rétroactif, 1. — Expropriation, 1. — Imputation, 1. — Intérêt, 1 à 4. — Magasins militaires, 1. — Quittance, 1, 2. — Prescription, 3. — Privilége, 7. — Receveur, 4. — Responsabilité, 1. — Trésor public, 2, 3.

COMPTABLES DE DENIERS PUBLICS. — V. Contrainte par corps, 2.

COMPTES. — V. Acquéreur, 8. — Acquiescement, 7. — Divisibilité, 6. — Domaines nationaux, 19. — Émigré, 4, 16. — Mise en jugement, 13, 14. — Pont, 2. — (*Hic.*) Travaux publics.

COMPTES DE COMMUNES. — V. Administration d'économie, 1.

CONCESSION. — V. Domaines engagés, 4. — Mines, 1 à 5, 10. — Indemnité, 5. — Pêche, 5. — Privilége, 2. — Propriété, 4, 9. — Religionnaires fugitifs, 1.

CONCESSION DÉFINITIVE. — V. Eau, 13.

CONCESSION PROVISOIRE. — V. Concession, 7.

CONCESSIONNAIRE. — V. Canal, 3. — Marais, 2. — Pont, 5.

CONCILIATION. — V. Conseil de préfecture, 4.

CONCURRENCE. — V. Acquéreur, 14.

CONCUSSION. — V. Administrateur, 5. — Mise en jugement, 15 à 21, 42, 47. — (*Hic.*) Mise en jugement.

CONDAMNATION PÉCUNIAIRE. — V. Commune, 10.

CONDAMNÉ. — V. Partage administratif, 3. — Remboursement, 6.

CONFINS. — V. (*Hic.*) Adjudication.

CONFISCATION. — V. Commission mixte de liquidation, N°. 1.—Contentieux, 18. — Dotation, 1. — Navire, 2.—Pays réunis, 1.—Prêtre septuagénaire, 1.

CONFLIT.

1. — (Chose jugée.) — *Lorsqu'un jugement a acquis l'autorité de la chose jugée contre la partie à qui il fait grief, il ne peut être permis d'élever un conflit fondé sur une prétendue incompétence de l'autorité judiciaire, afin d'arriver à obtenir du Conseil d'état, dans l'intérêt de la partie lésée, l'annullation du même jugement auquel elle laisse acquérir l'autorité de la chose jugée.*

Berger. — C. — Hermann.
22 juillet 1818. (t. 4, p. 391.)

— V. Action, 1. — Action possessoire, 1. — Autorisation, 9, 10, 11. — Autorité judiciaire, 2, 3. — Bancs d'église, 1. — Capacité, 1. — Chemin vicinal, 7, 19, 37. — Commune, 8, 21. — Comptabilité, 6. — Conseil d'état, 2, 5, 12. — Contributions, 7, 10, 27, 28, 31. — Contributions directes, 3. — Domaines nationaux, 1. — Domaine public, 1. — Entrepreneur de service public, 5. — Excès de pouvoir, 1. — Maire, 2. — Opposition, 9, 11. — Pont, 6. — Préfet, 5. — Propriété, 10. — Receveur, 3. — Solidarité, 1. — Travaux publics, 17. — Usage, 3.

CONFLIT NÉGATIF.

1. — (Chose jugée. — Prise.) — *Dans une affaire de liquidation d'une prise, s'il y a refus de juger un conflit négatif de la part du conseil des prises, d'une part, et d'une Cour royale de l'autre, et s'il y a eu un pourvoi rejeté à la Cour de cassation contre l'arrêt de la Cour royale, le conflit n'est pas de la nature de ceux dont la connaissance est attribuée au Conseil d'état.*

Toutefois, si le Conseil d'état pense que la matière a appartenu au Conseil des prises, il la juge comme lui étant substituée.

Grant-Webb. — C. — Pièche.
9 septembre 1818 (t. 4, p. 447.)

—V. Biens abandonnés, 1. — Communaux, 35.

CONFRONTATION. — V. Adjudication, 50.

CONFUSION. — V. Émigré, N°. 15. — Ratification, 1.

CONFUSION DE DROIT. — V. Émigré, 5.

CONNEXITÉ. — V. Caution, 1.

CONQUÊTE. — V. Occupation militaire, 1.

CONSERVATEUR DES HYPOTHÈQUES. — V. (*Hic.*) Mise en jugement.

CONSEIL D'ADMINISTRATION. — V. Comptabilité militaire, 1.

CONSEIL D'ADMINISTRATION DES CONTRIBUTIONS INDIRECTES. — V. Conventions par approximation, 1.

CONSEIL D'ÉTAT. — V. Acquiescement, 1. — Administration publique, 1. — Affouage, 2. — Autorisation, 5, 6, 7. — Autorité judiciaire, 2, 3. — Commission de révision, 1. — Commune, 11. — Comptabilité, 1. — Conflit négatif, 1, 3. — Décompte de biens nationaux, 1. — Délai, 29. — Demande nouvelle, 1. — Dette publique, 5. — Excès de pouvoir, 1, 2. — Exécution, 3. — Jugement par défaut, 1. — Liquidation, 3. — Manufactures, 5. — Marché avec l'administration, 2. — Ministre, 2, 3, 4. — Opposition, 3. — Pourvoi, 2. — Réglement, 2. — Révision, 2. — Soumission, 4.

CONSEIL DE PRÉFECTURE. — V. Action contre le domaine, 1. — Adjudication, 68. — Alignement, 5. — Arbres, 2. — Autorisation, 12, 13, 16, 17. — Conflit, 7. — V. (*Hic.*) Chemin de halage. — Chemin vicinal, 26, 30, 43. — Chose jugée, 5 à 10. — V. (*Hic.*) Chose jugée. — Communaux, 6, 8, 33, 39. — Commune, 3. — Compensation, 3. — Curage, 4. — Décompte, 10. — Dépens, 2. — Eau, 41, 42. — Exécution, 1, 2, 3. — Exécutoire, 1. — Expertise, 1. — Honoraire, 2. — Indemnité, 18. — Justice administrative, 1. — Justice municipale administrative, 1. — Limites, 4. — Manufactures, 5. — V. (*Hic.*) Manufactures. — Ministre, 5. — Opposition, 1, 2, 18. — Partage administratif, 1. — Préfet, 1. — Prescription, 4. — Routes, 1, 5. — Renvoi, 1. — Requête civile, 1. — Servitude, 1. — Voie publique, 2. — Voirie, 3.

CONSEIL DU ROI. — V. Contrariété, 1.

CONSEIL MUNICIPAL.

1. (Commune. — Action.) — *Quelle marche doit suivre une commune intéressée à intenter une action contre son*

maire protégé par le préfet? — Si le conseil municipal actuel se prononce contre le maire et que le maire obtienne du préfet le remplacement du conseil municipal, comment est-il possible de constater l'intérêt et le vœu de la commune pour le procès à intenter contre son maire?

Chagrin. — C. — Postel.
8 juillet 1818. — (t. 4, p. 387.)

—V. Acte administratif, N°. 7.—Autorisation, 14. — Garantie constitutionnelle, 7. — Mise en jugement, 14.

CONSIGNATION. — V. Déchéance, 7.

CONSTITUTION DE L'AN 8. — V. Garantie constitutionnelle, 5. — Mise en jugement, 51.

CONSISTOIRE. — V. Juifs, 2.

CONSTRUCTION. — V. Alignement, 6. — Eau, 13. — Entretien, 1. — Propriété, 11, 21. — Usine, 2. — Voirie, 12.

CONSULTATION. — V. autorisation, 15.

CONTENANCE. — V. (*Hic.*) Adjudication.

CONTENTIEUX. — V. Acte administratif, 8, 12. — Alignement, 3. — Appel comme d'abus, 1. — Autorisation, 29. — Avocat aux conseils du Roi, 1. — Canal, 7. — Circulaire ministérielle, 1. — Commission départementale, 1, 2. — Communaux, 6, 7, 8, 33. — Commune, 12, 18, 41. — Comptabilité, 2. — Confusion, 2. — Contributions, 3. — Contribution communale extraordinaire, 1. — Corporations religieuses, 2. — Décision contradictoire, 1. — Décompte, 5, 8, 9, 10, 12, 13. — Dette publique, 1 à 6. — Eau, 2, 4, 14, 15, 19. — Entrepreneur, 1. — Fondation pieuse, 2. — Fournisseur, 7. — Greffier, 1. — Halles, 2. — Hospices, 13. — Indemnité, 9. — Instructions ministérielles, 1. — Justice administrative, 1, 2. — Justice discrétionnaire, 2. — Justice ministérielle, 1. — Liquidation, 1, 2, 3, 6. — V. (*Hic.*) Liquidation étrangère. — Magasins militaires, 1. — Manufactures, 2. — Ministre, 2. — Moulin, 1. — Opposition, 3, 4, 7, 12. — Partage administratif, 1. — Pavage, 1. — Police, 1. — Pont, 3. — Privilége, 2. — V. (*Hic.*) Profession. — Propriété, 12, 34, 36, 41. — Raison d'état, 1. — Réglement de police, 1, 2. — Révision, 3, 4. — Routes, 3. — Tiers coutumier, 2. — Usine, 4.

CONTENTIEUX DES DOMAINES NATIONAUX. — V. Exécution, N°. 6.

CONTRAINTE. — V. Compensation, 4. — Contribuable, 1. — Débiteur, 1. — Délai, 2. — Exécution, 8. — Fermages, 1. — Octroi, 3. — Opposition, 13. — Payeur-général, 1. — Trésor public, 2.

CONTRARIÉTÉ. — V. Chose jugée, 11.

CONTRAT ADMINISTRATIF. — V. Décision judiciaire, 1.

CONTREBANDE. — V. Douanes, 4. — Intérêt, 5.

CONTRE-TIMBRE. — V. Timbre, 1.

CONTRIBUTION. — V. Bail emphytéotique, 1. — Commune, 13. — Garde nationale sédentaire, 1. — Mise en jugement, 19. — V. (*Hic.*) Préfet. — Préparatoire, 1. — Privilége, 3. — Responsabilité, 9. — Retenue, 1.

CONTRIBUTIONS COMMUNALES EXTRAORDINAIRES.

1. (Taxe personnelle. — Loyer. — Domicile.) — *La loi du 5 ventose an 12 autorise dans la ville de Paris la perception de la taxe personnelle à raison du loyer, quoique le même contribuable y soit assujéti dans le même département, ainsi les impositions communales extraordinaires autorisées par la loi du 28 avril 1816, doivent être supportées par chacun, à raison du loyer de chaque habitation, sans égard au lieu du domicile et à la principale habitation.*

Ducancel.
9 septembre 1818. (t. 4, p. 445.)

CONTRIBUTIONS DES PORTES ET FENÊTRES. — V. Manufactures, 6.

CONTRIBUTIONS INDIRECTES. — V. Coches, 1. — Décision ministérielle, 5. — Mise en jugement, 22.

CONTRIBUTIONS PERSONNELLES ET MOBILIÈRES.

1. (Loyer. — Habitation principale.) — *L'habitation principale où chacun doit payer sa contribution personnelle et mobilière, aux termes de l'art. 5 de la loi du 29 ventose an 9, n'est pas le lieu où l'on a son domicile légal, mais bien celui où l'on a le loyer le plus cher.*

Garreau-Duplanchat.
8 juillet 1818. (t. 4, p. 389).

CONTUMAX. — V. Séquestre, 1.

CONVENTION. — V. Action de la compagnie des Indes, N°. 1.—Carrière, 1. — Entrepreneur de service public, 7. — Fournisseur, 3, 7. — Indemnité, 6. — Juifs, 2. — Marché avec l'administration, 4. — Retenue, 2.

COPARTAGEANS. — V. Biens communaux, 1.

COPROPRIÉTÉ. — V. Pacage communal, 1.

CORPORATIONS JUIVES. — V. Juifs, 1.

CORPORATIONS RELIGIEUSES. — V. Biens nationaux, 10.

CORPS DE FERME. — V. Adjudication, 51.

CORSAIRE. — V. Prise maritime, 5, 6, 28.

CORSE. — V. (*Hic.*) Emphytéose.

COTON. — V. Douane, 2.

COULAGE. — V. Responsabilité, 2.

COURS D'EAU. — V. Contributions, 8.

COUR DES COMPTES. — V. Intérêt, 2.

COURTAGE. — V. Contentieux de la marine, 1.

CRAINTES GRAVES. — V. Prise maritime, 1.

CRÉANCES. — V. Commission de révision, 1. — Emigré, 6.

CRÉANCE ADMINISTRATIVE. — V. Saisie-arrêt, 2.

CRÉANCIERS. — V. Autorisation, 18. — Autorité administrative, 4. — Commune, 14. — Délai, 6. — Emigré, 7 à 10. — Engagistes, 1. — Hospices, 6, 7. — Prescriptions, 5. — Tiers coutumier, 1. — V. (*Hic.*) Tiers coutumiers.

CUMUL. — V. Contribution personnelle, 1.

CURAGE. — V. Banc de sable, 1. — Canal, 4. — Eau, 16.

DATE. — V. Mise en jugement, 43, 44.

DATE CERTAINE. — V. Quittance, 3.

DÉBARDAGE. — V. Approvisionnement de Paris, 1.

DÉBET. — V. Acquéreur, 9.

DÉBITEUR. — V. Comptable, 2.

DÉCHARGE. — V. Comptable, 1. — Receveur, 1.

DÉCHÉANCE COMMINATOIRE.

1. — (Sursis. — Adjudication. — Domaines nationaux.) — *Un adjudicataire de biens nationaux qui s'est laissé tomber en déchéance, contre qui même la déchéance a été prononcée par décision du préfet, n'est pas pour cela définitivement dépouillé du bénéfice de l'adjudication, surtout s'il est intervenu postérieurement une décision du ministre des finances portant sursis à la revente de l'immeuble adjugé. — Une telle déchéance n'a qu'un effet comminatoire.*

Lelièvre de Lagrange, veuve Curnier. — C. — Brossard.
12 août 1818. — (t. 4, p. 405.)

—V. Acquéreur, N°. 9.—Arpentage, 1. — Arrêté des représentans en mission, 1. — Bacs, 2. — Conseil d'état, 13, 17. — Contentieux, 11. — Créances, 1. — Délai, 3, 4, 23, 24. — Dépaissance, 1. — Dette publique, 7. — Domaines engagés, 6. — (*Hic.*) Effet retroactif. — Greffier, 1. — Liquidation, 4. — (*Hic.*) Liquidation. — Mines, 3, 4. — Opposition, 5. — Pourvoi, 1, 2. — Séquestre, 2. — Simulation, 1.

DÉCISION. — V. Autorisation, 19. — Gouvernement, 1. — Instructions ministérielles, 2.—Prises maritimes, 7, 8.

DÉCISION ADMINISTRATIVE. — V. (*Hic*) Sursis partiel.

DÉCISION CONDITIONNELLE. — V. Exécution, 6.

DÉCISION CONTRADICTOIRE.

1. — (Opposition.) — *Des particuliers à qui une décision du Conseil d'état fait grief, ne sont pas recevables à l'attaquer par la voie de l'opposition, lorsqu'il résulte des pièces et de l'aveu même des opposans que cette décision a été rendue contradictoirement et après avoir entendu leurs moyens de défense.*

Lafarge et Mitouflet.
26 août 1818. — (t. 4, p. 434.)

— V. Opposition, 5, 6, 7. — (*Hic.*) Erreur de fait et de droit.

DÉCISION DE JUSTICE. — V. Douanes, 5.

DÉCISION DE JUSTICE ADMINISTRATIVE. — V. Action administrative, 2.

DÉCISION MINISTÉRIELLE. — V. Arrêté par défaut, 1. — Comité des finances, 1. — Contrainte, 3. — Domaines engagés, 5. — Douanes, 3. — Imputation, 3. — Lésion d'outre moitié, 1. — Liquidation, 5.

DÉCISION SUR REQUÊTE DE PUR MOUVEMENT.

1. — (Nullité. — Opposition.) — *Le Conseil d'état annulle pour vice de forme une décision rendue en matière contentieuse par un conseil de préfecture, sans avoir niappelé ni entendu la partie au préjudice de qui la décision a été rendue.*

Ne serait-ce pas plutôt le cas d'attaquer la décision du conseil de préfecture par la voie de l'opposition?

Bodard et Banne. — C. — Grand-champ.

9 septembre 1818. — (t. 4, p. 444.)

DÉCOMPTE.

2. — (Quittance définitive.) — *Aux termes du décret du 22 septembre 1808, ne sont réputées définitives que les quittances pour solde données en vertu d'un décompte définitif, c'est-à-dire d'un décompte arrêté soit par l'administration de la caisse de l'extraordinaire, soit par la commission des revenus nationaux, soit par l'administration des domaines et de l'enregistrement.*

Bernard. — C. — L'administ. des Domaines.

9 septembre 1818. — (t. 4, p. 447.)

— V. Acquéreur, No. 10.—Adjudicataire, 3. — Biens nationaux, 11. — Contentieux, 7. — Contrainte, 1. — Débiteur, 1.—Décision ministérielle, 8. — Domaines nationaux, 22. — Imputation, 2. — Indemnité, 7. — Marché avec l'administration, 4. — Quittance, 1, 2.

DÉCOUVERTE. — V. Hospices, 8.

DÉCRET. — V. Adjudication, 15.— Autorité judiciaire, 4. — Chose jugée, 12. — Délai, 27. — Exécution, 4. — Fabrique, 3. — Interprétation, 2, 3, 5. — Opposition, 8, 9, 11, 12, 13, 14, 19. — Propriété, 5. — Recours en rétractation, 1. — Requête civile, 2. —Révision, 3.—Tierce-opposition, 3, 4.

DÉCRET CONTRADICTOIRE. — V. Révision, 5.

DÉCRET CONTRAIRE A LA LOI.

1. — (Interprétation.) *Les décrets ou ordonnances d'exécution doivent, autant que possible, être interprétés dans le sens de la loi.*

La ville de Metz.

26 août 1818. — (t. 4, p. 430.)

DÉCRET PAR DÉFAUT. — V. Opposition, No. 15.

DÉFAUT. — V. Conflit, 8. — Opposition, 16, 17, 18.

DÉFENSE. — V. Autorisation, 20.

DÉFENSE LÉGITIME. — V. Mise en jugement, 23 à 27, 38.

DÉFENSEURS DE LA PATRIE. — V. Commune, 15.

DÉFICIT. — V. Contentieux, 17. — Magasins militaires, 1.

DÉFRICHEMENT. — V. Communaux, 2, 8. 26.

DÉGRADATIONS. — V. Chemin vicinal, 17. — Déchéance, 5. — Responsabilité, 7. — Voie publique, 3.

DEGRÉ DE JURIDICTION. — V. Adjudication, 16.

DÉGRÈVEMENT. — V. Contributions 9. — Justice discrétionnaire, 1.

DÉGUERPISSEMENT. — V. Adjudication, 18.

DÉLAI.

1. — (Banni. — Notification. — Mort civile.) — *Le délai ordinaire de trois mois pour former opposition court, à l'égard d'un banni comme à l'égard d'un régnicole, à dater du jour où la notification a été faite à la personne de l'absent ou au procureur du Roi de son domicile habituel, ce qui suppose qu'il n'a pas cessé d'être dans ses droits; il n'est aucunement frappé de mort civile.*

Le duc d'Otrante. — C. — Guermantes.

9 septembre 1818. — (t. 4, p. 442.)

2. — (Réglement. — Ministre de la guerre.) — *Le délai prescrit pour se pourvoir devant le Conseil d'état, contre les décisions qui font grief au droit privé, s'applique aux décisions du ministre de la guerre, comme à celles des autres ministres.*

Si le ministre a rendu sur le même sujet deux décisions définitives, dont la deuxième soit une pure confirmation de la première, le délai total court du jour de la signification de la première décision. (Réglement du 22 juillet 1806.)

Boutet.

12 août 1818. — (t. 4, p. 416.)

— V. Acquéreur, 9. — Autorisation, 21. — Conseil d'état, 6, 13, 14, 15. — Déchéance, 10. — Décision ministérielle, 6. — Divisibilité, 7. — Émigré, No. 26.—Exécution, 7.—Greffier, 1. — Hospices, 8. — Mineur, 1. — *(Hic.)* Mise en jugement. — Opposition, 14, 16, 19. — Pourvoi, 2, 3. — Prise maritime, 2. — Relief de laps de temps, 1. — Remise, 1. — Tierce-opposition, 3.

DÉLAI DE POURVOI.

1. —*Le délai de trois mois pour se pourvoir au Conseil d'état contre les décisions administratives qui font grief, est applicable aux décisions administratives rendues antérieurement au réglement du 23 juillet 1806, en ce sens que le délai de trois mois a couru du jour où le réglement a été exécutoire.*

Maurer. — C. — Kaufmann.

8 juillet 1818. — (t. 4, p. 382.)

DÉLAI FATAL. — V. Justice ministérielle, 2. —Pourvoi, 4.

DÉLIMITATION. — V. Chemin vicinal, 18.

DÉLITS. — V. Chemin vicinal, 19, 44. — Pâturage, 2. — Réglement, 1.

DEMANDE. — V. Compétence, 1.

DEMANDE NOUVELLE. — V. Compensation, 5.

DÉMOLITION. — V. Alignement, 2, 9. — Anticipation, 2. — Chose jugée, 20. — Contentieux, 2. — Indemnité, 18. — Limites, 2. — Propriété, 11, 13 à 21, 41, 46. — Sursis, 3. — Usine, 2.

DÉNI DE JUSTICE JUDICIAIRE. — V. Conseil d'état, 7, 8.

DENIERS PUBLICS. — V. Payeur général, 1. — Trésor public, 3.

DÉPAISSANCE. — V. Commune, 36.

DÉPENS. — V. Contributions, 10.

DÉPENSES. V. Gardes magasins, 3.

DÉPENSES COMMUNALES. — V. *(Hic.)* Communes.

DÉPLACEMENT. — V. Chemin vicinal, 20. — Hypothèque spéciale, 1.

DÉPORTÉ. — V. Remboursement, 9.

DÉPORTÉ VOLONTAIRE. — V. Remboursement, 7.

DÉPOSITAIRE. — V. Remboursement, 16.

DÉPOSSESSION. — V. Acquiescement, 2. — Echange, 1.

DÉPÔT. — V. Administrateur, 3. — Intérêt, 5. — Privilége, 4.

DESHÉRENCE. — V. Commission temporaire, 1. — Garantie constitutionnelle, 6.

DÉSIGNATION. — V. Adjudication, No. 17.

DÉSISTEMENT. — V. Intervention, 1.

DESSÈCHEMENT. (TRAVAUX DE) — V. Eaux pluviales, 1. — Indemnité, 13. — Marais, 2.

DESTITUTION. — V. Mise en jugement, 28.

DÉTAIL. — V. Boissons, 1.

DÉTENTEURS. — V. Communaux, 28.

DÉTENTION ARBITRAIRE. — V. Mise en jugement, 29, 37.

DETTES. — V. Biens nationaux, 10. — Commune, 16 à 21. — Emigré, 11, 12, 35. — Fabrique, 6. — Juifs, 1.

DETTE PUBLIQUE, 22. — Contentieux, 9, 10, 11. — Décret par défaut, 1. — Délai, 24. — Liquidation, 6, 7. — *(Hic.)* Liquidation.

DÉVASTATION. — V. Dépaissance, 1.

DÉVERSOIR. — V. Eau, 24. — Rivières non navigables, 1.

DIGUES. — V. Biens nationaux, 7. — Contentieux, 19. — Eau, 17, 18, 19. — Rivières non navigables, 2.

DÎME. — V. Indemnité, 1.

DIRECTEUR DE LA POSTE. — V. *(hic.)* Mise en jugement.

DIRECTEUR DES VIVRES. — V. Agent du gouvernement, 3.

DISTRIBUTION. — V. Travaux publics, 9.

DIVERTISSEMENS PUBLICS. — V. Taxe des indigens, 2.

DIVISIBILITÉ. — V. Acquéreur, 8. — Acquiescement, 3. — Acte administratif, 4, 20, 28. — Adjudication, 3, 29, 58. — Alignement, 7. — Autorité administrative. 9. — Biens nationaux, 5, 12. — Chemin vicinal, 19, 21, 22, 23, 29. — Compétence, 2 à 5. — V. *(hic.)* Compétence. — Communaux, 36. — Commune, 17 à 20. — Compte, 5. — Conflit, 9, 14, 17. — Contentieux, 2. — Contrainte, 1. — Contribution, 3. — Déchéance, 12. — Délégation sur le gouvernement, 1. — Domaines nationaux, 36. — *(Hic.)* Dommages intérêts. — Eau, 9, 22. — Eaux Thermales, 2. — Emigré, 4. — Entrepreneur de service public, 2. — Exécution, 8. — Justice contentieuse, 1. — Maire, 2. — Mercuriales, 1. — Propriété, 15, 23, 45. — Provisoire, 1. — Rentes, 6, 8. — Rentes transférées par le gouvernement, No. 1. — Rivières, 2. — Travaux publics, 2, 18, 22. — (*Hic.*) Travaux publics. — Vaine pature, 1. — Voirie, 9.

DIXIÈME. — V. Décompte, 11. — Acquiescement, 4. — Acte administratif, 1. — Action, 1. — Action possessoire, 4. — Contrainte, 1. — Déchéance, 9. — Décision d'économie intérieure, 1. — Décision ministérielle, 3. — Echange, 2. — Emigré, 13. — Fondation, 1. — Fondation pieuse, 3. — Fruits, 4. — Indivis, 1. — Ministre, 6. — Prescription, 1. — Propriété, 6, 12. — Rentes, 3.

DOMAINE CONGÉABLE. — V. Rentes convenancières, 1.

DOMAINE DE LA COURONNE. — V. Commission temporaire, 1.

DOMAINES DE L'ÉTAT. — V. Décompte, 16. — Propriété, 22. — Révélateur, 1.

DOMAINES NATIONAUX. — V. Acquéreur, 11. — Acte administratif, 9. — Adjudication, 18 à 27, 52, 53, 54. — Adjudication sur adjudication, 1. — Bacs, 6. — Bail, 1. — Cédules, 1. — Compensation, 6. — Contentieux, 12 à 15, 24. — Déchéance, 1. — (*Hic.*) Déchéance comminatoire. — Décompte, 12, 13. — Déguerpissement, 1. — Eau, 20. — Fermages, 3, 4. — Garantie constitutionnelle, 6. — Hospices, 9. — Indemnité, 7. — Loyers, 1. — Opposition, 16. — Servitude, 1. — Soumission, 4.

DOMICILE. — V. (*Hic.*) Contribution communales extraordinaires. — Contributions indirectes, 2. — Liberté individuelle, 2.

DOMICILE (VIOLATION DE.) — Mise en jugement, 30, 31, 39. — Patente, 4

DOMMAGES. — V. Routes, 1. — Travaux publics, 4, 5, 13, 14.

DOMMAGES INTÉRÊTS.

1. — (Prise maritime. — Saisie. — Divisibilité.) — *Lorsque des propriétaires primitifs d'un navire confisqué et vendu dans l'étranger par suite d'une prise maritime, se permettent de faire saisir en France ce navire comme n'ayant pas cessé de leur appartenir, et que la justice administrative se trouve saisie des deux contestations respectives, savoir de la revendication d'une part et d'une action en dommages-intérêts de l'autre, il n'y a point indivisibilité de compétence; si le Conseil d'état déclare la revendication mal fondée, il doit renvoyer à se pourvoir devers les tribunaux ordinaires pour la suite de l'action en dommages-intérêts, à raison de la saisie.*

Périer. — C. — Vaucresson.
22 juillet 1818. — (t. 4, pag. 401.)

— V. Adjudication, No. 29. — Approvisionnement de Paris, 1. — Biens célés au domaine, 1. — Chemin vicinal, 37. — Contentieux, 23. — Entretien, 2. — Fourrière, 1. — Indemnité, 8. — Pêche, 3. — Prise maritime, 9, 10. — Propriété, 21. — Responsabilité, 11. — Rivières, 3, 4. — Travaux publics, 12. — Voirie, 6.

DOT. — V. Emigré, 10, 14. — Pension, 1. — Tierce-opposition, 4.

DOTATION. — V. Succursale, 1.

DOUANES. — V. Décision de justice, 1, 2. — Eaux-de-vie de grains, 1. — Lois et réglemens sanitaires, 1. — Mise en jugement, 26, 27, 32.

DOUBLE EMPLOI. — V. Contributions, 4.

DOUBLE LITIGE. — V. Délai, 5.

DROIT ACQUIS. — V. Fabrique, 8. — (*Hic.*) Liquidation. — Prise maritime, 11, 13. — Traitemens militaires, 1.

DROIT D'USAGE. — V. Cantonnement, 1.

DROIT FÉODAUX. — V. Contributions, 11.

DROIT INDIVIDUEL. — V. Commune, 30.

DROIT PERSONNEL. — V. Commune, 1.

DROIT POLITIQUE. — V. Propriété, 23.

DROITS PRIVÉS EN MASSE. — V. Justice législative, 1.

DROIT RÉEL. — V. Indemnité, 9.

DROITS RÉELS POLITIQUES. — V. Corporations religieuses, 2.

EAU. — V. Action possessoire, 3. — Autorité administrative, 6. — Chemin de desserte, 1. — Concession, 8. Conflit, 12, 15. — Contentieux, 21. — Indemnité, 10. — Justice contentieuse, 1. — Mines, 6. — Propriété, 32. — Ruisseau, 1, 2. — Servitude, 3. — Usine, 3, 4.

EAU-DE-VIE. — V. Boissons, 2. — Manufactures, 8.

EAUX ET FORÊTS — V. Justice ministérielle, 3.

EAUX THERMALES. — V. Propriété, 5, 42.

ECCLÉSIASTIQUE. — V. Abus, No. 1.

ÉCHANGE. — V. Timbre, 1.

ÉCHOUEMENT. — V. Navire, 1.

ÉCLUSE. — V. Canal, 4.

ÉCONOMIE PUBLIQUE. — V. Réglement, 3.

ÉCROULEMENT. — V. Murs, 1.

EFFET ATTRIBUTIF. — V. Autorité administrative, 4.

EFFET RÉTROACTIF.

1. — (Déchéance.) — *Il n'y a pas d'effet rétroactif à faire résulter une déchéance de fait d'inobservation ultérieure d'une règle nouvelle.*

Maurer. — C. — Kaufmann.
8 juillet 1818. — (t. 4, p. 382.)

— V. Boissons, 3. — Conflit, 10. — Décompte, 17. — Délai, 4. — Douanes, 2. — Pourvoi, 1. — Université, 1. — Usine, 6.

EFFET SUSPENSIF. — V. Exécution, 5.

ÉGLISE. — V. Taxe des indigens, 1.

ÉMARGEMENT. — V. Percepteur, 1.

ÉMIGRÉ.

1. — (Commission de restitution.) — *La commission de restitution des biens des émigrés ne remet les biens aux anciens propriétaires que sous la réserve des droits des tiers, et en laissant tout leur effet aux jugemens et décisions rendus ou aux actes passés ou à tous droits acquis avant la publication de la charte constitutionnelle, et qui seraient fondés sur des lois ou actes du Gouvernement relatifs à l'émigration.*

Lelièvre Delagrange, veuve Curnieu. — C. — Brossard.
12 août 1818. — (t. 4, p. 405.)

— V. Acquiescement, 4. — Bois, 2, 3. — Chose jugée, 3. — Comptabilité, 7. — Confusion, 1, 2. — Consignation, 2. — Contentieux, 3. — Décision ministérielle, 7. — Décompte, 16. — Délai, 6. — Domaines nationaux, 13. — Exécution, 6. — Fabrique, 5. — Fruits, 2. — Hypothèque, 1. — Inscription hypothécaire, 1. — Instructions ministérielles, 2. — Intérêt, 6. — Partage administratif, 2, 3, 4. — Propriétaire réintégré, 1. — Quittance, 3. — Remboursement, 8, 9, 10, 15. — Rentes, 1, 5. — Tierce-opposition, 4. — Tiers-coutumier, 1.

ÉMOLUMENS. — V. Honoraires, No. 1.

EMPHYTÉOSE.

1. — (Corse. — Ligurie.) — *La vente faite par la république ligurienne de propriétés déjà aliénées par emphytéoses dans la Corse, doit être maintenue dans ses rapports entre le domaine et l'adjudicataire; mais relativement aux emphytéotes dépouillés, il reste la question de savoir s'ils avaient ou n'avaient pas un droit de propriété qui s'opposât à l'adjudication, et cette contestation est du ressort des tribunaux.*

Administration des domaines. — C. — Giubega.
12 août 1818. — (t. 4, p. 409.)

EMPIÉTEMENT. — V. Acquéreur, 7. — Canal, 4.

EMPLOYÉS. — V. Mise en jugement, 26, 27.

EMPLOYÉS AUX VIVRES. — V. Responsabilité, 3.

EMPRUNT DE CENT MILLIONS.

1. — (Taxe.) — *Le même propriétaire ou capitaliste a pu être taxé pour l'emprunt de cent millions dans les divers lieux où sont situés ses propriétés et son domicile : tout ce qu'il peut obtenir, c'est de ne payer que la plus forte taxe ou qu'on lui tienne compte de la moindre.*

Beaumetz.
9 septembre 1818. — (t. 4, p. 450.)

— V. Contributions, 12.

ENDOSSEMENT. — V. Trésor public, 1.

ENGAGEMENT. — V. Agent du Gouvernement, 2.

ENGAGEMENT PERSONNELLE. (*Hic.*) Garantie constitutionnelle.

ENGAGISTES. — V. Halles, 3.

ENNEMI. — V. Occupation, 1.

ENQUÊTE. — V. Adjudication, 7.

ENREGISTREMENT. — V. Ministre, 1. — Privilège, 4.

ENTREPÔT. — V. Octroi, 4.

ENTREPÔT FICTIF. — V. Douane, 2.

ENTREPRENEUR. — V. Autorité administrative, 8. — Carrière, 1. — Coches, 1. — Exécution, 2. — Franc, 1. — Garantie constitutionnelle, 1. — Hospices, 10. — Marché d'urgence, 1. — Responsabilité, 11. — Travaux publics, 2, 5 à 15, 22. — (*Hic.*) Travaux publics.

Entrepreneur a prix fixe. — V. Agent du Gouvernement, N°. 3.

Entrepreneur de pavage. — V. Pavage, 2.

Entrepreneur des transports militaires. — V. Agent du Gouvernement, 4.

Entrepreneurs publics. — V. Routes, 2.

Entretien. (Frais d')—V. Eau, 5. — Routes, 3.

Erreur. — V. Adjudication, 75.

Erreur de calcul.—V. Compte, 3.

Erreur de fait. (*Hic.*) Requête civile.

Erreur de fait et de droit.

1. — (Révision. — Décision contradictoire. — Messageries.) — *Une décision contradictoire du Conseil d'état peut être rétractée par voie d'opposition ou de demande en révision, si ce n'est de requête civile, lorsque la première ordonnance était fondée sur l'existence et l'effet de réglemens de police qui, dans la réalité, n'existaient plus, étant annullés par un décret.*

Ainsi décidé relativement à des amendes prononcées par le conseil de préfecture du département du Nord, contre les administrateurs des messageries de l'Eclair, en application du réglement du 6 décembre 1806, lequel réglement a été annullé par décret du 14 janvier 1814.

Les administrateurs des messageries de l'Eclair.

26 août 1818. — (t. 4, p. 428.)

Escroquerie.

1. — (Mandat. — Mise en jugement.) — *Un maire de commune qui, ayant reçu des fonds pour acheter un édifice déterminé, achète pour la commune un autre édifice de moindre valeur et inutile à l'objet de l'achat, manque à l'obligation de son mandat, mais il ne commet pas un abus de confiance qui soit réputé escroquerie et qui donne lieu à poursuite devant un tribunal correctionnel.*

Gomeret.

9 septembre 1818. — (t. 4, p. 449.)

Espagnol. — V. Séquestre, 2.

Estimation. — V. Halles, 2. — Tabacs, 1.

Étang. — V. Eau, 36.

Établissemens incommodes et insalubres. — V. (*Hic.*) Tannerie.

Établissemens publics. — V. Administration de tutelle, N°. 1.—Compétence, 3. — Autorisation, 28.

État. — V. Compensation, 7.

Étranger. — V. Aubaine, 1.

Étranger. (Violation de territoire) — V. Mise en jugement, 32.

Évasion. — V. Accusé, 1.

Éviction. — V. Déchéance, 4. — Indemnité, 3.

Excédant de contenu. — V. Adjudication, 51.

Exception. —V. Compétence, 1.— Demande nouvelle, 1.

Excès de pouvoirs. — V. Adjudication, 23. — Autorisation, 22. — Autorité administrative, 5. — Communaux, 39. — Commune, 3.—Conflit, 11, 12, 17. — Conseil d'Etat, 9. — Préfet, 2. — Prise maritime, 14.— Réglement de police, 1.

Excuse. — V. Liberté individuelle, 3. — Mise en jugement, 1, 33 à 42.

Exécution.

1. — (Acte administratif. — Préfet.) — *Les préfets n'ont pas attribution pour ordonner l'exécution des actes administratifs en ce qui touche le maintien des droits privés; cela n'appartient qu'aux tribunaux ordinaires.*

Maurer. — C. — Kaufmann.

8 juillet 1818. — (t. 4, p. 382.)

— V. Acquiescement, 5, 6. — Acte administratif, 3, 10, 11. — Action possessoire, 3. — Adjudication, 12, 30. — Affouage, 7. — Autorité administrative, 6. — Chose jugée, 3. — Communaux, 27. — Conflit, 13, 14. — Contentieux, 5. — Corporations religieuses, 2. — Décision ministérielle, 3. — Eau, 1, 31. — Garde nationale sédentaire, 1. — Indépendance judiciaire, 1. — Prises maritimes, 7, 8. — Saisie-arrêt, 2. — Sursis, 4, 5, 6.

Exécution provisoire. — V. Arrêté par défaut, 1. — Voirie, 13.

Exécutoire. — V. Huissier, 1.

Exemption.— V. Manufactures, 6.

Exercices de corde. — V. Taxe des indigens, 2.

Expectative. — V. (*Hic.*) Liquidation.

Expérience. — V. Utilité publique, 2.

Expert. — V. Honoraires, N°. 2.

Expertise. — V. Adjudication, 7. — Affouage, 8. — Contributions, 13. — Indemnité, 11, — Tabacs, 2.

Explication. — V. Acquéreur, 2. — Adjudication, 7.

Exploitation. — V. Mines, 7.

Expropriation. —V Contentieux, 2. — Effet rétroactif, 1. — Indemnité, 11.

Expropriation. — V. Propriété, 24, 25, 26. — Utilité publique, 3 à 6.

Expropriation pour cause d'utilité publique.

1. — (Commune. — Metz. — Terrain militaire. — Indemnité préalable.) — *Si l'administration entreprend des établissemens pour lesquels elle ait besoin d'un terrain appartenant à une commune, elle doit préalablement se conformer à la loi du 8 mars 1810, sur les expropriations pour cause d'utilité publique. Ainsi est annullable une décision du ministre de la guerre qui, sans indemnité préalable, étend les limites du terrain militaire sur un emplacement attribué par une loi à la ville de Metz, pour son agrandissement.* (Loi du 5 fructidor an 5, décret du 24 décembre 1811.)

La ville de Metz.

26 août 1818. — (t. 4, p. 430.)

—V. (*Hic.*) Indemnité.

Exproprié.—V. Contributions, 14.

Fabriques.

—*Le décret du 30 décembre 1809, en renvoyant aux juges ordinaires les contestations qui pourraient naître à raison des propriétés ou du recouvrement des revenus appartenant aux fabriques, n'a pas étendu ce renvoi à la mise en possession des biens non aliénés à ordonner par l'arrêté du 7 thermidor an 11. Il appartient exclusivement à l'administration d'exécuter les dispositions de cet arrêté lors de la cession des biens qui avaient été remis au domaine de l'état.*

Le décret du 31 juillet 1806 n'a eu pour but que d'empêcher les communes de prétendre aux biens des fabriques supprimées, par le seul motif que ces propriétés étaient situées dans leur arrondissement.

La paroisse de Saint-Patrice.

8 juillet 1818. — (t. 4, p. 383.)

—V. Autorisation, N°. 23.—Compensation, 7. — Confusion, 3. — Fondation pieuse, 2. — Prescription, 4. — Saisie-arrêt, 2.

Façade. — V. Alignement, 4.

Facultés industrielles. — V. Usine, 5.

Faillite — V. Déchéance, 7. — Successions vacantes, 1. — Mise en jugement, 41, 42, 43, 44. — (*Hic.*) Mise en jugement.

Femme. — V. Emigré, 14.— Tierce-opposition, 4.

Féodalité. — V. Pêche, 2. — Rentes, 2, 9, 10.

Fermage. — V. Acte administratif, 21. — Affouage, 9. — Bienfaisance (bureau de), 1. — Contrainte, 2, 4. — Domaines nationaux, 14, 15. — Indemnité, 7. — Quittance, 3. — Ville, 1.

Fermiers. — V. Agent du gouvernement, 5. — Comptabilité, 3, 7. — Domaines nationaux, 16. — Force majeure, 1. — Pêche, 3.

Fermiers de l'état. — V. Comptable, 3.

Fermiers généraux. — V. Indemnité, 12.

Fief. — V. Domaines de l'état, 1.

Fin de non-recevoir. — V. Arrêté par défaut, 2.— Chose jugée, 13, 14. — Comptable, 3. — Décision contradictoire, 2. — Exécution, 7. — Ordonnance de pur mouvement, 1. — Pourvoi, 3, 5. — Préparatoire, 1. — Production, 1.

Flottage. — V. Honoraires, 2. — Rivières, 4.

Folle enchère. — V. Décompte, 14.

Fonctionnaires administratifs. — V. (*Hic.*) Mise en jugement.

Fondateur. — V. Hospices, 11.

Fondation. — V. Emigré, 15.

Fondations pieuses. — V. Corporations religieuses, 3. — Fabrique, 7.

Fonderie. — V. Entrepreneur, 1. — Justice ministérielle, 5.

Fontaine. — V. (*Hic.*) Chemin vicinal.

Force majeure. — V. Cour des comptes. 1, 4, 7. — Indemnité, 1, 12. — Invasion, 1.

Forclusion. — V. Délai, 7. — Jugement par défaut, 1.

Forêt domaniale. — V. Propriété, 15.

FORÊTS NATIONALES. — V. Affouage, N°. 10.—Dépaissance, 1.— Usage, 3.

FORGES. — V. Concession, 5. — Contentieux, 16.

FORTIFICATIONS. — V. Sentier, 3.

FOSSE. — V. Chemin, 1.

FOSSÉ. — V. Chemin vicinal, 24.

FOSSÉS DE VILLE. — V. Communaux, 9.

FOURNISSEUR.

1. — (Bons. — Octroi. — Troupes alliées. — Intérêts. — Indemnité.) — *Les questions de justice administrative relatives à des bons de fournitures, à des droits d'octroi, à des frais d'escomptes, à des intérêts pour le cas de paiement et à des intérêts pour résiliation de marché sont jugées* ex æquo et bono *attendu les circonstances extraordinaires.*

Alayrac.
22 juillet 1818. – (t. 4, p. 393.)

— V. Boulanger, 1. — *(Hic.)* Chose jugée. — Commission départementale, 2. — Compensation, 8. — Dette publique, 8. — Fonds de solde, 1. — Garde magasin, 1.—Justice ministérielle, 4. — Liquidation, 2. — Marché avec l'administration, 4, 6. — Réquisition, 2. — Revendication, 2. — Travaux publics, 9.

FOURNITURES. — V. Eaux-de-vie de grains, 1. — Entrepreneur de service public, 2. — Garde d'honneur, 1. — Hospices, 12. — Liquidation, 3. — Retenue, 2.

FOURNITURE AUX ALLIÉS. — V. Boissons, 1.

FOURNITURE DE PAIN. — V. Justice préfectoriale, 1, 6.

FOURRAGES MILITAIRES. —V. Marché avec l'administration, 3.

FRAIS. — V. Administration active, 1. — Limites, 4. — Contributions, 15. —Contributions directes, 3. — Greffier, 1.

FRAIS DE JUSTICE. — V. Huissier, 1.

FRAIS EXTRAORDINAIRES.—V. Fournisseur, 4.

FRANC BORD. — V. Eau, 35. — Marais, 2.

FRANCISATION.

1. — (Vente publique. — Chose jugée. — Navire. — Prise maritime.) — *Un navire pris sur un Français et confisqué par les Anglais, peut-il être acheté par des Français et jouir du privilège de la* francisation ?

Lorsqu'un navire français a été capturé dans une de nos colonies (la Guadeloupe) par les forces navales anglaises, comme appartenant aux ennemis de la Grande-Bretagne, que la confiscation a été prononcée par la vice-amirauté anglaise, que par suite il y a eu vente aux enchères du navire, que des négocians anglais s'en sont rendus adjudicataires, et que ces négocians anglais ont revendu le navire à des Français qui l'ont ramené en France, le propriétaire primitif sur qui a été fait la prise et confiscation du navire, ne peut revendiquer le navire pris et confisqué en faisant juger de nouveau en France la validité de la prise de la confiscation; — Les possesseurs actuels ont pour eux le titre de vente publique s'ils n'ont pas celui de chose jugée.

Perrier. — C. — Vaucresson.
22 juillet 1818. – (t. 4, p. 401.)

FRAUDE. — V. Accusé, N°. 1.

FRÊT. — V. *(Hic.)* Interprétation.

FRUITS. — V. Adjudication, 18. — Déchéance, 13. — Emigré, 16. — Propriétaire réintégré, 1.

FRUITS PERÇUS. — V. Emigré, 17.

GARANTIE. — V. Acte administratif, 28. — Administrateur, 1. — Comptable, 3. — Divisibilité, 1. — Partage administratif, 5. — Prise maritime, 3. — Travaux publics, 16.

GARANTIE CONSTITUTIONNELLE.

1. —(Engagement personnel.) — Arquebuse (compagnie de l') — *Les engagemens souscrits en nom qualifié pour le compte d'une compagnie réunie au domaine de l'état, et encore personnellement en leur propres et privés noms, par les agens de la compagnie, peuvent donner lieu à une poursuite directe devant les tribunaux ordinaires sans avoir besoin d'autorisation du gouvernement.*

Viala. — C. — Populus.
22 juillet 1818. – (t. 4, p. 397.)

— V. Acquéreurs successifs, 1. — Adjudication, 74. — Administrateur, 2. — *(Hic.)* Agent du gouvernement. — Commune, 23. — Domaines nationaux, 3. — Entrepreneur de service public, 6. — Obligation personnelle, 1. — Police rurale, 1.

GARDE CHAMPÊTRE. — V. Mise en jugement, 10, 40.

GARDE FORESTIER. — V. Faux témoignage, N°. 1.—Mise en jugement, 10, 17, 44 à 48. — *(Hic.)* Mise en jugement.

GARDE MAGASIN. — V. Contentieux, 28. — Magasins militaires, 1. — Responsabilité, 4, 5.

GARDE NATIONALE. — V. Fournisseur, 5.

GARDE-PÊCHE. — V. Mise en jugement, 21.

GARDIENS. — V. Percepteur, 3.

GESTION. — V. Arrêté administratif, 2.

GLACES. — V. Contentieux, 15.

GRADES MILITAIRES. — V. Traitemens militaires. 1.

GRAND OFFICIER. — V. Traitemens militaires, 1.

GRAVOIS. — V. Routes, 4.

GREFFIER. — V. Décision ministérielle, 2.

HABITANS. — V. Commune, 24.

HABITATION PRINCIPALE. — V. *(Hic.)* Contributions personnelles et mobilières.

HAIES. — V. Adjudication, 8. — Sursis, 7.

HALLAGE. — V. Divisibilité, 5. — Pêche, 6. — Propriété, 35.

HALLE, — V. Acte administratif, 12.

HERBE, — V. Adjudication, 55.

HERITIERS. — V. Tierce-opposition, 5.

HOMOLOGATION. — V. Halles, 2. — Transaction, 1.

HONORAIRES. — V. Cadastre, 1. — Percepteur, 3. — Travaux publics, 1.

HÔPITAUX MILITAIRES. — V. Liquidation, 6.

HOSPICES.

1. — (Rentes. — Remboursement.) — *La loi du 23 messidor an 2, qui déclara propriété nationale tout ce qui appartenait aux hospices, loi dont l'effet a duré jusqu'à la loi du 16 vendémiaire an 5, qui a rendu aux hospices l'administration de leurs biens, produisit cet effet que le capital d'une rente antérieure à 1792, pût être remboursé du consentement de l'administration. — Le sursis prononcé par la loi du 25 messidor an 3 avait été levé par celle du 15 germinal an 4.*

Bureau de bienfaisance de Bordeaux. — C. — Molinier.
9 septembre 1818. – (t. 4, p. 446.)

— V. Adjudication, N°. 25.—Autorisation, 24. — Biens célés au domaine, 1.—*(Hic.)* Chose jugée.—Comptable, 4.—Contentieux, 3.—Déchéance, 8.—Domaines nationaux, 17. — Fabrique, 8. — Obligation personnelle, 2. — Préfet, 3. — Propriété, 27, 34. — Remboursement, 11, 12. — Rentes, 3, 4. — Rentes transférées par le gouvernement, 2. — Servitude, 2.

HUISSIER. — V. Contributions directes, 3.

HYPOTHÈQUE. — V. Biens nationaux, 10. — Communaux, 10. — Dettes communales, 1.

IDENTITÉ. — V. Mariage, 1.

IGNORANCE. — V. Mise en jugement, 49.

ILE. — V. Adjudication, 56.

ILE DE BOURBON. — V. Circulaire ministérielle, 1. — Décret d'administration publique, 1.

ILE DE FRANCE. — V. Circulaire ministérielle, 1. — Décret d'administration publique, 1.

ILE DE LA MARTINIQUE. V. Décret d'administration publique, 2.

IMMEUBLES. — V. *(Hic.)* Aliénation,

IMPORTATION. — V. Eaux-de-vie de grains, 1.

IMPUTATION. — V. Cour des comptes, 3. — Décompte, 15.

INALIÉNABILITÉ. — V. Solde de retraite, 1.

INCAPACITÉ. *(Hic.)* Parenté.

INCENDIE. — V. Responsabilité, 5.

INDEMNITÉ.

1. — (Expropriation pour cause d'utilité publique. — Action principale.)— *Lorsque le ministre de l'intérieur a ordonné le comblement des fossés d'une ville, et que ce comblement a tari des sources aux eaux desquelles un particulier prétend avoir droit, tandis que le ministre soutient le contraire, si ce particulier réclame une indemnité pour le sacrifice de ses eaux à l'utilité publique, la demande d'indemnité ne peut être recevable jusques après décision sur la propriété des eaux, et cette*

contestation sur la propriété des eaux, doit être suivie par voie d'action principale.

Devant quelle autorité et contre quelle partie doit être dirigée une demande en reconnaissance du droit de propriété sur les eaux d'un fossé de ville, lorsque ce droit repose sur des lettres-patentes émanées de l'administration supérieure.

Baligant.
12 août 1818. – (t. 4, p. 418.)

—V. Agent du gouvernement, N°. 2. — Alignement, 5. — Autorisation, 25. — Avaries, 1. — Bacs, 3, 4. — Banalité, 2 — Bois, 4. — Canal, 7. — Chemin, 4. — Chemin vicinal, 3, 36, 43. — Compétence, 4. — Contentieux, 25. — Conventions par approximation, 1.—Démolition, 1.—Domaines nationaux, 16. — Eau, 13. — Echange, 1. — Expert d'office, 1. — Expropriation pour cause d'utilité publique, 2. — (*Hic.*) Fournisseur. — Garde nationale sédentaire, 1. — Hospices, 10. — Justice ministérielle, 5. — Marais, 3. — Mines, 4, 5, 8. — Naufrage, 1. — Octroi, 2. — Péage, 1. — Pêche, 5. — Pesage, 1. — Prise maritime, 13. — Propriété, 25, 28, 37, 41, 43. — Travaux communaux, 1. — Travaux publics, 11, 17, 18. — Utilité publique, 5 à 8. — Voirie, 1.

INDEMNITÉ PRÉALABLE. — V. (*Hic.*) Chemin de hallage. —V. (*Hic.*) Expropriation pour cause d'utilité publique. — Halles, 1. — Propriété, 26.

INDIVIS. — V. Communaux, 11. — Compte, 2. — Consignation, 2. — Emigré, 18, 37.—Remboursement, 13.

INDIVISIBILITÉ. — V. Autorité judiciaire, 4.

INDIVISION. — V. Rentes, 5.

INDUSTRIE. — V. Manufactures, 9. — Réglement, 2.

INGÉNIEURS. — V. Agent du Gouvernement, 7. — Exécutoire, 1.

INGÉNIEURS DES PONTS-ET-CHAUSSÉES. — V. (*Hic.*) Travaux publics.

INHUMATION. — V. Soumission, 2.

INJURES. — V. Abus, 1.

INNOVATIONS. — V. Cours d'eau, 1.

INONDATION. — V. Autorisation, 25.

INSCRIPTION. — V. Contentieux, 11. — Emigré, 19, 34.

INSCRIPTION SUR LE GRAND LIVRE. — V. Privilége, 7.

INSOLVABILITÉ. — V. (*Hic.*) Autorisation. — Emigré, N°. 9.

INSPECTEUR AUX DOUANES. — V. Mise en jugement, 50.

INSPECTEUR FORESTIER. — V. Mise en jugement, 48.

INSTRUCTION. — V. Décision ministérielle, 1, 4.—Domaines engagés, 5. — Ministre, 6.

INSTRUCTION ADMINISTRATIVE. — V. Décision ministérielle, 5.

INSTRUCTION GÉNÉRALE. —V. Police, 1.

INSTRUCTION MINISTÉRIELLE. — V. Contentieux, 17.

INSTITUTEUR PRIMAIRE. — V. Fabrique, 9.

INSTRUCTION PUBLIQUE. — V. Propriété, 7.

INTENTION. — V. Mise en jugement, 42.

INTENTION CRIMINELLE. — V. Mise en jugement, 46.

INTÉRÊTS. — V. Comptabilité, 1.— Contentieux de la marine, 1. — (*Hic.*) Fournisseur.—Justice discrétionnaire, 2.

INTÉRÊTS IDENTIQUES. — V. Tierce opposition, 6.

INTÉRÊTS MORATOIRES. — V. Fournisseur, 6.

INTÉRÊT PARTICULIER. — V. Usine, 5.

INTÉRÊT PUBLIC. — V. Eau, 32.

INTÉRIM. — V. Honoraires, 1.

INTERLOCUTOIRE. — V. Conseil de préfecture, 5. — Délai, 8. — Divisibilité, 2. — Emigré, 26.

INTERPRÉTATION.

1. — (Prise maritime. — Frêt.) — *En déclarant nulle et de nul effet la saisie-revendication d'un navire et en prescrivant sans aucune réserve la restitution dudit navire, une ordonnance du Roi en conseil d'état, a nécessairement compris dans cette restitution le frêt dudit navire.—S'il y a doute sur la question et s'il est présenté au Conseil d'état une requête en interprétation, le conseil dissipe le doute et donne explication tout en rejetant la requête par le motif qu'il n'y a pas lieu d'interpréter.*

Vaucresson.
26 août 1818. (t. 4, pag. 434.)

—V. Acquéreur, N°. 3, 4, 5.—Acte administratif, 13 à 25, 30. — Action possessoire, 3. Adjudication, 8, 9, N°. 11, 31 à 67.—(*Hic.*) Adjudication. — Autorité administrative, 7 à 10. — Bail, 1. — Baux, 1. — Biens nationaux, 3, 8, 15. — Compétence, 3. — Concession, 3. — (*Hic.*) Décret contraire à la loi. —Domaines nationaux, 2, 4 à 10. — Effet rétroactif, 1, 2. — Emigré, 22. —Fruits, 1.—Glace, 1.— Indépendance judiciaire, 1. —Intercallation, 1.—Lettres-patentes, 1. — Litispendance, 1, 2. —Marché avec l'administration, 3 — Octroi, 5, 7. — Opposition, 6. — Pacage communal, 1.—Propriété, 29. — Relais de mer, 1. — Révision, 5. — Titre administratif, 1.

INTERPRÉTATION DE TITRE. — V. Affouage, 10.

INTERROGATOIRE SUR FAITS ET ARTICLES. — V. Préfet, 3.

INTERRUPTION. — V. Manufactures, 1. — Prescription, 5.

INTERVENTION. — V. Domaines nationaux, 13.

INVASION. — V. Mise en jugement, 6, 7, 36.

INVENTAIRE. — V. Comptable, 6.— Mise en jugement, 12.

INVIOLABILITÉ. — V. Acquéreur, 12. — Adjudication, 19, 23, 24, 68, 69. — Domaines nationaux, 18.—Garantie constitutionnelle, 6. — Propriété nationale, 1.

INVIOLABILITÉ CONSTITUTIONNELLE. — V. Bois national, 1.

IRRÉGULARITÉ. — V. Communaux, 28.

IRRÉVOCABILITÉ. — V. Adjudication, 20, 25. — Domaines nationaux, 3, 11, 13, 17. — Fabrique, 1.

IRRIGATION. — V. Eau, 32, 39.

ISRAÉLITES. — V. Juifs, 2.

JEUX GYMNIQUES. — V. Théâtre, 1.

JOUISSANCE. — V. Bancs d'église, 1. — Communaux, 12. — Compte, 1.— Eau, 21.

JOUISSANCE PROVISOIRE.—V. Compte, 2.—Domaines nationaux, 19. — Propriété, 8.

JUGEMENT. — V. Excès de pouvoir, 2.

JUGEMENT AU FOND. — V. Conseil d'état, N°. 5.

JUGES. — V. Nullité, 1.

JUGE DE PAIX. — V. Chemin vicinal, 25.

JURIDICTION. — V. Conseil d'état, N°. 10. — (*Hic.*) Pays Réunis.

JURIDICTION ADMINISTRATIVE. — Prescription, 4.

JURISCONSULTE. — V. Autorisation, 14.

JURY. — V. Prérogative royale, 1.

JUSTICE.—V. Traitemens militaires, 1.

JUSTICE ADMINISTRATIVE. — V. Appel comme d'abus, 1. — Conseil de préfecture, 6. — Entrepreneur de service public, 7.

JUSTICE ADMINISTRATIVE RÉPRESSIVE. — V. Voirie, 10.

JUSTICE CONTENTIEUSE. — V. Conseil d'état, 11. — Eau, 22, 43. — Fruits, 4. — Indemnités, 13.

JUSTICE DE VOIRIE. — V. Voie publique, 3.

JUSTICE DISCRÉTIONNAIRE. — V. Canal, 7. — Concessionnaire, 1. — Hospices, 11. — Justice ministérielle. 5. — Nom, 1. — Privilége, 2.

JUSTICE GOUVERNEMENTALE. — V. Contentieux, 18. — Etrangers, 1. — Justice législative, 2. — Justice politique, 1. — Prérogative royale, 1. — Propriété, 23.

JUSTICE GRACIEUSE. — V. Nom, 2. — Propriété, 2.

JUSTICE LÉGISLATIVE OU PARLEMENTAIRE. — V. Propriété, 3.

JUSTICE MINISTÉRIELLE. — V. Académie, 1. — Acquéreur, 9.—Alignement, 5. — Comptabilité militaire, 1. — Contentieux, 15, 19.—Conventions par approximations, 1. — Cour des comptes, 5. — Décompte, 16.—Dette publique, 5, 6. — Enregistrement, 1. — Greffier, 1. — Honoraires, 2. — Instructions ministérielles, 2. — Interprétation, 4. — Justice gracieuse, 1. — Liquidation, 2, 7. — Pont, 2. — Réglemens de police, 1. — Responsabilité, 3, 4, 5. — Théâtres, 2. — Timbre, 1.

JUSTICE MINISTÉRIELLE DISCRÉTIONNAIRE. — V. Fournisseur, 3.

JUSTICE NON PROVISOIRE DE L'ADMINISTRATION ACTIVE.—V. Contentieux, 8.

JUSTICE POLITIQUE. — V. Contentieux, N°. 18.

JUSTICE PRÉFECTORIALE. — V. Acte administratif, 26. — Affouage, 7. — Alignement, 2, 3.—Domaine engagés,

N°. 6. — Eau, 33. — Exécutoire, 1. — Patente, 1.

LACHAGE ET REMONTAGE. — V. Pont, 1.

LARGEUR. — V. Chemin, 5. — Chemin vicinal, 26, 27, 32.

LÉGITIME. — V. Décision de préfet, 1. — Hypothèque, 1.

LEGS. — V. Capacité, 1. — Hospices, 13. — Remboursement, 12.

LEGS PIE. — V. Autorisation, 26.

LÉSION. — V. Soumission, 3.

LETTRE DE CHANGE. — V. Agent du gouvernement, 6. — V. (*Hic.*) Agent du gouvernement. — Conflit, 15. — Décret d'administration publique, 2. — Entrepreneur de service public, 1. — Garantie constitutionnelle, 1, 2. — Obligation personnelle, 1. — Trésor public, 4. — Travaux publics, 8.

LIBÉRATION. — V. Acquéreur, 13. — Comptable, 4. — Décompte, 3. — Fermier de l'état, 1. — Remboursement, 2.

LIBERTÉ PERSONNELLE. — V. Garde nationale sédentaire, N°. 1.

LICITATION. — V. Indivis, 1.

LIGNE. — V. Douanes, 4.

LIGURIE. — V. (*Hic.*) Emphytéose.

LIMITES. — V. Acquéreur, 6. — Adjudication, 10, 70, 71. — Administration active, 1. — Biens nationaux, 4, 5. — Propriété, 29.

LIQUIDATION.

1. — (Déchéance. — Dette publique. — Droit acquis. — Explicative.) — *Un particulier à qui une loi avait promis une partie indéterminée du terrain de la Bastille, s'il n'a pas fait déterminer cette portion par un décret particulier ultérieur, aux termes de la loi, a eu moins un droit acquis qu'une simple expectative, moins une propriété territoriale qu'une créance pécuniaire; dès lors il se trouve dans la classe des créances antérieures à l'an 9, qui sont frappées de déchéance d'après les lois du 15 janvier 1810, du 28 avril 1816 et du 25 mars 1817.*

Palloy.
26 août 1818 (t. 4, pag. 432.)

2. — (Déchéance. — Prise. — Restitution. — *La déchéance prononcée par l'article 6 du décret du 28 février 1812, ne s'applique pas à une créance reconnue par jugement du conseil des prises, du 16 juillet 1813, passé en force de chose jugée avec le ministre, lequel jugement ordonne une restitution par l'État d'un navire ou de sa valeur; cette créance doit être assimilée aux parts de prises formellement exceptées de la déchéance par le décret même; peu importait donc de dire qu'en fait la créance remonte au 7 avril 1810, époque de la prise, et qu'en droit, l'origine d'une créance date, non du jour où elle a été reconnue, mais du jour où elle a été contractée.*

Propriétaire du navire l'Océan.
12 août 1818. (t. 4, page 422.)

— V. Acte administratif, N°. 8. — Circulaire ministérielle, 1. — Comptable, 4. — Contentieux, 10, 11, 29. — Créances, 1. — Dette publique, 1 à 8. — Emigré, 11. — Entrepreneur, 2. — Fermiers généraux, 1. — Partage administratif, 4. — Propriété, 6, 25.

LIQUIDATION DE L'ARRIÉRÉ. — V. Marché avec l'administration, 4.

LIQUIDATION ÉTRANGÈRE.

1. — Contentieux. — *Un Belge qui demande l'annullation d'un décret de 1811 et de décisions du ministre des manufactures et du commerce de 1812, s'il s'est pourvu au Conseil d'état, doit depuis le traité de Paris se désister de son pourvoi et s'adresser à la commission mixte de liquidation.*

Bauwens.
12 août 1818. (t. 4, page 424.)

LIVRE. — V. Franc, N°. 1.

LIVRE D'ÉGLISE. — V. Propriété littéraire, 1.

LOCATAIRES. — V. Logement des troupes alliées, 1.

LOCATION. — V. Halles, 2. — Instruction ministérielle, 2. — Salle de spectacle, 1.

LOI. — V. Décret, 1.

LOI DÉVOLUTIVE. — V. Remboursement, 6.

LOI TRANSMISSIVE. — V. Propriété, 3.

LOT. — V. Partage administratif, 6.

LOTERIE. — V. Obligation sans cause, 1.

LOYER. — V. Concession, 4. — Contentieux, 20. — (*Hic.*) Contributions communales extraordinaires. — (*Hic.*) Contributions personnelles et mobilières. — Déchéance, 5. — Propriété, 6. — Théâtres, 2.

MACHINE DE MARLY. — V. Liste civile, 1.

MAIN MISE ADMINISTRATIVE. — V. Magasins militaires, N°. 2.

MAIRE. — V. Affouage, 11. — Fourrière, 1. — Garantie constitutionnelle, 7. — Mise en jugement, 5, 13, 14, 39, 55.

MAISON. — V. Propriété, 16.

MAISON DE DÉTENTION. — V. Justice préfectoriale, 1.

MAISON D'HABITATION. — V. Décompte, 11.

MAL JUGÉ. — V. Cour des comptes, 2.

MALTE (CHEVALIER DE) — V. Dette publique, 7.

MANDAT. — V. Décompte, 17, 18. — (*Hic.*) Escroquerie.

MANDATAIRE. — V. Comptable, 1.

MANOEUVRES FRAUDULEUSES. — V. Acquéreur, 14.

MANUFACTURES.

1. — (Verrerie. — Opposition. — Conseil de préfecture.) — *Aux termes du décret du 15 octobre 1810 et de l'ordonnance du 14 janvier 1815, les conseils de préfecture ne sont appelés à donner leur avis sur les oppositions formées à l'établissement des manufactures comprises dans la première classe du tableau annexé à ce décret, que lorsque ces oppositions sont fondées sur l'insalubrité ou l'incommodité des manufactures projetées.*

Il n'en est pas de même lorsqu'il s'agit d'apprécier des motifs d'utilité publique ou d'intérêt général.

Un maître de verrerie n'est pas recevable ou fondé à former opposition à la construction d'une verrerie nouvelle, quelque dommage qui puisse résulter pour lui de la concurrence future.

Girancourt. — C. — Morel.
22 juillet 1818. (t. 4, p. 399.)

V. — *Hic.*) Tannerie.

MARAIS. — V. Bailliste judiciaire, N°. 1. — Dommages-intérêts, 1. — Indemnité, 13.

MARCHAND DE VIN. — V. (*Hic.*) Profession.

MARCHANDISES. — V. Prise maritime, 15.

MARCHÉ. — V. Agens du gouvernement, 1, 4. — Compétence, 3. — Entrepreneur, 3, 5. — Entrepreneur de service public, 3, 8. — Fournisseur, 2. — Justice ministérielle, 4. — Pavage, 2. — Réquisition, 1. — Routes, 5. — Travaux publics, 6.

MARCHÉ DÉFINITIF. — V. Justice ministérielle, N°. 6.

MARINE (SERVICE POUR LA) — V. Commissaire des relations commerciales, 1.

MARINS. — V. Prise maritime, 28.

MARSEILLE. — V. Douanes, 2.

MARTELAGE. — V. Bois, 4.

MATÉRIAUX. — V. Routes, 6, 19.

MESSAGERIES. — V. (*Hic.*) Erreur de fait et de droit.

METZ. — V. (*Hic.*) Expropriation pour cause d'utilité publique.

MEUBLES. — V. Théâtre, 1.

MILITAIRE. — V. Fonds de solde, 1. — Saisie, 1.

MINES. (Concession de)

1. — (Propriété.) — *Une concession de mine faites après instruction contradictoire par ordonnance du Roi, sur le rapport d'un ministre, et qui ne peut être attaqué par une opposition qui saisisse le comité du contentieux, bien que le réclamant soutienne que la concession embrasse par erreur des mines qui sont sa propriété. Le réclamant doit s'adresser directement au Roi en la forme prescrite par l'art. 40 du réglement du 22 juillet 1806, par la voie du ministre même qui a fait rendre l'ordonnance.*

Vitalis veuve Lurat. — C. — Coste et Castellane.
26 août 1818. (t. 4, p. 440.)

— V. Concession, N°. 3, 7. — Liquidation, 5. — Ministre, 3, 4. — Propriété, 45.

MINISTRE. — V. Acte administratif, 26. — Administration publique, 1. — Arrêt de défenses, 1. — Conflit négatif, 4. — Décision de justice, 2. — Fournisseur, 7. — Fruits, 4. — Justice contentieuse, 1. — Mise en jugement, 51. — Pourvoi, 3. — Réglement, 2.

MINISTRE DE LA GUERRE. — V. (*Hic.*) Délai. — Magasins militaires, 1.

MINISTRE DE LA MAISON DU ROI. — V. Liste civile, 1.

MINISTRE DE LA MARINE. — V. Entrepreneur, 1.

MINISTRE DES FINANCES. — V. Comptabilité, 2.

MINISTRE D'ÉTAT. — V. (*Hic.*) Profession.

Ministre du commerce. — V. Douanes, No. 5.

Ministre du culte. — V. Abus, 1.

Ministres en conflit.—V. Justice gouvernementale, 1.

Minorité. — V. Commune, 25.

Minute. — V. Copie, 1.

Mise en demeure. —Adjudication, 73.

Mise en jugement.

1. — (Concussion. —Garde forestier.) *Le Conseil d'état autorise la mise en jugement d'un garde-forestier prévenu d'avoir reçu 45 francs pour ne pas donner suite à un procès-verbal.*

Degout et Giraud.
9 septembre 1818. – (t. 4, p. 452.)

2. —(Directeur de la poste.— Secret des lettres.) — *Le Conseil d'état autorise la mise en jugement d'un directeur de la poste aux lettres, prévenu d'avoir remis deux lettres déposées à son bureau à un tiers auquel elles n'étaient point adressées.*

Chevilly. — C. — Demangeon.
9 septembre 1818. (t. 4, p. 455.)

3. —(Faux. — Conservateur des hypothèques.) — *Le Conseil d'état refuse l'autorisation pour la mise en jugement d'un conservateur des hypothèques prévenu de faux, lorsque le fait, matière de l'inculpation, n'offre pas les élémens d'un faux caractérisé.*

Le fait d'avoir raturé le mot inscrit, pour y substituer le mot enregistré, ne constitue pas un faux, lorsque le conservateur, en faisant la rature et la substitution, a rétabli, dans la relation de l'enregistrement, la vérité d'un fait tel qu'il était constaté sur ses registres.

Pradal.
8 juillet 1818. –(t. 4, p. 391.)

4. — (Fonctionnaires administratifs. — Délai. — Prescription.) — *Le conseil d'état autorise un particulier à prendre à partie d'anciens officiers municipaux d'une commune pour un achat de grains fait en 1793. — Ainsi, vingt-cinq ans écoulés depuis l'achat n'ont pas opéré une prescription d'action qui puisse être prononcée par le Conseil d'état.*

Fort. — C. — Sarda.
8 juillet 1818. – (t. 4, p. 390.)

5. — (Garde forestier.) — *Les gardes de bois particuliers ne peuvent pas invoquer la garantie accordée aux agens de l'administration; ils ne sont pas, comme les gardes-forestiers, des agens de l'autorité publique.*

Brunel.
22 juillet 1818. – (t. 4, p. 398.)

6. — (Garde forestier. — Faux.) — *Le Conseil d'état autorise la mise en jugement d'un garde forestier prévenu de faux, lorsque les faits rapportés dans un procès-verbal dressé contre un particulier sont faux et controuvés.*

Bolot.
9 septembre 1818. – (t. 4, p. 449.)

—V. Abus, No. 1.—Administrateur, 3, 5. — Arrestation arbitraire, 1. — Contributions, 16. — *(Hic.)* Escroquerie. — Gardes forestiers, 1. — Invasion, 1. — Liberté individuelle, 1, 2, 3. — Lois et réglemens sanitaires, 1. — Traitement administratif, 1.

Mitoyenneté. — V. Adjudication, 26, 57.

Moelle de boeuf. — V. Huiles animales, 1.

Mont de piété. — V. Commissaires priseurs, 1.

Monumens religieux. — V. Titre administratif, 1.

Mort civile. — V. *(Hic.)* Délai.

Motifs. — V. Chose jugée, 15.

Mouche. — V. Prise maritime, 5.

Moulin. — V. Adjudication, 46. — Banalité, 3. — Cours d'eau, 1. — Eau, 2, 13, 14, 23, 24, 25, 31. — Entretien, 1. — Expert d'office, 1. — Indemnité, 14, — Ponts et chaussées, 1.

Munitionnaire général. — V. Agent du gouvernement, 3. — Liquidation, 7.

Mur de soutenement. — V. Entretien, 1. — Rivière navigable, 1.

Mur mitoyen. — V. Domaines nationaux, 20.

Musiciens. — V. Taxe des indigens, 1.

Nationalité. — V. Prise maritime, 16.

Naufrage. — V. *(Hic.)* Travaux publics.

Navigation. — V. *(Hic.)* Chemin de hallage. — Pilotes lamaneurs, 1. — Rivières, 3.

Navire. — V. *(Hic.)* Francisation.

Nom.

1. — (Opposition. — Alliance.) — *Toute famille peut s'opposer à ce que le nom dont elle est en possession, devienne celui d'une autre famille même d'une famille qui serait son alliée. L'opposition est recevable si elle a été faite dans l'année, et elle doit avoir effet, quand même il aurait été délivré par erreur un certificat de non opposition.* (Loi du 11 germinal an 11.)

Montlezun. — C. — De Lagarde.
12 août 1818. - (t. 4, p. 416.)

Nomination. —V. *(Hic.)* Tontine.

Notaire. — V. Remboursement, 16.

Notification. — V. Délai, 9 à 19, 25. — *(Hic.)* Délai. — Pourvoi, 4. — Promulgation, 1. — Réglement, 4.

Nouvel oeuvre. — V. Voirie, 7.

Novation. — V. Dettes communales, 1. — Solidarité, 1.

Nullité. — V. Action. 1. — Biens communaux, 3. — *(Hic.)* Décision sur requête de pur mouvement. — Divisibilité, 7. — Incompatibilité, 1. — Mines, 10. — Renvoi, 2.

Nullité substantielle, — V. Adjudication, 68.

Obligation. — V. Commune, 23.

Obligation personnelle. — V. Administrateur, 1. — *(Hic.)* Agent du gouvernement. — Délégation sur le gouvernement, 1. —Garantie constitutionnelle, 3, 9, 10. — Garantie constitutionnelle ou garantie de fonctionnaire administratif, 4.—Commune, 26, 27. — *(Hic.)* Commune.

Obligation tacite. — V. Utilité publique, 2.

Octroi. — V. Administration publique, 1. — Boissons, 3. — Comptable, 5. — Contrainte par corps, 2. — Divisibilité, 3. — Exécution, 8. — Force majeure, 1. — *(Hic.)* Fournisseur. — Garantie, 3. — Indemnité, 15, 16. — Mise en jugement, 52. — Receveur, 4.

OEuvre nouvelle. — V. Propriété, 15.

Officiers de police judiciaire. — V. Garantie constitutionnelle, 8.

Offres. — V. Mandat administratif, 1.

Olives. — V. Banalité, 1.

Omission. — V. Emigré, 24, 25.

Opposition. —V. Adjudication, No. 19, 21, 22. —*(Hic)* Adjudication. — Adjudication sur adjudication, 1. — Alignement, 5. — Arrêté par défaut, 1, 2. — Autorisation, 26. — Biens nationaux, 6, 16. — Chose jugée, 12. — Commune, 28. — Conflit, 8. — Contentieux, 21. — Contrainte, 3, 4. — Décision contradictoire, 2. — *(Hic.)* Décision contradictoire. — Décision ministérielle, 6. — *(Hic.)* Décision sur requête de pur mouvement. — Décret, 2, 3. — Entrepreneur, 2. — Fabrique, 3. — Jugement par défaut, 1. — Manufactures, 7, 8. — *(Hic)* Manufactures. — Mines, 1. — Nom, 3, 4. — *(Hic.)* Nom. — Ordonnance préparatoire, 1. — Propriété, 1. — Requête civile, 3. — Révision, 1. — Saisie réelle, 1. — Trésor public, 4.

Opposition d'administration et de justice. — V. *(Hic.)* Ordonnance.

Option. — V. Incompatibilité, 1.

Ordonnance.

1. — (Opposition d'administration et de justice.) — *Est-il vrai que les ordonnances du Roi, qui sont tout à la fois d'administration et de justice, ont un égal effet sur l'un et l'autre rapport? N'est-il pas vrai, au contraire, que la décision d'administration est définitive, et que la décision de justice doit être seulement* provisoire, *ou sauf recours à la justice contentieuse?*

Si l'art. 29 du réglement du 22 juillet 1806, autorise à se pourvoir en conseil d'état contre les ordonnances rendues par défaut *sur rapport des ministres, n'est-ce pas la preuve que leur compétence cesse d'exister dès qu'il paraît y avoir du contentieux? Faudrait-il donc avoir soin de ne pas défendre devant les ministres, pour être sûr de ne pas perdre la voie de recours à la justice contentieuse?* (21 avril 1810, tit. 4, art. 28.)

Vitalis, veuve Lurat. — C. — Coste et Castellane.
26 août 1818. – (t. 4, p. 440.)

— V. Délai, 27. — Promulgation, 1. — Révision, 3. — Tierce-opposition, 7.

Ordonnance de soit communiqué, — V. Délai, 20. — Pourvoi, 4. — Relief de laps de temps, 2.

Ordonnance royale. — V. Contentieux, 21.

Ordre administratif. — V. Décision de justice, 1, 2.

ORDRE PUBLIC. — V. Compétence, N°. 6. — Conseil d'état, 12.

OUVRAGES. — V. Administrateur, 4.

OUVRIERS. —. V. Travaux publics, 9.

PACAGE. — V. Adjudication, 27. — Conseil de préfecture, 2.

PAQUIS. — V. Adjudication, 13.

PAPIER MONNAIE. — V. Acquéreur, 10. — Décompte, 19. — Remboursement, 9.

PARCOURS.

1. — (Réglemens. — Compétence.) — *La contestation sur un droit de parcours entre des communes doit être portée devant les tribunaux ordinaires, s'il s'agit d'appliquer des réglemens anciens; — Que s'il s'agit de faire des modifications ou changemens aux réglemens anciens, la matière est administrative, aux termes du décret du 9 brumaire an 13, et de l'avis du Conseil d'état, du 16 mai 1808. — L'administration est compétente, même au cas de transaction, puisqu'elle seule peut autoriser la transaction aux termes de l'art. 2045 du Code civil.*

Castan. — C. — le maire de Langlade.
22 juillet 1818. – (t. 4, p, 400.)

PARENTÉ.

1. — (Incapacité.) — *Une adjudication n'est pas annullable par application de l'art. 1596 du Code civil, quand même il serait vrai que l'adjudicataire aurait été d'accord avec un parent du fonctionnaire, auteur de l'adjudication, pour lui transmettre une partie de l'immeuble adjugé; ce ne serait pas là une adjudication faite au parent du fonctionnaire adjudicateur.*

Le maire de la commune de Coings.
12 août 1818. – (t. 4, p. 419.)

PARTAGE. — V. Acquiescement, 7. — Alluvion, 2. — Biens communaux, 2, 3, 4. — Communaux, 13 à 32. — Émigré, 10, 20 à 26, 29, 33. — Fruits, 3. — Garantie, 4. — Prise maritime, 6. — Propriété, 30, 31. — Soumission, 5.

PARTIE CIVILE. — V. Mise en jugement, 4, 22, 23.

PARTIE CONTRADICTOIRE. — V. Décret par défaut, 1.

PARTIE PLAIGNANTE. — V. Mise en jugement, N°. 49.

PASSAGE. — V. Bacs, 5. — Chemin d'exploitation, 1. — Prescription, 6. — Rue, 2, 3. — Servitude, 1.

PASSE. (Droit de) — V. Agent du Gouvernement, 5.

PATENTE. — V. Contentieux, 22. — Privilège, 5.

PATRES. — V. (*Hic.*) Communes.

PATURAGE. — V. Adjudication, 55. — Bois, 5. — Domaines nationaux, 21. — Réglement, 3.

PATURE. — V. Commune, 30.

PAVÉ. — V. Rue, 4.

PAVILLON. — V. Prise maritime, 16.

PAIEMENT. — V. Acquéreur, 15. — Administrateur, 4. — Commune, 29. — Concession, 4. — Contributions, 17, 18. — Émigré, 12. — Engagistes, 1. — Fermier de l'État, 2. — Garde d'honneur, 1. — Hospices, 14. — Imputation, 3. — Mandat administratif, 1. — Réquisition, 3. — Rivières non navigables, 1. — Trésor public, 4.

PAYEUR. — V. Caution, 1.

PAYS CONQUIS. — V. Trésor public, 5.

PAYS RÉUNIS.

1. — (Juridiction. — Attribution.) — *L'autorité qui aurait eu son siége principal dans un pays réuni et qui aurait étendu ses attributions sur une portion de l'ancienne France, ne doit-elle pas être réputée purement française, quant à ceux de ses actes qui sont relatifs à la portion de l'ancienne France qui a été administrée par elle?*

L'Administration des domaines. — C. — Giubega.
12 août 1818. – (t. 4, p. 409.)

— V. Remboursement, 3.

PAYS RÉUNIS ET SÉPARÉS. — V. Justice politique, 1.

PÊCHE. — V. Acte administratif, 22. — Adjudication, 4. — Canal, 8. — Eau, 25. — Rivières, 3.

PEINES. — V. Routes, 1. — Voirie, 8, 9.

PENSION ALIMENTAIRE. — V. Militaires, (Femmes des) 1.

PENSIONS MILITAIRES. — V. Solde de retraite, 1.

PÉPINIÈRE. — V. Expropriation pour cause d'utilité publique, 2.

PERCEPTEUR. — V. Administrateur, 5. — Comptabilité, 4. — (*Hic.*) Comptables. — Conflit, N°. 16. — Contributions, 18, 19, 32. — Contributions directes, 4. — Deniers publics, 1. — Responsabilité, 9.

PERCEPTEURS DE CONTRIBUTIONS. — V. Responsabilité, 10.

PERCEPTION. — V. Contributions, 20. — Octroi, 6. — Péage, 2.

PERMISSION. — V. Patouillets, 1.

PESAGE ET MESURAGE. — V. Acte administratif, 12.

PÉTITION. — V. Décret par défaut, 1.

PHARMACIEN. — V. Contentieux, 1.

PHARMACIEN EN CHEF. — V. Hospices, 5.

PIÈCES DE BORD. — V. Prise maritime, 15, 17 à 20.

PIÈCE DÉCISIVE. — V. Requête civile, 3, 4.

PIÈCES DÉCOUVERTES. — V. Opposition, 20.

PIÈCES NOUVELLES. — V. Chose jugée, 16.

PIERRES. — V. Travaux publics, 11, 18.

PILOTE LAMANEUR. — V. Prise maritime, 25.

PLACE MILITAIRE. — V. Propriété, 32.

31. – Garantie constitutionnelle, 14. — M[illegible] jugement, 5

PLAINTE. — V. Contribuable, 1.

PLAN. — V. Acquéreur, 2. — Adjudication, 58, 59.

PLANTATIONS. — V. Arbres, 2.

POIDS ET MESURES. — V. Préfet, 4.

POIDS PUBLICS. — V. Compte, 4.

POLICE. — V. Cours d'eau, 2. — Droit, (Intérêt) 1. — Eau, 26, 30. — (*Hic.*) Profession. — Propriété, 17.

POLICE ADMINISTRATIVE. — V. Contentieux, 27.

POLICE DE ROULAGE. — V. Justice municipale administrative, 1.

POLICE DE VOIRIE. — V. Maire, 2.

POLICE MUNICIPALE. — V. Question préjudicielle, 2.

POMPE A FEU. — V. (*Hic.*) Acquiescement

POMPIERS. — V. Utilité publique, 2.

PONT. — V. Autorisation, 27. — Chemin vicinal, 28. — Divisibilité, 1. — Naufrage, 1.

PONTS ET CHAUSSÉES. — V. Agent du Gouvernement, N°. 7. — Contentieux, 19. — Fournisseur, 9. — Indemnité, 18. — Opposition, 7. — Routes, 3.

PORT. — V. Domaine public, 2.

PORT FIXE D'ABORDAGE. — V. (*Hic.*) Chemin de hallage.

PORTAGE. — V. Garde magasin, 3.

PORTEURS DE CONTRAINTES. — V. Contribuable, 2.

POSSESSION. — V. Acquéreur, 16. — Acte administratif, 18. — Adjudication, 60 à 63. — Autorité administrative, 10. — Chemin public, 2. — Chemin vicinal, 24. — Communaux, 28. — Commune, 32. — Concession, 6. — Voirie, 7.

POSSESSION ANNALE. — V. Action possessoire, 2. — Chemin vicinal, 2.

POSSESSION PROVISOIRE. — V. Chemin vicinal, 15.

POSSESSOIRE. — V. Chemin vicinal, 8. — Provisoire, 1.

POSTE AUX LETTRES. — V. Contributions indirectes, 1.

POUDRIÈRE. — V. Propriété, 32.

POURVOI. — V. Action administrative, 3. — V. Arrêté par défaut, 2. — Conseil d'état, 13, 14. — Déchéance, 9. — Délai, 21 à 26. — Exécution, 7. — Fournitures, 1. — Justice ministérielle, 7. — Préparatoire, 1. — Relief de laps de temps, 3, 4, 5.

POURVOI IRRÉGULIER. — V. Déchéance, 10. — Opposition, 5.

POUVOIR DISCRÉTIONNAIRE. — V. Autorisation, 8, 14, 29. — Indemnité, 16. — Manufactures, 4. — Mise en jugement, 49. — Voirie, 12.

PRÉFÉRENCE. — V. Adjudications successives, 1. — Biens nationaux, 1.

PRÉFET.

1. — (Contribution.) — *Un préfet ne peut rendre exécutoire un rôle de contributions assis sur des propriétés étrangères à son département.*

Forbin Janson. — C. — l'association des travaux de la Durance.
9 septembre 1818. – (t. 4, p. 443.)

— V. Amnistie, 1. — Administration de tutelle, 1. — Chemin, 1. — Chemin rural, 1. — Chemin vicinal, 26, 29, 30, 35. — Communaux, 8, 33, 40. — Compte, 5. — Conseil de préfecture, 7. — Contentieux, 20, 23. — Eau, 19, 27, 42. — (*Hic.*) Exécution.

—Exécutoire, N°. 1.—Hospices, 15.—Justice administrative, 1. — Ministre, 4. — Octroi, 3, 5. — Propriété, 17.—Responsabilité, 6. — Tiers-coutumier, 2. — Utilité publique, 3. — V. Voirie, 10, 11.

Préfet de police. — V. Manufactures, 7.

Préposé. — V. Comptable, 5. — Payeur général, 1. — Trésor public, 3.

Préposé aux douanes. — V. Mise en jugement, 23, 53.

Préposé aux recettes. — V. Comptable, 6.

Préposé aux vivres. — V. Liquidation, 7.

Prescription. — V. Adjudication, 54, 64. — Autorité Administrative, 9. — Décompte, 20. — Fermier de l'état, 3. — Intérêt, 6. — V. (*Hic.*) Mise en jugement. — Religionnaires fugitifs, 1.

Présomption. — V. Canal, 10. — Marché avec l'administration, 4.

Présomption de vie. — V. Emigré, 27.

Prestations. — V. Corporations religieuses, 3.

Prêt. — V. Obligations personnelle, 2.

Preuves. — V. Force majeure, 1.

Preuves. — V. Mise en jugement, 8, 9, 54. — Patente, 2.

Prise. — V. (*Hic.*) Conflit négatif. —Conseil d'état, 16.—(*Hic.*) Liquidation. —Recousse, 1.—Simulation, 1.

Prise maritime. — V. Contentieux, 18. — (*Hic.*) Dommages intérêts. — (*Hic.*) Francisation. — Interprétation, 4. — (*Hic.*) Interprétation. — Justice Politique, 1. — Navire, 1. — Transaction, 1.

Prison. — V. Justice préfectoriale, 1.

Prisonnier. — V. Aubaine, 1. — Prise maritime, 21.

Privilége. — V. Bois, 4. — Fournisseur, 8. — Indemnité, 17.—Mines, 8. — Navire, 2. — Pont, 4. — Receveur, 7. — Salles de spectacle, 1. — Théâtres, 2. — Travaux publics, 15.

Privilége exclusif. — V. Propriété, 33.

Prix. — V. Adjudication, 75. — Domaines nationaux, 22.

Prix de vente. — V. Adjudication, 76.

Prix favorable. — V. Justice ministérielle, N°. 5.

Procès verbaux. — V. Acte administratif, 15. — Comptabilité, 5.

Procuration. — V. Compétence, 2.

Production. — V. Pourvoi, 5.

Professeur. — V. Contentieux, 32.

Profession.

1. (Police. — Contentieux. — Marchands de vins. — Ministre d'état. — Ministre secrétaire d'état.) — *La décision du préfet de police (lequel est ministre d'état) portant interdiction à un particulier de continuer à Paris la profession de marchand de vins ne peut être dénoncée au Conseil d'état par la voie contentieuse qu'après que le réclamant aura soumis l'arrêté attaqué à l'examen et à la décision du ministre secrétaire d'état dont ressortissent les ordonnances de police rendues en pareille matière.*

Damiron.
26 août 1818. (t. 4, p. 426).

Propriété, 33.

Promulgation. — V. Nom, 3.

Propriétaire. — V. Acquéreur, 15. — Logement des troupes alliées, 1. — Responsabilité, 7.

Propriétaire riverain. — V. Canal, 3. — Contributions, 3. — Indemnité, 10.

Propriété. — V. Académie, 1. — Adjudicataire, 1. — Adjudication, 20. — Adjudication sur adjudication, 1. — Alignement, 2, 7. — Alluvion, 1. — Anticipation, 2. — Attérissement, 2, 3, 4. — Autorisation, 17, 27. — Autorité administrative, 6. — Biens abandonnés, 1. — Biens nationaux, 12. — Bois, 6. — Canal, 5. — Chemin, 2, 3, 4. — Chemin public, 2. — Chemin vicinal, 9, 11, 27, 31 à 36, 38, 39, 45, 46, 48, 49. — Chose jugée, 17. — Communaux, 7, 11, 29, 34, 35, 37. — Commune, 31 à 37. — Compétence, 4. — Concession, 5. — Contentieux, 2. — Contributions, 31. — Cours d'Eau, 2.—Décision ministérielle, 7. — Démolition, 1. — Dépaissance, 2. — Domaine de la couronne, 1. — Domaine de l'état, 1, 2. — Domaines engagés, 6, 7, 8. — Domaines nationaux, 21, 23, 24. — Eau, 11, 26, 28, 29, 30. — Eaux thermales, 2. — Egoûts publics, 1. — Engagistes, 2. — Forêt nationale, 1. — Fruits, 4. —Halles, N°. 1.—Indemnité, 8, 18.—Interprétation, 3. — Ilots, 1. — Lits militaires, 1. — Magasins militaires, 2.— Maire, 2. — Marais, 2, 3. — Mines, 9. — V. (*Hic.*) Mine (Concession de). — Mines en jugement, 56. — Murs, 1. — Nom, 4, 5. — Passage, 1, 2. — Pâturage, 1. — Pavage, 3. — Pays réunis, 1. — Péage, 3. — Pêche, 4. — Place publique, 1, 2, 3. — Pesage, 1. — Pont, 7. — Rue, 2, 3, 4. — Ruisseau, 2. — Sentier, 2. — Séquestre, 1. — Servitude, 2. — Théâtres, 1. — Traitemens militaires, 1. — Utilité publique, 8. — Vaines et vagues, 1. — Voie publique, 2, 3. — Voirie, 3.

Propriété collective. — V. Commune, 25.

Propriété domaniale. — V. Acte administratif, 29. — Date certaine, 1.

Propriété foncière. — V. Indemnité, 9.

Prorogation. — V. Juridiction, 1.

Protêt. — V. Trésor public, 1.

Provision. — V. Chemin vicinal, 49.

Provisoire. — V. Chemin public, 1, 4. — Chemin vicinal, 34, 35. — Emigré, 28. — Passage, 1. — Séquestre, 1.

Provocation. — V. Mise en jugement, 53.

Publication. — V. Mines, 10. — Prise maritime, 10.

Puisard. — V. Curage, 3.

Puissances alliées. — V. Traité de Paris, 1.

Qualité. — V. Acte administratif, 27. — Commune, 30. — V. Commune, 37. — Garantie constitutionnelle, 11. — Nom, 8. —(*Hic.*) Question préjudicielle. — Voirie, 2.

Quanti minoris. — V. Adjudicataire, 2.

Quartier-maitre. — V. Comptabilité militaire, 1.

Question mixte. — V. Divisibilité, 4.

Question préjudicielle.

1. — (Qualité. — Sursis.) — *Lorsqu'une décision de la justice administrative est attaquée par voie de tierce-opposition de la part de tiers, prenant qualité de créanciers de la succession partagée administrativement, si cette qualité de créancier leur est contestée, il y a lieu à surseoir par la justice administrative sur le mérite de la tierce-opposition, jusqu'à ce que le mérite des qualités ait été apprécié par les tribunaux ordinaires.*

(Romey et Chassaigne — C. — d'Espagnac.)
22 juillet 1818. (t. 4, p. 396.)

—V. Acte administratif, N°. 23. — Adjudicataire, 1. — Autorité administrative, 9. — Chemin vicinal, 46. — Chose jugée, 18. — Communaux, 36. — Conflit, 9. — Conflit, 16.

Quittance. — V. Acquéreur, 13. —Acte administratif, 28.—Décompte, 20. — Percepteur, 1.

Quittance définitive. — V. (*Hic.*) Décompte.

Quittance pour solde. — V. Contentieux, 24.

Rachat. — V. Rente nationale, 1.

Raffinerie. — V. Usine, 5.

Rapport de ministre. — V. Contentieux, 25. — Nom, 2.

Rapport d'expert. — V. Mercuriales, 2.

Ratification. — V. Communaux, 39, 40.

Ratures. — V. Copie, 1.

Rebelles. — V. Prise maritime, 22.

Rebellion (provocation a la.) — V. Mise en jugement, 55.

Récépissés. — V. Entrepreneur de service public, 2.

Receveur des contributions. — V. Comptable, 6.

Receveur général. — V. (*Hic.*) Comptables. — Garantie, 3. — Honoraires, 1. — Opposition, 12. — Responsabilité, 8, 9.

Receveur municipal. — V. Dépôt judiciaire, 1.

Receveurs particuliers. — V. Responsabilité, 10.

Réciprocité. — V. Litispendance, 1, 2.

Réclamation. — V. Contributions, 21. — Fabrique, 1.

Réclusion. — V. Prêtre septuagénaire, 1.

Reconstruction. — V. Chemin vicinal, 28.

Recours. — V. Adjudicataire, 2. — Commune, 2, 11. — Conseil d'état, 15. — Décision contradictoire, 2. —

Délai, No. 27. — Marché avec l'administration, 2.

RECOURS AU CONSEIL D'ÉTAT. — V. Autorisation, 21.

RECOURS AU ROI. — V. Contentieux, 26.

RECOUSSE. — V. Prise maritime, 23, 24.

RECOUVREMENT. — V. Taxe, 1.

RECTIFICATION. — V. Adjudication, 72. — (Hic.) Adjudication. — Chose jugée, 19. — Compte, 4.

RÉCUSATION. — V. Expert, 1.

REDEVANCE. — V. Mines, 11.

REDEVANCES DOMANIALES. — V. Rivières, 1.

RÉDUCTION. — V. Cautionnement, 2. — Contributions, 11. — Contributions, 22. — Patente, 3.

RÉDUCTION DE PRIX. — V. Adjudication, 14.

RÉGIE. — V. Acte administratif, 29. — Contributions indirectes, 1.

RÉGIE DES DROITS RÉUNIS. — V. Tabacs, 3.

RÉGIE GÉNÉRALE DES SUBSISTANCES MILITAIRES. — V. Agent du gouvernement, 8. — Fournisseur, 1.

RÉGIE INTÉRESSÉE. — V. Liquidation, 6.

RÉGISSEUR. — V. Comptabilité, 6. — Entrepreneur de service public, 4.

RÉGISSEUR DES VIVRES DE L'ARMÉE. — V. Cour des comptes, 6.

REGISTRES. — V. Receveur, 5.

RÉGLEMENS. — V. Administration publique, 1. — Chemin de desserte, 1. — (Hic.) Délai. — Eau, 10, 14, 16, 31, 32, 33, 36. — Exécution, 4. — Marais, 4. — (Hic.) Parcours. — Préfet, 4. — Prise maritime, 10.

RÉGLEMENS ADMINISTRATIFS. — V. Digues, 1.

RÉGLEMENT D'ADMINISTRATION PUBLIQUE. — V. Eau, 6. — Marais, 1. — Pêche, 4. — Rivières non navigable, 2.

RÉGLEMENT D'ATTRIBUTION. — V. Conflit, 17.

RÉGLEMENT DE JUGES. — V. Conflit négatif, 2, 3, 4. — Conseil d'état, 16.

RÉINTÉGRATION. — V. Acquéreur, 15.

RELIEF. — V. Déchéance, 11.

RELIGIEUSES. — V. Dot, 1. — Pension, No. 1. — Remboursement, — V. Condamné, 2. — Consignation, 2. — Contribution, 23, 24, 25. — Contribution foncière, 3. — Emigré, 9, 19. — Franc, 1. — (Hic.) Hospices. — Rentes, 6.

REMÉRÉ. — V. Concession, 6. — Séquestre, 2.

REMISE. — V. Acquéreur, 17. — Décompte, 11. — Emigré, 17.

REMPART. — V. Droit (Intérêt), 1.

REMPLAÇANS. — V. Garde nationale sédentaire, 1.

RENONCIATION. — V. Erreur de droit, 1. — Juridiction, 2. — Mines, 11. — Prise maritime, 1.

RENSEIGNEMENT. — V. Adjudication, 59.

RENTES. — V. Adjudication, 5, 9. — (Hic.) Aliénation. — Biens nationaux, 7. Cause (Défaut de), 1. — Compensation, 1. — Condamné, 2. — Confusion, 3. — Déchéance, 2. — Domaines engagés, 9. — Fabrique, 5, 8, 10, 11. — Fondation pieuse, 3. — Hospices, 8. — (Hic.) Hospices. — Propriété nationale, 1. — Remboursement, 3, 14, 15. — Rivières, 1.

RENTE EMPHYTÉOTIQUE. — V. Autorité administrative, 3.

RENTES FÉODALES. — V. Décompte, 21.

RENTE FONCIÈRE. — V. Engagistes, 3.

RENTES SUR L'ÉTAT. — V. Contentieux de l'administration, 1.

RÉPARATION. — V. Canal, 6. — Chemin vicinal, 37. — Domaines nationaux, 20. — Etablissement public, 1. — Travaux publics, 16.

RÉPARTITION. — V. Indemnité, 19.

RÉPARTITION DES DÉPENSES. — V. Eau, 34.

RÉPÉTITION. — V. Traitement administratif, 1.

REPRÉSENTANT. — V. Halles, 3. — Tierce-opposition, 8.

REPRÉSENTATION. — V. Chose jugée, 20. — Emigré, 35.

RÉPRIMANDE. — V. Mise en jugement, 33.

REPRISE D'INSTANCE. — V. Conseil d'état, 10.

REQUÊTE. — V. Conseil d'état, 14.

REQUÊTE CIVILE.

1. — (Erreur de fait.) — *Une décision contradictoire rendue par le Conseil d'état peut être attaquée en rétractation par voie d'opposition et de demande en révision, si ce n'est de requête civile, lorsque la première ordonnance a rejeté la demande sur un défaut de production de pièces, et que ces pièces sont ultérieurement produites, pourvu toutefois que les pièces produites soient probantes.*

Leyris.
26 août 1818. — (t. 4, p. 425.)

— V. Opposition, No. 20. — Recours en rétractation, 1.

RÉQUISITION. (Hic.) Commission départementale de liquidation. — Garantie constitutionnelle, 12.

RESCISION. — V. Cause (Défaut de) 1.

RESCRIPTIONS. — V. Décompte, 18.

RÉSERVE. — V. Acquiescement, 7. — Dépens, 3. — Emigré, 29.

RÉSILIATION. — V. (Hic.) Adjudication. — (Hic.) Adjudication. — Bail, 2. — Caisse d'amortissement, 2. — Domaines nationaux, 12, 36.

RÉSISTANCE A LA GENDARMERIE. — V. Mise en jugement, 22.

RÉSOLUTION. — V. Adjudication, 73.

RESPONSABILITÉ. — V. Caution, 1. — (Hic.) Comptables. — Cour des comptes, 7. — Gardes magasins, 2. Liberté individuelle, 1. — Marché d'urgence, 1. — Mise en jugement, 51, 56. — Naufrage, 1. — Pilotes lamaneurs, 1. — Pont, 1, 5, 6. — Prise maritime, 25. — Receveur, 6, 7. — Routes, 2. — Sauvetage, 1. — Travaux publics, 1, 20. — (Hic.) Travaux publics.

RESTITUTION. — V. Contributions, 26. — Déchéance, 12, 13. — Domaines engagés, 9. — Emigré, 30, 31, 32. — Fruits, 5. — Instructions ministérielles, 2. — (Hic.) Liquidation. — Percepteur, 2. — Prêtre déporté, 2. — Trésor public, 5, 6.

RÉTENTION DE PIÈCES. — V. Requête civile, 4.

RETENUE. — V. Bail emphytéotique, 1.

RETRANCHEMENT. — V. Alignement, 8. — Démolition, 1. — Propriété, 37. — Canal, 7.

REVENDICATION. — V. Adjudication, 22, 27, 74. — Biens nationaux, 17. — Communaux, 30, 36. — Contributions directes, No. 5, 27, 28. — Préfet, 5. — Prise maritime, 22. — Propriété, 34. — (Hic.) Vente administrative.

REVENU. — V. Adjudication, 65. — Saisie réelle, 1.

RÉVISION. — V. Communaux, 31. — Compte, 3. — (Hic.) Erreur de fait et de droit.

RÉVOCATION. — V. Indemnité, 5. — Mise en jugement, 28. — Propriété, 9.

RÉUNION. — V. Affouage, 5, 6. — Commune, 33.

RHÔNE (Rives du) — V. Opposition, 7.

RIVERAIN. — V. Canal, 6. — Chemin vicinal, 38. — Eau, 5. — Ruisseau, 1.

RIVIÈRES. — V. Bacs, 6. — Communaux, 9.

RIVIÈRE FLOTTABLE. — V. Eau, 2. — Usine, 3. — Utilité publique, 7.

RIVIÈRE NAVIGABLE. — V. Acte administratif, 26. — Action possessoire, 3. — Adjudication, 4. — Canal, 8. — Dommages-intérêts, 2. — Pêche, 5, 6. — Propriété, 35.

RIVIÈRE NON NAVIGABLE. — V. Chemin de desserte, 1. — Curage, 2, 4. — Propriété, 17.

ROUTES. — V. Alignement, 9. — Arbres, 3. — Contentieux, 8. — Entretien, 1, 2. — Propriété, 2, 3, 18. — Voirie, 12.

RUE. — V. Servitude, 3.

RUISSEAU. — V. Eau, 35. — Pont, 7.

SAINT-DOMINGUE. — V. Commission de révision, 1.

SAISIE. — V. Contributions, 1, 28 à 31. — (Hic.) Dommages-intérêts. — Interprétation, 4. — Percepteur, 3. — Rentes, 7. — Travaux publics, 19.

SAISIE-ARRÊTS. — V. Commune, 14. — Communes, 39. — Fabrique, 12. — Hospices, 15. — Travaux publics, 9.

SAISIE-EXÉCUTION. — V. Contributions directes, 1.

SALINES. — V. Propriété, 36.

SALPÊTRES. — V. Fabriques insalubres, 1.

SALUBRITÉ. — V. Contentieux, 27. — Fabriques insalubres, 1. — Manufactures, 2, 5, 8, 9. — Usine, 6.

SAUVETAGE. — V. Prise maritime.

SECRET DES LETTRES. — V. *(Hic.)* Mise en jugement.

SEMONCE. — V. Prise maritime, N°. 27.

SÉNAT CONSERVATEUR. — V. Prérogative royale, 1.

SÉNATORERIES. — Biens nationaux, 10. — Commission temporaire, 1.

SENTIERS. — V. Chemin vicinal, 39. — Propriété, 37.

SENTIER AGRAIRE. — V. Adjudication, 11.

SÉQUESTRE. — V. Accusé, 1. — Comptabilité, 7. — Emigré, 34. — Hypothèque, 1. — Remboursement, 3, 16. — Successions vacantes, 1.

SÉQUESTRE DE FAIT. — V. Emigré, 1.

SÉQUESTRE NATIONAL. — V. Compte, 5. — Remboursement, 10.

SÉQUESTRE PROVISOIRE. — V. Commune, 34.

SERVICE EXTRAORDINAIRE. — V. Hospices, 10. — Inhumation, 1.

SERVICE PUBLIC. — V. Bail, 2.

SERVITUE. — V. Acte administratif, 16, 17, 20, 24, 25, 30. — Action administrative, 2. — Ajudication, 30, 63, 66, 67. — Biens nationaux, 13, 14, 15. — Canal, 9. — Cantonnement, 1. — Chemin, 6. — Chemin public, 5. — Chemin vicinal, 3, 40. — Domaines nationaux, 25 à 30. — Eau, 19, 36. — Eaux pluviales, 1. — Marais, 3. — Pacage communal, 1. — Passage, 2. — Prescription, 6. — Propriété, 19, 38. — Relais de mer, 1. — Sentier, 3.

SIGNIFICATION. — V. Divisibilité, 7. — Exécution, 7. — Mines, 1.

SIMULATION. — V. Prise maritime, 16.

SOCIÉTÉ. — V. Domaines nationaux, 9, 10. — Eau, 37. — Marais, 4. — Travaux publics, 21, 22.

SOCIÉTÉ ANONYME. — V. Mines, 12. — Promulgation, 1.

SOEURS DE LA CHARITÉ. — V. Capacité, 1.

SOIT COMMUNIQUÉ. — V. Conseil d'état, 17. — Délai, 28.

SOLDE. — V. Saisie, 1.

SOLIDARITÉ. — V. Commune, 8, 9. — Comptable, 6. — Contributions, 12.

SOLUTION. — V. Décision ministérielle, 7.

SOUMISSION — V. Adjudication, 24. — Biens communaux, N°. 4. — Biens nationaux, 16. — Domaines engagés, 2. — Emigré, 33. — Rente nationale, 1. — Requête civile, 3. — Tierce-opposition, 4.

SOUSCRIPTION VOLONTAIRE. — V. Cultes, 1.

SOUS-ENTREPRENEURS. — V. Travaux publics, 15.

SOUS-FERMIERS. — V. Fermier de l'état, 4.

SOUS-PRÉFET. — V. Voirie, 13.

SOUSTRACTION. — V. Mise en jugement, 12.

SOUS-TRAITANS. — V. Entrepreneur, 3, 4, 5. — Entrepreneur de service public, 4 à 8. — Fournisseur, 9. — Marché avec l'administration, 5. — Travaux publics, 7, 10.

SPECTACLE. — V. Propriété, 43. — Taxe des indigens, 2.

SPOLIATION. — V. Agent du gouvernement, 9.

STATUTS. — V. Mines, 12.

SUBROGATION. — V. Acte administratif, 28. — Action de la compagnie des Indes, 1.

SUBROGÉ TUTEUR. — V. Mineur, 1.

SUCCESSION. — V. Emigré, 13, 34, 35, 36.

SUCCESSION VACANTE. — V. Garantie constitutionnelle, 6.

SUPPRESSION. — V. Chemin vicinal, 28. — Manufactures, 1.

SURCHARGE. — V. Copie, 1. — Justice municipale administrative, 1.

SURETÉ PUBLIQUE. — V. Voirie, 14.

SURMESURE. — V. Adjudication, 2. — Arpentage, 1.

SURSIS. — V. Adjudication, 69. — Commune, 21. — Conflit, 18, 19. — Contributions, 12. — *(Hic.)* Déchéance comminatoire. — Délai, 29. — Exécution, 3. — *(Hic.)* Question préjudicielle.

SURSIS PARTIEL.

1. — (Décision administrative.) *Le recours au conseil d'état contre une décision administrative qui fait grief, peut donner lieu à un sursis partiel, c'est-à-dire au sursis de l'une des dispositions tandis que les autres restent exécutoires.*

Bochard de Champigny. — C. — Lecouturier de Courcy.
9 septembre 1818. – (t. 4, p. 450.)

SURTAXE. — V. Contributions, 13.

TABACS. — V. Conventions par approximation, N°. 1. — Juridiction, 1.

TALUS. — V. Canal, 10.

TANNERIE.

1. — (Blanchisserie. — Manufacture. — Usine. — Autorisation. — Établissemens incommodes et insalubres.) — *Les tanneries sont placées dans la classe des établissemens incommodes et insalubres dont l'éloignement des habitations n'est pas rigoureusement nécessaire, mais dont l'établissement ne doit être autorisé qu'à la charge d'observer les dispositions prescrites, de manière à ne pas incommoder les propriétaires du voisinage, ni à leur causer du dommage.* (Ordonnance du 14 janvier 1815.)

Combe.
8 juillet 1818. – (t. 4, p. 387.)

TARIF. — V. Octroi, 7.

TAXE. — V. Boisson, 3. — *(Hic.)* Emprunt de cent millions.

TAXE ILLÉGALE. — V. Contributions, 32.

TAXE PERSONNELLE. — V. *(Hic.)* Contributions communales extraordinaires.

TERRAGE. — V. Engagistes, 1.

TERRAIN. — V. Maire, 2.

TERRAIN MILITAIRE. *(Hic.)* Expropriation pour cause d'utilité publique.

TERRES. — V. Vaines et vagues, 1.

TERRES VAINES ET VAGUES. — V. Communaux, 37. — Pauvres, 1. —

THÉATRE. — V. Propriété, 39.

TIERCEMENT. — V. Bois, 7.

TIERCE-OPPOSITION. — V. Chose jugée, 20. — *(Hic.)* Chose jugée. — Cour des comptes, 8. — Créanciers, 2. — Décision ministérielle, 8. — Décret spécial, 1. — Halles, 3. — Mise en jugement, 57. — Propriété, 12. — Réglement d'administration publique, 1.

TIERS. — V. Interprétation, 5. — Marché avec l'administration, 6. — Nom, 5. — Transaction, 1.

TIERS-ACQUÉREURS. — V. Communaux, 32. — Garantie, 4.

TIERS-COUTUMIER.

1. — (Créancier.) — *En délaissant à des enfans de Normandie les biens de leur père pour les remplir de leur tiers-coutumier, l'administration n'a pu ni voulu porter préjudice aux droits des tiers, les tribunaux conservent toute faculté d'examiner si les biens délaissés par l'administration sont grevés au profit de tiers.*

Oillamson. — C. — Signard-d'Ousfières.
22 juillet 1818. – (t. 4, p. 398.)

— V. Autorité administrative, N°. 4.

TIERS-DÉTENTEURS. — V. Dettes communales, 1.

TIERS-PORTEUR. — V. Agent du gouvernement, 6. — *(Hic.)* Agent du gouvernement.

TIRAGE AU SORT. — V. Partage administratif, 6.

TITRE. — Acte administratif, 6. — Copie, 1. — Domaines nationaux, 31.

TITRES ANCIENS. — V. Concession, 7.

TITRE PERDU. — V. Adjudication, 76.

TITRE RÉCENT. — V. Action possessoire, 4.

TITRES SUCCESSIFS. — V. Acquéreur, 18.

TOLÉRANCE. — V. Justice municipale administrative, 1.

TONTINE.

1. — (Administrateurs. — Nomination. — Acte administratif.) — *Un décret qui fait l'application, aux administrateurs d'une tontine, des dispositions de l'avis du Conseil d'état, du 1er. avril 1809, en remplaçant les anciens administrateurs par de nouveaux, est un acte administratif contre lequel on ne peut se pourvoir par la voie du comité du contentieux.*

Lafarge et Mitouflet.
26 août 1818. – (t. 4, p. 434.)

— V. Autorisation, 28. — Contentieux, 26.

TONTINE DU PACTE SOCIAL. — V. Promulgation, 1.

TRAITÉ AVEC LES ALLIÉS. — V. Justice gouvernementale, 2.

TRAITÉ DE PARIS. — V. Restitution, 1.

TRAITEMENT. — V. Contentieux, 28. — Militaire (Femme des), 1.

TRAITEMENT MILITAIRE. — V. Contentieux, 29.

TRANSACTION. — V. Commune, 40. — Déchéance, 11. — Rentes, 10.

TRANSFERT. — V. Fabrique, 11. —

Rentes, N°. 4, 8, 9.—Rentes transférées par le gouvernement, 2.

TRANSPORTS MILITAIRES.—V. Agent du gouvernement, 8. — Contentieux, 30. — Marché avec l'administration, 5.

TRAVAUX. — V. Rivières, 4.

TRAVAUX DE LA DURANCE. — V. *(Hic.)* Association.

TRAVAUX PUBLICS.

1. — (Divisibilité. — Comptes.) — *Lorsque, pour des travaux publics intéressant le gouvernement et une commune, il y a contestation sur le paiement, la justice administrative est compétente pour déterminer la somme à payer et par qui elle doit être payée; mais elle doit laisser aux tribunaux à décider comment tous les intéressés doivent se régler entre eux pour le réglement des comptes respectifs sur les paiemens déjà faits.*

Rolland. — C. — Vial.
12 août 1818. — (t. 4, p. 414.)

2. — (Entrepreneurs. — Naufrage. — Responsabilité. — Ingénieurs des ponts et chaussées.) — *Lorsqu'un naufrage a eu lieu par suite, soit de la négligence des constructeurs d'un pont, entrepreneurs et ingénieurs, soit par la faute du patron de la barque naufragée, l'action en dommages-intérêts doit être portée devant la justice administrative en ce qui touche les entrepreneurs et ingénieurs, mais elle regarde l'autorité judiciaire en ce qui touche le fait du patron de la barque.*

Rosier. — C. — Vinard.
8 juillet 1818. — (t. 4, p. 389.)

— V. Administration municipale, 1. — Compétence, 5. — Expertise, 1. Garantie constitutionnelle, 13, 14. — Indemnité, 20, 21, 22. — Marché avec l'administration, 7. — Responsabilité, 11. — Simulation, 2.

TRÉSOR. — V. Compensation, 9. — Conseil d'état, 10. — Contentieux, 31. Délai, 26. — Propriété, 45. — Receveur, 7, 8. — Rentes, 7.

TRÉSOR PUBLIC. — V. Compensation, 10. — Comptable, 2. — Comptable, 5. — Liste civile, 1. — Privilége, 6, 7. — Simulation, 2. — Subrogation, 1.

TRIBUNAUX. — V. Magasins militaires, 2.

TROUPEAUX COMMUNS. — V. *(Hic.)* Communes.

TROUPES ALLIÉES. — V. *(Hic.)* Fournisseur.

TUILERIE. — V. Manufactures, N°. 9.

UNIVERSITÉ. — V. Académie, 1. — Contentieux, 32. — Fondation, 1.

USAGES. — V. Autorité administrative, 10. — Domaine public, 2. — Eau, 38, 39.

USAGES LOCAUX. — V. Rivières non navigables, 2.

USINE. — V. Autorisation, 29. — Concession, 8. — Cours d'eau, 1. — Eau, 11, 27, 40, 41, 42. — Patouillets, 1. — Rivières non navigables, 1. — *(Hic.)* Tannerie.

USURPATION. — V. Chemin d'aisance, 1. — Chemin vicinal, 41 à 46. — Communaux, 38. — Eau, 35.

UT SINGULI. — V. Commune, 1, 24.

UTILITÉ PUBLIQUE. — V. Chemin supprimé, 1. — Contentieux, 2. — Démolition, 1. — Indemnité, 19, 23. — Justice discrétionnaire, 2. — Propriété, 5, 20, 24, 25, 26, 28, 39 à 43. — Usine, 5.

VACANS. — V. Hospices, 2.

VALEUR. — V. Fournisseur, 9.

VALIDITÉ. — V. Consignation, 2.

VANNE. — V. Moulin, 2.

VARECH. — V. Propriété, 44.

VENTE. — V. Acquéreurs successifs, 1. — Biens nationaux, 17. — Communaux, 39, 40. — Domaines nationaux, 13, 32. — Emigré, 37. — Erreur de droit, 1. — Prise maritime, 28. — Propriété, 45.

VENTE ADMINISTRATIVE.

1. — (Revendication. — Compétence.) *C'est devant la justice administrative, et non devant les tribunaux ordinaires que doit être portée l'action en nullité dirigée contre une vente d'arbre faite par un maire de commune, en vertu d'une délibération du conseil municipal, approuvée par le préfet.*

Le prétendu propriétaire de cet arbre qui a fait une saisie-revendication, ne peut faire juger par les tribunaux ordinaires la validité de saisie-revendication.

Ne faudrait-il pas établir une distinction, comme pour la vente de biens nationaux, entre le cas où le propriétaire s'est opposé avant l'adjudication, et le cas où il ne se serait opposé qu'après l'adjudication? — Au premier cas, il y aurait question de propriété à juger par les tribunaux; au deuxième cas, il y aurait question de validité d'adjudication à juger par l'autorité administrative.

Les habitans d'En-Ameil. — C. — Cucuron.
22 juillet 1818. (t. 4, p. 400.)

— V. Commune, N°. 41. — *(Hic.)* Francisation.

VENTE SUR ENCHÈRE. — V. Décompte 18.

VENTILATION. — V. Adjudicataire, 3.

VERRERIE. — V. *(Hic.)* Manufactures.

VICINALITÉ. — V. Chemin, 7.

VILLE DE PARIS. — V. Indemnité, 27.

VINS. — V. Boissons, 3.

VIOLATION. — V. Etranger, 2.

VIOLATION DE TERRITOIRE. — V. Prise maritime, 29.

VIOLENCE. — V. Mise en jugement, 34, 36, 58.

VOIES DE FAIT. — V. Mise en jugement, 58.

VOIE PRIVÉE. — V. Chemin vicinal, 47.

VOIE PUBLIQUE. — V. Chemin vicinal, 48. — Propriété, 16. — Responsabilité, 7, 12.

VOIRIE. — V. Canal, 5. — Chemin, 7. — Chemin de desserte, 1. — Chemin public, 5. — Chemin vicinal, 30, 33, 40, 49. — *(Hic.)* Chemin vicinal. Commune, 32. — Divisibilité, 5. — Domaine public, 2. — Eau, 15, 43. — Indemnité, 24. — Propriété, 11, 21, 37, 46. — Rue, 1. — Servitude, 3.

VOIRIE PRIVÉE. — V. Chemin public, 5, 6.

VOIRIE URBAINE. — V. Alignement, 2. — Rue, 3.

VOISINAGE. — V. Arbres, 2.

VOITURIER. — V. Agent du gouvernement, 2. — Routes, 7.

www.ingramcontent.com/pod-product-compliance
Lightning Source LLC
Chambersburg PA
CBHW060835220326
41599CB00017B/2322

* 9 7 8 2 0 1 2 5 5 8 3 1 1 *